現存湖北著作總録

陽海清 湯旭巖 主編

下

國家圖書館出版社

明代别集之屬

41122
丁鶴年先生詩集一卷
明武昌（今鄂州）丁鶴年撰
附録一卷
元吉雅謨丁、元愛理沙、元吴惟善撰
明正統九年（1444）楚藩刻本［卷三十二至六十三配清抄本］　清丁丙跋

是刻半葉九行，行十七字，黑口，四周雙邊。《中國古籍善本書目》著録，僅該館有藏。

鶴年亦字鶴年，蓋用孟浩然字浩然之例。本色目人，世家子，遭亂不求仕宦，篤尚志操，兼以孝聞。烏斯道、戴良爲其作傳，皆以申屠蟠擬之。元亡避地四明，後歸老武昌山中，《明史·文苑傳》附見戴良傳末，其詩本名《海巢集》（見《四庫全書總目提要》）。《湖北藝文志附補遺》云："鶴年，本西域人，父官武昌，遂家焉，因以丁爲氏。"

南京

41123
丁鶴年詩集一卷
明武昌（今鄂州）丁鶴年撰
明嘉靖三十二年（1554）湖蔭居士抄九家詩本

《中國古籍善本書目》著録。

南京

41124
丁鶴年先生詩集一卷
明武昌（今鄂州）丁鶴年撰
清康熙金侃抄本　周叔弢跋

《中國古籍善本書目》著録，編號"集6031號"。

國圖

41125
丁鶴年先生詩集一卷
明武昌（今鄂州）丁鶴年撰
附録一卷
元吉雅謨丁、元愛理沙、元吴惟善撰
清抄本

《中國古籍善本書目》著録，編號爲"集6032號"。

國圖

41126
丁鶴年先生詩集一卷
明武昌（今鄂州）丁鶴年撰
附録一卷
元吉雅謨丁、元愛理沙、元吴惟善撰
清金氏文瑞樓抄本　清宋賓王校　胡惠墉跋

《中國古籍善本書目》著録。

國圖

41127
丁鶴年先生詩集一卷
明武昌（今鄂州）丁鶴年撰
附録一卷
元吉雅謨丁、元愛理沙、元吴惟善撰
清緑格抄本

國圖

41128
丁鶴年先生詩集一卷
明武昌（今鄂州）丁鶴年撰
清抄本　清鮑廷博校　清丁丙校並跋　陶運百跋

《中國古籍善本書目》著録。

國圖

41129
丁鶴年先生詩集一卷
明武昌（今鄂州）丁鶴年撰

清抄本　清韓泰華校

《中國古籍善本書目》著録。

上海

41130

丁鶴年集一卷

明武昌（今鄂州）丁鶴年撰

清四庫全書本

國圖　甘肅　浙江　臺北故宫

1983年臺北商務印書館影印乾隆寫文淵閣四庫全書本

湖北

1989年上海古籍出版社縮印臺北商務印書館影印清文淵閣四庫全書本

國圖　武漢

41131

鶴年詩集三卷

明武昌（今鄂州）丁鶴年撰

民國十二年（1923）沔陽盧氏慎始基齋據文淵閣四庫全書本影印湖北先正遺書本

國圖　科院　北大　上海　天津　遼寧　寧夏　山東　南京　浙江　湖北　四川

41132

丁鶴年集三卷續集一卷附録一卷

明武昌（今鄂州）丁鶴年撰

校訛一卷

清胡珽撰

清咸豐三年（1853）仁和胡氏木活字排印琳琅秘室叢書本

科院　復旦　天津　陝西　南京　杭大　四川

41133

鶴年詩集三卷

明武昌（今鄂州）丁鶴年撰

清抄本

上海

41134

鶴年詩集三卷

明武昌（今鄂州）丁鶴年撰

附録一卷

元吉雅謨丁、元愛理沙、元吴惟善撰

清抄本　清丁丙跋

《中國古籍善本書目》著録。

南京

41135

丁鶴年集三卷續集一卷

明武昌（今鄂州）丁鶴年撰　戴習編

清抄本　清佚名跋

重慶

41136

丁鶴年集四卷續集一卷附録一卷

明武昌（今鄂州）丁鶴年撰

附校一卷

清胡珽撰

續校一卷

清董金鑑撰

清光緒十三年（1887）會稽董氏雲瑞樓木活字排印琳琅秘室叢書本

國圖　上海　天津　南京　湖北武大

41137

丁鶴年集三卷續集一卷附録一卷

明武昌（今鄂州）丁鶴年撰

民國四明張氏約園刻四明叢書第四集本

國圖　上海　四川

41138

丁鶴年集四卷

明武昌（今鄂州）丁鶴年撰

清抄本

國圖

41139
丁鶴年集四卷
明武昌（今鄂州）丁鶴年撰
清抄本
天津

41140
丁鶴年先生詩集四卷
明武昌（今鄂州）丁鶴年撰
清陸香圃三間草堂抄三間草堂集録本
《中國古籍善本書目》著録。
重慶

41141
鶴年海巢集四卷
明武昌（今鄂州）丁鶴年撰
附録一卷
清抄本
《中國古籍善本書目》著録。
天津

41142
鶴年集四卷
明武昌（今鄂州）丁鶴年撰
附録一卷
元吉雅謨丁、元愛理沙、元吴惟善撰
校訛一卷
清胡珽撰
續校一卷
清董金鑑撰
清光緒十四年（1888）董金鑑活字印琳琅秘室叢書本　傅增湘校補並跋
《中國古籍善本書目》著録。
國圖

41143
丁鶴年集四卷附録一卷
明武昌（今鄂州）丁鶴年撰
附校訛一卷
清胡珽撰
續校一卷
清董金鑑撰
民國二十四年至二十六年（1935—1937）上海商務印書館排印叢書集成初編本
國圖　上海　湖北　四川　雲南

41144
丁鶴年先生詩集不分卷
明武昌（今鄂州）丁鶴年撰
清勞巽卿抄校本
港大

41145
海巢集一卷
明武昌（今鄂州）丁鶴年撰
清康熙長洲顧氏秀野草堂刻元詩選本
國圖　上海　南京　湖北　重慶

41146
海巢集三卷
明武昌（今鄂州）丁鶴年撰
附録一卷
元吉雅謨丁、元愛理沙、元吴惟善撰
清康熙十七年（1678）金侃抄本　清金侃跋
《中國古籍善本書目》著録。
國圖

41147
海巢集三卷
明武昌（今鄂州）丁鶴年撰
附録一卷
元吉雅謨丁、元愛理沙、元吴惟善撰
清乾隆四十一年（1776）抄本
《中國古籍善本書目》著録。
浙江

41148
鶴年海巢集一卷哀思集一卷方外集一卷續集一卷
明武昌(今鄂州)丁鶴年撰
清抄本
《中國古籍善本書目》著録。
國圖

41149
鶴年海巢集一卷哀思集一卷方外集一卷續集一卷
明武昌(今鄂州)丁鶴年撰
清抄本　清丁丙跋
《中國古籍善本書目》著録。
南京

41150
松谷詩集二卷
明武昌(今鄂州)丁鶴年撰
明萬曆四十三年(1615)潘是仁輯刻天啓二年(1622)重修宋元詩本
是刻半葉九行,行十九字,白口,四周單邊。《中國古籍善本書目》著録。
甘肅　青海

41151
丁孝子詩集三卷
明武昌(今鄂州)丁鶴年撰
清乾隆刻藝海珠塵本
是刻半葉十行,行二十一字,小字雙行行字同,白口,左右雙邊。《中國古籍善本書目》著録。
山東大

41152
丁孝子詩集三卷
明武昌(今鄂州)丁鶴年撰
清嘉慶南彙吴氏聽彝堂刻藝海珠塵集(乙集)本
國圖　科院　湖北　武漢

41153
丁孝子詩集三卷
明武昌(今鄂州)丁鶴年撰
清嘉慶吴省蘭聽彝堂刻藝海珠塵本　傅增湘校
《中國古籍善本書目》著録。
國圖

41154
丁鶴年詩輯注
明武昌(今鄂州)丁鶴年撰　丁生俊注
1987年天津古籍出版社鉛印本
本書由《海巢集》《方外集》《哀思集》《續集》《補遺》及《附録》六個部分,其中包括丁鶴年簡表及資料選輯。
天津　湖北

41155
蚓竅集十卷
明管時敏撰　明武昌(今鄂州)丁鶴年評
全菴記一卷
明周子冶撰
明永樂元年(1403)楚藩刻本[四庫全書底本]
是刻半葉十行,行二十字,黑口,四周雙邊。《中國古籍善本書目》著録。
《四庫全書總目提要》云:"時敏初名訥,以字行,華亭人。洪武九年,徵拜楚王府紀善,從王之國,後進左長史,事楚王楨。二十五年乞致仕歸里。楨請命於朝,留居武昌,禄之終身。……中有丁鶴年評語。鶴年家於武昌,與時敏皆爲楚王所禮重,故並評語刻之。"
上海

41156
蚓竅集十卷
明管時敏撰　明武昌(今鄂州)丁鶴年評

清四庫全書本
國圖　甘肅　浙江　臺北故宫
1983年臺北商務印書館影印清文淵閣四庫全書本
湖北
1989年上海古籍出版社縮印臺北商務印書館影印清文淵閣四庫全書本
國圖　武漢

41157
蚓竅集十卷
明管時敏撰　明武昌(今鄂州)丁鶴年評
明永樂元年(1403)楚藩刻本
存五卷:一至五
北京文物局×

41158
蚓竅集十卷
明管時敏撰　明武昌(今鄂州)丁鶴年評
民國二十四年至二十五年(1935—1937)上海商務印書館據明永樂刻本影印四部叢刊三編本
國圖　科院　北大　上海　復旦　天津　遼寧　甘肅　南京　杭大　湖北　武大　四川　重慶

41159
蚓竅集十卷
明管時敏撰　明武昌(今鄂州)丁鶴年評
清抄本
國圖

41160
蚓竅集十卷
明管時敏撰　明武昌(今鄂州)丁鶴年評
清抄本　王獻唐跋
國圖

41161
蚓竅集十卷
明管時敏撰　明武昌(今鄂州)丁鶴年評
清抄本
科院

41162
蚓竅集十卷
明管時敏撰　明武昌(今鄂州)丁鶴年評
清抄本
南京

41163
蒲山牧唱不分卷
明蒲圻(今赤壁)魏觀撰
明成化四年(1468)魏銘刻本

觀初名巳孫,字杞山,號梅初,蒲圻人。元時隱居蒲山。朱元璋稱吴王,被聘爲平江學正,遷國子助教,再遷浙江按察司僉事、兩淮都轉運使。先後兩次奉命訪求賢能,薦者多被起用。入爲起居注。洪武初,進太常卿,改侍讀學士,遷祭酒。坐事謫龍南知縣,未至,召爲禮部主事。洪武五年,出爲蘇州知府,革除前任苛政,升爲四川行省參知政事。不久,再任蘇州知府,因將知府衙門修在張士誠的宫殿遺址上,犯了忌諱,被腰斬。此編乃觀乙未在蒲至甲寅守蘇時所作,通二百四十章,以古今體類次。成化中,其曾孫銘爲搜刻行世。

國圖

41164
郡齋集二卷
明蒲圻(今赤壁)魏觀撰
民國十年(1921)抄本　雷大同、甘鵬

雲、王葆心題識

全書有真假糅雜之嫌,雷、甘、王三氏作了辨析。

湖北

41165

劉文成公全集十二卷

明劉基撰　明景陵(今天門)鍾惺輯並評

明末刻本

是刻半葉九行,行十八字,白口,四周單邊。《中國古籍善本書目》著録。《中國古籍總目·集部》收"明天啓崇禎間燕如鳳校刻本",或即指此。

中國社科院歷史所　上海　吉大　南大　天一閣　湖南　中大

41166

春草齋文集選一卷詩集選一卷附録一卷

明烏斯道撰　清漢陽熊伯龍選　清黄敬修評

清康熙烏震刻本

南京

41167

春草齋文集選一卷詩集選一卷附録一卷

明烏斯道撰　清漢陽熊伯龍選　清黄敬修評

清康熙烏震刻嘉慶七年(1802)重修本

人大

41168

春草齋文集選一卷詩集選一卷附録一卷

明烏斯道撰　清漢陽熊伯龍選　清黄敬修評

慈谿烏氏刻本

國圖缺《詩集選》一卷。

國圖 ×　北大

41169

高太史大全集十八卷

明高啓撰　明崇陽劉景韶校

明刻藍印本

是刻半葉十行,行二十字,白口,四周單邊。《中國古籍善本書目》著録,僅此二館有藏。雍正《湖廣通志》著録景韶有《疏議》九卷,未見常用書目著録。景韶另有《太白原稾》十三卷,明萬曆刻本。

中國社科院文學所　湖北

41170

韓中允集一卷

明石首韓守益撰　明俞憲輯

明嘉靖隆慶間刻盛明百家詩後編本

是刻半葉十行,行二十一字,白口,四周單邊。《中國古籍善本書目》著録,南京館所藏該叢編有清丁丙跋。

守益字仲珍,號樗壽。以儒士攝教宜都,累官河南道御史,因直言忤旨,充國子膳夫供事,不以人代。尋命復御史。後補重慶太守,調臨江。坐貢舉事,貶安慶府判,復取爲御史。凡三歷臺諫,多激帝怒。嘗命力士鐵槌擊令仆地。怒平,命太醫院調治,限三日入朝。乃改春坊中允,以病歸卒。有《樗壽稿》未見;斯編以輯入叢書得存。

國圖　北大　上海　山西　青海　浙江　南京

41171

楊文定公詩集七卷

明石首楊溥撰

明抄本

存六卷:一至五、七

《中國古籍善本書目》著録。楊氏詩集僅存此抄,缺卷六。

南京 ×

41172

楊文定公文集不分卷

明石首楊溥撰

清抄本

楊氏文集，現知僅存此抄。

國圖

41173

商文毅公集十卷

明商輅撰　明漢陽劉體元編輯

明萬曆三十年（1602）劉體元刻本

《中國古籍善本書目》著録十七館有藏。《四庫全書總目》入“存目”。有金學曾、劉體元序和吴一栻後序。卷内署“漢陽後學劉體元編輯”。

國圖　上海　天津　山西　南京　重慶

41174

商文毅公集十卷

明商輅撰　明漢陽劉體元編輯

明萬曆三十年（1602）劉體元刻本　清丁丙跋

《中國古籍善本書目》著録。

南京

41175

商文毅公集十卷

明商輅撰　明漢陽劉體元編輯

1997年齊魯書社據明萬曆刻本影印四庫全書存目叢書本

湖北

41176

東嶠集十五卷

明嘉魚李承芳撰

承芳字茂卿，嘉魚人。弘治庚戌進士，官大理寺評事。《明史·儒林傳》與其弟承箕同附陳獻章傳末。《四庫全書總目》入“集部·别集類存目”，然《存目叢書》不收，志此作爲訪書之綫索。

41177

大崖李先生詩集十二卷文集八卷

明嘉魚李承箕撰

附録一卷

明正德五年（1510）吴廷舉刻本

是刻半葉十二行，行二十二字，邊欄不一。《四庫全書總目》入“集部·别集類存目”。《中國古籍善本書目》著録，僅湖北省圖書館有藏。

湖北

41178

大崖李先生詩集十二卷文集八卷

明嘉魚李承箕撰

附録一卷

明正德五年（1510）吴廷舉刻本　清丁丙跋

南京

41179

大崖李先生詩集十二卷文集八卷

明嘉魚李承箕撰

1997年齊魯書社據明正德五年（1510）吴廷舉刻本影印四庫全書存目叢書本

湖北

41180

大崖李先生詩集二十卷附録一卷

明嘉魚李承箕撰

大崖李先生年譜一卷

明李整編

明刻本

存四卷：十七至二十

國圖 ×

41181

大崖李先生集二十卷

明嘉魚李承箕撰

附録一卷

清抄本

《中國古籍善本書目》著録。

上海

41182

東湖集五卷首一卷

明嘉魚吴廷舉撰

清道光二十二年(1896)蒼梧黎氏刻本

包括奏疏三卷、吟稿二卷。

又《四庫全書總目》收有其《西巡類稿》八卷,入"別集類存目",未見,《四庫存目叢書》亦不收。其提要稱廷舉爲梧州人。《湖北藝文志》謂其爲嘉魚人,收有其《東湖奏疏》三卷,與此相合。

北大

41183

東湖集五卷首一卷

明嘉魚吴廷舉撰

清道光刻本

《中國古籍總目·集部》著録,疑與前一款目爲同版。

國圖

41184

東湖集五卷

明嘉魚吴廷舉撰

清光緒元年(1875)刻本

湖北

41185

己有園小稿一卷

明景陵(今天門)魯鐸撰

明嘉靖二年(1523)李東刻本

是刻半葉八行,行十七字,白口,左右雙邊。《中國古籍善本書目》著録,僅該館有藏。鐸字振之,號蓮北,景陵人。明弘治壬戌進士,官至南京國子監祭酒,卒贈禮部侍郎,謚文恪,事蹟具《明史》本傳。

科院

41186

己有園續稿二卷

明景陵(今天門)魯鐸撰

明嘉靖五年(1526)周文伯、劉鵬刻本

是刻半葉八行,行十七字,白口,左右雙邊。《中國古籍善本書目》著録,僅該館有藏。

科院

41187

蓮北魯文恪公存集五卷

明景陵(今天門)魯鐸撰

明嘉靖刻本

是刻半葉十行,行二十一字,白口,左右雙邊。《中國古籍善本書目》著録,僅該館有藏。

中國社科院文學所

41188

蓮北魯文恪公存集十卷

明景陵(今天門)魯鐸撰

明隆慶刻本

日本尊經閣

41189

魯文恪公文集十卷

明景陵(今天門)魯鐸撰

明隆慶元年(1567)方梁刻本

是刻半葉九行,行二十字,白口,左右雙邊。《中國古籍善本書目》著録。題"竟陵魯鐸振之著　京山李維楨本寧校"。有嘉靖二十七年(1548)李濂序、隆慶元年方梁跋,又李維楨序(不署年月)。王重民《中國善本書提要》著録爲"明萬曆間刻本",注云:"按《北京圖書館善本書目》題爲隆慶刻本,當因方梁跋致誤。蓋是集原刻於嘉靖間,隆慶初元,方梁修補舊板;此本不見有補板,且隆慶元年(1567)維楨年未及艾,觀其序文爲作於成名以後,因可決定此本乃萬曆間重刻本也。"是集爲其子彭嘉所編。《四庫全書總目》入"集部·別集類存目"。

國圖　中央黨校　天一閣　安徽

41190

魯文恪公文集十卷

明景陵(今天門)魯鐸撰

1997年齊魯書社據明隆慶元年（1567）方梁刻本影印四庫全書存目叢書本
湖北

41191
魯文恪公文集十卷
明景陵（今天門）魯鐸撰
明萬曆京山李維楨刻本
《中國古籍總目·集部》著録。
人大

41192
魯文恪公文集十卷
明景陵（今天門）魯鐸撰
附録一卷
民國潛江甘鵬雲撰
民國十一年（1922）刻崇雅堂叢書初編本
據明隆慶刻本校刻。
國圖　北大　上海師大　吉大　南京　湖北

41193
魯文恪公文集十卷
明景陵（今天門）魯鐸撰
民國抄本
四册。
湖北

41194
王文成公文選八卷
明王守仁撰　明王畿輯　明景陵（今天門）鍾惺評點
明崇禎六年（1633）刻本
是刻半葉九行，行十九字，白口，四周單邊。《中國古籍善本書目》著録。
國圖　人大　中央黨校　中國社科院文學所　華東師大　黑大　蘇州　安徽　安徽博ˣ　鄭州　廣東社科院ˣ　重慶　川大　哈佛燕京

41195
陽峯家藏集三十六卷
明石首張璧撰
明嘉靖二十四年（1935）石首張氏世恩堂刻本
是刻半葉十一行，行二十字，白口，左右雙邊。《中國古籍善本書目》著録，僅此二館有藏。《明史·藝文志》作二十五卷、《湖北藝文志》作三十五卷。是集爲璧居内閣時所自編。《四庫全書總目》入"别集類存目"。
南開　浙江

41196
張昆岡先生四六狐白一卷
明石首張璧撰
明李少渠刻四六狐白本
是刻半葉九行，行二十一字，白口，四周單邊。《中國古籍善本書目》著録。
國圖　南京　杭州

41197
節愛汪府君詩集二卷
明崇陽汪文盛撰　明傅海舟編
文盛嘗知福州，有惠政，郡人爲立節愛祠，故傅海舟編次其詩，即以之名集。《四庫全書總目》入"集部·别集類存目"，然《四庫全書存目叢書》不收，志此以作訪書之助。

41198
白泉家稿一卷
明崇陽汪文盛撰
清抄本　清魯瑤仙、丁丙跋
據省、府、縣志及《千頃堂書目》，文盛有《春秋辯説》及詩文集等，均未得見，此爲僅存。
南京

41199
鄭文十五卷鄭詩十三卷
明鄭善夫撰　明崇陽汪文盛編

附録二卷

明嘉靖汪文盛刻本

是刻半葉九行，行二十一字，白口，四周單邊。《中國古籍善本書目》著録，僅此二館有藏。

福建　重慶

41200

南雋集詩類二十卷

明崇陽汪必東撰

明嘉靖刻本

是刻半葉十行，行二十一字，黑口，四周雙邊。《中國古籍善本書目》著録，僅該館有藏。據《經義考》，必東有《易問大旨》，未見。《中國古籍總目·集部》收有日本內閣文庫藏"明嘉靖三十年序刻本"，或即此本。

科院

41201

南雋集文類二十卷

明崇陽汪必東撰

明嘉靖三十年（1551）序刻本

日本内閣文庫

41202

山陵賦一卷

明應山（今廣水）顔木撰

明嘉靖十八年（1539）劉祚刻本

是刻半葉十行，行二十字，白口，左右雙邊。《中國古籍善本書目》著録，僅該館有藏。

國圖

41203

燼餘稿六卷

明應山（今廣水）顔木撰

明抄本

茲依王重民《中國善本書提要》，其略云："按刻本《淮漢燼餘稿》較此本少三分之一，而所載詩文，兩本均至嘉靖二十年（1541）。余因疑此抄本爲原稿。而付梓時依此本删選，故刻本詩文較少也。此本有《自序》，末署'漢翁漫書'。考《天一閣見存書目》，稱刻本'自稱漢翁'，因疑刻本流出天一閣以前，尚有此序，今本則已佚去序文，若然，益可證刻本爲從此六卷本選出者矣。"有嘉靖十六年（1537）自序。《續修四庫全書總目》亦收此本，著録爲"清抄稿本"。但《中國古籍善本書目》不收，未知何故。

國圖

41204

燼餘稿□卷

明應山（今廣水）顔木撰

明抄本　清朱昌燕跋

存一卷

《中國古籍善本書目》著録。

國圖 ×

41205

淮漢燼餘稿四卷

明應山（今廣水）顔木撰

明嘉靖間刻本

茲依王重民《中國善本書提要》，略云："木字惟喬，應山人。正德十二年（1517）進士，知許昌，移知亳州，落職歸。乃言曰：'彼能尼吾仕，而弗能錯吾履；能黜吾爵，而弗能褫吾學。吾將樹風立言，示範來世！'乃謝絕公府，慎交親賓，沈酣典册，遺略世故，屹然表立，爲望於淮、漢之間，乃自號曰淮漢先生。事蹟見許宗魯撰墓碑（《獻徵録》卷八十三）。卷內有'天一閣'、'古司馬氏'等印記。按木與范欽爲友，故天一閣有其書。考《天一閣見存書目》卷四葉二十四下猶載其目，則是集之散出，蓋在光、宣間矣！"《中國古籍善本書目》不收，未知何故。

國圖

41206

淮漢燼餘稿四卷

明應山（今廣水）顔木撰

明嘉靖十六年（1537）自序刻本　清景

韓題記

《中國古籍總目·集部》著録。康熙《湖廣通志》云:"木性嗜書,善考索,專宗《左氏春秋》,時作《公》《穀》語,一時文士多稱之。晚始爲詩,近體得唐人意。"

北大

41207

淮漢爐餘稿四卷

明應山(今廣水)顔木撰

明萬曆刻本

是刻半葉九行,行二十一字,白口,四周雙邊。《中國古籍善本書目》著録,僅此二館有藏。

北大　華東師大

41208

鳳林先生文集(一名王鳳林文集)四卷

明襄陽王從善撰　明襄陽王之瑞編

明嘉靖四十五年(1566)衛東楚刻本

《四庫全書總目》入"集部·别集類存目",另有《詩集》三卷,未見。

國圖

41209

鳳林先生文集(一名王鳳林文集)四卷

明襄陽王從善撰　明襄陽王之瑞編

1997年齊魯書社據明嘉靖四十五年(1566)衛東楚刻本影印四庫全書存目叢書本

湖北

41210

内方先生集十卷

明沔陽(今仙桃)童承敘撰

明萬曆十七年(1589)沔陽童氏刻本

《中國古籍總目·集部》著録。因其始祖自隨徙沔居内方山下,因號"内方山人"。正德十六年(1521)辛丑科進士,官左庶子,兼翰林院侍講、國子監司業。其集現存刻本三、抄本一。

臺圖

41211

内方先生集五卷

明沔陽(今仙桃)童承敘撰

明萬曆二十五年(1597)蘇潢刻本

是刻半葉十行,行二十字,白口,左右雙邊。《中國古籍善本書目》著録,僅該館有藏。

國圖

41212

内方先生集十卷

明沔陽(今仙桃)童承敘撰

明萬曆刻本

是集前有目録,卷一前半爲諭祭文及講章,卷一後半至七爲詩,卷八至十爲文。《中國古籍善本書目》失收,或係浙江館未報片。十卷之數與《明史·藝文志》合。

嘉業堂

41213

内方文集不分卷

明沔陽(今仙桃)童承敘撰

明抄本

是抄半葉十行,行二十四字,白口,四周單邊。《中國古籍善本書目》著録。

天一閣

41214

内方先生集八卷附鈔一卷附録一卷

明沔陽(今仙桃)童承敘撰

民國二十年(1931)沔陽盧氏慎始齋刻彙印沔陽叢書本

科院　北大　上海　天津　吉大　南京　湖北

41215

内方先生集八卷附鈔一卷附録一卷

明沔陽(今仙桃)童承敘撰

1997年北京出版社據民國十二年(1923)沔陽盧氏慎始基齋刻沔陽叢書本影印四庫未收書輯刊本

湖北

41216

玄素子集三十六卷

明蒲圻(今赤壁)廖道南撰

明嘉靖十五年至二十二年(1536—1543)刻本

存玄素藝苑集六卷,玄素詞垣集四卷,玄素子壬辰集、乙未集、丙申集、甲申集、乙酉集、丙戌集、丁亥集、戊子集、己丑集、庚寅集、丁酉集、戊戌集、卿雲集、拱極集、鄉雲文集各一卷,疏牖集八卷,講幄集三卷

日本内閣文庫 ×

41217

玄素子集□□卷

明蒲圻(今赤壁)廖道南撰

明嘉靖刻本

存五十二卷:庚寅集至壬辰集十三卷、乙未集至戊戌集四卷、庚子集至癸卯集四卷、戴星集二卷、卿雲集一卷、詞垣集五卷、藝苑集六卷、講幄集三卷、卿雲文集一卷、拱極集二卷、疏牖集十卷、賦集一卷

是刻半葉十行,行二十字,白口,左右雙邊。《中國古籍善本書目》著録。

國圖 ×　南京 ×　山東 ×

41218

夢澤集十七卷

明黄岡王廷陳撰

明嘉靖刻本

存五卷:一至五

此書明嘉靖有四刻、萬曆有一刻。輯入《四庫全書》。此爲初刻本,半葉九行,行二十二字。僅國圖藏前五卷。

國圖 ×

41219

夢澤集十七卷

明黄岡王廷陳撰

明嘉靖刻藍印本

是刻半葉九行,行十六字,白口,四周單邊。《中國古籍善本書目》著録。

國圖　南京 ×

41220

夢澤集十七卷

明黄岡王廷陳撰

明嘉靖四十一年(1562)王廷瞻刻本

是刻半葉十行,行二十字,白口,四周單邊。《中國古籍善本書目》著録。

國圖　廣東　浙大

41221

夢澤集十七卷

明黄岡王廷陳撰

明嘉靖四十一年(1562)王廷瞻刻本　清吴仰賢圈批並跋

《中國古籍善本書目》著録。

國圖

41222

夢澤集十七卷

明黄岡王廷陳撰

明嘉靖四十四年(1565)王同道吴中刻本

是刻半葉十行,行二十二字,白口,四周單邊。《中國古籍善本書目》著録。

首都　南京　重慶

41223

夢澤集十七卷

明黄岡王廷陳撰

民國十二年(1923)沔陽盧氏慎始基齋據明刻本影印湖北先正遺書本

國圖　科院　北大　上海　天津　遼寧　寧夏　山東　南京　浙江　湖北　四川

41224
夢澤集二十三卷
明黄岡王廷陳撰
明萬曆十八年(1590)王追伊刻三十年(1602)王追淳修補本
此當屬足本。是刻半葉十行,行二十字,白口,上魚尾,左右雙邊。館藏二部,其中一部爲四庫采進底本,鈐"翰林院印"大方印,並有清王家璧校並跋。《中國古籍善本書目》著録。
科院　吉林　安徽　湖北

41225
夢澤集二十三卷
明黄岡王廷陳撰
明萬曆十八年(1590)王追伊刻三十年(1602)王追淳修補本　清王家璧校並跋
湖北

41226
夢澤集二十三卷
明黄岡王廷陳撰
清四庫全書本
國圖　甘肅　浙江　臺北故宫
1983年臺北商務印書館影印清文淵閣四庫全書本
湖北
1989年上海古籍出版社縮印臺北商務印書館影印清文淵閣四庫全書本
國圖　武漢

41227
夢澤集二十三卷
明黄岡王廷陳撰
清光緒孔氏嶽雪樓抄本
廣東

41228
夢澤集二十三卷
明黄岡王廷陳撰
抄本
日本靜嘉堂

41229
夢澤集十七卷拾遺一卷附録五卷
明黄岡王廷陳撰　明王追淳輯
清抄本
南京

41230
夢澤集摘刊九卷首一卷附録五卷
明黄岡王廷陳撰
清道光十六年(1836)武昌江漢書院刻王崇文堂印本
國圖　北大　南京　湖北

41231
兩厓集六卷
明通山朱廷立撰
明刻本
存三卷:一至三
是刻半葉十行,行十九字,白口,四周單邊。《中國古籍善本書目》著録,僅國家圖書館存此殘本。
國圖 ×

41232
重鐫兩厓集八卷
明通山朱廷立撰
明朱之楫等刻本[卷五配抄本]
是刻半葉九行,行十八字,白口,左右雙邊。《中國古籍善本書目》著録,僅湖南省圖書館有藏。
湖南

41233
重鐫兩厓集八卷
明通山朱廷立撰

1997年齊魯書社據明朱之榤等刻本影印四庫全書存目叢書本

湖北

41234

兩厓集十一卷首一卷

明通山朱廷立撰　清黄陂王來遴編

清道光元年(1821)炯然亭刻本

湖北

41235

馮三石集一卷

明江夏馮世雍撰　明俞憲輯

明嘉靖隆慶間刻盛明百家詩本

是刻半葉十行,行二十一字,白口,四周單邊。《中國古籍善本書目》著録。

國圖　北大　上海　山西　青海　浙江　南京

41236

漫遊稿六卷

明江夏馮世雍撰

明嘉靖十五年(1536)劉時濟刻本　清丁丙跋

是刻半葉十行,行二十字,大黑口,四周雙邊。《中國古籍善本書目》著録僅該館有藏。

南京

41237

林雙臺先生詩選九卷

明林懋和撰　明沔陽(今仙桃)陳文燭輯

明萬曆十三年(1585)陳文燭刻本

是刻半葉九行,行十八字,白口,四周雙邊。《中國古籍善本書目》著録,僅該館有藏。

中國社科院文學所

41238

吉陽林雙臺山房摘稿十卷

明德安(今安陸)何遷輯

明嘉靖刻本

遷字益之,德安人。明嘉靖二十年(1541)進士,官至南京刑部侍郎。是集刻於江西學宫,前有王宗沐序,蓋當時遷爲江西巡撫,而宗沐則官江西布政司右參政也。此據王重民《中國善本書提要》著録,不知爲何《中國古籍善本書目》未收。考嘉慶《湖北通志》著録《吉陽山房稿》一百卷,或未付梓。

國圖

41239

吉陽先生文録四卷吉陽先生詩録六卷

明德安(今安陸)何遷撰

明萬曆刻本

傅斯年圖　日本内閣文庫

41240

何刑侍集一卷

明德安(今安陸)何遷撰

明嘉靖隆慶間刻盛名百家詩本

《中國古籍善本書目》著録

國圖　北大　上海　山西　青海　浙江　河南

41241

何吉陽詩集五卷

明德安(今安陸)何遷撰

清乾隆黄福三抄本

《中國古籍善本書目》著録。

安陸

41242

胡二溪稿一卷

明崇陽胡定撰

清抄名家制義六十一家本

胡定字正叔,號二溪。明嘉靖十五年(1536)進士,初知德清縣,以廣西左布政使致仕。據康熙《湖廣通志》定有《二溪全集》,不見常用書目著録。

國圖

41243
胡二溪稿一卷
明崇陽胡定撰
清康熙三十八年(1699)刻可儀堂一百二十名家制義本
上海

41244
胡二溪稿一卷
明崇陽胡定撰
清康熙步月樓、令德堂刻可儀堂一百二十名家制義本
國圖

41245
胡二溪稿一卷
明崇陽胡定撰
清康熙刻可儀堂一百二十名家制義本
《中國古籍總目·集部》著録,疑與康熙三十八年(1699)刻本或康熙步月樓刻本爲同版。
國圖　北大

41246
胡二溪稿一卷
明崇陽胡定撰
清乾隆三年(1738)文盛堂、懷德堂刻可儀堂一百二十名家制義本
《中國古籍善本書目》著録。
國圖

41247
太白原藁十三卷
明崇陽劉景韶撰
明萬曆刻本
王重民《中國善本書目提要》著録,《中國古籍善本書目》不見,説明存世已稀。題下原署"鄂渚劉景韶著,郡後學吴楚材、吴工良校"。景韶字子成,崇陽人。明嘉靖二十三年(1544)進士,除潮陽知縣,徵刑部主事,官止右僉都御史巡撫鳳陽。是集凡詩八卷、文五卷,爲其歿後,由友人吴國倫刪定。有王世貞序、吴國倫序。《明史藝文志》《四庫全書總目》《千頃堂書目》未著録,《列朝詩集》《明詩綜》未選其詩,僅知《湖北詩徵》選其詩二首。説明此書流布極稀,此或碩果僅存。
國圖

41248
少泉詩選八卷文選五卷文續選五卷
明京山王格撰　明京山高岱撰
明嘉靖京山王氏刻本
《中國古籍總目·集部》著録。今知其集明刻有三版,均存孤本。
臺圖

41249
少泉詩集四卷
明京山王格撰
明嘉靖十八年(1539)李文芝刻刻本
是刻半葉九行,行十八字,黑口,四周雙邊。《中國古籍善本書目》著録,僅該館有藏。
科院

41250
少泉詩集十卷
明京山王格撰
明嘉靖刻本
是刻半葉九行,行十八字,白口,左右雙邊。《中國古籍善本書目》著録,僅該館有藏。
浙江

41251
少泉集十卷
明京山王格撰
1997年齊魯書社據明嘉靖刻本影印四庫全書存目叢書本
湖北

41252
少泉詩集十卷
明京山王格撰
明刻本
亦九行本,疑與前一款目爲同版。
臺北故宫

41253
王少泉集一卷
明京山王格撰
明嘉靖隆慶間刻盛明百家詩本
是刻半葉十行,行二十一字,白口,四周單邊。《中國古籍善本書目》著録。
國圖　北大　上海　山西　青海　浙江　河南

41254
東岱山房詩録十三卷外集一卷
明監利李先芳撰
明嘉靖刻本
是刻半葉九行,行十八字,白口,左右雙邊。《中國古籍善本書目》著録。據相關書目文獻記載,先芳著述相當宏富,涉及四部,然現存品種不多,有的竟成孤本。
後邊款目收有分别藏於上海、南京二館之八卷本與十卷本,見之於《中國古籍總目·集部》,而《中國古籍善本書目》卻未著録,不知其與此十三卷本有無關係。究竟是同一版刻之階段性成果,或是十三卷本之殘本,抑是完全不相干之另一版本?志此存疑。
國圖　上海　南京

41255
東岱山房詩録(一名李少卿詩)八卷
明監利李先芳撰
明嘉靖三十八年(1559)刻本
《中國古籍總目·集部》著録。未知《中國古籍善本書目》何以失收。
上海

41256
東岱山房詩録十卷
明監利李先芳撰
明嘉靖刻本
《中國古籍總目·集部》著録。未知《中國古籍善本書目》何以失收。
南京

41257
東岱山房詩録二卷李氏山房詩選一卷
明監利李先芳撰
明刻本
《中國古籍總目·集部》著録。
日本東京大學

41258
東岱山房詩録二卷外集一卷
明監利李先芳撰
明刻本
《中國古籍總目·集部》著録。
國圖

41259
東岱山房詩録江右稿二卷
明監利李先芳撰
明嘉靖刻本
是刻半葉十行,行十八字,白口,四周雙邊。《中國古籍善本書目》著録。
國圖　首都　北大　中央黨校　科院　上海　上海師大　遼寧×　吉大　山東　青島×　蘇州　浙江　天一閣　湖南　中大　四川

41260
東岱山房詩録江右稿二卷
明監利李先芳撰
明嘉靖刻本　清王定祥跋
《中國古籍善本書目》著録。與前一款目爲同版。《中國古籍總目·集部》作“明嘉靖三十七年(1558)刻本”。

上海

41261

東岱山房詩録江右稿二卷

明監利李先芳撰

1997年齊魯書社據明嘉靖刻本影印四庫全書存目叢書本

湖北

41262

李氏山房詩選六卷

明監利李先芳撰　明皇甫汸輯

明刻本

天一閣×

41263

李氏山房集四卷

明監利李先芳撰

明隆慶刻本

是刻半葉九行,行十八字,白口,左右雙邊。《中國古籍善本書目》著録,僅該館有藏。

天津

41264

李氏山房詩選三卷

明監利李先芳撰　明皇甫汸輯

明刻本

是刻半葉九行,行十八字,白口,左右雙邊。《中國古籍善本書目》著録,僅該館有藏。

天一閣

41265

濠梁集一卷高齋集一卷

明監利李先芳撰

明萬曆五年(1577)刻本

是刻半葉九行,行二十字,白口,左右雙邊。《中國古籍善本書目》著録。

上海×　湖南

41266

高齋集一卷

明監利李先芳撰

明萬曆五年(1577)劉長卿刻本

《中國古籍總目·集部》著録,疑與前一款目爲同版。

上海

41267

李尚寶集一卷

明監利李先芳撰　明俞憲輯

明嘉靖隆慶間刻盛明百家詩本

是刻半葉十行,行二十一字,白口,四周單邊。《中國古籍善本書目》著録。首都、山東大、無錫館藏該叢編之殘帙,未知存此種否。

國圖　首都×　北大　上海　山西　青海　文登　山東大×　無錫×　南京　浙江　河南

41268

二餘齋詩集五卷

明廣濟(今武穴)寇學海撰

清刻本

是刻半葉九行,行十八字,白口,左右雙邊。《中國古籍善本書目》著録,僅南京館有藏。《廣濟耆舊詩集》卷二僅收學海一人之詩,凡一百十三首,並附有小傳。

陳文燭序其詩曰:"寇山人詩,才雄格高,尤長近體,《淮陰》一作,人人誦之。所謂'百戰堪憐,千金自重,恨不起韓侯而擊節焉'。"寇海晚景淒涼,家徒四壁。卒停柩江上,萬曆中邑侯劉燕及爲遷葬,伐石立表,並輯刊所著爲五卷。惜此明刻本今已不見。

南京

41269

耿中丞楊太史批點近溪羅子全集二十四卷

明羅汝芳撰　明黄安(今紅安)耿定向、楊起元等撰

明萬曆刻本
羅先生詩集二卷　明左宗郢輯
近溪羅先生一貫編九卷　明熊儐輯
近溪語要二卷　明陶望齡輯
近溪子集六卷　明黄安(今紅安)耿定向評
近溪子續集二卷　明楊啓元評
近溪子附集二卷　明黄承試輯
近溪羅先生鄉約全書一卷　明左宗郢輯

是刻半葉八至十行,行十七至二十一字不等,白口,四周單邊。《中國古籍善本書目》著録,僅該館有藏。

中國社科院文學所　北大ˣ　北京文物局ˣ　福建師大ˣ　雲大ˣ

41270
近溪子集六卷
明羅汝芳撰　明黄安(今紅安)耿定向評
明萬曆刻本
中國社科院文學所

41271
歸雲集前稿二十卷
明應城陳士元撰
明浩然堂刻本

是刻半葉九行,行二十字,白口,四周單邊。《中國古籍善本書目》著録,僅該館有藏。其内容與《歸雲别集》不相重複。《中國古籍總目·集部》作"明萬曆間浩清堂刻本",南京館藏。"清"或爲"然"之誤。《明史·藝文志》著録《歸雲集》七十五卷,今僅訪知存此。

科院

41272
徐文長文集三十卷四聲猿一卷
明徐渭撰　明公安袁宏道評點
明萬曆四十二年(1614)鍾人傑刻本

是刻半葉九行,行二十字,白口,四周單邊。《中國古籍善本書目》著録,四十一館有藏。

國圖　科院　上海　華東師大　遼寧　山東　南大　浙江　武漢　湖北大　廣東　重慶

41273
徐文長文集三十卷四聲猿一卷
明徐渭撰　明公安袁宏道評點
明萬曆四十二年(1614)鍾人傑刻本　清宋炳經題記

該館《中國古籍善本書目》著録,缺《四聲猿》。

科院

41274
徐文長文集三十卷
明徐渭撰　明公安袁宏道評點
明刻本

是刻半葉九行,行二十字,白口,四周單邊。《中國古籍善本書目》著録,六十二個館有藏。

國圖　北大　科院　上海　復旦　天津　南開　吉林　南京　浙江　湖北　武漢　湖北博　中大　重慶　雲南

41275
徐文長文集三十卷
明徐渭撰　明公安袁宏道評點
明刻本　明祁理孫批

《中國古籍善本書目》著録。

南京

41276
徐文長文集三十卷
明徐渭撰　明公安袁宏道評點
2002年上海古籍出版社據明刻本影印續修四庫全書本
湖北

41277
徐文長文集三十卷
明徐渭撰　明公安袁宏道評點

明黄汝亨校刻本

臺大

41278

徐文長文集三十卷

明徐渭撰　明公安袁宏道評點

清宣統三年（1911）石印本

北大　天津　復旦

41279

鶴鳴集二十七卷

明德安（安陸）劉伯變撰

明萬曆十四年（1586）鄭懋洵刻本

是刻半葉九行，行十八字，白口，四周雙邊。《中國古籍善本書目》著録，僅該館有藏。王重民《中國善本書提要》著録"萬曆刻本"、"三十五卷"，非爲此本，應是崇禎二年（1629）刻本。

光緒《孝感縣志》卷十四："伯變號小鶴。嘉靖乙卯鄉試第一，隆慶戊辰進士，爲給事中，侃侃敢言。性峭厲，寡合，久之外轉。歷官按察使。時楚中院道議割洪樂鄉隸漢陽，伯變移書言不可，事遂寢，邑人聽之。"

科院

41280

鶴鳴集二十七卷

明德安（今安陸）劉伯變撰

1997年北京出版社據明萬曆十四年（1586）鄭懋洵刻本影印四庫未收書輯刊本

湖北

41281

鶴鳴集三十五卷

明德安（今安陸）劉伯變撰

附録一卷

明萬曆十年（1582）刻本

《中國古籍善本書目》未收，兹據《中國古籍總目·集部》。

北大

41282

鶴鳴集三十五卷

明德安（安陸）劉伯變撰　明安陸劉廖編

附録一卷

明崇禎二年（1629）劉□刻本

是刻半葉九行，行十八字，白口，四周雙邊。題下署"明楚人劉伯變譔，男廖編次"。《中國古籍善本書目》著録，僅北京大學圖書館有藏。

北大

41283

梅司馬燕臺遺稿二卷

明麻城梅國楨撰

明萬曆刻本

是刻半葉八行，行十八字，白口，左右雙邊。《中國古籍善本書目》著録，僅該館有藏。

國楨字克生，萬曆進士。除圖安知縣，擢御史，累遷兵馬右侍郎，總都宣大山西軍務卒。其集存世極稀。

中大

41284–

西征集十卷首一卷

明麻城梅國楨撰

明崇禎十一年（1638）序刻本

《中國古籍總目·集部》著録。存世甚稀。

傅斯年圖　日本内閣文庫

41285

西征集八卷

明麻城梅國楨撰

明刻本

日本内閣文庫

41286

雲山堂集六卷

明蒲圻（今赤壁）魏裳撰

明萬曆七年(1579)魏文可刻本

是刻半葉八行,行十八字,白口,四周雙邊。《中國古籍善本書目》著録僅此二館有藏,《四庫全書總目》入"集部·别集類存目"。

國圖　浙江

41287

雲山堂集六卷

明蒲圻(今赤壁)魏裳撰

1997年齊魯書社據明萬曆七年魏文可刻本影印四庫全書存目叢書本

湖北

41288

藏甲巘稿六卷

明興國(今陽新)吴國倫撰

明萬曆二年(1574)唐汝禮刻本

是刻半葉十行,行十八字,白口,四周雙邊。《中國古籍善本書目》著録,僅此二館有藏。

國圖　保定

41289

甔甀洞藁五十四卷目録二卷

明興國(今陽新)吴國倫撰

明萬曆刻本

《中國古籍善本書目》著録,二十七個館有藏。是刻半葉十行,行二十字,白口,四周單邊。《中國古籍總目·集部》作"明萬曆十二年(1584)吴氏刻本"。此書有多個版本。

科院　上海　天津　遼寧　南京　浙江　河南　武漢

41290

甔甀洞藁五十四卷目録二卷

明興國(今陽新)吴國倫撰

明萬曆刻本　清方功惠跋

《中國古籍善本書目》著録。

41291

甔甀洞藁五十四卷目録二卷

明興國(今陽新)吴國倫撰

2002年上海古籍出版社據明萬曆刻本影印續修四庫全書本

湖北

41292

甔甀洞藁五十四卷目録二卷

明興國(今陽新)吴國倫撰

清初吴騰、吴棟元刻本

是刻半葉十行,行二十字,白口,四周單邊。《中國古籍善本書目》著録,僅此三館有藏。

國圖　吉林　武大

41293

甔甀洞藁五十四卷目録二卷

明興國(今陽新)吴國倫撰

明萬曆十三年(1585)序刻本

存二十六卷:文集二十卷詩集六卷

《中國古籍總目·集部》著録。疑與《中國古籍善本書目》著録之"明萬曆刻本"爲同版。

北大 ×

41294

甔甀洞藁五十四卷目録二卷

明興國(今陽新)吴國倫撰

清道光十年(1830)桂芬齋木活字印本

國圖

41295

甔甀洞藁五十四卷目録二卷續藁詩部十二卷文部十五卷

明興國(今陽新)吴國倫撰

明萬曆刻本

《中國古籍總目·集部》著録。《中國古籍善本書目》將續藁與正藁分開著録,而《中國古籍總目》則有分有合,因有難辨之處,茲予照録。

國圖　天津　上海

41296

甑甀洞藁五十四卷目録二卷續藁詩部十二卷文部十五卷

明興國(今陽新)吴國倫撰

清乾隆二十九年(1764)刻本

南京　湖北

41297

甑甀洞藁五十四卷目録二卷續藁詩部十二卷文部十五卷

明興國(今陽新)吴國倫撰

清道光十年(1830)桂芬齋木活字印本

湖北

41298

甑甀洞藁五十四卷目録二卷續藁詩部十二卷文部十五卷

明興國(今陽新)吴國倫撰

清刻本

南京

41299

評林新鍥甑甀洞藁文類二十卷詩集六卷

明興國(今陽新)吴國倫撰　清王世貞評

明萬曆十六年(1588)清白堂楊新泉刻本

是刻上下兩欄,下欄半葉十行,行二十七字,白口,四周雙邊。《中國古籍善本書目》著録。僅此二家有藏。

復旦　湖北

41300

甑甀洞續稿詩部十二卷文部十五卷目録二卷

明興國(今陽新)吴國倫撰

明萬曆三十一年(1603)吴士良刻本

是刻半葉十行,行二十字,白口,四周單邊。《中國古籍善本書目》著録,國圖等十八館有藏。

國圖　上海　浙江　武漢

41301

甑甀洞續稿詩部十二卷文部十五卷目録二卷

明興國(今陽新)吴國倫撰

2002年中華書局據明萬曆三十一年(1603)吴士良刻本影印續修四庫全書本

湖北

41302

甑甀洞藁文類二十卷詩集六卷

明興國(今陽新)吴國倫撰

明萬曆刻本

是刻半葉十行,行二十字,白口,四周單邊。《中國古籍善本書目》著録,僅此二館有藏。

北大　北京文物局

41303

甑甀洞稿詩集三十三卷文集十二卷

明興國(今陽新)吴國倫撰

清道光十一年(1831)郭書刻本

《山東省圖書館館藏海源閣書目》著録。半葉十行,行二十字,白口,左右雙邊。版心題"甑甀閣全集",卷端下題"後學郭書湘帆及同學諸子校刊"。

山東

41304

甑甀洞續稿□卷

明興國(今陽新)吴國倫撰

明渝州馬攀龍刻本

存八卷:一至八

國圖 ×

41305

甑甀藁選三卷

明興國(今陽新)吴國倫撰

清康熙三年(1664)刻本

南京

41306

甑甀藁選三卷

明興國（今陽新）吴國倫撰

清康熙五年（1666）蒲坂楊氏刻本

北大

41307

吴川樓集一卷續吴川樓集一卷

明興國（今陽新）吴國倫撰

明嘉靖隆慶間刻盛明百家詩集本

是刻半葉十行，行二十一字，白口，四周單邊。《盛明百家詩》分前、後編，本書正集入前編，續集入後編。《中國古籍善本書目》著録。

國圖　北大　上海　山西　青海　浙江　河南

41308

吴川樓集四卷

明興國（今陽新）吴國倫撰

明萬曆刻明十二家詩選本

是刻半葉九行，行二十字，白口，四周雙邊。陽海清《中國叢書廣録》著録。

山東　文登

41309

吴國倫詩一卷

明興國（今陽新）吴國倫撰

日本元禄二年（1689）刻新刻陳眉公考正國朝七子詩集註本

陽海清《中國叢書廣録》著録。

臺圖

41310

明卿文選六卷

明興國（今陽新）吴國倫撰

明刻明四家文選本

是刻半葉九行，行二十字，白口，四周單邊。陽海清《中國叢書廣録》著録。

浙江

41311

明卿文選六卷

明興國（今陽新）吴國倫撰

［明刻］皇朝八才子文選本

《中國古籍總目·集部》著録。《皇朝八才子文選》，常用書目不見，版本項中之"明刻"二字係據叢書名推斷而加。

日本内閣文庫

41312

明卿文選六卷

明興國（今陽新）吴國倫撰　明陳懿典選

明末卜士昌刻五家合集本

是刻半葉九行，行二十字，白口，四周單邊。與浙圖所藏《明四家文選》本行字、框欄一致，未知二者有無關係。

中共北京市委

41313

使楚稿一卷

明荆州戴經撰

明抄本

臺灣出版之《續修四庫全書總目提要》著録，藏書單位待訪。此編爲嘉靖癸丑奉使蒲圻時所作，故以"使楚"名集。《千頃堂書目》卷二十三嘉靖朝著録戴經《楚望詩集》若干卷，而《明詩綜》《列朝詩集》未録隻字，故此抄足珍也。《荆州府志》無傳。

41314

白社稿十四卷

明江夏董暹撰

明天啓崇禎間刻本

王重民《中國善本書提要》著録，書凡六册，藏於北圖。原題"江夏董暹長馭甫著，公安李學元元善甫訂"。同治《江夏縣志》卷六有傳云:"暹字長馭,萬曆甲辰進士,授建陽令,入爲吏部主事,以同里有忌者,改南吏部。尋論歸,怡然不以爲意。壬戌起禮部主事,遷員外郎,提學廣東,升山東濟南道,遷按察使。漕運都御史李若星疏薦,升布政使。致仕,卒。有《白社集》。"有明崇禎元年(1628)陳去藻序及舊序,又李維楨、周炳靈序,張萱跋,自序六篇。《中國古籍善本書目》未收,不知尚藏國圖否。

41315
瞿聘君慕川先生化民成俗歌不分卷
明黄梅瞿九思撰
民國抄本
湖北

41316
劉子詩二卷
明安陸劉伯生撰
明萬曆刻劉子三種本
《中國古籍善本書目》。《傳是樓書目》收有《劉子詩集》二卷,或即指此,《安陸縣志》則作《煙霞居集》。
國圖

41317
田子壽詩集八卷
明容美(今長陽)田九齡撰
田國華詩集一卷
明容美(今長陽)田宗文撰
明天啓七年(1627)田玄刻本
是刻半葉九行,行十八字,白口,四周單邊。《中國古籍善本書目》著録,僅該館有藏。《湖北詩徵》云:"九齡,字子壽,容美宣慰司龍溪第六子。弟兄八人均好學,子壽從華容孫太史學。萬曆間補長陽縣弟子員。詩文二十卷,武昌吴國倫序之。"與《田國華詩集》合刻。
上海

41318
田國華詩集一卷
明容美(今長陽)田宗文撰
明天啓七年(1627)田玄刻本
與《田子壽詩集》合刻。宗文字國華,遭家多難,出居澧州,構别業曰"楚騷館"。年未三十卒。遺詩二百首,華容友人孫羽侯序之,號《楚騷館集》,惜今不見。
上海

41319
康谷子集六卷
明廣濟(武穴)劉養微撰
清乾隆四十一年(1776)劉傳等刻本
養微字敬伯,别號康谷子,諸生。乾隆《縣志》有傳。此書《四庫全書總目》入"存目"。
《四庫全書總目提要》云:"是書前三卷爲樂府及詩,四卷其'説鈴'及自譜四則。其詩宗李夢陽而才力薄弱,頗窘於邊幅;其'説鈴'内極推夢陽爲古色過於子美,未免爲偏好之言。五卷以下附其弟養吉詩文及其遠祖天行、文焕等傳,又附劉秉鈐《石浪詩鈔》,劉醖駿、劉鵾化《味間軒遺稿》數種,皆寥寥數篇,姑備劉氏一家之書而已。"
清華

41320
康谷子集六卷
明廣濟(武穴)劉養微撰
1997年齊魯書社據清乾隆四十一年(1776)劉傳等刻本影印四庫全書存目叢書本
湖北

41321
耿天臺先生文集二十卷
明黄安(今紅安)耿定向撰
明萬曆二十六年(1598)劉元卿刻本
是刻半葉九行,行十八字,白口,四周單邊。爲其門人劉元卿所編,凡詩賦一卷、雜文十九卷，末一卷爲時藝，蓋用《宋文鑑》收張才叔《經義》例也。

《四庫全書總目》入"存目"。

科院

41322

耿天臺先生文集二十卷

明黄安（今紅安）耿定向撰

明萬曆二十六年（1598）劉元卿刻本　清丁丙跋

《中國古籍善本書目》著録。

南京

41323

耿天臺先生文集二十卷

明黄安（今紅安）耿定向撰

1997年齊魯書社據明萬曆二十六年（1598）劉元卿刻本影印四庫全書存目叢書本

湖北

41324

耿天臺先生文集二十卷附刻六卷

明黄安（今紅安）耿定向撰

清光緒刻本

湖北

41325

耿天臺先生全書十六卷

明黄安（今紅安）耿定向撰

民國十四年（1925）蕭氏鉛印本

《販書偶記續編》著録。《中國古籍總目·集部》分别列有"民國初湖北蕭氏鉛印本"（遼寧、湖北館有藏）、"民國十四年（1925）武昌正信印務館鉛印本"（北大、天津館有藏），二者實爲同版。

湖北

41326

耿天臺集

明黄安（今紅安）耿定向撰

清康熙五經堂刻道光五年（1825）洪洞張恢等修補印廣理學備考本

與《周訥溪集》等合卷。

國圖　首都　清華　上海　山東大　南京　湖北　武大　重慶

41327

太室山人集十六卷

明光化（今老河口）韓應嵩撰

明萬曆三十二年（1604）韓光祜刻本

是刻半葉九行，行十八字，白口，四周單邊。《中國古籍善本書目》著録，僅該館有藏。應嵩字中甫，由歲貢官寧都縣丞，運糧議行折税法，與中官忤，告歸。其有《楚乘》《存笥録》等，均不見，此乃碩果僅存。

華中師大

41328

侍御遺草一卷侍御遺草補輯一卷

明黄岡王同道撰　清武昌王家璧輯

輯者稿本

正編和補輯共收詩一百四十五首。同道字純甫，號三湘，明嘉靖四十一年（1562）進士，累官南京户部主事。未見刻本。

湖北

41329

江寧詩抄一卷

明黄岡王同軌撰　清武昌王家璧輯

輯者稿本

孤本。同軌字行甫，貢生。歷官南京太僕寺主簿、江寧知縣。收詩不多，篇幅小。

湖北

41330

應叩鳴詩文集四卷

明蘄州（今蘄春）陳仁近撰

清道光十四年（1834）陳鑾刻本

作者爲明嘉靖十九年（1535）舉人，博學好古，著有《春秋一是》《書鄉小步》《一粒粟》《應叩鳴集》。今唯此書尚存。先由其孫朗臯刊刻，明季燬於火；由其玄孫嗣孫獲藍本抄録成册；至八世孫横庵再行抄録；傳至道光年間，由其十一世孫陳鑾付梓。鑾係進士，曾任壬午科浙江大主考，撰有重印序。常用書目不見著録，或許流佈未廣。書凡四卷，卷一爲辭賦三十四篇，卷二爲序跋，卷三爲書簡、銘文，卷四爲詩詞七百餘首。僅知蘄春縣圖書館有藏。

蘄春

41331

太室山人集十六卷附録一卷

明光化（今老河口）韓應嵩撰

明萬曆三十二年（1604）韓光祜晉陵刻本

應嵩字中甫，由歲貢官寧都縣丞，運糧議行折兑法，與中官忤，告歸。另著有《楚乘》《存笥録》《光化縣志》《草訣法帖》等書。

臺圖　臺北故宫

41332

新刻張太嶽先生詩文集四十七卷

明江陵張居正撰

明萬曆四十年（1606）繡谷唐國達刻本

是刻半葉十行，行二十字，白口，四周單邊。《中國古籍善本書目》著録，二十個館有藏。香港新亞研究所圖書藏本有附《帝鑑圖説》四卷。

張居正歿於萬曆十年（1582），是書於其卒後三十年刊成，所收詩文較爲齊備。綜觀諸家書目，知此書現存既有原刻本，又有修補印本，還有翻刻本。因各家於版本之著録詳略不一，到底在萬曆或萬曆後刻了幾次，不比對原書很難確定，所以衹好照録於兹。

《中國古籍善本書目》著録之書名中無“詩”字。

清華　科院　復旦　天津　山東　南京　浙江　武漢　重慶　哈佛燕京

41333

新刻張太嶽先生詩文集四十七卷

明江陵張居正撰

2002年上海古籍出版社據明萬曆四十年（1612）繡谷唐國達刻本影印續修四庫全書本

湖北

41334

新刻張太嶽先生詩文集四十七卷

明江陵張居正撰

明萬曆四十年（1612）繡谷唐國達刻清印本

《中國古籍總目·集部》著録。

天津　復旦

41335

［新刻］張太嶽先生詩文集四十七卷

明江陵張居正撰

明萬曆刻清江陵鄧氏二房印本

兹依《中國古籍總目·集部》。《香港所藏古籍書目》收録新亞藏本，書名作《張太嶽先生文集》並附《帝鑑圖説》四卷；版本作“明江陵鄧氏二房刻本”。而沈津先生《美國哈佛大學哈佛燕京圖書館中文善本書志》考證，實係清代翻刻，“據其紙張，當爲嘉、道以後所印”。

國圖　新亞　哈佛燕京

41336

新刻張太嶽先生詩文集四十七卷

明江陵張居正撰

明刻本

《中國古籍總目·集部》著録。

國圖　南京

41337

新刻張太嶽先生詩文集四十七卷

明江陵張居正撰

明刻清補刻本

《中國古籍總目·集部》著録。
北大

41338
太嶽集四十六卷
明江陵張居正撰
1997年齊魯書社影印四庫全書存目叢書本
湖北

41339
張太嶽先生詩文集四十七卷
明江陵張居正撰
清乾隆刻本
武大

41340
江陵張文忠公全集四十七卷
明江陵張居正撰
清刻本
《湖北大學圖書館中文古籍書目》著録。
湖北大

41341
張太嶽先生詩文集四十六卷目録一卷
明江陵張居正撰
行實一卷
清道光八年(1828)江陵鄧氏刻本
天津　遼寧　南京

41342
張文忠公全集四十五卷附録二卷
明江陵張居正撰
清光緒二十七年(1901)紅藤碧樹山館刻本
湖北　湖北大　河南

41343
新刻張太嶽先生詩文集四十七卷
明江陵張居正撰
清刻本
《河南省圖書館中文古籍書目(集部)》著録。
河南

41344
張文忠公文集十一卷詩集六卷
明江陵張居正撰
清宣統三年(1911)醉古堂石印本
國圖　北大　天津　復旦　南京　河南　香港中大

41345
明張文忠公詩文集十七卷(文集十一卷詩集六卷)
明江陵張居正撰
民國十一年(1922)掃葉山房石印本
《河南省圖書館中文古籍書目(集部)》著録。
河南

41346
張文忠公全集(一名張太嶽集)十二卷
明江陵張居正撰
民國二十四年(1935)上海商務印書館鉛印國學基本叢書本
陽海清《中國叢書廣録》著録。
湖北　湖北大

41347
太嶽集書牘十五卷
明江陵張居正撰
明萬曆刻本
是刻半葉九行,行十八字,白口,四周單邊。《中國古籍善本書目》著録,僅此二館有藏。
天津　科院

41348
張江陵書牘二卷
明江陵張居正撰

清光緒三十三年(1907)上海廣智書局排印本

湖北　湖北大　香港中大

41349

張太嶽集

明江陵張居正撰

1984年上海古籍出版社影印明刻本

北京圖書館善本室編《1911—1984影印善本書目録》著録。

國圖

41350

司空校秦翰牘一卷

明承天(今鍾祥)曾省吾撰

明萬曆顧爾行刻曾確菴三種本

或可歸諸史部·公文檔牘類。《中國古籍善本書目》著録,僅該館有藏。

科院

41351

司空撫蜀翰牘一卷

明承天(今鍾祥)曾省吾撰

明萬曆顧爾行刻曾確菴三種本

附注同前。

科院

41352

重鍥鳳洲王先生文抄註釋四卷續刻四卷

明王世貞撰　題明京山李維楨註

明萬曆二十五年(1597)書舍林顯刻本

是刻半葉九行,行二十字,白口,四周單邊。無魚尾。"李維楨註"或係托名。其内容係從《弇州山人四部稿》中摘出。

哈佛燕京　日本内閣文庫

41353

雲山堂集六卷

明蒲圻(今赤壁)魏裳撰

明萬曆七年(1579)魏文可刻本

是刻半葉八行,行十八字,白口,四周雙邊。《中國古籍善本書目》著録,僅此二館有藏。

國圖　浙江

41354

張居來集六十五卷

明孝昌張佳胤撰

明萬曆十五年(1587)張宗載刻本

存三十五卷:詩存二十七卷、雜文存八卷

是刻半葉九行,行十六字,黑口,四周雙邊。《中國古籍善本書目》著録,僅北京大學有藏,但對其存佚情況未予揭示。"佳胤"或作"佳應"。全書包括張居來賦一卷、詩二十八卷、雜文三十五卷、附録一卷。

北大 ×

41355

居來先生集六十五卷

明孝昌張佳胤撰

明萬曆二十二年(1594)張叔璽刻本

是刻半葉九行,行十八字,白口,四周雙邊。《中國古籍善本書目》著録。

國圖 ×　科院　中國社科院文學所　山東博 ×

湖北博

41356

張居來集一卷

明孝昌張佳胤撰

明嘉靖隆慶間刻盛明百家詩本

是刻半葉十行,行二十一字,白口,四周單邊。《中國古籍善本書目》著録。

國圖　北大　上海　山西　青海　浙江　河南

41357

高白浦集

明京山高岱撰

清康熙五經堂刻道光五年(1825)洪洞張恢等修補印廣理學備考本

與《孟雲浦集》等合卷。《明史·藝文志》收其《西曹集》九卷、《千頃堂書目》收其《居鄭稿》一卷,今皆不見。

國圖 首都 清華 上海 山東大 南京 湖北 武大 重慶

41358

賀文忠公遺集五卷末一卷

明江夏賀逢聖撰

清道光八年(1828)廬陵王贈芳刻本

《販書偶記續編》著録。

國圖 遼寧 湖北

41359

賀文忠公集四卷

明江夏賀逢聖撰

清道光二十八年(1848)涇縣潘氏袁江節署刻同治五年(1866)新建吴坤修皖江印乾坤正氣集本

是刻另有清光緒元年(1875)、七年(1881)、十八年(1892)印本。

國圖 首都 北師大 上海 復旦 天津 遼寧 南京 浙江 湖北 武大 四川 雲南

41360

賀文忠公遺集四卷末一卷

明江夏賀逢聖撰

清同治八年(1869)錦樹山房刻本

北大 天津 南京 湖北

41361

大隱樓集十六卷補遺一卷

明嘉魚方逢時撰

清乾隆四十二年(1777)滋元堂刻本

逢時字行之,明嘉靖進士,官至兵部尚書,進少保。《明史》有傳。逢時以詩名於隆萬間。查《千頃堂書目》《文瑞樓書目》之著録,此書有十、十一、十五卷之别,疑所據皆非足帙。清乾隆間,其六世孫承保覓得十一卷本,益以書、檄、論、議、敘、記、雜文,釐爲十六卷,畢沅,盧文弨爲之序,即斯本也。凡賦、詩九卷,雜文七卷,詩文俱以體序次。後有嘉魚劉氏活字本、潛江甘氏重刻本,皆轉從是本出。明刻久佚,此爲今日最大、最備之本也。《明詩綜》收有其詩,李時遠評曰:"先生素講理學,詩亦沖淡典實。"《安陸志》云:"王世貞稱其詩出少陵,文出兩漢。陳士元稱其文章耻剽竊,奥邃可傳,詩中有中唐風。"

科院 華南師大

41362

大隱樓集十六卷附録一卷

明嘉魚方逢時撰

清抄本

國圖

41363

大隱樓集十六卷補遺一卷

明嘉魚方逢時撰

附録二卷校勘記一卷

甘鵬雲等校勘

民國十一年(1922)刻崇雅堂叢書初編本

國圖 北大 上海師大 吉大 南京 湖北

41364

新刻程凝之先生白蓮泮集十五卷續集五卷

明雲夢程德良撰

明萬曆四十四年(1616)、續集四十六年(1618)金陵書林徐松野刻本

是刻半葉九行,行十八字,白口,四周雙邊。《中國古籍善本書目》著録,僅中科院圖書館藏有全帙。南京館缺續集卷二至五。據《雲夢縣志》,德良有多種著作,多不見常用書目著録,唯此種有刻本流傳,但存世甚稀。

科院 南京[×]

41365

白蓮泮文選九卷詩選六卷

明雲夢程德良撰

明刻本

是刻半葉八行，行十六字，白口，四周單邊。《中國古籍善本書目》著録，僅國家圖書館有藏。

國圖

41366

劉瀟湘先生集四卷

明德安(今安陸)劉紹恤撰

明萬曆刻本

是刻半葉十行，行二十字，白口，左右雙邊。《中國古籍善本書目》著録，僅安徽省圖書館有藏。紹恤，號瀟湘，明隆慶二年(1568)進士，官至雲南僉事。另有《臨安集》，令臨安時作，未見。

安徽

41367

二酉園詩集十二卷文集十四卷

明沔陽(今仙桃)陳文燭撰

明萬曆十二年(1584)龍膺刻本

據目録，尾脱詩六首。《中國古籍善本書目》未著録此本，或係該館漏報。陳氏之詩文集有多個版本。

湖北

41368

二酉園文集十四卷

明沔陽(今仙桃)陳文燭撰

明萬曆十二年(1584)龍膺刻本

是刻本半葉九行，行十八字，白口，左右雙邊。《中國古籍善本書目》著録，僅該館有藏。

南京

41369

二酉園文集十四卷詩集十二卷續集二十三卷

明沔陽(今仙桃)陳文燭撰

明天啓三年(1623)陳之蘧刻本

是刻半葉九行，行十八字，白口，左右雙邊。《四庫全書總目》入"集部·別集類存目"，《中國古籍善本書目》著録，僅該館有藏。此爲陳氏詩文最全之本。

國圖

41370

二酉園文集十四卷詩集十二卷

明沔陽(今仙桃)陳文燭撰

明蒹葭館刻本

《中國古籍善本書目》著録。中科院《中文古籍善本書目》作"明天啓三年(1623)蒹葭館刻本"。

清華 × 科院 東北師大 ×

41371

二酉園文集十四卷

明沔陽(今仙桃)陳文燭撰

民國沔陽盧氏慎始基齋影印明刻本

湖北

41372

二酉園詩集十二卷續集二十三卷

明沔陽(今仙桃)陳文燭撰

明蒹葭館刻本

《中國古籍善本書目》著録。

上海 東北師大 ×

41373

二酉園文集十四卷詩集十二卷續集二十三卷

明沔陽(今仙桃)陳文燭撰

1997年齊魯書社據明蒹葭館刻本影印四庫全書存目叢書本

湖北

41374

淮上詩四卷

明沔陽(今仙桃)陳文燭撰

明萬曆刻本

是刻半葉九行,行十八字,白口,四周雙邊。《中國古籍善本書目》著録,僅該館有藏。

國圖

41375

五嶽山人後集十一卷

明沔陽(今仙桃)陳文燭撰

明萬曆刻本

是刻半葉九行,行十八字,白口,四周雙邊。《中國古籍善本書目》著録,僅該館有藏。

浙江

41376

五嶽山人尺牘十七卷

明沔陽(今仙桃)陳文燭撰

明萬曆十三年(1585)張淳刻本

是刻半葉九行,行十八字,白口,四周雙邊。《中國古籍善本書目》著録,僅該館有藏。

國圖

41377

二酉園尺牘選二十卷

清沔陽(今仙桃)陳文燭撰

明萬曆十九年(1591)刻本

是刻半葉九行,行十八字,白口,四周雙邊。《中國古籍善本書目》著録。

國圖× 上海 浙江×

41378

轉情集二卷

明費元禄撰 明景陵(今天門)鍾惺等評

明萬曆四十六年(1618)刻本

國圖存卷上。《中國古籍總目·集部》著録。

國圖× 日本内閣文庫

41379

轉情集二卷

明費元禄撰 明景陵(今天門)鍾惺等評

明刻本

是刻半葉十行,行二十字,白口,四周單邊。《中國古籍善本書目》著録,僅此二館有藏。

上海 浙江

41380

轉情集二卷

明費元禄撰 明景陵(今天門)鍾惺等評

清康熙九年(1670)鉛山費氏甲秀園刻本

是刻半葉九行,行二十字,白口,四周雙邊。《中國古籍善本書目》著録。

科院 南開 遼寧 吉大 山東 河南

41381

翠娱閣評選屠赤水先生文集第二卷

明屠隆撰 明景陵(今天門)鍾惺選

明刻本

《中國古籍總目·集部》著録。

南京

41382

空羣齋集一卷

明江陵何觀撰

明萬曆元年(1573)刻本

爲《祕授金鎖八門陣圖要訣》之附。《販書偶記續編》著録。藏書單位待訪。

41383

空羣齋集一卷

明江陵何觀撰

明天啓二年(1622)張鳴時刻本

爲《祕授金鎖八門陣圖要訣》之附。《中國古籍善本書目》著録,僅該館有藏。

國圖

41384

大泌山房集一百三十四卷目録二卷

明京山李維楨撰

明萬曆三十九年(1611)京山李氏金陵刻本

《中國古籍總目·集部》著録。

上海

41385

大泌山房集一百三十四卷目録二卷

明京山李維楨撰

1997年齊魯書社據明萬曆三十九年(1611)刻本影印四庫全書存目叢書本

湖北

41386

大泌山房集一百三十四卷目録二卷

明京山李維楨撰

明萬曆刻本

是刻半葉十行,行二十一字,白口,四周單邊。《中國古籍善本書目》著録。全書凡詩六卷,雜文一百二十八卷。《四庫全書總目》入"集部·别集類存目"。

國圖　北大　北師大　科院　中國社科院文學所　中國社科院歷史所　上海　華東師大　天津　吉大　天水　山東　南大　浙江　安徽博　江西[×]　四川

41387

大泌山房集一百三十四卷目録二卷

明京山李維楨撰

明刻本

《中國古籍總目·集部》著録。

北大

41388

大泌山房集一百三十四卷目録二卷

明京山李維楨撰

清抄本

重慶

41389

新刻楚郢大泌山人四遊集二十二卷

明京山李維楨撰

明景陵徐善生刻本

是刻半葉十行,行二十字,白口,四周單邊。《中國古籍善本書目》著録。

北大　南京

41390

李本寧先生詩七卷

明京山李維楨撰

清初抄淵著堂選十八名家詩本

雲大

41391

翠娛閣評選李本寧先生小品二卷

明京山李維楨撰

明崇禎六年(1633)崢霄館刻皇明十六名家小品本

是刻半葉九行,行十九字,白口,四周單邊。《中國古籍善本書目》著録,二十六館有藏。

國圖　首都北大　人大　上海　吉大　南京浙江　天一閣　中大　四川

41392

鐫黄離草十卷

明江夏郭正域撰

明萬曆二十八年(1600)刻本

是刻半葉九行,行二十字,白口,四周單邊。《中國古籍善本書目》著録。

國圖　山西大　吉大　日本内閣文庫　日本靜嘉堂

41393

合併黄離草三十卷

明江夏郭正域撰

明萬曆四十年(1612)史記事刻本

《販書偶記續編》著録"明萬曆壬子武昌府經歷徐邦治督刻本",即爲此本。半葉九行,行二十字,白口,左右雙邊。《中國古籍善本書目》著録。入清代禁燬書目録,存世甚稀。

北大　科院

41394
合併黄離草三十卷
明江夏郭正域撰
2000年北京出版社據明萬曆四十年(1612)史記事刻本影印四庫禁燬書叢刊本
湖北

41395
鐫黄離草十卷
明江夏郭正域撰
明萬曆刻本
國圖藏本卷一配抄本。《中國古籍總目·集部》著録。
國圖　日本蓬左

41396
郭明龍稿一卷
明江夏郭正域撰　清陳名夏輯
明末陳氏石雲居刻國朝大家制義本
《中國古籍善本書目》著録,僅國家圖書館藏有此叢編本。半葉九行,行二十七字,白口,四周單邊。
國圖

41397
朱陵洞稿三十三卷中州賦録一卷
明黄岡王一鳴撰　明抄本　又清抄本　清王家壁批校
伯固公詩拾遺一卷拾殘三卷
明黄岡王一鳴撰　清佚名輯
清抄本　清王家壁批校
考王一鳴之《朱陵洞稿》未見刻本,今僅湖北省館藏有其明抄、清抄本,另有王家壁輯補遺本(輯者手稿本)。前者有王家壁批校。補遺本僅一卷,篇幅不大。《中國古籍善本書目》著録。
湖北

41398
朱陵洞遺稿一卷
明黄岡王一鳴撰,清武昌王家壁輯
輯者稿本
湖北

41399
董玄宰詩選四卷
明董其昌撰　明石首夏雲鼎選
明刻本
南京

41400
空華集二卷飲河集二卷止啼齋集二卷石頭菴集五卷
明江夏釋如愚撰
明萬曆刻本
《四庫全書總目》入"存目",其《提要》云:"如愚字藴璞,江夏人。祝髮後行腳四方,尋居金陵碧峰寺,從詩僧洪恩學。周汝登、曹學佺、袁宗道兄弟皆與之遊。是集凡:初曰《空華集》,詩二卷;次曰《飲河集》,詩二卷;次曰《止啼集》,文一卷;次曰《石頭菴集》,詩三卷、文二卷。《明詩綜》但稱有《飲河》《石頭》二集,蓋未見其全也。據自序,最後有《寶善堂集》,今亦未見。序言文無定質,詩不必有唐,文不必六經秦漢,自許甚高。然材地粗疏,徒好爲大言耳。"是刻半葉九行,行十八字,白口,左右雙邊。《中國古籍善本書目》著録,僅重慶圖書館有藏。《販書偶記續編》著録,又名"緼璞上人詩文集"。
重慶

41401
空華集二卷飲河集二卷止啼齋集二卷石頭菴集五卷
明江夏釋如愚撰
1997年齊魯書社據明萬曆刻本影印四書全書存目叢書本
湖北

41402
止啼齋集一卷
明釋如愚撰

明萬曆劉勘之刻本

是刻半葉九行,行十八字,白口,左右雙邊,《中國古籍善本書目》著録。

科院　南京

41403

石頭菴寶善堂詩集五卷

明釋如愚撰

明萬曆三十四年(1606)劉勘之南京刻本

臺圖

41404

石頭菴集五卷

明釋如愚撰

明萬曆刻本

臺圖

41405

飲河集二卷

明釋如愚撰

明萬曆刻本

臺圖

41406

岣嶁山人集□卷璞非非草□□卷

明黄岡王追美撰

清刻本

曾見此書,惜未記下卷數、版本。余彦文《鄂東著作人物薈萃》著録。追美字輝元,廷陳之孫。嘉靖辛酉中舉。後會試落第,隱居於鄉,放浪山水,以詩文自娱。

浠博

41407

嘯歌二卷

明京山郝敬撰

明萬曆崇禎間郝洪範刻山草堂集本

《中國古籍善本書目》著録。《千頃堂書目》收有《山草堂嘯稿》二卷,當即此書或此書之稿本。《明詩綜》録其詩,王百谷云:"仲輿詩削去雕鏤組繢,独寫性靈。"《静志居詩話》云:"仲輿難經伉伉,詩非所長。"

科院

41408

小山草十卷

明京山郝敬撰

明萬曆崇禎間郝洪範刻山草堂集本

《四庫全書總目》入"集部·别集類存目"。《中國古籍善本書目》著録。

科院

41409

四書制義六卷

明京山郝敬撰

明萬曆崇禎間郝洪範刻山草堂集本

《中國古籍善本書目》著録,國圖、科院、上海辭書、吉林、無錫等館藏有《山草堂集》殘本,不知何館藏本中存此種。

41410

郝京山稿一卷

明京山郝敬撰

明末陳氏石雲居刻國朝大家制義本

國圖

是刻半葉九行,行二十七字,白口,四周單邊。《中國古籍善本書目》著録,僅該館有藏。

41411

郝楚望稿一卷

明京山郝敬撰　清俞長城撰評

清康熙三十八年(1699)刻可儀堂一百二十名家制義本

是刻半葉九行,行二十六字,白口,四周單邊。版心下鐫"可儀堂"。《中國古籍善本書目》著録。

北大　清華

41412
郝楚望稿一卷
明京山郝敬撰
清康熙步月樓、令德堂刻可儀堂一百二十名家制義本
國圖

41413
郝楚望稿一卷
明京山郝敬撰　清俞長城撰評
清康熙刻可儀堂一百二十名家制義本
《中國古籍總目·集部》著録,疑與康熙三十八年(1699)或步月樓刻本爲同版。
國圖　北大

41414
郝楚望稿一卷
明京山郝敬撰
清乾隆三年(1738)文盛堂、懷德堂刻本
《中國古籍總目·集部》著録。
國圖

41415
郟下草二十卷
明羅田蕭譽撰
明萬曆楚黄蕭氏刻本
蕭譽,羅田人,明萬曆元年舉人,歷官兵部郎中。此書未見大陸地區有藏。
臺圖

41416
多雲館稿八卷
明羅田蕭譽撰
明萬曆刻本
是刻半葉十行,行二十字,白口,四周單邊。《中國古籍善本書目》著録。僅上海圖書館有藏。孤本。
上海

41417
何文毅公集十卷
明隨州何宗彦撰
明崇禎刻本
《湖廣通志》有其列傳。
日本尊經閣

41418
閒中漫抄一卷飛霞閣社草一卷中都闈律一卷遺草一卷
明潛江歐陽東鳳撰
明萬曆刻本
是刻半葉九行,行十六字,白口,四周單邊。《中國古籍善本書目》著録。東鳳字千仞,十四歲喪父,家貧,以孝聞。舉於鄉,縣令憐其貧,遺以田二百畝,謝不受。舉萬曆進士,除興化知縣,累遷潁州兵備副使,并有政績。有《晉陵先賢傳》等。
科院

41419
素風居士集擴遺二卷
明潛江歐陽東鳳撰
附録一卷
民國潛江甘鵬雲集録
民國二十二(1933)刻崇雅堂叢書初編本
國圖　北大　上海師大　吉大　南京　湖北

41420
樸園公雜鈔一卷
明黄岡王雲鵬撰並輯
稿本　清王家璧題識
作者係王一鳴之侄,事蹟不詳。全稿收詩一百八十首左右,并附《元配姜孺人行述》一篇。
湖北

41421
白蘇齋類集二十二卷
明公安袁宗道撰

明刻本

是刻半葉九行,行二十字,有直格,白口,左右雙邊。《中國古籍善本書目》著録。入清代禁燬書目録。

國圖　北大　科院　中國社科院歷史所　華東師大　天津　南京　浙江　杭大　河南　湖北　重慶

41422
白蘇齋類集二十二卷
明公安袁宏道撰
2000年北京出版社據明刻本影印四庫禁燬書叢刊本
湖北

41423
白蘇齋類集二十二卷
明公安袁宗道撰
2002年上海古籍出版社據明刻本影印續修四庫全書本
湖北

41424
白蘇齋類集二十二卷
明公安袁宗道撰
臺灣偉文圖書公司影印明萬曆刻本
藏書單位待訪。

41425
白蘇齋類集二十二卷
明公安袁宗道撰　錢伯城標點
1989年上海古籍出版社鉛印本

此書初刻於明萬曆四十二至四十三年(1614—1615)前後,共二十二卷:卷一至二爲古詩,卷三至五爲今體,卷六爲絶句,卷七至八爲館閣文,卷九至十爲序,卷十一至十三爲志狀祭文,卷十四爲記,卷十五至十六爲箋牘,卷十七至十九爲説書,卷二十至二十二爲雜説,係作者詩文最全之本。茲用臺灣偉文圖書公司據劉氏嘉業堂藏本影印之本標點。

湖北

41426
白蘇齋類集二十二卷
明公安袁宗道撰
明刻本

是刻半葉九行,行二十字,無直格(少量有直格),白口,左右雙邊。《中國古籍善本書目》著録。

國圖　清華　故宫　上海　遼寧　南京

41427
白蘇齋類集二十二卷
明公安袁宗道撰
清光緒七年(1881)刻本
北大

41428
白蘇齋類集二十二卷
明公安袁宗道撰
民國二十四年至二十五年(1935—1936)上海貝葉山房鉛印中國文學珍本叢書第一輯本
首都　上海　華東師大　上海師大　天津　内蒙　遼寧　吉大　甘肅　山東大　川大

41429
新鐫玉蟠袁會元集二卷
明公安袁宗道撰
明刻三袁先生集本

是刻半葉九行,行二十字,白口,四周單邊。《中國古籍善本書目》著録。

上海　福建　湖北　湖南

41430
袁伯修尺牘一卷
明公安袁宗道撰
清刻名家尺牘選本

是刻半葉七行，行十五字，無行格，白口，四周單邊。《中國古籍善本書目》僅著録該館有藏。

首都

41431

袁伯修小品一卷

明公安袁宗道撰

民國二十四年（1935）光明書局鉛印晚明二十家小品第七卷本

該叢書爲施蟄存編，順序編爲二十卷，人各一卷，實爲選本。陽海清《中國叢書廣録》著録。

上海　湖北

41432

袁伯修小品

明袁宗道撰　趙伯陶選注

1996年文化藝術出版社鉛印明人小品十家本

41433

蓬池閣遺稿詩四卷文十卷

明夷陵（今宜昌）雷思霈撰

明崇禎張景良刻本

是刻半葉八行，行二十字，白口，四周單邊。《中國古籍善本書目》著録，僅該館有藏。

函請北大沈乃文先生查核，思霈確係宜昌人。

北大

41434

雷檢討詩五卷

明夷陵（今宜昌）雷思霈撰

明刻本

日本内閣文庫

41435

江汝社稿九卷

明黄安（今紅安）耿汝愚撰

明萬曆四十六年（1618）耿汝忞刻本

是刻半葉十行，行二十字，白口，左右雙邊。《中國古籍善本書目》著録，僅該館有藏。汝愚字克明，定向子。明萬曆間兩舉副貢。

科院

41436

江汝社稿九卷

明黄安（今紅安）耿汝愚撰

1997年北京出版社據明萬曆四十六年（1618）耿汝忞刻本影印四庫未收書輯刊本

湖北

41437

絜菴慙録不分卷

明景陵（今天門）吴文企撰

明末刻本

是刻半葉八行，行十五字，白口，四周單邊。《中國古籍善本書目》著録，僅該館有藏。據地方史志記載，文企有《絜菴慙録》《菾盧集》《耳鳴集》《讀書大義》等多種著述。《静志居詩話》稱其詩“頗饒清韻”。省志《文學》有傳。此爲存世孤本。

天津

41438

梅公岑草不分卷

明麻城梅國樓撰

明萬曆刻本

是刻半葉九行，行二十字，白口，四周雙邊。《中國古籍善本書目》著録。國樓字公岑，明萬曆十一年（1583）進士，歷官江西布政司參議。

國圖　湖北　廣東

41439

石季常稿一卷

明黄梅石有恒撰

清抄名家制義六十一家本

《黄梅縣志》稱：有恒爲文，簡古肅穆，與李愚公若愚稱“楚中二子”。鄒元標講學京師，恒與往來商榷，邃密深潛，元標善之。

國圖

41440
石季常稿一卷

明黄梅石有恒撰

清康熙步月樓、令德堂刻可儀堂一百二十名家制義本

國圖

41441
石季常稿一卷

明黄梅石有恒撰

清乾隆三年(1738)文盛堂、懷德堂刻可儀堂一百二十名家制義本

國圖

41442
袁中郎先生全集二十三卷

明公安袁宏道撰

明萬曆刻本

是刻半葉九行,行十九字,白口,四周單邊。《中國古籍善本書目》著録,僅該館有藏。

原題"石公袁宏道中郎撰"。袁中道序云:"先是家有刻不精;吴刻精而不備。近時刻者愈多,雜以《狂言》等贋書,唐突可恨。予校新安,始取家集字櫛句比,稍去其少年未定之語,按年分體,都爲一集。"此本刻於新安,剞劂極精,下書口記云"新安黄應義刻"。前有萬曆四十七年(1619)畢懋康、袁中道二序。

《中國古籍總目·集部》作"明萬曆四十七年(1619)袁中道刻本"。是書爲袁中道精校,又係精刻,且存世已稀。

北大

41443
袁中郎全集四十卷

明公安袁宏道撰　明景陵(今天門)鍾惺定

明崇禎二年(1629)武林佩蘭居刻本

是刻半葉九行,行二十字,白口,四周單邊。《中國古籍善本書目》著録,三十五館有藏。

陸之選《緣起》云:"中郎先生集爲百品哀梨,奇識者特所珍嗜。吴郡六集,嘉禾十集,各爲繡梓,不相統一,構者憾焉。至金陵梨雲館裒集類編,便於採誦,然先生遺稿八卷未見梓行,今悉補入,以供世賞。"則此爲中郎集最全之本。

前有雷思霈、楊汝楫二序和崇禎二年(1629)陸之選《緣起》。

北大　人大　科院　上海　復旦　山東　浙江　江西　河南　華中師大　湖北博　湖南　香港中央

41444
梨雲館類定袁中郎全集二十四卷

明公安袁宏道撰

明周文煒刻本

是刻半葉八行,行十八字,白口,無行格,四周單邊。《中國古籍善本書目》著録。

人大　中央黨校　中央民大　故宫　上海　華東師大　天津　山東[×]　河南社科院　重慶

41445
梨雲館類定袁中郎全集二十四卷

明公安袁宏道撰

明刻本

是刻半葉八行,行十八字,白口,無行格,四周單邊。《中國古籍善本書目》著録。

科院　吉林　山東大　南通　揚州　浙江　廣西民大

41446
梨雲館類定袁中郎全集二十四卷

明公安袁宏道撰

明崇禎周如山大業堂刻本

《中國古籍總目·集部》著録。未知與"明周文煒刻本"有無關係,姑照録之。

上海

41447
[梨雲館類編]袁中郎全集二十卷附尺牘四卷
明公安袁宏道撰
明本文堂刻本
該館《中文古籍書目》,將"梨雲館類編"置於附注項,且"梨"作"犁"。
未知爲何未進入《中國古籍善本書目》。
湖北大

41448
梨雲館類定袁中郎全集二十四卷
明公安袁宏道撰
日本元禄九年(1696)洛陽書林小島市右衛門等刻本
北大

41449
梨雲館類定袁中郎先生全集二十四卷
明公安袁宏道撰　明景陵(今天門)鍾惺增定
清道光九年(1829)培原書屋刻本
山東海源閣　湖北　香港中央

41450
梨雲館類定袁中郎先生全集二十四卷
明公安袁宏道撰　明景陵(天門)鍾惺增定
清同治八年(1869)據道光九年(1829)刻本補刻本
國圖　北大　河南　湖北

41451
袁中郎集十六卷
明公安袁宏道撰
明萬曆刻本
題"公安袁宏道中郎甫撰,繡水洪邦基慶之甫校"。係洪邦基等校刻於繡水。
湖北　國會

41452
袁中郎全集四卷
明公安袁宏道撰　劉大杰校編
民國二十三年(1934)上海圖書時代公司鉛印有不爲齋叢書本
《河南省圖書館中文古籍書目(集部)》著録。
河南　湖北

41453
袁中郎全集不分卷
明公安袁宏道撰
民國二十五年(1936)上海中央書店鉛印本
書凡四册,葉數不連,包括尺牘、文鈔、詩集上下,可視爲四卷。
湖北　湖北大

41454
袁中郎全集六卷
明公安袁宏道撰
民國三年至四年(1914—1915)時代圖書公司鉛印本
復旦

41455
袁石公遺稿六卷
明公安袁宏道撰
明萬曆三十三年(1605)刻袁使君集本
是刻半葉九行,行十八字,白口,左右雙邊。
《中國古籍善本書目》著録。
天一閣

41456
鐫袁中郎未刻遺稿二卷
明公安袁宏道撰
明刻三袁先生集本
是刻半葉九行,行十八字,白口,四周單邊。
《中國古籍善本書目》著録。
國圖　上海　福建　湖北　湖南

41457
[袁中郎]未編稿三卷
明公安袁宏道撰 錢伯城箋校
1981年上海古籍出版社鉛印中國古典文學叢書·袁宏道集箋校本
湖北

41458
瀟碧堂集二十卷瓶花齋集十卷瓶史一卷解脱集四卷錦帆集四卷去吴七牘一卷廣莊一卷
明公安袁宏道撰
明萬曆三十年(1602)、三十六年至三十八年(1608—1610)袁叔度書種堂刻本
兹依《中國古籍總目·集部》。《販書偶記》於萬曆戊申刻《瀟碧堂集》條下注云:"宏道著有《袁石公九種》。""九種"之名未知出自何處。此書種堂刻本,曾在荆州館見過若干零種,刻印尚佳。
斯編北大藏本無《去吴七牘》和《廣莊》,上海藏本則增《敝篋集》二卷,而無《瓶史》和《廣莊》。
國圖 北大$^{\times}$ 上海$^{\times}$ 山東 浙江 荆州$^{\times}$

41459
瀟碧堂集二十卷瓶花齋集十卷瓶史一卷解脱集四卷錦帆集四卷去吴七牘一卷廣莊一卷
明公安袁宏道撰
2002年上海古籍出版社據明萬曆三十年(1602)、三十六年至三十八年(1608—1610)袁叔度書種堂刻本影印續修四庫全書本
湖北

41460
瀟碧堂集二十卷瓶花齋集十卷解脱集六卷
明公安袁宏道撰
明刻本
是刻半葉七行,行十六字,白口,四周單邊。《中國古籍善本書目》著録,僅上海圖書館藏全。
上海 南京$^{\times}$

41461
瀟碧堂集二十卷
明公安袁宏道撰
明萬曆三十六年(1608)袁氏書種堂刻本
是刻半葉九行,行十八字,白口,四周單邊。《中國古籍善本書目》著録,四十三館有藏。目録末題"萬曆戊申……袁氏書種堂校梓"。此爲清代禁書,見《禁書知見録》第244面。
國圖 北大 科院 上海 天津 吉林 甘肅 山東 南京 浙江 河南 湖北 湖南 四川 重慶

41462
瀟碧堂集二十卷
明公安袁宏道撰
明刻本
該館《中文古籍善本書目》著録。
科院

41463
瀟碧堂集十九卷
明公安袁宏道撰 錢伯城箋校
1981年上海古籍出版社鉛印中國古典文學叢書·袁宏道集箋校本
湖北

41464
瀟碧堂集十五卷
明公安袁宏道撰
明刻本
《中國古籍書目·集部》著録。
國圖

41465
瀟碧堂續集十卷
明公安袁宏道撰

明刻本

是刻半葉九行,行十八字,白口,四周單邊。

《中國古籍善本書目》著録。實即《瓶花齋集》。

國圖　群衆　清華　南開　吉林　吉大　山東　南京

41466

錦帆集四卷

明公安袁宏道撰

明萬曆三十三年(1605)刻袁使君集本

是刻半葉九行,行十八字,白口,左右雙邊。

《中國古籍善本書目》著録。

天一閣

41467

錦帆集四卷去吴七牘一卷

明公安袁宏道撰

明萬曆三十七年(1609)袁氏書種堂刻本

是刻半葉九行,行十八字,白口,四周單邊。

《中國古籍善本書目》著録,二十四館有藏。

國圖　首都　北大故宫上海　南開　山東　浙江　安徽　河南　荆州　廣東　重慶

41468

錦帆集四卷

明公安袁宏道撰

明刻本

是刻半葉九行,行十八字,白口,左右雙邊。

《中國古籍善本書目》著録,僅該館有藏。

河南

41469

錦帆集四卷

明公安袁宏道撰　錢伯城箋校

1981年上海古籍出版社鉛印中國古典文學叢書·袁宏道集箋校本

湖北

41470

破研齋集三卷

明公安袁宏道撰

明周應麐刻袁中郎十集本

是刻半葉九行,行二十字,白口,左右雙邊。

《中國古籍善本書目》著録。

國圖　清華　科院　上海　復旦　南開　山東南京　浙江　湖北　四川

41471

破研齋集三卷

明公安袁宏道撰

明萬曆三十三年(1605)刻袁使君集本

是刻半葉九行,行十八字,白口,左右雙邊。

《中國古籍善本書目》著録。

天一閣

41472

破研齋集三卷

明公安袁宏道撰

清宣統三年(1911)抱殘守闕齋影印明萬曆寫本

復旦　遼寧

41473

破研齋集三卷

明公安袁宏道撰　錢伯城箋校

1981年上海古籍出版社鉛印中國古典文學叢書·袁宏道集箋校本

湖北

41474

瓶花齋集十卷

明公安袁宏道撰

明萬曆三十三年(1605)刻袁使君集本

是刻半葉九行,行十八字,白口,左右雙邊。

《中國古籍善本書目》著録。

天一閣

41475
瓶花齋集十卷
明公安袁宏道撰
明萬曆三十六年(1608)袁氏書種堂刻本
是刻半葉九行,行十八字,白口,四周單邊。
《中國古籍善本書目》著録,二十四館有藏。
國圖 北大 科院 上海 吉林 吉大 山東 南京 安徽 河南 湖北 廣東 四川 重慶

41476
瓶花齋集十卷敝篋集二卷廣莊一卷
明公安袁宏道撰
明禪悦山房刻本
存五卷:《瓶花齋集》三、十、敝篋集、廣莊
《中國古籍總目·集部》著録。
國圖 ×

41477
瓶花齋集十卷
明公安袁宏道撰
明刻本
與《瀟碧堂集》《解脱集》合爲一編。
上海 南京

41478
瓶花齋集十卷
明公安袁宏道撰
清宣統三年(1911)抱殘守闕齋石印本
國圖 天津 河南

41479
瓶花齋集十一卷
明公安袁宏道撰 錢伯城箋校
1981年上海古籍出版社鉛印中國古典文學叢書·袁宏道集箋校本
湖北

41480
敝篋集二卷
明公安袁宏道撰
明萬曆袁氏書種堂刻本
是刻半葉九行,行十八字,白口,四周單邊。
《中國古籍善本書目》著録,十五館有藏。
北大 上海 南開 山東大 浙江 荆州 廣東

41481
敝篋集二卷
明公安袁宏道撰
明萬曆三十三年(1608)刻袁使君集本
是刻半葉九行,行十八字,白口,左右雙邊。
《中國古籍善本書目》著録。
天一閣

41482
敝篋集二卷
明公安袁宏道撰
明周應麐刻袁中郎十集本
是刻半葉九行,行二十字,白口,左右雙邊。
《中國古籍善本書目》著録。
國圖 清華 科院 上海 復旦 南開 山東 南京 浙江 湖北 四川

41483
袁中郎敝篋集□卷
明公安袁宏道撰
明刻本
《中國古籍總目·集部》著録。
南京

41484
敝篋集二卷
明公安袁宏道撰
明禪悦山房刻本
與《瓶花齋集》和《廣莊》合爲一編。
國圖

41485

敝篋集二卷

明公安袁宏道撰　錢伯城箋校

1981年上海古籍出版社鉛印中國古典文學叢書·袁宏道集箋校本

湖北

41486

解脱集四卷

明公安袁宏道撰

明萬曆三十三年(1605)刻袁使君集本

是刻半葉九行,行十八字,白口,左右雙邊。《中國古籍善本書目》著録。

天一閣

41487

解脱集四卷

明公安袁宏道撰

明萬曆三十八年(1610)袁氏書種堂刻本

是刻半葉九行,行十八字,白口,四周單邊。《中國古籍善本書目》著録,二十三館有藏。

國圖　北大　故宫　上海　山東　浙江　安徽　河南　荆州　廣東　中大　重慶

41488

解脱集四卷

明公安袁宏道撰

明刻江盈科校本

該館《中文古籍善本書目》著録。

科院

41489

解脱集四卷

明公安袁宏道撰　錢伯城箋校

1981年上海古籍出版社鉛印中國古典文學叢書·袁宏道集箋校本

湖北

41490

解脱集六卷

明公安袁宏道撰

明刻本

與《瀟碧堂集》《瓶花齋集》合爲一編。

上海　南京

41491

廣陵集一卷

明公安袁宏道撰

明萬曆三十三年(1605)刻袁使君集本

是刻半葉九行,行十八字,白口,左右雙邊。《中國古籍善本書目》著録。

天一閣

41492

廣陵集一卷

明公安袁宏道撰

明周應麐刻袁中郎十集本

是刻半葉九行,行二十字,白口,左右雙邊。《中國古籍善本書目》著録。

國圖　清華　科院　上海　復旦　南開　山東　南京　浙江　湖北　四川

41493

廣陵集一卷

明公安袁宏道撰　錢伯城箋校

1981年上海古籍出版社鉛印中國古典文學叢書·袁宏道集箋校本

湖北

41494

去吴七牘一卷

明公安袁宏道撰

明萬曆三十七年(1609)袁叔度書種堂刻本

國圖　上海　山東　浙江

41495

去吴七牘一卷

明公安袁宏道撰　錢伯城箋校

1981年上海古籍出版社鉛印中國古典文學叢書·袁宏道集箋校本

湖北

41496

袁中郎先生诗九卷

明公安袁宏道撰

清初抄淵著堂選十八名家诗本

《中國古籍善本书目》著録。

雲南大

41497

袁中郎先生詩集一卷

明公安袁宏道撰

清刻明詩百家本

《中國古籍總目·集部》著録。

國圖

41498

桃源詠一卷

明公安袁宏道撰

明萬曆三十三年(1605)刻袁使君集本

是刻半葉九行,行十八字,白口,左右雙邊。《中國古籍善本書目》著録。

天一閣

41499

桃源詠一卷

明公安袁宏道撰

明周應麐刻袁中郎十集本

是刻半葉九行,行二十字,白口,左右雙邊《中國古籍善本書目》著録。

國圖　清華　科院　上海　復旦　南開　山東　南京　浙江　湖北　四川

41500

鐫袁中郎未刻遺稿二卷

明公安袁宏道撰

明刻三袁先生集本

是刻半葉九行,行十八字,白口,四周單邊。《中國古籍善本書目》著録。

國圖　上海　福建　湖北　湖南

41501

翠娱閣評選袁中郎先生文集二卷

明公安袁宏道撰　明景陵(今天門)鍾惺評選

明刻本

兹依《中國古籍總目·集部》,《中國古籍善本書目》未收。

南京

41502

翠娱閣評選袁中郎先生小品二卷

明公安袁宏道撰

明崇禎六年(1633)崢霄館刻皇明十六家小品本

是刻半葉九行,行十九字,白口,四周單邊。《中國古籍善本書目》著録,二十八館有藏。

國圖　首都　北大　人大　上海　浙江　天一閣　中大　四川

41503

袁中郎小品一卷

明公安袁宏道撰

民國二十四年(1935)光明書局鉛印晚明二十家小品第八卷本

該叢書爲施蟄存編,順序編爲二十卷,人各一卷,實爲選本。陽海清《中國叢書廣録》著録。

上海　湖北

41504

袁中郎小品

明公安袁宏道撰　熊禮會選注

1996年文化藝術出版社鉛印明人小品十家本

41505
袁中郎文鈔一卷
明公安袁宏道撰
明刻本
是刻半葉八行，行二十字，白口，左右雙邊。《中國古籍善本書目》著録，僅該館有藏。
上海

41506
袁中郎文鈔一卷
明公安袁宏道撰
明末刻八代文抄本
是刻半葉九行，行二十字，白口，左右雙邊。《中國古籍善本書目》著録。
北大　人大　中國社科院文學所　故宫　天津　山東　揚州博　湖北博

41507
袁中郎文鈔
明公安袁宏道撰　明陳子龍輯
明刻皇明文鈔十三種本
四川師大

41508
袁中郎尺牘一卷
明公安袁宏道撰
清刻名家尺牘選本
是刻半葉七行，行十五字，無行格，白口，四周單邊。《中國古籍善本書目》著録，僅該館有藏。
首都

41509
狂言二卷别集二卷
明公安袁宏道撰
明周應麐刻袁中郎十集本
是刻半葉九行，行二十字，白口，左右雙邊。《中國古籍善本書目》著録。袁中道在二十三卷《袁中郎先生全集》序中云："先是有家刻本不精；吴刻精而不備。近時刻者愈多，雜以《狂言》等贋書，唐突可恨。"則此書并非宏道自定。
國圖　清華　科院　上海　復旦　南開　山東　南京　浙江　湖北　四川

41510
［袁宏道］未編稿三卷
明公安袁宏道撰　錢伯城輯並箋校
1981年上海古籍出版社鉛印中國古典文學叢書·袁宏道集箋校本
湖北

41511
袁中郎詩文選注
明公安袁宏道著　任亮直選注
1993年河南大學出版社鉛印本

41512
袁中郎隨筆
明公安袁宏道撰　立人編校
1995年作家出版社鉛印明清性靈文學珍品本

41513
袁中郎先生批評唐伯虎彙集四卷
明唐寅撰　明公安袁宏道評
明刻本
是刻半葉九行，行二十字，白口，四周單邊。《中國古籍善本書目》著録，三十二館有藏。
唐寅事蹟附見《明史·文苑·徐禎卿傳》。宏道當萬曆時，懼七子末流僞體之弊，倡言排抵，變粉飾爲本色，宜於寅詩有特嗜，爲之刊行，殆所謂有爲而作歟？集前有總評三則，分詩文各二卷。
科院藏本有"記事一卷傳贊一卷"和明祝允明撰《外集》一卷。

國圖　首都　科院　故宫　華東師大　天津師大　吉大　青海　浙江　河南　湖南

41514

西遊續稿六卷

明江陵蘇惟霖撰

明刻本

西遊詩草餘一卷

西遊日記餘一卷

西遊札子劄子餘一卷

西遊雜著餘一卷

西遊日記摘抄二卷

是刻半葉九行，行十八字，白口，四周雙邊。《中國古籍善本書目》著録，僅該館有藏。

惟霖字雲浦，明萬曆二十六年（1598）進士。官監察御史，巡視兩淮漕儲，按山西，擢河南按察副使。歸田後，與公安袁宏道、京山李維楨、同里吴道昌諸人相倡和。《江陵志》著録其《兩淮遊草》《西遊草》未見。

國圖

41515

經畧熊先生全集十一卷

明江夏熊廷弼撰

明末廣陵汪修能刻本

熊氏全集有十一卷、十卷、七卷本，各自又有幾個刻、印本。

臺圖

41516

熊襄愍公集七卷

明江夏熊廷弼撰

清道光二十八年（1848）涇縣潘氏袁江節署刻同治五年（1866）新建吴仲修皖江印乾坤正氣集本

國圖　上海　天津　遼寧　南京　浙江　湖北　廣東

41517

熊襄愍公集十卷首一卷末一卷

明江夏熊廷弼撰

清嘉慶十八（1813）熊市腴經堂刻本

國圖　南京　復旦

41518

熊襄愍公集十卷首一卷末一卷

明江夏熊廷弼撰

清道光二十一年（1841）刻湖北省城彙古堂印本

國圖

41519

熊襄愍公集十卷首一卷末一卷

明江夏熊廷弼撰

清同治三年（1864）熊氏祠堂重刻本

湖北

41520

熊襄愍公集十卷首一卷末一卷

明江夏熊廷弼撰

清同治十一年（1872）熊氏祠堂刻本

兹依《中國古籍總目·集部》。未知是同治三年（1864）刻本之重印本，抑是同治十一年（1872）重刻本。

南京

41521

熊襄愍公集十卷首一卷末一卷

明江夏熊廷弼撰

清退補齋刻本

《河南省圖書館中文古籍書目·集部》著録。

河南

41522

熊襄愍公集七卷

明江夏熊廷弼撰

清道光二十八年（1848）涇縣潘氏袁江

節署刻同治五年(1866)新建吴坤修皖江印乾坤正氣集本

此書還有清光緒元年(1875)、七年(1881)、十八年(1892)印本。

國圖　首都　北師大　上海　復旦　天津　遼寧　南京　浙江　湖北　武大　四川　雲南

41523

碧心先生集一卷

明江夏熊廷弼撰

民國十四年(1925)桂湖至誠社鉛印本

山西大

41524

遼中書牘二卷

明江夏熊廷弼撰

明萬曆三十九年(1611)刻本

是刻半葉九行,行二十字,白口,四周雙邊。《中國古籍善本書目》著録,僅中科院圖書館有藏。

科院

41525

書牘會稿六卷

明江夏熊廷弼撰

明末廣陵汪修能刻本

是刻半葉十行,行二十二字,四周單邊。《中國古籍善本書目》著録,僅國家圖書館有藏。

國圖

41526

熊襄愍公尺牘四卷

明江夏熊廷弼撰

清道光二十九年(1849)童濂刻本

《販書偶記續編》著録,注謂較其他刊本多二百三十餘篇。

國圖

41527

熊襄愍公尺牘四卷

明江夏熊廷弼撰

清光緒三十四年(1908)湖北武昌璞園重刻本

係重刻道光二十九年(1849)本。《販書偶記續編》著録。

北大

41528

熊襄愍公尺牘四卷

明江夏熊廷弼撰

清光緒二十二年(1896)京師刻本

臺灣出版之《續修四庫全書總目提要》著録。首有姚瑩序,略言熊氏自鈔初次經遼軍中與人尺牘,現刻集内者僅二十餘篇,未刻者有二百三十餘篇。此集末有魏源跋,謂集内所刊書札皆天啓時再起經遼時作。

國圖

41529

熊襄愍公尺牘四卷

明江夏熊廷弼撰

清刻本

湖北

41530

熊襄愍公書牘不分卷

明江夏熊廷弼撰

清光緒三十四年(1908)上海廣智書局鉛印本

南京

41531

楊忠烈公文集六卷

明應山(今廣水)楊漣撰

清順治十七年(1660)李贊元刻本

是刻半葉九行,行二十字,白口,左右雙邊。《中國古籍善本書目》著録。是書有多個版本。

中央黨校　北京文物局　天津　吉大　山東　山東博　福建師大

41532
楊忠烈公文集六卷
明應山(今廣水)楊漣撰
2002年上海古籍出版社據清順治十七年(1660)李贊元刻本影印續修四庫全書本
湖北

41533
楊忠烈公文集六卷
明應山(今廣水)楊漣撰
清抄本
《中國古籍善本書目》著録。
湖南社科院

41534
楊忠烈公文集六卷
明應山(今廣水)楊漣撰
清抄本
國圖

41535
楊忠烈公集三卷
明應山(今廣水)楊漣撰
清康熙四年(1665)序刻本
《中國古籍總目·集部》著録。
日本東京大學

41536
楊忠烈公文集□卷
明應山(今廣水)楊漣撰
清康熙四年(1665)應山楊苞刻本
存三卷:一至三
《中國古籍總目·集部》著録。疑與前一款目所著録之日本東京大學藏本爲同版。若果真如此,則非殘本。
國圖 ×

41537
楊大洪先生文集二卷
明應山(今廣水)楊漣撰　清張伯行訂
清康熙四十九年(1710)正誼堂刻本
《中國古籍總目·集部》著録。
北大

41538
楊大洪先生文集二卷
明應山(今廣水)楊漣撰　清張伯行訂
清同治八年至九年(1869—1870)刻正誼堂全書續刻本
國圖　北大　科院　上海　復旦　天津　遼寧　南京　浙江　湖北　武漢　武大　四川　雲南

41539
楊忠烈遺集二卷
明應山(今廣水)楊漣撰
清宣統二年(1910)鄂城第二中學鉛印本
國圖　北大

41540
楊忠烈公文集五卷
明應山(今廣水)楊漣撰
清嘉慶九年(1804)刻本
國圖　南京

41541
楊忠烈公文集五卷
明應山(今廣水)楊漣撰
清道光二十八年(1848)涇縣潘氏袁江節署刻同治五年(1866)新建吴坤修皖江印乾坤正氣集本
此刻有清光緒元年(1875)、七年(1881)、十八年(1892)重印本。
國圖　首都　北師大　上海　復旦　天津　遼寧　南京　江西　湖北　廣東　四川　雲南

41542
楊忠烈公文集五卷
明應山（今廣水）楊漣撰
清宣統三年（1911）文盛書局石印本
河南　湖北

41543
楊忠烈公文集六卷末一卷
明應山（今廣水）楊漣撰
表忠録一卷
清道光刻本
《中國古籍總目·集部》著録。
南京

41544
楊忠烈公文集十卷補遺一卷時文一卷
明應山（今廣水）楊漣撰　清楊祖憲輯
表忠録一卷　楊忠烈公年譜一卷
清楊征午等編
末一卷
清道光十三年（1833）應山楊氏刻本
入清代禁燬書目。
國圖　北大　天津

41545
楊忠烈公文集十卷補遺一卷
明應山（今廣水）楊漣撰
表忠録一卷
末一卷
清道光十三年（1833）世美堂刻本
是刻半葉九行，行二十一字，白口，單黑魚尾，四周雙邊。封面鐫"道光十三年重鐫，世美堂藏板"。
海源閣　湖北

41546
楊忠烈公文集十卷
明應山（今廣水）楊漣撰
附表忠録一卷楊忠烈公年譜一卷
清楊征午等編
末一卷
2000年北京出版社據清道光十三年（1833）世美堂刻本影印四庫禁燬書叢刊本
湖北

41547
楊忠烈公文集十二卷
明應山（今廣水）楊漣撰
清同治四年（1865）重刻本
湖北

41548
楊忠烈公文集十四卷
明應山（今廣水）楊漣撰
清光緒三年（1877）退補齋刻本
湖北

41549
楊忠烈公時文一卷
明應山（今廣水）楊漣撰
清道光十三年（1833）應山楊氏刻本
與《楊忠烈文集》合刻。
國圖　北大　天津

41550
楊大洪先生文集二卷
明應山（今廣水）楊漣撰
清同治光緒間福州正誼書院刻正誼堂全書本
該書入清代禁燬書目。
國圖　科院　北大　上海　復旦　天津　遼寧　甘肅　南京　浙江　湖北　武漢　四川

41551
楊大洪先生文集二卷
明應山（今廣水）楊漣撰
2000年北京出版社據清同治光緒間福州正誼書院刻正誼堂全書本影印四庫禁燬書叢刊本

湖北

41552
楊大洪先生文集二卷
明應山（今廣水）楊漣撰
民國二十四年至二十六年（1935—1937）上海商務印書館鉛印叢書集成初編本
國圖　北師大　清華　上海　復旦　遼寧　吉林市　甘肅　山東大　南大　浙江　江西　湖北　四川　重慶　雲南

41553
楊忠烈公集
明應山（今廣水）楊漣撰
1968年臺北華文書局影印中華文史叢書本
湖北大

41554
隱秀軒集三十三卷
明景陵（今天門）鍾惺撰
明天啓二年（1622）虞山沈春澤刻本
是刻半葉八行，行十七字，白口，四周單邊。包括詩集十卷文集二十三卷。清代禁燬書。《中國古籍善本書目》著録。另有五十四卷本。
北大　北師大　科院　中國社科院歷史所　故宫　羣衆　上海　復旦　南開　黑大　南京　江西博　湖北　中大　四川　川大

41555
隱秀軒集三十三卷
明景陵（今天門）鍾惺撰
2000年北京出版社據明天啓二年（1622）沈春澤刻本影印四庫禁毁書叢刊本
湖北

41556
隱秀軒集五十四卷
明景陵（今天門）鍾惺撰
明天啓二年（1622）虞山沈春澤刻本
國圖存五十一卷。《中國古籍總目·集部》著録。
國圖 [×]　日本内閣文庫　哈佛燕京

41557
隱秀軒集八卷
明景陵（今天門）鍾惺撰
明末書林近聖居刻本
是刻半葉八行，行十七字，白口，四周單邊。《中國古籍善本書目》著録，僅此二館有藏。
北大　中央黨校

41558
隱秀軒集二十四卷
明景陵（今天門）鍾惺撰
陝西教育圖書社鉛印本
該館《中文古籍書目·集部》著録。
河南

41559
隱秀軒集四十二卷
明景陵（今天門）鍾惺撰
1992年上海古籍出版社鉛印中國古典文学叢書本
以明天啓沈氏刻本及《鍾伯敬先生遺稿》本爲底本，校以《翠娱閣評選鍾伯敬先生合集》本。原書依文體分集，計三十三集五十六分集，整理時重新編排爲四十二卷，其中詩十四卷、文二十八卷，各卷後附佚作。附録有關序跋、簡明年表及詩文集考。
湖北

41560
鍾伯敬先生遺稿四卷
明景陵（今天門）鍾惺撰
明天啓七年（1627）徐波刻本
是刻半葉九行，行十八字，白口，四周單邊。《中國古籍善本書目》著録。
國圖　北大　上海　湖南

41561
鍾伯敬先生遺稿四卷
明景陵(今天門)鍾惺撰
明崇禎刻本
是刻半葉九行,行十八字,白口,四周單邊。《中國古籍善本書目》著録,僅此二館有藏。
浙江　廬山

41562
翠娱閣評選鍾伯敬先生小品二卷
明景陵(今天門)鍾惺撰　明陸雲龍評
明崇禎六年(1626)崢霄館刻皇明十六名家小品本
是刻半葉九行,行十九字,白口,四周單邊。《中國古籍善本書目》著録。
國圖　首都　北大　上海　上海博　吉大　南京　浙江　中大　四川

41563
翠娱閣評選鍾伯敬先生小品二卷
明景陵(今天門)鍾惺撰　明陸雲龍評
清初刻明季小品五種本
《中國古籍總目·集部》著録。
國圖

41564
翠娱閣評選鍾伯敬先生合集文集十一卷詩集五卷
明景陵(今天門)鍾惺撰　明陸雲龍評
明崇禎九年(1636)陸雲龍刻本
是刻半葉九行,行二十字,白口,四周單邊。《中國古籍善本書目》著録。清代禁燬書。
上海　上海辭書ˣ　天津　祁縣　陝西文物局　東北師大　寧夏大學　湖南　華南師大ˣ　廣東社科院ˣ

41565
翠娱閣評選鍾伯敬先生合集文集十一卷詩集五卷
明景陵(今天門)鍾惺撰　明陸雲龍評
2000年北京出版社據明崇禎九年(1636)陸雲龍刻本影印四庫禁毀書叢刊本
湖北

41566
翠娱閣評選鍾伯敬先生合集文集十一卷詩集五卷
明景陵(今天門)鍾惺撰　明陸雲龍評
2002年上海古籍出版社據明崇禎九年(1636)陸雲龍刻本影印續修四庫全書本
湖北

41567
鍾伯敬詩集十卷
明景陵(今天門)鍾惺撰
明末刻鍾譚合集本
《中國古籍總目·集部》著録。
日本内閣文庫　哈佛燕京

41568
鍾伯敬文抄一卷
明景陵(今天門)鍾惺撰
明末刻八代文鈔本
是刻半葉九行,行二十字,白口,左右雙邊。《中國古籍善本書目》著録。
北大　人大　故宫　中國社科院文學所　天津　山東　山東大ˣ　鎮江博　樂平ˣ　湖北博

41569
鍾伯敬先生詩八卷
明景陵(今天門)鍾惺撰
清初抄淵著堂選十八名家詩本
《中國古籍善本書目》著録。
雲大

41570
鍾伯敬尺牘一卷
明景陵(今天門)鍾惺撰

清刻名家尺牘選本

是刻半葉七行，行十五字，無行格，白口，四周單邊。《中國古籍善本書目》著録，僅該館有藏。

首都

41571
鍾伯敬合集（一名隱秀軒集）一卷
明景陵（今天門）鍾惺撰
民國二十四年至二十五年（1935—1936）上海貝葉山房鉛印中國文學珍本叢書第一輯本
首都　上海　華東師大　上海師大　天津　內蒙古　遼寧　吉大　甘肅　山東大　川大

41572
鍾伯敬集鈔不分卷
明景陵（今天門）鍾惺撰
清抄本

《中國古籍總目·集部》著録。

國圖

41573
鍾伯敬小品
明景陵（今天門）鍾惺撰　劉良明選注
1996年文化藝術出版社鉛印明人小品十家本

41574
鍾伯敬文鈔
明景陵（今天門）鍾惺撰　明陳子龍輯
明刻皇明文鈔十三種本
四川師大

41575
鍾惺散文選集
明景陵（今天門）鍾惺撰　陳少松選注
1997年百花文藝出版社鉛印百花散文書系本

41576
梅中丞遺稿八卷
明麻城梅之煥撰
西州淚一卷
清順治衛貞元刻本

是刻半葉九行，行二十字，白口，四周單邊。《中國古籍善本書目》著録，僅此二家有藏。

科院　浙江

41577
梅中丞遺稿八卷
明麻城梅之煥撰
西州淚一卷
1997年北京出版社據清順治衛貞元刻本影印四庫未收書輯刊本
湖北

41578
梅中丞遺稿八卷
明梅城梅之煥撰　明萬延輯
清抄本

《中國古籍善本書目》著録。書前有明崇禎十五年（1642）萬延撰《行狀》、十七年（1644）錢謙益撰《梅長公傳》。

湖北

41579
心月軒稿十七卷
明蒲圻（今赤壁）鄧士亮撰
明末刻本

是刻半葉八行，行十八字，白口，四周單邊。《中國古籍善本書目》著録，僅該館有藏。

科院

41580
珂雪齋前集二十四卷外集十五卷
明公安袁中道撰
明萬曆四十六年（1618）自刻本

是刻半葉九行，行十八字，白口，四周單邊。

《中國古籍善本書目》著録。

北大[×]　科院　故宫　南京　山東[×]

別集類

41581

珂雪齋前集二十四卷外集十五卷

明公安袁中道撰

2002年上海古籍出版社據明萬曆四十六年(1618)自刻本影印續修四庫全書本

湖北

41582

珂雪齋前集二十四卷

明公安袁中道撰

臺灣偉文出版社影印明萬曆四十六年(1618)刻本

藏書單位待訪。

41583

珂雪齋前集二十五卷遊居柿録三卷

明公安袁中道撰　錢伯城點校

附竹林記譚不分卷

題明公安袁中道編

1989年上海古籍出版社鉛印本

本書以臺灣偉文出版社影印明萬曆四十六年(1618)刻《珂雪齋前集》爲底本,據臺灣偉文出版社影印明萬曆間刻《珂雪齋近集》、明天啓二年(1622)刻《珂雪齋集選》補入詩五十九首、文七十九篇,並以此二本校勘。《遊居柿録》則以明天啓四年(1624)刻本爲底本,以上海雜志公司民國二十四年(1935)排印《袁小修日記》校補。

41584

珂雪齋前集八卷

明公安袁中道撰

明萬曆刻本

《販書偶記續編》著録,《中國古籍善本書目》不見。藏書單位待訪。

41585

珂雪齋近集十卷

明公安袁中道撰

楚狂之歌一卷小袁幼稿一卷近遊草一卷

明公安袁祈年撰

明書林唐振吾刻本

是刻半葉十行,行二十字,白口,四周單邊。

《中國古籍善本書目》著録,僅此二館有藏。

國圖　復旦

41586

珂雪齋近集十卷

明公安袁中道撰

2002年上海古籍出版社據明書林唐振吾刻本影印續修四庫全書本

湖北

41587

珂雪齋近集十卷

明公安袁中道撰

臺灣偉文出版社影印明萬曆刻本

藏書單位待訪。

41588

珂雪齋近草十卷

明公安袁中道撰

明刻本

是刻半葉九行,行十八字,白口,四周雙邊。

《中國古籍善本書目》著録。

重慶

41589

珂雪齋近集四卷

明公安袁中道撰

民國二十四年至二十五年(1935—1936)上海中央書店鉛印國學珍本文庫第一集本

國圖　清華　遼寧　山東大

41590
珂雪齋近集四卷
明公安袁中道撰
1983年上海書店據中央書局版舊紙型重印本

41591
珂雪齋集選二十四卷
明公安袁中道撰
明天啓二年(1622)刻本
是刻半葉九行,行十八字,白口,四周單邊。《中國古籍善本書目》著録。
北大　中國社科院文學所　上海　華東師大　天一閣

41592
珂雪齋詩集七卷文集十四卷
明公安袁中道撰
民國二十四年至二十五年(1935—1936)上海貝葉山房鉛印中國文學珍本叢書本
首都　清華　遼寧　山東大

41593
鐫袁小修集一卷
明公安袁中道撰
明刻三袁先生集本
是刻半葉九行,行二十字,白口,四周單邊。《中國古籍善本書目》著録。
國圖　上海　福建　湖北　湖南

41594
袁小修先生詩六卷
明公安袁中道撰
清初抄淵堂選十八名家詩本
《中國古籍善本書目》著録。
雲大

41595
新安集一卷
明公安袁中道撰
明刻本
日本内閣文庫

41596
袁小修尺牘一卷
明公安袁中道著
清刻名家尺牘選本
是刻半葉七行,行十五字,無行格,白口,四周單邊。《中國古籍善本書目》著録,僅該館有藏。
首都

41597
翠娛閣評選袁小修先生小品二卷
明公安袁中道撰　明陸雲龍評
明崇禎六年(1633)崢霄館刻皇明十六名家小品本
是刻半葉九行,行十九字,白口,四周單邊。《中國古籍善本書目》著録,二十八館有藏。
國圖　首都　北大　人大　上海　浙江　天一閣　中大　四川

41598
翠娛閣評選袁小修先生小品二卷
明公安袁中道撰　明陸雲龍評
清初刻明季小品五種本
《中國古籍總目·集部》著録。
國圖

41599
袁小修小品一卷
明公安袁中道撰
民國二十四年(1935)光明書局鉛印晚明二十家小品第九卷本
該叢書爲施蟄存編,順序編爲二十卷,人各一卷,實爲選本。陽海清《中國叢書廣録》著録。

藏館不详。

41600
袁小修小品
明公安袁中道撰　李壽和選注
1996年文化藝術出版社鉛印明人小品十家本

41601
楚狂之歌一卷小袁幼稿一卷近遊草一卷
明公安袁祈年撰
明書林唐振吾刻本
祈年字田祖，中道子。天啓四年（1624）舉人。此實爲中道《珂雪齋近集》之附刻。
國圖　復旦

41602
楚狂之歌一卷小袁幼稿一卷近遊草一卷
明公安袁祈年撰
民國二十四年至二十五年（1935—1936）上海中央書店鉛印國學珍本文庫第一集本
國圖　清華　遼寧　山東大

41603
兩淮遊集五卷
明江陵蘇惟霖撰
明萬曆刻本
據《江陵縣志》，惟霖字雲浦，明萬曆二十六年（1598）進士，官監察御史，巡視兩淮漕儲，按山西，終於河南按察副使。是書題下署"江陵蘇惟霖潛甫氏著，新安後學汪人龍校"，包括《詩》二卷，《禪戲》一卷，《日記摘抄》一卷，《札子摘抄》一卷，係其巡視兩淮時所作。李維楨極稱其詩，至謂爲白香山分身。并稱惟霖有集三十卷，祕不示人，則此非其全。有萬曆三十八（1610）自序、梅之焕序，三十九年（1611）董應舉序。又有朱國楨序、汪人龍跋。
國會

41604
鄒荻翁六卷雅笑編畧一卷
明景陵（今天門）鄒枚撰
清康熙金陵書林刻本
是刻半葉八行，行十八字，白口，四周單邊。《中國古籍善本書目》著録。
清華　上海　復旦　金華

41605
嶽歸堂合集十卷
明景陵（今天門）譚元春撰
明刻本
是刻半葉八行，行十八字，白口，四周單邊。版心上刻"嶽歸堂"，署"景陵譚元春友夏著"。前有崇禎三年（1630）譚元春全詩歸序，萬曆四十七年（1619）譚元春合集序。
元春字友夏，竟陵人，天啓七年（1627）鄉試第一。與同里鍾惺共同評選唐人之詩爲《唐詩歸》，又評選隋以前詩爲《古詩歸》，鍾譚之名滿天下。論文反對復古，主性靈之説，稱爲竟陵派，與公安派相頡頏。著有《嶽歸堂集》《鵠灣集》等。《明史》有傳，附於袁宏道傳後。
《四庫全書總目》入"集部·别集類存目"。
《中國古籍善本書目》據國圖、山東、湖南三館報片，將其并爲一個款目，稱"明刻本"，茲從之；《中國古籍總目·集部》，又據各館書目將其析開，亦予照録，以供比較。
國圖　山東　湖南×　哈佛　燕京×　日本尊經閣

41606
嶽歸堂合集十卷
明景陵（今天門）譚元春撰
明萬曆刻本
《中國古籍總目·集部》著録。
國圖

41607
嶽歸堂合集十卷
明景陵（今天門）譚元春撰

明崇禎刻本

《中國古籍總目·集部》著録。

日本尊經閣

41608

嶽歸堂合集十卷

明景陵(今天門)譚元春撰

明末刻本

《中國古籍總目·集部》著録。

國圖

41609

嶽歸堂合集十卷

明景陵(今天門)譚元春撰

明崇禎三年(1630)古吴張澤刻本

臺圖

41610

新刻譚友夏合集十卷

明景陵(今天門)譚元春撰　明徐穫等評

明崇禎刻本

嶽歸堂新詩五卷

鵠灣文草三卷

鵠灣未刻古文一卷

書牘一卷

《中國古籍善本書目》著録,僅該館有藏。

中國社科院文學所

41611

新刻譚友夏合集二十三卷

明景陵(今天門)譚元春撰　明徐穫、張澤等評

旨齋詩草一卷

明張澤撰

明崇禎六年(1633)張澤刻本

是刻半葉九行,行二十字,白口,四周單邊。《中國古籍善本書目》著録。每篇各有批評,皆摹仿元春語。《四庫全書總目》入"集部·别集類存目"。

國圖　首都　北大　中央民大　中國社科院歷史所　上海　吉大　南京　浙江　安徽博　福建[×]　湖北　湖南[×]　廣東社科院

41612

新刻評友夏合集十卷

明景陵(今天門)譚元春撰

1997年齊魯書社據明刻本影印四庫全書存目叢書本

湖北

41613

新刻譚友夏合集二十三卷

明景陵(今天門)譚元春撰　明徐穫、張澤等評

2002年上海古籍出版社據明崇禎六年(1633)張澤刻本影印續修四庫全書本

湖北

41614

新刊譚友夏合集二十三卷

明景陵(今天門)譚元春撰　明徐穫、張澤等評

旨齋詩草一卷

明張澤撰　明崇禎池白水刻本

《中國古籍善本書目》著録。

上海　山東　山東大

41615

新刊譚友夏合集二十三卷

明景陵(今天門)譚元春撰

明崇禎刻本

《中國古籍善本書目》著録。

温州

41616

新刻譚友夏合集二十三卷

明景陵(今天門)譚元春撰　明徐穫、張

澤評
舊抄本
湖北

41617
譚友夏合集二十三卷附未刻詩文一卷
明景陵(今天門)譚元春撰
抄本
臺圖

41618
譚友夏合集二十三卷
明景陵(今天門)譚元春撰
民國二十四年至二十五年(1935—1936)上海貝葉山房鉛印中國文學珍本叢書第一輯本
首都　上海　華東師大　上海師大　天津　内蒙　遼寧　吉大　甘肅　山東大　川大

41619
譚友夏詩集十一卷
明景陵(今天門)譚元春撰
附學夫詩一卷
明李瑞和撰
明末刻本
臺圖

41620
譚友夏詩集十一卷
明景陵(今天門)譚元春撰
約清順治間刻本
《販書偶記續編》云:"無刻書年月,約順治間刊。"藏書單位待訪。疑與臺圖所藏明末刻本爲同版。

41621
譚友夏先生詩十卷
明景陵(今天門)譚元春撰
清初抄淵著堂選十八名家詩本
《中國古籍善本書目》著録。
雲大

41622
嶽歸堂未刻詩不分卷
明景陵譚元春撰
明崇禎河抱堂刻本
是刻半葉八行,行十八字,白口,四周單邊。《中國古籍善本書目》著録,僅該館有藏。
上海

41623
嶽歸堂集選一卷遺集選一卷鵠灣集選一卷
明景陵(今天門)譚元春撰
清順治澄懷閣刻詩慰初集本
是刻半葉十一行,行二十三字,白口,四周單邊。《中國古籍善本書目》著録,僅此三館藏有全帙,另國圖、杭州、江西三館藏有該叢編之殘本。
科院　復旦　揚州

41624
嶽歸堂集選一卷遺集選一卷鵠灣集選一卷
明景陵(今天門)譚元春撰
民國二十九年(1940)毗陵董氏刻詩慰初集本
國圖　上海　復旦

41625
夘菴訂定譚子詩歸十卷諸稿自題輯録一卷
明景陵(今天門)譚元春撰
明末嶽歸堂刻本
是刻半葉八行,行十八字,白口,四周單邊。《中國古籍善本書目》著録。《四庫全書總目》入"集部·别集類存目"。以封面鐫有"金閶翁得所梓"字樣,故有的書目著録爲"明翁得所刻本"。按翁乃書坊主人,實由譚氏出資、翁氏刻梓,書口下刻"嶽歸堂"三字,扉葉鈐有"嶽歸堂"印可證。

是書係選本，依詩體序列。前有蔡復一、鍾惺、朱之臣、李元楨序及譚氏自序。題下署"竟陵譚元春友夏著，東海黄家鼎爾調閲"，封面又鐫"鄒菴訂定"，未知黄氏與鄒菴是否爲一人。

國圖　首都　北大　人大　科院　故宫　上海　復旦　上海師大　南京　安徽　福建　重慶　川大　哈佛燕京　美國國會　日本内閣文庫

41626

鵠灣集九卷遇莊一卷

明景陵(今天門)譚元春撰

明末刻本

是刻半葉九行，行二十字，白口，左右雙邊。《中國古籍善本書目》著録，僅該館有藏。

湖北

41627

鵠灣集選一卷

明景陵(今天門)譚元春撰

清順治澄懷閣刻詩慰初集本

參見《嶽歸堂集選》之附注。

科院　復旦　揚州

41628

鵠灣集選一卷

明景陵(今天門)譚元春撰

民國二十九年(1940)毗陵董氏刻詩慰初集本

國圖　上海　復旦

41629

鵠灣遺稿一卷

明景陵(今天門)譚元春撰

清初刻人琴集本

是刻半葉八行，行十八字，白口，左右雙邊。《中國古籍善本書目》著録，僅該館有藏。

國圖

41630

譚友夏尺牘一卷

明景陵(今天門)譚元春撰

清刻名家尺牘選本

是刻半葉七行，行十五字，無行格，白口，四周單邊。《中國古籍善本書目》著録。

首都

41631

譚元春集

明景陵(今天門)譚元春撰　陳杏珍標校

1998年上海古籍出版社鉛印中國古典文學叢書本

湖北

41632

譚友夏小品

明景陵(今天門)譚元春撰　田秉鍔選注

1996年文化藝術出版社鉛印明人小品十家本

41633

徵古堂類稿十八卷

明廣濟陳文濤撰

《四庫全書總目》著録

《四庫全書總目》入"集部·别集類存目"，收湖北巡撫採進本，未著録版本。《中國古籍善本書目》和《四庫全書存目叢書》不收。

41634

市隱園稿三十卷

明沔陽(今仙桃)費尚伊撰

明刻本

是刻半葉十行，行二十字，白口，四周單邊。《中國古籍善本書目》著録，僅該館有藏，存世甚稀。

河北大

41635
市隱園集三十卷附録一卷
明沔陽(今仙桃)費尚伊撰
民國沔陽盧氏慎始基齋刻二十年彙印沔陽叢書本
科院　北大　上海　天津　吉大　南京　湖北

41636
費太史市隱園集選二十四卷
明沔陽(今仙桃)費尚伊撰　明劉若宰輯
明崇禎沔陽費氏刻本
是刻半葉九行,行二十字,白口,四周單邊。《中國古籍善本書目》著録,僅該館有藏。
科院

41637
費太史市隱園集選二十四卷
明沔陽(今仙桃)費尚伊撰　明劉若宰輯
1997年北京出版社據明崇禎沔陽費氏刻本影印四庫未收書輯刊本
湖北

41638
玉堂遺稿不分卷
明漢陽蕭良有撰
清抄本
《四庫全書總目》入"集部·别集類存目",其提要云:"良有在局十五年,長於當時制誥之文,規模宏敞,有承平臺閣之體。是集爲其曾孫延昭等所編,分類排比,末有《補遺》及葉向高所撰《墓誌》一篇。"
國圖

41639
玉堂遺稿不分卷
明漢陽蕭良有撰
1997年齊魯書社據清抄本影印四庫全書存目叢書本
湖北

41640
南莊公遺稿一卷
明石首王啓茂撰
殘句一卷
清石首王楷輯
清石首王楷輯藝苑叢鈔稿本
《中國古籍善本書目》著録。
啓茂爲王楷十一世祖,與竟陵鍾惺齊名。據方志記載,其著述甚富,計有《茶鐺三昧》《曬書瑣語》《松窗憶録》《拙修堂集》《玉凫齋樂府》等,惜皆毀於明季兵燹,僅清順治間陳允衡《詩慰》收其《渚宫集選》一卷問世。此集由楷據家藏寫本整理而成,得詩二百三十五題三百餘首,"其殘不完之篇,未敢割棄,擇其成句者仍録附卷尾"。
湖北

41641
渚宫集選一卷
明石首王啓茂撰
清順治澄懷閣刻詩慰二集本
是刻半葉十一行,行二十二字,白口,四周單邊。《中國古籍善本書目》著録,科院另藏一部該叢編有鄧之誠跋,國圖、杭州、江西藏有該叢編之殘本。
科院　復旦　揚州

41642
渚宫集選一卷
明石首王啓茂撰
民國二十九年(1940)毗陵董氏刻詩慰二集本
國圖　上海　復旦

41643
渚宫集選一卷
明石首王啓茂撰　清陳允衡評

清石首王耤輯藝苑叢鈔稿本

《中國古籍善本書目》著録。

湖北

41644

馴鶴樓稿□□卷

明沔陽(今仙桃)錢天錫撰

明刻本

存《使楚記》二卷

《中國古籍善本書目》著録,僅該館存此殘帙。

北大 ×

41645

鐵庵詩一卷

明夷陵(今宜昌)文安之撰

明抄本

臺圖

41646

文鐵菴詩一卷

明夷陵(今宜昌)文安之撰　明陳濟生輯

清初刻啓禎兩朝遺詩本

國圖

41647

樊桐集十五卷

明黄岡樊維師撰

明天啓刻本

是刻半葉九行,行二十字,白口,四周單邊。《中國古籍善本書目》著録,僅該館有藏。

維師字尚父,由附貢任淮安府推官。旋歸,結廬寒溪,嘯歌以老。《黄州府志》載其《雪莽吟草》,未見。

故宫

41648

金忠節公文集八卷

明嘉魚金聲撰

清初刻本

首都

41649

金忠節公文集八卷

明嘉魚金聲撰

清道光七年(1827)嘉魚官署刻本

國圖　北大　天津　南京　湖北

41650

金忠節公文集八卷

明嘉魚金聲撰

清光緒三年(1877)嘉魚孔氏檜蔭山房刻本

天津

41651

金忠節公文集八卷

明嘉魚金聲撰

清光緒十四年(1888)黟縣李氏刻本

國圖　北大　天津　復旦　南京　遼寧　湖北

41652

金忠節公文集四卷

明嘉魚金聲撰

清嘉慶五年(1800)金氏刻本

《中國古籍總目·集部》著録。

南京

41653

金太史集九卷

明嘉魚金聲撰

清道光二十八年(1848)涇縣潘氏袁江節署刻同治五年(1866)新建吴坤修皖江印乾坤正氣集本

是刻有光緒元年(1875)、七年(1881)、十八年(1892)重印本。

國圖　首都　北師大　上海　復旦　天津　遼寧　南京　江西　湖北　廣東　四川　雲南

41654
金正希先生文集輯略九卷
明嘉魚金聲撰
明崇禎刻本
《中國古籍總目·集部》著録,該目録收録了日本内閣文庫藏"明刻本",疑二者皆即《中國古籍善本書目》著録之"清初刻本"。
北大

41655
金正希先生文集輯略九卷
明嘉魚金聲撰
明刻本
《中國古籍總目·集部》著録。
日本内閣文庫

41656
金正希先生文集輯略九卷
明嘉魚金聲撰
明末邵鵬程刻本
清代禁毁書。
國圖　南京

41657
金正希先生文集輯略九卷
明嘉魚金聲撰
2000年北京出版社據明末邵鵬程刻本影印四庫禁毁叢刊本
湖北

41658
金正希先生文集輯略九卷
明嘉魚金聲撰
清初刻本
是刻半葉九行,行二十字,白口,四周單邊。《中國古籍善本書目》著録。
國圖　北大　清華　北師大　中央黨校　故宫　北京文物局　吉大　南京　常熟　安徽　歙博　江西　湖北[×]　浠博　中大　廣西

41659
金正希先生文集輯略九卷
明嘉魚金聲撰
清初刻乾隆二十四年(1759)金書師善堂補修本
入該館善本書目。
科院

41660
金正希先生文集輯略九卷
明嘉魚金聲撰
清刻本
《中國古籍總目·集部》著録。
國圖

41661
金太史文集九卷
明嘉魚金聲撰
1979年上海古籍書店印本
湖北大

41662
金正希稿不分卷
明嘉魚金聲撰
明崇禎石雲居刻本
是刻半葉九行,行二十七字,白口,四周單邊。《中國古籍善本書目》著録,僅安徽省圖書館有藏。
安徽

41663
金正希先生燕詒閣集七卷
明嘉魚金聲撰
明崇禎刻弘光增修本
是刻半葉九行,行二十字,白口,四周單邊。《中國古籍善本書目》著録,僅此二館有藏。清代禁燬書。

國圖　上海

41664

金正希先生燕詒閣集七卷

明嘉魚金聲撰

2000年北京出版社據明崇禎刻本影印四庫禁毀書叢刊本

湖北

41665

金正希稿一卷

明嘉魚金聲撰

清康熙三十八年（1699）刻可儀堂一百二十名家制義本

是刻半葉九行，行二十六字，白口，四周單邊。版心下鐫"可儀堂"。《中國古籍善本書目》著録。

北大　清華

41666

金正希先生全稿不分卷

明嘉魚金聲撰　清呂留良評點

清呂氏天蓋樓刻本

是刻半葉九行，行二十六字，白口，四周單邊。《中國古籍善本書目》著録，僅湖北省孝感市孝南區圖書館有藏。清代禁燬書。

孝感

41667

金先生文録一卷

明嘉魚金聲撰

清刻本

《中國古籍總目·集部》著録。

國圖

41668

崇禎元年戊辰刻會試卷一卷

明嘉魚金聲撰

清袁氏漸西邨舍抄本

《中國古籍善本書目》著録。

南京

41669

金忠節語録一卷

明嘉魚金聲撰

民國二十年（1931）留餘草堂鉛印本

天津

41670

貴希函三十九卷

明蘄水（今浠水）官撫辰撰

明崇禎金陵刻雲鴻洞稿本

原書未曾寓目，姑置於斯。

臺圖

41671

守待函十一卷

明蘄水（今浠水）官撫辰撰

明崇禎金陵刻雲鴻洞稿本

原書未曾寓目，故置於斯。

臺圖

41672

雲鴻洞續稿四卷

明蘄水（今浠水）官撫辰撰

清抄本

存二卷：一至二

科院 ˣ

41673

宮詹馬張公別山詩（一名張忠公遺集）一卷

明江陵張同敞撰　清孔自來輯

附浩氣吟一卷

明瞿式耜、明江陵張同敞輯

清光緒二十七年（1901）荊州刻本

國圖　北大　南京

41674
别山詩鈔一卷補遺三首
明江陵張同敞撰　清江陵鄧裕時輯　明江陵張懋修、張允修補遺
清同治光緒年間江陵鄧裕時刻本
附斗樞、建初詩各一篇。
國圖　復旦　湖北

41675
别山詩鈔一卷
明江陵張同敞撰
明江陵鄧氏刻本
疑與前一款目爲同版。
國圖

41676
採薇集一卷
明江陵張同敞撰
清末至民國間抄本
國圖

41677
張忠烈公遺稿一卷
明江陵張同敞撰
清抄本　王禮培跋
《中國古籍善本書目》著録。
上海

41678
石浪詩抄一卷
明廣濟（今武穴）劉秉鈐撰
清乾隆四十一年（1776）劉傳等刻康谷子集附刻本
《四庫全書總目》入"存目"。
清華

41679
小東散人賸稿一卷
明羅田王先撰
附録一卷
羅田王夔强輯
抄本
僅見抄本。
湖北

41680
小東散人賸稿一卷
明羅田王先撰
附録一卷
羅田王夔强輯
民國十五年（1926）沔陽盧氏慎始基齋據羅田王氏精抄本影印
湖北

41681
洣閣孤吟二卷北上郢吹曲一卷附録無題一百韻
明武昌（今鄂州）黄廷對撰
清光緒二十九年（1903）刻本
湖北

41682
箬繭室詩集一卷
明興國（今陽新）許友撰
民國二十五年（1936）陽新石氏蓉城仙館叢書·明代祕籍三種本
國圖　首都　北師大　清華　上海　復旦　遼寧　吉大　山東大　南京　杭大　湖北　川大

清代前期别集之屬

41683
智林村詩稿不分卷
清黄岡王一翥撰
稿本　清葉霖叔批　清王追騏評點　清王家璧題識并校

考王一翥詩文稿，包括著者和輯者手稿達九種之多，並各有名家批校題識，皆從未刻印。或採用整理本形式，將九種併爲一種；或擇其一、二種影印，前加影印前言予以説明。

湖北

41684

智林村稿不分卷

清黄岡王一翥撰　清武昌（今鄂州）王家璧輯

輯者稿本　清王家璧批校

湖北

41685

智林村遺稿不分卷

清黄岡王一翥撰　清武昌（今鄂州）王家璧輯

輯者稿本　清王家璧校并注

湖北

41686

智林邨稿拾遺一卷

清黄岡王一翥撰　清武昌（今鄂州）王家璧輯

輯者稿本

湖北

41687

長迹園遺稿不分卷

清黄岡王一翥撰　清武昌（今鄂州）王家璧輯

輯者稿本　清王家璧校注、題識

湖北

41688

長迹園遺藁不分卷

清黄岡王一翥撰　清□□輯

清康熙抄本　清佚名朱筆批校

湖北

41689

青蓮華集（一名青蓮華樓稿）不分卷

清黄岡王一翥撰　清武昌（今鄂州）王家璧輯

輯者稿本　清王家璧批校

湖北

41690

王補菴先生詩集續抄（一名智林邨詩稿續鈔）不分卷

清黄岡王一翥撰　清武昌（今鄂州）王家璧輯

輯者稿本

湖北

41691

智林未刻稿不分卷

清黄岡王一翥撰　清黄岡王封綿輯

輯者稿本　清劉佑批評、題識　清佚名評　清王家璧校點題識

湖北

41692

湛輝閣草十卷

清崇陽王應斗撰

清初刻本

應斗字天喉，一字北垣。明天啓二年（1622）進士，授鄱陽知縣，歷雲南道御史。屢抗疏直言，柄臣驅逐異己，下於理，旋釋歸。所著又有《怡雲草》者，晚年山居詩也。沈以曦序云："視前益爲渾壯。"吴剛思序云："寄意遠而法律嚴。"

存九卷：二至十

科院 ×

41693

湛輝閣草十卷

清崇陽王應斗撰

清初刻本　清西塘主人批點

山東

41694
淩滄草一卷
清崇陽王應斗撰
清康熙初刻本
傅斯年圖

41695
續淩滄草□卷
清崇陽王應斗撰
清康熙刻本
存雜著一卷
中國社科院文學所 ×

41696
怡雲草一卷
清崇陽王應斗撰
清康熙十年(1671)刻本　清西塘主人批點
山東

41697
草古堂焚餘集不分卷
清黄岡王一煌撰
清抄本　佚名評
湖北

41698
仁湖雪吟一卷
清黄岡汪士奇撰　黄岡汪燊輯
民國二十一年(1932)黄岡汪氏鉛印增訂桃潭合鈔本

士奇字凡子,號仁湖。清順治己亥進士,官刑部郎中。

黄岡

41699
魚山剩稿八卷
清釋正志(嘉魚熊開元)撰
清初刻本

是刻半葉九行,行二十字,白口,左右雙邊。原題熊開元撰。《中國古籍善本書目》著録,僅上海圖書館有藏。

開元字魚山,湖北嘉魚人。明天啓五年(1625)進士,事蹟具《明史》卷二百五十八本傳。明亡,破家爲僧,隱於蘇州靈巖寺。與同邑金聲爲友。據潘崇禮序,魚山示寂時,召聲猶子金敦澄、金貢至榻前,以《剩稿》授之,曰:"力能梓則梓之,否則藏之!"稿由其門人張溥、趙庚編。越十年,刻成。

開元之書,康熙、光緒朝曾刊刻,并有抄本,皆存世無多。

上海

41700
魚山剩稿
清釋正志(嘉魚熊開元)撰
1985年上海古籍出版社據清康熙刻本影印清人别集叢刊　又1986年影印本

41701
檗菴别録八卷
清釋正志(嘉魚熊開元)撰　清釋道沖等輯
清康熙刻本

是刻半葉九行,行二十字,白口,左右雙邊。《中國古籍善本書目》著録,僅國圖與常熟市圖書館有藏。

國圖　常熟

41702
檗菴别録八卷
清釋正志(嘉魚熊開元)撰　清釋道沖等輯
清康熙刻本　清徐康跋
國圖

41703
檗菴别録八卷
清嘉魚熊開元(釋正志)撰　清釋道沖

等輯
1958 年抄本
湖北

41704
熊魚山先生文集二卷首一卷末一卷
清嘉魚熊開元（釋正志）撰
清光緒二十一年（1895）泠然閣刻本
分爲卷首、卷上、卷下、卷末。
湖北

41705
青溪遺稿十五卷
清孝感程正揆撰
清康熙二十八年（1689）吴琠刻本
正揆，初名葵，字端伯，號鞠陵，又號清溪道人。明崇禎進士，入清卜居江寧。官至工部侍郎。工書，善畫山水。有《清溪遺稿》。此爲其早刻，以二十八卷本爲全。
科院

41706
青溪遺稿二十八卷
清孝感程正揆撰
清康熙三十二年（1693）天咫閣刻本
是刻半葉九行，行十九字，白口，左右雙邊。《中國古籍善本書目》著録。
科院　復旦　天津　南京　杭州文管會

41707
青溪遺稿二十八卷
清孝感程正揆撰
清康熙五十四年（1715）程大畢、程光珠刻本
是刻半葉九行，行十九字，黑口，左右雙邊。《中國古籍善本書目》著録。《四庫全書總目》入"集部·别集類存目"。
國圖　中國社科院文學所　北京文物局　山東　湖北　廣東

41708
青溪遺稿二十八卷
清孝感程正揆撰
1997 年齊魯書社據清康熙五十四年（1715）程大畢、程光珠刻本影印四庫全書存目叢書本
湖北

41709
程端伯詩選一卷
清孝感程正揆撰
清康熙刻名家詩選本
《中國古籍善本書目》著録，僅上海圖書館有藏。
上海

41710
四照堂詩集十一卷樂府詩一卷詩餘一卷時曲一卷
清蘄州（今蘄春）盧紘撰
清康熙汲古閣刻本
科院

41711
四照堂文集三十五卷
清蘄州（今蘄春）盧紘撰
清康熙二年（1663）汲古閣刻本
三十五卷之數與嘉慶《湖北通志》合。
南京

41712
四照堂集一卷
清蘄州（今蘄春）盧紘撰　清徐增輯
清順治十七年（1660）刻九誥堂詩選元氣集本
上海

41713
盧澹崖詩選一卷
清蘄州（今蘄春）盧紘撰　清鄒漪編

清康熙刻名家詩選本
國圖ˣ　上海

41714
菊佳軒詩十二卷
清景陵(今天門)胡承諾撰
清光緒燈崖閣刻本
承諾字君信,號石莊。明崇禎舉人。入清,隱居誦讀。書無所不窺。生平無講學名,而析理極精,論事尤極平實。有《繹志》《讀書説》《菊佳軒詩集》。
科院

41715
頤志堂詩四卷
清景陵(今天門)胡承諾撰
清末刻朱印本
科院

41716
石莊先生詩集二十七卷
清景陵(今天門)胡承諾撰
民國五年(1916)沈觀齋重刻本
包括《檄遊草》一卷、《青玉軒詩》七卷、《菊佳軒詩》十一卷、《頤志堂詩》八卷。其中有一册爲朱印。
湖北

41717
禹峯先生文集二十四卷
清彭而述撰　清張縉彦、孝昌夏嘉瑞評
清順治十六年(1659)張芳刻本
《中國古籍善本書目》著録,僅中國社科院圖書館有藏。而述字子籛,又字禹峰,河南鄧州人,汪琬《堯峰文鈔》卷三四有其傳。夏嘉瑞,湖北孝昌人。
科院

41718
顧西巘先生合稿十卷
清漢川顧如華撰
清康熙二年(1663)刻本
《中國估計善本書目》著録,僅國家圖書館有藏。流播甚稀。
國圖

41719
六是堂詩選一卷附文稿略編一卷附録一卷
清漢川顧如華撰
清光緒十八年(1892)漢川甄山書院刻本
湖北

41720
芝在堂文集(一名芝在堂集)十五卷
清廣濟(今武穴)劉醇驥撰
清康熙芝在堂刻本
醇驥字千里,號廓菴。《清史列傳》與乾隆辛未《廣濟縣志》有傳。是集凡詩六卷、雜文九卷。《四庫全書總目》入“集部·别集類存目”。
首都　湖北

41721
芝在堂文集(一名芝在堂集)十五卷
清廣濟(今武穴)劉醇驥撰
1997年齊魯書社據清康熙芝在堂刻本影印四庫全書存目叢書本

41722
芝在堂文集十五卷
清廣濟(今武穴)劉醇驥撰　清劉醇駿校　清劉熹唐輯
民國抄本
湖北

41723
藕灣詩集十卷
清廣濟(今武穴)張仁熙撰

清康熙間日庵刻本
存八卷：一至八
中國社科院文學所 ×

41724
藕灣詩集二十卷文集九卷續補存歿四詠一卷
清廣濟（今武穴）張仁熙撰
清乾隆十六年（1751）刻本
前有蔣永修、楊志遠、盧紘、金德嘉、劉醇驥、胡效順、顧景星、劉甲等人序。《四庫全書總目》入“集部·别集類存目”。
湖北

41725
藕灣詩集二十卷文集九卷續補存歿四詠一卷
清廣濟（今武穴）張仁熙撰
1997年齊魯書社據清乾隆十六年（1751）刻本影印四庫全書存目叢書本
湖北

41726
藕灣詩集十卷文集九卷
清廣濟（今武穴）張仁熙撰
清同治八年（1869）金華堂活字印本
彭琅題識云：“藕灣先生詩文集，順治康熙乾隆間雖經三刻而板無存……今賢裔欽華、欽澐諸君恐泯流傳，爰用聚珍版重印之，一仍順治初刻之舊，當即《四庫全書》所云本也。屬余與白渼、次妻同校閱。”然其正文僅刻至《票説》止，目録所列“待刊”“待梓”之《訓兒四論全集》《雨湖莊論》《周易淺説》《西湖論易》《楚名臣紀畧》《墨品茶品》六種未知印否。作爲詩文集，斯編全否？
湖北

41727
藕灣詩集十卷又五卷文集一卷
清廣濟（今武穴）張仁熙撰
民國抄本
湖北

41728
來青園詩集（一名癡龍詩選）一卷文集（一名癡龍文選）一卷
清漢陽張三異撰　清漢陽張伯琮輯
清康熙刻本
湖北

41729
來青園文集一卷詩集一卷
清漢陽張三異撰　清漢陽張伯琮輯
清張叔珽抄本
湖北

41730
來青園全集二卷
清漢陽張三異撰
清光緒二十一年（1895）重刻本
包括文集（一名癡龍文選）、詩集（一名癡龍文選）各一卷。
湖北

41731
涉園集二十七卷
清孝感嚴正矩撰
清康熙刻本
正矩字方公，號潔庵。《省志》《府志》《縣志》有傳。其生年，《清人詩文集總目提要》作明萬曆三十八年（1610），而其會試卷履歷作天啓二年（1622），卒年不詳。此書《孝感縣志》題名《涉園詩文集》。另著有《四書疏義》，不見。《中國古籍善本書目》著録，僅國家圖書館有藏。
國圖

41732
盟鷗集一卷
清廣濟（今武穴）劉醇驥撰

清乾隆四十一年(1776)劉傳等刻康谷子集附刻本

《四庫全書總目》入“集部·别集類存目”。

清華

41733

盟鷗集一卷

清廣濟(今武穴)劉醇駿撰

1997年齊魯書社據清乾隆四十一年(1776)劉傳等刻康谷子集附刻本影印四庫全書存目叢書本

湖北

41734

竹雲堂稿十二卷

清孝感沈宜撰

清光緒二十一年(1895)重刻本

據《孝感文徵》《孝感詩徵》等,知其另有十來種著作,惜皆未訪知。此書包括文八卷、詩四卷。

湖北

41735

頤莊詩文集二卷末一卷

清黄岡萬爾昌撰

民國二十四年(1935)鉛印本

前有胡承諾、毛際可、徐運昌、朱森昌序。收詩二百八十五首,文十三篇。其詩“無一語襲三唐”,“亦不欲寄竟陵鍾譚籬下”,“未始自命爲擬陶也”。

湖北

41736

變雅堂文集不分卷

清黄岡杜濬撰

清康熙刻本

是刻半葉九行,行十九字,小字雙行,左右雙邊。《中國古籍善本書目》著録。

國圖　科院　上海　南開　湖北

41737

變雅堂文集不分卷附推枕吟一卷杜陵七歌一卷

清黄岡杜濬撰

清康熙刻本

是刻半葉九行,行十九字,白口,左右雙邊。《中國古籍善本書目》著録。

國圖

41738

變雅堂文集五卷詩集四卷

清黄岡杜濬撰

清康熙刻本

是刻文集半葉九行,行十九字;詩集半葉八行,行十六字。白口,左右雙邊。《中國古籍善本書目》著録。

國圖　南開[×]　南京

41739

變雅堂集不分卷

清黄岡杜濬撰

清嘉慶二十四年(1819)抄本　武福鼐跋

鈐有“永年武延緒”“毓荃待觀”印,知其爲武福鼐之父武毓荃舊藏,其於辛亥革命後購於武昌。

湖北

41740

變雅堂集不分卷

清黄岡杜濬撰

清抄本　佚名批校

抄寫甚精。四册。《中國古籍善本書目》著録。

湖北

41741

變雅堂集五卷

清黄岡杜濬撰

清抄本

抄寫甚精。二册。

湖北

41742

變雅堂集不分卷

清黄岡杜濬撰

清抄本

六册。

湖北

41743

變雅堂文集四卷

清黄岡杜濬撰

清咸豐十年(1860)江夏彭毓崧重刻本

張舜徽《清人文集别録》著録。

湖北

41744

變雅堂文集四卷詩集十卷附録二卷

清黄岡杜濬撰　清胡鳳丹編校

清同治九年(1870)黄岡劉維楨刻本

湖北

41745

變雅堂文集八卷詩集十卷(一名變雅堂遺集)

清黄岡杜濬撰

附録一卷

清光緒二十年(1894)黄岡沈氏刻本

科院　上海　遼寧　南京

41746

變雅堂詩集十卷文集八卷附録二卷

清黄岡杜濬撰　民國黄岡沈自申、潛江甘鵬雲等編校

清光緒二十年(1894)黄岡沈氏刻民國黄岡汪氏重印本

湖北

41747

變雅堂文集八卷詩集十卷卷首一卷補遺二卷附録二卷

清黄岡杜濬撰

民國二十四年(1935)黄岡汪氏鉛印黄岡二處士集本

湖北

41748

變雅堂文録一卷

清黄岡杜濬撰　清李祖陶輯

清同治七年(1868)敖陽李氏刻國朝文録續編本

國圖　上海　遼寧　南京　浙江　湖北

41749

變雅堂文録一卷

清黄岡杜濬撰　清李祖陶輯

清光緒二十六年(1900)上海掃葉山房石印國朝文録續編本

首都　上海　青海　重慶

41750

茶邨詩鈔三卷

清黄岡杜濬撰　清汪觀輯

清康熙五十三年(1714)静遠堂刻本

是刻半葉八行,行十九字,左右雙邊。《中國古籍善本書目》著録。

上海

41751

杜茶存詩鈔八卷

清黄岡杜濬撰　清漢陽彭湘懷、黄岡陳師晉輯

清乾隆八年(1743)静遠堂刻本

是刻半葉九行,行十九字,黑口,左右雙邊。《中國古籍善本書目》著録。

清華　復旦　南開　湖北　四川

41752
茶村文集三卷詩集一卷變雅堂詩集一卷
清黄岡杜濬撰
附録一卷
清郭墀抄本
中國社科院歷史所

41753
變雅堂集外詩一卷
清黄岡杜濬撰
清抄本
科院

41754
樸巢詩選一卷文集五卷
清冒襄撰　清張明弼、清黄岡杜濬評輯
清順治刻本
國圖

41755
清風遺集一卷
清漢川魏閥撰
清光緒十八年(1892)漢川甑山書院刻本
南京　南開　湖北

41756
樂志齋詩集六卷附録一卷
清黄岡汪國濚撰
民國二十四年(1935)黄岡汪氏鉛印黄岡二處士集本

國濚字漪園,諸生,以詩名。入清不仕,晚隱華阜山麓,號阜山樵人。

湖北

41757
樂志齋存詩一卷
清黄岡汪國濚撰　黄岡汪桑輯
民國二十一年(1932)黄岡汪氏鉛印增訂桃潭合鈔本
黄岡

41758
真山人前集四卷後集四卷
清漢陽李昌祚撰　清周亮工訂
清康熙七年(1668)周友德刻大業堂印本存後集四卷
科院 ×

41759
真山人前集四卷後集四卷
清漢陽李昌祚撰　清周亮工訂
清康熙李氏北山堂刻本
湖北

41760
真山人集不分卷
清漢陽李昌祚撰
民國初抄本　青坨山人(王葆心?)題識
湖北

41761
些山集輯三卷首一卷
清黄岡杜岕撰
民國二十四年(1935)黄岡汪氏鉛印黄岡二處士集本
湖北

41762
熊學士詩集(一名詒穀堂全集)三卷
清漢陽熊伯龍撰
清康熙九年(1670)熊正笏刻本

是刻半葉九行,行二十字,白口,四周單邊。是書入《四庫全書總目》"集部·别集類存目八"。其《提要》云:"伯龍字次侯,號鍾陵,漢陽人。順治己丑進士,官至翰林院侍讀學士。其古文較勝劉子壯;詩雖直抒胸臆,而五言古體時有淳古之音。"

湖北

41763
熊學士詩集(一名詒穀堂全集)三卷
清漢陽熊伯龍撰
清康熙九年(1670)熊正笏刻乾隆五十一年(1712)熊光修補本
《中國古籍善本書目》著録。
北大　上海　復旦　山西大　廈大　湖北　宜昌

41764
熊學士詩集(一名詒穀堂全集)三卷
清漢陽熊伯龍撰
1997年齊魯書社據清康熙九年(1670)熊正笏刻乾隆五十一年(1712)熊光修補本影印四庫全書存目叢書本
湖北

41765
熊學士詩集(一名詒穀堂全集)三卷
清漢陽熊伯龍撰
清康熙九年(1670)熊正笏刻乾隆五十一年(1712)熊光補修本　鄧之誠題記
《中國古籍善本書目》著録。
科院

41766
熊鍾陵先生稿不分卷
清漢陽熊伯龍撰　清儲中子評點
清乾隆二十九年(1764)保德堂刻本　清佚名録王廷儁評點
孝感

41767
熊鍾陵詩一卷
清漢陽熊伯龍撰　清京山易履泰纂
清乾隆五十七年(1792)名山閣刻本
廣東

41768
熊鍾陵詩一卷
清漢陽熊伯龍撰　清京山易履泰纂
清刻熊劉詩集本
是刻半葉九行,行二十字,白口,四周雙邊。《中國古籍善本書目》著録。僅該館有藏。
北大

41769
熊鍾陵稿一卷
清漢陽熊伯龍撰
清康熙三十八年(1699)刻可儀堂一百二十名家制義本
上海

41770
熊鍾陵稿一卷
清漢陽熊伯龍撰
清康熙步月樓、令德堂刻可儀堂一百二十名家制義本
國圖

41771
熊鍾陵稿一卷
清漢陽熊伯龍撰
清康熙刻可儀堂一百二十名家制義本
《中國古籍總目·集部》著録,疑與康熙三十八年(1699)刻本或康熙步月樓刻本爲同版。
國圖　北大

41772
熊鍾陵稿一卷
清漢陽熊伯龍撰
清乾隆三年(1738)文盛堂、懷德堂刻可儀堂一百二十名家制義本
《中國古籍總目·集部》著録。
國圖

41773
熊學士文集録一卷
清漢陽熊伯龍撰　清李祖陶輯
清道光十九年(1839)瑞州府鳳儀書院刻國朝文録初編本
國圖　上海　遼寧　南京　浙江　湖北

41774
熊學士文集録一卷
清漢陽熊伯龍撰　清李祖陶輯
清咸豐元年(1851)終南山館刻國朝文録初編本
國圖　上海

41775
熊學士文集録一卷
清漢陽熊伯龍撰　清李祖陶輯
清光緒二十六年(1900)上海掃葉山房石印國朝文録初編本
國圖　上海

41776
蔬堂文集四卷
清麻城曹胤昌撰
民國三年(1914)活字印本
曹胤昌,《麻城縣志·孝義》有傳。或有將其著録爲明人者,兹從《湖北藝文志》。
湖北

41777
酉除集一卷
清漢陽魏晉封撰　羅田王葆心校訂
王葆心校訂漢陽魏氏遺書二種稿本
湖北

41778
酉除集一卷
清漢陽魏晉封撰　羅田王葆心校訂
民國十八年(1929)羅田王葆心石印漢陽魏氏遺書本
科院　上海　青島　南京　湖北

41779
酉除集一卷
清漢陽魏晉封撰　羅田王葆心校訂
民國二十年(1931)武昌石印羅田王氏校印鄉哲遺書六種本
湖北

41780
屺思堂文集八卷詩集一卷
清黄岡劉子壯撰
清康熙刻本
是刻半葉八行,行二十字,白口,四周雙邊。《中國古籍善本書目》著録,僅該館有藏。
子壯字克猷,明崇禎庚午舉人,清順治己丑進士第一人及第,授翰林院修撰。其制藝與熊伯龍齊名。
南開

41781
屺思堂文集八卷詩集一卷
清黄岡劉子壯撰
1997年齊魯書社據清康熙刻本影印四庫全書存目叢書本
天津　湖北

41782
屺思堂文集八卷詩集一卷
清黄岡劉子壯撰
清劉永錫等刻本
未知與清康熙刻本有無關係。
湖北

41783
屺思堂詩集四卷
清黄岡劉子壯撰
民國抄本

一册。

湖北

41784

劉稚川詩一卷

清黄岡劉子壯撰

清刻熊劉詩集本

是刻半葉九行,行二十字,白口,四周雙邊。《中國古籍善本書目》著録,僅該館有藏。

北大

41785

劉克猷稿一卷

清黄岡劉子壯撰

清康熙三十八年(1699)刻可儀堂一百二十名家制義本

上海

41786

劉克猷稿一卷

清黄岡劉子壯撰

清康熙步月樓、令德堂刻可儀堂一百二十名家制義本

國圖

41787

劉克猷稿一卷

清黄岡劉子壯撰

清康熙刻可儀堂一百二十名家制義本

《中國古籍總目·集部》著録,疑與康熙三十八年(1699)刻本或康熙步月樓刻本爲同版。

國圖

41788

劉克猷稿一卷

清黄岡劉子壯撰

清乾隆三年(1738)文盛堂、懷德堂刻可儀堂一百二十名家制義本

《中國古籍總目·集部》著録。

國圖

41789

劉克猷先生真稿不分卷續稿不分卷

清黄岡劉子壯撰

民國抄本

三册。

湖北

41790

白茅堂集四十六卷

清蘄州(今蘄春)顧景星撰

清康熙刻本

是刻係該書之原刻本,半葉十一行,行二十一字,白口,四周雙邊。《四庫全書總目》入"集部·别集類存目",《中國古籍善本書目》著録。張舜徽《清人文集别録》收。《中國古籍總目·集部》作"清康熙四十三年(1704)曹寅刻本"。

首都　北大　清華　天津　祁縣　西北大　福建

41791

白茅堂集四十六卷

清蘄州(今蘄春)顧景星撰

清康熙刻乾隆增刻本

《中國古籍善本書目》著録。《中國古籍總目·集部》作"清乾隆顧昌白茅堂補刻本。"

首都　北大　祁縣

41792

白茅堂集四十六卷

清蘄州(今蘄春)顧景星撰

附耳提録一卷

清蘄州(今蘄春)顧昌輯

清乾隆白茅堂刻光緒十三年(1887)補刻印本

遼寧　湖北

41793

白茅堂集四十六卷

清蘄州(今蘄春)顧景星撰

附耳提録一卷

清蘄州(今蘄春)顧昌輯

清乾隆二十年(1755)顧湛露增修刻光緒三十年(1904)補刻本

科院　復旦

41794

白茅堂詩選九卷

清蘄州(今蘄春)顧景星撰

清宋氏漫堂抄本

《中國古籍善本書目》著録。

國圖

41795

白茅堂文録二卷

清蘄州(今蘄春)顧景星撰　清李祖陶輯

清同治七年(1868)敖陽李氏刻國朝文録續編本

是書尚有光緒二十六年(1900)掃葉山房石印本,見《中國叢書綜録》。

國圖　上海　遼寧　南京　浙江　湖北　廣東　四川　重慶

41796

白茅堂文録二卷

清蘄州(今蘄春)顧景星撰　清李祖陶輯

清光緒二十六年(1900)上海掃葉山房石印國朝文録續編本

首都　上海　重慶　青海

41797

夢澤堂文集四卷詩集三卷資江唱和集一卷

清應城黄師憲撰

清康熙刻本

師憲字度長,明崇禎十五年(1642)舉人,官邵陽教諭。

科院

41798

涉園集二十七卷

清孝感嚴正矩撰

清康熙刻本

正矩字方公,號潔庵,《縣志》有傳。

國圖

41799

梅花書屋詩選四卷

清麻城李中素撰

清康熙二十三年(1684)刻本

中素,中黄弟,省志《文學》有傳。《湖北先賢學行略》謂其"古體詩音節婉轉,近體詩條理可觀"。此書流布甚稀。

南開

41800

菜根堂集四卷

清漢陽李以篤撰

清光緒九年(1883)漢南官橋隴西氏刻本

包括古文集、詩集各二卷。另有三卷本。

湖北

41801

醉白堂集三卷

清漢陽李以篤撰

清乾隆十八年(1753)吴仕潮輯刻漢陽五家詩選本

湖北

41802

醉白堂集三卷

清漢陽李以篤撰

清乾隆十八年(1753)吴仕潮刻嘉慶二十一年(1816)吴輯修補印漢陽五家詩選本

國圖　南京

41803

醉白堂集三卷

清漢陽李以篤撰

清乾隆五十四年(1789)刻漢陽五家詩

選本

湖北

41804

味閒軒遺稿一卷

清廣濟（今武穴）劉鵾化撰

清乾隆四十一年（1776）劉傳等刻康谷子集附刻本

是書附刻於《康谷子集》卷六，僅收詩六首。

清華

41805

味閒軒遺稿一卷

清廣濟（今武穴）劉鵾化撰

1997年齊魯書社據清乾隆四十一年（1776）劉傳等刻康谷子集附刻本影印四庫全書存目叢書本

湖北

41806

拾仲遺（劉養吉詩文）一卷

清廣濟（今武穴）劉養吉撰

清乾隆四十一年（1776）劉傳等刻康谷集附刻本

養吉爲養徵弟。此集包括文二篇、詩歌十九首及何謙《拾仲遺紀事》。

清華

41807

拾仲遺（劉養吉詩文）一卷

清廣濟（今武穴）劉養吉撰

1997年齊魯書社據清乾隆四十一年（1776）劉傳等刻康谷子集附刻本影印四庫全書存目叢書本

湖北

41808

默耕詩選二卷

清沔陽（今仙桃）李何煒撰

民國十四年（1925）沔陽盧氏慎始基齋刻二十年彙印沔陽叢書本

《沔陽州志》載有《默耕堂詩文集》，未見。

科院　北大　上海　天津　吉大　南京　湖北

41809

集文字禪一卷

清鄂州釋藴上撰

清康熙二十六年（1687）刻本

《販書偶記續編》著録。藏書單位待訪。

41810

説安堂集八卷

清景陵（今天門）盧震撰

清康熙刻本

是刻半葉十行，行十九字，白口，左右雙邊。《中國古籍善本書目》著録。《販書偶記續編》作"康熙乙未刻本"。

中央民大　中國社科院文學所　復旦　天津　陝西文史館　浙江

41811

説安堂集八卷

清景陵（今天門）盧震撰

清康熙刻本　鄧之誠跋

科院

41812

幽蘭山房藏稿二十六卷

清蒲圻（今赤壁）張瑮光撰

清康熙二十五年（1686）刻本

是刻半葉八行，行二十字，白口，四周單邊。《中國古籍善本書目》著録。瑮光字瞿庵，諸生，築室幽蘭山，工詩古文詞。籍貫原題"楚蕈川"。此書包括詩集八卷、文集八卷、常談八卷、話史八卷。湖北館藏本缺《話史》。稀見。

清華　湖北×　中大×

41813
幽蘭山房藏稿二十六卷
清蒲圻(今赤壁)張瑮光撰
清抄本
湖北

41814
幽蘭山房二集□□卷
清蒲圻(今赤壁)張瑮光撰
清康熙三十八年(1699)刻本
存十一卷:詩集卷一至七　文集卷四至七
籍貫原題"楚蕁川"。
湖北 ×

41815
陳羲臣集律十卷
清黄陂陳光龍撰
清康熙二十三年(1684)刻本
中大

41816
居業齋詩鈔二十二卷文稿二十卷别集十卷
清廣濟(今武穴)金德嘉撰
清康熙五十八年(1719)蔣國祥刻本
是刻半葉十行,行十九字,白口,四周單邊。《中國古籍善本書目》著録。
德嘉字會公,號豫齋。中順治甲子鄉試,教授安陸凡九年。康熙壬戌會試舉第一,授翰林院檢討。史館推爲碩儒,《明史列傳》《一統志》《禮記解義》《通鑑》講章出力甚多。卒年八十七。《四庫全書總目》入"集部·别集類存目"。
科院　湖北　廣西 ×

41817
居業齋詩鈔二十二卷文稿二十卷别集十卷
清廣濟(今武穴)金德嘉撰
1997年齊魯書社據清康熙五十八年(1719)蔣國祥刻本影印四庫全書存目叢書本
湖北

41818
居業齋文稿二十卷
清廣濟(今武穴)金德嘉撰
清康熙刻本
科院

41819
居業齋文稿二十卷
清廣濟(今武穴)金德嘉撰
清雍正刻本
國圖

41820
居業齋文稿十卷
清廣濟(今武穴)金德嘉撰
清抄本
湖北

41821
居業齋文録一卷
清廣濟(今武穴)金德嘉撰
清道光十九年(1839)瑞州府鳳儀書院刻國朝文録(初編)本
湖北　廣東

41822
居業齋文録一卷
清廣濟(今武穴)金德嘉撰
清咸豐元年(1851)終南山館刻國朝文録(初編)本
首都

41823
居業齋文録一卷
清廣濟(今武穴)金德嘉撰
清光緒二十六年(1900)上海掃葉山房石印國朝文録(初編)本

上海　重慶

41824

楊宣樓詩一卷

清當陽楊州彦撰

清康熙福清魏氏枕江堂刻皇清百名家詩本

上海　華東師大　天津　四川

41825

復庵刪詩舊集八卷

清黄岡孫錫蕃撰

清康熙七年（1668）麓樵居刻本

錫蕃字棐臣，明歲貢。入清，官霑化知縣。有《易經圖説》，未見；有《［康熙］公安縣志》，存。

科院

41826

東漪草堂詩曆五卷

清漢陽汪穎撰

清康熙東漪草堂刻本

是刻半葉十一行，行二十一字，白口，四周單邊。《中國古籍善本書目》著録，僅該館有藏。

汪穎（1630—？），字鈍予、鈍漁。其籍貫有二説：江慶柏《清代人物生卒年表》據《東漪草堂詩曆·乙巳自壽》定爲安徽歙縣，此當係祖籍；《漢口叢談》《漢陽縣志》《湖北藝文志》定爲漢陽，兹從後者。另著有《食物本草》《玉林清賞集》，未見。

國圖

41827

東漪草堂集二卷

清漢陽汪穎撰

清乾隆十八年（1753）吴仕潮輯刻漢陽五家詩選本

湖北

41828

東漪草堂集二卷

清漢陽汪穎撰

清乾隆十八年（1753）吴仕潮輯刻嘉慶二十一年（1816）吴輯修補印漢陽五家詩選本

國圖　南京

41829

東漪草堂集二卷

清漢陽汪穎撰

清乾隆五十四年（1789）刻漢陽五家詩選本

湖北

41830

黄州文獻集五十四卷

清黄岡朱日濬撰

清黄大中抄本

未見刻本。

湖北

41831

鶴嶺山人詩集十六卷

清黄岡王澤弘撰

稿本

與刻本卷數一致。存世已稀。澤弘（宏）字涓來，順治十二年（1655）進士，歷官禮部尚書。喜與名士遊，尤工詩。

南大歷史系

41832

鶴嶺山人詩集十六卷

清黄岡王澤宏撰　清黄岡王材楝編

清康熙刻本

《四庫全書總目》入“集部·别集類存目”。今僅科院有藏。

科院

41833

王昊廬詩一卷

清黄岡王澤弘撰

清康熙福清魏氏枕江堂刻皇清百家詩本

上海　華東師大　天津　四川

41834

寶宸堂集四卷

清黄安（今紅安）張希良撰

《四庫全書總目》及嘉慶《湖北通志》著録，是書《四庫全書總目》入"集部·别集類存目"，未著版本，不知付梓否。作爲訪書綫索，姑置於此。

41835

和松庵存劄不分卷

清宋犖撰　清廣濟（今武穴）張仁熙輯

清康熙宋韋金抄本　清張仁熙題識

湖南

41836

慕廬詩二卷豫遊草（一名壬寅赴吟）一卷

清黄陂葉封撰

清康熙刻本

國圖　科院

41837

慕廬集一卷

清黄陂葉封撰

清刻十子詩略本

《楚詩紀》著録。藏書單位待訪。

41838

慕廬集一卷

清黄陂葉封撰

抄本

據《十子詩略》抄。

湖北

41839

韋園詩集十卷

清廣濟（今武穴）舒峻極撰

清乾隆六年（1741）劉本煒刻本

廣東

41840

些餘集六卷

清孝感熊賜履撰

稿本

《中國古籍善本書目》著録。賜履還有《經義齋集》十八卷、《澡修堂集》十六卷、《閑道堂集》九卷、《澴川詩集》一卷，均刻於康熙間，且皆存世甚稀。

山東師大

41841

些餘集六卷

清孝感熊賜履撰

清康熙刻本

山西大

41842

經義齋集十八卷

清孝感熊賜履撰

清康熙二十九年（1689）刻本

是刻半葉九行，行二十字，白口，左右雙邊。《中國古籍善本書目》著録。

北大　清華　天津　南開　福建師大　武大　川大

41843

經義齋集十八卷

清孝感熊賜履撰

清康熙二十九年（1689）刻後印本

科院　天津　復旦

41844

經義齋集十八卷

清孝感熊賜履撰

1997年齊魯書社據清康熙二十九年(1689)刻本影印四庫全書存目叢書本

湖北

41845

澡修堂集十六卷

清孝感熊賜履撰

清康熙四十二年(1703)澡修堂刻本

是刻半葉九行,行二十字,白口,左右雙邊。《中國古籍善本書目》著録,僅該館有藏。

中國社科院文學所

41846

閑道堂集九卷

清孝感熊賜履撰

清康熙四十五年(1706)刻本

《中國古籍善本書目》著録,僅國家圖書館有藏。

國圖

41847

澴川詩集一卷

清孝感熊賜履撰

清康熙刻百名家詩鈔本

《中國古籍善本書目》著録,僅國家圖書館有藏。

國圖

41848

楊潤丘詩一卷

清荆門楊輝斗撰

清康熙福清魏氏枕江堂刻皇清百名家詩本

輝斗字闇夫,清順治十六年進士,官內黄知縣,遷中書。

上海　華東師大　天津　四川

41849

吴越行吟一卷

清黄岡王追騏撰　清黄岡王一翥評

清稿本

王追騏,順治十五年(1658)進士,官至山東武德道僉事。是書計收詩一百十二首,未見刻本。

湖北

41850

王雪洲詩一卷

清黄岡王追騏撰

清康熙福清魏氏枕江堂刻皇清百名家詩本

上海　華東師大　天津　四川

41851

醉隱堂只當詩三十韻一卷

清黄岡王追騏撰

稿本

稿僅七葉。

湖北

41852

瑞芝堂詩選五卷

清黄岡吴升東撰

清康熙三十年(1691)刻本

《黄岡志》有列傳。存世已稀。

傅斯年圖

41853

蒙春園集三卷

清黄岡王封濚撰

稿本　清王家璧評

封濚字五書,清順治十五年(1658)進士,累官禮部左侍郎。其集未曾付梓。

湖北

41854

蒙春園集四卷

清黄岡王封濚撰

清抄本

湖北

41855
章江集二卷濯纓集一卷
清潛江朱載震撰
清康熙刻本
是刻半葉十行,行十九字,白口,四周單邊。《中國古籍善本書目》著録。朱氏康熙間刻有三種集子,流布甚稀。
廬山　廣東 ×

41856
京華集一卷
清潛江朱載震撰
清康熙刻本
是刻半葉十行,行十九字,白口,左右雙邊。《中國古籍善本書目》著録。
科院

41857
京華集一卷
清潛江朱載震撰
1997年北京出版社據清康熙刻本影印四庫未收書輯刊本
湖北

41858
東浦詩鈔十卷
清潛江朱載震撰
清康熙刻本
存三卷:一至三
是刻半葉十行,行十九字,黑口,四周單邊,《中國古籍善本書目》著録,僅該館藏此殘本;且卷數不明,兹依縣志補上。
科院 ×

41859
西湄草堂詩一卷
清宋炌撰　清潛江朱載震編
清康熙三十年(1691)宋犖刻本
國圖　北師大

41860
插天巢詩集五卷插田巢宗衡二卷
清江陵宋學洙撰
清康熙刻本
是刻半葉八行,行十八字,白口,四周單邊,《中國古籍善本書目》著録,僅該館有藏。《販書偶記續編》謂"無刻書年月,約順治間刻",或即此本。
上海

41861
夢澤堂文集四卷詩集三卷資江唱酬詩一卷
清應城黄師憲撰
清康熙刻本
《中國古籍善本書目》著録,僅中國科學院圖書館有藏。存世甚稀。師憲字度長,明崇禎十五年(1642)舉人,官邵陽教諭。
科院

41862
雪麓詩二十一卷
清京山向兆麟撰
清康熙刻本
兆麟字石村,清康熙八年(1669)舉人。歷官武昌教諭、永州教授、雒縣知縣。後附其子學敏詩。
廣東

41863
雪麓詩二十一卷
清京山向兆麟撰　清黄陂葉封評
清時晴山房刻本
書名葉題"雪麓詩鈔全集"。《京山志》收有《雪麓詩古文集》十八卷,未見。
湖北

41864
突星閣詩鈔十五卷
清漢陽王戩撰
清康熙刻本
《中國古籍善本書目》著録。《中國古籍總目》誤著者姓氏爲"楊",且所收録還分别有十卷、五卷、四卷本,均刻於康熙年間。此本乃合前後諸刻彙輯成編,是爲最全之本。戩中康熙四十七年(1708)副榜,繼遊新城王士禛之門,士禎謂"楚材自胡承諾、顧景星而外,僅見此人"。
國圖　北大

41865
突星閣詩鈔十五卷
清漢陽王戩撰
清康熙刻光緒補版印本
湖北

41866
突星閣詩鈔十五卷
清漢陽王戩撰
1997年齊魯書社據清康熙刻本影印四庫全書存目叢書本
湖北

41867
突星閣詩鈔十卷
清漢陽王戩撰
清康熙刻本
《中國古籍總目·集部》著録。
首都

41868
突星閣詩鈔五卷
清漢陽王戩撰
清康熙刻本
《中國古籍總目·集部》著録。
北師大

41869
突星閣詩鈔四卷
清漢陽王戩撰
清康熙刻本
是刻半葉十行,行十九字,黑口,左右雙邊。《中國古籍善本書目》收録。
上海

41870
突星閣集四卷
清漢陽王戩撰
清乾隆十八年(1753)吴仕潮輯刻漢陽五家詩選本
湖北

41871
突星閣集四卷
清漢陽王戩撰
清乾隆十八年(1753)吴仕潮輯刻嘉慶二十一年(1816)吴輯修補印漢陽五家詩選本
國圖　南京

41872
突星閣集四卷
清漢陽王戩撰
清乾隆五十四年(1789)刻漢陽五家詩選本
湖北

41873
秀野園詩集一卷補遺一卷
清石首劉鴻慶撰　清石首劉宗詵輯
清康熙繡林劉氏合刻詩選本
《中國古籍總目·叢部》著録。藏書單位待訪。《石首縣志》:康熙中,吴三桂反,誘鴻慶以官,不從;强迫之,遂棄家遁,不知所之。後其子宗詵彙其稿爲《秀野園集》,暨其母曾素蓮《楠枝館閣集》、兄宗光《緑梅亭集》合刻爲帙。余在編《中國叢書廣録》時未曾訪知藏書處所，《中國古籍總目》亦漏著。

41874
楠枝閣詩集一卷
清石首曾秀蓮撰　清石首劉宗詵輯
清康熙刻繡林劉氏合刻詩選本
参見《繡林劉氏合刻詩選》及《秀野園詩集》之附注。

41875
歸途百韻一卷
清黄安（今紅安）盧爾慥撰
清抄本
爾慥字未一，號衡麓。清康熙五年（1666）舉人。《黄安縣志》載有《夢曲村稿》二卷，並引王一翥序曰："所作《北上草》《榜後詩》《塞上吟》《南游小記》皆已成帙付梓。"而《夢曲村稿》則是"庚戌下第歸，復彙少作詩文"而成。惜今皆未訪知。
湖北

41876
晴山堂詩文稿不分卷
清漢陽漢國祝撰
清康熙二十七年（1688）刻本
國祝字如南，一字鶴汀，漢陽人。清康熙六年（1667）進士，歷知青浦、永清，遷兵馬司指揮。
廣東

41877
漪園詩二集一卷
清張遇撰　清黄梅黄利通等評
清康熙刻本
天津

41878
黄工部集二十八卷
清黄梅黄利通撰
清乾隆十二年（1747）石亭刻本
利通字曉夫、梧岡、懷亭。《黄州府志·文學》有傳，《湖北先賢學行略》收録。朱軾稱其"詩似岑嘉州，文似宋景濂，明白正大，人人易曉"。《湖北先賢學行略》謂其"有《石亭詩文集》十四卷、《懷亭後集》十四卷，或即指此。另據金德嘉《居業齋文録》，金則爲利通《五達道衍義》《九經衍義》二書作序，暫未訪見。
南京

41879
雲望堂集三卷
清漢陽彭心錦撰
清乾隆十八年（1753）吴仕潮輯刻漢陽五家詩選本
湖北

41880
雲望堂集三卷
清漢陽彭心錦撰
清乾隆十八年（1753）吴仕潮輯刻嘉慶二十一年（1816）吴輯修補印漢陽五家詩選本
國圖　南京

41881
雲望堂集三卷
清漢陽彭心錦撰
清乾隆五十四年（1789）刻漢陽五家詩選本
湖北

41882
紡山草堂集二卷
清漢陽文師伋撰
清乾隆十八年（1753）吴仕潮輯刻漢陽五家詩選本
湖北

41883
紡山草堂集二卷
清漢陽文師伋撰
清乾隆十八年（1753）吴仕潮輯刻嘉慶二十一年（1816）吴輯修補印漢陽五家詩選本
國圖　南京

41884
紡山草堂集二卷
清漢陽文師伋撰
清乾隆五十四年（1789）刻漢陽五家詩選本
湖北

41885
復村集杜詩一卷
清黄岡王材任撰
清康熙刻本
國圖

41886
尊道堂詩鈔五卷
清黄岡王材任撰
抄本
常熟

41887
尊道堂詩鈔八卷别集六卷
清黄岡王材任撰
清乾隆五年（1740）玉照亭刻黄岡王西澗陳雨山兩先生合録詩集本
材任字子重，號西澗，澤宏之子。清康熙十八年（1679）進士，官至僉都御史。
湖北

41888
存素堂詩鈔一卷
清馬旦撰　清黄岡王材任輯
清乾隆刻虞山四子集本
《中國古籍總目·集部》著録。藏書單位待訪。

41889
岱樵詩集一卷
清東湖（今宜昌）何毓秀撰
清乾隆刻本
毓秀字仲岩，號岱樵。清康熙五十二年（1713）武進士，由侍衛官都師。嗜經史，喜詩歌，有儒將風。《湖北詩徵》收有其詩。
南京

41890
玉照亭詩鈔二卷
清黄岡陳大章撰
清康熙刻本
題名《玉照亭詩鈔》者，至少有四刻，此爲最早付梓者。卷端、版心皆作"玉照堂"，而其內容實爲《巢雲集》。
湖北

41891
玉照亭詩鈔三卷
清黄岡陳大章撰
清雍正刻本
該館《中文古籍善本書目》著録，三册一函。
科院

41892
玉照亭詩鈔二十卷
清黄岡陳大章撰　清黄岡陳師晉輯
清乾隆四年（1739）陳師晉刻黄岡王西澗陳雨山兩先生合録詩集本
科院　湖北

41893
玉照亭詩鈔二十卷
清黄岡陳大章撰

清乾隆九年(1744)陳師晉刻本

該館《中文古籍善本書目》著録。

科院

41894

玉照亭詩鈔二十卷

清黄岡陳大章撰

清乾隆九年(1744)陳師晉刻本　鄧之誠題記

《中國古籍善本書目》和科圖《善目》收。此本由其子所編,既是最晚之本,也是最全之本。

科院

41895

玉照亭詩鈔二十卷

清黄岡陳大章撰

1997年北京出版社據清乾隆九年(1744)陳師晉刻本影印四庫未收書輯刊本

湖北

41896

玉照亭詩鈔二十卷

清黄岡陳大章撰

清抄本　鄧之誠跋

科院

41897

慕岩詩畧六卷

清孝感夏熙臣撰

民國二十四年(1935)夏氏尚忠堂木活字印本

天津

41898

匏尊山人遺詩一卷

清孝感夏熙臣撰

民國二十四年(1935)夏氏尚忠堂木活字印本

天津

41899

王元士文集不分卷附江夏志略一卷性理吟一卷闕疑慎言録一卷(一名大一山房集)

清江夏王一寧撰

清康熙四十七年(1708)刻本

《販書偶記續編》著録。藏書單位待訪。

41900

韭崧吟六卷

清江夏陳正烈撰

清嘉慶十五年(1810)重刻本

湖北

41901

竹岩集六卷附一卷

清廣濟(今武穴)阮文茂撰

清同治十一年(1872)刻光緒二十一年(1895)睦親堂重修本

國圖

41902

竹嵓文詩集五卷竹嵓家訓一卷崇正録二卷

清廣濟(今武穴)阮文茂撰

清光緒二十四年(1898)木活字本

《販書偶記續編》著録。

湖北

41903

陳中書遺文一卷

清襄陽陳一揆撰

刻本

《中國古籍總目·集部》著録,刊印時間不詳。一揆字符公,號東橋,清康熙二年(1663)舉人,考授中書。《襄陽志》載其《百尺樓文集》二卷,未見。

華東師大

41904

懷蘇堂集十卷

清江夏胡潤撰

清乾隆六年（1741）胡格刻本

《江夏縣志》有其列傳。《縣志》載其有《艮園詩集》，未見。

科院

41905

剨嘯文集二卷詩集十卷集唐二卷

清漢陽張叔珽撰

清康熙凝和堂刻本

是刻半葉九行，行十九字，白口，左右雙邊。《中國古籍善本書目》著録。叔珽字方客，進士三異之子。貢生，官徽州同知。此書存世已稀。《中國古籍總目·集部》作"清康熙五十年（1711）凝和堂刻本"，當即此本。

北大　復旦　華東師大　廣東

41906

剨嘯文集二卷二集一卷集唐詩不分卷

清漢陽張叔珽撰

清康熙五十九年（1720）刻本

《販書偶記續編》著録。藏書單位待訪。

41907

剨嘯文集二卷詩集十卷

清漢陽張叔珽撰

清光緒二十一年（1895）重刻本

湖北

41908

剨嘯文集二卷詩集十卷

清漢陽張叔珽撰

民國抄本

湖北

41909

剨嘯文二集二卷詩二集十卷

清漢陽張叔珽撰

清雍正刻本

《中國古籍善本書目》著録，僅該館有藏。《中國古籍總目·集部》作"清康熙六十年（1721）刻本"。存世甚稀。

廣東

41910

綺雲樓詩集不分卷

清漢陽江蘭撰

清康熙四十八年（1709）刻本

蘭字貞淑，按察殷道女，主事張叔珽室。婦女著作，存世已稀。

國圖

41911

紀遊集句一卷

清漢陽徐聰撰

清康熙五十二年（1713）懷文堂刻本

聰字潛溪，貢生，博學善詩，與弟志有"二徐"之目。

國圖

41912

積水齋詩稿不分卷

清漢陽徐聰撰

抄本

南京

41913

式馨堂文集（一名趣陶園集）十五卷詩前集十二卷詩後集八卷詩餘偶存三卷

清麻城魯之裕撰

清康熙雍正間刻式馨堂全集本

之裕字亮儕，清康熙舉人，官至直隸清河道，代理布政使。精於水利，曾疏通畿南河道七百余里。勤奮好學，著述甚豐。

其籍貫有三種説法：一是湖北麻城，見於《黄州府志》、《中國人名大辭典》、《湖北歷史人物辭典》等；二是安徽太湖，見於《清代人物生卒年表》等；三是"三南"，見於《販書偶記》。兹從第一説。

此書爲清代禁燬書。各家書目著録多寡有異。

國圖

41914

式馨堂文集(一名趣陶園集)十五卷詩前集十二卷詩後集八卷詩餘偶存三卷

清麻城魯之裕撰

2000年北京出版社據清乾隆刻本影印四庫禁毀書叢刊本

湖北

41915

式馨堂詩前集十二卷後集八卷詩餘偶存一卷

清麻城魯之裕撰

清雍正刻本

是刻半葉九行,行十九字,白口,左右雙邊。《中國古籍善本書目》著録。清代禁毁書。

國圖　復旦　天津　南京× 中大

41916

式馨堂詩前集十二卷

清麻城魯之裕撰

清雍正四年(1726)刻本

科院

41917

式馨堂詩後集十二卷

清麻城魯之裕撰

清雍正刻增修本

天津

41918

趣陶園集十五卷

清麻城魯之裕撰

清雍正刻本

《中國古籍善本書目》著録。

南開　湖南

41919

式馨堂文集(一名趣陶園集)十五卷詩集十二卷詩後集十六卷詩餘偶存一卷蛻窩集一卷

清麻城魯之裕撰

清康熙雍正間刻本

《販書偶記》著録。孫殿起又在《叢書目録拾遺》卷十五稱:《文集》刻於清康熙三十三年(1694),《詩集》《詩餘》和《蛻窩集》刻於雍正間。藏書單位待訪。

41920

蛻窩集一卷

清麻城魯之裕撰

清雍正刻式馨堂全集本

國圖

41921

到智果園詩選一卷

清石首劉宗堯撰　清石首劉宗詵輯

清康熙刻繡林劉氏合刻詩選本

參見《繡林劉氏合刻詩選》及《秀野園詩集》之附注。

41922

緑梅亭詩集一卷

清石首劉宗光撰　清石首劉宗詵輯

清康熙刻繡林劉氏合刻詩選本

參見《繡林劉氏合刻詩選》及《秀野園詩集》之附注。

41923

寤怡亭詩一卷

清雲夢馮其昌撰

清道光刻鎮石齋稿附録本

其昌字曉生。清康熙歲貢,授福建理問。詩宗陶韋。與其兄其石友於極篤。其世卒,引疾歸。

南京

41924
偶存草堂詩集六卷
清孝感林之蒨撰
清雍正元年(1723)淑慎堂刻本
《販書偶記續編》作"林之倩",《湖北藝文志》作"林之蒨",皆著録爲孝感人。而江慶柏《清代人物生卒年表》據鄧之誠《清詩紀事初編》,謂其爲山東濟寧人。林集有六卷本和十三卷本,皆刻於清雍正間。
華東師大

41925
偶存草堂集十三卷
清孝感林之蒨撰
清雍正十三年(1735)居易齋刻本
《中國古籍總目·集部》著録。
中國社科院文學所

41926
素業堂雜著一卷
清黄梅喻化鵠撰　清孫本鑰輯
清刻本
《湖北先哲學行録》於其著述散佚情況有所介紹。
華東師大

41927
彭念堂集十六卷
清漢陽彭湘懷撰
清乾隆九年(1744)刻本
包括《臯廡集》六卷、《獨持集》十卷,湖南館存《獨持集》。
國圖　湖南[×]

41928
繡餘小稿一卷
清漢陽紀瓊撰
清道光二十四年(1898)蔡氏嫏嬛别館刻國朝閨閣詩鈔本
瓊字蘊玉,諸生陳鶴汀室。
國圖　上海　天津　南京　湖北

41929
説是詩稿三卷
清黄岡王封崑撰
清稿本
孤本。
湖北

41930
憇菴老人詩稿不分卷
清黄岡王封崑撰
清稿本　佚名批校
孤本。所收之詩多與《説是詩稿》同。
湖北

41931
筠心閣詩二卷
清荆門胡秀温撰
清乾隆元年(1736)刻本
秀温,湖北荆門人,胡振翼女,許字江陵諸生張毓蔘。未婚,毓蔘病故,胡即守貞。是集收詩起康熙三十八年(1699)正月,迄雍正元年(1723)七月,凡詩四十八首,詞二首。前有吴家騏、王茹琰序,戴俊撰傳略。版心有"筠心閣"三字,有圈點。《擷芳集》《歷代婦女著作考》和《湖北詩徵》著録。藏書單位待訪。

41932
夏觀川詩(一名菜根精舍詩草)十二卷
清孝昌夏力恕撰
清乾隆十年(1745)刻本
《販書偶記》著録。藏書單位待訪。

41933
夏觀川詩集十六卷(一名菜根精舍詩草十二卷續草四卷)
清孝昌夏力恕撰

民國四年(1915)孝感夏氏虹莊刻澴農遺書本
國圖　科院　湖北

41934
菜根堂文集十卷
清孝昌夏力恕撰
民國四年(1915)孝感夏氏虹莊刻澴農遺書本
國圖　湖北

41935
拙圃詩草初集一卷
清江夏崔應階撰
清雍正十年(1732)刻本
《販書偶記續編》著録。藏書單位待訪。同治《江夏縣志》卷六有本傳。

41936
拙圃詩草十卷
清江夏崔應階撰
清雍正間刻本
同治《江夏縣志》和《販書偶記》著録。藏書單位待訪。

41937
拙圃詩草十卷附梅花集句一卷
清江夏崔應階撰
清乾隆十七年(1752)刻本
《販書偶記續編》著録。藏書單位待訪。

41938
拙圃詩草初集一卷二集一卷三集一卷煙花債傳奇一卷
清江夏崔應階撰
清乾隆刻本
是刻半葉九行,行二十字,白口,四周雙邊。《中國古籍善本書目》著録。若《販書偶記》著録無誤(見前二款目),則此書應始刻於雍正年間。
國圖　清華×　河南大

41939
拙圃詩草四卷拙圃吟藁一卷
清江夏崔應階撰
清乾隆刻本
是刻半葉九行,行二十字,白口,四周雙邊。《中國古籍善本書目》著録,僅清華大學圖書館藏有全帙。
國圖×　清華　河南大×

41940
拙圃詩草十卷
清江夏崔應階撰
清乾隆三十六年(1771)自刻本　清佚名眉批
中國社科院文學所

41941
石亭稿十四卷後集十四卷
清黄梅黄利通撰
清乾隆十二年(1747)石亭刻本
《販書偶記續編》著録。藏書單位待訪。利通有多種著作,所知其詩文集付梓。與朱軾交誼甚深,軾稱其"詩似岑嘉州,文似宋景濂,明白正大,人人易曉。"《湖北先賢學行略》對其人其學作了評介。

41942
懷亭集十卷
清黄梅黄利通撰
清刻本
湖北

41943
鐵瓮集文二卷詩五卷馬肝集一卷毛詩纂詠一卷
清興國(今陽新)李應熙撰

清乾隆京都董園刻本

《文集》《馬肝集》籍里題“富川”。

湖北

41944

鶴吟樓詩鈔一卷

清黄梅傅紫璘撰

清道光二十四年(1844)蔡氏娜嬛别館刻國朝閨閣詩鈔本

據《湖北詩徵》:紫璘,原名榮芝,字雲裳,郎中家顯女,孝感蕭道墉室。以節稱。其詩清和婉麗,蔡梅庵、黄立生嘗採入《柳絮集》。

國圖 上海 天津 南京 湖北

41945

緑窗吟稿一卷

清孝感李素雯撰

清道光二十四年(1844)蔡氏娜嬛别館刻國朝閨閣詩鈔本

素雯字雲仙,蕭道藻室。工小楷。

國圖 上海 天津 南京 湖北

41946

晉起堂遺集十二卷

清黄岡吕德芝撰

清乾隆二十五年(1760)刻本

《黄州府志》《販書偶記》著録。德芝字時素,又字石素。貢生。

傅斯年圖

41947

所存集二卷末一卷

清孝感胡紹鼎撰

清乾隆四十一年(1776)汾陽曹學閔刻本

《湖海詩傳》卷一七:“胡紹鼎,字雨方,孝感人。乾隆十九年會試第一,官至監察御史。有《所存集》。”《中國古籍善本書目》著録,僅湖北省館有藏。

湖北

41948

所存集二卷

清孝感胡紹鼎撰

清宣統元年(1909)友月樓刻本

湖北省館藏有“民國三年(1914)夜月樓刻本”。“夜”與“友”未知孰是。湖北館之書打捆搬遷,暫難核查。此據《中國古籍總目·集部》。

北大

41949

所存集二卷末一卷

清孝感胡紹鼎撰

民國三年(1914)夜月樓刻本

末一卷即“附録”。

湖北

41950

海嶽集十卷

清蒲圻(今赤壁)張開東撰 清孫馮翼參訂

清抄本

《中國古籍善本書目》著録。或爲稿本。

湖北

41951

海嶽集十卷

清蒲圻(今赤壁)張開東撰 清孫馮翼參訂

清嘉慶六年(1801)青園刻本

湖北

41952

海嶽集八卷

清蒲圻(今赤壁)張開東撰 潛江甘鵬雲編校

抄本

湖北

41953
白蒓詩集十六卷附一卷
清蒲圻（今赤壁）張開東撰
清乾隆五十四年（1789）張兆騫棗存園刻本
湖北

41954
白蒓詩集十六卷附一卷
清蒲圻（今赤壁）張開東撰
1997年北京出版社據清乾隆五十四年（1789）張兆騫棗存園刻本影印四庫未收書輯刊本
湖北

41955
白蒓存稿續刻不分卷
清蒲圻（今赤壁）張開東撰
清嘉慶三年（1798）刻本
制藝文。
湖北

41956
白蒓存稿初刻不分卷
清蒲圻（今赤壁）張開東撰
清乾隆十年（1745）刻本
"蒲圻"原題"茅山"，係制藝文。
湖北

41957
白蒓文稿四卷
清蒲圻（今赤壁）張開東撰
清乾隆刻本
湖北

41958
蘭亭草不分卷
清蒲圻（今赤壁）張開東撰
清抄本
湖北

41959
萼華樓詩集一卷
清蒲圻張開懋撰
民國抄本
開懋字伯翹，開東弟。清乾隆三年（1738）舉人。與張承鋆《玉堂山齋存稿》合册。《蒲圻志》載有《萼華樓稿》二卷。《中南、西南地區省、市圖書館館藏古籍稿本提要（附鈔本聯合目録）》將書名"萼"誤爲"夢"，又將著者誤爲民國人。
湖北

41960
荷亭古文存二卷
清江陵李葆元撰
清刻本
葆元字扶蒼，號荷亭。清乾隆元年（1736）舉人，官常德府教授。《江陵縣志》載其《草堂藏稿》，未見。
首都

41961
春聲堂詩初集七卷
清漢陽戴喻讓撰
清乾隆刻本
《縣志·文字》有傳。
南京

41962
春深（聲）堂文集十卷
清漢陽戴喻讓撰
清乾隆刻本
《中國古籍總目·集部》作《春滦堂文集》。
南京

41963
曲尺軒詩集（一名顧東崑詩集）二十四卷
清襄陽顧夔璋撰

清乾隆四十年(1775)曲尺軒刻本
國圖

41964
琴劍集一卷
清江陵李炤禄撰
清嘉慶刻彙印雲巖叢書本
科院

41965
鶴心偶寄一卷
清江陵李炤禄撰
清嘉慶刻彙印雲巖叢書本
科院

41966
鴻爪留餘一卷
清江陵李炤禄撰
清嘉慶刻彙印雲巖叢書本
科院

41967
律杜一卷
清江陵李炤禄撰
清刻彙印雲巖叢書本
科院

41968
律李一卷
清江陵李炤禄撰
清刻彙印雲巖叢書本
科院

41969
律選一卷
清江陵李炤禄撰
清刻彙印雲巖叢書本
科院

41970
賦草一卷文一卷
清江陵李炤禄撰
清刻彙印雲巖叢書本
科院

41971
律陶一卷
清江陵李炤禄撰
清刻彙印雲巖叢書本
科院

41972
律唐一卷
清江陵李炤禄撰
清刻彙印雲巖叢書本
科院

41973
賜蔞堂初稿四卷
清雲夢李元奮撰
清嘉慶四年(1799)刻本
元奮,《德安府志》有傳。與其弟合著《四書典制考略》。元奮詩文,名重一時,此書由中丞許兆椿作序,刊以行世。
湖北

41974
袁枚駢體文一卷
清袁枚撰　清蒲圻(今赤壁)張學誠輯并評
清蒲圻張學誠手抄九種稿本
湖北

41975
依緑園詩文集三卷
清松滋龐洵撰
清道光二十九年(1849)重刻本
洵爲清乾隆六年(1741)拔貢生。另著有《漁洋舟行紀程》。

湖北

41976
墨餘閣詩草二卷
清漢陽吴仕潮撰
清嘉慶四年（1799）刻本
仕潮字韓若，號秋齋老人，漢陽人，原籍歙縣。工詩，尤長於五古。輯有《漢陽五家詩選》。《漢口叢書》紀其事。
北大

41977
程大中集不分卷
清應城程大中撰
稿本
《中國古籍善本書目》著録。《湖北先賢學行録》云："大中爲諸生時，孝感夏力恕主江漢書院，大中游其門。博覽載籍，擷其精華，手自鈔録。淹貫經史，穿六百家，爲文元元本本，考據精詳，而不傷於氣；詩力宗唐賢，雖窘於邊幅，而淬勵功深，澄徹無瑕疵，清韻琅琅可誦。當時楚材中，學有根柢，詩古文具有法度，無出其右者。"
科院

41978
餘事集一卷
清應城程大中撰
清乾隆刻本
《中國古籍總目·集部》著録。
國圖

41979
甲乙存稿四卷別稿二卷
清應城程大中撰
清乾隆刻本
《中國古籍總目·集部》著録。
國圖

41980
在山堂集三十卷
清應城程大中撰
清道光十五年（1835）忠耿堂刻本
卷一至十文，卷十一至十二詩，卷十三十四周禮外儀，卷十五十六讀史，卷十七十八測言，卷十九蠡書，卷二十至二十五四書逸箋，卷二十六至二十九舊事考遺，卷三十四書時文。《販書偶記》著録。
北師大　湖南

41981
在山堂集三十卷
清應城程大中撰
清道光十五年（1835）忠耿堂刻咸豐九年（1859）補刻本
國圖　科院

41982
在山堂集三十卷
清應城程大中撰
清光緒九年（1883）敦德堂刻本
湖北

41983
學耕堂詩鈔不分卷
清房縣汪魁儒撰
清光緒十九年（1893）房縣鳳陽書院刻汪陳詩鈔合刻二種本
湖北

41984
雲圃公詩草不分卷
清黄岡王養翀撰
著者手稿本
養翀字羽滿，號雲圃，封崑之孫。積學未遇。此爲其甲戌至庚辰之編年詩，年均約十首，多爲七律，抒發一介寒儒之心情，在煉詞、煉句上頗費心力。

湖北

41985
雪坡賸草一卷
清黄岡王養惠羽撰
稿本　清王家璧校
共約收詩七十首，其内容無非懷古詠景，藉以抒懷，格調非高。
湖北

41986
保安雜詠一卷
清黄安（今紅安）盧爌撰
抄本
爌字鏡亭，清嘉慶十五年（1810）優貢。據《黄安縣志》，其著有《秦游草》《保安雜詠》《岱游草》《洛游草》《鞏游草》《嵩游草》諸集，今唯見此抄。
湖北

41987
懷古堂初集不分卷
清劉國英撰　清陶元淳、沔陽（今仙桃）張泰來等評
清康熙四十二年（1703）懷古堂刻三色套印本
是刻半葉七行，行十七字，白口，四周雙邊。《中國古籍善本書目》著録，僅該館有藏。
國圖

41988
雲浦文選三卷
清沔陽（今仙桃）張泰來撰
清康熙謨觴石室刻本
《中國古籍善本書目》著録，僅該館有藏。其文集有幾個本子，其詩被選入《湖北詩徵》。
國圖

41989
包軒遺編三卷
清沔陽（今仙桃）張泰來撰
清光緒十五年（1889）方敦吉濟南刻毋不敬齋叢書本
國圖　北大　清華　復旦　遼寧　山東大　武漢　重慶

41990
補希堂古文選不分卷
清沔陽（今仙桃）張泰來撰　清沔陽（今仙桃）陸建瀛選
清道光二十四年（1844）刻本
湖北

41991
補希堂文集四卷附録一卷
清沔陽（今仙桃）張泰來撰
民國沔陽盧氏慎始基齋刻二十年彙印沔陽叢書本
科院　北大　上海　天津　吉大　南京　湖北

41992
春生閣詩鈔一卷
清漢陽孫漢撰
清活字印本
據《湖北詩徵》：漢字倬雲，號楚池，本休寧人，入籍漢陽。清乾隆十年（1745）進士，選庶吉士，官御史。
南京

41993
讀易軒詩鈔一卷
清漢陽張漢撰
清活字印本
南京

41994
鶴南初集二卷次集二卷
清鍾祥杜光德撰

清刻本

本書初集籍里題"竹山",二集題"楚郢",《湖北書徵》將其列入鍾祥。兹從《湖北書徵》及本書二集所題著録之。光德字晉齋,一字虹山。諸生。乾隆間與修《鍾祥續志》。

湖北

41995

霍林山人詩集五卷

清吴文溥撰　清鍾祥戴經編

清乾隆間研山堂刻本

國圖

41996

白洋山人文鈔不分卷

清黄岡王鑾撰

清光緒八年(1882)德馨堂刻本

鑾有《四書註論文補正》《粤軺紀聞》,未見。是書收文47篇,皆係記、傳、序、跋之類。篇後鐫評。末有洪良品二跋。《黄州府志·文學》有傳。

湖北

41997

徒州文集二卷孟子好辯彈詞一卷

清黄岡王鑾撰

民國十一年(1922)贛西鎮守使署石印本

科院　湖北

41998

徒州文集五卷

清黄岡王鑾撰

民國十四年(1925)刻本

《黄州府志》有傳,著録有《王鑾詩文集》。其集似以此爲全。

中國社科院文學所

41999

徒洲詩集五卷

清黄岡王鑾撰

民國二十三年(1934)漢口天利印刷公司鉛印本

有方本仁序,稱其詩"雄偉類少陵,跌宕似玉局,而形體尤風神清逸,直逼新城"。

湖北

42000

又溪詩稿一卷

清黄岡王如鑒撰

清抄本

王如鑒(1746—1797),號又溪,清乾隆甲午科副榜,官長陽教諭,贈知縣。收各體詩一百二十餘首。

湖北

42001

且園吟一卷

清黄岡王如璠撰

著者手稿本　清余世奎跋　清□鎬(西峰)評

稿僅六葉,詩祇卅首。

湖北

42002

西圃詩稿一卷

清黄岡王如焕撰

著者手稿本　清王家璧題識　佚名批

其詩作不多,但反映社會現實性較强。

湖北

42003

盤窟文集八卷

清蘄州(今蘄春)胡思謙撰

清嘉慶五年(1800)刻本

光緒《黄州府志》《蘄州志》作《窟盤文集》,兹依《中國古籍總目·集部》。

復旦

42004

紅蕉山館詩鈔十卷

清黄梅喻文鏊撰

清嘉慶九年(1804)刻本

《黄州府志》謂其有《紅蕉山館文鈔》八卷《詩鈔》十卷《續鈔》二卷,今僅知該三館藏此《詩鈔》十卷。《黄梅縣志》引李祖陶序曰:"先生故以詩名,吾鄉劉金門謂有昌黎之奇,而無長吉之苦。"

國圖　南京　港大

42005

紅蕉山館詩鈔十卷續鈔二卷

清黄梅喻文鏊撰

清嘉慶道光間刻本

《販書偶記》著録。北師大藏有《續鈔》二卷,著録"清道光三年(1823)刻本"。

湖北

42006

紅蕉山館文鈔八卷

清黄梅喻文鏊撰　清上高李祖陶評點

清光緒三年(1877)刻本

湖北

42007

春草園詩存一卷

清黄梅喻文鑾撰

清道光五年(1825)刻本

文鑾字典掖,號嵐坡。清乾隆三十九年(1774)舉人,官淄川知縣。此書有二刻。

河南

42008

春草園詩存一卷

清黄梅喻文鑾撰

清同治刻本

南大

42009

瞻雲望月行窩吟一卷

清黄梅喻文鑾撰

清同治十年(1871)刻本

《中國古籍總目·集部》收録南大藏本,書名中之"雲"作"霧",未知孰是。

南大　河南　湖北

42010

小莊詩鈔七卷

清雲夢萬法周撰

清道光八年(1828)冷春昶九桂軒刻本

法周字象濂,號藥堂。清乾隆三十九年(1774)副榜,官松滋教諭。

國圖

42011

小莊詩鈔七卷附駢體文三篇

清雲夢萬法周撰

清道光八年(1828)刻本

《販書偶記續編》著録。藏書單位待訪。

42012

秋潭詩集十卷外集十六卷

清長陽彭淑撰

清嘉慶八年(1803)太乙葉舟刻本

《販書偶記續編》著録。湖北館藏無《外集》。

國圖　湖北×

42013

秋潭詩集十卷

清長陽彭淑撰

民國鉛印本

湖北

42014

秋水閣詩集八卷

清雲夢許兆椿撰

清嘉慶二十一年(1816)刻本

《蒲褐山房詩話》:"秋岩侍郎議論明達,工詩善書,尤精於吏牘,下筆千言,無不迎刃而解,非独以吟咏見長也。與其鄉余元亭同知、彭秋潭明府,文名鼎峙。”生平事蹟參見下條。

廣東

42015

秋水閣詩集八卷首一卷雜著一卷

清雲夢許兆椿撰

清道光二十五年(1845)家刻本

兆椿字茂堂,號秋岩。清乾隆三十七年(1772)進士。初任翰林院編修,後任松江知府,累官至刑部左、右侍郎,調補倉場侍郎。查處倉場弊案有功。不久,任漕運總督。旋升工部侍郎,轉職吏部。嘉慶十八年(1813)任貴州巡撫,次年調刑部侍郎。復授浙江巡撫,以病懇辭。曾建雲夢學宫。博學多才,文章被推重一時。其集以此爲全。

湖北

42016

大桴山人偶存集三卷

清蘄州(今蘄春)陳詩撰

清光緒四年(1878)夏允升刻本

《湖北詩徵》謂其詩“每天平衍處露新警,語人既貞,不絕俗詩,亦華而不媚;雖不賴詩以傳,而已豔在人口矣”。

國圖　科院

42017

大桴山人偶存集一卷

清蘄州(今蘄春)陳詩撰

清光緒四年(1878)三餘堂刻本

湖北

42018

大桴山人偶存集一卷

清蘄州(今蘄春)陳詩撰　清夏允初校

清光緒六年(1880)夏氏校刻本

湖北

42019

半畝山房詩存不分卷

清襄陽樊雄楚撰

清抄本　佚名校

《襄陽府志》有傳。

廣東

42020

林庵詩鈔七卷

清應城孫甡撰

清嘉慶四年(1799)刻本

甡字偕鹿,號林庵。清乾隆五十七年(1792)舉人,選興國州學正,未任卒。詩宗王、孟,邑人程大中稱之。

湖北

42021

半山詩稿不分卷

清應城孫甡撰　清盛錞編

清咸豐五年(1855)刻本

上海

42022

玩草園詩鈔一卷文集一卷附録一卷

清沔陽(今仙桃)劉棪撰

民國沔陽盧氏慎始基齋刻二十年彙印沔陽叢書本

《湖北先賢學行略》云:“棪有‘書廚’‘書倉’之目,不斤斤以詩古文雄,詩亦清妙,其《過白湖》《咏月》諸篇,爲時所傳誦。”

科院　北大　上海　天津　吉大　南京　湖北

42023

浮槎存稿六卷補遺一卷

清漢陽鄒貽詩撰

清道光刻本

《山東省圖書館藏海源閣書目》將其與鄒廷堯《留耕草堂初稿》、鄒廷鈞《桐軒存稿》、鄒廷金《伯冶遺稿》並爲一個款目著録，擬名《漢陽鄒氏四家稿》。未知與湖北省館所藏"清刻本"存在何種關係。

山東海源閣

42024

浮槎存稿四卷

清漢陽鄒貽詩撰

清刻本

湖北

42025

香雪亭詩集八卷

清麻城胡翹霜撰

清嘉慶二十四年（1819）刻本

湖北

42026

鵠山小隱詩集十六卷補遺一卷附詩話一卷

清天門熊士鵬撰

清嘉慶二十年（1815）稽古閣刻本

後彙入《瘦羊録》。

北大　科院　湖北

42027

鵠山小隱文集十卷

清天門熊士鵬撰

清嘉慶道光間刻瘦羊録本

北大　湖北

42028

東坡詩集一卷

清天門熊士鵬撰

清道光六年（1826）刻本

彙入《瘦羊録》。

北大

42029

東坡文集一卷

清天門熊士鵬撰

清道光六年（1826）刻本

彙入《瘦羊録》。

北大

42030

壯遊草一卷

清天門熊士鵬撰

清嘉慶道光間刻瘦羊録本

北大　湖北

42031

耄學集詩一卷續刻一卷文一卷續刻一卷

清天門熊士鵬撰

清道光十六年（1836）刻本

彙入《瘦羊録》。

北大

42032

耄學集不分卷

清天門熊士鵬撰

清咸豐十年（1860）重刻本

但氏家塾藏板。二册。

湖北

42033

吾同山館改課一卷

清天門熊士鵬撰

清嘉慶道光間刻瘦羊録本

北大　湖北

42034

吾同山館試帖

清天門熊士鵬撰

清嘉慶道光間刻瘦羊録本

北大　湖北

42035

夢雲樓分體詩鈔不分卷

清雲夢許兆桂撰

清道光刻本

兆桂字香岩,貢生。

湖南

42036

堂圃詩鈔一卷

清江夏秦文樸撰

清道光三年(1823)吴氏刻本

湖北

42037

三湖漁人全集八卷

清江陵劉士璋撰　清漢陽葉志詵輯

清道光二年(1822)江陵劉氏刻本

士璋(1756—?)字南赤,號三湖漁人。是書包括《葛道集》《郢中集》《燕臺小稿》《吾廬萃編》《竹嶼偶吟》各一卷,《富猗樓集》三卷。

湖北

42038

林館詩集不分卷

清漢陽葉繼雯撰　清漢陽葉志詵編

稿本

清程鴻詔《有恆心齋文》卷九有其《事述》,知其生卒年爲1757—1832。而清喻文鏊《紅椒山館詩鈔》卷八《云素奉母入都》詩注云:"乙亥生",則爲乾隆二十年(1755)。

《中國古籍總目·集部》著録。疑即《中國古籍善本書目》所著録之"清漢陽葉氏抄本"。

上海

42039

林館詩集不分卷

清漢陽葉繼雯撰

清漢陽葉氏抄本

《中國古籍善本書目》著録。《寄心庵詩話》稱其詩"才氣縱横,詞華跌宕","其集選、集杜、集蘇諸作,尤極才人能事"。其詩有抄本、刻本。

上海

42040

林館詩集五卷

清漢陽葉繼雯撰

清光緒七年刻本

湖北

42041

問花水榭稿(一名問花水榭詩集)二卷

清天門别文榠撰

清道光九年(1829)西湖歸舫刻本

文榠字東和,號霽林。清乾隆五十四年(1789)拔貢,官内黄知縣。

首都

42042

問花水榭稿(一名問花水榭詩集)二卷

清天門别文榠撰

清刻本

國圖

42043

印心堂詩集不分卷

清天門蔣祥墀撰

稿本　張盛藻批校

未見刻、印本。

湖北

42044

對山古近體詩鈔二卷

清蒲圻(今赤壁)張兆安撰

清光緒六年(1880)維揚刻本

兆安(1767—?)字仁齋,號對山。清嘉慶四年(1799)進士,授芷江知縣。王慶柏《清代人物生卒年表》注明生年之出處爲該書卷三《丙戌元旦即事》,則此或非全本。

湖北

42045

對山古近體詩鈔三卷

清蒲圻(今赤壁)張兆安撰

清光緒六年（1880）維揚龍川寄館刻本

湖北館缺卷三。

復旦　南京　湖北 ×

42046

拜經堂文集五卷

清臧唐撰　清漢陽葉名澧輯

稿本　宗舜年跋

上海

42047

豁樓公遺集四卷

清京山黄理撰

民國十一年（1922）武昌石印本

本書原名《寄舫漫存》，題"聊屈山人著"。理字豁樓，清嘉慶六年（1801）拔貢，官知縣。

湖北

42048

不波書舫詩稿一卷

清雲夢程懷璟撰　清雲夢程錫金輯

清道光二十七年（1901）不波書舫刻馮程合稿本

國圖

42049

菊存樓詩鈔十一卷補遺一卷紀亂草一卷

清黄岡李振堃撰

清宣統元年（1909）重印本

湖北

42050

亦政堂詩集十二卷

清漢川劉珊撰

清嘉慶二十三年（1818）石梁官舍刻本

《中國古籍善本書目》著録，僅此二館有藏。珊字介純，清嘉慶十六年（1811）進士，授天長知縣，調合肥，擢潁州知府。李兆洛序稱其"需次會城，一時詩酒主盟，以倜儻聞"。查揆序謂其詩"綿麗爲工，鬱伊善感"。存世甚稀。

北京市委　中大

42051

亦政堂詩集十二卷

清漢川劉珊撰

民國抄本

湖北

42052

亦政堂詩續集三卷

清漢川劉珊撰

清道光二十九年（1849）閩學使署刻本

南京

42053

委蛇雜俎二卷

清漢川劉珊撰

清嘉慶二十二年（1817）秣陵吴儀刻本

陳斌序曰："其文清雄，一氣數行數十行層折而下作一句讀，並有不可句讀者，昌黎氣盛之説，於是見之。且能宗旨道義，以正人心，復古治爲事。"

國圖　山西大

42054

委蛇雜俎一卷

清漢川劉珊撰

清德清陳斌抄本

收文二十四篇。前有陳斌識語，盛讚其文。考《漢川縣誌》和宣統《湖北通志》均由著録爲四卷，故此應爲選抄。

湖北

42055

悔杓堂集二卷

清漢陽胡桂生撰　萬宗林輯

民國鉛印胡氏遺書本

桂生字懋修，清道光初歲貢。

42056

西溪詩鈔四卷

清漢川林祥紱撰

清嘉慶二十五年(1820)刻本

祥紱字穆堂,號軒臣。清嘉慶十四年(1809)進士,揀發河南,任泌陽、確山、延津、靈寶等縣知縣。有《條陳河南利弊書》二卷,未見。

河南

42057

西溪文鈔一卷

清漢川林祥紱撰

清嘉慶刻本

南京

42058

御覽集五卷附金鼎題詠彙存一卷

清漢陽葉志詵撰

清道光元年(1821)刻本

科院　北大

42059

御覽集十七卷

清漢陽葉志詵撰

清道光元年(1821)刻增刻本

國圖　山東　暨大

42060

樊豁齋詩集二卷

清松滋樊恭懋撰

清道光二年(1822)刻本

有樹園藏板。據跋,本書版片於同治間移藏也園。"松滋"原題"樂鄉"。恭懋,廪貢生,歷任雲夢、遠安、應山訓導。

湖北

42061

六草齋蟲吟不分卷

清孝感李曾馥撰

稿本

曾馥字次香,號西峯,又自號六草齋主人。清嘉慶十三年(1808)舉人、十四年(1809)進士。官江西信豐知縣,有政績。母老乞養歸。母歿,補永豐知縣,調署寧州知州,引疾歸。

湖北

42062

六草齋蟲吟不分卷

清孝感李曾馥撰

稿本

稿凡一册,收詩一百三十餘首,有自序。曾馥爲清嘉慶十四年(1809)進士,官江西信豐知縣;調寧州知州,引疾歸,有政聲。年八十四卒。或未付梓。

湖北

42063

六草軒文集四卷

清孝感李曾馥撰

民國十一年(1922)鉛印本

湖北

42064

緑林野屋初草二卷

清石首劉照撰

清道光二十三年(1843)江夏刻本

湖北

42065

劉興樾詩草十四卷

清沔陽(今仙桃)劉興樾撰

清刻本

包括《車驅草》三卷、《江行草》一卷、《吴郡小草》二卷、《西冷小草》一卷、《歸颿草》一卷、《爪雪集》一卷、《味辛草》一卷、《東驅後草》一卷、《渡湘艸》一卷、《腰笛艸》一卷、《歸憩草》一卷。

興樾字梧孫,號蔭喬,自號海嶽行吟客,清道光歲貢。

湖北

42066
梧孫行吟草十二卷附疊聚星堂韻詩二卷
清沔陽(今仙桃)劉興樾撰
清道光二十四年(1844)劉氏種墨堂刻本
《中國古籍總目·集部》著録。與湖北館所藏同年刻本有異,姑兩存之。
北大　廣東

42067
梧孫行吟草二種
清沔陽(今仙桃)劉興樾撰
清道光二十四年(1844)種墨堂刻本
疊聚星堂韻詩二卷、車驅草二卷。
湖北

42068
疊聚星堂韻詩二卷
清沔陽(今仙桃)劉興樾撰
清刻本
湖北

42069
海嶽行吟草十卷
清沔陽(今仙桃)劉興樾撰
民國沔陽盧氏慎始基齋北京刻朱印本
國圖

42070
海嶽行吟草十卷附録一卷
清沔陽(今仙桃)劉興樾撰
民國十一年至十五年(1922—1926)沔陽盧氏慎始基齋刻二十年彙印沔陽叢書本
科院　北大　上海　天津　吉大　南京　湖北

42071
海嶽行吟草一卷戒詩後草稿一卷
清沔陽(今仙桃)劉興樾撰
清抄本　盧弼題識
二書所收之詩均爲十卷本所無,應是《沔陽叢書》刊成之後爲盧弼所搜得。
湖北

42072
西林詩萃八卷後萃二卷
清蒲圻(今赤壁)戴玉華撰
清道光八年(1828)刻本
《販書偶記續編》著録。
湖北

42073
石樓詩鈔二卷
清漢陽孫煦撰
清道光刻本
河南

42074
養默山房詩稿十卷
清松滋謝元淮撰
清嘉慶刻本
綜覽諸家書目,元淮之詩集既有《詩稿》《詩鈔》《詩録》之别,且各有多個版本。尤其是《詩稿》竟有十、十六、十八、二十二、二十七、二十九、三十一、三十二、三十九、四十卷之分,雖其中或有同版待辨併,但亦足見其刷印之頻繁。
謝氏生平事蹟,《松滋縣志》記之甚詳。
南京

42075
養默山房詩稿十卷
清松滋謝元淮撰
清光緒元年(1875)刻本
上海

42076
養默山房詩稿十六卷
清松滋謝元淮撰

清嘉慶十七年(1812)刻本
首都

42077
養默山房詩稿十八卷
清松滋謝元淮撰
清嘉慶二十五年(1820)刻增刻本
科院

42078
養默山房詩稿二十七卷
清松滋謝元淮撰
清嘉慶二十五年(1820)刻道光十九年(1839)增修本
國圖　科院

42079
養默山房詩稿二十二卷
清松滋謝元淮撰
清道光刻本
日本靜嘉堂

42080
養默山房詩稿二十九卷
清松滋謝元淮撰
清道光刻本
上海

42081
養默山房詩稿三十一卷
清松滋謝元淮撰
清道光刻本
南京　山西大

42082
養默山房詩稿三十二卷
清松滋謝元淮撰
清道光刻本
南京

42083
養默山房詩稿三十二卷
清松滋謝元淮撰
清光緒元年(1875)刻本
《販書偶記續編》著録。
上海

42084
養默山房詩稿三十九卷
清松滋謝元淮撰
清道光十五年(1835)知足之足齋刻本
《河南省圖書館中文古籍書目》著録,八册。
河南

42085
養默山房詩稿三十八卷附散套三種
清松滋謝元淮撰
清刻本
詩止於同治元年(1862)壬戌。卷前有著者像(燕服)。
湖北

42086
養默山房詩稿四十卷
清松滋謝元淮撰
清刻本
詩止於同治六年(1867)丁卯。卷前有著者八十二歲小像(公服),爲同治四年(1865)鄂渚郭德霖寫。
湖北

42087
養默山房詩稿四十卷
清松滋謝元淮撰
清宣統元年(1909)上海國學扶輪社鉛印本
邵陽

42088
養默山房詩鈔不分卷
清松滋謝元淮撰
清道光二十四年（1844）刻本
湖南

42089
養默山房詩録九卷
清松滋謝元淮撰
清道光十九年（1839）刻本
湖北

42090
養默山房詩録續存三卷
清松滋謝元淮撰
清道光二十八年（1848）知足之足齋刻本
《販書偶記續編》著録。
科院　天津

42091
養默山房詩録九卷續存三卷
清松滋謝元淮撰
清道光十九年（1839）、二十八年（1848）謝氏知足之足齋刻彙印本
天津

42092
簡學齋詩（一名白石山館詩）一卷
清蘄水（今浠水）陳沆撰
稿本　清魏源、龔自珍、吴崇梁、包世臣批並跋　清董桂敷、賀長齡、黄平𥳑、黄修存批　清汪正鋆、汪正榮、黄之驥、潘曾瑩、陶澍、姚學塽、陸獻跋
此稿未見刻本，有衆多名家批、跋。
上海

42093
龔自珍、魏源手批簡學齋詩
清蘄水（今浠水）陳沆撰　清龔自珍、魏源手批
1961年上海圖書館印本。
上海

42094
簡學齋詩存一卷
清蘄水（今浠水）陳沆撰
清抄本
湖北

42095
白石山館詩不分卷
清蘄水（今浠水）陳沆撰
1966至1987年臺灣文海出版社影印近代中國史料叢刊續編本
湖北

42096
秋舫詩鈔一卷
清蘄水（今浠水）陳沆撰
清白石山館抄本　清吴嵩梁批校
天津

42097
秋舫詩鈔一卷
清蘄水（今浠水）陳沆撰
清白石山館抄本　清吴嵩梁批校　清葉名澧題跋
浙江

42098
簡學齋詩十二卷
清蘄水（今浠水）陳沆撰
清道光咸豐間刻本
包括詩存四卷、詩删四卷、詩律續鈔一卷、館課賦存一卷、館課試律存一卷、館課賦續鈔一卷。沆之師賦、試帖非一次刊成，故各家藏本多寡有異，此乃最全者。但不知是彙印而成，抑是

藏家拼集而成。

湖北

42099

簡學齋詩存四卷詩刪四卷

清蘄水(今浠水)陳沆撰

清咸豐二年(1852)刻本

《販書偶記》卷十八著録。

湖北

42100

簡學齋詩存四卷

清蘄水(今浠水)陳沆撰　宋耐苦、何國民編校

2002年湖北教育出版社鉛印湖北地方古籍文獻叢書·陳沆集本

湖北　武漢

42101

簡學齋詩刪四卷

清蘄水(今浠水)陳沆撰　宋耐苦、何國民編校

2002年湖北教育出版社鉛印湖北地方古籍文獻叢書·陳沆集本

湖北　武漢

42102

簡學齋詩存一卷

清蘄水(今浠水)陳沆撰

清咸豐五年(1855)刻本

《販書偶記》卷十九將其與《詩比興箋》作爲一個款目並列著録。

湖北

42103

簡學齋試律續鈔一卷

清蘄水(今浠水)陳沆撰

清道光刻本

首都　科院

42104

簡學齋試律續抄一卷

清蘄水(今浠水)陳沆撰　宋耐苦、何國民編校

2002年湖北教育出版社鉛印湖北地方古籍文獻叢書·陳沆集本

湖北　武漢

42105

簡學齋賦鈔一卷

清蘄水(今浠水)陳沆撰

清咸豐三年(1853)誦芬堂刻四家賦鈔本

四家爲吴錫麟、顧元熙、鮑桂星、陳沆。

首都　清華　上海　遼寧　南京

42106

簡學齋館課賦存一卷館課詩存一卷

清蘄水(今浠水)陳沆撰

清咸豐刻本

首都　科院

42107

簡學齋課賦續鈔一卷

清蘄水(今浠水)陳沆撰

清咸豐刻本

首都　科院

42108

簡學齋館課賦續抄一卷

清蘄水(今浠水)陳沆撰　宋耐苦、何國民編校

2002年湖北教育出版社鉛印湖北地方古籍文獻叢書·陳沆集本

湖北　武漢

42109
簡學齋試律詳注一卷
清蘄水（今浠水）陳沆撰
清同治十一年（1872）七峯山莊刻七家詩詳註本
湖北　武漢

42110
簡學齋試律詳注一卷
清蘄水（今浠水）陳沆撰　宋耐苦、何國民編校
2002年湖北教育出版社鉛印湖北地方古籍文獻叢書·陳沆集本
湖北　武漢

42111
簡學齋試帖輯注一卷
清蘄水（今浠水）陳沆撰
清光緒六年（1880）京師琉璃廠朱墨套印批點七家試帖輯注彙鈔本
《批點七家試帖輯注彙鈔》之"七家"爲王紹廷、那清安、陳沆、路德、劉嗣綰、李惺、楊庚，拙纂《中國叢書廣録》收録。
襄陽

42112
陳沆集七種十六卷
清蘄水（今浠水）陳沆撰　宋耐苦、何國民編校
2002年湖北教育出版社鉛印湖北地方古籍文獻叢書本
簡學齋詩存四卷
簡學齋詩刪四卷
簡學齋館課試律存一卷
簡學齋試律續抄一卷
簡學齋試律詳注一卷
簡學齋館課賦續抄一卷
詩比興箋四卷
湖北　武漢

42113
香甫詩鈔一卷
清漢陽黄錫祖撰　清江夏張凱嵩輯
清同治七年（1868）江夏張氏刻楙湖十子詩鈔本
錫祖字湘圃，漢陽人。《湖北詩徵傳略》作《青圃詩集》。
國圖

42114
澹仙詩鈔二卷
清趙德湘撰　清江夏張凱嵩輯
清同治七年（1868）江夏張氏刻楙湖十子詩鈔本
國圖

42115
麓原詩鈔一卷
清商書濬撰　清江夏張凱嵩輯
清同治七年（1868）江夏張氏刻楙湖十子詩鈔本
國圖

42116
東宫保墨蹟不分卷
清江夏陳鑾撰
清末石印本
鑾字芝楣，清嘉慶進士。授編修，累官江南巡撫，總督兩江，歷官中外近二十年。爲政以教養爲心，務持大體，規久遠之利。有《根心書屋詩文集》，又輯《三楚歷朝名賢墨蹟》《撫楚帖》。
河南

42117
曹廷傑集
民國枝江曹廷傑撰　叢佩達、趙鳴岐編
1985年中華書局鉛印中國近代人物文集叢書本

42118
二知齋文鈔四卷詩鈔四卷
清京山易鏡清撰
清光緒元年(1875)思餘堂家刻本
易鏡清(1786—1851),榜名本杰,字蓮航,履泰孫。清嘉慶十六年(1811)進士,授中書,累官慶陽知府。
湖北

42119
二知齋詩文合刻不分卷
清京山易鏡清撰
清光緒刻本
山西大

42120
墨緣館文鈔二卷
清漢川秦篤輝撰
清光緒十一年(1885)刻本
上海

42121
墨緣館詩鈔三卷
清漢川秦篤輝撰
清道光二十六年(1846)刻本
南京

42122
款花居詩文不分卷
清江陵程炌撰
稿本
炌字曉山,别號默子,清嘉慶十二年(1807)舉人。《中國古籍善本書目》著録。
荆州

42123
款花居詩文稿十二卷
清江陵程炌撰
清光緒三年(1877)程氏崇本堂刻本
中國社科院文學所　廣東

42124
款花居遺稿十三卷
清江陵程炌撰
清光緒四年(1878)程氏崇本堂家刻本
此書包括詩文稿八卷、睟録一卷、詩話一卷、律賦二卷、試帖詩稿一卷。
湖北

42125
玉屏草堂詩集四卷
清羅田陳瑞球撰
清道光二十六年(1846)鄂清刻本
據《羅田縣志》:瑞球(1786—?)字韻石,清嘉慶十四年(1809)進士。授庶吉士,改知武寧,調樂平,左遷縣丞,復援例爲中書。
國圖　科院

42126
浣心處詩草不分卷
清江陵鄭若檀撰　清監利王柏心(子壽)評
民國十四年(1925)吉昌書局刻本
湖北

42127
浣心處詩草不分卷
清江陵鄭若檀撰　清監利王柏心(子壽)評
民國十八年(1929)石印本
中國社科院文學所

42128
白螺山館詩鈔(一名程玉樵詩稿)四卷
清天門程德潤撰
清咸豐刻本
包括《使粤集》《岷陽集》《蘭山吟稿》《關中吟草》。
湖北

42129
詠左詩箴四卷
清蘄水(今浠水)蔡紹江撰
清道光四年(1824)味齋書屋刻本
《販書偶記》著録。藏書單位待訪。紹江字曉沙,清嘉慶二十四年(1819)進士。授户部主事,改刑部,升員外郎。

42130
有獲齋文集十卷附録一卷
清安陸李道平撰
民國十一年(1922)安陸李氏家刻本
多爲考訂之文。
湖北

42131
留耕草堂初稿四卷
清漢陽鄒堯廷撰
稿本
是稿首有武進費庚吉、鵝湖錢福昌二序,次錢儀吉、宗稷辰等題詞。《販書偶記續編》著録,而《中國古籍善本書目》未收,未知今存何處。又《中國古籍善本書目》史部地理類收有鄒堯廷撰《河儒襍誌》二卷、《稟復廖工部鴻荃委查黄河水源》一卷(清抄本,山西省館藏),未知是否與此爲同一人,志此存疑。

42132
留耕草堂初稿四卷
清漢陽鄒堯廷撰
清抄本
科院

42133
留耕草堂初稿六卷
清漢陽鄒堯廷撰
清道光刻本
参見《桴槎存稿》道光刻本條之附注。
科院 北大 山東海源閣

42134
洗桐山館文鈔一卷
清漢川周鏞撰
清光緒二十四年(1898)漢川豐古堂劉氏刻本
鏞字序東。清道光二年(1822)進士,官上虞山陰知縣。
科院

42135
桐軒存稿一卷
清漢陽鄒廷鈞撰
清道光刻本
参見《桴槎存稿》道光刻本條之附注。
山東海源閣

42136
伯冶遺稿一卷
清漢陽鄒廷全撰
清道光刻本
参見《桴槎存稿》道光刻本條之附注。
山東海源閣

42137
培園全集二十卷
清黄梅余錫椿撰
清光緒六年(1880)刻本
錫椿字培園,清道光十四年(1834)舉人。張維屏序曰:"集中諸論記,理明辭達。楚中人僅以詩賦稱培園,而不知其以古文擅長也。"據《黄梅縣志》,其另有《梓里雜詠》,未見。
湖北

42138
恬菴公詩稿一卷
清武昌(今鄂州)王芝巽撰
清稿本
芝巽爲家璧之父,曾在雲南爲官,有《乾惕

軒周易述贊》。此集收其詩一百三十八首,文二篇。未見刻本。

湖北

42139

燕石藏稿二卷

清公安鄒美中撰

清光緒十年(1884)西林山房刻本

美中字聖贊。諸生。年三十即棄舉業,藏書數萬卷,丹黄不去手。據《荆州府志》記載,其著述頗富。

南大

42140

燕石藏稿口卷

清公安鄒美中撰

鉛印本

存一卷:三

科院 ×

42141

食古研齋詩初集七卷附集蘇詩二卷

清羅田陳瑞琳撰

清道光十二年(1832)杭州試院刻本

瑞琳字九香,清道光初年拔貢。工詩,少年即有詩名。屢試不第。歷任桐柏、葉縣、郾城知縣,頗有政聲。離郾城時,民泣相送,琳亦留詩告别,傳爲佳話。此書由道州何紹基侍郎刊刻行世。

湖北

42142

食古研齋詩集四卷

清羅田陳瑞琳撰

清咸豐六年(1856)京師刻本

湖北

42143

一勺亭詩鈔六卷

清黄梅喻同模撰

清同治十二年(1873)刻本

同模字農孫,文鏊之孫。清咸豐間貢生,官枝江訓導。

湖北

42144

一勺亭文鈔不分卷

清黄梅喻同模撰

素業堂雜著一卷

清黄梅喻化鵠撰

清同治十二年(1873)刻本

湖北

42145

野園詩集十一卷續録一卷

清漢川傅垣撰

清嘉慶二十四年(1819)補風堂刻道光元年(1821)續刻本

據《續録·自跋》知補刻於道光元年(1821)。

湖北

42146

雲中集

清天門劉淳撰

清道光九年(1829)李綽裕堂重刻本

《河南省圖書館中文古籍書目·集部》著録,不標卷數。

河南

42147

雲中集六卷

清天門劉淳撰

清道光十三年(1833)刻本

《販書偶記》著録,謂分文詩詞三類。版心下刊元、亨、利、貞四字,亨、利各分上下卷。光緒辛巳重刊。

中國社科院近代史所　廣東

42148
雲中集六卷
清天門劉淳撰
清光緒七年（1881）嶽口李氏綽裕堂重刻本
《販書偶記》著録。
科院　北大　湖北×

42149
柑堂詩草（一名庚長遊草）三卷
清寧熙朝撰
清嘉慶二十五年（1820）劉邦彦姚江公署刻道光元年（1821）劉永中等續刻本
熙朝字柑堂，清嘉慶二十一年（1816）舉人。
山東

42150
陸文節公遺集一卷
清沔陽（今仙桃）陸建瀛撰
排印本
一册。
湖北

42151
懷古田舍詩鈔三十三卷
清監利徐榮撰
清道光刻本
徐榮，原名鑑，字鐵孫。原籍湖北監利，後徙居遼東，故有稱爲"漢軍正黄旗人"者。清道光十六年（1836）進士，官紹興知府。另著有《大戴禮補注》。
全書包括《什一集》《松芥集》《辛壬集》《禽言集》《橙船集》《癸甓集》《藁城集》《丙檄集》《平昌集》《杭嘉集》《石嬋娟集》《銅瓦集》《車甌集》《北調集》《草橋集》各一卷，《榕西集》《學海集》《從戎集》《乙北集》《乙南集》《玉環集》各二卷，《吴山集》《越州集》各三卷。
南京

42152
懷古田舍詩鈔三十三卷
清監利徐榮撰
清咸豐元年（1851）刻本
《中國古籍總目·集部》著録，疑與南京館藏"道光刻本"爲同版。
國圖

42153
懷古田舍詩節鈔六卷
清監利徐榮撰　清林鴻年删節
清同治三年（1864）四川錦城刻本
首都　科院

42154
懷古田舍詩鈔一卷
清監利徐榮撰
清同治二年（1863）序刻柳堂師友詩録初編本
國圖　北師大　上海　華東師大　蘇州

42155
蟲鳴吟八卷
清漢陽蕭德宣撰
清蕭氏自刻本
德宣字春田，號秉哲、雪芸，清嘉慶十九年（1814）進士，官大名府同知。《漢陽縣誌》著録其集名《循南堂集》。刻本名《蟲鳴吟》，有八卷、三卷、十卷本。
湖北

42156
蟲鳴吟三卷
清漢陽蕭德宣撰
清道光刻本
科院

42157
蟲鳴吟十卷
清漢陽蕭德宣撰
清同治五年(1866)重刻本
湖北

42158
種樹山房詩集九卷
清漢陽周人龍撰
清咸豐十一年(1861)刻本
《販書偶記續編》著録。藏書單位待訪。

42159
四梅花屋詩鈔八卷
清羅田潘煥龍撰
清道光刻本
煥龍字四梅,號臥園,清道光五年(1825)舉人,歷任河南洧川、商丘和山東鄒平知縣,頗有政聲。受林則徐賞識,林曾請其訂正詩集。其詩追慕唐代元白詩風。此書有八卷本和十三卷本。
湖北

42160
四梅花屋詩鈔十三卷
清羅田潘煥龍撰
清咸豐十一年(1861)刻巾箱本
《販書偶記續編》著録。
南京

42161
四梅花屋詩鈔十三卷
清羅田潘煥龍撰
清光緒元年(1875)刻本
浙江

42162
碧筠樓吟稿一卷
清羅田楊清材撰
清道光十二年(1832)刻臥園四種本
清材字琴珊,原籍歸安,羅田潘煥龍續室。《羅田縣志》著録。
南京 浙江

42163
碧筠樓吟稿一卷
清羅田楊清材撰
清道光十三年(1833)羅田潘氏刻三女史詩稿本
湖北

42164
韻芳閣吟稿一卷
清羅田潘煥榮撰
清道光羅田潘氏自刻臥園四種本
湖北

42165
韻芳閣吟稿一卷
清羅田潘煥榮撰
清道光十三年(1833)羅田潘氏刻三女史詩稿本
湖北

42166
韻芳閣詩鈔二卷
清羅田潘煥榮撰
清同治二年(1863)廖新刻本
科院

42167
浣芳閣吟稿一卷
清羅田潘煥吉撰
清道光羅田潘氏自刻臥園四種本
湖北

42168
浣芳閣吟稿一卷
清羅田潘煥吉撰

清道光十三年(1833)羅田潘氏刻三女史詩稿本
湖北

42169
求可齋詩鈔十卷文鈔六卷文鈔外集四卷
清蘄水(今浠水)胡璧華撰
清同治七年(1868)刻本
璧華字昆白,《縣志·文學》有傳。
上海

42170
木樨香館詩五卷
清京山查文經撰
清光緒刻本
湖北

42171
念修堂詩存不分卷
清江陵沈華旭撰
清刻本
華暘字暘穀,清乾隆六十年(1795)進士,歷官清河道,坐事遣戍,釋歸。
廣東

42172
藿郊詩存二卷
清咸寧雷以諴撰
清咸豐二年(1852)刻本
以諴字鶴皋,清道光三年(1823)進士,歷光禄寺卿兼刑部右侍郎,其詩有《藿郊》《雨香書屋》及《續》三集,若無重複。
科院　山東

42173
藿郊詩存二卷
清咸寧雷以諴撰
民國蒲圻張氏無倦齋抄本　李肇曾校
湖北

42174
雨香書屋詩鈔二卷
清咸寧雷以諴撰
清同治五年(1866)江漢書院刻本
首都　科院

42175
雨香書屋詩續鈔四卷
清咸寧雷以諴撰
清同治七年(1868)廣陵刻本
首都

42176
洗桐山館文鈔一卷
清漢川周鏞撰
清光緒二十四年(1898)漢川半古堂劉氏刻本
鏞字序東,清道光二年(1822)進士,官上虞、山陰知縣。
湖北

42177
養和堂遺集八卷首一卷
清興國(今陽新)陳光亨撰　清興國(今陽新)馮德材編
清光緒十八年(1892)刻本
《興國州志》作《葆和堂遺集》。光亨(1797—1877)字衡書,號秋門。卷前有馮德材撰《行狀》,《興國州志》則有列傳。馮德材爲其門人。
湖北

42178
雙桂堂集五卷餘集一卷外集二卷
清應城閔新撰
清道光八年(1828)刻本
新字茗香,拔貢。
廣東

42179
王子壽詩文不分卷
清監利王柏心撰　清武昌(今鄂州)王家璧輯并評註
輯者手稿本　清朱琦、莊受祺題識
未曾付梓。
湖北

42180
百柱堂全集五十二卷首一卷
清監利王柏心撰
清光緒十九年(1893)王傳喬刻本
王氏集以此爲最全。《販書偶記》收有清光緒十八年(1892)刻《百柱堂詩集二十八卷文集十九卷駢體文三卷詞一卷附録一卷》,當即此本。
國圖　科院　河南　湖北

42181
百柱堂全集内集三十四卷外集十九卷
清監利王柏心撰
附彤雲館遺稿二卷
清監利王家仕撰
清光緒二十四年(1898)成山唐氏貴陽刻本
湖北

42182
漆室吟八卷
清監利王柏心撰
清咸豐刻本
湖北　河南

42183
王癸編二卷甲乙編二卷
清監利王柏心撰
清刻本
湖北

42184
子壽詩鈔一卷
清監利王柏心撰
清常州陶氏刻晚香倡和集本
陽海清《中國叢書廣録》據諸彙刻書目著録,藏書單位待訪。

42185
子壽詩鈔二卷
清監利王柏心撰
清刻本
首都　科院　湖北

42186
百柱堂詩稿八卷
清監利王柏心撰
清同治十二年(1874)監利王氏刻本
湖北

42187
百柱堂文集二十卷
清監利王柏心撰
清道光刻本
首都　湖北

42188
螺州文集二卷
清監利王柏心撰
清同治八年(1869)稿本
國圖

42189
螺州近稿六卷
清監利王柏心撰
清同治刻本
湖北

42190
百柱堂尺牘四卷附刻家書二卷
清監利王柏心撰
清光緒十二年(1886)刻本
湖北

42191
小筼簹谷詩文鈔十六卷
清公安袁憲健撰
清道光二十九年（1849）銅鼓山房刻本
湖北

42192
以約山房詩稿二卷
清漢陽易元害撰
清道光九年（1829）刻本
湖北

42193
惕夫詩鈔初刻續刻三十二卷
清黄岡謝荚撰
清道光二十三年（1843）初刻本二十四年（1844）續刻本
初刻、續刻順序計三十二卷，初刻爲卷一至二十三，續刻爲卷二十四至三十二。初刻本由婺源縣署刊行。《販書偶記續編》著録。
湖北

42194
樂志堂文鈔八卷
清黄梅喻元鴻撰　清李祖陶評
清光緒六年（1880）刻本
元鴻字太沖，附貢生。其另有《三經雅言詁餘》，未見。有張維屏序，稱其"筆有生氣，自成其爲一家言"。
華東師大

42195
短笛吟草一卷
清沔陽（今仙桃）劉泗道撰
清抄本　盧弼題識
泗道字杏坨，貢生。肄業成均，祭酒法式善深器之。據《沔陽州志》，另有《杏坨文集》，不見。此書僅存此抄本。
湖北

42196
聽春草堂詩鈔二卷
清沔陽（今仙桃）周揆源撰
民國十五年（1926）沔陽盧氏慎始基齋刻二十年彙印沔陽叢書本
《沔陽州志》作八卷，又有《後鈔》一卷。《州志》有列傳。
科院　北大　上海　天津　吉大　南京　湖北

42197
量齋詩鈔二卷
清羅田陳昌綸撰
清光緒二十一年（1895）皖江刻本
昌綸字凝甫，清道光二十四年（1844）舉人，官內閣中書。
上海

42198
小霞齋集四卷
清興國（今陽新）阮敬撰
清道光滋蘭堂刻本
籍里原題雉水。
湖北

42199
半溪草堂詩稿四卷文稿二卷
清沔陽（今仙桃）傅卓然撰
附青陔遺稿不分卷
清沔陽（今仙桃）傅衡撰
清光緒十三年（1887）官書局刻本
卓然字立齋，衡爲其亡子。前有王家鳳《五品銜升任同知儘先選用知縣傅君墓誌銘》，謂"觀其憂國愛民、維世砥俗之意，亦可想見其爲人矣"。又有王柏心撰《傅立齋六十壽序》；《詩稿》則有監利王柏心序、衡陽彭玉麟序、臨武唐皐序、黄岡錢崇柏序及徐士麟跋；《青陔遺稿》有劉楷章跋。傅氏曾創辦江峰等三個書院。

湖北

42200

尊聞堂詩集十六卷

清漢陽胡兆春撰

清同治六年(1867)刻本

湖北

42201

尊聞堂文集十二卷詩集一卷

清漢陽胡兆春撰　萬宗林輯

附胡文忠公書牘一卷

清胡林翼撰

民國十年(1921)鉛印胡氏遺書本

國圖　北大　清華　上海　吉大　湖北

42202

求是齋詩文存四卷

清江夏彭崧毓撰

清同治十一年(1872)養園刻本

包括文存二卷、詩存二卷。《詩存》前冠先府君遺詩九首,卷後附其內子《寫韻山房詩存》。

湖北

42203

山中懷往詩一卷

清江夏彭崧毓撰

清同治刻求是齋雜存本

國圖

42204

山中草一卷

清江夏彭崧毓撰

清刻本

湖北

42205

晚春草一卷

清江夏彭崧毓撰

清光緒刻本

南京

42206

求是齋文存一卷

清江夏彭崧毓撰

清刻本

國圖

42207

伯韓詩鈔五卷

清朱琦撰　清江夏張凱嵩輯

清同治七年(1868)江夏張氏刻槲湖十子詩鈔本

國圖

42208

洪樂集二卷

清孝感徐韋撰

清同治二年(1863)自序刻本

據《孝感志》:韋字仲韋,孝感人。幼爲頭陀寺僧,始從儒師讀。師奇之,令學詩,出語即無塵俗氣。年二十,彙所作古今體,刊之曰《一鉢詩鈔》,王子壽、劉孝長輩稱之。後返初服,爲荆州鄭氏客,復刊所作詩二百餘首,曰《洪樂集》。年七十餘卒,葬沙市。今《一鉢詩鈔》不見。

湖北

42209

洪樂集二卷

清孝感徐韋撰

民國二年(1913)夜月樓刻本

湖北

42210

徐布衣佚稿三卷

清孝感徐韋撰

民國十年(1921)徐煥斗石印本

湖北

42211

思無邪齋詩集二卷

清蘄水(今浠水)蔡紹洛撰

清道光刻本

紹洛字蓮橋,清道光二年(1822)進士,歷官御史,授天津知府。

湖北

42212

思無邪齋詠史詩一卷

清蘄水(今浠水)蔡紹洛撰

清道光二十六年(1846)刻本

《販書偶記續編》著録。

科院

42213

佩湘詩草一卷

清江夏王成璐撰　清阮文藻輯

清道光十三年(1833)阮氏刻宛上同人集本

成璐,江夏人,《縣志》有傳。《湘北藝文志》據《江夏志》,作《佩香詩草》。

國圖　清華

42214

佩湘詩草四卷

清江夏王成璐撰

清光緒十五年(1889)刻本

中國社科院文學所

42215

寄雲館詩鈔四卷

清棗陽史策先撰

清同治四年(1865)刻本

廣東

42216

芷譚詩鈔一卷

清曾光敬撰　清江夏張凱嵩輯

清同治七年(1868)江夏張氏刻楙湖十子詩鈔本

國圖

42217

劍峯詩鈔(一名沐日浴月庵集)一卷

清汪運撰　清江夏張凱嵩輯

清同治七年(1868)江夏張氏刻楙湖十子詩鈔本

國圖

42218

劍峯詩鈔(一名沐日浴月庵集)一卷

清汪運撰　清江夏張凱嵩輯

民國二十年(1931)抄本

桂林

42219

鄴堂詩集不分卷

清麻城李鋭三撰

清同治二年(1863)刻本

鋭三字鄴堂。據《麻城縣志》,其著有《易經會注》《春秋淺詁》《綱鑑輯要》《容漆園詩集》《容膝園詩餘》,皆未見。

科院

42220

竹林老屋詩鈔不分卷

清黄梅蔣恩瀛撰

清刻本

恩瀛,原名效濂,字酒泉,清道光五年(1825)舉人。

中國社科院文學所

42221

貽穀堂稿四卷

清武昌(今鄂州)黄守謙撰

附讀未見齋詩鈔一卷

清武昌(今鄂州)黄葆謙撰　黄大華編次

清光緒二十八年(1902)刻本

守謙字虛舟,清道光十九年(1839)舉人,官京山訓導,保升同知。

湖北

42222

讀未見齋詩鈔一卷

清武昌(今鄂州)黄葆謙撰　清武昌(今鄂州)黄大華編次

清光緒二十八年(1902)刻本

與《貽穀堂稿》合刊。

湖北

42223

單文恪公遺稿(一名峴雲山房遺稿)四卷

清襄陽單懋謙撰

清光緒二十二年(1896)梅城望龍閣刻本

書口分題"峴雲山房文稿""詩稿""賦稿"。

湖北

42224

蔚山草堂稿十三卷

清興國(今陽新)萬斛泉撰

稿本

南京

42225

蔚山堂稿十四卷

清興國(今陽新)萬斛泉撰

清光緒三十二年(1906)疊山書院刻萬青軒全書本

首都　科院　湖北

42226

蔚山堂稿十四卷

清興國(今陽新)萬斛泉撰

清抄本

中國社科院文學所

42227

太璞生文鈔二十三卷

清江夏傅以成撰

清同治七年(1868)湖北傅培梅成都刻本

以成字信之,清嘉慶六年(1801)舉人,官潛江教諭。

四川

42228

柳堂詩鈔一卷

清楊繼榮撰　清江夏張凱嵩輯

清同治七年(1868)江夏張氏刻楙湖十子詩鈔本

國圖

42229

子穆詩鈔三卷

清彭昱堯撰　清江夏張凱嵩輯

清同治七年(1868)江夏張氏刻楙湖十子詩鈔本

國圖

42230

小廬詩鈔五卷

清李宗瀛撰　清江夏張凱嵩輯

清同治七年(1868)江夏張氏刻楙湖十子詩鈔本

國圖

42231

雀硯齋全集十八卷

清沔陽(今仙桃)張錫穀撰

清嘉慶二十四年(1819)刻刻本

包括詩集八卷、試帖二卷、文集八卷。錫穀,曾與修《沔陽州志》,《州志》有其列傳。其文曾入選《國朝文録》。

湖北

42232

雀硯齋文集八卷

清沔陽(今仙桃)張錫穀撰

清道光三年(1823)兩廣運署重刻本

湖北

42233

雀硯齋文録一卷

清沔陽(今仙桃)張錫穀撰　清李祖陶輯

清同治七年(1868)敖陽李氏刻國朝文録續編本

《國朝文録續編》由李祖陶輯,同治、光緒皆有刊印。

國圖　上海　遼寧　南京　浙江　湖北　廣東　四川　重慶

42234

雀硯齋文録一卷

清沔陽(今仙桃)張錫穀撰　清李祖陶輯

清光緒二十六年(1900)上海掃葉山房石印國朝文録續編本

首都　上海　青海　重慶

42235

景士堂文集五卷

清孝感陳運鎮撰

清道光十六年(1836)刻本

湖北

42236

鎮石齋稿八卷

清雲夢馮瑄撰

清道光刻本

瑄字景薛,號鶴渠,諸生,續學淹通,年八十九卒。《縣志》載其另有《通鑑正統》二百二十卷和《客窗隨筆》,未見。

南京

42237

鎮石齋稿詩鈔一卷

清雲夢馮瑄撰

清道光二十七年(1847)刻本

南京

42238

鎮石齋詩稿詩鈔存一卷

清雲夢馮瑄撰

清道光二十七年(1847)不波書舫刻馮程合稿本

國圖　南京

42239

樊豁齋詩集二卷

清松滋樊恭懋撰

清道光二年(1822)刻本

南京

42240

野垣詩集十二卷

清漢川傅垣撰

清嘉慶二十四年(1819)刻道光元年(1821)增修本

垣字星城,號野園。有熊士鵬序。

科院

42241

葆真齋集六卷

清均州(今丹江口)賈洪詔撰

清光緒十三年(1887)刻本

洪詔曾纂修同治《鄖縣志》、光緒《均州志》。

湖北

42242
藻香館詩鈔六卷附詞鈔一卷
清江陵鄧承宗撰
清道光二十七年(1847)刻本
《縣志·文學》有傳。
湖北

42243
藻香館詩鈔六卷附詞鈔一卷
清江陵鄧承宗撰
清道光二十七年(1847)刻宣統元年(1909)重印本
《中國古籍總目·集部》逕作"宣統元年(1909)刻本",國圖、科院有藏。
湖北

42244
蒼梧山館集八卷
清天門劉煒華撰
民國十二年(1923)竟陵劉建中堂刻本
包括詩三卷詞五卷。
湖北

42245
蘭陔詩鈔四卷
清漢陽熊壎撰
清道光六年(1826)刻本
壎字夢華,諸生。
北大　南京　湖北

42246
蘭陔詩鈔四卷
清漢陽熊壎撰
清抄本　清柳喬跋
北大

42247
林庵詩鈔七卷
清應城孫甡撰
清嘉慶四年(1799)松石山房刻本
甡字偕鹿,號林庵。清乾隆五十七年(1792)舉人,選興國學正,未赴任卒。詩宗王、孟,邑人程大中稱之。
湖南

42248
寶芸齋詩草不分卷
清漢陽葉名澧撰
稿本　佚名批評
《中國古籍善本書目》著録。
浙江

42249
城南集不分卷寶芸齋詩草不分卷
清漢陽葉名澧撰
稿本
哈佛燕京

42250
泝儛集不分卷
清漢陽葉名澧撰
清道光二十九年(1849)刻本
《中國古籍善本書目》著録。
國圖　科院　首都　山東海源閣　湖北

42251
敦夙好齋詩集四卷
清漢陽葉名澧撰
稿本　清孔繼鑅批
《中國古籍善本書目》著録。
廣東

42252
敦夙好齋詩初編十二卷
清漢陽葉名澧撰
清咸豐三年(1853)刻本
國圖　科院

42253
敦夙好齋詩續編十一卷
清漢陽葉名澧撰
清咸豐九年(1859)胡珽琳琅祕室木活字印本
科院

42254
敦夙好齋詩稿一卷
清漢陽葉名澧撰
清同治九年(1870)京師嫏嬛别館刻故友詩録二編本
國圖　首都　上海　華東師大　湖北

42255
敦夙好齋詩初編十二卷首一卷續編十一卷首一卷
清漢陽葉名澧撰
清光緒十六年(1880)葉兆綱刻本
湖北

42256
鳳棲棲里人詩集二卷
清漢陽葉名澧撰
藍格抄本
北大

42257
藤薇室詩文鈔三卷
清黄陂徐瀛撰
清同治刻本
"黄陂"原書題"楚陂"。瀛字海年,清道光十六年(1836)進士。
湖北

42258
賜龍堂詩稿八卷
清江夏彭瑞毓撰
清同治二年(1863)戎州刻本
科院　復旦

42259
賜龍堂詩稿八卷
清江夏彭瑞毓撰
清同治十年(1871)刻本
湖北

42260
王柳村詩稿一卷
清武昌(今鄂州)王家寅撰
清道光間著者手稿本　清王家璧批評
家寅字又唐,號柳塘,家璧之兄,事蹟不詳。收其道光八年至十四年(1828—1834)各體詩二百八十二首。其詩具有强烈現實主義精神,對當時長江水災情況反映甚多,其注釋或引言記載尤詳。陽海清寫有簡單提要,載《中南、西南地區省、市圖書館館藏古籍稿本提要(附鈔本聯合目録)》。
湖北

42261
玉臺山館詩鈔八卷
清蘄水(今浠水)徐儒棨撰
清道光二十八年(1848)刻本
儒棨字戟門,清道光十五年(1835)舉人。
湖北

42262
玉臺山館文鈔六卷詩鈔八卷賦鈔四卷
清蘄水(今浠水)徐儒棨撰
清道光至同治間刻本
徐氏著作非一時一次刊成,此係所見最全之本。
湖北

42263
翰臣詩鈔二卷
清龍啓瑞撰　清江夏張凱嵩輯

清同治七年(1868)江夏張氏刻槲湖十子詩鈔本

國圖

42264

狄雲閣稿本不分卷附緬甸風土詩一卷

清武昌(今鄂州)王家璧撰

著者手訂稿本

王家璧近千萬字手稿歸諸湖北省館時凌亂不堪,我花了相當長時間始將其基本理清,并各種寫了提要。這些提要文字,後來輯入了《中南、西南地區省、市圖書館館藏古籍稿本提要(附鈔本聯合目録)》。

即以其詩文集而論,既有草稿又有正稿,既有階段性稿又有彙集編年稿,還有他人抄本,卻少有最終全面之定稿。欲編出其全稿,需對這些本子逐一進行比較、核對、清理。

斯編以版心印有"王氏家集"之朱格稿紙謄正,再由家璧訂正,故將其定爲"著者手訂稿本"。然稿僅一册,其篇幅祇有其去世前一年做的《編年稿》的二十分之一。

末附《緬甸風土詩》六十四首,均爲七絶。前有題解後有跋,述其寫作原委。是家璧唯一付梓之作。

湖北

42265

狄雲山館詩草初編不分卷

清武昌(今鄂州)王家璧撰

著者手録清稿本 清吴雲芝、龔斗南、舒燾、陸鍾漢、陳綸載、薄彭齡、王柏心、王景彝、潘焕龍、劉傳瑩、張成藻、桂楙、彭崧毓、余承桂、方翊元、王光矩、田家崧、袁小鄬、李子衡、楊重雅等題辭、題識、題詩 清王柏心、柯茂枝批評

稿凡六大厚册,均由著者以楷書謄正。其詩大致依寫作年代排序,起嘉慶二十四年(1819),迄同治十一年(1872),即收録六歲至六十歲所作之詩,乃其大半生思想生活之寫照。所存諸家題識均係另紙,評語均係簽條書寫夾置或粘貼於稿中。陽海清寫有提要,收録在《中南、西南地區省、市圖書館館藏古籍稿本提要(附鈔本聯合目録)》中。

湖北

42266

狄雲山館詩草續編不分卷

清武昌(今鄂州)王家璧撰

著者手稿本

此爲清同治十年(1871)至光緒八年(1882)間所寫詩稿之彙編,依寫作年代歸併序列。陽海清寫有提要,輯入《中南、西南地區省、市圖書館館藏古籍稿本提要(附鈔本聯合目録)》之中。

湖北

42267

狄雲山館古文(一名孝鳳公少作古文)不分卷

清武昌(今鄂州)王家璧撰

著者手稿本 清王少鶴、王子壽(柏心)評

收其道光年間所撰古文五十篇,爲著者早期作品,故後人於其書衣題簽稱《孝鳳公少作古文》。王少鶴謂其"疏宕中有逸氣",王柏心謂其"道逸似歐陽永叔"。陽海清寫有提要,輯入《中南、西南地區省、市圖書館館藏古籍稿本提要(附鈔本聯合目録)》。

湖北

42268

狄雲山館文(一名少鳳公古文)不分卷

清武昌(今鄂州)王家璧撰

著者手録正稿本 清張裕釗、彭崧毓、王柏心、梅曾亮、柯茂枝等題識 清王柏心(子壽)、柯茂枝等評

據封面題簽,此爲著者自録正本。收清道光二年(1822)至光緒間所撰各類文章二百二十餘篇,前一款目所著録之《孝鳳公少

作古文》亦盡入其中。全稿大致依體裁歸併，再依寫作時間先後順排。書眉間有著者訂正，題識、評語皆以浮簽粘貼。陽海清寫有提要，輯入《中南、西南地區省、市圖書館館藏古籍稿本提要（附鈔本聯合目録）》中。

湖北

42269

王家璧文稿不分卷

清武昌（今鄂州）王家璧撰

著者手稿本

稿凡九册，其中一册爲行書草稿，八册爲謄正稿。共收各類文稿百餘篇，幾篇草稿後有王柏心評語。其後裔題簽："孝鳳公著述雜存"。

湖北

42270

王家璧時文一卷

清武昌（今鄂州）王家璧撰

著者手稿本

係由著者録正之稿，收文九篇，各篇均附詩二首，並有考師評語。《爲臣不易》篇爲其"道光甲午鄉試薦卷"。

湖北

42271

孝鳳公時文不分卷

清武昌（今鄂州）王家璧撰

著者手稿彙編本　清胡瑞瀾、王毓藻、魏海峰、單懋謙、陳小舫、王榕吉、林之望、王柏心、蔣志章、孫詒經、蔣丹林、柯根臣等評或題識

共收時文六十餘篇，有的同一篇有二、三稿，亦有刻版課藝單葉夾訂於內。幾乎多篇都有評語，更有大量浮簽評語或題識粘貼於書中。

湖北

42272

王家璧道光間書札一卷

清武昌（今鄂州）王家璧撰

著者手訂清稿本

以版心印"王氏家集　乾惕軒稿"之紅格稿紙謄寫，眉與行間有著者校訂手蹟。共收清道光二十七年至二十九年（1847—1849）所寫書札二十一通（含壽文一、像贊一），其時著者在滇，故函中多有關於雲南社會情況之描述。

湖北

42273

王家璧家書一卷

清武昌（今鄂州）王家璧撰

清抄本

抄寫人不詳，疑係著者請人謄録。共收家書二十一通，以致父者居多，撰寫時間自道光十七年至咸豐二年（1837—1852）。

湖北

42274

槐堂尺牘存稾一卷

清武昌（今鄂州）王家璧撰

稿本

稿僅十葉，存道光十三（1833）、十四年（1834）致師友、親屬函牘草稿七通。

湖北

42275

王家璧致胡林翼及僚友函一卷

清武昌（今鄂州）王家璧撰

清抄本

共收函牘三十三通，其中致胡林翼者多達十通。

湖北

42276

王氏家集（一名狄雲行館偶刊）不分卷

清武昌（今鄂州）王家璧撰

清末家刻本

湖北

42277

孝鳳公書札偶録不分卷

清武昌（今鄂州）王家璧撰

清宋子達抄本　佚名校

是書詩文皆收,唯書札所占比例較大。函牘反映了著者在家鄉辦團練、釐局之情況,頗有史料價值。陽海清寫有此書提要,載《中南、西南地區省、市圖書館館藏古籍稿本提要(附鈔本聯合目録)》中。

湖北

42278

王家璧試帖詩不分卷

清武昌(今鄂州)王家璧撰

稿本

是集收試帖詩一百一十餘首,題下標韻名,依韻序排列。眉有注解,除若干首標"少作"外,餘多標明寫作時間,起於道光十九年(1839),迄於光緒年間。各韻之間留有空葉,以備續録,知其爲未竣之稿。

湖北

42279

王家璧詩文手稿不分卷

清武昌(今鄂州)王家璧撰

稿本

全書共收詩文一百七十二題(篇),詩文皆收。文多函牘,詩多七言。爲咸豐六年至八年(1867—1869)所作。全稿以行書寫成,各篇緊相銜接,當爲隨手謄正之底本。篇名下鈐有"録過""校過"朱印,知其别有清稿本。

湖北

42280

王家璧詩文稿不分卷

清武昌(今鄂州)王家璧撰

稿本　清王柏心、林壽圖、吴汝綸、管晏、孫衣言、柯茂枝、劉翰清、丁宿章等題識　清林壽圖、孫衣言、吴汝綸、王柏心等批校

本書所收大致爲家璧於清道光二十六年至同治二年(1846—1863)間所作之詩文稿。由著者以行草謄録,裝爲三册。以其篇目有複出、排版較混亂、未編目次、不題書名視之,雖經録正,亦非定稿。陽海清寫有是書提要,載《中南、西南地區省、市圖書館館藏古籍稿本提要(附鈔本聯合目録)》之中。

湖北

42281

王家璧編年稿(一名資政公稿本)不分卷

清武昌(今鄂州)王家璧撰

著者手稿本

是稿多達二十一册,由著者生前整理彙編裝訂而成,各册扉葉所標時間爲家璧手蹟。陽海清寫有提要,載《中南、西南地區省、市圖書館館藏古籍稿本提要(附鈔本聯合目録)》中。

湖北

42282

王家璧手稿一紮不分卷

清武昌(今鄂州)王家璧撰

稿本

陽海清寫有提要説明,載《中南、西南地區省、市圖書館館藏古籍稿本提要(附鈔本聯合目録)》。

湖北

42283

迎旭軒稿二卷

清東湖(今宜昌)郭攀桂撰

清道光三十年(1850)刻本

攀桂字文元,號芳齋。諸生。

湖北

42284

琳齋詩稿(一名寶善書屋詩稿)七卷

清江夏王景彝撰

清光緒十六年(1890)寶善書屋刻本

景彝,原名之臣,字琳齋。清道光十七年(1837)拔貢,授黄梅訓導,升安陸教授。咸豐九年(1859)中舉,選授永康知縣。

湖北

42285
青龍山集一卷
清京山易本烺撰
清同治三年(1864)刻本
該館將其彙入《紙園叢書》。今所知易氏之詩文集存刻本、抄本各三。
科院

42286
一蠡詩存二卷
清京山易本烺撰
抄本
該館將其彙入《紙園叢書》。包括《運詩》一卷、《倒字詩》一卷。
科院

42287
一粟齋試帖一卷
清京山易本烺撰
清咸豐九年(1859)耕經堂刻本
該館將其彙入《紙園叢書》。
科院

42288
一粟齋文鈔二卷
清京山易本烺撰
清光緒元年(1875)思餘堂家刻本
湖北

42289
一粟齋各體詩不分卷
清京山易本烺撰
據稿(抄)本複印本
陽海清處

42290
易眉原詩稿不分卷
清京山易本烺撰
清末桂芳齋抄本
武漢

42291
寄情草堂詩鈔三卷
清天門熊莪撰
清道光十六年(1836)刻本
科院　湖北

42292
葆醇堂詩文存鈔不分卷
清江夏王德新撰
清刻本
《縣志·文學》有傳。
北大

42293
望雲閣詩集四卷文集四卷
清蘄水(今浠水)徐儒楠撰
清道光刻本
儒楠字香石,儒棨弟。諸生。其著有《周易會解》,或未付梓。
湖北

42294
鋤月野廬詩集二卷
清廣濟(今武穴)饒豐撰
附培風别墅詩集不分卷
清廣濟(今武穴)饒雲鶱撰
民國二十二年(1933)廣濟饒氏鉛印本
豐字芑坪,一字小魯。清道光庚戌進士,江西即用知縣。
湖北

42295
適有餘廬詩鈔一卷
清安陸楊存熉撰
清光緒六年(1880)刻本
南京

42296
退思詩存四卷文存一卷(一名退思存稿)
清武昌(今鄂州)范志熙撰
清光緒十四年(1888)木犀香館刻本

志熙字月槎。清咸豐十一年(1861)舉人,官江蘇補用道。

湖北

42297

劉茮雲先生遺集四卷

清漢陽劉傳瑩撰

清抄本

科院

42298

劉茮雲先生遺集四卷

清漢陽劉傳瑩撰

清抄本　清方宗誠批校並跋

《中國古籍善本書目》著録。

湖北

42299

劉茮雲先生遺集四卷首一卷

清漢陽劉傳瑩撰

民國鉛印本

湖北

42300

劉椒雲遺書一卷

清漢陽劉傳瑩撰

清光緒三十四年(1908)鳳山學社刻本

《販書偶記》著録。

科院　北師大

42301

劉蕉雲先生遺書一卷

清漢陽劉傳瑩撰

清宣統二年(1910)刻劉蕉雲先生遺書二種本

大連

42302

碧山舍詩集三十一卷

清鍾祥陳子簡撰

清道光二十七年(1847)刻本

撰者籍貫原書題"楚北",兹據《湖北書徵存目補》著録。

湖北

42303

實其文齋集十八卷

清蘄州(今蘄春)黄雲鵠撰

清同治光緒間刻本

包括《實其文齋文鈔初集》八卷《詩鈔》六卷,《木園記》《完貞伏虎圖集》各一卷,《兵部公牘》二卷。

國圖　科院　湖北　四川

42304

實其文齋文選鈔不分卷

清蘄春黄雲鵠撰　蘄春黄焯録

1978年黄焯油印蘄春黄氏文存本

湖北

42305

祥人詩續鈔十八卷

清蘄州(今蘄春)黄雲鵠撰

清刻本

湖北

42306

祥人詩續鈔十六卷

清蘄州(今蘄春)黄雲鵠撰

清光緒刻本

《中國古籍總目·集部》著録。其與湖北省館所藏十八卷本應爲同版,不知何以卷數有差異。

北大

42307

緗雲詩録一卷

清蘄州(今蘄春)黄雲鵠撰

清同治十年(1871)歸安沈氏刻詠樓盍戠集本

國圖

42308
展碧山房駢體文鈔二卷
清沔陽（今仙桃）邵樹忠撰
清光緒四年（1878）刻本
湖北

42309
展碧山房駢體文選二卷
清沔陽（今仙桃）邵樹忠撰
民國十三年（1924）沔陽盧氏慎始基齋刻二十年彙印沔陽叢書本
科院　北大　上海　天津　吉大　南京　湖北

42310
十樓詩鈔二卷
清漢陽孫煦撰
清道光刻本
煦字育萬，號石樓。
河南

42311
箬繭室詩集一卷
清許友撰
民國二十五年（1936）陽新石氏鉛印蓉城仙館叢書本
國圖　上海　遼寧　南京　湖北　川大

清代後期別集之屬

42312
葭湄詩草一卷
清漢川向志琳撰
清光緒十三年（1887）刻本
志琳字西舫。清道光二十三年（1843）舉人，官江陵教諭。前有咸豐三年（1853）王柏心題識和咸豐八年（1858）序，稱志琳“同年”。又有光緒元年（1875）曹禧珍序、光緒三年（1877）何玉芬識語。
湖北　漢川

42313
聽香閣詩集八卷
清廣濟（今武穴）胡醇撰
清同治四年（1865）安仁縣署刻本　饒雲鵬跋
首都

42314
維周詩鈔十六卷
清江夏程之楨撰
清同治十一年（1872）確園刻本
之楨（1820—1872）字維周，湖北江夏人。清咸豐元年（1851）舉人，官黄岡教諭。著有《人鏡類纂》四十六卷、《二十四史人物類考》四十六卷、《維周詩鈔》十六卷，皆有刻本流傳。
湖北　河南

42315
北道漫吟集二卷附中南遊草一卷（一名《誠齋先生遺詩》）
清通城胡大集撰
民國十九年（1930）鉛印本
湖北

42316
帥文毅公遺詩四卷
清黄梅帥遠燡撰
清光緒八年（1882）誦芬書屋聚珍印本
帥公於清咸豐七年（1857）在江西東鄉縣陣亡。王柏心序曰：“帥子所謂一世奇傑之才也。少孤，侍其大父中丞公於節署里第，見中丞爲海內名臣，幼即慕傚，長而倜儻俊萬，益治經世之學。所爲詩文，皆嚴肅峻厲，不可逼視。”
湖北

42317
帥文毅公遺集五卷
清黄梅帥遠燡撰　清黄梅帥畹輯
清光緒二十三年（1897）黄梅縣署刻本
有王柏心序。
湖北

42318
柏井集六卷
清漢陽汪昶撰
清同治九年(1870)葉根書屋刻本
昶字韻和。諸生。
湖北

42319
柏井集六卷
清漢陽汪昶撰
清同治九年(1870)刻民國三年(1914)重印本
湖北

42320
半溪草堂文稿二卷詩稿四卷
清沔陽(今仙桃)傅卓然撰
附青陔遺稿一卷
清沔陽(今仙桃)傅衡撰
清光緒十三年(1887)湖北官書局刻本
卓然字立齋。清道光二十六年(1846)舉人,咸豐時以倡團籌餉功,保授同知。曾創辦江峰等三個書院。《文稿》首有王柏心《傅立齋六十壽序》、王家鳳《五品銜升任同知儘先選用知縣傅君墓銘》,末有劉楷章跋。《詩稿》前有王柏心、彭玉麟、唐景皋、錢崇柏序及《參閲姓氏》、光緒三年(1877)徐士麟跋。衡爲其已亡次子。是集係卓然卒後十年由其門下士醵金付梓。
湖北

42321
崇質堂詩十九卷
清崇陽傅燮鼎撰
清咸豐排印本
燮鼎,原名筆可,字鉄橡。
湖北

42322
崇質堂詩後集五卷
清崇陽傅燮鼎撰
清活字排印本
湖北

42323
日知堂賸集一卷
清蘄水(今浠水)郭沛霖撰
清光緒十五年(1889)蘄水郭氏刻春暉堂雜稿附刻本
沛霖字仲霽,號雨三。清道光進士,累官淮揚道。坐事革職,充定遠軍營文案,捻軍圍攻定遠,巷戰死。
國圖　科院　北大　上海　遼寧　甘肅　福建師大　江西　湖北

42324
日知堂試帖一卷
清蘄水(今浠水)郭沛霖撰
清光緒十五年(1889)蘄水郭氏刻春暉雜稿附刻本
國圖　科院　北大　上海　遼寧　甘肅　福建師大　江西　湖北

42325
囊雲詩草二卷
清夷陵(今宜昌)顧槐撰
清同治八年(1869)刻本
湖北
槐字南林。貢生。

42326
笠杖集四卷
清枝江張盛藻撰
清光緒七年(1881)刻本
集分南雁山紀游、中雁山紀游。紀游中又

分記與詩。實際上,此爲游記,入地理類亦可。

盛藻字春垓,號君素。清道光十七年(1837)拔貢,官温州知府。

湖北

42327

拳石山房詩草不分卷

清黄岡何彬撰

抄本

彬字竹橋。諸生。作者生活於清道、咸間,時值太平軍、捻軍起義,戰火頻仍,社會動蕩。作者曾參戰,詩中反映了社會現實生活情況。全書收各體事二百六十三首,未見刻本。

湖北

42328

退補軒雜鈔一卷

清蘄水(今浠水)李元清撰

清光緒二十年(1894)刻本

元清字子真。清道光廩生,官雲南河西知縣。

湖北

42329

張濂卿先生詩文稿不分卷

清武昌(今鄂州)張裕釗撰

稿本　章炳麟、於右任題記

經比對,有不少篇章爲刻印本所未收。

臺圖

42330

張濂卿先生詩文稿不分卷

清武昌(今鄂州)張裕釗撰

1970年臺北文海出版社影印清代稿本百種彙刊本

是書前有章太炎、於右任手書題記。所收包括墓誌、墓表、祭文、祝壽文、札記、書信、藥方、賬單、挽文及詩草,不少篇章爲刻印本所未收。陽海清《中國叢書廣録》和吴楓《簡明中國古籍辭典》收録。

湖北

42331

張濂卿先生詩文稿不分卷

清武昌(今鄂州)張裕釗撰

1966至1987年臺北文海出版社據稿本影印近代中國史料叢刊續編第十輯本

陽海清《中國叢書廣録》著録。

湖北

42332

濂亭文集八卷

清武昌(今鄂州)張裕釗撰　清查燕緒編

清光緒八年(1882)海寧查氏木漸齋蘇州刻本

裕釗字濂卿。古文與桐城吴汝綸齊名,同爲曾國藩、李鴻章所禮重。本書爲其門人查燕緒校刻,有燕緒跋,述其刻書原委,并對張氏之文作了評論。考張氏詩文集之版本,大致可分爲四個系統,最早爲八卷本,由其門人查氏所輯刻,即此本;次爲七卷本,由遵義黎氏所輯刻,包括遺文五卷、遺詩二卷;再爲選刻本。又有臺灣影印手稿本。所選互有差異。《河南省圖書館中文古籍書目》將前兩個系統合爲一個款目,著録爲"清刻本",恐係失察。

河南　湖北

42333

濂亭文集八卷

清武昌(今鄂州)張裕釗撰　清查燕緒編

清光緒二十四年(1898)黄氏陝西刻本

四川

42334

濂亭文集八卷

清武昌(今鄂州)張裕釗撰　清查燕緒編

清宣統元年(1909)上海掃葉山房石印本

國圖

42335
濂亭文集八卷
清武昌（今鄂州）張裕釗撰　清查燕緒編
民國十二年（1923）上海掃葉山房石印本
湖北　河南

42336
濂亭文集八卷
清武昌（今鄂州）張裕釗撰　清查燕緒編
小紅鵝池館校抄本
首都

42337
濂亭遺文五卷遺詩二卷(又名《濂亭遺集》)
清武昌（今鄂州）張裕釗撰
清光緒二十一年（1895）遵義黎氏刻本
湖北　河南

42338
濂亭遺文五卷遺詩二卷
清武昌（今鄂州）張裕釗撰
清宣統二年（1910）鄂城刻本
《販書偶記》著録。
科院

42339
濂亭文稿不分卷
清武昌（今鄂州）張裕釗撰
抄本
南京

42340
張廉卿雜文不分卷
清武昌（今鄂州）張裕釗撰
抄本
上海

42341
張濂亭文鈔一卷
清武昌（今鄂州）張裕釗撰
民國四年（1915）上海進步書局石印明清八家文抄本
首都　北大　上海　福建師大

42342
張廉卿先生文鈔二卷
清武昌（今鄂州）張裕釗撰
民國二十年（1931）徐世昌輯刻明清八家文抄本
陽海清《中國叢書廣録》著録。

42343
音注張濂亭文
清武昌（今鄂州）張裕釗撰　中華書局輯注
民國二十五年至三十年（1936—1941）上海中華書局鉛印本
陽海清《中國叢書廣録》著録。

42344
張廉卿先生尺牘一卷
清武昌（今鄂州）張裕釗撰
清宣統三年（1911）上海文明書局排印尺牘叢刻本
國圖　上海　華東師大　南京 ×

42345
張廉卿論學手札
清武昌（今鄂州）張裕釗撰
民國石印本
國圖

42346
棠谿文鈔八卷
清孝感沈用增撰
清光緒四年（1878）鄂城刻本
用增字棠谿。清咸豐八年（1858）舉人。

與纂《白雲山志》《孝感縣志》。

湖北

42347

雙谿文鈔一卷

清興山吴翰章撰

清光緒二十一年(1895)經心書院刻本

翰章字星橋,本籍湖州,其父以服賈占籍興山。清同治三年(1864)舉人。

湖北

42348

鹵園合栞十卷

清麻城程然曾撰

清光緒四年(1878)花山鹵園刻本

然曾字可樓。諸生。是書有同治十三年(1874)周錫恩序,又有張錦鵬題詞、吴沛霖序、蔡寶書序、曾彙川序、自序及葉潤芳題詩。

麻城

42349

郢雪堂詩二卷

清潛江杜澐撰

清光緒十二年(1886)刻本

封面題"郢雪堂詩選"。澐字蘭泉,潛江人。咸豐元年(1851)舉人。官蒲圻教諭。

湖北

42350

蛩吟詩草鈔四卷蛩吟草外集一卷

清沔陽(今仙桃)汪立家撰

清光緒十八年(1892)種蘿山房刻本

立家字孔卓,號禮門。

湖北

42351

龍岡山人文鈔八卷紫藤花館駢體文鈔二卷龍崗山人已刪草一卷

清黄岡洪良品撰

清光緒稿本

與《葵園奏議》合裝。

國圖

42352

龍岡山人文鈔十卷詩鈔十八卷駢體文鈔四卷詩續鈔二卷

清黄岡洪良品撰

清光緒十七年(1891)黄岡洪氏刻本

《續修四庫全書總目提要》收録。

湖北　河南　黄岡

42353

龍岡山人詩鈔二十卷

清黄岡洪良品撰

清光緒黄岡洪氏刻本

存十八卷:一至十八

是書前十八卷收詩1410首,由門下士衛作宫讎校付刊;後二卷係洪氏癸未補授兵科給事中甲申轉户科時作,收詩200餘首。前十八卷著録清光緒四年(1878)刻。《續修四庫全書總目提要》收。

湖北 ×

42354

荻訓堂詩鈔五卷

清黄岡鄧琛撰

清同治六年(1867)刻本

《湖北省省志·文學》有傳。

科院　湖北

42355

荻訓堂詩鈔五卷

清黄岡鄧琛撰

清同治十二年(1873)刻本

北大

42356

荻訓堂詩鈔十卷

清黄岡鄧琛撰

清光緒十七年(1891)黄州東河講院刻

本

湖北

42357

朔風吟略十一卷

清黄安(今紅安)劉秉琳撰

清光緒二年(1876)津門道署刻本

秉琳字昆圃。清咸豐二年(1852)進士。先後任保坻、任丘知縣,深州知州,正定知府,天津河間道。爲官清廉,頗有政聲。光緒己卯因病乞歸,越三年卒於家。是本刊於天津任上,卒後有重刻本。

湖北

42358

朔風吟略十一卷

清黄安(今紅安)劉秉琳撰

清光緒十年(1884)重刻本

湖北

42359

九曾詩初集四卷

清監利龔紹仁撰

清咸豐八年(1858)刻本

《湖北省省志·文學》有傳。

南京　湖北

42360

九曾先生詩二集四卷

清監利龔紹仁撰

清同治刻本

《湖北省省志·文學》有傳。

湖北

42361

十笏草堂詩鈔四卷

清沔陽(今仙桃)楊鳳章撰

清同治六年(1867)刻本

湖北

42362

典學樓文鈔四卷

清石首傅上瀛撰

清光緒十三年(1887)刻本

湖北

42363

念修堂遺集節要一卷

清江陵傅千之撰　江陵傅慶餘編

清光緒三十四年(1908)刻本

千之字虚谷。諸生。

湖北

42364

看雲軒詩鈔不分卷

清房縣陳百行撰

清光緒十九年(1893)房縣鳳陽書院刻汪陳詩鈔合刻二種本

百行字庸庵。清道光二十八年(1848)貢生。

湖北

42365

古峰詩草十卷首一卷

清應城萬瑞旒(毓)撰

清光緒三十一年(1905)刻本

瑞旒(一作毓,1839—1875)字藻卿,應城人。清同治六年優貢,以知縣官陜西,丁艱歸,卒。《中國古籍總目·集部》收有山西大學藏《古峰詩鈔》,無首一卷,著録清光緒刻本,疑即此本。

湖北

42366

小隱山房詩文鈔二十二卷

清黄岡劉溱撰

清光緒十三年(1887)刻本

包括古今體詩十九卷、新樂府一卷、駢體文二卷。

科院　湖北

42367

小隱山房詩鈔十九卷續鈔三卷新樂府一卷駢體文二卷續鈔一卷

清黄岡劉溱撰

清光緒十三年（1887）刻本

科院與湖北省館藏本皆缺詩、文續鈔，斯編之《續鈔》或係後刻，故兩存之。

廣東

42368

子銘先生遺集二卷

清沔陽（今仙桃）李皋撰

民國十一年（1922）沔陽盧氏慎始基齋刻沔陽叢書本

湖北館另藏一部爲朱印本。

科院　北大　上海　天津　吉大　南京　湖北

42369

思貽堂詩集十二卷詩續存八卷詩第三集四卷後永州集八卷書簡八卷

清漢陽黄文琛撰

清咸豐元年至同治十二年（1851—1873）刻本

《後永州集》刻於同治九年（1870），《書簡》刻於同治十二年（1873）。

湖北

42370

思貽堂詩一卷

清漢陽黄文琛撰　清浮湘客（朱克敬）輯

清光緒三年（1877）長沙刻挹秀山房叢書·浮湘訪學集本

《中國叢書綜録》著録。湖北省圖書館另藏《浮湘訪學集》一部，不標卷次，各種卷編首行題總書名，總書名下爲一長墨釘，次行則鐫作者之堂號，當係試印本。

首都　北師大　清華　上海　復旦　山東大　南京　南大　杭大　湖北　四川

42371

玩雲堂詩集四卷

清漢陽黄文琛撰

清光緒三十年（1904）黄嗣艾刻本

科院

42372

怡雲草堂詩鈔六卷附楹聯一卷

清黄陂郭慶熙撰

清光緒十五年（1889）刻本

慶熙字紫田，官知縣。

湖北

42373

棲雲山房詩鈔二卷

清石首李樹瀛撰

清咸豐六年（1856）刻本

樹瀛字香洲。貢生，官興國訓導。

湖北　廣東

42374

同聲詩鈔四集四卷

清石首李樹瀛輯

清同治十年（1871）刻本

湖北

42375

悔庵遺集一卷

清漢陽黄嗣翊撰

清光緒十七年（1891）刻本

廣東

42376

悔庵遺集一卷

清漢陽黄嗣翊撰

民國十一年（1922）刻本

湖北

42377
小桑園詩草不分卷
清沔陽(今仙桃)劉鴻藻撰
清光緒十八年(1892)刻本
湖北

42378
檢書看劍草堂詩集二卷
清江夏錢桂林撰
民國十五年(1926)刻本
湖北

42379
筆山詩草二卷
清石首傅炳南撰
清同治二年(1863)刻本
炳南字星田。清咸豐八年(1858)舉人。
湖北

42380
塞垣集六卷
清東湖(今宜昌)王定安撰
清宣統三年(1911)京師印書局鉛印本
湖北

42381
塞垣集六卷
清東湖(今宜昌)王定安撰
清宣統三年(1911)京師印書館鉛印本 佚名題識
國圖

42382
存璞山房詩鈔四卷
清安陸孔廣仁撰
清末刻本
《中國古籍總目·集部》作"存璞山房",《湖北藝文志》作"抱璞山房"。
南京

42383
存璞山房詩鈔八卷
清安陸孔廣仁撰
清光緒二十年(1894)刻本
《中國古籍總目·集部》作"存璞山房",《湖北藝文志》作"抱璞山房"。
湖南

42384
道存堂存稿一卷
清漢陽胡大經撰
民國鉛印胡氏遺書本
湖北

42385
姑誦草堂遺藁二卷
清天門胡鼎臣撰
清同治十二年(1873)成山草廬刻本
鼎臣,胡承諾裔孫,《縣志·文學》劉淳附傳。王柏心序稱其"尤好樂府、漢魏、三唐人詩歌。作爲篇章,奇崛偉麗,震蕩驚絶"。此書由其門人唐炯刊行。
湖北

42386
望藩存稿一卷
清漢陽蔣魯封撰
清同治十一年(1872)刻蔣氏遺編本
魯封字奉瞻,號望藩。
湖北

42387
望藩存稿一卷
清漢陽蔣魯封撰
清同治十一年(1872)刻民國二十五年(1936)余家旐用黄陵從善堂藏版印

蔣氏遺編本
湖北

42388
願學堂詩集二卷
清漢陽蔣魯傳撰
清黄陵磯刻本
魯傳字東衍，布衣，自號“六經日用居士”。疑與下一款目爲同版。
北大

42389
願學堂詩集二卷
清漢陽蔣魯傳撰
清同治十一年（1872）刻蔣氏遺編本
湖北

42390
願學堂詩集二卷
清漢陽蔣魯傳撰
清同治十一年（1872）刻民國二十五年（1936）余家旒用黄陵從善堂藏版印蔣氏遺編本
湖北

42391
久芬室詩集六卷
清江夏鄧襄撰
清光緒二十一年（1895）石門官廨刻本
襄字贊侯，一字湛侯。官安徽全椒知縣。所收之詩，自咸豐壬子，迄光緒己丑，共存古近體詩八百二十五首，由其摯友陳克劬選定。馮志沂評其詩乃“深湛之思，古儁之調，而出以和平，寢饋古人者深矣！”
湖北

42392
廣雅堂駢文箋注九卷
清南皮張之洞撰　清武昌（今鄂州）陳崇祖箋注
清同心齋活字本
之洞有駢體文計二十四篇。其中四篇先有貴築郭氏做注。崇祖以五六年時間搜集齊全，逐篇加注，彙入郭注四篇，編爲是書。臺灣出版之《續修四庫全書總目提要》著録。
國圖　科院

42393
慎自愛軒録存雜文内篇三卷外篇三卷雜詩十二卷
清黄梅梅雨田撰
清光緒十四年（1888）刻本
雨田字古芳。清同治元年（1862）進士，官瑞金知縣。
國圖　科院　湖北

42394
逍遙樓詩鈔一卷附潛山逍遙樓圖
清咸寧胡錫祺撰
清光緒二十三年（1897）自刻本
湖北

42395
橋西山館詩鈔□□卷
清枝江王永彬撰
清光緒十年（1884）獨柱山房刻本
知其爲七册，僅見第一册。
湖北 ×

42396
禊帖集字楹聯一卷附蘭亭懷古八絶一卷
清枝江王永彬撰
清同治橋西山館雜著八種本
湖北

42397
縈清樓集四卷
清東湖（今宜昌）楊毓秀撰

清光緒二十三年(1897)東湖黄穀元刻本
科院　北大　湖北

42398
縈清樓集四卷
清東湖(今宜昌)楊毓秀撰
清光緒二十五年(1899)劍南王氏刻本
科院　首都　北師大

42399
王世驄文稿不分卷
清武昌王世驄撰
著者手稿本
世驄,家璧之子。稿凡三册,收其文三十餘篇,多爲課藝之作,其文獻價值不高。稿中夾有其父《江淮河漢》手稿,言治水之事,宜移入家璧手稿之中。陽海清於《中南、西南地區省、市圖書館館藏古籍稿本提要(附鈔本聯合目録)》作了介紹。
湖北

42400
重刊倚雲樓詩鈔一卷
清漢川聶大楧撰
清同治六年(1867)刻本
《漢川縣志》作"聶大煐"。字芝山。其詩以漁洋爲宗。
湖北

42401
歸田雜詠一卷續編一卷
清漢川秦篤新撰
清同治刻本
湖北

42402
墨緣館文鈔二卷
清漢川秦篤輝撰
清光緒十一年(1885)刻本
據《墨緣館集三十二種目録》載《文鈔》爲八卷,此或係殘本。
湖北

42403
重生游草六卷
清黄岡劉維楨撰
清同治四年(1865)隨州刻本
維楨字乾臣,官至提督。《湖北歷史人物辭典》謂其爲太平軍内奸。另有《夢遊詩草》。
湖北

42404
平蠻草一卷
清東湖(今宜昌)饒敦秩撰
清東湖饒氏古懷齋鉛印本
《販書偶記》著録。
湖北

42405
遲雲閣詩稿四卷文稿五卷
清蘄水(今浠水)郭階撰
清光緒十五年(1889)蘄水郭氏自刻春暉雜稿本
國圖　科院　北大　上海　遼寧　甘肅　福建師大　江西　湖北

42406
集選詩一卷
清蘄水(今浠水)郭階撰
清光緒十五年(1889)蘄水郭氏自刻春暉雜稿本
國圖　科院　北大　上海　遼寧　甘肅　福建師大　江西　湖北

42407
遲雲閣文稿二卷
清蘄水(今浠水)郭階撰
清刻本
湖北

42408
信甫遺稿三卷
清監利王家仕撰
清同治十一年（1872）家刻本
包括《彤雲閣遺詩》二卷（有王柏心序）和《絳雪齋文稿》一卷。首載題詞及哀挽詩文，卷後附録哀詞、傳、序及悲悼詩。實爲《百柱堂集》之附。
湖北

42409
彤雲閣遺詩二卷
清監利王家仕撰
清同治十一年（1872）家刻信甫遺稿本
《中國古籍總目·集部》將其單独立目揭示，從之。參見前一款目之附注。
湖北

42410
絳雪齋文稿一卷
清監利王家仕撰
清同治十一年（1872）家刻信甫遺稿本
附注同前。
湖北

42411
湘畹古近體詩存四卷駢體文存一卷
清黄岡錢崇蘭撰
清光緒七年至八年（1881—1882）誠山草堂刻黄岡錢氏同根集本
崇蘭字湘畹。清咸豐己未舉人。與修《黄岡縣志》，光緒八年（1882）卒。
湖北　黄岡

42412
似園駢體文録一卷
清羅田潘頤福撰
民國十九年（1930）王氏刻羅田兩太史駢體文録本
頤福字芝堂。清同治十三年（1874）官編修。
湖北

42413
屏樹山莊詩集六卷文集十二卷首一卷
清興國（今陽新）馮德材撰
民國九年（1920）湖北官紙局鉛印本
德材字達夫。清同治九年（1870）優貢，官思恩知府。
湖北

42414
黄氏文鈔四卷
清漢川黄良輝撰
清光緒六年（1880）四川總督五福堂刻本
良輝字耀庭。清同治九年（1870）舉人。《中國古籍總目·集部》收有國圖、科院藏"清末刻本"。
湖北

42415
黄氏文鈔四卷
清漢川黄良輝撰
清光緒二十六年（1900）漢川分水文昌閣刻本
湖北

42416
井字山人詩存四卷
清黄岡夏葆彝撰
清抄本　佚名校
浙江

42417
商聲集一卷
清黄岡汪家驥撰　黄岡汪燊輯
民國二十一年（1932）黄岡汪氏鉛印增訂桃潭合鈔本
黄岡

42418

湖上閒吟一卷

清黄岡汪階三撰　黄岡汪燊輯

民國二十一年(1932)黄岡汪氏鉛印增訂桃潭合鈔本

黄岡

42419

新甫詩草選刻一卷

清黄岡汪引芝撰　黄岡汪燊輯

民國二十一年(1932)黄岡汪氏鉛印增訂桃潭合鈔本

黄岡

42420

中州集選刻一卷

清黄岡汪銘撰　黄岡汪燊輯

民國二十一年(1932)黄岡汪氏鉛印增訂桃潭合鈔本

黄岡

42421

小山詩草選刻一卷

清黄岡汪桂三撰　黄岡汪燊輯

民國二十一年(1932)黄岡汪氏鉛印增訂桃潭合鈔本

黄岡

42422

延茀堂詩草一卷

清黄岡汪春澍撰　黄岡汪燊輯

民國二十一年(1932)黄岡汪氏鉛印增訂桃潭合鈔本

黄岡

42423

養雲山房詩存一卷

清黄岡汪引撫撰

民國二十一年(1932)黄岡汪氏鉛印增訂桃潭合鈔本

黄岡

42424

井字山人詩存十二卷

清黄岡夏葆彝撰

民國七年(1918)刻本

葆彝原名耀奎,字子琴,號文宿。清光緒十二年(1886)進士,官浙江知縣。其另撰有《經説》四卷、《史論》二卷、《雜著》二卷及《日記》,惜未見到刻本。

湖北

42425

魯叟詩存三卷

清漢陽黄嗣東撰

清宣統三年(1911)刻民國元年(1912)印本

原署黄小魯,蓋其字也。

湖北

42426

問日齋詩存二卷

清黄岡錢崇桂撰

清光緒七年至八年(1881—1882)誠山草堂刻錢氏同根集本

湖北　黄岡

42427

思鶴山房詩鈔十二卷文鈔四卷

清黄岡錢崇柏撰

清光緒七年至八年(1881—1882)誠山草堂刻黄岡錢氏同根集本

湖北　黄岡

42428

師二宗齋遺集二卷

清漢陽關棠撰

民國四年(1915)木活字印本

陳衍《石遺室詩話》:"關季華……留心經世之學,未用而卒,士論惜之。其門人陳人先、朱克甫(克柔)、謝石欽(鳳孫),其著者也。人先爲輯遺稿,名《師二宗集》者,印行之。"

湖北　湖南

42429

漢陽關季華先生尺牘不分卷

清漢陽關棠撰

民國影印本

湖北

42430

平蠻草一卷

清東湖(今宜昌)饒敦秩撰

清光緒二十六年(1900)東湖饒氏古懽齋鉛印本

湖北

42431

鐸中吟詩鈔六卷

清羅田童紹恢撰

清同治十二年(1973)刻本

紹恢字潤生。廩貢,清光緒五年(1879)恩貢,官棗陽訓導。

湖北

42432

潄馨草堂集三卷

清麻城周仕駿撰

清刻本

湖北

42433

屏石山房詩鈔二卷

清蘄州(今蘄春)陳卓生撰

銅版印本

本書收録各體詩歌百餘首。作者爲清同治間名諸生。罕見著録,流布甚稀。此據余彦文《鄂東著作人物薈萃》,版印時間不詳。

蘄春

42434

蟄廬詩鈔二卷

清江陵張士瀛撰

清光緒刻本

士瀛,清光緒二年(1876)舉人。

湖北

42435

覆磬山房詩集二卷文集一卷

清沔陽(今仙桃)馬元洵撰

民國二十六年(1937)漢口鉛印本

元洵原名元愷,字虞臣。清同治間諸生。

湖北

42436

蒔花館詩鈔二卷

清漢陽蔡殿齊撰

清光緒刻本

殿齊字鑾階。清同治間諸生。

湖北

42437

橡園遺稿二卷

清松滋楊品金撰

清光緒十三年(1887)刻本

湖北

42438

韞石牕詩集十卷

清興國(今陽新)陳元棉撰

清光緒十三年(1887)刻本

湖北

42439
傳魯堂集詩三卷駢體文二卷
清羅田周錫恩撰
清光緒二十年(1894)京師刻本
湖北

42440
傳魯堂文集六卷
清羅田周錫恩撰
民國二十八年(1939)刻是園遺書本
國圖　北大　吉大　武大

42441
傳魯堂詩初集三卷
清羅田周錫恩撰
民國四年(1915)刻是園遺書本
國圖　北大　吉大　武大

42442
傳魯堂詩二集四卷
清羅田周錫恩撰
民國四年(1915)刻是園遺書本
國圖　北大　吉大　武大

42443
搴夫容室駢文不分卷
清羅田周錫恩撰
清光緒三十四年(1908)刻本
湖北

42444
傳魯堂駢文三卷
清羅田周錫恩撰
民國四年(1915)刻是園遺書本
國圖　北大　吉大　武大

42445
是園駢體文録二卷
清羅田周錫恩撰
民國十九年(1930)王葆心輯刻羅田兩太使駢體文録本
湖北

42446
待堂詩録一卷文録一卷(一名待堂遺稿)
清江夏田明昶撰
清光緒十三年(1887)刻本
明昶字曨初。廩貢。
湖北

42447
夢紅豆邨詩集十四卷
清武昌(今鄂州)黄大華撰
民國十四年(1925)黄紹玉鉛印本
國圖

42448
夢紅豆邨詩集十四卷
清武昌(今鄂州)黄大華撰
民國二十三年(1934)(跋)鉛印本
湖北

42449
四明酬唱集二卷
清武昌(今鄂州)黄大華撰
清光緒二十九年(1903)用聚珍版排印本
前有陸廷黻序。據《山脈指掌續》所載《夢紅豆邨全集總目·已梓書目》著録。藏書單位待訪。

42450
甬上驪唱一卷
清武昌(今鄂州)黄大華撰
清光緒二十九年(1903)用聚珍版排印本
同《四明酬唱集》。

42451
待堂遺稿二卷
清江夏田明昶撰

清光緒十三年(1887)刻本

包括文録、詩録各一卷。

國圖　科院

42452

繂珠仙館詩存七卷陶陶集一卷附詞一卷

清襄陽吴慶燾撰

民國十五年(1926)襄陽吴氏上海鉛印本

慶燾字寬仲,號炯然,榜名慶恩,字文鹿。光緒乙酉舉人,官江西候補道。中江王乃徵撰"弁言",稱其詩"少作清雋圓美,雅瞻而無雕飾;壯年游蜀後體格益宏,不規摹前人專一家,而高處時逼於古。五律一體,純乎杜法,尤多杰作。"《陶陶集》題"襄陽金粟菴頭陀炯然孤清集"。

湖北

42453

那處詩草四卷

清荆門蔣楷撰

清宣統三年(1911)濟南刻本

楷字則先。清光緒十一年(1885)拔貢,官平度知州。

湖北

42454

浣花詩草一卷附焚餘草存一卷

清武昌(今鄂州)范薇撰

清光緒十八年(1892)黄大華刻本

薇字浣仙,年二十九喪夫,事姑撫子,卒年四十有八。清光緒六年(1880)旌表節孝,其子黄大華光緒辛丑進士。其詩夫死已焚,此書所收五十餘首係臨終口授其子大華而存之,俞樾爲之序。婦女著作,存世無多。

湖北

42455

浣仙詩草一卷附焚餘草存一卷

清武昌(今鄂州)范薇撰

清光緒十八年(1892)黄大華刻增修本

國圖　科院

42456

焚餘草存一卷

清武昌(今鄂州)范薇撰

清光緒十八年(1892)黄大華刻本

爲《浣仙詩草》之附。

湖北

42457

焚餘草存一卷後刻一卷

清武昌(今鄂州)范薇撰

清光緒十八年(1892)黄大華刻二十年增修本

科院

42458

求志齋詩文集五卷

清蘄州(今屬浠水)童樹棠撰

民國六年(1917)流青閣鉛印本

樹棠(1863—1900)字憩南,自號求志生。少有才名。光緒十四年(1888)遊學武昌,師事漢陽關棠。越二年入經心書院,次年與王葆心同時轉入兩湖書院。三十二歲中舉後再求取功名。著作多散佚。是編凡《文集》《外集》各二卷,《詩存》一卷。

湖北

42459

小竹園詩鈔二卷

清漢川程開鎮撰

清光緒三十三年(1907)刻本

湖北

42460

也存集不分卷

清雲夢戴齊棠撰

清同治元年(1862)序刻本

著者爲清光緒間貢生。

湖北

42461

慎自怡園吟草二卷

清武昌（今鄂城）范希蓮撰

清光緒三十一年（1905）慎自怡園刻本

包括《問津草堂集》《桂花書屋詩鈔》各一卷。希蓮字吟舫。

湖北

42462

石橋賸稿十卷

清孝感胡禮晉撰

清光緒刻本

分爲《退庵遺文》二卷、《退庵駢文》六卷、《退庵詩集》二卷、《附録》一卷。禮晉字錫蕃。清光緒十四年（1888）舉人。

湖北

42463

菦溪草堂詩鈔十卷

清孝感梁祚昌撰

清宣統元年（1909）山左農林學堂刻本

祚昌字克詹。清光緒二十八年（1902）舉人。

湖北

42464

吴烈士遺詩二卷

清雲夢吴禄貞撰　廉泉輯

民國吴芝瑛寫刻本

書前載傳、序、題詞。

此書之内容後已大體收入皮明庥等所編《吴禄貞集》，成爲華中師範大學出版社出版的《辛亥人物文集叢書》之三。

湖北

42465

吴綬卿先生遺詩不分卷

清雲夢吴禄貞撰　謝炳樸輯

民國元年（1912）石印本

有張元濟、廉南湖序。

湖北

42466

吴禄貞集不分卷

清雲夢吴禄貞撰　皮明庥等編

1989年華中師範大學出版社鉛印本

書分文著、函電、詩詞、附録四部分。

湖北

42467

江上吟六卷

清江夏許紹沆撰

清王俊刻本

湖北

42468

密堂詩鈔二卷

清黄梅石振埏撰

民國二年（1913）金陵鉛印本

湖北

42469

求放心齋詩鈔二卷附詞鈔一卷

清黄梅石振鋆撰

民國十三年（1924）石印本

湖北

42470

玉堂山齋存稿一卷

蒲圻（今赤壁）張承鋆撰

民國抄本

與《萼華樓詩集》合册。

湖北

42471

曇華遺稿一卷

清江夏張杲撰

清咸豐廣西刻本

42472

聽機舊館文集一卷

清武昌（今鄂州）孟傳綸撰

清光緒二十七年（1901）湖北官書局刻本

湖北

42473

石舡餘稿四卷

清天門尹調元撰

清光緒三十年（1904）刻本

湖北

42474

邃經堂詩文存二卷

清沔陽（今仙桃）傅大璠撰

民國二十一年（1932）沔陽慎始基齋刻本

該館藏二部，其中一爲朱印本。

湖北

42475

遏密篇不分卷

清漢陽密昌墀撰

清宣統元年（1909）湖北鉛印本

蘇州　湖北

42476

滙源堂叢稿十卷

清興國（今陽新）朱浩文撰

清光緒二十一年（1895）湖北書局刻彙源堂全集本

浩文字星源。

南京　浙江　湖北

42477

傅壽柏遺稿一卷

清江陵傅喻恭撰

清光緒三十四年（1908）刻本

恭字壽柏。

湖北

42478

吴葉誠遺稿二卷

清漢陽吴無欺撰

民國十年（1921）姚氏鉛印本

湖北

42479

卒歲吟二卷

清麻城程然曾撰

清光緒八年（1882）花山鹵園刻鹵園續刊本

湖北

42480

自怡編一卷

清麻城程然曾撰

清光緒八年（1882）花山鹵園刻鹵園續刊本

湖北

42481

東坪詩鈔十二卷文鈔一卷

清黄岡殷雯撰

清光緒十三年（1887）刻本

湖北　廣東

42482

種松書屋詩草一卷

清江夏汪學泗撰

清光緒十七年（1891）漢陰寒泉精舍刻本

卷端籍貫題“楚鄂”，據序知爲江夏人。

湖北

42483

海蠡集四卷

清漢陽汪炎發撰

民國鉛印本

炎發字簡庵。歲貢。《湖北藝文志》入"子部·雜家類"。

湖北

42484

述古堂詩存不分卷

清蒲圻(今赤壁)彭松齡撰

民國十九年(1930)石印本

湖北

42485

雪園集不分卷

清武昌(今鄂州)戴大賓撰

清刻本

湖北

42486

林霽軒先生遺集三卷附咄咄談

清黄岡林鸞撰

民國十年(1921)排印本

湖北

42487

樂志堂文鈔八卷

清黄梅喻元鴻撰　清李祖陶評

清光緒六年(1880)刻本

元鴻字太沖。附貢生。

湖北

42488

淼亭詩鈔三卷游秦詩草一卷

清黄梅喻啓焜撰

民國六年(1917)刻本

湖北

42489

碧雲山房詩鈔五卷附賦草不分卷

清黄岡劉熊興撰

清同治四年(1865)劉家藜照書室撰

《湖北藝文志》誤爲"碧雲山館"。

湖北

42490

卉菴詩鈔十卷卉菴附鈔一卷

清應城劉仲瑊撰

清光緒三十年(1904)安州刻本

湖北

42491

章山書屋遺稿一卷

清安陸劉大章撰

清光緒八年(1882)衢州府署刻本

湖北

42492

春山堂試帖二卷

清黄陂劉彬士撰

清光緒三年(1877)重刻本

湖北

42493

和聲詩集四卷

清興國(今陽新)劉鳴盛撰

清咸豐九年(1859)刻本

鳴盛字鳳岡。國子生,歷同安知縣。

湖北

42494

巘清齋試帖六卷

清黄安(今紅安)劉鳳墀撰　清黄安(今紅安)劉壽峒、劉壽恒註

清光緒十二年(1886)黄安劉氏巘清齋刻五色套印本

湖北

42495

鸞瑲閣遺稿一卷

清江夏劉令璣撰

鉛印本
湖北

42496
萬里遊草殘稿三卷
清沔陽(今仙桃)陸光祖撰
民國十三年(1924)沔陽盧氏慎始基齋刻二十年彙印沔陽叢書本
科院　北大　上海　天津　吉大　南京　湖北

42497
希曾堂文稿一卷
清宜都陳元晉撰
清宣統三年(1911)湖北鉛印本
湖北　四川

42498
揖雲軒詩鈔五卷首一卷
清應城陳先藩撰
清光緒九年(1883)蒲陽書院刻本
作者爲諸生。官江西知縣。
湖北

42499
汲裴文集二卷詩集二卷
清江夏周以存撰
民國鉛印本
湖北

42500
象谿詩存三卷
清羅田周從煊撰
民國十五年(1926)僊園盛氏甕春園刻本
從煊字念衣。屢試不第,後爲揀選舉人。隨黄鮮庵學使東遊日本。曾任羅田義川書院院長。擅長書法,在楚北亦有詩名。
湖北

42501
三雲書屋課藝六卷
清夏口劉銘勳撰
民國七年(1918)石刻本
湖北

42502
鶴樓集六卷
清黄岡周繪藻撰
附漢江集一卷
清黄岡周紱藻撰
石印本
本書又名《可柱齋詩鈔》。
湖北

42503
漢江集一卷
清黄岡周紱藻撰
石印本
爲《鶴樓集》之附。
湖北

42504
洪戒山人詩稿一卷附補遺
清黄陂金永森撰
民國十二年(1923)武昌原本十八年補刊本
湖北

42505
碧渠詩文集不分卷
清黄岡樊東陽撰
民國八年(1919)武昌乾記印書館刻本
科院

42506
鄧孝廉遺稿一卷
清江夏鄧壽黎撰
清光緒刻本
湖北

42507
存璞山房詩鈔四卷
清安陸孔廣仁撰
民國三十六年(1947)序鉛印本
湖北

42508
潔貞紗櫥繡餘存草一卷
漢陽胡淑福撰
民國鉛印胡氏遺書本
湖北

42509
雛鳳精舍存稿一卷
漢陽胡維翰撰
民國鉛印胡氏遺書本
湖北

42510
小竹園詩鈔二卷
清漢川程開鎮撰
清光緒三十二年(1906)刻本
國圖　科院

42511
雪園集不分卷
清武昌(今鄂州)戴大賓撰
清刻本
湖北

42512
鸞瑲閣遺稿一卷
清江夏劉令璣撰
鉛印本
書凡一册。有清光緒十七年(1891)梅雨田序、光緒二十五年(1899)金還序,均未言及印書事。
湖北

民國以來别集之屬

42513
石我園圖詠一卷十二書附
民國英山李士彬撰
清光緒三十四年(1908)石印本
湖北

42514
晦明軒稿不分卷附壬癸金石跋不分卷
民國宜都楊守敬撰
清光緒二十七年(1901)鄰蘇園自刻本
湖北

42515
晦明軒稿一卷
民國宜都楊守敬撰
清光緒二十七年(1901)鄰蘇園自刻本　楊守敬校
《中國古籍善本書目》著録。
湖北

42516
晦明軒稿
民國宜都楊守敬撰　施和金整理
1988年起湖北人民出版社、湖北教育出版社鉛印楊守敬集本
湖北

42517
飛青閣金石書跋雜著不分卷
民國宜都楊守敬撰
稿本
《中國古籍善本書目》著録,僅該館有藏。
重慶

42518
飛青閣雜著不分卷
民國宜都楊守敬撰

稿本

《中國古籍善本書目》著録,僅該館有藏。

重慶

42519

鄰蘇老人書劄不分卷

民國宜都楊守敬撰

稿本

國圖

42520

吕玉泉詩稿不分卷

民國天門吕承源撰

稿本

承源(1840—1920)字玉泉,其生平事蹟見《中南、西南地區省、市圖書館館藏古籍稿本提要(附鈔本聯合目録)》。承源著作除《醫學一得》於清光緒二十五年(1899)付梓外,餘皆爲詩文,《大漢報》曾刊其詩千餘首。後詩文稿散佚,此由其曾孫良珠所收輯而成,已不足其半。承源爲清末民初湖北詩壇之翹楚,在當時頗有影響。

湖北

42521

靈庵先生遺詩二卷

民國潛江甘樹椿撰

民國十三年(1924)甘鵬雲崇雅堂排印花隱老人遺著二種本

國圖　首都　清華　上海　上海師大　遼寧　山東　山東大　湖北

42522

樊山集八十一卷

民國恩施樊增祥撰

清光緒十九年(1893)渭南縣署刻本

《中國古籍總目·集部》著録。

國圖　湖南

42523

樊山全集不分卷

民國恩施樊增祥撰

民國二年(1913)上海廣益書局石印本

國圖　山東

42524

樊山文鈔四卷詩鈔六卷

民國恩施樊增祥撰

民國六年(1917)上海廣益書局石印本

國圖

42525

樊雲門手寫詩不分卷

民國恩施樊增祥撰

清末稿本

國圖

42526

樊山續集二十八卷

民國恩施樊增祥撰

清光緒二十八年(1902)渭南縣署刻本

《中國古籍總目·集部》著録。

上海

42527

樊山集二十四卷

民國恩施樊增祥撰

清光緒十九年(1893)渭南縣署刻本

此爲《樊山集》之最早刻印本。湖北省館藏有二部,説明係隨印隨售。後有續刻,且似有彙印,《中國叢書綜録》所收爲最全之本。

湖北

42528

樊山集三十六卷

民國恩施樊增祥撰

清光緒十九年(1893)渭南縣署刻本

子目同《中國叢書綜録》,而《中國古籍總

目》將其歸入集部。

據序,此集有初刻、二刻之别,初刻止於《染青集》。《總録》揭示之子目或係後彙印者。中國古籍叢書常有賡續情況,故各家藏本子目多寡不一。對賡續之前印成之小本子,不宜視爲殘本,亦宜作出揭示。

國圖　北師大　清華　上海　復旦　華東師大　上海辭書　吉大　南京　南大　浙江　福建師大　湖北　武漢　桂林　四川　重慶

42529

樊山續集二十八卷

民國恩施樊增祥撰

清光緒二十八年(1902)西安臬署刻本

國圖　北師大　清華　上海　復旦　華東師大　上海辭書　吉大　南京　南大　浙江　福建師大　河南　湖北　武漢　桂林　四川　重慶

42530

樊山續集二十八卷

民國恩施樊增祥撰

清光緒二十八年(1902)渭南縣署刻本

《中國古籍總目·集部》著録,疑與前一款目爲同版。

上海

42531

樊山全集不分卷

民國恩施樊增祥撰

民國二年(1913)上海廣益書局石印本

國圖　山東

42532

樊山集六卷文鈔四卷

民國恩施樊增祥撰

民國元年(1912)上海廣益書局石印本

河南

42533

樊山文鈔四卷詩鈔六卷

民國恩施樊增祥撰

民國六年(1917)上海廣益書局石印本

國圖

42534

樊山滑稽詩文初集不分卷附琴樓夢小説不分卷

民國恩施樊增祥撰

民國二年(1913)上海廣益書局鉛印本

河南

42535

滑稽詩文集續編不分卷

民國恩施樊增祥撰

民國三年(1914)上海廣益書局鉛印本

國圖

42536

雅遜齋詩(一名摩兜鞬室詩鈔)二卷

民國恩施樊增祥撰

清光緒稿本

北師大

42537

樊山續集三十二卷

民國恩施樊增祥撰

民國上海廣益書局石印本

國圖

42538

樊山集外八卷

民國恩施樊增祥撰

民國三年(1914)上海廣益書局石印本

國圖　首都　北大　山東　河南

42539

樊山集外八卷

民國恩施樊增祥撰

民國八年(1919)上海廣益書局石印本
國圖

42540
樊樊山詩鈔一卷
民國恩施樊增祥撰
民國鉛印現代十大家詩鈔本
《中國古籍總目·集部》著録。

42541
樊山集七言艷詩鈔十卷
民國恩施樊增祥撰
民國五年(1916)上海廣益書局鉛印本
河南

42542
樊樊山文鈔一卷
民國恩施樊增祥撰
民國鉛印現代十大家文鈔本
《中國古籍總目·集部》著録。

42543
樊山時文一卷
民國恩施樊增祥撰
清光緒二十年(1894)渭南官舍刻本
國圖

42544
樊山詩詞文稿十二卷
民國恩施樊增祥撰
民國十五年(1926)上海廣益書局鉛印本
河南

42545
樊樊山尺牘一卷
民國恩施樊增祥撰
民國十一年(1922)、二十四年(1935)上海文明書局石印近代十大家尺牘本
《中國古籍總目·集部》著録。
國圖

42546
錢隱叟遺集十卷
民國武昌錢桂笙撰
民國十年(1921)鉛印本
包括經解二卷、論語雜文六卷、詩一卷、家乘文一卷。
湖北

42547
幼丹先生詩文遺墨一卷
民國嘉魚劉心源撰
清稿本
經折裝一册。書名由該館自擬。半葉六行,行二十字,無格。
湖北

42548
奇觚室石鼓文集聯一卷
民國嘉魚劉心源撰
清稿本　吴絅然跋
經折裝一册。八行,無格。末有光緒壬寅劉心源跋,謂此書係此年去贛南任職途中,從石鼓文中摘出不同字二百七十集爲聯語,得百卅帖,削去二十六,存百四聯。後有癸卯、甲辰兩次補入者。
湖北

42549
覺今是齋詩集三卷
民國麻城朱桂榮撰
民國十一年(1922)鉛印本
湖北

42550
拙安堂詩集一卷
民國漢陽田文烈撰

民國十五年(1926)刻硃印本
湖北

42551
壼菴集二十八卷餘集二卷
民國武昌(今江夏)楊承禧撰
民國四年(1915)江夏楊氏家刻本
湖北

42552
華峰文集六卷
民國武昌(今江夏)吴光耀撰
清光緒二十四年(1898)江夏吴氏刻本
湖北

42553
華峰文鈔三卷
民國武昌(今江夏)吴光耀撰
民國十六年(1927)四川鉛印本
湖北

42554
沈觀齋詩二卷
民國天門周樹模撰
清宣統二年(1910)龍江節署石印本
樹模字孝甄,號少樸。光緒己丑進士。由編修歷官至黑龍江巡撫,入民國後曾任平政院院長。《販書偶記》著録。藏書單位待訪。

42555
沈觀齋詩鈔一卷
民國天門周樹模撰
民國十一年(1922)李祖年聚珍版印本
湖北

42556
沈觀齋詩不分卷
民國天門周樹模撰
民國二十二年(1933)沔陽盧弼影印原抄本
書凡六册,未知原抄本今藏何處。
湖北

42557
泊園居士遺懷詩一卷
民國天門周樹模撰并書
民國影印本
湖北

42558
達可齋文初集八卷
民國漢陽傅守謙撰
民國八年(1919)刻本
湖北

42559
春暉堂文畧不分卷
民國麻城余晉芳撰
民國十四年(1925)余超伯鉛印本
北師大

42560
春暉堂文略不分卷
民國麻城余晉芳撰
民國二十三年(1934)鉛印本
湖北

42561
篠吟館詩存不分卷
民國麻城余晉芳撰
民國二十三年(1934)鉛印本
湖北

42562
息園晚歲詩三卷
民國潛江甘鵬雲撰

稿本
科院

42563
潛廬續稿十二卷
民國潛江甘鵬雲撰
民國二十八年(1939)崇雅堂鉛印甘氏家藏稿本
北師大　湖北

42564
潛廬詩録六卷
民國潛江甘鵬雲撰
民國二十年(1931)刻崇雅堂叢書初編本
國圖　北大　上海師大　吉大　南京　湖北

潛廬類稿十三卷
民國潛江甘鵬雲撰
民國二十三年(1934)崇雅堂叢書初編本
國圖　北大　上海師大　吉大　南京　湖北

42565
晦堂文稿不分卷
民國羅田王葆心撰
抄本
存第一、二、三、四、七、八、十、二十三册。或爲稿本。約十二萬字。
湖北博 ×

42566
晦堂文鈔不分卷
民國羅田王葆心撰
抄本
是抄編爲二十二册,該館依其所用稿紙格式之不同,給了六個書號,缺第14册,而第5册重號。估約三十二萬字。
湖北博

42567
羅田發現元代忠臣孝子古蹟題詠
民國羅田王葆心撰
稿本
二册。約七千七百字。
湖北

42568
青垞居士文稿一卷
民國羅田王葆心撰
抄本
一册。或爲稿本。約三千字。
湖北博

42569
湖北徵文投稿一卷
民國羅田王葆心撰
稿本
一册。約九千餘字。
湖北博

42570
熙志閒吟不分卷
民國羅田王葆心撰
稿本　金丹忱題識
武漢

42571
郭煦青詩文稿一卷
民國麻城郭兆春撰
清稿本
兆春字蕊卿,號煦青。清光緒十八年(1892)進士,以知縣用簽分四川。先在重慶、萬縣等書院主講,因生徒入彀連捷而文名躁動全蜀。後選授巫山知縣,坐古田縣教案罷官。書中有《郭兆春履歷事略》。
湖北

42572
紅桂坡詩集六卷附一卷
民國來鳳吴寶矩撰
民國十八年(1929)石印本

湖北

42573

禺生四唱不分卷

武昌劉成禺撰

民國鉛印本

據書名葉，本書包括《洪憲紀事詩》《廣州雜詠》《金陵今詠》《論版本絶句》四種，今祇存前二種。

湖北 ×

42574

世載堂詩待删稿不分卷

武昌劉成禺撰

民國三十四年（1945）鉛印本

湖北

42575

洪憲紀事詩本事簿注不分卷

武昌劉成禺撰

民國十一年（1922）京華印書館鉛印本

前有孫文、章炳麟序。

湖北

42576

中和齋雜拾三百篇八卷

蘄春陳守元撰

民國元年（1912）錦文堂排印本

余彦文《鄂東著作人物薈萃》對著者之生平事蹟有詳明介紹。

湖北

42577

潛園文集五卷詩集一卷

蒲圻（今赤壁）張國淦撰　陽新石榮暲編

抄本

本書係著者生前囑石氏編成，輯作者光緒至民國間所作政書、論、序、跋、記、銘、書信和十多篇詩作。1961年編成後，抄成二部，一部交家屬，一部藏湖北省館。

湖北

42578

夢唐集選刻一卷

清黄岡汪逸撰　黄岡汪燊輯

民國二十一年（1932）黄岡汪氏鉛印增訂桃潭合鈔本

黄岡

42579

景蘇堂詩集三卷

黄岡汪明源撰

民國鉛印本

重慶

42580

景蘇堂詩集選刻一卷

清黄岡汪明、汪翱、汪翔撰　黄岡汪燊輯

民國二十一年（1932）黄岡汪氏鉛印增訂桃潭合鈔本

汪翱、汪翔詩或爲附。《中國古籍總目·集部》作《儲園詩集》一卷。

黄岡

42581

越蔭堂詩草選刻一卷

黄岡汪燊撰

民國二十一年（1932）黄岡汪氏鉛印增訂桃潭合鈔本

黄岡

42582

蒼虬閣詩鈔一卷詩續鈔一卷附舊月簃詞一卷

民國浠水陳曾壽撰

民國初江寧蔣氏真賞樓鉛印本

浙大

42583
蒼虬閣詩存不分卷
民國浠水陳曾壽撰
民國十年（1921）江寧蔣氏真賞樓鉛印本
或與浙大藏本爲同版。
湖北

42584
蒼虬閣詩集十卷
民國浠水陳曾壽撰
民國二十九年（1940）北平湖北學會刻本
湖北

42585
蒼虬閣詩十卷
民國浠水陳曾壽撰
1966—1987年臺灣文海出版社影印近代中國史料續編（第四十五輯）本
湖北

42586
蒼虬閣詩續集二卷
民國浠水陳曾壽撰
民國三十八年（1949）鉛印本
湖北

42587
蒼虬閣詩續集二卷
民國浠水陳曾壽撰
1966—1987年臺灣文海出版社影印近代中國史料叢刊續編（第四十五輯）本
湖北

42588
遺芳室詩文集十六卷
民國江夏傅嶽棻撰
稿本
國圖

42589
娟淨簃詩集三卷
民國江夏傅嶽棻撰　陽新石榮暲輯
抄娟淨簃詩集三種本
湖北

42590
娟淨簃文集八卷
民國江夏傅嶽棻撰　陽新石榮暲輯
抄娟淨簃詩集三種本
湖北

42591
娟淨簃隨筆一卷
民國江夏傅嶽棻撰
抄娟淨簃詩集三種·娟淨簃雜著四種本
湖北

42592
糞心室詩集二卷
民國夏口舒可卷（虞笙）撰
民國九年（1920）石印本
湖北

42593
石衡青先生言論集不分卷
民國陽新石瑛撰
民國三十三年（1944）湖北省參議會鉛印本
湖北

42594
黄季剛先生詩稿不分卷
民國蘄春黄侃撰
著者手稿本
據王慶元等《黄季剛遺著要籍提要選》：以散葉五十餘紙裝訂爲一册，“存詩一百餘篇。

其中有師友往來唱和之作，其信函、封套猶在”。
武大中文系

42595
黄季剛先生游廬山詩（一名遊廬山詩草稿）不分卷
民國蘄春黄侃撰
著者手稿本
據王慶元等《黄季剛遺著要籍提要選》：“手稿一册，藍格稿紙整齊抄寫。此册又隸書題：‘《遊廬山詩草稿》，戊辰六月。’（戊辰是1928年，是年黄侃赴南京中央大學任教）册葉有胡光煒之題簽，内輯詩三十七首，詩目及文字皆有改動，蓋此詩集乃複印前黄侃自己之改定稿。然三十七首之後尚録詩三十餘首，亦黄侃筆迹，所詠亦遊廬山之事，或爲刊印單行本時選落者，亦附抄於後，其中若干首已另外發表於刊物之上。”
武大中文系

42596
居東雜詩不分卷
民國蘄春黄侃撰
民國抄本
王慶元等《黄季剛遺著要籍提要選》：一册，録詩三十九首。“居東”者，謂黄侃留學日本之時也。故此集所收爲其留學日本所寫之詩。第三十九首之後，又抄有雜詩若干首，非吟日本事，當是闌入者。
武大中文系

42597
雲悲海思廬詩鈔四卷
民國蘄春黄侃撰
民國抄本
裝訂成二册。具體抄寫者及抄寫時間不詳。據王慶元等《黄季剛遺著要籍提要選》，此及以下兩個抄本共收各體古詩四百餘首，其寫作時間約在1908—1921之間，係黄氏早期作品。
武大中文系

42598
雲悲海思廬詩鈔二卷
民國蘄春黄侃撰
民國抄本
裝訂成一册。參見前一款目。
武大中文系

42599
雲悲海思廬詩鈔不分卷
民國蘄春黄侃撰
民國抄本
裝訂成一册。參見前二款目。
武大中文系

42600
纕秋華室詩鈔（一名纕華集）不分卷
民國蘄春黄侃撰
民國抄本
此書内題“纕華集”。鈐有“餐秋菊之落英”陰文印。録詩121首，約在1906—1923年間寫成。
武大中文系

42601
石橋集不分卷
民國蘄春黄侃撰
民國抄本
據王慶元等《黄季剛遺著要籍提要選》：一册。收詩約四十餘首，所詠爲居南京大石橋時作，時間約在1928年左右。
武大中文系

42602
楚秀庵詩鈔不分卷
民國蘄春黄侃撰
民國抄本
據王慶元等《黄季剛遺著要籍提要選》：兩

册。共收詩一百八十餘首。詩之寫作時間約爲1926—1935年間。其第二册自《聽兒讀英語》詩以下,又題作《天問庵近稿》,注曰"自癸丑十月至甲戌三月",即1932—1934年所作。此下,尚有雜鈔稿若干葉。

武大中文系

42603

天問庵近稿不分卷

民國蘄春黄侃撰

民國抄本

與《楚秀庵詩鈔》合册,説見上一款目。

武大中文系

42604

量守廬詩鈔不分卷

民國蘄春黄侃撰　蘄春黄焯録

民國黄焯抄本

書凡一册,三十二葉。録詩二百一十九首。

武大中文系

42605

黄季剛先生所爲詩(一名量守廬詩鈔)不分卷

民國蘄春黄侃撰　蘄春黄念田、陳允貞校録

抄本

據王慶元等《黄季剛遺著要籍提要選》:外封題名"量守廬詩鈔",非抄書人筆蹟。書凡七册,每册封面均題"黄念田、陳允貞校録"。從其規模看,應是由黄念田、陳允貞校録之一部黄侃詩的總集,但從編輯之體例與篇目之内容看,並未完備成型,如《遊廬山詩》《居東雜詩》等均未收録,且有前後抵牾、重出現象。

武大中文系

42606

黄季剛先生詩文稿不分卷

民國蘄春黄侃撰

著者手稿本

據王慶元等《黄季剛遺著要籍提要選》:以散葉裝訂爲一册,"存文三十餘篇,包括壽序、墓表、賦、雜志等文,如《桂葉賦》《日知録校記序》等"。

武大中文系

42607

黄季剛先生文録不分卷

民國蘄春黄侃撰

民國抄本

據王慶元等《黄季剛遺著要籍提要選》:凡五册,略依文章體裁編列次第,所收有各體古文、時論、辭賦共一百數十首。

武大中文系

42608

[黄侃]書信録不分卷

民國蘄春黄侃撰　蘄春黄念祥録

黄念祥抄本

武大中文系

42609

量守廬文選鈔不分卷

民國蘄春黄侃撰　蘄春黄焯選録

1978年黄焯油印蘄春黄氏文存本

湖北

42610

黄季剛詩文鈔

民國蘄春黄侃撰　湖北文史研究館校訂

1985年湖北人民出版社鉛印本

據其四子念祥手抄本校訂而成。分《量守碎金》《勞者自歌》兩部分。前者收政論、辭、賦、銘、書等雜體文52篇,後者收詩1017首、詞367首。《阮籍詠懷詩補注》《李義山詩偶評》,原鈔在《量守碎金》中,校訂者將其移《勞者自歌》附後。

42611
量守遺文合鈔不分卷
民國蘄春黄侃撰　潘重規輯
1988年臺灣潘重規輯印本

本書計收文10篇,其中《申叔師與端方書題記》《與鄭際旦書》《致教育總長湯濟武論救太炎師書》《申理章太炎建議案》爲湖北印本《黄季剛詩文鈔》所無;詩313首,訂正了湖北印本訛誤,并補其闕漏十餘首;詞290首,較湖北印行之《詞鈔》少86首。有此歧異,故此本與湖北印本可以互補,二者皆不可廢。

42612
量守居士遺墨不分卷
民國蘄春黄侃撰　蘄春黄念蓉編次
1974年香港影印本

是爲《黄季剛先生遺書》之一。影印了由其長女念蓉及女婿潘重規保存的書札墨迹三十篇、詩稿四十餘首、文稿八篇。

42613
喻老齋詩存一卷
民國黄梅喻允欽撰
著者手稿本

參閲陽海清主編《中南、西南地區省、市圖書館館藏古籍稿本提要附鈔本聯合目録》。

武漢

42614
哺盧詩存續編五卷
民國天門劉泥清撰
著者手稿本
存三卷:一、四、五

同前。

武漢 ×

42615
雲中小主省垣書牘一卷
民國天門劉泥清撰
著者手稿本

同前。

武漢 ×

42616
雲中小主襄陽書牘一卷
民國天門劉泥清撰
著者手定稿本

同前。

武漢

42617
雲中小主存草一卷
民國天門劉泥清撰
著者手稿本

同前。

武漢

42618
雲中小主辛酉書牘一卷附雜稿一卷
民國天門劉泥清撰
著者手定稿本

同前。

武漢

42619
雲中小主書牘六卷
民國天門劉泥清撰
著者手定稿本

同前。

武漢

42620
依劉生活不分卷
民國天門劉泥清撰
稿本

存三册:三至五

同前。

武漢 ×

42621

哺盧榷餘雜稿一卷

民國天門劉泥清撰

著者手稿本

同前。

武漢

42622

哺盧庚辰辛巳雜稿一卷

民國天門劉泥清撰

著者手稿本

同前。

武漢

42623

哺盧庚午雜稿一卷

民國天門劉泥清撰

著者手稿本

同前。

武漢

42624

黛香樓詩草□卷

民國天門劉泥清撰

著者手稿本

存卷一、三

同前。

武漢 ×

42625

黛香樓文稿一卷

民國天門劉泥清撰

著者手稿本

同前。

武漢

42626

隨手拾叢不分卷

民國天門劉泥清撰

著者手稿本

同前。

武漢

42627

哺盧詩存五卷文存四卷

民國天門劉泥清撰

民國二十二年(1933)刻本

湖北

42628

龔耕盧詩一卷

民國監利龔耕盧撰

民國抄龔槚詩鈔本

上海

42629

丙辰唱和集一卷

民國監利龔耕廬撰

民國五年(1916)鉛印本

科院

42630

丙辰唱和集不分卷

民國監利龔耕廬撰

民國刻本

湖北

42631

桂蓋軒集不分卷

民國棗陽謝鴻舉撰　棗陽謝叔乾、謝純德等輯

輯者手稿本

湖北

42632
桂蓋軒詩文集不分卷
民國棗陽謝鴻舉撰　棗陽謝叔乾、謝純德等輯
1990年鉛印本
湖北

42633
肅肅館文集二卷附筆記
民國黄岡許愈初撰
民國十一年(1922)鉛印本
湖北

42634
肅肅館詩集二卷
民國黄岡許愈初撰
民國十二年(1923)鉛印本
湖北

42635
鴻雪燕吟不分卷
監利王文益撰
民國二十一年(1932)石印本
湖北

42636
夏汭文存二卷
民國沔陽(今仙桃)王家鳳撰
民國鉛印本
湖北

42637
夏汭詩存二卷
民國沔陽(今仙桃)王家鳳撰
民國十一年(1922)鉛印本
湖北

42638
憶梅庵詩詞稿七卷
民國大冶賈修齡撰
民國二十四年(1935)漢口江漢印書館鉛印本

作者畢業於武漢高師,長期在江蘇、武漢各中學任教。其詩詞稿本共六種,此係合印,編爲七卷,共收詩、詞、曲四百九十一首。前有民國十二年(1923)湯鋭序及楊於公、湯建修題詞。

湖北　武漢

42639
憶梅庵詩詞賸稿一卷
民國大冶賈修齡撰
民國鉛印本
湖北

42640
憶梅庵集外詩詞十日稿一卷
民國大冶賈修齡撰
民國鉛印本
湖北

42641
憶梅庵集外詩詞北遊記不分卷
民國大冶賈修齡撰
民國二十二(1933)鉛印本
湖北

42642
江漢遨遊集不分卷
民國張元群撰
民國二十一年(1932)國民印務公司鉛印本
河南

42643
圍城紀事詩鈔一卷
民國房縣張培田撰

民國十七年（1928）石印本
湖北

42644
伏龍吟草一卷
民國廣濟盧雲撰
油印本
湖北

42645
靜拱樓詩集不分卷
民國陽新朱紹陽撰
民國二十四年（1935）鉛印本
湖北

42646
種德園詩集一卷
民國陽新朱紹陽撰
民國鉛印本
湖北

42647
龍江釣叟詩一卷
民國陽新朱權撰
民國石印本
湖北

42648
悟園文存一卷
民國潛江朱羲胄撰
民國三年（1914）鉛印本
湖北

42649
悟園詩存初稿一卷
民國潛江朱羲胄撰
民國十二年（1923）鉛印本
湖北

42650
悟園詩存第二集不分卷
民國潛江朱羲胄撰
民國十三年（1924）鉛印本
湖北

42651
託軒詩草四卷
民國鄂城吴靈鳳撰
民國八年（1919）刻本
湖北

42652
天風閣詩一卷
民國漢川徐英撰
民國鉛印本
湖北

42653
澹園文存二卷
民國巴東沈維魯撰
民國二十四年（1935）鉛印本
湖北

42654
休休堂詩集三卷
民國應城李雨及撰
民國鉛印本
應城原題蒲東。雨及一名寶樹。
湖北

42655
休休堂文集二卷
民國應城李雨及撰
民國鉛印本
應城原題古蒲。雨及一名寶樹。
湖北

42656
竹如文存不分卷
民國黄梅李鼎臣撰

民國二十四年（1935）刻本
刻本

42657
塵海吟草一卷
民國漢陽李逢年撰
石印本
湖北

42658
養梧軒詩集五卷
民國孝感李嘉芬撰
民國三年（1914）孝感李氏鉛印本
嘉芬，諸生，官江西宜春知縣。辛亥後返鄂，不到三年病逝。詩凡五卷，由其長子善謙分任編次刊行。
湖北

42659
自然室詩稿（般民戊午稿下）不分卷
民國漢陽李哲明撰
稿本
湖北

42660
自然室詩稿不分卷
民國漢陽李哲明撰
抄本
稿凡三册，存《般民戊午稿》下、《般民己未稿》下、《自然庚申稿》、《般民庚申稿》下。
湖北

42661
自然室詩鈔一卷
民國漢陽李哲明撰
民國刻本
即《黔輶集》，一册。
湖北

42662
埜盦文集四卷
民國武昌姚汝説撰
民國鉛印本
湖北

42663
埜盦文集四卷詩集二卷
民國武昌姚汝説撰
民國鉛印本
湖北

42664
雙硯洲詩存二卷
民國監利董欽墀撰
稿本
稿共三册。
湖北

42665
哀弦吟一卷
民國黄陂蕭延平撰
清光緒鉛印本
原題“楚陂武湖漁隱蕭延平”。
湖北

42666
聽弈樓詩鈔一卷
民國種祥黄志鈞撰
民國三十六年（1947）鉛印本
湖北

42667
東行集（一名乙巳東行草）一卷
民國漢陽黄嗣艾撰
清光緒刻本
首都

42668

南雷學案

民國漢陽黄嗣艾述

民國鉛印本

黄嗣艾《湖北公藏版刻提要》後《附售書目》載,六册。藏書單位待訪。

42669

胡固生先生遺詩不分卷

民國天門胡式玉撰

民國七年(1918)鉛印本

湖北

42670

蔚廬集録二卷

民國枝江曹啓瑞撰

民國三十一年(1942)鉛印本

湖北

42671

竢定堂詩鈔不分卷

民國漢口田文弨撰

民國六年(1917)(跋)石印本

湖北

42672

竢定堂詩鈔不分卷

民國漢口田文弨撰

民國十三年(1924)刻朱印本

湖北

42673

琴溪詩草八卷

陽新劉文駿撰

民國十一年(1922)卯金公舍刻本

湖北

42674

壺盦文鈔不分卷附壺盦筆記不分卷

民國江陵劉寳森撰

民國鉛印本

有民國十三年(1924)序。

湖北

42675

水明樓詩鈔五卷

民國江陵劉寳森撰

民國鉛印本

湖北

42676

蒹稗山房詩稿(一名蒹稗山房詩鈔)三卷

民國黄岡陳紹競撰

民國十九年(1930)(敘)鉛印本

書簽題"蒹稗山房詩鈔"。

湖北

42677

芸香館遺詩一卷

民國蘄春陳奉濂撰

民國鉛印本

湖北

42678

海漚詩草二卷

民國廣濟(今武穴)陳韜撰

民國十五年(1926)武昌維夏印書館石印本

湖北

42679

退舟詩稿一卷

民國漢陽周貞亮撰

民國石刻本

湖北

42680
周氏閨閣綺霞詩蕪二卷
民國嘉魚周彩雲撰
民國鉛印本
湖北

42681
拙齋文鈔五卷
民國漢陽金承宣撰
民國十八年(1929)馮氏譜局印本
湖北

42682
錢塘紀遊詩一卷
民國麻城余光黄撰
民國二十四年(1935)鉛印本
湖北

42683
戊己銷夏詩合刊不分卷
穀城錢葆青撰
民國二十年(1931)武昌刻本
包括《戊辰銷夏百日詩》、《己巳銷夏懷人詩》,爲《重熹堂全集》之一。"穀城"原題"襄陽"。
湖北

42684
[甘蔫室]詩文不分卷
民國饒欽豁撰
甘蔫室賸稿稿本
湖北

42685
[甘蔫室]書(信)不分卷
民國饒欽豁撰
甘蔫室賸稿稿本
湖北

42686
退安軒詩鈔一卷
民國天門胡壬林撰
民國二十年(1931)鉛印退安軒雜著本
湖北

42687
省闇詩鈔一卷
民國天門胡子明撰
民國二十年(1931)鉛印退安軒雜著本
湖北

42688
拙齋耄吟四卷
民國漢陽金承宣撰
民國十年(1921)鉛印本
湖北

42689
種德園詩集一卷
民國陽新朱紹陽撰
民國鉛印本
湖北

42690
雙井文存不分卷
民國蘄春黄焯撰
1978年黄焯油印蘄春黄氏文存本
湖北

總集類

通代總集之屬

42691
文選白文二十二卷
南朝梁襄陽蕭統輯　明王象乾刪訂
日本元禄十二年(1699)刻風月勝左衛

門印本

《中國館藏和刻本漢籍書目》著録。

北大

42692

文選正文十二卷

南朝梁襄陽蕭統輯　日本片山正播（兼山）點

日本天明四年（1784）京師書肆風月莊左衛門等刻本

《中國館藏和刻本漢籍書目》著録。

華東師大　大連

42693

文選正文十二卷

南朝梁襄陽蕭統輯　日本片山正播（兼山）點

日本嘉永三年（1850）京師書肆風月莊左衛門等刻本

《中國館藏和刻本漢籍書目》著録。

南開

42694

文選正文十二卷

南朝梁襄陽蕭統輯　日本片山正播（兼山）點

日本明治十四年（1881）同盟書樓鉛印本

《中國館藏和刻本漢籍書目》著録。

南大

42695

文選正文十二卷

南朝梁襄陽蕭統輯　日本近藤元粹音釋

日本明治十五年（1882）刻本

《中國館藏和刻本漢籍書目》著録。

遼寧　南京

42696

文選六十卷

南朝梁襄陽蕭統輯　唐江夏李善注

北宋刻遞修本

存二十一卷：十七至十九　三十至三十一　三十六至三十八　四十六至四十七　四十九至五十八　六十

編者以"事出於沉思，義歸於翰藻"爲標準，選録先秦至梁百多位作者之詩文代表作七百餘篇，依體排列，包括各種流派和風格。李善注則是與《文選》不可分割的集大成之作。是刻半葉十行，行十七字，小字雙行二十五六字，白口，左右雙邊。《中國古籍善本書目》著録，僅國家圖書館有藏。

國圖 ×

42697

文選六十卷

南朝梁襄陽蕭統輯　唐江夏李善注

元池州路張伯顏刻本（卷四十一配明嘉靖元年（1522）汪諒刻本）

是刻半葉十行，行二十一字，小字雙行同，白口（補版黑口），左右雙邊。《中國古籍善本書目》著録，僅國家圖書館有藏。

國圖

42698

文選六十卷

南朝梁襄陽蕭統輯　唐江夏李善注

明成化二十三年（1487）唐藩朱芝址刻本

是刻半葉十行，行二十二字，小字雙行同，黑口，四周雙邊。《中國古籍善本書目》著録，國圖等二十六館有藏。

國圖　北大　科院　上海　復旦　山西　南京　河南　雲南

42699

文選六十卷

南朝梁襄陽蕭統輯　唐江夏李善注

明成化二十三年（1487）唐藩朱芝址刻本　清傅山批

山西文物局

42700

文選六十卷

南朝梁襄陽蕭統輯　唐江夏李善注

明成化二十三年（1487）唐藩朱芝址刻本　清馮武校並跋

常熟文管會

42701

文選六十卷

南朝梁襄陽蕭統輯　唐江夏李善注

明成化二十三年（1487）唐藩朱芝址刻本　清孫起湘跋　佚名録清何焯跋

上海

42702

文選六十卷

南朝梁襄陽蕭統輯　唐江夏李善注

明成化二十三年（1487）唐藩朱芝址刻本　清張保慈、趙松滋録　清何焯批校　清翁同書跋

常熟

42703

文選六十卷

南朝梁襄陽蕭統輯　唐江夏李善注

明成化二十三年（1487）唐藩朱芝址刻本（序清莫友芝抄補）　莫繩孫跋

浙江

42704

文選六十卷

南朝梁襄陽蕭統輯　唐江夏李善注

明嘉靖元年（1522）汪諒刻本

是刻半葉十行，行二十一字，小字雙行，黑口，四周雙邊。《中國古籍善本書目》著録。

國圖　上海　天津　山東×　山東大　山東博　南京　浙江　安徽　襄陽×

42705

文選六十卷

南朝梁襄陽蕭統輯　唐江夏李善注

明嘉靖元年（1522）汪諒刻本　清楊紹和、高均儒跋

國圖

42706

文選六十卷

南朝梁襄陽蕭統輯　唐江夏李善注

明嘉靖元年（1522）汪諒刻本　清丁申、丁丙跋

南京

42707

文選六十卷

南朝梁襄陽蕭統輯　唐江夏李善注

明嘉靖元年（1522）汪諒刻本　清徐此文跋

存三十卷：二至七、十一至十三、十八至二十、二十四至三十九、五十九至六十

山東×

42708

文選六十卷

南朝梁襄陽蕭統輯　唐江夏李善注

明嘉靖四年（1525）晉藩養德書院刻本

是刻半葉十行，行二十二字，小字雙行同，黑口，四周雙邊。《中國古籍善本書目著録》著録，二十三個館有藏，襄陽館有殘本。

國圖　上海　天津　山西　吉林　浙江　湖南　四川

42709

文選六十卷

南朝梁襄陽蕭統輯　唐江夏李善注

明嘉靖四年（1525）晉藩養德書院刻本　清丁丙跋

南京

42710
文選六十卷
南朝梁襄陽蕭統輯　唐江夏李善注
明嘉靖四年(1525)晉藩養德書院刻本　清錫珍批校
存三十一卷:十五至四十五
山東 ×

42711
文選六十卷
南朝梁襄陽蕭統輯　唐江夏李善注
明隆慶五年(1571)唐藩朱碩熿刻本
《中國古籍善本書目》著録。
國圖　中央黨校　華東師大　湖南

42712
文選六十卷
南朝梁襄陽蕭統輯　唐江夏李善注
明萬曆二十九年(1601)鄧原嶽刻本
是刻半葉十行,行二十字,小字雙行同,白口,左右雙邊。《中國古籍善本書目》著録。
北師大　華東師大　山西文史館　山東博

42713
文選六十卷
南朝梁襄陽蕭統輯　唐江夏李善注
明萬曆二十九年(1601)鄧原嶽刻本　清王芑孫跋
科院

42714
文選六十卷
南朝梁襄陽蕭統輯　唐江夏李善注
明晉府文恩堂刻本
北師大
《中國古籍總目》著録。

42715
文選六十卷
南朝梁襄陽蕭統輯　唐江夏李善注
明刻本
是刻半葉九行,行十七字,小字雙行同,黑口,四周雙邊。《中國古籍善本書目》著録,僅該二館有藏。
國圖　中國社科院文學所

42716
文選六十卷
南朝梁襄陽蕭統輯　唐江夏李善注
明末毛氏汲古閣刻本　清朱彝尊批
存三十卷:八至二十二、三十一至三十八、五十四至六十
是刻半葉十二行,行二十五字,小字雙行二十七字,白口,左右雙邊。《中國古籍善本書目》著録。
山西文史館 ×

42717
文選六十卷
南朝梁襄陽蕭統輯　唐江夏李善注
明末毛氏汲古閣刻本　清張玉書批並跋
南京

42718
文選六十卷
南朝梁襄陽蕭統輯　唐江夏李善注
明末毛氏汲古閣刻本　清汪由敦録清何焯校
上海

42719
文選六十卷
南朝梁襄陽蕭統輯　唐江夏李善注
明末毛氏汲古閣刻本　清諸煜録清何焯批校並跋
杭州

42720
文選六十卷
南朝梁襄陽蕭統輯　唐江夏李善注

明末毛氏汲古閣刻本　清阮元批校並跋
甘肅

42721
文選六十卷
南朝梁襄陽蕭統輯　唐江夏李善注
明末毛氏汲古閣刻本　清梁章鉅批校
福建師大

42722
文選六十卷
南朝梁襄陽蕭統輯　唐江夏李善注
明末毛氏汲古閣刻本　佚名校　清許乃普跋
上海

42723
文選六十卷
南朝梁襄陽蕭統輯　唐江夏李善注
明末毛氏汲古閣刻本　清祁寯藻録清何焯校惲毓鼎跋
存四十二卷：一至三十、四十六至五十四、五十八至六十
遼寧 ×

42724
文選六十卷
南朝梁襄陽蕭統輯　唐江夏李善注
明末毛氏汲古閣刻本　清鄧傳密跋並録　清俞正燮批校　佚名録清何焯批校題識
國圖

42725
文選六十卷
南朝梁襄陽蕭統輯　唐江夏李善注
明末毛氏汲古閣刻本　蕭應春批校
濟南

42726
文選六十卷
南朝梁襄陽蕭統輯　唐江夏李善注
明末毛氏汲古閣刻清康熙二十五年（1686）錢士謐重修本　清孫天士録清錢陸燦批並校
中央黨校

42727
文選六十卷
南朝梁襄陽蕭統輯　唐江夏李善注
明末毛氏汲古閣刻清康熙二十五年（1686）錢士謐重修本　清王帆洲校並跋　清張承德跋
上海

42728
文選六十卷
南朝梁襄陽蕭統輯　唐江夏李善注
明末毛氏汲古閣刻清康熙二十五年（1686）錢士謐重修本　清張士元批注
四川師院

42729
文選六十卷
南朝梁襄陽蕭統輯　唐江夏李善注
明末毛氏汲古閣刻清康熙二十五年（1686）錢士謐重修本　佚名録清何焯、俞瑒批校　清姚元之跋
浙江

42730
文選六十卷
南朝梁襄陽蕭統輯　唐江夏李善注
明末毛氏汲古閣刻清乾隆二十四年（1759）重修本　清祝德麟跋並録何焯批校題識
南京

42731

文選六十卷

南朝梁襄陽蕭統輯　唐江夏李善注

明末毛氏汲古閣刻清乾隆二十七年(1762)楊氏入繩堂重修本　清阮元跋

國圖

42732

文選六十卷

南朝梁襄陽蕭統輯　唐江夏李善注

明末毛氏汲古閣刻清素遠堂重修本　清蔣德馨批注

上海

42733

文選六十卷

南朝梁襄陽蕭統輯　唐江夏李善注

明末毛氏汲古閣刻清遞修本　佚名校並録清何焯批

南京

42734

文選六十卷

南朝梁襄陽蕭統輯　唐江夏李善注

清康熙刻本

《中國古籍總目》著録。

國圖

42735

文選六十卷

南朝梁襄陽蕭統輯　唐江夏李善注

清刻本　清諸堯紹録清何焯批校　清錢泰吉跋

是刻半葉十二行,行二十五字,小字雙行三十七字,白口,左右雙邊。

上海辭書

42736

文選六十卷

南朝梁襄陽蕭統輯　唐江夏李善注

清刻本　清何惟傑跋並録清許賡揚批校

湖北

42737

文選六十卷

南朝梁襄陽蕭統輯　唐江夏李善注

清寶仁堂刻本　清譚獻校

是刻半葉十二行,行二十五字,小字雙行三十七字,白口,左右雙邊。

上海

42738

文選六十卷

南朝梁襄陽蕭統輯　唐江夏李善注

清刻本　清董增儒録清何焯批校

浙江

42739

文選六十卷

南朝梁襄陽蕭統輯　唐江夏李善注

清乾隆十一年(1746)周氏懷德堂刻本

河南

42740

文選六十卷

南朝梁襄陽蕭統輯　唐江夏李善注

清乾隆十一年(1746)周氏懷德堂刻本　清劉鵬振録明陳興郊、孫鑛,清錢陸燦批校並跋

遼寧

42741

文選六十卷

南朝梁襄陽蕭統輯　唐江夏李善注

清乾隆十一年(1746)周氏懷德堂刻本　清蔣錦和録清何焯、盧文弨批並

跋

山西

42742

文選六十卷

南朝梁襄陽蕭統輯　唐江夏李善注

清乾隆二十三年(1758)周氏懷德堂刻本　清陳澧批校

是刻半葉十二行,行二十五字,小字雙行三十七字,白口,左右雙邊。

中大

42743

文選六十卷

南朝梁襄陽蕭統輯　唐江夏李善注

清乾隆二十三年(1758)周氏懷德堂刻本　清許巽行校

中央黨校

42744

文選六十卷

南朝梁襄陽蕭統輯　唐江夏李善注

清乾隆二十三年(1758)周氏懷德堂刻本　清錢鈺校並録清何焯評點

復旦

42745

文選六十卷

南朝梁襄陽蕭統輯　唐江夏李善注

清乾隆二十五年(1760)嵩山書屋刻本　清震川居士録清何焯批校

天一閣

42746

文選六十卷

南朝梁襄陽蕭統輯　唐江夏李善注

清乾隆二十五年(1760)珠樹堂刻本

《中國古籍總目》著録。

北師大

42747

文選六十卷

南朝梁襄陽蕭統輯　唐江夏李善注

清乾隆内府朱墨寫本

故宫

42748

文選六十卷

南朝梁襄陽蕭統輯　唐江夏李善注

清乾隆三十五年(1770)張書勳等寫本

故宫

42749

校正昭明文選六十卷

南朝梁襄陽蕭統輯　唐江夏李善注

清乾隆十二年(1747)歐陽正焕等寫本

《中國古籍善本書目》著録,僅故宫有藏。

故宫

42750

古香齋鑒賞校正昭明文選六十卷

南朝梁襄陽蕭統輯　唐江夏李善注

清乾隆十四年(1749)王際華等寫本

《中國古籍善本書目》著録,僅故宫有藏。

故宫

42751

古香齋鑒賞校正昭明文選六十卷

南朝梁襄陽蕭統輯　唐江夏李善注

清乾隆十九年(1754)梁國治等寫本

故宫

《中國古籍善本書目》著録,僅故宫有藏。

42752

文選註六十卷

南朝梁襄陽蕭統輯　唐江夏李善注

清四庫全書本

國圖　甘肅　浙江　臺北故宫

1983年臺北商務印書館影印清文淵閣四

庫全書本

湖北

1989年上海古籍出版社縮印臺北商務印書館影印清文淵閣四庫全書本

國圖　武漢

42753

文選六十卷

南朝梁襄陽蕭統輯　唐江夏李善注

清同治八年(1869)金陵書局刻本　清陳倬批校並跋

南京

42754

文選六十卷

南朝梁襄陽蕭統輯　唐江夏李善注

附李善與五臣同異一卷

宋淳熙八年(1181)池陽郡齋刻本

是刻半葉十行,行二十一字,小字雙行同,白口,左右雙邊,有刻工。《中國古籍善本書目》著録。

國圖　臺图

42755

文選六十卷

南朝梁襄陽蕭統輯　唐江夏李善注

附李善與五臣同異一卷

宋淳熙八年(1181)池陽郡齋刻本　丁鈞跋

國圖

42756

文選六十卷

南朝梁襄陽蕭統輯　唐江夏李善注

附李善與五臣同異一卷

宋淳熙八年(1181)池陽郡齋刻遞修本

臺图

42757

文選六十卷

南朝梁襄陽蕭統輯　唐江夏李善注

附李善與五臣同異一卷

宋淳熙八年(1181)池陽郡齋刻遞修本　楊守敬跋

存四十八卷:十三至六十

北大 ×

42758

文選六十卷

南朝梁襄陽蕭統輯　唐江夏李善注

附李善與五臣同異一卷

宋淳熙八年(1181)池陽郡齋刻遞修本

存三十七卷:一至六、十一至二十、三十一至三十九、四十九至六十

國圖 ×

42759

文選六十卷

南朝梁襄陽蕭統輯　唐江夏李善注

附李善與五臣同異一卷

宋淳熙八年(1181)池陽郡齋刻遞修本

存十卷:十一至二十

國圖

42760

文選六十卷

南朝梁襄陽蕭統輯　唐江夏李善注

附李善與五臣同異一卷

宋淳熙八年(1181)池陽郡齋刻遞修本

存三卷:二十五至二十七

上海 ×

42761

文選六十卷

南朝梁襄陽蕭統輯　唐江夏李善注

1974年中華書局影印宋淳熙八年(1181)

刻本
湖北　河南

42762
文選六十卷
南朝梁襄陽蕭統輯　唐江夏李善注
考異十卷
清胡克家撰
清嘉慶十四年(1809)鄱陽胡氏影宋淳熙本
湖北

42763
文選六十卷
南朝梁襄陽蕭統輯　唐江夏李善注
考異十卷
清胡克家撰
清嘉慶十四年(1809)胡克家影宋刻本　清張敦仁校
上海

42764
文選六十卷
南朝梁襄陽蕭統輯　唐江夏李善注
考異十卷
清胡克家撰
清嘉慶十四年(1809)胡克家影宋刻本　清汪廷珍批校並録清何焯跋
南開

42765
文選六十卷
南朝梁襄陽蕭統輯　唐江夏李善注
考異十卷
清胡克家撰
清嘉慶十四年(1809)胡克家影宋刻本　清胡珽跋
湖南

42766
文選六十卷
南朝梁襄陽蕭統輯　唐江夏李善注
考異十卷
清胡克家撰
1977年中華書局據清胡克家本斷句影印本　又1995年印本

42767
文選六十卷
南朝梁襄陽蕭統輯　唐江夏李善注
考異十卷
清胡克家撰
清同治八年(1869)湖北崇文書局刻本
湖北

42768
文選六十卷
南朝梁襄陽蕭統輯　唐江夏李善注
考異十卷
清胡克家撰
清同治八年(1869)湖北崇文書局刻本　清吴大瀓批注
復旦

42769
文選六十卷
南朝梁襄陽蕭統輯　唐江夏李善注
考異十卷
清胡克家撰
清同治八年(1869)湖北崇文書局刻本　傅增湘校並跋
國圖

42770
文選六十卷
南朝梁襄陽蕭統輯　唐江夏李善注
考異十卷
清胡克家撰

清同治八年(1869)湖北崇文書局刻本　葉昌熾批校
華東師大

42771
文選六十卷
南朝梁襄陽蕭統輯　唐江夏李善注
考異十卷
清胡克家撰
清同治八年(1869)潯陽萬氏刻本
《中國古籍總目》著録。
國圖

42772
文選六十卷
南朝梁襄陽蕭統輯　唐江夏李善注
考異十卷
清胡克家撰
清光緒元年(1875)撫州饒氏雙峰書屋刻本
北師大

42773
文選六十卷
南朝梁襄陽蕭統輯　唐江夏李善注
考異十卷
清胡克家撰
清光緒六年(1880)四明林氏據明本重刻本
河南

42774
文選六十卷
南朝梁襄陽蕭統輯　唐江夏李善注
考異十卷
清胡克家撰
清光緒十六年(1890)上海鴻文書局石印本
河南

42775
文選六十卷
南朝梁襄陽蕭統輯　唐江夏李善注
考異十卷
清胡克家輯
清光緒十八年(1892)上海古香閣石印本
河南

42776
文選六十卷
南朝梁襄陽蕭統輯　唐江夏李善注
考異十卷
清胡克家輯
清宣統三年(1911)上海會文堂粹記石印本
河南

42777
文選六十卷
南朝梁襄陽蕭統輯　唐江夏李善注
考異十卷
清胡克家輯
民國上海會文堂書局據鄱陽胡氏刻本影印
河南

42778
文選六十卷
南朝梁襄陽蕭統輯　唐江夏李善注
考異十卷
清胡克家輯
民國上海著易堂據鄱陽胡氏刻本影印
河南

42779
文選六十卷
南朝梁襄陽蕭統輯　唐江夏李善注

考異十卷
清胡克家輯
民國上海鴻章書局石印本
河南

42780
昭明文選六十卷
南朝梁襄陽蕭統輯　唐江夏李善注
考異十卷
清胡克家輯
民國二十四年(1935)國學整理社影印本

42781
昭明文選六十卷
南朝梁襄陽蕭統輯　唐江夏李善注
考異十卷
清胡克家撰
1990年中州書社據國學整理社影印本影印

42782
文選六十卷
南朝梁襄陽蕭統輯　唐江夏李善注
考異十卷
清胡克家輯
民國二十五年(1936)中華書局據鄱陽胡氏刻本鉛印四部備要本
又有同年縮印本。
湖北　河南

42783
文選六十卷
南朝梁襄陽蕭統輯　唐江夏李善注　龔炳孫等標點
考異十卷
清胡克家撰
1959年商務印局館鉛印國學基本叢書本
湖北

42784
文選六十卷
南朝梁襄陽蕭統輯　唐江夏李善注　龔炳孫等標點
考異十卷
清胡克家撰
1986年上海古籍出版社鉛印中國古典文學叢書本
湖北

42785
文選五卷首一卷
南朝梁襄陽蕭統輯　唐江夏李善注
考異十卷
清胡克家撰
清光緒十四年(1888)同文書局據胡氏刻本石印本
河南

42786
文選五卷
南朝梁襄陽蕭統輯　唐江夏李善注
考異十卷
清胡克家撰
清光緒二十一年(1895)寶文書局石印本
國圖

42787
文選六十卷
南朝梁襄陽蕭統輯　唐江夏李善注　清何焯評
清乾隆三十七年(1772)葉氏海録軒刻朱墨套印本　清曾國藩批校
是刻半葉十二行,行二十五字,小字雙行三十七字,白口,左右雙邊。
南開

42788

文選六十卷

南朝梁襄陽蕭統輯　唐江夏李善注　清何焯評

清光緒元年(1875)成都尊經書院刻本

國圖　遼寧　湖北

42789

文選六十卷

南朝梁襄陽蕭統輯　唐江夏李善注　清何焯評

清光緒二十四年(1898)上海古香閣石印本

北師大

42790

文選六十卷

南朝梁襄陽蕭統輯　唐江夏李善注　清何焯評

清乾隆三十七年(1772)葉氏海録軒刻朱墨套印本　嚴復批校

華東師大

42791

文選六十卷

南朝梁襄陽蕭統輯　唐江夏李善注　清何焯評

清乾隆三十七年(1772)葉氏海録軒刻朱墨套印本　周貞亮跋

武大

42792

文選六十卷

南朝梁襄陽蕭統輯　唐江夏李善注　清何焯評

清乾隆三十七年(1772)葉氏海録軒刻朱墨套印本　黄侃批校

湖北

42793

文選六十卷

南朝梁襄陽蕭統輯　唐江夏李善注　清何焯評

清善化經濟堂刻本

存二十九卷:一至二十九

國圖 ×

42794

文選三十卷

南朝梁襄陽蕭統輯　唐吕延濟、劉良、張詵、吕向、李周翰注

宋紹興二十年(1150)建陽崇化書坊陳八郎宅刻本

臺圖

42795

文選六十卷

南朝梁襄陽蕭統輯　唐吕延濟、劉良、張詵、吕向、李周翰注

宋杭州鍾家刻本

國圖存二卷:二十九至三十

國圖 ×　北大

42796

文選三十卷

南朝梁襄陽蕭統輯　唐吕延濟、劉良、張詵、吕向、李周翰注

清長洲蔣氏心矩齋影宋抄本

北大

42797

文選六十卷

南朝梁襄陽蕭統輯　唐江夏李善等注　沈曾植題詩

宋紹興明州刻遞修本

存二十四卷:三至五、九至十一、十五至十七、二十一至二十三、二十七至三十五、四十五至四十七

同注者還有唐吕延濟、劉良、張銑、吕向、李國翰,世稱"六臣注"。是刻半葉十行,行二十至二十二字,小字雙行三十字,白口,左右雙邊。《中國古籍善本書目》著録,僅國家圖書館有藏。

國圖 ˣ

42798

文選六十卷

南朝梁襄陽蕭統輯　唐江夏李善等注

宋紹興明州刻遞修本　袁克文跋

存九卷:二十至二十八

國圖 ˣ

42799

六家文選六十卷

南朝梁襄陽蕭統輯　唐江夏李善等注

宋紹興慶元間廣都裴氏刻本(配明袁氏嘉趣堂刻本)

臺北故宮

42800

文選六十卷

南朝梁襄陽蕭統輯　唐江夏李善等注

宋贛州州學刻宋元明遞修本

六臣注本。是刻半葉九行,行十四至十六字,小字雙行二十字,白口,左右雙邊。《中國古籍善本書目》著録。

國圖　上海 ˣ　吉林　山東 ˣ　山東博 ˣ

42801

文選六十卷

南朝梁襄陽蕭統輯　唐江夏李善等注

宋刻本

《中國古籍善本書目》著録。

國圖　上海 ˣ

42802

六臣註文選六十卷

南朝梁襄陽蕭統輯　唐江夏李善等注

宋刻本

是刻半葉十行,行十八至十九字,小字雙行二十三至二十四字,黑口,左右雙邊。《中國古籍善本書目》著録。

國圖　清華 ˣ　上海 ˣ

42803

六臣註文選六十卷

南朝梁襄陽蕭統輯　唐江夏李善等注

清康熙梅墅石渠閣影宋刻本

國圖

42804

六臣註文選六十卷

南朝梁襄陽蕭統輯　唐江夏李善等注

民國八年(1919)上海商務印書館初次影印四部叢刊本。

係據宋刻本影印。《中國叢書綜録》著録,四十個館有藏。還有民國十八年(1929)二次影印本、二十五年(1936)縮印本,其收藏情況均見《綜録》。

湖北

42805

六臣註文選六十卷

南朝梁襄陽蕭統輯　唐江夏李善等注

1987年中華書局據四部叢刊本影印

42806

增補六臣註文選六十卷

南朝梁襄陽蕭統輯　唐江夏李善等注

元大德三年（1299）陳仁子古迂書院刻本
存九卷：二十二、三十三至三十四、三十七至三十八、四十一至四十二、四十九至五十

是刻半葉十行，行十八字，小字雙行二十三字，白口，左右雙邊，間有四周單邊。《中國古籍善本書目》著録，僅國家圖書館有藏。

國圖 ×

42807
六家文選六十卷
南朝梁襄陽蕭統輯　唐江夏李善等注
明嘉靖十三年至二十八年（1534—1549）袁褧嘉趣堂刻本

是刻半葉十一行，行二十八字，小字雙行二十六字，白口，左右雙邊。《中國古籍善本書目》著録，四十三館有藏。

國圖　上海　遼寧　山東　南京　河南　湖北　湖南　四川　雲南

42808
六家文選六十卷
南朝梁襄陽蕭統輯　唐江夏李善等注
明嘉靖十三年至二十八年（1534—1549）袁褧嘉趣堂刻本　清莊虎孫跋
國圖

42809
六家文選六十卷
南朝梁襄陽蕭統輯　唐江夏李善等注
明丁覲刻本

是刻半葉十行，行十八字，小字雙行三十六字，白口，四周單邊，有刻工。《中國古籍善本書目》著録。

國圖　北京文物局　上海　石家莊　山東　山東大　山東師大　浙江　安徽博

42810
六家文選六十卷
南朝梁襄陽蕭統輯　唐江夏李善等注
明丁覲刻本　清丁丙跋
南京

42811
六家文選六十卷
南朝梁襄陽蕭統輯　唐江夏李善等注
明丁覲刻本　佚名録清何焯批校題識
存五十一卷：一至十六、二十六至六十
中大 ×

42812
六家文選六十卷
南朝梁襄陽蕭統輯　唐江夏李善等注
明刻本
北大

42813
六臣註文選六十卷
南朝梁襄陽蕭統輯　唐江夏李善等注
明萬曆二年（1574）崔孔昕刻本

是刻半葉九行，行十八字，小字雙行同，白口，四周雙邊。《中國古籍善本書目》著録。

國圖　北京文物局　上博　甘肅 ×　湖北　武大　廣東 ×

42814
六臣註文選六十卷
南朝梁襄陽蕭統輯　唐江夏李善等注
明萬曆二年（1574）崔孔昕刻六年徐成位重修本

《中國古籍善本書目》著録，二十二館有藏。

國圖　上海　天津　山東　南京　浙江

42815
六臣註文選六十卷
南朝梁襄陽蕭統輯　唐江夏李善等注
明萬曆二年（1574）崔孔昕刻六年徐成位重修本　清張照批點　清陸錫熊跋

存四十卷:二十一至六十
中央黨校 ×

42816
六臣注文選六十卷
南朝梁襄陽蕭統輯　唐江夏李善、吕延濟、劉良、張銑、吕向、李周翰注
1987年中華書局影印四部叢刊本

42817
六臣註文選六十卷
南朝梁襄陽蕭統輯　唐江夏李善等注
明萬曆六年(1578)冰玉堂刻本
東北師大　長春

42818
六臣註文選六十卷
南朝梁襄陽蕭統輯　唐江夏李善等注
明萬曆刻本
普林斯頓

42819
六臣註文選六十卷
南朝梁襄陽蕭統輯　唐江夏李善等注
明潘惟時、潘惟德刻本
是刻半葉九行,行十八字,小字雙行字數同,白口,左右雙邊。《中國古籍善本書目》著録,十九個館有藏。
國圖　上海　吉林　黑龍江　浙江　湖南　四川

42820
六臣註文選六十卷
南朝梁襄陽蕭統輯　唐江夏李善等注
明潘惟時、潘惟德刻　吴勉學遞修本
長春　東北師大　浙江　華僑　武漢　桂林

42821
文選六十卷
南朝梁襄陽蕭統輯　唐江夏李善等注
清康熙刻本
國圖

42822
文選六十卷
南朝梁襄陽蕭統輯　唐江夏李善等注
清乾隆二十六年(1761)文盛堂刻本
國圖

42823
文選六十卷
南朝梁襄陽蕭統輯　唐江夏李善注
清乾隆三十七年(1772)雙桂堂刻本
有同年葉氏海録軒刻朱墨套印本,未知二者之間有無關係。該館《中文古籍書目》(集部)同時收録。
河南

42824
文選六十卷
南朝梁襄陽蕭統輯　唐江夏李善注
清乾隆四十九年(1784)懷德堂刻本
《中國古籍善本書目》收有"清乾隆十一年(1746)周氏懷德堂刻本",未知與此是否爲同版。該館《中文古籍書目》(集部)二者皆收。疑此爲重印本。
河南

42825
文選六十卷
南朝梁襄陽蕭統輯　唐江夏李善注
清三多齋刻本
河南

42826
文選六十卷
南朝梁襄陽蕭統輯　唐江夏李善注
清光緒十八年(1892)上海廣百宋齋鉛印本

河南

42827
六臣註文選六十卷
唐江夏李善撰
清乾隆三十八年（1773）抄摛藻堂四庫全書薈要本
浙江

42828
六臣註文選六十卷
唐江夏李善等撰
清四庫全書本
國圖　甘肅　浙江　臺北故宫
1983年臺北商務印書館影印清文淵閣四庫全書本
湖北
1989年上海古籍出版社縮印臺北商務印書館影印清文淵閣四庫全書本
國圖　武漢

42829
梁昭明文選六臣合注六十卷
南朝梁襄陽蕭統輯　唐江夏李善等注
清乾隆五十九年（1794）刻本
國圖

42830
新刊文選考注前集十四卷後集十五卷
南朝梁襄陽蕭統輯　唐江夏李善等注
明末清初刻本（有抄配）
缺前集卷一至七
國圖×

42831
文選六十卷
南朝梁襄陽蕭統輯　唐江夏李善注
清光霽堂刻本
河南

42832
六臣註文選六十卷
南朝梁襄陽蕭統輯　唐江夏李善等注
諸儒議論一卷
元陳仁子輯
明嘉靖二十八年（1549）洪楩刻本
是刻半葉十行，行十八字，小字雙行二十三字，白口，四周單邊。《中國古籍善本書目》著録。
國圖　外貿部　貴陽師院

42833
六臣註文選六十卷
南朝梁襄陽蕭統輯　唐江夏李善等注
諸儒議論一卷
元陳仁子輯
明萬卷堂刻本
《中國古籍善本書目》著録。《中國古籍總目》著録爲“明嘉靖二十八年（1549）洪楩刻萬卷堂重修本”。
首都　北大　北師大　故宫　上海×　復旦　天津　吉林　科院新疆分院

42834
六臣註文選六十卷
南朝梁襄陽蕭統輯　唐江夏李善等注
諸儒議論一卷
元陳仁子輯
明刻本
是刻半葉十行，行十七字，小字雙行二十三字，黑口，四周單邊。《中國古籍善本書目》著録。
國圖　上海　浙江　武漢

42835
六臣註文選六十卷
南朝梁襄陽蕭統輯　唐江夏李善等注
諸儒議論一卷
元陳仁子輯

明刻本　清查瑩批校
存五十六卷：一至四、九至六十
上海 ×

42836
六臣註文選六十卷
南朝梁襄陽蕭統輯　唐江夏李善等注
諸儒議論一卷
元陳仁子輯
明刻本　清丁丙跋
南京

42837
唐寫文選集注殘本不分卷
南朝梁襄陽蕭統輯　唐江夏李善等注
民國七年（1918）上虞羅氏影印本
國圖　遼寧　湖北

42838
六臣註文選六十卷
南朝梁襄陽蕭統輯　唐江夏李善等註
日本寬文二年（1662）洛陽野田莊右衛門、八尾勘兵衛刻本
《中國館藏和刻本漢籍書目》著録。
國圖　遼寧　廣東

42839
六臣注文選六十卷
南朝梁襄陽蕭統輯　唐江夏李善等注
1987年中華書局印本

42840
六臣注文選六十卷
南朝梁襄陽蕭統輯　唐江夏李善等注
1999年浙江古籍出版社印本

42841
文選六十卷
南朝梁襄陽蕭統輯　唐江夏李善等註　元陳仁子校補
日本寬永二年（1625）刻本
《中國館藏和刻本漢籍書目》著録。
國圖　遼寧　四川

42842
李善註文選六十卷
南朝梁襄陽蕭統輯　唐江夏李善等註　日本秦鼎點
日本文政元年（1818）刻本
據長澤氏，卷二十一至六十未刊。該館所藏爲卷一至二十。《中國館藏和刻本漢籍書目》著録。
大連 ×

42843
李善註文選六十卷
南朝梁襄陽蕭統輯　唐江夏李善等註　日本秦鼎點
日本刻本
附注同前。
遼寧

42844
李善註文選六十卷
南朝梁襄陽蕭統輯　唐江夏李善等註
日本名古屋東壁堂、青觀堂刻本
《中國館藏和刻本漢籍書目》著録。
桂林

42845
文選（一名昭明文選）三十卷昭明文集二卷
南朝梁襄陽蕭統輯並撰　唐江夏李善注
明刻本
湖南

42846
文選十二卷
南朝梁襄陽蕭統輯　明張鳳翼纂注

明萬曆十年（1582）書林余碧泉刻本
科院　上海　山東

42847
文選十二卷
南朝梁襄陽蕭統輯　明張鳳翼纂注
明萬曆刻本
國圖　北大　科院

42848
文選十二卷
南朝梁襄陽蕭統輯　明張鳳翼纂注
明萬曆刻本　清江學金録佚名評語
上海

42849
文選十二卷
南朝梁襄陽蕭統輯　明張鳳翼纂注
明萬曆刻本　清華長發評點並録孫鑛評　王欣夫跋
復旦

42850
文選十二卷
南朝梁襄陽蕭統輯　明張鳳翼纂注
明萬曆刻本　清隨赫德圈點並跋
南京

42851
文選十二卷
南朝梁襄陽蕭統輯　明張鳳翼纂注
明萬曆刻本　清沈叔埏録清朱彝尊、何焯、吴農祥批注
浙江博

42852
文選十二卷
南朝梁襄陽蕭統輯　明張鳳翼纂注
明萬曆刻本　清祁□批
新鄉

42853
文選十二卷
南朝梁襄陽蕭統輯　明張鳳翼纂注
明萬曆刻本　清陸烜批校
廣東社科院

42854
文選十二卷
南朝梁襄陽蕭統輯　明張鳳翼纂注
明何敬塘刻本
廈大　廣西師大

42855
文選十二卷
南朝梁襄陽蕭統輯　明張鳳翼纂注
明葉敬溪刻本
大連

42856
文選十二卷
南朝梁襄陽蕭統輯　明張鳳翼纂注
明末刻本
黑大　揚州　天一閣　重慶

42857
梁昭明文選十二卷
南朝梁襄陽蕭統輯　明張鳳翼纂注
明萬曆刻本
國圖　北大　復旦　浙江　湖北

42858
梁昭明文選十二卷
南朝梁襄陽蕭統輯　明張鳳翼纂注
清康熙十一年（1672）願好堂刻本　清王芑孫批校　清梁章鉅批校
南開

42859
文選纂注十二卷
南朝梁襄陽蕭統輯　明張鳳翼纂注
清康熙刻本
國圖

42860
文選十二卷
南朝梁襄陽蕭統輯　明張鳳翼纂注　明惲紹龍参訂
明萬曆二十九年(1601)惲紹龍刻本
上海　湖北

42861
文選十二卷
南朝梁襄陽蕭統輯　明張鳳翼纂注　明惲紹龍参訂　□陳疇評
復旦

42862
文選十二卷
南朝梁襄陽蕭統輯　明張鳳翼纂注
明萬曆二十九年(1601)三衢舒氏四泉刻本
錦州

42863
梁昭明文選二十四卷
南朝梁襄陽蕭統輯　明張鳳翼纂注
明末盧之頤刻本　清鮑桂星評校
遼寧　山東

42864
新纂六臣註漢文選十二卷
南朝梁襄陽蕭統輯　明張鳳翼纂注
明萬曆十四年(1586)刻本
國圖　上海

42865
文選纂注評苑二十六卷
南朝梁襄陽蕭統輯　明張鳳翼纂注　明王世懋删定　明陸弘祚輯訂
明萬曆余碧泉克勤齋刻本
國圖

42866
文選纂注評林十二卷
南朝梁襄陽蕭統輯　明張鳳翼纂注　明王世懋删定　明陸弘祚輯訂
明刻本
北大

42867
新刻選文選二十四卷
南朝梁襄陽蕭統輯　明李淳删定並批點
明萬曆二十五年(1597)刻本
普林斯頓

42868
昭明文選譯注
南朝梁襄陽蕭統輯　于非等譯注　陰法魯審訂
1988年吉林文史出版社鉛印本

42869
昭明文選注析
南朝梁襄陽蕭統輯　王友懷、魏全瑞注
2000年秦出版社鉛印本

42870
文選
南朝梁襄陽蕭統輯　唐江夏李善注　龔炳孫等標點
1986年上海古籍出版社鉛印中國古典文學叢書本　又1998年印本

42871

選詩約註八卷

南朝梁襄陽蕭統輯　明馮惟訥註

評議一卷

明馮惟訥輯

明萬曆九年（1581）沈思孝刻本

國圖　科院

42872

文選詩集七卷

南朝梁襄陽蕭統輯　明虞九章訂注

明萬曆刻本

國圖　山東

42873

文選詩集七卷

南朝梁襄陽蕭統輯

明世德堂刻本

國圖

42874

新刻文選正文音訓十二卷

南朝梁襄陽蕭統輯　日本平田豐愛音訓

日本嘉永五年（1852）江都書林一貫堂刻本

《中國館藏和刻本漢籍書目》著録。

首都師大　遼寧　大連 ×

42875

標註文選十二卷

南朝梁襄陽蕭統輯　日本原田由己注

日本明治十五年（1882）東京永野書館刻本

《中國館藏和刻本漢籍書目》著録。

華東師大　遼寧

42876

文選删注十二卷

南朝梁襄陽蕭統輯　明王象乾删注

明萬曆刻本

上海　遼寧　南京　山東　湖北

42877

評苑文選傍訓大全十五卷

南朝梁襄陽蕭統輯　明王象乾評

日本元禄十三年（1700）風月勝左衛門刻本

《中國館藏和刻本漢籍書目》著録。

上海

42878

選詩七卷

南朝梁襄陽蕭統輯　明江夏郭正域評點　明凌濛初輯評

附詩人世次爵里一卷

明凌濛初刻朱墨套印本

《中國古籍善本書目》著録，有三十八個館收藏。

湖北

42879

選賦六卷

南朝梁襄陽蕭統輯　明江夏郭正域評點

名人世次爵里一卷

明凌氏鳳笙閣刻朱墨套印本

《中國古籍善本書目》著録，有首都、北大、武漢等三十七個館收藏。

武漢

42880

文選後集五卷

南朝梁襄陽蕭統輯　明江夏郭正域評點

明閔於忱刻朱墨套印本

《中國古籍善本書目》著録。

人大　北師大　故宫　北京市委　南京　湖南　四川

42881

新刊文選批評前集十四卷前集音釋一卷後集十三卷後集音釋一卷

南朝梁襄陽蕭統原輯　明江夏郭正域輯評

明萬曆三十年（1602）博古堂刻本

存前集十四卷前集音釋一卷

美國普林斯頓大學 ×

42882

新刊文選批評前集十四卷前集音釋一卷後集十三卷後集音釋一卷

南朝梁襄陽蕭統原輯　明江夏郭正域輯評

明刻本

該館《中文古籍善本書目》著録。

科院

42883

新刊文選後集十五卷音釋一卷

南朝梁襄陽蕭統輯　唐江夏李善等考注　清張輯宗後注

清刻本

國圖

42884

昭明文選妛四卷

南朝梁襄陽蕭統輯　明杜詩選

明萬曆四十八年（1620）杜氏武昌刻本

臺圖

42885

鼎鐫增補單篇評釋昭明文選八卷

南朝梁襄陽蕭統輯　明李光縉評釋　明鄭惟嶽增補

明萬曆刻本

無錫

42886

文選尤十四卷

南朝梁襄陽蕭統輯　明鄭思明删訂

明天啓二年（1622）刻三色套印本

國圖　科院　遼寧　南京　山東　浙江

42887

文選瀹注三十卷

南朝梁襄陽蕭統輯　明孫鑛評　明閔齊華注

明崇禎刻本

國圖

42888

孫月峰先生評文選三十卷

南朝梁襄陽蕭統輯　明孫鑛評　明閔齊華注

明末烏程閔氏刻本

北大　山東　湖北

42889

孫月峰先生評文選三十卷

南朝梁襄陽蕭統輯　明孫鑛評　明閔齊華注

明末烏程閔氏刻清康熙柯維楨重修本

國圖　浙江　湖北

42890

新刊續補文選纂註十二卷

南朝梁襄陽蕭統原輯　明陳仁輯　明張鳳翼增訂

明萬曆二十二年（1594）刻本

科院

42891

文選删十二卷

南朝梁襄陽蕭統輯　明張溥删

明末刻本

人大　普林斯頓

42892
文選刪註旁訓十二卷
南朝梁襄陽蕭統原輯　唐江夏李善等注　明馮夢禎刪訂
明刻本
首都

42893
昭明文選六臣彙註疏解十九卷
唐江夏李善等注　清顧施楨輯
清康熙二十五年（1686）建安鄭氏刻本
北大

42894
山曉閣重訂昭明文選十二卷
南朝梁襄陽蕭統輯　清孫淙、孫洙評
清康熙刻本
國圖　湖北

42895
梁昭明文選越裁十一卷
清洪若皋輯
清康熙刻本
科院　廣西師大

42896
文選集評十五卷首一卷末一卷
清于光華輯
清乾隆三十七年（1772）友於堂刻本
國圖　北師大

42897
重訂文選集評十五卷首一卷末一卷
清于光華輯
清乾隆四十三年（1778）啓秀堂刻本　清袁蘭批校
南京

42898
重訂文選集評十五卷首一卷末一卷
清于光華輯
清乾隆四十五年（1780）心簡齋刻本
國圖

42899
重訂文選集評十五卷首一卷末一卷
清于光華輯
清乾隆有懷堂刻本
人大

42900
重訂文選集評十五卷首一卷末一卷
清于光華輯
清嘉慶十二年（1807）懷德堂刻本
國圖　遼寧

42901
重訂文選集評十五卷首一卷末一卷
清于光華輯
清同治九年（1870）刻本
北師大

42902
文選集評十五卷首一卷末一卷
清于光華輯
清同治十一年（1872）江蘇書局刻本
國圖

42903
文選集評十五卷首一卷末一卷
清于光華輯
清善成堂刻本
國圖

42904
昭明文選大成六十卷首二卷
南朝梁襄陽蕭統輯　清方廷珪評注

清乾隆三十二年(1767)古榕方氏儆范軒刻本
國圖　科院

42905
昭明文選大成六十卷首二卷
南朝梁襄陽蕭統輯　清方廷珪評注
清乾隆三十六年(1771)刻本
國圖

42906
昭明文選大成二十四卷補編一卷
南朝梁襄陽蕭統輯　清方廷珪評注
民國上海碧梧山庄石印本
北師大

42907
文選古字通疏證六卷
清薛傳均撰　漢陽周貞亮輯並校
民國周貞亮手抄漢陽周氏書種樓叢鈔本
武大

42908
昭明文選箋證三十二卷
南朝梁襄陽蕭統輯　清胡紹瑛箋證
稿本　清胡培系、胡昌豐、胡敦彝校
取歷代《文選》注本精華,對《文選》全部內容旁搜互考、正僞糾繆。爲清代有代表性的《文選》注本。
臺圖

42909
昭明文選箋證三十二卷
南朝梁襄陽蕭統輯　清胡紹瑛箋證
清咸豐八年(1858)續溪胡氏稿本
臺圖

42910
昭明文選箋證三十二卷
南朝梁襄陽蕭統輯　清胡紹瑛箋證
清光緒十三年(1887)胡培系世澤樓木活字印本
國圖

42911
昭明文選箋證三十二卷
南朝梁襄陽蕭統輯　清胡紹瑛箋證
清光緒貴池劉氏刻聚學軒叢書本
國圖　科院　北大　上海　復旦　天津　遼寧　甘肅　南京　浙江　湖北　武漢　四川　重慶　雲南

42912
昭明文選箋證三十二卷
南朝梁襄陽蕭統原輯　清胡紹瑛箋證
民國劉世珩刻本

42913
昭明文選箋證三十二卷
南朝梁襄陽蕭統原輯　清胡紹瑛箋證
1982年江蘇廣陵古籍刻印社、江蘇人民出版社據劉世珩校刊原版補刻重印本

42914
昭明文選箋證三十二卷
南朝梁襄陽蕭統輯　清胡紹瑛箋證
1982年江蘇廣陵古籍刻印社、江蘇人民出版社用劉世珩校刊聚學軒叢書原版補刻重印本　又1990年印本

42915
昭明文選箋證三十二卷
南朝梁襄陽蕭統輯　清胡紹瑛箋證
清抄本　清唐仁壽校並跋
上海

42916
文選箋證三十二卷
清胡紹煐撰　漢陽周貞亮輯並校

民國周貞亮手抄漢陽周氏書種樓叢鈔本
武大

42917
文選古字通疏證續編六卷
清松滋杜宗預撰
稿本

《中國古籍善本書目》入"集部·總集類",似宜入"經部·小學類"。"宗預"亦作"宗玉"。《湖北書徵存目》收其《説文疏證》,未見。

北大

42918
漢陽周氏書種樓叢鈔八種八十八卷
民國漢陽周貞亮輯並校
民國周貞亮手抄本
文選紀聞三十卷　清余蕭客撰
文選古字通疏證六卷　清薛傳均撰　漢陽周貞亮校
文選拾遺八卷　清朱銘撰
文選箋證三十二卷　清胡紹煐撰
文選拾瀋二卷　清李詳撰　漢陽周貞亮校
文選筆記六卷　清許巽行撰　漢陽周貞亮校
文選珠船二卷　清石首傅上瀛輯
四六叢話二卷　清孫梅輯

陽海清《中國叢書廣録》據武漢大學圖書館藏本著録。

武大

42919
文選紀聞三十卷
清余蕭客撰　漢陽周貞亮輯並校
民國周貞亮手抄漢陽周氏書種樓叢鈔本
武大

42920
文選拾遺八卷
清朱銘撰　民國漢陽周貞亮輯並校
民國周貞亮手抄漢陽周氏書種樓叢鈔本
武大

42921
文選拾瀋二卷
清李詳撰　民國漢陽周貞亮輯並校
民國周貞亮手抄漢陽周氏書種樓叢鈔本
武大

42922
文選筆記六卷
清許巽行撰　民國漢陽周貞亮輯並校
民國周貞亮手抄漢陽周氏書種樓叢鈔本
武大

42923
文選珠船二卷
清石首傅上瀛輯　民國漢陽周貞亮輯並校
民國周貞亮手抄漢陽周氏書種樓叢鈔本
武大

42924
文選黄氏學
民國蘄春黄侃撰　蘄春黄念蓉輯録
1977年臺北文史出版社鉛印本

季剛先生批校《文選》之緣由及情況,陸宗達《我所見到的黄季剛先生》(載《訓詁研究》第一集)作了介紹。

42925
文選評點
民國蘄春黄侃撰　蘄春黄焯録
1985年上海古籍出版社鉛印本

黄焯先生云:"手批胡(克家)刻《文選》二十册,余曾將此本評點録出,定名爲《文選評點》。"

湖北省圖書館藏有二部《文選》黄侃批校本。

42926
文選物色篇不分卷
民國蘄春黄侃輯
輯者手稿本
武大中文系

42927
文選物色篇不分卷
民國蘄春黄侃輯
抄本
湖北

42928
漢魏六朝詩三百首七卷
漢陽周貞亮纂録
民國沔陽盧氏慎始基齋據周氏寫本硃印本
湖北

42929
漢魏六朝詩三百首七卷
漢陽周貞亮纂録
1962年中華書局據慎始基齋叢書本影印

42930
漢魏六朝詩三百首七卷
漢陽周貞亮纂録
1992年中國書店據沔陽盧氏慎始基齋刻本影印

42931
鳩茲詩在不分卷
稿本
該館《王葆心資料删選總目》著録，不著撰輯人名。二册，約二萬字。
湖北博

42932
鳩茲文在不分卷
稿本
該館《王葆心資料删選總表》著録，不著撰輯人名。三册，七萬六千字。
湖北博

42933
鍾伯敬先生補註千家詩口卷
明景陵（今天門）鍾惺輯
清末石印本
遼寧

42934
詩家全體十二卷續補二卷
明黄岡李之用輯
明萬曆二十六年（1598）邵武府學刻本
李之用爲明萬曆十八年（1590）進士，曾任邵武知府，官至雲南按察使。是刻半葉九行，行二十字，小字雙行同，白口，四周雙邊。分體選詩，每家一、二首，於體求備，於家求多，以備生童習誦。末二卷爲《重訂詩韻》，《續補》專選賦歌小詞。
北大　上海　天津　浙江　國會

42935
詩家全體十二卷續補二卷
明黄岡李之用輯
明萬曆二十六年（1598）邵武府學刻清初補刻本
美國普林斯頓大學

42936
詩歸五十一卷梅花百詠八卷
明景陵（今天門）鍾惺、譚元春輯
明萬曆四十五年（1617）刻本
古詩歸十五卷
唐詩歸三十六卷
是刻半葉九行，行十八字，小字雙行行字同，白口，左右雙邊。《中國古籍善本書目》著録，二十五館有藏。
北大　清華　科院　故宫　天津　吉大　山

東　浙江　天一閣　江西　武大　湖南　川大

42937

詩歸五十一卷

明景陵（今天門）鍾惺、譚元春撰

明刻本

古詩歸十五卷

唐詩歸三十六卷

是刻半葉九行，行十八字，白口，四周單邊。《中國古籍善本書目》著録。

上海辭書　天津師大　内蒙古　甘肅　青海民院　川大

42938

詩歸五十一卷

明景陵（今天門）鍾惺、譚元春輯

1997年齊魯書社據明刻本影印四庫全書存目叢書本

湖北

42939

詩歸五十一卷

明景陵（今天門）鍾惺、譚元春輯　張國光點校

1985年湖北人民出版社鉛印本

湖北

42940

詩歸五十一卷梅花百詠八卷

明景陵（今天門）鍾惺、譚元春輯

明刻本

古詩歸十五卷

唐詩歸三十六卷

《中國古籍總目·集部》著録。

國圖　復旦

42941

詩歸五十一卷

明景陵（今天門）鍾惺、譚元春輯

明君山堂刻本

古詩歸十五卷

唐詩歸三十六卷

是刻半葉九行，行十八字，小字雙行行字同，白口，左右雙邊。《中國古籍善本書目》著録。

南京　貴州

42942

詩歸五十一卷

明景陵（今天門）鍾惺、譚元春輯

明崇禎刻本

古詩歸十五卷

唐詩歸三十六卷

是刻半葉八行，行二十二字，白口，四周單邊。《中國古籍善本書目》著録。

復旦　山東大　蘇州大學

42943

詩歸五十一卷

明景陵（今天門）鍾惺、譚元春輯

明閔振業、閔振聲刻三色套印本

古詩歸十五卷

唐詩歸三十六卷

是刻半葉九行，行十八字，白口，四周單邊。《中國古籍善本書目》著録。

國圖× 北師大× 文研院　故宫× 上海　復旦　天津　遼寧　吉林市　浙江　莆田　湖北　貴州博

42944

詩歸五十一卷

明景陵（今天門）鍾惺、譚元春輯　明林夢熊重訂

明末刻本

古詩歸十五卷

唐詩歸三十六卷

是刻半葉九行，行二十字，白口，四周單邊，眉鐫評語。《中國古籍善本書目》著録。

中央民大[×]　上海　復旦　紹興[×]　重慶

42945
詩歸五十一卷梅花百詠八卷
明景陵（今天門）鍾惺、譚元春撰
清光緒刻本
存唐詩歸
《中國古籍善本書目》著録。
上海[×]

42946
詩歸五十一卷梅花百詠八卷
明景陵（今天門）鍾惺、譚元春輯
清抄本
存唐詩歸卷一
《中國古籍總目·集部》著録。
上海[×]

42947
詩歸五十一卷
明景陵（今天門）鍾惺、譚元春輯　明劉斅重訂
明末刻本
古詩歸十五卷
唐詩歸三十六卷
是刻半葉十行，行十九字，白口，左右雙邊。《中國古籍善本書目》著録。
天津　遼寧　黑大　山東大　曲阜師院　安徽師大　湖北　武大　華中師大　湖北博　貴州大

42948
詩歸五十一卷
明景陵（今天門）鍾惺、譚元春輯　明林夢熊重訂
明末刻本
《中國古籍總目·集部》著録。
上海

42949
古詩歸十五卷
明景陵（今天門）鍾惺、譚元春輯
明萬曆四十五年（1617）刻詩歸本　明釋乙元等批
《中國古籍善本書目》著録。
上海

42950
古詩歸十五卷
明景陵（今天門）鍾惺、譚元春輯
明末刻詩歸本　清鮑瑞駿跋
湖北

42951
名媛詩歸三十六卷
題明景陵（今天門）鍾惺輯
明萬曆刻本
《四庫全書總目》入"集部·總集類存目"，其《提要》云："取古今宫閨篇什，裒輯成書。其間真僞雜出，尤足炫惑後學。王士禎《居易録》亦以爲坊賈所托名。今觀書首有書坊識語，稱'名媛詩未經刊行，特覓秘本，精刻詳訂'云云。核其所言，其不出惺手明甚。然亦足見竟陵流弊，如報仇之變爲行劫也。"《中國古籍總目·集部》著録。
國圖

42952
名媛詩歸三十六卷
題明景陵（今天門）鍾惺輯
明刻本
是刻半葉九行，行十九字，小字雙行行字同，白口，左右雙邊。《中國古籍善本書目》著録，四十二館有藏。
國圖　科院　上海　復旦　南開　山西　黑龍江　青海　山東　浙江　福建　河南　湖北　桂林　四川　重慶

42953
名媛詩歸三十六卷
題景陵(今天門)鍾惺輯
1997年齊魯書社據明刻本影印四庫全書存目叢書本
河南

42954
名媛詩歸三十六卷
題明景陵(今天門)鍾惺輯
明刻清河澗堂修補本
《中國古籍總目·集部》著録。
上海

42955
名媛詩歸三十六卷
題明景陵(今天門)鍾惺輯並評
清刻本
該館《中文古籍書目·集部》著録。
河南

42956
歷朝名媛詩摘鈔二卷
題明景陵(今天門)鍾惺輯
詠蘭堂抄本
《中國古籍總目·集部》著録。
北大

42957
鍾伯敬先生補訂千家詩□卷
明景陵(今天門)鍾惺輯
清末石印本
遼寧

42958
詩刪二十三卷
明李攀龍輯　明景陵(今天門)鍾惺、譚元春評
明刻朱墨套印本
是刻半葉九行,行十九字,白口,四周單邊。《中國古籍善本書目》著録。
國圖× 北師大 科院 故宫 遼寧 吉大 東北師大 濟南× 山東大 湖南 桂林 杜甫草堂 昆明師院

42959
玉臺新詠十卷
陳徐陵輯　明公安袁宏道評
明天啓沈逢春泰和堂刻本
該館《中文古籍善本書目》著録,此版尚有明鄭玄撫輯"續四卷",缺藏。
科院

42960
古樂府二卷
明監利李先芳撰
明嘉靖刻本
王重民《中國善本書提要》稱此圖有藏,然《中國古籍善本書目》不載。王氏云:"此本亦有總題,作《東岱山房詩録》,然刻本與《金陵稿》不同,因知邢侗所謂《東岱山房藁》三十卷者,非同時所刻也。卷內有'葉氏　竹堂藏書印記'。"有嘉靖三十六年(1557)自序、三十七年(1558)朱衡序、三十八年(1559)蘇祐序。《千頃堂書目》收有李氏《泰然亭樂府》,不知與此有無關係。
國圖

42961
黄鶴樓集三卷
明孫承榮等纂輯
明萬曆刻本
《中國古籍善本書目》失收,今僅知該館有藏。
湖北

42962
黄鶴樓集三卷
明孫承榮等纂輯

1984 年湖北人民出版社影印明萬曆刻本

爲配合該樓重建而影印。有趙樸初序。綫裝本。

湖北

42963

明刻黄鶴樓集校注三卷

明孫承榮等纂輯　王啓興等校注

1992 年湖北人民出版社鉛印本

每篇前後均加有作者簡介、注釋、題解。

湖北

42964

黄鶴樓詩詞選

曾昭文等選注

1985 年湖北人民出版社鉛印本

湖北

42965

古詩雜鈔不分卷

清黄岡王如璠輯

清王氏抄本

湖北

42966

詩比興箋四卷簡學齋詩存一卷太上感應篇合鈔一卷

清蘄水（今浠水）陳沆輯

清咸豐四年（1854）刻本

《中國古籍總目·集部》著録。

國圖

42967

詩比興箋四卷

清蘄水（今浠水）陳沆輯

清咸豐五年（1855）刻本

本書之體制介乎"總集"與"詩文評"兩類之間。查諸書目，置"總集"者多；而觀其主旨，似更宜放在"詩文評類"。魏源序曰："蘄水陳太初修撰以箋古詩三百篇之法，箋漢魏、唐之詩，使讀者知比興之所起，即知志之所之。誦詩之人，論世闡幽，以意逆志，我思古人，實獲我心。"

遼寧　湖北

42968

詩比興箋四卷

清蘄水（今浠水）陳沆輯

清光緒九年（1883）彭祖賢武昌刻本

末有清光緒九年（1883）長洲彭祖賢跋。

湖北

42969

詩經興箋四卷

清蘄水（今浠水）陳沆輯

1959 年中華書局上海編輯所鉛印本

以清光緒九年（1883）刻本爲底本作校點。末附校勘記，列舉訂正有較大出入或影響文義之異文，一般異文則不出校。又有 1981 年上海古籍出版社鉛印本，實爲本版本重印。

湖北

42970

詩比興箋四卷

清蘄水（今浠水）陳沆輯

清宣統刻本

遼寧

42971

詩比興箋四卷

清蘄水（今浠水）陳沆撰　宋耐苦、何國民編校

2002 年湖北教育出版社鉛印湖北地方古籍文獻叢書·陳沆集本

湖北　武漢

42972
三十家詩鈔六卷首一卷末一卷
清曾國藩輯　清東湖(今宜昌)王定安增輯
清同治十三年(1874)傳忠書局刻本
國圖　遼寧

42973
三十家詩鈔六卷首一卷末一卷
清曾國藩輯　清東湖(今宜昌)王定安增輯
清末抄本
國圖

42974
言志詩輯二編三卷
清漢陽汪昶輯
清光緒三年(1877)刻本
湖北

42975
言志詩輯補不分卷
清漢陽汪昶輯
清光緒元年(1875)元雨書屋刻本
集長善等二十三人詩。
湖北

42976
詩録(一名課孫夜誦詩録)九卷
清黄岡洪良品輯録
清光緒刻本
湖北

42977
二家詠古詩一卷二家試帖一卷
清張之洞、民國恩施樊增祥撰
清光緒二十七年(1901)東溪草堂刻本
河南　湖北　港大

42978
手寫唐宋人詩不分卷
民國蘄春黄侃輯
輯者手稿本
武大中文系

42979
精鐫古今麗賦十卷
明公安袁宏道輯　明王三餘補
明崇禎四年(1631)刻本
是刻半葉九行,行二十二字,白口,四周單邊。《中國古籍善本書目》著録。
吉林　陝西　西北大

42980
名世文宗二十二卷
題明王世貞輯　明景陵(今天門)鍾惺增定
明刻本
是刻半葉九行,行二十字,小字雙行行字同,白口,左右雙邊,眉上鐫評。有鍾惺序。《中國古籍善本書目》著録。
人大　湖北　湖南社科院　中大

42981
名世文宗四卷
明王世貞輯　明景陵(今天門)鍾惺增定
清嘉慶四年(1799)姜德大餘慶書屋抄本
上海

42982
名文拔萃二十二卷
明王世貞輯　明景陵(今天門)鍾惺增定
明刻本
《中國古籍善本書目》著録,僅該館有藏。
河北大

42983
歷代文歸一百六卷
明景陵(今天門)鍾惺輯並評

明崇禎刻本

左傳文歸十卷

國語文歸六卷

秦文歸十卷

漢文歸二十卷

後漢三國兩晉論贊四卷

晉文歸八卷

南北朝文歸四卷

唐文歸二十四卷

宋文歸二十卷

是刻半葉九行,行二十五字或二十六字,白口,四周單邊。《中國古籍善本書目》著録,僅該館有藏。而東北師大所藏之《周文歸》二十卷刻於明崇禎十三年(1640),似較此晚出,未知與此編中之前二種是何關係。

故宫

42984

秦漢文懷二十卷

明景陵(今天門)鍾惺輯並評

明崇禎六年(1633)大雅堂刻本

是刻半葉九行,行二十字,白口,左右雙邊,眉欄鐫評。《中國古籍善本書目》著録。

北大　首都師大　天津師大　遼寧　青海ˣ　福建師大　河南ˣ　中大　西南師大

42985

秦漢文歸三十卷

明景陵(今天門)鍾惺輯並評

明末古香齋刻本

秦文歸十卷

漢文歸二十卷

是刻半葉九行,行二十六字,白口,四周單邊。版心下鐫"古香齋"。《中國古籍善本書目》著録。

清華ˣ　人大　北師大　蒲城ˣ　山東師大ˣ　無錫　安吉博　安徽　湖北

42986

後漢三國兩晉論贊四卷

明景陵(今天門)鍾惺輯並評

明崇禎刻歷代文歸本

故宫

42987

秦漢三國六朝唐宋文歸□□卷

明景陵(今天門)鍾惺輯並評

明刻本

《中國古籍總目·集部》著録。

南京

42988

漢晉南北朝唐宋文歸七十六卷

明景陵(今天門)鍾惺輯並評

明末古香齋集賢堂刻本

存六十二卷:漢文歸二十卷、晉文歸八卷、南北朝文歸四卷、唐文歸十卷、宋文歸二十卷

是刻半葉九行,行二十六字,白口,四周單邊。《中國古籍善本書目》著録。

山東ˣ

42989

南北朝文歸四卷

明景陵(今天門)鍾惺輯並評

明崇禎刻歷代文歸本

故宫

42990

南北朝文歸四卷

明景陵(今天門)鍾惺輯並評

明末古香齋刻本

是刻半葉九行,行二十六字,白口,四周單邊。《中國古籍善本書目》著録。

東北師大　無錫　河南　南充師範

42991

唐宋十二大家文歸十四卷

明景陵(今天門)鍾惺輯並評

國朝大家文歸二卷

明鄭元勳輯並評

明末刻本

是刻半葉九行，行十八字，白口，四周單邊，眉欄鐫評。《國朝大家文歸》係卷十五、卷十六。《中國古籍善本書目》著録。據油印《中國古籍善本書目》（徵求意見稿）貴州館藏本有清朱笏批校，未知何以正式出版時未單立款目。

故宫　吉大　山東大　重慶ˣ　貴州

42992

唐宋八大家選二十四卷

明景陵（今天門）鍾惺輯並評　明汪應魁刪訂

明崇禎五年（1632）汪應魁刻本

是刻半葉九行，行十八字，白口，左右雙邊。《中國古籍善本書目》著録。

清華北京文物局　遼寧　常熟　江西博ˣ　廈大　湖北

42993

唐宋八大家選二十四卷

明景陵（今天門）鍾惺輯並評　明汪應魁刪訂

明刻本

《中國古籍總目·集部》著録。

南京

42994

唐宋八家文讀本不分卷

清蒲圻（今赤壁）張學誠選輯

清蒲圻張學誠手鈔九種稿本

湖北

42995

古文備體奇鈔十二卷

明景陵（今天門）鍾惺輯　明黄道周評

明崇禎發祥堂刻本

是刻半葉九行，行二十字，小字雙行行字同，白口，四周單邊。《中國古籍善本書目》著録，僅此二館有藏。

天津　南京

42996

古文備體奇鈔十二卷

明景陵（今天門）鍾惺輯　明黄道周評

明崇禎閶門兼善堂刻本　佚名批注

是刻半葉九行，行二十字，小字雙行行字同，白口，四周單邊。《中國古籍善本書目》著録，該目徵求意見稿有"佚名批注"。僅該館有藏。

浙江

42997

分類箋註文辭大尺牘二十六卷

明景陵（今天門）鍾惺纂輯　明馮夢龍訂釋　民國王鼎增輯

民國十年（1921）上海碧梧山莊鉛印本

河南

42998

新刻乙未科翰林館課東觀弘文十卷

明任邱劉元震、明江陵劉楚先輯

明萬曆嘉賓堂刻本

是刻半葉十一行，行二十一字，白口，四周單邊。版心下鐫"嘉賓堂刊"。《中國古籍善本書目》著録。

科院　復旦　天津　南京　杭州文管會

42999

歷代古文國瑋集一百四十一卷

明穀城方嶽貢輯

明刻本

是刻半葉九行，行二十字，白口，四周單邊，眉上鐫評。《中國古籍善本書目》著録。嶽貢字四長。明天啓進士，崇禎初授松江知府，累舉卓異，擢左都御史，兼東閣大學士。李自成陷京都，死節。此書明季有三刻，今存者極稀。

首都師大　浙江ˣ　湖北ˣ

43000

國瑋集五十六卷

明穀城方嶽貢輯

明刻本

是刻半葉九行，行十九字，白口，左右雙邊，眉上鐫評。《中國古籍善本書目》著録。

山東師大$^{\times}$　南京$^{\times}$　四川

43001
諸子國瑋集七十四卷
明穀城方嶽貢輯
明刻本

是刻半葉九行，行二十字，小字雙行行字不等，白口，四周單邊。《中國古籍善本書目》著録，僅該館有藏。

四川

43002
[精選]秦漢文駒四卷
明麻城梅之煥輯
清光緒石印本

與《精選史記神駒》合爲一編。

上海

43003
新選註釋古文蒙求不分卷
明夷陵（今宜昌）文安之等輯
明刻本

是刻半葉八行，行二十四字，小字雙行，白口，四周單邊。《中國古籍善本書目》著録。

清華

43004
古文輯畧不分卷
清黄岡曹本榮輯
清刻本

《四庫全書總目》入"集部·總集類存目四"。其《提要》云："是編以文體分，各體前俱引《文體相辨》一條，大概因是書而廣之。然所分子目，冗瑣特甚，舛誤尤多。""至所載之文，每篇刪削，尤不免失其本末。"

江西

43005
古文輯畧不分卷
清黄岡曹本榮輯
1997年齊魯書社據清刻本影印四庫全書存目叢書本

湖北

43006
唐宋大家抄補不分卷
清漢陽劉傳瑩録
清抄本　清劉傳瑩録清沈德潛標點

湖北

43007
狄雲山館談助（一名師友詩文偶鈔，或名王家璧手輯歷代名家詩文）不分卷
清武昌（今鄂州）王家璧輯
輯者手稿本

稿凡七册。除第一册爲唐宋人詩文，第二册前半爲明人詩文外，餘皆爲其師友之作品。人名下繫有著者之生平事蹟。一名作者之後多有空葉，知爲未竟之稿。

湖北

43008
關中書院課藝待梓稿不分卷
清武昌（今鄂州）王家璧輯
草稿本

清同治間，家璧離開左宗棠軍營後，曾在關中書院講授四書五經，此書當輯於其時。

湖北

43009
楚國人文寶善集不分卷
清江夏王一寧輯
清刻本

十四册。

43010
讀嚴輯全文日鈔不分卷
民國蘄春黄侃輯

輯者手稿本

所謂"嚴輯全文",係指清代嚴可均輯《全上古三代六朝文》。

武大中文系

43011

讀嚴輯全文日鈔不分卷

民國蘄春黄侃輯

抄本

湖北

43012

郢雪初編一卷

清龔黄輯　清黄陂葉封訂

清王家璧抄本

湖北

43013

東坡赤壁藝文志五卷首一卷

黄岡謝功肅纂

民國十一年(1922)鉛印本

黄州東坡赤壁爲湖北名勝,是書輯録其相關人文史料。

湖北

43014

聯雋總類目不分卷

民國羅田王葆心輯

稿本

一册,近三萬字。

湖北博

43015

隨手拾叢不分卷

天門劉泥清輯

民國天門劉氏抄本

係輯録樊增祥、俞樾、王先謙、曾國藩、梁啓超、康有爲、林紓、吴汝綸等人書牘。

武漢

43016

□園手翰一卷

天門劉泥清輯

稿本

参閲《中南、西南地區省、市圖書館館藏古籍稿本提要(附鈔本聯合目録)》。

武漢

43017

楹聯集句不分卷

清武昌(今鄂州)王家璧輯

輯者手稿本

集聯盈千。從稿中存有一批單句和若干空葉看,此乃輯者備一厚本於案頭,讀書時擷取可配聯者記之,可對者對之,年深日久,竟成斯稿。若有四分之一爲常見聯。

湖北

斷代總集之屬

43018

周文歸二十卷

明景陵(今天門)鍾惺輯

明崇禎刻本

是刻半葉九行,行十九字,小字雙行行字同,白口,四周單邊,眉上鐫評。《中國古籍善本書目》著録。《四庫全書總目》入"集部·總集類存目"。

清華　人大　北師大　故宫　上海　華東師大　天津　山西　大連　山東　南京　河南　湖北　廣東　川大

43019

周文歸二十卷

明景陵(今天門)鍾惺輯

明崇禎十三年(1640)刻本

是刻半葉九行,行十九字,白口,四周單邊。有陳渓子崇禎十三年(1640)序。集選《考工記》《儀禮》《檀弓》《爾雅》《孔子家語》《左傳》《國語》《公羊》《穀梁》《國策》《楚辭》《逸周書》等之篇章而成。未知與《歷代文歸》之前二種關係若何。疑與前一款目爲同版。

東北師大

43020

周文歸二十卷

明景陵（今天門）鍾惺輯

1997年齊魯書社據明崇禎刻本影印四庫全書存目叢書本

湖北

43021

秦文歸十卷

明景陵（今天門）鍾惺輯並評

明崇禎刻歷代文歸本

故宫

43022

秦文歸十卷

明景陵（今天門）鍾惺撰

清吉慶堂刻本

該館《中文古籍書目·集部》著録。

河南

43023

漢文歸二十卷

明景陵（今天門）鍾惺輯並評

明崇禎刻歷代文歸本

故宫

43024

西漢文歸八卷東漢文歸七卷

明景陵（今天門）鍾惺輯注

明崇禎十年（1637）刻本

是刻半葉九行，行二十字，小字雙行行字不等，白口，四周單邊。有陳淏子崇禎十年（1637）丁丑序。輯有唐順之、茅坤、孫鑛、陳仁錫、鍾惺五人評語，另有夾註頂批。其與通行本卷數有異，疑係書賈以殘充全。或與前一款目爲同版。

東北師大

43025

史漢文選讀本一卷

清蒲圻張學誠選輯

清蒲圻張學誠手鈔九種稿本

湖北

43026

晉文歸八卷

明景陵（今天門）鍾惺輯並評

明崇禎刻歷代文歸本

故宫

43027

晉文歸八卷

明景陵（今天門）鍾惺輯

明末古香齋刻本

《中國古籍善本書目》著録。

天津師大　無錫　泰州　南京博

43028

韓文杜律二卷

明江夏郭正域編

明閔齊伋刻朱墨套印本

韓文一卷　唐韓愈撰　明萬曆四十五年（1617）閔齊伋刻朱墨套印本

杜子美七言律一卷　唐杜甫撰　明閔齊伋刻三色套印本

是刻半葉八行，行十八字，白口，左右雙邊。《四庫全書總目》入"集部·總集類存目"，謂其評點"大抵明末猖狂之論"，"欲矯七子摹擬之弊"，"是公安大驂乘，竟陵之先鞭也"。《中國古籍善本書目》著録，有國家圖書館、湖北省圖書館等十三館收藏。

國圖　上海　復旦　浙江　南京　湖北　襄陽

43029

韓文杜律二卷

明江夏郭正域編

1997年齊魯書社據明閔齊伋刻朱墨套印本影印四庫全書存目叢書本

子目同前。

湖北

43030

唐音十卷

元襄城(今襄陽)楊士弘輯

明初魏氏仁實堂刻本 [正音卷六、遺響三卷配另一明刻本]

是刻半葉十一行,行二十字,黑口,四周雙邊。《中國古籍善本書目》著録,僅該館有藏。

此係士弘花十年功夫於元至正四年(1344)輯成。包括《始音》一卷、《正音》六卷、《遺響》七卷。由於《遺響》又有一子卷,故輯者自稱十五卷。取捨頗爲嚴謹,後世評價甚高,被輯入《四庫全書》。既有分卷不同之多個刻本,又有批注本。

國圖

43031

唐音十卷

元襄城(今襄陽)楊士弘輯

明成化二十三年(1487)磻溪書堂刻本 [唐音遺響配另一明刻本]

存九卷:始音一卷 正音六卷 遺響二卷

是刻半葉十行,行十八字,黑口,四周雙邊。《中國國古籍善本書目》著録,僅該館藏此殘本。

上海 ×

43032

唐音十卷

元襄城(今襄陽)楊士弘輯

明刻本

是刻半葉十行,行十六字,白口,左右雙邊。《中國古籍善本書目》著録。

北師大 北京文物局 南京

43033

唐音十卷

元襄城(今襄陽)楊士弘輯

明刻重修重印本

是刻半葉十行,行十八字,白口,左右雙邊。《中國古籍善本書目》著録。

南京 × 杭大

43034

唐音十一卷

元襄城(今襄陽)楊士弘輯

明初刻本[唐音遺響配另一明初刻本]

是刻半葉十行,行十八字,黑口,四周雙邊。《中國古籍善本書目》著録。

國圖 中國社科院文學所 ×

43035

唐音十一卷

元襄城(今襄陽)楊士弘輯

明正統七年(1442)道立書堂刻本

存五卷:始音、正音一上、三下、四下、五上

是刻半葉十一行,行二十字,黑口,四周雙邊。《中國古籍善本書目》著録,僅該館藏此殘本。

國圖 ×

43036

唐音輯註十四卷

元襄城(今襄陽)楊士弘輯 明張震注

明葉氏廣勤堂刻本

是刻半葉九行,行十八字,小字雙行行字同,黑口,四周雙邊。《中國古籍善本書目》著録。

北大 吉林 ×

43037

唐音輯註十四卷

元襄城(今襄陽)楊士弘輯 明張震注

明刻本

是刻半葉九行，行十八字，小字雙行行字同，黑口，四周雙邊。《中國古籍善本書目》著録。

國圖　上海

43038

唐音十四卷

元襄城(今襄陽)楊士弘輯

清四庫全書本

國圖　甘肅　浙江　臺北故宫

1983年臺北商務印書館影印清文淵閣四庫全書本

湖北

1989年上海古籍出版社縮印臺北商務印書館影印清文淵閣四庫全書本

國圖　武漢

43039

唐音十五卷

元襄城(今襄陽)楊士弘輯　明顧璘批點

明嘉靖二十年(1541)温秀刻本

是刻半葉十行，行二十字，白口，四周單邊。《中國古籍善本書目》著録。

北大　浙江　天一閣

43040

唐音十五卷

元襄城(今襄陽)楊士弘輯

民國十二年(1923)沔陽盧氏慎始基齋據明嘉靖刻本影印湖北先正遺書本

國圖　科院　北大　上海　天津　遼寧　山東　南京　浙江　湖北　四川

43041

唐音十五卷

元襄城(今襄陽)楊士弘輯　明顧璘批點

明崇禎三年(1630)吴氏西爽堂刻本

是刻半葉九行，行十九字，白口，四周單邊。《中國古籍善本書目》著録。

吉大　南京　廈大

43042

唐音十五卷

元襄城(今襄陽)楊士弘輯　明顧璘批點

明刻朱墨套印本

是刻半葉九行，行十九字，白口，四周單邊。《中國古籍善本書目》著録。

故宫　山東　安徽博

43043

批點唐音十五卷

元襄城(今襄陽)楊士弘輯　明顧璘批點

明嘉靖四十年(1561)顧履祥刻四十四年李蓘重修本

是刻半葉十行，行二十字，小字雙行行字同，白口，四周單邊，有刻工。《中國古籍善本書目》著録。

國圖　首都師大　中國社科院文學所　上海　復旦　山東　徐州　中大　華南師大　重慶　遵義

43044

批點唐音十五卷

元襄城(今襄陽)楊士弘輯　明顧璘批點

明嘉靖四十年(1561)顧履祥刻四十四年李蓘重修本　清丁丙跋

《中國古籍善本書目》著録。

南京

43045

批點唐音十五卷

元襄城(今襄陽)楊士弘輯　明顧璘批

點

日本享和三年(1803)刻本

包括《唐詩始音》一卷、《唐詩正音》十三卷、《唐音餘響》一卷。《中國館藏和刻本漢籍書目》著録。

華東師大　大連　四川

43046

七體唐詩正音補註二卷

元襄城(今襄陽)楊士弘輯　明王庸注

明成化十一年(1475)刻本

是刻半葉八行,行二十字,黑口,四周雙邊。《中國古籍善本書目》著録,僅該館有藏。

天一閣

43047

唐詩合選十五卷

元襄城(今襄陽)楊士弘輯　明高棅、趙完璧輯

明萬曆十一年(1583)趙慎修刻本

是刻半葉十行,行二十字,白口,四周雙邊,有刻工。《中國古籍善本書目》著録。

北大　上海　山東 ×

43048

松陵集十卷

唐襄陽皮日休、陸龜蒙撰

明弘治十五年(1502)劉濟民刻本

是刻半葉十行,行十八字,細黑口,左右雙邊。《中國古籍善本書目》著録。

國圖　上海　浙江

43049

松陵集十卷

唐襄陽皮日休、陸龜蒙撰

明崇禎九年(1636)顧氏詩瘦閣刻本

是刻半葉九行,行十九字,白口,左右雙邊。版心下刻"詩瘦閣"。《中國古籍善本書目》著録。

國圖　北大　人大　天津　廈大

43050

松陵集十卷

唐襄陽皮日休、陸龜蒙撰

明末毛氏汲古閣刻本

是刻半葉八行,行十九字,白口,左右雙邊。版心下鐫"汲古閣"。《中國古籍善本書目》著録,三十個館有藏。

國圖　首都　科院　上海　天津　吉林　山東　浙江　天一閣　江西　湖南　重慶

43051

松陵集十卷

唐襄陽皮日休、陸龜蒙撰

明末毛氏汲古閣刻本　清陸貽典校並跋

《中國古籍善本書目》著録。

貴州大

43052

松陵集十卷

唐襄陽皮日休、陸龜蒙撰

明末毛氏汲古閣刻本　清盧文弨校　清丁丙跋

《中國古籍善本書目》著録。

南京

43053

松陵集十卷

唐襄陽皮日休、陸龜蒙撰

明末毛氏汲古閣刻本　傅增湘校並跋

《中國古籍善本書目》著録。

國圖

43054

松陵集十卷

唐襄陽皮日休、陸龜蒙撰

明末毛氏汲古閣刻本　鄭振鐸跋

《中國古籍善本書目》著録。

國圖

43055

松陵集十卷

唐襄陽皮日休、陸龜蒙撰

明末毛氏汲古閣刻清因樹樓印本　李盛鐸批校

《中國古籍善本書目》著録。

北大

43056

松陵集十卷

唐襄陽皮日休、陸龜蒙撰

明末毛氏汲古閣刻清因樹樓印本　章鈺校

《中國古籍善本書目》著録。

國圖

43057

松陵集十卷

唐襄陽皮日休、陸龜蒙撰

民國十二年(1923)沔陽盧氏慎始基齋據明末毛氏汲古閣刻本影印湖北先正遺書本

國圖　科院　北大　上海　天津　遼寧　寧夏　山東　南京　浙江　湖北　四川

43058

松陵集十卷

唐襄陽皮日休、陸龜蒙撰

明抄本　清錢孫保校

《中國古籍善本書目》著録。

上海

43059

松陵集十卷

唐襄陽皮日休、陸龜蒙撰

清初影宋抄本

是抄半葉十二行,行二十二字,白口,左右雙邊。《中國古籍善本書目》著録,僅該館有藏。

國圖

43060

松陵集十卷

唐襄陽皮日休、陸龜蒙撰

清四庫全書本

國圖　甘肅　浙江　臺北故宫

1983年臺北商務印書館影印清文淵閣四庫全書本

湖北

1989年上海古籍出版社縮印臺北商務印書館影印清文淵閣四庫全書本

國圖　武漢

43061

新刻李袁二先生精選唐詩訓解七卷

明李攀龍輯　明公安袁宏道校

明萬曆四十六年(1618)余獻可居仁堂刻本

是刻半葉九行,行二十字,小字雙行行字同,白口,四周單邊。有眉欄。《中國古籍善本書目》著録,僅該館有藏。

遼寧

43062

鍾伯敬評註唐詩選七卷附録一卷

明李攀龍輯　明景陵(今天門)鍾惺評註　明孔教敦批點

明末刻本

是刻半葉十行,行二十字,小字雙行行字同,白口,四周單邊,無直格。《中國古籍善本書目》著録,僅此二館有藏。

安徽博　湖北

43063

唐詩歸折衷四卷

明景陵(今天門)鍾惺、譚元春撰　清劉邦彦重訂

稿本

《中國古籍善本書目》著録。

上海

43064
唐文歸八卷
明景陵(今天門)鍾惺輯並評
明崇禎刻歷代文歸本
故宫

43065
唐文歸十卷
明景陵(今天門)鍾惺輯並評
明末古香齋集賢堂刻本
是刻半葉九行,行二十六字,白口,四周單邊。規定無關於名教者不選,無補於治道者不選,非有益於心身性命者不選,法脈不高貴可傳、氣味不古雋可誦亦不選。篇末有名家評語及眉批。
東北師大 無錫

43066
批選唐詩二卷
明京山郝敬批選
明萬曆崇禎間郝洪範刻山草堂集本
《中國古籍善本書目》著録。《千頃堂書目》收有《山草堂選唐詩》二卷或即此書之稿本。
科院

43067
新鐫名公批評分門釋類唐詩雋四卷
明京山李維楨注
明蕭世熙刻本
是刻半葉九行,行二十字,白口,四周單邊。眉上鐫評。《中國古籍善本書目》著録,僅該館有藏。
上海

43068
新刻李袁二先生精選唐詩訓解七卷首一卷
明李攀龍選 明公安袁宏道校
日本田原勘兵衛重刻明萬曆四十六年(1618)本
《中國館藏和刻本漢籍書目》著録。
北大 華東師大 上海師大 遼寧

43069
韋孟全集七卷
宋劉辰翁批點 明公安袁宏道評
明刻本
韋蘇州集五卷 唐韋應物撰
孟襄陽集二卷 唐襄陽孟浩然撰
是刻半葉九行,行十九字,白口,四周單邊。《中國古籍善本書目》著録,國圖、上海、南開、山東、山東大、湖北藏有殘本。
復旦 浙江 湖北× 湖南

43070
唐文粹選不分卷
民國蕲春黄侃選
手稿(在刻本上選定,未及析出)本
季剛先生是在刻本《唐文粹》十六册、《唐文粹補遺》四册上做的甄選工作,今原本藏武漢大學中文系資料室,湖北省圖書館藏有迻録本。其《選目》已發表於《制言》雜誌第二十四期。
武大中文系

43071
宋文歸八卷
明景陵(今天門)鍾惺輯並評
明崇禎刻歷代文歸本
《四庫全書總目》入"集部·總集類存目",其《提要》云:"宋文多樸實,而惺以纖巧之法選之,是爲南轅而北轍。其去取之得失,可以不必問矣。"
故宫

43072
宋文歸二十卷
明景陵(今天門)鍾惺輯並評
1997年齊魯書社據明崇禎刻本影印四庫

全書存目叢書本
湖北

43073
宋文歸二十卷
明景陵（今天門）鍾惺輯並評
明集賢堂刻本
《中國古籍善本書目》著録。
無錫　安徽博

43074
南宋四家律選（一名黄侃批點南宋四家律選）五卷
清彭元瑞輯　民國蘄春黄侃批點
批點者稿本
子目及説明参見下一款目。
徐孝宧處

43075
南宋四家律選（一名黄侃批點南宋四家律選）五卷
清彭元瑞輯　民國蘄春黄侃批點
1985年湖北省圖書館複製本
卷一至二
陸放翁詩八十首　宋陸游撰
卷三
范石湖詩八十首　宋范成大撰
卷四
楊誠齋詩八十首　宋楊萬里撰
卷五
劉後村詩八十首　宋劉克莊撰
此書從未刊印，爲紀念黄侃（季剛）先生誕辰一百周年，湖北省圖書館特借得武昌徐孝宧先生（徐行可之子）所藏稿本複製五百部行世。全書共收四家律詩三百二十首，季剛先生批語約百條。
湖北

43076
明詩歸十卷首一卷末一卷
題明景陵（今天門）鍾惺、譚元春輯
明崇禎刻本
《四庫全書總目》入“集部·總集類存目”，其《提要》云：“舊題鍾惺、譚元春編。其邑人王汝南校刊，汝南又爲之補綴。然所録，如錢秉鐙《南征紀事詩》，首稱皇帝十四載，是崇禎辛巳歲也。考鍾惺歿於天啓乙丑，元春亦以崇禎辛未旅卒，何從得秉鐙辛巳之詩而評之？王士禎《池北偶談》稱坊間有《明詩歸》，鄙俚可笑，托名竟陵，蓋前人已知其僞矣。”《中國古籍總目·集部》著録。
上海

43077
明詩歸十卷首一卷末一卷
題明景陵（今天門）鍾惺、譚元春輯
1997年齊魯書社據明崇禎刻本影印四庫全書存目叢書本
湖北

43078
明詩歸十卷首一卷末一卷
明景陵（今天門）鍾惺、譚元春輯
清初積秀堂刻本
《中國古籍總目·集部》著録。

43079
鍾譚詩選不分卷
明景陵（今天門）鍾惺、譚元春撰　清夏官、鄭星輯
清順治三年（1646）刻本
是刻半葉八行，行二十字，白口，四周單邊。《中國古籍善本書目》著録，僅該館有藏。
湖北

43080
皇明七山人詩集七卷
明景陵（今天門）劉必達輯
明天啓五年（1625）自刻本
是刻半葉九行，行二十字，白口，四周單邊。《中國古籍善本書目》著録。必達字士徵，

天啓二年(1622)會試第一,授編修,與修《神宗實録》,晉侍講,歷右中允,陳情終養,卒。撰有《小山亭集》《天如詩文集》,皆未見存,惟此書國内尚存二部。所謂"七山人"者,徐渭、盧柟、陳繼儒、王穉登、梅鼎祚、王寅、汪時和也,人各一卷。

國圖　中國社科院文學所

43081

崇禎八大家詩選八卷

明石首夏雲鼎選

明崇禎六年(1633)刻本

是刻半葉九行,行十八字,白口,四周單邊,眉上鐫評。署"石首夏雲鼎四雲選",有崇禎六年自序。《中國古籍善本書目》著録,僅此三館有藏。

《荆州府志》卷五十七《文苑》傳云:"雲鼎,字四雲,天啓甲子舉人。性脱落,無繩尺。爲文援筆立就。授新野教職,遷涪州知府,卒。"《彙刻書目外集》則云爲"五十六卷",凡董玄宰七卷,陳仲醇七卷,王季重八卷,曹能始六卷,李太虚七卷,譚友夏八卷,楊龍友五卷,季叔房八卷。其中李明睿《大椿堂集》、季孟蓮《隅爽軒集》及《月當樓集》不多見。斯編之卷數爲八卷,今存世已稀。

北大　上海　蘇州文管會

43082

明百家詩抄十二卷

清麻城魯之裕輯

清乾隆十七年(1752)刻本

《販書偶記續編》著録。藏書單位待訪。

43083

皇明文選二十卷

明崇陽汪宗元撰

明嘉靖三十三年(1554)自刻本

是刻半葉十行,行二十字,白口,左右雙邊。《中國古籍善本書目》著録。

國圖　北大　清華　中央民大　科院　上海辭書　天津　山東　南京　蘇州　安徽博　福建師大　湖南　重慶　哈佛燕京

43084

皇明十大家文選

明陸弘祚編　明景陵(今天門)鍾惺訂

明末刻本

空同文選四卷　明李夢陽撰
陽明文選三卷　明王守仁撰
南明文選二卷　明汪道昆撰
潯陽文選二卷　明董份撰
槐野文選二卷　明王維楨撰
滄溟文選二卷　明李攀龍撰
遵巖文選二卷　明王慎中撰
鳳洲文選四卷　明王世貞撰
鹿門文選二卷　明茅坤撰
荆川文選二卷　明唐順之撰

是刻半葉九行,行二十字,白口,四周單邊。《中國古籍善本書目》著録。

國圖　南京

43085

明雋十卷

明監利李先芳輯

明萬曆二十一年(1593)刻本

是刻半葉九行,行十八字,白口,左右雙邊。《中國古籍善本書目》著録。

科院　上海

43086

明雋十卷

明監利李先芳輯

明萬曆十四年(1586)刻增修本

兹依該館《中文古籍善本書目》,與《中國古籍善本書目》版本目録有異。此目後出,抑或是對前目之訂正。姑兩存之。

科院

43087

清平閣倡和詩一卷

明宋登春、明監利李先芳等撰　清王培輯

清康熙二十四年（1685）王培刻本

係《宋布衣集》（宋登春撰）之附。

中央民大　傅斯年圖

43088

清平閣倡和詩一卷

明宋登春、明監利李先芳等撰

清乾隆二十一年（1756）中州王培益誠意堂刻本

該書清康熙二十四年（1685）刻本之輯者爲王培，此刻者爲王培益，未知有無差錯，志此存疑。

國圖

43089

鼎鐫諸方家彙編皇明名公文雋（一名明文雋）八卷

題明公安袁宏道輯　明丘兆麟補

明師儉堂蕭少衢刻本

是刻半葉九行，行二十字，白口，四周單邊，有眉欄。《四庫全書總目》入《集部·總集類存目》，其《提要》云："蓋坊間刻本，託宏道等以行。"《湖北通志》作《明文雋》。《中國古籍善本書目》著録。

北師大　中央黨校 ×　中國社科院文學所　天津　内蒙大　南京

43090

鼎鐫諸方家彙編皇明名公文雋（一名明文雋）八卷

題明公安袁宏道輯　明丘兆麟補

明金陵奎璧堂鄭思鳴奎璧齋刻本

是刻半葉九行，行二十字，白口，四周單邊。有周宗建序。《中國古籍善本書目》著録。

首都　北大　上海 ×　東北師大　甘肅　山東大　山東博　南京　鎮江博　西南師大　哈佛燕京

43091

鼎鐫諸方家彙編皇明名公文雋（一名皇明文雋）八卷

題明公安袁宏道輯　明丘兆麟補

1997年齊魯書社據明崇禎刻本影印四庫全書存目叢書本

湖北

43092

兩太史評選二三場程墨分類注解學府秘寶不分卷

明周延儒輯　明江夏賀逢聖注

清順治周氏大業堂刻本

與清吕五青輯注《精選二三場程墨分類註釋學府秘寶》合刻。《中國古籍善本書目》著録，僅中國科學院圖書館有藏。

科院

43093

新鐫李卓吾評釋名文捷録四卷

明公安袁宏道輯並評　明李贄批點

明萬曆余應興刻本

是刻半葉十行，行二十字，小字雙行行字同，白口，四周單邊，眉欄鐫評。《中國古籍善本書目》著録。名家輯、評、點，存世稀。

湖南社科院

43094

四六新函十二卷

明景陵（今天門）鍾惺輯並注

明刻本

是刻半葉九行，行二十四字，白口，四周單邊。《中國古籍善本書目》著録。所收爲四六書啓。

北大　内蒙古　東北師大　哈佛燕京

43095

新鐫選注名公四六雲濤十卷

明景陵（今天門）鍾惺輯並注　明陸雲

龍增定

明刻本

是刻半葉十行，行十八字，白口，四周單邊。《中國古籍善本書目》著録。

上海辭書　安徽博　中大　重慶

43096

新鐫選注名公四六雲濤十卷

明景陵（今天門）鍾惺輯並注　明陸雲龍增定

明崇禎刻本

《中國古籍總目·集部》著録。

國圖

43097

竟陵派鍾惺、譚元春選集

明景陵（今天門）鍾惺、譚元春撰　吴調公主編　王驤、祝誠選注

1993年湖北人民出版社鉛印本

43098

四六狐白（一名瞿慕川先生四六狐白）十六卷

明黄梅瞿九思、明陶望齡等撰

明金陵李少渠刻本

是刻半葉九行，行二十一字，白口，四周單邊。《中國古籍善本書目》著録。

科院　杭州

43099

啓集狐白十五卷

明黄梅瞿九思、明陶望齡等撰

明末刻本

是刻半葉九行，行二十一字，白口，四周單邊。《中國古籍善本書目》著録，僅該館有藏。

北大

43100

簡遠堂輯選名公四六金聲十卷補遺一卷

明景陵（今天門）譚元春輯　明馬世奇評釋

明末刻本

《中國古籍總目·集部》著録，僅該館有藏。存世已稀。

國圖

43101

如面談十六卷

明景陵（今天門）鍾惺輯　明馮夢龍訂釋

明刻本

是刻半葉九行，行二十字，小字雙行行字同，白口，四周單邊。《中國古籍善本書目》著録。所收爲尺牘，此爲初集。

上海　復旦　吉大　西安文管會　南京　福建師大　南充師範

43102

如面譚十六卷

明景陵（今天門）鍾惺輯　明馮夢龍訂釋

明閶門業碧山刻本

是刻半葉九行，行二十字，小字雙行行字同，白口，四周單邊。《中國古籍善本書目》著録，僅該館有藏。

人大

43103

如面譚二集十八卷

明景陵（今天門）鍾惺輯

明萬曆景陵鍾氏刻本

《中國古籍總目·集部》著録。

國圖

43104

如面譚二集十八卷

明景陵（今天門）鍾惺輯

明楊敬泉刻本

《中國古籍總目·集部》著録。

上海

43105

如面譚二集十八卷

明景陵(今天門)鍾惺輯

明刻本

是刻半葉九行,行十九字,小字雙行行字同,白口,左右雙邊。《中國古籍善本書目》著録。

上海　南開　河南大　中大　四川師院

43106

如面譚二集十八卷

明景陵(今天門)鍾惺輯

明金閶雅言堂刻本

是刻半葉九行,行十九字,小字雙行行字同,白口,左右雙邊。《中國古籍善本書目》著録,僅該館有藏。

河南

43107

江北七子詩選七卷

清江夏程封、清漢陽李以篤輯

清康熙十六年(1677)謝廷聘刻本

湖北

43108

熊劉詩集二種二卷

清京山易履泰編

清刻本

熊鍾陵詩一卷　清漢陽熊伯龍撰

劉稚川詩一卷　清黄岡劉子壯撰

是刻半葉九行,行二十字,白口,四周雙邊。《中國古籍善本書目》著録,僅該館有藏。

北大

43109

篋衍集

清陳其年選輯　民國漢陽黄嗣艾校補

民國鉛印本

黄嗣艾《湖北公藏版刻提要》後《附售書目》載。六册。藏書單位待訪。

43110

浣花濯錦九卷

清江陵朱雲煥輯

清嘉慶二十三年(1818)犍爲張氏小書樓金粟山房刻本

係婦女著作集。《販書偶記續編》著録。藏書單位待訪。

43111

時人賦摘鈔一卷

清蒲圻張學誠輯並評

清蒲圻張學誠手抄九種稿本

湖北

43112

荆湖知舊詩鈔二卷

清天門熊士鵬輯

清道光六年(1826)吾同山館刻本

彙入《瘦羊録》。

北大　湖北

43113

郢雪初編一卷

清龔黄輯　清黄陂葉封訂

清王家璧抄本

湖北

43114

七家詩詳註九卷(一名七家試律註七種九卷)

清張熙宇評選　清興國(今陽新)石暉甲註

清同治十一年(1872)七峰山莊刻本

澹香齋試律詳註一卷　清王廷紹撰

尚絅堂試律詳註一卷　清劉嗣綰撰

櫻花館試律詳註一卷　清路德撰

修竹齋試律詳註一卷　清那清安撰

桐雲閣試律詳註二卷　清楊庚撰

西漚試律詳註二卷　清李惺撰

簡學齋試律詳註一卷　清蘄水（今浠水）陳沆撰

斯編封面、版心皆鐫"七家詩詳註"。而各子目卷端則分别題"□□□試律詳註"。各種卷端下署"峩眉張熙宇玉田評選　湖北興國石暉甲嵩生箋註"。

湖北　武漢

43115

槲湖十子詩鈔二十二卷

清江夏張凱嵩輯

清同治刻本

"十子"包括臨桂汪運、山陰楊繼棨、臨林商書濬、平樂曾克敬、桂林朱琦、臨桂龍啓瑞、平南彭星堯、臨川李宗瀛、南豐趙德湘、漢陽黄錫祖。《販書偶記》著録。

國圖

43116

霅南倡和編三卷

清江夏陳鑾、清王直淵、温曰鑒、陳經撰

清嘉慶二十五年（1820）陳氏説劍樓刻本

國圖　上海　南京

43117

熊劉詩集二卷

清京山易履泰編

清刻本

熊鍾陵詩一卷　清漢陽熊伯龍撰

劉稚川詩一卷　清黄岡劉子壯撰

是刻半葉九行，行二十字，白口，四周雙邊。《中國古籍善本書目》著録，僅該館有藏。熊、劉當時齊名。熊履泰，《縣志》有傳，撰有《果能堂初、二集》，未見。

北大

43118

印心石屋詩薈（一名雲臺山唱和詩）四卷

清松滋謝元淮輯

清道光十二年（1832）謝氏刻本

是刻半葉十行，行二十字，白口，左右雙邊，單黑魚尾。封面題"道光壬辰海州石室書院藏版"。

山東海源閣

43119

洧陽送别詩一卷

清羅田潘煥龍輯

清道光羅田潘氏自刻臥園四種本

湖北

43120

負米讀書補圖題詠不分卷

清沔陽（今仙桃）黄九華寫圖　清阮元等題詠

清同治十三年（1874）重刻本

漢陽丁春畬先生負米讀書，後以優行貢成均待補八旗教習官，其弟子宛平史致昌於其死後請黄九華補圖以竟師志，其子暘亦續繪圖求當代名流題詠。此本乃其次子燦合訂刊行者。丁先生名澍。此書亦可分入傳記類或藝術類。

湖北

43121

仕隱圖題辭附都門唱和詩一卷

清武昌（今鄂州）范志熙輯

清咸豐刻本

湖北

43122

資政公五十壽言（一名恬菴公五十壽言）一卷

清武昌（今鄂州）王家壁輯録

清王家壁抄本

資政公乃家壁之父，名芝異，字恬菴。陽海

清寫有提要，輯入《中南、西南地區省、市圖書館館藏古籍稿本提要（附鈔本聯合目録）》之中。
湖北

43123
蔚廬集詠二卷
民國枝江曹啓蔚編
民國三十一年（1942）鉛印本
湖北

43124
註釋國朝名文約編不分卷
清蘄州（今蘄春）陳詩輯註
清乾隆四十七年（1782）東昌葉氏書林刻本
據河南省圖書館《中文古籍書目》（油印本）。詩纂輯宏富，付梓存世者無幾。此書存世甚稀，罕見著録。書凡六册。
河南

43125
經心書院集四卷
清應山（今廣水）左紹佐輯
清光緒十四年（1888）湖北官書處刻本
湖北

43126
晡廬知舊集二十二卷補一卷
民國天門劉泥清輯
輯者手稿本
存十九卷：一至三、五、六、八至十一、十二至十五、十七至二十二、補
參閱《中南、西南地區省、市圖書館館藏古籍稿本提要（附鈔本聯合目録）》。
武漢 ×

43127
清文徵不分卷
民國羅田王葆心輯
稿本
一册。一萬六千字。該館《王葆心資料删選總表》於此條下接著《敘傳》《疏類》二種稿本，疑即此書之組成部分。
湖北博

43128
敘傳不分卷
民國羅田王葆心輯
稿本
三册，約一萬五千字。
湖北博

43129
疏類不分卷
民國羅田王葆心輯
稿本
三册，約一萬七千字。
湖北博

43130
容城耆舊集四卷
民國監利龔耕廬輯
民國十四年（1925）刻本
湖北

43131
友書存不分卷
民國饒欽豁輯
甘蔫室賸稿稿本
湖北

43132
蒲圻熊蔚如重遊泮水册葉不分卷
民國蒲圻張國淦、張國溶輯
民國稿本
熊蔚如，名炳文，張國淦之舅。民國八年（1919）熊氏以八十八歲高齡重遊泮水，是集所收即爲其徵集之詩文、題詞，共三十餘篇。作者

包括黎元洪、盧弼、左紹佐、湯用彤、王傑等，皆爲親筆。

湖北

43133

辛亥革命烈士詩文選

蕭平編　吴小如注

1962年中華書局鉛印本

湖北

家集之屬

43134

片玉集七種七卷

清黄岡王如璠輯　清武昌王家璧校補　清黄岡洪良品評注

稿本

孤本。收鄂東陳王氏先人王濟南、王廷陳、王廷瞻、王同道、王同軌、王一翥、王一鳴七人詩作，人各一卷。王家璧輯有"後編"，而在此本書名上加了"前編"二字。《中國古籍善本書目》著録。

湖北

43135

片玉集後編二卷

清武昌（今鄂州）王家璧輯並注

稿本

孤本。《中國古籍善本書目》著録。

湖北

43136

華寶集（先正典型）一卷

清武昌（今鄂州）

王家璧輯

輯者手稿本

是稿輯録明代天順至崇禎間湖廣、山西籍王文學、王麟、王濟、王廷陳、王廷梅、王廷瞻、王同道、王追伊、王一鳴、王同謙、王同定、王一翥、王一桂、王追駿十五人之科舉會試卷十九篇，均附主考官評語。

湖北

43137

［黄岡］王氏家集殘稿不分卷

清武昌（今鄂州）王家璧輯並校

輯校者手訂清稿本

前録《明史》等有關鄂東王氏家族中王一翥、王廷瞻、王廷陳、王一鳴、王一桂、王一斌、王追皋、樊孺人（一翥室）等人之傳記、行狀、序跋。次録"崇禎三年庚午湖北鄉試榜"。繼爲王家璧所輯王一翥之《長蹟園遺稿》，計收古樂府體五十一題八十二首。稿紙墨畫三欄，中爲正文，上爲註釋，下爲音釋。眉上有批校，篇末有補注，還有浮簽，均家璧所爲。僅存首册，且前有殘缺。未知是未竟之稿抑是殘本？

湖北

43138

樸園公家集雜鈔一卷

清黄岡王雲鵬輯

輯者手稿本

可補鄂東王氏先輩（如王同軌、王一鳴、王一翥、王追騏等）十多人詩文之闕。

湖北

43139

行囊集四卷

清漢陽張大濂等撰

清嘉慶道光間廣東刻本

書名從張模行囊集總目例言著録。

湖北

43140

張氏詒穀遺集不分卷

清漢陽張灝睿、張任湛撰

清光緒二十六年（1900）張行簡校刻本

楚峰詩鈔不分卷　清漢陽張灝睿撰

二銘堂文鈔詩鈔不分卷　清漢陽張任湛撰

湖北

43141

桐葉小草一卷橐筆閒吟一卷秋草吟館偶存一卷

清荆門鄧士璡撰

亦山書屋存稿一卷

清荆門鄧士瑩撰

清合刻本

湖北

43142

漢陽鄒氏四家稿十五卷

清漢陽鄒貽詩等撰

清道光刻本

浮槎存稿六卷補遺一卷　清漢陽鄒貽詩撰

桐軒存稿一卷　清漢陽鄒廷鈞撰

伯冶遺稿一卷　清漢陽鄒廷全撰

留耕草堂初稿六卷　清漢陽鄒堯廷撰

四種子目版式、行款一致,皆半葉九行,行二十四字,白口,四周雙邊。總書名由該館擬定,《山東省圖書館藏海源閣書目》著録。

海源閣

43143

徐氏遺著合刊二種五卷

清安陸徐芝等撰　安陸徐永貞等重校訂

民國十九年(1930)石印本

慎思堂文存二卷　清安陸徐芝撰

竇拙齋文存二卷竇拙齋隨筆一卷　清安陸徐嘉瑞撰

湖北

43144

增訂桃潭合鈔正集十二種十二卷續集四卷

民國黄岡汪燊編輯

民國二十一年(1932)黄岡汪氏鉛印本

正集十二種十二卷

仁湖雪吟一卷　清黄岡汪士奇撰

樂志齋存詩一卷　清黄岡汪國瀠撰

商聲集一卷　清黄岡汪家驤撰

湖上閒吟一卷　清黄岡汪階三撰

新甫詩草選刻一卷　清黄岡汪引芝撰

小山詩草選刻一卷　清黄岡汪桂三撰

中州集選刻一卷　清黄岡汪銘瑑撰

延苐堂詩草一卷　清黄岡汪春澍撰

養雲山房詩存一卷　清黄岡汪引撫撰

夢唐集選刻一卷　黄岡汪逸撰

景蘇堂詩集選刻一卷　黄岡汪明源、汪翺、汪翔撰

越蔭堂詩草選刻一卷　黄岡汪燊撰

續集四卷

明清人雜言一卷

近代人雜言一卷

文二卷

陽海清《中國叢書廣録》據黄岡市圖書館著録。

黄岡

43145

明清人雜言一卷

民國黄岡汪燊輯

民國二十一年(1932)黄岡汪氏鉛印增訂桃潭合鈔本

此爲黄岡汪氏家集。

黄岡

43146

近代人雜言一卷文二卷

民國黄岡汪燊輯

民國二十一年(1932)黄岡汪氏鉛印增訂桃潭合鈔本

此爲黄岡汪氏家集。

黄岡

43147

官閣聯吟三卷

清羅田潘焕龍輯

清道光羅田潘氏自刻臥園四種本
碧雲樓吟稿一卷　清羅田楊清材（煥龍室）撰
韻芳閣吟稿一卷　清羅田潘煥榮撰
浣芳閣吟稿一卷　清羅田潘煥吉撰
湖北

43148
三女史詩稿三卷
清羅田潘煥龍編
清道光十三年（1833）羅田潘氏刻袖珍本
收潘煥榮、潘煥吉、楊清材姑嫂三人詩，人各一卷。
湖北

43149
三袁先生集五卷
明石首曾可前輯
明刻本
新鐫玉蟠袁會元集二卷　明公安袁宗道撰
鐫袁中郎未刻遺稿二卷　明公安袁宏道撰
鐫袁小修集一卷　明公安袁中道撰
是刻半葉九行，行二十字，白口，四周單邊。《中國古籍善本書目》著録。輯者曾可前，石首人，嘉慶《湖北通志·孝義》有傳，著有《且孺堂集》《石柟館集》，未訪知。
國圖　上海　福建　湖北　湖南

43150
公安三袁選集
明公安袁宗道、袁宏道、袁中道撰　吴調公主編
1988年湖北人民出版社鉛印本
所選詩文大多作了簡介，扼要説明其寫作年代、地點、作者處境，並對其内容進行分析。篇末有較詳之注釋。
湖北

43151
三袁詩文選譯
明公安袁宗道、袁宏道、袁中道撰　任巧珍譯注
1994年巴蜀書社鉛印古代文史名著選譯叢書本

43152
資敬堂合鈔四卷
清漢陽彭湘懷輯
清乾隆三十五年（1770）刻本
汾陽田周抉輪集二卷
汾陽田震謚簃集二卷
《販書偶記》著録。藏書單位待訪。

43153
蔣氏遺編三種五卷
清漢陽胡兆春編
清同治十一年（1872）刻本
就正編二卷　清漢陽蔣鳴奎撰
望藩存稿一卷　清漢陽蔣魯封撰
願學堂詩集二卷　清蔣魯傳撰
鳴奎字松度，又字西章。清康熙初諸生，講求性命之旨，顔其室曰"思過"，偶有所發，援筆記之，彙爲《就正編》。魯封字泰詹，鳴奎長子。魯傳字東衍，鳴奎次子。漢陽人。陽海清《中國叢書廣録》著録。《中國古籍總目》將其分入"别集類"，似不妥。
江西　湖北

43154
蔣氏遺編四種六卷
清漢陽胡兆春編
清同治十一年（1872）刻民國二十五年（1936）余家旐用黄陵從善堂藏版印本
就正編二卷　清漢陽蔣鳴奎撰
望藩存稿一卷　清漢陽蔣魯封撰
願學堂詩集二卷　清蔣魯傳撰

摘録漢南詩約一卷　清漢陽蔣椿撰

此民國印本，增刻了魯傳墨蹟兩幅，《摘録漢南詩約》（凡四首）和余家旒跋。椿字肖松，魯封子。余跋對蔣氏祖孫事蹟、撰述作了評介。共印二百部。

湖北

43155

嘉樂齋三蘇文範十八卷首一卷

宋蘇洵、蘇軾、蘇轍撰　明楊慎輯　明公安袁宏道評釋

明天啓二年（1622）刻本

是刻半葉九行，行十八字，白口，四周單邊。《中國古籍善本書目》著録，三十八館有藏。

首都　北大　人大　上海　山西　陝西　山東　南京　安徽　武漢　湖北博　四川　重慶

43156

合諸名家評註三蘇文選十八卷

宋蘇洵、蘇軾、蘇轍撰　明楊慎輯　明京山李維楨評註

明崇禎刻本

是刻半葉九行，行二十字，小字雙行行字同，白口，四周單邊。《中國古籍善本書目》著録。

人大　青島博　清江　南京師大　河南　三蘇文管所

43157

合諸名家評註三蘇文選十八卷

明京山李維楨評註

清乾隆二年（1737）積秀堂重刻本

《河南省圖書館中文古籍書目》著録，將著者時代誤爲"清"。

河南

43158

合諸名家評註三蘇文選十八卷

宋蘇洵、蘇軾、蘇轍撰　明楊慎輯　明京山李維楨評註

明崇禎刻本

是刻半葉九行，行二十字，小字雙行行字同，白口，四周單邊。《中國古籍善本書目》著録。

清華　復旦　石家莊　遼寧博　安徽博　廈大　武漢　廣東社科院

43159

三蘇文盛二十卷

宋蘇洵、蘇軾、蘇轍撰　明景陵（今天門）鍾惺輯

明刻本

是刻半葉九行，行二十一字，白口，四周單邊。《中國古籍善本書目》著録，僅該館有藏。

北大

43160

三蘇文彙六十卷

明茅坤、錢穀、景陵（今天門）鍾惺等評

明崇禎緝柳齋刻本

合刻三先生老泉文彙十卷　宋蘇洵撰

合刻三先生東坡文彙四十卷　宋蘇軾撰

合刻三先生穎濱文彙十卷　宋蘇轍撰

該館《中文古籍善本書目》著録。

科院

43161

遠寄齋詩存三種

清漢陽黄教鎔、吴淑卿撰　清漢陽黄嗣東編校

清末刻本

子冶詩存一卷　清漢陽黄教鎔撰

藝華詩草一卷　清漢陽黄教鎔、吴淑卿撰

望雲集一卷　清漢陽吴淑卿撰

是書卷端題"遠寄齋詩存"，版心題子目書名。黄、吴係夫妻，《藝華詩草》爲其對菊唱和之作。《望雲集》爲吴氏咸豐壬子、癸丑間赴都紀程之作。有張之洞撰《吴太夫人墓誌》。

湖北

43162

蘄春黄氏文存二種附一種

蘄春黄焯編

1978年蘄春黄焯油印本

實其文齋文選鈔一卷　清蘄州（今蘄春）黄雲鵠撰　蘄春黄焯録

量守廬文選鈔一卷　民國蘄春黄侃撰

附

雙井文存一卷　蘄春黄焯撰

斯編由吾愛師燿先先生（焯）於1978年編印。先生於卷首題識云："先叔祖翔雲公《實其文齋文》於清同治間付梓。先從父季剛公文則散見於雜誌中，今録爲二卷，定名爲《蘄春黄氏文存》，而以焯所撰者附録於後，共寫爲一帙，付諸油印藏之。"又於《實其文齋文選鈔》卷前題識云："先叔祖翔雲公於清咸同間以文章名海内。當時官京朝以古文名者三人，咸謂王定甫（拯）以才勝，許海秋（宗衡）以氣勝，公則以格韻勝，實則公文於三者具有之。同治壬申，刊成《實其文齋文鈔》八卷，凡二百七篇，今版已燬，刊本亦少見，廑依原刊本選鈔二十餘篇，以備誦習。"黄氏三代均爲著名學者。

陽海清處

43163

繡林劉氏合刻詩選五種

清石首劉宗詵（一作王章）編

清康熙刻本

秀野園詩集一卷補遺一卷　清石首劉鴻慶撰

楠枝閣詩集一卷　清石首曾素蓮撰

緑梅亭詩集一卷　清石首劉宗光撰

到智果園詩選一卷　清石首劉宗亢撰

石浪館詩選一卷　清石首劉宗諆撰

《中國古籍總目·集部》和《中國叢書廣録》著録。藏書單位待訪。

曾素蓮爲鴻慶妻，宗光、宗亢、宗詵、宗諆爲鴻慶子。

43164

金氏二妙集二種附一種

清蘄州（今蘄春）陳詩編

民國鉛印本

送懷堂文一卷　清金家驥撰

龍池山館文一卷　清金家驊撰

附　金氏佚聞一卷　清蘄州（今蘄春）陳詩撰

湖北

43165

林氏文徵八卷

漢川林其奂編

民國七年（1918）敦本堂刻本

湖北

43166

退安軒雜著四卷

天門胡壬林等撰　天門胡鈞和校字

民國二十年（1931）鉛印本

卷一

退安軒詩鈔　天門胡壬林撰

卷二

省闇詩鈔　天門胡子明撰

卷三

闇翁詩餘　天門胡子明撰

卷四

空中傳恨詞　天門胡鈞和撰

湖北

43167

胡氏遺書六種三十三卷

清漢陽胡桂生等撰　萬宗林編次

民國鉛印本

海杓堂存稿一卷　清漢陽胡桂生撰

尊用堂文集十二卷詩集十六卷　清漢陽胡兆春撰

壽聲堂存稿一卷　清漢陽胡大文撰

道存堂存稿一卷　清漢陽胡大經撰

潔貞紗橱繡餘存草一卷　漢陽胡淑福撰

雛鳳精舍存稿一卷　漢陽胡維翰撰

編校人籍貫不詳。

湖北

43168

昌歜菹室剩稿前編一卷後編一卷

江陵陳克焜、陳克耀撰

民國十三年(1924)鉛印本

湖北

43169

黄岡錢氏同根集(一名錢氏同根集,又名同根集)三種二十三卷

清黄岡錢崇柏編

清光緒七年至八年(1881—1882)黄岡錢氏誠山草堂刻本

湘畹古近體詩存四卷駢體文存一卷　清黄岡錢崇蘭撰

問月齋詩存二卷　清錢崇桂撰

思鶴山房詩鈔十二卷文鈔四卷　清錢崇柏撰

湖北　黄岡

地方藝文之屬

43170

虞山四子集四卷

清黄岡王材任編

清乾隆刻本

白谷山人遺稿一卷　清龔誠撰

北林小集一卷　清張翥撰

秋谷遺詩一卷　清姚俊撰

存素堂詩鈔一卷　清馬旦撰

上海　浙江

43171

鹽邑藝文前編甲集二卷乙集四卷

明黄岡樊維城輯

明天啓刻本

是刻半葉十行,行十九字,白口,左右雙邊。《中國古籍善本書目》著録,僅該館有藏。

南京

43172

鹽邑藝文前編甲集二卷乙集四卷

明黄岡樊維城撰

明天啓刻清乾隆十二年(1747)重修本

《中國古籍善本書目》著録。

中國社科院文學所

43173

楚風補四十八卷前編一卷末編一卷

清廖元度輯

清乾隆十四年(1749)長沙際恆堂刻本

《四庫全書總目》入"集部·總集類存目"。

北大　上海　遼寧　南京　湖北

43174

楚風補四十八卷前編一卷末編一卷

清廖元度輯

1997年齊魯書社據清乾隆刻本影印四庫全書存目叢書本

湖北

43175

楚詠不分卷

清石湘筠撰

清道光十年(1830)湘潭石氏懷湘廬刻本

山東

43176

桐軒韻事一卷

清大冶余國柱輯

稿本

國柱,清順治進士,授兖州府推官。康熙間官至武英殿大學士,在内閣票擬,承順明珠指麾,輕重任意,結黨納賄,爲郭琇所劾,奪職。據

《大冶志》,余氏有《政績紀略》十二則,不見。《縣志》有傳,附於余順明後。是書未見刻本。《中國古籍善本書目》著録。

上海

43177

湖湘校士録八卷

明錢春輯

明萬曆四十二年(1614)錢春刻本

茲依《中國古籍總目·集部》。

大連

43178

江漢炳靈集二卷

清張之洞編

清同治九年(1870)刻本

河南

43179

湖北文徵六百八十卷

民國潛江甘鵬雲等編

稿本

湖北博

43180

湖北文徵十三卷

民國潛江甘鵬雲等編　湖北省文史研究館、湖北省博物館審定整理

2000年湖北人民出版社鉛印湖北地方古籍文獻叢書本

湖北

43181

湖北文徵删文(三)不分卷

民國羅田王葆心輯

抄本

未裝訂成册,約二萬六千字。

湖北博

43182

湖北詩徵傳略四十八卷

清孝感丁宿章輯

清光緒七年(1881)孝感丁氏涇北草堂刻本

《販書偶記》著録。宿章字星海。光緒年間貢生。其書兼總集、詩話、傳記之體。是以諸目歸類互異:《湖北藝文志》入"總集",《中國古籍總目》入"傳記",或有以爲宜入"詩文評"者。各執一詞,各有其理。本目姑置於斯。所收主要源自州、縣志書,雖有"於先輩遺集,實未之盡見"之虞,但仍爲湖北歷代詩歌之較完備之選輯,搜訪之功不可泯,人各附傳尤爲難得。有俞樾序。

湖北

43183

湖北詩徵傳略(江夏)

清孝感丁宿章輯

稿本

一册。約二萬七千字。該館《王葆心資料删選總表》著録。

湖北博

43184

湖北詩徵傳略(漢陽)

清孝感丁宿章輯

初稿本

三册。約五萬三千字。該館《王葆心資料删選總表》著録。

湖北博

43185

湖北詩徵傳略(武昌、咸寧、嘉魚、蒲圻)

清孝感丁宿章輯

稿本

四册。六萬餘字。該館《王葆心資料删選總表》著録。

湖北博

43186
湖北詩録不分卷
民國羅田王葆心輯
稿本
一册。三萬六千字。
湖北

43187
湖北近代名人手札不分卷
□□輯
著者手稿本
所收包括彭祖賢、梁鼎芬、毛鴻賓、楊守敬、孔庚、洪良品、樊增祥、張裕釗、郭沛霖、周樹模、張國溶、彭瑞毓、柯逢時等三十餘人之手札。
湖北

43188
經心書院集四卷
清應山(今廣水)左紹佐輯
清光緒十四年(1888)湖北官書處刻本
此係該院生徒課藝彙集,卷一、二爲經解,凡十題四十九篇;卷三爲論著,凡七題二十二篇;卷四爲詩賦,凡十六題七十二首。紹佐(1846—1927)字笏卿、竹勿、季雲,應山人。
湖北

43189
經心書院續集十二卷
清譚獻輯
清光緒二十一年(1895)湖北官書處刻本
分説經、考史、著述、辭章四類,收文三百篇,皆該院生徒所作。
湖北

43190
漢陽五家詩選十四卷
清漢陽吴仕潮輯選
清乾隆十八年(1753)吴仕潮刻本
醉白堂集三卷　清漢陽李以篤撰
突星閣集四卷　清漢陽王戩撰
雲望堂集三卷　清漢陽彭心錦撰
紡山草堂集二卷　清漢陽文師伋撰
東漪草堂集二卷　清漢陽汪穎撰
湖北

43191
漢陽五家詩選十四卷
清漢陽吴仕潮輯選
清乾隆十八年(1753)吴仕潮刻嘉慶二十一年(1816)吴輯修補本
國圖　南京

43192
漢陽五家詩選十四卷
清漢陽吴仕潮輯選
清乾隆五十四年(1789)刻本
"漢陽"原題"鳳浦"。刻印俱精。
湖北

43193
漢陽縣學課藝一卷
清黄岡王追騏選輯
清王文煥謄清稿本
前九葉上半部損壞,故其書名由本館據珍有"漢陽縣學照驗"方印擬定,著者亦由本館推定。
湖北

43194
漢南詩約二十卷
清漢陽雷楚材輯
民國六年(1917)鉛印本
存十五卷:十六至二十
湖北

43195
古黄遺蹟集一卷
明盧濬輯
明弘治刻本

是刻半葉九行,行二十字,黑口,四周雙邊。《中國古籍善本書目》著録,僅該館有藏。濬字希哲。明成化進士,授刑部主事,出知黄州府,改南安、邵武。以耿介忤上官去職。有《渉粟稿》《黄州集》。

南京

43196

黄岡王西澗陳雨山兩先生合鋟詩集二種

清黄岡陳師晉輯

清乾隆四年(1739)陳師晉刻本

玉照亭詩鈔二十卷　清黄岡陳大章撰　清黄岡陳師曾輯

尊道堂詩鈔八卷别集六卷　清黄岡王材任撰　清黄岡陳師曾輯

是編并無總書名,此依黄叔琳序首句擬定,而王材任序及陳師晉識於合鋟之原委言之甚詳,且二集題下皆署陳師晉輯。《中國古籍善本書目》和科圖善目收録。

科院　湖北

43197

黄岡二處士集二種

民國黄岡汪燊輯

民國二十四年(1935)黄岡汪氏鉛印本

變雅堂文集八卷詩集十卷首一卷補遺二卷附録二卷　清黄岡杜濬撰　附些山集輯三卷首一卷　清黄岡杜岕撰

樂志齋詩集六卷首一卷附録一卷　清黄岡汪國瀠撰

湖北

43198

黄州赤壁集十二卷

民國黄岡汪燊輯

民國二十一年(1932)黄岡汪氏鉛印本

湖北

43199

雪堂倡和集三卷

清黄岡鄧琛、殷雯,麻城張承枯撰

清刻本

具體刻年和刻者待查。省圖排架號爲“集三621”。

湖北

43200

羅田兩太史駢體文録三卷

民國羅田王葆心輯

民國十九年(1930)王氏刻本

似園駢體文録一卷　清羅田潘頤福撰

是園駢體文録二卷　清羅田周錫恩撰

湖北

43201

花潭集詠不分卷

清蘄州(今蘄春)黄雲鵠輯

清光緒十二年(1886)刻本

卷前載百花潭圖。一册。

湖北

43202

廣濟耆舊詩集十二卷

清廣濟(今武穴)夏槐輯

清光緒十三年(1887)松江金山縣署刻本

前有方大湜、孫衣言、張之洞、范志熙序,後有夏槐跋。自明嘉靖張步雲始至清光緒楊枝燦止,計明21人、清84人,共收詩千餘首。

湖北

43203

孝感文徵十二卷

民國孝感徐焕斗纂

民國鉛印本

徐煥斗,字星槎,號澴漁。光緒間薦舉孝廉

方正,補用知縣,後任漢口警察局長。爲清末民初地方史學者,著有《漢口小志》《孝感詩徵》《孝感文徵》等。作者有編印《聽竹樓叢書》之計劃,本書即爲該叢書之三。然所見僅第三、四、九種,似未告竣,故本目録不作叢書本著録。

湖北

43204

孝感詩徵十二卷附補遺

民國孝感徐煥斗纂

民國八年(1919)鉛印本

湖北

43205

馮程合稿二種二卷

清雲夢程錫金編

清道光二十七年(1847)不波書舫刻本

鎮石齋詩稿鈔存一卷　清雲夢馮瑄撰

不波書舫詩稿一卷　清雲夢程懷璟撰

國圖　南京×

43206

雲夢詩存三卷附刻四則

清雲夢程懷璟輯

清道光程錫金等校刻本

懷璟(1774—1852)字玉農,號小宋,光緒《續雲夢縣志略》卷七有傳。

湖北

43207

竟陵詩選十三卷續刻一卷補遺一卷

清天門熊士鵬輯

清道光三年(1823)鵠山小隱刻本

彙入《瘦羊録》。

北大　湖北

43208

竟陵文選三卷

清天門熊士鵬輯

清道光十六年(1836)鵠山小隱刻本

彙入《瘦羊録》。

北大　湖北

43209

竟陵忠烈詩草前集一卷後集一卷題詞序一卷

清竟陵(天門)鄭昌運輯

清咸豐九年(1859)刻本

湖北

43210

京山詩鈔八卷

清京山丁大鵬撰

清光緒鉛印本

《販書偶記》著録"無刻書年月,約清光緒鉛印本"。藏書單位待訪。

43211

小梅華龕六十徵詩集一卷錦綺飄湘集一卷

京山吴濤編

民國十二年(1923)鉛印本

"京山"原題"楚京"。

湖北

43212

重訂鍾祥瑞麥吟二卷首一卷附録一卷

民國黄岡汪燊輯

民國二十二年(1933)黄岡汪氏鉛印本

湖北

43213

汪陳詩鈔合刻二種不分卷

清房縣汪魁儒、陳百行撰

清光緒十九年(1893)房縣鳳陽書院刻本

學耕堂詩鈔不分卷　清房縣汪魁儒撰

看雲軒詩鈔不分卷　清房縣陳百行撰

湖北

43214
廬山詩選十卷
清蘄州（今蘄春）陳詩輯
清刻本
據余彦文《鄂東著作人物薈萃》。罕見著録，流佈甚稀。
浠博

43215
樕湖十子詩鈔二十二卷
清江夏張凱嵩輯
清同治七年（1868）江夏張氏刻本
劍峰詩鈔一卷　清汪運撰
柳塘詩鈔一卷　清楊繼棨撰
麓原詩鈔一卷　清商書濬撰
芷潭詩鈔一卷　清曾克敬撰
伯韓詩鈔五卷　清朱琦撰
翰臣詩鈔二卷　清龍啓瑞撰
子穆詩鈔三卷　清彭昱堯撰
小廬詩鈔五卷　清李宗瀛撰
濬仙詩鈔二卷　清趙德湘撰
香圃詩鈔一卷　清漢陽黄錫祖撰
國圖　清華　南京　桂林

43216
全蜀秇文志補五十六卷
明黄岡杜應芳、景陵（今天門）胡承詔輯
明萬曆刻本
是刻半葉九行，行二十字，白口，四周單邊。《中國古籍善本書目》著録。係在楊慎所輯《全蜀藝文志》基礎上進行續補。
應芳字懷鶴。明萬曆三十四年（1606）進士。由禮部主事出守河間，督學四川，累遷福建按察使。承詔字君麻。萬曆三十二年（1604）進士，歷太僕寺卿。
國圖　杭大

43217
全蜀秇文志續補五十六卷
明黄岡杜應芳、景陵（今天門）胡承詔輯
明萬曆刻本　清丁丙跋
《中國古籍善本書目》著録。
南京

詩文評類

43218
文心雕龍文言十卷
南朝梁劉勰撰　明楊慎、曹學佺、景陵（今天門）鍾惺評
明刻本
《中國古籍總目·集部》著録。
上海　山東大

43219
文心雕龍十卷
南朝梁劉勰撰　明梅慶生音注　明鍾惺評
明刻本
是刻半葉九行，行二十五字，小字雙行行字同，白口，四周單邊。《中國古籍善本書目》著録，僅該館有藏。
安徽師大

43220
文心雕龍札記
民國蘄春黄侃撰
1959年中華書局上海編輯所鉛印本
是編原爲《黄侃論學雜著》之一，於其辭世不久，最先集中刊發在前中央大學《文藝書刊》之"黄季剛先生遺著專號"上，此次從中析出單列。而此前則於1919—1927年以單篇刊於《新中國》《華國月刊》等處。
《文心雕龍》計五十篇。作者雖祇寫了三十一篇札記，似未克竣，然其於文體源流之探究、創作方法之討論、章句語詞之訓釋、文字錯訛之校勘，無不殫精竭慮，力求確當，絕非一般隨筆偶記者可比，乃是研治《文心雕龍》極具價

值之作。

湖北

43221

臨漢隱居詩話

宋襄陽魏泰撰

明鈕氏世學樓抄説郛本

《中國古籍善本書目》著録。

國圖

43222

臨漢隱居詩話

宋襄陽魏泰撰

明抄説郛本

《中國古籍善本書目》著録。

上海

43223

臨漢隱居詩話

宋襄陽魏泰撰

明末心遠堂刻古今詩話本

《中國古籍總目·集部》著録。

國圖

43224

臨漢隱居詩話

宋襄陽魏泰撰

清初刻古今詩話本

是刻半葉九行,行二十字,白口,左右雙邊。《中國古籍善本書目》著録,僅該館有藏。

遼寧

43225

臨漢隱居詩話

宋襄陽魏泰撰

清順治三年(1646)李際期宛委山堂刻説郛本

國圖　科院　上海　天津　南大　河南

43226

臨漢隱居詩話

宋襄陽魏泰撰

民國十六年(1927)上海商務印書館鉛印説郛本

國圖　科院　北大　上海　復旦　天津　甘肅　南京　浙江　湖北　武大　江西　四川　重慶　雲南

43227

臨漢隱居詩話一卷

宋襄陽魏泰撰

清抄本　清盧文弨校並跋

《中國古籍善本書目》著録。

國圖

43228

臨漢隱居詩話一卷

宋襄陽魏泰撰

清乾隆三十四年(1769)陸烜刻奇晉齋叢書本

首都　清華　中國社科院文學所　北京文物局　復旦　華東師大　天津　浙江　暨大　四川

43229

臨漢隱居詩話一卷

宋襄陽魏泰撰

民國元年(1912)冰雪山房影印清乾隆陸烜刻奇晉齋叢書本

國圖　北大　上海　復旦　遼寧　哈爾濱　山東　南京　浙江　江西　湖北　廣東　四川　重慶

43230

臨漢隱居詩話一卷

宋襄陽魏泰撰

清乾隆三十五年(1770)何氏刻歷代詩話本

國圖　清華　人民教育　内蒙師大　遼寧　陝西師大　衢州博　湖北　廣東　四川　雲南博

43231
臨漢隱居詩話一卷
宋襄陽魏泰撰
民國年間影印清乾隆刻歷代詩話本
據北京圖書館編《1911—1984影印善本書目録》,未知與上海文寶公司、上海醫學書局之石印本有無關係。
國圖

43232
臨漢隱居詩話一卷
宋襄陽魏泰撰
清抄歷代詩話本
上海

43233
臨漢隱居詩話一卷
宋襄陽魏泰撰
民國上海文寶公司石印歷代詩話本
中醫　華東師大　上海師大　上海辭書　内蒙古　吉大　山東　山東大　南大　福建師大　川大　雲南

43234
臨漢隱居詩話一卷
宋襄陽魏泰撰
民國十六年(1927)上海醫學書局石印歷代詩話本
北師大　華東師大　湖北　重慶　雲南

43235
臨漢隱居詩話一卷
宋襄陽魏泰撰
清四庫全書本
國圖　甘肅　浙江　臺北故宫
1983年臺北商務印書館影印清文淵閣四庫全書本
湖北
1989年上海古籍出版社縮印臺北商務印書館影印清文淵閣四庫全書本
國圖　武漢

43236
臨漢隱居詩話一卷
宋襄陽魏泰撰
清乾隆至道光間長塘鮑氏刻知不足齋叢書本
國圖　首都　科院　上海　復旦　天津　遼寧　甘肅　南京　浙江　江西　湖北　武漢　四川　重慶

43237
臨漢隱居詩話一卷
宋襄陽魏泰撰
民國十年(1921)上海古書流通處影印清乾隆至道光間鮑氏刻知不足齋叢書本
國圖　科院　北大　上海　復旦　天津　遼寧　甘肅　浙江　江西　湖北　四川　重慶

43238
臨漢隱居詩話一卷
宋襄陽魏泰撰
民國十二年(1923)沔陽盧氏慎始基齋據知不足齋叢書本影印湖北先正遺書本
國圖　科院　北大　上海　天津　遼寧　寧夏　山東　南京　浙江　湖北　四川

43239
臨漢隱居詩話一卷
宋襄陽魏泰撰
清乾隆五十九年(1794)石門馬氏大酉山房刻龍威祕書本

國圖　科院　北大　上海　復旦　天津　遼寧　甘肅　南京　浙江　江西　湖北　廣東　四川　雲南

43240
臨漢隱居詩話一卷
宋襄陽魏泰撰
清道光十一年(1831)晁氏木活字印學海類編本
國圖　中國社科院文學所　上海　吉林社科院　福建　中大　重慶

43241
臨漢隱居詩話一卷
宋襄陽魏泰撰
清刻七子詩話本
黄岡

43242
臨漢隱居詩話一卷
宋襄陽魏泰撰
民國九年(1920)上海涵芬樓影印清晁氏木活字印學海類編本
國圖　首都　北大　上海　華東師大　天津　吉林市　南京　浙江　江西　湖北　四川　重慶

43243
文選箋證三十二卷
清胡紹煐撰　漢陽周貞亮輯並校
民國周貞亮手抄漢陽周氏書種樓叢鈔本
武大

43244
臨漢隱居詩話一卷
宋襄陽魏泰撰
清宣統至民國間上海國學扶輪社鉛印古今説部叢書本
國圖　首都　上海　復旦　天津　遼寧　甘肅　南京　浙江　湖北　武漢　武大　四川　重慶　雲南

43245
臨漢隱居詩話一卷
宋襄陽魏泰撰
民國上海進步書局石印筆記小説大觀本
國圖　首都　上海　復旦　天津　遼寧　甘肅　南京　浙江　湖北　四川　重慶　雲南

43246
臨漢隱居詩話一卷
宋襄陽魏泰撰
民國二十四年至二十六年(1935—1937)海商務印書館鉛印叢書集成初編本
國圖　清華　北師大　上海　復旦　遼寧　吉林市　南大　江西　湖北　四川　重慶

43247
觀林詩話一卷
宋楚東吴聿撰
明抄本[四庫底本]　清丁丙跋
《中國古籍善本書目》著録。《中國人名大辭典》:"吴聿,宋楚東人,字子書,有《觀林詩話》。"陳振孫《直齋書録題解》《四庫全書總目提要》均謂不明其籍里、事蹟。《湖北藝文志附補遺》將其歸諸漢陽,未知所據。
南京

43248
觀林詩話一卷
宋楚東吴聿撰
清四庫全書本
國圖　甘肅　浙江　臺北故宫
1983年臺北商務印書館影印清文淵閣四庫全書本
湖北

1989年上海古籍出版社縮印臺北商務印書館影印清文淵閣四庫全書本

《四庫提要》稱是書"在宋人詩話之中,亦可謂之佳本矣"。故録之俟考。

國圖 武漢

43249

觀林詩話二卷

宋楚東吴聿撰

清乾隆三十五年(1770)序刻歷代詩話本

國圖 首都 科院 清華 上海 復旦 天津 遼寧 吉林市 吉大 山東大 南京 蘇州 廣東 四川 重慶

43250

觀林詩話一卷

宋楚東吴聿撰

清道光二十四年(1844)金山錢氏據墨海金壺版重編增刻守山閣叢書本

上海館藏該叢書有清王筠校並跋,葉景葵跋。《中國古籍善本書目著録》。

國圖 科院 北師大 上海 華東師大 天津 遼寧 吉林市 吉大 甘肅 南京 江西 河南 青海

43251

觀林詩話一卷

宋楚東吴聿撰

清光緒十五年(1889)上海鴻文書局影印清金山錢氏據墨海金壺版重編增刊守山閣叢書本

國圖 首都 北大 上海 復旦 天津 遼寧 浙江 湖北 四川 重慶

43252

觀林詩話一卷

宋楚東吴聿撰

民國十一年(1922)上海博古齋影印清錢氏據墨海金壺版重編增刻守山閣叢書本

國圖 科院 北大 上海 復旦 天津 遼寧 甘肅 南京 南大 杭大 江西 武大 四川 重慶 雲南

43253

觀林詩話一卷

宋楚東吴聿撰

民國十二年(1923)沔陽盧氏慎始基齋據守山閣叢書影印湖北先正遺書本

國圖 科院 北大 上海 天津 遼寧 寧夏 山東 南京 浙江 湖北 四川

43254

觀林詩話一卷

宋楚東吴聿撰

民國二十四年至二十六年(1935—1937)上海商務印書館鉛印叢書集成初編本

國圖 北師大 清華 上海 復旦 遼寧 吉林市 甘肅 山東大 南大 浙江 江西 湖北 四川 重慶 雲南

43255

觀林詩話二卷

宋楚東吴聿撰

民國五年(1926)無錫丁氏排印歷代詩話續編本

國圖 首都 北師大 清華 中醫 上海 復旦 華東師大 上海師大 上海辭書 遼寧 吉大 山東 山東大 南京 南大 浙江 福建師大 河南 武大 廣東 重慶 川大

43256

詩學禁臠一卷

元清江(今恩施)范梈撰

明嘉靖二十四年(1545)結緑囊刻名家詩法本

是刻半葉十行，行二十字，白口，四周單邊。《中國古籍善本書目》著録。

清華　遼寧

43257

新刻詩學禁臠一卷

元清江(今恩施)范梈撰

明萬曆胡氏會文堂刻格致叢書本

是刻半葉十行，行二十字，白口，左右雙邊。《中國古籍善本書目》著録，二十二館藏有該叢書殘帙，除國圖、上海外，未知哪些館藏有此種。

國圖　上海　天津　山東　浙江　四川

43258

詩學禁臠一卷

元清江(今恩施)范梈撰

明野竹家刻本　清翁同龢跋

是刻半葉八行，行十六字，白口，左右雙邊。《中國古籍善本書目》著録。

上海

43259

詩學禁臠一卷

元清江(今恩施)范梈撰

清吴翌鳳抄本　清吴翌鳳跋並録清毛表、馮武題識　清丁丙跋

《中國古籍善本書目》著録。

南京

43260

詩學禁臠一卷

元清江(今恩施)范梈撰

清乾隆三十五年(1770)刻歷代詩話本

國圖　清華　人民教育　内蒙古師大　遼寧　陝西師大　衢州博　湖北　廣東　四川　雲南博

43261

詩學禁臠一卷

元清江(今恩施)范梈撰

民國年間影印清乾隆刻歷代詩話本

據北京圖書館編《1911—1984影印善本書目録》，未知與上海文寶公司、上海醫學圖書局之石印本有無關係。

國圖

43262

詩學禁臠一卷

元清江(今恩施)范梈撰

清抄歷代詩話本

上海

43263

詩學禁臠一卷

元清江(今恩施)范梈撰

清抄清江詩法本

臺圖

43264

詩學禁臠一卷

元清江(今恩施)范梈撰

民國上海文寶公司石印歷代詩話本

中醫　華東師大　上海師大　内蒙古　吉大　山東　山東大　南大　杭大　廣西　川大

43265

詩學禁臠一卷

元清江(今恩施)范梈撰

民國十六年(1927)上海醫學書局石印歷代詩話本

北師大　華東師大　黑龍江　湖北　重慶

43266

詩學禁臠一卷

元清江(今恩施)范梈撰

清光緒十一年(1885)長沙玉尺山房刻談藝珠叢本

國圖　首都　北大　北師大　復旦　上海師

大　遼寧　吉大　南京　浙江　河南　廣西　川大

43267

詩學禁臠一卷

元清江（今恩施）范梈撰

清抄本

國圖

43268

范德機木天禁語一卷

元清江（今恩施）范梈撰

明嘉靖二十四年（1545）結緑囊刻名家詩法本

是刻半葉十行，行二十字，白口，四周單邊。《中國古籍善本書目》著録。

清華　遼寧

43269

新刻木天禁語一卷

元清江（今恩施）范梈撰

明萬曆胡氏會文堂刻格致叢書本

參見《詩學禁臠》條附注項。

國圖　上海　天津　山東　浙江　四川

43270

木天禁語一卷

元清江（今恩施）范梈撰

明抄藝海彙函本

《中國古籍善本書目》著録。

南京

43271

木天禁語一卷

元清江（今恩施）范梈撰

清乾隆二十四年（1759）敦本堂刻詩學指南本

上海　復旦　上海師大

43272

木天禁語一卷

元清江（今恩施）范梈撰

清乾隆三十五年（1770）刻歷代詩話本

國圖　清華　人民教育　内蒙師大　遼寧　陝西師大　衢州博　湖北　廣東　四川　雲南博

43273

木天禁語一卷

元清江（今恩施）范梈撰

民國年間影印清乾隆刻歷代詩話本

據北京圖書館編《1911—1984影印善本書目録》，未知與上海文寶公司、上海醫學圖書局兩個石印本有無關係。

國圖

43274

木天禁語一卷

元清江（今恩施）范梈撰

清抄歷代詩話本

上海

43275

木天禁語一卷

元清江（今恩施）范梈撰

民國上海文寶公司石印歷代詩話本

中醫　華東師大　上海師大　内蒙古　吉大　山東　山東大　南大　杭大　廣西　川大

43276

木天禁語一卷

元清江（今恩施）范梈撰

民國十六年（1927）上海醫學書局石印歷代詩話本

北師大　華東師大　黑龍江　湖北　重慶

43277
木天禁語一卷
元清江(今恩施)范梈撰
清道光十一年(1831)晁氏木活字印學海類編本
《中國古籍善本書目》著録。
國圖　中國社科院文學所　科院　上海　吉林社科院　福建　中大　重慶

43278
木天禁語一卷
元清江(今恩施)范梈撰
民國九年(1920)上海涵芬樓影印清道光十六年(1836)晁氏木活字印學海類編本
國圖　首都　上海　華東師大　天津　遼寧　南京　浙江　江西　湖北　四川　重慶　雲南

43279
木天禁語一卷
元清江(今恩施)范梈撰
清光緒十一年(1885)長沙玉尺山房刻談藝珠叢本
國圖　首都　北大　北師大　復旦　上海師大　遼寧　吉大　南京　浙江　河南　廣西　川大

43280
木天禁語一卷
元清江(今恩施)范梈撰
清抄清江詩法本
臺圖

43281
木天禁語一卷
元清江(今恩施)范梈撰
民國二十四年至二十六年(1935—1937)上海商務印書館鉛印叢書集成初編本
國圖　清華　北師大　上海　復旦　遼寧　吉林市　甘肅　南大　浙江　江西　四川　重慶　雲南

43282
詩格一卷
元清江(今恩施)范梈撰
清乾隆二十四(1759)敦本堂刻詩學指南本
上海　復旦　上海師大

43283
清江詩法三卷
元清江(今恩施)范梈撰　明熊逵編
清抄本
木天禁語一卷
詩學禁臠一卷
説詩要指一卷
臺圖

43284
説詩要指一卷
元清江(今恩施)范梈撰
清抄清江詩法本
臺圖

43285
鍾伯敬先生硃評詞府靈蛇四卷
明景陵(今天門)鍾惺、李光祚輯
明金陵唐建元刻朱墨套印本
是刻半葉八行,行十六字,白口,四周單邊。《中國古籍善本書目》著録。
國圖　臺圖

43286
詞府靈蛇二集四卷
明景陵(今天門)鍾惺評
明天啓五年(1625)刻朱墨套印本
分精、神、氣、骨四字。《販書偶記》著録。藏書單位待訪。未知與前一款目有無關係。

43287
揮麈詩話一卷
明麻城王兆雲撰
清乾隆四十三年(1778)金氏刻硯雲乙編本
多録元、明人詩句。篇幅不大。
國圖　北大　上海　天津　南京　南大　武大　廣東

43288
揮麈詩話一卷
明麻城王兆雲撰
清道光二十年(1840)蔡氏紫梨花館刻硯雲甲編八種本
《中國古籍總目》著録。
國圖

43289
揮麈詩話一卷
明麻城王兆雲撰
清光緒鉛印申報館叢書本
國圖　中央民大　山東大　浙江

43290
揮麈詩話一卷
明麻城王兆雲撰　日本近藤元粹評訂
日本明治二十五年(1892)青木嵩山堂鉛印螢雪軒叢書本
此書後有幾次印本。
日本内閣文庫

43291
逸樓論詩一卷
明麻城李中黄撰
清抄逸樓四論本
科院

43292
唐試帖細論六卷
清麻城魯之裕撰
清康熙刻式馨堂全集本
國圖

43293
杜説説略一卷
清景陵(今天門)盧震撰
約清康熙間刻本
《販書偶記》著録,"無刻書年月,約康熙間刊"。藏書單位待訪。内分正派、變法、淵源、元氣、胎骨、體裁、品格、章法、聲律、詩眼、詩情、詩典、詩史、詩病、詩深、虚實、生熟、平奇、雅俗、大家、掃除、遊涉、參恪、神化,共二十四則。

43294
册府元龜獨制三十卷
清麻城曹胤昌評選
清初刻本
胤昌,爲避諱或作應昌。是書取《册府元龜》之總序三十一篇、小序一千一百四篇各加評論,於是由類書一變而爲論文之書。兹據王重民《中國善本書提要》,唯《中國古籍善本書目》不收,未知今尚存否。以其僅見,照録之。
北大

43295
江西詩社宗派圖録一卷
清沔陽(今仙桃)張泰來輯
清趙氏小山堂抄本　清趙一清校並録清厲鶚跋　莫棠跋
《中國古籍善本書目》著録,僅該館有藏。頗具學術價值,名家抄録,名人題跋,碩果僅存。
上海

43296
江西詩社宗派圖録一卷
清沔陽(今仙桃)張泰來輯
昭代叢書新編稿本
《中國古籍善本書目》著録,僅該館有藏。

科院

43297
楚天樵話二卷
清漢川張清標撰
清刻本　清劉大槐批校
是刻半葉九行，行二十二字，白口，四周雙邊。《中國古籍善本書目》著録，僅該館有藏。有名家批校。
安徽

43298
楚天樵話二卷
清漢川張清標撰
清光緒十八年（1892）漢川甑山書院刻本
湖北

43299
鵠山小隱詩話一卷
清天門熊士鵬撰
清嘉慶二十年（1815）稽古閣刻本
與《鵠山小隱詩集》合訂，後彙入《瘦羊録》。
北大　科院　湖北

43300
鵠山小隱詩話一卷
清天門熊士鵬撰
清嘉慶二十年（1815）刻後彙入瘦羊録本
北大　科院　湖北

43301
竟陵詩話一卷
清天門熊士鵬輯
清道光三年（1823）刻瘦羊録本
北大　湖北

43302
考田詩話八卷
清黄梅喻文鏊撰
清道光四年（1824）掣筆山房刻本
湖北

43303
石樓詩話四卷
清漢陽孫煦撰
清道光十七年（1837）刻巾箱本
《販書偶記》著録。藏書單位待訪。

43304
臥園詩話十卷
清羅田潘煥龍撰
清刻本
《中國古籍總目·集部》著録。根據各家書目反映，此書有十卷、八卷、六卷、四卷本。
國圖

43305
臥園詩話十卷
清羅田潘煥龍撰
清末刻本
《中國古籍總目·集部》著録，疑與國圖所藏“清刻本”爲同版。
北大

43306
臥園詩話八卷
清羅田潘煥龍撰
清刻本
《中國古籍總目·集部》著録。
國圖

43307
臥園詩話六卷
清羅田潘煥龍撰
清咸豐刻本
《中國古籍總目·集部》著録。

國圖

43308
臥園詩話四卷補編二卷
清羅田潘煥龍撰
清道光羅田潘氏自刻臥園四種本
湖北

43309
臥園詩話四卷補編二卷
清羅田潘煥龍撰
清抄本
《中國古籍總目·集部》著録。
天津師大

43310
讀杜筆記一卷
清孝感夏力恕撰
清刻本
是刻半葉十行,行二十三字,小字單行行字同,上下黑口,四周雙邊。對魚尾中刻書名、葉次。卷端下題"環農遺書第七"。全書無具體刻年可稽。
湖北　武漢

43311
詩體辨要
民國羅田周祺編撰
民國三年(1914)北京鉛印國文述要四種本
湖北

43312
詩品講疏不分卷
民國蘄春黄侃撰
抄本
黄建中《黄季剛先生著作分類録》注:"山東大學殷孟倫先生處有移録本。王慶元同志云:'爲季剛先生在北京大學時講義,油印本。范文瀾《文心雕龍注》及許文雨《文論講疏》並有徵引。'"
殷孟倫處

43313
唐七言詩式
民國蘄春黄侃撰
著者手稿本
未知成册否。
武大中文系

43314
纗秋華室説詩
民國蘄春黄侃撰
民國十八年(1929)鉛印蘇曼殊全集本
徐復先生以爲此書當爲民元以前之作。藏書藏单位待訪。

43315
晦堂詩話(殘稿)·詩文殘稿
民國羅田王葆心撰
稿本
一册。約五千字。
湖北博

43316
文通三十卷閏一卷
明黄岡朱荃宰撰
明天啓六年(1626)刻本
是刻半葉九行,行二十字,白口,四周單邊。眉上鐫評。《四庫全書總目》入"集部·詩文評類存目"。《中國古籍善本書目》著録,僅此二館有藏。
國圖　清華

43317
文通三十卷閏一卷
明黄岡朱荃宰撰
1997年齊魯書社據明天啓六年（1626）刻本影印四庫全書存目叢書本
湖北

43318
藝圃傖談四卷
明京山郝敬撰
明萬曆崇禎間郝洪範刻山草堂集本
《中國古籍善本書目·叢部》著録。
湖北

43319
逸樓論文一卷
明麻城李中黄撰
清抄逸樓四論本
科院

43320
逸樓論文一卷
明麻城李中黄撰
清康熙刻本
湖北

43321
菜根堂論文一卷
清孝感夏力恕撰
民國四年（1915）孝感夏氏刻澴農遺書本
湖北

43322
古文辨體四卷
清張炌輯　清孝昌屠之申注
清道光二年（1822）保陽藩署刻本
《販書偶記》著録。藏書單位待訪。

43323
濂亭評文一卷
清武昌（今鄂州）張裕釗撰
稿本　王大隆跋
《中國古籍善本書目》著録，僅北京大學圖書館有藏。張係名家，未見刻本。
復旦

43324
歷朝文學家體派略史不分卷
民國羅田王葆心撰
手稿本
稿爲散葉，未裝訂成册。約一萬字。
湖北博

43325
中國文學歷朝體派略一卷
民國羅田王葆心撰
手稿本
稿爲散葉。
湖北博

43326
藝林演雅三卷
民國羅田王葆心撰
稿本
内容不詳，暫歸此類。一册，約八千字。
湖北博

43327
古文辭通義四十卷
民國羅田王葆心撰
民國五年（1916）湖南官書報局鉛印本
是書分爲解蔽篇、究指篇、識途篇、總術篇、關係篇、義例篇，凡四十卷，備載唐宋以來諸家關於文學觀、文學批評、閲讀方法、寫作方法等方面之論述。梁啓超歎其爲“巨著”，林琴南稱其爲“百年未有之作”，京、滬、遼、桂各大學多來求購。

湖北

43328
古文辭通義四十卷
民國羅田王葆心撰
2008 年武漢大學出版社鉛印本
湖北博　武大

43329
高等文學講義一卷
民國羅田王葆心撰
稿本
一册。
湖北博

43330
高等文學講義一卷
民國羅田王葆心撰
清光緒三十二年(1906)漢口維新中西書局印本
湖北博

43331
國文述要四種
民國羅田周祺編撰
民國三年(1914)北京鉛印本
歷代國文述要
文體辨要
詩體辨要
學文述要
湖北

43332
歷代國文述要
民國羅田周祺編撰
民國三年(1914)北京鉛印國文述要四種本
湖北

43333
文體辨要
民國羅田周祺編撰
民國三年(1914)北京鉛印國文述要四種本
湖北

43334
學文述要
民國羅田周祺編撰
民國三年(1914)北京鉛印國文述要四種本
湖北

43335
四六叢話二卷
清孫梅輯　漢陽周貞亮輯並校
民國周貞亮手抄漢陽周氏書種樓叢鈔本
武大

43336
文學四法三卷
民國漢陽傅守謙編
民國七年(1918)鉛印本
湖北

43337
古文蓄字訣二十七篇
民國漢陽傅守謙編
民國七年(1918)鉛印本
湖北

43338
文論雜録不分卷
民國蘄春黄侃輯
輯者手稿本
武大中文系

43339
中國文學概談一卷
民國蘄春黄侃撰
民國十八年(1929)藝林社鉛印文學論集本
最初發表於1925年7月30日《晨報》副刊。

43340
文學記微一卷
民國蘄春黄侃撰
民國十八年(1929)藝林社鉛印文學論集本

43341
張文忠集撮要不分卷
强武元稿　民國羅田青垞(王葆心)評稿本
一册。約一萬五千字。
湖北博

43342
高等文學講義不分卷
民國饒欽豁撰
甘蔫室賸稿稿本
湖北

詞曲類

詞類之屬

43343
宋景公長短句一卷
宋安陸宋祁撰
民國十二年(1923)國立中央研究院歷史語言研究所鉛印校輯宋金元人詞本
國圖　科院　上海　華東師大　遼寧　甘肅　南京　杭大　武大　廣東　重慶

43344
客亭樂府一卷
宋江陵楊冠卿撰
民國十一年(1922)歸安朱氏刻彊村叢書本
首都　科院　上海　復旦　天津　遼寧　甘肅　南京　浙江　湖北　武大　四川　重慶

43345
雪山詞一卷
宋興國(今陽新)王質撰
民國十一年(1922)歸安朱氏刻彊村叢書本
首都　科院　上海　天津　甘肅　南京　浙江　湖北　武大　江西　四川

43346
北湖詩餘一卷
宋興國(今陽新)吳則禮撰
民國十一年(1922)歸安朱氏刻彊村叢書本
《文獻通考》著録《長短句》《北湖長短句》。
科院　上海　南京　湖北　武大　江西　四川　桂林

43347
陽春集一卷
宋襄陽米友仁撰
清乾隆至道光間長塘鮑氏刻知不足齋叢書本
鮑廷博跋云:"元暉(友仁字)以墨戲武南宫詞翰。惜不傳於世。此卷爲其自書小詞,南宋時藏金陀,嶽氏録存《寶真齋法書贊》中,予近年始獲見之,亟爲刊訂,以補樂府之遺,尚惜竹垞先生不及收入《詞綜》耳。"
國圖　首都　科院　上海　復旦　天津　遼寧　陝西　甘肅　南京　浙江　江西　湖北　武漢　桂林　四川　重慶

43348

陽春集一卷

宋襄陽米友仁撰

民國十年（1921）上海古書流通處影印清鮑氏刻知不足齋叢書本

國圖　科院　北大　天津　遼寧　甘肅　青島　浙江　江西　湖北　武大　四川　重慶　雲南

43349

陽春集一卷

宋襄陽米友仁撰

清石首王精編藝苑叢鈔稿本

《中國古籍善本書目》著録。

湖北

43350

陽春詞一卷

宋襄陽米友仁撰

民國十一年（1922）歸安朱氏刻彊村叢書本

國圖　科院　北師大　上海　復旦　天津　遼寧　甘肅　南京　浙江　湖北　武大　四川　重慶　雲南

43351

陽春集一卷

宋襄陽米友仁撰

民國二十四年至二十六年（1935—1937）上海商務印書館鉛印叢書集成初編本

國圖　清華　北師大　上海　復旦　遼寧　吉林市　甘肅　南大　浙江　湖北　江西　四川　重慶　雲南

43352

寶晉長短句一卷

宋襄陽米芾撰

附校記

民國朱祖謀（孝臧）撰

民國十一年（1922）歸安朱氏刻彊村叢書本

首都　科院　北師大　上海　復旦　天津　遼寧　甘肅　南京　浙江　湖北　武大　四川　重慶　雲南

43353

［米芾］詞集一卷

宋襄陽米芾撰　黄正雨、王心裁輯校

2002年湖北教育出版社鉛印湖北地方古籍文獻叢書·米芾集本

湖北　武漢

43354

漢濱詩餘一卷

宋穀城王之望撰

清李氏宜秋館詩餘叢抄本　況周頤批校　朱孝臧校

《中國古籍善本書目》著録。

南京

43355

漢濱詩餘一卷補遺一卷

宋穀城王之望撰

民國十一年（1922）歸安朱氏刻彊村叢書本

首都　科院　北師大　上海　復旦　天津　遼寧　甘肅　南京　浙江　湖北　武大　四川　重慶　雲南

43356

龍洲詞一卷

宋襄陽劉過撰

明正統刻弘治增修懷賢録附刻本

《中國古籍善本書目》著録。是書今存一卷本、二卷本，各有數刻。

國圖　南京

43357
龍洲詞一卷
宋襄陽劉過撰
明崇禎毛氏汲古閣刻宋名家詞本
是刻半葉八行,行十八字,白口,左右雙邊。版心下刻"汲古閣"。《中國古籍善本書目》著録,三十四館有藏。
首都　北大　故宫　上海　天津　南開　遼寧　山東大　天一閣　江西　河南　湖南　四川　貴州　雲南　香港中大

43358
龍洲詞一卷
宋襄陽劉過撰
民國上海博古齋影印明崇禎毛氏汲古閣刻宋名家詞本
北師大　上海　華東師大　上海辭書　吉大　哈爾濱　山東大　南京　南大　廣西　重慶

43359
龍洲詞一卷
宋襄陽劉過撰
清光緒十四年(1888)錢塘汪氏據明毛氏汲古閣刻宋名家詞重刻本
北大　北師大　上海　天津　吉林市　山東大　湖北　四川　重慶　雲南　香港中大　港大

43360
龍洲詞一卷
宋襄陽劉過撰
清光緒十四年(1888)錢塘汪氏據明毛氏汲古閣刻宋名家詞重刻本　清章鈺校補並跋(國圖)

43361
龍洲詞一卷
宋襄陽劉過撰
清四庫全書本
國圖　甘肅　浙江　臺北故宫
1983年臺北商務印書館影印清文淵閣四庫全書本
湖北
1989年上海古籍出版社縮印臺北商務印書館影印清文淵閣四庫全書本
國圖　武漢

43362
龍洲詞一卷
宋襄陽劉過撰
民國二十四年至二十五年(1935—1936)上海貝葉山房鉛印中國文學珍本叢書第一輯·宋六十名家詞本
首都　上海　華東師大　上海師大　天津　内蒙古　遼寧　吉大　甘肅　山東大　川大

43363
龍洲詞一卷
宋襄陽劉過撰
民國二十五年(1936)排印蟫隱廬叢書本
北師大　上海　華東師大　上海辭書　重慶

43364
龍洲詞一卷
宋襄陽劉過撰
民國二十五年(1936)上海中華書局鉛印四部備要本
國圖　首都　北大　上海　復旦　天津　遼寧　甘肅　南京　浙江　湖北　四川　重慶

43365
龍洲詞一卷
宋襄陽劉過撰
民國二十五年(1936)上海中華書局縮印四部備要本
北師大　中央民大　上海　華東師大　上海師大　上海辭書　浙江　江西　湖北　廣東　廣

西 重慶

43366

龍洲詞二卷

宋襄陽劉過撰

明抄百家詞本

《中國古籍善本書目》著録。

天津

43367

龍洲詞二卷

宋襄陽劉過撰

明抄宋五家詞本

《中國古籍善本書目》著録。

國圖

43368

龍洲詞二卷

宋襄陽劉過撰

附校記一卷

民國朱祖謀（孝臧）撰

民國十一年（1922）歸安朱氏刻彊村叢書本

首都 科院 北師大 上海 復旦 天津 遼寧 甘肅 南京 浙江 湖北 武大 四川 重慶 雲南

43369

龍洲詞

宋襄陽劉過撰 王從仁校點

1988年上海古籍出版社鉛印詞林集珍本

43370

雪樓樂府一卷

元京山程鉅夫（文海）撰

清光緒二十一年（1895）湖南思賢書局刻宋元名家詞本

朱氏《詞綜》題名《雪樓集詞》。

國圖 首都 北師大 上海 復旦 遼寧 吉大 山東 南京 河南 武大 廣東 重慶 雲南

43371

雪樓先生樂府一卷

元京山程文海（鉅夫）撰

清光緒抄汲古閣未刻詞本

《汲古閣未刻詞》二十七卷，清彭元瑞輯。此叢抄有清江標跋。《中國古籍善本書目》著録。

上海

43372

楚國文憲公雪樓程先生文集樂府一卷

元京山程鉅夫撰

清宣統二年至民國六年（1910—1917）仁和吴氏雙照樓刻民國六至十二年（1917—1923）武進陶氏涉園續刻景刊宋金元明本詞四十種本

國圖 科院 北師大 復旦 華東師大 遼寧 吉大 山東大 南京 浙江 四川 重慶 雲南

43373

茶村集一卷

清黄岡杜濬撰

清抄名家詞鈔六十種本

國圖

43374

白茅堂詞一卷

清蘄州（今蘄春）顧景星撰

清康熙金閶緑蔭堂刻百名家詞鈔本

國圖 科院 上海 南京 杭大 福建師大

43375

四照堂詩餘一卷

清蘄州（今蘄春）盧紘撰

清康熙汲古閣刻本

與《四照堂詩集》合刊。

科院

43376
白茅堂詞
清蘄州(今蘄春)顧景星撰
清金閶緑蔭堂刻百名家詞鈔二十卷本
國圖

43377
詩餘偶存一卷
清麻城魯之裕撰
清雍正間刻式馨堂全集本
清代禁書。有一卷本、三卷本。
國圖

43378
式馨堂詩餘偶存(一名詩餘偶存)三卷
清麻城魯之裕撰
清康熙至乾隆間刻式馨堂全集本
國圖

43379
詩餘偶存三卷
清麻城魯之裕撰
2000年北京出版社據清康熙乾隆間刻本影印四庫禁燬書叢刊本
湖北

43380
坦菴詞曲六種九卷
清徐石麒撰
清初南湖享書堂刻本
坦菴詩餘甕吟四卷
坦菴樂府黍香集一卷
坦菴買花錢雜劇一卷
坦菴大轉輪雜劇一卷
坦菴拈花笑雜劇一卷
坦菴浮西施雜劇一卷

徐石麒,字右陵,號坦菴,明清之際文學家、藝術家。其著作除此六種外,還有《珊瑚鞭》《九奇緣》《胭脂虎》等。一般都認定其爲江都人,《湖北歷史文物辭典》則謂其爲“湖北人,流寓揚州”,卻未言明其具體籍里。是刻半葉九行,行二十字,小字雙行行字同,白口,四周單邊。《中國古籍善本書目》著録。
國圖　首都　中國社科院文學所　上海　南京　湖南　四川

43381
坦菴詩餘甕吟四卷
清徐石麒撰
清初南湖享書堂刻坦菴詞曲六種本
國圖　首都　中國社科院文學所　上海　南京　湖南　四川

43382
坦菴詞三種
清徐石麒撰
民國二十六年(1937)上海開明書店鉛印清名家詞本
参見《坦菴堂詞曲六種》附注。
清華　上海　上海師大　上海辭書　南京　杭大　福建師大

43383
甕吟一卷
清徐石麒撰
民國二十六年(1937)上海開明書店鉛印清名家詞·坦菴詞三種本
清華　上海　上海師大　上海辭書　南京　杭大　福建師大

43384
且謠一卷
清徐石麒撰
民國二十六年(1937)上海開明書店鉛印清名家詞·坦菴詞三種本

清華　上海　上海師大　上海辭書　南京　杭大　福建師大

43385
美人詞一卷
清徐石麒撰
民國二十六年（1937）上海開明書店鉛印清名家詞·坦菴詞三種本
清華　上海　上海師大　上海辭書　南京　杭大　福建師大

43386
碎金詞譜等四種二十七卷
清松滋謝元淮撰
清道光二十八年（1848）彙印本
碎金詞譜十四卷
碎金續譜六卷
養默山房詩餘三卷
填詞圖説一卷
海天秋角詞一卷
碎金詞一卷
碎金詞韻四卷

斯編未見總書名、總目録，各種自有目録、封面。然行款一致，刀法相同，封面均用紅紙，顯係一次彙印而成。《碎金詞譜》封面三行，右刻“道光戊申春月”，中鎸書名，左鎸“本衙藏板”。戊申爲道光二十八年（1848），較單刻本《養默山房詩餘》趙函序署時晚四年。《中國古籍善本書目》著録。

綜觀歷代書目，斯編有三種揭示方式：（1）各種單獨著録；（2）作聯合書名著録；（3）作類編叢書著録。陽海清《中國叢書廣録》收録，並撰有《從〈養默山房詩餘〉想到古籍編目著録中的兩個問題》（載吉林《圖書館學研究》1984年第4期），對其著者生平及版刻情況作了介紹。斯編刻印俱精，《碎金詞譜》係朱墨套印。此次彙印對其單刻本作了文字上的修訂。

以其現存數量不多，本目録除以類編叢書形式揭示外，於他館所藏原則上照録各館書目，俾便讀者查訪。
湖北

43387
碎金詞譜六卷附録一卷
清松滋謝元淮撰
清道光二十八年（1848）謝氏套印本

該館善本書目著録。半葉七行，行十七字，白口，四周雙邊。

鄭振鐸《西諦書話》云：“以工尺牘譜詞者，此書當爲第一本……近來歌詞之風漸盛，且有翻爲西樂譜以便唱者。於是此書乃大行於世，頗不易得。此書有二刻，以寫刻本爲佳。……余集詞甚多，此書自在‘詞山’中占一席地。”
南大

43388
碎金續譜六卷
清松滋謝元淮撰
清道光二十八年（1848）謝氏套印本

是刻半葉六行，行十五字，小字雙行行二十二字，白口，四周雙邊。
南大

43389
填詞淺説一卷
清松滋謝元淮撰
民國二十三年（1934）鉛印詞話叢編本
國圖　科院　上海　復旦　遼寧　吉大　内蒙　南京　武大　廣東　四川　雲南

43390
填詞淺説一卷
清松滋謝元淮撰
1986年中華書局鉛印詞話叢編本
湖北

43391
碎金詞譜
清松滋謝元淮撰

1993年天津古籍出版社鉛印本　又1996年鉛印本

43392
養默山房詩餘三卷
清松滋謝元淮撰
碎金詞譜十四卷續補六卷詞韻四卷
清松滋謝元淮輯
清道光二十八年(1848)刻朱墨套印本
《中國古籍善本書目》著録。
首都　北大　湖北

43393
養默山房詩餘三卷
清松滋謝元淮撰
清道光二十四年(1844)刻本
填詞淺説一卷
海天秋角詞一卷
碎金詞一卷
湖北

43394
碎金詞一卷
清松滋謝元淮撰
清道光二十四年(1844)刻朱墨套印本
《中國古籍總目·集部》著録。
國圖　遼寧　四川

43395
海天秋角詞一卷
清松滋謝元淮撰
清道光二十二年(1842)刻本
《中國古籍總目·集部》著録。
上海　南京

43396
海天秋角詞一卷
清松滋謝元淮撰
清刻套印本
《中國古籍總目·集部》著録。
南京

43397
小書舟樂府三卷
清江夏程定謨撰
清道光二年(1822)刻本
《販書偶記》著録"昭文程定謨撰",其父即遷徙至江夏,昭文爲其祖籍。藏書單位待訪。

43398
佩蘅詞一卷補遺一卷
清英山金泰撰
民國安徽叢書編印處影印安徽清代名家詞第一集本
著者爲刑部尚書金光悌之孫,卒於淮軍軍次。英山原屬安徽,能輯入該叢書頗爲不易。英山籍作者著作刻印本甚少,此爲其中之一。
國圖　北師大　上海　福建師大　桂林

43399
藻香館詞鈔一卷
清江陵鄧承宗撰
清道光二十七年(1847)刻本
係《藻香館詩鈔》之附。
湖北

43400
藻香館詞鈔一卷
清江陵鄧承宗撰
清道光二十七年(1847)刻宣統元年重印本
湖北

43401
韡珠仙館詞一卷
清襄陽吴慶燾撰
民國十五年(1926)襄陽吴氏上海鉛印本
與《韡珠仙館詩存》合爲一編。

湖北

43402
求放心齋詞鈔一卷
清黄梅石振鋆撰
民國十三年（1924）石印本
與《求放心齋詩鈔》合爲一編。
湖北

43403
壽蘐詞五卷末一卷
清江陵李炤禄撰
清刻彙印雲岩叢書本
科院

43404
東溪草堂詞二卷
民國恩施樊增祥撰
清光緒十九年（1893）渭南縣署刻樊山集本
湖北

43405
五十麐齋詞賡三卷
民國恩施樊增祥撰
清光緒十九年（1893）渭南縣署刻樊山集·二家詞鈔本
湖北

43406
五十麐齋詞賡三卷
民國恩施樊增祥撰
清光緒二十八年（1902）上海文會堂書局石印二家詞鈔本
河南　香港中山

43407
雙紅豆館詞賡一卷
民國恩施樊增祥撰
清光緒二十八年（1902）西安臬署刻樊山集續集本
湖北

43408
弄珠詞一卷
民國恩施樊增祥撰
清光緒二十八年（1902）西安臬署刻樊山集續集本
湖北

43409
舊月簃詞一卷
民國浠水陳曾壽撰
民國初江寧蔣氏真賞樓鉛印本
係《蒼虬閣詩鈔》之附。
浙大

43410
舊月簃詞一卷
民國浠水陳曾壽撰
民國鉛印本
或與前一款目爲同版。
湖北

43411
瞻園詞二卷
江夏張仲炘撰
清光緒三十一年（1905）鶴南蜚館刻本
湖北

43412
瞻園詞二卷
江夏張仲炘撰
清光緒三十一年（1905）鶴南蜚館刻本　陳作霖跋（遼寧）

43413
喬園詩餘存稿不分卷
江陵鄧裕聰撰

清宣統二年(1910)刻本
湖北

43414
曉寒·被愁詞一卷
鄧譯(保元)撰　民國羅田王葆心校訂
手稿本
一册。約五千字。後稱《鄧雲山先生詞二種》,輯入民國二十年(1931)武昌石印之《羅田王氏校印鄉哲遺書六種》。
湖北博

43415
鄧雲山先生詞二種
羅田鄧譯撰
民國二十年(1931)武昌石印羅田王氏校印鄉哲遺書六種本
曉寒詞
被愁詞
《續修四庫全書總目提要》著録。藏書單位待訪。

43416
曉寒詞
羅田鄧譯撰　民國羅田王葆心校訂
民國二十年(1931)武昌石印羅田王氏校印鄉哲遺書六種本
湖北

43417
被愁詞
羅田鄧譯撰　民國羅田王葆心校訂
民國二十年(1931)武昌石印羅田王氏校印鄉哲遺書六種本
湖北

43418
鳥心花淚詞二卷雲影詞一卷
民國孝感李嘉芬撰
民國鉛印本
湖北

43419
纗華詞一卷
民國蘄春黄侃撰
民國元年(1912)上海鉛印本
此集由作者手訂鉛印,收詞165首,係1907—1911年間作品,即皆民國前所作。後於民國三十四年(1945)由其弟子曾緘輯入《量守廬詞鈔》。

43420
黄季剛先生手寫詞稿不分卷
民國蘄春黄侃撰
著者手稿本
王慶元等《黄季剛遺著要籍提要選》:"一册,散裝,二十餘紙,存詞三十餘首。"
武大中文系

43421
纗華詞鈔一卷
民國蘄春黄侃撰
抄本
不署抄者名氏及抄寫時間。首有壬子(民國元年)七月東王邕所撰序,謂"黄生大弟以所爲《纗華詞》一卷示余,余觀其自記之文,爲之感慨"。然書中並無"自記",或爲漏抄,或已逸去。後於民國三十四年(1945)彙入《量守廬詞鈔》,則確有黄侃之"自記"。此本我們未曾寓目,係據王慶元《黄季剛遺著要籍提要選》著録,疑所述"首有壬子七月東王邕所撰序"之"東"若非表示日子,而是表示地名,則其前後或有漏字。
武大中文系

43422
擘蕙詞二卷
民國蘄春黄侃撰
民國抄本

王慶元等《黄季剛遺著要籍提要選》云："抄本一册,抄者不知爲誰。集内詞多作於1912年前後,收詞二十八首(按:應爲二十九首)。此集後收入《量守廬詞鈔》。"

武大中文系

43423

纗秋華室詞第一集一卷

民國蘄春黄侃撰

民國李炎抄本

王慶元等《黄季剛遺著要籍提要選》云："鈔本,一册。卷首題作'纗秋華室詞第一集',然亦止此一集。題'外甥李炎敬録'。收詞二十一首。卷首有批語云:'在《纗華》《擘蕙》《楚秀》三稿中者,此不録。'又正文中偶有修改處,皆黄侃筆蹟,蓋黄侃生前所審定定稿者。"

武大中文系

43424

楚秀庵詞一卷

民國蘄春黄侃撰

民國抄本

據王慶元《黄季剛遺著要籍提要選》:"抄本,一册。抄者不知爲誰,然經黄侃審定,中有黄侃修改筆蹟。又封面書名作小篆,另有小注亦篆之,曰'庚申(注:1920年)六月起,侃自署'。此本似亦黄侃親筆審定之定稿。黄念田一九四五年即據此定本編入《量守廬詞鈔》中。收詞七十八首。"

武大中文系

43425

量守廬詞一卷

民國蘄春黄侃撰

民國抄本

據王慶元等《黄季剛遺著要籍提要選》:一册。抄寫者不明。集名下有小注,云"内有詩",内葉上有墨書"文苑"二字。集中有缺葉。所收詞多不見於《纗華》《擘蕙》《纗秋華室》《楚秀庵》四集。

武大中文系

43426

量守廬詞鈔四種五卷

民國蘄春黄侃撰

民國抄本

此爲民國三十四年(1945)成都鉛印本之底本。一册。内有沈尹默題"季剛先生所爲詞"。詳情參閲下一款目之附注。

武大中文系

43427

量守廬詞鈔四種五卷

民國蘄春黄侃撰　曾緘編

民國三十四年(1945)成都鉛印本

是鈔包括四種:除《纗華詞》原封不動收入外,尚有《擘蕙集》二卷,收詞29首,爲清宣統末至民國元年所作;《纗秋華室詞》一卷,收詞21首,爲1906—1919年間之作;《楚秀庵詞》一卷,收詞28首,多作於1920年7月以後。總共收詞293首。但並非先生全部詞作,據《黄季剛詩文鈔》,除散佚者無法統計外,今實存詞376首。

此書爲其弟子曾緘編印。曾緘云:先生"本貴家公子。少年革命,遍交當世賢豪,意氣甚高,俶儻自喜。中年以後,尊爲人師。馬融授徒,不廢聲伎。迂拘者議其儇薄,寒儉者震其高華。先生皆不屑與爭,而詞則緣此益進"。書後有其子念田附記,稱"此集爲紀念先君六十誕辰而印"。

43428

闇翁詩餘一卷

天門胡子明撰

民國二十年(1931)鉛印退安軒雜著本

湖北

43429

空中傳恨詞一卷

天門胡鈞和撰

民國二十年(1931)鉛印退安軒雜著本
湖北

43430
精選古今詩餘醉十五卷
明松滋潘游龍輯
明崇禎胡氏十竹齋刻本
是刻半葉八行,行十八字,白口,四周單邊。《中國古籍善本書目》著録。《松滋縣志》作《古今詩餘醉沈》。
科院　北京文物局　上海$^{\times}$　甘肅　徐州　杭州　江西大　中大

43431
精選古今詩餘醉十五卷
明松滋潘游龍輯
國朝詩餘卷首一卷
清陳溟輯
清康熙十年(1671)竹齋刻本　管貞乾跋
東北師大

43432
精選古今詩餘醉十五卷
明松滋潘游龍輯
國朝詩餘卷首一卷
清陳溟輯
清乾隆二十七年(1762)玉田齋刻本
國圖　北大

43433
新刊增修箋註妙選羣英草堂詩餘二卷
明景陵(今天門)鍾惺輯
明慎節堂刻本
是刻半葉九行,行二十一字,小字雙行行字同,白口,四周單邊。《中國古籍善本書目》著録。
首都

43434
詞選不分卷
清監利徐榮輯
清徐氏懷古山舍抄本
参見《懷古田舍梅統》附注項。《中國古籍善本書目》著録。
廣東

43435
斑菊一卷
清江陵李炤禄撰
清刻彙印雲岩叢書本
是書未曾寓目,內容不明。兹從《中國叢書綜録》(第二册),姑置於此。
科院

43436
微雲榭詞選五卷詞選姓氏校勘補註
民國恩施樊增祥輯
清光緒三十四年(1908)誦清閣鉛印本
河南　湖北

43437
國朝詞綜續編五卷
民國恩施樊增祥輯
清光緒二十八年(1902)恩施樊氏家刻本
香港中山

43438
二家詞鈔五卷
民國恩施樊增祥輯
清光緒十九年(1893)渭南縣署刻樊山集本
霞川花隱詞二卷　清李慈銘撰
五十麝齋詞賡三卷　民國恩施樊增祥撰
湖北

43439
二家詞鈔五卷
民國恩施樊增祥輯

清光緒二十八年(1902)上海文會堂書局石印本
霞川花隱詞二卷　清李慈銘撰
五十麝齋詞賡三卷　民國恩施樊增祥撰
河南　香港中山

43440
二家詞賡二卷
民國恩施樊增祥輯
清光緒二十八年(1902)西安臬署刻樊山集續集本
蘭當詞一卷　清陶方琦撰
弄珠詞一卷　民國恩施樊增祥撰
湖北

曲類之屬

43441
徐文長四聲猿四卷
明徐渭撰　明公安袁宏道評點
明萬曆四十二年(1614)鍾人傑刻本
是刻半葉九行,行二十字,白口,四周單邊。有圖。有鍾人傑序。《中國古籍善本書目》著録。
國圖　北大　中央戲劇　戲研院　上海　山東大　天一閣　安徽師大

43442
徐文長四聲猿四卷
明徐渭撰　明公安袁宏道評點
明刻遞修本
是刻半葉九行,行二十字,白口,四周單邊,有圖。《中國古籍善本書目》著録。
國圖　中央教育

43443
徐文長四聲猿四卷
明徐渭撰　明公安袁宏道評點
明刻本
《中國古籍總目·集部》著録。
北大　南京

43444
徐文長四聲猿四卷
明徐渭撰　明公安袁宏道評點
明末刻本
國圖　上海　臺圖

43445
徐文長四聲猿四卷
明徐渭撰　明公安袁宏道評點
清道光元年(1821)刻本
國圖

43446
四聲猿二卷
明徐渭撰　明公安袁宏道評點
清立達堂刻本
國圖

43447
狂鼓吏漁陽三弄一卷
明徐渭撰　明公安袁宏道評點
明萬曆陶望齡刻徐文長三集附録本
《中國古籍總目·集部》著録。
國圖

43448
狂鼓吏漁陽三弄一卷
明徐渭撰　明公安袁宏道評點
明萬曆刻徐文長四聲猿本
《中國古籍總目·集部》著録。
國圖　北大　中央戲劇　戲研院　上海　山東大　天一閣　安徽師大

43449
狂鼓吏漁陽三弄一卷
明徐渭撰　明公安袁宏道評點

明刻徐文長四聲猿本
《中國古籍總目·集部》著録。
北大　南京

43450
狂鼓吏漁陽三弄一卷
明徐渭撰　明公安袁宏道評點
明刻遞修徐文長四聲猿本
《中國古籍總目·集部》著録。
國圖　中央教育

43451
狂鼓吏漁陽三弄一卷
明徐渭撰　明公安袁宏道評點
明末刻徐文長四聲猿本
《中國古籍總目·集部》著録。
國圖　上海　臺圖

43452
狂鼓吏漁陽三弄一卷
明徐渭撰　明公安袁宏道評點
清立達堂刻四聲猿本
國圖

43453
狂鼓吏漁陽三弄一卷
明徐渭撰　明公安袁宏道評點
明崇禎刻盛明雜劇本
是刻半葉九行,行二十字,白口,左右雙邊。《中國古籍善本書目》和《中國古籍總目》著録。
國圖　大連

43454
玉禪師翠鄉一夢一卷
明徐渭撰　明公安袁宏道評點
明萬曆陶望齡刻徐文長三集附録本
《中國古籍總目·集部》著録。
國圖

43455
玉禪師翠鄉一夢一卷
明徐渭撰　明公安袁宏道評點
明萬曆刻徐文長四聲猿本
《中國古籍總目·集部》著録。
國圖　北大　中央戲劇　戲研院　上海　山東大　天一閣　安徽師大

43456
玉禪師翠鄉一夢一卷
明徐渭撰　明公安袁宏道評點
明刻徐文長四聲猿本
《中國古籍總目·集部》著録。
北大　南京

43457
玉禪師翠鄉一夢一卷
明徐渭撰　明公安袁宏道評點
明刻遞修徐文長四聲猿本
《中國古籍總目·集部》著録。
國圖　中央教育

43458
玉禪師翠鄉一夢一卷
明徐渭撰　明公安袁宏道評點
明末刻徐文長四聲猿本
《中國古籍總目·集部》著録。
國圖　上海　臺圖

43459
玉禪師翠鄉一夢一卷
明徐渭撰　明公安袁宏道評點
清立達堂刻四聲猿本
國圖

43460
玉禪師翠鄉一夢一卷
明徐渭撰　明公安袁宏道評點
明崇禎刻盛明雜劇本

是刻半葉九行，行二十一字，白口，左右雙邊。《中國古籍善本書目》和《中國古籍總目》著録。

國圖　大連

43461

雌木蘭替父從軍一卷

明徐渭撰　明公安袁宏道評點

明萬曆陶望齡刻徐文長三集附録本

《中國古籍總目·集部》著録。

國圖

43462

雌木蘭替父從軍一卷

明徐渭撰　明公安袁宏道評點

明萬曆刻徐文長四聲猿本

《中國古籍總目·集部》著録。

國圖　北大　中央戲劇　戲研院　上海　山東大　天一閣　安徽師大

43463

雌木蘭替父從軍一卷

明徐渭撰　明公安袁宏道評點

明刻徐文長四聲猿本

《中國古籍總目·集部》著録。

北大　南京

43464

雌木蘭替父從軍一卷

明徐渭撰　明公安袁宏道評點

明刻遞修徐文長四聲猿本

《中國古籍總目·集部》著録。

國圖

43465

雌木蘭替父從軍一卷

明徐渭撰　明公安袁宏道評點

明末刻徐文長四聲猿本

《中國古籍總目·集部》著録。

國圖　上海　臺圖

43466

雌木蘭替父從軍一卷

明徐渭撰　明公安袁宏道評點

清立達堂刻四聲猿本

國圖

43467

雌木蘭一卷

明徐渭撰　明公安袁宏道評點

明崇禎刻盛明雜劇本

是刻半葉九行，行二十一字，白口，左右雙邊。《中國古籍善本書目》和《中國古籍總目》著録。

國圖　大連

43468

女狀元辭凰得鳳一卷

明徐渭撰　明公安袁宏道評點

明萬曆刻徐文長四聲猿本

《中國古籍總目·集部》著録。

國圖　北大　中央戲劇　戲研院　上海　山東大　天一閣　安徽師大

43469

女狀元辭凰得鳳一卷

明徐渭撰　明公安袁宏道評點

明萬曆陶望齡刻徐文長三集附録本

《中國古籍總目·集部》著録。

國圖

43470

女狀元辭凰得鳳一卷

明徐渭撰　明公安袁宏道評點

明刻徐文長四聲猿本

《中國古籍總目·集部》著録。

北大　南京

43471
女狀元辭凰得鳳一卷
明徐渭撰　明公安袁宏道評點
明刻遞修徐文長四聲猿本
《中國古籍總目·集部》著録。
國圖

43472
女狀元辭凰得鳳一卷
明徐渭撰　明公安袁宏道評點
明末刻徐文長四聲猿本
《中國古籍總目·集部》著録。
國圖　上海　臺圖

43473
女狀元辭凰得鳳一卷
明徐渭撰　明公安袁宏道評點
清立達堂刻徐文長四聲猿本
《中國古籍總目·集部》著録。
國圖

43474
歌代歗雜劇一卷
明徐渭撰　明公安袁石公(宏道)訂
清道光山陰沈氏鳴野山房抄本
南京

43475
坦菴買花錢雜劇一卷
清徐石麒撰
清初南湖享書堂刻坦菴詞曲六種本
《中國古籍善本書目》著録。
國圖　首都　中國社科院文學所　上海　南京　湖南　四川

43476
坦菴買花錢雜劇一卷
清徐石麒撰
清初南湖享書堂刻坦菴詞曲六種本　清焦循跋　清焦廷琥抄補並跋
《中國古籍善本書目》著録。
國圖

43477
坦菴買花錢雜劇一卷
清徐石麒撰
民國二十三年(1934)長樂鄭振鐸影印清人雜劇二集本
國圖　首都　科院　天津　遼寧　吉大　南京　杭大　武漢　武大　重慶

43478
買花錢一卷
清徐石麒撰
清姚燮編復莊今樂府選稿本
《中國古籍善本書目》著録三館所藏《復莊今樂府選》皆爲殘帙,未知本書藏於何館。參見《坦菴詞曲六種》之附注。
國圖　浙江　天一閣

43479
坦菴大轉輪雜劇一卷
清徐石麒撰
清初南湖享書堂刻坦菴詞曲六種本
《中國古籍善本書目》著録。
國圖　首都　中國社科院文學所　上海　南京　湖南　四川

43480
坦菴大轉輪雜劇一卷
清徐石麒撰
民國二十三年(1934)長樂鄭振鐸影印清人雜劇二集本
國圖　首都　科院　天津　遼寧　吉大　南京　杭大　武漢　武大　重慶

43481
大轉輪一卷
清徐石麒撰

清姚燮編復莊今樂府選稿本

參見《坦菴詞曲六種》及《買花錢》之附注。

國圖　浙江　天一閣

43482

坦菴拈花笑雜劇一卷

清徐石麒撰

清初南湖享書堂刻坦菴詞曲六種本

《中國古籍善本書目》著録。

國圖　首都　中國社科院文學所　上海　南京　湖南　四川

43483

坦菴拈花笑雜劇一卷

清徐石麒撰

民國二十三年(1934)長樂鄭振鐸影印清人雜劇二集本

國圖　首都　科院　天津　遼寧　吉大　南京　杭大　武漢　武大　重慶

43484

拈花笑一卷

清徐石麒撰

清姚燮編復莊今樂府選稿本

參見《坦菴詞曲六種》及《買花錢》之附注。

國圖　浙江　天一閣

43485

坦菴浮西施雜劇一卷

清徐石麒撰

清初南湖享書堂刻坦菴詞曲六種本

《中國古籍善本書目》著録。

國圖　首都　中國社科院文學所　上海　南京　湖南　四川

43486

坦菴浮西施雜劇一卷

清徐石麒撰

民國二十三年(1934)長樂鄭振鐸影印清人雜劇二集本

國圖　首都　科院　天津　遼寧　吉大　南京　杭大　武漢　武大　重慶

43487

浮西施一卷

清徐石麒撰

清姚燮編復莊今樂府選稿本

參見《坦菴詞曲六種》及《買花錢》之附注。

國圖　浙江　天一閣

43488

坦菴樂府黍香集一卷

清徐石麒撰

清初南湖享書堂刻坦菴詞曲六種本

《中國古籍善本書目》著録。

國圖　首都　中國社科院文學所　上海　南京　湖南　四川

43489

黍香集一卷

清徐石麒撰

清姚燮編復莊今樂府選稿本

參見《坦菴詞曲六種》及《買花錢》之附注。

國圖　浙江　天一閣

43490

譚友夏批點想當然傳奇二卷

明盧柟撰　明景陵(今天門)譚元春評

明繭室刻本

是刻半葉九行,行二十字,白口,四周單邊。版心下鐫"繭室新書"四字。《中國古籍善本書目》著録,僅該館有藏。《中國古籍總目·集部》亦收録此本,著録爲"明王光魯撰""明崇禎間刻本"。從著者到版本,兩者相去太遠,志此存疑。傳世已稀。

國圖

43491
珊瑚鞭二卷附采石紅一卷
清徐石麒撰　清袁於伶評
清抄本
《中國古籍善本書目》著録。參見《坦菴詞曲六種》之附注。
上海

43492
譚友夏批點想當然傳奇二卷
明盧柟（欸思居士）撰　明景陵（今天門）譚元春批點
1954年上海商務印書館影印古本戲曲叢刊初集本
國圖　北大　上海　復旦　内蒙古　遼寧　甘肅　南京　浙江　湖北　武漢　四川　重慶

43493
譚友夏批點想當然傳奇二卷
明盧柟撰　明景陵（今天門）譚元春批點
清抄本
《中國古籍總目·集部》收録，著者作"明王光魯"。
國圖

43494
批點牡丹亭記二卷
明湯顯祖撰　明公安袁宏道評
明刻本
是刻半葉九行，行二十字，白口，左右雙邊，有圖。《中國古籍善本書目》著録，僅該館有藏。
國圖

43495
新刻袁中郎先生批點紅梅記二卷
明周朝俊撰　明公安袁宏道評
明三元堂刻本
《中國古籍善本書目》著録，僅該館有藏。
北大

43496
譚友夏鍾伯敬先生批點綰春園傳奇二卷
明沈孚中撰　明景陵（今天門）譚元春、鍾惺評
1954年至1955年上海商務印書館影印古本戲曲叢刊二集本
國圖　科院　上海　復旦　内蒙　遼寧　吉大　甘肅　南京　浙江　湖北　武漢　四川　重慶

43497
黄鶴樓一卷
清鄭瑜撰
清順治十八年（1661）鄒式金刻雜劇三集本
是刻半葉九行，行十九字，白口，左右雙邊，有圖。《中國古籍善本書目》著録，僅該館有藏。
國圖

43498
鸚鵡洲一卷
清鄭瑜撰
清順治十八年（1661）鄒式金刻雜劇三集本
附注同前。
國圖

43499
研露樓兩種曲二卷
清江夏崔應階撰
清乾隆刻本
煙花債傳奇一卷
情中幻傳奇一卷
是刻半葉八行，行十八字，白口，四周雙邊。《中國古籍善本書目》著録，中國社科院文學研究所藏有殘本。
國圖　上海

43500
研露樓兩種曲四卷
清江夏崔應階撰
清乾隆刻本
雙僊記傳奇二卷
煙花債傳奇一卷
情中幻傳奇一卷
玆依《中國古籍總目·集部》。叢書名稱“兩種”，子目列三種，費解。疑係藏者拼湊而成。
北大

43501
煙花債傳奇一卷
清江夏崔應階撰
清乾隆九年（1744）刻研露樓兩種曲二卷本
是刻半葉八行，行十八字，白口，四周雙邊，白紙。署名“研露樓主人”，即崔應階。應階字拙甫，曾在河南爲官，後居開封。工曲。有朱繡贈言和乾隆九年任應烈序。
國圖　上海

43502
煙花債傳奇一卷
清江夏崔應階撰
清乾隆刻研露樓兩種曲四卷本
北大

43503
煙花債傳奇一卷
清江夏崔應階撰
清乾隆刻本
與《拙圃詩草》初、二、三集合訂。
國圖　河南大

43504
煙花債一卷四折
清江夏崔應階撰
清刻本
國圖

43505
情中幻不分卷
清江夏崔應階撰
清乾隆元年（1736）抄本
國圖

43506
情中幻傳奇一卷
清江夏崔應階撰
清乾隆刻研露樓兩種曲二卷本
國圖　上海

43507
情中幻傳奇一卷
清江夏崔應階撰
清乾隆刻研露樓兩種曲四卷本
北大

43508
情中幻傳奇一卷
清江夏崔應階撰
清刻本
北大

43509
雙仙記傳奇二卷三十六齣
清武昌研露樓主人（崔應階）編著　淮陰郁州山人分填
清乾隆香雪山房刻本
《販書偶記》著録。北大所藏《研露樓兩種曲》四卷本之一或即爲此。
國圖

43510
雙仙記三卷
清江夏崔應階撰
清姚燮編復莊今樂府選稿本

姚燮所編《復莊今樂府》稿分藏國圖、浙圖、天一閣三處，未知本書藏在何處。

國圖 × 浙江 × 天一閣 ×

43511
五倫鏡定本二卷二十六齣
清漢陽張三異撰
清初愛日堂刻本
《中國古籍總目·集部》收録。
戲研院

43512
青燈淚二卷首一卷
清黄梅蔣恩瀸(儆濂)撰 清崧友居士述畧
清道光木活字印本
國圖

43513
青燈淚二卷首一卷
清黄梅蔣恩瀸(儆濂)撰 清崧友居士述畧
清光緒十六年(1890)黄梅蔣氏樂安官廨刻本
國圖

43514
青燈淚傳奇三十六齣四卷
清黄梅蔣儆濂(恩瀸)撰
清光緒抄本 清迦陵盦情僧、李瀚題識
儆濂(後改名恩瀸)字西泉,清道光五年(1825)舉人。本書演繹陸敬瑗與黄緯的愛情故事。前有咸豐九年(1859)同邑楊彬序。幾次欲刊印未果。歷代湖北籍人著述中,曲類作品寥若星辰。本劇結構完整,人物形象刻劃較爲生動,文詞優美。其類似賈寶玉、林黛玉之愛情悲劇,有較强的時代意義。刻本或較其簡,且流佈已稀。
湖北

43515
書齋四種藥傳奇二卷
清孝感陳陛謨撰
鉛印本
湖北

43516
擊筑餘音一卷
明嘉魚熊開元撰
抄本
北師大

43517
四照堂時曲一卷
清蘄州(今蘄春)盧鋐撰
清康熙汲古閣刻本
與《四照堂詩集》合刊。
科院

43518
養默山房散套一卷
清松滋謝元淮撰
清道光二十五年(1845)刻本
戲研院

43519
養默山房散套一卷
清松滋謝元淮撰
民國成都大學鉛印飲虹簃校刻清人散曲本
陽海清《中國叢書廣録》著録。藏書單位待訪。

43520
彩雲曲並序一卷
民國恩施樊增祥撰
清宣統國學扶輪社鉛印香艷叢書本
國圖 首都 北大 上海 華東師大 天津 遼寧 甘肅 南京 福建 河南 湖北 武

漢　廣東　四川　重慶　雲南

彈詞之屬

43521
二十一史彈詞註十卷
明楊慎撰　清漢陽張三異增定
附明史彈詞註二卷
清漢陽張三異撰　清漢陽張仲璜注
清雍正五年（1727）張坦麟刻本
國圖　北大　上海　遼寧

43522
二十一史彈詞註十卷
明楊慎撰　清漢陽張三異增定
附明史彈詞註二卷
清漢陽張三異撰　清漢陽張仲璜注
清乾隆五十一年（1786）張任佐視履堂刻本
北大　上海　遼寧　山東　四川

43523
二十一史彈詞註十卷
明楊慎撰　清漢陽張三異增定
附明史彈詞註二卷
清漢陽張三異撰　清漢陽張仲璜注
清乾隆五十一年（1786）資善堂刻本
首都　故宫　天津

43524
二十一史彈詞註十卷
明楊慎撰　清漢陽張三異增定
附明史彈詞註二卷
清漢陽張三異撰　清漢陽張仲璜注
清乾隆五十一年（1786）刻本
《中國古籍總目·集部》著録，疑與前一款目爲同版。
上海

43525
二十一史彈詞註十卷
明楊慎撰　清漢陽張三異增定
附明史彈詞註二卷
清漢陽張三異撰　清漢陽張仲璜注
清道光十二年（1832）楊浚刻本
北師大　天津

43526
二十一史彈詞註十卷
明楊慎撰　清漢陽張三異注
附明史彈詞註二卷
清漢陽張三異撰　清漢陽張仲璜注
清道光十二年（1832）致盛堂刻本
疑與前一款目爲同版。
上海　南京

43527
二十一史彈詞註十卷附一卷
明楊慎撰　清漢陽張三異增定
清康熙五十一年（1712）樹立堂刻本
四川

43528
二十一史彈詞註十卷附一卷
明楊慎撰　清漢陽張三異增定
清乾隆六年（1741）玲瓏山館刻本
上海　北大

43529
明史彈詞註二卷
清漢陽張三異撰　清漢陽張仲璜注
清雍正五年（1727）張坦麟刻本
爲《二十一史彈詞註》之附，下同。仲璜字卓玉，清康熙二十九年（1690）貢生，官梧州道。
國圖　北大　上海　遼寧

43530
明史彈詞註二卷
清漢陽張三異撰　清漢陽張仲璜注

清乾隆五十一年(1786)張任佐視履堂刻本

北大　上海　遼寧　山東　四川

43531

明史彈詞註二卷

清漢陽張三異撰

清乾隆五十一年(1786)資善堂刻本

首都　故宫　天津

43532

明史彈詞註二卷

清漢陽張三異撰　清漢陽張仲璜注

清乾隆五十一年(1786)刻本

《中國古籍總目·集部》著録,疑與前一款目爲同版。

上海

43533

明史彈詞註二卷

清漢陽張三異撰　清漢陽張仲璜注

清道光十二年(1832)致盛堂刻本

上海　南京

43534

明史彈詞註二卷

清漢陽張三異撰　清漢陽張仲璜注

清道光十二年(1832)楊浚重刻本

北師大　中國社科院文學所　天津

43535

孟子好辯彈詞一卷

清黄岡王鑾撰

民國十一年(1922)贛西鎮守使署石印本

與《徒州文集》合訂。

科院

叢書部

雜纂類

50001
三注鈔三種十六卷
明景陵(今天門)鍾惺編
明萬曆四十五年(1617)刻本
三國志注鈔八卷
世説新語注鈔二卷
水經注注鈔六卷
是刻半葉九行,行十九字,白口,四周單邊。《中國古籍善本書目》著録。存世已稀。
首都 北大 × 北師大 × 南京 浙江

50002
秘書九種六十六卷
明景陵(今天門)鍾惺編
明刻本
韓詩外傳十卷 漢韓嬰撰
白虎通德論四卷 漢班固撰
風俗通義十卷 漢應劭撰
汲冢周書六卷 晉孔晁注
天禄閣外史八卷 題漢黄憲撰
鹽鐵論十二卷 漢桓寬撰
新序十卷 漢劉向撰
孔叢四卷 題漢孔鮒撰
新語二卷 漢陸賈撰
是刻半葉九行,行二十五字,白口,四周單邊。《中國古籍善本書目》著録。
北師大 新疆大 ×

50003
合刻五家言五種二十八卷
明景陵(今天門)鍾惺編
明刻本
道言十二卷 唐徐靈府、宋朱弁、元杜道堅注
德言二卷 北齊劉晝撰 唐袁孝政注
術言一卷
辨言三卷
文心雕龍文言十卷 梁劉勰撰
是刻半葉九行,行二十字,白口,四周單邊。《中國古籍善本書目》著録。
故宫 上海 四川 ×

50004
采昭堂秘書史拾九種十四卷附四種四卷
明景陵(今天門)鍾惺編
明末刻本
竹書紀年一卷 題梁沈約注
穆天子傳六卷 晉郭璞注
拾遺記一卷 題前秦王嘉撰 明吴宏基箋
高士傳一卷 晉皇甫謐撰
羣輔録一卷 題晉陶潛撰
吕氏月令一卷
禹貢一卷 明孫鑛評 明吴宏基箋
希通録一卷 宋蕭參撰
雞肋一卷 宋趙崇絢撰
附
孔林卮述一卷 明吴宏基輯
占候抄一卷 明吴宏基輯
字書誤讀一卷 宋王雱撰
金壺字考一卷 宋釋適之撰
是刻半葉八行,行二十字,白口,左右雙邊。《中國古籍善本書目》著録,僅該館有藏。
揚州

50005

影鈔明刊采昭堂秘書十三種十三卷

明景陵(今天門)鍾惺編

抄本

竹書紀年足本一卷　題梁沈約注

穆天子傳評箋一卷　晉郭璞注

拾遺記一卷　題前秦王嘉撰　明吴宏基箋

高士傳一卷　晉皇甫謐撰

羣輔録一卷　題晉陶潛撰

吕氏月令一卷

禹貢一卷　明孫鑛評　明吴宏基箋

希通録一卷　宋蕭參撰

雞肋一卷　宋趙崇絢撰

孔林卮述一卷　明吴宏基輯

占候鈔一卷　明吴宏基輯

字書誤讀一卷　宋王雱撰

金壺字考一卷　宋釋適之撰

雲南

50006

采昭堂秘書十三種不分卷

明景陵(今天門)鍾惺編

抄本

竹書紀年足本

拾遺記

羣輔録

禹貢石文

雞肋

占候抄

金壺字考

穆天子傳箋評

高士傳

月令

希通録

孔林卮述

字書誤讀

《中國古籍總目·叢部》著録。

吉大

50007

瓶華書屋叢書十三種

清江夏童和豫編

清道光刻二十八年(1848)彙印本

國圖　首都　科院　北大　上海

欽定康濟録四卷　清倪國璉撰

荒政叢書十卷　清俞森輯

救荒全書一卷　宋董煟撰

荒政叢言一卷　明林希元撰

荒政考一卷　明屠隆撰

荒政議一卷　明周孔教撰

賑豫紀畧一卷　明鍾化民撰

荒箸畧一卷　明劉世教撰

救荒策一卷　清魏禧撰

常平倉考一卷　清俞森撰

義倉考一卷　清俞森撰

社倉考一卷　清俞森撰

練兵實紀九卷雜集六卷　明戚繼光撰

陣紀四卷　明何良臣撰

折獄龜鑑八卷首一卷　宋鄭克撰　清道光十五年刻

捕蝗考一卷　清陳芳生撰

伐蛟説一卷　清魏廷珍撰

守城録四卷　宋陳規、湯璹撰

治世龜鑑一卷　元蘇天爵撰

救命書二卷　明吕坤撰

歷代兵制八卷　宋陳傅良撰

手臂録四卷　清吴殳撰

附

峨嵋槍法一卷　清釋普恩立法　清程真如達意　清吴殳輯

夢録堂槍法一卷　清釋洪轉撰　清吴殳輯

肘後備急方八卷　晉葛洪撰

壽親養老新書四卷　宋陳直撰　元鄒鉉續

北大

50008

蒲圻張學誠手鈔九種

清蒲圻(今赤壁)張學誠編

編者手稿本　清蒲圻（今赤壁）張學誠校點、輯評

形勢紀要不分卷　清蒲圻（今赤壁）張學誠輯

歷代史論不分卷　清蒲圻（今赤壁）張學誠輯

袁枚駢體文一卷　清袁枚撰　清蒲圻（今赤壁）張學誠輯

時人賦摘抄一卷　清蒲圻（今赤壁）張學誠輯

摘抄陸宣公集二卷　唐陸贄撰　清蒲圻（今赤壁）張學誠選録

唐宋八家文讀本不分卷　清蒲圻（今赤壁）張學誠輯

史漢文選讀本一卷　清蒲圻（今赤壁）張學誠選輯

古文雜鈔讀本一卷　清蒲圻（今赤壁）張學誠選輯

摘録呻吟語二卷　明吕坤撰　清蒲圻（今赤壁）張學誠録

張學誠，湖北蒲圻人，生平事蹟無考。是編之總名係後人所加，爲便於庋藏，湖北省館仍從之。全書無具體輯鈔時間可稽。鈔寫極工，墨、朱、藍、緑、黄五色批校、輯評、圈點，甚爲雅致。

所收九種，均係摘録、選輯而成。如《形勢紀要》二册，録自《讀史方輿紀要》，將言各地形勢之篇章摘輯成帙。《歷代史論》一册，依時序列，起先秦，迄元代，然未注明輯之所自。《袁枚駢體文》一册，凡二十八篇。《時人賦摘抄》一册，收夏思沺、李隆萼、蔡殿齊、何栻、顧元熙、谷逢鈞、龔維琳、周系英、雷維翰、胡葆鍔、楊駒、吴錫麒、張錫庚、汪廷珍、李超然、陳寶里各等人之短賦，人各數篇，篇後有評，似爲課藝之作。《摘抄陸宣公集》二卷，凡二十七篇，皆爲奏議。《唐宋八家文讀本》二册，書衣簽題"時在同治乙丑"，前有目録，正文三分之一爲手鈔，三分之二爲《唐宋八大家類選》之印葉，顯欲以後者爲基礎作改編。《史漢文選讀本》一册，有目録，正文半用《西漢文選》舊葉，半爲手鈔。《古文雜鈔讀本》一册，自楚辭之"卜居"至楊繼盛妻"乞代夫死疏"，共二十六篇，前有目録。《摘録呻吟語》二卷，書前諸序全録，正文摘録。

是編所録，均非秘籍。唯編者選輯尚有識力，輯評之功尤不可泯，間有己評亦見功底。《中國古籍善本書目》未收。

湖北

50009

崇文書局彙刻書（一名三十三種叢書、湖北書局所刻書三十三種）

清湖北崇文書局編

清光緒元年（1875）湖北崇文書局刻本

周易姚氏學十六卷　清姚配中撰

尚書大傳四卷補遺一卷續補遺一卷考異一卷　漢鄭玄注　清盧文弨補遺並考異

周書十卷逸文一卷　清朱右曾集訓校釋

韓詩外傳十卷　漢韓嬰撰

左傳舊疏考正八卷　清劉文淇撰

春秋繁露十七卷　漢董仲舒撰

儀禮古今文疏義十七卷　清胡承珙撰

相臺書塾刊正九經三傳沿革例一卷　宋嶽珂撰

刊謬正俗八卷　唐顔師古撰

隋經籍志考證十三卷　清章宗源撰

御覽闕史二卷　唐參寥子（高彦休）撰

鑑誡録十卷　後蜀何光遠撰

涑水記聞十六卷補遺一卷　宋司馬光撰

古列女傳七卷續列女傳一卷　漢劉向撰（續列女傳明黄魯曾贊）

高士傳三卷　晉皇甫謐撰

水經注四十卷首一卷　北魏酈道元注

今水經一卷表一卷　清黄宗羲撰

意林五卷　唐馬總輯　補遺一卷　清張海鵬增訂

老學庵筆記十卷　宋陸遊撰

世説新語六卷　南朝宋劉義慶撰　梁劉孝標注

淮南天文訓補注二卷　清錢塘撰

酉陽雜俎二十卷續集十卷　唐江陵段成式撰
人譜正篇一卷續篇一卷三篇一卷　明劉宗周撰
人譜類記增訂六卷　明劉宗周撰
葬經内篇一卷　題晉郭璞撰
黄帝宅經二卷
楚辭集註八卷辯證二卷　宋朱熹撰
離騷集傳一卷　宋錢杲之撰
離騷草木疏四卷　宋吴仁傑撰
離騷箋二卷　清龔景瀚撰
文心雕龍十卷　梁劉勰撰

國圖　科院　上海　復旦　天津　遼寧　山東　南京　浙江　武大　雲南

50010

正覺樓叢刻（一名正覺樓叢書）二十九種

清湖北崇文書局編

清光緒間湖北崇文書局刻本

西京雜記二卷　題漢劉歆撰
括地志八卷　唐李泰等撰　清孫行衍輯
兩京新記存一卷（卷三）　唐韋述撰
李嶠雜詠二卷　唐李嶠撰
龍經疑龍三卷撼龍統説一卷　唐楊益撰
樂書要禄存三卷（卷五至七）　唐武後撰　清光緒七年刻
化書六卷　五代譚峭撰
指南後録三卷　宋文天祥撰
酌中志餘二卷　明劉若愚輯
東林朋黨録
東林點將録　明王紹徽撰
東林同志録
東林籍貫
盜柄東林夥
夥壞封疆録　明魏應嘉撰
天鑒録（以上合一卷）
欽定逆案
天啓宫詞　題明陳悰撰
擬故宫詞　明唐宇昭撰（以上合一卷）
風角書八卷　清張爾岐撰
重訂擬瑟譜一卷　清邵嗣堯撰　清段仔文、張懋賞輯　清光緒七年刻
人海記二卷　清查慎行撰
律吕新義四卷附録一卷　清江永撰　清光緒七年刻
樂府傳聲二卷　清徐大椿撰　清光緒七年刻
二林居集二卷　清彭紹升撰　清光緒六年刻
三國志辨疑三卷　清錢大昭撰
後漢郡國令長考一卷　清錢大昭撰
律吕臆説一卷　清徐養原撰
管色考一卷　清徐養原撰
荀勖笛律圖注一卷　清徐養原撰
三國職官表三卷　清洪飴孫撰
周官指掌五卷　清莊有可撰
紀事約言二卷　清夏勤墉撰
舊唐書疑義四卷　清張道撰
臨安旬制紀三卷　清張道撰
全浙詩話刊誤一卷　清張道撰
禮記天算釋一卷　清孔廣牧撰　清光緒七年刻
三國紀年表一卷　清周嘉猷撰
五代紀年表一卷　清周嘉猷撰

國圖　科院　上海　遼寧　陝西　南京　浙江　湖北　四川

50011

清芬堂叢書四十六種

清黄梅梅雨田編

清光緒十六年（1890）黄梅梅氏慎自愛軒刻本

經部

駮五經異議一卷補遺一卷　漢鄭玄撰　清王復輯　清武億校
鄭志三卷　漢鄭玄撰　魏鄭小同編　清王復輯　清武億校
古周易一卷　宋吕祖謙等編

附
古易音訓二卷　宋吕祖謙撰　清宋咸熙輯
周易舉正一卷　唐郭京撰
程尚書禹貢論二卷後論一卷　宋程大昌撰
禹貢指南四卷　宋毛晃撰
詩譜補亡後訂一卷詩補拾遺一卷　清吴騫撰輯
續吕氏家塾讀詩記三卷　宋戴溪撰
儀禮識誤三卷　宋張淳撰
儀禮釋宫一卷　宋李如圭撰
春秋春王正月考一卷辨疑一卷　明張以寧撰
春秋夏正二卷　清胡天游撰
菊逸山房天學一卷　清寇宗撰
春秋傳説例一卷　宋劉敞撰
春秋辨疑四卷　宋蕭楚撰
論語筆解一卷　唐韓愈撰
論語拾遺一卷　宋蘇轍撰
佩觿三卷　北周郭忠恕撰
字鑑五卷　元李文仲撰
史部
漢官舊儀補遺一卷　漢衛宏撰
魏鄭公諫續録二卷　元翟思忠輯
鄴中記一卷　晉陸翽撰
［乾道］臨安志十五卷（原缺卷四至五）　宋周淙撰　附札記一卷　清錢保塘札記
［正德］武功縣志三卷　明康海撰
校正朝邑志一卷　明韓邦靖撰　清王元啓校正
子部
尉繚子二卷
尹文子一卷　清汪繼培校
帝範四卷　唐太宗李世民撰
讒書五卷　唐羅隱撰
明本釋三卷　宋劉荀撰
雲谷雜紀四卷首一卷末一卷　宋張淏撰
甕牖閒評八卷　宋袁文撰
考古質疑六卷　宋葉大慶撰
澗泉日記三卷　宋韓淲撰
涑水記聞十六卷　宋司馬光撰
六經天文編二卷　宋王應麟撰
五經算術二卷附考證一卷　北周甄鸞撰　唐李淳風等注釋　清戴震考證
夏侯陽算經三卷　□夏侯陽撰
農桑衣食撮要二卷　元魯明善撰
集部
玉臺新詠十卷　陳徐陵輯
滄浪詩話一卷　宋嚴羽撰
谷音集一卷　元杜本撰
元次山詩集二卷　唐元結撰
南陽集六卷　宋趙湘撰
陶山集十六卷　宋陸佃撰
學易集八卷　宋劉跂撰
蒙齋集二十卷　宋袁甫撰
拙軒集六卷　金王寂撰
科院　清華[×]　中央民大　復旦　南大　湖北　重慶

50012
藝苑叢鈔一百六十三種三百二十六卷
清石首王楷編
清道光編者手稿本　清王楷題記　盧弼序　石榮暲題識、題詩
石經考一卷　清顧炎武輯　附録一卷
字通一卷　宋李從周撰
履齋示兒編六卷　宋孫奕撰　校補一卷　清顧廣圻撰
佩觿三卷　唐郭忠恕撰
干禄字書一卷　唐顔元孫撰
金壺字考一卷　宋釋適之撰
俗書證誤一卷　宋顔愍楚撰
字書誤讀一卷　宋王雱撰
字林一卷　宋吕忱撰
連文釋義一卷　清王言撰
均藻四卷　明楊慎撰
律吕圖説二卷　清王建常輯
金石文字記六卷　清顧炎武撰　補遺一卷　清潘耒撰

金石史一卷附録一卷　明郭宗昌撰
書譜一卷　唐孫過庭撰　清陳奕禧等注
續書譜一卷　宋姜夔撰　清戈守智注
瘞鶴銘考一卷　清汪士鋐輯
焦山鼎銘考一卷　清翁方綱輯
寰宇訪碑録十二卷　清孫星衍、邢澍撰
南朝史精語十卷　宋葛邁撰
韻石齋筆談二卷　清姜紹書撰
七頌堂識小録一卷　清劉體仁撰
負暄野録二卷　清陳櫆撰
訂譌雜録十卷　清胡鳴玉撰
謝華啓秀八卷　明楊慎撰
新刻語苑五卷　□張所敞撰
翰墨志一卷　宋高宗趙構撰
寶章待訪録一卷　宋襄陽米芾撰
海嶽名言一卷　宋襄陽米芾撰
譜系雜説二卷　宋曹士冕撰
絳帖平六卷　宋姜夔撰
書史二卷　宋襄陽米芾撰
畫史一卷　宋襄陽米芾撰
山水純全集　宋韓拙撰
畫鑑一卷　元東楚湯垕撰
畫學秘訣一卷　唐王維撰
林泉高致一卷　宋郭熙撰
畫論一卷　宋郭思撰
畫梅譜一卷　宋釋仲仁（華光道人）撰
畫竹譜一卷　元李衎撰
墨竹譜一卷　元管道昇撰
書眼一卷　明李日華撰
畫賸一卷　明李日華撰
畫品一卷　宋李廌撰
名畫獵精一卷　唐張彦遠撰
書畫史一卷　明陳繼儒撰
論畫瑣言一卷　明董其昌撰
繪妙一卷　明茅一相撰
畫塵一卷　明沈顥撰
圖畫歌一卷　宋沈括撰
筆記法（一名畫山水録）一卷　五代荆浩撰
畫繼一卷　宋鄧椿撰
墨池瑣録二卷　明楊慎撰
書品一卷　明楊慎撰
畫品一卷　明楊慎撰
書法正宗不分卷　清蔣和輯
書法約言一卷　清宋曹撰
書學捷要二卷　清朱履貞撰
小山畫譜二卷　清鄒一桂撰
山静居畫論二卷　清方薰撰
繪事發微一卷　清唐岱撰
板橋題畫一卷　清鄭燮撰
冬心先生畫竹題記一卷　清金農撰
冬心先生畫梅題記一卷　清金農撰
冬心畫馬題記一卷　清金農撰
冬心畫佛題記一卷　清金農撰
冬心自寫真題記一卷　清金農撰
古畫品録一卷　南齊謝赫撰
後畫品録一卷　陳姚最撰
龔安節先生畫訣一卷　清龔賢撰
苦瓜和尚畫語録一卷　清釋道濟撰
書筌一卷　清笪重光撰　清王翬、惲格評
蔣氏游藝祕録二卷　清蔣衡撰
强恕齋圖畫精意識一卷　清張庚撰
青在堂畫學淺説一卷
錢譜一卷　宋董逌撰
泉志一卷　宋洪邁撰
學古編一卷　元吾丘衍撰
紅術軒紫泥法定本一卷　清汪鎬京撰
裝潢志一卷　清周嘉胄撰
墨史三卷　元陸友撰
墨經一卷　宋晁貫之撰
墨記一卷　宋何薳撰
墨一卷　宋朱長文撰
墨法集要一卷　明沈繼孫撰
雪堂墨品一卷　明廣濟張仁熙撰
漫堂墨品一卷　清宋犖撰
題方氏墨雜言八則一卷　明汪道貫撰
筆法源流不分卷　明高松撰
硯史一卷　宋襄陽米芾撰
硯譜一卷　宋李之彦撰

端溪硯譜一卷　宋葉樾撰
硯一卷　宋朱長文撰
歙州硯譜一卷　題宋洪景伯撰
歙硯説一卷　□曹繼善撰
辨歙石説一卷　□曹繼善撰
説硯一卷　清朱彝尊撰
端溪硯石考一卷　清高兆撰
水沆石記一卷　清錢朝鼎撰
硯林一卷　清余懷撰
金索印考不分卷　清馮雲鵬、馮雲鵷輯
洞天清録一卷　宋趙希鵠撰
志雅堂雜鈔二卷　宋周密撰
鮑氏知不足齋録保母甎並跋一卷
骨董十三説一卷　明董其昌撰
無住詞一卷　宋陳與義撰
扣舷集一卷　明高啓撰
灤京雜詠一卷　元楊允孚撰
端溪硯志三卷　清吴繩年撰
豐道生筆訣一卷　明豐坊撰
鈍吟書要一卷　清馮班撰
張子野詞二卷補遺一卷　宋張先撰
草牕詞二卷補二卷　宋周密撰
碧雞漫志五卷　宋王灼撰
苹洲漁箋譜二卷　宋周密撰
洛陽牡丹記一卷　宋歐陽修撰
洛陽牡丹記一卷　宋周師厚撰
陳州牡丹記一卷　宋張邦基撰
天彭牡丹譜一卷　宋陸游撰
揚州芍藥譜一卷　宋王觀撰
梅譜一卷　宋范成大撰
梅品一卷　宋張功甫撰
清言一卷續清言一卷　明屠隆撰
玉笑零音一卷　明田藝蘅輯　附録一卷
石湖詞一卷補遺一卷　宋范成大撰
和石湖詞一卷　宋陳三聘撰
花外集一卷補遺一卷　宋王沂孫撰
貞居詞一卷補遺一卷　元張雨撰
樂府補題一卷　元陳恕可輯　附録一卷　清陳維松撰
蛻巖詞二卷　元張翥撰
鳴鶴餘音一卷　元虞集撰
蘭谷先生天籟集一卷　元白樸撰　附録一卷
錦帶書一卷　梁襄陽蕭統撰
四六餘語一卷　宋相國道撰
詩詞餘語一卷　元俞焯撰
詞品一卷　明朱權撰
詞旨一卷　元陸輔之撰
春雨雜述一卷　明解縉撰
聯莊一卷　清張潮撰
聯騷一卷　清張潮撰
詞源二卷　宋張炎撰
詞品六卷　明楊慎撰　拾遺二卷　清李調元撰
雨邨詞話四卷　清李調元撰
南湖集一卷　宋張鎡撰
陽春集一卷　宋襄陽米友仁撰
蘆浦筆記一卷　宋劉昌詩撰
湖山類藁一卷　宋汪元量撰
趙待制遺稿一卷　元趙雍撰
浩然齋雅談三卷　宋周密撰
渚宫集選一卷　明石首王啓茂撰　清陳允衡評
南莊公遺稿一卷　明石首王啓茂撰　殘句一卷　清石首王楷輯
温飛卿集一卷　唐温庭筠撰
段柯古集一卷　唐江陵段成式撰
羅江東集一卷　唐羅隱撰
顧重象集一卷　唐顧雲撰
薛秘監集一卷　唐薛逢撰
駱丞集三卷　唐駱賓王撰
盧新都集一卷　唐盧照鄰撰
王子安集九卷　唐王勃撰
楊盈川集七卷　唐楊炯撰
玉溪生集十二卷　唐李商隱撰
王水部集一卷　唐王棨撰
歷代駢體書啓彙鈔三十卷　清石首王楷輯

楷字山筠，號雨田，又號書農、石華、龍蓋山樵，湖北石首人。少習庭訓，壯遊閫幕，後徂燕晉。精鑒賞，富藏墨，與孫星衍輩交遊，洵爲多聞之士。《石首縣志》僅記其名，《光緒續修崞縣志·人物志·名宦》則載："道光十一年（1831）除縣典史，安閑儒雅，有文士風，邑人賢之（唯誤其爲順天大興人）。"餘則不詳。

稿用無格紙謄寫，行字不等。大部分書前鈐有"臣楷印""長生安樂王楷之印信""石華""山筠""海粟齋"諸印。多種書後有編者題記，或述其要，或言其源流，或記其底本來源和鈔録時間、地點。其鈔寫之時間，可稽者，最早爲道光九年（1829），最晚爲二十三年（1843），歷時十五載；其所據之底本，多係崞縣田枏卓觀樓藏書，部分據家藏鈔本或他人藏本；其鈔輯之地點，則在滹陽、濩澤、平陽等地官廨甚或客莊，而以在崞縣典史任內所鈔爲多。

楷既嗜古，邃於經術，凡金石書畫詞賦駢文無不精研，故斯編所收多爲金石書畫要籍。道光癸卯（二十三年，1843）入平陽郡齋幕，續鈔漢唐及清代駢文等十餘種，亦綴入是編。

考彙集古今書畫之籍，肇自唐張彦遠《法書要録》《歷代名畫記》，繼有宋之《宣和書畫譜》、清之《佩文齋書畫譜》等。楷之斯編雖不及其博洽，卻上起南齊，下迄清季，品種逾百，故盧弼稱其爲"精鈔傑構，希世之珍"。檢視全書，其可貴者尚有二端：一是編者不局限於照鈔，寫有若干頗具識見的題記。如在論墨各書之後，有題記二則，長達四葉。楷既嗜書，又嗜墨。其先世蓄墨數百挺，因客游閩海，被竊無遺。以性之所好，不能自已，隨時徵集，又盈兩篋，更多清初精品。古代論墨之書，經其搜録，大略已備。此長篇題記，言之精審，良可視爲楷之論墨專篇。同時，在抄録時對底本中的錯訛，經過考核後作了訂正。如《寰宇訪碑録》之題記稱："周秦至南詔五卷全録，北宋至元七卷摘録附後。版本訛誤極多，知者隨筆釐正，不知者未敢擅改，尚俟考索。"是本據平津館本鈔録，可資訂正刻本訛誤之助，他書亦然。至於題記中敘述版刻源流和著述典實方面的文字，亦頗見編者功力。二輯録了一些未刊秘籍，於保存文獻功莫大焉。比如其十一世祖啓茂，本與竟陵鍾譚齊名，著述甚富，毁於明季兵燹，僅清順治間陳允衡《詩慰》收其《渚宫集選》一卷問世。楷據家藏寫本整理成《南莊公遺稿》，得詩二百三十五題三百餘首，"其殘損不完之篇，未敢割棄，擇成句者仍附録卷尾"，使其得存。王楷自輯之《歷代駢體書啓彙鈔》乃迄未刊刻之手稿，起漢司馬相如，止清洪亮吉，依天干裝爲十册，名家畢集，體例完備，其纂輯之功不可泯。此書未編目次，唯卷端題書名者凡三十處，以此著録其卷數。

所録多爲全帙，然亦有節鈔者。似此情況，編者均於各書末之題記中作了説明，如《羅江東集》目録列四卷，編者識語注明僅鈔其賦啓二十四首。凡編者所校改情況，亦於各書題記中作出明確交代，如《歷代駢體書啓彙鈔·鐵橋漫稿·書北堂書鈔原本》後有編者跋云："淵如作跋尾，别紙夾置卷首。其書中用丹筆録錫鬯類要跋者亦石華也。"一應原委，清清楚楚，不致讓讀者産生誤會。

唯《駱丞集》《王子安集》《楊盈川集》《玉溪生集》，目録分卷，正文卻未標示，但目録所列各篇皆已悉數鈔録。

斯編先爲任邱邊氏所藏，民國辛巳（三十年，1941）轉徙到京，傅沅叔先生一見歎爲珍籍，轉告傅治薌先生。時僑居北京之湖北學人關心鄉邦文獻，建有"楚學精廬"。"精廬"諸者以其爲鄉賢遺墨，忻喜過望，以重價購得。上世紀 50 年代隨"楚學精廬"全部藏書一起，歸諸湖北省館。書前有石榮暲"藝苑叢鈔購藏記"於其始末述之甚詳。

湖北

50013

兩湖經心書院課程三種十八卷

清兩湖書院編

清光緒二十四年至二十六年（1898—1900）兩湖書院刻本

兩湖書院經學文抄八種

辛丑講授新班左傳口義三卷
史記言左丘明作春秋傳一卷
漢書藝文志所列春秋家一卷
經典釋文敘録（春秋類）一卷
春秋經傳集解序一卷
春秋正義序一卷
移太常博士書一卷
申左一卷
兵法史畧學七卷
輿地課程不分卷

復旦

50014

愼始基齋叢書十一種十一卷

民國沔陽（今仙桃）盧靖編

清光緒間沔陽盧氏刻民國十二年（1923）彙印本

四庫全書敘一卷　清乾隆四十七年（1782）敕撰
姚彦長觀書例一卷　清羅田姚晉圻撰
田曨初觀書後例一卷　清田明昶撰
四川省城尊經書院記一卷　清張之洞撰
輶軒語一卷　清張之洞撰
書目答問不分卷　清張之洞撰
附校勘記一卷　趙祖銘撰
三道序一卷　民國沔陽（今仙桃）盧靖録
經義韻言一卷　清喻祥麟撰
古今僞書考一卷　清姚際恒撰
天文歌畧一卷　清葉瀾撰
地學歌畧一卷　清葉瀚、葉瀾撰

國圖　科院　北大　上海　天津　遼寧　南京　浙江　湖北　四川

50015

蓉城仙館叢書五種

民國陽新石榮暲編

民國二十三年至二十八年（1934—1939）陽新石氏鉛印本

庫葉島志略四卷　民國陽新石榮暲撰　民國二十四年（1935）鉛印
合河政紀二卷　民國陽新石榮暲撰　民國二十三年（1934）鉛印
明代祕籍三種　民國二十五年（1936）鉛印
草廬經略輿圖總論　明黄州黄之瑞撰
箬藹室詩集一卷　明興國（今陽新）許友撰
訓蒙駢句一卷　明羅田（一説興國）司守謙撰
元代征倭記一卷　民國陽新石榮暲輯　民國二十三年（1934）鉛印
敬畏齋公牘二卷附録一卷　清興國（今陽新）石鑫撰　民國二十八年（1939）鉛印

國圖　首都　科院　北大　上海　復旦　天津　遼寧　南京　湖北　川大

50016

明代祕籍三種

民國陽新石榮暲輯

民國二十五年（1936）陽新石氏鉛印蓉城仙館叢書本

草廬經略輿圖總論　明黄州黄之瑞撰
箬藹室詩集一卷　清興國（今陽新）許友撰
訓蒙駢句一卷　明羅田（一説興國）司守謙撰

國圖　首都　北師大　清華　上海　復旦　遼寧　吉大　山東大　南京　杭大　湖北　川大

郡邑類

50017

鹽邑志林四十一種附一種

明黄岡樊維城編

明天啓三年（1623）樊維城刻本

卷一
陸公紀易解　吴陸績撰
卷二至四
陸公紀京氏易傳註　吴陸績撰
卷五至六

陸元恪草木蟲魚疏

卷又六

干常侍易解　晉干寶撰

卷七至八

干令升搜神記　題晉干寶撰

卷九至十

顧希馮玉篇直音　梁顧野王撰

卷十一

陸廣微吴地記　唐陸廣微撰

卷十二

譚子化書　五代譚峭撰

卷十三

許梅屋樵談　宋許棐撰

卷十四

魯應龍閑牕括異志　宋魯應龍撰

卷十五至十六

常竹牕修海鹽澉水誌　宋常棠撰

卷十七

姚樂年樂郊私語　元姚桐壽撰

卷十八

王方麓檇李記　明王樵撰

卷十九

前令鄭壺陽靖海紀畧　明鄭茂撰

卷二十至二十一

張方洲奉使録　明張寧撰

卷二十二至二十三

徐襄陽西園雜記　明徐咸撰

卷二十四

徐豐崖詩談　明徐泰撰

卷二十五至二十六

錢公良測語　明錢琦撰

卷二十七

許雲邨貽謀　明許相卿撰

卷二十八至二十九

董漢陽碧里雜存　明董穀撰

卷三十

鄭端簡公吾學編餘　明鄭曉撰

卷三十一至三十六

鄭端簡公今言類編　明鄭曉撰

卷三十七至三十八

鄭端簡公古言類編　明鄭曉撰

卷三十九又三十九

錢太常海石子内篇外篇　明錢薇撰

卷四十

王沂陽龍興慈記　明王文禄撰

卷四十一

仇舜徵通史它石　明仇俊卿撰

仇謙謙玄機通　明仇俊卿撰

卷四十二

胡仰崖遺語　明胡憲仲撰

卷四十三

穎水遺編　明陳言、陳所學撰

卷四十四

鍾秉文烏槎幕府記　明鍾兆斗撰

卷四十五

朱武原禮記通註　明朱元弼撰

卷四十六

朱良叔猶及編　明朱元弼撰

卷四十七

鄭敬中摘語　明鄭心材撰

卷四十八

采常吉倭變事畧　明采九德撰

崔鳴吾紀事　明崔嘉祥撰

卷四十九

劉少彝荒著畧　明劉世教撰

卷五十

吕錫侯筆記　明吕兆禧撰

卷五十一

彭孟公江上雜疏　明彭宗孟撰

卷五十二

吴少君遺事　明姚士粦撰

卷五十三至五十五

姚叔祥見只編　明姚士粦撰

附

聖門志　明吕元善輯

是刻半葉十行，行十九字，小字雙行行字同，白口，左右雙邊。《中國古籍善本書目》著録。《中國叢書綜録》之子目未按卷端所題，不規範,拙纂《中國叢書綜録補正》作了訂正,主編《中國古籍總目·叢書部》時再次作了查核。

此爲中國第一部郡邑叢書,是樊氏對中國文獻類型的一種創新(《四庫全書總目》入"子部·雜家類存目")。

國圖　科院　北大　上海　黑大　南京　天一閣

50018

鹽邑志林四十一種附一種

明黄岡樊維城編

民國二十六年(1937)商務印書館影印元明善本叢書十種本

子目同前。

國圖　北師大　中醫　上海　華東師大　上海師大　上海辭書　天津　吉大　甘肅　山東大　福建師大　江西　湖北　四川　重慶　雲南

50019

鹽邑志林四十一種附一種

明黄岡樊維城編

1997年齊魯書社據明天啓三年(1623)樊維城刻本影印四庫全書存目叢書本

湖北

50020

湖北叢書三十種

清趙尚輔編

清光緒十七年(1891)三餘草堂刻本

御定易經通注四卷　清黄岡曹本榮等撰

易領四卷　明京山郝敬撰

周易集解纂疏十卷　清安陸李道平撰

易筮遺占一卷　清安陸李道平撰

易象通義六卷　清漢川秦篤輝撰

尚書辨解十卷　明京山郝敬撰

毛詩原解三十六卷　明京山郝敬撰

詩傳名物集覽十二卷　清黄岡陳大章撰

春秋非左二卷　明京山郝敬撰

春秋楚地答問一卷　清京山易本烺撰

論語類考二十卷　明應城陳士元撰

四書逸箋六卷　清應城程大中撰

孟子雜記四卷　明應城陳士元撰

孟子要畧五卷附録一卷　宋朱熹撰　清漢陽劉傳瑩輯　清曾國藩按

孔子家語疏證十卷　清蘄水(今浠水)陳士珂撰

伸顧一卷　清京山易本烺撰　附劄記一卷　清沔陽(今仙桃)王家鳳札記

史懷二十卷　明景陵(今天門)鍾惺撰

讀史賸言四卷　清漢川秦篤輝撰

學統五十三卷　清孝感熊賜履撰

江漢叢談二卷　明應城陳士元撰

雲杜故事一卷　清京山易本烺撰

導江三議一卷　清監利王柏心撰

姓觿十卷附録一卷劄記一卷　明應城陳士元撰　刊誤一卷　清京山易本烺撰

名疑集四卷　明應城陳士元撰

繹志十九卷　清景陵(今天門)胡承諾撰

讀書説四卷附胡承諾年譜一卷　清景陵(今天門)胡承諾撰

蠕範八卷　清京山李元撰

平書八卷　清漢川秦篤輝撰

樞言一卷續一卷　清監利王柏心撰

楚辭十七卷　楚屈原、宋玉、漢賈誼等撰　漢宜城王逸章句

國圖　科院　北大　上海　復旦　天津　遼寧　甘肅　南京　浙江　湖北　雲南

50021

湖北先正遺書七十二種

民國沔阳(今仙桃)盧靖編

民國十二年(1923)沔陽盧氏慎始基齋影印本

經部

漢上易傳十一卷周易卦圖三卷周易叢説一卷　宋荆門朱震撰　影印通志堂經解本

周易玩辭十六卷　宋江陵項安世撰　影印通志堂經解本

易象鉤解四卷易象彙解二卷　明應城陳士元撰　影印歸雲別集本

詩總聞二十卷　宋興國（今陽新）王質撰　影印武英殿聚珍版書本

讀詩私記五卷　明監利李先芳撰　影印文津閣四庫全書本

三禮圖四卷　明江夏劉績撰　影印文津閣四庫全書本

春秋穀梁傳十二卷附考異一卷　晉范甯集解　唐陸德明音義　民國宜都楊守敬考異　影印古逸叢書本

史部

東觀漢記二十四卷　漢蔡陽（今棗陽）劉珍等撰　影印武英殿聚珍版書本

國語補音三卷　宋安陸宋庠撰　影印微波榭叢書本

紹陶録二卷　宋興國（今陽新）王質撰　影印十萬卷樓叢書本

殿閣詞林記二十二卷　明蒲圻（今赤壁）廖道南撰　影印明刻本

南方草木狀三卷　題晉嵇含撰　影印明弘治間刻百川學海本

荆楚歲時記一卷　梁江陵宗懍撰　影印漢魏叢書本

北戶録三卷　唐江陵段公路撰　唐崔龜圖注　附校勘記一卷　清陸心源撰　影印十萬卷樓叢書本

益部方物畧記一卷　宋安陸宋祁撰　影印學津討原本

益部談資三卷　明安陸何宇度撰　影印舊抄本

嵩陽石刻集記二卷　清黄陂葉封撰　影印文津閣四庫全書本

子部

新語二卷　漢楚陸賈撰　影印明范氏天一閣刻本

揚子法言十三卷附音義一卷　漢揚雄撰　晉江夏（治所在今雲夢）李軌注　影印石研齋本

項氏家説十卷附録二卷　宋江陵項安世撰　影印武英殿聚珍版書本

管子二十四卷　唐房玄齡注　明江夏劉績增注　影印中都四子本

靈臺祕苑十五卷　北周江陵庾季才撰　影印文津閣四庫全書本

書品一卷　梁江陵庾肩吾撰　影印續百川學海本

益州名畫録三卷　宋江夏黄休復撰　影印明嘉靖刻本

畫史一卷　宋襄陽米芾撰　影印明嘉靖刻本

書史二卷　宋襄陽米芾撰　影印説郛本

寶章待訪録一卷　宋襄陽米芾撰　影印明弘治刻百川學海本

海嶽名言一卷　宋襄陽米芾撰　影印明弘治刻百川學海本

海嶽題跋一卷　宋襄陽米芾撰　影印津逮祕書本

古今畫鑑一卷　元東楚湯垕撰　影印學海類編本

樂府雜録一卷　唐江陵段安節撰　影印墨海金壺本

硯史一卷　宋襄陽米芾撰　影印明弘治刻百川學海本

茶經三卷　唐竟陵（今天門）陸羽撰　影印明弘治刻百川學海本

竹譜一卷　晉武昌（今鄂州）戴凱之撰　影印明弘治刻百川學海本

鬻子一卷　舊本題周鬻熊撰　唐逄行珪注　影印明刻本

鶡冠子三卷　宋陸佃解　影印武英殿聚珍版書本

鬼谷子三卷篇目考一卷　梁陶弘景注　清秦恩復校並考　影印石研齋本

名義考十二卷　明蘄州（今蘄春）周祈撰　影印明萬曆刻本

宋景文公筆記三卷　宋安陸宋祁撰　影印學津討原本

麈史三卷　宋安陸王得臣撰　影印知不足齋叢書本
東軒筆録十五卷　宋襄陽魏泰撰　影印明嘉靖刻本
張氏可書一卷　宋襄陽張知甫撰　影印守山閣叢書本
先進遺風二卷　明黄安（今紅安）耿定向撰　明毛在增補　影印明刻本
茅亭客話十卷　宋江夏黄休復撰　影印對雨樓叢書本
酉陽雜俎二十卷續集十卷　唐江陵段成式撰　影印明刻本
陰符經疏三卷　唐李荃撰　影印墨海金壺本
亢倉子一卷　唐宜城王士元撰　影印明刻本

集部

屈原賦注七卷通釋二卷　戰國楚屈原原撰　清戴震注　附音義三卷　清汪梧鳳撰　影印抄本
庾子山集十六卷　北周江陵庾信撰　總釋一卷附庾子山年譜一卷　清倪璠注並撰年譜　影印清倪氏原刻本
李北海集五卷　唐江夏李邕撰　影印全唐文本
集千家註杜工部詩集二十卷文集二卷　唐襄陽杜甫撰　影印明玉几山人刻本
孟浩然集三卷　唐襄陽孟浩然撰　影印明活字印本
丁卯集二卷　唐安陸許渾撰　影印明汲古閣刻本
唐皮日休文藪十卷　唐襄陽皮日休撰　影印明刻本
元憲集三十六卷　宋安陸宋庠撰　影印武英殿聚珍版書本
景文集六十二卷拾遺二十二卷　宋安陸宋祁撰　影印武英殿聚珍版書本
鄖溪集二十八卷補遺一卷續補遺一卷　宋安陸鄭獬撰　校勘記一卷　蒲圻（今赤壁）張國淦撰　影印蒲圻張氏本
寶晉英光集八卷補遺一卷　宋襄陽米芾撰　影印涉聞梓舊本
北湖集五卷　宋興國（今陽新）吴則禮撰　影印舊抄本
紫微集三十六卷　宋襄陽張嵲撰　影印文津閣四庫全書本
漢濱集十六卷　宋穀城王之望撰　影印文津閣四庫全書本
雪山集十六卷　宋興國（今陽新）王質撰　影印武英殿聚珍版書本
客亭類稿十四卷　宋江陵楊冠卿撰　影印文津閣四庫全書本
雪樓集三十卷　元京山程鉅夫撰　影印文津閣四庫全書本
經濟文集六卷　元荆門李士瞻撰　影印舊抄本
鶴年詩集三卷　明武昌（今鄂州）丁鶴年撰　影印文津閣四庫全書本
一山文集九卷　元荆門李繼本撰　影印文津閣四庫全書本
夢澤集十七卷　明黄岡王廷陳撰　影印明刻本
松陵集十卷　唐陸龜蒙撰　影印明汲古閣刻本
唐音十五卷　元襄城（今襄陽）楊士弘輯　影印明嘉靖刻本
臨漢隱居詩話一卷　宋襄陽魏泰撰　影印知不足齋叢書本
觀林詩話一卷　宋楚東吴聿撰　影印守山閣叢書本

國圖　科院　北大　上海　天津　遼寧　寧夏　山東　南京　浙江　湖北　四川

50022

湖北地方古籍文獻叢書三十三種

湖北地方古籍文獻編纂委員會編　張林川主編

1999年、2002年湖北人民出版社、湖北教育出版社鉛印本

楚國史編年輯注不分卷　王杰主編　鄭昌琳編著　1999年湖北人民出版社鉛印一册

湖北舊聞録四十六卷　清蘄州(今蘄春)陳詩輯　姚勇、邱㚝、楊曉蘭點校　1999年湖北人民出版社鉛印　三册

清宫舊事譯注五卷補遺一卷　唐余知古撰　1999年湖北人民出版社鉛印

容美紀游校注一卷附録一卷　清顧彩撰　吴柏森校注　1999年湖北人民出版社鉛印　以上合一册

楚國先賢傳校注一卷　晉張方撰　舒焚校注　1999年湖北人民出版社鉛印

楚師儒傳點校八卷　民國潛江甘鵬雲撰　石洪運點校　1999年湖北人民出版社鉛印　以上合一册

襄陽耆舊記校注三卷　晉襄陽習鑿齒撰　張林川、舒焚校注　1999年湖北人民出版社鉛印　以上合一册

漢口叢談校釋六卷附録一卷　清范鍇撰　江浦等校釋　1999年湖北人民出版社鉛印　一册

武漢竹枝詞二編　徐明庭輯校　1999年湖北人民出版社鉛印　一册

荆州記九種　清陳運溶、王仁俊輯　石洪運點校　1999年湖北人民出版社鉛印

荆州記三卷　劉宋盛弘之撰　清陳運溶集證

荆州記一卷　劉宋盛弘之撰　清王仁俊輯

荆州記一卷　晉范汪撰　清陳運溶輯

荆州記一卷　劉宋庾仲雍撰　清陳運溶輯

荆州記一卷　劉宋郭仲産撰　清陳運溶輯

荆州記一卷　劉宋庾仲雍撰　清王仁俊輯

荆州記一卷　齊劉澄之撰　清陳運溶輯

荆州記一卷　清陳運溶輯

荆州記一卷　清王仁俊輯

襄陽四略二十五卷　清襄陽吴慶燾撰　洪承越點校　1999年湖北人民出版社鉛印

襄陽沿革略一卷

襄陽兵事略六卷

襄陽金石略十二卷

襄陽藝文略五卷附録一卷　以上合一册

明代武當山志二種一册　楊立志編　1999年湖北人民出版社鉛印

敕建大嶽太和山志十五卷　明任自垣纂修　楊立志點校

大嶽太和山志八卷補遺一卷　明淩雲翼修　明盧重華纂　楊立志點校

荆楚修疏指要五卷首一卷　清沔陽(今仙桃)胡祖翮撰　毛振培點校　1999年湖北人民出版社鉛印

修防事宜二卷首一卷

水道参考三卷

楚北水利堤防紀要二卷　清俞昌烈撰　毛振培等點校　清戴梅棣繪圖　1999年湖北人民出版社鉛印　以上合一册

楚辭注釋不分卷　戰國楚屈原等原撰　馬茂元主編　楊金鼎等編撰　1999年湖北人民出版社鉛印

襄陽守城録一卷　宋趙萬年撰　方成慧點注　2002年湖北教育出版社鉛印

潛江舊聞録八卷　民國潛江甘鵬雲撰　2002年湖北教育出版社鉛印　以上合一册

楚書一卷　明陶晉英撰　温顯貴點注　2002年湖北教育出版社鉛印

楚史檮杌一卷　明吴琯輯　温顯貴點注　2002年湖北教育出版社鉛印

紫陽書院志略一卷　清董桂敷輯　2002年湖北教育出版社鉛印

湖北金石詩一卷　清嚴觀撰　馬紹基案語　李進點注　2002年湖北教育出版社鉛印　以上合一册

湖北通志檢存稿四卷　清章學誠撰　郭康松點校　2002年湖北教育出版社鉛印

湖北通志未定稿一卷　清章學誠撰　郭康松點校　2002年湖北教育出版社鉛印　以上合一册

續漢口叢談六卷　民國羅田王葆心撰　陳志平、張志雲、余皓點校　2002年湖北教育出版社鉛印
再續漢口叢談四卷　民國羅田王葆心撰　温顯書等點校　2002年湖北教育出版社鉛印　以上合一册
大别山志十卷首一卷　清胡鳳丹撰　李桂生、何詩海點注　2002年湖北教育出版社鉛印
鸚鵡洲小志四卷首一卷　清胡鳳丹撰　杜朝暉點注　2002年湖北教育出版社鉛印　以上合一册
荆州駐防志十六卷　清希元等修　清恩澤等纂　林久忠點注　2002年湖北教育出版社鉛印　一册
荆州萬城堤志十卷首一卷末一卷　清倪文蔚纂　毛振培等點校　清戴梅棣繪圖　二〇〇年湖北教育出版社鉛印
荆州萬城堤續志九卷首一卷末一卷　清舒惠撰　毛振培等點校　清戴梅棣繪圖　2002年湖北教育出版社鉛印　以上合一册
［宣統］湖北藝文志十六卷附補遺六卷　湖北通志局編纂　石洪運校注並補遺　2002年湖北教育出版社鉛印　二册
陳沆集七種十六卷　清蘄水（今浠水）陳沆撰　宋耐苦、何國民編校　2002年湖北教育出版社鉛印　一册
簡學齋詩存四卷
簡學齋詩刪四卷
簡學齋館課試律存一卷
簡學齋試律續抄一卷
簡學齋試律詳註一卷
簡學齋館課賦續抄一卷
詩比興箋四卷
米芾集　宋襄陽米芾撰　黄正雨、王心裁輯校　2002年湖北教育出版社鉛印　一册
詩集四卷詞集一卷文集一卷
書畫論集
書史
畫史
硯史
寶章待訪録
海嶽題跋
海嶽名言
附
米芾研究資料集

斯編並無總目。兹僅就湖北、武漢二館所入藏者略依刊印時間先後著録之，其種數與網上所列相一致。通觀全編，子目排列無序。林文先生撰文有“第三輯”之説，但全書不見分輯之標識。

湖北　武漢

50023
沔陽叢書十二種九十卷
民國沔陽（今仙桃）盧弼編
民國十一年至十五年（1922—1926）沔陽盧氏慎始基齋刻二十年彙印本
［嘉靖］沔陽州志十八卷　明曾儲修　明沔陽（今仙桃）童承叙纂　民國十五年（1926）刻
内方先生集八卷附鈔一卷附録一卷　明沔陽（今仙桃）童承叙撰
市隱園集三十卷附録一卷　明沔陽（今仙桃）費尚伊撰
默耕詩選二卷　清沔陽（今仙桃）李何煒撰　民國十四年（1925）刻
補希堂文集四卷附録一卷　清沔陽（今仙桃）張泰來撰
玩草園詩鈔一卷文集一卷附録一卷　清沔陽（今仙桃）劉棪撰
陸文節公奏議五卷附録一卷　清沔陽（今仙桃）陸建瀛撰　民國十五年（1926）刻
聽春草堂詩鈔二卷附録一卷　清沔陽（今仙桃）周揆源撰　民國十五年（1926）刻
海嶽行吟草十卷附録一卷　清沔陽（今仙桃）劉興樾撰

子銘先生遺集二卷　清沔陽（今仙桃）李臯撰　民國十一年（1922）刻
萬里遊殘稿三卷　清沔陽（今仙桃）陸光祖撰　民國十三年（1924）刻
展碧山房駢體文選二卷　清沔陽（今仙桃）邵樹忠撰　民國十三年（1924）刻
科院　北大　上海　天津　吉大　南京　湖北

50024
崇雅堂叢書初編十二種
民國潛江甘鵬雲編
民國十一年至二十四年（1922—1935）潛江甘氏崇雅堂刻本
談經九卷　明京山郝敬撰　附録一卷　清潛江甘鵬雲撰　民國二十三年（1934）刻
魯文恪公集十卷　明景陵（今天門）魯鐸撰　附録二卷　民國潛江甘鵬雲撰　民國十一年（1922）刻
大隱樓集十卷補遺一卷　明嘉魚方逢時撰　附校勘記二卷　民國潛江甘鵬雲等撰　民國十一年（1922）刻
晉陵先賢傳四卷　明潛江歐陽東風撰　民國二十年（1931）刻
素風居士集攟遺二卷　明潛江歐陽東風撰　附録一卷　民國潛江甘鵬雲集録　民國二十二年（1933）刻
逸樓論史一卷　清麻城李中黄撰　民國二十一年（1932）刻
楚師儒傳八卷　民國潛江甘鵬雲撰　民國二十一年（1932）刻
潛江舊聞八卷　民國潛江甘鵬雲撰　民國二十三年（1934）刻
潛廬類稿十三卷　民國潛江甘鵬雲撰　民國二十三年（1934）刻
潛廬詩録六卷　民國潛江甘鵬雲撰　民國二十年（1931）刻
潛廬隨筆十三卷　民國潛江甘鵬雲撰　民國二十二年（1933）刻
潛江貞石記八卷　民國潛江甘鵬雲撰　民國二十四年（1935）刻
國圖　北大　上海師大　吉大　南京　湖北

50025
羅田王氏校印鄉哲遺書六種
民國羅田王葆心編並校
民國二十年（1931）武昌石印本
經義積微記四卷　民國羅田姚晉圻撰
皖遊紀聞一卷　清羅田張星焕撰
轆轤亭筆記一卷　清羅田張星焕撰
竹中記一卷　清漢陽魏晉封撰
西除集一卷　清漢陽魏晉封撰
鄧雲山先生詞二種　羅田鄧譯撰
曉寒詞一卷
被愁詞一卷

臺灣出版之《續修四庫全書總目提要》著録。僅見過某些零種。藏書單位待訪（或許湖北省館可以清理、拼成全帙。）

氏族類

50026
臥園四種（一名臥園全集）附刻三種
清羅田潘焕龍編
清道光羅田潘氏自刻袖珍本
臥園詩話四卷補編二卷　清羅田潘焕龍撰
官閣聯吟三卷　清羅田潘焕龍輯
碧雲樓吟稿一卷　清羅田楊清材撰
韻芳閣吟稿一卷　清羅田潘焕榮撰
浣芳閣吟稿一卷　清羅田潘焕吉撰
鄂遊日記一卷　清羅田潘焕龍撰
洧陽送別詩一卷　清羅田潘焕龍輯
附刻
名媛韻事五卷　清鵲華館主人（王偁）撰
嵎陽詩説八卷　清鵲華館主人（王偁）撰
匡山叢話五卷　清鵲華館主人（王偁）撰
湖北省館所藏無附刻三種。
湖北

50027
蔣氏遺編四種六卷
清漢陽胡兆春編
清同治十一年(1872)刻本
就正編二卷　清漢陽蔣鳴奎撰
望藩存稿一卷　清漢陽蔣魯封撰
願學堂詩集二卷　清漢陽蔣魯傳撰
摘録漢南詩約一卷　清漢陽蔣椿撰
湖北

50028
蔣氏遺編四種六卷
清漢陽胡兆春編
清同治十一年(1872)刻民國二十五年(1936)余家蒠印本
就正編二卷　清漢陽蔣鳴奎撰
望藩存稿一卷　清漢陽蔣魯封撰
願學堂詩集二卷　清漢陽蔣魯傳撰
摘録漢南詩約一卷　清漢陽蔣魯椿撰
湖北

獨撰類

50029
米襄陽志林五種
宋襄陽米芾撰　明范明泰編
明萬曆三十二年(1604)范氏刻清宛堂刻重修本
米襄陽志林十三卷
米襄陽遺集一卷
海嶽名言一卷
寶章待訪録一卷
研史一卷
國圖　北大　清華　上海　吉林　安徽　青島博　浙江　武大　中大

50030
米芾集
宋襄陽米芾撰　黄正雨、王心裁輯校
2002年湖北教育出版社鉛印湖北地方古籍文獻叢書本
詩集四卷詞集一卷文集一卷
書畫論集
書史
畫史
硯史
寶章待訪録
海嶽題跋
海嶽名言
附
米芾研究資料集
湖北　武漢

50031
曾確菴三種四卷
明承天(今鍾祥)曾省吾撰
明萬曆顧爾行刻本
司空校秦翰牘一卷
司空撫蜀翰牘一卷
司空平蠻餘録二卷
是刻半葉八行,行十八字,白口,四周單邊。《中國古籍善本書目》著録,僅該館有藏。
科院

50032
朱秉器全集六種十四卷
明朱孟震撰　明興國(今陽新)吴國倫、張九一輯
明萬曆濟美堂刻本
朱秉器文集四卷
朱秉器詩集四卷
河上楮談三卷
汾上續談一卷
浣水續談一卷
遊宦餘談一卷
是刻半葉九行或半葉十行,行十八字,白口,四周單邊。《中國古籍善本書目》著録。
首都×　北大　科院×　中國社科院文學所×

上海　祁縣ˣ　四川ˣ

50033

袁中郎集七種四十二卷

明公安袁宏道撰

明萬曆勾吴袁氏書種堂刻本

錦帆集四卷附去吴七牘一卷

解脱集四卷

瀟碧堂集二十卷

瓶花齋集十卷

瓶史一卷

廣莊一卷

敝篋集一卷

近人錢伯城《袁宏道集箋校凡例》云:"吴郡袁叔度(無涯)書種堂寫刻本,分别刊於萬曆三十年(1602)、三十六年(1608)、三十八年(1610),共七種……總稱《袁中郎七種》,係袁中道稱爲'精而不備'之本。然所分種數及集名,悉合作者原意,雖非全集,無愧'精本'之稱。"此前雖有公安家刻本,已不得見,故其成爲現存袁集最早之本。然斯編或初始並無總名,各家書目均將子目各書以單種著録。

楊家駱《叢書大辭典》有《袁石公集》,較此多《狂言》一卷、《華嵩遊草》一卷,卻無末一種;陽海清《中國叢書廣録》,收有《袁石公集》九種,較楊氏多《敝篋集》,皆著録袁氏書種堂刻本,恐不準確。孫殿起《販書偶記》提及《袁石公九種》之名,未言其詳。

荆州ˣ

50034

袁使君集十四種五十七卷

明公安袁宏道撰

明萬曆三十三年(1605)刻本

存十二種三十六卷

錦帆集四卷

廣陵集一卷

桃源詠一卷

廣莊一卷

瓶花齋集十卷

解脱集四卷

華嵩遊草二卷

觴政一卷

破研齋集三卷

瓶史一卷

敝篋集二卷

袁石公遺稿六卷

是刻半葉九行,行十八字,白口,左右雙邊。《中國古籍善本書目》著録,僅天一閣藏此殘本,未知所缺二種爲何。

天一閣ˣ

50035

袁中郎十集十六卷

明公安袁宏道撰

明周應麐刻本

廣莊一卷

敝篋集二卷

破研齋集三卷

廣陵集一卷

桃源詠一卷

華嵩遊草二卷

瓶史一卷

觴政一卷

狂言二卷

狂言别集二卷

是刻半葉九行,行二十字,白口,左右雙邊。《中國古籍善本書目》著録。

入《禁書知見録·外編》。有姚士粦《袁中郎十集敘》。封面五欄:右二欄刻"袁中郎先生十集",左三欄刻子目和"四宜堂藏版"。子目各書自有封面,鎸"繡水周氏家藏"。

國圖　清華　科院　上海　復旦　南開　山東　南京　浙江　湖北　四川

50036

袁宏道集箋校五十五卷附録三卷

明公安袁宏道撰　錢伯城箋校

1981年上海古籍出版社鉛印中國古典文學叢書本

卷一至二
敝篋集
卷三至六
錦帆集
卷七
去吴七牘
卷八至十一
解脱集
卷十二
廣陵集
卷十三至二十二
瓶花齋集
卷二十三
廣莊
卷二十四
瓶史
卷二十五至四十四
瀟碧堂集
卷四十五至四十七
破研齋集
卷四十八
觴政
卷四十九
墨畦
卷五十至五十一
華嵩游草
卷五十二
場屋後記
卷五十三至五十五
未編稿
附録一
輯佚
附録二
傳記　評論　著録
附録三
序跋

本書前有校注者所撰《前言》《凡例》、目録。正文則以佩蘭四十卷本爲底本，校以吴郡書種堂本、袁小修編校本、梨雲館本、《袁中郎十集》本、《袁中郎未刻遺稿》本、翠娱閣評選本以及《明詩鈔》，《廣莊》并用禪悦山房本與陳眉公重訂本，《瓶史》并用陳眉公訂本分别加校。本書校勘，不論校改或臚陳異文，都作出校記，附載各篇之後。所編附録三卷，彙輯了研究袁宏道的重要參考資料。對《狂言》等贋書則棄而不録。

湖北

50037

大雅堂訂正枕中十書十卷

明李贄輯　明公安袁宏道校
明刻本

卷一　甲集　大雅堂訂正精騎録
卷二　乙集　大雅堂訂正篔窗筆記
卷三　丙集　大雅堂訂正賢奕選
卷四　丁集　大雅堂訂正文字禪
卷五　戊集　大雅堂訂正異史
卷六　己集　大雅堂訂正博識
卷七　庚集　大雅堂訂正尊重口
卷八　辛集　大雅堂訂正養生醍醐
卷九　壬集　大雅堂訂正理譚
卷十　癸集　大雅堂訂正騷壇千金訣

《中國古籍善本書目》和中科院《中文古籍善本書目》著録，兹從後者。

國圖　清華　科院　中國社科院文學所　歷史博　上海　遼寧　浙江　中大　廣東社科院

50038

大雅堂訂正枕中十書十卷

明李贄輯　明公安袁宏道校
明刻積秀堂印本

子目同前。

科院

50039

曾確菴三種

明承天(今鍾祥)曾省吾撰

明萬曆顧爾行刻本

司空校秦翰牘一卷

司空撫蜀翰牘一卷

司空平蠻餘録二卷

是刻半葉八行，行十八字，白口，四周單邊。《中國古籍善本書目》著録，僅該館有藏。

《中國人名大辭典》："曾省吾，明鍾祥人，嘉靖進士，累官工部尚書。出張居正門，遂與王篆爲之羽翼。居正卒，諸交劾之，坐削籍。"

科院

50040

歸雲别集十種七十四卷

明應城陳士元撰

明萬曆十一年（1583）自刻本

姓彙四卷

姓觽十卷

名疑四卷

古俗字略七卷

夢占逸旨八卷

論語類考二十卷

孟子雜記四卷

易象鈎解四卷

易象彙解二卷

五經異文十一卷

是刻半葉九行，行二十字，白口，四周單邊。《中國古籍善本書目》著録。頗多要籍。

國圖　北大　祁縣 ×

50041

歸雲外集十種六十七卷

明應城陳士元撰

明萬曆十七年（1589）自刻本

隈疾恆談十五卷

楚故畧二十卷

象教皮編六十卷

廣禹貢楚絕書二卷

荒史六卷

世曆四卷

江漢叢談二卷

俚言解二卷

諸史夷語音義四卷

嶽紀六卷

《中國古籍善本書目》將其與《歸雲别集》併爲一個款目著録，兹仿歷代書目各自立目揭示。其餘説明文字同《歸雲别集》。

國圖　北大　祁縣 ×

50042

歸雲别集十種

明應城陳士元撰

清道光十三年（1833）應城吴毓梅刻本

姓彙四卷

姓觽十卷

名疑集四卷

古俗字畧五卷漢碑用字一卷俗用雜字一卷

夢占逸旨八卷

論語類考二十卷

孟子雜記四卷

易象鈎解四卷

易象彙解二卷

五經異文十一卷

國圖　科院　北大　上海　復旦　天津　遼寧　陝西　山東　南京　浙江　湖北

50043

歸雲别集十種

明應城陳士元撰

清道光十三年（1833）應城吴毓梅刻咸豐同治間補刻本

子目同前。

遼寧

50044

劉子三種九卷

明安陸劉伯生撰

明萬曆刻本

劉子易屬五卷

劉子素言二卷

劉子詩二卷

伯生字性甫,號大鶴。明嘉靖乙丑進士,歷官南京吏部郎中,以多投劾歸田卒。《孝感志》《安陸志》文學有傳。

是刻半葉九行,行十八字,白口,四周雙邊;或半葉八行,行十七字,白口,左右雙邊。《中國古籍善本書目》著録,僅國家圖書館有藏。

《傳是樓書目》將三種子目分開著録。

國圖

50045

瞿聘君全集十一種不分卷

明黄梅瞿九思撰

明萬曆三十五年(1607)史學遷刻本

書經以俟録不分卷

樂經以俟録不分卷

易經以俟録不分卷

徵聘本末不分卷

曆正不分卷

佛鑰不分卷

幽贊録不分卷

萬曆武功録不分卷

實用編不分卷

蓄艾編不分卷

土俗章程不分卷

是刻半葉九行,行二十字,白口,間有黑口,四周雙邊。《中國古籍善本書目》著録,僅該館有藏。

國圖

50046

瞿聘君全集十一種不分卷

明黄梅瞿九思撰

清抄本

子目同前。此依《中國叢書廣録》,而《中南、西南地區省、市圖書館館藏古籍稿本提要(附鈔本聯合目録)》又收有其中四種子目之"民國抄本"。

湖北

50047

山草堂集二十八種一百五十三卷

明京山郝敬撰

明萬曆崇禎間郝洪範刻本

内編

談經九卷

易領四卷

問易補六卷續録一卷

學易枝言四卷

毛詩序説八卷

春秋非左二卷

四書攝提十卷附録一卷

時習新知六卷

閑邪記二卷

諫草二卷

小山草十卷

嘯歌二卷

藝圃傖談四卷

史漢愚按八卷

四書制義六卷

讀書通二十卷

外編

批點左氏新語二卷

批點史記瑣瑣二卷

批點前漢書瑣瑣四卷

批點後漢書瑣瑣六卷

批點三國志瑣瑣四卷

批點晉書瑣瑣六卷

批點南史瑣瑣四卷

批點北史瑣瑣四卷

批點舊唐書瑣瑣四卷

批選杜工部詩四卷

批選唐詩二卷

蜡談六卷

是刻半葉九行,行十八字,白口,四周單邊。全國善本書普查,斯編未見全帙,犹記《中國古籍善本書目》之著録是將各館所報子目彙總,並核以此前諸彙刻書目之記載而確定的。

國圖$^{\times}$　清華$^{\times}$　科院$^{\times}$　上海辭書$^{\times}$　吉林$^{\times}$　無錫$^{\times}$　湖北$^{\times}$

50048

雲鴻洞稿八種

明蘄水(今浠水)官撫辰撰

明崇禎間金陵刻本

一編

貴希函三十九卷

二編

守待函十一卷

鍾金子一卷

教戰書五卷

陣法十三解一卷

登陴答問二卷

賊退譚餘一卷

三聲堂捷報一卷

僅知該館有藏,存世極稀。

臺圖

50049

漢陽魏氏遺書二種

清漢陽魏晉封撰　羅田王葆心校訂

校訂者稿本

竹中記一卷

酉除集一卷

《竹中記》記明崇禎年間事。名家校訂,魏氏著作僅存。

湖北

50050

漢陽魏氏遺書二種

清漢陽魏晉封撰　羅田王葆心校訂

民國十八年(1929)羅田王葆心石印本

竹中記一卷

酉除集一卷

科院　上海　青島　南京　湖北

50051

愚齋先生著書六種

清孝感熊賜履撰

清康熙刻本

下學堂劄記三卷

下學堂規一卷

下學堂會約一卷

樸園邇語二卷

歸潔園偶筆一卷

五緯正圖解一卷

湖北

50052

逸樓四論(一名四論奇賞、逸樓偶著)四卷

明麻城李中黄撰

清康熙刻本

逸樓論史一卷

逸樓論文一卷

逸樓論詩一卷

逸樓論禪一卷

中黄字子石,號逸樓,明嘉靖間著名諸生。據《麻城縣志》:其自幼喪父,家境貧寒,性格豪爽。一生好讀詩書,學識淵博。所著《四論》,頗有獨到之處。往昔書目,多誤著録其爲"清"人。《販書偶記》收有清康熙刻本。

是書罕見。藏書單位待訪。

50053

四論奇賞(逸樓四論、逸樓偶著)四種

明麻城李中黄撰

清抄本

逸樓論史一卷

逸樓論文一卷

逸樓論詩一卷

逸樓論禪一卷

科院

50054

式馨堂全集(式馨堂集)八種

清麻城魯之裕撰

清康熙雍正間刻本

文集(趣陶園集)十五卷　清康熙三十三年(1694)刻

詩集十二卷　清雍正間刻

詩後集八卷　清雍正間刻

詩餘偶存一卷　清雍正間刻

蜕窩集一卷　清雍正間刻

唐試帖細論六卷　清康熙間刻

書法彀三卷　清康熙五十七年(1718)宏雅堂刻

救荒一得二卷　清俞森撰　清魯之裕訂　清康熙五十七年(1718)刻

其中詩文集入清代禁燬書目。其籍貫有三説,參見《式馨堂文集》之附注。

國圖

50055

瘦羊録十四種

清天門熊士鵬撰

清嘉慶道光間刻本

鵠山小隱詩集十六卷補遺一卷附詩話一卷　清嘉慶二十年(1815)刻

鵠山小隱文集十卷

東坡詩集一卷　清道光六年(1826)刻

東坡文集一卷　清道光六年(1826)刻

壯遊草一卷

天門書院雜著一卷

耄學集詩一卷續刻一卷文一卷續刻一卷　清道光十六年(1836)刻

桐芭雜著一卷

吾同山館改課一卷

吾同山館試帖

荆湖知舊詩鈔二卷　清天門熊士鵬輯　清道光六年(1826)刻

竟陵詩選十三卷續刻一卷補遺一卷　清天門熊士鵬輯　清道光三年(1823)刻

竟陵詩話一卷　清天門熊士鵬輯　清道光三年(1823)刻

竟陵文選三卷　清天門熊士鵬輯　清道光十六年(1836)刻

斯編傳世甚稀,頗多地方文獻。湖北省館收有其中第一至五種、第七種和後四種。

北大　内蒙古 ×　湖北 ×

50056

劉氏三種

清江陵劉士璋撰

清道光十九年(1839)江陵劉氏刻本

漢上叢談四卷

夢竹軒筆記二卷

江陵縣志刊誤六卷

據《中國叢書綜録》,僅國家圖書館藏有全帙。北師大、湖北省館藏有零種。楊家駱《中國叢書大辭典》不見《劉氏三種》之名。

國圖

50057

雲巖叢書十二種

清江陵李炤祿撰輯

清刻彙印本

雲巖小志八卷　清江陵李炤祿輯　清嘉慶七年(1802)刻

靈巖小志一卷　清刻本

琴劍集三卷　清江陵李炤祿輯　清嘉慶刻

琴劍集一卷

鶴心偶寄一卷

鴻爪留餘一卷

律杜一卷　清刻本

律李一卷　清刻本

律選一卷　清刻本

賦草一卷交一卷　清刻本

壽蘐詞五卷末一卷　清刻本

斑菊一卷　清刻本

黔風十二卷　清傅玉書輯　清嘉慶二十二年(1817)刻

律陶一卷　清刻本

律唐一卷　清刻本

炤祿號乙閣,以優貢選黄平州吏目,遷貞豐

知州。《中國叢書綜録》與《中國古籍總目》均入"独撰叢書類",僅知科院有藏。

科院

50058

彙源堂全集五種

清興國(今陽新)朱浩文撰

清光緒二十一年(1895)湖北官書局刻本

奇門旨歸三十八卷

小大學程十卷

家常必讀四卷

童蒙便讀四卷

彙源堂叢稿十卷

茲依施廷鏞《中國叢書綜録續編》。湖北館係將其子目分開著録,但未全見。

湖北

50059

橋西山館雜著八種十卷

清枝江王永彬撰

清同治間橋西山館刻本

孝經襯解一卷附孝經考證一卷

歷代帝統年表一卷

先正格言集句一卷

朱子治家格言註一卷

圍爐夜話一卷

六書音義辨略二卷

六書辨略一卷

音義辨略一卷

禊帖集字楹聯一卷附蘭亭懷古八絕一卷

拙纂《中國叢書廣録》著録。橋西山館位於今宜都縣余家橋村。著者之第八代孫洪强根據方志、族譜記載和實地走訪、調研,撰成《族譜中關於〈圍爐夜話〉作者王永彬的資料考述》(載《文獻》2012年第1期),對其世系、生平、事迹、著述作了翔實考證和介紹:永彬(1792—1869)字潤芳,號宜山,原籍咸寧,其父始遷居枝江。其博學儒雅,著述甚富;不喜科舉,隱居教授。兩度與修《枝江縣志》。去世後葬於筆架山,墓尚在,墓碑中題"敕授修職郎王公宜山之墓";左右墓聯曰"著述高風青山含笑;俯仰陳蹟絳雲在霄";背面則爲監利進王柏心撰傳。碑之兩旁對聯爲:"獨柱有靈山兼水抱;石門無恙地以人傳。"所撰《圍爐夜話》被譽爲中國古代"處世三大奇書"之一。

湖北

50060

求是齋雜存六種

清江夏彭崧毓撰

清同治刻本

緬述一卷

附緬甸風土詩一卷　清武昌(今鄂州)王家璧撰

雲南風土紀事詩一卷

漁舟紀談二卷

漁舟續談一卷

山中懷往詩一卷

養親須知二卷

中饋録一卷

温清録一卷

據《中國叢書綜録》,僅該館有藏,説明其流布甚稀。或有將其録爲"六種"者,大約是將第三、四種和第六、七種子目各作一種計。

國圖

50061

紙園叢書八種

清京山易本烺撰

清咸豐同治間刻本及抄本

青龍山集一卷　清同治三年(1864)刻

紙園筆記經餘三卷　抄本

紙園筆記史畧二卷　抄本

紙園筆記皇朝故事二卷　抄本

讀左劄記七卷　抄本

一粟齋試帖一卷　清咸豐九年(1859)耕經堂刻

一蠡詩存二卷　抄本

運詩一卷

倒字詩一卷

易解囈通一卷

《中國叢書綜録》與《中國古籍總目·叢書部》著録。斯編刻本、抄本並存，且僅科院一家有藏。未知其生成情况如何，究竟是輯者有編纂叢書之意，抑是藏家所爲？慮及兩大書目已收，兹予照録；但在析離其子目設置款目時，不再著録"紙圍叢書本"字樣。

科院

50062

萬青軒全書(一名尉山堂全集)五種

清興國(今陽新)萬斛泉撰

清光緒刻本

春秋四傳詁經十五卷　清光緒三十四年(1908)刻

尉山堂稿十四卷　清光緒三十二年(1906)疊山書院刻

通鑑綱目前編辨誤二卷　清光緒二十一年(1895)尉山堂刻

資治通鑑綱目正編正誤補三卷　清光緒二十一年(1895)尉山堂刻

萬青軒先生年譜一卷　清張鼎元撰　清光緒三十二年(1906)疊山書院刻

斯編各種之刊刻時間長達十四年，或係隨印隨售。未知起始即有刊刻叢書之意，抑是後纔彙爲斯編；是有過彙印，抑是藏者所爲？待考。以此之故，本目録未將其單行品種視爲該叢書之零種。

國圖　南大　湖北

50063

賜龍堂文鈔四種

清江夏彭瑞毓撰

稿本

賜龍堂奏牘一卷

賜龍堂雜著一卷

彭氏家訓四卷

星軺理舊録不分卷

《中國古籍善本書目》僅收前兩種，不全。拙纂《中國叢書廣録》著録。

瑞毓字子嘉，江夏人。清咸豐二年(1852)授編修，官至軍機大臣、工部尚書。

湖北

50064

王家璧雜著九種

清武昌(今鄂州)王家璧撰

稿本

清宣宗成皇帝實録校對日記一卷

王柄塵尾一卷

緯書箋註一卷

洪範通易説一卷

老子融解二卷　清林壽圖題識　清趙新僭跋

陰符經融解一卷

司馬法融解一卷

吴子融解一卷

王氏家談二卷

《中國古籍善本書目》收有《王家璧雜著六種》，不含此列第六至八種。編纂《中國古籍總目·叢書部》時，發現此三者隱含其中，故予正之。

湖北

50065

漢陽劉椒雲遺書五種

清漢陽劉傳瑩撰

清光緒十二年至三十四年(1886—1908)刻本

襄城三説

日記

遺囑

書札　以上合一卷　清光緒三十四年(1908)刻

漢魏石經考三卷　清光緒十二年(1886)鳳

山學舍刻

此書是否彙印、何時彙印以及與下一款目之關係待考。湖北省館藏另一部,衹收前四種。

湖北

50066

劉蕉雲先生遺書二種

清漢陽劉傳瑩撰

清宣統二年(1910)刻本

劉蕉雲先生遺書一卷

漢魏石經考三卷

大連

50067

卤園續刊四種五卷

清麻城程然曾撰

清光緒八年(1882)花山卤山園刻本

卒歲吟二卷

自怡編一卷

無憀目録一卷

南窗漫鈔一卷

然曾,諸生。

湖北

50068

春暉雜稿十一種附五種

清蘄水(今浠水)郭階撰

清光緒十五年(1889)蘄水郭氏自刻本

大學古本釋一卷

中庸釋一卷

學庸識小一卷

周易漢讀考三卷序一卷

讀史提要録評一卷

天均巵言一卷

老子識小一卷

莊子識小一卷

芹曝録内篇一卷

遲雲閣詩稿四卷文稿五卷

附

日知堂筆記三卷　清蘄水(今浠水)郭沛霖撰

日知堂賸集一卷　清蘄水(今浠水)郭沛霖撰

日知堂試帖一卷

郭光禄公家傳一卷　清胡增廓撰

國史館(郭沛霖)傳一卷

沛霖爲郭階之父,以其著作爲附刻,故斯編不能入"氏族叢書"類。《中國古籍總目·叢書部》《中國叢書綜録》均收。

國圖　科院　北大　上海　遼寧　甘肅　福建師大　江西　湖北

50069

是園遺書(一名傳魯堂遺書)七種

清羅田周錫恩撰

民國四年至二十八年(1915—1939)刻本

傳魯堂文集六卷　民國二十八年(1939)刻

傳魯堂駢文三卷　民國四年(1915)刻

傳魯堂詩初集　民國四年(1915)刻

傳魯堂詩二集四卷　民國四年(1915)刻

易説二卷　民國四年(1915)刻

使陝記三卷　民國四年(1915)刻

觀二生齋隨筆一卷楹聯附録一卷　民國十九年(1930)刻

錫恩(1852—1899)字伯晋,一字蔭常。光緒丙子優選貢生,參與朝考。己未舉人,癸未進士,選翰林院庶吉士,授編修,充國史館、功臣館修纂,與長沙張文達齊名,有"北周南張"之譽。曾從張裕釗學古文法,而於古近體及駢體文造詣尤深。曾被光緒帝召見。清廷割地賠款,其在武昌與吏部主事陳三立抱頭痛哭。甲午後,轉向地方官獻策改良吏治。晚年歸里,築"是園"。未久抑鬱而終。

其駢文一刻再刻。

國圖　北大　北師大　吉大　山東　湖北

50070

楊守敬集四十三種

民國宜都楊守敬撰　謝承仁主編

1996年湖北人民出版社、湖北教育出版社鉛印本

第一册

鄰蘇老人年譜　郗志羣整理

禹貢本義　郗志羣整理

四書識小録　侯英賢整理

論語事實録　王純新整理

三毫考　孫明德、裴兆仁整理

漢書地理志補校　吴之仁、吴之稱整理

三國郡縣表補正　吴之稱整理

第二册

支那地志摘譯　李錫璉整理

隋書地理志考證　施和金整理

第三册

水經注疏（上）謝承仁、侯英賢整理

第四册

水經注疏（下）謝承仁、侯英賢整理

第五册

水經注圖　甑國憲、陳芝整理

水經注趙戴合校勘本　張潤生整理

湖北江漢水利議　王永瑞整理

湖北金石志　劉先枚整理

荆州府志　歐陽景賢整理

晦明軒稿　施和金整理

第六册

歷代經籍存佚考　石洪運整理

漢書二十三家注鈔　褚佩瑜等整理

古詩輯存目録　母庚才整理

第七册

增訂叢書舉要　民國宜都楊守敬、李之鼎編　曾夢陽、丁曉山整理

續羣書拾補　郗志羣、周曉柏整理

第八册

日本訪書志　劉昌潤整理

日本訪書志補　劉昌潤整理

藏書絶句　郗志羣標點

學書邇言　陳上岷整理

激素飛青閣評碑記　陳上岷整理

激素飛青閣評帖記　陳上岷整理

三續寰宇訪碑録　宋生整理

壬癸金石跋　陳建堂、施安昌整理

鄰蘇老人題跋　裘兆仁、謝聖傑、鮑國强整理

第九册

寰宇貞石圖　徐無聞整理

高麗好大王碑　薛英整理

第十册

滎陽鄭氏碑　伍躍整理

泰山經石峪　歐陽中石、安廷山整理

匡喆刻經頌　冀亞平、賈雙喜整理

第十一册

望堂金石　郗志羣、賈雙喜、冀亞平整理

第十二册

古泉藪　王樹偉整理

飛青閣錢譜　王樹偉整理

元押　蔡美彪整理

第十三册

楷法溯源　歐陽中石整理

鄰蘇老人鄉試硃卷　董增剛整理

影寫隸古定尚書商書殘卷　劉先枚整理

清客筆話　陳捷整理

湖北

50071

花隱老人遺著二種四卷

民國潛江甘樹椿撰

民國十三年（1924）甘鵬雲雅堂排印本

靈庵先生遺詩二卷

甘氏家訓二卷

樹椿字雨亭，號靈庵。歲貢。學者私謚爲温介先生。

國圖　首都　清華　上海　上海師大　遼寧　山東　山東大　福建師大　湖北

50072

甘蔗室賸稿十五種

民國饒欽豁撰

稿本

讀詩隨筆三册
讀左筆記二册
讀漢書偶記一册
讀史兵畧兵事綱要一册
讀書記一册
詩文一册
書一册
武昌張次功先生年譜一册
日記一册
筆記五册
雜稿十四册
雜鈔二册
友書存二册
童氏學記　清童樹棠撰
高等文學講義

湖北

50073

羅田張氏筆記二種

民國羅田張星煥撰
民國十九年(1930)青垞石印本
皖遊紀聞一卷
轆轤亭筆記一卷

湖北　黄岡

50074

甘氏家藏稿四種二十卷附一種五卷

民國潛江甘鵬雲撰
民國二十七年至二十八年(1938—1939)甘氏崇雅堂鉛印本
經學源流八卷
方志商二卷
國學筆談二卷
潛廬續稿八卷
附
潛江書徵四卷附録一卷

北師大　湖北

50075

姚氏遺書三種六卷

民國羅田姚晉圻撰
民國二十四年(1935)沔陽盧靖石印本
東安日程一卷
姚氏家俗記一卷
經義積微記四卷

晉圻(1857—1916)字彦長,别號東安先生,清末民初教育家。《湖北歷史人物辭典》有其傳略。

武大

50076

娟淨簃集三種

民國江夏傅嶽棻撰　陽新石榮暲編
抄本
娟淨簃詩集三卷
娟淨簃文集八卷
娟淨簃雜著四種
廣韻校記一卷
讀後漢書劄記一卷
娟淨簃隨筆一卷
娟淨簃聯語一卷

嶽棻(1878—1951)字治薌,號娟淨。清光緒舉人,曾任山西撫署文案、山西大學堂教務長及代理總監督,後調任京師學部總務司司長、普通司司長,國務院銓敘局僉事。辛亥革命後,任靳雲鵬内閣教育部次長,代理部務。後任北師大、北大教授。民國三十六年(1947)任《湖北文徵》總纂。

湖北

50077

娟淨簃雜著四種

民國江夏傅嶽棻撰　陽新石榮暲編
抄娟淨簃集三種本
廣韻校記一卷
讀後漢書劄記一卷
娟淨簃隨筆一卷
娟淨簃聯語一卷

湖北

50078

黄季剛先生遺書□種

民國蘄春黄侃撰　潘重規編

1997 年起臺北石門圖書公司影印本

黄侃手批説文解字（十四卷）

黄侃手批文始（九卷）

量守居士遺墨（不分卷）

古韻譜稿（一卷）

重定唐韻考（五卷）

手批經籍舊音辨證（七卷）

手批爾雅義疏（二十卷）

斯編未曾寓目。其子目係從黄建中《黄季剛先生著作分類録》中析出，或與原書序列不符，亦不知是否止此七種。批注所用底本情況不詳，其各種書名後括注之卷數係據常用書目補之。《説文解字》爲漢許慎撰，黄侃批語由潘重規迻録，其原本今藏武大中文系。《文始》爲民國章炳麟撰，未知此《古韻譜稿》和清王念孫之《古韻譜》有無關係，二者皆據采石磯魯亞鶴所藏黄侃手批原本影印。《唐韻考》原爲清紀容舒撰、《爾雅義疏》爲清郝懿行撰、《經籍舊音辨證》爲民國吴承仕撰，三書之黄侃批語均係迻録。潘重規係黄侃之婿。

書名索引

○本索引揭示《現存湖北著作總録》所收各書之書名。
○依書名首字拼音字母排序,餘類推。
○讀者可從各書之書名來查檢本書目。

A

阿彌陀經義記一卷 32871
哀江南賦注釋一卷 40563,40564
哀江南賦註一卷 40562
哀弦吟一卷 42665
安陸金石志 23912
安陸縣志補二卷 22468,22469
安陸縣志志補二卷 22470
闇翁詩餘一卷 43428
按鑑演義帝王御世有商誌傳四卷 32652,32653
按鑑演義帝王御世有夏誌傳六卷 32647,32648,32649,32650
按遼疏稿六卷 20549,20550,20551

B

八旗通志初集二百五十卷目録二卷 23640,23641
八旗通志初集三百四十二卷目録二卷 23642
巴船紀程一卷 23444
白蓺存稿初刻不分卷 41956
白蓺存稿續刻不分卷 41955
白蓺詩集十六卷附一卷 41953,41954
白蓺文稿四卷 41957
白豪子兵七卷 30297
白話鬼谷子 31923,31924,31925
白話龍文鞭影 32327
白蓮泚文選九卷詩選六卷 41365
白螺山館詩鈔(一名程玉樵詩稿)四卷 42128
白茅堂詞 43376
白茅堂詞一卷 43374
白茅堂集四十六卷 41790,41791,41792,41793
白茅堂詩選九卷 41794
白茅堂文録二卷 41795,41796
白泉家稿一卷 41198
白社稿十四卷 41314
白石山館詩不分卷 42095
白蘇齋類集二十二卷 41421,41422,41423,41424,41425,41426,41427,41428
白洋山人文鈔不分卷 41996
白醉璅言二卷 32532
白醉璅言一卷 32533
百歲全書二卷 32301
百柱堂尺牘四卷附刻家書二卷 42190
百柱堂叢緘二種二卷 10919
百柱堂全集內集三十四卷外集十九卷 42181
百柱堂全集五十二卷首一卷 42180
百柱堂詩稿八卷 42186
百柱堂文集二十卷 42187
百子全書(又名崇文書局彙刻百子、彙刻百子、子書百家)30003
柏井集六卷 42318,42319
拜經堂文集五卷 42046

斑菊一卷 43435
半畝山房詩存不分卷 42019
半畝園筆記一卷 32207
半山詩稿不分卷 42021
半溪草堂詩稿四卷文稿二卷 42199
半溪草堂文稿二卷詩稿四卷 42320
包山楚簡文字 11020
包軒遺編三卷 41989
褒忠録七卷 20771,20772,20773
保安社文牘摘存[自辛亥武昌首義至民國癸丑(1911—1913)止]一卷 23767
保安雜詠一卷 41986
保産萬全書一卷 30935
保命歌括三十五卷 30794,30795
葆醇堂詩文存鈔不分卷 42292
葆元丹一卷 31177
葆真齋集六卷 42241
寶宸堂集四卷 41834
寶晉長短句一卷 43352
寶晉山林集拾遺八卷 40941,40942,40943,40944,40945,40946
寶晉山林集拾遺不分卷 40950
寶晉山林集拾遺四卷 40947,40948,40949
寶晉英光集八卷 40930,40940
寶晉英光集八卷補遺一卷 40931,40932,40933,40934,40935,40936,40937,40938,40939
寶晉英光集殘卷一卷 40922
寶晉英光集六卷 40923,40924,40925,40926,40927,40928,40929
寶晉齋法帖 31398
寶顏堂訂正荊楚歲時記一卷 22018
[寶祐]壽昌乘不分卷 22487,22488,22489
寶芸齋詩草不分卷 42248
寶章待訪録 31396,31397
寶章待訪録一卷 31377,31378,31379,31380,31381,31382,31383,31384,31385,31386,31387,31388,31389,31390,31391,31392,31393,31394,31395
鮑至南雍州記一卷 22139,22140
北道漫吟集二卷附中南遊草一卷(一名《誠齋先生遺詩》) 42315
北湖集五卷 40962,40963,40964,40965,40966,40967,40968,40969
北湖詩餘一卷 43346
北戶録 22231,22232,22233,22234,22235,22236
北戶録三卷 22202,22203,22204,22205,22206,22207,22208,22209,22210,22211,22212
北戶録一卷 22215,22216,22217,22218,22219,22220,22221,22222,22223,22224,22225,22226,22227,22228,22229,22230
北齊疆域圖一卷 21994
北宋晉安林氏兄弟隱居羅田而非蘄春考一卷 20746
北魏地形態圖一卷 21993
北燕疆域圖一卷 21979
北征紀畧一卷 20482
北征日記一卷 23445
北周疆域圖一卷 21995
被愁詞 43417
本草綱目 30519,30520,30522,30526
本草綱目簡編 30527,30528
本草綱目精華本 30524
本草綱目精選 30521
本草綱目精譯 30525
本草綱目五十二卷 30442,30443,30479,30508,30509,30515,30518,30523
本草綱目五十二卷瀕湖脈學一卷奇經八脈攷一卷 30450
本草綱目五十二卷附奇經八脈考一卷 30446
本草綱目五十二卷附圖二卷 30451,30452,30453,30454,30456,30475,30476,30504
本草綱目五十二卷附圖二卷瀕湖脈學一卷脈訣考證一卷奇經八脈考一卷 30440
本草綱目五十二卷附圖二卷瀕湖脈學一卷

奇經八脈考一卷脈訣考證一卷 30444
本草綱目五十二卷附圖三卷 30447,30448,30481
本草綱目五十二卷附圖三卷瀕湖脈學一卷奇經八脈考一卷脈訣考證一卷 30449
本草綱目五十二卷首一卷 30478
本草綱目五十二卷首一卷附圖二卷 30441,30445
本草綱目五十二卷首一卷附圖二卷瀕湖脈學一卷脈訣考證一卷奇經八脈考一卷 30457
本草綱目五十二卷首一卷附圖譜不分卷瀕湖脈學一卷脈訣考證一卷奇經八脈考一卷 30498
本草綱目五十二卷首一卷圖二卷 30459,30460,30461,30464,30467,30468,30469,30470,30472,30473,30480,30483,30489,30490,30492,30493,30494,30497,30500,30502,30503,30510,30513,30517
本草綱目五十二卷首一卷圖二卷瀕湖脈學一卷脉訣考證一卷奇經八脈考一卷 30482
本草綱目五十二卷首一卷圖二卷瀕湖脈學一卷脈訣考證一卷奇經八脈考一卷 30465,30466,30471,30491,30496,30499,30501,30511
本草綱目五十二卷首一卷圖二卷瀕湖脈學一卷奇經八脈考一卷 30458,30485,30505
本草綱目五十二卷首一卷圖三卷 30516
本草綱目五十二卷圖二卷 30438,30439,30455,30488,30512
本草綱目五十二卷圖三卷 30462,30463
本草綱目五十二卷圖三卷瀕湖脈學一卷 30474
本草綱目五十二卷圖三卷瀕湖脈學一卷脈訣考證一卷奇經八脈考一卷 30506
本草綱目五十二卷圖三卷瀕湖脈學一卷奇經八脈考一卷 30477,30484,30486,30495
本草綱目五十二卷圖一卷瀕湖脈學一卷脈訣考證一卷奇經八脈考一卷 30507
本草綱目五十二卷藥品總目一卷圖三卷 30514
本草彙纂三卷 30550,30551,30552
本草彙纂十卷 30553
本草述鈎元三十二卷 30540,30542,30543,30545,30546,30547,30548,30549
本草述鉤元三十二卷 30541,30544
本草述録八卷 30539
本草述録六卷 30538
本草述三十二卷首一卷 30529,30530,30531,30532,30533,30534,30535,30536,30537
筆記 32013,32014,32015
筆記二卷 30183
筆記二卷附録一卷 30181,30182
筆記三卷 32012
筆山詩草二卷 42379
畢園蟲害圖表不分卷 30392
祕傳經驗痘疹方不分卷 31118
祕傳經驗痘疹方四卷 31119,31120
敝篋集二卷 41480,41481,41482,41484,41485
碧筠樓吟稿一卷 42162,42163
碧渠詩文集不分卷 42505
碧山舍詩集三十一卷 42302
碧心先生集一卷 41523
碧雲山房詩鈔五卷附賦草不分卷 42489
碧雲騢 32460
碧雲騢録 32461
碧雲騢一卷 32462
觱篥格 31530
編日新書不分卷 21947
編日新書十二卷 21948,21949
辨僞一得二十卷 10998
辯正論八卷 32936
變雅堂集不分卷 41739,41740,41742
變雅堂集外詩一卷 41753

變雅堂集五卷 41741
變雅堂詩集十卷文集八卷附録二卷 41746
變雅堂文集八卷詩集十卷卷首一卷補遺二卷附録二卷 41747
變雅堂文集八卷詩集十卷（一名變雅堂遺集）41745
變雅堂文集不分卷 41736
變雅堂文集不分卷附推枕吟一卷杜陵七歌一卷 41737
變雅堂文集四卷 41743
變雅堂文集四卷詩集十卷附録二卷 41744
變雅堂文集五卷詩集四卷 41738
變雅堂文録一卷 41748,41749
標註國語定本二十一卷 20250
標註文選十二卷 42875
表忠録九卷 20640
別山詩鈔一卷 41675
別山詩鈔一卷補遺三首 41674
瀕湖二十七脈歌一卷 30719,30720
瀕湖脈學白話解 30673,30674,30676
瀕湖脈學一卷 30618,30619,30620,30621,30622,30623,30624,30625,30626,30627,30628,30629,30630,30631,30632,30634,30635,30636,30637,30638,30639,30640,30641,30642,30643,30644,30645,30646,30647,30648,30649,30650,30651,30652,30653,30654,30655,30656,30657,30658,30659,30660,30661,30662,30663,30664,30665,30670,30671,30672
瀕湖脈學一卷附病機賦 30666
瀕湖脈學一卷奇經八脈考一卷 30611
瀕湖脈學一卷奇經八脈考一卷脈訣考證一卷 30590,30591,30592,30593,30594,30595,30596,30597,30598,30599,30600,30601,30602,30603,30604,30605,30606,30607,30608,30609,30610,30612,30613,30614,30615,30616,30617
瀕湖脈學（一名脈學正宗）一卷 30633
瀕湖脈學譯注 30675
兵部公牘二卷 23742
兵法集鑑六卷 30301
兵法史畧學七卷 30304
兵機纂八卷 30289,30290
兵器七卷 30296
丙辰唱和集不分卷 42630
丙辰唱和集一卷 42629
丙辰悔稿一卷平菴悔稿十四卷平菴悔稿後編六卷補遺一卷 41012,41013
丙寅年敝帚二卷附雜稿一卷 23769
病機要旨一卷 30723,30724
伯韓詩鈔五卷 42207
伯利探路記一卷 22279,22280
伯冶遺稿一卷 42136
泊園居士遺懷詩一卷 42557
博古齋遵注詩經直解指南彙編三十一卷首一卷 10319
薄叔元問穀梁義一卷 10592,10593,10594
檗菴別録八卷 41701,41702,41703
晡廬知舊集二十二卷補一卷 43126
卜居不分卷 40430
卜君頌一卷 23989
卜子夏年譜一卷 20813
晡盧庚辰辛巳雜稿一卷 42622
晡盧庚午雜稿一卷 42623
晡盧榷餘雜稿一卷 42621
晡盧詩存五卷文存四卷 42627
晡盧詩存續編五卷 42614
晡廬微言二卷 24117
補希堂古文選不分卷 41990
補希堂文集四卷附録一卷 41991
補續全蜀秇文志五十六卷 23826
補學齋家訓十五章 30232
不波書舫詩稿一卷 42048

C

才鬼記一卷 32620
采昭堂秘書十三種不分卷 50006
采昭堂秘書史拾九種十四卷附四種四

卷 50004
採輯名家批評詩經刪補四卷首一卷 10350
採薇集一卷 41676
彩雲曲並序一卷 43520
菜根堂集四卷 41800
菜根堂論文一卷 43321
菜根堂文集十卷 41934
菜根堂劄記十二卷 10822,10823
蠶桑簡要録一卷 30362
蠶桑質説二卷附種樟簡明法十二條 30363,30364
蒼虬閣詩鈔一卷詩續鈔一卷附舊月簃詞一卷 42582
蒼虬閣詩存不分卷 42583
蒼虬閣詩集十卷 42584
蒼虬閣詩十卷 42585
蒼虬閣詩續集二卷 42586,42587
蒼梧山館集八卷 42244
滄州紀事一卷 20456,20457,20458
藏甲巘稿六卷 41288
藏諫研齋疏稿一卷 20582
藏書絕句三十二首並序一卷 23782
藏書絕句一卷 23780,23781
藏書目録 23805
曹廷杰集 42117
漕運河道圖考一卷附録一卷海運議一卷 23590
草古堂焚餘集不分卷 41697
草廬經畧八卷 30281
草廬經畧六卷 30283,30284,30285,30286,30287
草廬經畧十二卷 30274,30276,30278,30279
草廬經畧輿圖總論一卷 30291
草廬經略八卷 30282
草廬經略十二卷 30275,30277,30280
草廬經略輿圖總論一卷 22013
册府元龜獨制三十卷 43294
測算公式讀法一卷附録一卷 31241
岑參集編年箋證 40705
岑參集二卷 40697
岑參集校注五卷 40704
岑參集一卷 40699,40700,40701,40702
岑參詩選 40706
岑參詩選注 40707
岑嘉州集八卷 40672,40673,40674,40675,40676,40677,40678,40679,40680,40681,40682,40683,40684,40685
岑嘉州集二卷 40696,40698
岑嘉州詩八卷 40668,40669,40670,40671
岑嘉州詩鈔一卷 40703
岑嘉州詩七卷 40686,40687,40688,40689,40690,40691,40693,40694
岑嘉州詩四卷 40692,40695
插天巢詩集五卷插田巢宗衡二卷 41860
茶邨詩鈔三卷 41750
茶村集一卷 43373
茶村文集三卷詩集一卷變雅堂詩集一卷 41752
茶經 31690,31691,31692,31693,31695
茶經六卷 31694
茶經三卷 31653,31654,31655,31656,31657,31658,31659,31660,31661,31662,31663,31664,31665,31666,31667,31668,31669,31670,31671,31672,31673,31674,31675,31676,31677,31679,31682,31683,31684,31686,31687
茶經三卷茶具圖贊一卷 31685
茶經語釋 31697
茶約一卷 31698
禪門本草補 32960
禪玄顯教編一卷 20707,20708
昌歜葅室剩稿前編一卷後編一卷 43168
長迹園遺稿不分卷 41687
長迹園遺藁不分卷 41688
長江各口通商暫行章程一卷 23560
長江水程詳記一卷 23393
長江圖説十二卷首一卷 23389,23390
長江圖説一卷 23388

常談捜四卷 32087
場屋後記一卷 20762,21091
朝考卷一卷 21060
朝野紀聞一卷 20463
車太常集一卷 40462
陳德殘碑一卷 23992
陳沆集七種十六卷 42112
陳疆域圖一卷 21992
陳眉公訂正黄帝祠額解一卷 23428,23429
陳眉公重訂廣莊一卷 32716
陳眉公重訂瓶史(一名瓶史)一卷 31724,31725
陳眉公重訂書品一卷 31331
陳秋門先生年譜一卷 20849
陳詩論修志一卷 22307
陳氏義莊條規不分卷 23612
陳羲臣集律十卷 41815
陳愚谷詩論修志一卷 22306
陳張事畧一卷 20403,20404,20405,20406,20407,20408
陳中書遺文一卷 41903
塵海吟草一卷 42657
[成化]寧波郡志十卷 23199,23200,23201,23202,23203,23204
成化七年(1471)湖廣鄉試録一卷 20911
成化十六年(1480)湖廣鄉試録一卷 20912
[成化]重刊公安縣志二卷 22757,22758
城南集不分卷寶芸齋詩草不分卷 42249
乘異記一卷 32584
程大中集不分卷 41977
程端伯詩選一卷 41709
程漢舒筆記二卷附録一卷 30184
遲雲閣詩稿四卷文稿五卷 42405
遲雲閣文稿二卷 42407
鉩菴訂定譚子詩歸十卷諸稿自題輯録一卷 41625
赤壁志一卷 23414
敕建大嶽太和山志十五卷 23347
春陵舊圖經一卷 22155
春陵志一卷 22154
崇德上編二附應酬叢稿一卷 24118
崇文書局彙刻書(一名三十三種叢書、湖北書局所刻書三十三種)50009
崇雅堂碑録五卷碑録補四卷 24033
崇雅堂叢書初編十二種 50024
崇雅堂書目十五卷 23804
崇陽冤獄始末記一卷 20487
崇禎八大家詩選八卷 43081
[崇禎]惠州府志二十一卷 23284
[崇禎]蠡縣志十卷續志四卷 23139
[崇禎]松江府志五十八卷 23165
崇禎元年戊辰刻會試卷一卷 41668
崇正録二卷 30211,30212
崇質堂詩後集五卷 42322
崇質堂詩十九卷 42321
蟲鳴吟八卷 42155
蟲鳴吟三卷 42156
蟲鳴吟十卷 42157
籌辦湖北練兵酌議餉章一卷 23650
籌筆編不分卷[清光緒二十九年至三十年(1903—1904)] 20867
籌兵三畧不分卷 30270
籌兵藥言一卷 30269
出峽記一卷 23402
初刻封神演義八卷一百回 32682,32683,32684
鋤月野廬詩集二卷 42294
雛鳳精舍存稿一卷 42509
楚寶四十五卷外篇五卷 20680,20681
楚寶四十五卷總論一卷 20677,20678,20679
楚北金石録一卷 23894
楚北水利堤防紀要二卷 23717,23718
楚北雜記□□卷 22153
楚澧江程十六卷首一卷 23720
楚澧江程十六卷首一卷末一卷 23721
楚辞六卷 40252
楚辭 40263,40272,40275,40323

楚辭八卷 40005,40061,40062,40204
楚辭八卷首一卷 40182,40226
楚辭補注十七卷 40094,40095,40096,40097,40098,40099,40100,40102,40103
楚辭補注疏十二卷 40259
楚辭補注疏十七卷 40104
楚辭燈四卷 40236,40237,40238,40239,40240,40241,40242
楚辭二卷 40006,40007,40008,40009,40010,40011,40012,40013,40014,40015,40016
楚辭集解十六卷 40203
楚辭集解十六卷蒙引二卷考異一卷大序一卷小序一卷 40202
楚辭集解十五卷大序一卷小序一卷蒙引二卷考異一卷 40201
楚辭集解十五卷蒙引二卷考異一卷大序一卷小序一卷 40199,40200
楚辭集注 40178,40179,40180,40181
楚辭集注八卷 40107,40162
楚辭集註八卷 40105,40106,40108,40109,40110,40111,40112,40113,40114,40115,40116,40117,40118,40119,40120,40121,40122,40123,40124,40125,40126,40127,40128,40129,40130,40131,40132,40134,40135,40136,40137,40138,40139,40140,40141,40142,40143,40144,40145,40146,40147,40148,40149,40150,40151,40152,40153,40154,40155,40156,40158,40159,40160,40161,40163,40164
楚辭集註七卷 40172
楚辭輯解正編六卷外編二卷後語六卷首二卷附録六卷 40305
楚辭箋注四卷 40205,40206
楚辭節註六卷 40233
楚辭解故 40264
楚辭今譯 40277
楚辭今注 40271
楚辭句解評林十七卷 40022,40023
楚辭句解評林四卷 40024
楚辭六卷 40170,40234
楚辭評林八卷總評一卷(一名楚辭集註)40165,40166,40167,40168,40169
楚辭評論資料選不分卷 40448
楚辭評注十卷 40209,40211,40212,40213
楚辭評註十卷 40214
楚辭七卷 40283
楚辭七卷首一卷末一卷 40018,40019
楚辭屈詁不分卷 40307
楚辭全譯 40265,40273,40276
楚辭榷八卷 40198
楚辭十卷 40025,40176,40177
楚辭十七卷 40037,40038,40054,40055,40056,40057,40069,40070,40078,40079,40080,40081,40082,40083,40084,40085,40086,40087,40088,40089,40090,40091,40092,40093,40101,40175
楚辭十七卷首一卷 40045
楚辭釋十一卷 40255,40256,40257,40258
楚辭疏十九卷 40187,40188,40189,40190,40191,40192,40193,40194,40196,40197
楚辭疏(一名七十二家評註楚辭)十九卷 40195
楚辭疏(又名楚辭注疏)八卷 40254
楚辭述注十卷 40207
楚辭述註五卷 40184,40185,40186
楚辭四種 40021
楚辭天問箋一卷 40421,40422,40423
楚辭通釋不分卷 40221
楚辭通釋十四卷 40215
楚辭通釋十四卷末一卷 40216,40217,40218,40219,40220
楚辭五卷 40004,40063,40171,40173,40174
楚辭詳解五卷 40235
楚辭校譯 40280
楚辭新集注八卷 40229
楚辭新集注(一名楚辭新註)八卷 40223,40224,40225
楚辭新注 40325

楚辭新注八卷 40227,40228,40230
楚辭選 40312,40313
楚辭選抄不分卷 40017
楚辭研究集成 40278
楚辭要籍解題不分卷附楚辭專著目録不分卷 40447
楚辭一卷 40281,40282
楚辭（一名楚辭箋注）十七卷 40071,40072,40073,40074,40075,40076,40077
楚辭（一名楚辭評注）十卷 40208,40210
楚辭（一名楚辭注）十卷 40059,40060
楚辭譯注 40268,40269,40270
楚辭約註不分卷 40244
楚辭章句解評林十七卷 40058
楚辭章句十七卷 40026,40027,40028,40029,40030,40031,40032,40033,40034,40035,40036,40039,40040,40041,40042,40043,40044,40046,40047,40048,40049,40050,40051,40052,40053,40066,40067,40068
楚辭章句（一名屈子章句）七卷 40302,40303,40304
楚辭正解 40266
楚辭直解 40260,40261,40262
楚辭注釋 40274
楚辭注釋不分卷 40314
楚辭注釋十種 40279
楚辭注疏長編 40316
楚風補四十八卷前編一卷末編一卷 43173,43174
楚故畧二十卷 20212
楚國人文實善集不分卷 43009
楚國史編年輯注不分卷 20116
楚國文憲公雪樓程先生文集樂府一卷 43372
楚國文憲公雪樓程先生文集三十卷 41071,41072,41073,41074,41075,41076,41077,41078,41079,41081
楚國先賢傳校注 20675
楚國先賢傳校注一卷 20676
楚國先賢傳一卷 20668,20669,20670,20671,20672,20673
楚漢春秋一卷 20322,20323,20325,20326,20327
楚漢春秋一卷附疑義一卷 20324,20328,20329,20330
楚漢餘談一卷 20331,20332,20333
楚紀六十卷 20266,20267,20268,20269
楚狂之歌一卷小袁幼稿一卷近遊草一卷 41601,41602
楚南諸水源流考一卷 23409
楚騷五卷 40001,40002,40003
楚師儒傳八卷 20684
楚師儒傳點校八卷 20686
楚史檮杌一卷 20310,20311,20312,20313,20314,20315,20316,20317,20318,20319,20320
楚書一卷 22041,22042,22043
楚天樵話二卷 43297,43298
楚庭稗珠録六卷 22044
楚庭稗珠録四卷 22045
楚小志一卷 22040
楚秀庵詞一卷 43424
楚秀庵脞録手稿三種不分卷 32216
楚秀庵日記一卷 10921
楚秀庵詩鈔不分卷 42602
楚詠不分卷 43175
楚遊日記八卷 23456
楚遊小記一卷 23457
川漢鐵路總公司集股章程一卷 23585
傳魯堂集詩三卷駢體文二卷 42439
傳魯堂詩初集三卷 42441
傳魯堂詩二集四卷 42442
傳魯堂文集六卷 42440
傳信適用方 30776,30777
傳信適用方二卷 30778
傳信適用方四卷 30779,30780
春草園詩存一卷 42007,42008

春草齋文集選一卷詩集選一卷附録一卷 41166,41167,41168
春暉堂文署不分卷 42559
春暉堂文略不分卷 42560
春暉雜稿十一種附五種 50068
春秋比事十二卷 10625
春秋闡微三十卷 10619
春秋楚地答問一卷 10623,10624
春秋大義不分卷 10620
春秋繁露求雨止雨直解不分卷 10635
春秋非左二卷 10489,10490,10491,10492
春秋分合纂十卷 10632
春秋公羊傳不分卷 10519,10520
春秋公羊傳音訓不分卷 10517,10518
春秋穀梁傳不分卷 10584,10585
春秋穀梁傳讀本十二卷 10547
春秋穀梁傳二十卷 10580,10581,10582
春秋穀梁傳集解殘一卷(存卷三)10521
春秋穀梁傳集解殘一卷(存卷十二)10522
春秋穀梁傳十二卷 10523,10524,10525,10526,10527,10528,10529,10530,10531,10532,10533,10534,10535,10536,10537,10538,10539,10540,10541,10542,10543,10544,10545,10546,10548
春秋穀梁傳音訓不分卷 10586,10587
春秋穀梁傳註疏二十卷附考證 10577,10578,10579
春秋穀梁註疏二十卷 10567,10568,10569,10570,10571,10572,10573,10574,10575,10576
春秋經傳集解序一卷 10628
春秋口義三卷 10505
春秋口義一卷 10504
春秋列國地圖不分卷 10631
春秋列國圖一卷 21964
春秋名字解詁 10634
春秋名字解詁補誼 10633
春秋三傳會纂旁訓十二卷 10621
春秋四傳詁經十五卷 10622
春秋四傳三十八卷 10601
春秋一卷 10600
春秋逸傳十四卷 10617,10618
春秋因是三十卷 10496,10497
春秋正義序一卷 10629
春秋直解不分卷 10608,10609
春秋直解十五卷 10607
春秋直解十五卷讀春秋一卷 10604,10605,10606
春秋纂註四卷 10616
春秋左傳不分卷 10511,10512
春秋左傳綱目杜林詳註十五卷 10479
春秋左傳類解二十卷地譜世系一卷 10486,10487,10488
春秋左傳三十卷 10484
春秋左傳五十卷 10473,10474,10475,10476,10477
春秋左傳(一名增訂春秋左傳杜林詳解)五十卷 10470,10471,10472
春秋左傳(一名鍾評左傳)三十卷 10485
春秋左傳音訓不分卷 10502,10503
春山堂試帖二卷 42492
春深(聲)堂文集十卷 41962
春生閣詩鈔一卷 41992
春聲堂詩初集七卷 41961
春秀堂詩經真本(一名詩經辨疑)五卷 10345
純常子校語 32102
詞府靈蛇二集四卷 43286
詞選不分卷 43434
慈幼筏(一名慈幼新書、慈幼祕書)十二卷 31015,31016,31017,31018
慈幼新書十二卷首一卷 31019
雌木蘭替父從軍一卷 43461,43462,43463,43464,43465,43466
雌木蘭一卷 43467
賜龍堂詩稿八卷 42258,42259
賜龍堂文鈔四種 50063
賜龍堂雜著一卷 32105

賜龍堂奏牘一卷 20573
賜蘡堂初稿四卷 41973
從祀賢儒録二卷 20696
叢書舉要六十卷勘誤記一卷末一卷 23827
翠娱閣評選李本寧先生小品二卷 41391
翠娱閣評選屠赤水先生文集第二卷 41381
翠娱閣評選袁小修先生小品二卷 41597，41598
翠娱閣評選袁中郎先生文集二卷 41501
翠娱閣評選袁中郎先生小品二卷 41502
翠娱閣評選鍾伯敬先生合集文集十一卷詩集五卷 41564,41565,41566
翠娱閣評選鍾伯敬先生小品二卷 41562，41563
存璞山房詩鈔八卷 42383
存璞山房詩鈔四卷 42382,42507
存素堂詩鈔一卷 41888

D

達可齋文初集八卷 42558
答薄氏馬交穀梁義一卷 10591
大別山志十卷首一卷 23336,23337
大戴禮記十三卷 10446
大佛頂如來密因修證了義請菩薩萬行首楞嚴經如説十卷 32948
大桴山人偶存集三卷 42016
大桴山人偶存集一卷 42017,42018
大觀本草札記二卷 30557
大洪山志十二卷首一卷 23357
大匠雜字一卷 10996
大六壬管見全書十二卷 31283
大六壬雜釋八卷 31282
大泌山房集一百三十四卷目録二卷 41384，41385,41386,41387,41388
大明會典二百八十卷 23504
大明穆宗莊皇帝實録不分卷 20160,20161，20162
大明穆宗莊皇帝實録七十卷 20163,20164，20165,20166,20167,20168,20169
大隋志傳四卷四十六回 32663,32664,32665
大小學程十卷 10863
大學古本釋一卷 10680
大學管窺一卷 10664
大學集要一卷 10681
大學輯要一卷中庸輯要一卷（一名學庸集要）10838
大學經筵直解一卷 10642
大學窺一卷 10665
大學三卷 10673,10674
大學堂議覆湖北籌辦學堂摺一卷 23525
大學一卷 10666,10667,10668,10669,10670，10671,10672
大學章句增釋一卷 10678
大崖李先生集二十卷 41181
大崖李先生詩集二十卷附録一卷 41180
大崖李先生詩集十二卷文集八卷 41177，41178,41179
大雅堂訂正枕中十書十卷 50037,50038
大衍製用圖説四卷 10221
大易疏晦五卷首一卷 10150
大隱樓集十六卷補遺一卷 41361,41363
大隱樓集十六卷附録一卷 41362
大閲録二卷 23638
大嶽太和山紀畧八卷 23352,23353
大嶽太和山志八卷 23349
大嶽太和山志八卷補遺一卷 23350
大嶽太和山志十五卷 23345,23346
大嶽太和山誌十七卷 23348
大嶽志一卷 23343,23344
大招不分卷 40433
大轉輪一卷 43481
代少年謝狎妓書一卷 32633
岱頂秦篆殘刻一卷 23961
岱樵詩集一卷 41889
岱宗大觀一卷 23331
岱宗紀畧三卷 23329
岱宗記一卷 23330
待堂詩録一卷文録一卷（一名待堂遺

稿）42446
待堂遺稿二卷 42451
戴東原轉語釋補四卷首一卷 11090
黛香樓詩草□卷 42624
黛香樓文稿一卷 42625
丹甑（一名雜説）一卷 32042
單文恪公遺稿（一名峴雲山房遺稿）四卷 42223
淡災蠡述一卷 23724
彈譜一卷 31593
澹然老人五十年見聞録五卷 20515
澹仙詩鈔二卷 42114
澹園文存二卷 42653
甑甄洞稿詩集三十三卷文集十二卷 41303
甑甄洞藁文類二十卷詩集六卷 41302
甑甄洞藁五十四卷目録二卷 41289,41290,41291,41292,41293,41294
甑甄洞藁五十四卷目録二卷續藁詩部十二卷文部十五卷 41295,41296,41297,41298
甑甄洞續稿□卷 41304
甑甄洞續稿詩部十二卷文部十五卷目録二卷 41300,41301
甑甄藁選三卷 41305,41306
當陽避難記不分卷 20485,20486
導江三議一卷 23702,23703
到智果園詩選一卷 41921
道存堂存稿一卷 42384
道德經注二卷 32698,32699
道德真經四子古道集解十卷 32694,32695
[道光]安陸縣志四十卷首一卷 22464,22465,22466,22467
道光八年（1828）戊子科鄉試硃卷一卷 20950
[道光]補修英山縣志二十六卷首一卷 22592
[道光]長陽縣志七卷 22877
[道光]東安縣志四卷 23280,23281,23282
道光二年（1822）壬午恩科會試硃卷一卷 20906
道光二十九年（1849）己酉科湖北鄉試硃卷一卷 20952
道光二十九年（1849）己酉科湖北選拔貢卷一卷 21064
道光二十三年（1843）癸卯科湖北鄉試硃卷一卷 20951
道光二十四（1844）甲辰科會試硃卷（王柏心殿試卷）一卷 20908
道光二十四年（1844）甲辰恩科鄉試同齒録一卷 20929
道光二十四年（1844）甲辰科會試硃卷一卷附道光十九年（1839）己亥科順天鄉試硃卷一卷 20909
[道光]分宜縣志三十二卷首一卷 23236,23237
[道光]鶴峰州志十四卷首一卷 23083,23084,23085
[道光]黄安縣志十卷首一卷 22540
[道光]黄陂縣志稿不分卷 22429,22430
[道光]黄岡縣志二十四卷首一卷 22520
[道光]建始縣志四卷首一卷 23053,23054
[道光]夔州府志三十六卷首一卷 23295,23296,23297
[道光]蒲圻縣志十卷 22704,22705,22706
[道光]施南府志三十卷首一卷 23030
道光十六年（1836）丙申恩科會試硃卷一卷 20907
[道光]天門縣志三十六卷首一卷 23100,23101,23102
道光五年（1825）乙酉科湖北鄉試硃卷一卷 20949
[道光]英山縣志二十六卷 22593
[道光]永康縣志十二卷首一卷 23207
[道光]雲夢縣志畧十二卷首一卷末一卷 22481,22482,22483
[道光]雲臺新志十八卷首一卷末一卷 23363,23364
[道光]枝江縣志十四卷首一卷 22825

［道光］重刊續纂宜荆縣志十卷首一卷 23183,23184,23185
［道光］竹谿縣志十二卷首一卷 23026
道學平議十卷 30196
道學淵源録一百卷 20627,20628
道言内外祕訣全書 32849
道言内外秘訣全書 32848
道言内外（一名道言内外秘訣全書）六卷 32846,32847
道言翼六種四十四卷 30001
德安金石附志 23910
德機詩集一卷 41101
德山署譚一卷 32050
登陴答問二卷 32054
等切南針二卷 11049,11050,11051,11052
鄧湘皋論修志一卷 22300
鄧孝廉遺稿一卷 42506
鄧雲山先生詞二種 43415
隄疾恒談五卷 30424
狄雲閣稿本不分卷附緬甸風土詩一卷 42264
狄雲山館古文（一名孝鳳公少作古文）不分卷 42267
狄雲山館詩草初編不分卷 42265
狄雲山館詩草續編不分卷 42266
狄雲山館談助（一名師友詩文偶鈔,或名王家壁手輯歷代名家詩文）不分卷 43007
狄雲山館文（一名少鳳公古文）不分卷 42268
荻訓堂詩鈔十卷 42356
荻訓堂詩鈔五卷 42354,42355
地理大全二集理氣祕旨七種二十五卷 31272
地理大全一集十種三十卷二集七種二十五卷 31269,31270,31271
地理祕竅十卷 31267
地理祕竅一卷 31263,31266
地名考殘稿不分卷 22009
地球韻言四卷 22014
弟子職一卷 30357
帝城景物畧（原名帝京景物略）一卷 22183
帝鑒圖詩二卷 24102
帝鑑 20607
帝鑑圖説 20604,20605
帝鑑圖説不分卷 20593,20594,20595
帝鑑圖説六卷 20596,20597,20598,20599,20600
帝鑑圖説四卷 20601,20602,20603
帝鑑直解二卷 20606
帝京景物畧八卷 22167,22168,22169,22170,22171,22172,22173,22174,22175,22176,22177,22184
帝京景物畧二卷 22182
帝京景物略八卷 22178,22179,22180,22181
典學樓文鈔四卷 42362
殿閣詞林紀二十二卷 20634
殿閣詞林記二十二卷 20629,20630,20631,20632,20633,20635
篠吟館詩存不分卷 42561
調查歸綏墾務報告書八卷 23630
疊聚星堂韻詩二卷 42068
丁鶴年集三卷續集一卷 41135
丁鶴年集三卷續集一卷附録一卷 41132,41137
丁鶴年集四卷 41138,41139
丁鶴年集四卷附録一卷 41143
丁鶴年集四卷續集一卷附録一卷 41136
丁鶴年集一卷 41130
丁鶴年詩集一卷 41123
丁鶴年詩輯注 41154
丁鶴年先生詩集不分卷 41144
丁鶴年先生詩集四卷 41140
丁鶴年先生詩集一卷 41122,41124,41125,41126,41127,41128,41129
丁卯集不分卷 40803,40804
丁卯集二卷 40777,40778,40779,40780,40781,40795,40797,40798,40799,40800,40801,

40816
丁卯集二卷續藁二卷續補一卷遺詩藁一卷 40814
丁卯集二卷續集二卷 40802
丁卯集二卷續集二卷續補集一卷集外遺詩一卷 40810,40811
丁卯集二卷續集二卷續補一卷集外遺詩一卷 40812,40813
丁卯集二卷續集一卷續補一卷集外遺詩一卷 40806
丁卯集箋注八卷 40807,40808,40809
丁卯集（一名唐許郢州丁卯詩集）二卷 40793,40794
丁卯詩集二卷續集一卷續補一卷集外遺詩一卷 40805
丁孝子詩集三卷 41151,41152,41153
丁禹廷（汝昌）軍門傳一卷 20806
鼎鐫增補單篇評釋昭明文選八卷 42885
鼎鐫諸方家彙編皇明名公文儁（一名皇明文儁）八卷 43091
鼎鐫諸方家彙編皇明名公文儁（一名明文儁）八卷 43089,43090
鼎鋟鍾伯敬訂正資治通鑑正史大全七十四卷皇明紀要三卷 20137,20139
鼎鋟鍾伯敬訂正資治通鑑正史大全七十四卷首一卷 20138
東安日程一卷 30204,30205
東北邊防輯要二卷 23663,23664,23665,23666
東岱山房詩録二卷李氏山房詩選一卷 41257
東岱山房詩録二卷外集一卷 41258
東岱山房詩録江右稿二卷 41259,41260,41261
東岱山房詩録十卷 41256
東岱山房詩録十三卷外集一卷 41254
東岱山房詩録（一名李少卿詩）八卷 41255
東宫保墨蹟不分卷 42116
東觀漢記八卷 20023
東觀漢記二卷拾遺二卷 20025
東觀漢記二十四卷 20014,20015,20016,20017,20018,20019,20020,20021,20022
東觀漢記一卷 20024
東歸録一卷 23443
東海廟殘碑一卷 23986
東漢皇子王世系表一卷 20522
東漢三公年表一卷 20524
東漢王叔師集一卷 40449
東漢王叔師集（一名王叔師集）一卷 40450,40451,40452,40453,40454,40455
東漢中興功臣侯世系表一卷 20523
東湖集五卷 41184
東湖集五卷首一卷 41182,41183
東湖奏疏三卷東湖吟稿二卷 20558,20559
東嶠集十五卷 41176
東晉疆域圖一卷 21973
東坪詩鈔十二卷文鈔一卷 42481
東坡赤壁藝文志五卷首一卷 43013
東坡居黄考三卷 20737
東坡詩集一卷 42028
東坡詩文選 40910
東坡詩選十二卷 40902,40903,40904
東坡文集一卷 42029
東坡文選二十卷 40893,40894,40895,40896
東坡文選六卷 40909
東坡先生全集七十五卷附詩選十二卷 40898,40899,40900,40901
東浦詩鈔十卷 41858
東三省輿地圖不分卷附録一卷 22190
東三省輿地圖説不分卷附録一卷 22192,22193
東三省輿地圖説二卷 22191
東三省輿地圖説一卷 22187,22188
東三省輿圖説一卷 22189
東省養蠶成法一卷授時分收圖一卷 30365
東溪草堂詞二卷 43404
東行集（一名乙巳東行草）一卷 42667
東軒筆録 32172,32173,32174,32175,32176,

32177,32178,32179
東軒筆録三十七則 32183,32184
東軒筆録十五卷 32161,32162,32163,32164,32165,32166,32167,32168,32169,32170,32171
東軒筆録一卷 32180,32181,32182
東巡金石録八卷 23873
東漪草堂集二卷 41827,41828,41829
東漪草堂詩曆五卷 41826
東游紀略一卷 23479
東征紀行録一卷 20410,20411,20412,20413,20414,20415,20416,20417,20418
董玄宰詩選四卷 41399
洞靈經一卷 32793,32798
洞靈真經一卷 32791,32794,32795,32796,32799,32803
洞靈真經註三卷 32797
洞靈真經註一卷 32792
洞庭湖志十四卷 23412,23413
洞庭記一卷 23410,23411
痘疹格致要論十一卷 31085,31086,31087,31088,31089,31090,31091,31092,31093,31094,31095,31096,31097,31098,31099,31100
痘疹全書 31117
痘疹全書二卷 31041,31101,31102
痘疹全書十二卷 31040
痘疹全書十六卷 31028,31029,31031,31032,31033,31034,31035,31036,31037,31038,31039
痘疹世醫心法十二卷 31060,31066,31068,31070,31071,31072,31073,31074,31075,31076,31077,31078,31082,31083
痘疹世醫心法十二卷附痘疹碎金賦二篇 31058,31059,31061,31062,31063,31064,31065,31067,31069,31079,31080
痘疹世醫心法四卷碎金賦一篇 31084
痘疹世醫心法（一名痘疹心法）十二卷 31057
痘疹心法二十三卷 31044,31052,31053,31056
痘疹心法全書十六卷 31030
痘疹心法十二卷附痘疹碎金賦二篇 31081
痘疹心法（一名痘疹心法金鏡録）二十三卷 31045
痘疹心法（一名萬氏家傳痘疹心法）二十三卷 31054
痘疹心要二種二十三卷附痘疹碎金賦 31021,31022,31026
痘疹心要二種附痘疹碎金賦 31024,31025
痘診世醫心法十二卷附痘疹格致要論十一卷 31023
痘證慈航不分卷 31121,31122,31123,31124,31125,31126
督府奏議十六卷 20545
讀春秋一卷 10610,10611,10612,10613,10614
讀杜筆記一卷 43310
讀漢書、後漢書札記一卷 20183
讀後漢書劄記一卷 20036
讀集韻正俗語不分卷 11104
讀禮記一卷 10435,10436,10437,10438
讀論語一卷 10732,10733,10734,10735
讀孟子一卷 10768,10769,10770,10771
讀詩私記五卷 10315,10316,10317
讀詩隨筆不分卷 10366
讀詩一卷 10327,10328,10329
讀史機畧十卷 24094
讀史賸言四卷 24110,24111
讀史提要録評一卷 24112
讀書叢記二卷 10179
讀書攷定三十卷 32152,32153,32154
讀書偶然録十二卷 32078,32079,32080,32081,32082
讀書説四卷 30161,30162,32075,32076,32077
讀書通二十卷 11026
讀書（一名尚書別解）一卷 10246,10247
讀書雜辨二卷 32156,32157

讀未見齋詩鈔一卷 42222
讀《荀子文鈔》識語、經學講義 10907
讀嚴輯全文日鈔不分卷 43010,43011
讀儀禮一卷 10419,10420,10421,10422,10423
讀易叢記二卷 10180
讀易軒詩鈔一卷 41993
讀易一卷 10111,10112,10113,10114,10599
讀易劄記一卷 10194,10195
讀周禮一卷 10385,10386,10387,10388
讀篆臆存雜説一卷 11003,11004
讀莊一吷不分卷 32722
讀左筆記不分卷 10509
讀左隨筆四卷 10501
讀左劄記七卷 10500
杜茶存詩鈔八卷 41751
杜工部詩范德機批選六卷 40660
杜工部詩千家註六卷 40659
杜律一卷 40662
杜審言集二卷 40569,40571,40572,40573,40574,40575,40576,40577,40578,40579
杜審言集三卷 40580
杜審言集一卷 40568,40570
杜審言詩集一卷 40566,40567
杜審言詩注 40581
杜詩選評一卷 40665
杜詩增注二十卷 40663
杜説説略一卷 43293
杜文貞詩增注二十卷末一卷 40664
短笛吟草一卷 42195
段成式詩一卷 40741,40742,40743
段柯古集一卷 40740
段柯古文鈔一卷 40739
對山古近體詩鈔二卷 42044
對山古近體詩鈔三卷 42045
對於鄂境川漢鐵路意見書不分卷 23574
敦好堂論印一卷 31524,31525
敦煌殘本波斯教殘經 32976
敦夙好齋詩初編十二卷 42252
敦夙好齋詩初編十二卷首一卷續編十一卷首一卷 42255
敦夙好齋詩稿一卷 42254
敦夙好齋詩集四卷 42251
敦夙好齋詩續編十一卷 42253
多雲館稿八卷 41416
鐸中吟詩鈔六卷 42431

E

俄國西北利亞東偏紀要一卷 22282
鄂城柯尚書(逢時)年譜不分卷 20844
鄂城柯尚書(逢時)年譜一卷 20845
鄂城偶識一卷 23499
[鄂東]王氏宗譜不分卷 21099
鄂故叢書二種三卷 20206
鄂省丁漕指掌十卷 23537,23538
鄂省全圖 22056
鄂省營諷州縣驛傳全圖不分卷 22051
鄂省營製驛傳彙編四卷 23648
鄂省州縣驛傳全圖二卷緑營汛地全圖一卷荆州駐防牧廠全圖一卷 22050
鄂西鄂北礦産分佈情形 22073
鄂西窰業原料分佈情形一卷 22074
鄂湘粤會奏三省會議粤漢鐵路修路公共條款十四條豫議路成後條款四條摺不分卷 23573
鄂行日記二卷 20865
鄂行日記一卷[清光緒三年(1877)] 20864
鄂遊日記一卷 23458
鄂垣浙江會館收支帳目一卷 23771
萼華樓詩集一卷 41959
遏密篇不分卷 42475
恩慶集二卷 20752
耳談 32550
耳談類增 32552
耳談類增五十四卷 32551,32553
耳提録八卷 32198,32199
耳提録一卷 32193,32194,32195,32196,32197

爾雅不分卷 10865,10866
爾雅略説一卷 10874
爾雅音訓不分卷 10875,10876
爾雅音訓三卷 10867
爾雅正名評不分卷 10871
爾雅正名評一卷 10870
爾雅正名十九卷 10869
邇語一卷 30171,30172
二家詞鈔五卷 43438,43439
二家詞賡二卷 43440
二家詠古詩一卷二家試帖一卷 42977
二十四史人物類考四十六卷 32353
二十一史彈詞註十卷 43521,43522,43523,43524,43525,43526
二十一史彈詞註十卷附一卷 43527,43528
二西園尺牘選二十卷 41377
二西園詩集十二卷文集十四卷 41367
二西園詩集十二卷續集二十三卷 41372
二西園文集十四卷 41368,41371
二西園文集十四卷詩集十二卷 41370
二西園文集十四卷詩集十二卷續集二十三卷 41369,41373
二餘齋詩集五卷 41268
二知齋詩文合刻不分卷 42119
二知齋文鈔四卷詩鈔四卷 42118

F

法華文句□卷 32888
法華玄義十卷 32878
法華玄義釋籤二十卷 32881
法華玄義釋籤四十卷 32882
法界次第初門三卷 32924
凡誨書十卷末一卷 11007,11008
樊樊山尺牘一卷 42545
樊樊山詩鈔一卷 42540
樊樊山文鈔一卷 42542
樊樊山增祥論修志一卷 22308
樊豁齋詩集二卷 42060,42239
樊山公牘精華六卷批牘精華三十四卷判牘精華一卷 23752
樊山公牘三卷 23750
樊山公牘三卷批判十四卷續集十九卷 23755
樊山公牘四卷 23757,23758,23759
樊山公牘一卷 23749
樊山滑稽詩文初集不分卷附琴樓夢小説不分卷 42534
樊山集八十一卷 42522
樊山集二十四卷 42527
樊山集六卷文鈔四卷 42532
樊山集七言艷詩鈔十卷 42541
樊山集三十六卷 42528
樊山集外八卷 42538,42539
樊山判牘四卷 23678,23679
樊山判牘續編四卷 23680
樊山批判十四卷 23756
樊山全集不分卷 42523,42531
樊山詩詞文稿十二卷 42544
樊山時文一卷 42543
樊山書牘二卷 23751
樊山文鈔四卷詩鈔六卷 42524,42533
樊山續集二十八卷 42526,42529,42530
樊山續集三十二卷 42537
樊山政書 23754
樊山政書二十卷 23753
樊桐集十五卷 41647
樊雲門手寫詩不分卷 42525
反切解釋上編一卷 11072
反切釋例一卷 11047
范德機木天禁語一卷 43268
范德機詩集不分卷 41102
范德機詩集七卷 41083,41084,41085,41086,41087,41088,41089,41090,41091,41092,41093,41094,41095,41096
范德機詩集十卷 41099,41100
范錦江詩集七卷 41097
范錦江詩集五卷 41098
范石湖詩八十首一卷 40979,40980

梵網經心地品菩薩戒義疏發隱五卷 32853,32854,32855,32856
方望溪論修志一卷 22289
方藥類編四卷 30834
方志目録不分卷 23847
方志商二卷 22321
方志學發微 22311
方志學發微二十四卷 22309,22310
方志學稿不分卷 22312
防疫芻言一卷附救疫速效良法、針刺圖説、拈痧刮痧圖説、經驗良方 30844
防疫芻言一卷附救疫速效療法、針刺圖説、拈痧刮痧圖説、經驗良方 30843
仿鑄漢建初銅天一卷 23929
紡山草堂集二卷 41882,41883,41884
飛青閣金石書跋雜著不分卷 42517
飛青閣錢譜 24047
飛青閣雜著不分卷 42518
霏雪録不分卷 32021,32022,32023,32024
霏雪録二卷 32036,32037,32038
霏雪録一卷 32025,32026,32027,32028,32029,32030,32031,32032,32033,32034,32035
費太史市隱園集選二十四卷 41636,41637
分類箋註文辭大尺牘二十六卷 42997
分門斷法不分卷 31284
分韻指南二卷 11033
焚餘草存一卷 42456
焚餘草存一卷後刻一卷 42457
糞心室詩集二卷 42592
封神演義 32688,32689,32690,32691
風俗通義十卷 31933,31934
馮程合稿二種二卷 43205
馮桂芬説文段注考正書目一卷 10955
馮三石集一卷 41235
奉使俄羅斯行程録一卷 23633,23634,23635
奉使倭羅斯日記一卷 23631,23632,23636,23637
鳳林先生文集(一名王鳳林文集)四卷 41208,41209
鳳棲棲里人詩集二卷 42256
佛教平議三卷別録一卷 32974
佛山書院算課草十一卷 31243
佛説阿彌陀經義記一卷 32872
佛説觀無量壽佛經疏二卷 32866,32867,32868,32870
佛説觀無量壽佛經疏一卷 32869
佛學雜鈔不分卷 32975
佛鑰不分卷 32965,32966
伏龍吟草一卷 42644
伏牛洞記一卷 23464
扶壽精方 30802,30803
扶壽精方一卷 30797
浮槎存稿六卷補遺一卷 42023
浮槎存稿四卷 42024
浮西施一卷 43487
黻清齋試帖六卷 42494
撫楚公牘一卷 23739
撫滇奏疏四卷 20579
撫滇奏議 20580
負米讀書補圖題詠不分卷 43120
婦嬰良方二卷 30938,30939
傅魯堂駢文三卷 42444
傅氏音學三書不分卷 11079,11080
傅壽柏遺稿一卷 42477
復庵刪詩舊集八卷 41825
復村集杜詩一卷 41885
賦草一卷文一卷 41970
覆磬山房詩集二卷文集一卷 42435

G

[甘蔗室]筆記不分卷 32219
甘蔗室賸稿十五種 50072
[甘蔗室]詩文不分卷 42684
[甘蔗室]書(信)不分卷 42685
[甘蔗室]雜稿不分卷 32128
甘氏家藏稿四種二十卷附一種五卷 50074
甘氏家訓二卷 30201
柑堂詩草(一名庚長遊草)三卷 42149

簳珠仙館詞一卷 43401
簳珠仙館詩存七卷陶陶集一卷附詞一卷 42452
高白浦集 41357
高等文學講義不分卷 43342
高等文學講義一卷 43329,43330
高麗好太王碑 23998
高麗好太王碑六卷 23997
高適岑參詩選 40708
高適岑參詩選譯 40709
高太史大全集十八卷 41169
高雨農澍然論修志一卷 22299
高齋集一卷 41266
割圜術輯要不分卷 31247
割圜術輯要不分卷附三角法公式一覽表 31245,31246
歌代歗雜劇一卷 43474
庚桑子 32787,32788
庚桑子一卷 32789
耿天臺集 41326
耿天臺先生全書十六卷 41325
耿天臺先生文集二十卷 41321,41322,41323
耿天臺先生文集二十卷附刻六卷 41324
耿中丞楊太史批點近溪羅子全集二十四卷 41269
公安三袁選集 43150
公羊傳二卷 10515
公羊傳十二卷 10514
公羊傳一卷 10516
宮省賢聲録四卷 20760
宮詹馬張公別山詩(一名張忠公遺集)一卷 41673
恭祝誥授光禄大夫頭品頂戴兵部尚書湖廣總督廣雅公六袠壽序一卷 20801
觥記注一卷 31646
龔耕盧詩一卷 42628
龔自珍、魏源手批簡學齋詩 42093
峋嶁山人集□卷璞非非草□□卷 41406
姑誦草堂遺藁二卷 42385
古本大學解二卷 10679
古辭令學二卷 10925
古峰詩草十卷首一卷 42365
古復志略不分卷 23105
古黄遺蹟集一卷 43195
古今畫鑑一卷 31514,31515,31516,31517,31518
古今青白眼三卷 32233,32234
古今書抄三十二卷 32221
古今書刻二卷 23851,23852,23853,23854,23855,23856,23857,23858
古今韻分注撮要五卷 11023,11024,11025
古今韻會舉要小補三十卷 11027
古今雜記陣圖 30264
古雋考畧四卷 32295,32296,32297
古樂府二卷 42960
古名儒毛詩解十六種二十四卷 10348,10349
古泉藪 24044,24045,24046
古詩存所據書目 23841
古詩歸十五卷 42949,42950
古詩輯存目録 23797
古詩雜鈔不分卷 42965
古書文義輯解不分卷 11095
古俗字略七卷 10976,10977,10978
古微書輯補箋注不分卷 10915
古微書輯補箋註不分卷 10013
古文備體奇鈔十二卷 42995,42996
古文辨體四卷 43322
古文辭通義四十卷 43327,43328
古文輯畧不分卷 43004,43005
古文尚書辨惑輯說一卷 10270
古文尚書辨惑十八卷首一卷 10260,10261,10262
古文尚書商是一卷 10268,10269
古文尚書賸言一卷 10271
古文尚書釋難二卷 10263,10264
古文尚書舜典注一卷 10225,10226,10227
古文尚書析疑一卷 10265,10266,10267

古文尚書正辭三十三卷 10272,10273
古文審八卷 11010
古文審不分卷 11009
古文審(金文述初稿)八卷首一卷 23941
古文孝經薈解八卷 10652,10653,10654
古文孝經集義(一名孝經集義)二卷 10651
古文蓄字訣二十七篇 43337
古文易考 10218
古香齋鑒賞校正昭明文選六十卷 42750,42751
古逸詩二卷 10346
古韵譜稿(一卷) 11053,11054
穀城文牘輯要一卷 23765
穀梁傳二卷 10583
穀梁傳例一卷 10595,10596,10597,10598
鵠山小隱詩話一卷 43299,43300
鵠山小隱詩集十六卷補遺一卷附詩話一卷 42026
鵠山小隱文集十卷 42027
鵠灣集九卷遇莊一卷 41626
鵠灣集選一卷 41627,41628
鵠灣遺稿一卷 41629
顧亭林論修志一卷 22287
顧西巘先生合稿十卷 41718
乖崖集存六卷 40851
官閣聯吟三卷 43147
官太常疏稿二十卷 20555
關夫子誌二卷 20717
關沮秦漢墓科牘 24060
關中書院課藝待梓稿不分卷 43008
觀察魏先生選刻火攻紀要 30267
觀二生齋隨筆一卷楹聯附録一卷 32084
觀海堂書目不分卷 23800
觀海堂書目六卷 23801
觀林詩話二卷 43249,43255
觀林詩話一卷 43247,43248,43250,43251,43252,43253,43254
觀身集不分卷 30418
觀心論一卷 32920
管子補注二十四卷 30329
管子二十四卷 30307,30308,30309,30310,30311,30312,30313,30314,30315,30316,30317,30318,30319,30320,30321,30322,30323,30324,30325,30326,30327,30328,30330,30331,30332,30333,30334,30335,30336,30337,30338,30339,30340,30341,30342,30343,30344,30345,30348,30349,30350,30351,30352,30353
管子二十四卷首一卷 30346,30347
管子校議二卷 30358
管子治畧窾言八卷 30354,30355
管子治畧真本八卷 30356
光化藝文志 23825
光緒八年(1882)壬午科湖北鄉試硃卷一卷 21007
光緒八年(1882)壬午科湖北鄉試硃卷一卷附光緒八年(1882)壬午科湖北擬取優貢卷一卷 21006
光緒八年(1882)壬午科湖北優選貢卷一卷 21059
[光緒]長樂縣志十六卷首一卷末一卷 22884,22885,22886
[光緒]大冶縣誌後編二卷 22648,22649,22650
[光緒]大冶縣誌續編七卷首一卷末一卷 22646,22647
[光緒]當陽縣補續志四卷首一卷 22844,22845,22846,22847,22848
[光緒]德安府志二十卷首一卷 22461
[光緒]德安府志二十卷首一卷補遺一卷 22460,22462
光緒二年(1876)丙子科湖北闈墨一卷 21002
光緒二年(1876)丙子科湖北鄉試硃卷一卷 21003
光緒二年(1876)丙子科湖北鄉試硃卷一卷附同治十二年(1873)癸酉科湖北選拔貢卷一卷 21004

光緒二年(1876)丙子正科湖北鄉試題名録一卷 20934
光緒二十八年(1902)壬寅補行二十六年(1900)庚子二十七年(1901)辛丑恩正併科湖北闈墨一卷 21036,21037
光緒二十八年(1902)壬寅補行二十六年(1900)庚子二十七年(1901)辛丑恩正併科湖北鄉試墨卷一卷 21043,21046,21049
光緒二十八年(1902)壬寅補行二十六年(1900)庚子二十七年(1901)辛丑恩正併科湖北鄉試行卷一卷 21038,21039,21042,21044,21045,21047,21048,21050
光緒二十八年(1902)壬寅補行二十六年(1900)庚子二十七年(1901)辛丑恩正併科湖北鄉試硃卷一卷 21040
光緒二十八年(1902)壬寅補行庚子辛丑恩正併科湖北鄉試録一卷 20945
光緒二十八年(1902)壬寅恩正併科湖北鄉試墨卷一卷 21041
光緒二十九年(1903)癸卯恩科湖北鄉試題名録一卷 20946
光緒二十九年(1903)癸卯恩科湖北鄉試行卷一卷 21052,21053
光緒二十九年(1903)癸卯恩科湖北鄉試硃卷一卷 21051
光緒二十九年(1903)湖北全省出入財政豫計表附注説不分卷 23535
光緒二十年(1894)甲午科湖北鄉試硃卷一卷 21027,21028,21029
光緒二十年(1894)甲午科湖北優選貢卷一卷 21062
光緒二十三年(1897)丁酉科湖北鄉試副貢硃卷一卷 21054
光緒二十三年(1897)丁酉科湖北鄉試硃卷一卷 21030,21031,21032,21033,21034,21035
光緒二十三年(1897)丁酉科湖北選拔貢卷一卷 21069,21070,21071,21072
光緒二十三年(1897)丁酉科湖北優選貢卷一卷 21063
[光緒]鳳縣志十卷首一卷 23314,23315,23316
[光緒]高淳縣志二十八卷首一卷 23171
[光緒]公安縣鄉土志一卷 22768
[光緒]光化縣志八卷首一卷 22978,22979,22980,22981
[光緒]歸州志十卷首一卷 22870,22871
[光緒]歸州志十七卷 22872,22873,22874
[光緒]漢川圖記徵實六卷 22475
[光緒]漢陽縣識十卷首一卷 22399,22400,22401
[光緒]湖北省襄陽府宜城縣鄉土志四卷 22958
[光緒]湖北通志輿地志稿不分卷 22347
[光緒]湖北通志志餘二十六卷 22345,22346
[光緒]湖北鄉土地理教科書不分卷 22361
光緒湖北輿地記不分卷 22049
光緒湖北輿地記二十四卷 22048
[光緒]懷安縣志八卷首一卷末一卷 23132
[光緒]黄安縣志十卷首一卷 22542,22543,22544
[光緒]黄岡縣志二十四卷首一卷 22521,22522,22523,22524
[光緒]黄梅縣志四十卷首一卷 22631,22632,22633
[光緒]黄州府志四十卷首一卷 22507,22508,22509
[光緒]京山縣志二十七卷首一卷 22800,22801
[光緒]荊州府志八十卷首一卷 22718,22719,22720
[光緒]荊州府志不分卷 22722
[光緒]荊州府志稿不分卷 22721
光緒九年(1883)癸未科會試硃卷一卷 20910
[光緒]雷波廳志三十六卷首一卷 23292,23293,23294

［光緒］利川縣志十四卷首一卷 23047,23048,23049,23050
［光緒］臨漳縣志十八卷首一卷 23150
［光緒］羅田縣志八卷首一卷 22555,22556,22557
［光緒］麻城縣志四十卷首一卷末一卷 22530
［光緒］麻城縣志五十六卷首一卷末一卷 22529
［光緒］沔陽州志十二卷首一卷 23113,23114,23115
光緒七年(1881)辛巳科湖北歲貢卷一卷 21073
光緒七年(1881)辛巳歲湖北歲貢卷一卷 21074
［光緒］蘄水縣志二十二卷首一卷末一卷 22605,22606,22607
［光緒］蘄州志三十卷 22616,22617,22618,22619
［光緒］潛江縣志稿不分卷 23125,23126,23127,23128
［光緒］潛江縣志續二十卷首一卷 23123,23124
［光緒］施南府志續編十卷附施南府前志瑣言一卷 23034,23035,23036
光緒十九年(1893)癸巳恩科湖北鄉試録一卷 20943
光緒十九年(1893)癸巳恩科湖北鄉試題名録一卷 20944
光緒十九年(1893)癸巳恩科湖北鄉試硃卷一卷 21016,21017,21019,21020,21021,21022,21023,21024,21025,21026
光緒十九年(1893)癸巳恩科湖北鄉試硃卷一卷附光緒十七年(1891)辛卯科湖北鄉試硃卷一卷光緒十七年(1891)辛卯科湖北擬取優選貢卷一卷附刻光緒十七年(1891)辛卯江漢書院甄别卷一卷 21018
光緒十七年(1891)辛卯科湖北鄉試録不分卷 20941
光緒十七年(1891)辛卯科湖北鄉試題名録一卷 20942
光緒十七年(1891)辛卯科湖北鄉試硃卷一卷 21012,21014,21015
光緒十七年(1891)辛卯科湖北優選貢卷一卷 21061
光緒十七年(1891)辛卯科十五年(1889)己丑恩科榜併湖北鄉試硃卷一卷 21013
光緒十四年(1888)戊子科湖北鄉試題名録一卷 20938
光緒十四年(1888)戊子正科湖北文鄉試録一卷 20937
光緒十五年(1889)己丑恩科湖北武闈鄉試録一卷 20940
光緒十五年(1889)己丑恩科湖北鄉試同年齒録不分卷 20939
光緒十五年(1889)己丑恩科湖北鄉試硃卷一卷 21009,21010
光緒十五年(1889)己丑科湖北鄉試硃卷一卷 21011
光緒十一年(1885)己酉科湖北鄉試題名録一卷 20936
光緒十一年(1885)己酉科湖北鄉試硃卷一卷 21008
［光緒］通山縣志三卷 22696,22697
光緒五年(1879)己卯科湖北鄉試録一卷 20935
光緒五年(1879)己卯科湖北鄉試硃卷一卷 21005
［光緒］武昌縣志二十六卷首一卷末一卷 22494,22495,22496
［光緒］武昌縣志稿不分卷 22499
［光緒］武昌縣志稿一卷 22498
［光緒］襄陽府志二十六卷志餘一卷 22918,22919,22920
［光緒］襄陽四畧二十五卷 22928,22929,22930

[光緒]襄陽四略二十五卷 22931
[光緒]孝感縣志二十四卷續補一卷 22443
[光緒]孝感縣志二十四卷續補志一卷 22441,22442
[光緒]新修潼川府志例言 23291
[光緒]興國州志三十六卷首一卷 22655,22656,22657,22658
[光緒]興山縣志二十二卷 22856,22857,22858
[光緒]續編大冶縣誌十卷首一卷 22644,22645
[光緒]續補興國州志三卷首一卷 22659,22660,22661,22662
[光緒]續輯均州志十六卷首一卷 23003,23004,23005
[光緒]續輯咸寧縣志八卷首一卷 22666,22667,22668
[光緒]續武昌縣志稿一卷 22497
[光緒]續修鶴峰州志十四卷首一卷 23089,23090,23091,23092
[光緒]續修鶴峰州志十四卷首一卷(一名鶴峰縣志)23093
[光緒](續修)江陵縣志六十五卷首一卷 22753,22754,22755
[光緒]續雲夢縣志畧十卷首一卷末一卷 22484,22485,22486
[光緒]續纂江寧府志十五卷首一卷 23170
[光緒]洵陽縣志十四卷 23317,23318,23319,23320
[光緒]宜城縣續志二卷 22955,22956,22957
[光緒]應城志十四卷首一卷 22448,22449,22450
[光緒]應城志要一卷 22451
[光緒]鬱林直隸州志二十卷首一卷 23286,23287,23288
光緒元年(1875)乙亥恩科湖北闈墨一卷 21000
光緒元年(1875)乙亥恩科湖北鄉試硃卷一卷 21001
[光緒]重修公安縣志十卷附一卷 22767
[光緒]重修華亭縣志二十四卷首一卷末一卷 23167,23168,23169
[光緒]重修兩淮鹽法志一百六十卷首一卷 23556,23557,23558
廣倉學宭新訂書目一卷 23839
廣濟耆舊詩集十二卷 43202
廣陵集一卷 41491,41492,41493
廣莫野語二卷 32448
廣平侯闕一卷 23990
廣嗣紀要十六卷 30868
廣嗣紀要十三卷 30870
廣西右江鎮總兵張公墓表碑帖一卷 31443
廣雅堂駢文箋注九卷 42392
廣禹貢楚絕書二卷 10285,10286
廣韻校記一卷 11078
廣韻校録 11066
廣韻校録十卷 11021
廣粥譜一卷 31651,31652
廣莊 32713
廣莊一卷 32706,32707,32708,32709,32710,32711,32712
閨門便讀四卷 30227
歸潔園偶筆一卷 32074
歸田雜詠一卷續編一卷 42401
歸途百韻一卷 41875
歸雲別集十種 50042,50043
歸雲別集十種七十四卷 50040
歸雲集前稿二十卷 41271
歸雲外集十種六十七卷 50041
鬼谷數總要 31288
鬼谷陰符經一卷 31922
鬼谷子 31897,31898,31899,31900,31917,31918,31919,31920
鬼谷子前定書一卷 31287
鬼谷子三卷 31854,31855,31856,31857,31858,31859,31860,31861,31862,31863,31864,31865,31866,31867,31868,31869,31870,31871,31872,31873,31874,31875,

31876,31877,31878,31879,31880,31881,31882
鬼谷子三卷附録一卷 31883,31884,31885
鬼谷子一卷 31886,31887,31888,31889,31890,31891,31892,31893,31894,31895,31896,31901,31902,31903,31904,31905,31906,31907,31908,31909
鬼谷子一卷外篇一卷 31910,31911,31912,31913,31914,31915,31916
鬼谷子佚文一卷 31921
桂蓋軒集不分卷 42631
桂蓋軒詩文集不分卷 42632
貴希函三十九卷 41670
郭店楚簡文字編 11019
郭光禄公家傳一卷 20896
郭光禄公(沛霖)年譜二卷行述一卷 20855
郭明龍稿一卷 41396
郭氏傳家易説十一卷 10062,10063,10064,10066,10072
郭氏傳家易説十一卷總論一卷 10065,10067,10068,10069,10070,10071
郭煦青詩文稿一卷 42571
郭仲産荆州記一卷 22099,22100
國朝詞綜續編五卷 43437
國朝進士列卿表二卷 20538
國瑋集五十六卷 43000
國文述要四種 43331
國學筆談二卷 32116
國醫宗旨四卷 30769
國語補音二卷 20252
國語補音三卷 20253,20254,20255,20256,20257,20258,20259,20260,20261
國語定本二十一卷 20237
國語二十卷 20235
國語二十一卷 20213,20214,20215,20216,20217,20218,20219,20222,20223,20224,20225,20226,20227,20228,20229,20230,20231,20232,20233,20234,20236,20238,20239,20240,20241,20242,20243,20244,20245,20246,20247,20248
國語(一名國語奇觀)四卷 20251
過庭隨筆二卷 32192

H

海巢集三卷 41146,41147
海巢集一卷 41145
海島算經細草圖説一卷 31224,31225,31226,31227,31228
海蠡編二卷 32041
海蠡集四卷 42483
海漚詩草二卷 42678
海天秋角詞一卷 43395,43396
海嶽集八卷 41952
海嶽集十卷 41950,41951
海嶽名言 31368,31369,31370,31371,31372
海嶽名言評注 31376
海嶽名言一卷 31352,31353,31354,31355,31356,31357,31358,31359,31360,31361,31362,31363,31364,31365,31366,31367,31373,31374,31375
海嶽題跋 31427
海嶽題跋一卷 31422,31423,31424,31425,31426
海嶽行吟草十卷 42069
海嶽行吟草十卷附録一卷 42070
海嶽行吟草一卷戒詩後草稿一卷 42071
海嶽志林一卷 20742,20743,20744
含素子塵譚十卷 32845
韓詩外傳十卷 10378
韓詩外傳疏證十卷 10379,10380
韓文杜律二卷 43028,43029
韓文一卷 40667
韓中允集一卷 41170
漢碑用字一卷 10973,10974,10975
漢濱集十六卷 40973,40974,40975,40976
漢濱詩餘一卷 43354
漢濱詩餘一卷補遺一卷 43355
漢川圖記徵實不分卷 22095

漢淳於長夏承碑一卷 23979
漢故陳君碑一卷 31448
漢官解詁一卷 23481,23482,23483,23484,23485,23486,23487,23488,23489,23490,23491
漢滸金石小記一卷漢口竹枝詞一卷 23882
漢冀州刺史王純碑一卷 23983
漢冀州從事張表碑一卷 23985
漢江集一卷 42503
漢晉春秋三卷 20144
漢晉春秋一卷 20142,20143,20145
漢晉南北朝唐宋文歸七十六卷 42988
漢刻石二卷 23971
漢口慘殺案 20514
漢口叢談六卷 22077,22078
漢口叢談校釋六卷附録一卷 22079
漢口後湖堤內地畝分等酌收新租章程一卷 23540
漢口山陜會館志二卷 22086
漢口巡船章程一卷 23563
漢口竹枝詞不分卷 22090
漢口竹枝詞六卷 22087,22088,22089
漢口紫陽書院志畧八卷首一卷 23431
漢南紀游一卷遊漢南詩一卷 23473
漢南記一卷 22135
漢南詩約二十卷 43194
漢戚伯著碑一卷 23982
漢上叢談四卷 22091,22092,32093
漢上易傳十一卷 10036
漢上易傳十一卷周易卦圖三卷周易叢説一卷 10034,10037,10038,10039,10040,10041,10042
漢上易集傳十一卷卦圖三卷叢説一卷 10035
漢上周易集傳十一卷 10033
漢石經碑圖一卷 10015
漢書地理志補校 20033
漢書地理志補校二卷 20030,20031,20032
漢書二十三家注鈔 20029
漢書二十三家注鈔十四卷 20028
漢書藝文志所列春秋家一卷 10626
漢酸棗令劉熊碑一卷 23980
漢唐玄學論一卷 32843,32844
漢唐學論一卷 32122
漢魏六朝詩三百首七卷 42928,42929,42930
漢魏石經考三卷 10895
漢魏石經考(一名石經考)三卷 10892,10893,10894
漢文歸二十卷 43023
漢信鐵路冬夏開車時刻表一卷 23577
漢信鐵路九項詳細價目表一卷 23576
漢陽府保甲録二卷 23655
漢陽府忠節全録不分卷 20688
漢陽關季華先生尺牘不分卷 42429
漢陽胡東谷先生筆記真蹟不分卷 32155
漢陽郡圖經一卷 22072
漢陽劉椒雲遺書五種 50065
漢陽田公哀輓録四卷 20807
漢陽魏氏遺書二種 50049,50050
漢陽五家詩選十四卷 43190,43191,43192
漢陽縣學課藝一卷 43193
漢陽縣志續不分卷 22390
漢陽葉氏叢刻七種 30417
漢陽周氏書種樓叢鈔八種八十八卷 42918
漢陽鄒氏四家稿十五卷 43142
漢冶萍煤鐵廠礦有限公司商辦第八届帳畧一卷 23626
漢冶萍煤鐵廠礦有限公司商辦第二届帳畧一卷 23620
漢冶萍煤鐵廠礦有限公司商辦第六届帳畧一卷 23624
漢冶萍煤鐵廠礦有限公司商辦第七届帳畧一卷 23625
漢冶萍煤鐵廠礦有限公司商辦第三届帳畧一卷 23621
漢冶萍煤鐵廠礦有限公司商辦第十届帳畧一卷 23627
漢冶萍煤鐵廠礦有限公司商辦第四届帳畧

一卷 23622
漢冶萍煤鐵廠礦有限公司商辦第五届帳畧一卷 23623
漢冶萍煤鐵廠礦有限公司戊申年第一届帳畧一卷 23619
漢冶萍煤鐵廠礦有限公司戊申年簡明帳底本一卷 23618
漢冶萍往來電報鈔存不分卷 23615
漢鎮警察現行章程一卷 23654
漢志郡國沿革考一卷 20037
漢志水經注水道疏證及汭水考殘稿不分卷 23375
漢州水源册一卷 23407
翰臣詩鈔二卷 42263
翰林筆削字義韻律鼇頭海篇心鏡二十卷 10979
翰林筆削字義韻律鼇頭海篇心鏡二十卷附翰林筆削字義韻律二十卷 10980
濠梁集一卷高齋集一卷 41265
郝楚望稿一卷 41411,41412,41413,41414
郝京山稿一卷 41410
郝氏九經解一百六十四卷 10007
郝氏九經解一百七十四卷 10005
郝氏九經解一百七十五卷 10002,10003,10004,10006
合併黄離草三十卷 41393,41394
合河政紀二卷 23501
合河政記二卷 23500
合刻五家言五種二十八卷 50003
合聲易字一卷 11011
合諸名家評註三蘇文選十八卷 43156,43157,43158
何公世行三卷 20751
何吉陽詩集五卷 41241
何文毅公集十卷 41417
何刑侍集一卷 41240
何義門校説文一卷 10933
何之子一卷 32058,32059,32060
和聲詩集四卷 42493
和松庵存劄不分卷 41835
河防志十二卷 23698
河工簡要四卷 23700
河南、陝西通志評論不分卷 22318
河壖褉誌二卷稟復廖工部鴻荃委查黄河水源一卷 23699
河圖洛書大義不分卷 10223
荷亭古文存二卷 41960
鶡冠子 31853
鶡冠子二卷 31837,31838,31851,31852
鶡冠子三卷 31795,31796,31797,31798,31799,31800,31801,31802,31803,31804,31805,31806,31807,31808,31809,31810,31811,31812,31813,31814,31815,31816,31817,31818,31819,31820,31821,31822,31823,31824,31825,31826,31827,31828,31829,31830,31831,31832,31839,31840,31841,31843,31844,31845,31846,31847,31848,31849,31850
鶡冠子一卷 31833,31834,31835,31836,31842
賀拓菴先生離騷箋釋不分卷 40361
賀文忠公集四卷 41359
賀文忠公遺集四卷末一卷 41360
賀文忠公遺集五卷末一卷 41358
鶴嶺山人詩集十六卷 41831,41832
鶴樓集六卷 42502
鶴鳴集二十七卷 41279
鶴鳴集三十五卷 41281,41282
鶴南初集二卷次集二卷 41994
鶴年海巢集四卷 41141
鶴年海巢集一卷哀思集一卷方外集一卷續集一卷 41148,41149
鶴年集四卷 41142
鶴年詩集三卷 41131,41133,41134
鶴山新會知縣信稿一卷 23770
鶴鳴集二十七卷 41280
鶴心偶寄一卷 41965
鶴吟樓詩鈔一卷 41944

衡山記一卷 23361
衡嶽志八卷 23362
衡齋藏見古玉圖二卷 31640
衡齋金石識小録二卷 23878
弘治二年(1489)湖廣鄉試録一卷 20913
[弘治]黄州府志十卷 22502,22503,22504
弘治十一年(1498)湖廣鄉試録一卷 20915
弘治五年(1492)湖廣鄉試録一卷 20914
[弘治]夷陵州志十卷拾遺一卷 22805,22806
洪範集解一卷 10296
洪範通易説一卷 10295
洪範圖説四卷 10294
洪戒山人詩稿一卷附補遺 42504
洪樂集二卷 42208,42209
洪山敕賜寳通寺三卷增補集一卷 23422
洪憲紀事詩本事簿注不分卷 42575
洪稚存亮吉論修志一卷 22295
紅桂坡詩集六卷附一卷 42572
紅蕉山館詩鈔十卷 42004
紅蕉山館詩鈔十卷續鈔二卷 42005
紅蕉山館文鈔八卷 42006
紅綫傳一卷 32618
葒溪草堂詩鈔十卷 42463
鴻雪蕪吟不分卷 42635
鴻猷録十六卷 20185,20186,20187,20188,20189,20190,20191
鴻爪留餘一卷 41966
喉科祕旨不分卷 31129,31130
喉科秘旨不分卷 31128
喉痧條辨 31131
後漢並六國圖一卷 22002
後漢三國兩晉論贊四卷 42986
後漢書各縣故城所在不分卷 20035
後晉並七國圖一卷 22001
後涼疆域圖一卷 21984
後梁並十國圖一卷 21999
後秦疆域圖一卷 21981
後蜀疆域圖一卷 21987
後唐並七國圖一卷 22000
後燕疆域圖一卷 21977
後趙疆域圖一卷 21975
後周並七國圖一卷 22003
胡承諾年譜一卷 20840,20841,20842
胡二溪稿一卷 41242,41243,41244,41245,41246
胡固生先生遺詩不分卷 42669
胡廣漢制度一卷 23503
胡氏遺書六種三十三卷 43167
胡子粹言一卷 30142
壺盦文鈔不分卷附壺盦筆記不分卷 42674
[湖北安陸]何氏大同宗譜不分卷 21294
湖北安襄鄖道水利集案二卷圖一卷 23725
湖北安襄鄖荆兵備道盛公(植型)家傳一卷 20902
[湖北巴東]鄧氏族譜不分卷 21848
[湖北巴東]徐氏宗譜□□卷 21488
湖北佈政按察兩司咨送各案供招不分卷 23671
湖北佈政使司湖北善後總局爲會詳遵飭妥議整頓税契釐定新章一卷 23539
湖北漕務疏牘一卷 23562
[湖北長陽]長陽白沙坪田氏族譜六卷 21170
[湖北長陽]長陽德鄉白某坪劉氏族譜六卷 21833
[湖北長陽]長陽劉氏宗譜十一卷首一卷 21834
[湖北長陽]長陽石五溪李氏宗譜一卷 21260
[湖北長陽]長陽桃山田氏族譜不分卷 21172
[湖北長陽]長陽天池口田氏族譜不分卷 21171
[湖北長陽]長陽縣劉氏通譜□□卷首一卷 21831
[湖北長陽]長陽縣劉氏宗譜十卷首二

卷 21832
[湖北長陽]長陽嚴松坪李氏族譜十七卷 21261
[湖北長陽]都鎮灣胡氏族譜□□卷 21415
[湖北長陽]劉氏通譜□□卷 21802
[湖北長陽]麻池胡氏族譜□□卷 21416
湖北常備軍兩鎮照練兵處雜支款項變通增減章程一卷 23649
[湖北]陳氏宗譜十卷首三卷 21530
[湖北赤壁]嘉蒲獅子李氏族譜十卷 21248
湖北崇文書局書目一卷 23859,23861,23862,23863
[湖北崇陽]崇陽楊氏族譜不分卷 21743
[湖北崇陽]戴氏宗譜□□卷 21882
[湖北崇陽]鄧氏大同宗譜十二卷 21847
[湖北崇陽]馮氏宗譜 21731
[湖北崇陽]黄氏宗譜□□卷 21597
[湖北崇陽]林氏宗譜不分卷 21349
[湖北崇陽]王氏宗譜不分卷 21131
[湖北崇陽]吴氏家譜□□卷 21283
[湖北崇陽]吴氏宗譜□□卷 21285
[湖北崇陽]吴氏宗譜三卷 21284
[湖北崇陽]徐氏宗譜十四卷 21487
[湖北崇陽]楊氏大同宗譜不分卷 21756
[湖北崇陽]張氏宗譜不分卷 21653
[湖北崇陽]重修石氏宗譜九卷 21166
[湖北崇陽]周氏宗譜□□卷 21390
[湖北崇陽]朱氏宗譜□□卷 21193
湖北叢書三十種 50020
[湖北大冶]大冶胡氏纂修宗譜□□卷 21402
[湖北大冶]大冶西陽周氏宗譜□卷 21384
[湖北大冶]大冶西陽周氏宗譜十六卷首一卷 21385
[湖北大冶]董氏宗譜□□卷 21676,21677,21678
[湖北大冶]黄氏續修大成宗譜□□卷 21596
[湖北大冶]羅氏宗譜不分卷 21896
[湖北大冶]南陽堂鄧氏族譜不分卷 21846
[湖北大冶]饒氏宗譜不分卷 21909,21911,21912
[湖北大冶]饒氏宗譜□□卷 21910,21913
[湖北大冶]武威石氏宗譜二卷首一卷 21165
[湖北大冶]楊氏宗譜不分卷首一卷 21742
[湖北大冶]冶邑徐氏大成宗譜不分卷 21486
[湖北大冶]余氏宗譜八卷 21310
[湖北大冶]余氏宗譜□□卷 21311
[湖北大冶]袁氏宗譜□□卷 21458
[湖北大冶]周氏續修宗譜十四卷 21383
[湖北大冶]周氏宗譜十六卷 21386
[湖北大冶]周氏纂修宗譜十三卷 21382
[湖北大冶]羅氏重修族譜十八卷 21895
[湖北大冶]羅氏宗譜不分卷 21894
[湖北當陽]袁氏族譜一卷 21460
湖北地方古籍文獻叢書三十三種 50022
湖北地畧一卷 22063
湖北調查局公牘初輯一卷 23763
[湖北鄂城]汪氏宗譜四卷首一卷 21331
[湖北鄂州]艾氏宗譜□□卷 21158
[湖北鄂州]黄氏宗譜□□卷 21577
[湖北鄂州]彭城金氏宗譜一卷 21368
[湖北鄂州]彭氏宗譜初集二卷二集六卷首二卷 21684
[湖北鄂州]壽昌傅氏宗譜十三卷首一卷 21737
[湖北鄂州]義門陳氏璉祖支譜□□卷 21562
[湖北鄂州]周氏宗譜□□卷 21381
[湖北恩施]恩施州劉氏宗支概況二卷 21836
[湖北恩施]湖北恩施州汪氏宋祖發展史不分卷 21332
[湖北恩施]譙郡譜書曹氏家譜不分卷 21605
[湖北恩施]沙子地三槐堂王氏家譜不分卷 21140
[湖北恩施]太原堂郭氏家譜□□卷 21502
[湖北恩施]周氏族譜七卷 21391
[湖北恩施]周氏族譜四卷 21392
湖北法政學堂修改章程一卷 23529
湖北法政學堂章程一卷 23528

湖北方言二卷 11093,11094
湖北高僧傳不分卷 20709
湖北膏捐緝私章程一卷 23547
［湖北公安］蔡氏家譜不分卷 21774
［湖北公安］高氏族譜七卷首一卷 21514
［湖北公安］公安陳家坪陳氏族譜十六卷 21569
［湖北公安］王氏族譜不分卷 21137
湖北公藏版刻提要一卷 23860
［湖北穀城］方氏族譜一卷 21152
湖北官立女子速成保育科管理法一卷 23531
湖北官市平色比較表一卷 23613
湖北官書處書目一卷 23864
［湖北光化］陳氏家譜□□卷 21548
［湖北廣濟］胡氏宗譜一卷 21411
［湖北廣濟］涂氏宗譜三十八卷 21433
［湖北廣濟］吴氏宗譜三卷首一卷 21276
［湖北廣濟］張氏宗譜十八卷首一卷 21649
［湖北廣濟］張氏宗譜十六卷首一卷 21648
湖北歸併土稅膏捐章程規條一卷 23543
［湖北］桂氏宗譜五卷首一卷 21444
［湖北］貴源余氏支譜□□卷 21318
湖北國學館學規課程一卷附招考内外課簡章一卷 23530
［湖北漢川］漢川張氏宗譜十六卷 21636
［湖北漢川］李氏宗譜八卷 21232
［湖北漢川］秦氏宗譜十六卷首一卷 21440
［湖北漢川］王氏宗譜七卷首三卷 21094
湖北漢黄道造已結各案清册一卷］清同治十年至光緒二年（1871—1876）］23559
湖北漢口鎮街道圖 22076
湖北漢水圖説一卷附漢水溯洄紀程一卷 23408
［湖北漢陽］程氏宗譜□□卷 21679,21702,21703
［湖北漢陽］官礄凌氏宗譜八卷 21606
［湖北漢陽］韓氏宗譜八卷 21876
［湖北漢陽］韓氏宗譜九卷首一卷 21877
［湖北漢陽］韓氏宗譜三卷首一卷 21874
［湖北漢陽］韓氏宗譜五卷末一卷 21875
［湖北漢陽］漢南王氏家乘十八卷首一卷 21109
［湖北漢陽］漢陽劉氏家乘一卷 21807
［湖北漢陽］洪山廟南羅氏宗譜三十卷首一卷末一卷 21898
［湖北漢陽］［湖北沔陽］李氏宗譜十二卷首一卷末一卷 21230
［湖北漢陽］李氏宗譜八卷 21229
［湖北漢陽］李氏宗譜十二卷首一卷末一卷 21212
［湖北漢陽］劉氏宗譜八卷 21806
［湖北漢陽］龍霓戴氏譜不分卷 21880
［湖北漢陽］龍霓戴氏宗譜不分卷 21881
［湖北漢陽］索河吴氏族譜□□卷 21278
［湖北漢陽］王氏宗譜十六卷 21110
［湖北漢陽］鄔氏家乘□□卷 21516
［湖北漢陽］蕭氏宗譜□□卷首一卷 21863,21867
［湖北漢陽］姚氏宗譜首編八卷正編十二卷 21400
［湖北漢陽］葉氏宗譜二十卷 21662
［湖北漢陽］餘姚黄氏支譜六卷 21574
［湖北漢陽］奓山姜氏宗譜□□卷 21418
［湖北漢陽］張氏創修家乘七卷首一卷 21618
［湖北漢陽］張氏家譜十四卷首一卷 21609,21610
［湖北漢陽］張氏景賢支譜不分卷 21611
［湖北漢陽］張氏四脩家譜□□卷 21612
［湖北］漢陽張氏宗譜五卷首四卷末一卷 21617
［湖北漢陽］朱氏宗譜十卷首一卷 21179
［湖北漢陽］朱氏宗譜首編八卷正編二十卷 21184
湖北河防約言一卷 23719
［湖北鶴峰］劉氏正宗家譜不分卷 21837
［湖北鶴峰］容美田氏歷代世系不分卷 21173

[湖北鶴峰]徐氏家譜不分卷 21490
[湖北洪湖]李氏宗譜□□卷 21258
[湖北洪湖]王氏家譜不分卷 21135
[湖北洪湖]余氏宗譜□□卷 21313,21314
[湖北紅安]楚黄耿氏族譜三十三卷首一卷 21449
[湖北紅安]楚黄中和里土墩頭楊氏族譜二十三卷首一卷 21753
[湖北紅安]黄安彭氏族譜二十卷 21692
[湖北紅安]黄安縣義門謝浦莊陳氏宗譜六卷首一卷 21528
[湖北紅安]毛氏宗譜□□卷 21145
[湖北紅安]毛氏宗譜十五卷首二卷 21144
[湖北紅安]潘氏宗譜十六卷 21854
[湖北紅安]王氏族譜□□卷首一卷 21098
[湖北紅安]余氏族譜十六卷首四卷 21308
[湖北紅安]趙氏宗譜六卷首二卷 21777
[湖北]胡氏宗譜□□卷 21393
[湖北黄安]安邑大金峰胡氏族譜二十五卷首二卷 21398
[湖北黄陂]陳氏宗譜十卷 21525
[湖北黄陂]陳氏宗譜五卷世系總圖四卷首一卷 21534
[湖北黄陂]鄧氏宗譜三十七卷首二卷 21841
[湖北黄陂]馮氏家譜□□卷 21721,21722
[湖北黄陂]耿氏宗譜三卷 21448
[湖北黄陂]何氏宗譜□□卷 21292
[湖北黄陂]横岡胡氏支譜不分卷 21397
[湖北黄陂]黄陂徐氏支譜七卷首一卷 21475
[湖北黄陂]黄陂周氏宗譜十卷 21370
[湖北黄陂]黄氏宗譜□□卷 21581
[湖北黄陂]李氏宗譜□□卷首二卷 21216
[湖北黄陂]劉氏家乘十一卷 21797
[湖北黄陂]閔氏宗譜十八卷 21727
[湖北黄陂]涂氏宗譜二十九卷 21434
[湖北黄陂]王氏宗譜三十八卷首一卷 21111
[湖北黄陂]吴氏宗譜十一卷首一卷末一卷 21280
[湖北黄陂]蕭氏家世源流記四卷首一卷 21864
[湖北黄陂]蕭氏宗譜二十卷首一卷末一卷 21865
[湖北黄陂]蕭氏族譜十三卷首三卷 21868
[湖北黄陂]徐氏支譜□□卷 21476
[湖北黄陂]徐氏支譜四卷 21469
[湖北黄陂]徐氏宗譜七十八卷首八卷末一卷 21477
[湖北黄陂]徐氏宗譜十四卷末一卷 21468
[湖北黄陂]楊氏宗譜十一卷末一卷 21740
[湖北黄陂]余氏家乘十二卷 21303
[湖北黄陂]張氏宗譜十八卷 21624
[湖北黄岡]巴江戴氏宗譜十三卷首二卷 21879
[湖北黄岡]巴氏宗譜二十四卷首六卷 21157
[湖北黄岡]巴氏宗譜十八卷首四卷 21156
[湖北黄岡]蔡氏宗譜十二卷 21767,21768
[湖北黄岡]蔡氏宗譜十三卷 21769
[湖北黄岡]曹氏宗譜十卷首二卷 21600
[湖北黄岡]陳氏大成宗譜十二卷 21553
[湖北黄岡]陳氏績修合譜八卷首三卷 21549
[湖北黄岡]陳氏續修族譜十三卷首三卷 21554
[湖北黄岡]陳氏續修族譜十四卷首五卷 21558
[湖北黄岡]陳氏宗譜六十五卷首六卷 21556
[湖北黄岡]陳氏宗譜三十卷首六卷 21555
[湖北黄岡]成氏宗譜二十三卷首二卷 21176
[湖北黄岡]程氏宗譜□□卷 21682
[湖北黄岡]程氏宗譜十卷 21713
[湖北黄岡]程氏宗譜十一卷 21714
[湖北黄岡]楚北宋氏宗譜八卷世系八卷 21336
[湖北黄岡]楚黄高氏宗譜三十五卷 21511
[湖北黄岡]楚黄李氏宗譜二十八卷首六卷 21235
[湖北黄岡]楚黄彭氏宗譜三十卷首七卷 21685
[湖北黄岡]楚黄沈氏宗譜五十卷 21334
[湖北黄岡]楚黄松山陳氏續編本宗譜三十二卷首一卷末一卷 21551
[湖北黄岡]楚黄蕭氏宗譜二十四卷首六

卷 21870
[湖北黄岡]楚黄袁氏宗譜二十卷 21456
[湖北黄岡]楚黄周氏宗譜四卷 21377
[湖北黄岡]楚黄周氏族譜二十五卷首六卷 21376
[湖北黄岡]鄧氏宗譜十卷首二卷 21840
[湖北黄岡]段氏宗譜四卷首五卷 21435
[湖北黄岡]鄂東黄岡宋氏宗譜七十九卷首五卷 21337
[湖北黄岡]方氏宗譜八卷首一卷 21148
[湖北黄岡]方氏宗譜十二卷首四卷 21146
[湖北黄岡]方氏宗譜十三卷首三卷 21147
[湖北黄岡]馮氏宗譜十二卷 21723
[湖北黄岡]感化分邱氏宗譜續編□□卷 21396
[湖北黄岡]岡邑王楊氏宗譜十二卷首二卷 21752
[湖北黄岡]高氏宗譜十四卷首二卷 21509
[湖北黄岡]高氏宗譜四十八卷首六卷 21512
[湖北黄岡]高氏族譜十卷首二卷 21508
[湖北黄岡]管氏宗譜九卷 21779,21780
[湖北黄岡]管氏宗譜七卷首一卷 21781
[湖北黄岡]管氏宗譜十四卷首一卷 21782
[湖北黄岡]桂氏宗譜十卷首二卷 21445
[湖北黄岡]郭氏宗譜十六卷 21498
[湖北黄岡]郭氏宗譜四十卷首十四卷 21499
[湖北黄岡]韓傳宗譜二十六卷首五卷末一卷 21878
[湖北黄岡]何氏家譜六卷 21295
[湖北黄岡]胡氏宗譜□□卷 21399
[湖北黄岡]胡氏宗譜十卷 21409
[湖北黄岡][湖北武昌]吴氏宗譜四十九卷 21272
[湖北黄岡]黄岡杜氏宗譜□□卷首三卷 21211
[湖北黄岡]黄岡杜氏宗譜三十八卷 21210
[湖北黄岡]黄岡杜氏宗譜十二卷 21208
[湖北黄岡]黄岡杜氏宗譜十二卷首一卷 21207
[湖北黄岡]黄岡杜氏族譜二十六卷首一卷又首三卷 21209
[湖北黄岡]黄岡胡氏宗譜□□卷 21410
[湖北黄岡]黄岡林氏宗譜不分卷 21345
[湖北黄岡]黄岡劉氏續修宗譜二十二卷首三卷副一卷 21819
[湖北黄岡]黄岡劉氏宗譜二十二卷首二卷附一卷 21818
[湖北黄岡]黄岡吕陽村謝氏宗譜十四卷首三卷 21884
[湖北黄岡]黄岡羅氏宗譜二十卷首三卷 21892
[湖北黄岡]黄岡秦氏宗譜十八卷 21442
[湖北黄岡]黄岡上五鄉楊氏宗譜四卷 21747
[湖北黄岡]黄岡童氏宗譜二十五卷首三卷 21735
[湖北黄岡]黄岡童氏宗譜□□卷 21733
[湖北黄岡]黄岡萬氏心齋公宗譜十卷首一卷末二卷 21669
[湖北黄岡]黄岡萬氏心齋宗譜十卷首一卷 21665
[湖北黄岡]黄岡萬氏宗譜三卷首一卷 21670
[湖北黄岡]黄岡汪家集汪氏家譜十五卷首一卷 21323
[湖北黄岡]黄岡汪氏宗譜□□卷 21327,21328
[湖北黄岡]黄岡縣上伍鄉陳氏族譜八卷首二卷 21550
[湖北黄岡]黄岡楊氏宗譜六卷首二卷 21750
[湖北黄岡]黄岡周氏宗譜九卷首一卷 21379
[湖北黄岡]黄岡朱氏支譜八卷首一卷 21180
[湖北黄岡]黄岡朱氏宗譜十八卷 21188
[湖北黄岡]黄氏宗譜二十九卷首四卷 21593
[湖北黄岡]黄氏宗譜六卷 21578
[湖北黄岡]霍氏宗譜□□卷 21839
[湖北黄岡]霍氏宗譜十卷 21838
[湖北黄岡]金氏宗譜三十九卷首三卷 21366
[湖北黄岡]金氏宗譜十六卷首四卷 21367
[湖北黄岡]孔子世家支譜六卷首一卷 21153
[湖北黄岡]雷氏宗譜六卷 21763
[湖北黄岡]雷氏宗譜五卷首一卷 21762
[湖北黄岡]李氏宗譜二十二卷首四卷 21234

[湖北黄岡]李氏宗譜九卷首三卷 21233
[湖北黄岡]李氏宗譜七卷 21237
[湖北黄岡]李氏宗譜十卷首三卷 21238
[湖北黄岡]李氏宗譜十四卷首四卷 21239
[湖北黄岡]李氏宗譜十五卷首三卷 21240
[湖北黄岡]李氏宗譜四十二卷 21236
[湖北黄岡]林氏宗譜二十四卷首一卷 21343
[湖北黄岡]林氏宗譜□□卷 21341,21342,21344
[湖北黄岡]劉氏宗譜□□卷首□卷 21821,21823
[湖北黄岡]劉氏宗譜□□卷首六卷 21798
[湖北黄岡]劉氏宗譜十八卷首四卷 21817
[湖北黄岡]劉氏宗譜十卷首二卷 21822
[湖北黄岡]劉氏宗譜十七卷首四卷 21820
[湖北黄岡]羅氏續修族譜四十二卷首六卷 21904
[湖北黄岡]羅氏支譜六卷末一卷 21890
[湖北黄岡]羅氏宗譜七卷首一卷 21891
[湖北黄岡]羅氏宗譜十五卷 21905
[湖北黄岡]羅氏族譜四卷 21903
[湖北黄岡]毛氏宗譜□□卷 21143
[湖北黄岡]潘氏宗譜二卷 21851
[湖北黄岡]潘氏宗譜十九卷首三卷 21850
[湖北黄岡]潘氏宗譜四十七卷 21852
[湖北黄岡]齊安高氏宗譜四卷 21510
[湖北黄岡]沙河汪氏續修宗譜十四卷首二卷 21326
[湖北黄岡]石氏宗譜十二卷 21163
[湖北黄岡]松湖陳氏宗譜三十卷首四卷 21552
[湖北黄岡]孫氏族譜三十四卷首一卷 21453
[湖北黄岡]涂氏宗譜十卷首四卷 21432
[湖北黄岡]萬氏宗譜十四卷 21666
[湖北黄岡]萬氏宗譜十四卷首八卷 21671
[湖北黄岡]汪氏宗譜二十四卷首四卷附二卷 21329
[湖北黄岡]汪氏宗譜十卷首二卷 21325
[湖北黄岡]汪氏宗譜十卷首四卷 21324
[湖北黄岡]王氏續編宗譜二十八卷 21095
[湖北黄岡]王氏宗譜□□卷 21124,21125
[湖北黄岡]王氏宗譜□□卷首□卷 21096
[湖北黄岡]王氏宗譜十八卷 21123
[湖北黄岡]王楊宗譜十一卷首二卷 21126
[湖北黄岡]吴氏宗譜二十卷首二卷末二卷 21282
[湖北黄岡]吴氏宗譜三卷首一卷 21273
[湖北黄岡]徐氏宗譜二十四卷首三卷 21483
[湖北]黄岡徐氏宗譜十七卷首一卷 21484
[湖北黄岡]陽邏徐氏宗譜□□卷 21485
[湖北黄岡]楊氏宗譜不分卷 21749
[湖北黄岡]楊氏宗譜十二卷首二卷 21751
[湖北黄岡]楊氏宗譜五卷首三卷 21748
[湖北黄岡]葉氏宗譜十卷 21663
[湖北黄岡]易氏家乘□□卷首□卷 21352
[湖北黄岡]義門陳氏宗譜七卷首二卷 21557
[湖北黄岡]余氏宗譜二十七卷首八卷 21305
[湖北黄岡]余氏宗譜□□卷 21304,21307
[湖北黄岡]余氏宗譜□□卷首一卷 21306
[湖北黄岡]袁氏宗譜十八卷 21455
[湖北黄岡]詹氏宗譜八卷首四卷 21717
[湖北黄岡]張氏譜略二十二卷首一卷末一卷 21643
[湖北黄岡]張氏宗譜二十八卷首二卷 21641,21642
[湖北黄岡]張氏宗譜二十一卷 21646
[湖北黄岡]張氏宗譜□□卷 21615
[湖北黄岡]張氏宗譜六卷首一卷 21637
[湖北黄岡]張氏宗譜六十九卷首十一卷 21647
[湖北黄岡]張氏宗譜三十三卷首七卷 21645
[湖北黄岡]張氏宗譜十三卷首四卷 21639
[湖北黄岡]張氏宗譜十三卷首一卷 21644
[湖北黄岡]張氏宗譜十一卷首二卷 21638
[湖北黄岡]張氏宗譜首十卷初一卷富分四卷貴分一卷敬分十卷恭分十卷 21640
[湖北黄岡]周岐族譜十卷 21375

［湖北黄岡］周氏宗譜二十卷 21373
［湖北黄岡］周氏宗譜二十卷首二卷 21380
［湖北黄岡］周氏宗譜□卷 21378
［湖北黄岡］周氏族譜一百零一卷首十五卷末一卷 21374
［湖北黄岡］朱氏宗譜□□卷 21181
［湖北黄岡］朱氏宗譜三十八卷 21190
［湖北黄岡］朱氏宗譜十卷 21189
［湖北黄岡］鄒氏宗譜□□卷 21719
［湖北黄梅］陳氏宗譜九卷首一卷 21560，21561
［湖北黄梅］高氏宗譜五卷 21513
［湖北黄梅］宏農楊氏宗譜九卷首二卷 21755
［湖北黄梅］洪氏宗譜十一卷 21429
［湖北黄梅］黄梅帥氏支譜八卷 21439
［湖北黄梅］李氏宗譜二十卷首四卷 21247
［湖北黄石］董氏宗譜九卷首一卷 21675
［湖北黄石］富川荆源馮氏宗譜□□卷 21724，21725，21726
［湖北黄州］黄州祁氏族譜四卷 21201
［湖北黄州］秦氏族譜十卷 21441
湖北紀程一卷 23459
［湖北嘉魚］嘉魚李氏族譜□□卷 21250
［湖北嘉魚］嘉魚李氏族譜六卷 21251
［湖北嘉魚］嘉魚李氏族譜五十卷 21249
［湖北嘉魚］嘉魚李氏族譜五十五卷 21252
［湖北嘉魚］江氏族譜三十卷 21199
［湖北嘉魚］李氏族譜□□卷 21254，21255
［湖北嘉魚］三修李氏族譜□□卷 21253
［湖北嘉魚］吴氏宗譜□□卷 21287
［湖北嘉魚］中洲劉氏宗譜十卷首一卷末一卷 21825
［湖北監利］段氏族譜二十卷首一卷 21437
［湖北監利］胡氏家乘□□卷 21414
［湖北監利］江氏族譜□□卷 21196
［湖北監利］李氏族譜□□卷 21259
［湖北監利］［彭氏］萬銓公支譜五卷首一卷 21695
［湖北監利］余氏大成宗譜□□卷 21315
［湖北監利］趙氏族譜四卷首一卷 21778
湖北簡明官册四卷 21081
［湖北建始、巴東］田氏宗譜□□卷 21168
［湖北建始］姜氏族譜不分卷 21422，21423，21424
［湖北建始］易氏族譜二卷 21356
湖北江漢水利議 23723
湖北江漢水利議一卷 23722
［湖北江陵］陳氏族譜六卷 21568
［湖北江陵］陳氏族譜十四卷首三卷 21529
［湖北江陵］陳氏族譜一卷 21567
［湖北江陵］傅戴族譜不分卷 21883
［湖北江陵］胡氏宗譜十六卷首一卷 21412
［湖北江陵］胡氏族譜十七卷序一卷 21413
［湖北江陵］槐塘程氏續修江村正府二派支譜十二卷 21700
［湖北江陵］劉氏族靖五卷首一卷 21827
［湖北江陵］劉氏族譜六卷 21801
［湖北江陵］龍川巴氏宗譜八卷首一卷末一卷 21155
［湖北江陵］彭氏家譜四卷 21693
［湖北江陵］續修江陵畢氏族譜六卷 21462
［湖北江夏］杜氏宗譜十八卷 21204
［湖北江夏］傅氏宗譜四卷 21736
［湖北江夏］江夏黄氏家譜不分卷 21573
湖北節義類纂十卷 20685
湖北節義録十二卷補遺一卷 20687
湖北金石存佚考二十二卷 23884
湖北金石詩一卷 23885，23886，23887，23888，23889，23890，23891，23892，23893
湖北金石通志 23905
湖北金石志録目不分卷 23904
湖北金石志十四卷 23896，23897，23898，23899，23900，23901，23902，23903
湖北近代名人手札不分卷 43187
［湖北京山］續修京山白馬廟潘氏支譜五卷 21853
［湖北京山］重纂君顯公下支譜不分卷 21322

[湖北荆門]鄧氏族譜不分卷 21844
[湖北荆門]鄧氏族譜四卷 21845
[湖北荆州]王氏族譜二十二卷 21133
[湖北荆州]楊氏族譜十四卷 21757
湖北舊聞録不分卷 22059
湖北舊聞録四十六卷 22061
湖北舊聞録四十四卷 22058
湖北舊聞録五卷 22060
湖北郡邑道里圖不分卷 22047
湖北考畧一卷 22062
[湖北來鳳]城南張氏支譜一卷 21658
[湖北來鳳]土堡張氏族譜四卷 21659
[湖北來鳳]土堡張氏族譜一卷 21657
[湖北來鳳]萬家堂吴氏支譜一卷 21290
[湖北來鳳]吴氏支譜六卷 21291
[湖北]瑯琊王氏宗譜不分卷 21107
[湖北]瑯琊王氏宗譜四卷首二卷 21108
[湖北]雷氏家譜□□卷 21761
[湖北]李氏族譜□□卷 21262
湖北練兵新章一卷 23651
[湖北]劉氏家乘□□卷 21803
[湖北]劉氏宗譜 21805
[湖北]劉氏宗譜二十三卷首一卷 21804
[湖北]羅氏宗譜□□卷 21897
[湖北羅田]東安王氏庚申宗譜二十四卷世系圖考六十四卷 21128
[湖北羅田]潘氏支譜四卷 21855
[湖北羅田]萬氏宗譜五卷 21672
[湖北羅田]王氏五修宗譜一卷 21127
[湖北麻城]蔡氏宗譜八卷首三卷末一卷 21771
[湖北麻城]蔡氏宗譜十二卷 21770
[湖北麻城]楚黄耿氏族譜二十六卷首一卷 21447
[湖北麻城]董氏四次繼修宗譜八卷首四卷 21681
[湖北麻城]董氏支譜八卷首一卷 21674
[湖北麻城]董氏宗譜十一卷首一卷 21673
[湖北麻城]郭氏宗譜七卷首一卷 21500
[湖北麻城]何氏宗譜三十四卷首二卷 21296
[湖北麻城]洪氏三修宗譜十三卷首三卷 21431
[湖北麻城][湖北黄岡]施氏宗譜二十四卷首七卷 21425
[湖北麻城]江氏族譜二十二卷首二卷 21198
[湖北麻城]李氏下分宗譜三卷首二卷 21243
[湖北麻城]李氏宗譜八卷首二卷 21245
[湖北麻城]李氏宗譜六卷 21244
[湖北麻城]李氏宗譜七卷 21241
[湖北麻城]李氏族譜二十一卷首五卷 21242
[湖北麻城]林氏宗譜□□卷 21347
[湖北麻城]林氏宗譜十卷首三卷 21348
[湖北麻城]林氏宗譜十卷首一卷 21346
[湖北麻城]劉氏族譜七卷首一卷 21824
[湖北麻城]羅氏族譜十九卷首一卷 21893
[湖北麻城]麻城西郙程氏宗譜十卷首一卷末一卷 21715
[湖北麻城]歐陽宗譜十三卷 21856
[湖北]麻城牌樓河夏氏宗譜二十九卷首二卷 21464
[湖北麻城]龐氏宗譜二十二卷首四卷 21906
[湖北麻城]石氏宗譜八卷首一卷 21164
[湖北]麻城汪氏宗譜二十四卷首四卷 21319, 21320
[湖北麻城]汪氏族譜九卷首一卷 21330
[湖北麻城]王氏宗譜四卷 21101
[湖北麻城]吴氏三修宗譜六卷首一卷 21274
[湖北麻城]吴氏續修宗譜八卷首二卷 21275
[湖北麻城]葉氏宗譜九卷首二卷 21664
[湖北麻城]尹氏族譜三十二卷首二卷 21142
[湖北麻城]余氏族譜十五卷首一卷 21316
[湖北麻城]袁氏宗譜四卷首三卷又首一卷 21457

[湖北麻城]張氏創修族譜十四卷首一卷末一卷 21652
[湖北麻城]張氏四修宗譜二十一卷首三卷 21651
[湖北麻城]朱氏宗譜八卷 21192
[湖北麻城]朱氏族譜十卷 21191
[湖北麻城]鄒氏族譜八卷 21720
[湖北]夢南程氏支譜二卷 21712
[湖北沔陽]段氏宗譜四十三卷前集二卷後集二卷首一末一卷 21436
[湖北沔陽]馮氏宗譜□□卷 21729
[湖北沔陽]劉氏宗譜三十卷首一卷 21799
湖北沔陽陸氏舊藏北齊造象考一卷 24042
[湖北沔陽]彭氏宗譜□□卷 21683
[湖北沔陽]石氏宗譜八卷 21161
[湖北沔陽]楊氏宗譜□□卷 21741
[湖北南漳]周灣周氏家族家派系統表□□卷 21372
湖北臬署鈔案不分卷 23672
[湖北]聶氏族譜八卷 21887
[湖北蒲圻]熊氏族譜□□卷 21784
[湖北蒲圻]徐氏宗譜□□卷 21474
[湖北蒲圻]張氏家乘十二卷 21616
[湖北蒲圻]周氏宗譜六卷 21388
[湖北蘄春]雷氏宗譜十卷 21760
[湖北蘄春]吕氏重修宗譜六卷首一卷 21178
[湖北蘄春]彭氏八修族譜□□卷 21694
[湖北蘄春]蘄陽程氏宗譜六卷 21699
[湖北蘄春]蘄陽閔氏宗譜三十六卷 21728
[湖北蘄春]聞氏宗譜二十四卷末一卷 21783
[湖北蘄春]五修詹氏宗譜□□卷首一卷 21718
[湖北蘄水]蘄水雨河畢氏六修族譜八卷首一卷加傳一卷 21461
[湖北潛江]彭氏宗譜四集十五卷首五卷末一卷 21698
[湖北]青獅橋黄氏五修族譜□□卷 21579
湖北人物志畧不分卷 20683
[湖北沙市]劉氏家譜不分卷 21800
湖北省城南路高等小學堂招考題目一卷 23532
湖北省城内外街道總圖 22057
湖北省城育嬰堂條規一卷 23534
湖北省各縣鄉土概況不分卷 22064
湖北省立圖書館圖書目録舊籍之部不分卷 23799
湖北省通志館組織規則草案一卷 23772
湖北省浙江同官録一卷 21080
湖北省志纂不分卷 22360
湖北省中草藥製劑彙編 30575
湖北省最近財政説明書八卷 23536
湖北師範學堂第二次簡易科管理法一卷 23527
湖北師範學堂速成章程一卷 23526
湖北詩録不分卷 43186
湖北詩徵傳略(漢陽) 43184
湖北詩徵傳略(江夏) 43183
湖北詩徵傳略四十八卷 43182
湖北詩徵傳略(武昌、咸寧、嘉魚、蒲圻) 43185
[湖北石首]蔡氏族譜□□卷 21772,21773
[湖北石首]陳氏族譜不分卷 21565
[湖北石首]陳氏族譜□□卷 21564
[湖北石首]東山傅氏族譜□□卷 21738
[湖北石首]李氏族譜□□卷 21256,21257
[湖北石首]馬氏族譜□□卷 21472
[湖北石首]王氏族譜□□卷 21134
[湖北石首]繡林傅氏續修族譜四十一卷首一卷 21739
[湖北石首]張氏續修族譜十五卷首六卷 21654
湖北書徵存目十四卷 23806,23807
[湖北松滋]王氏宗譜十卷 21136
[湖北]松滋吴氏宗譜四十六卷首一卷末一卷 21288
[湖北松滋]義門陳氏道淇道澳支譜十六卷 21566
[湖北松滋]袁氏宗譜□□卷 21459
[湖北]蘇氏續修族譜二卷首二卷 21889
[湖北隨州]饒氏族譜六卷 21915
湖北隨州教案紀畧一卷 20490,20491

［湖北］孫氏宗譜三十卷首一卷 21450
［湖北］陶氏宗譜四十四卷 21517
［湖北天門］竟陵熊氏宗譜□□卷 21785
［湖北天門］熊氏宗譜四卷 21786
湖北鐵路局報銷册一卷 23575
［湖北通城］何氏家乘不分卷 21301
［湖北通城］何氏祀譜不分卷 21300
［湖北通城］何氏族譜不分卷 21298,21299
［湖北通城］劉氏宗譜 21826
［湖北通城］陸氏宗譜六卷首一卷 21520
［湖北通城］易氏宗譜不分卷 21359
［湖北通城］易氏宗譜□□卷 21358
［湖北通城］易氏族譜□□卷 21357
［湖北通山］通山鄭氏家譜八卷總序目録首一卷附録 21795
［湖北通山］王氏大成譜一卷 21132
［湖北通山］吴氏宗譜二十七卷首一卷 21286
［湖北通山］夏氏宗譜□卷 21465
湖北通省牙鳌章程一卷 23544
湖北通志凡例不分卷辨例一卷 22354
湖北通志稿湖北四大特産特種樹木稿不分卷 22357
湖北通志稿林産稿 22356
湖北通志稿農産稿不分卷 22355
湖北通志稿蔬菜稿 22358
湖北通志館籌備開館事項等 20516
湖北通志一卷 22359
湖北通志藝文志不分卷 23808
［湖北］王氏宗譜□□卷 21097
湖北文徵六百八十卷 43179
湖北文徵删文（三）不分卷 43181
湖北文徵十三卷 43180
［湖北武昌］陳氏重修宗譜八十一卷 21521
［湖北武昌］陳氏重修宗譜□□卷 21531
［湖北武昌］陳氏宗譜十八卷 21524
［湖北武昌］陳氏宗譜十八卷首二卷 21533
［湖北武昌］陳氏宗譜十五卷 21523
［湖北武昌］杜氏宗譜十八卷 21202
［湖北武昌］杜氏宗譜十八卷首一卷 21203
［湖北武昌］桂氏宗譜十卷首一卷 21446
［湖北武昌］韓氏宗譜不分卷 21872
［湖北武昌］韓氏宗譜□□卷 21873
［湖北武昌］何氏宗譜□□卷 21297
［湖北武昌］河南郡蕭氏通譜十一卷首一卷 21858
［湖北武昌］厚洲周氏宗譜四卷 21369
［湖北武昌］湖北金口鄉陳氏宗譜四卷 21532
［湖北武昌］［湖北沔陽］馬氏族譜□□卷 21470
［湖北武昌］黄氏宗譜八卷首一卷 21576
［湖北武昌］黄氏宗譜三卷首三卷 21580
［湖北武昌］黄氏宗譜十八卷 21575
［湖北武昌］江夏白沙洲張氏宗譜六卷 21619
［湖北武昌］江夏程氏族譜不分卷 21704
［湖北武昌］金氏宗譜十二卷首一卷末一卷 21365
［湖北武昌］李氏宗譜二十八卷目録首四卷 21231
［湖北武昌］李氏宗譜十卷 21215
［湖北武昌］劉氏宗譜八卷 21808,21809
［湖北武昌］吕氏宗譜□□卷 21281
［湖北武昌］吕氏宗譜□□卷首一卷 21177
［湖北武昌］潘氏族譜四卷首一卷 21849
［湖北武昌］彭氏宗譜三十卷 21687
［湖北武昌］平陽堂曹氏家譜不分卷 21599
［湖北武昌］商氏宗譜一卷 21503
［湖北武昌］壽昌李氏宗譜九卷 21213
［湖北武昌］壽昌李氏宗譜十一卷 21214
［湖北武昌］宋家家乘三卷 21335
［湖北武昌］蘇氏宗譜□□卷 21888
［湖北武昌］田氏宗譜□□卷 21169
［湖北武昌］童春暉堂家乘分卷 21732
［湖北武昌］吴氏宗譜□□卷 21263,21279
［湖北武昌］武昌北鄉邵氏宗譜十六卷 21338
［湖北武昌］武昌葛仙鎮彭氏宗譜八卷首

一卷 21686
[湖北武昌]夏口汪氏宗譜十卷 21321
[湖北武昌]蕭氏宗譜□□卷 21859,21860,21862
[湖北武昌]蕭氏宗譜四卷 21861
[湖北武昌]徐氏族譜□□卷 21466
[湖北武昌]嚴氏宗譜二十五卷 21907
[湖北武昌]義門陳氏宗譜□□卷 21522
[湖北武昌]張廉卿先生家譜不分卷 21614
[湖北武昌]張氏宗譜□□卷 21608
[湖北武昌]張氏宗譜六卷首一卷 21620
[湖北武昌]張氏宗譜十一卷首一卷 21623
[湖北武昌]張氏宗譜四卷 21622
[湖北武昌]張氏宗譜四十四卷首二卷末一卷 21621
[湖北武昌]趙氏宗譜不分卷 21775
[湖北武昌]朱氏宗譜十卷首一卷 21183
湖北武闈鄉試事宜不分卷 21057
[湖北武穴]范氏宗譜一卷 21363
[湖北武穴]黄氏宗譜二十三卷首一卷 21594
[湖北武穴]刋水張氏宗譜五十五卷首一卷 21650
[湖北武穴]饒氏宗譜四十五卷 21914
湖北武學二十四種 30306
[湖北浠水]汾陽郭氏宗譜□□卷 21491
[湖北浠水]李氏宗譜□□卷 21246
[湖北浠水]蘄水班竹山王氏宗譜十四卷 21102
[湖北浠水]蘄陽范氏四修宗譜三十二卷首三卷 21360
[湖北浠水]蘄陽范氏五修宗譜三十三卷首三卷 21361
[湖北浠水]團溪王氏分宗譜□□卷首一卷 21129
[湖北浠水]王氏宗譜□□卷首四卷 21130
[湖北浠水]浠川安氏宗譜□□卷 21200
[湖北浠水]浠川楊氏六修宗譜 21754
[湖北浠水]薪水郭公家乘摘録不分卷 21501
[湖北浠水]易氏家譜□□卷 21353
[湖北浠水]義門陳氏宗譜□□卷 21559
[湖北仙桃]楚北百忍堂張氏支譜不分卷 21656
[湖北仙桃]段氏宗譜前集二卷後集二卷首一卷末一卷正編四十三卷 21438
[湖北仙桃]劉氏族譜十五卷 21835
[湖北仙桃]沔陽縣長埫口胡氏族譜七卷 21417
[湖北仙桃]彭氏宗譜二卷 21697
[湖北仙桃]王氏宗譜□□卷 21103,21139
湖北先正遺書存目四卷附札記一卷 23811
湖北先正遺書目不分卷 23812
湖北先正遺書七十二種 50021
[湖北咸豐]曲江秦氏家譜二卷 21443
[湖北咸豐]王氏家譜不分卷 21141
[湖北咸豐]徐氏宗譜一卷 21489
[湖北咸豐]朱氏家乘六卷 21182
[湖北咸寧]陳氏宗譜不分卷 21563
[湖北咸寧]王氏家譜六卷 21106
[湖北咸寧]王氏宗譜□□卷 21104,21105
[湖北咸寧]伍氏宗譜不分卷 21195
[湖北咸寧]周氏宗譜四卷首一卷 21387
湖北鄉賢軼事不分卷 20692
湖北襄陽府團練章程不分卷 23657
[湖北襄陽]襄陽杜子美先生家譜二卷 21206
[湖北孝感]澴北蕭氏支譜□□卷 21866
[湖北孝感]澴川沈氏宗譜二十四卷 21333
[湖北孝感]澴川嚴氏家譜六卷 21908
[湖北孝感]澴東義門陳氏宗譜二十二卷末一卷 21526
[湖北孝感]劉氏宗譜 21796
[湖北孝感]檀林李氏家譜十六卷首一卷文彙四卷 21228
[湖北孝感]屠氏孝感支續譜不分卷 21660
[湖北孝感]屠氏孝感支續譜一卷 21661
[湖北孝感]王氏宗譜八卷首一卷 21093
[湖北孝感]孝感喬氏族譜四卷 21716
[湖北孝感]孝感義門程氏蓮花系宗譜三十八

卷首一卷 21711
[湖北孝感]續修澴川黄氏宗譜十四卷 21595
[湖北孝感]楊氏宗譜二十二卷 21745
[湖北孝感]張氏宗譜六卷首二卷 21635
[湖北孝感]張氏宗譜十卷 21613
[湖北]新塘高氏宗譜不分卷 21505
[湖北新洲]蔡氏宗譜八卷首二卷 21766
[湖北新洲]蔡氏宗譜二卷 21764
[湖北新洲]蔡氏宗譜一卷 21765
[湖北新洲]曹梁宗譜十二卷 21601
[湖北新洲]曹氏宗譜六卷 21603
[湖北新洲]曹氏宗譜十六卷 21602
[湖北新洲]陳氏大成宗譜十二卷首三卷 21537
[湖北新洲]陳氏宗譜八卷 21535
[湖北新洲]陳氏宗譜六十五卷首二卷末一卷 21540
[湖北新洲]陳氏宗譜十二卷首一卷末二卷 21543
[湖北新洲]陳氏宗譜十卷 21542,21547
[湖北新洲]陳氏宗譜五卷 21539
[湖北新洲]成氏宗譜三卷 21175
[湖北新洲]程氏宗譜二十五卷首五卷 21710
[湖北新洲]程氏宗譜六十卷 21707
[湖北新洲]程氏宗譜三卷 21705
[湖北新洲]程氏宗譜十卷首二卷 21706
[湖北新洲]程氏宗譜四十三卷 21709
[湖北新洲]程氏宗譜五十一卷 21708
[湖北新洲]鄧氏宗譜十五卷 21843
[湖北新洲]東溪王氏宗譜八卷 21116
[湖北新洲]董氏族譜八卷首二卷 21680
[湖北新洲]范氏宗譜三卷 21362
[湖北新洲]方氏宗譜八卷首二卷 21151
[湖北新洲]方氏宗譜九卷 21149
[湖北新洲]方氏宗譜七卷 21150
[湖北新洲]馮氏宗譜一卷 21730
[湖北新洲]高氏宗譜九十四卷首六卷 21507
[湖北新洲]高氏宗譜十五卷首三卷 21506
[湖北新洲]郭氏宗譜□□卷 21492,21493
[湖北新洲]郭氏宗譜四卷首二卷 21495
[湖北新洲]郭氏宗譜四十卷首十四卷 21494
[湖北新洲]何氏宗譜三卷首三卷 21293
[湖北新洲]洪氏宗譜二十二卷 21430
[湖北新洲]胡氏宗譜二十卷 21407
[湖北新洲]胡氏宗譜□□卷 21405
[湖北新洲]胡氏宗譜六卷 21406
[湖北新洲]胡氏宗譜十卷 21403
[湖北新洲]胡氏宗譜十卷首二卷 21404
[湖北新洲]胡氏宗譜四卷 21408
[湖北新洲]花園陳氏宗譜三十卷首四卷 21546
[湖北新洲]黄岡杜氏族譜二十四卷首四卷 21205
[湖北新洲]黄氏十甲支譜不分卷 21588
[湖北新洲]黄氏宗譜二甲續修支譜十一卷 21591
[湖北新洲]黄氏宗譜二十七卷首四卷 21589
[湖北新洲]黄氏宗譜九甲續修支譜□□卷 21587
[湖北新洲]黄氏宗譜七甲續修支譜九卷 21585
[湖北新洲]黄氏宗譜三甲續修支譜不分卷 21584
[湖北新洲]黄氏宗譜十九卷首一卷 21582
[湖北新洲]黄氏宗譜十四卷 21586
[湖北新洲]黄氏宗譜四卷首二卷 21592
[湖北新洲]黄氏宗譜西一甲續修支譜不分卷 21590
[湖北新洲]江氏宗譜六卷 21197
[湖北新洲]姜氏宗譜七卷首四卷 21419
[湖北新洲]姜氏宗譜四卷 21420
[湖北新洲]李氏宗譜二卷首二卷 21219
[湖北新洲]李氏宗譜二十六卷 21220
[湖北新洲]李氏宗譜□□卷 21217
[湖北新洲]李氏宗譜七卷首三卷 21224

[湖北新洲]李氏宗譜三十卷 21226
[湖北新洲]李氏宗譜三十卷首六卷 21225
[湖北新洲]李氏宗譜十五卷首三卷 21227
[湖北新洲]李氏宗譜首一卷 21221
[湖北新洲]李氏宗譜四卷首二卷 21222
[湖北新洲]李氏宗譜四十八卷首六卷 21223
[湖北新洲]李氏宗譜五卷 21218
[湖北新洲]林氏宗譜二十七卷首二卷 21340
[湖北新洲]林氏宗譜十六卷首四卷 21339
[湖北新洲]劉氏宗譜八卷首二卷 21810
[湖北新洲]劉氏宗譜二十卷首四卷 21813
[湖北新洲]劉氏宗譜二十四卷首四卷 21816
[湖北新洲]劉氏宗譜□□卷 21815
[湖北新洲]劉氏宗譜三卷 21811
[湖北新洲]劉氏宗譜十卷 21814
[湖北新洲]劉氏宗譜四卷 21812
[湖北新洲]六甲支譜陶氏八卷 21518
[湖北新洲]羅氏三修宗譜十六卷首一卷末一卷 21899
[湖北新洲]羅氏宗譜三卷 21901
[湖北新洲]羅氏宗譜四十卷首一卷 21902
[湖北新洲]羅氏宗譜五十二卷 21900
[湖北新洲]馬氏宗譜十一卷首一卷 21471
[湖北新洲]南陽鄧氏宗譜二十四卷 21842
[湖北新洲]彭氏宗譜不分卷 21689
[湖北新洲]彭氏宗譜七卷 21690
[湖北新洲]彭氏宗譜三卷 21691
[湖北新洲]彭氏宗譜四卷 21688
[湖北新洲]邱氏宗譜□□卷 21395
[湖北新洲]邱氏宗譜三十八卷首四卷 21394
[湖北新洲]商氏宗譜二十卷首一卷末一卷 21504
[湖北新洲]施氏宗譜六十五卷 21428
[湖北新洲]施氏宗譜七十卷 21426
[湖北新洲]施氏宗譜七十卷首五卷 21427
[湖北新洲]石氏支譜六卷首一卷末一卷 21162
[湖北新洲]史黄氏宗譜十卷 21583
[湖北新洲]史氏宗譜六卷 21174
[湖北新洲]孫氏宗譜不分卷 21451
[湖北新洲]孫氏宗譜二十四卷 21452
[湖北新洲]陶氏宗譜三十卷 21519
[湖北新洲]天流泉張氏宗譜二十二卷首一卷 21628
[湖北新洲]童氏宗譜三卷 21734
[湖北新洲]萬氏宗譜十卷 21667
[湖北新洲]萬氏宗譜十卷首四卷 21668
[湖北新洲]王馬二宗譜四卷 21112
[湖北新洲]王氏南泗公宗譜三十卷首四卷 21121
[湖北新洲]王氏宗譜二十四卷 21113
[湖北新洲]王氏宗譜九卷 21118
[湖北新洲]王氏宗譜□□卷 21117
[湖北新洲]王氏宗譜三十卷首三卷 21115
[湖北新洲]王氏宗譜四十四卷 21120
[湖北新洲]王氏宗譜五卷 21119
[湖北新洲]王興三宗譜三卷 21114
[湖北新洲]吴氏宗譜 21268,21270,21271
[湖北新洲]吴氏宗譜二十四卷首二卷末二卷 21267
[湖北新洲]吴氏宗譜九卷首二卷 21269
[湖北新洲]吴氏宗譜十六卷首二卷 21264
[湖北新洲]吴氏宗譜十三卷首二卷 21265
[湖北新洲]吴氏宗譜五卷 21266
[湖北新洲]蕭氏宗譜三十卷首二卷 21869
[湖北新洲]謝氏宗譜三卷 21885
[湖北新洲]謝氏宗譜四十四卷 21886
[湖北新洲]熊氏宗譜二十二卷首四卷 21787
[湖北新洲]熊氏宗譜六卷首四卷 21791
[湖北新洲]熊氏宗譜十卷 21790
[湖北新洲]熊氏宗譜十六卷 21789
[湖北新洲]熊氏宗譜十一卷首二卷 21788
[湖北新洲]熊氏宗譜四卷 21793
[湖北新洲]熊氏宗譜四十卷首八卷 21794
[湖北新洲]熊氏宗譜四十三卷 21792
[湖北新洲]徐氏宗譜八卷首二卷 21480
[湖北新洲]徐氏宗譜二十四卷首三卷 21479
[湖北新洲]徐氏宗譜□□卷 21478,21481
[湖北新洲]徐氏宗譜六卷 21482

[湖北新洲]楊氏宗譜三卷 21744
[湖北新洲]義陳宗譜十卷 21536
[湖北新洲]義門陳氏宗譜二十二卷首三卷 21541
[湖北新洲]義門陳氏宗譜二十四卷 21544, 21545
[湖北新洲]義門陳氏宗譜四卷 21538
[湖北新洲]張氏宗譜不分卷 21629
[湖北新洲]張氏宗譜二卷 21625
[湖北新洲]張氏宗譜三十二卷 21626, 21632
[湖北新洲]張氏宗譜三十一卷 21631
[湖北新洲]張氏宗譜三十六卷首三卷 21633
[湖北新洲]張氏宗譜十卷 21627
[湖北新洲]張氏宗譜十六卷 21634
[湖北新洲]張氏宗譜十三卷首四卷 21630
[湖北新洲]趙氏宗譜三卷 21776
[湖北新洲]周氏宗譜六卷首二卷 21371
[湖北新洲]朱氏宗譜六卷 21186
[湖北新洲]朱氏宗譜三十八卷 21185
[湖北]新洲郗南易氏家乘□□卷 21351
[湖北新洲]左氏宗譜二十六卷 21160
[湖北新洲]左氏宗譜十五卷首一卷末一卷 21159
湖北興農文牘 30396
[湖北興山]劉氏宗譜□□卷 21830
[湖北興山]彭氏族譜不分卷 21696
[湖北興山]深坪高氏族譜不分卷 21515
[湖北興山]吴氏族譜□□卷 21289
湖北牙釐總局章程一卷 23545
[湖北陽邏]徐氏宗譜□□卷 21467
[湖北陽新]徐氏宗譜不分卷 21473
湖北藥用植物(調查資料稿)不分卷 30566
[湖北宜昌]黄氏家譜一卷 21598
[湖北宜昌]喬川劉氏族譜□□卷 21828
[湖北宜昌]孫氏派譜不分卷 21454
[湖北宜昌]閻氏族譜四卷 21871
[湖北宜昌]宜昌縣曉峰易氏家乘一卷 21364
[湖北宜昌]易氏宗譜十卷 21354
[湖北宜昌]義門陳氏彝陵分譜十二卷 21570, 21571
[湖北宜都]曹氏族譜十二卷 21604
[湖北宜都]陳氏族譜□□卷 21572
[湖北宜都]和州楊氏家譜六卷 21758
[湖北宜都]和州楊氏家譜十五卷 21759
[湖北宜都]陸城易氏族譜十二卷 21355
[湖北宜都]余氏宗譜不分卷 21317
[湖北英山]胡氏宗譜八卷首一卷 21401
[湖北英山]馬氏宗譜十卷首一卷 21463
[湖北英山]吴氏宗譜八卷首二卷 21277
[湖北應城]陳氏宗譜□□卷 21527
[湖北應城]蒲陽郭氏宗譜八卷 21497
[湖北應城]楊氏宗譜五卷 21746
[湖北]余氏宗譜不分卷 21302
[湖北]余氏宗譜□□卷 21312
湖北輿地圖四卷 22053
湖北輿地圖一卷 22054
湖北輿圖不分卷 22046
湖北輿圖説四卷 22052
[湖北棗陽]湖河郭氏三房六門族譜不分卷 21496
[湖北棗陽]棗邑王氏宗譜四卷 21122
[湖北]張氏宗譜□□卷 21607
湖北徵文投稿一卷 42569
[湖北枝江]程氏五門宗譜八卷 21701
[湖北枝江]林氏宗譜四卷 21350
[湖北枝江]歐陽宗譜不分卷 21857
[湖北枝江]枝江縣安福寺王氏族譜七卷 21138
[湖北枝江]枝江縣白洋張氏族譜五卷 21655
[湖北枝江]枝江縣沙灣劉氏族譜六卷 21829
湖北中草藥志 30573
湖北中藥資源 30574

［湖北鍾祥］報本堂坊鎮田氏家譜不分卷 21167
［湖北鍾祥］余氏宗譜□□卷 21309
［湖北］周氏宗譜十二卷 21389
［湖北］朱氏宗譜□□卷 21194
［湖北竹山］古庸朱氏大成宗譜十卷 21187
［湖北竹溪］竹溪姜氏宗譜十八卷 21421
湖廣德安府條議不分卷 23541
湖廣賦役全書一百四十四卷 23548,23549
湖廣省不符册不分卷 23674
湖廣司呈行簿（道光十二年（1832））不分卷 23673
湖海搜奇二卷 32536,32537
湖南苗防屯政考十五卷首一卷補編一卷 23659,23669
湖上閒吟一卷 42418
湖湘校士録八卷 43177
花事録二卷 31699
花潭集詠不分卷 43201
花隱老人遺著二種四卷 50071
花傭月令一卷 31700,31701
華寶集（先正典型）一卷 43136
華峰文鈔三卷 42553
華峰文集六卷 42552
華嵩遊草二卷 23439,23440,23441
華陽觀主王先生碑一卷 24014
滑稽詩文集續編不分卷 42535
化治四書文六卷 10860
畫鑒一卷 31497,31498,31499,31500,31501,31502,31503,31504,31505,31506,31507,31508,31509,31510,31511,31512,31513
畫論一卷 31492,31493,31494,31495,31496
畫史 31485,31486,31487,31488
畫史一卷 31473,31474,31475,31476,31477,31478,31479,31480,31481,31482,31483,31484
淮漢燼餘稿四卷 41205,41206,41207
淮南鴻烈解二十八卷 31927,31928,31929
淮南子選一卷 31932
淮上詩四卷 41374
淮鹽改票本末不分卷 23555
槐堂尺牘存稾一卷 42274
懷古田舍梅統十三卷 31519,31520,31521,31522,31523
懷古堂初集不分卷 41987
懷古田舍詩鈔三十三卷 42151,42152
懷古田舍詩鈔一卷 42154
懷古田舍詩節鈔六卷 42153
懷蘇堂集十卷 41904
懷亭集十卷 41942
懷賢録不分卷 20750
澴川詩集一卷 41847
寰宇訪碑録合編五卷 23947
寰宇貞石圖 23953
寰宇貞石圖六卷 23951,23952
幻雲居詩稿一卷 40889
宦績傳（一、二、三）21076
浣芳閣吟稿一卷 42167,42168
浣花詩草一卷附焚餘草存一卷 42454
浣花濯錦九卷 43110
浣仙詩草一卷附焚餘草存一卷 42455
浣心處詩草不分卷 42126,42127
荒史六卷 20207,20208,20209,20210
荒政録五卷玩草園續書筆記一卷 23608
皇朝通鑑政要十八卷 20146
皇明詞林人物考十二卷 20637,20638,20639
皇明典禮志二十卷 23513,23514,23515
皇明鴻猷録十六卷 20192,20193,20194,20195,20196
皇明紀要三卷 20149
皇明紀要一卷 20148
皇明經世實用編二十八卷 31237
皇明七山人詩集七卷 43080
皇明十大家文選 43084
皇明通紀纂八卷 20147
皇明文選二十卷 43083
皇明浙士登科考十卷首一卷 20903
黄陂範貞女熙芝行述一卷 20805

黄帝陰符經集註一卷 32735,32736
黄帝陰符經疏三卷 32724,32725,32726,32727,32729
黄帝陰符經一卷 32752,32753
黄岡二處士集二種 43197
黄岡錢氏同根集(一名錢氏同根集,又名同根集)三種二十三卷 43169
[黄岡]王氏家集殘稿不分卷 43137
黄岡王西澗陳雨山兩先生合録詩集二種 43196
黄工部集二十八卷 41878
黄公説字不分卷 10984
黄公説字十二集不分卷 10982
黄公説字十二集四十五卷 10983,10985
黄公説字十二卷四十五卷 10986
黄鵠山記一卷 23335
黄鵠山志十二卷首一卷 23334
黄鶴樓藏古今名家書法選 31458
黄鶴樓集三卷 42961,42962
黄鶴樓詩詞選 42964
黄鶴樓一卷 43497
黄季剛詩文鈔 42610
黄季剛手寫日記不分卷 20869
黄季剛先生詩稿不分卷 42594
黄季剛先生詩文稿不分卷 42606
黄季剛先生手寫詞稿不分卷 43420
黄季剛先生所爲詩(一名量守廬詩鈔)不分卷 42605
黄季剛先生文録不分卷 42607
黄季剛先生遺書□種 50078
黄季剛先生游廬山詩(一名遊廬山詩草稿)不分卷 42595
黄季剛與友人論治小學書 10922
黄侃論學雜著 10908,10909
黄侃聲韵學未刊稿 11065
黄侃手批白文十三經不分卷 10010,10011,10012
黄侃手批爾雅正名不分卷 10872
黄侃手批説文解字十四卷 10948,10949,10950
黄侃手批文始九卷 11018
[黄侃]書信録不分卷 42608
黄廉訪精選經驗方 30836
黄山谷尺牘選六卷 40907
黄山十奇一卷 23333
黄石公潤經一卷 30258
黄氏文鈔四卷 42414,42415
《黄氏逸書考通緯》所引書目一卷 23836
黄州赤壁集十二卷 43198
黄州大崎山即禹貢大別山説一卷 23359
黄州金石志 23909
黄州文獻集五十四卷 41830
揮麈詩話一卷 43287,43288,43289,43290
揮麈新譚二卷 32530,32531
悔庵遺集一卷 42375,42376
悔杓堂集二卷 42055
悔稿八卷 41021
卉菴詩鈔十卷卉菴附鈔一卷 42490
晦明軒稿 42516
晦明軒稿不分卷附壬癸金石跋不分卷 42514
晦明軒稿一卷 42515
晦堂詩話(殘稿)詩文殘稿 43315
晦堂文鈔不分卷 42566
晦堂文稿不分卷 42565
晦堂無隱録不分卷 20519
惠定宇校説文一卷 10934
會奏遵旨籌劃川粤漢幹綫路收回詳細辦法原摺一卷 23565
滙源堂叢稿十卷 42476
彙源堂全集五種 50058
繪圖封神演義八卷一百回 32685,32686,32687
婚雜儀注 23510,23511
混唐後傳八卷三十二回 32667
混唐後傳八卷三十二回首一卷五回 32666
混唐平西傳 32668
豁樓公遺集四卷 42047

火攻陣法四卷 30271
火器真訣釋例一卷 30305
藿郊詩存二卷 42172,42173
靃林山人詩集五卷 41995

J

緝古算經攷注二卷 31229,31230,31231,31232
緝古算經攷注圖艸二卷 31233
積水齋詩稿不分卷 41912
激素飛青閣摹刻古碑不分卷 24026
激素飛青閣評碑記 24028
激素飛青閣帖記 24027
擊筑餘音一卷 43516
吉陽林雙臺山房摘稿十卷 41238
吉陽先生文録四卷吉陽先生詩録六卷 41239
汲裝文集二卷詩集二卷 42499
集文字禪一卷 41809
集選詩一卷 42406
集韻聲類表四卷 11064
集註陰符經一卷 32751
己丑年敝帚一卷附丙寅年敝帚供存稿一卷 23768
己有園小稿一卷 41185
己有園續稿二卷 41186
紀文達昀論修志一卷 22293
紀遊集句一卷 41911
祭典一卷 23506,23507,23508
寄勤閑室讀古書日記目不分卷 23834
寄勤閑室涉書記不分卷 23838
寄情草堂詩鈔三卷 42291
寄雲館詩鈔四卷 42215
髻鬟品 32626
髻鬟品一卷 32627
繫傳説卦輯義一卷附易學顯微篇一卷圖書通義一卷 10203
家常必讀四卷 30199
家傳幼科發揮秘方二卷 30954
家禮節要不分卷 10461,10462
葭湄詩草一卷 42312
嘉靖八年(1529)己丑科進士同年便覽録一卷 20904
[嘉靖]巴東縣志三卷 23058,23059
[嘉靖]承天大志四十卷 22364,22365,22366,22367,22369
[嘉靖]大冶縣誌七卷 22634,22635,22636,22637
嘉靖二十二年(1543)湖廣鄉試録一卷 20921
嘉靖二十五年(1546)湖廣鄉試録一卷 20922
[嘉靖]歸州全志二卷 22859,22860
[嘉靖]歸州志五卷 22861,22862
[嘉靖]海寧縣志九卷首一卷附録一卷 23193,23194
[嘉靖]海寧縣誌九卷首一卷 23191,23192
[嘉靖]漢陽府志十卷 22375,22376,22377,22378
[嘉靖]黄陂縣志三卷 22425,22426
[嘉靖]荆州府志十二卷圖一卷 22711,22712
[嘉靖]灤州志五卷 23135
[嘉靖]羅田縣志八卷 22546,22547,22548,22549,22550
[嘉靖]沔陽志十八卷 23106,23107,23108,23109,23110
[嘉靖]浦江志畧八卷 23208,23209,23210
嘉靖七年(1528)湖廣鄉試録一卷 20918
[嘉靖]蕲水縣志四卷 22599,22600
[嘉靖]蕲州志九卷 22608,22609,22610,22611
嘉靖三十七年(1558)湖廣鄉試録一卷 20924
嘉靖三十一年(1552)湖廣鄉試録一卷 20923
嘉靖十九年(1540)湖廣鄉試録一卷 20920
嘉靖十年(1531)湖廣鄉試録一卷 20919
[嘉靖]始興縣志二卷 23273,23274,23275,23276
[嘉靖]隨志二卷 22887,22888,22889,22890
[嘉靖]興都志二十四卷 22362,22363
[嘉靖]興國州志七卷 22651,22652

[嘉靖]宜城縣志三卷 22947,22948,22949,22950
[嘉靖]應山縣志二卷 22898,22899,22900
嘉樂齋三蘇文範十八卷首一卷 43155
[嘉慶]大埔縣志十八卷首一卷 23283
[嘉慶]恩施縣志四卷 23037
[嘉慶]歸州志十卷 22867,22868
[嘉慶]漢陽縣志三十六卷首一卷 22391,22392
[嘉慶]湖北通志檢存稿四卷 22335,22336,22337,22338,22339
[嘉慶]湖北通志檢存稿一卷 22334
[嘉慶]湖北通志未成稿一卷 22340,22341,22342,22343
[嘉慶]湖北通志未定稿一卷 22344
[嘉慶]湖北通志一百卷首五卷 22333
[嘉慶]建始縣志二卷 23051,23052
[嘉慶]江陵縣志刊誤六卷 22748,22749,22751,22752
[嘉慶]荆門直隸州志三十六卷 22782
[嘉慶]連江縣志十卷首一卷 23225,23226
[嘉慶]盧江縣志十五卷首一卷 23223,23224
[嘉慶]南漳縣志集鈔三十五卷首一卷 22959
[嘉慶]邛州直隸州志四十六卷 23290
[嘉慶]孝感縣續志六卷 22440
[嘉慶]鄖西縣續志四卷首一卷 23020
[嘉慶]鄖陽志補一卷 22987,22988
[嘉慶]鄖陽志十卷首一卷 22986
[嘉慶]竹山縣志十卷 23009
嘉魚劉幼丹先生遺墨一卷 31454,31455
嘉魚縣續修隄志四卷 23734
甲秋北征以來往來書疏目録一卷 23849
甲申紀事一卷 20454
甲申紀事一卷滄州紀事一卷 20455
甲乙存稿四卷别稿二卷 41979
監本附音春秋穀梁注疏二十卷 10554
監本附音春秋穀梁註疏二十卷 10549,10550,10551,10552,10553,10555,10556,10557,10558,10559,10560,10561,10562,10563,10564,10565,10566
監本五臣音註揚子法言十卷 30124,30125
監利風土志一卷 22128,22776
箋屈餘義一卷 40310
檢書看劍草堂詩集二卷 42378
檢驗考證二卷 23675
簡學齋賦鈔一卷 42105
簡學齋館課賦存一卷館課詩存一卷 42106
簡學齋館課賦續抄一卷 42108
簡學齋課賦續鈔一卷 42107
簡學齋詩存四卷 42100
簡學齋詩存四卷詩刪四卷 42099
簡學齋詩存一卷 42094,42102
簡學齋詩刪四卷 42101
簡學齋詩十二卷 42098
簡學齋詩(一名白石山館詩)一卷 42092
簡學齋試律詳注一卷 42109,42110
簡學齋試律續抄一卷 42104
簡學齋試律續鈔一卷 42103
簡學齋試帖輯注一卷 42111
簡園日記不分卷 10927
簡園日記存鈔不分卷 10928
簡遠堂輯選名公四六金聲十卷補遺一卷 43100
建邑書林南陽郡鼎鐫會海對類二十卷 32290
閒中漫抄一卷飛霞閣社草一卷中都闈律一卷遺草一卷 41418
劍峯詩鈔(一名沐日浴月庵集)一卷 42217,42218
劍俠傳四卷 32593,32594,32595,32596,32597
劍俠傳一卷 32598,32599,32600,32601,32602,32603,32604,32605,32606,32607,32608,32609
諫草二卷 20556,20557
江北七子詩選七卷 43107
江道編一卷 23391
江防考六卷 23660
江防述略一卷 23661,23662
江漢遨遊集不分卷 42642
江漢炳靈集二卷 43178

江漢叢談二卷 22066,22067,22068,22069,22070,22071
江漢叢談一卷 22065
江淮異人録八則 32523,32524
江淮異人録二卷 32525,32526,32527,32528,32529
江淮異人録一卷 32508,32509,32510,32511,32512,32513,32514,32515,32516,32517,32518,32519,32520,32521,32522
江陵紀事一卷 20421,20422,20423,20424,20425,20426,20427,20428,20429,20430,20431
江陵縣志刊誤六卷 22750
江陵遺事一卷 20432
江陵張文忠公全集四十七卷 41340
江南碑目不分卷 24032
江寧詩抄一卷 41329
江汝社稿九卷 41435,41436
江上吟六卷 42467
江蘇海塘新志八卷首一卷 23712
江蘇海運全案十二卷附道光丙戌海運記一卷 23589
江蘇水利圖説不分卷 23711
江西詩社宗派圖録一卷 20647,43295,43296
江夏陳氏義莊條規一卷 30197
江夏金石志 23906
江夏志略一卷 22411
彊識畧四十卷 32345
彊識略四十卷 32343,32344
蔣氏遺編三種五卷 43153
蔣氏遺編四種六卷 43154,50027,50028
蔣子瀟湘南論修志等一卷 22304
講《尚書》條例 10283
絳雪齋文稿一卷 42410
交黎勦平事畧五卷 20388,20389,20390
交黎勦平事略五卷 20391
焦理堂(循)論修志體例一卷 22298
焦氏易林四卷 31278
教育史稿一卷 23777
教育原理一卷附教育制度一卷 23778
教戰書五卷 30294
節愛汪府君詩集二卷 41197
碣石剩譚二卷 32451
潔貞紗櫥繡餘存草一卷 42508
解脱集六卷 41490
解脱集四卷 41486,41487,41488,41489
解招魂一卷 40428
解莊十二卷 32717,32718
今方言義證 11109
今古文尚書授受源流一卷 10277,10278,10279
金碧古文龍虎上經一卷 32835,32836,32837,32838
金廠行紀一卷 22252,22253
金丹四百字一卷 32829,32830,32831,32832
金丹四百字註釋一卷 32833,32834
金地理志圖一卷 22006
金剛般若經疏一卷 32862,32863,32864,32865
金剛經古今靈驗集一卷 32935
金剛經鳩異一卷 32926,32927,32928,32929,32930,32931,32932,32933,32934
金剛經聯語一卷 32970,32971
金光明經疏十二卷 32873
金匱要略釋義 30773,30774
金龍縣採訪稿一卷 22587
金石書目十卷 23850
金氏二妙集二種附一種 43164
金太史集九卷 41653
金太史文集九卷 41661
金先生文録一卷 41667
金屑編一卷 32949
金宰輔年表一卷 20533
金正希稿不分卷 41662
金正希稿一卷 41665
金正希(聲)年譜一卷 20828,20829,20831
金正希(聲)年譜一卷附録一卷 20830
金正希先生全稿不分卷 41666
金正希先生文集輯略九卷 41654,41655,

41656,41657,41658,41659,41660
金正希先生燕詒閣集七卷 41663,41664
金忠節公文集八卷 41648,41649,41650,41651
金忠節公文集四卷 41652
金忠節語録一卷 41669
錦帶書一卷 21930,21931,21932,21933,21934,21935,21936,21937,21938,21939
錦帆集四卷 41466,41468,41469
錦帆集四卷去吴七牘一卷 41467
近代人物表稿不分卷 20691
近代人雜言一卷文二卷 43146
近世事箋不分卷 20499
近思録補注十四卷 30138
近思録補註十四卷 30137,30139,30140
近溪子集六卷 41270
晉地理志圖一卷 21972
晉陵先賢傳二卷 20643,20644,20645
晉陵先賢傳四卷 20646
晉起堂遺集十二卷 41946
晉盛弘之荆州記一卷 22107
晉書地理志（三）20043
晉泰康起居注一卷 20177,20178,20179
晉泰始起居注一卷 20171,20172,20173
晉王韶南雍州記一卷 22138
晉文歸八卷 43026,43027
晉咸和起居注一卷 20180,20181,20182
晉咸寧起居注一卷 20174,20175,20176
靳文襄公治河方畧十卷首一卷 23685
靳文襄公治河方畧十卷首一卷附録一卷 23688
禁率衆朝山告示一卷禁持齋結會及學習拳棒告示一卷 23761
燼餘稿□卷 41204
燼餘稿六卷 41203
燼餘紀聞一卷 20465
京漢北路來往時刻表一卷 23566
京漢鐵路二等價目表一卷 23567
京漢鐵路工程自光緒三十年（1904）拾月至十一月收支各款譯册一卷 23568
京漢鐵路載客運貨價章彙全二卷 23569
京華集一卷 41856,41857
京山詩鈔八卷 43210
京山塋墓志 24039
荆楚方言二卷茶鏡二卷曲牌分韻一卷 11092
荆楚歲時記一卷 22016,22017,22019,22020,22021,22022,22023,22024,22025,22026,22027,22028,22029,22030,22031,22032,22033,22034,22035,22037,22038
荆楚歲時記譯注一卷 22036,22039
荆楚修疏指要二種七卷 23714,23715
荆湖知舊詩鈔二卷 43112
荆江水災善後辦法不分卷（道光二十四年（1844））23611
荆門舊聞一卷 22131
荆門耆舊紀畧三卷荆門列女紀畧一卷 20697,20698
荆門州志士傳不分卷 22783
荆南萃古編一卷續一卷 24035
荆南萃古編磚文不分卷 24049
荆南石刻録一卷 24034
荆南石刻三種雙鉤本一卷 24036
荆湘地記二十九種二十九卷 21954
荆音韻彙二卷 11046
荆州地志一卷 22125,22126
荆州府江陵縣團練清册不分卷 23656
荆州記九種 22117
荆州記三卷 22111,22112
荆州記三卷附録一卷 22108
荆州記一卷 22096,22097,22098,22101,22102,22103,22104,22109,22110,22113,22114,22115,22116
荆州圖副一卷 22118,22119,22121
荆州圖記一卷 22120
荆州圖經一卷 22122,22123
荆州土地記一卷 22124
荆州萬城隄圖説一卷 23726,23727
荆州萬城隄續志十卷首一卷末一卷 23732

荆州萬城隄志十卷首一卷末一卷 23729，23730
荆州萬城堤續志九卷首一卷末一卷 23733
荆州萬城堤志十卷首一卷末一卷 23731
荆州駐防八旗志十六卷首一卷 23644，23645，23646
荆州駐防志十六卷 23647
經博釋詞箋釋 11099
經典釋文 10916
經典釋文彙校 10917，10918
經典釋文敘録（春秋類）一卷 10627
經籍舊音辨證箋識 11077
經濟集一卷 41114
經濟文集六卷 41104，41105，41106，41107，41108，41109，41110，41111，41112，41113
經解指要十八卷 10886
經歷紀聞不分卷 21092
經遼疏牘十卷 20553，20554
經畧熊先生全集十一卷 41515
經史提綱十七卷九經補韻一卷 32231，32232
經心書院集四卷 43125，43188
經心書院經解二卷 10896
經心書院續集十二卷 43189
經學講義稿不分卷 10910
經學講義上篇不分卷 10905
經學源流考八卷 10903
經學質疑録（一名四書質疑録）二十卷 10847，10848
經義積微記四卷 10899，10900
經義亭疑三卷 30360
經義齋集十八卷 41842，41843，41844
精鐫古今麗賦十卷 42979
精選古今詩餘醉十五卷 43430，43431，43432
［精選］秦漢文駒四卷 43002
精選史記神駒四卷秦漢文神駒四卷 21922
精選左傳神駒八卷 10495
驚風辨證必讀書不分卷 31127
驚座摭遺二卷 32449
井字山人詩存十二卷 42424
井字山人詩存四卷 42416
景士堂文集五卷 42235
景蘇堂詩集三卷 42579
景蘇堂詩集選刻一卷 42580
景文集六十二卷 40873，40878
景文集六十二卷拾遺二十二卷 40874，40875，40876
景文詩集一卷 40879
景文宋公集一百五十卷 40867，40868
景行篇四卷 20616
景元刊本楚辭集注八卷 40157
警書三卷 32099
竟陵派鍾惺、譚元春選集 43097
竟陵詩話一卷 43301
竟陵詩選十三卷續刻一卷補遺一卷 43207
竟陵文選三卷 43208
竟陵忠烈詩草前集一卷後集一卷題詞序一卷 43209
淨土十疑論一卷 32917，32918，32919
敬畏齋公牘二卷附録一卷 23744
靜拱樓詩集不分卷 42645
靜觀堂校正家傳幼科發揮秘方（一名幼科發揮大全、幼科發揮）二卷 30951
靜觀堂校正幼科指南家傳秘方（一名幼科指南）四卷 30973
靜用堂偶編十卷 30177，30178，30179
鏡川吴公（璋）配贈淑人蔡氏行狀墓銘一卷 20757
鏡古録八卷 24095
鳩兹詩在不分卷 42931
鳩兹文在不分卷 42932
九邊圖説不分卷 22011，22012
九辯不分卷 40443
九店楚簡 24054
九歌 40406
九歌不分卷 40407
九歌殘石一卷 40396
九歌解詁 40404，40405

九歌解一卷 40403
九歌一卷 40397,40401,40402
九歌注一卷 40398
九歌註一卷 40399,40400
九宫山志十四卷首一卷 23338,23358
九曾詩初集四卷 42359
九曾先生詩二集四卷 42360
九章不分卷 40410
九章解詁 40408,40409
九章算術細草圖説九卷 31220
九章算術細草圖説九卷海島算經細草圖説一卷 31219,31221,31222,31223
久芬室詩集六卷 42391
韭崧吟六卷 41900
救荒一得二卷 23599
就正編二卷 30189,30190
舊事考逸四卷 24113
舊唐書論二卷唐文歸□□卷 24085
舊拓宋米南宫篆真宗御製詩一卷 31434
舊月簃詞一卷 43409,43410
居東雜詩不分卷 42596
居來先生集六十五卷 41355
居學録(一名居要録)二卷 30154
居業齋詩鈔二十二卷文稿二十卷别集十卷 41816,41817
居業齋文稿二十卷 41818,41819
居業齋文稿十卷 41820
居業齋文録一卷 41821,41822,41823
桔茮瑣言二卷 32467,32468
菊存樓詩鈔十一卷補遺一卷紀亂草一卷 42049
菊佳軒詩十二卷 41714
句股形邊角相求術圖解一卷 31242
瞿聘君慕川先生化民成俗歌不分卷 41315
瞿聘君全集十一種不分卷 50045,50046
娟淨簃集三種 50076
娟淨簃詩集三卷 42589
娟淨簃隨筆一卷 42591
娟淨簃文集八卷 42590
娟淨簃雜著四種 50077
鐫黄離草十卷 41392,41395
鐫彭會魁類編古今文髓六卷 32300
鐫袁小修集一卷 41593
鐫袁中郎未刻遺稿二卷 41456,41500
鐫鍾伯敬先生秘集十五種十五卷 32228
蠲荒始末不分卷 23592
倦游録 32417,32423
倦游雜録 32416,32418,32419
倦游雜録一卷 32420,32421,32422
覺今是齋詩集三卷 42549
覺世名言十二卷三十八回 32638,32639,32640,32641,32642,32643
均州藝文志續輯 23824
軍人模範六卷 20704
筠心閣詩二卷 41931
郡齋集二卷 41164

K

開辦湖北鶴峰礦物章程一卷 23614
楷法溯原十四卷帖目一卷古碑目一卷 10997
楷法溯源 11000
楷法溯源十五卷 10999
看雲軒詩鈔不分卷 42364
康谷子集六卷 41319,41320
康濟譜二十三卷 23593
康濟譜二十五卷 23594,23595,23596,23597,23598
[康熙]安陸府志三十六卷首一卷 22456,22457,22458,22459
[康熙]安慶府桐城縣志八卷 23213,23214,23215,23216
[康熙]巴東縣志四卷 23062
[康熙]保康縣志一卷 22968
[康熙]長陽縣志一卷 22875
[康熙]崇陽縣志十卷 22683
[康熙]楚荆公安縣志畧二卷 22759
[康熙]大名縣志二十卷 23149
[康熙]大冶縣志十二卷首一卷 22639

［康熙］大冶縣誌九卷 22638
［康熙］當陽縣志八卷 22836
［康熙］德安安陸郡縣志二十卷 22463
［康熙］鼎修德安府全志二十四卷 22453,22454,22455
［康熙］高要縣志二十九卷 23279
［康熙］公安縣志六卷 22761
［康熙］公安縣志書十六卷 22760
［康熙］廣濟縣志十八卷 22620,22621
［康熙］歸州志書一卷 22865
［康熙］漢陽府志十六卷首一卷 22380,22381
［康熙］湖廣通志八十卷圖考一卷 22330
［康熙］湖廣武昌府志十二卷 22404,22405,22406,22407,22408,22409
［康熙］湖廣鄖陽府志四十二卷補一卷 22985
［康熙］湖廣鄖陽府志四十二卷圖一卷補一卷 22984
［康熙］黄安縣志十二卷 22539
［康熙］黄陂縣志十五卷 22427,22428
［康熙］黄岡縣志六卷 22516
［康熙］黄州府志九卷 22505
［康熙］嘉魚縣志三卷 22671
［康熙］監利縣志十卷 22770
［康熙］江都縣志十六卷 23174,23175
［康熙］江陵縣志□卷 22744,22745
［康熙］江夏縣志二十二卷 22413
［康熙］江夏縣志四卷 22410
［康熙］江夏縣志五十二卷 22412
［康熙］京山縣志十卷 22797,22799
［康熙］荆門州誌□□卷 22779
［康熙］荆州府志四十卷首一卷 22715,22716
［康熙］荆州衛志不分卷 22713
［康熙］荆州右衛志不分卷 22714
［康熙］景陵縣志十二卷 23094,23095
［康熙］九江府志十八卷 23231,23232
［康熙］均州志四卷 22998,22999,23000,23001,23002
［康熙］萊陽縣志十卷 23254,23258
［康熙］臨晉縣志十卷 23161
［康熙］龍巖縣志十卷 23229,23230
［康熙］羅田縣志八卷 22551,22552,22553
［康熙］麻城縣志十卷 22526,22527
［康熙］卯峒司志六卷 23080
［康熙］卯峒土司志六卷 23081
［康熙］沔陽州志二十卷 23111
［康熙］南宫縣志十二卷 23147
［康熙］濮州志六卷 23261,23262
［康熙］蘄水縣志二十六卷首一卷 22601
［康熙］蘄州志十二卷 22612
［康熙］潛江縣志二十卷首一卷 23119,23120,23121,23122
［康熙］潛江縣志□□卷 23118
［康熙］慶元縣志十卷 23222
［康熙］紹興府志五十八卷 23205,23206
［康熙］石屏州志十三卷 23312
［康熙］石首縣志四卷 22726
［康熙］松滋縣志二卷 22732
［康熙］松滋縣志二十四卷首一卷 22733
［康熙］隨州志四卷 22891,22892
［康熙］台州府志十八卷首一卷 23211,23212
［康熙］通城縣志九卷 22680
［康熙］通山縣志八卷 22690,22691,22692
［康熙］桐城縣志八卷 23217,23218,23219,23220,23221
［康熙］武昌府志十六卷 22403
［康熙］武昌縣志八卷 22490
［康熙］武寧縣志十卷首一卷 23233,23234,23235
［康熙］咸寧縣志十二卷 22663
［康熙］襄陽府志八卷 22916
［康熙］孝感縣志二十四卷 22438,22439
［康熙］孝感縣志十六卷 22436,22437
［康熙］新修蒲圻縣志十五卷 22700,22701
［康熙］興國州志二卷 22653
［康熙］續石屏州志五卷 23313
［康熙］宣化縣志三十卷 23133,23134
［康熙］陽穀縣志八卷首一卷 23249,23250,23251,23252,23253

[康熙]宜城縣志六卷 22951
[康熙]宜都縣志十二卷首一卷末一卷 22829,22830
[康熙]彝陵州志八卷 22807
[康熙]英山縣通志十三卷 22588
[康熙]英山縣志二卷 22589
[康熙]應城縣志八卷 22444
[康熙]應山縣志七卷圖一卷 22901,22902,22903
[康熙]沅陵縣志十卷首一卷末一卷 23272
[康熙]雲夢縣志十二卷 22478,22479,22480
[康熙]鄖西縣志十二卷 23018
[康熙]鄖縣志畧不分卷 22993
[康熙]枝江縣志十卷 22823
[康熙]鍾祥縣志十卷首一卷 22788
[康熙]竹山縣志不分卷 23006
[康熙]竹谿縣志不分卷 23025
亢倉子 32757,32758,32759
亢倉子洞靈真經一卷 32800,32802
亢倉子九卷 32783,32784
亢倉子三卷 32782
亢倉子一卷 32760,32761,32762,32763,32764,32765,32766,32767,32768,32769,32770,32771,32772,32773,32774,32775,32776,32777,32778,32779,32780,32781,32786
亢倉子註九卷 32785
考工記二卷 10411,10412,10413,10414
考田詩話八卷 43302
考驗通書法竅祕訣三卷 31265
珂雪齋集選二十四卷 41591
珂雪齋近草十卷 41588
珂雪齋近集十卷 41585,41586,41587
珂雪齋近集四卷 41589,41590
珂雪齋前集八卷 41584
珂雪齋前集二十四卷 41582
珂雪齋前集二十四卷外集十五卷 41580,41581
珂雪齋前集二十五卷遊居柿録三卷 41583
珂雪齋詩集七卷文集十四卷 41592
珂雪齋遊居柿録(一名珂雪齋外集)十三卷 20861
可書一卷 32424,32425,32426
刻茶經三卷 31680,31681
刻京本三閭大夫楚辭集註八卷 40133
刻梅太史評釋駱賓王文抄神駒四卷 40565
刻註解標題歴朝綱鑑論抄十二卷 20132
客窗隨筆二卷 32450
客亭樂府一卷 43344
客亭類稿三卷 41027
客亭類稿十四卷 41023,41024,41025,41026
客亭類藁□□卷 41022
客齋餘話四卷 32090,32091
課蒙易曉不分卷 30223
課易問旨一卷 10187
空華集二卷飲河集二卷止啼齋集二卷石頭菴集五卷 41400,41401
空羣齋集一卷 41382,41383
空中傳恨詞一卷 43429
孔叢子四卷 30012
孔廟禮樂考六卷 23516,23517
孔氏南宗考略□□卷 21154
孔子弟子傳一卷 20588
孔子弟子考一卷 20587
孔子家語疏證十卷 30006,30007
孔子家語一卷 30005
孔子年譜一卷 20811
孔子刪未刪之詩篇辨一卷 10367
孔子生卒年月日考一卷 20713
庫葉島志略四卷 22276,22277
款花居詩文不分卷 42122
款花居詩文稿十二卷 42123
款花居遺稿十三卷 42124
匡喆刻經頌十二卷 24004,24005
狂鼓吏漁陽三弄一卷 43447,43448,43449,43450,43451,43452,43453
狂言二卷別集二卷 41509
葵園奏議五卷龍岡山人文鈔一卷紫藤花

室駢體文鈔二卷龍岡山人已刪草一卷 20581
崑崙奴傳一卷 32617
閫外春秋殘二卷 30259
困學紀聞補注二十卷 32143,32144
困學紀聞集證十二卷首一卷末一卷 32140
困學紀聞五箋集證二十卷 32138,32139,32141,32142
括異志 32505,32506,32507
括異志十卷 32497,32498,32499,32500,32501,32502,32503,32504

L

蜡談六卷 32049
來青園全集二卷 41730
來青園詩集(一名癡龍詩選)一卷文集(一名癡龍文選)一卷 41728
來青園文集一卷詩集一卷 41729
蘭陔詩鈔四卷 42245,42246
蘭陵堂校刊醫書三種 30422
蘭臺妙選三卷 31295
蘭亭草不分卷 41958
擥蕙詞二卷 43422
郎官石柱記一卷 24018
琅邪臺刻石一卷 23975
勞格讀書雜識所治書目一卷 23833
老子解一卷附題一卷 32702
老子略説不分卷 32704
老子融解二卷 32700
老子識小一卷 32701
老子衍二卷 32703
樂府雜録 31558,31559,31560,31561,31562,31563,31564,31565
樂府雜録一卷 31531,31532,31533,31534,31535,31536,31537,31538,31540,31541,31542,31543,31544,31545,31546,31547,31548,31549,31550,31551,31552,31554,31555,31556,31557
樂經以俟録不分卷 10465
樂經以俟録不分卷附實用編一卷 10466
樂經以俟録十六卷 10463,10464
樂石文述八卷 23967
樂志堂文鈔八卷 42194,42487
樂志齋存詩一卷 41757
樂志齋詩集六卷附録一卷 41756
雷檢討詩五卷 41434
類賦二十一卷 32285
類書讀三十卷 32283,32284
楞嚴經大義不分卷附多心經大義不分卷 32973
冷齋雜著不分卷 32107
[梨雲館類編]袁中郎全集二十卷附尺牘四卷 41447
梨雲館類定袁中郎全集二十四卷 41444,41445,41446,41448
梨雲館類定袁中郎先生全集二十四卷 41449,41450
黎副總統政書三十四卷 23764
離騷辯不分卷 40367,40368
離騷不分卷 40395
離騷二十五卷 40378
離騷賦補注一卷 40388
離騷賦一卷 40387
離騷彙訂不分卷屈子雜文箋畧六卷 40374
離騷集傳一卷 40333,40334,40335,40336,40337,40338,40339,40340,40341,40342,40343,40344,40345,40346,40347,40348,40349
離騷箋二卷 40381,40382,40383,40384
離騷節解一卷 40369,40370,40371
離騷解詁 40393
離騷解一卷 40376,40377
離騷解一卷楚辭九歌解一卷 40372,40373
離騷經訂注一卷 40350,40351,40352
離騷經解畧一卷 40379
離騷經解畧(一名離騷經解)一卷 40380
離騷經解一卷 40385
離騷經一卷 40328,40329,40363,40364,

40365,40366,40389,40390
離騒經一卷九歌一卷 40362
離騒經章句疏義一卷 40386
離騒經正義一卷 40359,40360
離騒經纂註一卷 40353,40354,40355,40356,40357
離騒九歌釋不分卷 40411
離騒路一卷 40332
離騒一卷 40330,40331
離騒注一卷 40391,40392
離騒纂義 40394
李北海集六卷 40582,40583
李北海集六卷附録一卷 40584
李北海集五卷 40585
李本寧先生詩七卷 41390
李瀕湖抄醫書六種 30413
李翰林詩范德機批選四卷 40658
李善註文選六十卷 42842,42843,42844
李尚寶集一卷 41267
李時珍瀕湖集簡方 30781
李時珍醫學全書 30414
李氏山房集四卷 41263
李氏山房詩選六卷 41262
李氏山房詩選三卷 41264
李武愍公傳不分卷 20796
李虛中命書三卷 31290,31291,31292,31293,31294
李卓吾先生批選張文忠公奏對稿二卷 20544
俚言解二卷 11087
禮記不分卷 10451,10452
禮記敬業八卷 10443,10444,10445
禮記手説十二卷 10441,10442
禮記通解二十二卷 10434,10439
禮記通解二十二卷讀禮記一卷 10431,10432,10433
禮記通解中庸二卷 10440
禮記一卷 10430
禮記音訓不分卷 10449,10450
禮記約選六卷 10447,10448
禮論大綱合篇四卷 32129
利川金石志 23919
笠澤遊記不分卷 23434
笠杖集四卷 42326
歷朝捷録四卷 24082,24083
歷朝捷録增定全編大成四卷 24078
歷朝經學變遷史不分卷 10912
歷朝名媛詩摘钞二卷 42956
歷朝名媛小傳不分卷 20592
歷朝文學家體派略史不分卷 43324
歷朝正議四卷論一卷 24101
歷代帝統年表一卷 20520
歷代帝王年表一卷附紀元同異考畧一卷 20521
歷代服制考原二卷 23522
歷代服制考原二卷圖一卷 23521
歷代古文國瑋集一百四十一卷 42999
歷代國文述要 43332
歷代紀元同異考略一卷 23776
歷代經籍存佚考不分卷 23794,23795
歷代名臣言行録題詞二卷 20615
歷代石經考不分卷 10014
歷代統志編目表輿地紀勝 23848
歷代文歸一百六卷 42983
歷代循良能吏列傳彙鈔二十卷 20617
歷代輿地圖四十四種四十四卷 21952
歷代輿地圖一卷 21962
歷代輿地沿革險要圖一卷 21956,21957,21959,21960,21961,21963
歷代輿地沿革險要圖（一名歷代輿地圖）一卷 21955
歷代輿圖沿革險要圖一卷 21958
歷史講義前篇一卷 24116
曆正不分卷 31217,31218
麗情集一卷 32436,32437,32438,32439,32440
連城壁全集十二集外編四卷 32637
連城壁十二集外編六卷 32636

蓮北魯文恪公存集十卷 41188
蓮北魯文恪公存集五卷 41187
濂學編六卷 20626
濂學編六卷首一卷 30192
濂亭評文一卷 43323
濂亭文稿不分卷 42339
濂亭文集八卷 42332,42333,42334,42335,42336
濂亭遺文五卷遺詩二卷 42338
濂亭遺文五卷遺詩二卷(又名《濂亭遺集》) 42337
聯雋總類目不分卷 43014
梁雜儀注 23509
梁昭明太子集六卷 40475
梁昭明太子集四卷 40496
梁昭明太子集一卷 40489,40490,40491,40492,40493,40494,40495
梁昭明太子六律六吕文啓一卷 40498
梁昭明太子文集五卷 40478,40479,40480,40481,40482,40483,40484,40485,40486
梁昭明太子文集五卷補遺一卷 40487
梁昭明文選二十四卷 42863
梁昭明文選六臣合注六十卷 42829
梁昭明文選十二卷 42857,42858
梁昭明文選越裁十一卷 42895
兩湖書院算學課程二卷附一卷 31238
兩漢奇鈔十卷 21923
兩湖合辦土稅膏捐章程一卷 23542
兩湖合界圖 22055
兩湖經心書院課程三種十八卷 50013
兩湖鑛業學堂章程不分卷 23524
兩湖歷代名賢墨蹟(一名楚帖)十卷 23895
兩湖平糶案牘不分卷 23609
兩湖書院經學文鈔八種九卷 10897
兩湖書院重校史論叢編(一名江夏劉氏史部叢書第一編)四種 24115
兩湖文高等學堂經學課程三卷 10901
兩湖文高等學堂一覽一卷 23523
兩淮遊集五卷 41603
兩太史評選二三場程墨分類注解學府秘寶不分卷 43092
兩厓集六卷 41231
兩厓集十一卷首一卷 41234
兩周子二種二卷 32057
量守居士遺墨不分卷 42612
量守廬群書箋識 10906
量守廬詞鈔四種五卷 43426,43427
量守廬詞一卷 43425
量守廬群書箋釋 23843
量守廬詩鈔不分卷 42604
量守廬文選鈔不分卷 42609
量守遺文合鈔不分卷 42611
量齋詩鈔二卷 42197
遼地理志圖一卷 22005
遼中書牘二卷 41524
烈女表一卷 20702
林庵詩鈔七卷 42020,42247
林館詩集不分卷 42038,42039
林館詩集五卷 42040
林惠常論修志等一卷 22301
林霽軒先生遺集三卷附咄咄談 42486
林泉結契五卷 40991,40992,40993,40994,40995,40996
林氏文徵八卷 43165
林雙臺先生詩選九卷 41237
琳齋詩稿(一名寶善書屋詩稿)七卷 42284
鄰蘇老人年譜 20859,20860
鄰蘇老人年譜二卷 20857
鄰蘇老人年譜(一名楊守敬年譜)不分卷 20858
鄰蘇老人書劄不分卷 42519
鄰蘇老人題跋 23877
鄰蘇老人鄉試硃卷 20968
鄰蘇園藏書目一卷 23802,23803
臨漢隱居詩話 43221,43222,43223,43224,43225,43226
臨漢隱居詩話一卷 43227,43228,43229,

43230,43231,43232,43233,43234,43235,43236,43237,43238,43239,43240,43241,43242,43244,43245,43246
麟經新旨二十卷 10615
淩滄草一卷 41694
靈庵先生遺詩二卷 42521
靈祕丹藥全書 32839
靈臺祕苑十五卷 31255,31256,31257,31258,31259,31260,31261
靈巖小志一卷 23366
令旨解二諦義一卷 32850,32851
留耕草堂初稿六卷 42133
留耕草堂初稿四卷 42131,42132
留真譜初編不分卷 23866
留真譜初編十二卷 23868
留真譜二編八卷 23869
留真譜二編不分卷 23867
劉後村詩八十首一卷 41068,41069
劉茮雲先生遺集四卷 42297,42298
劉茮雲先生遺集四卷首一卷 42299
劉椒雲遺書一卷 42300
劉蕉雲先生遺書二種 50066
劉蕉雲先生遺書一卷 42301
劉克猷稿一卷 41785,41786,41787,41788
劉克猷先生真稿不分卷續稿不分卷 41789
劉拾遺集一卷 40760,40761
劉氏三種 50056
劉宋州郡志圖一卷 21989
劉太淑人傳一卷 20756
劉蜕文抄一卷 40762
劉文成公全集十二卷 41165
劉武慎公(長佑)行狀一卷 20794,20795
劉瀟湘先生集四卷 41366
劉孝孫詩一卷 40710
劉心源歲試文稿二篇 21075
劉興樾詩草十四卷 42065
劉言史詩一卷 40734,40735,40736,40737,40738
劉棗强詩集二卷 40732
劉棗强詩集二卷附録一卷 40731,40733
劉賾小學著作二種 10929
劉稚川詩一卷 41784
劉子三種九卷 50044
劉子詩二卷 41316
劉子素言二卷 30153
劉子易屬五卷 10132
柳堂詩鈔一卷 42228
柳子藏書九卷 32840,32841,32842
六草軒文集四卷 42063
六草齋蟲吟不分卷 42061,42062
六朝人書左氏傳 10469
六臣注文選六十卷 42816,42839,42840
六臣註文選六十卷 42802,42803,42804,42805,42813,42814,42815,42817,42818,42819,42820,42827,42828,42832,42833,42834,42835,42836,42838
六家文選六十卷 42799,42807,42808,42809,42810,42811,42812
六律正五音考四卷 10467,10468
六妙法門一卷 32912,32913,32914
六壬辨疑四卷 31280
六壬成式 31281
六是堂詩選一卷附文稿略編一卷附録一卷 41719
六書辨略一卷 10965
六書彙纂八卷 10967
六書類纂八卷附讀篆臆存雜説一卷字學尋原三卷 10968
六書類纂八卷附讀篆臆存雜説一卷字學尋源三卷 10969
六書音義辨略二卷 10966
六祖壇經節録一卷 32950
龍岡山人古文尚書四種二十三卷 10257,10258,10259
龍岡山人詩鈔二十卷 42353
龍岡山人文鈔八卷紫藤花館駢體文鈔二卷龍崗山人已刪草一卷 42351
龍岡山人文鈔十卷詩鈔十八卷駢體文鈔四

卷詩續鈔二卷 42352
龍崗秦簡 24059
龍江釣叟詩一卷 42647
龍泉清遠如禪師語録一卷 32969
龍文鞭影 32325,32326,32329,32330,32331
龍文鞭影初集 32322
龍文鞭影初集二卷 32317,32318,32319
龍文鞭影初集四卷 32320,32321
龍文鞭影二卷 32304,32305,32306,32307,32308,32309,32310,32311,32312,32313,32314,32315
龍文鞭影二卷二集二卷 32334,32335,32336,32337,32338,32339,32340,32341,32342
龍文鞭影四卷 32323,32324
龍文鞭影五卷附幼學便記讀本一卷 32316
龍文鞭影新注 32328
龍洲詞 43369
龍洲詞二卷 43366,43367,43368
龍洲詞一卷 43356,43357,43358,43359,43360,43361,43362,43363,43364,43365
龍洲道人集三卷 41052
龍洲道人集十五卷 41033,41034
龍洲道人集一卷 41058
龍洲道人詩集十二卷 41042
龍洲道人詩集十卷 41037,41038,41039,41040,41041
龍洲道人詩集十五卷 41028,41029,41030
龍洲道人詩集一卷 41043,41044,41045,41046
龍洲道人詩文集十五卷 41031
龍洲道人文集十五卷 41032
龍洲集三卷 41054,41055,41056
龍洲集三卷補篇一卷 41057
龍洲集十二卷 41062
龍洲集十卷 41047,41048,41049,41050,41051
龍洲集十四卷附録二卷 41035
龍洲集十四卷首一卷 41036
龍洲集一卷 41059
龍洲先生集一卷 41053
龍洲先生賸詩二卷 41067
龍洲小集二卷 41060
龍洲小集一卷 41061
婁壽碑一卷 23963
盧滄崖詩選一卷 41713
盧漢鐵路比商借款條議一卷 23570
盧漢鐵路合同一卷 23571
廬陵官下記 32358
廬山詩選十卷 43214
鹵園合棻十卷 42348
魯叟詩存三卷 42425
魯通甫一同論修志一卷 22297
魯文恪公文集十卷 41189,41190,41191,41192,41193
陸放翁詩八十首二卷 40977,40978
陸賈新語一卷 30054
陸建瀛奏稿一卷 20566
陸士衡擬古詩一卷 40461
陸文節公(建瀛)奏議五卷附録一卷 20569
陸文節公遺集一卷 42150
陸文節公奏議五卷附録一卷 20567,20568
陸文節公奏議一卷 20565
陸宣公集二十四卷 40728,40729
陸羽茶經譯注 31696
陸元恪草木蟲魚疏二卷 10351
陸子新語一卷 30055,30056,30057,30058
陸子一卷 30013,30014,30015,30016,30017
鹿門集二卷 40849
鹿門集三卷拾遺一卷續補一卷 40850
鹿門子 31949
鹿門子一卷 31941,31942,31943,31944,31945,31946,31947,31948
鹿門子隱書一卷 31950,31951,31952,31953,31954,31955
鹿谿子一卷 40446
轆轤亭筆記一卷 32205,32206
麓原詩鈔一卷 42115

吕梁洪志一卷 23492,23493
吕氏春秋考異一卷 10636
吕玉泉詩稿不分卷 42520
律杜一卷 41967
律李一卷 41968
律唐一卷 41972
律陶一卷 41971
律選一卷 41969
緑窗吟稿一卷 41945
緑林野屋初草二卷 42064
緑梅亭詩集一卷 41922
緑天脞説二卷 32447
鸞瑲閣遺稿一卷 42495,42512
略説漢書綱領 20184
論崑山郡志一卷 22317
論孟類纂提要不分卷 10853
論孟類纂一卷 10852
論剡録一卷 22315
論修志體一卷 22313
論語不分卷 10743,10744
論語二卷 10725,10726
論語二十卷 10736,10737
論語范氏注一卷 10705,10706,10707
論語緩悟不分卷 10740
論語經筵直解十卷 10716
論語類考二十卷 10708,10709,10710,10711,10712,10713,10714,10715
論語李氏集注二卷 10702,10703,10704
論語十卷 10721
論語事實録一卷附三亳考一卷 10742
論語詳解二十卷 10730,10731
論語詳解二十卷先聖遺事一卷讀論語一卷 10728,10729
論語直解二十卷 10727
螺州近稿六卷 42189
螺州文集二卷 42188
羅經祕竅圖書十卷 31264
羅田發現西漢循吏何使君墓道本末一卷 20205
羅田發現元代忠臣孝子古蹟題詠 42567
羅田方任匪亂前行政卷目一卷 22164
羅田靖亂記四卷 22163
羅田歷朝大事記兵事略 22561
羅田歷代大事記不分卷 22560
羅田兩太史駢體文録三卷 43200
[羅田]人物列傳 20695
羅田團練始末記不分卷 23658
羅田萬密齋家藏婦人祕科三卷 30882
羅田萬氏麻疹全書 31116
羅田王季薌先生遊天堂山記一卷 23477
羅田王氏校印鄉哲遺書六種 50025
羅田縣大事記稿天堂寨案卷 22562
羅田縣前志序録一卷 22586
羅田縣人壽、節孝、貞女等奏□抄稿 22166
羅田縣職官表一、二、三 21084
羅田縣職官表一、二、三(漢至元) 21082
羅田縣職官表一、二、三、四、五、六、七 21085
羅田縣志大事記(一、二,三代至明) 22559
羅田縣志稿兵事災類不分卷 22570
羅田縣志稿風俗志稿不分卷 22568
羅田縣志稿古蹟類不分卷 22573
羅田縣志稿教育類稿不分卷 22572
羅田縣志稿烈女表提要草稿不分卷 22569
羅田縣志稿山川不分卷 22566
羅田縣志稿山川稿不分卷 22565
羅田縣志稿藝文一卷 22571
羅田縣志宦續訂補一卷 22165
羅田縣志建置類稿重修羅田縣城垣記 22564
羅田縣志摘鈔一卷 22558
羅田縣志正稿山脈正稿(山川略)不分卷 22567
羅田縣志職官録(二、三、四、五) 21087
羅田縣志資料財政類不分卷 22580
羅田縣志資料古代物産不分卷 22581
羅田縣志資料建置志不分卷 22575
羅田縣志資料羅田大事記(三)不分

卷 22577
羅田縣志資料羅田歷代沿革長編不分卷 22574
羅田縣志資料坵墓寺觀不分卷 22584
羅田縣志資料山水類、祠宇類等不分卷 22583
羅田縣志資料物産志(一、二、三)不分卷 22582
羅田縣志資料選舉表(一、二)不分卷 22579
羅田縣志資料沿革圖經不分卷 22576
羅田縣志資料雜件不分卷 22585
羅田縣志資料忠義表二卷 22578
羅田張氏筆記二種 50073

M

麻城碑碣志前編 24040
麻姑仙壇記一卷 24020
馬將軍傳一卷 20759
買花錢一卷 43478
脈訣 30586
脈訣歌一卷 30718
脈訣彙纂二卷 30726
脈訣考證一卷 30677,30678,30679,30680,30681,30682,30683,30684,30685,30686,30687,30688,30689,30690,30691,30692,30693,30694,30695,30696,30697,30698,30699,30700,30701,30702,30703,30704,30705,30706,30707,30708,30709,30710,30711,30712,30713,30714
脈理原始全書一卷 30721,30722
脈書五種 30576
脈學入門四言舉要 30587
脈學纂要一卷 30715
滿清政治衰亡史 20498
漫録不分卷 32242
漫遊稿六卷 41236
毛詩不分卷 10368,10369
毛詩序説八卷 10330,10331,10332
毛詩學不分卷 10365
毛詩一卷 10313
毛詩原解 10323
毛詩原解三十六卷 10321,10322,10324,10325,10326
毛詩原解三十六卷讀詩一卷 10320
毛詩纂詠一卷 10360
毛西河奇齡論修志一卷 22294
茅亭客話十八則 32495,32496
茅亭客話十卷 32474,32475,32476,32477,32478,32479,32480,32481,32482,32483,32484,32485,32486,32487,32488
茅亭客話一卷 32489,32490,32491,32492,32493,32494
卯尚記一卷 23360
耄學集不分卷 42032
耄學集詩一卷續刻一卷文一卷續刻一卷 42031
梅公岑草不分卷 41438
梅花書屋詩選四卷 41799
梅司馬燕臺遺稿二卷 41283
梅太史訂選史記神駒四卷 21921
梅太史訂選左傳神駒二卷 10494
梅中丞遺稿八卷 41576,41577,41578
美人詞一卷 43385
夢紅豆邨詩集十四卷 42447,42448
夢林玄解 32354
夢林玄解三十四卷首一卷 31328,31329,31330
夢唐集選刻一卷 42578
夢雲樓分體詩鈔不分卷 42035
夢澤集二十三卷 41224,41225,41226,41227,41228
夢澤集十七卷 41218,41219,41220,41221,41222,41223
夢澤集十七卷拾遺一卷附録五卷 41229
夢澤集摘刊九卷首一卷附録五卷 41230
夢澤堂文集四卷詩集三卷資江唱酬詩一卷 41861

夢澤堂文集四卷詩集三卷資江唱和集一卷 41797
夢占逸旨八卷 31323,31324,31325,31326,31327
夢竹軒筆記二卷 32092
盟鷗集一卷 41732,41733
蒙春園集三卷 41853
蒙春園集四卷 41854
蒙鞑備録 20371,20372,20373,20374
蒙鞑備録校注不分卷 20375,20376
蒙鞑備録一卷 20362,20363,20364,20365,20366,20367,20368,20369,20370
蒙求補宋十六卷 30219
蒙泉山館周易本義補説(一名周易補説、周易本義補説)六卷 10165,10166
孟浩然集 40646
孟浩然集不分卷 40645
孟浩然集二卷 40625,40626,40627,40628,40629,40631,40632,40633
孟浩然集四卷 40603,40604,40605,40606,40607,40608,40609,40610,40611,40612,40613,40614,40615,40616,40617,40618,40619,40620
孟浩然集校注 40648
孟浩然集注 40651
孟浩然詩抄一卷 40642
孟浩然詩集 40589
孟浩然詩集不分卷 40643
孟浩然詩集二卷 40630
孟浩然詩集二卷附詩話一卷 40644
孟浩然詩集箋注 40649,40650
孟浩然詩集評注 40652
孟浩然詩集三卷 40586,40587,40588,40590
孟浩然詩集三卷補遺一卷 40601,40602
孟浩然詩集校注 40647
孟浩然詩集一卷 40622
孟浩然詩選 40653
孟浩然詩選譯 40654
孟浩然韋應物詩選 40657
孟襄陽集二卷 40634,40635
孟襄陽集二卷末一卷 40636
孟襄陽集三卷 40591,40592,40593,40594,40595,40596,40597,40599
孟襄陽集一卷 40624
孟襄陽集(一名孟浩然集)三卷 40598
孟襄陽詩抄一卷 40623,40640,40641
孟襄陽詩集二卷 40637,40638,40639
孟襄陽詩四卷 40621
孟子不分卷 10785,10786
孟子二卷 10762,10763
孟子好辯彈詞一卷 43535
孟子十四卷 10756,10757,10758
孟子説解十四卷 10767
孟子説解十四卷首一卷 10766
孟子説解十四卷遺事一卷讀孟子一卷 10764,10765
孟子説七卷 10784
孟子文法不分卷 10787
孟子要畧五卷附録一卷 10774,10775,10776,10777,10778,10779,10780
孟子要略五卷 10781,10782
孟子要義信好録五卷 10773
孟子雜記四卷 10746,10747,10748,10749,10750,10751,10752
孟宗故宅纖誤改 20517
米顛小史八卷 20745
[米芾]詞集一卷 43353
米芾集 50030
[米芾]詩集四卷詞集一卷文集一卷 40954
米芾研究資料集 31491
米海嶽(芾)年譜一卷 20832,20833,20834,20835
米海嶽畫史一卷 31489,31490
米海嶽書史一卷 31410,31411
米南宫評紙帖一卷 31433
米襄陽詩集五卷 40951,40952,40953
米襄陽譚史(一名譚史)31961

米襄陽遺集一卷 40960
米襄陽志林十三卷 20738,20739,20740,20741
米襄陽志林五種 50029
米元章集一卷 40955
米元章書史一卷 31400,31401,31402,31403,31404,31405,31406
米元章行草書易説帖一卷 31432
洣閣孤吟二卷北上郢吹曲一卷附録無題一百韻 41681
祕授金鎖八門陣圖要訣一卷附空羣齋集一卷 30293
祕授金鎖八門鎮圖要訣(一名金鎖圖説)一卷附空羣齋集一卷 30292
秘傳推拿妙訣不分卷 31183,31185,31186,31187,31188
秘傳推拿妙訣不分卷附補遺一卷 31184
秘書九種六十六卷 50002
密堂詩鈔二卷 42468
沔陽叢書十二種九十卷 50023
沔陽州志舉正一卷 23117
緬甸風土詩一卷 22283
緬述一卷 22284,22285,22286
淼亭詩鈔三卷游秦詩草一卷 42488
妙法蓮華經弘傳序知音一卷 32961
妙法蓮華經文句十卷 32879,32880
妙法蓮華經玄義二十卷 32874
妙法蓮華經玄義節要二卷 32887
妙法蓮華經玄義□□卷 32875
妙法蓮華經玄義十卷 32876,32877
妙法蓮華經玄義釋籤十卷 32886
妙法蓮華經玄義釋籤四十卷 32883,32884,32885
妙法蓮華經知音□卷 32962
妙法蓮華經知音七卷弘傳序知音一卷 32963
[民國]保康縣志二十五卷 22974
[民國]長陽縣志十五卷 22881
[民國]東湖縣志三十一卷 22819
[民國]穀城縣志稿十二卷首一卷 22966,22967
[民國]漢川縣系馬區鄉土志六章 22476,22477
[民國]漢口小志不分卷 22374,22423,22424
[民國]河北通志稿舊志源流關隘考 23131
[民國]河北通志稿四十七卷附目録一册 23129,23130
[民國]黄陂縣鄉土志四章 22434
[民國]黄岡鄉土志一卷 22525
[民國]黄州府志不分卷 22512
[民國]京山新縣志五卷 22803
[民國]京山新志縣五卷 22804
[民國]舊口縣誌一卷 22798
[民國]麻城縣志後編十五卷首一卷末一卷 22534,22535,22536
[民國]麻城縣志前編十五卷首一卷 22531,22532,22533
[民國]沔陽州志舉正一卷 23116
[民國]南漳縣志十九卷首一卷末一卷 22961,22962,22963
[民國]蒲圻鄉土志一卷 22710
[民國]乾鎮驛鄉土志不分卷 23103,23104
[民國]沙市志畧十卷 22723,22724,22725
[民國]松滋縣志十卷 22736,22737
[民國]通山縣志鄉土志不分卷 22698,22699
[民國]武昌要覽一卷 22500
[民國]夏口縣志二十二卷首一卷附補遺一卷 22420,22421,22422
[民國]夏口縣誌二十二卷首一卷附補遺一卷 22373
[民國]咸豐縣志十二卷末一卷 23074
[民國]咸豐縣志十二卷首一卷末一卷 23075
[民國]新修京山縣志草例一卷 22802
[民國]續修漢陽縣志列傳三卷 22402
[民國]宜昌縣志三十卷副刊五卷 22821,

22822
[民國]宜都鄉土調查志不分卷 22835
[民國]英山縣志十四卷首一卷 22596,22597,22598
[民國]月山鄉土志一卷 22501
[民國]鄖西縣志十四卷 23023,23024
[民國]棗陽縣鄉土志一卷 22945
[民國]棗陽縣志二十四卷首一卷 22942
[民國]棗陽縣志三十四卷首一卷 22941,22943,22944
[民國]鍾祥縣志二十八卷首一卷附鍾祥文徵二卷詩徵二卷 22794,22795,22796
名宦墨蹟一卷 31438
名劍記 31642
名劍記二卷 31641
名馬記二卷 31722
名世文宗二十二卷 42980
名世文宗四卷 42981
名文拔萃二十二卷 42982
名物通十卷 32292
名物通十卷附一卷 32293,32302,32303
名疑集四卷 20886,20887,20888
名疑四卷 20889,20890,20891,20892,20893,20894,20895
名義考十二卷 32147,32148,32149,32150
名媛詩歸三十六卷 42951,42952,42953,42954,42955
明百家詩抄十二卷 43082
明兵部尚書贈太子太保謚恭敏青雷薛公(三才)傳一卷文武官員祭恭敏公奠稿一卷 20765
明朝四書文十二卷 10859
明代祕籍三種 50016
明代武當山志二種 23351
明地理志圖一卷 22008
明都察院右僉都御史張公暨元配王恭人墓誌銘一卷 20758
明季編年十二卷 20158
明季七十二砦義軍商城戰記不分卷 20462
明紀編年十二卷 20156,20157,20159
明雋十卷 43085,43086
明刻黄鶴樓集校注三卷 42963
明七卿考畧一卷 20537
明七卿考略一卷 20115
明卿文選六卷 41310,41311,41312
明清人雜言一卷 43145
明仁録 32123
明詩歸十卷首一卷末一卷 43076,43077,43078
明史本紀二十六卷 20113
明史彈詞註二卷 43529,43530,43531,43532,43533,43534
明史鄂事鈔不分卷 21929
明萬曆三十一年癸卯楚事妖書始末不分卷 20392
明延平忠節王始末四卷首一卷 20441
明宰輔考畧一卷 20536
明宰輔考略一卷 20114
明張江陵先生(居正)年譜一卷 20819
明張文忠公詩文集十七卷(文集十一卷詩集六卷)41345
摹古印存五卷 31528
摩訶止觀十卷 32889,32890,32891,32892
墨畦一卷 21089,21090,31624,31625,31626
墨卿談乘十四卷 32056
墨餘閣詩草二卷 41976
墨緣館詩鈔三卷 42121
墨緣館文鈔二卷 42120,42402
墨子閒詁箋不分卷附録一卷 31794
默耕詩選二卷 41808
木蘭將軍集三卷 20642
木天禁語一卷 43270,43271,43272,43273,43274,43275,43276,43277,43278,43279,43280,43281
木樨香館詩五卷 42170
慕盧集一卷 41837,41838
慕盧詩二卷豫遊草(一名壬寅赴吟)一卷 41836

慕岩詩畧六卷 41897

N

那處詩草四卷 42453
南北朝迄宋元羅田職官表不分卷 21083
南北朝僑置州郡考八卷 20044
南北朝文歸四卷 42989,42990
南窗漫鈔一卷 32237
南京太常寺志十三卷 23480
南雋集詩類二十卷 41200
南雋集文類二十卷 41201
南雷學案 42668
南涼疆域圖一卷 21985
南宋四家律選(一名黄侃批點南宋四家律選)五卷 43074,43075
南鴈蕩紀遊一卷 23448,23449
南燕疆域圖一卷 21978
南洋勸業會視察農業報告書三編 23629
南雍州記一卷 22137
南嶽思大師誓願文一卷 32922
南漳金石志 23916
南漳金石志集鈔 23915
南莊公遺稿一卷 41640
楠枝閣詩集一卷 41874
囊雲詩草二卷 42325
内方文集不分卷 41213
内方先生集八卷附鈔一卷附録一卷 41214,41215
内方先生集十卷 41210,41212
内方先生集五卷 41211
内閣票擬不分卷 20539
内觀齋脞録不分卷 32215
内政部抄出檔案縣志沿革不分卷 22563
内觀齋習字不分卷 31457
逆髮初記稿(太平天國革命起源)一卷 20497
拈花笑一卷 43484
廿一史彈词注十卷明史彈词注二卷 32692,32693
念昔齋寱言圖纂不分卷 32236
念修堂詩存不分卷 42171
念修堂遺集節要一卷 42363
鳥心花淚詞二卷雲影詞一卷 43418
聶隱娘傳 32615,32616
聶隱娘傳一卷 32610,32611,32612,32613,32614
弄珠詞一卷 43408
女三字經一卷 30224,30225
女狀元辭凰得鳳一卷 43468,43469,43470,43471,43472,43473
諾臯記 32558
諾臯記八則 32568,32569
諾臯記一卷 32557,32559,32560,32561,32562,32563,32564,32565,32566,32567

O

偶存草堂集十三卷 41925
偶存草堂詩集六卷 41924
藕灣詩集二十卷文集九卷續補存歿四詠一卷 41724,41725
藕灣詩集十卷 41723
藕灣詩集十卷文集九卷 41726
藕灣詩集十卷又五卷文集一卷 41727

P

潘邠老小集一卷 40917,40918,40919,40920,40921
盤古至唐虞傳 32646
盤窟文集八卷 42003
匏尊山人遺詩一卷 41898
培心室集吉金瓦當古專拓本不分卷 23881
培園全集二十卷 42137
佩蘅詞一卷補遺一卷 43398
佩湘詩草四卷 42214
佩湘詩草一卷 42213
彭念堂集十六卷 41927
彭氏家訓四卷 30200
蓬池閣遺稿詩四卷文十卷 41433

批點北史瑣瑣四卷 20006
批點後漢書瑣瑣六卷 20034
批點舊唐書瑣瑣四卷 20053
批點考工記二卷 10410
批點考工記二卷圖説一卷 10407,10408
批點考工記一卷 10409
批點牡丹亭記二卷 43494
批點南史瑣瑣四卷 20005
批點前漢書瑣瑣四卷 20027
批點三國志瑣瑣四卷 20041
批點史記瑣瑣(一名史記瑣瑣)二卷 20003,20004
批點唐音十五卷 43043,43044,43045
批點左氏新語二卷 10493
批選杜工部詩四卷 40661
批選唐詩二卷 43066
皮日休詩文選注 40848
皮日休文集十卷 40841,40842,40843,40844,40845
皮襲美文抄一卷 40846
皮子世録 20901
皮子世録一卷 20699
皮子文籔十卷 40836
皮子文藪十卷 40839,40840
琵琶録 31566,31567,31568,31569,31570,31571,31572
琵琶録一卷 31553
癖顛小史一卷 32227
片玉痘疹十三卷 31104,31111,31114,31115
片玉集後編二卷 43135
片玉集七種七卷 43134
片玉心書五卷 30984,30991,30995
片玉心書(一名片玉心書)五卷 30993
偏緯較表一卷 31240
平安館藏碑目不分卷 24029
平安館藏器目一卷 23930,23931
平安館金石文字七種七卷 23870,23871
平安館泉拓 24043
平安悔稿十二卷 41020
平菴丙辰悔稿不分卷平菴悔稿後編不分卷 41016
平菴悔稿不分卷丙辰悔稿一卷悔稿後編不分卷補遺一卷 41010,41015
平菴悔稿不分卷丙辰悔稿一卷平菴悔稿後編不分卷詩稿補遺一卷 41014
平菴悔稿十四卷丙辰悔稿一卷悔稿後編六卷補遺一卷 41011
平菴詩稿十六卷 41017,41018,41019
平定關隴紀略十三卷 20481
平番紀事一卷 20453
平方根表四卷 31239
平漢録 20402
平漢録一卷 20393,20394,20395,20396,20397,20398,20399,20400,20401
平回紀事本末四卷 20197
平回志八卷 20492,20493
平蠻草一卷 42404,42430
平蠻録一卷 20380,20381,20382,20383,20384,20385,20386,20387
平書八卷 32100,32101
平灘紀略六卷蜀江指掌一卷 23704,23705
平原拳匪紀事一卷 20495
平原相學十三章 31307
屏石山房詩鈔二卷 42433
屏史前十七卷後四卷 32229
屏樹山莊詩集六卷文集十二卷首一卷 42413
瓶花史一卷 31732
瓶花齋集十卷 41474,41475,41477,41478
瓶花齋集十卷敝篋集二卷廣莊一卷 41476
瓶花齋集十一卷 41479
瓶花齋雜録一卷 32444,32445,32446
瓶華書屋叢書十三種 50007
瓶史 31744
瓶史二卷 31736,31737,31738,31739,31740,31741,31742,31743
瓶史國字解四卷袁中郎流插花圖會八卷 31745

瓶史一卷 31723,31726,31727,31728,31729,31730,31731,31733,31734,31735
評林新鍥甂甀洞藁文類二十卷詩集六卷 41299
評苑文選傍訓大全十五卷 42877
評紙帖一卷 31647
破邪論二卷 32937,32938,32940,32941
破邪論一卷 32939
破研齋集三卷 41470,41471,41472,41473
破張邵銘一卷 23993
蒲圻熊蔚如重遊泮水册葉不分卷 43132
蒲圻張學誠手鈔九種 50008
蒲山牧唱不分卷 41163
普濟良方四卷 30835
樸巢詩選一卷文集五卷 41754
樸園公家集雜鈔一卷 43138
樸園公雜鈔一卷 41420

Q

七家詩詳註九卷（一名七家試律註七種九卷）43114
七體唐詩正音補註二卷 43046
七言脈訣一卷 30716
棲雲山房詩鈔二卷 42373
漆室吟八卷 42182
奇方類編二卷 30809
奇方類編二卷附奇效方一卷 30808,30810
奇觚室吉金文述二十卷 23936
奇觚室吉金文述二十卷首一卷 23935,23937,23938,23939,23940
奇觚室金石文述（錢録）24048
奇觚室金石文述三種三十六卷 23883
奇觚室樂石文述二卷 23968,23969
奇觚室樂石文述七卷 23966
奇觚室石鼓文集聯一卷 23973,42548
奇經八脈考二卷 31159
奇經八脈考校注一卷 31175
奇經八脈考一卷 31133,31134,31135,31136,31137,31139,31140,31141,31142,31143,31144,31145,31146,31147,31148,31149,31150,31151,31152,31153,31154,31155,31156,31157,31158,31160,31161,31162,31163,31164,31165,31166,31167,31168,31169,31170,31171,31172,31174,31176
奇經八脈攷一卷 31132
奇經八脈紋一卷 31138
奇經考一卷 31173
奇門遁甲祕要二卷 31319
奇門旨歸三十八卷 31285,31286
奇門指歸三十八卷 31320
耆獻彙徵不分卷 20693
耆獻類徵不分卷 20694
齊雲山桃源洞天志不分卷 23426
齊雲山桃源洞天志一卷 23425,23427
齊雲山志五卷 23326,23327,23328
蘄春黄氏文存二種附一種 43162
蘄春語一卷 11097,11098
蘄黄四十八砦紀事 20460,20461
蘄柳雅言不分卷 10873
蘄水郭公家乘摘録一卷 20897
蘄水湯先生（化龍）遺念録一卷 20808
蘄州金石志 23911
屺思堂詩集四卷 41783
屺思堂文集八卷詩集一卷 41780,41781,41782
起黄二卷質顧一卷廣王二卷 30194,30195
啓集狐白十五卷 43099
啓禎四書文三卷 10862
綺雲樓詩集不分卷 41910
憇菴老人詩稿不分卷 41930
千金裘二十七卷二集二十六卷 32355
搴夫容室駢文不分卷 42443
前漢地理志圖一卷 21968
前涼疆域圖一卷 21983
前秦廣武將軍碑一卷 23996
前秦疆域圖一卷 21980
前燕疆域圖一卷 21976
前趙疆域圖一卷 21974

[乾隆]長陽縣志六卷 22876
[乾隆]陳州府志三十卷首一卷末一卷 23268,23269,23270
[乾隆]崇陽縣志十卷 22684,22685
[乾隆]當陽縣志九卷首一卷 22837,22838
[乾隆]鄧州志二十四卷首一卷末一卷 23265,23266,23267
[乾隆]東湖縣志三十卷首一卷 22811,22812,22813,22814
[乾隆]房縣志鈔三十三類 23013
[乾隆]廣濟縣志二十二卷 22622,22623
[乾隆]廣濟縣志十二卷 22624
[乾隆]歸州志不分卷 22866
[乾隆]貴州通志四十六卷首一卷 23298,23299,23300,23301
[乾隆]漢川縣志五卷 22471
[乾隆]漢陽府志五十卷首一卷 22382,22385,22386
[乾隆]漢陽縣志三十二卷附續志一卷 22383,22389
[乾隆]漢陽縣志三十卷附續志一卷 22384
[乾隆]河間縣志六卷 23146
[乾隆]鶴峰州志二卷 23082
[乾隆]壺關縣志十八卷 23164
[乾隆]湖北下荆南道志二十八卷 22370,22371,22372
[乾隆]黄岡縣志二十卷首一卷 22517,22518,22519
[乾隆]黄梅縣志十二卷 22629,22630
[乾隆]黄州府志二十卷 22506
[乾隆]嘉魚縣志八卷首一卷 22673
[乾隆]江陵縣志五十八卷首一卷 22746,22747
[乾隆]江夏縣志十五卷首一卷 22414
[乾隆]荊門州志三十六卷 22780,22781
[乾隆]荆州府志五十八卷首一卷 22717
[乾隆]靖州志十四卷首一卷末一卷 23271
[乾隆]來鳳縣志十二卷 23076
[乾隆]羅田縣志十二卷首一卷末一卷 22554
[乾隆]麻城縣志二十八卷附文徵六卷掌故六卷 22528
[乾隆]沔陽州志三十卷 23112
[乾隆]南彙縣新志十五卷首一卷 23166
[乾隆]蕲水縣志二十卷首一卷 22604
[乾隆]蕲水縣志二十四卷首一卷末一卷 22603
[乾隆]蕲州志二十卷首一卷 22613
[乾隆]石首縣志八卷首一卷末一卷 22728
[乾隆]石首縣志七卷 22727
乾隆四十八年(1783)湖北鄉試録一卷 20928
[乾隆]肅寧縣志十卷 23145
[乾隆]隨州志十八卷首一卷 22893
[乾隆]天門縣志二十四卷首一卷 23097,23098,23099
[乾隆]天門縣志二十四卷首一卷附修志十議 23096
[乾隆]武昌縣志十卷首一卷 22491,22492,22493
[乾隆]襄陽府志四十卷圖一卷 22917
乾隆辛丑酉山東鄉試録一卷 20948
[乾隆]興山縣志十卷 22854
[乾隆]英山縣志二十六卷首一卷 22590,22591
[乾隆]雲南騰越州志十三卷 23305,23306,23307,23308,23309
[乾隆]雲南通志三十卷首一卷 23303,23304
[乾隆]鄖西縣志二十卷首一卷 23019
[乾隆]棗陽縣志二十四卷 22932,22933,22934,22935,22936,22937
[乾隆]鎮雄州志六卷 23310,23311
[乾隆]鎮遠府志二十八卷 23302
[乾隆]枝江縣志十卷 22824
[乾隆]鍾祥縣志二十卷 22790,22791
[乾隆]鍾祥縣志十卷 22789
[乾隆]重修嘉魚縣志八卷 22674
[乾隆]重修嘉魚縣志八卷續增一卷 22672

[乾隆]重修蒲圻縣志十五卷 22702,22703
[乾隆]竹山縣志二十七卷 23007,23008
[乾隆]涿州志二十二卷首一卷 23137,23138
乾惕軒周易述贊(一名周易述贊)一卷 10157
鈐雅十六卷 11088,32349,32350
黔記一卷 20464
黔遊紀程一卷 23478
錢梅谿泳論修志一卷 22290
錢塘紀遊詩一卷 42682
錢隱叟遺集十卷 42546
錢竹汀大昕論修志一卷 22291
潛江舊聞八卷 22130
潛江舊聞録八卷 22129
潛江書徵四卷附録一卷 23823
潛江貞石記 24038
潛江貞石記八卷 24037
潛盧隨筆十三卷 32117
潛廬詩録六卷 42564
潛廬續稿十二卷 42563
潛園文集五卷詩集一卷 42577
喬園詩餘存稿不分卷 43413
橋西山館詩鈔□□卷 42395
橋西山館雜著八種十卷 50059
橋西雜記一卷 32094,32095,32096,32097,32098
切韻表一卷 11043,11060,11061
且謠一卷 43384
且園吟一卷 42001
篋衍集 43109
芹曝録内篇一卷 32103
秦漢三國六朝唐宋文歸□□卷 42987
秦漢文歸三十卷 42985
秦漢文懷二十卷 42984
秦郡縣圖一卷 21967
秦刻石二卷 23970
秦文歸十卷 43021,43022
琴劍集一卷 41964
琴臺紀畧不分卷 23415
琴溪詩草八卷 42673
欽定八旗通志三百四十二卷首十二卷目録二卷 23643
青坨居士文稿一卷 42568
青坨雜録不分卷 32211
青城山人(關槐)年譜一卷 20843
青燈淚傳奇三十六齣四卷 43514
青燈淚二卷首一卷 43512,43513
青瑯玕館印存一卷 31527
青蓮華集(一名青蓮華樓稿)不分卷 41689
青龍山集一卷 42285
青溪遺稿二十八卷 41706,41707,41708
青溪遺稿十五卷 41705
青谿山人文集常談考誤(一名常談考誤)四卷 32145,32146
清芬堂叢書四十六種 50011
清風遺集一卷 41755
清風易注不分卷 10143
清風易注四卷 10141,10142
清江詩法三卷 43283
清康熙四十二年(1703)癸未科會試薦卷一卷 20905
清客筆語 31449
清平閣倡和詩一卷 43087,43088
清人説詩四種 10375
清文徵不分卷 43127
清武職表底本(八)21079
清溪道人偶記一卷 32083
清宣宗成皇帝實録校對日記一卷 20170
清學職表底本(七)21078
清遠文木圖記 23932
清曾忠襄公(國荃)年譜四卷 20851
清職官傳底本宦績傳三(下)21077
清職官傳目録稿不分卷 21088
情中幻不分卷 43505
情中幻傳奇一卷 43506,43507,43508
晴山堂詩文稿不分卷 41876
蛩吟詩草鈔四卷蛩吟草外集一卷 42350

秋舫詩鈔一卷 42096,42097
秋水閣詩集八卷 42014
秋水閣詩集八卷首一卷雜著一卷 42015
秋潭詩集十卷 42013
秋潭詩集十卷外集十六卷 42012
秋星閣叢鈔天笑誌(一名漁樵閒話)不分卷 32471
求本字捷術一卷 11074
求放心齋詞鈔一卷 43402
求放心齋詩鈔二卷附詞鈔一卷 42469
求可齋詩鈔十卷文鈔六卷文鈔外集四卷 42169
求闕齋弟子記不分卷 20781
求闕齋弟子記三十二卷 20777,20778,20779,20780
求是齋初刻三種五卷 21953
求是齋詩文存四卷 42202
求是齋文存一卷 42206
求是齋雜存六種 50060
求志齋詩文集五卷 42458
曲尺軒詩集(一名顧東崑詩集)二十四卷 41963
屈大夫文八卷 40436
屈賦全釋 40317
屈賦通箋附箋屈餘義 40308
屈賦通箋五卷首一卷 40309
屈賦新箋 40267
屈賦音注詳解八卷 40311
屈賦注解 40320
屈平文抄不分卷 40434
屈宋方言考一卷 11091
屈原賦今譯 40315,40321
屈原賦七篇 40285,40286
屈原賦校注 40318
屈原賦譯注 40326,40327
屈原賦注 40301
屈原賦注初稿三卷 40294
屈原賦注七卷通釋二卷 40295,40296,40297,40298,40299,40300
屈原集 40322
屈原集校注 40324
屈原年表一卷 20814
屈子不分卷 40287,40288
屈子楚辭一卷 40306
屈子貫五卷 40292,40293
屈子離騷彙訂三卷雜文箋畧二卷首一卷 40375
屈子六卷 40284,40291
屈子七卷 40289,40290
去吴七牘一卷 41494,41495
趣陶園集十五卷 41918
全蜀秇文志補五十六卷 43216
全蜀秇文志續補五十六卷 43217
全縣人物材料不分卷(修《羅田縣志》時採訪稿)20705,20706
拳石山房詩草不分卷 42327
詮次四書翼考十卷 10816,10817
權子五則 32442
權子一卷 32441
權子雜俎 32443
雀硯齋全集十八卷 42231
雀硯齋文集八卷 42232
雀硯齋文録一卷 42233,42234
闕疑慎言録一卷 32062
群經不見説文之字一卷 10962
群經大義録一卷 10891
群經生物學齊衡九卷 10902
群經圖零鈔不分卷 10911
群經引詩大旨六卷 10361,10362

R

禳蠱奇書二卷 30847
饒應祺公牘不分卷 23747
饒應祺奏稿不分卷 20576,20577
人鏡類纂四十六卷 32351,32352
人物志殉難表一卷 20690
人物忠烈表不分卷 20689
壬癸金石跋不分卷 23875,23876

仁湖雪吟一卷 41698
仁王護國般若經疏五卷 32896
日本殘碑一卷 23965
日本道澄寺鐘銘一卷 23933
日本訪書志 23789
日本訪書志補不分卷 23790,23791,23792
日本訪書志補一卷 23793
日本訪書志不分卷 23783
日本訪書志十六卷 23784,23785,23786,23787,23788
日本古刻佛足蹟碑一卷 24022
日本古刻銅燈臺銘一卷 23934
日本題名殘碑一卷 24021
日涉編十二卷 21941,21942,21943,21944,21945,21946
日知録校記及序 32151
日知堂筆記三卷 32203,32204
日知堂賸集一卷 42323
日知堂試帖一卷 42324
戎昱詩集一卷 40713,40714,40715,40716,40717,40718
戎昱詩集一卷補遺一卷 40719,40720
戎昱詩一卷 40721
容城耆舊集四卷 43130
容美紀游評注不分卷 23470
容美紀游校注一卷附録一卷 23468
容美紀游一卷 23465,23466,23467
容美紀游注釋 23469
容美土司史料彙編不分卷 23471
容美土司史料續編不分卷 23472
蓉城仙館叢書五種 50015
肉攫部一卷 31709,31710,31711,31712,31713,31714,31715,31716
如面談十六卷 43101
如面譚二集十八卷 43103,43104,43105,43106
如面譚十六卷 43102
茹古畧集三十卷 32346,32347,32348
儒門醫宗總略四卷 30428,30429
蠕範八卷 31702,31703,31704,31705,31706
蠕範十六卷 31707,31708
汝水巾譜一卷 31643,31644,31645
入江巨川編一卷 23392
入藥鏡一卷 32822,32823,32824,32825,32826
入藥鏡註解一卷 32827
阮籍詠懷詩補注一卷 40460
阮文達論修志一卷 22302
瑞芝堂詩選五卷 41852
箬藺室詩集一卷 41682,42311

S

塞垣集六卷 42380,42381
三毫考 10298
三毫考一卷 10297
三國疆域圖編目一卷 21971
三國疆域圖一卷 21970
三國郡縣表八卷 20526,20527
三國郡縣表補正 20529
三國郡縣表補正八卷 20528
三國三公宰輔年表三卷 20530
三國事蹟不分卷 20334
三國蜀諸葛忠武侯（亮）年表一卷 20815
三國演義 32662
三國演義（鍾惺評點本）32661
三國志集解 20039,20040
三國志三公宰輔年表 20525
三國志注鈔八卷 20038,21924
三湖漁人全集八卷 42037
三禮通論不分卷 10457
三禮圖二卷 10456
三禮圖四卷 10453,10454,10455
三立堂新編閫外春秋三十二卷 20585
三間彙考六卷 23430
三命通會十二卷 31296,31297,31298,31299,31300,31301,31302,31303,31304,31305
三年來之湖北省政 23502
三女史詩稿三卷 43148
三聲堂捷報一卷 20451

三十家詩鈔六卷首一卷末一卷 42972,42973
三蘇文彙六十卷 43160
三蘇文盛二十卷 43159
三通序一卷 23505
三希堂米南宫法書帖不分卷 31429
三峽通志五卷 23399,23400,23401
三湘從紀一卷 20474
三湘從事紀一卷 20473,20475,20476,20477,20478
三湘從事記一卷 20471,20472
三湘從事録 20479,20480
三續寰宇訪碑録 23950
三一子不分卷 32044,32045
三袁詩文選譯 43151
三袁先生集五卷 43149
三袁先生（宗道、宏道、中道）年表一卷 20838
三雲書屋課藝六卷 42501
三種寶説 32915
三注鈔三種十六卷 50001
喪服經傳彙編考正四卷 10429
沙市情形一卷 22127
殺虎口監督署報告書九卷 23773
山草堂集二十八種一百五十三卷 50047
山帶閣注楚辭六卷 40245,40246,40247,40248,40249,40250,40251
山帶閣注楚辭六卷首一卷 40253
山公經説辨疑七卷 10898
山公四書集註補四卷 10855
山海經目録不分卷 32473
山陵賦一卷 41202
山脈指掌續十六篇不分卷 23367
山書一卷 31937,31938,31939,31940
山西菸酒公賣局報告書四卷附官産報告書三卷 23564
山響齋别集飲騷十卷 40243
山曉閣重訂昭明文選十二卷 42894
山右石刻叢編四十卷 24030,24031
山中草一卷 42204
山中懷往詩一卷 42203
删補晉書一百三十卷首一卷 20042
删註楚辭不分卷 40183
珊瑚鞭二卷附采石紅一卷 43491
珊瑚林二卷金屑編一卷 32051,32052
樕湖十子詩鈔二十二卷 43115,43215
陝豫蘇浙閩桂粤七省遊記一卷 23455
商辦川省川漢鐵路有限公司章程一卷 23584
商辦廣東全省粤漢鐵路有限公司章程一卷 23578
商辦廣東全省粤漢鐵路有限總公司總結摺一卷 23579
商辦漢冶萍煤鐵廠礦股份有限公司歷次奏咨案牘一卷 23617
商辦漢冶萍煤鐵廠礦有限公司推廣加股詳細章程一卷 23616
商辦漢鎮既濟水電公司第一届報告一卷 23628
商聲集一卷 42417
商文毅公集十卷 41173,41174,41175
傷寒補亡論二十卷 30727,30728,30730,30731,30732,30733,30734,30736,30737,30739
傷寒補亡論五卷 30740,30741
傷寒補亡論（一名仲景傷寒補亡論）二十卷 30729,30735,30738
傷寒論 30775
傷寒醫驗六卷 30772
傷寒摘錦二卷 30758,30766,30768
傷寒總病論 30756
傷寒總病論六卷 30746,30747,30748,30749,30750,30751,30752,30753,30755
傷寒總病論六卷附音訓一卷修治藥法一卷 30742,30743,30744,30745
傷寒總病論釋評六卷 30754
傷暑全書二卷 30771
觴政 31588

觴政一卷 31576,31577,31578,31579,31580,31581,31582,31583,31584,31585,31586,31587,31589,31590,31592
賞音閣杜詩問津□卷 40666
上博館藏戰國楚竹書研究 24056
上海博物館藏戰國楚竹書（二）24058
上海博物館藏戰國楚竹書（一）24057
尚書便解六卷 10254
尚書辨解八卷讀書一卷 10241
尚書辨解十卷 10239,10240
尚書辨解十卷別解一卷 10236,10237,10238
尚書辨解十卷首一卷 10242
尚書別解八卷 10244
尚書別解（一名讀書）一卷 10243,10245
尚書不分卷 10280,10281
尚書講義 10282
尚書課程二卷 10275
尚書課程三卷 10276
尚書要旨一卷 10274
尚書一卷 10228
少林寺志不分卷 23420
少林寺志二十二卷 23421
少泉集十卷 41251
少泉詩集十卷 41250,41252
少泉詩集四卷 41249
少泉詩選八卷文選五卷文續選五卷 41248
少司徒王公（重光）傳一卷 20755
邵子詩鈔三卷 41070
紹陶録 20734,20735,20736
紹陶録二卷 20722,20723,20724,20725,20726,20727,20728,20729,20730,20731,20732,20733
射聲小譜不分卷 11034
射藝詳説一卷 31595
涉園集二十七卷 41731,41798
申左一卷 10506
伸古音表分配入聲之説一卷 11041
伸顧氏分配入聲之説一卷 11042
伸顧一卷 11039,11040
神機制敵太白陰經十卷 30241,30242,30243,30244,30245,30246,30247,30248,30249,30250,30251,30252,30253,30254,30255,30256,30257
神農本草經贊三卷附月令七十二候贊一卷 30567,30568
神仙通鑑二十二卷神仙鑑像一卷 32644,32645
沈觀齋詩不分卷 42556
沈觀齋詩鈔一卷 42555
沈觀齋詩二卷 42554
審理馬新貽被刺案疏鈔不分卷 20466
甚盦脞録一卷 32120
慎始基齋叢書十一種十一卷 50014
慎自愛軒録存雜文内篇三卷外篇三卷雜詩十二卷 42393
慎自怡園吟草二卷 42461
升庵年譜一卷附遺事一卷集畧一卷寄贈一卷 20836
聲韻示讀一卷 11059,11067
聲韻通例一卷 11071
聲韻學二編 11081
聲韻一卷 11073
省闈詩鈔一卷 42687
盛弘之荆州記一卷 22105,22106
聖節會約一卷 20589,20590
聖廟祀典不分卷 23512
聖謨全書十二卷 23689
師二宗齋遺集二卷 42428
師竹齋讀書隨筆彙編十三卷 32113
詩比興箋四卷 42967,42968,42970,42971
詩比興箋四卷簡學齋詩存一卷太上感應篇合鈔一卷 42966
詩傳名物集覽十二卷 10359
詩傳名物集覽（一名詩傳名物輯覽）十二卷 10357,10358
詩格一卷 43282
詩歸五十一卷 42937,42938,42939,42941,

42942,42943,42944,42947,42948
詩歸五十一卷梅花百詠八卷 42936,42940,42945,42946
詩家全體十二卷續補二卷 42934,42935
詩箋緣情一卷 10370
詩經八卷 10335
詩經備考二十四卷 10340
詩經參義不分卷 10363
詩經課程一卷 10364
詩經評四卷小序一卷 10336
詩經三卷 10339
詩經四卷 10343
詩經四卷小序一卷 10337,10338
詩經圖史合考二十卷 10341,10342
詩經興箋四卷 42969
詩經序傳箋略例一卷 10371,10372
詩經音訓不分卷 10376,10377
詩經注疏抄四卷 10344
詩經纂注八卷 10334
詩經纂註八卷 10333
詩録(一名課孫夜誦詩録)九卷 42976
詩品講疏不分卷 43312
詩刪二十三卷 42958
詩疏平議 10374
詩説六卷 10373
詩體辨要 43311
詩學禁臠一卷 43256,43258,43259,43260,43261,43262,43263,43264,43265,43266,43267
詩牖十五卷 10353
詩牖十五卷 10352
詩餘偶存三卷 43379
詩餘偶存一卷 43377
詩韻審音六卷 11032
詩韻通考略不分卷 11038
詩總聞二十卷 10300,10301,10302,10303,10304,10305,10306,10307,10308,10309,10310,10311,10312
十笏草堂詩鈔四卷 42361
十樓詩鈔二卷 42310
十三經心畬二十二卷 10885
十三經音辨二卷 11045
十三經韻無辨解一卷經韻俱無摘要一卷 11044
十三經證異七十九卷首一卷 10888
十一經音訓不分卷 10008,10009
石舡餘稿四卷 42473
石衡青先生言論集不分卷 42593
石季常稿一卷 41439,41440,41441
石刻名彙十四卷補遺一卷 23954
石浪詩抄一卷 41678
石樓詩鈔二卷 42073
石樓詩話四卷 43303
石橋集不分卷 42601
石橋賸稿十卷 42462
石亭稿十四卷後集十四卷 41941
石頭菴寶善堂詩集五卷 41403
石頭菴集五卷 41404
石我園圖詠一卷十二書附 42513
石莊先生詩集二十七卷 41716
拾仲遺(劉養吉詩文)一卷 41806,41807
食古研齋集蘇詩二卷 40908
食古研齋詩初集七卷附集蘇詩二卷 42141
食古研齋詩集四卷 42142
食物本草二十二卷 30569,30570,30571
食物本草十卷附急救蠱毒良方 30572
時人賦摘鈔一卷 43111
時習新知六卷 32047,32048
蒔花館詩鈔二卷 42436
實其文齋集十八卷 42303
實其文齋文選鈔不分卷 42304
實用編 32190
實用編不分卷 31930,32189
實用編一卷 32191
識字璅言四卷附辨字 10995
識字璅言四卷附辨字雜説一卷 10994
史漢辨疑三卷 20010
史漢文選讀本一卷 43025

史漢愚按八卷 20009
史懷二十卷 24090,24092,24093
史懷十七卷 24086,24087,24088,24089
史懷十七卷晉史懷三卷 24091
史記二十二卷 20002
史記言左丘明作春秋傳一卷 10508
史記一百三十卷 20001
史書論纂四十卷 24068
史通二十卷 24064,24065,24066,24067
史通評釋二十卷 24062,24063
史通(一名史通評釋)二十卷 24061
史疑四卷 24099,24100
史餘二十卷補録一卷 24105,24106
使楚稿一卷 41313
使陝記三卷 23454
士禮居藏書題跋記一卷附書林清話簡目一卷 23845
世本二卷 20296,20297,20298,20299,20305,20306,20307
世本二卷首一卷 20304
世本十卷 20308,20309
世本五卷 20300,20301,20302,20303
世本一卷 20285,20286,20287,20288,20289,20290,20291,20292,20293,20294,20295
世界太平原理一卷 32127
世界之交通不分卷 23591
世歷四卷 20141
世曆四卷 20140
世史淘金二卷 24108,24109
世説新語注鈔二卷 32158,32159
世載堂詩待删稿不分卷 42574
仕隱圖題辭附都門唱和詩一卷 43121
市隱園稿三十卷 41634
市隱園集三十卷附録一卷 41635
式馨堂全集(式馨堂集)八種 50054
式馨堂詩後集十二卷 41917
式馨堂詩前集十二卷 41916
式馨堂詩前集十二卷後集八卷詩餘偶存一卷 41915
式馨堂詩餘偶存(一名詩餘偶存)三卷 43378
式馨堂文集(一名趣陶園集)十五卷詩集十二卷詩後集十六卷詩餘偶存一卷蜕窩集一卷 41919
式馨堂文集(一名趣陶園集)十五卷詩前集十二卷詩後集八卷詩餘偶存三卷 41913,41914
事類賦不分卷 32281
事類賦三十卷 32246,32247,32248,32249,32250,32251,32252,32253,32254,32255,32256,32257,32258,32259,32260,32261,32262,32263,32264,32265,32266,32267,32268,32269,32270,32271,32272,32273,32274,32275,32280
侍御遺草一卷侍御遺草補輯一卷 41328
是園駢體文録二卷 42445
是園遺書(一名傳魯堂遺書)七種 50069
適有餘廬詩鈔一卷 42295
釋禪波羅蜜次第法門十卷 32902
釋摩訶般若波羅密經覺意三昧一卷 32893,32894,32895
釋騷一卷 40358
手鈔訶欲事鈔 32213
手鈔老子古義考底本 32705
手批爾雅義疏二十卷 10868
手批經籍舊音辨證七卷 11076
手寫必見記不分卷 32244
手寫斷片日記不分卷 20870
手寫方言偶記 11102
手寫方言注 11103
手寫古聲韵表一卷 11058
手寫國語、大戴禮、周易注 11107
手寫漢書集注釋言三卷 11101
手寫集腋成裘不分卷 32245
手寫尚書、論語、孝經詞語 11106
手寫聲韻一卷 11068
手寫釋大、釋小稿一卷 11105
手寫唐宋人詩不分卷 42978

手寫要記不分卷 32218
手寫醫心方不分卷 30230
手寫雜鈔珍説不分卷 32217
手寫雜佛道書不分卷 32238
手寫雜録不分卷 32240
手寫雜文詩不分卷 32241
手寫雜文雜史書不分卷 32239
手寫帳簿式雜録不分卷 32214
手寫真實義品不分卷 30231
守待函十一卷 41671
守揚練兵輯要一卷 30288
守愚齋筆存二卷 32114
守鄖紀畧一卷 20445,20446,20447,20450
守鄖記畧一卷 20448,20449
壽世編二卷 30811,30812,30813,30814,30815,30816,30817,30818,30819,30820,30821,30822,30823,30824,30825,30826,30827,30828,30829,30830
壽蘐詞五卷末一卷 43403
瘦羊録十四種 50055
書牘會稿六卷 41525
書法彀三卷 31435,31436,31437
書范氏集解一卷 10224
書經彙解四十六卷 10251,10252
書經以俟録不分卷 10249,10250
書經音訓不分卷 10255,10256
書經直解十三卷 10229,10230,10231,10232,10233,10234,10235
書目答問箋補四卷 23830
書目舉要不分卷 23831
書品 31351
書品一卷 31332,31333,31334,31335,31336,31337,31338,31339,31340,31341,31342,31343,31344,31345,31346,31347,31348,31349,31350
書史 31409,31421
書史二卷 31407,31408,31414,31416,31418
書史一卷 31412,31413,31415,31417,31419,31420
書義述聞不分卷 11096
書齋四種藥傳奇二卷 43515
疏稿六卷書牘五卷 20552
疏類不分卷 43129
蔬堂文集四卷 41776
樞言二卷續樞言一卷 32073
樞言一卷 32068,32069
樞言一卷續樞言一卷 32070,32071,32072
黍香集一卷 43489
蜀水經 23387
蜀水經十二卷 23385
蜀水經十六卷 23386
述古堂詩存不分卷 42484
術言一卷 31926
漱石閑談二卷 32538
漱馨草堂集三卷 42432
帥文毅公遺集五卷 42317
帥文毅公遺詩四卷 42316
雙桂堂集五卷餘集一卷外集二卷 42178
雙紅豆館詞賡一卷 43407
雙井文存不分卷 42690
雙谿文鈔一卷 42347
雙仙記傳奇二卷三十六齣 43509
雙仙記三卷 43510
雙硯洲詩存二卷 42664
水道參考三卷 23395
水道參考三卷首一卷 23396
水經注鈔六卷 23369,23370
水經注戴趙合校勘本 23374
水經注戴趙合校勘本殘稿不分卷 23373
水經注疏 23380,23381
水經注疏□□卷附水經注圖 23371
水經注疏四十卷 23372
水經注疏四十卷附原稿殘卷 23379
水經注疏要删四十卷 23376
水經注疏要删四十卷補遺一卷 23377
水經注四十卷 23368
水經注圖四十卷補一卷 23384
水經注要删四十卷補遺一卷要删補遺四十

卷 23378
水經注要刪引用書目不分卷 23383
水經注要刪再續補四十卷 23382
水明樓詩鈔五卷 42675
[順治]黄梅縣志九卷 22628
[順治]嘉祥縣志六卷 23255,23256,23257
[順治]監利縣志十一卷首一卷 22769
[順治]江陵志餘十卷 22738,22739,22740,22741,22742,22743
[順治]臨潁縣志八卷 23263,23264
[順治]蘄水縣續志四卷 22602
[順治]襄陽府志三十四卷 22915
[順治]孝感縣志二十二卷 22435
[順治]遠安縣志八卷 22849
説安堂集八卷 41810,41811
説肥不分卷 30393
説江一卷 23394
説圃識餘二卷 32534,32535
説詩要指一卷 43284
説是詩稿三卷 41929
説文補遺一卷 10940
説文部首讀本十四卷 10937,10938
説文部首讀本十四卷説文部首直音一卷 10939
説文部首直音一卷 10936
説文定聲四十一卷 10947
説文二徐箋異二十八卷 10941,10942
説文古音譜三卷 11085
説文會意字分類一卷 10958
説文箋釋四種 10953
説文解字雙聲疊韻譜 11070
説文□□卷 10954
説文略説一卷 10963,10964
説文聲表不分卷 11069
説文聲母稿本一卷 11063
説文聲母一卷 11062
説文聲母字重音鈔一卷 11086
説文説解常用字一卷 10960
説文象形字分類一卷 10956
説文小箋一卷 10952
説文校勘集三種三卷 10932
説文選講一卷 10951
説文音訓引舉例一卷 11083
説文指事字分類一卷 10957
説文最初聲母古音表一卷 11082
説苑二十卷 30065
説苑考異 30066
説豬一卷 30391
朔風吟略十一卷 42357,42358
碩輔寶鑒四卷 20613
碩輔寶鑒要覽四卷 20608,20609,20610,20611,20612
司空撫蜀翰牘一卷 23738,41351
司空平蠻餘録二卷 20420
司空校秦翰牘一卷 23737,41350
司馬法融解一卷 30272
司農公碑頌一卷 23991
司徒殘碑一卷 23987
思聰録一卷 30149,30150
思鶴山房詩鈔十二卷文鈔四卷 42427
思無邪齋詩集二卷 42211
思無邪齋詠史詩一卷 42212
思貽堂詩集十二卷詩續存八卷詩第三集四卷後永州集八卷書簡八卷 42369
思貽堂詩一卷 42370
四川商辦鐵路駐宜公司第二期報告册 23587
四川商辦鐵路駐宜公司第三期報告册 23588
四川商辦鐵路駐宜公司第一期報告册 23586
四教義六卷 32897,32898,32899,32900,32901
四庫湖北先正遺書存目四卷附札記一卷 23813
四庫湖北先正遺書提要四卷 23814
四庫湖北先正遺書提要四卷存目四卷 23815

四庫全書序一卷 23779
四六叢話二卷 43335
四六狐白(一名瞿慕川先生四六狐白)十六卷 43098
四六新函十二卷 43094
四論奇賞(逸樓四論、逸樓偶著)四種 50053
四梅花屋詩鈔八卷 42159
四梅花屋詩鈔十三卷 42160,42161
四明酬唱集二卷 42449
四念處四卷 32916
四聲猿二卷 43446
四書補義大學一卷 10677
四書補義論語二卷 10738,10739
四書補義孟子三卷 10772
四書補義七卷 10835,10837
四書補義中庸一卷 10698
四書補源改錯一卷 10856
四書答問十二卷 10849
四書集説四十一卷 10833,10834,10836
四書集註闡微大學一卷 10675
四書集註闡微直解大學一卷 10676
四書集註闡微直解二十七卷 10802
四書集註闡微直解論語十卷 10722,10723,10724
四書集註闡微直解孟子十四卷 10759,10760,10761
四書集註闡微直解(一名四書集註直解説約)二十七卷 10801,10803,10804
四書集註闡微直解中庸二卷 10688,10689,10690
四書集註直解説約七卷 10814
四書經筵直解二十卷 10791
四書精義補十九卷 10844
四書類考三十卷 10845
四書駢字集解八卷首一卷 10858
四書攝提十卷附録一卷 10815
四書識小録 10851
四書識小録一卷 10850
四書識遺二卷 10825
四書説中庸(一名中庸説)一卷 10695
四書問答一卷 10812,10813
四書小參一卷附四書問答一卷 10810,10811
四書續考四卷 10839,10840
四書逸箋六卷 10826,10827,10828,10829,10830,10831,10832
四書義述六卷 10854
四書劄記二卷 10857
四書直解二十六卷 10790
四書直解二十七卷 10794,10799
四書直解六卷 10805,10806
四書直解(一名重刻張閣老經筵四書直解)二十六卷 10788,10789
四書直解正字論語十卷 10717
四書直解正字孟子十四卷 10753
四書直解指南論語十卷 10718,10719,10720
四書直解指南孟子十四卷 10754,10755
四書指南纂序合參二十七卷 10800
四書制義六卷 41409
四書註説輯要八卷 10846
四言舉要一卷 30577,30578,30579,30580,30581,30582,30583,30584,30585
四譯館館考 23497
四譯館考十卷 23494,23495,23496
四照堂集一卷 41712
四照堂詩集十一卷樂府詩一卷詩餘一卷時曲一卷 41710
四照堂詩餘一卷 43375
四照堂時曲一卷 43517
四照堂文集三十五卷 41711
四字經一卷 30210
寺塔記二卷 23417,23418
似園駢體文録一卷 42412
竢定堂詩鈔不分卷 42671,42672
松崗劉氏保壽堂活人經驗方(一名劉松石保壽堂經驗方、劉松石保壽堂經驗良方、保壽堂經驗良法、劉氏保壽堂活人經驗

方、保壽堂方、經驗良方）四卷 30796
松谷詩集二卷 41150
松陵集十卷 43048,43049,43050,43051,43052,43053,43054,43055,43056,43057,43058,43059,43060
嵩山志二十卷首一卷 23332
嵩陽石刻集記二卷 23956,23957
嵩陽石刻集記二卷補遺一卷紀遺一卷 23955,23958,23959
嵩陽石刻集記二卷紀遺一卷 23960
宋本説文校勘表一卷 10945
宋地理志圖一卷 22004
宋景公長短句一卷 43343
宋景文公筆記二卷 32016,32017
宋景文公筆記三卷 31992,31993,31994,31995,31996,31997,31998,31999,32000,32001,32002,32003,32004,32005,32006,32007,32008
宋景文公筆記一卷 32009,32010,32011
宋景文公集殘三十二卷 40869,40870,40871
宋景文集六十二卷 40877
宋景文集六十二卷補遺二卷附録一卷 40872
宋景文集一卷 40880
宋景文雜説一卷 32018,32019,32020
宋米南宫樂兄帖墨蹟一卷 31431
宋米元章題一卷 31430
宋明羅田勤王復國兩大義師記不分卷 20378
宋史鄂事鈔不分卷 21928
宋拓道因禪師碑一卷 24013
宋拓韓叔節禮器碑一卷 23977
宋拓懷仁集右軍聖教序一卷 24015
宋文歸八卷 43071
宋文歸二十卷 43072,43073
宋玉辭賦今讀 40440
宋玉辭賦譯解 40441
宋玉集 40442
宋玉集二卷 40437,40438,40439
宋元憲集三十六卷 40854,40855,40856
宋元憲集四十卷 40852
宋元憲集一卷 40859,40860
宋元章寶晋齋集一卷 32220
宋衷周易注一卷 10016,10017
搜玄曠覽十四卷 31273,31274
蘇長公尺牘選二卷 40905,40906
蘇長公啓選二卷 40912
蘇長公奏選一卷啓選一卷尺牘選二卷 40911
蘇公寓黄集二卷 40890,40891
蘇老泉評苑二卷 40883
蘇門遊記一卷 23453
蘇文忠公策論選十二卷 40892,40913,40914
蘇文忠公策選四卷論選六卷 40915
俗用雜字一卷 10970,10971,10972
泝儛集不分卷 42250
素風居士集攟遺二卷 41419
素業堂雜著一卷 41926
肅肅館詩集二卷 42634
肅肅館文集二卷附筆記 42633
酸棗令劉熊碑一卷 23962
隋地理志圖一卷 21997
隋丁道護啓法寺碑一卷 24006
隋書地理志考證 20052
隋書地理志考證附補遺 20050,20051
隋書地理志考證九卷 20045
隋書地理志考證九卷補遺一卷 20046,20047,20048,20049
隋唐之際月表一卷 20531
隋姚恭公墓誌一卷 24007
隨手拾叢不分卷 42626,43015
隨州八景圖考一卷 23416
隨自意三昧一卷 32852
碎金詞譜 43391
碎金詞譜等四種二十七卷 43386
碎金詞譜六卷附録一卷 43387
碎金詞一卷 43394
碎金續譜六卷 43388

遂經堂詩文存二卷 42474
孫月峰先生評文選三十卷 42888,42889
縮摹泰山石經峪刻字六卷 24001,24002,24003
所存集二卷 41948
所存集二卷末一卷 41947,41949
索引玄宗九卷 31275,31276

T

臺諫寶鑑三卷 20614
太白陰經十卷 30238,30239,30240
太白原藁十三卷 41247
太常紀要十五卷 23519,23520
太璞生文鈔二十三卷 42227
太上道德真經四子古道集解一卷 32696,32697
太室山人集十六卷 41327
太室山人集十六卷附録一卷 41331
太玄宋氏注一卷 31252
太嶽集書牘十五卷 41347
太嶽集四十六卷 41338
泰山刻石一卷 23976
泰山遊記一卷 23442
痰火顓門四卷 30856
痰飲治效方二卷 30849,30850
談經九卷 10882
談經(一名經解緒言)九卷 10879,10880,10881,10883
壇山刻石一卷 23974
曇華遺稿一卷 42471
譚天相校刻兵書六種 30262
譚友夏尺牘一卷 41630
譚友夏合集二十三卷 41618
譚友夏合集二十三卷附未刻詩文一卷 41617
譚友夏批點想當然傳奇二卷 43490,43492,43493
譚友夏詩集十一卷 41619,41620
譚友夏先生詩十卷 41621
譚友夏小品 41632
譚友夏鍾伯敬先生批點綰春園傳奇二卷 43496
譚元春集 41631
坦菴詞曲六種九卷 43380
坦菴詞三種 43382
坦菴大轉輪雜劇一卷 43479,43480
坦菴浮西施雜劇一卷 43485,43486
坦菴樂府黍香集一卷 43488
坦菴買花錢雜劇一卷 43475,43476,43477
坦菴拈花笑雜劇一卷 43482,43483
坦菴詩餘甕吟四卷 43381
坦菴枕函待問編五卷 32088,32089
唐丞相陸宣公奏議纂註十二卷 20540
唐代水旱災情片斷一卷 21927
唐地理志圖一卷 21998
唐段少卿酉陽雜俎二十卷 32391,32392,32393,32394,32395
唐段少卿酉陽雜俎二十卷續集十卷 32397,32398,32399
唐段少卿酉陽雜俎前集二十卷續集十卷 32368,32369,32370
唐段少卿酉陽雜俎續集九卷 32396
唐藩鎮年表一卷 20532
唐化度寺邕禪師碑一卷 24009
唐九成宫醴泉銘一卷 24010
唐刻石三卷 23972
唐劉蜕集六卷 40744,40745,40746,40747,40748,40749,40750,40751,40752,40753,40754,40755
唐劉蜕集六卷補遺一卷 40756
唐劉蜕集四卷 40758
唐劉蜕集五卷 40759
唐劉蜕文集六卷 40757
唐皮從事倡酬詩八卷 40817
唐皮日休文藪十卷 40819,40820,40821,40822,40823,40825,40826,40827,40828,40829,40830,40831,40832,40833,40834,40835
唐皮日休文藪十卷皮從事倡酬詩八卷 40824
唐七言詩式 43313

唐秦望山法華寺碑一卷 24017
唐詩歸折衷四卷 43063
唐詩合選十五卷 43047
唐試帖細論六卷 43292
唐書地理志七卷附考證 20105
唐書二百二十五卷 20055,20056,20057,20058,20060,20062,20063,20064,20065,20066,20067,20068,20069,20070,20071,20072,20073,20074,20075,20076,20077,20078,20079,20080,20081,20082,20083,20084,20086,20087,20088,20089,20090,20091,20092,20093,20094,20095,20096,20097,20098,20099,20100
唐書二百二十五卷目録二卷 20054,20059,20061
唐書李蔚傳贊一卷 20721
唐書藝文志四卷 20106,20107,20108,20109,20110,20111
唐書藝文志注四卷 20112
唐宋八大家選二十四卷 42992,42993
唐宋八家文讀本不分卷 42994
唐宋大家抄補不分卷 43006
唐宋十二大家文歸十四卷 42991
《唐文粹》《唐文粹補遺》選目 23842
唐文粹選不分卷 43070
唐文歸八卷 43064
唐文歸十卷 43065
唐寫文選集注殘本不分卷 42837
唐音輯註十四卷 43036,43037
唐音十卷 43030,43031,43032,43033
唐音十四卷 43038
唐音十五卷 43039,43040,43041,43042
唐音十一卷 43034,43035
唐虞恭公温公碑一卷 24011
唐虞世南孔子廟堂碑一卷 24008
唐雲麾將軍李秀碑一卷 24019
堂圃詩鈔一卷 42036
棠谿文鈔八卷 42346
桃溪雜詠一卷 41121
桃源詠一卷 41498,41499
陶栗里年譜一卷 20816
陶淵明年譜 20817
藤薇室詩文鈔三卷 42257
惕夫詩鈔初刻續刻三十二卷 42193
天地運旋陣圖 30263
天風閣詩一卷 42652
天均巵言一卷 20803
天傀論一卷 30934
天禄閣外史八卷 31935,31936
天門書院雜著一卷 32066
［天啓］海鹽縣圖經十六卷 23195,23196,23197,23198
［天順］重刊襄陽郡志四卷 22907,22908,22909
天台八教大意一卷南嶽思大師誓願文一卷天台智者大師禪門口訣一卷 32921
天台山小止觀 32925
天台智者大師禪門口訣一卷 32923
天完志略不分卷 20379
天問庵近稿不分卷 42603
天問補註一卷 40415,40416,40417,40418
天問不分卷 40426
天問論箋 40427
天問疏證 40424
天問天對解一卷 40412
天問校正一卷 40419,40420
天問註補二卷 40414
天問纂義 40425
天星祕竅圖書一卷 31262
天則能禪師語録一卷 32967
田國華詩集一卷 41318
田龍初觀書後例一卷 30206
田子壽詩集八卷 41317
恬菴公詩稿一卷 42138
恬退翁後録四卷 32968
填詞淺説一卷 43389,43390
蜩笑子一卷 32061
鐵庵詩一卷 41645

鐵瓮集文二卷詩五卷馬肝集一卷毛詩纂詠一卷 41943
聽春草堂詩鈔二卷 42196
聽機舊館文集一卷 42472
聽香閣詩集八卷 42313
聽弈樓詩鈔一卷 42666
通紀會纂四卷 20150
通紀會纂(一名明紀編年)十卷 20151,20152
通紀纂十卷 20136
通鑑綱目前編辨誤二卷 20122
通鑑綱目前編辨誤一卷 20121
通鑑綱目正編正誤補(一名資治通鑑綱目正編正誤補)三卷 20123
通鑑直解二十八卷 20127,20128,20129,20130
通鑑直解二十五卷 20124,20125
通鑑直解前代二十八卷明代十六卷 20131
通鑑纂二十卷 20133,20134
通鑑纂二十卷皇明通紀纂八卷 20135
通史(原始上、下)20012
同聲詩鈔四集四卷 42374
[同治]巴東縣志十六卷首一卷 23063,23064,23065,23066
[同治]保康縣志七卷首一卷 22969,22970,22971,22972,22973
[同治]長樂縣志十六卷首一卷末一卷 22883
[同治]長陽縣志七卷首一卷 22878,22879,22880
[同治]崇陽縣志十二卷首一卷 22686,22687,22688,22689
[同治]大冶縣誌十八卷首一卷 22640,22641,22642,22643
[同治]當陽縣志十八卷首一卷末一卷 22839,22840,22841,22842,22843
[同治]恩施縣志十二卷首一卷 23038,23039,23040,23041,23042,23043,23044
[同治]房縣志十二卷首一卷 23014,23015,23016,23017
[同治]公安縣志八卷首一卷 22762,22763,22764,22765,22766
[同治]穀城縣志八卷 22964,22965
[同治]廣濟縣志十六卷首一卷 22625,22626,22627
[同治]歸州志十卷 22869
[同治]漢川縣志二十二卷首一卷 22472,22473,22474
[同治]漢陽縣志校一卷 22396,22397,22398
[同治]黄安縣志十卷首一卷 22541
[同治]黄陂縣志十六卷 22431,22432,22433
[同治]監利縣志十二卷首一卷 22771,22772,22773,22774,22775
[同治]建始縣志八卷首一卷 23055,23056,23057
[同治]江夏縣志八卷首一卷附文徵二卷 22415,22416,22417,22418,22419
[同治]荆門直隸州志十二卷首一卷 22785,22786,22787
同治九年(1870)庚午科湖北鄉試硃卷一卷 20987,20988,20989,20990,20991
同治九年(1870)湖北武鄉試録一卷 20933
[同治]來鳳縣志三十二卷首一卷末一卷 23077,23078,23079
[同治]利川縣志稿十卷首一卷 23046
[同治]利川縣志十卷首一卷 23045
[同治]蓮花廳志八卷首一卷末一卷 23238,23239
同治六年(1867)丁卯湖北武鄉試録一卷 20932
同治六年(1867)丁卯科湖北鄉試硃卷一卷 20981,20982,20983,20984,20985,20986
[同治]南豐縣志四十六卷首一卷末一卷 23240,23241
[同治]南漳縣志集鈔二十六卷首一卷 22960
[同治]蒲圻縣志八卷 22707,22708,22709

[同治]瑞州府志二十四卷首一卷 23242,23243,23244
同治三年(1864)甲子科湖北鄉試硃卷一卷 20969,20970,20971,20972,20973,20974,20975,20976,20977,20978,20979,20980
同治十二年(1873)癸酉科湖北拔優貢同年齒録一卷 21055
同治十二年(1873)癸酉科湖北鄉試硃卷一卷 20992,20993,20994,20996,20997,20998,20999
同治十二年(1873)癸酉科湖北鄉試硃卷一卷附同治十二年(1873)癸酉科湖北選拔貢卷一卷 20995
同治十二年(1873)癸酉科湖北選拔貢卷一卷 21067,21068
[同治]石首縣志八卷 22729,22730,22731
[同治]松滋縣志十二卷首一卷 22734,22735
[同治]隨州志三十二卷首一卷 22894,22895,22896,22897
[同治]泰和縣志三十卷首一卷 23245,23246,23247,23248
[同治]通城縣志二十四卷首一卷補遺一卷 22681,22682
[同治]通山縣志八卷首一卷 22693,22694
[同治]通山縣志二十四卷首一卷補遺一卷 22695
[同治]咸豐縣志二十卷首一卷附圖一卷 23071,23072,23073
[同治]咸寧縣志十五卷首一卷 22664,22665
[同治]襄陽縣志七卷首一卷 22922,22923,22924,22925,22926,22927
[同治]興山縣志十卷首一卷 22855
[同治]續輯漢陽縣志二十八卷 22393,22394,22395
[同治]續修東湖縣志三十卷首一卷續補藝文一卷 22815,22816,22817,22818
[同治]續修鶴峰州志十四卷首一卷 23086,23087,23088
[同治]宣恩縣志二十卷首一卷 23067,23068,23069,23070
[同治]宜昌府志十六卷首一卷 22808,22809,22810
[同治]宜城縣志十卷 22952,22953,22954
[同治]宜都縣志四卷末一卷 22833,22834
[同治]宜都縣志四卷首一卷末一卷 22831,22832
[同治]應山縣志三十六卷首一卷 22906
[同治]應山縣志三十六卷首一卷末一卷 22904,22905
[同治]鸚武洲小志四卷首一卷 22387
同治元年(1862)壬戌恩科並補行咸豐十一年(1861)辛酉科湖北鄉試硃卷一卷 20960,20961,20962,20963,20964,20965,20966,20967
同治元年(1862)壬戌恩科補行咸豐十一年(1861)辛丑正科湖北鄉試同年齒録不分卷 20931
同治元年(1862)壬戌恩科補行辛酉科湖北鄉試齒録不分卷 20930
[同治]遠安縣志八卷首一卷 22851,22852,22853
[同治]鄖西縣志二十卷首一卷 23021,23022
[同治]鄖縣志十卷首一卷 22994,22995,22996,22997
[同治]鄖陽志八卷首一卷 22989,22990,22991,22992
[同治]棗陽縣志三十卷首一卷末一卷 22940
[同治]增修施南府志三十卷首一卷 23031,23032,23033
[同治]枝江縣志二十卷首一卷 22826,22827,22828
[同治]鍾祥縣志二十卷補編二卷 22792,22793

［同治］重修嘉魚縣志十二卷 22675，22676，22677，22678
［同治］重修英山縣志十卷 22595
［同治］重修英山縣志十卷首一卷 22594
［同治］竹山縣志二十九卷 23010，23011，23012
［同治］竹谿縣志十六卷首一卷 23027，23028，23029
彤雲閣遺詩二卷 42409
桐芭雜著一卷 32067
桐軒存稿一卷 42135
桐軒韻事一卷 43176
桐葉小草一卷橐筆閒吟一卷秋草吟館偶存一卷 43141
童蒙便讀四卷 30226
童蒙須知韻語一卷 30213，30214，30215，30216，30217
童氏學記 32115
統治蒙藏條議一卷 23670
突星閣集四卷 41870，41871，41872
突星閣詩鈔十卷 41867
突星閣詩鈔十五卷 41864，41865，41866
突星閣詩鈔四卷 41869
突星閣詩鈔五卷 41868
徒州文集二卷孟子好辯彈詞一卷 41997
徒州文集五卷 41998
徒洲詩集五卷 41999
屠光禄（仁守）疏稿四卷 20575
屠光禄奏疏四卷 20583
圖們江口宜劃歸中國議一卷 23667
土俗章程不分卷 22265，22266，23518
退安軒詩鈔一卷 42686
退安軒雜著四卷 43166
退補軒雜鈔一卷 42328
退思詩存四卷文存一卷（一名退思存稿）42296
退一步軒雜鈔三卷續刻三卷課草一卷續刻一卷 32106，32208
退舟詩稿一卷 42679
蜕窩集一卷 41920
託軒詩草四卷 42651

W

玩草園詩鈔一卷文集一卷附録一卷 42022
玩雲堂詩集四卷 42371
晚春草一卷 42205
皖遊紀聞一卷 23437，23438
萬城堤防輯要二卷 23728
萬里遊草殘稿三卷 42496
［萬曆］巴東縣志四卷 23060，23061
［萬曆］承天府志二十卷 22368
［萬曆］代州志二卷 23158，23159
［萬曆］高州府志十卷 23285
［萬曆］歸州志五卷 22863，22864
［萬曆］漢陽府志十二卷 22379
［萬曆］河間府志十五卷 23142，23143，23144
［萬曆］湖廣總志九十八卷 22327，22328，22329
［萬曆］淮安府志二十卷 23172，23173
［萬曆］黄安初乘二卷 22537，22538
［萬曆］黄岡縣志十卷 22513，22514，22515
［萬曆］嘉興府志三十二卷 23189，23190
［萬曆］荆門州志十四卷 22777，22778
［萬曆］平陽府志十卷 23160
［萬曆］濮州志六卷 23259，23260
［萬曆］清河縣志十二卷 23148
［萬曆］任丘志集八卷 23140，23141
萬曆三十一年（1603）癸卯科鄉試題一卷 20947
［萬曆］山西通志三十卷 23151，23152，23153
萬曆十年（1582）湖廣鄉試録一卷 20926
［萬曆］四川總志二十七卷 23289
萬曆武功録不分卷 20436，20437
萬曆武功録十四卷 20433，20434，20435
［萬曆］香河縣志十一卷 23136
［萬曆］襄陽府志五十一卷 22911，22912，22913，22914

[萬曆]襄陽縣志□□卷 22921
[萬曆]興化縣志十卷 23176,23177,23178,23179,23180,23181,23182
[萬曆]永安縣志二卷圖一卷 23277,23278
萬曆元年(1573)湖廣鄉試録一卷 20925
[萬曆]鄖臺志十卷 22983
[萬曆]鄖陽府志三十一卷 22982
[萬曆]澤州志十八卷 23156,23157
萬密齋書十種 30400,30401,30402
萬密齋醫書十種 30404,30405,30406
萬密齋醫學全書十三種 30407
萬密齋醫學全書十種 30408
萬密齋醫學全書十種(一名萬密齋醫書十種)30399,30403
萬青軒全書(一名尉山堂全集)五種 50062
萬青軒先生(斛泉)年譜一卷 20846,20847
萬氏祕傳片玉心書五卷 30981
萬氏祕傳片玉心書(一名片玉心書)五卷 30983,30985,30986,30987,30988,30989,30992,30994
萬氏婦科達生編(一名合訂婦科達生編)二種四卷 30412
萬氏婦科達生合編(一名合訂婦科達生編)二種四卷 30409,30410,30411
萬氏婦科彙要(一名婦科彙要)四卷 30929,30930
萬氏婦人科二卷 30933
萬氏婦人科三卷 30917,30918,30919,30920,30921,30922,30923
萬氏婦人科四卷末一卷 30932
萬氏婦人女科四卷 30927,30928
萬氏婦人女科(一名萬氏女科)四卷 30926
萬氏家藏育嬰秘訣(一名育嬰秘訣、育嬰家秘)四卷 31001
萬氏家傳保命歌括二卷 30792
萬氏家傳保命歌括三十五卷 30785
萬氏家傳保命歌括(一名保命歌括、保命活訣)二卷 30788,30789,30790
萬氏家傳保命歌括(一名保命歌括、保命活訣)三十五卷 30783,30784,30786,30787,30791,30793
萬氏家傳點點經(一名點點經、酒門三十證)四卷 31207
萬氏家傳點點經(一名點點經)五卷 31208
萬氏家傳痘疹心法(一名痘疹心法)二十三卷 31042,31043,31046,31047,31048,31049,31050,31051,31055
萬氏家傳婦女科要言(一名萬氏家傳女科、萬氏婦人科)三卷 30874,30875
萬氏家傳婦人祕科(一名內科要訣)三卷 30876,30877,30878
萬氏家傳婦人秘方(一名萬氏女科)三卷 30881
萬氏家傳廣嗣紀要十六卷 30860,30867,30872
萬氏家傳廣嗣紀要(一名廣嗣紀要)十六卷 30858,30859,30861,30862,30863,30864,30865,30866,30869
萬氏家傳女科要言(一名女科要言)三卷 30879
萬氏家傳片玉痘疹十三卷 31105,31106,31107
萬氏家傳片玉痘疹(一名片玉痘疹)十三卷 31113
萬氏家傳片玉心書(一名片玉心書)五卷 30990
萬氏家傳傷寒摘錦(一名傷寒摘錦)二卷 30759,30760,30761,30762,30763,30764,30765,30767
萬氏家傳養生四要(一名養生四要)五卷 31196,31197,31203,31205
萬氏家傳育嬰秘訣(一名育嬰祕訣)四卷 31004,31005,31006,31009
萬氏家傳育嬰秘訣(一名育嬰秘訣)四卷 31003
萬氏家傳育嬰秘訣(一名育嬰秘訣、育嬰家秘)四卷 31002
萬氏祕傳片玉痘疹十三卷 31108,31109

萬氏祕傳片玉痘疹(一名片玉痘疹)十三卷 31110,31112
萬氏秘傳片玉痘疹(一名片玉痘疹)十三卷 31103
萬氏秘傳片玉心書五卷 30982
萬氏秘傳外科心法(一名外科心法)十二卷 30857
[萬氏密齋]片玉心書摘抄不分卷 30996
萬氏女科三卷 30880,30883,30904,30916
萬氏女科四卷 30925
萬氏女科(一名萬氏婦人科、萬氏家傳婦人祕科)三卷 30884,30889,30890,30891,30895,30899,30900,30901,30902,30905,30906,30908,30909,30910,30911,30912,30913,30914,30915
萬氏女科(一名萬氏婦人科、萬氏家傳婦人祕科)四卷 30931
萬氏女科(一名萬氏婦人科、萬氏家傳婦人秘科)三卷 30886,30903,30907
萬氏女科(一名萬氏家傳婦人祕科)三卷 30887,30888,30892,30893,30894,30896,30897,30898
萬氏女科(一名萬氏家傳婦人祕科)四卷 30924
萬氏女科(一名萬氏家傳婦人秘科)三卷 30885
萬氏全書十種(又名萬密齋醫學全書、萬密齋醫者十種) 30397,30398
萬氏幼科指南心法(一名幼科指南家秘方、幼科指南秘傳方)二卷 30979
萬象一元演式九卷首一卷 31244
汪陳詩鈔合刻二種不分卷 43213
王葆心評吴地記(義例)一卷 22195
王葆心評吴郡圖經續(義例)一卷 22194
王補菴先生詩集續抄(一名智林郙詩稿續鈔)不分卷 41690
王癸編二卷甲乙編二卷 42183
王昊廬詩一卷 41833
王懷祖校説文一卷 10935
王家璧編年稿(一名資政公稿本)不分卷 42281
王家璧道光間書札一卷 42272
王家璧家書一卷 42273
王家璧詩文稿不分卷 42280
王家璧詩文手稿不分卷 42279
王家璧時文一卷 42270
王家璧試帖詩不分卷 42278
王家璧手稿一紮不分卷 42282
王家璧手輯張澐卿奏稿一卷 20570
王家璧書札不分卷 23743
王家璧文稿不分卷 42269
王家璧雜著九種 50064
王家璧致胡林翼及僚友函一卷 42275
王家璧奏草(一名狄雲行館奏議)四卷 20571
王柳村詩稿一卷 42260
王少泉集一卷 41253
王氏楚詞釋一卷 40222
王氏方志研究叢稿不分卷 22316
王氏家集(一名狄雲行館偶刊)不分卷 42276
王氏家談二卷 20899
王氏雜記六種十四卷 32357
王世驄文稿不分卷 42399
王叔師集一卷 40456,40457
王維孟浩然詩精選精注 40656
王維孟浩然[詩]選 40655
王文成公文選八卷 41194
王文簡士禛論修志不分卷 22292
王雪洲詩一卷 41850
王元士文集不分卷附江夏志略一卷性理吟一卷闕疑慎言録一卷(一名大一山房集) 41899
王之斌自紀年譜一卷 20848
王仲笠家傳一卷 20900
王子楚辭章句一卷 40064,40065
王子壽詩文不分卷 42179
望藩存稿一卷 42386,42387
望堂集古官印譜不分卷 24052

望堂金石文字初集不分卷二集不分卷 23874
望堂金石文字初集三十一種二集十八種 23872
望雲閣詩集四卷文集四卷 42293
微雲榭詞選五卷詞選姓氏校勘補註 43436
韋孟全集七卷 43069
韋蘇州集十卷拾遺一卷 40711
韋蘇州集五卷 40712
韋園詩集十卷 41839
圍城紀事詩鈔一卷 42643
圍城日記杏軒偶録彙刊不分卷 20871
圍爐夜話一卷 32110,32111,32112
維摩經畧疏八卷 32861
維摩經玄疏六卷 32857,32858,32859
維摩經玄疏三卷 32860
維西見聞記一卷 22254,22255,22256,22257,22258,22259,22260,22261,22262,22263,22264
維周詩鈔十六卷 42314
味閒軒遺稿一卷 41804,41805
委蛇雜俎二卷 42053
委蛇雜俎一卷 42054
洧陽送別詩一卷 43119
蔚廬集録二卷 42670
蔚廬集詠二卷 43123
蔚山草堂稿十三卷 42224
蔚山堂稿十四卷 42225,42226
緯書箋註一卷 10914
魏崔敬邕墓誌一卷 24000
魏大司馬曹貞碑一卷 23994
魏鄭文公碑一卷 23999
温清録一卷 31209
温疫彙編十六卷 30837,30838,30839,30840,30841,30842
文成王先生教言二卷 30145
文華大訓箴解六卷 30146,30147,30148
文論雜録不分卷 43338
文清薛先生教言二卷 30144
文泉子集 40774
文泉子集八卷 40769
文泉子集六卷 40763,40764,40765,40766,40767,40768
文泉子集一卷 40770,40771,40772,40773
文籔十卷 40837,40838
文藪襍著 40847
文體辨要 43333
文鐵菴詩一卷 41646
文通三十卷閏一卷 43316,43317
文文忠公(祥)事略一卷 20799
文心雕龍十卷 43219
文心雕龍文言十卷 43218
文心雕龍札記 43220
文選 42870
文選白文二十二卷 42691
文選筆記六卷 42922
文選古字通疏證六卷 42907
文選古字通疏證續編六卷 42917
文選後集五卷 42880
文選黄氏學 42924
文選集評十五卷首一卷末一卷 42896,42902,42903
文選紀聞三十卷 42919
文選箋證三十二卷 42916,43243
文選六十卷 42696,42697,42698,42699,42700,42701,42702,42703,42704,42705,42706,42707,42708,42709,42710,42711,42712,42713,42714,42715,42716,42717,42718,42719,42720,42721,42722,42723,42724,42725,42726,42727,42728,42729,42730,42731,42732,42733,42734,42735,42736,42737,42738,42739,42740,42741,42742,42743,42744,42745,42746,42747,42748,42753,42754,42755,42756,42757,42758,42759,42760,42761,42762,42763,42764,42765,42766,42767,42768,42769,42770,42771,42772,42773,42774,42775,42776,42777,42778,42779,42782,42783,42784,42787,42788,42789,42790,42791,42792,

42793,42795,42797,42798,42800,42801,42821,42822,42823,42824,42825,42826,42831,42841
文選評點 42925
文選三十卷 42794,42796
文選删十二卷 42891
文選删注十二卷 42876
文選删註旁訓十二卷 42892
文選詩集七卷 42872,42873
文選十二卷 42846,42847,42848,42849,42850,42851,42852,42853,42854,42855,42856,42860,42861,42862
文選拾瀋二卷 42921
文選拾遺八卷 42920
文選五卷 42786
文選五卷首一卷 42785
文選物色篇不分卷 42926,42927
文選(一名昭明文選)三十卷昭明文集二卷 42845
文選尤十四卷 42886
文選瀹注三十卷 42887
文選正文十二卷 42692,42693,42694,42695
文選珠船二卷 42923
文選註六十卷 42752
文選纂注評林十二卷 42866
文選纂注評苑二十六卷 42865
文選纂注十二卷 42859
文學記微一卷 43340
文學四法三卷 43336
文子二卷 32756
文字溯源不分卷 11013
文字形義學二卷 11014
文字音韻學講義不分卷 10926
文字音韻訓詁筆記 10923
文字音韻訓詁知見書目不分卷 10931
文字音韻雜稿不分卷 10920
文字源流課程一卷 11012
問花水榭稿(一名問花水榭詩集)二卷 42041,42042
問日齋詩存二卷 42426
問水集六卷 23682,23683
問水集六卷黄河圖説一卷 23684
問水集一卷 23681
問易補六卷 10124
問易補六卷續録一卷 10123
問易補七卷 10126
問易補五卷 10125
甕吟一卷 43383
倭情考略一卷 20442,20443,20444
臥園詩話八卷 43306
臥園詩話六卷 43307
臥園詩話十卷 43304,43305
臥園詩話四卷補編二卷 43308,43309
臥園四種(一名臥園全集)附刻三種 50026
巫山神女夢一卷 40444,40445
吾同山館改課一卷 42033
吾同山館試帖 42034
吴川樓集四卷 41308
吴川樓集一卷續吴川樓集一卷 41307
吴從政襄沔記一卷 22143,22144
吴國倫詩一卷 41309
吴烈士遺詩二卷 42464
吴禄貞集不分卷 42466
吴綬卿先生遺詩不分卷 42465
吴天璽紀功碑一卷 23995
吴葉誠遺稿二卷 42478
吴遊兩直指先生選刻陣圖紀要 30265
吴越行吟一卷 41849
吴子融解一卷 30273
梧孫行吟草二種 42067
梧孫行吟草十二卷附疊聚星堂韻詩二卷 42066
無何集十四卷 32063,32064,32065
無懰目録一卷 32209
無聲戲合集十二回 32635
無聲戲十二回 32634
五朝三楚文獻録(一名三楚文獻録)十六卷 20682

五代史記纂誤續補六卷 20007,20008
五峰山房易學十卷 10174,10176
五峯山房易學十卷首一卷 10175
五家楚辭註合編八卷 40020
五經備解不分卷 10887
五經五卷 10001
五經異文十一卷 10877,10878
五倫鏡定本二卷二十六齣 43511
五十麝齋詞賡三卷 43405,43406
五緯正圖解一卷 10913
五行大義五卷 31308,31309,31310,31311,31312,31313,31314,31315,31316,31317
五嶽山人尺牘十七卷 41376
五嶽山人後集十一卷 41375
五種經驗方一卷 30831,30832,30833
五種祕竅全書十七卷附新鐫唐氏壽域一卷 31248,31249,31250
五子會要一卷 30191
武昌范氏伯侄父子兄弟鄉會選拔試卷不分卷 21058
武昌紀事二卷附録一卷 20488
武昌金石志 23907
武昌醫學館叢書八種 30420,30421
武昌張裕釗書不分卷 31440
武當福地總真集三卷 23339,23340
武當紀勝集一卷 23341,23342
武當山記一卷 23355,23356
武漢城鎮合圖 22075
武漢戰紀一卷蟄安七篇一卷 20506
武漢竹枝詞二編 22093
武侯奇門遁甲全書六卷首一卷 31321,31322
武經七書全文直解七卷 30261
武經直解十二卷 30260
武書大全二十三種 30298
戊己銷夏詩合刊不分卷 42683
悟園詩存初稿一卷 42649
悟園詩存第二集不分卷 42650
悟園文存一卷 42648
悟真篇四註二卷 32828
寤怡亭詩一卷 41923

X

西北利亞東偏紀要一卷 22281
西被考畧六卷 22274,22275
西被考略六卷 20483
西方合論不分卷 32954,32955
西方合論十卷 32951,32952,32953
西方合論一卷 32956,32957,32958,32959
西漢古文經師 20636
西漢文歸八卷東漢文歸七卷 43024
西湖紀述一卷 22196,22197,23435,23436
西曆一九零五年正月份蘆漢鐵路收支各款不分卷 23572
西涼疆域圖一卷 21986
西林詩萃八卷後萃二卷 42072
西湄草堂詩一卷 41859
西圃詩稿一卷 42002
西千十寺記一卷 23419
西秦疆域圖一卷 21982
西山遊記一卷 23475
西魏疆域圖一卷 21996
西溪詩鈔四卷 42056
西溪文鈔一卷 42057
西遊續稿六卷 41514
西域地名今釋一卷 22198
西嶽華山廟碑一卷 23978
西征集八卷 41285
西征集十卷 20548
西征集十卷首一卷 41284
西征日記一卷[清同治元年至十二年(1862—1873)] 20866
西征奏議二卷 20547
西州猥稿一卷 40881,40882
希曾堂文稿一卷 42497
卤園續刊四種五卷 50067
息園晚歲詩三卷 42562
郗嘯文二集二卷詩二集十卷 41909

翛嘯文集二卷二集一卷集唐詩不分卷 41906
翛嘯文集二卷詩集十卷 41907,41908
翛嘯文集二卷詩集十卷集唐二卷 41905
熙志閒吟不分卷 42570
習鑿齒襄陽記一卷 22141,22142
洗桐山館文鈔一卷 42134,42176
峽程記一卷 23397
峽船志一卷 23398
峽江圖考不分卷 23403,23404,23405,23406
下學堂剳記三卷 30163,30164
下學堂剳記三卷樸園邇語二卷歸潔園偶筆一卷五緯正圖解一卷堂規一卷會約一卷 30165
下學堂規一卷 30203
下學堂箚記三卷樸園通語二卷歸潔園偶筆一卷五緯正圖解一卷堂規一卷會約一卷 30166
下雉纂一卷 22136
夏觀川詩集十六卷(一名菜根精舍詩草十二卷續草四卷) 41933
夏觀川詩(一名菜根精舍詩草)十二卷 41932
夏疆域圖一卷 21988
夏汭詩存二卷 42637
夏汭文存二卷 42636
夏商合傳 32656,32657
夏商合傳二種十卷 20586
夏商周秦君臣演義 32655
仙道平論一卷 32121
先朝遺事不分卷 20459
先光禄公(沛霖)年譜二卷行述一卷 20856
先進遺風二卷 32452,32453,32454,32455,32456
先進遺風一卷 32457,32458,32459
先考受伯父虐待紀略一卷 20809
先考孝鳳府君(王家璧)行狀一卷 20793
先儒趙子(復)言行録二卷 20747
先太史給諫公傳稿(一名知津堂傳稿)不分卷 10884
先賢遺事一卷 20710
先正格言集句一卷 32108
先正格言十卷 30198
弦雪居重訂遵生八牋十九卷總目一卷 32039
咸豐八年(1858)戊午科並補行五年乙卯科湖北鄉試硃卷一卷 20959
[咸豐]長樂縣志十六卷首一卷末一卷 22882
[咸豐]蘄州志二十六卷 22614,22615
[咸豐]邵武縣志十九卷首一卷 23227,23228
咸豐十一年(1861)辛酉科湖北選拔貢卷一卷 21065,21066
[咸豐]續補荆門直隸州志十卷 22784
[咸豐]應城縣志十二卷首一卷 22447
咸豐元年(1851)辛亥恩科湖北鄉試硃卷一卷 20953,20954,20955,20956,20957,20958
[咸豐]遠安縣志八卷 22850
[咸豐]棗陽縣志十七卷 22938
[咸豐]重修棗陽縣志十五卷首一卷 22939
咸寧金石志 23908
閑道録三卷 30167,30168,30169
閑道堂集九卷 41846
閑邪記二卷 30151
縣志分篇議一卷 22320
香甫詩鈔一卷 42113
香雪亭詩集八卷 42025
祥人詩續鈔十八卷 42305
祥人詩續鈔十六卷 42306
鄉黨義考七卷 10745
鄉賢實録一卷 20800
湘漢百事二卷 20507
湘軍記 20203
湘軍記二十卷 20198,20199,20200,20201,20202
湘軍記一卷 20204
湘畹古近體詩存四卷駢體文存一卷 42411
湘州記一卷 22200,22201

緗雲詩録一卷 42307
襄堤成案八卷 23736
襄堤成案四卷 23735
襄陽必告録七卷 24119
襄陽兵事畧六卷 22149,22150,22152
襄陽兵事略一卷 22151
襄陽集補鈔一卷 40959
襄陽記 20655,20656,20657
襄陽記一卷 20658
襄陽金石畧十二卷 23920,23921,23923
襄陽金石略十二卷 23922
襄陽金石志 23926
襄陽耆舊傳五則 20653,20654
襄陽耆舊傳一卷 20648,20649,20650,20651,20652,20666
襄陽耆舊記三卷 20660,20661
襄陽耆舊記校注三卷 20662,20663,20664
襄陽耆舊記佚文一卷 20659
襄陽詩鈔一卷 40956,40957
襄陽詩集一卷 40958
襄陽守城録一卷 20335,20336,20337,20338,20339,20340,20341,20342,20343,20344,20345,20346,20347,20348
襄陽四畧三十五卷 21951
襄陽沿革畧一卷 22145,22146,22148
襄陽沿革略一卷 22147
襄陽秇文畧五卷附録一卷 23817,23818,23820
襄陽藝文略五卷附録一卷 23819
襄陽冢墓遺文 23925
襄陽冢墓遺文一卷補一卷 23924
襄邑實録一卷 23762
象教皮編六卷 32942,32943,32944,32945,32946,32947
象山先生要語三卷 30134,30135
象山先生語録一卷 30136
象緯彙編二卷 31213,31214,31215
象谿詩存三卷 42500
項氏家説十卷 32131
項氏家説十卷附録二卷 30131,30132,30133,32130,32132,32133,32134,32135,32136,32137
項氏瓶笙榭新刻皮襲美詩二卷 40818
橡園遺稿二卷 42437
逍遙樓詩鈔一卷附潛山逍遙樓圖 42394
消閒集一卷 32202
蕭蘭陵堂刻書序録一卷 23865
蕭梁州疆域圖一卷 21991
蕭齊州郡志圖一卷 21990
瀟碧堂集二十卷 41461,41462
瀟碧堂集二十卷瓶花齋集十卷解脱集六卷 41460
瀟碧堂集二十卷瓶花齋集十卷瓶史一卷解脱集四卷錦帆集四卷去吴七牘一卷廣莊一卷 41458
瀟碧堂集二十卷瓶花齋集十卷瓶史一卷解脱集四卷錦帆集四卷去吴七牘一卷廣莊一卷 41459
瀟碧堂集十九卷 41463
瀟碧堂集十五卷 41464
瀟碧堂續集十卷 41465
小大學程十卷 30228
小東散人賸稿一卷 41679,41680
小兒按摩術四卷 31189,31190,31191
小兒推拏仙術秘訣不分卷 31178
小兒推拿秘訣不分卷 31179,31180
小兒推拿仙術秘訣不分卷 31181,31182
小兒推拿一卷 31192,31193
小兒衛生總微論方不分卷 31020
小兒形症一卷 31011,31012
小兒研悦方一卷 31013
小兒研悦方一卷 31014
小兒藥證直訣不分卷附小兒斑疹論不分卷 30940
小廬詩鈔五卷 42230
小梅華盦六十徵詩集一卷錦綺飄湘集一卷 43211
小桑園詩草不分卷 42377

小山草十卷 41408
小山詩草選刻一卷 42421
小書舟樂府三卷 43397
小霞齋集四卷 42198
小學稿本七種 10930
小學經傳二卷 30208
小學衍義二卷 30209
小學雜稿不分卷 10924
小隱山房詩鈔十九卷續鈔三卷新樂府一卷駢體文二卷續鈔一卷 42367
小隱山房詩文鈔二十二卷 42366
小篔簹谷詩文鈔十六卷 42191
小止觀 32911
小竹園詩鈔二卷 42459,42510
小莊詩鈔七卷 42010
小莊詩鈔七卷附駢體文三篇 42011
曉寒被愁詞一卷 43414
曉寒詞 43416
孝鳳府君（王家璧）行狀一卷 20791,20792
孝鳳公時文不分卷 42271
孝鳳公書札偶録不分卷 42277
孝鳳公奏議偶録一卷 20572
孝感鳳港文獻四種序例彙編一卷 22094
孝感詩徵十二卷附補遺 43204
孝感文徵十二卷 43203
孝經不分卷 10662,10663
孝經襯解一卷孝經考證一卷 10659
孝經傳一卷 10644
孝經古三卷附繕讀本一卷 10660
孝經内外傳五卷 10648
孝經説一卷 10643
孝經五種彙編十六卷 10637
孝經孝傳靈感記一卷 10645
孝經孝翔學一卷 10661
孝經嚴氏注一卷 10638,10639,10640
孝經養正復著一卷 10657
孝經養正三著一卷 10658
孝經養正一卷 10655
孝經養正一卷條議一卷彙編一卷 10656
孝經音訓不分卷 10649,10650
孝經正文一卷内傳一卷外傳一卷（一名李氏孝經三種）10646,10647
孝經直解一卷 10641
校補襄陽耆舊記 20665
校經山房左傳杜林合注（一名春秋左傳杜林合注）十一卷 10480
校正本草綱目五十二卷 30487
[校正]黄帝内經太素不分卷 30436
校正李瀕湖脈學（附奇經考）30669
校正龍文鞭影六卷 32333
校正幼科指南家傳秘方（一名幼科指南）二卷 30978
校正昭明文選六十卷 42749
笑禪録一卷 32628,32629,32630,32631
嘯歌二卷 41407
些山集輯三卷首一卷 41761
些餘集六卷 41840,41841
斜川集十卷 41063
斜川詩集十卷 41064,41065,41066
諧叢十五則 32632
禊帖集字楹聯一卷附蘭亭懷古八絶一卷 42396
謝幼槃集斠記稾一卷 40961
心書 30234
心月軒稿十七卷 41579
辛丑講授新班左傳口義三卷 10507
辛亥革命北方實録 20510
辛亥革命大事録不分卷 20509
辛亥革命回憶録 20503
辛亥革命烈士詩文選 43133
辛亥革命史料 20502,20504
辛亥革命史料輯録不分卷 20505
辛亥革命始末記不分卷 20508
辛亥建國史綱不分卷附武昌革命真史之商榷 20511
辛亥武昌首義紀二卷 20501
辛壬聞見録不分卷 20512,20513

辛巳泣杭録一卷 20358
辛巳泣蘄録一卷 20349,20350,20351,20352,20353,20354,20355,20356,20357,20359,20360,20361
新安集一卷 41595
新編八十六朝名將韜畧世法五卷 30299
新編王氏族派一卷 21100
新編性理三書圖解九卷 31253,31254
新雕洞靈真經五卷 32790
新雕痘疹心要二種(一名格致要論世醫心法合刻)十七卷 31027
新定楚軍營制一卷 23653
新定楚軍章程一卷 23652
新訂四書直解正字全編二十六卷 10792
新訂增補夷堅志五十卷 32585,32586
新爾雅二卷 10864,11108
新甫詩草選刻一卷 42419
新疆芻議一卷 22199
新鎸萬氏家藏育嬰家秘(一名育嬰家秘、育嬰秘訣)四卷 30997
新鐫顧回瀾先生歷朝捷録大成原本四卷總論二卷 24081
新鐫顧回瀾先生歷朝捷録大成原本五卷 24079,24080
新鐫鬼谷子先生四字經前定數二卷 31289
新鐫京板圖像音釋金壁故事大成十卷 32286
新鐫李卓吾評釋名文捷録四卷 43093
新鐫歷朝捷録增定全編大成四卷 24074,24075,24076,24077
新鐫歷朝捷録增定全編原本四卷 24073
新鐫名公批評分門釋類唐詩雋四卷 43067
新鐫全補標題音註國朝捷録六卷 24084
新鐫射藝詳説(一名射藝詳説)一卷 31594
新鐫四書七十二朝人物經籍備考二十四卷 10820
新鐫唐氏壽域一卷 31268
新鐫通紀集畧五卷 20155
新鐫選注名公四六雲濤十卷 43095,43096
新鐫玉蟠袁會元集二卷 41429
新鐫張閣老進呈經筵詩經直解四卷 10318
新鐫直指吴先生編刻八陣全圖 30268
新刊扶壽精方二卷 30798
新刊詩經集成圖説十卷 10314
新刊譚友夏合集二十三卷 41614,41615
新刊萬氏家傳傷寒摘錦(一名傷寒摘錦)二卷 30757
新刊萬氏家傳養生四要(一名養生四要)五卷 31194,31198,31199,31200
新刊萬氏家傳幼科發揮(一名幼科發揮)二卷 30941,30943,30944,30945,30946,30947,30948
新刊萬氏家傳幼科發揮(一名幼科發揮、靜江堂校正家傳幼科發揮秘方)二卷 30950
新刊文選後集十五卷音釋一卷 42883
新刊文選考注前集十四卷後集十五卷 42830
新刊文選批評前集十四卷前集音釋一卷後集十三卷後集音釋一卷 42881,42882
新刊續補扶壽精方三卷 30799
新刊續補文選纂註十二卷 42890
新刊增修箋註妙選羣英草堂詩餘二卷 43433
新刻按鑑編集二十四帝通俗演義全漢志傳十四卷 32658,32659
新刻北戶録二卷 22213,22214
新刻策髓四卷 32291
新刻茶經三卷 31678,31689
新刻陳眉公訂正通紀會纂四卷 20153
新刻陳眉公重訂廣莊一卷 32715
新刻程凝之先生白蓮泲集十五卷續集五卷 41364
新刻楚郢大泌山人四遊集二十二卷 41389
新刻耳談十五卷 32547,32548,32549
新刻耳談(一名耳談、賞心粹語)十五卷 32546

新刻亢倉子洞靈真經一卷 32801
新刻樂府雜録一卷 31539
新刻李愚公先生家傳詩經演辯真十三卷 10356
新刻李袁二先生精選唐詩訓解七卷 43061
新刻李袁二先生精選唐詩訓解七卷首一卷 43068
新刻羅田萬氏家藏婦人秘科（一名萬氏婦人科）三卷 30873
新刻明朝通紀會纂七卷 20154
新刻木天禁語一卷 43269
新刻彭氏類編雜説（一名類編雜説）六卷 32298,32299
新刻批點金罍子上篇二十卷中篇十二卷下篇十二卷 32043
新刻評友夏合集十卷 41612
新刻詩學禁臠一卷 43257
新刻譚友夏合集二十三卷 41611,41613,41616
新刻譚友夏合集十卷 41610
新刻萬氏家傳保命歌括十卷 30782
新刻萬氏家傳廣嗣紀要（一名廣嗣紀要）五卷 30871
新刻王氏青箱餘五種 32356
新刻文選正文音訓十二卷 42874
新刻續補扶壽精方二卷 30800
新刻續補扶壽精方三卷 30801
新刻選文選二十四卷 42867
新刻楊筠松祕傳開門放水陰陽捷徑二卷 31277
新刻乙未科翰林館課東觀弘文十卷 42998
新刻逸詩一卷 10347
新刻袁小修先生四書綮十卷 10808
新刻袁中郎先生批點紅梅記二卷 43495
新刻張太嶽先生詩文集四十七卷 41332,41333,41334
［新刻］張太嶽先生詩文集四十七卷 41335
新刻張太嶽先生詩文集四十七卷 41336,41337,41343
新刻鍾伯敬先生批評封神演義二十卷一百回 32675,32676,32677
新刻鍾伯敬先生批評封神演義十九卷一百回 32669,32670,32671,32672,32673,32674
新刻鍾伯敬先生批評封神演義十卷一百回 32678
新録楚辭全集（一名楚辭新註）八卷 40231,40232
新羅真鑒禪師銘一卷 24023
新鍥會元玉蟠袁先生真傳書經翼衷演義十卷 10248
新唐書鈔 21925
新唐書二百二十五卷 20085,20101,20102,20103,20104
新唐書雜鈔不分卷 21926
新唯識論 30235,30236,30237
新序十卷 30064
新選兵機要訣百款 30266
新選古今類腴十八卷 32287,32288
新選註釋古文蒙求不分卷 43003
新語二卷 30018,30019,30020,30021,30022,30023,30024,30025,30026,30027,30028,30029Z,30030,30031,30032,30033,30034,30035,30036,30037,30038,30039,30040,30041,30042,30043,30044,30045,30046,30047,30048,30049
新語三卷 30052,30053
新語一卷 30050,30051
新纂六臣註漢文選十二卷 42864
新纂門目五臣音註揚子法言十卷 30101,30102,30103,30104,30105,30106,30107,30108,30109,30110,30111,30112,30113,30114,30115,30116,30117,30118,30119,30120,30121,30122,30123
信甫遺稿三卷 42408
信陽子卓録八卷 30173,30174,30176
信陽子卓録八卷補遺二卷 30175

星命歌訣一卷 31216
星學大成三十卷 31306
星軺理舊録不分卷 20489
惺心録一卷 30193
興國軍圖經一卷 22134
興山金石志 23918
刑律要論分則編不分卷 23677
刑律要論之總則編不分卷 23676
行囊集四卷 43139
性氣先生熊廷弼傳不分卷 20764
性氣先生熊廷弼傳一卷 20763
姓彙四卷 20872,20873,20874
姓觿刊誤一卷劄記一卷 20882,20883
姓觿栞誤一卷 20884,20885
姓觿十卷 20875,20876,20877
姓觿十卷附録一卷 20878,20879,20881
姓觿十卷附録一卷劄記一卷 20880
熊經略不分卷 20766
熊敬修先生閑道録纂要三卷 30170
熊劉詩集二卷 43117
熊劉詩集二種二卷 43108
熊襄愍公尺牘四卷 41526,41527,41528,41529
熊襄愍公集七卷 41516,41522
熊襄愍公集十卷首一卷末一卷 41517,41518,41519,41520,41521
熊襄愍公軍中書移不分卷 23740
熊襄愍公書牘不分卷 41530
熊學士詩集(一名詒穀堂全集)三卷 41762,41763,41764,41765
熊學士文集録一卷 41773,41774,41775
熊魚山先生文集二卷首一卷末一卷 41704
熊鍾陵稿一卷 41769,41770,41771,41772
熊鍾陵詩一卷 41767,41768
熊鍾陵先生稿不分卷 41766
休休堂詩集三卷 42654
休休堂文集二卷 42655
修防事宜二卷首一卷 23716
修改長江通商章程一卷 23561
修身科論語課程不分卷 10741
修習止觀坐禪法要一卷 32903
修習止觀坐禪法要(一名童蒙止觀、小止觀)二卷 32904,32905,32906,32907,32910
修習止觀坐禪法要(一名童蒙止觀、小止觀)二卷六妙法門一卷 32908,32909
修志資料稿湖北漁業及魚產不分卷 22133
秀東高公家傳一卷 20898
秀山公牘五卷 23745
秀野園詩集一卷補遺一卷 41873
繡林劉氏合刻詩選五種 43163
繡像封神演義一百回 32679,32680,32681
繡餘小稿一卷 41928
須溪先生批點孟浩然集三卷 40600
徐布衣佚稿三卷 42210
徐氏遺著合刊二種五卷 43143
徐文長四聲猿四卷 43441,43442,43443,43444,43445
徐文長文集三十卷 41274,41275,41276,41277,41278
徐文長文集三十卷四聲猿一卷 41272,41273
許丁卯詩真蹟録一卷 40815
許渾丁卯集一卷 40792
許渾詩集一卷 40791
許用晦文集二卷遺篇一卷拾遺一卷 40775,40776
敘傳不分卷 43128
絮菴懟録不分卷 41437
蓄艾編不分卷 31931,32188
續仿今言 32118
續漢郡國志圖一卷 21969
續漢口叢談六卷 22080,22082
續漢口叢談拾補不分卷 22085
續寰宇訪碑録不分卷 23948,23949
續閒談銷夏録不分卷 32472
續淩滄草□卷 41695
續群書拾補 23798

續史學提要箋釋四卷 24103,24104
[續]問津書院志八卷 23433
續香齋讀史存質集不分卷 24107
續修大嶽太和山志八卷 23354
續幽明録一卷 32554,32555,32556
續纂江蘇水利全案圖説一卷 23710
續纂江蘇水利全案正編四十卷首一卷附編十二卷 23709
[宣統]湖北通志一百七十二卷首一卷末一卷 22348,22349,22350,22351,22352,22353
[宣統]湖北藝文志十六卷 23809
[宣統]湖北藝文志十六卷附補遺六卷 23810
[宣統]黄安鄉土志二卷圖一卷 22545
[宣統]黄州府志拾遺六卷 22510,22511
[宣統]嘉魚縣鄉土志 22679
[宣統]江陵鄉土志三卷 22756
玄素子集□□卷 41217
玄素子集三十六卷 41216
選賦六卷 42879
選詩七卷 42878
選詩約註八卷 42871
選校范文白公詩集六卷續選三卷 41103
選擇通書祕竅三卷 31318
薛王二先生教言四卷 30143
薛子粹言一卷 30141
學耕堂詩鈔不分卷 41983
學書邇言不分卷 31451,31452,31453
學思録三卷 30186,30187,30188
學統五十六卷 20618,20619,20620,20621,20622,20623
學統五十三卷 20624,20625
學文述要 43334
學易淺説代問録(一名學易淺説)十四卷 10186
學易枝言四卷 10120,10121,10122
學庸管窺二卷 10793
學庸集要不分卷(大學輯要、中庸輯要) 10842
學庸輯要四卷 10841
學庸識小一卷 10843
雪樓集三十卷 41080
雪樓集一卷 41082
雪樓樂府一卷 43370
雪樓先生樂府一卷 43371
雪麓詩二十一卷 41862,41863
雪坡賸草一卷 41985
雪山詞一卷 43345
雪山集十二卷 40989,40990
雪山集十六卷 40981,40982,40983,40984,40985,40986,40987,40988
雪堂倡和集三卷 43199
雪堂墨品一卷 31627,31628,31629,31630,31631,31632,31633,31634,31635,31636,31637,31638,31639
雪園集不分卷 42485,42511
荀子二十卷 30011
馴鶴樓稿□□卷 41644
訓詁講詞 11100
訓蒙駢句一卷 30221,30222
訓蒙四字龍文鞭影初集二卷二集二卷 32332

Y

雅遜齋詩(一名摩兜鞬室詩鈔)二卷 42536
雅州公牘一卷 23748
煙花債傳奇一卷 43501,43502,43503
煙花債一卷四折 43504
煙霞俱一卷 31596
延芾堂詩草一卷 42422
言志詩輯補不分卷 42975
言志詩輯二編三卷 42974
研露樓兩種曲二卷 43499
研露樓兩種曲四卷 43500
研露樓琴譜四卷首一卷 31573,31574
研史二卷 31619
研史一卷 31617,31618,31620,31621,31622,31623

嚴輯全上古三代文所據書目不分卷 23835
鹽鐵論散不足篇一卷 30063
鹽鐵論十二卷 30060,30061,30062
鹽邑藝文前編甲集二卷乙集四卷 43171,43172
鹽邑志林四十一種附一種 50017,50018,50019
鹽政志十卷 23550,23551,23552,23553,23554
硯史 31612,31613,31614,31615,31616
硯史一卷 31597,31598,31599,31600,31601,31602,31603,31604,31605,31606,31607,31608,31609,31610,31611
燕京朝市古近莊諧談不分卷 22186
燕京詠古(一名問花水榭詩藁)一卷 22185
燕石藏稿二卷 42139
燕石藏稿□卷 42140
陽春詞一卷 43350
陽春集一卷 43347,43348,43349,43351
陽峯家藏集三十六卷 41195
揚法言十三卷 30083
揚子法言集注十三卷 30072
揚子法言十卷 30126,30127,30128,30129,30130
揚子法言十三卷 30067,30068,30069,30070,30071,30073,30074,30075,30076,30077,30078,30079,30080,30081,30082,30084,30085,30086
楊誠齋詩八十首一卷 40997,40998
楊誠齋先生天問天對解一卷 40413
楊大洪先生文集二卷 41537,41538,41550,41551,41552
楊監筆記一卷 20438,20439,20440
楊潤丘詩一卷 41848
楊氏輯補嚴氏全古文存目録一卷 23796
楊守敬集四十三種 50070
楊文定公詩集七卷 41171
楊文定公文集不分卷 41172
楊文公談苑一卷 31957,31958,31959,31960
楊宣樓詩一卷 41824
楊忠烈公集 41553
楊忠烈公集三卷 41535
楊忠烈公時文一卷 41549
楊忠烈公文集□卷 41536
楊忠烈公文集六卷 41531,41532,41533,41534
楊忠烈公文集六卷末一卷 41543
楊忠烈公文集十二卷 41547
楊忠烈公文集十卷 41546
楊忠烈公文集十卷補遺一卷 41545
楊忠烈公文集十卷補遺一卷時文一卷 41544
楊忠烈公文集十四卷 41548
楊忠烈公文集五卷 41540,41541,41542
楊忠烈遺集二卷 41539
養和堂遺集八卷首一卷 42177
養默山房散套一卷 43518,43519
養默山房詩鈔不分卷 42088
養默山房詩稿二十二卷 42079
養默山房詩稿二十九卷 42080
養默山房詩稿二十七卷 42078
養默山房詩稿三十八卷附散套三種 42085
養默山房詩稿三十二卷 42082,42083
養默山房詩稿三十九卷 42084
養默山房詩稿三十一卷 42081
養默山房詩稿十八卷 42077
養默山房詩稿十卷 42074,42075
養默山房詩稿十六卷 42076
養默山房詩稿四十卷 42086,42087
養默山房詩録九卷 42089
養默山房詩録九卷續存三卷 42091
養默山房詩録續存三卷 42090
養默山房詩餘三卷 43392,43393
養默山房詩韻六卷 11030,11031
養親須知二卷 30004
養生四要五卷 31195,31201,31202,31204,31206
養梧軒詩集五卷 42658

養雲山房詩存一卷 42423
姚氏家俗記一卷 30394,30395
姚氏遺書三種六卷 50075
姚彦長觀書例(一名觀書例)一卷 30207
姚彦長(晉圻)先生事略一卷 20810
窈溪舊話不分卷 32119
藥物學類纂一卷 30560,30561
藥性主治一卷分類主治一卷 30554,30555,30556
也存集不分卷 42460
埜盦文集四卷 42662
埜盦文集四卷詩集二卷 42663
野菜贊一卷 30367
野菜贊(一名野蔌贊)不分卷 30366
野菜贊(一名野蔌贊)一卷 30368
野垣詩集十二卷 42240
野園詩集十一卷續録一卷 42145
夜叉傳一卷 32587,32588,32589,32590,32591,32592
葉鈔五種九卷 31251
鄴堂詩集不分卷 42219
鄴下草二十卷 41415
鄴中片羽二卷 24041
一蠡詩存二卷 42286
一夢緣一卷 32624,32625
一瓢道士傳 32623
一切經音義所引説文、爾雅不分卷 10961
一切經音義引説文箋十四卷 10944,10946
一山文集九卷 41115,41116,41117,41118,41119
一山文集一卷 41120
一勺亭詩鈔六卷 42143
一勺亭文鈔不分卷 42144
一粟齋各體詩不分卷 42289
一粟齋試帖一卷 42287
一粟齋文鈔二卷 42288
一粟齋雜著四卷 10889
依劉生活不分卷 42620
依緑園詩文集三卷 41975
揖雲軒詩鈔五卷首一卷 42498
漪園詩二集一卷 41877
醫燈續焰二十一卷 30588,30589
醫方藥性賦八卷首一卷末一卷 30558,30559
醫籍考目録 30435
醫寄伏陰論二卷 30854
[醫寄]伏陰論二卷 30855
醫寄伏陰論(一名醫寄)二卷 30851,30852
醫經精義便讀不分卷 30437
醫門小學二卷 30431,30432
醫門小學六卷 30430
醫學六種 30419
醫學全書□□卷 30425,30426
醫學述要三十六卷首一卷 30427
醫學體用二卷 30725
醫學研悦十卷 30415
醫學研悦十卷 30416
醫學一得一卷 31212
醫易一理一卷 30433
怡雲草堂詩鈔六卷附楹聯一卷 42372
怡雲草一卷 41696
宜昌小志不分卷 22820
宜都記一卷 22156,22157,22158
宜都山川記一卷 22162
宜荆城鄉籌濟公所各項章程辦法彙録一卷 23610
宜收書目 23832
宣統元年(1909)己酉科湖北拔貢優貢同年録不分卷 21056
荑稗山房詩稿(一名荑稗山房詩鈔)三卷 42676
移太常博士書一卷 10630
貽穀堂稿四卷 42221
遺芳室詩文集十六卷 42588
儀禮不分卷 10427,10428
儀禮節解十七卷 10418
儀禮節解十七卷讀儀禮一卷 10415,10416,

10417
儀禮音訓不分卷 10425,10426
儀禮纂要(一名儀禮彙編)二卷 10424
頤身集五種五卷 31210,31211
頤莊詩文集二卷末一卷 41735
以約山房詩稿二卷 42192
亦政堂詩集十二卷 42050,42051
亦政堂詩續集三卷 42052
易變釋例十二卷 10200,10201,10202
易古訓三卷 10219
易故長編第一册 10205
易解嚶通一卷 10168
易經通注九卷 10144,10145
易經通注四卷 10147
易經以俟録不分卷 10133,10134,10135
易經異文二卷 10210,10211
易經音訓不分卷 10212,10213
易領四卷 10115,10116,10117,10118,10119
易眉原詩稿不分卷 42290
易拇十六卷 10156
易筮遺占一卷 31279
易説二卷 10193
易象參義二卷 10196
易象鉤解四卷 10089,10090,10091,10092,10093,10094,10095,10096,10097,10098,10099
易象彙解二卷 10100,10101,10102,10103
易象通義六卷 10170,10171,10172,10173
易學宗翼二十九卷首一卷 10188,10189,10190,10191
易學宗翼二十九卷首一卷末一卷 10192
易傭六卷 10131
易傭十四卷諸儒傳略一卷諸儒著述一卷 10130
易注一卷 10018,10019,10020
易注音疏六十四卷 10216
益部方物畧記一卷 22242,22243,22244,22245
益部方物略記一卷 22237,22238,22239,22240,22241
益部談資三卷 22246,22247,22248,22249,22250,22251
益州名畫録 31471,31472
益州名畫録二卷 31470
益州名畫録三卷 31459,31460,31461,31462,31463,31464,31465,31466,31467,31468,31469
異疾志一卷 32577,32578,32579,32580,32581,32582,32583
異域志二卷 22269,22270,22271,22272
異域志一卷 22267,22268
逸樓論禪一卷 32964
逸樓論詩一卷 43291
逸樓論史一卷 24096,24097,24098
逸樓論文一卷 43319,43320
逸樓四論(一名四論奇賞、逸樓偶著)四卷 50052
義豐集鈔一卷 41009
義豐集一卷 41003,41004,41005,41006
義豐詩鈔一卷 41007,41008
義豐文集一卷 40999,41000,41001,41002
義勇武安王集八卷 20753,20754
憶梅庵集外詩詞北遊記不分卷 42641
憶梅庵集外詩詞十日稿一卷 42640
憶梅庵詩詞稿七卷 42638
憶梅庵詩詞賸稿一卷 42639
藝林演雅三卷 43326
藝圃傖談四卷 43318
藝苑叢鈔一百六十三種三百二十六卷 50012
繹志十九卷 30155,30156,30157,30158,30159,30160
音略一卷 11055,11056,11057
音切譜二十卷 11035,11036
音切譜十卷 11037
音義辨略一卷 11089
音韻學表解二卷 11084
音韻學稽古録一卷 11028,11029
音注張濂亭文 42343

陰符經解一卷 32748,32749,32750
陰符經融解一卷 32754
陰符經三皇玉訣三卷 32755
陰符經疏三卷 32728,32730,32731,32732,32733,32734
陰符經一卷 32737,32738,32739,32740,32741,32742,32743,32744,32745,32746,32747
引淮篇一卷附疏江根本計畫書 23713
引書不分卷 30423
蚓竅集十卷 41155,41156,41157,41158,41159,41160,41161,41162
飲河集二卷 41405
隱書一卷 31956
隱秀軒集八卷 41557
隱秀軒集二十四卷 41558
隱秀軒集三十三卷 41554,41555
隱秀軒集四十二卷 41559
隱秀軒集五十四卷 41556
印林不分卷 31529
印心石屋詩薈(一名雲臺山唱和詩)四卷 43118
印心堂詩集不分卷 42043
胤嗣全書一卷 30936,30937
英山倒掛巖烈婦奇蹟考一卷 20798
應城縣縣政報告 23774
應叩鳴詩文集四卷 41330
鸚鵡洲小志四卷首一卷 22388
鸚鵡洲一卷 43498
迎旭軒稿二卷 42283
荥陽鄭氏碑不分卷 24024
楹聯集句不分卷 43017
熒陽鄭氏碑 24025
營陣圖説二卷 30300
縈清樓集四卷 42397,42398
瀛寰譯音異名記十二卷 22273
郢雪初編一卷 43012,43113
郢雪堂詩二卷 42349
影鈔明刊采昭堂秘書十三種十三卷 50005
影寫隸古定尚書商書殘卷 10299
潁濱評苑一卷 40916
[雍正]洪洞縣志九卷 23162,23163
[雍正]湖廣通志一百二十卷首一卷 22331,22332
雍正十三年(1735)湖廣鄉試録一卷 20927
[雍正]朔州志十二卷 23154,23155
[雍正]興國州志十卷首一卷 22654
[雍正]應城縣志十二卷 22445,22446
[雍正]昭文縣志十卷首一卷 23186,23187
永川公牘十卷 23746
甬上驪唱一卷 42450
詠懷詩補注一卷 40459
詠懷詩箋一卷 40458
詠左詩箴四卷 42129
幽蘭山房藏稿二十六卷 41812,41813
幽蘭山房二集□□卷 41814
幽贊録不分卷 32186,32187
郵傳部接辦粵川漢鐵路借款及分別接收各路股款始末記一卷附參考各案件不分卷 23582
遊寶藏寺記一卷 23447
遊北固山記一卷 23452
遊赤壁記一卷 23460
遊龍泉記一卷 23462
遊麻姑洞記一卷 23476
遊三遊洞記一卷 23463
遊太行山記一卷 23446
遊五腦山記一卷 23474
遊襄城山水記一卷 23461
游居柿録 32185
友書存不分卷 43131
有獲齋文集十卷附録一卷 42130
有商誌傳 32654
有夏誌傳 32651
酉除集一卷 41777,41778,41779
酉陽雜俎 32390,32410,32411
酉陽雜俎二卷 32400,32401,32402,32403,32404,32405,32406,32407

酉陽雜俎二十卷 32359,32360,32361,32362,32363,32364,32365,32366,32367
酉陽雜俎二十卷後集十卷 32376
酉陽雜俎二十卷續集十卷 32371,32372,32373,32374,32375,32377,32378,32379,32380,32381,32382,32383,32384,32385,32386,32387,32388,32389
酉陽雜俎四十四則 32412,32413
酉陽雜俎續 32414,32415
酉陽雜俎一卷 32408,32409
又溪詩稿一卷 42000
幼丹先生詩文遺墨一卷 42547
幼丹先生遺墨一卷 31456
幼科發揮大全四卷 30969,30970,30971
幼科發揮大全(一名幼科發揮)二卷 30953
幼科發揮二卷 30942,30949,30955,30956,30957,30958,30959,30960,30961,30963,30965,30966,30967,30968,30972
幼科發揮(一名新刊萬氏家傳幼科發揮)二卷 30962,30964
幼科講義不分卷 31010
幼科指南家傳祕方(一名幼科指南秘傳方)四卷 30976,30977
幼科指南家傳秘方(一名幼科指南)四卷 30974
幼科指南家傳秘方(一名幼科指南、幼科指南秘傳方)四卷 30975
幼學集一卷 30229
余仁仲萬卷堂穀梁傳考異一卷 10588,10589,10590
余知古渚宫舊事一卷 20284
禺生四唱不分卷 42573
俞曲園雜論志例一卷 22303
魚山剩稿 41700
魚山剩稿八卷 41699
虞初支志 32544,32545
虞初支志稿甲乙丙丁篇十二卷 32543
虞初志七卷 32539,32540,32541,32542
虞恭公温彦博碑一卷 23964
虞山四子集四卷 43170
愚齋先生著書六種 50051
漁父不分卷 40431
漁舟紀談二卷續談一卷 32466
漁舟紀談二卷漁舟續談一卷 32104
餘事集一卷 41978
輿地課程不分卷 22015
雨窗消意録一卷 32210
雨香書屋詩鈔二卷 42174
雨香書屋詩續鈔四卷 42175
禹峯先生文集二十四卷 41717
禹貢本義一卷 10291,10292,10293
禹貢合圖纂註一卷附録一卷 10284
禹貢彙解六卷考辨略一卷 10290
禹貢山川圖考一卷九江考一卷大地説畧一卷 10287
禹貢山道便覽一卷 10289
禹貢圖説四卷 10288
庾度支集 40473
庾度支集一卷 40463,40464,40465,40466,40467,40468,40469,40470,40471,40472
庾開府哀江南賦箋注一卷 40561
庾開府哀江南賦注一卷 40560
庾開府集二卷 40511,40512,40513,40514,40515,40516,40517,40518
庾開府集箋注十卷 40510
庾開府集畧二卷 40521
庾開府集十二卷 40505,40506,40507,40508,40509
庾開府集四卷 40500
庾開府集選一卷 40519
庾開府集一卷 40520
庾開府詩集六卷 40503,40504
庾開府詩集四卷 40499,40501,40502
庾信詩賦選 40558
庾信選集 40559
庾子山集 40554,40555
庾子山集十六卷 40525,40526,40527,40528,40532,40533,40534,40535,40537,40538,

40539,40541,40542,40543,40544,40550,40551,40552,40553
庾子山集十六卷附總釋一卷 40548
庾子山集十六卷總釋一卷 40545,40546
庾子山集注 40547
庾子山集注十六卷 40549
庾子山集註十六卷 40529
庾子山集註十六卷首二卷 40530
庾子山全集十卷 40522,40523,40524
庾子山全集十六卷 40531,40536,40540
庾子山文抄 40557
庾子山文抄一卷 40556
庾子山(信)年譜一卷 20821,20822,20823,20824,20825,20826,20827
與郭筠仙中丞論通志體例不分卷 22314
玉柄麈尾一卷 32469,32470
玉禪師翠鄉一夢一卷 43454,43455,43456,43457,43458,43459,43460
玉屏草堂詩集四卷 42125
玉泉山寺志三卷 23423
玉泉寺志六卷首一卷 23424
玉臺山館詩鈔八卷 42261
玉臺山館文鈔六卷詩鈔八卷賦鈔四卷 42262
玉臺新詠十卷 42959
玉堂山齋存稿一卷 42470
玉堂遺稿不分卷 41638,41639
玉虛子一卷 40435
玉照亭詩鈔二卷 41890
玉照亭詩鈔二十卷 41892,41893,41894,41895,41896
玉照亭詩鈔三卷 41891
玉燭寶典十二卷 21940
郁溪易紀十六卷 10139,10140
育嬰家秘四卷 30998
育嬰祕訣四卷 31000,31008
育嬰秘訣四卷 31007
育嬰全書(一名新鎸萬氏家藏育嬰家秘、育嬰家秘、育嬰秘訣)四卷 30999
喻老齋詩存一卷 42613
御定易經通注四卷 10146
御覽籌兵藥言三十六字四卷 23639
御覽集十七卷 42059
御覽集五卷附金鼎題詠彙存一卷 42058
寓楚雜著一卷 20470
鬻子 31790,31791,31792,31793
鬻子二卷 31746,31747,31748,31749,31750,31751,31752,31753
鬻子一卷 31754,31755,31756,31757,31758,31759,31760,31761,31762,31763,31764,31765,31766,31767,31768,31769,31770,31771,31772,31773,31774,31775,31776,31778,31779,31780,31781,31782,31783,31784,31785,31786,31787,31788
鬻子一卷補一卷 31789
鬻子一卷逸文一卷 31777
元代征倭記一卷 20377
元地理志圖一卷 22007
元分藩諸王世表一卷 20534
元明湖北文徵目録一卷 23816
元儒先生婁壽碑一卷 23981
元西域三藩年表一卷 20535
元憲集三十六卷 40853,40857,40858,40861
元憲詩稿一卷 40862,40863,40864,40865,40866
元押 31450
元押不分卷 24053
沅湘聞政録一卷 20500
袁伯修尺牘一卷 41430
袁伯修小品 41432
袁伯修小品一卷 41431
袁宏道集箋校五十五卷附録三卷 50036
[袁宏道]未編稿三卷 41510
袁枚駢體文一卷 41974
袁山松(崧)宜都記一卷 22159
袁山松(崧)宜都山川記一卷 22160
袁山松宜都山川記一卷 22161
袁石公(宏道)遺事録七卷 20761
袁石公遺稿六卷 41455

袁使君集十四種五十七卷 50034
袁氏家傳四書旨便六卷 10807
袁侍郎奏稿一卷附傳記 20574
袁小修尺牘一卷 41596
袁小修日記(一名珂雪齋外集,又名遊居柿録)十三卷 20863
袁小修日記(一名珂雪齋外集,又名遊居柿録)十三卷[明萬曆三十六年至四十五年(1608—1617)] 20862
袁小修先生詩六卷 41594
袁小修小品 41600
袁小修小品一卷 41599
袁中郎敝篋集□卷 41483
袁中郎尺牘一卷 41508
袁中郎廣莊一卷 32714
袁中郎集七種四十二卷 50033
袁中郎集十六卷 41451
袁中郎全集不分卷 41453
袁中郎全集六卷 41454
袁中郎全集四卷 41452
袁中郎全集四十卷 41443
袁中郎詩文選注 41511
袁中郎十集十六卷 50035
袁中郎隨筆 41512
[袁中郎]未編稿三卷 41457
袁中郎文鈔 41507
袁中郎文鈔一卷 41505,41506
袁中郎先生批評唐伯虎彙集四卷 41513
袁中郎先生全集二十三卷 41442
袁中郎先生诗九卷 41496
袁中郎先生詩集一卷 41497
袁中郎小品 41504
袁中郎小品一卷 41503
袁中郎(袁宏道)年譜一卷 20839
原本茶經三卷 31688
原理二卷 30180
原儒二卷 30233
原弈一卷 31575
圓明百問答不分卷 32972
源順倭名類聚鈔引漢士古逸書目不分卷 23837
遠寄齋詩存三種 43161
遠遊不分卷 40429
願學堂詩集二卷 42388,42389,42390
願志堂詩四卷 41715
月令七十二候贊一卷 21950
越絕書十五卷 20321
越蔭堂詩草選刻一卷 42581
粵漢川漢鐵路借款合同附原奏不分卷 23581
粵漢鐵路交涉秘密檔案不分卷 23775
粵寇紀略不分卷 20496
閱書帖記一卷 31399
嶽歸堂合集十卷 41605,41606,41607,41608,41609
嶽歸堂集選一卷遺集選一卷鵠灣集選一卷 41623,41624
嶽歸堂未刻詩不分卷 41622
嶽紀六卷 23321
嶽圖秘書二卷 23322,23323
嶽雲湖兩録不分卷 32212
芸香館遺詩一卷 42677
雲悲海思廬詩鈔不分卷 42599
雲悲海思廬詩鈔二卷 42598
雲悲海思廬詩鈔四卷 42597
雲杜故事一卷 32463,32464,32465
雲鴻洞稿八種 50048
雲鴻洞續稿四卷 41672
雲麾將軍李思訓碑一卷 24016
雲笈七簽一百二十二卷 32817,32818,32819
雲笈七籤十三卷 32820,32821
雲笈七籤一百二十二卷 32804,32805,32806,32807,32808,32809,32810,32811,32812,32813,32814,32815,32816
雲錦集六卷 32289
雲夢詩存三卷附刻四則 43206
雲圃公詩草不分卷 41984

雲浦文選三卷 41988
雲山堂集六卷 41286,41287,41353
雲臺山志八卷首一卷末一卷 23324,23325
雲望堂集三卷 41879,41880,41881
雲巖叢書十二種 50057
雲巖小志八卷 23365
雲陽子 30059
雲中集 42146
雲中集六卷 42147,42148
雲中降虜傳一卷 20452,20641
雲中小主存草一卷 42617
雲中小主省垣書牘一卷 42615
雲中小主書牘六卷 42619
雲中小主襄陽書牘一卷 42616
雲中小主辛酉書牘一卷附雜稿一卷 42618
鄖溪集二十八卷 40884,40887
鄖溪集二十八卷補遺一卷續補遺一卷 40888
鄖溪集二十五卷 40886
鄖溪集三十卷 40885
鄖襄賑濟事宜一卷 23600,23601,23602,23603,23604,23605,23606,23607
允釐堂本奏議不分卷 20541
藴奇録八卷 32235
韞石牕詩集十卷 42438
韻芳閣詩鈔二卷 42166
韻芳閣吟稿一卷 42164,42165
韻苑考遺五卷 11022

Z

雜稿叢存一卷 32125
雜近世書一卷 23844
雜禮問一卷 10458,10459,10460
雜證良方二卷 30848
載東原轉語釋補四卷首一卷 11048
再續漢口叢談四卷 22081,22083,22084
在山堂集三十卷 41980,41981,41982
棗陽金石志 23917
澡修堂集十六卷 41845
藻香館詞鈔一卷 43399,43400
藻香館詩鈔六卷附詞鈔一卷 42242,42243
賊退譚餘一卷 32055
曾參年譜一卷 20812
曾確菴三種 50039
曾確菴三種四卷 50031
曾文正公大事記二卷 20790
曾文正公大事記四卷 20782,20783,20784,20785,20786,20787,20788,20789
曾文正公事畧四卷 20775,20776
曾文正公事畧四卷附曾文正公祠雅集圖記一卷 20774
曾文正公水陸行軍練兵志四卷 30302,30303
曾忠襄公撫晉批牘四卷督粤批牘一卷附曾忠襄公年譜四卷 23741
曾忠襄公(國荃)年譜四卷 20850,20852,20853,20854
曾子家語六卷 30008,30009,30010
增補六臣註文選六十卷 42806
增補事類賦統編三十卷 32282
增補四書人物聚考十二卷圖一卷 10818
增補四書人物聚考十二卷總圖一卷 10809,10819
增補遵生八牋(一名遵生八牋)二十卷 32040
增訂叢書舉要 23829
增訂叢書舉要八十卷 23828
增訂説文古籀補十四卷補遺一卷附録一卷 10943
增訂桃潭合鈔正集十二種十二卷續集四卷 43144
增訂修志通則不分卷 22322
增廣三字經一卷 30218
增廣許郢州丁卯詩續集一卷拾遺一卷 40790
增廣音註唐郢州刺史丁卯詩集二卷 40782,40783,40784,40785,40786,40787,40788,40789
增註國語二十一卷 20249
贈言録一卷 20770

雪南倡和編三卷 43116
摘抄陸宣公集二卷 40730
摘録呻吟語二卷 30152
瞻園詞二卷 43411,43412
瞻雲望月行窩吟一卷 42009
展碧山房駢體文鈔二卷 42308
展碧山房駢體文選二卷 42309
湛輝閣草十卷 41692,41693
戰國策八卷 20264
戰國策十二卷 20262,20263
戰國楚竹簡彙編 24055
戰國疆域圖一卷 21965,21966
戰國魯史拾遺二卷 20211
戰國魯史拾遺三卷 20265
章江集二卷濯纓集一卷 41855
章山書屋遺稿一卷 42491
章學誠論修志一卷 22296
張祠部詩集一卷 40724,40725,40726
張方楚國先賢傳一卷 20674
張閣老通鑑直解(一名通鑑直解)二十八卷首一卷 20126
張公奏議二十四卷 20563,20564
張乖厓事文録四卷 20748,20749
張繼詩一卷 40722
張江陵年譜一卷 20818
張江陵書牘二卷 41348
張江陵書牘箋畧初稿四卷 20409
張居來集六十五卷 41354
張居來集一卷 41356
張居正集 20546
張昆岡先生四六狐白一卷 41196
張廉卿墨蹟不分卷 31441
張廉卿批語一卷 31439
張廉卿書李剛介碑不分卷 31444
張廉卿書箴言不分卷 31445
張廉卿先生楷書千字文不分卷 31446
張廉卿先生墨妙不分卷 31447
張廉卿論學手札 42345
張廉卿先生尺牘一卷 42344
張廉卿先生文鈔二卷 42342
張廉卿雜文不分卷 42340
張濂卿先生詩文稿不分卷 42329,42330,42331
張濂亭文鈔一卷 42341
張陸二先生批評戰國策抄四卷 21916,21917,21918,21919,21920
張丘建筭經三卷 31234,31235,31236
張氏可書一卷 32427,32428,32429,32430,32431,32432,32433,32434,32435
張氏詒穀遺集不分卷 43140
張太嶽集 41349
張太嶽先生詩文集四十六卷目録一卷 41341
張太嶽先生詩文集四十七卷 41339
張文襄公治鄂記不分卷 20804
張文襄公治鄂記一卷 20494
張文忠公全集四十五卷附録二卷 41342
張文忠公全集(一名張太嶽集)十二卷 41346
張文忠公文集十一卷詩集六卷 41344
張文忠公奏疏抄四卷 20542,20543
張文忠集撮要不分卷 43341
張勇烈公神道碑不分卷 31442
張粵卿中丞治粵奏疏不分卷 20578
張之洞督鄂時各省督撫往來電文稿一卷 23760
張忠烈公遺稿一卷 41677
招魂不分卷 40432
昭明太子集六卷 40474,40476,40477
昭明太子集校注 40497
昭明太子(蕭統)年譜一卷附録一卷 20820
昭明文集二卷 40488
昭明文選大成二十四卷補編一卷 42906
昭明文選大成六十卷首二卷 42904,42905
昭明文選箋證三十二卷 42908,42909,42910,42911,42912,42913,42914,42915
昭明文選六臣彙註疏解十九卷 42893

昭明文選六十卷 42780,42781
昭明文選芟四卷 42884
昭明文選譯注 42868
昭明文選注析 42869
昭文縣志十卷首一卷 23188
沼山精舍經律劄記一卷 30359
蟄廬詩鈔二卷 42434
陣法十三解一卷 30295
真山人集不分卷 41760
真山人前集四卷後集四卷 41758,41759
偵探俄路記一卷 22278
診家正眼一卷 30717
鎮石齋稿八卷 42236
鎮石齋稿詩鈔一卷 42237
鎮石齋詩稿詩鈔存一卷 42238
征西大將軍楊瑾殘碑一卷 23984
徵古堂類稿十八卷 41633
徵聘本末不分卷 20768,20769
徵聘始末不分卷 20767
[正德]德安府志十二卷 22452
[正德]光化縣志六卷末一卷 22975,22976,22977
[正德]湖廣經志書二十卷 22326
[正德]湖廣圖經志書(一名湖廣通志)二十卷 22323,22324,22325
正德十四年(1519)湖廣鄉試録一卷 20917
正德十一年(1516)湖廣鄉試録一卷 20916
[正德]襄陽府志二十卷 22910
[正德]宜城志三卷 22946
正嘉四書文三卷 10861
正覺樓叢刻(一名正覺樓叢書)二十九種 50010
[正統]嘉魚縣志三卷 22669,22670
正韻彙編四卷 10981
鄭春園行述一卷 20802
鄭文十五卷鄭詩十三卷 41199
證學十卷 30220
證疑備覽六卷 10824
支那地志摘譯 22010
支諾皐一卷 32570,32571,32572,32573,32574,32575,32576
芝在堂文集十五卷 41722
芝在堂文集(一名芝在堂集)十五卷 41720,41721
知津堂奚蘇嶺先生自訂真稿不分卷附知津堂會業一卷 10821
知言二卷 32046
織女星傳一卷 32619
直隸水田簡要事宜(一名畿輔水利議)一卷 23708
植棉纂要一卷 30361
植物名實圖考及長編易檢一卷 23840
職官傳不分卷 21086
止啼齋集一卷 41402
芷譚詩鈔一卷 42216
紙園筆記 32086
紙園筆記皇朝故事二卷 20484
紙園筆記經餘三卷 10890
紙園筆記卷八 32200
紙園筆記三十一卷 32085
紙園筆記史畧二卷 24114
紙園筆記續一卷 32201
紙園叢書八種 50061
至德觀主孟法師碑一卷 24012
志促織一卷 31717,31718,31719,31720,31721
治河方畧(一名靳文襄公治河方畧)十卷首一卷 23686,23687
治河全書二十四卷 23690,23691,23692,23693,23694
治河圖一卷 23697
治河奏牘□□卷 20561,20562
治臨公牘不分卷 23766
治瘧痢良方 30845
治傷寒全書一卷 30804,30805
治水工程節要四卷 23701
治説文雜稿不分卷 10959
治下河論一卷 23695
治下河水論一卷 23696

治要録四卷 23498
治雜症驗方一卷 30806,30807
智林郈稿拾遺一卷 41686
智林村稿不分卷 41684
智林村詩稿不分卷 41683
智林村遺稿不分卷 41685
智林未刻稿不分卷 41691
智品十卷 32226
智品十三卷 32222,32223,32224,32225
疐菴集二十八卷餘集二卷 42551
中東兩路高等小學堂一覽一卷 23533
中俄界記不分卷 23668
中國方志考不分卷 23846
中國文學概談一卷 43339
中國文學歷朝體派略一卷 43325
中國藥物學集成 30562,30563,30564,30565
中國醫藥專門學校講義 30434
中國之武士道一卷 20518
中和齋雜拾三百篇八卷 42576
中和齋主人語録一卷 32126
中饋録一卷 31648
中郎觴政一卷 31591
中牟魯君闕一卷 23988
中唐張繼詩一卷 40723
中鴈蕩紀遊二卷 23450,23451
中醫熱病論 30846
中庸二卷 10684,10685,10686,10687
中庸管窺一卷 10682,10683
中庸集要一卷 10701
中庸經筵直解一卷 10691
中庸釋一卷 10700
中庸四卷 10696,10697
中庸一卷 10692,10693,10694
中庸章句增釋一卷 10699
中州集選刻一卷 42420
忠武志八卷 20718,20719
忠義録(清漢陽汪傳懿殉難傳狀詩文)一卷 20797
鍾伯敬尺牘一卷 41570
鍾伯敬合集(一名隱秀軒集)一卷 41571
鍾伯敬集鈔不分卷 41572
鍾伯敬批點世説新語補二十卷 32160
鍾伯敬評公羊穀梁二傳合刻二十四卷 10602,10603
鍾伯敬評註唐詩選七卷附録一卷 43062
鍾伯敬詩集十卷 41567
鍾伯敬文抄一卷 41568
鍾伯敬文鈔 41574
鍾伯敬先生補訂千家詩□卷 42957
鍾伯敬先生補註千家詩□卷 42933
鍾伯敬先生批評漢書一百卷 20026
鍾伯敬先生批評三國志一百八十回 32660
鍾伯敬先生詩八卷 41569
鍾伯敬先生遺稿四卷 41560,41561
鍾伯敬先生硃評詞府靈蛇四卷 43285
鍾伯敬先生註釋捷用雲箋 32294
鍾伯敬小品 41573
鍾金子一卷 32053
鍾譚詩選不分卷 43079
鍾祥金石考八卷 23913
鍾祥金石志 23914
鍾祥列女傳一卷 20701
鍾祥先民傳十二卷 20700
鍾祥沿革考不分卷 22132
鍾祥藝文考四卷 23822
鍾祥藝文志考四卷 23821
鍾惺散文選集 41575
種德園詩集一卷 42646,42689
種樹山房詩集九卷 42158
種松書屋詩草一卷 42482
仲志四卷 20715,20716
重編張文襄公年譜六卷 20837
重定唐韵考五卷 11075
[重訂]瀕湖脈學一卷 30667,30668
重訂屈原賦校注 40319
重訂時行伏陰芻言一卷 30853
重訂事類賦三十卷 32276,32277,32278,32279

重訂萬氏家傳幼科發揮二卷 30952
重訂文選集評十五卷首一卷末一卷 42897,42898,42899,42900,42901
重訂鍾祥瑞麥吟二卷首一卷附録一卷 43212
重鐫兩厓集八卷 41232,41233
重濬江南水利全書八十四卷首一卷 23706,23707
重刊國語七卷 20220,20221
重刊武當嘉慶圖一卷 20703
重刊倚雲樓詩鈔一卷 42400
重刻保嬰全書十一卷 30980
重刻辯證内府原版張閣老經筵四書直解指南二十七卷 10797
重刻丁卯集二卷 40796
重刻明成化本東坡七集一百十一卷 40897
重刻内府原板張閣老經筵四書直解指南二十七卷 10798
重刻確菴曾先生兩蜀平蠻全録十五卷 20419
重刻張鳳逵傷暑全書二卷 30770
重刻張閣老經筵四書直解二十七卷 10795,10796
重鍥鳳洲王先生文抄註釋四卷續刻四卷 41352
重生游草六卷 42403
重校襄陽耆舊傳二卷 20667
重修湖北通志條議一卷 22319
周伯晉錫恩論修志一卷 22305
周鼎題詠彙存不分卷 23927
周官注釋十二卷 10395
周禮不分卷 10399,10400
周禮講義不分卷 10404
周禮節釋十二卷 10389,10390,10391,10392,10393,10394
周禮李氏音一卷 10401,10402,10403
周禮外義二卷 10396
周禮完解十二卷 10384
周禮完解十二卷讀周禮一卷 10381,10382,10383
周禮音訓不分卷 10405,10406
周禮注疏節要三十卷 10397,10398
周秦學案底稿(一至十六)20591
周氏閨閣綺霞詩蕪二卷 42680
周遂鼎圖款識一卷 23928
周文歸二十卷 43018,43019,43020
周易本義四卷附圖説及新增圖説一卷 10073
周易變通解二卷首一卷末一卷 10185
周易變通解六卷首一卷末一卷 10181,10182,10183,10184
周易不分卷 10197,10198
周易辭象合參十一卷周易圖説一卷讀易總論一卷 10167
周易發蒙四卷圖説一卷序目一卷 10137
周易膚説三卷 10128,10129
周易漢讀考三卷 10217
周易漢讀考三卷序一卷 10214,10215
周易集傳八卷 10074,10075,10076,10077,10078,10079,10080,10081,10082,10083,10084,10085,10086
周易集傳八卷補遺一卷考證一卷校正一卷 10087,10088
周易集傳十一卷 10043,10044,10045
周易集解纂疏三十六卷首一卷 10159,10160
周易集解纂疏十卷 10161,10162,10163,10164
周易集注六卷周易補注一卷 10178
周易集注四卷首一卷 10204
周易集註四卷 10177
周易簡翼捷解十六卷首一卷末一卷拾遺一卷羣經輔易説一卷 10127
周易李氏音一卷 10206,10207,10208,10209
周易筮法全解八卷 10222
周易宋氏一卷 10021,10022,10023,10024,10025,10026,10027,10028,10029
周易宋氏注一卷 10030,10031,10032
周易圖説六卷 10220
周易玩辭十六卷 10046,10047,10048,10049,10050,10051,10052,10053,10054,10055,10056,10057,10058,10059,10060,10061
周易象義擇要二卷 10169

周易心宗四卷 10136
周易要旨一卷 10199
周易一卷 10104
周易引經通釋十卷 10151,10152,10153,10154,10155
周易郁溪記十四卷 10138
周易正解二十卷 10110
周易正解二十卷讀易一卷 10105,10106,10107,10108,10109
周易證異四卷 10158
周中丞撫江奏稿四卷函稿三卷 20584
粥譜一卷 31649,31650
朱秉器全集六種十四卷 50032
朱放詩一卷 40727
朱陵洞稿三十三卷中州賦録一卷 41397
朱陵洞遺稿一卷 41398
朱氏訓蒙詩門三十六卷 10354
朱氏訓蒙詩門三十六卷首一卷 10355
朱氏訓蒙書門六卷 10253
朱氏訓蒙易門六卷 10148
朱氏訓蒙易門七卷首一卷 10149
朱竹垞彝尊論修志一卷 22288
朱子原編孟子要畧五卷首一卷 10783
朱子治家格言註一卷 32109
諸葛忠武志十卷 20720
諸史地理志編目表 20013
諸史夷語解義二卷 24069,24070
諸史夷語音義四卷 24071,24072
諸史裔語音義四卷 20011
諸書雜録不分卷 32243
諸子國瑋集七十四卷 43001
諸子類雋八卷 32230
竹林老屋詩鈔不分卷 42220
竹譜 30387,30388,30389,30390
竹譜一卷 30369,30370,30371,30372,30373,30374,30375,30376,30377,30378,30379,30380,30381,30382,30383,30384,30385,30386
竹如文存不分卷 42656
竹書紀年二卷 20119
竹書紀年集注二卷 20117,20118,20120
竹岩集六卷附一卷 41901
竹嵒家訓一卷 30202
竹嵒文詩集五卷竹嵒家訓一卷崇正録二卷 41902
竹雲堂稿十二卷 41734
竹中記一卷 20467,20468,20469
渚宫故事一卷 20270
渚宫集選一卷 41641,41642,41643
渚宫舊事五卷 20275,20277,20278,20279,20280
渚宫舊事五卷補一卷 20276
渚宫舊事五卷補遺一卷 20271,20272,20273,20274
渚宫舊事一卷 20282,20283
渚宫舊事譯注五卷補遺一卷 20281
麈史 31989,31990,31991
麈史不分卷 31988
麈史三卷 31962,31963,31964,31965,31966,31967,31968,31969,31970,31971,31972,31973,31974,31975,31976,31977,31978,31979,31980,31981,31982,31983,31984,31985
麈史四卷 31986
麈史一卷 31987
注釋字體蒙求二卷 10993
註釋國朝名文約編不分卷 43124
轉情集二卷 41378,41379,41380
莊子南華真經三卷 32719,32720,32721
莊子釋小一卷 32723
壯遊草一卷 42030
拙安堂詩集一卷 42550
拙圃詩草初集一卷 41935
拙圃詩草初集一卷二集一卷三集一卷煙花債傳奇一卷 41938
拙圃詩草十卷 41936,41940
拙圃詩草十卷附梅花集句一卷 41937
拙圃詩草四卷拙圃吟藁一卷 41939

拙效傳 32622
拙齋耄吟四卷 42688
拙齋文鈔五卷 42681
涿拓米元章行書帖 31428
資敬堂合鈔四卷 43152
資政公五十壽言（一名恬菴公五十壽言）一卷 43122
子銘先生遺集二卷 42368
子穆詩鈔三卷 42229
子壽詩鈔二卷 42185
子壽詩鈔一卷 42184
子書百家（又名崇文書局彙刻百子、彙刻百子、百子全書）30002
紫微集三十六卷 40970,40971,40972
紫陽書院志略八卷首一卷 23432
自勉編四卷 30185
自然室詩鈔一卷 42661
自然室詩稿不分卷 42660
自然室詩稿（舨民戊午稿下）不分卷 42659
自若堂圖書一卷 31526
自怡編一卷 42480
字辨證篆十七卷 10988,10989,10990
字串不分卷 11005
字串二卷 11006
字湖軒左緯三卷 10513
字體蒙求一卷 10991,10992
字學尋原三卷 11001,11002
字正初編（一名佩文韻字正）一卷 11015,11016,11017
字孳補二卷 10987
宗聖志二十卷 20711
宗聖志二十卷附録一卷 20712
鄹荻翁六卷雅笑編畧一卷 41604
奏辦川漢鐵路摺一卷 23583
奏疏一卷 20560
奏遵旨收回粵漢鐵路照繕美國合興公司售讓合同進呈並瀝陳籌辦情形摺一卷 23580
卒歲吟二卷 42479
纂圖分門類題五臣注揚子法言十卷 30087
纂圖互註揚子法言十卷 30088,30089,30090,30091,30092,30093,30094,30095,30096,30097,30098,30099,30100
纗華詞鈔一卷 43421
纗華詞一卷 43419
纗秋華室詞第一集一卷 43423
纗秋華室詩鈔（一名纗華集）不分卷 42600
纗秋華室説詩 43314
醉白堂集三卷 41801,41802,41803
醉叟傳 32621
醉隱堂只當詩三十韻一卷 41851
尊道堂詩鈔八卷别集六卷 41887
尊道堂詩鈔五卷 41886
尊古齋古兵精拓本不分卷 23943
尊古齋古代瓦當文字不分卷 24050
尊古齋古鉨集林第一集六卷 23942
尊古齋古玉圖録不分卷 23945
尊古齋金石集不分卷 23879
尊古齋歷代古鏡集影不分卷 23944
尊古齋所見吉金圖初集四卷 23946
尊古齋陶佛留真集拓不分卷 24051
尊古齋造像集拓不分卷 23880
尊經社講演録不分卷 10904
尊孔史二卷 20714
尊禮論全編五卷 32124
尊聞堂詩集十六卷 42200
尊聞堂文集十二卷詩集一卷 42201
遵札核議詳覆鄂省釐金摺一卷 23546
左傳評苑八卷 10478
左傳四卷 10481
左傳文歸十卷 10482
左傳學課程一卷 10510
左傳約編二十一卷 10499
左傳摘文二卷 10483
左笏卿日記（清光緒二十九年至民國十六年（1903—1927））不分卷 20868
左氏春秋内外傳類選八卷 10498
□園手翰一卷 43016

著者索引

〇本索引揭示《現存湖北著作總録》所收各書之著者。
〇依著者姓氏拼音字母排序。
〇集體著者依其名稱首字排列。
〇讀者可從各書之著者來查檢本書目。

A

艾南英 10284
艾元福 21158
安可願 22849
安廷山 24003

B

巴丹池 21156
巴錦綺 21155
巴興鎮 21157
白化文 40103
白輝 21945,21946
柏春 23240,23241
班固 20026
班吉木 21046
包安保 22961,22962,22963
包世臣 22783
薄啓源 20075
保元 43414
竇昆 40848
鮑梁 10389,10390,10391,10392,10393,10394,10395
鮑廷博 20723
鮑至 22139,22140
鮑孜 22807
北京大學中文系 24054
北京中醫學院 30673,30674
北京中醫藥大學中醫基礎教研室 30676
畢承綬 21462
畢承緗 21462
畢大琛 40411
畢開 21461
畢沅 30038
别文樑 22185,42041,42042
伯敬 32662,32690
伯棠 20689
步問影 32185

C

蔡□□ 21772,21773
蔡萃峰 21764
蔡道濬 21770
蔡德謙 21771
蔡德泰 21771
蔡殿齊 42436
蔡行仁 23162,23163
蔡嘉德 31697
蔡錦榮 21769
蔡景星 23067,23068,23069,23070
蔡敬齋 21769
蔡考君 21768
蔡美彪 31450
蔡容遠 22551
蔡榮堃 20992
蔡韶清 22517
蔡少光 21765
蔡紹鈞 21774
蔡紹江 10165,10166,23590,42129
蔡紹洛 20906,24102,42211,42212
蔡紹昕 21774
蔡紹瀛 20696
蔡天覺 21766
蔡完 23191,23192,23193,23194
蔡興旺 21765
蔡元偉 22546,22547,22548,22549,22550
蔡月涇 10128,10129
蔡正洋 21769
蔡中璜 21764,21767
蔡子嘉 23521,23522

蔡宗建 23302
曹□□ 21605
曹本榮 10144,10145,10146,10147,30154,43004,43005,50020
曹飛 23639,30262,30263,30264,30265,30266,30267,30269,30270,30271
曹高樂 21602
曹集榮 21600
曹金璋 21601
曹錦章 21603
曹蘭亭 21601
曹林 10429,10855,10898
曹璘 22910,22975,22976,22977
曹隆乾 21602
曹啓瑞 42670
曹啓蔚 43123
曹澍鍾 21599
曹樹聲 23160
曹廷傑 10852,10853,20713,22187,22188,22189,22190,22191,22192,22193,22278,22279,22280,22281,22282,23663,23664,23665,23666,23667,30843,30844,42117
曹同春 40244
曹熙衡 22865,22866
曹學佺 43218
曹學詩 22685
曹勛 20348
曹胤昌 41776,43294
曹永東 40649
曹育梓 24049
曹元彩 21603
曹元忠 20375,20376,22111,22112
曹澤美 21604
曹志遇 23285
草莽餘生 20509
岑參 40668,40669,40670,40671,40672,40673,40674,40675,40676,40677,40678,40679,40680,40681,40682,40683,40684,40685,40686,40687,40688,40689,40690,40691,40692,40693,40694,40695,40696,40697,40698,40699,40700,40701,40702,40703,40704,40705,40706,40707,40708,40709
長庚 23089,23090,23091,23092,23093
常丹葵 23007,23008
車胤 40462
陳□□ 21522,21526,21527,21538,21543,21559,21561,21564,21572
陳鼇 22644,22645,22646,22647,22648,22649,22650
陳百行 42364,43213
陳邦寄 22639
陳本賜 21540
陳本立 23335
陳本荃 21547
陳陛謨 24108,24109,32202,43515
陳壁鑛 21530
陳彩臣 21542
陳曾壽 42582,42583,42584,42585,42586,42587,43409,43410
陳曾佑 21007
陳昌綸 42197
陳昌銀 21557
陳長齡 21532
陳長卿 20127
陳常 21013
陳崇禮 21012
陳崇祖 42392
陳疇 42861
陳萃禮 21006
陳達科 21570,21571
陳大通 21524,21533
陳大勛 10254
陳大章 10357,10358,10359,41890,41891,41892,41893,41894,41895,41896,43196,50020
陳德瑞 21563
陳鍔 22917
陳發揮 21549
陳奉濂 42677
陳皐言 21994
陳賡颺 24105,24106
陳光亨 22655,22656,22657,22658,42177
陳光龍 41815
陳貴廷 30519
陳國儒 22380,22381
陳沆 30137,30138,30139,30140,42092,42093,42094,42095,42095,42097,42098,42099,42100,42102,42103,42104,42105,42106,42107,42108,42109,42110,42111,42112,

42966,42967,42968,
42970,42971,43114,
50022
陳豪 20081,22448,22449,
22450,22451
陳淏子 10481,10516,30005
陳恒吉 10799,10800
陳鴻恩 10441,10442
陳鴻漸 23089,23090,
23091,23092,23093
陳鵠人 21552
陳奐 30315,30319,30343
陳煥良 20103
陳輝 30671
陳徽言 20488
陳吉林 30193
陳際泰 10127
陳濟生 41646
陳繼儒 20153,23165,32715,
32716
陳家銘 21548
陳嘉謀 23171
陳建堂 23876
陳絳 32043
陳堦 21941,21942,21943,
21944,21945,21946,
21947,21948,21949
陳潔夫 21546
陳金 21018
陳錦 22555,22556,22557
陳經 24034,43116
陳據仁 10254
陳爵封 21540
陳浚川 21536
陳克焜 43168
陳克耀 43168
陳朗珊 21539
陳聯璧 22901,22902,22903
陳麟 22733
陳隆才 21554
陳録典 21556
陳鑾 23589,23612,23706,
23707,23895,30088,
30197,30198,42116,
43116
陳夢舟 22478,22479,22480
陳名夏 41396
陳鳴鳳 22868,22869
陳念祖 30413
陳蒲清 31923
陳期能 21547
陳其年 43109
陳其榮 20297,20298,20299,
20330,20739
陳啓宇 21567
陳慶樓 22361
陳仁 42890
陳仁近 41330
陳仁錫 20264,20265,21948,
20249
陳仁子 42832,42833,42834,
42835,42836,42840
陳榮傑 22780,22781
陳汝藩 23537,23538
陳瑞瀾 22542,22543,22544
陳瑞琳 40908,42141,42142
陳瑞球 42125
陳瑞珍 20685,20687
陳閏中 21525,21534
陳潤青 21552
陳潤生 21535
陳三立 20902
陳上岷 24027,24028,31452
陳尚珏 21545
陳少泉 23736
陳少松 41575
陳紹競 42676
陳深 40101,40102
陳師晉 41751,41892
陳師曾 43196
陳詩 10467,10468,10845,
20117,20118,20119,
20120,20737,20806,
22058,22059,22060,
22061,22333,22624,
23884,42016,42017,
42018,43124,43164,
43214,50022
陳士珂 10379,10380,30006,
30007,50020
陳士彦 23142,23143,23144
陳士元 10089,10090,
10091,10092,10093,
10094,10095,10096,
10097,10098,10099,
10100,10101,10102,
10103,10210,10211,
10285,10286,10708,
10709,10710,10711,
10712,10713,10714,
10715,10746,10747,
10748,10749,10750,
10751,10752,10877,
10878,10970,10971,
10972,10973,10974,
10975,10976,10977,
10978,11022,11023,
11024,11025,11087,
20011,20140,20141,
20207,20208,20209,
20210,20212,20587,
20872,20873,20874,
20875,20876,20877,
20878,20879,20880,
20881,20886,20887,
20888,20889,20890,
20891,20892,20893,

20894,20895,20903,
22065,22066,22067,
22068,22069,22070,
22071,23135,23321,
24068,24069,24070,
24071,24072,30424,
31323,31324,31325,
31326,31327,31328,
31329,31330,32301,
32354,32942,32943,
32944,32945,32946,
32947,41271,50020,
50021,50040,50041,
50042,50043
陳氏 21569
陳氏合族 21566
陳世寶 32287,32288
陳世珍 31131
陳守元 10856,31177,32125,
32126,32127,42576
陳受標 21551
陳受先 21537,21553
陳樹華 20252
陳樹楠 22666,22667,22668
陳嗣賢 21011
陳坦 23133,23134
陳韜 42678
陳天銘 21546
陳鐵民 40704
陳廷鈞 20747,22468,22469,
22470
陳廷揚 22616,22617,22618,
22619
陳廷英 20500,23865
陳萬策 22412
陳巍煥 20969
陳惟模 22878,22879,22880
陳湋 22545
陳衛平 32661
陳文彩 21541
陳文開 21528
陳文善 23023,23024
陳文濤 41633
陳文燭 23172,23173,
24068,31932,41237,
41367,41368,41369,
41370,41371,41372,
41373,41374,41375,
41376,41377
陳希曾 30351
陳曦鍾 32661
陳先藩 42498
陳先棗 21536
陳銛 23407
陳賢福 21529
陳協棰 21997
陳新甫 21555
陳杏珍 41631
陳宣 22805,22806
陳炎 21560
陳堯松 24105,24106
陳一揆 41903
陳怡 22664,22665
陳貽焮 40653
陳懿典 41312
陳友法 21565
陳玉階 21544
陳玉書 21535
陳毓鑫 21537
陳元樠 42438
陳元珖 21063
陳元傑 21533
陳元晉 21020,42497
陳元京 22414
陳允衡 41643,50012
陳允貞 42605
陳運溶 20670,21954,
22035,22096,22097,
22101,22108,22114,
22115,22117,22120,
22121,22122,22124,
22125,22154,22155,
22200,23361,23410
陳運鎮 42235
陳在文 21558
陳澤之 21531
陳振球 21523
陳正烈 41900
陳之光 21568
陳之佑 21521
陳志純 21928
陳志平 22080
陳志钰 21550
陳治道 30935
陳致虚 32828
陳中瓊 31924
陳仲衡 23648
陳卓生 42433
陳子飭 22938,22939
陳子簡 42302
陳子龍 41507,41574
陳子梅 21562
陳子展 40260,40261
陳祖範 23186,23187,23188
陳祖佑 21567
成芳聲 21176
成郎先 21175
成瑞 30434,30560,30561,
30562,30563,30564,
30565
成師吕 22727
承印 22964,22965
程□□ 21682,21702,21707
程寶書 30675
程大純 30181,30182,30183,
30184
程大中 10396,10825,

10826,10827,10828,
10829,10830,10831,
10832,24113,41977,
41978,41979,41980,
41981,41982,50020
程德良 32047,32048,41367,
41368
程德潤 42128
程德燧 21709
程定謨 11034,43397
程封 20836,23312,43107
程光第 23021,23022
程硡時 23333
程懷璟 22481,22482,22483,
42048,43205,43206
程鏡清 21710
程鉅夫 41071,410724,
41073,41074,41075,
41076,41077,41078,
41079,41080,41081,
41082,43370,43372,
50021
程開鎮 42459,42510
程炌 42122,42123,42124
程禮堂 21708
程良孺 32152,32153,32154,
32346,32347,32348
程起鵬 22788
程啓安 22952,22953,22954
程然曾 32209,32237,42348,
42479,42480,50067
程如金 21713
程瑞蓉 21711
程紹禹 21699
程石潤 21712
程士江 21704
程壽昌 22484,22485,22486
程悌 21701
程維伊 23222
程維祉 22438,22439
程文海 43371
程文華 21705
程錫 20830
程錫金 42048,43205
程錫祺 21700
程燮奎 23132
程養吾 22358
程瑶田 32139,32141,32142
程蔭南 21715
程毓靈 21706
程毓奇 32644,32645
程雲鵬 31015,31016,31017,
31018,31019
程正揆 20454,20455,
20456,20457,20458,
20459,32078,32079,
32080,32081,32082,
32083,41705,41706,
41707,41708,41709
程正清 21679,21703
程之楨 32351,32352,32353,
42314
程周田 21714
崇文書局 10859,10860,
10861,10862,30002,
30003
褚斌傑 40301
褚佩瑜 10930,10931,20029
儲嘉珩 23223,23224
儲中子 41766
川漢鐵路總公司 23585
琮瓊 31900
叢佩達 42117
崔德璋 20963
崔富章 40272
崔淦 22922,22923,22924,
22925,22926,22927
崔誥 22994,22995,22996,
22997
崔龜圖 22202,22203,
22204,22206,22207,
22209,22210,22211,
22212
崔嘉彦 30558,30559,
30577,30578,30579,
30580,30581,30582,
30583,30584,30585,
30586,30587,30588,
30589
崔龍見 22746,22747
崔培元 22831,22832,
22833,22834
崔起濳 31593,31594
崔瞿 22180
崔希範 32822,32823,
32824,32825,32826,
32827
崔應階 23268,23269,
23270,23324,23325,
23478,23685,23686,
23687,23688,23697,
23873,30365,31573,
31574,41935,41936,
41937,41938,41939,
41940,43499,43500,
43501,43502,43503,
43504,43505,43506,
43507,43508,43509,
43510
崔遵度 20146

D

大車 30522
戴昌言 22521,22522,22523,
22524
戴長庚 21881
戴大賓 42485,42511

戴大榮 21879
戴德 10446
戴德孫 20081
戴洪禧 20995
戴經 41313,41995
戴凱之 30369,30370,
30371,30372,30373,
30374,30375,30376,
30377,30378,30379,
30380,30381,30382,
30383,30384,30385,
30386,30387,30388,
30389,30390,50021
戴濂 32325
戴梅棣 23718,23731,
23733
戴祁 23095
戴齊棠 42460
戴慶雲 21882
戴任 31237
戴肅元 21883
戴望 20239,30085,30315,
30320
戴文銘 21880
戴習 41135
戴玉華 42072
戴喻讓 41961,41962
戴震 40021,40294,40295,
40296,40297,40298,
40299,40300,40301
戴之麟 40104,40259
單懋謙 42223
但傳熺 22704,22705,22706
但湘良 23659,23669
党居易 22998,22999,23000,
23001,23002
德廉 22472,22473,22474
鄧□□ 21845,21848
鄧安生 40654
鄧八松 21843
鄧琛 22507,22508,22509,
42354,42355,42356,
43199
鄧承雋 21844
鄧承潤 20998
鄧承宗 42242,42243,43399,
43400
鄧光仁 23007,23008
鄧開先 21847
鄧森林 21847
鄧士璡 43141
鄧士亮 32229,41579
鄧士瑩 43141
鄧守真 21846
鄧壽黎 42506
鄧顯鶴 20680,20681
鄧襄 42391
鄧 譯 43414,43415,43416,
43417,50025
鄧裕聰 43413
鄧裕時 41674
鄧源彪 21840
鄧源喜 21840
鄧振瀛 23491
鄧執春 21842
鄧卓漢 21841
鄧宗禹 22756
丁丙 10003,10066,10121,
10553,20056,20201,
20216,20217,20331,
20350,20630,22213,
30029,30146,30325,
31308
丁楚琮 22733
丁大鵬 43210
丁鶴年 41122,41123,
41124,41125,41126,
41127,41128,41129,
41130,41131,41132,
41133,41134,41135,
41136,41137,41138,
41139,41140,41141,
41142,41143,41144,
41145,41146,41147,
41148,41149,41150,
41151,41152,41153,
41154,41155,41156,
41157,41158,41159,
41160,41161,41162,
50021
丁克揚 22680
丁澎 20251,20264,40204
丁生俊 41154
丁士涵 30109,30320
丁曉山 23829
丁宿章 42280,43182,
43183,43184,43185
丁晏 40421,40422,40423
丁元正 40305
丁兆松 20879,20881,
20882,20883
定熙 22994,22995,22996,
22997
董□□ 21674
董長璇 21678
董衝 20062,20063,20064,
20065,20066,20067,
20069,20070,20071,
20072,20073,20086,
20087,20088,20089,
20090,20091,20092,
20093,20094,20095,
20096,20097,20098,
20099,20100
董楚平 40262,40270
董大厚 21673
董方大 23255,23256,

23257
董穀 23191,23192,23193,23194
董桂敷 23431,23432
董國剛 20968
董皓 32668
董洪利 40203,40316,40324,40425
董明道 21673,21675
董其昌 41399
董暹 41314
董恂 23720,23721
董欽塀 42664
董應運 21677
董元俊 22516
董正啓 21680
董正清 21681
董子懷 21676
董子山 21675,21673
杜超銓 21208
杜朝暉 22388
杜乘時 22518,22519
杜甫 40659,40660,40661,40662,40664,40665,40666,50021
杜光德 22790,22791,41994
杜光佑 21044
杜見龍 30232,32124,32129
杜潔吾 21209
杜芥 41761,43197
杜利生 21203
杜良俊 21205
杜良信 21210
杜蒙 21204
杜審言 40566,40567,40568,40569,40570,40571,40572,40573,40574,40575,40576,40577,40578,40579,40580,40581
杜詩 42884
杜世順 21202
杜臺卿 21940
杜維珩 21211
杜煦明 22681,22682,22695
杜濬 32634,32635,32636,32637,32638,32639,32640,32641,32642,32643,41736,41737,41738,41739,41740,41741,41742,41743,41744,41745,41746,41747,41748,41749,41750,41751,41752,41753,41754,43197,43373
杜養性 22916
杜應芳 23142,23143,23144,23289,23826,43216,43217
杜預 10469,10470,10471,10472,10473,10474,10475,10476,10477,10479,10480,10484
杜毓秀 22403
杜月村 40276
杜澐 42349
杜澤如 21203
杜宗預 22273,42917
杜祚華 21207
端方 23565,23650
段安節 31531,31532,31533,31534,31535,31356,31537,31538,31539,31540,31541,31542,31543,31544,31545,31546,31547,31548,31549,31550,31551,31552,31553,31554,31555,31556,31557,31558,31559,31560,31561,31562,31563,31564,31565,31566,31567,31568,31569,31570,31571,31572,50021
段伯清 21437
段成式 31530,31709,31710,31711,31712,31713,31714,31715,31716,32358,32359,32360,32361,32362,32363,32364,32365,32366,32367,32368,32369,32370,32371,32372,32373,32374,32375,32376,32377,32378,32379,32380,32381,32382,32383,32384,32385,32386,32387,32388,32389,32390,32391,32392,32393,32394,32395,32396,32397,32398,32399,32400,32401,32402,32403,32404,32405,32406,32407,32408,32409,32410,32411,32412,32413,32414,32415,32557,32558,32559,32560,32561,32562,32563,32564,32565,32566,32567,32568,32569,32570,32571,32572,32573,32574,32575,32576,32577,32578,32579,32580,32581,

32582,32583,32587,32588,32589,32590,32591,32592,32593,32594,32595,32596,32597,32598,32599,32600,32601,32602,32603,32604,32605,32606,32607,32608,32609,32610,32611,32612,32613,32614,32615,32616,32617,32618,32626,32627,32926,32927,32928,32929,32930,32931,32932,32933,32934,32935,40739,40740,40741,40742,40743,50021
段大華 21437
段公路 22202,22203,22204,22205,22206,22207,22208,22209,22210,22211,22212,22213,22214,22215,22216,22217,22218,22219,22220,22221,22222,22223,22224,22225,22226,22227,22228,22229,22230,22231,22232,22233,22234,22235,22236
段清海 21435
段世芳 21436,21438
段澍霖 23314,23315,23316
段希孟 31081
段映斗 22978,22979,22980,22981
段玉裁 30317
多紀元越 30749
多祺 22605,22606,22607
多壽 23038,23039,23040,23041,23042,23043,23044

E

鄂爾泰 23298,23299,23300,23301,23303,23304,23640,23641,23642,23643
鄂奇善 30809
恩成 23295,23296,23297
恩聯 22918,22919,22920
恩榮 22785,22786,22787
恩溅 43514
恩 澤 23644,23645,23646,23647

F

樊東陽 42505
樊恭懋 42060,42239
樊司鐸 22444
樊王家 10498,20770
樊維城 10351,10644,10645,23195,23196,23197,23198,43171,43172,50017,50018,50019
樊維師 41647
樊雄楚 42019
樊玉衝 32222,32223,32224,32225,32226
樊增祥 23453,23678,23679,23680,23749,23751,23752,23753,23754,23755,23756,23757,23759,40851,42522,42523,42524,42525,42526,42527,42528,42529,42530,42531,42532,42533,42534,42535,42536,42537,42538,42539,42540,42541,42542,42543,42544,42545,42977,43404,43405,43406,43407,43408,43436,43437,43438,43439,43440,43520
范□□ 21363
范昌棣 22855
范昌簡 21360
范昌壽 21360
范成大 40979,40980
范厚恩 21361
范厚潤 21360
范厚炘 21361
范繼昌 23009
范開誠 21058
范鍇 22077,22078,22079
范明泰 20738,20739,20740,20741,31374,31375,31387,31388,50029
范鳴龢 23724
范甯 10224,10225,10226,10227,10458,10459,10460,10521,10522,10523,10524,10525,10526,10527,10528,10529,10530,10531,10532,10533,10534,10535,10536,10537,10538,10539,10540,10541,10542,10543,10544,10545,10546,10547,10548,10549,10550,10551,10552,

10553,10554,10555,
10556,10557,10558,
10559,10560,10561,
10562,10563,10564,
10565,10566,10567,
10568,10569,10570,
10571,10572,10573,
10574,10575,10576,
10577,10578,10579,
10580,10581,10582,
10591,10592,10593,
10594,10595,10596,
10597,10598,10705,
10706,10707
范楟 40658,40659,40660,
41083,41084,41085,
41086,41087,41088,
41089,41090,41091,
41092,41093,41094,
41095,41096,41097,
41098,41099,41100,
41101,41102,41103,
43256,43257,43258,
43259,43260,43261,
43262,43263,43264,
43265,43266,43267,
43268,43269,43270,
43271,43272,43273,
43274,43275,43276,
43277,43278,43279,
43280,43281,43282,
43283,43284
范森 23145
范軾 21034,21035
范 汪 21954,22096,22117,
23506,23507,23508
范 薇 42454,42455,42456,
42457
范希蓮 42461
范熙壬 20805,21035
范義成 21362
范止坤 21362
范志熙 42296,43121
方苞 40359,40360
方成慧 20347
方承保 22673,22674
方道延 21146
方東樹 40428
方逢時 41361,41362,
41363,50024
方復臣 21147
方弘履 23112
方華明 21148
方錦川 21150
方景濂 23211,23212
方孔炤 23739
方民悦 20388,20389,
20390,20391
方槃如 30119,40379,
40380
方南生 32390
方樸大 32138,32139,
32141,32142
方其敬 21152
方日升 11027
方瑞麟 20974
方升 23343,23344
方士燦 21031
方廷珪 42904,42905,
42906
方向東 31899
方孝先 21148
方敘 41103
方遠宜 22362,22363
方月池 21148
方嶽貢 23165,42999,
43000,43001
方子林 21151
房玄齡 20042,30307,
30308,30309,30310,
30311,30312,30313,
30314,30315,30316,
30317,30318,30319,
30320,30321,30322,
30323,30324,30325,
30326,30327,30328,
30329,30330,30331,
30332,30333,30334,
30335,30336,30337,
30338,30339,30340,
30341,30342,30343,
30344,30345,30346,
30347,30348,30349,
30350,30351,30352,
30353,30354,30355,
30356,30357
費尚伊 41634,41635,
41636,41637,50023
費元禄 41378,41379,
41380
封蔚礽 22616,22617,
22618,22619
馮□□ 21721,21722,
21724,21725,21726
馮德才 23286,23287,
23288
馮德材 42177,42413
馮功名 21723
馮君詳 21731
馮夢龍 32655,42997,
43101,43102
馮夢禎 42892
馮民偉 21788
馮其昌 41923
馮其世 23233,23234,
23235
馮紹祖 40022,40023,

40024,40047,40048,
40049,40054,40058
馮世雍 23492,23493,
41235,41236
馮舜臣 22921
馮泰運 23018
馮惟訥 42871
馮文止 23164
馮 瑄 42236,42237,42238,
43205
馮應京 31237
馮振欽 21729
馮鎮文 21730
馮之圖 22653
孚保 22756
浮湘客 42370
傅□□ 21738
傅炳南 42379
傅大璠 42474
傅大業 23333
傅大有 21736
傅海舟 41197
傅鶴祥 22453,22454,22455
傅衡 42199,42320
傅沛藩 30408
傅千之 42363
傅慶餘 42363
傅如筠 22729,22730,22731
傅山 30312
傅上瀛 10617,10618,42362,
42918,42923
傅昇 20975
傅世焞 22402
傅守謙 30220,42558,43336,
43337
傅淑訓 23156,23157,23160
傅樹勤 31696
傅廷儀 10930,11079,11080,
11093,11094
傅燮鼎 22686,22687,
22688,22689,23338,
23358,42321,42322
傅以成 42227
傅以漸 10144,10145,
10146,10147
傅喻恭 42477
傅垣 42145,42240
傅嶽芬 11078
傅嶽棻 20036,21039,
42588,42589,42590,
42591,50076,50077
傅在朝 21739
傅增湘 20057
傅正常 21737
傅卓然 42199,42320
傅紫璘 41944

G

甘定遇 22932,22933,
22934,22935,22936,
22937
甘霖 31248,31249,31250,
31262,31263,31264,
31265,31266,31267,
31277,31318,31319
甘鵬雲 10883,10903,
10904,20684,20686,
22129,22130,22321,
23564,23630,23773,
23804,23823,24033,
24037,30201,32116,
32117,32156,32157,
41192,41363,41419,
41746,41752,42521,
42562,42563,42564,
43179,43180,50022,
50024,50024,50074
甘樹椿 30201,42521,
50071
甘雨 11023,11024,11025
甘 澤 22608,22609,22610,
22611
泠然閣 40645
高□□ 21507
高翺 22463
高棅 40711,43047
高承治 23456
高楚 21812
高代敬 21511
高岱 20185,20186,20187,
20188,20189,20190,
20191,20192,20193,
20194,20195,20196,
20331,20332,20333,
41248,41357
高等小學堂 10364,10741
高斗樞 20445,20446,
20447,20448,20449,
20450
高爾柏 20514
高爾松 20514
高福滂 23357
高家箴 21515
高介眉 21512
高金體 31906,31907
高景之 22683
高敬菊 23470
高舉 22604
高濂 32039,32040
高聯捷 22463
高路明 40316,40324,40425
高木熊三郎 20250
高能錦 21510
高啓 41169,50012
高秋月 40244
高潤身 23469
高世榮 22789

高世泰 20682
高世巽 20276
高適 40707,40708,40709
高壽興 21505
高熙慶 21508
高旭樞 21672
高緒煜 21506
高訓源 21514
高衍寬 21509
高 誘 30002,31927,31928,31929
高曰化 20760
高兆麟 20125,20130
高振鑅 22696,22697
高正達 21513
高佐廷 22686,22687,22688,22689
葛洪 32354
葛萬里 20838
葛振元 23113,23114,23115
葛繡 10580
賡音佈 22460,22461,22462
耿定向 20608,20609,20610,20611,20612,20613,20614,22537,22538,30134,30135,30136,30208,30209,32441,32442,32443,32452,32453,32454,32455,32456,32457,32458,32459,41269,41270,41273,41321,41322,41323,41324,41325,41326,50021
耿建華 40277
耿良堃 21449
耿汝忞 22537,22538
耿汝愚 41435,41436
耿文聯 21448
耿文濬 21447
宮夢仁 22330
龔炳孫 42783,42784,42870
龔柴 22062
龔橙 23871
龔傳紳 23302
龔逢烈 22700,22701
龔耕廬 42628,42629,42630
龔黄 43012,43113
龔景瀚 40381,40382,40383,40384
龔克昌 40326
龔潤森 23183,23184,23185
龔紹仁 22831,22832,22833,22834,42359,42360
龔笙 23236,23237
龔書宸 40666
龔仲敏 23255,23256,23257
龔自珍 42092
顧彩 23465,23466,23467,23468,23469,23470
顧昌 10982,10983,10985,10986,32193,32194,32195,32196,32197
顧充 24073,24074,24075,24076,24077,24078,24079,24080,24081,24082,24083,32294,32296,32297
顧道洪 40601,40602
顧奉璋 30811,30812,30813,30814,30815,30816,30817,30818,30819,30820,30821,30822,30823,30824,30825,30826,30827,30828,30829,30830
顧廣圻 20219,20260,23481,30068,30106,30114,30120,30314,30316,30317,30324,30352,31234,41072
顧槐 42325
顧際熙 22707,22708,22709
顧嘉蘅 22718,22719,22720
顧景星 10982,10983,10984,10985,10986,30366,30367,30368,32193,32194,32195,32196,32197,32198,32199,41790,41791,41792,41793,41794,41795,41796,43374,43376
顧夔璋 41963
顧璘 40711,43039,43041,43042,43043,43044,43045
顧名 23183,23184,23185
顧如華 32722,41718,41719
顧三經 10982,10983,10985,10986
顧施楨 42893
顧天成 40372,40373
顧渭 23026
顧 問 20753,20754,23140,23141
顧咸泰 23149
顧頤煊 20322,20323
顧宗孟 10669,10675,10676,10687,10688,10689,10690,10721,10722,10723,10724,

10756,10759,10760,10761,10794,10799,10800,10801,10803,10804
官撫辰 20451,30294,30295,32053,32054,32055,41670,41671,41672,50048
官應震 20555,31281,31282,31283
關棟 20966
關烔 21042
關寧 22951
關 棠 10194,10195,42428,42429
管洪德 21782
管年忠 21780
管年準 21781
管時敏 41155,41156,41157,41158,41159,41160,41161,41162
管庭芬 22359,23894,40190
管雪齋 20766
管貽葵 22555,22556,22557
管應起 21779
歸有光 30059,31791,31792,31853,31920,31949,32786,40435,40446,40774
鬼谷子 31290,31291,31292,31293,31294,31926
桂成斌 21445
桂聲遠 21444
桂雄五 21446
郭□□ 21491,21496,21501,21502
郭潮 20897
郭成憲 21497
郭存會 20589,20590
郭存瑜 21495
郭大綸 23172,23173
郭敦祐 22884,22885,22886
郭光復 20442,20443,20444,30288,30289,30290
郭徽祚 22770
郭階 10214,10215,10216,10217,10680,10700,10843,20803,20855,20856,24112,32103,32203,32701,32723,42405,42406,42407,50068
郭康松 22344
郭可裕 21494
郭孔延 24061,24062,24063,24064,24065,24066,24067
郭茂泰 22715,22716
郭命遠 21500
郭沫若 40315
郭攀桂 42283
郭沛霖 20896,20907,23447,32203,32204,42323,42324,50068
郭啓愛 21494,21499
郭慶壬 22064
郭慶熙 42372
郭士珩 31121,31122,31123,31124,31125,31126
郭士元 23123,23124
郭爲光 20986
郭席珍 21492
郭學淵 21498
郭彦博 22684
郭焱昌 23317,23318,23319,23320
郭雍 10062,10063,10064,10065,10066,10067,10068,10069,10070,10071,10072,30420,30727,30728,30729,30730,30731,30732,30733,30734,30735,30736,30737,30738,30739,30740,30741
郭雲漢 21493
郭兆春 42571
郭正域 10411,10412,10413,10414,20755,20756,23513,23514,23515,32717,32718,40662,40667,41392,41393,41394,41395,41396,42878,42879,42880,42881,42882,43028,43029
郭之藩 23277,23278
郭治平 23023,23024
郭仲産 21954,22099,22100,22101,22117,22200,22201
郭子秀 21492
郭子章 31722
郭宗林 21495
國學整理社 40021
國 璋 23403,23404,23405,23406

H

韓□□ 21875
韓傅其舜 21878
韓傅士垣 21878
韓德功 21876

韓範 10477
韓國瑨 21874
韓洪蒝 21872
韓繼魏 21873
韓守益 41170
韓萬鍾 31213,31214,31215,31253,31254
韓嬰 10378
韓應嵩 41327,41331
韓永清 21877
韓愈 40667
韓占傑 31925
漢國祝 41876
杭雲龍 23249,23250,23251,23252,23253
郝洪範 10125,10330,10331,10332
郝敬 10002,10003,10004,10005,10006,10007,10105,10106,10107,10108,10109,10110,10111,10112,10113,10114,10115,10116,10117,10118,10119,10120,10121,10122,10123,10124,10125,10126,10236,10237,10238,10239,10240,10241,10242,10243,10244,10245,10246,10247,10320,10321,10322,10323,10324,10325,10326,10327,10328,10329,10330,10331,10332,10381,10382,10383,10384,10385,10386,10387,10388,10415,10416,10417,10418,10419,10420,10421,10422,10423,10431,10432,10433,10434,10435,10436,10437,10438,10439,10440,10489,10490,10491,10492,10493,10599,10604,10605,10606,10607,10608,10609,10610,10611,10612,10613,10614,10728,10729,10730,10731,10732,10733,10734,10735,10764,10765,10766,10767,10768,10769,10770,10771,10815,10879,10880,10881,10882,10883,11026,20003,20004,20005,20006,20009,20027,20034,20041,20053,20556,20557,20710,30151,32046,32047,32049,32052,40661,41407,41408,41409,41410,41411,41412,41413,41414,43066,43318,50020,50020,50024,50047
郝明龍 20771,20772,20773
郝廷璽 22947,22948,22949,22950
郝懿行 10867,10868
何□□ 21299,21301
何彬 42327
何彬然 31698
何粲 32782,32783,32784,32790,32791,32795,32796,32797
何焯 10932,30070,30103,30104,30109,30110,30116,30118,31963,32138,32139,32141,32142,40504,42701,42702,42718,42719,42723,42724,42729,42730,42733,42735,42738,42741,42744,42745,42764,42787,42788,42789,42790,42791,42792,42793,42811,42851,42802,42803
何傳新 21294
何定傑 30528
何棟如 31328,31329,31330
何藩 22891,22892
何 觀 30292,30293,41382,41383
何國民 42100,42101,42104,42108,42110,42112,42971,50020
何煌 20079,20218
何蕙馨 23045,23046
何家榜 21292,21297
何金 20539
何金壽 20582
何良俊 32160
何 遷 20751,41238,41239,41240,41241
何喬遠 40358
何詩海 23337
何氏合族 21295,21296
何世興 21293
何益廣 21300
何宇度 22246,22247,22248,22249,22250,

22251,50021
何毓秀 41889
何遠鑒 23031,23032,23033,23077,23078,23079
何韞若 31472
何振翮 21048
何譔 24094
何宗彦 41417
河北通志館 23129,23130,23131
賀長齡 23589
賀逢聖 20765,41358,41359,41360,43092
賀寬 40243,40361
賀猛 32327
賀時泰 10695,30149,30150
賀祖蔚 22659,22660,22661,22662
鶴峰縣民族事務委員會 23472
洪才全 21430
洪承越 22147,22151,22931,23819,23922
洪範 10206
洪基 20010
洪戒山人 20490
洪良品 10257,10258,10259,10260,10261,10262,10263,10264,10265,10266,10267,10268,10269,10270,10271,10295,10652,10653,10654,20581,20799,22153,22345,22346,23443,23444,23445,23474,23475,23476,32207,42351,42352,42353,42976,43134
洪邁 32585,32586
洪橤 21016
洪丕謨 31376
洪瑞澗 21429
洪若皋 42895
洪文治 21429
洪先燾 23083,23084,23085,23283
洪象笏 21431
洪興祖 40021,40066,40067,40068,40069,40070,40071,40072,40073,40074,40075,40076,40077,40078,40079,40080,40081,40082,40083,40084,40085,40086,40087,40088,40089,40090,40091,40092,40093,40094,40095,40096,40097,40098,40099,40100,40101,40102,40103
洪頤煊 30320
洪用輔 22412
洪湛侯 40278,40447
洪兆雲 10290
紅菊 20607
侯培峻 22086
侯世忠 22993
侯英賢 10851,23380
侯忠義 40704
侯祖畬 22373,22420,22421,22422
胡□□ 21393,21402,21410,21413,21415,21416
胡必選 23213,23214,23215,23216,23217,23218,23219,23220,23221
胡璧華 42169
胡昌銘 22693,22694
胡承諾 20840,20841,20842,30155,30156,30157,30158,30159,30160,30161,30162,32075,32076,32077,41714,41715,41716,50020
胡承詔 23826,43216,43217
胡醇 42313
胡翠軒 21406
胡大集 42315
胡大經 42384,43167
胡大文 43167
胡鼎臣 42385
胡 定 41242,41243,41244,41245,41246
胡鄂公 20510
胡鳳丹 22387,22388,23334,23336,23337,23368,30066,41744
胡孚駿 20481
胡復初 22640,22641,22642,22643
胡廣 23481,23482,23483,23484,23485,23486,23487,23488,23489,23490,23491,23503
胡桂生 42055,43167
胡國佐 22436,22437
胡洪鼎 22681,22682,22695
胡洪耀 21794

胡檜模 21398
胡基秀 21403
胡鑑瑩 22596,22597,22598
胡錦城 21411
胡暻等 21397
胡九皐 22753,22754,22755
胡居仁 30142
胡鈞 20837
胡鈞和 43166,43429
胡開福 21403
胡孔福 20044,21032
胡禮晉 42462
胡略 30402,30404,30405
胡明昜 10314
胡南薰 10287
胡聘之 24030,24031
胡起鳳 22732
胡翹霜 42025
胡壬林 42686,43166
胡潤 41904
胡紹鼎 22517,22518,22519,41947,41948,41949
胡紹煥 43243
胡紹瑛 42908,42909,42910,42911,42912,42913,42914,42915
胡紹煐 42916
胡繩祖 22638,22639
胡氏合族 21409
胡式玉 42669
胡淑福 42508,43167
胡思謙 42003
胡嗣俊 21412
胡維翰 42509,43167
胡維榮 21417
胡錫祺 42394
胡先遂 40656
胡筱三 21405
胡心悅 22960
胡秀溫 41931
胡緒材 21404
胡薰 10745
胡翼 23096,23097,23098,23099
胡胤銓 23147
胡應樞 21401
胡永慶 22951
胡虞臣 21407
胡輿權 22835
胡玉章 32075,32076,32077
胡願 10745
胡在恪 22715,22716
胡增廓 20896
胡兆春 32155,42200,42201,43153,43154,43167,50027,50028
胡震亨 23195,23196,23197,23198
胡正楷 22959,22960
胡志熊 23166
胡鑄鼎 22525
胡子明 42687,43165,43428
胡宗敬 21414
胡宗林 20820
胡祖翮 23395,23396,23714,23715,23716,50022
胡祖寅 21398
胡作柄 20697,20698,22131
湖北佈政使司善後總局 23539
湖北崇文書局 50009,50010
湖北官書局 22076
湖北農務總會編輯科 23629
湖北省革命委員會衛生局 30575
湖北省荊州市周梁王橋遺址博物館 24060
湖北省立圖書館 23799
湖北省圖書館 20505
湖北省衛生局 30573
湖北省文物考古研究所 24054,24059
湖北通志館 20206
湖北通志局 23809,23810
湖北土稅膏捐總局 23543
湖北武備學堂 30306
湖北牙釐總局 23544,23545
湖北營務處 22053
湖北輿地局 22048
湖北輿圖局 22051
湖北中醫學院 30773,30774,30775
華淑 32227
桓寬 30002,30060,30061,30062
煥龍室 43147
皇甫汸 41262,41264
黄□□ 21593,21594,21596
黄葆謙 42221,42222
黄昺傑 22640,22641,22642,22643
黄昌輔 20685,20687,22784
黄焯 10373,10374,10867,10916,10917,10918,10923,10953,10960,11021,11066,11086,42304,42604,42609,42690,42925,43162
黄大華 20037,20114,20115,20521,20522,20523,20524,20525,20530,20531,20532,

20533,20534,20535,
20536,20537,23367,
23776,42221,42222,
42447,42448,42449,
42450
黃道周 42995,42996
黃德大 21598
黃定鏞 22964,22965
黃端夫 21586
黃敦夫 21585
黃芳溢 21599
黃豐玉 21584
黃福 10203,10296,32702
黃功臣 21588
黃功濟 21588
黃功玉 21584
黃衮 22684
黃宏廷 21590
黃惠賢 20665
黃繼相 21597
黃建中 10951,10952
黃諫音 32783,32784
黃 鑑 31957,31958,31959,
31960
黃教鎔 43161
黃金 22975,22976,22977
黃金臺 23223,23224
黃晴臺 21582
黃 敬 修 41166,41167,
41168
黃九華 43120
黃俊臣 21587
黃愷 22624
黃侃 10010,10011,10012,
10197,10198,10205,
10218,10280,10281,
10282,10283,10368,
10369,10370,10371,
10372,10399,10400,
10427,10428,10451,
10452,10457,10511,
10512,10519,10520,
10584,10585,10633,
10634,10662,10663,
10743,10744,10785,
10786,10865,10866,
10867,10868,10869,
10870,10871,10872,
10873,10874,10906,
10907,10908,10909,
10920,10921,10922,
10923,10924,10948,
10949,10950,10951,
10952,10953,10954,
10955,10956,10957,
10958,10959,10960,
10961,10962,10963,
10964,11015,11016,
11017,11018,11021,
11053,11054,11055,
11056,11057,11058,
11059,11060,11061,
11062,11063,11064,
11065,11066,11067,
11068,11069,11070,
11071,11072,11073,
11074,11075,11076,
11077,11095,11096,
11097,11098,11099,
11100,11101,11102,
11103,11104,11105,
11106,11107,20183,
20184,20636,20869,
20870,21092,21926,
23805,23832,23833,
23834,23835,23836,
23837,23838,23839,
23840,23841,23842,
23843,23844,23845,
23849,30063,30230,
30231,31457,32120,
32121,32122,32123,
32151,32213,32214,
32215,32216,32217,
32218,32238,32239,
32240,32241,32242,
32243,32244,32245,
32704,32705,32843,
32844,32975,32976,
40458,40459,40460,
40461,40977,40978,
40979,40980,40997,
40998,41068,41069,
42594,42595,42596,
42597,42598,42599,
42600,42601,42602,
42603,42604,42605,
42606,42607,42608,
42609,42610,42611,
42612,42792,42924,
42925,42926,42927,
42978,43010,43011,
43070,43074,43075,
43162,43220,43312,
43313,43314,43338,
43339,43340,43419,
43420,43421,43422,
43423,43424,43425,
43426,43427,50078
黃康衢 21591
黃理 42047
黃立猷 23850,23954
黃利通 41877,41878,
41941,41942
黃廉 31117,31118,31119,
31120
黃良煇 42414,42415

黄良質 22586
黄陵道人 23563
黄孟東 21576
黄念華 11016
黄念蓉 42612,42924
黄念田 11096
黄念祥 42608
黄鵬程 21582
黄丕烈 20218,22213,30315,30317,30323,30744,30746,30750,30751,30753,31256,31501,31787,31807,31963,31965,31971,32037,32247,32373,32476,32477,32499,32512,40333,40510,40586,40671,40785,41072
黄啓焜 21578
黄啓瑞 30274,30275,30276,30277,30278,30279,30280,30281,30282,30283,30284,30285,30286,30287,30291
黄清直 21592
黄慶曾 20515,21574,23767
黄仁 22837,22838
黄潤堃 21583
黄善能 21591
黄師憲 41797,41861
黄世崇 22856,22857,22858,22872,22873,22874,23047,23049,23050
黄式度 22393,22394,22395
黄奭 10018,10019,10020,10596,10597,10598,20142,20143,20171,20172,20173,20174,20175,20176,20177,20178,20179,20180,20181,20182,20282,20283,20284,20325,20326,20327,20674,22107,22138,22159,23490,23491
黄守謙 42221
黄壽祺 40265
黄書紳 22528
黄澍 10809,10818
黄嗣艾 10636,23860,30066,32974,42667,42668,43109
黄嗣東 20626,20627,20628,30192,42425,43161
黄嗣翊 42375,42376
黄廷對 41681
黄廷金 23242,23243,23244
黄庭堅 40907
黄土冕 22094
黄緯 21021
黄文彬 21589
黄文琛 20949,42369,42370,42371
黄文蓮 23146
黄錫祖 42113,43215
黄憲 31935,31936
黄小筱 21586
黄新應 21587
黄星齋 21581
黄休復 31459,31460,31461,31462,31463,31464,31465,31466,31467,31468,31469,31470,31471,31472,32474,32475,32476,32477,32478,32479,32480,32481,32482,32483,32484,32485,32486,32487,32488,32489,32490,32491,32492,32493,32494,32495,32496,50021
黄濬 23878,23879,23880,23942,23943,23944,23945,23946,24041,24050,24051,31640
黄仰嵩 21595
黄義尊 22746,22747
黄元善 10424,20955
黄玉鉉 22620,22621
黄月卿 21589
黄悦賢 21590
黄雲鵠 10186,10187,10361,10362,23742,23748,30836,31649,31650,31651,31652,32236,42303,42304,42305,42306,42307,43162,43201
黄肇封 21577
黄正雨 31372,31397,31421,31427,31488,31491,31614,40954,43353,50030
黄之端 22013
黄之富 21575
黄之鶴 21580
黄之瀾 21573
黄之瑞 50015,50016

黄志杰 30525
黄志鈞 42666
黄志清 21592
黄中愷 20512,20513
黄子厚 21585
黄子遂 23010,23011,23012
惠棟 10932,10934,20234,20239,30316
霍冀 23638
霍裕瀚 21839
霍原煌 21838

J

積綸 23656
吉鍾穎 23083,23084,23085
紀瓊 41928
冀麟書 22086
冀亞平 23874,24005
繼祖 20607
賈待聘 23006
賈洪詔 23003,23004,23005,42241
賈鈜 23414
賈如愚 23348
賈雙喜 24005
賈修齡 42638,42639,42640,42641
賈誼 30002,40001,40002,40003,40004,40005,40006,40007,40008,40009,40012,40013,40014,40015,40016,40017,40018,40019,40020,40021,40022,40023,40024,40025,40026,40027,40028,40029,40030,40031,40032,40033,40034,40035,40036,40037,40038,40039,40040,40041,40042,40043,40044,40045,40046,40047,40048,40049,40050,40051,40052,40053,40054,40055,40056,40057,40058,40059,40060,40061,40062,40063,40064,40065,40066,40067,40068,40069,40070,40071,40072,40073,40074,40075,40076,40077,40078,40079,40080,40081,40082,40083,40084,40085,40086,40087,40088,40089,40090,40091,40092,40093,40094,40095,40096,40097,40098,40099,40100,40101,40102,40103,40104,40105,40106,40107,40108,40109,40110,40111,40112,40113,40114,40115,40116,40117,40118,40119,40120,40121,40122,40123,40124,40125,40126,40127,40128,40129,40130,40131,40132,40133,40134,40135,40136,40137,40138,40139,40140,40141,40142,40143,40144,40145,40146,40147,40148,40149,40150,40151,40152,40153,40154,40155,40156,40157,40158,40159,40160,40161,40162,40163,40164,40165,40166,40167,40168,40169,40170,40171,40172,40173,40174,40175,40176,40177,40178,40179,40181,40182,40183,40184,40185,40186,40187,40188,40189,40190,40191,40192,40193,40194,40195,40196,40197,40198,40199,40200,40201,40202,40203,40204,40205,40206,40207,40208,40209,40210,40211,40212,40213,40214,40215,40216,40217,40218,40219,40220,40221,40222,40223,40224,40225,40226,40227,40228,40229,40230,40231,40232,40233,40234,40236,40237,40238,40239,40240,40241,40242,40243,40244,40252,40254,40255,40256,40257,40258,40260,40261,40262,40263,40264,40265,40266,40267,40268,40269,40270,40271,40272,40273,40274,40275,40276,40277,40305,40312,

40313
賈應瑜 22375,22376,22377,22378
駱賓王 40565
兼山 42692,42693,42694
江 蘩 20560,23494,23495,23496,23497,23519,23520,23592
江公安 21199
江闓 22984,22985
江浦 22079
江人度 23830
江氏賡 21198
江世價 21196
江夏高等小學堂 10364
江殷道 23231,23232
江藻 23229,23230
江振漢 21008
江志芳 21197
江宗伊 20640
姜傳緒 21419
姜德森 21418
姜亮夫 40318,40319,40321
姜善繼 23317,23318,23320
姜紹熊 21419
姜庭銘 22554
姜維周 22733
姜文林 21424
姜嘘雲 21420
姜彦稚 22037
姜郁松 10784
姜治元 21422
蔣椿 43154,50027
蔣德瀼 20950
蔣恩溎 42220,43512,43513
蔣光祖 23265,23266,23267
蔣海澄 22964,22965
蔣驥 40245,40246,40247,40248,40249,40250,40251,40252,40253
蔣 炯 22464,22465,22466,22467
蔣楷 20495,30360,42453
蔣力生 32819
蔣立甫 40179
蔣勵修 24087,24088
蔣勵志 24087,24088
蔣魯傳 42388,42389,42390
蔣魯封 42386,42387,43153,43154
蔣鳴奎 30189,30190,43153,43154,50027
蔣銘勛 22718,22719,22720
蔣南華 40320
蔣啓勳 23170
蔣祥墀 23100,23101,23102,42043
蔣傚濂 43514
蔣義彬 32355
蔣玉伯 30560,30561,30562,30563,30564,30565
蔣之翹 20042,40163,40164
蔣子培 23881
焦弘 10753
焦竑 10666,10667,10668,10684,10685,10686,10718,10719,10720,10754,10755,10795,10796,10797,10799,10800
焦延壽 31278
焦欽寵 23420
皆川願 10491
金寶珊 21367
金承宣 42681,42688
金承鈺 20828,20829
金城 20507
金大鏞 22815,22816,22817,22818
金德嘉 41721,41816,41817,41818,41819,41820,41821,41822,41823
金芳初 21365
金國鈞 22429,22430
金國明 22968
金階升 20314
金靜甫 21368
金開誠 40316,40324,40394,40425
金龍 22038
金龍驤 22587
金夢白 21367
金蟠 10580
金聲 41648,41649,41650,41651,41652,41653,41654,41655,41656,41657,41658,41659,41660,41661,41662,41663,41664,41665,41666,41667,41668,41669
金泰 43398
金文藻 21366
金永森 20473,20474,20477,20478,20483,22274,22275,22429,22430,42504
金兆清 40198

近藤元粹 40636,40644,42695,43290
靳輔 23685,23686,23687,23688
京漢鐵路局 23569
靖道謨 22370,22371,22372,22506,23298,23300,23301,23303,23304
鉅夫 43370
覺荇芻蕘 10996
覺世稗官 32637

K

康雲華 32111
柯方鉞 20844,20845
柯逢時 20910,20988,22494,22495,22496,24032,30420,30421,30557
柯夫 20604
孔繁良 21153
孔繁怡 21153
孔鮒 30002,30012
孔廣仁 42382,42383,42507
孔廣栻 20252
孔繼榦 23020
孔繼涵 20221,20252,20257,20727,31236,40988,41004
孔教敦 43062
孔憲甲 21049
孔自來 22738,22739,22740,22741,22742,22743,41673
寇才質 32694,32695,32696,32697
寇均鋒 31925
寇學海 41268
魁玉 20466
蒯正昌 22753,22754,22755
欵思居士 43492
奎友 32691

L

來集之 32304,32305,32306,32307,32308,32309,32310,32311,32312,32313,32314,32315
來欽之 40184,40185,40186
賴榮光 22882
蘭秀英 10931
郎廷棟 23272
勞必達 23186,23187,23188
勞光泰 22704,22705,22706
雷□□ 21761
雷赤顯 21760
雷楚材 43194
雷春沼 22808,22809,22810,23034,23035,23036,23086,23087,23088
雷禮 20538
雷懋煋 21762
雷起劍 40793,40794,40795,40796
雷慶翼 40266
雷思霈 41433,41434
雷錫芹 21763
雷學淇 20304,20305,20306,20307
雷以成 21061
雷以誠 22664,22665
雷以誠 42172,42173,42174,42175
冷儒宗 22634,22635,22636,22637
黎元洪 23764
李□□ 21229,21246,21249,21250,21251,21256,21257,21259,21262,22162
李拔 22876
李白 40658
李保澂 21002
李保光 21219
李保亨 21219
李葆元 41960
李葆貞 22844,22845,22846,22847,22848
李寶臺 24044,24045
李本忠 23704,23705
李搴 23225,23226
李炳範 10740
李炳釁 20970
李伯淮 21232
李曾馥 42061,42062,42063
李昌祚 41758,41759,41760
李陳玉 40205,40206
李成松 21242
李承芳 41176
李承箕 41177,41178,41179,41180,41181
李承勛 31641,31642,31722,32295,32296,32297
李承懿 20211,20265
李充 10702,10703,10704
李春溪 21217
李春澤 22460,22461,

22462
李淳 42867
李淳風 31219,31220,31221,31222,31223,31224,31225,31226,31227,31228,31234,31235,31236
李存渺 10196,10363
李大紹 21260
李道平 10159,10160,10161,10162,10163,10164,22464,22465,22466,22467,31279,42130,50020
李道灘 21242
李登鼇 23021,23022
李登明 21236
李殿卿 21233
李鼎 31175,32716
李鼎臣 42656
李法孟 22780,22781
李芳 30300
李逢年 42657
李富厚 21218
李馥先 23263,23264
李皋 42368
李臯 50023
李杲 30569,30570,30571,30572
李格非 10872
李光地 40362,40363,40364,40365,40366,40397,40398,40399,40400,40401,40402
李光煥 21244
李光縉 10799,10800,42885
李光前 23060,23061
李光善 21239
李光錫 21239
李光熠 21261
李光祚 43285
李軌 10206,10207,10208,10209,10401,10402,10403,20171,20172,20173,20174,20175,20176,20177,20178,20179,20180,20181,20182, 30067,30068,30069,30070,30071,30072,30073,30074,30075,30076,30077,30078,30079,30080,30081,30082,30083,30084,30085,30086,30087,30088,30089,30090,30091,30092,30093,30094,30095,30096,30097,30098,30099,30100,30101,30102,30103,30104,30105,30106,30107,30108,30109,30110,30111,30112,30113,30114,30115,30116,30117,30118,30119,30120,30121,30122,30123,30124,30125,30126,30127,30128,30129,30130,50021
李桂生 23337
李國賓 20688
李國霖 31272
李國木 31269,31270,31271, 31272,31273,31274,31275,31276
李合德 21248
李何煒 41808,50023
李和卿 21214
李河圖 22425,22426
李恒貴 21243
李宏恒 21074
李華藻 21027
李懷福 40652
李煥春 22882,22883,22884,22885,22886
李潢 31219,31220,31221,31222,31223,31224,31225,31226,31227,31228,31229,31230,31231,31232,31233
李暉吉 32334,32335,32336,32337,32338,32339,32340,32341,32342
李輝光 22825
李稷勳 23586
李繼本 41112,41115,41116,41117,41118,41119,41120,50021
李家� 21228
李嘉芬 42658,43418
李捷 22073
李介侯 10200,10201,10202
李錦源 23026
李進 23893
李經天 23432
李景白 40647
李靖 30258
李鏡蓉 20976
李鈞簡 10151,10152,10153,10154,10155,20843
李開榜 21215
李開印 21215
李可寀 22445,22446
李立衡 21240
李立明 21227

李連騎 22955,22956,22957
李蓮 22789
李廉方 20206,20501,22802,22803,22804
李亮炯 21226
李烈爵 21238
李靈年 32662
李鷺 21213
李掄元 22732
李懋泗 22672
李美鈞 21220
李夢陽 40629,40630
李寧仲 22380,22381
李攀龍 32824,32825,32826,32827,42958,43061,43062,43068
李蟠 20983
李其昌 23238,23239
李謙 23034,23035,23036
李翹 11091
李慶甲 40162
李慶雲 23709,23710,23711,23712
李筌 30238,30239,30240,30241,30242,30243,30244,30245,30246,30247,30248,30249,30250,30251,30252,30253,30254,30255,30256,30257,30258,30259, 31321,31322,32724,32725,32726,32727,32728,32729,32730,32731,32732,32733,32734,32735,32736,32737,32738,32739,32740,32741,32742,32743,32744,32745,32746,32748,32749,32750,32751,32752,32753,32755
李權 20700,20701,22132,22794,22795,22796,23821,23822,23913
李榮校 21218
李鋭三 42219
李若溪 30522
李若愚 10356
李善 42696,42697,42698,42699,42700,42701,42702,42703,42704,42705,42706,42707,42708,42709,42710,42711,42712,42713,42714,42715,42716,42717,42718,42719,42720,42721,42722,42723,42724,42725,42726,42727,42728,42729,42730,42731,42732,42733,42734,42735,42736,42737,42738,42739,42740,42741,42742,42743,42744,42745,42746,42747,42748,42749,42750,42751,42752,42753,42754,42755,42756,42757,42758,42759,42760,42761,42762,42763,42764,42765,42766,42767,42768,42769,42770,42771,42772,42773,42774,42775,42776,42777,42778,42779,42780,42781,42782,42783,42784,42785,42786,42787,42788,42789,42790,42791,42792,42793,42797,42798,42799,42800,42801,42802,42803,42804,42805,42806,42807,42808,42809,42810,42811,42812,42813,42814,42815,42816,42817,42818,42819,42820,42821,42822,42823,42824,42825,42826,42827,42828,42829,42830,42831,42832,42833,42834,42835,42836,42837,42838,42839,42840,42841,42842,42843,42844,42845,42870,42883,42892,42893
李善蘭 30305
李善立 21222
李紹蓮 21247
李伸 41107,41108,41109,41110,41111
李盛春 30415,30416,30721,30722,30723,30724,30771,30804,30805,30806,30807,30936,30937,31011,31012,31013,31014,31192,31193
李盛和 21072
李時珍 30413,30414,30438,30439,30440,30441,30442,30443,30444,30445,30446,

30447,30448,30449,
30450,30451,30452,
30453,30454,30455,
30456,30457,30458,
30459,30460,30461,
30462,30463,30464,
30465,30466,30467,
30468,30469,30470,
30471,30472,30473,
30474,30475,30476,
30477,30478,30479,
30480,30481,30482,
30483,30484,30485,
30486,30487,30488,
30489,30490,30491,
30492,30493,30494,
30495,30496,30497,
30498,30499,30500,
30501,30502,30503,
30504,30505,30506,
30507,30508,30509,
30510,30511,30512,
30513,30514,30515,
30516,30517,30518,
30519,30520,30521,
30522,30523,30524,
30525,30526,30569,
30570,30571,30572,
30590,30591,30592,
30593,30594,30595,
30596,30597,30598,
30599,30600,30601,
30602,30603,30604,
30605,30606,30607,
30608,30609,30610,
30611,30612,30613,
30614,30615,30616,
30617,30618,30619,
30620,30621,30622,
30623,30624,30625,
30626,30627,30628,
30629,30630,30631,
30632,30633,30634,
30635,30636,30637,
30638,30639,30640,
30641,30642,30643,
30644,30645,30646,
30647,30648,30649,
30650,30651,30652,
30653,30654,30655,
30656,30657,30658,
30659,30660,30661,
30662,30663,30664,
30665,30666,30667,
30668,30669,30670,
30671,30672,30673,
30674,30675,30676,
30677,30678,30679,
30680,30681,30682,
30683,30684,30685,
30686,30687,30688,
30689,30690,30691,
30692,30693,30694,
30695,30696,30697,
30698,30699,30700,
30701,30702,30703,
30704,30705,30706,
30707,30708,30709,
30710,30711,30712,
30713,30714,30715,
30716,30717,30718,
30781,30847,30934,
31132,31133,31134,
31135,31136,31137,
31138,31139,31140,
31141,31142,31143,
31144,31145,31146,
31147,31148,31149,
31150,31151,31152,
31153,31154,31155,
31156,31157,31158,
31159,31160,31161,
31162,31163,31164,
31165,31166,31167,
31168,31169,31170,
31171,31172,31173,
31174,31175,31176,
31177

李士彬 22922,22923,22924,22925,22926,22927,42513

李士竑 22453,22454,22455

李士瞻 41104,41105,41106,41107,41108,41109,41110,41111,41112,41113,41114,50021

李氏合族 21252

李式祖 22732

李壽和 41600

李澍 23701

李樹瀛 42373,42374

李思啓 22921

李蘇 23174,23175

李素雯 41945

李天根 10993

李廷鉽 22718,22719,22720

李廷錫 22464,22465,22466,22467

李維楨 11027,20538,20758,20759,23428,23429,23434,24061,24062,24063,24064,24065,24066,24067,30296,32043,41191,

41352,41384,41385,
41386,41387,41388,
41389,41390,41391,
43067,43156,43157,
43158
李蔚禄 21235
李文泉 22593
李文田 20259
李文藻 10787,10864,11108
李錫疇 30352
李錫璡 22010
李先芳 10315,10316,
10317,23259,23260,
23261,23262,41254,
41255,41256,41257,
41258,41259,41260,
41261,41262,41263,
41264,41265,41266,
41267,42960,43085,
43086,43087,43088,
50021
李湘 22438,22439
李詳 42918,42921
李小松 40657
李曉方 21212,21230
李孝鈞 21223
李燮堃 21065
李心地 23116,23117
李馨 23094
李炘 22867,22868,22869
李虛中 31290,31291,
31292,31293,31294
李勗 22734,22735,23077,
23078,23079
李學詩 21231
李延夫 40652
李言聞 30558,30559,
30577,30578,30579,
30580,30581,30582,
30583,30584,30585,
30586,30587,30588,
30589
李燿中 23150
李儀瞻 20211,20265
李以篤 41800,41801,
41802,41803,43107,
43190
李以祉 23502
李英門 21234
李瀛 21216
李應熙 10360,41943
李邕 40582,40583,40584,
40585,50021
李永乾 21245
李有美 21258
李漁 32634,32635,32636,
32637,32638,32639,
32640,32641,32642,
32643
李羽翥 21237
李雨及 42654,42655
李裕民 32172
李毓昌 22865
李元 11035,11036,11037,
23385,23386,23387,
31702,31703,31704,
31705,31706,31707,
31708,50020
李元才 22844,22845,
22846,22847,22848,
23424
李元奮 41973
李元吉 21255
李元清 42328
李元善 32106,32208
李元震 22671
李曰瑚 22702,22703
李雲翔 32690
李焻禄 23365,23366,
41964,41965,41966,
41967,41968,41969,
41970,41971,41972,
43403,43435,50057
李哲明 30358,32703,
42659,42660,42661
李振堃 42049
李振宗 22602
李正芳 23227,23228
李之鼎 23827,23828,
23829
李之廉 21253
李之乾 21254
李之素 10646,10647,
10648
李之用 32287,32288,
42934,42935
李植華 21241
李贄 20542,20543,20544,
32663,32664,32665,
32667,43093,50037,
50038
李中黄 24096,24097,
24098,32964,43291,
43319,43320,50024,
50052,50053
李忠實 40178
李周翰 42794,42795,
42796,42816
李珠 23432
李宗蓮 21206
李宗煝 20831
李宗瀛 42215,42230
李祖陶 41748,41749,
41773,41774,41775,
41795,41796,42006,
42194,42233,42234,
42487

李祚唐 32326
理琛 20604
立人 41512
栗引之 22836,23423
厲祥官 23089,23090,23091,23092,23093
酈道元 23368
廉泉 42464
梁鳳翔 22438,22439
梁汝澤 22941,22942,22943,22944
梁善 22757,22758
梁學孟 30769,30856
梁彦穌 10169
梁招孟 23284
梁鄭胤 23279
梁志恪 23146
梁鴻翥 23873
梁祚昌 42463
兩湖書院 10504,10506,10507,10508,10626,10627,10628,10629,10630,10897,22015,23668,30304,31238,31239,31240,31241,50013
兩湖土税膏捐總局 23542
廖道南 20266,20267,20268,20269,20629,20630,20631,20632,20633,20634,20635,20752,30146,30147,30148,41216,41217,50021
廖恩樹 23063,23064,23065,23066
廖紀 10664,10665,10682,10683,10793
廖彭齡 23031,23032,23033
廖士琳 22782
廖元度 43173,43174
廖重機 23207
林□□ 21341,21346
林愛民 22651,22652
林邦鈞 32328
林端甫 21345
林鳳鳴 21342
林庚 40427
林鴻年 42153
林縉光 22540
林久貴 23647
林孔翼 31472
林郎清 21340
林麗園 21339
林熑 22364,22365,22366,22367,22369
林鸞 42486
林懋和 41237
林夢熊 42944,42948
林其奐 43165
林讓昆 22969,22970,22971,22972,22973
林瑞枝 22771,22772,22773,22774,22775
林盛 23133,23134
林淑臣 21334
林祥瑗 22472,22473,22474
林祥紱 42056,42057
林向春 10345
林學湛 21347
林堯叟 10470,10471,10472,10473,10474,10475,10476,10477,10479,10480
林翼池 23076,23360
林有彬 22811,22812,22813,22814
林有席 22811,22812,22813,22814
林閾楨 21342
林毓蕃 21339
林沅 40239,40240
林雲銘 40223,40224,40225,40227,40228,40229,40236,40237,40238,40239,40240,40241,40242
林雲亭 21340
林則徐 23708
林兆珂 40207
林正得 21350
林之蒨 41924,41925
林之善 21349
林佐 22644,22645,22646,22647
林佐丞 21348
林祚昌 21343
林祚愷 21344
藺完瑝 22769
凌登嘉 30354,30355,30356
凌濛初 42878
凌張雲 21606
凌雲翼 23349,23350
劉□ 24115
劉□□ 21796,21798,21800,21803,21805,21811,21815,21821,21826,21828
劉安 30002,31927,31928,31929
劉百樓 21836
劉邦驥 21040
劉邦彦 43063
劉寶森 42674,42675
劉寶書 23359
劉必達 43080

劉彬士 42492
劉霦 22891,22892
劉秉琳 42357,42358
劉秉謙 20982
劉秉鈐 41678
劉秉忠 22520
劉伯生 10132,30153,31596,41316,50044
劉伯燮 20453,41279,41280,41281,41282
劉昌潤 23793
劉昌緒 22431,22432,22433
劉昌楨 11045
劉長謙 20993,22754,22755
劉常彦 30425,30426
劉朝英 22412
劉辰翁 40599,40600,40601,40602,40609,40629,40630,40631,40634,40711,40712,43069
劉成美 32230
劉成禺 42573,42574,42575
劉承恩 22348,22349,22350,22351,22352,22353
劉承霖 21807
劉承啓 22539
劉澄之 21954,22114
劉彦 41282
劉楚先 42998
劉傳瑩 10774,10775,10776,10777,10778,10779,10780,10781,10782,10783,10891,10892,10893,10894,10895,10930,11028,11029,42265,42297,42298,42299,42300,42301,43006,50020,50065,50066
劉傳璋 21832
劉淳 42146,42147,42148
劉醇驥 10679,20682,41720,41721,41722
劉醇駿 41722,41732,41733
劉大槐 23463
劉大杰 41455
劉大緒 21801,21833
劉大章 42491
劉道明 23339,23340
劉德全 22966,22967,23317,23318,23319,23320
劉德銓 23295,23296,23297
劉德馨 31127
劉德重 40278,40395
劉侗 10615,22167,22168,22169,22170,22171,22172,22173,22174,22175,22176,22177,22178,22179,22180,22181,22182,22183,22184,31721,32302,32303
劉敦本 21808
劉鳳 40101,40102
劉鳳墀 30219,42494
劉鳳金 20980
劉鳳綸 22655,22656,22657,22658,22659,22661,22662
劉鳳書 20973
劉鳳章 10204,23479
劉傳綬 21819
劉紡勤 21819
劉公亮 22412
劉恭冕 22521,22522,22523,22524,23123,23124
劉國杜 30574
劉國光 22460,22461,22462,31243
劉國賢 21818
劉國英 41987
劉過 20750,41028,41029,41030,41031,41032,41033,41034,41035,41036,41037,41038,41039,41040,41041,41042,41043,41044,41045,41046,41047,41048,41049,41050,41051,41052,41053,41054,41055,41056,41057,41058,41059,41060,41061,41062,41063,41064,41065,41066,41067,43356,43357,43358,43359,43360,43361,43362,43363,43364,43365,43366,43367,43368,43369
劉瀚 24035,24036
劉衡如 30516,30517
劉洪烈 20828,20829
劉鴻慶 41873,43163
劉鴻藻 42377
劉煥 23119,23120,23121,23122
劉徽 31219,31220,31221,

31222,31223,31224,
31225,31226,31227,
31228,
劉基 30002,31269,41165
劉吉安 21818
劉績 10453,10454,10455,
10456,10486,10487,
10488,30307,30308,
30309,30310,30311,
30312,30313,30314,
30315,30316,30317,
30318,30319,30320,
30321,30322,30323,
30324,30325,30326,
30327,30328,30329,
30330,30331,30332,
30333,30334,30335,
30336,30337,30338,
30339,30340,30341,
30342,30343,30344,
30345,30346,30347,
30348,30349,30350,
30351,30352,30353,
30354,30355,30356,
30357,31927,31928,
31929,32021,32022,
32023,32024,32025,
32026,32027,32028,
32029,32030,32031,
32032,32033,32034,
32035,32036,32037,
32038,50021
劉績增 50021
劉繼煌 21809
劉繼莊 10483
劉霽先 10513
劉家琨 21797
劉家意 21810
劉經炳 21827
劉景韶 41169,41247
劉敬泰 21835
劉開揚 40705,40706
劉克莊 40999,41068,
41069
劉鵾化 41804,41805
劉璉國 21835
劉良 42794,42795,42796,
42816
劉良明 41573
劉令璣 42495,42512
劉鸞翔 31213
劉履芬 20227
劉茂蘭 21804
劉夢鵬 40302,40303,
40304
劉鳴盛 42493
劉銘勳 42501
劉泥清 20809,23768,
23769,24117,24118,
42614,42615,42616,
42617,42618,42619,
42620,42621,42622,
42623,42624,42625,
42626,42627,43015,
43016,43126
劉起霈 21054
劉啓才 21806
劉溱 10625,42366,42367
劉青震 22552,22553
劉日珩 10799
劉汝松 22375,22376,
22377,22378
劉瑞澐 21069
劉若金 30529,30530,
30531,30532,30533,
30534,30535,30536,
30537,30538,30539,
30540,30541,30542,
30543,30544,30545,
30546,30547,30548,
30549
劉若宰 41636,41637
劉珊 42050,42051,42052,
42053,42054
劉紹恤 20452,20641,
41366
劉士璋 22091,22092,
22748,22749,22750,
22751,22752,32092,
32093,42037,50056
劉世春 21837
劉壽峒 30219,42494
劉壽恒 30219,42494
劉壽仁 11109
劉順人 21836
劉泗道 42195
劉嗣孔 22389
劉松奶 21816
劉唐翰 21820
劉體元 41173,41174,
41175
劉天和 20545,20715,
20716,23681,23682,
23683,23684,30796,
劉蛻 31937,31938,31939,
31940,40744,40745,
40746,40747,40748,
40749,40750,40751,
40752,40753,40754,
40755,40756,40757,
40758,40759,40760,
40761,40762,40763,
40764,40765,40766,
40767,40768,40769,
40770,40771,40772,
40773,40774
劉惟仁 21822

劉維楨 42403
劉煒華 42244
劉文燦 21829
劉文駿 42673
劉文龍 30676
劉五瓏 22588,22589
劉五延 21820
劉熹唐 41722
劉錫炎 21823
劉顯功 22829,22830
劉相一 21834
劉湘煃 22382,22383,22384,22385,22386,22389
劉向 30064,30065,40022,40023,40025,40055,40056,40057
劉孝孫 31234,31235,31236,32554,32555,32556,40710
劉斆 42947
劉緦 43218,43219
劉心源 10930,11005,11006,11007,11008,11009,11010,21075,23446,31234,31235,31236,32554,32555,32556,40710,42547,42548
劉興樾 42065,42066,42067,42068,42069,42070,42071,50023
劉熊興 42489
劉序安 21818
劉言史 40731,40732,40733,40734,40735,40736,40737,40738
劉棪 42022,50023
劉養吉 41806,41807
劉養微 41319,41320
劉堯階 21816
劉義慶 32160
劉燡 22625,22626,22627
劉寅 30260,30261
劉瀛 21831
劉應珂 23189,23190
劉永澄 40353,40354,40355,40356,40357
劉永濟 40308,40309,40310,40311
劉永卿 21825
劉有廉 32316
劉佑 22601
劉玉森 22870,22871
劉元棟 23014,23015,23016,23017
劉元震 42998
劉遠駒 21041
劉韵珂 21831
劉賾 10926,10927,10928,10929,11081,11082,11083,11084,11085
劉照 42064
劉珍 20014,20015,20016,20017,20018,20019,20020,20021,20022,20023,20024,20025,50021
劉震新 23774
劉知幾 24061,24062,24063,24064,24065,24066,24067
劉中善 21799
劉鍾淑 21813
劉仲珹 42490
劉主昆 21834
劉子垣 22850
劉子壯 31284,41780,41781,41782,41783,41784,41785,41786,41787,41788,41789,43108,43117
劉紫蘭 21824
劉宗光 41922,43163
劉宗亢 43163
劉宗琨 21064
劉宗詵 41873,41874,41921,41922,43163
劉宗賢 22413
劉宗晏 21814
劉宗堯 41921
劉宗元 22625,22626,22627,22904,22905,22906
劉宗譔 43163
劉作霖 22984,22985
劉祚銘 21817
柳棨 32840,32841,32842
柳宗元 30086,30087,30088,30089,30090,30091,30092,30093,30094,30095,30096,30097,30098,30099,30100,30101,30102,30103,30104,30105,30106,30107,30108,30109,30110,30111,30112,30113,30114,30115,30116,30117,30118,30119,30120,30121,30122,30123,30124,30125,30126,30127,30128,30129,30130
龍啓瑞 42263
龍仁夫 10074,10075,10076,10077,10078,

10079,10080,10081,
10082,10083,10084,
10085,10086,10087,
10088
龍驤 23670
龍兆霖 22883,22884,
22885,22886
婁肇龍 22836
盧弼 20039,20040,23812,
23814,23815,40164,
50012,50023
盧爾愷 41875
盧國楨 23401
盧紘 22612
盧鋐 41710,41711,41712,
41713,43375,43517
盧絳 10619
盧靖 10925,11011,20569,
23505,23779,23813,
23814,23815,30305,
30395,3124,4,31245,
31246,31247,50014,
50021
盧爌 41986
盧前驤 22797,22799
盧枏 43490,43492,43493
盧文弨 20230,20276,
30029
盧濬 22502,22503,22504,
43195
盧雲 42644
盧雲乘 30725,30772
盧雲青 23455
盧震 41810,41811,43293
盧重華 23349,23350
蘆漢鐵路局 23572
魯點 23326,23327,23328,
23425,23426,23427
魯鐸 41185,41186,41187,
41188,41189,41190,
41191,41192,41193,
50024
魯琪光 23240,23241
魯裔曾 22952,22953,
22954
魯之裕 22370,22371,
22372,23599,31435,
31436,31437,32231,
32232,41913,41914,
41915,41916,41917,
41918,41919,41920,
43082,43292,43377,
43378,43379,50054
陸德明 10470,10471,
10472,10473,10474,
10475,10476,10477,
10479,10523,10524,
10525,10526,10528,
10529,10530,10531,
10532,10533,10534,
10535,10536,10537,
10538,10539,10540,
10541,10543,10544,
10545,10546,10547,
10548,10549,10550,
10551,10552,10553,
10554,10555,10556,
10557,10558,10559,
10560,10561,10562,
10563,10564,10565,
10566,10567,10568,
10569,10570,10571,
10572,10573,10574,
10575,10576,10577,
10578,10579,10580,
10581,10582,10916
陸佃 31795,31796,31797,
31798,31799,31800,
31801,31802,31803,
31804,31805,31806,
31807,31808,31809,
31810,31811,31812,
31813,31814,31815,
31816,31817,31818,
31819,31820,31821,
31822,31823,31824,
31825,31826,31827,
31828,31829,31830,
31831,31832,31833,
31834,31835,31836,
31837,31838,31839,
31840,31841,31843,
31844,31845,31846,
31847,31848,31849,
31850
陸光祖 10169,42496,
50023
陸龜蒙 43048,43049,
43050,43051,43052,
43053,43054,43055,
43056,43057,43058,
43059,43060
陸弘祚 42865,42866,
43084
陸賈 20322,20323,20324,
20325,20326,20327,
20328,20329,20330,
30013,30014,30015,
30016,30017,30018,
30019,30020,30021,
30022,30023,30024,
30025,30026,30027,
30028,30029,30030,
30031,30032,30033,
30034,30035,30036,
30037,30038,30039,
30040,30041,30042,

30043,30044,30045,
30046,30047,30048,
30049,30050,30051,
30052,30053,30054,
30055,30056,30057,
30058,30059,50021
陸建瀛 20564,20566,
20567,20568,20569,
41990,42150,50023
陸九淵 30134
陸侃如 40312
陸深評 21916,21917,
21918,21919,21920
陸師贄 32192
陸時雍 40187,40188,
40189,40190,40191,
40192,40193,40194,
40195,40196,40197
陸墅 32828
陸宋庠 50021
盧貽典 20233
陸貽典 30323,30325
陸彝典 21520
陸游 40977,40978
盧祐勤 22530
陸羽 31653,31654,31655,
31656,31657,31658,
31659,31660,31661,
31662,31663,31664,
31665,31666,31667,
31668,31669,31670,
31671,31672,31673,
31674,31675,31676,
31677,31678,31679,
31680,31681,31682,
31683,31684,31685,
31686,31687,31688,
31689,31690,31691,
31692,31693,31694,
31695,31696,31697,
50021
陸雲龍 41562,41563,
41564,41565,41566,
41597,41598,43096
陸贄 20540,40728,40729,
40730,50008
盧鍾澤 20989
盧仲達 22867,22868,
22869
羅□□ 21897
羅本 32660
羅必俊 21891
羅朝彦 21893
羅存濱 21892
羅德崑 23030
羅登基 21903
羅登瀛 22693,22694
羅發益 21891
羅古林 21899
羅貫中 32661,32662
羅光前 21905
羅廣清 21896
羅漢等 22090
羅錦山 21901
羅良訓 21898
羅淩漢 23038,23039,
23040,23041,23042,
23043,23044
羅名巖 21895
羅明祖 20470,23762
羅人龍 22404,22405,
22406,22407,22408,
22409
羅汝芳 41269,41270
羅若如 21900
羅守倫 21902
羅田縣萬密齋醫院 30407,
30767,30793,30857,
30869,30982,31009,
31055,31100,31205,
31208
羅田縣衛生局 30407,
30793
羅霆震 23341,23342
羅顯佳 21894
羅 湘 22448,22449,22450,
22451
羅祥忠 21892
羅星北 21904
羅應鯤 21890
羅有文 22734,22735
羅振玉 23924
吕□□ 21177
吕承陽 21059
吕承源 31212,42520
吕德芝 41946
吕調元 22348,22349,
22350,22351,22352,
22353
吕光琦 21178
吕縉雲 22734,22735
吕坤 30152,50007
吕留良 41666
吕鳴謙 10637,10641,
10655,10656,10657,
10658
吕庭栩 22447
吕維新 31699
吕錫麟 22481,22482,
22483
吕向 42794,42795,42796,
42816
吕宣曾 23271
吕學楷 21050
吕延濟 42794,42795,
42796,42816
吕寅東 22373,22420,

22421,22422
吕友仁 32552
吕元音 22513,22514,22515
吕祖謙 20075,30087,50011

M

馬□□ 21472
馬伯援 22945
馬承源 24057,24058
馬欸 22136
馬旦 41888,43170
馬冠群 22063
馬光頲 21470
馬國翰 10030,10031,10032,10206,10207,10208,10209,10225,10226,10227,10401,10402,10403,10458,10459,10460,10592,10593,10594,10638,10639,10640,10702,10703,10704,10705,10706,10707,23506,23507,23508
馬精臣 21471
馬茂元 40278,40279,40313,40314
馬紹基 23893
馬士斐 32283,32284
馬世奇 43110
馬廷福 21463
馬御丙 22379
馬元洵 42435
馬龠 22452
馬雲龍 23003,23004,23005
馬貞榆 10199,10274,10275,10276,10277,10278,10279,10365,10404,10504,10505,10901
馬徵麟 23389,23390
馬仲駿 22410
馬祝三 21471
邁龕居士 30667,30668
邁柱 22331,22332
毛□□ 21143
毛調元 24095
毛鳳韶 23208,23209,23210
毛晉 20742,20743,20744
毛峻德 23082
毛奇齡 40415,40416,40417,40418
毛三伐 20905
毛在 32452,32453,32454,32455,32456,32457,32458,32459
毛振培 23715,23718,23731,23733
毛正垿 21144
茆津林 20289
茅 坤 40892,40913,40914,40915
茅瑞徵 22513,22514,22515
冒廣生 30326
冒襄 41754
梅沖 40385
梅國樓 41438
梅國楨 20547,20548,41283,41284,41285
梅慶生 43219
梅體萱 22464,22465,22466,22467
梅桐生 40265
梅堯臣 32460,32461,32462
梅雨田 42393,50011
梅之煥 10494,10495,21921,21922,41576,41577,41578,43002
梅之熉 10496,10497
蒙正發 20471,20472,20473,20474,20475,20476,20477,20478,20479,20480
孟傳綸 42472
孟珙 20362,20363,20364,20365,20366,20367,20368,20369,20370,20371,20372,20373,20374,20375,20376
孟浩然 40586,40587,40588,40589,40590,40591,40592,40593,40594,40595,40596,40597,40598,40599,40600,40601,40602,40603,40604,40605,40606,40607,40608,40609,40610,40611,40612,40613,40614,40615,40616,40617,40618,40619,40620,40621,40622,40623,40624,40625,40626,40627,40628,40629,40630,40631,40632,40633,40634,40635,40636,40637,40638,40639,40640,40641,40642,40643,40644,40645,40646,40647,40648,40649,40650,

40651,40652,40653,40654,40655,40656,40657,40586,40587,40588,40589,40590,40591,40592,40593,40594,40595,40596,40597,40598,40599,40600,40611,40612,40613,40614,40615,40616,40617,40618,40619,40620,40621,40622,40623,40624,40625,40626,40627,40628,40629,40630,40631,40632,40633,40634,40635,40636,40637,40638,40639,40640,40641,40642,40643,40644,40645,40646,40647,40648,40649,40650,40651,40652,40653,40654,40655,40656,40657
孟養浩 20616
孟振祖 22490
夢吟癡生 32210
米芾 20738,20739,20740,20741,31352,31353,31354,31355,31356,31357,31358,31359,31360,31361,31362,31363,31364,31365,31366,31367,31368,31369,31370,31371,31372,31373,31374,31375,31376,31377,31378,31379,31380,31381,31382,31383,31384,31385,31386,31387,31388,31389,31390,31391,31392,31393,31394,31395,31396,31397,31398,31399,31400,31401,31402,31403,31404,31405,31406,31407,31408,31409,31410,31411,31412,31413,31414,31415,31416,31417,31418,31419,31420,31421,31422,31423,31424,31425,31426,31427,31428,31429,31430,31431,31432,31433,31434,31473,31474,31475,31476,31477,31478,31479,31480,31481,31482,31483,31484,31485,31486,31487,31488,31489,31490,31491,31597,31598,31599,31600,31601,31602,31603,31604,31605,31606,31607,31608,31609,31610,31611,31612,31613,31614,31615,31616,31617,31618,31619,31620,31621,31622,31623,31647,31961,32220,40922,40923,40924,40925,40926,40927,40928,40929,40930,40931,40932,40933,40934,40935,40936,40937,40938,40939,40940,40941,40942,40943,40944,40945,40946,40947,40948,40949,40950,40951,40952,40953,40954,40955,40956,40957,40958,40959,40960,43352,43353,50012,50021,50022,50029,50030
米友仁 43347,43348,43349,43350,43351,50012
密昌墀 42475
繆荃孫 22113,23808
閔華軒 21728
閔民安 21727
閔齊華 42887,42888,42889
閔齊伋 10527,10542
閔新 42178
閔陽林 32833,32834
莫熺 30587
莫震 22669,22670
默希老圃 10188,10189,10190,10191,10192
牟庭 20240
穆克登佈 20996
穆文熙 20241,20242,20243,20244,20245,20246

N

倪傳 23213,23214,23215,23216
倪璠 20821,20822,20823,20824,20825,20826,40526,40527,40528,40529,40530,40531,40532,40533,40534,

40535,40536,40537,
40538,40539,40540,
40541,40542,40543,
40544,40545,40546,
40547,40548,40549
倪文蔚 22718,22719,
22720,23729,23730,
23731
聶炳照 21887
聶大椥 42400
聶光鑾 22808,22809,
22810
聶惠民 30739
聶石樵 40325
聶賢 22910
寧熙朝 42149
牛嵩山 31593

O

歐陽必進 20388,20389
歐陽澹園 23994
歐陽調律 31121,31122,
31123,31124,31125,
31126
歐陽東風 50024
歐陽東鳳 20643,20644,
20645,20646,23176,
23177,23178,23179,
23180,23181,23182,
41418,41419
歐陽景 40621
歐陽景賢 22722
歐陽天傑 21856
歐陽修 20054,20055,
20056,20057,20058,
20059,20060,20061,
20062,20063,20064,
20065,20066,20067,
20068,20069,20070,
20071,20072,20073,
20074,20075,20076,
20077,20078,20079,
20080,20081,20082,
20083,20084,20085,
20086,20087,20088,
20089,20090,20091,
20092,20093,20094,
20095,20096,20097,
20098,20099,20100,
20101,20102,20103,
20104,20105,20106,
20107,20108,20109,
20110,20111,20112,
21925
歐陽勛 31696
歐陽詢 40396
歐陽永通 21856
歐陽中石 11000,24003

P

潘□□ 21850,21851
潘邦念 21855
潘斌 21849
潘宲鼎 22413
潘存孺 10997
潘大臨 40917,40918,
40919,40920,40921
潘國詔 23207
潘河澤 21854
潘焕吉 42168,43147,
50026
潘焕龍 23458,42159,
42160,42161,42265,
43119,43147,43148,
43304,43305,43306,
43307,43308,43309,
50026
潘焕榮 42164,42165,
42166,43147,50026
潘楫 30588
潘經武 21852
潘克溥 22614,22615
潘茂德 21853
潘仁 20540
潘三槐 40291
潘世標 22769
潘頤福 22529,42412,
43200
潘應祺 31243
潘游龍 23498,23593,
23594,23595,23596,
23598,23598,32628,
32629,32630,32631,
43430,43431,43432
潘鍾瑞 20864,20865
潘重規 20869,42611,
50078
逄行珪 30002,31746,
31748,31749,31750,
31754,31755,31756,
31757,31758,31759,
31760,31764,31766,
31767,31768,31769,
31770,31771,31773,
31774,31775,31776,
31777,31778,31779,
31780,31787,31791,
31792
龐安時 30420,30742,
30743,30744,30744,
30745,30745,30746,
30746,30747,30748,
30749,30750,30751,
30752,30753,30754,
30755,30756
龐成功 21906
龐洵 41975

裴天錫 22404,22405,22406,22407,22408,22409
裴應章 22938
裴兆仁 10298
彭彩軒 21691
彭傳福 21690
彭德蒸 21697
彭而述 41717
彭庚颺 21698
彭光國 21693
彭好古 30001,32298,32299,32300,32756,32822,32823,32824,32825,32826,32827,32834,32835,32836,32837,32838,32846,32847,32848,32849
彭蕙芰 20485
彭建候 21694
彭進之 21683
彭克亭 21692
彭禮學 21688
彭其餘 21686
彭啓瑞 23245,23246,23247,23248
彭清泉 21685
彭人檀 22877
彭瑞毓 20489,20573,30200,42258,42259,50063
彭石浪 24099,24100
彭世德 22877
彭淑 42012,42013
彭松齡 42484
彭崧毓 10678,10699,21953,22284,22285,22286,22415,22416,22417,22418,22419,30004,31209,31648,32104,32105,32466,42202,42203,42204,42205,42206,50060
彭天埰 10844
彭維鑒 21687
彭湘懷 41751,41927,43152
彭心錦 41879,41880,41881,43190
彭信成 21689
彭延慶 20485,20486
彭昱堯 42229
彭元海 23207
彭元瑞 32517,40977,40978,40979,40980,40997,40998,41068,41069,43074,43075,
彭質均 22820
彭衷祥 21695
彭仲甫 21691
彭重光 40326
彭祖年 21684
彭祖燾 21696
彭遵古 22983
鵬程 21582
皮鶴齡 23574
皮明庥 22059,42466
皮日休 20699,20901,31575,31941,31942,31943,31944,31945,31946,31947,31948,31949,31950,31951,31952,31953,31954,31955,31956,40817,40818,40819,40820,40821,40822,40823,40824,40825,40826,40827,40828,40829,40830,40831,40832,40833,40834,40835,40836,40837,40838,40839,40840,40841,40842,40843,40844,40845,40846,40847,40848,43048,43049,43050,43051,43052,43053,43054,43055,43056,43057,43058,43059,43060,50021
片山正璠 42692,42693,42694
平田豐愛 42874
蒲又洪 23076
濮文昶 22399,22400,22401

Q

祁世甲 21201
綦世基 23412,23413
齊以治 23161
齊召南 23391,23392
齊祖望 23062
錢柏城 31626
錢保塘 20261
錢葆青 42683
錢伯城 20762,31590,31735,32712,41425,41457,41463,41469,41473,41479,41485,41489,41493,41495,41510,41583,50033
錢澄之 40306,40307
錢崇柏 42199,42320,42427,43196
錢崇桂 42426,43169
錢崇蘭 42411,43169
錢春輯 43177

錢大昕 32138,32139,32141,32142
錢杲之 40333,40334,40335,40336,40337,40338,40339,40340,40341,40342,40343,40344,40345,40346,40347,40348,40349
錢穀 40783
錢光奎 22666,22667,22668
錢桂林 42378
錢桂笙 42546
錢謙益 30018,40849,
錢天錫 10352,10353,23139,41644
錢希言 22040
錢乙 30422
錢永 23095
錢鋆 22613
强武元 43341
喬用遷 20617,21716
喬遠炳 24107
覃瀚元 22631,22632,22633
秦鼎 40238,42842,42843
秦篤輝 10170,10171,10172,10173,10847,10848,24110,24111,32099,32100,32101,42120,42121,42402,50020
秦篤新 30185,42401
秦敦原 10846
秦恩復 31862,31863,31864,31865,31866,31867,31868,31869,31870,31871,31872,31873,31874,31875,31876,31877,31878,31879,31880,31881,31882
秦際清 21441
秦繼宗 10251,10252
秦嘉謨 20308,20309
秦聚奎 22379
秦嶺雲 23418
秦士顯 10849
秦文樸 42036
秦秀選 21443
秦秀彰 21443
秦業光 21440
秦有鍠 22800,22801
秦玉田 21442
秦雲龍 23292,23293,23294
秦之柄 23164
青垞 41760,43341
清華大學思想文化研究所 24056
清郵傳部輯 23582
慶恕 23652
丘兆麟 43089,43090,43091
邱步洲 23700
邱楚林 21395
邱南宣 2194
邱蕤 22061
邱雲峰 21396
秋崖子 10483
裘行恕 22391,22392
屈超乘 22732
屈復 40223,40224,40225,40226,40227,40228,40229,40230,40231,40232,40419,40420
屈見復 23430
屈啓賢 40223,40224,40225,40226,40227,40228,40229
屈原 40001,40002,40003,40004,40005,40006,40007,40008,40009,40010,40011,40012,40013,40014,40015,40016,40017,40018,40019,40020,40022,40023,40024,40025,40026,40027,40028,40029,40030,40031,40032,40033,40034,40035,40036,40037,40038,40039,40040,40041,40042,40043,40044,40045,40046,40047,40048,40049,40050,40051,40052,40053,40054,40055,40056,40057,40058,40059,40060,40061,40062,40063,40064,40065,40066,40067,40068,40069,40070,40071,40072,40073,40074,40075,40076,40077,40078,40079,40080,40081,40082,40083,40084,40085,40086,40087,40088,40089,40090,40091,40092,40093,40094,40095,40096,40097,40098,40099,40100,40101,40102,40103,40104,40105,40106,40107,40108,40109,40110,40111,40112,40113,40114,40115,40116,40117,40118,

40119,40120,40121,
40122,40123,40124,
40125,40126,40127,
40128,40129,40130,
40131,40132,40133,
40134,40135,40136,
40137,40138,40139,
40140,40141,40142,
40143,40144,40145,
40146,40147,40148,
40149,40150,40151,
40152,40153,40154,
40155,40156,40157,
40158,40159,40160,
40161,40162,40163,
40164,40165,40166,
40167,40168,40169,
40170,40171,40172,
40173,40174,40175,
40176,40177,40178,
40179,40180,40181,
40182,40183,40184,
40185,40186,40187,
40188,40189,40190,
40191,40192,40193,
40194,40195,40196,
40197,40198,40199,
40200,40201,40202,
40203,40204,40205,
40206,40207,40208,
40209,40210,40211,
40212,40213,40214,
40215,40216,40217,
40218,40219,40220,
40221,40222,40223,
40224,40225,40226,
40227,40228,40229,
40230,40231,40232,
40233,40234,40236,
40237,40238,40239,
40240,40241,40242,
40243,40244,40245,
40246,40247,40248,
40249,40250,40251,
40252,40253,40254,
40255,40256,40257,
40258,40260,40261,
40262,40263,40264,
40265,40266,40267,
40268,40269,40270,
40271,40272,40273,
40274,40275,40276,
40277,40278,40280,
40281,40282,40283,
40284,40285,40286,
40287,40288,40289,
40290,40291,40292,
40293,40294,40295,
40296,40297,40298,
40299,40300,40301,
40302,40303,40304,
40305,40306,40307,
40312,40313,40314,
40315,40316,40317,
40318,40319,40320,
40321,40322,40323,
40324,40325,40326,
40327,40328,40329,
40330,40331,40332,
40333,40334,40335,
40336,40337,40338,
40339,40340,40341,
40342,40343,40344,
40345,40346,40347,
40348,40349,40350,
40351,40352,40353,
40354,40355,40356,
40357,40358,40359,
40360,40361,40362,
40363,40364,40365,
40366,40367,,40370,
40371,40372,40373,
40374,40375,40376,
40377,40378,40379,
40380,40381,40382,
40383,40384,40385,
40386,40387,40388,
40389,40390,40391,
40392,,40394, 40395,
40396,40397,40398,
40399,40400,40401,
40402,40403,40406,
40407,4041040411,
40412,40413,40414,
40415,40416,40417,
40418,40419,40420,
40421,40422,40423,
40425,40426, 40428,
40429,40430,40431,
40432,40433,40434,
40435,40436,40437,
50021,50022,
屈振奇 22546,22547
瞿皐 20767,20768,20769
瞿九思 10133,10134,
10135,10249,10250,
10463,10464,10465,
10466,20433,20434,
20435,20436,20437,
22265,22266,23516,
23517,23518,31217,
31218,31237,31930,
31931,32186,32187,
32188,32189,32190,
32191,32965,32966,
41315,43098,43099,
50045,50046

瞿式耜 41673
全祖望 32138,32139,
32141,32142

R

饒□□ 21910,21913
饒敦秩 21952,21955,
21956,21957,21958,
21959,21960,21961,
21963,30361,30362,
30363,30364,30367,
30368,42404,42430
饒豐 42294
饒鳳璜 30437
饒仕河 21909
民國饒欽豁 10366,10509,
32128,32219,42684,
42685,43131,43342,
50072
饒應祺 20576,20577,
20866,23747
饒永春 21911
饒元浚 21915
饒雲耀 21914
饒雲鷟 42294
饒宗福 21912
任何 30526
任亮直 41511
任巧珍 43151
任兆麟 20660,20661,
31785,31786,40281,
40282
任鍾麟 22690,22691,22692
任自垣 23345,23346,23347
日下部東 24024
戎昱 40713,40714,40715,
40716,40717,40718,
40719,40720,40721
榮賞 21014
阮恩光 22839,22840,
22841,22842,22843
阮籍 40458,40459,40460
阮敬 42198
阮文茂 30202,30211,
30212, 41901,41902
阮文藻 42213
阮元 43120
阮宗孔 21916,21917,
21918,21919,21920

S

三近居士 30811,30812,
30813,30814,30815,
30816,30817,30818,
30819,30820,30821,
30822,30823,30824,
30825,30826,30827,
30828,30829,30830
沙門智旭 32952
善成 21028
商□□ 21503
商承祚 24055
商輅 41173,41174,41175
商世全 21504,
商書濬 42115
商忠焕 21504
上海大學古代文明研究中
心 24056
上海時報館 23775
尚其志 22951
尚志鈞 30526
邵長蘅 23460
邵樹忠 42308,42309,50023
邵同珍 30433
邵遐齡 22491,22492,22493
邵翔 22391,2232
邵逸民 21338
邵應龍 22603
邵 雍 31328,31329,31330,
41070
沈炳震 21925
沈曾植 20369,42797
沈昌五 21071
沈放 30217,30222
沈孚中 43496
沈華旭 42171
沈會霖 22463
沈九如 4072,40729
沈寬 22805,22806
沈 鯉 10670,10692,10717,
10792
沈清瑞 20285
沈惟炳 23136
沈維魯 42653
沈星標 22800,22801
沈堯中 23189,23190
沈 宜 22435,32156,32157,
41734
沈用癸 21333
沈用增 22441,22442,
22443,42346
沈愚 20750
沈元寅 22629,22630
沈雲駿 22870,22871
沈雲翔 40165,40166,
40167,40168,40169
沈增祺 21334
沈兆元 22960
沈志堅 22510,22511
慎旦 23348
盛錞 42021
盛鳳 22599,22600
盛弘之 22103,22104,
22105,22106,22107,
22108,22109,22110,
22111,22112,22113,
22114

盛宣懷 23565,23568,
23616,23617
盛昱 31851
盛治 22680
施安昌 23876
施長容 21428
施和金 20052,42516
施煃 21030
施山 23719
施廷樞 22717
施萬朗 21426
施襄 22088,22089
施緒禮 21427
施奕簪 23420,23421
施子珩 21022
施祚芬 21425
石□□ 21162
石高嵩 22875
石洪運 20686,22117,
23795,23810
石暉甲 43114
石禮嘉 22046,22047
石榮暲 20377,20714,
20811,20849,22276,
22277,23500,23501,
23806,23807,23818,
42577,42589,42590,
50012, 50015,50016,
50076,50077
石潤金 20959
石生熙 21164
石文煥 21161
石西亭 21166
石湘筠 43175
石心源 21163
石鑫 23744,50015
石星 20246
石瑛 42593
石有恒 41439,41440,41441
石振埏 31242,42468
石振鋆 42469,43402
石忠烈 21165
實濟 32968
史策先 22894,22895,
22896,22897,22940,
30301,31593,31594,
31595,42215
史承豫 23464
史佩瑲 11036
史正生 21174
史致謨 23123,23124
釋成時 32962,32963,
32964,32965
釋達澄 23422
釋道沖 41701,41702,
41703
釋法琳 32936,32937,
32938,32939,32940,
32941
釋法慎 32902
釋佛林 23422
釋灌頂 32871,32872,
32873,32874,32875,
32876,32877,32878,
32879,32880,32881,
32882,32883,32884,
32885,32886,32888,
32893,32894,32895,
32896,32902,32916,
32920,32928,32929
釋行景 40498
釋慧思 32852
釋機能 32967
釋鳩摩羅什 32862,32864,
32865
釋明鼎 32968
釋蕅益 32952
釋如愚 32747,32961,
32962,32963,41400,
41401,41402,41403,
41404,41405
釋無相 23422
釋香海 31667
釋蘊上 41809
釋湛然 32861,32881,
32882,32883,32884,
32885,32886,32911
釋真如 32969
釋正志 41699,41700,
41703,41701,41702,
41704,
釋智旭 32887,32954,
32955
釋智顗 32852,32853,
32854,32855,
32856,32857,32858,
32859,32860,32861,
32862,32863,32864,
32865,32866,32867,
32868,32869,32870,
32871,32872,32873,
32874,32875,32876,
32877,32878,32879,
32880,32881,32882,
32883,32884,32885,
32886,32887,32888,
32889,32890,32891,
32892,32893,32894,
32895,32896,32897,
32898,32899,32900,
32901,32902,32903,
32904,32905,32906,
32907,32908,32909,
32910,32911,32912,
32913,32914,32915,
32916,32917,32918,
32919,32920,32921,

32922,32923,32924,
壽臣 20508
舒寶璋 40559
舒成龍 22780,22781
舒 焚 20662,20663,20664,
20675,20676
舒惠 23742,23743
舒峻極 41839
舒可卷 42592
舒鎮觀 21023
帥培寅 23765
帥畹 42317
帥遠燡 42316,42317
帥宗枚 21439
睡鄉祭酒 32637
司馬光 10637,10641,
30086,30087,30088,
30089,30090,30091,
30092,30093,30094,
30095,30096,30097,
30098,30099,30100,
30101,30102,30103,
30104,30105,30106,
30107,30108,30109,
30110,30111,30112,
30113,30114,30115,
30116,30117,30118,
30119,30120,30121,
30122,30123,30124,
30125,30126,30127,
30128,30129,30130
司馬遷 20001,20002
司守謙 30221,30222,
50015,50016
松林 23031,23032,23033
崧友居士 43523,43524
宋從先 21337
宋登春 43087,43088
宋國楨 21336
宋鶴齡 21336
宋均 20308,20309
宋炌 41859
宋康復 21051
宋琨 30313
宋犖 40991,41835,41859,
55012
宋耐苦 42100,42101,
42104,42108,42110,
42112,42971,50022
宋祁 20054,20055,20056,
20057,20058,20059,
20060,20061,20062,
20063,20064,20065,
20066,20067,20068,
20069,20070,20071,
20072,20073,20074,
20075,20076,20077,
20078,20079,20080,
20081,20082,20083,
20084,20085,20086,
20087,20088,20089,
20090,20091,20092,
20093,20094,20095,
20096,20097,20098,
20099,20100,20101,
20102,20103,20104,
20105,20106,20107,
20108,20109,20110,
20111,20112,20721,
21925,22237,22238,
22239,22240,22241,
22242,22243,22244,
22245,31992,31993,
31994,31995,31996,
31997,31998,31999,
32000,32001,32002,
32003,32004,32005,
32006,32007,32008,
32009,32010,32011,
32012,32013,32014,
32015,32016,32017,
32018,32019,32020,
40867,40868,40869,
40870,40871,40872,
40873,40874,40875,
40876,40877,40878,
40879,40880,40881,
40882,43353,50021
宋生 23950
宋熙曾 22969,22970,
22971,22972,22973
宋咸 30086,30087,30088,
30089,30090,30091,
30092,30093,30094,
30095,30096,30097,
30098,30099,30100,
30101,30102,30103,
30104,30105,30106,
30107,30108,30109,
30110,30111,30112,
30113,30114,30115,
30116,30117,30118,
30119,30120,30121,
30122,30123,30124,
30125,30126,30127,
30128,30129,30130
宋庠 20213,20214,20215,
20216,20217,20218,
20219,20220,20221,
20222,20223,20224,
20225,20226,20227,
20228,20229,20230,
20231,20232,20233,
20234,20235,20236,
20237,20238,20239,
20240,20241,20242,
20243,20244,20245,

20246,20248,20249,20250,20252, 20253,20254,20255,20256,20257,20258,20259,20260,20261,20262,20263,31957,31958,31959,31960,40852,40853,40854,40855,40856,40857,40858,40859,40860,40861,40862,40863,40864,40865,40866, 50021

宋翔鳳 30355

宋學洙 41860

宋 瑛 23255,23256,23257,23258,

宋用潛 21335

宋玉 40001,40002,40003,40004,40005,40006,40007,40008,40009,40012,40013,40014,40015,40016,40017,40018,40019,40020,40022,40023,40024,40025,40026,40027,40028,40029,40030,40031,40032,40033,40034,40035,40036,40037,40038,40039,40040,40041,40042,40043,40044,40045,40046,40047,40048,40049,40050,40051,40052,40053,40054,40055,40056,40057,40058,40059,40060,40061,40062,40063,40064,40065,40066,40067,40068,40069,40070,40071,40072,40073,40074,40075,40076,40077,40078,40079,40080,40081,40082,40083,40084,40085,40086,40087,40088,40089,40090,40091,40092,40093,40094,40095,40096,40097,40098,40099,40100,40101,40102,40103,40104,40105,40106,40107,40108,40109,40110,40111,40112,40113,40114,40115,40116,40117,40118,40119,40120,40121,40122,40123,40124,40125,40126,40127,40128,40129,40130,40131,40132,40133,40134,40135,40136,40137,40138,40139,40140,40141,40142,40143,40144,40145,40146,40147,40148,40149,40150,40151,40152,40153,40154,40155,40156,40157,40158,40159,40160,40161,40162,40163,40164,40165,40166,40167,40168,40169,40170,40171,40172,40173,40174,40175,40176,40177,40178,40179,40181,40182,40183,40184,40185,40186,40187,40188,40189,40190,40191,40192,40193,40194,40195,40196,40197,40198,40199,40200,40201,40202,40203,40204,40205,40206,40207,40208,40209,40210,40211,40212,40213,40214,40215,40216,40217,40218,40219,40220,40221,40222,40223,40224,40225,40226,40227,40228,40229,40230,40231,40232,40233,40234,40236,40237,40238,40239,40240,40241,40242,40243,40244,40252,40254,40255,40256,40257,40258,40260,40261,40262,40263,40264,40265,40266,40267,40268,40269,40270,40271,40272,40273,40274,40275,40276,40277,40305,40312,40313,40437,40438,40439,40440,40441,40442,40443,40444,40445,40446

宋衷 10016,10017,10018,10019,10020,10021,10022,10023,10024,10025,10026,10027,10028,10029,10030,10031,10032,20285,20286,20287,20288,20289,20290,20291,

20292,20293,20294,
20295,20296,20297,
20298,20299,20300,
20301,20302,20303,
20304,20305,20306,
20307,20308,20309,
31252,
宋自兆 21337
宋豸 22982
蘇良嗣 22505
蘇善夫 21888
蘇世潘 21889
蘇軾 40890,40891,40892,
40893,40894,40895,
40896,40897,40898,
40899,40900,40901,
40902,40903,40904,
40905,40906, 40908,
40909,40910,40911,
40912,40913,40914,
40915,40916,43155,
43156,43158,43159
蘇惟霖 41514,41603
蘇洵 40883,43155,43156,
43158,43159
蘇轍 43155,43156,43158,
43159
孫堂 10016,10017
孫本鑰 41926
孫承榮 42961,42962,42963
孫淙 42894
孫存 22711,22712
孫馮翼 20287,20291,
20292,20294,20295,
20297,20298,20299,
41950,41951
孫福海 22792,22793
孫光庭 10783
孫廣墉 21453
孫漢 41992,41993
孫鑛 10473,10474,10475,
10476,10478,10479,
20248,30011,40883,
42887,42888,42889
孫良貴 23409
孫梅 43335
孫明德 10298
孫佩君 40654
孫其典 21452
孫牲 42020,42021,42247
孫順霖 32555,32557
孫文俊 22894,22895,
22896,22897
孫文龍 22368
孫錫蕃 22759,22760,
41825
孫小力 22181
孫星衍 20277,20278,
20279,20280,23481,
23482,23483,23484,
23485,23486,23487,
23488,23489,30318,
40874,40875,40876
孫煦 42073,42310,43303
孫詒讓 30039
孫欽善 40708
孫應元 22011,22012
孫永治 20978
孫毓汶 23459
孫允恭 22669,22670
孫增榮 21454
孫振基 21450
孫正華 21451
孫正啓 21451
孫洙 42894

T

談有典 22491,22492,
22493,23145
檀萃 22044,22045
譚大勳 22878,22879,
22880
譚桓 23279
譚麟 22036,22039
譚紹袞 23394
譚獻 30315,43189
譚永年 20503
譚元春,10816,10817,
23368,32719,32720,
32721,40711,40897,
40898,40899,40900,
40901,40902,40903,
40904,40905,40906,
40907,40911,40912,
41605,41606 ,41607 ,
41608,41609,41610,
41611,41612,41613,
41614,41615,41616,
41617,41618,41619,
41620,41621,41622,
41623,41624,41625,
41626,41627,41628,
41629,41630,41631,
41632,41636,41637,
41638,41639,41640,
42941,42942,42943,
42944,42945,42946,
42947,42948,42949,
42950,42958,42963,
43076,43077,43078,
43079,43097,43100,
43490,43492,43493,
43496
譚正璧 40558
譚之琥 11088,32349,
32350
譚篆 22456,22457,22458,

22459
湯賓尹 10666,10667,10668,10684,10685,10686,10718,10719,10720,10753,10754,10755,10796,10797,10807
湯炳正 40271
湯垕 31492,31493,31494,31495,31496,31497,31498,31499,31500,31501,31502,31503,31504,31505,31506,31507,31508,31509,31510,31511,31512,31513,31514,31515,31516,31517,31518,
湯化龍 20810,
湯球 20144
湯顯祖 43494
唐翰 20233
唐炯 30321
唐寧 22651,22652
唐彦謙 40849,40850,
唐寅 41513
唐祖培 22723,22724,22725
陶大眉 10886
陶大夏 22542,22543,22544
陶棟 20025
陶鳳笙 21519
陶賡唐 23424
陶弘景 31854,31855,31856,31864,31862,31863,31864,31865,31866,31867,31868,31869,31870,31871,31872,31873,31874,31875,31876,31877,31878,31879,31880,31881,31882
陶金壁 10834,10835,10837,10839,10840
陶金烇 10673,10674,10677,10696,10697,10698,10736,10737,10738,10739,10757,10758,10772,10833,10836
陶金瑩 10834,10835,10837,10839,10840
陶晉英 22043
陶晉 22041,22042
陶起庠 10673,10674,10677,10696,10697,10698,10736,10737,10738,10739,10757,10758,10772,10833,10834,10835,10836,10837,10839,10840,10885,10886
陶紹侃 22959
陶士偰 22382,22383,22384,22385,22386
陶守珩 21517
陶壽嵩 23027,23028,23029
陶珽 24089,24090,24091
陶望齡 32717,32718,43098,43099
陶元淳 41987
陶早茂 21518
田□□ 21171,21172,21173
田秉鍔 41632
田恩遠 22875
田吉燠 21169
田九齡 41317
田明昶 30206,42446,42451
田濳 10941,10942,10943,10944,10945,10946
田思勝 30416,30722,30724,30771,30805,30807,30937,31012,31014,31193
田文烈 42550
田增生 21167
田祝三 21168
田宗達 21170
田宗文 41317,41318
佟培基 40650
桐谷鳥習 31745
童□□ 21733
童承叙 50023
童德鴻 21732
童和豫 50007
童家旺 21734
童鑾 22837,22838
童紹恢 42431
童樹棠 20801,32115,42458
童祚志 21760
涂椿齡 20991
涂道金 21434
涂道坤 20605
涂敷林 21432
涂華遠 20642
涂筠 22476,22477
涂天相 23640,23641,23642,23643,30177,30178,30179
涂小馬 40323
涂元渠 40707
涂鍾秀 21433
涂宗瀛 23761

屠道和 30419,30550,30551,30552,30553,30554,30555,30556,30726,30835,30848,30938,30939,31128,31129,31130
屠隆 24073,40550,40551,40552,40553,41381
屠仁守 20575,20583
屠紹理 21661
屠述濂 23305,23306,23307,23308,23309,23310,23311,
屠用豐 10621
屠之申 21660,43322

W

宛名昌 10221,22631,22632,22633
萬□□ 21665,21669
萬邦維 23254,23258
萬必麟 21666
萬成巛 21671
萬達 30397,30398
萬爾昌 41735
萬法周 42010,42011
萬恭奎 21670
萬斛泉 10622,20121,20122,20123,20846,30213,30214,30215,30216,30217,30218,42224,42225,42226,50062
萬機 30973,30974,30975,30978,30979,31103,31105,31106,31107,31108,31109,31110,31112,31113
萬際循 20984
萬科進 23292,23293,23294
萬里 40412,40413,40997,40998
萬民英 31295,31296,31297,31298,31299,31300,31301,31302,31303,31304,31305,31306
萬鳴珂 20979
萬年淳 10156,22592,23412,23413
萬年觀 22453,22454,22455
萬年茂 10220,20948
萬全 30397,30398,30399,30400,30401,30402,30403,30404,30405,30406,30407,30408,30409,30410,30411,30412,30757,30758,30759,30760,30761,30762,30763,30764,30765,30766,30767,30768,30782,30783,30784,30785,30786,30787,30788,30789,30790,30791,30792,30793,30794,30795,30857,30858,30859,30860,30861,30862,30863,30864,30865,30866,30867,30868,30869,30870,30871,30872,30873,30874,30875,30876,30877,30878,30879,30880,30881,30882,30883,30884,30885,30886,30887,30888,30889,30890,30891,30892,30893,30894,30895,30896,30897,30898,30899,30900,30901,30902,30903,30904,30905,30906,30907,30908,30909,30910,30911,30912,30913,30914,30915,30916,30917,30918,30919,30920,30921,30922,30923,30924,30925,30926,30927,30928,30929,30930,30931,30932,30933,30935,30941,30942,30943,30944,30945,30946,30947,30948,30949,30950,30951,30952,30953,30954,30955,30956,30957,30958,30959,30960,30961,30962,30963,30964,30965,30966,30967,30968,30969,30970,30971,30972,30973,30974,30975,30976,30977,30978,30979,30980,30981,30982,30983,30984,30985,30986,30987,30988,30989,30990,30991,30992,30993,30994,30995,30996,30997,30998,30999,31000,31001,31002,31003,31004,31005,31006,31007,31008,31009,

31010,31021,31022,
31023,31024,31025,
31026,31027,31028,
31029,31030,31031,
31032,31033,31034,
31035,31036,31037,
31038,31039,31040,
31041,31042,31043,
31044,31045,31046,
31047,31048,31049,
31050,31051,31052,
31053,31054,31055,
31056,31057,31058,
31059,31060,31061,
31062,31063,31064,
31065,31066,31067,
31068,31069,31070,
31071,31072,31073,
31074,31075,31076,
31077,31078,31079,
31080,31081,31082,
31083,31084,31085,
31086,31087,31088,
31089,31090,31091,
31092,31093,31094,
31095,31096,31097,
31098,31099,31100,
31101,31102,31103,
31104,31105,31106,
31107,31108,31109,
31110,31111,31112,
31113,31114,31115,
31116,31117,31194,
31195,31196,31197,
31198,31199,31200,
31201,31202,31203,
31204,31205,31206,
31207,31208,30397,
30398,30399,30400,
30401,30402,30403,
30404,30405,30406,
30407,30408,30409,
30410,30411,30412
萬瑞旒(毓)42365
萬希槐 10158,10397,
10398,10888,32138,
32139,32140,32141,
32142
萬孝全 21668
萬延 41578
萬永清 21667
萬裕鵬 20951
萬裕澐 10181,10182,
10183,10184,10185
萬宗林 42055,42201,
43167
汪□□ 21324,21327,
21328
汪昂 30721,30722
汪翱 42580
汪北升 21321
汪必東 41200,41201
汪 昶 42318,42319,42974,
42975
汪傳智 21322
汪春澍 42422,
汪登瀛 20952
汪靚 41750
汪桂三 42421
汪國瀠 41756,41757
汪宏 30586
汪鴻英 21319
汪際炅 22683
汪家驥 42417
汪家焆 11044
汪家政 20797
汪階三 42418
汪克淑 23233,23234,23235
汪魁儒 41983,43213
汪立家 42350
汪明 42579
汪明源 42579
汪鳴九 21329
汪期蓮 30837,30838,
30839,30840,30841,
30842
汪慶舟 23273,23274,
23275,23276
汪儒林 21332
汪燊 41698,41757,42417,
42418,42419,42420,
42421,42422,42578,
42580,42581,43144,
43145,43146,43197,
43198,43212
汪士鐸 23170
汪士奇 41698,43144
汪世傳 21320,21330
汪世毅 21323
汪嗣聖 23154,23155
汪文柏 20631
汪文盛 41197,41198,41199
汪文訓 21326
汪翔 42580,43144
汪學泗 42482
汪炎發 42483
汪逸 42578,43144
汪引撫 42423,43144
汪引禾 20987
汪引芝 42419,43144
汪 穎 41826,41827,41828,
41829,43190
汪應魁 42992,42993
汪應元 21319
汪鏞鐘 20441
汪佑忠 21325
汪 瑗 40199,40200,40201,

40202,40203
汪雲銘 22673,22674
汪允中 20076
汪運 42217,42218
汪兆柯 10167,23280,23281,23282
汪知松 22414
汪之棠 10844
汪之銀 21331
汪仲弘 40414
汪宗伊 23512
汪宗元 23480,43083
王□□ 21121,21130,21133,21134,21138
王安禮 31255,31256,31259,31260,31261
王安燚 21102
王芑孫 30326
王百川 22723,22724,22725
王柏心 20898,20908,22128,22393,22394,22395,22771,22772,22773,22774,22775,22776,22808,22809,22810,22815,22816,22817,22818,22839,22840,22841,22842,22843,23702,23703,32068,32069,32070,32071,32072,32073,40665,42126,42127,42179,42180,42181,42182,42183,42184,42185,42186,42187,42188,42189,42190,42199,42265,42267,42268,42269,42271,42280,50020
王邦采 40287,40288,40374,40375
王葆心 10367,10910,10911,10912,20012,20013,20043,20205,20378,20379,20460,20461,20462,20463,20468,20496,20497,20498,20499,20519,20517,20518,20519,20591,20690,20691,20692,20693,20694,20695,20704,20705,20706,20746,20796,20798,20813,20900,21062,21076,21077,21078,21079,21082,21083,21084,21085,21086,21087,21088,21128,21922,22049,22080,22081,22082,22083,22084,22085,22090,22133,22163,22164,22165,22166,22186,22194,22195,22287,22288,22289,22290,22291,22292,22293,22294,22295,22296,22297,22298,22299,22300,22301,22302,22303,22304,22305,22306,22307,22308,22309,22310,22311,22312,22313,22314,22315,22316,22317,22318,22319,22320, 22322,22355,22356,22357,22559,22560,22561,22562,22563,22564,22565,22566,22567,22568,22569,22570,22571,22572,22573,22574,22575,22576,22577,22578,22579,22580,22581,22582,22583,22585,23291,23477,23658,23777,23778,23816,23847,23848,23882,24116,30566,31216,32102,32118,32119,32156,32157,32202,32211,32212,32471,32472,32543,32544,32545,41777,41778,41779,42565,42566,42567,42568,42569,42570,43014,43127,43128,43129,43181,43183,43184,43185,43186,43200,43315,43324,43325,43326,43327,43328,43329,43330,43341,43414,43416,43417,50022, 50025,50049,50050
王寶書 21098
王北蛟 21108
王彬哲 21109
王斌 22713
王材楝 41832
王材任 41885,41886,41887,41888,43170
王昌沅 21112
王昌藻 21112
王長友 32668
王成璐 42213,42214

王承烈 10200,10201,10202
王承禧 22448,22449,22450,22451
王崇熙 21100
王從仁 40407,40410,40425,40429,40430,40431,40443,43369
王從善 41208,41209
王達津 40655
王大基 22714
王道鏞 21101
王得臣 31962,31963,31964,31965,31966,31967,31968,31969,31970,31971,31972,31973,31974,31975,31976,31977,31978,31979,31980,31981,31982,31983,31984,31985,31986,31987,31988,31989,31990,31991,50021
王德均 23388
王德新 42292
王鼎鈞 21111
王鼎增 42997
王定安 20197,20198,20199,20200,20201,20202,20203,20204,20711,20712,20774,20775,20776,20777,20778,20779,20780,20781,20782,20783,20784,20785,20786,20787,20788,20789,20790,20794,20795,20850,20851,20852,20853,20854,23555,23556,30008,30009,30010,30302,30303,32970,32971,42380,42381,42972,42973
王鐸 20224
王封崑 41929,41930
王封綿 41691
王封瀠 41853,41854
王逢五 23149
王鳳池 22655,22656,22657,22658
王鳳儀 22518,22519
王夫之 40215,40216,40217,40220,40221,40222
王福賢 31268
王概 23352,23353,23725
王幹甫 21115
王 格 41248,41249,41250,41251,41252,41253
王恭先 23161
王國瑞 21110
王國泰 30845
王國維 20257
王國梓 23882,32624,32625
王浩沖 23111
王宏福 21125
王煥堂 21131
王輝海 21114
王會鼇 23433
王畿 41194
王吉人 22456,22457,22458,22459
王楷 41640,41643,50012
王家璧 10013,10157,10295,10914,10915,20170,20570,20571,20572,20899,20909,21099,22,283,22492,22498,22499,23708,23743,30272,30273,32469,32470,32700,32754,41328,41329,41397,41398,41420,41683,41684,41685,41686,41687,41689,41690,41691,42179,42264,42265,42266,42264,42268,42269,42270,42271,42272,42273,42274,42275,42276,42277,42278,42279,42280,42281,42282,43007,43008,43017,43122,43134,43135,43136,43137,50064
王家賓 21094
王家鳳 10905,11039,11040,42636,42637,50020
王家仕 42181,42408,42409,42410,
王家寅 42260
王家英 21137
王嘉謨 21004
王甲曾 22784
王價人 21139
王戩 41864
王健五 21129
王劼憲 22082,22083
王傑 50022
王 玠 32824,32825,32826,32827
王進祖 22440
王景陽 22865
王景彝 42284

王敬敷 21120
王敬元 21103
王覺明 21119
王闓運 20078,40255,40256,40257,40258,40563,40564
王夔强 41679,41680
王夔清 22374,22423,22424
王夔武 22082,22083,23882,32624
王來遴 23290,41234
王來賢 30799,30800,30801
王良煜 21137
王臨 22620,22610
王麟書 20081
王鑾 41996,41997,41997,41999,43535
王羅珍 31175
王萌 40208,40209,40210,40211,40212,40213,40214
王謨 10591,10595,20296,22099,22100,22105,22106,22118,22119,22139,22140,22141,22142,22143,22144,22160,23503
王念曾 30014
王念孫 10935,30313,30320,40073
王凝命 23217,23218,23219,23220,23221
王培 43087
王其芳 30675
王啓茂 41640,41641,41642,41643,50012
王啓興 42963
王劻 22506
王仁俊 10224,20024,20145,20290,20658,20659,20666,20671,22072,22098,22109,22116,22117,22123,22126,22134,22201,23411,31252,31822,31921
王榮先 22941,22942,22943,22944
王如鍪 42000
王如璠 42001,42965,43134
王如煥 42002
王汝霖 22526,22527
王汝南 20151,20152,20156,20158,20159
王阮 40999,41000,41001,41002,41003,41004,41005,41006,41007,41008,41009,
王三餘 42979
王韶 22138
王韶之 22137
王紹奎 10222
王紹陶 21136
王聲 23766
王時來 23249,23250,23251,23252,23253
王士元 32757,32758,32759,32760,32761,32762,32763,32764,32765,32766,32767,32768,32769,32770,32771,32772,32773,32774,32775,32776,32777,32778,32779,32780,32781,32782,32783,32784,32785,32786,32787,32788,32789,32790,32791,32792,32793,32794,32795,32796,32797,32798,32799,32800,32801,32802,32803,50021
王氏合族 21132
王世萃 21124
王世爵 22824
王世懋 42865,42866
王世騵 20791,20792,20793,42399
王世貞 20154,23434,32160,41299,41352,42980,42981,42982
王世篆 31526
王世嶟 20791,20792,20793
王軾 20380,20381,20382,20383,20384,20385,20386,20387,
王守仁 41194
王書莊 40521
王澍枬 40391,40392
王樹枏 20506,23129,23130,23131
王樹偉 24046,24047
王樹勳 22782
王樹滋 22939
王順霖 21135
王四箴 21114
王泗原 40280
王嗣皋 23205,23206
王廷陳 41218,41219,41220,41221,41222,41223,41224,41225,41226,41227,41228,

41229,41230,50021
王庭蘭 23208,23209,23210
王庭楨 23034,23035,23036
王同道 41328
王同軌 32546,32547,32548,32549,32550,32551,32552,32553,40890,40891,41329
王萬芳 21060,22918,22919,22920
王維屏 22728
王慰 22762,22763,22764,22765,22766
王文清 21298
王文銑 21122
王文益 42635
王武魁 21127
王武元 21127
王希琮 23100,23101,23102
王錫祺 23355,23356
王錫榮 40275
王先 41679,41680
王驤 43097
王祥徽 21093
王象乾 42691,42876,42877
王孝通 31229,31230,31231,31232
王協夢 23030
王心裁 31372,31397,31421,31427,31488,31491,31614,40954,43353,50030
王馨彬 21118
王興斌 21125
王新命 22330
王雪琴 21120
王炎森 21141
王嚴恭 22989,22990,22991,23992
王演 22797,22798
王霱 23154,23155
王養翀 41984
王業浩 22921
王一煌 41697
王一鳴 41397,41398,41399
王一寧 22411,32062,41899,43009
王一翥 41683,41684,41685,41686,41687,41688,41689,41690,41691,41692,41695,41853,41687,41688,41689,41690,41691
王詒壽 20081
王儀吉 22542,22543,22544
王逸 40021,40022,40023,40024,40026,40027,40028,40029,40030,40031,40032,40033,40034,40035,40036,40037,40038,40039,40040,40041,40042,40043,40044,40045,40046,40047,40048,40049,40050,40051,40052,40053,40054,40055,40056,40057,40058,40059,40060,40061,40062,40063,40064,40065,40066,40067,40068,40069,40070,40071,40072,40073,40074,40075,40076,40077,40078,40079,40080,40081,40082,40083,40084,40085,40086,40087,40088,40089,40090,40091,40092,40093,40094,40095,40096,40102,40103,40175,40176,40177,40350,40351,40352,40449,40450,40451,40452,40453,40454,40455,40456,40457,50020
王義太 21096
王翼張 21123
王欽 23236,23237
王引之 30313,30317,30320
王瀛山 21113
王應斗 41692,41693,41694,41695,41696,
王應麟 32143,32144
王庸 43046
王永彬 10659,10965,10966,11089,20520,32108,32109,32110,32111,32112,42395,42396,50059
王永瑞 23723
王友懷 42869
王又旦 23118
王宇 31839,31840,31841,31842,31843,31844,31845,31846,31847,31848,31849,32771
王禹錫 22663
王玉書 21116
王毓藻 20962

王源祖 21131
王雲鵬 41420,43138
王雲翔 22702,22703
王在光 21140
王澤弘 10253,10355,41831,41833
王澤宏 41832
王章 22726,43163
王兆坤 21111
王兆雲 20637,20638,2063932356,32357,32447,32448,32449,32450,32451,32530,32531,32532,32533,32534,32535,32536,32537,32538,43287,43288,43289,43290
王箴 40332
王正常 22518,22519,22986,22987,22988
王之斌 20848
王之賓 22653
王之瑞 41208,41209
王之望 40973,40974,40975,40976,43354,43355,50021
王之楨 21129
王之佐 23111
王芝異 10157,42138
王直淵 43116
王志沂 23473
王質 10300,10301,10302,10303,10304,10305,10306,10307,10308,10309,10310,10311,10312,20722,20723,20724,20725,20726,20727,20728,20729,20730,20731,20732,20733,20734,20735,20736,20816,20817,40981,40982,40983,40984,40985,40986,40987,40988,40989,40990,40991,40992,40993,40994,40995,40996,43345,50021
王重民 23790,23791,23792
王周 23398
王柱國 21126
王篆 23660
王追淳 41229
王追美 41406
王追騏 10884,41849,41850,41851,43193
王子幹 21116
王子厚 21115
王梓忠 20688
王宗耆 21095
王宗晚 21108
王宗堯 22612
王祖蔭 23675
望炳麟 22958
韋調鼎 10340
韋應物 40657,40711,40712
韋昭 20213,20214,20215,20216,20217,20218,20219,20220,20221,20222,20223,20224,20225,20226,20227,20228,20229,20230,20231,20232,20233,20234,20235,20236,20237,20238,20239,20240,20241,20242,20243,20244,20245,20246,20248,20249,20250
韋莊 23397
衛胤嘉 22726
衛元爵 23254
魏錮 22654
魏閥 10141,10142,10143,41755
魏觀 41163,41164
魏浣初 10350
魏金榜 22471
魏晉封 20467,20468,20469,41777,41778,41779,50025,50049,50050
魏奇修 22757,22758
魏全瑞 42869
魏裳 41286,41287,41353
魏紹源 23223,23224
魏泰 32161,32162,32163,32164,32165,32166,32167,32168,32169,32170,32171,32172,32173,32174,32175,32176,32177,32178,32179,32180,32181,32182,32183,32184,32416,32417,32418,32419,32420,32421,32422,32423,32460,32461,32462,32497,32498,32499,32500,32501,32502,32503,32504,32505,32506,32507,43221,43222,43223,43224,43225,43226,43227,43228,43229,43230,43231,43232,43233,43234,

43235,43236,43237,
43238,43239,43240,
43241,43242,43244,
43245,43246,50021
魏耀 22746,22747
魏源 30137,42093
温顯貴 20320,22043,
22081
温曰鑒 43116
文安之 10130,10131,
20464,20465,41645,
41656,43003
文德馨 23286,23287
文海 43370
文華 20103
文懷沙 40322
文士員 22500
文廷式 22487,22488,
22489,32102
文驍 40406
文元音 22707,22708,
聞桂芳 21783
聞一多 40393, 40404,
40405,40408,40409,
40424
聞月樵 21783
翁斌孫 20234
翁炳 20722
翁方綱 20832,20833,
20834,20835
翁拭 20722
翁同龢 20599
翁掞 20722
翁仲仁 31045
烏斯道 41166,41167,
41168
鄔□□ 21516
鄔霄鳴 40317
吴□□ 21263,21268,
21270,21273,21276,
21285
吴柏森 23468
吴葆晉 20539
吴葆儀 22989,22990,
22991,22992
吴寶矩 42572
吴寶炬 21290
吴炳陽 21272
吴彩榮 21305
吴朝鼎 21283
吴澄 10410
吴楚材 32343,32344,
32345
吴從政 22143,22144
吴從周 21286
吴大澂 10943
吴大訓 22655,22656,
22657,22658
吴道邇 22911,22912,
22913,22914
吴德謀 21287
吴德旋 23183,23184,
231,85
吴調公 43097,43150
吴端委 22541
吴惇寬 10136
吴方林 21289
吴鞏 23290
吴光耀 10223,10272,
10273,20007,20008,
23745,23746,30194,
30195,30196,32972,
32973,42552,42553
吴廣平 40263,40442
吴琯 20310
吴國倫 20403,20404,
20405,20406,20407,
20408,32286,41288,
41289,41290,41291,
41292,41293,41294,
41295,41296,41297,
41298,41299,41300,
41301,41302,41303,
41304,41305,41306,
41307,41308,41309,
41310,41311,41312,
50032
吴國壽 21291
吴漢卿 21265
吴翰章 22855,22856,
42347
吴恒宣 23324
吴騫 20723
吴江 23045,23046
吴錦章 10940,10967,
10968,10969,11001,
11002,11003,32114
吴巨禮 10998
吴靈鳳 42651
吴陸璣 10351
吴禄貞 42464,42465,
42466
吴祕 30086,30087,30088,
30089,30090,30091,
30092,30093,30094,
30095,30096,30097,
30098,30099,30100,
30101,30102,30103,
30104,30105,30106,
30107,30108,30109,
30110,30111,30112,
30113,30114,30115,
30116,30117,30118,
30119,30120,30121,
30122,30123,30124,
30125,30126,30127,
30128,30129,30130

吴勉學 40025
吴旻 30797,30798,30799,30800,30801,30802,30803
吴明煌 23613
吴明治 21277
吴念椿 22484,22485,22486
吴聘之 21264
吴慶燾 21951,22145,22146,22147,22148,22149,22150,22151,22152,22928,22929,22930,22931,23817,23818,23819,23820,23920,23921,23972,23973,42460,43401,50022,
吴慶揚 21288
吴汝綸 40471
吴山鳳 23136,23137,23146
吴紹康 21269
吴升東 41852
吴省欽 23166
吴時鼎 21280
吴時來 23660
吴世昌 30808,30809,30810
吴世趨 21278
吴世尚 40254
吴仕潮 41870,43190,43191,43192
吴守忠 23399,23400,23401
吴淑 32249,32250,32251,32252,32253,32254,32255,32256,32257,32258,32259,32260,32261,32262,32263,32264,32265,32266,32267,32268,32269,32270,32271,32272,32273,32274,32275,32276,32277,32278,32279,32280,32281,32282,32283,32284,32285, 32508,32509,32510,32511,32512,32513,32514,32515,32516,32517,32518,32519,32520,32521,32522,32523,32524,32525,32526,32527,32528,32529
吴淑卿 43161
吴泰 23093
吴濤 43211
吴天錫 22904,22905,22906
吴廷舉 10635,20558,20559,,22323,22324,22325,22326,30141,30142,41177,41178,41179
吴廷燮 20409
吴文聘 21274
吴文溥 41995
吴文企 41437
吴無欺 42478
吴熙載 30528
吴先點 21267
吴先聲 31526,31527
吴賢哲 40301
吴小如 43133
吴惺 22362,22363
吴熊光 22333
吴言昌 22542,22543,22544
吴彦夔 30776,30777,30778,30779,30780
吴焱成 21264
吴耀斗 22753,22754,22755,22922,22923,22924,22925,22926,22927,22753
吴翌鳳 20231,20275,20285
吴應端 10188,10189,10190,10191,10192
吴勇 22129
吴游龍 22797,22798
吴聿 43247,43248,43249,43250,43251,43252,43253,43254,43255,50021
吴元善 21306
吴元馨 22284
吴雲 24101
吴運光 23222
吴則禮 40962,40963,40964,40965,40966,40967,40968,40969,43346,50021
吴增僅 20526,20527
吴占春 10998
吴占魁 10998
吴兆論 40519
吴兆宜 40510,40522,40523,40524
吴炤 10941,10942,10943,10945
吴縝 20075
吴正剛 32111
吴之稱 20029,20530
吴之皞 23289
吴之仁 20033
吴知理 21266
吴志忠 30317

吴中弼 21257
吴中奇 23263,23264
吴宗儉 30229
吴宗生 21284
伍賡廷 21195
伍躍 24025
武漢大學生物系《本草綱目簡編》編寫小組 30527
武鈺 10174,10175,10176

X

希元 23644,23645,23646,23647
郗志褱 20860,
奚大壯 22447
奚冠 40378
奚禄詒 10821,22505,40235,40378
浠水縣衛生局 30754
錫齡 21019
習鑿齒 20141,20142,20143,20144,20145,20649,20650,20651,20652,20653,20654,20655,20656,20657,20658,20659,20660,20661,20662,20663,20664,20665,20666,22141,22142,50022
喜源 21029
夏葆彝 42416,42424
夏炳元 21464
夏大觀 23412,23413
夏官 43079
夏槐 43202
夏嘉瑞 41717
夏魁周 30414,30523,30672,31176
夏力恕 10822,10823,10824,22331,22332,30180,40663,40664,41932,41933,41934,43310,43321
夏仁壽 10510
夏體臣 21465
夏熙臣 41897,41898
夏雲鼎 41399,43081
夏允初 42018
夏允彝 10284
顯仁 32969
向承煜 22961,22962,22963
向大觀 23118
向日紅 23148
向兆麟 41862,41863
向志琳 42312
向子奇 23080,23081
項安世 10046,10047,10048,10049,10050,10051,10052,10053,10054,10055,10056,10057,10058,10059,10060,10061,10643,30131,30133,32130,32131,32132,32133,32134,32135,32136,32137,41010,41011,41012,41013,41014,41015,41016,41017,41018,41019,41020,41021,50021
項名達 31242
項真 40818
蕭□□ 21860,21866
蕭兵 40273
蕭炳成 21870
蕭春宏 21869
蕭德臣 21859
蕭德宣 42155,42156,42157
蕭滌非 40839,40840
蕭輔臣 21864
蕭海亭 21863,21867
蕭宏善 21868
蕭吉 31308,31309,31310,31311,31312,31313,31314,31315,31316,31317
蕭浚蘭 23242,23243,23244
蕭開運 10681,10701,10838,10839,10840
蕭良瑾 21865
蕭良有 10616,10979,10980,30210,32304,32305,32306,32307,32308,32309,32310,32311,32312,32313,32314,32315,32316,32317,32318,32319,32320,32321,32322,32323,32324,32325,32326,32327,32328,32329,32330,32331,32332,32333,32334,32335,32336,32337,32338,32339,32340,32341,32342,41638,41639
蕭佩聲 23063,23064,23065,23066
蕭平 43133
蕭璞 22599,22600
蕭榮爵 20850,20851,20852,20853
蕭士然 10849
蕭壽謙 21869
蕭統 21930,21931,21932,21933,21934,21935,

21936,21937,21938,
21939,32850,32851,
40474,40475,40476,
40477,40478,40479,
40480,40481,40482,
40483,40484,40485,
40486,40487,40488,
40489,40490,40491,
40492,40493,40494,
40495,40496,40497,
40498,42691,42692,
42693,42694,42695,
42696,42697,42698,
42699,42610,42701,
42702,42703,42704,
42705, 42706,42707,
42708,42709,42710,
42711,42712,42713,
42714,42715,42716,
42717,42718,42719,
42720,42721,42722,
42723,42724,42725,
42726,42727,42728,
42729,42730,42731,
42732,42733,42734,
42735,42736,42737,
42738,42739,42740,
42741,42742,42743,
42744,42745,42746,
42747,42748,42749,
42750,42751,42752,
42753,42754,42755,
42756,42757,42758,
42759,42760,42761,
42762,42763,42764,
42765,42766,42767,
42768,42769,42770,
42771,42772,42773,
42774,42775,42776,
42777,42778,42779,
42780,42781,42782,
42783,42784,42785,
42786,42787,42788,
42789,42790,42791,
42792,42793,42794,
42795,42796,42797,
42798,42799,42800,
42801,42802,42803,
42804,42805,42806,
42807,42808,42809,
42810,42811,42812,
42813,42814,42815,
42816,42817,42818,
42819,42820,42821,
42822,42823,42824,
42825,42826, 42829,
42830,42831,42832,
42833,42834,42835,
42836,42837,42838,
42839,42840,42841,
42842,42843,42844,
42845,42846,42847,
42848,42849,42850,
42851,42852,42853,
42854,42855,42856,
42857,42858,42859,
42860,42861,42862,
42863,42864,42865,
42866,42867,42868,
42869,42870,42871,
42872,42873,42874,
42875,42876,42877,
42878,42879,42880,
42881,42882,42883,
42884,42885,42886,
42887,42888,42889,
42890,42891,42892,
42893,42894,42895,
42896,42897,42898,
42899,42900,42901,
42902,42904,42905,
42906,42908,42909,
42910,42911,42912,
42913,42914,42915,
50012
蕭延平 30422,30436,
30940,42665
蕭耀南 21870
蕭繹 22125,22126
蕭友曹 10137
蕭譽 41415,41416
蕭蘊樞 22628
蕭之錦 21858
蕭忠炳 21861
蕭宗明 21862
小林是純 32924
傚濂 43512,43513
嘯雲主人 10936,10937,
10938,10939
謝□□ 21885
謝炳樸 42465
謝承仁 23380,50070
謝楚發 40709
謝純德 42631,42632
謝功肅 43031
謝谷初 22074
謝鶴 21886
謝鏶 22638
謝鴻舉 22941,22942,
22943,22944,42631,
42632
謝濟世 40376,40377
謝攀雲 22986
謝丕 22825
謝起秀 23333
謝啓賢 21884
謝汝韶 32800

謝師啓 32291
謝叔乾 42632,42633
謝菼 22520,42193
謝廷瓚 23419
謝元淮 11030,11031,11032,23363,23364,23555,42074,42075,42076,42077,42078,42079,42080,42081,42082,42083,42084,42085,42086,42087,42088,42089,42090,42091,43118,43386,43387,43388,43389,43390,43391,43392,43393,43394,43395,43396,43518,43519
辛全 10695
辛紹業 40403
許光曙 22792
許渾 40775,40776,40777,40778,40779,40780,40781,40782,40783,40784,40785,40786,40787,40788,40789,40790,40791,40792,40793,40794,40795,40796,40797,40798,40799,40800,40801,40802,40803,40804,40805,40806,40807,40808,40809,40810,40811,40812,40813,40814,40815,40816,50021
許培榮 40807,40808
許喬林 23363,23364
許紹沅 20990,42467
許慎 31927,31928,31929
許盛春 22396,22397,22398
許巽行 42743,42918
許逸民 20817
許逸明 40549,
許友 41682,42311,50015,50016
許愈初 42633,42634
許兆椿 41973,41974
許兆桂 42035
許豸 24090,24091
許仲琳 32669,32670,32671,32672,32673,32674,32675,32676,32677,32678,32679,32680,32681,32682,32683,32684,32685,32686,32687,32688,32689,32690,32691
許周 23058,23059
許自昌 40817
熊□□ 21784,21785
熊伯龍 32063,32064,32065, 41166,41167,41168, 41762,41763,41764,41765,41766,41767,41768,41769,41770,41771,41772,41773,41774,41775,41780,43108
熊賜履 10913,20113,20588,20618,20619,20620,20621,20622,20623,20624,20625,20812,30163,30164,30165,30166,30167,30168,30169,30170,30171,30172,32003,32074,41844,41845,41846,41847,41848,41850,41851,50020,50051,30163,30164,30165,30166,30167,30168,30169,30170,30171,30172,41847
熊得禄 21793
熊登 22490
熊莪 42291
熊奉章 20985
熊會貞 10631,20047,20857,20858,20859,21952,21964,21965,21967,21968,21969,21970,21971,21972,21973,21974,21975,21976,21977,21978,21979,21980,21981,21982,21983,21984,21985,21986,21987,21988,21989, 21990,21991,21992,21993,21994,21995,21996,21997,21998,21999,22000,22001,22002,22003,22004,22005,22006,22007,22008,23371,23372,23375,23379,23381,23383,23899,23900
熊敬三 21789
熊俊廷 21792
熊開疆 21787
熊開元 41669,41700,41701,41702,41703,41704,43516
熊逵 43283
熊魁梧 30846
熊禮會 41504

熊泮階 21793
熊啓詠 23055,23056,23057
熊汝弼 22447
熊瑞玲 21789
熊十力 30233,30234,30235,30236,30237
熊士鵬 32066,32067,42026,42027,42028,42029,42030,42031,42032,42033,42034,43112,43207,43208,43299,43300,43301,50055
熊仕藻 21792
熊天章 22932,22933,22934,22935,22936,22937
熊廷弼 20549,20550,20551,20552,20553,20554,41515,41516,41517,41518,41519,41520,41521,41522,41523,41524,41525,41526,41527,41528,41529,41530,
熊文瀾 22826,22827,22828
熊壎 42245,42246
熊於崟 21791
熊玉泉 21786
熊裕銘 21788
熊煜奎 30429,30430,30836
熊志傑 21815
徐□□ 21492,21498,21503,21504,21505,21506,21510,21513
徐本遠 21494,21501
徐波 20227
徐聰 41915,41916
徐大勝 21500
徐大煜 10857,21514,23083,23084
徐道 32650,32651
徐德歡 31927
徐德修 21502
徐定祥 40583
徐奮鵬 10350
徐光楚 21512
徐光炯 21482
徐國彬 23728
徐國相 22330
徐瀚 20748,20749
徐煥斗 43203,43204
徐穫 41610,41611,41612,41613,41614
徐家幹 20490,20491,23736,23737
徐嘉瑞 43143
徐鑒藻 21635
徐階 22364,22365,22366,22367,22369
徐錦 22596,22597,22598
徐京陛 23025
徐鏡泉 21154
徐炯箋 40560,40561,40562
徐康 41702
徐立坤 21490
徐陵 42959
徐明題 21466
徐明庭 22093
徐鵬 40648
徐榮 31519,31520,31521,31522,31523,42151,42152,42153,42154,
徐儒楠 42293
徐儒棨 42261,42262
徐紹曾 21468
徐石麒 31700,31701,32088,32089,32090,32091,32233,32234,43380,43381,43382,43383,43384,43385,43475,43476,43477,43478,43479,43480,43481,43482,43483,43484,43485,43486,43487,43488,43489,43490,
徐氏合族 21483
徐世昌 21486
徐叔淵 21484
徐恕曾 20958
徐澍楷 23086,23087,23088
徐樹穀 40560,40561,40562
徐嗣豐 21017
徐天祐 22777,22778
徐同功 22807
徐韋 42208,42209,42210
徐渭 30058,41272,41273,41274,41275,41276,41277,41278,43441,43442,43443,43444,43445,43446,43447,43448,43449,43450,43451,43452,43453,43454,43455,43456,43457,43458,43459,43460,43461,43462,43463,43464,43465,43466,43467,43468,43469,43470,43471,43472,43473,43474

徐無聞 23953
徐孝宓 10872
徐學謨 22327,22328,22329
徐迅 32329
徐養忠 22604
徐英 42652
徐瀛 22431,22432,22433,42257
徐永斌 32112
徐永道 20703
徐永祐 32698,32699
徐永貞 43143
徐佑彦 22728
徐玉珂 22594,22595
徐昱 22628
徐雲梯 21474
徐濽 32334,32335,32336,32337,32338,32339,32340,32341,32342,32343,
徐增 41712
徐占元 21073
徐兆英 22771,22772,22773,22774,22775
徐芝 43143
薛乘時 22629,22630
薛道光 32828
薛福祁 23655
薛傅均 42907,42918
薛綱 22323,22324,22325,22326
薛瑄 30141
薛應旂 10820

Y

研露樓主人 43509
閻大鏞 21871
閻期壽 23156,23157
閻若璩 32138,32139,32141,32142
顔端 20748,20749
顔木 22363,22365,22366,22367,22369,22887,22888,22889,22890,22898,22899,22900,41202,41203,41204,41205,41206,41207
顔星 22654
嚴承慶 21907
嚴承夏 10294
嚴觀 23885,23886,23887,23888,23889,23890,23891,23892,23893
嚴可均 31788
嚴鎏 20079
嚴履壬 21005
嚴士貞 41121
嚴樹森 22056
嚴思濬 22811,22812,22813,22814
嚴獻章 23713
嚴錡 23176,23177,23178,23179,23180,23181,23182
嚴用勳 20972
嚴正矩 21908,41731,41798
嚴植之 10638,10639,10640
衍綿 22710
晏炎吾 10375
陽海清 10930,10931
揚雄 30067,30068,30069,30070,30071,30072,30073,30074,30075,30076,30077,30078,30079,30080,30081,30082,30083,30084,30085,30086,30087,30088,30089,30090,30091,30092,30093,30094,30095,30096,30097,30098,30099,30100,30101,30102,30103,30104,30105,30106,30107,30108,30109,30110,30111,30112,30113,30114,30115,30116,30117,30118,30119,30120,30121,30122,30123,30124,30125,30126,30127,30128,30129,30130,40125,40126,40127,40128,40129,40130,
楊□□ 21740,21743,21744,21754
楊臣諍 32304,32305,32306,32307,32308,32309,32310,32311,32312,32313,32314,32315,32316,32317,32318,32319,32320,32321,32322,32323,32324,32330,32332
楊宸 23164
楊承禧 22348,22349,22350,22351,22352,22353,42551
楊傳松 22736,22737
楊存熉 42295
楊德澤 20438,20439,20440
楊鼎熙 10443,10444,10445

楊鐸 20511,20818,20819
楊鳳章 42361
楊福鼎 23171
楊冠卿 41022,41023,41024,41025,41026,41027,43344,50021
楊光銀 21741
楊國楨 10008,10009,10212,10213,10255,10256,10376,10377,10405,10406,10425,10426,10449,10450,10502,10503,10517,10518,10586,10587,10649,10650,10875,10876
楊洪 22736,22737
楊輝斗 41848
楊翬 41103
楊際春 22823
楊繼經 22601
楊繼榮 42228
楊家炷 21757
楊建道 20981
楊金鼎 40274,40314,40407,40410,40426,40429,40430,40431,40443,40448
楊倞 30011
楊居廣 10350
楊巨鴻 21752
楊鉅 23113,23114,23115
楊浚 40020
楊開琫 21759
楊開第 23167,23168,23169
楊立志 23347,23350,23351
楊漣 41531,41532,41533,41534,41535,41536,41537,41538,41539,41540,41541,41542,41543,41544,41545,41546,41547,41548,41549,41550,41551,41552,41553
楊鸞 22546,22547,22548,22549,22550
楊夢熊 40293
楊攀梅 40239
楊培之 23058,23059
楊品金 42437
楊蒲林 31458
楊溥 20707,20708,41171,41172
楊起元 41269
楊清 23770
楊清材 42162,42163,43147,50026
楊慶章 23472
楊傛 21758
楊儒宷 21748
楊身亮 21747
楊慎 31783,31784,31791,31792,31901,31902,31903,32770,40485,40711,43155,43156,43158,43218,43521,43522,43523,43524,43525,43526,43527,43528
楊時泰 30540,30541,30542,30543,30544,30545,30546,30547,30548,30549
楊寔 23199,23200,23201,23202,23203,23204
楊士弘 43030,43031,43032,43033,43034,43035,43036,43037,43038,43039,43040,43041,43042,43043,43044,43045,43046,43047,50021
楊士勛 10549,10550,10551,10552,10553,10554,10555,10556,10557,10558,10559,10560,10561,10562,10563,10564,10565,10566,10567,10568,10569,10570,10571,10572,10573,10574,10575,10576,10577,10578,10579
楊氏宗譜編纂會 21746
楊世霖 22969,22970,22971,22972,22973,32107
楊守敬 10291,10292,10293,10297,10298,10299,10469,10545,10546,10547,10548,10588,10589,10590,10631,10742,10850,10851,10893,10894,10997,10999,11000,20028,20029,20030,20031,20032,20033,20034,20035,20045,20046,20047,20048,20049,20050,20051,20052,20276,20526,20527,20528,20529,20857,20858,20859,20968,21940,21952,21955,21956,21957,

21958,21959,21960,
21961,21962,21963,
21964,21965,21966,
21967,21968,21969,
21970,21971,21972,
21973,21974,21975,
21976,21977,21978,
21979,21980,21981,
21982,21983,21984,
21985,21986,21987,
21988,21989,21990,
21991,21992,21993,
21994,21995,21996,
21997,21998,21999,
22000,22001,22002,
22003,22004,22005,
22006,22007,22008,
22009,22010,22112,
22347,22721,22722,
23371,23372,23373,
23374,23375,23376,
23377,23378,23379,
23380,23381,23382,
23383,23384,23722,
23723,23780,23781,
23783,23784,23785,
23786,23786,23787,
23788,23789,23790,
23791,23792,23793,
23794,23795,23796,
23797,23798,23800,
23801,23802,23803,
23827,23828,23829,
23866,23867,23868,
23869,23872,23874,
23875,23876,23877,
23897,23898,23899,
23900,23901,23902,
23903,23904,23933,
23934,23947,23948,
23949,23950,23951,
23952,23953,23974,
23975,23976,23977,
23978,23980,23981,
23982,23983,23984,
23985,23986,23987,
23988,23989,23990,
23991,23992,23993,
23994,23995,23996,
23997,23998,23999,
24000,24001,24002,
24003,24004,24005,
24006,24007,24008,
24009,24010,24011,
24012,24013,24014,
24015,24016,24017,
24018,24019,24020,
24021,24022,24023,
24024,24025,24026,
24027,24028,24044,
24045,24046,24047,
24052,24053,30435,
31448,31449,31450,
31451,31452,31453,
31529,32143,32144,
32473,40961,42514,
42515,42516,42517,
42518,42519,42757,
50021,50070
楊舒甲 21753
楊天照 21749
楊廷芳 22501
楊廷耀 22984,22985
楊廷藴 22427,22428
楊萬里 40412,40413
楊惟翰 21758
楊文勳 22958
楊曉蘭 22061
楊熊祥 21047
楊延烈 23014,23015,
23016,23017
楊葉氏 40396
楊業鈞 21752
楊以蘭 21742
楊 憶 31957,31958,31959,
31960
楊胤宗 40267
楊右屏 21755
楊毓秀 20492,20493,
42397,42398
楊增育 21756
楊章寶 21751
楊兆祥 21749
楊兆熊 23027,23028,23029
楊之鸞 21748
楊之騂 22761
楊中崧 21745
楊州彦 22836,41824
楊紫峰 21750
楊宗時 22922,22923,
22924,22925,22926,
22927
楊祖憲 41544
楊纘緒 22199
楊遵 22653
姚淳燾 22330
姚德華 22955,22956,
22957
姚觀 22447
姚光發 23167,23168,
23169
姚晉圻 10899,10900,
30204,30205,30207,
30394,30395,50014,
50025,50075
姚慕冰 21400
姚培謙 40233,40234

姚汝說 42662,42663
姚惟寅 10857
姚星吾 21857
姚永樸 10727
姚勇 22061
姚有惠 20953
姚之琅 22590,22591,23265,23266,23267,23268,23269,23270
葉昌熾 22110
葉春及 23277,23278
葉德輝 20230,31751,31752,31753
葉調元 22087,22088,22089
葉封 23332,23420,23421,23955,23956,23957,23958,23959,23960,41836,41837,41838,41863,43012,43113,50021
葉瀚 24042
葉繼雯 20539,42038,42039,42040
葉景葵 20260,23871,24065,30313
葉名灃 10179,10180,10932,10933,10934,10935,32094,32095,32096,32097,32098,42046,42248,42249,42250,42251,42252,42253,42254,42255,42256
葉名鑾 32354
葉年棻 23021,23022
葉啓淦 20961
葉繩翥 10660,10661
葉氏平安館 31251
葉適 20075
葉樹楠 22978,22979,22980,22981
葉萬 20233
葉先甲 21026
葉仰高 22717
葉頤 10179,10180
葉裕仁 30352
葉振炳 21663
葉志詵 21662,21950,23870,23871,23927,23928,23929,23930,23931,23932,23961,23962,23963,23964,23965,24029,24043,30417,30418,30567,30568,30831,30832,30833,31210,31211,32235,42037,42038,42058,42059
葉宗楚 21664
葉昌熾 22110,22162
易□□ 21351,21353,21356,21357,21358,21359,21364
易本烺 10168,10500,10623,10624,10889,10890,10987,10988,10989,10990,10991,10992,10993,10994,10995,11039,11040,11041,11042,20484,20880,20881,20884,20885,24114,32085,32086,32087,32200,32201,32463,32464,32465,42285,42286,42287,42288,42289,42290,50020,50061
易國幹 23764
易鏡清 10987,42118,42119
易孔昭 20481
易履泰 41767,41768,43108,43117
易氏宗譜續編會 21378
易用炳 21354
易元害 42192
易子才 21355
逸民 20512,20513
懌堂 22584
殷光熹 40432,40433
殷其銘 20487
殷雯 42481,43199
殷應庚 20844,20845
陰法魯 42868
蔭祿 23132
尹賓商 20585,30296,30297,30298
尹調元 10501,42473
尹繼美 10087,10088
尹繼善 23303,23304
尹侃 23145
尹克墨 20964
尹立準 21142
尹 商 20585,30298,30299,30300
尹壽衡 23034,23035,23036
英啓 22507,22508,22509
應劭 20308,20309,31933,31934
應曙霞 23207
永恒 21832
尤聲瓚 21033
游國恩 40316,40394,40425
于倫增 32222,32223,

32224,32225,32226
于非 42868
于光華 42896,42897,42898,42899,42900,42901,42902,42903
于奕正 22167,22168,22169,22170,22171,22172,22173,22175,22176,22177,22178,22179,22180,22181,22182,22183,22184
于澤潤 22198
余□□ 21304,21307,21309
余邦士 22631,22632,22633
余崇福 21302,21317
余德湘 21303
余門衡 21313
余光黄 42682
余光彤 21311,21310
余國柱 43176
余漢恩 21316
余皓 22080
余晉芳 22531,22532,22533,22534,22535,22536,42559,42560,42561
余六龕 22698,22699
余瀘廷 22994,22995,22996,22997
余慶長 22252,22253
余慶遠 22254,22255,22256,22257,22258,22259,22260,22261,22262
余輕遠 22263,22264
余士珩 22530
余世堂 23162,23163
余世應 21315
余思訓 22868,22869
余廷誌 22690,22691,22692
余土勤 21318
余文煌 21308
余錫椿 42137
余蕭客 42918
余益杞 22666,22667,22668
余瀛鼇 30524
余應奎 10980
余永豐 21312
余元熹 40456
余澤霖 21015
余知古 20270,20271,20272,20273,20274,20275,20276,20277,20278,20279,20280,20281,20282,20283,20284
余宗伯 21305
余宗金 21306
俞昌烈 22520,23717,23718
俞長城 41411,41413
俞熾陽 30520
俞貢 22425,22426
俞焜 22675,22676,22677,22678
俞森 23599,23600,23601,23602,23603,23604,23605,23606,23607
俞紹初 40497
俞憲 41170,41235,41267
俞小平 30525
俞樾 30320
俞志楚 40262
俞宗憲 31991
虞淳熙 32752,32753
虞九章 42872
虞笙 42592
虞學灝 22622,22623
禹殿鼇 23112
庾季才 31255,31256,31257,31258,31259,31260,31261,50021
庾肩吾 31331,31332,31333,31334,31335,31336,31337,31338,31339,31340,31341,31342,31343,31344,31345,31346,31347,31348,31349,31350,31351,40463,40464,40465,40466,40467,40468,40469,40470,40471,40472,40473,50021
庾信 40499,40500,40501,40502,40503,40504,40505,40506,40507,40508,40509,40510,40511,40512,40513,40514,40515,40516,40517,40518,40519,40520,40521,40522,40523,40524,40525,40526,40527,40528,40529,40530,40531,40532,40533,40534,40535,40536,40537,40538,40539,40540,40541,40542,40543,40544,40545,40546,40547,40548,40549,40550,40551,40552,40553,40554,40555,40556,40557,40558,40559,40560,40561,40562,40563,40564,50021
庾仲雍 22097,22098

郁方董 23014,23015,23016,23017
郁文初 10138,10139,10140
郁州山人 43509
喻璨烈 20971
喻化鵠 41926,42144
喻啓焜 42488
喻同模 42143,42144
喻文鏊 42004,42005,42006,43302
喻文鑾 42007,42008,42009
喻元鴻 42194,42487
喻允欽 42613
裕連 20999
鬻熊 31746,31747,31748,31749,31750,31751,31752,31753,31754,31755,31756,31757,31758,31759,31760,31761,31762,31763,31764,31765,31766,31767,31768,31769,31770,31771,31772,31773,31774,31775,31776,31777,31778,31779,31780,31781,31782,31783,31784,31785,31786,31787,31788,31789,31790,31791,31792,31793
袁漢傑 21458
袁宏道 10807,10808,20761,21089,21090,21091,22196,22197,23435,23436,23439,23440,23441,31576,31577,31578,31579,31580,31581,31582,31583,31584,31585,31586,31587,31588,31589,31590,31591,31592,31593,31624,31625,31626,31699,31717,31717,31719,31720,31723,31724,31725,31726,31727,31728,31729,31730,31731,31732,31733,31734,31735,31736,31737,31738,31739,31740,31741,31742,31743,31744,31745,32050,32051,32052,32221,32227,32444,32445,32446,32539,32540,32541,32542,32621,32622,32623,32706,32707,32708,32709,32710,32711,32712,32713,32714,32715,32916,32949,32950,32951,32952,32953,32954,32955,32956,32957,32958,32959, 40634,40712,40902,40903,40904,40910,41272,41273,41274,41275,41276,41277,41278,41422,41442,41443,41444,41445,41446,41447,41448,41449,41450,41451,41452,41453,41454,41455,41456,41457,41458,41459,41460,41461,41462,41463,41464,41465,41466,41467,41468,41469,41470,41471,41472,41473,41474,41475,41476,41477,41478,41479,41480,41481,41482,41483,41484,41485,41486,41487,41488,41489,41490,41491,41492,41493,41494,41495,41496,41497,41498,41499,41500,41501,41502,41503,41504,41505,41506,41507,41508,41509,41510,41511,41512,41513,42959,42979,43061,43068,43069,43089,43090,43091,43093,43149,43150,43151,43155,43441,43442,43443,43444,43456,43445,43446,43447,43448,43449,43450,43451,43452,43453,43454,43455,43456,43457,43458,43459,43460,43461,43462,43463,43464,43465,43466,43467,43468,43469,43470,43471,43472,43473,43494,43495,50033,50034,50035,50036,50037,50038
袁洪渥 21457
袁華忠 20281
袁奐 23362

袁景暉 23053,23054
袁康 20321
袁 枚 40327,40440,41974,50008
袁鳴珂 22472,22473,22474,22762,22763,22764,22765,22766
袁祈年 41585,41601,41602
袁山松 22156,22157,22158,22159,22160
袁山松（崧）22159
袁石公 43474
袁士瑜 32041
袁氏合族 21455
袁惟穀 20954
袁希祖 20574
袁憲健 42191
袁 廷 檮 30114,30314,40027
袁益先 21459
袁於伶 43491
袁 瓚 22541,22631,22632,22633
袁照 20761
袁正寬 21460
袁中道 10807,10808,20861,20862,20863,32185,32633,32960,41580,41581,41582,41583,41584,41585,41586,41587,41588,41589,41590,41591,41592,41593,41594,41595,41596,41597,41598,41599,41600,43149,43150,43151
袁宗道 10248,10807,32042,41421,41423,41424,41425,41426,41427,41428,41429,41430,41431,41432,43149,43150,43151
袁宗與 23273,23274,23275,23276
袁祖凝 21456
原田由己 42875
岳燕青 31458
樂純青 22693,22694
樂振玉 22696,22697
雲槎 30853
惲紹龍 42860,42861
惲祖翼 23499

Z

載澤 23565
臧唐 42040
臧庸 30313
詹大衢 10150,22539
詹龍 30170
詹文浩 21717
詹映奎 21718
占章杏 21421
章鑣 23096,23097,23098,23099
章朝棫 23225,23226
章腹 30434
章學誠 22334,22335,22336,22337,22338,22339,22340,22341,22342,22343,22344,22354,22528,23096,23097,23098,23099
章穎 22154
章鈺 20233
張□□ 21607,21608,21625,21626,21640,21650,21655
張百熙 23525
張榜 30341,30342,30343,30344,30349,30350,30351,30352,30353
張葆森 23227,23228
張璧 41195,41196
張秉鉉 23231,23232
張炳鐘 22952,22953,22954
張伯琮 41728,41729
張伯端 32829,32830,32831,32832
張伯行 41537,41538
張長 10219,10902,10947
張超 11038
張沉仁 23442
張承寵 22333
張承祜 43199
張承齡 22707,22708,22709
張承鋆 42470
張純一 31794
張大濂 43139
張道南 23019
張道修 21620
張德純 40369,40370,40371
張德存 21653
張鼎元 20846,20847
張定光 21638
張定周 21645,21631
張方 20668,20669,20670,20671,20672,20673,20674,20675,20676
張鳳鳴 21651
張鳳翔 21632
張鳳翼 40175,40176,40177,42846,42847,42848,42849,42850,42851,42852,42853,42854,42855,42856,42857,42858,42859,

42860,42861,42862,42863,42864,42865,42866,42890
張杲 42471
張官德 10177,10178,10447,10448,30186,30187,30188,30191,30223,31280
張光傑 23071,23072,23073
張國淦 10014,10015,20502,21043,23129,23130,23131,23806,23807,23811,23846,40888,42577,43132,50021
張國光 42939
張國溶 21043,43132
張國詳 21656
張海山 21639
張海修 22590,22591
張行簡 10632,10858,21609,21610,21611,22396,22397,22398,22399,22400,22401
張灝 31010
張灝睿 43140
張鶴勝 30771
張恒 22907,22908,22909
張惠言 10021,10022,10023,10024,10025,10026,10027,10028,10029
張緝明 20702
張吉同 40293
張輯宗 42883
張繼 40722,40723,40724,40725,40726
張繼堅 21929
張繼煦 20206,20494,20804
張佳晟 23272
張佳胤 41354,41355,41356
張家槐 23037
張家駒 21652
張家俊 22541
張建國 31898
張金瀾 23067,23068,23069,23070
張金圻 23067,23068,23069,23070
張錦藻 21619
張縉彦 41717
張京元 40183
張景騫 21053
張九一 50032
張居正 10229,10230,10231,10232,10233,10234,10235,10318,10319,10642,10666,10667,10668,10669,10670,10671,10672,10675,10676,10684,10685,10686,10687,10688,10689,10690,10691,10692,10693,10694,10716,10717,10718,10719,10720,10721,10722,10723,10724,10725,10726,10727,10753,10754,10755,10756,10759,10760,10761,10962,10963,10788,10789,10790,10791,10792,10794,10795,10796,10797,10798,10799,10800,10801,10802,10803,10804,10805,10806,10814,20124,20125,20126,20127,20128,20129,20130,20131,20132,20160,20161,20162,20163,20164,20165,20166,20167,20168,20169,20542,20543,20544,20546,20593,20594,20595,20596,20597,20598,20599,20600,20601,20602,20603,20604,20605,20606,20607,20757,21916,21917,21918,21919,21920,23504,23638,30260,30261,41332,41333,41334,41335,41336,41337,41338,41339,41340,41341,41342,41343,41344,41345,41346,41347,41348,41349
張君房 32436,32437,32438,32439,32440,32584,32619,32620,32804,32805,32806,32807,32808,32809,32810,32811,32812,32813,32814,32815,32816,32817,32818,32819,32820,32821
張鈞 23077,23078,23079
張開東 23271,41950,41951,41952,41953,41954,41955,41956,41957,41958

張開桂 21636
張開懋 41959
張凱嵩 10295,20578,20579,20580,42113,42114,42115,42207,42216,42217,42218,42228,42229,42230,42263,43115,43215
張炌 43322
張康遜 23806,23807
張奎華 22478,22479,22480
張坤誠 21068
張瑮光 41812,41813,41814
張聯元 23211,23212
張梁森 30781
張林川 20662,20663,20664,50022
張琳 22552,22553
張翎 21658
張魯璠 21621
張茂葦 21616
張懋修 32056,41674
張明弼 41754
張明道 20904
張銘西 21649
張年祥 21622
張嵲 40970,40971,40972,50021
張培壬 21613
張培田 42643
張佩華 21623
張鵬翮 20482,20561,20562,20563,20564,20717,20718,20719,20720,20815,23631,23632,23633,23634,23635,23636,23637,23661,23662,23689,23690,23691,23692,23693,23694,23695,23696,30173,30174,30175,30176
張溥 42891
張圻 22785,22786,22787
張圻隆 22700,22701
張岐然 10479
張其維 22672
張琦 30538,30539
張琴 22790,22791
張清標 43297,43298
張慶雲 21617
張慶之 21633
張仁芬 21612
張仁熙 31627,31628,31629,31630,31631,31632,31633,31634,31635,31636,31637,31638,31639,41723,41724,41725,41726,41727,41835
張任湛 43140
張溶 20160,20161,20162,20163,20164,20165,20166,20167,20168,20169
張潤生 23374
張三異 23205,23206,41728,41729,41730,43511,43521,43522,43523,43524,43525,43526,43527,43528,43529,43530,43531,43532,43533,43534
張尚晉 21618
張尚儒 22863,22864
張少堂 21631
張紹良 21634,21641,21642
張紹碑 21615
張詵 42794,42795,42796
張聲正 22940
張盛藻 23448,23449,23450,23451,42043
張師正 32416,32416,32417,32418,32419,32420,32421,32422,32423,32497,32498,32499,32500,32501,32502,32503,32504,32505,32506,32507
張詩 40292,40293
張時 22859,22860
張實斗 23261,23262
張士旦 23009
張士瀛 22014,42434
張世順 21648
張守中 11019,11020
張叔珽 41729,41905,41906,41907,41908
張澍 20300,20301,20302,20303,20334,
張樹萱 23238,23249
張舜徽 20546
張思炬 21654
張思緒 21657
張松儒 20814
張太昇 23255,23256,23257
張泰來 20647,23322,23323,23329,41987,41988,41989,41990,41991,43295,43296,50023
張坦 22727
張坦議 30400,30401
張同敞 41673,41674,41675,41676,41677
張文德 23142,23143,

23144
張文卿 21632
張文柱 32160
張希良 10620,22412,23698,41834
張熙宇 43114
張錫穀 23100,23101,23102,42231,42233,42234
張銑 42816
張先斌 21629
張先振 10289
張咸瑲 21647
張咸澤 21647
張相宇 20960
張象津 40386
張燮承 40389
張星煥 23437,23438,32205,32206,50025,50025,50073
張星衢 21633
張興文 23081
張璿 22893
張學誠 30152,40730,41974,42994,43025,43111,50008
張耀彩 21664
張儀 31922
張英義 21637
張瑛卿 21659
張煐 23223,23224
張瑩 22135
張永興 21646
張詠 40851
張有墦 21659
張愚山 40269
張遇 41877
張裕釗 21614,22792,22793,23171,31438,31439,31440,31441,31442,31443,31444,31445,31446,31447,42268,42329,42330,42331,42332,42333,42334,42335,42336,42337,42338,42339,42340,42341,42342,42343,42344,42345,43323
張毓瑞 23313
張元群 42642
張遠場 21627
張遠傳 21627
張澐卿 20570
張允修 41674
張允中 21630
張運泰 40456
張瓚 20410,20411,20412,20413,20414,20415,20416,20417,20418,23199,23200,23201,23202,23203,23204
張澤 41609,41611,41613,41614
張澤銑 20957
張澤洋 21624
張兆安 42044,42045
張震 43036,43037
張正郴 21643
張之洞 20867,23573,23580,23583,23650,23651,42392,42977,43178
張之萬 20466
張之象 30060,30061,30062
張知甫 32424,32425,32426,32427,32428,32429,32430,32431,32432,32433,32434,32435,50021
張志鑫 21628
張志雲 22080
張仲璜 32692,32693,43521,43522,43523,43524,43525,43526,43529,43530,43532,43533,43534
張仲炘 22348,22349,22350,22351,22352,22353,23896,43411,43412
張重運 23254
張洲 23402
張擢士 22435
張梓 23071,23072,23073
張宗軾 22673,22674
張尊德 22456,22457,22458,22459
趙伯陶 41432
趙才偉 21778
趙德湘 42114
趙端 32158,32159
趙光先 21777
趙廣恩 22850
趙桂蓓 40651
趙浩如 40268
趙開方 21775
趙夔 23354
趙亮采 30430,30431,30432
趙鳴岐 42117
趙鼐 22634,22635,22636,22637
趙南星 40350,40351,40352
趙鵬飛 22794,22795,

22796
趙尚輔 50020
趙時雍 20715,20716
趙完璧 43047
趙萬年 20335,20336,20337,20338,20339,20340,20341,20342,20343,20344,20345,20346,20347,20348
趙學先 21778
趙儼葳 21025
趙與袞 20349,20350,20351,20352,20353,20354,20355,20356,20357,20358,20359,20360,20361
趙兆麟 22915
趙子文 22863,22864
趙宗煜 21776
浙江會館 21080
甄鸞 31234,31235,31236
政敏 20154
鄭伯升 23284
鄭昌琳 20116
鄭昌運 43209
鄭道遠 21001
鄭篤慶 40839,40840
鄭观應 23578
鄭機 10773,24103,24104,32113
鄭際明 23157
鄭家清 21795
鄭茂泰 22788
鄭鼐 40658,40660
鄭喬 22861,22862
鄭慶華 22529
鄭若檀 42126,42127
鄭善夫 41199
鄭世燧 20802
鄭世炷 20615
鄭壽黎 21070
鄭思明 42886
鄭愫 23229,23230
鄭炎 22681,22682,22695
鄭桃枝 20977
鄭惟嶽 42885
鄭獬 31646,40884,40885,40886,40887,40888,40889,50021
鄭星 43079
鄭玄 10348
鄭以偉 24084
鄭燡林 22851,22852,22853
鄭瑜 43497,43498
鄭重 10671,10672,10693,10694,10725,10726,10762,10763,10805,10806,22531,22532,22533,22534,22535,22536
鄭翥 30951,30973
鄭子兆 21066
智正健 30749
中共鶴峰縣委統戰部 23471
中共五峰縣委統戰部 23471
中國文物研究所 24059
中華書局 42343
鍾傳益 22675,22676,22677,22678
鍾天墀 10601
鍾桐山 22494,22495,22496,22978,22979,22980,22981
鍾圖南 11012,11013
鍾惺 10284,10333,10334,10335,10336,10337,10338,10339,10340,10341,10342,10343,10344,10345,10346,10347,10348,10349,10350,10378,10446,10470,10471,10472,10473,10474,10475,10476,10477,10478,10479,10480,10481,10482,10483,10484,10485,10514,10515,10516,10583,10601,10602,10603,10809,10816,10817,10818,10819,10820,10823,20001,20002,20026,20038,20042,20129,20131,20133,20134,20135,20136,20137,20138,20139,20147,20148,20149,20150,20151,20152,20153,20154,20155,20156,20157,20158,20159,20247,20251,20262,20263,20264,20321,20586,20592,21923,21924,23368,23369,23370,24073,24074,24075,24076,24077,24078,24079,24080,24081,24082,24083,24084,24085,24086,24087,24088,24089,24090,24091,24092,24093,30005,30011,30012,30060,30061,30062,30064,30065,

30356,31278,31926,
31933,31934,31935,
31936,32039,32040,
32158,32159,32160,
32228,32289,32290,
32292,32293,32294,
32585,32586,32632,
32646,32647,32648,
32649,32650,32651,
32652,32653,32654,
32655,32656,32657,
32658,32659,32660,
32661,32662,32663,
32664,32665,32666,
32667,32668,32669,
32670,32671,32672,
32673,32674,32675,
32676,32677,32678,
32679,32680,32681,
32682,32683,32684,
32685,32686,32687,
32688,32689,32690,
32691,32839,32948,
40711,40728,40729,
40883,40892,40893,
40894,40895,40896,
40905,40906,40907,
40909,40910,40911,
40912,40913,40914,
40915,40916,41165,
41194,41378,41379,
41380,41381,41443,
41449,41450,41501,
41554,41555,41556,
41557,41558,41559,
41560,41561,41562,
41563,41564,41565,
41566,41567,41568,
41569,41570,41571,
41572,41573,41574,
41575,42933,42936,
42937,42938,42939,
42940,42941,42942,
42943,42944,42945,
42946,42947,42948,
42949,42950,42951,
42952,42953,42954,
42955,42956,42957,
42958,42980,42981,
42982,42983,42984,
42985,42986,42987,
42988,42989,42990,
42991,42992,42993,
42995,42996,42997,
43018,43019,43020,
43021,43022,43023,
43024,43026,43027,
43062,43063,43064,
43065,43071,43072,
43073,43076,43077,
43078,43079,43084,
43094,43095,43096,
43097,43101,43102,
43103,43104,43105,
43106,43159,43160,
43218,43219,43285,
43286,43433,43496,
50001,50002,50003,
50004,50005,50006,
50020
鍾壎 22918,22919,22920
鍾彝 22824
冢田虎 20249,30357
周□□ 21372,21384
周葆恩 22851,22852,22853
周秉心 23734
周秉彝 23150
周采 21376
周彩雲 42680
周朝俊 43495
周承弼 22762,22763,
22764,22765,22766
周楚善 20967
周從煊 42500
周大錞 21383
周大裕 21382
周登煜 21378
周鼎 20715,20716
周定本 21377
周封魯 10887
周紱藻 42502,42503
周鎬 23452
周光朝 21370
周光德 10127
周光藻 21387
周弘掄 23158,23159,
32057,32058,32059,
32060,32061
周弘祖 23851,23852,
23853,23854,23855,
23856,23857,23858
周祜 22901,22902,22903
周化 21947
周繪藻 10919,42502
周嘉楝 10981
周凱 24119
周可禮 21373
周揆源 42196,50023
周亮工 41758,41759
周茂建 22613
周懋琦 24035
周夢暘 10407,10408,
10409,10410,32145,
32146
周明清 21390
周明陽 21388
周祈 32147,32148,32149,

32150,50021
周祺 43311,43331,43332,43333,43334
周慶榕 23031,23032,23033
周慶璋 23103,23104
周人龍 42158
周仁 11046
周瑞 22994,22995,22996
周善甫 21371
周上浣 21381
周紹稷 22982
周盛舒 21380
周聖楷 20677,20678,20679,20680,20681
周士楨 23010,23011,23012
周仕駿 42432
周受禧 11092
周壽梓 23150
周樹模 20584,42554,42555,42556,42557
周損 22167,22168,22169,22170,22171,22172,22173,22174,22175,22176,22177,22178,22179,22180,22181,22182,22183,22184
周廷桂 22823
周畹蘭 20720
周錫恩 10193,23454,32084,42439,42440,42441,42442,42443,42444,42445,43200,50069
周先敬 21389
周曉柏 23789
周星詒 20234,20354
周延儒 43092
周以存 42499
周以翰 23654
周以時 21371
周應 20313
周鏞 42134,42176
周猶經 21379
周于蕃 31178,31179,31180,31181,31182,31183,31184,31185,31186,31187,31188,31189,31190,31191
周玉樹 21386
周煜薰 21045
周兆堂 21375
周兆熊 21369
周兆沅 11014
周貞亮 23831,42679,42907,42916,42918,42919,42920,42921,42922,42923,42928,42929,42930,43243,43335
周之翰 10288
周致中 22267,22268,22269,22270,22271,22272
周仲曾 21370
周準 23461
周子純 21374
周宗湯 21391,21392
周宗殷 21377
朱□□ 21194
朱本敏 21184
朱碧蓮 40441
朱博澧 21183
朱寵懷 22711,22712
朱長春 30346,30347,30348,30349,30350,30351,30352,30353,30357
朱崇學 22946
朱椿 22047
朱存金 21186
朱德楨 21180
朱恩錫 23771
朱放 40727
朱甘霖 22831,22832,22833,22834
朱光傑 21187
朱桂榮 42549
朱袞 23362
朱國錕 20965
朱國珍 11025
朱浩文 10863,30199,30224,30225,30226,30227,30228,31285,31286,31320,42476,50058
朱季海 40264
朱冀 40367,40368
朱金安 21193
朱景暉 20956
朱駿聲 40368,40387
朱克敬 42370
朱美爕 22693,22694,22734,22735
朱孟震 50032
朱銘 42920
朱琦 42179
朱啓仁 21192
朱清仁 32845
朱慶年 21010
朱荃宰 43316,43317
朱權 42647
朱日濬 10148,10149,10253,10354,10355,41830
朱榮椿 22530
朱榮實 22625,22626,22627,22729,22730,

22731
朱劭材 21182
朱紹陽 42645,42646,42689
朱盛濤 21189
朱士尊 23118
朱術珣 31643,31644,31645
朱斯行 10810,10811,
10812,10813
朱廷棻 22877
朱廷立 10001,10104,
10228,10313,10430,
10461,10462,10600,
23550,23551,23552,
23553,23554,41231,
41232,41233,41234
朱廷勷 30359
朱爲翰 21190
朱維辟 21188
朱希白 22441,22442,22443
朱熹 10073,10333,10334,
10642,10669,10675,
10676,10687,10688,
10689,10690,10691,
10716,10721,10722,
10723,10724,10756,
10759,10760,10761,
10774,10775,10776,
10777,10778,10779,
10780,10783,10788,
10789,10794,10801,
10803,10804,40063,
40105,40106,40107,
40108,40109,40110,
40111,40112,40113,
40114,40115,40116,
40117,40118,40119,
40120,40121,40122,
40123,40124,40125,
40126,40127,40128,
40129,40130,40131,
40132,40133,40134,
40135,40136,40137,
40138,40139,40140,
40141,40142,40143,
40144,40146,40147,
40148,40149,40150,
40151,40152,40153,
40154,40155,40156,
40157,40158,40159,
40160,40161,40162,
40163,40164,40165,
40166,40167,40168,
40169,40170,40171,
40172,40173,40174,
40175,40176,40177,
40178,40179,40180,
40181,40182,40332,
40436,50020
朱錫綬 22541,22850
朱羲胄 42648,42649
朱憲南 21191
朱曉峰 21179
朱學勤 31851
朱燿采 21009
朱衣 22375,22376,22377,
22378
朱寅贊 23037
朱友英 23686,23687
朱雲煥 43110
朱雲爊 23330,23331
朱載震 23119,23120,
23121,23122,41855,
41856,41857,41858,
41859
朱臻祺 23614
朱震 10033,10034,10035,
10036,10037,10038,
10039,10040,10041,
10042,10043,10044,
10045,50021
朱之臣 23368
朱子春 23314,23315,23316
朱左卿 21185
諸大綬 20757
諸葛純 31321,31322
諸可權 22666,22667,22668
諸燮 20150,20153
祝誠 43097
祝德子 40782,40783,
40784,40785,40786,
40787,40788,40790
祝 珝 22546,22547,22548,
22549,22550
祝堯煥 23259,23260
祝允明 20745
卓從乾 20871
子壽 42126,42127
宗澍 21954,23361
宗懔 22016,22017,22018,
22019,22020,22021,
22022,22023,22024,
22025,22026,22027,
22028,22029,22030,
22031,22032,22033,
22034,22035,22036,
22037,22038,22039
鄒德琛 30755
鄒良盛 21720
鄒枚 41604
鄒美中 10499,11043,
42139,42140
鄒清理 21719
鄒廷鈞 42023,43135
鄒廷全 42136,43142
鄒堯廷 23699,42131,
42132,42133,43142
鄒漪 41713

鄒貽詩 42023,42024,43142
鄒毓祚 22916
鄒之陵 20459
祖建明 23139
左雛麟 30392
左紹佐 10896,20868,21003,21067,43125,43188
左樹玉 21052
左樹珍 21038
左文林 21160
左祥順 21159
左學吕 22052
左宜 30811,30812,30813,30815,30816,30817,30818,30819,30820,30821,30822,30823,30824,30825,30826,30827,30828,30829,30830
曾 儲 23106,23107,23108,23109,23110
曾光敬 42216
曾廣浚 22484,22485,22486
曾廣源 11047,11048,11049,11050,11051,11052,11090
曾國藩 10774,10775,10776,10777,10778,10779,10780,10783,42787,42972,42973,50020
曾緘 43427
曾可前 43149
曾夢陽 23829
曾省吾 20419,20420,20541,23737,23738,30143,30144,30145,41350,41351,50031,50039
曾世儀 10651
曾素蓮 43163
曾維道 22866
曾憲德 22800,22801
曾秀蓮 41874
曾昭文 42964
曾宗孔 22849
查大藩 21024
查文經 42170
查燕緒 42332,42333,42334,42335,42336
查子庚 22826,22827,22828
□洵美訓 40643

湖北歷代著作人物總表

（一）本表收列《現存湖北著作總録》之湖北籍著者（含集體）。有姓無名者，其名用□□代替。

（二）原則上依《湖北年鑒》（2012）行政區劃確定標目。若地域有分合，無法確定作者歸屬，統歸之舊地名下，並於舊地名後括注所含新地名，如黄岡（含黄州、團風、武漢市新洲區）。

（三）著者按姓名漢語拼音首字母之音序確定其排列位置；個人著者居前，集體著者列後；具體籍貫存疑者注於總表末尾。

（三）元代以前之著者，凡能考知其古今地名對應者入今地名下，如屈原入秭歸；不明者，則入"具體籍貫存疑"，如鬻熊、鶡冠子、鬼谷子。

（四）僧、道著者，按其俗籍歸併；婦女著者，或取婚前，或依婚後。

武漢市

武昌（僅限今武昌區）

陳大通　陳元傑　陳長齡　程雲鵬　范鳴龢　管雪齋　桂雄五　韓洪蒝
韓繼魏　黄孟東　黄之鶴　姜鬱松（嵩）　金芳初　李和卿　李開榜
李開印　李鷺　李文藻　劉成禹　劉敦本　劉繼煌　吕□□　馬光頲
潘□斌　彭其餘　彭維鑒　錢桂笙　商□□　邵迪齋　邵逸民　宋用濳
蘇善夫　田吉燠　童德鴻　涂椿齡　汪北升　王世騻　吴□□　吴世昌
吴宗儉　蕭□□　蕭德臣　蕭之錦　蕭宗明　嘯雲主人　徐明題　姚汝説
張□□　張道修　張錦藻　張魯璠　張年祥　張佩華　張長　朱博澧
崇文書局　湖北官書處　湖北省革命委員會衛生局　湖北省圖書館
湖北省衛生局　湖北武備學堂　兩湖書院　武漢大學生物系《本草綱目簡編》編寫小組

漢口

李存渺　吕寅東　田文弨　楊鐸

漢陽（含今漢陽區、蔡甸區）

柏春　蔡殿齊　程□□　程正清　戴文銘　戴喻讓　戴長庚　傅世焞
傅守謙　龔書宸　顧奉璋（左宜、三近居士）　關棠　韓□□　韓德功
韓國瑨　韓永清　漢國祝　胡大經　胡大文　胡桂生　胡淑福　胡維翰
胡兆春　黄教鎔　黄慶曾　黄嗣艾　黄嗣東　黄嗣翊　黄文琛　黄錫祖
紀瓊　江蘩　江蘭　江殷道　江藻　姜德森　蔣椿　蔣魯傳　蔣魯封
蔣鳴奎　蔣義彬　金承宣　勞必達　雷楚材　李□□　李本忠　李炳範

李昌祚　李逢年　李格非　李國賓　李國木　李若愚　李曉方　李以篤
李哲明　廖士琳　淩張雲　劉成美　劉承霖　劉傳瑩　劉椒雲　劉體元
盧雲乘　羅良訓　密昌墀　彭湘懷　彭心錦　邱步洲　史佩倫　孫漢　孫煦
孫永治　許盛春　田文烈　秦聚奎　萬宗林　汪昶　汪家政　汪炎發　汪穎
王承烈　王國梓　王戩　王梓忠　王祖蔭　魏晉封　文師伋　鄔□□　吴山鳳
吴世趨　吴仕潮　吴淑卿　吴無欺　蕭德宣　蕭海亭　蕭良有　熊伯龍
熊埴　徐聰　徐永佑　姚慕冰　葉繼雯　葉名灃　葉頤　葉志詵　易元害
袁希祖　張伯琮　張超　張純一　張大濂　張行簡　張灝睿　張慶雲
張仁芬　張任湛　張三異　張尚晉　張叔珽　張坦議　張先振　張仲璜
張仲璜　周人龍　周貞亮　朱本敏　朱曉峰　朱衣　鄒廷鈞　鄒廷全
鄒堯廷　鄒貽詩　葉氏平安館

江夏

蔡子嘉　陳鑾　陳瑞珍　陳澤之　陳正烈　程定謨　程封　程士江
程雲鵬　程之楨　崔應階　鄧壽黎　鄧襄　董暹　杜蒙　馮世雍　傅大有
傅以成　傅嶽棻　郭正域　何金壽　賀逢聖　賀時泰　胡孚駿　胡孔福
胡潤　胡之森　黄浚　黄休復　黄之瀾　李善　李邕　梁鴻翥　劉鳳章
劉績　劉□□　劉令璣　劉湘煃　劉宗賢　夢吟癡生　彭瑞毓　彭崧毓
錢桂林　秦文朴　阮文藻　邵同珍　釋如愚　田明昶　童和豫　萬民英
汪學泗　王成璐　王德新　王景彝　王一甯　王如松　吴光耀　吴旻
熊廷弼　徐道　許紹沆　楊承禧　俞憲　張杲　張凱嵩　張仲炘　周葆恩
周以存　江夏高等小學堂

黄陂

陳光龍　陳閏中　鄧卓漢　杜見龍　范熙壬　馮□□　耿文聯　郭慶熙
何家榜　胡暻　黄星齋　金國鈞　金永森（洪戒山人）　黎元洪　李瀛　林盛
劉彬士　劉德銓　劉鳳章　劉家琨　劉玉森　閔民安　涂道金　涂華遠
王承禧　王鼎鈞　王來遴　王兆坤　王之斌　吴惇寬　吴山鳳　吴時鼎
吴之暭　蕭輔臣　蕭宏善　蕭開運　蕭良瑾　蕭文斗　蕭延平　徐本遠
徐大勝　徐德修　徐國彬　徐紹曾　徐瀛　楊□□　姚之琅　葉封
余德湘　張澤洋　周光朝　周仲曾

黄石市

陽新

曹志遇　陳光亨　陳元棩　董明道　董子山　鄧光仁　馮德材　馮□□
馮之圖　李應熙　梁招孟　劉鳳綸　劉鳴盛　劉文駿　羅德昆　羅有文
阮敬　石暉甲　石榮暲　石鑫　石瑛　萬斛泉　王鳳池　王之賓　王質
吴國倫　吴彦夔　吴則禮　蕭朗峰　徐□□　許友　張鼎元　張九一
朱浩文　朱權　朱紹陽

大冶
陳鼇　鄧守真　董應運　董長璿　董子懷　胡□□　胡繩祖　黄□□
黄□□　黄昺傑　賈修齡　冷儒宗　羅廣清　羅名巖　羅顯佳　饒□□
饒仕河　饒永春　饒宗福　石忠烈　向日紅　徐世昌　楊廷芳　楊世霖
楊以蘭　殷應庚　余光彤　余國柱　余世堂　袁漢傑　周□□　周大錞
周大裕　周玉樹　朱廷勷

襄陽市

襄陽
曹璘　陳一揆　崔淦　單懋謙　杜審言　樊雄楚　顧夔璋　馮舜臣　寇才質
李宗蓮　劉過　劉言史　陸龜蒙　孟浩然　米芾　米友仁　皮日休
史策先　釋法琳　王從善　王萬芳　王之瑞　魏泰　吴慶壽　吴慶燾
吴元馨　習鑿齒　蕭統　嚴獻章　楊開第　楊士弘　張恒　張繼　張峴
張知甫　趙亮采　朱放

南漳
郭士元　胡心悦　胡正楷　周□□　周夢暘

穀城
方其敬　方嶽貢　黄定鏞　蔣海澄　錢葆青　劉承恩　劉德全　王之望

老河口（原光化）
陳家銘　范甯　范汪　韓應嵩

棗陽
蔣玉柏（成瑞）　劉珍　孟珙　史策先　宋衷　王榮先　王文銑　謝純德
謝鴻舉　謝叔幹

宜城
闞甯　魯喬曾　尚其志　宋玉　望炳麟　王士元　王逸　王篆　姚德華

荆州市

荆州（含沙市）
戴經　郭仲産　魁玉理　盛弘之　王百川　王□□　楊德澤　楊家炷　張之萬

江陵
巴錦綺　畢承綬　畢承緗　岑參　陳克焜　陳克耀　陳啓宇　陳賢福
陳祖佑　程炌　程錫祺　崔遵度　戴肅元　鄧承宗　鄧裕聰　鄧裕時
鄧振瀛　段安節　段成式　段公路　傅千之　傅慶余　傅喻恭　何觀

胡□□　胡鄂公　胡嗣俊　胡在恪　黄義尊　黄中愷　黄中愷（逸民）
霍冀　李葆元　李盛春　李盛奉　李照禄　劉寶森　劉寶書　劉楚先
劉大緒　劉經炳　劉士璋　劉蛻　劉孝孫　陸深　陸師贄　彭光國　戎昱
沈華旭　宋學洙　蘇惟霖　田潛（吴照）　汪嗣聖　王樹滋　項安世　蕭吉
楊冠卿　庾季才　庾肩吾　庾信　曾廣源　張沅仁　張居正　張懋修　張士瀛
張同敞　張毓瑞　張允修　鄭機　鄭若檀　鄭世燧　鄭世炷　周致中
朱術　朱友英　朱雲煥　宗澗　宗懍

公安

蔡紹鈞　蔡紹昕　陳之光　高訓源　龔仲敏　王家英　王良煜　王軾　顔星
吴調公　袁宏道　袁祈年　袁士瑜　袁憲健　袁照　袁中道　袁宗道　張澤銑
鄒美中　陳氏（合族）

監利

蔡宗建　董欽墀　段伯清　段大華　龔耕廬　龔潤森　龔紹仁　胡廣
胡宗敬　江世價　李□□　李慶雲　李先芳　劉昌楨　潘世標　彭衷祥
萬年淳　王柏心　王家仕　王文益　徐榮　余世應　趙才偉　趙學先
祝堯煥

石首

蔡□□　陳□□　陳友法　成思呂　傅□□　傅炳南　傅上瀛　傅在朝
韓守益　李□□　李樹瀛　劉鴻慶　劉照　劉宗光　劉宗亢　劉宗詵
劉宗堯　馬□□　王□□　王耤　王啓茂　夏雲鼎　徐估彦　楊溥
曾可前　曾素蓮　曾秀蓮　張璧　張思炬

松滋

曹育梓　丁楚琮　杜宗預　樊恭懋　胡起鳳　雷以成　李掄元　潘游龍　龐洵
王紹陶　吴慶揚　謝元淮　楊品金　袁益先
陳氏（合族）

宜昌市

宜昌

陳達科　顧槐　顧嘉蘅　郭攀桂　郭雍　何毓秀　黄德大　雷思霈　劉□□
饒敦秩　孫達科　孫增榮　王定安　王世　王篆　文安之　閻大鏞
楊毓秀　易□□
宜昌市易氏宗譜續編會

秭歸

屈原

遠安
陳世珍　鄒毓祚　曾宗孔

興山
高家箴　劉文燦　彭祖燾　吴方林　吴翰章　吴錦章

長陽
胡□□　李大紹　李光熠　劉傳璋　劉大緒　劉璉國　劉相一　劉瀛
劉韻珂　劉主昆　彭人檀　彭世德　彭淑　碻嵩　譚大勳　田□□
田九齡　田宗達　田宗文　永恆

宜都
曹澤美　陳□□　陳元晉　李之鼎　王國泰　熊會貞　徐文林　楊開琫
楊傛　楊守敬　楊惟翰　易子才　余崇福

當陽
李葆貞　栗引之　楊州彥

枝江（含枝城）
曹啓瑞　曹啓蔚　曹廷傑　程悌　李元善　林正得　羅人龍　汪期蓮
王□□　王永彬　熊文瀾　楊際春　姚星吾　張□□　張繼煦
張盛藻　朱雲爔

十堰市

鄖縣
李儀瞻　柳棨

鄖西
李登鼇　葉年棻

竹山
杜光德　黄子遂　朱光傑

竹溪
楊兆熊　占章杏

房縣
陳百行　汪魁儒　張培田

丹江口（原均縣）
賈洪詔

孝感市

孝感（含孝昌）

陳□□　陳陛謨　陳大勳　陳據仁　陳陸謨　陳運鎮　程大純　程良孺
程瑞蓉　程維址　程燮奎　程正揆　丁宿章　傅淑訓　胡必選　胡禮晉
胡紹鼎　胡胤銓　胡志熊　黄士冕　黄仰嵩　李曾馥　李家璵　李嘉芬
李素雯　李湘　李耀中　梁祚昌　林之蒨　劉□□　龍驤　喬用遷　喬遠炳
沈惟炳　沈宜　沈用癸　沈用增　湯文奂　涂天相　屠道和　屠仁守
屠紹理　屠述濂　屠用豐　屠之申　王夔清　王廷儁　夏嘉瑞　王祥徽
夏力恕　夏熙臣　蕭口口　蕭蕴樞　熊賜履　徐煥斗　徐鑒藻　徐韋
嚴正矩　楊中崧　張培壬　鄒之陵　張瓚

雲夢

程德良　程懷璟　程壽昌　程錫金　戴齊棠　馮其昌　馮其世　馮瑄
龔笙　李奉　李充　李軌　李士竑　李元奮　彭天采　彭元海　萬法周
吴禄貞　許兆椿　許兆桂　曾廣浚　張奎華

應城

陳階　陳士元　陳先藩　程大中　郭成憲　黄師憲　李雨及　劉仲斌
吕庭栩　毛三伐　閔新　齊以治　孫甡　萬邦維　萬瑞旒（毓）　吴毓梅
熊汝弼　朱憲南

安陸

陳廷鈞　何傳新　何遷　何宇度　孔廣仁　李春澤　李道平　李庭錫
劉伯生　劉伯燮　劉大章　劉國光　劉紹恤　宋祁　宋庠　沈會霖
萬年觀　王得臣　王尉　王阮　徐嘉瑞　徐永貞　徐芝　許渾　楊存熉
余輕遠　余慶遠　余慶長　張君房　鄭獬　卓從幹

漢川

程開鎮　傅垣　顧如華　郭士珩　黄良輝　江人度　李伯淮　李澍
林其奂　林祥瑷　林祥紱　劉德馨　劉邦驥　劉珊　聶大楧　秦篤輝
秦篤新　秦敦原　秦業光　秦之柄　田宗漢（雲槎）　王家賓　魏閥
向志琳　徐英　尹商（尹賓商）　於澤潤　張開桂　張清標　周鏞

荆門市

荆門（含荆門、沙洋）

陳吉林　鄧□□　鄧承雋　鄧士璡　鄧士瑩　方瑞麟　胡九皋　胡秀温　胡作柄
蔣楷　李繼本　李士瞻　李蘇　楊輝門　朱震

京山

查文經　程巨夫　程文海　丁大鵬　高岱　郝洪範　郝敬　黄理　李廉方
李元　李維楨　盧前驥　潘茂德　秦有鍠　譚之琥　汪傳智　王格
王吉人　王演　吴濤　向兆麟　徐同功　楊鼎熙　易本烺　易鏡清
易履泰　曾憲德

锺祥

陳子簡　黄廷金　黄元善　黄志鈞　李馥先　李潢　李蓮　李權　潘茂德　孫應元
田增生　王時來　吴先聲　佘□□　曾省吾　張聯元　鄭茂泰　趙鵬飛

鄂州市

艾元福　曹林　曹澍鐘　陳□□　陳崇祖　陳廷英　陳振球　陳之佑
陳子梅　戴大賓　戴凱之　丁鶴年　杜利生　杜世順　杜澤如　范開誠
范薇　范希蓮　范志熙　傅正常　郭光復　何家榜　黄葆謙　黄大華
黄芳溢　黄守謙　黄廷對　黄肇封　黄之富　金靜甫　柯逢時　李學詩
孟傳綸　孟振祖　彭祖年　釋蘊上　談有典　汪之銀　王家璧　王家寅　王世驛
王世嶟　王芝異　吴靈鳳　蕭忠炳　熊煜奎　嚴承慶　楊纘緒　張官德
張裕釗　趙開方　周上浣　周兆熊　朱子春

黄岡市

黄岡(含黄州、團風、武漢市新洲區)

巴丹池　巴興鎮　蔡萃峰　蔡錦榮　蔡敬齋　蔡考君　蔡少光　蔡天覺
蔡興旺　蔡正洋　蔡中璜　曹本榮　曹高樂　曹集榮　曹金璋　曹錦章
曹蘭亭　曹隆幹　曹元彩　陳□□　陳本賜　陳本荃　陳彩臣　陳昌銀
陳大章　陳發揮　陳賡揚　陳鴻恩　陳鵠人　陳潔夫　陳爵封　陳浚川
陳朗珊　陳隆才　陳録典　陳期能　陳潤青　陳潤生　陳尚玨　陳紹競
陳師曾　陳師晉　陳受標　陳受先　陳天銘　陳文彩　陳先棨　陳新甫
陳堯松　陳玉階　陳玉書　陳毓鑫　陳在文　陳志鈺　成芳聲　成郎先
程□□　程德燧　程鏡清　程禮堂　程如金　程文華　程毓靈　程周田
戴大榮　鄧八松　鄧琛　鄧源彪　鄧源喜　鄧執春　丁兆松　董正啓
杜超銓　杜乘時　杜潔吾　杜岕　杜浚　杜良俊　杜良信　杜維珩　杜應芳
杜祚華　段清海　樊東陽　樊維城　樊維師　樊玉沖　范義成　范止坤
方道延　方複臣　方漢臣　方華明　方錦川　方孝先　方月池　方子林
馮功名　馮民偉　馮鎮文　甘霖　高□□　高楚　高代敬　高介眉
高能錦　高熙慶　高緒煜　高衍寬　官應震　管洪德　管年忠　管年準
管應起　桂成斌　郭存瑜　郭可裕　郭啓愛　郭席珍　郭學淵　郭雲漢
郭子秀　郭宗林　韓傅其舜　韓傅士垣　何彬　何世興　洪才全
洪才佐　洪良品　洪兆雲　胡□□　胡翠軒　胡洪耀　胡基秀　胡開福
胡筱三　胡緒材　胡虞臣　黄端夫　黄敦夫　黄豐玉　黄岡萬　黄功臣

黄功濟　黄功玉　黄宏廷　黄晴台　黄俊臣　黄康衢　黄□□　黄鵬程
黄啓焜　黄啓瑞　黄清直　黄潤堃　黄善能　黄文彬　黄小筱　黄新應
黄星齋　黄月卿　黄悦賢　黄之端　黄之奇　黄志清　黄子厚　霍裕瀚
霍原煌　江志芳　姜傳緒　姜紹熊　姜維周　姜嘘雲　金寶珊　金夢白
金文藻　靖道謨　孔繁良　孔繁怡　雷春沼　雷懋煋　雷錫芹　李保光
李保亨　李春溪　李登明　李殿卿　李富厚　李光善　李光錫　李鈞簡
李立衡　李立明　李亮炯　李烈爵　李美鈞　李榮校　李善立　李蔚禄
李孝鈞　李英門　李羽翥　李振堃　李之用　林□□　林端甫　林鳳鳴
林郎清　林麗園　林鸞　林淑臣　林閾楨　林毓蕃　林雲亭　林祚昌
林祚愷　劉□□　劉秉忠　劉傳綬　劉紡勤　劉國賢　劉吉安　劉家意
劉溱　劉松奶　劉唐翰　劉惟仁　劉維楨　劉五延　劉錫炎　劉熊興
劉序安　劉堯階　劉鐘淑　劉子壯　劉宗晏　劉祚銘　龍仁夫　羅必俊
羅存濱　羅登基　羅發益　羅古林　羅古林　羅光前　羅錦山　羅若如
羅守倫　羅祥忠　羅星北　羅應鯤　吕德芝　吕母音　馬精臣　馬祝三
潘□□　潘大臨　潘經武　彭彩軒　彭傳福　彭禮學　彭清泉　彭信成
彭仲甫　鵬程　祁世甲　錢崇柏　錢崇桂　錢崇蘭　秦際清　秦繼宗
秦玉田　邱南宣　邱雲峰　商世全　商忠焕　沈增祺　沈志堅　施馥階
施萬朗　施緒禮　施意誠　施長容　石□□　石心源　史正生　釋機能
宋從先　宋國楨　宋鶴齡　宋自兆　孫廣墉　孫其典　孫錫蕃　孫錫藩
孫正華　孫正啓　陶鳳笙　陶早茂　童□□　童家旺　童祚志　塗敷林
萬□□　萬成巛　萬爾昌　萬恭奎　萬年茂　萬希槐　萬孝全　萬永清
萬裕澐　汪□□　汪翺　汪春澍　汪桂三　汪國瀠　汪家驥　汪階三
汪明源　汪鳴九　汪銘　汪燊　汪世毅　汪文訓　汪翔　汪逸　汪引撫
汪引芝　汪鏞鐘　汪佑忠　汪兆柯　王材棟　王材任　王昌沅　王昌藻
王封昆　王封綿　王封濚　王幹甫　王宏福　王輝海　王會厘　王覺明
王敬敷　王鑾　王奶湘　王如鏊　王如璠　王如焕　王世萃　王四箴
王廷陳　王同道　王同軌　王馨彬　王興斌　王雪琴　王養翀　王一煌
王一鳴　王一翥　王義太　王翼張　王瀛山　王玉書　王雲鵬　王澤弘
王澤宏　王柱國　王追美　王追騏　王子幹　王子厚　王宗耆　吴□□
吴炳陽　吴朝鼎　吴漢卿　吴聘之　吴紹康　吴升東　吴先點　吴焱成
吴知理　奚冠　奚禄詒　奚禄詒　夏葆彝　夏仁壽　蕭炳成　蕭春宏
蕭壽謙　蕭耀南　謝□□　謝功肅　謝鶴　謝□□　謝啓賢　謝莢　熊得禄
熊敬三　熊俊廷　熊開疆　熊泮階　熊瑞玲　熊十力　熊仕藻　熊于崟
熊裕銘　熊志傑　徐□□　徐光炯　徐叔淵　許愈初　嚴承夏　楊□□
楊巨鴻　楊儒寀　楊身亮　楊天照　楊業鉤　楊章寶　楊兆祥　楊之鸞
楊紫峰　葉封　葉振炳　易□□　易用炳　殷雯　于倫　余□□　余宗伯
余宗金　袁祖凝　曾世儀　詹大衢　詹文浩　張□□　張定光　張定周
張鳳翔　張海山　張慶之　張士旦　張少堂　張紹良　張紹碓　張文卿
張先斌　張咸管（管）張咸澤　張星衢　張耀彩　張英義　張永興

張遠場　張遠傳　張允中　張正郴　張志鑫　趙宗煜　鍾圖南　周采
周登煜　周定本　周紱藻　周繪藻　周可禮　周善甫　周盛舒　周以時
周猶經　周兆堂　周子純　周宗殷　朱存金　朱德楨　朱清仁　朱荃宰
朱日浚　朱盛濤　朱斯行　朱爲翰　朱維辟　朱左卿　鄒清理　左文林
左祥順　何氏（合族）　胡氏（合族）　徐氏（合族）　袁氏（合族）

浠水

畢開　蔡景星　蔡紹江　蔡紹洛　蔡紹瀛　蔡月涇　陳□□　陳曾壽
陳曾佑　陳沆　陳文善　陳士珂　陳沅　程維伊　范昌簡　范昌棣
范昌壽　范厚□　范厚恩　范厚潤　官撫辰　官應震　郭□□　郭潮
郭階　郭沛霖　郭治平　郭慶壬　何彬然　胡璧華　胡繼瑩　黄廉
李□□　李元清　劉夢鵬　龐安時　童樹棠　王安焱　王健五
王紹奎　王聲　王之楨　聞一多　徐錦　徐儒楠　徐儒棨　徐養忠
楊□□　楊繼經　易□□　周光德　周兆沅

蘄春

陳奉濂　陳鑾　陳仁近　陳詩　陳守元　陳廷揚　陳允貞　陳治道
陳卓生　程紹禹　顧昌　顧景星　顧三經　顧問　顧咸泰　韓萬鍾
胡南熏　胡思謙　胡熏　胡顧　黄焯　黄建中　黄侃　黄念華　黄念容
黄念田　黄念祥　黄雲鵠　雷赤顯文　李時珍　李言聞　盧紘　盧鋐
吕光琦　閔華軒　潘仁　彭建候　童鑾　聞桂芳　聞月樵　吴淑　郁文初
詹映奎　周祈

黄梅

曹飛　陳□□　陳炎　傅紫璘　高正達　洪基　洪瑞潤　洪文治　黄利通
蔣恩濊　蔣效濂　覺莽芻蕘　李鼎臣　李紹蓮　廖紀　梅雨田　瞿阜
瞿九思　石有恒　石振埏　石振鋆　釋明鼎　帥培寅　帥畹　帥遠燡
帥宗枚　陶望齡　宛名昌　楊右屏　余邦士　余錫椿　喻化鵠　喻啓焜
喻同模　喻文鏊　喻元鴻　喻允欽

英山

胡應樞　金泰　李士彬　馬廷福　吴明治　鄭燡林

羅田

蔡容遠　陳昌綸　陳錦　陳瑞琳　鄧譯　高旭樞　胡明勖　金龍綿　劉青震
潘邦念　潘煥吉　潘煥龍　潘煥榮　潘頤福　童紹恢　萬達　萬機　萬全
汪慶舟　王葆心　王夔强　王夔武　王武魁　王武元　王先　王嶽高
蕭譽　楊清材　姚晉圻　葉繩翥　張明道　張星煥　周從煊　周祺
周錫恩

紅安（原黄安）

陳文開　耿定向　耿良堃　耿汝忞　耿汝愚　胡檜模　胡祖寅　劉秉琳
劉鳳墀　劉壽峒　劉壽恒　盧爾　盧絳　盧熿　毛正㙍　潘河澤　彭克亭
王寶書　王言吉　吴言昌　吴端委　楊起元　楊舒甲　余文煌　張家俊
張希良　趙光先　周嘉棟

麻城

鮑梁　蔡道浚　蔡德謙　蔡德泰　蔡完　曹胤昌　陳□□　程然曾
程蔭南　董□□　董大厚　董明道　董正清　董子山　方民悦　耿文浚
郭命遠　郭兆春　何譔　洪象笏　胡翹霜　江氏賡　李成松　李道灉
李光煥　李恒貴　李鋭三　李永幹　李之素　李植華　李中黄　李中素
林□□　林學湛　林佐丞　劉常彦　劉侗　劉天和　劉紫蘭　魯之裕
羅朝彦　毛鳳韶　毛調元　梅國樓　梅國楨　梅之煥　梅之熉　歐陽天傑
歐陽永通　龐成功　彭好古　彭遵古　施祚芬　石生熙　汪鴻英　汪世傳
汪應元　王道鏞　王汝霖　王兆雲　吴文聘　吴中弼　夏炳元　葉宗楚
尹立準　余光黄　余漢恩　余晉芳　余士珩　袁洪渥　張承祜　張鳳鳴
張家駒　張佳胤　張鵬翮　周弘禴　周弘祖　周仕駿　周損　朱桂榮
朱啓仁　朱憲南　鄒良盛
何氏（合族）

武穴（原廣濟）

陳韜　陳文濤　范□□　郭存會　胡醇　胡錦城　黄□□　金德嘉
寇學海　劉秉鈖　劉醇驥　劉醇駿　劉鶤化　劉養吉　劉養微　劉賾
吕鳴謙　饒豐　饒雲耀　饒雲騖　阮文茂　舒峻極　陶大眉　陶金璧
陶金烇　陶金瑩　陶起庠　塗鍾秀　王臨　吴□□　吴巨禮　吴占春
吴占魁　夏槐　楊際泰　楊時泰　張□□　張佳晟　張銘西　張仁熙
張世順　周茂建　周之翰

咸寧市

咸安（原咸寧）

陳德瑞　胡錫祺　雷以鋮　劉壽仁　孟養浩　錢光奎　王永彬　王禹錫
伍賡廷　余益杞　周光藻

通山

樂純玉　樂振玉　吴從周　夏體臣　余廷誌　鄭家清　朱美燮　朱廷立
王氏（合族）

崇陽

戴慶雲　鄧開先　鄧森林　馮君詳　傅燮鼎　胡定　黄繼相　江宗伊
林之善　劉景韶　蒙正發　石西亭　汪必東　汪際奐　汪文盛　汪宗元

王煥堂　王應門　王源祖　吴□□　吴彩榮　吴楚材　吴元善　吴宗生
徐光楚　嚴士貞　楊□□　楊國楨　楊增育　張德存　周明清　朱金安

通城

何□□　何益廣　胡大集　樂純青　劉□□　陸彝典　王文清　熊魁梧
易□□

嘉魚

范森　方承保　方逢時　江公安　金承鈺　金聲　李□□　李承箕
李承勳　李懋泗　李元吉　李之幹　李之廉　劉洪烈　劉心源　劉永卿
吴德謀　吴廷舉　熊開元（釋正志）　尹侃　張宗軾　周彩雲　周明陽
李氏（合族）

赤壁（原蒲圻）

戴玉華　但傳熺　但湘良　鄧士亮　龔逢烈　李合德　廖道南　宋衍綿
彭松齡　文元音　魏觀　魏裳　謝師啓　熊□□　徐雲梯　張承齡　張國淦
張國溶　張開東　張開懋　張康遜　張瑮光　張茂葦　張學誠　張兆安　周于蕃

隨州市

隨州（原隨縣）

儲嘉珩　高福滂　何藩　何宗彦　黄金台　饒元浚　宋瑛　姚惟寅
易國幹

廣水（原應山）

陳聯璧　吴天錫　徐瀚　顏端　顏木　楊巨　楊漣　左紹佐

恩施州

恩施

曹□□　樊增祥　范椁　方敘輯　郭□□　劉百樓　劉順人　饒鳳璜
饒應祺　汪儒林　王在光　楊翬　尹壽衡　鄭羆　周宗湯

利川

釋真如

建始

姜文林　姜治位　姜治元　田祝三　易□□

咸豐

秦秀選　秦秀彰　王炎森　徐大煜　朱劭材

巴東

鄧□□　鄧明旺　沈維魯　徐□□　張光强

來鳳

何遠鑒　劉世春　田□□　吴寶炬　吴國壽　張鈞　張翎　張思緒
張英卿　張有播

鶴峰

洪先燾　徐立坤

仙桃市(含洪湖)

陳文燭　段世芳　方弘履　費尚伊　馮振欽　傅大璠　傅衡　傅廷儀
傅卓然　胡鈞　胡維榮　胡祖翮　黄福　黄九華　黄立猷　李皋
李何煒　李有美　劉鴻藻　劉敬泰　劉泗道　劉興樾　劉棪　劉震新
劉中善　盧弼　盧靖　盧雲青　陸光祖　陸建瀛　馬元洵　彭德蒸
彭進之　錢天錫　秦士顯　邵樹忠　石文焕　童承敘　汪立家　王家鳳
王家鳳　王價人　王敬元　王順霖　武鈺　楊鳳章　楊光銀　楊清
余門衡　張葆森　張國詳　張樹萱　張泰來　張錫谷　周鎬　周揆源

潛江市

杜澐　樊王家　甘鵬雲　甘樹椿　郭之藩　劉若金　劉應珂　歐陽東鳳
彭庚揚　釋智顗　向大觀　張承寵　朱士尊　朱羲胄　朱載震

天門市

别文樑　陳少泉　程德潤　胡承諾　胡承詔　胡鼎臣　胡鈞和　胡聘之
胡壬林　胡式玉　胡玉章　翦子明　蔣啓勲　蔣祥墀　蔣子培　李光祚
梁學孟　劉必達　劉淳　劉霽先　劉泥清　劉煒華　劉子垣　盧震
魯鐸　陸羽　吕承源　吕承源　彭石浪　譚桓　譚元春　譚篆　屠隆
戴祁　王萌　韋調鼎　吴泰　吴文企　吴應端(默希老圃)　吴雲
蕭友曹　謝廷瓚　熊莪　熊□□　熊士鵬　尹調元　鄭昌運　鍾惺
周封魯　周樹模　鄒枚

具體籍貫存疑

[楚北]汪家焆
[楚]鬻熊
[楚]鬼谷子
[楚]鶡冠子
[楚]陸賈
[東楚]湯垕
[羅田](一説興國,即今陽新)司守謙

藏書單位名稱簡稱全稱對照表

本表爲《現存湖北著作總録》所收各書之收藏單位名稱簡稱全稱對照表。
依簡稱首字四角號碼序列。
部分藏書單位名稱數度變更,本表僅就已訪知者改爲今名。
譜録類各書之私家所藏者,已著録其全稱,不入本表。

廬山:廬山圖書館
應城檔:應城市檔案局
齊齊哈爾:齊齊哈爾市圖書館
襄陽:湖北省襄陽市圖書館
廈大:廈門大學圖書館
廈門:廈門市圖書館
廣西:廣西壯族自治區圖書館
廣西師大:廣西師範大學圖書館
廣西民大:廣西民族大學圖書館
廣西中醫大:廣西中醫大學圖書館
廣州中醫大:廣州中醫藥大學圖書館
廣東:廣東省立中山圖書館
廣東文史館:廣東省文史研究館
廣東社科院:廣東省社會科學院圖書館
廣東醫情所:廣東省醫學科學情報研究所
麻城:湖北省麻城市圖書館
文登:山東省文登縣圖書館
文研院:文化部文化藝術研究院
新亞:香港新亞研究所圖書館
新疆大:新疆大學圖書館
新疆中醫大:新疆中醫大學圖書館
新疆醫學院:新疆醫學院圖書館
新疆民族所:新疆民族研究所圖書館
新鄉:河南省新鄉市圖書館
許昌:河南省許昌市圖書館
三蘇文管所:四川省眉山縣三蘇文物保管所
平湖:浙江省平湖縣圖書館
平頂山:河南省平頂山市圖書館
天一閣:天一閣文物保管所
天水:甘肅省天水市圖書館
天津衛職:天津市衛生職工醫學院圖書館
天津師大:天津師範大學圖書館
天津中醫:天津中醫大學圖書館
天津:天津圖書館
天津醫情站:天津市醫藥技術情報站圖書館
天津醫學院:天津醫學院圖書館
石首檔:湖北省石首市檔案館
西北師大:西北師範大學圖書館
西北大:西北大學圖書館
西安文管會:西安市文物管理委員會
西安醫學院:西安醫學院圖書館
西南師大:西南師範大學圖書館
石家莊:石家莊市圖書館
雲大:雲南大學圖書館
雲南:雲南省圖書館
雲南文史館:雲南省文史研究館
雲南博:雲南省博物館
雲南中醫大:雲南中醫大學圖書館

雲南歷史所:雲南省歷史研究所
北京文物局:北京市文物局圖書館
北京天文館:北京天文館圖書館
北京中醫大:北京中醫大學圖書館
北京中醫院:北京中醫醫院圖書館
北京中醫學校:北京中醫學校圖書館
北京醫科大:北京醫科大學圖書館
北平:北平圖書館(其書現藏臺灣)
北碚:重慶市北碚區圖書館
北師大:北京師範大學圖書館
北大:北京大學圖書館
北醫大:北京醫科大學圖書館
瑞安玉海樓:浙江省玉安縣玉海樓
延邊大:延邊大學圖書館
武漢:武漢圖書館
武漢方志辦:武漢地方志辦公室
武大:武漢大學圖書館
武大中文系:武漢大學中文系資料室
武陟:河南省武陟縣文化館
建始:湖北省建始縣圖書館
建始縣文化館:湖北省建始縣文化館
邵師:湖南邵陽師範學院圖書館
邵陽:湖南省邵陽市圖書館
群衆:公安部群衆出版社圖書館
重慶:重慶市圖書館
重慶師院:重慶師範學院圖書館
重大:重慶大學圖書館
香港中山:香港中山圖書館
香港中大:香港中文大學圖書館
香港中央:香港中央圖書館
上虞:浙江省上虞市圖書館
上海:上海圖書館
上海交大醫學院:上海交通大學醫學院圖書館
上海一醫大:上海第一醫科大學圖書館
上海二醫大:上海第二醫科大學圖書館
上海辭書:上海辭書出版社圖書館
上海師大:上海師範大學圖書館
上海社科院:上海社會科學院圖書館
上海博:上海博物館
上海中醫大:上海中醫大學圖書館
衢州博:浙江省衢州市博物館
川大:四川大學圖書館
仙桃:湖北省仙桃市圖書館
山西:山西省圖書館
山西文物局:山西省文物局圖書館
山西文史館:山西省文史研究館
山西師大:山西師範大學圖書館
山西家譜:山西省社會科學院中國家譜資料中心
山西大:山西大學圖書館
山西博:山西省博物館
山西中醫研:山西中醫研究所圖書館
山西醫大:山西醫科大學圖書館
山東:山東省圖書館
山東師大:山東師範大學圖書館
山東海源閣:山東省圖書館海源閣
山東大:山東大學圖書館
山東博:山東省博物館
山東中醫大:山東中醫大學圖書館
山東醫科大:山東醫科大學圖書館
崇明:上海市崇明縣圖書館
崇陽:湖北省崇陽縣圖書館
樂平:江西省樂平縣圖書館
外貿部:對外貿易部圖書館
戲研院:戲曲研究院圖書館
傅斯年圖:傅斯年圖書館
德清博:浙江省德清縣博物館
牡丹江:黑龍江省牡丹江市圖書館
科院:中國科學院圖書館
科院新疆分院:中國科學院新疆分院圖書館
白求恩醫科大:吉林白求恩醫科大學圖書館
保定:河北省保定市圖書館
吴江:江蘇省吴江縣圖書館

吴縣:江蘇省吴縣圖書館
稷山:山西省稷山縣圖書館
鄒平:山東省鄒平縣圖書館
鄒縣文管所:鄒縣文物管理所
紹興:浙江省紹興市魯迅圖書館
復旦:復旦大學圖書館
徐州:江蘇省徐州市圖書館
宜都:湖北省宜都市圖書館
宜都市楊守敬紀念館:宜都市楊守敬紀念館
宜昌:湖北省宜昌市圖書館
宜昌檔:湖北省宜昌市檔案館
淮安:江蘇省淮安市圖書館
濰坊:山東省濰坊市圖書館
濟南:山東省濟南市圖書館
寧夏:寧夏回族自治區圖書館
寧夏大學:寧夏大學圖書館
安慶:安徽省安慶市圖書館
安徽:安徽省圖書館
安徽師大:安徽師範大學圖書館
安徽博:安徽省博物館
安徽大:安徽大學圖書館
安徽醫學院:安徽醫學院圖書館
安吉博:浙江省安吉縣博物館
安丘:山東省安丘縣圖書館
安陸:湖北省安陸市圖書館
江西:江西省圖書館
江西師大:江西師範大學圖書館
江西大:江西大學圖書館
江西博:江西省博物館
江西中醫大:江西中醫大學圖書館
江陵檔:湖北省江陵縣檔案館
瀘州:江西省瀘州市圖書館
河北師大:河北師範大學圖書館
河北大:河北大學圖書館
河北中醫學院:河北中醫學院圖書館
河北博:河北省博物館
河南:河南省圖書館
河南社科院:河南省社會科學院圖書館
河南大:河南大學圖書館
河南博:河南省博物館
河南中醫大:河南中醫大學圖書館
潛江:湖北省潛江市圖書館
福建:福建省圖書館
福建師大:福建師範大學圖書館
福建醫科大:福建醫科大學圖書館
福建中醫:福建中醫藥研究院圖書館
福建中醫大:福建中醫藥大學圖書館
福建醫科大:福建醫科大學圖書館
福建省政協:福建省政協圖書館
福建省委黨校:中共福建省委黨校圖書館
浙江:浙江省圖書館
浙江博:浙江省博物館
浙江中醫大:浙江中醫藥大學圖書館
浙江中醫藥院:浙江中醫藥研究院圖書館
浙江醫大:浙江醫科大學圖書館
浙大:浙江大學圖書館
瀋陽:遼寧省瀋陽市圖書館
瀋陽農大:瀋陽農業大學圖書館
港大:香港大學圖書館
浠博:湖北省浠水縣博物館
漢中師範(漢中師院):陝西省漢中師範學院圖書館
波陽:江西省波陽縣圖書館
洪湖:湖北省洪湖市圖書館
遼寧:遼寧省圖書館
遼大:遼寧大學圖書館
遼寧博:遼寧省博物館
遼寧中醫大:遼寧中醫大學圖書館
清江:江蘇省清江市圖書館
清華:清華大學圖書館
温州:浙江省温州市圖書館
湖北:湖北省圖書館
湖北神農架林區方志辦: 湖北神農架林區方志辦

湖北大:湖北大學圖書館
湖北博:湖北省博物館
湖北中醫藥大(湖北中醫大):湖北中醫藥大學圖書館
湖北中醫藥:湖北中醫藥研究院醫史文獻研究室
湖北醫學院:武漢大學醫學院圖書館
湖南:湖南省圖書館
湖南師大:湖南師範大學圖書館
湖南社科院:湖南省社會科學院圖書館
湖南中醫大:湖南中醫大學圖書館
浸大:香港浸會大學圖書館
洛陽:河南省洛陽市圖書館
祁縣:山西省祁縣圖書館
軍醫:中國人民解放軍軍醫大學圖書館
軍醫科院:中國人民解放軍軍事醫學科學院圖書館
遵義:貴州省遵義市圖書館
大連:大連市圖書館
大荔:陝西省大荔縣朝邑文化館
太原:山西省太原市圖書館
臺北故宫:臺北故宫博物院
臺大:臺灣大學圖書館
臺圖:臺灣圖書館
南充師範:南充師範學校圖書館
南京:南京圖書館
南京師大:南京師範大學圖書館
南京博:南京博物院圖書館
南京地理所:中國科學院南京地理研究所
南京中醫大:南京中醫大學圖書館
南京農大:南京農業大學圖書館
南京第一醫學院:南京第一醫學院圖書館
南通:南通市圖書館
南通醫學院:南通醫學院圖書館
南大:南京大學圖書館
南陽:河南省南陽市圖書館
南開:南開大學圖書館
内蒙古:内蒙古自治區圖書館
内蒙師大:内蒙古自治區師範大學圖書館
内蒙大:内蒙古大學圖書館
内蒙古社科院:内蒙古自治區社會科學院圖書館
嘉興:浙江省嘉興市圖書館
吉大:吉林大學圖書館
吉林:吉林省圖書館
吉林市:吉林市圖書館
吉林白求恩醫院:吉林白求恩醫院(吉林白求恩醫院圖書館)
吉林師院:吉林師範學院圖書館
吉林社科院:吉林省社會科學院圖書館
來鳳縣志辦:湖北省來鳳縣地方志辦公室
棗陽檔:湖北省棗陽市檔案館
杭州:浙江省杭州市圖書館
杭州文管會:杭州市文物管理委員會
杭大:杭州大學圖書館
荆州:湖北省荆州市圖書館
荆州博:湖北省荆州市博物館
荆州檔:湖北省荆州市檔案館
鞍山:遼寧省鞍山市圖書館
蒲城:陝西省蒲城縣圖書館
蒲城堯山:陝西省蒲城縣堯山中學
芮城:山西省芮城縣圖書館
莆田:福建省莆田縣圖書館
蘭大:蘭州大學圖書館
蘭州醫學院:蘭州醫學院圖書館
蕪湖:安徽省蕪湖市圖書館
蘇州:蘇州市圖書館
蘇州文管會:蘇州市文物管理委員會
蘇州大:蘇州大學圖書館
蘇州中醫院:蘇州中醫院圖書館
蘇州醫:蘇州大學醫學院圖書館

孝南:湖北省孝感市孝南區圖書館

華西醫科大:成都華西醫科大學圖書館

華僑大:華僑大學圖書館

華南師大:華南師範大學圖書館

華中師大:華中師範大學圖書館

華東師大:華東師範大學圖書館

蘄春:湖北省蘄春縣圖書館

老河口:湖北省老河口市圖書館

甘肅:甘肅省圖書館

甘肅中醫大:甘肅中醫大學圖書館

黄梅檔:湖北省黄梅縣檔案館

黄岡:湖北省黄岡市圖書館

黄岡檔:湖北省黄岡市檔案館

杜甫草堂:成都杜甫草堂

桂林:廣西僮族自治區桂林市圖書館

柏克萊加州大學:美國柏克萊加州大學圖書館

柳州:廣西僮族自治區柳州市圖書館

穀城:湖北省穀城縣圖書館

故宫:故宫博物院圖書館

松江博:上海市松江縣博物館

中山醫學院:廣州中山大學中山醫學院圖書館

中科院上海館:中國科學院上海圖書館

中科院自科史:中國科學院自然科學史研究所圖書館

中大:中山大學圖書館

中蒙醫研究所:[呼和浩特]中蒙醫研究所圖書館

中華醫學會上海分會:中華醫學會上海分會圖書館

中央戲劇:中央戲劇學院圖書館

中央教研所:中央教育科學研究所圖書館

中央民大:中央民族大學圖書館

中央黨校:中共中央黨校圖書館

中國社科院文學所:中國社會科學院文學研究所圖書館

中國社科院近代史所:中國社會科學院近代史研究所圖書館

中國社科院考古所:中國社會科學院考古研究所圖書館

中國社科院歷史所:中國社會科學院歷史研究所圖書館

中國社科院民族所:中國社會科學院民族研究所圖書館

中國國家博物館:北京中國國家博物館

中國醫大:中國醫科大學圖書館

中國醫科院:中國醫學科學院圖書館

中醫:中國中醫研究院圖書館

泰州:江蘇省泰州市圖書館

青島:山東省青島市圖書館

青島博:山東省青島市博物館

青海:青海省圖書館

青海民院:青海民族學院圖書館

惠安:福建省惠安縣圖書館

貴州:貴州省圖書館

貴州大:貴州大學圖書館

貴陽師院:貴陽師範學院圖書館

貴陽中醫學院:貴陽中醫學院圖書館

東北師大:東北師範大學圖書館

成都中醫大:成都中醫大學圖書館

咸豐檔:湖北省咸豐縣檔案館

曲阜師院:山東省曲阜師範學院圖書館

揚州:江蘇省揚州市圖書館

揚州工學院:揚州工學院圖書館

揚州師院:揚州師範學院圖書館

揭博:廣東省揭陽縣博物館

撫順:遼寧省撫順市圖書館

日本天理:日本天理大學圖書館

日本佐伯:日本佐伯文庫

日本宫内省:日本宫内省圖書寮

日本蓬左:日本蓬左文庫

日本内閣:日本内閣文庫

日本東京大學:日本東京大學東洋文化研究所

日本東洋文庫:日本東洋文庫

日本静嘉堂:日本静嘉堂文庫

日本國會:日本國會圖書館

日本尊經閣:日本尊經閣文庫

國圖:國家圖書館

國會:美國國會圖書館

四川:四川省圖書館

四川師大:四川師範大學圖書館

黑龍江:黑龍江省圖書館

黑龍江祖國醫研所:黑龍江祖國醫學研究所圖書館

黑龍江大:黑龍江大學圖書館

黑龍江中醫大:黑龍江中醫大學圖書館

恩施:湖北省恩施土家族苗族自治州圖書館

昆明師院:昆明師範學院圖書館

景德鎮圖:江西省景德鎮市圖書館

羅田衛生:湖北省羅田縣衛生局

羅田檔:湖北省羅田縣檔案館

羅田縣志辦:湖北省羅田縣地方志辦公室

鄂州博:湖北省鄂州市博物館

哈爾濱:黑龍江省哈爾濱市圖書館

哈師大:哈爾濱師範大學圖書館

哈佛燕京:美國哈佛大學燕京圖書館

暨大:暨南大學圖書館

歷史博:中國歷史博物館

長春:吉林省長春市圖書館

長春中醫大:長春中醫藥大學圖書館

長陽土家族自治縣民族宗教事務局

長陽檔:湖北省長陽縣檔案館

陕西:陕西省圖書館

陕西文史館:陕西省文史研究館

陕西師大:陕西師範大學圖書館

陕西檔:陕西省檔案館

陕西中醫研:陕西中醫藥研究院圖書館

陕西中醫學院:陕西中醫學院圖書館

同濟醫學院:華中科技大學同濟醫學院圖書館

丹東:黑龍江省丹東市圖書館

開封:河南省開封市圖書館

興化:江蘇省興化圖書館

興縣:山西省興縣關向應圖書館

監利檔:湖北省監利縣檔案館

鍾祥:湖北省鍾祥市圖書館

人大:中國人民大學圖書館

人民教育:人民教育出版社

益都博:山東省益都縣博物館

金陵:南京市金陵圖書館

無爲:安徽省無爲縣圖書館

無錫:江蘇省無錫市圖書館

首都:首都圖書館

首都師大:首都師範大學圖書館

普林斯頓:美國普林斯頓大學圖書館

鎮江:江蘇省鎮江市圖書館

鎮江博:江蘇省鎮江市博物館

錦州:遼寧省錦州市圖書館

鉛山:江西省鉛山縣文化館

歙縣博:安徽省歙縣博物館

美國哥倫比亞大學:美國哥倫比亞大學東亞圖書館

美國猶他:美國猶他家譜學會

美國哈佛大學:美國哈佛大學哈佛燕京圖書館

鄭州:河南省鄭州市圖書館

鄭州大:鄭州大學圖書館

興山方志辦:湖北省興山縣地方志辦公室

常熟文管:江蘇省常熟市文物管理委員會

常州:江蘇省常州市圖書館

煙臺:山東省煙臺市圖書館

參採文獻舉要

本書從着手搜訪資料至定稿付梓,歷時五十餘年,翻檢之文獻已無從統計。有的雖有記憶,一時又難以作出標準著録。列此《舉要》,一是爲了向讀者作個交待,二是爲了向被參採者謹致謝忱,三是向未被列出者表示歉意。

(一)史志類

(1)湖北省省、府、州、縣志

限於湖北省圖書館所藏,其細目可參見本書正文"史部·地理類·方志"。凡一地曾多次修志者,重點參採首、末二志。

(2)與本書某些款目著者有關聯之外省方志。

(3)諸史經籍志、藝文志和相關人物志。

(4)《湖北藝文志十六卷》,清湖北通志局編纂,民國十年(1921)刻湖北通志抽印本。

(5)《湖北藝文志十六卷附補遺六卷》,清湖北通志局編纂,石洪運校點補遺,2002年湖北教育出版社鉛印湖北地方古籍文獻叢書本。

(二)書目類

(6)《四庫全書總目》二百卷《附録》一卷,清永瑢等撰,1965年中華書局影印本。

(7)《四庫全書簡明目録》,清永瑢等撰,1957年古典文學出版社鉛印本,又1985年上海古籍出版社鉛印本。

(8)《增訂四庫簡明目録標注》二十卷《附録》三卷,邵懿辰撰,邵章續録,1959年上海中華書局鉛印本,又1979年上海古籍出版社鉛印本。

(9)《四庫全書總目提要補正》,胡玉縉撰,王欣夫輯,1964年中華書局上海編輯所鉛印本。

(10)《四庫提要辨證》,余嘉錫撰,1980年中華書局鉛印本。

(11)《四庫提要訂誤》,李裕民撰,1990年書目文獻出版社鉛印本。

(12)《四庫提要補正》,崔富章著,1990年杭州大學出版社鉛印本。

(13)《四庫全書總目辨誤》,楊武泉著,2001年上海古籍出版社鉛印本。

(14)《續修四庫全書經部選目》,續修四庫全書編纂委員會編,1995年該會打印本。

(15)《續修四庫全書史部選目》,續修四庫全書編纂委員會編,1996年該會打印本。

(16)《續修四庫全書子部選目》,續修四庫全書編纂委員會編,1998年該會打印本。

(17)《續修四庫全書集部選目》,續修四庫全書編纂委員會編,1999年該會打印本。

(18)《續修四庫全書·目録及索引》,續修四庫全書編纂委員會編,2002年中華書局、上海古籍出版社印本。

(19)《四庫全書存目叢書·目録及索引》,四庫全書存目叢書編纂委員會編,1995年至 2000 年齊魯書社印本。

（20）《四庫未收書輯刊目録》，四庫未收書輯刊編纂委員會編，1997 年北京出版社印本。

（21）《中國古籍善本書目》三十六卷，中國古籍善本書目編輯委員會編，1989 年至 1998 年上海古籍出版社鉛印本。

（22）《中國古籍善本書目（徵求意見稿）》，中國古籍善本書目編輯委員會編，1983 年油印本。

（23）《稿本中國古籍善本書目書名索引》，天津圖書館編，2003 年齊魯書社印本。

（24）《中國古籍善本書目索引》，南京圖書館編纂，2009 年上海古籍出版社印本。

（25）《中國科學院圖書館藏中文古籍善本書目》，中國科學院圖書館編，1994 年科學出版社鉛印本。

（26）《北京圖書館善本書目》八卷，北京圖書館編，1959 年中華書局鉛印本。

（27）《國立北平圖書館善本書目乙編》四卷《續目》四卷，趙孝孟（録綽）編，民國二十四至二十六年（1935—1937）鉛印本。

（28）《上海圖書館善本書目》五卷，上海圖書館編，1957 年鉛印。

（29）《中國人民大學圖書館古籍善本書目》，中國人民大學圖書館古籍整理研究所編，1991 年中國人民大學出版社鉛印本。

（30）《國立故宫博物院善本舊籍總目》，國立故宫博物院編輯，1983 年鉛印本。

（31）《南京大學圖書館館藏古籍善本圖書目録》，南京大學圖書館編，1980。

（32）《中山大學圖書館古籍善本書目附朝鮮版古籍書目》、《日本版古籍書目》，中山大學圖書館編，1982 年鉛印本

（33）《中山大學圖書館古籍善本書目》，中山大學圖書館編，2004 年廣西師範大學出版社鉛印本。

（34）《中國善本書提要》，王重民撰，1983 年上海古籍出版社鉛印本。

（35）《中國善本書提要補編》，王重民撰，1991 年書目文獻出版社鉛印本。

（36）《雲南省圖書館善本書目》，雲南省圖書館編，約 1990 年前後石印本。

（37）《四川省古籍善本書聯合目録》五卷，四川省中心圖書館委員會編，1989 年鉛印本。

（38）《山西省古籍善本書目》，山西省圖書館編，1981 年鉛印本。

（39）《故宫善本書目》，故宫博物院編，民國二十三年（1934）故宫博物院鉛印本。

（40）《“國立中央圖書館”善本書目（增訂本）》，“國立中央圖書館”特藏組編，1967 年鉛印本。

（41）《“國立中央圖書館”善本書目》，“國立中央圖書館”特藏組編，1986 年增訂二版鉛印本。

（42）《東北師範大學圖書館藏古籍善本書目解題》，王繼祥等編纂，1984 年鉛印本。

（43）《江蘇省揚州地區善本書目》，1980 年油印本。

（44）《四一圖書館善本普通書目初編》，四一圖書館編，民國三十四年（1945）鉛印本。

（45）《古籍善本目録乙編》，西安市文物管理委員會編，1982 年油印本。

（46）《1911-1984影印善本書目録》，北京圖書館善本室編，1992年中華書局鉛印本。

（47）《美國哈佛大學哈佛燕京圖書館中文善本書志》，沈津著，1999年上海辭書出版社鉛印本。

（48）《普林斯頓大學葛思德東方圖書館中文善本書志》四卷，屈萬里著，1971年臺北藝文印書館鉛印本。

（49）《北京圖書館古籍珍本叢刊目録（附索引）》，國家圖書館古籍組、北京圖書館出版社編，2000年北京圖書館出版社鉛印本。

（50）《北京大學圖書館古籍善本書目》，北京大學圖書館編，1999年北京大學出版社鉛印本。

（51）《保定市圖書館古籍善本書目》，保定市圖書館編，2011年國家圖書館出版社鉛印本。

（52）《山西師範大學圖書館古籍善本書目》，楊艷燕編，2011年國家圖書館出版社鉛印本。

（53）《歷代經籍存佚考》不分卷，楊守敬撰，清抄本，楊守敬批校。

（54）《國史經籍志》六卷，明焦竑撰，明徐象樗曼山館刻本，又粤雅堂叢書本，叢書集成初編本。

（55）《千頃堂書目》三十二卷，清黄虞稷撰，民國烏程張氏刻適園叢書本，又1990年上海古籍出版社鉛印瞿鳳起、潘景鄭整理本。

（56）《四庫未收書目提要》五卷，清阮元撰，民國八年（1919）上海商務印書館初次影印四部叢刊本。

（57）《揅經室經進書録》四卷，清阮元撰，清阮福編，清傅以禮重編，清光緒八年（1882）大興傅以禮刻本。

（58）《思適齋集》十八卷，清顧廣圻撰，清道光咸豐間上海徐氏刻同治補刻春暉堂叢書本。

（59）《宋元舊本書經眼録》三卷《附録》二卷，清莫友芝撰，清同治十二年（1873）莫繩孫刻本。

（60）《郘亭知見傳本書目》十六卷，清莫友芝撰，民國上海掃葉山房石印本。

（61）《日本訪書志》十六卷，楊守敬撰，清光緒二十三年（1897）宜都楊守敬鄰蘇園刻本。

（62）《日本訪書志補》一卷，楊守敬撰，王重民輯，民國十九年（1930）中華圖書館協會鉛印本。

（63）《日本書目志》十五卷，康有爲編，清光緒上海大同譯書局石印本。

（64）《行素堂目睹書録》一卷，清朱記榮編，清光緒十年（1884）吴縣朱記榮槐廬刻本。

（65）《經籍訪古志六卷補遺》一卷，日本澁江全善、森立之撰，清光緒六合徐氏鉛印本。

（66）《八史經籍志》，日本□□輯，清光緒九年（1883）鎮海張壽榮刻本。

（67）《别録》一卷，漢劉向撰，清洪頤宣輯，清嘉慶承德孫氏刻問經堂叢書本。

（68）《七略别録》一卷，漢劉向、劉歆撰，清馬國翰輯，清光緒九年（1883）長沙嫏嬛館刻本。

(69)《崇文總目》五卷《補遺》一卷《附録》一卷,宋王堯臣等撰,清錢東垣等輯釋,補遺、附録清錢侗輯,民國二十四至二十六年(1935—1937)上海商務印書館鉛印叢書集成初編本。

(70)《内閣藏書目録》八卷,明張萱等撰,民國烏程張氏刻適園叢書本。

(71)《欽定古今圖書集成目録》三十二卷,清蔣廷錫等輯,清光緒十年(1884)上海圖書集成印書局鉛印本,又清光緒十年(1884)同文書局石印四十卷本。

(72)《昭德先生郡齋讀書志》二卷《附志》一卷《考異》一卷,宋晁公武撰,附志、考異宋趙希弁撰,民國二十四至二十五年(1935—1936)上海商務印書館四部叢刊三編本。

(73)《遂初堂書目》一卷,宋尤袤撰,民國二十四至二十六年(1935—1937)上海商務印書館鉛印叢書集成初編本,又海山仙館叢書本。

(74)《直齋書録解題》二十二卷,宋陳振孫撰,清光緒二十五年(1899)廣雅書局刻武英殿聚珍版書本。

(75)《菉竹堂書目》六卷,題明葉盛藏並撰,清道光南海伍氏刻粤雅堂叢書本,又叢書集成初編本。

(76)《百川書志》二十卷,明高儒藏並撰,民國二十四年(1935)長沙中國古書刊印社彙印郎園先生全書本。

(77)《萬卷堂書目》四卷,明朱睦㮮藏並撰,清宣統二年(1910)上虞羅氏刻玉簡齋叢書本。

(78)《天一閣書目》四卷《補遺》一卷《附碑目》一卷《續增》一卷,清阮元、范邦甸等撰,碑目清錢大昕編,清范懋敏續編,清嘉慶十三年(1808)阮氏文選樓刻本。

(79)《天一閣見存書目》四卷首一卷末一卷,清薛福成撰,清光緒十五年(1889)薛福成甬上刻本。

(80)《四明天一閣藏書目録》,清宣統二年(1910)上虞羅氏刻玉簡齋叢書本。

(81)《目覩天一閣書録》四卷《附編》一卷,林集虚編,民國十七年(1928)藜照廬木活字印本。

(82)《鄞范氏天一閣書目内編》十卷,馮貞群編,民國二十六至二十九年(1937—1940)寧波重修天一閣委員會鉛印本。

(83)《趙定宇書目》不分卷,明趙用賢藏並撰,民國鉛印本。

(84)《脈望館藏書目》不分卷,明趙琦異藏並撰,清宣統二年(1910)上虞羅氏刻玉簡齋叢書本。

(85)《世善堂書目》二卷,明陳第藏並撰,民國二十四至二十六年(1935—1937)上海商務印書館鉛印叢書集成初編本。

(86)《澹生堂藏書目》十四卷,明祁承火業撰,清光緒十八年(1892)會稽徐氏鑄學齋刻本。

(87)《汲古閣珍藏祕本書目》一卷,清毛扆藏並撰,清嘉慶五年(1800)刻士禮居黄氏叢書本,又清光緒十年(1884)吴縣朱記榮槐廬刻本。

(88)《絳雲樓書目》四卷,清錢謙益藏並撰,清道光南海伍氏刻粤雅堂叢書本,又叢書集成初編本。

（89）《述古堂書目》四卷，清錢曾藏並撰，清道光南海伍氏刻粤雅堂叢書本，又叢書集成初編本。

（90）《也是園藏書目》十卷，清錢曾藏並撰，清宣統二年（1910）上虞羅氏刻玉簡齋叢書本。

（91）《讀書敏求記》四卷，清錢曾撰，清道光五年（1825）阮氏小琅嬛僊館刻本。

（92）《傳是樓書目》不分卷，清徐乾學藏並撰，民國四年（1915）鉛印二徐書目合刻本。

（93）《培林堂書目》不分卷，清徐秉義藏並撰，民國四年（1915）鉛印二徐書目合刻本。

（94）《好古堂書目》四卷《收藏宋元板書目》一卷，清姚際恒撰，民國十七年（1928）江蘇省立國學圖書館影印本。

（95）《楝亭書目》四卷，清曹寅撰，民國二十至二十三年（1931—1934）遼海書社排印遼海叢書本。

（96）《文瑞樓藏書目録》十二卷，清金檀撰，民國二十四至二十六年（1935—1937）上海商務印書館鉛印叢書集成初編本，又讀畫齋叢書本。

（97）《知聖道齋書目》四卷，清彭元瑞撰，清宣統二年（1910）上虞羅氏刻玉簡齋叢書本。

（98）《知聖道齋讀書跋尾》二卷，清彭元瑞撰，民國二十四至二十六年（1935—1937）上海商務印書館鉛印叢書集成初編本，又式訓堂叢書本，校經山房叢書本。

（99）《拜經樓藏書題跋記》五卷《附録》一卷，清吴壽暘輯，民國十一年（1922）上海博古齋據清吴氏刻本增輯影印拜經樓叢書本，又叢書集成初編本。

（100）《孫氏祠堂書目内編》四卷《外編》三卷，清孫星衍藏並撰，清光緒李氏刻木犀軒叢書本，又叢書集成初編本。

（101）《平津館鑒藏記》三卷《補遺》一卷《續編》一卷，清孫星衍撰，清光緒李氏刻木犀軒叢書本，又叢書集成初編本。

（102）《廉石居藏書記》二卷，清孫星衍原編，清陳宗彝重編，清光緒李氏刻木犀軒叢書本，又叢書集成初編本。

（103）《蕘圃藏書題識》十卷《補遺》一卷，清黄丕烈撰，繆荃孫等輯，民國八年（1919）金陵書局刻本。

（104）《鄭堂讀書記》七十一卷，清周中孚撰，民國吴興劉氏刻吴興叢書本。

（105）《帶經堂書目》四卷，清陳徵芝藏，清陳樹杓撰，清抄本，又風雨樓叢書本。

（106）《愛日精廬藏書志》三十六卷《續志》四卷，清張金吾藏並撰，清道光七年（1827）張氏家刻本。

（107）《振綺堂書目》不分卷，清汪遠孫藏並撰，清光緒二十九年（1903）章壽康抄本。

（108）《鐵琴銅劍樓藏書目録》二十四卷，清瞿溶撰，清光緒二十三年（1897）武進董氏誦芬室刻本。

（109）《勞氏碎金》三卷《附録》一卷，清勞經、勞權、勞格撰，吴昌綬輯，附録王大隆、瞿熙邦補輯，民國二十六年（1937）鉛印丁丑叢編本。

（110）《讀有用書齋古籍目録》一卷《藏書記》一卷，清韓應陛藏，曹元忠撰，民國石印本。

（111）《結一廬書目》四卷，清朱學勤撰，民國二十四年（1935）長沙中國古書刊印社彙印郎園先生全書本。

（112）《别本結一廬書目》一卷，清朱學勤撰，民國二十四年（1935）長沙中國古書刊印社彙印郎園先生全書本。

（113）《結一廬宋元書目》一卷，清朱學勤撰，民國二十四年（1935）長沙中國古書刊印社彙印郎園先生全書本。

（114）《八千卷樓藏書目》二十卷，清丁丙藏，丁立中撰，民國十二年（1923）錢塘丁氏活字印本。

（115）《善本書室藏書志》四十卷《附録》一卷，清丁丙撰，清光緒二十七年（1901）丁氏刻本。

（116）《鐵華館集部善本書目》一卷，民國陳準輯，民國十九年（1930）瑞安陳氏印湫漻齋叢書本。

（117）《五萬卷閣書目記》四卷，清李嘉績撰，清光緒刻代耕堂全集本。

（118）《藝風藏書記》八卷，繆荃孫撰，清光緒二十六年（1900）江陰繆氏刻本。

（119）《藝風藏書續紀》八卷，繆荃孫撰，民國二年（1913）江陰繆氏刻本。

（120）《藝風藏書再續記》不分卷，繆荃孫撰，民國二十九年（1940）燕京大學圖書館鉛印本。

（121）《崇雅堂書録》十五卷，甘鵬雲藏並撰，民國二十四年（1935）潛江甘氏息園鉛印本。

（122）《郎園讀書志》十六卷，葉德輝撰，民國十七年（1928）上海澹園鉛印本。

（123）《藏園羣書題記續集》六卷，傅增湘撰，民國二十七年（1938）鉛印本。

（124）《藏園羣書題記初集》八卷，傅增湘撰，民國三十二年（1943）鉛印本。

（125）《傳書堂善本書目》十二卷，蔣汝藻藏，王國維撰，民國刻本。

（126）《戴先生所著書考》一卷，胡樸安撰，民國影印安徽叢書本。

（127）《嘉業堂藏書志》四卷，繆荃孫、吴昌綬、董康撰，吴格整理點校，1997年復旦大學出版社鉛印本。

（128）《藏園羣書經眼録》十九卷，傅增湘撰，1983年中華書局鉛印本。

（129）《中國古籍總目》，中國古籍總目編纂委員會編，2012年至2013年中華書局、上海古籍出版社鉛印本。

（130）《江蘇省立國學圖書館圖書總目》，江蘇省立國學圖書館編輯，民國二十五年（1936）鉛印本。

（131）《故宫普通書目》六卷，民國二十三年（1934）故宫博物院圖書館鉛印本。

（132）《西諦書目五卷題跋》一卷，北京圖書館編著，1963年文物出版社鉛印本。

（133）《販書偶記》二十卷，孫殿起編，1982年上海古籍出版社鉛印本。

（134）《販書偶記續編》二十卷，孫殿起編，1980年上海古籍出版社鉛印本。

（135）《行素草堂目睹書録》十卷《汲古閣珍藏秘本書目》一卷，清朱記榮編，清光緒十年（1884）吴縣朱記榮刻本。

（136）《續修四庫全書提要》，王雲五主持，臺北商務印書館印本。

(137)《續修四庫全書總目提要(經部)》,中國科學院圖書館整理,1993 年中華書局鉛印本。

(138)《續四庫提要三種》,胡玉縉撰,吴格整理,2002 年上海書店出版社鉛印本。

(139)《北京師範大學圖書館中文古籍書目》,北京師範大學圖書館編輯,1983 年鉛印本。

(140)《浙江圖書館特藏書目甲編四卷附録一卷補遺一卷乙編四卷補遺一卷》,浙江圖書館編 1956 油印本。

(141)《浙江圖書館特藏書目續編》,浙江圖書館編,1963 年油印本。

(142)《中華書局圖書總目(1912 ~ 1949)》,中華書局編輯部編,1987 年中華書局鉛印本。

(143)《瀋陽市圖書館藏中文古舊籍目録》,楊書元、王彩雲主編,1988 年瀋陽市圖書館膠印本。

(144)《河南省圖書館中文古籍書目(史部、子部)》,河南省圖書館編,1964、1973 年油印本。

(145)《河南省圖書館中文古籍書目(集部)》,李古寅主編,1993 年中州古籍出版社鉛印本。

(146)《中國人民大學圖書館綫裝書目録》,中國人民大學圖書館編,1960 年鉛印本。

(147)《北京大學圖書館藏李氏書目》,北京大學圖書館編,約 1960 年前後鉛印本。

(148)《上海市歷史文獻圖書館藏書目録五卷》,上海市歷史文獻圖書館編,油印本。

(149)《中南、西南地區省、市圖書館館藏古籍稿本提要(附鈔本聯合目録)》,陽海清、孫震主編,1998 年華中理工大學出版社鉛印本。

(150)《山東省圖書館藏海源閣書目》,山東省圖書館編,1999 年齊魯書社鉛印本。

(151)《香港所藏古籍書目》,賈晉華主編,2003 年上海古籍出版社鉛印本。

(152)《湖北大學圖書館中文古籍書目》,湖北大學圖書館編,2002 年鉛印本。

(153)《中國館藏和刻本漢籍書目》,王寶平主編,1995 年杭州大學出版社鉛印本。

(154)《[湖南圖書館藏古籍書目]》,湖南圖書館編,約 1960 年前後該館油印本,(封面佚去,書名或不準確)。

(155)《成都市古籍聯合目録》,成都市圖書館編著,1992 年成都市圖書館鉛印本。

(156)《青島市圖書館古籍書目》,冷秀雲主編,2009 年國家圖書館出版社鉛印本。

(157)《東北地區古籍綫裝書聯合目録》,王榮國等主編,2003 年遼海出版社鉛印本。

(158)《湖南圖書館古籍綫裝書目録》,張勇主編,2007 年北京綫裝書局鉛印本。

(159)《四庫湖北先正遺書存目》四卷《附札記》一卷,盧靖輯,民國十一年(1922)沔陽盧氏慎始基齋刻本。

(160)《襄陽菽文署》五卷,清吴慶燾撰,清光緒二十三年(1897)刻襄陽四碆本。

(161)《鍾祥藝文考》四卷,李權撰,民國十五年(1926)鍾祥李氏鉛印雙槐廬叢書本。

(162)《潛江書徵四卷附録》一卷,甘鵬雲纂,民國二十五年(1936)崇雅堂鉛印甘氏家藏稿本。

(163)《易學書目》,山東省圖書館編,1993 年齊魯書社鉛印本。

(164)《湖北書徵存目》十四卷,清張康遜、張國淦撰,石榮暲補,民國石印本,又中科院藏抄本。

（165）《中國叢書綜録》，上海圖書館編，1982 年上海古籍出版社新一版鉛印本。

（166）《中國叢書綜録補正》，陽海清編撰，1984 年江蘇廣陵古籍刻印社鉛印本。

（167）《中國叢書廣録》，陽海清編撰，陳彰璜、趙興茂參編，1999 年湖北人民出版社鉛印本。

（168）《中國叢書目録及子目索引彙編》，施廷鏞主編，1982 年南京大學圖書館、歷史系資料室鉛印本。

（169）《中國叢書綜録續編》，施廷鏞編撰，2003 年北京圖書館出版社鉛印本。

（170）《彙刻書目初編十卷補編》一卷，清顧修編，清嘉慶四年（1799）刻本。

（171）《彙刻書目外集》十二卷《補遺》一卷，日本松澤老泉編，日本文政三年（1820）慶元堂刻本。

（172）《續彙刻書目》十二卷《補遺》一卷》，清顧雲龍編，清胡俊章補，清光緒二年（1876）味腴藝圃刻本。

（173）《叢書舉要》六十卷首一卷末一卷，楊守敬原編，李之鼎補編，民國三年（1914）南昌宜秋館鉛印本。

（174）《增訂叢書舉要》八十卷，楊守敬原編，李之鼎補編，民國七年（1918）南昌宜秋館鉛印本。

（175）《叢書書目彙編附補遺》，沈乾一編，民國十七年（1928）上海醫書局鉛印本。

（176）《續彙刻書目》十卷，羅振玉編，民國三年（1914）連平范氏雙魚室刻本。

（177）《續彙刻書目閏集》，羅振玉編，民國連平范氏雙魚室刻本。

（178）《續補彙刻書目》三十卷《再續補彙刻書目》十六卷《三續補彙刻書目》十五卷，劉聲木編，民國十八年（1929）劉氏直介堂鉛印本。

（179）《叢書目録拾遺》，孫殿起編，民國二十三年（1934）鉛印本。

（180）《叢書書目續編初集》，杜聯喆編，民國二十年（1931）北平鉛印本。

（181）《中國近代現代叢書目録》，上海圖書館編，1979 年膠印本。

（182）《日本見藏中國叢書目初編》，李鋭清編著，1999 年杭州大學出版社鉛印本。

（183）《叢書集成初編目録》，1983 年中華書局鉛印本。

（184）《中國叢書綜録補編（徵求意見稿）》，上海圖書館編，約 1985 年上海圖書館油印本。

（185）《文字音韻訓詁知見書目》，陽海清、褚佩瑜、蘭秀英編，2002 年湖北人民出版社鉛印本。

（186）《中國地方志聯合目録》，中國科學院北京天文臺主編，1985 年中華書局鉛印本。

（187）《上海圖書館地方志目録》，上海圖書館編，1979 年上海圖書館鉛印本。

（188）《中國地方志綜録》，朱士嘉編，民國二十四年（1935）上海商務印書館石印本。

（189）《官書局書目彙編》，朱士嘉編，民國二十二年（1933）鉛印本。

（190）《山東省地方志聯合目録》，山東省圖書館主編，1980 年鉛印本。

（191）《日本見藏稀見中國地方志書録》，崔建英編，1986 年書目文獻出版社鉛印本。

（192）《中國近代史文獻必備書目（1840—1919）》，姚佐綬、周新民、岳小玉合編，

1996年中華書局鉛印本。

（193）《中國歷代年譜總録》，楊殿珣編，1980年書目文獻出版社鉛印本。

（194）《中國歷代年譜總録（增訂本）》，楊殿珣編，1996年書目文獻出版社鉛印本。

（195）《中國家譜綜合目録》，國家檔案局二處、南開大學歷史系、中國社會科學院歷史所圖書館編，1997年中華書局鉛印本。

（196）《中國家譜目録》，山西省社會科學院家譜資料研究中心藏，1992年山西人民出版社鉛印本。

（197）《中國農業古籍目録》，張芳、王思明主編，2003年北京圖書館出版社鉛印中華農業文明研究院文庫本。

（198）《中國農學書録》，王毓瑚著，1964年農業出版社鉛印本，又2006年中華書局鉛印本。

（199）《歷代史志書目著録醫籍彙考》，李茂如、胡天福、李若鈞編著，1994年人民衛生出版社鉛印本。

（200）《全國中醫圖書聯合目録》，中國中醫研究院圖書館編，1991年中醫古籍出版社鉛印本。

（201）《［中國中醫研究院圖書館］館藏中醫綫裝書目》，中國中醫研究院圖書館編，1986年中醫古籍出版社鉛印本。

（202）《中醫古籍珍本提要》，余瀛鰲、傅景華主編，1992年中醫古籍出版社鉛印本。

（203）《楚辭書目五種》，姜亮夫著，1993年上海古籍出版社鉛印本。

（204）《楚辭書目五種續編》，崔富章著，1993年上海古籍出版社鉛印本。

（205）《中國通俗小説總目提要》，江蘇省社會科學院明清小説研究中心編，1990年中國文聯出版公司鉛印本。

（206）《中國文言小説書目》，袁行霈、侯忠義編，1981年北京大學出版社鉛印本。

（207）《易廬易學書目》，盧松安編，山東圖書館整理，1999年齊魯書社鉛印本。

（208）《近代中國史料叢刊正》、續、三編目録，沈雲龍主編，臺灣文海出版社鉛印本。

（209）《近三百年古籍目録舉要》，嚴佐之著，1994年華東師範大學出版社鉛印本。

（210）《武漢地區辛亥革命史料聯合目録》，湖北省圖書館編輯，1981年湖北省社會科學院鉛印本。

（211）《中國戲曲研究書目提要》，中國藝術研究院戲研所資料室編著，1992年中國戲劇出版社鉛印本。

（212）《清代禁燬書目（補遺）》，清代禁書知見録，清姚覲元編，孫殿起輯，1957年上海商務印書館鉛印本。

（213）《四庫禁燬書叢刊索引》，四庫禁燬書叢刊編纂委員會編，2000年北京出版社鉛印本。

（214）所至北京、上海、天津、重慶、遼寧、山西、江蘇、浙江、福建、江西、湖北、湖南、廣東、廣西、河南、四川、雲南、甘肅各館卡片目録。

（215）編纂《中國古籍善本書目》卡片彙總階段各編輯室部分剔除片。

（216）編纂《續修四庫全書》各館所報部分經部卡片。

（217）編纂《中國古籍總目》相關成員館查核館藏情況之打印目録。

（218）《新中國古籍整理圖書總目録》，全國古籍整理出版規劃領導小組辦公室編，2007年嶽麓書社鉛印本。

（219）《王葆心資料刪選總表》，湖北省博物館編，該館打印本。

（三）專著類

（220）《楚國先賢傳》一卷，晉張方撰，清陳運溶輯，清光緒二十六年（1900）刻麓山精舍叢書·歷朝傳記九種本。

（221）《楚寶》四十卷《外篇》五卷，明周聖楷撰，清鄧顯鶴增補，清道光九年（1929）刻本。

（222）《楚師儒傳》八卷，甘鵬雲撰，民國二十一年（1932）刻崇雅堂叢書初編本。

（223）《楚風補》四十八卷《前編》一卷《末編》一卷，清廖元度輯，清乾隆十四年（1749）長沙際恒堂刻本。

（224）《楚小志》一卷，明錢希言撰，清順治三年（1646）李際期宛委山堂刻説郛續本。

（225）《楚書》一卷，明陶晉撰，清道光十一年（1831）六安晁氏木活字印學海類編本。

（226）《湖北高僧傳》不分卷，□□輯撰，民國抄本。

（227）《湖北舊聞録》四十四卷，清陳詩輯，清抄本，1989年武漢出版社鉛印本。

（228）《江漢叢談》二卷，明陳士元撰，清光緒十七年（1891）三餘草堂刻湖北叢書本。

（229）《漢口叢談》六卷，清范鍇撰，清道光二年（1822）漢口刻本。

（230）《續漢口叢談》六卷，王葆心撰，民國二十二年（1933）益善書局鉛印本。

（231）《再續漢口叢談》六卷，王葆心撰，民國二十二年（1933）益善書局鉛印本。

（232）《漢上叢談》四卷，清劉士暲撰，民國二十五年（1936）抄本。

（233）《武漢歷史舉要》，皮明庥等著，1988年武漢工業大學出版社鉛印本。

（234）《萬全生平著述考》，毛德華著，1997年華中師範大學出版社鉛印本。

（235）《湖北科學技術史稿》，後德俊著，1991年湖北科學技術出版社鉛印本。

（236）《湖北文學史》，王齊洲、王澤龍著，1995年華中理工大學出版社鉛印本。

（237）《湖北醫學史稿》，李今庸主編，1993年湖北科學技術出版社鉛印本。

（238）《鄂東著作人物薈萃》，余彦文編撰，1990年湖北科學技術出版社鉛印本。

（239）《鄂東文化名人評傳》，余彦文、汪季石主編，約1993年安徽人民出版社鉛印本。

（240）《湖北文徵目録》，甘鵬雲等編，抄本（係據該書稿本抄）。

（241）《湖北文徵》十三卷，甘鵬雲等編，湖北省文史研究館、湖北省博物館審訂整理，2000年湖北人民出版社鉛印湖北地方古籍文獻叢刊本。

（242）《湖北詩徵傳略》四十八卷，清丁宿章輯，清光緒七年（1881）孝感丁氏涇北草堂刻本。

（243）《襄陽耆舊記》三卷，晉習鑿齒撰，清任兆麟訂，清乾隆震澤任氏忠教家塾刻心齋十種本。

（244）《荊門耆舊紀畧》三卷《荊門列女紀略》一卷，清胡作柄撰，一九九七年齊魯書社據清康熙刻本影印四庫全書存目叢書本。

（245）《殿閣詞林記》二十二卷，明廖道南撰，民國十二年（1923）沔陽盧氏愼始基齋據明刻本影印湖北先正遺書本。

（246）《道學淵源録》一百卷，清黄嗣東撰，民國十九年（1930）鉛印本。

（247）《學統》五十三卷，清熊賜履撰，清光緒十七年（1891）三餘草堂刻湖北叢書本。

（248）《歷代循良能吏列傳彙鈔》二十卷，清喬用遷録，清道光二十四年（1844）刻本。

（249）《二十五史》，上海古籍出版社、上海書店編，1986年上海古籍出版社、上海書店影印本。

（250）《歷代人物年里碑傳綜表》，姜亮夫纂定，陶秋英校，1959年中華書局鉛印本。

（251）《清代人物生卒年表》，江慶柏編著，2005年人民文學出版社鉛印本。

（252）《中國印刷史》，張秀民著，1989年上海人民出版社鉛印本。

（253）《明清進士題名碑録索引》，朱保炯、謝沛霖編，1980上海古籍出版社鉛印本。

（254）《中國歷代人物年譜考録》，謝巍編撰，1992年中華書局鉛印本。

（255）《問津書院志》八卷，清王會釐等輯，清光緒三十一年（1905）刻本。

（256）《清代目録提要》，來新夏主編，1997年齊魯書社鉛印本。

（257）《中國版本目録學書籍解題》，日本長澤規矩也編著，梅憲華、郭寶林譯，1990年書目文獻出版社鉛印本。

（258）《古今典籍聚散考》，陳登原著，1983年上海書店鉛印本。

（259）《羣經諸子廿五史篇目便覽》，楊堅編，1990年嶽麓書社印本。

（260）《中國學術名著提要》，周谷城主編，1992年前後復旦大學出版社鉛印本。

（261）《歷代婦女著作考》二十一卷《附編》一卷《附録》三卷（增訂本），胡文楷編著，1985年上海古籍出版社鉛印本。

（262）《明代版刻綜録》，杜信孚編，1983年江蘇廣陵古籍刻印社鉛印本。

（263）《同書異名通檢（增訂本）》，杜信孚等編，1982年江蘇人民出版社鉛印本。

（264）《中國醫籍考》，（日）丹波元胤著，1983年人民衛生出版社鉛印本。

（265）《中國醫史醫籍述要》，崔秀漢著，1983年延邊人民出版社鉛印本。

（266）《中國醫籍通考》，（日）丹波元胤（紹翁）撰，1956年人民衛生出版社鉛印本。

（267）《中國古籍編撰史》，曹之著，1999年武漢大學出版社鉛印本。

（268）《離騷纂義·本編選輯舊説總目》，游國恩主編，金開誠補輯，董洪利，高路明參校，1980年中華書局鉛印楚辭注疏長編本。

（269）《天問纂義》，游國恩主編，金開誠補輯，董洪利、高路明參校，中華書局鉛印楚辭注疏長編本。

（270）《楚辭研究集成》，馬茂元等編，1985年至1986年湖北人民出版社鉛印本。

（271）《中華大典·文學典·明清文學分典》，吴志達，余傳棚、陳文新、陽海清、蔡守湘、蔡靖編，2005年鳳凰出版社鉛印本（參考其他分典不再細列）。

（272）《清詩紀事》二十二卷，錢仲聯主編，1989年前後江蘇古籍出版社鉛印本。

（273）《清詞紀事會評》，尤振中、尤以丁編著，1995年黄山出版社鉛印本。

（274）《中國文化史叢書》所收各史書本，1984年前後上海書店影印本。

（275）《中國文學發展史》，劉大杰著，1958年古典文學出版社鉛印本。

（276）《袁宏道集箋校》，明袁宏道著，錢伯城箋校，1981年上海古籍出版社鉛印中國古典文學叢書本（參考該叢書其他品種不再細列）。

（277）《中國海峽兩岸黄侃學術研討會論文集》，中國海峽兩岸黄侃學術研討會籌備委員會編，1993年華中師範大學出版社鉛印本。

（四）辭典類

（278）《簡明中國古籍辭典》，吴楓主編，1987年吉林文史出版社鉛印本。

（279）《叢書大辭典》，楊家駱編，民國鉛印本。

（280）《歷代叢書大辭典》，楊家駱編，1993年警官教育出版社據民國鉛印本影印歷代工具書精品叢典本。

（281）《中國圖書書大辭典（1949—1992）》，宋木文、劉杲、楊牧之、盧福咸主編，一九九七年湖北人民出版社鉛印本。

（282）《辭海》，辭海編輯委員會編，1979年上海辭書出版社鉛印本。

（283）《辭源（修訂本）》，廣東、廣西、湖南、河南辭源修訂組等編，1983年商務印書館鉛印本。

（284）《漢語大字典》，漢語大字典編纂委員會編纂，1986年湖北辭書出版社、四川辭書出版社鉛印本。

（285）《康熙字典》，清張玉書、陳廷敬、凌紹雯等編，清光緒三十二年（1906）上海商務印書館石印本。

（286）《中國人名大辭典》，臧勵和等編，1980年上海書店影印本。

（287）《湖北歷史人物辭典》，皮明庥、何浩等編，1984年湖北人民出版社鉛印本。

（288）《中國藥學大辭典》，陳存仁編，民國二十四年（1935）上海世界書局鉛印本，1956年人民衛生出版社鉛印本。

（289）《中國醫學大辭典》，謝觀（利恒）等編，民國十年（1921）商務印書館鉛印本，1957年商務印書館鉛印本。

（290）《古漢語常用字字典》，《古漢語常用字字典》編寫組編，1985年商務印書館鉛印本。

（291）《簡明古漢語字典（修訂本）》，張永言等編，2001年四川人民出版社鉛印本。

（292）《古今同姓名大辭典》，彭作楨輯著，民國二十五年（1936）北京好望書店鉛印本，1983年上海書店影印本。

（293）《中國古籍書名考釋辭典》，張林川、郭康松等編著，1993年河南人民出版社鉛印本。

（294）《中國方志大辭典》，中國方志大辭典編輯委員會編，1988年浙江人民出版社鉛印本。

（295）《四庫大辭典》，李學勤、吕文郁主編，1996年吉林大學出版社鉛印本。

（296）《中國古今地名大辭典》，臧勵龢等編，商務印書館鉛印本。

（297）《中國地名詞典》，1990年上海辭書出版社鉛印本。

（298）《中國歷史地名辭典》，復旦大學歷史地理研究所中國歷史地名辭典編委會編，1996年江西教育出版社鉛印本。

跋

讀完校樣,我情不自禁地走向窗前,噓了一口長氣。此刻,夜已深沉,喧鬧的城市歸於平靜,而我卻激動不已,毫無睡意。畢竟,長達半個世紀的刻意搜訪有了結果;畢竟,數以千萬計的伏案夜作沒有白費;畢竟,在我晚年對湖北人民作了一份回報。

的確,我是以壽命爲代價來董理此書的。爲了配合《荆楚全書》的編纂,在最後進行全盤整理的兩年裏,杜絕親友和醫生規勸,夜以繼日操作,完成了超出常規定額 8 倍的工作量。兩年下來,老花眼鏡的度數增加 100,血肌肝的指數增加 100,尿蛋白的加號變成 3 個,這對一個腎衰病人來説意味著什麽,不言而喻。但是我無怨無悔,坦然接受這一結果。因爲,用時下通行的話説,這是報恩心和使命感所使然。人生難得幾回搏,值!

目録之學,前清曾爲顯學,爾後日趨式微。究其原因,固然與時代治學内容、治學理念乃至治學方法的變遷有關,但我認爲與書目固有功能被淡化、編目員勞苦被輕忽,亦不無關係。有位學者給我來信説"此間不以功力爲學問",一語道破了個中玄機。誤解緣於書目衹記録考證結果,並不反映前此之蒐訪、辨析、考證過程,遑論部居類歸、科學序列!人們往往衹看到其書名、著者、版本三項的簡明登録,卻對之前的環節不甚了了。

世上難有十全十美的書目,這是書目所含知識信息的無限性與編目員聞見的局限性之間產生的矛盾所決定的。即以本書而論,所收一萬三千多條款目,便有十三萬多個知識節點,憑我一己之力難保不出差錯,衹能盡力避免而已。倘能做到瑕不掩瑜,則是所至禱。

我家鄉有句歇後語,叫作“烏龜吃螢火蟲——自己心裏明白”。一個頭腦清醒又有責任感的編目員,對自己產品的優劣、長短,心裏最有數。我的態度是:爲了方便使用,應該實事求是地與讀者溝通,既不自我菲薄,也不自我拔高。自我拔高的結果,勢必害人害己。

本書之貢獻有四:

(1)首次全面揭示。本書目相對全面地揭示了湖北歷史文獻。就本省言之,乃是集大成之作;放到全國言之,同時從本省人寫和寫本省雙重角度來編纂書目者並不多見,緊扣“現存”二字者則少之又少。

(2)搜羅甚爲廣泛。五十年來,堅持採用從方志和專著中找綫索、從書目和相關文獻中證存佚、在條件許可下核原書三者相結合的辦法,廣搜博採,積沙成塔。查檢千餘種典籍、積纍數萬綫索卡片,爲搜羅的廣泛性與著録的可靠性奠定了基礎。

(3)做了諸多考證。作爲知見書目,所獲綫索在分類、著録上發生歧異者屢見不鮮。這就需要進行辨析和考證。尤難者,是一書版本和著者籍貫的認定。再如,標註藏書單位,原本最爲簡單,可初稿卻留下不少空白,幸逢《中國古籍總目》相繼出版,遂得補充。附註項的説明文字足資參酌。對前此之書目,間有補正。

(4)查檢較爲方便。全書款目按分類排列,體現了“辨章學術,考鏡源流”之功能,同時編有《書名索引》《著者索引》和《湖北歷代著作人物總表》,讀者可從多個角度進行查檢。

本書之不足有四:

(1)尚有遺漏。“總”有雙聲四義:念平聲有“縫合”意;念上聲有“聚束”“概括”“全面”意,名曰《總録》,四義皆取,唯“全面”衹能相對而言。本書之遺漏顯而易見:①有一札綫索卡片因本館搬遷,無法查核,衹好割捨;②某些書已見書目,但不知其著者爲湖北籍人,未能採入;③部分清末民初著作不見揭示,無法採納;④婦女、僧道著作不曾專意搜訪;⑤出土文獻,尚屬空白。

（2）對著者籍貫之認定，個别或有爭議。

（3）某些著録項目未及進一步辨析、考證。

（4）或有録入不當者沒有發現。

形成這些不足的原因，一是囿於個人聞見，功力不夠；二是交稿時間倉促，無暇細酌。雖其搜訪長達五十年，但彙成斯編仍屬急就章。欲臻完善，有俟來日。

在長期搜訪、整理過程中，曾得到省内外衆多專家、學者、同行的關注、指點、支持和幫助，我感激不已。北京薛英、陳杏珍、沈乃文，上海任光亮、吴格，南京宫愛東，天津李國慶，遼寧韓錫鐸，四川何金文、趙紅川，浙江谷輝之，湖南蕭鳳生、尋霖、龍玉明，甘肅易雪梅等數十位先生、女士曾在查閱資料上提供方便。乃文、吴格二兄親筆復我函詢。湖北武漢、黄岡、黄石、襄陽、鄖縣、穀城、荆州、恩施、宜昌、麻城、漢川、宜都、蘄春、省博、天門博、浠水博、荆州博、隆中博和武大、湖大、財大等省内數十家圖書館、博物館特准我入庫查檢。與王皜先生切磋頻繁，屢賜灼見。省館孫式禮、張遵儉、孔憲鎧、喻子兵、張德英諸前輩常予鼓勵；褚佩瑜、王夢華、藺秀英、管小柳諸同仁常供綫索。武漢館張穎和特藏部、地方文獻部熱情支持。華中師大章開沅、彭南生、周國林鼎力促成。正是各位先生、女士及各館的關心和支持，伴隨我一路走到今天，在此謹致謝忱！

陽海清

2014年3月14日夜於武漢美聯·奥林匹克花園寓所

後　記

當本書已經定稿，正在趕編索引及其他附件之時，由省委書記李鴻忠和省長王國生領銜編纂的《荆楚文庫》開始醞釀啓動。如同我們前此編纂的《文字音韻訓詁知見書目》尚未脱稿，其所做款目即被《中華大典·語言文字典》編纂人員踵相複印、抄傳一樣，本書尚未付梓即成爲《荆楚文庫》制訂編纂方案和遴選品種、確定版本之重要參考依據。

編纂《荆楚文庫》是湖北文化史上前所未聞的壯舉，正如鴻忠書記所言："功在當代，利在千秋，影響深遠。"湖北省文化廳爲了讓本目録精益求精、臻於完善，從而爲編纂《荆楚文庫》提供更全面、準確、規範、有力的書目支撑，特於 8 月 25 日邀請武漢地區學術界、出版界和京、滬、津、遼版本目録學界著名專家、學者開了一次審稿會。會議先由分管副廳長陶宏家主持，廳長雷文潔致辭，陽海清匯報編纂情況。繼由與會專家推舉國家圖書館副館長張志清主持評審，章開沅、馮天瑜、熊召政、周國林、吴格、嚴佐之、李國慶、方自今、王紅蕾、周百義、王皓相繼發言，李致忠、韓錫鐸、沈乃文提交書面發言，最後由張志清作總結，形成評審意見，湯旭巖致謝辭。

總體説來，專家、學者對本書之創意、搜訪、積聚、整理、編纂、功用給予了相應肯定，尤其對本館矢志不渝、長期堅持、廣搜博採、悉心整理給予了高度贊賞。章開沅教授贊揚本書在摸清全省家底、揭示歷史文獻上堪稱"荆楚第一功"，對我們的勞動奬掖有加。大家一致認定：本書編成付梓，不僅能爲《荆楚文庫》提供重要參採依據，而且必將對全省乃至全國地方歷史文獻的搜集、揭示、保護、利用起到示範、推動作用。李國慶先生指出："目前全國一些省、市都在編纂大型地方文獻叢書，但在編纂之前就能拿出相對完整書目作爲參考依據者，唯湖北一家。湖北省館帶了一個好頭。”同時，專家、學者亦對書稿收羅、著録、序列諸層面存在的瑕疵與不足，坦誠地提出了批評意見和修改建議，爲我們指明了努力的方向。

《中國文化報》《湖北日報》《長江日報》《長江商報》《圖書館報》，中國新聞網、人民網等新聞媒體對會議作了報道，盛贊《現存湖北著作總録》“耗時半世紀點清傳世家底”“梳理荆楚文化发展脈絡”，“爲《荆楚文庫》之編纂提供遴選依據，爲湖北歷史文獻之研究提供相關信息，爲鄉邦文獻之搜訪提供準確目録”。

遵照雷文潔廳長“認真消化專家意見，精心修改，使《總録》更臻完善”的要求，我們梳理了專家發言，着重做了以下工作：一是修改《編例》：比如原稱“短篇雜什，不在收録之列”，李致忠先生認爲不妥，故改爲“單篇短什擬予另編”，裨可循名責實。二是訂正錯訛：凡專家所列舉之瑕疵，盡力正之。三是補充闕漏：共計增補款目 321 條，至此全書共收款目 11859 條（其中經部 1113 條、史部 4140 條、子部 2982 條、集部 3546 條、叢部 78 條），若將聯合書名與叢書子目全部析離，則其所收在 1.3 萬條以上。但由於款目已編序號，索引亦已編就，在款目序列上存在的某些弊病，如個别品種重出和失序處已無法調整，衹好於附注項加以説明。補收方志 8 種，衹好置於史部之末。

新近，《荆楚文庫書目（徵求意見稿）》已編成，據其編輯部主任周百義先生稱，90% 採自《現存湖北著作總録》，這對我們固然是極大安慰。但我們深知：本書之編纂，搜訪積聚時間長、整理成稿時間短，不周之處，在所難免。故衷心祈盼讀者教正，裨便修訂完善。

圖書館工作，服務性與學術性相輔相成，其學術性寓於服務性之中。重服務而輕學術，服務將失之膚淺；重學術而輕服務，學術將淪於空泛。必須將服務性與學術性有機地融爲一體——這是我們編纂此書的深切體會。

編　者

2014 年 12 月 20 日於湖北省圖書館

現存湖北著作總録

陽海清
湯旭巖
主編

中

國家圖書館出版社

目録類

通論之屬

23779
四庫全書序一卷
清乾隆四十七年(1782)敕撰　清沔陽(今仙桃)盧靖輯
清光緒沔陽盧氏刻民國二十年(1931)彙印慎始基齋叢書本
國圖　科院　北大　上海　天津　遼寧　南大　浙江　湖北　廣東　四川　重慶

23780
藏書絕句一卷
民國宜都楊守敬撰
清宣統至民國間上虞羅氏縉寫排印蟫隱廬叢書本
北師大　上海　華東師大　湖北　重慶

23781
藏書絕句一卷
民國宜都楊守敬撰　郗志群標點
1988年湖北人民出版社、湖北教育出版社鉛印楊守敬集本
湖北

23782
藏書絕句三十二首並序一卷
民國羅田王葆心撰
《文史雜志》一至七期本
湖北博

總録之屬

知見

23783
日本訪書志不分卷
民國宜都楊守敬撰
稿本
是稿乃楊氏手稿殘本,共四册。其中二册,一爲楊氏改定之跋文正本,一爲抄正改定之《日本訪書志緣起》,字蹟不工,鉤乙滿紙,幾至難於辨識。此稿所收之跋文爲丁酉、辛丑二刻所漏收,亦爲王重民《日本訪書志補》所漏收。《中國古籍善本書目》史部第14335號著録。
重慶

23784
日本訪書志十六卷
民國宜都楊守敬撰
稿本
《中國古籍善本書目》著録。史部14336號。
重慶

23785
日本訪書志十六卷
民國宜都楊守敬撰
清光緒二十三年(1897)宜都楊守敬鄰蘇園刻本
國圖　上海　山東　南京　湖北

23786
日本訪書志十六卷
民國宜都楊守敬撰
1967年臺北廣文書局據清光緒二十三年(1897)宜都楊守敬鄰蘇園刻本影印書目叢編本
施廷鏞《中國叢書綜録續編》著録。

23787
日本訪書志十六卷
民國宜都楊守敬撰
1990年上海古籍出版社據清光緒二十三年（1897）楊守敬鄰蘇園刻本影印清人書目題跋叢刊本
湖北

23788
日本訪書志十六卷
民國宜都楊守敬撰
2002年上海古籍出版社據清光緒二十三年（1897）宜都楊守敬鄰蘇園刻本影印續修四庫全書本
湖北

23789
日本訪書志
民國宜都楊守敬撰
1988年湖北人民出版社、湖北教育出版社鉛印楊守敬集本
湖北

23790
日本訪書志補不分卷
民國宜都楊守敬撰　王重民輯
民國十九年（1930）鉛印中華圖書協會叢書本
有民國十九年（1930）六月十八日孫楷第序。此爲該叢書之第三種。
湖北

23791
日本訪書志補不分卷
民國宜都楊守敬撰　王重民輯
1990年上海古籍出版社據民國十九年（1930）鉛印中華圖書協會叢書本影印清人書目題跋叢刊本
湖北

23792
日本訪書志補不分卷
民國宜都楊守敬撰　王重民輯
2002年上海古籍出版社據民國十九年中華圖書館協會鉛印本影印續修四庫全書本
湖北

23793
日本訪書志補一卷
民國宜都楊守敬撰　劉昌潤整理
1988年起湖北人民出版社、湖北教育出版社鉛印楊守敬集本
湖北

23794
歷代經籍存佚考不分卷
民國宜都楊守敬撰
清抄本　楊守敬批校
本書採輯官撰前四史并間採《宋史》藝文志、經籍志資料，仿朱彝尊《經義考》，分爲四十四大類，以類爲經，以人爲緯，編纂而成。其所引用之書達一百三十三種，可謂廣搜博採，成爲私家纂輯前五代書目資料之總彙。《［和州］楊氏三修家譜》及袁同禮《楊惺吾先生小傳》均提及是書。
湖北

23795
歷代經籍存佚考不分卷
民國宜都楊守敬撰　石洪運整理
1988年湖北人民出版社、湖北教育出版社鉛印楊守敬集本
湖北

23796
楊氏輯補嚴氏全古文存目録一卷
民國宜都楊守敬撰
民國三十一年（1942）歐陽政慶抄本

武漢

23797

古詩輯存目録

民國宜都楊守敬編

1988年湖北人民出版社、湖北教育出版社鉛印楊守敬集本

湖北

23798

續群書拾補

民國宜都楊守敬輯　郗志群、周曉柏整理

1988年湖北人民出版社、湖北教育出版社鉛印楊守敬集本

此爲楊氏擬編而未克告竣之作。

湖北

公藏

23799

湖北省立圖書館圖書目録·舊籍之部不分卷

湖北省立圖書館編輯

民國二十四年（1935）鉛印本

湖北

私藏

23800

觀海堂書目不分卷

民國宜都楊守敬藏並撰

楊氏觀海堂抄本

《中國古籍善本書目》著録，僅該館有藏。

國圖

23801

觀海堂書目六卷

民國宜都楊守敬藏並撰

抄本

北大　傅斯年圖

23802

鄰蘇園藏書目一卷

民國宜都楊守敬藏並撰

清光緒稿本

北大

23803

鄰蘇園藏書目一卷

民國宜都楊守敬藏並撰　楊守敬跋

楊氏鄰蘇園抄本

《中國古籍善本書目》著録，僅該館有藏。

國圖

23804

崇雅堂書目十五卷

民國潛江甘鵬雲編

民國二十四年（1935）甘氏息園鉛印本

國圖　北大　湖北

23805

藏書目録

民國蘄春黄侃編

稿本

武大中文系

郡邑

23806

湖北書徵存目十四卷

清蒲圻（今赤壁）張康遜、蒲圻（今赤壁）張國淦撰　民國陽新石榮暲補

民國石印本

湖北

23807

湖北書徵存目十四卷

清蒲圻（今赤壁）張康遜、蒲圻（今赤壁）

張國淦撰　民國陽新石榮暲補
抄本
科院

23808
湖北通志藝文志不分卷
民國繆荃孫撰
藝風堂雜著三種稿本
《中國古籍善本書目》著録。
北大

23809
[宣統]湖北藝文志十六卷
湖北通志局編纂
民國十年(1921)刻湖北通志抽印本
實即《[宣統]湖北通志·藝文志》之抽印本,其在《通志》中列爲卷七十七至九十二,抽印時僅卷一卷端改刻今書名。
斯編共計收録6105條,搜輯之功不可泯。不足之處有三:一是疏漏較多,石洪運之《補遺》達2565條;而余所纂《湖北著作考録》,僅核查黄岡地區幾縣,又查出其(含石氏《補遺》)漏收500餘條。二是校對欠精,舛誤不少。三是款目序列不夠規範、準確。
湖北

23810
[宣統]湖北藝文志十六卷附補遺六卷
湖北通志局編纂　石洪運校注並補遺
2002年湖北教育出版社鉛印湖北地方古籍文獻叢書本
石氏《補遺》條目二千五百有奇,是爲該書有功之臣。唯其校注基本上僅就編索引時發現之歧異出注,於各卷之後列出寥寥數條,似未溯及方志原著,連《四庫全書總目》都未及翻檢。所編附件,頗多舛誤。
湖北　武漢

23811
湖北先正遺書存目四卷附札記一卷
清蒲圻(今赤壁)張國淦撰
稿本
未付梓。
北大

23812
湖北先正遺書目不分卷
民國沔陽(今仙桃)盧弼編
稿本
復旦

23813
四庫湖北先正遺書存目四卷附札記一卷
民國沔陽(今仙桃)盧靖撰
民國十一年(1922)沔陽盧氏慎始基齋刻本
上海　天津　南京　湖北

23814
四庫湖北先正遺書提要四卷
民國沔陽(今仙桃)盧靖編
附札記一卷
民國沔陽(今仙桃)盧弼撰
民國十二年(1923)沔陽盧氏慎始基齋刻本
日本長澤規矩也之書目著録。
湖北

23815
四庫湖北先正遺書提要四卷存目四卷
民國沔陽(今仙桃)盧靖撰
附札記四卷
沔陽(今仙桃)盧弼撰
1972年臺北廣文書局影印書目五編本
施廷鏞《中國叢書綜録續編》著録。

23816

元明湖北文徵目録一卷

民國羅田王葆心輯

稿本

一册。約八千五百字。

湖北博

23817

襄陽䕅文畧五卷附録一卷

清襄陽吴慶燾撰

清光緒二十三年(1897)刻襄陽四畧本

科院　北師大　北大　清華　上海　杭大　湖北

23818

襄陽䕅文畧五卷附録一卷

清襄陽吴慶燾撰

1970年起臺北成文出版社據清光緒三十二年(1897)刻襄陽四畧本影印中國方志叢書本

湖北

23819

襄陽藝文略五卷附録一卷

清襄陽吴慶燾撰　洪承越點校

1999年湖北人民出版社鉛印湖北地方古籍文獻叢書本

湖北　武漢

23820

襄陽䕅文畧五卷附録一卷

清襄陽吴慶燾撰

2001年江蘇古籍出版社據清光緒三十二年(1906)刻襄陽四畧本影印中國地方志集成·湖北府縣志輯(第六十四册)本

武漢

23821

鍾祥藝文志考四卷

民國鍾祥李權撰

稿本

科院

23822

鍾祥藝文考四卷

民國鍾祥李權撰

民國十五年(1926)鍾祥李氏鉛印雙槐廬叢書本

曾見日本學者長澤規矩也著作中言及此書。

湖北

23823

潛江書徵四卷附録一卷

民國潛江甘鵬雲纂

民國二十五年(1936)崇雅堂鉛印甘氏家藏稿本

北師大　湖北

23824

均州藝文志續輯

1977年臺北新文豐出版公司鉛印石刻史料新編本

國圖

23825

光化藝文志

1977年臺北新文豐出版公司鉛印石刻史料新編本

國圖

23826

補續全蜀秇文志五十六卷

明黄岡杜應芳、明景陵(今天門)胡承詔輯

明萬曆刻本

南京

彙刻

23827
叢書舉要六十卷勘誤記一卷末一卷
民國宜都楊守敬編　李之鼎補
民國三年（1914）南城宜秋館鉛印本
湖北

23828
增訂叢書舉要八十卷
民國宜都楊守敬編　李之鼎補
民國七年（1918）南城李氏宜秋館鉛印本

叢書編印日多，編纂叢書目録者踵起。前此均稱“彙刻書目”，楊、李二氏係首先於書目名稱上泛稱“叢書”者，在叢書目録史上有其特有之地位。

湖北

23829
增訂叢書舉要
民國宜都楊守敬、李之鼎編　曾夢陽、丁曉山整理
1988年起湖北人民出版社、湖北教育出版社鉛印楊守敬集本
湖北

治學

23830
書目答問箋補四卷
民國漢川江人度撰
清光緒三十年（1904）漢川江氏刻本

前有光緒三十年（1904）舒龍甲序、自序、凡例、校刊姓氏、經史子集四部“總目”和張之洞《書目答問略例》。所收四部之書，依部序例，部各一卷；各部首作簡明概述，然後按書名序列；各書以大字著録書名、卷數，下以雙行小字標注著者、版本及其他事項，乃是相當標準之版本目録。末有《國朝著述諸家姓名略》和《續補各書目》。江氏爲湖北省圖書館早期館長，本書亦爲較早研究張之洞《書目答問》者。

湖北

23831
書目舉要不分卷
漢陽周貞亮撰
民國九年（1920）宜秋館刻本
湖北

23832
宜收書目
民國蘄春黄侃撰
稿本
武大中文系

23833
勞格讀書雜識所治書目一卷
民國蘄春黄侃纂
稿本
武大中文系

23834
寄勤閑室讀古書日記目不分卷
民國蘄春黄侃纂
稿本

係用朱筆寫成。

武大中文系

23835
嚴輯全上古三代文所據書目不分卷
民國蘄春黄侃纂
稿本
武大中文系

23836
《黄氏逸書考·通緯》所引書目一卷
民國蘄春黄侃纂

稿本
武大中文系

23837
源順倭名類聚鈔引漢士古逸書目不分卷
民國蘄春黄侃纂
稿本
武大中文系

23838
寄勤閑室涉書記不分卷
民國蘄春黄侃撰
稿本
武大中文系

23839
廣倉學宭新訂書目一卷
民國蘄春黄侃纂
稿本
武大中文系

23840
植物名實圖考及長編易檢一卷
民國蘄春黄侃纂
稿本
武大中文系

23841
古詩存所據書目
民國蘄春黄侃纂
稿本
武大中文系

23842
《唐文粹》《唐文粹補遺》選目
民國蘄春黄侃纂
民國《製言》雜誌第二十四期　鉛印本

23843
量守廬群書箋釋
民國蘄春黄侃撰　蘄春黄焯輯
1985年武漢大學出版社鉛印本

23844
雜近世書一卷
民國蘄春黄侃撰
稿本
武大中文系

23845
士禮居藏書題跋記一卷附書林清話簡目一卷
民國蘄春黄侃輯
稿本
士禮居爲清代黄丕烈室名，其題跋向爲學者所重。《書林清話》，民國葉德輝撰。
武大中文系

專録之屬

23846
中國方志考不分卷
蒲圻（今赤壁）張國淦撰
稿本
科院

23847
方志目録不分卷
民國羅田王葆心撰
稿本
誤題"通志目録"。散葉，約一萬字。
湖北博

23848
歷代統志編目表·輿地紀勝
民國羅田王葆心撰
稿本

兩稿均爲散葉，約二萬字。

湖北博

23849

甲秋北征以來往來書疏目録一卷

民國蘄春黄侃纂

稿本

武大中文系

23850

金石書目十卷

沔陽黄立猷輯

民國十五年(1926)沔陽黄氏萬碑館鉛印本

湖北

版刻之屬

23851

古今書刻二卷

明麻城周弘祖撰

明刻藍印本

傅斯年圖

23852

古今書刻二卷

明麻城周弘祖撰

清抄本

上海

23853

古今書刻二卷

明麻城周弘祖撰

清光緒抄思易草廬祕本叢抄本

山東

23854

古今書刻二卷

明麻城周弘祖撰

清光緒三十二年(1906)長沙葉德輝據明本影印觀古堂書目叢刊本

國圖　南京　湖南　武大

23855

古今書刻二卷

明麻城周弘祖撰

清光緒長沙葉德輝據明本影刻觀古堂所刊書本

國圖　北師大　上海　復旦　天津　遼寧　山東大　蘇州　江西　廣東　四川　重慶

23856

古今書刻二卷

明麻城周弘祖撰

清光緒長沙葉德輝據明本影刻麗廔叢書本

國圖　科院　北大　上海　復旦　天津　遼寧　甘肅　南京　安徽　湖北　武大　四川　重慶

23857

古今書刻二卷

明麻城周弘祖撰

民國二十四年(1935)長沙中國古書刊印社彙印郎園先生全書本

國圖　北大　清華　上海　復旦　吉林市　哈爾濱　山東大　南京　浙江　武大　川大

23858

古今書刻二卷

明麻城周弘祖撰

1957年古典文學出版社鉛印本

湖北

23859

湖北崇文書局書目一卷

清光緒刻本

國圖　湖北

23860

湖北公藏版刻提要一卷

民國漢陽黄嗣艾撰

民國二十年（1931）湖北省立湖北官書處鉛印本

湖北

23861

湖北崇文書局書目一卷

清光緒刻本

國圖　湖北

23862

湖北崇文書局書目一卷

清抄本

國圖

23863

湖北崇文書局書目一卷

清抄本

國圖

23864

湖北官書處書目一卷

清光緒三年（1877）湖北官書處刻本

國圖

23865

蕭蘭陵堂刻書序録一卷

鄂城陳廷英撰

民國二十三年（1934）漢口武漢印書館鉛印本

所收爲原湖北省省長蕭耀南所捐資刻書之序及相關資料。

湖北　武漢

23866

留真譜初編不分卷

民國宜都楊守敬輯

1972年臺北廣文書局影印書目五編本

施廷鏞《中國叢書綜録續編》著録。

23867

留真譜二編不分卷

民國宜都楊守敬輯

1972年臺北廣文書局影印書目五編本

施廷鏞《中國叢書綜録續編》著録。

23868

留真譜初編十二卷

民國宜都楊守敬輯

清光緒二十七年（1901）宜都楊氏觀海堂刻本

早期書影專著之重要代表作。

國圖　北大　上海　天津　湖北　港大

23869

留真譜二編八卷

民國宜都楊守敬輯

民國六年（1917）宜都楊氏觀海堂刻本

國圖　北大　上海　湖北

金石類

叢編之屬

23870

平安館金石文字七種七卷

清漢陽葉志詵輯

清道光漢陽葉氏刻本

存四種四卷

岱頂秦篆殘刻一卷

仿鑄漢建初銅尺一卷

婁壽碑一卷

日本殘碑一卷

斯編大陸地區未見全帙。據《中國古籍善本書目》，現存六種分藏國家圖書館和上海圖書館，清翁方綱撰《廟堂碑唐本存字》一卷不見。

國圖 ×

23871

平安館金石文字七種七卷

清漢陽葉志詵輯

清道光漢陽葉氏刻本　清龔橙校　清徐渭仁跋　葉景葵跋

存三種三卷

岱頂秦篆殘刻一卷

酸棗令劉熊碑一卷

虞恭公温彦博碑一卷

上海 ×

23872

望堂金石文字初集三十一種二集十八種

民國宜都楊守敬輯

清同治至宣統間宜都楊氏飛清閣刻本

初集

天乙閣宋拓石鼓文一卷　清光緒二年(1876)刻

壇山刻石一卷

琅邪臺刻石一卷

泰山刻石一卷

西嶽華山廟碑一卷

漢淳於長夏承碑一卷　清光緒二年(1876)刻

漢冀州刺史王純碑一卷　清同治十二年(1873)刻

漢冀州從事張表碑一卷

陳德殘碑一卷　清同治九年(1870)刻

元儒先生婁壽碑一卷　清光緒三年(1877)刻

漢熹平石經殘字一卷

漢酸棗令劉熊碑一卷　清同治十二年(1873)刻

司徒殘碑一卷

漢戚伯著碑一卷　清同治十年(1871)刻

破張郃銘一卷

中牟魯君闕一卷

卜君頌一卷

廣平侯闕一卷

司農公碑額一卷

征西大將軍楊瑾殘碑一卷

魏大司馬曹真碑一卷

吴天璽紀功碑一卷　清光緒二年(1876)刻

梁上清真人許長史舊館壇碑考一卷　清光緒二年(1876)刻

隋丁道護啓法寺碑一卷　清光緒二年(1876)刻

唐虞世南孔子廟堂碑一卷　清同治九年(1870)刻

唐化度寺邕禪師碑一卷　清同治十一年(1872)刻

唐虞恭公温公碑一卷　清光緒元年(1875)刻

唐九成宫醴泉銘一卷　清同治十一年(1872)刻

日本題名殘碑一卷

郎官石柱記一卷

麻姑仙壇記一卷

二集

宋拓韓叔節禮器碑一卷　清宣統二年(1910)刻

東海廟殘碑一卷　清光緒二十二年(1896)刻

前秦廣武將軍碑一卷　清宣統二年(1910)刻

魏鄭文公碑一卷

魏崔敬邕墓誌一卷　清光緒二十三年(1897)刻

隋丁道護啓法寺碑一卷

隋姚恭公墓誌一卷

至德觀主孟法師碑一卷　清光緒十八年(1892)刻

華陽觀主王先生碑一卷　清宣統元年(1909)刻

宋拓道因禪師碑一卷　清光緒三十三年

（1907）刻
宋拓懷仁集右軍聖教序一卷　清光緒十六年（1890）刻
唐雲麾將軍李秀碑一卷　清光緒二十二年（1896）刻
唐秦望山法華寺碑一卷　清光緒二十二年（1896）刻
雲麾將軍李思訓碑一卷　清宣統二年（1910）刻
日本古刻佛足蹟碑一卷　清光緒二十二年（1896）刻
日本道澄寺鐘銘一卷　清光緒二十二年（1896）刻
日本古刻銅燈檯銘一卷　清光緒二十二年（1896）刻
新羅真鑒禪師銘一卷　清宣統元年（1909）刻

國圖　上海　南京　港大

總志之屬

23873

東巡金石録八卷

清江夏崔應階、梁鴻翥輯
清乾隆刻本

國圖　上海　遼寧

23874

望堂金石文字初集不分卷二集不分卷

民國宜都楊守敬撰　郗志群、賈鑾喜、冀亞平整理
1996年湖北人民出版社、湖北教育出版社鉛印楊守敬集本

湖北

23875

壬癸金石跋不分卷

民國宜都楊守敬撰
清光緒二十七年（1901）鄰蘇園自刻本
爲《晦明軒稿》之附。

湖北

23876

壬癸金石跋不分卷

民國宜都楊守敬撰　陳建堂、施安昌整理
1996年湖北人民出版社、湖北教育出版社鉛印楊守敬集本

湖北

23877

鄰蘇老人題跋

民國宜都楊守敬撰
1996年湖北人民出版社、湖北教育出版社鉛印楊守敬集本

湖北

23878

衡齋金石識小録二卷

民國江夏黄濬輯
民國二十四年（1935）北平尊古齋影印本
《販書偶記》著録，藏書單位待訪。

23879

尊古齋金石集不分卷

民國江夏黄濬輯
民國二十四年（1935）江夏黄氏原拓稿本

清華

23880

尊古齋造像集拓不分卷

民國江夏黄濬輯
民國二十四年（1935）江夏黄氏原拓稿本

清華

23881
培心室集吉金瓦當古專拓本不分卷
清天門蔣子培輯
清光緒稿本
子培係祥墀後裔,生卒年無考。蔣家爲天門望族,五代進士,兩登鼎甲。子培承家學,工四體書法,尤精篆刻,遊遍南北,每見故家名勝鐘彝法器必精擇詳審,親手摹拓,以著於編。此拓所收,不乏稀世之珍。
湖北

23882
漢滸金石小記一卷漢口竹枝詞一卷
民國羅田王葆心撰　羅田王夔武校
一夢録一卷
明漢陽王國梓撰　羅田王夔武校
民國二十二年(1933)武昌益善書局鉛印本
其封面並列三種之書名,由羅田王夔武校印。
武漢

23883
奇觚室金石文述三種三十六卷
民國嘉魚劉心源撰
清光緒十七年(1891)龍江樓自刻本
古文審(金文述初稿)八卷
樂石文述八卷
吉金文述二十卷
湖北

郡邑之屬

23884
湖北金石存佚考二十二卷
清蘄州(今蘄春)陳詩撰
清嘉慶二十四年(1819)江漢書院刻本
光緒《黄州府志》據《蘄州志》著録爲三十二卷。是本《販書偶記》亦收。
湖北

23885
湖北金石詩一卷
清嚴觀撰
清道光二十五年(1845)安慶瀾刻本
是書有多個版本。
國圖　湖北

23886
湖北金石詩一卷
清嚴觀撰
清道光二十八年(1848)靈石楊氏刻連筠簃叢書本
國圖　科院　北大　首都　上海　復旦　天津　遼寧　甘肅　南京　浙江　湖北　四川　重慶

23887
湖北金石詩一卷
清嚴觀撰
清怡怡草堂抄本
上海

23888
湖北金石詩一卷
清嚴觀撰
清抄本
上海

23889
湖北金石詩一卷
清嚴觀撰　清許瀚校並跋
清抄本
湖北

23890
湖北金石詩一卷
清嚴觀撰　佚名校並跋

清抄本

此本與清道光二十六年(1846)刻本有異同。據道光戊申(二十八年)跋,早於刻本。

湖北

23891
湖北金石詩一卷
清嚴觀撰
清光緒元年(1875)張氏二銘草堂刻本
上海　南京

23892
湖北金石詩一卷
清嚴觀撰
民國二十四年至二十六年(1935—1937)上海商務印書館鉛印叢書集成初編本
國圖　北師大　清華　上海　復旦　遼寧　吉林市　甘肅　山東大　南大　浙江　江西　湖北　四川　重慶　雲南

23893
湖北金石詩一卷
清嚴觀撰　馬紹基案語　李進點注
2002年湖北教育出版社鉛印湖北古籍文獻叢書本

與《楚書》《楚史檮杌》等合爲一册。以《叢書集成初編》本爲底本。

湖北　武漢

23894
楚北金石録一卷
清管庭芬輯
清同治管氏待清書屋雜鈔稿本
天津

23895
兩湖歷代名賢墨蹟(一名楚帖)十卷
清江夏(今武昌)陳鑾輯
清蘄州陳氏自拓本

光緒《黄州府志》著録"《集兩湖歷代名賢墨蹟》十卷,蘄州陳鑾撰(鑾,江夏籍)"。湖北省圖書館現存大小七十三張、甘鵬雲書跋一張、陳慶滋石刻跋一張。

湖北 ×

23896
湖北金石志十四卷
江夏張仲炘撰
1997年起臺灣新文豐出版公司印石刻史料新編本
國圖

23897
湖北金石志十四卷
民國宜都楊守敬撰
清光緒湖北通志局刻朱印本
上海　南京

23898
湖北金石志十四卷
民國宜都楊守敬撰
清光緒湖北通志局刻朱印本　楊守敬校

《中國古籍善本書目》著録。

湖北

23899
湖北金石志十四卷
民國宜都楊守敬撰
清光緒湖北通志局刻朱印本　楊守敬、熊會貞校

《中國古籍善本書目》著録,爲其史部15067號。

湖北

23900
湖北金石志十四卷
清宜都楊守敬撰

清光緒湖北通志局刻朱印本　楊守敬、熊會貞校

《中國古籍善本書目》著録，爲其史部15068號。

湖北

23901

湖北金石志十四卷

民國宜都楊守敬撰

民國十年（1921）刻朱印本

國圖　北大　南京

23902

湖北金石志十四卷

民國宜都楊守敬撰

2002年上海古籍出版社據民國十年（1921）刻朱印本影印續修四庫全書本

湖北

23903

湖北金石志十四卷

民國宜都楊守敬撰

1988年起湖北人民出版社、湖北教育出版社鉛印楊守敬集本

湖北

23904

湖北金石志録目不分卷

民國宜都楊守敬撰　歐陽濬園批

民國二十六年（1937）沔陽歐陽濬園節抄本

湖北

23905

湖北金石通志

1977年起臺北新文豐出版公司鉛印石刻史料新編本

此及以下該公司出版的十八個款目，陽海清《中國叢書綜録》著録。非據原書著録，各書卷數及著者項未敢妄加。

國圖

23906

江夏金石志

1977年起臺北新文豐出版公司鉛印石刻史料新編本

國圖

23907

武昌金石志

1977年起臺北新文豐出版公司鉛印石刻史料新編本

國圖

23908

咸寧金石志

1977年起臺北新文豐出版公司鉛印石刻史料新編本

國圖

23909

黄州金石志

1977年起臺北新文豐出版公司鉛印石刻史料新編本

國圖

23910

德安金石附志

1977年起臺北新文豐出版公司鉛印石刻史料新編本

國圖

23911

蘄州金石志

1977年起臺北新文豐出版公司鉛印石刻史料新編本

國圖

23912

安陸金石志

1977年起臺北新文豐出版公司鉛印石刻史料新編本

國圖

23913

鍾祥金石考八卷

鍾祥李權撰

民國二十二年(1933)鉛印本

國圖

23914

鍾祥金石志

1977年起臺北新文豐出版公司鉛印石刻史料新編本

國圖

23915

南漳金石志集鈔

1977年起臺北新文豐出版公司鉛印石刻史料新編本

國圖

23916

南漳金石志

1977年起臺北新文豐出版公司鉛印石刻史料新編本

國圖

23917

棗陽金石志

1977年起臺北新文豐出版公司鉛印石刻史料新編本

國圖

23918

興山金石志

1977年起臺北新文豐出版公司鉛印石刻史料新編本

國圖

23919

利川金石志

1977年起臺北新文豐出版公司鉛印石刻史料新編本

國圖

23920

襄陽金石畧十二卷

清襄陽吴慶燾撰

清光緒三十二年(1906)刻襄陽四畧本

科院　北師大　北大　清華　上海　杭大　湖北

23921

襄陽金石畧十二卷

清襄陽吴慶燾撰

1970年起臺北成文出版社據清光緒三十二年(1906)刻襄陽四畧本影印中國方志叢書本

湖北

23922

襄陽金石略十二卷

清襄陽吴慶燾撰　洪承越點校

1999年湖北人民出版社鉛印湖北地方古籍文獻叢書本

湖北　武漢

23923

襄陽金石畧十二卷

清襄陽吴慶燾撰

2001年起江蘇古籍出版社據光緒三十二年(1906)刻襄陽四畧本影印中國地方志集成·湖北府縣志輯本

武漢

23924
襄陽冢墓遺文一卷補一卷
民國羅振玉輯
民國四年（1915）上虞羅氏自刻本
上海　遼寧

23925
襄陽冢墓遺文
1979年起臺北新文豐出版公司印石刻史料新編本
國圖

23926
襄陽金石志
1977年起臺北新文豐出版公司鉛印石刻史料新編本
國圖

金之屬

23927
周鼎題詠彙存不分卷
清漢陽葉志詵等撰
清道光刻本
國圖

23928
周遂鼎圖款識一卷
清漢陽葉志詵等撰
清道光刻本
國圖　湖北

23929
仿鑄漢建初銅天一卷
清漢陽葉志詵等輯
清道光刻平安館金石文字本
國圖

23930
平安館藏器目一卷
清漢陽葉志詵輯
清光緒元和江氏湖南使院刻靈鶼閣叢書本
國圖　科院　北大　上海　復旦　天津　遼寧　甘肅　南京　浙江　湖北　武漢　四川　重慶

23931
平安館藏器目一卷
清漢陽葉志詵輯
民國二十四年至二十六年（1935—1937）上海商務印書館鉛印叢書集成初編本
國圖　北師大　上海　復旦　遼寧　甘肅　浙江　湖北　武大　四川　重慶

23932
清遠文木圖記
清漢陽葉志詵輯
清咸豐漢陽葉氏刻本
湖北

23933
日本道澄寺鐘銘一卷
民國宜都楊守敬輯
清光緒二十二年（1896）刻望堂金石文字本
國圖　上海　南京

23934
日本古刻銅燈臺銘一卷
民國宜都楊守敬輯
清光緒二十二年（1896）刻望堂金石文字本
國圖　上海　南京

23935
奇觚室吉金文述二十卷首一卷
民國嘉魚劉心源撰

清末劉氏清稿本

是稿半葉十一行，小字雙行，各行字數不等，無格，四周雙邊。此書係由拓片組成之書。有光緒丁酉吴光耀序、壬寅陶鈞序和著者識語。《中國古籍善本書目》著録。

湖北

23936

奇觚室吉金文述二十卷

民國嘉魚劉心源撰

清光緒十七年（1891）龍江樓自刻奇觚室金石文述本

湖北

23937

奇觚室吉金文述二十卷首一卷

民國嘉魚劉心源撰

1991年江蘇廣陵古籍刻印社影印清光緒十七年（1891）刻本

23938

奇觚室吉金文述二十卷首一卷

民國嘉魚劉心源撰

清光緒二十八年（1902）石印本

湖北　香港中大

23939

奇觚室吉金文述二十卷首一卷

民國嘉魚劉心源撰

2002年上海古籍出版社據清光緒二十八年（1902）石印本影印續修四庫全書本

湖北

23940

奇觚室吉金文述二十卷首一卷

民國嘉魚劉心源撰

民國十五年（1926）覆石印本

湖北

23941

古文審（金文述初稿）八卷首一卷

民國嘉魚劉心源撰

清光緒十七年（1891）龍江樓自刻奇觚室金石文述本

湖北

23942

尊古齋古鉨集林第一集六卷

民國江夏黄濬輯

民國十七年（1891）影印本

《販書偶記》著録。

北師大　北大　清華　中大

23943

尊古齋古兵精拓本不分卷

民國江夏黄濬輯

民國二十四年（1935）江夏黄氏原拓稿本

清華

23944

尊古齋歷代古鏡集影不分卷

民國江夏黄濬輯

民國二十四年（1935）江夏黄氏原拓稿本

清華

23945

尊古齋古玉圖録不分卷

民國江夏黄濬輯

民國二十四年（1935）江夏黄氏原拓稿本

清華

23946

尊古齋所見吉金圖初集四卷

民國江夏黄濬集

民國二十五年（1936）影印本

《販書偶記》著録，藏書單位待訪。

石之屬

23947
寰宇訪碑録合編五卷
民國宜都楊守敬撰
稿本
存二卷：一至二
《中國古籍善本書目》著録。
湖北 ×

23948
續寰宇訪碑録不分卷
民國宜都楊守敬撰
稿本
湖北省館藏有兩部稿本，重慶館藏有一部稿本。
湖北

23949
續寰宇訪碑録不分卷
民國宜都楊守敬撰
稿本
《中國古籍善本書目》著録。
重慶

23950
三續寰宇訪碑録
民國宜都楊守敬撰　宋生整理
1988年起湖北人民出版社、湖北教育出版社鉛印楊守敬集本
湖北

23951
寰宇貞石圖六卷
民國宜都楊守敬輯
清光緒八年（1882）影印本
國圖　上海

23952
寰宇貞石圖六卷
民國宜都楊守敬輯
清宣統元年（1909）宜都楊氏影印本
國圖

23953
寰宇貞石圖
民國宜都楊守敬撰　徐無聞整理
1996年湖北人民出版社、湖北教育出版社鉛印楊守敬集本
湖北

23954
石刻名彙十四卷補遺一卷
民國沔陽黄立猷輯
民國十五年（1926）沔陽黄氏萬碑館鉛印本
湖北

23955
嵩陽石刻集記二卷補遺一卷紀遺一卷
清黄陂葉封撰
清康熙刻本
葉封字井叔，號桐初，初任延平推官，改知登封縣，後任西城兵馬司指揮，遷工部主事卒。是編乃康熙癸丑官登封知縣作。《四庫全書總目提要》稱其“辯證精博，人比之劉原父、薛尚功，則當時亦重其書矣。”
於其籍貫有多説，當以黄州爲是。黄陂係其寄籍，浙江嘉興爲其祖籍。武昌樊口或爲寄居之地。
《中國古籍善本書目》著録，僅該單位圖書室有藏。
福建省政協

23956
嵩陽石刻集記二卷
清黄陂葉封撰

清四庫全書本
國圖　甘肅　浙江　臺北故宮
1983年臺北商務印書館影印清文淵閣四庫全書本
湖北
1989年上海古籍出版社縮印臺北商務印書館影印清文淵閣四庫全書本
國圖　武漢

23957
嵩陽石刻集記二卷
清黄陂葉封撰
民國十二年(1923)沔陽盧氏慎始基齋據文津閣四庫全書本影印湖北先正遺書本
國圖　科院　北大　上海　天津　遼寧　寧夏　山東　南京　浙江　湖北　四川

23958
嵩陽石刻集記二卷補遺一卷紀遺一卷
清黄陂葉封撰
清彭氏知聖道齋抄本
《中國古籍善本書目》著録,僅該館有藏。
國圖

23959
嵩陽石刻集記二卷補遺一卷紀遺一卷
清黄陂葉封撰
清東武劉氏抄味經書屋金石叢書本
臺圖

23960
嵩陽石刻集記二卷紀遺一卷
清黄陂葉封撰
清抄本
遼寧

23961
岱頂秦篆殘刻一卷
清漢陽葉志詵輯
清道光刻平安館金石文字本
國圖　上海

23962
酸棗令劉熊碑一卷
清漢陽葉志詵輯
清道光刻平安館金石文字本
上海

23963
婁壽碑一卷
清漢陽葉志詵輯
清道光刻平安館金石文字本
國圖

23964
虞恭公温彦博碑一卷
清漢陽葉志詵輯
清道光刻平安館金石文字本
上海

23965
日本殘碑一卷
清漢陽葉志詵輯
清道光刻平安館金石文字本
上海

23966
奇觚室樂石文述七卷
民國嘉魚劉心源撰
稿本
秦刻石二卷
漢刻石二卷
唐刻石三卷
《中國古籍善本書目》著録。署"嘉魚劉心源幼丹甫學"。
湖北

23967
樂石文述八卷
民國嘉魚劉心源撰
清光緒十七年(1891)龍江樓自刻奇觚室金石文述本
湖北

23968
奇觚室樂石文述二卷
民國嘉魚劉心源撰
清光緒二十五年(1899)自刻本
國圖　上海　浙江

23969
奇觚室樂石文述二卷
民國嘉魚劉心源撰
清光緒貴陽陳氏刻靈峰草堂叢書本
國圖　首都　科院　北大　北師大　清華　上海　復旦　山東大　南京　四川　雲南

23970
秦刻石二卷
民國嘉魚劉心源撰
劉氏奇觚室樂石文述稿本
《中國古籍善本書目》著録。
湖北

23971
漢刻石二卷
民國嘉魚劉心源撰
劉氏奇觚室樂石文述稿本
《中國古籍善本書目》著録。
湖北

23972
唐刻石三卷
民國嘉魚劉心源撰
劉氏奇觚室樂石文述稿本
《中國古籍善本書目》著録。
湖北

23973
奇觚室石鼓文集聯一卷
民國嘉魚劉心源輯　吴炯然跋
稿本
湖北

23974
壇山刻石一卷
民國宜都楊守敬輯
清同治至宣統間刻望堂金石文字本
國圖　上海　南京

23975
琅邪臺刻石一卷
民國宜都楊守敬輯
清同治至宣統間刻望堂金石文字本
國圖　上海　南京

23976
泰山刻石一卷
民國宜都楊守敬輯
清同治至宣統間刻望堂金石文字本
國圖　上海　南京

23977
宋拓韓叔節禮器碑一卷
民國宜都楊守敬輯
清宣統二年(1910)刻望堂金石文字本
國圖　上海　南京

23978
西嶽華山廟碑一卷
民國宜都楊守敬輯
清同治至宣統間刻望堂金石文字本
國圖　上海　南京

23979

漢淳於長夏承碑一卷

民國宜都楊守敬輯

清光緒二年（1876）刻望堂金石文字本

國圖　上海　南京

23980

漢酸棗令劉熊碑一卷

民國宜都楊守敬輯

清同治十二年（1873）刻望堂金石文字本

國圖　上海　南京

23981

元儒先生婁壽碑一卷

民國宜都楊守敬輯

清光緒三年（1877）刻望堂金石文字本

國圖　上海　南京

23982

漢戚伯著碑一卷

民國宜都楊守敬輯

清同治十年（1871）刻望堂金石文字本

國圖　上海　南京

23983

漢冀州刺史王純碑一卷

民國宜都楊守敬輯

清同治十二年（1873）刻望堂金石文字本

國圖　上海　南京

23984

征西大將軍楊瑾殘碑一卷

民國宜都楊守敬輯

清同治至宣統間刻望堂金石文字本

國圖　上海　南京

23985

漢冀州從事張表碑一卷

民國宜都楊守敬輯

清同治至宣統間刻望堂金石文字本

國圖　上海　南京

23986

東海廟殘碑一卷

民國宜都楊守敬輯

清光緒二十二年（1896）刻望堂金石文字本

國圖　上海　南京

23987

司徒殘碑一卷

民國宜都楊守敬輯

清同治至宣統間刻望堂金石文字本

國圖　上海　南京

23988

中牟魯君闕一卷

民國宜都楊守敬輯

清同治至宣統間刻望堂金石文字本

國圖　上海　南京

23989

卜君頌一卷

民國宜都楊守敬輯

清同治至宣統間刻望堂金石文字本

國圖　上海　南京

23990

廣平侯闕一卷

民國宜都楊守敬輯

清同治至宣統間刻望堂金石文字本

國圖　上海　南京

23991

司農公碑頌一卷

民國宜都楊守敬輯

清同治至宣統間刻望堂金石文字本
國圖　上海　南京

23992
陳德殘碑一卷
民國宜都楊守敬輯
清同治九年（1870）刻望堂金石文字本
國圖　上海　南京

23993
破張部銘一卷
民國宜都楊守敬輯
清同治至宣統間刻望堂金石文字本
國圖　上海　南京

23994
魏大司馬曹貞碑一卷
民國宜都楊守敬輯
清同治至宣統間刻望堂金石文字本
國圖　上海　南京

23995
吴天璽紀功碑一卷
民國宜都楊守敬輯
清光緒二年（1876）刻望堂金石文字本
國圖　上海　南京

23996
前秦廣武將軍碑一卷
民國宜都楊守敬輯
清宣統二年（1910）刻望堂金石文字本
國圖　上海　南京

23997
高麗好太王碑六卷
民國宜都楊守敬摹
清宣統元年（1909）刻宜都楊氏刻本
國圖　湖北　香港中大

23998
高麗好太王碑
民國宜都楊守敬摹
1996 年湖北人民出版社、湖北教育出版社鉛印楊守敬集本
湖北

23999
魏鄭文公碑一卷
民國宜都楊守敬輯
清同治至宣統間刻望堂金石文字本
國圖　湖北

24000
魏崔敬邕墓誌一卷
民國宜都楊守敬輯
清光緒二十三年（1897）刻望堂金石文字本
國圖　上海　南京

24001
縮摹泰山石經峪刻字六卷
民國宜都楊守敬輯撰
清光緒三十三年（1907）宜都楊氏刻本
國圖　天津

24002
縮摹泰山石經峪刻字六卷
民國宜都楊守敬輯撰
清宣統元年（1909）宜都楊氏刻本
上海　天津

24003
縮摹泰山石經峪刻字六卷
民國宜都楊守敬輯撰　歐陽中石、安廷山整理
1996 年湖北人民出版社、湖北教育出版社鉛印楊守敬集本
湖北

24004
匡喆刻經頌十二卷
民國宜都楊守敬雙鈎
清光緒三十三年（1907）宜都楊氏鄂城刻本
國圖　上海　天津　南京　湖北

24005
匡喆刻經頌十二卷
民國宜都楊守敬雙鈎　冀亞平、賈雙喜整理
1988年起湖北人民出版社、湖北教育出版社鉛印楊守敬集本
湖北

24006
隋丁道護啓法寺碑一卷
民國宜都楊守敬輯
清光緒二年（1910）刻望堂金石文字本
國圖　上海　南京

24007
隋姚恭公墓誌一卷
民國宜都楊守敬輯
清同治至宣統間刻望堂金石文字本
國圖　上海　南京

24008
唐虞世南孔子廟堂碑一卷
民國宜都楊守敬輯
清同治九年（1870）刻望堂金石文字本
國圖　上海　南京

24009
唐化度寺邕禪師碑一卷
民國宜都楊守敬輯
清同治十一年（1871）刻望堂金石文字本
國圖　上海　南京

24010
唐九成宮醴泉銘一卷
民國宜都楊守敬輯
明同治十一年（1871）刻望堂金石文字本
國圖　上海　南京

24011
唐虞恭公温公碑一卷
民國宜都楊守敬輯
清光緒元年（1875）刻望堂金石文字本
國圖　上海　南京

24012
至德觀主孟法師碑一卷
民國宜都楊守敬輯
清光緒二十八年（1902）刻望堂金石文字本
國圖　上海　南京

24013
宋拓道因禪師碑一卷
民國宜都楊守敬輯
清光緒三十三年（1907）刻望堂金石文字本
國圖　上海　南京

24014
華陽觀主王先生碑一卷
民國宜都楊守敬輯
清宣統元年（1909）刻望堂金石文字本
國圖　上海　南京

24015
宋拓懷仁集右軍聖教序一卷
民國宜都楊守敬輯
清光緒十六年（1890）刻望堂金石文字本
國圖　上海　南京

24016
雲麾將軍李思訓碑一卷
民國宜都楊守敬輯
清宣統二年(1910)刻望堂金石文字本
國圖　上海　南京

24017
唐秦望山法華寺碑一卷
民國宜都楊守敬輯
清光緒二十二年(1896)刻望堂金石文字本
國圖　上海　南京

24018
郎官石柱記一卷
民國宜都楊守敬輯
清同治至宣統間刻望堂金石文字本
國圖　上海　南京

24019
唐雲麾將軍李秀碑一卷
民國宜都楊守敬輯
清光緒二十二年(1896)刻望堂金石文字本
國圖　上海　南京

24020
麻姑仙壇記一卷
民國宜都楊守敬輯
清同治至宣統間刻望堂金石文字本
國圖　上海　南京

24021
日本題名殘碑一卷
民國宜都楊守敬輯
清同治至宣統間刻望堂金石文字本
國圖　上海　南京

24022
日本古刻佛足蹟碑一卷
民國宜都楊守敬輯
清光緒二十二年(1896)刻望堂金石文字本
國圖　上海　南京

24023
新羅真鑒禪師銘一卷
民國宜都楊守敬輯
清宣統元年(1909)刻望堂金石文字本
國圖　上海　南京

24024
荥陽鄭氏碑不分卷
民國宜都楊守敬撰　日本日下部東作校
日本明治十四年(1881)石鼓堂影印本
清華　上海　山東大

24025
滎陽鄭氏碑
民國宜都楊守敬撰　伍躍整理
1996年起湖北人民出版社、湖北教育出版社鉛印楊守敬集本
湖北

24026
激素飛青閣摹刻古碑不分卷
民國宜都楊守敬摹刻
清同治光緒間雙钩摹刻本
存五册
湖北ˣ

24027
激素飛青閣帖記
民國宜都楊守敬撰　陳上岷整理
1996年湖北人民出版社、湖北教育出版社鉛印楊守敬集本
湖北

24028

激素飛青閣評碑記

民國宜都楊守敬撰　陳上岷整理

1996年湖北人民出版社、湖北教育出版社鉛印楊守敬集本

湖北

24029

平安館藏碑目不分卷

清漢陽葉志詵撰

稿本

臺圖

24030

山右石刻叢編四十卷

清天門胡聘之編

稿本

《中國古籍善本書目》著録。

南大

24031

山右石刻叢編四十卷

清天門胡聘之編

清光緒二十五年至二十七年(1899—1901)刻本

24032

江南碑目不分卷

民國武昌(今鄂州)柯逢時撰

稿本

湖北博

24033

崇雅堂碑録五卷碑録補四卷

民國潛江甘鵬雲編

民國二十四年(1935)潛江甘氏息園聚珍印本

湖北

24034

荆南石刻録一卷

清陳經撰

清嘉慶刻陳景辰遺書本

《中國叢書綜録》著録,僅該館有藏。

科院

24035

荆南萃古編一卷續一卷

清周懋琦、劉瀚輯

清光緒二十年(1894)錢塘周氏鴻寶署齋刻本

國圖　上海　南京　浙江

24036

荆南石刻三種雙鉤本一卷

清劉瀚輯

清光緒二十九年(1903)上海天旭日硯齋摹刻本

上海

24037

潛江貞石記八卷

民國潛江甘鵬雲撰

民國二十四年(1935)刻崇雅堂叢書初編本

國圖　北大　上海師大　吉大　南京　湖北

24038

潛江貞石記

1977年臺北新文豐出版公司鉛印石刻史料新編本

國圖

24039

京山塋墓志

1977年臺北新文豐出版公司鉛印石刻史料新編本

國圖

24040
麻城碑碣志前編
1977 年臺北新文豐出版公司鉛印石刻史料新編本
國圖

24041
鄴中片羽二卷
民國江夏黄濬輯
民國二十四年(1935)北平尊古齋影印本
北師大　北大
《販書偶記》著録。

24042
湖北沔陽陸氏舊藏北齊造象考一卷
民國葉瀚撰
晚學廬叢稿稿本
上海

錢幣之屬

24043
平安館泉拓
清漢陽葉志詵輯
1992—1993 年上海古籍出版社鉛印中國錢幣文獻叢書本

24044
古泉藪
清李寶臺手拓　民國宜都楊守敬編稿本
藏書單位待訪。此稿爲上海古籍出版社《中國錢幣文獻叢書》第十九輯收録。據此,則《楊守敬集》中此書之著者項宜依此。

24045
古泉藪
清李寶臺手拓　民國宜都楊守敬編
1992—1993 年上海古籍出版社據原拓稿本影印中國錢幣文獻叢書本

24046
古泉藪
民國宜都楊守敬編　王樹偉整理
1996 年湖北人民出版社、湖北教育出版社鉛印楊守敬集本
《中國古籍總目·史部》收有饒敦秩撰《古歡齋錢説一得》六卷附一卷,上海圖書館藏其稿本,不知其是否爲東湖(今宜昌)人,未敢立目,附志於此,待考。
湖北

24047
飛青閣錢譜
民國宜都楊守敬撰　王樹偉整理
1996 年湖北人民出版社、湖北教育出版社鉛印楊守敬集本
湖北

24048
奇觚室金石文述(錢録)
民國嘉魚劉心源撰
1992—1993 年上海古籍出版社鉛印中國錢幣文獻叢書本

陶之屬

24049
荆南萃古編·磚文不分卷
清松滋曹育梓輯
清光緒五年(1879)拓本
湖北

24050
尊古齋古代瓦當文字不分卷
民國江夏黄濬輯
民國二十四年(1935)江夏黄氏原拓稿本

清華

24051
尊古齋陶佛留真集拓不分卷
民國江夏黄濬輯
民國二十四年(1935)江夏黄氏原拓稿本
清華

璽印之屬

24052
望堂集古官印譜不分卷
民國宜都楊守敬輯
清光緒刻鈐印本
《中國古籍善本書目》著録,僅該館有藏。
四川

24053
元押不分卷
民國宜都楊守敬藏並輯
清光緒三年(1877)宜都楊氏鈐印本
國圖

文獻之屬

24054
九店楚簡
湖北省文物考古研究所、北京大學中文系編
2000年上海古籍出版社印本
此書不便歸類,姑置於斯。

24055
戰國楚竹簡彙編
商承祚編著
1995年齊魯書社鉛印本

24056
上博館藏戰國楚竹書研究
上海大學古代文明研究中心、清華大學思想文化研究所編
2002年上海書店出版社鉛印本
此書係用白話文寫成,爲提供信息,破例收之。

24057
上海博物館藏戰國楚竹書(一)
馬承源主編
2001年上海古籍出版社印本

24058
上海博物館藏戰國楚竹書(二)
馬承源主編
2002年上海古籍出版社印本

24059
龍崗秦簡
中國文物研究所、湖北省文物考古研究所編
2001年上海古籍出版社印本

24060
關沮秦漢墓科牘
湖北省荆州市周梁王橋遺址博物館編
2001年上海古籍出版社印本

史評類

24061
史通(一名史通評釋)二十卷
唐劉知幾撰　明京山李維楨評　明郭孔延評釋
明刻本
是刻半葉九行,行二十字,白口,四周單邊。
《中國古籍善本書目》著録。
人大　科院　上海　内蒙古社科院　大連　南

京　南大　浙江　杭大　福建師大　河南　湖北　武漢　四川

24062
史通評釋二十卷

唐劉知幾撰　明京山李維楨評　明郭孔延評釋

1997年起齊魯書社影印四庫全書存目叢書本

《四庫全書存目叢書》徵訂目録謂其爲"明萬曆三十二年(1604)郭孔陵刻本",係據湖北省圖書館藏本影印。實即《中國古籍善本書目》史部第15372號所著録之"明刻本"《史通》,亦即本書前一款目所著録者。嘉慶《湖北通志》著録爲《史通評》。

湖北

24063
史通評釋二十卷

唐劉知幾撰　明京山李維楨評　明郭孔延評釋

2002年上海古籍出版社據明刻本影印續修四庫全書本

參見前一款目之附注文字。

湖北

24064
史通二十卷

唐劉知幾撰　明京山李維楨評　明郭孔延評釋

明刻本　清徐承禮校跋並録　清陳鱣跋

是刻半葉九行,行二十字,白口,四周單邊。《中國古籍善本書目》著録。《四庫全書總目》入"史部·史評類存目"。

國圖

24065
史通二十卷

唐劉知幾撰　明京山李維楨評　明郭孔延評釋

明末刻本　吴慈培、鄧邦述、葉景葵跋

是刻半葉九行,行二十字,白口,四周單邊。《中國古籍善本書目》著録。

上海

24066
史通二十卷

唐劉知幾撰　明京山李維楨評　明郭孔延評釋

明末刻本　洪業批校

是刻半葉九行,行二十字,白口,四周單邊。《中國古籍善本書目》著録。

北大

24067
史通二十卷

唐劉知幾撰　明京山李維楨評　明郭孔延評釋

明崇禎蛾術書屋刻本

北大　上海

24068
史書論纂四十卷

明應城陳士元撰　明沔陽(今仙桃)陳文燭增補

明萬曆十三年(1585)建陽知縣何必麟刻本

僅知該館有藏。二作者均爲湖北名家,是書存世極稀。

臺圖

24069
諸史夷語解義二卷

明應城陳士元撰

清光緒十三年(1887)應城王承禧刻本

國圖　北大　北師大

24070

諸史夷語解義二卷

明應城陳士元撰

1997年北京出版社據清光緒十三年（1887）應城王承禧刻本影印四庫未收書輯刊本

湖北

24071

諸史夷語音義四卷

明應城陳士元撰

清抄本

大連

24072

諸史夷語音義四卷

明應城陳士元撰

抄本

北大

24073

新鐫歷朝捷録增定全編原本四卷

明顧充撰　明景陵（今天門）鍾惺、屠隆補

明末刻本

是刻半葉八行，行十八字，小字雙行行字同，白口，四周單邊。《中國古籍善本書目》著録。

北師大　重慶

24074

新鐫歷朝捷録增定全編大成四卷

明顧充撰　明景陵（今天門）鍾惺等補

明錢達卿、王公元刻本

是刻半葉八行，行十八字，白口，四周單邊。《中國古籍善本書目》著録。僅該館有藏。

天津

24075

新鐫歷朝捷録增定全編大成四卷

明顧充撰　明景陵（今天門）鍾惺等補

明末刻本

是刻半葉八行，行十八字，白口，四周單邊。《中國古籍善本書目》著録。

首都　科院　華東師大　遼寧　山東大　常熟　杭州　杭大　安徽大　福建師大　廣西師大

24076

新鐫歷朝捷録增定全編大成四卷

明顧充撰　明景陵（今天門）鍾惺等補

2000年北京出版社據明末刻本影印四庫禁毀書叢刊本

湖北

24077

新鐫歷朝捷録增定全編大成四卷

明顧充撰　明景陵（今天門）鍾惺補輯

明崇禎刻清印本

該館《中文古籍善本書目》著録。

科院

24078

歷朝捷録增定全編大成四卷

明顧充撰　明周昌年續　明景陵（今天門）鍾惺增輯

清刻本

北大

24079

新鐫顧回瀾先生歷朝捷録大成原本五卷

明顧充撰　明景陵（今天門）鍾惺評

明萬曆刻本

國圖

24080

新鐫顧回瀾先生歷朝捷録大成原本五卷

明顧充撰　明景陵（今天門）鍾惺評

明末醉畊堂刻本

是刻半葉九行,行二十一字,白口,四周雙邊。《中國古籍善本書目》著録,僅該館有藏。

山東

24081

新鐫顧回瀾先生歷朝捷録大成原本四卷總論二卷

明顧充撰　明景陵(今天門)鍾惺評

清抄本

國圖

24082

歷朝捷録四卷

明顧充撰

元朝捷録一卷

明張四知撰

皇明捷録二卷

明李良翰、景陵(今天門)鍾惺撰

明崇禎十二年(1639)人瑞堂刻本

是刻半葉十二行,行二十三字,小字雙行行字同,白口,四周單邊。《中國古籍善本書目》著録,僅該館有藏。

大連

24083

歷朝捷録四卷

明顧充撰

元朝捷録一卷

明張四知撰

國朝捷録一卷

明李良翰、景陵(今天門)鍾惺撰

明末刻本

是刻半葉十行,行二十二字,小字雙行,白口,四周單邊。《中國古籍善本書目》著録,僅該館有藏。

天津

24084

新鐫全補標題音註國朝捷録六卷

明鄭以偉輯　明景陵(今天門)鍾惺補

明刻本

是刻半葉八行,行十九字,小字雙行行字同,白口,四周單邊。《中國古籍善本書目》著録,僅該館有藏。該館《中國古籍善本書目》作“明崇禎刻本”。

科院

24085

舊唐書論二卷唐文歸□□卷

明景陵(今天門)鍾惺輯並評

明末集賢堂刻本

存十一卷:舊唐書論全、唐文歸二至十

是刻半葉九行,行二十字,白口,四周單邊。《中國古籍善本書目》著録,僅該館有藏。

福建[×]

24086

史懷十七卷

明景陵(今天門)鍾惺撰

明刻本

此書上自《左傳》,下及《三國志》,隨事摘録,斷以己見。有多個版本。

國圖　南京

24087

史懷十七卷

明景陵(今天門)鍾惺撰　明蔣勵志、蔣勵修輯

明刻本

是刻半葉九行,行十九字,白口,單魚尾,四周單邊。《中國古籍善本書目》著録。

北大　清華　北師大　華東師大　新疆大　濟南　山東大　山東師大　青島博　蘇州大　安徽博　福建　河南社科院　重慶

24088
史懷十七卷
明景陵(今天門)鍾惺撰　明蔣勵志、蔣勵修輯
1997年起齊魯書社據蔣勵志等合輯明刻本影印四庫全書存目叢書本
湖北

24089
史懷十七卷
明景陵(今天門)鍾惺撰　明陶珽評
明崇禎刻本
是刻半葉九行,行二十字,白口,四周單邊。《中國古籍善本書目》著録。
北師大　科院　上海　復旦　華東師大　南開　山西　東北師大　吉林社科院　蘇州大　浙江　浙江博　安徽　安徽博　華南師大　四川

24090
史懷二十卷
明景陵(今天門)鍾惺撰　明陶珽、許豸評
明末刻本
是刻半葉九行,行二十四字,白口,無行格,四周單邊。《中國古籍善本書目》著録。
天津　吉林　無錫ˣ　鎮江　温州　湖北

24091
史懷十七卷晋史懷三卷
明景陵(今天門)鍾惺撰　明陶珽、許豸評
明末刻本
是刻半葉九行,行二十字,白口,四周單邊。《中國古籍善本書目》著録
歷史博　湖北　廣西師大

24092
史懷二十卷
明景陵(今天門)鍾惺撰
清光緒十七年(1891)三餘草堂刻湖北叢書本
國圖　科院　北大　上海　復旦　天津　遼寧　甘肅　南京　浙江　湖北　雲南

24093
史懷二十卷
明景陵(今天門)鍾惺撰
民國二十四年至二十六年(1935—1937)上海商務印書館鉛印叢書集成初編本
國圖　北師大　清華　上海　復旦　遼寧　吉林市　甘肅　山東大　南大　浙江　江西　湖北　四川　重慶　雲南

24094
讀史機畧十卷
明黄岡何譔輯
明天啓三年(1623)王鳳翔、劉文顯刻本
譔字偉長。是刻半葉九行,行二十二字,白口,四周單邊。僅北大有藏,《中國古籍善本書目》著録。
北大

24095
鏡古録八卷
明麻城毛調元撰
明萬曆四十四年(1616)紫陽書院刻本
調元字文素,明萬曆三十一年(1603)舉人,官知縣。是刻半葉九行,行二十字,白口,四周單邊。《中國古籍善本書目》收録。
北大　北師大　甘肅　山東　杭大

24096
逸樓論史一卷
明麻城李中黄撰
清康熙刻本
湖北

24097

逸樓論史一卷

明麻城李中黄撰

清抄逸樓四論本

科院

24098

逸樓論史一卷

明麻城李中黄撰

民國二十一年（1932）潛江甘氏刻崇雅堂叢書初編本

湖北

24099

史疑四卷

明景陵（今天門）彭石浪撰

抄本

國圖

24100

史疑四卷

清天門彭石浪撰

抄本

《販書偶記續編》著録，首有嘉慶二十五年（1820）蔣祥墀序，次有胡光縉、平步雲、李見瑞諸跋。

國圖

24101

歷朝正議四卷論一卷

清天門吴雲撰

約清康熙間刻本

《販書偶記續編》著録："無刻書年月，約清康熙間刻本"。藏書單位待訪。

24102

帝鑒圖詩二卷

清蘄水（今浠水）蔡紹洛撰

清道光二十四年（1844）刻本

湖北

24103

續史學提要箋釋四卷

清江陵鄭機撰

清咸豐師竹齋刻本

南京

24104

續史學提要箋釋四卷

清江陵鄭機撰

清光緒三十年（1904）沙市集成書局石印本

上海

24105

史餘二十卷補録一卷

清黄岡陳堯松撰　清黄岡陳賡颺注

附揭庶韓先生注一卷

清黄岡陳賡颺輯

清同治三年（1864）竹平安齋刻本

自漢至唐，帝各一賦，彙事敷陳，約而能賅。堯松字東喬，清道光十五年（1835）舉人。

另據《黄岡縣志》，另有《拗硯齋古文鈔》《聽松聲館詩集》《箋蟲蝦齋集》《聽雪餘吟》諸集，均未見。

國圖　上海　吉林　南京　湖北

24106

史餘二十卷補録一卷

清黄岡陳堯松撰　清黄岡陳賡颺注

附揭庶韓先生注一卷

清黄岡陳賡颺輯

民國四年（1915）觀鑑廬鉛印本

上海　遼寧

24107

續香齋讀史存質集不分卷

清孝感喬遠炳撰

清刻本

籍里原題"楚北澴川"。

湖北

24108
世史淘金二卷
清孝感陳陛謨撰
清光緒元年(1875)濟寧州廨刻本
湖北

24109
世史淘金二卷
清孝感陳陛謨撰
清光緒八年(1882)濟南府廨刻本
上海　山東師大

24110
讀史臆言四卷
清漢川秦篤輝撰
清光緒十七年(1891)三餘草堂刻湖北叢書本
國圖　科院　北大　上海　復旦　天津　遼寧　甘肅　南京　浙江　湖北　雲南

24111
讀史臆言四卷
清漢川秦篤輝撰
民國二十四年至二十六年(1935—1937)上海商務印書館鉛印叢書集成初編本
國圖　上海　遼寧　浙江　湖北　四川　重慶

24112
讀史提要録評一卷
清蘄水(今浠水)郭階撰
清光緒十五年(1889)蘄水郭氏自刻春暉雜稿本
國圖　科院　北大　上海　遼寧　甘肅　福建師大　湖北　江西

24113
舊事考逸四卷
清應城程大中撰
清刻本
國圖

24114
紙園筆記史畧二卷
清京山易本烺撰
抄本紙園叢書本
科院

24115
兩湖書院重校史論叢編(一名江夏劉氏史部叢書第一編)四種
清江夏劉□編
清光緒二十六年(1900)粵雅堂刻本
唐史論斷三卷　宋孫甫撰
三國雜事二卷　宋唐庚撰
唐書直筆四卷　宋吕夏卿撰
涉史隨筆一卷附録一卷　宋葛洪撰
《中國叢書綜録》著録,僅國家圖書館有藏。
國圖

24116
歷史講義前篇一卷
民國羅田王葆心撰
草稿本
一册加散葉,約兩千餘字。
湖北博

24117
哺廬微言二卷
天門劉泥清撰
稿本
武漢

24118
崇德上編二附應酬叢稿一卷
天門劉泥清撰
稿本
參閲《中南、西南地區省、市圖書館館藏古籍稿本提要(附鈔本聯合目録)》。
武漢

24119
襄陽必告録七卷
清周凱纂
抄本
上海

子　部

總類

30001
道言翼六種四十四卷
明麻城彭好古編
明刻本
文子二卷
鬼谷子一卷
列子冲虚真經八卷
老子道德真經二卷
揚子法言十卷
荀子二十卷
《中國古籍善本書目》著録。
中央黨校

30002
子書百家(又名崇文書局彙刻百子、彙刻百子、百子全書)
清崇文書局編
清光緒元年(1875)湖北崇文書局刻本
儒家類
孔子家語十卷　題三國魏王肅注
孔子集語二卷　宋薛據輯
荀子三卷
孔叢子二卷　題漢孔鮒撰
新語二卷　漢[楚]陸賈撰
忠經一卷　題漢馬融撰　漢鄭玄注
新書十卷　漢賈誼撰
鹽鐵論二卷　漢桓寬撰
新序十卷　漢劉向撰
説苑二十卷　漢劉向撰
揚子法言一卷　漢揚雄撰
方言十三卷　漢揚雄撰　晉郭璞解
潛夫論十卷　漢王符撰
申鑒五卷　漢荀悦撰
中論二卷　漢徐幹撰
傅子一卷　晉傅玄撰
文中子中説一卷　題隋王通撰
續孟子二卷　唐林慎思撰
伸蒙子三卷　唐林慎思撰
素履子三卷　唐張弧撰
胡子知言六卷疑義一卷附録一卷　宋胡宏撰
薛子道論三卷　明薛瑄撰
海樵子一卷　明王崇慶撰
兵家類
風后握奇經一卷　漢公孫弘解　握奇經續圖一卷　□□撰　八陣總述一卷　題晉馬龍述
六韜三卷
孫子三卷
吴子二卷
司馬法一卷
尉繚子二卷
素書一卷　宋張商英注
心書一卷　題三國蜀諸葛亮撰
何博士備論二卷　宋何去非撰
宋丞相李忠定公輔政本末一卷　宋李綱撰
法家類
管子二十四卷
晏子春秋内篇六卷外篇二卷
商子五卷
鄧子一卷
尸子二卷　清孫星衍校輯
韓非子二十卷

農家類

齊民要術十卷雜説一卷　北魏賈思勰撰

術數類

太玄經十卷　漢揚雄撰

焦氏易林四卷　題漢焦延壽撰

雜家類

鬻子一卷補一卷　唐逄行珪注　明楊之森輯補

計倪子一卷

於陵子一卷

子華子一卷

墨子十六卷　清畢沅校注

尹文子一卷

慎子一卷

公孫龍子一卷

鬼谷子一卷

鶡冠子三卷　宋陸佃解

吕氏春秋二十六卷

金樓子六卷　梁元帝蕭繹撰

淮南鴻烈解二十一卷　漢劉安撰　漢高誘注

劉子二卷　北齊劉晝撰

顏氏家訓二卷　北齊顏之推撰

獨斷一卷　漢蔡邕撰

論衡三十卷　漢王充撰

白虎通德論四卷　漢班固撰

風俗通義十卷　漢應劭撰

牟子一卷　漢牟融撰

古今注三卷　題晉崔豹撰

聱隅子歔欷瑣微論二卷　宋黄晞撰

嬾真子五卷　宋馬永卿撰

廣成子解一卷　宋蘇軾撰

叔苴子内篇六卷外篇二卷　明莊元臣撰

郁離子一卷　明劉基撰

空同子一卷　明李夢陽撰

海沂子五卷　明王文禄撰

小説家雜事類

燕丹子三卷　明孫星衍校輯

玉泉子一卷　唐□□撰

金華子雜編二卷　五代劉崇遠撰

小説家異聞類

山海經十八卷　晉郭璞傳

山海經圖讚一卷　晉郭璞撰

山海經補註一卷　明楊慎撰

神異經一卷　題漢東方朔撰　晉張華注

海内十洲記一卷　題漢東方朔撰

別國洞冥記四卷　題漢郭憲撰

穆天子傳六卷　晉郭璞注

拾遺記十卷　題後秦王嘉撰

搜神記二十卷　題晉干寶撰

搜神後記十卷　題晉陶潛撰

博物志十卷　題晉張華撰　宋周日用等注

續博物志十卷　題宋李石撰

述異記二卷　題梁任昉撰

道家類

陰符經一卷　漢張良注

關尹子一卷

老子道德經二卷　三國魏王弼注

道德真經註四卷　元吴澄注

莊子南華真經三卷

莊子闕誤一卷　明楊慎撰

列子二卷

抱朴子内篇四卷外篇四卷　晉葛洪撰

亢倉子一卷

玄真子一卷　唐張志和撰

天隱子一卷　題唐司馬承禎撰

无能子三卷　唐□□撰

胎息經一卷　題幻真先生注

胎息經疏一卷　明王文禄撰

至游子二卷　宋曾慥撰

國圖　天津　上海　南京　安徽　浙江　遼寧　陝西　甘肅　山東大　四川

30003

百子全書（又名崇文書局彙刻百子、彙刻百子、子書百家）

清崇文書局編

民國八年（1919）上海掃葉山房石印本

子目同前。

國圖　天津　上海　復旦　南京　内蒙古　哈爾濱　山東大　安徽　福建　四川

30004

養親須知二卷

清江夏彭崧毓撰

清同治刻求是齋雜存本

中饋録一卷

温清録一卷

國圖

儒家類

30005

孔子家語一卷

明陳淏子輯　明景陵（今天門）鍾惺選

明崇禎十三年（1640）刻本

國圖

30006

孔子家語疏證十卷

清蘄水（今浠水）陳士珂撰

清嘉慶二十三年（1818）刻本

湖北

30007

孔子家語疏證十卷

清蘄水（今浠水）陳士珂撰

清光緒十七年（1891）三餘草堂刻湖北叢書本

國圖　科院　北大　上海　復旦　天津　遼寧　甘肅　南京　浙江　湖北　雲南

30008

曾子家語六卷

清東湖（今宜昌）王定安輯

清光緒十六年（1890）金陵刻本

仿《孔子集語》之例，採唐以前之書編成。

湖北

30009

曾子家語六卷

清東湖（今宜昌）王定安輯

2002年上海古籍出版社據清光緒十六年（1890）金陵刻本影印續修四庫全書本

湖北

30010

曾子家語六卷

清東湖（今宜昌）王定安輯

民國碧梧山莊鉛印本

南京

30011

荀子二十卷

唐楊倞注　明孫鑛、明景陵（今天門）鍾惺評

明刻本

國圖

30012

孔叢子四卷

題漢孔鮒撰　明景陵（今天門）鍾惺評

明刻本

北大　上海　東北師大

30013

陸子一卷

漢［楚］陸賈撰

明萬曆四年至五年（1576—1577）南京國子監刻子彙本

《中國古籍善本書目》著録。陸賈之籍里，往昔相關書目文獻著録爲“楚”，具體不詳。其所撰《新語》，另有《陸子》《陸子新語》《陸賈新語》《雲陽子》等名，其通行本爲二卷，所訪知者有四十餘個版本。

國圖　北大　人大　歷史博　上海　華東師大　天津　河北博　遼寧　吉林　湖南　四川　重慶　雲南

30014
陸子一卷
漢［楚］陸賈撰
明萬曆四年至五年（1576—1577）南京國子監刻子彙本　王念曾校並跋
《中國古籍善本書目》著録。
南京

30015
陸子一卷
漢［楚］陸賈撰
民國上海商務印書館影印元明善本叢書十種·子彙本
國圖　北師大　中醫　上海　華東師大　上海師大　上海辭書　天津　吉大　甘肅　山東大　福建師大　江西　湖北　廣西　四川　重慶　雲南

30016
陸子一卷
漢［楚］陸賈撰
明刻本
大連

30017
陸子一卷
漢［楚］陸賈撰
民國二十四年至二十六年（1935—1937）上海商務印書館鉛印叢書集成初編本
國圖　北師大　清華　上海　復旦　遼寧　吉林市　甘肅　山東大　南大　浙江　江西　湖北　四川　重慶　雲南

30018
新語二卷
漢［楚］陸賈撰
明弘治十五年（1502）李廷梧刻本　清錢謙益跋
是刻半葉十行，行二十字，白口，左右雙邊。《中國古籍善本書目》著録，僅該館有藏。
國圖

30019
新語二卷
漢［楚］陸賈撰
明范氏天一閣刻范氏奇書本
《范氏奇書》又稱《天一閣奇書》，或係隨刻隨印，各家所藏子目多寡不一，且至今不知其究竟刻了多少種。以下收藏單位均藏其殘本，未知皆含本書否？半葉九行，行十八字，白口，左右雙邊。全國善本普查，發現其子目二十四種，此爲其中之一。
國圖　科院　北京文物局　上海　吉大　東北師大　南京　温州　天一閣　四川

30020
新語二卷
漢［楚］陸賈撰
民國十二年（1923）沔陽盧氏慎始基齋據明范氏天一閣刻本影印湖北先正遺書本
國圖　科院　北大　上海　天津　遼寧　寧夏　山東　南京　浙江　湖北　四川

30021
新語二卷
漢［楚］陸賈撰
明萬曆十九年（1591）范大冲刻本
《中國古籍善本書目·子部》著録。未知與所謂《范氏奇書》本有無關係。
北大　科院　臺圖

30022
新語二卷
漢［楚］陸賈撰

明萬曆十一年(1583)原一彪刻兩京遺編書

是刻半葉九行,行十七字,白口,四周雙邊。《中國古籍善本書目》著録,上海、復旦藏有該叢書殘帙,未知存此種否。

國圖　北大　南開　重慶

30023

新語二卷

漢[楚]陸賈撰

民國上海商務印書館影印元明善本叢書十種·兩京遺編本

國圖　北師大　中醫　上海　華東師大　上海師大　上海辭書　天津　吉大　甘肅　山東大　福建師大　江西　湖北　廣西　四川　重慶　雲南

30024

新語二卷

漢[楚]陸賈撰

明刻本

是刻半葉十行,行二十字,白口,左右雙邊。《中國古籍善本書目》著録,僅該館有藏。

國圖

30025

新語二卷

漢[楚]陸賈撰

明刻本

是刻半葉九行,行十七字,白口,四周雙邊,有刻工。《中國古籍善本書目》著録,僅該館有藏。

廣東

30026

新語二卷

漢[楚]陸賈撰

明萬曆二十年(1592)程榮刻漢魏叢書本

是刻半葉九行,行二十字,白口,左右雙邊。《中國古籍善本書目》著録,四十二館有藏。

北大　科院　故宫　上海　復旦　天津　南開　山西　遼寧　山東　南京　浙江　湖北　河南　四川　貴州大

30027

新語二卷

漢[楚]陸賈撰

明萬曆二十年(1592)程榮刻漢魏叢書本　王念曾並校并跋

《中國古籍善本書目》著録。

南京

30028

新語二卷

漢[楚]陸賈撰

明萬曆何允中刻廣漢魏叢書本

是刻半葉九行,行二十字,白口,左右雙邊。《中國古籍善本書目·叢部》第八三號著録"明刻本",茲依該目集部第一七八號改詳。

復旦　天津　杭大　安徽博　江西大　福建

30029

新語二卷

漢[楚]陸賈撰

明萬曆何允中刻廣漢魏叢書本　清盧文弨校　清丁丙跋

《中國古籍善本書目·子部》第一七八號著録。

南京

30030

新語二卷

漢[楚]陸賈撰

清嘉慶刻廣漢魏叢書本

北師大　上海　復旦　山東　安徽　浙江　湖北　四川　川大

30031

新語二卷

漢[楚]陸賈撰

明刻秘書九種本

是刻半葉九行，行二十字，白口，四周單邊。《中國古籍善本書目》著録。新疆大藏有該叢書殘本，未知有此種否。

北師大

30032

新語二卷

漢［楚］陸賈撰

明天啓元年（1621）朱謀㙔南州補堂刻本　莫棠跋

是刻半葉十行，行十七字，白口，左右雙邊。《中國古籍善本書目》著録，僅該館有藏。

上海

30033

新語二卷

漢［楚］陸賈撰

清四庫全書本

國圖　甘肅　浙江　臺北故宫

1983年臺北商務印書館影印清文淵閣四庫全書本

湖北

1989年上海古籍出版社縮印臺北商務印書館影印清文淵閣四庫全書

國圖　武漢

30034

新語二卷

漢［楚］陸賈撰

清乾隆五十六年（1791）金谿王氏刻增訂漢魏叢書本

國圖　北大　北師大　上海　復旦　天津　遼寧　吉大　山東　南京　浙江　江西　湖北　四川　重慶　雲南

30035

新語二卷

漢［楚］陸賈撰

清光緒二年（1876）紅杏山房刻民國四年（1915）蜀南馬湖盧樹柟修補印增訂漢魏叢書本

國圖　上海　杭大　湖北　武大　四川　重慶　川大

30036

新語二卷

漢［楚］陸賈撰

清光緒六年（1880）三餘堂刻增訂漢魏叢書本

國圖　甘肅　南京　川大

30037

新語二卷

漢［楚］陸賈撰

清宣統三年（1911）上海大通書局石印增訂漢魏叢書本

首都　北師大　上海　復旦　華東師大　上海辭書　遼寧　甘肅　青島　南大　杭大　廣東　四川　川大　重慶　青海

30038

新語二卷

漢［楚］陸賈撰

清抄本　清畢沅跋

《中國古籍善本書目》著録。

上海

30039

新語二卷

漢［楚］陸賈撰

清孫氏玉海樓抄本　清孫詒讓校並跋

《中國古籍善本書目》著録。

杭大

30040

新語二卷

漢［楚］陸賈撰

清嚴可均抄子書六種本

國圖

30041
新語二卷
漢[楚]陸賈撰
清咸豐刻本
國圖

30042
新語二卷
漢[楚]陸賈撰
清光緒元年(1875)湖北崇文書局刻子書百家本
國圖　北師大　北大　清華　上海　復旦　天津　遼寧　吉大　甘肅　南京　浙江　湖北　武漢　武大　四川　重慶

30043
新語二卷
漢[楚]陸賈撰
民國八年(1919)上海掃葉山房石印百子全書本
國圖　北師大　清華　中醫　上海　復旦　天津　内蒙古　遼寧　南京　浙江　廣東　川大　重慶

30044
新語二卷
漢[楚]陸賈撰
民國八年(1919)上海商務印書館初次影印四部叢刊本
國圖　科院　北大　上海　復旦　天津　遼寧　甘肅　南京　杭大　江西　湖北　武大　四川　重慶　雲南

30045
新語二卷
漢[楚]陸賈撰
民國十八年(1929)上海商務印書館二次影印四部叢刊本
國圖　上海　復旦　華東師大　天津　吉大　南京　浙江　江西　桂林　川大　雲南

30046
新語二卷
漢[楚]陸賈撰
民國二十五年(1936)上海商務印書館縮印四部叢刊本
國圖　首都　北師大　中醫　華東師大　上海師大　甘肅　南京　南大　江西　桂林　湖北　雲南

30047
新語二卷
漢[楚]陸賈撰
民國九年(1920)上海五鳳樓石印子書四十八種本
國圖　上海師大　山東大　南大　桂林　寧夏

30048
新語二卷
漢[楚]陸賈撰
民國二十五年(1936)上海中華書局鉛印四部備要本
國圖　首都　北大　上海　復旦　天津　遼寧　甘肅　南京　浙江　湖北　四川　重慶

30049
新語二卷
漢[楚]陸賈撰
民國二十五年(1636)上海中華書局縮印四部備要本
北師大　中央民大　上海　華東師大　上海師大　上海辭書　浙江　江西　湖北　廣東　廣西　重慶

30050
新語一卷
漢[楚]陸賈撰
明崇禎十一年(1638)香谷山房刻漢魏

別解本

是刻半葉九行,行二十六字,白口,四周雙邊。《中國古籍善本書目》著録。

首都　科院　華東師大　河北大　内蒙古　吉林社科院　新疆大　山東　山東大　杭大　安徽大　安徽師大　歙縣博　江西　福建　福建師大　武大　西南師大

30051

新語一卷

漢[楚]陸賈撰

明崇禎十五年(1642)采隱山居刻增定漢魏六朝別解本

《中國古籍善本書目》著録,僅該書館藏該叢書全帙。

科院

30052

新語三卷

漢[楚]陸賈撰

民國二十四年(1935)世界書局鉛印諸子集成本

國圖　北師大　復旦　華東師大　上海辭書　内蒙古　遼寧　南大　浙江　福建師大　湖北　武大　重慶　雲南

30053

新語三卷

漢[楚]陸賈撰

1959年中華書局用世界書局原版重印諸子集成本

中華書局先後於1954年、1956年、1959年、1986年重印《諸子集成》。

國圖　中央民大　北師大　上海　上海師大　上海辭書　遼寧　甘肅　山東大　杭大　湖北　武漢　雲南

30054

陸賈新語一卷

漢[楚]陸賈撰

明刻且且菴初箋十六子本

《中國古籍善本書目》著録。

國圖

30055

陸子新語一卷

漢[楚]陸賈撰

明末刻諸子褒異九種本

《中國古籍善本書目》著録,僅該館藏有。

科院

30056

陸子新語一卷

漢[楚]陸賈撰

明刻方疑編十二子本

《中國古籍善本書目》著録。

北大　清華　科院　湖北

30057

陸子新語一卷

漢[楚]陸賈撰

明末刻方疑編十三子全書本

科院

30058

陸子新語一卷

漢[楚]陸賈撰　明徐渭評

明天啓武林坊刻合諸名家批點諸子全書本

此叢編所收各書由多家刻版,本書爲明花齋刻本。

國圖

30059

雲陽子

漢[楚]陸賈撰　明歸有光評

明天啓六年(1926)序刻諸子彙函本

國圖　北大　北師大　清華　復旦　中央民大　華東師大　上海師大　上海辭書　天

津　南京　安徽　浙江　川大　重慶

30060

鹽鐵論十二卷

漢桓寬撰　明張之象注　明景陵（今天門）鍾惺評

明萬曆金閶擁萬堂刻祕書九種本

北師大　桂林

30061

鹽鐵論十二卷

漢桓寬撰　明張之象注　明景陵（今天門）鍾惺評

明末刻本

科院　天津

30062

鹽鐵論十二卷

漢桓寬撰　明張之象注　明景陵（今天門）鍾惺評

清刻本

上海

30063

鹽鐵論散不足篇一卷

民國蘄春黄侃撰

稿本

武大中文系

30064

新序十卷

漢劉向撰　明景陵（今天門）鍾惺評

清初刻本

上海

30065

説苑二十卷

漢劉向撰　明景陵（今天門）鍾惺評

明末刻本

《香港所藏古籍書目》著録。

吉林社科院　香港中大

30066

説苑考異

清胡鳳丹校補　民國漢陽黄嗣艾纂輯

民國鉛印本

黄嗣艾《湖北公藏版刻提要》後《附售書目》載。一册。藏書單位待訪。

30067

揚子法言十三卷

漢揚雄撰　晉江夏（治所在今雲夢）李軌注

音義一卷

宋刻宋元遞修本

是刻半葉十行，行十八字，白口，左右雙邊。《中國古籍善本書目》著録，僅國家圖書館有藏。此書有十三卷本與十卷本之别，現存共有六十餘個版本。

國圖

30068

揚子法言十三卷

漢揚雄撰　晉江夏（治所在今雲夢）李軌注

音義一卷

宋刻宋元遞修本　清顧廣圻跋　傅增湘跋

《中國古籍善本書目》著録，僅國家圖書館有藏。

國圖

30069

揚子法言十三卷

漢揚雄撰　晉江夏（治所在今雲夢）李軌注

音義一卷

清嘉慶二十三年（1818）秦氏石研齋影

宋刻本

國圖　北大　天津　上海　遼寧　大連　吉林　長春　南京　湖北

30070

揚子法言十三卷

漢揚雄撰　晉江夏（治所在今雲夢）李軌注

音義一卷

清嘉慶二十三年（1818）秦氏石研齋影宋刻本　清翁同龢録　清何焯批校題識

《中國古籍善本書目》著録。

國圖

30071

揚子法言十三卷

漢揚雄撰　晉江夏（治所在今雲夢）李軌注

音義一卷

清嘉慶二十三年（1818）秦氏石研齋影宋刻本　清王尚辰批並跋　清趙烈文題識

黑龍江

30072

揚子法言集注十三卷

漢揚雄撰　晉江夏（治所在今雲夢）李軌等合注

音義一卷

民國十二年（1923）沔陽盧氏慎始基齋據秦氏石研齋本影印湖北先正遺書本

國圖　科院　北大　上海　天津　遼寧　寧夏　山東　南京　浙江　湖北　四川

30073

揚子法言十三卷

漢揚雄撰　晉江夏（治所在今雲夢）李軌注

音義一卷

清同治十一年（1872）維揚倪文林刻本

上海

30074

揚子法言十三卷

漢揚雄撰　晉江夏（治所在今雲夢）李軌注

音義一卷

清光緒二年（1876）浙江書局刻二十二子本

國圖　科院　北大　上海　復旦　天津　遼寧　陝西　南京　浙江　湖北　武漢　四川　重慶

30075

揚子法言十三卷

漢揚雄撰　晉江夏（治所在今雲夢）李軌注

音義一卷

清光緒二年（1876）浙江書局刻二十二子本　清王仁俊校

《中國古籍善本書目》著録。

遼寧

30076

揚子法言十三卷

漢揚雄撰　晉江夏（治所在今雲夢）李軌注

音義一卷

清光緒十九年（1893）上海鴻文書局石印二十二子彙函本

國圖　首都　北師大　中央民大　上海　復旦　上海師大　吉大　山東大　安徽　河南　青海

30077

揚子法言十三卷

漢揚雄撰　晉江夏（治所在今雲夢）李

軌注
音義一卷
清光緒二十三年(1897)新化三味書局刻本
吉林市

30078
揚子法言十三卷
漢揚雄撰　晉江夏(治所在今雲夢)李軌注
音義一卷
清光緒二十三年(1897)上海圖書集成局鉛印子書二十二種本
國圖　北師大　中央民大　上海　上海辭書　天津　吉林市　山東大　安徽　河南

30079
揚子法言十三卷
漢揚雄撰　晉江夏(治所在今雲夢)李軌注
音義一卷
清宣統三年(1911)育文書局石印子書二十八種本
上海　遼寧　山大　安徽　重慶　川大

30080
揚子法言十三卷
漢揚雄撰　晉江夏(治所在今雲夢)李軌注
音義一卷
清刻本
《中國古籍總目·子部》著録。
國圖

30081
揚子法言十三卷
漢揚雄撰　晉江夏(治所在今雲夢)李軌注
音義一卷
清末刻本
《中國古籍總目·子部》著録。
南京

30082
揚子法言十三卷
漢揚雄撰　晉江夏(治所在今雲夢)李軌注
音義一卷
民國九年(1920)上海五鳳樓石印子書四十八種本
國圖　上海師大　山東大　南大　桂林　寧夏

30083
揚法言十三卷
漢揚雄撰　晉江夏(治所在今雲夢)李軌注
音義一卷
民國十三年(1924)上海掃葉山房刻本
大連　黑龍江

30084
揚子法言十三卷
漢揚雄撰　晉江夏(治所在今雲夢)李軌注
附考一卷考異一卷
清徐養源撰
音義一卷
清嘉慶十二年(1807)稻香吟館刻本
國圖　北大　天津　南京

30085
揚子法言十三卷
漢揚雄撰　晉江夏(治所在今雲夢)李軌注
附考一卷考異一卷
清徐養源撰

音義一卷

清嘉慶十二年(1807)稻香吟館刻本　清唐仁壽録戴望校

《中國古籍善本書目》著録。

上海

30086

揚子法言十三卷

漢揚雄撰　晉江夏(治所在今雲夢)李軌,唐柳宗元,宋宋咸、吴祕、司馬光注

音義一卷

宋刻本

是刻半葉八行,行十六字,白口,左右雙邊,有刻工。《中國古籍善本書目》著録,僅遼寧省圖書館有藏。

遼寧

30087

纂圖分門類題五臣注揚子法言十卷

漢揚雄撰　晉江夏(府治在今雲夢)李軌,唐柳宗元,宋宋咸、吴祕、司馬光注

新增麗澤編次揚子事實品題一卷

宋吕祖謙輯

新刊揚子門類題目一卷

宋陳傅良輯

宋劉通判宅仰高堂刻本

是刻半葉十行,行十九字,黑口,左右雙邊。《中國古籍善本書目》著録,僅國家圖書館有藏。

國圖

30088

纂圖互註揚子法言十卷

漢揚雄撰　晉江夏(治所在今雲夢)李軌,唐柳宗元,宋宋咸、吴祕、司馬光注

宋刻元修本　清孫原湘、邵淵耀、陳鑾、王誦莪跋　清蔣因培、劉嵩程、方岩衡、何佩芬、何佩玉題款

《中國古籍善本書目》著録。

國圖

30089

纂圖互註揚子法言十卷

漢揚雄撰　晉江夏(治所在今雲夢)李軌,唐柳宗元,宋宋咸、吴祕、司馬光注

明刻纂圖互註五子本

是刻半葉十一行,行字不等,黑口,左右雙邊。《中國古籍善本書目》著録,僅國家圖書館有藏。《中國叢書綜録》謂重慶館亦藏,但全國《善目》不見。

國圖

30090

纂圖互註揚子法言十卷

漢揚雄撰　晉江夏(治所在今雲夢)李軌,唐柳宗元,宋宋咸、吴祕、司馬光注

明刻纂圖互註五子本

是刻半葉十一行,行二十一字,黑口,四周雙邊。《中國古籍善本書目》著録,僅上海圖書館有藏。

上海

30091

纂圖互註揚子法言十卷

漢揚雄撰　晉江夏(治所在今雲夢)李軌,唐柳宗元,宋宋咸、吴祕、司馬光注

明刻纂圖互註五子本

是刻半葉十一行,行二十一字,黑口,四周雙邊。《中國古籍善本書目》著録,僅國家圖書館有藏。

國圖

30092

纂圖互註揚子法言十卷

漢揚雄撰　晉江夏(治所在今雲夢)李軌,唐柳宗元,宋宋咸、吴祕、司馬光注

元刻明遞修纂圖互註六子本

《中國古籍善本書目》著録,僅上海圖書館有藏。

上海

30093
纂圖互註揚子法言十卷
漢揚雄撰　晉江夏（治所在今雲夢）李軌，唐柳宗元，宋宋咸、吴祕、司馬光注
明初刻選修纂圖互註六子本
《中國古籍善本書目》著録，僅中國科學院圖書館有藏。
科院

30094
纂圖互註揚子法言十卷
漢揚雄撰　晉江夏（治所在今雲夢）李軌，唐柳宗元，宋宋咸、吴祕、司馬光注
明隆慶五年（1571）陳崑泉積善堂刻六子全書本
是刻半葉十行，行字二十四字，黑口，四周雙邊。《中國古籍善本書目》著録，僅浙江圖書館有藏。
浙江

30095
纂圖互註揚子法言十卷
漢揚雄撰　晉江夏（治所在今雲夢）李軌，唐柳宗元，宋宋咸、吴祕、司馬光注
明刻六子全書本
是刻半葉十二行，行字二十六字，黑口，四周雙邊。《中國古籍善本書目》著録，僅浙江圖書館有藏。
浙江

30096
纂圖互註揚子法言十卷
漢揚雄撰　晉江夏（治所在今雲夢）李軌，唐柳宗元，宋宋咸、吴祕、司馬光注
明刻重刊京本纂圖互註標題六子全書本
是刻半葉十一行，行字二十四字，黑口，四周雙邊。《中國古籍善本書目》著録，僅中共北京市委圖書館有藏。
北京市委

30097
纂圖互註揚子法言十卷
漢揚雄撰　晉江夏（治所在今雲夢）李軌，唐柳宗元，宋宋咸、吴祕、司馬光注
明初刻纂圖互註六子本
《中國古籍善本書目》著録爲“明初刻本”，兹依其書名改之。
華東師大

30098
纂圖互註揚子法言十卷
漢揚雄撰　晉江夏（治所在今雲夢）李軌，唐柳宗元，宋宋咸、吴祕、司馬光注
明刻本
《中國古籍善本書目》著録。
武大　四川師院

30099
纂圖互註揚子法言十卷
漢揚雄撰　晉江夏（治所在今雲梦）李軌，唐柳宗元，宋宋咸、吴祕、司馬光注
明刻六子全書本
《中國古籍善本書目》著録。
浙江

30100
纂圖互註揚子法言十卷
漢揚雄撰　晉江夏（治所在今雲夢）李軌，唐柳宗元，宋宋咸、吴祕、司馬光注
明刻六子全書本　王頌蔚批校
《中國古籍善本書目》著録。
北大

30101
新纂門目五臣音註揚子法言十卷
漢揚雄撰　晉江夏（治所在今雲夢）李軌，唐柳宗元，宋宋咸、吴祕、司馬光注
宋崇川余氏刻本
是刻半葉十一行，行十九字，黑口，左右雙

邊。《中國古籍善本書目》著録,僅國家圖書館有藏。

國圖

30102

新纂門目五臣音註揚子法言十卷

漢揚雄撰　晉江夏(治所在今雲夢)李軌,唐柳宗元,宋宋咸、吴祕、司馬光注

明嘉靖十二年(1533)顧春世德堂刻六子書本

是刻半葉八行,行十七字,黑口,四周雙邊。《中國古籍善本書目》著録,國圖等十三館有藏。其中浙江圖書館藏本有清姚世鈺校跋並録清何焯校。

國圖　上海　天津　遼寧　南京　浙江　四川

30103

新纂門目五臣音註揚子法言十卷

漢揚雄撰　晉江夏(治所在今雲夢)李軌,唐柳宗元,宋宋咸、吴祕、司馬光注

明嘉靖十二年(1533)顧春世德堂刻六子書本　清何煌校　清何焯批校並跋

是刻半葉八行,行十七字,白口,四周雙邊。《中國古籍善本書目》著録。

國圖

30104

新纂門目五臣音註揚子法言十卷

漢揚雄撰　晉江夏(治所在今雲夢)李軌,唐柳宗元,宋宋咸、吴祕、司馬光注

明嘉靖十二年顧春世德堂刻六子書本　清沈巖録　清何焯批校題識

存五卷:六至十

《中國古籍善本書目》著録。

國圖 ×

30105

新纂門目五臣音註揚子法言十卷

漢揚雄撰　晉江夏(治所在今雲夢)李軌,唐柳宗元,宋宋咸、吴祕、司馬光注

明嘉靖十二年顧春世德堂刻六子書本　清姚鼐校並跋

《中國古籍善本書目》著録。

吉林社科院

30106

新纂門目五臣音註揚子法言十卷

漢揚雄撰　晉江夏(治所在今雲夢)李軌,唐柳宗元,宋宋咸、吴祕、司馬光注

明嘉靖十二年(1533)顧春世德堂刻六子書本　清顧廣圻校並跋

《中國古籍善本書目》著録。

上海

30107

新纂門目五臣音註揚子法言十卷

漢揚雄撰　晉江夏(治所在今雲夢)李軌,唐柳宗元,宋宋咸、吴祕、司馬光注

明嘉靖十二年(1533)顧春世德堂刻六子書本　清吴以淳批校

《中國古籍善本書目》著録。

上海

30108

新纂門目五臣音註揚子法言十卷

漢揚雄撰　晉江夏(治所在今雲夢)李軌,唐柳宗元,宋宋咸、吴祕、司馬光注

明嘉靖十二年(1533)顧春世德堂刻六子書本　清莫友芝跋

《中國古籍善本書目》著録。

山東

30109

新纂門目五臣音註揚子法言十卷

漢揚雄撰　晉江夏(治所在今雲夢)李軌,唐柳宗元,宋宋咸、吴祕、司馬光注

明嘉靖十二年(1533)顧春世德堂刻六子書本　清丁士涵録清吴焯校跋　傅

增湘跋並録清何焯何煌批校、何焯題識

《中國古籍善本書目》著録。

國圖

30110

新纂門目五臣音註揚子法言十卷

漢揚雄撰　晉江夏(治所在今雲夢)李軌,唐柳宗元,宋宋咸、吴祕、司馬光注

明嘉靖十二年(1533)顧春世德堂刻六子書本[卷一至三配清抄本]　葉昌熾録清何焯校

《中國古籍善本書目》著録。

上海

30111

新纂門目五臣音註揚子法言十卷

漢揚雄撰　晉江夏(治所在今雲夢)李軌,唐柳宗元,宋宋咸、吴祕、司馬光注

民國三年(1914)右文社影印明嘉靖顧春世德堂刻六子書本

國圖　首都　北大　上海　復旦　天津　遼寧　安徽　四川　重慶

30112

新纂門目五臣音註揚子法言十卷

漢揚雄撰　晉江夏(治所在今雲夢)李軌,唐柳宗元,宋宋咸、吴祕、司馬光注

明桐陰書屋刻六子書本

其行字、版式與世德堂刻本同。

國圖　清華　上海　天津　江西　中大　四川

30113

新纂門目五臣音註揚子法言十卷

漢揚雄撰　晉江夏(治所在今雲夢)李軌,唐柳宗元,宋宋咸、吴祕、司馬光注

明桐陰書屋刻六子書本　清何煌校並跋

《中國古籍善本書目》著録。

國圖

30114

新纂門目五臣音註揚子法言十卷

漢揚雄撰　晉江夏(治所在今雲夢)李軌,唐柳宗元,宋宋咸、吴祕、司馬光注

明桐陰書屋刻六子書本　清袁廷檮録何煌校　清沈巖、顧廣圻跋

《中國古籍善本書目》著録。

上海

30115

新纂門目五臣音註揚子法言十卷

漢揚雄撰　晉江夏(治所在今雲夢)李軌,唐柳宗元,宋宋咸、吴祕、司馬光注

明桐陰書屋刻六子書本　清袁思亮跋並録清姚鼐批校

《中國古籍善本書目》著録。

上海

30116

新纂門目五臣音註揚子法言十卷

漢揚雄撰　晉江夏(治所在今雲夢)李軌,唐柳宗元,宋宋咸、吴祕、司馬光注

明桐陰書屋刻六子書本　佚名録　清何煌校並録清何焯校跋

《中國古籍善本書目》著録。

國圖

30117

新纂門目五臣音註揚子法言十卷

漢揚雄撰　晉江夏(治所在今雲夢)李軌,唐柳宗元,宋宋咸、吴祕、司馬光注

明刻六子書本

是刻半葉八行,行字十七字,白口,四周雙邊。《中國古籍善本書目》著録,國圖等十三館有藏。

國圖　首都　北師大　南開

30118

新纂門目五臣音註揚子法言十卷

漢揚雄撰　晉江夏(治所在今雲夢)李

軌,唐柳宗元,宋宋咸、吴祕、司馬光注
明刻六子書本　清何焯録　明葉盛校

《中國古籍善本書目》著録。

群衆

30119

新纂門目五臣音註揚子法言十卷

漢揚雄撰　晉江夏(治所在今雲夢)李軌,唐柳宗元,宋宋咸、吴祕、司馬光注
明刻六子書本　佚名録　清方濬如批校

《中國古籍善本書目》著録。

歙博

30120

新纂門目五臣音註揚子法言十卷

漢揚雄撰　晉江夏(治所在今雲夢)李軌,唐柳宗元,宋宋咸、吴祕、司馬光注
明刻六子書本　佚名録　清顧廣圻批校

《中國古籍善本書目》著録。

浙江

30121

新纂門目五臣音註揚子法言十卷

漢揚雄撰　晉江夏(治所在今雲夢)李軌,唐柳宗元,宋宋咸、吴祕、司馬光注
明刻六子書本　清王振聲校並跋

《中國古籍善本書目》著録。

蘇州文管會

30122

新纂門目五臣音註揚子法言十卷

漢揚雄撰　晉江夏(治所在今雲夢)李軌,唐柳宗元,宋宋咸、吴祕、司馬光注
明萬曆十一年(1583)金陵胡東塘刻六子全書本

是刻半葉十一行,行二十三字,白口,四周雙邊。《中國古籍善本書目》著録。

北大　中央黨校　大連　甘肅　安慶　湖南　四川　南充師範

30123

新纂門目五臣音註揚子法言十卷

漢揚雄撰　晉江夏(治所在今雲夢)李軌,唐柳宗元,宋宋咸、吴祕、司馬光注
清嘉慶九年(1804)姑蘇王氏聚文堂刻十子全書本

國圖　首都　上海　華東師大　天津　甘肅　南京　浙江　湖北　武漢　四川　重慶

30124

監本五臣音註揚子法言十卷

漢揚雄撰　晉江夏(治所在今雲夢)李軌,唐柳宗元,宋宋咸、吴祕、司馬光注
明北監刻本

上海

30125

監本五臣音註揚子法言十卷

漢揚雄撰　晉江夏(治所在今雲夢)李軌,唐柳宗元,宋宋咸、吴祕、司馬光注
清宣統三年(1911)天尺樓抄本

南京

30126

揚子法言十卷

漢揚雄撰　晉江夏(治所在今雲夢)李軌,唐柳宗元,宋宋咸、吴祕、司馬光注
明讀書坊刻本　清焦循跋

《中國古籍善本書目》著録,僅國家圖書館有藏。

國圖

30127

揚子法言十卷

漢揚雄撰　晉江夏(治所在今雲夢)李軌,唐柳宗元,宋宋咸、吴祕、司馬光注
明天啓朱錫綸刻本

《中國古籍善本書目》著録。

歷史博　上海　南京　吴江　湖北

30128

揚子法言十卷

漢揚雄撰　晉江夏(治所在今雲夢)李軌,唐柳宗元,宋宋咸、吴祕、司馬光注

明末聚奎樓刻六子全書本

是刻半葉九行,行二十字,白口,四周雙邊。《中國古籍善本書目》著録,僅湖北圖書館有藏。

湖北

30129

揚子法言十卷

漢揚雄撰　晉江夏(治所在今雲夢)李軌,唐柳宗元,宋宋咸、吴祕、司馬光注

清乾隆二十八年(1763)抄摛藻堂四庫全書薈要本

故宫

30130

揚子法言十卷

漢揚雄撰　晉江夏(治所在今雲夢)李軌,唐柳宗元,宋宋咸、吴祕、司馬光注

清四庫全書本

國圖　甘肅　浙江　臺北故宫

1983年臺北商務印書館影印清文淵閣四庫全書本

湖北

1989年上海古籍出版社縮印臺北商務印書館影印清文淵閣四庫全書

國圖　武漢

30131

項氏家説十卷附録二卷

宋江陵項安世撰

明永樂大典本

《四庫全書總目》著録。未知現今存世之《永樂大典》收録此書否。志此待考。

30132

項氏家説十卷附録二卷

宋江陵江安世撰

清乾隆武英殿活字印武英殿聚珍版書本

《四庫全書總目提要》對該書有較詳介紹,並認定其寫於江陵。

國圖　中國社科院文學所　故宫　上海　天津　遼寧　河南社科院　湖北

30133

項氏家説十卷附録二卷

宋江陵項安世撰

清四庫全書本

國圖　甘肅　浙江　臺北故宫

1983年臺灣高務印書館影印清淵閣四庫全書本

湖北

1989年上海古籍出版社縮印臺北商務印書館影印文淵閣四庫全書本

國圖　武漢

30134

象山先生要語三卷

宋陸九淵撰　明黄安(今紅安)耿定向輯

明萬曆二年(1574)刻陸王二先生要語類抄本

是刻半葉九行,行十八字,白口,四周單邊。《中國古籍善本書目》著録,僅該館有藏。

上海

30135

象山先生要語三卷

宋陸九淵撰　明黄安(今紅安)耿定向輯

明吴勉學刻本

是刻半葉十行,行二十字,白口,四周雙邊。卷端題"新安吴勉學校梓"。旨在摘編陸象山之精粹語録示諸生,以駁斥俗儒詆陸氏之學爲禪學。

東北師大

30136
象山先生語録一卷
宋陸九淵撰　明黄安（今紅安）耿定向輯
明吴勉學刻本
東北師大

30137
近思録補註十四卷
清蘄水（今浠水）陳沆撰
稿本　清魏源評　佚名增注
沆（1785—1826）原名學濂，字太初，號秋舫。清嘉慶二十四年進士，廷試第一，授翰林院修撰。歷充會試同考官，轉四川道監察御史。四十一歲病故。
湖北

30138
近思録補注十四卷
清蘄水（今浠水）陳沆撰
2002年上海古籍出版社據稿本影印續修四庫全書本
原稿有清魏源批。
湖北

30139
近思録補註十四卷
清蘄水（今浠水）陳沆撰
清光緒刻本
《販書偶記》著録："無刻書年月，約光緒間刊。"
湖北

30140
近思録補註十四卷
清蘄水（今浠水）陳沆撰
清光緒刻本
《中國古籍總目·子部》著録。疑即前述《販書偶記》所指之本。
國圖　南京

30141
薛子粹言一卷
明薛瑄撰　明嘉魚吴廷舉輯
明隆慶四年（1570）刻畜德十書本
是刻半葉十行，行二十字，白口，四周單邊。《中國古籍善本書目》著録，僅該館有藏。
南京

30142
胡子粹言一卷
明胡居仁撰　明嘉魚吴廷舉輯
明隆慶四年（1570）刻畜德十書本
是刻半葉十行，行二十字，白口，四周單邊。《中國古籍善本書目》著録，僅該館有藏。
南京

30143
薛王二先生教言四卷
明承天（今鍾祥）曾省吾輯
明萬曆刻本
文清薛先生教言二卷
文成王先生教言二卷
係分别輯録明代薛瑄、王守仁之言論。是刻半葉八行，行十六字，白口，四周單邊。《中國古籍善本書目》著録，僅該館有藏。
中央黨校

30144
文清薛先生教言二卷
明承天（今鍾祥）曾省吾輯
明萬曆刻薛王二先生教言本
中央黨校

30145
文成王先生教言二卷
明承天（今鍾祥）曾省吾輯
明萬曆刻薛王二先生教言本
中央黨校

30146

文華大訓箴解六卷

明蒲圻(今赤壁)廖道南撰

明嘉靖刻本　清丁丙跋

是刻半葉十行,行二十字,白口,左右雙邊。《中國古籍善本書目》著録,僅南京圖書館有藏。

南京

30147

文華大訓箴解六卷

明蒲圻(今赤壁)廖道南撰

1995年齊魯書社據明嘉靖刻本影印四庫全書存目叢書本

湖北

30148

文華大訓箴解六卷

明蒲圻(今赤壁)廖道南撰

2002年上海古籍出版社據明嘉靖刻本影印續修四庫全書本

湖北

30149

思聰録一卷

明江夏賀時泰撰

明萬曆四十六年(1618)刻本

是刻半葉八行,行二十字,白口,四周單邊,有刻工。《中國古籍善本書目》著録,僅該館有藏。時泰少爲諸生,以聾廢,因自號曰聾人。是書爲其子大學士逢聖所編,皆其講學語録大旨,宗良知之説。《四庫全書總目》入"子部·儒家類存目"。

時泰另有《人模樣》一卷,亦爲《四庫總目·儒家類存目》之書,係"湖北巡撫採進本"。然《四庫全書存目叢書》不收,常用書目不見,未知其版本爲何,亦不知尚存天壤間否。

湖北

30150

思聰録一卷

明江夏賀時泰撰

1995年齊魯書社據明萬曆四十六年(1618)刻本影印四庫全書存目叢書本

湖北

30151

閑邪記二卷

明京山郝敬撰

明萬曆崇禎間郝洪範刻山草堂集本

《中國古籍善本書目》著録。

科院

30152

摘録呻吟語二卷

明吕坤撰　清蒲圻(今赤壁)張學誠摘録

清蒲圻張學誠手抄九種稿本

湖北

30153

劉子素言二卷

明安陸劉伯生撰

明萬曆刻劉子三種本

國圖

30154

居學録(一名居要録)二卷

清黄岡曹本榮撰

清光緒十一年(1885)曹氏家塾刻本

自序云:"録成,凡答問十之六,告語十之三,雜志十之一。言率無心,詞取達意,故不復分别體例云。"

湖北

30155

繹志十九卷

清竟陵(今天門)胡承諾撰

清道光十七年（1837）顧氏謏聞書屋刻本

是刻半葉十二行，行二十二字，下大黑口，左右雙邊，單黑魚尾。《山東省圖書館藏海源閣書目》著録。

國圖　吉大　東北師大　黑大　山東海源閣　港大

30156

繹志十九卷

清竟陵（今天門）胡承諾撰

2002年上海古籍出版社據清道光十七年（1837）顧氏謏聞書屋刻本影印續修四庫全書本

湖北

30157

繹志十九卷

清竟陵（今天門）胡承諾撰

清道光十七年（1837）顧氏謏聞書屋刻本　趙寬批校

南京

30158

繹志十九卷

清竟陵（今天門）胡承諾撰

清同治十一年（1872）浙江書局重刻本

國圖　遼寧　湖北

30159

繹志十九卷

清竟陵（今天門）胡承諾撰

清光緒十七年（1891）三餘草堂刻湖北叢書本

國圖　科院　北大　上海　復旦　天津　遼寧　甘肅　南京　浙江　湖北　雲南

30160

繹志十九卷

清竟陵（今天門）胡承諾撰

民國二十四年至二十六年（1935—1937）上海商務印書館鉛印叢書集成初編本

國圖　北師大　清華　上海　復旦　遼寧　哈爾濱　甘肅　南大　浙江　江西　湖北　四川　重慶

30161

讀書説四卷

清竟陵（今天門）胡承諾撰

清道光二十五年（1845）刻本

國圖　大連　吉林　南京

30162

讀書説四卷

清竟陵（今天門）胡承諾撰

清光緒十七年（1891）三餘草堂刻湖北叢書本

國圖　科院　北大　上海　復旦　天津　遼寧　甘肅　南京　浙江　湖北　雲南

30163

下學堂劄記三卷

清孝感熊賜履撰

清康熙刻愚齋先生著書六種本

《四庫全書總目》入“子部·儒家類存目”。該館另有一部有《樸園邇語》等五種附刻。

湖北

30164

下學堂劄記三卷

清孝感熊賜履撰

1995年齊魯書社據清康熙刻本影印四庫全書存目叢書本

湖北

30165

下學堂劄記三卷樸園邇語二卷歸潔園偶筆一卷五緯正圖解一卷堂規一卷會約一卷

清孝感熊賜履撰

清康熙刻愚齋先生著書六種本

《中國古籍善本書目》著録，僅此二家有藏。《四庫全書總目》入“子部·儒家類存目”。

黑龍江　湖北

30166

下學堂箚記三卷樸園通語二卷歸潔園偶筆一卷五緯正圖解一卷堂規一卷會約一卷

清孝感熊賜履撰

2002年上海古籍出版社據清康熙刻愚齋先生著書六種本影印續修四庫全書本

湖北

30167

閑道録三卷

清孝感熊賜履撰

清康熙刻本

《中國古籍善本書目·子部》著録。或與清華所藏“清刻本”爲同版。

南京

30168

閑道録三卷

清孝感熊賜履撰

1995年齊魯書社據清康熙刻本影印四庫全書存目叢書本

湖北

30169

閑道録三卷

清孝感熊賜履撰

清刻本

《四庫全書總目》入“子部·儒家類存目”。

清華

30170

熊敬修先生閑道録纂要三卷

清孝感熊賜履撰　清詹龍輯

清抄本

《中國古籍善本書目》著録。嘉慶《湖北通志》收有《閑道録》三卷。

上海

30171

邇語一卷

清孝感熊賜履撰

清康熙五十一年（1712）序刻説鈴續集本

國圖　北大　北師大　天津　遼寧　甘肅　南大　浙江　河南　桂林　川大

30172

邇語一卷

清孝感熊賜履撰

清道光吴江沈氏世楷堂刻昭代叢書本

國圖　科院　北大　上海　復旦　天津　遼寧　甘肅　南大　南京　浙江　江西　武漢　桂林　四川　重慶

30173

信陽子卓録八卷

清麻城張鵬翮撰

清康熙五十五年（1716）刻本

《中國古籍善本書目》著録。

鵬翮字運青，四川遂寧籍，湖廣麻城人。清康熙九年進士，累官武英殿大學士，卒加少保，謚文端。《中國古籍善本書目》著録國圖、科院藏有“清康熙刻本”，未知與此本爲何種關係，疑爲同版。

清華　人大　北京文物局　上海　西安文管會　南京　厦大

30174

信陽子卓録八卷

清麻城張鵬翮撰

1995年齊魯書社據清康熙五十五年（1716）刻本影印四庫全書存目叢書本

湖北

30175

信陽子卓録八卷補遺二卷

清麻城張鵬翮撰

清康熙五十五年(1716)、五十九年(1720)刻本

《中國古籍善本書目》著録僅該館有藏。

清華　人大　北京文物局　上海　西安聞管會　南京　廈大

30176

信陽子卓録八卷

清麻城張鵬翮撰

2002年上海古籍出版社據清康熙五十五年(1716)刻本影印續修四庫全書本

湖北

30177

静用堂偶編十卷

清孝感涂天相撰

清康熙道生堂刻本

是刻半葉九行,行二十字,白口,左右雙邊。《中國古籍善本書目》著録。《四庫全書總目》入"子部·儒家類存目"。

科院　上海辭書　山西　南京　湖北

30178

静用堂偶編十卷

清孝感涂天相撰

1995年齊魯書社據清康熙刻本影印四庫全書存目叢書本

湖北

30179

静用堂偶編十卷

清孝感涂天相撰

清雍正二年(1724)道生堂刻本

《中國古籍善本書目》著録。

科院　上海辭書　山西湖北

30180

原理二卷

清孝感夏力恕撰

清刻本

國圖　湖北

30181

筆記二卷附録一卷

清孝感程大純撰

清乾隆三年(1738)程光鉅刻本

河南　雲大

30182

筆記二卷附録一卷

清孝感程大純撰

清刻本

《四庫全書總目》入"子部·儒家類存目"。大純字漢舒,康熙中由貢生官黄岡縣教諭。是書皆講學之語。

國圖　上海　南京

30183

筆記二卷

清孝感程大純撰

1995年齊魯書社據清刻本影印四庫全書存目叢書本

湖北

30184

程漢舒筆記二卷附録一卷

清孝感程大純撰

清抄本

國圖

30185

自勉編四卷

清漢川秦篤新撰

清同治九年(1870)刻本

上海

30186
學思録三卷
清武昌(今鄂州)張官德撰
清同治四年(1865)刻本
《中國古籍總目·子部》著録。
南京

30187
學思録三卷
清武昌(今鄂州)張官德撰
清同治九年(1870)楚北彭年刻本
南京

30188
學思録三卷
清武昌(今鄂州)張官德撰
清刻本
湖北

30189
就正編二卷
清漢陽蔣鳴奎撰
清同治十一年(1872)蔣氏遺編本
湖北

30190
就正編二卷
清漢陽蔣鳴奎撰
清同治十一年(1872)刻民國二十五年(1936)余家旎用黄陵從善堂藏版印蔣氏遺編本
湖北

30191
五子會要一卷
清武昌(今鄂州)張官德撰
清刻本
湖北

30192
濂學編六卷首一卷
清漢陽黄嗣東輯
清光緒二十三年(1897)漢中刻本
國圖

30193
惺心録一卷
清荆門陳吉林輯
清光緒二十三年(1897)荆門陳氏刻本
國圖

30194
起黄二卷質顧一卷廣王二卷
清江夏吴光耀撰
清末刻本
天津　南京

30195
起黄二卷質顧一卷廣王二卷
清江夏吴光耀撰
清宣統元年(1909)鉛印本
湖北

30196
道學平議十卷
清江夏吴光耀撰
民國元年(1912)巴縣宗虞堂胡氏刻本
湖北

30197
江夏陳氏義莊條規一卷
清江夏陳鑾撰
清光緒十四年(1888)刻本
上海

30198
先正格言十卷
清江夏陳鑾輯

清道光十六年(1836)江夏陳氏刻本
北大　上海　吉大　東北師大

30199
家常必讀四卷
清興國(今陽新)朱浩文輯
清光緒二十一年(1895)湖北官書局刻本
國圖　湖北

30200
彭氏家訓四卷
清江夏彭瑞毓撰
稿本
湖北

30201
甘氏家訓二卷
民國潛江甘樹椿撰
民國十三年(1924)甘鵬雲崇雅堂排印花隱老人遺著二種本
國圖　首都　清華　上海　上海師大　遼寧　山東　山東大　福建師大　湖北

30202
竹崀家訓一卷
清廣濟阮文茂撰
清光緒二十四年(1898)木活字本
與《竹崀文詩集》合訂。
湖北

30203
下學堂規一卷
清孝感熊賜履撰
清康熙刻愚齋先生著書六種本
黑龍江　南京　湖北

30204
東安日程一卷
民國羅田姚晉圻撰
清光緒沔陽盧氏刻民國十二年(1923)彙印慎始基齋叢書本
湖北

30205
東安日程一卷
民國羅田姚晉圻撰
民國二十四年(1935)沔陽盧氏靖石堂石印姚氏遺書三種本
北大

30206
田龍初觀書後例一卷
清江夏田明昶撰
清光緒沔陽盧氏刻民國十二年(1923)彙印慎始基齋叢書本
國圖　上海　天津　南大　浙江　湖北　廣東　重慶

30207
姚彥長觀書例(一名觀書例)一卷
民國羅田姚晉圻撰
清光緒沔陽盧氏刻民國十二年(1923)彙印慎始基齋叢書本
湖北

30208
小學經傳二卷
明黄安(今紅安)耿定向撰
明萬曆三十七年(1609)刻本
是刻半葉九行,行二十一字,白口,左右雙邊。《中國古籍善本書目》著録,僅該館有藏。
吉林社科院

30209
小學衍義二卷
明黄安(今紅安)耿定向輯
明萬曆三十七年(1609)刻本
《中國古籍善本書目》著録,

吉林社科院

30210
四字經一卷
明漢陽蕭良有撰
日本文化四年（1807）學古塾刻本
遼寧

30211
崇正録二卷
清廣濟阮文茂撰
清雍正五年（1727）不倦堂刻本
湖北

文茂字駿公，一字竹巖。歷試有聲，然竟不第。歸隱竹巖，鍵户著書。《縣志·文苑》有傳。有《竹巖詩文集》。

30212
崇正録二卷
清廣濟阮文茂撰
清光緒二十四年（1898）木活字本
與《竹嵓文詩集》合訂。
湖北

30213
童蒙須知韻語一卷
清興國（今陽新）萬斛泉撰
清咸豐二年（1852）刻本
湖北

30214
童蒙須知韻語一卷
清興國（今陽新）萬斛泉撰
清同治五年（1866）上海道署刻本
國圖　齊齊哈爾

30215
童蒙須知韻語一卷
清興國（今陽新）萬斛泉撰
清光緒刻津河廣仁堂所刻書本
科院　上海　甘肅

30216
童蒙須知韻語一卷
清興國（今陽新）萬斛泉撰
清光緒二十七年（1901）膠州聽雨何時軒東聽雨堂刊書本
北師大　上海　山東大　福建師大

30217
童蒙須知韻語一卷
清興國（今陽新）萬斛泉撰　沈放注釋
1993年遼寧教育出版社鉛印中華蒙學集成本
遼寧

30218
增廣三字經一卷
清興國（今陽新）萬斛泉撰
清末刻本
湖北

30219
蒙求補宋十六卷
清黄安（今紅安）劉鳳墀撰　清黄安（今紅安）劉壽峒、劉壽恒注
清光緒十九年（1893）黄安劉氏皺清齋刻本
湖北

30220
證學十卷
民國漢陽傅守謙撰
民國八年（1919）刻本
湖北

30221
訓蒙駢句一卷
明興國（今陽新）司守謙撰

民國二十五年(1936)陽新石氏鉛印蓉城仙館叢書本

一説爲羅田人。

國圖　上海　遼寧　南京　湖北　川大

30222

訓蒙駢句一卷

明興國(今陽新)司守謙撰　沈放注釋

1993年遼寧教育出版社鉛印中華蒙學集成本

遼寧

30223

課蒙易曉不分卷

清武昌(今鄂州)張官德撰

清同治十二年(1873)刻本

上海

30224

女三字經一卷

清興國(今陽新)朱浩文撰

清光緒二十年(1894)湖北官書局刻本

國圖

30225

女三字經一卷

清興國(今陽新)朱浩文撰

清光緒二十七年(1901)膠州聽雨何時軒刻東聽雨堂刊書本

北師大　上海　山東大　福建師大

30226

童蒙便讀四卷

清興國(今陽新)朱浩文輯

清光緒二十年至二十一年(1894—1895)湖北官書局刻本

國圖　湖北

30227

閨門便讀四卷

清興國(今陽新)朱浩文輯

清光緒二十年(1894)湖北官書局刻本

國圖　湖北

30228

小大學程十卷

清興國(今陽新)朱浩文撰

清光緒二十年(1894)朱氏彙源堂刻本

湖北

30229

幼學集一卷

武昌吴宗儉撰

民國印本

湖北

30230

手寫醫心方不分卷

民國蘄春黄侃撰

稿本

黄建中《黄季剛先生著作分類録》將其歸入"哲學"類。

武大中文系

30231

手寫真實義品不分卷

民國蘄春黄侃撰

稿本

此稿未曾寓目,茲據黄建中《黄季剛先生著作分類録·哲學》。

武大中文系

30232

補學齋家訓十五章

黄陂杜見龍撰

民國三十五年(1946)武昌石印本

湖北

30233
原儒二卷
黄岡熊十力撰
1989年山東友誼書社鉛印孔子文化大全本
國圖　山東　湖北

30234
心書
黄岡熊十力撰
民國七年（1918）自印本
有蔡元培序、丁去病跋
湖北

30235
新唯識論
黄岡熊十力撰
民國二十一年（1932）浙江省立圖書館出版部鉛印本
文言文本。有馬一浮序。
湖北

30236
新唯識論
黄岡熊十力撰
1985年中華書局鉛印本
收録著作四種：《心書》爲作者早年之短論集；《新唯識論》（文言文本）、《破破新唯識論》《新唯識論》（語體文本）爲熊氏哲學體系的主要代表作品。
湖北

30237
新唯識論
黄岡熊十力撰
1989年山東友誼書社鉛印本
國圖　山東

兵家類

30238
太白陰經十卷
唐李筌撰
清四庫全書本
國圖　甘肅　浙江　臺北故宫
1983年臺北商務印書館影印清文淵閣四庫全書本
湖北
1989年上海古籍出版社縮印臺北商務印書館影印清文淵閣四庫全書
國圖　武漢

30239
太白陰經十卷
唐李筌撰
清乾隆四庫全書館抄本
參見“子部·道家類”《黄帝陰符經疏》附注。《中國古籍善本書目》著録。
國圖

30240
太白陰經十卷
唐李筌撰
清内府抄本
《中國古籍善本書目》著録。
南京博

30241
神機制敵太白陰經十卷
唐李筌撰
明抄本　清孫星衍校並跋
《中國古籍善本書目》著録。
北大

30242
神機制敵太白陰經十卷
唐李筌撰
明末毛氏汲古閣抄本
《中國古籍善本書目》著録。
山西文物局

30243
神機制敵太白陰經十卷
唐李筌撰
清初抄本
《中國古籍善本書目》著録。
復旦

30244
神機制敵太白陰經十卷
唐李筌撰
清抄本
《中國古籍善本書目》著録。
國圖

30245
神機制敵太白陰經十卷
唐李筌撰
清抄本
《中國古籍善本書目·子部》第1172號著録。
上海

30246
神機制敵太白陰經十卷
唐李筌撰
清抄本
《中國古籍善本書目·子部》第1173號著録。
上海

30247
神機制敵太白陰經十卷
唐李筌撰
清抄本
《中國古籍善本書目》著録。
甘肅

30248
神機制敵太白陰經十卷
唐李筌撰
清抄本
《中國古籍善本書目》著録。
無錫

30249
神機制敵太白陰經十卷
唐李筌撰
清抄本
《中國古籍善本書目》著録。
鄭州大

30250
神機制敵太白陰經十卷
唐李筌撰
清嘉慶十三年至十六年（1808—1811）張海鵬刻墨海金壺本
《中國古籍善本書目》著録。
國圖　復旦　天津　山東

30251
神機制敵太白陰經十卷
唐李筌撰
民國十年（1921）上海博古齋影印清嘉慶張海鵬刻墨海金壺本
國圖　首都　北大　上海　復旦　天津　遼寧　吉大　甘肅　南京　浙江　河南　武大　四川　重慶　雲南

30252
神機制敵太白陰經十卷
唐李筌撰
清道光二十四年（1844）錢氏據墨海金

壺版重編增刻守山閣叢書本

《中國古籍善本書目》著録。

國圖　科院　北大　上海　復旦　天津　遼寧　甘肅　南京　南大　杭大　江西　武大　四川　重慶　雲南

30253

神機制敵太白陰經十卷

唐李筌撰

清光緒十五年（1889）上海鴻文書局影印清金山錢氏據墨海金壺版增刊守山閣叢書本

國圖　首都　北大　上海　復旦　天津　遼寧　浙江　湖北　四川　重慶

30254

神機制敵太白陰經十卷

唐李筌撰

民國十一年（1922）上海博古齋影印清錢氏據墨海金壺版重編增刻守山閣叢書本

國圖　科院　北大　上海　復旦　天津　遼寧　甘肅　南京　杭大　江西　武大　四川　重慶　雲南

30255

神機制敵太白陰經十卷

唐李筌撰

清咸豐四年（1854）新昌莊氏遇客軒刻長恩書室叢書本

國圖　科院　北大　上海　復旦　天津　遼寧　南京　浙江　湖北　武漢　四川　重慶

30256

神機制敵太白陰經十卷

唐李筌撰

清同治新建吴氏皖城刻半畝園叢書本

首都　科院　遼寧　山東　南京　南大　重慶

30257

神機制敵太白陰經十卷

唐李筌撰

民國二十四年至二十六年（1935—1937）上海商務印書館鉛印叢書集成初編本

國圖　清華　北師大　上海　復旦　遼寧　吉林市　甘肅　南大　浙江　江西　湖北　四川　重慶

30258

黄石公潤經一卷

唐李靖授　唐李筌誌

明祁氏抄澹生堂餘苑本

《中國古籍善本書目》著録。參見"子部·道家類"《黄帝陰符經疏》附注。未見原書，無法確定分類，姑置於斯。

上海

30259

閫外春秋殘二卷

唐李筌撰

民國據唐寫本影印鳴沙石室佚書本

國圖　首都　北師大　上海　復旦　内蒙古　遼寧　吉大　甘肅　南京　南大　湖北　川大　雲南

30260

武經直解十二卷

明劉寅撰　明江陵張居正增訂

明崇禎十年（1637）翁鴻業刻本

孫武直解三卷

吴子直解一卷

司馬法直解一卷

尉繚子直解二卷

黄石公三畧直解一卷

太公六韜二卷

唐太宗李尉公直解二卷

是刻半葉九行，行二十一字，白口，四周單邊。《中國古籍善本書目》著録。

華東師大　遼寧　山東

30261
武經七書全文直解七卷
明劉寅撰　明江陵張居正增訂
清順治十八年（1661）汪琪還讀齋刻本
子目同前。
國圖　上海　南京

30262
譚天相校刻兵書六種
明黄梅曹飛編
明天啓三年（1623）譚天相刻本
新鐫直指吴先生編刻八陣全圖　明黄陂（？）吴之皡編
天地運旋陣圖　明黄梅曹飛編
古今雜記陣圖　明黄梅曹飛編
吴遊兩直指先生選刻陣圖紀要　明黄梅曹飛編
新選兵機要訣百款　明黄梅曹飛編
觀察魏先生選刻火攻紀要　明黄梅曹飛編
叢書名由該館擬定。
國圖

30263
天地運旋陣圖
明黄梅曹飛編
明天啓三年（1623）譚天相校刻兵書六種本
國圖

30264
古今雜記陣圖
明黄梅曹飛編
明天啓三年（1623）譚天相校刻兵書六種本
國圖

30265
吴遊兩直指先生選刻陣圖紀要
明黄梅曹飛編
明天啓三年（1623）譚天相校刻兵書六種本
國圖

30266
新選兵機要訣百款
明黄梅曹飛編
明天啓三年（1623）譚天相校刻兵書六種本
國圖

30267
觀察魏先生選刻火攻紀要
明黄梅曹飛編
明天啓三年（1623）譚天相校刻兵書六種本
國圖

30268
新鐫直指吴先生編刻八陣全圖
明黄陂（？）吴之皡編
明天啓三年（1623）譚天相校刻兵書六種本
吴氏之籍貫存疑。
國圖

30269
籌兵藥言一卷
明黄梅曹飛編
明章介人抄本　清左宗棠跋
《中國古籍善本書目》著録。
山東

30270
籌兵三畧不分卷
明黄梅曹飛編
清抄本
《中國古籍善本書目》著録。
科院

30271
火攻陣法四卷
明黄梅曹飛編
明天啓三年（1623）吴之暭等刻本
觀察魏先生選刻火攻紀要一卷
吴遊兩直指先生選刻陣圖紀要三卷
是刻半葉十四行，行二十字，白口，四周雙邊。《中國古籍善本書目》著録，僅該館有藏。該館將斯編彙入了《譚天相校刻兵書八種》。
國圖

30272
司馬法融解一卷
清武昌（今鄂州）王家璧撰
稿本
《王家壁雜著九種》之一，與《老子融解》等合册，體例亦一致，惜未竣工。
湖北

30273
吴子融解一卷
清武昌（今鄂州）王家璧撰
稿本
與《老子融解》等合裝一册，體例亦與之一致，惜未告竣。《王家壁雜著九種》之一。
湖北

30274
草廬經畧十二卷
明黄岡黄啓瑞撰
清康熙二十二年（1683）抄本
此書原僅以抄本流傳，迨至道光間南海伍氏將其彙入《粤雅堂叢書》始付梨棗。往昔書目對該書著者之著録存在歧異，或作"明□□撰"，《中國古籍善本書目》和《中國古籍總目》亦皆如此；或作"明黄啓瑞撰"，如《湖北藝文志》。《湖北藝文志》收録"孝感徐氏家藏明抄本"，其《案》注云："是書始刻於粤雅堂，用曾勉士釗所藏鈔本，不著撰人。伍氏僅據書中'國初，兩淮郡縣多爲張士誠所據，高皇欲取之'云云，推知爲明人耳。光緒中，蜀宋氏又刻小字單行本，一仍粤雅堂之舊。獨此本乃明人原鈔，藏孝感屠給諫仁守家。有題跋，惜未具年月名氏。言書爲黄州人黄啓瑞遊楚撫瀕陽某公幕中作，較粤雅堂本多十八省地志各篇，並附地圖。圖不精，而論述險要則甚確，足爲宛溪之先河。曾氏鈔本，必出清人，當在此本後也。"今以明鈔不知歸諸何方，但卻給我們保存了有關該書著者之重要信息，有理有據，從之。
内蒙古

30275
草廬經略十二卷
明黄岡黄啓瑞撰
清道光十三年（1833）南海伍氏刻粤雅堂叢書本
伍崇曜跋曰："《草廬經略》十二卷，卷中各分子目，其議論亦頗精審，末各援古事以證之，亦慎於持擇。其署曰'草廬'，無亦以諸葛自命者歟？昔茅元儀《武備志》成，曾經明神宗乙夜之覽，天語稱其該博，即以顔其堂。此書視元儀所著，詳略迥殊，而目以該博，亦洵無愧色。"
湖北

30276
草廬經畧十二卷
明黄岡黄啓瑞撰
清光緒六年（1880）蓬萊宋氏鉛印本
雲南

30277
草廬經略十二卷
明黄岡黄啓瑞撰
清光緒七年（1881）成都志古堂刻本
《中國古籍總目·子部》收有吉大、南京館藏"清光緒七年宋慶成都刻本"，疑即此本。
吉大　南京

30278

草廬經畧十二卷

明黄岡黄啓瑞撰

清光緒二十四年(1898)山西同文正記書局石印本

上海

30279

草廬經畧十二卷

明黄岡黄啓瑞撰

清光緒排印申報館叢書本

湖北

30280

草廬經略十二卷

明黄岡黄啓瑞撰

民國二十四年至二十六年(1935—1937)上海商務印書館鉛印叢書集成初編本

湖北

30281

草廬經畧八卷

明黄岡黄啓瑞撰

清乾隆抄本

吉林社科院

30282

草廬經略八卷

明黄岡黄啓瑞撰

清抄本

書凡四册。不著撰人。

湖北

30283

草廬經畧六卷

明黄岡黄啓瑞撰

清道光烏程汪氏刻本

北大

30284

草廬經畧六卷

明黄岡黄啓瑞撰

清抄本

國圖

30285

草廬經畧六卷

明黄岡黄啓瑞撰

清抄本

黑龍江

30286

草廬經畧六卷

明黄岡黄啓瑞撰

清抄本

湖南

30287

草廬經畧六卷

明黄岡黄啓瑞撰

清咸豐二年(1852)文鬱抄本

遼寧

30288

守揚練兵輯要一卷

明武昌(今鄂州)郭光復撰

明萬曆二十五年(1597)自刻本

是時光復爲揚州知府。半葉九行,行十九或二十字,白口,四周雙邊。《中國古籍善本書目》著録,僅國家圖書館有藏。

國圖

30289

兵機纂八卷

明武昌(今鄂州)郭光復撰

明萬曆二十七年(1599)自刻本

是刻半葉十行,行二十字,白口,四周單邊。《中國古籍善本書目》著録,僅蘇州市圖書館有藏。本書今存萬曆刻本一部。崇禎刻本全本一部、殘本一部。

蘇州

30290

兵機纂八卷

明武昌(今鄂州)郭光復撰

明崇禎六年(1633)刻本

是刻版本、行款、字數同萬曆自刻本,《中國古籍善本書目》著録。

國圖 ˣ　北大

30291

草廬經畧輿圖總論一卷

明黄岡黄啓瑞撰

民國二十五年(1936)陽新石氏排印蓉城仙館叢書本

此與粵雅堂本合攏,似可還明抄本之原。

湖北

30292

祕授金鎖八門鎮圖要訣(一名金鎖圖説)一卷附空羣齋集一卷

明江陵何觀撰

明萬曆元年(1573)刻本

《販書偶記續編》著録,《中國古籍善本書目》不見。藏書單位待訪。書名中之"鎮",天啓二年刻本作"陣",似以後者爲是。

30293

祕授金鎖八門陣圖要訣一卷附空羣齋集一卷

明江陵何觀撰

明天啓二年(1622)張鳴時刻本

是刻半葉八行,行十八字,白口,四周單邊。《中國古籍善本書目》著録,僅該館有藏。

國圖

30294

教戰書五卷

明蘄水(今浠水)官撫辰撰

明崇禎金陵刻雲鴻洞稿本

臺圖

30295

陣法十三解一卷

明蘄水(今浠水)官撫辰撰

明崇禎金陵刻雲鴻洞稿本

臺圖

30296

兵器七卷

明漢川尹賓商撰

清光緒三十三年(1907)武北國學編輯社鉛印本

賓商字亦庚,一字於皇,後改名商。以恩貢授屯留知縣,調祁縣,忤上官,罷。有雋才,喜談兵。京山李維楨序其書。據縣志,有多種言兵著作。據《湖廣通志》,尹氏有《艾南阿藏稿》二十卷,未見。

軍科院　上海　湖北

30297

白豪子兵七卷

明漢川尹賓商撰

抄本

軍科院

30298

武書大全二十三種

明漢川尹商(原名尹賓商)編

明崇禎九年(1636)尹氏自刻本

存十九種

新編歷科程墨武論韜畧世法三卷　明徐光啓輯

新編八十六朝名將韜畧世法五卷　明漢川尹商輯

新編孫武子十三篇説印韜畧世法二卷　明李騰芳輯

新編吴子標題引證韜畧世法一卷　明李槱

評釋

新編李衛公標題引證韜畧世法一卷　明何武臣輯

新編司馬法標題引證韜畧世法一卷　明臧應驥輯

新編尉繚子標題引證韜畧世法一卷　明李騰芳輯

新編武侯兵要箋註評林韜畧世法一卷　明謝枋得輯

新編戚將軍將畧韜畧世法一卷　明戚繼光輯

新編行兵占驗天時韜畧世法一卷　明張嶽輯

新編大明一統地利險要韜畧世法一卷　明陳廷對輯　明吴起夔箋注　明荆可棟繪圖

新編大明一統九邊險要韜畧世法一卷　明徐光啓輯　明王在晉評釋

新編張靖峯家藏攻城急務韜畧世法一卷　明張皇威輯

新編張靖峯家藏守城急策韜畧世法一卷　明張皇威輯

新編張靖峯家藏火攻急務韜畧世法一卷　明張皇威輯

新編張靖峯家藏水戰急務韜畧世法一卷　明張皇威輯

新編戚總兵家藏營陣圖説韜畧世法一卷　明張繼孟撰　明荆可棟彙圖

新編武備騎射車牌彙奇韜畧世法一卷　明程輔國輯

新編百戰百勝令法引證韜畧世法二卷　宋謝枋得輯

四館藏本皆殘，存世極稀。

據《彙刻書目外集》，有徐光啓《練軍論策疏議》四卷，臧應驥《三略》一卷、《六韜》一卷，黄石公《奇門遁甲》，凡四種（似均係簡名），各館缺藏。

國圖 ˣ　北大 ˣ　科院 ˣ　上海 ˣ

30299

新編八十六朝名將韜畧世法五卷

明漢川尹商輯

明崇禎九年（1636）尹商刻武書大全二十三種本

30300

營陣圖説二卷

明漢川尹商輯　明李芳評釋

明刻本

北大

30301

兵法集鑑六卷

清襄陽史策先撰

清咸豐六年（1856）正定府署刻本

前有自序，謂"取歷代戰爭之可爲殷鑒者，裒集成書"。所輯自上古以迄明季。《中國古籍善本書目·子部》除正定府署本外，并列有"清咸豐六年江寧蘇德義刻本"，國圖、蘇州二館藏，或即是本。

天津　山西大　南京　河南

30302

曾文正公水陸行軍練兵志四卷

清東湖（今宜昌）王定安撰

清光緒十七年（1891）上洋文海書局刻本

東北師大

30303

曾文正公水陸行軍練兵志四卷

清東湖（今宜昌）王定安撰

清光緒二十八年（1902）涇陽柏經正堂刻本

黑大

30304

兵法史畧學七卷

清兩湖書院編

清光緒二十四年至二十六年(1898—1900)刻兩湖書院課程本
復旦

30305
火器真訣釋例一卷
清李善蘭原撰　民國沔陽(今仙桃)盧靖釋例
清光緒十年(1884)湖北撫署刻本
湖北

30306
湖北武學二十四種
清湖北武備學堂編譯
清光緒二十六年(1900)湖北官書處刻本
體操法五卷　德國瑞乃爾口譯　蕭誦芬筆述
附普通體操摘要一卷　王肇鋐譯
打靶通法二卷　德國斯泰老口譯　蕭誦芬筆述
七密里九毛瑟快槍説一卷　德國瑞乃爾口譯　蕭誦芬筆述
護隊集要　德國斯泰老、馮錫庚同譯
地勢學五卷　德國庫司孟撰　德國福克斯增補　詹貴珊同譯
步隊戰法二卷　德國梅開爾撰　蔣煦譯述
馬隊戰法　德國梅開爾撰　德國斯泰老、蔣煦同譯
炮隊戰法　德國梅開爾撰　德國斯泰老、蔣煦同譯
三隊合戰法　德國何福滿、楊其昌同譯
雷火圖説　德國何福滿、楊其昌同譯
炮臺説略二卷　德國何福滿、楊其昌同譯
溝壘圖説四卷　德國福克斯選譯　詹貴珊同譯
修路説略一卷　德國何福滿、楊其昌同譯
行軍測繪學四卷　德國何福滿、楊其昌同譯
行軍帳棚説　德國何福滿、楊其昌同譯
軍械圖説一卷　德國何福滿、楊其昌同譯
槍法圖解一卷　德國何福滿、楊其昌同譯
戰法輯要六卷　德國梅開爾撰譯
浮橋工程學五卷附一卷　德國何福滿、楊其昌同譯
營壘從新　德國何福滿、楊其昌同譯
武弁職司　德國何福滿、楊其昌同譯
行軍電報要略　德國何福滿、楊其昌同譯
行軍造橋圖説　德國何福滿、楊其昌同譯
行軍偵探要略　德國何福滿、楊其昌同譯

斯編爲張之洞辦的武備學堂教學用書,多係翻譯德國軍事著作。

湖北

法家類

30307
管子二十四卷
唐房玄齡注　明江夏劉績增注
明萬曆七年(1579)刻中立四子集朱印本

《中國古籍善本書目》著録,僅南京圖書館有藏。半葉十行,行二十一字,小字雙行行字同,白口,四周雙邊。《中立四子集》一名《中都四子集》,據《中國叢書綜録》,國圖、北大、天津、杭大、武大、重慶六館有藏。

南京

30308
管子二十四卷
唐房玄齡注　明江夏劉績增注
明萬曆七年(1579)刻中立四子集藍印本
國圖

30309
管子二十四卷
唐房玄齡注　明江夏劉績增注
明萬曆七年(1579)臨川朱東光刻中都

四子集本
據《中國叢書綜録》著録。
國圖　北大　天津　杭大　武大　重慶

30310
管子二十四卷
唐房玄齡注　明江夏劉績增注
民國十二年(1923)沔陽盧氏慎始基齋據中都四子集本影印湖北先正遺書本
國圖　科院　北大　上海　天津　遼寧　寧夏　山東　南京　浙江　湖北　四川

30311
管子二十四卷
唐房玄齡注　明江夏劉績補注
明萬曆十年(1582)趙用賢刻管韓合刻本
北師大　復旦　吉林　南京　浙江

30312
管子二十四卷
唐房玄齡注　明江夏劉績補注
明萬曆十年(1582)趙用賢刻管韓合刻本　清傅山批校
國圖

30313
管子二十四卷
唐房玄齡注　明江夏劉績補注
明萬曆十年(1582)趙用賢刻管韓合刻本　清王念孫、王引之校　清臧庸跋　宋琨跋　葉景葵跋
上海

30314
管子二十四卷
唐房玄齡注　明江夏劉績補注
明萬曆十年(1582)趙用賢刻管韓合刻本　清袁廷檮校並跋　清顧廣圻校並跋　莫棠跋
《中國古籍善本書目》著録。
國圖

30315
管子二十四卷
唐房玄齡注　明江夏劉績補注
明萬曆十年(1582)趙用賢刻管韓合刻本　清黄丕烈校　清陳奐校並跋　清戴望、莫友芝、譚獻題款
《中國古籍善本書目》著録。
國圖

30316
管子二十四卷
唐房玄齡注　明江夏劉績補注
明萬曆十年(1582)趙用賢刻管韓合刻本
清顧廣圻校並跋又録　清惠棟校注
《中國古籍善本書目》著録。
國圖

30317
管子二十四卷
唐房玄齡注　明江夏劉績補注
明萬曆十年(1582)趙用賢刻管韓合刻本　清吴志忠校跋並録　清黄丕烈、顧廣圻、段玉裁、王引之等校注
《中國古籍善本書目》著録。
國圖

30318
管子二十四卷
唐房玄齡注　明江夏劉績補注
明萬曆十年(1582)趙用賢刻管韓合刻本　佚名題記
國圖

30319
管子二十四卷
唐房玄齡注　明江夏劉績補注

明萬曆十年(1582)趙用賢刻管韓合刻本　佚名録清陳奐校並跋

《中國古籍善本書目》著録。

上海

30320

管子二十四卷

唐房玄齡注　明江夏劉績補注

明萬曆十年(1582)趙用賢刻管韓合刻本　清戴望校跋並録清孫星衍、洪頤煊、王念孫、王引之、丁士涵、俞樾校

上海

30321

管子二十四卷

唐房玄齡注　明江夏劉績補注

明萬曆十年(1582)趙用賢刻管韓合刻本　清唐炯批點並跋

貴州

30322

管子二十四卷

唐房玄齡注　明江夏劉績補注

明刻本

是刻半葉九行,行二十字,白口,四周雙邊。《中國古籍善本書目》著録,僅此二館有藏。

國圖　科院

30323

管子二十四卷

唐房玄齡注　明江夏劉績補注

明刻本　清佚名校　清陸貽典、黄丕烈校並跋

《中國古籍善本書目》著録。

國圖

30324

管子二十四卷

唐房玄齡注　明江夏劉績補注

明刻本　清顧廣圻校並抄補缺葉又録清陸貽典校跋

《中國古籍善本書目》著録。

國圖

30325

管子二十四卷

唐房玄齡注　明江夏劉績補注

明刻本　佚名録清陸貽典校跋　清丁丙跋

《中國古籍善本書目》著録。

南京

30326

管子二十四卷

唐房玄齡注　明江夏劉績補注

明刻本　清佚名校　清王芑孫跋　冒廣生跋

《中國古籍善本書目》著録。"清佚名校"爲《中國古籍總目》編者所加。

國圖

30327

管子二十四卷

唐房玄齡注　明江夏劉績補注

明崇禎十一年(1638)萬鼎刻合刻管韓二子本

華東師大　山東　無錫　天一閣　西南師院　國會

30328

管子二十四卷

唐房玄齡注　明江夏劉績補注

明抄本

《中國古籍善本書目》著録。

國圖

30329

管子補注二十四卷

唐房玄齡注　明江夏劉績補注

清四庫全書本

國圖　甘肅　浙江　臺北故宫

1983年臺北商務印書館影印清文淵閣四庫全書本

湖北

1989年上海古籍出版社縮印臺北商務印書館影印清乾隆寫文淵閣四庫全書

國圖　武漢

30330

管子二十四卷

唐房玄齡注　明江夏劉績補注

清嘉慶七年(1802)刻本

南京

30331

管子二十四卷

唐房玄齡注　明江夏劉績補注

清光緒十九年(1891)上海積山書局石印本

東北師大

30332

管子二十四卷

唐房玄齡注　明江夏劉績增注

清光緒十九年(1893)上海鴻文書局石印二十五子彙函本

國圖　首都　北師大　上海　復旦　吉大　山東大　安徽　河南　青海

30333

管子二十四卷

唐房玄齡注　明江夏劉績增注

清光緒二十三年(1897)上海圖書集成局鉛印子書二十二種本

國圖　北師大　上海　上海辭書　天津　吉林市　山東大　安徽　河南　桂林

30334

管子二十四卷

唐房玄齡注　明江夏劉績增注

清光緒浙江書局刻二十二子本

《中國叢書綜録》著録三十八館有藏。

國圖　科院　上海　南京　浙江　河南　湖北　武漢

30335

管子二十四卷

唐房玄齡注　明江夏劉績補注

清光緒三十年(1904)上海廣益書局石印本

香港浸會

30336

管子二十四卷

唐房玄齡注　明江夏劉績補注

清宣統三年(1911)育文書局石印子書二十八種本

上海　遼寧　山大　安徽　重慶　川大

30337

管子二十四卷

唐房玄齡注　明江夏劉績增注

民國九年(1920)上海五鳳樓石印子書四十八種本

國圖　上海師大　山東大　南大　桂林　寧夏

30338

管子二十四卷

唐房玄齡注　明江夏劉績補注

民國十九年(1930)上海中華書局鉛印袖珍古書讀本本

上海　復旦　華東師大　福建　福建師大　湖北　雲南

30339

管子二十四卷

唐房玄齡注　明江夏劉績增注

民國二十五年（1936）上海中華書局排印四部備要本

《中國叢書綜録》著録四十館有藏。

國圖　上海　天津　南京　浙江　湖北

30340

管子二十四卷

唐房玄齡注　明江夏劉績增注

1989年上海古籍出版社鉛印諸子百家叢書本　又1994年鉛印本

30341

管子二十四卷

唐房玄齡注　明江夏劉績補注　明張榜等評

明天啓五年（1625）朱養純花齋刻本

是刻半葉九行，行二十字，小字雙行行字同，白口，四周單邊。《中國古籍善本書目》著録，五十個館有藏。

首都　上海　天津　南京　浙江　河南　武漢　湖南　重慶

30342

管子二十四卷

唐房玄齡注　明江夏劉績補注　明張榜等評

明天啓五年（1625）朱養純花齋刻本　朱希祖批校

《中國古籍總目·子部》著録。

國圖

30343

管子二十四卷

唐房玄齡注　明江夏劉績補注　明張榜等評

明天啓五年（1625）朱養純花齋刻本　清譚獻跋並録清陳奐校跋

《中國古籍善本書目》著録。

温州

30344

管子二十四卷

唐房玄齡注　明江夏劉績補注　明張榜等評

清同治黄以周校刻本

吉林

30345

管子二十四卷

唐房玄齡注　明江夏劉績補注

民國二十五年（1936）中華書局縮印四部備要本

北師大　上海　浙江　江西　湖北　廣西　重慶

30346

管子二十四卷首一卷

唐房玄齡註釋　明江夏劉績增註　明朱長春通演

日本寬政八年（1796）翻刻明天啓本

華東師大　遼寧　吉林　黑大

30347

管子二十四卷首一卷

唐房玄齡註釋　明江夏劉績增註　明朱長春通演

日本印寬政八年（1796）本

華東師大

30348

管子二十四卷

唐房玄齡注　明江夏劉績、明朱長春補注

明末刻本

國圖　科院

30349

管子二十四卷

唐房玄齡注　明江夏劉績、明朱長春補注　明張榜等評

明刻本

是刻半葉十行，行二十字，小字雙行行字同，白口，左右雙邊。《中國古籍善本書目》著録，十七個館有藏。

北大　科院　南京　河南　中大

30350

管子二十四卷

唐房玄齡注　明江夏劉績、明朱長春補注　明張榜等評

明刻本

是刻半葉九行，行二十五字，小字雙行行字同，白口，四周單邊。《中國古籍善本書目》著録，僅中共中央黨校圖書館有藏。

中央黨校

30351

管子二十四卷

唐房玄齡注　明江夏劉績、明朱長春補注　明張榜等評

明刻本　清陳希曾校並跋

是刻半葉九行，行二十字，白口，左右雙邊。《中國古籍善本書目》著録，僅故宫有藏。

故宫

30352

管子二十四卷

唐房玄齡注　明江夏劉績、明朱長春補注　明張榜等評

明刻本　清葉裕仁跋　清李錫疇校跋並録　清顧廣圻批校題識

存十二卷：卷一至十二

是刻半葉九行，行二十字，小字雙行十九字，白口，左右雙邊。《中國古籍善本書目》著録，僅南京博物院有藏。

南京博 ×

30353

管子二十四卷

唐房玄齡注　明江夏劉績補注、明朱長春通演　明張榜等評

清嘉慶九年（1804）姑蘇王氏聚文堂刻十子全書本

首都　科院　上海　華東師大　天津　遼寧　山東　南京　杭大　湖北　武漢　四川　重慶

30354

管子治畧窾言八卷

唐房玄齡注　明江夏劉績補注　明淩登嘉輯評

明萬曆刻本

是刻半葉九行，行二十字，白口，左右雙邊。《中國古籍善本書目》著録。

科院　上海　天一閣　湖北　湖南

30355

管子治畧窾言八卷

唐房玄齡注　明江夏劉績補注　明淩登嘉輯評

明萬曆刻本　清宋翔鳳批並跋　清黄國瑾跋

蘇州

30356

管子治畧真本八卷

唐房玄齡注　明劉績補注　明淩登嘉輯評　明景陵（今天門）鍾惺重訂

明萬曆刻管子治畧窾言後印本

該館《中文古籍善本書目》著録。

科院

30357

弟子職一卷

唐房玄齡注　明江夏劉績增注　明朱長春通演　日本冢田虎補解

日本文政七年（1824）雄風館翻刻管子全書本

遼寧

30358
管子校議二卷
民國漢陽李哲明撰
民國二十年(1931)鉛印本
《販書偶記》著録。藏書單位待訪。

30359
沼山精舍經律劄記一卷
清大冶朱廷勱撰
清光緒刻本
有清光緒二十八年(1902)序。
湖北

30360
經義亭疑三卷
清荆門蔣楷撰
清宣統三年(1911)刻本
《販書偶記》著録。藏書單位待訪。

農家類

30361
植棉纂要一卷
清東湖(今宜昌)饒敦秩撰
清光緒三十四年(1908)石印本
《販書偶記》著録爲鉛印本。
國圖

30362
蠶桑簡要録一卷
清東湖(今宜昌)饒敦秩輯
清光緒二十八年(1902)南溪官舍(即東湖饒氏古歡齋)刻本
《販書偶記》著録。
國圖　首都　湖北

30363
蠶桑質説二卷附種樟簡明法十二條
清東湖(今宜昌)饒敦秩撰
清光緒三十四年(1908)鉛印本
《販書偶記》著録。藏書單位待訪。

30364
蠶桑質説二卷附種樟簡明法十二條
清東湖(今宜昌)饒敦秩撰
油印本
國圖　湖北

30365
東省養蠶成法一卷授時分收圖一卷
清江夏崔應階撰
清管庭芬花近樓叢書稿本
常用書目未見著録,或未付梓。
國圖

30366
野菜贊(一名野蔌贊)不分卷
清蘄州(今蘄春)顧景星撰
清道光吴江沈氏世楷堂刻昭代叢書丁集新編本
《簡明中國古籍辭典》收録。
湖北

30367
野菜贊一卷
清蘄州(今蘄春)顧景星撰
2002年上海古籍出版社據清道光十三年(1833)世楷堂刻昭代叢書本影印續修四庫全書本
湖北

30368
野菜贊(一名野蔌贊)一卷
清蘄州(今蘄春)顧景星撰
清抄本
國圖

30369
竹譜一卷
晉武昌(今鄂州)戴凱之撰
民國十六年(1927)武進陶氏據宋咸淳本影印百川學海本
上海　天津　吉大　南大　河南　貴州　青海　寧夏

30370
竹譜一卷
晉武昌(今鄂州)戴凱之撰
明弘治無錫華氏刻百川學海本
國圖　北大　上海　甘肅　南京　安徽　杭大　廣東　四川　重慶

30371
竹譜一卷
晉武昌(今鄂州)戴凱之撰
民國十年(1921)上海博古齋據明弘治無錫華氏刻本影印百川學海本
國圖　上海　南京　浙江　湖北　武大

30372
竹譜一卷
晉武昌(今鄂州)戴凱之撰
民國十二年(1923)沔陽盧氏慎始基齋據明弘治刻百川學海本影印湖北先正遺書本
國圖　科院　北大　上海　天津　遼寧　寧夏　山東　南京　浙江　湖北　四川

30373
竹譜一卷
晉武昌(今鄂州)戴凱之撰
明刻重輯百川學海本
上海

30374
竹譜一卷
晉武昌(今鄂州)戴凱之撰
明萬曆二十年(1592)刻廣漢魏叢書本
國圖　上海　遼寧　吉大　杭大　江西　四川

30375
竹譜一卷
晉武昌(今鄂州)戴凱之撰
清嘉慶刻廣漢魏叢書本
北師大　上海　復旦　山東　山大　安徽　浙江　杭大　湖北　四川　川大

30376
竹譜一卷
晉武昌(今鄂州)戴凱之撰
清順治三年(1646)兩浙督學李際期宛委山堂刻説郛本
國圖　科院　上海　天津　南大　河南

30377
竹譜一卷
晉武昌(今鄂州)戴凱之撰
清據説郛續刊版重編印五朝小説本
上海　山大　南京　南大

30378
竹譜一卷
晉武昌(今鄂州)戴凱之撰
民國十五年(1926)上海掃葉山房石印五朝小説大觀本
首都　上海　華東師大　上海師大　遼寧　南京　浙江　河南　重慶　桂林

30379
竹譜一卷
晉武昌(今鄂州)戴凱之撰
清四庫全書本
國圖　甘肅　浙江　臺北故宫
1983年臺北商務印書館影印清文淵閣四庫全書本
湖北

1989年上海古籍出版社縮印臺北商務印書館影印清文淵閣四庫全書本
國圖　武漢

30380
竹譜一卷
晉武昌（今鄂州）戴凱之撰
清乾隆五十六年（1791）金谿王氏刻增訂漢魏叢書本
國圖　北大　上海　復旦　天津　遼寧　南京　浙江　湖北　四川　雲南

30381
竹譜一卷
晉武昌（今鄂州）戴凱之撰
清光緒二年（1876）紅杏山房刻民國四年蜀南馬湖盧樹枏補修印增訂漢魏叢書本
國圖　上海　杭大　湖北　武大　四川　重慶　川大

30382
竹譜一卷
晉武昌（今鄂州）戴凱之撰
清光緒六年（1880）三餘堂刻增訂漢魏叢書本
國圖　甘肅　南京　川大

30383
竹譜一卷
晉武昌（今鄂州）戴凱之撰
清宣統三年（1911）上海大東書局石印增訂漢魏叢書本
首都　北師大　上海　復旦　遼寧　甘肅　青島　南大　杭大　廣東　四川

30384
竹譜一卷
晉武昌（今鄂州）戴凱之撰
清乾隆五十九年（1794）石門馬氏大西山房刻龍威祕書本
國圖　上海　天津　遼寧　南京　浙江　武漢　江西　四川

30385
竹譜一卷
晉武昌（今鄂州）戴凱之撰
民國二十四年至二十六年（1935—1937）上海商務印書館鉛印叢書集成初編本
國圖　上海　遼寧　浙江　湖北　四川

30386
竹譜一卷
晉武昌（今鄂州）戴凱之撰
民國二十六年（1937）上海中央書店鉛印漢魏小説採珍本
北師大　上海

30387
竹譜
晉武昌（今鄂州）戴凱之撰
清道光至光緒南海伍氏刻粤雅堂叢書三編本
國圖　科院　上海　天津　南京　浙江　湖北　武大

30388
竹譜
晉武昌（今鄂州）戴凱之撰
清光緒歸安陸氏刻十萬卷樓叢書本
國圖　上海　天津　南京　浙江　湖北　武漢　江西　四川

30389
竹譜
晉武昌（今鄂州）戴凱之撰
民國十六年（1927）上海商務印書館排印説郛本

國圖　北大　科院　天津　南京　浙江　湖北　武大　江西　四川

30390
竹譜
晉武昌(今鄂州)戴凱之撰
民國二十四年至二十六年(1935—1937)上海商務印書館鉛印叢書集成初編本
國圖　上海　遼寧　浙江　湖北　江西　四川

30391
説豬一卷
民國□□撰
稿本
該館《王葆心資料删選總表》著録,未知是否爲王氏所撰。一萬九千字。
湖北博

30392
畢園蟲害圖表不分卷
民國左雛麟撰
稿本
一册。約七萬六千字。
湖北博

30393
説肥不分卷
民國□□撰
稿本
該館《王葆心資料删選總表》著録,未知是否爲王氏所撰。一册。約三萬二千字。
湖北博

30394
姚氏家俗記一卷
民國羅田姚晉圻撰
民國十四年(1925)石印本
晉圻於清光緒二十年(1894)辭官歸家,專究農學,於二十七年(1901)撰成是書。内容爲土地經營、財務管理、田間耕作、果蔬技藝、植桑養蠶、畜牧飼養等知識。對"區田"敘述尤詳,多所發揮。除講述傳統農學之外,亦引入一些外國農業知識。其體裁類似《土地經營家訓》。
湖北

30395
姚氏家俗記一卷
民國羅田姚晉圻撰
民國二十四年(1935)沔陽盧靖石印姚氏遺書三種本
北大

30396
湖北興農文牘
江南總農會石印農學叢書本
該叢書由羅振玉輯。施廷鏞《中國叢書綜録續編》著録。藏書單位待訪。

醫家類

叢編之屬

30397
萬氏全書十種(又名萬密齋醫學全書、萬密齋醫者十種)
明羅田萬全撰　清羅田萬達編
清順治十一年至十六年(1654—1659)萬達刻本
萬氏秘傳片玉痘疹(一名片玉痘疹)十三卷　清順治十一年(1654)刻
萬氏秘傳片玉心書(一名片玉心書)五卷　清順治十二年(1655)刻
新鐫萬氏家藏育嬰家秘(一名育嬰家秘、育嬰秘訣)四卷　清順治十三年(1656)、十四年(1657)刻
新刻羅田萬氏家藏婦人秘科(一名萬氏婦人秘科)三卷　清順治十三年至十四年

（1656—1657）

萬氏家傳保命歌括（一名保命歌括）三十五卷　清順治十五年至十六年（1658—1659）由官方資助刻

萬氏家傳廣嗣紀要（一名廣嗣紀要）十六卷　清順治十五年至十六年（1658—1659）由官方資助刻

新刊萬氏家傳傷寒摘錦（一名傷寒摘錦）二卷　清順治十五年至十六年（1658—1659）由官方資助刻

新刊萬氏家傳養生四要（一名養生四要）五卷　清順治十五年至十六年（1658—1659）由官方資助刻

新刊萬氏家傳幼科發揮（一名幼科發揮）二卷　清順治十五年至十六年（1658—1659）由官方資助刻

萬氏家傳痘疹心法（一名痘疹心法）二十三卷　清順治十五年至十六年（1658—1659）由官方資助刻

萬全號稱"醫聖"，醫學著作甚夥，且一刻再刻，故其版本情况較爲複雜、混亂。湖北省中醫研究院毛德華先生經過調研，在其《萬氏生平著述考》中已予理清、釐定，言之有理，持之有據，足資參酌。本書目對萬氏醫學著作之著録，悉遵其説。

中國中醫科學院存清順治十一年（1654）所刻四種，羅田衛生系統"基本可配齊"。

中醫×　羅田衛生

30398

萬氏全書十種（又名萬密齋醫學全書、萬密齋醫者十種）

明羅田萬全撰　清羅田萬達編

清順治十一年至十六年（1654—1659）萬達刻嘉慶二十二（1817）年歐陽氏修補重印本

子目同前。

羅田衛生

30399

萬密齋醫學全書十種（一名萬密齋醫書十種）

明羅田萬全撰

清康熙二年（1663）刻本

萬氏家傳保命歌括三十五卷

傷寒摘錦二卷

養生四要五卷

萬氏女科三卷

幼科發揮二卷

片玉新書五卷

育嬰祕訣四卷

痘疹心法二十三卷

片玉痘疹十三卷

萬氏家傳廣嗣紀要十六卷

《中國古籍總目·子部》著録。僅知該館有藏。其子目書名或非據卷端所題。且疑其版本著録未必準確。

中山醫大

30400

萬密齋書十種

明羅田萬全撰　清漢陽張坦議編

清康熙五十一年（1712）漢陽張氏視履堂刻本

新刊萬氏家傳養生四要（一名養生四要）五卷

萬氏家傳保命歌括（一名保命歌括、保命活訣）三十五卷

萬氏家傳傷寒摘錦（一名傷寒摘錦）二卷

萬氏家傳廣嗣紀要（一名廣嗣紀要）十六卷

萬氏家藏女科（一名萬氏家傳女科要言、女科要言）三卷

萬氏家傳片玉心書（一名片玉心書）五卷

萬氏家藏育嬰秘訣（一名幼嬰秘訣）四卷

萬氏家傳幼科發揮（一名幼科發揮）二卷

萬氏家傳片玉痘疹（一名片玉痘疹）十三卷

萬氏家傳痘疹心法（一名痘疹心法）二十三卷

首載張坦議敘及《萬密齋書總目》。十種子目書均有書名葉、目録，有的另有序言。各書正文卷端署"羅田密齋萬全編著，漢陽鶴湄張伯琮校定，男恪齋張坦議正訛刻"。寫刻體。版心下鐫"視履堂"。

湖北

30401

萬密齋書十種

明羅田萬全撰　清漢陽張坦議編

清康熙五十一年（1712）漢陽張氏視履堂刻乾隆四十三年（1778）張任大、張任佐重印本

子目同前。

中醫　天津　山東浙江中醫大　湖北

30402

萬密齋書十種

明羅田萬全撰　清胡略編

清雍正二年（1724）金溪胡氏清畏堂刻本

萬氏家傳保命歌括（一名保命歌括、保命活訣）二卷

萬氏家傳傷寒摘錦（一名傷寒摘錦）二卷（下卷前冠一"刊"字）

新刊萬氏家傳養生四要（一名養生四要）五卷

萬氏家傳婦人祕科（一名内科要訣）三卷

新刻萬氏家傳幼科發揮（一名幼科發揮）二卷

萬氏祕傳片玉心書（一名片玉心書）五卷

萬氏家藏育嬰祕訣（一名育嬰祕訣）四卷

萬氏家傳痘疹心法（一名痘疹心法）二十三卷

萬氏秘傳片玉痘疹（一名片玉痘疹）十三卷

萬氏家傳廣嗣紀要（一名廣嗣紀要）十六卷

中醫　北京中醫大　武大　廣州中醫大

30403

萬密齋醫學全書十種（一名萬密齋醫書十種）

明羅田萬全撰

清刻本

萬氏家傳保命歌括三十五卷

傷寒摘錦二卷

養生四要五卷

萬氏女科三卷

幼科發揮二卷

片玉新書五卷

育嬰祕訣四卷

痘疹心法二十三卷

片玉痘疹十三卷

萬氏家傳廣嗣紀要十六卷

《中國古籍總目·子部》著録，其子目書名或非依卷端。且疑其與前著録該叢編之某一清刻爲同版。

天津衛職

30404

萬密齋醫書十種

明羅田萬全撰　清胡略編

清雍正乾隆間敷文堂用雍正二年（1724）胡氏清畏堂刻版挖改印本

子目同前。

中醫　上海　復旦湖北　山東

30405

萬密齋醫書十種

明羅田萬全撰　清胡略編

清乾隆六年（1741）同人堂用清雍正二年（1724）金溪胡氏清畏堂及雍正乾隆間敷文堂刻版再度挖改印本

子目同前。

天津中醫

30406

萬密齋醫書十種

明羅田萬全撰　清□□編

清忠信堂刻巾箱本

萬氏家傳養生四要（一名養生四要）五卷

萬氏家傳保命歌括（一名保命歌括、保命活訣）三十五卷

萬氏家傳傷寒摘錦（一名傷寒摘錦）二卷

萬氏家博廣嗣紀要（一名廣嗣紀要）十六卷
萬氏家傳女科要言（一名女科要言）三卷
萬氏家傳片玉心書（一名片玉心書）五卷
萬氏家傳育嬰秘訣（一名育嬰秘訣）四卷
萬氏家傳幼科發揮（一名幼科發揮）二卷
萬氏秘傳片玉痘疹（一名片玉痘疹）十三卷
萬氏家傳痘疹心法（一名痘疹心法）二十三卷

據毛德華先生考證，往昔書目有關此本之刊刻時間多取序、跋之年，全部弄錯了，其具體刻年不可能在乾隆四十三年以前。其封面雖題"漢陽張恪齋手訂"，實則兼採張、胡二本。

羅田衛生

30407

萬密齋醫學全書十三種

明羅田萬全撰　羅田縣衛生局、羅田縣萬密齋醫院校注
1981—1986 年湖北人民出版社、湖北科學技術出版社鉛印本
萬氏家傳幼科發揮（一名幼科發揮）二卷
萬氏家藏育嬰秘訣（一名育嬰秘訣）四卷
萬氏秘傳片玉心書（一名片玉心書）五卷
萬氏家傳幼科指南心法二卷
萬氏秘傳片玉痘疹（一名片玉痘疹）十三卷
萬氏家傳痘疹心法（一名痘疹心法）二十三卷
萬氏婦人科四卷末一卷
萬氏廣廣嗣紀要（一名廣嗣紀要）十六卷
萬氏秘傳外科心法十二卷　題明羅田萬全撰
萬氏家傳保命歌括（一名保命歌括、保命活訣）三十五卷
萬氏家傳傷寒摘錦（一名傷寒摘錦）二卷
萬氏家傳養生四要（一名養生四要）五卷
萬氏家傳點點經（一名點點經）四卷　題明羅田萬全撰

據毛德華先生考證，《萬氏家傳外科心法》和《萬氏家傳點點經》二書係托名之作，非萬全所著，詳見《萬全生平著述考》第十一章《托名萬全的僞書考》。

湖北

30408

萬密齋醫學全書十種

明羅田萬全撰　傅沛藩編著
1996 年中國中醫藥出版社鉛印明清名醫全書大成本　又 2001 年鉛印本
養生四要五卷
保命歌括三十五卷
傷寒摘錦二卷
廣嗣紀要十六卷
萬氏女科三卷
片玉心書五卷
育嬰家秘四卷
幼科發揮二卷
片玉痘疹十三卷
痘疹心法二十三卷

30409

萬氏婦科達生合編（一名合訂婦科達生編）二種四卷

明羅田萬全等撰
清康熙經綸堂刻本
萬氏婦人科三卷　明羅田萬全撰
達生編一卷　清亟齋居士撰

是編總名冠"萬氏"二字名實不符。其所收《萬氏婦人科》與裘琅本同。一些書目以《萬氏婦人科》序斷刻年，將其定爲康熙四十三年，不妥，因爲《達生編》序署康熙五十四年。版心分鐫子目書名。據《中醫圖書聯合目録》等，此書還有其他版本。

湖北

30410

萬氏婦科達生合編（一名合訂婦科達生編）二種四卷

明羅田萬全等撰
清富記書局刻本

子目同前。

桂林

30411
萬氏婦科達生合編(一名合訂婦科達生編)二種四卷
明羅田萬全等撰
清益元堂刻本
子目同前。
廣東

30412
萬氏婦科達生編(一名合訂婦科達生編)二種四卷
明羅田萬全等撰
清文光堂刻本
子目同前。
廣東

30413
李瀕湖抄醫書六種
明蘄州(今蘄春)李時珍編
清乾隆抄本　清陳念祖跋
瀕湖脈學一卷　明蘄州(今蘄春)李時珍撰
百病論一卷
病機賦一卷
湯頭一卷
珍珠囊藥性賦一卷　金張元素撰
藥性賦一卷
斯編未見刻本,或未付梓。
臺圖

30414
李時珍醫學全書
明蘄州(今蘄春)李時珍撰　夏魁周等校注
1996年中國中醫藥出版社鉛印明清名醫全書大成本　又2001年鉛印本
本草綱目五十二卷
奇經八脈考一卷
瀕湖脈學一卷

30415
醫學研悅十卷
明江陵李盛春編
明天啓刻本
重刻張鳳逵傷暑全書二卷　明張鶴騰撰　明江陵李盛春編
脈理原始全書一卷
胤嗣全書一卷
病機要旨一卷
治傷寒全書一卷
治雜症驗方一卷
小兒形症一卷
小兒研悅方一卷
附刻小兒推拿一卷
是刻半葉九行,行十八字,白口,四周單邊。《中國古籍善本書目》著録,僅此二館有藏。
上海　山東中醫大

30416
醫學研悦十卷
明江陵李盛春編　田思勝校注
1997年中國中醫藥出版社鉛印明清中醫臨證小叢書本
傷暑全書二卷
脈理原始一卷
胤嗣全書一卷
病機要旨一卷
治傷寒全書一卷
治雜症驗方一卷
小兒形症一卷
小兒研悦方一卷
小兒推拿一卷

30417
漢陽葉氏叢刻七種
清漢陽葉志詵編
清道光咸豐間兩廣督署署刻本
神農本草經贊三卷　附月令七十二候贊一卷

觀身集　清漢陽葉志詵輯
十二經脈絡　清沈紱撰
脈象統類　清沈今鰲撰
全身百穴歌　明陳會撰
釋骨　清沈彤撰
頤身集五卷　清漢陽葉志詵編
絳囊撮要二卷
信驗方録八卷　清盧蔭長撰
五種經驗方一卷　（原缺）
咽喉脈證通論一卷　□□撰

《全國中醫圖書聯合目録》著録，僅此二館有藏，中國中醫研究院缺《觀身集》，上海中醫大則恰好存此。兩館相加，便成全帙。

《中國叢書綜録》不收。陽海清《中國叢書廣録》收有《漢陽葉氏叢刻》，並在按語中對其刊印情况作了説明。《漢陽葉氏叢刻》之名，始見於孫殿起《叢書書目拾遺》卷十二，著録葉志詵於道光至同治間所刻圖書二十五種，本編所收七種均在其中。揣其係藏家揀此七種醫書爲一帙，冠以總名，即所謂"彙藏叢書"。其實此類書不得視爲叢書，慮及其中要籍較多，又見諸《全國中醫圖書聯合目録》，遵循約定俗成原則，姑録之。

中醫 × 　上海中醫大 ×

30418

觀身集不分卷

清漢陽葉志詵輯
清道光三十年（1850）刻本
全身百穴歌　明陳會撰
十二經脈絡　清沈紱撰
脈象統類　清沈金鰲撰
釋骨　清沈彤撰

所輯四種皆爲有關生理解剖之著作。《十二經脈絡》專述十二經脈起止部位及循行部位。《脈象統類》以浮、沉、遲、滑、澀爲綱，闡明各類脈象。《釋骨》則係釋全身骨骼部位、形象及名稱。篇帙雖小，然皆爲要籍。據《全國中醫圖書聯合目録》，僅該館有藏。

上海中醫大

30419

醫學六種

清孝感屠道和撰
清同治二年（1863）湖北育德堂刻本
本草彙纂三卷
脈訣彙纂二卷
藥性主治
分類主治
雜症（證）良方二卷
婦嬰良方二卷

本書各種有多次刊印，然現存無多，《雜症良方》之"症"或爲"證"。《全國中醫圖書聯合目録》第6243號印爲"證"。

中國醫科院　中醫　陝西中醫研　上海中醫大　湖南

30420

武昌醫學館叢書八種

民國武昌柯逢時編
清光緒三十年（1904）至民國元年（1912）武昌柯氏醫學館刻本
經史證類大觀本草三十一卷　宋唐慎微撰
大觀本草札記二卷　民國武昌柯逢時撰
本草衍義二十卷　宋寇宗奭撰
傷寒論十卷　漢張機撰　晉王叔和輯
傷寒總病論六卷　宋蘄水（今浠水）龐安時撰
類證增注傷寒百問歌四卷　宋錢聞禮撰
傷寒補亡論二十卷　宋郭雍撰
活幼心書三卷　元曾世榮撰

國圖　中醫　湖北

30421

武昌醫學館叢書八種

民國武昌（今鄂州）柯逢時編
1986年中國書店據清光緒至民國間刻本重印本

子目同前。

30422
蘭陵堂校刊醫書三種
黄陂蕭延平校
民國十三年（1924）黄陂蕭氏校刻本
［校正］黄帝内經太素不分卷
小兒藥證直訣不分卷附小兒斑疹論不分卷　宋錢乙撰
小兒衛生總微論方不分卷
陽海清《中國叢書廣録》著録。
中醫　湖北

綜論之屬

30423
引書不分卷
□□□撰
1984年江陵張家山出土竹簡本　（荆博）
該書譯文刊載於《文物》1990年第10期，同期有彭浩《張家山漢竹簡〈引書〉初探》一文。
原書係一傳抄本，始於何時無考。全書由三部分組成：第一部分闡述四季的養生之道，第二部分記載三十五個導術式的名稱、動作要領及功用，第三部分講述生病的原因及預防方法。

30424
隄疾恒談五卷
明應城陳士元撰
明萬曆十七年（1589）自刻歸雲外集本
是刻半葉九行，行二十字，白口，四周單邊。《中國古籍善本書目》著録。
國圖　北大　祁縣 ×

30425
醫學全書□□卷
清麻城劉常彦撰
清乾隆六十年（1795）刻本
《湖北醫學史稿》著録。卷數及藏書單位待訪。

30426
醫學全書□□卷
清麻城劉常彦撰
清光緒五年（1879）求古堂刻本
《湖北醫學史稿》著録。卷數待查核。
科院

30427
醫學述要三十六卷首一卷
清廣濟楊際泰輯編
清道光十六年（1836）刻本
際泰（約1780—1850），名醫，兼及内、外、婦、兒諸科，而於内傷雜病及温熱病症更有獨到之處。今省中醫院名醫銅雕中有其像。
據《全國中醫圖書聯合目録》，今僅湖北省館有藏，惜缺卷二十四、二十五。倘能設法配全，則至爲理想。
湖北 ×

30428
儒門醫宗總略四卷
清武昌（今鄂州）熊煜奎撰
清同治十年（1871）崇訓堂刻本
據《全國中醫圖書聯合目録》，僅湖北省圖書館有藏。前有"崇訓堂醫學源流總序""凡例""初學戒例"。書分上、下，上爲《醫學源流》，下爲《方藥類編》。考《武昌縣志》熊氏還著有《寒熱條辨合纂》八卷、《方藥類編》二卷、《救急良方》一卷和《成人寶鑒》《養蒙金針》等醫書，此乃碩果獨存。
湖北

30429
儒門醫宗總略四卷
清武昌（今鄂州）熊煜奎撰
光緒《武昌縣志》著録。

據光緒十一年(1885)《武昌縣志》卷十《藝文》,其内容包括《四診彙要》《寒熱條辨合纂》《陳氏醫學心悟摘録》《張氏育嬰心法附翼》。未知刻印否。因已收其正編,附録於此。

30430

醫門小學六卷

清襄陽趙亮采編

清光緒十三年(1887)鹿門慎業齋刻本

中醫　内蒙古　白求恩醫科大　上海醫大　蘇州中醫院　鎮江　湖北　廣州中醫大

30431

醫門小學二卷

清襄陽趙亮采編

清宣統三年(1911)上海文藝書局石印本

陝西中醫大　上海中醫大

30432

醫門小學二卷

清襄陽趙亮采編

刻本

據《全國中醫圖書聯合目録》。版刻時間不詳。

蘇州醫學院

30433

醫易一理一卷

清江夏邵同珍撰

清光緒二十三年(1897)經世書屋刻本

《販書偶記續編》著録。藏書單位待訪。本書以《易》理解釋醫理,故曰《醫易一理》。

30434

中國醫藥專門學校講義

章腹、棗陽蔣王伯(成瑞)合編

鉛印本

具體鉛印時間不詳。根據《湖北歷史人物辭典》,蔣氏著有《内科講義》《婦女科學講義》《針灸療法經穴證治備考》《中醫學術理論闡微》。

國圖

30435

醫籍考目録

民國宜都楊守敬撰

抄本

重慶

醫經之屬

30436

[校正]黄帝内經太素不分卷

黄陂蕭延平校正

民國十三年(1924)黄陂蕭氏蘭陵堂校刊醫書三種本

中醫　湖北

30437

醫經精義便讀不分卷

民國恩施饒鳳璜編

民國三十年(1941)重慶北碚中醫救濟醫院鉛印本

重慶

本草之屬

30438

本草綱目五十二卷圖二卷

明蘄州(今蘄春)李時珍撰

明萬曆二十一年(1593)胡承龍刻本

李時珍,《明史·方伎》有傳。

是刻半葉十行,行二十四字,白口,四周單邊。《四庫全書總目》和《中國古籍善本書目》著録。是書版本甚多,此爲最早之版本。其版片易主之後,有挖改重印者。先是售予新安程嘉祥攝元堂,程氏於崇禎十三年加序並挖改題下署名刷印,美國國會圖書館有藏。是書現存數十個版本。各版附刻略有差異,其中或有著録從詳從略、取捨不一之因素在,故本書目逕依刊刻時間先後序列。

中醫　上海

30439

本草綱目五十二卷圖二卷

明蘄州(今蘄春)李時珍撰

明萬曆二十一年(1593)胡承龍刻崇禎十三年(1640)程嘉祥印本

王重民《中國善本書提要》云:"按此印金陵胡承龍所刻原版,蓋崇禎間售與新安程嘉祥攝元堂,故題銜均有剜改。'輯書姓氏'葉改爲'較書姓氏',云:'新安婺源縣後學程嘉祥少岐甫較正重刻……'《附圖》改爲'新安婺源縣後學程嘉祥輯……'"該館另藏一殘本剜改之文字稍異。王先生謂"實則除補三篇序文,全書所補不過三數版片,既未較正,尤非重刻也"。

國會

30440

本草綱目五十二卷附圖二卷瀕湖脈學一卷脈訣考證一卷奇經八脈考一卷

明蘄州(今蘄春)李時珍撰

明萬曆三十一年(1603)張鼎思刻本

是刻半葉九行,行二十字,白口,四周單邊。《中國古籍善本書目》著録。

中醫　上海　上海中醫大　大連　山東　南大　浙江　四川　重慶

30441

本草綱目五十二卷首一卷附圖二卷

明蘄州(今蘄春)李時珍撰

明萬曆三十一年(1603)梅墅烟蘿閣刻本

《全國中醫圖書聯合目録》著録。

國圖　首都　雲南中醫大　國會

30442

本草綱目五十二卷

明蘄州(今蘄春)李時珍撰

明刻本

存十二卷

上海 ×

30443

本草綱目五十二卷

明蘄州(今蘄春)李時珍撰

明刻清初立達堂重修本

國圖

30444

本草綱目五十二卷附圖二卷瀕湖脈學一卷奇經八脈考一卷脈訣考證一卷

明蘄州(今蘄春)李時珍撰

明萬曆三十四年(1606)楊道會刻本

是刻半葉九行,行二十字,白口,四周單邊,有刻工。《中國古籍善本書目》著録。

中醫　上海　上海中醫大　國會

30445

本草綱目五十二卷首一卷附圖二卷

明蘄州(今蘄春)李時珍撰

明萬曆刻本

國圖　北醫大

30446

本草綱目五十二卷附奇經八脈考一卷

明蘄州(今蘄春)李時珍撰

日本翻刻明萬曆本

存九卷:一至三、八至十、十六、十七、附

《中國館藏和刻本漢籍書目》著録,僅天一閣有藏。

天一閣 ×

30447

本草綱目五十二卷附圖三卷

明蘄州(今蘄春)李時珍撰

明崇禎十三年(1640)武林錢蔚起刻本

是刻半葉九行,行二十字,白口,四周單邊。《中國古籍善本書目》著録。未知與程嘉祥挖改印本有無關係。

中醫　復旦　興縣　中國醫科大　甘肅

30448

本草綱目五十二卷附圖三卷

明蘄州(今蘄春)李時珍撰

日本翻刻明崇禎十三年(1640)武林錢蔚起刻本

四川

30449

本草綱目五十二卷附圖三卷瀕湖脈學一卷奇經八脈考一卷脈訣考證一卷

明蘄州(今蘄春)李時珍撰

本草萬方鍼綫八卷

清蔡烈先撰

清順治十二年(1655)吴氏太和堂刻本

國圖　科院　中醫　北京醫科大　天津　青島　上海　蘇州中醫院　南通　浙江　安徽　湖北　湖南中醫

30450

本草綱目五十二卷瀕湖脈學一卷奇經八脈攷一卷

明蘄州(今蘄春)李時珍撰

清順治十四年(1657)張朝璘刻本

科院

30451

本草綱目五十二卷附圖二卷

明蘄州(今蘄春)李時珍撰

清順治十五年(1658)張温如刻本

陝西中醫　江西

30452

本草綱目五十二卷附圖二卷

明蘄州(今蘄春)李時珍撰

清順治十五年(1658)清畏堂刻本

首都

30453

本草綱目五十二卷附圖二卷

明蘄州(今蘄春)李時珍撰

清順治刻本

《中國古籍總目·子部》著録。各家所藏或非同版,或其中有與前二款目爲同版者。

故宫　遼寧　大連　瀋陽農大　南京　安徽

30454

本草綱目五十二卷附圖二卷

明蘄州(今蘄春)李時珍撰

清康熙二十三年(1684)金閶文雅堂刻本

北大　故宫　大連　浙江

30455

本草綱目五十二卷圖二卷

明蘄州(今蘄春)李時珍撰

清康熙二十三年(1684)金閶緑蔭堂刻本

北大　故宫　浙江　河南中醫

30456

本草綱目五十二卷附圖二卷

明蘄州(今蘄春)李時珍撰

本草萬方鍼綫八卷

清蔡烈先撰

清康熙芥子園刻本

《全國中醫圖書聯合目録》著録。

中醫　南通

30457

本草綱目五十二卷首一卷附圖二卷瀕湖脈學一卷脈訣考證一卷奇經八脈考一卷

明蘄州(今蘄春)李時珍撰

日本正德四年(1714)含英堂、豫章堂刻本

遼寧

30458
本草綱目五十二卷首一卷圖二卷瀕湖脈學一卷奇經八脈考一卷
明蘄州（今蘄春）李時珍撰
清康熙五十六年（1717）刻本
據《全國中醫圖書聯合目録》，僅首都圖書館有藏。
首都

30459
本草綱目五十二卷首一卷圖二卷
明蘄州（今蘄春）李時珍撰
清雍正十三年（1735）三樂齋刻本
據《全國中醫圖書聯合目録》，僅山東、陝西二省館有藏。
山東　陝西

30460
本草綱目五十二卷首一卷圖二卷
明蘄州（今蘄春）李時珍撰
日本寶曆二年（1752）東都書肆鶴本平藏刻本
據《全國中醫圖書聯合目録》，僅上海圖書館有藏。
上海

30461
本草綱目五十二卷首一卷圖二卷
明蘄州（今蘄春）李時珍撰
本草萬方鍼綫八卷
清蔡烈先撰
清乾隆三十二年（1767）三樂齋校刻本
據《全國中醫圖書聯合目録》。未知其與雍正十三年（1735）三樂齋刻本有何關係。
中醫ˣ　故宫　河南中醫大ˣ

30462
本草綱目五十二卷圖三卷
明蘄州（今蘄春）李時珍撰
清四庫全書本
國圖　甘肅　浙江　臺北故宫
1983年臺北商務印書館影印清文淵閣四庫全書本
湖北
1989年上海古籍出版社縮印臺北商務印書館影印清文淵閣四庫全書本
國圖　武漢

30463
本草綱目五十二卷圖三卷
明蘄州（今蘄春）李時珍撰
本草萬方鍼綫八卷
清蔡烈先撰
清乾隆四十九年（1784）金閶書業堂刻本
河南

30464
本草綱目五十二卷首一卷圖二卷
明蘄州（今蘄春）李時珍撰
清乾隆刻本
南通

30465
本草綱目五十二卷首一卷圖二卷瀕湖脈學一卷脈訣考證一卷奇經八脈考一卷
明蘄州（今蘄春）李時珍撰
本草萬方鍼綫八卷
清蔡烈先撰
清道光六年（1826）務本堂刻本
首都　中醫　故宫　山東中醫大　甘肅中醫大　鎮江　浙江中醫大　成都中醫大　廣東醫情所

30466
本草綱目五十二卷首一卷圖二卷瀕湖脈學一卷脈訣考證一卷奇經八脈考一卷
明蘄州（今蘄春）李時珍撰

本草萬方鍼綫八卷

清蔡烈先撰

清道光六年(1826)英德堂刻本

北大　首都　中醫　故宫　北京醫科大　山東中醫大　遼寧　甘肅中醫大　鎮江　浙江中醫大　成都中醫大　廣東中醫大　廣東醫情所

30467

本草綱目五十二卷首一卷圖二卷

明蘄州(今蘄春)李時珍撰

清道光二十五年(1845)文光堂刻本

《全國中醫圖書聯合目録》著録。

首都　故宫　山西中醫研　廣西中醫大

30468

本草綱目五十二卷首一卷圖二卷

明蘄州(今蘄春)李時珍撰

清道光三十年(1850)翰苑閣校刻本

《全國中醫圖書聯合目録》著録。

南京中醫大　浙江

30469

本草綱目五十二卷首一卷圖二卷

明蘄州(今蘄春)李時珍撰

清同治六年(1867)藜照書屋刻本

據《全國中醫圖書聯合目録》著録,清同治六年有藜照書屋和天德堂二刻,未知有無聯係。成都中醫學院二刻皆藏,或非同版。

成都中醫大

30470

本草綱目五十二卷首一卷圖二卷

明蘄州(今蘄春)李時珍撰

清同治六年(1867)天德堂刻本

瀘州　成都中醫大

30471

本草綱目五十二卷首一卷圖二卷瀕湖脈學一卷脈訣考證一卷奇經八脈考一卷

明蘄州(今蘄春)李時珍撰

附本草萬方鍼綫八卷

清蔡烈先撰

清同治十一年(1872)芥子園刻本

《全國中醫圖書聯合目録》著録,未知其與康熙芥子園刻本之關係如何。

中醫　故宫　北京醫科大　山東中醫大　甘肅中醫大　遼寧　齊齊哈爾　上海二醫大　上海中醫大　蘇州中醫院　蘇州醫學院　安徽　安徽醫學院　浙江中醫研　湖北　四川　重慶　廣東　廣州中醫大

30472

本草綱目五十二卷首一卷圖二卷

明蘄州(今蘄春)李時珍撰

清同治十一年(1872)書業堂刻本

國圖　山東　陝西　上海中醫大　南通

30473

本草綱目五十二卷首一卷圖二卷

明蘄州(今蘄春)李時珍撰

清同治十一年(1872)善成堂刻本

《全國中醫圖書聯合目録》著録。

齊齊哈爾　安徽

30474

本草綱目五十二卷圖三卷瀕湖脈學一卷

明蘄州(今蘄春)李時珍撰

本草萬方鍼綫八卷

清蔡烈先撰

清同治十一年(1872)春明堂刻本

據該館《中文古籍書目》第三册(油印本)。

河南

30475

本草綱目五十二卷附圖二卷

明蘄州(今蘄春)李時珍撰

清同治刻本

《中國古籍總目·子部》著録。未知與芥子園、善成堂、書業堂、春明堂四種刻本有無關係。

蘇州中醫院　蘇州大學醫學院

30476
本草綱目五十二卷附圖二卷
明蘄州(今蘄春)李時珍撰
清光緒十一年(1885)張紹棠味古齋刻本
國圖　科院　天津　上海　遼寧　山東　南京　浙江　湖北　四川

30477
本草綱目五十二卷圖三卷瀕湖脈學一卷奇經八脈考一卷
明蘄州(今蘄春)李時珍撰
本草萬方鍼綫八卷
清蔡烈先撰
本草綱目拾遺十卷正誤一卷
清趙學敏撰
清光緒十四年(1888)上海鴻寶齋石印本
據《全國中醫圖書聯合目録》,鴻寶齋於光緒十八年(1892)、十九年(1893)、三十三年(1907)和宣統元年(1909)曾四次石印,該目將其併作一個款目,其收藏單位有中醫、天津、山東、陝西、吉林、上海、福建、廣東等十九個。
河南

30478
本草綱目五十二卷首一卷
明蘄州(今蘄春)李時珍撰
本草綱目拾遺十卷
清趙學敏撰
本草萬方鍼綫八卷
清蔡烈先撰
清光緒十九年(1893)源寶齋石印本
《全國中醫圖書聯合目録》不收,亦未見其他書目著録。疑"源寶齋"之"源"應爲"鴻",或《中醫聯目》誤"源"爲"鴻",待考。
香港中大

30479
本草綱目五十二卷
明蘄州(今蘄春)李時珍撰
清光緒二十年(1894)上海圖書集成印書局鉛印本
據《香港所藏古籍書目》。
新亞

30480
本草綱目五十二卷首一卷圖二卷
明蘄州(今蘄春)李時珍撰
清光緒二十二年(1896)刻本
據《全國中醫聯合目録》,僅中國中醫研究院圖書館有藏。
中醫

30481
本草綱目五十二卷附圖三卷
明蘄州(今蘄春)李時珍撰
清光緒二十九年(1903)石印本
天津

30482
本草綱目五十二卷首一卷圖二卷瀕湖脈學一卷脉訣考證一卷奇經八脈考一卷
明蘄州(今蘄春)李時珍撰
本草萬方鍼綫八卷
清蔡烈先撰
清光緒三十年(1904)上海同文書局石印本
蘇州　江西　廣西中醫大

30483
本草綱目五十二卷首一卷圖二卷
明蘄州(今蘄春)李時珍撰
清光緒三十二年(1906)萃珍書局石印本
《全國中醫圖書聯合目録》著録,僅瀘州市圖書館有藏。

瀘州

30484

本草綱目五十二卷圖三卷瀕湖脈學一卷奇經八脈考一卷

明蘄州（今蘄春）李時珍撰

本草萬方鍼綫八卷

清蔡烈先撰

本草綱目拾遺十卷正誤一卷

清趙學敏撰

清光緒三十三年（1907）上海華商集成圖書公司鉛印本

《全國中醫圖書聯合目録》將清光緒二十年（1894）印本與三十三年（1907）印本併爲一個款目著録，其收藏單位有北師大、中醫、故宫、天津、河南、浙江、江西、福建、廣東等十七館。

河南

30485

本草綱目五十二卷首一卷圖二卷瀕湖脈學一卷奇經八脈考一卷

明蘄州（今蘄春）李時珍撰

本草萬方鍼綫八卷

清蔡烈先撰

清光緒三十三年（1907）益元書局刻本

《全國中醫圖書聯合目録》著録，僅江西中醫大圖書館有藏。

江西中醫大

30486

本草綱目五十二卷圖三卷瀕湖脈學一卷奇經八脈考一卷

明蘄州（今蘄春）李時珍撰

本草萬方鍼綫八卷

清蔡烈先撰

本草綱目拾遺十卷正誤一卷

清趙學敏撰

清光緒三十四年（1908）上海商務印書館石印本

據河南省圖書館《中文古籍書目》第三册（油印本）著録，《全國中醫圖書聯合目録》無附刻。

河南　湖南中醫大

30487

校正本草綱目五十二卷

明蘄州（今蘄春）李時珍撰

清宣統元年（1909）上海經香閣石印本

據《香港所藏古籍書目》。《全國中醫圖書聯合目録》將清光緒元年（1875）、三十年（1904）和宣統元年（1909）三個"印本"併爲一條款目著録，分别藏於中醫、遼寧、浙江、成都中醫學院、福建中醫學院、桂林六館，武大則殘缺卷三、四、五、二十。

香港中大

30488

本草綱目五十二卷圖二卷

明蘄州（今蘄春）李時珍撰

清本立堂刻本

據該館《中文古籍書目》第三册（油印本）著録。

河南

30489

本草綱目五十二卷首一卷圖二卷

明蘄州（今蘄春）李時珍撰

清同文堂書坊刻本

《全國中醫圖書聯合目録》著録。

甘肅 ˣ　廣西中醫大　重慶　瀘州　成都中醫大

30490

本草綱目五十二卷首一卷圖二卷

明蘄州（今蘄春）李時珍撰

清連雲閣刻本

據《全國中醫圖書聯合目録》，僅中國科學院圖書館有藏。

科院

30491

本草綱目五十二卷首一卷圖二卷瀕湖脈學一卷脈訣考證一卷奇經八脈考一卷

明蘄州(今蘄春)李時珍撰

本草萬方鍼綫八卷

清蔡烈先撰

清衣德堂刻本

中醫 × 天津中醫大 山東 × 浙江中醫大 福建中醫大

30492

本草綱目五十二卷首一卷圖二卷

明蘄州(今蘄春)李時珍撰

清天寶樓刻本

據《全國中醫圖書聯合目録》,僅廣東省中山圖書館有藏。

廣東

30493

本草綱目五十二卷首一卷圖二卷

明蘄州(今蘄春)李時珍撰

清務本書局刻本

《全國中醫圖書聯合目録》著録,僅廣東省中山圖書館有藏。未知與清道光六年(1826)務本堂刻本有無關係。

廣東

30494

本草綱目五十二卷首一卷圖二卷

明蘄州(今蘄春)李時珍撰

清三讓睦記刻本

《全國中醫圖書聯合目録》著録。

江西中醫大 湖南

30495

本草綱目五十二卷圖三卷瀕湖脈學一卷奇經八脈考一卷

明蘄州(今蘄春)李時珍撰

本草萬方鍼綫八卷

清蔡烈先撰

清學庫山房刻本

據該館《中文古籍書目》第三册(油印本)。《全國中醫圖書聯合目録》著録,僅該館有藏。

河南

30496

本草綱目五十二卷首一卷圖二卷瀕湖脈學一卷脈訣考證一卷奇經八脈考一卷

明蘄州(今蘄春)李時珍撰

本草萬方鍼綫八卷

清蔡烈先撰

清福文堂刻本

據《全國中醫圖書聯合目録》,僅河南省圖書館有藏,且缺卷四十四。

河南 ×

30497

本草綱目五十二卷首一卷圖二卷

明蘄州(今蘄春)李時珍撰

清崇雲閣刻本

據《全國中醫圖書聯合目録》,僅山西省圖書館有藏。

山西

30498

本草綱目五十二卷首一卷附圖譜不分卷瀕湖脈學一卷脈訣考證一卷奇經八脈考一卷

明蘄州(今蘄春)李時珍撰

本草萬方鍼綫八卷

清蔡烈先撰

清文會益刻本

據《全國中醫圖書聯合目録》,僅山東省圖書館有藏。

山東

30499

本草綱目五十二卷首一卷圖二卷瀕湖脈學一卷脈訣考證一卷奇經八脈考一卷

明蘄州(今蘄春)李時珍撰

本草萬方鍼綫八卷

清蔡烈先撰

清刻本

據《全國中醫圖書聯合目録》,僅中醫研究院有藏,且缺卷八至三十九。有"本衙藏板"字樣。

中醫 ×

30500

本草綱目五十二卷首一卷圖二卷

明蘄州(今蘄春)李時珍撰

清大德堂刻本

據《全國中醫圖書聯合目録》,僅山西省圖書館有藏。

山西

30501

本草綱目五十二卷首一卷圖二卷瀕湖脈學一卷脈訣考證一卷奇經八脈考一卷

明蘄州(今蘄春)李時珍撰

本草萬方鍼綫八卷

清蔡烈先撰

清漁古山房刻本

據《全國中醫圖書聯合目録》,僅江西中醫大圖書館有藏。

江西中醫大

30502

本草綱目五十二卷首一卷圖二卷

明蘄州(今蘄春)李時珍撰

清刻本

《全國中醫圖書聯合目録》著録。

中醫　安徽

30503

本草綱目五十二卷首一卷圖二卷

明蘄州(今蘄春)李時珍撰

朱絲欄大字抄本

具體抄寫時間不詳。《全國中醫圖書聯合目録》著録。

故宫

30504

本草綱目五十二卷附圖二卷

明蘄州(今蘄春)李時珍撰

清春明堂刻本

天津醫情站　山西　河南　成都中醫大　雲南中醫大

30505

本草綱目五十二卷首一卷圖二卷瀕湖脈學一卷奇經八脈考一卷

明蘄州(今蘄春)李時珍撰

本草萬方鍼綫八卷

清蔡烈先撰

本草綱目拾遺十卷

清趙學敏撰

民國元年(1912)上海章福記石印本

據《全國中醫圖書聯合目録》,僅山西中醫大圖書館有藏。

山西中醫大

30506

本草綱目五十二卷圖三卷瀕湖脈學一卷脈訣考證一卷奇經八脈考一卷

明蘄州(今蘄春)李時珍撰

本草萬方鍼綫八卷

清蔡烈先撰

本草綱目拾遺十卷正誤一卷

清趙學敏撰

民國元年(1912)上海鴻寶齋石印本

茲依河南省館油印本《中文古籍書目》第三册。《全國中醫圖書聯合目録》將其與民國五年、民國六年印本併爲一個款目,其收藏單位有國圖、北京中醫大、山東、甘肅、遼寧、黑龍江中醫大、上海、上海二醫大、蘇州、蘇州醫學院、四川、重慶、瀘州、貴陽中醫大、福建、廣東等十六館。

河南

30507

本草綱目五十二卷圖一卷瀕湖脈學一卷脈訣考證一卷奇經八脈考一卷

明蘄州(今蘄春)李時珍撰

本草萬方鍼綫八卷

清蔡烈先撰

本草綱目拾遺十卷正誤一卷

清趙學敏撰

民國五年(1916)上海鴻寶齋書局石印本

依據同前。前一款目稱"鴻寶齋",此則多"書局"二字,未知是原書有異,抑是著録疏忽?

河南

30508

本草綱目五十二卷

明蘄州(今蘄春)李時珍撰

本草綱目拾遺十卷

清趙學敏撰

民國十八年(1929)上海商務印書館石印本

茲據湖北大學圖書館《中文古籍書目》。《全國中醫圖書聯合目録》將民國十九年、二十一年、二十二年、二十四年、二十九年商務印書館五次印本併爲一個款目著録,其收藏單位有國圖、首都、中醫、山東、陝西、蘭州醫大、遼寧、大連、齊齊哈爾、上海、上海二醫大、上海中醫大、鎮江、浙江、浙江中醫大、江西、湖北、湖南中醫大、貴州、成都中醫大、福建、廣西、桂林、廣東、中山醫學院等二十六館。並不包括此十八年本,或即十九年印本。

湖北

30509

本草綱目五十二卷

明蘄州(今蘄春)李時珍撰

本草綱目拾遺十卷

清趙學敏撰

附藥學索引

1988年中國書店據民國商務印書館石印本影印　又1996年影印本

30510

本草綱目五十二卷首一卷圖二卷

明蘄州(今蘄春)李時珍撰

民國刻本

《全國中醫圖書聯合目録》著録。

首都　山東　中國醫科大　揚州　安徽　四川　廣東

30511

本草綱目五十二卷首一卷圖二卷瀕湖脈學一卷脈訣考證一卷奇經八脈考一卷

明蘄州(今蘄春)李時珍撰

日本刻本

據《全國中醫圖書聯合目録》,僅吉林白求恩醫科大學圖書館有藏,存卷十三至十八、二十五至三十一。

白求恩醫科大 ×

30512

本草綱目五十二卷圖二卷

明蘄州(今蘄春)李時珍撰

本草萬方鍼綫八卷

清蔡烈先撰

敦化堂刻本

據《全國中醫圖書聯合目録》,僅中國中醫研究院圖書館有藏。具體刊刻時間不詳。

中醫

30513

本草綱目五十二卷首一卷圖二卷

明蘄州(今蘄春)李時珍撰

掃葉山房石印本

首都　上海中醫大

30514

本草綱目五十二卷藥品總目一卷圖三卷

明蘄州(今蘄春)李時珍撰

1954年上海錦章書局影印清刻本

湖北

30515

本草綱目五十二卷

明蘄州(今蘄春)李時珍撰

1954年商務印書館鉛印本

湖北

30516

本草綱目五十二卷首一卷圖三卷

明蘄州(今蘄春)李時珍撰　劉衡如點校

1957年人民衛生出版社鉛印本　又1999年鉛印本

《全國中醫圖書聯合目録》著録。

湖北

30517

本草綱目五十二卷首一卷圖二卷

明蘄州(今蘄春)李時珍撰　劉衡如點校

1982年人民衛生出版社鉛印本

以清光緒三十二年(1906)夏良心、張鼎恩序刻之江西刻本爲底本。

湖北

30518

本草綱目五十二卷

明蘄州(今蘄春)李時珍撰

1984年中國書店印本

30519

本草綱目

明蘄州(今蘄春)李時珍撰　陳貴廷等點校

1994年中醫古籍出版社鉛印本　又1997年鉛印本

30520

本草綱目

明蘄州(今蘄春)李時珍撰　俞熾陽等譯

1994年重慶大學出版社鉛印中國古代養生療疾八大巨著本

30521

本草綱目精選

明蘄州(今蘄春)李時珍撰

1996年科學技術文獻出版社鉛印中國醫學基本叢書本

30522

本草綱目

明蘄州(今蘄春)李時珍撰　李若溪、大車編

1996年重慶大學出版社鉛印本

30523

本草綱目五十二卷

明蘄州(今蘄春)李時珍撰　夏魁周等校注

1996年中國中醫藥出版社鉛印明清名醫全書大成·李時珍醫學全書本

30524

本草綱目精華本

明蘄州(今蘄春)李時珍撰　余瀛鰲等編

1998年科学技术出版社铅印曆代中醫名著精華叢書本

30525

本草綱目精譯

明蘄州(今蘄春)李時珍撰　俞小平、黄志杰主編

1995年科学技术文獻出版社鉛印中醫經典名著精譯叢書本

30526
本草綱目
明蘄州（今蘄春）李時珍撰　尚志鈞、任何校注
2001年安徽科學技術出版社鉛印本

30527
本草綱目簡編
武漢大學生物系《本草綱目簡編》編寫小組編著
1978年湖北人民出版社鉛印本
湖北

30528
本草綱目簡編
何定杰編著　吴熙載等整理
1986年湖北科學技術出版社鉛印本
湖北

30529
本草述三十二卷首一卷
清潛江劉若金撰
清康熙二十九年（1690）初刻本
《全國中醫圖書聯合目録》著録。《簡明中國古籍辭典》謂此書初刻於清康熙二十五年（1686）。此刻現知僅該館有藏。
若金字雲密，明天啓乙丑進士，歷官至刑部尚書。崇禎中乞病歸里，隱居著書。是編載藥四百九十種，搜集諸家之説，自加論斷，凡八十餘萬言，歷三十年而後成。清康熙中，其學官浙江淳安知縣始以付梓而流傳未廣，爾後有多次刊印。
遼寧中醫大

30530
本草述三十二卷首一卷
清潛江劉若金撰
清康熙三十八年（1699）忠教堂刻本
中醫　北京醫科大　山東中醫大　山西　上海　安徽

30531
本草述三十二卷首一卷
清潛江劉若金撰
清嘉慶十五年（1810）武進薛氏還讀山房校刻本
《全國中醫圖書聯合目録》著録，三十六館有藏。
國圖　科院　中醫　故宫　天津　山東醫科大　陝西　遼寧　南京　安徽　浙江　湖北　重慶

30532
本草述三十二卷首一卷
清潛江劉若金撰
1997年北京出版社據清嘉慶十五年（1810）薛氏還讀山房校刻本影印四庫未收書輯刊本
湖北

30533
本草述三十二卷首一卷
清潛江劉若金撰
清嘉慶十五年（1810）武進薛氏還讀山房刻光緒二年（1876）姑蘇來青閣印本
北師大　中醫　北京中醫大　河南中醫大　遼寧　大連　鎮江　安徽　同濟醫科大

30534
本草述三十二卷首一卷
清潛江劉若金撰
清道光二十二年（1896）刻本
北京醫科大

30535
本草述三十二卷首一卷
清潛江劉若金撰

民國二十一年（1932）上海千頃堂書局石印本
成都中醫大

30536
本草述三十二卷首一卷
清潛江劉若金撰
民國二十一年至二十二年（1932—1933）上海萬有書局石印本
天津醫學院　河南　河南中醫大　陝西中醫大　黑龍江　上海　浙江醫科大　同濟醫科大

30537
本草述三十二卷首一卷
清潛江劉若金撰
民國二十五年（1936）黄岡蘭陵堂刻本
中醫　北京中醫大　河南中醫大　長春中醫大　江西中醫大　湖北　武大　湖北醫學院

30538
本草述録六卷
清潛江劉若金撰　清張琦節録
清道光間刻宛鄰叢書本
考《中國叢書綜録》《中國古籍總目·叢書部》，均衹有《宛鄰書屋叢書》爲張琦所編，其中並無此書。該叢書或係隨刻隨印隨售，並無總目，故各家所藏子目多寡不一，此則爲歷代彙刻書目所漏記者。
中醫　北京中醫大

30539
本草述録八卷
清潛江劉若金原撰　清張琦節録
清同治九年（1870）蔣溶抄本
中醫

30540
本草述鉤元三十二卷
清潛江劉若金撰　清廣濟（今武穴）楊時泰編
清道光二十二年（1842）毘陵涵雅堂刻本
國圖　首都　中醫　北京中醫大　山東　山西　河南中醫大　西安醫學院　上海　南京　浙江　湖北　雲南

30541
本草述鉤元三十二卷
清潛江劉若金撰　清廣濟（今武穴）楊時泰編
清道光二十二年（1842）毘陵涵雅堂刻後印本
南京

30542
本草述鉤元三十二卷
清潛江劉若金撰　清廣濟（今武穴）楊時泰編
清同治十一年（1872）薛氏刻本
科院　首都　山東　青島　山東中醫大　內蒙古

30543
本草述鉤元三十二卷
清潛江劉若金撰　清廣濟（今武穴）楊時泰編
清同治十一年（1872）活字印本
科院

30544
本草述鉤元三十二卷
清潛江劉若金撰　清廣濟（今武穴）楊時泰編
1997年北京出版社據清同治十一年（1872）薛氏活字本影印四庫未收書輯刊本
湖北

30545
本草述鉤元三十二卷
清潛江劉若金撰　清廣濟（今武穴）楊

時泰編
清刻本
中醫　黑龍江祖國醫研所

30546
本草述鉤元三十二卷
清潛江劉若金撰　清廣濟(今武穴)楊時泰編
民國十年(1921)上海進化書局石印本
首都　中醫　青島　黑龍江　上海　上海中醫大　浙江　浙江中醫大　江西中醫大　湖南中醫大　重慶

30547
本草述鉤元三十二卷
清潛江劉若金撰　清廣濟(今武穴)楊時泰編
常州韓文齋刻本
上海中醫大
據《全國中醫圖書聯合目録》,版刻時間不詳。

30548
本草述鉤元三十二卷
清潛江劉若金撰　清廣濟(今武穴)楊時泰編
1958年上海科技衛生出版社鉛印本
湖北

30549
本草述鉤元三十二卷
清潛江劉若金撰　清廣濟(今武穴)楊時泰編
1959年上海科技出版社鉛印本
湖北

30550
本草彙纂三卷
清孝感屠道和撰
清同治二年(1863)湖北育德堂刻醫學六種本
中國醫科院　中醫　陝西中醫研　上海中醫大　湖南

30551
本草彙纂三卷
清孝感屠道和撰
民國二十年(1931)北平國醫石氏柱月刊社鉛印本
中醫　北京中醫大　天津醫情站　上海中醫大　湖南

30552
本草彙纂三卷
清孝感屠道和撰
抄本
中國醫科院

30553
本草彙纂十卷
清孝感屠道和撰
清光緒二十九年(1903)思賢書局刻本
中醫　北京中醫大　天津　山東醫科大　遼寧中醫大　黑龍江中醫大　上海中醫大　南京中醫學院　蘇州　浙江醫科大　湖南　湖南醫學院　華西醫科大　廣東

30554
藥性主治一卷分類主治一卷
清孝感屠道和撰
清同治二年(1863)湖北育德堂刻醫學六種本
中國醫科院　中醫　陝西中醫研　上海中醫大　湖南

30555
藥性主治一卷分類主治一卷
清孝感屠道和撰
抄本

軍醫科院

30556
藥性主治一卷分類主治一卷
清孝感屠道和撰
民國二十年(1931)北京國醫砥柱社鉛印本
中醫　北京醫科大　北京中醫學院

30557
大觀本草札記二卷
民國武昌(今鄂州)柯逢時撰
清光緒三十年(1904)至民國元年刻武昌醫學館叢書本
國圖　中醫　湖北

30558
醫方藥性賦八卷首一卷末一卷
題宋崔嘉彦撰　明蘄州(今蘄春)李言聞刪補
清光緒十四年(1888)鴻雪山房刻本
浙江中醫大

30559
醫方藥性賦八卷首一卷末一卷
題宋崔嘉彦撰　明蘄州(今蘄春)李言聞刪補
清光緒三十年(1904)寶慶勤學書舍刻本
《中國古籍總目·子部》著録。藏書單位待訪。

30560
藥物學類纂一卷
棗陽蔣玉伯(成瑞)纂
民國十一年(1922)北京共和印刷局鉛印本
國圖　首都　湖北

30561
藥物學類纂一卷
棗陽蔣玉伯(成瑞)纂
民國十四年(1925)上海醫學編輯社鉛印本
吉林　河南中醫大

30562
中國藥物學集成
棗陽蔣玉伯(成瑞)纂
民國二十四年(1935)國藥研究社鉛印本
國圖　中醫　上海中醫大　浙江　湖南中醫大　四川　廣州中醫大

30563
中國藥物學集成
棗陽蔣玉伯(成瑞)編
民國二十四年(1935)上海知新書局鉛印本
中醫　北京中醫大　天津醫藥情報　山西　吉林　上海　上海中醫大　成都中醫大

30564
中國藥物學集成
棗陽蔣玉伯(成瑞)編
民國二十四年(1935)上海人文印書館鉛印本
北師大

30565
中國藥物學集成
棗陽蔣玉伯(成瑞)編
民國二十六年(1937)上海教育書店鉛印本
國圖　科院　中醫　北京中醫大　天津　雲南　成都中醫大

30566
湖北藥用植物(調查資料稿)不分卷
民國羅田王葆心撰
稿本

三册。約三萬四千字。

湖北博

30567

神農本草經贊三卷附月令七十二候贊一卷

清漢陽葉志詵撰

清道光粤東撫署刻本

志詵字東卿,一字廷芳,官至兵部郎中。博學好古,爲金石專家,收藏甚富。其子名琛,官至兩廣總督。是書乃就養廣東巡撫官署時作。據孫星衍所輯《神農本草經》每物爲之贊,採列孫輯、吴普等所述。又自注其贊中所用典實,於古今本草注説頗有取材。後附《月令七十二候贊》,以類相從,自序考古今節候之異同沿革,注中引證經義,亦均不苟。

孫殿起《叢書書目拾遺》有《漢陽葉氏叢刻》一目,其子目包括志詵於道光至同治所刻圖書二十五種,此即其中之一。後又有人將其七種醫書彙爲一帙並編目揭示,其名仍標爲《漢陽葉氏叢刻》,此即其中之一,《全國中醫圖書聯合目録》收録。此大小兩種《漢陽葉氏叢刻》均非原生態叢書,故本款目在版本項不予標明。(下同)

中醫　上海中醫大

30568

神農本草經贊三卷附月令七十二候贊一卷

清漢陽葉志詵撰

清道光粤東撫署刻咸豐二年(1852)印本

南京

30569

食物本草二十二卷

題金李杲輯　題明蘄州(今蘄春)李時珍訂

附救荒野譜一卷

明姚可成撰

明天啓刻清初修本

是刻半葉九行,行二十字,白口,四周單邊。《中國古籍善本書目》著録。此書所載内容與《本草綱目》不同,日本丹波元胤《醫籍考》已證乃姚可成編,托名時珍。書中記有崇禎間事,非時珍所知。時珍之《本草綱目》成於此前,其子建元進《本草綱目》在萬曆二十四年(1596)。

國圖　安徽　南京中醫大　哈佛燕京

30570

食物本草二十二卷

題金李杲輯　題明蘄州(今蘄春)李時珍訂

附救荒野譜一卷

明姚可成撰

明崇禎刻本

王重民《中國善本書提要》著録。或即與《中國古籍善本書目》所著之天啓本爲同本,既記有崇禎間事,則稱"天啓刻"不妥。

《中國古籍總目·子部》臚列四個版本:明天啓元年(1621)刻本(首一卷,臺圖藏)、明天啓七年(1627)刻本(安徽館藏)、明崇禎十六年(1643)刻本(故宫、南京中醫大藏)、明刻本(上海中醫大藏),皆無附刻。揣爲同版。

國會

30571

食物本草二十二卷

題金李杲輯　題明蘄州(今蘄春)李時珍訂

附救荒野譜一卷

明姚可成撰

明天啓刻清初修本　鄭振鐸跋

國圖

30572

食物本草十卷附急救蠱毒良方

題金李杲輯　題明蘄州(今蘄春)李時珍訂

明崇禎十一年(1638)吴門書林刻本

北大　中醫　故宫　上海

30573
湖北中草藥志
湖北省衛生局編
1978年、1982年湖北人民出版社鉛印本
湖北

30574
湖北中藥資源
劉國杜等主編
1989年中國醫藥科技出版社鉛印本
湖北

30575
湖北省中草藥製劑彙編
湖北省革命委員會衛生局編
1979年湖北人民出版社鉛印本
湖北

診法之屬

30576
脈書五種
□□□撰
1984年江陵張家山出土竹簡本
荆博
病候
六痛
陰陽十一脈灸經
陰陽脈死候
脈法
該書譯文刊載於《文物》1989年第7期。《中醫雜誌》1990年5、6兩期刊有馬繼興《張家山漢簡〈脈書〉中的五種古醫籍》及《湖北醫學史稿》對其作了研究和介紹。

30577
四言舉要一卷
宋崔嘉彦撰　明蘄州(今蘄春)李言聞删補
清光緒十四年(1888)刻本
言聞,字子郁,時珍之父。
上海

30578
四言舉要一卷
宋崔嘉彦撰　明蘄州(今蘄春)李言聞删補
清光緒十九年(1893)澹雅書局刻醫方藥性捷徑合編本
中國醫學科學院　中醫　北京中醫學院　河南　河南中醫大　陝西中醫研　白求恩醫科大　雲南中醫大

30579
四言舉要一卷
宋崔嘉彦撰　明蘄州(今蘄春)李言聞删補
清光緒三十年(1904)寶慶勸學書社刻本
河南中醫大　湖南中醫大

30580
四言舉要一卷
宋崔嘉彦撰　明蘄州(今蘄春)李言聞删補
清光緒三十二年(1906)善成堂刻脈學本草醫方全書本
山西中醫研　上海中醫大　湖北中醫　湖南中醫　重慶　雲南　桂林

30581
四言舉要一卷
宋崔嘉彦撰　明蘄州(今蘄春)李言聞删補
修竹堂抄本
江西中醫大

30582
四言舉要一卷
宋崔嘉彦撰　明蘄州(今蘄春)李言聞

刪補
抄本
南京

30583
四言舉要一卷
宋崔嘉彦撰　明蘄州（今蘄春）李言聞刪補
抄本
蘇州醫學院

30584
四言舉要一卷
宋崔嘉彦撰　明蘄州（今蘄春）李言聞刪補
抄本
廣東

30585
四言舉要一卷
宋崔嘉彦撰　明蘄州（今蘄春）李言聞刪補
抄本
雲南

30586
脈訣
宋崔嘉彦撰　明蘄州（今蘄春）李言聞刪補　清汪宏參定
清歙東汪村竹里刻汪氏醫學六種本
《全國中醫圖書聯合目録》著録，僅該館有藏。
上海中醫大

30587
脈學入門四言舉要
宋崔嘉彦撰　明蘄州（今蘄春）李言聞刪補　清莫熺注
清乾隆六年（1741）據順治康熙間刻本彙印莫氏錦囊十二種本
科院　中醫　軍醫科院　北醫大

30588
醫燈續焰二十一卷
宋崔嘉彦撰　明蘄州（今蘄春）李言聞刪補　清潘楫增注
清順治九年（1652）潘楫刻本
國圖　科院　中醫　天津　上海　南京　浙江　中山醫大

30589
醫燈續焰二十一卷
宋崔嘉彦撰　明蘄州（今蘄春）李言聞刪補　清潘楫增注
抄本
陝西中醫藥院　蘇州　河南中醫

30590
瀕湖脈學一卷奇經八脈考一卷脈訣考證一卷
明蘄州（今蘄春）李時珍撰
明刻本
此三種書之合刻本，《全國中醫圖書聯合目録》著録有三十一個版本。依本次編目體例，聯合書名之其他品種將析出立目。
遼寧中醫學院　上海中醫大　南京　江西中醫大　桂林　中山醫學院

30591
瀕湖脈學一卷奇經八脈考一卷脈訣考證一卷
明蘄州（今蘄春）李時珍撰
清初刻本
中醫　黑龍江
《全國中醫圖書聯合目録》著録。

30592
瀕湖脈學一卷奇經八脈考一卷脈訣考證一卷
明蘄州（今蘄春）李時珍撰
清四庫全書本
國圖　甘肅　浙江　臺北故宫

1983年臺北商務印書館影印清文淵閣四庫全書本

湖北

1989年上海古籍出版社縮印臺北商務印書館影印清文淵閣四庫全書本

國圖　武漢

30593

瀕湖脈學一卷奇經八脈考一卷脈訣考證一卷

明蘄州(今蘄春)李時珍撰

清咸豐九年(1859)刻本

據《全國中醫圖書聯合目録》,僅廣州中山醫科大圖書館有藏。

中山醫科大

30594

瀕湖脈學一卷奇經八脈考一卷脈訣考證一卷

明蘄州(今蘄春)李時珍撰

清光緒五年(1879)掃葉山房刻本

中醫　山西　白求恩醫科大　上海　蘇州中醫院　江西中醫大

30595

瀕湖脈學一卷奇經八脈考一卷脈訣考證一卷

明蘄州(今蘄春)李時珍撰

清光緒五年(1879)校經山房刻本

天津　上海　黑龍江中醫大

30596

瀕湖脈學一卷奇經八脈考一卷脈訣考證一卷

明蘄州(今蘄春)李時珍撰

清光緒九年(1883)京都文成堂刻本

國圖　中醫　湖北

30597

瀕湖脈學一卷奇經八脈考一卷脈訣考證一卷

明蘄州(今蘄春)李時珍撰

清光緒十一年(1885)合肥張氏味古齋刻本

北京中醫大　中醫　浙江中醫藥院　湖北中醫研

30598

瀕湖脈學一卷奇經八脈考一卷脈訣考證一卷

明蘄州(今蘄春)李時珍撰

1985年中國書店據清光緒十一年(1885)合肥張氏味古齋刻本影印中醫基礎叢書本

30599

瀕湖脈學一卷奇經八脈考一卷脈訣考證一卷

明蘄州(今蘄春)李時珍撰

清光緒二十二年(1896)揚州文富堂刻本

據《全國中醫圖書聯合目録》,僅黑龍江中醫大圖書館有藏。中國中醫研究院藏有同年刻《本草綱目》,若與此同版,則此應爲《本草綱目》之附刻。

黑龍江中醫大

30600

瀕湖脈學一卷奇經八脈考一卷脈訣考證一卷

明蘄州(今蘄春)李時珍撰

清光緒二十二年(1896)圖書集成印書局鉛印本

中醫　遼寧　福建

30601

瀕湖脈學一卷奇經八脈考一卷脈訣考證一卷

明蘄州(今蘄春)李時珍撰

清光緒二十九年(1903)刻本

據《全國中醫圖書聯合目録》,僅揚州市圖書館有藏。

揚州

30602

瀕湖脈學一卷奇經八脈考一卷脈訣考證一卷

明蘄州(今蘄春)李時珍撰

清光緒三十一年(1905)上新書局石印本

陝西　廣西　桂林

30603

瀕湖脈學一卷奇經八脈考一卷脈訣考證一卷

明蘄州(今蘄春)李時珍撰

清春明堂刻本

河南省館藏有清同治十一年(1872)春明堂刻《本草綱目》,其附刻僅《瀕湖脈學》。此三種合刻本是否皆爲其附刻,待考。

南京第一醫學院　南通醫學院　安徽　重慶　成都中醫大

30604

瀕湖脈學一卷奇經八脈考一卷脈訣考證一卷

明蘄州(今蘄春)李時珍撰

清同人堂刻本

據《全國中醫圖書聯合目録》,僅中國科學院圖書館有藏。

科院

30605

瀕湖脈學一卷奇經八脈考一卷脈訣考證一卷

明蘄州(今蘄春)李時珍撰

清碧梧山房刻本

據《全國中醫圖書聯合目録》,僅故宫博物院圖書館有藏。

故宫

30606

瀕湖脈學一卷奇經八脈考一卷脈訣考證一卷

明蘄州(今蘄春)李時珍撰

清文聚堂刻本

據《全國中醫圖書聯合目録》,僅中華醫學會上海分會圖書館有藏。

中華醫學會上海分會

30607

瀕湖脈學一卷奇經八脈考一卷脈訣考證一卷

明蘄州(今蘄春)李時珍撰

清聚錦堂刻本

據《全國中醫圖書聯合目録》,僅山東省圖書館有藏。

山東

30608

瀕湖脈學一卷奇經八脈考一卷脈訣考證一卷

明蘄州(今蘄春)李時珍撰

清無錫日昇山房刻本

蘭醫　哈醫大

30609

瀕湖脈學一卷奇經八脈考一卷脈訣考證一卷

明蘄州(今蘄春)李時珍撰

清天德堂刻本

據《全國中醫圖書聯合目録》,僅成都中醫大圖書館有藏。

成都中醫大

30610

瀕湖脈學一卷奇經八脈考一卷脈訣考證一卷

明蘄州(今蘄春)李時珍撰

清刻本

《全國中醫圖書聯合目録》著録。

國圖　中醫　河南　山西　中國醫科大　上海　鎮江　浙江中醫大　湖北　四川　福建

30611

瀕湖脈學一卷奇經八脈考一卷

明蘄州(今蘄春)李時珍撰

附脈訣附方一卷

明張世賢編次

清刻本

河南

30612

瀕湖脈學一卷奇經八脈考一卷脈訣考證一卷

明蘄州(今蘄春)李時珍撰

清抄本

國圖

30613

瀕湖脈學一卷奇經八脈考一卷脈訣考證一卷

明蘄州(今蘄春)李時珍撰

民國十七年(1928)江陰寶文堂刻本

山西中醫研　重慶　廣州中醫大

30614

瀕湖脈學一卷奇經八脈考一卷脈訣考證一卷

明蘄州(今蘄春)李時珍撰

民國上海中醫書局鉛印本

山東　山東醫科大　上海二醫大　廣東

30615

瀕湖脈學一卷奇經八脈考一卷脈訣考證一卷

明蘄州(今蘄春)李時珍撰

1951年廣益書局鉛印本

湖北

30616

瀕湖脈學一卷奇經八脈考一卷脈訣考證一卷

明蘄州(今蘄春)李時珍撰

1954、1955年上海錦章書局鉛印本

湖北

30617

瀕湖脈學一卷奇經八脈考一卷脈訣考證一卷

明蘄州(今蘄春)李時珍撰

1956年人民衛生出版社鉛印本

湖北

30618

瀕湖脈學一卷

明蘄州(今蘄春)李時珍撰

明萬曆三十一年(1603)夏良心、張鼎思刻本

本書多附刻於《本草綱目》,或與他書彙刻。

中醫　上海　大連　遼寧中醫大　吉林　山東　南大　浙江　四川　重慶

30619

瀕湖脈學一卷

明蘄州(今蘄春)李時珍撰

明萬曆三十四年(1606)楊道會刻本

中醫　上海　上海中醫大

30620

瀕湖脈學一卷

明蘄州(今蘄春)李時珍撰

明萬曆刻本

臺圖

30621

瀕湖脈學一卷

明蘄州(今蘄春)李時珍撰

明馮㝊刻圖註脈訣難經附刻本

《中國古籍善本書目》著録,僅北大藏全。

北大

30622

瀕湖脈學一卷

明蘄州（今蘄春）李時珍撰

明刻本

《中國古籍總目·子部》著録。

國圖　科院　上海中醫大　遼寧中醫大　南京　江西中醫　中山醫大　廣西

30623

瀕湖脈學一卷

明蘄州（今蘄春）李時珍撰

清順治十二年（1655）吴氏太和堂刻本

國圖　北大　科院　中醫　天津　上海　南京　浙江　安徽　湖北　湖南中醫　四川

30624

瀕湖脈學一卷

明蘄州（今蘄春）李時珍撰

清康熙二十三年（1684）金閶文雅堂刻本

北大　大連　浙江　河南中醫

30625

瀕湖脈學一卷

明蘄州（今蘄春）李時珍撰

清乾隆六年（1741）據清順治康熙間刻本彙印莫氏錦囊十二種本

科院　中醫　軍醫科院　北醫大

30626

瀕湖脈學一卷

明蘄州（今蘄春）李時珍撰

清初刻本

國圖　天津　上海　黑龍江

30627

瀕湖脈學一卷

明蘄州（今蘄春）李時珍撰

清四庫全書本

國圖　甘肅　浙江　臺北故宫

1983年臺北商務印書館影印清文淵閣四庫全書本

湖北

1989年上海古籍出版社縮印臺北商務印書館影印清文淵閣四庫全書本

國圖　武漢

30628

瀕湖脈學一卷

明蘄州（今蘄春）李時珍撰

清乾隆四十九年（1784）金閶書業堂刻本

中醫　上海中醫大　遼寧　黑龍江　山東　蘇州　南通　南京中醫大　浙江醫大　江西　河南

30629

瀕湖脈學一卷

明蘄州（今蘄春）李時珍撰

清乾隆李瀕湖抄醫書六種本

臺圖

30630

瀕湖脈學一卷

明蘄州（今蘄春）李時珍撰

清道光六年（1826）務本堂刻本

首都　中醫　天津　山東醫大　南京　浙江中醫大　廣東醫科所　成都中醫大　港大

30631

瀕湖脈學一卷

明蘄州（今蘄春）李時珍撰

清道光六年（1826）英德堂刻本

首都　北大　北京醫大　北京中醫大　中醫　遼寧　廣州中醫大

30632

瀕湖脈學一卷

明蘄州（今蘄春）李時珍撰

清咸豐三年（1853）雙梧書室抄本
中醫

30633
瀕湖脈學（一名脈學正宗）一卷
明蘄州（今蘄春）李時珍撰
清咸豐九年（1859）刻本
中山醫大

30634
瀕湖脈學一卷
明蘄州（今蘄春）李時珍撰
清同治五年（1855）刻本
蘇州中醫院　華西醫科大

30635
瀕湖脈學一卷
明蘄州（今蘄春）李時珍撰
清同治十一年（1861）芥子園刻本
國圖　中醫　上海中醫大　遼寧　山東醫大　蘇州中醫院　浙江中醫大　安徽　江西　湖北　四川

30636
瀕湖脈學一卷
明蘄州（今蘄春）李時珍撰
清同治光緒刻本
成都中醫大
《中國古籍總目·子部》著録。

30637
瀕湖脈學一卷
明蘄州（今蘄春）李時珍撰
清光緒五年（1879）掃葉山房刻本
中醫　長春中醫大　上海　山西　桂林

30638
瀕湖脈學一卷
明蘄州（今蘄春）李時珍撰
清光緒五年（1879）校經山房刻本
上海　天津　黑龍江中醫大

30639
瀕湖脈學一卷
明蘄州（今蘄春）李時珍撰
清光緒九年（1883）京都文成堂刻本
國圖　中醫　湖北

30640
瀕湖脈學一卷
明蘄州（今蘄春）李時珍撰
清光緒十一年（1885）合肥張氏味古齋刻本
北京中醫大　中醫　浙江中醫藥院　湖北中醫研

30641
瀕湖脈學一卷
明蘄州（今蘄春）李時珍撰
清光緒二十二年（1896）揚州文富堂刻本
黑龍江中醫大

30642
瀕湖脈學一卷
明蘄州（今蘄春）李時珍撰
清光緒二十二年（1896）上海圖書集成印書局鉛印脈學叢書初編本
國圖　中醫　遼寧　福建

30643
瀕湖脈學一卷
明蘄州（今蘄春）李時珍撰
清光緒二十九年（1903）刻本
揚州

30644
瀕湖脈學一卷
明蘄州（今蘄春）李時珍撰

清光緒三十一年(1905)上新書局石印本

陝西　桂林　廣西

30645

瀕湖脈學一卷

明蘄州(今蘄春)李時珍撰

清光緒三十二年(1906)善成堂刻脈學本草醫方全書本

《全國中醫圖書聯合目録》著録。《脈學本草醫方全書》爲清太醫院編。

山西中醫研　上海中醫大　湖北中醫　湖南中醫　重慶　雲南　桂林

30646

瀕湖脈學一卷

明蘄州(今蘄春)李時珍撰

清刻醫方全書五種本

《醫方全書五種》爲清黄花館編,不多見。

中國醫科院

30647

瀕湖脈學一卷

明蘄州(今蘄春)李時珍撰

清宣統上海書局石印本

國圖

30648

瀕湖脈學一卷

明蘄州(今蘄春)李時珍撰

清春明堂刻本

蘇州中醫院　南通大學醫學院　安徽　重慶　成都中醫大

30649

瀕湖脈學一卷

明蘄州(今蘄春)李時珍撰

清同人堂刻本

科院

30650

瀕湖脈學一卷

明蘄州(今蘄春)李時珍撰

清碧梧山房刻本

故宫

30651

瀕湖脈學一卷

明蘄州(今蘄春)李時珍撰

清文聚堂刻本

中華醫學會上海分會

30652

瀕湖脈學一卷

明蘄州(今蘄春)李時珍撰

清聚錦堂刻本

黑龍江

30653

瀕湖脈學一卷

明蘄州(今蘄春)李時珍撰

清無錫日昇山房刻本

黑龍江中醫大　蘭州醫學院

30654

瀕湖脈學一卷

明蘄州(今蘄春)李時珍撰

清天德堂刻本

成都中醫大

30655

瀕湖脈學一卷

明蘄州(今蘄春)李時珍撰

清江左書林刻本

國圖

30656

瀕湖脈學一卷

明蘄州(今蘄春)李時珍撰

清刻本

綜合《全國中醫圖書聯合目録》等書目著録。各館藏本或非同版,其中或有與前述清刻本爲同版者。

國圖　中醫　上海　鎮江　浙江中醫大　福建　湖北　四川

30657

瀕湖脈學一卷

明蘄州(今蘄春)李時珍撰

清吴邑俞錫禧抄本

國圖

30658

瀕湖脈學一卷

明蘄州(今蘄春)李時珍撰

清抄本

黑龍江中醫大

30659

瀕湖脈學一卷

明蘄州(今蘄春)李時珍撰

清抄本

蘭州醫學院

30660

瀕湖脈學一卷

明蘄州(今蘄春)李時珍撰

清抄本

南京

30661

瀕湖脈學一卷

明蘄州(今蘄春)李時珍撰

民國二十五年(1936)上海同聲書局鉛印本

吉林

30662

瀕湖脈學一卷

明蘄州(今蘄春)李時珍撰

民國二十九年(1940)上海千頃堂書局石印本

上海中醫大

30663

瀕湖脈學一卷

明蘄州(今蘄春)李時珍撰

抄本

具體抄寫時間不詳。

天津衛職

30664

瀕湖脈學一卷

明蘄州(今蘄春)李時珍撰

抄本

具體抄寫時間不詳。

安徽

30665

瀕湖脈學一卷

明蘄州(今蘄春)李時珍撰

抄本

具體抄寫時間不詳。

黑龍江中醫大

30666

瀕湖脈學一卷附病機賦

明蘄州(今蘄春)李時珍撰

抄本

具體抄寫時間不詳。

上海

30667

[重訂]瀕湖脈學一卷

明蘄州(今蘄春)李時珍撰　清邁龕居士增補

抄稿本
臺圖

30668
［重訂］瀕湖脈學一卷
明蘄州（今蘄春）李時珍撰　清邁龕居士增補
抄本
具體抄寫時間不詳。
上海中醫院

30669
校正李瀕湖脈學（附奇經考）
明蘄州（今蘄春）李時珍撰
1954年錦章書局鉛印本　又1955年鉛印本

30670
瀕湖脈學一卷
明蘄州（今蘄春）李時珍撰
1956年人民衛生出版社鉛印本
與《奇經脈考》《脈訣考證》合爲一編。

30671
瀕湖脈學一卷
明蘄州（今蘄春）李時珍撰　陳輝注譯
1997年學苑出版社鉛印本

30672
瀕湖脈學一卷
明蘄州（今蘄春）李時珍撰　夏魁周等校注
1996年中國中醫藥出版社鉛印明清名醫全書大成·李時珍醫學全書本

30673
瀕湖脈學白話解
明蘄州（今蘄春）李時珍原撰　北京中醫學院編
1973年鉛印本
湖北

30674
瀕湖脈學白話解
明蘄州（今蘄春）李時珍原撰　北京中醫學院編
1979年北京盲文出版社盲文版

30675
瀕湖脈學譯注
明蘄州（今蘄春）李時珍撰　程寶書、王其芳譯注
1988年中醫古籍出版社鉛印本　又1991年鉛印本

30676
瀕湖脈學白話解
明蘄州（今蘄春）李時珍撰
北京中醫藥大學中醫基礎教研室編　劉文龍等編寫
1999年人民衛生出版社鉛印本

30677
脈訣考證一卷
明蘄州（今蘄春）李時珍撰
明萬曆三十一年（1603）夏良心、張鼎思刻本
是書單刻本甚少，多附刻於《本草綱目》，或與他書彙刻。其版本亦多。
科院　中醫　上海　上海中醫大　遼寧中醫大　吉林　山東　南大　浙江　四川　重慶

30678
脈訣考證一卷
明蘄州（今蘄春）李時珍撰
明萬曆三十四年（1606）楊道會刻本
中醫　上海　上海中醫大

30679
脈訣考證一卷
明蘄州(今蘄春)李時珍撰
明馮翥刻圖註脈訣難經附刻本
《中國古籍善本書目》著録,僅北大藏全。
北大

30680
脈訣考證一卷
明蘄州(今蘄春)李時珍撰
明刻本
《中國古籍總目·子部》著録。
國圖 科院 上海中醫大 遼寧中醫大 南京 江西中醫 中山醫大 廣西

30681
脈訣考證一卷
明蘄州(今蘄春)李時珍撰
清順治十二年(1655)吴氏太和堂刻本
國圖 科院 北大 天津 上海 南京 安徽 浙江 湖北 四川 重慶

30682
脈訣考證一卷
明蘄州(今蘄春)李時珍撰
清康熙二十三年(1684)金閶文雅堂刻本
北大 大連 浙江 河南中醫

30683
脈訣考證一卷
明蘄州(今蘄春)李時珍撰
清初刻本
中醫 黑龍江

30684
脈訣考證一卷
明蘄州(今蘄春)李時珍撰
清乾隆六年(1741)據清順治康熙間刻本彙印莫氏錦囊十二種本
《全國中醫圖書館聯合目録》著録。
科院 中醫 軍醫科院 北醫大

30685
脈訣考證一卷
明蘄州(今蘄春)李時珍撰
清乾隆四十九年(1784)金閶書業堂刻本
中醫 上海中醫大 遼寧 黑龍江 山東 蘇州 南京中醫大 浙江醫大 河南

30686
脈訣考證一卷
明蘄州(今蘄春)李時珍撰
清道光六年(1826)務本堂刻本
首都 中醫 故宫 天津 山東醫大 南京 浙江中醫大 廣東醫科所 成都中醫大 港大

30687
脈訣考證一卷
明蘄州(今蘄春)李時珍撰
清道光六年(1826)英德堂刻本
首都 北大 北京醫大 北京中醫大 中醫科學所 遼寧 廣州中醫大

30688
脈訣考證一卷
明蘄州(今蘄春)李時珍撰
清咸豐九年(1859)刻本
中山醫大

30689
脈訣考證一卷
明蘄州(今蘄春)李時珍撰
清光緒五年(1879)掃葉山房刻本
上海醫科大 遼寧中醫大 南京 江西中醫 中山醫大 廣西

30690
脈訣考證一卷
明蘄州（今蘄春）李時珍撰
清光緒五年（1879）校經山房刻本
天津　上海　黑龍江中醫大

30691
脈訣考證一卷
明蘄州（今蘄春）李時珍撰
清光緒十一年（1885）合肥張氏味古齋刻本
北京中醫大　中醫　浙江中醫藥院　湖北中醫研

30692
脈訣考證一卷
明蘄州（今蘄春）李時珍撰
1985年中國書店據清光緒十一年(1885)影印中醫基礎叢書本

30693
脈訣考證一卷
明蘄州（今蘄春）李時珍撰
清光緒二十二年（1896）揚州文富堂刻本
黑龍江中醫大

30694
脈訣考證一卷
明蘄州（今蘄春）李時珍撰
清光緒二十二年（1896）上海圖書集成印書局鉛印本
中醫　遼寧　福建

30695
脈訣考證一卷
明蘄州（今蘄春）李時珍撰
清光緒二十九年（1903）刻本
揚州

30696
脈訣考證一卷
明蘄州（今蘄春）李時珍撰
清光緒三十一年（1905）上新書局石印本
陝西　廣西　桂林

30697
脈訣考證一卷
明蘄州（今蘄春）李時珍撰
清光緒三十二年（1906）善成堂刻脈學本草醫方全書本
《全國中醫圖書聯合目録》著録。
山西中醫研　上海中醫大　湖北中醫　湖南中醫　重慶　雲南　桂林

30698
脈訣考證一卷
明蘄州（今蘄春）李時珍撰
清刻醫方全書五種本
中國醫科院

30699
脈訣考證一卷
明蘄州（今蘄春）李時珍撰
清抄本草品彙精要本
《全國中醫圖書館聯合目録》著録。國家圖書館所藏該叢書有殘缺，未知此種殘否。
國圖 × 故宫

30700
脈訣考證一卷
明蘄州（今蘄春）李時珍撰
清抄本草品彙精要本
《全國中醫圖書館聯合目録》著録。
科院

30701
脈訣考證一卷
明蘄州（今蘄春）李時珍撰

清抄本
國圖

30702
脈訣考證一卷
明蘄州(今蘄春)李時珍撰
清春明堂刻本
國圖　蘇州中醫院　南通大學醫學院　安徽　成都中醫大　重慶

30703
脈訣考證一卷
明蘄州(今蘄春)李時珍撰
清同人堂刻本
科院

30704
脈訣考證一卷
明蘄州(今蘄春)李時珍撰
清碧梧山房刻本
故宫

30705
脈訣考證一卷
明蘄州(今蘄春)李時珍撰
清文聚堂刻本
中華醫學會上海分會

30706
脈訣考證一卷
明蘄州(今蘄春)李時珍撰
清聚錦堂刻本
黑龍江　山東

30707
脈訣考證一卷
明蘄州(今蘄春)李時珍撰
清無錫日昇山房刻本
黑龍江中醫大　蘭州醫學院

30708
脈訣考證一卷
明蘄州(今蘄春)李時珍撰
清天德堂刻本
成都中醫大

30709
脈訣考證一卷
明蘄州(今蘄春)李時珍撰
清刻本
綜合《全國中醫圖書聯合目録》等書目著録。各館藏本或非同版,其中亦或有與前述清刻本爲同版者。
國圖　中醫　上海　山西　中國醫大　鎮江　浙江中醫大　福建　河南　湖北　四川

30710
脈訣考證一卷
明蘄州(今蘄春)李時珍撰
民國十五年(1926)商務印書館鉛印本草品彙精要本
《全國中醫圖書聯合目録》著録。
廣東中醫大　湖南　瀘州　廣西　中山醫學院

30711
脈訣考證一卷
明蘄州(今蘄春)李時珍撰
民國二十五年至二十六年(1936—1937)商務印書館鉛印本草品彙精要本
《全國中醫圖書聯合目録》著録,國圖、中醫等六十個館有藏。
國圖　中醫

30712
脈訣考證一卷
明蘄州(今蘄春)李時珍撰
1956年商務印書館鉛印本草品彙精要本
湖北

30713
脈訣考證一卷
明蘄州（今蘄春）李時珍撰
1956年人民衛生出版社鉛印本

30714
脈訣考證一卷
明蘄州（今蘄春）李時珍撰
1964年、1982年人民衛生出版社鉛印本草品彙精要本
湖北

30715
脈學纂要一卷
明蘄州（今蘄春）李時珍撰
抄本
實即《瀕湖脈學》。具體抄寫時間不詳。
雲南

30716
七言脈訣一卷
明蘄州（今蘄春）李時珍撰
抄本
實即《瀕湖脈學》。具體抄寫時間不詳。
桂林

30717
診家正眼一卷
明蘄州（今蘄春）李時珍撰
清光緒二十二年（1896）上海圖書集成局鉛印脈學叢書初編本
北京中醫大　黑龍江中醫大

30718
脈訣歌一卷
明蘄州（今蘄春）李時珍撰
清光緒刻脈草經絡五種彙編本
國圖

30719
瀕湖二十七脈歌一卷
清汪昂撰
清刻本
國圖

30720
瀕湖二十七脈歌一卷
清汪昂撰
清刻本
國圖

30721
脈理原始全書一卷
明江陵李盛春編
明天啓刻醫學研悅本
《中國古籍善本書目》著録。
上海　山東中醫大

30722
脈理原始全書一卷
明江陵李盛春編　田思勝校注
1997年中國中醫藥出版社鉛印明清中醫臨證小叢書·醫學研悅本

30723
病機要旨一卷
明江陵李盛春編
明天啓刻醫學研悅本
《中國古籍善本書目》著録。
上海　山東中醫大

30724
病機要旨一卷
明江陵李盛春編　田思勝校注
1997年中國中醫藥出版社鉛印明清中醫臨證小叢書·醫學研悅本

30725
醫學體用二卷
清漢陽盧雲乘撰
清康熙刻本
《中國古籍善本書目》著録,僅此二館有藏。
中國醫科院　軍醫科院

30726
脈訣彙纂二卷
清孝感屠道和撰
清同治二年(1863)湖北育德堂刻醫學六種本
中國醫科院　上海中醫大　中醫　陝西中醫研　浙江醫科大　湖南

方論

傷寒金匱

30727
傷寒補亡論二十卷
題宋夷陵(今宜昌)郭雍撰
明萬曆刻本
《全國中醫圖書聯合目録》著録。《中國古籍善本目録》失收,僅收一清抄本,並於著者項前加冠"題"字,疑其爲託名之作,未知何據。兹仿之。
北京中醫大

30728
傷寒補亡論二十卷
題宋夷陵(今宜昌)郭雍撰
2002年上海古籍出版社據明萬曆刻本影印續修四庫全書本
雍字子和,南宋著名道學家,長期隱居於峽州(今湖北宜昌縣境)。
湖北

30729
傷寒補亡論(一名仲景傷寒補亡論)二十卷
題宋夷陵(今宜昌)郭雍撰
清道光元年(1821)徐錦刻本
科院　中醫　北大　中國醫科院　北京中醫大　陝西中醫大　中國醫科大　上海　蘇州　浙江中醫大　湖北　四川　福建

30730
傷寒補亡論二十卷
題宋夷陵(今宜昌)郭雍撰
清抄本
國圖

30731
傷寒補亡論二十卷
題宋夷陵(今宜昌)郭雍撰
清抄本
中醫

30732
傷寒補亡論二十卷
題宋夷陵(今宜昌)郭雍撰
清抄本
南京

30733
傷寒補亡論二十卷
題宋夷陵(今宜昌)郭雍撰
清抄本
蘇州醫學院

30734
傷寒補亡論二十卷
題宋夷陵(今宜昌)郭雍撰
清宣統元年(1909)海豐吴氏排印豫醫雙璧本
國圖　首都　北師大　中醫　遼寧　山東　南京　河南　廣東

30735
傷寒補亡論(一名仲景傷寒補亡論)二十卷
題宋夷陵(今宜昌)郭雍撰
清宣統三年(1911)武昌醫館校刻本
中國醫科院　北師大　首都　中醫　北京醫科大　天津中醫大　西安醫學院　中國醫科大　上海醫科大　浙江　湖北　湖北醫學院　廣州中醫大

30736
傷寒補亡論二十卷
題宋夷陵(今宜昌)郭雍撰
1992年中國書店據清宣統三年武昌醫館校刻本影印

30737
傷寒補亡論二十卷
題宋夷陵(今宜昌)郭雍撰
民國十四年(1925)蘇州錫承醫社鉛印本
北京中醫大　天津醫學院　天津中醫大　河南中醫大　山西中醫研　陝西中醫大　遼寧中醫大　吉林　長春中醫大　上海中醫大　浙江中醫研　江西中醫大　廣州中醫大

30738
傷寒補亡論(一名仲景傷寒補亡論)二十卷
題宋夷陵(今宜昌)郭雍撰
1959年上海科學技術出版鉛印本
湖北

30739
傷寒補亡論二十卷
題宋夷陵(今宜昌)郭雍撰　聶惠民點校
1994年人民衛生出版社鉛印本

30740
傷寒補亡論五卷
題宋夷陵(今宜昌)郭雍撰
清抄本
《中國古籍善本書目》著録。
國圖

30741
傷寒補亡論五卷
題宋夷陵(今宜昌)郭雍撰
清抄本
國圖

30742
傷寒總病論六卷附音訓一卷修治藥法一卷
宋蘄水(今浠水)龐安時撰
清四庫全書本
國圖　甘肅　浙江　臺北故宫
1983年臺北商務印書館影印清文淵閣四庫全書本
湖北
1989年上海古籍出版社縮印臺北商務印書館影印清文淵閣四庫全書本
安時(1402—1099)字安常。著名醫學家。省中醫院湖北名醫銅雕以其居首。
國圖　武漢

30743
傷寒總病論六卷附音訓一卷修治藥法一卷
宋蘄水(今浠水)龐安時撰
清影抄文溯閣四庫全書醫書十二種本
中醫

30744
傷寒總病論六卷附音訓一卷修治藥法一卷
宋蘄水(今浠水)龐安時撰
清汪氏藝芸書舍影宋抄本　佚名録　清黄丕烈跋
上海

30745
傷寒總病論六卷附音訓一卷修治藥法一卷
宋蘄水（今浠水）龐安時撰
影宋抄本
無附。
蘇州大學醫學院 ×

30746
傷寒總病論六卷
宋蘄水（今浠水）龐安時撰
附札記一卷
清黄丕烈撰
清道光三年（1823）吴縣黄氏輯刻士禮居黄氏叢書本
國圖　科院　北大　上海　湖北　四川　重慶　雲南

30747
傷寒總病論六卷
宋蘄水（今浠水）龐安時撰
清光緒十三年（1887）上海蜚英館影印清道光三年（1823）吴縣黄氏輯刻士禮居黄氏叢書本
湖北

30748
傷寒總病論六卷
宋蘄水（今浠水）龐安時撰
日本抄本　日人朱墨批校
北大

30749
傷寒總病論六卷
宋蘄水（今浠水）龐安時撰　日本多紀元越、智正健校
日本抄本
中醫

30750
傷寒總病論六卷
宋蘄水（今浠水）龐安時撰
附札記一卷
清黄丕烈撰
民國四年（1915）上海石竹山房影印清道光三年（1823）吴縣黄氏輯刻士禮居黄氏叢書本
湖北

30751
傷寒總病論六卷
宋蘄水（今浠水）龐安時撰
附札記一卷
清黄丕烈撰
民國十一年（1922）上海博古齋影印清道光三年（1823）吴縣黄氏輯刻士禮居黄氏叢書本
湖北

30752
傷寒總病論六卷
宋蘄水（今浠水）龐安時撰
清光緒三十年至民國元年（1904—1912）武昌柯氏醫學館刻武昌醫學館叢書本
湖北

30753
傷寒總病論六卷
宋蘄水（今浠水）龐安時撰
附札記一卷
清黄丕烈撰
1956年商務印書館鉛印本
湖北

30754
傷寒總病論釋評六卷
宋蘄水（今浠水）龐安時原撰　浠水縣衛生局等評注

1987年湖北科學技術出版社鉛印本

以清道光《士禮居叢書本》爲藍本，参以民國元年（1912）武昌醫館重刊本和1957年排印本進行校注釋評，每卷按所論内容分爲原文、注釋、語釋、按語等四個部分。《前言》是全書的總評，末附《傷寒總病論方劑索引》。

湖北

30755

傷寒總病論六卷

宋蘄水（今浠水）龐安時撰　鄒德琛等校

1989年人民衛生出版社鉛印本

以清道光士禮居覆宋刻本爲底本，旁参了其他各本。

湖北

30756

傷寒總病論

宋蘄水（今浠水）龐安時撰

1990年上海三聯書店據上海中醫學院圖書館藏本影印

30757

新刊萬氏家傳傷寒摘錦（一名傷寒摘錦）二卷

明羅田萬全撰

清順治十五年至十六年（1658—1659）羅田萬達刻萬氏全書本

上海中醫大　羅田衛生

30758

傷寒摘錦二卷

明羅田萬全撰

清康熙二年（1663）刻萬密齋醫學全書十種本

中山醫大

30759

萬氏家傳傷寒摘錦（一名傷寒摘錦）二卷

明羅田萬全撰

清康熙五十一年（1712）漢陽張氏視履堂刻萬密齋書十種本

湖北

30760

萬氏家傳傷寒摘錦（一名傷寒摘錦）二卷

明羅田萬全撰

清康熙五十一年（1712）漢陽張氏視履堂刻乾隆四十三年（1778）重印萬密齋書十種本

湖北

30761

萬氏家傳傷寒摘錦（一名傷寒摘錦）二卷

明羅田萬全撰

清雍正二年（1724）金溪胡氏清畏堂刻萬密齋醫書十種本

中醫

30762

萬氏家傳傷寒摘錦（一名傷寒摘錦）二卷

明羅田萬全撰

明末清畏堂刻本

《中國古籍總目·子部》著録。疑即清雍正二年（1724）刻本。

中醫

30763

萬氏家傳傷寒摘錦（一名傷寒摘錦）二卷

明羅田萬全撰

清雍正乾隆間敷文堂用金溪胡氏清畏堂刻版挖改印萬密齋醫書十種本

中醫　上海　復旦　山東　湖北

30764

萬氏家傳傷寒摘錦（一名傷寒摘錦）二卷

明羅田萬全撰

清乾隆六年（1741）同人堂用清畏堂敷文堂刻版再度挖改重印萬密齋醫書十種本

天津中醫

30765
萬氏家傳傷寒摘錦(一名傷寒摘錦)二卷
明羅田萬全撰
清忠信堂刻萬密齋書十種本
羅田衛生

30766
傷寒摘錦二卷
明羅田萬全撰
清刻萬密齋醫學全書十種本
天津衛職

30767
萬氏家傳傷寒摘錦(一名傷寒摘錦)二卷
明羅田萬全撰　羅田縣萬密齋醫院校注
1984年湖北科學技術出版社鉛印萬密齋醫學全書十三種本
湖北

30768
傷寒摘錦二卷
明羅田萬全撰
1996年中國中醫藥出版社鉛印萬密齋醫學全書本　又2001年鉛印本

30769
國醫宗旨四卷
明景陵(今天門)梁學孟撰
明萬曆陸世科刻本
是刻半葉九行,行二十字,白口,左右雙邊。《中國古籍善本書目》著録。《全國中醫圖書聯合目録》作"明萬曆三十五年丁未(1607)刻本"。存世很少。
上海中醫大　中科院上海館　南京

30770
重刻張鳳逵傷暑全書二卷
明張鶴騰撰　明江陵李盛奉編
明天啓刻醫學研悦本
《中國古籍善本書目》著録。
上海　山東中醫大

30771
傷暑全書二卷
明張鶴勝撰　明江陵李盛春編　田思勝校注
1997年中國中醫藥出版社鉛印明清中醫臨證小叢書·醫學研悦本

30772
傷寒醫驗六卷
清漢陽盧雲乘撰
清乾隆三年(1738)得一堂刻本
《全國中醫圖書聯合目録》著録,僅此二館有藏。
中醫　上海中醫大

30773
金匱要略釋義
湖北中醫學院主編
1963年上海科學技術出版社鉛印中醫臨床參考叢書本　又1978年鉛印本

30774
金匱要略釋義
湖北中醫學院主編
1973年上海人民出版社鉛印中醫臨床參考叢書本

30775
傷寒論
湖北中醫學院主編
1978年人民衛生出版社鉛印本

諸方

30776
傳信適用方
宋興國(今陽新)吴彦夔撰
宋刻本

藏書單位待訪。

30777

傳信適用方

宋興國(今陽新)吴彦夔撰

1956年人民衛生出版社據宋刻本影印

30778

傳信適用方二卷

宋興國(今陽新)吴彦夔撰

清四庫全書本

國圖　甘肅　浙江　臺北故宫

1983年臺北商務印書館影印清文淵閣四庫全書本

湖北

1989年上海古籍出版社縮印臺北商務印書館影印清文淵閣四庫全書本

此書刻本作四卷。《四庫全書總目》謂其"不著撰人名氏",實爲興國州吴彦夔所撰,館臣失察。

國圖　武漢

30779

傳信適用方四卷

宋興國(今陽新)吴彦夔撰

清光緒四年(1878)錢塘丁氏當歸草堂刻當歸草堂醫學叢書初編本

國圖　科院　上海　復旦　天津　遼寧　南京　浙江　湖北　四川

30780

傳信適用方四卷

宋興國(今陽新)吴彦夔撰

清道光八年(1828)棠樾鮑氏廣陵木活字印鮑氏彙校醫書四種本

據《中國叢書綜録》和《全國中醫圖書聯合目録》,僅此二館藏有全帙。

中醫　南京

30781

李時珍瀕湖集簡方

明蕲州(今蕲春)李時珍撰　張梁森重訂

1986年湖北科學技術出版社鉛印本

30782

新刻萬氏家傳保命歌括十卷

明羅田萬全撰

明萬曆二十五年(1597)怡慶堂余秀峰刻本

《中國古籍善本書目》著録,僅北大有藏。是刻半葉十一行,行二十六字,白口,四周單邊。杜信孚《明代版刻綜録》收録,唯其書名漏一"歌"字。未見此書有十卷本流傳,故本書有若干疑點。揣其卷數或有三種情況:一是坊賈射利,刪削而成,此種情況在明代刻書中較爲多見;二是實爲殘本,坊賈以殘充全,亦爲慣技;三是與通行之三十五卷本編次不同,確有此版存在。

北大

30783

萬氏家傳保命歌括(一名保命歌括、保命活訣)三十五卷

明羅田萬全撰

清順治十五年至十六年(1658—1659)羅田萬達刻萬氏全書本

正文自中風起,迄大小便秘,凡三十七篇。又有附二篇,末二卷曰"攝生輯要""醫宗略"。

上海中醫大　羅田衛生

30784

萬氏家傳保命歌括(一名保命歌括、保命活訣)三十五卷

明羅田萬全撰

清順治十五年至十六年(1658—1659)萬達刻嘉慶二十二年(1817)歐陽氏修補重印萬氏全書十種本

羅田衛生

30785
萬氏家傳保命歌括三十五卷
明羅田萬全撰
清康熙二年（1663）刻萬密齋醫學全書十種本
中山醫大

30786
萬氏家傳保命歌括（一名保命歌括、保命活訣）三十五卷
明羅田萬全撰
清康熙五十一年（1712）漢陽張氏視履堂刻萬密齋書十種本
湖北

30787
萬氏家傳保命歌括（一名保命歌括、保命活訣）三十五卷
明羅田萬全撰
清康熙五十一年（1712）視履堂刻乾隆四十三年（1778）張任大、張任佐重印萬密齋書十種本
湖北

30788
萬氏家傳保命歌括（一名保命歌括、保命活訣）二卷
明羅田萬全撰
清雍正二年（1724）金溪胡氏清畏堂刻萬密齋醫書十種本
中醫

30789
萬氏家傳保命歌括（一名保命歌括、保命活訣）二卷
明羅田萬全撰
清雍正乾隆間敷文堂用雍正二年（1724）金溪胡氏清畏堂刻萬密齋醫書十種版挖改印本
中醫

30790
萬氏家傳保命歌括（一名保命歌括、保命活訣）二卷
明羅田萬全撰
清乾隆二年（1737）同人堂用清畏堂、敷文堂刻萬密齋醫書十種版再度挖改印本
天津中醫

30791
萬氏家傳保命歌括（一名保命歌括、保命活訣）三十五卷
明羅田萬全撰
清忠信堂刻萬密齋書十種本
羅田衛生

30792
萬氏家傳保命歌括二卷
明羅田萬全撰
清刻萬密齋醫學全書十種本
天津衛職

30793
萬氏家傳保命歌括（一名保命歌括、保命活訣）三十五卷
明羅田萬全撰　羅田縣衛生局、羅田縣萬密齋醫院校注
1981—1986年湖北人民出版社、湖北科學技術出版社鉛印萬密齋醫學全書十三種本
湖北

30794
保命歌括三十五卷
明羅田萬全撰
1996年中國中醫藥出版社鉛印萬密齋醫學全書本　又2001年鉛印本

30795

保命歌括三十五卷

明羅田萬全撰

抄本

湖北中醫大

30796

松崗劉氏保壽堂活人經驗方(一名劉松石保壽堂經驗方、劉松石保壽堂經驗良方、保壽堂經驗良法、劉氏保壽堂活人經驗方、保壽堂方、經驗良方)四卷

明麻城劉天和撰

明萬曆三十六年(1608)吕顓刻本

列方一百四十有奇。

上海

30797

扶壽精方一卷

明江夏吴旻輯

明萬曆翻刻本

旻字近山,江夏人。自序云:"自結髮事師,讀書外漫無所嗜,惟好諸方事。積之見聞,彙以成書,雖不敢自擬於醫之良,將以廣吾心焉耳矣。"方以類分,自"諸虚"至"傷寒",凡二十九門。《千頃堂書目》著録本作二卷,天啓二年(1622)陶氏刻本亦二卷,此本僅一卷,殆施篤臣翻刻時所合併歟?抑原爲一卷,天閒氏分爲二卷歟?有明萬曆元年(1573)施篤臣序、嘉靖三十二年(1553)趙大綱序、嘉靖十三年(1534)自序。王重民《中國善本書提要》著録。

國會

30798

新刊扶壽精方二卷

明江夏吴旻輯

明天啓二年(1622)高推刻本

是刻半葉八行,行十八字,白口,四周雙邊。《中國古籍善本書目》著録,僅南京圖書館有藏。

南京

30799

新刊續補扶壽精方三卷

明江夏吴旻輯　明王來賢續

明萬曆十五年(1587)刻本

是刻半葉九行,行十九字,白口,四周雙邊,有刻工。《中國古籍善本書目》著録。

北大　中醫　北京中醫院

30800

新刻續補扶壽精方二卷

明江夏吴旻輯　明王來賢續

明天啓二年(1622)陶氏刻本

《全國中醫圖書聯合目録》著録,僅中國科學院圖書館有藏,而該館善本書目却並未揭示。不知其與南京館所藏之"天啓二年(1622)高推刻本"是何關係。慮及有關資料均提到"陶氏刻本",故照録之。

科院

30801

新刻續補扶壽精方三卷

明江夏吴旻輯　明王來賢續

明刻本

據《全國中醫圖書聯合目録》。

國圖　天一閣

30802

扶壽精方

明江夏吴旻輯

民國二十五年(1936)世界書局鉛印珍本醫書集成本

湖北

30803

扶壽精方

明江夏吴旻輯

1986年科學技術出版社鉛印珍本醫書集成本

湖北

30804
治傷寒全書一卷
明江陵李盛春編
明天啓刻醫學研悦本
《中國古籍善本書目》著録。
上海　山東中醫大

30805
治傷寒全書一卷
明江陵李盛春編　田思勝校注
1997年中國中醫藥出版社鉛印明清中醫臨證小叢書·醫學研悦本

30806
治雜症驗方一卷
明江陵李盛春編
明天啓刻醫學研悦本
《中國古籍善本書目》著録。
上海　山東中醫大

30807
治雜症驗方一卷
明江陵李盛春編　田思勝校注
1997年中國中醫藥出版社鉛印明清中醫臨證小叢書·醫學研悦本

30808
奇方類編二卷附奇效方一卷
清江夏（今武昌區）吴世昌編
清康熙五十八年（1719）錢塘孫氏淵藻堂刻本
《湖北醫學史稿》："吴世昌，字半千，清代江夏人。抄輯有《奇方類編》二卷，刊於康熙己亥。"今屬武漢市武昌區。
中醫　軍醫　北京中醫大　内蒙古　上海　上海中醫大　南京中醫大　蘇州醫學院　安徽　廣西

30809
奇方類編二卷
清江夏吴世昌鈔輯　清鄂奇善校
日本師古閣抄清康熙五十八年（1719）刻本
中醫

30810
奇方類編二卷附奇效方一卷
清江夏（今武昌區）吴世昌編
清康熙六十一年（1722）刻本
安徽

30811
壽世編二卷
清漢陽顧奉璋（左宜、三近居士）編
清乾隆刻本
《全國中醫圖書聯合目録》著録（下同），僅該館有藏。據該目録，本書有二十個版本，存世多爲一、二部。
上海中醫大

30812
壽世編二卷
清漢陽顧奉璋（左宜、三近居士）編
清嘉慶二年（1797）嘉定廣濟堂刻本
天津中醫大

30813
壽世編二卷
清漢陽顧奉璋（左宜、三近居士）編
清嘉慶二年（1797）何氏刻本
未知是否與前一款目爲同版。
上海

30814
壽世編二卷
清漢陽顧奉璋（左宜、三近居士）編
清嘉慶九年（1804）刻本
安徽

30815
壽世編二卷
清漢陽顧奉璋(左宜、三近居士)編
清嘉慶十一年(1806)湖南玉麟堂刻本
中醫

30816
壽世編二卷
清漢陽顧奉璋(左宜、三近居士)編
清嘉慶十六年(1811)蕭山羲木施氏刻本
南京中醫大

30817
壽世編二卷
清漢陽顧奉璋(左宜、三近居士)編
清嘉慶二十五年(1820)樂只堂刻本
浙江中醫藥研究所

30818
壽世編二卷
清漢陽顧奉璋(左宜、三近居士)編
清道光十二年(1832)經國堂刻本
山西

30819
壽世編二卷
清漢陽顧奉璋(左宜、三近居士)編
清道光十七年(1837)貴州永安協署刻本
中醫

30820
壽世編二卷
清漢陽顧奉璋(左宜、三近居士)編
清道光十七年(1837)愛日堂刻本
未知與前一款目是何關係。
中醫　河南中醫大　浙江醫科大

30821
壽世編二卷
清漢陽顧奉璋(左宜、三近居士)編
清道光十七年(1837)刻本
未知與前二款目是何關係。
中華醫學會上海分會

30822
壽世編二卷
清漢陽顧奉璋(左宜、三近居士)編
清道光二十四年(1844)文昌閣刻本
浙江中醫研　廣西中醫大

30823
壽世編二卷
清漢陽顧奉璋(左宜、三近居士)編
清道光咸豐間刻本
上海

30824
壽世編二卷
清漢陽顧奉璋(左宜、三近居士)編
清光緒十六年(1836)刻本
北京中醫學校　上海

30825
壽世編二卷
清漢陽顧奉璋(左宜、三近居士)編
清光緒十七年(1891)羅溪聚方齋刻本
國圖　上海　上海中醫大　南京中醫大　蘇州中醫院　蘇州　浙江中醫研

30826
壽世編二卷
清漢陽顧奉璋(左宜、三近居士)編
清光緒二十三年(1897)上海著易堂書局刻本
黑龍江中醫大　浙江中醫研

30827

壽世編二卷

清漢陽顧奉璋(左宜、三近居士)編

清湖南誠正堂刻本

蘇州中醫院

30828

壽世編二卷

清漢陽顧奉璋(左宜、三近居士)編

清刻本

兹據《全國中醫圖書聯合目録》,各館所藏未必同版,或各與前邊著録之某一清代刻本爲同版。

北京中醫大　山東中醫大　浙江中醫研

30829

壽世編二卷

清漢陽顧奉璋(左宜、三近居士)編

民國七年(1918)江西南昌乙照齋刻本

南京中醫大

30830

壽世編二卷

清漢陽顧奉璋(左宜、三近居士)編

民國七年(1918)天津怡大石印局石印本

中國醫科院

30831

五種經驗方一卷

清漢陽葉志詵撰

清道光三十年(1850)粤東撫署刻本

包括痢疾三方(倪涵初)、瘧疾三方(倪涵初)、疔瘡諸方(吴偉度)、《喉科諸方》(汪曉山等)、金創花蕊石散方(汪松石等)。

志詵字廷芳、東卿,係清乾隆間名醫,除日常行醫外,還注意收集治療常見病與危重病症之藥方,彙爲是書。據《全國中醫圖書聯合目録》,此書有四種版本 (其中《漢陽葉氏叢刻》注明"原缺"者),皆存世甚稀。

中國醫學科學院　中醫　北京中醫大　上海中醫大　江西中醫大　四川

30832

五種經驗方一卷

清漢陽葉志詵撰

清咸豐三年(1853)漢陽葉氏刻本

故宫　南京

30833

五種經驗方一卷

清漢陽葉志詵撰

民國二十八年(1939)北京國醫砥柱社鉛印本

中醫　天津醫情站　廣州中醫大

30834

方藥類編四卷

清武昌(今鄂州)熊煜奎撰

清刻本

該書成於清同治十一年(1872)。光緒《武昌縣志》著録爲二卷。

湖北

30835

普濟良方四卷

清孝感居道和編

清同治二年(1863)湖北育德堂刻本

此條係照録《全國中醫圖書聯合目録》,其版本項之著録顯然存在問題。疑爲清同治二年(1863)湖北育德堂刻《醫學六種》之最後兩種另加總名而成;或者據《醫學六種》本翻刻而成。中國古代醫籍版本之認定常常叫人頭痛:或爲行善,或爲射利,往往同版多次刷印,而多次都更换刻印者堂號;往往照刻舊序,却又不標刻者名氏……情況五花八門,倘不持衆本比對,甚難發現,此即其中一例。

蘇州中醫大　湖南中醫大

30836
黄廉訪精選經驗方
清蘄州（今蘄春）黄雲鵠撰
清光緒十六年（1890）四川刻本
四川

臨證各科

温病

30837
温疫彙編十六卷
清枝江汪期蓮編
清道光八年（1828）汪培芝堂刻本
作者以爲瘟疫多於傷寒，且其病甚急，遂肆意探研瘟疫證治。因本《瘟疫論》爲綱，取戴天章、劉奎、楊璿之説分疏於後，刪繁削衍，間採其他醫家有關瘟疫證治經驗，彙爲斯編。此據《全國中醫圖書聯合目録》，《湖北醫學史稿》作《瘟疫彙編》。
中國醫科院　中醫　北京中醫大　天津　山西醫學院　中華醫學會上海分會　鎮江　浙江中醫研　湖南

30838
温疫彙編十六卷
清枝江汪期蓮編
清道光汪商彝彙刻本
《全國中醫圖書聯合目録》著録，僅該館有藏。
四川

30839
温疫彙編十六卷
清枝江汪期蓮編
清光緒九年（1883）永川萬氏兩儀書院刻本
《全國中醫圖書聯合目録》著録，僅該館有藏。
重慶

30840
温疫彙編十六卷
清枝江汪期蓮編
清刻本
《全國中醫圖書聯合目録》著録。
中山醫學院

30841
温疫彙編十六卷
清枝江汪期蓮編
抄本
中醫

30842
温疫彙編十六卷
清枝江汪期蓮編
抄本
長春中醫大

30843
防疫芻言一卷附救疫速效療法、針刺圖説、拈痧刮痧圖説、經驗良方
民國枝江曹廷傑撰
清宣統三年（1911）鉛印本
北京中醫大　上海　上海醫學院　浙江中醫院　成都中醫大

30844
防疫芻言一卷附救疫速效良法、針刺圖説、拈痧刮痧圖説、經驗良方
民國枝江曹廷傑撰
民國七年（1918）京師警察廳鉛印本
中醫　天津　天津衛職　山東中醫大　河南中醫大　甘肅中醫大　吉林　黑龍江醫研

30845
治瘧痢良方
清宜都王國泰撰
清同治九年（1870）刻本

《全國中醫圖書聯合目録》著録，僅該館有藏。

上海

30846

中醫熱病論

熊魁梧著

1986年湖北科學技術出版社鉛印本

作者爲湖北中醫學院教授。

湖北

内科

30847

禳蠱奇書二卷

題明蘄州（今蘄春）李時珍撰

清光緒三十二年（1906）刻本

《全國中醫圖書聯合目録》著録，僅天津圖書館有藏。此書罕見著録，或係後人所輯，或爲托名之作，因未見到原書，志此存疑。

天津

30848

雜證良方二卷

清孝感屠道和撰

清同治二年（1863）湖北育德堂刻醫學六種本

中國醫科院　中醫　陝西中醫研　上海中醫大　湖南

30849

痰飲治效方二卷

清漢川田宗漢撰

清光緒二十八年（1902）漢川田氏刻本

湖南　四川

30850

痰飲治效方二卷

清漢川田宗漢撰

抄本

中醫

30851

醫寄伏陰論（一名醫寄）二卷

清漢川田宗漢撰

清光緒十四年（1888）自刻本

據《全國中醫圖書聯合目録》，十八個圖書館有藏。此書先後五次付梓，皆存世無多。

科院　中醫　北京醫科大　北京醫大　上海　河南　湖北

30852

醫寄伏陰論（一名醫寄）二卷

清漢川田宗漢撰

清光緒三十三年（1907）江陵府署鉛印本

國圖　上海中醫大　南京　南京中醫大　蘇州　浙江醫科大

30853

重訂時行伏陰芻言一卷

清漢川田宗漢（雲槎）撰

民國十三年（1924）杭州三三醫社鉛印三三醫書本

中醫　内蒙古　上海醫大　中華醫學會上海分會　上海中醫學會　浙江中醫大　同濟醫科大　成都中醫大

30854

醫寄伏陰論二卷

清漢川田宗漢撰

民國二十五年（1936）世界書局鉛印珍本醫書集成本

據《全國中醫圖書聯合目録》，五十四個館有藏。

國圖　湖北

30855

[醫寄]伏陰論二卷

清漢川田宗漢撰

民國二十五年至二十六年（1936—1937）

大東書局鉛印中國醫學大成本

白求恩醫科大　上海

30856

痰火顓門四卷

明景陵(今天門)梁學孟撰

明萬曆三十八年(1610)葉大受建陽刻本

是刻半葉十一行,行二十五字,白口,四周單邊。《中國古籍善本書目》著録。《全國中醫圖書聯合目録》作"建陽陳所學刻本"。存世稀少。

北師大　杭州　蘇州

外科

30857

萬氏秘傳外科心法(一名外科心法)十二卷

題明羅田萬全撰　羅田縣萬密齋醫院校注

1984年湖北科學技術出版社鉛印萬密齋醫學全書十三種本

其底本係從當地民間收集到的舊抄本,經毛德華先生考證,非萬全所撰。

湖北

婦産科

30858

萬氏家傳廣嗣紀要(一名廣嗣紀要)十六卷

明羅田萬全撰

清順治十五年至十六年(1958—1959)羅田萬達刻萬氏全書十種本

羅田衛生

30859

萬氏家傳廣嗣紀要(一名廣嗣紀要)十六卷

明羅田萬全撰

清順治十五年至十六年(1658—1659)羅田萬達刻嘉慶二十二年(1817)歐陽氏修補重印萬氏全書十種本

羅田衛生

30860

萬氏家傳廣嗣紀要十六卷

明羅田萬全撰

清康熙二年(1663)刻萬密齋醫學全書十種本

中山醫大

30861

萬氏家傳廣嗣紀要(一名廣嗣紀要)十六卷

明羅田萬全撰

清康熙五十一年(1712)漢陽張氏視履堂刻萬密齋書十種本

湖北

30862

萬氏家傳廣嗣紀要(一名廣嗣紀要)十六卷

明羅田萬全撰

清康熙五十一年(1712)刻乾隆四十三年(1778)張任大、張任佐重印萬密齋書十種本

湖北

30863

萬氏家傳廣嗣紀要(一名廣嗣紀要)十六卷

明羅田萬全撰

清雍正二年(1724)金溪胡氏清畏堂刻萬密齋醫書十種本

中醫

30864

萬氏家傳廣嗣紀要(一名廣嗣紀要)十六卷

明羅田萬全撰

清雍正乾隆間敷文堂用雍正二年(1724)

金溪胡氏清畏堂刻萬密齋醫書十種版挖改印本
中醫　上海　山東　湖北

30865
萬氏家傳廣嗣紀要(一名廣嗣紀要)十六卷
明羅田萬全撰
清乾隆六年(1741)同人堂用清畏堂、敷文堂刻萬密齋醫書十種版再度挖改印本
天津中醫

30866
萬氏家傳廣嗣紀要(一名廣嗣紀要)十六卷
明羅田萬全撰
清忠信堂刻萬密齋書十種本
羅田衛生

30867
萬氏家傳廣嗣紀要十六卷
明羅田萬全撰
清刻萬密齋醫學全書十種本
天津衛職

30868
廣嗣紀要十六卷
明羅田萬全撰
2002年上海古籍出版社據清刻萬密齋書十種本影印續修四庫全書本
湖北

30869
萬氏家傳廣嗣紀要(一名廣嗣紀要)十六卷
明羅田萬全撰　羅田縣萬密齋醫院校注
1986年湖北科學技術出版社鉛印萬密齋醫學全書十三種本
湖北

30870
廣嗣紀要十三卷
明羅田萬全撰
1996年中國中醫藥出版社鉛印萬密齋醫學全書本　又2001年鉛印本

30871
新刻萬氏家傳廣嗣紀要(一名廣嗣紀要)五卷
明羅田萬全撰
明萬曆刻本
《中國古籍善本書目》著録,僅上圖有藏。該目將其著録爲"明萬曆元年(1573)怡慶堂余秀峰刻本"顯然有誤:書前有李之用序,考李爲萬曆八年(1580)進士,二十年(1592)方始刻萬氏之書,既用其序,則本書不可能刻於萬曆元年(1573)。其所以卷末會有"萬曆新歲仲春之月怡慶堂余秀峰梓行"一行,乃採用余氏刻本爲底本也。本書還有余良史刻本,卷端署"建邑書林余良史梓",其底本爲余秀峰本,惜二余所刻之本今皆未見。
是刻爲半葉十一行,行二十六字,白口,四周單邊。
上海

30872
萬氏家傳廣嗣紀要十六卷
明羅田萬全撰
明萬曆刻本
《中國古籍善本書目》著録,僅大連館有藏。半葉九行,行二十字,白口,四周雙邊,有刻工。
大連

30873
新刻羅田萬氏家藏婦人秘科(一名萬氏婦人科)三卷
明羅田萬全撰
清順治十三年至十四年(1656—1657)羅田萬達刻萬氏全書本

目録葉首行題“萬氏婦人科”,故有的書目以此爲正書名。

羅田衛生

30874

萬氏家傳婦女科要言(一名萬氏家傳女科、萬氏婦人科)三卷

明羅田萬全撰

清康熙五十一年(1712)漢陽張氏視履堂刻萬密齋書十種本

湖北

30875

萬氏家傳婦女科要言(一名萬氏家傳女科、萬氏婦人科)三卷

明羅田萬全撰

清康熙五十一年(1712)視履堂刻乾隆四十三年(1778)張任大、張任佐重印萬密齋書十種本

湖北

30876

萬氏家傳婦人祕科(一名内科要訣)三卷

明羅田萬全撰

清雍正二年(1724)金溪胡氏清畏堂刻萬密齋醫書十種本

《内科要訣》之異名首出此書,後事簿録者不察,或將其與《婦人秘科》視爲二書,或以爲萬氏之内科專著而誤植内科類。萬全之著作常有異名,而以此書爲最多;其初爲《濟陰篇》,後又出現多名,以此其異名最易滋淆亂。

中醫

30877

萬氏家傳婦人祕科(一名内科要訣)三卷

明羅田萬全撰

清雍正乾隆間敷文堂用雍正二年(1724)金溪胡氏清畏堂刻萬密齋醫書十種版挖改印本

中醫　上海　復旦　山東　湖北

30878

萬氏家傳婦人祕科(一名内科要訣)三卷

明羅田萬全撰

清乾隆六年(1741)同人堂用清畏堂、敷文堂刻萬密齋醫書十種版再度挖改印本

天津中醫

30879

萬氏家傳女科要言(一名女科要言)三卷

明羅田萬全撰

清忠信堂刻萬密齋書十種本

《全國中醫書聯合目録》作“清康熙五十一年壬辰(1712)忠信堂刻萬密齋醫學全書本”,中醫研究院、南京圖書館藏,疑係將舊序署時定刻書年。

羅田衛生

30880

萬氏女科三卷

明羅田萬全撰

2002年上海古籍出版社據清康熙五十一年(1712)忠信堂刻本影印續修四庫全書本

湖北

30881

萬氏家傳婦人秘方(一名萬氏女科)三卷

明羅田萬全撰

清嘉慶二年刻本

杜信孚等《同書異名通檢》著録。藏書單位待訪。

30882

羅田萬密齋家藏婦人祕科三卷

明羅田萬全撰

清嘉慶石竹齋抄萃芳集附録本

浙江醫大

30883
萬氏女科三卷
明羅田萬全撰
清康熙二年（1663）刻萬密齋醫學全書本
中山醫大

30884
萬氏女科（一名萬氏婦人科、萬氏家傳婦人祕科）三卷
明羅田萬全撰
清康熙五十三年（1714）西昌裘琅玉聲氏世德堂刻本
遼寧中醫大　黑龍江中醫大　上海中醫大ˣ　南京中醫大　蘇州醫學院　安徽　湖北中醫大　重慶　貴州　廣東　廣州中醫大

30885
萬氏女科（一名萬氏家傳婦人秘科）三卷
明羅田萬全撰
清康熙六十一年（1722）刻本
《中國古籍總目·子部》著録。
湖南中醫

30886
萬氏女科（一名萬氏婦人科、萬氏家傳婦人秘科）三卷
明羅田萬全撰
清康熙六十一年（1722）新安楊士棋、程嘉賓校刻本
疑與上一款目爲同版。
湖南醫學院

30887
萬氏女科（一名萬氏家傳婦人祕科）三卷
明羅田萬全撰
清嘉慶八年（1803）刻本
《中國古籍總目·子部》著録。
上海中醫大

30888
萬氏女科（一名萬氏家傳婦人祕科）三卷
明羅田萬全撰
清道光十二年（1832）英秀堂刻本
上海中醫大

30889
萬氏女科（一名萬氏婦人科、萬氏家傳婦人祕科）三卷
明羅田萬全撰
清道光十三年（1833）友誼堂刻本
河南中醫大ˣ

30890
萬氏女科（一名萬氏婦人科、萬氏家傳婦人祕科）三卷
明羅田萬全撰
清道光三十年（1850）富春堂刻本
中國醫科院　上海中醫大

30891
萬氏女科（一名萬氏婦人科、萬氏家傳婦人祕科）三卷
明羅田萬全撰
清道光三十年（1850）隨州萬文洙刻本
中國醫科院

30892
萬氏女科（一名萬氏家傳婦人祕科）三卷
明羅田萬全撰
清咸豐元年（1851）承蔭堂刻本
中醫　山東

30893
萬氏女科（一名萬氏家傳婦人祕科）三卷
明羅田萬全撰
清咸豐十年（1860）務本堂刻本
吉林

30894
萬氏女科(一名萬氏家傳婦人祕科)三卷
明羅田萬全撰
清同治二年(1863)京都篆雲齋刻本
中醫　北京中醫大　天津　内蒙古　山東

30895
萬氏女科(一名萬氏婦人科、萬氏家傳婦人祕科)三卷
明羅田萬全撰
清同治七年(1868)寶翰樓刻本
廣州中醫大

30896
萬氏女科(一名萬氏家傳婦人祕科)三卷
明羅田萬全撰
清光緒十五年(1889)成都崇經堂刻本
科院　遼寧中醫大　黑龍江中醫大　四川

30897
萬氏女科(一名萬氏家傳婦人祕科)三卷
明羅田萬全撰
清光緒二十三年(1897)刻本
天津衛職

30898
萬氏女科(一名萬氏家傳婦人祕科)三卷
明羅田萬全撰
清宣統蔭槐書屋刻本
四川

30899
萬氏女科(一名萬氏婦人科、萬氏家傳婦人祕科)三卷
明羅田萬全撰
清愛日堂刻本
蘇州醫學院

30900
萬氏女科(一名萬氏婦人科、萬氏家傳婦人祕科)三卷
明羅田萬全撰
清大興堂刻本
南京第一醫學院

30901
萬氏女科(一名萬氏婦人科、萬氏家傳婦人祕科)三卷
明羅田萬全撰
清三讓堂刻本
湖南　廣東　廣西

30902
萬氏女科(一名萬氏婦人科、萬氏家傳婦人祕科)三卷
明羅田萬全撰
清富記書局刻本
北京中醫大　黑龍江

30903
萬氏女科(一名萬氏婦人科、萬氏家傳婦人祕科)三卷
明羅田萬全撰
清鳴盛堂刻本
中醫

30904
萬氏女科三卷
明羅田萬全撰
清刻萬密齋醫學全書十種本
天津衛職

30905
萬氏女科(一名萬氏婦人科、萬氏家傳婦人祕科)三卷
明羅田萬全
清文秀堂刻本

安徽

30906
萬氏女科(一名萬氏婦人科、萬氏家傳婦人祕科)三卷
明羅田萬全撰
清刻本
各館藏本或非同版,其中或有與前述清代刻本爲同版者。
陝西中醫研　上海　浙江中醫大

30907
萬氏女科(一名萬氏婦人科、萬氏家傳婦人祕科)三卷
明羅田萬全撰
抄本
國圖

30908
萬氏女科(一名萬氏婦人科、萬氏家傳婦人祕科)三卷
明羅田萬全撰
抄本
科院

30909
萬氏女科(一名萬氏婦人科、萬氏家傳婦人祕科)三卷
明羅田萬全撰
抄本
中醫

30910
萬氏女科(一名萬氏婦人科、萬氏家傳婦人祕科)三卷
明羅田萬全撰
抄本
天津衛職

30911
萬氏女科(一名萬氏婦人科、萬氏家傳婦人祕科)三卷
明羅田萬全撰
抄本
天津中醫大

30912
萬氏女科(一名萬氏婦人科、萬氏家傳婦人祕科)三卷
明羅田萬全撰
抄本
山東中醫大

30913
萬氏女科(一名萬氏婦人科、萬氏家傳婦人祕科)三卷
明羅田萬全撰
抄本
南通醫學院

30914
萬氏女科(一名萬氏婦人科、萬氏家傳婦人祕科)三卷
明羅田萬全撰
抄本
安徽

30915
萬氏女科(一名萬氏婦人科、萬氏家傳婦人祕科)三卷
明羅田萬全撰
民國上海錦章書局石印本
青島　陝西中醫大　南京第一醫學院　浙江中醫大　湖南

30916
萬氏女科三卷
明羅田萬全撰

1996年中國中醫藥出版社鉛印萬密齋醫學全書本　又2001年鉛印本

30917
萬氏婦人科三卷
明羅田萬全撰
清康熙四十三年（1704）經論堂刻萬氏婦科達生合編本
湖北中醫　湖南

30918
萬氏婦人科三卷
明羅田萬全撰
清富記書局刻萬氏婦科達生合編本
桂林

30919
萬氏婦人科三卷
明羅田萬全撰
清益元堂萬氏婦科達生合編本
廣東

30920
萬氏婦人科三卷
明羅田萬全撰
清文光堂萬氏婦科達生合編本
廣東

30921
萬氏婦人科三卷
明羅田萬全撰
抄萬氏婦科達生合編本
遼寧中醫大

30922
萬氏婦人科三卷
明羅田萬全撰
民國元年（1912）石印萬氏婦科達生合編本
廣東

30923
萬氏婦人科三卷
明羅田萬全撰
民國上海錦章書局石印本
成都中醫大　廣州中醫大

30924
萬氏女科（一名萬氏家傳婦人祕科）四卷
明羅田萬全撰
清乾隆四十八年（1783）刻本
《中國古籍總目·子部》著録。《全國中醫書聯合目録》作三卷，未知孰是。
上海

30925
萬氏女科四卷
明羅田萬全撰
清宏道堂刻本
是刻封面鐫“西昌裘琅玉聲氏重刊　萬氏女科　宏道堂藏版”。前有裘氏《重刊小敘》，署“題於世德堂”，《全國中醫圖書聯合目録》以序題於世德堂者爲裘氏康熙五十三年（1714）所刊原本。
湖北

30926
萬氏婦人女科（一名萬氏女科）四卷
明羅田萬全撰
清鳴盛堂刻本
卷端版心題“萬氏婦人科”；封面鐫“西昌裘琅玉聲氏重刊，萬氏女科，鳴盛堂梓行”。屬裘琅校訂重刻本系統。
湖北

30927
萬氏婦人女科四卷
明羅田萬全撰

清善成堂刻本

屬裘琅校訂重刻本系統。參見毛德華先生《萬全生平著述考》。藏書單位待訪。

30928

萬氏婦人女科四卷

明羅田萬全撰

清嘉慶二十三年豫章温溶刻巾箱本

《販書偶記續編》《中國醫籍通考》著録。實源清康熙五十三年（1714）裘琅校訂重刻本，曰四卷乃是將卷首卷末視爲一卷統計。參見毛德華先生《萬全生平著述考》。藏書單位待訪。

30929

萬氏婦科彙要（一名婦科彙要）四卷

明羅田萬全撰

清初善餘堂刻本

《中國古籍總目·子部》著録。參閲道光元年書業堂刻本之附注。

中國醫學科學院

30930

萬氏婦科彙要（一名婦科彙要）四卷

明羅田萬全撰

清道光元年（1821）書業堂刻本

《中醫圖書聯合目録》《中國醫籍通考》著録是書有"清初善餘堂刻本"。或確有其本，中國醫科院有藏；或即此本，因其封面題"書業堂梓行"，而版心下卻題"善餘堂"。就其內容而言，則與裘琅增訂本《萬氏婦人科》相同。

國圖　成都中醫大　廣西

30931

萬氏女科（一名萬氏婦人科、萬氏家傳婦人祕科）四卷

明羅田萬全撰

民國九年（1920）鑄記書局石印本

甘肅中醫大　遼寧　新疆醫學院　蘇州中醫　安徽　福建中醫大

30932

萬氏婦人科四卷末一卷

明羅田萬全撰

1983年湖北人民出版社鉛印萬密齋醫學全書十三種本

湖北

30933

萬氏婦人科二卷

明羅田萬全撰

清刻本

《中國古籍總目·子部》著録。

上海

30934

天傀論一卷

明蘄州（今蘄春）李時珍撰

抄本

據《全國中醫圖書聯合目録》，僅中華醫學會上海分會圖書館有藏，且不著具體抄寫時間。

中華醫學會上海分會

30935

保産萬全書一卷

明蘄州（今蘄春）陳治道撰

明萬曆四十一年（1613）梁治麟刻保産痘疹合編本

《湖北醫學史稿》："陳氏鑒於女子産育知識不明，保攝無方，臨産易致喪命，乃據胎産方書，參以耳目所聞，撰成此書。該書通俗易懂，便與婦女講論，使妊娠婦女知保攝之法，臨産時不致倉皇失序，亦有助穩婆處理胎産。後杭州錢養庶將其稍加增定，改名《繡閣保生書》（或稱《繡閣寶生書》），刊於1631年，現有此書重刊本。"

是刻半葉九行，行二十字，四周雙邊。據《中國古籍善本書目》及《全國中醫圖書聯合目録》，知僅上海中醫學院圖書館獨家有藏，錢氏改訂本亦存世甚稀。

上海中醫學院

30936
胤嗣全書一卷
明江陵李盛春編
明天啓刻醫學研悅本
《中國古籍善本書目》著録。
上海　山東中醫院

30937
胤嗣全書一卷
明江陵李盛春編　田思勝校注
1997年中國中醫藥出版社鉛印明清中醫臨證小叢書·醫學研悅本

30938
婦嬰良方二卷
清孝感屠道和撰
清同治二年（1863）湖北育德堂刻醫學六種本
中國醫科院　中醫　陝西中醫研　上海中醫大　湖南

30939
婦嬰良方二卷
清孝感屠道和撰
抄本
浙江中醫研

兒科

30940
小兒藥證直訣不分卷附小兒斑疹論不分卷
宋錢乙撰　黄陂蕭延平校正
民國十三年（1924）黄陂蕭氏蘭陵堂校刊醫書三種本
中醫　湖北

30941
新刊萬氏家傳幼科發揮（一名幼科發揮）二卷
明羅田萬全撰
清順治十六年（1659）羅田萬達刻萬氏全書本
羅田衛生

30942
幼科發揮二卷
明羅田萬全撰
清康熙二年（1663）刻萬密齋醫學全書本
中山醫大

30943
新刊萬氏家傳幼科發揮（一名幼科發揮）二卷
明羅田萬全撰
清康熙五十一年（1712）漢陽張氏視履堂刻萬密齋書十種本
湖北

30944
新刊萬氏家傳幼科發揮（一名幼科發揮）二卷
明羅田萬全撰
清康熙五十一年（1712）刻乾隆四十三年（1778）張任大、張任佐重印萬密齋書十種本
湖北

30945
新刊萬氏家傳幼科發揮（一名幼科發揮）二卷
明羅田萬全撰
清雍正二年（1724）金溪胡氏清畏堂刻萬密齋醫書十種
中醫

30946
新刊萬氏家傳幼科發揮（一名幼科發揮）二卷
明羅田萬全撰
清雍正乾隆間敷文堂用雍正二年（1724）

金溪胡氏清畏堂刻萬密齋醫書十種版挖改印本
中醫　上海　復旦　山東　湖北

30947
新刊萬氏家傳幼科發揮(一名幼科發揮)二卷
明羅田萬全撰
清乾隆六年(1741)同人堂用清畏堂、敷文堂刻萬密齋醫書十種版再度挖改印本
天津中醫

30948
新刊萬氏家傳幼科發揮(一名幼科發揮)二卷
明羅田萬全撰
清忠信堂刻萬密齋書十種本
羅田衛生

30949
幼科發揮二卷
明羅田萬全撰
2002年上海古籍出版社據清刻萬密齋書十種本影印續修四庫全書本
湖北

30950
新刊萬氏家傳幼科發揮(一名幼科發揮、靜江堂校正家傳幼科發揮秘方)二卷
明羅田萬全撰
清康熙五十四年(1715)韓江張氏刻本
中醫　浙江中醫藥院

30951
靜觀堂校正家傳幼科發揮秘方(一名幼科發揮大全、幼科發揮)二卷
明羅田萬全撰　清鄭翥校正
清保嬰堂刻本
中醫

30952
重訂萬氏家傳幼科發揮二卷
明羅田萬全撰
日本寶永二年(1705)柳川張校刻本
毛德華《萬全生平著述考》著録。藏書單位待訪。

30953
幼科發揮大全(一名幼科發揮)二卷
明羅田萬全撰
清王氏綺文居刻本
羅田衛生

30954
家傳幼科發揮秘方二卷
明羅田萬全撰
清抄本
雲南

30955
幼科發揮二卷
明羅田萬全撰
清乾隆四十三年(1778)刻本
中醫

30956
幼科發揮二卷
明羅田萬全撰
清咸豐九年(1859)刻本
陝西中醫大

30957
幼科發揮二卷
明羅田萬全撰
清同仁堂刻本
中醫　湖北

30958
幼科發揮二卷
明羅田萬全撰
清二思堂刻本
中醫研究院

30959
幼科發揮二卷
明羅田萬全撰
清刻萬密齋醫學全書十種本
天津衛職

30960
幼科發揮二卷
明羅田萬全撰
清抄本
蘇州

30961
幼科發揮二卷
明羅田萬全撰
清抄本
浙江中醫研

30962
幼科發揮(一名新刊萬氏家傳幼科發揮)二卷
明羅田萬全撰
清抄本
雲南

30963
幼科發揮二卷
明羅田萬全撰
曹炳章抄本
浙江中醫研

30964
幼科發揮(一名新刊萬氏家傳幼科發揮)二卷
明羅田萬全撰
民國二十六年(1937)上海醫界春秋社據日本元禄八年(1695)刻本影印古本醫學叢刊本
中醫　北京中醫大　山東醫科大　山東中醫大　甘肅中醫大　上海　上海二醫大　上海中醫大　中山醫大　廣州中醫大

30965
幼科發揮二卷
明羅田萬全撰
民國二十六年(1937)上海民和書局石印本
中醫　陝西　南京中醫大　蘇州中醫院　浙江醫科大　浙江中醫大　福建中醫大　廣東

30966
幼科發揮二卷
明羅田萬全撰
民國二十六年(1937)中國醫藥局影印本
中醫

30967
幼科發揮二卷
明羅田萬全撰
上海萃英書局石印本
陝西中醫研

30968
幼科發揮二卷
明羅田萬全撰
1957年人民衛生出版社鉛印本
湖北

30969
幼科發揮大全四卷
明羅田萬全撰
清二思堂刻本
《全國中醫圖書聯合目録》既收有二思堂

刻《幼科發揮》二卷本,又收有此本,且均藏於一家,茲照録之。

中醫院

30970

幼科發揮大全四卷

明羅田萬全撰

上海萃英書局石印本

附注同前。

陝西中醫研

30971

幼科發揮大全四卷

明羅田萬全撰

上海民和書局石印本

黑龍江中醫大

30972

幼科發揮二卷

明羅田萬全撰

1957年人民衛生出版社鉛印本

此爲《幼科發揮》二卷本之增訂本,其内容與清康熙五十四年(1715)龍巖鄭壽校注之《幼科發揮大全》相同。

湖北

30973

靜觀堂校正幼科指南家傳秘方(一名幼科指南)四卷

明羅田萬全撰　明羅田萬機輯補　清鄭壽校正

清一經堂刻本

共收四十四篇,具體刊刻時間估計在清康熙末年。

軍醫

30974

幼科指南家傳秘方(一名幼科指南)四卷

明羅田萬全撰　明羅田萬機輯補

清乾隆五十一年(1786)刻本

《全國中醫圖書聯合目録》著録,毛德華先生曾去查詢過,謂"已不在了"。

軍醫

30975

幼科指南家傳秘方(一名幼科指南、幼科指南秘傳方)四卷

明羅田萬全撰　明羅田萬機輯補

清嘉慶十四年(1809)敷文堂刻本

《中醫圖書聯合目録》著録。

30976

幼科指南家傳祕方(一名幼科指南秘傳方)四卷

明羅田萬全撰

清同治二年(1863)維經堂刻本

廣東

30977

幼科指南家傳祕方(一名幼科指南秘傳方)四卷

明羅田萬全撰

清抄本

雲南

30978

校正幼科指南家傳秘方(一名幼科指南)二卷

明羅田萬全撰　明羅田萬機輯補

民國鉛印本

係"古越王南山、王景賢同校"。其内容與鄭壽校刻本同。

國圖

30979

萬氏幼科指南心法(一名幼科指南家秘方、幼科指南秘傳方)二卷

明羅田萬全撰　明羅田萬機訂補　羅田

縣萬密齋醫院校注

1986年湖北科學技術出版社鉛印萬密齋醫學全書十三種本

以國圖所藏王南山、王景賢校本爲底本，並據當地抄本校勘之。

湖北

30980

重刻保嬰全書十一卷

明羅田萬全撰

明萬曆二年（1574）刻本

是刻半葉十行，行二十二字，白口，四周雙邊。《中國古籍善本書目》著録，僅上圖有藏。

上海

30981

萬氏祕傳片玉心書五卷

明羅田萬全撰

清順治十一年（1654）泰安李氏刻本

中醫　上海

30982

萬氏秘傳片玉心書五卷

明羅田萬全撰

2002年上海古籍出版社據清順治十一年（1654）泰安李氏刻本影印續修四庫全書本

湖北

30983

萬氏祕傳片玉心書（一名片玉心書）五卷

明羅田萬全撰

清順治十二年（1655）羅田萬達刻萬氏全書本

羅田衛生

30984

片玉心書五卷

明羅田萬全撰

清康熙二年（1663）刻萬密齋醫學全書十種本

中山醫大

30985

萬氏祕傳片玉心書（一名片玉心書）五卷

明羅田萬全撰

清康熙五十一年（1712）漢陽張氏視履堂刻萬密齋書十種本

湖北

30986

萬氏祕傳片玉心書（一名片玉心書）五卷

明羅田萬全撰

清康熙五十一年（1712）刻乾隆四十三年（1778）張任大、張任佐重印萬密齋書十種本

湖北

30987

萬氏祕傳片玉心書（一名片玉心書）五卷

明羅田萬全撰

清雍正二年（1724）金溪胡氏清畏堂刻萬密齋醫書十種

中醫

30988

萬氏祕傳片玉心書（一名片玉心書）五卷

明羅田萬全撰

清雍正乾隆間敷文堂用雍正二年（1724）金溪胡氏清畏堂刻萬密齋書十種版挖改印本

中醫　上海　復旦　山東　湖北

30989

萬氏祕傳片玉心書（一名片玉心書）五卷

明羅田萬全撰

清乾隆六年（1741）同人堂用清畏堂、敷文堂萬密齋書十種版再度挖改印本

天津中醫

30990
萬氏家傳片玉心書(一名片玉心書)五卷
明羅田萬全撰
清忠信堂刻萬密齋書十種本
羅田衛生

30991
片玉心書五卷
明羅田萬全撰
清刻萬密齋醫學全書十種本
天津衛職

30992
萬氏祕傳片玉心書(一名片玉心書)五卷
明羅田萬全撰
清嘉慶十三年(1808)抄本
中醫

30993
片玉心書(一名片玉心書)五卷
明羅田萬全撰
1958年麻城衛生工作者協會鉛印本
湖北

30994
萬氏祕傳片玉心書(一名片玉心書)五卷
明羅田萬全撰　羅田縣衛生局校注
1981年湖北人民出版社鉛印萬密齋醫學全書十三種本
湖北

30995
片玉心書五卷
明羅田萬全撰
1996年中國中醫藥出版社鉛印萬密齋醫學全書本　又2001年鉛印本

30996
[萬氏密齋]片玉心書摘抄不分卷
明羅田萬全撰
抄本
上海中醫大

30997
新鐫萬氏家藏育嬰家秘(一名育嬰家秘、育嬰秘訣)四卷
明羅田萬全撰
清順治十三年至十四年(1956—1957)羅田萬達刻萬氏全書本
清嘉慶二十二年(1817)歐陽氏重印本,將書名易爲《育嬰全書》。
羅田衛生

30998
育嬰家秘四卷
明羅田萬全撰
1996年中國中醫藥出版社鉛印萬密齋醫學全書本　又2001年鉛印本

30999
育嬰全書(一名新鐫萬氏家藏育嬰家秘、育嬰家秘、育嬰秘訣)四卷
明羅田萬全撰
清順治十三年至十四年(1956—1957)羅田萬達刻清嘉慶二十二年(1817)歐陽氏重印萬氏全書本

31000
育嬰祕訣四卷
明羅田萬全撰
清康熙二年(1663)刻萬密齋醫學全書十種本
中山醫大

31001
萬氏家藏育嬰秘訣(一名育嬰秘訣、育嬰家秘)四卷
明羅田萬全撰
清康熙五十一年(1712)漢陽張氏視履

堂刻萬密齋書十種本
湖北

31002
萬氏家傳育嬰秘訣(一名育嬰秘訣、育嬰家秘)四卷
明羅田萬全撰
清康熙五十一年(1712)刻乾隆四十三年(1778)張任大、張任佐印萬密齋書十種本
湖北

31003
萬氏家傳育嬰秘訣(一名育嬰秘訣)四卷
明羅田萬全撰
清雍正二年(1724)金溪胡氏清畏堂刻萬密齋醫書十種本
中醫

31004
萬氏家傳育嬰秘訣(一名育嬰祕訣)四卷
明羅田萬全撰
清雍正乾隆間敷文堂用雍正二年(1724)金溪胡氏清畏堂刻萬密齋醫書十種版挖改印本
中醫　上海　復旦　山東　湖北

31005
萬氏家傳育嬰秘訣(一名育嬰祕訣)四卷
明羅田萬全撰
清乾隆六年(1741)同人堂用清畏堂、敷文堂刻萬密齋醫書十種版再度挖改印本
天津中醫

31006
萬氏家傳育嬰秘訣(一名育嬰祕訣)四卷
明羅田萬全撰
清忠信堂刻萬密齋書十種本
羅田衛生

31007
育嬰秘訣四卷
明羅田萬全撰
2002年上海古籍出版社據清乾隆四十三年(1778)忠信堂印本影印續修四庫全書本
湖北

31008
育嬰祕訣四卷
明羅田萬全撰
清刻萬密齋醫學全書十種本
天津衛職

31009
萬氏家傳育嬰秘訣(一名育嬰祕訣)四卷
明羅田萬全撰　羅田縣萬密齋醫院校注
1986年湖北科學技術出版社鉛印萬密齋醫學全書十三種本
此書名係校閲者新創,乃是將順治萬達刻本和康熙視履堂刻本之名各取一半組合而成。
湖北

31010
幼科講義不分卷
明羅田萬全原撰　張灝述
鉛印本
上海中醫大

31011
小兒形症一卷
明江陵李盛春編
明天啓刻醫學研悦本
《中國古籍善本書目》著録。
上海　山東中醫大

31012
小兒形症一卷
明江陵李盛春編　田思勝校注

1997年中國中醫藥出版社鉛印明清中醫臨證小叢書·醫學研悦本

31013
小兒研悦方一卷
明江陵李盛春編
明天啓刻醫學研悦本
《中國古籍善本書目》著録。
上海　山東中醫大

31014
小兒研悦方一卷
明江陵李盛春編　田思勝校注
1997年中國中醫藥出版社鉛印明清中醫臨證小叢書·醫學研悦本

31015
慈幼筏（一名慈幼新書、慈幼祕書）十二卷
清武昌（江夏）程雲鵬撰
清康熙五十年（1711）石經樓刻本
據《中國醫籍考》，程雲鵬有多種醫學著作。考諸書目，唯此僅存；雖有多個版本，存世亦稀。
中醫

31016
慈幼筏（一名慈幼新書、慈幼祕書）十二卷
清武昌（江夏）程雲鵬撰
清康熙姑蘇桐石山房刻本
國圖　蘇州中醫院

31017
慈幼筏（一名慈幼新書、慈幼祕書）十二卷
清武昌（江夏）程雲鵬撰
清乾隆十一年（1746）玉詔堂刻本
中醫　上海中醫大　南京　浙江醫科大

31018
慈幼筏（一名慈幼新書、慈幼祕書）十二卷
清武昌（江夏）程雲鵬撰
清刻本
北京中醫大

31019
慈幼新書十二卷首一卷
清武昌（江夏）程雲鵬撰
民國二十五年至二十六年（1936—1937）大東書局鉛印中國醫學大成本
《全國中醫圖書聯合目録》著録十九家藏有《中國醫學大成》，唯此二家爲全本。
白求恩醫大　上海

31020
小兒衛生總微論方不分卷
黄陂蕭延平校正
民國十三年（1924）黄陂蕭氏蘭陵堂校刊醫書三種本
中醫　湖北

痘疹

31021
痘疹心要二種二十三卷附痘疹碎金賦
明羅田萬全撰
明隆慶二年（1568）孫應鰲鄖陽刻本
痘疹世醫心法十二卷附痘疹碎金賦二篇
痘疹格致要論十一卷
王重民《中國善本書提要》著録。
據毛德華先生《萬全生平著述考》，此書先後有隆慶二年（1568）孫應鰲、隆慶五年（1571）孫光祖、萬曆十一年（1583）陳允升、萬曆十三年（1585）曹繼孝、萬曆十六年（1588）丁此吕、萬曆二十九年（1601）秦大夔、萬曆二十三年（1595）王一鳴、無名氏萬曆刻等八種明刻本，其中孫光祖、曹繼孝、王一鳴刻本今已不見。
美國國會

31022
痘疹心要二種二十三卷附痘疹碎金賦
明羅田萬全撰
明萬曆十一年（1583）陳允升蘇州刻本

痘疹世醫心法十二卷附痘疹碎金賦二篇

痘疹格致要論十一卷

是刻半葉十行，行二十字，白口，四周雙邊。版心統一題有"痘疹心要"四字。前有孫應鰲《痘疹心要序》、陳允升《刻痘疹心要序》。以其版心和序均有總名，故宜以叢編形式著録。《中國古籍善本書目》收録，依聯合書名形式著録。

上海　上海醫大　南京　吴縣

31023

痘診世醫心法十二卷附痘疹格致要論十一卷

明羅田萬全撰

2002年上海古籍出版社據明萬曆陳允升蘇州刻本影印續修四庫全書本

湖北

31024

痘疹心要二種附痘疹碎金賦

明羅田萬全撰

明萬曆十六年（1588）丁此吕刻本

痘疹世醫心法十二卷附痘疹碎金賦二篇

痘疹格致要論十一卷

是刻半葉十行，行二十字，白口，四周雙邊。版心鎸總書名和卷次。兩節版。《中國古籍善本書目》著録。

浙江

31025

痘疹心要二種附痘疹碎金賦

明羅田萬全撰

明萬曆二十九年（1601）秦大夔刻本

痘疹世醫心法十二卷附痘疹碎金賦二篇

痘疹格致要論十一卷

是刻半葉十行，行二十字，白口，四周雙邊，有刻工。《中國古籍善本書目》著録，僅浙圖有藏。

浙江

31026

痘疹心要二種二十三卷附痘疹碎金賦

明羅田萬全撰

明萬曆刻本

痘疹世醫心法十二卷附痘疹碎金賦二篇

痘疹格致要論十一卷

是刻半葉十行，行二十五字，白口，四周雙邊。僅上海館有藏。卷首載有萬全《重刻痘疹心要序》和《痘疹心要改刻始末》，知此本是最接近於萬曆七年（1579）修訂本原貌者。

上海

31027

新雕痘疹心要二種（一名格致要論世醫心法合刻）十七卷

明羅田萬全撰

日本享保十三年（1728）田邊含英堂等刻本

痘疹格致要論五卷

痘疹世醫心法十二卷（中醫）

從版刻源流看，此本應歸屬於彭瑞吾刻本系統。

31028

痘疹全書十六卷

明羅田萬全撰

明萬曆二年（1574）刻本

痘疹碎金賦二卷

痘疹心法十二卷

痘疹玉髓二卷

《全國中醫圖書聯合目録》著録。本書有多個版本。

上海

31029

痘疹全書十六卷

明羅田萬全撰

明萬曆三十八年（1610）彭端吾刻本

痘疹世醫心法十二卷

痘疹碎金賦二卷

毓麟芝室玉髓摘要二卷　元黄石峰原著

是編亦有將三個子目按聯合書名之格式著録者，而不標示其總書名。是刻眉欄鐫評；正文半葉九行，行二十字，白口，左右雙邊。《中國古籍善本書目》著録，僅此二館有藏。

中國醫學科學院　中國醫科大

31030

痘疹心法全書十六卷

明羅田萬全撰

明萬曆三十八年（1610）彭端吾刻康熙二十六年（1687）崔華修補重印本

痘疹世醫心法十二卷

痘疹碎金賦二卷

毓麟芝室玉髓摘要二卷　元黄石峰原著

是本删去了彭刻原本的幾篇序文，增加了康熙二年（1663）崔華《痘疹心法序》，更换封面並改題《痘疹心法全書》。

亦有將三個子母按聯合書名之格式著録而不揭示其總名者。

南京中醫

31031

痘疹全書十六卷

明羅田萬全撰

明萬曆三十八年（1610）彭端吾刻康熙二十六年（1687）崔華修補五十六年（1717）兩淮鹽運庫再次修整重印本

子目同前。

湖北中醫大

31032

痘疹全書十六卷

明羅田萬全撰

明萬曆四十五年（1617）鄧士昌刻本

痘疹世醫心法十二卷

痘疹碎金賦二卷

毓麟芝室玉髓摘要二卷　元黄石峰原著

是刻半葉九行，行二十字，白口，左右雙邊。《中國古籍善本書目》以聯合書名方式著録，將刻書人名之“士”誤爲“世”。僅該館有藏。

中醫

31033

痘疹全書十六卷

明羅田萬全撰

清翼聖堂刻本

子目同萬曆二年（1574）刻本。

軍醫科院　上海

31034

痘疹全書十六卷

明羅田萬全撰

清刻本

痘疹世醫心法十二卷

痘疹碎金賦二卷

毓麟芝室玉髓摘要二卷　元黄石峰原著

《中國古籍總目·子部》著録。

四川

31035

痘疹全書十六卷

明羅田萬全撰

清鄭士昌刻本

子目同萬曆二年（1574）刻本。《全國中醫圖書聯合目録》未著録著者時代。

中醫

31036

痘疹全書十六卷

明羅田萬全撰

抄本

子目同萬曆二年（1574）刻本。

科院

31037

痘疹全書十六卷

明羅田萬全撰

抄本

子目同萬曆二年（1574）刻本。

天津

31038

痘疹全書十六卷

明羅田萬全撰

抄本

子目同萬曆二年（1574）刻本。

中山醫大

31039

痘疹全書十六卷

明羅田萬全撰

民國六年（1917）廣益書局石印本

陝西中醫研　遼寧中醫大

31040

痘疹全書十二卷

明羅田萬全撰

明萬曆二年（1574）歸安陸穩刻本

《全國中醫圖書聯合目録》著録。

上海

31041

痘疹全書二卷

明羅田萬全撰

抄本

上海

31042

萬氏家傳痘疹心法（一名痘疹心法）二十三卷

明羅田萬全撰

明抄本

痘疹世醫心法十二卷

痘疹格致要論十一卷

《中國古籍總目·子部》著録。本書有多種版本。

上海中醫大

31043

萬氏家傳痘疹心法（一名痘疹心法）二十三卷

明羅田萬全撰

清順治十五年至十六年（1658—1659）羅田萬達刻萬氏全書本

痘疹世醫心法十二卷

痘疹格致要論十一卷

羅田衛生

31044

痘疹心法二十三卷

明羅田萬全撰

清康熙二年（1663）刻萬密齋醫學全書十種本

中山醫大

31045

痘疹心法（一名痘疹心法金鏡録）二十三卷

明羅田萬全撰　清翁仲仁輯

清康熙三十三年（1694）三韓張萬言瓊州府刻本

痘疹世醫心法十二卷

痘疹格致要論十一卷

中醫

31046

萬氏家傳痘疹心法（一名痘疹心法）二十三卷

明羅田萬全撰

清康熙五十一年（1712）漢陽張氏視履堂刻萬密齋書十種本

痘疹世醫心法十二卷

痘疹格致要論十一卷

湖北

31047

萬氏家傳痘疹心法(一名痘疹心法)二十三卷

明羅田萬全撰

清康熙五十一年(1712)刻乾隆四十三年(1778)張任大、張任佐重印萬密齋書十種本

子目同前。

湖北

31048

萬氏家傳痘疹心法(一名痘疹心法)二十三卷

明羅田萬全撰

清雍正二年(1724)金溪胡氏清畏堂刻萬密齋醫書十種本

痘疹世醫心法十二卷

痘疹格致要論十一卷

中醫

31049

萬氏家傳痘疹心法(一名痘疹心法)二十三卷

明羅田萬全撰

清雍正乾隆間敷文堂用雍正二年(1724)金溪胡氏清畏堂刻萬密齋醫書十種版挖改印本

子目同前。

中醫　上海　復旦　山東　湖北

31050

萬氏家傳痘疹心法(一名痘疹心法)二十三卷

明羅田萬全撰

清乾隆六年(1741)同人堂用清畏堂、敷文堂刻萬密齋醫書十種版再度挖改印本

子目同前。

天津中醫

31051

萬氏家傳痘疹心法(一名痘疹心法)二十三卷

明羅田萬全撰

清忠信堂刻萬密齋書十種本

痘疹世醫心法十二卷

痘疹格致要論十一卷

羅田衛生

31052

痘疹心法二十三卷

明羅田萬全撰

清康熙五十六年(1717)宣惠堂刻本

北京中醫大　遼寧　湖北中醫大

31053

痘疹心法二十三卷

明羅田萬全撰

清刻萬密齋醫學全書十種本

天津衛職

31054

痘疹心法(一名萬氏家傳痘疹心法)二十三卷

明羅田萬全撰

清掃葉山房刻本

長春中醫大　山東

31055

萬氏家傳痘疹心法(一名痘疹心法)二十三卷

明羅田萬全撰　羅田縣萬密齋醫院校注

1985年湖北科學技術出版社鉛印萬密齋醫學全書十三種本

湖北

31056

痘疹心法二十三卷

明羅田萬全撰

1996年中國中醫藥出版社鉛印萬密齋醫學全書本　又2001年鉛印本

31057
痘疹世醫心法(一名痘疹心法)十二卷
清羅田萬全撰
明嘉靖二十八年(1549)刻本
《全國中醫圖書聯合目録》著録。
上海二醫大　蘇州醫學院

31058
痘疹世醫心法十二卷附痘疹碎金賦二篇
明羅田萬全撰
明隆慶二年(1568)孫應鰲鄖陽刻痘疹心要二種本
國會

31059
痘疹世醫心法十二卷附痘疹碎金賦二篇
明羅田萬全撰
附疫疹玉髓金鏡録
清抄本
毛德華先生見過,所載標題及歌訣數與萬曆十一年(1583)陳允升刻本同。
蘇州醫

31060
痘疹世醫心法十二卷
明羅田萬全撰
明萬曆十一年(1583)陳允升刻痘疹心要二種本
上海　上海二醫大　南京　吴縣

31061
痘疹世醫心法十二卷附痘疹碎金賦二篇
明羅田萬全撰
明萬曆十六年(1588)丁此吕刻痘疹心要二種本
浙江

31062
痘疹世醫心法十二卷附痘疹碎金賦二篇
明羅田萬全撰
明萬曆二十九年(1601)秦大夔刻痘疹心要二種本
浙江

31063
痘疹世醫心法十二卷附痘疹碎金賦二篇
明羅田萬全撰
明萬曆三十八年(1610)彭端吾刻痘疹全書本
《中國古籍善本書目》著録。
中國醫學科學院　中國醫科大

31064
痘疹世醫心法十二卷附痘疹碎金賦二篇
明羅田萬全撰
明萬曆三十八年(1610)彭端吾刻康熙二十六年(1687)崔華修補重印痘疹心法全書本
南京中醫

31065
痘疹世醫心法十二卷附痘疹碎金賦二篇
明羅田萬全撰
明萬曆三十八年(1610)彭端吾刻康熙二十六年(1687)崔華修補五十六年兩淮鹽運庫再次修整重印痘疹全書本
湖北中醫大

31066
痘疹世醫心法十二卷
明羅田萬全撰
清光緒十六年(1890)琴航氏抄彭端吾刻本
廣西

31067
痘疹世醫心法十二卷附痘疹碎金賦二篇
明羅田萬全撰
明鄧士昌刻痘疹全書本
中醫

31068
痘疹世醫心法十二卷
明羅田萬全撰
明抄本
與《痘疹格致要論》合鈔。
上海中醫大

31069
痘疹世醫心法十二卷附痘疹碎金賦二篇
明羅田萬全撰
清刻痘疹全書本
四川

31070
痘疹世醫心法十二卷
明羅田萬全撰
清順治十五年至十六年（1658—1659）羅田萬達刻萬氏全書十種本
羅田衛生

31071
痘疹世醫心法十二卷
明羅田萬全撰
日本元禄五年（1692）洛陽書肆中村孫兵衛等刻本
中醫

31072
痘疹世醫心法十二卷
明羅田萬全撰
清康熙五十一年（1712）漢陽張氏視履堂刻萬密齋書十種本
湖北

31073
痘疹世醫心法十二卷
明羅田萬全撰
清康熙五十一年（1712）刻乾隆四十三年（1778）張任大、張任佐重印萬密齋書十種本
湖北

31074
痘疹世醫心法十二卷
明羅田萬全撰
清雍正二年（1724）金溪胡氏清畏堂刻萬密齋醫書十種本
中醫

31075
痘疹世醫心法十二卷
明羅田萬全撰
清雍正乾隆間敷文堂用雍正二年（1724）金溪胡氏清畏堂刻萬密齋醫書十種版挖改印本
中醫　上海　復旦　山東　湖北

31076
痘疹世醫心法十二卷
明羅田萬全撰
清乾隆六年（1741）同人堂用清畏堂、敷文堂刻萬密齋醫書十種版再度挖改印本
天津中醫

31077
痘疹世醫心法十二卷
明羅田萬全撰
清忠信堂刻萬密齋書十種本
羅田衛生

31078
痘疹世醫心法十二卷
明羅田萬全撰

日本享保十三年(1728)田邊含英堂等新雕痘疹心要二種本
中醫

31079
痘疹世醫心法十二卷附痘疹碎金賦二篇
明羅田萬全撰
清咸豐七年(1857)四川資州署刻本
天津醫情站　南京中醫大

31080
痘疹世醫心法十二卷附痘疹碎金賦二篇
明羅田萬全撰
清抄本
天津

31081
痘疹心法十二卷附痘疹碎金賦二篇
題清段希孟(實爲明羅田萬全)撰
清光緒二十五年(1899)刻本
此本係希孟謝世後由其孫子星榆出其先人遺稿,請朱兆綸校訂刊成。此乃萬全著作權之再次被侵犯。唯此次似與黄廉之剽竊有所不同,揣其情況,或爲誤會。段希孟本爲陽湖中醫,抄録此書或爲行醫參考。歿後,其孫及校訂人朱兆綸不察,將其誤爲希孟著作。
南京中醫

31082
痘疹世醫心法十二卷
明羅田萬全撰
抄本
科院

31083
痘疹世醫心法十二卷
明羅田萬全撰
1985年湖北科學技術出版社鉛印萬密齋醫學全書十三種本
湖北

31084
痘疹世醫心法四卷碎金賦一篇
明羅田萬全撰
附祕傳延齡種子方一卷
明黎民化輯
明萬曆三十六年(1608)吕應嘉刻本
科院

31085
痘疹格致要論十一卷
明羅田萬全撰
明隆慶二年(1568)孫應鰲鄭陽刻痘疹心要二種本
此書有多個版本。
國會

31086
痘疹格致要論十一卷
明羅田萬全撰
明萬曆十一年(1583)陳允升刻痘疹心要二種本
上海　上海二醫大　南京　吴縣

31087
痘疹格致要論十一卷
明羅田萬全撰
明萬曆十六年(1588)丁此吕刻痘疹心要二種本
浙江

31088
痘疹格致要論十一卷
明羅田萬全撰
明萬曆二十九年(1601)秦大夔刻痘疹心要二種本
浙江

31089
痘疹格致要論十一卷
明羅田萬全撰
明萬曆刻痘疹心要二種本
上海

31090
痘疹格致要論十一卷
明羅田萬全撰
明抄本
與《痘疹世醫心法》合抄。
上海中醫大

31091
痘疹格致要論十一卷
明羅田萬全撰
清順治十五年至十六年（1658—1659）羅田萬達刻萬氏全書本
羅田衛生

31092
痘疹格致要論十一卷
明羅田萬全撰
清康熙五十一年（1712）漢陽張氏視履堂刻萬密齋書十種本
湖北

31093
痘疹格致要論十一卷
明羅田萬全撰
清康熙五十一年（1712）漢陽張氏視履堂刻乾隆四十三年（1778）張任大、張任佐重印萬密齋書十種本
湖北

31094
痘疹格致要論十一卷
明羅田萬全撰
清雍正二年（1724）金溪胡氏清畏堂刻萬密齋醫書十種本
中醫

31095
痘疹格致要論十一卷
明羅田萬全撰
清雍正乾隆間敷文堂用雍正二年（1724）金溪胡氏清畏堂刻萬密齋醫書十種版挖改印本
中醫　上海　復旦　山東　湖北

31096
痘疹格致要論十一卷
明羅田萬全撰
清乾隆六年（1741）同人堂用清畏堂、敷文堂刻萬密齋醫書十種版再度挖改印本
天津中醫

31097
痘疹格致要論十一卷
明羅田萬全撰
清忠信堂刻萬密齋書十種本
羅田衛生

31098
痘疹格致要論十一卷
明羅田萬全撰
日本享保十三年（1728）田邊含英堂等新雕痘疹心要二種本
中醫

31099
痘疹格致要論十一卷
明羅田萬全撰
清咸豐七年（1857）四川資州署刻本
天津醫情站　南京中醫大

31100
痘疹格致要論十一卷
明羅田萬全撰　羅田縣萬密齋醫院校注

1985年湖北科學技術出版社鉛印萬密齋醫學全書十三種本
湖北

31101
痘疹全書二卷
明羅田萬全撰
明萬曆吴勉學輯刻梅墅石渠閣印痘疹大全本
《中國古籍善本書目》著録，僅南圖有藏。
南京

31102
痘疹全書二卷
明羅田萬全撰
清翼聖堂刻本
上海

31103
萬氏秘傳片玉痘疹（一名片玉痘疹）十三卷
明羅田萬全撰　明羅田萬機輯補
清順治十一至十六年（1654—1659）萬達刻萬氏全書十種本
此書萬全生前僅有抄本流傳。其孫萬機取抄本重新修訂，增補了《痘疹始終驗方》《痘疹始終歌括》各一卷，其他卷亦有所訂補。
羅田衛生

31104
片玉痘疹十三卷
明羅田萬全撰
清康熙二年（1663）刻萬密齋醫學全書十種本
中山醫大

31105
萬氏家傳片玉痘疹十三卷
明羅田萬全撰　明羅田萬機輯補
清康熙五十一年（1712）張氏視履堂刻萬密齋書十種本
湖北

31106
萬氏家傳片玉痘疹十三卷
明羅田萬全撰　明羅田萬機輯補
清康熙五十一年（1712）刻乾隆四十三年（1778）張任大、張任佐重印萬密齋書十種本
湖北

31107
萬氏家傳片玉痘疹十三卷
明羅田萬全撰　明羅田萬機輯補
清雍正二年（1724）金溪胡氏清畏堂刻萬密齋醫書十種
中醫

31108
萬氏祕傳片玉痘疹十三卷
明羅田萬全撰　明羅田萬機輯補
清雍正乾隆間敷文堂用雍正二年（1724）清畏堂刻萬密齋醫書十種版挖改印本
中醫　上海　復旦　山東　湖北

31109
萬氏祕傳片玉痘疹十三卷
明羅田萬全撰　明羅田萬機輯補
清乾隆六年（1741）同人堂用清畏堂、敷文堂刻萬密齋醫書十種版再度挖改印本
天津中醫

31110
萬氏祕傳片玉痘疹（一名片玉痘疹）十三卷
明羅田萬全撰　明羅田萬機輯補
清忠信堂刻萬密齋書十種本

羅田衛生

31111
片玉痘疹十三卷
明羅田萬全撰
清刻萬密齋醫學全書十種本
天津衛職

31112
萬氏祕傳片玉痘疹(一名片玉痘疹)十三卷
明羅田萬全撰　明羅田萬機輯補
清宣統元年(1909)劉洪烈果育軒刻本
國圖　上海交大醫學院

31113
萬氏家傳片玉痘疹(一名片玉痘疹)十三卷
明羅田萬全撰　明羅田萬機輯補
1986年湖北科學技術出版社鉛印萬密齋醫學全書十三種本
湖北

31114
片玉痘疹十三卷
明羅田萬全撰
1996年中國中醫藥出版社鉛印萬密齋醫學全書本　又2001年鉛印本

31115
片玉痘疹十三卷
明羅田萬全撰
抄本
上海二醫大

31116
羅田萬氏麻疹全書
明羅田萬全撰　□□輯
清宣統元年(1909)鉛印本
湖南中醫

31117
痘疹全書
明蘄水(今浠水)黄廉輯
明嘉靖四十一年(1562)陸穩虔州刻本

是刻半葉八行,行十七字,白口,四周雙邊。《中國古籍善本書目》著録"明刻本",兹據陸序及《萬全生平著述考》改之,僅知北大有藏。

此書剽竊了萬全先以抄本流傳之成果。對此萬氏生前曾三次予以揭露,繼有丹波氏《中國醫籍考》等予以論證,今有毛德華《萬全生平著述考》予以詳述。此書另有萬曆二年(1574)陸穩湖州刻本,未見書目著録。

廉還著有《兵法秘録》,未見刻本。

北大

31118
祕傳經驗痘疹方不分卷
明蘄水(今浠水)黄廉撰
明嘉靖隆慶間南昌官刻本
臺圖

31119
祕傳經驗痘疹方四卷
明蘄水(今浠水)黄廉撰
明萬曆七年(1579)臨清邢邦刻本
中醫　白求恩醫院

31120
祕傳經驗痘疹方四卷
明蘄水(今浠水)黄廉撰
抄本
中華中醫學會上海分會

31121
痘證慈航不分卷
明歐陽調律撰　清漢川郭士珩編
清乾隆五十年(1785)刻本

士珩字昆山，漢川人。據同治《漢川縣志》，士珩著有《脈訣集解》《醫學集案》，未見。

中醫

31122

痘證慈航不分卷

明歐陽調律撰　清漢川郭士珩編

清同治四年（1865）刻本

國圖　中醫　蘇州中醫院　揚州　湖南　湖南中醫大　廣東

31123

痘證慈航不分卷

明歐陽調律撰　清漢川郭士珩編

清同治十年（1871）刻本

中醫　浙江　湖北

31124

痘證慈航不分卷

明歐陽調律撰　清漢川郭士珩編

清同治十三年（1874）文遠堂刻本

南京　安徽

31125

痘證慈航不分卷

明歐陽調律撰　清漢川郭士珩編

清刻本

河北中醫大　河南中醫大

31126

痘證慈航不分卷

明歐陽調律撰　清漢川郭士珩編

民國八年（1919）啓明印刷公司鉛印本

新疆醫大　浙江　福建　福建醫科大　廣州中醫大

31127

驚風辨證必讀書不分卷

清漢川劉德馨編

清光緒十八年（1892）刻本

《販書偶記續編》著録。藏書單位待訪。

五官科

31128

喉科秘旨不分卷

清孝感屠道和輯

清同治二年（1863）刻本

北京醫大

31129

喉科祕旨不分卷

清孝感屠道和編

清同治十三年（1874）紅杏山房刻本

未知與同年舊學山房刻本有無關係。

陝西中醫研

31130

喉科祕旨不分卷

清孝感屠道和編

清同治十三年（1874）舊學山房刻本

未知與同年紅杏山房本有無關係。

湖北中醫大

31131

喉痧條辨

清遠安陳世珍撰

民國七年（1918）嘉興縣景蘭醫院鉛印本

《遠安縣志》收有《陳世珍醫案》，未見。

遼寧中醫學院

針灸按摩之屬

針灸

31132

奇經八脈攷一卷

明蘄州（今蘄春）李時珍撰

明馮嶲刻圖註脈訣難經附刻本

《中國古籍善本書目》著録，僅北大藏全。本書約成稿於明隆慶六年（1572）。單行本較少，多與《瀕湖脈學》合刊或同附刻於《本草綱目》之後。

北大

31133
奇經八脈考一卷
明蘄州（今蘄春）李時珍撰
明萬曆五年（1577）刻本
吉林

31134
奇經八脈考一卷
明蘄州（今蘄春）李時珍撰
明萬曆三十一年（1603）夏良心、張鼎思刻本
國圖　中醫　天津　上海　大連　吉林　黑龍江　南大　山東　浙江　四川

31135
奇經八脈考一卷
明蘄州（今蘄春）李時珍撰
明萬曆三十四年（1606）楊道會刻本
中醫　上海　上海中醫大

31136
奇經八脈考一卷
明蘄州（今蘄春）李時珍撰
明萬曆刻本
北大　臺圖

31137
奇經八脈考一卷
明蘄州（今蘄春）李時珍撰
明刻本

係時諸目著録"明刻本"者合攏，各家藏本或非同版。

國圖　科院　上海中醫大　遼寧中醫大　南京　江西中醫　中山醫大　廣西

31138
奇經八脈紋一卷
明蘄州（今蘄春）李時珍撰
明刻本

《中國古籍總目·子部·醫學類·養生之書·導引氣功》著録。此書未曾寓目，亦未見他目著録。疑"紋"爲"攷"之誤，録此待考。

天津

31139
奇經八脈考一卷
明蘄州（今蘄春）李時珍撰
清順治十二年（1655）吴氏太和堂刻本
國圖　北大　科院　中醫　天津　上海　南京　浙江　安徽　福建中醫　湖北　四川

31140
奇經八脈考一卷
明蘄州（今蘄春）李時珍撰
清康熙二十三年（1684）金閶文雅堂刻本
北大　大連　浙江　河南中醫

31141
奇經八脈考一卷
明蘄州（今蘄春）李時珍撰
清初刻本
中醫　黑龍江

31142
奇經八脈考一卷
明蘄州（今蘄春）李時珍撰
清乾隆四十九年（1784）金閶書業堂刻本
中醫　上海中醫大　山西中醫大　遼寧　黑龍江　山東　南京中醫大　蘇州　浙江醫大　江西　河南

31143
奇經八脈考一卷
明蘄州（今蘄春）李時珍撰
清四庫全書本
國圖　甘肅　浙江　臺北故宫
1983年臺北商務印書館影印清文淵閣四庫全書本
湖北
1989年上海古籍出版社縮印臺北商務印書館影印清文淵閣四庫全書本
國圖　武漢

31144
奇經八脈考一卷
明蘄州（今蘄春）李時珍撰
清道光六年（1826）務本堂刻本
中醫　故宫　天津　甘肅中醫　山東醫大　南京　鎮江　浙江中醫大　廣東醫科所　成都中醫大　港大

31145
奇經八脈考一卷
明蘄州（今蘄春）李時珍撰
清道光六年（1826）英德堂刻本
首都　北大　北京醫大　北京醫科大　中醫　遼寧　廣州中醫大

31146
奇經八脈考一卷
明蘄州（今蘄春）李時珍撰
清咸豐九年（1859）刻本
中山醫大

31147
奇經八脈考一卷
明蘄州（今蘄春）李時珍撰
清同治十一年（1872）芥子圖刻本
中醫　上海中醫大　遼寧　吉林　甘肅中醫　山東醫大　安徽　江西　湖北　廣州中醫大　四川

31148
奇經八脈考一卷
明蘄州（今蘄春）李時珍撰
清同治光緒間刻本
上海

31149
奇經八脈考一卷
明蘄州（今蘄春）李時珍撰
清光緒五年（1879）掃葉山房刻本
遼寧中醫大　上海中醫大　南京　江西中醫　中山醫大　廣西

31150
奇經八脈考一卷
明蘄州（今蘄春）李時珍撰
清光緒五年（1879）校經山房刻本
天津　上海　黑龍江中醫大

31151
奇經八脈考一卷
明蘄州（今蘄春）李時珍撰
清光緒十一年（1885）合肥張氏味古齋刻本
北京中醫大　中醫　浙江中醫藥院

31152
奇經八脈考一卷
明蘄州（今蘄春）李時珍撰
1985年中國書店據清光緒十一年（1885）合肥張氏味古齋刻本影印中醫基礎叢書本
與《瀕湖脈學》《脈訣考證》合爲一編。

31153
奇經八脈考一卷
明蘄州（今蘄春）李時珍撰
清光緒二十二年（1896）揚州文富堂刻本
黑龍江中醫大

31154
奇經八脈考一卷
明蘄州（今蘄春）李時珍撰
清光緒二十二年（1896）上海圖書集成印書局石印本
國圖　中醫　遼寧　福建

31155
奇經八脈考一卷
明蘄州（今蘄春）李時珍撰
清光緒二十二年（1896）圖書集成印書局鉛印脈學叢書初編本
北京中醫大　黑龍江中醫大

31156
奇經八脈考一卷
明蘄州（今蘄春）李時珍撰
清光緒二十九年（1903）刻本
揚州

31157
奇經八脈考一卷
明蘄州（今蘄春）李時珍撰
清光緒三十一年（1905）上新書局石印本
陝西　桂林　廣西

31158
奇經八脈考一卷
明蘄州（今蘄春）李時珍撰
清光緒三十二年（1906）善成堂刻脈學本草醫方全書本
《全國中醫圖書聯合目録》著録。
山西中醫研　上海中醫學院　湖北中醫　湖南中醫　重慶　雲南　桂林

31159
奇經八脈考二卷
明蘄州（今蘄春）李時珍撰
清刻醫方全書五種本
中國醫科院

31160
奇經八脈考一卷
明蘄州（今蘄春）李時珍撰
清聚錦堂刻本
黑龍江　山東

31161
奇經八脈考一卷
明蘄州（今蘄春）李時珍撰
明春明堂刻本
丹東　蘇州中醫院　安徽　重慶　成都中醫大

31162
奇經八脈考一卷
明蘄州（今蘄春）李時珍撰
清文聚堂刻本
中華醫學會上海分會

31163
奇經八脈考一卷
明蘄州（今蘄春）李時珍撰
清同人堂刻本
科院

31164
奇經八脈考一卷
明蘄州（今蘄春）李時珍撰
清天德堂刻本
成都中醫大

31165
奇經八脈考一卷
明蘄州（今蘄春）李時珍撰
清無錫日昇山房刻本
黑龍江中醫大　蘭州醫學院

31166
奇經八脈考一卷
明蘄州（今蘄春）李時珍撰
清碧梧山房刻本
故宮

31167
奇經八脈考一卷
明蘄州（今蘄春）李時珍撰
書業德刻本
據《全國中醫圖書聯合目録》，僅山西省圖書館有藏，且具體刊刻時間不詳。
山西

31168
奇經八脈考一卷
明蘄州（今蘄春）李時珍撰
清刻本
綜合各家書目而成。各館藏本或非同版，其中有的或與前述清代刻本爲同版。
國圖　中醫　天津　上海　南通　山西　中國醫大　吉林　浙江中醫大　福建　河南　湖北　四川

31169
奇經八脈考一卷
明蘄州（今蘄春）李時珍撰
清抄本
國圖

31170
奇經八脈考一卷
明蘄州（今蘄春）李時珍撰
清抄本
吉林

31171
奇經八脈考一卷
明蘄州（今蘄春）李時珍撰
1956年人民衛生出版社鉛印本

31172
奇經八脈考一卷
明蘄州（今蘄春）李時珍撰
1970年日本盛文堂影印本
中醫

31173
奇經考一卷
明蘄州（今蘄春）李時珍撰
1954年錦章書局鉛印本　又1955年鉛印本
附於《校正考瀕湖脈學》後。

31174
奇經八脈考一卷
明蘄州（今蘄春）李時珍撰
1956年人民衛生出版社鉛印本
與《瀕湖脈學》《脈訣考證》合爲一編。

31175
奇經八脈考校注一卷
明蘄州（今蘄春）李時珍撰　王羅珍、李鼎校注
1990年上海科學技術出版社鉛印本

31176
奇經八脈考一卷
明蘄州（今蘄春）李時珍撰　夏魁周等校注
1996年中國中醫藥出版社鉛印明清名醫全書大成·李時珍醫學全書本

按摩導引

31177
葆元丹一卷
蘄春陳守元撰
抄本

余彦文《鄂東著作人物薈萃》謂此書"尚存",惜未指明藏於何處。

31178

小兒推拏仙術秘訣不分卷

明蒲圻(今赤壁)周于蕃撰

明萬曆刻本

《中國古籍善本書目》著録,僅山西省稷山縣圖書館有藏。

《中醫大辭典·醫史文獻分册》《中國醫學大成總目提要》《湖北醫學史稿》均著録,並謂其初刻於萬曆乙巳,重刊於萬曆丙午,三刻於萬曆四十年(1612)壬子,三改其稿,爲之翻刻。爾後,又有几個刻本和抄本。

在傳播過程中,其書名有變化,或稱《小兒推拿秘訣》,或稱《秘傳推拿妙訣》,清乾隆間錢汝明曾予考訂。周于蕃,字嶽甫。往昔有的書目著録其字。

稷山

31179

小兒推拿秘訣不分卷

明蒲圻(今赤壁)周于蕃撰

明萬曆四十年(1612)刻本

《全國中醫圖書聯合目録》和《湖北醫學史稿》著録。

軍醫　天津

31180

小兒推拿秘訣不分卷

明蒲圻(今赤壁)周于蕃撰

清康熙二十四年(1685)文奎堂刻本

上海　江西

31181

小兒推拿仙術秘訣不分卷

明蒲圻(今赤壁)周于蕃撰

清抄本

蘇州

31182

小兒推拿仙術秘訣不分卷

明蒲圻(今赤壁)周于蕃撰

清抄本

浙江

31183

秘傳推拿妙訣不分卷

明蒲圻(今赤壁)周于蕃撰

抄本

中醫

31184

秘傳推拿妙訣不分卷附補遺一卷

明蒲圻(今赤壁)周于蕃撰

清抄本

北大

31185

秘傳推拿妙訣不分卷

明蒲圻(今赤壁)周于蕃撰

抄本

北大

31186

秘傳推拿妙訣不分卷

明蒲圻(今赤壁)周于蕃撰

抄本

中醫

31187

秘傳推拿妙訣不分卷

明蒲圻周于蕃撰

抄本

天津

31188

秘傳推拿妙訣不分卷

明蒲圻(今赤壁)周于蕃撰

抄本
上海中醫學院

31189
小兒按摩術四卷
明蒲圻(今赤壁)周于蕃撰
民國十一年(1922)上海華孚書局石印本
北京中醫大 天津醫學 天津醫情站 黑龍江 黑龍江中醫大 上海二醫大 浙江中醫所

31190
小兒按摩術四卷
明蒲圻(今赤壁)周于蕃撰
民國上海千頃堂石印本
《全國中醫圖書聯合目録》著録出版年爲1922,疑與華孚書局本爲同版。
山東中醫大 河南中醫大 重慶

31191
小兒按摩術四卷
明蒲圻(今赤壁)周于蕃撰
民國石印本
上海

31192
小兒推拿一卷
明江陵李盛春編
明天啓刻醫學研悦本
《中國古籍善本書目》著録。
上海 山東中醫大

31193
小兒推拿一卷
明江陵李盛春編 田思勝校注
1997年中國中醫藥出版社鉛印明清中醫臨證小叢書·醫學研悦本

養生之屬

31194
新刊萬氏家傳養生四要(一名養生四要)五卷
明羅田萬全撰
清順治十五年至十六年(1658—1659)羅田萬達刻萬氏全書本
羅田衛生

31195
養生四要五卷
明羅田萬全撰
清康熙二年(1663)刻萬密齋醫學全書十種本
中山醫大

31196
萬氏家傳養生四要(一名養生四要)五卷
明羅田萬全撰
清康熙五十一年(1712)漢陽張氏視履堂刻萬密齋書十種本
湖北

31197
萬氏家傳養生四要(一名養生四要)五卷
明羅田萬全撰
清康熙五十一年(1712)漢陽張氏視履堂刻乾隆四十三年(1778)張任大、張任佐重印萬密齋書十種本
湖北

31198
新刊萬氏家傳養生四要(一名養生四要)五卷
明羅田萬全撰
清雍正二年(1724)金溪胡氏清畏堂刻萬密齋醫書十種

中醫

31199
新刊萬氏家傳養生四要(一名養生四要)五卷
明羅田萬全撰
清雍正乾隆間敷文堂用雍正二年(1724)金溪胡氏清畏堂刻萬密齋醫書十種版挖改印本
《中國古籍總目·子部》收有中醫科學院藏"明敷文堂刻本"或即此本。
中醫　上海　復旦　山東　湖北

31200
新刊萬氏家傳養生四要(一名養生四要)五卷
明羅田萬全撰
清乾隆六年(1741)同人堂用清畏堂、敷文堂刻萬密齋醫書十種版再度挖改印本
天津中醫

31201
養生四要五卷
明羅田萬全撰
2002年上海古籍出版社據清刻萬密齋醫書十種本影印續修四庫全書本
湖北

31202
養生四要五卷
明羅田萬全撰
清乾隆四十三年(1778)刻本
中醫

31203
萬氏家傳養生四要(一名養生四要)五卷
明羅田萬全撰
清忠信堂刻萬密齋書十種本
羅田衛生

31204
養生四要五卷
明羅田萬全撰
清刻萬密齋醫學全書十種本
天津衛職

31205
萬氏家傳養生四要(一名養生四要)五卷
明羅田萬全撰　羅田縣萬密齋醫院校注
1984年湖北科學技術出版社鉛印萬密齋醫學全書十三種本
湖北

31206
養生四要五卷
明羅田萬全撰
1996年中國中醫藥出版社鉛印萬密齋醫學全書本　又2001年鉛印本

31207
萬氏家傳點點經(一名點點經、酒門三十證)四卷
題明羅田萬全撰
清抄本
毛德華先生從其"來歷可疑"(當地收到的舊抄本)、"與萬全著述不同"、"荒誕不經"三個方面進行辨析，斷定其爲"一部託名萬全的僞作"。全書收録論述飲酒致病證治三十篇，故又名《酒門三十證》。
羅田衛生

31208
萬氏家傳點點經(一名點點經)五卷
題明羅田萬全撰　羅田縣萬密齋醫院校注
1986年湖北科學技術出版社鉛印萬密齋醫學全書十三種本
湖北

31209
温清録一卷
清江夏彭崧毓撰
清同治刻求是齋雜存本
國圖

31210
頤身集五種五卷
清漢陽葉志詵編
清咸豐二年（1852）廣東撫署刻本
攝生消息論一卷　元丘處機撰
修齡要指一卷　明冷謙撰
勿藥元詮一卷　明汪昂撰
壽人經一卷　清汪晸撰
延年九轉一卷　清方開述　白顏偉記
所收皆爲有關養生之著作。其編纂版刻情况説明參見《頤身集》條。
科院　中國醫科院　中醫　天津　上海醫科大　中國醫大　東北師大　南京　湖北　湖南中醫　成都中醫大

31211
頤身集五種五卷
清漢陽葉志詵編
清光緒三年（1877）華蓮峯刻本
子目同前。
首都　科院　中國醫科院　中醫　天津　中國醫大　南京　湖北　湖南中醫　成都中醫大

醫話之屬

31212
醫學一得一卷
民國天門吕承源撰
清光緒二十五年（1899）兩湖書院刻本
中醫　上海　湖北　武大醫學院　湖南　廣東　成都中醫大

天文算法類

天文之屬

31213
象緯彙編二卷
明蘄州（今蘄春）韓萬鍾撰
明抄本　清劉鸞翔校並跋
《中國古籍善本書目》著録。是書今不见有刻本保存，僅存兩個明抄本。
镇江博

31214
象緯彙編二卷
明蘄州（今蘄春）韓萬鍾撰
1995年齊魯書社據鎮江博物館藏明抄本影印四庫全書存目叢書本
湖北

31215
象緯彙編二卷
明蘄州（今蘄春）韓萬鍾撰
明抄本
《中國古籍善本書目》著録。
北大

31216
星命歌訣一卷
民國羅田王葆心撰
稿本
一册。约三千字。
湖北博

曆法之屬

31217
曆正不分卷
明黄梅瞿九思撰

明萬曆三十五年（1607）史學遷刻瞿聘君全集本

《中國古籍善本書目》著録。原書未曾寓目，姑置於斯。

國圖

31218

曆正不分卷

明黄梅瞿九思撰

清抄瞿聘君全集本

湖北

算書之屬

31219

九章算術細草圖説九卷海島算經細草圖説一卷

魏劉徽注　唐李淳風等注釋　清鍾祥李潢細草圖説

清嘉慶二十五年（1820）沈钦裴算校初刻本

潢字玄門，乾隆進士，任翰林院編修，《四庫全書》協纂官，官至工部右侍郎。本書係對《九章算術》進行整理、校注。以戴震校訂本爲底本，正其错訛多處；對例題，依原術補圖演草；對難解文字，作了注釋。總觀全書，校注頗佳。《簡明中國古籍辭典》收録。

國圖　北大　東北师大　港大

31220

九章算術細草圖説九卷

魏劉徽注　唐李淳風等注釋　清鍾祥李潢細草圖説

2002年上海古籍出版社據清嘉慶二十五年（1820）刻本影印續修四庫全書本

湖北

31221

九章算術細草圖説九卷海島算經細草圖説一卷

魏劉徽注　唐李淳風等注釋　清鍾祥李潢細草圖説

清光緒十七年（1891）成都王氏刻本

國圖

31222

九章算術細草圖説九卷海島算經細草圖説一卷

魏劉徽注　唐李淳風等注釋　清鍾祥李潢細草圖説

清光緒二十二年（1896）上海文淵山房石印本

國圖　上海

31223

九章算術細草圖説九卷海島算經細草圖説一卷

魏劉徽注　唐李淳風等注釋　清鍾祥李潢細草圖説

清刻本

南京　東北师大

31224

海島算經細草圖説一卷

魏劉徽注　唐李淳風等注釋　清鍾祥李潢細草圖説

清嘉慶二十五年（1820）沈欽裴算校初刻本

國圖　北大　東北師大　港大

31225

海島算經細草圖説一卷

魏劉徽注　唐李淳風等注釋　清鍾祥李潢細草圖説

2002年上海古籍出版社據清嘉慶二十五年（1820）刻本影印續修四庫全書本

湖北

31226

海島算經細草圖説一卷

魏劉徽注　唐李淳風等注釋　清鍾祥李潢細草圖説

清光緒十七年(1891)成都王氏刻本
國圖

31227
海島算經細草圖説一卷
魏劉徽注　唐李淳風等注釋　清鍾祥李潢細草圖説
清光緒二十二年(1897)上海文淵山房石印本
國圖　上海

31228
海島算經細草圖説一卷
魏劉徽注　唐李淳風等注釋　清鍾祥李潢細草圖説
清刻本
南京　東北師大

31229
緝古算經攷注二卷
唐王孝通撰並注　清鍾祥李潢考注
清道光十二年(1832)吴蘭修刻本
國圖　清華　湖北

31230
緝古算經攷注二卷
唐王孝通撰並注　清鍾祥李潢考注
清道光十三年(1833)程晴峯廣州刻本
黑龍江

31231
緝古算經攷注二卷
唐王孝通撰並注　清鍾祥李潢考注
清光緒刻本
上海

31232
緝古算經攷注二卷
唐王孝通撰並注　清鍾祥李潢考注
清刻本
國圖　北大

31233
緝古算經攷注圖艸二卷
清鍾祥李潢撰
附緝古算經圖草二卷
清揭廷鏘撰
清道光十二年(1833)三史堂刻本
《販書偶记續編》著録。《續疇人傳》作《緝古算经考注》二卷。
國圖

31234
張丘建算經三卷
北周甄鸞注　唐李淳風等注釋　唐江陵劉孝孫細草
宋刻本　清顧廣圻跋
是刻半葉九行,行十八字,細黑口,左右雙邊,單魚尾。《中國古籍善本書目》著録,僅該館有藏。
上海

31235
張丘建算經三卷
北周甄鸞注　唐李淳風等注釋　唐江陵劉孝孫細草
清四庫全書本
國圖　甘肅　浙江　臺北故宫
1983年臺北商務印書館影印清文淵閣四庫全書本
湖北
1989年上海古籍出版社縮印臺北商務印書館影印清文淵閣四庫全書本
國圖　武漢

31236
張丘建算經三卷
北周甄鸞注　唐李淳風等注釋　唐江陵劉孝孫細草

清抄本　清孔繼涵校

《中國古籍善本書目》著録。

國圖

31237

皇明經世實用編二十八卷

明馮應京纂輯　明戴任校正　明黄梅瞿九思編次

明萬曆刻本

王重民《中國善本書提要》著録。

美國國會

31238

兩湖書院算學課程二卷附一卷

清兩湖書院編

清光緒二十四年（1898）兩湖書院刻本

瀋陽　南大　港大

31239

平方根表四卷

清兩湖書院編

清光緒二十五年（1899）正學堂刻本

吉大

31240

偏緯較表一卷

清兩湖書院編

清光緒二十五年（1899）刻本

吉大

31241

測算公式讀法一卷附録一卷

清兩湖書院編

清光緒二十五年（1899）正學堂鉛印本

吉大

31242

句股形邊角相求術圖解一卷

清項名達原撰　清黄梅石振珽撰

清光緒三十二年（1906）皖垣節署刻本

《販書偶记》著録。

國圖

31243

佛山書院算課草十一卷

清安陸劉國光編　清潘應祺等校

清光緒二十四年（1898）廣州刻本

《販書偶记》著録。

北大

31244

萬象一元演式九卷首一卷

民國沔陽（今仙桃）盧靖撰

清光緒石印本

湖北

31245

割圜術輯要不分卷附三角法公式一覽表

民國沔陽（今仙桃）盧靖輯

清末石印本

《中國古籍總目·子部》著録，疑與前一款目爲同版。

北大　南京

31246

割圜術輯要不分卷附三角法公式一覽表

民國沔陽（今仙桃）盧靖輯

清光緒二十八年（1902）石印本

《中國古籍總目·子部》著録。

國圖

31247

割圜術輯要不分卷

民國沔陽（今仙桃）盧靖輯

石印本

湖北

術数類

叢編之屬

31248
五種祕竅全書十七卷附新鐫唐氏壽域一卷
明黄岡甘霖撰
明古吴上元唐鯉耀文林閣刻本
選擇通書祕竅三卷
奇門遁甲祕要二卷
天星祕竅圖書一卷
地理祕竅一卷
羅經祕竅圖書一卷
附新鐫唐氏壽城一卷　明王福賢撰
是編入《中國叢書綜録》《中國古籍善本書目》，前者謂上海、浙江二館藏，後者則謂科院、黑大二館藏。
科院　上海　黑大　浙江

31249
五種祕竅全書十七卷附新鐫唐氏壽域一卷
明黄岡甘霖撰
明崇禎至善堂刻本
子目同前。
瀋陽　大連　吉林　東北师大

31250
五種祕竅全書十七卷附新鐫唐氏壽域一卷
明黄岡甘霖撰
明末清初郁郁堂刻本
子目同前。
國圖 × 吉林

31251
葉鈔五種九卷
清漢陽葉氏平安館輯
清漢陽葉氏平安館抄本
孝慈經三卷　清葉□纂
重訂相吉八宅周書三卷　明黄一鳳纂　明龔居中增補
陽宅祕旨一卷
古氏陽宅祕要一卷
造化元鑰正格詳解
未見刻本，或未付梓。
國圖

數學之屬

31252
太玄宋氏注一卷
宋章陵（今棗阳）宋衷撰　清王仁俊輯
王函山房輯佚書續編稿本
《中國古籍善本書目·叢部》著録。
上海

31253
新編性理三書圖解九卷
明蘄州（今蘄春）韓萬鍾撰
明嘉靖四十一年（1562）張敏德刻本
《明史·藝文志》及光緒《黄州府志》《蘄州志》《四庫全書總目》著録，題名《性理三書圖解》。《明史》及府、州志入"子部·儒家類"，兹從《四庫總目》。
此書刻本今僅南京圖書館有藏。《四庫全書總目》入"存目"。
所謂"性理三書"，係指《易學啓蒙》《律吕新書》《洪範皇極内篇》。
南京

31254
新編性理三書圖解九卷
明蘄州（今蘄春）韓萬鍾撰
1995年齊鲁書社據明嘉四十一年（1562）張敏德刻本影印四庫全書存目叢書本
湖北

占候之屬

31255

靈臺祕苑十五卷

北周江陵庾季才撰　宋王安禮等重修

明抄本

《中國古籍善本書目》著録。

《湖北歷史人物辭典》:"庾季才(516—603),南北朝官員、學者。字叔奕,南郡江陵(今湖北江陵)人。梁元帝時累官至太史。梁亡,在北周做官,諫使宇文泰釋方梁俘虜数千人。入隋,爲均州(治所在今湖北均縣北)刺史,遷任通直散騎常侍。遺著有《靈臺祕苑》一百二十卷、《垂象志》一百四十二卷、《地形志》八十七卷。"

國圖

31256

靈臺祕苑十五卷

北周江陵庾季才撰　宋王安禮等重修

明抄本　清黄丕烈校並跋

國圖

31257

靈臺祕苑十五卷

北周江陵庾季才撰

清四庫全書本

國圖　甘肅　浙江　臺北故宫

1983年臺北商務印書館影印清文淵閣四庫全書本

湖北

1989年上海古籍出版社縮印臺北商務印書館影印清文淵閣四庫全書本

國圖　武漢

31258

靈臺祕苑十五卷

北周江陵庾季才撰

民國十二年(1923)沔陽盧氏慎始基齋據文淵閣四庫全書本影印湖北先正遺書本

國圖　科院　北大　上海　天津　遼寧　寧夏　山東　南京　浙江　湖北　四川

31259

靈臺祕苑十五卷

北周江陵庾季才撰　宋王安禮等重修

清抄本

北大

31260

靈臺祕苑十五卷

北周江陵庾季才撰　宋王安禮等重修

抄本

南京

31261

靈臺祕苑十五卷

北周江陵庾季才撰　宋王安禮等重修

抄本

臺圖

31262

天星祕竅圖書一卷

明黄岡甘霖撰

明古吴上元唐鯉耀文林閣刻五種秘竅全書本

科院　上海　浙江　黑大

堪輿之屬

31263

地理祕竅一卷

明黄岡甘霖撰

明古吴上元唐鯉耀文林閣刻五種秘竅全書本

科院　上海　黑大　浙江

31264
羅經祕竅圖書十卷
明黄岡甘霖撰
明古吴上元唐鯉耀文林閣刻五種秘竅全書本
科院　上海　黑大　浙江

31265
考驗通書法竅祕訣三卷
明黄岡甘霖撰
清刻本
國圖

31266
地理祕竅一卷
明黄岡甘霖撰
清至善堂刻本
吉林

31267
地理祕竅十卷
明黄岡甘霖撰
清富春堂刻本
國圖

31268
新鐫唐氏壽域一卷
明王福賢撰
明古吴上元唐鯉耀文林閣刻五種秘竅全書·附録本
科院　上海　黑大　浙江

31269
地理大全一集十種三十卷二集七種二十五卷
明漢陽李國木編
明崇禎金陵懷德堂刻本
一集　形勢真訣十種三十卷
葬經二卷　題晉郭璞撰
天機素書四卷　唐丘延翰撰
撼龍經二卷　唐楊益撰
疑龍經一卷　唐楊益撰
葬法　唐楊益撰
倒杖十二法　唐楊益撰　以上合一卷
九星穴法四卷　宋廖瑀撰
發微論一卷　宋蔡元定撰
披肝露膽經一卷　明劉基撰
附
平陽論
潮水論
搜玄曠覽十四卷　明漢陽李國木輯
龍法三卷
穴法三卷
砂法四卷
水法二卷
粹言一卷
總論
瑣言　以上合一卷
二集　理氣祕旨七種二十五卷
青囊序一卷　唐曾文迪撰
青囊奥語一卷　唐楊益撰
天玉經内傳三卷外編一卷　唐楊益撰
玉尺經四卷附原經圖式一卷　宋陳摶撰　元劉秉忠輯
催官評龍篇二卷附理氣穴法一卷　宋賴文俊撰
吴公教子書（一名天玉經外傳）一卷
附四十八局圖説一卷　宋吴克誠撰
索隱玄宗九卷　明漢陽李國木輯
原説二卷
問答一卷
石譚一卷
要訣二卷
衍微二卷
理氣砂水一卷

據《中國叢書綜録》著録（楊家駱《叢書大辭典》亦收）。既是明刻本，應爲善本，而並未進入《中國古籍善本書目》，未知何故。湖北省圖書館殘存二十四册，既無序跋，又無牌記，具體刻年無以爲稽，僅從版式字體等觀之，似爲明末刻本。

上海　上海辭書　福建師大　湖北 ×

31270

地理大全一集十種三十卷二集七種二十五卷

明漢陽李國木編

明崇禎三多齋刻本

子目同前

國圖　山西大

31271

地理大全一集十種三十卷二集七種二十五卷

明漢陽李國木編

1995 年上海古籍出版社據明崇禎三多齋刻本影印四庫全書存目叢書本

子目同前。

湖北

31272

地理大全二集理氣祕旨七種二十五卷

明漢陽李國木删定　明李國霖校輯

明末刻本

子目同前。

國圖

31273

搜玄曠覽十四卷

明漢陽李國木輯

明崇禎金陵懷德堂刻地理大全·形勢真訣本

龍法三卷

穴法三卷

砂法一卷

水法二卷

粹言一卷

總論

瑣言（以上合一卷）

上海　上海辭書　福建師大　湖北

31274

搜玄曠覽十四卷

明漢陽李國木輯

清三多齋刻地理大全·形勢真訣本

子目同前。

國圖

31275

索引玄宗九卷

明漢陽李國木輯

明崇禎金陵懷德堂刻地理大全·形勢理氣祕旨本

原説二卷

問答一卷

石譚一卷

要訣二卷

衍微二卷

理氣砂水一卷

上海　上海辭書　福建　湖北

31276

索引玄宗九卷

明漢陽李國木輯

清三多齋刻地理大全·理氣祕旨本

子目同前

國圖

31277

新刻楊筠松祕傳開門放水陰陽捷徑二卷

明黄岡甘霖輯

明萬曆三十三年（1605）喬山堂劉龍田刻本

是刻半葉十行，行二十五字，白口，四周单邊。《中國古籍善本書目》著録，僅該館有藏。

國圖

31278
焦氏易林四卷
題漢焦延壽撰　明景陵(今天門)鍾惺評
明末刻本
是刻半葉九行,行二十字,白口,左右雙邊。《中國古籍善本書目》著録。
南開　山東大　吴江　安徽博　中大　廣東社科院　重慶

31279
易筮遺占一卷
清安陸李道平撰
清光緒十七年(1891)三餘草堂刻湖北叢書本
國圖　科院　北大　上海　復旦　天津　遼寧　甘肅　南京　浙江　湖北　雲南

31280
六壬辨疑四卷
清武昌(今鄂州)張官德撰
清刻本
湖北

占卜之屬

31281
六壬成式
明蘄水(今浠水)官應震撰
刻本
《中國古籍總目·子部》著録,不標刊刻時代。
北大

31282
大六壬雜釋八卷
明蘄水(今浠水)官應震撰
抄本
臺圖

31283
大六壬管見全書十二卷
明蘄水(今浠水)官應震撰
清抄本
國圖

31284
分門斷法不分卷
清黄岡劉子壯訂
清抄本
上海

31285
奇門旨歸三十八卷
清興國(今陽新)朱浩文撰
清光緒二十一年(1895)朱氏彙源堂刻本
湖北

31286
奇門旨歸三十八卷
清興國(今陽新)朱浩文撰
1997年北京出版社據清光緒二十一年(1895)朱氏彙源堂刻本影印四庫未收書輯刊本
湖北

命相之屬

31287
鬼谷子前定書一卷
□□輯
明黎光閣刻本
題鬼谷子所撰命書,均係托名,下同。
國圖　北大

31288
鬼谷數總要
□□輯

清末民國初抄本

國圖

31289

新鐫鬼谷子先生四字經前定數二卷

□□輯

清光緒六年(1880)抄本

國圖

31290

李虚中命書三卷

題戰國楚鬼谷子撰　唐李虚中注

清四庫全書本

國圖　甘肅　浙江　臺北故宫

1983年臺北商務印書館影印清文淵閣四庫全書本

湖北

1989年上海古籍出版社縮印臺北商務印書館影印清文淵閣四庫全書本

國圖　武漢

31291

李虚中命書三卷

題戰國楚鬼谷子撰　唐李虚中注

清嘉慶海虞張氏刻墨海金壺本

國圖　復旦　天津　南京　青海

31292

李虚中命書三卷

題戰國楚鬼谷子撰　唐李虚中注

民國十年(1921)上海博古齋影印清嘉慶海虞張氏刻墨海金壺本

國圖　首都　北大　上海　復旦　天津　遼寧　甘肅　南京　浙江　河南　武大　四川　重慶　雲南

31293

李虚中命書三卷

題戰國楚鬼谷子撰　唐李虚中注

清光緒十五年(1889)上海鴻文書局據清道光錢氏刻本影印守山閣叢書本

國圖　首都　北大　上海　復旦　天津　遼寧　甘肅　南京　杭大　江西　武大　重慶　川大　雲南

31294

李虚中命書三卷

題戰國楚鬼谷子撰　唐李虚中注

民國十一年(1922)上海博古齋據清道光錢氏刻本影印守山閣叢書本

國圖　首都　北大　上海　復旦　天津　遼寧　甘肅　南京　杭大　江西　武大　重慶　川大　雲南

31295

蘭臺妙選三卷

明江夏萬民英撰

明隆慶刻本

是刻半葉十行,行二十二字,白口,四周雙邊。《中國古籍善本書目》著録,僅吉林圖書館有藏。

吉林

31296

三命通會十二卷

明江夏萬民英撰

明萬曆六年(1578)刻本

《中國古籍總目·子部》著録,未知與下一款目之"明萬曆刻本"有無關係。

臺圖

31297

三命通會十二卷

明江夏萬民英撰

明萬曆六年(1578)刻本

是刻半葉十行,行二十二字,白口,四周雙邊。《中國古籍善本書目》著録。

臺圖　北大　上海辭書　浙江

31298
三命通會十二卷
明江夏萬民英撰
明内府抄本
故宫

31299
三命通會十二卷
明江夏萬民英撰
清初刻雍正十三年(1735)蔣國祥重修本
國圖　上海　南京

31300
三命通會十二卷
明江夏萬民英撰
清初刻遞修本
南京

31301
三命通會十二卷
明江夏萬民英撰
清四庫全書本
國圖　甘肅　浙江　臺北故宫
1983年臺北商務印書館影印清文淵閣四庫全書本
湖北
1989年上海古籍出版社縮印臺北商務印書館影印清文淵閣四庫全書本
國圖　武漢

31302
三命通會十二卷
明江夏萬民英撰
清嘉慶四年(1799)德春堂刻本
南京

31303
三命通會十二卷
明江夏萬民英撰
清善成堂刻本
上海

31304
三命通會十二卷
明江夏萬民英撰
清刻本
湖北

31305
三命通會十二卷
明江夏萬民英撰
清内府抄本
故宫

31306
星學大成三十卷
明江夏萬民英撰
清四庫全書本
國圖　甘肅　浙江　臺北故宫
1983年臺北商務印書館影印清文淵閣四庫全書本
湖北
1989年上海古籍出版社縮印臺北商務印書館影印清文淵閣四庫全書本
國圖　武漢

31307
平原相學十三章
孝感湯文奐撰
民國二十八年(1939)鉛印本
湖北

陰陽五行之屬

31308
五行大義五卷
隋江陵蕭吉撰
清抄本　清丁丙跋

吉（？—614）字文休，南朝梁代宗室，歸周後官儀同，入隋後上儀同。煬帝即位時（605年）授太府少卿，加位開府。其博学多聞，尤精陰陽五行。所著《五行大義》文風質樸，徵引讖緯學及其他已佚秘籍甚多。

南京

31309

五行大義五卷

隋江陵蕭吉撰

2002年上海古籍出版社據清抄本影印續修四庫全書本

湖北

31310

五行大義五卷

隋江陵蕭吉撰

清嘉慶十八年（1813）長塘鮑氏刻知不足齋叢書本

國圖　科院　上海　復旦　天津　遼寧　甘肅　南京　浙江　湖北　武漢　武大　四川　重慶

31311

五行大義五卷

隋江陵蕭吉撰

民國十年（1921）上海古書流通處影印清嘉慶十八年（1813）鮑氏刻知不足齋叢書本

國圖　科院　北大　上海　復旦　天津　遼寧　甘肅　浙江　武大　四川　重慶

31312

五行大義五卷

隋江陵蕭吉撰

日本寬政至文化間刻佚存叢書本

國圖　復旦　吉林市　吉大　哈爾濱　安徽　福建　江西　廣西

31313

五行大義五卷

隋江陵蕭吉撰

民國十三年（1924）上海商務印書館影印日本寬政至文化間刻佚存叢書本

國圖　首都　北大　北師大　上海　华東師大　遼寧　甘肅　浙江　湖北　武大　四川

31314

五行大義五卷

隋江陵蕭吉撰

清光緒八年（1882）滬上黄氏木活字印佚存叢書本

國圖　科院　北師大　清華　上海　天津　遼寧　甘肅　南京　浙江　武漢　廣東　重慶　川大

31315

五行大義五卷

隋江陵蕭吉撰

宛委別藏稿本

國圖

31316

五行大義五卷

隋江陵蕭吉撰

清光緒二十三年（1897）武進盛氏刻常州先哲遺書本

國圖　首都　科院　上海　復旦　内蒙　吉大　甘肅　南京　浙江　湖北　江西　四川

31317

五行大義五卷

隋江陵蕭吉撰

民國二十四年至二十六年（1935—1937）上海商務印書館鉛印叢書集成初編本

國圖　清華　北師大　上海　復旦　遼寧　甘肅　南大　湖北　江西　四川　重慶

31318
選擇通書祕竅三卷
明黄岡甘霖撰
明古吴上元唐鯉耀文林閣刻五種秘竅全書本
科院　上海　黑大　浙江

遁甲之屬

31319
奇門遁甲祕要二卷
明黄岡甘霖撰
明古吴上元唐鯉耀文林閣刻五種秘竅全書本
科院　上圖　黑大　浙江

31320
奇門指歸三十八卷
清興國（今新陽）朱浩文撰
清光緒十九年（1893）湖北官書局刻彙元堂刻全集本
國圖　北大　上海　湖北

31321
武侯奇門遁甲全書六卷首一卷
題唐李筌、諸葛純注
清内府抄本
《中國古籍善本書目》著録。關於注者李筌之籍里、事蹟可參閲"子部·道家類"《皇帝陰符經疏》之附注。
北京文物局

31322
武侯奇門遁甲全書六卷首一卷
題唐李筌、諸葛純注
增補奇門遁甲全書末一卷
題清張問陶注
清抄本
《中國古籍善本書目》著録，僅該館有藏。
人大

雜術之屬

31323
夢占逸旨八卷
明應城陳士元撰
明萬曆十七年（1589）自刻歸雲别集本
是刻半葉九行，行二十字，白口，四周單邊。《中國古籍善本書目》著録。
國圖　北大　祁县 ×

31324
夢占逸旨八卷
明應城陳士元撰
清乾隆刻藝海珠塵本
國圖　科院　北大　上海　復旦　天津　遼寧　南大　武漢　江西　四川　重慶

31325
夢占逸旨八卷
明應城陳士元撰
清道光十三年（1833）應城吴毓梅刻歸雲别集本
國圖　科院　北大　上海　復旦　天津　遼寧　陝西　山東　南京　浙江　湖北

31326
夢占逸旨八卷
明應城陳士元撰
清道光十三年（1833）應城吴毓梅刻咸豐同治間補刻歸雲别集本
遼寧

31327
夢占逸旨八卷
明應城陳士元撰
民國二十四年至二十六年（1935—1937）上海商務印書館鉛印叢書集成初編本
國圖　北師大　上海　復旦　遼寧　甘肅　浙

江　湖北　武大　四川　重慶

31328
夢林玄解三十四卷首一卷
題宋邵雍纂輯　明應城陳士元增删　明何棟如重輯
明崇禎刻本
是刻半葉十行，行二十二字，白口，四周單邊。《中國古籍善本書目》著録。《四庫全書總目》入"子部·術數類存目"。
國圖　北大　北師大　科院　上海　上海辭書　哈佛　燕京

31329
夢林玄解三十四卷首一卷
題宋邵雍纂輯　明應城陳士元增删　明何棟如重輯
1995年齊魯書社本據明崇禎刻本影印四庫全書存目叢書本
湖北

31330
夢林玄解三十四卷首一卷
題宋邵雍纂輯　明應城陳士元增删　明何棟如重輯
2002年上海古籍出版社據明崇禎刻本影印續修四庫全書本
湖北

藝術類

書畫之屬

書

31331
陳眉公重訂書品一卷
南朝梁江陵庾肩吾撰
明萬曆三十四年（1606）沈氏刻尚白齋鐫陳眉公訂正祕笈本
是刻半葉八行，行十八字，白口，四周單邊。《中國古籍善本書目》著録，十八館有藏。
清華　科院　復旦　杭大　河南　湖南　重慶

31332
書品一卷
南朝梁江陵庾肩吾撰
明刻續百川學海本
是刻半葉九行，行二十字，白口，左右雙邊。《中國古籍善本書目》著録。此書版本衆多，入《四庫全書》。
肩吾，新野人。曾任職雍州（治所在今湖北襄樊市），與劉孝威等抄撰典籍，号"高齋學士"。後又赴江陵。《湖北先正遺書》收録，從之。
清華　遼寧　吉大　青島　南大　浙江　川大

31333
書品一卷
南朝梁江陵庾肩吾撰
民國十二年（1923）沔陽盧氏慎始基齋據明刻續百川學海本影印湖北先正遺書本
國圖　科院　北大　上海　天津　遼寧　寧夏　山東　南京　浙江　湖北　四川

31334
書品一卷
南朝梁江陵庾肩吾撰
明刻廣漢魏叢書本
是刻半葉九行，行二十字，白口，左右雙邊。《中國古籍善本書目》著録。
復旦　天津　杭大　安徽博　江西大　福建

31335
書品一卷
南朝梁江陵庾肩吾撰

明崇禎竹嶼刻雪堂韻史本

是刻半葉九行，行二十字，白口，左右雙邊。《中國古籍善本書目》著録，僅此二館有藏。

清華　上海

31336

書品一卷

南朝梁江陵庾肩吾撰

明刻天都閣藏書本

《中國叢書綜録》著録。參見陽海清《中國叢書綜録補正》之"按"。

國圖

31337

書品一卷

南朝梁江陵庾肩吾撰

書品後一卷

唐李嗣真撰

明彈琴室刻本

是刻半葉九行，行二十字，白口，左右雙邊。《中國古籍善本書目》著録，僅國家圖書館有藏。

國圖

31338

書品一卷

南朝梁江陵庾肩吾撰

清順治三年（1646）李際期宛委山堂刻說郛本

《中國古籍善本書目》著録，三十三館有藏。

國圖　故宫　上海　復旦　天津　吉林　南京　浙江　江西　河南　湖南　廣東　重慶　雲南

31339

書品一卷

南朝梁江陵庾肩吾撰

清乾隆二十七年（1762）草草巢刻硯北偶鈔本

是刻半葉六行，行十五字，白口，左右雙邊。《中國古籍善本書目》著録。

國圖　北大　上海師大　南京　河南

31340

書品一卷

南朝梁江陵庾肩吾撰

清乾隆五十六年（1791）金谿王氏刻增訂漢魏叢書本

國圖　北大　上海　復旦　天津　遼寧　浙江　南京　湖北　江西　四川　重慶

31341

書品一卷

南朝梁江陵庾肩吾撰

清嘉慶刻廣漢魏叢書本

北師大　上海　復旦　山東　山大　安徽　浙江　杭大　湖北　四川　川大

31342

書品一卷

南朝梁江陵庾肩吾撰

清道光二十三年（1897）臨潼王氏花雨山房刻四品彙鈔本

《中國叢書綜録》著録，僅該館有藏。

清華

31343

書品一卷

南朝梁江陵庾肩吾撰

清光緒六年（1880）三餘堂刻增訂漢魏叢書本

國圖　甘肅　南京　川大

31344

書品一卷

南朝梁江陵庾肩吾撰

清宣統三年（1911）上海大東書局石印增訂漢魏叢書本

首都　北師大　上海　復旦　遼寧　甘肅　青島　南大　杭大　廣東　四川　重慶　川大

31345
書品一卷
南朝梁江陵庾肩吾撰
清據説郛説郛續刊版重編印五朝小説·魏晉小説品藻家本
上海　山東大　南京　南大

31346
書品一卷
南朝梁江陵庾肩吾撰
清抄本
《中國古籍善本書目》著録。
國圖

31347
書品一卷
南朝梁江陵庾肩吾撰
清四庫全書本
國圖　甘肅　浙江　臺北故宫
1983年臺北商務印書館影印清文淵閣四庫全書本
湖北
1989年上海古籍出版社縮印臺北商務印書館影印清文淵閣四庫全書本
國圖　武漢

31348
書品一卷
南朝梁江陵庾肩吾撰
清光緒二年(1876)紅杏山房刻民國四年蜀南馬湖盧樹柟修補印增訂漢魏叢書本
國圖　上海　上海辭書　杭大　湖北　武大　四川　重慶　川大

31349
書品一卷
南朝梁江陵庾肩吾撰
民國十一年(1922)上海文明書局石印寶顔堂祕笈正集本
國圖　首都　上海　復旦　天津　遼寧　南京　浙江　湖北　武漢　四川　重慶

31350
書品一卷
南朝梁江陵庾肩吾撰
民國十五年(1926)上海掃葉山房石印五朝小説大觀·魏晉小説品藻家本
首都　上海　華東師大　上海師大　遼寧　山東　南京　浙江　河南　重慶

31351
書品
南朝梁江陵庾肩吾撰
1979年上海書店印本

31352
海嶽名言一卷
宋襄陽米芾撰
宋刻百川學海本
是刻半葉十二行,行二十字,細黑口,左右雙邊。《中國古籍善本書目》著録,僅該館有藏。本書現存近二十個版本。
國圖

31353
海嶽名言一卷
宋襄陽米芾撰
民國十六年(1927)武進陶氏景刊宋刻百川學海本
上海　天津　吉大　南大　河南　桂林　青海　寧夏

31354
海嶽名言一卷
宋襄陽米芾撰
明弘治十四年(1501)華珵刻百川學海本

國圖　北大　人大　北京市委　上海　吉林　東北師大　甘肅　山東大　南京博　杭大　廣東　重慶

是刻半葉十二行,行二十字,白口,左右雙邊。《中國古籍善本書目》著録。

31355

海嶽名言一卷

宋襄陽米芾撰

民國十六年(1927)武進陶氏據宋本影印並據明弘治本摹補缺卷依明本目次編印百川學海本

國圖　科院　北大　上海　天津　遼寧　甘肅　南京　杭大　廣東　四川

31356

海嶽名言一卷

宋襄陽米芾撰

民國十年(1921)上海博古齋影印明弘治華氏刻百川學海本

國圖　首都　北大　上海　復旦　遼寧　吉大　甘肅　南京　浙江　湖北　武大　四川　重慶　雲南

31357

海嶽名言一卷

宋襄陽米芾撰

民國十二年(1923)沔陽盧氏慎始基齋據明弘治刻百川學海本影印湖北先正遺書本

國圖　科院　北大　上海　天津　遼寧　寧夏　山東　南京　浙江　湖北　四川

31358

海嶽名言一卷

宋襄陽米芾撰

明嘉靖十五年(1536)鄭氏宗文堂刻百川學海本

是刻半葉十四行,行二十八字,白口,左右雙邊。該叢書分爲二十卷,稱爲"總卷 ×",本書列入"總卷十六"。《中國古籍善本書目》著録,僅該館有藏。

北大

31359

海嶽名言一卷

宋襄陽米芾撰

明抄百川學海本

《中國古籍善本書目》著録。

南京

31360

海嶽名言一卷

宋襄陽米芾撰

明抄百川學海本

《中國古籍善本書目》著録。

國圖

31361

海嶽名言一卷

宋襄陽米芾撰

清四庫全書本

國圖　甘肅　浙江　臺北故宫

1983年臺北商務印書館影印清文淵閣四庫全書本

湖北

1989年上海古籍出版社縮印臺北商務印書館影印清文淵閣四庫全書本

國圖　武漢

31362

海嶽名言一卷

宋襄陽米芾撰

清王糈編藝苑叢鈔稿本

《中國古籍善本書目》著録。

湖北

31363
海嶽名言一卷
宋襄陽米芾撰
清姚振宗編師石山房叢書稿本
《中國古籍善本書目》著録。
中大

31364
海嶽名言一卷
宋襄陽米芾撰
清抄書家要覽本
北大

31365
海嶽名言一卷
宋襄陽米芾撰
清抄本
天津

31366
海嶽名言一卷
宋襄陽米芾撰
民國三年（1914）丹徒陳氏刻横山草堂叢書本
據《中國叢書綜録》，復旦、福建師大藏有該叢書殘本，未知存此種否。
國圖　中央民大　上海

31367
海嶽名言一卷
宋襄陽米芾撰
民國二十五年（1936）神州國光社鉛印美術叢書初集第八輯本
國圖　北大　北師大　上海　華東師大　天津　遼寧　甘肅　南京　浙江　湖北　武漢　四川　重慶　雲南

31368
海嶽名言
宋襄陽米芾撰
明鈕氏世學樓抄説郛本
《中國古籍善本書目》著録。
國圖

31369
海嶽名言
宋襄陽米芾撰
明抄説郛本
《中國古籍善本書目》著録。
上海

31370
海嶽名言
宋襄陽米芾撰
清順治三年（1646）李際期宛委山堂刻説郛本
《中國古籍善本書目》著録。
國圖　首都　上海　復旦　天津　吉林　南京　浙江　江西　福建　河南　湖南　中大　重慶　雲南

31371
海嶽名言
宋襄陽米芾撰
民國十六年（1927）上海商務印書館鉛印説郛本
國圖　科院　北大　上海　復旦　天津　遼寧　甘肅　南京　浙江　湖北　武大　四川　重慶　雲南

31372
海嶽名言
宋襄陽米芾撰　黄正雨、王心裁輯校
2002年湖北教育出版社鉛印湖北地方古籍文獻叢書本
湖北　武漢

31373
海嶽名言一卷
宋襄陽米芾撰

明萬曆三十二年(1604)范氏清宛堂刻米襄陽志林本

是刻半葉九行,行二十八字,白口,左右雙邊。《中國古籍善本書目》《中國叢書綜録》著録。

國圖 北大 清華 上海 吉林 吉大 青島博 南京 武大 中大

31374

海嶽名言一卷

宋襄陽米芾撰 明范明泰輯

明萬曆三十二年(1604)范氏清宛堂刻本 清陳其榮校並跋

《中國古籍善本書目》著録。

蘇州

31375

海嶽名言一卷

宋襄陽米芾撰 明范明泰輯

明萬曆三十二年(1604)范氏清宛堂刻舞蛟軒重修本

《中國古籍善本書目》著録。

國圖 科院 南京 天一閣 浙大 安徽博 廣東

31376

海嶽名言評注

宋襄陽米芾撰 洪丕謨評注

1987年上海書畫出版社鉛印書法理論叢書本

31377

寶章待訪録一卷

宋襄陽米芾撰

宋刻百川學海本

是刻半葉十二行,行二十字,細黑口,左右雙邊。《中國古籍善本書目》著録,僅該館有藏。本書現存近二十個版本。

國圖

31378

寶章待訪録一卷

宋襄陽米芾撰

民國十六年(1927)武進陶氏景刊宋刻百川學海本

上海 天津 吉大 南大 河南 桂林 青海 寧夏

31379

寶章待訪録一卷

宋襄陽米芾撰

明弘治十四年(1501)華珵刻百川學海本

是刻半葉十二行,行二十字,白口,左右雙邊。《中國古籍善本書目》著録。

國圖 北大 人大 北京市委 上海 吉林 東北師大 甘肅 山東大 南京博 杭大 廣東 重慶

31380

寶章待訪録一卷

宋襄陽米芾撰

民國十二年(1923)沔陽盧氏慎始基齋據明弘治刻百川學海本影印湖北先正遺書本

國圖 科院 北大 上海 天津 遼寧 寧夏 山東 南京 浙江 湖北 四川

31381

寶章待訪録一卷

宋襄陽米芾撰

民國十年(1921)上海博古齋影印明弘治華氏刻百川學海本

國圖 首都 北大 上海 復旦 遼寧 吉大 甘肅 南京 浙江 湖北 武大 四川 重慶 雲南

31382

寶章待訪録一卷

宋襄陽米芾撰

民國十六年(1927)武進陶氏據宋本影印並據明弘治本摹補缺卷依明本目次編印百川學海本
國圖 科院 北大 上海 天津 遼寧 甘肅 南京 杭大 廣東 四川

31383
寶章待訪録一卷
宋襄陽米芾撰
明嘉靖十五年(1536)鄭氏宗文堂刻百川學海本
是刻半葉十四行,行二十八字,白口,左右雙邊。該叢書分爲二十卷,稱爲"總卷 ×",本書列入"總卷十五"。《中國古籍善本書目》著録,僅該館有藏。
北大

31384
寶章待訪録一卷
宋襄陽米芾撰
明抄百川學海本
《中國古籍善本書目》著録。
國圖

31385
寶章待訪録一卷
宋襄陽米芾撰
明刻□□重輯百川學海本
上海 遼寧 吉大 福建師大

31386
寶章待訪録一卷
宋襄陽米芾撰
明萬曆三十二年(1604)范氏清宛堂刻米襄陽志林本
是刻半葉九行,行十八字,白口,左右雙邊。《中國古籍善本書目》著録。
北大 清華 上海 吉林 吉大 青島博 南京 中大

31387
寶章待訪録一卷
宋襄陽米芾撰 明范明泰輯
明萬曆三十二年(1604)范氏清宛堂刻米襄陽志林本 清陳其榮校並跋
蘇州

31388
寶章待訪録一卷
宋襄陽米芾撰 明范明泰輯
明萬曆三十二年(1604)范氏清宛堂刻舞蛟軒重修米襄陽志林本
《中國古籍善本書目》著録。
國圖 科院 南京 天一閣 浙大 安徽博 廣東

31389
寶章待訪録一卷
宋襄陽米芾撰
明刻王氏書畫苑本
《中國古籍善本書目》將《王氏書苑》《王氏畫苑》分作二書立目,兹依《中國叢書綜録》。
國圖 科院 北大 清華 復旦 南京 重慶

31390
寶章待訪録一卷
宋襄陽米芾撰
民國十一年(1922)泰東圖書館影印明刻王氏書畫苑本
北師大 清華 上海 復旦 東北師大 遼寧 南大 蘇州 福建師大 四川 重慶

31391
寶章待訪録一卷
宋襄陽米芾撰
清四庫全書本
國圖 甘肅 浙江 臺北故宫
1983年臺北商務印書館影印清文淵閣四庫全書本
湖北

1989年上海古籍出版社縮印臺北商務印書館影印清文淵閣四庫全書本
國圖　武漢

31392
寶章待訪録一卷
宋襄陽米芾撰
清王梠編藝苑叢鈔稿本
《中國古籍善本書目》著録。
湖北

31393
寶章待訪録一卷
宋襄陽米芾撰
清姚振宗編師石山房叢書稿本
《中國古籍善本書目》著録。
中大

31394
寶章待訪録一卷
宋襄陽米芾撰
民國二十五年(1936)神州國光社鉛印美術叢書初集第八輯本
國圖　北大　北師大　上海　華東師大　上海師大　天津　遼寧　甘肅　南京　浙江　湖北　武漢　四川　重慶　雲南

31395
寶章待訪録一卷
宋襄陽米芾撰
清抄本
天津

31396
寶章待訪録
宋襄陽米芾撰
清順治三年(1646)李際期宛委山堂刻説郛本
《中國古籍善本書目》著録。
國圖　首都　上海　復旦　天津　吉林　南京　浙江　江西　福建　河南　湖南　中大　重慶　雲南

31397
寶章待訪録
宋襄陽米芾撰　黄正雨、王心裁輯校
2002年湖北教育出版社鉛印湖北地方古籍文獻叢書·米芾集本
湖北　武漢

31398
寶晉齋法帖
宋襄陽米芾等撰
1992年北京古籍出版社印本

31399
閲書帖記一卷
宋襄陽米芾撰
清抄本
天津

31400
米元章書史一卷
宋襄陽米芾撰
宋刻百川學海本
是刻半葉十二行,行二十字,黑口,左右雙邊。《中國古籍善本書目》著録。僅該館有藏。本書現存近二十個版本。
國圖

31401
米元章書史一卷
宋襄陽米芾撰
民國十六年(1927)武進陶氏景刊宋刻百川學海本
上海　天津　吉大　南大　河南　桂林　青海　寧夏

31402
米元章書史一卷
宋襄陽米芾撰
明抄百川學海本
《中國古籍善本書目》著録。
國圖

31403
米元章書史一卷
宋襄陽米芾撰
明弘治十四年（1501）華珵刻百川學海本
是刻半葉十二行，行二十字，白口，左右雙邊。《中國古籍善本書目》著録。
國圖　北大　人大　北京市委　上海　吉林　東北師大　甘肅　山東大　南京博　杭大　廣東　重慶

31404
米元章書史一卷
宋襄陽米芾撰
民國十年（1921）上海博古齋影印明弘治華氏刻百川學海本
國圖　首都　北大　上海　復旦　遼寧　吉大　甘肅　南京　浙江　湖北　武大　四川　重慶　雲南

31405
米元章書史一卷
宋襄陽米芾撰
民國十六年（1927）武進陶氏據宋本影印並據明弘治本摹補缺卷依明本目次編印百川學海本
國圖　科院　北大　上海　天津　遼寧　甘肅　南京　杭大　廣東　四川

31406
米元章書史一卷
宋襄陽米芾撰
明嘉靖十五年（1536）鄭氏宗文堂刻百川學海本
是刻半葉十四行，行二十八字，白口，左右雙邊。該叢書分爲二十卷，稱爲“總卷 ×”，本書列入“總卷十五”。《中國古籍善本書目》著録，僅該館有藏。
北大

31407
書史二卷
宋襄陽米芾撰
明刻□□重輯百川學海本
上海　遼寧　吉大　福建師大

31408
書史二卷
宋襄陽米芾撰
民國十二年（1923）沔陽盧氏慎始基齋據説郛本影印湖北先正遺書本
國圖　科院　北大　上海　天津　遼寧　寧夏　山東　南京　浙江　湖北　四川

31409
書史
宋襄陽米芾撰
清順治三年（1646）李際期宛委山堂刻説郛本
《中國古籍善本書目》著録。
國圖　首都　上海　復旦　天津　吉林　南京　浙江　江西　福建　河南　湖南　中大　重慶　雲南

31410
米海嶽書史一卷
宋襄陽米芾撰
明刻王氏書畫苑本
《中國古籍善本書目》將《王氏書苑》《王氏畫苑》分作二書立目，兹依《中國叢書綜録》。
國圖　科院　北大　清華　復旦　南京　重慶

31411
米海嶽書史一卷
宋襄陽米芾撰
民國十一年(1922)泰東圖書館影印明刻王氏書畫苑本
北師大　清華　上海　復旦　東北師大　遼寧　南大　蘇州　福建師大　四川　重慶

31412
書史一卷
宋襄陽米芾撰
明天順元年(1457)黄氏肇慶刻本
臺圖

31413
書史一卷
宋襄陽米芾撰
明刻書學會編本
是刻半葉十三行,行二十三字,黑口,四周雙邊。《中國古籍善本書目》著録,僅该館有藏。
重慶

31414
書史二卷
宋襄陽米芾撰
明萬曆三十二年(1604)范氏清宛堂刻米襄陽志林本
是刻半葉九行,行二十八字,白口,左右雙邊。《中國古籍善本書目》著録。
北大　清華　上海　吉林　青島博　南京　中大

31415
書史一卷
宋襄陽米芾撰
清四庫全書本
國圖　甘肅　浙江　臺北故宫
1983年臺北商務印書館影印清文淵閣四庫全書本
湖北
1989年上海古籍出版社縮印臺北商務印書館影印清文淵閣四庫全書本
國圖　武漢

31416
書史二卷
宋襄陽米芾撰
清抄書家要覽本
北大

31417
書史一卷
宋襄陽米芾撰
清王栻編藝苑叢鈔稿本
湖北
《中國古籍善本書目》著録。

31418
書史二卷
宋襄陽米芾撰
清姚振宗編師石山房叢書稿本
《中國古籍善本書目》著録。
中大

31419
書史一卷
宋襄陽米芾撰
民國二十四年至二十六年(1935—1937)上海商務印書館鉛印叢書集成初編本
國圖　北師大　清華　上海　復旦　遼寧　吉林市　甘肅　山東大　南大　浙江　江西　湖北　四川　重慶　雲南

31420
書史一卷
宋襄陽米芾撰
民國二十五年(1936)神州國光社鉛印美術叢書第二集第一輯本
國圖　北大　北師大　上海　華東師大　上海

師大　天津　遼寧　甘肅　南京　浙江　湖北　武漢　四川　重慶　雲南

31421

書史

宋襄陽米芾撰　黄正雨、王心裁輯校

2002年湖北教育出版社鉛印湖北地方古籍文獻叢書本

湖北　武漢

31422

海嶽題跋一卷

宋襄陽米芾撰

明崇禎毛氏汲古閣刻津逮祕書本

是刻半葉八行，行十九字，小字雙行行字同，白口，左右雙邊。《中國古籍善本書目》著録，五十七個館有藏。

國圖　北大　科院　上海　復旦　天津　遼寧　吉林　青海　浙江　江西　福建　河南　湖北　武大　廣東　四川　重慶

31423

海嶽題跋一卷

宋襄陽米芾撰

明崇禎毛氏汲古閣刻津逮祕書本　清趙烈文校並跋

《中國古籍善本書目》著録。

南京

31424

海嶽題跋一卷

宋襄陽米芾撰

民國十一年（1922）上海博古齋影印明崇禎毛氏汲古閣刻津逮祕書本

國圖　首都　北大　上海　上海師大　天津　遼寧　甘肅　南京　浙江　湖北　武大　川大　重慶

31425

海嶽題跋一卷

宋襄陽米芾撰

民國十二年（1923）沔陽盧氏慎始基齋據明崇禎毛氏汲古閣刻津逮祕書本影印湖北先正遺書本

國圖　科院　北大　上海　天津　遼寧　寧夏　山東　南京　浙江　湖北　四川

31426

海嶽題跋一卷

宋襄陽米芾撰

民國二十四年至二十六年（1935—1937）上海商務印書館鉛印叢書集成初編本

國圖　北師大　清華　上海　復旦　遼寧　吉林市　甘肅　山東大　南大　浙江　江西　湖北　四川　重慶　雲南

31427

海嶽題跋

宋襄陽米芾撰　黄正雨、王心裁輯校

2002年湖北教育出版社鉛印湖北地方古籍文獻叢書·米芾集本

湖北　武漢

31428

涿拓米元章行書帖

宋襄陽米芾撰

清光緒三十三年（1907）上海國學叢書社影印拓本

國圖

31429

三希堂米南宫法書帖不分卷

宋襄陽米芾書

清光緒上海有正書局影印本

國圖

31430
宋米元章題一卷
宋襄陽米芾書
清宣統影印傚徠山房所藏五朝墨蹟本
國圖　北大　南京

31431
宋米南宫樂兄帖墨蹟一卷
宋襄陽米芾書
清宣統影印傚徠山房所藏五朝墨蹟本
國圖　北大　南京

31432
米元章行草書易説帖一卷
宋襄陽米芾書
清宣統上海神州國光社銅版印本
國圖　港大

31433
米南宫評紙帖一卷
宋襄陽米芾書
日本大正三年(1914)大阪油谷博文堂影印明拓本
國圖

31434
舊拓宋米南宫篆真宗御製詩一卷
宋襄陽米芾書
民國二十五年(1936)上海中華書局影印本
南京

31435
書法彀三卷
清麻城魯之裕撰
清康熙五十七年(1718)宏雅堂刻式馨堂全集本
孫殿起《叢書目録拾遺著録》。清代禁毁書。
國圖

31436
書法彀三卷
清麻城魯之裕撰
2000年北京出版社據清康熙刻本影印四庫禁毁書叢刊本
清代禁毁書。
湖北

31437
書法彀三卷
清麻城魯之裕撰
清抄本
上海

31438
名宦墨蹟一卷
清武昌(今鄂州)張裕釗等撰
稿本
書前收張裕釗手書《誥贈奉政大夫山東長山縣知縣黎府君墓表》,書後録其另一篇散文《遊狼山記》。《中南、西南地區省、市圖書館館藏古籍稿本提要》著録。裕釗爲著名書法家,成書之墨蹟有十餘種。
貴州

31439
張廉卿批語一卷
清武昌(今鄂州)張裕釗等撰
清光緒影印本
國圖

31440
武昌張裕釗書不分卷
清武昌(今鄂州)張裕釗書
清光緒三十四年(1908)石印本
天津

31441
張廉卿墨蹟不分卷
清武昌(今鄂州)張裕釗書

清光緒宣統間有正書局影印本
國圖

31442
張勇烈公神道碑不分卷
清武昌（今鄂州）張裕釗書
清影印本
國圖　天津

31443
廣西右江鎮總兵張公墓表碑帖一卷
清武昌（今鄂州）張裕釗撰
清宣統二年（1910）湖北官刷印局石印本
國圖

31444
張廉卿書李剛介碑不分卷
清武昌（今鄂州）張裕釗書
清宣統三年（1911）上海文明書局石印本
國圖

31445
張廉卿書箴言不分卷
清武昌（今鄂州）張裕釗書
清宣統三年（1911）上海文明書局石印本
國圖

31446
張廉卿先生楷書千字文不分卷
清武昌（今鄂州）張裕釗書
清宣統上海文明書局石印本
國圖

31447
張廉卿先生墨妙不分卷
清武昌（今鄂州）張裕釗書
日本明治四十四年（1911）東京西東書局影印本
國圖

31448
漢故陳君碑一卷
民國宜都楊守敬摹
清同治九年（1870）宜都楊氏刻本
國圖

31449
清客筆語
民國宜都楊守敬撰
1996 年湖北人民出版社、湖北教育出版社鉛印楊守敬集本
湖北

31450
元押
民國宜都楊守敬撰　蔡美彪整理
1996 年湖北人民出版社、湖北教育出版社鉛印楊守敬集本
湖北

31451
學書邇言不分卷
民國宜都楊守敬撰
稿本
湖北博

31452
學書邇言不分卷
民國宜都楊守敬撰　陳上岷整理并書寫
1982 年文物出版社影印本
湖北

31453
學書邇言不分卷
民國宜都楊守敬撰

1988年起湖北人民出版社、湖北教育出版社鉛印楊守敬集本

湖北

31454

嘉魚劉幼丹先生遺墨一卷

民國嘉魚劉心源撰

清稿本

經折裝一册。書衣題此書名。收金石文七言楹聯三十六副,楷篆對照,鈐有"書宗三代秦漢魏晉南北朝隋至初唐而止"諸印。

湖北

31455

嘉魚劉幼丹先生遺墨一卷

民國嘉魚劉心源書

清稿本　吳絅然跋

經裝一册。書名據書衣所題。係集古今文七言楹聯。

湖北

31456

幼丹先生遺墨一卷

民國嘉魚劉心源書

稿本

書名由本館擬定。半葉二行,行三字,無格。鈐"幼丹五十以後書"諸印。

湖北

31457

内觀齋習字不分卷

民國蘄春黃侃撰

手稿本

武大中文系

31458

黄鶴樓藏古今名家書法選

楊蒲林、岳燕青主編

1991年武漢出版社印本

湖北

畫

31459

益州名畫録三卷

宋江夏黄休復撰

民國十二年(1923)沔陽盧氏慎始基齋據明嘉靖刻本影印湖北先正遺書本

《中國古籍善本書目》未收録嘉靖刻本。

國圖　科院　北大　上海　天津　遼寧　寧夏　山東　南京　浙江　湖北　四川

31460

益州名畫録三卷

宋江夏黄休復撰

明刻續百川學海本

是刻半葉九行,行二十字,白口,左右雙邊。

《中國古籍善本書目》著録十五個館有藏。

北大　遼寧　山東　武漢　湖南　川大

31461

益州名畫録三卷

宋江夏黄休復撰

明刻唐宋叢書八十八種本

是刻半葉九行,行二十字,白口,左右雙邊。

《中國古籍善本書目》著録。

首都　安慶×　湖南

31462

益州名畫録三卷

宋江夏黄休復撰

明刻唐宋叢書九十種本

《中國古籍善本書目》著録。

天津　南京　湖北　武大

31463

益州名畫録三卷

宋江夏黄休復撰

明刻本

是刻半葉十一行,行二十字,白口,左右雙邊。《中國古籍善本書目》著録,僅此二館有藏。

國圖　上博

31464

益州名畫録三卷

宋江夏黄休復撰

明刻本　清丁丙跋

《中國古籍善本書目》著録。

南京

31465

益州名畫録三卷

宋江夏黄休復撰

明刻王氏書畫苑本

是刻半葉十行,行二十字,白口,左右雙邊。《中國古籍善本書目》著録。

國圖　科院　北大　清華　復旦　南京　四川

31466

益州名畫録三卷

宋江夏黄休復撰

民國十一年(1922)泰東圖書局影印明刻王氏書畫苑本

北師大　清華　上海　復旦　華東師大　遼寧　南大　蘇州　福建師大　四川　重慶

31467

益州名畫録三卷

宋江夏黄休復撰

清順治三年(1945)兩浙督學李際期宛委山堂刻説郛本

《中國古籍善本書目》著録。二十六館有藏。

國圖　科院　上海　復旦　天津　遼寧　陝西　南京　河南　江西

31468

益州名畫録三卷

宋江夏黄休復撰

清乾隆綿州李氏萬卷樓刻嘉慶十四年(1809)李鼎元重校函海印本

《中國叢書綜録》著録。二十二館有藏。

國圖　北大　上海　遼寧　甘肅　浙江　武大　廣東　四川　重慶

31469

益州名畫録三卷

宋江夏黄休復撰

清乾隆綿州李氏萬卷樓刻道光五年(1825)李朝夔補版印函海本

國圖　清華　上海　南京　浙江　湖北　江西

31470

益州名畫録二卷

宋江夏黄休復撰

清四庫全書本

國圖　甘肅　浙江　臺北故宫

1983年臺北商務印書館影印清文淵閣四庫全書本

湖北

1989年上海古籍出版社縮印臺北商務印書館影印清文淵閣四庫全書本

國圖　武漢

31471

益州名畫録

宋江夏黄休復撰

1964年人民美術出版社鉛印中國美術論著叢刊本

31472

益州名畫録

宋江夏黄休復撰　何韞若、林孔翼注

1982年四川人民出版社鉛印中國歷代畫論畫史選注本

31473

畫史一卷

宋襄陽米芾撰

民國十二年（1923）沔陽盧氏慎始基齋據明嘉靖間刻本影印湖北先正遺書本
國圖　科院　北大　上海　天津　遼寧　寧夏　山東　南京　浙江　湖北　四川

31474
畫史一卷
宋襄陽米芾撰
明刻唐宋叢書本
是刻半葉九行，行二十字，白口，左右雙邊。《中國古籍善本書目》著録。
首都　湖南

31475
畫史一卷
宋襄陽米芾撰
明刻本
南京

31476
畫史一卷
宋襄陽米芾撰
明崇禎毛氏汲古閣刻津逮祕書本
是刻半葉八行，行十八字，小字雙行行字同，白口，左右雙邊。《中國古籍善本書目》著録五十七館有藏。
國圖　北大　科院　上海　復旦　天津　遼寧　吉林　青海　浙江　江西　福建　河南　湖北　武大　廣東　四川　重慶

31477
畫史一卷
宋襄陽米芾撰
民國十一年（1922）上海博古齋影印明崇禎毛氏汲古閣刻津逮祕書本
國圖　首都　北大　上海　上海師大　天津　遼寧　甘肅　南京　浙江　湖北　武大　川大　重慶

31478
畫史一卷
宋襄陽米芾撰
清四庫全書本
國圖　甘肅　浙江　臺北故宫
1983年臺北商務印書館影印清文淵閣四庫全書本
湖北
1989年上海古籍出版社縮印臺北商務印書館影印清文淵閣四庫全書本
國圖　武漢

31479
畫史一卷
宋襄陽米芾撰
1992年上海古籍出版社鉛印四庫藝術叢書本

31480
畫史一卷
宋襄陽米芾撰
清道光依樣壺盧山館抄繪事晬編本
北大

31481
畫史一卷
宋襄陽米芾撰
清王楷編藝苑叢鈔稿本
《中國古籍善本書目》著録。
湖北

31482
畫史一卷
宋襄陽米芾撰
日本明治四十三年至大正十一年（1910—1922）大版猶興書院鉛印螢雪軒論畫叢書本
《香港所藏古籍書目》著録。
港大　新亞

31483
畫史一卷
宋襄陽米芾撰
民國二十四年至二十六年(1935—1937)上海商務印書館鉛印叢書集成初編本
國圖　北師大　清華　上海　復旦　遼寧　吉林市　甘肅　山東大　南大　浙江　江西　湖北　四川　重慶　雲南

31484
畫史一卷
宋襄陽米芾撰
民國二十五年(1936)神州國光社鉛印美術叢書第二集第九輯本
國圖　北大　北師大　上海　華東師大　上海師大　天津　遼寧　甘肅　南京　浙江　湖北　武漢　四川　重慶　雲南

31485
畫史
宋襄陽米芾撰
明鈕氏世學樓抄説郛本
《中國古籍善本書目》著録。
國圖

31486
畫史
宋襄陽米芾撰
清順治三年(1646)李際期宛委山堂刻説郛本
《中國古籍善本書目》著録。
國圖　首都　上海　復旦　天津　吉林　南京　浙江　江西　福建　河南　湖南　中大　重慶　雲南

31487
畫史
宋襄陽米芾撰
民國十六年(1927)上海商務印書館鉛印説郛本
國圖　科院　北大　上海　復旦　天津　遼寧　甘肅　南京　浙江　湖北　武大　四川　重慶　雲南

31488
畫史
宋襄陽米芾撰　黃正雨、王心裁輯校
2002年湖北教育出版社鉛印湖北地方古籍文獻叢書·米芾集本
湖北　武漢

31489
米海嶽畫史一卷
宋襄陽米芾撰
明刻本
是刻半葉十一行,行二十字,白口,左右雙邊。《中國古籍善本書目》著録,僅該館有藏。未知是否即《王氏書畫苑》本。
山西文史館

31490
米海嶽畫史一卷
宋襄陽米芾撰
明刻王氏書畫苑本
《中國古籍善本書目》中《王氏書苑》《王氏畫苑》分作二書立目,兹依《中國叢書綜録》。本書現存十餘個版本。
國圖　科院　北大　清華　復旦　南京　重慶

31491
米芾研究資料集
黃正雨、王心裁輯校
2002年湖北教育出版社鉛印湖北地方古籍文獻叢書·米芾集本
湖北　武漢

31492
畫論一卷
元東楚湯垕撰

明刻□□重輯百川學海本

據《中國叢書綜録》,青島館藏此叢書殘本,未知存此種否。

上海 遼寧 吉大 福建師大

31493

畫論一卷

元東楚湯垕撰

明刻唐宋叢書八十八種本

是刻半葉九行,行二十字,白口,左右雙邊。《中國古籍善本書目》著録,僅此二館有藏。另安慶市館藏有該叢書殘本,未知存此種否。

首都 湖南

31494

畫論一卷

元東楚湯垕撰

清順治三年(1646)李際期宛委山堂刻説郛本

《中國古籍善本書目》著録。

國圖 首都 故宫 上海 復旦 天津 吉林 南京 浙江 江西 福建 河南 湖南 廣東 重慶 雲南

31495

畫論一卷

元東楚湯垕撰

民國二十五年(1936)神州國光社鉛印美術叢書三集第七輯本

國圖 北師大 北大 上海 華東師大 天津 遼寧 甘肅 南京 浙江 湖北 武漢 四川 重慶 雲南

31496

畫論一卷

元東楚湯垕撰

民國二十六年(1937)北平中華印書館鉛印畫論叢刊本

國圖 首都 北師大 清華 上海 復旦 上海辭書 吉林市 甘肅 南京 南大 湖北 武大 廣西 四川 重慶

31497

畫鑒一卷

元東楚湯垕撰

明鈕氏世學樓抄説郛本

《中國古籍善本書目》著録。

垕字君載,自號東楚采真子。《四庫全書總目》云:"舊本題東楚君載撰。卷首有題詞曰:采真子妙於考古,在京師時,與鑒畫博士柯君敬仲論畫,遂著此書,用意精到,悉有依據云云。"分述吴畫、晋畫、六朝畫、唐畫、宋畫(附金、元畫)、外國畫,重點評論代表性畫家及其作品。

國圖

31498

畫鑒一卷

元東楚湯垕撰

明抄説郛本

《中國古籍善本書目》著録。

上海

31499

畫鑒一卷

元東楚湯垕撰

清順治三年(1646)李際期宛委山堂刻説郛本

《中國古籍善本書目》著録。

國圖 首都 故宫 上海 復旦 天津 吉林 南京 浙江 江西 福建 河南 湖南 廣東 重慶 雲南

31500

畫鑒一卷

元東楚湯垕撰

民國十六年(1927)上海商務印書館鉛印説郛本

國圖 科院 北大 上海 復旦 天津 遼

寧　甘肅　南京　浙江　湖北　武大　四川　重慶　雲南

31501
畫鑒一卷
元東楚湯垕撰
明沈氏野竹齋抄本　明沈與文校　明史臣紀、顧玄緯、姚咨、馮彦淵跋　清黄丕烈校並跋
《中國古籍善本書目》著録。
國圖

31502
畫鑒一卷
元東楚湯垕撰
明萬曆四十三年(1615)程百二、胡之衍刻程氏叢刻九種本
《中國古籍善本書目》著録,僅該館有藏。
國圖

31503
畫鑒一卷
元東楚湯垕撰
明刻唐宋叢書八十八種本
是刻半葉九行,行二十字,白口,左右雙邊。《中國古籍善本書目》著録,僅此二館存全。另安慶市館藏有該叢書殘帙,未知存此種否。
首都　湖南

31504
畫鑒一卷
元東楚湯垕撰
明刻唐宋叢書九十種本
《中國古籍善本書目》著録。福建、河南館藏有該叢書殘本,未知存此種否。
天津　南京　温州　武大

31505
畫鑒一卷
元東楚湯垕撰
明末毛氏汲古閣刻羣芳清玩本
《中國古籍善本書目》著録。南京館藏該叢書有鄧邦述抄補並跋。
北大　清華　科院　上海　哈爾濱　無錫　蘇州文管會　南京　浙江

31506
畫鑒一卷
元東楚湯垕撰
民國二十四年至二十五年(1935—1936)上海中央書店鉛印國學珍本文庫第一集·羣芳清玩本
國圖　清華　遼寧　山東大

31507
畫鑒一卷
元東楚湯垕撰
明刻本
國圖

31508
畫鑒一卷
元東楚湯垕撰
清四庫全書本
國圖　甘肅　浙江　臺北故宫
1983年臺北商務印書館影印清文淵閣四庫全書本
湖北
1989年上海古籍出版社縮印臺北商務印書館影印清文淵閣四庫全書本
國圖　武漢

31509
畫鑒一卷
元東楚湯垕撰
清道光二十五年(1845)翁同書抄本　清翁同書跋
《中國古籍善本書目》著録。
南京

31510
畫鑒一卷
元東楚湯垕撰
清道光依樣壺盧山館抄繪事晬編本
北大

31511
畫鑒一卷
元東楚湯垕撰
清王栺編藝苑叢鈔稿本
《中國古籍善本書目》著録。
湖北

31512
畫鑒一卷
元東楚湯垕撰
清抄惜寸陰齋鈔本
《中國古籍善本書目》著録。
上海

31513
畫鑒一卷
元東楚湯垕撰
民國十年（1921）如皋冒氏刻楚州叢書第一集本
國圖　首都　清華　上海　上海辭書　山東大　南京　蘇州

31514
古今畫鑑一卷
元東楚湯垕撰
清道光十一年（1831）晁氏木活字印學海類編本
《中國古籍善本書目》著録。
國圖　中國社科院文學所　科院　上海　吉林社科院　福建　中大　重慶

31515
古今畫鑑一卷
元東楚湯垕撰
民國九年（1920）上海涵芬樓影印清道光十一年（1831）晁氏木活字印學海類編本
國圖　首都　上海　華東師大　天津　遼寧　南京　浙江　江西　湖北　四川　重慶　雲南

31516
古今畫鑑一卷
元東楚湯垕撰
民國十二年（1923）沔陽盧氏慎始基齋據清道光十一年（1831）晁氏木活字印學海類編本影印湖北先正遺書本
國圖　科院　北大　上海　天津　遼寧　寧夏　山東　南京　浙江　湖北　四川

31517
古今畫鑑一卷
元東楚湯垕撰
民國二十四年至二十六年（1935—1937）上海商務印書館鉛印叢書集成初編本
國圖　北師大　清華　上海　復旦　遼寧　吉林市　甘肅　山東大　南大　浙江　江西　湖北　四川　重慶　雲南

31518
古今畫鑑一卷
元東楚湯垕撰
民國二十五年（1936）神州國光社鉛印美術叢書第三集第二輯本
國圖　北師大　北大　上海　華東師大　天津　遼寧　甘肅　南京　浙江　湖北　武漢　四川　重慶　雲南

31519
懷古田舍梅統十三卷
清監利徐榮撰
稿本
徐榮（1792—1855），原名鏗，字鐵孫，一作鐵生，祖籍湖北監利，後遷居廣東（一作廣州漢軍正黄旗人)。清嘉慶二十一年(1816)舉人,道光十六年進士,歷任遂昌、嘉興、臨安知縣,玉環廳同知,紹興知府,杭州知府,杭嘉湖道等職。後升福建汀漳龍道,因領兵与太平軍作戰而未赴任,戰殁於陣。好學博覽,少從張維游,詩文造詣較深。著有《懷古田舍梅統》《懷古田舍詩鈔》《大戴禮補注》等。

廣東

31520

懷古田舍梅統十三卷

清監利徐榮撰

清咸豐刻本

國圖　天津　南京

31521

懷古田舍梅統十三卷

清監利徐榮撰

清同治四年(1865)刻本

遼寧

31522

懷古田舍梅統十三卷

清監利徐榮撰

清刻本

北大

31523

懷古田舍梅統十三卷

清監利徐榮撰

清木活字印本

南京

篆刻之屬

31524

敦好堂論印一卷

清鍾祥吴先聲撰

清道光二十年(1840)海虞顧氏刻篆學瑣著本

《篆學瑣著》一名《篆學叢書》,爲顧湘所編。

國圖　首都　北大　上海　復旦　天津　遼寧　南京　河南　桂林　四川　重慶

31525

敦好堂論印一卷

清鍾祥吴先聲撰

2002年上海古籍出版社據清道光二十年(1840)海虞顧氏刻篆學瑣著本影印續修四庫全書本

湖北

31526

自若堂圖書一卷

清東湖(今宜昌)王世篆

清乾隆十一年(1746)印本

《販書偶記續編》著録。收藏單位待訪。

31527

青瑯玕館印存一卷

清江夏胡之森篆刻

清道光鈐印巾箱本

《販書偶記續編》著録爲"道光十一年(1831)印巾箱本"。

上海　哈爾濱

31528

摹古印存五卷

清江夏胡之森篆刻

清道光鈐印袖珍本

《販書偶記續編》著録爲"道光二十二年(1842)青瑯玕館印袖珍本",六卷。

國圖　上海　哈爾濱

31529

印林不分卷

民國宜都楊守敬篆刻

清光緒四年(1878)鈐印本

上海

音樂之屬

31530
觱篥格
唐江陵段成式撰
清順治三年（1646）李際期宛委山堂刻說郛本
是刻半葉九行，行二十字，白口，左右雙邊。《中國古籍善本書目》著録。
國圖　首都　上海　復旦　天津　吉林　南京　浙江　江西　福建　河南　湖南　中大　重慶　雲南

31531
樂府雜録一卷
唐江陵段安節撰
明嘉靖二十三年（1544）陸楫儼山書院雪山書院刻古今説海本
是刻半葉八行，行十六字，白口，左右雙邊。《中國古籍善本書目》著録，二十八館有藏。
國圖　北大　上海　復旦　天津　浙江　南京　天一閣　湖南　廣東　四川

31532
樂府雜録一卷
唐江陵段安節撰
明刻續百川學海本
是刻半葉九行，行二十字，白口，左右雙邊。《中國古籍善本書目》著録。
北大　人大　中國社科院文學所　歷史博　山東　青島博　南大　安徽　河南大　武漢　川大

31533
樂府雜録一卷
唐江陵段安節撰
清道光元年（1821）苕溪邵氏酉山堂刻古今説海本
國圖所藏該叢書有傅增湘校並跋，入《中國古籍善本書目》。
國圖　首都　北師大　清華　復旦　天津　遼寧　浙江　湖北　四川　川大　重慶

31534
樂府雜録一卷
唐江陵段安節撰
清宣統元年（1909）上海集成圖書公司鉛印古今説海本
首都　北師大　上海　上海師大　吉大　山大　廣西

31535
樂府雜録一卷
唐江陵段安節撰
民國四年（1915）上海進步書局石印古今説海本
國圖　首都　吉大　甘肅　雲南　黑龍江　桂林

31536
樂府雜録一卷
唐江陵段安節撰
明吴琯刻古今逸史本
是刻半葉十行，行二十字，白口，左右雙邊。《中國古籍善本書目》著録。國圖藏該叢書本有傅增湘校並跋。
國圖　上海　吉林　南京

31537
樂府雜録一卷
唐江陵段安節撰
民國上海商務印書館影印元明善本叢書十種·古今逸史本
國圖　北師大　上海　天津　吉大　甘肅　山大　福建師大　湖北　武大　四川　重慶

31538
樂府雜録一卷
唐江陵段安節撰

明吴琯刻增訂古今逸史本

是刻半葉十行,行二十字,白口,左右雙邊。《中國古籍善本書目》著録。

國圖　首都　北大　北師大　上海　天津　遼寧　西安文管會　山東　山東師大　無錫　浙江　湖南

31539

新刻樂府雜録一卷

唐江陵段安節撰

明萬曆胡氏文會堂刻百家名書本

是刻半葉十行,行二十字,白口,左右雙邊。《中國古籍善本書目》著録。山東館藏該叢書有清方功惠跋。

大連　山東

31540

樂府雜録一卷

唐江陵段安節撰

清四庫全書本

國圖　甘肅　浙江　臺北故宫

1983年臺北商務印書館影印清文淵閣四庫全書本

湖北

1989年上海古籍出版社縮印臺北商務印書館影印清文淵閣四庫全書本

國圖　武漢

31541

樂府雜録一卷

唐江陵段安節撰

清乾隆五十七年(1792)挹秀軒刻唐人説薈本

國圖　科院　上海　華東師大　中央民大　上海辭書　浙江

31542

樂府雜録一卷

唐江陵段安節撰

清道光二十三年(1843)序刻唐人説薈本

上海　杭大　廣東　川大

31543

樂府雜録一卷

唐江陵段安節撰

清宣統三年(1911)天寶書局石印唐人説薈本

天津　吉林市　甘肅　河南　桂林

31544

樂府雜録一卷

唐江陵段安節撰

民國十一年(1922)上海掃葉山房石印唐人説薈本

國圖　北師大　華東師大　上海師大　内蒙　吉林市　甘肅　南京　安徽　江西　四川　重慶

31545

樂府雜録一卷

唐江陵段安節撰

清嘉慶十一年(1806)序刻唐代叢書本

國圖　科院　上海　復旦　内蒙　哈爾濱　甘肅　南京　安徽　江西　四川　重慶

31546

樂府雜録一卷

唐江陵段安節撰

清嘉慶十三年至十六年(1808—1811)張海鵬刻墨海金壺本

是刻半葉十一行,行二十三字,黑口,左右雙邊。《中國古籍善本書目》著録。

國圖　復旦　天津　山東

31547

樂府雜録一卷

唐江陵段安節撰

民國十年(1921)上海博古齋影印清嘉

慶張海鵬刻墨海金壺本

國圖　北大　上海　復旦　天津　遼寧　甘肅　南京　浙江　河南　武大　四川　重慶

31548

樂府雜録一卷

唐江陵段安節撰

清道光二十四年（1844）錢氏據墨海金壺版重編增刻守山閣叢書本

上海館所藏該叢書有清王鎬校並跋、葉景葵跋，入《中國古籍善本書目》。

國圖　科院　北師大　上海　華東師大　天津　遼寧　甘肅　南京　河南　江西　青海

31549

樂府雜録一卷

唐江陵段安節撰

清光緒十五年（1888）上海鴻文書局影印清道光錢氏據墨海金壺版重編增刻守山閣叢書本

國圖　北大　上海　復旦　天津　遼寧　山東　南京　浙江　湖北　四川　重慶

31550

樂府雜録一卷

唐江陵段安節撰

民國十一年（1922）上海博古齋影印清道光錢氏據墨海金壺版重編增刻守山閣叢書本

國圖　首都　北大　上海　復旦　天津　遼寧　甘肅　南京　杭大　江西　武大　川大　重慶

31551

樂府雜録一卷

唐江陵段安節撰

民國十二年（1923）沔陽盧氏慎始基齋據墨海金壺本影印湖北先正遺書本

國圖　科院　北大　上海　天津　遼寧　寧夏　山東　南京　浙江　湖北　四川

31552

樂府雜録一卷

唐江陵段安節撰

清道光十一年（1831）晁氏木活字印學海類編本

是刻半葉九行，行二十一字，白口，左右雙邊。《中國古籍善本書目》著録。

國圖　中國社科院文學所　上海　吉林社科院　福建　中大　重慶

31553

琵琶録一卷

唐江陵段安節撰

清宣統國學扶輪社鉛印香艷叢書本

國圖　北大　上海　華東師大　天津　遼寧　甘肅　南京　河南　湖北　武漢　四川　川大　重慶

31554

樂府雜録一卷

唐江陵段安節撰

民國九年（1920）上海涵芬樓影印清道光十一年（1831）晁氏木活字排印學海類編本

國圖　北大　上海　華東師大　天津　遼寧　南京　浙江　湖北　江西　四川　重慶

31555

樂府雜録一卷

唐江陵段安節撰

民國十一年（1922）上海六藝書局鉛印增補曲苑本

科院　北師大　上海師大　上海辭書　福建師大　雲南

31556

樂府雜録一卷

唐江陵段安節撰

民國二十四年至二十六年（1935—1937）

上海商務印書館鉛印叢書集成初編本
國圖　北大　上海　復旦　遼寧　吉大　甘肅　山東大　浙江　湖北　江西　四川　重慶

31557
樂府雜録一卷
唐江陵段安節撰
1956—1957年上海古典文學出版社鉛印中國文學參考資料小叢書本
國圖　上海　上海師大　遼寧　山東大　福建師大　湖北　武漢

31558
樂府雜録
唐江陵段安節撰
明鈕氏世學樓抄説郛本
《中國古籍善本書目》著録。
國圖

31559
樂府雜録
唐江陵段安節撰
明抄説郛本
《中國古籍善本書目》著録。
上海

31560
樂府雜録
唐江陵段安節撰
清順治三年(1646)李際期宛委山堂刻説郛本
是刻半葉九行,行二十字,白口,左右雙邊。《中國古籍善本書目》著録。
國圖　首都　上海　復旦　天津　吉林　南京　浙江　江西　河南　湖南　中大　重慶　雲南

31561
樂府雜録
唐江陵段安節撰
民國十六年(1927)上海商務印書館鉛印説郛本
國圖　科院　上海　復旦　遼寧　甘肅　南京　浙江　湖北　武漢　武大　江西　四川　重慶

31562
樂府雜録
唐江陵段安節撰
清據説郛説郛續刊版重編印五朝小説本
上海　山東大　南京　南大

31563
樂府雜録
唐江陵段安節撰
民國十五年(1926)上海掃葉山房石印五朝小説大觀本
首都　上海　華東師大　上海師大　遼寧　吉大　山東　南京　浙江　河南　重慶

31564
樂府雜録
唐江陵段安節撰
1959—1960年中國戲劇出版社鉛印中國古典戲曲論著集成本
湖北　武漢

31565
樂府雜録
唐江陵段安節撰
1990年起上海文藝出版社影印中國筆記小説文庫本
陽海清《中國叢書廣録》著録。
湖北

31566
琵琶録
唐江陵段安節撰
明鈕氏世學樓抄説郛本

《中國古籍善本書目》著録。

國圖

31567

琵琶録

唐江陵段安節撰

明抄説郛本

《中國古籍善本書目》著録。

上海

31568

琵琶録

唐江陵段安節撰

清順治三年(1646)李際期宛委山堂刻説郛本

是刻半葉九行,行二十字,白口,左右雙邊。《中國古籍善本書目》著録。

國圖　首都　上海　復旦　天津　吉林　南京　浙江　江西　福建　河南　湖南　中大　重慶　雲南

31569

琵琶録

唐江陵段安節撰

民國十六年(1927)上海商務印書館鉛印説郛本

國圖　科院　上海　復旦　遼寧　甘肅　南京　浙江　湖北　武漢　武大　江西　四川　重慶

31570

琵琶録

唐江陵段安節撰

清同治十三年(1874)南海伍氏刻粤雅堂叢書三編·續談助本

國圖　科院　上海　復旦　天津　遼寧　甘肅　南京　浙江　湖北　武大　四川　重慶　雲南

31571

琵琶録

唐江陵段安節撰

清光緒十三年(1887)歸安陸氏刻十萬卷樓叢書三編·續談助本

國圖　科院　北大　上海　復旦　遼寧　天津　甘肅　南京　浙江　湖北　武漢　武大　四川　重慶

31572

琵琶録

唐江陵段安節撰

民國二十四年至二十六年(1935—1937)上海商務印書館鉛印叢書集成初編·總類·續談助本

國圖　北大　上海　復旦　遼寧　吉大　甘肅　山東大　浙江　湖北　江西　四川　重慶

31573

研露樓琴譜四卷首一卷

清江夏崔應階撰

清乾隆四十三年(1778)張松孫刻本

《中國古籍善本書目》《江夏縣志》和《販書偶記》著録。

科院　北京市委　天津　上海　大連　衢州博　湖北

31574

研露樓琴譜四卷首一卷

清江夏崔應階撰

清同治三年(1864)刻本

北大　天津　遼寧　南京

游藝之屬

31575

原弈一卷

唐襄陽皮日休撰

清光緒三十年(1904)抄舊抄棋經訣本

罕見。

國圖

31576

觴政一卷

明公安袁宏道撰

明萬曆三十三年(1605)刻袁使君集本

是刻半葉九行,行十八字,白口,左右雙邊。《中國古籍善本書目》著録。

天一閣

31577

觴政一卷

明公安袁宏道撰

明萬曆三十八年(1610)刻本

是刻半葉十行,行二十字,白口,四周單邊。《中國古籍善本書目》著録,僅此二館有藏。

南京　浙江

31578

觴政一卷

明公安袁宏道撰

1995年齊魯書社據明萬曆三十八年(1610)刻本影印四庫全書存目叢書本

湖北

31579

觴政一卷

明公安袁宏道撰

明萬曆四十三年(1615)程百二、胡之衍刻程氏叢刻九種本

《中國古籍善本書目》著録,僅該館有藏。

國圖

31580

觴政一卷

明公安袁宏道撰

明萬曆四十三年(1615)程百二刻合刻酒經觴政本

是刻半葉十一行,行二十二字,白口,四周單邊。《中國古籍善本書目》子部著録,僅該館有藏。該目叢部第111號《程氏叢刻九種》收有此書,二者爲同版,亦祇國圖有藏。

國圖

31581

觴政一卷

明公安袁宏道撰

明萬曆刻寶顔堂續祕笈本

是刻半葉八行,行十八字,白口,四周單邊。《中國古籍善本書目》著録。

科院　中國社科院文學所　故宫　北京市委　復旦　祁縣　大連　青島　上虞　河南　許昌

31582

觴政一卷

明公安袁宏道撰

民國十一年(1922)上海文明書局石印寶顔堂祕笈本

《中國叢書綜録》著録。

國圖　首都　科院　復旦　陝西　南京　南大　安徽　浙江　杭大　福建師大　寧夏

31583

觴政一卷

明公安袁宏道撰

明周應麐刻袁中郎十集本

是刻半葉九行,行二十字,白口,左右雙邊。《中國古籍善本書目》著録。

國圖　清華　科院　上海　復旦　南開　山東　南京　浙江　湖北　四川

31584

觴政一卷

明公安袁宏道撰

明崇禎竹□刻雪堂韻史本

是刻半葉九行,行二十字,白口,左右雙邊。《中國古籍善本書目》著録,僅此二館有藏。

清華　上海

31585
觴政一卷
明公安袁宏道撰
明末刻廣百川學海本
是刻半葉九行，行二十字，白口，左右雙邊。《中國古籍善本書目》著録。
北大　歷史博　遼寧　大連　青島博　南京　安徽

31586
觴政一卷
明公安袁宏道撰
明末刻錦囊小史本
是刻半葉九行，行二十字，白口，左右雙邊。《中國古籍善本書目》著録，僅此二館有藏。
國圖　南開

31587
觴政一卷
明公安袁宏道撰
清宜和堂刻本　清許夔臣手書題記
臺圖

31588
觴政
明公安袁宏道撰
清順治三年（1646）李際期宛委山堂刻説郛續本
是刻半葉九行，行二十字，白口，左右雙邊。《中國古籍善本書目》著録。
國圖　科院　北師大　上海　復旦　華東師大　天津　遼寧　山東大　南京　四川　重慶　雲南

31589
觴政一卷
明公安袁宏道撰
清初錢氏述古堂抄本
《中國古籍善本書目》著録。
國圖

31590
觴政一卷
明公安袁宏道撰　錢伯城箋校
1981年上海古籍出版社鉛印中國古典文學叢書袁宏道集箋校本
湖北

31591
中郎觴政一卷
明公安袁宏道撰
明末刻本
上海辭書　南京農大

31592
觴政一卷
明公安袁宏道撰
附吴社編一卷
明王穉登撰
明刻本
南京

雜技之屬

31593
彈譜一卷
清牛嵩山撰
射藝詳説一卷
清崔起潛撰　清棗陽史策先注
抄本
北大

31594
新鐫射藝詳説（一名射藝詳説）一卷
清崔起潛撰　清棗陽史策先注
清咸豐四年（1854）史吟舟刻本

31595
射藝詳説一卷
清崔起潛纂　清棗陽史策先注
抄本
國圖
與《彈譜》合爲一編。

譜録類

器物之屬

31596
煙霞俱一卷
明安陸劉伯生撰
明萬曆刻本
《傳是樓書目》著録。《安陸縣志》作《煙霞居集》,或誤。
臺圖

31597
硯史一卷
宋襄陽米芾撰
宋刻百川學海本
是刻半葉十二行,行二十字,細黑口,左右雙邊。《中國古籍善本書目》著録,僅該館有藏。
國圖

31598
硯史一卷
宋襄陽米芾撰
民國十六年(1927)武進陶氏景刊宋刻百川學海本
上海　天津　吉大　南大　河南　桂林　青海　寧夏

31599
硯史一卷
宋襄陽米芾撰
明弘治十四年(1501)華珵刻百川學海本
是刻半葉十二行,行二十字,白口,左右雙邊。《中國古籍善本書目》著録。
國圖　北大　人大　北京市委　上海　吉林　東北師大　甘肅　山東大　南京博　杭大　廣東　重慶

31600
硯史一卷
宋襄陽米芾撰
民國十年(1921)上海博古齋影印明弘治十四年(1501)華珵刻百川學海本
國圖　首都　北大　上海　復旦　遼寧　吉大　甘肅　南京　浙江　湖北　武大　四川　重慶　雲南

31601
硯史一卷
宋襄陽米芾撰
民國十二年(1923)沔陽盧氏慎始基齋據明弘治十四年(1501)華珵刻百川學海本影印湖北先正遺書本
國圖　科院　北大　上海　天津　遼寧　寧夏　山東　南京　浙江　湖北　四川

31602
硯史一卷
宋襄陽米芾撰
民國十六年(1927)武進陶氏據宋本影印並據明弘治本摹補缺卷依明本目次編印百川學海本
國圖　科院　北大　上海　天津　遼寧　甘肅　南京　杭大　廣東　四川

31603
硯史一卷
宋襄陽米芾撰
明嘉靖十五年(1536)鄭氏宗文堂刻百

川學海本

是刻半葉十四行，行二十八字，白口，左右雙邊。該叢書分爲二十卷，稱爲"總卷×"，本書列入"總卷十七"。《中國古籍善本書目》著録，僅該館有藏。

北大

31604

硯史一卷

宋襄陽米芾撰

明抄百川學海本

《中國古籍善本書目》著録。

南京

31605

硯史一卷

宋襄陽米芾撰

清雍正八年（1730）虞山毛綏福抄本 鄧邦述題記

臺圖

31606

硯史一卷

宋襄陽米芾撰

清四庫全書本

國圖 甘肅 浙江 臺北故宫

1983年臺北商務印書館影印清文淵閣四庫全書本

湖北

1989年上海古籍出版社縮印臺北商務印書館影印清文淵閣四庫全書本

國圖 武漢

31607

硯史一卷

宋襄陽米芾撰

清嘉慶十年（1531）張氏照曠閣刻學津討原本

是刻半葉九行，行二十一字，黑口，左右雙邊。《中國古籍善本書目》著録。

國圖 首都師大 復旦 天津 陝西師大 山東 浙江 福建 重慶

31608

硯史一卷

宋襄陽米芾撰

民國十一年（1922）上海商務印書館影印清嘉慶十年張氏照曠閣刻學津討原本

國圖 首都 北大 上海 復旦 天津 遼寧 吉大 甘肅 南京 浙江 江西 河南 四川 重慶 雲南

31609

硯史一卷

宋襄陽米芾撰

清王棓編藝苑叢鈔稿本

《中國古籍善本書目》著録。

湖北

31610

硯史一卷

宋襄陽米芾撰

民國二十四年至二十六年（1935—1937）上海商務印書館鉛印叢書集成初編本

國圖 北師大 清華 上海 復旦 遼寧 吉林市 甘肅 山東大 南大 浙江 江西 湖北 四川 重慶 雲南

31611

硯史一卷

宋襄陽米芾撰

民國二十五年（1936）神州國光社鉛印美術叢書第二集第十輯本

國圖 北大 北師大 上海 華東師大 上海師大 天津 遼寧 甘肅 南京 浙江 湖北 武漢 四川 重慶 雲南

31612
硯史
宋襄陽米芾撰
明鈕氏世學樓抄説郛本
《中國古籍善本書目》著録。
國圖

31613
硯史
宋襄陽米芾撰
明抄説郛本
《中國古籍善本書目》著録。
上海

31614
硯史
宋襄陽米芾撰　黄正雨、王心裁輯校
2002年湖北教育出版社鉛印湖北地方古籍文獻叢書·米芾集本
湖北　武漢

31615
硯史
宋襄陽米芾撰
清順治三年（1646）李際期宛委山堂刻説郛本
《中國古籍善本書目》著録。
國圖　首都　上海　復旦　天津　吉林　南京　浙江　江西　福建　河南　湖南　中大　重慶　雲南

31616
硯史
宋襄陽米芾撰
民國十六年（1927）上海商務印書館鉛印説郛本
國圖　科院　北大　上海　復旦　天津　遼寧　甘肅　南京　浙江　湖北　武大　四川　重慶　雲南

31617
研史一卷
宋襄陽米芾撰
明萬曆三十二年（1604）范氏清宛堂刻米襄陽志林本
是刻半葉九行，行十八字，白口，左右雙邊。《中國古籍善本書目》著録。
國圖　北大　清華　上海　吉林　安徽　浙江　青島博　南京　武大　中大

31618
研史一卷
宋襄陽米芾撰
明末毛氏汲古閣刻山居小玩本
是刻半葉八行，行十八字，白口，左右雙邊。《中國古籍善本書目》著録。
國圖　上海　南京

31619
研史二卷
宋襄陽米芾撰
1987—1998年書目文獻出版社據明末毛氏汲古閣刻山居小玩本影印北京圖書館古籍珍本叢刊本
湖北

31620
研史一卷
宋襄陽米芾撰
明末毛氏汲古閣刻羣芳清玩本
是刻半葉八行，行十八字，小字雙行行字同，白口，左右雙邊或四周雙邊。《中國古籍善本書目》著録，南京館藏該叢書有鄧邦述跋。
北大　清華　科院　上海　哈爾濱　南京　無錫　蘇州文管會　浙江

31621
研史一卷
宋襄陽米芾撰

民國二十四年至二十五年（1935—1936）上海中央書店鉛印國學珍本文庫第一集·羣芳清玩本

首都　清華　遼寧　山東大

31622

研史一卷

宋襄陽米芾撰

清初抄本

《中國古籍善本書目》著録。

國圖

31623

研史一卷

宋襄陽米芾撰

民國二十五年（1636）福州國光社鉛印美術叢書第四集第三輯本

國圖　北大　北師大　上海　華東師大　天津　遼寧　甘肅　南京　浙江　湖北　武漢　四川　重慶　雲南

31624

墨畦一卷

明公安袁宏道撰

明末刻説郛及説郛續版重編印五朝小説本

僅該藏《五朝小説》本存有此種。

日本京都大學

31625

墨畦一卷

明公安袁宏道撰

明末刻稽古堂新鐫羣書秘簡二十二種本

《中國古籍善本書目》著録。

北京文物局

31626

墨畦一卷

明公安袁宏道撰　錢柏城箋校

1981年上海古籍出版社鉛印中國古典文學叢書·袁宏道集箋校本

湖北

31627

雪堂墨品一卷

清廣濟張仁熙撰

清康熙三十四年（1695）新安張氏霞舉堂刻檀几叢書本

是編所記，乃宋犖爲黄州通判時，仁熙品其所藏之墨。

湖北

31628

雪堂墨品一卷

清廣濟張仁熙撰

1995年齊魯書社據清康熙三十四年（1695）新安張氏霞舉堂檀几叢書本影印四庫全書存目叢書本

湖北

31629

雪堂墨品一卷

清廣濟張仁熙撰

清王耤輯藝苑叢鈔稿本

湖北

31630

雪堂墨品一卷

清廣濟張仁熙撰

清光緒十五年（1889）刻榆園叢刻·娱園叢刻本

湖北

31631

雪堂墨品一卷

清廣濟張仁熙撰

清光緒羊城馮氏刻翠琅玕館叢書（馮兆年編）本

湖北

31632
雪堂墨品一卷
清廣濟張仁熙撰
清抄墨苑叢談本
國圖

31633
雪堂墨品一卷
清廣濟張仁熙撰
清鈔墨品三種本
北大

31634
雪堂墨品一卷
清廣濟張仁熙撰
民國五年(1916)黄任恒據劉氏藏修堂叢書刊版重編印翠琅玕館叢書本
湖北

31635
雪堂墨品一卷
清廣濟張仁熙撰
民國五年(1916)保粹堂據清光緒翠琅玕館版重編印藝術叢書本
湖北

31636
雪堂墨品一卷
清廣濟張仁熙撰
民國十一年(1922)仁和吴氏雙照樓刻十六家墨説本
首都　上海　南京

31637
雪堂墨品一卷
清廣濟張仁熙撰
民國二十四年(1935)南海黄氏據舊版片彙印芋園叢書本
河南　廣東

31638
雪堂墨品一卷
清廣濟張仁熙撰
民國二十四年至二十六年(1935—1937)上海商務印書館鉛印叢書集成初編本
湖北

31639
雪堂墨品一卷
清廣濟張仁熙撰
民國二十五年(1936)神州國光社鉛印美術叢書本
湖北

31640
衡齋藏見古玉圖二卷
江夏黄濬輯
民國二十四年(1935)以彩華珂羅版影印本
《販書偶記》著録。藏書單位待訪。

31641
名劍記二卷
明嘉魚李承勛撰
明萬曆四十二年(1614)刻本
《中國古籍善本書目》著録,僅天一閣有藏。
天一閣

31642
名劍記
明嘉魚李承勛撰
清順治三年(1646)李際期宛委山堂刻説郛本
《中國古籍善本書目》著録,二十八館有藏。
國圖　故宫　上海　復旦　天津　南京　浙江　福建　河南　重慶

31643
汝水巾譜一卷
明江陵朱術珣撰
明崇禎六年(1633)自刻本　清丁丙跋
術珣字均禹,自號汝水居士,遼簡王植七世孫。由輔國中尉換授鎮江府通判,遷户部主事。遼王以永樂二年(1404)遷荆州府。按"視先封爲著籍"例,定其籍貫爲江陵。是書載古今巾式凡三十二圖,《四庫總目》入"子部·譜録類存目"。
南京

31644
汝水巾譜一卷
明江陵朱術珣撰
明崇禎六年(1633)自刻本　鄭振鐸跋
國圖

31645
汝水巾譜一卷
明江陵朱術珣撰
1995年齊魯書社據明崇禎六年(1633)自刻本影印四庫全書存目叢書本
湖北

31646
觥記注一卷
宋安陸鄭獬撰
清順治三年(1646)李際期宛委山堂刻説郛本
國圖　科院　北大　上海　復旦　天津　遼寧　陝西　南大　河南　江西　廣東　四川　重慶

31647
評紙帖一卷
宋襄陽米芾撰
民國二十五年(1936)神州國光社鉛印美術叢書本
國圖　北大　北師大　上海　華東師大　天津　遼寧　甘肅　南京　浙江　湖北　武漢　四川　重慶　雲南

飲食之屬

31648
中饋録一卷
清江夏彭崧毓撰
清同治刻求是齋雜存本
國圖

31649
粥譜一卷
清蘄州(今蘄春)黄雲鵠撰
清光緒七年(1881)蘄州黄氏刻本
國圖　上海　遼寧中醫大　吉林

31650
粥譜一卷
清蘄州(今蘄春)黄雲鵠撰
2002年上海古籍出版社據清光緒七年(1881)蘄州黄氏刻本影印續修四庫全書本
湖北

31651
廣粥譜一卷
清蘄州(今蘄春)黄雲鵠撰
清光緒七年(1881)刻本
國圖

31652
廣粥譜一卷
清蘄州(今蘄春)黄雲鵠撰
2002年上海古籍出版社據清光緒七年(1881)蘄州黄氏刻本影印續修四庫全書本
湖北

31653
茶經三卷
唐竟陵(今天門)陸羽撰
宋刻百川學海本
是刻半葉十二行,行二十字,細黑口,左右雙邊。《中國古籍善本書目》著録。
國圖

31654
茶經三卷
唐竟陵(今天門)陸羽撰
民國十六年(1927)武進陶氏據宋刻本影印百川學海本
上海　天津　吉大　南大　河南　桂林　青海　寧夏

31655
茶經三卷
唐竟陵(今天門)陸羽撰
明弘治十四年(1501)華珵刻百川學海本
是刻半葉十二行,行二十字,白口,左右雙邊。《中國古籍善本書目》著録。鎮海館所藏該叢書有清王榮商跋。
國圖　北大　人大　北京市委　上海　吉林　東北師大　甘肅　山東大　南京博　杭大　鎮海　廣東　重慶

31656
茶經三卷
唐竟陵(今天門)陸羽撰
民國十年(1921)上海博古齋據明弘治華氏刻本影印百川學海本
國圖　首都　北大　上海　復旦　天津　遼寧　甘肅　南京　安徽　四川　重慶

31657
茶經三卷
唐竟陵(今天門)陸羽撰
民國十二年(1923)沔陽盧氏慎始基齋據明弘治華氏刻百川學海本影印湖北先正遺書本
國圖　科院　北大　上海　天津　遼寧　寧夏　山東　南京　浙江　湖北　四川

31658
茶經三卷
唐竟陵(今天門)陸羽撰
明嘉靖十五年(1536)鄭氏宗文堂刻百川學海本
是刻半葉十四行,行二十八字,白口,左右雙邊。《中國古籍善本書目》著録,僅該館有藏。
北大

31659
茶經三卷
唐竟陵(今天門)陸羽撰
明刻重輯百川學海本
《中國叢書綜録》著録。
上海　遼寧　吉大　福建師大

31660
茶經三卷
唐竟陵(今天門)陸羽撰
明萬曆四十一年(1613)刻茶書二十七種本
是刻半葉九行,行十八字,白口,左右雙邊,有刻工。《中國古籍善本書目》著録。南京館藏該叢編有清丁丙跋。
南京　湖南　哈佛燕京

31661
茶經三卷
唐竟陵(今天門)陸羽撰
明宜和堂刻本　清耿大光、許夔臣題記
臺圖

31662
茶經三卷
唐竟陵（今天門）陸羽撰
明刻重訂欣賞編本
《中國叢書綜録》著録。
國圖　首都　上海　浙江　川大

31663
茶經三卷
唐竟陵（今天門）陸羽撰
明刻唐宋叢書八十八種本
是刻半葉九行，行二十字，白口，左右雙邊。《中國古籍善本書目》著録。
首都　安慶^{x}　湖南

31664
茶經三卷
唐竟陵（今天門）陸羽撰
明刻唐宋叢書九十種本
同前。
天津　南京　温州　武大

31665
茶經三卷
唐竟陵（今天門）陸羽撰
明末刻茶書十三種本
是刻半葉九行，行二十字，白口，左右雙邊。《中國古籍善本書目》著録，僅該館有藏。
山東

31666
茶經三卷
唐竟陵（今天門）陸羽撰
清嘉慶十一年（1806）序刻唐代叢書本
國圖　科院　北大　上海　復旦　内蒙古　吉林市　甘肅　安徽　江西　四川　川大　重慶

31667
茶經三卷
唐竟陵（今天門）陸羽撰　日本釋香海釋
日本安永三年（1774）刻本
天津

31668
茶經三卷
唐竟陵（今天門）陸羽撰
清乾隆五十七年（1792）挹秀軒刻唐人説薈本
國圖　科院　中央民大　上海　上海辭書　華東師大　浙江

31669
茶經三卷
唐竟陵（今天門）陸羽撰
清四庫全書本
國圖　甘肅　浙江　臺北故宫
1983年臺北商務印書館影印清文淵閣四庫全書本
湖北
1989年上海古籍出版社縮印臺北商務印書館影印清文淵閣四庫全書本
國圖　武漢

31670
茶經三卷
唐竟陵（今天門）陸羽撰
清嘉慶十年（1805）張氏照曠閣刻學津討原本
是刻半葉九行，行二十一字，黑口，左右雙邊。《中國古籍善本書目》著録。
國圖　首都師大　天津　陝西師大　山東　浙江　福建　重慶

31671
茶經三卷
唐竟陵（今天門）陸羽撰
清道光二十三年（1843）序刻唐人説薈本
上海　浙江　廣東　川大

31672
茶經三卷
唐竟陵(今天門)陸羽撰
清據説郛説郛續刊版重編印五朝小説
上海　山東大　南京　南大

31673
茶經三卷
唐竟陵(今天門)陸羽撰
清宣統三年(1911)上海天寶書局石印唐人説薈本
天津　吉林市　甘肅　河南　桂林

31674
茶經三卷
唐竟陵(今天門)陸羽撰
民國十一年(1922)上海掃葉山房石印唐人説薈本
國圖　北師大　華東師大　内蒙古　吉林市　甘肅　南京　安徽　江西　四川　重慶

31675
茶經三卷
唐竟陵(今天門)陸羽撰
民國十五年(1926)上海掃葉山房石印五朝小説大觀本
首都　上海　華東師大　遼寧　吉大　山東　南京　浙江　河南　桂林　四川　重慶

31676
茶經三卷
唐竟陵(今天門)陸羽撰
清抄茶書七種本
《中國古籍善本書目》著録。
山東

31677
茶經三卷
唐竟陵(今天門)陸羽撰
民國十一年(1922)上海商務印書館影印清嘉慶張氏照曠閣刻學津討原本
國圖　首都　北大　上海　華東師大　吉林市　甘肅　南京　浙江　江西　河南　四川　重慶　雲南

31678
新刻茶經三卷
唐竟陵(今天門)陸羽撰
明萬曆胡氏文會堂刻百家名書本
是刻半葉十行,行二十字,白口,左右雙邊。《中國古籍善本書目》著録,僅此三館有藏。山東館藏該叢書有方功惠跋。
科院　大連　山東

31679
茶經三卷
唐竟陵(今天門)陸羽撰
外集一卷
明嘉靖二十二年(1543)柯□刻本
是刻半葉九行,行二十字,白口,左右雙邊。《中國古籍善本書目》著録,僅該館有藏。
國圖

31680
刻茶經三卷
唐竟陵陸羽撰
又一卷
唐張又新等撰
明萬曆十六年(1588)程福生竹素園刻本
是刻半葉八行,行十六字,細黑口,四周單邊。《中國古籍善本書目》著録。
國圖　福建

31681
刻茶經三卷
唐竟陵(今天門)陸羽撰
外集一卷
明孫大綬輯

茶具圖贊一卷
題宋審安老人撰
水辨一卷
唐張又新等撰
茶譜一卷
明孫大綬校
茶譜外集一卷
明孫大綬編
明萬曆十六年(1588)孫大綬秋水齋刻本
是刻半葉九行,行二十字,小字雙行,白口,四周單邊。有刻工。《中國古籍善本書目》著録。
國圖× 上海× 湖南社科院 重慶×

31682
茶經三卷
唐竟陵陸羽撰
外集一卷
明孫大綬輯
茶具圖贊一卷
題宋審安老人撰
水辨一卷
唐張又新等撰
明萬曆十六年(1588)孫大綬秋水齋刻本 清丁丙跋
《中國古籍善本書目》著録。
南京

31683
茶經三卷
唐竟陵(今天門)陸羽撰
附茶具圖贊一卷
題宋審安老人撰
水辨一卷
唐張又新等撰
明萬曆新安汪氏刻山居雜志本
《中國叢書綜録》著録。
國圖 北大 科院

31684
茶經三卷
唐竟陵(今天門)陸羽撰
茶具圖贊一卷
明刻本
是刻半葉九行,行二十字,白口,左右雙邊。《中國古籍善本書目》著録,僅該館有藏。

31685
茶經三卷茶具圖贊一卷
唐竟陵(今天門)陸羽撰
茶譜一卷
明顧元慶撰
茶經外集一卷 茶譜外集一卷
明孫大綬編
茶經水辨一卷
唐張又新等撰
日本寶曆八年(1758)刻天寶十五年(1844)補修本
人大 華東師大 天津 山東大

31686
茶經三卷
唐竟陵(今天門)陸羽撰
水辨一卷
唐張又新等撰
明樂元聲刻本
是刻半葉九行,行十九字,白口,四周雙邊。《中國古籍善本書目》著録。
國圖

31687
茶經三卷
唐竟陵(今天門)陸羽撰
續茶經三卷附録一卷
清陸廷燦輯
清雍正十三年(1735)陸氏壽椿堂刻本
《中國古籍善本書目》著録。
國圖 北京文物局 上海 南京 蘇州 廣

東　重慶

31688
原本茶經三卷
唐竟陵（今天門）陸羽撰
續茶經三卷附録一卷
清陸廷燦輯
清刻本
南京

31689
新刻茶經三卷
唐竟陵（今天門）陸羽撰
附刻一卷
民國十一年（1922）桑苧廬石印本
是書曾寫目，惜漏記藏書處所。

31690
茶經
唐竟陵（今天門）陸羽撰
明鈕氏世學樓抄説郛本
《中國古籍善本書目》著録。
國圖

31691
茶經
唐竟陵（今天門）陸羽撰
明抄説郛本
《中國古籍善本書目》著録。
上海

31692
茶經
唐竟陵（今天門）陸羽撰
清順治三年（1646）李際期宛委山堂刻説郛本
是刻半葉九行，行二十字，白口，左右雙邊。《中國古籍善本書目》著録，三十三館有藏。
國圖　首都　故宫　上海　復旦　天津　吉林　南京　浙江　江西　福建　河南　湖南　廣東　川大　雲南

31693
茶經
唐竟陵（今天門）陸羽撰
民國十六年（1927）上海商務印書館鉛印説郛一百卷本
國圖　科院　北大　上海　復旦　天津　遼寧　甘肅　南京　浙江　湖北　武大　四川　重慶　雲南

31694
茶經六卷
唐竟陵（今天門）陸羽撰　竟陵（今天門）王淇增輯
清雍正七年（1729）儀鴻堂刻本
《販書偶記》著録。
國圖

31695
茶經
唐竟陵（今天門）陸羽撰
2001年北京古籍出版社鉛印本
與陸廷燦撰《續茶經》合訂。

31696
陸羽茶經譯注
唐竟陵（今天門）陸羽撰　傅樹勤、歐陽勛譯注
1983年湖北人民出版社鉛印本

31697
茶經語釋
唐竟陵（今天門）陸羽撰　蔡嘉德、吕維新注釋
1984年農業出版社鉛印本

31698
茶約一卷
明蘄水(今浠水)何彬然撰
《四庫全書總目》著録
是書成於萬曆己未,略仿陸羽《茶經》之例,分種法、審候、採擷、就製、收貯、擇水、候湯、器具、釃飲九則,後又附《茶九難》一則。《四庫全書總目》入"存目",不著録版本。常用書目不見。《四庫全書存目叢書》未收。存此,作訪書之一助。

花木鳥獸之屬

31699
花事録二卷
明公安袁宏道撰
明刻本
是刻半葉九行,行十九字,白口,左右雙邊。《中國古籍善本書目》著録。
清華　吉大　甘肅

31700
花傭月令一卷
清徐石麒撰
清光緒十一年(1885)儀徵吴氏刻傳硯齋叢書
參見《坦菴詞曲六種》之附注。
國圖　科院　北大　中央民大　遼寧　青島　南京　南大　浙江　福建師大　湖北

31701
花傭月令一卷
清徐石麒撰
2002年上海古籍出版社據清光緒十一年(1885)刻傳硯齋叢書本影印續修四庫全書本
湖北

31702
蠕範八卷
清京山李元撰
清乾隆五十六年(1791)刻本
《販書偶記》著録。
吉大　南京

31703
蠕範八卷
清京山李元撰
清同治十三年(1874)傳經堂刻本
國圖　北大　吉林　東北師大　南京

31704
蠕範八卷
清京山李元撰
1997年北京出版社據清同治十三年(1874)傳經堂刻本影印四庫未收書輯刊本
湖北

31705
蠕範八卷
清京山李元撰
清光緒十年(1884)倣渠抄本
國圖

31706
蠕範八卷
清京山李元撰
清光緒十七年(1891)三餘草堂刻湖北叢書本
國圖　科院　北大　上海　復旦　天津　遼寧　甘肅　南京　浙江　湖北　雲南

31707
蠕範十六卷
清京山李元撰
1932年至1958年上海商務印書館鉛印國學基本叢書本
陽海清《中國叢書廣録》著録。
湖北

31708
蠕範十六卷
清京山李元撰
民國二十四年至二十六年（1935—1937）上海商務印書館鉛印叢書集成初編本
國圖　北師大　清華　上海　復旦　遼寧　哈爾濱　甘肅　南大　浙江　江西　四川　重慶

31709
肉攫部一卷
唐江陵段成式撰
清順治三年（1646）李際期宛委山堂刻説郛續
是刻半葉九行，行二十字，白口，左右雙邊。《中國古籍善本書目》著録。
國圖　科院　北師大　上海　復旦　華東師大天津　遼寧　山東大　南京　南大　河南　四川　重慶　雲南

31710
肉攫部一卷
唐江陵段成式撰
清據説郛説郛續刊版重編印五朝小説·唐人百家小説瑣記家本
上海　山東大　南京　南大

31711
肉攫部一卷
唐江陵段成式撰
民國十五年（1926）上海掃葉山房石印五朝小説大觀·唐人百家小説瑣記家本
首都　上海　華東師大　上海師大　遼寧　吉大　山東　南京　浙江　河南　重慶

31712
肉攫部一卷
唐江陵段成式撰
清乾隆五十七年（1792）挹秀軒刻唐人説薈本
國圖　科院　中央民大　上海　上海辭書　華東師大　浙江

31713
肉攫部一卷
唐江陵段成式撰
清嘉慶十一年（1806）序刻唐代叢書本
國圖　科院　北大　上海　復旦　内蒙古　吉林市　甘肅　安徽　江西　四川　川大　重慶

31714
肉攫部一卷
唐江陵段成式撰
清道光二十三年（1843）序刻唐人説薈本
上海　浙江　廣東　川大

31715
肉攫部一卷
唐江陵段成式撰
清宣統三年（1911）天寶書局石印唐人説薈本
天津　吉林市　甘肅　河南　桂林

31716
肉攫部一卷
唐江陵段成式撰
民國十一年（1922）上海掃葉山房石印唐人説薈本
國圖　北師大　華東師大　内蒙古　吉林市　甘肅　南京　安徽　江西　四川　重慶

31717
志促織一卷
明公安袁宏道撰
明末刻八公遊戲叢談本
是刻半葉九行，行二十字，白口，左右雙邊。《中國古籍善本書目》著録，僅北大藏此叢書全帙，另有國圖藏殘。是書所載凡九目：曰《論畜》、曰《論似》、曰《論體性》、曰《論色》、曰《論形》、曰《論病》、曰《名色》、曰《養法》、曰《治法》，後繫以總論，謂促織之態貌、性情、識悉畢具。

北大

31718

志促織一卷

明公安袁宏道撰

明末刻錦囊小史本

是刻半葉九行，行二十字，白口，左右雙邊。《中國古籍善本書目》著録，僅此二館有藏。

國圖　南開

31719

志促織一卷

明公安袁宏道撰

清許焞家抄説部新書本

《中國古籍善本書目》著録。

南京

31720

志促織一卷

明公安袁宏道撰

清順治三年（1646）李際期宛委山堂刻説郛續

是刻半葉九行，行二十字，白口，左右雙邊。《中國古籍善本書目》著録。

國圖　科院　北師大　上海　復旦　華東師大　天津　遼寧　山東大　南京　南大　河南　四川　重慶　雲南

31721

志促織一卷

明麻城劉侗撰

清順治三年（1646）李際期宛委山堂刻説郛續

是刻半葉九行，行二十字，白口，左右雙邊。《中國古籍善本書目》著録。是書凡九篇：曰《産》、曰《捕》、曰《辨》、曰《材》、曰《鬥》、曰《名》、曰《留》、曰《俗》、曰《别》，其言視袁志差詳。

國圖　科院　北師大　上海　復旦　華東師大　天津　遼寧　山東大　南京　南大　河南　四川　重慶　雲南

31722

名馬記二卷

明郭子章撰

名馬記續二卷

明嘉魚李承勛撰

明萬曆刻本

《中國古籍善本書目》著録，僅天一閣有藏。

天一閣

觀賞之屬

31723

瓶史一卷

明公安袁宏道撰

明萬曆三十三年（1605）刻袁使君集本

是刻半葉九行，行十八字，白口，左右雙邊。《中國古籍善本書目》著録。是書有一卷本、二卷本之别，且各有多個版本。

天一閣

31724

陳眉公重訂瓶史（一名瓶史）一卷

明公安袁宏道撰

明萬曆三十四年（1606）刻尚白齋鐫陳眉公訂正秘笈本

是刻半葉八行，行十八字，白口，四周單邊。《中國古籍善本書目》著録。國圖所藏該叢書有傅增湘校並跋。

國圖　清華　北師大　人大　科院　北京市委　復旦　祁縣　大連　遼大　東北師大　西安文管會　青島　上虞　河南　湖南　中大　重慶

31725
陳眉公重訂瓶史(一名瓶史)一卷
明公安袁宏道撰
2002年上海古籍出版社據明萬曆三十四年(1606)刻尚白齋鐫陳眉公訂正秘笈本影印續修四庫全書本
湖北

31726
瓶史一卷
明公安袁宏道撰
民國十一年(1922)上海文明書局石印寶顏堂秘笈本
《中國叢書綜録》著録。
國圖 首都 科院 復旦 陝西 南京 南大 安徽 浙江 杭大 福建師大 寧夏

31727
瓶史一卷
明公安袁宏道撰
明萬曆袁氏書種堂刻袁中郎集七種本
荆州

31728
瓶史一卷
明公安袁宏道撰
明刻重訂欣賞編本
《中國叢書綜録》著録。
國圖 首都 上海 浙江 川大

31729
瓶史一卷
明公安袁宏道撰
明周應麐刻袁中郎十集本
是刻半葉九行,行二十字,白口,左右雙邊。《中國古籍善本書目》著録,二十五館有藏。
國圖 清華 科院 上海 復旦 南開 山東 南京 浙江 湖北 四川

31730
瓶史一卷
明公安袁宏道撰
明末刻廣百川學海本
是刻半葉九行,行二十字,白口,左右雙邊。《中國古籍善本書目》著録。
北大 歷博 遼寧 大連 青島博 南京 安徽博

31731
瓶史一卷
明公安袁宏道撰
明末刻錦囊小史本
是刻半葉九行,行二十字,白口,左右雙邊。《中國古籍善本書目》著録,僅此二館有藏。
國圖 南開

31732
瓶花史一卷
明公安袁宏道撰
明末刻枕中秘本
是刻半葉九行,行二十二字,白口,四周單邊。《中國古籍善本書目》著録,僅北師大藏該叢書全帙;另北大、東北師大、南京三館藏有該叢書殘本,未知含此種否。
北師大

31733
瓶史一卷
明公安袁宏道撰
清道光三年(1823)上海陳氏據借月山房彙鈔刊版重編印澤古齋重鈔本
國圖 科院 南京 湖北

31734
瓶史一卷
明公安袁宏道撰
清抄本
南京

31735
瓶史一卷
明公安袁宏道撰　錢伯城箋校
1981年上海古籍出版社鉛印中國古典文學叢書·袁宏道集箋校本
湖北

31736
瓶史二卷
明公安袁宏道撰
明末毛氏汲古閣刻山居小玩本
是刻半葉八行，行十八字，白口，左右雙邊。《中國古籍善本書目》著録。
國圖　上海　南京

31737
瓶史二卷
明公安袁宏道撰
明末毛氏汲古閣刻羣芳清玩本
實與《山居小玩》爲同版。毛氏後裔將《山居小玩》版片售與李璵，李增加另二種毛氏刻版，彙爲斯編。
北大　清華　上海　哈爾濱　無錫　蘇州文管會　浙江

31738
瓶史二卷
明公安袁宏道撰
清嘉慶張氏刻借月山房彙鈔本
《中國叢書綜録》著録，僅此二館有藏。
科院　浙江

31739
瓶史二卷
明公安袁宏道撰
民國十一年（1922）上海商務印書館影印清嘉慶張氏刻借月山房彙鈔本
國圖　北大　上海　復旦　天津　遼寧　南京　浙江　湖北　武大　四川　重慶

31740
瓶史二卷
明公安袁宏道撰
民國二十四年至二十五年（1935—1936）上海中央書店鉛印國學珍本文庫第一集本
首都　清華　遼寧　山東大

31741
瓶史二卷
明公安袁宏道撰
民國二十四年至二十六年（1935—1936）上海商務印書館鉛印叢書集成初編本
國圖　北師大　清華　上海　復旦　吉林市　甘肅　山東大　南大　浙江　湖北　江西　四川　重慶

31742
瓶史二卷
明公安袁宏道撰
民國二十五年（1936）上海神州國光社鉛印美術叢書初集本
國圖　北大　北師大　上海　華東師大　上海師大　天津　遼寧　甘肅　南京　浙江　武漢　武大　四川　重慶

31743
瓶史二卷
明公安袁宏道撰
1987—1998年書目文獻出版社據明刻本影印北京圖書館古籍珍本叢刊本
湖北

31744
瓶史
明公安袁宏道撰
清順治三年（1646）李際期宛委山堂刻説郛續本
是刻半葉九行，行二十字，白口，左右雙邊。

《中國古籍善本書目》著録。

國圖　科院　北師大　上海　復旦　華東師大　天津　遼寧　山東大　南京　南大　河南　四川　重慶　雲南

31745
瓶史國字解四卷袁中郎流插花圖會八卷
明公安袁宏道撰　日本桐谷鳥習註解
日本文化五年（1808）千鍾房刻本
首都　安徽

雜家類

雜學雜説之屬

31746
鬻子二卷
舊本題周鬻熊撰　唐逄行珪撰
明正統十年（1445）内府刻道藏本

《中國古籍善本書目》著録，僅該館之《道藏》本全。故宫、上海、南陽、四川館藏有該叢編殘帙，未知存此種否。

是書或入"子部·道家類"，如《中國叢書綜録》等，兹依《四庫全書總目》。

《漢書·藝文志》收有《鬻子》二十二篇、《鬻子説》十九篇。據《史記》云，鬻子之先，或居中國，或居蠻夷，世次無紀。鬻子九十見文王，文王以爲師。至武王、成王，皆師事之。成王大封異姓，會先卒，子熊麗、孫熊狂亦卒，因封其曾孫熊繹於楚，則鬻子時尚無楚封。故初不得稱爲楚人，尤難據以爲湖北人矣。惟吾楚文教之祖，實始開基，相沿已久，故仍著録於斯。

國圖

31747
鬻子二卷
舊本題周鬻熊撰
民國十二年至十五年（1923—1926）上海商務印書館影印明正統十年（1445）内府刻道藏本
國圖　首都　科院　上海　華東師大　天津　遼寧　南京　南大　浙江　杭大　河南　湖北　四川　雲南

31748
鬻子二卷
舊本題周鬻熊撰　唐逄行珪注
明正統十年（1445）内府刻嘉靖三年（1524）重修道藏本　清盧文弨校

是刻半葉五行，行十七字，左右單邊。《中國古籍善本書目》著録。

國圖

31749
鬻子二卷
舊本題周鬻熊撰　唐逄行珪注
明弘治九年（1496）李瀚刻新刊五子書［二十卷］本

《中國古籍善本書目》著録，僅此二館有藏。

國圖　北大

31750
鬻子二卷
舊本題周鬻熊撰　唐逄行珪注
明刻本

是刻半葉九行，行十九字，寬黑口，四周雙邊。《中國古籍善本書目》著録，僅該館有藏。

國圖

31751
鬻子二卷
舊本題周鬻熊撰　民國葉德輝校輯
清光緒長沙葉氏刻觀古堂所著書本
國圖　首都　北大　上海　復旦　天津　吉大　甘肅　南京　浙江　湖北　武大　廣

東　桂林　川大　雲南

31752
鬻子二卷
舊本題周鬻熊撰　民國葉德輝校輯
清光緒刻民國八年(1919)重編印觀古堂所著書本
國圖　首都　上海　復旦　南大　湖北　廣西　重慶

31753
鬻子二卷
舊本題周鬻熊撰　民國葉德輝校輯
民國二十四年(1935)長沙中國古書刊印社彙印郎園先生全書本
國圖　北大　清華　中央民大上海　復旦　上海辭書　吉林市　哈爾濱　山東大　南京　浙江　湖北　武大　川大

31754
鬻子一卷
舊本題周鬻熊撰　唐逢行珪注
明嘉靖二十三年(1544)歐陽清刻五子書[八卷]本
《中國古籍善本書目》著録。
國圖　北大　上海　南京　瑞安玉海樓

31755
鬻子一卷
舊本題周鬻熊撰　唐逢行珪注
明刻十子[十一卷]本
《中國古籍善本書目》著録,僅該館有藏。
國圖

31756
鬻子一卷
舊本題周鬻熊撰　唐逢行珪注
明刻十子[十三卷]本
《中國古籍善本書目》著録,僅該館有藏。
國圖

31757
鬻子一卷
舊本題周鬻熊撰　唐逢行珪注
明刻十二子[十五卷]本
《中國古籍善本書目》著録。南京館藏該叢編有清丁丙跋,上海館藏該叢編有清翁大年、莫棠跋。
上海　西安文管會　南京

31758
鬻子一卷
舊本題周鬻熊撰　唐逢行珪注
明刻十二子[十五卷]本　清江藩校
《中國古籍善本書目》著録。
上海

31759
鬻子一卷
舊本題周鬻熊撰　唐逢行珪注
明萬曆四年至五年(1576—1577)南京國子監刻子彙本
《中國古籍善本書目》著録。
國圖　北大　人大　歷史博　上海　上海師大　天津　河北博　遼寧　吉林　湖南　四川　重慶　雲南

31760
鬻子一卷
舊本題周鬻熊撰　唐逢行珪注
民國上海商務印書館影印元明善本叢書十種·子彙本
國圖　北師大　中醫　上海　華東師大　上海師大　上海辭書　天津　吉大　甘肅　山東大　福建師大　江西　湖北　廣西　四川　重慶　雲南

31761
鬻子一卷
舊本題周鬻熊撰　明謝汝韶注

明萬曆六年(1578)吉藩崇德書院刻二十家子書本

《中國古籍善本書目》著録。上海館藏另一部《二十家子書》有清朱徵跋。

國圖　人大　北京文物局　山東大　温州　武大　湖南　重慶　貴州大

31762

鬻子一卷

舊本題周鬻熊撰

明萬曆三十年(1602)緜眇閣刻先秦諸子合編本

《中國古籍善本書目》著録,僅此二館有藏。

北大　上海

31763

鬻子一卷

舊本題周鬻熊撰

明藍格抄二十一家書摘抄本

陽海清主編之《中南、西南地區省、市圖書館館藏古籍稿本提要(附鈔本聯合目録)》著録。

廣東

31764

鬻子一卷

舊本題周鬻熊撰　唐逄行珪注

明天啓崇禎間刻諸子褒異本

《中國古籍善本書目》著録,僅該館有藏。

科院

31765

鬻子一卷

舊本題周鬻熊撰

明刻本

《中國古籍總目·子部》著録。

國圖　南京

31766

鬻子一卷

舊本題周鬻熊撰　唐逄行珪注

明末楊之森刻廣成子鬻子合刻本

是刻半葉九行,行十八字,白口,四周單邊。《中國古籍善本書目》著録,僅該館有藏。

湖北

31767

鬻子一卷

舊本題周鬻熊撰　唐逄行珪注

民國十二年(1923)沔陽盧氏慎始基齋據明刻本影印湖北先正遺書本

國圖　科院　北大　上海　天津　遼寧　寧夏　山東　南京　浙江　湖北　四川

31768

鬻子一卷

舊本題周鬻熊撰　唐逄行珪注

清四庫全書本

國圖　甘肅　浙江　臺北故宫

1983年臺北商務印書館影印清文淵閣四庫全書本

湖北

1989年上海古籍出版社縮印臺北商務印書館影印清文淵閣四庫全書本

國圖　武漢

31769

鬻子一卷

舊本題周鬻熊撰　唐逄行珪注

清嘉慶十三年至十六年(1808—1811)張海鵬刻墨海金壺本

是刻半葉十一行,行二十三字,黑口,左右雙邊。《中國古籍善本書目》著録。

國圖　復旦　天津　山東

31770
鬻子一卷
舊本題周鬻熊撰　唐逄行珪注
民國十年（1921）上海博古齋影印清嘉慶張海鵬刻墨海金壺本
國圖　首都　北大　上海　復旦　天津　遼寧　甘肅　南京　浙江　河南　武大　四川　重慶　雲南

31771
鬻子一卷
舊本題周鬻熊撰　唐逄行珪注
補一卷
明楊之森輯
抄養素軒叢録第三集本
《中國叢書綜録》著録，僅此二館有藏。
上海　南京

31772
鬻子一卷
舊本題周鬻熊撰
鬻子七則一卷
明楊之森輯
清三槐堂刻本
南京

31773
鬻子一卷
舊本題周鬻熊撰　唐逄行珪注
補一卷
明楊之森輯
清道光十三年（1833）王氏棠蔭館刻廿二子全書本
北師大　清華　上海　遼寧　吉林市　哈爾濱　陝西　甘肅　山東大　江西　武漢　廣東　四川

31774
鬻子一卷
舊本題周鬻熊撰　唐逄行珪注
補一卷
明楊之森輯
清光緒元年湖北崇文書局刻子書百家
黄嗣艾《湖北公藏版刻提要》作"楚鬻熊著"，並云："此乃後人依託之書。唐逄行珪註，蓋即行珪所僞撰也。且相傳出自宋祖無擇家，至《漢志》所載，蓋早亡矣。惟理致通遠，旨趣恢弘，根諸道德，達於政事，洵爲諸子之祖，有可存者。《文獻通考》列之道家，今從之。"
湖北

31775
鬻子一卷
舊本題周鬻熊撰　唐逄行珪注
補一卷
明楊之森輯
清光緒元年（1875）湖北崇文書局刻子書百家本　傅增湘校
《中國古籍善本書目》著録。
國圖

31776
鬻子一卷
舊本題周鬻熊撰　唐逄行珪注
補一卷
明楊之森輯
民國八年（1919）上海掃葉山房石印百子全書
國圖　北師大　清華　中醫　上海　復旦　天津　内蒙古　遼寧　南京　浙江　廣東　川大　重慶

31777
鬻子一卷逸文一卷
舊本題周鬻熊撰　唐逄行珪注
清抄本
與《公孫龍子》附《鄧析子》《慎子》《六韜》合爲一編。
國圖

31778
鬻子一卷
舊本題周鬻熊撰　唐逢行珪注
附校勘記逸文一卷
清錢熙祚撰併輯佚文
清道光二十四年(1844)金山錢氏據墨海金壺刊版重編增刻守山閣叢書本
國圖　科院　北師大　上海　華東師大　天津　遼寧　吉大　甘肅　南京　江西　河南　青海

31779
鬻子一卷
舊本題周鬻熊撰　唐逢行珪注
附校勘記逸文一卷
清錢熙祚撰併輯佚文
清光緒十五年(1889)上海鴻文書局影印清金山錢氏據墨海金壺刊版重編增刻守山閣叢書本
國圖　首都　北大　上海　復旦　天津　遼寧　吉大　南京　浙江　江西　湖北　桂林　四川　重慶

31780
鬻子一卷
舊本題周鬻熊撰　唐逢行珪注
附校勘記逸文一卷
清錢熙祚撰併輯佚文
民國十一年(1922)上海博古齋影印清金山錢氏重編增刻守山閣叢書本
國圖　首都　北大　上海　復旦　天津　遼寧　甘肅　南京　杭大　武漢　四川　重慶

31781
鬻子一卷
舊本題周鬻熊撰
清刻本
國圖

31782
鬻子一卷
舊本題周鬻熊撰
明刻方疑編十二子本
《中國古籍善本書目》著録。
北大　清華　南京　湖北

31783
鬻子一卷
舊本題周鬻熊撰　明楊慎評點
明末刻方疑編十三子全書本
《中國古籍善本書目》著録，僅該館有藏。此《十三子全書》各種刊刻者互異，蓋集多家刻版印成，本書爲明自得軒刻本。
科院

31784
鬻子一卷
舊本題周鬻熊撰　明楊慎評註
明天啓五年(1625)張氏橫秋閣刻楊升菴先生評註五子全書本
《中國古籍善本書目》著録，僅此四館有藏。南京館藏該叢編有清王芑孫跋。
國圖　首都　甘肅　南京

31785
鬻子一卷
舊本題周鬻熊撰　清任兆麟選輯
清乾隆五十三年(1788)映雪草堂刻述記(一名三代兩漢遺書)本
首都　北師大　清華　上海　復旦　上海辭書　天津　遼寧　吉大　山東大　南大

31786
鬻子一卷
舊本題周鬻熊撰　清任兆麟選輯
清嘉慶十五年(1810)遂古堂刻述記(一名三代兩漢遺書)本
北大　上海師大

31787
鬻子一卷
舊本題周鬻熊撰　唐逄行珪注
清抄本　清黄丕烈校
《中國古籍善本書目》著録。
國圖

31788
鬻子一卷
舊本題周鬻熊撰　清嚴可均輯
輯佚者手稿本
《中國古籍善本書目》著録。
上海

31789
鬻子一卷補一卷
舊本題周鬻熊撰
清刻本
與《鬼谷子》《公孫龍子》合編並附《鄧析子》《於陵子》各一卷。
國圖

31790
鬻子
舊本題周鬻熊撰
民國十六年(1927)上海商務印書館鉛印説郛
國圖　科院　北大　上海　復旦　天津　遼寧　吉大　甘肅　南京　江西　湖北　武大　廣東　四川　重慶　雲南

31791
鬻子
舊本題周鬻熊撰　唐逄行珪注　明楊慎評註　明歸有光輯評
明天啓刻諸子彙函本
《中國古籍善本書目》著録,十九個館有藏。
首都　人大　華東師大　山西　天一閣　安徽　福建　四川

31792
鬻子
舊本題周鬻熊撰　唐逄行珪注　明楊慎評註　明歸有光輯評
明末刻本
《中國古籍善本書目》著録,四十八個館有藏。
首都　人大　北師大　復旦　天津　山西　吉林　甘肅　浙江　安徽　湖北　湖南　廣東　四川　重慶

31793
鬻子
舊本題周鬻熊撰
民國上海會文堂石印評點百二十子本
遼寧　長春　哈師大

31794
墨子閒詁箋不分卷附録一卷
漢陽張純一撰
民國十一年(1922)鉛印本

31795
鶡冠子三卷
宋陸佃注
明正統十一年(1466)内府刻道藏本
《中國古籍善本書目》著録。
鶡冠子爲戰國晚期學者,"初本黄老而末流迪於刑名"(陸佃《鶡冠子序》)。相傳其以鶡鳥羽爲冠,因號鶡冠子,隱居深山,著書立説。《漢書·藝文志》著録有《鶡冠子》一篇,列爲道家著作。今通行本《鶡冠子》爲三卷十九篇,由北宋陸佃作注,學人有僞托之疑。
《漢書·藝文志》謂其爲楚人,然至今未見可以確定其爲湖北人之依據。鑒於《湖北先正遺書》《湖北歷史人物辭典》均予收録,故亦著録之。

《中國古籍善本書目》著録，僅該館所藏之《道藏》本全。故宫、上海、南陽、四川館藏有該叢編殘帙，未知存此種否。

國圖

31796

鶡冠子三卷

宋陸佃注

民國十二年至十五年（1923—1926）上海商務印書館影印明正統十年（1445）内府刻道藏本

國圖　首都　科院　上海　華東師大　天津　遼寧　南京　南大　浙江　杭大　河南　湖北　四川　雲南

31797

鶡冠子三卷

宋陸佃注

明正統十年（1445）内府刻萬曆二十六年（1598）印道藏本　清盧文弨校

《中國古籍善本書目》著録。

國圖

31798

鶡冠子三卷

宋陸佃注

民國十二年至十五年（1923—1926）上海商務印書館影印明正統十年（1445）内府刻道藏本

國圖　首都　科院　上海　華東師大　天津　遼寧　南京　南大　浙江　杭大　河南　湖北　四川　雲南

31799

鶡冠子三卷

宋陸佃解

民國上海商務印書館據明本影印道藏舉要第五類本

國圖　上海　南大　江西　武大　四川　川大

31800

鶡冠子三卷

宋陸佃解

明弘治碧雲館活字印本［四庫底本］　清高宗弘曆題詩

《中國古籍善本書目》著録，僅該館有藏。

國圖

31801

鶡冠子三卷

宋陸佃解

明弘治九年（1496）李瀚刻本

《中國古籍善本書目》著録，僅此二館有藏。

國圖　北大

31802

鶡冠子三卷

宋陸佃解

明嘉靖二十三年（1544）歐陽刻五子書本

《中國古籍善本書目》著録。

國圖　北大　上海　南京　瑞安玉海樓

31803

鶡冠子三卷

宋陸佃注

明萬曆五年（1577）刻本

《中國古籍總目·子部》著録。

上海

31804

鶡冠子三卷

宋陸佃注

明刻本

是刻半葉八行，行十七字，細黑口，左右雙邊。《中國古籍善本書目》著録。

國圖　科院　北京文物局　南京　重慶

31805
鶡冠子三卷
宋陸佃注
明刻本　佚名批校
北大

31806
鶡冠子三卷
宋陸佃注
明刻本
是刻半葉九行,行二十字,小字雙行行字同,黑口,四周雙邊。《中國古籍善本書目》著録,僅該館有藏。
國圖

31807
鶡冠子三卷
宋陸佃注
明抄本　清黄丕烈校並跋
《中國古籍善本書目》著録。
國圖

31808
鶡冠子三卷
宋陸佃注
清乾隆二十八年(1763)抄摛藻堂四庫全書會要本
《中國古籍善本書目》著録。
故宫

31809
鶡冠子三卷
宋陸佃注
清乾隆三十九年(1774)刻本
國圖

31810
鶡冠子三卷
宋陸佃解
清四庫全書本
國圖　甘肅　浙江　臺北故宫
1983年臺北商務印書館影印清文淵閣四庫全書本
湖北
1989年上海古籍出版社縮印臺北商務印書館影印清文淵閣四庫全書本
國圖　武漢

31811
鶡冠子三卷
宋陸佃注
清乾隆武英殿活字印聚珍版叢書本
國圖　天津　桂林

31812
鶡冠子三卷
宋陸佃注
清乾隆武英殿活字印聚珍版叢書本　清盧文弨校並跋　清丁丙跋
《中國古籍善本書目》著録。
南京

31813
鶡冠子三卷
宋陸佃注
清乾隆武英殿活字印聚珍版叢書本　清孫星衍校並跋
《中國古籍善本書目》著録。
國圖

31814
鶡冠子三卷
宋陸佃解
民國十二年(1923)沔陽盧氏慎始基齋據武英殿聚珍版書本影印湖北先正遺書本
國圖　科院　北大　上海　天津　遼寧　寧夏　山東　南京　浙江　湖北　四川

31815
鶡冠子三卷
宋陸佃解
清乾隆四十二年（1777）福建刻道光同治遞修光緒二十年（1894）增刻武英殿聚珍版書本
國圖　北大　北師大　上海　復旦　天津　吉大　甘肅　南京　浙江　湖北　武大　四川　重慶

31816
鶡冠子三卷
宋陸佃解
清光緒二十五年（1899）廣雅書局刻武英殿聚珍版書本
科院　北師大　上海　復旦　天津　内蒙古　吉大　南大　湖北　四川　重慶

31817
鶡冠子三卷
宋陸佃解
清嘉慶十年（1805）張氏照曠閣刻學津討原本
是刻半葉九行，行二十一字，黑口，左右雙邊。《中國古籍善本書目》著録。
國圖　首都師大　復旦　天津　陝西師大　山東　浙江　福建　重慶

31818
鶡冠子三卷
宋陸佃解
民國十一年（1922）上海商務印書館影印清嘉慶十年（1805）張氏照曠閣刻學津討原本
國圖　首都　北大　上海　復旦　天津　遼寧　吉大　甘肅　南京　浙江　江西　河南　四川　重慶　雲南

31819
鶡冠子三卷
宋陸佃解
清同治番禺李氏抄反約篇本
《中國叢書綜録》著録。
福建師大

31820
鶡冠子三卷
宋陸佃解
清同治真州張氏廣東刻民國二年（1913）重修印榕園叢書本
國圖　科院　北大　上海　復旦　遼寧　甘肅　南京　安徽　武漢　重慶　云南

31821
鶡冠子三卷
宋陸佃解
清光緒元年（1875）湖北崇文書局刻子書百家
國圖　北師大　北大　清華　上海　復旦　天津　遼寧　吉大　甘肅　南京　浙江　湖北　武漢　武大　四川　重慶

31822
鶡冠子三卷
宋陸佃注
清光緒刻本　清王仁俊校並題記
北大

31823
鶡冠子三卷
宋陸佃解
民國八年（1919）上海掃葉山房石印百子全書本
國圖　北師大　清華　中醫　上海　復旦　天津　内蒙古　遼寧　南京　浙江　廣東　川大　重慶

31824
鶡冠子三卷
宋陸佃解
清光緒九年（1833）上海鴻文書局石印二十五子彙函本
國圖　首都　北師大　中央民大　上海　復旦　上海師大　吉大　山東大　安徽　河南　青海

31825
鶡冠子三卷
宋陸佃解
清宣統三年（1911）育文書局石印子書二十八種本
上海　遼寧　山東大　安徽　重慶　川大

31826
鶡冠子三卷
宋陸佃解
民國七年（1918）雙鑑樓據道藏本影印道藏本五子本
清華　上海　上海辭書

31827
鶡冠子三卷
宋陸佃解
民國八年（1919）上海商務印書館初次影印四部叢刊本
國圖　科院　北大　上海　復旦　天津　遼寧　甘肅　南京　杭大　江西　湖北　武大　四川　重慶　雲南

31828
鶡冠子三卷
宋陸佃解
民國十八年（1929）海商務印書館二次影印四部叢刊本
國圖　上海　復旦　華東師大　天津　吉大　南京　浙江　江西　桂林　川大　雲南

31829
鶡冠子三卷
宋陸佃解
民國九年（1920）上海五鳳樓石印子書四十八種本
國圖　上海師大　山東大　南大　桂林　寧夏

31830
鶡冠子三卷
宋陸佃解
民國二十五年（1936）上海商務印書館縮印四部叢刊本
國圖　首都　北師大　中醫　華東師大　上海師大　甘肅　南京　南大　江西　桂林　湖北　雲南

31831
鶡冠子三卷
宋陸佃解
民國二十五年（1936）上海書局鉛印四部備要本
國圖　首都　北大　上海　復旦　天津　遼寧　甘肅　南京　浙江　湖北　四川　重慶

31832
鶡冠子三卷
宋陸佃解
民國二十五年（1936）上海書局縮印四部備要本
北師大　中央民大　上海　華東師大　上海師大　上海辭書　浙江　江西　湖北　廣東　廣西　重慶

31833
鶡冠子一卷
宋陸佃解
明刻方疑編十二子本

《中國古籍善本書目》著録。

北大　清華　南京　湖北

31834

鶡冠子一卷

宋陸佃解

明萬曆四年至五年（1576—1577）南京國子監刻子彙本

《中國古籍善本書目》著録。

國圖　北大　人大　歷史博　上海　上海師大　天津　河北博　遼寧　吉林　湖南　四川　重慶　雲南

31835

鶡冠子一卷

宋陸佃解

民國上海商務印書館影印元明善本叢書十種·子彙本

國圖　北師大　中醫　上海　華東師大　上海師大　上海辭書　天津　吉大　甘肅　山東大　福建師大　江西　湖北　廣西　四川　重慶　雲南

31836

鶡冠子一卷

宋陸佃解

民國二十四年至二十六年（1935—1937）上海商務印書館鉛印叢書集成初編本

國圖　清華　北師大　上海　復旦　遼寧　吉林市　甘肅　南大　浙江　湖北　江西　四川　重慶　雲南

31837

鶡冠子二卷

宋陸佃解

明嘉靖刻本

是刻半葉十行，行十九字，白口，左右雙邊。《中國古籍善本書目》著録，僅該館有藏。

南京

31838

鶡冠子二卷

宋陸佃注

明嘉靖刻本　清蔣鳳藻跋

《中國古籍善本書目》著録。

國圖

31839

鶡冠子三卷

宋陸佃注　明王宇等評

明天啓五年（1625）朱氏花齋刻本

是刻半葉九行，行二十字，小字雙行行字同，白口，四周單邊。《中國古籍善本書目》著録，三十五個館有藏。同評者有汪明際、朱養純等。

國圖　北大　人大　上海　復旦　天津　天津師大　東北師大　南京　浙江　天一閣　安徽博　福建　河南　襄陽　廣東　四川　貴州

31840

鶡冠子三卷

宋陸佃注　明王宇等評

明天啓五年（1625）朱氏花齋刻本　清孫詒讓校注

《中國古籍善本書目》著録。

温州

31841

鶡冠子三卷

宋陸佃解　明王宇等評

明天啓武林坊刻合諸名家批點諸子全書本

《中國古籍善本書目》著録，僅該館有藏。該叢編所收各書版本互異，係用多家刊版印成，本書爲明花齋刻本。

國圖

31842

鶡冠子一卷

明王宇評

明末刻方疑編十三子全書本

《中國古籍善本書目》著録,僅該館有藏。是叢編所收各種刊刻者互異,係用多家刊版印成,本書爲明花齋刻本。

科院

31843

鶡冠子三卷

宋陸佃解　明王宇等評

明末聚奎樓刻六子全書[二十一卷]本

《中國古籍善本書目》著録,僅該館有藏。

湖北

31844

鶡冠子三卷

宋陸佃解　明王宇等評

清嘉慶九年(1804)姑蘇王氏聚文堂刻十子全書本

國圖　首都　上海　華東師大　天津　遼寧　吉大　山東　南京　安徽　湖北　武漢　四川　重慶

31845

鶡冠子三卷

宋陸佃解　明王宇等評

清嘉慶九年(1804)寶慶經綸堂刻本

上海

31846

鶡冠子三卷

宋陸佃解　明王宇等評

明同治八年(1869)劉履芬抄本　章鈺校

《中國古籍善本書目》著録。

國圖

31847

鶡冠子三卷

宋陸佃解　明王宇等評

清光緒二十三年(1896)上海圖書集成局鉛印子書二十二種本

國圖　北師大　中央民大　上海　上海辭書　天津　吉林市　山東大　安徽　河南　桂林

31848

鶡冠子三卷

宋陸佃解　明王宇等評

清刻本

各館所藏或非同版,其中有的或與前述清代刻本爲同版。

天津　上海　遼大　南京

31849

鶡冠子三卷

宋陸佃解　明王宇等評

民國十七年(1928)上海掃葉山房石印本

上海

31850

鶡冠子三卷

宋陸佃解

1990年上海古籍出版社鉛印諸子百家叢書本

31851

鶡冠子二卷

明刻十子[十三卷]本　清朱學勤、盛昱跋

《中國古籍善本書目》著録,僅該館有藏。

國圖

31852

鶡冠子二卷

明萬曆三十年(1602)緜眇閣刻先秦諸子合編十六種本

《中國古籍善本書目》著録。

國圖　北大　上海

31853
鶡冠子
明歸有光輯評
明天啓刻諸子彙函本
《中國古籍善本書目》著録,十九個館有藏。
首都　人大　華東師大　山西　天一閣　安徽　福建　四川

31854
鬼谷子三卷
南朝梁陶弘景注
明正統十年(1445)内府刻道藏本
《中國古籍善本書目》著録,僅該館之《道藏》本全。故宫、上海、南陽、四川館有《道藏》殘本,未知存此種否。
鬼谷子,相傳爲戰國時楚人,其姓名傳説不一。隱於鬼谷,因以自號。長於養性持身和縱横捭闔之術。《鬼谷子》一書,舊題周鬼谷子撰,實係後人僞托,始見於《隋書·經籍志》,列於縱横家。《湖北先正遺書》收録,仿之。
國圖

31855
鬼谷子三卷
南朝梁陶弘景注
民國十二年至十五年(1923—1926)上海商務印書館影印明正統十年内府刻道藏本
國圖　首都　科院　上海　華東師大　天津　遼寧　南京　南大　浙江　杭大　河南　湖北　四川　雲南

31856
鬼谷子三卷
梁陶弘景注
明正統十年(1445)内府刻嘉靖三年(1524)重修道藏本
國圖

31857
鬼谷子三卷
民國上海商務印書館據明本影印道藏舉要第五類本
國圖　上海　南大　江西　武大　四川　川大

31858
鬼谷子三卷
明嘉靖二十四年(1545)藍格抄本　清盧文弨、嚴元照、徐鯤、勞權校並跋
臺圖

31859
鬼谷子三卷
明刻本
是刻半葉十行,行二十字,白口,左右雙邊。《中國古籍善本書目》著録,僅該館有藏。
上海

31860
鬼谷子三卷
清抄本
《中國古籍善本書目》著録。
國圖

31861
鬼谷子三卷
清抄本
臺圖

31862
鬼谷子三卷
南朝梁陶弘景注　清秦恩復校正
篇目考一卷附録一卷
清秦恩復輯
清乾隆五十四年(1789)秦氏石研齋刻本
北大　科院　遼寧　東北師大　吉大

31863
鬼谷子三卷
南朝梁陶弘景注　清秦恩復校正
篇目考一卷附録一卷
清秦恩復輯
清乾隆五十四年(1789)秦氏石研齋刻本　清嚴元照、陳鱣校並跋　清鮑廷博、徐鯤校
《中國古籍善本書目》著録。
國圖

31864
鬼谷子三卷
南朝梁陶弘景注　清秦恩復校正
篇目考一卷附録一卷
清秦恩復輯
2002年上海古籍出版社據清乾隆五十四年(1789)秦氏石研齋刻本影印續修四庫全書本
湖北

31865
鬼谷子三卷
南朝梁陶弘景注　清秦恩復校正
篇目考一卷附録一卷
清秦恩復輯
清乾隆五十四年(1789)秦氏石研齋刻本　清鮑廷博校　清丁丙跋
南京

31866
鬼谷子三卷
南朝梁陶弘景注　清秦恩復校正
篇目考一卷附録一卷
清秦恩復輯
清乾隆五十四年(1789)秦氏石研齋刻本　清佚名朱筆校
上海

31867
鬼谷子三卷
南朝梁陶弘景注　清秦恩復校正
篇目考一卷附録一卷
清秦恩復輯
清乾隆五十四年(1789)秦氏石研齋刻本　清勞權、勞格校並跋　章鈺、鄧邦述題記
臺圖

31868
鬼谷子三卷
南朝梁陶弘景注　清秦恩復校正
篇目考一卷附録一卷
清秦恩復輯
清乾隆六十年(1795)秦氏石研齋刻本　清佚名朱筆圈點及眉批題記
國圖

31869
鬼谷子三卷
南朝梁陶弘景注　清秦恩復校正
篇目考一卷附録一卷
清秦恩復輯
清嘉慶十年(1805)秦氏享帚精舍刻石研齋四種本
上海　南京　浙江

31870
鬼谷子三卷
南朝梁陶弘景注　清秦恩復校正
篇目考一卷附録一卷
清秦恩復撰
1985年中國書店據清嘉慶十年(1805)秦氏享帚精舍刻石研齋四種本影印

31871
鬼谷子三卷
南朝梁陶弘景注　清秦恩復校正

篇目考一卷附録一卷
清秦恩復輯
清嘉慶十年(1805)秦氏享帚精舍刻石研齋四種本　清姚瑩跋　傅增湘跋並録清嚴元照、徐鯤校跋　盧文弨校語　勞權、繆荃孫題識
《中國古籍善本書目》著録。此及後四個款目對版本之表述,參照《中國叢書綜録》稍有改動。
國圖

31872
鬼谷子三卷
南朝梁陶弘景注　清秦恩復校正
篇目考一卷附録一卷
清秦恩復輯
清嘉慶十年(1805)秦氏享帚精舍刻石研齋四種本　清陳澧批校
《中國古籍善本書目》著録。
廣東

31873
鬼谷子三卷
南朝梁陶弘景注　清秦恩復校正
篇目考一卷附録一卷
清秦恩復輯
清嘉慶十年(1805)秦氏享帚精舍刻石研齋四種本　清孫詒讓批
《中國古籍善本書目》著録。
浙大

31874
鬼谷子三卷
南朝梁陶弘景注　清秦恩復校正
篇目考一卷附録一卷
清秦恩復輯
清嘉慶十年(1805)秦氏享帚精舍刻石研齋四種本　章鈺校並跋　繆荃孫跋並録　清嚴元照、徐鯤、勞權題識
《中國古籍善本書目》著録。
國圖

31875
鬼谷子三卷
南朝梁陶弘景注　清秦恩復校正
篇目考一卷附録一卷
清秦恩復輯
清嘉慶十年(1805)秦氏享帚精舍刻石研齋四種本　佚名録　勞權臨、嚴光照校
北大

31876
鬼谷子三卷
南朝梁陶弘景注　清秦恩復校正
篇目考一卷附録一卷
清秦恩復輯
民國十二年(1923)沔陽盧氏慎始基齋據清嘉慶十年(1805)石研齋刻本影印湖北先正遺書本
國圖　科院　北大　上海　天津　遼寧　寧夏　山東　南京　浙江　湖北　四川

31877
鬼谷子三卷
南朝梁陶弘景注　清秦恩復校正
篇目考一卷附録一卷
清秦恩復輯
清嘉慶、道光間秦氏刻石研齋校刻書七種本
《中國古籍善本書目》著録。
國圖

31878
鬼谷子三卷
南朝梁陶弘景注　清秦恩復校正
篇目考一卷附録一卷
清秦恩復輯
清同治八年(1869)劉履芬抄本　章鈺

校跋並録　清嚴元照、徐鯤、傅增湘題識　清勞權、繆荃孫校跋

《中國古籍善本書目》著録。

國圖

31879

鬼谷子三卷

南朝梁陶弘景注　清秦恩復校正

篇目考一卷附録一卷

清秦恩復輯

清刻本

《中國古籍總目·子部》著録。二家所藏或非同版，其中或有與前述清代刻本爲同版者。

國圖　南京

31880

鬼谷子三卷

南朝梁陶弘景注　清秦恩復校正

篇目考一卷附録一卷

清秦恩復輯

民國二十五年（1936）上海中華書局鉛印四部備要本

國圖　首都　北大　上海　復旦　天津　遼寧　甘肅　南京　浙江　湖北　四川　重慶

31881

鬼谷子三卷

南朝梁陶弘景注　清秦恩復校正

篇目考一卷附録一卷

清秦恩復輯

民國二十五年（1936）上海中華書局縮印四部備要本

北師大　中央民大　上海　華東師大　上海師大　上海辭書　浙江　江西　湖北　廣東　廣西　重慶

31882

鬼谷子三卷

南朝梁陶弘景注　清秦恩復校正

篇目考一卷附録一卷

清秦恩復輯

校記一卷

陳乃乾輯

民國十一年（1922）古書流通處據清嘉慶秦氏石研齋刻本影印古書叢刊本

國圖　科院　北大　上海　華東師大　天津　遼寧　甘肅　南京　浙江　湖北　武漢　四川　重慶

31883

鬼谷子三卷附録一卷

民國八年（1919）上海商務印書館初次影印四部叢刊本

國圖　科院　北大　上海　復旦　天津　遼寧　甘肅　南京　杭大　江西　湖北　武大　四川　重慶　雲南

31884

鬼谷子三卷附録一卷

民國十八年（1929）上海商務印書館二次影印四部叢刊本

國圖　上海　復旦　華東師大　天津　吉大　南京　浙江　江西　桂林　川大　雲南

31885

鬼谷子三卷附録一卷

民國二十五年（1936）上海商務印書館縮印四部叢刊本

國圖　首都　北師大　中醫　華東師大　上海師大　甘肅　南京　南大　江西　湖北　桂林　雲南

31886

鬼谷子一卷

明萬曆六年（1578）吉藩崇德書院刻二十家子書本

《中國古籍善本書目》著録。上海館藏另一部《二十家子書》有清末朱徵跋。

國圖　人大　北京文物局　上海　山東大　武大　湖南　重慶　貴州大

31887
鬼谷子一卷
明刻道言翼六種本
《中國古籍善本書目》著録。
中央黨校

31888
鬼谷子一卷
明萬曆三十年(1602)緜眇閣刻先秦諸子合編十六種本
《中國古籍善本書目》著録,僅此二館有藏。
北大　上海

31889
鬼谷子一卷
明萬曆三十年(1602)緜眇閣刻先秦諸子合編十六種本　傅增湘校
《中國古籍善本書目》著録。
國圖

31890
鬼谷子一卷
明刻且且菴初箋十六子本
《中國古籍善本書目》著録,僅該館有藏。
國圖

31891
鬼谷子一卷
清四庫全書本
國圖　甘肅　浙江　臺北故宫
1983年臺北商務印書館影印清文淵閣四庫全書本
湖北
1989年上海古籍出版社縮印臺北商務印書館影印清文淵閣四庫全書本
國圖　武漢

31892
鬼谷子一卷
清光緒元年(1875)湖北崇文書局刻子書百家本
國圖　北師大　北大　清華　上海　復旦　天津　遼寧　吉大　甘肅　南京　浙江　湖北　武漢　武大　四川　重慶

31893
鬼谷子一卷
清光緒十九年(1893)上海鴻文書局石印二十五子彙函本
國圖　首都　北師大　中央民大　上海　復旦　上海師大　吉大　山東大　安徽　河南　青海

31894
鬼谷子一卷
清宣統三年(1911)育文書局石印子書二十八種本
上海　遼寧　山東大　安徽　重慶　川大

31895
鬼谷子一卷
民國八年(1919)上海掃葉山房石印百子全書本
國圖　北師大　清華　中醫　上海　復旦　天津　内蒙古　遼寧　南京　浙江　廣東　川大　重慶

31896
鬼谷子一卷
民國九年(1920)上海五鳳樓石印子書四十八種本
國圖　上海師大　山東大　南大　桂林　寧夏

31897
鬼谷子
1990年上海古籍出版社鉛印諸子百家叢書本

31898
鬼谷子
張建國注釋
1991年陝西旅遊出版社鉛印本

31899
鬼谷子
方向東注評
1995年學苑出版社鉛印本

31900
鬼谷子
琮瓊譯注
2001年書海出版社鉛印中國傳統文化叢書本

31901
鬼谷子一卷
明楊慎評註
明天啓五年（1625）張氏橫秋閣刻楊升菴先生評註五子全書本
國圖　首都　甘肅

31902
鬼谷子一卷
明楊慎評
明天啓武林坊刻合諸名家批點諸子全書本
《中國古籍善本書目》著録。該叢編所收各書刊刻者互異，係用多家刻本印成。本書爲明橫秋閣刻本。
上海

31903
鬼谷子一卷
明楊慎評
明書林龔宏源刻［金衛公彙選］權通祕書四種本
是刻半葉九行，行二十五字，白口，四周單邊。《中國古籍善本書目》著録，僅該館有藏。此種漏著輯者。
科院

31904
鬼谷子一卷
明刻方疑編十二子［十二卷］本
《中國古籍善本書目》著録。
北大　清華　南京　湖北

31905
鬼谷子一卷
明末刻方疑編十三子全書本
《中國古籍善本書目》著録，僅該館有藏。該叢編所收各書刊刻者不一，係用多家刻版印成，本書爲明泰和堂刻本。
科院

31906
鬼谷子一卷
明高金體評點
明天啓武林坊刻合諸名家批點諸子全書本
《中國古籍善本書目》著録。該叢編所收各書刊刻者互異，係用多家刻版印成，本書爲明臨安高衙刻本。
國圖

31907
鬼谷子一卷
明高金體評
清刻本

國圖

31908
鬼谷子一卷
明末刻諸子褒異本
《中國古籍善本書目》著録,僅該館有藏。
科院

31909
鬼谷子一卷
明崇禎八年(1635)謝鏞刻謝禹銘五刻本
《中國古籍善本書目》著録,僅該館有藏。
國圖

31910
鬼谷子一卷外篇一卷
明刻十子[十一卷]本
《中國古籍善本書目》著録,僅該館有藏。
國圖

31911
鬼谷子一卷外篇一卷
明刻十子[十三卷]本
《中國古籍善本書目》著録,僅該館有藏。
國圖

31912
鬼谷子一卷外篇一卷
明刻十二子[十五卷]本
《中國古籍善本書目》著録。南京館藏該叢編有清丁丙跋,上海館藏該叢編有清翁大年、莫棠跋。
上海　西安文管會　南京

31913
鬼谷子一卷外篇一卷
明吴勉學刻二十子全書本
《中國古籍善本書目》著録。
國圖　上海　吉林　吉林市　寧夏　南大　武大　四川　重慶

31914
鬼谷子一卷外篇一卷
明黄之寀刻二十子本
《中國古籍善本書目》著録,僅此二館各藏該叢編殘本。
青島博　川大

31915
鬼谷子一卷外篇一卷
明萬曆四年至五年(1576—1577)南京國子監刻子彙本
《中國古籍善本書目》著録。另,南京館藏該叢編有清丁丙跋,山西文物局藏本則有傳增湘批校。
國圖　北大　人大　歷史博　上海　上海師大　天津　河北博　遼寧　吉林　湖南　四川　重慶　雲南

31916
鬼谷子一卷外篇一卷
民國上海商務印書館影印元明善本叢書十種·子彙本
國圖　北師大　中醫　上海　華東師大　上海師大　上海辭書　天津　吉大　甘肅　山東大　福建師大　江西　湖北　廣西　四川　重慶　雲南

31917
鬼谷子
明鈕氏世學樓抄説郛本
《中國古籍善本書目》著録。
國圖

31918
鬼谷子
明抄説郛本
《中國古籍善本書目》著録。
上海

31919
鬼谷子
民國十六年(1927)上海商務印書館鉛印説郛本
國圖 科院 北大 上海 復旦 天津 遼寧 吉大 甘肅 南京 江西 湖北 武大 廣東 四川 重慶 雲南

31920
鬼谷子
明歸有光輯評
明天啓刻諸子彙函本
《中國古籍善本書目》著録,十九個館有藏。
首都 人大 華東師大 山西 天一閣 安徽 福建 四川

31921
鬼谷子佚文一卷
清王仁俊輯
玉函山房輯佚書續編·經籍佚文稿本
《中國古籍善本書目》著録。
上海

31922
鬼谷陰符經一卷
明張儀注
明萬曆十六年(1588)黄口刻本
是刻半葉八行,行二十五字,白口,四周單邊。《中國古籍善本書目》著録,僅此二館有藏。
北大

31923
白話鬼谷子
陳蒲清注釋
1992年三環出版社鉛印本
據《四部叢刊》本,按原文分段注釋,並於每條注釋後附上南朝齊梁時代著名學者陶宏景之古注作參照,俾便理解原著。

31924
白話鬼谷子
徐德歡、陳中瓊譯注
1995年嶽麓書社鉛印本

31925
白話鬼谷子
韓占傑、寇均鋒譯注
1997年三秦出版社鉛印中國傳統文化叢書本

31926
術言一卷
周鬼谷子撰 明景陵(今天門)鍾惺評
明刻合刻五家言本
《中國古籍善本書目》著録,但未著録著者項,兹依《中國叢書綜録》補之。
故宫 上海

31927
淮南鴻烈解二十八卷
漢劉安撰 漢許慎、高誘注 明江夏劉績補注
明黄焯刻本
《販書偶記續編》著録"明嘉靖庚寅延平黄焯刊本"。
國圖

31928
淮南鴻烈解二十八卷
漢劉安撰 漢許慎、高誘注 明江夏劉績補注
明弘治王溥刻本
《中國古籍善本書目》著録。

國圖　科院　北京市委　上海　陝西　湖南　重慶　雲大

31929
淮南鴻烈解二十八卷
漢劉安撰　漢許慎、高誘注　明江夏劉績補注
明弘治王溥刻本　清丁丙跋
《中國古籍善本書目》著録。
南京

31930
實用編不分卷
明黄梅瞿九思撰
明萬曆三十五年(1607)史學遷刻瞿聘君全集本
《中國古籍善本書目》著録。
國圖

31931
蓄艾編不分卷
明黄梅瞿九思撰
明萬曆三十五年(1607)史學遷刻瞿聘君全集本
《中國古籍善本書目》著録。
國圖

31932
淮南子選一卷
明沔陽(今仙桃)陳文燭輯
明萬曆元年(1573)刻本
是刻半葉九行,行十八字,白口,左右雙邊。《中國古籍善本書目》著録,僅該館有藏。
上海

31933
風俗通義十卷
漢應劭撰　明景陵(今天門)鍾惺評
明刻祕書九種本
《中國古籍善本書目》著録,僅該館藏該叢書全帙。
北師大

31934
風俗通義十卷
漢應劭撰　明景陵(今天門)鍾惺評
日本萬治三年(1660)中川藤四郎刻本
遼寧

31935
天禄閣外史八卷
題漢黄憲撰　明景陵(今天門)鍾惺評
明刻祕書九種本　佚名評註
該館《中文古籍善本書目》著録。
科院

31936
天禄閣外史八卷
題漢黄憲撰　明景陵(今天門)鍾惺評
明刻祕書九種本　鄧之誠題記
該館《中文古籍善本書目》著録。
科院

31937
山書一卷
唐荆南(今江陵)劉蛻撰
明刻十二子附録本
《中國古籍善本書目》著録。蛻之籍貫有多説,或謂商州,或謂桐廬,或謂長沙,茲從《湖北歷史人物辭典》。
北大　清華　南京　湖北

31938
山書一卷
唐荆南(今江陵)劉蛻撰
明刻十三子全書附録本
《中國古籍善本書目》著録。
科院

31939
山書一卷
唐荆南（今江陵）劉蜕撰
明末刻諸子褎異本
《中國古籍善本書目》著録，僅該館有藏。
科院

31940
山書一卷
唐荆南（今江陵）劉蜕撰
清順治三年（1646）李際期宛委山堂刻説郛本
《中國古籍善本書目》著録。
國圖　首都　故宫　上海　復旦　天津　吉林　南京　浙江　江西　河南　湖南　重慶　雲南

31941
鹿門子一卷
唐襄陽皮日休撰
明正德嘉靖間刻十二子本
《中國古籍總目·子部》著録。復旦、南京二館藏有該叢編殘帙，未知含此種否。《中國古籍善本書目》不收此版本。
清華　上海

31942
鹿門子一卷
唐襄陽皮日休撰
明刻十二子本
《中國古籍善本書目》著録。南京館藏該叢編有清丁丙跋，上海館所藏該叢編有清翁大年和民國莫棠跋。
上海　西安文管會　南京

31943
鹿門子一卷
唐襄陽皮日休撰
明刻十二子本　清江藩校
《中國古籍善本書目》著録。
上海

31944
鹿門子一卷
唐襄陽皮日休撰
明萬曆四年至五年（1576—1577）南京國子監刻子彙本
《中國古籍善本書目》著録。
國圖　北大　人大　歷史博　上海　華東師大　天津　河北博　遼寧　吉林　湖南　四川　重慶　雲南

31945
鹿門子一卷
唐襄陽皮日休撰
民國上海商務印書館影印元明善本叢書·子彙本
國圖　北師大　中醫　上海　華東師大　天津　吉大　甘肅　山東大　福建師大　江西　湖北　廣東　四川　重慶

31946
鹿門子一卷
唐襄陽皮日休撰
明刻本　佚名批校
國圖

31947
鹿門子一卷
唐襄陽皮日休撰
清道光十三年（1887）王氏棠蔭館刻廿二子全書本
北師大　清華　上海　遼寧　吉林市　吉大　甘肅　陝西　山東大　武漢　廣東　四川　港大

31948
鹿門子一卷
唐襄陽皮日休撰

民國二十四年至二十六年(1935—1937)上海商務印書館鉛印叢書集成初編本
國圖　北師大　清華　上海　復旦　遼寧　吉林市　甘肅　山東大　南大　浙江　江西　湖北　四川　重慶　雲南

31949
鹿門子
唐襄陽皮日休撰　明歸有光輯評
明天啓刻諸子彙函本
《中國古籍善本書目》著録,十九館有藏。
首都　人大　華東師大　山西　天一閣　安徽　福建　四川

31950
鹿門子隱書一卷
唐襄陽皮日休撰
明刻且且菴初箋十六子本
《中國古籍善本書目》著録,僅該館有藏。實與《鹿門子》爲一書。
國圖

31951
鹿門子隱書一卷
唐襄陽皮日休撰
明末刻方疑編十三子全書本
科院

31952
鹿門子隱書一卷
唐襄陽皮日休撰
明抄藝海彙函本
《中國古籍善本書目》著録。
南京

31953
鹿門子隱書一卷
唐襄陽皮日休撰
清順治三年(1646)李際期宛委山堂刻説郛本
《中國古籍善本書目》著録。
國圖　首都　上海　復旦　天津　吉林　南京　浙江　江西　福建　河南　湖南　中大　重慶　雲南

31954
鹿門子隱書一卷
唐襄陽皮日休撰
清道光十一年(1831)晁氏本活字印學海類編本
《中國古籍善本書目》著録。
國圖　中國社科院文學所　科院　上海　吉林社科院　福建　中大　重慶

31955
鹿門子隱書一卷
唐襄陽皮日休撰
民國九年(1920)上海涵芬樓影印清道光十六年(1836)晁氏木活字印學海類編本
國圖　首都　上海　華東師大　天津　遼寧　南京　浙江　江西　湖北　四川　重慶　雲南

31956
隱書一卷
唐襄陽皮日休撰
明天啓武林坊刻合諸名家批點諸子全書本
係據明酣子幄刻本。《中國古籍善本書目》著録,僅該館有藏。
國圖

31957
楊文公談苑一卷
宋楊億述　宋黄鑑録　宋安陸宋庠重訂
清順治三年(1646)李際期宛委山堂刻説郛本
考歷代書目,本書或逕題《談苑》。有的歸

諸“子部·小説家類”。衢本《直齋書録解題》作十五卷,《中國文言小説書目》作八卷,均未見。《直齋書録解題》曰:“皇朝宋庠編。初,楊公億里人黄鑒,裒撰平生異聞爲一編,庠取而删類之,分爲二十一門。”又曰:“丞相宋庠公序,所録楊文公億言論。初,文公里人黄鑒從公游,纂其異聞奇説,名《南陽談藪》,宋公删其重複,分爲二十一門,改爲《談苑》。

國圖 科院 北大 上海 復旦 天津 遼寧 南大 河南 江西

31958

楊文公談苑一卷

宋楊憶述 宋黄鑑録 宋安陸宋庠重訂

民國十六年(1927)上海商務印書館鉛印説郛本

國圖 科院 北大 上海 復旦 天津 遼寧 甘肅 南京 浙江 湖北 江西 四川

31959

楊文公談苑一卷

宋楊憶述 宋黄鑑録 宋安陸宋庠重訂

清據説郛説郛續刊版重編印五朝小説·宋人百家小説偏録家本

上海 青島 山東大 南京 南大

31960

楊文公談苑一卷

宋楊憶述 宋黄鑑録 宋安陸宋庠重訂

民國十五年(1926)上海掃葉山房石印五朝小説大觀·宋人百家小説偏録家本

首都 上海 遼寧 山東 南京 浙江 河南 重慶 桂林

31961

米襄陽譚史(一名譚史)

宋襄陽米芾撰

明閔於忱松筠館刻朱墨套印枕函小史本

與《蘇長公譚史》《東坡居士艾子雜説》合編爲二卷。是刻半葉七行,行十七字,白口,四周單邊。《中國古籍善本書目》著録。

故宫 上海 遼寧 港大

31962

麈史三卷

宋安陸王得臣撰

明嘉靖元年(1522)柳僉抄本 清丁丙跋

《中國古籍善本書目》著録。

得臣字彦輔,自號鳳亭子。宋嘉祐進士,官至司農少卿。是書分類紀事,分四十四門,二百八十四事。凡朝廷掌故、耆舊遺事,耳目所及,咸登編録,並引經據典,辨别異同,考核精詳。其類屬各家不一,或入“子部·小説家類”,故《中國文言小説書目》收録;或入“史部·雜史類”;或入“子部·雜家類”,如《四庫全書總目》,玆從後者。

有數種版本,而以三卷本居多。

南京

31963

麈史三卷

宋安陸王得臣撰

明抄本 清錢曾、沈欽韓、繆荃孫校 清黄丕烈跋 清何焯、黄丕烈校 清黄氏跋 清頑菴氏題記

《中國古籍善本書目》著録。

國圖

31964

麈史三卷

宋安陸王得臣撰

明抄本

《中國古籍善本書目》著録。

國圖

31965

麈史三卷

宋安陸王得臣撰

明抄本　清黄丕烈校並跋

南京

31966

麈史三卷

宋安陸王得臣撰

明抄本

臺圖

31967

麈史三卷

宋安陸王得臣撰

清初抄本　李木齋校並跋

北大

31968

麈史三卷

宋安陸王得臣撰

清四庫全書本

國圖　甘肅　浙江　臺北故宫

1983年臺北商務印書館影印清文淵閣四庫全書本

湖北

1981年上海古籍出版社縮印臺北商務印書館影印清文淵閣四庫全書本

國圖　武漢

31969

麈史三卷

宋安陸王得臣撰

清抄本　清蔣宗海、楊廷錫跋

《中國古籍善本書目》著録。

31970

麈史三卷

宋安陸王得臣撰

清抄本　清李文藻批校

《中國古籍善本書目》著録。

山東

31971

麈史三卷

宋安陸王得臣撰

清抄本　清黄丕烈校跋並録清毛扆題識

《中國古籍善本書目》著録。

國圖

31972

麈史三卷

宋安陸王得臣撰

清抄本

《中國古籍善本書目》著録。

國圖

31973

麈史三卷

宋安陸王得臣撰

清抄本

《中國古籍善本書目》著録。

國圖

31974

麈史三卷

宋安陸王得臣撰

清抄本

《中國古籍善本書目》著録。

上海

31975

麈史三卷

宋安陸王得臣撰

清抄本

《中國古籍善本書目》著録。

上海

31976

麈史三卷

宋安陸王得臣撰

清抄本　佚名校並跋

《中國古籍善本書目》著録。

國圖

31977

麈史三卷

宋安陸王得臣撰

清乾隆道光間長塘鮑氏刻知不足齋叢書本

據《中國叢書綜録》，三十八館有藏。

國圖　科院　上海　天津　遼寧　甘肅　山東　南京　浙江　湖北　江西　四川

31978

麈史三卷

宋安陸王得臣撰

清乾隆道光間長塘鮑氏刻知不足齋叢書本　傅增湘校跋並録清毛扆題識

《中國古籍善本書目》著録。

國圖

31979

麈史三卷

宋安陸王得臣撰

民國十年（1921）上海古書流通處影印長塘鮑氏刻知不足齋叢書本

據《中國叢書綜録》，三十二館有藏。

國圖　科院　上海　天津　遼寧　甘肅　浙江　湖北　武大　江西　四川

31980

麈史三卷

宋安陸王得臣撰

民國十二年（1923）沔陽盧氏慎始基齋據知不足齋叢書本影印湖北先正遺書本

國圖　科院　北大　上海　天津　遼寧　寧夏　山東　南京　浙江　湖北　四川

31981

麈史三卷

宋安陸王得臣撰

清道光二十四年（1844）安陸章山書院刻本

《中國文言小説書目》、《簡明中國古籍辭典》著録。

國圖　吉大　南京

31982

麈史三卷

宋安陸王得臣撰

清末虞山周氏鴿峯草堂抄本

臺圖

31983

麈史三卷

宋安陸王得臣撰

清光緒八年（1882）安陸劉氏刻本

國圖

31984

麈史三卷

宋安陸王得臣撰

民國十五年（1926）上海商務印書館鉛印宋人小説本

上海　復旦　天津　吉大　山東　南京　福建　河南　湖北　廣東　四川

31985

麈史三卷

宋安陸王得臣撰

民國二十四年至二十六年（1935—1937）上海商務印書館鉛印叢書集成初編本

國圖　清華　上海　復旦　遼寧　甘肅　南大　浙江　湖北　江西　四川

31986

麈史四卷

宋安陸王得臣撰

明藍格抄本　清毛扆校並跋

臺圖

31987
麈史一卷
宋安陸王得臣撰
明王氏説删稿本
港大

31988
麈史不分卷
宋安陸王得臣撰
清王氏鬱岡齋抄本　周叔弢跋
《中國古籍善本書目》著録。
國圖

31989
麈史
宋安陸王得臣撰
明鈕氏世學樓抄説郛本
《中國古籍善本書目》著録。
國圖

31990
麈史
宋安陸王得臣撰
民國十六年（1927）上海商務印書館鉛印説郛本
據《中國叢書綜録》，四十個館有藏。
國圖　科院　北大　上海　復旦　天津　遼寧　甘肅　南京　浙江　湖北　江西

31991
麈史
宋安陸王得臣撰　俞宗憲點校
1986 年上海古籍出版社鉛印宋元筆記叢刊本

31992
宋景文公筆記三卷
宋安陸宋祁撰
宋刻百川學海本
《中國古籍善本書目》著録，僅國家圖書館有藏。
國圖

31993
宋景文公筆記三卷
宋安陸宋祁撰
民國十六年（1927）武進陶氏據宋咸淳本景刻百川學海本
上海　天津　吉大　南大　河南　桂林　青海　寧夏

31994
宋景文公筆記三卷
宋安陸宋祁撰
明弘治十四年（1501）無錫華氏刻百川學海本
《中國古籍善本書目》著録。
國圖　北大　上海　甘肅　南京　安徽　杭大　廣東　四川　重慶

31995
宋景文公筆記三卷
宋安陸宋祁撰
民國十年（1921）上海博古齋影印明弘治華氏刻百川學海本
國圖　首都　科院　北大　上海　復旦　天津　遼寧　甘肅　南京　浙江　湖北　江西　四川

31996
宋景文公筆記三卷
宋安陸宋祁撰
明嘉靖十五年（1536）鄭氏宗文堂刻百川學海本
《中國古籍善本書目》著録，僅北京大學圖書館有藏。
北大

31997
宋景文公筆記三卷
宋安陸宋祁撰
明抄百川學海本
《中國古籍善本書目》著録。
國圖

31998
宋景文公筆記三卷
宋安陸宋祁撰
明初刻本
《中國古籍總目·子部》著録。
吉林

31999
宋景文公筆記三卷
宋安陸宋祁撰
明刻本
《中國古籍總目·子部》著録。
國圖　北大

32000
宋景文公筆記三卷
宋安陸宋祁撰
明抄本　清鮑廷博校
《中國古籍善本書目》著録。
國圖

32001
宋景文公筆記三卷
宋安陸宋祁撰
清嘉慶五年(1526)趙氏半畝天居抄本
《中國古籍善本書目》著録。
復旦

32002
宋景文公筆記三卷
宋安陸宋祁撰
清嘉慶十年(1531)虞山張氏照曠閣刻學津討原本
《中國古籍善本書目》著録。
國圖　首都　北大　上海　華東師大　天津　遼寧　甘肅　南京　河南　湖北　武大　四川　重慶

32003
宋景文公筆記三卷
宋安陸宋祁撰
民國十一年(1922)上海商務印書館影印清嘉慶十年(1531)虞山張氏刻學津討原本
國圖　北大　上海　天津　甘肅　南京　浙江　河南　江西　四川

32004
宋景文公筆記三卷
宋安陸宋祁撰
民國十二年(1923)沔陽盧氏慎始基齋據學津討原本影印湖北先正遺書本
國圖　科院　北大　上海　天津　遼寧　寧夏　山東　南京　浙江　湖北　四川

32005
宋景文公筆記三卷
宋安陸宋祁撰
清芝山堂抄本　清吴翌鳳校
北大

32006
宋景文公筆記三卷
宋安陸宋祁撰
清同治番禺李氏抄反約篇本
《中國古籍善本書目》著録,僅該館有藏。
福建師大

32007
宋景文公筆記三卷
宋安陸宋祁撰

清同治真州張氏廣東刻民國二年(1913)重修印榕園叢書本

國圖　北大　科院　上海　復旦　遼寧　甘肅　南京　南大　武漢　重慶　雲南

32008

宋景文公筆記三卷

宋安陸宋祁撰

民國二十四年至二十六年(1935—1937)上海商務印書館鉛印叢書集成初編本

國圖　北師大　上海　復旦　遼寧　甘肅　浙江　湖北　武大　四川　重慶

32009

宋景文公筆記一卷

宋安陸宋祁撰

明刻重輯百川學海本

上海　遼寧　吉大　福建師大

32010

宋景文公筆記一卷

宋安陸宋祁撰

明刻唐宋叢書本

首都　北大　北師大　上海　天津　吉林市　甘肅　山東　南大　蘇州　浙江　福建　江西　川大　中央民大

32011

宋景文公筆記一卷

宋安陸宋祁撰

清順治三年(1646)李際期宛委山堂刻説郛本

《中國古籍善本書目》著録。

國圖　科院　北大　上海　復旦　天津　遼寧　陝西　南大　河南　江西　四川　重慶

32012

筆記三卷

宋安陸宋祁撰

清四庫全書本

國圖　甘肅　浙江　臺北故宫

1983年臺北商務印書館影印清文淵閣四庫全書本

湖北

1989年上海古籍出版社縮印臺北商務印書館影印清文淵閣四庫全書本

國圖　武漢

32013

筆記

宋安陸宋祁撰

明鈕氏世學樓抄説郛本

《中國古籍善本書目》著録。

國圖

32014

筆記

宋安陸宋祁撰

明抄説郛本

《中國古籍善本書目》著録。

上海

32015

筆記

宋安陸宋祁撰

民國十六年(1927)上海商務印書館鉛印説郛本

國圖　科院　北大　上海　復旦　天津　遼寧　甘肅　南京　浙江　湖北　武大

32016

宋景文公筆記二卷

宋安陸宋祁撰

清道光十一年(1831)六安晁氏木活字印學海類編本

《中國古籍善本書目》著録。

國圖　中國社科院文學所　上海　安徽博　福建　中大　重慶

32017
宋景文公筆記二卷
宋安陸宋祁撰
民國九年(1920)上海涵芬樓影印晁氏木活字印學海類編本
國圖　科院　北大　上海　華東師大　天津　遼寧　南京　浙江　湖北　江西　四川　重慶

32018
宋景文雜説一卷
宋安陸宋祁撰
清道光十一年(1831)晁氏木活字印學海類編本
國圖　中國社科院文學所　上海　安徽博　福建　中大　重慶

32019
宋景文雜説一卷
宋安陸宋祁撰
民國九年(1920)上海涵芬樓影印清道光十一年(1831)晁氏木活字印學海類編本
國圖　北大　上海　華東師大　天津　遼寧　浙江　湖北　江西　四川　重慶

32020
宋景文雜説一卷
宋安陸宋祁撰
民國二十四年至二十六年(1935—1937)上海商務印書館鉛印叢書集成初編本
國圖　北師大　上海　復旦　遼寧　甘肅　浙江　湖北　武大　四川　重慶

32021
霏雪録不分卷
明江夏劉績撰
明弘治元年(1488)張文昭刻本
是刻半葉十行,行十六字,黑口,四周雙邊。《中國古籍善本書目》著録,僅首都圖書館有藏。
首都

32022
霏雪録不分卷
明江夏劉績撰
清初抄本　清鮑廷博校　清吴騫校並跋
《中國古籍善本書目》著録。
上海

32023
霏雪録不分卷
明江夏劉績撰
清抄本
《中國古籍善本書目》著録。
上海

32024
霏雪録不分卷
明江夏劉績撰
清抄本
《中國古籍善本書目》著録。
國圖

32025
霏雪録一卷
明江夏劉績撰
明刻重輯百川學海本
遼寧　吉大　青島[×]　福建師大

32026
霏雪録一卷
明江夏劉績撰
明嘉靖二十三年(1544)陸楫巖山書院雲山書院刻古今説海本
《中國古籍善本書目》著録二十八館有藏。半葉八行,行十六字,白口,左右雙邊。《古今説海》之道光本、宣統排印本、民國石印本皆收。
國圖　上海　天津　遼寧　山東　南京　湖南　廣東　四川

32027
霏雪録一卷
明江夏劉績撰
清道光元年(1821)苕溪邵氏酉山堂刻古今説海本
國圖 首都 北師大 清華 復旦 天津 遼寧 南京 浙江 湖北 桂林 四川 重慶

32028
霏雪録一卷
明江夏劉績撰
清宣統元年(1909)上海集成圖書公司鉛印古今説海本
首都 北師大 上海 吉大 山東大 廣西

32029
霏雪録一卷
明江夏劉績撰
民國四年(1915)上海進步書局石印古今説海本
國圖 首都 吉大 黑龍江 甘肅 川大 雲南

32030
霏雪録一卷
明江夏劉績撰
明刻今賢彙説本
是刻半葉十行,行二十三字,白口,四周單邊。《中國古籍善本書目》著録,僅國家圖書館有藏。
國圖

32031
霏雪録一卷
明江夏劉績撰
明刻本
《中國古籍總目·子部》著録。
上海

32032
霏雪録一卷
明江夏劉績撰
明抄本
臺圖

32033
霏雪録一卷
明江夏劉績撰
清順治三年(1646)李際期宛委山堂刻説郛續本
《中國古籍善本書目》著録二十一館有藏。
國圖 科院 北師大 上海 復旦 天津 遼寧 青島 南京 四川

32034
霏雪録一卷
明江夏劉績撰
清道光十一年(1831)晁氏木活字印學海類編本
是刻半葉九行,行二十一字,白口,左右雙邊。《中國古籍善本書目》著録。
國圖 中國社科院文學所 上海 吉林社科院 福建 中大 重慶

32035
霏雪録一卷
明江夏劉績撰
民國二十四年至二十六年(1935—1937)上海商務印書館鉛印叢書集成初編本
《中國古籍善本書目》著録三十四館有藏。
國圖 上海 遼寧 南大 湖北 江西 桂林

32036
霏雪録二卷
明江夏劉績撰
清四庫全書本
國圖 甘肅 浙江 臺北故宫
1983年臺北商務印書館影印清文淵閣四庫全書本
湖北
1989年上海古籍出版社縮印臺北商務印

書館影印清文淵閣四庫全書本

國圖　武漢

32037

霏雪録二卷

明江夏劉績撰

清嘉慶抄本　清黄丕烈跋

《中國古籍善本書目》著録。

山東博

32038

霏雪録二卷

明江夏劉績撰

清抄本

南京

32039

弦雪居重訂遵生八牋十九卷總目一卷

明高濂撰　明景陵（今天門）鍾惺重訂

清課花書屋刻本

《香港所藏古籍書目》著録。

香港中大

32040

增補遵生八牋（一名遵生八牋）二十卷

明高濂撰　明景陵（今天門）鍾惺重訂

清光緒十年（1884）重刻本

《香港所藏古籍書目》著録。

港大

32041

海蠡編二卷

明公安袁士瑜撰

明王少塘刻趙氏三書本

是刻半葉九行，行十八字，白口，四周單邊。《中國古籍善本書目》著録，僅該館有藏。

士瑜號七澤。此書或援釋疏孔，或證孔於釋，其持論大抵沿姚江之末流而加甚者。存世已稀。《四庫全書總目》入"子部·雜家類存目"。

首都

32042

丹甑（一名雜説）一卷

明公安袁宗道撰

明崇禎刻廣快書本

是刻半葉八行，行十八字，白口，左右雙邊。《中國古籍善本書目》著録。

國圖　首都　北大　清華　中央民大　科院　北京文物局　復旦　中科院　上海館　上海辭書　遼寧　山東大　南京　南大　湖南[×]　廣東

32043

新刻批點金罍子上篇二十卷中篇十二卷下篇十二卷

明陳絳撰　明京山李維楨批點

明泰昌元年（1620）陳至潤等刻本

《中國古籍善本書目》著録。

清華　人大　南開　祁縣　青海民院　湖南

32044

三一子不分卷

明雲夢程德良撰

清光緒九年（1883）板橋書屋刻本

德良字凝之，號雲連。明萬曆十一年進士，官崇信縣知縣。其著作多不傳，唯存是書。前有自序，謂"是書作於宰崇信時，若三三才一人焉，則吾豈敢；若三不朽而居一焉，則亦不敢。第次三篇，而名曰《三一子》。"三篇以"立德""立功""立言"爲序，其大旨，亦欲合儒、釋而一之（見《四庫全書總目提要》）。

湖北

32045

三一子不分卷

明雲夢程德良撰

1995年齊魯書社據清光緒九年（1883）板橋書屋刻本影印四庫全書存目叢書本

湖北

32046
知言二卷
明京山郝敬撰
明萬曆刻本　徐恕題識
是刻半葉八行,行十七字,白口,四周單邊,間有四周雙邊,單黑魚尾。《中國古籍善本書目》著録,僅湖北省圖書館有藏,。
有萬曆癸巳(二十一年(1593))自序,言及成書事。徐恕(行可)題識云:"郝楚望先生譔此書後改名《時習新知》,此則初刊二卷本也。"
湖北

32047
時習新知六卷
明京山郝敬撰
明萬曆崇禎間郝洪範刻山草堂集本
《四庫全書總目》入"子部·雜家類存目",亦有歸諸"儒家類"者。此書舊名《知言》,後改今名。《中國古籍善本書目》著録。
科院

32048
時習新知六卷
明京山郝敬撰
1995年齊魯書社據明萬曆崇禎刻本影印四庫全書存目叢書本
湖北

32049
蜡談六卷
明京山郝敬撰
明萬曆崇禎間郝洪範刻山草堂集本
《中國古籍善本書目》著録國圖、科院、清華、上海辭書、吉林、無錫等館皆藏《山草堂集》殘本,未知其中何館藏有此種。

32050
德山暑譚一卷
明公安袁宏道撰
明天啓六年(1626)快堂刻快書本
是刻半葉八行,行十八字,白口,四周單邊。《中國古籍善本書目》著録,三十二館有藏。
北大　科院　故宫　上海　復旦　祁縣　遼寧　山東　南京　安徽　江西　中大　重慶　雲南

32051
珊瑚林二卷金屑編一卷
明公安袁宏道撰
明清響齋刻本
是刻半葉八行,行十九字,白口,四周單邊。《中國古籍善本書目》著録。
國圖　清華 ×　上海 ×　華東師大　南京 ×

32052
珊瑚林二卷金屑編一卷
明公安袁宏道撰
2002年上海古籍出版社據明清響齋刻本影印續修四庫全書本
湖北

32053
鍾金子一卷
明蘄水(今浠水)官撫辰撰
明崇禎金陵刻雲鴻洞稿本
原書未曾寓目,姑置於斯。
臺圖

32054
登陴答問二卷
明蘄水(今浠水)官撫辰撰
明崇禎金陵刻雲鴻洞稿本
原書未曾寓目,姑置於斯。
臺圖

32055
賊退譚餘一卷
明蘄水(今浠水)官撫辰撰

明崇禎金陵刻雲鴻洞稿本

原書未曾寓目，姑置於斯。

臺圖

32056

墨卿談乘十四卷

明江陵張懋修撰

明刻本

是刻半葉九行，行十八字，白口，四周單邊，有刻工。或有將其分入“子部·小説家類”者。《中國古籍善本書目》著録。

科院　上海辭書　湖北

32057

兩周子二種二卷

清抄本

何之子一卷　明麻城周弘禴撰

蜩笑子一卷　明麻城周弘禴撰

斯編未見刻本。

科院

32058

何之子一卷

明麻城周弘禴撰

明崇禎刻廣快書本

弘禴字元孚，明萬曆甲戌進士，官至尚寶司少卿，事蹟附見《明史·李沂傳》。是編乃其初謫代州州判時所作。有汝南吴同春序，稱其語似《關尹子》。

國圖　科院　北大　遼寧　廣東

32059

何之子一卷

明麻城周弘禴撰

1995年齊魯書社據明崇禎刻廣快書本影印四庫全書存目叢書本

湖北

32060

何之子一卷

明麻城周弘禴撰

清抄兩周子二種子

科院

32061

蜩笑子一卷

明麻城周弘禴撰

清抄兩周子二種本

科院

32062

闕疑慎言録一卷

清江夏王一寧撰

清康熙四十七年（1708）刻本

《販書偶記》著録。藏書單位待訪。

32063

無何集十四卷

清漢陽熊伯龍撰

清乾隆五十九年（1794）衡衡子刻本

《簡明中國古籍辭典》收。其長子正笏在所撰《凡例》中稱：“是書以《論衡》爲宗，本名《論衡精選》，但所選以闢神怪禍福之説爲主，故名曰《無何集》。閻百詩云：“上下千古，自漢以前，得一大異人，曰王仲任（衡）；自漢以後，得一大異人，曰熊次侯（伯龍）。”

北大

32064

無何集十四卷

清漢陽熊伯龍撰

民國十四年（1925）沔陽盧氏據清衡衡子刻本影印本

封簽題“熊鍾陵無何集”。

湖北

32065
無何集十四卷
清漢陽熊伯龍撰
1979年中華書局據影印本整理鉛印本　又1983年鉛印本

32066
天門書院雜著一卷
清天門熊士鵬撰
清嘉慶道光間刻瘦羊録本
北大

32067
桐芭雜著一卷
清天門熊士鵬撰
清嘉慶道光間刻瘦羊録本
北大

32068
樞言一卷
清監利王柏心撰
清道光二十五年（1845）刻本
上海　南京

32069
樞言一卷
清監利王柏心撰
清光緒刻鐵香室叢刻本
國圖　清華　上海　吉大　南大　湖北

32070
樞言一卷續樞言一卷
清監利王柏心撰
清咸豐九年（1859）慕山書屋刻本
國圖

32071
樞言一卷續樞言一卷
清監利王柏心撰
清光緒十七年（1891）補讀書齋常郡木活字印本
南京

32072
樞言一卷續樞言一卷
清監利王柏心撰
清光緒十七年（1891）三餘草堂刻湖北叢書本
國圖　科院　北大　上海　復旦　天津　遼寧　甘肅　南京　浙江　湖北　雲南

32073
樞言二卷續樞言一卷
清監利王柏心撰
民國二十四年至二十六年（1935—1937）上海商務印書館鉛印叢書集成初編本
國圖　北師大　清華　上海　復旦　遼寧　甘肅　南大　浙江　江西　湖北　四川　重慶

32074
歸潔園偶筆一卷
清孝感熊賜履撰
清康熙刻愚齋先生著書六種本
湖北

32075
讀書説四卷
清竟陵（今天門）胡承諾撰
附年譜一卷
清天門胡玉章編
清道光二十五年（1845）胡氏家刻本
湖北

32076
讀書説四卷
清竟陵（今天門）胡承諾撰
附胡承諾年譜一卷
清天門胡玉章編

清光緒十七年（1891）三餘草堂刻湖北叢書本

國圖　科院　北大　上海　復旦　天津　遼寧　甘肅　南京　浙江　湖北　雲南

32077

讀書説四卷

清竟陵（今天門）胡承諾撰

附胡承諾年譜一卷

清天門胡玉章編

民國二十四年至二十六年（1935—1937）上海商務印書館鉛印叢書集成初編本

國圖　北師大　清華　上海　復旦　遼寧　哈爾濱　甘肅　南大　浙江　江西　湖北　四川　重慶

32078

讀書偶然録十二卷

清孝感程正揆撰

清抄本

《中國古籍善本書目》著録。《販書偶記續編》亦收一清抄本，謂其"首有康熙壬午夏日石門年侄吴震芳序，次門人計東序"，未知是否即此本。《四庫全書總目》入"子部·雜家類存目"。

南京

32079

讀書偶然録十二卷

清孝感程正揆撰

清抄本

國圖

32080

讀書偶然録十二卷

清孝感程正揆撰

清抄本

北大

32081

讀書偶然録十二卷

清孝感程正揆撰

清雍正孝感程氏刻本

四川

32082

讀書偶然録十二卷

清孝感程正揆撰

1995年齊魯書社據清雍正孝感程氏刻本影印續修四庫全書存目叢書本

湖北

32083

清溪道人偶記一卷

清孝感程正揆撰

清抄本

國圖

32084

觀二生齋隨筆一卷楹聯附録一卷

清羅田周錫恩撰

民國十九年（1930）刻是園遺書本

國圖　北大　吉大　武大

32085

紙園筆記三十一卷

清京山易本烺撰

稿本

此書有傳抄本，宜加搜訪、參校、整理之。其内容廣泛：卷一至三爲"經餘"，卷四卷五爲"史略"，卷六卷七爲"皇朝故事"，卷八至十爲"輿地"，卷十一爲"書籍"，卷十二至十三爲"音韻"，卷十四至十七爲"金石書畫"，卷十八至二十三爲"文詩"，卷二十四至二十七爲"考證"，卷二十八爲"制義科舉"，卷二十九爲"小説"，卷三十至三十一爲"雜記"。各類包含數則，每則擬有標題，便於查檢。凡其抄撮或據原文演繹者，大都注明出處。

湖北

32086

紙園筆記

清京山易本烺撰

稿本

五册。約四萬字。爲羅田王葆心舊藏。

湖北博

32087

常談搜四卷

清京山易本烺撰

清同治三年(1864)京山易氏刻本

北大

32088

坦菴枕函待問編五卷

清徐石麒撰

清焦理堂先生叢鈔四種稿本

《中國古籍善本書目》著録。參見《坦菴詞曲六種》之附注。

湖北

32089

坦菴枕函待問編五卷

清徐石麒撰

清抄本

大連

32090

客齋餘話四卷

清徐石麒撰

清光緒十一年(1885)儀徵吴氏刻傳硯齋叢書本

參見《坦菴詞曲六種》之附注。

國圖　科院　北大　中央民大　遼寧　青島　南京　南大　浙江　福建師大

32091

客齋餘話四卷

清徐石麒撰

抄本

上海

32092

夢竹軒筆記二卷

清江陵劉士璋撰

清道光十九年(1893)刻劉氏三種本

國圖

32093

漢上叢談四卷

清江陵劉士璋撰

清道光十九年(1893)刻劉氏三種本

國圖

32094

橋西雜記一卷

清漢陽葉名澧撰

稿本

湖北

32095

橋西雜記一卷

清漢陽葉名澧撰

清同治十年(1871)刻滂喜齋叢書本

《中國叢書綜録》著録。四十三館有藏。

湖北

32096

橋西雜記一卷

清漢陽葉名澧撰

2002年上海古籍出版社據同治十一年(1872)刻滂喜齋叢書本影印續修四庫全書本

湖北

32097

橋西雜記一卷

清漢陽葉名澧撰

民國二十四年至二十六年（1935—1937）上海商務印書館排印叢書集成初編·文學本

《中國叢書綜録》著録。三十四館有藏。

國圖　上海　遼寧　浙江　湖北

32098

橋西雜記一卷

清漢陽葉名澧撰

清宣統三年（1911）國學扶輪社鉛印本

國圖　上海　南京　東北師大

32099

警書三卷

清漢川秦篤輝撰

清光緒十三年（1887）刻本

國圖　上海　湖北

32100

平書八卷

清漢川秦篤輝撰

清光緒十七年（1891）三餘草堂刻湖北叢書本

國圖　科院　北大　上海　復旦　天津　遼寧　甘肅　南京　浙江　湖北　雲南

32101

平書八卷

清漢川秦篤輝撰

民國二十四年至二十六年（1935—1937）上海商務印書館鉛印叢書集成初編本

國圖　上海　遼寧　浙江　湖北　四川　重慶

32102

純常子校語

清文廷式撰　民國羅田王葆心選校

選校者稿本

一册，約四千五百字。

文氏號純常子，江西人。著述甚夥。《枝語》爲其代表作，稿藏臺灣，輯入《清人稿本百種》，湖北省館入藏。此係王氏選校之本。

湖北博

32103

芹曝録内篇一卷

清蘄水（今浠水）郭階撰

清光緒十五年（1889）蘄水郭氏自刻春暉雜稿本

國圖　科院　北大　上海　遼寧　甘肅　福建師大　湖北　江西

32104

漁舟紀談二卷漁舟續談一卷

清江夏彭崧毓撰

清同治刻求是齋雜存本

國圖

32105

賜龍堂雜著一卷

清江夏彭崧毓撰

稿本

該館將其彙入《賜龍堂文鈔四種》。

湖北

32106

退一步軒雜鈔三卷續刻三卷課草一卷續刻一卷

清枝江李元善撰

初刻清光緒六年（1880）沅陵官舍刻本續刻清光緒十八年（1892）長沙官舍刻本

湖北

32107

冷齋雜著不分卷

清大冶楊世霖撰

清抄本
武漢

32108
先正格言集句一卷
清枝江王永彬輯
清同治刻橋西山館雜著八種本
湖北

32109
朱子治家格言註一卷
清枝江王永彬註
清同治刻橋西山館雜著八種本
湖北

32110
圍爐夜話一卷
清枝江王永彬撰
清同治刻橋西山館雜著八種本
湖北

32111
圍爐夜話一卷
清枝江王永彬撰　吴正剛、康雲華注譯
2002年嶽麓書社鉛印傳世小品叢書本

32112
圍爐夜話一卷
清枝江王永彬撰　徐永斌評注
2008年中華書局鉛印本
湖北

32113
師竹齋讀書隨筆彙編十三卷
清江陵鄭機撰
清光緒二十八年（1902）七松堂刻本
北大

32114
守愚齋筆存二卷
清興山吴錦章撰
清光緒間刻巾箱本
說《易》之作居多。《販書偶記》著録。藏書單位待訪。

32115
童氏學記
清蘄州（今浠水）童樹棠撰
甘薦室　稿本
湖北

32116
國學筆談二卷
民國潛江甘鵬雲編著
民國二十七年至二十八年（1938—1939）崇雅堂鉛印甘氏家藏稿本
北師大　湖北

32117
潛廬隨筆十三卷
民國潛江甘鵬雲編著
民國二十二年（1933）刻崇雅堂叢書初編本
國圖　北大　上海師大　吉大　南京　湖北

32118
續仿今言
民國羅田王葆心撰
稿本
一册。約一萬三千字。《仿今言》，清沈豫撰，輯入《蛾術堂集》，有道光刻本及其影印本。
湖北博

32119
窈溪舊話不分卷
民國羅田王葆心撰
稿本

該館給該書編了三個號，分别爲四册、五册、五册，並注明每號夾有許多散葉。或係初、二、三稿。今併爲一個款目著録。

湖北博

32120

甚盦脞録一卷

民國蘄春黄侃撰

稿抄本

湖北

32121

仙道平論一卷

民國蘄春黄侃撰

清宣統三年(1911)《雅言》一卷二期本

32122

漢唐學論一卷

民國蘄春黄侃撰

民國《哲學月刊》一卷六至七期、《中大季刊》一卷四期本

32123

明仁録

民國蘄春黄侃撰

稿本

是稿未曾寓目，不明其内容。黄建中《黄季剛先生著作分類録》將其歸入"文學批評"類。

武大中文系

32124

尊禮論全編五卷

民國黄陂杜見龍撰

民國三十五年(1946)石印本

前有王郁芬序，初版、二版、三版自序。書分"國治""團規""倫紀""身世""雜記"五卷。

湖北　武漢

32125

雜稿叢存一卷

蘄春陳守元撰

抄本

余彦文《鄂東著作人物薈萃》謂其書"尚存"，惜未指明藏於何處。

32126

中和齋主人語録一卷

蘄春陳守元撰

抄本

余彦文《鄂東著作人物薈萃》謂其書"尚存"，惜未指明藏於何處。

32127

世界太平原理一卷

蘄春陳守元撰

抄本

余彦文《鄂東著作人物薈萃》謂其書"尚存"，惜未指明藏於何處。

32128

[甘蔗室]雜稿不分卷

民國饒欽豁撰

甘蔗室賸稿稿本

湖北

32129

禮論大綱合篇四卷

黄陂杜見龍撰

民國二十六年(1937)武昌鴻昌印書館鉛印本

湖北

雜考之屬

32130

項氏家説十卷附録二卷

宋江陵項安世撰

清四庫全書本
國圖　甘肅　浙江　臺北故宫
1983 年臺北商務印書館影印清文淵閣四庫全書本
湖北
1989 年上海古籍出版社縮印臺北商務印書館影印清文淵閣四庫全書本
曾任湖廣總督。
國圖　武漢

32131
項氏家説十卷
宋江陵項安世撰
清乾隆木活字排印武英殿聚珍版書本
國圖　天津　桂林

32132
項氏家説十卷附録二卷
宋江陵項安世撰
清乾隆四十二年（1777）福建刻同治遞修光緒二十一年（1895）增刻武英殿聚珍版書本
國圖　北大　北師大　上海　復旦　天津　内蒙　吉大　南京　浙江　湖北　武大　四川　重慶

32133
項氏家説十卷附録二卷
宋江陵項安世撰
清光緒二十五年（1899）廣雅書局刻武英殿聚珍版書本
科院　北師大　上海　復旦　天津　内蒙　山東大　南大　江西　四川　重慶

32134
項氏家説十卷附録二卷
宋江陵項安世撰
民國十二年（1923）沔陽盧氏慎始基齋據武英殿聚珍版書本影印湖北先正遺書本
國圖　科院　北大　上海　天津　遼寧　寧夏　山東　南京　浙江　湖北　四川

32135
項氏家説十卷附録二卷
宋江陵項安世撰
清道光刻本
上海

32136
項氏家説十卷附録二卷
宋江陵項安世撰
清中山刻本
《中國古籍總目·子部》著録。
東北師大

32137
項氏家説十卷附録二卷
宋江陵項安世撰
民國二十四年至二十六年（1935—1937）上海商務印書館鉛印叢書集成初編本
國圖　北師大　清華　上海　復旦　遼寧　甘肅　南大　浙江　江西　湖北　四川　重慶

32138
困學紀聞五箋集證二十卷
清閻若璩、何焯、全祖望、方樸大、程瑶田、錢大昕箋　清黄岡萬希槐集證
清嘉慶元年（1796）黄岡萬氏刻本
吉林

32139
困學紀聞五箋集證二十卷
清閻若璩、何焯、全祖望、方樸大、程瑶田、錢大昕箋　清黄岡萬希槐集證
清嘉慶六年（1801）經正堂刻本
東北師大

32140
困學紀聞集證十二卷首一卷末一卷
清黄岡萬希槐綴輯
清嘉慶八年(1803)聚秀堂刻本
前有《宋史·王應麟傳》、陳詩及伯父南泉氏序和《凡例》十七則。採擷群書,對《困學紀聞》作集證,以補閻百詩注與何焯續注之不足。陳序稱其爲王氏之功臣而閻、何之諍友。
湖北

32141
困學紀聞五箋集證二十卷
清閻若璩、何焯、全祖望、方樸大、程瑶田、錢大昕箋　清黄岡萬希槐集證
清嘉慶八年(1803)聚秀堂刻本
國圖　天津　南京　吉林　湖北

32142
困學紀聞五箋集證二十卷
清閻若璩、何焯、全祖望、方樸大、程瑶田、錢大昕箋　清黄岡萬希槐集證
清咸豐二年(1852)金閶小西山房刻本
上海　南京

32143
困學紀聞補注二十卷
宋王應麟原撰　民國宜都楊守敬補注
稿本
重慶

32144
困學紀聞補注二十卷
宋王應麟原撰　民國宜都楊守敬補注
2002年上海古籍出版社據稿本影印續修四庫全書本
湖北

32145
青谿山人文集常談考誤(一名常談考誤)四卷
明南漳周夢暘撰
明萬曆三十年(1602)刻本
本書辨世俗引用典故之訛。是刻半葉九行,行二十字,白口,四周單邊。《中國古籍善本書目》著録。《明史·藝文志》逕題《常談考誤》。《四庫全書總目》入"子部·雜家類存目"。
國圖　北大　上海　復旦　山西大　南京

32146
青谿山人文集常談考誤(一名常談考誤)四卷
明南漳周夢暘撰
1995年齊魯書社據明萬曆三十年(1602)刻本影印四庫全書存目叢書本
湖北

32147
名義考十二卷
明蘄州(今蘄春)周祈撰
明萬曆十二年(1584)黄中色刻本
祈字子水,號敬夫,明嘉靖三十一年(1552)舉人,官至平樂知府。是刻半葉十行,行二十三字,白口,四周雙邊。先後輯入《四庫全書》《湖北先正遺書》。
國圖　人大　臺圖

32148
名義考十二卷
明蘄州(今蘄春)周祈撰
明萬曆十七年(1589)黄中色刻本
行款、字數同前,未知内容上有無異動。
北大　北師大　科院　無錫　暨大

32149
名義考十二卷
明蘄州(今蘄春)周祈撰
清四庫全書本
國圖　甘肅　浙江　臺北故宫
1983年臺北商務印書館影印清文淵閣四庫全書本

湖北

1989年上海古籍出版社縮印臺北商務印書館影印清文淵閣四庫全書本

國圖　武漢

32150

名義考十二卷

明蘄州（今蘄春）周祈撰

民國十二年（1923）沔陽盧氏慎始基齋據明萬曆刻本影印湖北先正遺書本

湖北

32151

日知録校記及序

民國蘄春黄侃撰

民國二十二年（1933）中央大學出版組鉛印本

係據張繼所得清雍正抄本校定。又載《歸納》雜志第二期。武漢大學中文系存移寫本。《序》載湖北人民出版社《黄季剛詩文鈔》。《日知録》二卷，清顧炎武撰。

32152

讀書玫定三十卷

明孝感程良孺撰

明萬曆四十一年（1613）刻本

是刻半葉九行，行二十字，白口，四周單邊。《中國古籍善本書目》著録，僅此二館有藏。良孺於明崇禎中由蔭生官光禄寺典簿。是書分天象、時令、地輿、人物、仕籍、行誼、肖貌、人事、書籍、法教、方伎、宫室、飲食、服飾、器用、花木、品彙，凡十七門。徵引舊聞，訂其謬舛，亦《容齋隨筆》之支流。《四庫全書總目》入"子部、雜家類存目"，存世甚稀。

《中國古籍總目·子部》收有國圖、北大藏"明萬曆間刻本"，置於此本之後，疑與此本爲同版。

故宫　上海

32153

讀書玫定三十卷

明孝感程良孺撰

1995年齊魯書社據故宫藏明萬曆四十一年（1613）刻本影印四庫全書存目叢書本

湖北

32154

讀書玫定三十卷

明孝感程良孺撰

明崇禎程正揆刻本

《中國古籍善本書目》著録，僅北京大學圖書館有藏。《中國古籍總目·子部》收有臺圖藏"明末刻本"，置於是本之後，疑與是書爲同版。

北大

32155

漢陽胡東谷先生筆記真蹟不分卷

清漢陽胡兆春撰

稿本

兆春字東谷，晚號潛叟。清道光五年拔貢，以道光五年拔貢舉十年鄉試。後事講席，門徒日衆。此書所記甚廣，大凡經義文字、史地人物、釋道軼聞、文章典故，均有考證，所據資料大都注明出處。

湖北

32156

讀書雜辨二卷

清孝感沈宜撰　羅田王葆心校　潛江甘鵬雲覆校

清光緒十一年（1885）鉛印聽竹廬叢書本

湖北

32157

讀書雜辨二卷

清孝感沈宜撰　羅田王葆心校　潛江甘鵬雲覆校

清光緒十一年(1885)鉛印聽竹廬叢書本　胡王縉批校

上海

雜記之屬

32158

世説新語注鈔二卷

明景陵(今天門)鍾惺選批　明趙端訂正

明萬曆四十五年(1617)刻三注鈔本

是刻半葉九行,行十九字,白口,四周單邊。《中國古籍善本書目》著録。

首都　南京　浙江

32159

世説新語注鈔二卷

明景陵(今天門)鍾惺選批　明趙端訂正

明刻本

《中國古籍總目·子部》著録。

國圖

32160

鍾伯敬批點世説新語補二十卷

南朝宋劉義慶撰　明何良俊補　明王世貞删定　明景陵(今天門)鍾惺批點　明張文柱注

明末刻本

東北師大

32161

東軒筆録十五卷

宋襄陽魏泰撰

明嘉靖三十四年(1555)沈敕楚山書屋刻本

是刻半葉九行,行十九字,白口,左右雙邊。《中國古籍善本書目》著録,僅該館有藏。《中國叢書綜録》入"史部·雜史類"。

南京

32162

東軒筆録十五卷

宋襄陽魏泰撰

明嘉靖三十四年(1555)沈敕楚山書屋刻本　傅增湘跋

《中國古籍善本書目》著録。

國圖

32163

東軒筆録十五卷

宋襄陽魏泰撰

民國十二年(1923)沔陽盧氏慎始基齋據明嘉靖刻本影印湖北先正遺書本

國圖　科院　北大　上海　天津　遼寧　寧夏　山東　南京　浙江　湖北　四川

32164

東軒筆録十五卷

宋襄陽魏泰撰

明抄本　繆荃孫跋

《中國古籍善本書目》著録。

南京

32165

東軒筆録十五卷

宋襄陽魏泰撰

明萬曆商氏半埜堂刻稗海本

是刻半葉九行,行二十字,白口,四周單邊。《中國古籍善本書目》著録。

北大　科院　故宫　中央教育　群衆　復旦　上海辭書　内蒙師大　哈師大　山東師大　南京　鎮江博　湖北　廣東　貴陽師院

32166

東軒筆録十五卷

宋襄陽魏泰撰

明萬曆商濬刻清康熙振鷺堂重編補刻稗海本

《中國古籍善本書目》著録。

首都　人大　清華　天津　吉林　山東大　南京　福建　湖北　武漢　華南師大　重大

32167
東軒筆録十五卷
宋襄陽魏泰撰
清乾隆李孝源據振鷺堂版修補重訂稗海本
國圖　華東師大　天津　福建師大

32168
東軒筆録十五卷
宋襄陽魏泰撰
明刻本
東北師大

32169
東軒筆録十五卷
宋襄陽魏泰撰
清四庫全書本
國圖　甘肅　浙江　臺北故宫
1983年臺北商務印書館影印清文淵閣四庫全書本
湖北
1989年上海古籍出版社縮印臺北商務印書館影印清文淵閣四庫全書本
《四庫全書總目》入“子部·小説家類”，茲從《中國古籍善本書目》。
國圖　武漢

32170
東軒筆録十五卷
宋襄陽魏泰撰
民國上海進步書局石印筆記小説大觀第八輯本
國圖　首都　北師大　上海　華東師大　天津　遼寧　甘肅　南京　浙江　湖北　四川　重慶

32171
東軒筆録十五卷
宋襄陽魏泰撰
民國二十四年至二十六年（1935—1937）上海商務印書館鉛印叢書集成初編本
國圖　北大　上海　復旦　遼寧　甘肅　山東大　浙江　湖北　江西　四川　重慶

32172
東軒筆録
宋襄陽魏泰撰　李裕民點校
1983年中華書局鉛印唐宋史料筆記叢刊本　又1997年鉛印本

32173
東軒筆録
宋襄陽魏泰撰
明鈕氏世學樓抄説郛卷三本
《中國古籍善本書目》著録。
國圖

32174
東軒筆録
宋襄陽魏泰撰
明鈕氏世學樓抄説郛卷十二本
《中國古籍善本書目》著録。
國圖

32175
東軒筆録
宋襄陽魏泰撰
明抄説郛卷三本
《中國古籍善本書目》著録。
上海

32176
東軒筆録
宋襄陽魏泰撰
明抄説郛卷十二本

《中國古籍善本書目》著録。

上海

32177

東軒筆録

宋襄陽魏泰撰

清順治三年（1646）李際期宛委山堂刻説郛本

《中國古籍善本書目》著録。

國圖　科院　上海　天津　南大　河南

32178

東軒筆録

宋襄陽魏泰撰

民國十六年（1927）上海商務印書館鉛印説郛卷三本

國圖　科院　北大　上海　復旦　天津　遼寧　南京　浙江　湖北　四川　重慶

32179

東軒筆録

宋襄陽魏泰撰

民國十六年（1927）上海商務印書館鉛印説郛卷十二本

國圖　科院　北大　上海　復旦　天津　遼寧　南京　浙江　湖北　四川　重慶

32180

東軒筆録一卷

宋襄陽魏泰撰

清據説郛刊版重編印五朝小説·宋人百家小説偏録家本

上海　山東大　南京　南大

32181

東軒筆録一卷

宋襄陽魏泰撰

民國十五年（1926）上海掃葉山房石印五朝小説大觀·宋人百家小説偏録家本

首都　遼寧　山東　南京　浙江　河南　重慶

32182

東軒筆録一卷

宋襄陽魏泰撰

清抄惜寸齋叢鈔木集本

《中國古籍善本書目》著録。

上海

32183

東軒筆録三十七則

宋襄陽魏泰撰

民國二十四年（1935）商務印書館鉛印舊小説本

國圖　中醫　上海　復旦　天津　遼寧　甘肅　山東大　福建　桂林　川大

32184

東軒筆録三十七則

宋襄陽魏泰撰

1957年商務印書館鉛印舊小説本

北師大　上海　福建師大　桂林　川大

32185

游居杮録

明公安袁中道撰　步問影校注

1996年上海遠東出版社鉛印本

32186

幽贅録不分卷

明黄梅瞿九思撰

明萬曆三十五年（1607）史學遷刻瞿聘君全集本

《中國古籍善本書目》著録。

國圖

32187

幽贅録不分卷

明黄梅瞿九思撰

清抄瞿聘君全集本
湖北

32188
蓄艾編不分卷
明黄梅瞿九思撰
明萬曆三十五年（1607）史學遷刻瞿聘君全集本
未见原書，分類存疑。《中國古籍善本書目·叢部》著録。
國圖

32189
實用編不分卷
明黄梅瞿九思撰
明萬曆三十五年（1607）史學遷刻瞿聘君全集本
《中國古籍總目·叢部》著録。
國圖

32190
實用編
明黄梅瞿九思撰
清抄瞿聘君全集本
湖北

32191
實用編一卷
明黄梅瞿九思撰
民國抄本
與《樂經以俟録》合訂。
湖北

32192
過庭隨筆二卷
明江陵陸師贄等撰
明崇禎六年（1633）刻本
《中國古籍善本書目》著録。
國圖

32193
耳提録一卷
清蘄州（今蘄春）顧景星撰　清蘄州（今蘄春）顧昌輯
清康熙刻光緒三十年（1904）補刻本
國圖

32194
耳提録一卷
清蘄州（今蘄春）顧景星撰　清蘄州（今蘄春）顧昌輯
清乾隆白茅堂刻本
南京　遼寧

32195
耳提録一卷
清蘄州（今蘄春）顧景星撰　清蘄州（今蘄春）顧昌輯
清乾隆白茅堂刻光緒十三年（1887）印白茅堂集附録本
遼寧　湖北

32196
耳提録一卷
清蘄州（今蘄春）顧景星撰　清蘄州（今蘄春）顧昌輯
清乾隆白茅堂刻光緒三十年（1904）補刻白茅堂集附録本
科院　復旦

32197
耳提録一卷
清蘄州（今蘄春）顧景星撰　清蘄州（今蘄春）顧昌輯
清乾隆白茅堂刻光緒二十八年（1902）淩北熊王氏補刻本
南京

32198
耳提録八卷
清蘄州(今蘄春)顧景星撰
清乾隆二十年(1755)顧氏家刻本
南京

32199
耳提録八卷
清蘄州(今蘄春)顧景星撰
清乾隆二十年(1755)顧氏家刻光緒二十八年(1902)增修本
內容最全。
國圖　南京

32200
紙園筆記卷八
清京山易本烺撰
據稿(抄)本複印本
陽海清處

32201
紙園筆記續一卷
清京山易本烺撰
據稿(抄)本複印本
陽海清處

32202
消閒集一卷
清孝感陳陛謨撰　民國羅田王葆心校訂
蒲圻張氏無倦齋抄本
是爲著者隨筆之遺稿。徐星槎欲將其彙入《聽竹廬叢書》而請王葆心爲之校訂并序。用印有"蒲圻張氏無倦齋寫本"之稿紙抄成。
湖北

32203
日知堂筆記三卷
清蘄水(今浠水)郭沛霖撰　清郭階録
清光緒十五年(1889)蘄水郭氏刻春暉雜稿附刻本
沛霖字仲齋,號雨山,郭階之父。清道光二十二年(1842)進士,改庶吉士,授編修,累遷左纂善。咸豐初,以道員留守河南,後作兩淮監運使,改授江蘇淮揚道,仍兼署監運。坐事革職,充定遠軍營文案。捻軍攻定遠,城陷戰死。國史館有傳。
《中國古籍總目·子部》收有"光緒十四年(1888)刻本",疑即此本。
國圖　科院　北大　上海　遼寧　甘肅　福建師大　湖北　江西

32204
日知堂筆記三卷
清蘄水(今浠水)郭沛霖撰
清光緒十七年(1891)刻本
南京

32205
轆轤亭筆記一卷
清羅田張星煥撰
民國十九年(1930)青垞石印羅田張氏筆記二種本
湖北　黄岡

32206
轆轤亭筆記一卷
清羅田張星煥撰
民國二十年(1931)武昌石印羅田王氏校印鄉哲遺書六種本
湖北

32207
半畝園筆記一卷
清黄岡洪良品撰
抄本
內容較爲龐雜,或録湖北人物軼事,或記居官所歷之事,或記古今典籍掌故,他則有詩論詩話、中外風俗之類。疑爲未竟之本。

湖北

32208
退一步軒雜鈔三卷續刻三卷課草一卷續刻一卷
清枝江李元善撰
初刻清光緒六年(1880)沅陵官舍刻本
續刻清光緒十八年(1892)長沙官舍刻本
湖北

32209
無憀目録一卷
清麻城程然曾撰
清光緒八年(1882)花山□園刻□園續刊本
湖北

32210
雨窗消意録一卷
題江夏夢吟癡生撰
稿本
一册。
湖北

32211
青坨雜録不分卷
民國羅田王葆心輯
稿本
二十四册。
湖北博

32212
嶽雲湖兩録不分卷
民國羅田王葆心輯録
稿本
二册。
湖北博

32213
手鈔詞欲事鈔
民國蘄春黄侃輯
民國抄本
此鈔未曾寫目。黄建中《黄季剛先生著作分類録》將其歸入"哲學"類,且未著録其著作方式。姑加"輯"字,並移雜家類,志此存疑。
武大中文系

32214
手寫帳簿式雜録不分卷
民國蘄春黄侃輯
稿本
武大中文系

32215
内觀齋脞録不分卷
民國蘄春黄侃輯
稿本
武大中文系

32216
楚秀庵脞録手稿三種不分卷
民國蘄春黄侃輯
稿本
湖北

32217
手寫雜鈔珍説不分卷
民國蘄春黄侃輯
稿本
武大中文系

32218
手寫要記不分卷
民國蘄春黄侃輯
稿本
武大中文系

32219
［甘蔗室］筆記不分卷
民國饒欽豁撰
甘蔗室謄稿稿本
湖北

雜纂之屬

32220
宋元章寶晉齋集一卷
宋襄陽米芾撰
明天啓五年（1625）海虞毛氏緑君亭刻本
遼大

32221
古今書抄三十二卷
明公安袁宏道撰
明萬曆刻本
是刻半葉九行，行二十字，白口，左右雙邊。《中國古籍善本書目》著録。
北大　大連　四川　美國國會

32222
智品十三卷
明黄岡樊玉衝撰　明黄岡于倫增補
明萬曆四十二年（1614）于其和刻本
是刻半葉十行，行二十字，白口，左右雙邊。《中國古籍善本書目》著録。《四庫全書總目》入"子部·雜家類存目"。
玉衝，《明史》有列傳。于倫字惇之，明萬曆二十九年進士，官至右通政。是編搜輯古初至明代用智之事，分神品、妙品、能品、雅品、具品、譎品、盗品七門，雜隸古事，而皆不著其所出。《四庫全書總目提要》將著者名"衝"誤爲"衡"。
首都　科院　吉林　甘肅　南京　湖北　武漢　湖南

32223
智品十三卷
明黄岡樊玉衝撰　明黄岡于倫增補
1995年齊魯書社據明萬曆四十二年（1614）刻本影印四庫全書存目叢書本
湖北

32224
智品十三卷
明黄岡樊玉衝撰　明黄岡于倫增補
明萬曆四十三年（1615）于斯行刻本　清余一　跋
《中國古籍善本書目》著録。
南京師大

32225
智品十三卷
明黄岡樊玉衝撰　明黄岡于倫增補
明刻本
《中國古籍總目·子部》著録。
國圖　上海

32226
智品十卷
明黄岡樊玉衝撰　明黄岡于倫增補
明刻本
疑爲殘本。
北大

32227
癖顛小史一卷
明華淑撰　明公安袁宏道評
明刻朱墨套印本
國圖　南京

32228
鐫鍾伯敬先生秘集十五種十五卷
明景陵（今天門）鍾惺輯
明崇禎元年（1628）葉舟刻本

是刻半葉九行,行二十字,白口,左右雙邊。《中國古籍善本書目》著録。

清華　北京文物局　上海　南京　河南大

32229

屏史前十七卷後四卷

明蒲圻(今赤壁)鄧士亮撰

明崇禎八年(1635)刻本

《蒲圻志》作二十卷,歸入"史部·史抄類"。士亮字寅侯,明萬曆十九年(1591)舉人,三十二年(1604)明通榜進士。兩任州學正,歷官上川南道,卒。有《心月軒稿》十七卷。

科院

32230

諸子類雋八卷

明漢陽劉成美輯

明天啓刻本

輯者之籍貫存疑待考。

南大　雲南

32231

經史提綱十七卷九經補韻一卷

清麻城魯之裕撰

清乾隆刻本

清代禁毀書。

32232

經史提綱十七卷九經補韻一卷

清麻城魯之裕撰

2000年北京出版社據清乾隆刻本影印四庫禁燬書叢刊本

湖北

32233

古今青白眼三卷

清徐石麒撰

清焦里堂先生叢鈔四種稿本

《中國古籍善本書目》著録。參見《坦菴詞曲六種》之附注。

湖北

32234

古今青白眼三卷

清徐石麟撰

清光緒十一年(1885)儀徵吴氏刻傳硯齋叢書本

國圖　科院　北大　中央民大　遼寧　青島　南京　南大　浙江　福建師大

32235

藴奇録八卷

清漢陽葉志詵撰

清同治四年(1865)刻本

湖北

32236

念昔齋寤言圖纂不分卷

清蘄州(今蘄春)黄雲鵠撰

清光緒元年(1875)建南官廨刻本

南京

32237

南窗漫鈔一卷

清麻城程然曾撰

清光緒八年(1882)花山□園刻□園續刊本

湖北

32238

手寫雜佛道書不分卷

民國蘄春黄侃輯

稿本

武大中文系

32239

手寫雜文雜史書不分卷

民國蘄春黄侃輯

稿本
武大中文系

32240
手寫雜録不分卷
民國蘄春黄侃輯
稿本
武大中文系

32241
手寫雜文詩不分卷
民國蘄春黄侃輯
稿本
武大中文系

32242
漫録不分卷
民國蘄春黄侃輯
稿本
武大中文系

32243
諸書雜録不分卷
民國蘄春黄侃輯
稿本
武大中文系

32244
手寫必見記不分卷
民國蘄春黄侃輯
稿本
武大中文系

32245
手寫集腋成裘不分卷
民國蘄春黄侃輯
稿本
武大中文系

類書類

32246
事類賦三十卷
宋蘄州（今蘄春）吴淑撰並注
宋紹興十六年（1146）兩浙東路茶鹽司刻本

是刻半葉八行，行十四至十六字，小字雙行二十三至二十七字，白口，左右雙邊。《中國古籍善本書目》著録，僅該館有藏。

淑字正儀，宋至道間官職方員外郎。祖籍丹陽，其曾祖老於蘄，子孫遂家蘄春。其著述甚夥。《宋史·文苑》有傳。

國圖

32247
事類賦三十卷
宋蘄州（今蘄春）吴淑撰並注
宋紹興十六年（1146）兩浙東路茶鹽司刻本［卷六至十、十七至十九配明抄本，卷十四至十六配清嘉慶十八年（1813）黄氏士禮居抄本］　清黄丕烈校補並跋

《中國古籍善本書目》著録。

國圖

32248
事類賦三十卷
宋蘄州（今蘄春）吴淑撰並注
明嘉靖十一年（1532）崇正書院刻本

是刻半葉十二行，行二十字，小字雙行行字同，白口，左右雙邊，有刻工。《中國古籍善本書目》著録。

國圖　北大　清華　人大　北京文物局　上海　山東　重慶　哈佛燕京

32249
事類賦三十卷
宋蘄州（今蘄春）吴淑撰並注

明嘉靖十一年(1532)崇正書院刻本　清丁丙跋

《中國古籍善本書目》著録。

南京

32250

事類賦三十卷

宋蘄州(今蘄春)吴淑撰並注

明嘉靖十三年(1534)白坪刻本

是刻半葉十一行,行二十字,黑口,四周單邊。《中國古籍善本書目》著録。

國圖　上海　黑大　山東博　武大　廣東　雲大　臺圖　日本内閣文庫　哈佛燕京

32251

事類賦三十卷

宋蘄州(今蘄春)吴淑撰並注

明嘉靖十六年(1537)秦汴刻本

是刻半葉十二行,行二十字,小字雙行行字同,白口,左右雙邊。《中國古籍善本書目》著録。

北京市委　雲大

32252

事類賦三十卷

宋蘄州(今蘄春)吴淑撰並注

明萬曆徐守銘寧壽堂刻本

是刻半葉十二行,行二十字,白口,左右雙邊。《中國古籍善本書目》著録。

上海　吉大　陝西師大

32253

事類賦三十卷

宋蘄州(今蘄春)吴淑撰並注

明葉氏作德堂刻本

是刻半葉十行,行二十字,小字雙行行字同,黑口,四周單邊。《中國古籍善本書目》著録。

北大　廣西師大

32254

事類賦三十卷

宋蘄州(今蘄春)吴淑撰並注

明蔡弼刻本

是刻半葉十二行,行二十字,白口,左右雙邊。《中國古籍善本書目》著録。

國圖　上海　上海辭書　東北師大　常熟

32255

事類賦三十卷

宋蘄州(今蘄春)吴淑撰並注

明潘仕、潘傑刻本

是刻半葉十二行,行二十字,小字雙行行字同,白口,左右雙邊。《中國古籍善本書目》著録。

北大　東北師大

32256

事類賦三十卷

宋蘄州(今蘄春)吴淑撰並注

明刻本

是刻半葉十二行,行二十字,小字雙行行字同,白口,四周雙邊,有刻工。《中國古籍善本書目》著録。

北師大　科院　西南師大　雲大　雲南歷史所

32257

事類賦三十卷

宋蘄州(今蘄春)吴淑撰並注

明刻本

是刻半葉十二行,行二十字,小字雙行行字同,白口,左右雙邊。《中國古籍善本書目》著録。

山東博　四川

32258

事類賦三十卷

宋蘄州(今蘄春)吴淑撰並注

明刻本

是刻半葉十二行，行二十字，小字雙行行字同，白口，單魚尾，左右雙邊。《中國古籍善本書目》著録。

北大　山西師大　吉林　甘肅　山東　山東大　南京　杭大　江西　四川師大

32259
事類賦三十卷
宋蘄州（今蘄春）吴淑撰並注
明郢州孫氏南江小閣抄本
《中國古籍善本書目》著録。
安徽師大

32260
事類賦三十卷
宋蘄州（今蘄春）吴淑撰並注
清康熙三十八年（1699）劍光閣刻本
黑龍江　吉林師院

32261
事類賦三十卷
宋蘄州（今蘄春）吴淑撰並注
清康熙四十四年（1705）程自淳抄本
《中國古籍善本書目》著録。
安徽師大

32262
事類賦三十卷
宋蘄州（今蘄春）吴淑撰並注
清康熙刻本
上海

32263
事類賦三十卷
宋蘄州（今蘄春）吴淑撰並注
清乾隆二十九年（1764）刻本
國圖　北大　上海

32264
事類賦三十卷
宋蘄州（今蘄春）吴淑撰並注
清乾隆三十年（1765）劍光閣刻本
吉林　長春　丹東　東北師大　黑龍江

32265
事類賦三十卷
宋蘄州（今蘄春）吴淑撰並注
清四庫全書本
國圖　甘肅　浙江　臺北故宫
1983年臺北商務印書館影印清文淵閣四庫全書本
湖北
1989年上海古籍出版社縮印臺北商務印書館影印清文淵閣四庫全書本
國圖　武漢

32266
事類賦三十卷
宋蘄州（今蘄春）吴淑撰並注
清乾隆五十四年（1789）劍光閣刻本
疑即乾隆三十年劍光閣刻本之重印本。
北大　天津　上海　遼寧

32267
事類賦三十卷
宋蘄州（今蘄春）吴淑撰並注
清乾隆五十八年（1793）繡谷周氏令德堂刻本
北大　吉林市

32268
事類賦三十卷
宋蘄州（今蘄春）吴淑撰並注
清嘉慶四年（1799）刻本
國圖

32269
事類賦三十卷
宋蘄州(今蘄春)吴淑撰並注
清嘉慶六年(1801)文盛堂刻本
北大

32270
事類賦三十卷
宋蘄州(今蘄春)吴淑撰並注
清嘉慶十八年(1813)刻本
南京

32271
事類賦三十卷
宋蘄州(今蘄春)吴淑撰並注
清道光二十二年(1842)文盛堂刻本
未知與嘉慶六年(1801)文盛堂刻本有無關係。
南京

32272
事類賦三十卷
宋蘄州(今蘄春)吴淑撰並注
清同治三年(1864)刻本
國圖

32273
事類賦三十卷
宋蘄州(今蘄春)吴淑撰並注
清光緒四年(1878)同文會刻本
鞍山　港大

32274
事類賦三十卷
宋蘄州(今蘄春)吴淑撰並注
清抄本
南京

32275
事類賦三十卷
宋蘄州(今蘄春)吴淑撰並注
清刻本
國圖　南京　吉林　吉林市　錦州

32276
重訂事類賦三十卷
宋蘄州(今蘄春)吴淑撰並注
清嘉慶十一年(1806)刻本
瀋陽 ×　大連

32277
重訂事類賦三十卷
宋蘄州(今蘄春)吴淑撰並注
清道光七年(1827)無錫華麟祥刻本
國圖

32278
重訂事類賦三十卷
宋蘄州(今蘄春)吴淑撰並注
清道光十七年(1837)務本堂刻本
國圖　上海

32279
重訂事類賦三十卷
宋蘄州(今蘄春)吴淑撰並注
清道光二十三年(1843)寶翰樓刻本
黑龍江　吉林市

32280
事類賦三十卷
宋蘄州(今蘄春)吴淑撰並注
清道光二十七年(1847)善酉堂刻本
吉林市

32281
事類賦不分卷
宋蘄州(今蘄春)吴淑撰
清抄本
天津

32282

增補事類賦統編三十卷

宋蘄州(今蘄春)吴淑撰並注

清光緒三年(1877)羣玉書屋刻本

錦州

32283

類書讀三十卷

宋蘄州(今蘄春)吴淑撰並注　明馬士斐裁定

明末刻本

是刻半葉八行,行二十五字,小字雙行行字同,白口,單魚尾,左右雙邊。《中國古籍善本書目》著録。

河南

32284

類書讀三十卷

宋蘄州(今蘄春)吴淑撰並注　明馬士斐裁定

明崇禎刻本

疑與河南館所藏之"明末刻本"爲同版。

國圖

32285

類賦二十一卷

宋蘄州(今蘄春)吴淑撰並注

續類賦二十七卷

清史以甲撰

清抄本

《中國古籍善本書目》著録。

南京

32286

新鐫京板圖像音釋金璧故事大成十卷

明興國(今陽新)吴國倫釋

明書林鄭世魁刻本

是刻半葉十行,行十八字,小字雙行行字同,白口,四周單邊。《中國古籍善本書目》著録,僅國家圖書館有藏。

國圖

32287

新選古今類腴十八卷

明陳世寶等輯　明黄岡李之用等注

明萬曆九年(1581)刻本

是刻半葉九行,行二十字,白口,四周雙邊,有刻工。同注者還有胥遇等七人。《中國古籍善本書目》著録。

上海　浙江

32288

新選古今類腴十八卷

明陳世寶等輯　明黄岡李之用等注

明抄本

《中國古籍善本書目》著録。

吉林

32289

雲錦集六卷

明景陵(今天門)鍾惺輯

明末刻本

臺圖

32290

建邑書林南陽郡鼎鐫會海對類二十卷

明景陵(今天門)鍾惺校訂

清同治七年(1868)宏文堂刻本

上海

32291

新刻策髓四卷

明蒲圻(今赤壁)謝師啓撰

明萬曆刻本

據《蒲圻志》,師啓另有《琅玕草》《嶽遊草》,未見。存世已稀,

北大

32292
名物通十卷
明景陵（今天門）鍾惺輯
附一卷
明末王氏□萬館刻本
是刻半葉十行，行二十四字，小字雙行行字同，白口，四周單邊。《中國古籍善本書目》著録，僅此二館有藏。
科院　南京

32293
名物通十卷附一卷
明景陵（今天門）鍾惺輯
明末王氏□萬館刻後印本
該館《中文古籍善本書目》著録。
科院

32294
鍾伯敬先生註釋捷用雲箋
明景陵（今天門）鍾惺註釋
明刻本
國圖

32295
古雋考畧四卷
明嘉魚李承勛、明顧充輯
明萬曆十四年（1586）刻本
是刻半葉六行，大字無定數，小字雙行行二十字，白口，左右雙邊。《中國古籍善本書目》著録。
華東師大　南京　湖北　湖南　重慶　雲南

32296
古雋考畧四卷
明嘉魚李承勛、明顧充輯
明萬曆二十七年（1599）李楨、蕭大亨等刻本
是刻半葉七行，行十二字，小字雙行行字同，白口，左右雙邊。《中國古籍善本書目》著録。
北大　首都　天津　上海　浙江　蘇州　天一閣　洛陽

32297
古雋考畧四卷
明嘉魚李承勛、明顧充輯
清康熙四十八年（1709）刻本
上海

32298
新刻彭氏類編雜説（一名類編雜説）六卷
明麻城彭好古撰
明萬曆十五年（1587）刻本
是刻半葉十行，行二十二字，白口，四周單邊。《中國古籍善本書目》著録。
北大　北師大　上海　上海辭書　常熟文管

32299
新刻彭氏類編雜説（一名類編雜説）六卷
明麻城彭好古撰
明萬曆十九年（1591）毛氏五德堂刻本
有萬曆十九年（1591）彭好古序。《麻城縣志》誤爲《類編》《雜説》二書。
河南　川大　臺圖　哈佛燕京

32300
鐫彭會魁類編古今文髓六卷
明麻城彭好古輯
明書林徐憲成刻本
是刻半葉十行，行二十二字，白口，四周單邊。《中國古籍善本書目》著録，僅國家圖書館有藏。
國圖

32301
百歲全書二卷
明應城陳士元撰
清道光刻本
湖北

32302
名物通十卷附一卷
明麻城劉侗輯
明崇禎九年（1636）刻本
《四庫全書總目》入"子部·類書類存目"。
科院

32303
名物通十卷附一卷
明麻城劉侗輯
1995年齊魯書社據明崇禎九年刻本影印四庫全書存目叢書本
湖北

32304
龍文鞭影二卷
明漢陽蕭良有纂輯　清楊臣諍增訂　清來集之音注
清乾隆五年（1740）刻本
黑龍江

32305
龍文鞭影二卷
明漢陽蕭良有纂輯　清楊臣諍增訂　清來集之音注
清乾隆四十四年（1779）金陵聚錦堂刻本
東北師大　南京

32306
龍文鞭影二卷
明漢陽蕭良有纂輯　清楊臣諍增訂　清來集之音注
清乾隆四十四年（1779）經綸堂刻本
南京

32307
龍文鞭影二卷
明漢陽蕭良有纂輯　清楊臣諍增訂　清來集之音注
清道光二年（1822）刻本
遼寧

32308
龍文鞭影二卷
明漢陽蕭良有纂輯　清楊臣諍增訂　清來集之音注
清咸豐九年（1859）刻本
東北師大

32309
龍文鞭影二卷
明漢陽蕭良有纂輯　清楊臣諍增訂　清來集之音注
清同治十二年（1873）志古堂刻本
南京

32310
龍文鞭影二卷
明漢陽蕭良有纂輯　清楊臣諍增訂　清來集之音注
清光緒三年（1877）上海掃葉山房刻本
遼寧　哈爾濱　齊齊哈爾

32311
龍文鞭影二卷
明漢陽蕭良有纂輯　清楊臣諍增訂　清來集之音注
清光緒三年（1877）琉璃廠刻本
東北師大　哈爾濱師大

32312
龍文鞭影二卷
明漢陽蕭良有纂輯　清楊臣諍增訂　清來集之音注
清光緒四年（1878）存春廬刻本
南京　撫順

32313
龍文鞭影二卷
明漢陽蕭良有纂輯　清楊臣諍增訂　清來集之音注
清光緒七年(1881)京都文成堂刻本
東北師大

32314
龍文鞭影二卷
明漢陽蕭良有纂輯　清楊臣諍增訂　清來集之音注
清光緒刻本
遼寧　長春　哈爾濱　齊齊哈爾　牡丹江　撫順　錦州

32315
龍文鞭影二卷
明漢陽蕭良有纂輯　清楊臣諍增訂　清來集之音注
清末上海江東書局石印本
遼寧　大連　長春

32316
龍文鞭影五卷附幼學便記讀本一卷
明漢陽蕭良有纂輯　清楊臣諍增訂　清劉有廉注
清光緒十三年(1887)刻本
東北師大　南京

32317
龍文鞭影初集二卷
明漢陽蕭良有纂輯　清楊臣諍增訂
清同治十年(1871)鐵筆齋刻本
遼大

32318
龍文鞭影初集二卷
明漢陽蕭良有纂輯　清楊臣諍增訂
清光緒六年(1880)紫文閣刻本
哈爾濱

32319
龍文鞭影初集二卷
明漢陽蕭良有纂輯　清楊臣諍增訂
民國上海鍊石書局石印本
吉林市

32320
龍文鞭影初集四卷
明漢陽蕭良有纂輯　清楊臣諍增訂
清光緒二十六年(1900)經元書局刻本
遼大

32321
龍文鞭影初集四卷
明漢陽蕭良有纂輯　清楊臣諍增訂
民國二十四年(1935)上海會文堂書局石印本
哈爾濱

32322
龍文鞭影初集
明漢陽蕭良有纂輯　清楊臣諍增訂
1993年遼寧教育出版社鉛印中華蒙學集成本
陽海清《中國叢書廣録》著録。
湖北

32323
龍文鞭影四卷
明漢陽蕭良有纂輯　清楊臣諍增訂
清光緒三十年(1904)善成堂刻本
湖北

32324
龍文鞭影四卷
明漢陽蕭良有纂輯　清楊臣諍增訂
清宣統元年(1909)宏道堂刻本

湖北

32325

龍文鞭影

明漢陽蕭良有纂輯　戴濂點校

約1985年起嶽麓書社鉛印傳統蒙學叢書本

陽海清《中國叢書廣録》著録。著者名"有"作"友",或誤。

湖北

32326

龍文鞭影

明漢陽蕭良有纂輯　李祚唐校點

1990年上海古籍出版社鉛印本

32327

白話龍文鞭影

明漢陽蕭良有纂輯　賀猛等編譯

1990年三秦出版社鉛印本

32328

龍文鞭影新注

明漢陽蕭良有纂輯　林邦鈞注

1992年北京師範大學出版社鉛印本

32329

龍文鞭影

明漢陽蕭良有纂輯　徐迅編

1995年經濟日報出版社鉛印本

32330

龍文鞭影

明漢陽蕭良有、楊臣諍纂輯

1996年新疆青少年出版社鉛印本

32331

龍文鞭影

明漢陽蕭良有纂輯

1999年浙江古籍出版社鉛印百部中國古典名著本

32332

訓蒙四字龍文鞭影初集二卷二集二卷

明漢陽蕭良有纂輯　清楊臣諍增訂

清光緒十年(1884)首都文和堂刻本

東北師大　哈爾濱

32333

校正龍文鞭影六卷

明漢陽蕭良有纂輯

清末民國初鑄記書局石印本

長春

32334

龍文鞭影二卷二集二卷

明漢陽蕭良有纂輯　清李暉吉、徐瓚輯

清同治二年(1863)同文會刻本

大連

32335

龍文鞭影二卷二集二卷

明漢陽蕭良有纂輯　清李暉吉、徐瓚輯

清光緒三年(1877)掃葉山房刻本

遼寧　瀋陽　丹東　撫順　吉林

32336

龍文鞭影二卷二集二卷

明漢陽蕭良有纂輯　清李暉吉、徐瓚輯

清光緒六年(1880)紫文閣刻本

遼寧　哈爾濱

32337

龍文鞭影二卷二集二卷

明漢陽蕭良有纂輯　清李暉吉、徐瓚輯

清光緒十年(1884)首都文和堂刻本

東北師大　哈爾濱

32338
龍文鞭影二卷二集二卷
明漢陽蕭良有纂輯　清李暉吉、徐濳輯
清光緒十一年(1885)成文信刻本
大連　吉林市

32339
龍文鞭影二卷二集二卷
明漢陽蕭良有纂輯　清李暉吉、徐濳輯
清光緒善成堂刻本
遼寧

32340
龍文鞭影二卷二集二卷
明漢陽蕭良有纂輯　清李暉吉、徐濳輯
清末上海江東書局石印本
遼寧　大連　丹東　長春

32341
龍文鞭影二卷二集二卷
明漢陽蕭良有纂輯　清李暉吉、徐濳輯
民國三年(1914)上海章福記書局石印本
遼寧　遼大　吉林

32342
龍文鞭影二卷二集二卷
明漢陽蕭良有纂輯　清李暉吉、徐濳輯
民國四年(1915)首都文成堂刻本
遼寧　東北師大　吉林

32343
彊識略四十卷
明崇陽吴楚材輯
明萬曆十七年(1589)自刻本
是刻半葉十行,行二十字,白口,四周雙邊,單魚尾,有刻工。《中國古籍善本書目》著録二十四卷,誤。書分三十九類,類各一卷,惟"雜志"卷分上下,故共爲四十卷。《四庫全書總目》又將著者名"楚材"誤爲"夢材"。楚材字國賢,崇陽人。
北大　科院　故宫　浙江　湖北

32344
彊識略四十卷
明崇陽吴楚材輯
1995年齊魯書社據明萬曆十七年(1589)自刻本影印四庫全書存目叢書本
湖北

32345
彊識畧四十卷
明崇陽吴楚材輯
明陽春園刻本
《中國古籍總目·子部》著録。
國圖　浙江

32346
茹古畧集三十卷
明孝感程良孺撰
明崇禎四年(1631)韻樓自刻本
是刻半葉九行,行二十字,白口,四周單邊。《中國古籍善本書目》著録。《四庫全書總目》入"子部·類書類存目"。是書凡三百九十四篇,每篇皆採擷藻麗之詞聯爲偶語,其體全同《事類賦》。
《中國古籍總目》收有北大、廣東二館藏"明崇禎六年(1633)韻樓刻本",當即此本。
國圖　北大　故宫　上海　華東師大　南開　文登　南京　廣東

32347
茹古畧集三十卷
明孝感程良孺撰
1995年齊魯書社據明崇禎四年韻樓自刻本影印四庫全書存目叢書本
湖北

32348
茹古畧集三十卷
明孝感程良孺撰
清康熙六十年(1721)程大畢刻本
科院　天津

32349
鈐雅十六卷
清京山譚之琥撰
清乾隆元年(1736)刻本
《中國古籍總目·子部》著録。
南京

32350
鈐雅十六卷
清京山譚之琥撰
清乾隆刻本
《中國古籍總目·子部》著録。《總目·子部》爲南京館主編,故與前一款目應有不同之處。
據《京山縣志》,之琥有《方竹堂詩文集》,未見。
南京

32351
人鏡類纂四十六卷
清江夏程之楨撰
清同治十二年(1873)江夏程氏刻本
此書亦可歸入"儒家類"。
湖北

32352
人鏡類纂四十六卷
清江夏程之楨輯
清刻本
北大

32353
二十四史人物類考四十六卷
清江夏程之楨輯
清光緒二十九年(1903)上海緯文閣石印本
湖北

32354
夢林玄解
晉葛洪撰　明應城陳士元增刪　葉名鑒編譯
1993年朝華出版社鉛印本

32355
千金裘二十七卷二集二十六卷
清漢陽蔣義彬纂
清同治六年(1867)經綸堂重刻本
湖北

小説家類

叢編之屬

32356
新刻王氏青箱餘五種
明麻城王兆雲輯著
明萬曆書林聚奎樓刻本
綠天脞説二卷
廣莫野語二卷
驚座摭遺二卷
客窗隨筆二卷
碣石剩譚二卷
王重民《中國善本書提要》和上圖《中國叢書綜録》均收,唯前者書名前冠"新刊"。前有湯顯祖序,書衣題"丁巳孟冬書林聚奎樓李少泉梓",丁巳爲萬曆四十五年,湯即卒於是年。《千頃堂書目》著録之子目卷數與此略異。
《千頃堂書目》和《明史·藝文志》還收有王氏輯著《警座新書》八卷,子目與此有異同,袁行霈、侯忠義《中國文言小説書目》注明

"存",惜未訪知。

國圖　臺圖

32357

王氏雜記六種十四卷

明麻城王兆雲輯著

《欽定續通考》《四庫全書總目》著録

湖海搜奇二卷

揮麈新談二卷

白醉瓀言二卷

説圃識餘二卷

漱石閒談二卷

烏衣佳話二卷

是編《四庫全書總目》入"存目",然《四庫全書存目叢書》僅將分藏於科院、國圖之前五個子目以聯合書名之形式收録,不見《王氏雜記》之總名,且未收録第六種。據其"提要",即今知所謂"彙藏"本,即"本各自爲書,後人裒爲一帙,總題曰《王氏雜記》,非其本名也"。志此,僅爲訪書提供參考信息。

雜録之屬

32358

廬陵官下記

唐江陵段成式撰

清順治三年(1646)李際期宛委山堂刻説郛本

是刻半葉九行,行二十字,白口,左右雙邊。《中國古籍善本書目》著録。

國圖　首都　上海　復旦　天津　吉林　南京　浙江　江西　福建　河南　湖南　中大　重慶　雲南

32359

酉陽雜俎二十卷

唐江陵段成式撰

明萬曆商氏半埜堂刻續稗海本

成式字柯古,宰相文昌子。以蔭爲校書郎,博學强記,多奇篇祕籍,而以《酉陽雜俎》最有名。《四庫全書總目》謂其爲臨淄人。其父文昌"自檢校左樸射徙帥荆南(江陵)"。玆依《湖北先正遺書》録入本目録。

是刻半葉九行,行二十字,白口,四周單邊。《中國古籍善本書目》著録。

《中國叢書綜録》等書目收有《劍俠記》,爲多部叢書所輯入,或謂亦爲段成式所撰;《四庫全書總目》,則稱"舊本題爲唐人撰,不著名氏"。余嘉錫《四庫提要辨證》已經指明其誤,並考定係明代王世貞撰,故本目録不再録入,附注於玆。

北大　科院　故宫　中央教研所　群衆　復旦　上海辭書　内蒙師大　山東師大　南京　鎮江博　湖北　廣東　貴陽師大

32360

酉陽雜俎二十卷

唐江陵段成式撰

明萬曆商氏刻清康熙振鷺堂重編補刻稗海續本

《中國古籍善本書目》著録。

首都　清華　人大　上海　天津　南開　天津師大　吉林　哈爾濱　黑大　山東大　安徽博　鉛山　福建　廈大　湖北　武漢　荆州博　華南師大　重大

32361

酉陽雜俎二十卷

唐江陵段成式撰

明閩城瑯環齋刻本

是刻半葉九行,行二十字,白口,左右雙邊,有刻工。《中國古籍善本書目》著録,僅該館有藏。

福建

32362

酉陽雜俎二十卷

唐江陵段成式撰

明刻本

是刻半葉九行,行二十字,白口,左右雙邊。《中國古籍善本書目》著録。

清華　人大　天一閣

32363

酉陽雜俎二十卷

唐江陵段成式撰

明刻本　李盛鐸跋

是刻半葉九行,行二十字,白口,左右雙邊。《中國古籍善本書目》著録,僅該館有藏。

北大

32364

酉陽雜俎二十卷

唐江陵段成式撰

明刻本

是刻半葉九行,行二十字,白口,四周單邊。《中國古籍善本書目》著録,僅該館有藏。

福建

32365

酉陽雜俎二十卷

唐江陵段成式撰

明歐粵鄭琰校刻本

《中國古籍總目·子部》著録。

南京

32366

酉陽雜俎二十卷

唐江陵段成式撰

明刻説海彙編本

陽海清《中國叢書廣録》著録。

臺圖

32367

酉陽雜俎二十卷

唐江陵段成式撰

民國元年鄂官書局刻本

南京　湖北

32368

唐段少卿酉陽雜俎前集二十卷續集十卷

唐江陵段成式撰

明萬曆三十六年(1608)李雲鵠刻本

是刻半葉十行,行二十一字,白口,四周單邊。《中國古籍善本書目》著録。

國圖　北師大　北京文物局　上海　陝西　新疆大　江西　重慶

32369

唐段少卿酉陽雜俎前集二十卷續集十卷

唐江陵段成式撰

明萬曆三十六年(1608)李雲鵠刻本　李盛鐸跋

《中國古籍善本書目》著録。

北大

32370

唐段少卿酉陽雜俎前集二十卷續集十卷

唐江陵段成式撰

臺灣學生書局據明萬曆李雲鵠刻本影印中國史學叢書本

陽海清《中國叢書廣録》據學生書局之售書目録收録,書名簡題《酉陽雜俎》。

國圖

32371

酉陽雜俎二十卷續集十卷

唐江陵段成式撰

明刻本

《中國古籍總目·子部》著録。

南京

32372

酉陽雜俎二十卷續集十卷

唐江陵段成式撰

明刻本[續集配明萬曆三十六年(1608)

李雲鵠刻本］ 清黄丕烈校並跋

是刻半葉九行，行二十字，白口，左右雙邊。《中國古籍善本書目》著録，僅該館有藏。

國圖

32373

酉陽雜俎二十卷續集十卷

唐江陵段成式撰

明崇禎毛氏汲古閣刻津逮祕書本

是刻半葉八行，行十九字，小字雙行行字同，白口，左右雙邊。《中國古籍善本書目》著録，五十七個館有藏。

國圖　北大　科院　上海　復旦　天津　遼寧　吉林　山東　浙江　江西　河南　武大　華中師大　湖南　廣東　桂林　四川　重慶　雲南

32374

酉陽雜俎二十卷續集十卷

唐江陵段成式撰

明崇禎毛氏汲古閣津逮祕書本　清趙烈文校並跋

《中國古籍善本書目》著録。

南京

32375

酉陽雜俎二十卷續集十卷

唐江陵段成式撰

民國十二年（1923）沔陽盧氏慎始基齋據明刻本影印湖北先正遺書本

國圖　科院　北大　上海　天津　遼寧　寧夏　山東　南京　浙江　湖北　四川

32376

酉陽雜俎二十卷後集十卷

唐江陵段成式撰

日本元禄十年（1697）印本

《中國館藏和刻本漢籍書目》著録。

北大　遼寧　安徽

32377

酉陽雜俎二十卷續集十卷

唐江陵段成式撰

清乾隆二十八年（1763）抄摛藻堂四庫全書薈要本

故宫

32378

酉陽雜俎二十卷續集十卷

唐江陵段成式撰

清四庫全書本

國圖　甘肅　浙江　臺北故宫

1983年臺北商務印書館影印清文淵閣四庫全書本

湖北

1989年上海古籍出版社縮印臺北商務印書館影印清文淵閣四庫全書本

國圖　武漢

32379

酉陽雜俎二十卷續集十卷

唐江陵段成式撰

清嘉慶十年（1805）張氏照曠閣刻學津討原本

是刻半葉九行，行二十一字，黑口，左右雙邊。《中國古籍善本書目》著録。

國圖　首都師大　復旦　天津　陝西師大　山東　浙江　福建　重慶

32380

酉陽雜俎二十卷續集十卷

唐江陵段成式撰

民國十一年（1922）上海商務印書館影印清嘉慶十年（1805）氏刻學津討原本

國圖　首都　北大　上海　華東師大　天津　吉大　甘肅　南京　浙江　江西　河南　廣東　四川　重慶　雲南

32381
酉陽雜俎二十卷續集十卷
唐江陵段成式撰
清道光二十九年(1849)小嫏環山館刻本
國圖　天津　遼寧　齊齊哈爾　南京　香港中大

32382
酉陽雜俎二十卷續集十卷
唐江陵段成式撰
清同治八年(1869)刻本
東北師大

32383
酉陽雜俎二十卷續集十卷
唐江陵段成式撰
清光緒二年(1876)五鳳樓刻本
天津　遼寧

32384
酉陽雜俎二十卷續集十卷
唐江陵段成式撰
清光緒三年(1877)湖北崇文書局刻本
國圖　遼寧　黑龍江　大連　東北師大　吉林社科院　南京

32385
酉陽雜俎二十卷續集十卷
唐江陵段成式撰
清光緒三年(1877)湖北崇文書局刻本　清譚獻校並跋
《中國古籍善本書目》著録。
杭州

32386
酉陽雜俎二十卷續集十卷
唐江陵段成式撰
清光緒元年湖北崇文書局彙刻書本
國圖　首都　科院　北大　上海　復旦　天津　遼寧　甘肅　南京　杭大　湖北　廣東　川大　雲南

32387
酉陽雜俎二十卷續集十卷
唐江陵段成式撰
清光緒十七年(1891)三餘草堂刻湖北叢書本
國圖　科院　上海　復旦　天津　遼寧　山東　南京　浙江　湖北　武大　雲南

32388
酉陽雜俎二十卷續集十卷
唐江陵段成式撰
民國二十四年至二十六年(1935—1937)上海商務印書館鉛印叢書集成初編本
國圖　北大　上海　復旦　遼寧　甘肅　山東大　浙江　湖北　江西　四川　重慶

32389
酉陽雜俎二十卷續集十卷
唐江陵段成式撰
民國石印本
遼寧　吉大　黑龍江

32390
酉陽雜俎
唐江陵段成式撰　方南生點校
1981年中華書局鉛印本

32391
唐段少卿酉陽雜俎二十卷
唐江陵段成式撰
明刻本
是刻半葉十行,行十九字,黑口,四周雙邊。《中國古籍善本書目》著録,僅該館有藏。
國圖

32392
唐段少卿酉陽雜俎二十卷
唐江陵段成式撰
明刻公文紙印本
是刻半葉十行,行二十三字,白口,四周雙邊。《中國古籍善本書目》著録,僅該館有藏。
國圖

32393
唐段少卿酉陽雜俎二十卷
唐江陵段成式撰
明刻本
是刻半葉十行,行二十三字,白口,四周雙邊。《中國古籍善本書目》著録,僅該館有藏。
國圖

32394
唐段少卿酉陽雜俎二十卷
唐江陵段成式撰
明刻本　清丁丙跋
是刻半葉十行,行二十三字,白口,四周雙邊。《中國古籍善本書目》著録。
南京

32395
唐段少卿酉陽雜俎二十卷
唐江陵段成式撰
日本抄本　清李盛鐸跋
《中國館藏和刻本漢籍書目》著録。
北大

32396
唐段少卿酉陽雜俎續集九卷
唐江陵段成式撰
清初抄本　清勞權題款
《中國古籍善本書目》著録。
上海

32397
唐段少卿酉陽雜俎二十卷續集十卷
唐江陵段成式撰
民國八年(1919)上海商務印書館初次影印四部叢刊本
國圖　科院　北大　上海　復旦　天津　遼寧　山東　南京　湖北　武漢　四川　重慶

32398
唐段少卿酉陽雜俎二十卷續集十卷
唐江陵段成式撰
民國十八年(1929)上海商務印書館二次影印四部叢刊本
國圖　上海　復旦　華東師大　天津　吉大　南京　浙江　桂林　江西　雲南

32399
唐段少卿酉陽雜俎二十卷續集十卷
唐江陵段成式撰
民國二十五年(1936)上海商務印書館縮印四部叢刊本
國圖　首都　北師大　中醫　華東師大　甘肅　南京　南大　福建師大　杭大　武大　桂林　川大

32400
酉陽雜俎二卷
唐江陵段成式撰
清乾隆五十七年(1792)挹秀軒刻唐人説薈本
國圖　科院　中央民大　上海　華東師大　上海辭書　浙江

32401
酉陽雜俎二卷
唐江陵段成式撰
清道光二十三年(1843)序刻唐人説薈本
上海　杭大　廣東　重慶

32402
酉陽雜俎二卷
唐江陵段成式撰
清宣統三年(1911)上海天寶書局石印唐人説薈本
天津　吉林市　陝西　河南　桂林

32403
酉陽雜俎二卷
唐江陵段成式撰
民國十一年(1922)上海掃葉山房石印唐人説薈本
國圖　北師大　華東師大　上海師大　内蒙古　吉林市　哈爾濱　甘肅　山東大　南京　蘇州　安徽　杭大

32404
酉陽雜俎二卷
唐江陵段成式撰
清嘉慶十一年(1806)序刻唐代叢書本
國圖　科院　北大　上海　復旦　内蒙古　吉林市　甘肅　南京　安徽　江西　廣東　四川

32405
酉陽雜俎二卷
唐江陵段成式撰
清乾隆五十九年(1794)石門馬氏大酉山房刻龍威祕書本
國圖　科院　北大　上海　復旦　天津　遼寧　甘肅　南京　浙江　江西　武漢　四川　重慶

32406
酉陽雜俎二卷
唐江陵段成式撰
清同治七年(1868)序刻藝苑捃華本
國圖　科院　北大　上海　復旦　天津　遼寧　南大　江西　湖北　武漢　四川　重慶

32407
酉陽雜俎二卷
唐江陵段成式撰
民國四年(1915)上海文明書局石印説庫本
國圖　首都　上海　復旦　天津　遼寧　甘肅　南京　浙江　河南　武漢　四川　雲南

32408
酉陽雜俎一卷
唐江陵段成式撰
清宣統元年(1909)夢梅仙館刻無一是齋叢鈔本
科院　北師大　南大

32409
酉陽雜俎一卷
唐江陵段成式撰
民國二十六年(1937)上海中央書局鉛印晉唐小説暢觀本
華東師大

32410
酉陽雜俎
唐江陵段成式撰
明鈕氏世學樓抄説郛本
《中國古籍善本書目》著録。
國圖

32411
酉陽雜俎
唐江陵段成式撰
明抄説郛本
《中國古籍善本書目》著録。
上海

32412
酉陽雜俎四十四則
唐江陵段成式撰

民國二十四年(1935)商務印書館鉛印舊小説本
國圖　清華　上海　復旦　天津　遼寧　甘肅　杭大　川大

32413
酉陽雜俎四十四則
唐江陵段成式撰
1957年商務印書館鉛印舊小説本
北師大　上海　福建師大　湖北　桂林　重慶

32414
酉陽雜俎續
唐江陵段成式撰
明鈕氏世學樓抄説郛本
《中國古籍善本書目》著録。
國圖

32415
酉陽雜俎續
唐江陵段成式撰
明抄説郛本
《中國古籍善本書目》著録。
上海

32416
倦游雜録
題宋張師正(實爲宋襄陽魏泰)撰
明鈕氏世學樓抄説郛本
魏泰托名張師正。《中國古籍善本書目》著録。
國圖

32417
倦游録
題宋張師正(實宋襄陽魏泰)撰
明抄説郛本
《中國古籍善本書目》著録。
上海

32418
倦游雜録
題宋張師正(實宋襄陽魏泰)撰
清順治三年(1646)李際期宛委山堂刻説郛本
《中國古籍善本書目》著録。
國圖　科院　上海　天津　南大　河南

32419
倦游雜録
題宋張師正(實襄陽魏泰)撰
民國十六年(1927)上海商務印書館鉛印説郛卷十四本
國圖　科院　北大　上海　復旦　天津　遼寧　南京　浙江　湖北　四川　重慶

32420
倦游雜録一卷
題宋張師正(實襄陽魏泰)撰
清據説郛刊版重編印五朝小説·宋人百家小説偏録家本
上海　山東大　南京　南大

32421
倦游雜録一卷
題宋張師正(實襄陽魏泰)撰
民國十五年(1925)上海掃葉山房石印五朝小説大觀·宋人百家小説偏録家本
首都　遼寧　山東　南京　浙江　河南　重慶

32422
倦游雜録一卷
題宋張師正(實襄陽魏泰)撰
清抄惜寸陰軒叢鈔竹集本
《中國古籍善本書目》著録。
上海

32423
倦游録
題宋張師正（實襄陽魏泰）撰
民國十六年（1927）上海商務印書館鉛印説郛卷三十七本
國圖　科院　北大　上海　復旦　天津　遼寧　南京　浙江　湖北　四川　重慶

32424
可書一卷
宋襄陽張知甫撰
明穴硯齋抄本
《中國古籍善本書目》"子部·雜家類"著録。《四庫全書總目》和《中國叢書綜録》分入"小説類"。
《四庫全書總目》曰："蓋其人生於北宋末年，猶及見汴梁全盛之日，故都遺事，目擊頗詳，迨其晚歲，追述爲書，不無滄桑今昔之感。"
是書原本早佚，《郡齋讀書志》《直齋書録解題》《宋史·藝文志》皆不録。今通行本所收爲五十則，係從《永樂大典》析出，題名《張氏可書》。此明抄則存一百七則，且和通行之本排序不同。
南京

32425
可書一卷
宋襄陽張知甫撰
清光緒歸安陸氏刻十萬卷樓叢書本
國圖　科院　北大　上海　復旦　天津　遼寧　甘肅　南京　浙江　湖北　江西　四川　重慶　雲南

32426
可書一卷
宋襄陽張知甫撰
民國二十四年至二十六年（1935—1937）上海商務印書館鉛印叢書集成初編本
國圖　北師大　上海　復旦　吉大　甘肅　南大　浙江　江西　湖北　桂林　四川　重慶　雲南

32427
張氏可書一卷
宋襄陽張知甫撰
清四庫全書本
國圖　甘肅　浙江　臺北故宫
1983年臺北商務印書館影印清文淵閣四庫全書本
湖北
1989年上海古籍出版社縮印臺北商務印書館影印清文淵閣四庫全書本
國圖　武漢

32428
張氏可書一卷
宋襄陽張知甫撰
清乾隆綿州李氏萬卷樓刻嘉慶十四年（1809）李鼎元重校印函海本
國圖　首都　北大　清華　上海　遼寧　甘肅　山東大　安徽　浙江　江西　廣東　四川　重慶

32429
張氏可書一卷
宋襄陽張知甫撰
清道光五年（1825）李朝夔據乾隆刻本補刊印函海本
國圖　首都　上海　天津　遼寧　陝西　南京　浙江　江西　湖北　武大　重慶　雲南

32430
張氏可書一卷
宋襄陽張知甫撰
清嘉慶十三年至十六年（1808—1811）張海鵬刻墨海金壺本
是刻半葉十一行，行二十三字，黑口，左右雙邊。《中國古籍善本書目》著録。

國圖　復旦　天津　山東

32431
張氏可書一卷
宋襄陽張知甫撰
民國十年(1921)上海博古齋影印清嘉慶張海鵬刻墨海金壺本
國圖　首都　北大　上海　復旦　天津　遼寧　甘肅　浙江　江西　武大　廣東　四川　重慶　雲南

32432
張氏可書一卷
宋襄陽張知甫撰
清道光二十四年(1844)錢氏據墨海金壺版重編增刻守山閣叢書本
上海館藏該叢書本有清王筠校並跋、葉景葵校並跋,入《中國古籍善本書目》。
國圖　科院　北師大　上海　華東師大　天津　遼寧　吉林市　吉大　甘肅　南京　河南　江西　青海

32433
張氏可書一卷
宋襄陽張知甫撰
清光緒十五年(1889)上海鴻文書局影印道光錢氏守山閣叢書本
國圖　首都　北大　上海　復旦　天津　遼寧　南京　浙江　江西　湖北　四川　重慶

32434
張氏可書一卷
宋襄陽張知甫撰
民國十一年(1922)上海博古齋影印道光錢氏守山閣叢書本
國圖　首都　北大　上海　復旦　天津　遼寧　甘肅　南京　南大　杭大　武大　重慶　雲南

32435
張氏可書一卷
宋襄陽張知甫撰
民國十二年(1923)沔陽盧氏慎始基齋據守山閣叢書本影印湖北先正遺書本
國圖　科院　北大　上海　天津　遼寧　寧夏　山東　南京　浙江　湖北　四川

32436
麗情集一卷
宋安陸張君房撰
明萬曆胡文煥刻格致叢書本
《中國古籍善本書目》著録。《世善堂書目》作二十卷。
國圖　首都　上海辭書

32437
麗情集一卷
宋安陸張君房撰
明末刻心遠堂彙印緑牕女史本
《中國古籍善本書目》著録。
首都　北大　科院

32438
麗情集一卷
宋安陸張君房撰
清順治三年(1646)李際期宛委山堂刻説郛本
《中國古籍善本書目》著録。
國圖　科院　北大　上海　復旦　天津　陝西　南大　河南　江西　廣東　四川

32439
麗情集一卷
宋安陸張君房撰
民國十五年(1926)上海掃葉山房石印五朝小説大觀本
首都　上海　華東師大　上海師大　山東大　南京　南大

32440
麗情集一卷
宋安陸張君房撰
清宣統國學扶輪社鉛印香艷叢書本
國圖　首都　北大　上海　天津　遼寧　甘肅　南京　浙江　湖北　武漢　四川

32441
權子一卷
明黄安(今紅安)耿定向撰
清順治三年(1646)周南李際期宛委山堂刻説郛續本
斯編所收,首《志學》,終《出頭》,凡三十則。
國圖　科院　上海　天津　遼寧　南京

32442
權子五則
明黄安(今紅安)耿定向撰
1956年上海古典文學出版社鉛印歷代笑話集本
國圖　上海　山東大　武漢

32443
權子雜俎
明黄安(今紅安)耿定向撰
清管庭芬編一瓻筆存稿本
天津

32444
瓶花齋雜録一卷
明公安袁宏道撰
清道光十一年(1831)晁氏木活字印學海類編本
是刻半葉九行,行二十一字,白口,左右雙邊。《中國古籍善本書目》著録。
國圖　中國社科院文學所　上海　吉林社科院　福建　中大　重慶

32445
瓶花齋雜録一卷
明公安袁宏道撰
民國九年(1920)上海涵芬樓影印清道光十一年(1831)木活字印學海類編本
國圖　北大　上海　華東師大　天津　遼寧　南京　浙江　江西　湖北　四川　重慶

32446
瓶花齋雜録一卷
明公安袁宏道撰
1995年齊魯書社據民國涵芬樓影印清道光十一年(1831)晁氏木活字印學海類編本再影印四庫全書存目叢書本
湖北

32447
緑天脞説二卷
明麻城王兆雲撰
明萬曆書林聚奎樓新刻王氏青箱餘本
國圖　臺圖

32448
廣莫野語二卷
明麻城王兆雲撰
明萬曆書林聚奎樓新刻王氏青箱餘本
國圖　臺圖

32449
驚座摭遺二卷
明麻城王兆雲撰
明萬曆書林聚奎樓新刻王氏青箱餘本
國圖　臺圖

32450
客窗隨筆二卷
明麻城王兆雲撰
明萬曆書林聚奎樓新刻王氏青箱餘本
國圖　臺圖

32451
碣石剩譚二卷
明麻城王兆雲撰
明萬曆書林聚奎樓新刻王氏青箱餘本
國圖　臺圖

32452
先進遺風二卷
明黄安(今紅安)耿定向撰　明太倉毛在增補
明萬曆繡水沈氏刻寶顔堂祕笈彙集本
入《四庫全書》。是刻半葉九行,行二十字,小字雙行同,白口,四周雙邊。
國圖　科院　復旦　陝西　南京　安徽　浙江　河南　寧夏

32453
先進遺風二卷
明黄安(今紅安)耿定向撰　明太倉毛在增補
明天啓五年(1625)刻本
《販書偶記續編》著録"天啓乙丑刊""楚黄耿定向撰",未曾增補者。並注曰:"近見録鈔天啓刊本,最後有翁同龢録居易録具載何心隱本末跋。"
刻本、抄本之收藏單位待訪。

32454
先進遺風二卷
明黄安(今紅安)耿定向撰　明太倉毛在增補
民國十二年(1923)沔陽盧氏慎始基齋據明刻本影印湖北先正遺書本
國圖　科院　上海　遼寧　南京　浙江　湖北　武漢

32455
先進遺風二卷
明黄安(今紅安)耿定向撰　明太倉毛在增補
清四庫全書本
臺北故宫　國圖　甘肅　浙江
1983年臺北商務印書館影印清文淵閣四庫全書本
湖北
1989年上海古籍出版社縮印臺北商務印書館影印清文淵閣四庫全書本
國圖　武漢

32456
先進遺風二卷
明黄安(今紅安)耿定向撰　明太倉毛在增補
民國二十四年至二十六年(1935—1937)上海商務印書館鉛印叢書集成初編本
國圖　上海　遼寧　甘肅　湖北　四川

32457
先進遺風一卷
明黄安(今紅安)耿定向撰　明太倉毛在增補
清順治三年(1646)周南李際期宛委山堂刻説郛續本
國圖　科院　上海　天津　遼寧　南京

32458
先進遺風一卷
明黄安(今紅安)耿定向撰　明太倉毛在增補
清據説郛、説郛續刊版重編印五朝小説本
上海　山東大　南京　南大

32459
先進遺風一卷
明黄安(今紅安)耿定向撰　明太倉毛在增補
民國十五年(1926)上海掃葉山房石印

五朝小説大觀·皇明百家小説本

首都　上海　遼寧　山東　南京　浙江　河南　重慶

32460

碧雲騢

題宋梅堯臣（實宋襄陽魏泰）撰

清順治三年（1646）李際期宛委山堂刻説郛本

《中國古籍善本書目》著録。

國圖　首都　故宫　上海　復旦　天津　吉林　南京　浙江　廣東　重慶　雲南

32461

碧雲騢録

題宋梅堯臣（實宋襄陽魏泰）撰

明鈕氏世學樓抄説郛本

《中國古籍善本書目》著録。

國圖

32462

碧雲騢一卷

題宋梅堯臣（實宋襄陽魏泰）撰

明正德嘉靖間顧元慶刻陽山顧氏文房小説四十種本

是刻半葉十行，行十八或十九字，白口，左右雙邊。《中國古籍善本書目》著録。是書舊題宋梅堯臣撰，乃係襄陽魏泰托名，陳振孫《書録解題》及馬端臨《文獻通考》均作了論證。

國圖　北大　上海　武大

32463

雲杜故事一卷

清京山易本烺撰

清光緒十七年（1891）三餘草堂刻湖北叢書本

國圖　科院　北大　上海　復旦　天津　遼寧　甘肅　南京　浙江　湖北　雲南

32464

雲杜故事一卷

清京山易本烺撰

民國二十四年至二十六年（1935—1937）上海商務印書館鉛印叢書集成初編本

國圖　北師大　上海　復旦　遼寧　哈爾濱　甘肅　山東大　南大　浙江　湖北　四川　重慶

32465

雲杜故事一卷

清京山易本烺撰

抄本

武漢

32466

漁舟紀談二卷續談一卷

清江夏彭崧毓撰

清同治三年（1864）刻求是齋雜存八種本

湖北

32467

桔茉瑣言二卷

清東湖（今宜昌）饒敦秩撰

清光緒二十六年（1900）鉛印本

《販書偶記》著録。

天津

32468

桔茉瑣言二卷

清東湖（今宜昌）饒敦秩撰

清光緒二十八年（1903）饒氏古歡齋刻本

《販書偶記》著録。

國圖　南京

32469

玉柄麈尾一卷

清武昌（今鄂州）王家璧撰

稿本

《王家壁雜著九種》之一。類似筆記小説，列題百則，文字長短不拘，或録瑣言胜語，或記佚聞逸事，或採擷於歷代典籍，或憑藉於耳聞目睹，大抵以"商榷古今""教忠教孝"爲宗旨，莊諧兼備，耐人尋味。陽海清寫有簡單提要，載《中南、西南地區省、市圖書館館藏古籍稿本提要（附鈔本聯合目録）》中。

湖北

32470

玉柄麈尾一卷

清武昌（今鄂州）王家壁撰

清稿本

其篇幅僅及手稿底本之一半。

湖北

32471

秋星閣叢鈔天笑誌（一名漁樵閒話）不分卷

民國羅田王葆心輯録

稿本

一册。約十一萬字。

湖北博

32472

續閒談銷夏録不分卷

民國羅田王葆心撰

稿本

一册。約二萬二千字。

湖北博

異聞之屬

32473

山海經目録不分卷

民國宜都楊守敬編

稿本

係將《山海經》中之山名、水名析出排列。

湖北

32474

茅亭客話十卷

宋江夏黄休復撰

明崇禎毛氏汲古閣刻津逮祕書本

《中國叢書綜録》著録二十五館有藏。入《中國古籍善本書目》。衢本《郡齋讀書志》曰："皇朝黄休復撰。茅亭，其所居也。暇日，賓客話言及虚無變化、謠俗卜筮，雖異端而合道旨，屬懲勸者，皆録之。"《直齋書録解題》曰："江夏黄休復端本撰，所記多蜀事。别有《成都名畫記》，蓋蜀人也。"

休復字歸本，江夏人（一云蜀人），宋真宗咸平前後在世。幼讀經史，通《春秋》之學，於國畫頗有造詣。

《中國叢書綜録》將其歸入"史部·地理類"，兹從《增訂四庫簡明目録標注》置於"子部·小説家類·異聞"。

國圖　科院　北大　上海　天津　南京　武大

32475

茅亭客話十卷

宋江夏黄休復撰

民國十一年（1922）上海博古齋影印明崇禎毛氏汲古閣刻津逮祕書本

《中國叢書綜録》著録二十九館有藏。

國圖　首都　上海　天津　遼寧　甘肅　南京　浙江　湖北　四川

32476

茅亭客話十卷

宋江夏黄休復撰

明穴硯齋抄本　清黄丕烈、王芑孫跋

《中國古籍善本書目》著録。

國圖

32477

茅亭客話十卷

宋江夏黄休復撰

明抄本　清黄丕烈校並跋

《中國古籍善本書目》著録。

國圖

32478

茅亭客話十卷

宋江夏黄休復撰

清四庫全書本

國圖　甘肅　浙江　臺北故宫

1983年臺北商務印書館影印清文淵閣四庫全書本

湖北

1989年上海古籍出版社縮印臺北商務印書館影印清文淵閣四庫全書本

國圖　武漢

32479

茅亭客話十卷

宋江夏黄休復撰

清嘉慶十年（1805）虞山張氏照曠閣刻學津討原本

國圖　首都　科院　上海　復旦　天津　遼寧　甘肅　南京　浙江　河南　湖北　武大　四川　重慶

32480

茅亭客話十卷

宋江夏黄休復撰

民國十一年（1922）上海商務印書館影印清嘉慶虞山張氏照礦閣刻學津討原本

《中國叢書綜録》著録三十一館有藏。

國圖　首都　上海　天津　甘肅　山東　南京　浙江　河南

32481

茅亭客話十卷

宋江夏黄休復撰

清嘉慶二十年（1815）吴澄之抄本　清吴嘉泰校並跋　傅增湘跋

《中國古籍善本書目》著録。

國圖

32482

茅亭客話十卷

宋江夏黄休復撰

清張紹仁家抄本

《中國古籍善本書目》著録。

上海

32483

茅亭客話十卷

宋江夏黄休復撰

清光緒江陰繆氏刻對雨樓叢書本

國圖　首都　科院　上海　天津　遼寧　南京　雲南

32484

茅亭客話十卷

宋江夏黄休復撰

民國十二年（1923）沔陽盧氏慎始基齋據清光緒江陰繆氏刻對雨樓叢書本影印湖北先正遺書本

國圖　科院　北大　上海　天津　遼寧　寧夏　山東　南京　浙江　湖北　四川

32485

茅亭客話十卷

宋江夏黄休復撰

民國四年（1915）上海文明書局石印説庫本

《中國叢書綜録》著録三十一館有藏。

國圖　首都　上海　天津　遼寧　甘肅　南京　浙江　河南　武漢　四川　雲南

32486

茅亭客話十卷

宋江夏黄休復撰

民國十五年（1926）序吴興張氏刻擇是

居叢書初集本
國圖　首都　上海　天津　遼寧　甘肅　南京　武大　重慶　雲南

32487
茅亭客話十卷
宋江夏黄休復撰
附校勘記一卷
清胡珽撰
清咸豐三年（1853）仁和胡氏木活字印琳琅祕室叢書本
科院　復旦　天津　陝西　南京　杭大　四川　湖北

32488
茅亭客話十卷
宋江夏黄休復撰
附校勘記一卷
清胡珽撰
續校一卷
清董金鑑撰
清光緒十三年（1887）會稽董氏云瑞樓木活字排印琳琅祕室叢書本
《中國叢書綜録》著録二十九館有藏。
國圖　北大　上海　復旦　天津　遼寧　南京　浙江　湖北　武大

32489
茅亭客話一卷
宋江夏黄休復撰
明鈕氏世學樓抄本
《中國古籍善本書目》著録。
國圖

32490
茅亭客話一卷
宋江夏黄休復撰
明抄説郛本
《中國古籍善本書目》著録。
上海

32491
茅亭客話一卷
宋江夏黄休復撰
清順治三年（1646）李際期宛委山堂刻説郛本
《中國叢書綜録》著録二十六館有藏。
國圖　科院　上海　復旦　天津　遼寧　陝西　南京　河南　江西

32492
茅亭客話一卷
宋江夏黄休復撰
民國十六年（1927）上海商務印書館鉛印説郛本
《中國叢書綜録》著録四十個館有藏。
國圖　湖北　武大

32493
茅亭客話一卷
宋江夏黄休復撰
清據説郛刊版重編印五朝小説·宋人百家小説偏録家本
上海　山東大　南京　南大

32494
茅亭客話一卷
宋江夏黄休復撰
民國十五年（1926）上海掃葉山房石印五朝小説大觀·宋人百家小説偏録家本
首都　遼寧　山東　南京　浙江　河南　重慶

32495
茅亭客話十八則
宋江夏黄休復撰
民國二十四年（1935）商務印書館鉛印舊小説本

國圖　上海　天津　福建　川大

32496
茅亭客話十八則
宋江夏黄休復撰
1957 年商務印書館鉛印本
上海　福建師大　湖北　重慶

32497
括異志十卷
題宋張師正（實宋襄陽魏泰）撰
明正德十年（1515）俞洪抄本
《中國古籍善本書目》著録。《四庫總目提要》云："舊本題宋張師正撰。師正字不疑，熙寧中爲辰州帥。《文獻通考》載師正擢甲科後，宦遊四十年不得志，於是推變怪之理，参見聞之異，得二百五十篇。魏泰爲之序。此本不載魏序，蓋傳寫佚之。然王銍《默記》以是書即魏泰作。蓋泰爲曾布之婦兄，而銍則曾紆之壻，猶及識泰，其言當不誣也。"《四庫全書總目》入"子部·小説家類存目"。
國圖

32498
括異志十卷
題宋張師正（實宋襄陽魏泰）撰
1997 年起齊魯書社據明正德十年（1515）俞洪抄本影印四庫全書存目叢書本
湖北

32499
括異志十卷
題宋張師正（實宋襄陽魏泰）撰
明抄本　清黄丕烈跋
《中國古籍善本書目》著録。説見前。
南京

32500
括異志十卷
題宋張師正（實宋襄陽魏泰）撰
清抄本
《中國古籍善本書目》著録。説見前。
國圖

32501
括異志十卷
題宋張師正（實宋襄陽魏泰）撰
清抄本
《中國古籍善本書目》著録。説見前。
常州

32502
括異志十卷
題宋張師正（實宋襄陽魏泰）撰
清抄本
《中國古籍善本書目》著録。説見前。
中央民大

32503
括異志十卷
題宋張師正（實宋襄陽魏泰）撰
民國二十三年（1934）上海商務印書館影印四部叢刊續編本
國圖　科院　北大　上海　復旦　天津　遼寧　甘肅　南京　杭大　湖北　武漢　四川　重慶　雲南

32504
括異志十卷
題宋張師正（實宋襄陽魏泰）撰
2002 年上海古籍出版社據民國二十三年（1934）影印四部叢刊續編（影宋抄本）再影印續修四庫全書本
湖北

32505
括異志
題宋張師正（實宋襄陽魏泰）撰
清順治三年（1646）李際期宛委山堂刻

說郛本

是刻半葉九行,行二十字,白口,左右雙邊。《中國古籍善本書目》著録。

國圖 科院 北師大 上海 復旦 華東師大 天津 遼寧 山東大 南京 南大 河南 四川 重慶 雲南

32506

括異志

題宋張師正(實宋襄陽魏泰)撰

民國十六年(1927)上海商務印書館鉛印説郛卷六·廣知本

國圖 科院 北大 上海 復旦 天津 遼寧 甘肅 南京 浙江 湖北 武大 四川 重慶

32507

括異志

題宋張師正(實宋襄陽魏泰)撰

民國十六年(1927)上海商務印書館鉛印説郛卷四十四本

國圖 科院 北大 上海 復旦 天津 遼寧 甘肅 南京 浙江 湖北 武大 四川 重慶

32508

江淮異人録一卷

宋蘄州(今蘄春)吴淑撰

明正統十年(1445)内府刻道藏·洞玄部記傳類本

《中國古籍善本書目》著録僅該館之《道藏》爲全佚。故宫、上海、南陽、四川館藏《道藏》殘佚,未知存此種否。本書有一卷本、二卷本,並各有多個版本。

《直齋書録解題》云:"吴淑撰,所記道流、俠客、術士之類,二十五人。"《百川書志》曰:"載道流、俠客、奇女、異童二十五人,各著小傳。"《四庫全書總目提要》曰:"是編所記,多道流俠客術士之事,凡唐代兩人、南唐二十三人。"《直齋書録解題》入"史部·僞史類",《宋史藝文志》《百川書志》《四庫全書總目》均入"子部·小説家類",茲從後者。

《宋史》本傳作三卷,未見。

國圖

32509

江淮異人録一卷

宋蘄州(今蘄春)吴淑撰

民國十二年至十五年(1923—1926)上海商務印書館影印明正統十年(1445)内府刻道藏本

國圖 首都 科院 上海 華東師大 天津 遼寧 南京 南大 浙江 杭大 河南 湖北 四川 雲南

32510

江淮異人録一卷

宋蘄州(今蘄春)吴淑撰

明正統十年(1445)内府刻嘉靖三年(1524)重修道藏本

是刻半葉五行,行十七字,左右雙邊。《中國古籍善本書目》著録。

國圖

32511

江淮異人録一卷

宋蘄州(今蘄春)吴淑撰

民國上海商務印書館據明本影印道藏舉要本

國圖 上海 南大 武大 廣東 四川 川大

32512

江淮異人録一卷

宋蘄州(今蘄春)吴淑撰

明嘉靖刻本 清鮑廷博校 清吴翌鳳校並跋 清黄丕烈校並跋

是刻半葉十行,行十八字,白口,左右雙邊。《中國古籍善本書目》著録,僅該館有藏。

國圖

32513
江淮異人録一卷
宋蘄州（今蘄春）吳淑撰
明抄本
《中國古籍善本書目》著録。
國圖

32514
江淮異人録一卷
宋蘄州（今蘄春）吳淑撰
清吳翌鳳抄本　清吳翌鳳跋
《中國古籍善本書目》著録。
山東博

32515
江淮異人録一卷
宋蘄州（今蘄春）吳淑撰
清乾隆五十二年（1787）長塘鮑氏刻知不足齋叢書本
國圖　首都　科院　上海　復旦　天津　遼寧　甘肅　南京　浙江　湖北　武漢　四川　重慶

32516
江淮異人録一卷
宋蘄州（今蘄春）吳淑撰
民國十年（1921）上海古書流通處據清乾隆五十二年（1787）刻本影印知不足齋叢書本
國圖　科院　北大　上海　復旦　天津　遼寧　甘肅　浙江　武大　桂林　四川　重慶

32517
江淮異人録一卷
宋蘄州（今蘄春）吳淑撰
清南昌彭氏抄本　清彭元瑞校
臺圖

32518
江淮異人録一卷
宋蘄州（今蘄春）吳淑撰
清乾隆五十九年（1794）石門馬氏大酉山房刻龍威祕書本
國圖　科院　北大　上海　復旦　天津　遼寧　甘肅　南京　浙江　江西　武漢　四川　重慶

32519
江淮異人録一卷
宋蘄州（今蘄春）吳淑撰
清同治七年（1868）序刻藝苑捃華本
國圖　科院　北大　上海　復旦　天津　吉大　南京　浙江　四川　重慶

32520
江淮異人録一卷
宋蘄州（今蘄春）吳淑撰
清宣統至民國間上海國學扶輪社鉛印古今説部叢書本
國圖　首都　北師大　清華　上海　復旦　天津　遼寧　甘肅　南京　浙江　武漢　武大　四川　重慶　雲南

32521
江淮異人録一卷
宋蘄州（今蘄春）吳淑撰
民國四年（1915）上海文明書局石印廣四十家小説本
上海　上海師大　上海辭書　山東大　南京　浙江　桂林

32522
江淮異人録一卷
宋蘄州（今蘄春）吳淑撰
民國石印本
與漢東方朔撰《十洲記》合册，疑爲某叢書之零種。

哈爾濱　齊齊哈爾

32523
江淮異人録八則
宋蘄州（今蘄春）吴淑撰
民國二十四年（1935）商務印書館鉛印舊小説本
國圖　清華　上海　復旦　天津　遼寧　甘肅　杭大　川大

32524
江淮異人録八則
宋蘄州（今蘄春）吴淑撰
1957年商務印書館鉛印舊小説本
北師大　上海　福建師大　湖北　桂林　重慶

32525
江淮異人録二卷
宋蘄州（今蘄春）吴淑撰
清四庫全書本
國圖　甘肅　浙江　臺北故宫
1983年臺北商務印書館影印清文淵閣四庫全書本
湖北
1989年上海古籍出版社縮印臺北商務印書館影印清文淵閣四庫全書本
國圖　武漢

32526
江淮異人録二卷
宋蘄州（今蘄春）吴淑撰
清乾隆綿州李氏萬卷樓刻嘉慶十四年（1809）李鼎元重校印函海本
國圖　首都　北大　清華　上海　遼寧　甘肅　安徽　浙江　河南　廣東　四川　重慶

32527
江淮異人録二卷
宋蘄州（今蘄春）吴淑撰
清光緒七年至八年（1881—1882）廣漢鍾登甲樂道齋刻函海本
國圖　科院　北大　上海　華東師大　南京　浙江　江西　湖北　四川　重慶　雲南

32528
江淮異人録二卷
宋蘄州（今蘄春）吴淑撰
清乾隆李氏萬卷樓刻道光五年（1825）李朝夔補刻印函海本
國圖　首都　北師大　清華　上海　天津　遼寧　陝西　南京　浙江　湖北　武大　四川　重慶　雲南

32529
江淮異人録二卷
宋蘄州（今蘄春）吴淑撰
清刻本
遼寧

32530
揮麈新譚二卷
明麻城王兆雲輯著
明徐應瑞刻本
該館《中文古籍善本書目》著録。
科院

32531
揮麈新譚二卷
明麻城王兆雲輯著
1995年齊魯書社據科院藏明刻本影印四庫全書存目叢書本
湖北

32532
白醉璅言二卷
明麻城王兆雲撰
明徐應瑞刻本
該館《中文古籍善本書目》著録。

科院

32533
白醉璅言一卷
明麻城王兆雲撰
1995年齊魯書社據科院藏明刻本影印四庫全書存目叢書本
湖北

32534
説圃識餘二卷
明麻城王兆雲撰
明徐應瑞刻本
該館《中文古籍善本書目》著録。
科院

32535
説圃識餘二卷
明麻城王兆雲輯
1995年齊魯書社據科院藏明刻本影印四庫全書存目叢書本
湖北

32536
湖海搜奇二卷
明麻城王兆雲撰
明刻本
國圖

32537
湖海搜奇二卷
明麻城王兆雲撰
1995年齊魯書社據國圖藏明刻本影印四庫全書存目叢書本
湖北

32538
漱石閑談二卷
明麻城王兆雲撰
清抄本
該館《中文古籍善本書目》著録。
科院

32539
虞初志七卷
明公安袁宏道等評
明凌性德刻套印本
《販書偶記》著録"明李泌輯袁宏道屠隆同評點"。
國圖　首都　北大　中國社科院文學所　文研院　故宫　上海　復旦　天津　遼寧　無錫　南京師大

32540
虞初志七卷
明公安袁宏道等評
民國十七年(1928)上海掃葉山房石印本
上海

32541
虞初志七卷
明公安袁宏道等評
1986年中國書店影印民國十七年(1928)上海掃葉山房石印本

32542
虞初志七卷
明公安袁宏道等評
民國石印本
吉林　大連　錦州　長春

32543
虞初支志稿甲乙丙丁篇十二卷
民國羅田王葆心撰
稿本
是稿主要記太平天國情況。或可入"子部·小説家類"。一册,約一萬四千字。

湖北博

32544
虞初支志
民國羅田王葆心撰　王夔强纂
民國十二年（1923）商務印書館鉛印虞初志合集本
湖北　湖北博

32545
虞初支志
民國羅田王葆心撰　王夔强纂
1986年上海書店複印虞初志合集本
湖北　湖北博

32546
新刻耳談（一名耳談、賞心粹語）十五卷
明黄岡王同軌撰
明萬曆三十年（1602）書林余泗泉刻本
是刻半葉十一行，行二十四字，白口，四周單邊。《中國古籍善本書目》著録，僅人大有藏。
人大

32547
新刻耳談十五卷
明黄岡王同軌撰
1995年齊魯書社據明萬曆刻本影印四庫全書存目叢書本
湖北

32548
新刻耳談十五卷
明黄岡王同軌撰
明刻本
是刻半葉十行，行二十字，白口，四周單邊。《中國古籍善本書目》著録。
國圖　中國社科院文學所

32549
新刻耳談十五卷
明黄岡王同軌撰
清刻本
大連

32550
耳談
明黄岡王同軌撰　孫順霖校注
1990年中州古籍出版社鉛印本

32551
耳談類增五十四卷
明黄岡王同軌撰
明萬曆三十一年（1603）金陵唐氏世德堂刻本
是刻半葉十二行，行二十四字，白口，四周單邊。《中國古籍善本書目》著録。
科院　寧夏　濟南　南京

32552
耳談類增
明黄岡王同軌撰　吕友仁、孫順霖校點
1994年中州古籍出版社鉛印本

32553
耳談類增五十四卷
明黄岡王同軌撰
2002年上海古籍出版社據明萬曆三十一年（1603）金陵唐氏世德堂刻本影印續修四庫全書本
湖北

志怪之屬

32554
續幽明録一卷
唐江陵劉孝孫撰
清順治三年（1646）李際期宛委山堂刻

說郛本
《中國古籍善本書目》著録。
國圖　故宫　上海　復旦　天津　南京　浙江　江西　河南　湖南　廣東　重慶　雲南　雲大

32555
續幽明録一卷
唐江陵劉孝孫撰
清據説郛説郛續刊版重編印五朝小説本
上海　山大　南京　南大

32556
續幽明録一卷
唐江陵劉孝孫撰
民國十五年(1926)上海掃葉山房石印五朝小説大觀本
首都　上海　華東師大　遼寧　山東　南京　浙江　重慶　桂林

32557
諾臯記一卷
唐江陵段成式撰
明末刻合刻三志本
是刻半葉九行,行二十字,白口,左右雙邊。
《中國古籍善本書目》著録。
科院　上海　湖南

32558
諾臯記
唐江陵段成式撰
清順治三年(1646)李際期宛委山堂刻説郛本
是刻半葉九行,行二十字,白口,左右雙邊。
《中國古籍善本書目》著録。
國圖　首都　上海　復旦　天津　吉林　南京　浙江　江西　福建　河南　湖南　中大　重慶　雲南

32559
諾臯記一卷
唐江陵段成式撰
清乾隆五十七年(1792)挹秀軒刻唐人説薈本
國圖　科院　中央民大　上海　上海辭書　浙江

32560
諾臯記一卷
唐江陵段成式撰
清道光二十三年(1843)序刻唐人説薈本
上海　杭大　廣東　重慶

32561
諾臯記一卷
唐江陵段成式撰
清宣統三年(1911)上海天寶書局石印唐人説薈本
天津　吉林市　陕西　河南　桂林

32562
諾臯記一卷
唐江陵段成式撰
民國十一年(1922)上海掃葉山房石印唐人説薈本
國圖　北師大　華東師大　上海師大　内蒙古　吉林市　哈爾濱　甘肅　山東大　南京　蘇州　安徽　杭大

32563
諾臯記一卷
唐江陵段成式撰
清嘉慶十一年(1806)序刻唐代叢書本
國圖　科院　北大　上海　復旦　内蒙　吉林市　甘肅　南京　安徽　江西　廣東　四川

32564
諾臯記一卷
唐江陵段成式撰

清乾隆五十九年（1794）石門馬氏大酉山房刻龍威祕書本
國圖　科院　北大　上海　復旦　天津　遼寧　甘肅　南京　浙江　江西　武漢　四川　重慶

32565
諾皐記一卷
唐江陵段成式撰
清同治七年（1868）序刻藝苑捃華本
國圖　科院　北大　上海　復旦　天津　遼寧　南大　浙江　江西　湖北　武漢　四川　重慶

32566
諾皐記一卷
唐江陵段成式撰
民國四年（1915）上海文明書局石印説庫本
國圖　首都　上海　復旦　天津　遼寧　甘肅　南京　浙江　河南　武漢　四川　雲南

32567
諾皐記一卷
唐江陵段成式撰
民國二十六年（1937）上海中央書局鉛印晉唐小説暢觀本
華東師大

32568
諾皐記八則
唐江陵段成式撰
民國二十四年（1935）商務印書館鉛印舊小説本
國圖　清華　上海　復旦　天津　遼寧　甘肅　杭大　川大

32569
諾皐記八則
唐江陵段成式撰
1957年商務印書館鉛印舊小説本
北師大　上海　福建師大　湖北　桂林　重慶

32570
支諾皐一卷
唐江陵段成式撰
清乾隆五十七年（1792）挹秀軒刻唐人説薈本
國圖　科院　上海　華東師大　上海辭書　浙江　中央民大

32571
支諾皐一卷
唐江陵段成式撰
清道光二十三年（1843）序刻唐人説薈本
上海　杭大　廣東　重慶

32572
支諾皐一卷
唐江陵段成式撰
清宣統三年（1911）上海天寶書局石印唐人説薈本
天津　吉林市　陝西　河南　桂林

32573
支諾皐一卷
唐江陵段成式撰
民國十一年（1922）上海掃葉山房石印唐人説薈本
國圖　北師大　華東師大　上海師大　內蒙古　吉林市　哈爾濱　甘肅　山東大　南京　蘇州　安徽　杭大

32574
支諾皐一卷
唐江陵段成式撰
清嘉慶十一年（1806）序刻唐代叢書本
國圖　科院　北大　上海　復旦　內蒙古　吉林市　甘肅　南京　安徽　江西　廣東　四川

32575
支諾皋一卷
唐江陵段成式撰
清刻唐三十九家小說本
大連

32576
支諾皋一卷
唐江陵段成式撰
民國四年（1915）上海文明書局石印說庫本
國圖　首都　上海　復旦　天津　遼寧　甘肅　南京　浙江　河南　武漢　四川

32577
異疾志一卷
唐江陵段成式撰
明末刻合刻三志本
是刻半葉九行，行二十字，白口，左右雙邊。《中國古籍善本書目》著録。
科院　上海　湖南

32578
異疾志一卷
唐江陵段成式撰
清乾隆五十七年（1792）挹秀軒刻唐人說薈本
國圖　科院　中央民大　上海　上海辭書　浙江

32579
異疾志一卷
唐江陵段成式撰
清道光二十三年（1843）序刻唐人說薈本
上海　杭大　廣東　重慶

32580
異疾志一卷
唐江陵段成式撰
清宣統三年（1911）上海天寶書局石印唐人說薈本
天津　吉林市　陝西　河南　桂林

32581
異疾志一卷
唐江陵段成式撰
民國十一年（1922）上海掃葉山房石印唐人說薈本
國圖　北師大　華東師大　上海師大　内蒙古　吉林市　哈爾濱　甘肅　山東大　南京　蘇州　安徽　杭大

32582
異疾志一卷
唐江陵段成式撰
清嘉慶十一年（1806）序刻唐代叢書本
國圖　科院　北大　上海　復旦　内蒙　吉林市　甘肅　南京　安徽　江西　廣東　四川

32583
異疾志一卷
唐江陵段成式撰
清咸豐二年（1852）宜黄黄氏刻木活字印遜敏堂叢書本
國圖　科院　北大　上海　復旦　吉大　南京　南大　安徽　浙江　湖北　江西　四川

32584
乘異記一卷
宋安陸張君房撰
清順治三年（1646）李際期宛委山堂刻說郛本
《中國古籍善本書目》著録。
國圖　科院　北大　上海　復旦　天津　陝西　南大　河南　江西　廣東　四川

32585
新訂增補夷堅志五十卷
宋洪邁撰　明景陵（今天門）鍾惺輯

明李玄暉、鄧嗣德刻本

是刻半葉九行,行二十字,白口,四周單邊。《中國古籍善本書目》著録,僅此二館有藏。

國圖　邵師

32586

新訂增補夷堅志五十卷

宋洪邁撰　明景陵（今天門）鍾惺評

清宣統三年（1646）上海藜光社石印本

國圖　遼大　哈爾濱

傳奇之屬

32587

夜叉傳一卷

唐江陵段成式撰

明末刻合刻三志本

是刻半葉九行,行二十字,白口,左右雙邊。《中國古籍善本書目》著録。

科院　上海　湖南

32588

夜叉傳一卷

唐江陵段成式撰

清乾隆五十七年（1792）挹秀軒刻唐人説薈本

國圖　科院　上海　華東師大　上海辭書　浙江　中央民大

32589

夜叉傳一卷

唐江陵段成式撰

清道光二十三年（1843）序刻唐人説薈本

上海　杭大　廣東　重慶

32590

夜叉傳一卷

唐江陵段成式撰

清宣統三年（1911）上海天寶書局石印唐人説薈本

天津　吉林市　陝西　河南　桂林

32591

夜叉傳一卷

唐江陵段成式撰

民國十一年（1922）上海掃葉山房石印唐人説薈本

國圖　北師大　華東師大　上海師大　内蒙　吉林市　哈爾濱　甘肅　山東大　南京　蘇州　安徽　杭大

32592

夜叉傳一卷

唐江陵段成式撰

清嘉慶十一年（1806）序刻唐代叢書本

國圖　科院　北大　上海　復旦　内蒙　吉林市　甘肅　南京　安徽　江西　廣東　四川

32593

劍俠傳四卷

題唐江陵段成式撰

明吴琯古今逸史本

是刻半葉十行,行二十字,白口,左右雙邊。《中國古籍善本書目·叢部》著録,不標著者,或係托名。《四庫全書總目》曰:"舊本題唐人撰,不著名氏。"余嘉錫《四庫提要辯證》考定爲明人王世貞撰。茲依《中國叢書綜録》。

上海　吉林　南京

32594

劍俠傳四卷

題唐江陵段成式撰

明吴琯刻增定古今逸史本

《中國古籍善本書目》著録。

國圖　首都　北大　北師大　科院　上海　天津　遼寧　西安文管會　山東　山東師大　無錫　浙江　湖南　廣東

32595
劍俠傳四卷
題唐江陵段成式撰
民國上海商務印書館影印元明善本叢書十種·古今逸史本
國圖　北師大　中醫　上海　華東師大　上海師大　上海辭書　天津　吉大　甘肅　山東大　福建師大　江西　湖北　四川　川大　重慶　雲南

32596
劍俠傳四卷
題唐江陵段成式撰
清康熙七年(1668)新安汪氏用古今逸史刊版重編印祕書廿一種本
國圖　科院　北師大　復旦　華東師大　上海辭書　天津　吉林市　吉大　甘肅　南京　浙江　河南　四川　川大　重慶

32597
劍俠傳四卷
題唐江陵段成式撰
清嘉靖九年新安汪氏重刊祕書廿一種本
國圖　上海　復旦　天津　遼寧　吉林市　山東　山東大　南大　安徽　浙江　福建師大　桂林　四川　重慶　雲南

32598
劍俠傳一卷
題唐江陵段成式撰
清順治三年(1646)李際期宛委山堂刻説郛本
《中國古籍善本書目》著録。
國圖　科院　上海　天津　南大　河南

32599
劍俠傳一卷
題唐江陵段成式撰
清據説郛刊版重編印五朝小説·唐人百家小説紀載家本
上海　山東大　南京　南大

32600
劍俠傳一卷
題唐江陵段成式撰
清乾隆五十七年(1792)挹秀軒刻唐人説薈本
國圖　科院　中央民大　上海　華東師大　上海辭書　浙江

32601
劍俠傳一卷
題唐江陵段成式撰
清乾隆五十九年(1794)石門馬氏大酉山房刻龍威祕書本
國圖　科院　北大　上海　復旦　天津　遼寧　甘肅　南京　浙江　江西　武漢　四川　重慶

32602
劍俠傳一卷
題唐江陵段成式撰
清嘉慶十一年(1806)序刻唐代叢書本
國圖　科院　北大　上海　復旦　内蒙古　吉林市　甘肅　南京　安徽　江西　廣東　四川

32603
劍俠傳一卷
題唐江陵段成式撰
清道光二十年(1840)序刻唐人説薈本
上海　杭大　廣東　重慶

32604
劍俠傳一卷
題唐江陵段成式撰
清同治七年(1868)序刻藝苑捃華本
國圖　科院　北大　上海　復旦　天津　遼寧　南大　浙江　江西　湖北　武漢　四

川　重慶

32605
劍俠傳一卷
題唐江陵段成式撰
清宣統三年(1911)上海天寶書局石印唐人説薈本
天津　吉林市　陝西　河南　桂林

32606
劍俠傳一卷
題唐江陵段成式撰
民國四年(1915)上海文明書局石印説庫本
國圖　首都　上海　復旦　天津　遼寧　甘肅　南京　浙江　河南　武漢　四川　雲南

32607
劍俠傳一卷
題唐江陵段成式撰
民國十一年(1922)上海掃葉山房石印唐人説薈本
國圖　北師大　華東師大　上海師大　內蒙古　吉林市　哈爾濱　甘肅　山東大　南京　蘇州　安徽　杭大

32608
劍俠傳一卷
題唐江陵段成式撰
民國十五年(1926)上海掃葉山房石印五朝小説大觀·唐人百家小説紀載家本
首都　遼寧　山東　南京　浙江　河南　重慶

32609
劍俠傳一卷
題唐江陵段成式撰
民國二十六年(1937)上海中央書局鉛印晉唐小説暢觀本
華東師大

32610
聶隱娘傳一卷
題唐江陵段成式撰
明嘉靖二十三年(1544)陸楫儼山書院雪山書院刻古今説海本
《緑窗女史·節俠部劍俠》亦收此書,題唐鄭文寶撰。
國圖　北大　上海　復旦　天津　南京　浙江　天一閣　湖南　廣東　四川

32611
聶隱娘傳一卷
題唐江陵段成式撰
清道光元年(1821)苕溪邵氏西山堂刻古今説海本
國圖　首都　北師大　清華　復旦　天津　遼寧　浙江　湖北　四川　川大　重慶

32612
聶隱娘傳一卷
題唐江陵段成式撰
清宣統元年(1909)夢梅仙館刻無一是齋叢鈔本
科院　北師大　南大

32613
聶隱娘傳一卷
題唐江陵段成式撰
清宣統元年(1909)上海集成圖書公司鉛印古今説海本
首都　北師大　上海　上海師大　吉大　山大　廣西

32614
聶隱娘傳一卷
題唐江陵段成式撰
民國四年(1915)上海進步書局石印古

今説海本
國圖　首都　吉大　甘肅　雲南　黑龍江　桂林

32615
聶隱娘傳
題唐江陵段成式撰
民國二十四年(1935)商務印書館鉛印舊小説本
國圖　清華　上海　復旦　天津　遼寧　甘肅　杭大　川大

32616
聶隱娘傳
題唐江陵段成式撰
1957年商務印書館鉛印舊小説本
北師大　上海　福建師大　湖北　桂林　重慶

32617
崑崙奴傳一卷
題唐江陵段成式撰
清宣統元年(1909)夢梅仙館刻無一是齋叢鈔本
《古今説海》《緑窗女史》亦收録此書,皆著録爲"唐楊巨源撰"。
科院　北師大　南大

32618
紅綫傳一卷
題唐江陵段成式撰
清宣統元年(1909)夢梅仙館刻無一是齋叢鈔本
《緑窗女史》《五朝小説》《唐代叢書》《龍威祕書》《藝苑捃華》《晉小説暢觀》等叢書均收,皆著録"唐楊巨源撰"。
科院

32619
織女星傳一卷
宋安陸張君房撰
明末刻心遠堂彙印緑牕女史本
《中國古籍善本書目》著録。
首都　北大　科院

32620
才鬼記一卷
題宋張君房撰
清順治三年(1646)李際期宛委山堂刻説郛本
本書實爲唐代鄭蕡撰,此係托名或誤著。
國圖　科院　北大　上海　復旦　天津　陝西　南大　河南　江西　廣東　四川

32621
醉叟傳
明公安袁宏道撰
清順治三年(1646)李際期宛委山堂刻説郛續本
是刻半葉九行,行二十字,白口,左右雙邊。《中國古籍善本書目》著録。
國圖　科院　北師大　上海　復旦　華東師大　天津　遼寧　山東大　南京　南大　河南　四川　重慶　雲南

32622
拙效傳
明公安袁宏道撰
清順治三年(1646)李際期宛委山堂刻説郛續本
是刻半葉九行,行二十字,白口,左右雙邊。《中國古籍善本書目》著録。
國圖　科院　北師大　上海　復旦　華東師大　天津　遼寧　山東大　南京　南大　河南　四川　重慶　雲南

32623
一瓢道士傳
明公安袁宏道撰
清順治三年(1646)李際期宛委山堂刻

說郛續本

是刻半葉九行,行二十字,白口,左右雙邊。《中國古籍善本書目》著録。

國圖 科院 北師大 上海 復旦 華東師大 天津 遼寧 山東大 南京 南大 河南 四川 重慶 雲南

32624

一夢緣一卷

明漢陽王國梓撰 羅田王夔武校

民國二十二年(1933)武昌益善書局鉛印本

與《漢滸金石小記》《漢口竹枝詞》合一册,其封面並列三種之書名,由羅田王夔武校印。本書所知有兩種刻本,

武漢

32625

一夢緣一卷

明漢陽王國梓撰

民國二十九年(1940)鉛印庚辰叢編本

國圖 首都 北大 上海 復旦 天津 遼寧 甘肅 南京 江西 湖北 廣西 四川 雲南

諧謔之屬

32626

髻鬟品

唐江陵段成式撰

清順治三年(1646)李際期宛委山堂刻說郛本

是刻半葉九行,行二十字,白口,左右雙邊。《中國古籍善本書目》著録。

國圖 首都 上海 復旦 天津 吉林 南京 浙江 江西 福建 河南 湖南 中大 重慶 雲南

32627

髻鬟品一卷

唐江陵段成式撰

清宣統國學扶輪社鉛印香艷叢書本

國圖 首都 北大 北師大 上海 華東師大 天津 遼寧 甘肅 南京 福建 湖北 武漢 四川 重慶 雲南

32628

笑禪録一卷

明松滋潘游龍撰

清順治三年(1646)李際期宛委山堂刻說郛續本

《中國古籍善本書目》著録,二十八館有藏。

國圖 首都 故宫 上海 復旦 天津 南京 浙江 江西 河南 中大 重慶 雲南

32629

笑禪録一卷

明松滋潘游龍撰

清據說郛說郛續刊版重編印五朝小説·皇明百家小説本

上海 山東大 南京 南大

32630

笑禪録一卷

明松滋潘游龍撰

民國十五年(1926)上海掃葉山房石印五朝小説大觀·皇明百家小説本

首都 上海 華東師大 上海師大 遼寧 吉大 山東大 南京 浙江 河南 桂林 重慶 雲南

32631

笑禪録一卷

明松滋潘游龍撰

1956年上海古典文學出版社鉛印歷代笑話集本

國圖　北師大　上海　山東大　福建師大　廣西　重慶

32632
諧叢十五則
明景陵(今天門)鍾惺輯
1956年上海古典文學出版社鉛印歷代笑話集本
國圖　北師大　上海　山東大　福建師大　廣西　重慶

32633
代少年謝狎妓書一卷
明公安袁中道撰
清宣統國學扶輪社鉛印香艷叢書本
國圖　首都　上海　華東師大　天津　遼寧　甘肅　南京　湖北　武漢　四川　重慶

章回之屬

短篇

32634
無聲戲十二回
清李漁撰　清黄岡杜濬評
清初刻本
日本尊經閣

32635
無聲戲合集十二回
清李漁撰　清黄岡杜濬評
清初刻本　馬廉跋
存二回:一至二
是刻半葉八行,行二十字,白口,四周單邊,有圖。《中國古籍善本書目》著録。
北大 ×

32636
連城璧十二集外編六卷
清李漁撰　清黄岡杜濬評
清康熙刻本
日本佐伯

32637
連城璧全集十二集外編四卷
題清覺世稗官(李漁)編次　清睡鄉祭酒(黄岡杜濬)批評
日本抄本
大連

32638
覺世名言十二卷三十八回
清李漁撰　清黄岡杜濬評
清順治刻本
是刻半葉九行,行十九字,白口,四周單邊,有圖。《中國古籍善本書目》著録。
國圖　北大　華東師大　浙江

32639
覺世名言十二卷三十八回
清李漁撰　清黄岡杜濬評
清順治刻消閒居印本
《中國古籍善本書目》著録。
中國社科院文學所

32640
覺世名言十二卷三十八回
清李漁撰　清黄岡杜濬評
清乾隆五十五年(1790)文寶堂刻本
北大　遼寧　長春

32641
覺世名言十二卷三十八回
清李漁撰　清黄岡杜濬評
清嘉慶九年(1804)寶寧堂刻本
北大

32642
覺世名言十二卷三十八回
清李漁撰　清黄岡杜濬評

清刻本
國圖　遼寧　大連　香港中大

32643
覺世名言十二卷三十八回
清李漁撰　清黄岡杜濬評
清末石印本
東北師大

32644
神仙通鑑二十二卷神仙鑑像一卷
清江夏徐道撰　清程毓奇續撰
清康熙刻本
《湖北藝文志》將此書置於"道家類",兹據《中國古籍總目·子部》。
國圖　科院　上海ˣ　南京　青海

32645
神仙通鑑二十二卷神仙鑑像一卷
清江夏徐道撰　清程毓奇續撰
清刻本
國圖　南京

長篇

32646
盤古至唐虞傳
明景陵(今天門)鍾惺撰
1997年群衆出版社鉛印珍本中國古代歷史演義小説本
與《有夏誌傳》《有商誌傳》合訂。

32647
按鑑演義帝王御世有夏誌傳六卷
題明景陵(今天門)鍾惺撰
明刻本　(日本内閣文庫)

32648
按鑑演義帝王御世有夏誌傳六卷
題明景陵(今天門)鍾惺撰
清嘉慶十九年(1814)稽古堂刻本
是刻半葉九行,行二十一字,白口,四周單邊。《中國古籍善本書目》著録。
北大　復旦　華東師大

32649
按鑑演義帝王御世有夏誌傳六卷
題明景陵(今天門)鍾惺撰
清光緒三十二年(1906)宏道堂刻本
存一卷:二
國圖ˣ

32650
按鑑演義帝王御世有夏誌傳六卷
題明景陵(今天門)鍾惺撰
清刻本
國圖

32651
有夏誌傳
明景陵(今天門)鍾惺撰
1997年群衆出版社鉛印珍本中國古代歷史演義小説本
與《盤古至唐虞傳》《有商誌傳》合訂。

32652
按鑑演義帝王御世有商誌傳四卷
題明景陵(今天門)鍾惺撰
清嘉慶十九年(1814)稽古堂刻本
是刻半葉九行,行二十一字,白口,四周單邊。《中國古籍善本書目》著録。
北大　復旦　華東師大

32653
按鑑演義帝王御世有商誌傳四卷
題明景陵(今天門)鍾惺撰

清光緒三十二年(1906)宏道堂刻本

國圖

32654

有商誌傳

明景陵(今天門)鍾惺撰

1997年群衆出版社鉛印珍本中國古代歷史演義小説本

與《盤古至唐虞傳》、《有夏誌傳》合訂。

32655

夏商周秦君臣演義

明景陵(今天門)鍾惺、馮夢龍等撰

1999年北京古籍出版社鉛印中國歷代君臣演義本

32656

夏商合傳

明景陵(今天門)鍾惺編

清嘉慶十九年(1814)稽古堂刻本

國圖

32657

夏商合傳

明景陵(今天門)鍾惺編

清光緒三十二年(1906)宏道堂刻本

國圖

32658

新刻按鑑編集二十四帝通俗演義全漢志傳十四卷

題明景陵(今天門)鍾惺撰

明刻本

存前漢九卷

北大 ×

32659

新刻按鑑編集二十四帝通俗演義全漢志傳十四卷

題明景陵(今天門)鍾惺撰

清寶華樓刻本

北大

32660

鍾伯敬先生批評三國志一百八十回

明羅本撰　明景陵(今天門)鍾惺評

明刻本

日本東京大學

32661

三國演義(鍾惺評點本)

明羅貫中撰　明景陵(今天門)鍾惺評點　陳曦鍾、陳衛平點校

1992年中國廣播電視出版社鉛印本

32662

三國演義

明羅貫中撰　明景陵(今天門)鍾惺(伯敬)批評　李靈年、王長友整理點校

1994年安徽文藝出版社鉛印本

32663

大隋志傳四卷四十六回

題明景陵(今天門)鍾惺編次　明李贄參訂

清刻本

是刻半葉十一行,行二十八字,白口,四周單邊,有圖。《中國古籍善本書目》著録,僅該館有藏。

大連

32664

大隋志傳四卷四十六回

題明景陵(今天門)鍾惺編次　明李贄參訂

清光緒十九年(1893)聚元堂刻本

遼寧

32665
大隋志傳四卷四十六回
題明景陵(今天門)鍾惺編　明李贄參訂
清末刻本
吉林

32666
混唐後傳八卷三十二回首一卷五回
題明景陵(今天門)鍾惺編次
清芥子園刻本
是刻半葉十行,行二十五字,白口,四周單邊,有圖。《中國古籍善本書目》著録,僅該館有藏。
大連

32667
混唐後傳八卷三十二回
題明景陵(今天門)鍾惺編　明李贄訂
清刻本
國圖

32668
混唐平西傳
題明景陵(今天門)鍾惺編次　董皓校注
1993年中州古籍出版社鉛印本

32669
新刻鍾伯敬先生批評封神演義十九卷一百回
明許仲琳撰　明景陵(今天門)鍾惺評
明金閶舒氏刻本
日本内閣文庫

32670
新刻鍾伯敬先生批評封神演義十九卷一百回
明許仲琳撰　明景陵(今天門)鍾惺評
清康熙四雪草堂刻本
是刻半葉十一行,行二十四字,白口,四周單邊。《中國古籍善本書目》著録。此書入全國善本書目者凡三刻。
天津師大　遼寧　錦州　揚州師院

32671
新刻鍾伯敬先生批評封神演義十九卷一百回
明許仲琳撰　明景陵(今天門)鍾惺評
清雍正十三年(1735)善成堂刻本
上海

32672
新刻鍾伯敬先生批評封神演義十九卷一百回
明許仲琳撰　明景陵(今天門)鍾惺評
清光緒九年(1883)上海掃葉山房刻本
國圖　遼寧　吉大　南京

32673
新刻鍾伯敬先生批評封神演義十九卷一百回
明許仲琳撰　明景陵(今天門)鍾惺評
清學庫山房刻本
遼寧　東北師大

32674
新刻鍾伯敬先生批評封神演義十九卷一百回
明許仲琳撰　明景陵(今天門)鍾惺評
清善成堂刻本
遼寧　長春　東北師大

32675
新刻鍾伯敬先生批評封神演義二十卷一百回
明許仲琳撰　明景陵(今天門)鍾惺評
清康熙刻本

是刻半葉十行，行二十字，白口，四周單邊，有圖。《中國古籍善本書目》著録，僅該館有藏。

國圖

32676

新刻鍾伯敬先生批評封神演義二十卷一百回

明許仲琳撰　明景陵(今天門)鍾惺評

清品文堂刻本

錦州

32677

新刻鍾伯敬先生批評封神演義二十卷一百回

明許仲琳撰　明景陵(今天門)鍾惺評

清經綸堂刻本

遼大　吉大　黑龍江

32678

新刻鍾伯敬先生批評封神演義十卷一百回

明許仲琳撰　明景陵(今天門)鍾惺評

清康熙金陵德聚堂刻本

是刻半葉十三行，行二十四字，白口，四周單邊，有圖。《中國古籍善本書目》著録，僅該館有藏。

北大

32679

繡像封神演義一百回

明許仲琳撰　明景陵(今天門)鍾惺評

清光緒十六年(1890)珍藝書局鉛印本

國圖　上海　遼寧　香港中大

32680

繡像封神演義一百回

明許仲琳撰　明景陵(今天門)鍾惺評

清光緒十七年(1891)上海廣百宋齋鉛印本

國圖

32681

繡像封神演義一百回

明許仲琳撰　明景陵(今天門)鍾惺評

民國上海鍊石書局石印本

上海

32682

初刻封神演義八卷一百回

明許仲琳撰　明景陵(今天門)鍾惺評

清嘉慶二十四年(1815)刻本

國圖

32683

初刻封神演義八卷一百回

明許仲琳撰　明景陵(今天門)鍾惺評

清同治八年(1869)刻本

國圖　吉大

32684

初刻封神演義八卷一百回

明許仲琳撰　明景陵(今天門)鍾惺評

清刻本

國圖　北大

32685

繪圖封神演義八卷一百回

明許仲琳撰　明景陵(今天門)鍾惺評

清末石印本

國圖　遼寧

32686

繪圖封神演義八卷一百回

明許仲琳撰　明景陵(今天門)鍾惺評

民國二年(1913)上海文華書局石印本

國圖　遼寧

32687

繪圖封神演義八卷一百回

明許仲琳撰　明景陵(今天門)鍾惺評

民國九年（1920）上海共和書局石印本
上海

32688
封神演義
明許仲琳撰　明景陵（今天門）鍾惺評
1980年廣東人民出版社鉛印本

32689
封神演義
明許仲琳撰　明景陵（今天門）鍾惺評　曹曼民點校
1989年上海古籍出版社鉛印本　又1991年鉛印本

32690
封神演義
明許仲琳、李雲翔撰　明景陵（今天門）鍾惺（伯敬）評
1991年江蘇古籍出版社鉛印本　又1995年鉛印本

32691
封神演義
明許仲琳撰　明景陵（今天門）鍾惺評　奎友等校點
1992年山東文藝出版社鉛印本　又1998年鉛印本

彈詞之屬

32692
廿一史彈詞注十卷明史彈詞注二卷
清漢陽張仲璜撰
清康熙四十九年（1710）刻本
《販書偶記續編》著録。藏書單位待訪。

32693
廿一史彈詞注十卷明史彈詞注二卷
清漢陽張仲璜撰
清雍正五年（1727）重刻本
《販書偶記續編》著録。藏書單位待訪。

道家類

32694
道德真經四子古道集解十卷
金襄陽寇才質輯
明正統十年（1445）内府刻道藏本
國圖

32695
道德真經四子古道集解十卷
金襄陽寇才質輯
民國十二年至十五年（1923—1926）上海商務印書館影印明正統刻道藏本
國圖　首都　科院　上海　華東師大　天津　遼寧　南京　南大　浙江　河南　湖北　四川　雲南

32696
太上道德真經四子古道集解一卷
金襄陽寇才質輯
清嘉慶刻道藏輯要本
北大　上海　遼寧　東北師大　南京

32697
太上道德真經四子古道集解一卷
金襄陽寇才質輯
清光緒三十二年（1906）成都二仙庵刻重刊道藏輯要本
國圖　首都　北大　上海　吉林　黑龍江

32698
道德經注二卷
清漢陽徐永祐集撰
清雍正十二年（1734）秋滋樹堂刻本
《販書偶記》著録，藏書單位待訪。

32699
道德經注二卷
清漢陽徐永祐集撰
清乾隆三年(1738)刻本
《販書偶記續編》著録,藏書單位待訪。

32700
老子融解二卷
清武昌(今鄂州)王家璧撰
稿本　清林壽圖題識　清趙新僭跋
此稿抄録明嘉靖中靖江朱得之參元通義本爲底本,於段末作詮釋,或採前人言論,或以"王家璧曰"闡發己意,其主旨在於闡明孔老、儒道原本相容相通,並非相闢相斥。後有同治庚午著者照片一幀,彌足珍貴。陽海清寫有此書提要,載《中南、西南地區省、市圖書館館藏古籍稿本提要(附鈔本聯合目録)》中。《王家璧雜著九種》之一,《中國古籍善本書目》著録。
湖北

32701
老子識小一卷
清蘄水(今浠水)郭階撰
清光緒十五年(1889)蘄水郭氏刻春暉雜稿本
國圖　科院　北大　上海　遼寧　甘肅　福建師大　湖北　江西

32702
老子解一卷附題一卷
沔陽(今仙桃)黄福撰
民國十一年(1922)鉛印本
湖北

32703
老子衍二卷
漢陽李哲明撰
民國十二年(1923)自然室刻本
《販書偶記》著録。
湖北

32704
老子略説不分卷
民國蘄春黄侃撰
稿本
武大中文系

32705
手鈔老子古義考底本
民國蘄春黄侃輯
民國抄本
此據黄建中《黄季剛先生著作分類録》,原未著録著作方式,作爲一條款目不好理解。姑加一"輯"字,志此存疑。
武大中文系

32706
廣莊一卷
明公安袁宏道撰
明萬曆三十三年(1605)刻袁使君集本
是刻半葉九行,行十八字,白口,左右雙邊。
《中國古籍善本書目》著録。
天一閣

32707
廣莊一卷
明公安袁宏道撰
明周應□刻袁中郎十集本
是刻半葉九行,行二十字,白口,左右雙邊。
《中國古籍善本書目》著録。
國圖　科院　上海　復旦　南開　山東　南京　浙江　湖北　四川

32708
廣莊一卷
明公安袁宏道撰
明禪悦山房刻本
國圖

32709
廣莊一卷
明公安袁宏道撰
明萬曆袁氏書種堂刻袁中郎集七種本
荆州

32710
廣莊一卷
明公安袁宏道撰
明末刻廣百川學海本
是刻半葉九行，行二十字，白口，左右雙邊。《中國古籍善本書目》著録。
北大　歷博　遼寧　大連　青島博　南京　安徽博

32711
廣莊一卷
明公安袁宏道撰
民國十一年（1922）上海文明書局石印寶顔堂秘笈本
《中國叢書廣綜録》著録。
國圖　首都　科院　復旦　陝西　南京　南大　安徽　浙江　杭大　福建師大　寧夏

32712
廣莊一卷
明公安袁宏道撰　錢伯城箋校
1981年上海古籍出版社鉛印中國古典文學叢書·袁宏道集箋校本
湖北

32713
廣莊
明公安袁宏道撰
清順治三年（1646）李際期宛委山堂刻説郛續本
是刻半葉九行，行二十字，白口，左右雙邊。《中國古籍善本書目》著録。
國圖　科院　北師大　上海　復旦　華東師大　天津　遼寧　山東大　南京　南大　河南　四川　重慶　雲南

32714
袁中郎廣莊一卷
明公安袁宏道撰
明刻本
東北師大

32715
新刻陳眉公重訂廣莊一卷
明公安袁宏道撰　明陳繼儒訂
明萬曆三十四年（1606）刻尚白齋鐫陳眉公訂正秘笈本
是刻半葉八行，行十八字，白口，四周單邊。《中國古籍善本書目》著録。國圖所藏該叢書有傅增湘校並跋。
國圖　清華　北師大　人大　科院　北京市委　復旦　祁縣　大連　遼大　東北師大　西安文管會　青島　上虞　河南　湖南　中大　重慶

32716
陳眉公重訂廣莊一卷
明公安袁宏道撰　明陳繼儒訂
寶顔堂訂正偶談一卷
明李鼎撰
明刻本
國圖

32717
解莊十二卷
明會稽陶望齡撰　明江夏郭正域評
明天啓元年（1621）茅兆河刻朱墨套印本
是刻半葉九行，行十九字，白口，四周單邊。《中國古籍善本書目》著録十個單位有藏。
科院　天津　遼寧　吉林　南京　湖南

32718
解莊十二卷
明會稽陶望齡撰　明江夏郭正域評
明天啓元年（1621）茅兆河刻朱墨套印本　清戈淳倫批校並跋
《中國古籍善本書目》收録。
南開

32719
莊子南華真經三卷
明景陵（今天門）譚元春評
明崇禎八年（1635）張溥刻本
《販書偶記續編》作《莊子南華真經評》。是刻半葉九行，行十八字，白口，左右雙邊。《中國古籍善本書目》著録。
科院　上海　吉大　蒲城堯山　平湖　湖北

32720
莊子南華真經三卷
明景陵（今天門）譚元春評
明崇禎八年（1635）張溥刻本　清計東批並跋　清陸嵩、程庭鷺、周齡、潘爵跋　吴郁生跋
《中國古籍善本書目》著録。
上海

32721
莊子南華真經三卷
明景陵（今天門）譚元春評
明刻本
國圖

32722
讀莊一吷不分卷
清漢川顧如華撰
清活字印本
《中國古籍善本書目》著録，僅該館有藏。流播甚稀。
北師大

32723
莊子釋小一卷
清蘄水（今浠水）郭階撰
清光緒十五年（1889）蘄水郭氏自刻春暉雜稿本
國圖　科院　北大　上海　遼寧　甘肅　福建師大　湖北　江西

32724
黄帝陰符經疏三卷
唐李筌撰
明抄陰符經十二家註解本
《中國古籍善本書目》著録。《中國人名大辭典》："李筌，唐居少室山。有將略，嘗著《太白陰經》，於行軍致勝之術指畫甚詳。仕至荆南節度副使、仙州刺史。後入山訪道，不知所終。"其籍里不明，待考。盧靖《湖北先正遺書》收入，是否以其曾任"荆南節度副使"？今仿之，照録。
北京文物局

32725
黄帝陰符經疏三卷
唐李筌撰
明正統十年（1445）内府刻道藏本
國圖

32726
黄帝陰符經疏三卷
唐李筌撰
民國十二年至十五年（1923—1926）上海商務印書館影印明正統刻道藏本
國圖　首都　科院　上海　華東師大　天津　遼寧　南京　南大　浙江　河南　湖北　四川　雲南

32727
黄帝陰符經疏三卷
唐李筌撰
民國上海商務印書館據明本影印道藏舉

要本
國圖　上海　南大　武大　廣東　四川　川大

32728
陰符經疏三卷
唐李筌撰
民國無錫丁氏排印道藏精華録本
上海　復旦　上海辭書　内蒙古　山東大　南大　福建師大　重慶

32729
黄帝陰符經疏三卷
唐李筌撰
宛委别藏稿本
臺圖

32730
陰符經疏三卷
唐李筌撰
清嘉慶十三年至十六年（1808—1811）張海鵬刻墨海金壺本
《中國古籍善本書目》著録。
國圖　復旦　天津　山東

32731
陰符經疏三卷
唐李筌撰
民國十年（1921）博古齋影印清嘉慶張海鵬刻墨海金壺本
國圖　首都　北大　上海　復旦　天津　遼寧　吉大　甘肅　南京　浙江　河南　武大　四川　重慶　雲南

32732
陰符經疏三卷
唐李筌撰
民國十二年（1923）沔陽盧氏慎始基齋據清嘉慶張海鵬刻墨海金壺本影印湖北先正遺書本
國圖　科院　北大　上海　天津　遼寧　寧夏　山東　南京　浙江　湖北　四川

32733
陰符經疏三卷
唐李筌撰
清道光金山錢氏據墨海金壺本刊版重輯珠叢别録本
國圖　科院　北大　上海　復旦　天津　南京　四川

32734
陰符經疏三卷
唐李筌撰
民國十一年（1922）上海博古齋影印清錢氏據墨海金壺本刊版重輯珠叢别録本
國圖　北師大　復旦　上海師大　天津　南大　杭大　川大　雲南　寧夏

32735
黄帝陰符經集註一卷
唐李筌等注
明正統十年（1445）内府刻道藏·洞真部玉訣類本
國圖

32736
黄帝陰符經集註一卷
唐李筌等注
民國十二年至十五年（1923—1926）上海商務印書館影印明正統刻道藏·洞真部玉訣類本
國圖　科院　上海　天津　遼寧　南京　浙江　湖北　四川　雲南

32737
陰符經一卷
唐李筌等注
明刻廣漢魏叢書本

復旦　天津　杭大　安徽博　江西大　福建

32738
陰符經一卷
唐李筌等注
清順治三年（1646）李際期宛委山堂刻説郛本
國圖　科院　上海　天津　南大　河南

32739
陰符經一卷
唐李筌等注
清乾隆五十六年（1791）金谿王氏刻增訂漢魏叢書本
國圖　科院　北大　上海　復旦　天津　遼寧　南京　浙江　湖北　廣東　四川　重慶　雲南

32740
陰符經一卷
唐李筌等注
清光緒二年（1876）紅杏山房刻民國四年（1915）蜀南馬湖盧樹柟修補印增訂漢魏叢書本
國圖　上海　上海辭書　杭大　湖北　武大　四川　重慶　川大

32741
陰符經一卷
唐李筌等注
清光緒六年（1880）三餘堂刻增訂漢魏叢書本
國圖　甘肅　南京　川大

32742
陰符經一卷
唐李筌等注
清宣統三年（1911）上海大通書局石印增訂漢魏叢書本
首都　北師大　中央民大　上海　復旦　華東師大　遼寧　甘肅　南大　杭大　廣東　四川　重慶

32743
陰符經一卷
唐李筌等注
清光緒元年（1875）湖北崇文書局刻子書百家本
國圖　天津　上海　遼寧　南京　安徽　浙江　陝西　甘肅　山東大　湖北

32744
陰符經一卷
唐李筌等注
民國八年（1919）上海掃葉山房石印百子全書本
國圖　北師大　中醫　上海　復旦　天津　遼寧　浙江　南京　廣東　川大　重慶

32745
陰符經一卷
唐李筌等注
清光緒三十三年（1907）古香女子北京鉛印鮑紅葉叢書本
國圖　首都　科院　清華　南京　浙江　福建師大　重慶

32746
陰符經一卷
唐李筌等注
民國九年（1920）上海五鳳樓石印子書四十八種本
國圖　上海師大　山東大　南大　桂林　寧夏

32747
陰符經一卷
明釋如愚注
明萬曆二十八年（1600）周令聞刻本

《中國古籍善本書目》著録，僅上海圖書館有藏。《千頃堂書目》所收《石頭和尚陰符經解》即爲此書。

上海

32748

陰符經解一卷

唐李筌等注

明萬曆繡水沈氏刻寶顔堂祕笈本

國圖　首都　科院　復旦　天津　遼寧　陝西　南京　南大　安徽　浙江　杭大　福建師大　河南　寧夏

32749

陰符經解一卷

唐李筌等注

民國十一年(1922)上海文明書局石印寶顔堂祕笈本

國圖　首都　北師大　上海　復旦　天津　遼寧　吉大　甘肅　南京　浙江　江西　湖北　武漢　四川　重慶　雲南

32750

陰符經解一卷

唐李筌等注

清四庫全書本

臺北故宫　國圖　甘肅　浙江

1983年臺北商務印書館影印清文淵閣四庫全書本

湖北

1989年上海古籍出版社縮印臺北商務印書館影印清文淵閣四庫全書本

國圖　武漢

32751

集註陰符經一卷

唐李筌等注

民國無錫丁氏排印道藏精華録本

上海　復旦　上海辭書　内蒙古　山東大　南大　福建師大　重慶

32752

黄帝陰符經一卷

唐李筌等注　明虞淳熙評點

明天啓武林坊刻合諸名家批點諸子全書本

《中國古籍善本書目》著録，僅該館有藏。

上海

32753

黄帝陰符經一卷

唐李筌等注　明虞淳熙評點

明溪香書屋刻合刻周秦經書十種本

《中國古籍善本書目》著録，僅該館有藏。

國圖

32754

陰符經融解一卷

清武昌(今鄂州)王家璧撰

稿本

《王家壁雜著九種》之一。與《老子融解》合爲一册。稿先抄録正文，將各家注釋、各本異字注於書眉。凡有己意，則以"王家璧曰"述之。

湖北

32755

陰符經三皇玉訣三卷

唐李筌撰

明抄陰符經十二家注解本

《中國古籍善本書目》著録。

北京文物局

32756

文子二卷

明麻城彭好古輯

明刻本

國圖

32757
亢倉子
唐宜城王士元撰
明鈕氏世學樓抄説郛本
《中國古籍善本書目》著録。舊本題"庚桑楚"撰,唐柳宗元嘗辨其僞。後世書目,包括《中國叢書綜録》和《中國古籍善本書目》,都將其作者空而不著,兹依《四庫全書總目提要》之考辨結論定之。另據《中國叢書綜録》,所謂《洞靈經》《洞靈真經》《庚桑子》,亦即本書。該書本爲九篇,故有將其視爲九卷者。本書現存三十多個版本。
國圖

32758
亢倉子
唐宜城王士元撰
明抄説郛本
《中國古籍善本書目》著録。
上海

32759
亢倉子
唐宜城王士元撰
民國十六年(1927)上海商務印書館鉛印説郛本
國圖　科院　北大　上海　復旦　天津　遼寧　吉大　甘肅　南京　江西　湖北　武大　廣東　四川　重慶　雲南

32760
亢倉子一卷
唐宜城王士元撰
明刻十子(十一卷)本
《中國古籍善本書目》著録。
國圖

32761
亢倉子一卷
唐宜城王士元撰
明刻十子(十三卷)本　傅增湘校並跋
《中國古籍善本書目》著録。
國圖

32762
亢倉子一卷
唐宜城王士元撰
明刻十二子本
《中國古籍善本書目》著録。南京館藏另一部《十二子》有清丁丙跋。上海館藏該叢編則有清翁大年跋和莫棠跋。
上海　西安文管會　南京

32763
亢倉子一卷
唐宜城王士元撰
明刻十二子本　清袁芳瑛校並跋
《中國古籍善本書目》著録。
國圖

32764
亢倉子一卷
唐宜城王士元撰
明刻方疑編十二子[十二卷]本
《中國古籍善本書目》著録。
北大　清華　南京　湖北

32765
亢倉子一卷
唐宜城王士元撰
明萬曆四年至五年(1576—1577)南京國子監刻子彙本
《中國古籍善本書目》著録。
國圖　北大　人大　歷史博　上海　華東師大　天津　河北博　遼寧　吉林　湖南　四川　重慶　雲南

32766
亢倉子一卷
唐宜城王士元撰

民國上海商務印書館影印元明善本叢書十種·子彙本

國圖　北師大　中醫　上海　華東師大　上海師大　上海辭書　天津　吉大　甘肅　山東大　福建師大　江西　湖北　廣西　四川　重慶　雲南

32767

亢倉子一卷

唐宜城王士元撰

明萬曆三十年(1602)緜眇閣刻先秦諸子合編十六種本

《中國古籍善本書目》著録,僅此三館有藏。

國圖　北大　上海

32768

亢倉子一卷

唐宜城王士元撰

明萬曆刻本

北大

32769

亢倉子一卷

唐宜城王士元撰

明刻且且菴初箋十六子本

《中國古籍善本書目》著録,僅該館有藏。

國圖

32770

亢倉子一卷

唐宜城王士元撰　明楊慎評註

明天啓武林坊刻本

《中國古籍善本書目》著録,僅該館有藏。該叢編各種由多家刻版彙攏印成,本書爲明横秋閣刻。

國圖　上海

32771

亢倉子一卷

唐宜城王士元撰　明王宇評

明末刻方疑編十三子全書本

此十三子全書係用多種刻版印成,本書爲明花齋刻本。《中國古籍善本書目》著録,僅該館有藏。

科院

32772

亢倉子一卷

唐宜城王士元撰

民國十二年(1923)沔陽盧氏慎始基齋據明刻本影印湖北先正遺書本

國圖　科院　北大　上海　天津　遼寧　寧夏　山東　南京　浙江　湖北　四川

32773

亢倉子一卷

唐宜城王士元撰

清四庫全書本

國圖　甘肅　浙江　臺北故宫

1983年臺北商務印書館影印清文淵閣四庫全書本

湖北

1989年上海古籍出版社縮印臺北商務印書館影印清文淵閣四庫全書本

國圖　武漢

32774

亢倉子一卷

唐宜城王士元撰

清嘉慶十三年至十六年(1808—1811)張海鵬刻墨海金壺本

是刻半葉十一行,行二十三字,黑口,左右雙邊。《中國古籍善本書目》著録。

國圖　復旦　天津　山東

32775

亢倉子一卷

唐宜城王士元撰

民國十年(1921)博古齋影印清嘉慶張海鵬刻墨海金壺本

國圖 首都 北大 上海 復旦 天津 遼寧 吉大 甘肅 南京 浙江 河南 武大 四川 重慶 雲南

32776

亢倉子一卷

唐宜城王士元撰

清道光金山錢氏據墨海金壺本刊版重輯珠叢别録本

國圖 科院 北大 上海 復旦 華東師大 天津 南京 四川

32777

亢倉子一卷

唐宜城王士元撰

民國十一年(1922)上海博古齋影印清道光錢氏重輯珠叢别録本

國圖 北師大 復旦 上海師大 天津 南京 杭大 重慶 川大 青海

32778

亢倉子一卷

唐宜城王士元撰

清同治八年(1869)劉履芬抄本

《中國古籍善本書目》著録。

國圖

32779

亢倉子一卷

唐宜城王士元撰

清光緒元年(1875)湖北崇文書局刻子書百家本

黄嗣艾《湖北公藏版刻提要》云:"是書唐王士元撰。題周庚桑楚者,妄也。凡九篇,其文多掇古書,融以己意,亦多亹亹有理致。惟多作奇字,固亦可誦之書。"

國圖 北大 北師大 清華 復旦 華東師大 天津 遼寧 吉大 陝西 甘肅 南京 南大 浙江 湖北 武漢 武大 四川 重慶

32780

亢倉子一卷

唐宜城王士元撰

民國八年(1919)上海掃葉山房石印百子全書本

國圖 北師大 中醫 上海 復旦 天津 遼寧 哈爾濱 南京 安徽 浙江 桂林 廣東 重慶 川大

32781

亢倉子一卷

唐宜城王士元撰

民國二十四年至二十六年(1935—1937)上海商務印書館鉛印叢書集成初編本

國圖 北師大 清華 上海 復旦 遼寧 吉林市 甘肅 山東大 南大 浙江 江西 湖北 四川 重慶 雲南

32782

亢倉子三卷

唐宜城王士元撰 題明何粲注

明末聚奎樓刻六子全書本

《中國古籍善本書目》著録,僅該館有藏。

湖北

32783

亢倉子九卷

唐宜城王士元撰 題明何粲注 明黄諫音釋

明刻本

是刻半葉九行,行二十字,黑口,四周雙邊。《中國古籍善本書目》著録,僅該館有藏。

上海

32784
亢倉子九卷
唐宜城王士元撰　題明何粲注　明黄諫音釋
明刻本　傅增湘跋
《中國古籍善本書目》著録。
國圖

32785
亢倉子註九卷
唐宜城王士元撰
清四庫全書本
國圖　甘肅　浙江　臺北故宫
1983年臺北商務印書館影印清文淵閣四庫全書本
湖北
1989年上海古籍出版社縮印臺北商務印書館影印清文淵閣四庫全書本
國圖　武漢

32786
亢倉子一卷
唐宜城王士元撰　明歸有光輯評
明天啓刻諸子彙函本
《中國古籍善本書目》著録。
首都　人大　華東師大　山西　天一閣　安徽　福建　四川

32787
庚桑子
唐宜城王士元撰
明鈕氏世學樓抄説郛·讀子隨識本
《中國古籍善本書目》著録。
國圖

32788
庚桑子
唐宜城王士元撰
明抄説郛·讀子隨識本
《中國古籍善本書目》著録。
上海

32789
庚桑子一卷
唐宜城王士元撰
民國十六年（1927）上海商務印書館鉛印説郛本
國圖　科院　北大　上海　復旦　天津　遼寧　吉大　甘肅　南京　江西　湖北　武大　武大　四川　重慶　雲南

32790
新雕洞靈真經五卷
唐宜城王士元撰　宋何粲注
宋刻本
國圖

32791
洞靈真經一卷
唐宜城王士元撰　宋何粲注
民國十二年至十五年（1923—1926）上海商務印書館影印明正統刻道藏本
國圖　首都　科院　上海　華東師大　天津　遼寧　南京　南大　浙江　河南　湖北　四川　雲南

32792
洞靈真經註一卷
唐宜城王士元撰
民國十二年至十五年（1923—1926）上海商務印書館影印明正統刻道藏本
國圖　首都　科院　上海　華東師大　天津　遼寧　南京　南大　浙江　河南　湖北　四川　雲南

32793
洞靈經一卷
唐宜城王士元撰

明末刻朱印道藏初編本

國圖　上海

32794

洞靈真經一卷

唐宜城王士元撰

明正統十年(1445)内府刻道藏本

國圖

32795

洞靈真經一卷

唐宜城王士元撰　宋何粲注

清嘉慶刻道藏輯要本

北大　上海　遼寧　東北師大　南京

32796

洞靈真經一卷

唐宜城王士元撰　宋何粲注

清光緒三十二年(1906)成都二仙庵刻重刊道藏輯要本

國圖　首都　北大　上海　吉林　黑龍江

32797

洞靈真經註三卷

唐宜城王士元撰　宋何粲注

明正統十年(1445)内府刻道藏本

國圖

32798

洞靈經一卷

唐宜城王士元撰

明刻本

甘肅

32799

洞靈真經一卷

唐宜城王士元撰

清抄本

上海

32800

亢倉子洞靈真經一卷

唐宜城王士元撰　明謝汝韶注

明萬曆六年(1578)吉藩崇德書院刻二十家子書本

《中國古籍善本書目》著録。上海館藏另一部《二十家子書》有清朱瀓跋。

國圖　人大　北京文物局　上海　山東大　温州　武大　湖南　重慶　貴州大

32801

新刻亢倉子洞靈真經一卷

唐宜城王士元撰

明胡文焕刻壽養叢書本

是刻半葉十行,行二十字,白口,左右雙邊。《中國古籍善本書目》著録,六家所藏均爲該叢書殘本,未必皆存此種。

國圖　北大　中醫　上海中醫學院　無錫　天一閣

32802

亢倉子洞靈真經一卷

唐宜城王士元撰

清焦氏抄諸子節録六種本

該叢編有清焦循校並跋。

上海

32803

洞靈真經一卷

唐宜城王士元撰

清抄本

《中國古籍善本書目》著録。

上海

32804

雲笈七籤一百二十二卷

宋安陸張君房撰

明正統十年(1445)内府刻道藏本

《中國古籍善本書目》著録。君房,宋景德

進士，曾官尚書度支員外郎、集賢校理，後自御史臺貶官寧海。此爲道教書目。大中祥符五年，君房奉命主持校理《道藏》，集秘閣與江南等地之道教藏書，會同十名道士同校，至天禧三年首成《大宋天寶藏》四千五百六十五卷，撮其精要，輯成本書。"雲笈"爲道家語"書箱"之意，"七籤"乃指道書之七個組成部分，故名。

國圖

32805

雲笈七籤一百二十二卷

宋安陸張君房撰

民國十二年至十五年（1923—1926）上海商務印書館影印明正統刻道藏·太玄部本

國圖　科院　上海　天津　遼寧　南京　浙江　湖北　四川　雲南

32806

雲笈七籤一百二十二卷

宋安陸張君房撰

民國上海商務印書館據明本影印道藏舉要本

國圖　上海　南大　武大　廣東　四川　川大

32807

雲笈七籤一百二十二卷

宋安陸張君房撰

明張萱清真館刻本

是刻半葉九行，行二十字，白口，四周單邊，有刻工。《中國古籍善本書目》著録，僅該館有藏。

國圖 × 　山東大學　重慶　臺圖

32808

雲笈七籤一百二十二卷

宋安陸張君房撰

明初抄本

存二十九卷：一至十、五十一至六十、一百十四至一百二十二

《中國古籍善本書目》著録。

國圖 ×

32809

雲笈七籤一百二十二卷

宋安陸張君房撰

明刻本

是刻半葉十行，行二十字，白口，四周單邊。《中國古籍善本書目》著録。

國圖　清華　北京市委　上海　南開　無錫　浙江　重慶

32810

雲笈七籤一百二十二卷

宋安陸張君房撰

明抄本

《中國古籍善本書目》著録。

天一閣

32811

雲笈七籤一百二十二卷

宋安陸張君房撰

清四庫全書本

國圖　甘肅　浙江　臺北故宫

1983年臺北商務印書館影印清文淵閣四庫全書本

湖北

1989年上海古籍出版社縮印臺北商務印書館影印清文淵閣四庫全書本

國圖　武漢

32812

雲笈七籤一百二十二卷

宋安陸張君房撰

清嘉慶十年（1805）張氏照曠閣刻學津討原本

國圖　首都　科院　上海　復旦　天津　遼寧　甘肅　青島　南京　南大　浙江　河南　湖北　武大　四川　重慶

32813
雲笈七籤一百二十二卷
宋安陸張君房撰
民國十一年(1922)上海商務印書館影印虞山張氏照曠閣刻學津討原本
國圖　首都　上海　天津　甘肅　南京　浙江　河南　江西　廣東　四川

32814
雲笈七籤一百二十二卷
宋安陸張君房撰
民國八年(1919)上海商務印書館初次影印四部叢刊本
國圖　上海　天津　遼寧　甘肅　南京　浙江　湖北　四川

32815
雲笈七籤一百二十二卷
宋安陸張君房撰
民國十八年(1929)上海商務印書館二次影印四部叢刊本
國圖　上海　復旦　華東師大　天津　吉大　南京　浙江　湖北　江西　桂林　雲南

32816
雲笈七籤一百二十二卷
宋安陸張君房撰
民國二十五年(1936)上海商務印書館縮印四部叢刊本
國圖　首都　華東師大　甘肅　南京　浙江　武大　桂林　雲南

32817
雲笈七簽一百二十二卷
宋安陸張君房輯
1989年書目文獻出版社據明刻道藏本影印

32818
雲笈七簽一百二十二卷
宋安陸張君房輯
1998年齊魯書社據涵芬樓翻明正統道藏本影印
書前目録葉碼設兩層,上爲本書新編連續葉碼,下爲明正統道藏原版片的千字文編號。

32819
雲笈七簽一百二十二卷
宋安陸張君房輯　蔣力生等校注
1996年華夏出版社印本

32820
雲笈七籤十三卷
宋安陸張君房撰
清嘉慶刻道藏輯要本
北大　上海　遼寧　東北師大　南京

32821
雲笈七籤十三卷
宋安陸張君房撰
清光緒三十二年(1906)成都二仙庵刻重刊道藏輯要本
國圖　首都　北大　上海　吉林　黑龍江

32822
入藥鏡一卷
五代崔希範撰　明麻城彭好古注
明萬曆刻文錦堂印道言内外秘訣全書本
大連

32823
入藥鏡一卷
五代崔希範撰　明麻城彭好古注
清徐甚陽抄道言内外秘訣全書本
上海

32824
入藥鏡一卷
五代崔希範撰　元王玠、明李攀龍、明麻城彭好古注

清嘉慶刻道藏輯要本
北大　上海　遼寧　東北師大　南京

32825
入藥鏡一卷
漢崔希範撰　元王玠、明李攀龍、明麻城彭好古注
清光緒三十二年（1906）成都二仙庵刻重刊道藏輯要本
彭氏之注凡十一條，與王、李之注混排，并無單刻。
國圖　首都　北大　上海　吉林　黑龍江

32826
入藥鏡一卷
漢崔希範撰　元王玠、明麻城彭好古注解　明李攀龍注釋
民國無錫丁氏排印道藏精華録第六集本
上海　復旦　山東大　南大　重慶

32827
入藥鏡註解一卷
五代崔希範撰　元王玠、明李攀龍、明麻城彭好古注
清抄本
北大

32828
悟真篇四註二卷
宋薛道光、陸墅、元陳致虚、明麻城彭好古撰
明萬曆二十七年（1599）刻本
是刻半葉九行，行二十字，白口，四周單邊。《中國古籍善本書目》著録。
北大　杭州

32829
金丹四百字一卷
宋張伯端撰　明麻城彭好古注
明萬曆刻清文錦堂印道言内外秘訣全書本
大連

32830
金丹四百字一卷
宋張伯端撰　明麻城彭好古注
清徐甚陽抄道言内外秘訣全書本
上海

32831
金丹四百字一卷
宋張伯端撰　明麻城彭好古注
清嘉慶刻道藏輯要本
北大　上海　遼寧　東北師大　南京

32832
金丹四百字一卷
宋張伯端撰　明麻城彭好古注
清光緒三十二年（1906）成都二仙庵刻重刊道藏輯要本
國圖　首都　北大　上海　吉林　黑龍江

32833
金丹四百字註釋一卷
明麻城彭好古注解　清閔陽林釋義
清道光刻古書隱樓藏書本
國圖

32834
金丹四百字註釋一卷
明麻城彭好古注解　清閔陽林釋
民國上海醫學書局鉛印道藏續編第一集本
國圖　上海　華東師大　撫順　齊齊哈爾　重慶

32835
金碧古文龍虎上經一卷
明麻城彭好古注

明萬曆刻清文錦堂印道言內外秘訣全書本
大連

32836
金碧古文龍虎上經一卷
明麻城彭好古注
清徐甚陽抄道言內外秘訣全書本
上海

32837
金碧古文龍虎上經一卷
明麻城彭好古注
清嘉慶刻道藏輯要本
北大　上海　遼寧　東北師大　南京

32838
金碧古文龍虎上經一卷
明麻城彭好古注
清光緒三十二年（1906）成都二仙庵刻重刊道藏輯要本
國圖　首都　北大　上海　吉林　黑龍江

32839
靈祕丹藥全書
明景陵（今天門）鍾惺編
民國十八年（1929）上海千頃堂書局石印本
北京中醫大　上海中醫大　浙江　四川

32840
柳子藏書九卷
清鄖陽柳棨撰
約清乾隆間刻本
《販書偶記續編》著録。藏書單位待訪。

32841
柳子藏書九卷
清鄖陽柳棨撰
清道光十三年（1833）雲怡堂刻本
上海　南京　東北師大

32842
柳子藏書九卷
清鄖陽柳棨撰
清刻本
南京

32843
漢唐玄學論一卷
民國蘄春黄侃撰
民國二十一年（1932）《時代公論》一卷一期本

32844
漢唐玄學論一卷
民國蘄春黄侃撰
1980年上海古籍出版社鉛印黄侃論學雜著本
湖北

32845
含素子塵譚十卷
明黄岡朱清仁撰
《四庫全書總目》著録
《四庫全書總目》入"道家類存目"然《中國古籍善本書目》和《四庫全書存目叢書》皆不收。存否？待訪。

32846
道言內外（一名道言內外秘訣全書）六卷
明麻城彭好古輯並解
明萬曆吴勉學刻本
是刻半葉九行，行十八字，白口，左右雙邊。《中國古籍善本書目》著録。
北大　北京文物局　吉林

32847

道言内外(一名道言内外秘訣全書)六卷

明麻城彭好古輯並解

明萬曆吴勉學刻黄之寀重修本

上海　南京　河南　中大　四川　哈佛燕京

32848

道言内外秘訣全書

明麻城彭好古輯

明萬曆刻清文錦堂印本

道言内

經類

陰符經一卷

道德經一卷

清淨經一卷

定觀經一卷

度人經一卷

消災護命妙經一卷

赤文洞古經一卷

大通經一卷

五廚經一卷

日用經一卷

玉樞經髓一卷

心印經一卷

胎息經一卷　唐幻真先生注

書類

鍾吕二仙傳道一卷

靈寶畢法三卷　題漢鍾離權撰　唐吕嵓集

入藥鏡一卷　五代崔希範撰　明麻城彭好古注

玉清金笥青華祕文金寶内鍊丹訣三卷　宋張伯端撰

金丹四百字一卷　宋張伯端撰　明麻城彭好古注

指玄篇一卷　宋白玉蟾注

歌類

破迷正道歌一卷　題漢鍾離權撰

醉思仙歌一卷　題晉許遜撰

瑤頭坯歌一卷　題唐吕嵓撰

敲爻歌一卷　題唐吕嵓撰

谷神歌一卷　題唐吕嵓撰

還丹破迷歌一卷　題劉操撰

靈源大道歌一卷　題曹文撰

太空歌一卷　金馬鈺撰

石橋歌一卷　宋張伯端撰

青天歌一卷　元丘處機注

還丹口訣歌一卷　宋馬自然撰

羅浮翠虚吟一卷　宋陳□撰

快活歌二卷　宋白玉蟾撰

大道歌一卷　宋白玉蟾撰

道闡元樞歌一卷　宋彭耜撰

金丹歌一卷　宋高象先撰

得道歌一卷　題王景撰

制惑歌一卷　元陳致虚撰

詩類

金碧古文龍虎上經一卷　明麻城彭好古注

浮黎鼻祖金藥(華)祕訣一卷　三國吴葛玄注

明鏡匣一卷

金穀歌一卷

火蓮經一卷

古文参同契三卷

古文参同契註三卷　漢徐景休撰

古文参同契三相類二卷　題漢淳於叔通撰

銅符鐵券一卷　題晉許遜撰

悟真篇一卷　宋張伯端撰

還金術三篇一卷　題唐陶殖撰

地元真訣一卷　宋白玉蟾撰

答論神丹書一卷

道言外

詞類

吕純陽詞　唐吕嵓撰

沁園春

步蟾宫

三字訣

百字牌

白玉蟾詞　宋白玉蟾撰

水調歌頭

酹江月

張三丰一枝花詞一卷　明張三丰撰

白玉蟾五言古詞一卷　宋白玉蟾撰

《中國古籍總目·子部》著録。或與前述萬曆吴勉學刻本及其重修本爲同版。

大連

32849

道言内外祕訣全書

明麻城彭好古輯

清徐甚陽抄本

子目同前。

上海

釋家類

32850

令旨解二諦義一卷

南朝梁襄陽蕭統撰

明刻續百川學海本

《中國古籍善本書目》著録。

國圖　遼寧　吉大　青島　南大　浙江　川大

32851

令旨解二諦義一卷

南朝梁襄陽蕭統撰

清順治三年（1646）李際期宛委山堂刻説郛本

是刻半葉九行，行二十字，白口，左右雙邊。《中國古籍善本書目》著録。

國圖　首都　故宫　上海　復旦　天津　吉林　南京　浙江　江西　福建　河南　湖南　廣東　重慶　雲南

32852

隨自意三昧一卷

南朝陳釋慧思撰

觀心誦經法

隋華容（今潛江）釋智顗説

民國八年（1919）北京刻經處刻本

北大

32853

梵網經心地品菩薩戒義疏發隱五卷

隋華容（今潛江）釋智顗疏

附戒疏發隱事義五卷菩薩戒問辯一卷

明釋袾宏撰

明崇禎十一年（1638）刻雲棲法彙本

釋智顗是湖北早期高僧，著述甚夥，就今已訪知者，竟多至二十種。

普林斯頓

32854

梵網經心地品菩薩戒義疏發隱五卷

隋華容（今潛江）釋智顗疏

附戒疏發隱事義五卷菩薩戒問辯一卷

明釋袾宏撰

清同治十年（1871）刻雲棲法彙本

南京

32855

梵網經心地品菩薩戒義疏發隱五卷

隋華容（今潛江）釋智顗疏

附戒疏發隱事義五卷菩薩戒問辯一卷

明釋袾宏撰

清同治至光緒杭州刻雲棲法彙本

北大　上海

32856

梵網經心地品菩薩戒義疏發隱五卷

隋華容（今潛江）釋智顗疏

附戒疏發隱事義五卷菩薩戒問辯一卷

明釋袾宏撰

清光緒二十三年至二十五年（1897—1899）金陵刻經處刻雲棲法彙本

國圖　天津　上海　日本東京大學

32857
維摩經玄疏六卷
隋華容（今潛江）釋智顗撰
清光緒四年（1878）張錫田龍泉寺刻本
上海

32858
維摩經玄疏六卷
隋華容（今潛江）釋智顗撰
清光緒揚州衆香庵刻本
齊齊哈爾

32859
維摩經玄疏六卷
隋華容（今潛江）釋智顗撰
清刻本
上海

32860
維摩經玄疏三卷
隋華容（今潛江）釋智顗撰
清光緒刻本
國圖

32861
維摩經畧疏八卷
隋華容（今潛江）釋智顗撰　唐釋湛然删略
清光緒八年（1882）長沙刻本
國圖　南京

32862
金剛般若經疏一卷
後秦釋鳩摩羅什譯經　隋華容（今潛江）釋智顗注
宋刻本
南京

32863
金剛般若經疏一卷
隋華容（今潛江）釋智顗撰
明萬曆四十二年（1614）刻本
《中國古籍善本書目》著録，僅該館有藏。
科院

32864
金剛般若經疏一卷
後秦釋鳩摩羅什譯經　隋華容（今潛江）釋智顗注
清光緒七年（1881）長沙刻經處刻本
大連

32865
金剛般若經疏一卷
後秦釋鳩摩羅什譯經　隋華容（今潛江）釋智顗注
清光緒三十三年（1907）金陵刻經處本
國圖　北大　天津

32866
佛説觀無量壽佛經疏二卷
隋華容（今潛江）釋智顗撰
明成化二十二年（1486）刻本
國圖

32867
佛説觀無量壽佛經疏二卷
隋華容（今潛江）釋智顗撰
附科文一卷
明萬曆九年刻本
普林斯頓

32868
佛説觀無量壽佛經疏二卷
隋華容（今潛江）釋智顗撰
明末覆刻萬曆九年（1581）刻本
普林斯頓

32869

佛說觀無量壽佛經疏一卷

隋華容(今潛江)釋智顗撰

明萬曆二十四年(1596)大隱精舍刻本

是刻半葉七行,行十七字,白口,左右雙邊。《中國古籍善本書目》著録,僅該館有藏。

科院

32870

佛說觀無量壽佛經疏二卷

隋華容(今潛江)釋智顗撰

明刻本

柏克萊加州大學

32871

阿彌陀經義記一卷

隋華容(今潛江)釋智顗說　唐釋灌頂記

民國七年(1918)金陵刻經處刻本

上海

32872

佛說阿彌陀經義記一卷

隋華容(今潛江)釋智顗說　唐釋灌頂記

民國十年(1921)北京刻經處刻朱印本

北大　上海

32873

金光明經疏十二卷

隋華容(今潛江)釋智顗說　唐釋灌頂録

民國七年(1918)金陵刻經處刻本

吉大

32874

妙法蓮華經玄義二十卷

隋華容(今潛江)釋智顗說　唐釋灌頂記

宋刻本

存八卷:二至八、十

是刻半葉六行,行二十字,上下單邊,有刻工。《中國古籍善本書目》著録,僅該館藏此殘本。

國圖 ×

32875

妙法蓮華經玄義□□卷

隋華容(今潛江)釋智顗撰　唐釋灌頂記

宋刻本

存一卷

臺圖 ×

32876

妙法蓮華經玄義十卷

隋華容(今潛江)釋智顗說　唐釋灌頂記

明萬曆刻本

是刻半葉十行,行二十字,白口,四周單邊,有刻工。《中國古籍善本書目》著録,僅此二館有藏。

上海　浙江

32877

妙法蓮華經玄義十卷

隋華容(今潛江)釋智顗說　唐釋灌頂記

清宣統二年(1910)江北刻經處刻本

北大　上海　錦州　黑龍江

32878

法華玄義十卷

隋華容(今潛江)釋智顗說　唐釋灌頂記

清刻本

南京

32879
妙法蓮華經文句十卷
隋華容(今潛江)釋智顗説 唐釋灌頂記
明宣德九年(1434)南京聚寶門來賓樓姜家刻金陵藏經本
國圖

32880
妙法蓮華經文句十卷
隋華容(今潛江)釋智顗説 唐釋灌頂記
明萬曆刻本
是刻半葉十行,行二十字,白口,四周單邊,有刻工。《中國古籍善本書目》據湖南圖書館報片定爲"明刻本",兹依沈津《美國哈佛大學哈佛燕京圖書館中文善本書志》。
湖南 哈佛燕京

32881
法華玄義釋籤二十卷
隋華容(今潛江)釋智顗説 唐釋灌頂記 唐釋湛然釋
清咸豐八年(1858)刻本
南京

32882
法華玄義釋籤四十卷
隋華容(今潛江)釋智顗説 唐釋灌頂記 唐釋湛然釋
清抄本
南京

32883
妙法蓮華經玄義釋籤四十卷
隋華容(今潛江)釋智顗説 唐釋灌頂記 唐釋湛然釋
清光緒七年(1881)昭慶律寺經房刻本
國圖 大連

32884
妙法蓮華經玄義釋籤四十卷
隋華容(今潛江)釋智顗説 唐釋灌頂記 唐釋湛然釋
清光緒十七年(1891)昭慶律寺經房刻本
日本國會

32885
妙法蓮華經玄義釋籤四十卷
隋華容(今潛江)釋智顗説 唐釋灌頂記 唐釋湛然釋
清末金陵刻經處刻本
上海

32886
妙法蓮華經玄義釋籤十卷
隋華容(今潛江)釋智顗説 唐釋灌頂記 唐釋湛然釋
清宣統二年(1910)江北刻經處刻本
國圖

32887
妙法蓮華經玄義節要二卷
隋華容(今潛江)釋智顗撰 清釋智旭節要
清光緒六年(1880)福德因緣堂刻本
國圖 北大 上海 吉林

32888
法華文句□卷
隋華容(今潛江)釋智顗説 唐釋灌頂記
宋刻本
柏克萊加州大學

32889
摩訶止觀十卷
隋華容(今潛江)釋智顗撰

明萬曆十年（1582）刻本

是刻半葉十一行，行二十字，黑口，左右雙邊。《中國古籍善本書目》著録，僅該館有藏。

山東

32890

摩訶止觀十卷

隋華容（今潛江）釋智顗撰

2002年上海古籍出版社據明萬曆十年（1582）刻本影印續修四庫全書本

湖北

32891

摩訶止觀十卷

隋華容（今潛江）釋智顗等撰

日本明曆三年（1657）活字印本

《中國館藏和刻本漢籍書目》著録。

北大

32892

摩訶止觀十卷

隋華容（今潛江）釋智顗撰

清袁氏漸西邨舍抄本　清袁昶録清吕懷清校

上海

32893

釋摩訶般若波羅密經覺意三昧一卷

隋華容（今潛江）釋智顗説　唐釋灌頂記

清光緒五年（1879）龍城曾氏刻本

上海

32894

釋摩訶般若波羅密經覺意三昧一卷

隋華容（今潛江）釋智顗説　唐釋灌頂記

清光緒二十九年（1903）揚州刻本

大連

32895

釋摩訶般若波羅密經覺意三昧一卷

隋華容（今潛江）釋智顗説　唐釋灌頂記

清刻本

國圖

32896

仁王護國般若經疏五卷

隋華容（今潛江）釋智顗説　唐釋灌頂記

清光緒十一年（1885）江北刻經處刻本

國圖　上海　黑龍江

32897

四教義六卷

隋華容（今潛江）釋智顗撰

清光緒金陵刻經處刻本

上海

32898

四教義六卷

隋華容（今潛江）釋智顗撰

清光緒三十四年（1908）揚州藏經院刻本

國圖　上海

32899

四教義六卷

隋華容（今潛江）釋智顗撰

清刻本

國圖　天津

32900

四教義六卷

隋華容（今潛江）釋智顗撰

2002年上海古籍出版社據清刻本影印續修四庫全書本

湖北

32901
四教義六卷
隋華容（今潛江）釋智顗撰
清末刻本
黑龍江

32902
釋禪波羅蜜次第法門十卷
隋華容（今潛江）釋智顗説　唐釋法慎記　唐釋灌頂再治
清光緒三十四年（1908）揚州藏經院刻本
國圖　北大　上海

32903
修習止觀坐禪法要一卷
隋華容（今潛江）釋智顗撰
明刻本
是刻半葉八行，行十七字，白口，四周單邊。《中國古籍善本書目》著録，僅該館有藏。
國圖

32904
修習止觀坐禪法要（一名童蒙止觀、小止觀）二卷
隋華容（今潛江）釋智顗撰
天台止觀統例一卷
唐梁肅撰
明嘉靖四十三年（1564）趙瓚、秦鉞等刻本
是刻半葉十行，行二十字，白口，四周雙邊。《中國古籍善本書目》著録，僅該館有藏。
遼寧

32905
修習止觀坐禪法要（一名童蒙止觀、小止觀）二卷
隋華容（今潛江）釋智顗撰
天台止觀統例一卷
唐梁肅撰
明嘉靖四十三年（1564）趙瓚、秦鉞等刻隆慶四年（1570）印本
國圖

32906
修習止觀坐禪法要（一名童蒙止觀、小止觀）二卷
隋華容（今潛江）釋智顗撰
明刻本
國圖

32907
修習止觀坐禪法要（一名童蒙止觀、小止觀）二卷
隋華容（今潛江）釋智顗撰
清嘉慶二年（1797）刻本
吉大

32908
修習止觀坐禪法要（一名童蒙止觀、小止觀）二卷六妙法門一卷
隋華容（今潛江）釋智顗撰
清咸豐七年（1857）武林護國寺刻本
天津　上海

32909
修習止觀坐禪法要（一名童蒙止觀、小止觀）二卷六妙法門一卷
隋華容（今潛江）釋智顗撰
清光緒十八年（1892）金陵刻經處刻本
吉林、東北師大缺《六妙法門》。
國圖　天津　吉林 ×　東北師大 ×　南京

32910
修習止觀坐禪法要（一名童蒙止觀、小止觀）二卷
隋華容（今潛江）釋智顗撰
清光緒二十九年（1903）金陵刻經處刻本
國圖　北大　上海

32911
小止觀
隋華容(今潛江)釋智顗撰
止觀義例二卷
唐釋湛然撰
清康熙五年(1666)般若堂刻本
大連

32912
六妙法門一卷
隋華容(今潛江)釋智顗等撰
日本明曆三年(1657)中野五良佐衛門刻本
《中國館藏和刻本漢籍書目》著録。
上海

32913
六妙法門一卷
隋華容(今潛江)釋智顗撰
清咸豐七年(1857)武林護國寺刻本
天津　上海

32914
六妙法門一卷
隋華容(今潛江)釋智顗撰
清光緒十八年(1892)金陵刻經處刻本
國圖　上海　天津　遼大　南京

32915
三種寶説
隋華容(今潛江)釋智顗等撰
日本刻配抄本
《中國館藏和刻本漢籍書目》著録。
吉林

32916
四念處四卷
隋華容(今潛江)釋智顗説　唐釋灌頂記
清光緒三年(1877)江北刻經處刻本
國圖　北大　上海　哈爾濱　南京

32917
淨土十疑論一卷
隋華容(今潛江)釋智顗撰
附淨土生無生論一卷
明釋傳燈撰　明釋善遇輯
師子林天和尚淨土或問一卷
元釋如則撰　明釋袾宏輯
清乾隆四十九年(1784)刻本
南京

32918
淨土十疑論一卷
隋華容(今潛江)釋智顗撰
附念佛三昧寶王論三卷
唐釋飛錫撰
淨土生無生論一卷
明釋傳燈撰
師子林天和尚淨土或問一卷
元釋如則撰
清刻本
哈爾濱

32919
淨土十疑論一卷
隋華容(今潛江)釋智顗撰
清光緒二年(1876)陳瑞生刻本
南京

32920
觀心論一卷
隋華容(今潛江)釋智顗等撰
觀心論疏二卷
隋華容(今潛江)釋智顗等撰　唐釋灌頂疏
日本明曆四年(1658)郚田莊五郎刻本
《中國館藏和刻本漢籍書目》著録。
上海

32921

天台八教大意一卷南嶽思大師誓願文一卷天台智者大師禪門口訣一卷

隋華容（今潛江）釋智顗述　唐釋灌頂等輯

日本延寶三年（1675）淺野久兵衛刻本

《中國館藏和刻本漢籍書目》著録。

南京

32922

南嶽思大師誓願文一卷

隋華容（今潛江）釋智顗述　唐釋灌頂疏

日本延寶三年（1675）淺野久兵衛刻本

與《天台八教大意》等合爲一編。《中國館藏和刻本漢籍書目》著録。

南京

32923

天台智者大師禪門口訣一卷

隋華容（今潛江）釋智顗述　唐釋灌頂等輯

日本延寶三年（1675）淺野久兵衛刻本

與《天台八教大意》等合爲一編。《中國館藏和刻本漢籍書目》著録。

南京

32924

法界次第初門三卷

隋華容（今潛江）釋智顗撰　日本小林是純註釋

日本明治十二年（1887）東京北　茂兵衛鉛印本

《中國館藏和刻本漢籍書目》著録。

桂林

32925

天台山小止觀

隋華容（今潛江）釋智顗述

日本京都貝葉書院刻本

《中國館藏和刻本漢籍書目》著録。

桂林

32926

金剛經鳩異一卷

唐江陵段成式撰

清順治三年（1646）李際期宛委山堂刻説郛本

是刻半葉九行，行二十字，白口，左右雙邊。《中國古籍善本書目》著録。

國圖　首都　上海　復旦　天津　吉林　南京　浙江　江西　福建　河南　湖南　中大　重慶　雲南

32927

金剛經鳩異一卷

唐江陵段成式撰

清據説郛説郛續刊版重編印五朝小説本

上海　山東大　南京　南大

32928

金剛經鳩異一卷

唐江陵段成式撰

民國十五（1926）上海掃葉山房石印五朝小説大觀本

首都　上海　華東師大　上海師大　遼寧　吉大　山東　南京　浙江　河南　重慶

32929

金剛經鳩異一卷

唐江陵段成式撰

清乾隆五十七年（1792）挹秀軒刻唐人説薈本

國圖　科院　上海　華東師大　上海辭書　浙江　中央民大

32930

金剛經鳩異一卷

唐江陵段成式撰

清道光二十三年(1897)序刻唐人説薈本
上海　杭大　廣東　重慶

32931
金剛經鳩異一卷
唐江陵段成式撰
清宣統三年(1911)上海天寶書局石印唐人説薈本
天津　吉林市　陝西　河南　桂林

32932
金剛經鳩異一卷
唐江陵段成式撰
民國十一年(1922)上海掃葉山房石印唐人説薈本
國圖　北師大　華東師大　上海師大　内蒙　吉林市　哈爾濱　甘肅　山東大　南京　蘇州　安徽　杭大

32933
金剛經鳩異一卷
唐江陵段成式撰
清嘉慶十一年(1806)序刻唐代叢書本
國圖　科院　北大　上海　復旦　内蒙　吉林市　甘肅　南京　安徽　江西　廣東　四川

32934
金剛經鳩異一卷
唐江陵段成式撰
清道光二年(1822)刻潛園集録本
國圖　清華　上海

32935
金剛經古今靈驗集一卷
唐江陵段成式撰
清初毛褒、毛表、毛扆等刻金剛般若波羅蜜多經頌論疏記會鈔附録本
是刻半葉十行,行二十字,白口,四周雙邊。《中國古籍善本書目》著録,僅南京圖書館藏有全帙。
上海ˣ　南京

32936
辯正論八卷
唐襄陽釋法琳撰
宋元豐三年至大觀四年(1080—1110)福州東禪等覺院刻萬壽大藏紹興四年(1134)印本
存一卷:二
是刻半葉六行,行十七字,上下單邊,有刻工。《中國古籍善本書目》著録。
北大ˣ

32937
破邪論二卷
唐襄陽釋法琳撰
明正統五年(1440)刻本
《中國古籍總目·子部》著録。
北大

32938
破邪論二卷
唐襄陽釋法琳撰
清光緒三十年(1904)揚州藏經院刻本
上海　南京

32939
破邪論一卷
唐襄陽釋法琳撰
清光緒三十四年(1908)揚州藏經院刻本
遼寧

32940
破邪論二卷
唐襄陽釋法琳撰
清刻本
錦州

32941
破邪論二卷
唐襄陽釋法琳撰
日本刻本
《中國館藏和刻本漢籍書目》著録。
四川

32942
象教皮編六卷
明應城陳士元輯
明萬曆十六年(1588)金陵三山街葉近山刻本
《中國古籍總目·子部》著録,《中國古籍善本書目》未收,疑即《歸雲外集》本。
南京

32943
象教皮編六卷
明應城陳士元輯
明萬曆十七年(1589)自刻歸雲外集本
是刻半葉九行,行二十字,白口,四周單邊。《中國古籍善本書目》著録。
作者七十歲時輯成是書。係彙輯釋家語,分梵譯、名數、異談、禪語、評經、移牘六類,類各一卷;卷又分若干則,有裨講經解義和名僧史傳之研究。取達摩禪語"不執文字,不離文字"爲得題,故曰"皮編"。
國圖　北大　祁縣×

32944
象教皮編六卷
明應城陳士元輯
明萬曆刻本
《中國古籍總目·子部》著録,《中國古籍善本書目》未收,疑即《歸雲外集》本。
大連　吉大

32945
象教皮編六卷
明應城陳士元輯
清嘉慶十年(1805)張氏照曠閣刻學津討原本
《中國古籍善本書目》著録。
國圖　北師院　復旦　天津　山東　浙江　福建　重慶

32946
象教皮編六卷
明應城陳士元輯
民國十一年(1922)上海商務印書館影印清嘉慶張氏刻學津討原本
國圖　首都　上海　天津　甘肅　山東　南京　浙江　河南

32947
象教皮編六卷
明應城陳士元輯
民國二十四年至二十六年(1935—1937)上海商務印書館鉛印叢書集成初編本
國圖　北師大　上海　復旦　遼寧　甘肅　浙江　湖北　武大　四川　重慶

32948
大佛頂如來密因修證了義請菩薩萬行首楞嚴經如説十卷
明景陵(今天門)鍾惺撰
明天啓弘覺山房刻本
《中國古籍善本書目》著録。
國圖　人大　北師大　浙江　湖北　哈佛燕京　日本東京大學

32949
金屑編一卷
明公安袁宏道撰
明萬曆清響齋刻三先生逸書本
是刻半葉八行,行十九字,白口,四周單邊。國圖藏有二部《三先生逸書》,皆清響齋所刻,一爲四卷本,一爲五卷本,唯四卷本收有本書。《中國古籍善本書目》著録。
國圖

32950

六祖壇經節録一卷

明公安袁宏道撰

明刻本

是刻半葉八行,行十八字,白口,四周單邊。《中國古籍善本書目》著録,僅該館有藏。

安徽博

32951

西方合論十卷

明公安袁宏道撰

明萬曆三十一年(1603)刻本

是刻半葉八行,行十八字,白口,四周單邊。《中國古籍善本書目》著録,僅該館有藏。是爲淨土教重要著作之一。

國圖

32952

西方合論十卷

明公安袁宏道撰　明釋蕅益沙門智旭評

清順治八年(1651)刻本

《販書偶記》著録。藏書單位待訪。

32953

西方合論十卷

明公安袁宏道撰

日本明曆元年(1655)刻本

《中國館藏和刻本漢籍書目》著録。

北大

32954

西方合論不分卷

明公安袁宏道撰　明釋智旭評點

清乾隆三十九年(1774)刻本

柏克萊加州大學

32955

西方合論不分卷

明公安袁宏道撰　明釋智旭評點

清乾隆五十三年(1788)京師廣通寺刻本

普林斯頓

32956

西方合論一卷

明公安袁宏道撰　明釋成時評點節略

清道光二十八年(1848)刻靈峰藕益大師選定淨土十要本

上海

32957

西方合論一卷

明公安袁宏道撰　明釋成時評點節略

清同治六年(1867)刻靈峰藕益大師選定淨土十要本

上海　南京

32958

西方合論一卷

明公安袁宏道撰　明釋成時評點節略

清光緒二十年(1894)揚州廣陵藏經禪院刻靈峰藕益大師選定淨土十要本

國圖　天津　上海　錦州　黑龍江　齊齊哈爾　南京

32959

西方合論一卷

明公安袁宏道撰　明釋成時評點節略

清刻靈峰藕益大師選定淨土十要本

大連　遼大　吉林　東北師大

32960

禪門本草補

明公安袁中道撰

清順治三年(1646)李際期宛委山堂刻説郛續本

是刻半葉九行,行二十字,白口,左右雙邊。《中國古籍善本書目》著録。

國圖　科院　北師大　上海　復旦　華東師大　天津　遼寧　山東大　南京　南大　四川　重慶　雲南

32961
妙法蓮華經弘傳序知音一卷
明江夏釋如愚撰
明萬曆四十七年（1619）刻本
釋如愚，字藴璞，江夏人。《千頃堂書目》等收其著述有十種之多。
上海

32962
妙法蓮華經知音□卷
明江夏釋如愚撰
明刻本
存七卷：一至七
上海 ×

32963
妙法蓮華經知音七卷弘傳序知音一卷
明江夏釋如愚撰
明天啓四年（1624）釋廣明等刻本
《中國古籍善本書目》著録，僅天津圖書館有藏。
天津

32964
逸樓論禪一卷
明麻城李中黄撰
清抄逸樓四論本
科院

32965
佛鑰不分卷
明黄梅瞿九思撰
明萬曆三十五年（1607）史學遷刻瞿聘君全集本
《中國古籍善本書目》著録。
國圖

32966
佛鑰不分卷
明黄梅瞿九思撰
清抄瞿聘君全集本
湖北

32967
天則能禪師語録一卷
清黄岡釋機能撰
清康熙二十二年（1683）刻本
機能號淨善，俗姓康氏，湖北黄岡人。藏書單位待訪。

32968
恬退翁後録四卷
清黄梅釋明鼎撰　嗣法門人實濟等編
清乾隆十七年（1752）刻本
恬退翁爲釋明鼎之别號，俗姓馮，黄梅縣人。《販書偶記續編》著録。藏書單位待訪。

32969
龍泉清遠如禪師語録一卷
清利川釋真如、顯仁編
清道光二十六年（1846）刻本
釋真如，楚北利川縣李氏子。《販書偶記續編》著録。藏書單位待訪。

32970
金剛經聯語一卷
清東湖（今宜昌）王定安輯
清光緒十二年（1886）江南書局刻本
上海

32971
金剛經聯語一卷
清東湖（今宜昌）王定安輯
清光緒十四年（1888）湘南臬署刻本
大連

32972
圓明百問答不分卷
清江夏吴光耀撰
清光緒二十四年(1898)刻本
前有清光緒二十四年(1898)自序。
湖北

32973
楞嚴經大義不分卷附多心經大義不分卷
清江夏吴光耀學
民國成都聚昌公司鉛印本
湖北

32974
佛教平議三卷别録一卷
漢陽黄嗣艾撰
清光緒三十二年(1906)刻本
國圖　天津

32975
佛學雜鈔不分卷
民國蘄春黄侃輯
輯者手稿本
武大中文系

32976
敦煌殘本波斯教殘經
民國蘄春黄侃録
民國抄本
武大中文系

集　部

楚辭類

40001
楚騷五卷
戰國楚屈原、宋玉，漢賈誼等撰
附録一卷
漢司馬遷撰
明正德十五年（1520）熊守刻篆字本
是刻半葉五行，行十字，白口，四周單邊。《中國古籍善本書目》著録。凡對《楚辭》作注釋之著作，通常以注釋人作爲第一責任者，因本書目爲地方文獻書目，特於著者項加"戰國楚屈原、宋玉，漢賈誼等撰"字樣。
國圖　北大　天津　遼寧　山東　南京

40002
楚騷五卷
戰國楚屈原、宋玉，漢賈誼等撰
附録一卷
漢司馬遷撰
明嘉靖吴中刻本
臺圖

40003
楚騷五卷
戰國楚屈原、宋玉，漢賈誼等撰
附録一卷
漢司馬遷撰
明萬曆二十九年（1601）朱燮元、朱一龍刻篆字本
是刻半葉五行，行十字，白口，四周單邊。《中國古籍善本書目》著録。
國圖　上海　南京

40004
楚辭五卷
戰國楚屈原、宋玉，漢賈誼等撰
清道光二十八年（1848）涇縣潘氏袁江節署刻同治五年（1866）新建吴坤修皖江印乾坤正氣集本
國圖　首都　北師大　上海　復旦　天津　遼寧　南京　浙江　湖北　武大　四川　重慶

40005
楚辭八卷
戰國楚屈原、宋玉，漢賈誼等撰
屈原傳一卷
漢司馬遷撰
明正德十六年（1521）馮惟訥刻本
是刻半葉八行，行十六字，白口，左右雙邊。《中國古籍善本書目》著録，僅國圖藏全。
國圖　山東×

40006
楚辭二卷
戰國楚屈原、宋玉，漢賈誼等撰
屈原傳一卷
漢司馬遷撰
明萬曆六年（1578）茹天成刻本
是刻半葉九行，行十八字，白口，四周單邊。《中國古籍善本書目》著録。
《楚辭》二卷本有多個版本，且皆存世甚稀。
國圖　南開

40007

楚辭二卷

楚屈原、宋玉,漢賈誼等撰

明萬曆十三年(1585)汪道昆刻本

是刻半葉九行,行二十字,白口,左右雙邊。僅重慶圖書館有藏。

重慶

40008

楚辭二卷

戰國楚屈原、宋玉,漢賈誼等撰

明萬曆十九年(1591)丁元薦刻本

是刻半葉九行,行十八字,白口,左右雙邊。《中國古籍善本書目》著録,僅徐州市圖書館有藏。

徐州

40009

楚辭二卷

戰國楚屈原、宋玉,漢賈誼等撰

明刻本

是刻半葉十行,行二十字,白口,左右雙邊。《中國古籍善本書目》著録。

國圖　上海　湖南

40010

楚辭二卷

戰國楚屈原等撰

明萬曆二十三年(1595)董氏秋聲閣刻本　佚名録清潘耒批點

是刻半葉九行,行十八字,白口,左右雙邊。《中國古籍善本書目》著録,僅該館有藏。

上海

40011

楚辭二卷

戰國楚屈原等撰

明萬曆三十五年(1607)俞氏𡡉𡡉閣刻莊騷合刻本

是刻半葉九行,行十八字,白口,左右雙邊。《中國古籍善本書目》著録。

國圖　南大

40012

楚辭二卷

戰國楚屈原、宋玉,漢賈誼等撰

明吴勉學刻本

是刻半葉九行,行十八字,白口,左右雙邊。《中國古籍善本書目》著録。

北師大　湖南

40013

楚辭二卷

戰國楚屈原、宋玉,漢賈誼等撰

明吴勉學刻本　清藍漣跋

是刻半葉九行,行十九字,白口,四周單邊。《中國古籍善本書目》著録。僅該館有藏。

國圖

40014

楚辭二卷

戰國楚屈原、宋玉,漢賈誼等撰

屈原傳一卷

漢司馬遷撰

難字音釋一卷

明吴勉學刻本

此當與前一款目爲同版。未知《中國古籍善本書目》緣何不著録《屈原傳》和《難字音釋》二附件。此據《中國科學院圖書館藏中文古籍善本書目》。該書目係崔建英先生率該館王海燕、李小雅諸同仁於《中國古籍善本書目》編就後,逐一查核館藏編成的,於全國《善目》多所訂正,可資採信。

科院

40015

楚辭二卷

戰國楚屈原、宋玉,漢賈誼等撰

楚辭類

明萬曆四十八年(1620)閔齊伋刻三色套印本

是刻半葉九行,行十九字,白口,無魚尾,四周單邊。未見序跋、凡例。眉上鐫評,版心下刻葉次。卷末鐫"皇明萬曆庚申烏程閔齊伋遇五父校"一行。評語及敘説,均分墨、朱、藍三色。卷末有"閔""齊伋"小印。《中國古籍善本書目》著録。

首都 科院 湖南 哈佛燕京

40016

楚辭二卷

戰國楚屈原、宋玉,漢賈誼等撰

明萬曆四十八年(1620)閔齊伋刻三色套印本 清丁丙跋

南京

40017

楚辭選抄不分卷

戰國楚屈原、宋玉,漢賈誼等撰

明瞿汝稷抄本 清楊坎、邵貞久跋

《中國古籍善本書目》著録。

南京

40018

楚辭七卷首一卷末一卷

戰國楚屈原、宋玉,漢賈誼等撰

清光緒二年(1876)黎陽端木氏刻緑印本

國圖

40019

楚辭七卷首一卷末一卷

戰國楚屈原、宋玉,漢賈誼等撰

清光緒二年(1876)黎陽端木氏刻本

國圖 北大 上海 南京 湖北

40020

五家楚辭註合編八卷

戰國楚屈原、宋玉,漢賈誼等原撰 清楊浚編

清侯官楊氏抄本

臺圖

40021

楚辭四種

民國國學整理社編

民國二十五年(1936)上海世界書局鉛印本

楚辭十七卷 戰國楚屈原、宋玉,漢賈誼等撰 漢王逸章句 宋洪興祖補注

屈原賦注七卷附通釋二卷 戰國楚屈原撰 清戴震注 音義三卷 清汪梧鳳撰

離騷圖經一卷 清蕭雲從繪

楚辭拾遺一卷 陳直撰

北大 上海 復旦 華東師大 上海師大 浙江 杭大 福建 福建師大 桂林 重慶

40022

楚辭句解評林十七卷

戰國楚屈原、宋玉,漢賈誼等撰 漢劉向集 漢宜城王逸章句 明馮紹祖輯評

附録一卷

明刻本

是刻半葉十行,行二十三字,小字雙行行字同,白口,四周雙邊,眉欄鐫評。《中國古籍總目》作"明萬曆十五年刻本",玆依《中國古籍善本書目》著録。

北大 清華 北師大 中央黨校 上海 南京師大 浙江 四川

40023

楚辭句解評林十七卷

戰國楚屈原、宋玉,漢賈誼等原撰 漢劉向集 漢宜城王逸章句 明馮紹祖輯評

附録一卷

明翻刻觀妙齋本

王重民《中國善本書提要》著録,謂其原題

"漢劉向子政編集,王逸叔師章句,明後學武林馮紹祖繩武父校正"。又云:按此本爲坊間翻刻關妙齋本。關妙齋原本馮序末署萬曆丙戌,此本改爲丁亥,上書口或題爲"楚辭類纂評林",或題爲"楚辭章句評林",變换名目,亦坊賈慣技。但此本錯字甚多,翻刻殊爲草率,觀其翻刻年代,僅後於原本者一年,亦小書坊偷刻之常事也。

北大

40024

楚辭句解評林四卷

戰國楚屈原、宋玉,漢賈誼等原撰　漢宜城王逸章句　明馮紹祖校

明萬曆刻本

日本東京大學

40025

楚辭十卷

戰國楚屈原、宋玉,漢賈誼等撰　漢劉向輯　明吴勉學校

明刻本

是刻半葉九行,行十八字,白口,左右雙邊。僅天津圖書館有藏。

天津

40026

楚辭章句十七卷

戰國楚屈原、宋玉,漢賈誼等原撰　漢宜城王逸章句

明正德十三年(1518)黄省曾、高第刻本

王逸注《楚辭》版本甚多,影響最大,此爲現存最早者。王國維稱其"行款古雅,字畫精湛,實出宋槧"。半葉十行,行十八字,小字雙行行字同,白口,左右雙邊。

本書之書名,亦可僅著録《楚辭》,與朱熹注《詩》一樣,既可著録爲《詩集傳》,亦可著録爲《詩》。爲與朱熹集注、洪興祖補注相對應和區分,本目録概稱《楚辭章句》。

國圖　北師大　上海　南開　吉大　山東　波陽　湖南　重慶　雲南

40027

楚辭章句十七卷

戰國楚屈原、宋玉,漢賈誼等原撰　漢宜城王逸章句

明正德十三年(1518)黄省曾、高第刻本　清袁廷檮校並跋

是刻半葉十行,行十八字,小字雙行行字同,白口,左右雙邊。《中國古籍善本書目》著録。

國圖

40028

楚辭章句十七卷

戰國楚屈原、宋玉,漢賈誼等原撰　漢宜城王逸章句

明正德十三年(1518)黄省曾、高第刻本　民國王國維題識

王國維題識凡二則,王重民《中國善本書提要》録其全文。

國圖

40029

楚辭章句十七卷

戰國楚屈原、宋玉,漢賈誼等原撰　漢宜城王逸章句

明正德十三年(1518)黄省曾、高第刻本　民國王國維題記

臺圖

40030

楚辭章句十七卷

戰國楚屈原、宋玉,漢賈誼等原撰　漢宜城王逸章句

明萬曆二十三年(1595)刻本

《中國古籍總目》著録。

太原

40031

楚辭章句十七卷

戰國楚屈原、宋玉,漢賈誼等原撰　漢宜城王逸章句

明萬曆四十七年(1619)劉廣刻本

是刻半葉十行,行十八字,小字雙行行字同,白口,左右雙邊。《中國古籍善本書目》著録。

太原　新疆大　温彦州　湖南

40032

楚辭章句十七卷

戰國楚屈原、宋玉,漢賈誼等撰　漢宜城王逸章句

明刻本

是刻半葉九行,行十八字,白口,左右雙邊,無刻工。《中國古籍善本書目》著録。

上海　南通　蘇州文管會

40033

楚辭章句十七卷

戰國楚屈原、宋玉,漢賈誼等原撰　漢宜城王逸章句

清四庫全書本

國圖　甘肅　浙江　臺北故宫

1983年臺北商務印書館影印清文淵閣四庫全書本

湖北

1989年上海古籍出版社縮印臺北商務印書館影印清文淵閣四庫全書本

國圖　武漢

40034

楚辭章句十七卷

戰國楚屈原、宋玉,漢賈誼等原撰　漢宜城王逸章句

清嘉慶六年(1801)刻本

國圖　山東

40035

楚辭章句十七卷

戰國楚屈原、宋玉,漢賈誼等原撰　漢宜城王逸章句

清光緒十七年(1891)三餘草堂刻湖北叢書本

國圖　科院　北大　上海　復旦　天津　遼寧　甘肅　南京　浙江　湖北　武漢　重慶　川大　雲南

40036

楚辭章句十七卷

戰國楚屈原、宋玉,漢賈誼等原撰　漢宜城王逸章句

民國二十四年至二十六年(1935—1937)上海商務印書館鉛印叢書集成初編本

國圖　北師大　清華　上海　復旦　遼寧　甘肅　南大　浙江　江西　湖北　四川　重慶

40037

楚辭十七卷

戰國楚屈原、宋玉,漢賈誼等原撰　漢宜城王逸章句

明萬曆刻本

上海

40038

楚辭十七卷

戰國楚屈原、宋玉,漢賈誼等原撰　漢宜城王逸章句

清刻本

上海

40039

楚辭章句十七卷

戰國楚屈原、宋玉,漢賈誼等原撰　漢宜城王逸章句

疑字直音補一卷

明隆慶五年(1571)豫章夫容館刻本

是刻半葉八行,行十七字,小字雙行同,白口,四周雙邊。王重民《中國善本書提要》:"原題漢劉向編集,王逸章句。"《目録》後題"隆慶辛未歲豫章夫容館宋板重雕"。卷一末記:"姑蘇錢世傑寫,章芝刻。"書首載《史傳》、班固《序騷》,卷末附《疑字直音[補]》一卷。《天一閣書目》集部葉一下著録此本,有王世貞序云:"吾友豫章宗人用晦得宋《楚騷》善本以梓,而見屬爲序。"按用晦名朱多煃,寧獻王六世孫,封奉國將軍,與世貞爲友,曾入七子之社,故世貞爲弁序文。《中國古籍善本書目》著録。

國圖　天津　湖南　武漢

40040

楚辭章句十七卷

戰國楚屈原、宋玉,漢賈誼等原撰　漢宜城王逸章句

疑字直音補一卷

明隆慶五年(1571)豫章夫容館刻本　清孫承霖跋

《中國古籍善本書目》著録。

國圖

40041

楚辭章句十七卷

戰國楚屈原、宋玉,漢賈誼等原撰　漢宜城王逸章句

疑字直音補一卷

明隆慶五年(1571)豫章夫容館刻本[卷五至卷六配清同治十一年(1872)蔣日豫抄本]　清蔣曰豫跋

《中國古籍善本書目》著録。

南京

40042

楚辭章句十七卷

戰國楚屈原、宋玉,漢賈誼等原撰　漢宜城王逸章句

疑字直音補一卷

明隆慶五年(1571)豫章夫容館刻天啓三年(1623)叢桂堂重修本

《中國古籍善本書目》著録。

歷博　安徽

40043

楚辭章句十七卷

戰國楚屈原、宋玉,漢賈誼等原撰　漢宜城王逸章句

疑字直音補一卷

明萬曆朱燮元、朱一龍刻本

是刻半葉八行,行十七字,小字雙行行字同,白口,四周單邊。《中國古籍善本書目》著録十五館有藏。

國圖　北大　科院　天津　山東　河南　湖南師大

40044

楚辭章句十七卷

戰國楚屈原、宋玉,漢賈誼等原撰　漢宜城王逸章句

疑字直音補一卷

明萬曆朱燮元、朱一龍刻本　清張符升批點並跋

上海

40045

楚辭十七卷首一卷

戰國楚屈原、宋玉,漢賈誼等原撰　漢宜城王逸章句

附疑字直音補一卷

上海會文堂據明萬曆朱燮元、朱一龍刻本石印本

河南

40046

楚辭章句十七卷

戰國楚屈原、宋玉,漢賈誼等原撰　漢宜城王逸章句

疑字直音補一卷

明崇禎十七年(1644)嚴敏刻本

是刻半葉八行,行十七字,小字雙行行字同,白口,四周雙邊。宋諱缺筆。《中國古籍善本書目》著録。

中國社科院文學所　北京文物局　遼寧　上海辭書

40047

楚辭章句十七卷

戰國楚屈原、宋玉,漢賈誼等原撰　漢宜城王逸章句

附録一卷

明萬曆十四年(1586)馮紹祖觀妙齋刻本

是刻半葉九行,行十八字,小字雙行行字同,白口,左右雙邊,有刻工。《中國古籍善本書目》著録三十館有藏。

國圖　首都　北大　上海　復旦　天津　遼寧　吉大　山東　南京　浙江　福建　湖南師大　四川　港大

40048

楚辭章句十七卷

戰國楚屈原、宋玉,漢賈誼等原撰　漢宜城王逸章句

附録一卷

明萬曆十四年(1586)馮紹祖觀妙齋刻本　清彭孫遹批校並跋

《中國古籍善本書目》著録。

天一閣

40049

楚辭章句十七卷

戰國楚屈原、宋玉,漢賈誼等原撰　漢宜城王逸章句

附録一卷

明萬曆十四年(1586)馮紹祖觀妙齋刻本　清丁丙跋

《中國古籍善本書目》著録。

南京

40050

楚辭章句十七卷

戰國楚屈原、宋玉,漢賈誼等原撰　漢宜城王逸章句

附録一卷

明萬曆金陵益軒唐氏刻本

是刻半葉九行,行十八字,小字雙行行字同,白口,左右雙邊。《中國古籍善本書目》著録。

南京　浙江　襄樊　武大

40051

楚辭章句十七卷

戰國楚屈原、宋玉,漢賈誼等原撰　漢宜城王逸章句

附録一卷

明金陵王少塘刻本

是刻半葉九行,行十八字,小字雙行行字同,白口,左右雙邊。僅河南圖書館有藏。

河南

40052

楚辭章句十七卷

戰國楚屈原、宋玉,漢賈誼等原撰　漢宜城王逸章句

附録一卷

明海虞毛氏汲古閣刻本

《中國古籍總目》著録。

北大

40053

楚辭章句十七卷

戰國楚屈原、宋玉,漢賈誼等原撰　漢宜城王逸章句

附録一卷

明三樂齋刻本

此據《中國古籍總目》,原未著録著者時代。查科院藏有三樂齋刻洪興祖補注本,二者或爲同版,志此存疑。

北師大

40054

楚辭十七卷

戰國楚屈原、宋玉,漢賈誼等原撰　漢宜城王逸章句　明馮紹祖校正

明本立堂刻本

是刻半葉九行,行十八字,小字雙行行字同,白口,左右雙邊。僅知該館有藏。

南大

40055

楚辭十七卷

戰國楚屈原、宋玉,漢賈誼等原撰　漢劉向編　漢宜城王逸章句

日本寬延三年(1750)刻本

《中國館藏和刻本漢籍書目》著録。

天津　華東師大　遼寧　山東

40056

楚辭十七卷

戰國楚屈原、宋玉,漢賈誼等原撰　漢劉向編　漢宜城王逸章句

日本寬延三年1750)刻明治年間(1768—1912)青木嵩山堂印本

《中國館藏和刻本漢籍書目》著録。

江西　陝西　重慶

40057

楚辭十七卷

戰國楚屈原、宋玉,漢賈誼等原撰　漢劉向編　漢宜城王逸章句

日本嵩山堂刻本

《中國館藏和刻本漢籍書目》著録。疑與前一款目爲同版。

遼寧　吉林　川大

40058

楚辭章句解評林十七卷

戰國楚屈原、宋玉,漢賈誼等原撰　漢宜城王逸章句　明馮紹祖輯評

附録一卷

明翻刻觀妙齋本

王重民《中國善本書提要》著録。

北大

40059

楚辭(一名楚辭注)十卷

戰國楚屈原、宋玉,漢賈誼等原撰　漢宜城王逸注

明萬曆十四年(1586)俞初刻本

是刻半葉十行,行二十字,小字雙行行字同,白口,左右雙邊。《中國古籍善本書目》著録。

北大　清華　華東師大　福建　湖北　湖南

40060

楚辭(一名楚辭注)十卷

戰國楚屈原、宋玉,漢賈誼等原撰　漢宜城王逸注

明萬曆十四年(1586)俞初刻本　清錢陸燦批

《中國古籍善本書目》著録。

復旦

40061

楚辭八卷

戰國楚屈原、宋玉,漢賈誼等原撰　漢宜城王逸章句

明萬曆二十五年(1597)郁文瑞尚友軒刻本

是刻半葉七行,行十四字,白口,四周單邊,眉鐫音釋。《中國古籍善本書目》著録,僅該館有藏。

上海

40062

楚辭八卷

戰國楚屈原、宋玉，漢賈誼等原撰　漢宜城王逸章句

明萬曆二十五年（1597）郁文瑞尚友軒刻本　清陳兆崙批　清陳元禄、清鮑毓東跋

臺圖

40063

楚辭五卷

戰國楚屈原、宋玉，漢賈誼等原撰　漢宜城王逸章句　宋朱熹集注

明崇禎十一年（1638）刻本

臺北故宫

40064

王子楚辭章句一卷

戰國楚屈原、宋玉，漢賈誼等原撰　漢宜城王逸章句

明崇禎十一年（1638）香谷山房刻漢魏别解四十六種本

是刻半葉九行，行二十六字，無行格，白口，四周單邊。眉鎸評語，後有葉紹泰評。目録所題書名不冠"王子"二字。《中國古籍善本書目》著録。

首都　科院　華東師大　河北大　内蒙古　吉林社科院　新疆大　山東　山東大　杭大　安徽大　歙博　江西　福建　武大　西南師大

40065

王子楚辭章句一卷

戰國楚屈原、宋玉，漢賈誼等原撰　漢宜城王逸章句

明崇禎十五年（1642）采隱山房刻增定漢魏六朝别解六十二卷本

附注同前。《中國古籍善本書目》著録，僅該館藏該叢書全帙。

科院

40066

楚辭章句十七卷

戰國楚屈原、宋玉，漢賈誼等原撰漢宜城王逸章句　宋洪興祖補注

明刻本

是刻半葉九行，行十五或十六字，小字雙行二十或二十一字，白口，左右雙邊，《中國古籍善本書目》著録。洪興祖補注之本有多種版本，而以清初汲古閣本爲優。

國圖　北京市委　上海　復旦　天津 × 　山西文物局　吉林　吉大　浙江　天一閣　福建　雲南大 ×

40067

楚辭章句十七卷

戰國楚屈原、宋玉，漢賈誼等原撰　漢宜城王逸章句　宋洪興祖補注

明刻本　清丁丙跋

《中國古籍善本書目》著録。

南京

40068

楚辭章句十七卷

戰國楚屈原、宋玉，漢賈誼等原撰　漢宜城王逸章句　宋洪興祖補注

明天德堂刻本

《中國古籍善本書目》失收。

東北師大

40069

楚辭十七卷

戰國楚屈原、宋玉，漢賈誼等原撰　漢宜城王逸章句　宋洪興祖補注

明抄本

是抄半葉十二行，行二十三字，無格。《中國古籍善本書目》著録。

上海

40070

楚辭十七卷

戰國楚屈原、宋玉,漢賈誼等原撰　漢宜城王逸章句　宋洪興祖補注

附録一卷

明三樂齋刻本

《中國古籍善本書目》失收。

科院

40071

楚辭(一名楚辭箋注)十七卷

戰國楚屈原、宋玉,漢賈誼等原撰　漢宜城王逸章句　宋洪興祖補注

清初毛氏汲古閣刻本

是刻半葉九行,行十五字,小字雙行行二十字,白口,左右雙邊。《中國古籍善本書目》僅收其批校題跋本。

上海　南大　東北師大

40072

楚辭(一名楚辭箋注)十七卷

戰國楚屈原、宋玉,漢賈誼等原撰　漢宜城王逸章句　宋洪興祖補注

清初毛氏汲古閣刻本　民國王國維校

是刻半葉九行,行十五字,小字雙行行二十字,白口,左右雙邊。《中國古籍善本書目》著録。

國圖

40073

楚辭(一名楚辭箋注)十七卷

戰國楚屈原、宋玉,漢賈誼等原撰　漢宜城王逸章句　宋洪興祖補注

清初毛氏汲古閣刻本　清王念孫校注

存五卷:一至五

《中國古籍善本書目》著録。

國圖 ×

40074

楚辭(一名楚辭箋注)十七卷

戰國楚屈原、宋玉,漢賈誼等原撰　漢宜城王逸章句　宋洪興祖補注

清初毛氏汲古閣刻本　清王筠批校

存九卷:二至十

《中國古籍善本書目》著録。

青島博 ×

40075

楚辭(一名楚辭箋注)十七卷

戰國楚屈原、宋玉,漢賈誼等原撰　漢宜城王逸章句　宋洪興祖補注

清初毛氏汲古閣刻寶翰樓印本　清謝章鋌校並跋

《中國古籍善本書目》著録。

上海

40076

楚辭(一名楚辭箋注)十七卷

戰國楚屈原、宋玉,漢賈誼等原撰　漢宜城王逸章句　宋洪興祖補注

清初毛氏汲古閣刻寶翰樓印本　王大隆跋並録前人批點

《中國古籍善本書目》著録。

復旦

40077

楚辭(一名楚辭箋注)十七卷

戰國楚屈原、宋玉,漢賈誼等原撰　漢宜城王逸章句　宋洪興祖補注

清初毛氏汲古閣刻天德堂印本

河南

40078

楚辭十七卷

戰國楚屈原、宋玉,漢賈誼等原撰　漢宜城王逸章句　宋洪興祖補注

清同治十一年(1872)金陵書局重刻汲

古閣本

是刻半葉九行,行十五字,白口,左右雙邊。《中國古籍善本書目》收有其批校本。

河南　湖北　香港中大

40079

楚辭十七卷

戰國楚屈原、宋玉,漢賈誼等原撰　漢宜城王逸章句　宋洪興祖補注

清同治十一年(1872)金陵書局重刻汲古閣本　清于鬯校

是刻半葉九行,行十五字,白口,左右雙邊。《中國古籍善本書目》著録。

上海

40080

楚辭十七卷

戰國楚屈原、宋玉,漢賈誼等原撰　漢宜城王逸章句　宋洪興祖補注

清同治十一年(1872)金陵書局重刻汲古閣本　清譚獻校並跋

《中國古籍善本書目》著録。

浙江

40081

楚辭十七卷

戰國楚屈原、宋玉,漢賈誼等原撰　漢宜城王逸章句　宋洪興祖補注

清光緒九年(1883)長沙書堂山館重刻汲古閣本

疑與《中國古籍善本書目》集部第45號所收王闓運批注本爲同版。

河南　港大

40082

楚辭十七卷

戰國楚屈原、宋玉,漢賈誼等原撰　漢宜城王逸章句　宋洪興祖補注

清末長沙聚德堂刻本　民國王闓運批注

是刻半葉九行,行十五字,小字雙行行二十字,白口,左右雙邊。《中國古籍善本書目》著録。

湖南

40083

楚辭十七卷

戰國楚屈原、宋玉,漢賈誼等原撰　漢宜城王逸章句　宋洪興祖補注

清光緒二十一年(1895)昭陵經會主人刻本

河南

40084

楚辭十七卷

戰國楚屈原、宋玉,漢賈誼等原撰　漢宜城王逸章句　宋洪興祖補注

民國六年(1917)上海中華圖書館石印本

河南

40085

楚辭十七卷

戰國楚屈原、宋玉,漢賈誼等原撰　漢宜城王逸章句　宋洪興祖補注

上海文瑞樓石印本

河南

40086

楚辭十七卷

戰國楚屈原、宋玉,漢賈誼等原撰　漢宜城王逸章句　宋洪興祖補注

上海大一統圖書局石印本

河南

40087

楚辭十七卷

戰國楚屈原、宋玉,漢賈誼等原撰　漢宜城王逸章句　宋洪興祖補注

民國八年(1919)上海商務印書初次影

印四部叢刊本
國圖 科院 北大 上海 復旦 天津 遼寧 甘肅 南京 杭大 江西 湖北 武大 四川 重慶 雲南

40088
楚辭十七卷
戰國楚屈原、宋玉,漢賈誼等原撰 漢宜城王逸章句 宋洪興祖補注
民國十八年(1929)上海商務印書二次影印四部叢刊本
國圖 上海 復旦 天津 吉大 南京 浙江 江西 桂林 雲南

40089
楚辭十七卷
戰國楚屈原、宋玉,漢賈誼等原撰 漢宜城王逸章句 宋洪興祖補注
民國二十五年(1936)上海商務印書館縮印四部叢刊本
國圖 首都 北師大 中醫 甘肅 南京 南大 福建師大 江西 湖北 桂林 雲南

40090
楚辭十七卷
戰國楚屈原、宋玉,漢賈誼等原撰 漢宜城王逸章句 宋洪興祖補注
民國二十年(1931)掃葉山房石印本
河南

40091
楚辭十七卷
戰國楚屈原、宋玉,漢賈誼等原撰 漢宜城王逸章句 宋洪興祖補注
民國二十五年(1936)上海世界書局鉛印楚辭四種本
北大 上海 復旦 華東師大 上海師大 浙江 杭大 福建 福建師大 桂林 重慶

40092
楚辭十七卷
戰國楚屈原、宋玉,漢賈誼等原撰 漢宜城王逸章句 宋洪興祖補注
民國二十五年(1936)上海中華書局鉛印四部備要本
國圖 首都 北大 北師大 上海 復旦 天津 遼寧 吉大 甘肅 南京 浙江 湖北 桂林 四川 重慶 雲南

40093
楚辭十七卷
戰國楚屈原、宋玉,漢賈誼等原撰 漢宜城王逸章句 宋洪興祖補注
民國二十五年(1936)上海中華書局縮印四部備要本
北師大 上海 華東師大 上海師大 浙江 江西 湖北 廣西 重慶

40094
楚辭補注十七卷
戰國楚屈原、宋玉,漢賈誼等原撰 漢宜城王逸章句 宋洪興祖補注
明覆宋刻本
臺北故宫

40095
楚辭補注十七卷
戰國楚屈原、宋玉,漢賈誼等原撰 漢宜城王逸章句 宋洪興祖補注
清四庫全書本
國圖 甘肅 浙江 臺北故宫
1983年臺北商務印書館影印清文淵閣四庫全書本
湖北
1989年上海古籍出版社縮印臺北商務印書館清影印文淵閣四庫全書本
國圖 武漢

40096
楚辭補注十七卷
戰國楚屈原、宋玉,漢賈誼等原撰　漢宜城王逸注　宋洪興祖補注
1957年中華書局印本

40097
楚辭補注十七卷
戰國楚屈原、宋玉,漢賈誼等原撰　宋洪興祖補注
清乾隆三十八年(1773)寫摛藻堂四庫全書薈要本
臺北故宫

40098
楚辭補注十七卷
戰國楚屈原、宋玉,漢賈誼等原撰　宋洪興祖補注
清道光二十六年(1846)宏道書院刻惜陰軒叢書本
國圖　科院　北大　上海　復旦　天津　遼寧　甘肅　南京　浙江　江西　桂林　川大

40099
楚辭補注十七卷
戰國楚屈原、宋玉,漢賈誼等原撰　宋洪興祖補注
清光緒二十二年(1842)長沙刻刻惜陰軒叢書本
北大　北師大　清華　上海　復旦　天津　遼寧　甘肅　南京　浙江　湖北　武大　四川　重慶　雲南

40100
楚辭補注十七卷
戰國楚屈原、宋玉,漢賈誼等原撰　宋洪興祖補注
民國二十四年至二十六年(1935—1937)上海商務印書館鉛印叢書集成初編本
國圖　北師大　清華　上海　復旦　遼寧　甘肅　南大　浙江　江西　湖北　四川　重慶

40101
楚辭十七卷
戰國楚屈原、宋玉,漢賈誼等原撰　宋洪興祖補注、明劉鳳等注　明陳深批點
附録一卷
明凌毓枅刻朱墨套印本
是刻半葉八行,行十八字,白口,四周單邊。《中國古籍善本書目》著録四十七館有藏。
國圖　科院　北大　上海　天津　遼寧　甘肅　山東　南京　浙江　天一閣　安徽　廣東　四川　重慶

40102
楚辭補注十七卷
戰國楚屈原、宋玉,漢賈誼等原撰　漢宜城王逸章句　宋洪興祖補注、明劉鳳等注　明陳深批點
明凌毓枅刻朱墨套印本　清項皞跋
《中國古籍善本書目》著録。
蘇州

40103
楚辭補注十七卷
戰國楚屈原、宋玉,漢賈誼等原撰　漢宜城王逸章句　宋洪興祖補注　白化文等點校
1983年中華書局鉛印中國古典文學基本叢書本
本書用清初毛氏汲古閣刻本標點排印,並據《四部叢刊》影印明翻宋本及《文選》李善等注作了必要的校正,還採用了今人的部分校勘成果,附注於當句之下。
湖北

40104
楚辭補注疏十七卷
戰國楚屈原、宋玉,漢賈誼等原撰　鍾祥

戴之麟注疏

抄本

此抄本共計十册。

湖北

40105

楚辭集註八卷

戰國楚屈原、宋玉，漢賈誼等原撰　宋朱熹集註

楚辭辯證二卷後語六卷

宋朱熹撰

宋端平刻本

朱熹據漢王逸和宋晁補之二家所注《楚辭》加以增删、附入注釋而成此書，於宋理宗端平年間刊出。《後語》爲未完成稿，由其子朱在整理。是刻半葉九行，行十八字，小字雙行行字同，白口，左右雙邊。《中國古籍善本書目》著録，僅國家館有藏。

國圖

40106

楚辭集註八卷

戰國楚屈原、宋玉，漢賈誼等原撰　宋朱熹集註

楚辭辯證二卷後語六卷

宋朱熹撰

1953年人民文學出版社影印宋端平刻本

國圖

40107

楚辭集注八卷

戰國楚屈原、宋玉，漢賈誼等原撰　宋朱熹集注

楚辭辯證二卷後語六卷

宋朱熹撰

1963年中華書局影印宋端平刻本

40108

楚辭集註八卷

戰國楚屈原、宋玉，漢賈誼等原撰　宋朱熹集註

後語六卷

宋朱熹撰

宋刻本

是刻半葉九行，行十七字，小字雙行行字同，白口，左右雙邊。《中國古籍善本書目》著録，僅該館有藏。

國圖

40109

楚辭集註八卷

戰國楚屈原、宋玉，漢賈誼等原撰　宋朱熹集註

宋刻本［卷一、三、四配清影宋抄本］

是刻半葉八行，行十六字，白口，左右雙邊。《中國古籍善本書目》著録，僅該館有藏。

國圖

40110

楚辭集註八卷

戰國楚屈原、宋玉，漢賈誼等原撰　宋朱熹集註

楚辭辯證二卷後語六卷

宋朱熹撰

元天曆三年（1330）陳忠甫宅刻本

臺圖　臺北故宫

40111

楚辭集註八卷

戰國楚屈原、宋玉，漢賈誼等原撰　宋朱熹集註

楚辭辯證二卷後語六卷

宋朱熹撰

元至治元年（1321）建安虞信亨宅刻本

是刻半葉十一行，行二十字，小字雙行行二十四字，黑口，左右雙邊。《中國古籍善本書目》著録，僅該館有藏。

山東

40112

楚辭集註八卷

戰國楚屈原、宋玉,漢賈誼等原撰　宋朱熹集註

楚辭辯證二卷後語六卷

宋朱熹撰

元至元二年(1265)建安傅子安刻本

是刻半葉十一行,行二十字,小字雙行行二十四字,黑口,左右雙邊。《中國古籍善本書目》著録,僅該館有藏。

國圖

40113

楚辭集註八卷

戰國楚屈原、宋玉,漢賈誼等原撰　宋朱熹集註

楚辭辯證二卷後語六卷

宋朱熹撰

元刻本

是刻半葉十一行,行二十字,小字雙行行二十四字,黑口,左右雙邊。《中國古籍善本書目》著録,僅該館有藏。

國圖

40114

楚辭集註八卷

戰國楚屈原、宋玉,漢賈誼等原撰　宋朱熹集註

楚辭辯證二卷後語六卷

宋朱熹撰

元刻本

是刻半葉十一行,行二十一字,小字雙行行二十四字,黑口,左右雙邊。《中國古籍善本書目》著録,僅該館有藏。

國圖

40115

楚辭集註八卷

戰國楚屈原、宋玉,漢賈誼等原撰　宋朱熹集註

楚辭辯證二卷後語六卷

宋朱熹撰

元刻本

是刻半葉十一行,行二十字,小字雙行行二十四字,細黑口,四周單邊。《中國古籍善本書目》著録,僅中國歷史博物館有藏。

歷史博

40116

楚辭集註八卷

戰國楚屈原、宋玉,漢賈誼等原撰　宋朱熹集註

楚辭辯證二卷後語六卷

宋朱熹撰

元刻本

存十一卷:集註卷四至八、辯證二卷全、後語卷三至六

是刻半葉十一行,行二十字,小字雙行行二十四字,細黑口,左右雙邊,《中國古籍善本書目》著録。

上海 ×

40117

楚辭集註八卷

戰國楚屈原、宋玉,漢賈誼等原撰　宋朱熹集註

元刻本

是刻半葉十一行,行二十字,小字雙行行二十四字,黑口,左右雙邊或四周單邊。《中國古籍善本書目》著録,僅該館有藏。

上海

40118

楚辭集註八卷

戰國楚屈原、宋玉,漢賈誼等原撰　宋朱熹集註

元刻本

存七卷:一、三至八

《中國古籍善本書目》著録。

國圖 ×

40119

楚辭集註八卷

戰國楚屈原、宋玉,漢賈誼等原撰　宋朱熹集註

楚辭辯證二卷後語六卷

宋朱熹撰

明成化十年(1474)何喬新序刻本

北大

40120

楚辭集註八卷

戰國楚屈原、宋玉,漢賈誼等原撰　宋朱熹集註

楚辭辯證二卷後語六卷

宋朱熹撰

明成化十一年(1475)吴原明刻本

是刻半葉九行,行十七字,小字雙行行字同,黑口,四周單邊,有刻工。《中國古籍善本書目》著録。

國圖　首都 ×　人大　上海

40121

楚辭集註八卷

戰國楚屈原、宋玉,漢賈誼等原撰　宋朱熹集註

楚辭辯證二卷後語六卷

宋朱熹撰

明書林魏氏仁實堂刻本

存五卷:集註卷一、辯證全、後語卷五至六

是刻半葉十行,行二十一字,小字雙行行字同,黑口,四周雙邊。《中國古籍善本書目》著録。

南京 ×

40122

楚辭集註八卷

戰國楚屈原、宋玉,漢賈誼等原撰　宋朱熹集註

楚辭辯證二卷後語六卷

宋朱熹撰

明正德十四年(1519)沈圻刻本

是刻半葉九行,行十七字,小字雙行行字同,黑口,四周雙邊。《中國古籍善本書目》著録。

國圖　北大　清華　北師大　哈爾濱　上海　南京　湖南　重慶

40123

楚辭集註八卷

戰國楚屈原、宋玉,漢賈誼等原撰　宋朱熹集註

楚辭辯證二卷後語六卷

宋朱熹撰

明正德十四年(1519)沈圻刻本　清丁丙跋

《中國古籍善本書目》著録。

南京

40124

楚辭集註八卷

戰國楚屈原、宋玉,漢賈誼等原撰　宋朱熹集註

楚辭辯證二卷後語六卷

宋朱熹撰

明嘉靖十四年(1535)袁褧刻本　秦更年校並跋

《中國古籍善本書目》著録。

南開

40125

楚辭集註八卷

戰國楚屈原、宋玉,漢賈誼等原撰　宋朱熹集註

楚辭辯證二卷後語六卷

宋朱熹撰

反離騷一卷

漢揚雄撰

明翻宋刻本

王重民《中國善本書提要》:此本無刻書年月及序跋,又無牌記。考版上所記刻工,有李福、李俊、李進、張鐸、張政、張勝、沈祥、王友、王海、王鑾、王元、楊忠等名。卷内恒、貞、桓字缺筆;《辯證》版心作"卞正",與袁褧刻本相同,版心高寬、行款、字數亦莫不與袁本相同。《藝風堂藏書記》有一明翻宋本,卷末挖去牌子,殆是袁本?《善本書室藏書志》著録本無牌記,則疑爲此本也。此本與袁本同出一源,或即翻袁本,因無序跋,不可知矣。半葉十行,行十八字。

國會

40126

楚辭集註八卷

戰國楚屈原、宋玉,漢賈誼等原撰　宋朱熹集註

楚辭辯證二卷

宋朱熹撰

反離騷一卷

漢揚雄撰

宋嘉定六年(1213)章貢郡齋刻本[卷一至二配清影宋抄本]　楊訥菴圈點批交

是刻半葉七行,行十五字,小字雙行行字同,上黑口或白口,左右雙邊。《中國古籍善本書目》著録,僅該館有藏。

國圖

40127

楚辭集註八卷

戰國楚屈原、宋玉,漢賈誼等原撰　宋朱熹集註

楚辭辯證二卷後語六卷

宋朱熹撰

反離騷一卷

漢揚雄撰

明嘉靖十四年(1535)袁褧刻本

是刻半葉十行,行十八字,小字雙行行字同,白口,左右雙邊。《中國古籍善本書目》著録。

國圖　北大　清華　北師大　上海　上海師大　山東　浙江　杭大　武漢　湖南師大　廣東　四川　重慶

40128

楚辭集註八卷

戰國楚屈原、宋玉,漢賈誼等原撰　宋朱熹集註

楚辭辯證二卷後語六卷

宋朱熹撰

反離騷一卷

漢揚雄撰

明嘉靖十四年(1535)袁褧刻本　何煌校

《中國古籍善本書目》著録。

國圖

40129

楚辭集註八卷

戰國楚屈原、宋玉,漢賈誼等原撰　宋朱熹集註

楚辭辯證六卷

宋朱熹撰

反離騷一卷

漢揚雄撰

明嘉靖十四年(1535)袁褧刻本　清丁丙跋

《中國古籍善本書目》著録。

南京

40130

楚辭集註八卷

戰國楚屈原、宋玉,漢賈誼等原撰　宋朱熹集註

楚辭辯證六卷

宋朱熹撰

反離騷一卷

漢揚雄撰

明刻本

山東

40131

楚辭集註八卷

戰國楚屈原、宋玉，漢賈誼等原撰　宋朱熹集註

明嘉靖十七年（1538）楊上林刻本

是刻半葉十行，行二十字，小字雙行行字同，細黑口，四周雙邊。《中國古籍善本書目》著録。

國圖　上海辭書　山東

40132

楚辭集註八卷

戰國楚屈原、宋玉，漢賈誼等原撰　宋朱熹集註

明嘉靖三十八年（1559）葉邦榮刻本

是刻半葉十行，行二十字，小字雙行行字同，白口，四周雙邊，《中國古籍善本書目》著録，僅此三館有藏。

以屈原所著二十五篇爲《離騷》編爲五卷；以下十六篇《續離騷》爲宋玉等撰。目録後附王逸等八家楚辭書目。

國圖　上海　東北師大

40133

刻京本三閭大夫楚辭集註八卷

戰國楚屈原、宋玉，漢賈誼等原撰　宋朱熹集註

楚辭辯證二卷註解後語六卷

宋朱熹撰

明萬曆元年（1573）閩建書林積善堂陳氏崑泉子刻三十五年（1607）陳氏奇泉子印本

是刻半葉九行，行十八字，小字雙行行字同，黑口，四周雙邊或左右雙邊，《中國古籍善本書目》著録，僅該館有藏。

安徽博

40134

楚辭集註八卷

戰國楚屈原、宋玉，漢賈誼等原撰　宋朱熹集註

楚辭辯證二卷註解後語六卷

宋朱熹撰

明萬曆二十五年（1597）吉府刻本

是刻半葉八行，行十七字，小字雙行行字同，白口，四周雙邊，有刻工謝記、王友奉、李珍等。《中國古籍善本書目》著録。

國圖　中央民大　上海　天津　金陵　天一閣　福建　廣東　重慶

40135

楚辭集註八卷

戰國楚屈原、宋玉，漢賈誼等撰　宋朱熹集註

楚辭辯證二卷註解後語六卷

宋朱熹撰

明刻本

是刻半葉八行，行十七字，小字雙行行字同，白口，四周雙邊，有刻工吴相國、蔣承德等。《中國古籍善本書目》著録。

國圖　中央民大　復旦　上海辭書　山東　浙江　杭大　廣東[×]

40136

楚辭集註八卷

戰國楚屈原、宋玉，漢賈誼等原撰　宋朱熹集註

楚辭辯證二卷註解後語六卷

宋朱熹撰

明萬曆朱崇沐刻本

是刻半葉九行，行十七字，小字雙行行字同，白口，四周雙邊。《中國古籍善本書目》著録。

國圖　北大[×]　北師大　科院　吉大　上海　山東　南京　浙江　福建

40137
楚辭集註八卷
戰國楚屈原、宋玉,漢賈誼等原撰　宋朱熹集註
楚辭辯證二卷註解後語六卷
宋朱熹撰
明萬曆楊鶴刻本
是刻半葉九行,行十八字,白口,四周單邊,有刻工。《中國古籍善本書目》著録。
首都　北大　人大　首都師大　上海　上海師大　吉大　東北師大　浙江　杭州　福建　武漢

40138
楚辭集註八卷
戰國楚屈原、宋玉,漢賈誼等原撰　宋朱熹集註
楚辭辯證二卷註解後語六卷
宋朱熹撰
明胡堯元刻本[集註卷三、四配抄本]缺《辯證》二卷
是刻半葉九行,行十七字,小字雙行行字同,白口,四周單邊。《中國古籍善本書目》著録,僅該館有藏。
國圖

40139
楚辭集註八卷
戰國楚屈原、宋玉,漢賈誼等原撰　宋朱熹集註
楚辭辯證二卷註解後語六卷
宋朱熹撰
明刻本
是刻半葉九行,行十七字,小字雙行行字同,白口,四周單邊。《中國古籍善本書目》失收。
科院　天津　重慶

40140
楚辭集註八卷
戰國楚屈原、宋玉,漢賈誼等原撰　宋朱熹集註
楚辭辯證二卷註解後語六卷
宋朱熹撰
明刻本
是刻半葉九行,行十八字,白口,四周單邊。《中國古籍善本書目》著録。
科院　上海　復旦　華東師大　遼寧　黑大　甘肅　新疆大　南京　湖南

40141
楚辭集註八卷
戰國楚屈原、宋玉,漢賈誼等原撰　宋朱熹集註
楚辭辯證二卷註解後語六卷
宋朱熹撰
明刻本
是刻半葉八行,行二十一字,白口,四周單邊。《中國古籍善本書目》著録,僅該二館有藏。
科院[×]　重慶

40142
楚辭集註八卷
戰國楚屈原、宋玉,漢賈誼等原撰　宋朱熹集註
楚辭辯證二卷註解後語六卷
宋朱熹撰
明刻本
是刻半葉八行,行十七字,白口,四周單邊。《中國古籍善本書目》著録,僅該館有藏。
上海

40143
楚辭集註八卷
戰國楚屈原、宋玉,漢賈誼等原撰　宋朱熹集註
楚辭辯證二卷註解後語六卷
宋朱熹撰
明刻本
是刻半葉九行,行十八字,小字雙行行字

同,白口,四周單邊,眉上鐫評。《中國古籍善本書目》著録。

群衆× 上海 湖北大×

40144

楚辭集註八卷

戰國楚屈原、宋玉,漢賈誼等原撰 宋朱熹集註

各家楚詞書目一卷

明刻本

是刻半葉八行,行十七字,白口,四周單邊。《中國古籍善本書目》著録,僅該館有藏。

上海

40145

楚辭集註八卷

戰國楚屈原、宋玉,漢賈誼等原撰

明刻本

是刻半葉八行,行十八字,小字雙行行字同,白口,四周雙邊。《中國古籍善本書目》著録。

北師大 天津 天一閣

40146

楚辭集註八卷

戰國楚屈原、宋玉,漢賈誼等原撰 宋朱熹集註

楚辭辯證二卷

宋朱熹撰

明末刻本

該館善本書目著録書名無"集註"二字。白口,四周雙邊。八册。

東北師大

40147

楚辭集註八卷

戰國楚屈原、宋玉,漢賈誼等原撰

楚辭辯證二卷註解後語六卷

宋朱熹撰

明刻遞修本

國圖

40148

楚辭集註八卷

戰國楚屈原、宋玉,漢賈誼等原撰 宋朱熹集註

楚辭辯證二卷註解後語六卷

宋朱熹撰

日本慶安四年(1651)京都村上平樂寺木活字印本

香港中大

40149

楚辭集註八卷

戰國楚屈原、宋玉,漢賈誼等原撰 宋朱熹集註

日本慶安四年(1651)刻本

《中國館藏和刻本漢籍書目》著録。

清華

40150

楚辭集註八卷

戰國楚屈原、宋玉,漢賈誼等原撰 宋朱熹集註

楚辭辯證二卷註解後語六卷

宋朱熹撰

清康熙内府抄本

是抄半葉九行,行二十二字,小字雙行行字同,白口,四周單邊。《中國古籍善本書目》著録。

故宫

40151

楚辭集註八卷

戰國楚屈原、宋玉,漢賈誼等撰

楚辭後語六卷楚辭辯證二卷

宋朱熹撰

日本享保九年(1724)補刻本

《中國館藏和刻本漢籍書目》著録。
遼寧

40152
楚辭集註八卷
戰國楚屈原、宋玉，漢賈誼等原撰　宋朱熹集註
楚辭辯證二卷註解後語六卷
宋朱熹撰
清四庫全書本
國圖　甘肅　浙江　臺北故宫
1983年臺北商務印書館影印清文淵閣四庫全書本
湖北
1989年上海古籍出版社縮印臺北商務印書館影印清文淵閣四庫全書本
國圖　武漢

40153
楚辭集註八卷
戰國楚屈原、宋玉，漢賈誼等原撰　宋朱熹集註
楚辭辯證二卷註解後語六卷
宋朱熹
清同治至民國間刻西京清麓叢書續編本
北大　北師大　上海　甘肅

40154
楚辭集註八卷
戰國楚屈原、宋玉，漢賈誼等原撰　宋朱熹集註
楚辭辯證二卷
宋朱熹撰
清光緒元年（1875）湖北崇文書局刻崇文書局彙刻書本
國圖　科院　北大　上海　復旦　天津　遼寧　南京　杭大　湖北　武大　川大　雲南　港大

40155
楚辭集註八卷
戰國楚屈原、宋玉，漢賈誼等原撰　宋朱熹集註
楚辭辯證二卷註解後語六卷
宋朱熹撰
清光緒八年（1882）蘇州江蘇書局刻本
國圖　北大　香港中大

40156
楚辭集註八卷
戰國楚屈原、宋玉，漢賈誼等原撰　宋朱熹集註
楚辭辯證二卷註解後語六卷
宋朱熹撰
清光緒十年（1884）黎庶昌東京使署景刻古逸叢書本
國圖　科院　北大　上海　復旦　天津　遼寧　甘肅　南京　浙江　湖北　武漢　四川　重慶　雲南

40157
景元刊本楚辭集注八卷
戰國楚屈原、宋玉，漢賈誼等原撰　宋朱熹集注
楚辭辯證二卷後語六卷
宋朱熹撰
1978年江蘇廣陵古籍刻印社影印清光緒十年黎庶昌東京使署景刻古逸叢書本　又1997年印本

40158
楚辭集註八卷
戰國楚屈原、宋玉，漢賈誼等原撰　宋朱熹集註
楚辭辯證二卷註解後語六卷
宋朱熹撰
清光緒十年（1884）黎庶昌東京使署景刻古逸叢書本　民國傅增湘校並跋

國圖

40159
楚辭集註八卷
戰國楚屈原、宋玉,漢賈誼等原撰　宋朱熹集註
楚辭辯證二卷註解後語六卷
宋朱熹撰
清光緒刻涇縣洪氏公善堂彙印洪氏唐石經館叢書本
《中國叢書綜録》著録,僅此二館有藏。
上海　桂林

40160
楚辭集註八卷
戰國楚屈原、宋玉,漢賈誼等原撰　宋朱熹集註
楚辭辯證二卷註解後語六卷
宋朱熹撰
清宣統三年(1911)上海掃葉山房石印本
國圖

40161
楚辭集註八卷
戰國楚屈原、宋玉,漢賈誼等原撰　宋朱熹集註
楚辭辯證二卷註解後語六卷
宋朱熹撰
傳抄明本
南京

40162
楚辭集注八卷
戰國楚屈原、宋玉,漢賈誼等原撰　宋朱熹集注　李慶甲校點
楚辭辯證二卷註解後證六卷
宋朱熹撰
1979年上海古籍出版社鉛印本　又1987年鉛印本
校點者將屈原所作二十五篇劃爲"離騷類"、宋玉等創作的十六篇劃爲"續離騷類",在汲取王逸章句、洪興祖補注的基礎上重新作了注釋。
湖北

40163
楚辭集註八卷
戰國楚屈原、宋玉,漢賈誼等原撰　宋朱熹集註　明蔣之翹補輯並評校
楚辭辯證二卷註解後語八卷
宋朱熹撰　明蔣之翹補輯並評校
附覽二卷總評一卷
明蔣之翹輯
明天啓六年(1626)蔣之翹刻本
是刻半葉九行,行二十一字,小字雙行行字同,白口,四周單邊,《中國古籍善本書目》著録四十一館有藏。
國圖　北大　科院　上海　華東師大　天津師大　吉大　陝西　甘肅　山東　南京　浙江　武漢　襄陽　湖南　中大　廣西

40164
楚辭集註八卷
戰國楚屈原、宋玉,漢賈誼等原撰　宋朱熹集註　明蔣之翹補輯並評校
楚辭辯證二卷註解後語八卷
宋朱熹撰　明蔣之翹補輯並評校
附覽二卷總評一卷
明蔣之翹輯
明天啓六年(1626)蔣之翹刻本　清林佶、盧弼批校
南開

40165
楚辭評林八卷總評一卷(一名楚辭集註)
戰國楚屈原、宋玉,漢賈誼等原撰　宋朱熹集註　明沈雲翔輯評
明崇禎十年(1637)吴郡八詠樓刻本
首都　清華　科院　歷史博　上海　復旦　上海

辭書　新疆大　淮安　杭州　杭大　福建師大　河南　暨大　南充師院

40166

楚辭評林八卷總評一卷（一名楚辭集註）

戰國楚屈原、宋玉，漢賈誼等原撰　宋朱熹集註　明沈雲翔輯評

明崇禎十年(1637)吴郡八詠樓刻本　清王慶麟批

《中國古籍善本書目》著録。

上海

40167

楚辭評林八卷總評一卷（一名楚辭集註）

戰國楚屈原、宋玉，漢賈誼等原撰　宋朱熹集註　明沈雲翔輯評

清康熙聽雨齋刻朱墨套印本

國圖　天津　南京　山東

40168

楚辭評林八卷總評一卷（一名楚辭集註）

戰國楚屈原、宋玉，漢賈誼等原撰　宋朱熹集註　明沈雲翔輯評

清乾隆五十三年（1788）刻朱墨套印本

北大　天津

40169

楚辭評林八卷總評一卷（一名楚辭集註）

戰國楚屈原、宋玉，漢賈誼等原撰　宋朱熹集註　明沈雲翔輯評

清吴郡寶翰樓刻本

北師大

40170

楚辭六卷

戰國楚屈原、宋玉，漢賈誼等原撰　宋朱熹集註

楚辭辨證一卷

宋朱熹撰

明萬曆刻本

《中國古籍善本書目》失收。

國圖

40171

楚辭五卷

戰國楚屈原、宋玉，漢賈誼等原撰　宋朱熹集註

明崇禎蕭山黄氏刻本

《中國古籍善本書目》失收。

國圖　北大

40172

楚辭集註七卷

戰國楚屈原、宋玉，漢賈誼等原撰　宋朱熹集註

明刻本

是刻半葉八行，行十八字，小字雙行行字同，白口，四周雙邊。《中國古籍善本書目》著録，僅該館有藏。

科院

40173

楚辭五卷

戰國楚屈原、宋玉，漢賈誼等原撰　宋朱熹集註

清康熙三十年（1691）刻本

南京

40174

楚辭五卷

戰國楚屈原、宋玉，漢賈誼等原撰　宋朱熹注

後語一卷

宋朱熹撰

清王鏞抄本

是抄半葉八行，行十八字，無格。《中國古籍善本書目》著録。

哈爾濱師大

40175
楚辭十七卷
戰國楚屈原、宋玉,漢賈誼等原撰　漢宜城王逸章句　宋朱熹註　明張鳳翼合纂
明刻本
是刻半葉九行,行二十字,小字雙行行字同,白口,左右雙邊。《中國古籍善本書目》著録。
清華　遼寧　吉林　南京　蘇州　南大　杭州　重慶

40176
楚辭十卷
戰國楚屈原、宋玉,漢賈誼等原撰　漢宜城王逸章句　宋朱熹註　明張鳳翼合纂
明末刻本　清莫京批校
《中國古籍善本書目》著録。
杭州

40177
楚辭十卷
戰國楚屈原、宋玉,漢賈誼等原撰　漢宜城王逸章句　宋朱熹註　明張鳳翼合纂
明末刻本　鄭振鐸跋
《中國古籍善本書目》著録。
國圖

40178
楚辭集注
戰國楚屈原、宋玉,漢賈誼等原撰　宋朱熹集注　李忠實譯
1996年中國人事出版社鉛印本

40179
楚辭集注
戰國楚屈原、宋玉,漢賈誼等原撰　宋朱熹集注　蔣立甫校點
2001年上海古籍出版社鉛印朱熹全書選刊本

40180
楚辭集注
戰國楚屈原等撰　宋朱熹集注
2003年綫裝書局印雕版珍本選粹本

40181
楚辭集注
戰國楚屈原、宋玉,漢賈誼等原撰　宋朱熹集注
2003年上海古籍出版社印書韻樓叢刊本

40182
楚辭八卷首一卷
戰國楚屈原、宋玉,漢賈誼等原撰　宋朱熹集註
清抄本
南京

40183
刪註楚辭不分卷
戰國楚屈原、宋玉,漢賈誼等原撰　明張京元刪註
明萬曆四十六年(1618)自刻本
是刻半葉九行,行二十二字,小字雙行行字同,黑口,四周單邊。《中國古籍善本書目》著録,僅該館有藏。
浙江

40184
楚辭述註五卷
戰國楚屈原、宋玉,漢賈誼等原撰　明來欽之述註
九歌圖一卷
明陳洪綬繪
明崇禎刻本

是刻半葉九行,行二十字,小字雙行行字同,白口,四周單邊。《中國古籍善本書目》著録。

國圖　中央民大　上海　上海師大　上博　大連　黑大　山東大　青島博　揚州師院　杭州　天一閣　武大　湖南社科院　廣西　四川

40185

楚辭述註五卷

戰國楚屈原、宋玉,漢賈誼等原撰　明來欽之述註

九歌圖一卷

明陳洪綬繪

明崇禎刻黄象彝等印本

《中國古籍善本書目》著録。

北大　北師大　中國社科院文學所　復旦　上海辭書　天津　吉林　南京　武大　暨大　雲大

40186

楚辭述註五卷

戰國楚屈原、宋玉,漢賈誼等原撰　明來欽之述註

九歌圖一卷

明陳洪綬繪

清康熙三十年(1691)刻本

是刻半葉九行,行二十字,小字雙行行字同,白口,四周單邊。《中國古籍善本書目》著録。

國圖　北大　清華　中國社科院文學所　中國社科院民族所　歷博　復旦　天津　河南

40187

楚辭疏十九卷

戰國楚屈原、宋玉,漢賈誼等原撰　明陸時雍疏

讀楚辭語一卷楚辭雜論一卷

明陸時雍撰

屈原傳一卷

漢司馬遷撰

明末緝柳齋刻本

是刻半葉九行,行二十字,小字雙行行字同,白口,四周單邊。《中國古籍善本書目》著録二十八個館有藏。

國圖　首都　北大　科院　復旦　天津　遼大　南京　浙江　福建　湖北大　雲南

40188

楚辭疏十九卷

戰國楚屈原、宋玉,漢賈誼等原撰　明陸時雍疏

讀楚辭語一卷楚辭雜論一卷

明陸時雍撰

屈原傳一卷

漢司馬遷撰

2002年上海古籍出版社據明末緝柳齋刻本影印續修四庫全書本

湖北

40189

楚辭疏十九卷

戰國楚屈原、宋玉,漢賈誼等原撰　明陸時雍疏

讀楚辭語一卷楚辭雜論一卷

明陸時雍撰

屈原傳一卷

漢司馬遷撰

明末緝柳齋刻本　清李兆洛批點

《中國古籍善本書目》著録。

中央黨校

40190

楚辭疏十九卷

戰國楚屈原、宋玉,漢賈誼等原撰

讀楚辭語一卷楚辭雜論一卷

明陸時雍撰

明末緝柳齋刻本　清管庭芬校

《中國古籍善本書目》著録。

上海

40191
楚辭疏十九卷
戰國楚屈原、宋玉,漢賈誼等原撰　明陸時雍疏
讀楚辭語一卷楚辭雜論一卷
明陸時雍撰
屈原傳一卷
漢司馬遷撰
明末緝柳齋刻天章閣印本
北師大

40192
楚辭疏十九卷
戰國楚屈原、宋玉,漢賈誼等原撰　明陸時雍疏
讀楚辭語一卷楚辭雜論一卷
明陸時雍撰
屈原傳一卷
漢司馬遷撰
明末緝柳齋刻後印本
上海

40193
楚辭疏十九卷
戰國楚屈原、宋玉,漢賈誼等原撰　明陸時雍疏
讀楚辭語一卷楚辭雜論一卷
明陸時雍撰
屈原傳一卷
漢司馬遷撰
明學山塘刻本
國圖　上海

40194
楚辭疏十九卷
戰國楚屈原、宋玉,漢賈誼等原撰　明陸時雍疏
讀楚辭語一卷楚辭雜論一卷
明陸時雍撰
屈原傳一卷
漢司馬遷撰
明刻本
國圖　北大

40195
楚辭疏(一名七十二家評註楚辭)十九卷
戰國楚屈原、宋玉,漢賈誼等原撰　明陸時雍疏
讀楚辭語一卷楚辭雜論一卷
明陸時雍撰
清康熙刻本
是刻半葉九行,行十八字,白口,四周單邊。
國圖　北大　天津　南大

40196
楚辭疏十九卷
戰國楚屈原、宋玉,漢賈誼等原撰　明陸時雍疏
讀楚辭語一卷楚辭雜論一卷
明陸時雍撰
屈原傳一卷
漢司馬遷撰
清康熙二十四年(1685)刻本
南京

40197
楚辭疏十九卷
戰國楚屈原、宋玉,漢賈誼等原撰　明陸時雍疏
讀楚辭語一卷楚辭雜論一卷
明陸時雍撰
屈原傳一卷
漢司馬遷撰
清康熙四十四年(1705)有文堂刻本
國圖　北大

40198
楚辭権八卷
戰國楚屈原、宋玉,漢賈誼等原撰　明陸

時雍疏　明金兆清參評

明末刻本

是刻半葉九行，行二十字，小字雙行行字同，白口，左右雙邊。《中國古籍善本書目》著録。

國圖　科院　陝西師大

40199

楚辭集解十五卷蒙引二卷考異一卷大序一卷小序一卷

戰國楚屈原、宋玉，漢賈誼等原撰　明汪瑗集解並撰輯

明萬曆四十三年（1615）汪文英刻本［天問有目無書］

國圖　中國社會科學院　上海　杭州　四川

40200

楚辭集解十五卷蒙引二卷考異一卷大序一卷小序一卷

戰國楚屈原、宋玉，漢賈誼等原撰　明汪瑗集解並撰輯

1997年齊魯書社據明萬曆四十三年（1615）汪文英刻本影印四庫全書存目叢書

湖北

40201

楚辭集解十五卷大序一卷小序一卷蒙引二卷考異一卷

戰國楚屈原、宋玉，漢賈誼等原撰　明汪瑗集解並撰輯

2002上海古籍出版社據明萬曆四十三年（1615）汪文英刻本影印續修四庫全書本

湖北

40202

楚辭集解十六卷蒙引二卷考異一卷大序一卷小序一卷

戰國楚屈原、宋玉，漢賈誼等原撰　明汪瑗集解並撰輯

明萬曆四十三年（1615）汪文英刻本［天問一卷係以朱熹集註本補入］

王重民《中國善本書提要》著録，《集解》作八卷。並注云："原題'新安汪瑗玉卿集解，秣陵焦竑弱侯訂正'。按是书目脱稿後五十六年，瑗侄仲弘始为補輯刊行。《天問註》稿已佚，仲弘因别撰《天問註補》附於後。（四庫）《提要》未道及，當其所據本無《天問補注》二卷也。按仲弘於天算之學，本無造詣，牽强作解，故所釋頗多扞格。卷內有眉批兩則，頗能摘其誤。"據此，則美國國會圖書館所藏之本與《中國古籍善本書目》所收者實有不同之處。

南大　浙江　武大　湖南師大　美國國會

40203

楚辭集解十六卷

戰國楚屈原、宋玉，漢賈誼等原撰

明汪瑗集解並撰輯　董洪利點校

1994年北京古籍出版社鉛印本

40204

楚辭八卷

戰國楚屈原、宋玉，漢賈誼等原撰　清丁澎彙評

九歌圖一卷

明陳洪綬繪

清初刻本

是刻半葉九行，行十九字，小字雙行行字同，白口，四周單邊。《中國古籍善本書目》著録，僅該館有藏。

鄭州大

40205

楚辭箋注四卷

戰國楚屈原、宋玉，漢賈誼等原撰　明李陳玉箋注

清康熙十一年（1672）魏學渠刻本

是刻半葉九行，行二十字，小字雙行行字同，白口，左右雙邊。《中國古籍善本書目》著

録,僅該二館有藏。

中國社科院文學所　復旦

40206

楚辭箋注四卷

戰國楚屈原、宋玉,漢賈誼等原撰　明李陳玉箋注

2002年上海古籍出版社據清康熙十一年(1672)刻本影印續修四庫全書本

湖北

40207

楚辭述注十卷

戰國楚屈原、宋玉,漢賈誼等原撰　明林兆珂述註

明萬曆刻本

是刻半葉八行,行二十字,白口,四周單邊。《中國古籍善本書目》著録。

北師大　遼大　福建

40208

楚辭(一名楚辭評注)十卷

戰國楚屈原、宋玉,漢賈誼等原撰　清竟陵(今天門)王萌評註

清康熙十六年(1677)刻本

《中國古籍總目·集部》著録。

上海

40209

楚辭評注十卷

戰國楚屈原、宋玉,漢賈誼等原撰　清竟陵(今天門)王萌評注

清乾隆二年(1737)鱸香居士刻本

是刻半葉九行,行二十二字,小字雙行行字同,黑口,四周單邊。《中國古籍善本書目》著録,僅該二館有藏。萌字遜宜,諸生。《天門志》作"三卷"。

崇陽　湖南

40210

楚辭(一名楚辭評注)十卷

戰國楚屈原、宋玉,漢賈誼等原撰　清竟陵(今天門)王萌評註

清乾隆三十五年(1770)致和堂刻本

《中國古籍總目·集部》著録。

北大

40211

楚辭評注十卷

戰國楚屈原、宋玉,漢賈誼等原撰　清竟陵(今天門)王萌評註

清乾隆刻本

《中國古籍總目·集部》著録。

南京

40212

楚辭評注十卷

戰國楚屈原、宋玉,漢賈誼等原撰　清竟陵(今天門)王萌評註

清咸豐七年(1857)刻本

《中國古籍總目·集部》著録。

天津

40213

楚辭評注十卷

戰國楚屈原、宋玉,漢賈誼等原撰　清竟陵(今天門)王萌評註

清刻本

《中國古籍總目·集部》著録。

國圖　南京　山東

40214

楚辭評註十卷

戰國楚屈原、宋玉,漢賈誼等原撰　清竟陵(今天門)王萌評註

1997年北京出版社據清刻本影印四庫未收書輯刊本

湖北

40215

楚辭通釋十四卷

戰國楚屈原、宋玉，漢賈誼等原撰　清王夫之通釋

清康熙四十八年（1709）刻本

是刻半葉八行，行二十字，小字雙行行字同，白口，四周單邊。《中國古籍善本書目》著録。

湖南　湖南社科院

40216

楚辭通釋十四卷末一卷

戰國楚屈原、宋玉，漢賈誼等原撰　清王夫之通釋

清同治四年（1865）湘鄉曾國荃金陵刻船山遺書本

國圖　科院　北大　上海　復旦　天津　遼寧　甘肅　南京　浙江　湖北　武大　四川　重慶　臺北故宫

40217

楚辭通釋十四卷末一卷

戰國楚屈原、宋玉，漢賈誼等原撰　清王夫之通釋

2002年上海古籍出版社據清同治四年（1865）湘鄉曾國荃金陵刻船山遺書本影印續修四庫全書本

湖北

40218

楚辭通釋十四卷末一卷

戰國楚屈原、宋玉，漢賈誼等原撰

1959年中華書局上海編輯所鉛印本

40219

楚辭通釋十四卷末一卷

戰國楚屈原、宋玉，漢賈誼等原撰

1975年上海人民出版社鉛印本

40220

楚辭通釋十四卷末一卷

戰國楚屈原、宋玉，漢賈誼等原撰　清王夫之通釋

民國二十二年（1933）上海太平洋書店鉛印船山遺書本

國圖　首都　北大　上海　復旦　天津　吉大　甘肅　南京　浙江　湖北　武漢　重慶　雲南

40221

楚辭通釋不分卷

戰國楚屈原、宋玉，漢賈誼等原撰　清王夫之通釋

清光緒二十八年（1902）桂東郭孔嵐補刻本

《販書偶記》著録。藏書單位待訪。

40222

王氏楚詞釋一卷

戰國楚屈原、宋玉，漢賈誼等原撰　清王夫之釋

清抄本　佚名批註

湖南

40223

楚辭新集注（一名楚辭新註）八卷

戰國楚屈原、宋玉，漢賈誼等原撰　清屈復集註　清屈啓賢編

楚懷襄二王在位事蹟考一卷

清林雲銘撰

末一卷

清乾隆三年（1738）弱水草堂刻本

是刻半葉九行，行二十字，小字雙行行字同，白口，四周雙邊。《中國古籍善本書目》著録，僅該館有藏。

清華

40224

楚辭新集注（一名楚辭新註）八卷

戰國楚屈原、宋玉，漢賈誼等原撰　清屈復集註　清屈啓賢編

楚懷襄二王在位事蹟考一卷

清林雲銘撰

末一卷

2002年上海古籍出版社據清乾隆三年（1738）弱水草堂刻本影印續修四庫全書本

湖北

40225

楚辭新集注（一名楚辭新註）八卷

戰國楚屈原、宋玉，漢賈誼等原撰　清屈復集註　清屈啓賢編

楚懷襄二王在位事蹟考一卷

清林雲銘撰

末一卷

清乾隆三年（1738）刻本

版同弱水草堂本，唯封面鐫“授業門人同梓”。

國圖　中國社科院文學所　齊齊哈爾　黑大　廈大　武漢

40226

楚辭八卷首一卷

戰國楚屈原、宋玉，漢賈誼等原撰　清屈復集註　清屈啓賢編

末一卷

清乾隆三年（1738）居易堂刻本

未知與弱水草堂本有何關係。

上海

40227

楚辭新注八卷

戰國楚屈原、宋玉，漢賈誼等原撰　清屈復集註　清屈啓賢編

楚懷襄二王在位事蹟考一卷

清林雲銘撰

末一卷

清乾隆三年（1738）刻本

未知與弱水草堂本有何關係。

國圖　南京

40228

楚辭新注八卷

戰國楚屈原、宋玉，漢賈誼等原撰　清屈復集註　清屈啓賢編

楚懷襄二王在位事蹟考一卷

清林雲銘撰

末一卷

清道光十七年（1837）重刻本

南京

40229

楚辭新集注八卷

戰國楚屈原、宋玉，漢賈誼等原撰　清屈復集註　清屈啓賢編

楚懷襄二王在位事蹟考一卷

清林雲銘撰

末一卷

清刻本

天津

40230

楚辭新注八卷

戰國楚屈原、宋玉，漢賈誼等原撰　清屈復集註

民國陝西通志館鉛印關中叢書第七集本

國圖　首都　北大　上海　復旦　吉大　甘肅　山東　湖北　四川　重慶　雲南

40231

新録楚辭全集（一名楚辭新註）八卷

戰國楚屈原、宋玉，漢賈誼等原撰　清屈復集註

清嘉慶刻本

吉林

40232

新録楚辭全集(一名楚辭新註)八卷

戰國楚屈原、宋玉,漢賈誼等原撰　清屈復集註

清抄本

南京

40233

楚辭節註六卷

戰國楚屈原、宋玉,漢賈誼等原撰　清姚培謙節註

楚辭叶音一卷

清劉維謙撰

清乾隆六年(1741)刻本

是刻半葉八行,行十八字,小字雙行行二十八字,黑口,左右雙邊。《中國古籍善本書目》著録。

國圖　北大　清華　上海　天津　山西大　南京　山東　廣師大

40234

楚辭六卷

戰國楚屈原、宋玉,漢賈誼等原撰　清姚培謙注

清乾隆五十七年(1792)博期堂刻本

上海

40235

楚辭詳解五卷

清黄岡奚禄詒撰

清乾隆九年(1744)楚黄奚氏知津堂刻本

是刻半葉七行,行十七字,小字雙行行字同,黑口,左右雙邊。《中國古籍善本書目》著録,僅該館有藏。

清華

40236

楚辭燈四卷

戰國楚屈原、宋玉,漢賈誼等原撰　清林雲銘注疏並論述

楚懷襄二王在位事蹟考一卷

清林雲銘撰

屈原列傳一卷

漢司馬遷撰

清康熙三十六年(1697)挹奎樓刻本

是刻半葉八行,行十字,小字雙行行字同,白口,左右雙邊。《中國古籍善本書目》著録,十七館有藏。作者對《楚辭》各篇逐字詮釋,逐段分疏,再以總論隱括全文。詞旨淺近,通俗易懂,蓋鄉塾課蒙之本。《四庫全書總目》入"集部·楚辭類存目"。

清華　上海　華東師大　天津　内蒙大　福建　天門　暨大

40237

楚辭燈四卷

戰國楚屈原、宋玉,漢賈誼等原撰　清林雲銘注疏並論述

楚懷襄二王在位事蹟考一卷

清林雲銘撰

屈原列傳一卷

漢司馬遷撰

1997年齊魯書社據清康熙三十六年(1697)挹奎樓刻本影印四庫全書存目叢書本

湖北

40238

楚辭燈四卷

戰國楚屈原、宋玉,漢賈誼等原撰　清林雲銘注疏並論述　日本秦鼎訂

日本寬政十年(清嘉慶三年,1798)尾張風月孫助等刻本

《中國館藏和刻本漢籍書目》著録。

天一閣

40239

楚辭燈四卷

戰國楚屈原、宋玉,漢賈誼等原撰　清林

雲銘注疏並論述　清林沅校　清楊攀梅重訂
日本東京青木嵩山堂刻本
《中國館藏和刻本漢籍書目》著録。
武大

40240
楚辭燈四卷
戰國楚屈原、宋玉,漢賈誼等原撰　清林雲銘注疏並論述　清林沅校
日本刻本
存二卷:一至二
《中國館藏和刻本漢籍書目》著録。
四川 ×

40241
楚辭燈四卷
戰國楚屈原、宋玉,漢賈誼等原撰　清林雲銘注疏並論述
清同治十一年(1872)孔氏嶽雪樓抄本　清孔昭仁校並跋
《中國古籍善本書目》著録。
南京

40242
楚辭燈四卷
戰國楚屈原、宋玉,漢賈誼等原撰　清林雲銘注疏並論述
清同治十三年(1874)夏小蓮抄本
湖北

40243
山響齋别集飲騷十卷
戰國楚屈原、宋玉,漢賈誼等原撰　清賀寬箋釋
清康熙華天章刻本
是刻半葉十行,行二十三字,白口,四周單邊。《中國古籍善本書目》著録。
國圖　北大　上海　南京

40244
楚辭約註不分卷
戰國楚屈原、宋玉,漢賈誼等原撰　清高秋月、曹同春撰
清康熙文粹堂刻本
是刻半葉九行,行二十四字,小字雙行行字同,白口,左右雙邊。《中國古籍善本書目》著録。
中國社科院文學所　福建師大

40245
山帶閣注楚辭六卷
戰國楚屈原原撰　清蔣驥注
楚詞餘論二卷楚詞説韻一卷
清蔣驥撰
清康熙五十二年(1713)刻本
《增訂四庫簡明目録標注》著録。藏書單位待訪。

40246
山帶閣注楚辭六卷
戰國楚屈原原撰　清蔣驥注
楚詞餘論二卷楚詞説韻一卷
清蔣驥撰
清雍正五年(1727)蔣氏山帶閣刻本
是刻半葉十行,行二十一字,白口,左右雙邊,有圖。《中國古籍善本書目》著録二十一家有藏。此爲較具特色之《楚辭》注本,著重於屈原生平考訂,定其作品時地,考據精確。收入《四庫全書》。
首都　科院　山西　遼大　浙江　杭州　武大　四川　重慶

40247
山帶閣注楚辭六卷
戰國楚屈原原撰　清蔣驥注
楚詞餘論二卷楚詞説韻一卷
清蔣驥撰
清雍正五年(1727)蔣氏山帶閣刻本　清謝章鋌校

《中國古籍善本書目》著録。

上海

40248

山帶閣注楚辭六卷

戰國楚屈原原撰　清蔣驥注

楚詞餘論二卷楚詞説韻一卷

清蔣驥撰

民國二十二年(1933)北平來薰閣影印清雍正五年(1727)蔣氏山帶閣刻本

國圖

40249

山帶閣注楚辭六卷

戰國楚屈原原撰　清蔣驥注

楚詞餘論二卷楚詞説韻一卷

清蔣驥撰

清抄本

南充

40250

山帶閣注楚辭六卷

戰國楚屈原原撰　清蔣驥注

楚詞餘論二卷楚詞説韻一卷

清蔣驥撰

清四庫全書本

國圖　甘肅　浙江　臺北故宫

1983年臺北商務印書館影印清文淵閣四庫全書本

湖北

1989年上海古籍出版社縮印臺北商務印書館影印清文淵閣四庫全書本

國圖　武漢

40251

山帶閣注楚辭六卷

戰國楚屈原原撰　清蔣驥注

楚詞餘論二卷楚詞説韻一卷

清蔣驥撰

清光緒孔氏嶽雪樓影抄文瀾閣四庫全書本

廣東

40252

楚辞六卷

戰國楚屈原、宋玉,漢賈誼等原撰　清蔣驥注

楚詞餘論二卷楚詞説韻一卷

清蔣驥撰

清抄本

湖南

40253

山帶閣注楚辭六卷首一卷

戰國楚屈原原撰　清蔣驥注

楚詞餘論二卷楚詞説韻一卷

清蔣驥撰

1958年中華書局上海編輯所鉛印本

係將刻本改爲鉛字排印。又有1984年上海古籍出版社鉛印本,實爲本版之重印。

湖北

40254

楚辭疏(又名楚辭注疏)八卷

戰國楚屈原、宋玉,漢賈誼等原撰　清吴世尚注疏

清雍正五年(1727)尚友堂刻本

是刻半葉九行,行十九字,白口,左右雙邊。《中國古籍善本書目》著録。

北大　清華　中國社科院文學所　上海　湖南

40255

楚辭釋十一卷

戰國楚屈原、宋玉,漢賈誼等原撰　民國王闓運釋

清光緒十二年(1886)成都尊經書院刻本

國圖　南京

40256
楚辭釋十一卷
戰國楚屈原、宋玉,漢賈誼等原撰　民國王闓運釋
清光緒二十一年(1895)儀徵李氏刻本
上海　南京

40257
楚辭釋十一卷
戰國楚屈原、宋玉,漢賈誼等原撰　民國王闓運釋
清光緒十一年(1885)衡陽刻湘綺樓全書本
國圖　首都　北大　上海　復旦　天津　遼寧　吉大　山大　南京　武大　桂林　川大

40258
楚辭釋十一卷
戰國楚屈原、宋玉,漢賈誼等原撰　民國王闓運釋
2002年上海古籍出版社據清光緒刻湘綺樓全書本影印續修四庫全書本
湖北

40259
楚辭補注疏十二卷
鍾祥戴之麟撰
稿本
鍾祥

40260
楚辭直解
戰國楚屈原、宋玉,漢賈誼等原撰　陳子展直解
1988年江蘇古籍出版社鉛印本
湖北

40261
楚辭直解
戰國楚屈原、宋玉,漢賈誼等原撰　陳子展直解
1996年復旦大學出版社鉛印本

40262
楚辭直解
戰國楚屈原、宋玉,漢賈誼等原撰　董楚平、俞志楚直解
1997年浙江文藝出版社鉛印中國文化經典直解本

40263
楚辭
戰國楚屈原、宋玉,漢賈誼等原撰　吴廣平注釋
2001年嶽麓書社鉛印本

40264
楚辭解故
戰國楚屈原、宋玉,漢賈誼等原撰　朱季海解故
1963年中華書局上海編輯所鉛印本　又1980年鉛印本

40265
楚辭全譯
戰國楚屈原、宋玉,漢賈誼等原撰　黄壽祺、梅桐生譯注
1984年貴州人民出版社鉛印本

40266
楚辭正解
戰國楚屈原、宋玉,漢賈誼等原撰　雷慶翼注
1994年學林出版社鉛印本

40267
屈賦新箋
戰國楚屈原、宋玉,漢賈誼等原撰　楊胤宗箋注

1985年中國友誼出版公司鉛印本

40268
楚辭譯注
戰國楚屈原、宋玉,漢賈誼等原撰　趙浩如譯注
1986年雲南教育出版社鉛印本

40269
楚辭譯注
戰國楚屈原、宋玉,漢賈誼等原撰　張愚山譯注
1986年山東教育出版社鉛印本

40270
楚辭譯注
戰國楚屈原、宋玉,漢賈誼等原撰　董楚平譯注
1986年上海古籍出版社鉛印本　又1998年鉛印本

40271
楚辭今注
戰國楚屈原、宋玉,漢賈誼等原撰　湯炳正等注
1997年上海古籍出版社鉛印本

40272
楚辭
戰國楚屈原、宋玉,漢賈誼等原撰　崔富章等注釋
1998年浙江古籍出版社鉛印本　又1999年鉛印本

40273
楚辭全譯
戰國楚屈原、宋玉,漢賈誼等原撰　蕭兵譯注
1998年江蘇古籍出版社鉛印本

40274
楚辭注釋
戰國楚屈原、宋玉,漢賈誼等原撰　楊金鼎等注
1999年湖北人民出版社鉛印湖北地方古籍文獻叢書本
湖北

40275
楚辭
戰國楚屈原、宋玉,漢賈誼等原撰　王錫榮注釋
1999年吉林文史出版社鉛印韵文精品文庫本

40276
楚辭全譯
戰國楚屈原、宋玉,漢賈誼等原撰　杜月村譯
2001年巴蜀書社鉛印本

40277
楚辭今譯
戰國楚屈原、宋玉,漢賈誼等原撰　耿建華譯
2001年西苑出版社鉛印人文素養奠基讀本

40278
楚辭研究集成
馬茂元等編
1985—1986年湖北人民出版社鉛印本
第一編
楚辭注釋十種
離騷不分卷　戰國楚屈原撰　劉德重注釋並解題、説明
九歌不分卷　戰國楚屈原撰　楊金鼎注釋　王從仁解題並説明
天問不分卷　戰國楚屈原撰　楊金鼎注

釋　王從仁解題並説明
九章不分卷　戰國楚屈原撰　楊金鼎注釋　王從仁解題並説明
遠遊不分卷　戰國楚屈原撰　楊金鼎注釋　王從仁解題並説明
卜居不分卷　戰國楚屈原撰　楊金鼎注釋　王從仁解題並説明
漁父不分卷　戰國楚屈原撰　楊金鼎注釋　王從仁解題並説明
招魂不分卷　戰國楚屈原撰　殷光熹注釋、解題並説明
大招不分卷　戰國楚屈原（一作景差）撰　殷光熹注釋、解題並説明
九辯不分卷　戰國楚宋玉撰　楊金鼎注釋　王從仁解題並説明
第二編
楚辭要籍解題不分卷附楚辭專著目録不分卷　洪湛侯等編
第三編
楚辭評論資料選不分卷　楊金鼎等編
第四編
楚辭研究論文選不分卷附楚辭研究論文目録索引　楊金鼎等編
第五編
楚辭資料海外編不分卷附國外楚辭研究論著録　尹錫康、周發祥編

參見陽海清《中國叢書廣録》。

湖北

40279

楚辭注釋十種

馬茂元等編

1985年至1986年湖北人民出版社鉛印楚辭研究集成本

所收篇目爲王逸《楚辭章句》所輯楚人的作品，即屈原《離騷》《九歌》《天問》《九章》《遠遊》《卜居》《漁父》《招魂》《大招》（一曰景差作）和宋玉《九辯》，注釋之範圍主要包括掃除語言障碍，闡述作品意義與作家思想，分析篇章結構和其他藝術手法。對前賢成説擇善而從或擇要羅列，間抒己見。

湖北

40280

楚辭校譯

戰國楚屈原撰　王泗原校注

1990年人民教育出版社鉛印本

40281

楚辭一卷

戰國楚屈原撰　清任兆麟選輯

清乾隆五十三年（1788）映雪草堂刻述記本

首都　北師大　清華　上海　復旦　上海辭書　天津　遼寧　吉大　山東大　南大

40282

楚辭一卷

戰國楚屈原撰　清任兆麟選輯

清嘉慶十五年（1810）遂古堂刻述記本

北大　上海師大

40283

楚辭七卷

戰國楚屈原撰

屈子生卒年月考一卷

清陳瑒撰

離騷啓蒙一卷

清端木埰撰

清光緒二十四年（1898）夢鶠鴣樓刻本

《販書偶記》著録。藏書單位待訪。

40284

屈子六卷

戰國楚屈原撰

明末刻本

該館《中文古籍善本書目》著録。疑與前

一款目爲同書。

科院

40285

屈原賦七篇

戰國楚屈原撰

清光緒十六年(1890)退想齋石印本

國圖　北大

40286

屈原賦七篇

戰國楚屈原撰

清末抄本

國圖

40287

屈子不分卷

戰國楚屈原撰　清王邦采輯

清康熙六十一年(1722)刻本

收《九歌》《天問》《九章》《遠遊》《卜居》《漁父》,凡六篇。

國圖　上海

40288

屈子不分卷

戰國楚屈原撰　清王邦采輯

清光緒二十六年(1900)廣雅書局刻本

國圖

40289

屈子七卷

戰國楚屈原撰

評一卷

明毛晉輯

楚譯二卷參疑一卷

明毛晉參定

明萬曆四十六年(1618)毛氏緑君亭刻屈陶合刻本

是刻半葉八行,行十八字,白口,四周單邊。版心下鐫"緑君亭"。《中國古籍善本書目》著録。

國圖　北大　清華　北師大　科院 × 　歷史博　山西文物局　遼寧　山東　南京　安徽博　河南　重慶

40290

屈子七卷

戰國楚屈原撰

評一卷

明毛晉輯

楚譯二卷參疑一卷

明毛晉參定

明萬曆四十六年(1618)毛氏緑君亭刻屈陶合刻本　鄭振鐸跋

《屈子》存卷一至四、《評》全缺

《中國古籍善本書目》著録。

國圖 ×

40291

屈子六卷

戰國楚屈原撰　明潘三槐輯評

明末刻本

是刻半葉九行,行二十五字,白口,四周單邊。《中國古籍善本書目》著録,僅該館有藏。

科院

40292

屈子貫五卷

戰國楚屈原撰　清張詩注

清康熙孝友堂刻本

是刻半葉十行,行二十一字,黑口,四周單邊。東北師大善本書目將其具體刊刻時間定爲清康熙四十年,茲依《中國古籍善本書目》。係取名家集注損益去取,參以己見,聯綴其辭,註釋於每段之後。

清華　上海　東北師大　南京

40293

屈子貫五卷

戰國楚屈原撰　清張詩注　清楊夢熊、張吉同編

清嘉慶三年（1798）瞟城萬春堂重刻本

《販書偶記》著録。藏書單位待訪。

40294

屈原賦注初稿三卷

戰國楚屈原撰　清戴震注

民國影印安徽叢書第六輯戴東原先生全集本

國圖　首都　北大　上海　復旦　天津　吉大　甘肅　南京　浙江　湖北　武大　四川　重慶　雲南

40295

屈原賦注七卷通釋二卷

戰國楚屈原撰　清戴震注

音義二卷

清汪梧鳳撰

清乾隆二十五年（1760）汪梧鳳刻本

是刻半葉十行，行二十字，小字雙行行三十一二字，白口，左右雙邊。《中國古籍善本書目》著録。

國圖　北大　清華　科院　中國社科院文學所　上海　遼寧　南京　湖北　湖南

40296

屈原賦注七卷通釋二卷

戰國楚屈原撰　清戴震注

音義二卷

清汪梧鳳撰

2002年上海古籍出版社據清乾隆二十五年（1760）汪梧鳳刻本影印續修四庫全書本

湖北

40297

屈原賦注七卷通釋二卷

戰國楚屈原撰　清戴震注

音義二卷

清汪梧鳳撰

清光緒廣雅書局刻民國九年（1920）番禺徐紹棨彙編重印廣雅書局叢書本

名家注本。

國圖　科院　北師大　上海　華東師大　天津　遼寧　甘肅　南京　江西　湖北　四川　重慶　雲南

40298

屈原賦注七卷通釋二卷

戰國楚屈原撰　清戴震注

音義二卷

清汪梧鳳撰

清抄本

四川

40299

屈原賦注七卷通釋二卷

戰國楚屈原撰　清戴震注

音義二卷

清汪梧鳳撰

民國十三年（1924）沔陽盧氏慎始基齋據清抄本影印湖北先正遺書本

國圖　科院　北大　上海　天津　遼寧　寧夏　山東　南京　浙江　湖北　四川

40300

屈原賦注七卷通釋二卷

戰國楚屈原撰　清戴震注

音義二卷

清汪梧鳳撰

民國二十五年（1936）上海世界書局鉛印楚辭四種本

北大　上海　復旦　華東師大　上海師大　安徽　浙江　杭大　福建　福建師大　桂林　重慶

40301
屈原賦注
戰國楚屈原撰　清戴震注　褚斌傑、吴賢哲點校
1999年中華書局鉛印本

40302
楚辭章句(一名屈子章句)七卷
戰國楚屈原撰　清蘄水(今浠水)劉夢鵬訂
清乾隆二十五年(1760)藜青堂刻本
夢鵬字雲翼,清乾隆十六年(1751)進士。官饒陽知縣,輕徭免賦,興學濟賑,多有美政。喪親歸里,潛心著述,在《春秋》和屈賦研究上用力尤勤。有《春秋義解》十二卷,《四庫全書總目》入"存目"。
國圖　南京

40303
楚辭章句(一名屈子章句)七卷
戰國楚屈原撰　清蘄水(今浠水)劉夢鵬訂
清乾隆五十四年(1789)刻本
國圖　南京

40304
楚辭章句(一名屈子章句)七卷
戰國楚屈原撰　清蘄水(今浠水)劉夢鵬訂
清嘉慶五年(1800)刻本
上海　湖北

40305
楚辭輯解正編六卷外編二卷後語六卷首二卷附録六卷
戰國楚屈原、宋玉,漢賈誼等原撰　清丁元正輯解
1954年丁氏油印衡望堂叢書初稿本
北師大　武大　川大

40306
屈子楚辭一卷
戰國楚屈原原撰　清錢澄之注
清同治二年(1863)桐城斟雉堂重刻桐城錢飲光先生全書·莊屈合詁本
北師大　清華　上海　復旦　南京　南大　安徽　杭大

40307
楚辭屈詁不分卷
戰國楚屈原原撰　清錢澄之詁
清刻本
南京

40308
屈賦通箋附箋屈餘義
劉永濟撰
1961年人民文學出版社鉛印本
永濟師爲武漢大學中文系著名教授。本書對屈原每篇作品都作出題解、正名、審音、通訓和評論,並提出自己之見解,每有新意。《箋屈餘義》則於古史及近人著作質疑頗多。
湖北

40309
屈賦通箋五卷首一卷
劉永濟撰
臺灣鼎文書局印楚辭新義五種本

40310
箋屈餘義一卷
劉永濟撰
臺灣鼎文書局印楚辭新義五種本

40311
屈賦音注詳解八卷
劉永濟校釋
1983年上海古籍出版社鉛印本
包括《屈賦音注詳解》五卷(以洪興祖《楚

辭補注》爲底本)、《屈賦釋詞》三卷。

湖北

40312

楚辭選

戰國楚屈原、宋玉,漢賈誼等原撰　陸侃如等選注

1956年古典文學出版社鉛印本

湖北

40313

楚辭選

戰國楚屈原、宋玉,漢賈誼等原撰　馬茂元選注

1958年人民文學出版社鉛印中國古典文學讀本叢書本

湖北

40314

楚辭注釋不分卷

戰國楚屈原等原撰　馬茂元主編　楊金鼎等編撰

1999年湖北人民出版社鉛印湖北地方古籍文獻叢書本

包括《離騷》《九歌》《天問》《九章》《遠遊》《卜居》《漁父》《招魂》《大招》《九辯》十篇,各篇先作"題解",次録"原文",復分段"注釋"、"説明"。

湖北　武漢

40315

屈原賦今譯

戰國楚屈原撰　郭沫若選譯

1953年人民文學出版社鉛印本

選譯《九歌》《招魂》《天問》《離騷》《九章》《卜居》《漁父》等篇,並加解題、注釋。卷首有《屈原簡述》,卷末有《後記》。

湖北

40316

楚辭注疏長編

戰國楚屈原原撰　游國恩纂義

1980年至1982年中華書局鉛印本

第一編

離騷纂義　戰國楚屈原原撰　游國恩纂義　金開誠補輯

第二編

天問纂義　戰國楚屈原原撰　游國恩纂義　金開誠、董洪利、高路明補輯

湖北

40317

屈賦全釋

戰國楚屈原撰　鄔霄鳴釋

1986年遼寧教育出版社鉛印本

湖北

40318

屈原賦校注

戰國楚屈原撰　姜亮夫校注

1957年人民文學出版社鉛印本

湖北

40319

重訂屈原賦校注

戰國楚屈原撰　姜亮夫校注

1987年天津古籍出版社鉛印本

係在人民文學出版社1957年出版的《屈原賦校注》之基礎上重新增訂而成,包括《離騷》《九歌》《天問》《九章》《遠遊》《卜居》《漁父》七篇。

湖北

40320

屈賦注解

戰國楚屈原撰　蔣南華注

1993年貴州人民出版鉛印本

40321
屈原賦今譯
戰國楚屈原撰　姜亮夫譯著
1987年北京出版社鉛印本
對各篇的内容、音律、語言作了考證並譯爲白話。
湖北

40322
屈原集
戰國楚屈原撰　文懷沙編注
1953年人民文學出版社鉛印本
湖北

40323
楚辭
戰國楚屈原撰　涂小馬校點
1997年遼寧教育出版社鉛印本

40324
屈原集校注
戰國楚屈原撰　金開誠、董洪利、高路明校注
1996年中華書局鉛印本　又1999年鉛印本

40325
楚辭新注
戰國楚屈原撰　聶石樵注
1980年上海古籍出版社鉛印本　又1988年鉛印本

40326
屈原賦譯注
戰國楚屈原撰　龔克昌、彭重光譯注
1986年山東大學出版社鉛印本

40327
屈原賦譯注
戰國楚屈原撰　袁枚譯注
1984年齊魯書社鉛印本

40328
離騷經一卷
戰國楚屈原撰
清康熙五十一年(1712)汪士鋐抄本　清王澍跋　邵松年跋
是抄半葉八行,行十四字,無格。《中國古籍善本書目》著録。
國圖

40329
離騷經一卷
戰國楚屈原撰
抄本
北大

40330
離騷一卷
戰國楚屈原撰　清田硯池輯
清光緒二十四年(1898)夢鷓鴣軒刻本
山東

40331
離騷一卷
戰國楚屈原撰
清抄本
天津

40332
離騷路一卷
戰國楚屈原撰　宋朱熹注　清王箴訂補
清抄本
國圖

40333
離騷集傳一卷
戰國楚屈原原撰　宋錢杲之集傳
宋刻本　明朱承爵、清費念慈、邵松年題

款　清黄丕烈、孫延跋

是刻半葉九行，行十八字，黑口，左右雙邊，《中國古籍善本書目》著録。僅該館有藏。

國圖

40334

離騷集傳一卷

戰國楚屈原原撰　宋錢杲之集傳

2000年上海古籍出版社據宋刻本影印續修四庫全書本

湖北

40335

離騷集傳一卷

戰國楚屈原原撰　宋錢杲之集傳

清嘉慶間阮元進呈影宋刻本

臺北故宫

40336

離騷集傳一卷

戰國楚屈原原撰　宋錢杲之集傳

民國七年（1918）瞿氏鐵琴銅劍樓影印宋刻本

國圖

40337

離騷集傳一卷

戰國楚屈原原撰　宋錢杲之集傳

清影宋抄本

是抄半葉九行，行十八字，白口，左右雙邊。《中國古籍善本書目》著録。

國圖

40338

離騷集傳一卷

戰國楚屈原原撰　宋錢杲之集傳

清影宋抄本

《中國古籍善本書目》著録。

南京

40339

離騷集傳一卷

戰國楚屈原原撰　宋錢杲之集傳

清影宋抄本

天津

40340

離騷集傳一卷

戰國楚屈原原撰　宋錢杲之集傳

清乾隆四十七年（1782）吴翌鳳抄本　清吴翌鳳跋　清鮑延博校並跋

是刻半葉九行，行十八字，無格。《中國古籍善本書目》著録。

國圖

40341

離騷集傳一卷

戰國楚屈原原撰　宋錢杲之集傳

清乾隆五十九年（1794）石門馬氏大酉山房刻龍威秘書本

國圖　科院　北大　上海　復旦　天津　遼寧　甘肅　南京　浙江　江西　武漢　四川　重慶

40342

離騷集傳一卷

戰國楚屈原原撰　宋錢杲之集傳

清阮元編宛委别藏稿本

臺北故宫

40343

離騷集傳一卷

戰國楚屈原原撰　宋錢杲之集傳

1981年臺北商務印書館據臺北故宫博物院藏宛委别藏稿本影印本

湖北

40344

離騷集傳一卷

戰國楚屈原原撰　宋錢杲之集傳

清乾隆至道光長塘鮑氏刻知不足齋叢書本
國圖　首都　科院　天津　遼寧　甘肅　南京　浙江　湖北　武漢　四川　重慶

40345
離騷集傳一卷
戰國楚屈原原撰　宋錢杲之集傳
清嘉慶刻本
國圖

40346
離騷集傳一卷
戰國楚屈原原撰　宋錢杲之集傳
民國十年（1921）上海古書流通處據清道光鮑氏刻本影印知不足齋叢書本
國圖　科院　北大　上海　復旦　天津　遼寧　甘肅　浙江　江西　湖北　武大　四川　重慶　雲南

40347
離騷集傳一卷
戰國楚屈原原撰　宋錢杲之集傳
清同治七年（1868）序刻藝苑捃華本
國圖　科院　北大　上海　復旦　天津　吉大　南京　蘇州　浙江　桂林　四川　重慶

40348
離騷集傳一卷
戰國楚屈原原撰　宋錢杲之集傳
清光緒至民國間南陵徐氏刻隨盦徐氏叢書本
國圖　科院　北大　上海　復旦　天津　遼寧　南京　浙江　湖北　江西　武大　四川　重慶　雲南

40349
離騷集傳一卷
戰國楚屈原原撰　宋錢杲之集傳
民國十一年（1922）古書流通處據南陵徐氏刻隨盦徐氏叢書本影印古書叢刊本
湖北　武漢

40350
離騷經訂注一卷
戰國楚屈原原撰　漢宜城王逸注　明趙南星訂注
屈原列傳一卷
漢司馬遷撰
明萬曆四十一年（1613）趙氏自刻本
中國社科院文學所　國圖　北大　科院　天津　浙江　湖北

40351
離騷經訂注一卷
戰國楚屈原原撰　漢宜城王逸注　明趙南星訂注
屈原列傳一卷
漢司馬遷撰
清刻本
國圖

40352
離騷經訂注一卷
戰國楚屈原原撰　漢宜城王逸注　明趙南星訂注
屈原列傳一卷
漢司馬遷撰
清光緒高邑趙氏刻味檗齋遺書本
北大　中央民院　上海　復旦　遼寧　南京　南大

40353
離騷經纂註一卷
戰國楚屈原原撰　明劉永澄纂註
明刻本
是刻半葉九行，行十八字，白口，左右雙邊。

《中國古籍善本書目》集部第 122 號著録。
清華　上海　華東師大　湖北大

40354
離騷經纂註一卷
戰國楚屈原原撰　明劉永澄纂註
明刻本　清劉寶楠校
是刻半葉九行,行十八字,白口,左右雙邊。
上海

40355
離騷經纂註一卷
戰國楚屈原原撰　明劉永澄纂註
明末刻本
是刻半葉九行,行十八字,白口,左右雙邊。《中國古籍善本書目》著録。僅該館有藏。
文化部文研院

40356
離騷經纂註一卷
戰國楚屈原原撰　明劉永澄纂註
清乾隆寶應劉氏興讓堂刻劉練江先生集本
上海

40357
離騷經纂註一卷
戰國楚屈原原撰　清劉永澄纂註
1997 年齊魯書社據清乾隆劉氏刻本影印四庫全書存目叢書本
湖北

40358
釋騷一卷
戰國楚屈原原撰　明何喬遠釋
清楊浚冠悔堂抄本
是抄半葉十行,行二十二字,黑格,黑口,左右雙邊。《中國古籍善本書目》著録。
福建

40359
離騷經正義一卷
戰國楚屈原原撰　清方苞正義
清康熙嘉慶間桐城方氏刻抗希堂十六種本
國圖　科院　北大　上海　復旦　天津　遼寧　山東　南京　浙江　湖北　武大　四川　雲南

40360
離騷經正義一卷
戰國楚屈原原撰　清方苞正義
清刻本
《中國古籍總目·集部》著録。
南京

40361
賀拓菴先生離騷箋釋不分卷
戰國楚屈原原撰　清賀寬箋釋
清康熙刻本
《販書偶記》收有《飲騷》無卷數,並注云:"無刻書年月,約康熙間刊。又名《山響齋別集》,又名《離騷箋》。原分二卷,前卷《離騷》《九歌》《天問》後卷《九章》《遠遊》《卜居》《大招》《招魂》《九辯》。"或即指此本。茲依《中國古籍總目》。
北大

40362
離騷經一卷九歌一卷
戰國楚屈原原撰　清李光地注
陰符經一卷
清李光地注
清抄本
是刻半葉十行,行二十字,無格。《中國古籍善本書目》著録。
中國社科院文學所

40363
離騷經一卷
戰國楚屈原撰　清李光地注
清康熙五十八年(1719)清謹軒刻安溪李文貞公解義三種本
國圖　北大　北師大　清華　上海　復旦　上海師大　桂林

40364
離騷經一卷
戰國楚屈原撰　清李光地注
清乾隆元年(1736)李清植刻嘉慶六年補刻李文貞公全集本
上海　復旦　安徽　福建　河南　湖北　四川

40365
離騷經一卷
戰國楚屈原撰　清李光地注
清道光九年(1829)李維迪刻榕村全書本
國圖　科院　北大　上海　復旦　天津　山東　南京　浙江　江西　河南　湖北　廣東　桂林　川大

40366
離騷經一卷
戰國楚屈原撰　清李光地注
清同治真州張氏廣東刻民國二年(1913)重修印榕園叢書本
國圖　科院　北大　上海　復旦　遼寧　甘肅　南京　安徽　武漢　重慶　雲南

40367
離騷辯不分卷
清朱冀撰
清康熙緑筠堂刻本
是刻半葉七行,行十八字,小字雙行行字同,白口,左右雙邊,版心下鐫"緑筠堂"。《中國古籍善本書目》著録,十六館有藏。是編有集註,其中"林注"指林雲銘西仲注。再次爲按語,即著者朱冀針對林注所發之辯詞。卷首冠管窺總論,林西仲總評、辨前賢論離騷二則。冀字臨廣,清康熙時吴門人。以其有集注,故收之。
國圖　清華　人大　上海　天一閣　福建師大　南充

40368
離騷辯不分卷
清朱冀撰
清康熙緑筠堂刻本　□小雅録　清奚禄詒校　胡韞玉批校
《中國古籍善本書目》著録。批校者奚禄詒,字蘇嶺,號克生,湖北黄岡人。順治十六年(1659)進士,官常州同知。
上海

40369
離騷節解一卷
戰國楚屈原原撰　清張德純節解
離騷本韻一卷離騷正音一卷離騷節指一卷
清張德純撰
清康熙讀書松桂林刻本
是刻半葉九行,行十九字,白口,左右雙邊。《中國古籍善本書目》著録。
科院　中國社科院文學所　東北師大　天一閣

40370
離騷節解一卷
戰國楚屈原原撰　清張德純節解
離騷本韻一卷離騷正音一卷離騷節指一卷
清張德純撰
清乾隆五十年(1785)梓州郡署刻套印本
國圖　北大　山東

40371
離騷節解一卷
戰國楚屈原原撰　清張德純節解
離騷本韻一卷離騷正音一卷離騷節指一卷
清張德純撰

1976年揚州古籍書店抄本

本書又名《離騷四種》。

湖北　廣東

40372

離騷解一卷楚辭九歌解一卷

戰國楚屈原原撰　清顧天成解

讀騷列論一卷

清顧天成撰

清康熙雍正間東浦草堂刻本

國圖

40373

離騷解一卷楚辭九歌解一卷

戰國楚屈原原撰　清顧天成解

讀騷列論一卷

清顧天成撰

清乾隆六年(1741)刻本

是刻半葉九行,行十一字,黑口,左右雙邊。《中國古籍善本書目》著録僅該館有藏。

上海

40374

離騷彙訂不分卷屈子雜文箋畧六卷

戰國楚屈原原撰　清王邦采彙訂並箋

清康熙六十一年(1722)刻本

是刻半葉八行,行十六字,黑口,左右雙邊。《中國古籍善本書目》著録。

清華　科院　北師大　上海　中國醫科大

40375

屈子離騷彙訂三卷雜文箋畧二卷首一卷

戰國楚屈原原撰　清王邦采彙訂並箋

清光緒廣雅書局刻民國九年(1920)番禺徐紹棨彙編重印廣雅書局叢書本

國圖　科院　北師大　上海　華東師大　天津　遼寧　甘肅　南京　江西　湖北　四川　重慶　雲南

40376

離騷解一卷

戰國楚屈原原撰　清謝濟世解

清乾隆六年(1741)刻本

國圖

40377

離騷解一卷

戰國楚屈原原撰　清謝濟世解

清光緒十年(1884)寄生草堂刻梅莊雜著本

國圖　科院　清華　上海　上海辭書　山東大　福建師大　桂林

40378

離騷二十五卷

戰國楚屈原原撰　清黄岡奚禄詒注　清黄岡奚冠編

清乾隆九年(1744)刻本

上海

40379

離騷經解畧一卷

戰國楚屈原原撰　清方楘如解畧

清乾隆十九年(1754)佩古堂刻本

本書爲《集虚齋學古文》之附,今析出著録(下同),《四庫全書總目》入"集部·楚辭類存目",謂其"所解甚略,無所考證發明"。

國圖　浙大

40380

離騷經解畧(一名離騷經解)一卷

戰國楚屈原原撰　清方楘如解畧

1997年齊魯書社據清乾隆十九年(1754)佩古堂刻本影印四庫全書存目叢書本

湖北

40381

離騷箋二卷

戰國楚屈原原撰　清龔景瀚箋

清乾隆五十九年（1794）澹静齋刻本

是刻半葉十行，行二十一字，下黑口，四周雙邊。版心下鐫“澹静齋”。《中國古籍善本書目》著録，僅該館有藏。

清華

40382

離騷箋二卷

戰國楚屈原原撰　清龔景瀚箋

清乾隆刻本

《中國古籍總目·集部》著，未知與上一款目有無關係。

國圖　南京

40383

離騷箋二卷

戰國楚屈原原撰　清龔景瀚箋

清道光六年（1826）恩錫堂刻澹静齋全集本

國圖　首都　北大　上海　復旦　天津　遼寧　甘肅　南京　福建　武大　川大　青海

40384

離騷箋二卷

戰國楚屈原原撰　清龔景瀚箋

清光緒元年（1875）湖北崇文書局刻崇文書局彙刻書本

國圖　科院　北大　上海　復旦　天津　遼寧　南京　杭大　湖北　武大　川大　雲南

40385

離騷經解一卷

戰國楚屈原原撰　清梅沖解

清嘉慶二十年（1815）刻本

上海

40386

離騷經章句疏義一卷

戰國楚屈原原撰　清張象津疏義

清道光十六年（1836）張繩武等拜經堂刻白雲山房集本

國圖　清華　上海　遼寧　山大　杭大　江西

40387

離騷賦一卷

戰國楚屈原撰　清朱駿聲補注

清道光刻本

國圖　上海　南京

40388

離騷賦補注一卷

戰國楚屈原撰　清朱駿聲補注

清光緒八年（1882）臨嘯閣刻朱氏羣書本

首都　北師大　中央民大　上海　上海辭書　哈爾濱　山東大　桂林　川大　臺北故宫

40389

離騷經一卷

戰國楚屈原撰　清張燮承注

清咸豐九年（1859）刻本

天津　南京

40390

離騷經一卷

戰國楚屈原撰　題清詩樵注

清咸豐九年（1859）吴門刻本

《販書偶記》著録“不著撰人姓氏”。並云：“後有詩樵自跋。按封面左邊刊有‘古汲都三益齋賀氏讀本’十字。”未知與張燮承注本有無關係。藏書單位待訪。

40391

離騷注一卷

戰國楚屈原撰　民國王澍枬注

清光緒至民國間新城王氏刻陶廬叢刻本

民國　首都　上海　復旦　遼寧　吉大　南京　湖北　武漢　武大　重慶　雲南

40392
離騷注一卷
戰國楚屈原撰　民國王澍枬注
清光緒間文莫室刻本
《販書偶記》著録"無刻書年月,約光緒間文莫室刊"。未知與《陶盧叢刻》本有無關係。藏書單位待訪。

40393
離騷解詁
浠水聞一多撰
1985年上海古籍出版社鉛印本
湖北

40394
離騷纂義
戰國楚屈原原撰　游國恩纂義　金開誠補輯
1980年中華書局鉛印楚辭注疏長編本
輯録西漢到晚清一百六十六種著作中有關《離騷》的舊注,分别排列於正文句下。
湖北

40395
離騷不分卷
戰國楚屈原撰　劉德重注釋並解題、説明
1985—1986年湖北人民出版社鉛印楚辭研究集成本
湖北

40396
九歌殘石一卷
戰國楚屈原撰　唐歐陽詢書　漢楊葉氏藏
無刻石年月,清乾隆丁酉豐潤縣人掘地得之。原三石,缺中一石,前題"九歌",後題"率更令歐陽詢書"。所缺者爲《湘夫人》後半,大小《司命》及《東君》前半。兹依臺灣出版之《續修四庫全書總目提要》。所稱"漢陽葉氏藏"揣指葉志詵。此石未知今歸何處,亦不知有拓本否。

40397
九歌一卷
戰國楚屈原撰　清李光地注
清康熙五十八年(1719)清謹軒刻安溪李文貞公解義三種本
國圖　北大　北師大　清華　上海　復旦　上海師大　桂林

40398
九歌注一卷
戰國楚屈原撰　清李光地注
清乾隆元年(1736)李清植刻嘉慶六年(1801)補刻李文貞公全集本
上海　復旦　安徽　福建　河南　湖北　四川

40399
九歌註一卷
戰國楚屈原撰　清李光地註
清道光九年(1829)李維迪刻榕村全書本
國圖　科院　北大　上海　復旦　天津　山東　南京　浙江　江西　河南　湖北　廣東　桂林　四川

40400
九歌註一卷
戰國楚屈原撰　清李光地註
清同治真州張氏廣東刻民國二年(1913)重修印榕園叢書本
國圖　科院　北大　上海　復旦　遼寧　甘肅　南京　安徽　武漢　重慶　雲南

40401
九歌一卷
戰國楚屈原撰　清李光地注
清抄本

中國社科院文學所

40402
九歌一卷
戰國楚屈原撰　清李光地注
清抄本
與《離騷經》合册。《中國古籍善本書目》著録。
中國社科院文學所

40403
九歌解一卷
戰國楚屈原原撰　清辛紹業解
清嘉慶二十一年(1816)經笥齋刻敬堂遺書本
《中國叢書綜録》僅著録該館有藏,説明其流佈甚稀。
南京

40404
九歌解詁
民國浠水聞一多撰
稿本
國圖

40405
九歌解詁
民國浠水聞一多撰
1985年上海古籍出版社鉛印本
與《九章解詁》合爲一編。
湖北

40406
九歌
戰國楚屈原撰　文驍輯注
1963年人民文學出版社鉛印文學小叢書本
附郭沫若今譯。
湖北

40407
九歌不分卷
戰國楚屈原撰　楊金鼎注釋　王從仁解題並説明
1985年至1986年湖北人民出版社鉛印楚辭研究集成本
湖北

40408
九章解詁
民國浠水聞一多撰
稿本
國圖

40409
九章解詁
民國浠水聞一多撰
1985年上海古籍出版社鉛印本
與《九歌解詁》合爲一編。
湖北

40410
九章不分卷
戰國楚屈原撰　楊金鼎注釋　王從仁解題並説明
1985—1986年湖北人民出版社鉛印楚辭研究集成本
湖北

40411
離騷九歌釋不分卷
戰國楚屈原原撰　清畢大琛集註
清光緒十八年(1892)補學齋刻本
《販書偶記》著録"附音韻"。
國圖　北大　上海　湖北

40412
天問天對解一卷
戰國楚屈原原撰　宋楊萬里解

明崇禎十年(1637)古香齋刻本

是刻半葉九行,行二十字,白口,四周單邊。《中國古籍善本書目》著録。

國圖　清華

40413

楊誠齋先生天問天對解一卷

戰國楚屈原原撰　宋楊萬里解

清初毛昇、林學本刻本

是刻半葉九行,行二十字,白口,四周單邊。《中國古籍善本書目》著録,僅該館有藏。

南京

40414

天問註補二卷

戰國楚屈原原撰　明汪仲弘注

明萬曆四十六年(1618)汪文英刻本

是刻半葉十行,行二十字,白口,左右雙邊。版心上鐫"天問註補"。《中國古籍善本書目》集部第113號著録之《楚辭補註》或即是本。

國圖

40415

天問補註一卷

戰國楚屈原原撰　清毛奇齡補注

清康熙書留草堂刻西河合集本

《中國古籍善本書目》著録。

北大　復旦　華東師大　山東　温州　安徽大　湖北　武漢　中南財大　暨大

40416

天問補註一卷

戰國楚屈原原撰　清毛奇齡補註

1997年齊魯書社據清康熙書留草堂刻西河合集本影印四庫全書存目叢書本

湖北

40417

天問補註一卷

戰國楚屈原原撰　清毛奇齡補注

2002年上海古籍出版社據清康熙書留草堂刻西河合集本影印續修四庫全書本

湖北

40418

天問補註一卷

戰國楚屈原原撰　清毛奇齡補注

清乾隆三十五年(1770)陸體元據康熙刻本修補重印西河合集本

上海　復旦　上海師大　南京　廣西

40419

天問校正一卷

戰國楚屈原原撰　清屈復校正

清道光吴江沈氏世楷堂刻昭代叢書本

國圖　科院　北大　上海　復旦　天津　遼寧　甘肅　南京　浙江　武漢　廣東　四川　重慶　雲南

40420

天問校正一卷

戰國楚屈原原撰　清屈復校正

清楊復吉編昭代叢書別編稿本

《中國古籍善本書目》著録。

科院

40421

楚辭天問箋一卷

戰國楚屈原原撰　清丁晏箋

稿本

國圖

40422

楚辭天問箋一卷

戰國楚屈原原撰　清丁晏箋

清咸豐四年(1854)序刻本

北大

40423
楚辭天問箋一卷
戰國楚屈原撰　清丁晏箋
清光緒廣雅書局刻民國九年(1920)番禺徐紹棨彙編重印廣雅書局叢書本
國圖　科院　北師大　上海　華東師大　天津　遼寧　甘肅　南京　江西　湖北　重慶　雲南

40424
天問疏證
民國浠水聞一多撰
1985年上海古籍出版社鉛印本
湖北
由季鎮淮、何善周、范寧據兩份不同手稿整理、校訂而成。

40425
天問纂義
戰國楚屈原原撰　游國恩纂義　金開誠、董洪利、高路明補輯
1982年中華書局鉛印楚辭注疏長編本
輯録自漢代王逸《楚辭章句》至晚清約九十種著作中有關《天問》的舊注,分别排列於正文句下。
湖北

40426
天問不分卷
戰國楚屈原撰　楊金鼎注釋　王從仁解題並説明
1985—1986年湖北人民出版社鉛印楚辭研究集成本
湖北

40427
天問論箋
林庚著
1983年人民文學出版社鉛印本
湖北

40428
解招魂一卷
戰國楚屈原原撰　清方東樹解
清光緒刻方植之全集本
上海　南京　福建師大　重慶

40429
遠遊不分卷
戰國楚屈原撰　楊金鼎注釋　王從仁解題並説明
1985—1986年湖北人民出版社鉛印楚辭研究集成本
湖北

40430
卜居不分卷
戰國楚屈原撰　楊金鼎注釋　王從仁解題並説明
1985—1986年湖北人民出版社鉛印楚辭研究集成本
湖北

40431
漁父不分卷
戰國楚屈原撰　楊金鼎注釋　王從仁解題並説明
1985—1986年湖北人民出版社鉛印楚辭研究集成本
湖北

40432
招魂不分卷
戰國楚屈原撰　殷光熹注釋、解題並説明
1985—1986年湖北人民出版社鉛印楚辭研究集成本
湖北

40433
大招不分卷
戰國楚屈原(一作景差)撰　殷光熹注釋、解題並說明
1985—1986年湖北人民出版社鉛印楚辭研究集成本
湖北

40434
屈平文抄不分卷
戰國楚屈原撰
清刻殘編斷簡本
國圖

40435
玉虛子一卷
戰國楚屈原撰　明歸有光輯評
明天啓刻諸子彙函本
《中國古籍善本書目》著録十九館有藏。
首都　人大　華東師大　山西　錦州　天一閣　安徽　福建　四川

40436
屈大夫文八卷
戰國楚屈原撰　宋朱熹注
清光緒三年(1877)新建夏氏長沙刻屈賈文合編本
國圖　首都　上海　華東師大　遼寧　吉大　山東大　南京　武漢　武大　重慶

40437
宋玉集二卷
戰國楚宋玉撰
清抄本　清丁丙跋
《中國古籍善本書目》著録。
南京

40438
宋玉集二卷
戰國楚宋玉撰
清道光研六居士抄本
國圖

40439
宋玉集二卷
戰國楚宋玉撰
清抄本
南京

40440
宋玉辭賦今讀
戰國楚宋玉撰　袁枚譯注
1986年齊魯書社鉛印本

40441
宋玉辭賦譯解
戰國楚宋玉撰　朱碧蓮編注
1987年中國社會科學出版社鉛印本

40442
宋玉集
戰國楚宋玉撰　吴廣平編注
2001年嶽麓書社鉛印本

40443
九辯不分卷
戰國楚宋玉撰　楊金鼎注釋　王從仁解題並說明
1985年至1986年湖北人民出版社鉛印楚辭研究集成本
湖北

40444
巫山神女夢一卷
戰國楚宋玉撰
明末刻剪燈叢話本
是刻半葉九行,行二十字,白口,左右雙邊。《中國古籍善本書目·子部》收録《剪燈叢話》,但不列子目,兹依《中國古籍總目·集部》。
國圖

40445
巫山神女夢一卷
戰國楚宋玉撰
明末刻合刻三志本
是刻半葉九行，行二十字，白口，左右雙邊。《中國古籍善本書目·叢部》未著録著者，此據《中國古籍總目·集部》。
科院　上海　湖南

40446
鹿谿子一卷
戰國楚宋玉撰　明歸有光輯評
明天啓刻諸子彙函本
《中國古籍善本書目》著録十九館有藏。
首都　人大　華東師大　山西　錦州　天一閣　安徽　福建　四川

40447
楚辭要籍解題不分卷附楚辭專著目録不分卷
洪湛侯等編
1985—1986年湖北人民出版社鉛印楚辭研究集成本
湖北

40448
楚辭評論資料選不分卷
楊金鼎等編
1985—1986年湖北人民出版社鉛印楚辭研究集成本
湖北

別集類

漢魏六朝別集之屬

40449
東漢王叔師集一卷
漢宜城王逸撰
明婁東張溥刻漢魏六朝百三名家集本
是刻半葉九行，行十八字，白口，左右雙邊。《中國古籍善本書目》著録三十八館有藏。《唐書·藝文志》載《王逸集》二卷《録》一卷，今僅知存此一卷。
北大　故宫　上海　華東師大　遼寧　吉大　青島　山東　南京　福建　河南　湖北　雲南

40450
東漢王叔師集（一名王叔師集）一卷
漢宜城王逸撰
清光緒三年（1877）滇南唐氏壽考堂刻漢魏六朝百三名家集本
國圖　首都　清華　上海　復旦　南大　安徽　浙江　河南　桂林　武大　川大

40451
東漢王叔師集（一名王叔師集）一卷
漢宜城王逸撰
清光緒五年（1879）彭懋謙信述堂刻漢魏六朝百三家名集本
首都　北師大　華東師大　上海辭書　杭大　桂林

40452
東漢王叔師集（一名王叔師集）一卷
漢宜城王逸撰
清光緒十八年（1892）善化章經濟堂刻漢魏六朝百三名家集本
首都　北師大　上海辭書　杭大　桂林

40453
東漢王叔師集（一名王叔師集）一卷
漢宜城王逸撰
清光緒十八年（1892）長沙謝氏翰墨山房刻漢魏六朝百三名家集本
國圖　科院　北師大　華東師大　天津　吉林市　吉大　山東大　南京　南大　湖北

40454

東漢王叔師集(一名王叔師集)一卷

漢宜城王逸撰

民國六年(1917)上海掃葉山房石印漢魏六朝百三名家集本

國圖　首都　清華　復旦　上海辭書　哈爾濱　甘肅　南京　福建　湖北　武大　青島

40455

東漢王叔師集(一名王叔師集)一卷

漢宜城王逸撰

民國七年(1918)四川官書局刻漢魏六朝百三名家集本

遼寧　南大　重慶　雲南

40456

王叔師集一卷

漢宜城王逸撰　明張運泰、余元熹彙評

清刻漢魏六十名家本

《中國古籍總目·集部·別集類》著録。藏書單位待訪。

40457

王叔師集一卷

漢宜城王逸撰

清宣統三年(1911)無錫丁氏鉛印漢魏六朝名家集初刻本

國圖　北師大　上海　復旦　華東師大　上海辭書　山東大　福建師大　桂林　廣西　青島

40458

詠懷詩箋一卷

三國魏阮籍撰　民國蘄春黄侃箋

民國十九年(1930)鉛印東北叢刊第三期本

自注謂成於丙辰四月,即民國五年(1916)四月。

40459

詠懷詩補注一卷

三國魏阮籍撰　民國蘄春黄侃補注

抄本

録自民國二十六年(1937)《制言》雜誌第四十五期。

武漢

40460

阮籍詠懷詩補注一卷

三國魏阮籍撰　民國蘄春黄侃補注

民國黄紹蘭抄本

武大中文系

40461

陸士衡擬古詩一卷

晉陸機撰　民國蘄春黄侃輯

民國抄本

録詩十餘首。卷端鈐“黄季子”陰文印。

武大中文系

40462

車太常集一卷

晉南平車胤撰

清光緒宣統年間湘西陳氏刻麓山精舍叢書本

著者之籍貫待作進一步考證。《湖北藝文志》收胤《孝經注》,姑録之。

科院　北大　北師大　上海　上海師大　遼寧　甘肅　南大　浙江　湖北　雲南

40463

庾度支集一卷

南朝梁江陵庾肩吾撰

明婁東張溥刻漢魏六朝百三名家集本

是刻半葉九行,行十八字,白口,左右雙邊。《中國古籍善本書目》著録三十八館有藏。

肩吾字子慎。八歲能賦詩。初爲晉安王國常侍;隨在雍州(治所在今湖北襄陽)被命與劉孝威等抄撰衆籍,號高齋學士。累遷太子率更令、中庶子。簡文即位,爲度支尚書。後侯景將宋子仙破會稽,購得肩吾,欲殺之。先謂曰:"吾聞汝能作詩,今可即作。若能,將貸汝命。"肩吾操筆便成,辭采甚美,子仙乃釋以爲建昌令,仍間道奔江陵。歷江州刺史,封武康縣。有《書品》《文集》。《四庫全書總目》謂其爲"新野人",《湖北歷史人物辭典》下編收録。《湖北藝文志》著録其爲"江陵人"。

北大　清華　上海　遼寧　青島　山東　南京　浙江　福建　河南　湖北　武漢　武大　湖南　湖南師大　雲南

40464

庾度支集一卷

南朝梁江陵庾肩吾撰

明婁東張溥刻漢魏六朝百三名家集公文紙印本

《中國古籍善本書目》著録。

北京市文物局

40465

庾度支集一卷

南朝梁江陵庾肩吾撰

清光緒三年(1877)滇南唐氏壽考堂刻漢魏六朝百三名家集本

國圖　首都　清華　上海　復旦　南大　安徽　浙江　河南　桂林　武大　川大

40466

庾度支集一卷

南朝梁江陵庾肩吾撰

清光緒五年(1879)彭懋謙信述堂刻漢魏六朝百三家名集本

首都　北師大　華東師大　上海辭書　杭大　桂林

40467

庾度支集一卷

南朝梁江陵庾肩吾撰

清光緒十八年(1892)善化章經濟堂刻漢魏六朝百三名家集本

首都　北師大　上海辭書　杭大　桂林

40468

庾度支集一卷

南朝梁江陵庾肩吾撰

清光緒十八年(1892)長沙謝氏翰墨山房刻漢魏六朝百三名家集本

國圖　科院　北師大　華東師大　天津　吉林市　吉大　山東大　南京　南大　湖北

40469

庾度支集一卷

南朝梁江陵庾肩吾撰

民國六年(1917)上海掃葉山房石印漢魏六朝百三名家集本

國圖　首都　清華　復旦　上海辭書　哈爾濱　甘肅　南京　福建　湖北　武大　青島

40470

庾度支集一卷

南朝梁江陵庾肩吾撰

民國七年(1918)四川官書局刻漢魏六朝百三名家集本

遼寧　南大　重慶　川大

40471

庾度支集一卷

南朝梁江陵庾肩吾撰　清吴汝綸評選

民國六年(1917)都門書局鉛印漢魏六朝百三名家集選本

國圖　首都　北師大　華東師大　上海師大　甘肅　山東大　南京　武大　廣東　重慶　川大　桂林

40472
庾度支集一卷
南朝梁江陵庾肩吾撰
清刻梁名家集本
國圖

40473
庾度支集
南朝梁江陵庾肩吾撰
明崇禎十五年（1642）采隱山居刻增定漢魏六朝别解本
《中國古籍善本書目》著録，僅該館有藏。
科院

40474
昭明太子集六卷
南朝梁襄陽蕭統撰
明嘉靖葉紹泰刻本
蕭統字德施，南朝梁文學家。祖籍南朝蘭陵（今江蘇武進西北），出生於襄陽。梁武帝蕭衍長子。天監元年立爲皇太子，未及即位而死，謚"昭明太子"。輯有《正序》十卷、《文選》三十卷，對後世影響很大。《湖北歷史人物辭典》收入"上編"，即將其視爲湖北籍人。
臺圖

40475
梁昭明太子集六卷
南朝梁襄陽蕭統撰
明末笙臺刻文選逸集本
是刻半葉九行，行二十字，白口，四周單邊。《中國古籍善本書目》著録，僅此二館藏全。南京、四川、雲南館藏有該叢編殘帙，未知存此種否。
首都　清華

40476
昭明太子集六卷
南朝梁襄陽蕭統撰
明刻梁代帝王集本
《中國古籍總目·集部》著録。
國圖

40477
昭明太子集六卷
南朝梁襄陽蕭統撰
清四庫全書本
國圖　甘肅　浙江　臺北故宫
1983年臺北商務印書館影印清文淵閣四庫全書本
湖北
1989年上海古籍出版社縮印臺北商務印書館影印清文淵閣四庫全書本
國圖　武漢

40478
梁昭明太子文集五卷
南朝梁襄陽蕭統撰
明嘉靖三十四年（1555）周滿刻本
是刻半葉九行，行二十字，白口，四周雙邊。《中國古籍善本書目》著録，僅此三家有藏。
國圖　上海　南京

40479
梁昭明太子文集五卷
南朝梁襄陽蕭統撰
明遼國寶訓堂刻本
是刻半葉八行，行十六字，白口，左右雙邊。《中國古籍善本書目》著録。
國圖　北大　清華　人大　北師大　中央民大　歷史博　上海　上海辭書　天津　南開　天津師大　山西　西北大　蘇州　湖北　湖南師大　雲南

40480
梁昭明太子文集五卷
南朝梁襄陽蕭統撰
明遼國寶訓堂刻本　清張紹仁校並跋
《中國古籍善本書目》著録。

上海

40481
梁昭明太子文集五卷
南朝梁襄陽蕭統撰
明遼國寶訓堂刻本　繆荃孫校
臺圖

40482
梁昭明太子文集五卷
南朝梁襄陽蕭統撰
明刻漢魏六朝諸家文集本
是刻半葉九行，行二十字或十八字，白口，左右雙邊，間有四周單邊。《中國古籍善本書目》著録。
故宫　吉林　南京　南大　廣東　雲南

40483
梁昭明太子文集五卷
南朝梁襄陽蕭統撰
附録一卷
明天啓崇禎間刻七十二家集本
是刻半葉九行，行十八字，小字雙行行字同，白口，左右雙邊。《中國古籍善本書目》著録，僅此二館藏全。
國圖　故宫

40484
梁昭明太子文集五卷
南朝梁襄陽蕭統撰
附録一卷
明天啓崇禎間刻七十二家集本　傅增湘校並跋
國圖

40485
梁昭明太子文集五卷
南朝梁襄陽蕭統撰　明楊慎校注
明刻本
國圖

40486
梁昭明太子文集五卷
南朝梁襄陽蕭統撰
清抄本　清奚鋼題款　清丁丙跋
《中國古籍善本書目》著録。
南京

40487
梁昭明太子文集五卷補遺一卷
南朝梁襄陽蕭統撰
清光緒二十三年（1897）刻常州先哲遺書本
國圖　首都　科院　上海　復旦　吉大　甘肅　南京　浙江　江西　湖北　四川　川大

40488
昭明文集二卷
南朝梁襄陽蕭統撰
明萬曆武林沈宗培刻本　清高氏蒼茫齋抄補
臺圖

40489
梁昭明太子集一卷
南朝梁襄陽蕭統撰
明婁東張溥刻漢魏六朝百三名家集本
是刻半葉九行，行十八字，白口，左右雙邊。《中國古籍善本書目》著録。
北大　清華　上海　遼寧　青海　山東　南京　浙江　福建　河南　湖北　武漢　武大　湖南　湖南師大　雲南

40490
梁昭明太子集一卷
南朝梁襄陽蕭統撰

清光緒三年(1877)滇南唐氏壽考堂刻漢魏六朝百三名家集本

國圖 首都 清華 上海 復旦 南大 安徽 浙江 河南 桂林 武大 川大

40491

梁昭明太子集一卷

南朝梁襄陽蕭統撰

清光緒五年(1879)彭懋謙信述堂刻漢魏六朝百三家名集本

首都 北師大 華東師大 上海辭書 杭大 桂林

40492

梁昭明太子集一卷

南朝梁襄陽蕭統撰

清光緒十八年(1892)善化章經濟堂刻漢魏六朝百三名家集本

首都 北師大 上海辭書 杭大 桂林

40493

梁昭明太子集一卷

南朝梁襄陽蕭統撰

清光緒十八年(1892)長沙謝氏翰墨山房刻漢魏六朝百三名家集本

國圖 科院 北師大 華東師大 天津 吉林市 吉大 山東大 南京 南大 湖北

40494

梁昭明太子集一卷

南朝梁襄陽蕭統撰

民國六年(1917)上海掃葉山房石印漢魏六朝百三名家集本

國圖 首都 清華 復旦 上海辭書 哈爾濱 甘肅 南京 福建 湖北 武大 青島

40495

梁昭明太子集一卷

南朝梁襄陽蕭統撰

民國七年(1918)四川官書局刻漢魏六朝百三名家集本

遼寧 南大 重慶 川大

40496

梁昭明太子集四卷

南朝梁襄陽蕭統撰

清宣統三年(1911)無錫丁氏鉛印漢魏六朝名家集初刻本

國圖 北師大 上海 復旦 華東師大 上海辭書 山東大 福建師大 桂林 廣西 青海

40497

昭明太子集校注

南朝梁襄陽蕭統撰 俞紹初校注

2001年中州古籍出版社鉛印本

40498

梁昭明太子六律六吕文啓一卷

南朝梁襄陽蕭統撰 清釋行景注

清康熙刻本

是刻半葉十行,行十五字,小字雙行行字同,白口,四周雙邊。《中國古籍善本書目》著録僅該館有藏。

清華

40499

庾開府詩集四卷

北周江陵庾信撰

明正德十六年(1521)朱承爵存餘堂刻本

是刻半葉十一行,行二十字,白口,左右雙邊。《中國古籍善本書目》著録僅國家圖書館有藏。

信字子山,小字蘭成,肩吾之子。其文藻艷麗,與徐陵齊名,時稱"徐庾體"。仕梁爲右衛將軍,封武康縣侯。元帝使聘於周,被留不遣。明帝武帝並好文學,皆恩禮之。累遷驃騎大將軍,開府儀同三司,世稱"庾開府"。信雖位望通顯,常有鄉關之思,乃作《哀江南賦》以致意焉。有《庾開府集》。《湖北歷史人物辭典》稱其爲"南陽新野人",《湖北藝文志》則著録爲"江陵人"。

其集版本衆多,從書名看,可分《庾開府集》《庾子山集》兩個系統。前者有四卷、二卷、六卷、十卷、十二卷、十六卷之分,並各有選本。評注者,明有屠隆,清有沈兆宜、倪璠、吴汝綸,而以沈、倪注本流布最廣,影響最大,同時被收入《四庫全書》。

國圖

40500

庾開府集四卷

北周江陵庾信撰

清同治九年(1870)永康胡氏退補齋刻六朝四家全集本

國圖　清華　北師大　上海　遼寧　吉大　南京　杭大　湖北　廣東　四川　重慶

40501

庾開府詩集四卷

北周江陵庾信撰

明嘉靖刻六朝詩集本　清黄丕烈校並跋

是刻半葉十行,行十八字,白口,左右雙邊。《中國古籍善本書目》著録。

國圖

40502

庾開府詩集四卷

北周江陵庾信撰

明朱曰藩刻本

是刻半葉十行,行十八字,白口,左右雙邊,有刻工。《中國古籍善本書目》著録。僅此二館有藏。

國圖　上海

40503

庾開府詩集六卷

北周江陵庾信撰

明朱曰藩刻本　清丁丙跋

《中國古籍善本書目》著録。

南京

40504

庾開府詩集六卷

北周江陵庾信撰

明朱曰藩刻本　清何昌遂校　清何焯跋

臺圖

40505

庾開府集十二卷

北周江陵庾信撰　清汪士賢校

明萬曆天啓間新安汪氏刻漢魏六朝二十一名家集本

是刻半葉九行,行二十字(間十八字),白口,四周單邊(間左右雙邊)。《中國古籍善本書目》著録。

北大　中國社科院文學所　天津

40506

庾開府集十二卷

北周江陵庾信撰　清汪士賢校

清桂芳堂刻本

山東

40507

庾開府集十二卷

北周江陵庾信撰

明萬曆十一年(1583)翁少麓刻漢魏著名家集本

是刻半葉九行,行二十字,白口,左右雙邊(間有四周單邊)。《中國古籍善本書目》著録。

國圖　北大　清華　北京市委　天津師大　祁縣　哈師大　陝西師大　天一閣　河南大　湖南　西南師院

40508

庾開府集十二卷

北周江陵庾信撰

明刻漢魏六朝諸家文集本

是刻半葉九行,行二十字或十八字,白口,左右雙邊(間有四周單邊)。《中國古籍善本書目》著録,國圖所藏該叢編有傅增湘校並跋。

國圖　故宫　吉林　南京　南大　廣東　四川

40509

庾開府集十二卷

北周江陵庾信撰

附録一卷

明天啓崇禎間刻七十二家集本

是刻半葉九行,行十八字,小字雙行行字同,白口,左右雙邊。《中國古籍善本書目》著録。

國圖　故宫

40510

庾開府集箋注十卷

北周江陵庾信撰　清吴兆宜箋注

清四庫全書本

國圖　甘肅　浙江　臺北故宫

1983年臺北商務印書館影印清文淵閣四庫全書本

湖北

1989年上海古籍出版社縮印臺北商務印書館影印清文淵閣四庫全書本

國圖　武漢

40511

庾開府集二卷

北周江陵庾信撰

明婁東張溥刻漢魏六朝百三名家集本

是刻半葉九行,行十八字,白口,左右雙邊。《中國古籍善本書目》著録三十八館有藏。浙江圖書館藏該叢編有佚名録清何焯批校,武大藏該叢編有清何紹基評點。

北大　清華　上海　遼寧　青海　山東　南京　浙江　福建　河南　湖北　武大　武漢　湖南　湖南師大　雲南

40512

庾開府集二卷

北周江陵庾信撰

清光緒三年(1877)滇南唐氏壽考堂刻漢魏六朝百三名家集本

國圖　首都　清華　上海　復旦　南大　安徽　浙江　福建師大　河南　武大　川大　桂林

40513

庾開府集二卷

北周江陵庾信撰

清光緒五年(1879)彭懋謙信述堂重刻漢魏六朝百三家名集本

首都　北師大　中央民大　天津　内蒙古　遼寧　甘肅　青島　南京　蘇州　安徽　武漢　桂林

40514

庾開府集二卷

北周江陵庾信撰

清光緒十八年(1892)善化章氏經濟堂刻漢魏六朝百三名家集本

首都　北師大　上海辭書　杭大　河南　桂林

40515

庾開府集二卷

北周江陵庾信撰

清光緒十八年(1892)長沙謝氏翰墨山房刻漢魏六朝百三名家集本

國圖　科院　北師大　華東師大　天津　吉林市　吉大　山東大　南京　南大　湖北

40516

庾開府集二卷

北周江陵庾信撰

民國六年(1917)上海掃葉山房石印漢魏六朝百三名家集本

國圖　首都　清華　中央民大　復旦　上海辭書　吉大　甘肅　南京　福建　福建師大　湖

北　武大　青海

40517
庾開府集二卷
北周江陵庾信撰
民國七年（1918）四川官印局刻漢魏六朝百三名家集本
遼寧　南大　重慶　四川

40518
庾開府集二卷
北周江陵庾信撰
明嘉靖刻六朝詩集本
《中國古籍善本書目》著録。又此叢編上海辭書出版社所藏有清周煥文跋、上海圖書館所藏有鄧邦述跋、國家圖書館所藏則有鄭振鐸跋。
國圖　北大　人大　上海　吉大　山東大　南京　浙江　天一閣　江西　四川　杜甫草堂　雲大

40519
庾開府集選一卷
北周江陵庾信撰　清吴兆論評選
民國六年（1917）都門書局鉛印漢魏六朝百三名家集選本
國圖　首都　北師大　華東師大　上海師大　甘肅　山大　南京　武大　廣東　重慶　川大　桂林

40520
庾開府集一卷
北周江陵庾信撰
清抄本
國圖

40521
庾開府集畧二卷
北周江陵庾信撰　題王書莊書抄本
山東

40522
庾子山全集十卷
北周江陵庾信撰　清吴兆宜箋注
清康熙二十七年（1698）吴郡寶翰樓刻本
國圖　山東　遼寧　河南

40523
庾子山全集十卷
北周江陵庾信撰　清吴兆宜箋注
清刻本
國圖

40524
庾子山全集十卷
北周江陵庾信撰　清吴兆宜箋注
清貴文堂刻本
國圖

40525
庾子山集十六卷
北周江陵庾信撰
明末笙臺刻文選逸集本
是刻半葉九行，行二十字，白口，四周單邊。《中國古籍善本書目》著録。南京、四川、雲南三館藏有該叢編殘帙，然未知存此種否。
首都　清華

40526
庾子山集十六卷
北周江陵庾信撰　清倪璠注
年譜一卷總釋一卷
清倪璠撰
清初刻本
山東

40527

庾子山集十六卷

北周江陵庾信撰　清倪璠注

年譜一卷總釋一卷

清倪璠撰

清康熙二十六年(1687)崇岫堂刻本

是刻半葉十行,行二十字,小字雙行行字同,白口,左右雙邊。《中國古籍善本書目》著録。

首都　清華　吉林市　哈師大　新疆民族所　莆田　湖北　四川

40528

庾子山集十六卷

北周江陵庾信撰　清倪璠注釋

附庾子山年譜

清倪璠編

註釋庾集題辭

清倪璠編

庾集總釋

清倪璠撰

清重刻崇岫堂本

河南

40529

庾子山集註十六卷

北周江陵庾信撰　清倪璠註

附總釋一卷

清倪璠撰

清四庫全書本

國圖　甘肅　浙江　臺北故宫

1983年臺北商務印書館影印清文淵閣四庫全書本

湖北

1989年上海古籍出版社縮印臺北商務印書館影印清文淵閣四庫全書本

國圖　武漢

40530

庾子山集註十六卷首二卷

北周江陵庾信撰　清倪璠註

清乾隆三十八年(1773)抄摛藻堂四庫全書薈要本

故宫

40531

庾子山全集十六卷

北周江陵庾信撰　清倪璠注釋

附庾子山年譜

清倪璠編　庾信本傳　清倪璠注釋

註釋庾集題辭

清倪璠編

庾集總釋

清倪璠撰

清道光十九年(1839)同文堂刻本

國圖　山東　河南

40532

庾子山集十六卷

北周江陵庾信撰　清倪璠註釋

附庾子山年譜

清倪璠編　庾信本傳　清倪璠釋

註釋庾集題辭

清倪璠編

庾集總釋

清倪璠撰

清大文堂刻本

山東　河南

40533

庾子山集十六卷

北周江陵庾信撰　清倪璠註釋

附庾子山年譜

清倪璠編　庾信本傳　清倪璠註釋

註釋庾集題辭

清倪璠編

庾集總釋
清倪璠撰
清道光善成堂重刻本
國圖　遼寧　山東　河南

40534
庾子山集十六卷
北周江陵庾信撰　清倪璠注
年譜一卷
清倪璠編
總釋一卷
清倪璠撰
清同治八年(1869)刻本
國圖

40535
庾子山集十六卷
北周江陵庾信撰　清倪璠注
年譜一卷
清倪璠編
總釋一卷
清倪璠撰
清光緒二十年(1894)雅儒堂重刻本
國圖　遼寧　山東　湖北

40536
庾子山全集十六卷
北周江陵庾信撰　清倪璠註釋
附庾子山年譜
清倪璠編
虞信本傳
清倪璠註釋
註釋庾集題辭
清倪璠編
庾集總釋
清倪璠撰
清光緒十六年(1890)廣州經史閣刻本
河南

40537
庾子山集十六卷
北周江陵庾信撰　清倪璠註釋
附庾子山年譜
清倪璠編　庾信本傳　清倪璠註釋
註釋庾集題辭
清倪璠編
庾集總釋
清倪璠撰
清光緒二十年(1894)儒雅堂刻本
河南

40538
庾子山集十六卷
北周江陵庾信撰　清倪璠註釋
附庾子山年譜
清倪璠編
虞信本傳
清倪璠註釋
註釋庾集題辭
清倪璠編
庾集總釋
清倪璠撰
清大文堂刻本
河南

40539
庾子山集十六卷
北周江陵庾信撰　清倪璠註釋
附庾子山年譜
清倪璠編
虞信本傳
清倪璠註釋
註釋庾集題辭
清倪璠編
庾集總釋
清倪璠撰
清篤慶堂刻本
河南

40540

庾子山全集十六卷

北周江陵庾信撰　清倪璠註釋

附庾子山年譜

清倪璠編

庾信本傳

清倪璠註釋

註釋庾集題辭

清倪璠編

庾集總釋

清倪璠撰

清金閶書叢堂刻本

河南

40541

庾子山集十六卷

北周江陵庾信撰　清倪璠註釋

附庾子山年譜一卷

清倪璠編

庾集總釋一卷

清倪璠撰

庾信本傳一卷

清倪璠註釋

民國七年(1918)上海掃葉山房石印本

河南

40542

庾子山集十六卷

北周江陵庾信撰　清倪璠註釋

附庾子山年譜一卷

清倪璠編

庾集總釋一卷

清倪璠撰

庾信本傳一卷

清倪璠註釋

民國十二年(1923)上海掃葉山房石印本

河南

40543

庾子山集十六卷

北周江陵庾信撰　清倪璠註釋

附庾子山年譜

清倪璠編

庾信本傳

清倪璠註釋

註釋庾集題辭

清倪璠編

庾集總釋

清倪璠撰

民國十二年(1923)沔陽盧氏慎始基齋據清倪氏原刻本影印湖北先正遺書本

國圖　科院　北大　上海　天津　遼寧　寧夏　山東　南京　浙江　湖北　四川

40544

庾子山集十六卷

北周江陵庾信撰　清倪璠註釋

附庾子山年譜一卷

清倪璠編

庾集總釋一卷

清倪璠撰

庾信本傳一卷

清倪璠註釋

民國二十二年(1933)上海掃葉山房石印本

河南

40545

庾子山集十六卷總釋一卷

北周江陵庾信撰　清倪璠註

附庾子山年譜一卷

清倪璠撰

民國十二年(1923)沔陽盧氏慎始基齋影印湖北先正遺書本

影印清倪氏原刻本。

國圖　科院　北大　上海　天津　遼寧　寧夏　山東　南京　浙江　湖北　四川

40546

庾子山集十六卷總釋一卷

北周江陵庾信撰　清倪璠註

附庾子山年譜一卷

清倪璠撰

民國二十五年(1936)上海中華書局鉛印四部備要本

國圖　首都　北大　上海　復旦　遼寧　天津　甘肅　南京　浙江　湖北　江西　四川　重慶

40547

庾子山集注

北周江陵庾信撰　清倪璠注　許逸民校點

1980年中華書局鉛印本　又2000年鉛印本

40548

庾子山集十六卷附總釋一卷

北周江陵庾信撰　清倪璠註

附庾子山年譜一卷

清倪璠撰

民國二十五年(1936)上海中華書局鉛印四部備要本

北師大　上海　復旦　華東師大　江西　廣西　重慶　中央民大

40549

庾子山集注十六卷

北周江陵庾信撰　清倪璠注　許逸明校點

1980年中華書局鉛印中國古典文學基本叢書本

以清康熙二十六年倪璠刻本爲底本,校以《四部叢刊》影印屠隆本、《藝文類聚》《文苑英華》等以及部分碑刻,訂正文字錯誤,加標點分段。

湖北

40550

庾子山集十六卷

北周江陵庾信撰　明屠隆評

明刻本

北師大　青海

40551

庾子山集十六卷

北周江陵庾信撰　明屠隆評

附虞信本傳

唐令狐德芬等撰

民國八年(1919)上海商務印書館初次據明刻本影印四部叢刊本

國圖　科院　北大　上海　復旦　天津　遼寧　甘肅　南京　河南　湖北　武大　江西　四川　重慶

40552

庾子山集十六卷

北周江陵庾信撰　明屠隆評

附庾信本傳

唐令狐德芬等撰

民國十八年(1929)上海商務印書館第二次據明刻本影印四部叢刊本

國圖　上海　復旦　華東師大　天津　吉大　南京　浙江　江西　川大　雲南

40553

庾子山集十六卷

北周江陵庾信撰　明屠隆評

附虞信本傳

唐令狐德芬等撰

民國二十五年(1936)上海商務印書館縮印四部叢刊本

國圖　首都　北師大　中醫　華東師大　上海師

大　上海辭書　甘肅　南京　南大　江西　桂林　雲南

40554
庚子山集
北周江陵庾信撰
明崇禎十一年（1638）香谷山房刻漢魏別解本
是刻半葉九行，行二十六字，白口，四周單邊。《中國古籍善本書目》著録，共十七個館有藏。
首都　科院　華東師大　河北大　内蒙古　吉林社科院　山東　武大

40555
庚子山集
北周江陵庾信撰
明崇禎十五年（1642）采隱山居刻增定漢魏六朝別解本
行款字數同前。《中國古籍善本書目》著録，僅該館藏全。另中山大學藏有該叢書殘本，不知含此種否。
科院

40556
庾子山文抄一卷
北周江陵庾信撰
明末刻八代文鈔本
是刻半葉九行，行二十字，白口，左右雙邊，《中國古籍善本書目》著録。
北大　人大　中國社科院文學所　故宫　天津　山東　鎮江博　湖北博

40557
庾子山文抄
北周江陵庾信撰
清刻殘編斷簡本
國圖

40558
庾信詩賦選
北周江陵庾信撰　譚正璧等選注
1958年古典文學出版社鉛印本

40559
庾信選集
北周江陵庾信撰　舒寶璋選注
1983年中州書畫社鉛印本

40560
庾開府哀江南賦注一卷
北周江陵庾信撰　清徐樹穀、徐炯箋注
清康熙二十一年（1682）刻本
國圖

40561
庾開府哀江南賦箋注一卷
北周江陵庾信撰　清徐樹穀、徐炯箋註
清乾隆二十三年（1758）梅村書屋刻本
是刻半葉九行，行十八字，小字雙行行二十三字，細黑口，左右雙邊。《中國古籍善本書目》著録。
武漢

40562
哀江南賦註一卷
北周江陵庾信撰　清徐樹穀、徐炯箋註
清道光吴江沈氏世楷堂刻昭代叢書·丁集新編本
國圖　科院　北大　上海　復旦　天津　遼寧　甘肅　南京　浙江　武漢　四川

40563
哀江南賦注釋一卷
北周江陵庾信撰　民國王闓運註釋
稿本
《中國古籍善本書目》著録。
南京

40564

哀江南賦注釋一卷

北周江陵庾信撰　民國王闓運注釋

2002年上海古籍出版社據稿本影印續修四庫全書本

湖北

唐五代别集之屬

40565

刻梅太史評釋駱賓王文抄神駒四卷

唐駱賓王撰　明麻城梅之煥評釋

明萬曆三十五年（1607）劉大易閩書林刻本

是刻半葉十行，行二十字，白口，四周單邊。《中國古籍善本書目》著録。

北師大　南京　上虞　武漢

40566

杜審言詩集一卷

唐襄陽杜審言撰

宋刻本

是刻半葉十行，行十八字，白口，左右單邊。《中國古籍善本書目》著録，僅該館有藏。

國圖

40567

杜審言詩集一卷

唐襄陽杜審言撰

明嘉靖十九年（1540）刻唐百家詩本

是刻半葉十行，行十八字，白口，左右雙邊，間有四周單邊。《中國古籍善本書目》著録。國圖、首都、北師大、山東、天一閣、廈門、重慶、杜甫草堂等館藏該叢編殘帙，未知存此種否。南京館藏有兩部《唐百家詩》，分别有清丁丙跋、清沈之麟校並跋。

北大　上海　東北師大　西北大　南京　四川

40568

杜審言集一卷

唐襄陽杜審言撰

明萬曆十二年（1584）刻唐十二家詩本

是刻半葉九行，行二十字，白口，四周單邊。《中國古籍善本書目》著録，北師大、中大藏有該叢編殘帙，未知存此種否。《中國古籍總目·集部》作《唐十二名家詩》本。

國圖　首都　北大　清華　群衆　上海　天津師大　遼大　陝西師大　山東　重慶

40569

杜審言集二卷

唐襄陽杜審言撰

明刻唐八家詩本

國圖

40570

杜審言集一卷

唐襄陽杜審言撰

明刻唐五十家集本

重慶

40571

杜審言集二卷

唐襄陽杜審言撰

明嘉靖三十一年（1552）黄埻刻十二家唐詩本

是刻半葉九行，行十九字，白口，四周單邊，版心上鐫“東壁圖書府”。《中國古籍善本書目》著録，另有中醫科學院、上海辭書、浙江、天一閣、湖南師大、四川等館藏有該叢編殘帙，未知存此種否。

國圖　人大　中央民大　科院　北京文物局　上海　山西文物局　吉大　貴州大

40572

杜審言集二卷

唐襄陽杜審言撰

明嘉靖刻唐十家集本

臺北故宫

40573

杜審言集二卷

唐襄陽杜審言撰

明刻唐十二家詩本

是刻半葉十行,行十八字,白口,左右雙邊。《中國古籍善本書目》著録。國圖、中國社科院文學所、天津、遼寧、浙江館藏有該叢編殘帙,未知存此種否。

北大　吉林　山東　温州

40574

杜審言集二卷

唐襄陽杜審言撰

明萬曆三十一年(1603)霏玉軒刻前唐十二家詩本

是刻半葉九行,行十九字,白口,左右雙邊。《中國古籍善本書目》著録。國圖藏此叢編三部,分别有清翁同龢跋、傅增湘校並録清黄丕烈題識和鄭振鐸跋。

國圖　北大　北師大　上海　復旦　華東師大　天津師大　吉大　湖南　重慶　雲南　香港中大

40575

杜審言集二卷

唐襄陽杜審言撰

明鄭能瑯嬛齋刻前唐十二家詩本

是刻半葉九行,行十九字,白口,四周單邊。《中國古籍善本書目》著録。國圖藏有該叢編殘帙,未知存此種否。

中國社科院文學所　上海辭書　遼寧　西北大　南京　浙江

40576

杜審言集二卷

唐襄陽杜審言撰

明銅活字印唐人集本

是刻半葉九行,行十七字,細黑口,左右雙邊。《中國古籍善本書目》著録。另外,天一閣、杭大藏有該叢編殘帙,未知存此種否。

國圖

40577

杜審言集二卷

唐襄陽杜審言撰

1981年上海古籍出版社影印明銅活字印唐人集本

國圖

40578

杜審言集二卷

唐襄陽杜審言撰

明刻本

國圖

40579

杜審言集二卷

唐襄陽杜審言撰

民國二十二年(1933)上海民智書局鉛印唐宋三大詩宗集本

北師大　上海　復旦　華東師大　上海辭書

40580

杜審言集三卷

唐襄陽杜審言撰

明嘉靖七年(1528)商任刻本

臺圖

40581

杜審言詩注

唐襄陽杜審言撰　徐定祥注

1982年上海古籍出版社鉛印本

40582
李北海集六卷
唐江夏李邕撰
附録一卷
明崇禎十三年(1640)曹佺刻本　清丁丙跋
是刻半葉九行,行十八字,白口,左右雙邊。《中國古籍善本書目》著録,僅南京圖書館有藏。此爲李集現存最早之單刻本。

40583
李北海集六卷
唐江夏李邕撰
清道光二十八年(1848)涇縣潘氏袁江節署刻同治五年(1866)新建吴坤修皖江印乾坤正氣集本
《中國叢書綜録》著録二十五館有藏。此版還有光緒元年(1875)、七年(1881)、十八年(1892)印本。
國圖　上海　復旦　天津　南京　湖北

40584
李北海集六卷附録一卷
唐江夏李邕撰
清四庫全書本
國圖　甘肅　浙江　臺北故宫
1983年臺北商務印書館影印清文淵閣四庫全書本
湖北
1989年上海古籍出版社縮印臺北商務印書館影印清文淵閣四庫全書本
國圖　武漢

40585
李北海集五卷
唐江夏李邕撰
民國十二年(1923)沔陽盧氏慎始基齋據全唐文本影印湖北先正遺書本
國圖　科院　北大　上海　天津　遼寧　寧夏　山東　南京　浙江　湖北　四川

40586
孟浩然詩集三卷
唐襄陽孟浩然撰
宋刻本　清黄丕烈跋
是刻半葉十二行,行二十一字,白口,左右雙邊。《中國古籍善本書目》著録,僅該館有藏。
國圖

40587
孟浩然詩集三卷
唐襄陽孟浩然撰
民國二十四年(1935)武進陶氏影印清黄氏士禮居原藏宋刻本
國圖

40588
孟浩然詩集三卷
唐襄陽孟浩然撰
1982年上海古籍出版社影印北京圖書館藏宋蜀刻本　又1994年影印本
河南

40589
孟浩然詩集
唐襄陽孟浩然撰
2003年上海古籍出版社據宋蜀刻本校刊書韻樓叢刊本

40590
孟浩然詩集三卷
唐襄陽孟浩然撰
明嘉靖十九年(1540)刻唐百家詩本
是刻半葉十行,行十八字,白口,左右雙邊(間有四周單邊)。《中國古籍善本書目》著録。國圖、首都、北師大、山東、廈門、重慶、杜甫草堂等館藏該叢編殘帙,未知存此種否。

北大　上海　東北師大　西北大　四川

40591

孟襄陽集三卷

唐襄陽孟浩然撰

明崇禎毛氏汲古閣刻五唐人詩集本

是刻半葉九行，行十九字，白口，左右雙邊。無魚尾，版心下刻“汲古閣”。《中國古籍善本書目》著録。

國圖　中國社會科學院　上海　天津　山西文物局　遼寧　哈佛燕京

40592

孟襄陽集三卷

唐襄陽孟浩然撰

民國上海醫學書局影印明毛氏汲古閣刻五唐人詩集本

重慶館藏有該叢編殘帙，未知存此種否。

首都　上海　華東師大　吉大

40593

孟襄陽集三卷

唐襄陽孟浩然撰

民國十三年（1924）上海東雅書局影印明汲古閣刻五唐人詩集本

國圖

40594

孟襄陽集三卷

唐襄陽孟浩然撰

民國十五年（1926）上海涵芬樓影印明毛氏汲古閣刻五唐人詩集本

首都　中央民大　上海　復旦　華東師大　山東大　福建師大　桂林

40595

孟襄陽集三卷

唐襄陽孟浩然撰

明銅活字印唐人集本

是刻半葉九行，行十七字，細黑口，左右雙邊。《中國古籍善本書目》著録。天一閣、杭大藏有該叢編殘帙，未知存此種否。

國圖

40596

孟襄陽集三卷

唐襄陽孟浩然撰

明銅活字印唐人集本　傅增湘跋

是刻半葉九行，行十七字，細黑口，左右雙邊。《中國古籍善本書目》著録，僅該館有藏。

國圖

40597

孟襄陽集三卷

唐襄陽孟浩然撰

1981年上海古籍出版社影印明銅活字印唐人集本

國圖

40598

孟襄陽集（一名孟浩然集）三卷

唐襄陽孟浩然撰

民國十二年（1923）沔陽盧氏慎始基齋據明銅活字印唐人集本影印湖北先正遺書本

國圖　科院　北大　上海　天津　遼寧　寧夏　山東　南京　浙江　湖北　四川

40599

孟襄陽集三卷

唐襄陽孟浩然撰　宋劉辰翁評

明刻本

是刻半葉八行，行十八字，白口，左右雙邊。《中國古籍善本書目》著録，僅該館有藏。

國圖

40600

須溪先生批點孟浩然集三卷

唐襄陽孟浩然撰　宋劉辰翁評點

明活字印本

是刻半葉九行,行十九字,白口,四周單邊。《中國古籍善本書目》著録,僅該館有藏。

上海

40601

孟浩然詩集三卷補遺一卷

唐襄陽孟浩然撰　宋劉辰翁評　明顧道洪參校

襄陽外編一卷拾遺一卷

明萬曆刻本

是刻半葉十行,行十八字,白口,四周單邊。《中國古籍善本書目》著録。

上海　重慶

40602

孟浩然詩集三卷補遺一卷

唐襄陽孟浩然撰　宋劉辰翁評點　明顧道洪參校

襄陽外編一卷拾遺一卷

明顧道洪輯

明萬曆刻本　清邵曰誠題款

《中國古籍善本書目》著録。

國圖

40603

孟浩然集四卷

唐襄陽孟浩然撰

明刻唐十二家詩本

是刻半葉十行,行十八字,白口,左右雙邊。《中國古籍善本書目》著録。另外,國圖、中國社科院文學所、遼寧、浙江四館藏有該叢編殘本,未知存此種否。華東師大所藏該叢編有清徐昂發批校。《中國古籍總目·集部》括注《唐十二家詩集》有"正德刻、嘉靖刻"似較《中國古籍善本書目》著録爲詳,惜未標著館藏單位名稱。

北大　華東師大　吉林　山東　温州

40604

孟浩然集四卷

唐襄陽孟浩然撰

明嘉靖屠倬等刻王孟集本

《中國古籍總目·集部》著録。藏書單位待訪。

40605

孟浩然集四卷

唐襄陽孟浩然撰

明嘉靖刻唐十大家集本

臺灣故宫

40606

孟浩然集四卷

唐襄陽孟浩然撰

明刻唐人小集本

是刻半葉十行,行十八字至二十字不等,白口,左右雙邊。《中國古籍總目》著録,僅該館有藏。

上海

40607

孟浩然集四卷

唐襄陽孟浩然撰

明刻本

是刻半葉十行,行十八字,白口,左右雙邊。《中國古籍總目》著録。

國圖　科院　群衆　上海　吉林　山東

40608

孟浩然集四卷

唐襄陽孟浩然撰

明刻本　清丁丙跋

《中國古籍善本書目》著録。

南京

40609

孟浩然集四卷

唐襄陽孟浩然撰

明刻本　清印川校　清佚名校並録宋劉辰翁評　葉景葵跋

《中國古籍總目》著録。

上海

40610
孟浩然集四卷
唐襄陽孟浩然撰
明刻本　傅增湘校並跋
《中國古籍總目》著録。
國圖

40611
孟浩然集四卷
唐襄陽孟浩然撰
明刻本　葉景葵校
《中國古籍總目》著録。
上海

40612
孟浩然集四卷
唐襄陽孟浩然撰
清四庫全書本
國圖　甘肅　浙江　臺北故宫
1983 年臺北商務印書館影印清文淵閣四庫全書本
湖北
1989 年上海古籍出版社縮印臺北商務印書館影印清文淵閣四庫全書本
國圖　武漢

40613
孟浩然集四卷
唐襄陽孟浩然撰
清光緒上海同文書局石印唐人合集本
《中國古籍總目》《中國叢書綜録續編》著録。藏書單位待訪。

40614
孟浩然集四卷
唐襄陽孟浩然撰
清光緒十年（1884）上海同文書局石印唐四家詩集本
《中國古籍總目·集部》和陽海清《中國叢書廣録》著録。藏書單位待訪。

40615
孟浩然集四卷
唐襄陽孟浩然撰
清抄本
國圖

40616
孟浩然集四卷
唐襄陽孟浩然撰
民國八年（1919）上海商務印書館初次據明刻本影印四部叢刊本
國圖　科院　北大　上海　復旦　天津　遼寧　南京　浙江　湖北　武大　四川　重慶　雲南

40617
孟浩然集四卷
唐襄陽孟浩然撰
民國十八年（1929）上海商務印書館二次據明刻本影印四部叢刊本
國圖　上海　復旦　天津　吉大　南京　浙江　江西　桂林　四川　重慶　雲南

40618
孟浩然集四卷
唐襄陽孟浩然撰
民國二十五年（1936）上海商務印書館縮印四部叢刊本
國圖　首都　北師大　華東師大　上海師大　甘肅　南京　南大　江西　湖北　桂林　雲南

40619
孟浩然集四卷
唐襄陽孟浩然撰
民國二十五年（1936）上海中華書局鉛印四部備要本
國圖　首都　北大　上海　復旦　遼寧　天

津　甘肅　南京　浙江　江西　河南　湖北　四川　重慶

40620
孟浩然集四卷
唐襄陽孟浩然撰
民國二十五年（1936）上海中華書局縮印四部備要本
北師大　上海　華東師大　上海師大　上海辭書　浙江　江西　湖北　廣西　四川

40621
孟襄陽詩四卷
唐襄陽孟浩然撰　明歐陽景編
明王吉脩、歐陽景刻唐四家詩本
是刻半葉九行，行十八字，白口，四周單邊。《中國古籍善本書目》著録，僅該館有藏。
國圖

40622
孟浩然詩集一卷
唐襄陽孟浩然撰
明萬曆十二年（1584）刻唐十二家詩本
是刻半葉九行，行二十字，白口，四周單邊。《中國古籍善本書目》著録。
國圖　首都　北大　清華　群衆　上海　天津師大　遼大　陝西師大　山東　重慶

40623
孟襄陽詩抄一卷
唐襄陽孟浩然撰　清陳明善選
清刻唐六家詩抄本
上海

40624
孟襄陽集一卷
唐襄陽孟浩然撰
清抄古詩選本
國圖

40625
孟浩然集二卷
唐襄陽孟浩然撰
明嘉靖三十一年（1552）黄埻刻十二家唐詩本
是刻半葉九行，行十九字，白口，四周單邊。版心上鐫“東壁圖書府”五字。《中國古籍善本書目》著録。此外，中醫、上海辭書、浙江、天一閣、湖南師大、四川六館藏該叢編殘帙，未知存此種否。南京、上海兩館所藏該叢編分别有清丁丙跋、王同愈跋。
國圖　人大　中央民大　科院　北京文物局　上海　山西文物局　吉大　貴州大

40626
孟浩然集二卷
唐襄陽孟浩然撰
明萬曆三十一年（1603）霏玉軒刻前唐十二家詩本
是刻半葉九行，行十九字，白口，左右雙邊。《中國古籍善本書目》著録。另，國圖有該叢編三個批校題識本，即清翁同龢跋、傅增湘校並録清黄丕烈題識和鄭振鐸跋。
北大　北師大　上海　復旦　華東師大　天津師大　吉大　湖南　重慶　雲南

40627
孟浩然集二卷
唐襄陽孟浩然撰
明萬曆三十一年（1603）霏玉軒刻前唐十二家詩本　清袁芳瑛批校
《中國古籍善本書目》著録。批校者《中國古籍總目》題作“袁芳琰”。
上海

40628
孟浩然集二卷
唐襄陽孟浩然撰
明鄭能瑯嬛齋刻前唐十二家詩本

是刻半葉九行,行十九字,白口,四周單邊。《中國古籍善本書目》著録。國圖藏此叢編殘帙,未知存此種否。

中國社科院文學所　上海辭書　遼寧　西北大　南京　浙江

40629

孟浩然集二卷

唐襄陽孟浩然撰　宋劉辰翁、明李夢陽評

明凌濛初刻朱墨套印本

是刻半葉八行,行十九字,白口,左右雙邊。兹集本天寶四年王士源所編。士源稱其收詩凡218首,此本乃有263首,洪邁《容齋隨筆》嘗疑其爲孟郊詩,其時代不相及。今《長安早春》一首,本張子春作;《薊門看燈》一首,亦非浩然足蹟所至,蓋其竄入者多矣!

東北師大

40630

孟浩然詩集二卷

唐襄陽孟浩然撰　宋劉辰翁、明李夢陽評

明凌濛初刻朱墨套印本　清丁丙跋

《中國古籍善本書目》著録。

南京

40631

孟浩然集二卷

唐襄陽孟浩然撰　宋劉辰翁評

清光緒五年(1879)巴陵方氏碧琳琅館刻朱墨套印王孟詩評本

國圖　北師大　上海　復旦　山東大　廣東　重慶　川大

40632

孟浩然集二卷

唐襄陽孟浩然撰

清光緒十年(1884)遂寧書局刻本

北師大

40633

孟浩然集二卷

唐襄陽孟浩然撰

清抄本　佚名批校

杜甫草堂

40634

孟襄陽集二卷

唐襄陽孟浩然撰　宋劉辰翁批點　明公安袁宏道評

明刻韋孟全集本

是刻半葉九行,行十九字,白口,四周單邊。《中國古籍善本書目》著録。

復旦　浙江　湖北 ×　湖南

40635

孟襄陽集二卷

唐襄陽孟浩然撰

清同治九年(1870)胡氏退補齋刻唐四家詩集本

上海　華東師大　遼寧　吉林市　山東　山東大　南京　杭大　武大　四川　重慶

40636

孟襄陽集二卷末一卷

唐襄陽孟浩然撰　日本近藤元粹輯評

日本明治三十五年(1902)青木嵩山堂鉛印王孟詩本

《中國館藏和刻本漢籍書目》著録。

國圖　青海

40637

孟襄陽詩集二卷

唐襄陽孟浩然撰

清康熙三十四年(1695)汪立名刻唐四家詩本

是刻半葉十行,行十九字,黑口,左右雙邊,

《中國古籍善本書目》著録。另該叢編(《唐四家詩》)有七個批校題跋本:天津師大藏本有清張進批校並跋,南開藏本有王鳴盛批校並跋,上海館藏本有清王慶麟批,四川館藏本有清鄭珍批,復旦藏本有清黄二梧批校,上海館另一藏本有張鳴珂批校,國家館藏本有傅增湘校並跋。

北大　清華　上海　遼寧　齊齊哈爾　吴江　平湖　安徽大　廈門　福建師大　廈大　湖北　襄陽　湖北博　湖南　中大

40638

孟襄陽詩集二卷

唐襄陽孟浩然撰

清光緒湖北崇文書局刻唐四家詩本

上海　山東大　湖北　香港中大

40639

孟襄陽詩集二卷

唐襄陽孟浩然撰

清寫刻本

河南

40640

孟襄陽詩抄一卷

唐襄陽孟浩然撰

清乾隆刻唐八家詩鈔本

《中國古籍總目·集部》著録。藏書單位待訪。

40641

孟襄陽詩抄一卷

唐襄陽孟浩然撰

清光緒刻歷朝二十五家詩録本

《中國古籍總目·集部》著録。藏書單位待訪。

40642

孟浩然詩抄一卷

唐襄陽孟浩然撰

清刻唐六家詩抄本

《中國古籍總目·集部》著録。藏書單位待訪。

40643

孟浩然詩集不分卷

唐襄陽孟浩然撰　日本□洵美訓點

日本元文四年(1739)京都志長軒刻本

上海

40644

孟浩然詩集二卷附詩話一卷

唐襄陽孟浩然撰　日本近藤元粹評訂

日本明治四十一年(1908)青木嵩山唐刻本

上海　上海師大　湖北

40645

孟浩然集不分卷

唐襄陽孟浩然撰　清泠然閣主校

清抄本

湖北

40646

孟浩然集

唐襄陽孟浩然撰

1954年文學古籍刊行社印本

40647

孟浩然詩集校注

唐襄陽孟浩然撰　李景白校注

1988年巴蜀書社鉛印本

本書以《四部叢刊》影印明刊本爲底本,參校宋蜀刻本,明活字本、汲古閣本、藻瀚齋本及清碧琳瑯館諸本,校注合一,先校後注,酌采前説,鈎稽辨僞。附録"歷代評論"及《孟浩然傳記》。

湖北

40648

孟浩然集校注

唐襄陽孟浩然撰　徐鵬校注

1989年人民文學出版社鉛印新注古代文

學名家集叢書本

本書以《四部叢刊》影印明刻四卷本爲底本,參校宋明所刻别本。底本與别本重要異文,均出校記。注釋則要而不煩。

湖北

40649
孟浩然詩集箋注
唐襄陽孟浩然撰　曹永東箋注
1990年天津古籍出版社鉛印本

以宋蜀刻本爲底本,參校他本,結合詩意作了注釋和説明。

湖北

40650
孟浩然詩集箋注
唐襄陽孟浩然撰　佟培基箋注
2000上海古籍出版社鉛印中國古典文學叢書本

40651
孟浩然集注
唐襄陽孟浩然撰　趙桂藩注
1991年旅遊教育出版社鉛印本

40652
孟浩然詩集評注
唐襄陽孟浩然撰　李懷福、李延夫主編
1991年長江文藝出版社鉛印本

40653
孟浩然詩選
唐襄陽孟浩然撰　陳貽焮選注
1983年人民文學出版社鉛印本

選詩五十八首,注文詳而不繁,解題言簡意賅。附有長篇《後記》,評述詩人生平創作。

湖北

40654
孟浩然詩選譯
唐襄陽孟浩然撰　鄧安生、孫佩君譯
1991年巴蜀書社鉛印古代文史名著選譯叢書本

40655
王維孟浩然[詩]選
唐王維、唐襄陽孟浩然撰　王達津選注
1990年上海古籍出版社鉛印中國古典文學名家選集本

40656
王維孟浩然詩精選精注
唐王維、唐襄陽孟浩然撰　胡先遂注
1996年廣西師範大學出版社鉛印本

40657
孟浩然韋應物詩選
唐襄陽孟浩然、韋應物撰　李小松選注
1985年廣東人民出版社鉛印本

選孟氏詩七十首、韋氏詩五十九首。

湖北

40658
李翰林詩范德機批選四卷
唐李白撰　元清江(今恩施)范梈批點　明鄭鄤輯
明嘉靖鄭鄤刻本

是刻半葉十行,行十六字,白口,四周單邊。《中國古籍善本書目》著録。李白"酒隱安陸"十年,以其於安陸寫成之著作未單獨結集,故本書不收。

華東師大　重慶

40659
杜工部詩千家註六卷
唐杜甫撰　元清江(今恩施)范梈批點

元刻本
存三卷:三至五

是刻半葉十二行,行二十字,小字雙行二十六字,白口,左右雙邊,《中國古籍善本書目》著録,僅該館存此殘本。

杜甫祖籍湖北。依本書編例,僅收録湖北籍人研究杜甫之著作,而不收杜甫之原著。

天一閣[×]

40660
杜工部詩范德機批選六卷
唐杜甫撰　元清江(今恩施)范梈批點　元鄭鼐編
元刻本

臺圖著録"元鄭鼐編",而《中國古籍善本書目》則以鄭氏爲明人。若鄭氏確爲明嘉靖間人,則此並非元刻。

臺圖

40661
批選杜工部詩四卷
唐杜甫撰　明京山郝敬批選
明萬曆崇禎間郝洪範刻山草堂集本

《中國古籍善本書目》著録。

科院

40662
杜律一卷
唐杜甫撰　明江夏郭正域選評
明閔齊伋刻三色套印韓文杜律本

《中國古籍總目·集部》作"杜子美七言律不分卷"。

湖北

40663
杜詩增注二十卷
清孝昌夏力恕撰
清乾隆十四年(1749)刻本

《販書偶記續編》著録。藏書單位待訪。

40664
杜文貞詩增注二十卷末一卷
唐杜甫撰　清孝感夏力恕注
清乾隆刻本

疑與前一款目爲同版。

國圖

40665
杜詩選評一卷
唐杜甫撰　清監利王柏心評
民國武昌徐氏臧棱菴抄本　徐恕校

湖北

40666
賞音閣杜詩問津□卷
唐杜甫撰　清漢陽龔書宸評並注
清抄本

《漢陽志》作《杜詩問津》,亦未著卷數,謂其"酷好杜詩,著有《杜詩問津》,能於拂水、德水外,别俱一解"。今僅知存此抄本。

河南

40667
韓文一卷
唐韓愈撰　明江夏郭正域選評
明萬曆四十五年(1617)閔齊伋刻韓文杜律本

湖北

40668
岑嘉州詩八卷
唐江陵岑參撰
宋刻本
存四卷:一至四

是刻半葉十行,行十八字,白口,左右雙邊。《中國古籍善本書目》著録,僅國家圖書館有藏。

岑參,文本後人,登天寶進士。肅宗時,由杜甫薦爲左補闕,後出爲嘉州刺史,故世稱岑嘉州。後退居杜陵山中,客死於蜀。善屬文,其詩風調尤高,傳本有二十多個版本。

國圖 ×

40669

岑嘉州詩八卷

唐江陵岑參撰

明正德十五年(1520)謝元良刻本

是刻半葉十行,行二十字,白口,四周單邊。《中國古籍善本書目》著録。僅此二館有藏。

國圖　湖南師大

40670

岑嘉州詩八卷

唐江陵岑參撰

2002年上海古籍出版社據明正德十五年(1520)謝元良刻本影印續修四庫全書本

湖北

40671

岑嘉州詩八卷

唐江陵岑參撰

明抄本　清黄丕烈跋

是刻半葉十行,行二十字,白口,四周雙邊。《中國古籍善本書目》著録。

國圖

40672

岑嘉州集八卷

唐江陵岑參撰

明刻唐十二家詩四十九卷本

是刻半葉十行,行十八字,白口,左右雙邊。《中國古籍善本書目》著録。另國圖、中國社科院文學所、天津、遼寧、浙江藏該叢編殘本,未知存此種否。《中國古籍總目·集部》作"正德刻"。

北大　吉林　山東　温州　華東師大

40673

岑嘉州集八卷

唐江陵岑參撰

明嘉靖刻唐十大家集本

臺北故宫

40674

岑嘉州集八卷

唐江陵岑參撰

明嘉靖刻唐六家集本

《中國古籍善本書目》著録,僅國家圖書館有藏。

國圖

40675

岑嘉州集八卷

唐江陵岑參撰

明刻本

是刻半葉十行,行十八字,白口,左右雙邊。《中國古籍善本書目》著録。

北大　上海　華東師大　山東　南大　浙江　重慶

40676

岑嘉州集八卷

唐江陵岑參撰

明刻本　吴慈培校並補目　周叔弢校並跋

是刻半葉十行,行十八字,白口,左右雙邊。《中國古籍善本書目》著録。

國圖

40677

岑嘉州集八卷

唐江陵岑參撰

明刻本[卷七至八配清抄本]　清徐論抄補並跋

是刻半葉十行,行十八字,白口,左右雙邊。《中國古籍善本書目》著録。

華東師大

40678
岑嘉州集八卷
唐江陵岑參撰
明刻本　葉景葵校
是刻半葉十行,行十八字,白口,左右雙邊。《中國古籍善本書目》著録。
上海

40679
岑嘉州集八卷
唐江陵岑參撰
明銅活字印唐人集本
是刻半葉九行,行十七字,細黑口,左右雙邊。《中國古籍善本書目》著録。
國圖　天一閣　杭大

40680
岑嘉州集八卷
唐江陵岑參撰
1981年上海古籍出版社影印明銅活字印唐人集本
國圖

40681
岑嘉州集八卷
唐江陵岑參撰
明刻唐十二家詩本
是刻半葉十行,行十八字,白口,左右雙邊。《中國古籍善本書目》著録。
北大　吉林　山東　温州

40682
岑嘉州集八卷
唐江陵岑參撰
明刻唐十二家詩本　清徐昂發批校
《中國古籍善本書目》著録。
華東師大

40683
岑嘉州集八卷
唐江陵岑參撰　日本淀上菊隱叟訓點
日本寬寶元年(1741)水玉堂刻本
杭大

40684
岑嘉州集八卷
唐江陵岑參撰
宛委别藏稿本
《中國叢書綜録》著録。
臺北故宫

40685
岑嘉州集八卷
唐江陵岑參撰
民國二十四年(1935)上海商務印書館影印選印宛委别藏本
國圖　科院　北大　上海　復旦　天津　遼寧　甘肅　南京　浙江　湖北　武大　四川　重慶　雲南

40686
岑嘉州詩七卷
唐江陵岑參撰
明正德十五年(1520)熊相、高嶼刻本
是刻半葉十行,行十七字,白口,四周單邊。《中國古籍善本書目》著録。
國圖　南京

40687
岑嘉州詩七卷
唐江陵岑參撰
明正德十五年(1520)熊相、高嶼刻本　清陳墫跋
《中國古籍善本書目》著録。
上海

40688

岑嘉州詩七卷

唐江陵岑參撰

明正德十五年(1520)熊相、高嶼刻本　清王振聲校並跋

《中國古籍善本書目》著録。

國圖

40689

岑嘉州詩七卷

唐江陵岑參撰

明正德十五年(1520)熊相、高嶼刻本　傅增湘跋

《中國古籍善本書目》著録。

山西文物局

40690

岑嘉州詩七卷

唐江陵岑參撰

明刻本

《中國古籍善本書目》著録。

北大　上海

40691

岑嘉州詩七卷

唐江陵岑參撰

清初抄本　清席鑑校

《中國古籍善本書目》著録。

上海

40692

岑嘉州詩四卷

唐江陵岑參撰

民國八年(1919)上海商務印書館初次影印四部叢刊本

國圖　科院　北大　上海　復旦　遼寧　甘肅　南京　湖北　武大　四川　重慶

40693

岑嘉州詩七卷

唐江陵岑參撰

民國十八年(1929)上海商務印書館二次影印四部叢刊本

國圖　上海　復旦　天津　吉大　南京　浙江　湖北　江西　雲南

40694

岑嘉州詩七卷

唐江陵岑參撰

民國二十五年(1936)上海商務印書館縮印四部叢刊本

國圖　科院　北大　華東師大　甘肅　南京　南大　湖北　江西　雲南

40695

岑嘉州詩四卷

唐江陵岑參撰

明正德十五年(1520)沈恩刻本

是刻半葉十一行,行二十字,黑口,四周單邊。《中國古籍善本書目》著録,僅國家圖書館有藏。

國圖

40696

岑嘉州集二卷

唐江陵岑參撰

明嘉靖三十一年(1552)黄埻刻十二家唐詩本

是刻半葉九行,行十九字,白口,四周單邊。版心上鐫"東壁圖書府"。《中國古籍善本書目》著録。

國圖　人大　中央民大　科院　北京文物局　上海　山西文物局　吉大　貴州大

40697

岑參集二卷

唐江陵岑參撰

明萬曆三十一年(1603)霏玉軒刻前唐十二家詩本

是刻半葉九行,行十九字,白口,左右雙邊。《中國古籍善本書目》著録。又國圖還藏有三部《前唐十二家詩》批校題跋本,分别爲清翁同龢跋、傅增湘校並録清黄丕烈題識、鄭振鐸跋。

北大　北師大　上海　復旦　華東師大　天津師大　吉大　湖南　重慶　雲南　香港中大

40698

岑嘉州集二卷

唐江陵岑參撰

清遲雲樓抄本

上海

40699

岑參集一卷

唐江陵岑參撰

明萬曆十二年(1584)刻唐十二家詩本

是刻半葉九行,行二十字,白口,四周單邊。《中國古籍善本書目》著録。

國圖　首都　北大　清華　群衆　上海　天津師大　遼大　陝西師大　山東　重慶

40700

岑參集一卷

唐江陵岑參撰

明萬曆十二年(1584)刻唐十二家詩十二卷本

是刻半葉九行,行二十字,白口,四周單邊。《中國古籍善本書目》著録。《中國古籍總目·集部》作《唐十二名家詩》。

國圖　首都　北大　清華　群衆　上海　天津師大　遼寧　陝西師大　山東　重慶

40701

岑參集一卷

唐江陵岑參撰

明李本芳刻本

北大

40702

岑參集一卷

唐江陵岑參撰

清抄古詩選本

國圖

40703

岑嘉州詩鈔一卷

唐江陵岑參撰

清抄本

國圖

40704

岑參集校注五卷

唐江陵岑參撰　陳鐵民、侯忠義校注

1981年上海古籍出版社鉛印中國古典文學叢書本

是書以《四部叢刊》七卷本爲底本,參校宋刊殘本、明抄八卷本、敦煌唐寫殘卷、《全唐詩》本、《唐人選唐詩》本,改編爲五卷。共收詩403首,賦、文各1篇,銘2首,是迄今收羅最爲完備者。附録唐杜確《岑嘉州詩集序》《岑參年譜》《岑嘉州詩版本源流考》。

湖北

40705

岑參集編年箋證

唐江陵岑參撰　劉開揚箋證

1995年巴蜀書社鉛印本

40706

岑參詩選

唐江陵岑參撰　劉開揚箋證

1986年四川文藝出版社鉛印本

40707

岑參詩選注

唐高適、唐江陵岑參撰　涂元渠選注

1983年上海古籍出版社鉛印中國古典文學作品選讀本

40708
高適岑參詩選
唐高適、唐江陵岑參撰　孫欽善選注
1985年人民文學出版社鉛印本　又1997年鉛印本

40709
高適岑參詩選譯
唐高適、唐江陵岑參撰　謝楚發譯注
1992年巴蜀書社鉛印本

40710
劉孝孫詩一卷
唐江陵劉孝孫撰
清康熙野香堂刻唐代劉氏詩集本
是刻半葉九行，行十九字，白口，左右雙邊，《中國古籍善本書目》著録，僅該館有藏。
上海師大

40711
韋蘇州集十卷拾遺一卷
唐韋應物撰　宋劉辰翁、明高棅、顧璘、楊慎、景陵（今天門）鍾惺、譚元春等評
明凌濛初刻朱墨套印本
是刻半葉八行，行十八字，白口，四周單邊，眉上鐫評。《中國古籍善本書目》著録二十一館有藏。
國圖　人大　故宫　上海　天津　遼寧　南京　浙江　河南　湖南

40712
韋蘇州集五卷
唐韋應物撰　宋劉辰翁批點　明公安袁宏道參評
明刻韋孟全集本
是刻半葉九行，行十九字，白口，四周單邊。《中國古籍善本書目》著録。
國圖　復旦　浙江　湖北　湖南

40713
戎昱詩集一卷
唐荆南（今江陵）戎昱撰
明抄唐四十四家詩本
《唐才子傳》云："昱詩在盛唐格氣稍劣，中間有絶似晚作，然風流綺麗，不虧政化。當時賞音，宣傳翰苑，固不誣矣。"是刻半葉十行，行二十字，白口，四周雙邊，無行格。《中國古籍善本書目》著録。
國圖

40714
戎昱詩集一卷
唐荆南（今江陵）戎昱撰
明抄唐四十七家詩本
是抄半葉九行，行十七字，或半葉十行，行十八字，無格。《中國古籍善本書目》著録。
國圖

40715
戎昱詩集一卷
唐荆南（今江陵）戎昱撰
明嘉靖十九年（1540）刻唐百家詩本
是刻半葉十行，行十八字，白口，左右雙邊，間有四周單邊。《中國古籍善本書目》著録。
北大　上海　華東師大　西北大　四川

40716
戎昱詩集一卷
唐荆南（今江陵）戎昱撰
明刻唐人詩本
《中國古籍總目·集部》著録。藏書單位待訪。

40717
戎昱詩集一卷
唐荆南（今江陵）戎昱撰

清康熙野香堂刻十三人唐詩本

是刻半葉九行,行十九字,白口,左右雙邊。《中國古籍善本書目》著録。

國圖　上海辭書　山東大　鎮江

40718

戎昱詩集一卷

唐荆南(今江陵)戎昱撰

清光緒二十一年(1895)元和江氏靈鶼閣據南宋陳道人本景刻唐人五十家小集本

《中國叢書綜録》著録。

國圖　清華　上海　復旦　天津　遼寧　陝西　南京　杭大　湖北　四川　重慶

40719

戎昱詩集一卷補遺一卷

唐荆南(今江陵)戎昱撰

清康熙席氏琴川書屋自刻唐詩百名家全集本

是刻半葉十行,行十八字,白口,左右雙邊。《中國古籍善本書目》著録。

北大　北京市文物局　天津師大　遼寧　吉林市　青海　中大　廣東社科院　四川　雲大

40720

戎昱詩集一卷補遺一卷

唐江陵戎昱撰

清光緒八年(1882)刻唐詩百名家全集本

北師大　中央民大　華東師大

40721

戎昱詩一卷

唐荆南(今江陵)戎昱撰

清康熙刻中晚唐詩本

是刻半葉九行,行十九字,或半葉十二行,行二十一字,白口,左右雙邊,版心下鐫"野香堂"或"貞隱堂""兩持堂"等字樣。

國圖　江西大

40722

張繼詩一卷

唐襄州(今襄陽)張繼撰

清康熙半畝園刻中晚唐唐詩紀本

《唐才子傳》云:"繼博覽有識,好談論,知治體,亦嘗領郡,有政聲。詩情爽激,多金玉音。"其詩集現存五個版本。

青海　中國社科院文學所　上海師大　天津　吉大　陝西師大　福建　湖北大　湖南師大　中大

40723

中唐張繼詩一卷

唐襄州(今襄陽)張繼撰

清康熙四十二年(1703)金閶寶翰樓刻中晚唐詩本

上海　復旦　山東大　河南

40724

張祠部詩集一卷

唐襄州(今襄陽)張繼撰

清初刻唐人十二家詩集本

《中國古籍總目·集部》著録。藏書單位待訪。

40725

張祠部詩集一卷

唐襄州(今襄陽)張繼撰

清康熙席氏琴川書屋自刻唐詩百名家全集本

是刻半葉十行,行十八字,白口,左右雙邊。《中國古籍善本書目》著録。

北大　北京市文物局　天津師大　遼寧　吉林市　青海　中大　廣東社科院　四川　雲大

40726

張祠部詩集一卷

唐襄州(今襄陽)張繼撰

清光緒八年(1882)刻唐詩百名家全集本

北師大　中央民大　華東師大

40727
朱放詩一卷
唐襄州（今襄陽）朱放撰
清康熙半畝園刻中晚唐唐詩紀本
《唐才子傳》云："其詩風度清越，神情蕭散。"
青海　中國社科院文學所　上海師大　天津　吉大　陝西師大　福建　湖北大　湖南師大　中大

40728
陸宣公集二十四卷
唐陸贄撰　明景陵（今天門）鍾惺、沈九如評
明末文萃堂刻本
是刻半葉九行，行二十五字，白口，四周單邊。《中國古籍善本書目》著録，僅該館有藏。
浙江

40729
陸宣公集二十四卷
唐陸贄撰　明景陵（今天門）鍾惺、沈九如評
明刻本
國圖

40730
摘抄陸宣公集二卷
唐陸贄撰　清蒲圻張學誠選録
清蒲圻張學誠手抄九種稿本
湖北

40731
劉棗强詩集二卷附録一卷
唐襄陽劉言史撰
清初抄本
劉言史詩有二卷本與一卷本，今知存抄本三、刻本四，似以此爲全。
北大

40732
劉棗强詩集二卷
唐襄陽劉言史撰
清嘉慶道光間帶經堂抄唐四家集本
《中國古籍總目·集部》著録。藏書單位待訪。

40733
劉棗强詩集二卷附録一卷
唐襄陽劉言史撰
清抄本
北大

40734
劉言史詩一卷
唐襄陽劉言史撰
清康熙野香堂刻十三唐人詩附八劉唐人詩本
是刻半葉九行，行十九字，白口，左右雙邊。《中國古籍善本書目》著録。《唐志》著録《歌詩》六卷，今僅存選本。
國圖　上海辭書　山東大　鎮江

40735
劉言史詩一卷
唐襄陽劉言史撰
清康熙野香堂刻緑蔭堂印十三唐人詩附八劉唐人詩本
《中國古籍善本書目》著録。
北大　清華　中國社科院文學所

40736
劉言史詩一卷
唐襄陽劉言史撰
清康熙野香堂刻寶翰樓印十三唐人詩附八劉唐人詩本
《中國古籍善本書目》著録。

上海

40737

劉言史詩一卷

唐襄陽劉言史撰

清康熙野香堂刻唐代劉氏詩集本

是刻半葉九行，行十九字，白口，左右雙邊。《中國古籍善本書目》著録。

上海師大

40738

劉言史詩一卷

唐襄陽劉言史撰

清康熙刻中晚唐詩本

是刻半葉九行，行十九字，或半葉十二行，行二十一字，白口，左右雙邊，版心下鐫“野香堂”“貞隱堂”或“兩持堂”。《中國古籍善本書目》著録。

國圖　江西大　湖北

40739

段柯古文鈔一卷

唐江陵段成式撰

明末刻八代文抄本

是刻半葉九行，行二十字，白口，左右雙邊。《中國古籍善本書目》著録。

北大　人大　中國社科院文學所　故宫　天津　山東　鎮江　湖北博

40740

段柯古集一卷

唐江陵段成式撰

清王楷編藝苑叢鈔稿本

《中國古籍善本書目》著録。

湖北

40741

段成式詩一卷

唐江陵段成式撰

清初抄百家唐詩本

陽海清《中國叢書廣録》著録。

國圖

40742

段成式詩一卷

唐江陵段成式撰

清康熙四十一年(1702)洞庭席氏琴川書屋刻唐詩百名家全集本

國圖　北大　上海　復旦　天津　遼寧　吉林市　山東　南京　安徽　湖北　四川　重慶

40743

段成式詩一卷

唐江陵段成式撰

清光緒八年(1882)刻唐詩百名家全集本

北師大　中央民大　華東師大

40744

唐劉蜕集六卷

唐荆南(今江陵)劉蜕撰

明天啓四年(1624)吴馡問青堂刻本

是刻半葉七行，行十六字，白口，四周單邊。《中國古籍善本書目》著録。其集明清有數刻，另有多個抄本。

蜕字復愚，荆南(今江陵，亦有謂其爲商州或桐廬，或長沙)人。唐代官員、文學家。《湖北歷史人物辭典·上編》收録，從之。大中四年進士，咸通中官中書舍人、左拾遺；以疏論權貴令狐滈恃寵納貨之罪，外謫爲華陰令。爲文奇詭，原有集，已佚，明人輯爲《文泉子集》。

國圖　上海　華東師大

40745

唐劉蜕集六卷

唐荆南(今江陵)劉蜕撰

明天啓四年(1624)吴馡問青堂刻本　清許乃普、裕庚批並跋

《中國古籍善本書目》著録。

上海

40746

唐劉蛻集六卷

唐荆南(今江陵)劉蛻撰

明天啓四年(1624)吴馡問青堂刻本　翁之繕跋

《中國古籍善本書目》著録。

上海

40747

唐劉蛻集六卷

唐荆南(今江陵)劉蛻撰

明天啓四年(1624)吴馡問青堂刻本　清夏緑堂批點

《中國古籍善本書目》著録。

復旦

40748

唐劉蛻集六卷

唐荆南(今江陵)劉蛻撰

明崇禎十六年(1643)黄燁然刻本

是刻半葉七行,行十六字,白口,四周單邊。

《中國古籍善本書目》著録。

中國社科院文學所　湖南師大　四川

40749

唐劉蛻集六卷

唐荆南(今江陵)劉蛻撰

清馮武抄本

《中國古籍善本書目》著録。

南京

40750

唐劉蛻集六卷

唐荆南(今江陵)劉蛻撰

清抄本

《中國古籍善本書目》著録。

國圖

40751

唐劉蛻集六卷

唐荆南(今江陵)劉蛻撰

清抄本

《中國古籍善本書目》著録。

蘇州

40752

唐劉蛻集六卷

唐荆南(今江陵)劉蛻撰

清環碧山房抄本　清汪繼培校

《中國古籍善本書目》著録。

國圖

40753

唐劉蛻集六卷

唐荆南(今江陵)劉蛻撰

民國八年(1919)上海商務印書館初次影印四部叢刊本

國圖　科院　上海　復旦　天津　遼寧　甘肅　南京　杭大　湖北　武大　四川　重慶

40754

唐劉蛻集六卷

唐荆南(今江陵)劉蛻撰

民國十八年(1929)上海商務印書館二次影印四部叢刊本

國圖　上海　復旦　華東師大　天津　吉大　南京　浙江　福建師大　桂林　江西　雲南

40755

唐劉蛻集六卷

唐荆南(今江陵)劉蛻撰

民國二十五年(1936)上海商務印書館縮印四部叢刊本

國圖　首都　北師大　上海　復旦　甘肅　南京　南大　江西　桂林　雲南

40756
唐劉蛻集六卷補遺一卷
唐荆南(今江陵)劉蛻撰
民國湖南叢書處刻湖南叢書本
國圖　北大　上海　湖北　武大　中央民大

40757
唐劉蛻文集六卷
唐荆南(今江陵)劉蛻撰
清抄本　清宫爾鐸跋
上海

40758
唐劉蛻集四卷
唐荆南(今江陵)劉蛻撰
明抄本
《中國古籍善本書目》著録。
齊齊哈爾

40759
唐劉蛻集五卷
唐荆南(今江陵)劉蛻撰
清陳氏晚晴軒抄唐人集本
《中國古籍善本書目》著録。
上海師大

40760
劉拾遺集一卷
唐荆南(今江陵)劉蛻撰
明崇禎十三年(1640)閔齋伋刻本
是刻半葉九行,行十八字,白口,左右雙邊。
《中國古籍善本書目》著録。
國圖　杭大

40761
劉拾遺集一卷
唐荆南(今江陵)劉蛻撰
抄本
南京

40762
劉蛻文抄一卷
唐荆南(今江陵)劉蛻撰
明末刻八代文鈔本
《中國古籍善本書目》著録。
北大　人大　中國社科院文學所　故宫　天津　山東　鎮江　湖北博

40763
文泉子集六卷
唐荆南(今江陵)劉蛻撰
清抄本
《中國古籍善本書目》著録。
山西文物局

40764
文泉子集六卷
唐荆南(今江陵)劉蛻撰
清道光蔣氏刻别下齋叢書本
《中國古籍善本書目》著録。
國圖　中央教研所　四川

40765
文泉子集六卷
唐荆南(今江陵)劉蛻撰
民國十二年(1923)上海商務印書館影印清道光蔣氏刻别下齋叢書本
國圖　北大　上海　復旦　天津　遼寧　甘肅　南京　浙江　湖北　四川　重慶

40766
文泉子集六卷
唐荆南(今江陵)劉蛻撰
民國武林竹簡齋影印清道光蔣氏刻别下齋叢書本
國圖　科院　北師大　天津　吉大　山東　南京　浙江　武大　川大　青海

40767

文泉子集六卷

唐荆南(今江陵)劉蜕撰

清道光二十九年(1849)蔣氏茹古精舍抄本

臺圖

40768

文泉子集六卷

唐荆南(今江陵)劉蜕撰

民國二十四年至二十六年(1935—1937)上海商務印書館鉛印叢書集成初編本

國圖　北師大　清華　上海　復旦　遼寧　甘肅　山東大　南大　浙江　湖北　四川　重慶

40769

文泉子集八卷

唐荆南(今江陵)劉蜕撰

清乾隆五十七年(1792)任兆麟抄本　清任兆麟校並跋

《中國古籍善本書目》著録。

吴江

40770

文泉子集一卷

唐荆南(今江陵)劉蜕撰

清四庫全書本

國圖　甘肅　浙江　臺北故宫

1983年臺北商務印書館影印清文淵閣四庫全書本

湖北

1989年上海古籍出版社縮印臺北商務印書館影印清文淵閣四庫全書本

國圖　武漢

40771

文泉子集一卷

唐荆南(今江陵)劉蜕撰

清光緒孔氏嶽雪樓影抄文瀾閣四庫全書本

廣東

40772

文泉子集一卷

唐荆南(今江陵)劉蜕撰

清抄本

國圖

40773

文泉子集一卷

唐荆南(今江陵)劉蜕撰

清抄本

北大

40774

文泉子集

唐荆南(今江陵)劉蜕撰　明歸有光輯評

明天啓六年(1626)序刻本

《中國古籍善本書目》著録。

國圖　北大　北師大　清華　上海辭書　天津　南京　安徽　浙江　重慶　川大　中央民大

40775

許用晦文集二卷遺篇一卷拾遺一卷

唐安陸許渾撰

宋刻本

是刻半葉十二行,行二十一字,白口,左右雙邊。《中國古籍善本書目》著録,僅國家圖書館有藏。

渾字用晦,圉師之後。登太和進士,大中中爲監察御史,歷虞部員外郎、睦郢二州刺史,所至有善政。工詩,有别墅在京口丁卯橋,故其詩名《丁卯集》。陳振孫《直齋書録解題》稱其爲丹陽人,其實丹陽乃其喬寓之地,安陸則其原籍。考《新唐書·宰相世系表》,圉師爲安陸許氏,渾爲其後,應亦出於安陸,《中國人名大辭典》對此專門作了按注,引其詩句做了考證。

國圖

40776

許用晦文集二卷遺篇一卷拾遺一卷

唐安陸許渾撰

民國十一年(1922)上海商務印書館據宋蜀本影印續古逸叢書本

國圖　首都　科院　北大　上海　南京　南大　浙江　江西　四川

40777

丁卯集二卷

唐安陸許渾撰

清初常熟錢氏也是園影抄宋臨安府陳宅經籍鋪刻本　袁克文題記

臺圖

40778

丁卯集二卷

唐安陸許渾撰

清影宋刻本　清歸兆籛跋

是刻半葉十行,行十八字,白口,左右雙邊。《中國古籍善本書目》著録,僅國家圖書館有藏。

國圖

40779

丁卯集二卷

唐安陸許渾撰

民國八年(1919)上海商務印書館初次影印四部叢刊本

據《中國叢書綜録》,四十個館有藏。據景宋寫本影印。

國圖　上海　天津　遼寧　甘肅　南京　浙江　湖北

40780

丁卯集二卷

唐安陸許渾撰

民國十八年(1929)上海商務印書館二次影印四部叢刊本

國圖　上海　復旦　華東師大　天津　吉大　南京　浙江　福建師大　江西　桂林　雲南　黑龍江　青海　中央民大

40781

丁卯集二卷

唐安陸許渾撰

民國二十五年(1936)上海商務印書館縮印四部叢刊本

國圖　首都　上海　甘肅　南京　武大　雲南　桂林　青海

40782

增廣音註唐郢州刺史丁卯詩集二卷

唐安陸許渾撰　元祝德子訂正

續集一卷

元刻本

是刻半葉十行,行十九字,黑口,左右雙邊。《中國古籍善本書目》著録,僅國家圖書館有藏。

國圖

40783

增廣音註唐郢州刺史丁卯詩集二卷

唐安陸許渾撰　元祝德子訂正

元刻本[明錢穀抄補]

《中國古籍善本書目》著録。

國圖

40784

增廣音註唐郢州刺史丁卯詩集二卷

唐安陸許渾撰　元祝德子訂正

續集一卷

元刻本　清徐郙陸潤等題款

續補一卷

清抄本

《中國古籍善本書目》著録。

國圖

40785
增廣音註唐郢州刺史丁卯詩集二卷
唐安陸許渾撰　元祝德子訂正
元刻本［卷上配明初抄本］　清黄丕烈跋　傅增湘跋
《中國古籍善本書目》著録。
北大

40786
增廣音註唐郢州刺史丁卯詩集二卷
唐安陸許渾撰　元祝德子訂正
明弘治七年（1494）鄭傑刻本
是刻半葉十行，行十九字，黑口，四周雙邊。《中國古籍善本書目》著録。
國圖　上海　浙博 ×

40787
增廣音註唐郢州刺史丁卯詩集二卷
唐安陸許渾撰　元祝德子訂正
明弘治七年（1494）鄭傑刻本　清丁丙跋
南京

40788
增廣音註唐郢州刺史丁卯詩集二卷
唐安陸許渾撰　元祝德子訂正
明刻本
是刻半葉十行，行十九字，白口，四周雙邊。《中國古籍善本書目》著録。
上海　中國社科院文学所　天津

40789
增廣音註唐郢州刺史丁卯詩集二卷
唐安陸許渾撰
明抄本　明毛晉跋
《中國古籍善本書目》著録。
國圖

40790
增廣許郢州丁卯詩續集一卷拾遺一卷
唐安陸許渾撰　元祝德子訂正
清抄本
《中國古籍善本書目》著録。
國圖

40791
許渾詩集一卷
唐安陸許渾撰
明萬曆畢懋謙增刻十家唐詩本
是刻半葉九行，行十九字，白口，四周雙邊。《中國古籍善本書目》著録。
北大 ×　武大

40792
許渾丁卯集一卷
唐安陸許渾撰
明萬曆四十六年（1618）刻玩唐十二家詩集本
是刻半葉九行，行十九字，白口，四周單邊。《中國古籍善本書目》著録，僅北京大學圖書館有藏。
北大

40793
丁卯集（一名唐許郢州丁卯詩集）二卷
唐安陸許渾撰　明雷起劍評
明崇禎十年（1637）北陵許氏刻本
《中國古籍善本書目》著録，僅此二館有藏。《中國古籍總目·集部》有"明崇禎十年西蜀雷氏刻本"，當即此本。
中國社科院文學所　揚州

40794
丁卯集（一名唐許郢州丁卯詩集）二卷
唐安陸許渾撰　明雷起劍評
明崇禎十年（1637）刻清重刻本
南京

40795
丁卯集二卷
唐安陸許渾撰　明雷起劍評

明崇禎刻本

《中國古籍總目·集部》將其與前一款目並列,未知二者之間有無聯繫。

國圖

40796

重刻丁卯集二卷

唐安陸許渾撰　明雷起劍評

清順治十三年(1656)刻本

《中國古籍善本書目》著録。"明雷起劍評"係據《中國古籍總目·集部》而加。

國圖　山東　無錫　湖南

40797

丁卯集二卷

唐安陸許渾撰

明崇禎十二年(1639)毛氏汲古閣刻唐人八家詩本

是刻半葉十二行,行二十一字,白口,左右雙邊。《中國古籍善本書目》著録。上海館藏另一叢編本有清錢陸燦批;南京館藏該叢編本有佚名録毛表校跋。

北大　科院　上海　浙江　吉大　山東　山東大　南京　無錫　杭大　重慶

40798

丁卯集二卷

唐安陸許渾撰

明崇禎十二年(1639)毛氏汲古閣刻唐人八家詩本　清毛表校並跋

續集二卷再續一卷

清初毛表家抄本

是刻半葉十二行,行二十字,細黑口,左右雙邊。《中國古籍善本書目》著録,僅國家圖書館有藏。

國圖

40799

丁卯集二卷

唐安陸許渾撰

明崇禎十二年(1639)毛氏汲古閣刻唐人八家詩本　清丁丙跋

《中國古籍善本書目》著録。

杭大

40800

丁卯集二卷

唐安陸許渾撰

民國十二年(1923)沔陽盧氏慎始基齋據毛氏汲古閣本影印湖北先正遺書本

國圖　科院　北大　上海　天津　遼寧　寧夏　山東　南京　浙江　湖北　四川

40801

丁卯集二卷

唐安陸許渾撰

民國十五年(1926)上海商務印書館影印毛氏汲古閣刻唐人八家詩本

國圖　清華　上海　復旦　吉大　青島　南京　廣東　重慶

40802

丁卯集二卷續集二卷

唐安陸許渾撰

明抄唐四十七家詩本

《中國古籍善本書目》著録。

國圖

40803

丁卯集不分卷

唐安陸許渾撰

清抄本

《中國古籍善本書目》著録。

重慶

40804

丁卯集不分卷

唐安陸許渾撰

清抄本

二册。較通行本多詩百餘首。參見陽海清

主編《中南、西南地區省、市圖書館館藏古籍稿本提要》。

重慶

40805

丁卯詩集二卷續集一卷續補一卷集外遺詩一卷

唐安陸許渾撰

清康熙席氏琴川書屋自刻唐詩百名家全集本

是刻半葉十行,行十八字,白口,左右雙邊。《中國古籍善本書目》著録。

北大　北京市文物局　天津師大　遼寧　吉林市　青海　中大　廣東社科院　四川　雲大

40806

丁卯集二卷續集一卷續補一卷集外遺詩一卷

唐安陸許渾撰

清光緒八年(1882)刻唐詩百名家全集本

北師大　華東師大　中央民大

40807

丁卯集箋注八卷

唐安陸許渾撰　清許培榮箋注

清乾隆二十一年(1756)許鍾德等刻本

《中國古籍善本書目》著録,僅該館有藏。

南京

40808

丁卯集箋注八卷

唐安陸許渾撰　清許培榮箋注

2002年上海古籍出版社據清乾隆二十一年(1756)許鍾德等刻本影印續修四庫全書本

湖北

40809

丁卯集箋注八卷

唐安陸許渾撰

清乾隆四十年(1775)刻本

上海

40810

丁卯集二卷續集二卷續補集一卷集外遺詩一卷

唐安陸許渾撰

清抄本

國圖

40811

丁卯集二卷續集二卷續補集一卷集外遺詩一卷

唐安陸許渾撰

清抄本

《中國古籍善本書目》著録。

上海

40812

丁卯集二卷續集二卷續補一卷集外遺詩一卷

唐安陸許渾撰

清四庫全書本

國圖　甘肅　浙江　臺北故宫

1983年臺北商務印書館影印清文淵閣四庫全書本

湖北

1989年上海古籍出版社縮印臺北商務印書館影印清文淵閣四庫全書本

國圖　武漢

40813

丁卯集二卷續集二卷續補一卷集外遺詩一卷

唐安陸許渾撰

抄本

六册。

廣東

40814

丁卯集二卷續藁二卷續補一卷遺詩藁一卷

唐安陸許渾撰

清抄本

《中國古籍善本書目》著録。

甘肅

40815

許丁卯詩真蹟録一卷

唐安陸許渾撰

民國三年(1914)刻横山草堂叢書本

國圖　上海　中央民大

40816

丁卯集二卷

唐安陸許渾撰

民國三年(1914)刻横山草堂叢書本

國圖　上海　中央民大

40817

唐皮從事倡酬詩八卷

唐襄陽皮日休撰

明萬曆許自昌刻合刻陸魯望皮襲美二先生集本　佚名批校　清丁丙跋

是刻半葉九行,行二十字,白口,四周單邊。《中國古籍善本書目》著録,僅該館有藏。

南京

40818

項氏瓶笙榭新刻皮襲美詩二卷

唐襄陽皮日休撰　明項真評

明項真刻本

是刻半葉九行,行十九字,白口,四周單邊。《中國古籍善本書目》著録,僅此二館有藏。

國圖　上海

40819

唐皮日休文藪十卷

唐襄陽皮日休撰

明正德十五年(1520)袁表刻本

是刻半葉十一行,行二十字,白口,左右雙邊。《中國古籍善本書目》著録。《皮子文籔》爲其代表作,版本較多。

國圖　北大　北師大　上海　南京　浙江　杭大　江西　安徽師大

40820

唐皮日休文藪十卷

唐襄陽皮日休撰

明正德十五年(1520)袁表刻本　清王鳴韶跋

《中國古籍善本書目》著録。

上海

40821

唐皮日休文藪十卷

唐襄陽皮日休撰

明正德十五年(1520)袁表刻本　周叔弢跋　佚名校並跋

《中國古籍善本書目》著録。

國圖

40822

唐皮日休文藪十卷

唐襄陽皮日休撰

明刻本

是刻半葉十一行,行二十字,白口,左右雙邊。《中國古籍善本書目》著録。

上海　甘肅　杭大　福建

40823

唐皮日休文藪十卷

唐襄陽皮日休撰

明刻本　鄭振鐸跋

《中國古籍善本書目》著録。

國圖

40824

唐皮日休文藪十卷皮從事倡酬詩八卷

唐襄陽皮日休撰

明萬曆許自昌刻合刻陸魯望皮襲美二先

生集本

是刻半葉九行，行二十字，白口，左右雙邊。

《中國古籍善本書目》著録。

國圖　上海　華東師大　山西文史館　天一閣　江西　湖北 ×

40825

唐皮日休文藪十卷

唐襄陽皮日休撰

明萬曆許自昌刻合刻陸魯望皮襲美二先生集本　明錢龍惕校

是刻半葉九行，行二十字，白口，左右雙邊。

《中國古籍善本書目》著録。

復旦

40826

唐皮日休文藪十卷

唐襄陽皮日休撰

明萬曆許自昌刻合刻陸魯望皮襲美二先生集本　清楊復吉跋

《中國古籍善本書目》著録。

蘇州

40827

唐皮日休文藪十卷

唐襄陽皮日休撰

明萬曆許自昌刻合刻陸魯望皮襲美二先生集本　清丁丙跋

《中國古籍善本書目》著録。

南京

40828

唐皮日休文藪十卷

唐襄陽皮日休撰　明許自昌校

日本享和二年(1802)翻刻明萬曆本

《中國館藏和刻本漢籍書目》著録。

山東大　南京

40829

唐皮日休文藪十卷

唐襄陽皮日休撰

日本享和二年(1802)翻刻明萬曆本　清長白熙澂校並識

湖北

40830

唐皮日休文藪十卷

唐襄陽皮日休撰

民國十二年(1923)盧氏慎始基齋據明仿宋刻本影印湖北先正遺書本

國圖　科院　北大　上海　天津　遼寧　寧夏　山東　南京　浙江　湖北　四川

40831

唐皮日休文藪十卷

唐襄陽皮日休撰

清抄本

國圖

40832

唐皮日休文藪十卷

唐襄陽皮日休撰

清抄本

《中國古籍善本書目》著録。

科院

40833

唐皮日休文藪十卷

唐襄陽皮日休撰

清抄本　清陳寶泉校並跋

《中國古籍善本書目》著録。

天津

40834

唐皮日休文藪十卷

唐襄陽皮日休撰

清光緒八年(1882)琰城於氏刻本

山東

40835
唐皮日休文藪十卷
唐襄陽皮日休撰
清光緒二十一年(1895)合肥李氏蘭雪堂據宋本重刻本
國圖　北大　上海　遼寧　南京　河南　湖北

40836
皮子文藪十卷
唐襄陽皮日休撰
清四庫全書本
國圖　甘肅　浙江　臺北故宫
1983年臺北商務印書館影印清文淵閣四庫全書本
湖北
1989年上海古籍出版社縮印臺北商務印書館影印清文淵閣四庫全書本
國圖　武漢

40837
文藪十卷
唐襄陽皮日休撰
清抄本
北大

40838
文藪十卷
唐襄陽皮日休撰
清刻本
南京

40839
皮子文藪十卷
唐襄陽皮日休撰　蕭滌非、鄭篤慶整理
1959年中華書局上海編輯所鉛印中國古典文學叢書本
以《四部叢刊》影印本爲底本,校以盧氏明仿宋本、明刊殘本、郯城於氏影宋本。附録《文藪》外詩文、序跋,蕭滌非寫有《前言》。
湖北

40840
皮子文藪十卷
唐襄陽皮日休撰　蕭滌非、鄭篤慶整理
1981年上海古籍出版社鉛印中國古典文學叢書本
本書在1959年版校勘成果基礎上,以《四庫全書》本、明公文紙本、明許自昌校刊本和日本享和二年(1802)刻本重校。
湖北

40841
皮日休文集十卷
唐襄陽皮日休撰
明刻公文紙印本
是刻半葉九行,行二十字,白口,左右雙邊。《中國古籍善本書目》著録,僅該館有藏。
國圖

40842
皮日休文集十卷
唐襄陽皮日休撰
明刻本
是刻半葉九行,行十九字,白口,左右雙邊。《中國古籍善本書目》著録,僅該館有藏。
華東師大

40843
皮日休文集十卷
唐襄陽皮日休撰
民國八年(1919)上海商務印書館初次影印四部叢刊本
國圖　科院　北大　上海　復旦　天津　遼寧　甘肅　南京　杭大　江西　湖北　武大　四川　重慶　雲南

40844
皮日休文集十卷
唐襄陽皮日休撰
民國十八年(1929)上海商務印書館二次影印四部叢刊本
國圖　上海　復旦　華東師大　天津　吉大　南京　浙江　江西　桂林　川大　雲南

40845
皮日休文集十卷
唐襄陽皮日休撰
民國二十五年(1936)上海商務印書館縮印四部叢刊本
國圖　首都　北師大　中醫　華東師大　上海師大　甘肅　南京　南大　江西　桂林　湖北　雲南

40846
皮襲美文抄一卷
唐襄陽皮日休撰
明末刻八代文抄本
是刻半葉九行,行二十字,白口,左右雙邊。《中國古籍善本書目》著録。
北大　人大　中國社科院文學所　故宫　天津　山東　鎮江　湖北博

40847
文藪裸著
唐襄陽皮日休撰
清順治三年(1646)李際期宛委山堂刻説郛本
《中國古籍善本書目》著録。
國圖　首都　上海　復旦　天津　吉林　南京　河南　湖南　中大　重慶　雲南

40848
皮日休詩文選注
唐襄陽皮日休撰　竇昆選注
1991年上海古籍出版社鉛印中國古典文學名家選集本

40849
鹿門集二卷
唐唐彦謙撰
明崇禎七年(1634)錢謙益抄本　清錢謙益跋
彦謙字茂業,號鹿门先生,本晉陽人,乾符末避地漢南(今宜城縣)。歷閬、壁二州刺史。
國圖

40850
鹿門集三卷拾遺一卷續補一卷
唐唐彦謙撰
清康熙席氏琴川書屋自刻唐詩百名家全本
北大　北京市文物局　天津師大　遼寧　吉林市　青海　中大　廣東社科院　四川　雲大

宋元别集之屬

40851
乖崖集存六卷
宋張詠撰　民國恩施樊增祥輯
清宣統二年(1910)通州李氏鉛印本
國圖

40852
宋元憲集四十卷
宋安陸宋庠撰
清四庫全書本
國圖　甘肅　浙江　臺北故宫
1983年臺北商務印書館影印清文淵閣四庫全書本
湖北
1989年上海古籍出版社縮印臺北商務印書館影印清文淵閣四庫全書本
國圖　武漢
《郡齋讀書志》著録該書爲四十四卷。刻

本爲三十六卷。

40853
元憲集三十六卷
宋安陸宋庠撰
清乾隆武英殿木活字排印武英殿聚珍版書本
《中國古籍善本書目》著録。
國圖　中國社科院文學所　故宫　上海　復旦×　天津　遼寧　河南社科院　湖北

40854
宋元憲集三十六卷
宋安陸宋庠撰
清乾隆四十二年（1777）福建刊道光同治遞修光緒二十一年（1895）增刊武英殿聚珍版書本
國圖　北大　上海　復旦　天津　甘肅　浙江　湖北　武大　四川

40855
宋元憲集三十六卷
宋安陸宋庠撰
清道光福建布政使署刻本
《香港所藏古籍書目》著録。疑即重刻武英殿聚珍版書本。
香港中山

40856
宋元憲集三十六卷
宋安陸宋庠撰
清光緒二十五年（1899）廣雅書局刻武英殿聚珍版書本
科院　北師大　上海　復旦　天津　吉大　南大　湖北　江西

40857
元憲集三十六卷
宋安陸宋庠撰
民國十二年（1923）沔陽盧氏慎始基齋據武英殿聚珍版書本影印湖北先正遺書本
國圖　科院　北大　上海　天津　遼寧　寧夏　山東　南京　浙江　湖北　四川

40858
元憲集三十六卷
宋安陸宋庠撰
清刻本
南京

40859
宋元憲集一卷
宋安陸宋庠撰
清抄本
南京

40860
宋元憲集一卷
宋安陸宋庠撰
清抄本
《中國古籍善本書目》著録。
河南

40861
元憲集三十六卷
宋安陸宋庠撰
民國二十四年至二十六年（1935—1937）上海商務印書館鉛印叢書集成初編本
國圖　首都　上海　遼寧　甘肅　浙江　江西　湖北　四川

40862
元憲詩稿一卷
宋安陸宋庠撰
清抄兩宋名賢小集本
《中國古籍善本書目》著録。
福建

40863
元憲詩稿一卷
宋安陸宋庠撰
清抄兩宋名賢小集本
《中國古籍善本書目》著録。
重慶

40864
元憲詩稿一卷
宋安陸宋庠撰
清抄兩宋名賢小集本
《中國叢書綜録》著録。
國圖

40865
元憲詩稿一卷
宋安陸宋庠撰
清抄兩宋名賢小集本
《中國叢書綜録》著録。
南大

40866
元憲詩稿一卷
宋安陸宋庠撰
清抄兩宋名賢小集本
《中國叢書綜録》著録。
川大

40867
景文宋公集一百五十卷
宋安陸宋祁撰
宋刻本
存三十二卷
日本宫内省 ×

40868
景文宋公集一百五十卷
宋安陸宋祁撰
南宋建安麻城沙刻本
存一八卷：二十六至三十二　八十一至八十五　百二十至百二十五
日本宫内省 ×

40869
宋景文公集殘三十二卷
宋安陸宋祁撰
日本寬政至文化間刻佚存叢書本
存三十二卷：十六至二十、二十六至三十二、八十一至八十五　九十六至九十九、一百一至一百二、一百七、一百十八至一百二十五
國圖　復旦　吉林市　吉大　哈爾濱　安徽　福建　江西　廣西

40870
宋景文公集殘三十二卷
宋安陸宋祁撰
民國十三年（1924）上海商務印書館影印日本寬政至文化間刻佚存叢書本
存佚情況同前。
國圖　北大　上海　華東師大　遼寧　甘肅　南京　浙江　湖北　武大　四川　重慶

40871
宋景文公集殘三十二卷
宋安陸宋祁撰
清光緒八年（1882）滬上黄氏木活字排印佚存叢書本
存佚情況同前。
國圖　科院　上海　天津　遼寧　甘肅　南京　浙江　武漢　廣東　重慶　川大

40872
宋景文集六十二卷補遺二卷附録一卷
宋安陸宋祁撰
清四庫全書本
國圖　甘肅　浙江　臺北故宫
1983年臺北商務印書館影印清文淵閣四

庫全書本

湖北

1989年上海古籍出版社縮印臺北商務印書館影印清文淵閣四庫全書本

國圖　武漢

40873

景文集六十二卷

宋安陸宋祁撰

清乾隆武英殿活字排印武英殿聚珍版書本

《中國古籍善本書目》著録。

國圖　中國社科院文學所　故宫　上海　遼寧　河南社科院　湖北

40874

景文集六十二卷拾遺二十二卷

宋安陸宋祁撰　拾遺清孫星衍輯

清乾隆四十二年(1777)福建刻道光同治遞修光緒二十一年(1895)增刊武英殿聚珍版書本

國圖　北大　上海　復旦　天津　甘肅　南京　浙江　湖北　武大　四川　重慶

40875

景文集六十二卷拾遺二十二卷

宋安陸宋祁撰　拾遺清孫星衍輯

清光緒二十五年(1899)廣雅書局刻武英殿聚珍版書本

科院　北師大　上海　復旦　天津　吉大　山東大　湖北　武大　江西　四川

40876

景文集六十二卷拾遺二十二卷

宋安陸宋祁撰　拾遺清孫星衍輯

民國十二年(1923)沔陽盧氏慎始基齋據武英殿聚珍版書本影印湖北先正遺書本

國圖　科院　北大　上海　天津　遼寧　寧夏　山東　南京　浙江　湖北　四川

40877

宋景文集六十二卷

宋安陸宋祁撰

清傳抄武英殿聚珍版書本

北大

40878

景文集六十二卷

宋安陸宋祁撰

民國二十四年至二十六年(1935—1937)上海商務印書館鉛印叢書集成初編本

國圖　北師大　上海　復旦　遼寧　甘肅　浙江　湖北　四川　重慶

40879

景文詩集一卷

宋安陸宋祁撰

清乾隆六年(1741)曹氏二六書堂刻宋百家詩存本

《中國古籍善本書目》著録。

首都　北大　武大　湖北大　廣東

40880

宋景文集一卷

宋安陸宋祁撰

清抄本

《中國古籍善本書目》著録。

河南

40881

西州猥稿一卷

宋安陸宋祁撰

清抄兩宋名賢小集二百十五卷本

《中國古籍善本書目》著録。此書係從《成都文類》《瀛奎律髓》《文翰類選》等書採輯而成。今存二抄本。

福建

40882
西州猥稿一卷
宋安陸宋祁撰
清抄兩宋名賢小集三百六十六卷本
《中國古籍善本書目》著録。
重慶

40883
蘇老泉評苑二卷
宋蘇洵撰　明孫鑛批評　明景陵(今天門)鍾惺校注
明末刻三蘇文苑本
《中國古籍總目·集部》著録。
國圖

40884
鄖溪集二十八卷
宋安陸鄭獬撰
清乾隆翰林院抄本
《中國古籍善本書目》著録。此書入《四庫全書》,改爲三十卷。
國圖

40885
鄖溪集三十卷
宋安陸鄭獬撰
清四庫全書本
國圖　甘肅　浙江　臺北故宫
1983年臺北商務印書館影印清文淵閣四庫全書本
湖北
1989年上海古籍出版社縮印臺北商務印書館影印清文淵閣四庫全書本
國圖　武漢

40886
鄖溪集二十五卷
宋安陸鄭獬撰
清抄本
《中國古籍善本書目》著録。
廣東

40887
鄖溪集二十八卷
宋安陸鄭獬撰
清抄本　清徐時棟跋
存二十四卷:一至二十四
《中國古籍善本書目》著録。
山東×

40888
鄖溪集二十八卷補遺一卷續補遺一卷
宋安陸鄭獬撰
附校勘記一卷
蒲圻張國淦撰
民國十二年(1923)沔陽盧氏慎始基齋據蒲圻張氏本影印湖北先正遺書本
國圖　科院　北大　上海　天津　遼寧　寧夏　山東　南京　浙江　湖北　四川

40889
幻雲居詩稿一卷
宋安陸鄭獬撰
清抄兩宋名賢小集本
《中國古籍善本書目》著録,僅重慶圖書館有藏。
重慶

40890
蘇公寓黄集二卷
宋蘇軾撰　明黄岡王同軌輯
附録一卷
明萬曆十一年(1583)刻本
是刻半葉九行,行十九字,白口,四周雙邊。
《中國古籍善本書目》著録。
北大　清華　上海　山東大

40891
蘇公寓黄集二卷
宋蘇軾撰　明黄岡王同軌輯
附録一卷
明刻本
《中國古籍總目·集部》著録。
北大　上海

40892
蘇文忠公策論選十二卷
宋蘇軾撰　明茅坤、景陵（今天門）鍾惺評
明天啓元年（1621）刻三色套印本
是刻半葉九行，行十九字，白口，四周單邊。《中國古籍善本書目》著録，二十四館有藏。
北大　北師大　故宫　上海　復旦　天津　遼寧　山東　天一閣　江西　湖南　四川

40893
東坡文選二十卷
宋蘇軾撰　明景陵（今天門）鍾惺輯並評
明萬曆四十八年（1620）鍾惺刻本
是刻半葉九行，行二十字，白口，四周單邊。《中國古籍善本書目》著録，僅此二館有藏。
上海常熟　三蘇文管所

40894
東坡文選二十卷
宋蘇軾撰　明景陵（今天門）鍾惺輯並評
明刻本
是刻半葉九行，行十九字，白口，四周單邊。《中國古籍善本書目》著録。
上海　漢中師範　天水　江西　湖北

40895
東坡文選二十卷
宋蘇軾撰　明景陵（今天門）鍾惺輯並評
明刻本
是刻半葉八行，行十七字，白口，四周單邊。《中國古籍善本書目》著録。
北京文物局　復旦　上海師大　吉林市 × 吉大　蘇州大　廣東社科院

40896
東坡文選二十卷
宋蘇軾撰　明景陵（今天門）鍾惺輯並評
明閔氏刻朱墨套印本
《中國古籍善本書目》著録，二十三館有藏。
首都　科院　上海　山西　遼寧　吉大　南京　安徽　江西　河南　武大　湖南　重慶　貴州博

40897
重刻明成化本東坡七集一百十一卷
宋蘇軾撰　明景陵（今天門）譚元春輯
附東坡先生年譜一卷
宋王宗稷撰
清道光十二年（1832）眉州三蘇祠刻本
上海

40898
東坡先生全集七十五卷附詩選十二卷
宋蘇軾撰　明景陵（今天門）譚元春輯
東坡先生年譜一卷
宋王宗稷撰
明末文盛堂刻本
是刻半葉九行，行十九字，小字雙行行字同，白口，左右雙邊。《中國古籍善本書目》著録。
國圖　北大　財政部　上海　天津　山東　山東大　安徽　安徽大　樂平　福建　厦大　重慶

40899
東坡先生全集七十五卷附詩選十二卷
宋蘇軾撰　明景陵（今天門）譚元春輯

東坡先生年譜一卷

宋王宗稷撰

明末刻本

《中國古籍總目·集部》著録。疑與前一款目爲同版。

上海　浙江

40900

東坡先生全集七十五卷附詩選十二卷

宋蘇軾撰　明景陵(今天門)譚元春輯

東坡先生年譜一卷

宋王宗稷撰

明刻清修補本

存詩選九卷

《中國古籍總目·集部》著録。

青山×

40901

東坡先生全集七十五卷附詩選十二卷

宋蘇軾撰　明景陵(今天門)譚元春輯

東坡先生年譜一卷

宋王宗稷撰

明刻清印本

《中國古籍總目·集部》著録。

江西　中大

40902

東坡詩選十二卷

宋蘇軾撰　明景陵(今天門)譚元春選　明公安袁宏道評

附東坡先生年譜一卷

宋王宗稷撰

明末文盛堂刻本

國圖　北大　上海　天津　山東　安徽　樂平　福建　廈大　重慶　湖北×

40903

東坡詩選十二卷

宋蘇軾撰　明景陵(今天門)譚元春選　明公安袁宏道評

附東坡先生年譜一卷

宋王宗稷撰

清刻本

天津

40904

東坡詩選十二卷

宋蘇軾撰　明景陵(今天門)譚元春選　明公安袁宏道評

附東坡先生年譜一卷

宋王宗稷撰

清抄本

國圖

40905

蘇長公尺牘選二卷

宋蘇軾撰　明景陵(今天門)鍾惺、譚元春輯

明刻蘇黄尺牘選本

是刻半葉九行,行十八字,白口,四周單邊。

《中國古籍善本書目》著録。

北大　清華　齊齊哈爾　天一閣

40906

蘇長公尺牘選二卷

宋蘇軾撰　明景陵(今天門)鍾惺、譚元春合選

明刻本

北大　上海

40907

黄山谷尺牘選六卷

宋黄庭堅撰　明景陵(今天門)鍾惺、譚元春輯

明刻蘇黄尺牘選本

是刻半葉九行,行十八字,白口,四周單邊。

《中國古籍善本書目》著録。

齊齊哈爾

40908
食古研齋集蘇詩二卷
宋蘇軾撰　清羅田陳瑞琳輯
清道光十二年(1832)杭州試院刻食古研齋詩集本
國圖　首都

40909
東坡文選六卷
明蘇軾撰　明景陵(今天門)鍾惺選評
明萬曆四十八年(1620)刻本
《中國古籍總目·集部》著録。
上海

40910
東坡詩文選
宋蘇軾撰　明公安袁宏道、景陵(今天門)鍾惺輯
明天啓刻本
日本尊經閣

40911
蘇長公奏選一卷啓選一卷尺牘選二卷
宋蘇軾撰　明景陵(今天門)鍾惺、譚元春合選
明刻本
上海

40912
蘇長公啓選二卷
宋蘇軾撰　明景陵(今天門)鍾惺、譚元春選
明刻本
與《蘇長公奏選》合刻。
上海

40913
蘇文忠公策論選十二卷
宋蘇軾撰　明茅坤、明景陵(今天門)鍾惺評
明天啓元年(1621)刻三色套印本
國圖　天津　遼寧　山東

40914
蘇文忠公策論選十二卷
宋蘇軾撰　明茅坤、明景陵(今天門)鍾惺評
明天啓刻本
《中國古籍總目·集部》著録。未知與前一款目是何關係。
北大

40915
蘇文忠公策選四卷論選六卷
宋蘇軾撰　明茅坤、明景陵(今天門)鍾惺評
明閔氏刻三色套印本
上海

40916
潁濱評苑一卷
宋蘇軾撰　明孫廣批評　明景陵(今天門)鍾惺校
明末刻三蘇文苑本
《中國古籍總目·集部》著録。
國圖

40917
潘邠老小集一卷
宋黄岡潘大臨撰
清抄兩宋名賢小集本
此集僅以抄本流傳,據《中國叢書綜録》,知現存有五抄。
重慶

40918
潘邠老小集一卷
宋黄岡潘大臨撰

清抄兩宋名賢小集本

《中國古籍善本書目》著録。

福建

40919

潘邠老小集一卷

宋黄岡潘大臨撰

清抄兩宋名賢小集本

《中國叢書綜録》著録。

國圖

40920

潘邠老小集一卷

宋黄岡潘大臨撰

清抄兩宋名賢小集本

《中國叢書綜録》著録。

南大

40921

潘邠老小集一卷

宋黄岡潘大臨撰

清抄兩宋名賢小集本

《中國叢書綜録》著録。

川大

40922

寶晉英光集殘卷一卷

宋襄陽米芾撰

明抄本　清石韞玉跋

《中國古籍善本書目》著録。本書現存十餘個版本。

福建

40923

寶晉英光集六卷

宋襄陽米芾撰

清初抄本　清曹琰補目　清唐翰題跋

《中國古籍善本書目》著録,僅該館有藏。

國圖

40924

寶晉英光集六卷

宋襄陽米芾撰

清抄本

《中國古籍善本書目》著録。

湖南

40925

寶晉英光集六卷

宋襄陽米芾撰

清初抄本　民國葉啓勳、葉啓發跋

《中南、西南地區省、市圖書館館藏古籍稿本提要(附抄本聯合目録)》據該館報片收録,疑與《中國古籍善本書目》所收爲同一書。

湖南

40926

寶晉英光集六卷

宋襄陽米芾撰

附録一卷

清抄本

《中國古籍善本書目》著録。

國圖

40927

寶晉英光集六卷

宋襄陽米芾撰

附録一卷

清趙氏星鳳閣抄本　清丁丙跋

《中國古籍善本書目》著録。

南京

40928

寶晉英光集六卷

宋襄陽米芾撰

附録一卷

清勞權抄本　清勞權校　清丁丙跋

《中國古籍善本書目》著録。

南京

40929
寶晉英光集六卷
宋襄陽米芾撰
附録一卷
清抄本
國圖

40930
寶晉英光集八卷
宋襄陽米芾撰
清四庫全書本
國圖　甘肅　浙江　臺北故宫
1983年臺北商務印書館影印清文淵閣四庫全書本
湖北
1989年上海古籍出版社縮印臺北商務印書館影印清文淵閣四庫全書本
國圖　武漢

40931
寶晉英光集八卷補遺一卷
宋襄陽米芾撰
清瑯環仙館抄本
《中國古籍善本書目》著録,即"集部"第3170號。
上海

40932
寶晉英光集八卷補遺一卷
宋襄陽米芾撰
清瑯環仙館抄本
《中國古籍善本書目》著録,即"集部"第3171號。
北京市文物局

40933
寶晉英光集八卷補遺一卷
宋襄陽米芾撰
清抄本
書凡二册,入該館《中文古籍善本書目》。
科院

40934
寶晉英光集八卷補遺一卷
宋襄陽米芾撰
清道光咸豐間蔣氏宜年堂刻涉聞梓舊本
是刻半葉十一行,行二十一字,小字雙行行字同,黑口,左右雙邊。《中國古籍善本書目》著録。
國圖　山東　浙江　四川

40935
寶晉英光集八卷補遺一卷
宋襄陽米芾撰
清咸豐元年(1851)海昌蔣氏宜年堂刻六年(1856)重編涉聞梓舊本
中醫　上海　天津　南京　福建師大　江西　河南

40936
寶晉英光集八卷補遺一卷
宋襄陽米芾撰
民國十三年(1924)沔陽盧氏慎始基齋據涉聞梓舊本影印湖北先正遺書本
國圖　科院　北大　上海　天津　遼寧　寧夏　山東　南京　浙江　湖北　四川

40937
寶晉英光集八卷補遺一卷
宋襄陽米芾撰
民國十三年(1924)上海商務印書館影印清蔣氏刻涉聞梓舊本
國圖　首都　北大　清華　北師大　上海　華東師大　上海師大　天津　吉大　甘肅　南京　杭大　河南　湖北　武大　四川　重慶　雲南

40938
寶晉英光集八卷補遺一卷
宋襄陽米芾撰

民國武林竹簡齋影印清蔣氏刻涉聞梓舊本
國圖　北師大　上海　天津　吉大　南京　浙江　廣西　川大　青海

40939
寶晉英光集八卷補遺一卷
宋襄陽米芾撰
民國二十四年至二十六年(1935—1937)上海商務印書館鉛印叢書集成初編本
國圖　北師大　清華　上海　復旦　遼寧　吉林市　甘肅　山東大　南大　浙江　江西　湖北　四川　重慶　雲南

40940
寶晉英光集八卷
宋襄陽米芾撰
抄本
科院

40941
寶晉山林集拾遺八卷
宋襄陽米芾撰
宋嘉泰元年(1201)筠陽郡齋刻本　明豐坊跋
是刻半葉十行,行十六字,白口,左右雙邊。《中國古籍善本書目》著録,僅該館有藏。
國圖

40942
寶晉山林集拾遺八卷
宋襄陽米芾撰
1987年至1998年書目文獻出版社據嘉泰元年(1201)筠陽郡齋刻本影印北京圖書館古籍珍本叢刊本
湖北

40943
寶晉山林集拾遺八卷
宋襄陽米芾撰
清抄本
《中國古籍善本書目》著録。
國圖

40944
寶晉山林集拾遺八卷
宋襄陽米芾撰
清抄本
《中國古籍善本書目》著録。
上海

40945
寶晉山林集拾遺八卷
宋襄陽米芾撰
清抄本　清丁丙跋
《中國古籍善本書目》著録。
南京

40946
寶晉山林集拾遺八卷
宋襄陽米芾撰
清陸香圃抄三間草堂集録本
《中國古籍善本書目》著録。
重慶

40947
寶晉山林集拾遺四卷
宋襄陽米芾撰
清影宋抄本
北大

40948
寶晉山林集拾遺四卷
宋襄陽米芾撰
清抄本
上海

40949
寶晉山林集拾遺四卷
宋襄陽米芾撰

抄本
國圖

40950
寶晉山林集拾遺不分卷
宋襄陽米芾撰
清抄本
《中國古籍善本書目》著録。
上海

40951
米襄陽詩集五卷
宋襄陽米芾撰
明萬曆四十三年（1615）潘是仁輯刻宋元詩本
是刻半葉九行，行十九字，白口，四周單邊。《中國古籍善本書目》著録，浙江館藏該叢編殘帙，未知存此種否。米氏詩集以此爲全。
國圖　上海　山東　青島博

40952
米襄陽詩集五卷
宋襄陽米芾撰
明萬曆四十三年（1615）潘是仁輯刻天啓二年（1622）重修宋元詩本
《中國古籍善本書目》著録，僅此二館藏全。北大、中央民大、北京文物局、華東師大、天津師大、遼寧、山東、重慶館藏該叢編殘帙，未知存此種否。
甘肅　青海

40953
米襄陽詩集五卷
宋襄陽米芾撰
明萬曆刻宋元四十三家集本
此《宋元四十三家集》亦爲潘是仁輯。有兩種可能：或爲潘氏所輯《宋元詩》之階段性成果，或爲《宋元詩》之殘本而由藏家或書賈彙攏而成。志此存疑。
上海

40954
［米芾］詩集四卷詞集一卷文集一卷
宋襄陽米芾撰　黄正雨、王心裁輯校
2002年湖北教育出版社鉛印湖北地方古籍文獻叢書·米芾集本
湖北　武漢

40955
米元章集一卷
宋襄陽米芾撰
明末海虞毛氏緑君亭抄本
國圖

40956
襄陽詩鈔一卷
宋襄陽米芾撰
清康熙十年（1671）吴氏鑑古堂刻宋詩鈔初集本
是刻半葉十二行，行二十二字，黑口，左右雙邊。《中國古籍善本書目》著録。
北大　清華　復旦　天津師大　河北師院　遼寧　吉大　齊齊哈爾　福建　武大　中大　四川

40957
襄陽詩鈔一卷
宋襄陽米芾撰
民國三年（1914）上海商務印書館影印清康熙吴氏刻宋詩鈔初集本
國圖　山東　北師大　上海　復旦　天津　遼寧　甘肅　南京　安徽　廣西　四川　重慶

40958
襄陽詩集一卷
宋襄陽米芾撰
清宣統二年（1910）北京龍文閣石印宋代五十六家詩集本

國圖　首都　清華　北師大　上海　安徽　廣東　桂林　川大　重慶

40959
襄陽集補鈔一卷
宋襄陽米芾撰
民國四年(1915)上海商務印書館鉛印宋詩鈔補本
國圖　首都　上海　復旦　遼寧　吉大　陝西　南京　福建　桂林　河南　四川　重慶

40960
米襄陽遺集一卷
宋襄陽米芾撰
明萬曆三十二年(1604)范氏清宛堂刻米襄陽志林本
是刻半葉九行,行十八字,白口,左右雙邊。《中國古籍善本書目》著録。
北大　清華　上海　吉林　吉大　青島博　南京　中大

40961
謝幼槃集斠記稾一卷
民國宜都楊守敬撰
稿本
《中國古籍善本書目》著録。
湖北

40962
北湖集五卷
宋興國(今陽新)吴則禮撰
清抄本
《文獻通考》著録爲十卷。入《四庫全書》《中國古籍善本書目》。是書現存三個清抄本、四個叢書本。
山西

40963
北湖集五卷
宋興國(今陽新)吴則禮撰
清鮑氏知不足齋抄本　清鮑廷博校並跋　清丁丙跋
《中國古籍善本書目》著録。
南京

40964
北湖集五卷
宋興國(今陽新)吴則禮撰
清抄本　佚名録　清鮑廷博校
《中國古籍善本書目》著録。
北師大

40965
北湖集五卷
宋興國(今陽新)吴則禮撰
清四庫全書本
國圖　甘肅　浙江　臺北故宫
1983年臺北商務印書館影印清文淵閣四庫全書本
湖北
1989年上海古籍出版社縮印臺北商務印書館影印清文淵閣四庫全書本
國圖　武漢

40966
北湖集五卷
宋興國(今陽新)吴則禮撰
民國初南城李氏宜秋館抄本
國圖

40967
北湖集五卷
宋興國(今陽新)吴則禮撰
民國初南城李氏宜秋刻宋人集本
國圖　上海　天津　遼寧　甘肅　廣東　桂林

40968
北湖集五卷
宋興國(今陽新)吴則禮撰

民國上海商務印書館影印涵芬樓秘笈本
國圖　上海　天津　遼寧　南京　浙江　武大

40969
北湖集五卷
宋興國(今陽新)吴則禮撰
民國十二年(1923)沔陽盧氏慎始基齋據舊抄本影印湖北先正遺書本
國圖　科院　北大　上海　天津　遼寧　寧夏　山東　南京　浙江　湖北　四川

40970
紫微集三十六卷
宋襄陽張嵲撰
清乾隆翰林院抄本
《中國古籍善本書目》著録。《襄陽府志》載其有《管子注》,《文獻通考》載其有《張巨山集》三十卷,皆不得見,此乃碩果僅存。
國圖

40971
紫微集三十六卷
宋襄陽張嵲撰
清四庫全書本
國圖　甘肅　浙江　臺北故宫
1983年臺北商務印書館影印清文淵閣四庫全書本
湖北
1989年上海古籍出版社縮印臺北商務印書館影印清文淵閣四庫全書本
國圖　武漢

40972
紫微集三十六卷
宋襄陽張嵲撰
民國十二年(1923)沔陽盧氏慎始基齋據文津閣四庫全書本影印湖北先正遺書本
國圖　科院　北大　上海　天津　遼寧　寧夏　山東　南京　浙江　湖北　四川

40973
漢濱集十六卷
宋穀城王之望撰
清抄本[四庫全書底本]
《中國古籍善本書目》著録。之望字瞻叔。湖北穀城人,後寓台州。宋紹興進士,孝宗朝累官參知政事,尋罷去,終知温州。有文藝幹略。
據《文獻通考》,是書原爲六十卷,已佚。茲係從《永樂大典》中採撮裒輯而成,所存十之三四而已。
西安文管會

40974
漢濱集十六卷
宋穀城王之望撰
清四庫全書本
國圖　甘肅　浙江　臺北故宫
1983年臺北商務印書館影印清文淵閣四庫全書本
湖北
1989年上海古籍出版社縮印臺北商務印書館影印清文淵閣四庫全書本
國圖　武漢

40975
漢濱集十六卷
宋穀城王之望撰
民國十二年(1923)沔陽盧氏慎始基齋據文津閣四庫全書本影印湖北先正遺書本
國圖　科院　北大　上海　天津　遼寧　寧夏　山東　南京　浙江　湖北　四川

40976
漢濱集十六卷
宋穀城王之望撰
抄本

臺圖

40977

陸放翁詩八十首二卷

宋陸游撰　清彭元瑞輯　民國蘄春黄侃批點

批點者稿本

係《南京四家律選》之一。

徐孝宓處

40978

陸放翁詩八十首二卷

宋陸游撰　清彭元瑞輯　民國蘄春黄侃批點

1985年湖北省圖書館複製批點者稿本

湖北

40979

范石湖詩八十首一卷

宋范成大撰　清彭元瑞輯　民國蘄春黄侃批點

批點者稿本

係《南京四家律選》之一。

徐孝宓處

40980

范石湖詩八十首一卷

宋范成大撰　清彭元瑞輯　民國蘄春黄侃批點

1985年湖北省圖書館複製批點者稿本

湖北

40981

雪山集十六卷

宋興國(今陽新)王質撰

清乾隆活字印武英殿聚珍版書本

本書有十二卷本、十六卷本。

國圖　中國社科院文學所　故宫　上海　復旦×　天津　遼寧　河南社科院　湖北

40982

雪山集十六卷

宋興國(今陽新)王質撰

清乾隆四十二年(1777)福建刻道光同治遞修光緒二十一年(1895)增刻武英殿聚珍版書本

國圖　北大　上海　復旦　天津　甘肅　南京　浙江　湖北　武漢　四川　重慶

40983

雪山集十六卷

宋興國(今陽新)王質撰

清光緒二十五年(1899)廣雅書局刻武英殿聚珍版書本

科院　北師大　上海　復旦　天津　吉大　山東大　湖北　武大　江西　四川

40984

雪山集十六卷

宋興國(今陽新)王質撰

民國十二年(1923)沔陽盧氏慎始基齋據武英殿聚珍版書本影印湖北先正遺書本

國圖　科院　北大　上海　天津　遼寧　寧夏　山東　南京　浙江　湖北　四川

40985

雪山集十六卷

宋興國(今陽新)王質撰

清四庫全書本

國圖　甘肅　浙江　臺北故宫

1983年臺北商務印書館影印清文淵閣四庫全書本

湖北

1989年上海古籍出版社縮印臺北商務印書館影印清文淵閣四庫全書本

《四庫全書總目》著録此係《永樂大典》輯本,其集已久佚不傳。

國圖　武漢

40986
雪山集十六卷
宋興國(今陽新)王質撰
清同治九年(1870)刻本
上海

40987
雪山集十六卷
宋興國(今陽新)王質撰
民國二十四年至二十六年(1934—1937)上海商務印書館鉛印叢書集成初編本
國圖　上海　遼寧　甘肅　浙江　湖北　江西　雲南

40988
雪山集十六卷
宋興國(今陽新)王質撰
清乾隆四十一年(1776)孔氏微波榭抄本　清孔繼涵跋
《中國古籍善本書目》著録。
國圖

40989
雪山集十二卷
宋興國(今陽新)王質撰
清抄本　清李文藻校
《中國古籍善本書目》著録。
國圖

40990
雪山集十二卷
宋興國(今陽新)王質撰
清嘉慶十三年(1808)秦氏石研齋抄本　清秦恩復、翁同書跋
存十一卷:一、三至十二
《中國古籍善本書目》著録。
國圖 ×

40991
林泉結契五卷
宋興國(今陽新)王質撰　清宋犖輯
清抄本
《中國古籍善本書目》著録,僅四川省圖書館有藏。或有將其分入"子部·農家類"者。
四川

40992
林泉結契五卷
宋興國(今陽新)王質撰
清抄兩宋名賢小集本
《中國古籍善本書目》著録。
南大

40993
林泉結契五卷
宋興國(今陽新)王質撰
清抄兩宋名賢小集本
《中國古籍善本書目》著録。
重慶

40994
林泉結契五卷
宋興國(今陽新)王質撰
清道光十一年(1831)晁氏木活字印學海類編本
《中國古籍善本書目》著録。
國圖　中國社科院文學所　上海　吉林社科院　福建　中大　重慶

40995
林泉結契五卷
宋興國(今陽新)王質撰
民國九年(1920)上海涵芬樓影印清道光晁氏木活字印學海類編本
國圖　首都　北大　上海　華東師大　天津　遼寧　吉大　南京　浙江　湖北　四川　重慶　雲南

40996
林泉結契五卷
宋興國(今陽新)王質撰
民國二十四年至二十六年(1935—1937)上海商務印書館鉛印叢書集成初編本
國圖 上海 遼寧 甘肅 浙江 湖北 江西 雲南

40997
楊誠齋詩八十首一卷
宋楊萬里撰 清彭元瑞輯 民國蘄春黄侃批點
批點者稿本
係《南京四家律選》之一。
徐孝寔處

40998
楊誠齋詩八十首一卷
宋楊萬里撰 清彭元瑞輯 民國蘄春黄侃批點
1985年湖北省圖書館複製批點者稿本
湖北

40999
義豐文集一卷
宋德安(今安陸)王阮撰
宋淳祐三年(1243)王旦刻本 李盛鐸、傅增湘跋
是刻半葉十行,行十八字,細黑口,左右雙邊。《中國古籍善本書目》著録,僅國家圖書館有藏。
阮字南卿,宋隆興進士,仕至撫州守。朱子知南康時,阮從游。是書實爲詩集,其文集未見,蓋傳抄者以全集之序弁詩之首,故仍稱"文集"。劉克莊謂其詩高處近韓駒、曾幾,於兩派之間各得一體。入《四庫全書》。
國圖

41000
義豐文集一卷
宋德安(今安陸)王阮撰
清抄本
《中國古籍善本書目》著録。
南京

41001
義豐文集一卷
宋德安(今安陸)王阮撰
清抄本 李盛鐸校
北大

41002
義豐文集一卷
宋德安(今安陸)王阮撰
附夾漈遺稿三卷
宋鄭樵撰
清抄本 清趙宗建校
《中國古籍善本書目》著録。
上海

41003
義豐集一卷
宋德安(今安陸)王阮撰
清四庫全書本
國圖 甘肅 浙江 臺北故宫
1983年臺北商務印書館影印清文淵閣四庫全書本
湖北
1989年上海古籍出版社縮印臺北商務印書館影印清文淵閣四庫全書本
國圖 武漢

41004
義豐集一卷
宋德安(今安陸)王阮撰
清抄本 清孔繼涵跋 倫明校
《中國古籍善本書目》著録。

國圖

41005

義豐集一卷

宋德安(今安陸)王阮撰

附校勘記一卷

民國胡思敬撰

民國八年(1919)南昌豫章叢書編刻局刻豫章叢書·九宋人集本

據《中國叢書綜録》,三十四個館有藏。

國圖　科院　上海　復旦　天津　遼寧　南京　浙江　湖北　江西

41006

義豐集一卷

宋德安(今安陸)王阮撰

附校勘記一卷

民國胡思敬撰

民國八年(1919)南昌豫章叢書編刻局刻豫章叢書·九宋人集本　傅增湘校　吴昌綬批注

國圖

41007

義豐詩鈔一卷

宋德安(今安陸)王阮撰

清康熙十年(1671)吴氏鑑古堂刻宋詩鈔初集本

國圖　北大　復旦　天津　吉大　山東　南京　湖北　武漢　廣東　重慶

41008

義豐詩鈔一卷

宋德安(今安陸)王阮撰

民國三年(1914)上海商務印書館影印清康熙刻宋詩鈔初集本

國圖　首都　上海　復旦　天津　遼寧　甘肅　南京　安徽　四川　重慶

41009

義豐集鈔一卷

宋德安(今安陸)王阮撰

清宣統二年(1910)北京龍文閣石印宋代五十六家詩集本

國圖　首都　北師大　清華　上海　安徽　廣東　重慶　川大　桂林

41010

平菴悔稿不分卷丙辰悔稿一卷悔稿後編不分卷補遺一卷

宋江陵項安世撰

清抄本

《中國古籍善本書目》著録。阮元《四庫未收書目提要》作十二卷,與《中國古籍善本書目》所收無格清抄本皆不相合。今僅知有十二種抄本存世。

國圖

41011

平菴悔稿十四卷丙辰悔稿一卷悔稿後編六卷補遺一卷

宋江陵項安世撰

清抄本

《中國古籍善本書目》著録。

國圖

41012

丙辰悔稿一卷平菴悔稿十四卷平菴悔稿後編六卷補遺一卷

宋江陵項安世撰

清抄本

《中國古籍總目·集部》著録。

北大

41013

丙辰悔稿一卷平菴悔稿十四卷平菴悔稿後編六卷補遺一卷

宋江陵項安世撰

抄本

日本静嘉堂

41014

平菴悔稿不分卷丙辰悔稿一卷平菴悔稿後編不分卷詩稿補遺一卷

宋江陵項安世撰

清抄本　清吴長元跋

《中國古籍善本書目》著録。

杭大

41015

平菴悔稿不分卷丙辰悔稿一卷悔稿後編不分卷補遺一卷

宋江陵項安世撰

清抄本　清翁心存、翁同書跋

《中國古籍善本書目》著録。

國圖

41016

平菴丙辰悔稿不分卷平菴悔稿後編不分卷

宋江陵項安世撰

清抄本

中大

41017

平菴詩稿十六卷

宋江陵項安世撰

清王宗炎十萬卷樓抄本　清吴長元跋　清孫文川校

北大

41018

平菴詩稿十六卷

宋江陵項安世撰

清抄本

《中國古籍善本書目》著録。

上海

41019

平菴詩稿十六卷

宋江陵項安世撰

清抄本　清丁丙跋

《中國古籍善本書目》著録。

41020

平安悔稿十二卷

宋江陵項安世撰

宛委别藏稿本

臺圖

41021

悔稿八卷

宋江陵項安世撰

清抄本

天津

41022

客亭類稾□□卷

宋江陵楊冠卿撰

宋刻本

存十卷：四六編四卷、雜著編三卷、古律編二卷、諸老先生惠答客亭書啓編一卷

是刻半葉十一行，行十八字，四周雙邊。《中國古籍善本書目》著録，僅國家圖書館藏此殘本。本書現存六個抄本。

國圖 ˣ

41023

客亭類稿十四卷

宋江陵楊冠卿撰

清四庫全書本

國圖　甘肅　浙江　臺北故宫

1983年臺北商務印書館影印清文淵閣四庫全書本

湖北

1989年上海古籍出版社縮印臺北商務印書館影印清文淵閣四庫全書本

國圖　武漢

現存之版本以此爲全。

41024

客亭類稿十四卷

宋江陵楊冠卿撰

清光緒孔氏嶽雪樓影抄文瀾閣四庫全書本

廣東

41025

客亭類稿十四卷

宋江陵楊冠卿撰

民國十二年(1923)沔陽盧氏慎始基齋據文津閣四庫全書本影印湖北先正遺書本

國圖　科院　北大　上海　天津　遼寧　寧夏　山東　南京　浙江　湖北　四川

41026

客亭類稿十四卷

宋江陵楊冠卿撰

清丁氏八千卷樓抄本

南京

41027

客亭類稿三卷

宋江陵楊冠卿撰

清法式善存素堂抄宋元人詩集本

《中國古籍善本書目》著録。

國圖

41028

龍洲道人詩集十五卷

宋襄陽劉過撰

明嘉靖王朝用刻本[卷四至七配清抄本]　清丁丙跋

是刻半葉九行,行十七字,白口,左右雙邊。《中國古籍善本書目》著録,僅該館有藏。劉過詩集有數個版本,似以十五卷本爲最早、最全之本。

南京

41029

龍洲道人詩集十五卷

宋襄陽劉過撰

明嘉靖王朝用刻本

日本靜嘉堂

41030

龍洲道人詩集十五卷

宋襄陽劉過撰

清抄本

是刻半葉十一行,行二十一字,無格。《中國古籍善本書目》著録。

杭大

41031

龍洲道人詩文集十五卷

宋襄陽劉過撰

劉龍洲墓詩一卷

清顧湄輯

清抄本

《中國古籍善本書目》著録。

北師大

41032

龍洲道人文集十五卷

宋襄陽劉過撰

劉龍洲墓詩一卷

清顧湄輯

清抄本

《中國古籍善本書目》著録。

華東師大

41033

龍洲道人集十五卷

宋襄陽劉過撰

劉龍洲墓詩一卷

清顧湄輯

清抄本

《中國古籍善本書目》著録，列爲"集部4320號"。

國圖

41034

龍洲道人集十五卷

宋襄陽劉過撰

劉龍洲墓詩一卷

清顧湄輯

清抄本

《中國古籍善本書目》著録，列爲"集部4321號"。

國圖

41035

龍洲集十四卷附録二卷

宋襄陽劉過撰

清四庫全書本

國圖　甘肅　浙江　臺北故宫

1983年臺北商務印書館影印清文淵閣四庫全書本

湖北

1989年上海古籍出版社縮印臺北商務印書館影印清文淵閣四庫全書本

國圖　武漢

41036

龍洲集十四卷首一卷

宋襄陽劉過撰

清光緒二十五年（1899）泰和蕭氏刻本

國圖　上海

41037

龍洲道人詩集十卷

宋襄陽劉過撰

清抄本　葉德輝題跋　陳威録　清邵晉涵校並跋

上海

41038

龍洲道人詩集十卷

宋襄陽劉過撰

清法氏存素堂抄宋元人詩集本

《中國古籍善本書目》著録。

國圖

41039

龍洲道人詩集十卷

宋襄陽劉過撰

清知不足齋抄本　清鮑廷博校並跋

《中國古籍善本書目》著録。

杭大

41040

龍洲道人詩集十卷

宋襄陽劉過撰

清抄本　陳威録　清邵晉涵校並跋

《中國古籍善本書目》著録。

復旦

41041

龍洲道人詩集十卷

宋襄陽劉過撰

清抄本　葉德輝批校並題識

中大

41042

龍洲道人詩集十二卷

宋襄陽劉過撰

清抄本　清丁丙跋

《中國古籍善本書目》著録。

南京

41043

龍洲道人詩集一卷

宋襄陽劉過撰

清毛氏汲古閣影抄南宋六十家小集本
《中國古籍善本書目》著録。
上海

41044
龍洲道人詩集一卷
宋襄陽劉過撰
民國十年(1921)上海古書流通處影印清初毛氏汲古閣影抄南宋六十家小集本
國圖

41045
龍洲道人詩集一卷
宋襄陽劉過撰
清陳氏師簡堂抄宋人小集本
《中國古籍善本書目》著録。
北大

41046
龍洲道人詩集一卷
宋襄陽劉過撰
清抄宋四十名家小集本
《中國古籍善本書目》著録。
國圖

41047
龍洲集十卷
宋襄陽劉過撰
清乾隆綿州李氏萬卷樓刻嘉慶十四年(1809)李鼎元重校印函海本
國圖　首都　北大　清華　上海　遼寧　吉大　甘肅　山東大　浙江　杭大　河南　江西　廣東　四川　重慶

41048
龍洲集十卷
宋襄陽劉過撰
清道光五年(1825)李朝夔據乾隆刻本補刊印函海本
國圖　首都　北師大　清華　上海　天津　遼寧　陝西　南京　浙江　湖北　武大　重慶　雲南

41049
龍洲集十卷
宋襄陽劉過撰
清光緒七年至八年(1881—1882)廣漢鍾登甲樂道齋刻函海本
國圖　科院　北大　上海　華東師大　山東大　南京　浙江　江西　湖北　四川　重慶

41050
龍洲集十卷
宋襄陽劉過撰
清抄本
國圖

41051
龍洲集十卷
宋襄陽劉過撰
民國二十四年至二十六年(1935—1937)上海商務印書館鉛印叢書集成初編本
國圖　清華　北師大　上海　復旦　遼寧　吉林市　甘肅　南大　浙江　湖北　四川　重慶　雲南

41052
龍洲道人集三卷
宋襄陽劉過撰
清初抄江湖小集本
《中國古籍善本書目》著録。
北大

41053
龍洲先生集一卷
宋襄陽劉過撰
附録一卷
清抄本　清翁同書跋

《中國古籍善本書目》著録。

國圖

41054

龍洲集三卷

宋襄陽劉過撰

清嘉慶抄本

《中國古籍善本書目》著録。

中國社科院文學所

41055

龍洲集三卷

宋襄陽劉過撰

清抄兩宋名賢小集本

《中國古籍善本書目》著録。

福建

41056

龍洲集三卷

宋襄陽劉過撰

清冰還閣抄宋人小集本

《中國古籍善本書目》著録。

國圖

41057

龍洲集三卷補篇一卷

宋襄陽劉過撰

清抄羣賢小集本

《中國古籍善本書目》著録。

國圖

41058

龍洲道人集一卷

宋襄陽劉過撰

清乾隆六年(1741)曹氏二六書堂刻宋百家詩存本

是刻半葉十一行,行二十一字,小字雙行行字同,白口,左右雙邊。《中國古籍善本書目》著録。

首都　北大　清華　首都師大　故宫　北京文物局　吉大　哈師大　嘉興　德清博　湖北　武大　湖北大　廣東　暨大　北碚　港大

41059

龍洲集一卷

宋襄陽劉過撰

清光緒孔氏嶽雪樓影抄讀書齋南宋羣賢小集本

廣東

41060

龍洲小集二卷

宋襄陽劉過撰

清抄南宋羣賢小集本

《中國古籍善本書目》著録。該叢編有清周春批校、清丁丙跋。

南京

41061

龍洲小集一卷

宋襄陽劉過撰

清抄兩宋名賢小集本

《中國古籍善本書目》著録。

重慶

41062

龍洲集十二卷

宋襄陽劉過撰

1978年上海古籍出版社鉛印本

包括詩十卷、詞一卷、雜著一卷。作者身後作品散佚,南宋杭州書賈陳起曾彙刻其詩於《江湖集》,明初崑山沈則輯其詞作等編成《懷賢録》。本次整理,彙編散見於各集之作,詩以邵晉涵校本(過録本)爲底本,詞以《蟫隱盧叢書·劉龍洲詞》爲底本,文以蕭作梅刊本爲底本,參以其他諸本及當代研究成果,予以校勘標點。書末附録作者生平創作之有關資料。

湖北

41063
斜川集十卷
宋襄陽劉過撰
清鉛印本
北大

41064
斜川詩集十卷
宋襄陽劉過撰
清活字印本
復旦

41065
斜川詩集十卷
宋襄陽劉過撰
清活字印本　清陳鱣校並跋　清吴騫校並跋　葉德輝跋
上海

41066
斜川詩集十卷
宋襄陽劉過撰
抄本
北大

41067
龍洲先生賸詩二卷
宋襄陽劉過撰
民國抄崑山叢書本
國圖

41068
劉後村詩八十首一卷
宋劉克莊撰　清彭元瑞輯　民國蘄春黄侃批點
批點者稿本
係《南京四家律選》之一。
徐孝宧處

41069
劉後村詩八十首一卷
宋劉克莊撰　清彭元瑞輯　民國蘄春黄侃批點
1985年湖北省圖書館複製批點者稿本
湖北

41070
邵子詩鈔三卷
宋邵雍撰　清興國（今陽新）蕭朗峯附注
清嘉慶二十一年（1816）仁厚堂刻本
《販書偶記續編》著録。藏書單位待訪。

41071
楚國文憲公雪樓程先生文集三十卷
元京山程鉅夫撰
楚國文憲公雪樓程先生年譜一卷
元程世京編
附録一卷
明洪武二十八年（1395）與耕書堂刻本
是刻半葉十三行，行二十二字，黑口，左右雙邊，間四周雙邊。《中國古籍善本書目》著録。
鉅夫，初名文海，以字行。其先自徽州徙京山。世祖初，由應奉翰林文字進翰林修撰，累遷至翰林學士承旨。旋乞歸，特授光禄大夫。卒贈大司徒，追贈楚國公，謚文憲。鉅夫所著《玉堂集類編》《奏議存稿》及詩文、雜著，本各自爲部，其子大本合編爲四十五卷，門人揭傒斯校正之，今不見。此三十卷本，乃至正癸卯其曾孫湝所重編。或許此本罕見，《湖北先正遺書》收其《四庫全書》本。
國圖 × 北京市文物局

41072
楚國文憲公雪樓程先生文集三十卷
元京山程鉅夫撰
楚國文憲公雪樓程先生年譜一卷
元程世京編

附録一卷

明洪武二十八年(1395)與耕書堂刻本［卷五至七配明抄本］ 清顧廣圻影抄缺葉並跋 清黄丕烈校

國圖

41073

楚國文憲公雪樓程先生文集三十卷

元京山程鉅夫撰

楚國文憲公雪樓程先生年譜一卷

元程世京編

附録一卷

明洪武二十八年(1395)與耕書堂刻本 清康綸敦、楊紹和跋

《中國古籍善本書目》著録。

山東

41074

楚國文憲公雪樓程先生文集三十卷

元京山程鉅夫撰

楚國文憲公雪樓程先生年譜一卷

元程世京編

附録一卷

明洪武二十八年(1395)與耕書堂刻本 清陳繼昌篆首並跋 馬礪金跋

《中國古籍善本書目》著録。

上海

41075

楚國文憲公雪樓程先生文集三十卷

元京山程鉅夫撰

楚國文憲公雪樓程先生年譜一卷

元程世京編

附録一卷

清影明抄本

《中國古籍善本書目》著録。

上海

41076

楚國文憲公雪樓程先生文集三十卷

元京山程鉅夫撰

楚國文憲公雪樓程先生年譜一卷

元程世京編

附録一卷

清觀稼樓抄本 清吕公忠校並跋 清丁丙跋

《中國古籍善本書目》著録。

41077

楚國文憲公雪樓程先生文集三十卷

元京山程鉅夫撰

楚國文憲公雪樓程先生年譜一卷

元程世京編

附録一卷

清藕香簃抄本 繆荃孫跋

重慶

41078

楚國文憲公雪樓程先生文集三十卷

元京山程鉅夫撰

楚國文憲公雪樓程先生年譜一卷

元程世京編

清宣統二年(1910)陶氏涉園影刻明洪武本

國圖所藏爲藍印本。

國圖 北大 天津 南京

41079

楚國文憲公雪樓程先生文集三十卷

元京山程鉅夫撰

清四庫全書本

國圖 甘肅 浙江 臺北故宫

1983年臺北商務印書館影印清文淵閣四庫全書本

湖北

1989年上海古籍出版社縮印臺北商務印書館影印清文淵閣四庫全書本

國圖　武漢

41080

雪樓集三十卷

元京山程鉅夫撰

民國十二年(1923)沔陽盧氏慎始基齋據文津閣四庫全書本影印湖北先正遺書本

國圖　科院　北大　上海　天津　遼寧　寧夏　山東　南京　浙江　湖北　四川

41081

楚國文憲公雪樓程先生文集三十卷

元京山程鉅夫撰

臺灣"中央圖書館"影印元代珍本文集彙刻本

陽海清《中國叢書廣録》著録。

41082

雪樓集一卷

元京山程鉅夫撰

清康熙長洲顧氏秀野草堂刻元詩選初集本

國圖　首都　北師大　上海　復旦　天津　山東　南京　浙江　江西　四川　重慶

41083

范德機詩集七卷

元清江(今恩施)范梈撰

元後至元六年(1340)益友書堂刻本

是刻半葉十一行,行二十字,黑口,左右雙邊。《中國古籍善本書目》著録,僅該館有藏。

國圖

41084

范德機詩集七卷

元清江(今恩施)范梈撰

元後至元六年(1340)益友書堂刻本　清楊紹和跋

《中國古籍善本書目》著録。

山東博

41085

范德機詩集七卷

元清江(今恩施)范梈撰

元後至元六年(1340)益友書堂刻本　清丁丙跋

《中國古籍善本書目》著録。

南京

41086

范德機詩集七卷

元清江(今恩施)范梈撰

明抄本

《中國古籍善本書目》著録。

杭大

41087

范德機詩集七卷

元清江(今恩施)范梈撰

明抄本　清何大成校並補目　清何煌跋　周叔弢跋

《中國古籍善本書目》著録。

國圖

41088

范德機詩集七卷

元清江(今恩施)范梈撰

明祁氏澹生堂抄本

浙大

41089

范德機詩集七卷

元清江(今恩施)范梈撰

明崇禎毛氏汲古閣刻元詩四大家本

是刻半葉九行,行十九字,白口,左右雙邊,版心下鐫"汲古閣"。《中國古籍善本書目》著録。

北師大　中央黨校　科院　北京文物局　上海　上海辭書　中國社科院文學所　石家莊　山西文物局　遼寧　大連　吉林　吉大　山東師大　南京　安徽師大　福建師大　廣東

41090
范德機詩集七卷
元清江(今恩施)范梈撰
清四庫全書本
國圖　甘肅　浙江　臺北故宫
1983年臺北商務印書館影印清文淵閣四庫全書本
湖北
1989年上海古籍出版社縮印臺北商務印書館影印清文淵閣四庫全書本
國圖　武漢

41091
范德機詩集七卷
元清江(今恩施)范梈撰
清抄本
《中國古籍善本書目》著録。
國圖

41092
范德機詩集七卷
元清江(今恩施)范梈撰
清抄本　清丁丙跋
《中國古籍善本書目》著録。
南京

41093
范德機詩集七卷
元清江(今恩施)范梈撰
民國八年(1919)上海商務印書館初次影印四部叢刊本
國圖　科院　北大　上海　復旦　天津　遼寧　甘肅　南京　杭大　江西　湖北　武大　四川　重慶　雲南

41094
范德機詩集七卷
元清江(今恩施)范梈撰
民國十八年(1929)上海商務印書館二次影印四部叢刊本
國圖　上海　復旦　華東師大　天津　吉大　南京　浙江　江西　桂林　川大　雲南

41095
范德機詩集七卷
元清江(今恩施)范梈撰
民國二十五年(1936)上海商務印書館縮印四部叢刊本
國圖　首都　北師大　中醫　華東師大　上海師大　甘肅　南京　南大　江西　桂林　湖北　雲南

41096
范德機詩集七卷
元清江(今恩施)范梈撰
附校勘記一卷
民國胡思敬撰
民國南昌豫章叢書編刻局刻豫章叢書·元二大家集本
國圖　科院　北大　上海　復旦　天津　遼寧　甘肅　南京　浙江　湖北　武漢　四川　重慶　雲南

41097
范錦江詩集七卷
元清江(今恩施)范梈撰
明萬曆四十三年(1615)刻宋元詩本
是刻半葉九行,行十九字,白口,四周單邊。《中國古籍善本書目》著録。浙江館藏該叢編殘帙,未知存此種否。
國圖　上海　山東　青島博

41098

范錦江詩集五卷

元清江(今恩施)范梈撰

明萬曆四十三年(1615)刻天啓二年(1622)重修宋元詩本

是刻半葉九行,行十九字,白口,四周單邊,有刻工。《中國古籍善本書目》著録。僅此二館藏有該叢編全帙。北大、中央民大、北京市文物局、華東師大、天津師大、內蒙古社科院、遼寧、山東、重慶館藏該叢編殘帙,未知存此種否。

甘肅　青海

41099

范德機詩集十卷

元清江(今恩施)范梈撰

清康熙三十年(1691)金侃抄本　清金侃跋

《中國古籍善本書目》著録。

國圖

41100

范德機詩集十卷

元清江(今恩施)范梈撰

1987—1998年書目文獻出版社據清康熙三十年(1691)金侃抄本影印北京圖書館古籍珍本叢刊本

湖北

41101

德機詩集一卷

元清江(今恩施)范梈撰

清康熙長洲顧氏秀野草堂刻元詩選初集本

國圖　首都　北師大　上海　復旦　天津　甘肅　山東大　南京　湖北　廣東　四川　重慶

41102

范德機詩集不分卷

元清江(今恩施)范梈撰

清抄本　清翁同龢跋

《中國古籍善本書目》著録。

國圖

41103

選校范文白公詩集六卷續選三卷

元清江(今恩施)范梈撰　明楊翬、方敘輯

清初抄本

《中國古籍善本書目》著録。

國圖

41104

經濟文集六卷

元荆門李士瞻撰

附録一卷

明正統九年(1444)刻本[附録配清抄本]　清丁丙跋

是刻半葉十二行,行二十三字,大黑口,四周雙邊。《中國古籍善本書目》著録僅該館有藏。

士瞻字彦聞,新野人,徙居荆門。元至正初中大都路進士,中書辟充右司掾,官至樞密副使、翰林學士承旨。封楚國公。有《經濟文集》,被收入《四庫全書》和《湖北先正遺書》,二者皆以清抄本爲底本,其輯者或未覓到刻本。全國善本普查,發現明刻存二、清抄存四。

南京

41105

經濟文集六卷

元荆門李士瞻撰

附録一卷

清李氏研録山房抄本

《中國古籍善本書目》著録。

國圖

41106

經濟文集六卷

元荆門李士瞻撰

附録一卷

清抄本

《中國古籍善本書目》著録。

國圖

41107

經濟文集六卷

元荆門李士瞻撰　明李伸編

明天順三年(1459)刻本[序目配清抄本]

是刻半葉十二行,行二十三字,黑口,四周雙邊。《中國古籍善本書目》著録,僅該館有藏。

吉大

41108

經濟文集六卷

元荆門李士瞻撰　明李伸編

清抄本[四庫底本]

國圖

41109

經濟文集六卷

元荆門李士瞻撰　明李伸編

清四庫全書本

國圖　甘肅　浙江　臺北故宫

1983年臺北商務印書館影印清文淵閣四庫全書本

湖北

1989年上海古籍出版社縮印臺北商務印書館影印清文淵閣四庫全書本

國圖　武漢

41110

經濟文集六卷

元荆門李士瞻撰　明李伸編

清光緒孔氏嶽雪樓影抄文瀾閣四庫全書本

廣東

41111

經濟文集六卷

元荆門李士瞻撰　明李伸編

抄本

山東

41112

經濟文集六卷

元荆門李士瞻撰

附一山文集一卷

元荆門李繼本撰

清金氏文瑞樓抄本

《中國古籍善本書目》著録,僅該館有藏。

上海

41113

經濟文集六卷

元荆門李士瞻撰

民國十二年(1923)沔陽盧氏慎始基齋據舊抄本影印湖北先正遺書本

國圖　科院　北大　上海　天津　遼寧　寧夏　山東　南京　浙江　湖北　四川

41114

經濟集一卷

元荆門李士瞻撰

清康熙長洲顧氏秀野草堂刻元詩選初集本

國圖　首都　北師大　上海　復旦　天津　山東　南京　浙江　湖北　廣東　廣西　四川　重慶

41115

一山文集九卷

元荆門李繼本撰

清康熙二十八年(1689)金侃抄本　清金侃跋

《中國古籍善本書目》著録。是書今不見刻本,僅存四個抄本。收入《四庫全書》。繼本,士瞻子。元至正十七年進士。授太常奉禮,兼翰林檢討。《四庫全書總目提要》稱"其詩俊偉疏達,能不失前人規範,長歌縱横磊落,尤爲擅場"。

國圖

41116

一山文集九卷

元荆門李繼本撰

清四庫全書本

國圖　甘肅　浙江　臺北故宫

1983年臺北商務印書館影印清文淵閣四庫全書本

湖北

1989年上海古籍出版社縮印臺北商務印書館影印清文淵閣四庫全書本

國圖　武漢

41117

一山文集九卷

元荆門李繼本撰

民國十二年(1923)沔陽盧氏慎始基齋據文津閣四庫全書本影印湖北先正遺書本

國圖　科院　北大　上海　天津　遼寧　寧夏　山東　南京　浙江　湖北　四川

41118

一山文集九卷

元荆門李繼本撰

清抄本

《中國古籍善本書目》著録。

南京

41119

一山文集九卷

元荆門李繼本撰

清抄本

《中國古籍善本書目》著録。

吉大

41120

一山文集一卷

元荆門李繼本撰

清金氏文瑞樓抄本

與李士瞻《經濟文集》合抄。《中國古籍總目·集部》著録第506面作一卷、第512面作九卷,未知孰是。

上海

41121

桃溪雜詠一卷

元崇陽嚴士貞撰

清抄本　清丁丙跋

士貞字正卿。嘗遊學,棲息廬山。淹貫經史,旁通仙釋,以詩名於時。洪武初,棄家遠遊,不知所終。此書爲桑梓傳重。嘉慶《湖北通志》作"《桃溪百詠》一卷"。現存元代湖北籍人著作無多。《中國古籍善本書目》著録,僅南京圖書館有藏。

南京

現存湖北著作總録

陽海清
湯旭巖 主編

上

國家圖書館出版社

圖書在版編目（CIP）數據

現存湖北著作總録：全三册 / 陽海清，湯旭巖主編．-- 北京：國家圖書館出版社，2016.8

ISBN 978-7-5013-5947-9

Ⅰ．①現…　Ⅱ．①陽…　②湯…　Ⅲ．①地方文獻—圖書目録—湖北　Ⅳ．① Z812.263

中國版本圖書館 CIP 數據核字（2016）第 217731 號

書　　名	現存湖北著作總録（全三册）
著　　者	陽海清　湯旭巖　主編
責任編輯	程魯潔
封面設計	敬人書籍設計工作室 吕敬人＋吕旻

出　　版	國家圖書館出版社（100034 北京市西城區文津街 7 號） （原書目文獻出版社　北京圖書館出版社）
發　　行	010-66114536　66126153　66151313　66175620 66121706（傳真），66126156（門市部）
E-mail	nlcpress@nlc.cn（郵購）
Website	www.nlcpress.com →投稿中心
經　　銷	新華書店
印　　裝	河北三河弘翰印務有限公司
版　　次	2016 年 8 月第 1 版　2016 年 8 月第 1 次印刷

開　　本	787 × 1092 毫米　1/16
印　　張	97.5
字　　數	1000 千字

書　　號	ISBN 978-7-5013-5947-9
定　　價	980.00 圓

《荆楚全書》基金項目成果
湖北省 2013 年社會科學基金項目
湖北省圖書館《長江文庫》項目

湖北省圖書館《長江文庫》編委會

《現存湖北著作總録》編委會

總　序

湖北地處長江中游，位居華中腹地，是中華民族燦爛文化的重要發祥地之一。以“楚辭”爲代表的楚文化歷史悠久，源遠流長，在中華五千年的文化史中有著極其重要的地位。“楚地自古多豪傑”，湖北人民一向具有勇於開拓、敢爲人先的進取精神和創新品格，湖北也是“敢爲天下先”的首義精神誕生地。正是基於深厚的文化積澱和寶貴的敢爲人先精神，早在1904年，湖北就開風氣之先，建立了全國最早的省級公共圖書館之一——湖北省圖書館；1920年，又開辦了我國第一個專門的圖書館學教育機構——武昌文華圖書館學專科學校。這些創舉不僅奠定了湖北圖書館事業的深厚根基，更重要的是，在湖北圖書館界形成了學術與實踐緊密結合的優良傳統和自覺意識。

新中國成立以來，特别是改革開放後，湖北圖書館事業取得了長足發展，建立了較爲完善的公共圖書館服務體系，頒佈了《湖北省公共圖書館條例》，建設了豐富的館藏資源，培養了高素質的圖書館館員隊伍，爲社會提供了多種形式的圖書館服務。剛落成的湖北省圖書館新館，不僅建築面積達十萬平方米，而且館內佈局與設施凸显了現代化圖書館管理理念，成爲滿足讀者文化休閑、信息交流、學習閱讀等文化需求的嶄新陣地。

當前，在黨中央、國務院關於“逐步建立和完善覆蓋城鄉、結構合理、網絡健全、運營有效、惠及全民的公共文化服務體系”的戰略部署下，公共圖書館作爲公共文化服務體系的重要組成部分，迎來了一個新的發展機遇期。爲了搶抓發展機遇，謀求湖北省公共圖書館事業的科學發展、跨越發展，湖北省文化廳與湖北省圖書館經過充分醖釀和精心策劃，著手編纂《楚天智海叢書》

《精神家園叢刊》和《長江文庫》三套叢書，分别著眼於圖書館事業發展研究、讀者服務工作研究和文獻研究，以此期望促進湖北公共圖書館領域學術研究和事業建設的協同發展。

希望湖北省圖書館能夠以新館建設爲契機，進一步提高服務水平，提升服務能力，在完善覆蓋全省的公共圖書館服務體系中發揮龍頭作用，爲湖北由文化大省向文化强省的跨越發展做出新的更大貢獻。

國家圖書館館長　周和平

2012年10月於北京

序

湖北地處華中，自古以來，名人輩出，佳作不斷。我國最早的抒情長詩《離騷》、我國第一部記載區域節日風俗的典籍《荆楚歲時記》、世界上最早的茶學專著《茶經》、我國藥物學的集大成者《本草綱目》，都是湖北人的傑作。

出於對家國的熱愛和對鄉賢的景仰，歷代湖北人積極整理鄉邦文獻。卒於清雍正十年（1732）的江陵人張旋均，收集宋元明清湖北先賢詩作，纂成《湖北先賢詩佩》，以表對先達摯愛之情。清末孝感人丁宿章編纂《湖北詩徵傳略》，收集近千名湖北詩人傳記，上起姬周，下止清代，採摭宏富，考訂精詳。晚清樸學大師俞樾親爲之序，以志欽佩。面世於民國間的《［宣統］湖北通志》，以《藝文志》的形式，集中展示湖北著述之富。民國間旅居北京的湖北學人，立"楚學精廬"，致力於收集研究湖北歷代先賢之著作，其成果最著者莫過於薈萃湖北學人近百年幾代人努力的《湖北文徵》，該書由甘鵬雲、王葆心、石榮暲等人編纂，收集元明清三代湖北學人著作，鉤沉拾墜，收二千七百餘人的八千餘篇文章，洋洋六百萬字，蔚爲大觀。

先達著作，限於物力，部分得以重新出版，清末崇文書局購回並印刷趙尚輔三餘草堂《湖北叢書》板片，民國沔陽盧氏刻印《湖北先正遺書》，都是努力廣爲傳播本地先達佳作之舉動。

湖北學者整理鄉邦文獻，齊心協力，用力甚勤，成果斐然。隨著時代的進步和學術研究的深入，後來者自有繼續補充完善之必要，如此方能最大程度地反映湖北著述之盛。

今日之視前人，存在若干便利。

其一,全國性書目和大型叢書紛紛面世。共和國建立至今,《中國古籍善本書目》《中國叢書綜録》《中國地方志聯合目録》《全國中醫圖書聯合目録》《中國古籍總目》等全國性的大型書目得以編纂出版,《景印文淵閣四庫全書》《續修四庫全書》《四庫全書存目叢書》《四庫禁燬書叢刊》《四庫未收書輯刊》《中國方志叢刊》《中國地方志集成》《故宫珍本叢刊》《著名圖書館藏稀見方志叢刊》《中國古籍珍本叢刊》等大型叢書陸續出版,這些重要的文化工程,就揭示和展示全國各大機構古籍收藏盛況而言,具有不可替代的重要作用。

其二,各大收藏機構館藏目録陸續出版。中國科學院、國家圖書館、上海圖書館、浙江圖書館、中國人民大學、南京大學、中山大學、清華大學、故宫博物院、河南省圖書館等數十家收藏機構均已出版善本書目,《東北地區古籍綫裝書聯合目録》《湖南省圖書館古籍綫裝書目録》更將普通古籍收入。《香港所藏古籍書目》《"國立中央圖書館"善本書目》《日本藏漢籍善本書志書目叢刊》《美國國會圖書館藏中文善本書録》及《續録》《美國哈佛大學哈佛燕京圖書館中文善本書志》《普林斯頓大學葛思德東方圖書館中文善本書志》均得以面世,我國的港臺地區以及日本和歐美收藏的中國古籍,亦得以揭示。

其三,獲取信息的手段大爲發達。前人囿於消息不暢、出行不便,訪書大爲困難。今日交通文軌,歐亞不再遙遠。斗室之内,我輩足不出户,便可知天下之事。利用互聯網,我們便可查閲全球著名圖書館和古籍相關的數據庫,如中华古籍善本國際聯合書目系統、日本所藏中文古籍數據庫。

縱然如此,因學術重心之轉移和風氣之改變,編輯書目等工具書,鮮有問津者。今日編纂古籍類工具書,費力多,見效慢,能爲者多不屑爲之,無力者則徒爲興歎。

陽海清先生,卻以衰病之軀,依然挺身而出,自覺承擔起《現存湖北著作總録》的編纂工作。個人覺得,陽先生之所以迎難而上,主要有兩個優勢。

其一,自身之學養優勢。陽先生編纂《中國叢書廣録》《文字音韻訓詁知見録》等書,先後主持編纂全國性大型書目《中南、西南地區省、市圖書館館藏古籍稿本提要》和《中國古籍總目·叢書部》,對於目録之學,自是駕輕就熟。

其二,自身之遊歷優勢。陽先生先後參與多種全國性古籍項目,足跡所至,包括北京、上海、天津、重慶、遼寧、山西、江蘇、浙江、福建、江西、湖北、湖南、廣東、廣西、河南、四川、雲南、甘肅等各省市圖書館。數十年前,他已著意搜求湖北著作。每至一地,格外珍惜搜集資料的機會,如饑似渴翻閲古籍卡片目録,不辭辛苦地抄録和湖北相關者。

然而,即使坐擁自身優勢,並不意味著自然會獻身名山事業。依我之見,陽先生如此努力,尚有兩種非凡的精神動力。其一,執著的學術追求。對歷代湖北著作進行一次總的清理,是陽先生多年的夙願,從湖北省圖書館榮休,意味著他更能集中精力,年事已高加之身體欠佳,不僅不爲所動,反而更有一種衹爭朝夕的使命感。其近年精力,幾萃於是書。其二,强烈的感恩之心。如所周知,陽先生是湖南人,十八歲負笈武漢大學,畢業後即服務於湖北省圖書館。"讀的湖北書,吃的湖北飯,幹的湖北活,總得對湖北有所回報,這種報恩之心至老彌篤",此乃夫子自道。"老當益壯,寧移白首之心;窮且益堅,不墜青雲之志",可謂先生之寫照。

我一直關注陽先生的科研工作,不厭其煩地囑咐他保重身體,同時以奉獻綿薄之力爲己任。《現存湖北著作總録》編纂過程中,我館指派多人,大量核查書目信息,反復考訂作者籍貫,長期核對館藏信息,及時配送相關典籍,全館上下,齊心協力,以最大努力保障初稿之順利完成。

積稿盈尺之時,本書已初具規模。陽先生再次鄭重邀請我一併主持該書之完善定稿工作。辭之不獲,衹能努力從事。何況,編纂《現存湖北著作總録》,乃歷史賦予圖書館人的光榮使命,乃我們本職工作之所在,個人亦難辭其責。經過協商,我們繼續吸收館内骨幹,繼續補充包括湖北家譜在内的書目信息。同時,核對資料,編製索引,反復校勘,直到徹底定稿。

平心而論,沒有陽先生,此書無從談起。陽先生卻反復强調,沒有湖北省圖書館同仁的共同襄助,此書或許難以完成從卡片到成稿的華美蝶變。

本書學術價值，學者必有公論，茲不贅言。該書搜羅之廣，雖是日積月纍之結果，亦是社會進步之產物。學如積薪，後來居上，我們期望《現存湖北著作總録》亦能如此。

我們同樣看重該書之衍生意義。2014 年，湖北省委、省政府決定編纂《荆楚文庫》，《現存湖北著作總録》的面世，爲該項目的順利推進奠定了堅實的基礎。近年全國各地均在編纂出版鄉邦文獻，叢書面世之前，理應對本地先賢著作做一全面盤查和系統梳理，這無疑是一項重要的基礎工作。湖北學人率爾操觚，完成《現存湖北著作總録》，於兄弟省份，聊作拋磚引玉之用。

其次，湖北省内各市縣收藏當地學人著作，宣傳鄉賢事跡，本書或略有裨益。各地補充缺藏地方文獻，按圖索驥，或可省去翻檢考證之勞。

我們覺得，《現存湖北著作總録》乃圖書館人將日常工作和科學研究緊密結合之嘗試，本書若有助於揭示湖北人文之盛，有利於求知者因書究學，於我輩心願已足矣。

湖北省圖書館館長　湯旭巖

2016 年 7 月 20 日

前　言

書目之固有功能在於:辨章學術,考鏡源流;即類求書,因書究學。今次編撰《現存湖北著作總録》(下簡稱《總録》)則更有三層現實意義:一是爲《荆楚全書》之編纂提供遴選依據,二是爲湖北歷史文化之研究提供相關信息,三是爲鄉邦文獻之搜訪提供準確目標。

按照傳統觀念,所謂鄉邦文獻,通常包括本地人寫的作品和寫本地的作品。因此,本書目既收録歷代湖北籍人(含集體)採用傳統著述方式並以文言文寫的書,亦收録歷代用傳統方式和文言文寫湖北的書。

對歷代湖北著作進行一次總的清理,纂成一部《湖北著作考録》(下稱《考録》),是我多年的夙願,並爲之作了五十年的努力,从未稍懈。經過廣搜博採,隨手記録,積纍了四萬餘張綫索卡片和大批相關資料。目録、版本之學,前清曾爲顯學,後來却日趨式微。編纂古籍書目,恰如天津劉尚恒先生所言:"無力者不能爲,有力者不屑爲。"而我之所以樂此不疲,年逾古稀仍不言棄,主要源於責任感和報恩心兩股精神動力。我長期在湖北省圖書館從事古籍編目與整理,深感湖北文化底蕴之深厚和鄉邦先賢著述之浩瀚;而張國淦、甘鵬雲、石榮暲及原湖北省通志館諸前輩在搜聚、整理、揭示湖北歷史文獻上的建樹,亦讓我敬佩不已。然而,受客觀條件的制約,《湖北書徵》《湖北藝文志》等書目,或收羅罔全,或著録非準,或序列欠精。因此,編纂一部完善的湖北著作書目的任務,便歷史性地落到了我們這一代人的身上,作爲省圖書館的古籍編目人員更是首當其衝、責無旁貸。再者,我出生於湖南農民家庭,十八歲到武漢大學中文系求學,畢業後一直在湖北省館工作,讀的湖北書,吃的湖北飯,幹的湖北活，總得對湖北有所回報，這種報恩之心至老彌篤。結合自身工作，自然會堅守這一課題。自覺責任感和常懷感恩心，爲我提供了恒久不滅的動力。此外，湖南湘鄉人那種"吃得苦、耐得煩、霸得蠻"的個性也在這份堅持中發揮了重要作用。

按照原定規劃，《考録》應在2003年退休前完成，後因參與《續修四庫全書》《四庫禁毀書叢刊》《中華大典·明清文學分典》《中南、西南地區省、市圖書館館藏古籍稿本提要（附抄本聯合目録）》《文字音韻訓詁知見書目》以及《湖北長江經濟帶文獻信息開發叢書》之編纂，遂延宕至今，仍未脱稿。去年，湯旭巖館長走馬上任，多次要求我在學術和業務上多起一點傳、幫、帶的作用。考慮到項目是培養人才的重要途徑和個人年事已高，遂決定將此課題交館，商定先由我撰成初稿，復由課題組其他成員來正誤補闕。也就在此前後，華中師範大學主持的《荆楚全書》編纂工作啓動，其主編章開沅老校長寄予期望，其負責人彭南生院長和周國林教授則登門要求我承擔文獻資源調查任務並爲其提供品種遴選依據，於是便有了這份《總録》的産生。

《湖北著作考録》是一份融史志、知見、版本、提要多種類型於一體的大型綜合性書目，此《總録》則是一部現存品種之版本目録。後者係從前者析出，雖然書名、著者、版本三個基本項目一致，附注項之説明文字則已略去泰半。

需要特別説明者：（1）本《總録》編纂期間，恰值湖北省館新舍落成、準備搬遷，書已裝箱，至少有數百條款目因著録不全或有疑問，無法核補，衹好暫時删去。（2）著者籍貫，有少量尚待查核。（3）建國以後之新版，待進一步核補。

本目録既爲知見目録，取材來源甚多，我在編稿時雖已著力統一、調整，但不準確、不劃一、不規範之處依然在所難免，尚祈讀者鑒諒。

一個地區的文化建設，離不開對優秀傳統文化的繼承和弘揚。若本書之編纂，有裨於建設文化强省和弘揚荆楚文化，則是所至禱。

陽海清

2012年12月18日寫於武漢美聯·奥林匹克花園寓所

編　例

（一）本目録爲知見性版本書目，收録歷代湖北籍人（含集體）以傳統撰述方式、用文言文寫成的書籍及歷代記述湖北的典籍（單篇短什擬予另編）。其現藏處所包括中國大陸、香港、臺灣及海外有關國家。新版古籍，原則上不收新編選本。

（二）款目之著録包括書名、著者、版本、附注、收藏單位諸項。凡源自其他書目或相關文獻之款目，除作必要的正誤補闕外，未敢妄改，一仍其舊。

（三）書名項包括書名、卷數。異書名括注於正書名之後。叢書著録種數或總卷數。

（四）著者項包括著者時代、著者姓名、著作方式。著者時代以卒年爲準。若原著所題著者姓名爲字、號者，轉换爲正名；若著者更名，或括注原名，或在附注項説明。著作方式，原則上依原書所題，若未見原書則照録他目。托名之作，前加“題”字。

凡湖北籍著者，於其姓名前標注籍貫：若古今地名有異，括注今名；若古今地名對應不詳，或依原書所題，或略而不著。

著者若有遷徙情況，按以下原則認定：凡著者本人由外省徙鄂定居並在鄂繁衍子孫者，實爲該族系在鄂之始祖，應視爲湖北人，並在附注項標示其原籍；若其先輩已由湖北遷居外省，即所謂“祖籍湖北”者，不收；若著者本人生長於湖北而後徙居他省者，照收。婦女作者，無論閨字或婚嫁者皆予收録，並儘量於附注項分别標出其父、夫之名；僧人著者，俗籍湖北者收録，並揭示其法號、俗名和原籍。

著者時代和著者姓名無考者以□□標示。

籍里有歧見者，稱其爲湖北人雖是一家之言，唯其人其書當有涉鄂處，故仍録存，聊備參酌，加中括號以别之。

相傳之先秦著者係從“大荆楚”著眼，不泥於後世之行政區劃，旨在上溯荆楚文化學術之本原。

（五）版本項一般包括刊印時間、地點、刊印者及刊印方式。若其中有不可考或一時未能考全者，則暫付闕如。

（六）附注項除對書名、著者、版本三項作必要的説明外，於該書之内容、形式特點，流佈、存佚狀况，及和其他版本乃至相關文獻之聯繫與區别亦附帶言及。各類附注文字，有話則長，無話則短，甚或省而不注，不拘一格。

（七）稽核項爲讀者提供查核參考依據，諸如該書殘缺情况、有選擇地標注款目信息所自等等。

（八）除《四庫全書》本外，概依版本立目。若一書有多個抄本的情况，則分别揭示。爲方便編製索引，每條款目給一個五位數序號。序號首碼 1、2、3、4、5 分别代表“經”“史”“子”“集”“叢”五部。

（九）參照《四庫全書總目》《中國叢書綜録》《中國古籍善本書目》《中國古籍總目》，結合本目録收書實際情况，製定分類表。全書依經、史、子、集、叢五部序列，類、屬之設置視實情而定。

（十）彙編叢書歸諸叢部，類編叢書各入其類。無論彙編叢書和類編叢書均詳列子目，包括其書名、著者，部分還加注版本；凡其責任者屬湖北籍，或其内容與湖北有關，則析出立目，歸居各類。

（十一）一書有多個版本，原則上依其刊印時間先後序列。稿本居前，印本列後，影印本、影抄本緊隨原本，底本不明之抄本置於相應位置；凡以舊版版片重編刷印之書，無論其書名變更與否，均置於原版之後，以明版刻源流。

（十二）同一類、屬標目下同一作者之著作，在不悖分類原則的前提下，集中依時順排，俾便查檢。

（十三）在內容或體制上存在賡續關係之書，無論其版刻時間相隔遠近，依次順排於祖本之後，以明學術源流。

（十四）藏書單位簡稱列於版本項後，並於書末附《藏書單位名稱繁簡對照表》，俾便讀者循目訪書。若一書之收藏單位甚多，則有選擇地標注，原則上各個大區標示一二。若其藏本有殘缺，則於其簡稱右上角加 ×，必要時在稽核項説明其殘缺情況。近年出版之整理本，一般不標注藏書單位。

（十五）後附《書名索引》和《著者索引》。叢書和叢編中之非湖北籍責任者和內容上與湖北無關之書，亦在索引中顯示。

（十六）後附《湖北歷代著作人物總表》，依現行行政區劃序列。古今地名對照不詳或具體籍里不明者集中混排殿後。

目　録

經　部

總類…………………………………… 1
易類…………………………………… 4
書類……………………………………25
詩類……………………………………33
禮類……………………………………42
周禮之屬………………………………42
儀禮之屬………………………………45
禮記之屬………………………………47
三禮總義之屬…………………………49
通禮之屬………………………………50
雜禮之屬………………………………50
樂類……………………………………51
春秋類…………………………………51
左傳之屬………………………………51
公羊傳之屬……………………………56
穀梁傳之屬……………………………56
春秋總類之屬…………………………66
孝經類…………………………………70
四書類…………………………………73
大學之屬………………………………73
中庸之屬………………………………75
論語之屬………………………………77
孟子之屬………………………………81
四書總義之屬…………………………85
爾雅類…………………………………94
群經總義類……………………………96
小學類…………………………………100
總類之屬………………………………100
説文之屬………………………………101
文字之屬………………………………105
音韻之屬………………………………111
訓詁之屬………………………………117

史　部

紀傳類…………………………………120
通代之屬………………………………120
斷代之屬………………………………121
編年類…………………………………132
通代之屬………………………………132
斷代之屬………………………………135
紀事本末類……………………………140
雜史類…………………………………142
史表類…………………………………175
詔令奏議類……………………………177
詔令之屬………………………………177
奏議之屬………………………………177
傳記類…………………………………182
總傳之屬………………………………182
別傳之屬………………………………194
年譜之屬………………………………204
日記之屬………………………………208
姓名之屬………………………………210
家傳之屬………………………………212

科舉録之屬…… 213
職官録之屬…… 228
雜録之屬…… 229
譜牒類…… 230
史抄類…… 319
時令類…… 321
地理類…… 322
叢編之屬…… 322
總志之屬…… 324
雜志之屬…… 330
本省…… 330
外省…… 344
中外雜記…… 355
方志之屬…… 357
總論…… 357
本省…… 360
省志…… 360
武漢市…… 365
孝感市…… 371
鄂州市…… 376
黄岡市…… 377
黄石市…… 389
咸寧市…… 392
荆門市…… 403
宜昌市…… 405
隨州市…… 413
襄陽市…… 415
十堰市…… 422
恩施土家族苗族自治区…… 427
省直轄縣級市…… 433
外省…… 436
河北…… 436
山西…… 438
上海…… 440
江蘇…… 440
浙江…… 442
安徽…… 444
福建…… 445
江西…… 446
山東…… 447
河南…… 448
湖南…… 449
廣東…… 449
廣西壯族自治區…… 451
四川…… 451
重慶…… 451
貴州…… 452
雲南…… 452
陝西…… 453
山水志之屬…… 454
山…… 454
水…… 459
專志…… 463
古蹟…… 463
寺觀…… 463
祠廟…… 464
書院…… 465
遊記之屬…… 465
職官類…… 470
官制之屬…… 470
官箴之屬…… 472
政紀之屬…… 472
政書類…… 472
通制之屬…… 472
儀制之屬…… 473
科舉學校之屬…… 475
邦計之屬…… 476
邦交之屬…… 487
軍政之屬…… 487
刑法之屬…… 490

水利之屬…………………………491
公牘之屬…………………………497
檔册之屬…………………………500
雜録之屬…………………………500
目録類…………………………501
通論之屬…………………………501
總録之屬…………………………501
知見…………………………501
公藏…………………………503
私藏…………………………503
郡邑…………………………503
彙刻…………………………506
治學…………………………506
專録之屬…………………………507
版刻之屬…………………………508
金石類…………………………509
叢編之屬…………………………509
總志之屬…………………………511
郡邑之屬…………………………512
金之屬…………………………516
石之屬…………………………518
錢幣之屬…………………………526
陶之屬…………………………526
璽印之屬…………………………527
文獻之屬…………………………527
史評類…………………………527

子　部

總類…………………………534
儒家類…………………………536
兵家類…………………………560
法家類…………………………568
農家類…………………………574
醫家類…………………………577
叢編之屬…………………………577
綜論之屬…………………………583
醫經之屬…………………………584
本草之屬…………………………584
診法之屬…………………………600
方論…………………………614
傷寒金匱…………………………614
諸方…………………………618
臨證各科…………………………625
温病…………………………625
內科…………………………626
外科…………………………627
婦産科…………………………627
兒科…………………………635
痘疹…………………………642
五官科…………………………653
針灸按摩之屬…………………………653
針灸…………………………653
按摩導引…………………………657
養生之屬…………………………659
醫話之屬…………………………661
天文算法類…………………………661
天文之屬…………………………661
曆法之屬…………………………661
算書之屬…………………………662
術数類…………………………665
叢編之屬…………………………665
數學之屬…………………………665
占候之屬…………………………666
堪輿之屬…………………………666
占卜之屬…………………………669
命相之屬…………………………669
陰陽五行之屬…………………………671
遁甲之屬…………………………673
雜術之屬…………………………673

藝術類……674
書畫之屬……674
書……674
畫……687
篆刻之屬……694
音樂之屬……695
游藝之屬……699
雜技之屬……701
譜録類……702
器物之屬……702
飲食之屬……707
花木鳥獸之屬……713
觀賞之屬……715
雜家類……718
雜學雜説之屬……718
雜考之屬……757
雜記之屬……761
雜纂之屬……767
類書類……769
小説家類……779
叢編之屬……779
雜録之屬……780
異聞之屬……792
志怪之屬……800
傳奇之屬……804
諧謔之屬……808
章回之屬……809
短篇……809
長篇……810
彈詞之屬……814
道家類……814
釋家類……831

集　部

楚辭類……844
別集類……896
漢魏六朝別集之屬……896
唐五代別集之屬……910
宋元別集之屬……939
明代別集之屬……969
清代前期別集之屬……1030
清代後期別集之屬……1093
民國以來別集之屬……1112
總集類……1128
通代總集之屬……1128
斷代總集之屬……1161
家集之屬……1175
地方藝文之屬……1180
詩文評類……1185
詞曲類……1198
詞類之屬……1198
曲類之屬……1209
彈詞之屬……1217

叢書部

雜纂類……1219
郡邑類……1227
氏族類……1234
獨撰類……1235

書名索引……1248
著者索引……1353
湖北歷代著作人物總表……1423
藏書單位名稱簡称全称對照表……1435
參採文獻舉要……1441
跋……1453
後記……1456

經 部

總類

10001
五經五卷

明通山朱廷立輯校

明嘉靖朱廷立刻本

周易一卷

尚書一卷

毛詩一卷

禮記一卷

春秋一卷

是刻半葉九行，行十八字，白口，左右雙邊，無魚尾。《中國古籍善本書目》著録。

朱廷立，字子禮，號兩崖。幼讀經史，後拜王守仁爲師。明嘉靖二年(1523)進士。任順天巡撫，曾督修河道，旋任北畿學政，官終禮部右侍郎。爲陽明學派中堅，人稱"朱夫子"。著有《兩崖集》《鹽政志》等行於世。

上海

10002
郝氏九經解一百七十五卷

明京山郝敬撰

明萬曆四十三年至四十七年(1615—1619)郝千秋、郝千石刻本

周易正解二十卷讀易一卷

尚書辨解十卷别解一卷

毛詩原解三十六卷讀詩一卷

春秋直解十五卷讀春秋一卷

禮記通解二十二卷讀禮記一卷

儀禮節解十七卷讀儀禮一卷

周禮完解十二卷讀周禮一卷

論語詳解二十卷讀論語一卷

孟子説解十四卷讀孟子一卷

郝敬，字仲輿，號楚望。明萬曆進士。累遷户科給事中。時開礦徵税，敬嘗劾税閹陳增、魯保等不法；又劾輔臣趙志皋力主封貢，謀國不忠。以浮躁降宜興縣丞，移知漢陰縣，考下下，再降，遂掛冠歸，杜門著書。五經之外，《儀禮》《周禮》《論》《孟》各著爲解，合稱《郝氏九經解》。

《郝氏九經解》由其子千秋、千石校刻，今僅知南京圖書館和日本内閣文庫藏有全帙。《周易正解》前有萬曆四十七年(1619)自敘，述其寫作原委，略云："僻在荒郊，衡門長掩，永日無事，乃取經籍課誦。久之，於訓詁外微有新知。苦性鹵，隨筆備忘。前後涉獵九經，爲九解，分九部，乃銓九敘。"

《中國古籍善本書目》著録。

子目各種之附《讀××》又作《讀××瑣言》，參見陽海清《中國叢書廣録》。

復旦 × 湖北 × 日本内阁文庫

10003
郝氏九經解一百七十五卷

明京山郝敬撰

明萬曆四十三年至四十七年(1615—1619)郝千秋、郝千石刻本 清丁丙跋

《中國古籍善本書目》著録。

南京

10004
郝氏九經解一百七十五卷

明京山郝敬撰

抄本

子目同《中國古籍善本書目》。

上海

10005

郝氏九經解一百七十四卷

明京山郝敬撰

日本衣文庫傳抄明萬曆刻本

周易正解二十卷讀易一卷

尚書辨解八卷讀書一卷

毛詩原解三十六卷讀詩一卷

春秋直解十五卷讀春秋一卷

儀禮節解十七卷讀儀禮一卷

周禮完解十二卷讀論語一卷

論語詳解二十卷讀論語一卷

孟子説解十四卷先聖遺事一卷讀孟子一卷

存八種一百五十一卷：缺禮記通解二十二卷讀禮記一卷

《中國館藏和刻本漢籍書目》著録。

上海師大

10006

郝氏九經解一百七十五卷

明京山郝敬撰

清道光郭式泰慎修堂抄明萬曆郝氏九經解本

尚書辯解十卷首一卷

春秋直解十五卷

禮記通解·中庸二卷

論語詳解二十卷

孟子説解十四卷首一卷

存五種六十三卷

未知是僅抄此五種，抑是另四種已散佚。

湖北

10007

郝氏九經解一百六十四卷

明京山郝敬撰

抄本

周易正解二十卷

尚書別解八卷

毛詩原解三十六卷

春秋直解十五卷

禮記通解二十二卷

儀禮節解十七卷

周禮完解十二卷

論語詳解二十卷

孟子説解十四卷

兹依《中國叢書綜録》著録。《中國古籍總目》著録之子目同《中國古籍善本書目》。

上海師大

10008

十一經音訓不分卷

清崇陽楊國楨撰

清道光十年（1830）大梁書院刻本

易經音訓不分卷

書經音訓不分卷

詩經音訓不分卷

周禮音訓不分卷

儀禮音訓不分卷

禮記音訓不分卷

春秋左傳音訓不分卷

春秋公羊傳音訓不分卷

春秋穀梁傳音訓不分卷

孝經音訓不分卷

爾雅音訓不分卷

是書有道光大梁書院和光緒湖北崇文書局二刻。湖北省館藏有前刻零種、後刻全帙。

復旦　華東師大　南大　福建師大

10009

十一經音訓不分卷

清崇陽楊國楨撰

清光緒三年（1877）湖北崇文書局刻本

易經音訓不分卷

書經音訓不分卷

詩經音訓不分卷

周禮音訓不分卷

儀禮音訓不分卷

禮記音訓不分卷
春秋左傳音訓不分卷
春秋公羊傳音訓不分卷
春秋穀梁傳音訓不分卷
孝經音訓不分卷
爾雅音訓不分卷

國圖　北大　北師大　清華　上海×　復旦　遼寧　甘肅　南京　江西　河南　湖北　武漢　武大　四川

10010
黄侃手批白文十三經不分卷
民國蘄春黄侃批
稿本
周易
尚書
毛詩
周禮
儀禮
禮記
春秋左傳
春秋公羊傳
春秋穀梁傳
論語
孝經
爾雅
孟子

中國國家博物館

10011
黄侃手批白文十三經不分卷
民國蘄春黄侃批
1983年上海古籍出版社影印手稿本　又1986年影印本
周易
尚書
毛詩
周禮
儀禮
禮記
春秋左傳
春秋公羊傳
春秋穀梁傳
論語
孝經
爾雅
孟子

湖北

10012
黄侃手批白文十三經不分卷
民國蘄春黄侃批
1979年臺北石門圖書公司據潘重規過録黄侃手批本影印本
周易
尚書
毛詩
周禮
儀禮
禮記
春秋左傳
春秋公羊傳
春秋穀梁傳
論語
孝經
爾雅
孟子

10013
古微書輯補箋註不分卷
清武昌（今鄂州）王家璧輯補
輯補者手定清稿本
係對孫穀《古微書》作輯補箋注。

湖北

10014
歷代石經考不分卷
民國蒲圻（今赤壁）張國淦撰

民國十九年（1930）燕京大學國學研究所鉛印本

附漢、魏、唐、蜀、北宋、南宋、清歷代石經一覽表。

湖北

10015

漢石經碑圖一卷

民國蒲圻（今赤壁）張國淦撰

民國二十年（1931）排印本

是書係據近年出土之漢石經可考者約得四千餘字，草爲《碑圖》一卷。按今本經文依次寫定，自爲起訖，七經齊列，圖後皆列圖記。

易類

10016

宋衷周易注一卷

漢章陵（今棗陽）宋衷撰　清孫堂輯

清嘉慶四年（1799）孫氏映雪艸堂刻漢魏二十一家易注本

《中國叢書綜録》逕著《周易注》。

宋衷，字仲子，漢南陽章陵（今湖北棗陽）人。爲荆州五業從事。與劉表共定《五經章句》。《三國志·虞翻傳》注作"南陽宋忠"。案各史志，"衷""忠"互見，玉函山房輯本謂"衷""忠"古字通用。衷注《易》之書已佚，今所流傳者爲清代孫堂、黄奭、馬國翰等輯之本。

國圖　科院　北大　上海　復旦　遼寧　南京　浙江　廣東　青海

10017

宋衷周易注一卷

漢章陵（今棗陽）宋衷撰　清孫堂輯

清嘉慶四年（1799）孫氏映雪艸堂刻漢魏二十一家易注本　清侯康、陳澧批點

國圖

10018

易注一卷

漢章陵（今棗陽）宋衷撰　清黄奭輯

清道光甘泉黄氏刻光緒印漢學堂叢書本

國圖　科院　北大　上海　復旦　天津　甘肅　南京　浙江　湖北　武大　四川　重慶

10019

易注一卷

漢章陵（今棗陽）宋衷撰　清黄奭輯

清道光甘泉黄氏刻民國十四年（1925）王鑒修補印黄氏逸書考（原名漢學堂叢書）本

國圖　北大　中醫　上海　華東師大　内蒙古　遼寧　甘肅　南京　杭大　湖北　重慶　青海

10020

易注一卷

漢章陵（今棗陽）宋衷注　清黄奭輯

民國二十三年（1934）江都朱長圻據甘泉黄氏原版補刊印黄氏逸書考（原名漢學堂叢書）本

首都　北師大　清華　中央民大　吉大　哈爾濱　甘肅　福建師大　湖北　雲南　寧夏

10021

周易宋氏一卷

漢章陵（今棗陽）宋衷撰　清張惠言輯

清道光元年（1821）合河康氏刻張皐文箋易詮全集·易義别録本

國圖　科院　北大　天津　遼寧　山東大　南京　安徽　浙江　江西

10022

周易宋氏一卷

漢章陵（今棗陽）宋衷撰　清張惠言輯

清道光張成孫抄易義别録本

《中國古籍善本書目》著録。

北大

10023

周易宋氏一卷

漢章陵（今棗陽）宋衷撰　清張惠言輯

清光緒重刻易義別録本

10024

周易宋氏一卷

漢章陵（今棗陽）宋衷撰　清張惠言輯

清道光九年（1829）廣東學海堂刻皇清經解·易義別録本

國圖　科院　北師大　上海　復旦　天津　遼寧　甘肅　南京　浙江　江西　湖北　川大　雲南

10025

周易宋氏一卷

漢章陵（今棗陽）宋衷撰　清張惠言輯

1976年臺北成文出版社影印清道光九年（1829）廣東學海堂刻皇清經解·易義別録本

係《無求備齋易經集成》之一。

山東

10026

周易宋氏一卷

漢章陵（今棗陽）宋衷撰　清張惠言輯

1983年臺灣新文豐出版公司影印清道光九年（1829）廣東學海堂刻皇清經解·易義別録本

係《大易類聚初集》之一。

山東

10027

周易宋氏一卷

漢章陵（今棗陽）宋衷撰　清張惠言輯

清道光九年（1829）廣東學海堂刻咸豐十一年（1861）補刻皇清經解·易義別録本

國圖　北大　北師大　中醫　復旦　華東師大　天津　遼寧　吉大　山東　南京　浙江　湖北　川大　雲南

10028

周易宋氏一卷

漢章陵（今棗陽）宋衷撰　清張惠言輯

清光緒十七年（1891）上海鴻寶齋石印皇清經解·易義別録本

國圖　中醫　華東師大　上海師大　吉林市　南京　江西　福建師大　湖北　武漢　廣東

10029

周易宋氏一卷

漢章陵（今棗陽）宋衷撰　清張惠言輯

清光緒上海點石齋石印皇清經解·易義別録本

國圖　北師大　山東　南京　南大　福建師大　武大　廣東　重慶　川大

10030

周易宋氏注一卷

漢章陵（今棗陽）宋衷撰　清馬國翰輯

清光緒九年（1883）長沙嫏嬛館刻玉函山房輯佚書本

國圖　首都　科院　上海　天津　遼寧　南京　浙江　江西　湖北　四川　重慶　雲南

10031

周易宋氏注一卷

漢章陵（今棗陽）宋衷撰　清馬國翰輯

清光緒十年（1884）章邱李氏據馬氏刊版重印玉函山房輯佚書本

北師大　上海　天津　遼寧　陝西　山東　南京　浙江　江西　廣東　四川

10032

周易宋氏注一卷

漢章陵（今棗陽）宋衷撰　清馬國翰輯

清光緒十年（1884）楚南書局刻玉函山

房輯佚書本

國圖　北大　復旦　天津　遼寧　南京　浙江　江西　湖北　廣西　四川　重慶　雲南

10033

漢上周易集傳十一卷

宋荆門朱震撰

宋刻本

存九卷:三至十一

是刻半葉十行,行二十一字,白口,雙邊。《中國古籍善本書目》著録。

國圖 ×

10034

漢上易傳十一卷周易卦圖三卷周易叢説一卷

宋荆門朱震撰

明抄本

科院

10035

漢上易集傳十一卷卦圖三卷叢説一卷

宋荆門朱震撰

明抄本[卦圖配清抄本]

《中國古籍善本書目》著録。

南京

10036

漢上易傳十一卷

宋荆門朱震撰

漢上先生履歷一卷

清初毛氏汲古閣影宋抄本

《中國古籍善本書目》著録。

國圖

10037

漢上易傳十一卷周易卦圖三卷周易叢説一卷

宋荆門朱震撰

清康熙成德刻通志堂經解本

《中國古籍善本書目》著録,十九館有藏。

首都　北大　上海　復旦　天津　山東　河南　湖北　武大　雲南

10038

漢上易傳十一卷周易卦圖三卷周易叢説一卷

宋荆門朱震撰

清同治十二年(1873)粤東書局刻通志堂經解本

國圖　首都　北大　上海　復旦　天津　遼寧　甘肅　南京　安徽　河南　湖北　四川　重慶

10039

漢上易傳十一卷周易卦圖三卷周易叢説一卷

宋荆門朱震撰

日本文化(公元年)刻通志堂經解本

10040

漢上易傳十一卷周易卦圖三卷周易叢説一卷

宋荆門朱震撰

民國十二年(1923)沔陽盧氏慎始基齋湖北先正遺書本據通志堂經解本影印

國圖　科院　北大　上海　天津　遼寧　寧夏　山東　南京　浙江　湖北　四川

10041

漢上易傳十一卷周易卦圖三卷周易叢説一卷

宋荆門朱震撰

清四庫全書本

國圖　甘肅　浙江　臺北故宫

1983年臺北商務印書館影印清文淵閣四庫全書本

湖北

1989年上海古籍出版社縮印臺北商務印書館影印清文淵閣四庫全書本

國圖　武漢

10042
漢上易傳十一卷周易卦圖三卷周易叢説一卷
宋荆門朱震撰
清乾隆二十八年(1763)抄摛藻堂四庫全書薈要本
故宫

10043
周易集傳十一卷
宋荆門朱震撰
民國八年(1919)上海商務印書館初印四部叢刊本
國圖　科院　北大　上海　復旦　天津　遼寧　甘肅　江西　河南　湖北　武大　四川　重慶

10044
周易集傳十一卷
宋荆門朱震撰
民國十八年(1929)上海商務印書館二次影印四部叢刊本
國圖　上海　復旦　天津　吉大　南京　浙江　福建師大　江西　桂林　武大　雲南

10045
周易集傳十一卷
宋荆門朱震撰
民國二十五年(1936)上海商務印書館縮印四部叢刊本
國圖　首都　北師大　中醫　華東師大　上海師大　上海辭書　甘肅　南京　南大　福建師大　武大　桂林　雲南

10046
周易玩辭十六卷
宋江陵項安世撰
明澹然齋抄本
《中國古籍善本書目》著録。

項安世,字平父,《中國人名大辭典》作括蒼人,《四庫全書總目》作松陽人,《湖北歷史人物辭典》作江陵人,兹從後者。宋淳熙進士,除祕書正字。尋遷校書郎。寧宗即位,理財備戰,朱熹因反戰而罷官,安世率館職上書留之,乃被列爲朱熹僞黨而免職。後除户部員外郎,湖廣總領,坐事免。復以直龍圖閣爲湖南轉運判官,未上,用臺章奪職。著有《周易玩辭》《項氏家説》等書。

此書被輯入《通志堂經解》和《四庫全書》。今存多部抄本。
國圖

10047
周易玩辭十六卷
宋江陵項安世撰
1991年山東友誼書社孔子文化大全本據明澹然齋抄本影印
國圖　山東　湖北

10048
周易玩辭十六卷
宋江陵項安世撰
清康熙成德刻通志堂經解本
《中國古籍善本書目》著録,十九館有藏。
首都　北大　上海　復旦　天津　山東　河南　湖北　武大　雲南

10049
周易玩辭十六卷
宋江陵項安世撰
清康熙成德刻通志堂經解本(此爲四庫底本)
《中國古籍善本書目》著録。
國圖

10050
周易玩辭十六卷
宋江陵項安世撰

清同治十二年(1873)粵東書局刻通志堂經解本
國圖　首都　北大　上海　復旦　天津　遼寧　南京　湖北　武漢　四川　重慶

10051
周易玩辭十六卷
宋江陵項安世撰
日本文化(一)刻通志堂經解本

10052
周易玩辭十六卷
宋江陵項安世撰
民國十二年(1923)沔陽盧氏慎始基齋據通志堂經解本影印湖北先正遺書本
國圖　科院　北大　上海　天津　遼寧　寧夏　山東　南京　浙江　湖北　四川

10053
周易玩辭十六卷
宋江陵項安世撰
1976年臺北成文出版社據清康熙成德刻通志堂經解本影印無求備齋易經集成本
山東省圖書館《易學書目》著録。
山東

10054
周易玩辭十六卷
宋江陵項安世撰
清抄本
《中國古籍善本書目》著録。
國圖

10055
周易玩辭十六卷
宋江陵項安世撰
清抄本
《中國古籍善本書目》著録。
中大

10056
周易玩辭十六卷
宋江陵項安世撰
清抄本
《中國古籍善本書目》著録。
廣東

10057
周易玩辭十六卷
宋江陵項安世撰
清乾隆二十八年(1763)抄摛藻堂四庫全書薈要本
故宫

10058
周易玩辭十六卷
宋江陵項安世撰
清四庫全書本
國圖　甘肅　浙江　臺北故宫
1983年臺北商務印書館影印清文淵閣四庫全書本
湖北
1989年上海古籍出版社縮印臺北商務印書館影印清文淵閣四庫全書本
國圖　武漢

10059
周易玩辭十六卷
宋江陵項安世撰
臺灣廣文書局印易學叢書本
陽海清《中國叢書廣録》著録,藏書單位待訪。

10060
周易玩辭十六卷
宋江陵項安世撰
濟南山東友誼書社影印孔子文化大全本
湖北大

10061
周易玩辭十六卷
宋江陵項安世撰
1990年上海古籍出版社四庫易學叢刊本
湖北

10062
郭氏傳家易説十一卷
宋夷陵（今宜昌）郭雍撰
清四庫全書本
國圖　甘肅　浙江　臺北故宮
1983年臺北商務印書館影印清文淵閣四庫全書本
湖北
1989年上海古籍出版社縮印臺北商務印書館影印清文淵閣四庫全書本
國圖　武漢

郭雍（1088—1183），字子和，忠孝之子，原籍河南。隱居峽州（今湖北宜昌縣境），放蕩長陽山谷間，自號"白雲先生"。被封爲"頤正先生"，爲當時七大理學家之一。

10063
郭氏傳家易説十一卷
宋夷陵（今宜昌）郭雍撰
清乾隆二十八年（1763）抄摛藻堂四庫全書薈要本
故宫

10064
郭氏傳家易説十一卷
宋夷陵（今宜昌）郭雍撰
清乾隆武英殿木活字排印武英殿聚珍版書本
國圖　天津　桂林

10065
郭氏傳家易説十一卷總論一卷
宋夷陵（今宜昌）郭雍撰
清乾隆四十二年（1777）杭州府刻武英殿聚珍版書本
國圖　上海　華東師大　天津　南京　浙江　湖北　廣東　廣西　四川　重慶

10066
郭氏傳家易説十一卷
宋夷陵（今宜昌）郭雍撰
清乾隆四十二年（1777）杭州府刻武英殿聚珍版書本　清盧文弨跋　清丁丙跋
南京

10067
郭氏傳家易説十一卷總論一卷
宋夷陵（今宜昌）郭雍撰
清同治十三年（1874）江西書局刻武英殿聚珍版書本
國圖　首都　北大　上海　復旦　天津　遼寧　南京　浙江　湖北　四川　重慶　香港中山

10068
郭氏傳家易説十一卷總論一卷
宋夷陵（今宜昌）郭雍撰
清乾隆四十二年（1777）福建刻道光同治遞修光緒二十一年（1895）增刻本
國圖　北大　北師大　上海　復旦　天津　内蒙古　吉大　甘肅　南京　浙江　湖北　武大　四川　雲南　香港中央

10069
郭氏傳家易説十一卷總論一卷
宋夷陵（今宜昌）郭雍撰
清光緒二十五年（1899）廣雅書局刻武英殿聚珍版書本
科院　北師大　上海　復旦　天津　内蒙古　吉大　山東大　南大　江西　湖北　廣東　四川　重慶　香港中央　新亞

10070
郭氏傳家易説十一卷總論一卷
宋夷陵（今宜昌）郭雍撰
民國二十四年（1935）上海商務印書館叢書集成初編本影印武英殿聚珍版書
山東　湖北

10071
郭氏傳家易説十一卷總論一卷
宋夷陵（今宜昌）郭雍撰
1976年臺北成文出版社無求備齋易經集成本據武英殿聚珍版書影印
該館《易學書目》著録。
山東

10072
郭氏傳家易説十一卷
宋夷陵（今宜昌）郭雍撰
清焦循編仲軒群書雜著稿本
《中國古籍善本書目》著録。
湖南社科院

10073
周易本義四卷附圖説及新增圖説一卷
宋朱熹撰　清湖北官書處增圖
清光緒十二年（1886）湖北官書處刻本
上海　南京　山東

10074
周易集傳八卷
元黄州龍仁夫撰
清影抄元本　清盛百二跋
《中國古籍善本書目》著録。

龍仁夫，江西永新人，宋季官湖廣儒學提舉。鼎革後授陝西儒學提舉不赴，絶意仕進，僑居湖北黄州，卒葬陽邏華山之陽，子孫遂家於黄。《湖北文徵》録其文。

該書還有清道光《别下齋叢書》本、同治鼎吉堂刻本和丁憲曾刻本。以《别下齋》本爲優。
上海

10075
周易集傳八卷
元黄州龍仁夫撰
明影抄元本
日本静嘉堂

10076
周易集傳八卷
元黄州龍仁夫撰
清四庫全書本
國圖　甘肅　浙江　臺北故宫
1983年臺北商務印書館影印清文淵閣四庫全書本
湖北
1989年上海古籍出版社縮印臺北商務印書館影印清文淵閣四庫全書本
國圖　武漢

10077
周易集傳八卷
元黄州龍仁夫撰
1983年臺北新文豐出版公司據清文淵閣四庫全書本影印大易類聚初集本
山東省圖書館《易學書目》著録。
山東

10078
周易集傳八卷
元黄州龍仁夫撰
清乾隆五十三年（1788）後抄本
北大

10079
周易集傳八卷
元黄州龍仁夫撰
清道光蔣氏刻别下齋叢書初集本
《中國古籍善本書目》著録。

國圖

10080
周易集傳八卷
元黄州龍仁夫撰
清道光蔣氏刻咸豐六年（1856）續刻別下齋叢書本
《中國古籍善本書目》著録。
國圖　上海　復旦　上海辭書　天津　甘肅　山東　南京　杭大　福建師大　河南　桂林

10081
周易集傳八卷
元黄州龍仁夫撰
民國十二年（1923）上海商務印書館影印清道光蔣氏刻別下齋叢書本
國圖　首都　北大　上海　復旦　天津　遼寧　甘肅　南京　杭大　江西　河南　湖北　四川　重慶

10082
周易集傳八卷
元黄州龍仁夫撰
民國武林竹簡齋影印清道光蔣氏刻別下齋叢書本
國圖　科院　北師大　天津　吉大　山東　南京　浙江　武大　川大

10083
周易集傳八卷
元黄州龍仁夫撰
1976年臺北成文出版社無求備齋易經集成本影印別下齋叢書本
山東省圖書館《易學書目》著録。
山東

10084
周易集傳八卷
元黄州龍仁夫撰
清光緒十七年（1891）龍文彬永懷堂刻本
北大　湖北

10085
周易集傳八卷
元黄州龍仁夫撰
清抄本
北大

10086
周易集傳八卷
元黄州龍仁夫撰
清抄本
人大

10087
周易集傳八卷補遺一卷考證一卷校正一卷
元黄州龍仁夫撰　清尹繼美録
清同治刻鼎吉堂全集本
科院　上海　江西

10088
周易集傳八卷補遺一卷考證一卷校正一卷
元黄州龍仁夫撰　清尹繼美録
清同治十年（1871）丁憲曾刻本
山東

10089
易象鉤解四卷
明應城陳士元撰
明嘉靖刻本
陳士元字心叔，明嘉靖進士，官至灤州知州，著述甚多。
天一閣ˣ　日本尊經閣　日本靜嘉堂

10090
易象鉤解四卷
明應城陳士元撰
明萬曆十一年（1583）自刻歸雲別集本

是刻半葉九行,行二十字,白口,四周單邊。《中國古籍善本書目》著録。

國圖　北大　祁縣 ×

易類

10091
易象鉤解四卷
明應城陳士元撰
清道光十三年(1833)應城吴毓梅刻歸雲别集本
國圖　科院　上海　復旦　天津　遼寧　陝西　山東　南京　浙江　湖北　武大　四川

10092
易象鉤解四卷
明應城陳士元撰
民國十二年(1923)沔陽盧氏慎始基齋湖北先正遺書本影印歸雲别集本
國圖　科院　北大　上海　天津　遼寧　寧夏　山東　南京　浙江　湖北　四川

10093
易象鉤解四卷
明應城陳士元撰
清四庫全書本
國圖　甘肅　浙江　臺北故宫
1983年臺北商務印書館影印清文淵閣四庫全書本
湖北
1989年上海古籍出版社縮印臺北商務印書館影印清文淵閣四庫全書本
國圖　武漢

10094
易象鉤解四卷
明應城陳士元撰
清抄本
國圖

10095
易象鉤解四卷
明應城陳士元撰
清抄本
國圖
《中國古籍善本書目》著録。

10096
易象鉤解四卷
明應城陳士元撰
清道光二十四年(1844)金山錢氏據墨海金壺刊版重編增刻守山閣叢書本
國圖　科院　北大　上海　復旦　天津　遼寧　南京　河南　江西　青海

10097
易象鉤解四卷
明應城陳士元撰
清光緒十五年(1889)上海鴻文書局影印道光錢氏守山閣叢書本
國圖　首都　北大　天津　遼寧　浙江　湖北　江西　四川　重慶

10098
易象鉤解四卷
明應城陳士元撰
民國十一年(1922)上海博古齋影印道光錢氏守山閣叢書本
國圖　首都　北大　上海　復旦　天津　遼寧　甘肅　南京　浙江　武大　江西　四川　雲南

10099
易象鉤解四卷
明應城陳士元撰
民國二十四年至二十六年(1935—1937)上海商務印書館鉛印叢書集成初編本
國圖　北師大　上海　復旦　遼寧　甘肅　浙江　湖北　武大　四川　重慶

10100
易象彙解二卷

明應城陳士元撰

明萬曆十一年（1583）自刻歸雲別集本

是刻半葉九行，行二十字，白口，四周單邊。《中國古籍善本書目》著録。書分上下二卷。上卷爲天文解、地象解、大象解、身象解、獸象解、木象解、衣象解、食象解、宫室象解、器象解、政學解；下卷爲説卦象解、大象解、數象解。據經文發明象學，綜其大凡，與其隨文立義之《易象鈎解》相爲表裏。柯劭忞稱："明人説《易》之書，能研究象學者，無逾於士元者矣。"

國圖　北大　祁縣 ×

10101
易象彙解二卷

明應城陳士元撰

2002年上海古籍出版社據明萬曆十一年（1583）刻歸雲別集本影印續修四庫全書本

湖北

10102
易象彙解二卷

明應城陳士元撰

清道光十三年（1833）應城吴毓梅刻歸雲別集本

國圖　科院　上海　復旦　天津　遼寧　陝西　山東　南京　浙江　湖北　武大　四川

10103
易象彙解二卷

明應城陳士元撰

民國十二年（1923）沔陽盧氏慎始基齋據歸雲別集本影印湖北先正遺書本

國圖　科院　北大　上海　天津　遼寧　寧夏　山東　南京　浙江　湖北　四川

10104
周易一卷

明通山朱廷立輯校

明嘉靖朱廷立輯刻五經本

上海

10105
周易正解二十卷讀易一卷

明京山郝敬撰

明萬曆四十三年（1615）郝千秋、郝千石刻郝氏九經解本

是刻半葉十行，行二十、二十一字不等，白口，四周單邊。有自敘。卷端題"千秋、千石校刻"，卷末鐫"時萬曆乙卯季夏京山郝氏家刻"。乙卯爲萬曆四十三年（1615），而"自敘"署時四十七年（1619），當係正文刻成後所補也。

自敘云："庖義作《易》，文王演序，周公繫爻，孔子贊翼，四理相授，道本一致。百家之説，紛然煩碎，執義者遺象，狥象者失意。邵雍圖先天，分《易》爲二；考亭守蓍策，義主卜筮。小道可觀，致遠恐泥。緯稗亂正，《易》道旁鶩矣。作《周易正解》部第一。"

《四庫全書總目》入"經部·易類存目"。

科院 ×　東北師大　南京　哈佛燕京

10106
周易正解二十卷讀易一卷

明京山郝敬撰

1997年齊魯書社據明萬曆四十三年（1615）郝千秋、郝千石刻郝氏九經解本影印四庫全書存目叢書本

湖北

10107
周易正解二十卷讀易一卷

明京山郝敬撰

2002年上海古籍出版社據明萬曆四十三年（1615）郝千秋、郝千石刻郝氏九經

解本影印續修四庫全書本

湖北

10108

周易正解二十卷讀易一卷

明京山郝敬撰

抄郝氏九經解本

上海

10109

周易正解二十卷讀易一卷

明京山郝敬撰

日本衣文庫傳抄明萬曆刻郝氏九經解本

上海師大

10110

周易正解二十卷

明京山郝敬撰

抄郝氏九經解本

上海師大

10111

讀易一卷

明京山郝敬撰

明萬曆四十三年至四十七年（1615—1619）郝千秋、郝千石刻郝氏九經解本

南京　復旦　湖北　日本内閣文庫

10112

讀易一卷

明京山郝敬撰

2002年上海古籍出版社據明萬曆四十三年至四十七年（1615—1619）刻郝氏九經解本影印續修四庫全書本

湖北

10113

讀易一卷

明京山郝敬撰

抄郝氏九經解本

上海

10114

讀易一卷

明京山郝敬撰

日本衣文庫傳抄明萬曆刻郝氏九經解本

上海師大

10115

易領四卷

明京山郝敬撰

明萬曆崇禎間郝洪範刻山草堂集本

是刻半葉九行，行十八字，白口，四周單邊。《四庫全書總目》入“經部·易類存目”。

《中國古籍善本書目》收有《山草堂集》，係據各館所藏殘本子目拼攏而成。本目録爲其子目各書立分析款目時，僅列出其已知藏書單位名稱，下同。

科院

10116

易領四卷

明京山郝敬撰

1997年齊魯書社據明萬曆四十三年（1615）郝千秋、郝千石刻郝氏九經解本影印四庫全書存目叢書本

湖北

10117

易領四卷

明京山郝敬撰

清光緒十七年（1891）三餘草堂刻湖北叢書本

國圖　科院　北大　上海　復旦　天津　遼寧　甘肅　南京　浙江　湖北　雲南

10118
易領四卷
明京山郝敬撰
日本江户抄山草堂集本
日本國會

10119
易領四卷
明京山郝敬撰
民國二十四年至二十六年(1935—1937)上海商務印書館鉛印叢書集成初編本
國圖　清華　北師大　上海　復旦　吉林市　甘肅　南大　浙江　江西　湖北　桂林　四川　重慶　雲南

10120
學易枝言四卷
明京山郝敬撰
明萬曆崇禎間郝洪範刻山草堂集本
科院

10121
學易枝言四卷
明京山郝敬撰
明萬曆崇禎間郝洪範刻山草堂集本　清丁丙跋
南京

10122
學易枝言四卷
明京山郝敬撰
日本江户抄山草堂集本
日本國會

10123
問易補六卷續録一卷
明京山郝敬撰
明萬曆崇禎間郝洪範刻山草堂集本
科院

10124
問易補六卷
明京山郝敬撰
日本江户抄山草堂集本
日本國會

10125
問易補五卷
明京山郝敬撰　明京山郝洪範輯
清抄本
湖北

10126
問易補七卷
明京山郝敬撰
清抄本
上海

10127
周易簡翼捷解十六卷首一卷末一卷拾遺一卷羣經輔易説一卷
明陳際泰撰　明蘄水(今浠水)周光德輯
明崇禎四年(1631)刻本
存十七卷:一至六、十至十六,首,末,拾遺,羣經輔易説
《中國古籍善本書目》著録。半葉十行,行二十四字,四周單邊。國内僅樂平縣館有藏。據《黄州府志》,周光德撰有《周易翼翼》《太極圖説》《卦象衍義》,有閔廷甲序,今遍訪無着,或未付梓,或已亡佚。
樂平　日本東京大學

10128
周易膚説三卷
明蘄水(今浠水)蔡月溼撰
清同治三年(1864)刻本
月溼,或作曰溼,字沙江。明正德十一年(1516)舉人。學問淹博,先受業於王守仁,後從湛若水遊。終生未仕,以教授生徒爲樂,人稱

"大隱先生"。山東省圖書館《易學書目·知見傳本易學書目》著録。存世已稀。

南京

10129

周易膚説三卷

明蘄水（今浠水）蔡月涇撰

清同治十三年（1874）刻本

疑與上一款目爲同版。

上海

10130

易傭十四卷諸儒傳略一卷諸儒著述一卷

明夷陵（今宜昌）文安之輯

明崇禎十二年（1639）刻本

是刻半葉八行，行十八字，白口，四周單邊，無魚尾。《中國古籍善本書目》著録，僅該館有藏。

上海

10131

易傭六卷

明夷陵（今宜昌）文安之輯

清光緒十九年（1893）會稽余氏寫樣待刻本

上海

10132

劉子易屬五卷

明安陸劉伯生撰

明萬曆刻劉子三種本

《孝感志》作《易屬素言》，《安陸志》作《易屬漸言》。唯《傳是樓書目》著録此本，列"易類論説門"。

國圖

10133

易經以俟録不分卷

明黄梅瞿九思撰

明萬曆三十五年（1607）平陽史學遷刻瞿聘君全集本

《中國古籍善本書目》著録，僅該館有藏。

國圖

10134

易經以俟録不分卷

明黄梅瞿九思撰

清抄瞿聘君全集本

湖北

10135

易經以俟録不分卷

明黄梅瞿九思撰

民國抄本

湖北

10136

周易心宗四卷

明黄陂吴惇寬撰

清光緒十八年（1892）汪庭瑞漢鎮陂邑公所刻本

湖北

10137

周易發蒙四卷圖説一卷序目一卷

清天門蕭友曹撰

清雍正二年（1724）刻本

《販書偶記續編》著録，藏書單位待訪。

10138

周易郁溪記十四卷

清蘄州（今蘄春）郁文初撰

清河間賈棠刻本

《四庫全書總目》入"經部·易類"存目。今藏書單位待考。

10139

郁溪易紀十六卷

清蘄州（今蘄春）郁文初撰

清抄本

《四庫全書總目·易類存目》作《周易郁溪記》十四卷。

山西文物局

10140

郁溪易紀十六卷

清蘄州(今蘄春)郁文初撰

1997年起齊魯書社據清抄本影印四庫全書存目叢書本

湖北

10141

清風易注四卷

清漢川魏閥撰

清光緒十八年(1892)漢川甑山書院刻本

魏閥,《漢川縣志·隱逸》有傳。

上海　南京　湖北

10142

清風易注四卷

清漢川魏閥撰

清光緒十八年(1892)三餘草堂刻本

疑與上一款目爲同版。

國圖　上海　山東　湖北

10143

清風易注不分卷

清漢川魏閥撰

抄本

上海

10144

易經通注九卷

清傅以漸、黄岡曹本榮奉敕撰

清四庫全書本

國圖　甘肅　浙江　臺北故宫

1983年臺北商務印書館影印清文淵閣四庫全書本

湖北

1989年上海古籍出版社縮印臺北商務印書館影印清文淵閣四庫全書本

國圖　武漢

10145

易經通注九卷

清傅以漸、黄岡曹本榮奉敕撰

清光緒十二年(1886)雖園刻本

國圖　天津　上海　復旦　山東　遼寧　湖北

10146

御定易經通注四卷

清傅以漸、黄岡曹本榮奉敕撰

清道光十七年(1837)三餘草堂刻湖北叢書本

國圖　科院　北大　上海　復旦　天津　遼寧　甘肅　南京　浙江　湖北　雲南

10147

易經通注四卷

清傅以漸、黄岡曹本榮奉敕撰

民國二十四年至二十六年(1935—1937)上海商務印書館排印叢書集成初編本

湖北

10148

朱氏訓蒙易門六卷

清黄岡朱日濬撰

清初黄大中(森焱)抄本

《中國古籍善本書目》著録。

湖北

10149

朱氏訓蒙易門七卷首一卷

清黄岡朱日濬撰

清初黄大中(森焱)抄本

《中國古籍善本書目》著録。書凡八册，第五至七册已嚴重受損。

湖北

10150

大易疏晦五卷首一卷

清黄岡詹大衢撰

清康熙二十四年（1685）蔣寅刻本

據《黄岡縣志》：大衢，字麗門，清康熙四十一年（1702）副榜，授翰林院孔目。此書係發明朱子本義。

北大

10151

周易引經通釋十卷

清黄岡李鈞簡輯注

清嘉慶十九年（1814）鶴陰書屋刻本

本書以經釋經，自作小注附於引文之後，創爲一家之言，探伏羲、文王、周公、孔子之淵源，掃除術數家之謬妄。或有著録清嘉慶二十一年（1816）刻者。

湖北

10152

周易引經通釋十卷

清黄岡李鈞簡輯注

清嘉慶十九年（1814）鶴陰書屋刻光緒七年（1881）王家璧重修印本

南京

10153

周易引經通釋十卷

清黄岡李鈞簡輯注

2002年上海古籍出版社據清嘉慶十九年（1814）鶴陰書屋刻光緒七年（1881）王家璧重修印本影印續修四庫全書本

湖北

10154

周易引經通釋十卷

清黄岡李鈞簡輯注

清嘉慶十九年（1814）鶴陰書屋刻光緒七年（1881）王家璧重修民國十年（1921）黄大中補刻重印本

湖北

10155

周易引經通釋十卷

清黄岡李鈞簡輯注

清嘉慶十九年（1814）鶴陰書屋刻光緒七年（1881）王家璧重修民國十三年（1924）北京黄岡會館印本

國圖　北大　科院　上海　南京　湖北

10156

易拇十六卷

清監利萬年淳撰

清道光自刻本

卷一至八爲圖說，又卷一至三爲經說，卷四、五爲例說，卷六、七爲通說，卷八爲附說，共計十六卷。《自序》云："成圖說八卷，意犹未盡，復輯其所獲釐爲七卷，合前圖說共十五卷。"今刻本多出一卷，不知何故？安化陶文毅序："書以拇名而不盡於拇，余頗疑之。"籍貫原署"華容"。《中國古籍總目·經部》分作《易拇經說》三卷、《易拇例說》二卷、《易拇通說》二卷、《易拇附說》一卷四條著録，皆作"清道光四年（1824）刻本"，若其卷分上下則與"十六"合。

上海　遼寧　南京　山東

10157

乾惕軒周易述贊（一名周易述贊）一卷

清武昌（今鄂州）王芝巽撰　清武昌王家璧等校輯

清同治元年（1862）王出選抄本

芝巽字恬菴，家璧之父。曾在雲南爲官，事

蹟不詳。有同治元年(1862)自序。

湖北

10158

周易證異四卷

清黄岡萬希槐輯

民國十二年(1923)蕭耀南鉛印十三經證異本

山東

10159

周易集解纂疏三十六卷首一卷

清安陸李道平撰

清道光十二年(1832)李氏有獲齋刻本

山東省圖書館《易學書目》著録道光二十二年(1842)刻,《販書偶記》作"道光壬寅"刻。壬寅爲十二年(1832),從之。

道平,字遠山,清嘉慶戊寅恩科舉人。唐李鼎祚《周易集解》係擇取《子夏易傳》以下三十五家之説而成,其中録虞氏易爲多,漢學賴此存於今者一二。惠棟、張惠言相繼爲疏。道平此書闡發虞義,主要依據惠、張二家。自序稱"得棟書而向之滯者十釋四五,得惠言書向之滯者十釋二三。"對虞氏之隱辭奥義作了詳盡闡發,於他家之説,亦隨文注釋。柯劭忞稱其"實可爲後學津梁之資"。有自序和李鼎祚原序。

國圖　上海　山東　湖北

10160

周易集解纂疏三十六卷首一卷

清安陸李道平撰

清光緒十七年(1891)長沙思賢講舍刻本

《販書偶記》著録。

國圖　北大　上海　湖北

10161

周易集解纂疏十卷

清安陸李道平撰

清道光刻本

國圖　科院

10162

周易集解纂疏十卷

清安陸李道平撰

清光緒十七年(1891)三餘草堂刻湖北叢書本

國圖　科院　北大　上海　復旦　天津　遼寧　甘肅　南京　浙江　湖北　雲南

10163

周易集解纂疏十卷

清安陸李道平撰

2002年上海古籍出版社據道光刻本影印續修四庫全書本

湖北

10164

周易集解纂疏十卷

清安陸李道平撰

民國二十四年至二十六年(1935—1937)上海商務印書館鉛印叢書集成初編本

國圖　北師大　上海　復旦　遼寧　甘肅　浙江　湖北　武大　四川　重慶

10165

蒙泉山館周易本義補説(一名周易補説、周易本義補説)六卷

清蘄水(今浠水)蔡紹江撰

清道光十三年(1833)修吉堂刻本

紹江字伯澄,號小沙、曉莎、清夫。清嘉慶二十四年(1819)進士。先授户部主事,繼改刑部四川司主事,再陞山東司員外部,充則例館纂修。居官二十餘年,享有文名,其門下如漢陽葉名琛、黄岡貫禎等皆一時名士。晚年摒棄辭章,潛心理學。是書本朱熹《本義》之説,故謂之《補説》,《販書偶記》著録。

國圖　遼寧　山東　湖北

10166
蒙泉山館周易本義補説(一名周易補説、周易本義補説)六卷
清蘄水(今浠水)蔡紹江撰
1997年北京出版社據清道光十三年(1833)修吉堂刻本影印四庫未收書輯刊本
湖北

10167
周易辭象合參十一卷周易圖説一卷讀易總論一卷
清黄岡汪兆柯撰
清道光二十三年(1843)存誠堂刻本
《販書偶記續編》著録。兆柯字繼良,清嘉慶十六年(1811)進士。官東安知縣,陞羅定知州。
山東

10168
易解囈通一卷
清京山易本烺撰
清咸豐同治間刻紙園叢書本
科院

10169
周易象義擇要二卷
清沔陽(今仙桃)陸光祖纂輯　梁彦龢參校
清光緒二年(1876)家刻袖珍本
湖北

10170
易象通義六卷
清漢川秦篤輝撰
清光緒十七年(1891)三餘草堂刻湖北叢書本
篤輝字山子,號榆村,歲貢生。謂"易有義而象以立,有象而義以明。義者象之所以然,象者義之所以當然,通象而後通義。"故名其書曰《易象通義》。
國圖　科院　北大　上海　復旦　天津　遼寧　甘肅　南京　浙江　湖北　雲南

10171
易象通義六卷
清漢川秦篤輝撰
1976年臺北成文出版社據清光緒十七年(1891)三餘草堂刻湖北叢書本影印無求備齋易經集成本
山東

10172
易象通義六卷
清漢川秦篤輝撰
2002年上海古籍出版社據清光緒十七年(1891)三餘草堂刻湖北叢書本影印續修四庫全書本
湖北

10173
易象通義六卷
清漢川秦篤輝撰
民國二十四年至二十六年(1935—1937)上海商務印書館鉛印叢書集成初編本
國圖　上海　遼寧　浙江　湖北　四川　重慶

10174
五峰山房易學十卷
清沔陽(今仙桃)武鈺撰
清沔陽武氏自刻本
江西　湖北

10175
五峯山房易學十卷首一卷
清沔陽(今仙桃)武鈺撰
民國十年(1921)刻本
封面題名"易學"。
湖北

10176

五峰山房易學十卷

清沔陽(今仙桃)武鈺撰

1979年臺灣新文豐公司印本

山東省圖書館《易學書目·知見傳本易學書目》著録,藏書單位待訪。

10177

周易集註四卷

清武昌(今鄂州)張官德撰

清刻本

湖北

10178

周易集注六卷周易補注一卷

清武昌(今鄂州)張官德撰

清光緒二年(1876)養源堂刻本

北師大　湖北

10179

讀書叢記二卷

清漢陽葉名澧撰　清漢陽葉頤編

清同治五年(1866)刻本

國圖　科院　南京　浙江　湖北

10180

讀易叢記二卷

清漢陽葉名澧撰　清漢陽葉頤編

1997年北京出版社據清同治五年(1866)刻本影印四庫未收書輯刊本

湖北

10181

周易變通解六卷首一卷末一卷

清黄岡萬裕澐撰

清同治十二年(1873)集錦堂刻本

書名一作《周易通變解》。本書作注,遵循漢儒,所謂以經證經;又兼採宋儒,闡發微言大義。

本書有多個版本,且題名略異。

上海　南京　浙江　山東　湖北

10182

周易變通解六卷首一卷末一卷

清黄岡萬裕澐撰

清同治十二年(1873)集錦堂刻民國二十六年(1937)重印本

上海　山東

10183

周易變通解六卷首一卷末一卷

清黄岡萬裕澐撰

清光緒元年(1875)四川重慶刻本

有王葆心重印序。

遼寧

10184

周易變通解六卷首一卷末一卷

清黄岡萬裕澐撰

清光緒九年(1883)刻本

科院

10185

周易變通解二卷首一卷末一卷

清黄岡萬裕澐撰

民國三十二年(1943)黄岡萬氏鉛印本

上海　南京　湖北

10186

學易淺説代問録(一名學易淺説)十四卷

清蘄州(今蘄春)黄雲鵠撰

清光緒十六年(1890)黄氏成都自刻本

其大旨謂《易》無定象,固用不窮。

湖北省館藏有本書之"試印本",題名《讀易淺説代問録》,係黄侃先生原藏。"讀"字用墨筆點去,傍加"學"字,並眉批:"讀作學,後效此。"

國圖　上海　山東

10187
課易問旨一卷
清清州（今蘄春）黄雲鵠撰
清光緒十六年（1890）黄氏成都自刻本
國圖　山東

10188
易學宗翼二十九卷首一卷
清天門默希老圃（吴應端）撰
稿本
存十三卷：十一至二十三
上海 ×

10189
易學宗翼二十九卷首一卷
清天門默希老圃（吴應端）撰
清光緒四年（1878）濟南刻本
據山東省圖書館《易學書目》《販書偶記》作光緒三年（1877）刊本。
山東

10190
易學宗翼二十九卷首一卷
清天門默希老圃（吴應端）撰
清光緒四年（1878）濟南刻本　佚名批點
封面題"易經，光緒戊寅（1878）春，板存山東濟南府後宰門街會友堂刻字鋪"。
湖北

10191
易學宗翼二十九卷首一卷
清天門默希老圃（吴應端）撰
清光緒四年（1878）刻浮園印本
國圖　科院　山東

10192
易學宗翼二十九卷首一卷末一卷
清天門吴應端（默希老圃）撰
清抄本
山東

10193
易説二卷
清羅田周錫恩撰
民國四年（1915）刻是園遺書本
《中國古籍總目·經部》著録"適園叢書本"，"適"爲"是"之誤，"叢"爲"遺"之誤。《是園遺書》乃周氏自刻，又名《傳魯堂遺集》。
國圖　北大　吉大　武大

10194
讀易劄記一卷
清漢陽關棠撰
民國四年（1915）謝鳳孫木活字印本
棠字季華，清光緒十一年（1885）舉人，官羅田教諭。有《師二宗齋集》。是書有光緒己卯（1879）沈曾植序、乙未季華題識。沈序謂作者"講此以授生徒，因未嘗有意著書，而隻言單詞，参伍以觀，時見深旨，所謂稱名小而取類大者，非乎？"
國圖　北師大　天津　上海　山東　南京　湖北

10195
讀易劄記一卷
清漢陽關棠撰
民國初刻西泠印社全書本
科院

10196
易象参義二卷
清夏口（今漢口）李存渺撰
清光緒三十三年（1907）漢口大董家巷周玉書刻字店石印本
湖北

10197
周易不分卷
民國蘄春黄侃批
黄侃手批白文十三經稿本
中國國家博物館

10198

周易不分卷

民國蘄春黄侃批

1986年上海古籍出版社據稿本影印黄侃手批白文十三經本

湖北

10199

周易要旨一卷

清順德馬貞榆撰

清末刻兩湖文高等學校經學課程朱印本

湖北

10200

易變釋例十二卷

清漢陽王承烈撰　李介侯參訂

稿本

湖北

10201

易變釋例十二卷

清漢陽王承烈撰　李介侯參訂

民國二十年(1931)鉛印本

國圖　上海　天津　山東　湖北

10202

易變釋例十二卷

清漢陽王承烈撰　李介侯參訂

民國三十一年(1942)四川萬縣信誠印刷莊石印本

上海　南京

10203

繫傳説卦輯義一卷附易學顯微篇一卷圖書通義一卷

民國沔陽(今仙桃)黄福撰

民國十一年(1922)鉛印本

山東省館《易學書目》著録。

山東　湖北

10204

周易集注四卷首一卷

民國黄陂劉鳳章撰

民國二十三年(1934)鉛印本　徐恕校

湖北

10205

易故長編第一册

民國蘄春黄侃撰

稿本

或爲未竣之稿,不見他目著録有以後各册。

湖北

10206

周易李氏音一卷

晉江夏(治所在今雲夢)李軌撰　清馬國翰輯

清同治皇華館刻玉函山房輯佚書本

軌字洪範(一作宏範),東晉詞部郎中。《晉書》無傳。是書《隋書·經籍志》著録,《唐書·藝文志》不載,是唐時已佚。唐陸德明《釋文序録》云:爲《易》音者三人,王肅、徐邈、李軌。《釋文》引李軌音七條。

10207

周易李氏音一卷

晉江夏(治所在今雲夢)李軌撰　清馬國翰輯

清光緒九年(1883)長沙嫏嬛館刻玉函山房輯佚書本

據《中國叢書綜録》著録,二十九個館有藏。

國圖　科院　上海　復旦　天津　南京　浙江　湖北　江西　四川　重慶　雲南

10208

周易李氏音一卷

晉江夏(治所在今雲夢)李軌撰　清馬

國翰輯
清光緒十年(1884)章邱李氏據馬氏刊版重印玉函山房輯佚書本
據《中國叢書綜録》著録,十九個館有藏。
北師大　上海　天津　遼寧　陝西　浙江　南京　江西　四川

10209
周易李氏音一卷
晉江夏(治所在今雲夢)李軌撰　清馬國翰輯
清光緒十年(1884)楚南書局刻玉函山房輯佚書本
《中國叢書綜録》著録,僅此三個館有藏。
國圖　北大　上海

10210
易經異文二卷
明應城陳士元撰
明萬曆十一年(1583)自刻歸雲别集本
是刻半葉九行,行十字,白口,四周單邊。《中國古籍善本書目》著録。
國圖　北大　祁縣ˣ

10211
易經異文二卷
明應城陳士元撰
清道光十三年(1833)應城吴毓梅刻歸雲别集本
國圖　科院　上海　復旦　天津　遼寧　陝西　山東　南京　浙江　湖北　武大　四川

10212
易經音訓不分卷
清崇陽楊國楨撰
清道光十年(1830)大梁書院刻十一經音訓本
復旦　華東師大　南大　福建師大ˣ

10213
易經音訓不分卷
清崇陽楊國楨撰
清光緒三年(1877)湖北崇文書局刻十一經音訓本
國圖　北大　北師大　清華　上海ˣ　復旦　遼寧　甘肅　南京　河南　湖北　武漢　武大　江西　四川

10214
周易漢讀考三卷序一卷
清蘄水(今浠水)郭階撰
清同治七年(1868)刻本
《販書偶記》著録,收藏單位待訪。

10215
周易漢讀考三卷序一卷
清蘄水(今浠水)郭階撰
清光緒十五年(1889)蘄水郭氏自刻春暉雜稿本
國圖　科院　北大　上海　遼寧　甘肅　福建師大　湖北　江西

10216
易注音疏六十四卷
清蘄水(今浠水)郭階撰
清光緒十五年(1889)蘄水郭氏自刻春暉雜稿本
國圖　科院　北大　上海　遼寧　甘肅　福建師大　湖北　江西

10217
周易漢讀考三卷
清蘄水(今浠水)郭階撰
2002年上海古籍出版社據清光緒十五年(1889)蘄水郭氏自刻春暉雜稿本影印續修四庫全書本
湖北

10218

古文易考

民國蘄春黄侃撰

稿本

未知成册否。

武大中文系

10219

易古訓三卷

民國武昌張長撰

清抄本

《販書偶記》注云："長字損菴，光緒時人。"

國圖

10220

周易圖説六卷

清黄岡萬年茂撰

清乾隆二十八年（1763）愛日堂刻本

年茂字少櫰，號南泉。清乾隆丙辰（1736）進士。入翰林，擢御史。年八十七重宴鹿鳴。是書"發體用一源、顯微無間之義"。"其指肆而不誣，義創而愈習，譬如探星宿、汎溟海，一一具道其然，而至者絕罕，詫謂新奇耳"。《販書偶記》著録。

國圖　上海

10221

大衍製用圖説四卷

清黄梅宛名昌撰

清同治十二年（1873）長沙荷花池刻本

《販書偶記》著録。

湖北

10222

周易筮法全解八卷

清蘄水（今浠水）王紹奎撰

清光緒二年（1876）蕭振書刻本

《販書偶記》卷一著録"清光緒二年（1876）張氏刻本"。

山東

10223

河圖洛書大義不分卷

清江夏吴光耀撰

民國成都昌福公司鉛印本

湖北

書類

10224

書范氏集解一卷

晉陰縣（光化，今老河口）范甯撰　清王仁俊輯

玉函山房輯佚書續編稿本

《中國古籍善本書目》著録。

上海

10225

古文尚書舜典注一卷

晉陰縣（光化，今老河口）范甯撰　清馬國翰輯

清光緒九年（1883）長沙嫏嬛館刻玉函山房輯佚書本

國圖　首都　科院　上海　天津　遼寧　南京　浙江　江西　湖北　四川　重慶　雲南

10226

古文尚書舜典注一卷

晉陰縣（光化，今老河口）范甯撰　清馬國翰輯

清光緒十年（1884）章邱李氏據馬氏刊版重印玉函山房輯佚書本

北師大　上海　天津　遼寧　陝西　山東　南京　浙江　江西　廣東　四川

10227

古文尚書舜典注一卷

晉陰縣(光化,今老河口)范甯撰　清馬國翰輯

清光緒十年(1884)楚南書局刻玉函山房輯佚書本

國圖　北大　復旦　天津　遼寧　南京　浙江　江西　湖北　廣西　四川　重慶　雲南

10228

尚書一卷

明通山朱廷立輯校

明嘉靖朱廷立輯刻五經本

上海

10229

書經直解十三卷

明江陵張居正等撰

明萬曆元年(1573)刻本

是刻半葉九行,行十八字,上下粗黑口,四周雙邊,雙魚尾。《中國古籍善本書目》著録,僅故宫有藏。《四庫全書總目》入"經部·書類"存目。

故宫

10230

書經直解十三卷

明江陵張居正等撰

1997年齊魯書社據明萬曆元年(1573)刻本影印四庫全書存目叢書本

湖北

10231

書經直解十三卷

明江陵張居正等撰

明萬曆元年(1573)刻本　清全祖望批校

《中國古籍善本書目》著録。

天一閣

10232

書經直解十三卷

明江陵張居正等撰

明萬曆刻本

北大　科院　上海

《中國古籍善本書目》著録。

10233

書經直解十三卷

明江陵張居正等撰

明萬曆十八年(1590)錢世周等刻本

存八卷:一至八

是刻半葉十一行,行二十二字,白口,四周單邊。有刻工。《中國古籍善本書目》著録。

吉大 ×

10234

書經直解十三卷

明江陵張居正等撰

明萬卷樓刻大業堂印本

是刻半葉十一行,行二十八字,花口,四周單邊。《中國古籍善本書目》著録,僅甘肅省圖書館有藏。

甘肅

10235

書經直解十三卷

明江陵張居正等撰

明崇禎九年(1636)馬士奇澹寧居刻本

是刻半葉九行,行十八字,白口,四周單邊,無行格。《中國古籍善本書目》著録,僅故宫博物院有藏。

故宫

10236
尚書辨解十卷别解一卷
明京山郝敬撰
明萬曆四十三年(1615)郝千秋、郝千石刻郝氏九經解本
《别解》又作《讀書》。《四庫全書總目》入"經部·書類存目"。《中國古籍善本書目》著録。
科院

10237
尚書辨解十卷别解一卷
明京山郝敬撰
1997年齊魯書社據明萬曆四十三年(1615)郝千秋、郝千石刻郝氏九經解本影印四庫全書存目叢書本
湖北

10238
尚書辨解十卷别解一卷
明京山郝敬撰
2002年上海古籍出版社據明萬曆四十三年(1615)郝千秋、郝千石刻郝氏九經解本影印續修四庫全書本
湖北

10239
尚書辨解十卷
明京山郝敬撰
清光緒十七年(1891)三餘草堂刻湖北叢書本
國圖　科院　北大　上海　復旦　天津　遼寧　甘肅　南京　浙江　湖北　雲南

10240
尚書辨解十卷
明京山郝敬撰
民國二十四年至二十六年(1935—1937)上海商務印書館鉛印叢書集成初編本
國圖　清華　北師大　上海　復旦　吉林市　甘肅　南大　浙江　江西　湖北　桂林　四川　重慶　雲南

10241
尚書辨解八卷讀書一卷
明京山郝敬撰
日本衣文庫傳抄明萬曆刻郝氏九經解本
上海師大

10242
尚書辨解十卷首一卷
明京山郝敬撰
清道光間郭式泰慎修堂抄明萬曆郝氏九經解本
湖北

10243
尚書别解(一名讀書)一卷
明京山郝敬撰
明萬曆四十三年至四十七年(1615—1619)郝千秋、郝千石刻郝氏九經解本
科院　復旦　南京　湖北　日本内閣文庫

10244
尚書别解八卷
明京山郝敬撰
抄郝氏九經解本
上海師大
《中國古籍總目》著録。

10245
尚書别解(一名讀書)一卷
明京山郝敬撰
抄郝氏九經解本
上海

書類

10246
讀書(一名尚書别解)一卷
明京山郝敬撰
抄郝氏九經解本
湖北

10247
讀書(一名尚書别解)一卷
明京山郝敬撰
日本衣文庫傳抄明萬曆刻郝氏九經解本
上海師大

10248
新鍥會元玉蟠袁先生真傳書經翼衷演義十卷
明公安袁宗道撰
明書林詹冲泉刻本
存八卷:一至六、九至十
《中國古籍善本書目》著録,僅該館藏此殘本。
重慶 ×

10249
書經以俟録不分卷
明黄梅瞿九思撰
明萬曆三十五年(1607)平陽史學遷刻瞿聘君全集本
分天道、人道、君道、臣道、世道、治道六部,摘《尚書》諸語爲綱,而稍取《老亭綱目》。所記載,各繫於下。《中國古籍善本書目》著録,僅國圖有藏。
國圖

10250
書經以俟録不分卷
明黄梅瞿九思撰
清抄瞿聘君全集本
湖北

10251
書經彙解四十六卷
明黄岡秦繼宗撰
明萬曆四十六年(1618)刻本
繼宗字敬伯,黄岡人(朱彝尊《經義考》誤作蕲水人)。萬曆三十八年(1610)進士。是刻半葉九行,行二十字,白口,左右雙邊。《續修四庫全書提要》云:"要其發明義理,視宋元人説經,固亦無甚愧焉。"《中國古籍善本書目》著録。《中國古籍總目·經部》作"明萬曆四十一年(1613)楊鶴嘉興刻本",該目晚出,或有所據。
北大　科院　日本内閣文庫

10252
書經彙解四十六卷
明黄岡秦繼宗撰
1997年北京出版社據明萬曆四十六年(1618)刻本影印四庫未收書輯刊本
湖北

10253
朱氏訓蒙書門六卷
清黄岡朱日濬撰　清黄岡王澤弘正
清康熙黄大中抄本
湖北

10254
尚書便解六卷
清孝感陳據仁原稿　清孝感陳大勛續成
清同治三年(1864)刻本
前有同治辛酉孝感知事宗文觀序,略云:據仁"乾隆丙子(1756)舉於鄉,司鐸石首,諸生解經至殷盤周誥輒若佶屈,因仿《禮記彙纂》例,輯先儒傳説,攙注於本經字句中,以便誦習。書未成……"而由陳大勛續成之。前有例言。卷端下署"嚶鳴堂讀本"五字。
湖北

10255
書經音訓不分卷
清崇陽楊國楨撰
清道光十年(1830)大梁書院刻十一經音訓本
復旦　華東師大　南大　福建師大 ×

10256
書經音訓不分卷
清崇陽楊國楨撰
清光緒三年(1877)湖北崇文書局刻十一經音訓本
國圖　北大　北師大　清華　上海 ×　復旦　遼寧　甘肅　南京　江西　河南　湖北　武漢　武大　四川

10257
龍岡山人古文尚書四種二十三卷
清黄岡洪良品撰
稿本
古文尚書辨惑十八卷首一卷
古文尚書釋難二卷
古文尚書析疑一卷
古文尚書商是一卷

良品(1827—1897)字敘澄,號右澄,又號龍岡山人。清同治七年(1868)進士。授翰林院編修,後任户部給事中、御史、巡撫等職。著述宏富,係著名學者。此書有刻本。

湖北

10258
龍岡山人古文尚書四種二十三卷
清黄岡洪良品撰
清光緒十三年至十四年(1887—1888)鉛印本
古文尚書辨惑十八卷
古文尚書釋難二卷
古文尚書析疑一卷
古文尚書商是一卷

《續修四庫全書總目提要》云:“此書尚有稿本流傳,與鉛印本間有不同。東莞倫氏曾取稿本與是書校勘,校注於書眉,並考證其篇章之次第。”此倫氏批校之本不知今存於中科院圖書館,抑已運往臺灣。

湖北

10259
龍岡山人古文尚書四種二十三卷
清黄岡洪良品撰
2002年上海古籍出版社據清光緒十三年至十四年(1887—1888)鉛印本影印續修四庫全書本
湖北

10260
古文尚書辨惑十八卷首一卷
清黄岡洪良品撰
清光緒稿本
國圖

10261
古文尚書辨惑十八卷首一卷
清黄岡洪良品撰
稿本
湖北

10262
古文尚書辨惑十八卷首一卷
清黄岡洪良品撰
清光緒十三年至十四年(1887—1888)鉛印龍岡山人古文尚書四種本
湖北

10263
古文尚書釋難二卷
清黄岡洪良品撰
稿本

湖北

10264
古文尚書釋難二卷
清黄岡洪良品撰
清光緒十三年至十四年(1887—1888)鉛印龍岡山人古文尚書四種本
湖北

10265
古文尚書析疑一卷
清黄岡洪良品撰
稿本
湖北

10266
古文尚書析疑一卷
清黄岡洪良品撰
清抄本
天津

10267
古文尚書析疑一卷
清黄岡洪良品撰
清光緒十三年至十四年(1887—1888)鉛印龍岡山人古文尚書四種本
湖北

10268
古文尚書商是一卷
清黄岡洪良品撰
稿本
湖北

10269
古文尚書商是一卷
清黄岡洪良品撰
清光緒十三年至十四年(1887—1888)鉛印龍岡山人古文尚書四種本
湖北

10270
古文尚書辨惑輯説一卷
清黄岡洪良品輯
稿本
北大

10271
古文尚書賸言一卷
清黄岡洪良品撰
底稿本

《販書偶記》《續修四庫全書總目提要》著録。

國圖

10272
古文尚書正辭三十三卷
清江夏吴光耀撰
清光緒十九年(1893)自刻本

光耀與洪良品同時、同鄉、同尊信《古文尚書》,其博似勝之。《續修四庫全書總目提要》和《販書偶記》著録。

湖北

10273
古文尚書正辭三十三卷
清江夏吴光耀撰
1997年北京出版社據清光緒十九年(1893)自刻本影印四庫未收書輯刊本
湖北

10274
尚書要旨一卷
清順德馬貞榆撰
清光緒間湖北存古學堂刻本
國圖

10275
尚書課程二卷
清順德馬貞榆撰
清湖北存古學堂刻本
國圖

10276
尚書課程三卷
清順德馬貞榆撰
清末刻兩湖文高等學校經學課程朱印本
湖北

10277
今古文尚書授受源流一卷
清順德馬貞榆撰
清光緒三餘書屋刻本
《中國古籍總目》將著者時代作"清",並有"清乾隆間三餘書屋刻本",皆誤。
國圖　北大　天津　南京　湖北

10278
今古文尚書授受源流一卷
清順德馬貞榆撰
清光緒湖北存古學堂刻本
國圖

10279
今古文尚書授受源流一卷
清順德馬貞榆撰
清末刻兩湖文高等學校經學課程朱印本
湖北

10280
尚書不分卷
民國蘄春黄侃批
黄侃手批白文十三經稿本
中國國家博物館

10281
尚書不分卷
民國蘄春黄侃批
1986年上海古籍出版社據稿本影印黄侃手批白文十三經本
湖北

10282
尚書講義
民國蘄春黄侃撰
稿本
武大中文系

10283
講《尚書》條例
民國蘄春黄侃撰
1980年上海古籍出版社鉛印黄侃論學雜著本
湖北

10284
禹貢合圖纂註一卷附録一卷
明景陵(今天門)鍾惺纂注　明艾南英圖注　明夏允彝合注
附録一卷
明末舒瀛溪刻本
是刻半葉九行,行二十字,白口,四周單邊。《中國古籍善本書目》著録。
國圖

10285
廣禹貢楚絕書二卷
明應城陳士元撰
明萬曆十七年(1589)自刻歸雲外集本
是刻半葉九行,行二十字,白口,四周單邊。《中國古籍善本書目》著録。
國圖　北大　祁縣 ×

10286

廣禹貢楚絕書二卷

明應城陳士元撰

舊抄本

前有隆慶庚午（1570）自序。《販書偶記續編》著録，藏書單位待訪。

10287

禹貢山川圖考一卷九江考一卷大地說畧一卷

清蘄州（今蘄春）胡南薰撰

清刻本

三種合爲一册，并無總書名。題下署"蘄陽胡南薰全吾氏著"。首有道光丁酉（1837）湖北督學使者姚江朱蘭敘、丙申（1836）麻城袁詵敘。第一種光緒《黄州府志》作二卷。《襄陽府志》還收有其《尚書義隱》，未見。

湖北

10288

禹貢圖說四卷

清廣濟（今武穴）周之翰撰

清同治四年（1865）刻本

之翰字翽廷。諸生。遊學四川，爲學使何紹基所識。本書爲授徒而作，不依經文，專說地理。有何紹基、徐從樞、唐傑、毛國瑞、袁章諸序跋，分弁各卷之首。

科院

10289

禹貢山道便覽一卷

清漢陽張先振輯

清同治六年（1867）漢陽張氏家塾刻本

先振字以厚。是書略於山而詳於水，既簡言諸水之源流派别，又談及治理之法，甚爲簡明。其有著述多種，唯此独存。係由其子、侄校刊，書末有題識述其原委。《販書偶記》和《續修四庫全書總目提要》著録。

湖北

10290

禹貢彙解六卷考辨略一卷

清黄岡洪兆雲撰

清光緒二十八年（1902）刻本

兆雲字虞卿。前有其從子良品序。此書以九州次序，合《尚書·禹貢》句彙推；凡有不相合者則不收入卷，别其類曰《考辨略》。

國圖　科院

10291

禹貢本義一卷

民國宜都楊守敬撰

清光緒三十二年（1906）鄂城刻本

本書以今證古，説明分合變遷之原委，廣徵群言，斷以己意。前有自序，歷舉本書異地同名不能合一，治《禹貢》者不能不知也。

湖北

10292

禹貢本義一卷

民國宜都楊守敬撰

2002年上海古籍出版社據光緒三十二年（1906）刻本影印續修四庫全書本

湖北

10293

禹貢本義一卷

民國宜都楊守敬撰　郗志群整理

1996年湖北人民出版社、湖北教育出版社鉛印楊守敬集本

湖北

10294

洪範圖說四卷

清黄岡嚴承夏撰

清乾隆柏蔭堂刻本

承夏號横溪，清乾隆丙戌（1766）進士，浙

江孝豐知縣。三充鄉試同考官。調定海縣。以功擢杭州同知，卒於官。此書府縣志入"經部·書類"，《湖北藝文志》入"子部·術數類"。

湖北

10295

洪範通易説一卷

清武昌（今鄂州）王家璧撰

稿本　清王先謙、周壽昌、萬青藜、徐桐、洪良品、張凱嵩、馮德才及民國王闓運跋

此爲家璧衆多著作少量定稿者之一。着重論述《尚書·洪範》與《易經》之間的關係，意在發揮畫卦演疇之旨。陽海清寫有簡單提要，載中南、西南地區省、市圖書館《中南、西南地區省、市圖書館館藏古籍稿本提要（附鈔本聯合目録）》。原將家璧籍里著録爲黄岡，宜改爲武昌（今鄂州）。

爲便於典藏，該館將王氏六種手稿彙編爲《王家璧雜著六種》，《中國古籍善本書目·叢部》收録。後來發現尚有另三稿裝在其中。故"六種"應改爲"九種"。

《武昌縣志》將此書歸諸"子部·術數類"，不無道理。兹據各家題跋，尤其是張凱嵩"此宜刊入《皇清經解》中嘉惠後學"之評論，似應視爲經説。

湖北

10296

洪範集解一卷

民國沔陽（今仙桃）黄福撰

民國十三年（1924）鉛印本

湖北

10297

三亳考一卷

民國宜都楊守敬撰

清光緒刻本

本書係《論語事實録》之附刻。作者據皇甫謐舊説謂殷有三亳：穀熟爲南亳，即景亳，乃湯所受命之地；偃師爲西亳，即盤庚所徙。引《左傳》馬融注，謂商邱即亳，以證皇甫謐説法正確。引《漢書地理注臣瓚》注湯居亳，即今沛陰縣，以釋鄭注之疑。

湖北

10298

三亳考

民國宜都楊守敬撰　孫明德、裴兆仁整理

1996年湖北人民出版社、湖北教育出版社鉛印楊守敬集本

湖北

10299

影寫隸古定尚書商書殘卷

民國宜都楊守敬書

1996年湖北人民出版社、湖北教育出版社鉛印楊守敬集本

湖北

詩類

10300

詩總聞二十卷

宋興國（今陽新）王質撰

明祁氏澹生堂抄本

《中國古籍善本書目》著録。

質字景文，宋紹興三十年（1160）進士。官至樞密院編修，出通判荆南府，改吉州，以奉祠終。博通經史，善屬文，與九江王阮齊名。

上海

10301

詩總聞二十卷

宋興國（今陽新）王質撰

清抄本

《中國古籍善本書目》著録。

國圖

10302
詩總聞二十卷
宋興國（今陽新）王質撰
清抄本
《中國古籍善本書目》著録。
上海

10303
詩總聞二十卷
宋興國（今陽新）王質撰
清乾隆活字印武英殿聚珍版書本
國圖　中國社科院文學所　故宫　復旦ˣ　天津　遼寧　河南社科院　湖北

10304
詩總聞二十卷
宋興國（今陽新）王質撰
民國十二年（1923）沔陽盧氏慎始基齋據武英殿聚珍版書影印湖北先正遺書本
國圖　科院　北大　上海　天津　遼寧　寧夏　山東　南京　浙江　湖北　四川

10305
詩總聞二十卷
宋興國（今陽新）王質撰
清乾隆四十二年（1777）福建刻道光同治遞修光緒二十一年（1895）增刻武英殿聚珍版書本
國圖　北大　北師大　上海　復旦　天津　遼寧　吉大　甘肅　南京　浙江　湖北　武大　四川　重慶　雲南

10306
詩總聞二十卷
宋興國（今陽新）王質撰
清光緒二十五年（1899）廣雅書局刻武英殿聚珍版書本
科院　北師大　上海　復旦　天津　吉大　山東大　南大　福建師大　江西　湖北　四川　重慶

10307
詩總聞二十卷
宋興國（今陽新）王質撰
清四庫全書薈要本
故宫

10308
詩總聞二十卷
宋興國（今陽新）王質撰
清四庫全書本
國圖　甘肅　浙江　臺北故宫
1983年臺北商務印書館影印清文淵閣四庫全書本
湖北
1989年上海古籍出版社縮印臺北商務印書館影印清文淵閣四庫全書本
國圖　武漢

10309
詩總聞二十卷
宋興國（今陽新）王質撰
清道光二十六年（1846）錢儀吉刻本
北大　南京　遼寧　湖北

10310
詩總聞二十卷
宋興國（今陽新）王質撰
清道光咸豐間大梁書院刻同治七年（1868）王儒行等印經苑本
首都　科院　北大　上海　復旦　天津　遼寧　南京　浙江　江西　河南　湖北　川大　重慶

10311
詩總聞二十卷
宋興國(今陽新)王質撰
清道光咸豐間大梁書院刻民國十一年(1922)補十二年(1923)重印經苑本
上海　復旦　天津　吉林市　陝西　甘肅　山東　安徽　浙江　福建　桂林　四川　重慶

10312
詩總聞二十卷
宋興國(今陽新)王質撰
1996年中國書店印本

10313
毛詩一卷
明通山朱廷立輯校
明嘉靖朱廷立輯刻五經本
上海

10314
新刊詩經集成圖説十卷
明羅田胡明昺輯著
抄本
明昺字汝召,號龍田,府、縣志不見其名,或老方童生。有胡明通序。王重民《中國善本書提要》著録此書有明嘉靖書林詹氏就正齋刻本,已難覓,謂北圖藏有抄本。
國圖

10315
讀詩私記五卷
明監利李先芳撰
明隆慶間刻本
書口分上下卷。《販書偶記續編》著録,《中國古籍善本書目》未收,藏書單位待訪。

10316
讀詩私記五卷
明監利李先芳撰
清四庫全書本
國圖　甘肅　浙江　臺北故宫
1983年臺北商務印書館影印清文淵閣四庫全書本
湖北
1989年上海古籍出版社縮印臺北商務印書館影印清文淵閣四庫全書本
國圖　武漢

10317
讀詩私記五卷
明監利李先芳撰
民國十二年(1923)沔陽盧氏慎始基齋影印據文津閣四庫全書本影印湖北先正遺書本
國圖　科院　北大　上海　天津　遼寧　寧夏　山東　南京　浙江　湖北　四川

10318
新鐫張閣老進呈經筵詩經直解四卷
明江陵張居正撰
明刻本
是刻半葉十行,行十八字,小字雙行行字同,白口,四周單邊。《中國古籍善本書目》著録,僅北京師範大學圖書館有藏。
北師大

10319
博古齋遵注詩經直解指南彙編三十一卷首一卷
明江陵張居正撰
清易林詹怡廷刻本
湖北

10320
毛詩原解三十六卷讀詩一卷
明京山郝敬撰
明萬曆四十三年至四十七年(1615—1619)郝千秋、郝千石刻郝氏九經解本

《中國古籍善本書目》著録。
南京　復旦　湖北　日本内閣文庫

10321
毛詩原解三十六卷
明京山郝敬撰
1997年齊魯書社據明萬曆四十三年至四十七年(1615—1619)郝于秋、郝千石刻郝氏九經解本影印四庫全書存目叢書本
湖北

10322
毛詩原解三十六卷
明京山郝敬撰
2002年上海古籍出版社據明萬曆四十三年至四十七年(1615—1619)郝千秋、郝千石刻郝氏九經解本影印續修四庫全書本
湖北

10323
毛詩原解
明京山郝敬撰
明崇禎四年(1631)刻二劉先生關湖説詩附録本
國圖

10324
毛詩原解三十六卷
明京山郝敬撰
清光緒十七年(1891)三餘草堂刻湖北叢書本
國圖　科院　北大　上海　復旦　天津　遼寧　甘肅　南京　浙江　湖北　雲南

10325
毛詩原解三十六卷
明京山郝敬撰
抄郝氏九經解本
上海師大

10326
毛詩原解三十六卷
明京山郝敬撰
清刻朱印本
復旦

10327
讀詩一卷
明京山郝敬撰
明萬曆四十三年至四十七年(1615—1619)郝千秋、郝千石刻郝氏九經解本
南京　復旦　湖北　日本内閣文庫

10328
讀詩一卷
明京山郝敬撰
抄郝氏九經解本
上海

10329
讀詩一卷
明京山郝敬撰
日本衣文庫傳抄明萬曆刻郝氏九經解本
上海師大

10330
毛詩序説八卷
明京山郝敬撰　明京山郝洪範輯
明萬曆崇禎間郝洪範刻山草堂集本
《中國古籍善本書目》著録。
科院　湖北

10331
毛詩序説八卷
明京山郝敬撰　明京山郝洪範輯

2002年上海古籍出版社據明萬曆崇禎間郝洪範刻山草堂集本影印續修四庫全書本

湖北

10332

毛詩序説八卷

明京山郝敬撰　明京山郝洪範輯

日本江户抄山草堂集本

日本國會

10333

詩經纂註八卷

宋朱熹集注　明景陵(今天門)鍾惺纂輯

明崇禎刻五經纂注本

是刻半葉十行,行二十字,白口,左右雙邊。《中國古籍善本書目》著録。

復旦　山東　徐州

10334

詩經纂注八卷

宋朱熹集注　明景陵(今天門)鍾惺纂輯

明二乙堂刻本

北大

10335

詩經八卷

明景陵(今天門)鍾惺纂注

明崇禎三年(1630)花嶼刻五經約注本

《中國古籍善本書目》著録,僅該館有藏。

華東師大

10336

詩經評四卷小序一卷

明景陵(今天門)鍾惺評點

明泰昌元年(1621)閔氏刻朱墨套印本

是書摒棄一切傳、箋注,衹録三百篇正文。於其行間、欄上、題下作簡明評語,大抵本其所撰《詩歸》之旨。書後附《小序》,有點無評。

國圖　上海　湖北　日本内閣

10337

詩經四卷小序一卷

明景陵(今天門)鍾惺評點

明凌杜若刻朱墨套印本

是刻半葉八行,行十八字,白口,左右雙邊。《中國古籍善本書目》著録,二十三館有藏。

首都　人大　故宫　復旦　華東師大　山西　遼寧　山東大　南京　湖北　四川　雲南

10338

詩經四卷小序一卷

明景陵(今天門)鍾惺評點

明凌杜若刻朱墨藍三色套印本

《中國古籍善本書目》著録。

故宫　中國社科院文學所　復旦　遼寧　吉林　東北師大　陝西文史館　浙江　杭州　華南師大　雲南文史館　日本國會

10339

詩經三卷

明景陵(今天門)鍾惺評點

明溪香書屋刻合刻周秦經書十種本

是刻半葉九行,行二十字,小字雙行行字同,白口,四周單邊。《中國古籍善本書目》著録,僅該館有藏。

國圖

10340

詩經備考二十四卷

明景陵(今天門)鍾惺、韋調鼎撰

明崇禎十四年(1641)刻本

惺字伯敬,萬曆庚戌(1610)進士,官至福建提學僉事。著述宏富,《明史》有傳。

是刻半葉十行,行十九字,白口,四周單邊。《中國古籍善本書目》著録。

中國社科院文學所　故宫　廣西師大　日本内閣文庫

10341
詩經圖史合考二十卷
明景陵(今天門)鍾惺撰
明末刻本
是刻半葉九行,行二十二字,白口,四周單邊。《中國古籍善本書目》著録。
是書雜考《詩》之名物典故,亦間繪圖,故稱《圖史合考》。《四庫全書總目》入"經部·詩類存目"。
安徽　河南

10342
詩經圖史合考二十卷
明景陵(今天門)鍾惺撰
1997年起齊魯書社據明末刻本影印四庫全書存目叢書本
湖北

10343
詩經四卷
明景陵(今天門)鍾惺評點
明末刻本
是刻半葉八行,行十七字,白口,上黑魚尾,四周單邊。《中國古籍善本書目》著録,僅該館有藏。該館卡片目録作"五卷,明泰昌元年(1621)刻本"。因館址搬遷,書已裝箱,無法核查,志此存疑。
湖北

10344
詩經注疏抄四卷
明景陵(今天門)鍾惺刪訂
傳抄明玉津園刻十三經注疏本
復旦

10345
春秀堂詩經真本(一名詩經辨疑)五卷
明景陵(今天門)鍾惺評　清林向春彙輯
清康熙十二年(1673)芸經堂刻本
湖北

10346
古逸詩二卷
明景陵(今天門)鍾惺評
明刻合諸名家真評先秦十五種本
是刻半葉九行,行二十字,白口,左右雙邊。《中國古籍善本書目》著録,中科院藏此叢書殘本,未知有此種否。
科院 ×　山東

10347
新刻逸詩一卷
明景陵(今天門)鍾惺輯
明擁萬堂刻古名儒毛詩解本
是刻半葉十行,行二十字,白口,左右雙邊。《中國古籍善本書目》著録。科院藏該叢書殘本,未知存此種否。
北大　復旦　陝西師大　揚州師院　湖南　重慶

10348
古名儒毛詩解十六種二十四卷
明景陵(今天門)鍾惺輯
明擁萬堂刻本
小序一卷　題周卜商撰
新刻詩傳一卷　題周端木賜撰
新刻詩説一卷　題漢申培撰
新刻詩譜一卷　鄭玄撰
新刻詩傳綱領一卷
新刻讀詩一得一卷　宋黄震撰
新刻印古詩語一卷　宋朱得之撰
新刻玉海紀詩一卷　宋王應麟撰
新刻困學紀詩一卷　宋王應麟撰
新刻詩考一卷　宋王應麟撰
新刻詩地理考六卷　宋王應麟撰
新刻山堂詩考一卷　宋章如愚撰
新刻文獻詩考二卷　元馬端臨撰
新刻胡氏詩識三卷　明胡纘宗撰
新刻讀詩録一卷　明薛瑄撰

新刻逸詩一卷　明景陵（今天門）鍾惺輯

是刻半葉十行，行二十字，白口，左右雙邊。《中國古籍善本書目》著録。

北大　科院ˣ　復旦　陝西師大　揚州師院　湖南　重慶

10349
古名儒毛詩解十六種二十四卷
明景陵（今天門）鍾惺輯
1997年齊魯書社據明擁萬堂刻古名儒毛詩解十六種本影印四庫全書存目叢書本
湖北

10350
採輯名家批評詩經删補四卷首一卷
明徐奮鵬撰　明楊居廣編　明魏浣初、明景陵（今天門）鍾惺校
清末年城天禄閣重刻本
復旦

10351
陸元恪草木蟲魚疏二卷
三國吴陸璣撰　明黄岡樊維城輯
抄本
國圖

10352
詩牖十五卷
明沔陽（今仙桃）錢天錫撰
明天啓刻本

《中國古籍善本書目》著録，僅該館有藏。

上海

10353
詩牖十五卷
明沔陽（今仙桃）錢天錫撰
1997年起齊魯書社影印四庫全書存目叢書本
湖北

10354
朱氏訓蒙詩門三十六卷
清黄岡朱日濬撰
明刻本
日本内閣文庫

10355
朱氏訓蒙詩門三十六卷首一卷
清黄岡朱日濬撰　清黄岡王澤弘正
附録一卷
清黄岡黄之奇撰
清稿本

《中國古籍善本書目》定爲清初抄本，審其孫朱照序意及"初學第一書""不許翻刻"二印，當爲清稿本。未見刻本。

湖北

10356
新刻李愚公先生家傳詩經演辯真十三卷
明漢陽李若愚撰
明刻本

《漢陽縣志》著録爲《詩經演》，中國大陸地區未見。《三楚文獻録》謂李若愚與樊玉衡同受學於張甑山，鄉舉後讀書南雍，被指斥爲東林，歸諸社團，一意講學明道，著書傳後。有《證學編》《讀書録》《太極圖義》等。

日本尊經閣

10357
詩傳名物集覽（一名詩傳名物輯覽）十二卷
清黄岡陳大章撰録
清康熙五十三年（1714）刻本

大章字仲夔，順天府尹肇昌子。康熙戊辰（1688）進士，選庶吉士。是書被輯入《四庫全書》。

國圖　北大　科院　天津　復旦　遼寧　南京　福建　湖北　浠水博

10358
詩傳名物集覽(一名詩傳名物輯覽)十二卷
清黄岡陳大章撰
清四庫全書本
國圖　甘肅　浙江　臺北故宫
1983年臺北商務印書館影印清文淵閣四庫全書本
湖北
1989年上海古籍出版社影印縮印本
國圖　武漢

10359
詩傳名物集覽十二卷
清黄岡陳大章撰
清光緒十七年(1891)三餘草堂刻湖北叢書本
湖北

10360
毛詩纂詠一卷
清興國(今陽新)李應熙撰
清乾隆京都董園刻本
與《鐵瓮集》合訂。
湖北

10361
群經引詩大旨六卷
清蘄州(今蘄春)黄雲鵠撰
清光緒二十年(1894)刻本
《續修四庫全書總目提要》收録。確證"詩無達詁",並間有發明。
國圖　科院　南京　湖北

10362
群經引詩大旨六卷
清蘄州(今蘄春)黄雲鵠撰
1997年北京出版社據清光緒二十年(1894)刻本影印四庫未收書輯刊本
湖北

10363
詩經參義不分卷
清夏口(今漢口)李存渺撰
民國鉛印本
存渺原號瀣山。是書三册。漢口董家巷周玉書刻字店刻字,鄂垣雲花林工業傳習所印刷。民國三年(1914)李錫庚序。其另有《論語參義》《柏岡子論説》,未見。
湖北

10364
詩經課程一卷
清江夏高等小學堂輯
清末刻本
湖北

10365
毛詩學不分卷
清順德馬貞榆撰
清末鉛印湖北存古學堂課程本
湖北

10366
讀詩隨筆不分卷
民國饒欽豁撰
甘蔫室賸稿稿本
湖北

10367
孔子刪未刪之詩篇辨一卷
民國羅田王葆心撰
草稿本
一册,約二萬四千字。
湖北博

10368
毛詩不分卷
民國蘄春黄侃批
黄侃手批白文十三經稿本
中國國家博物館

10369
毛詩不分卷
民國蘄春黄侃批
1986 年上海古籍出版社據稿本影印黄侃手批白文十三經本
湖北

10370
詩箋緣情一卷
民國蘄春黄侃撰
民國武昌徐氏抄本
湖北

此書係對《詩經》中某些詩篇之主旨進行揭示,其篇幅雖小,却有價值。審其版式,當係武昌徐行可氏録存。

10371
詩經序傳箋略例一卷
民國蘄春黄侃撰
民國十四年(1925)《晨報副刊》本

10372
詩經序傳箋略例一卷
民國蘄春黄侃撰
民國十八年(1929)藝林社鉛印文學論集本

10373
詩説六卷
蘄春黄焯撰
1981 年長江文藝出版社鉛印本

包括独立短論九十四篇,於《詩經》版本之異同、某些詩篇之源流,以及章句、訓詁、音韻等作了詳盡的考證。

湖北

10374
詩疏平議
蘄春黄焯撰
1986 年上海古籍出版社鉛印本
湖北

10375
清人説詩四種
晏炎吾等點校
1986 年華中師範大學出版社鉛印本
毛鄭詩考正　清戴震撰
詩經小學　清段玉裁撰
毛詩補疏　清焦循撰
毛詩鄭箋改字説　清陳喬樅撰

晏炎吾爲華中師範大學教授。

華中師大

10376
詩經音訓不分卷
清崇陽楊國楨撰
清道光十年(1830)大梁書院刻十一經音訓本
復旦　華東師大　南大　福建師大 ×

10377
詩經音訓不分卷
清崇陽楊國楨撰
清光緒三年(1877)湖北崇文書局刻十一經音訓本
國圖　北大　北師大　清華　上海 ×　復旦　遼寧　甘肅　南京　江西　河南　湖北　武漢　武大　四川

10378
韓詩外傳十卷
漢韓嬰撰　明景陵(今天門)鍾惺評
明刻本

《中國古籍善本書目》著録。

復旦　重慶

10379
韓詩外傳疏證十卷
清蘄水(今浠水)陳士珂撰
清嘉慶二十三年(1818)刻本
士珂字琢軒,沆之祖父。清乾隆四十二年(1777)舉人。此書名曰《疏證》,實是以《外傳》爲綱,摘取經、史、子部諸家之書互見的相關文字備録於左。所擇録之書約三十種。雖未加案斷,而詳略異同、醇疵疏密不點自明。首有張映漢序和《敘録》十條。
湖北

10380
韓詩外傳疏證十卷
清蘄水(今浠水)陳士珂撰
清刻本
國圖

禮類

周禮之屬

10381
周禮完解十二卷讀周禮一卷
明京山郝敬撰
明萬曆四十五年(1617)郝千秋、郝千石刻郝氏九經解本
《四庫全書總目》入"經部·禮類存目"。
科院　復旦　南京　湖北　日本內閣文庫　哈佛　燕京

10382
周禮完解十二卷讀周禮一卷
明京山郝敬撰
1997年齊魯書社據明萬曆四十五年(1617)郝千秋、郝千石刻郝氏九經解本影印四庫全書存目叢書本
湖北

10383
周禮完解十二卷讀周禮一卷
明京山郝敬撰
2002年上海古籍出版社據明萬曆四十五年(1617)郝千秋、郝千石刻郝氏九經解本影印續修四庫全書本
湖北

10384
周禮完解十二卷
明京山郝敬撰
抄郝氏九經解本
上海師大

10385
讀周禮一卷
明京山郝敬撰
明萬曆四十五年(1617)郝千秋、郝千石刻郝氏九經解本
科院　復旦　南京　湖北　日本內閣文庫　哈佛　燕京

10386
讀周禮一卷
明京山郝敬撰
1997年齊魯書社據明萬曆四十五年(1617)郝千秋、郝千石刻郝氏九經解本影印四庫全書存目叢書本
湖北

10387
讀周禮一卷
明京山郝敬撰
抄郝氏九經解本
上海

10388
讀周禮一卷
明京山郝敬撰
日本衣文庫傳抄明萬曆刻郝氏九經解本
上海師大

10389
周禮節釋十二卷
清麻城鮑梁撰
清乾隆四十一年（1776）刻本
梁字西川，麻城人。《麻城縣志》載其另有《西陵人文吉光》《雋水弦聲集遺》，未見。未知此本與前一款目有無關係。《販書偶記續編》著録，藏書單位待訪。

10390
周禮節釋十二卷
清麻城鮑梁撰
清乾隆四十六年（1781）寶恕堂刻本
河南博

10391
周禮節釋十二卷
清麻城鮑梁撰
清乾隆藻文堂刻本
國圖

10392
周禮節釋十二卷
清麻城鮑梁撰
清善成堂刻本
湖北

10393
周禮節釋十二卷
清麻城鮑梁撰
清西川堂刻本
湖北

10394
周禮節釋十二卷
清麻城鮑梁撰
清三益堂刻本
吉林社科院

10395
周官注釋十二卷
清麻城鮑梁撰
清嘉慶十六年（1811）刻本
《販書偶記續編》著録，藏書單位待訪。

10396
周禮外義二卷
清應城程大中撰
清刻本
其自序云："余説經文，皆曰外義，蓋無當於經之本旨，猶夫史曰外史，傳曰外傳云爾。《周禮》稿托始於壬申，成於癸酉，今年刪去其繁複者十五六，始議版行。"
國圖　上海

10397
周禮注疏節要三十卷
清黄岡萬希槐輯
清惜陰齋刻本
湖北

10398
周禮注疏節要三十卷
清黄岡萬希槐輯
清抄本
北大

10399
周禮不分卷
民國蘄春黄侃批
黄侃手批白文十三經稿本
中國國家博物館

10400
周禮不分卷
民國蘄春黄侃批
1986年上海古籍出版社據稿本影印黄侃手批白文十三經本
湖北

10401
周禮李氏音一卷
晉江夏（治所在今雲夢）李軌撰　清馬國翰輯
清光緒九年（1883）長沙嫏嬛館刻玉函山房輯佚書本
是書包括古音、轉音，爲鄭注作音外，亦爲杜子春、二鄭作音。原書早佚，兹由輯佚學家馬國翰輯佚而成。《中國叢書綜録》著録二十四館有藏。《續修四庫全書總目提要》著録。
國圖　科院　上海　復旦　天津　南京　浙江　湖北　江西　四川　重慶　雲南

10402
周禮李氏音一卷
晉江夏（治所在今雲夢）李軌撰　清馬國翰輯
清光緒十年（1884）章邱李氏據馬氏刊版重印玉函山房輯佚書本
北師大　上海　天津　遼寧　陝西　浙江　南京　江西　四川

10403
周禮李氏音一卷
晉江夏（治所在今雲夢）李軌撰　清馬國翰輯
清光緒十年（1884）楚南書局刻玉函山房輯佚書本
《中國叢書綜録》著録，僅此三館有藏。
國圖　北大　上海

10404
周禮講義不分卷
清順德馬貞榆撰
清末湖北存古學堂鉛印本
湖北

10405
周禮音訓不分卷
清崇陽楊國楨撰
清道光十年（1830）大梁書院刻十一經音訓本
復旦　華東師大　南大　福建師大×

10406
周禮音訓不分卷
清崇陽楊國楨撰
清光緒三年（1877）湖北崇文書局刻十一經音訓本
國圖　北大　北師大　清華　上海×　復旦　遼寧　甘肅　南京　江西　河南　湖北　武漢　武大　四川

10407
批點考工記二卷圖説一卷
明南漳周夢暘輯注並評
明嘉靖十四年（1535）趙標刻本
《中國古籍善本書目》失收。
浙江　湖南師大

10408
批點考工記二卷圖説一卷
明南漳周夢暘輯注並評
明萬曆十五年（1587）醇尊堂刻本
是刻半葉八行，行十八字，白口，左右雙邊，無魚尾，眉上鐫評，有刻工。《中國古籍善本書目》著録，僅該館有藏。此書有一卷本與二卷本之别。
上海

10409
批點考工記一卷
明南漳周夢暘輯注並評
明萬曆刻本
是刻半葉八行，行十八字，白口，四周雙邊。《中國古籍善本書目》著録，僅此二館有藏。《經義考》收有《考工記評》一卷，或即是書。
天一閣　重慶

10410
批點考工記二卷
漢鄭玄注　元吴澄考注　明南漳周夢暘批評
明萬曆二十二年（1594）趙氏刻三代遺書本
是刻半葉十行，行十八字，白口，四周雙邊。《中國古籍善本書目》著録。
北大　北京文物局　上海　華東師大　山東×

10411
考工記二卷
明江夏郭正域批點
明萬曆閔齊伋刻三色套印三經評注本
是刻半葉八行，行十八字，小字雙行同，白口，左右雙邊，無刻工。書分上篇、下篇，視爲二卷。《四庫全書存目》稱：是編取《考工記》之文圈點批評，惟論其章法、句法、字法，所附注釋亦頗淺略。蓋爲論文而作，不爲詁經而作也。《中國古籍善本書目》著録，北京大學圖書館等十四個單位有藏。
北大　人大　北師大　故宫　上海師大　天津　遼寧　吉林　山東　湖北　南京　重慶　港大

10412
考工記二卷
明江夏郭正域批點
明萬曆閔齊伋刻三色套印三經評注本　清李鴻裔批校
上海　福建

10413
考工記二卷
明江夏郭正域批點
1997年齊魯書社影印四庫全書存目叢書本
湖北

10414
考工記二卷
明江夏郭正域批點
朱墨藍三色抄本
北大

儀禮之屬

10415
儀禮節解十七卷讀儀禮一卷
明京山郝敬撰
明萬曆四十三年至四十七年（1615—1619）郝千秋、郝千石刻郝氏九經解本
《四庫全書總目》入"經部·禮類存目"。《中國古籍善本書目》著録。
科院　復旦　南京　湖北　日本内閣文庫　哈佛　燕京

10416
儀禮節解十七卷讀儀禮一卷
明京山郝敬撰
1997年齊魯書社據明萬曆四十三年至四十七年（1615—1619）郝千秋、郝千石刻郝氏九經解本影印四庫全書存目叢書本
湖北

10417
儀禮節解十七卷讀儀禮一卷
明京山郝敬撰
2002年上海古籍出版社據明萬曆四十三

年至四十七年(1615—1619)郝千秋、郝千石刻郝氏九經解本影印續修四庫全書本
湖北

10418
儀禮節解十七卷
明京山郝敬撰解本
抄郝氏九經解本
上海師大

10419
讀儀禮一卷
明京山郝敬撰
明萬曆四十三年至四十七年(1615—1619)郝千秋、郝千石刻郝氏九經解本
科院　復旦　南京　湖北　日本内閣文庫　哈佛　燕京

10420
讀儀禮一卷
明京山郝敬撰
1997年齊魯書社據明萬曆四十三年至四十七年(1615—1619)郝千秋、郝千石刻郝氏九經解本影印四庫全書存目叢書本
湖北

10421
讀儀禮一卷
明京山郝敬撰
2002年上海古籍出版社據明萬曆四十三年至四十七年(1615—1619)郝千秋、郝千石刻郝氏九經解本影印續修四庫全書本
湖北

10422
讀儀禮一卷
明京山郝敬撰
抄郝氏九經解本
上海

10423
讀儀禮一卷
明京山郝敬撰
日本衣文庫傳抄明萬曆刻郝氏九經解本
上海師大

10424
儀禮纂要(一名儀禮彙編)二卷
清鍾祥黄元善撰
清光緒二十年(1894)刻本
湖北

10425
儀禮音訓不分卷
清崇陽楊國楨撰
清道光十年(1830)大梁書院刻十一經音訓本
復旦　華東師大　南大　福建師大×

10426
儀禮音訓不分卷
清崇陽楊國楨撰
清光緒三年(1877)湖北崇文書局刻十一經音訓本
國圖　北大　北師大　清華　上海×　復旦　遼寧　甘肅　南京　江西　河南　湖北　武漢　武大　四川

10427
儀禮不分卷
民國蘄春黄侃批
黄侃手批白文十三經稿本
中國國家博物館

10428
儀禮不分卷
民國蘄春黄侃批

1986年上海古籍出版社據稿本影印黄侃手批白文十三經本

湖北

10429

喪服經傳彙編考正四卷

鄂城曹林撰

民國十一年（1922）鉛印本

林字山公。在本書目録後有以下一段文字："坿《山公叢書》書目：經説辨疑七卷、崇德録三卷、文字要略二卷、四書集注補四卷、喪服經傳彙編考正四卷，以上五種二十卷已刊。春秋商六卷、哲學史明要三卷、文集初集二卷、朱子全書輯要、雜俎、讀左氏傳筆記、常言、學案評議、樂記集義、學記集義、易驗、辛庚記、辛壬小識、倅顔集曹氏績志、諸子溝合、古文口授正誤、奉直公遺規、主事公遺規、仿黄文孝公例自作年譜紀略、尚書講義節録、聲均初步，以上二十一種績刻。"且此書標爲"山公叢書之七"。據此知有編纂《山公叢書》之計劃。唯"已刊"五種中，僅見到三種，"績刊"二十一種全部未見，故不作叢書著録。

湖北

禮記之屬

10430

禮記一卷

明通山朱廷立輯校

明嘉靖朱廷立輯刻五經本

湖北

10431

禮記通解二十二卷讀禮記一卷

明京山郝敬撰

明萬曆四十四年（1616）郝千秋、郝千石刻郝氏九經解本

《四庫全書總目》入"經部·禮類存目"。《中國古籍善本書目》著録。

科院　復旦　南京　湖北　日本内閣文庫　哈佛　燕京

10432

禮記通解二十二卷讀禮記一卷

明京山郝敬撰

1997年齊魯書社據明萬曆四十四年（1616）郝千秋、郝千石刻郝氏九經解本影印四庫全書存目叢書本

湖北

10433

禮記通解二十二卷讀禮記一卷

明京山郝敬撰

2002年上海古籍出版社據明萬曆四十四年（1616）郝千秋、郝千石刻郝氏九經解本影印續修四庫全書本

湖北

10434

禮記通解二十二卷

明京山郝敬撰

抄郝氏九經解本

上海師大

10435

讀禮記一卷

明京山郝敬撰

明萬曆四十四年（1616）郝千秋、郝千石刻郝氏九經解本

科院　復旦　南京　湖北　日本内閣文庫　哈佛　燕京

10436

讀禮記一卷

明京山郝敬撰

1997年齊魯書社據明萬曆四十四年（1616）郝千秋、郝千石刻郝氏九經解本影印四庫全書存目叢書本

湖北

10437
讀禮記一卷
明京山郝敬撰
2002年上海古籍出版社據明萬曆四十四年(1616)郝千秋、郝千石刻郝氏九經解本影印續修四庫全書本
湖北

10438
讀禮記一卷
明京山郝敬撰
抄郝氏九經解本
上海

10439
禮記通解二十二卷
明京山郝敬撰
民國間漢陽書種樓紅格抄本
天津

10440
禮記通解·中庸二卷
明京山郝敬撰
清道光二十三年(1843)郭式泰慎修堂抄明萬曆郝氏九經解本
即《禮記通解》卷十八、十九兩卷。
湖北

10441
禮記手説十二卷
明黄岡陳鴻恩撰
明崇禎四年(1631)唐振吾廣慶堂刻本
鴻恩,明萬曆舉人。此書成於明崇禎癸未(1643),乃鄉塾課蒙之本。
南京

10442
禮記手説十二卷
明黄岡陳鴻恩撰
1997年齊魯書社據明崇禎四年(1631)唐振吾廣慶堂刻本影印四庫全書存目叢書本
湖北

10443
禮記敬業八卷
明京山楊鼎熙撰
明崇禎刻本
是刻半葉十行,行二十字,小字雙行行字同,白口,左右雙邊。《中國古籍善本書目》著録。《四庫全書總目》入"經部·禮類存目"。
北大　華東師大　吉大

10444
禮記敬業八卷
明京山楊鼎熙撰
明崇禎刻本　佚名評點
北大

10445
禮記敬業八卷
明京山楊鼎熙撰
1997年齊魯書社據明崇禎刻本影印四庫全書存目叢書本
湖北

10446
大戴禮記十三卷
漢戴德撰　明景陵(今天門)鍾惺評
明刻本
中大

10447
禮記約選六卷
清武昌(今鄂州)張官德撰

清光緒七年(1881)刻本

國圖　科院　湖北

10448

禮記約選六卷

清武昌(今鄂州)張官德撰

1997年北京出版社據清光緒七年(1881)刻本影印四庫未收書輯刊本

湖北

10449

禮記音訓不分卷

清崇陽楊國楨撰

清道光十年(1830)大梁書院刻十一經音訓本

復旦　華東師大　南大　福建師大×

10450

禮記音訓不分卷

清崇陽楊國楨撰

清光緒三年(1877)湖北崇文書局刻十一經音訓本

國圖　北大　北師大　清華　上海×　復旦　遼寧　甘肅　南京　江西　河南　湖北　武漢　武大　四川

10451

禮記不分卷

民國蘄春黄侃批

黄侃手批白文十三經稿本

中國國家博物館

10452

禮記不分卷

民國蘄春黄侃批

1986年上海古籍出版社據稿本影印黄侃手批白文十三經本

湖北

三禮總義之屬

10453

三禮圖四卷

明江夏劉績撰

清四庫全書本

劉績字用熙,號蘆泉,明弘治進士,官至鎮江知府。有《三禮圖》《六樂説》《管子補注》等。今《六樂説》未見常用書目著録。

國圖　甘肅　浙江　臺北故宫

1983年臺北商務印書館影印清四庫全書本

湖北

1989年上海古籍出版社縮印臺北商務印書館影印清文淵閣四庫全書本

國圖　武漢

10454

三禮圖四卷

明江夏劉績撰

民國十二年(1923)沔陽盧氏慎始基齋據文津閣四庫全書本影印湖北先正遺書本

國圖　科院　北大　上海　天津　遼寧　寧夏　山東　南京　浙江　湖北　四川

10455

三禮圖四卷

明江夏劉績撰

清抄本

存二卷:一至二

《中國古籍善本書目》著録。

北大×

10456

三禮圖二卷

明江夏劉績撰

清南海孔氏嶽雪樓抄本

遼寧

10457

三禮通論不分卷

民國蕲春黄侃撰

民國抄本

湖北

通禮之屬

10458

雜禮問一卷

晉陰縣（光化，今老河口）范甯撰　清馬國翰輯

清光緒九年（1883）長沙嫏嬛館刻玉函山房輯佚書本

國圖　首都　科院　上海　天津　遼寧　南京　浙江　江西　湖北　四川　重慶　雲南

10459

雜禮問一卷

晉陰縣（光化，今老河口）范甯撰　清馬國翰輯

清光緒十年（1884）章邱李氏據馬氏刊版重印玉函山房輯佚書本

北師大　上海　天津　遼寧　陝西　山東　南京　浙江　江西　廣東　四川

10460

雜禮問一卷

晉陰縣（光化，今老河口）范甯撰　清馬國翰輯

清光緒十年（1884）楚南書局刻玉函山房輯佚書本

國圖　北大　復旦　天津　遼寧　南京　浙江　江西　湖北　廣西　四川　重慶　雲南

雜禮之屬

10461

家禮節要不分卷

明通山朱廷立撰

明嘉靖八年至十年（1529—1531）朱氏揚州自刻本

是刻半葉九行，行十八字，小字雙行，白口，左右雙邊。《中國古籍善本書目》著録，僅北京大學圖書館有藏。

廷立字子禮，號兩崖，明嘉靖二年（1523）進士。初令諸暨，後榷兩淮鹽政，作巡鹽御史，又巡順天，督修河道。其後再督北畿學政，倡正學，精藻鑑，人稱朱夫子。陞南京太僕卿，勤於牧政，尋以老母乞疏歸養。再起爲大理寺卿，陞工部右侍郎，轉禮部右侍郎。年七十五卒。又著有《鹽政志》十卷、《兩崖集》八卷。同治《通山縣志》卷五有傳。

此書前有自序，略云："禮不可以無講也。冠昏喪祭，禮之大端也，《家禮》備焉。予輯其要，以易夫人之從也，乃刻之維揚。"

北大

10462

家禮節要不分卷

明通山朱廷立撰

附射禮儀節一卷

明楊一清增注

明嘉靖十五年（1536）王汝孝太原府刻本

是刻半葉九行，行十八字，白口，左右雙邊，無魚尾。前有嘉靖十五年（1536）王汝孝序、朱廷立自序。附録前有弘治九年（1496）嚴永濬《射禮儀節序》。此本爲王汝孝在山西提學副使任上所刻，其序言及刻書事。

哈佛燕京

樂類

10463
樂經以俟録十六卷
明黄梅瞿九思撰
明萬曆三十五年(1607)史學遷刻瞿聘君全集本
是刻半葉九行,行二十字,白口,四周雙邊,雙魚尾,有刻工。《四庫全書總目》入"經部·樂類存目"。《中國古籍善本書目》著録。
國圖　北大　中大×

10464
樂經以俟録十六卷
明黄梅瞿九思撰
1997年齊魯書社據明萬曆三十五年(1607)史學遷刻瞿聘君全集本影印四庫全書存目叢書本
湖北

10465
樂經以俟録不分卷
明黄梅瞿九思撰
清抄瞿聘君全集本
湖北

10466
樂經以俟録不分卷附實用編一卷
明黄梅瞿九思撰
民國抄本
湖北

10467
六律正五音考四卷
清蘄州(今蘄春)陳詩撰
清嘉慶二十一年(1816)蘄州陳氏刻本
北大　湖北

10468
六律正五音考四卷
清蘄州(今蘄春)陳詩撰
抄本
蘄春或浠博。

春秋類

左傳之屬

10469
六朝人書左氏傳
晉杜預注　民國宜都楊守敬跋
清宣統元年(1909)上海有正書局石印本
《中國古籍善本書目》著録。
北大

10470
春秋左傳(一名增訂春秋左傳杜林詳解)五十卷
晉杜預、宋林堯叟注　唐陸德明音義　明景陵(今天門)鍾惺評
明萬曆刻本
《中國古籍總目·經部》著録。
上海

10471
春秋左傳(一名增訂春秋左傳杜林詳解)五十卷
晉杜預、宋林堯叟注　唐陸德明音義　明景陵(今天門)鍾惺評
明崇禎陳子龍刻本　清阮元批校
該館《中文古籍善本書目》著録。
科院

10472
春秋左傳(一名增訂春秋左傳杜林詳解)五十卷
晉杜預、宋林堯叟注　唐陸德明音義　明

景陵（今天門）鍾惺評

明崇禎刻本

是刻半葉十行，行二十字，小字雙行，白口，左右雙邊。《中國古籍善本書目》著録。

科院　故宫　吉林市　東北師大

10473

春秋左傳五十卷

晉杜預、宋林堯叟注　唐陸德明音義　明孫鑛、景陵（今天門）鍾惺批點

清康熙四十二年（1703）龔舜錫刻本

北大

10474

春秋左傳五十卷

晉杜預、宋林堯叟注　唐陸德明音義　明孫鑛、景陵（今天門）鍾惺批點清唐仁壽批校

清康熙刻本

《中國古籍善本書目》著録。

浙江

10475

春秋左傳五十卷

晉杜預、宋林堯叟注　唐陸德明音義　明孫鑛、景陵（今天門）鍾惺批點

清康熙刻本　清潘御炳批

存四十三卷：一至四十三

《中國古籍善本書目》著録。

上海 ×

10476

春秋左傳五十卷

晉杜預、宋林堯叟注　唐陸德明音義　明孫鑛、景陵（今天門）鍾惺批點

清芥子園刻本

北大　上海　復旦　濟南　浙江

10477

春秋左傳五十卷

晉杜預、宋林堯叟注　唐陸德明音義　明景陵（今天門）鍾惺、韓範評

清書業德刻本

北大

10478

左傳評苑八卷

明末慶雲館孫鑛批　明景陵（今天門）鍾惺注

明刻朱墨套印本

是刻半葉九行，行二十二字，小字雙行行字同，白口，四周單邊。《中國古籍善本書目》著録。《販書偶記續編》有《左傳文苑》當即此本。

清華　河北大　祁縣　浙江　江西師大　香港中大

10479

春秋左傳綱目杜林詳註十五卷

晉杜預集解　宋林堯叟注釋　唐陸德明音義　明孫鑛、景陵（今天門）鍾惺評點　明張岐然輯

明刻本

清華

10480

校經山房左傳杜林合注（一名春秋左傳杜林合注）十一卷

晉杜預注　宋林堯叟注釋　明景陵（今天門）鍾惺等評點

清光緒三十一年（1905）上海校經山房書坊石印本

《香港所藏古籍書目》著録。

浸大

10481

左傳四卷

明陳淏子輯　明景陵（今天門）鍾惺選

明崇禎十三年（1640）刻本

《中國古籍善本書目》失收。

國圖

10482

左傳文歸十卷

明景陵（今天門）鍾惺輯並評

明崇禎刻歷代文歸本

故宫

10483

左傳摘文二卷

明景陵（今天門）鍾惺注　清劉繼莊評　清秋崖子録

清乾隆抄本

南京

10484

春秋左傳三十卷

晉杜預注　明景陵（今天門）鍾惺評

明崇禎毛氏汲古閣刻四經六書讀本

浙江

10485

春秋左傳（一名鍾評左傳）三十卷

明景陵（今天門）鍾惺評

1997年齊魯書社影印四庫全書存目叢書本

據毛氏汲古閣刻本而改其名。

湖北

10486

春秋左傳類解二十卷地譜世系一卷

明江夏劉績撰

明弘治十年（1497）淮陽公舍刻本

是刻半葉十二行，行二十四字，小字雙行字數同，黑口，雙魚尾，四周雙邊。《中國古籍善本書目》著録，僅北大藏有全帙。

北大　天一閣[×]

10487

春秋左傳類解二十卷地譜世系一卷

明江夏劉績撰

2002年上海古籍出版社據明弘治十年（1497）淮陽公舍刻本影印續修四庫全書本

湖北

10488

春秋左傳類解二十卷地譜世系一卷

明江夏劉績撰

明嘉靖七年（1528）崇藩刻本

是刻半葉十行，行二十字，黑口，四周雙邊。冠圖二幅，有嘉靖戊子（1528）黄鍾序。

國圖　中央黨校　中國社科院歷史所　上海　天津　保定　東北師大　浙江　湖南師大

10489

春秋非左二卷

明京山郝敬撰

明萬曆崇禎間郝洪範刻山草堂集本

《中國古籍善本書目》著録。國圖、科院、清華、上海辭書、吉林、無錫等館皆藏有《山草堂集》殘本，不知何館存此種。

10490

春秋非左二卷

明京山郝敬撰

日本弘化三年（1846）皇都書林菱屋孫兵衛刻本

遼寧

10491

春秋非左二卷

明京山郝敬撰　日本皆川愿評點

日本明和三年（1766）東都書林刻本

國圖　臺大

10492

春秋非左二卷

明京山郝敬撰

清光緒十七年(1891)三餘草堂刻湖北叢書本

國圖　科院　北大　上海　復旦　天津　遼寧　甘肅　南京　浙江　湖北　雲南

10493

批點左氏新語二卷

明京山郝敬撰

明萬曆崇禎間郝洪範刻山草堂集本

本書取《左傳》正文割截題評,以時文之法點論去取,持非左態度。《中國古籍善本書目》著録。《傳是樓書目》有《春秋新語》二卷,或即斯編。亦有書目徑題《左氏新語》者。

科院　湖北

10494

梅太史訂選左傳神駒二卷

明麻城梅之煥編

明萬曆三十四年(1606)刻本

《中國古籍善本書目》失收。

國圖

10495

精選左傳神駒八卷

明麻城梅之煥編

清光緒二十七年(1901)鴻寶齋石印明選古文神駒六種本

上海

10496

春秋因是三十卷

明麻城梅之熉撰

清初金閶孝友堂刻本

《中國古籍善本書目》失收。

蘇州

10497

春秋因是三十卷

明麻城梅之熉撰

1997年齊魯書社據清初金閶孝友堂刻本影印四庫全書存目叢書本

湖北

10498

左氏春秋内外傳類選八卷

明潛江樊王家輯

明萬曆三十六年(1608)刻本

是刻半葉八行,行十八字,夾注小字,白口,四周單邊,有刻工。《中國古籍善本書目》著録,僅此二館有藏。

清華　中大

10499

左傳約編二十一卷

清公安鄒美中輯評

清道光二十六年(1846)鄒氏西林山房刻本

美中字聖贊,諸生。年三十即棄舉業,貯存古籍數萬卷,丹黄不去手。另著有《切韻表》《燕石藏稿》,皆有傳本。

湖北

10500

讀左劄記七卷

清京山易本烺撰

抄本

科院

10501

讀左隨筆四卷

清天門尹調元撰

清光緒三十年(1904)刻本

有光緒三十年序,言及刻書事。

湖北

10502

春秋左傳音訓不分卷

清崇陽楊國楨撰

清道光十年（1830）大梁書院刻十一經音訓本
復旦　華東師大　南大　福建師大×

10503
春秋左傳音訓不分卷
清崇陽楊國楨撰
清光緒三年（1877）湖北崇文書局刻十一經音訓本
國圖　北大　北師大　清華　上海×　復旦　遼寧　甘肅　南京　河南　湖北　武漢　武大　江西　四川

10504
春秋口義一卷
清順德馬貞榆撰
清末刻兩湖書院課程朱印本
湖北

10505
春秋口義三卷
清順德馬貞榆撰
清光緒二十七年（1901）刻朱印本
南京

10506
申左一卷
清兩湖書院編
清光緒二十四年至二十六年（1898—1900）刻兩湖書院課程、兩湖書院經學文抄本
復旦

10507
辛丑講授新班左傳口義三卷
清兩湖書院編
清光緒二十四年至二十六年（1898—1900）刻兩湖書院課程三種、兩湖書院經學文抄本
復旦

10508
史記言左丘明作春秋傳一卷
清兩湖書院編
清光緒二十四年至二十六年（1898—1900）刻兩湖書院課程三種、兩湖書院經學文抄本
復旦

10509
讀左筆記不分卷
民國饒欽豁撰
甘薦室牘稿稿本
湖北

10510
左傳學課程一卷
黃岡夏仁壽撰
民國文普中學堂鉛印本
湖北

10511
春秋左傳不分卷
民國蕲春黃侃批
黃侃手批白文十三經稿本
中國國家博物館

10512
春秋左傳不分卷
民國蕲春黃侃批
1986年上海古籍出版社據稿本影印黃侃手批白文十三經本
湖北

10513
字湖軒左緯三卷
清天門劉霽先撰
清光緒十九年（1893）嶽口李綽裕堂刻本

《販書偶記》著録，藏書單位待訪。

公羊傳之屬

10514
公羊傳十二卷
明景陵（今天門）鍾惺評
明崇禎九年（1636）刻本
《中國古籍善本書目》未收。
復旦

10515
公羊傳二卷
明景陵（今天門）鍾惺評
清刻本
南京

10516
公羊傳一卷
明陳淏子輯　明景陵（今天門）鍾惺選
明崇禎十三年（1640）刻本
《中國古籍善本書目》未收。
國圖

10517
春秋公羊傳音訓不分卷
清崇陽楊國楨撰
清道光十年（1930）大梁書院刻十一經音訓本
復旦　華東師大　南大　福建師大 ×

10518
春秋公羊傳音訓不分卷
清崇陽楊國楨撰
清光緒三年（1877）湖北崇文書局刻十一經音訓本
國圖　北大　北師大　清華　上海　復旦　遼寧　甘肅　南京　江西　河南　湖北　武漢　武大　四川

10519
春秋公羊傳不分卷
民國蘄春黄侃批
黄侃手批白文十三經稿本
中國國家博物館

10520
春秋公羊傳不分卷
民國蘄春黄侃批
1986年上海古籍出版社據稿本影印黄侃手批白文十三經本
湖北

穀梁傳之屬

10521
春秋穀梁傳集解殘一卷（存卷三）
晉陰縣（光化，今老河口）范甯集解
民國六年（1917）羅氏影印鳴沙石室古籍叢殘本
國圖　科院　北大　上海　復旦　内蒙古　遼寧　吉大　南京　南大　浙江　杭大　湖北　武大　重慶　川大　雲南

10522
春秋穀梁傳集解殘一卷（存卷十二）
晉陰縣（光化，今老河口）范甯集解
民國三十六年（1947）臺灣大學影印敦煌秘籍留真新編本
北師大　清華　上海　華東師大　上海師大　吉大　甘肅　南大　浙江　四川

10523
春秋穀梁傳十二卷
晉陰縣（光化，今老河口）范甯集解　唐陸德明音義
南宋余仁仲萬卷堂刻本
存六卷

本書有十二卷本、二十卷本兩個系列,各有多種版本。

臺北故宫 ×

10524

春秋穀梁傳十二卷

晉陰縣(光化,今老河口)范甯集解　唐陸德明音義

日本影印南宋余仁仲萬卷堂本

國圖

10525

春秋穀梁傳十二卷

晉陰縣(光化,今老河口)范甯集解　唐陸德明音義

明武林王道焜校刻本

《中國古籍善本書目》失收。

上海　南京

10526

春秋穀梁傳十二卷

晉陰縣(光化,今老河口)范甯集解　唐陸德明音義

明末唐錦池文林閣刻本

《中國古籍善本書目》失收。

國圖　上海　益都博　鄒縣文管所　山西　安慶　潛江　湖南　中大

10527

春秋穀梁傳十二卷

晉陰縣(光化,今老河口)范甯集解　明閔齊伋裁注

附考一卷

明閔齊伋撰

明天啓元年(1621)閔齊伋刻三色套印本

國圖　北大　人大　北師大　上海　華東師大　天津　遼寧

10528

春秋穀梁傳十二卷

晉陰縣(光化,今老河口)范甯集解　唐陸德明音義

清味經堂重刻明天啓元年(1621)吴興閔氏刻本

北大　上海

10529

春秋穀梁傳十二卷

晉陰縣(光化,今老河口)范甯集解　唐陸德明音義

清同治七年(1868)金陵書局刻十三經讀本

上海　安徽

10530

春秋穀梁傳十二卷

晉陰縣(光化,今老河口)范甯集解　唐陸德明音義

清同治七年(1868)湖北崇文書局刻本

國圖　北大　天津　遼寧　上海　南京　湖北

10531

春秋穀梁傳十二卷

晉陰縣(光化,今老河口)范甯集解　唐陸德明音義

清光緒九年(1883)桂垣書局刻本

湖北

10532

春秋穀梁傳十二卷

晉陰縣(光化,今老河口)范甯集解　唐陸德明音義

清光緒十二年(1886)湖北官書處刻本

湖北官書處與崇文書局實爲同一單位,此或即以同治七年(1868)版重印。

國圖　北大　天津　瀋陽　吉大　上海　南京　湖北

10533
春秋穀梁傳十二卷
晉陰縣(光化,今老河口)范甯集解　唐陸德明音義
清光緒十二年(1886)星沙文昌書局刻本
天津　浙江　湖北

10534
春秋穀梁傳十二卷
晉陰縣(光化,今老河口)范甯集解　唐陸德明音義
清光緒十七年(1891)思賢講舍刻本
北大　瀋陽　吉大　南京

10535
春秋穀梁傳十二卷
晉陰縣(光化,今老河口)范甯集解　唐陸德明音義
清光緒十九年(1893)桂垣書局刻本
疑係光緒九年(1883)刻版重印。
國圖　吉林社科院

10536
春秋穀梁傳十二卷
晉陰縣(光化,今老河口)范甯集解　唐陸德明音義
清光緒二十一年(1895)金陵書局刻本
金陵書局同治七年(1868)曾刻此書。
國圖　北大　上海　吉林　南京　浙江　湖北

10537
春秋穀梁傳十二卷
晉陰縣(光化,今老河口)范甯集解　唐陸德明音義
清光緒二十二年(1896)新化三味堂刻本
大連　吉大　吉林社科院

10538
春秋穀梁傳十二卷
晉陰縣(光化,今老河口)范甯集解　唐陸德明音義
清光緒江寧李光明莊刻本
國圖　天津　湖北

10539
春秋穀梁傳十二卷
晉陰縣(光化,今老河口)范甯集解　唐陸德明音義
民國八年(1919)上海商務印書館初次影印四部叢刊本
國圖　科院　北大　上海　復旦　天津　遼寧　甘肅　南京　杭大　江西　湖北　武大　四川　重慶　雲南

10540
春秋穀梁傳十二卷
晉陰縣(光化,今老河口)范甯集解　唐陸德明音義
民國十八年(1929)上海商務印書館二次影印四部叢刊本
國圖　上海　復旦　華東師大　天津　吉大　南京　浙江　江西　川大　雲南

10541
春秋穀梁傳十二卷
晉陰縣(光化,今老河口)范甯集解　唐陸德明音義
民國二十五年(1936)上海商務印書館縮印四部叢刊本
國圖　首都　北師大　中醫　華東師大　上海師大　甘肅　南京　南大　江西　湖北　桂林　雲南

10542
春秋穀梁傳十二卷
晉陰縣(光化,今老河口)范甯集解　明閔齊伋裁注
附考一卷
明閔齊伋撰

清同治十二年（1873）稽古樓刻袖珍十三經註本

國圖 首都 上海 華東師大 天津 吉林市 南京 安徽 杭大 河南 廣東 四川 川大

10543

春秋穀梁傳十二卷

晉陰縣（光化，今老河口）范甯集解 唐陸德明音義

附校刊記一卷

清丁寶楨撰

清同治山東書局刻十三經讀本附校刊記本

國圖 首都 復旦 遼寧 山東 山東大 四川

10544

春秋穀梁傳十二卷

晉陰縣（光化，今老河口）范甯集解 唐陸德明音義

附校刊記一卷

清丁寶楨撰

清光緒八年（1882）錦江書局影刻山東尚志堂本

北大 上海 復旦 遼寧 南京 湖北

10545

春秋穀梁傳十二卷

晉陰縣（光化，今老河口）范甯集解 唐陸德明音義

附考異一卷

民國宜都楊守敬撰

清光緒遵義黎氏日本東京使署影刻古逸叢書本

國圖 科院 北大 上海 復旦 天津 遼寧 甘肅 南京 浙江 湖北 武漢 廣東 四川 重慶 雲南

10546

春秋穀梁傳十二卷

晉陰縣（光化，今老河口）范甯集解 唐陸德明音義

附考異一卷

民國宜都楊守敬撰

民國十二年（1923）沔陽盧氏慎始基齋據古逸叢書本影印湖北先正遺書本

國圖 科院 北大 上海 天津 遼寧 寧夏 山東 南京 浙江 湖北 四川

10547

春秋穀梁傳讀本十二卷

晉陰縣（光化，今老河口）范甯集解 唐陸德明音義

附考異一卷

民國宜都楊守敬撰

民國十三年（1924）吴江施肇曾醒園刻十三經讀本本

國圖 清華 上海 復旦 天津 遼寧 甘肅 南京 杭大 湖北 武漢

10548

春秋穀梁傳十二卷

晉陰縣（光化，今老河口）范甯集解 唐陸德明音義

附考異一卷

民國宜都楊守敬撰

民國二十四年至二十六年（1935—1937）上海商務印書館鉛印叢書集成初編本

國圖 北師大 清華 上海 復旦 遼寧 甘肅 南大 安徽 湖北 四川 重慶 雲南

10549

監本附音春秋穀梁註疏二十卷

晉陰縣（光化，今老河口）范甯集解 唐陸德明音義 唐楊士勛疏

宋刻元修本

《中國古籍善本書目》失收。

國圖

10550

監本附音春秋穀梁註疏二十卷

晉陰縣(光化,今老河口)范甯集解　唐楊士勛疏　唐陸德明釋文

元刻本

存二卷:十七至十八

是刻半葉十行,行十七字,小字雙行行廿三字,白口,左右雙邊,有刻工。《中國古籍善本書目》著録。

南京 ×

10551

監本附音春秋穀梁註疏二十卷

晉陰縣(光化,今老河口)范甯集解　唐楊士勛疏　唐陸德明音義

元刻明修十三經註疏本

《中國古籍善本書目》著録,僅該局藏有全帙。另中國歷史博物館藏有該叢編殘本,未知存此種否。

北京文物局

10552

監本附音春秋穀梁註疏二十卷

晉陰縣(光化,今老河口)范甯集解　唐楊士勛疏　唐陸德明釋文

元刻明修本

是刻半葉十行,行十七字,小字行廿三字,白口,左右雙邊。《中國古籍善本書目》著録。

國圖　北大　北京文物局　延邊大　甘肅　樂平

10553

監本附音春秋穀梁註疏二十卷

晉陰縣(光化,今老河口)范甯集解　唐楊士勛疏　唐陸德明釋文

元刻明修本　清丁丙跋

《中國古籍善本書目》著録。

南京

10554

監本附音春秋穀梁注疏二十卷

晉陰縣(光化,今老河口)范甯集解　唐楊士勛疏　唐陸德明音義

校勘記二十卷

清阮元撰　清盧宣旬摘録

清嘉慶二十年(1815)南昌府學刻重栞宋本十三經註疏附校勘記本

據《中國古籍善本書目》廣東館藏叢編有清陳澧批校,國圖所藏阮撰校勘記有清徐時棟跋,杭大所藏該叢編有清孫詒讓批校。

國圖　北師大　清華　上海　華東師大　天津　吉林市　南京　浙江　湖北　武漢　四川　重慶

10555

監本附音春秋穀梁註疏二十卷

晉陰縣(光化,今老河口)范甯集解　唐楊士勛疏　唐陸德明音義

校勘記二十卷

清阮元撰　清盧宣旬摘録

1980年上海古籍出版社影印民國世界書局縮印清嘉慶刻重栞宋本十三經註疏附校勘記本

前有《影印説明》,介紹了此次影印《十三經注疏》之相關情況:所據底本爲世界書局縮印之清嘉慶阮元刻本;將其與江西書局重修阮本及點石齋石印本作了核對,改正其文字譌脱及縮印時剪貼錯誤三百餘處;同時於葉聖陶《十三經索引》加注本書葉碼重排,與本書分别定價發行。

湖北

10556

監本附音春秋穀梁註疏二十卷

晉陰縣(光化,今老河口)范甯集解　唐楊士勛疏　唐陸德明音義

校勘記二十卷

清阮元撰　清盧宣旬摘録

清同治十年(1871)廣東書局刻重栞宋本十三經註疏附校期勘記本

國圖　首都　華東師大　遼寧　南京　浙江　江西　廣東　桂林　四川　重慶　雲南

10557

監本附音春秋穀梁註疏二十卷

晉陰縣(光化,今老河口)范甯集解　唐楊士勛疏　唐陸德明音義

校勘記二十卷

清阮元撰　清盧宣旬摘録

清同治十二年(1873)江西書局刻重栞宋本十三經註疏附校勘記本

國圖　首都　北師大　復旦　天津　遼寧　山東　南京　南大　浙江　江西　武大　重慶

10558

監本附音春秋穀梁註疏二十卷

晉陰縣(光化,今老河口)范甯集解　唐楊士勛疏　唐陸德明音義

校勘記二十卷

清阮元撰　清盧宣旬摘録

清光緒十三年(1887)上海脈望仙館石印重栞宋本十三經註疏附校勘記本

國圖　首都　北師大　上海　復旦　天津　遼寧　甘肅　南京　浙江　湖北　武漢　廣東　四川　重慶

10559

監本附音春秋穀梁註疏二十卷

晉陰縣(光化,今老河口)范甯集解　唐楊士勛疏　唐陸德明音義

校勘記二十卷

清阮元撰　清盧宣旬摘録

清光緒十八年(1892)湖南寶慶務本書局刻重栞宋本十三經註疏附校勘記本

北大　上海　華東師大　天津　吉林市　安徽　福建師大　武大　四川　川大

10560

監本附音春秋穀梁註疏二十卷

晉陰縣(光化,今老河口)范甯集解　唐楊士勛疏　唐陸德明音義

校勘記二十卷

清阮元撰　清盧宣旬摘録

清光緒二十三年(1897)上海點石齋石印重栞宋本十三經註疏附校勘記本

國圖　北大　北師大　上海

10561

監本附音春秋穀梁註疏二十卷

晉陰縣(光化,今老河口)范甯集解　唐楊士勛疏　唐陸德明音義

校勘記二十卷

清阮元撰　清盧宣旬摘録

民國十三年(1924)上海掃葉山房石印重栞宋本十三經註疏附校勘記本

山東　重慶　川大

10562

監本附音春秋穀梁註疏二十卷

晉陰縣(光化,今老河口)范甯集解　唐楊士勛疏　唐陸德明音義

校勘記二十卷

清阮元撰　清盧宣旬摘録

民國二十一年(1932)上海錦章圖書局石印重栞宋本十三經註疏附校勘記本

國圖　北師大　上海　華東師大　上海辭書　吉大　山東　山東大　杭大　福建師大　四川

10563

監本附音春秋穀梁註疏二十卷

晉陰縣(光化,今老河口)范甯集解　唐楊士勛疏　唐陸德明音義

校勘記二十卷

清阮元撰　清盧宣旬摘録

民國二十四年(1935)上海世界書局石印重栞宋本十三經註疏附校勘記本

北大　北師大　上海　復旦　華東師大　上海師大　上海辭書　甘肅　福建　江西　桂林　川大

10564

監本附音春秋穀梁註疏二十卷

晉陰縣(光化,今老河口)范甯集解　唐楊士勛疏　唐陸德明音義

校勘記二十卷

清阮元撰　清盧宣旬摘録

1957年北京上海古籍出版社鉛印重栞宋本十三經註疏附校勘記本

北師大　上海　復旦　華東師大　上海辭書　甘肅　福建師大　江西

10565

監本附音春秋穀梁註疏二十卷

晉陰縣(光化,今老河口)范甯集解　唐楊士勛疏　唐陸德明音義

校勘記二十卷

清阮元撰　清盧宣旬摘録

民國二十五年(1936)上海古籍出版社鉛印四部備要本

國圖　首都　北大　上海　復旦　天津　遼寧　甘肅　南京　浙江　湖北　河南　四川　重慶　雲南

10566

監本附音春秋穀梁註疏二十卷

晉陰縣(光化,今老河口)范甯集解　唐楊士勛疏　唐陸德明音義

校勘記二十卷

清阮元撰　清盧宣旬摘録

民國二十五年(1936)上海古籍出版社縮印四部備要本

北師大　上海　華東師大　上海師大　上海辭書　浙江　山西　湖北　廣西　重慶

10567

春秋穀梁註疏二十卷

晉陰縣(光化,今老河口)范甯集解　唐楊士勛疏　唐陸德明音義

明嘉靖李元陽刻十三經註疏本

是刻半葉九行,行二十一字,小字雙行,白口,四周單邊,有刻工。《中國古籍善本書目》著録。南京館藏該叢編有清丁丙跋、清丁立中跋

上海　南京　浙江　杭大　四川　重慶

10568

春秋穀梁註疏二十卷

晉陰縣(光化,今老河口)范甯集解　唐楊士勛疏　唐陸德明音義

明嘉靖李元陽刻十三經註疏本　清姚椿校

《中國古籍善本書目》著録。

復旦

10569

春秋穀梁註疏二十卷

晉陰縣(光化,今老河口)范甯集解　唐楊士勛疏　唐陸德明音義

明嘉靖李元陽刻隆慶二年(1568)重修十三經註疏本

《中國古籍善本書目》著録。

西北大

10570

春秋穀梁註疏二十卷

晉陰縣(光化,今老河口)范甯集解　唐楊士勛疏　唐陸德明音義

明萬曆二十一年(1593)北京國子監刻十三經註疏本

是刻半葉九行,行二十一字,小字雙行行字

同，白口，左右雙邊。《中國古籍善本書目》著録。

清華　上海　復旦　上海博　天津　山東　山東大　浙江　福建　河南　開封　新鄉　四川

10571

春秋穀梁註疏二十卷

晉陰縣（光化，今老河口）范甯集解　唐楊士勛疏　唐陸德明音義

明萬曆二十一年（1593）北京國子監刻十三經註疏本　清陳澧校

《中國古籍善本書目》著録。

上海

10572

春秋穀梁註疏二十卷

晉陰縣（光化，今老河口）范甯集解　唐楊士勛疏　唐陸德明音義

明崇禎八年（1635）毛氏汲古閣刻十三經註疏本

是刻半葉九行，行二十一字，小字低格雙行二十字，白口，左右雙邊。《中國古籍善本書目》著録，三十七館有藏。湖北館藏該叢編有清張爾耆録清惠棟、盧文弨批校。

首都　北大　科院　復旦　天津　遼寧　黑龍江　安徽　福建　河南　湖北　武漢　湖南　重慶

10573

春秋穀梁註疏二十卷

晉陰縣（光化，今老河口）范甯集解　唐楊士勛疏　唐陸德明音義

明崇禎八年（1635）毛氏汲古閣刻十三經註疏本　清姚世鈺跋並録清河焯校跋

《中國古籍善本書目》著録。

國圖

10574

春秋穀梁註疏二十卷

晉陰縣（光化，今老河口）范甯集解　唐楊士勛疏　唐陸德明音義

明崇禎八年（1635）毛氏汲古閣刻十三經註疏本　清張爾耆校　清吴孝顯録清段玉裁、嚴杰、浦鏜校

《中國古籍善本書目》著録。

上海

10575

春秋穀梁註疏二十卷

晉陰縣（光化，今老河口）范甯集解　唐楊士勛疏　唐陸德明音義

明崇禎八年（1635）毛氏汲古閣刻十三經註疏本　清李宏信校

《中國古籍善本書目》著録。

天津

10576

春秋穀梁註疏二十卷

晉陰縣（光化，今老河口）范甯集解　唐楊士勛疏　唐陸德明音義

明崇禎八年（1635）毛氏汲古閣刻十三經註疏本　佚名録清鄭杲批校　王獻唐跋

《中國古籍善本書目》著録。

山東博

10577

春秋穀梁傳註疏二十卷附考證

晉陰縣（光化，今老河口）范甯集解　唐楊士勛疏　唐陸德明音義

清乾隆四年（1739）武英殿刻十三經註疏附考證本

國圖　北師大　上海　復旦　天津　遼寧　甘肅　南京　安徽　河南　江西　四川

10578

春秋穀梁傳註疏二十卷附考證

晉陰縣（光化，今老河口）范甯集解　唐楊士勛疏　唐陸德明音義

清乾隆二十八年（1763）抄摛藻堂四庫全書薈要本

故宫

10579

春秋穀梁傳註疏二十卷附考證

晉陰縣（光化，今老河口）范甯集解　唐楊士勛疏　唐陸德明音義

清四庫全書本

國圖　甘肅　浙江　臺北故宫

1983年臺北商務印書館影印清文淵閣四庫全書本

湖北

1989年上海古籍出版社縮印臺北商務印書館影印清文淵閣四庫全書本

國圖　武漢

10580

春秋穀梁傳二十卷

晉陰縣（光化，今老河口）范甯集解　唐陸德明音義　明葛鼒校　明金蟠訂

明崇禎十二年（1639）序永懷堂刻清同治八年（1869）浙江書局校修印十三經古注本

國圖　首都　北大　上海　復旦　吉林市　吉大　甘肅　南京　浙江　四川　川大

10581

春秋穀梁傳二十卷

晉陰縣（光化，今老河口）范甯集解　唐陸德明音義

民國二十五年（1936）上海古籍出版社鉛印四部備要·十三經古注本

國圖　首都　北大　上海　復旦　天津　遼寧　甘肅　南京　浙江　江西　湖北　四川　重慶　雲南

10582

春秋穀梁傳二十卷

晉陰縣（光化，今老河口）范甯集解　唐陸德明音義

民國二十五年（1936）上海古籍出版社縮印四部備要·十三經古注本

北師大　上海　華東師大　上海師大　上海辭書　浙江　江西　湖北　廣西　重慶

10583

穀梁傳二卷

明景陵（今天門）鍾惺評

清刻本

南京

10584

春秋穀梁傳不分卷

民國蘄春黄侃批

黄侃手批白文十三經稿本

中國國家博物館

10585

春秋穀梁傳不分卷

民國蘄春黄侃批

1986年上海古籍出版社據稿本影印黄侃手批白文十三經本

湖北

10586

春秋穀梁傳音訓不分卷

清崇陽楊國楨撰

清道光十年（1930）大梁書院刻十一經音訓本

復旦　華東師大　南大　福建師大ˣ

10587

春秋穀梁傳音訓不分卷

清崇陽楊國楨撰

清光緒三年（1877）湖北崇文書局刻十一經音訓本

國圖　北大　北師大　清華　上海ˣ　復旦　遼寧　甘肅　南京　江西　河南　湖北　武漢　武大　四川

10588

余仁仲萬卷堂穀梁傳考異一卷

民國宜都楊守敬撰

清光緒遵義黎氏日本東京使署刻古逸叢書本

國圖　科院　北大　上海　復旦　天津　遼寧　南京　湖北　四川　重慶　雲南

10589

余仁仲萬卷堂穀梁傳考異一卷

民國宜都楊守敬撰

民國十二年（1923）沔陽盧氏慎始基齋據古逸叢書本影印湖北先正遺書本

國圖　科院　北大　上海　天津　遼寧　寧夏　山東　南京　浙江　湖北　四川

10590

余仁仲萬卷堂穀梁傳考異一卷

民國宜都楊守敬撰

民國十三年（1924）吴江施肇曾醒園刻十三經讀本

國圖　清華　上海　復旦　天津　遼寧　甘肅　南京　杭大　武漢

10591

答薄氏馬交穀梁義一卷

晉陰縣（光化，今老河口）范甯撰　清王謨輯

清嘉慶三年（1798）金溪王氏刻漢魏遺書抄本

國圖　科院　北大　北師大　清華　中央民大　上海　復旦　華東師大　天津　遼寧　吉大　南京　安徽　浙江　江西　湖北　武漢　重慶　川大

10592

薄叔元問穀梁義一卷

晉陰縣（光化，今老河口）范甯撰　清馬國翰輯

清光緒九年（1883）長沙嫏嬛館刻玉函山房輯佚書本

國圖　首都　科院　上海　天津　遼寧　南京　浙江　江西　湖北　四川　重慶　雲南

10593

薄叔元問穀梁義一卷

晉陰縣（光化，今老河口）范甯撰　清馬國翰輯

清光緒十年（1884）章邱李氏據馬氏刊版重印玉函山房輯佚書本

北師大　上海　天津　遼寧　陝西　山東　南京　浙江　江西　廣東　四川

10594

薄叔元問穀梁義一卷

晉陰縣（光化，今老河口）范甯撰　清馬國翰輯

清光緒十年（1884）楚南書局刻玉函山房輯佚書本

國圖　北大　復旦　天津　遼寧　南京　浙江　江西　湖北　廣西　四川　重慶　雲南

10595

穀梁傳例一卷

晉陰縣（光化，今老河口）范甯撰　清王謨輯

清嘉慶三年（1798）金溪王氏刻漢魏遺書抄本

國圖　科院　北大　北師大　清華　中央民大　上海　復旦　華東師大　天津　遼寧　吉大　南京　安徽　浙江　江西　湖北　武漢　重慶　川大

10596

穀梁傳例一卷

晉陰縣（光化，今老河口）范甯撰　清黄奭輯

清道光甘泉黄氏刻光緒印漢學堂叢書本

國圖　科院　北大　上海　華東師大　天津　甘肅　青島　南京　浙江　杭大　湖北　武大　四川　重慶　雲南

10597

穀梁傳例一卷

晉陰縣(光化,今老河口)范甯撰　清黄奭輯

清道光甘泉黄氏刻民國十四年(1925)王鑒修補印黄氏逸書考(原名漢學堂叢書)本

國圖　北大　中醫　上海　華東師大　内蒙古　遼寧　甘肅　南京　杭大　湖北　重慶　青海

10598

穀梁傳例一卷

晉陰縣(光化,今老河口)范甯撰　清黄奭輯

民國二十三年(1934)江都朱長圻據甘泉黄氏原版補刊印黄氏逸書考(原名漢學堂叢書)本

首都　北師大　清華　中央民大　吉大　哈爾濱　甘肅　福建師大　湖北　雲南

10599

讀易一卷

明京山郝敬撰

2002年上海古籍出版社據明萬曆四十三年至四十七年(1615—1619)刻郝氏九經解本影印續修四庫全書本

湖北

春秋總類之屬

10600

春秋一卷

明通山朱廷立輯

明嘉靖朱廷立輯刻五經本

上海

10601

春秋四傳三十八卷

明鍾天墀輯注　明景陵(今天門)鍾惺評

明崇禎刻本

是刻半葉八行,行二十九字,小字雙行行字同,白口。《中國古籍善本書目》著録。

清華　吉林社科院　揚州工學院　福建師大　重慶

10602

鍾伯敬評公羊穀梁二傳合刻二十四卷

明景陵(今天門)鍾惺評

明崇禎九年(1636)陶珽刻本

公羊傳十二卷

穀梁傳十二卷

是刻半葉九行,行十八字,小字雙行行字同,白口,左右雙邊。《中國古籍善本書目》著録。

人大　吉林社科院　紹興　廣東社科院

10603

鍾伯敬評公羊穀梁二傳合刻二十四卷

明景陵(今天門)鍾惺評

明崇禎九年(1636)陶珽刻本　清祁李孫圈點並跋

公羊傳十二卷

穀梁傳十二卷

南京

10604

春秋直解十五卷讀春秋一卷

明京山郝敬撰

明萬曆四十三年至四十七年(1615—1619)郝千秋、郝千石刻郝氏九經解本

《四庫全書總目》入"經部·春秋類存目"。

科院　復旦　南京　湖北　日本内閣文庫　哈佛

燕京

10605

春秋直解十五卷讀春秋一卷

明京山郝敬撰

1997年齊魯書社據明萬曆四十三年至四十七年（1615—1619）郝千秋、郝千石刻郝氏九經解本影印四庫全書存目叢書本

湖北

10606

春秋直解十五卷讀春秋一卷

明京山郝敬撰

2002年上海古籍出版社據明萬曆四十三年至四十七年（1615—1619）郝千秋、郝千石刻郝氏九經解本影印續修四庫全書本

湖北

10607

春秋直解十五卷

明京山郝敬撰

清道光二十三年（1843）郭式泰慎修堂抄明萬曆郝氏九經解本

湖北

10608

春秋直解不分卷

明京山郝敬撰

抄郝氏九經解本

上海師大

10609

春秋直解不分卷

明京山郝敬撰

清抄本

原書未題著者。

湖北

10610

讀春秋一卷

明京山郝敬撰

明萬曆四十三年至四十七年（1615—1619）郝千秋、郝千石刻郝氏九經解本

科院　復旦　南京　湖北　日本內閣文庫　哈佛　燕京

10611

讀春秋一卷

明京山郝敬撰

1997年齊魯書社據明萬曆四十三年至四十七年（1615—1619）刻郝氏九經解本影印四庫全書存目叢書本

湖北

10612

讀春秋一卷

明京山郝敬撰

2002年上海古籍出版社據明萬曆四十三（1615）至四十七年（1619）郝千秋、郝千石刻郝氏九經解本影印續修四庫全書本

湖北

10613

讀春秋一卷

明京山郝敬撰

抄郝氏九經解本

上海

10614

讀春秋一卷

明京山郝敬撰

日本衣文庫傳抄明萬曆刻郝氏九經解本

上海師大

10615

麟經新旨二十卷

明麻城劉侗撰

明崇禎刻本

《中國古籍善本書目》著録,僅該館有藏。

華東師大

10616

春秋纂註四卷

明漢陽蕭良有撰

明崇禎刻五經纂註本

是刻半葉十行,行二十字,白口,左右雙邊。《中國古籍善本書目》著録。

復旦　山東　徐州

10617

春秋逸傳十四卷

清石首傅上瀛撰

清光緒二十二年(1896)典學樓刻本

上瀛,號仙壺,清咸豐戊午(1858)舉人,官黄岡訓導。

國圖　湖北

10618

春秋逸傳十四卷

清石首傅上瀛撰

清光緒二十三年(1897)典學樓刻本

前有光緒元年(1875)自序云:"瀛少習三傳,長而流覽有得,隨記簡端。其無可考徵者,則求之經文前後際,以著其義。積日成帙,爰排此鈔合,以備遺忘。至謂事必核而義必精,俾覽者不留餘憾,則三傳尚未能然,况弁陋如余者。"《問津書院志》《販書偶記》著録。

湖北

10619

春秋闡微三十卷

清黄安(今紅安)盧絳編

清康熙四十三年(1704)王梓會芳園崇陽刻本

絳字荇浦。清康熙十一年(1672)舉人,歷官絳縣知縣、都察院經歷。《黄安縣志》著録。有九河劉梅序,稱"是編熔經傳以匠意,衷文獻以立言。顯微闡幽,標新立異。其事核,其詞簡,其義斷,其旨深以長,是慇度衡庫指月之所不能媲,而説約定旨之所不能絜長而較短也。"《中國古籍善本書目》著録,僅該館有藏。《黄州府志》亦收。此書爲湖北人撰,又刻於湖北,僅存孤本。

湖北

10620

春秋大義不分卷

清黄安(今紅安)張希良撰

是書《四庫全書總目》及嘉慶《湖北通志》著録。《四庫全書總目》入"存目",未著版本,不知付梓否。作爲訪書綫索,姑置於此。

10621

春秋三傳會纂旁訓十二卷

清孝感屠用豐撰

清嘉慶十三年(1808)臥雲堂刻本

《販書偶記續編》著録,藏書單位待訪。

10622

春秋四傳詁經十五卷

清興國(今陽新)萬斛泉撰

清光緒三十四年(1908)刻本

斛泉字清軒,興國州人。歷主講漢陽崇正書院、上海龍門書院、興國疊山書院。清光緒二十八年(1902)賞五品卿銜,三十年(1904)卒,享年九十有五。著有《通鑑綱目前編辨誤》《增廣三字經》《尉山草堂集》等。以世之讀《春秋》者多讀傳而忽於經,本《欽定春秋傳彙纂》輯爲本書,以經爲主,兼採各家之説,間附己意。

湖北

10623

春秋楚地答問一卷

清京山易本烺撰

清光緒十七年(1891)三餘草堂刻湖北叢書本

是書就涉及楚之地理、疆域等設問答之辭，而詳於臨漢之地。

國圖　科院　北大　上海　復旦　天津　遼寧　甘肅　南京　浙江　湖北　雲南

10624

春秋楚地答問一卷

清京山易本烺撰

民國二十四年至二十六年（1935—1937）上海商務印書館鉛印叢書集成初編本

國圖　北師大　上海　復旦　遼寧　哈爾濱　甘肅　山東大　南大　浙江　湖北　四川　重慶

10625

春秋比事十二卷

清黄岡劉溱撰

清光緒二十八年（1902）刻本

《販書偶記續編》著録，收藏單位待訪。《縣志·文學》有劉溱傳。

10626

漢書藝文志所列春秋家一卷

清兩湖書院編

清光緒二十四年至二十六年（1898—1900）刻兩湖書院課程三種、兩湖書院經學文抄本

復旦

10627

經典釋文敘録（春秋類）一卷

清兩湖書院編

清光緒二十四年至二十六年（1898—1900）刻兩湖書院課程三種、兩湖書院經學文抄本

復旦

10628

春秋經傳集解序一卷

清兩湖書院編

清光緒二十四年至二十六年（1898—1900）刻兩湖書院課程三種、兩湖書院經學文抄本

復旦

10629

春秋正義序一卷

清兩湖書院編

清光緒二十四年至二十六年（1898—1900）刻兩湖書院課程三種、兩湖書院經學文抄本

復旦

10630

移太常博士書一卷

清兩湖書院編

清光緒二十四年至二十六年（1898—1900）刻兩湖書院課程三種、兩湖書院經學文抄本

復旦

10631

春秋列國地圖不分卷

民國宜都楊守敬、熊會貞繪

清光緒三十二年（1906）刻套印本

本書似亦可入“史部·地理類”。

遼寧

10632

春秋分合纂十卷

清漢陽張行簡撰

清宣統二年（1910）鉛印本

前有樊增祥、李哲明序和《例言》，《例言》謂“析其類而分之，復比其類而合之，庶便尋閲，故以名也。”

湖北

10633

春秋名字解詁補誼

民國蘄春黄侃撰

1980年上海古籍出版社鉛印黄侃論學雜著本
湖北

10634
春秋名字解詁
民國蘄春黄侃撰
清光緒三十四年(1908)印國粹學報四卷四期本

10635
春秋繁露求雨止雨直解不分卷
明嘉魚吴廷舉撰
明萬曆王邦才刻本
《中國古籍善本書目》著録,僅天津圖書館有藏。
天津

10636
吕氏春秋考異一卷
民國漢陽黄嗣艾纂
清同治十年(1871)漢陽黄氏刻本
黄嗣艾《湖北公藏版刻提要》後《附售書目》載,一册。
湖南

孝經類

10637
孝經五種彙編十六卷
清廣濟(今武穴)吕鳴謙撰
清光緒二十一年(1895)吕氏刻本
孝經養正一卷條議一卷彙編一卷
孝經養正復著一卷
孝經養正三著一卷
孝經御註一卷　唐玄宗李隆基註
孝經直解一卷　宋司馬光撰　清廣濟(武穴)吕鳴謙輯
吉大　東北師大

10638
孝經嚴氏注一卷
南朝梁秭歸嚴植之撰　清馬國翰輯
清光緒九年(1883)長沙嫏嬛館刻玉函山房輯佚書本
國圖　首都　科院　上海　天津　遼寧　南京　浙江　江西　湖北　四川　重慶　雲南

10639
孝經嚴氏注一卷
南朝梁秭歸嚴植之撰　清馬國翰輯
清光緒十年(1884)章邱李氏據馬氏刊版重印玉函山房輯佚書本
北師大　上海　天津　遼寧　陝西　山東　南京　浙江　江西　廣東　四川

10640
孝經嚴氏注一卷
南朝梁秭歸嚴植之撰　清馬國翰輯
清光緒十年(1884)楚南書局刻玉函山房輯佚書本
國圖　北大　復旦　天津　遼寧　南京　浙江　江西　湖北　廣西　四川　重慶　雲南

10641
孝經直解一卷
宋司馬光撰　清廣濟(今武穴)吕鳴謙輯
清光緒二十一年(1895)吕氏刻孝經五種彙編本
吉大　東北師大

10642
大學經筵直解一卷
宋朱熹集註　明江陵張居正直解
明萬曆司禮監重刻張閣老經筵四書直解本

故宫　吉大　山西師大

10643
孝經説一卷
宋江陵項安世撰
清四庫全書本
四庫館輯《項氏家説》,此爲其附刻。不載經文,但標章次,分十三段,前有項氏自序。
國圖　甘肅　浙江　臺北故宫
1983年臺北商務印書館影印清文淵閣四庫全書本
湖北
1989年上海古籍出版社縮印臺北商務印書館影印清文淵閣四庫全書本
國圖　武漢

10644
孝經傳一卷
明黄岡樊維城撰
明崇禎八年(1635)茅胤武刻孝經全書本
是刻半葉九行,行十九字,白口,單魚尾,四周單邊。《中國古籍善本書目》著録,僅該館有藏。
北大

10645
孝經孝傳靈感記一卷
明黄岡樊維城撰
明崇禎八年(1635)歸安茅氏刻孝經全書本
北大

10646
孝經正文一卷内傳一卷外傳一卷(一名李氏孝經三種)
清麻城李之素撰
清康熙六十年(1721)李煥寶田山莊刻瑞露軒印本
之素字子鵠,又字虚中,號定菴。歲貢生。拜閻爾梅爲師。晚年任湘鄉教諭,主講嶽麓書院。
是書《四庫全書總目》入"存目"。
國圖　科院　浙江

10647
孝經正文一卷内傳一卷外傳一卷(一名李氏孝經三種)
清麻城李之素撰
1997年齊魯書社據清康熙六十年(1721)李煥寶田山莊刻本影印四庫全書存目叢書本
湖北

10648
孝經内外傳五卷
清麻城李之素輯
孝經正文一卷
清麻城李之素釋
2002年上海古籍出版社據清康熙五十九年(1720)李煥寶田山莊刻本影印續修四庫全書本
兹依《續修四庫全書經部選目》著録,當與前一款目爲同版。唯其著録格式與文字略異,姑兩存之。
湖北

10649
孝經音訓不分卷
清崇陽楊國楨撰
清道光十年(1830)大梁書院刻十一經音訓本
復旦　華東師大　南大　福建師大[x]

10650
孝經音訓不分卷
清崇陽楊國楨撰
清光緒三年(1877)湖北崇文書局刻

十一經音訓本

國圖　北大　北師大　清華　上海×　復旦　遼寧　甘肅　南京　江西　河南　湖北　武漢　武大　四川

10651

古文孝經集義（一名孝經集義）二卷

清黄岡曾世儀撰

清同治十一年（1872）三省堂刻本

世儀字鴻階，延彩子。清道光初元以副貢舉孝廉方正，乙未（1835）成進士，授昌黎知縣。尋署易州及天津、河間府事，以疾卒於官。有彭毓崧序，稱其"繼往開來，厥旨深哉"。其編纂方式，乃是集經、子成句於古文本《孝經》經文之下，名爲"集義"，實爲集語。所引既有相切合者，亦有泛濫無着者。《續修四庫全書總目提要》著録。

國圖　復旦

10652

古文孝經薈解八卷

清黄岡洪良品撰

清光緒十七年（1891）鉛印本

良品於經，篤信古文。其認爲日本太宰純作序之鮑廷博刻本與班固所見者同爲古文，故本書專主此本，博引諸家，附以案語。

國圖　南京　湖北

10653

古文孝經薈解八卷

清黄岡洪良品撰

清光緒十八年（1892）總理署同文館鉛印本

北大

10654

古文孝經薈解八卷

清黄岡洪良品撰

清光緒十八年（1892）鉛印本

疑與前一款目爲同版。

天津

10655

孝經養正一卷

清廣濟（今武穴）吕鳴謙撰

清光緒十九年（1893）吕氏刻本

鳴謙字吉垣，知府銜陞用同知江蘇候補知縣。末有光緒十六年（1890）自跋，謂其"著自豫章軍幄，迄今數十年矣"，己丑刪定成篇，復著條議。版式典雅。

湖北

10656

孝經養正一卷條議一卷彙編一卷

清廣濟（今武穴）吕鳴謙撰

清光緒二十一年（1895）吕氏刻孝經五種彙編本

吉大　東北師大

10657

孝經養正復著一卷

清廣濟（今武穴）吕鳴謙撰

清光緒二十一年（1895）吕氏刻孝經五種彙編本

吉大　東北師大

10658

孝經養正三著一卷

清廣濟（今武穴）吕鳴謙撰

清光緒二十一年（1895）吕氏刻孝經五種彙編本

吉大　東北師大

10659

孝經襯解一卷孝經考證一卷

清枝江王永彬撰

清同治刻橋西山館雜著八種本

湖北

10660
孝經古敓三卷附繕敓讀本一卷
清羅田葉繩翥撰
清宣統元年(1909)木活字印本
《販書偶記》著録清光緒三十年(1904)木活字本。
繩翥字伯敬,早通群經,尤精《孝經》,殁時年僅十八。其著作約有六種,已刊者有二種。
科院

10661
孝經孝翔學一卷
清羅田葉繩翥撰
清宣統元年(1909)木活字印本
《續修四庫全書總目提要》著録,藏書單位待訪。
科院

10662
孝經不分卷
民國蘄春黄侃批
黄侃手批白文十三經稿本
中國國家博物館

10663
孝經不分卷
民國蘄春黄侃批
1986年上海古籍出版社據稿本影印黄侃手批白文十三經本
湖北

四書類

大學之屬

10664
大學管窺一卷
明黄梅廖紀撰
明刻學庸管窺本
是書首載琴川周木所集《大學古本》及二程、朱子改本。其後依《大學古本》次序,採輯衆説,加以己意而疏解之。其書流傳絶少,朱彝尊《經義考》僅列其目,亦未之見也。《四庫全書總目》入"經部·四書類存目"。
江西大

10665
大學窺一卷
明黄梅廖紀撰
1997年齊魯書社據明刻學庸管窺本影印四庫全書存目叢書本
湖北

10666
大學一卷
明江陵張居正撰　明焦竑增補　明湯賓尹訂正
明萬曆易齋刻重刻内府原板張閣老經筵四書直解指南本
華東師大　浙江　浙大　日本靜嘉堂

10667
大學一卷
明江陵張居正撰　明焦竑增補　明湯賓尹訂正
明天啓長庚館刻重刻内府原版張閣老經筵四書直解指南本
日本内閣文庫

10668
大學一卷
明江陵張居正直解　明焦竑增補　明湯賓尹訂正
明葉顯吾刻重刻張閣老經筵四書直解本
安徽博

10669
大學一卷
宋朱熹集注　明江陵張居正直解　明顧

宗孟重訂

四書講義合參

明顧宗玉撰

明崇禎顧宗孟刻四書直解本

上海　蘇州

10670

大學一卷

明江陵張居正撰　明沈鯉正字

明崇禎刻新訂四書直解正字全編本

無錫　廣東

10671

大學一卷

明江陵張居正撰　清鄭重等訂

清康熙修齊堂刻四書直解本

湖北

10672

大學一卷

明江陵張居正撰　清鄭重等訂

清乾隆玉樹堂刻四書直解本

湖北

10673

大學三卷

清廣濟（今武穴）陶起庠撰　清廣濟（今武穴）陶金炷等校

清嘉慶謙益堂刻四書集説本

湖北

10674

大學三卷

清廣濟（今武穴）陶起庠撰　清廣濟（今武穴）陶金炷等校

清嘉慶謙益堂刻四書集説本　佚名批校

天津

10675

四書集註闡微大學一卷

宋朱熹集注　明江陵張居正直解　明顧宗孟閲

附纂序四書説約合參大全

清顧夢麟、清楊彝輯

清光緒八旗經正書院翻刻康熙十六年（1677）徐乾學本

國圖　北大　天津　遼寧　南京　湖北

10676

四書集註闡微直解大學一卷

宋朱熹集注　明江陵張居正直解　明顧宗孟閲

清宣統元年（1909）學部圖書局石印四書集註直解本

國圖　科院　北大　上海

10677

四書補義大學一卷

清廣濟（今武穴）陶起庠撰　清廣濟（今武穴）陶金炷等校

清嘉慶謙益堂刻四書補義本

國圖　北大

10678

大學章句增釋一卷

清江夏彭崧毓撰

清光緒刻大學中庸章句增釋本

湖北

10679

古本大學解二卷

清廣濟（今武穴）劉醇驥撰

約清康熙間刻本

是書《四庫全書總目》入“存目”，然《四庫全書存目叢書》失收，《中國古籍善本書目》不録，常用書目不見。湖北省館所藏實爲書賈拼湊本。

湖北

10680

大學古本釋一卷

清蘄水（今浠水）郭階撰

清光緒十五年（1889）蘄水郭氏自刻春暉雜稿本

《續修四庫全書總目提要》收録。

國圖　科院　北大　上海　遼寧　甘肅　福建師大　湖北　江西

10681

大學集要一卷

清黄陂蕭開運撰

清光緒三年（1877）善成堂刻學庸集要本

湖北

中庸之屬

10682

中庸管窺一卷

明黄梅廖紀撰

明刻學庸管窺本

江西大

10683

中庸管窺一卷

明黄梅廖紀撰

1997年齊魯書社據明刻學庸管窺本影印四庫全書存目叢書本

湖北

10684

中庸二卷

明江陵張居正撰　明焦竑增補　明湯賓尹訂正

明萬曆易齋刻重刻内府原板張閣老經筵四書直解指南本

華東師大　浙江　浙大　日本靜嘉堂

10685

中庸二卷

明江陵張居正撰　明焦竑增補　明湯賓尹訂正

明天啓長庚館刻重刻内府原版張閣老經筵四書直解指南本

日本内閣文庫

10686

中庸二卷

明江陵張居正撰　明焦竑增補　明湯賓尹訂正

明葉顯吾刻重刻張閣老經筵四書直解本

安徽博

10687

中庸二卷

宋朱熹集注　明江陵張居正直解　明顧宗孟重訂

附四書講義合參

明顧宗玉撰

明崇禎九年（1636）顧宗孟刻四書直解本

上海　蘇州

10688

四書集註闡微直解中庸二卷

宋朱熹集注　明江陵張居正直解　明顧宗孟閲

附纂序四書説約合參大全

清顧孟麟、清楊彝輯

清光緒八旗經正書院翻刻康熙十六年（1677）徐乾學本

國圖　北大　天津　遼寧　南京　湖北

10689

四書集註闡微直解中庸二卷

宋朱熹集注　明江陵張居正直解　明顧宗孟閲

附纂序四書説約合參大全

清顧孟麟、清楊彝輯

清宣統元年(1909)學部圖書局石印四書集註直解本

國圖　科院　北大　上海

10690

四書集註闡微直解中庸二卷

宋朱熹集注　明江陵張居正直解　明顧宗孟閱

附纂序四書説約合參大全

清顧孟麟、清楊彝輯

1937年僞滿日文化協會鉛印四書集註直解本

北大　上海

10691

中庸經筵直解一卷

宋朱熹集注　明江陵張居正直解

明萬曆司理監重刻張閣老經筵四書直解本

故宫　吉大　山西師大

10692

中庸一卷

明江陵張居正撰　明沈鯉正字

明崇禎刻新訂四書直解正字全編本

無錫　廣東

10693

中庸一卷

明江陵張居正撰　清鄭重等訂

清康熙修齊堂刻四書直解本

湖北

10694

中庸一卷

明江陵張居正撰　清鄭重等訂

清乾隆玉樹堂刻經筵進講原本四書本

湖北

10695

四書説·中庸(一名中庸説)一卷

明辛全撰　明江夏賀時泰評閲

明末刻本

書凡一册。賀氏評語刻於各段正文之後。末有其二十二韻。

湖北

10696

中庸四卷

清廣濟(今武穴)陶起庠撰　清廣濟(今武穴)陶金烇等校

清嘉慶謙益堂刻四書集説本

湖北

10697

中庸四卷

清廣濟(今武穴)陶起庠撰　清廣濟(今武穴)陶金烇等校

清嘉慶謙益堂刻四書集説本　佚名批校

天津

10698

四書補義中庸一卷

清廣濟(今武穴)陶起庠撰　清廣濟(今武穴)陶金烇等校

清嘉慶謙益堂刻四書補義本

國圖　科院　北大　湖北

10699

中庸章句增釋一卷

清江夏彭崧毓撰

清光緒刻大學中庸章句增釋本

湖北

10700

中庸釋一卷

清蘄水(今浠水)郭階撰

清光緒十五年(1889)蘄水郭氏自刻春

暉雜稿本

國圖 科院 北大 上海 遼寧 甘肅 福建師大 湖北 江西

10701

中庸集要一卷

清黄陂蕭開運撰

清光緒三年(1877)善成堂刻學庸集要本

湖北

論語之屬

10702

論語李氏集注二卷

晉江夏(治所在今雲夢)李充撰 清馬國翰輯

清光緒九年(1883)長沙嫏嬛館刻玉函山房輯佚書本

充字弘度,晉江夏人。善楷書。爲王導記室參軍,遷大著作郎。於時典籍混亂,充刪除繁重,以類相從,分作四部,祕閣以爲永製。累遷中書侍郎,卒官。其著作多散佚,此書由馬氏輯佚而成。

國圖 科院 上海 復旦 天津 南京 浙江 湖北 江西 四川 重慶 雲南

10703

論語李氏集注二卷

晉江夏(治所在今雲夢)李充撰 清馬國翰輯

清光緒十年(1884)楚南書局刻玉函山房輯佚書本

國圖 北大 上海

10704

論語李氏集注二卷

晉江夏(治所在今雲夢)李充撰 清馬國翰輯

清光緒十年(1884)章邱李氏據馬氏刊版重印玉函山房輯佚書本

北師大 上海 天津 遼寧 陝西 浙江 南京 江西 四川

10705

論語范氏注一卷

晉陰縣(光化,今老河口)范甯撰 清馬國翰輯

清光緒九年(1883)長沙嫏嬛館刻玉函山房輯佚書本

國圖 首都 科院 上海 天津 遼寧 南京 浙江 江西 湖北 四川 重慶 雲南

10706

論語范氏注一卷

晉陰縣(光化,今老河口)范甯撰 清馬國翰輯

清光緒十年(1884)章邱李氏據馬氏刊版重印玉函山房輯佚書本

北師大 上海 天津 遼寧 陝西 山東 南京 浙江 江西 廣東 四川

10707

論語范氏注一卷

晉陰縣(光化,今老河口)范甯撰 清馬國翰輯

清光緒十年(1884)楚南書局刻玉函山房輯佚書本

國圖 北大 復旦 天津 遼寧 南京 浙江 江西 湖北 廣西 四川 重慶 雲南

10708

論語類考二十卷

明應城陳士元撰

明嘉靖刻本

是刻半葉十行,行二十字,白口,四周單邊。《中國古籍善本書目》著録,僅西安文管會有藏。《中國古籍總目·經部》作"明嘉靖三十九

年（1560）刻本”。
西安文管會

10709
論語類考二十卷
明應城陳士元撰
明刻本
是刻半葉十行，行二十字，白口，左右雙邊。《中國古籍善本書目》著録，僅中國人民大學圖書館有藏。
人大

10710
論語類考二十卷
明應城陳士元撰
明萬曆十一年（1583）自刻歸雲别集本
是刻半葉九行，行二十字，白口，四周單邊。《中國古籍善本書目》著録。
國圖　北大　祁縣×

10711
論語類考二十卷
明應城陳士元撰
清道光十三年（1833）應城吴毓梅刻歸雲别集本
國圖　科院　上海　復旦　天津　遼寧　陝西　山東　南京　浙江　湖北　武大　四川

10712
論語類考二十卷
明應城陳士元撰
清四庫全書本
國圖　甘肅　浙江　臺北故宫
1983年臺北商務印書館影印清文淵閣四庫全書本
湖北
1989年上海古籍出版社縮印臺北商務印書館影印清文淵閣四庫全書本
國圖　武漢

10713
論語類考二十卷
明應城陳士元撰
清嘉慶蕭山陳氏刻湖海樓叢書本
國圖　科院　北大　上海　復旦　天津　遼寧　甘肅　南京　浙江　江西　湖北　武大　四川　重慶

10714
論語類考二十卷
明應城陳士元撰
清光緒十七年（1891）三餘草堂刻湖北叢書本
國圖　科院　北大　上海　復旦　天津　遼寧　甘肅　南京　浙江　湖北　雲南

10715
論語類考二十卷
明應城陳士元撰
清抄本
國圖

10716
論語經筵直解十卷
宋朱熹集註　明江陵張居正直解
明萬曆司禮監重刻張閣老經筵四書直解本
故宫　山西師大　吉大

10717
四書直解正字論語十卷
明江陵張居正撰　明沈鯉正字
明崇禎刻新訂四書直解正字全編本
無錫　廣東

10718
四書直解指南論語十卷
明江陵張居正撰　明焦竑增補　明湯賓尹訂正

明萬曆易齋刻重刻内府原板張閣老經筵四書直解指南本
華東師大　浙江　浙大　日本靜嘉堂

10719
四書直解指南論語十卷
明江陵張居正撰　明焦竑增補　明湯賓尹訂正
明天啓長庚館刻重刻辯證内府原版張閣老經筵四書直解指南本
日本内閣文庫

10720
四書直解指南論語十卷
明江陵張居正撰　明焦竑增補　明湯賓尹訂正
明葉顯吾刻重刻張閣老經筵四書直解本
安徽博

10721
論語十卷
宋朱熹集注　明江陵張居正直解　明顧宗孟重訂
附四書講義合參
明顧宗玉撰
明崇禎顧宗孟刻四書直解本
上海　蘇州

10722
四書集註闡微直解論語十卷
宋朱熹集注　明江陵張居正直解　明顧宗孟閲
附纂序四書説約合參大全
清顧夢麟、清楊彝輯
清光緒八旗經正書院翻刻四書集註闡微直解本
國圖　北大　天津　遼寧　南京　湖北

10723
四書集註闡微直解論語十卷
宋朱熹集注　明江陵張居正直解　明顧宗孟閲
清宣統元年（1909）學部圖書局石印四書集註直解本
國圖　科院　北大　上海

10724
四書集註闡微直解論語十卷
宋朱熹集注　明江陵張居正直解　明顧宗孟閲
1937年僞滿日文化協會鉛印四書集註直解本
北大　上海

10725
論語二卷
明江陵張居正撰　清鄭重等訂
清康熙修齊堂刻四書直解本
湖北

10726
論語二卷
明江陵張居正撰　清鄭重等訂
清乾隆三十一年（1766）金閶玉樹堂刻四書直解本
湖北

10727
論語直解二十卷
明江陵張居正撰　姚永樸節録
民國鉛印本
國圖　復旦

10728
論語詳解二十卷先聖遺事一卷讀論語一卷
明京山郝敬撰
明萬曆四十六年（1618）郝千秋、郝千石

刻郝氏九經解本
《中國古籍善本書目》著録。
科院　北大　復旦　湖北　日本内閣文庫　哈佛
燕京

10729
論語詳解二十卷先聖遺事一卷讀論語一卷
明京山郝敬撰
2002年上海古籍出版社據明萬曆四十六年(1618)郝千秋、郝千石刻郝氏九經解本影印續修四庫全書本
湖北

10730
論語詳解二十卷
明京山郝敬撰
清道光二十三年(1843)郭式泰慎修堂抄明萬曆郝氏九經解本
湖北

10731
論語詳解二十卷
明京山郝敬撰
抄郝氏九經解本
上海師大

10732
讀論語一卷
明京山郝敬撰
明萬曆四十六年(1618)郝千秋、郝千石刻郝氏九經解本
科院　北大　復旦　湖北　日本内閣文庫　哈佛
燕京

10733
讀論語一卷
明京山郝敬撰
2002年上海古籍出版社據明萬曆四十六年(1618)郝千秋、郝千石刻郝氏九經解本影印續修四庫全書本
湖北

10734
讀論語一卷
明京山郝敬撰
抄郝氏九經解本
上海

10735
讀論語一卷
明京山郝敬撰
日本衣文庫傳抄明萬曆刻郝氏九經解本
上海師大

10736
論語二十卷
清廣濟(今武穴)陶起庠撰　清廣濟(今武穴)陶金烇等校
清嘉慶謙益堂刻四書集説本
湖北

10737
論語二十卷
清廣濟(今武穴)陶起庠撰　清廣濟(今武穴)陶金烇等校
清嘉慶謙益堂刻四書集説本　佚名批校
天津

10738
四書補義論語二卷
清廣濟(今武穴)陶起庠撰　清廣濟(今武穴)陶金烇等校
清嘉慶謙益堂刻四書補義本
國圖　科院　北大　湖北

10739
四書補義論語二卷
清廣濟(今武穴)陶起庠撰　清廣濟(今

武穴)陶金烇等校　佚名批校
清嘉慶謙益堂刻四書補義本
天津

10740
論語緩悟不分卷
清漢陽李炳範輯
清光緒二十九年(1903)刻本
鄂城崇文書局藏版。有清光緒辛丑(1901)(二十七年)自序。
湖北

10741
修身科論語課程不分卷
清江夏高等小學堂輯
清光緒木活字印本
國圖

10742
論語事實録一卷附三毫考一卷
民國宜都楊守敬撰
清光緒刻本
是書無序例,亦無具體刊刻時間可稽。意在據事實以決疑問。如書中謂《論語》不特非七十子所記,並非七十子之徒所記,蓋數傳之後,私淑者相與裒集,其智者不足以知聖人,採之者既非一家,定之者又少抉擇,轉經喪亂,此脱彼複。凡此等等,皆成一家之言。
湖北

10743
論語不分卷
民國蘄春黄侃批
黄侃手批白文十三經稿本
中國國家博物館

10744
論語不分卷
民國蘄春黄侃批
1986年上海古籍出版社據稿本影印黄侃手批白文十三經本
湖北

10745
鄉黨義考七卷
清蘄州(今蘄春)胡薰撰　清蘄州(今蘄春)胡顧編
清乾隆六十年(1795)中林書屋刻本
薰爲乾隆三十三年(1768)舉人,蘄州知州胡齊崙薦舉其爲孝廉方正,堅辭不受,耽於經籍,潛心著述。著作甚多,而付梓者似僅此。此書係仿江永《鄉黨圖考》而加詳,陳詩序稱:"去短集長,折中求是,視江本爲優。而先之以本義,次之以考證,章解句釋,按部就班,使承學之士見而瞭然,蓋又有江氏所未及者。"顧爲薰子。
湖北

孟子之屬

10746
孟子雜記四卷
明應城陳士元撰
明隆慶浩然堂刻本
是刻半葉九行,行二十一字,白口,四周單邊。《中國古籍善本書目》著録。
陝西文史館　浙江

10747
孟子雜記四卷
明應城陳士元撰
明萬曆十一年(1583)自刻歸雲別集本
是刻半葉九行,行二十字,白口,四周單邊。《中國古籍善本書目》著録。
國圖　北大　祁縣 ×

10748
孟子雜記四卷
明應城陳士元撰

清道光十三年（1833）應城吴毓梅刻歸雲别集本
國圖　科院　上海　復旦　天津　遼寧　陝西　山東　南京　浙江　湖北　武大　四川

10749
孟子雜記四卷
明應城陳士元撰
清四庫全書本
國圖　甘肅　浙江　臺北故宫
1983年臺北商務印書館影印清文淵閣四庫全書本
湖北
1989年上海古籍出版社縮印臺北商務印書館影印清文淵閣四庫全書本
國圖　武漢

10750
孟子雜記四卷
明應城陳士元撰
清嘉慶蕭山陳氏刻湖海樓叢書本
國圖　科院　北大　上海　復旦　天津　遼寧　甘肅　南京　浙江　湖北　武大　江西　四川　重慶

10751
孟子雜記四卷
明應城陳士元撰
清光緒十七年（1891）三餘草堂刻湖北叢書本
國圖　科院　北大　上海　復旦　天津　遼寧　甘肅　南京　浙江　湖北　雲南

10752
孟子雜記四卷
明應城陳士元撰
民國二十四年至二十六年（1935—1937）上海商務印書館鉛印叢書集成初編本
國圖　北師大　上海　復旦　遼寧　甘肅　浙江　湖北　武大　四川　重慶

10753
四書直解正字孟子十四卷
明江陵張居正撰　明焦弘增補　明湯賓尹訂正
明萬曆易齋重刻内府原版張閣老經筵四書直解指南本
華東師大　浙江　浙大　日本静嘉堂

10754
四書直解指南孟子十四卷
明江陵張居正撰　明焦竑增補　明湯賓尹訂正
明天啓長庚館重刻辯證内府原版張閣老經筵四書直解指南本
日本内閣文庫

10755
四書直解指南孟子十四卷
明江陵張居正撰　明焦竑增補　明湯賓尹訂正
明葉顯吾重刻張閣老經筵四書直解本
安徽博

10756
孟子十四卷
宋朱熹集注　明江陵張居正直解　明顧宗孟重訂
附四書講義合參
明顧宗玉撰
明崇禎顧宗孟刻四書直解本
上海　蘇州

10757
孟子十四卷
清廣濟（今武穴）陶起庠撰　清廣濟（今武穴）陶金烇等校
清嘉慶謙益堂刻四書集説本

湖北

10758

孟子十四卷

清廣濟(今武穴)陶起庠撰　清廣濟(今武穴)陶金烇等校

清嘉慶謙益堂刻四書集説本　佚名批校

天津

10759

四書集註闡微直解孟子十四卷

宋朱熹集注　明江陵張居正直解　明顧宗孟閱

附纂序四書説約合參大全

清顧夢麟、清楊彝輯

清光緒八旗經正書院翻刻四書集註闡微直解本

國圖　北大　天津　遼寧　南京　湖北

10760

四書集註闡微直解孟子十四卷

宋朱熹集注　明江陵張居正直解　明顧宗孟閱

清宣統元年(1909)學部圖書局石印四書集註直解本

國圖　科院　北大　上海

10761

四書集註闡微直解孟子十四卷

宋朱熹集注　明江陵張居正直解　明顧宗孟閱

1937年僞滿日文化協會鉛印四書集註直解本

北大　上海

10762

孟子二卷

明江陵張居正撰　清鄭重等訂

清康熙修齊堂刻四書直解本

湖北

10763

孟子二卷

明江陵張居正撰　清鄭重等訂

清乾隆三十一年(1766)金閶玉樹堂刻四書直解本

湖北

10764

孟子説解十四卷遺事一卷讀孟子一卷

明京山郝敬撰

明萬曆四十七年(1619)郝千秋、郝千石刻郝氏九經解本

《四庫全書總目》入"經部·四書類存目"。《中國古籍善本書目》著録。

科院　復旦　南京　湖北　日本内閣文庫　哈佛燕京

10765

孟子説解十四卷遺事一卷讀孟子一卷

明京山郝敬撰

1997年齊魯書社影印四庫全書存目叢書本

湖北

10766

孟子説解十四卷首一卷

明京山郝敬撰

清道光二十二年(1842)郭式泰慎修堂抄明萬曆郝氏九經解本

湖北

10767

孟子説解十四卷

明京山郝敬撰

抄郝氏九經解本

上海師大

10768
讀孟子一卷
明京山郝敬撰
明萬曆四十七年(1619)郝千秋、郝千石刻郝氏九經解本
科院　復旦　南京　湖北　日本内閣文庫　哈佛燕京

10769
讀孟子一卷
明京山郝敬撰
1997年齊魯書社據明萬曆四十七年(1619)郝千秋、郝千石刻郝氏九經解本影印四庫全書存目叢書本
湖北

10770
讀孟子一卷
明京山郝敬撰
抄郝氏九經解本
上海

10771
讀孟子一卷
明京山郝敬撰
日本衣文庫傳抄明萬曆刻郝氏九經解本
上海師大

10772
四書補義孟子三卷
清廣濟(今武穴)陶起庠撰　清廣濟(今武穴)陶金烇等校
清嘉慶謙益堂刻四書補義本
國圖　科院　北大　天津　湖北

10773
孟子要義信好録五卷
清江陵鄭機纂輯
民國石印本
《湖北藝文志》載其著作十六種,今僅訪知三種。
湖北

10774
孟子要畧五卷附録一卷
宋朱熹撰　清漢陽劉傳瑩輯　清曾國藩按
清道光二十九年(1849)漢陽劉氏刻本
國圖　北大　天津　上海　湖北

10775
孟子要畧五卷附録一卷
宋朱熹撰　清漢陽劉傳瑩輯　清曾國藩按
2002年上海古籍出版社據清道光二十九年(1849)漢陽劉氏刻本影印續修四庫全書本
湖北

10776
孟子要畧五卷附録一卷
宋朱熹撰　清漢陽劉傳瑩輯　清曾國藩按
清同治六年(1867)蔣氏衍芬草堂重刻本
南京　浙江

10777
孟子要畧五卷附録一卷
宋朱熹撰　清漢陽劉傳瑩輯　清曾國藩按
清同治十三年(1874)刻曾文正公全集本
國圖　科院　北大　首都　上海　復旦　天津　遼寧　甘肅　南京　浙江　江西　湖北　武漢　四川　重慶

10778
孟子要畧五卷附録一卷
宋朱熹撰　清漢陽劉傳瑩輯　清曾國藩按

清光緒十四年(1888)山東書局刻本
國圖　南京

10779
孟子要畧五卷附録一卷
宋朱熹撰　清漢陽劉傳瑩輯　清曾國藩按
清光緒十七年(1891)三餘草堂刻湖北叢書本
國圖　科院　北大　上海　復旦　天津　遼寧　甘肅　南京　浙江　湖北　雲南

10780
孟子要畧五卷附録一卷
宋朱熹撰　清漢陽劉傳瑩輯　清曾國藩按
清光緒二十八年(1902)廣雅書局刻本
國圖　湖北

10781
孟子要略五卷
清漢陽劉傳瑩輯
清光緒三十二年(1906)山西師範學堂鉛印本
與日本松田東編《論語類編》合印。
湖北

10782
孟子要略五卷
清漢陽劉傳瑩輯
清光緒三十二年(1906)江夏羅襄印本
與日本松田東編《論語類編》合印。或即山西師範學堂本。
湖北

10783
朱子原編孟子要畧五卷首一卷
宋朱熹撰　清漢陽劉傳瑩輯　清曾國藩按　清孫光庭輯注
清光緒二十九年(1903)雲南官書局刻本
國圖　科院　北大　上海　復旦　南京

10784
孟子説七卷
清武昌姜郁松(嵩)撰
清光緒三十三年(1907)主敬堂刻本
著者本姓郁名嵩,諸生。首有李有棻序、郁嵩自序及凡言。自序謂取朱子之意發明孟子各章大旨,使學者由朱子之説,以求孟子之意。其書不録經文,亦不用訓詁,僅述各章大意。《販書偶記》著録。
科院　湖北

10785
孟子不分卷
民國蘄春黄侃批
黄侃手批白文十三經稿本
中國國家博物館

10786
孟子不分卷
民國蘄春黄侃批
1986年上海古籍出版社據稿本影印黄侃手批白文十三經本
湖北

10787
孟子文法不分卷
武昌李文藻評
民國武昌文藻齋鉛印本
湖北

四書總義之屬

10788
四書直解(一名重刻張閣老經筵四書直解)二十六卷
宋朱熹集注　明江陵張居正直解

明萬曆元年(1573)司禮監刻本

大學一卷

中庸一卷

論語十卷

孟子十四卷

是刻半葉九行,行十八字,黑口,四周雙邊。《中國古籍善本書目》著録。居正爲講官時著《四書集解》進呈。其書先標舉四書章句爲綱,次朱注,次直解。句櫛字比,大都平實。《四庫全書》入存目。

本屬下各書凡爲同一系列者,祇於首條標注子目。

故宫　山西師大　吉大

10789

四書直解(一名重刻張閣老經筵四書直解)二十六卷

宋朱熹集注　明江陵張居正直解

1997年起齊魯書社據明萬曆元年(1573)司禮監刻本影印四庫全書存目叢書本

湖北

10790

四書直解二十六卷

明江陵張居正撰

明集古堂刻本

是刻半葉九行,行二十字,白口,左右雙邊。《中國古籍善本書目》著録。

北師大　重慶

10791

四書經筵直解二十卷

明江陵張居正撰

日本瀛州館刻本

北大

10792

新訂四書直解正字全編二十六卷

明江陵張居正撰　明沈鯉正字

明崇禎七年(1634)方奇峋刻本

大學一卷

中庸一卷

論語十卷

孟子十四卷

是刻半葉八行,行十八字,小字雙行,白口,四周單邊。《中國古籍善本書目》著録。

無錫　廣東　日本尊經閣

10793

學庸管窺二卷

明黄梅廖紀撰

明刻本

大學管窺一卷

中庸管窺一卷

是刻半葉十行,行十八字,黑口,四周雙邊。有刻工。《中國古籍善本書目》著録,僅該館有藏。考《明史·藝文志》載廖紀撰有《四書管窺》四卷,而《經義考》則作"二卷",又《大學管窺》一卷,並注云未見其《中庸管窺》一書。《黄梅縣志》云:紀,黄梅人。弘治十八年(1505)進士,官至廣西按察司副使。《四庫全書總目》入"存目",唯謂其爲東光人則失察。考《太學題名碑録》,東光之廖紀爲弘治三年(1490)庚戌進士,此廖紀則爲弘治十八年(1505)己丑進士,直隸九江衛官籍,湖廣黄梅縣人。《四庫總目》混爲一人,誤也。

江西大

10794

四書直解二十七卷

宋朱熹集注　明江陵張居正直解　明顧宗孟重訂

四書講義合參二十七卷

明顧宗孟撰

明崇禎九年(1636)顧宗孟刻本

大學一卷

中庸二卷

論語十卷

孟子十四卷

是刻半葉十二行,行二十字,合參二十行十五字,四周單邊,無刻工。《中國古籍善本書目》著録。

上海　蘇州

10795

重刻張閣老經筵四書直解二十七卷

明江陵張居正撰　明焦竑增補

四書鄒魯指南不分卷

明楊文奎撰

明書林何敬塘刻本

是刻爲兩節版。上節半葉十二行,行十三字;下節半葉十三行,行二十四字。白口,四周單邊。《中國古籍善本書目》著録。

貴州　重慶[x]

10796

重刻張閣老經筵四書直解二十七卷

明江陵張居正撰　明焦竑增補　明湯賓尹訂正

鄒魯指南主意不分卷

明宋鳳翔撰

明書林葉顯吾刻本

是刻半葉十三行,行二十五字,白口,四周單邊。《中國古籍善本書目》著録。

安徽博

10797

重刻辯證内府原版張閣老經筵四書直解指南二十七卷

明江陵張居正撰　明焦竑增補　明湯賓尹訂正

明天啓元年(1621)長庚館刻本

日本内閣文庫

10798

重刻内府原板張閣老經筵四書直解指南二十七卷

明江陵張居正撰

明萬曆閩建書林易齋詹諒刻本

大學中庸三卷

論語十卷

孟子十四卷

是刻半葉十四行,行二十三字,白口,單魚尾,左右雙邊。《中國古籍善本書目》著録。

復旦　浙江　重慶

10799

四書直解二十七卷

明江陵張居正撰　明焦竑增補　明顧宗孟訂正

四書指南纂序合參二十七卷

明李光縉纂　明劉日珩訂　明陳恒吉合纂

明崇禎間刻本

日本東京大學

10800

四書指南纂序合參二十七卷

明江陵張居正撰　明焦竑增補　明顧宗孟訂正　明李光縉纂　明劉日珩訂　明陳恒吉合纂

明崇禎間刻四書直解本

日本東京大學

10801

四書集註闡微直解(一名四書集註直解説約)二十七卷

宋朱熹集注　明江陵張居正直解　明顧宗孟閲

附纂序四書説約合參大全

清顧夢麟、楊彝輯

清光緒八年(1882)經正書院翻刻康熙十六年(1677)徐乾學本

大學中庸三卷

論語十卷

孟子十四卷

國圖　北大　天津　遼寧　南京　湖北　湖北

大　香港中大

10802
四書集註闡微直解二十七卷
明江陵張居正撰
附纂序四書説約合參大全
清顧夢麟、楊彝輯
1997年北京出版社據清光緒八年(1882)經正書院刻本影印四庫未收書輯刊本
湖北

10803
四書集註闡微直解(一名四書集註直解説約)二十七卷
宋朱熹集注　明江陵張居正直解　明顧宗孟閲
附纂序四書説約合參大全
清顧夢麟、楊彝輯
清宣統元年(1909)學部圖書局石印本
國圖　北大　天津　遼寧　南京　湖北

10804
四書集註闡微直解(一名四書集註直解説約)二十七卷
宋朱熹集注　明江陵張居正直解　明顧宗孟閲
附纂序四書説約合參大全
清顧夢麟、楊彝輯
1937年僞滿日文化協會鉛印本
北大　上海

10805
四書直解六卷
明江陵張居正撰　清鄭重等訂
清康熙四十年(1701)修齊堂刻本
大學一卷
中庸一卷
論語二卷
孟子二卷
湖北

10806
四書直解六卷
明江陵張居正撰　清鄭重等訂
清乾隆三十一年(1766)金閶玉樹堂刻本
湖北

10807
袁氏家傳四書旨便六卷
明公安袁宗道撰　明公安袁宏道、袁中道參訂
附録新刻佔鼇分印正文
明湯賓尹校
明萬曆書林余象斗刻本
日本龍谷大學

10808
新刻袁小修先生四書繁十卷
明公安袁中道撰　明公安袁宏道訂
明刻本
今僅知該處有藏。
日本蓬左

10809
增補四書人物聚考十二卷總圖一卷
明景陵(今天門)鍾惺增訂　明黄澍參訂
清會文堂刻本
湖北

10810
四書小參一卷附四書問答一卷
明黄岡朱斯行撰
明刻本
斯行字道之,署籍西陵。按西陵漢縣,屬江夏郡,今在黄岡縣西北。是書以禪理説經,有足以補舊訓所不及者。《問答》一卷,全是禪家機

鋒語,與經旨無關。書無序例。倫明撰《續修四庫全書總目提要》著録"明刻本",藏書單位待訪。

10811
四書小參一卷附四書問答一卷
明黄岡朱斯行撰
清光緒三年(1877)姑蘇刻經處刻本
國圖　科院　北大　天津　上海　復旦　南京　湖北

10812
四書問答一卷
明黄岡朱斯行撰
明刻本
藏書單位待訪。

10813
四書問答一卷
明黄岡朱斯行撰
清光緒三年(1877)姑蘇刻經處刻本
國圖　科院　北大　天津　上海　復旦　南京　湖北

10814
四書集註直解説約七卷
明江陵張居正撰
清康熙十六年(1677)徐乾學重刻本
《續修四庫總目提要》著録,藏書單位待訪。是刻首有徐乾學序,附居正進講章疏,又附佚名《四書直解看書法》。

10815
四書攝提十卷附録一卷
明京山郝敬撰
明萬曆崇禎間郝洪範刻山草堂集本
《中國古籍善本書目》著録。
科院

10816
詮次四書翼考十卷
題明景陵(今天門)鍾惺編輯　明景陵(今天門)譚元春刪訂
明玉樹堂刻本
《中國古籍善本書目》及王重民《中國善本書提要》均收録,僅該館有藏。王氏已考證此乃玉樹堂聘人就其所刻《四書人物考》略加纂補而成,"鍾、譚並是托名"。
北大

10817
詮次四書翼考十卷
明景陵(今天門)鍾惺編輯　明景陵(今天門)譚元春刪訂
明刻本
日本内閣文庫　日本蓬左　日本龍谷大學

10818
增補四書人物聚考十二卷圖一卷
明景陵(天門)鍾惺增定　明黄澍參訂
明刻本
是刻半葉十一行,行三十字,小字雙行行字同,白口,四周單邊。《中國古籍善本書目》著録,僅該館有藏。
惠安

10819
增補四書人物聚考十二卷總圖一卷
明景陵(今天門)鍾惺纂
清會文堂刻本
有康熙己丑(1709)黄越序,"玄""弘"均不諱,係後印本。封面題"會文堂梓"。
湖北

10820
新鐫四書七十二朝人物經籍備考二十四卷
明薛應旂撰　明景陵(今天門)鍾惺合訂

明吴門舒氏六經閣刻本

北師大　湖北　日本内閣文庫　日本尊經閣　日本蓬左

10821

知津堂奚蘇嶺先生自訂真稿不分卷附知津堂會業一卷

清黄岡奚禄詒撰並輯

清稿本

禄詒字克孫(生),號蘇嶺先生。清順治十六年(1659)進士,官至常州府同知。此書未見刻本行世,或編好未梓。孤本。

湖北

10822

菜根堂劄記十二卷

清孝昌夏力恕撰

清乾隆三十年(1765)菜根堂自刻本

力恕字觀川,清康熙六十年(1721)進士,官翰林院編修。是書乃其在武昌書院與諸生講授《四書》所作。《四庫全書總目》入"經部·四書類存目"。

歿後,其家人有將其著作彙爲《澴農遺書》,似未刻竣,所見僅爲第五、七、十、十一、十三、十四種,故本目録不作叢書本著録。

湖北

10823

菜根堂劄記十二卷

清孝昌夏力恕撰

1997年起齊魯書社影印四庫全書存目叢書本

湖北

10824

證疑備覽六卷

清孝昌夏力恕撰

清光緒十一年(1885)菜根堂重刻本

係考辨《四書》中名物典故,《販書偶記》將其歸入"子部·雜家·雜考類"不準確。原本爲《菜根堂劄記》之後六卷,後分開付梓,題以今名。

湖北

10825

四書識遺二卷

清應城程大中撰

清心簡書屋刻本

《續修四庫全書總目提要》著録,藏書單位待訪。其所引説散見他書,旁搜而得之。後改名《逸箋》,於原文無一字增删,改爲六卷。論者謂"逸箋"不如"識遺"稱其實。

10826

四書逸箋六卷

清應城程大中撰

清四庫全書本

大中字拳時,號是菴,清乾隆丁丑(1757)進士。《四庫全書總目提要》謂其"援據頗極詳明","雖不能與閻若璩《四書釋地》並駕齊驅,較張存中之《通證》、詹道傳之《纂箋》要無所讓也"。

《增訂四庫簡明目録標注》著録有"清乾隆中刊本",未見待訪。府、縣志著録其著作多達二十餘種,多數不見常用書目,或未付梓。

國圖　甘肅　浙江　臺北故宫

1983年臺北商務印書館影印清文淵閣四庫全書本

湖北

1989年上海古籍出版社縮印臺北商務印書館影印清文淵閣四庫全書本

國圖　武漢

10827

四書逸箋六卷

清應城程大中撰

清嘉慶十三年至十六年(1808—1811)張海鵬墨海金壺本

《中國古籍善本書目》著録。

國圖　復旦　天津　山東

10828

四書逸箋六卷

清應城程大中撰

民國十年(1921)上海博古齋影印清嘉慶張海鵬刻墨海金壺本

國圖　首都　北大　上海　復旦　天津　遼寧　甘肅　南京　浙江　武大　四川　重慶　雲南

10829

四書逸箋六卷

清應城程大中撰

清道光十三年(1833)曾釗木活字印本

是本半葉十行,行二十字,白口,左右雙邊。《中國古籍善本書目》著録,僅中山大學圖書館有藏。

中大

10830

四書逸箋六卷

清應城程大中撰

清道光二十六年(1846)刻海山仙館叢書本

國圖　科院　北大　上海　復旦　天津　遼寧　山東　南京　浙江　湖北　四川　重慶

10831

四書逸箋六卷

清應城程大中撰

清道光三十年(1850)南海伍氏刻粤雅堂叢書本

國圖　首都　科院　上海　復旦　天津　遼寧　甘肅　南京　浙江　湖北　武大　四川

10832

四書逸箋六卷

清應城程大中撰

清光緒十七年(1891)三餘草堂刻湖北叢書本

國圖　科院　北大　上海　復旦　天津　遼寧　甘肅　南京　浙江　湖北　雲南

10833

四書集説四十一卷

清廣濟(武穴)陶起庠纂　清廣濟(武穴)陶金烇等校

清嘉慶十八年(1813)謙益堂刻本

大學三卷

中庸四卷

論語二十卷

孟子十四卷

此書由湖北學政鮑桂星鑒定並撰序。序云:"君以名孝廉教諭安陸,課士有程法,余心韙之。今年秋出是書屬余校正,余讀之帀月乃終卷。凡四子書精義,一奉朱子爲指歸;其於漢唐以來諸儒之説,抉擇精審,析衷至當,必無戾乎朱子之説而後已。其處心良厚而用力可謂勤矣。"又有嘉慶十六年(1811)自序述其纂輯原委。

湖北

10834

四書集説四十一卷

清廣濟(今武穴)陶起庠纂　清廣濟(今武穴)陶金瑩、陶金璧編

清嘉慶十八年(1813)謙益堂刻本　佚名批校

天津

10835

四書補義七卷

清廣濟(武穴)陶起庠輯　清廣濟(武穴)陶金瑩、陶金璧編

清嘉慶十八年(1813)謙益堂刻本

大學一卷

中庸一卷

論語二卷

孟子三卷

《續修四庫全書總目提要》(倫明撰)云:"今觀其書,於名物典製援引甚備,雖欠案斷,頗見簡要。至於剖析義理,或標揭一説,或融合數説。惜搜採未甚廣,間有翻新於舊解外者。"

湖北

10836

四書集説四十一卷

清廣濟(今武穴)陶起庠纂　清廣濟(今武穴)陶金烇等校

清嘉慶十八年(1813)謙益堂刻本　佚名批校

天津

10837

四書補義七卷

清廣濟(今武穴)陶起庠撰　清廣濟(今武穴)陶金瑩、陶金璧編

清嘉慶十八年(1813)謙益堂刻本　佚名批校

天津

10838

大學輯要一卷中庸輯要一卷(一名學庸集要)

清黄陂蕭開運纂

清嘉慶八年(1803)景賢齋刻本

原署"楚陂"。《販書偶記》著録。開運字淳齋,諸生。此書恪遵朱注,就注作綱,章後又附總解。有陳嗣龍序。

湖北

10839

四書續考四卷

清廣濟(武穴)陶起庠撰　清廣濟(武穴)陶金瑩、陶金璧編

清嘉慶二十一年(1816)刻本

首有起庠自序。《續修四庫全書總目提要》:"諸解俱當,殊勝坊本備考諸書。"

科院　湖北

10840

四書續考四卷

清廣濟(今武穴)陶起庠纂　清廣濟(今武穴)陶金瑩、陶金璧編

清嘉慶二十一年(1816)刻本　佚名批校

天津

10841

學庸輯要四卷

清黄陂蕭開運纂

清道光元年(1821)刻本

南京

10842

學庸集要不分卷(大學輯要、中庸輯要)

清黄陂蕭開運纂

清光緒三年(1877)善成堂刻本

湖北

10843

學庸識小一卷

清蘄水(今浠水)郭階撰

清光緒十五年(1889)蘄水郭氏自刻春暉雜稿本

國圖　科院　北大　上海　遼寧　甘肅　福建師大　湖北　江西

10844

四書精義補十九卷

清雲夢彭天埰撰　清汪之棠補

清光緒十四年(1888)遵義堂刻本

據《德安府志》:天埰字葛村,雲夢人。清乾隆二十五年(1760)舉人,歷官大足、銅梁知縣,署酉陽州事。嘗以諸家解《四書》未尽協,

乃薈萃五子之粹，折百家之衷，撰成是編。

復旦

10845

四書類考三十卷

清蘄州（今蘄春）陳詩撰

清嘉慶六年（1801）蘄州陳氏家塾刻本

自宋以降，對四書進行考證者，有全經，有摘録。全經之盛傳者，有明代蔡清之《四書蒙引》，陳詩自稱此書係仿蔡氏之作。張方理序對蔡、陳二書作了比較，略云："圖史合考，嫁名於虚齋蔡氏。其紀事也，或闕而不全，無以見其終始；其纂言也，又雜而不貫，無以觀其會通。"而陳氏此書，"於經書名義及古今製度，有綱有目有子目，條分縷析，原始要終；於注疏之菁華、先儒之語録，鉤去提要，採擷無遺"。

湖北

10846

四書註説輯要八卷

清漢川秦敦原撰

清道光十九年（1839）樹百山房刻本

敦原字逢資，號襄坡，清嘉慶十二年（1807）進士，歷官南縣、滑縣知縣。有《樹百山房文集》，未見。

湖北

10847

經學質疑録（一名四書質疑録）二十卷

清漢川秦篤輝撰

清道光六年（1826）墨緣館刻本

湖北

10848

經學質疑録（一名四書質疑録）二十卷

清漢川秦篤輝撰

1997年北京出版社據清道光六年（1826）墨緣館刻本影印四庫未收書輯刊本

湖北

10849

四書答問十二卷

清沔陽（今仙桃）秦士顯撰　清蕭士然編

清嘉慶十八年（1813）壽昌講堂刻本

《販書偶記續編》著録，藏書單位待訪。

10850

四書識小録一卷

民國宜都楊守敬撰

稿本

重慶

10851

四書識小録

民國宜都楊守敬撰　侯英賢整理

1988年起湖北人民出版社、湖北教育出版社鉛印楊守敬集本

湖北

10852

論孟類纂一卷

民國枝江曹廷傑撰

民國吉林印書館鉛印本

曹廷傑（1850—1916），事詳《湖北歷史人物辭典》。

湖北

10853

論孟類纂提要不分卷

民國枝江曹廷傑撰

民國吉林印書館排印本

湖北

10854

四書義述六卷

民國咸豐徐大煜撰

民國鉛印本

湖北

10855
山公四書集註補四卷
民國鄂城(今鄂州)曹林撰
民國九年(1920)鉛印本
參見《喪服經傳彙編考正》附注項。
湖北

10856
四書補源改錯一卷
民國蘄春陳守元撰
抄本
余彦文《鄂東著作人物薈萃》謂其書“尚存”,惜未指明藏於何處。

10857
四書劄記二卷
清隨州姚惟寅撰
民國鉛印本
未見具體刊版時間。首有敍論,謂聖人之道,一晦於考據家,再晦於理學家。晚近競尚新學,則概斥爲空言。不知空言中自寓實理,舉而措之,莫非事實云云。書分二卷,爲目六十,爲條八十。《續修四庫全書總目提要》著録。
科院

10858
四書駢字集解八卷首一卷
清漢陽張行簡撰
清刻本
是書魚尾上刻“嘯孫軒攢存”,魚尾下刻子書書名。前有“略例”。
湖北

10859
明朝四書文十二卷
清崇文書局輯
清光緒二年(1876)崇文書局刻本
化治四書文六卷
正嘉四書文三卷
啓禎四書文三卷
天津

10860
化治四書文六卷
清崇文書局輯
清光緒二年(1876)崇文書局刻明朝四書文本
天津

10861
正嘉四書文三卷
清崇文書局輯
清光緒二年(1876)崇文書局刻明朝四書文本
天津

10862
啓禎四書文三卷
清崇文書局輯
清光緒二年(1876)崇文書局刻明朝四書文本
天津

10863
大小學程十卷
清興國(今陽新)朱浩文撰
清光緒十九年至二十一年(1893—1895)湖北官書局刻彙源堂全集本
施廷鏞《中國叢書綜録續編》著録,《中國古籍總目》未收。

爾雅類

10864
新爾雅二卷
民國武昌李文藻編
民國漢口聖教書局鉛印本

湖北

10865

爾雅不分卷

民國蘄春黄侃批

黄侃手批白文十三經稿本

中國國家博物館

10866

爾雅不分卷

民國蘄春黄侃批

1986年上海古籍出版社據稿本影印黄侃手批白文十三經本

湖北

10867

爾雅音訓三卷

民國蘄春黄侃箋釋　蘄春黄焯編次

1983年上海古籍出版社據黄侃批校郝懿行爾雅義疏本影印本

前有黄焯序、"出版説明"及"略例"。序曰:"先叔父季剛先生學術文章冠冕百代,世與余杭章君並稱。其於《爾雅》《説文》《廣韵》三書,校語積至百餘萬言。嘗誨焯曰:'《爾雅》解釋群經之義,無此則不能明一切訓詁;《説文》解釋文字之源,無此則不能得文字之由來。'又曰:'《爾雅》名物,仍當貫以聲音,求其條例……'"此書爲黄焯抽取其校語中有關音訓者數百條編爲上、中、下三卷而成。其所依據之原則、方法,則爲所謂"因聲求義""音義繫聯"之聲訓傳統方法。其分卷一仍《爾雅》原書次第。

湖北

10868

手批爾雅義疏二十卷

清郝懿行原撰　民國蘄春黄侃批

1979年臺北石門圖書公司影印潘重規過録黄侃批校本

此書黄侃手批原本今藏武漢大學中文系資料室。黄焯先生曾選録其中部分批語,輯爲《爾雅音訓》三卷,1983年由上海古籍出版社鉛印出版。潘重規係季剛先生之婿。

湖北

10869

爾雅正名十九卷

清汪瑩撰　民國蘄春黄侃評

清抄本　民國黄侃跋　章炳麟題識

湖北

10870

爾雅正名評一卷

清汪瑩撰　民國蘄春黄侃評

民國二十五年(1936)章氏國學講習會鉛印本

國圖　上海　甘肅　南京　湖北　武漢

10871

爾雅正名評不分卷

民國蘄春黄侃撰

民國蘇州製言社鉛印本

湖北

10872

黄侃手批爾雅正名不分卷

民國蘄春黄侃批　徐孝宓、李格非整理

1986年武漢大學出版社鉛印本

此書首次由蘇州製言社鉛印時題名"爾雅正名評"。

湖北

10873

蘄柳雅言不分卷

民國蘄春黄侃撰

稿本

武大中文系

10874

爾雅略説一卷

民國蘄春黄侃撰

1980年上海古籍出版社鉛印黄侃論學雜著本

10875

爾雅音訓不分卷

清崇陽楊國楨撰

清道光十年(1830)大梁書院刻十一經音訓本

復旦　華東師大　南大　福建師大 ×

10876

爾雅音訓不分卷

清崇陽楊國楨撰

清光緒三年(1877)湖北崇文書局刻十一經音訓本

國圖　北大　北師大　清華　上海 ×　復旦　遼寧　甘肅　南京　江西　河南　湖北　武漢　武大　四川

群經總義類

10877

五經異文十一卷

明應城陳士元撰

明萬曆十一年(1583)自刻歸雲别集本

是刻半葉九行,行二十字,白口,四周單邊。《四庫全書總目》入"經部·五經總義類存目"。《中國古籍善本書目》著録。

國圖　北大　祁縣 ×

10878

五經異文十一卷

明應城陳士元撰

清道光十三年(1833)應城吴毓梅刻歸雲别集本

《四庫全書總目》入"經部·五經總義類存目"。

國圖　科院　上海　復旦　天津　遼寧　陝西　山東　南京　浙江　湖北　武大　四川

10879

談經(一名經解緒言)九卷

明京山郝敬撰

明崇禎郝洪範刻山草堂集本

《四庫全書總目》入"經部·五經總義類存目"。敬所著《九經解》,凡一百六十五卷,一百六十七萬餘言。此則提其大要,别爲九卷。《中國古籍善本書目》著録國圖、科院、清華、上海辭書、吉林、無錫等館藏有《山草堂集》殘本,不知何館存此種。

10880

談經(一名經解緒言)九卷

明京山郝敬撰

1997年齊魯書社據明崇禎郝洪範刻山草堂集本影印四庫全書存目叢書本

湖北

10881

談經(一名經解緒言)九卷

明京山郝敬撰

2002年上海古籍出版社據明崇禎郝洪範刻山草堂集本影印續修四庫全書本

湖北

10882

談經九卷

明京山郝敬撰

日本明和五年刻本

平安龜龍院藏版。

國圖

10883

談經(一名經解緒言)九卷

明京山郝敬撰

附録一卷

潛江甘鵬雲撰

民國二十三年(1934)刻崇雅堂叢書初編本

國圖　北大　上海師大　吉大　南京　湖北

10884

先太史給諫公傳稿(一名知津堂傳稿)不分卷

清黄岡王追騏撰

清稿本

孤本。

湖北

10885

十三經心畬二十二卷

清廣濟(今武穴)陶起庠纂

清嘉慶二年(1797)聚秀堂刻本

前有自序。此書係雜群書,置於各經之下。《續修四庫全書總目提要》(倫明撰)云:"觀其體例,蓋備近獺祭,非爲説經也。"

湖北

10886

經解指要十八卷

清廣濟(今武穴)陶大眉彙輯

清嘉慶二十五年(1820)陶起庠刻本

大眉字又坡,官嶽州教諭。是集由其子起庠刊刻,首有起庠序述其原委。雖爲彙輯,但剪裁不苟,《三禮》尤爲簡明得要。"匪惟拾華,乃尋厥根","俾從事籍記者博而有要"。

湖北

10887

五經備解不分卷

清天門周封魯輯

清道光三年(1823)刻本

《楚寶目録》及《續修四庫全書總目提要》著録。是書並無序例,凡《易經》350條、《書經》492條、《詩經》456條、《禮記》355條、《春秋》353條。涉於典故及義理者,或擇採一家之説,或兼採衆家之説,唯不下斷語,所取亦不盡當。體似類書,唯依經文先後爲次,大抵在供試場獺祭之用。

科院

10888

十三經證異七十九卷首一卷

清黄岡萬希槐輯

民國十二年(1923)蕭耀南鉛印本

希槐字蔚亭,清嘉慶九年(1804)進士,官南漳訓導。正文先標經文某句,提綱頂格大書;次以各經注疏、史傳、諸子及宋以前之書所引諸經異同低一格書之;又次爲己所證明,更低一格雙行書之。博徵廣採,考證精詳;眉目清晰,方便檢閱。

湖北

10889

一粟齋雜著四卷

清京山易本烺撰

清咸豐十年(1860)木活字印本

《販書偶記》著録,藏書單位待訪。

10890

紙園筆記經餘三卷

清京山易本烺撰

抄紙園叢書本

科院

10891

群經大義録一卷

清漢陽劉傳瑩撰

稿本

湖北

傳瑩字椒雲,清道光十九年(1839)舉人,官國子監學正。學考據,喜詩文,善文字、音韻之學,尤精輿地。此書收文十五篇,闡述群經大義。入《中國古籍善本書目》。

10892
漢魏石經考(一名石經考)三卷
清漢陽劉傳瑩撰
清光緒十二年(1886)黄氏試館刻本
國圖　北大

10893
漢魏石經考(一名石經考)三卷
清漢陽劉傳瑩撰
清光緒十二年(1886)黄氏試館刻本　民國楊守敬校並跋

有光緒十二年(1886)黄元吉序、光緒十年(1884)姚晉圻序和田明昶跋。上篇考漢石經,中篇考魏石經,下篇爲説十一。《中國古籍善本書目》著録。

湖北

10894
漢魏石經考(一名石經考)三卷
清漢陽劉傳瑩撰
2002年上海古籍出版社據清光緒十二年(1886)黄氏試館刻本影印續修四庫全書本

係以湖北館所藏楊守敬校並跋本爲底本。

湖北

10895
漢魏石經考三卷
清漢陽劉傳瑩撰
清宣統二年(1910)刻劉蕉雲先生遺書二種本
大連

10896
經心書院經解二卷
清應山(今廣水)左紹佐録
清光緒十五年(1889)刻本

書院在武昌,紹佐時爲掌教,此乃録其一年課士之作。首有自序。

湖北

10897
兩湖書院經學文鈔八種九卷
清兩湖書院編
清光緒二十四年至二十六年(1898—1900)刻兩湖書院課程三種本
復旦

10898
山公經説辨疑七卷
民國鄂城(今鄂州)曹林撰
民國九年(1920)鉛印本

無序例。卷一周易、卷二書、卷三詩、卷四周官、卷五儀禮、卷六禮記、卷七春秋三傳。所作辨疑,參稽衆説,時出独見。參見《喪服經傳彙編考》附注項。

湖北

10899
經義積微記四卷
民國羅田姚晉圻撰
民國二十年(1931)武昌石印羅田王氏校印鄉哲遺書六種本
湖北

10900
經義積微記四卷
民國羅田姚晉圻撰
民國二十四年(1935)沔陽盧靖石印姚氏遺書三種本
北大

10901
兩湖文高等學堂經學課程三卷
清順德馬貞榆撰
清光緒朱墨套印本

南京

10902

群經生物學齊衡九卷

民國武昌張長撰

民國二十三年（1934）鉛印本

湖北

10903

經學源流考八卷

民國潛江甘鵬雲撰

民國二十七年至二十八年（1938—1939）甘氏崇雅堂鉛印甘氏家藏稿本

北師大　湖北

10904

尊經社講演録不分卷

民國潛江甘鵬雲撰

民國甘氏崇雅堂排印本

湖北

10905

經學講義上篇不分卷

民國沔陽（今仙桃）王家鳳編

清活字排印本

湖北

10906

量守盧群書箋識

民國蘄春黄侃撰

1985 年武漢大學出版社鉛印本

湖北

10907

讀《荀子文鈔》識語、經學講義

民國蘄春黄侃撰

民國北京大學油印本

武大中文系

10908

黄侃論學雜著

民國蘄春黄侃撰

1964 年上海古籍出版社鉛印本

本書爲作者逝世後最先刊出之遺著，作爲“黄季剛先生遺書專號”，刊於前中央大學《文藝書刊》，共收十九種。此次出版，因《文心雕龍札記》已先出單行，又删去《馮桂芬説文略注考證書目》，變爲十七種。絕大部分爲語言文字學論著，音韻學約占一半。章太炎序稱：“大率成卷者三四，其餘單篇尺札爲多。”有張世禄撰《前言》，於其編輯體例作了説明，於其內容作了提要。

10909

黄侃論學雜著

民國蘄春黄侃撰

1980 年上海古籍出版社鉛印本

湖北

10910

經學講義稿不分卷

民國羅田王葆心撰

稿本

三册。約十二萬字。

湖北博

10911

群經圖零鈔不分卷

民國羅田王葆心輯

稿本

一册。二千三百餘字。

湖北博

10912

歷朝經學變遷史不分卷

民國羅田王葆心撰

《文史雜志》一至七期連載本

或即據《經學講義稿》整理。

湖北博

10913
五緯正圖解一卷
清孝感熊賜履撰
清康熙刻愚齋先生著書六種本
湖北

10914
緯書箋註一卷
清武昌（今鄂州）王家璧撰
稿本
《王家璧雜著九種》之一。
湖北

10915
古微書輯補箋注不分卷
清武昌（今鄂州）王家璧輯補
稿本
明代孫瑴輯有《古微書》三十六卷，是稿即對其進行輯補、箋注。陽海清寫有是書提要，輯入《中南、西南地區省、市圖書館館藏古籍稿本提要（附鈔本聯合目録）》中。
湖北

小學類

總類之屬

10916
經典釋文
唐陸德明撰　蘄春黄焯斷句
1983 年上海古籍出版社鉛印本

10917
經典釋文彙校
蘄春黄焯撰
稿本
湖北

10918
經典釋文彙校
蘄春黄焯撰
1980 年上海古籍出版社鉛印本

10919
百柱堂叢緘二種二卷
清黄岡周繪藻撰
清光緒三十一年（1905）百柱堂石印本
説文賡篹一卷
爾雅訓篹一卷
湖北

10920
文字音韻雜稿不分卷
民國蘄春黄侃撰
稿本
揣係後人將其散稿裝訂成册並題名。
武大中文系

10921
楚秀庵日記一卷
民國蘄春黄侃撰
民國武昌徐氏抄本
收録著者有關文字音韻訓詁之札記五則。篇幅短小，以辨《説文》中之“屬”字及其同音字之音義爲最長，而殿以析“自來文辭道女美者多、男美者少”之緣由。審其版式，當是武昌徐氏録存者。
湖北

10922
黄季剛與友人論治小學書
民國蘄春黄侃撰
民國抄本
國圖

10923
文字音韻訓詁筆記
民國蘄春黄侃述　蘄春黄焯編

1983年上海古籍出版社鉛印本
湖北

10924
小學雜稿不分卷
民國蘄春黄侃撰
稿本
黄建中《黄季剛先生著作分類録》將其歸入"訓詁學"類。
武大中文系

10925
古辭令學二卷
民國沔陽(今仙桃)盧靖纂
民國三年(1914)沔陽盧氏慎始基齋聚珍印本
湖北

10926
文字音韻學講義不分卷
廣濟(今武穴)劉賾撰
民國十九年(1930)國立武漢大學排印本
湖北　武漢

10927
簡園日記不分卷
廣濟(今武穴)劉賾撰
民國石印本
湖北

10928
簡園日記存鈔不分卷
廣濟(今武穴)劉賾撰
1954年石印本
國圖　華中師大

10929
劉賾小學著作二種
廣濟(今武穴)劉賾撰
1983年上海古籍出版社依手寫原稿影印
初文述誼不分卷
小學札記三卷
湖北

10930
小學稿本七種
陽海清、褚佩瑜編
1997年中華全國圖書館文獻縮微复製中心據稿本影印本
經雅不分卷　清戴震撰
字雅不分卷　清英浩輯
操風瑣録四卷　清劉家謀撰
湖北方言二卷　沔陽(今仙桃)傅廷儀撰
音韻學稽古録一卷　清漢陽劉傳瑩撰
識字瓅言四卷附辨子雜説一卷　清京山易本烺撰
凡誨書十卷末一卷　民國嘉魚劉心源撰
陽海清、褚佩瑜爲湖北省圖書館工作人員。所據底本藏於湖北省館。
湖北

10931
文字音韻訓詁知見書目不分卷
陽海清、褚佩瑜、蘭秀英編
2002年湖北人民出版社鉛印本
湖北

説文之屬

10932
説文校勘集三種三卷
清漢陽葉名灃輯
清道光十二年(1832)葉名灃稿本
何義門校説文一卷　清何焯撰
惠定宇校説文一卷　清惠棟撰
王懷祖校説文一卷　清王念孫撰
上海

10933
何義門校説文一卷
清何焯撰　清漢陽葉名灃輯
清道光十二年（1832）葉名灃説文校勘三種稿本
上海

10934
惠定宇校説文一卷
清惠棟撰　清漢陽葉名灃輯
清道光十二年（1832）葉名灃説文校勘三種稿本
上海

10935
王懷祖校説文一卷
清王念孫撰　清漢陽葉名灃輯
清道光十二年（1832）葉名灃説文校勘三種稿本
上海

10936
説文部首直音一卷
題清嘯雲主人撰
清咸豐十一年（1861）刻本
著者姓名、籍里、生平不詳。其《説文部首讀本》，爲清武昌嘯雲書室所刻，則其曾寓居武昌無疑。
南開

10937
説文部首讀本十四卷
題清嘯雲主人撰
清武昌嘯雲書室刻本
國圖　北師大　湖北　雲南

10938
説文部首讀本十四卷
題清嘯雲主人撰
清末長沙古今書局刻本
國圖

10939
説文部首讀本十四卷説文部首直音一卷
題清嘯雲主人撰
民國十年（1921）成都志古堂刻本
國圖　南京

10940
説文補遺一卷
清興山吴錦章撰
清崇雅精舍刻本
上海

10941
説文二徐箋異二十八卷
民國江陵田潛（吴炤）撰
清宣統二年（1910）於日本以手稿影印本
成於清末。
國圖　人大　北師大　科院　南開　南京　江西　武漢　湖南

10942
説文二徐箋異二十八卷
民國江陵田潛（吴炤）撰
2002年上海古籍出版社據清宣統二年（1910）影印稿本影印續修四庫全書本
湖北

10943
增訂説文古籀補十四卷補遺一卷附録一卷
清吴大澂撰　民國江陵田潛（吴炤）增訂
民國間江陵田潛稿本
國圖

10944
一切經音義引説文箋十四卷
民國江陵田潛纂
民國十三年（1924）江陵田氏鼎楚室北

京刻本

前有甲子自序，述其取捨和編纂原則，"務求許書古本可以昭於今日，而二徐之功亦可考見"。

湖北

10945

宋本説文校勘表一卷

民國江陵田潛(吴炤)撰

民國抄本

國圖

10946

一切經音義引説文箋十四卷

民國江陵田潛(吴炤)纂

民國北京文楷齋刻本

或與前一款目爲同版。

科院

10947

説文定聲四十一卷

民國武昌張長撰

民國二十年(1931)石印本

《販書偶記》著録。有民國十七年(1928)自序。二十年其男夔譔跋，謂此書作於戊辰，"以清代治《説文》者如姚秋農、錢溉亭、苗仙麓、張皋文、嚴鐵橋、朱允倩諸先生皆注重收音，故獨研究發音，以求文字之源"。依四十一聲分卷，清聲二十一，濁聲二十。

湖北

10948

黄侃手批説文解字十四卷

民國蘄春黄侃批注

稿本

係以清孫星衍所刻仿宋小字大徐本《説文解字》爲底本。有黄侃手書三十三字殘紙一片，疑爲其批注時所用參考資料之簡名。以朱墨兩色進行批注，所寫文字、符號密如蟻陣，佈滿各葉空處，朱墨燦然，多達五六十萬言。其内容亦極豐富，包括對衆本文字異同正訛之校勘、字形字義之訓説、字音之研討、字與字之間形音義之聯繫、字根和語根之分析，以及對章太炎《文始》之引用和討論；其符識與略語，亦有四十餘種。可謂煌煌巨著，史無前例。

佘彦文《鄂東著作人物薈萃》稱其有《説文箋識》，或即指此書。

卷數依底本著録。

武大中文系

10949

黄侃手批説文解字十四卷

民國蘄春黄侃批注

1987年上海古籍出版社據黄氏批注手稿本影印本

前有出版社之《出版説明》，黄焯所撰之《弁言》《序例》。以原批字蹟過小，影印時略有放大。卷數依底本著録。

武大中文系

10950

黄侃手批説文解字十四卷

民國蘄春黄侃批注

1979年臺北石門圖書公司據潘重規迻録本影印黄季剛先生遺書本

有潘重規《影印記》述其迻録、影印原委。潘氏迻録本與黄氏手批原本相較有兩點變化：一是原批手稿之改正塗抹處，迻録本已悉數抄正，整潔劃一；二是迻録本間有多於原稿本者，係季剛先生檢視作業時闡發之新意，由潘氏筆録其口義。

迻録本所用之底本爲清乾隆癸巳(1773)朱筠所刻仿宋大字本。

10951

説文選講一卷

民國蘄春黄侃撰　黄建中整理

1993年華中師範大學出版社鉛印本

華中師大

10952
説文小箋一卷
民國蘄春黄侃撰　黄建中整理
1993年華中師範大學出版社鉛印本
華中師大

10953
説文箋釋四種
民國蘄春黄侃、黄焯撰　蘄春黄焯編
1983年上海古籍出版社鉛印本
説文同文　黄侃撰　黄焯選録
字通　黄侃撰　黄焯選録
説文段注小箋二卷　黄焯述
説文新附考源四卷　黄焯述
《説文同文》和《字通》,係由黄焯教授從黄侃手批《説文解字》中擇録部分批語編纂而成。

10954
説文□□卷
民國蘄春黄侃撰
民國抄本
存卷二下至卷十三下
經該館考證,此乃黄侃研究《説文》之作。
湖北 ×

10955
馮桂芬説文段注考正書目一卷
民國蘄春黄侃編輯
民國二十五年(1936)中央大學鉛印《文藝叢刊·黄季剛先生遺書專號》本

10956
説文象形字分類一卷
民國蘄春黄侃撰
稿本
武大中文系

10957
説文指事字分類一卷
民國蘄春黄侃撰
稿本
武大中文系

10958
説文會意字分類一卷
民國蘄春黄侃撰
稿本
武大中文系

10959
治説文雜稿不分卷
民國蘄春黄侃撰
稿本
黄建中《黄季剛先生著作分類録》於書名後括著"又一册"。未知是前後稿、是複份,抑是將其研治《説文》之散稿分裝爲二册。疑係後人裝訂成册並擬此書名。
武大中文系

10960
説文説解常用字一卷
民國蘄春黄侃撰　蘄春黄焯録
1980年上海古籍出版社鉛印黄侃論學雜著本
湖北

10961
一切經音義所引説文、爾雅不分卷
民國蘄春黄侃編輯
稿本
武大中文系

10962
群經不見説文之字一卷
民國蘄春黄侃撰
稿本
湖北

10963
說文略說一卷
民國蘄春黄侃撰
1964 年上海古籍出版社鉛印黄侃論學雜著本
湖北

10964
說文略說一卷
民國蘄春黄侃撰
1980 年上海古籍出版社鉛印黄侃論學雜著本
湖北

10965
六書辨略一卷
清枝江王永彬撰
清同治刻橋西山館雜著八種本
湖北

10966
六書音義辨略二卷
清枝江王永彬撰
清同治刻橋西山館雜著八種本
湖北

10967
六書彙纂八卷
清興山吴錦章撰
清光緒二十年(1894)興山吴氏刻本
有清光緒十七年(1891)自敘。牌記"光緒甲午(1894)夏日興山吴氏類刊"。卷二至八題名"六書類纂"。
湖北

10968
六書類纂八卷附讀篆臆存雜說一卷字學尋原三卷
清興山吴錦章撰
清光緒二十三年(1897)崇雅精舍刻本
《販書偶記》著録爲八卷,實則後有一卷之卷數爲墨訂,其葉次自爲起訖,共四十葉。
國圖　湖北

10969
六書類纂八卷附讀篆臆存雜說一卷字學尋源三卷
清興山吴錦章撰
2002 年上海古籍出版社據清光緒二十三年(1897)崇雅精舍刻本影印續修四庫全書本
湖北

文字之屬

10970
俗用雜字一卷
明應城陳士元撰
明萬曆十一年(1583)自刻歸雲别集本
國圖　北大　祁縣 ×

10971
俗用雜字一卷
明應城陳士元撰
2002 年上海古籍出版社據明萬曆十一年(1583)陳氏自刻歸雲别集本影印續修四庫全書本
湖北

10972
俗用雜字一卷
明應城陳士元撰
清道光十三年(1833)應城吴毓梅刻歸雲别集本
國圖　科院　上海　復旦　天津　遼寧　陝西　山東　南京　浙江　湖北　武大　四川

10973

漢碑用字一卷

明應城陳士元撰

明萬曆十一年(1583)自刻歸雲别集本

國圖　北大　祁縣[×]

10974

漢碑用字一卷

明應城陳士元撰

2002年上海古籍出版社據明萬曆十一年(1583)陳氏自刻歸雲别集本影印續修四庫全書本

湖北

10975

漢碑用字一卷

明應城陳士元撰

清道光十三年(1833)應城吴毓梅刻歸雲别集本

國圖　科院　上海　復旦　天津　遼寧　陝西　山東　南京　浙江　湖北　武大　四川

10976

古俗字略七卷

明應城陳士元撰

明萬曆十一年(1583)自刻歸雲别集本

是刻半葉九行,行二十字,白口,四周單邊。《中國古籍善本書目》著録。《中國叢書綜録》著録爲"古俗字略五卷漢碑用字一卷俗用雜字一卷",或許此三種係順序編爲七卷,後二種即前一種之卷六卷七。《四庫全書總目》入"經部·小學類存目"。

國圖　北大　祁縣[×]

10977

古俗字略七卷

明應城陳士元撰

2002年上海古籍出版社據明萬曆十一年(1583)陳氏自刻歸雲别集本影印續修四庫全書本

湖北

10978

古俗字略七卷

明應城陳士元撰

清道光十三年(1833)應城吴毓梅刻歸雲别集本

國圖　科院　上海　復旦　天津　遼寧　陝西　山東　南京　浙江　湖北　武大　四川

10979

翰林筆削字義韻律鼇頭海篇心鏡二十卷

明漢陽蕭良有撰

明萬曆十一年(1583)書林吴氏三友堂刻本

是刻半葉十一行,大小字數不等,上下兩欄,四周單邊或雙邊。《中國古籍善本書目》著録,僅此三家有藏。

北大　大荔　青海

10980

翰林筆削字義韻律鼇頭海篇心鏡二十卷附翰林筆削字義韻律二十卷

明漢陽蕭良有撰　明余應奎訂

明萬曆王廷樞唐廷仁刻本

未知與前一款目有無關係。茲依《中國古籍總目·經部》。

北大

10981

正韻彙編四卷

明黄安(今紅安)周嘉棟撰

《四庫全書總目》著録

嘉棟(府、縣志作家棟)字隆之,明萬曆十七年(1589)進士,官至監察御史。斯編取《洪武正韻》以偏旁分八十部,所分之部與部中之字皆以字畫多少爲序,因韻書之本文編爲字書。《千頃堂書目》和《四庫全書總目》著録,後者入

"存目",皆未著版本,未知付梓否。謝啓昆《小學考》將其歸諸音韻門,誤。考謝氏《小學考》始刻於嘉慶丙子(1816),表明其時該書尚存。

藏書單位待訪。

10982

黄公説字十二集不分卷

清蘄州(今蘄春)顧景星撰　清蘄州(今蘄春)顧昌、顧三經校録

清乾隆十四年(1749)校録者稿本

景星先撰《賰池録》一百十八卷(後稿毀於大火),復加修改,於康熙十八年(1679)成稿,更名《黄公説字》。繼在成稿上修訂,未竟而殁;其子昌校録謄真,甫及其半又謝世;迨至乾隆十四年(1749)其孫三經始成正副二本,此即其中之一。

此書《四庫全書總目》入存目,《中國古籍善本書目》著録。後世雖褒貶不一,但要爲鴻篇巨製,頗有影響。現在存世有四個本子:一爲蘄春縣館所藏此本,唯缺寅集(即第三册);二爲東北師大所藏,該館著録爲"清乾隆十四年(1749)顧三經抄本",《中國古籍善本書目》改爲"清抄本",愚意實爲顧三經校録而成的正副二本之一;三爲科院藏清抄本;四爲湖北省館所藏之武昌徐行可民國抄本。若出整理本,應四本互校;若出影印本,則宜以後二、三種爲底本。

蘄春

10983

黄公説字十二集四十五卷

清蘄州(今蘄春)顧景星撰　清蘄州(今蘄春)顧昌、顧三經校録

清乾隆十四年(1749)校録者稿本

該館著録爲"清乾隆十四年(1749)顧三經抄本",《中國古籍善本書目》改爲"清抄本",均欠準確。

東北師大

10984

黄公説字不分卷

清蘄州(今蘄春)顧景星撰

清抄本

科院

10985

黄公説字十二集四十五卷

清蘄州(今蘄春)顧景星撰　清蘄州(今蘄春)顧昌、顧三經校録

民國武昌徐行可藏棱庵抄本

湖北

10986

黄公説字十二卷四十五卷

清蘄州(今蘄春)顧景星撰　清蘄州(今蘄春)顧昌、顧三經校録

1997年中華全國圖書館文獻縮微複製中心據徐氏藏棱庵抄本影印本

湖北

10987

字孳補二卷

清京山易鏡清輯　清京山易本烺補

清同治九年(1870)京山易氏刻本

本烺字眉孫,生卒年不詳,清道光間舉人。專意纂述,成果頗豐,《湖北書徵》著録其書數十種,多未刊印,稿已散佚。其《一粟齋雜著》《字辨證篆》《仲古音表分配入聲之説》較具影響。予曾幾次趁公差之機赴京山查訪易氏著述,知其有些書稿尚存民間,該縣博物館李飛熊、熊學斌父子積多年搜訪,或有斬獲。然藏者視爲珍秘,不肯輕易示人。李飛熊先生曾將易氏撰《一粟齋各體詩》、《紙園筆記》卷八及《紙園筆記續》三册稿本(或抄本)復印件贈我。

據《販書偶記》,此乃易本烺《字辨證篆》之附刻。

湖北

10988
字辨證篆十七卷
清京山易本烺撰
清道光十六年（1836）刻本
是書究心《説文》。以隸書行而古意寖衰、點畫偏傍破壞滅裂，不知篆法不知字體之誤書，彙前人辨正之説，取小篆載於正字之下，注明“本作某”“隸作某”。解説字義則多取許氏之書。
《續修四庫全書總目提要》著録。
科院

10989
字辨證篆十七卷
清京山易本烺撰
清同治九年（1870）京山易氏刻本
據《販書偶記》，有附刻《字學補》二卷，清京山易鏡清輯，易本烺補。
北大　科院　浙江　湖北

10990
字辨證篆十七卷
清京山易本烺撰
2002年上海古籍出版社據清同治九年（1870）京山易氏刻本影印《續修四庫全書》本
湖北

10991
字體蒙求一卷
清京山易本烺撰
清五知軒刻本
國圖　湖北

10992
字體蒙求一卷
清京山易本烺撰
清光緒二年（1876）盱南上塘蔡氏刻三餘書屋叢書本
國圖　北大　上海　南大　重慶

10993
注釋字體蒙求二卷
清京山易本烺撰　李天根注
民國十七年（1928）雙流李天根念劬堂刻本
國圖　科院

10994
識字瑣言四卷附辨字雜説一卷
清京山易本烺撰
清抄本
館藏是書或爲稿本，因無確據，姑以抄本視之。全書釐爲《辨貌》二卷、《雜論》一卷、《正説》一卷，附《辨字雜説》一卷，乃一部研究文字學之專著。《中國古籍善本書目》著録。
湖北

10995
識字瑣言四卷附辨字
清京山易本烺撰
1997年中華全國圖書館文獻縮微複製中心據清抄本影印《小學稿本七種》本
湖北

10996
大匠雜字一卷
題清黄梅覺莽芻蕘夫纂
清道光二十五年（1845）刻本
原題“古新蔡覺莽芻蕘夫纂”。古新蔡即今黄梅。覺莽芻蕘夫爲清嘉慶時人。
湖北

10997
楷法溯原十四卷帖目一卷古碑目一卷
清潘存孺輯　民國宜都楊守敬編
清光緒三年至四年（1877—1878）刻本
《販書偶記》著録。
浙江

10998
辨僞一得二十卷
清廣濟（今武穴）吴巨禮輯　清廣濟（今武穴）吴占魁、吴占春注
清道光七年（1827）刻本
潘光藻序云："矻矻數十年，成此鉅製，體大而思精，於古今之義韻形體、正通同異，臨文之錯綜變化，一書之中釐然賅具，俾初學知象形諧聲，因文考義，無誤讀雌霓，妄稱杕杜之誚，厥志勤矣。"
湖北

10999
楷法溯源十五卷
民國宜都楊守敬撰
清光緒刻本
此書或可歸入"子部·藝術·書畫"類，茲依《販書偶記》。
湖北

11000
楷法溯源
民國宜都楊守敬撰　歐陽中石整理
1988年湖北人民出版社、湖北教育出版社鉛印《楊守敬集》本
湖北

11001
字學尋原三卷
清興山吴錦章撰
清光緒二十三年（1897）崇雅精舍刻本
著者原署峽山退士。亦有著録"守愚齋"刻者，或二者實爲一也。
北大　上海　浙江　湖北　武漢

11002
字學尋原三卷
清興山吴錦章撰
2002年上海古籍出版社據清光緒二十三年（1897）崇雅精舍刻本影印續修四庫全書本
湖北

11003
讀篆臆存雜説一卷
清興山吴錦章撰
清光緒二十三年（1897）崇雅精舍刻本
湖北

11004
讀篆臆存雜説一卷
清興山吴錦章撰
2002年上海古籍出版社據清光緒二十三年（1897）崇雅精舍刻本影印《續修四庫全書本》
湖北

11005
字串不分卷
民國嘉魚劉心源撰
初稿本
劉心源（1848—1917），亦名文申，字亞甫，號幼丹，湖北嘉魚騰雲洲（今屬洪湖）人。清同治十二年（1873）中舉，光緒二年（1876）進士，歷任翰林院庶吉士、編修、國史館協修。後任四川夔州知府，廣西、江西按察使等職。光緒三十一年（1905）二月因病乞歸，築"奇觚室"居之。民國初年，歷任住湖北臨時議會議長、省民政長、湖南按察使、北京約法會議議員。其畢生致力於金石、文字、書法之研究，著述頗富。
此係"專爲吾鄉農漁工商而作"之課本的底稿本，未署時；另有二稿本，成於宣統二年（1910）；還有清稿本，改名《凡誨書》，湖北省館陽海清、褚佩瑜將其補全，輯入《小學稿本七種》，由中華全國圖書館文獻縮微複製中心影印出版。
《中國古籍善本書目》著録。

湖北

11006
字串二卷
民國嘉魚劉心源撰
清宣統二年(1910)稿本
《中國古籍善本書目》著録。
湖北

11007
凡誨書十卷末一卷
民國嘉魚劉心源撰
清稿本
湖北

11008
凡誨書十卷末一卷
民國嘉魚劉心源撰
1997年中華全國圖書館文獻縮微複製中心據清稿影印小學稿本七種本
劉氏清稿本除卷一之大字爲著者手筆外,其餘各葉皆空而未填(小字由長沙易經翰謄寫),影印前由整理者據其《字串》(即此書之初稿本、二稿本)影印移補,成爲《小學稿本七種》之一。
湖北

11009
古文審不分卷
民國嘉魚劉心源撰
稿本
《中國古籍善本書目》著録。
此稿現存四册,係以紅格稿紙寫成,四周雙邊,上魚尾。版心上印"説文篆韻譜參箋"。首册有簽條云"古文審草稿六本",今爲四本。其次序與刻本有異。
湖北

11010
古文審八卷
民國嘉魚劉心源撰
清光緒十七年(1891)劉氏龍江樓刻本
湖北

11011
合聲易字一卷
民國沔陽(今仙桃)盧靖撰
清光緒刻本
有光緒丁酉(1897)自序。其《凡例》云:"是書意在簡筆畫,便認識,易書寫,使農婦孺皆能記聞見要事、土語俗情,以免遺忘,庶智慧日益,靈明日啓。即文人學士,日記草稿,用此等文字,亦可省工夫十分之九。"
湖北

11012
文字源流課程一卷
民國黄岡鍾圖南編
民國石印本
湖北

11013
文字溯源不分卷
民國黄岡鍾圖南撰
民國武昌彭錦榮石印字説約抄本
據《中國古籍總目》,未著録藏書單位名稱。

11014
文字形義學二卷
浠水周兆沅撰
民國二十四年(1935)商務印書館石印本
湖北

11015
字正初編(一名佩文韻字正)一卷
民國蘄春黄侃撰

稿本

題"蘄春黄氏寄勤閒室"。

11016

字正初編(一名佩文韻字正)一卷

民國蘄春黄侃撰　蘄春黄念華記

民國柏華樓抄本

湖北

11017

字正初編(一名佩文韻字正)一卷

民國蘄春黄侃撰

1983年武漢大學出版社鉛印本

湖北

11018

黄侃手批文始九卷

民國蘄春黄侃撰

1987年臺北石門圖書公司影印黄季剛先生遺書本

係季剛先生女婿潘重規用采石磯魯亞鶴保存之手稿本影印。《文始》九卷,民國章炳麟撰。

11019

郭店楚簡文字編

張守中等集

2000年、2003年文物出版社印本　又2003年印本

11020

包山楚簡文字

張守中集

1996年文物出版社印本

音韻之屬

11021

廣韻校録十卷

民國蘄春黄侃箋識　蘄春黄焯編次

1985年上海古籍出版社鉛印本

係黄侃先生數十年研讀《廣韻》(《古逸叢書》本爲底本)所加批校箋識之整理本。書前有編者所撰《前言》,概述各卷內容、特點。

湖北

11022

韻苑考遺五卷

明應城陳士元撰

明嘉靖二十五年(1546)楊椿等刻本

是刻半葉九行,行十四字,白口,四周雙邊。《中國古籍善本書目》著録,唯南京圖書館有藏。《明史·藝文志》作四卷。存世甚稀。

南京

11023

古今韻分注撮要五卷

明甘雨撰　明應城陳士元注

明萬曆二十二年(1594)鎮粤堂刻本

是刻半葉九行,大字不等,小字雙行行二十四字,白口,雙魚尾,四周雙邊。《中國古籍善本書目》著録,僅北大有藏。《四庫全書總目》入"經部·小學類存目"。

北大

11024

古今韻分注撮要五卷

明甘雨撰　明應城陳士元注

1997年齊魯書社據明萬曆二十二年(1594)鎮粤堂刻本影印四庫全書存目叢書本

湖北

11025

古今韻分注撮要五卷

明甘雨撰　明應城陳士元注　明朱國珍補

明萬曆三十九年(1611)刻本

是刻半葉九行，大字不等，小字行二十字，白口，四周單邊。《中國古籍善本書目》著録，僅故宫有藏。

故宫

11026

讀書通二十卷

明京山郝敬撰

明萬曆崇禎間郝洪範刻山草堂集本

是書前後有郝氏序跋。中分卷二十：卷一論聲不止四，爲四韻糾謬；卷二論音成於五，爲五音譜；卷三至十七，依五聲分韻，列舉譜字；卷十八至二十，輯通假連字爲附録。

《中國古籍善本書目》著録國圖、清華、科院、上海辭書、吉林、無錫等館皆藏《山草堂集》殘本，不知其中何館藏本存此種。

11027

古今韻會舉要小補三十卷

明方日升撰　明京山李維楨校

明書林余彰德、余象斗刻本

是刻半葉八行，小字雙行二十四字，白口，四周單邊，版心題"韻小補"。卷末題"書林余彰德、余象斗同刻"。該校善本書目著録，《中國古籍善本書目》未收。維楨字本寧，隆慶進士，萬曆間遷提學副使，累官禮部尚書。有《史通評釋》《大泌山房集》等。

东北师大

11028

音韻學稽古録一卷

清漢陽劉傳瑩撰

稿本

是稿約成於清道光二十三年（1843），分爲"韻書源流""沈約韻""唐人用韻""唐切韻異同""韻論""等韻""三家古韻部分表"等目，書末對江有誥之《古韻標準》作了評介。《中國古籍善本書目》著録。

湖北

11029

音韻學稽古録一卷

清漢陽劉傳瑩撰

1997年中華全國圖書館文獻縮微複製中心影印小學稿本七種本

陽海清在影印前言中對該書作了簡介。

湖北

11030

養默山房詩韻六卷

清松滋謝元淮撰

清道光五年（1825）刻本

《販書偶記》著録"清道光間刊"，並注云："光緒丙子（1876）刊本改名《詩韻審音》。"

湖北

11031

養默山房詩韻六卷

清松滋謝元淮撰

清道光二十九年（1849）刻本

是刻半葉十行，行字不一，白口，左右雙邊，單黑魚尾。封面鐫"道光乙酉（1825）仲秋刊，本衙藏板"。

山東海源閣

11032

詩韻審音六卷

清松滋謝元淮撰

清光緒二年（1876）衡陽魏氏刻本

由《養默山房詩韻》易名而成。《販書偶記》著録。

北大　上海　南京　湖北

11033

分韻指南二卷

清漢陽史佩瑲輯

清道光二十九年（1849）永平府署刻本

佩瑲字仲和，號鷺和，清道光十三年（1833）進士，由編修歷官永平知府。據《漢陽志》，其有《桐陰小榭詩賦鈔》,未見。

科院　華東師大

11034

射聲小譜不分卷

清江夏程定謨審編

清道光十九年(1839)詒陶閣刻本

《販書偶記》著録其爲昭文人,其實其父東阳(字登扶)即已"由上元來徙"江夏,書前《邑志治行傳》有記載,昭文爲其祖籍。是書包括《字母説》《析韻彙音説》和《擊鼓打馬説》三篇,記録了當時江夏之語音。同邑黄壽序云:"丈之立譜,故九音按次,纍如珠貫,洵韻士之津梁也。"另著有《晚香閣詩集》六卷。

湖北

11035

音切譜二十卷

清京山李元撰

清嘉慶二年(1797)刻本

上海　浙江

11036

音切譜二十卷

清京山李元撰

清道光二十八年(1848)刻巾箱本

湖北

11037

音切譜十卷

清京山李元撰

清嘉慶七年(1802)刻本

湖北

11038

詩韻通考略不分卷

清漢陽張超撰

清咸豐七年(1857)退一步山房刻本

《販書偶記》著録,藏書單位待訪。

11039

伸顧一卷

清京山易本烺撰

附劄記一卷

民國沔陽(今仙桃)王家鳳撰

清光緒十七年(1891)三餘草堂刻湖北叢書本

國圖　科院　北大　上海　復旦　天津　遼寧　甘肅　南京　浙江　湖北　雲南

11040

伸顧一卷

清京山易本烺撰

附劄記一卷

民國沔陽(今仙桃)王家鳳撰

民國二十四年至二十六年(1935—1937)上海商務印書館鉛印叢書集成初編本

國圖　北師大　上海　復旦　遼寧　哈爾濱　甘肅　山東大　南大　浙江　湖北　四川　重慶

11041

伸古音表分配入聲之説一卷

清京山易本烺撰

清同治八年(1869)重刻本

《販書偶記》著録,藏書單位待訪。或即指下一款目所著録者。

11042

伸顧氏分配入聲之説一卷

清京山易本烺撰

清同治八年(1869)刻本

科院　南京　湖北

11043

切韻表一卷

清公安鄒美中撰

清光緒十年(1884)二分竹屋刻本

《販書偶記》著録,藏書單位待訪。

11044
十三經韻無辨解一卷經韻俱無摘要一卷
清楚北汪家焆輯
清末刻本
卷端皆題"楚北汪家焆静山氏超萬輯,弟家起鳳生姪學江潮丞同校,男存坤載之參訂",知爲家刻本。無序跋。書口分别題"辨解""摘要"。
湖北

11045
十三經音辨二卷
清監利劉昌楨編
清刻本
其表弟唐傳芝評并書,婿侄多人同訂。
湖北

11046
荆音韻彙二卷
清周仁輯
清道光二年(1822)周泳斯美堂刻本
北大

11047
反切釋例一卷
民國江陵曾廣源撰
民國石印本
湖北

11048
載東原轉語釋補四卷首一卷
民國江陵曾廣源撰
民國十八年(1929)鉛印本
湖北

11049
等切南針二卷
民國江陵曾廣源撰
民國二十年(1931)排印本
科院 甘肅

11050
等切南針二卷
民國江陵曾廣源撰
民國二十年(1931)排印本 佚名批
遼寧

11051
等切南針二卷
民國江陵曾廣源撰
民國二十五年(1936)鉛印本
科院 遼寧

11052
等切南針二卷
民國江陵曾廣源撰
民國排印本
國圖

11053
古韵譜稿(一卷)
民國蘄春黄侃撰
稿本
臺北石門圖書公司《黄季剛先生遺書》收其影印本。
魯亞鶴處

11054
古韵譜稿(一卷)
民國蘄春黄侃撰
臺北石門圖書公司影印黄季剛先生遺書本

11055
音略一卷
民國蘄春黄侃撰
1980年上海古籍出版社鉛印黄侃論學雜著本

原載民國十二年(1923)《華國月刊》一卷三期,湖北省圖書館有藏。

湖北

11056

音略一卷

民國蘄春黄侃撰

民國抄本

湖南

11057

音略一卷

民國蘄春黄侃撰

抄本

武大中文系

11058

手寫古聲韵表一卷

民國蘄春黄侃撰

稿本

稿有殘缺。

武大中文系

11059

聲韻示讀一卷

民國蘄春黄侃撰

民國抄本

湖北

11060

切韻表一卷

民國蘄春黄侃撰

抄本

湖北

11061

切韻表一卷

民國蘄春黄侃撰

民國石印本

武大中文系

11062

説文聲母一卷

民國蘄春黄侃輯録

稿本

是稿係黄侃於民國十一年(1922)所輯録的關於《説文》聲母方面的純象形、指事、會意之正篆約一百三十字,乃教授其侄黄焯學習之用書。黄焯先生後成爲武漢大學著名學者、教授。

湖北

11063

説文聲母稿本一卷

民國蘄春黄侃撰

稿本

武大中文系

11064

集韻聲類表四卷

民國蘄春黄侃撰

民國二十五年(1936)上海開明書店影印本

湖北　武大

11065

黄侃聲韵學未刊稿

民國蘄春黄侃撰

1985年武漢大學出版社鉛印本

湖北

11066

廣韻校録

民國蘄春黄侃撰　蘄春黄焯輯録

1985年上海古籍出版社鉛印本

湖北

11067
聲韻示讀一卷
民國蘄春黄侃撰
朱筆稿本
武大中文系

11068
手寫聲韻一卷
民國蘄春黄侃撰
稿本
武大中文系

11069
説文聲表不分卷
民國蘄春黄侃撰
稿本
武大中文系

11070
説文解字雙聲疊韻譜
民國蘄春黄侃撰
徐恕迻録本
湖北

11071
聲韻通例一卷
民國蘄春黄侃撰
民國九年(1920)鉛印唯是學報本
分載《唯是學報》1920年第一、二册。湖北省圖書館藏有胡垣撰、光緒十四年(1888)刻《古今中外音韻通例》黄侃批校本。

11072
反切解釋上編一卷
民國蘄春黄侃撰
民國十八年(1829)中央大學出版組石印本
武大中文系

11073
聲韻一卷
民國蘄春黄侃撰
稿本
武大中文系

11074
求本字捷術一卷
民國蘄春黄侃撰
1980年上海古籍出版社鉛印黄侃論學雜著本
湖北

11075
重定唐韵考五卷
民國蘄春黄侃重定
臺北石門圖書公司影印黄季剛先生遺書本
係其婿潘重規用采石磯魯亞鶴保存之手稿本影印。《唐韵考》五卷,清紀容舒撰。

11076
手批經籍舊音辨證七卷
民國蘄春黄侃批
臺北石門圖書公司影印黄季剛先生遺書本
係其婿潘重規用過録本影印,原稿存武漢大學中文系資料室。《經籍舊音辨證》七卷,民國吴承仕撰。

11077
經籍舊音辨證箋識
民國蘄春黄侃撰
1986年上海古籍出版社鉛印吴檢齋遺書《經籍舊音辨證附録》本

11078
廣韻校記一卷
民國江夏傅嶽芬撰
抄娟淨簃集三種、娟淨簃雜著四種本

湖北

11079
傅氏音學三書不分卷
民國沔陽(今仙桃)傅廷儀撰
民國石印本
收《切韻真傳》《古韻通論》《段注説文解字切音釋》三篇。
湖北

11080
傅氏音學三書不分卷
民國沔陽(今仙桃)傅廷儀撰
民國二十年(1931)鉛印本
湖北

11081
聲韻學二編
民國廣濟(今武穴)劉賾撰
民國二十年(1931)抄本
國圖

11082
説文最初聲母古音表一卷
民國廣濟(今武穴)劉賾撰
民國間國立武漢大學石印本
湖北

11083
説文音訓引舉例一卷
民國廣濟(今武穴)劉賾撰
民國間依稿本影印
武漢

11084
音韻學表解二卷
民國廣濟(今武穴)劉賾撰
民國二十年(1931)抄本
國圖

11085
説文古音譜三卷
民國廣濟(今武穴)劉賾撰
1963年湖北人民出版社依手稿影印本
華中師大

11086
説文聲母字重音鈔一卷
民國蘄春黄焯輯
抄本
湖北

訓詁之屬

11087
俚言解二卷
明應城陳士元撰
明萬曆十七年(1589)自刻歸雲外集本
是刻本葉九行,行二十字,白口,四周單邊。《中國古籍善本書目》著録。
國圖　北大　祁縣 ×

11088
鈐雅十六卷
清京山譚之琥撰
清乾隆元年(1736)譚又旦刻本
《販書偶記》著録,藏書單位待訪。

11089
音義辨略一卷
清枝江王永彬撰
清同治刻橋西山館雜著八種本
湖北

小學類

11090
戴東原轉語釋補四卷首一卷
民國江陵曾廣源撰
民國十八年（1929）軍事編譯局排印本
國圖　復旦　南開　遼寧　湖北

11091
屈宋方言考一卷
民國李翹撰
民國十四年（1925）芬熏館刻本
國圖　南開　甘肅　南京　湖北　武漢　雲南

11092
荆楚方言二卷茶鏡二卷曲牌分韻一卷
民國周受禧輯
稿本
湖南

11093
湖北方言二卷
民國沔陽（今仙桃）傅廷儀撰
稿本
湖北

11094
湖北方言二卷
民國沔陽（今仙桃）傅廷儀撰
1997年中華全國圖書館文獻縮微複製中心據稿本影印小學稿本七種本
湖北

11095
古書文義輯解不分卷
民國蘄春黄侃撰
稿本
武大中文系

11096
書義述聞不分卷
民國蘄春黄侃撰　蘄春黄念田録
稿本
武大中文系

11097
蘄春語一卷
民國蘄春黄侃撰
稿本
武大中文系

11098
蘄春語一卷
民國蘄春黄侃撰
1980年上海古籍出版社鉛印黄侃編學雜著本
湖北

11099
經博釋詞箋釋
民國蘄春黄侃撰
1984年嶽麓書社鉛印經博釋詞本

11100
訓詁講詞
民國蘄春黄侃撰
民國抄本

僅知北師大王寧教授藏有此帙，版本及其篇幅不明，姑以“抄本”著録。

王寧藏

11101
手寫漢書集注釋言三卷
民國蘄春黄侃輯
輯者手稿本

是稿係將《漢書》顔師古集注中釋古今語者析出彙集而成，分上、中、下三卷。

武大中文系

11102
手寫方言偶記
民國蘄春黄侃輯録
輯者手稿本
未知成稿否。
武大中文系

11103
手寫方言注
民國蘄春黄侃撰
稿本
武大中文系

11104
讀集韻正俗語不分卷
民國蘄春黄侃撰
稿本
黄建中《黄季剛先生著作分類録》作"手寫《集韻證俗語》"。
湖北

11105
手寫釋大、釋小稿一卷
民國蘄春黄侃撰
稿本
未知成册否。又湖北省圖書館藏其手圈《釋大》。
武大中文系

11106
手寫尚書、論語、孝經詞語
民國蘄春黄侃輯
輯者手稿本
武大中文系

11107
手寫國語、大戴禮、周易注
民國蘄春黄侃撰
稿本
武大中文系

11108
新爾雅二卷
民國武昌李文藻編
民國漢口聖教書局鉛印本
湖北

11109
今方言義證
民國咸寧劉壽仁撰
稿本
稿共五册。
湖北

史　　部

紀傳類

通代之屬

20001
史記一百三十卷
漢司馬遷撰　明景陵（今天門）鍾惺評
明天啓五年（1625）沈國元大來堂刻本
是刻半葉九行，行十八字，白口，四周單邊，有刻工。《中國古籍善本書目》著録。《湖北書徵存目》收有《鍾評史記》，蓋即此書。
華東師大　天津　石家莊　浙江　天一閣　嘉興　杭大　河南　重慶

20002
史記二十二卷
漢司馬遷撰　明景陵（今天門）鍾惺評
清康熙五十二年（1713）胡彬抄本
《中國古籍善本書目》著録。
南京

20003
批點史記瑣瑣（一名史記瑣瑣）二卷
明京山郝敬撰
明萬曆崇禎間郝洪範刻山草堂集本
《四庫全書總目》入"史部·正史類存目"。係取《史記》疑義略加考正訓釋。《中國古籍善本書目》著録。
科院　湖北

20004
批點史記瑣瑣（一名史記瑣瑣）二卷
明京山郝敬撰
1997年起齊魯書社據明萬曆崇禎間刻山草堂集本影印四庫全書存目叢書本
湖北

20005
批點南史瑣瑣四卷
明京山郝敬撰
明萬曆崇禎間郝洪範刻山草堂集本
《中國古籍善本書目》著録。
科院

20006
批點北史瑣瑣四卷
明京山郝敬撰
明萬曆崇禎間郝洪範刻山草堂集本
《中國古籍善本書目》著録。
科院

20007
五代史記纂誤續補六卷
清江夏吴光耀撰
清光緒十四年（1888）（江夏吴氏）刻本
國圖　北大　上海　天津　南京

20008
五代史記纂誤續補六卷
清江夏吴光耀撰
2002年上海古籍出版社據清光緒十四年（1888）江夏吴氏刻本影印續修四庫全書本
湖北

20009
史漢愚按八卷
明京山郝敬撰
明萬曆崇禎間郝洪範刻山草堂集本
科院
《中國古籍善本書目》著録國圖、科院、清華、上海辭書、吉林、無錫等館藏有《山草堂集》殘本,未知其中何館藏有此種。

20010
史漢辨疑三卷
清黄梅洪基撰
清光緒十六年(1890)慎自愛軒重刻本
《販書偶記》著録。藏書單位待訪。

20011
諸史商語音義四卷
明應城陳士元撰
明萬曆十七年(1891)自刻歸雲外集本
是刻半葉九行,行二十字,白口,四周單邊。《中國古籍善本書目》著録。
國圖　北大　祁縣 ×

20012
通史(原始上、下)
民國羅田王葆心撰
稿本
二册。一萬三千字。
湖北博

20013
諸史地理志編目表
民國羅田王葆心撰
稿本
散葉待裝。約三萬餘字。包括《漢書》、新舊《唐書》《隋書》《南齊書》《魏書》《遼史》《金史》《宋史》《元史》等。
湖北博

斷代之屬

20014
東觀漢記二十四卷
漢蔡陽(今棗陽)劉珍等撰
清抄本(武英殿聚珍版叢書底本)
《中國古籍善本書目》著録。
國圖

20015
東觀漢記二十四卷
漢蔡陽(今棗陽)劉珍等撰
清乾隆活字印武英殿聚珍版叢書本
《中國古籍善本書目》著録。
國圖　中國社科院文學所　故宫　上海　天津　遼寧　河南社科院　湖北

20016
東觀漢記二十四卷
漢蔡陽(今棗陽)劉珍等撰
清乾隆活字印武英殿聚珍版叢書本　清孫志祖校
上海

20017
東觀漢記二十四卷
漢蔡陽(今棗陽)劉珍等撰
民國十二年(1923)沔陽盧氏慎始基齋據武英殿聚珍版書本影印湖北先正遺書本
國圖　科院　北大　上海　天津　遼寧　寧夏　山東　南京　浙江　湖北　四川

20018
東觀漢記二十四卷
漢蔡陽(今棗陽)劉珍等撰
清四庫全書本
國圖　甘肅　浙江　臺北故宫

1983 年臺北商務印書館影印清文淵閣四庫全書本

湖北

1989 年上海古籍出版社縮印臺北商務印書館影印清文淵閣四庫全書本

國圖　武漢

20019

東觀漢記二十四卷

漢蔡陽(今棗陽)劉珍等撰

清嘉慶刻桐華館史翼本　清李慈銘跋

國圖

20020

東觀漢記二十四卷

漢蔡陽(今棗陽)劉珍等撰

民國二十四年至二十六年(1935—1937)上海商務印書館鉛印叢書集成初編本

國圖　北師大　清華　上海　復旦　遼寧　吉林市　甘肅　山東大　南大　浙江　江西　湖北　四川　重慶　雲南

20021

東觀漢記二十四卷

漢蔡陽(今棗陽)劉珍等撰

民國二十五年(1936)上海古籍出版社鉛印四部備要本

國圖　首都　北大　上海　復旦　天津　遼寧　甘肅　南京　浙江　湖北　桂林　四川　重慶

20022

東觀漢記二十四卷

漢蔡陽(今棗陽)劉珍等撰

上海古籍出版社縮印民國二十五年(1936)四部備要本

北師大　上海　華東師大　上海師大　浙江　江西　湖北　廣西　重慶

20023

東觀漢記八卷

漢蔡陽(今棗陽)劉珍等撰

清柏筠書屋刻後漢書補遺八種本

沈乾一《彙刻書目》及楊家駱《叢書大辭典》收録。藏書單位待訪。

20024

東觀漢記一卷

漢蔡陽(今棗陽)劉珍等撰　清王仁俊輯

玉函山房輯佚書續編稿本

《中國古籍善本書目》著録。

上海

20025

東觀漢記二卷拾遺二卷

漢蔡陽(今棗陽)劉珍等撰　陶棟輯

民國三十七年(1948)上海古籍出版社鉛印輯佚叢刊本

北師大　上海　復旦　華東師大　上海師大　吉大　山東大　桂林　廣西　川大　雲南

20026

鍾伯敬先生批評漢書一百卷

漢班固撰　明景陵(今天門)鍾惺評

明崇禎刻本

是刻半葉九行,行十八字,小字雙行,白口,左右雙邊。《中國古籍善本書目》著録。《湖北書徵存目》收有《鍾評漢書》,蓋即指此。

國圖　科院　山東　重慶[×]

20027

批點前漢書瑣瑣四卷

明京山郝敬撰

明萬曆崇禎間郝洪範刻山草堂集本

前有崇禎二年(1629)自序,自題七十二翁,知其爲晚年之作也。《中國古籍善本書目》著録。

科院　湖北

20028
漢書二十三家注鈔十四卷
民國宜都楊守敬輯
稿本
存十二卷:一至四、七至十四
書不分卷,係該館以册爲卷。以紅格稿紙寫成,半葉九行,行二十字,白口,左右雙邊,上魚尾。《中國古籍善本書目》著録。
湖北 ×

20029
漢書二十三家注鈔
民國宜都楊守敬輯　褚佩瑜等整理
1988 年起湖北人民出版社、湖北教育出版社鉛印楊守敬集本
湖北

20030
漢書地理志補校二卷
民國宜都楊守敬撰
清光緒二十五年(1899)刻本
《販書偶記》著録。藏書單位待訪。

20031
漢書地理志補校二卷
民國宜都楊守敬撰
民國二十五年至二十六年(1936—1937)上海開明書店鉛印二十五史補編本
國圖　科院　北大　上海　復旦　天津　遼寧　甘肅　南京　浙江　湖北　武漢　四川　重慶

20032
漢書地理志補校二卷
民國宜都楊守敬撰
1957 年上海古籍出版社據原版重印二十五史補編本
國圖　上海　復旦　福建師大

20033
漢書地理志補校
民國宜都楊守敬撰　吴之仁、吴之稱整理
1988 年起湖北人民出版社、湖北教育出版社鉛印楊守敬集本
湖北

20034
批點後漢書瑣瑣六卷
明京山郝敬撰
明萬曆崇禎間郝洪範刻山草堂集本
前有天啓五年(1625)自序,云"余讀範蔚宗《漢書》,簡其可以供談塵、助文筆者若干條"。其書體例同《前漢書瑣瑣》。《中國古籍善本書目》著録。
科院

20035
後漢書各縣故城所在不分卷
民國宜都楊守敬撰
稿本
重慶

20036
讀後漢書劄記一卷
江夏傅嶽棻撰
抄娟淨簃集三種·娟淨簃雜著四種本
湖北

20037
漢志郡國沿革考一卷
清武昌(今鄂州)黄大華撰
民國二十五年至二十六年(1936—1937)上海開明書局排印二十五史補編本
國圖　上海　天津　南京　浙江　江西　湖北　武大

20038
三國志注鈔八卷
明景陵(今天門)鍾惺輯
明萬曆四十五年(1617)刻三注抄本
《中國古籍善本書目》著録。
首都　北大　上海　福建師大

20039
三國志集解
民國沔陽盧弼撰
1957年上海古籍出版社鉛印本
湖北

20040
三國志集解
民國沔陽盧弼撰　錢劍天標點整理
2009年上海古籍出版社鉛印本

20041
批點三國志瑣瑣四卷
明京山郝敬撰
明萬曆崇禎間郝洪範刻山草堂集本
《中國古籍善本書目》著録。
科院

20042
删補晉書一百三十卷首一卷
唐房玄齡等撰　明景陵(今天門)鍾惺原評　明蔣之翹删補並輯評
明崇禎十二年(1639)蔣氏家塾刻本
是刻半葉九行,行十七字,小字雙行行字同,白口,左右雙邊。《中國古籍善本書目》著録。參閲王重民《中國善本書提要》。
北大　中央黨校　科院　故宫　上海　黑龍江大　山東師大　鎮江博　安徽　安徽博　河南博　湖北

20043
晉書地理志(三)
民國羅田王葆心撰
稿本
一册。約五萬八千字。
湖北博

20044
南北朝僑置州郡考八卷
清江夏胡孔福撰
民國元年(1912)鉛印本
《販書偶記》著録。藏書單位待訪。

20045
隋書地理志考證九卷
民國宜都楊守敬撰
稿本
《中國古籍善本書目》著録。
重慶

20046
隋書地理志考證九卷補遺一卷
民國宜都楊守敬撰
清光緒二十二年(1896)楊氏鄰蘇園刻本　楊守敬批校
《中國古籍善本書目》著録。
湖北

20047
隋書地理志考證九卷補遺一卷
民國宜都楊守敬撰
清光緒二十二年(1896)楊氏鄰蘇園刻本　楊守敬、熊會貞批校
《中國古籍善本書目》著録。
湖北

20048
隋書地理志考證九卷補遺一卷
民國宜都楊守敬撰
清光緒二十二年(1896)楊氏鄰蘇園刻二十七年增修本
科院　北大　復旦　遼寧

20049
隋書地理志考證九卷補遺一卷
民國宜都楊守敬撰
2002年上海古籍出版社據清光緒二十二年（1896）楊氏鄰蘇園刻二十七年增修本影印續修四庫全書本
湖北

20050
隋書地理志考證附補遺
民國宜都楊守敬撰
民國二十五年至二十六年（1936—1937）上海開明書店鉛印二十五史補編本
國圖　科院　北大　上海　復旦　天津　遼寧　甘肅　南京　浙江　湖北　武漢　四川　重慶

20051
隋書地理志考證附補遺
民國宜都楊守敬撰
1957年上海古籍出版社據原版重印二十五史補編本
國圖　上海　復旦　福建師大

20052
隋書地理志考證
民國宜都楊守敬撰　施和金整理
1988年起湖北人民出版社、湖北教育出版社鉛印楊守敬集本
湖北

20053
批點舊唐書瑣瑣四卷
明京山郝敬撰
明萬曆崇禎間郝洪範刻山草堂集本
《中國古籍善本書目》著録。
科院

20054
唐書二百二十五卷目録二卷
宋歐陽修、宋安陸宋祁等撰
宋紹興刻宋元遞修公文紙印本
存一百三十二卷：目録、一至四十三、四十五至四十七、七十下、七十四至七十五、九十二至一百九、一百五十六至二百十五上、二百二十至二百二十二
《中國古籍善本書目》著録。
國圖 ×

20055
唐書二百二十五卷
宋歐陽修、宋安陸宋祁等撰
宋刻本
存八卷：七十二中下、七十四、二百十五至二百二十
《中國古籍善本書目》著録。
國圖 ×

20056
唐書二百二十五卷
宋歐陽修、宋安陸宋祁等撰
宋刻本（卷一配明抄本）　清丁丙跋
存一百五十五卷：一至十八、二十四至四十六、五十至五十七、六十一至七十上、七十一下至七十二上、七十三至八十五、八十七至一百四、一百七至一百十一、一百十九至一百二十、一百三十三至一百三十五、一百四十七至一百五十六、一百六十四至一百七十七、一百八十三至一百九十二、一百九十六至二百一、二百十一至二百十四、二百十五下至至二百二十、二百二十三下至二百二十五
《中國古籍善本書目》著録。
南京 ×

20057
唐書二百二十五卷
宋歐陽修、宋安陸宋祁等撰
宋刻本（卷一百六十三至一百六十四　二百十二至二百十三配明刻本）　傅增

湘跋
存一百二十四卷:九十七至二百七、二百十二至二百二十二中、二百二十四下至二百二十五
《中國古籍善本書目》著録。
國圖ˣ

20058
唐書二百二十五卷
宋歐陽修、宋安陸宋祁等撰
宋刻本
存二卷:二十七下、二十八
《中國古籍善本書目》著録。
國圖ˣ

20059
唐書二百二十五卷目録二卷
宋歐陽修、宋安陸宋祁等撰
元刻本(卷一百六十五配清影元抄本)
《中國古籍善本書目》著録。
國圖

20060
唐書二百二十五卷
宋歐陽修、宋安陸宋祁等撰
元刻明修本
《中國古籍善本書目》著録。
國圖　北大　科院ˣ　上海　南京ˣ　常熟ˣ　天一閣ˣ　重慶ˣ

20061
唐書二百二十五卷目録二卷
宋歐陽修、宋安陸宋祁等撰
元刻明遞修本
《中國古籍善本書目》著録。
上海　東北師大ˣ　南京ˣ

20062
唐書二百二十五卷
宋歐陽修、宋安陸宋祁等撰
釋音二十五卷
宋董衝撰
元大德九年(1305)建康路儒學刻本
存四卷:九十二、九十八、二百五至二百六
《中國古籍善本書目》著録。
國圖　人大ˣ

20063
唐書二百二十五卷
宋歐陽修、宋安陸宋祁等撰
釋音二十五卷
宋董衝撰
元大德九年(1305)建康路儒學刻明成化弘治南京國子監遞修本
《中國古籍善本書目》著録。
遼寧

20064
唐書二百二十五卷
宋歐陽修、宋安陸宋祁等撰
釋音二十五卷
宋董衝撰
元大德九年(1305)建康路儒學刻明成化弘治南京國子監遞修本　清丁丙跋
《中國古籍善本書目》著録。
南京

20065
唐書二百二十五卷
宋歐陽修、宋安陸宋祁等撰
釋音二十五卷
宋董衝撰
元大德九年(1305)建康路儒學刻明成化嘉靖南京國子監遞修本
《中國古籍善本書目》著録。
北大　人大　上海ˣ　太原ˣ　吉林　煙臺　浙江ˣ　杭大　武大

20066
唐書二百二十五卷
宋歐陽修、宋安陸宋祁等撰
釋音二十五卷
宋董衝撰
元大德九年(1305)建康路儒學刻明成化弘治嘉靖萬曆南京國子監遞修本
《中國古籍善本書目》著録。
上海　吉林　江西　河南 ×

20067
唐書二百二十五卷
宋歐陽修、宋安陸宋祁等撰
元大德九年(1305)建康路儒學刻明成化弘治嘉靖萬曆崇禎南京國子監遞修本
《中國古籍善本書目》著録。
天津 ×　遼寧 ×　山東　安丘 ×

20068
唐書二百二十五卷
宋歐陽修、宋安陸宋祁等撰
釋音二十五卷
宋董衝撰
元大德九年(1305)建康路儒學刻明清遞修本
山東

20069
唐書二百二十五卷
宋歐陽修、宋安陸宋祁等撰
釋音二十五卷
宋董衝撰
明萬曆二十三年(1595)北京國子監刻本　清傅山批
存一百一卷:一至七十一、一百九十三至二百二十二
《中國古籍善本書目》著録。
山西文物局 ×

20070
唐書二百二十五卷
宋歐陽修、宋安陸宋祁等撰
釋音二十五卷
宋董衝撰
明成化十八年(1482)嘉靖八年(1529)至十年(1531)三十七年(1558)南京國子監刻明清遞修二十一史本
《中國古籍善本書目》著録。南京圖書館亦藏明刻明清遞修本,有清丁丙跋。
國圖　山西　青海　南大　安徽師大　福建　福建省委黨校　湖南　廣東　重慶

20071
唐書二百二十五卷
宋歐陽修、宋安陸宋祁等撰
釋音二十五卷
宋董衝撰
明萬曆二十三年(1595)北京國子監刻二十一史本
《中國古籍善本書目》著録。南京圖書館藏該叢編有清丁丙跋。
上海　山西　祁縣　山東　山東博　南京　浙江　河南　湖北博　華南師大

20072
唐書二百二十五卷
宋歐陽修、宋安陸宋祁等撰
附釋音二十五卷
宋董衝撰
清乾隆四年(1739)武英殿刻二十四史本
國圖　北大　故宫　天津　山西　内蒙大　遼寧　吉林　河南 ×　湖南　北碚

20073
唐書二百二十五卷
宋歐陽修、宋安陸宋祁等撰

附釋音二十五卷

宋董衡撰

清乾隆二十八年(1763)抄摛藻堂四庫全書薈要本

故宫

20074

唐書二百二十五卷

宋歐陽修、宋安陸宋祁等撰

明歐陽徽柔刻本

存六十卷:一至六十

《中國古籍善本書目》著録。

國圖 ×

20075

唐書二百二十五卷

宋歐陽修、宋安陸宋祁等撰

明崇禎二年(1629)毛氏汲古閣刻十七史本　清薄啓源録宋吴縝、葉適、吕祖謙等人札記

《中國古籍善本書目》著録。

國圖

20076

唐書二百二十五卷

宋歐陽修、宋安陸宋祁等撰

明崇禎二年(1629)毛氏汲古閣刻十七史本　汪允中批校並跋

《中國古籍善本書目》著録。

湖南

20077

唐書二百二十五卷

宋歐陽修、宋安陸宋祁等撰

明崇禎二年(1629)毛氏汲古閣刻十七史本　清佚名校

《中國古籍善本書目》著録。

國圖

20078

唐書二百二十五卷

宋歐陽修、宋安陸宋祁等撰

明崇禎二年(1629)毛氏汲古閣刻十七史本　王闓運批點

《中國古籍善本書目》著録。

湖南師大

20079

唐書二百二十五卷

宋歐陽修、宋安陸宋祁等撰

明崇禎二年(1629)毛氏汲古閣刻十七史本　清何煌校　清嚴鎣校並跋

存二百十九卷:一至一百五十、一百五十八至二百二十五

《中國古籍善本書目》著録。

南京 ×

20080

唐書二百二十五卷

宋歐陽修、宋安陸宋祁等撰

明崇禎二年(1629)毛氏汲古閣刻清順治印十七史本

《中國古籍善本書目》著録,僅湖北省圖書館有藏。

湖北

20081

唐書二百二十五卷

宋歐陽修、宋安陸宋祁等撰

明崇禎二年(1629)毛氏汲古閣刻清遞修本　清陳豪、王詒壽、戴德孫校　清王麟書校並跋

《中國古籍善本書目》著録。

上海

20082

唐書二百二十五卷

宋歐陽修、宋安陸宋祁等撰

清同治光緒間五省官書局據汲古閣本合刊光緒五年(1879)湖北書局彙印二十四史本

國圖 科院 北大 復旦 天津 吉大 甘肅 山東 河南 湖北 武大 重慶 川大

20083

唐書二百二十五卷

宋歐陽修、宋安陸宋祁等撰

民國上海商務印書館影印百衲本二十四史本

國圖 科院 北大 上海 復旦 天津 遼寧 甘肅 河南 湖北 武漢 桂林 四川

20084

唐書二百二十五卷

宋歐陽修、宋安陸宋祁等撰

1958年上海商務印書館縮印百衲本二十四史本

北師大 上海 華東師大 遼寧 甘肅 浙江 福建師大 江西 湖北

20085

新唐書二百二十五卷

宋歐陽修、宋安陸宋祁等撰

清四庫全書本

國圖 甘肅 浙江 臺北故宫

1983年臺北商務印書館影印清文淵閣四庫全書本

湖北

1989年上海古籍出版社縮印臺北商務印書館影印清文淵閣四庫全書本

國圖 武漢

20086

唐書二百二十五卷

宋歐陽修、宋安陸宋祁等撰

附釋音二十五卷

宋董衝撰

附考證

清光緒同文書局影印武英殿刻二十四史本

國圖 上海 上海師大 天津 遼寧 甘肅 山大 南京 河南 武大

20087

唐書二百二十五卷

宋歐陽修、宋安陸宋祁等撰

附釋音二十五卷

宋董衝撰

附考證

清光緒五洲同文書局影印武英殿刻二十四史本

國圖 北大 北師大 天津 吉林市 南京 南大 福建 江西 湖北 廣東 重慶

20088

唐書二百二十五卷

宋歐陽修、宋安陸宋祁等撰

附釋音二十五卷

宋董衝撰

附考證

清光緒二十八年(1902)竢實齋影印武英殿二十四史本

藏書單位待訪。

20089

唐書二百二十五卷

宋歐陽修、宋安陸宋祁等撰

附釋音二十五卷

宋董衝撰

附考證

清光緒圖書集成局鉛印二十四史本

國圖 北師大 華東師大 天津 南大 浙江 江西 河南 廣東 重慶

20090

唐書二百二十五卷

宋歐陽修、宋安陸宋祁等撰

附釋音二十五卷
宋董衝撰
附考證
清光緒竹簡齋影印武英殿刻二十四史本
國圖　北師大　中醫　復旦　南大　江西　廣東　重慶　川大

20091
唐書二百二十五卷
宋歐陽修、宋安陸宋祁等撰
附釋音二十五卷
宋董衝撰
附考證
民國十二年（1923）上海古籍出版社影印武林竹簡齋二十四史本
藏書單位待訪。

20092
唐書二百二十五卷
宋歐陽修、宋安陸宋祁等撰
釋音二十五卷
宋董衝撰
附考證
清光緒史學齋石印殿版二十四史本
上海　南大　江西　廣東　重慶　川大

20093
唐書二百二十五卷
宋歐陽修、宋安陸宋祁等撰
釋音二十五卷
宋董衝撰
附考證
民國上海涵芬樓影印武英殿刻二十四史本
國圖　北師大　復旦　内蒙　甘肅　山大　南京　河南　湖北　重慶　川大

20094
唐書二百二十五卷
宋歐陽修、宋安陸宋祁等撰
釋音二十五卷
宋董衝撰
附考證
民國二十一年（1932）上海古籍出版社仿宋排印本
湖北

20095
唐書二百二十五卷
宋歐陽修、宋安陸宋祁等撰
釋音二十五卷
宋董衝撰
附考證
民國二十四年（1935）上海開明書局影印殿版二十五史本
國圖　北大　上海　復旦　天津　遼寧　甘肅　南京　浙江　湖北　武漢　四川　重慶　雲南

20096
唐書二百二十五卷
宋歐陽修、宋安陸宋祁等撰
釋音二十五卷
宋董衝撰
附考證
1959—1977年上海古籍出版社鉛印二十四史本
湖北

20097
唐書二百二十五卷
宋歐陽修、宋安陸宋祁等撰
釋音二十五卷
宋董衝撰
附考證
1982—1983年上海古籍出版社重印本
湖北

20098
唐書二百二十五卷
宋歐陽修、宋安陸宋祁等撰
釋音二十五卷
宋董衝撰
附考證
1986年上海古籍出版社、上海書店影印二十五史本
湖北

20099
唐書二百二十五卷
宋歐陽修、宋安陸宋祁等撰
釋音二十五卷
宋董衝撰
附考證
民國二十五年（1936）上海古籍出版社鉛印四部備要本
國圖　北大　上海　復旦　天津　遼寧　南京　浙江　江西　湖北　廣東　四川　重慶

20100
唐書二百二十五卷
宋歐陽修、宋安陸宋祁等撰
釋音二十五卷
宋董衝撰
附考證
民國二十五年（1936）上海古籍出版社縮印四部備要本
國圖　北大　中央民大　上海　復旦　上海辭書　浙江　江西　桂林　重慶

20101
新唐書二百二十五卷
宋歐陽修、宋安陸宋祁等撰
1975年上海古籍出版社鉛印本　又2003年鉛印本

20102
新唐書二百二十五卷
宋歐陽修、宋安陸宋祁等撰
1995年吉林人民出版社鉛印簡體字二十六史本

20103
新唐書二百二十五卷
宋歐陽修、宋安陸宋祁等撰　陳焕良、文華點校
1997年嶽麓書社鉛印古典名著普及文庫本

20104
新唐書二百二十五卷
宋歐陽修、宋安陸宋祁等撰
1999年大衆文藝出版社鉛印二十六史本

20105
唐書地理志七卷附考證
宋歐陽修、宋安陸宋祁等撰
清光緒二十四年（1898）廣東集古書屋刻歷代地理志彙編本
國圖　南大

20106
唐書藝文志四卷
宋歐陽修、宋安陸宋祁等撰
清光緒九年（1883）鎮海張壽榮刻八史經籍志本
國圖　科院　北大　天津　遼寧　甘肅　南京　浙江　湖北　四川　重慶　青海

20107
唐書藝文志四卷
宋歐陽修、宋安陸宋祁等撰
民國十五年（1926）序吴興張氏刻擇是居叢書初集本
國圖　首都　北大　上海　復旦　遼寧　甘

肅　南京　浙江　武大　重慶　雲南

20108
唐書藝文志四卷
宋歐陽修、宋安陸宋祁等撰
民國南京辭典館鉛印歷代經籍志本
藏書單位待訪。

20109
唐書藝文志四卷
宋歐陽修、宋安陸宋祁等撰
1956年商務印書館鉛印唐經籍藝文合志本
湖北

20110
唐書藝文志四卷
宋歐陽修、宋安陸宋祁等撰
民國二十五年(1936)上海大光書局鉛印中國歷代藝文志本
藏書單位待訪。

20111
唐書藝文志四卷
宋歐陽修、宋安陸宋祁等撰
民國二十四年至二十六年(1935—1937)上海商務印書館鉛印叢書集成初編本
國圖　北大　北師大　上海　復旦　遼寧　吉大　南大　江西　湖北　四川　雲南

20112
唐書藝文志注四卷
宋歐陽修、宋安陸宋祁等撰　□□注
清藕香簃抄本
科院

20113
明史本紀二十六卷
清孝感熊賜履撰
稿本
《中國古籍善本書目》著録。嘉慶《湖北通志》收有《明史稿》,當即指此。
上海

20114
明宰輔考略一卷
清武昌(今鄂州)黄大華撰
民國二十五年至二十六年(1936—1937)上海開明書店排印二十五史補編本
國圖　上海　天津　南京　浙江　湖北　武大　江西

20115
明七卿考略一卷
清武昌(今鄂州)黄大華撰
民國二十五年至二十六年(1936—1937)上海開明書店排印二十五史補編本
國圖　上海　天津　南京　浙江　江西　湖北　武大

編年類

通代之屬

20116
楚國史編年輯注不分卷
王傑主編　鄭昌琳編著
1999年湖北人民出版社鉛印湖北地方古籍文獻叢書本
依“王”分爲二十二節,前有王傑“序”、鄭昌琳“前言”,後有人名、地名索引。
湖北　武漢

20117
竹書紀年集注二卷
清蘄州(今蘄春)陳詩撰
清嘉慶六年(1801)蘄州陳氏家塾刻本

是書與經傳合者爲多，取《春秋内外傳》及周秦諸子事蹟相類者，互爲證明。又以他本所引與今本互有異同者附注於下，使學者知是書之存雖非其舊，而其事其文信而有徵。陳詩著作宏富，多已散佚，付梓者甚少。

國圖　北大　上海　南京

20118

竹書紀年集注二卷

清蘄州（今蘄春）陳詩撰

清嘉慶六年（1801）道生堂刻本

《販書偶記》著録，《中國古籍總目》未收。藏書單位不詳。疑即陳氏家塾本或翻刻、重印陳氏家塾本。

20119

竹書紀年二卷

清蘄州（今蘄春）陳詩撰

1997年北京出版社據清嘉慶六年（1801）蘄州陳氏家塾刻本影印四庫未收書輯刊本

湖北

20120

竹書紀年集注二卷

清蘄州（今蘄春）陳詩撰

清嘉慶十年（1805）刻本

《中國古籍總目·史部》著録"竹書紀年二卷，清陳詩集注"。

國圖　遼寧　南京

20121

通鑑綱目前編辨誤一卷

清興國（今陽新）萬斛泉撰

清同治八年（1869）吴大澂抄本　吴湖帆跋

上海

20122

通鑑綱目前編辨誤二卷

清興國（今陽新）萬斛泉撰

清光緒二十一年（1895）尉山堂刻萬青軒全書本

湖北

20123

通鑑綱目正編正誤補（一名資治通鑑綱目正編正誤補）三卷

清興國（今陽新）萬斛泉撰

清光緒二十一年（1895）尉山刻萬青軒全書本

湖北

20124

通鑑直解二十五卷

明江陵張居正撰

明萬曆刻本

是刻半葉九行，行十八字，黑口，四周雙邊。《中國古籍善本書目》著録，僅浙江省圖書館有藏。

浙江

20125

通鑑直解二十五卷

明江陵張居正撰

明崇禎四年（1631）高兆麟刻本

是刻半葉八行，行十八字，小字雙行行字同，白口，四周單邊。《中國古籍善本書目》著録。

北大　南京　蘇州　河南　重慶　貴州

20126

張閣老通鑑直解（一名通鑑直解）二十八卷首一卷

明江陵張居正撰

明崇禎六年（1633）書林王小瞻刻本

是刻半葉八行，行十八字，白口，單邊。《中國古籍善本書目》著録，僅上海圖書館有藏。

上海

20127

通鑑直解二十八卷

明江陵張居正撰

明末陳長卿刻本

清華　北京師院　故宫　華東師大　天津師大　湖北大　芮城　遼寧　遼大

20128

通鑑直解二十八卷

明江陵張居正撰

明末豹變齋刻本

是刻半葉八行，行十八字，小字雙行，白口，四周單邊。《中國古籍善本書目》著録。

北大　人大[×]　北師大　新疆大　山東　鄒平　杭大　安徽博　中大

20129

通鑑直解二十八卷

明江陵張居正撰　明景陵（今天門）鍾惺訂

明末刻本

是刻半葉八行，行十八字，小字雙行行字同，白口，四周單邊。未知與明末豹變齋刻本是何關係。

北大　山東　浙大　中大

20130

通鑑直解二十八卷

明江陵張居正撰　明高兆麟重訂

明崇禎四年（1631）錢塘高兆麟刻本

《中國古籍總目·史部》著録。未知與前邊之同年刻二十五卷本是何關係。

國圖　復旦　南京

20131

通鑑直解前代二十八卷明代十六卷

明江陵張居正撰　明高兆麟重訂

明景陵（今天門）鍾惺補釋

明末刻本

《中國古籍總目·史部》著録。

東北師大

20132

刻註解標題歷朝綱鑑論抄十二卷

明江陵張居正撰

明萬曆刻本

這刻半葉十行，行二十三字，小字雙行行字同，四周雙邊。《中國古籍善本書目》著録，僅安徽省圖書館有藏。

安徽

20133

通鑑纂二十卷

明景陵（今天門）鍾惺撰

明末刻本

是刻半葉九行，行二十六字，白口，四周單邊。《中國古籍善本書目》著録，僅該館有藏。清代禁書。

湖北

20134

通鑑纂二十卷

明景陵（今天門）鍾惺纂

2000年北京出版社據明末刻本影印四庫禁毁書叢刊本

湖北

20135

通鑑纂二十卷皇明通紀纂八卷

明景陵（今天門）鍾惺撰

明崇禎刻本

上海

20136

通紀纂十卷

明景陵（今天門）鍾惺等輯

2000年北京出版社據清初刻本影印四庫禁毀書叢刊本

湖北

20137
鼎鍥鍾伯敬訂正資治通鑑正史大全七十四卷皇明紀要三卷

明景陵(今天門)鍾惺訂正

明崇禎刻本

是刻半葉十二行,行二十六字,注文小字雙行行字同,白口,四周單邊,有眉欄。《中國古籍善本書目》著録。清代禁毁書。

科院　天津　青島博

20138
鼎鍥鍾伯敬訂正資治通鑑正史大全七十四卷首一卷

明景陵(今天門)鍾惺訂正

2000年北京出版社據明崇禎刻本影印四庫禁毁書叢刊本

湖北

20139
鼎鍥鍾伯敬訂正資治通鑑正史大全七十四卷皇明紀要三卷

明景陵(今天門)鍾惺訂正

明刻本

存五卷:十五至十九

上海 ×

20140
世曆四卷

明應城陳士元撰

明萬曆十七年(1589)自刻歸雲别集本

是刻半葉九行,行二十字,白口,四周單邊。《中國古籍善本書目》著録。

國圖　北大　祁縣 ×

20141
世歷四卷

明應城陳士元撰

明萬曆刻本

存二卷:一至二

是刻半葉九行,行二十字,白口,四周單邊。《中國古籍善本書目》著録,僅首都圖書館藏此殘本。疑即明萬曆十七年(1589)自刻《歸雲外集》本,二者版式、行字一致。唯《歸雲外集》本作《世歷》,且《中國古籍善本書目》將此另立款目,存疑待考。

首都 ×

斷代之屬

20142
漢晉春秋一卷

晉襄陽習鑿齒撰　清黄奭輯

清道光甘泉黄氏刻光緒印漢學堂叢書本

此書早佚,今存者有黄奭、王仁俊、湯球三家輯佚本。

國圖　科院　北大　上海　華東師大　天津　内蒙古　甘肅　南京　浙江　湖北　武大　四川　重慶

20143
漢晉春秋一卷

晉襄陽習鑿齒撰　清黄奭輯

清道光甘泉黄氏刻民國十四年(1925)王鑒修補印黄氏逸書考(原名漢學堂叢書)本

國圖　北大　上海　復旦　華東師大　内蒙古　遼寧　甘肅　福建師大　湖北　雲南

20144
漢晉春秋三卷

晉襄陽習鑿齒撰　清湯球輯

清光緒廣雅書局刻民國九年(1920)番禺徐紹棨彙編重印廣雅書局叢書本

國圖　科院　北師大　上海　華東師大　天津　吉林市　甘肅　南京　杭大　江西　河南　湖北　四川　雲南

20145
漢晉春秋一卷
晉襄陽習鑿齒撰　清王仁俊輯
清王仁俊編玉函山房輯佚書續編稿本
《中國古籍善本書目》著録。
上海

20146
皇朝通鑑政要十八卷
宋江陵崔遵度撰
清初抄本
存十七卷:二至十八
《宋史·藝文志》著録其《文集》二十卷、《琴箋》一卷,今皆未見。是書僅浙圖藏,《中國古籍善本書目》著録。
浙江 ×

20147
皇明通紀纂八卷
明景陵(今天門)鍾惺撰
明崇禎刻本
與《通鑑纂》合爲一編。
上海

20148
皇明紀要一卷
明景陵(今天門)鍾惺訂正
明崇禎刻本
與《鼎鍥鍾伯敬訂正資治通鑑正史大全》合爲一編。
科院　天津　青島博

20149
皇明紀要三卷
明景陵(今天門)鍾惺訂正
明刻本
與《鼎鍥鍾伯敬訂正資治通鑑正史大全》合爲一編。該館所藏斯編爲殘帙,未知此存否。
上海 ×

20150
通紀會纂四卷
明諸燮撰　明景陵(今天門)鍾惺定
清初刻本
《中國古籍善本書目》著録,僅該館有藏。
首都

20151
通紀會纂(一名明紀編年)十卷
明景陵(今天門)鍾惺撰　清王汝南補
清順治十七年(1660)積秀堂刻本
《中國古籍善本書目》著録。《販書偶記》僅著"清順治刻本",當即此書。清代禁毁書。
人大　北京市委　上海　吉大　湖北　廣東　四川

20152
通紀會纂(一名明紀編年)十卷
明景陵(今天門)鍾惺撰　清王汝南補
2000年北京出版社據清初刻本影印四庫禁毁書叢刊本
湖北

20153
新刻陳眉公訂正通紀會纂四卷
明諸燮撰　明景陵(今天門)鍾惺定　明陳繼儒訂正
清順治刻本
是刻半葉十行,行二十字,小字雙行注,白口,左右雙邊。《清代禁毁書目》云:"查《通紀會纂》,明鍾惺撰,亦係坊間托名陋書,本不足存目,語多違碍,應請銷毁。"
復旦　南開　吉林　東北師大　柳州

20154

新刻明朝通紀會纂七卷

題明景陵(今天門)鍾惺定　明王世貞會纂　明政敏訂正

清初刻本

王重民《中國善本書提要》著録。

國會

20155

新鐫通紀集畧五卷

明景陵(今天門)鍾惺撰

清初刻本

《中國古籍善本書目》著録,僅該館有藏。是書爲編年體,上起太祖,下及崇禎。書凡五卷。前有張溥序。坊刻之《明紀編年》《明紀會纂》均即此書。末附弘光、隆武、魯監國三朝紀事。唯《明紀編年》則於三朝紀事有目無書。蓋坊肆牟利之作,恐非鍾氏所爲也。

故宫

20156

明紀編年十二卷

明景陵(今天門)鍾惺撰　清王汝南補

清順治十七年(1660)金閶擁萬堂刻本

國圖　北大　上海

20157

明紀編年十二卷

明景陵(今天門)鍾惺撰

日本活字印本

存五卷:一至五

復旦

20158

明季編年十二卷

明景陵(今天門)鍾惺撰　清王汝南補

清初刻本

《中國古籍善本書目》著録。疑與上一款目爲同版。清代禁毁書。

國圖　北大　科院　故宫　上海社科院　天津師大　吉大　齊齊哈爾　陝西師大　山東大　無錫　安徽　福建師大　廣東　柳州　南充師範

20159

明紀編年十二卷

明景陵(今天門)鍾惺撰　清王汝南補

2000年北京出版社據清初刻本影印四庫禁毁書叢刊本

湖北

20160

大明穆宗莊皇帝實録不分卷

明張溶、江陵張居正等纂修

明抄本

存:明嘉靖四十五年(1566)十二月、隆慶元年(1567)正月至四年(1570)十二月、五年(1571)五月至六年(1572)五月

《中國古籍善本書目》著録。明隆慶六年(1572)十月命張溶爲監修官,張居正、吕調陽爲總裁官,王希烈等爲副總裁官,至萬曆二年(1574)七月編成斯書。

國圖 ×

20161

大明穆宗莊皇帝實録不分卷

明張溶、江陵張居正等纂修

紅豆盦抄本

存隆慶元年(1567)正月至六年(1572)九月

北大 ×

20162

大明穆宗莊皇帝實録不分卷

明張溶、江陵張居正等纂修

明抄本

存:明隆慶四年(1570)十月至十二月、五年(1571)五月至十二月、六年(1572)正月至五月

《中國古籍善本書目》著録。

北師大 ×

20163
大明穆宗莊皇帝實録七十卷
明張溶、江陵張居正等纂修
明抄本
《中國古籍善本書目》著録。
中國社科院歷史所

20164
大明穆宗莊皇帝實録七十卷
明張溶、江陵張居正等纂修
明抄本
《中國古籍善本書目》著録。
浙江

20165
大明穆宗莊皇帝實録七十卷
明張溶、江陵張居正等纂修
明抄本
《中國古籍善本書目》著録。
武大

20166
大明穆宗莊皇帝實録七十卷
明張溶、江陵張居正等纂修
明抄本(卷二十八至三十三、六十至七十配清抄本)
《中國古籍善本書目》著録。
南京

20167
大明穆宗莊皇帝實録七十卷
明張溶、江陵張居正等纂修
明抄本
存三十八卷:八至十五、二十二至四十、四十七至五十一、六十五至七十
《中國古籍善本書目》著録。
國圖 ×

20168
大明穆宗莊皇帝實録七十卷
明張溶、江陵張居正等纂修
明萬卷樓抄本
存二十卷:一至二十
《中國古籍善本書目》著録。
上海 ×

20169
大明穆宗莊皇帝實録七十卷
明張溶、江陵張居正等纂修
明抄本
存十三卷:二十八至四十
《中國古籍善本書目》著録。
南京 ×

20170
清宣宗成皇帝實録校對日記一卷
清武昌(今鄂州)王家璧撰
稿本
爲便於保管,該館將家璧之六種手稿彙編爲《王家璧雜著六種》,《中國古籍善本書目·叢部》收録。其中《清實録校對日記》取名不確,應改爲今名。陽海清寫有簡單提要,載《中南、西南地區省、市圖書館藏古籍稿本提要(附鈔本聯合目録)》中。
湖北

20171
晉泰始起居注一卷
晉江夏(治所在今雲夢)李軌撰　清黄奭輯
清道光甘泉黄氏刻光緒印漢學堂叢書本
國圖　科院　北大　上海　華東師大　天津　甘肅　南京　浙江　湖北　武大　四川　重慶

20172
晉泰始起居注一卷
晉江夏(治所在今雲夢)李軌撰　清黄奭輯

清道光甘泉黄氏刻民國十四年（1925）王鑒修補印黄氏逸書考本
國圖　北大　上海　遼寧　甘肅　南京　杭大　湖北　重慶　青海

20173
晋泰始起居注一卷
晋江夏（治所在今雲夢）李軌撰　清黄奭輯
民國二十三年（1934）江都朱長圻據甘泉黄氏原版補刻印黄氏逸書考本
首都　北師大　清華　吉大　甘肅　福建　湖北　川大

20174
晋咸寧起居注一卷
晋江夏（治所在今雲夢）李軌撰　清黄奭輯
清道光甘泉黄氏刻光緒印漢學堂叢書本
國圖　科院　北大　上海　華東師大　天津　甘肅　南京　浙江　湖北　武大　四川　重慶

20175
晋咸寧起居注一卷
晋江夏（治所在今雲夢）李軌撰　清黄奭輯
清道光甘泉黄氏刻民國十四年（1925）王鑒修補印黄氏逸書考本
國圖　北大　上海　遼寧　甘肅　南京　杭大　湖北　重慶　青海

20176
晋咸寧起居注一卷
晋江夏（治所在今雲夢）李軌撰　清黄奭輯
民國二十三年（1934）江都朱長圻據甘泉黄氏原版補刻黄氏逸書考本
首都　北師大　清華　吉大　甘肅　福建　湖北　川大

20177
晋泰康起居注一卷
晋江夏（治所在今雲夢）李軌撰　清黄奭輯
清道光甘泉黄氏刻光緒印漢學堂叢書本
國圖　科院　北大　上海　華東師大　天津　甘肅　南京　浙江　湖北　武大　四川　重慶

20178
晋泰康起居注一卷
晋江夏（治所在今雲夢）李軌撰　清黄奭輯
清道光甘泉黄氏刻民國十四年（1925）王鑒修補印黄氏逸書考本
國圖　北大　上海　遼寧　甘肅　南京　杭大　湖北　重慶　青海

20179
晋泰康起居注一卷
晋江夏（治所在今雲夢）李軌撰　清黄奭輯
民國二十三年（1934）江都朱長圻據甘泉黄氏原版補刻黄氏逸書考本
首都　北師大　清華　吉大　甘肅　福建　湖北　川大

20180
晋咸和起居注一卷
晋江夏（治所在今雲夢）李軌撰　清黄奭輯
清道光甘泉黄氏刻漢學堂叢書本
國圖　科院　北大　上海　華東師大　天津　甘肅　南京　浙江　湖北　武大　四川　重慶

20181
晋咸和起居注一卷
晋江夏（治所在今雲夢）李軌撰　清黄奭輯
清道光甘泉黄氏刻民國十四年（1925）

王鑒修補印黄氏逸書考本

國圖　北大　上海　遼寧　甘肅　南京　杭大　湖北　重慶　青海

20182

晉咸和起居注一卷

晉江夏(治所在今雲夢)李軌撰　清黄奭輯

民國二十三年(1934)江都朱長圻據甘泉黄氏原版補刻黄氏逸書考本

首都　北師大　清華　吉大　甘肅　福建　湖北　川大

20183

讀漢書、後漢書札記一卷

民國蘄春黄侃撰

1962年《文史》第一輯本

湖北

20184

略説漢書綱領

民國蘄春黄侃撰

民國金陵大學砥柱文藝社社刊本

程千帆先生云:此文原載金陵大學砥柱文藝社社刊,又《斯文》半月刊第二卷第十九、二十期合刊(1942年夏)復載之。通論《漢書》之價值及讀法。

紀事本末類

20185

鴻猷録十六卷

明京山高岱撰

明嘉靖四十四年(1565)高思誠刻本

是刻半葉九行,行二十二字,白口,四周雙邊,有刻工。入《清代禁書知見録》。《中國古籍善本書目》著録。本書有多種版本。

岱字伯宗,明嘉靖進士,官刑部郎中。善屬文,採國家大事,爲《鴻猷録》。又著《樵論》《楚漢餘談》《西曹集》。

首都　北大　清華　上海辭書　遼寧　大連　山東　南京　南大　浙江

20186

鴻猷録十六卷

明京山高岱撰

1996年齊魯書社據明嘉靖四十四年(1565)高思誠刻本影印四庫全書存目叢書本

湖北

20187

鴻猷録十六卷

明京山高岱撰

2002年上海古籍出版社據明嘉靖四十四年(1565)高思誠刻本影印續修四庫全書本

湖北

20188

鴻猷録十六卷

明京山高岱撰

明萬曆四十五年(1617)陳于廷刻紀録彙編本

是刻半葉十行,行二十字,白口,四周單邊。《中國古籍善本書目》著録。南京、甘肅館所藏該叢書分别有清趙烈文、蔣鳳藻跋;而天一閣和湖北所藏該叢書有殘。

國圖　北大　科院　上海　天津　吉林　甘肅　南京　天一閣×　福建　湖北×　中大

20189

鴻猷録十六卷

明京山高岱撰

清抄本

國圖

20190
鴻猷録十六卷
明京山高岱撰
民國上海商務印書館影印元明善本叢書十種·紀録彙編本
國圖　中醫　北師大　上海　華東師大　天津　吉大　甘肅　山東大　福建師大　江西　湖北　廣西　四川　重慶

20191
鴻猷録十六卷
明京山高岱撰
民國二十四年至二十六年(1935—1937)上海商務印書館鉛印叢書集成初編本
國圖　北師大　清華　上海　復旦　吉林市　甘肅　南大　浙江　江西　湖北　桂林　四川　重慶　雲南

20192
皇明鴻猷録十六卷
明京山高岱撰
明萬曆七年(1579)顧氏奇字齋刻本
是刻半葉九行,行二十二字,細黑口,四周單邊,有刻工。《中國古籍善本書目》著録。
中國社科院民族所　上海　祁縣　南京

20193
皇明鴻猷録十六卷
明京山高岱撰
明萬曆八年(1580)羅瑶刻本
是刻半葉十行,行二十字,白口,四周單邊,有刻工。兹依《中國古籍善本書目》著録。沈津《美國哈佛大學哈佛燕京圖書館中文善本書志》對此作了詳細描述,並云:"萬曆四年(1576)羅瑶始刻於蜀,後四年張守朴翻刻於錫山。"林應訓"可證此本乃爲張守朴於萬曆八年(1580)據羅瑶本重刻",故王重民《中國善本書提要》云爲"蘇州翻刻本"有誤,《中國古籍善本書目》著爲"萬曆八年(1580)羅瑶刻本"亦有誤。
國圖　北大　清華　松江博　哈佛燕京

20194
皇明鴻猷録十六卷
明京山高岱撰
明萬曆四十七年(1619)李徵儀、王國鼎刻本
是刻半葉九行,行二十字,白口,左右雙邊。《中國古籍善本書目》著録。
國圖　西安文管會　無錫

20195
皇明鴻猷録十六卷
明京山高岱撰
明抄本
《中國古籍善本書目》著録。
甘肅

20196
皇明鴻猷録十六卷
明京山高岱撰　孫正容、單錦珩點校
1992年上海古籍出版社鉛印明清筆記叢書本

20197
平回紀事本末四卷
清東湖(今宜昌)王定安撰
稿本
未見刊刻。
南京

20198
湘軍記二十卷
清東湖(今宜昌)王定安撰
清光緒十五年(1889)江南書局刻本
定安字鼎丞,以名孝廉由州縣歷任監司,嘗遊曾國藩、曾國荃幕。是書閲時三載而成,記事起自道光三十年(1850)太平軍起事,迄於新疆

設郡縣,凡三十八年間事。係針對王闓運《湘軍志》而發。其時,王闓運之書無論文章、史實,均頗具影響。但對湘軍多有貶詞,尤於國荃譏評最盛。國荃特囑撰是書相抗辯,雖記湘軍之始末,實宣揚曾氏之勛績。

湖北

20199

湘軍記二十卷

清東湖(今宜昌)王定安撰

2002年上海古籍出版社據清光緒十五年(1889)江南書局刻本影印續修四庫全書本

湖北

20200

湘軍記二十卷

清東湖(今宜昌)王定安撰

清末上海書局石印本

上海

20201

湘軍記二十卷

清東湖(今宜昌)王定安撰　清丁丙節録

清光緒錢塘丁氏嘉惠堂刻武林掌故叢編·庚辛泣杭録本

國圖　科院　北大　上海　復旦　天津　遼寧　南京　浙江　湖北　武漢　四川　重慶

20202

湘軍記二十卷

清東湖(今宜昌)王定安撰

清抄本

北大

20203

湘軍記

清東湖(今宜昌)王定安撰

1986年嶽麓書社鉛印湘軍史料叢刊本

湖南

20204

湘軍記一卷

清東湖(今宜昌)王定安撰

1966年—1987年臺灣文海出版社影印近代中國史料叢刊正編第三十九輯本

湖北

20205

羅田發現西漢循吏何使君墓道本末一卷

民國羅田王葆心撰

稿本

稿爲散葉,已托裱。

湖北博

雜史類

20206

鄂故叢書二種三卷

民國湖北通志館輯

民國三十六年(1947)湖北通志館鉛印本

張文襄公治鄂記一卷　張繼煦撰

辛亥武昌首義紀二卷　李廉方撰

湖北

20207

荒史六卷

明應城陳士元撰

明嘉靖四十四年(1565)刻本

《中國古籍善本書目》未收。

臺圖

20208

荒史六卷

明應城陳士元撰

明萬曆二年(1574)汝陽趙氏刻本

《中國古籍善本書目》未收。

北師大　遼寧

20209

荒史六卷

明應城陳士元撰

明萬曆十七年(1589)自刻歸雲外集本

是刻半葉九行,行二十字,白口,四周單邊。《中國古籍善本書目》著録。

國圖　北大　祁縣 ×

20210

荒史六卷

明應城陳士元撰

1997年齊魯書社據明萬曆十七年(1589)自刻歸雲外集本影印四庫全書存目叢書本

湖北

20211

戰國魯史拾遺二卷

清鄖陽李儀瞻編纂

清抄本　李承懿題識

湖北

20212

楚故畧二十卷

明應城陳士元撰

明萬曆十七年(1589)自刻歸雲外集本

是刻半葉九行,行二十字,白口,四周單邊。《中國古籍善本書目》著録。

國圖　北大　祁縣 ×

20213

國語二十一卷

吴韋昭注

補音三卷

宋安陸宋庠撰

宋刻宋元遞修本

是刻半葉十行,行二十字,小字雙行行字同,白口,左右雙邊。《中國古籍善本書目》著録。僅該館有藏。

庠字公序,安陸人,徙居雍邱。宋天聖二年(1024)進士第一。歷官檢校太尉平章事、樞密使,封莒國公。以司空致仕,謚文憲。事蹟具《宋史》本傳。所撰《國語補音》,其初本附韋昭注後,後人以昭注世多傳本,遂抄出别行。

國圖

20214

國語二十一卷

吴韋昭注

補音三卷

宋安陸宋庠撰

明嘉靖五年(1526)刻本

《中國古籍善本書目》著録。

國圖　上海　湖北

20215

國語二十一卷

吴韋昭注

補音三卷

宋安陸宋庠撰

明刻本

《中國古籍善本書目》著録。

國圖　北大　北京文物局　天津 ×　湖北

20216

國語二十一卷

吴韋昭注

補音三卷

宋安陸宋庠撰

明刻本　清丁丙跋

《中國古籍善本書目》著録,其編號爲"史2148"。半葉十行,行二十字,小字雙行行字同,大黑口,四周雙邊。

20217

國語二十一卷

吴韋昭注

補音三卷

宋安陸宋庠撰

明刻本　清丁丙跋

《中國古籍善本書目》著録，其編號爲“史2149”。半葉十行，行二十字，小字雙行行字同，大黑口，四周雙邊。

20218

國語二十一卷

吴韋昭注

補音三卷

宋安陸宋庠撰

明刻本　清王宷廷録　清何煌校　清黄丕烈跋

山東博

20219

國語二十一卷

吴韋昭注

補音三卷

宋安陸宋庠撰

明刻本　補音清瞿熙邦録　清顧廣圻校

國圖

20220

重刊國語七卷

吴韋昭注

國语補音三卷

宋安陸宋庠撰

明正德十二年（1517）明德堂刻本

是刻半葉十一行，行二十一字，小字雙行行字同，大黑口，四周雙邊。《中國古籍善本書目》著録，僅該館有藏。

科院

20221

重刊國語七卷

吴韋昭注

補音三卷

宋安陸宋庠撰

明正德十二年（1517）明德堂刻本

該館僅存《國語補音》，有清孔繼涵跋、清孔廣栻録清陳樹華校。

國圖 ×

20222

國語二十一卷

吴韋昭注　宋安陸宋庠補音

明李克家刻本

《中國古籍善本書目》著録。

人大　群衆　復旦　陝西　山東　重慶 ×

20223

國語二十一卷

吴韋昭注　宋安陸宋庠補音

明萬曆張一鯤刻本

是刻半葉九行，行二十字，白口，左右雙邊。《中國古籍善本書目》著録，二十個館有藏。

國圖　科院　上海　復旦　南開　山東　南京　浙江　湖南

20224

國語二十一卷

吴韋昭注　宋安陸宋庠補音

明萬曆張一鯤刻本　清王鐸批

《中國古籍善本書目》著録。

清華

20225

國語二十一卷

吴韋昭注　宋安陸宋庠補音

明萬曆張一鯤刻本　清徐波校

《中國古籍善本書目》著録。

上海

20226
國語二十一卷
吴韋昭注　宋安陸宋庠補音
明萬曆張一鯤刻本　清沈石高生批校
《中國古籍善本書目》著録。
上海

20227
國語二十一卷
吴韋昭注　宋安陸宋庠補音
明萬曆張一鯤刻本　清劉履芬跋
《中國古籍善本書目》著録。
北大

20228
國語二十一卷
吴韋昭注　宋安陸宋庠補音
明萬曆十年(1582)楊際熙刻本
是刻半葉九行,行二十字,小字雙行行字同,白口,四周單邊,有刻工。《中國古籍善本書目》著録,僅此二館有藏。
内蒙古社科院　江西師大

20229
國語二十一卷
吴韋昭注　宋安陸宋庠補音
明萬曆十三年(1585)吴汝紀刻本
是刻半葉九行,行二十字,小字雙行行字同,白口,左右雙邊。《中國古籍善本書目》著録。
首都　上海　哈師大　温州　紹興　安徽博　重慶　貴州

20230
國語二十一卷
吴韋昭注　宋安陸宋庠補音
明萬曆十三年(1585)吴汝紀刻本　清盧文弨校並跋　葉德輝跋
《中國古籍善本書目》著録。
國圖

20231
國語二十一卷
吴韋昭注　宋安陸宋庠補音
明萬曆十三年(1585)吴汝紀刻本　清吴翌鳳校並跋
《中國古籍善本書目》著録。
國圖

20232
國語二十一卷
吴韋昭注　宋安陸宋庠補音
明刻本
是刻半葉十行,行二十一字,小字雙行行字同,白口,四周單邊。《中國古籍善本書目》著録。
齊齊哈爾　青海民院　安徽博　重慶師院

20233
國語二十一卷
吴韋昭注　宋安陸宋庠補音
明刻本　清盧貽典、葉萬校並跋　清沈巖校　清唐翰題跋　章鈺校並跋
《中國古籍善本書目》著録。
國圖

20234
國語二十一卷
吴韋昭注　宋安陸宋庠補音
明刻本　清惠棟校注並跋　清周星詒跋　翁斌孫跋
是刻半葉九行,行二十字,小字雙行行字同,白口,四周雙邊。《中國古籍善本書目》著録。
國圖

20235
國語二十卷
吴韋昭注　宋安陸宋庠補音

清乾隆四十九年(1784)武林三餘堂刻本
上海　南京

20236
國語二十一卷
吴韋昭注　宋安陸宋庠補音
清蘇州緑蔭堂刻本
國圖

20237
國語定本二十一卷
吴韋昭注　宋安陸宋庠補音
日本文化六年(1809)滄浪居刻本
哈師大

20238
國語二十一卷
吴韋昭注　宋安陸宋庠補音
日本刻本
華東師大　遼寧

20239
國語二十一卷
吴韋昭注　宋安陸宋庠補音
清刻本　清戴望跋並録　清惠棟批校
《中國古籍善本書目》著録。
南京博

20240
國語二十一卷
吴韋昭注　宋安陸宋庠補音
清刻本　清牟庭批校
《中國古籍善本書目》著録。
國圖

20241
國語二十一卷
吴韋昭注　宋安陸宋庠補音　明穆文熙輯評
明萬曆劉德恕刻春秋戰國評苑本
是刻爲兩節版。下欄半葉九行,行二十字,小字雙行行字同,白口,四周單邊,有刻工。《中國古籍善本書目》著録。
北師大　科院　華東師大　天津師大　西北大　西北師院　山東　揚州　安徽博　河南　暨大　重慶　雲大

20242
國語二十一卷
吴韋昭注　宋安陸宋庠補音　明穆文熙輯評
明末葛氏永懷堂刻本
是刻半葉八行,行二十五字,白口,左右雙邊。《中國古籍善本書目》著録,僅該館有藏。
華東師大

20243
國語二十一卷
吴韋昭注　宋安陸宋庠補音　明穆文熙輯評
明末葛氏永懷堂刻本　清莫繩孫校
《中國古籍善本書目》著録。
復旦

20244
國語二十一卷
吴韋昭注　宋安陸宋庠補音　明穆文熙輯評
明末葛氏永懷堂刻本
上海　廈大

20245
國語二十一卷
吴韋昭注　宋安陸宋庠補音　明穆文熙輯評
明萬曆劉懷恕刻春秋戰國評苑本
華東師大

20246
國語二十一卷
吴韋昭注　宋安陸宋庠補音　明穆文熙校纂　石星校閲
日本刻本
川大

20247
國語二十一卷
明陳仁錫　景陵(今天門)鍾惺評
明崇禎刻本
是刻半葉九行,行十八字,小字雙行行字同,白口,左右雙邊。《中國古籍善本書目》著録。
清華　揚州　鎮江博　杭大　福建　惠安　河南　中大　柳州

20248
國語二十一卷
吴韋昭注　宋安陸宋庠補音　明孫鑛評
清康熙二十四年(1685)甬江萬經刻本
國圖

20249
增註國語二十一卷
吴韋昭注　宋安陸宋庠補音　日本冢田虎增注
日本文化三年(1806)河南屋嘉士翻刻享和元年環堵室本
上海

20250
標註國語定本二十一卷
吴韋昭注　宋安陸宋庠補音　日本高木熊三郎標注
日本明治十七年(1884)温古書屋刻本
復旦　南京

20251
國語(一名國語奇觀)四卷
明景陵(今天門)鍾惺訂　明丁澎評輯
明崇禎刻本
上海

20252
國語補音二卷
宋安陸宋庠撰
明正德十二年(1517)明德堂刻本　清孔繼涵跋　清孔廣栻録清陳樹華校
國圖

20253
國語補音三卷
宋安陸宋庠撰
宋刻元明遞修公文紙印本
是刻半葉十行,行字不定,黑口,四周雙邊,有刻工。《中國古籍善本書目》著録,僅該館有藏。
吉林

20254
國語補音三卷
宋安陸宋庠撰
明刻本
北大

20255
國語補音三卷
宋安陸宋庠撰
清四庫全書本
國圖　甘肅　浙江　臺北故宫
1983年臺北商務印書館影印清文淵閣四庫全書本
湖北
1989年上海古籍出版社縮印臺北商務印書館影印清文淵閣四庫全書本
國圖　武漢

20256
國語補音三卷
宋安陸宋庠撰

清乾隆孔繼涵刻微波榭叢書本

該館《中文古籍善本書目》著録。

科院

20257

國語補音三卷

宋安陸宋庠撰

清乾隆孔繼涵刻微波榭叢書本　王國維校

《中國古籍善本書目》著録。

國圖

20258

國語補音三卷

宋安陸宋庠撰

民國十二年(1923)沔陽盧氏慎始基齋據微波榭叢書本影印湖北先正遺書本

國圖　科院　北大　上海　天津　遼寧　寧夏　山東　南京　浙江　湖北　四川

20259

國語補音三卷

宋安陸宋庠撰

清抄本　清李文田跋

國圖

20260

國語補音三卷

宋安陸宋庠撰

清抄本(卷三配清顧廣圻抄本)　清顧廣圻校　葉景葵跋

《中國古籍善本書目》著録。

上海

20261

國語補音三卷

宋安陸宋庠撰

札記一卷

清錢保塘撰

清光緒二年(1876)成都尊經書院刻本

遼寧

20262

戰國策十二卷

明陳仁錫、景陵(今天門)鍾惺評

清末刻本

是刻半葉八行,行十八字,白口,左右雙邊。《中國古籍善本書目》著録。

清華　首都師大　科院　山東大　蘇州　浙江　安徽　湖北　廣西師大　重慶

20263

戰國策十二卷

明陳仁錫、景陵(今天門)鍾惺評

明末刻本　過録張尚瑗讀戰國隨筆

該館《中文古籍善本書目》著録。

科院

20264

戰國策八卷

明景陵(今天門)鍾惺原訂　明丁澎評輯

明崇禎刻本

上海

20265

戰國魯史拾遺三卷

清郧陽李儀瞻編纂

清抄本　李承懿題識

湖北

20266

楚紀六十卷

明蒲圻(今赤壁)廖道南撰

明嘉靖二十五年(1546)何城李桂刻本

上海館藏本卷一、二、九、六十係抄配。

國國　上海 ×　臺灣

20267
楚紀六十卷
明蒲圻（今赤壁）廖道南撰
1987—1998年書目文獻出版社據明嘉靖二十五年（1546）李桂刻本影印北京圖書館古籍珍本叢刊本
湖北

20268
楚紀六十卷
明蒲圻（今赤壁）廖道南撰
明萬曆三年（1575）刻本
《中國古籍善本書目》著録。
北大　上海　南京　天一閣　湖南

20269
楚紀六十卷
明蒲圻（今赤壁）廖道南撰
明萬曆二十四年（1596）刻本
《中國古籍善本書目》著録。
國圖　中央民大　保定　浙江　湖南　重慶

20270
渚宫故事一卷
唐余知古撰
清順治三年（1646）李際期宛委山堂刻説郛本
余知古生平年里不詳，其銜稱將仕郎守太子校書。其書上起鬻雄，下迄唐代，所載皆荆楚之事，故題曰渚宫。書本十卷，《唐書·藝文志》著録，唯存五卷，止於晉代。《四庫全書總目》入"雜史"類，《中國叢書綜録》將其歸入"地理類"。
是刻半葉九行，行二十字，白口，左右雙邊。《中國古籍善本書目》著録。
國圖　首都　上海　復旦　天津　吉林　南京　浙江　江西　福建　河南　湖南　重慶　雲南

20271
渚宫舊事五卷補遺一卷
唐余知古撰
清四庫全書本
國圖　甘肅　浙江　臺北故宫
1983年臺北商務印書館影印清文淵閣四庫全書本
湖北
1989年上海古籍出版社縮印臺北商務印書館影印清文淵閣四庫全書本
國圖　武漢

20272
渚宫舊事五卷補遺一卷
唐余知古撰
清嘉慶海虞張氏刻墨海金壺本
國圖　復旦　天津　南京　青海

20273
渚宫舊事五卷補遺一卷
唐余知古撰
民國十年（1921）上海博古齋影印清張氏刻墨海金壺本
國圖　首都　北大　上海　復旦　天津　甘肅　南京　浙江　江西　河南　武大　四川　重慶　雲南

20274
渚宫舊事五卷補遺一卷
唐余知古撰
民國上虞羅氏影印吉石盦叢書本
國圖　科院　北大　上海　復旦　天津　遼寧　南京　浙江　湖北　武大　四川　川大　雲南

20275
渚宫舊事五卷
唐余知古撰

補遺一卷

清吴翌鳳輯

清乾隆四十三年(1778)吴翌鳳抄本　清吴翌鳳跋　清沈欽韓批校並跋

上海

20276

渚宫舊事五卷補一卷

唐余知古撰

清抄本　清盧文弨校並跋　楊守敬、高世異題款

北大

20277

渚宫舊事五卷

唐余知古撰　清孫星衍校

補遺一卷

清孫星衍輯

清嘉慶蘭陵孫氏刻平津館叢書本

國圖　科院　上海　復旦　天津　遼寧　南京　浙江　湖北　四川　重慶

20278

渚宫舊事五卷

唐余知古撰　清孫星衍校

補遺一卷

清孫星衍輯

民國抄清嘉慶十九年(1814)刻平津館叢書本

湖北

20279

渚宫舊事五卷

唐余知古撰　清孫星衍校

補遺一卷

清孫星衍輯

清光緒十一年(1885)吴縣朱氏槐廬家塾刻平津館叢書本

國圖　北大　天津　遼寧　甘肅　南京　浙江　湖北　武大　四川　重慶

20280

渚宫舊事五卷

唐余知古撰　清孫星衍校

補遺一卷

清孫星衍輯

民國二十四年至二十六年(1935—1937)上海商務印書館鉛印叢書集成初編本

國圖　北師大　上海　復旦　遼寧　甘肅　浙江　湖北　武大　四川　重慶

20281

渚宫舊事譯注五卷補遺一卷

唐余知古撰　袁華忠譯注

1999年湖北人民出版社鉛印湖北地方古籍文獻叢書本

與《容美紀遊校注》合一册。

湖北　武漢

20282

渚宫舊事一卷

唐余知古撰　清黄奭輯

清道光甘泉黄氏刻民國十四年(1925)王鑒修補印黄氏逸書考(原名漢學堂叢書)本

國圖　北大　中醫　上海　華東師大　遼寧　甘肅　南京　杭大　湖北　重慶　青海

20283

渚宫舊事一卷

唐余知古撰　清黄奭輯

民國二十三年(1934)江蘇朱長圻據甘泉黄氏原版補刻印黄氏逸書考(原名漢學堂叢書)本

首都　北師大　清華　中央民大　吉大　甘肅　福建師大　湖北　雲南

20284

余知古渚宫舊事一卷

唐余知古撰　清黄奭輯

清刻漢學堂知足齋叢書·子史鉤沈本　清黄奭校

《中國古籍善本書目》著録,僅該館有藏。

國圖

20285

世本一卷

漢章陵(今棗陽)宋衷注　清沈清瑞輯

清乾隆六十年(1795)吴翌鳳抄本　清吴翌鳳跋

《中國古籍善本書目》著録。宋衷注《世本》原本早佚,今所存者皆係輯佚之本。其版本較多。

上海

20286

世本一卷

漢章陵(今棗陽)宋衷注

抄本

上海

20287

世本一卷

漢章陵(今棗陽)宋衷注　清孫馮翼輯

清嘉慶承德孫氏輯刻問經堂叢書本

國圖　科院　清華　北師大　上海　華東師大　天津　遼寧　吉大　山東大　南大　江西　河南

20288

世本一卷

漢章陵(今棗陽)宋衷注　清茆泮林輯

清道光十四年(1834)梅瑞軒刻十種古逸書本

國圖　科字　北大　上海　復旦　天津　遼寧　甘肅　南京　浙江　湖北　武漢　四川　重慶　雲南

20289

世本一卷

漢章陵(今棗陽)宋衷注　清茆津林輯

清道光十四年(1834)梅瑞軒刻十種古逸書本　清許克勤校

復旦

《中國古籍善本書目》著録。

20290

世本一卷

漢章陵(今棗陽)宋衷注　清王仁俊輯

清玉函山房輯佚書續編稿本

上海

20291

世本一卷

漢章陵(今棗陽)宋衷注　清孫馮翼輯

清光緒六年(1880)三餘堂刻增訂漢魏叢書本

國圖　北大　北師大　上海　復旦　天津　遼寧　吉大　南京　浙江　江西　湖北　廣東　四川　重慶

20292

世本一卷

漢章陵(今棗陽)宋衷注　清孫馮翼輯

清宣統三年(1911)上海大通書局石印增訂漢魏叢書本

首都　北師大　中央民大　上海　復旦　遼寧　甘肅　青島　南大　杭大　廣東　四川　川大　重慶

20293

世本一卷

漢章陵(今棗陽)宋衷注　清茆泮林輯

民國六年(1917)序潮陽鄭氏刻龍谿精舍叢書本

國圖　科院　北大　上海　復旦　天津　遼寧　吉大　甘肅　南京　浙江　桂林　廣西　川大　重慶

20294
世本一卷
漢章陵(今棗陽)宋衷注　清孫馮翼輯
民國二十四年至二十六年(1935—1937)上海商務印書館鉛印叢書集成初編本
國圖　北師大　清華　上海　復旦　遼寧　吉林市　甘肅　山東大　南大　浙江　江西　湖北　四川　重慶　雲南

20295
世本一卷
漢章陵(今棗陽)宋衷注　清孫馮翼輯
1957年商務印書館輯印世本八種本
國圖　北師大　中醫　上海　復旦　遼寧　吉大　南京　浙江　武漢　桂林　四川

20296
世本二卷
漢章陵(今棗陽)宋衷注　清王謨輯
清嘉慶三年(1798)金溪王氏刻漢魏遺書抄本
國圖　科院　北大　上海　復旦　天津　遼寧　吉大　南京　安徽　浙江　湖北　武漢　重慶　川大

20297
世本二卷
漢章陵(今棗陽)宋衷注　清孫馮翼輯　清陳其榮增訂
清光緒吴縣朱氏槐廬家塾刻槐廬叢書本
國圖　科院　北大　上海　復旦　天津　遼寧　甘肅　陝西　南京　浙江　江西　河南　湖北　四川　重慶　雲南

20298
世本二卷
漢章陵(今棗陽)宋衷注　清孫馮翼輯　清陳其榮訂
抄本
上海

20299
世本二卷
漢章陵(今棗陽)宋衷注　清孫馮翼輯　清陳其榮增訂
1957年商務印書館輯印世本八種本
國圖　北師大　中醫　上海　復旦　遼寧　吉大　南京　浙江　武漢　桂林　四川

20300
世本五卷
漢章陵(今棗陽)宋衷注　清張澍輯並補注
清道光元年(1821)武威張氏刻二酉堂叢書本
國圖　科院　北大　上海　復旦　天津　遼寧　甘肅　陝西　南京　浙江　湖北　武漢　四川　重慶　雲南

20301
世本五卷
漢章陵(今棗陽)宋衷注　清張澍輯並補注
2002年上海古籍出版社據清道光元年(1821)武威張氏刻二酉堂叢書本影印續修四庫全書本
湖北

20302
世本五卷
漢章陵(今棗陽)宋衷注　清張澍輯並補注
民國二十四年至二十六年(1935—1937)

上海商務印書館鉛印叢書集成初編本
國圖　北師大　清華　上海　復旦　遼寧　吉林市　甘肅　山東大　南大　浙江　江西　湖北　四川　重慶　雲南

20303
世本五卷
漢章陵(今棗陽)宋衷注　清張澍輯並補注
1957年商務印書館輯印世本八種本
國圖　北師大　中醫　上海　復旦　遼寧　吉大　南京　浙江　武漢　桂林　四川

20304
世本二卷首一卷
漢章陵(今棗陽)宋衷撰　清雷學淇校輯
清道光三年(1823)通州雷氏刻本
國圖　上海

20305
世本二卷
漢章陵(今棗陽)宋衷注　清雷學淇校輯
附考證一卷
清雷學淇撰
清光緒五年(1879)定州王氏謙德堂刻畿輔叢書本
國圖　科院　北大　上海　華東師大　天津　遼寧　甘肅　南京　浙江　湖北　武大　四川　重慶

20306
世本二卷
漢章陵(今棗陽)宋衷注　清雷學淇輯
附考證一卷
清雷學淇撰
民國二十四年至二十六年(1935—1937)上海商務印書館鉛印叢書集成初編本
國圖　北師大　清華　上海　復旦　遼寧　吉林市　甘肅　山東大　南大　浙江　江西　湖北　四川　重慶　雲南

20307
世本二卷
漢章陵(今棗陽)宋衷注　清雷學淇輯
附考證一卷
清雷學淇撰
1957年商務印書館輯印世本八種本
國圖　北師大　中醫　上海　復旦　遼寧　吉大　南京　浙江　武漢　桂林　四川

20308
世本十卷
漢應劭、漢章陵(今棗陽)宋衷、魏宋均注　清秦嘉謨輯補
清嘉慶二十三年(1818)琳瑯仙館館刻本
國圖　北大　上海　遼寧　南京

20309
世本十卷
漢應劭、漢章陵(今棗陽)宋衷、魏宋均注　清秦嘉謨輯補
1957年商務印書館輯印世本八種本
國圖　北師大　中醫　上海　復旦　遼寧　吉大　南京　浙江　武漢　桂林　四川

20310
楚史檮杌一卷
明吴琯編
明吴琯刻古今逸史本
是刻半葉十行,行二十字,白口,左右雙邊。《中國古籍善本書目》著録。國圖所藏該叢書本有傅增湘校並跋。
國圖　上海　安徽　南京

20311
楚史檮杌一卷
明吴琯編

民國上海商務印書館影印元明善本叢書·古今逸史本
國圖 北師大 中醫 上海 華東師大 天津 吉大 甘肅 山東大 福建師大 江西 四川 重慶 雲南

20312
楚史檮杌一卷
明吴琯編
明吴琯刻增定古今逸史本
《中國古籍善本書目》著録。
國圖 首都 北大 北師大 上海 天津 遼寧 西安文管會 山東 山東師大 無錫 浙江 湖南

20313
楚史檮杌一卷
明周應選 明金階升評注
明末刻合刻晉楚二史本
南京

20314
楚史檮杌一卷
清康熙七年(1668)新安汪氏據古今逸史刊版重編印秘書廿一種本
國圖 科院 北師大 復旦 華東師大 天津 吉林市 吉大 甘肅 南京 浙江 河南 四川 重慶

20315
楚史檮杌一卷
清順治三年(1646)李際期宛委山堂刻説郛本
國圖 首都 故宫 上海 復旦 天津 吉林 南京 浙江 江西 福建 河南 湖南 廣東 重慶 雲南

20316
楚史檮杌一卷
清乾隆五十三年(1788)映雪草堂刻述記續本
首都 北師大 清華 上海 復旦 上海辭書 天津 遼寧 吉大 山東大 南大

20317
楚史檮杌一卷
清嘉慶十五年(1810)遂古堂刻述記續本
北大 上海師大

20318
楚史檮杌一卷
民國十六年(1927)上海商務印書館鉛印説郛本
國圖 科院 北大 上海 復旦 天津 遼寧 甘肅 南京 浙江 湖北 武大 四川 重慶 雲南

20319
楚史檮杌一卷
民國二十四年至二十六年(1935—1937)上海商務印書館鉛印叢書集成初編本
國圖 上海 復旦 遼寧 浙江 江西 湖北 四川 重慶 雲南

20320
楚史檮杌一卷
明吴琯輯 温顯貴點注
2002年湖北教育出版社鉛印湖北地方古籍文獻叢書本
與《楚書》等合爲一册。
湖北 武漢

20321
越絶書十五卷
漢袁康撰 明景陵(今天門)鍾惺評
明刻本
是刻半葉九行,行二十五字,白口,四周單邊。《中國古籍善本書目》著録。
清華 雲南

20322
楚漢春秋一卷
漢[楚]陸賈撰　清顧頤煊輯
清嘉慶承德孫氏刻問經堂叢書·經典集林本
此書原本已佚,今所存者有洪頤煊、黄奭、茆泮林之輯佚本。
國圖　科院　北師大　清華　上海　華東師大　上海辭書　天津　遼寧　吉林市　吉大　山東大　南大　福建師大　河南　江西

20323
楚漢春秋一卷
漢[楚]陸賈撰　清顧頤煊輯
民國十五年(1926)陳氏慎初堂影印清嘉慶承德孫氏刻問經堂叢書·經典集林本
國圖　科院　北大　上海　華東師大　天津　遼寧　甘肅　山東大　浙江　杭大　湖北　重慶

20324
楚漢春秋一卷附疑義一卷
漢[楚]陸賈撰　清茆泮林輯
清道光十四年(1834)梅瑞軒刻十種古逸書本
是刻半葉十行,行二十字,白口,左右雙邊。復旦所藏該叢書有清許克勤校,《中國古籍善本書目》著録。
國圖　科院　北大　上海　復旦　天津　遼寧　吉大　甘肅　南京　杭大　湖北　武漢　武大　四川　重慶　雲南

20325
楚漢春秋一卷
漢[楚]陸賈撰　清黄奭輯
清道光甘泉黄氏刻光緒印漢學堂叢書本
國圖　科院　北大　上海　華東師大　天津　甘肅　青島　南京　浙江　杭大　湖北　武大　四川　重慶　雲南

20326
楚漢春秋一卷
漢[楚]陸賈撰　清黄奭輯
清道光甘泉黄氏刻民國十四年(1925)王鑒修補印黄氏逸書考(原名漢學堂叢書)本
國圖　北大　中醫　上海　華東師大　内蒙古　遼寧　甘肅　南京　杭大　湖北　重慶　青海

20327
楚漢春秋一卷
漢[楚]陸賈撰　清黄奭輯
民國二十三年(1934)江都朱長圻據甘泉黄氏原版補刊印黄氏逸書考(原名漢學堂叢書)本
首都　北師大　清華　中央民大　吉大　哈爾濱　甘肅　福建師大　湖北　雲南

20328
楚漢春秋一卷附疑義一卷
漢[楚]陸賈撰　清茆泮林輯
清光緒常熟鮑氏刻後知不足齋叢書本
國圖　科院　北大　上海　復旦　天津　遼寧　甘肅　南京　浙江　江西　湖北　四川　重慶

20329
楚漢春秋一卷附疑義一卷
漢[楚]陸賈撰　清茆泮林輯
民國六年(1917)序潮陽鄭氏刻龍谿精舍叢書本
國圖　科院　北大　上海　復旦　天津　遼寧　吉大　甘肅　南京　浙江　桂林　重慶　雲南

20330
楚漢春秋一卷附疑義一卷
漢[楚]陸賈撰　清茆泮林輯

考證一卷

清陳其榮輯

清光緒吴縣朱氏槐廬家塾刻槐廬叢書初編本

國圖　首都　北大　上海　復旦　天津　遼寧　甘肅　南京　浙江　河南　武大　四川　重慶　雲南

20331

楚漢餘談一卷

明京山高岱撰

明祁氏澹生堂抄本　清丁丙跋

《中國古籍善本書目》著録。

南京

20332

楚漢餘談一卷

明京山高岱撰

明抄四朝子史彙抄本

《中國古籍善本書目》著録。該書今僅存兩部明抄、一部清抄，彌足珍貴。

天津

20333

楚漢餘談一卷

明京山高岱撰

清醉經樓抄本

南京

20334

三國事蹟不分卷

清張澍撰

稿本

《中國古籍善本書目》著録。

寧夏博

20335

襄陽守城録一卷

宋趙萬年撰

清道光金川錢氏據借月山房彙抄刊版重編增刻指海本

《四庫全書總目》入"史部·雜史類存目"，其提要云："萬年里籍未詳。開禧二年（1206），元兵二十萬圍襄陽。趙淳新知府事，以萬餘人禦之。自十一月至次年二月，大戰者十二，水陸攻劫者三十有四，措置多方，出奇制勝，元兵竟解去。萬年時爲幕僚，詳録其事。後附戰具諸法頗詳。惟文多殘闕，不盡可辨，爲足惜耳。"

國圖　清華　上海　上海辭書　南京　南大　浙江

20336

襄陽守城録一卷

宋趙萬年撰

民國二十四年（1935）上海大東書局影印清錢氏據借月山房彙抄刊版重編增刻指海本

國圖　科院　北大　上海　復旦　天津　遼寧　甘肅　南京　浙江　江西　湖北　四川　重慶

20337

襄陽守城録一卷

宋趙萬年撰

清抄本

國圖

20338

襄陽守城録一卷

宋趙萬年撰

清抄本

此爲又一部。

國圖

20339

襄陽守城録一卷

宋趙萬年撰

清抄本

《中國古籍善本書目》著録。

天津

20340

襄陽守城録一卷

宋趙萬年撰

清抄本

《中國古籍善本書目》著録。

常州

20341

襄陽守城録一卷

宋趙萬年撰

清葉名澧寶芸齋抄本

南京

20342

襄陽守城録一卷

宋趙萬年撰

清抄本

北大

20343

襄陽守城録一卷

宋趙萬年撰

1997年齊魯書據清抄本社影印四庫全書存目叢書本

湖北

20344

襄陽守城録一卷

宋趙萬年撰

清咸豐四年(1854)南海伍氏刻粤雅堂叢書本

國圖　首都　科院　上海　復旦　天津　遼寧　甘肅　南京　浙江　湖北　武大　四川　重慶　雲南

20345

襄陽守城録一卷

宋趙萬年撰

民國上海進步書局石印筆記小説大觀本

國圖　首都　北師大　上海　華東師大　天津　遼寧　甘肅　南京　浙江　湖北　桂林　川大　重慶

20346

襄陽守城録一卷

宋趙萬年撰

抄本

上海

20347

襄陽守城録一卷

宋趙萬年撰　方成慧點注

2002年湖北教育出版社鉛印湖北地方古籍文獻叢書本

與《潛江舊聞録》《鄖襄賑濟事宜》合一册。

湖北　武漢

20348

襄陽守城録一卷

宋趙萬年撰

北狩見聞録一卷

宋曹勛撰

清明書室抄本

南京

20349

辛巳泣蘄録一卷

宋趙與褰撰

明抄本

《四庫全書總目》入"史部·雜史類存目",其提要云:"與褰,宗室子,官蘄州司理,權通判事。寧宗嘉定十四年(1221),金兵圍蘄州,與褰偕郡守李誠之拒守。時朝命權殿前司職事馮時榯兵應援,榯逗留不進。誠之等竭力捍禦,凡二十五日而城陷。誠之及其僚佐家屬皆死之。與衮全家十五人,亦並歿於難,僅以身免。其後事定,乃爲是録,具詳被兵始末,同時與難諸人,朝廷褒贈誠之等勘狀、告詞,一一備録。”

國圖

20350

辛巳泣蘄録一卷

宋趙與衮撰

清初錢氏述古堂抄本　清丁丙跋

《中國古籍善本書目》著録。

南京

20351

辛巳泣蘄録一卷

宋趙與衮撰

清初抄本

廣東

20352

辛巳泣蘄録一卷

宋趙與衮撰

清彭氏知聖道齋抄本

《中國古籍善本書目》著録。

上海

20353

辛巳泣蘄録一卷

宋趙與衮撰

清抄本

國圖

20354

辛巳泣蘄録一卷

宋趙與衮撰

清抄逸野堂藏本史類九種本　清周星詒跋

國圖

20355

辛巳泣蘄録一卷

宋趙與衮撰

清道光金川錢氏據借月山房彙抄刊版重編增刻指海本

國圖　清華　上海　上海辭書　南京　南大　浙江

20356

辛巳泣蘄録一卷

宋趙與衮撰

民國二十四年(1935)上海大東書局影印清錢氏據借月山房彙抄刊版重編增刻指海本

國圖　清華　上海　天津　遼寧　甘肅　南京　浙江　江西　湖北　四川　重慶

20357

辛巳泣蘄録一卷

宋趙與衮撰

附録一卷

清光緒十五年(1889)序巴陵方氏廣東刻宣統元年(1909)印碧琳瑯館叢書本

國圖　科院　北大　上海　天津　吉大　南大　浙江　四川

20358

辛巳泣杭録一卷

宋趙與衮撰

附録一卷

清光緒三十二年(1906)排印國粹叢書本

國圖　首都　科院　上海　華東師大　天津　遼寧　南京　浙江　江西　川大　雲南

20359

辛巳泣蘄録一卷

宋趙與衮撰

清宣統二年(1910)吴興沈氏萬卷樓抄本

臺圖

20360
辛巳泣蘄録一卷
宋趙與衮撰
民國廿四年(1935)南海黄氏據舊版彙印芋園叢書本
北大 北師大 清華 河南 廣東

20361
辛巳泣蘄録一卷
宋趙與衮 撰
民國二十四年至二十六年(1935—1937)上海商務印書館鉛印叢書集成初編本
國圖 上海 復旦 遼寧 浙江 江西 湖北 四川 重慶 雲南

20362
蒙韃備録一卷
宋棗陽孟珙撰
明嘉靖二十三年(1544)陸楫儼山書院雲山書院刻古今説海本
是刻半葉八行,行十六字,白口,左右雙邊。《中國古籍善本書目》著録,二十八個館有藏。
國圖 科院 北大 上海 復旦 天津 遼寧 山東 南京 天一閣 湖南 廣東 四川 重慶

20363
蒙韃備録一卷
宋棗陽孟珙撰
清道光元年(1821)苕溪邵氏西山堂刻古今説海本
國圖 首都 復旦 天津 山東 南京 安徽 湖北 四川 重慶

20364
蒙韃備録一卷
宋棗陽孟珙撰
清宣統元年(1909)上海集成圖書公司鉛印古今説海本
首都 北師大 上海 吉大 哈爾濱 山東大 廣西

20365
蒙韃備録一卷
宋棗陽孟珙撰
民國四年(1915)上海進步書局石印古今説海本
國圖 首都 黑龍江 吉大 甘肅 桂林 雲南

20366
蒙韃備録一卷
宋棗陽孟珙撰
明刻歷代小史本
是刻半葉十一行,行二十六字,白口,四周雙邊。《中國古籍善本書目》著録,南京館藏另一部《歷代小史》有清丁丙跋。
中國社科院文學所 中國社科院考古所 青海民院 南京 南大

20367
蒙韃備録一卷
宋棗陽孟珙撰
民國上海商務印書館影印元明善本叢書·歷代小史本
國圖 北師大 中醫 上海 華東師大 天津 吉大 甘肅 江西 湖北 四川 重慶 雲南

20368
蒙韃備録一卷
宋棗陽孟珙撰
明刻續百川學海本
是刻半葉九行,行二十字,白口,左右雙邊。《中國古籍善本書目》著録。
北大 人大 科院 歷史博 崇明 遼寧 山東 青島博 南大 安徽 河南大 武漢 湖

南　川大

20369

蒙韃備録一卷

宋棗陽孟珙撰

清抄本　沈曾植批校

《中國古籍善本書目》著録。

武漢

20370

蒙韃備録一卷

宋棗陽孟珙撰

民國二十四年至二十六年(1935—1937)上海商務印書館鉛印叢書集成初編本

國圖　北師大　清華　上海　復旦　遼寧　吉林市　甘肅　山東大　南大　浙江　江西　湖北　四川　重慶　雲南

20371

蒙韃備録

宋棗陽孟珙撰

明鈕氏世學樓抄説郛本

《中國古籍善本書目》著録。

是書記元代初至嘉定十四年(1221)間雜事。時珙隨父宗政在襄陽,因筆記其聞見。

國圖

20372

蒙韃備録

宋棗陽孟珙撰

明抄説郛本

《中國古籍善本書目》著録。

上海

20373

蒙韃備録

宋棗陽孟珙撰

清順治三年(1646)李際期宛委山堂刻説郛本

《中國古籍善本書目》著録。

國圖　首都　故宫　上海　復旦　天津　吉林　南京　浙江　江西　福建　河南　湖南　廣東　重慶　雲南

20374

蒙韃備録

宋棗陽孟珙撰

民國十六年(1927)上海商務印書館鉛印説郛本

國圖　科院　北大　上海　復旦　天津　甘肅　遼寧　南京　湖北　武大　四川　重慶　雲南

20375

蒙韃備録校注不分卷

宋棗陽孟珙撰　曹元忠校注

稿本

國圖

20376

蒙韃備録校注不分卷

宋棗陽孟珙撰　曹元忠校注

清光緒曹氏刻箋經室叢書本

國圖　清華　上海　吉大　南大　杭大　福建　川大

20377

元代征倭記一卷

民國陽新石榮暲輯

民國二十三年(1934)陽新石氏鉛印蓉城仙館叢書本

國圖　首都　北師大　清華　上海　復旦　遼寧　吉大　山東大　南京　杭大　湖北　川大

20378

宋明羅田勤王復國兩大義師記不分卷

民國羅田王葆心撰

稿本

散葉待裝。係改訂本。

湖北博

20379

天完志略不分卷

民國羅田王葆心撰

稿本

元至正十一年(1351)羅田徐壽輝率衆起義抗元,建都蘄水,立號天完。該書分方略、職官志表、治平時的戰史、天完諸臣及黨派考諸目,記載了徐氏起義及其失敗的經過。

《湖北歷史人物辭典》《鄂東著作人物薈萃》著録,而湖北省博物館《王葆心資料刪選總表》不收。其藏書單位待訪。

《文史雜志》刊有王氏《天完徐世國史》,當即此書。究竟是刊發時改名,抑是原本就有二名,姑並存之,待考。

20380

平蠻録一卷

明公安王軾撰

明抄國朝典故本

《中國古籍善本書目》著録。是書現存有明抄、明刻、民國刻本或影印本。《千頃堂書目》作《平蠻記》。

上海

20381

平蠻録一卷

明公安王軾撰

明抄國朝典故本

《中國古籍善本書目》著録。

陝西

20382

平蠻録一卷

明公安王軾撰

明抄國朝典故本　清李文田校

《中國古籍善本書目》著録。

國圖

20383

平蠻録一卷

明公安王軾撰

明抄國朝典故本

《中國古籍善本書目》著録。

國圖

20384

平蠻録一卷

明公安王軾撰

明刻國朝典故本

是刻半葉十行,行二十字,白口,四周單邊。《中國古籍善本書目》著録。

北大　科院

20385

平蠻録一卷

明公安王軾撰

明萬曆四十五年(1617)陳于廷刻紀録彙編本

是刻半葉十行,行二十字,白口,四周單邊。該叢書國圖藏本有清趙烈文跋、甘肅藏本有清蔣鳳藻跋。《中國古籍善本書目》著録。

國圖　北大　科院　上海　天津　吉林　甘肅　南圖　福建　湖北　中大

20386

平蠻録一卷

明公安王軾撰

民國上海商務印書館影印元明善本叢書·紀録彙編本

國圖　北師大　中醫　上海　天津　吉大　甘肅　福建　江西　湖北　四川　重慶

20387

平蠻録一卷

明公安王軾撰

民國二十四年至二十六年(1935—1937)上海商務印書館鉛印叢書集成初編本

國圖　北師大　清華　上海　復旦　遼寧　甘肅　山東大　南大　浙江　湖北　四川　重慶

20388

交黎勦平事畧五卷

明歐陽必進撰　明麻城方民悦輯

明嘉靖三十年(1551)方民悦刻本

存四卷:一至四

是刻半葉十行,行二十字,黑口,左右雙邊。今僅國圖有藏,且缺卷五。

《四庫全書總目》題名《交黎撫剿事略》,入"史部·雜史類存目",著録"明方民悦撰"。《中國古籍善本書目》入"史部·詔令奏議類",題《交黎勦平事畧》,著録"明歐陽必進撰",而將方民悦作爲刊刻者。

《四庫總目提要》云:"嘉靖二十八年(1549),安南范子儀及瓊州黎那燕入寇,時歐陽必進方總督兩廣,檄都指揮俞大猷等討平之。民悦述其始末爲此書。卷一爲地圖,卷二至四爲奏疏,卷五爲公移。"就全書内容和書名觀之,宜入"雜史"類,而方氏則應是輯刊者。

國圖 ×

20389

交黎勦平事畧五卷

明歐陽必進撰　明麻城方民悦輯

1997年齊魯書社據明嘉靖三十年(1551)方民悦刻本影印四庫全書存目叢書本

湖北

20390

交黎勦平事畧五卷

明歐陽必修撰　明麻城方民悦輯

清抄本

國圖

20391

交黎勦平事略五卷

明歐陽必修撰　明麻城方民悦輯

民國三十年(1941)上海影印玄覽堂叢書本

國圖　科院　天津

20392

明萬曆三十一年癸卯楚事妖書始末不分卷

明刻本

國圖

20393

平漢録一卷

明沔陽(今仙桃)童承敘撰

明嘉靖二十九年至三十年(1550—1551)袁氏嘉趣堂刻金聲玉振集本

是刻半葉十行,行二十字,白口,左右雙邊。《四庫全書總目》入"史部·雜史類存目"。是書記明太祖朱元璋平陳友諒事。

國圖　北大　科院　上海　復旦　大連　山東

20394

平漢録一卷

明沔陽(今仙桃)童承敘撰

1996年齊魯書社據明嘉靖二十九年至三十年(1550—1551)袁氏嘉趣堂刻金聲玉振集本影印四庫全書存目叢書本

湖北

20395

平漢録一卷

明沔陽(今仙桃)童承敘撰

2002年上海古籍出版社據明嘉靖二十九年至三十年(1550—1551)袁氏嘉趣堂刻金聲玉振集本影印續修四庫全書叢書本

湖北

20396
平漢録一卷
明沔陽(今仙桃)童承敘撰
明萬曆四十五年(1617)刻紀録彙編本
是刻半葉十行,行二十字,白口,四周單邊。《中國古籍善本書目》著録。是書原題明宋濂撰,誤。
國圖　北大　科院　上海　天津　吉林　南京　福建　湖北　中大

20397
平漢録一卷
明沔陽(今仙桃)童承敘撰
民國上海商務印書館影印元明善本叢書十種·紀録彙編本
原題明宋濂撰,誤。
國圖　北師大　中醫　上海　天津　吉大　甘肅　山東大　江西　湖北　四川　重慶　雲南

20398
平漢録一卷
明沔陽(今仙桃)童承敘撰
清嘉慶虞山張氏刻借月山房彙抄本
科院　浙江

20399
平漢録一卷
明沔陽(今仙桃)童承敘撰
民國九年(1920)上海博古齋影印清嘉慶張氏刻借月山房彙抄本
國圖　首都　上海　復旦　天津　遼寧　南京　湖北　武大　四川　重慶

20400
平漢録一卷
明沔陽(今仙桃)童承敘撰
清道光四年(1824)陳璜據嘉慶張氏刻借月山房彙鈔版重編補刻澤古齋重抄本
《中國古籍善本書目》著録,僅該館有藏。
國圖

20401
平漢録一卷
明沔陽(今仙桃)童承敘撰
民國二十四年至二十六年(1935—1937)上海印書館鉛印叢書集成初編本
國圖　北大　北師大　上海　復旦　遼寧　哈爾濱　甘肅　南大　浙江　江西　湖北　四川　重慶　雲南

20402
平漢録
明沔陽(今仙桃)童承敘撰
清光緒九年(1883)山陰宋澤元懺華盦刻勝朝遺事本
原題明宋濂撰,誤。
國圖　科院　北師大　中央民大　上海　遼寧　吉大　山東大　南京　南大　浙江　福建師大　重慶

20403
陳張事畧一卷
明興國(今陽新)吴國倫撰
清嘉慶虞山張氏刻借月山房彙抄本
科院　浙江

20404
陳張事畧一卷
明興國(今陽新)吴國倫撰
民國九年(1920)上海博古齋影印清嘉慶張氏刻借月山房彙抄本
國圖　首都　上海　復旦　天津　遼寧　南京　湖北　武大　四川　重慶

20405
陳張事畧一卷
明興國(今陽新)吴國倫撰

清道光四年(1824)陳璜據嘉慶張氏刻借月山房彙抄重編補刻澤古齋重抄本
國圖

20406
陳張事畧一卷
明興國(今陽新)吴國倫撰
清道光十一年(1831)六安晁氏木活字印學海類編本
《中國古籍善本書目》著録。
國圖　科院　上海　遼寧　南京　福建　四川　重慶

20407
陳張事畧一卷
明興國(今陽新)吴國倫撰
民國九年(1920)上海涵芬樓據清道光晁氏木活字印學海類編本
國圖　首都　北大　上海　華東師大　天津　遼寧　南京　浙江　江西　湖北　四川　重慶　雲南

20408
陳張事畧一卷
明興國(今陽新)吴國倫撰
抄本
南京

20409
張江陵書牘箋畧初稿四卷
吴廷燮撰
清宣統三年(1911)稿本
此書似可入"公文檔牘類",兹依該館書目。
北大

20410
東征紀行録一卷
明孝昌張瓚撰
明刻今獻彙言三十九種本
著者依《國朝典故》本補。是刻半葉十行,行二十一或二十三字,白口,四周單邊。《中國古籍善本書目》著録。上海館藏該叢書有張元濟跋。廣東館藏有該叢書殘本,未知存此種否。
國圖　上海

20411
東征紀行録一卷
明孝昌張瓚撰
民國上海商務印書館影印元明善本叢書·今獻彙言三十九種本
國圖　北師大　中醫　上海　華東師大　上海師大　天津　吉大　甘肅　江西　湖北　四川　重慶

20412
東征紀行録一卷
明孝昌張瓚撰
明抄朱當㴐編國朝典故六十二種本
《中國古籍善本書目》著録。
上海

20413
東征紀行録一卷
明孝昌張瓚撰
明抄朱當㴐編國朝典故六十二種本
《中國古籍善本書目》著録。
陜西

20414
東征紀行録一卷
明孝昌張瓚撰
明抄朱當㴐編國朝典故六十二種本
《中國古籍善本書目》著録。該叢書有清李文田校。
國圖

20415
東征紀行録一卷
明孝昌張瓚撰
明抄朱當㴐編國朝典故□□種本
《中國古籍善本書目》著録。
國圖

20416
東征紀行録一卷
明孝昌張瓚撰
明抄鄧士龍編國朝典故六十種本
《中國古籍善本書目》著録。
北大

20417
東征紀行録一卷
明孝昌張瓚撰
明抄鄧士龍編國朝典故六十種本
《中國古籍善本書目》著録。
南京

20418
東征紀行録一卷
明孝昌張瓚撰
民國二十四年至二十六年(1935—1937)上海商務印書館鉛印叢書集成初編本
國圖　北師大　清華　上海　復旦　遼寧　甘肅　山東大　南大　浙江　湖北　四川　重慶

20419
重刻確菴曾先生兩蜀平蠻全録十五卷
明承天(今鍾祥)曾省吾撰
明萬曆九年(1581)張一鯤刻本
是刻半葉十行,行二十字,白口,左右雙邊,有刻工。《中國古籍善本書目》著録。
《中國人名大辭典》:"曾省吾,明鍾祥人。嘉靖進士。累官工部尚書。出張居正門,遂與王篆爲之羽翼。居正卒,言者交劾之,坐削籍。"同治《鍾祥縣志·耆舊》:"曾省吾,字恪菴,嘉靖丙辰(1556)進士。"
存世極稀。
國圖

20420
司空平蠻餘録二卷
明承天(今鍾祥)曾省吾撰
明萬曆顧爾行刻曾確菴三種本
科院

20421
江陵紀事一卷
明□□撰
清抄本
國圖

20422
江陵紀事一卷
明□□撰
清抄明季野史三十四種本
《中國古籍善本書目》著録。
國圖

20423
江陵紀事一卷
明□□撰
清抄海甸野史二十五種本
所藏該叢書有清蔣鳳藻跋。《中國古籍善本書目》著録。
國圖

20424
江陵紀事一卷
明□□撰
清抄海甸野史二十五種本
《中國古籍善本書目》著録。
重慶

20425
江陵紀事一卷
明□□撰
清抄海甸野史二十六種本
《中國古籍善本書目》著録。
蘇州

20426
江陵紀事一卷
明□□撰
清抄海甸野史二十二種本
《中國古籍善本書目》著録。
國圖

20427
江陵紀事一卷
明□□撰
清抄海甸野史二十種本
《中國古籍善本書目》著録。
大連

20428
江陵紀事一卷
明□□撰
清抄海甸野史本
陽海清主編之《中南、西南地區省、市圖書館館藏古籍稿本提要(附鈔本聯合目録)》著録。
四川

20429
江陵紀事一卷
明□□撰
清道光古槐山房木活字印荆駝逸史本
國圖　科院　北師大　上海　復旦　天津　遼寧　甘肅　南京　浙江　河南　湖北　四川　重慶

20430
江陵紀事一卷
明□□撰
清宣統二年(1910)上虞羅氏刻玉簡齋叢書本
國圖　科院　北大　上海　復旦　天津　遼寧　甘肅　南京　浙江　湖北　武大　四川　重慶

20431
江陵紀事一卷
明□□撰
清宣統三年(1911)中國圖書館石印荆駝逸史本
首都　北師大　上海　甘肅　山東　山東大　南京　浙江　福建　廣東　重慶

20432
江陵遺事一卷
清抄晚香堂筆記四種本
內容不明。未知是記江陵地方事,抑是記張居正之事。姑置於斯。
北大

20433
萬曆武功録十四卷
明黄梅瞿九思撰
明萬曆刻本
是刻半葉十行,行二十字,白口,左右雙邊。《中國古籍善本書目》著録。
天津

20434
萬曆武功録十四卷
明黄梅瞿九思撰
1962年上海古籍出版社據明萬曆刻本影印本　又1979年印本
湖北

20435
萬曆武功録十四卷
明黄梅瞿九思撰

2000年北京出版社據明萬曆刻本影印四庫禁毁書叢刊本

湖北

20436

萬曆武功録不分卷

明黄梅瞿九思撰

明萬曆三十五年(1607)史學遷刻瞿聘君全集本

未知與十四卷本之關係爲何。

國圖

20437

萬曆武功録不分卷

明黄梅瞿九思撰

清抄瞿聘君全集本

湖北

20438

楊監筆記一卷

明荆州楊德澤撰

清抄本

是書記永曆事極詳,殊可參考。

國圖　遼寧

20439

楊監筆記一卷

明荆州楊德澤撰

清宣統二年(1910)上虞羅氏刻玉簡齋叢書本

國圖　科院　北大　上海　復旦　天津　甘肅　南京　浙江　湖北　江西　四川　重慶

20440

楊監筆記一卷

明荆州楊德澤撰

抄本

北大　遼寧

20441

明延平忠節王始末四卷首一卷

清黄岡汪鏞鐘撰

抄本

《續修四庫全書總目提要》著録。

清華

20442

倭情考略一卷

明武昌(今鄂州)郭光復撰

明萬曆二十五年(1597)自刻本

光復其時官揚州知府,揚州當江海之衝,屢被倭患,光復以爲必得其情,始可籌防禦之術,因考次所聞,撰成此書。嘉慶《湖北通志》將其歸諸"子部·兵家",單就一"情"字視之,所以入"史部·雜史"爲宜。

是刻半葉九行,行二十字,小字雙行行字同,白口,四周雙邊。《中國古籍善本書目》著録。此書今僅存一部明刻本、兩部清抄本。

國圖

20443

倭情考略一卷

明武昌(今鄂州)郭光復撰

清抄本

《中國古籍善本書目》著録。

國圖

20444

倭情考略一卷

明武昌(今鄂州)郭光復撰

清抄本

寧夏大學

20445

守鄖紀畧一卷

明高斗樞撰

清抄本

浙江

20446
守鄖紀畧一卷
明高斗樞撰
清光緒會稽趙氏刻仰視千七百二十九鶴齋叢書本
國圖　科院　上海　復旦　遼寧　南京　浙江　河南　武漢　四川　重慶

20447
守鄖紀畧一卷
明高斗樞撰
民國十八年(1929)紹興墨潤堂書苑影印清光緒會稽趙氏刻仰視千七百二十九鶴齋叢書本
國圖　首都　上海　復旦　天津　遼寧　甘肅　南大　浙江　河南　湖北　川大　雲南

20448
守鄖記畧一卷
明高斗樞撰
清宣統三年(1911)商務印書館排印通史本
國圖　北師大　上海　華東師大　天津　遼寧　甘肅　湖北　武漢　四川　重慶

20449
守鄖記畧一卷
明高斗樞撰
民國六年(1917)商務印書館排印通史本
國圖　首都　中央民大　上海　復旦　福建　青海

20450
守鄖紀畧一卷
明高斗樞撰
民國三十六年(1947)上海神州國光社排印中國内亂外禍歷史叢書本
北大　北師大　上海　復旦　吉林市　陝西　山東　南京　杭大　湖北　武漢　廣西

20451
三聲堂捷報一卷
明蘄水(今浠水)官撫辰撰
明崇禎金陵刻雲鴻洞稿本
原書未曾寓目,姑置於斯。
臺圖

20452
雲中降虜傳一卷
明德安(今安陸)劉紹恤撰
明刻名臣寧攘要編本
國圖

20453
平番紀事一卷
明德安(今安陸)劉伯燮撰
明刻名臣寧攘要編本
國圖

20454
甲申紀事一卷
清孝感程正揆撰
清宣統三年(1911)中國書店石印荊駝逸史本
首都　北師大　上海　甘肅　南京　浙江　廣東　雲南

20455
甲申紀事一卷滄州紀事一卷
清孝感程正揆撰
抄本
上海

20456
滄州紀事一卷
明孝感程正揆撰
抄本

與《甲申紀事》合爲一編。

上海

20457

滄州紀事一卷

清孝感程正揆撰

清道光古槐山房木活字排印荆駝逸史本

國圖　科院　上海　復旦　天津　遼寧　甘肅　南京　浙江　江西　湖北　四川　重慶

20458

滄州紀事一卷

清孝感程正揆撰

民國有正書局鉛印本

湖北

20459

先朝遺事不分卷

明孝感程正揆、鄒之陵撰

清抄本

臺圖

20460

蘄黄四十八砦紀事

民國羅田王葆心撰

民國三年（1911）長沙宏文學社鉛印本

是書紀明季蘄黄四十八砦事。明末各地率多保境自守，先禦流寇，繼抗清師，數十年不絶，而尤以皖中英霍諸砦及蘄黄諸砦爲最著，本書即紀此段事。用篇目體，蓋原本作鄉土教材用。雖引書百種，但未注明出處，然記述頗爲矜慎。

湖北　湖北博

20461

蘄黄四十八砦紀事

民國羅田王葆心撰

1971年臺灣文海出版社影印明清史料彙編本

湖北

20462

明季七十二砦義軍商城戰記不分卷

民國羅田王葆心撰

稿本

稿爲散葉。約一萬六千字。

湖北博

20463

朝野紀聞一卷

民國羅田王葆心考釋

稿本

一册。約一萬八千字。

湖北博

20464

黔記一卷

明夷陵（今宜昌）文安之撰

清末傅氏抄長恩閣叢書本

《中國古籍善本書目》著録。

國圖

20465

燼餘紀聞一卷

明夷陵（今宜昌）文安之撰

清末抄本

國圖

20466

審理馬新貽被刺案疏鈔不分卷

清荆州魁玉、張之萬撰

清抄本

《中國古籍善本書目》著録。宣統《湖北通志》收有魁玉《翠雲館詩》，未見。

科院

20467

竹中記一卷

清漢陽魏晉封撰

清抄本

記明崇禎年間事。

國圖

20468

竹中記一卷

清漢陽魏晉封撰　羅田王葆心校訂

民國十八年(1929)王葆心校印漢陽魏氏遺書二種本

科院　上海　青島　南京　湖北

20469

竹中記一卷

清漢陽魏晉封撰

民國二十年(1931)武昌石印羅田王氏校印鄉哲遺書六種本

湖北

20470

寓楚雜著一卷

明羅明祖撰

清初古處齋刻羅紋山先生全集本

《中國古籍善本書目》著録。

國圖　南通　福建師大　湖北

20471

三湘從事記一卷

明崇陽蒙正發撰

清抄本

國圖

20472

三湘從事記一卷

明崇陽蒙正發撰

清光緒排印申報館叢書·屑玉叢譚四集本

據《中國叢書綜録》,另有13館藏有《申報館叢書》殘本。湖北省館藏有此本。

正發(1617—1674)字聖功,號樵雲,崇陽人。明崇禎庠生。南明隆武元年(1645)清軍攻陷武昌,其擁邑令李方曾起義於崇陽。義軍失敗,至長沙見何騰蛟,入章曠幕府,以監軍銜爲明軍籌畫糧秣,授户科給事中。清軍攻佔桂林,乃逃去,後爲村塾蒙師。著有《漆園放言》《蘆草》《龍壁吟》《疑乃聲》等。此書記何騰蛟、章曠經營湖南事。起自隆武元年(1645)崇陽起兵,至永歷三年(1649)何騰蛟死,清軍佔領湖南。條理清晰,首尾完備。

國圖　山大　中央民大　浙江　湖北

20473

三湘從事紀一卷

明崇陽蒙正發撰　清黄陂金永森輯注

清光緒三十三年(1907)鄂垣刻本

國圖　上海　遼寧　湖北

20474

三湘從紀一卷

明崇陽蒙正發撰　清黄陂金永森輯注

1997年北京出版社據清光緒三十三年(1907)影印四庫未收書輯刊本

湖北

20475

三湘從事紀一卷

明崇陽蒙正發撰

清光緒三十四年(1908)北新書局鉛印本

國圖　北大　遼寧

20476

三湘從事紀一卷

明崇陽蒙正發撰

天尺樓抄本

南京

20477

三湘從事紀一卷

明崇陽蒙正發撰　清黄陂金永森輯注

民國三十六年(1947)上海神州國光社鉛印中國内亂外禍歷史叢書本

北大　北師大　上海　復旦　遼寧　甘肅　南京　浙江　河南　武漢　廣西

20478

三湘從事紀一卷

明崇陽蒙正發撰　清黄陂金永森輯注

1982 年起上海古籍書店編印中國歷史研究資料叢書本

陽海清《中國叢書廣録》著録。

湖北

20479

三湘從事録

明崇陽蒙正發等撰

1951 年神州國光社印本

20480

三湘從事録

明崇陽蒙正發等撰

1982 年上海書店編印中國歷史研究資料叢書本

20481

平定關隴紀略十三卷

清易孔昭、江夏胡孚駿撰

清光緒十三年(1887)刻本

本書記髮、捻起義事。《續修四庫全書總目提要》著録。

國圖　上海　南京

20482

北征紀畧一卷

清麻城張鵬翮撰

清抄本

鵬翮字運青,四川遂寧籍,湖廣麻城人。康熙庚戌(1670)進士,累遷武英殿大學士,卒加少保,謚文端。

浙江

20483

西被考略六卷

清黄陂金永森撰

清光緒二十九年(1903)武昌刻本

湖北

20484

紙園筆記皇朝故事二卷

清京山易本烺撰

抄本

該館將其彙入《紙園叢書》。

科院

20485

當陽避難記不分卷

清彭延慶撰

稿本　清彭蕙芰批

有白蓮教史料。參見陽海清等主編《中南、西南地區省、市圖書館館藏古籍稿本提要(附鈔本聯合目録)》。

四川

20486

當陽避難記不分卷

清彭延慶撰

民國影印本

上海

20487

崇陽冤獄始末記一卷

清殷其銘撰

稿本

上海

20488

武昌紀事二卷附録一卷

清陳徽言撰

清咸豐七年(1857)檇李吴昌言章門刻陳炯齋著述本
上海

20489
星軺理舊録不分卷
清江夏彭瑞毓撰
稿本
該館將其彙入《賜龍堂文抄四種》。
湖北

20490
湖北隨州教案紀畧一卷
清徐家幹撰
清光緒二十四年(1898)刻本
國圖　南京

20491
湖北隨州教案紀畧一卷
清徐家幹撰
清木活字印本
北大

20492
平回志八卷
清東湖(今宜昌)楊毓秀撰
清光緒十五年(1889)劍南王氏紅杏山房刻本
毓秀字子堅,諸生。就左宗棠平回事以時爲序作記載,爲陝西二卷、甘肅四卷、新疆二卷,述其方略始末。録左文襄奏稾尤多。文簡事詳。

20493
平回志八卷
清東湖(今宜昌)楊毓秀撰
1997年北京出版社據清光緒十五年(1889)劍南王氏紅杏山房刻本影印四庫未收書輯刊本
湖北

20494
張文襄公治鄂記一卷
枝江張繼煦撰
民國三十六年(1947)湖北通志館鉛印鄂故叢書本
湖北

20495
平原拳匪紀事一卷
清荆門蔣楷撰
清光緒二十七年(1901)上海排印本
楷爲光緒拔貢,官學部員外郎,記名御史。初,楷需次山東,由莒州調署平原。時恩縣四境盛行義和拳,平原去恩縣城僅二十五里,故平原亦有義和拳(又名大刀會)。此書具詳其事,信而有徵。
湖北

20496
粤寇紀略不分卷
民國羅田王葆心撰
稿本
散葉待裝。約一萬二千字。
湖北博

20497
逆髮初記稿(太平天國革命起源)一卷
清泰小游撰　民國羅田王葆心修訂
清同治抄本
一册。約六千五百字。
湖北博

20498
滿清政治衰亡史
民國羅田王葆心撰
稿本
一册。三萬三千字。
該館《王葆心資料删選總表》著録。
湖北博

20499
近世事箋不分卷
民國羅田王葆心撰
稿本
一册。約二萬四千字。
湖北博

20500
沅湘聞政録一卷
民國鄂城陳廷英撰
約民國初年排印本
湖北

20501
辛亥武昌首義紀二卷
民國京山李廉方撰
民國三十六年(1947)湖北通志館鉛印鄂故叢書本
湖北

20502
辛亥革命史料
民國蒲圻(今赤壁)張國淦編
1976—1987年臺灣文海出版社據1956年訂正鉛印本影印近代中國史料叢刊續編第二十六輯本
湖北

20503
辛亥革命回憶録
民國譚永年編
1976—1987年臺灣文海出版社據1958年鉛印本影印近代中國史料叢刊續編第二十六輯本
湖北

20504
辛亥革命史料
臺灣文海出版社鉛印革命文獻合計本
施廷鏞《中國叢書綜録續編》著録。
南大

20505
辛亥革命史料輯録不分卷
湖北省圖書館輯
著者手稿本
湖北通志館所徵集之有關辛亥革命史料手稿,移交湖北省圖書館後,由該館整理裝訂爲五册。
湖北

20506
武漢戰紀一卷蟄変七篇一卷
民國王樹枏撰
民國八年(1919)新城王氏刻陶廬叢刻本
國圖　首都　清華　上海　復旦　遼寧　吉大　南京　湖北　武漢　武大　重慶　雲南

20507
湘漢百事二卷
民國金城撰
民國二年(1913)新中國圖書局鉛印滿清稗史本
國圖　首都　北大　上海　復旦　山東大　南大　武大　川大　重慶

20508
辛亥革命始末記不分卷
民國壽臣輯
民國元年(1912)保定五族民報社鉛印本
北大

20509
辛亥革命大事録不分卷
草莽餘生編
民國元年(1912)津門張氏石印本
北大

20510

辛亥革命北方實録

江陵胡鄂公撰

民國三十七年(1948)上海古籍出版社鉛印本

敘述北方情況並附烈士傳記。

湖北　武大

20511

辛亥建國史綱不分卷附武昌革命真史之商榷

民國漢口楊鐸撰

1997年中華全國圖書館文獻縮微複製中心影印辛亥革命稀見史料彙編本

湖北

20512

辛壬聞見録不分卷

民國江陵黄中愷(逸民)編述

抄本

黄中愷,自號逸民,湖北江陵人。民國初年曾任京師通俗教育館館長。庚戌年由日回國,參與了辛亥革命。是書記辛亥(1911)、壬子(1912)兩年間身經目擊之事甚詳。

湖北

20513

辛壬聞見録不分卷

民國江陵黄中愷(逸民)編述

1997年中華全國圖書館文獻縮微複製中心影印辛亥革命稀見史料彙編本

湖北

20514

漢口慘殺案

高爾松、高爾柏編

1976—1987年臺灣文海出版社影印近代中國史料叢刊第三十輯本

湖北

20515

澹然老人五十年見聞録五卷

民國漢陽黄慶曾撰

民國三十六年(1947)抄本

義寧陳三立爲撰墓誌銘。序云:其著《五十年見聞録》十卷,實甫録至第五卷遂卒。其子慕思於民國三十六年(1947)請人傳寫,以謀印行。茲本係從寫本謄寫也。

湖北

20516

湖北通志館籌備開館事項等

稿本

一册,約十三萬字。

該館《王葆心資料删選總表》著録,不著撰人。

湖北博

20517

孟宗故宅纖誤改

民國羅田王葆心撰

稿本

稿爲一册,署名青土宅老人,知其爲晚年之作。

湖北博

20518

中國之武士道一卷

民國羅田王葆心撰

稿本

稿爲散葉。

湖北博

20519

晦堂無隱録不分卷

民國羅田王葆心撰

稿本

稿爲三册。約十萬字。

湖北博

史表類

20520
歷代帝統年表一卷
清枝江王永彬撰
清同治刻橋西山館雜著八種本
湖北

20521
歷代帝王年表一卷附紀元同異考畧一卷
清武昌（今鄂州）黄大華撰
清光緒二十六年（1900）夢紅豆郇刻本
湖北

20522
東漢皇子王世系表一卷
清武昌（今鄂州）黄大華撰
民國二十五年至二十六年（1936—1937）上海開明書店排印二十五史補編本
大華（1855—1910），字菊友，清光緒十五年（1889）進士，授浙江德清知縣。公餘鑽研經史，著述頗豐。已刊行的有十六種，未刊行的有二十一種。爲正史補表、補志，是史學研究的一種重要著作方式，黄氏之著作有多種被二十五史刊行委員會輯入《二十五史補編》。其所未刊之稿本未知今藏何處。《中國叢書綜録》著録其爲民國人，誤。
國圖　上海　天津　南京　浙江　江西　湖北　武大

20523
東漢中興功臣侯世系表一卷
清武昌（今鄂州）黄大華撰
民國二十五年至二十六年（1936—1937）上海開明書店排印二十五史補編本
國圖　上海　天津　南京　浙江　江西　湖北　武大

20524
東漢三公年表一卷
清武昌（今鄂州）黄大華撰
民國二十五年至二十六年（1936—1937）上海開明書店排印二十五史補編本
國圖　上海　天津　南京　浙江　江西　湖北　武大

20525
三國志三公宰輔年表
清武昌（今鄂州）黄大華撰
1980年起上海古籍出版社鉛印《二十四史研究資料叢刊》本
國圖

20526
三國郡縣表八卷
清吴增僅撰
附考證八卷
民國宜都楊守敬撰
民國二十五年至二十六年（1936—1937）上海開明書店鉛印二十五史補編本
國圖　科院　北大　上海　復旦　天津　遼寧　甘肅　南京　浙江　湖北　武漢　四川　重慶

20527
三國郡縣表八卷
清吴增僅撰
附考證八卷
民國宜都楊守敬撰
1957年上海古籍出版社據原版重印二十五史補編本
國圖　上海　復旦　福建師大

20528
三國郡縣表補正八卷
民國宜都楊守敬撰
清光緒三十三年（1907）刻本
湖北

史表類

20529
三國郡縣表補正
民國宜都楊守敬撰　吴之稱整理
1988 年起湖北人民出版社、湖北教育出版社鉛印楊守敬集本
湖北

20530
三國三公宰輔年表三卷
清武昌(今鄂州)黄大華撰
民國二十五年至二十六年(1936—1937)上海開明書店排印二十五史補編本
國圖　上海　天津　南京　浙江　江西　湖北　武大

20531
隋唐之際月表一卷
清武昌(今鄂州)黄大華撰
民國二十五年至二十六年(1936—1937)上海開明書店排印二十五史補編本
國圖　上海　天津　南京　浙江　江西　湖北　武大

20532
唐藩鎮年表一卷
清武昌(今鄂州)黄大華撰
民國二十五年至二十六年(1936—1937)上海開明書店排印二十五史補編本
國圖　上海　天津　南京　浙江　江西　湖北　武大

20533
金宰輔年表一卷
清武昌(今鄂州)黄大華撰
民國二十五年至二十六年(1936—1937)上海開明書店排印二十五史補編本
國圖　上海　天津　南京　浙江　江西　湖北　武大

20534
元分藩諸王世表一卷
清武昌(今鄂州)黄大華撰
民國二十五年至二十六年(1936—1937)上海開明書店排印二十五史補編本
國圖　上海　天津　南京　浙江　湖北　武漢　武大　江西

20535
元西域三藩年表一卷
清武昌(今鄂州)黄大華撰
民國二十五年至二十六年(1936—1937)上海開明書店排印二十五史補編本
國圖　上海　天津　南京　浙江　湖北　武大　江西

20536
明宰輔考畧一卷
清武昌(今鄂州)黄大華撰
民國二十五年至二十六年(1936—1937)上海開明書店排印二十五史補編本
國圖　上海　天津　南京　浙江　江西　湖北　武大

20537
明七卿考畧一卷
清武昌(今鄂州)黄大華撰
民國二十五年至二十六年(1936—1937)上海開明書店排印二十五史補編本
國圖　上海　天津　南京　浙江　江西　湖北　武大

20538
國朝進士列卿表二卷
明雷禮撰　明京山李維楨補
明萬曆刻本
是刻半葉十行,行二十字,白口,四周雙邊。《中國古籍善本書目》著録。
國圖

詔令奏議類

詔令之屬

20539

内閣票擬不分卷

清漢陽葉繼雯輯

稿本　清何金、吴葆晉跋

《中國古籍善本書目》著録。

吉大

奏議之屬

20540

唐丞相陸宣公奏議纂註十二卷

唐陸贄原撰　元蘄春潘仁纂注

元刻本

存八卷:一至六、九至十

王重民《中國善本書提要補編》著録藏於北圖,但《中國古籍善本書目》和《中國古籍總目》均不收。

國圖 ×

20541

允釐堂本奏議不分卷

明承天(今鍾祥)曾省吾撰

明刻本

是刻半葉十行,行二十字,白口,四周雙邊。《中國古籍善本書目》著録,僅該館有藏。

天一閣

20542

張文忠公奏疏抄四卷

明江陵張居正撰　明李贄輯並評

明刻本

是刻半葉九行,行二十字,白口,四周單邊。《中國古籍善本書目》著録,僅國家圖書館有藏。

國圖

20543

張文忠公奏疏抄四卷

明江陵張居正撰　明李贄評

明葉敬池刻本

是刻半葉九行,行二十字,白口,四周單邊。《中國古籍善本書目》著録。實際應爲葉氏所輯《李卓吾先生批評三大家文集》之一,陽海清《中國叢書廣録》已著録。

遼寧　西北大　四川

20544

李卓吾先生批選張文忠公奏對稿二卷

明江陵張居正撰　明李贄輯並評

明刻本

是刻半葉九行,行十八字,白口,左右雙邊。《中國古籍善本書目》著録,國内僅北京師範大學圖書館有藏。《販書偶記》著録《張文忠公奏對稿》二卷,注云"無刻書年月,約天啓間刊",應即此本。

北師大　普林斯頓

20545

督府奏議十六卷

明麻城劉天和撰

明嘉靖刻本

天和字養和,明正德三年(1508)進士,授南京禮部主事。嘉靖初擢山西提學副使。以右僉都御史督甘肅屯政。改按陝西,忤中官下獄,謫金壇丞。遷湖州知府,改撫陝西。十五年改兵部侍郎,總制三軍邊務。《明史》有傳。今僅知該館有藏。

美國國會

20546

張居正集

明江陵張居正撰　張舜徽主編

1987—1994年荆楚書社、湖北人民出版社鉛印本

20547
西征奏議二卷
明麻城梅國楨撰
明刻本

國禎字克生,明萬曆進士。除固安知縣,擢御史。哱拜反,詔遣李如松爲提督往討之,命國楨監其軍。如松用國楨謀,大破敵軍,哱拜自焚死。論功擢爲太僕少卿,累遷兵部右侍郎,總督宣大山西軍務卒。《黄州府志》有傳。

《千頃堂書目》作《西征奏議》,《湖北藝文志》和《黄州府志》作《征哱奏議》。是刻半葉九行,行二十字,白口,四周單邊。《中國古籍善本書目》著録,僅該館有藏。

中大

20548
西征集十卷
明麻城梅國楨撰
明崇禎刻本
存三卷:一至三

是刻半葉九行,行二十字,白口,四周單邊。《中國古籍善本書目》著録,僅該館存此殘本。

國圖 ×

20549
按遼疏稿六卷
明武昌熊廷弼撰
明刻本

是刻半葉九行,行二十字,白口,四周雙邊。《中國古籍善本書目》著録,僅天津圖書館藏有全帙。此集所收爲廷弼初次經略遼東之奏疏與當事之書牘,其治遼之績大半在斯。

又據臺灣出版之《續修四庫全書總目提要》,鮑氏知不足齋藏有抄本,較刻本爲繁,今藏國圖,唯《中國古籍善本書目》未予反映。

國圖 × 上海 × 天津

20550
按遼疏稿六卷
明江夏熊廷弼撰
2000年北京出版社據明刻本影印四庫禁燬書叢刊本

湖北

20551
按遼疏稿六卷
明武昌熊廷弼撰
2002年上海古籍出版社據明刻本影印續修四庫全書本

湖北

20552
疏稿六卷書牘五卷
明江夏熊廷弼撰
明末汪修能刻本

是刻半葉十行,行二十二字,白口,四周單邊。《中國古籍善本書目》著録,僅大連、湖北二館藏有全帙。

國圖 × 大連 南京 × 杭大 × 湖北

20553
經遼疏牘十卷
明江夏熊廷弼撰
清末湖北通志局刻本

湖北

20554
經遼疏牘十卷
明江夏熊廷弼撰
1967—1974年臺灣文海出版社影印明清史料彙編第二集本

陽海清《中國叢書廣録》著録。

國圖

20555
官太常疏稿二十卷
明黄岡官應震撰
明刻本
存十八卷:一至十六、十八、十九

是刻半葉九行,行二十字,白口(個别爲黑口),四周單邊,版心上刻"疏草"二字,卷端不題書名,兹依《湖北書徵》。孤本。

浠博 ×

20556
諫草二卷
明京山郝敬撰
明萬曆崇禎間郝洪範刻山草堂集本

《中國古籍善本書目》著録。《千頃堂書目》作"山草堂諫草一卷"。

科院

20557
諫草二卷
明京山郝敬撰
清抄本

上海

20558
東湖奏疏三卷東湖吟稿二卷
明嘉魚吴廷舉撰
清道光刻本

國圖

20559
東湖奏疏三卷東湖吟稿二卷
明嘉魚吴廷舉撰
清光緒元年(1875)蒼梧義學刻本

上海

20560
奏疏一卷
清漢陽江蘩撰
清康熙三十四年(1695)刻本

揭博

嘉慶《湖北通志》著録爲《奏議稿》。《四庫全書總目》入"史部·詔令奏議類存目",題名"奏議稿"。《中國古籍善本書目》著録。

20561
治河奏牘□□卷
清麻城張鵬翮撰
清抄本

存二十一卷:二、四至二十四

國圖 ×

20562
治河奏牘□□卷
清麻城張鵬翮撰
清抄本

存二十二卷:二、四至二十四

國圖 ×

20563
張公奏議二十四卷
清麻城張鵬翮撰
清康熙刻本

上海　大連

20564
張公奏議二十四卷
清麻城張鵬翮撰
清嘉慶五年(1800)江南河庫道刻本

國圖　上海　遼寧　南京

20565
陸文節公奏議一卷
清沔陽(今仙桃)陸建瀛撰
清抄本　佚名批校

建瀛字立夫,清道光進士,咸豐時官至兩江總督。太平軍犯武昌,建瀛督師溯江而上,師潰,收散卒還江寧,乘城守,城陷死之。本書所收爲陸道光二十六年至二十九年(1846—1849)間任江蘇巡撫、兩江總督時之奏議,與沔陽盧氏慎始基齋刻本比較,少道光三十年(1850)之奏疏及附録,二十六年(1846)六月至二十九年(1849)十二月之奏疏各收篇目亦出入較大。《中國古籍善本書目》著録,僅該館有藏。

湖北

20566

陸建瀛奏稿一卷

清沔陽(今仙桃)陸建瀛撰

清末朱絲欄抄本

記事至清道光二十九年(1849)。

廣東

20567

陸文節公奏議五卷附録一卷

清沔陽(今仙桃)陸建瀛撰

民國十五年(1926)沔陽盧氏慎始基齋刻二十年彙印沔陽叢書本

科院　北大　上海　天津　吉大　南京　湖北

20568

陸文節公奏議五卷附録一卷

清沔陽(今仙桃)陸建瀛撰

1966—1987年臺灣文海出版社據民國十一年(1922)沔陽盧氏慎始基齋刻沔陽叢書影印近代中國史料叢刊正編第三十五輯本

湖北

20569

陸文節公(建瀛)奏議五卷附録一卷

清沔陽(今仙桃)陸建瀛撰　民國沔陽(今仙桃)盧靖輯

1966—1987年臺灣文海出版社據民國十五年(1926)沔陽盧氏慎始基齋刻沔陽叢書本影印近代中國史料叢刊分類選集本

施廷鏞《中國叢書綜録續編》著録。

南大

20570

王家璧手輯張澐卿奏稿一卷

清張澐卿撰　清武昌(今鄂州)王家璧輯

清王家璧抄本

澐卿曾任奉天府丞兼學政,家璧亦於光緒初年任此職,二者或爲前後任。收同治九至十二年(1870—1873)奏稿五份,共十四葉。

湖北

20571

王家璧奏草(一名狄雲行館奏議)四卷

清武昌(今鄂州)王家璧撰

清稿本

館藏家璧奏草共四册,並無書名,編輯《中國古籍善本書目》時,擬名"狄雲行館奏議",並以册爲卷定爲四卷。爲編纂《中南、西南地區省、市圖書館館藏古籍稿本提要(附鈔本聯合目録)》,我全盤清理了王氏手稿,發現其中三册用紫色格紙謄録,以末附家璧光緒三年(1877)手書《林文忠公畿輔水利後序》及書衣所題"奏草正本"和册次係家璧手蹟,知其書應成於家璧生前,遂擬名曰"王家璧奏草";而另一册則爲他人所抄,與前三册不搭界,遂依後人所題,著録爲《孝鳳公奏議偶録》。

第一册收清同治六年(1867)十一月三十日至十一年(1872)正月十五日奏摺十三篇、附片十三箇、上諭一道。第二册收清同治十二年(1873)正月十七日至光緒三年(1877)二月初六奏摺十八篇、附片二十二箇、上諭三道。第三册收清光緒三年(1877)二月二十九日至八年(1882)十二月二十七日奏摺二十八篇、附片二十箇、書札四件。既爲考證家璧生平事迹提供了依據,其涉及所謂"剿捻"之奏摺,文字雖短,亦有參考價值(《武昌縣志》收有《王少卿奏議》,當即此書)。

湖北

20572

孝鳳公奏議偶録一卷

清武昌(今鄂州)王家璧撰

清抄本

收清同治六年至九年（1867—1870）奏摺十餘篇，部分爲《王家壁奏草》所未收。書名依後人題簽著録。

湖北

20573

賜龍堂奏牘一卷

清江夏彭瑞毓撰

稿本

該館將其彙入《賜龍堂文抄四種》。

湖北

20574

袁侍郎奏稿一卷附傳記

清漢陽袁希祖撰

清同治十一年（1872）京師刻本

湖北

20575

屠光禄（仁守）疏稿四卷

清孝感屠仁守撰

1966—1987年臺灣成文出版社據民國十一年（1922）潛樓刻本影印近代中國史料叢刊分類選輯本

施廷鏞《中國叢書綜録續編》著録。

20576

饒應祺奏稿不分卷

清恩施饒應祺撰

稿本

《中國古籍善本書目》著録。

中央民大

20577

饒應祺奏稿不分卷

清恩施饒應祺撰

清抄本

《中國古籍善本書目》著録。

恩施

20578

張粵卿中丞治粤奏疏不分卷

清江夏張凱嵩撰

清末抄本

青海

20579

撫滇奏疏四卷

清江夏張凱嵩撰

清光緒十九年（1893）江夏張氏益齋刻本

國圖　上海

20580

撫滇奏議

清江夏張凱嵩撰

1966—1987年臺灣文海出版社據清光緒十九年（1893）江夏張氏益齋刻本影印近代中國史料叢刊分類選輯本

施廷鏞《中國叢書綜録續編》著録。

20581

葵園奏議五卷龍岡山人文鈔一卷紫藤花室駢體文鈔二卷龍岡山人已刪草一卷

清黄岡洪良品撰

清光緒間稿本

國圖

20582

藏諫研齋疏稿一卷

清江夏何金壽撰

清光緒三十三年（1907）石印本

湖北

20583

屠光禄奏疏四卷

清孝感屠仁守撰

民國十一年（1922）潛樓刻本

湖北

20584
周中丞撫江奏稿四卷函稿三卷
民國天門周樹模撰
清宣統三年(1911)鉛印本
《續修四庫全書總目提要》著録爲八卷。樹模曾任翰林院編修,官至奉天左參贊、黑龍江巡撫。宣統三年(1911)乞病去,卒於民國。是書爲周雲印後江蘇幕僚所印。
上海　遼寧　南京

傳記類

總傳之屬

20585
三立堂新編閫外春秋三十二卷
明漢川尹商(原名尹賓商)撰
明崇禎刻本
存二十八卷:一至十五、十九至三十二
今僅知國圖有存,雖殘尤珍,《漢川志》著録。是書崇禎癸酉(1633)刻於金陵,署名尹商。時賓商汰去"賓"字,單名"商"。
國圖 ×

20586
夏商合傳二種十卷
明景陵(今天門)鍾惺撰
清嘉慶十九年(1814)稽古堂刻本
《西諦書目》著録。
國圖

20587
孔子弟子考一卷
明應城陳士元撰
清抄本
未見刻本。
國圖

20588
孔子弟子傳一卷
清孝感熊賜履撰
清抄本
國圖

20589
聖節會約一卷
清廣濟(今武穴)郭存會撰
清康熙三十九年(1700)詒清堂昭代叢書本
北大　上海　天津

20590
聖節會約一卷
清廣濟(今武穴)郭存會撰
清道光吴江沈氏世楷堂刻昭代叢書本
國圖　科院　北大　上海　復旦　遼寧　甘肅　南京　浙江　湖北　武漢　四川　雲南

20591
周秦學案底稿(一至十六)
民國羅田王葆心撰
稿本
稿爲十六册。近三十萬字。余彦文《鄂東著作人物薈萃》載有《周秦諸子學案長篇》六十卷附《先秦諸子學表》一卷,或即指此。
湖北博

20592
歷朝名媛小傳不分卷
明景陵(今天門)鍾惺輯
清抄本　佚名點校增補
上海

20593
帝鑑圖説不分卷
明江陵張居正等撰
明刻本

是刻半葉九行，行十九字，白口，四周雙邊，《中國古籍善本總目》著録。此係專爲年幼皇帝撰寫的一部啓蒙書。書中介紹了一百十七位皇帝的事蹟，人各一圖，可謂圖文並茂。成書於明萬曆元年（1573），故有誤將成書年作爲刻書年者。其有多個版本。

國圖　北大　中科院自科史所　故宫　遼大　山東　山東師大　益都博　天一閣　港大

20594

帝鑑圖説不分卷

明江陵張居正等撰

1987—1998年書目文獻出版社據明萬曆刻本影印北京圖書館古籍珍本叢刊本

陽海清《中國叢書廣録》據該館《擬目》著録其所據底本爲"明萬曆三年（1575）郭庭梧刻本"，當即《中國古籍善本書目·史部》第4396號所稱之"明刻本"。

國圖　湖北

20595

帝鑑圖説不分卷

明江陵張居正等撰

清純忠堂刻本

上海

20596

帝鑑圖説六卷

明江陵張居正等撰

明萬曆三十二年（1604）金濂刻本

是刻半葉九行，行二十一字，白口，四周單邊，有刻工。《中國古籍善本書目》著録。

國圖　上海　上海博

20597

帝鑑圖説六卷

明江陵張居正等撰

明天啓二年（1622）刻本

是刻半葉九行，行十九字，白口，單魚尾，四周雙邊。《中國古籍善本書目》著録，僅此二館有藏。

北大　天津

20598

帝鑑圖説六卷

明江陵張居正等撰

清嘉慶二十四年（1819）張亦縉等純忠堂刻本

未知與上海館藏"不分卷"本是否爲同版。

湖北

20599

帝鑑圖説六卷

明江陵張居正等撰

清嘉慶二十四年（1819）張亦縉等純忠堂刻本　清翁同龢批注並抄補

《中國古籍善本書目》著録。香港中山大學著録爲二卷。

國圖

20600

帝鑑圖説六卷

明江陵張居正等撰

日本安政五年（1858）刻本

清華　天津　遼寧×　湖南

20601

帝鑑圖説四卷

明江陵張居正等撰

明萬曆四十年（1612）唐國達刻張太嶽先生文集附刻本

新亞

20602

帝鑑圖説四卷

明江陵張居正等撰

明江陵鄧氏二房刻張太嶽先生文集附刻本

傳記類

新亞

20603
帝鑑圖説四卷
明江陵張居正等撰
清光緒六年(1880)點石齋石印本
上海

20604
帝鑑圖説
明江陵張居正撰　柯夫、理琛校注
2001年言實出版社鉛印本

20605
帝鑑圖説
明江陵張居正撰　涂道坤譯注
2001年時代文藝出版社鉛印本

20606
帝鑑直解二卷
明江陵張居正撰
明抄本
《中國古籍善本總目》著録
復旦

20607
帝鑑
明江陵張居正撰　繼祖、紅菊釋譯
1998年遠方出版社鉛印帝學通鑑本

20608
碩輔寶鑑要覽四卷
明黄安(今紅安)耿定向撰
明嘉靖四十五年(1566)刻本
定向字在倫,明嘉靖丙辰(1556)進士,官至户部尚書,總督倉場。《明史》有傳。是刻半葉九行,行字不等,白口,四周雙邊,有刻工。大陸僅清華有藏。《四庫全書總目》入"存目"。
清華　美國國會

20609
碩輔寶鑑要覽四卷
明黄安(今紅安)耿定向撰
1997年起齊魯書社據明嘉靖刻本影印四庫全書存目叢書本
湖北

20610
碩輔寶鑑要覽四卷
明黄安(今紅安)耿定向撰
明萬曆七年(1579)楊肇刻本
清華

20611
碩輔寶鑑要覽四卷
明黄安(今紅安)耿定向撰
明刻本
是刻半葉九行,行二十字,小字雙行行字同,白口,四周單邊。《中國古籍善本書目》著録,大陸地區僅中國歷史博物館有藏。
歷史博

20612
碩輔寶鑑要覽四卷
明黄安(今紅安)耿定向撰
1986年臺灣文海出版社影印明人文集叢刊本
係據藍格抄本影印。《中國叢書廣録》著録。
湖北

20613
碩輔寶鑑四卷
明黄安(今紅安)耿定向撰
明抄本
存一卷:四
清華 ×

20614
臺諫寶鑑三卷
明黄安（今紅安）耿定向撰
明隆慶五年（1571）張大忠刻藍印本
吉林　湖南

20615
歷代名臣言行録題詞二卷
清江陵鄭世烇撰
清光緒二十九年（1903）刻本
湖北

20616
景行篇四卷
明咸寧孟養浩撰
明刻本
是刻半葉七行，行十五字，白口。《中國古籍善本書目》著録。福建館藏卷二至四。
上海　福建ˣ

20617
歷代循良能吏列傳彙鈔二十卷
清孝感喬用遷録
清道光二十四年（1844）刻本
原目録作二十册，今以册爲卷著録之。
湖北

20618
學統五十六卷
清孝感熊賜履撰
清康熙二十四年（1685）下學堂刻本
《中國古籍善本書目》著録。
湖北

20619
學統五十六卷
清孝感熊賜履撰
1996年齊魯書社據清康熙二十四年（1685）下學堂刻本影印四庫全書存目叢書本
湖北

20620
學統五十六卷
清孝感熊賜履撰
清康熙二十四年（1685）下學堂刻本　清胡煦校
上海

20621
學統五十六卷
清孝感熊賜履撰
2002年上海古籍出版社據清康熙二十四年（1685）下學堂刻本影印續修四庫全書本
湖北

20622
學統五十六卷
清孝感熊賜履撰
1990年山東友誼書社據清刻本影印孔子文化大全本
國圖　山東　湖北

20623
學統五十六卷
清孝感熊賜履撰
民國十二年（1923）靈峰精舍鉛印本
上海

20624
學統五十三卷
清孝感熊賜履撰
清光緒十七年（1891）三餘草堂刻湖北叢書本
國圖　科院　北大　上海　復旦　天津　遼寧　甘肅　南京　浙江　湖北　雲南

20625
學統五十三卷
清孝感熊賜履撰
民國二十四年至二十六年(1935—1937)上海商務印書館鉛印叢書集成初編本
國圖　上海　復旦　遼寧　浙江　江西　湖北

20626
濂學編六卷
清漢陽黄嗣東撰
清光緒二十二年(1896)漢中刻本
湖北

20627
道學淵源録一百卷
清漢陽黄嗣東撰
清光緒三十四年(1908)鳳山學舍刻本
湖北

20628
道學淵源録一百卷
清漢陽黄嗣東撰
民國十九年(1930)鉛印本
湖北

20629
殿閣詞林記二十二卷
明蒲圻(今赤壁)廖道南撰
明嘉靖刻本
是刻半葉十行,行二十字,白口,左右雙邊。《中國古籍善本書目》著録。
國圖　杭大　哈佛燕京　北師大　科院　遼寧

20630
殿閣詞林記二十二卷
明蒲圻(今赤壁)廖道南撰
明嘉靖刻本　清丁丙跋
《中國古籍善本書目》著録。
南京

20631
殿閣詞林記二十二卷
明蒲圻(今赤壁)廖道南撰
明嘉靖刻本　清汪文柏批校
存十三卷:一至十三
《中國古籍善本書目》著録。
山東 ×

20632
殿閣詞林記二十二卷
明蒲圻(今赤壁)廖道南撰
明書林詹氏就正齋刻本
是刻半葉十行,行二十字,白口,四周單邊或雙邊。《中國古籍善本書目》著録。
國圖　山東

20633
殿閣詞林記二十二卷
明蒲圻(今赤壁)廖道南撰
民國十二年(1923)沔陽盧氏慎始基齋據明刻本影印湖北先正遺書本
國圖　科院　北大　上海　天津　遼寧　山東　南京　浙江　湖北　四川

20634
殿閣詞林紀二十二卷
明蒲圻(今赤壁)廖道南撰
清四庫全書本
國圖　甘肅　浙江　臺北故宫
1983年臺北商務印書館影印清文淵閣四庫全書本
湖北
1989年上海古籍出版社縮印臺灣商務印書務館影印清文淵閣四庫全書本
國圖　武漢

20635
殿閣詞林記二十二卷
明蒲圻(今赤壁)廖道南撰

民國蒲圻張氏無倦齋抄四庫全書本　佚名批校

湖北

20636

西漢古文經師

民國蘄春黄侃撰

稿本

武大中文系

20637

皇明詞林人物考十二卷

明麻城王兆雲撰

明萬曆刻本

兆雲字元禎，號赤岡。是編録明一代文士，起於洪武，迄萬曆，共四百六十七人。此編及《王氏雜記》，《四庫全書總目》皆入"存目"。

是刻半葉九行，行十八字，白口，左右雙邊。《販書偶記續編》作"萬曆甲辰刊"，茲依《中國古籍善本書目》。

國圖　北大　人大　上海　復旦　濰坊　福建師大

20638

皇明詞林人物考十二卷

明麻城王兆雲撰

1997年齊魯書社據明萬曆刻本影印四庫全書存目叢書本

湖北

20639

皇明詞林人物考十二卷

明麻城王兆雲撰

2002年上海古籍出版社據明萬曆刻本影印續修四庫全書本

湖北

20640

表忠録九卷

明崇陽江宗伊撰

明萬曆刻本

是刻半葉九行，行十八字，白口，四周雙邊，有刻工。《中國古籍善本書目》著録，僅福建省圖書館有藏。《千頃堂書目》作"《皇明表忠録》二卷"。

福建

20641

雲中降虜傳一卷

明德安(今安陸)劉紹恤撰

明刻名臣寧攘要編本

是刻半葉九行，行十九字，白口，四周單邊。《中國古籍善本書目》著録，僅國家圖書館有藏。

國圖

20642

木蘭將軍集三卷

清黄陂涂華遠輯

清光緒三年(1877)刻本

可供黄陂木蘭山、木蘭湖旅遊開發(木蘭山下有將軍廟)參考。

湖北

20643

晉陵先賢傳二卷

明潛江歐陽東鳳撰

清活字印本

《簡明中國古籍辭典》著録。東鳳字千仞，號素鳳居士。明萬曆進士，官至常州知府。常州在晉、唐時稱晉陵。作者於知府任上贖原龍城書院故址建先賢祠，祭祀一鄉先賢。是書選編自吴國延陵季子至明代黄斗南凡六十九人之傳記，約五萬餘言。取材於史傳方志，人各爲傳，傳末各附以論。於古人必注以所據之書，於今人則注明文爲某撰，體例頗謹，言之有據。

南京

20644

晉陵先賢傳二卷

明潛江歐陽東鳳撰

1997年齊魯書社據清活字印本影印四庫全書存目叢書本
湖北

20645
晉陵先賢傳二卷
明潛江歐陽東鳳撰
清同治刻本
南京

20646
晉陵先賢傳四卷
明潛江歐陽東鳳撰
民國二十一年（1932）刻崇雅堂叢書初編本
國圖　北大　上海師大　吉大　南京　湖北

20647
江西詩社宗派圖録一卷
清沔陽（今仙桃）張泰來撰
清康熙刻本
科院

20648
襄陽耆舊傳一卷
明嘉靖刻本
上海　天津

20649
襄陽耆舊傳一卷
晉襄陽習鑿齒撰
清順治三年（1646）李際期宛委山堂刻説郛本
此書早佚，今存世者爲輯佚之本。
國圖　首都　上海　復旦　天津　吉林　南京　浙江　江西　福建　河南　湖南　中大　重慶　雲南

20650
襄陽耆舊傳一卷
晉襄陽習鑿齒撰
清據説郛刊版重編印五朝小説·魏晉小説雜傳家本
上海　山東大　南京　南大

20651
襄陽耆舊傳一卷
晉襄陽習鑿齒撰
民國四年（1915）上海文明書局石印廣四十家小説本
上海　上海師大　上海辭書　山東大　南京　浙江　桂林

20652
襄陽耆舊傳一卷
晉襄陽習鑿齒撰
民國十五年（1926）上海掃葉山房石印五朝小説大觀·魏晉小説雜傳家本
首都　遼寧　山東　南京　浙江　河南　重慶

20653
襄陽耆舊傳五則
晉襄陽習鑿齒撰
民國二十四年（1935）商務印書館鉛印舊小説本
國圖　中醫　上海　復旦　天津　遼寧　甘肅　山東大　福建　桂林　川大

20654
襄陽耆舊傳五則
晉襄陽習鑿齒撰
1957年商務印書館鉛印舊小説本
北師大　上海　福建師大　湖北　桂林　川大

20655
襄陽記
晉襄陽習鑿齒撰

明鈕氏世學樓抄説郛本

國圖

《中國古籍善本書目》著録。

20656

襄陽記

晉襄陽習鑿齒撰

明抄説郛本

《中國古籍善本書目》著録

上海

20657

襄陽記

晉襄陽習鑿齒撰

民國十六年(1927)上海商務印書館排印説郛本

國圖　科院　上海　復旦　天津　遼寧　甘肅　南京　浙江　湖北　武大　四川　重慶　雲南

20658

襄陽記一卷

晉襄陽習鑿齒撰　清王仁俊輯

清王仁俊編玉函山房輯佚書續編稿本

《中國古籍善本書目》著録

上海

20659

襄陽耆舊記佚文一卷

晉襄陽習鑿齒撰　清王仁俊輯

清王仁俊編玉函山房輯佚書續編稿本

《中國古籍善本書目》著録

上海

20660

襄陽耆舊記三卷

晉襄陽習鑿齒撰　清任兆麟訂

清乾隆震澤任氏忠教家塾刻心齋十種本

國圖　科院　北大　上海　復旦　天津　遼寧　吉大　南京　江西　湖北　川大

20661

襄陽耆舊記三卷

晉襄陽習鑿齒撰　清任兆麟訂

2002年上海古籍出版社據清乾隆震澤任氏忠教家塾刻心齋十種本影印續修四庫全書本

湖北

20662

襄陽耆舊記校注三卷

晉襄陽習鑿齒撰　舒焚、張林川校注

1986年雲南民族出版社鉛印本

20663

襄陽耆舊記校注三卷

晉襄陽習鑿齒撰　舒焚、張林川校注

1986年荆楚書社鉛印荆楚故書叢刊本

20664

襄陽耆舊記校注三卷

晉襄陽習鑿齒撰　張林川、舒焚校注

1999年湖北人民出版社鉛印湖北地方古籍文獻叢書本

與《荆楚歲時記譯注》合一册。

湖北　武漢

20665

校補襄陽耆舊記

晉襄陽習鑿齒撰　黄惠賢校補

1987年中州古籍出版社鉛印本

20666

襄陽耆舊傳一卷

晉襄陽習鑿齒撰　清王仁俊輯

清王仁俊編玉函山房輯佚書續編稿本

《中國古籍善本書目》著録

上海

20667
重校襄陽耆舊傳二卷
清抄本
國圖

20668
楚國先賢傳一卷
晉張方撰
清順治三年(1646)李際期宛委山堂刻説郛本
張方,籍里不詳。《隋書·經籍志》著録《楚國先賢傳贊》十二卷,已佚。今存之本係輯佚而成,有多個版本。
國圖　首都　故宫　上海　復旦　天津　吉林　南京　浙江　江西　福建　河南　湖南　廣東　重慶　雲南

20669
楚國先賢傳一卷
晉張方撰
清據説郛刊版重編印五朝小説·魏晉小説雜傳家本
上海　山東大　南京　南大

20670
楚國先賢傳一卷
晉張方撰　清陳運溶輯
清光緒二十六年(1900)刻麓山精舍叢書·歷朝傳記九種本
科院　北大　北師大　上海　上海師大　遼寧　南京　南大　浙江　湖北　雲南

20671
楚國先賢傳一卷
晉張方撰　清王仁俊輯
清王仁俊玉函山房輯佚書補編稿本
《中國古籍善本書目》著録。
上海

20672
楚國先賢傳一卷
晉張方撰
民國十五年(1926)上海掃葉山房石印五朝小説大觀·魏晉小説雜傳家本
首都　遼寧　山東　南京　浙江　河南　重慶

20673
楚國先賢傳一卷
晉張方撰
1957年商務印書館鉛印舊小説本
北師大　上海　福建師大　湖北　桂林　川大

20674
張方楚國先賢傳一卷
晉張方撰　清黄奭輯
清刻漢學堂知足齋叢書本
《中國古籍善本書目》著録,僅該館有藏。
國圖

20675
楚國先賢傳校注
晉張方撰　舒焚校注
1986年湖北人民出版社鉛印荆楚故書叢刊本

20676
楚國先賢傳校注一卷
晉張方撰　舒焚校注
1999年湖北人民出版社鉛印湖北地方古籍文獻叢書本
與《楚師儒傳點校》合一册。
湖北　武漢

20677
楚寶四十五卷總論一卷
明周聖楷撰
明崇禎十四年(1641)刻本
聖楷字伯孔,湘潭人。是書自"大臣"至"祖燈”，分爲二十五門，録楚中人物名勝，而以人物爲主，稍以山水、古蹟附之，故《四庫全書總目》入“史部·傳記類存目”。

北大

20678

楚寶四十五卷總論一卷

明周聖楷撰

1996年齊魯書社據明崇禎十四年（1641）刻本影印四庫全書存目叢書本

湖北

20679

楚寶四十五卷總論一卷

明周聖楷撰

2002年上海古籍出版社據明崇禎十四年（1641）刻本影印續修四庫全書本

湖北

20680

楚寶四十五卷外篇五卷

明周聖楷撰　清鄧顯鶴增補

清道光九年（1829）刻本

國圖　上海　南京　湖北

20681

楚寶四十五卷外篇五卷

明周聖楷撰　清鄧顯鶴增補

1998年江蘇廣陵古籍刻印社影印清道光九年刻本

20682

五朝三楚文獻録（一名三楚文獻録）十六卷

清高世泰輯

清抄本

高世泰，無錫人，忠憲公從子，官湖廣提學道。此書於明崇禎壬午（1642）始修，汪三奇、劉醇驥、易爲鼎諸名流皆與焉。今《黄州志》載有《三楚文獻録》、高思忠《三楚文獻録》，《蘄州志》載有李本晟《三楚文獻録》，俱無卷數，蓋皆纂其書者。

20683

湖北人物志畧不分卷

清抄本

國圖

20684

楚師儒傳八卷

民國潛江甘鵬雲撰

民國二十一年（1932）刻崇雅堂叢書初編本

國圖　北大　上海師大　吉大　南京　湖北

20685

湖北節義類纂十卷

清黄昌輔編　清江夏陳瑞珍彙纂

稿本

上海

20686

楚師儒傳點校八卷

民國潛江甘鵬雲撰　石洪運點校

1999年湖北人民出版社鉛印湖北地方古籍文獻叢書本

與《楚國先賢傳校注》合一册。

湖北　武漢

20687

湖北節義録十二卷補遺一卷

清黄昌輔編　清江夏陳瑞珍彙纂

清同治九年（1870）崇文書局刻本

清同治九年（1870）閏十月，總督李瀚章序曰：“粤寇之亂，鄂城凡三陷，官斯土者，多以死事勤。搢紳之家，下至編氓、婦孺，義不辱賊，捐軀以殉者尤衆。益陽胡文忠公甫復省垣，即置局搜採。未竟，公卒，黄虎卿太守踵其事，閲十二年而成書，題曰《湖北節義録》。稿名《湖北節義類纂》。

湖北

20688

漢陽府忠節全録不分卷

清漢陽李國賓、王梓忠編

清光緒五年（1879）刻本

湖北

20689

人物忠烈表不分卷

伯棠纂

稿本

本爲清咸豐、同治文武紳士陣亡表。一册，約九千字。

湖北博

20690

人物志殉難表一卷

民國羅田王葆心撰

手稿本

一册，另有散葉。約七千字。

湖北博

20691

近代人物表稿不分卷

民國羅田王葆心等纂

稿本

二册。約八千字。

湖北博

20692

湖北鄉賢軼事不分卷

民國羅田王葆心纂輯

稿本

一册。近一萬字。

湖北博

20693

耆獻彙徵不分卷

民國羅田王葆心輯

稿本

一册。約六千七百字。

湖北博

20694

耆獻類徵不分卷

民國羅田王葆心纂

稿本

三册。約七萬六千字。

湖北博

20695

［羅田］人物列傳

民國羅田王葆心撰

稿本

三册。約八萬字。

湖北博

20696

從祀賢儒録二卷

清蘄水（今浠水）蔡紹瀛撰

清刻本

浠博

20697

荆門耆舊紀畧三卷荆門列女紀畧一卷

清荆門胡作柄撰

清康熙刻本

《中國古籍善本書目》著録。《四庫全書》存目。

國圖　科院

20698

荆門耆舊紀畧三卷荆門列女紀畧一卷

清荆門胡作柄撰

1997年起齊魯書社據清康熙刻本影印四

庫全書存目叢書本
湖北

20699
皮子世録一卷
唐襄陽皮日休撰
清順治三年(1646)李際期宛委山堂刻説郛本
國圖 首都 故宫 上海 復旦 天津 吉林 南京 浙江 江西 福建 河南 湖南 廣東 重慶 雲南

20700
鍾祥先民傳十二卷
民國鍾祥李權撰
稿本
科院

20701
鍾祥列女傳一卷
民國鍾祥李權撰
稿本
科院

20702
烈女表一卷
民國張緝明編
稿本
湖北博
一册。約二千一百字。

20703
重刊武當嘉慶圖一卷
明徐永道輯
明宣德七年(1432)刻本
是刻半葉十九行,行二十九字,白口,四周雙邊。《中國古籍善本書目》入"子部·道家類"(編爲12279號);而《中國古籍總目》移入"史部·傳記類"。書僅上海館有藏,《中國古籍總目·史部》亦爲該館所編,或有所據,故從之。係武當山歷史文獻,存世極稀。
上海

20704
軍人模範六卷
民國羅田王葆心撰
稿本
三册加散葉。約十一萬字。
湖北博

20705
全縣人物材料不分卷(修《羅田縣志》時採訪稿)
民國羅田王葆心等纂
稿本
一册。約七萬字。
湖北博

20706
全縣人物材料不分卷(修《羅田縣志》時採訪稿)
民國羅田王葆心等纂
復印本
一册。約五萬四千字。
湖北博

20707
禪玄顯教編一卷
明石首楊溥撰
明萬曆黄氏刻稗乘本
《中國叢書綜録》著録。
溥字弘濟,湖廣石首人。建文進士,授編修。
國圖 科院

20708
禪玄顯教編一卷
明石首楊溥撰
民國二十四年至二十六年(1935—1937)

上海商務印書館鉛印叢書集成初編本

國圖　北師大　清華　上海　復旦　遼寧　吉林市　甘肅　南大　浙江　江西　湖北　四川　重慶　雲南

20709

湖北高僧傳不分卷

□□輯撰

民國抄本

時間雖略晚,但可補內容之空白。

湖北

別傳之屬

20710

先賢遺事一卷

明京山郝敬撰

明萬曆崇禎間郝洪範刻山草堂集本

《中國古籍善本書目》著録爲《論語詳解》附刻。《千頃堂書目》單立款目。

科院　北大　哈佛　燕京

20711

宗聖志二十卷

清東湖(宜昌)王定安編輯

清光緒十六年(1890)金陵刻本

是書凡二十卷,首圖像,次傳記,次世系,次邑里,次述作,次祀典,次祠園,次林基,次祭告,次蔭襲,次祭田,次户役,次院第,次弟子,次私淑,次贊頌,次旁裔,搜輯賅備。

湖北

20712

宗聖志二十卷附録一卷

清東湖(今宜昌)王定安編輯

清光緒二十八年(1902)金陵刻三十一年(1905)校補印本

上海

20713

孔子生卒年月日考一卷

民國枝江曹廷傑撰

民國二年(1913)吉林印書館鉛印本

曹廷傑(1850—1926),事詳《湖北歷史人物辭典》。

湖北

20714

尊孔史二卷

民國陽新石榮暲撰

民國十七年(1928)鉛印本

湖北

20715

仲志四卷

明麻城劉天和撰　明周鼎重訂　明趙時雍編次

明崇禎十三年(1640)刻清康熙增修本

是刻半葉九行,行十九字,白口,四周單邊,單魚尾。《四庫全書總目》入存目。今僅上圖有藏。

上海

20716

仲志四卷

明麻城劉天和撰　明周鼎重訂　明趙時雍編次

1997年起齊魯書社據明崇禎十三年(1640)刻康熙增修本影印四庫全書存目叢書本

湖北

20717

闕夫子誌二卷

明麻城張鵬翮輯

清康熙四十四年(1705)董禮用等刻本

上海

20718
忠武志八卷
清麻城張鵬翮輯
清康熙冰雪堂刻本
國圖　北大　上海　南京　遼寧

20719
忠武志八卷
清麻城張鵬翮輯
清康熙五十一年（1712）刻本
遼寧

20720
諸葛忠武志十卷
清麻城張鵬翮撰　清周畹蘭增
清嘉慶十九年（1814）刻本
國圖　上海　南京

20721
唐書李蔚傳贊一卷
宋安陸宋祁撰
清刻漢學堂知足齋叢書本
《中國古籍善本書目》著録，僅國家圖書館有藏。
國圖

20722
紹陶録二卷
宋興國（今陽新）王質撰
清康熙三十年（1691）翁炳、翁掞抄本　清翁拭校並跋
《中國古籍善本總目》著録。
國圖

20723
紹陶録二卷
宋興國（今陽新）王質撰
清抄本　清吴騫、鮑廷博校
《中國古籍善本書目》著録。
國圖

20724
紹陶録二卷
宋興國（今陽新）王質撰
清抄本
上海

20725
紹陶録二卷
宋興國（今陽新）王質撰
清抄本
南京

20726
紹陶録二卷
宋興國（今陽新）王質撰
清四庫全書本
國圖　甘肅　浙江　臺北故宫
1983年臺北商務印書館影印清文淵閣四庫全書本
湖北
1989年上海古籍出版社縮印臺北商務印書館影印清文淵閣四庫全書本
國圖　武漢

20727
紹陶録二卷
宋興國（今陽新）王質撰
清乾隆四十一年（1776）孔繼涵家抄本　清孔繼涵校並跋
《中國古籍善本書目》著録。
國圖

20728
紹陶録二卷
宋興國（今陽新）王質撰
清王氏十萬卷樓抄本
《中國古籍善本書目》著録。

國圖

20729

紹陶録二卷

宋興國（今陽新）王質撰

民國十二年（1923）沔陽盧氏慎始基齋據十萬卷樓抄本影印湖北先正遺書本

國圖　科院　北大　上海　天津　遼寧　寧夏　山東　南京　浙江　湖北　四川

20730

紹陶録二卷

宋興國（今陽新）王質撰

清全氏含清書屋抄本

上海

《中國古籍善本書目》著録。

20731

紹陶録二卷

宋興國（今陽新）王質撰

清金氏文瑞樓抄宋人小集本

《中國古籍善本書目》著録。

國圖

20732

紹陶録二卷

宋興國（今陽新）王質撰

清抄本　繆荃孫校

《中國古籍善本書目》著録。

杭大

20733

紹陶録二卷

宋興國（今陽新）王質撰

清抄本

國圖　南京

20734

紹陶録

宋興國（今陽新）王質撰

明鈕氏世學樓抄説郛本

《中國古籍善本書目》著録。

國圖

20735

紹陶録

宋興國（今陽新）王質撰

明抄説郛本

《中國古籍善本書目》著録。

上海

20736

紹陶録

宋興國（今陽新）王質撰

清順治三年（1646）李際期宛委山堂刻説郛本

《中國古籍善本書目》著録。

國圖　上海　天津　南京　浙江　河南　湖南　廣東

20737

東坡居黄考三卷

清蘄州（今蘄春）陳詩撰

抄本

抄寫時間不詳。罕見著録，流佈甚稀。

蘄春

20738

米襄陽志林十三卷

明范明泰輯

米襄陽遺集一卷海嶽名言一卷寶章待訪録一卷研史一卷

宋襄陽米芾撰　明范明泰輯

明萬曆三十二年（1604）范氏清宛堂刻本

是刻半葉九行，行十八字，白口，左右雙邊。

《中國古籍善本書目》著録。

北大　清華　上海　吉林　吉大　青島博　南京　中大

20739
米襄陽志林十三卷
明范明泰輯
米襄陽遺集一卷海嶽名言一卷寶章待訪録一卷研史一卷
宋襄陽米芾撰　明范明泰輯
明萬曆三十二年（1604）范氏清宛堂刻本　清陳其榮校並跋
《中國古籍善本書目》著録。
蘇州

20740
米襄陽志林十三卷
明范明泰輯
米襄陽遺集一卷海嶽名言一卷寶章待訪録一卷研史一卷
宋襄陽米芾撰　明范明泰輯
明萬曆三十二年（1604）范氏清宛堂刻舞蛟軒重修本
《中國古籍善本書目》著録。
國圖　科院ˣ　南京　天一閣　杭大　安徽博　廣東

20741
米襄陽志林十三卷
明范明泰輯
米襄陽遺集一卷海嶽名言一卷寶章待訪録一卷研史一卷
宋襄陽米芾撰　明范明泰輯
1997年起齊魯書社據明萬曆三十二年（1604）范氏清宛堂刻舞蛟軒重修本影印四庫全書存目叢書本
湖北

20742
海嶽志林一卷
明毛晉輯
清道光十年（1830）長白榮氏刻得月簃叢書本
國圖　科院　華東師大　天津　南京　南大　江西

20743
海嶽志林一卷
明毛晉輯
民國上海進步書局石印筆記小説大觀本
國圖　首都　北師大　上海　華東師大　天津　遼寧　甘肅　南京　浙江　湖北　川大　重慶　雲南

20744
海嶽志林一卷
明毛晉輯
民國二十四年至二十六年（1935—1937）商務印書館鉛印叢書集成初編本
國圖　上海　復旦　遼寧　浙江　江西　湖北

20745
米顛小史八卷
明祝允明撰
清同治二年（1863）金爾珍手抄本
臺圖

20746
北宋晉安林氏兄弟隱居羅田而非蘄春考一卷
民國羅田王葆心撰
稿本
一册。約五萬字。
湖北博

20747
先儒趙子（復）言行録二卷
清安陸陳廷鈞纂述
清同治九年（1870）楚北崇文書局刻本
復字仁甫，宋元之際德安雲夢縣人。宋鄉貢進士，學者稱江漢先生，《元史·儒學》有傳。
國圖　北大　上海　南京　湖北

20748

張乖厓事文録四卷

明應山(今廣水)顔端、徐瀚輯

明弘治三年(1490)邢表、劉忠刻本

是刻半葉十行,行二十字,黑口,四周雙邊。《中國古籍善本書目》著録,僅該館有藏。

國圖

20749

張乖厓事文録四卷

明應山(今廣水)顔端、徐瀚輯

清抄本

《中國古籍善本書目》著録。

上海

20750

懷賢録不分卷

明沈愚輯

龍洲詞一卷

宋襄陽劉過撰

明正統刻弘治增修本

《中國古籍善本書目》著録,僅此二館有藏。

國圖　南京

20751

何公世行三卷

明德安(今安陸)何遷輯

明嘉靖二十五年(1546)刻本

《中國古籍善本書目》著録,僅上海圖書館有藏。考《安陸縣志》載有《世行録》,或即此書。

上海

20752

恩慶集二卷

明蒲圻(今赤壁)廖道南輯

明嘉靖家刻本

是刻半葉十行,行二十字,白口,左右雙邊。《中國古籍善本書目》著録,僅遼寧省圖書館有藏。

遼寧

20753

義勇武安王集八卷

明蘄州(今蘄春)顧問輯

明嘉靖四十三年(1564)顧夢羽刻本

國圖

20754

義勇武安王集八卷

明蘄州(今蘄春)顧問輯

1987—1998年書目文獻出版社據明嘉靖四十三年(1564)顧夢羽刻本影印北京圖書館古籍珍本叢刊本

湖北

20755

少司徒王公(重光)傳一卷

明江夏郭正域撰

明刻本

是刻半葉八行,行十六字,白口,四周單邊。《中國古籍善本書目》著録,僅國家圖書館有藏。

國圖

20756

劉太淑人傳一卷

明江夏郭正域撰

明刻本

是刻半葉八行,行十六字,白口,四周單邊。《中國古籍善本書目》著録,僅寧夏大學圖書館有藏。

寧夏大學

20757

鏡川吴公(璋)配贈淑人蔡氏行狀墓銘一卷

明諸大綬、江陵張居正撰

明刻本

是刻半葉十行,行二十字,白口,四周單邊。《中國古籍善本書目》著録。僅清華大學圖書館有藏。

清華

20758

明都察院右僉都御史張公暨元配王恭人墓誌銘一卷

明京山李維楨撰

行狀一卷

明閻調羹撰

明萬曆刻本

是刻半葉八行，行十六字，白口，四周單邊。《中國古籍善本書目》著録。

國圖

20759

馬將軍傳一卷

明京山李維楨撰

明萬曆刻本

《中國古籍善本書目》著録。

清華　上海

20760

宫省賢聲録四卷

明高曰化輯

明萬曆十五年（1587）楚藩刻本

記江夏郭正域事。《中國古籍善本書目》著録。

上海

20761

袁石公（宏道）遺事録七卷

清公安袁照輯

清同治八年（1869）繼善書屋刻本

國圖　上海

20762

場屋後記一卷

明公安袁宏道撰　錢伯城箋校

1981年上海古籍出版社鉛印中國古典文學·袁宏道集箋校本

湖北

20763

性氣先生熊廷弼傳一卷

清抄本

《中國古籍善本書目》著録。僅該館有藏。

國圖

20764

性氣先生熊廷弼傳不分卷

清抄明季稗乘三種本

《中國古籍善本書目》著録，僅該館有藏。

國圖

20765

明兵部尚書贈太子太保諡恭敏青雷薛公（三才）傳一卷文武官員祭恭敏公奠稿一卷

明江夏賀逢聖等撰

清抄本

浙江

20766

熊經略不分卷

民國武昌管雪齋撰

民國二十五年（1936）鉛印本

湖北

20767

徵聘始末不分卷

明黄梅瞿皐等輯撰

明萬曆三十五年（1607）史學遷刻瞿聘君全集本

《中國古籍善本書目·叢部》著録。

國圖

20768

徵聘本末不分卷

明黄梅瞿皐等輯撰

清抄瞿聘君全集本
湖北

20769
徵聘本末不分卷
明黄梅瞿皐等輯撰
清抄本
《中國古籍總目·史部》著録。
科院

20770
贈言録一卷
明潛江樊王家輯
明萬曆潘文楚刻本
《中國古籍善本書目》著録,僅該館有藏。
國圖

20771
褒忠録七卷
清郝明龍編
清刻本
是書記明末郝景春殉難房縣事。景春字和滿,江蘇江都人,萬曆壬子(1612)舉人,授鹽城教諭。坐事罷歸。旋擢房縣知縣。時張獻忠受撫,尋叛,圍攻房縣縣城。城陷,景春被執,罵敵死,其子鳴鸞同受害。詔贈官建祠,事詳《明史》本傳。清乾隆四十年(1775)賜勝朝殉節諸臣謚,景春謚"忠烈"。明龍爲景春子。藏書單位待訪。參見倫明撰《續修四庫全書總目提要》稿,下同。

20772
褒忠録七卷
清郝明龍編
清乾隆五十二年(1787)郝梅刻本
藏書單位待訪。

20773
褒忠録七卷
清郝明龍編
清道光十八年(1838)刻本
爲其郡人所重刊,有李瑋煜序及瑋煜、阮元所撰《祠紀》,並録乾隆賜謚事弁於卷首。
科院

20774
曾文正公事畧四卷附曾文正公祠雅集圖記一卷
清東湖(今宜昌)王定安撰
清光緒元年(1875)都門刻本
湖北

20775
曾文正公事畧四卷
清東湖(今宜昌)王定安撰
清末刻本
遼寧

20776
曾文正公事畧四卷
清東湖(今宜昌)王定安撰
1966—1987年臺灣文海出版社影印近代中國史料叢刊正編第九十四輯本
湖北

20777
求闕齋弟子記三十二卷
清東湖(今宜昌)王定安撰
清光緒二年(1876)都門琉璃廠刻本
是書專記曾國藩一生政績與咸同兩朝大事。定安爲曾氏弟子,故名"求闕齋弟子記"。其内容:卷一至二恩遇,卷三忠讜,卷四至十平寇,卷十一至十三剿捻,卷十四撫降,卷十五馭練,卷十六至十八綏柔,卷十九至二十志操,卷二十一至二十二文學,卷二十三至二十四軍謨,卷二十五至二十六家訓,卷二十七至三十吏治,卷三十一至三十二哀榮。
湖北

20778

求闕齋弟子記三十二卷

清東湖（今宜昌）王定安撰

1966—1987年臺灣文海出版社據清光緒二年（1876）都門琉璃廠刻本影印近代中國史料叢刊正編第六輯本

湖北

20779

求闕齋弟子記三十二卷

清東湖（今宜昌）王定安撰

2002年上海古籍出版社據清光緒二年（1876）玻璃廠刻本影印續修四庫全書本

湖北

20780

求闕齋弟子記三十二卷

清東湖（今宜昌）王定安撰

抄本

南京

20781

求闕齋弟子記不分卷

清東湖（今宜昌）王定安撰

清抄本

湖南

20782

曾文正公大事記四卷

清東湖（今宜昌）王定安撰

清光緒二年（1876）上海申報館鉛印本

國圖　北大　上海

20783

曾文正公大事記四卷

清東湖（今宜昌）王定安撰

清光緒十三年（1887）鴻文書局鉛印本

國圖

20784

曾文正公大事記四卷

清東湖（今宜昌）王定安撰

清光緒十六年（1890）廣百宋齋鉛印本

國圖

20785

曾文正公大事記四卷

清東湖（今宜昌）王定安撰

清光緒二十九年（1903）上海鴻寶書局石印本

國圖

20786

曾文正公大事記四卷

清東湖（今宜昌）王定安撰

清光緒刻本

係《曾文正公家書》之附刻。

湖北

20787

曾文正公大事記四卷

清東湖（今宜昌）王定安撰

清光緒著易堂鉛印本

上海

20788

曾文正公大事記四卷

清東湖（今宜昌）王定安撰

清光緒長沙刻本

上海

20789

曾文正公大事記四卷

清東湖（今宜昌）王定安撰

清宣統元年（1909）章福記書局石印本

國圖

20790
曾文正公大事記二卷
清東湖(今宜昌)王定安撰
1976—1987年臺灣文海出版社據曾文正公全集本影印近代中國史料叢刊續編第一輯本
湖北

20791
孝鳳府君(王家璧)行狀一卷
清武昌(今鄂州)王世驤、王世嶟撰
底稿本
世驤家璧子。清光緒九年(1883)正月十五日誥授朝議大夫光禄寺少卿王家璧卒於官,其子世驤撰此行狀。後附墓誌銘。是書現存稿本、抄本、刻本。
湖北

20792
孝鳳府君(王家璧)行狀一卷
清武昌(今鄂州)王世驤、王世嶟撰
清抄本
湖北

20793
先考孝鳳府君(王家璧)行狀一卷
清武昌(今鄂州)王世驤、王世嶟撰
清光緒九年(1883)刻本
上海

20794
劉武慎公(長佑)行狀一卷
清東湖(今宜昌)王定安撰
清光緒十六年(1890)金陵刻劉武慎公遺書本
國圖 首都 北大 上海 復旦 天津 遼寧 南京 浙江 江西 湖北 桂林 重慶

20795
劉武慎公(長佑)行狀一卷
清東湖(今宜昌)王定安撰
1966—1987年臺灣文海出版社據清光緒十六年(1890)金陵刻劉武慎公遺書本影印近代中國史料叢刊正編第二十五輯本
湖北

20796
李武愍公傳不分卷
民國羅田王葆心撰
稿本
散葉待裝。約萬字。記其鎮壓太平天國事。
湖北博

20797
忠義録(清漢陽汪傳懿殉難傳狀詩文)一卷
清漢陽汪家政輯
清同治九年(1870)刻本
湖北

20798
英山倒掛巖烈婦奇蹟考一卷
民國羅田王葆心撰
稿本
一册。約四千五百字。
湖北博

20799
文文忠公(祥)事略一卷
清黄岡洪良品等校
1966—1987年臺灣文海出版社影印近代中國史料叢刊正編本
陽海清《中國叢書廣録》著録。
湖北

20800
鄉賢寶録一卷
清□□輯
清刻本
是書爲清隨州拔貢朱奇生崇祀鄉賢題奏印結録。
湖北

20801
恭祝誥授光禄大夫頭品頂戴兵部尚書湖廣總督廣雅公六袠壽序一卷
清蘄州（今浠水）童樹棠撰
清光緒二十二年（1896）刻本
國圖

20802
鄭春園行述一卷
清江陵鄭世燧等撰
清光緒十年（1884）刻本
《販書偶記》著録。藏書單位待訪。

20803
天均巵言一卷
清蘄水（今浠水）郭階撰
清光緒十五年（1889）蘄水郭氏自刻春暉雜稿本
國圖　科院　北大　上海　遼寧　甘肅　福建師大　江西　湖北

20804
張文襄公治鄂記不分卷
枝江張繼煦撰
民國三十六年（1947）湖北通志館鉛印本
本書分爲十三節，一至十一記政績；十二記離鄂後之思；十三爲附録，包括傳、軼事、嘉言録、大事表。雖成書較晚，但其全面反映了張氏治鄂政績。
湖北

20805
黄陂範貞女熙芝行述一卷
清黄陂范熙壬撰
清刻本
湖北

20806
丁禹廷（汝昌）軍門傳一卷
民國蘄州（今蘄春）陳詩撰
民國鉛印本
係《盧江縣志》稿。
上海

20807
漢陽田公哀輓録四卷
民國北京京華書局印本
田公名文烈（1853—1924），字焕廷。
湖北

20808
蘄水湯先生（化龍）遺念録一卷
1966—1987年臺灣文海出版社據民國鉛印本影印近代中國史料叢刊續編第二十六輯本
湖北

20809
先考受伯父虐待紀略一卷
天門劉泥清撰
稿本
參閲《中南、西南地區省、市圖書館館藏古籍稿本提要（附鈔本聯合目録）》。
武漢

20810
姚彦長（晉圻）先生事略一卷
民國湯化龍等輯
民國鉛印本
湖北

年譜之屬

20811
孔子年譜一卷
民國陽新石榮暲編
民國十七年（1928）鉛印本
國圖

20812
曾參年譜一卷
清孝感熊賜履編
抄本
上海

20813
卜子夏年譜一卷
民國羅田王葆心撰
稿本
一册。約六萬四千字。
湖北博

20814
屈原年表一卷
張松儒編
民國油印本
國圖

20815
三國蜀諸葛忠武侯（亮）年表一卷
清麻城張鵬翮輯
1981—1982年臺北商務印書館鉛印新編中國名人年譜集成本

20816
陶栗里年譜一卷
宋興國（今陽新）王質撰
民國劉師培編歷代名人年譜大成稿本
臺圖

20817
陶淵明年譜
宋興國（今陽新）王質等撰　許逸民校輯
1986年上海古籍出版社鉛印年譜叢刊本

20818
張江陵年譜一卷
漢口楊鐸撰
民國二十七年（1938）上海商務印書館鉛印中國史學叢書本
藏書單位待訪。

20819
明張江陵先生（居正）年譜一卷
漢口楊鐸撰
1981—1982年臺北商務印書館鉛印新編中國名人年譜集成本

20820
昭明太子（蕭統）年譜一卷附録一卷
胡宗楙編
民國二十一年（1932）永康胡氏夢選樓刻本
國圖　上海

20821
庾子山（信）年譜一卷
清倪璠編
清康熙刻本
上海　遼寧

20822
庾子山（信）年譜一卷
清倪璠編
民國十二年（1923）沔陽盧氏慎始基齋據清康熙刻本影印湖北先正遺書本
國圖　科院　北大　上海　天津　遼寧　寧夏　山東　南京　浙江　湖北　四川

20823
庚子山(信)年譜一卷
清倪璠編
清乾隆二十八年(1763)抄摛藻堂四庫全書薈要本
故宫

20824
庚子山(信)年譜一卷
清倪璠編
清四庫全書本
國圖　甘肅　浙江　臺北故宫
1983年臺北商務印書館影印清文淵閣四庫全書本
湖北
1989年上海古籍出版社縮印臺北商務印書館影印清文淵閣四庫全書本
國圖　武漢

20825
庚子山(信)年譜一卷
清倪璠編
民國二十五年(1936)上海古籍出版社鉛印四部備要本
國圖　首都　北大　上海　復旦　天津　遼寧　甘肅　南京　浙江　江西　湖北　四川　重慶　雲南

20826
庚子山(信)年譜一卷
清倪璠編
民國二十五年(1936)上海古籍出版社縮印四部備要本
北師大　上海　華東師大　上海辭書　浙江　江西　湖北　廣西　重慶

20827
庚子山(信)年譜一卷
民國□□撰
民國劉師培編歷代名人年譜大成稿本
臺圖

20828
金正希(聲)年譜一卷
清嘉魚金承鈺、劉洪烈編
清光緒二十三年(1897)兩湖書院木活字印本
國圖　遼寧

20829
金正希(聲)年譜一卷
清嘉魚金承鈺、劉洪烈編
清光緒二十三年(1897)兩湖書院木活字印本　胡適標點
上海

20830
金正希(聲)年譜一卷附録一卷
清程錫類編
附札記一卷
金兆潘撰
民國十七年(1928)思貽堂刻本
上海

20831
金正希(聲)年譜一卷
清李宗媚編
清末抄本
國圖

20832
米海嶽(芾)年譜一卷
清翁方綱編
清乾隆嘉慶間刻蘇齋叢書本
科院　北大　北師大　上海　復旦　南京　南大　杭大　川大

20833
米海嶽（芾）年譜一卷
清翁方綱編
清咸豐五年（1855）刻粵雅堂叢書本
國圖　科院　上海　復旦　天津　遼寧　甘肅　南京　浙江　湖北　武大　四川　重慶

20834
米海嶽（芾）年譜一卷
清翁方綱編
清抄本
北大

20835
米海嶽（芾）年譜一卷
清翁方綱編
劉師培編歷代名人年譜大成稿本
臺圖

20836
升庵年譜一卷附遺事一卷集畧一卷寄贈一卷
清江夏程封撰
方樹梅撰輯學山樓叢書未刊稿本
封字伯建，號石門，順治拔貢生，官雲南按察司經歷。
雲南

20837
重編張文襄公年譜六卷
沔陽（今仙桃）胡鈞纂
民國二十八年（1939）鉛印本
湖北

20838
三袁先生（宗道、宏道、中道）年表一卷
清葛萬里編
清刻葛萬里雜著本
國圖　北大

20839
袁中郎（袁宏道）年譜一卷
□□編
抄本
國圖

20840
胡承諾年譜一卷
清景陵（今天門）胡承諾自撰
清道光十六年（1836）刻本
北師大

20841
胡承諾年譜一卷
清景陵（今天門）胡承諾自撰
清光緒十七年（1891）三餘草堂刻湖北叢書本
係《讀書説》之附。
國圖　科院　北大　上海　復旦　天津　遼寧　甘肅　南京　浙江　湖北　雲南

20842
胡承諾年譜一卷
清景陵（今天門）胡承諾自撰
民國二十四年至二十六年（1935—1937）上海商務印書館鉛印叢書集成初編本
國圖　清華　北師大　上海　復旦　吉林市　甘肅　南大　浙江　江西　湖北　桂林　四川　重慶　雲南

20843
青城山人（關槐）年譜一卷
清黄岡李鈞簡等編
清嘉慶十三年（1808）刻本
鈞簡受業於關槐。槐爲仁和人。《販書偶記》著録。收藏單位待訪。

20844
鄂城柯尚書(逢時)年譜不分卷
民國大冶殷應庚纂　柯方鉞輯
民國十二年(1923)石印本
應庚爲逢時之甥。
湖北

20845
鄂城柯尚書(逢時)年譜一卷
民國大冶殷應庚纂　柯方鉞輯
抄本
上海

20846
萬青軒先生(斛泉)年譜一卷
清興國(今陽新)張鼎元編
清光緒三十二年(1906)疊山書院刻萬青軒全書本
鼎元字兼甫,興國人。青軒,萬斛泉之號也。篤守程朱之學,隱居授徒。曾國藩聘赴大營參贊軍事,不就。胡林翼奏舉隱逸,給七品頂戴。涂宗瀛又奏"講學進修,老而彌篤",給國子監博士銜。張之洞又合奏"學行端純,一鄉感化",給五品銜。卒年七十七。斛泉平生不曾應試,且不授弟子以舉業,其弟子俱不求仕進,在清代理學諸儒中未之有也。斯譜於斛泉學行標舉甚略,而全録曾、胡奏稿。前有門人胡元吉序。
國圖　南大　湖北

20847
萬青軒先生(斛泉)年譜一卷
清興國(今陽新)張鼎元編
清抄本
與《尉山堂稿》合爲一編。
中國社科院文學所

20848
王之斌自紀年譜一卷
清黄陂王之斌撰
清同治刻本
之斌字粹珊,清道光九年(1829)進士,官至歸德知府。有《知退軒詩文集》,未見。
上海

20849
陳秋門先生年譜一卷
民國陽新石榮暲編
民國十六年(1927)鉛印本
秋門先生諱光亨,字衡書,别字秋門,湖北興國州(今陽新縣)人。生於清嘉慶二年(1797),卒於光緒三年(1877)。
湖北

20850
曾忠襄公(國荃)年譜四卷
清東湖(今宜昌)王定安撰　清蕭榮爵增訂
曾忠襄公(國荃)榮哀録二卷
清蕭榮爵輯
清光緒二十九年(1903)刻曾忠襄公全集本
湖北

20851
清曾忠襄公(國荃)年譜四卷
清東湖(今宜昌)王定安撰　清蕭榮爵增訂
1981—1982年臺北商務印書館鉛印新編中國名人年譜集成本

20852
曾忠襄公(國荃)年譜四卷
清東湖(今宜昌)王定安編　清蕭榮爵增訂
1966—1987年臺灣文海出版社影印近代中國史料叢刊正編第十一輯本
與《曾忠襄公撫晉批牘》等合爲二册。
湖北

20853
曾忠襄公(國荃)年譜四卷
清東湖(今宜昌)王定安撰　清蕭榮爵增訂
1966—1987年臺灣文海出版社據清光緒九年(1883)刻曾忠襄公全集本影印近代中國史料叢刊分類選集本
施廷鏞《中國叢書綜録續編》著録。

20854
曾忠襄公(國荃)年譜四卷
清東湖(今宜昌)王定安撰
1969年臺灣廣文書局鉛印中國歷代名人年譜彙編本
施廷鏞《中國叢書綜録續編》著録。

20855
郭光禄公(沛霖)年譜二卷行述一卷
清蘄水(今浠水)郭階撰
清咸豐十年(1860)刻本
北大　遼寧

20856
先光禄公(沛霖)年譜二卷行述一卷
清蘄水(今浠水)郭階撰
清光緒十三年(1887)刻本
南京

20857
鄰蘇老人年譜二卷
民國宜都楊守敬撰　熊會貞補述
民國四年(1915)石印本
楊氏官黄州日,於城北蘇東坡所遊之赤壁築園名鄰蘇,自號鄰蘇老人。是譜楊氏記至辛亥十一日止,其後應大總統之召爲顧問,又爲參政,卒於民國乙卯,則爲門人熊會貞所補也。
湖北

20858
鄰蘇老人年譜(一名楊守敬年譜)不分卷
民國宜都楊守敬撰　熊會貞補述
民國二十二年(1933)上海大陸書局鉛印近代名人年譜叢刊本
湖北

20859
鄰蘇老人年譜
民國宜都楊守敬自述　熊會貞續編
1976—1987年臺灣文海出版社據民國排印本影印近代中國史料叢刊正編第七十六輯本
湖北

20860
鄰蘇老人年譜
郗志裴整理
1996年湖北人民出版社湖北教育出版社鉛印楊守敬集本
湖北

日記之屬

20861
珂雪齋遊居柿録(一名珂雪齋外集)十三卷
明公安袁中道撰
明刻本
是刻半葉九行,行十八字,白口,四周單邊。《中國古籍善本書目》著録,僅復旦藏有全帙。
北大×　復旦　重慶×

20862
袁小修日記(一名珂雪齋外集,又名遊居柿録)十三卷[明萬曆三十六年至四十五年(1608—1617)]
明公安袁中道撰
清抄本
國圖

20863
袁小修日記（一名珂雪齋外集，又名遊居柿録）十三卷
明公安袁中道撰
民國二十四年（1935）上海貝葉山房鉛印中國文學珍本叢書第一輯本
當年既有初版又有再版，參見陽海清《中國叢書廣録》。
首都　清華　遼寧　山東大

20864
鄂行日記一卷［清光緒三年（1877）］
清潘鍾瑞撰
稿本　清雷浚跋
上海

20865
鄂行日記二卷
清潘鍾瑞撰
清光緒長洲潘氏刻香禪精舍集本
國圖　科院　北大　上海　復旦　天津　遼寧　甘肅　南京　湖北　武大　重慶

20866
西征日記一卷［清同治元年至十二年（1862—1873）］
清恩施饒應祺撰
稿本
《中國古籍善本書目》著録。
中央民大

20867
籌筆編不分卷［清光緒二十九年至三十年（1903—1904）］
清張之洞撰
稿本
著者時任湖廣總督。
上海

20868
左笏卿日記（清光緒二十九年至民國十六年（1903—1927））不分卷
民國應山（今廣水）左紹佐撰
稿本
左紹佐字笏卿。清末以言官寓京師，通醫道，佞佛，能詩。與樊增祥、易實甫、李伯虔、張次山等人往還。辛亥鼎革之際，避地上海。民國三年（1914）經黎元洪介紹，入國史館。次年回到北京，再未離開。斯編多達一百三十六册，惜前五册佚去。沔陽盧弼於《藝苑叢抄序》中稱其爲"精抄傑構，希世之珍"。可參閲《中南、西南地區省、市圖書館館藏古籍稿本提要（附鈔本聯合目録）》中陽海清所撰提要。
湖北

20869
黄季剛手寫日記不分卷
民國蘄春黄侃撰　潘重規編
1977年臺北學生書局影印本
程千帆先生云："《黄季剛手寫日記》，潘重規編，1977年6月臺北學生書局出版。先師日記，大部分毁於抗日戰爭中，手稿存者，惟此而已，彌足珍貴。黄目（注：指黄焯《黄季剛先生遺著目録》亦著録傳抄本日記若干册，與此相較，似無重複。當可合輯出版，亦先師之碎金也。"

20870
手寫斷片日記不分卷
民國蘄春黄侃撰
輯者手稿本
武大中文系

20871
圍城日記杏軒偶録彙刊不分卷
民國安陸卓從乾撰
民國二十一年（1932）鉛印本
湖北

傳記類

姓名之屬

20872
姓彙四卷
明應城陳士元撰
明萬曆十一年(1583)自刻歸雲别集本
是刻半葉九行,行二十字,白口,四周單邊。《中國古籍善本書目》著録。《四庫全書總目》入"子部·類書類存目"。
國圖　北大　祁縣 ˣ

20873
姓彙四卷
明應城陳士元撰
1997年起齊魯書社據明萬曆十一年(1583)自刻歸雲别集本影印四庫全書存目叢書本
湖北

20874
姓彙四卷
明應城陳士元撰
清道光十三年(1833)應城吴毓梅刻歸雲别集本
國圖　科院　上海　復旦　天津　遼寧　陝西　山東　南京　浙江　湖北　武大　四川

20875
姓觿十卷
明應城陳士元撰
明萬曆十一年(1583)自刻歸雲别集本
《中國古籍善本書目》著録。
國圖　北大　祁縣 ˣ

20876
姓觿十卷
明應城陳士元撰
1997年起齊魯書社據明萬曆十一年(1583)自刻歸雲别集本影印四庫全書存目叢書本
湖北

20877
姓觿十卷
明應城陳士元撰
清道光十三年(1833)應城吴毓梅刻歸雲别集本
國圖　科院　上海　復旦　天津　遼寧　陝西　山東　南京　浙江　湖北　武大　四川

20878
姓觿十卷附録一卷
明應城陳士元撰
抄本
臺圖

20879
姓觿十卷附録一卷
明應城陳士元撰
劄記一卷
清黄岡丁兆松撰
清光緒十七年(1891)三餘草堂刻湖北叢書本
國圖　科院　北大　上海　復旦　天津　遼寧　甘肅　南京　浙江　湖北　雲南

20880
姓觿十卷附録一卷劄記一卷
明應城陳士元撰
刊誤一卷
清京山易本烺撰
清光緒十七年(1891)三餘草堂刻湖北叢書本
國圖　科院　北大　上海　復旦　天津　遼寧　甘肅　南京　浙江　湖北　雲南

20881
姓觿十卷附録一卷
明應城陳士元撰
劄記一卷
清黄岡丁兆松撰
刊誤一卷
清京山易本烺撰
民國二十四年至二十六年(1935—1937)上海商務印書館鉛印叢書集成初編本
國圖 北師大 上海 復旦 遼寧 甘肅 浙江 湖北 武大 四川 重慶

20882
姓觿刊誤一卷劄記一卷
清黄岡丁兆松撰
清光緒十七年(1891)三餘草堂刻湖北叢書本
湖北

20883
姓觿刊誤一卷劄記一卷
清黄岡丁兆松撰
民國二十四年至二十六年(1935—1937)上海商務印書館排印叢書集成初編本
湖北

20884
姓觿琹誤一卷
清京山易本烺撰
清光緒十七年(1891)三餘草堂刻湖北叢書本
國圖 科院 北大 上海 復旦 天津 遼寧 甘肅 南京 浙江 湖北 雲南

20885
姓觿琹誤一卷
清京山易本烺撰
民國二十四年至二十六年(1935—1937)上海商務印書館鉛印叢書集成初編本
國圖 北師大 上海 復旦 遼寧 哈爾濱 甘肅 山東大 南大 浙江 湖北 四川 重慶

20886
名疑集四卷
明應城陳士元撰
明萬曆十一年(1583)自刻歸雲别集本
是刻半葉九行,行二十字,白口,四周單邊。《中國古籍善本書目》著録。入《四庫全書·子部·類書類》,題名《名疑》。
國圖 北大 祁縣 ×

20887
名疑集四卷
明應城陳士元撰
清道光三年(1823)應城吴毓梅刻歸雲别集本
國圖 科院 上海 復旦 天津 遼寧 陜西 山東 南京 浙江 湖北 武大 四川

20888
名疑集四卷
明應城陳士元撰
清光緒十七年(1891)三餘草堂刻湖北叢書本
國圖 科院 北大 上海 復旦 天津 遼寧 甘肅 南京 浙江 湖北 雲南

20889
名疑四卷
明應城陳士元撰
清四庫全書本
國圖 甘肅 浙江 臺北故宫
1983年臺北商務印書館影印清文淵閣四庫全書本
湖北
1989年上海古籍出版社縮印臺北商務

印書館影印清文淵閣四庫全書本

國圖　武漢

20890

名疑四卷

明應城陳士元撰

清嘉慶虞山張氏刻借月山房彙抄本

科院　浙江

20891

名疑四卷

明應城陳士元撰

民國九年（1920）上海博古齋影印清嘉慶張氏刻借月山房彙抄本

國圖　首都　北大　上海　復旦　天津　遼寧　南京　湖北　武大　四川　重慶

20892

名疑四卷

明應城陳士元撰

清道光金山錢氏據借月山房彙抄刊版重編增刻指海本

《中國古籍善本書目》著録。

國圖　清華　上海　上海辭書　南京　南大　浙江

20893

名疑四卷

明應城陳士元撰

民國二十四年（1935）上海大東書局影印清道光錢氏據借月山房彙抄刊版重編增刻指海本

國圖　科院　北大　上海　復旦　天津　遼寧　南京　浙江　湖北　江西　四川　重慶

20894

名疑四卷

明應城陳士元撰

清道光三年（1823）上海陳氏據借月山房彙抄刊版重編澤古齋重抄本

國圖　科院　南京　河南

20895

名疑四卷

明應城陳士元撰

清道光二十六年（1846）金山錢氏據借月山房彙抄刊版重編式古居彙抄本

上海

家傳之屬

20896

郭光禄公家傳一卷

清胡增廓撰

國史館（郭沛霖）傳一卷

清光緒十五年（1889）蘄水郭氏刻春暉雜稿附刻本

國圖　科院　北大　上海　遼寧　甘肅　福建師大　湖北　江西

20897

蘄水郭公家乘摘録一卷

蘄水（今浠水）郭潮等述

蘄水郭氏抄本

潮爲光緒生員。主要記録郭沛霖、郭用賓、郭用儀、郭用中事蹟。

湖北

20898

秀東高公家傳一卷

清監利王柏心撰

清同治刻本

國圖　上海

20899

王氏家談二卷

清武昌(今鄂州)王家璧撰述

稿本

《王家璧雜著九種》之一,《中國古籍善本書目》著録。是稿記鄂東王氏有一定影響的歷代人物五十四人之言行,起泰州同知王思旻,止王家璧本人。先於"釋名",記其字號、科第、官職;復仿《世説新語》標目三十有八,記其言行。史料詳於方志、家乘。陽海清寫有提要,載《中南、西南地區省、市圖書館館藏古籍稿本提要(附鈔本聯合目録)》中。

湖北

20900

王仲笠家傳一卷

民國羅田王葆心撰

稿本

一册。約二千字。

湖北博

20901

皮子世録

唐襄陽皮日休撰

清順治三年(1646)李際期宛委山堂刻説郛本

《中國古籍善本書目》著録。

國圖　首都　上海　復旦　天津　吉林　南京　浙江　江西　福建　河南　湖南　中大　重慶　雲南

20902

湖北安襄鄖荆兵備道盛公(植型)家傳一卷

陳三立撰

民國間石印本

上海

科舉録之屬

20903

皇明浙士登科考十卷首一卷

明應城陳士元撰

明萬曆三十一年(1603)刻萬曆天啓補刻本

是刻本葉九行,行二十字,白口,四周單邊。《中國古籍善本書目》著録,僅國家圖書館有藏。

國圖

20904

嘉靖八年(1529)己丑科進士同年便覽録一卷

明羅田張明道輯

明澹然齋抄本

明道字希程,明嘉靖八年(1529)進士,累官江西按察副使。另著有《學易稿》《詩經發蒙》《春秋大旨》《通鑑綱目發明》《玉泉集》等,未見。

上海

20905

清康熙四十二年(1703)癸未科會試薦卷一卷

清應城毛三伐撰

清康熙刻本

三伐字倩如,康熙三十八年(1699)舉人,官均州學正、安陸教授。據《應城縣志》載其《眉翁詩文集》《松游草》,未見。

國圖

20906

道光二年(1822)壬午恩科會試硃卷一卷

清蘄水(今浠水)蔡紹洛撰

清道光刻本

紹洛字蓮橋,清道光二年(1822)進士,歷官御史，授天津知府。

國圖　上海

20907

道光十六年（1836）丙申恩科會試硃卷一卷

清蘄水（今浠水）郭沛霖撰

清道光間刻本

上海

20908

道光二十四（1844）甲辰科會試硃卷（王柏心殿試卷）一卷

清監利王柏心撰

稿本

此係作者道光二十四年（1844）應試進士之試卷。主要論述“端士風、廣屯田、議錢法諸大政”。書內第二摺鈐滿文騎縫銅印。

湖北

20909

道光二十四年（1844）甲辰科會試硃卷一卷附道光十九年（1839）己亥科順天鄉試硃卷一卷

清武昌（今鄂州）王家璧撰

清道光刻本

上海

20910

光緒九年（1883）癸未科會試硃卷一卷

清武昌柯逢時撰

清光緒刻本

國圖

20911

成化七年（1471）湖廣鄉試録一卷

明成化刻本

天一閣

20912

成化十六年（1480）湖廣鄉試録一卷

明成化刻本

天一閣

20913

弘治二年（1489）湖廣鄉試録一卷

明弘治刻本

臺圖

20914

弘治五年（1492）湖廣鄉試録一卷

明弘治刻本

天一閣

20915

弘治十一年（1498）湖廣鄉試録一卷

明弘治刻本

天一閣

20916

正德十一年（1516）湖廣鄉試録一卷

明正德刻本

天一閣

20917

正德十四年（1519）湖廣鄉試録一卷

明正德刻本

天一閣

20918

嘉靖七年（1528）湖廣鄉試録一卷

明嘉靖刻本

天一閣

20919

嘉靖十年（1531）湖廣鄉試録一卷

明嘉靖刻本

天一閣

20920
嘉靖十九年（1540）湖廣鄉試録一卷
明嘉靖刻本
天一閣

20921
嘉靖二十二年（1543）湖廣鄉試録一卷
明嘉靖刻本
天一閣

20922
嘉靖二十五年（1546）湖廣鄉試録一卷
明嘉靖刻本
天一閣

20923
嘉靖三十一年（1552）湖廣鄉試録一卷
明嘉靖刻本
天一閣

20924
嘉靖三十七年（1558）湖廣鄉試録一卷
明嘉靖刻本
天一閣

20925
萬曆元年（1573）湖廣鄉試録一卷
明萬曆刻本
天一閣

20926
萬曆十年（1582）湖廣鄉試録一卷
明萬曆刻本
天一閣

20927
雍正十三年（1735）湖廣鄉試録一卷
清雍正刻本
國圖

20928
乾隆四十八年（1783）湖北鄉試録一卷
清乾隆刻本
南京

20929
道光二十四年（1844）甲辰恩科鄉試同齒録一卷
清道光刻本
國圖

20930
同治元年（1862）壬戌恩科補行辛酉科湖北鄉試齒録不分卷
清同治刻本
上海　南京

20931
同治元年（1862）壬戌恩科補行咸豐十一年（1861）辛丑正科湖北鄉試同年齒録不分卷
清同治刻本
上海

20932
同治六年（1867）丁卯湖北武鄉試録一卷
清同治刻本
國圖

20933
同治九年（1870）湖北武鄉試録一卷
清同治抄本
國圖

20934
光緒二年（1876）丙子正科湖北鄉試題名録一卷
清光緒刻本
國圖

20935
光緒五年（1879）己卯科湖北鄉試録一卷
清光緒刻本
國圖

20936
光緒十一年（1885）己酉科湖北鄉試題名録一卷
清光緒刻本
國圖

20937
光緒十四年（1888）戊子正科湖北文鄉試録一卷
清光緒刻本
國圖

20938
光緒十四年（1888）戊子科湖北鄉試題名録一卷
清光緒刻本
國圖

20939
光緒十五年（1889）己丑恩科湖北鄉試同年齒録不分卷
清光緒刻本
國圖

20940
光緒十五年（1889）己丑恩科湖北武闈鄉試録一卷
清光緒刻本
南京

20941
光緒十七年（1891）辛卯科湖北鄉試録不分卷
清光緒刻本
南京

20942
光緒十七年（1891）辛卯科湖北鄉試題名録一卷
清光緒刻本
國圖

20943
光緒十九年（1893）癸巳恩科湖北鄉試録一卷
清光緒刻本
國圖

20944
光緒十九年（1893）癸巳恩科湖北鄉試題名録一卷
清光緒刻本
國圖

20945
光緒二十八年（1902）壬寅補行庚子辛丑恩正併科湖北鄉試録一卷
清光緒刻本
國圖

20946
光緒二十九年（1903）癸卯恩科湖北鄉試題名録一卷
清光緒刻本
上海

20947
萬曆三十一年（1603）癸卯科鄉試題一卷
明萬曆刻本
國圖

20948
乾隆辛丑酉山東鄉試録一卷
清黄岡萬年茂等編

清乾隆六年（1741）刻本
《販書偶記》著録。藏書單位待訪。

20949
道光五年（1825）乙酉科湖北鄉試硃卷一卷
清漢陽黄文琛撰
清道光刻本
上海

20950
道光八年（1828）戊子科鄉試硃卷一卷
清蔣德瀼撰
清道光刻本
上海

20951
道光二十三年（1843）癸卯科湖北鄉試硃卷一卷
清萬裕鵬撰
清道光刻本
上海

20952
道光二十九年（1849）己酉科湖北鄉試硃卷一卷
清汪登瀛撰
清道光刻本
上海

20953
咸豐元年（1851）辛亥恩科湖北鄉試硃卷一卷
清姚有惠撰
清咸豐刻本
上海

20954
咸豐元年（1851）辛亥恩科湖北鄉試硃卷一卷
清袁惟㲄撰
清咸豐刻本
上海

20955
咸豐元年（1851）辛亥恩科湖北鄉試硃卷一卷
清鍾祥黄元善撰
清咸豐刻本
上海

20956
咸豐元年（1851）辛亥恩科湖北鄉試硃卷一卷
清朱景暉撰
清咸豐刻本
上海

20957
咸豐元年（1851）辛亥恩科湖北鄉試硃卷一卷
清公安張澤銑撰
清咸豐刻本
上海

20958
咸豐元年（1851）辛亥恩科湖北鄉試硃卷一卷
清徐恕曾撰
清咸豐刻本
上海

20959
咸豐八年（1858）戊午科並補行五年乙卯科湖北鄉試硃卷一卷
清石潤金撰
清咸豐刻本
上海

20960
同治元年(1862)壬戌恩科並補行咸豐十一年(1861)辛酉科湖北鄉試硃卷一卷
清張相宇撰
清同治刻本
上海

20961
同治元年(1862)壬戌恩科並補行咸豐十一年(1861)辛酉科湖北鄉試硃卷一卷
清葉啓淦撰
清同治刻本
上海

20962
同治元年(1862)壬戌恩科並補行咸豐十一年(1861)辛酉科湖北鄉試硃卷一卷
清王毓藻撰
清同治刻本
上海

20963
同治元年(1862)壬戌恩科並補行咸豐十一年(1861)辛酉科湖北鄉試硃卷一卷
清崔德璋撰
清同治刻本
上海

20964
同治元年(1862)壬戌恩科並補行咸豐十一年(1861)辛酉科湖北鄉試硃卷一卷
清尹克墨撰
清同治刻本
上海

20965
同治元年(1862)壬戌恩科並補行咸豐十一年(1861)辛酉科湖北鄉試硃卷一卷
清朱國錕撰
清同治刻本
上海

20966
同治元年(1862)壬戌恩科並補行咸豐十一年(1861)辛酉科湖北鄉試硃卷一卷
清闞棟撰
清同治刻本
國圖

20967
同治元年(1862)壬戌恩科並補行咸豐十一年(1861)辛酉科湖北鄉試硃卷一卷
清周楚善撰
清同治刻本
國圖

20968
鄰蘇老人鄉試硃卷
民國宜都楊守敬撰　董國剛整理
1996年湖北人民出版社、湖北教育出版社鉛印楊守敬集本
同治元年(1862)舉人。
湖北

20969
同治三年(1864)甲子科湖北鄉試硃卷一卷
清陳巍煥撰
清同治刻本
上海

20970
同治三年(1864)甲子科湖北鄉試硃卷一卷
清李炳釁撰
清同治刻本
上海

20971
同治三年（1864）甲子科湖北鄉試硃卷一卷
清喻瑮烈撰
清同治刻本
上海

20972
同治三年（1864）甲子科湖北鄉試硃卷一卷
清嚴用勷撰
清同治刻本
上海

20973
同治三年（1864）甲子科湖北鄉試硃卷一卷
清劉鳳書撰
清同治刻本
上海

20974
同治三年（1864）甲子科湖北鄉試硃卷一卷
清荆門方瑞麟撰
清同治刻本
上海

20975
同治三年（1864）甲子科湖北鄉試硃卷一卷
清傅昇撰
清同治刻本
上海

20976
同治三年（1864）甲子科湖北鄉試硃卷一卷
清李鏡蓉撰
清同治刻本
上海

20977
同治三年（1864）甲子科湖北鄉試硃卷一卷
清鄭桃枝撰
清同治刻本
上海

20978
同治三年（1864）甲子科湖北鄉試硃卷一卷
清漢陽孫永治撰
清同治刻本
上海

20979
同治三年（1864）甲子科湖北鄉試硃卷一卷
清萬鳴珂撰
清同治刻本
上海

20980
同治三年（1864）甲子科湖北鄉試硃卷一卷
清劉鳳金撰
清同治刻本
上海

20981
同治六年（1867）丁卯科湖北鄉試硃卷一卷
清楊建道撰
清同治刻本
上海

20982
同治六年(1867)丁卯科湖北鄉試硃卷一卷
清劉秉謙撰
清同治刻本
上海

20983
同治六年(1867)丁卯科湖北鄉試硃卷一卷
清李蟠撰
清同治刻本
上海

20984
同治六年(1867)丁卯科湖北鄉試硃卷一卷
清萬際循撰
清同治刻本
上海

20985
同治六年(1867)丁卯科湖北鄉試硃卷一卷
清熊奉章撰
清同治刻本
上海

20986
同治六年(1867)丁卯科湖北鄉試硃卷一卷
清郭爲光撰
清同治刻本
上海

20987
同治九年(1870)庚午科湖北鄉試硃卷一卷
清汪引禾撰
清同治刻本
上海

20988
同治九年(1870)庚午科湖北鄉試硃卷一卷
清武昌柯逢時撰
清同治刻本
上海

20989
同治九年(1870)庚午科湖北鄉試硃卷一卷
清盧鍾澤撰
清同治刻本
上海

20990
同治九年(1870)庚午科湖北鄉試硃卷一卷
清許紹沆撰
清同治刻本
上海

20991
同治九年(1870)庚午科湖北鄉試硃卷一卷
清武昌涂椿齡撰
清同治刻本
上海

20992
同治十二年(1873)癸酉科湖北鄉試硃卷一卷
清蔡榮堃撰
清同治刻本
上海

20993
同治十二年(1873)癸酉科湖北鄉試硃卷一卷
清劉長謙撰

清同治刻本
上海

20994
同治十二年(1873)癸酉科湖北鄉試硃卷一卷
清陳臯言撰
清同治刻本
上海

20995
同治十二年(1873)癸酉科湖北鄉試硃卷一卷附同治十二年(1873)癸酉科湖北選拔貢卷一卷
清戴洪禧撰
清同治刻本
上海

20996
同治十二年(1873)癸酉科湖北鄉試硃卷一卷
清穆克登佈撰
清同治刻本
上海

20997
同治十二年(1873)癸酉科湖北鄉試硃卷一卷
清陳協槿撰
清同治刻本
上海

20998
同治十二年(1873)癸酉科湖北鄉試硃卷一卷
清鄧承潤撰
清同治刻本
上海

20999
同治十二年(1873)癸酉科湖北鄉試硃卷一卷
清裕連撰
清同治刻本
上海

21000
光緒元年(1875)乙亥恩科湖北闈墨一卷
清光緒刻本
國圖

21001
光緒元年(1875)乙亥恩科湖北鄉試硃卷一卷
清鄭道遠撰
清光緒刻本
上海

21002
光緒二年(1876)丙子科湖北闈墨一卷
清李保瀓撰
清光緒衡鑒堂刻本
國圖

21003
光緒二年(1876)丙子科湖北鄉試硃卷一卷
民國應山(今廣水)左紹佐撰
清光緒刻本
上海

21004
光緒二年(1876)丙子科湖北鄉試硃卷一卷附同治十二年(1873)癸酉科湖北選拔貢卷一卷
清王嘉謨撰
清光緒刻本
上海

21005
光緒五年(1879)己卯科湖北鄉試硃卷一卷
清嚴履壬撰
清光緒刻本
上海

21006
光緒八年(1882)壬午科湖北鄉試硃卷一卷附光緒八年(1882)壬午科湖北擬取優貢卷一卷
清陳萃禮撰
清光緒刻本
上海

21007
光緒八年(1882)壬午科湖北鄉試硃卷一卷
清蘄水(今浠水)陳曾佑撰
清光緒刻本
上海

21008
光緒十一年(1885)己酉科湖北鄉試硃卷一卷
清江振漢撰
清光緒刻本
上海

21009
光緒十五年(1889)己丑恩科湖北鄉試硃卷一卷
清朱燿采撰
清光緒刻本
上海

21010
光緒十五年(1889)己丑恩科湖北鄉試硃卷一卷
清朱慶年撰
清光緒刻本
上海

21011
光緒十五年(1889)己丑科湖北鄉試硃卷一卷
清陳嗣賢撰
清光緒刻本
上海

21012
光緒十七年(1891)辛卯科湖北鄉試硃卷一卷
清陳崇禮撰
清光緒刻本
上海

21013
光緒十七年(1891)辛卯科十五年(1889)己丑恩科榜併湖北鄉試硃卷一卷
清陳常撰
清光緒刻本
國圖　上海

21014
光緒十七年(1891)辛卯科湖北鄉試硃卷一卷
清榮賞撰
清光緒刻本
上海

21015
光緒十七年(1891)辛卯科湖北鄉試硃卷一卷
清余澤霖撰
清光緒刻本
上海

21016
光緒十九年(1893)癸巳恩科湖北鄉試硃卷一卷
清洪檠撰
清光緒刻本
上海

21017
光緒十九年(1893)癸巳恩科湖北鄉試硃卷一卷
清徐嗣豐撰
清光緒刻本
上海

21018
光緒十九年(1893)癸巳恩科湖北鄉試硃卷一卷附光緒十七年(1891)辛卯科湖北鄉試硃卷一卷光緒十七年(1891)辛卯科湖北擬取優選貢卷一卷附刻光緒十七年(1891)辛卯江漢書院甄別卷一卷
清陳金撰
清光緒刻本
上海

21019
光緒十九年(1893)癸巳恩科湖北鄉試硃卷一卷
清錫齡撰
清光緒刻本
國圖　上海

21020
光緒十九年(1893)癸巳恩科湖北鄉試硃卷一卷
清宜都陳元晉撰
清光緒刻本
國圖

21021
光緒十九年(1893)癸巳恩科湖北鄉試硃卷一卷
清黄緯撰
清光緒刻本
國圖

21022
光緒十九年(1893)癸巳恩科湖北鄉試硃卷一卷
清施子珩撰
清光緒刻本
國圖

21023
光緒十九年(1893)癸巳恩科湖北鄉試硃卷一卷
清舒鎮觀撰
清光緒刻本
國圖

21024
光緒十九年(1893)癸巳恩科湖北鄉試硃卷一卷
清查大藩撰
清光緒刻本
國圖

21025
光緒十九年(1893)癸巳恩科湖北鄉試硃卷一卷
清趙儼葳撰
清光緒刻本
國圖

21026
光緒十九年(1893)癸巳恩科湖北鄉試硃卷一卷
清葉先甲撰

清光緒刻本
國圖

21027
光緒二十年(1894)甲午科湖北鄉試硃卷一卷
清李華藻撰
清光緒刻本
上海

21028
光緒二十年(1894)甲午科湖北鄉試硃卷一卷
清善成撰
清光緒刻本
上海

21029
光緒二十年(1894)甲午科湖北鄉試硃卷一卷
清喜源撰
清光緒刻本
國圖

21030
光緒二十三年(1897)丁酉科湖北鄉試硃卷一卷
清施烇撰
清光緒刻本
上海

21031
光緒二十三年(1897)丁酉科湖北鄉試硃卷一卷
清方士爍撰
清光緒刻本
上海

21032
光緒二十三年(1897)丁酉科湖北鄉試硃卷一卷
清胡孔福撰
清光緒刻本
上海

21033
光緒二十三年(1897)丁酉科湖北鄉試硃卷一卷
清尤聲瓆撰
清光緒刻本
上海

21034
光緒二十三年(1897)丁酉科湖北鄉試硃卷一卷
清范軾撰
清光緒刻本
上海

21035
光緒二十三年(1897)丁酉科湖北鄉試硃卷一卷
清范軾、范熙壬撰
清光緒刻本
國圖

21036
光緒二十八年(1902)壬寅補行二十六年(1900)庚子二十七年(1901)辛丑恩正併科湖北闈墨一卷
清光緒間衡鑒堂刻本
國圖

21037
光緒二十八年(1902)壬寅補行二十六年(1900)庚子二十七年(1901)辛丑恩正併科湖北闈墨一卷
清光緒間煥文書局石印本

國圖

21038
光緒二十八年（1902）壬寅補行二十六年（1900）庚子二十七年（1901）辛丑恩正併科湖北鄉試行卷一卷
清左樹珍撰
清光緒刻本
上海

21039
光緒二十八年（1902）壬寅補行二十六年（1900）庚子二十七年（1901）辛丑恩正併科湖北鄉試行卷一卷
清傅嶽棻撰
清光緒刻本
國圖　上海

21040
光緒二十八年（1902）壬寅補行二十六年（1900）庚子二十七年（1901）辛丑恩正併科湖北鄉試硃卷一卷
清劉邦驥撰
清光緒刻本
上海

21041
光緒二十八年（1902）壬寅恩正併科湖北鄉試墨卷一卷
清劉遠駒撰
清光緒刻本
上海

21042
光緒二十八年（1902）壬寅補行二十六年（1900）庚子二十七年（1901）辛丑恩正併科湖北鄉試行卷一卷
清關炯撰
清光緒刻本
上海

21043
光緒二十八年（1902）壬寅補行二十六年（1900）庚子二十七年（1901）辛丑恩正併科湖北鄉試墨卷一卷
清蒲圻（今赤壁）張國淦、張國溶撰
清光緒刻本
上海

21044
光緒二十八年（1902）壬寅補行二十六年（1900）庚子二十七年（1901）辛丑恩正併科湖北鄉試行卷一卷
清杜光佑撰
清光緒刻本
上海

21045
光緒二十八年（1902）壬寅補行二十六年（1900）庚子二十七年（1901）辛丑恩正併科湖北鄉試行卷一卷
清周煜薰撰
清光緒刻本
上海

21046
光緒二十八年（1902）壬寅補行二十六年（1900）庚子二十七年（1901）辛丑恩正併科湖北鄉試墨卷一卷
清班吉木撰
清光緒刻本
上海

21047
光緒二十八年（1902）壬寅補行二十六年（1900）庚子二十七年（1901）辛丑恩正併科湖北鄉試行卷一卷
清楊熊祥撰

清光緒刻本
上海

21048
光緒二十八年（1902）壬寅補行二十六年（1900）庚子二十七年（1901）辛丑恩正併科湖北鄉試行卷一卷
清何振翮撰
清光緒刻本
上海

21049
光緒二十八年（1902）壬寅補行二十六年（1900）庚子二十七年（1901）辛丑恩正併科湖北鄉試墨卷一卷
清孔憲甲撰
清光緒刻本
上海

21050
光緒二十八年（1902）壬寅補行二十六年（1900）庚子二十七年（1901）辛丑恩正併科湖北鄉試行卷一卷
清漢川呂學楷撰
清光緒刻本
上海

21051
光緒二十九年（1903）癸卯恩科湖北鄉試硃卷一卷
清宋康復撰
清光緒刻本
上海

21052
光緒二十九年（1903）癸卯恩科湖北鄉試行卷一卷
清左樹玉撰
清光緒刻本
上海

21053
光緒二十九年（1903）癸卯恩科湖北鄉試行卷一卷
清張景騫撰
清光緒刻本
國圖

21054
光緒二十三年（1897）丁酉科湖北鄉試副貢硃卷一卷
清劉起霈撰
清光緒刻本
上海

21055
同治十二年（1873）癸酉科湖北拔優貢同年齒録一卷
清末刻本
國圖

21056
宣統元年（1909）己酉科湖北拔貢優貢同年録不分卷
清宣統鉛印本
上海

21057
湖北武闈鄉試事宜不分卷
清刻本
南京

21058
武昌范氏伯侄父子兄弟鄉會選拔試卷不分卷
清武昌（今鄂州）范開誠等撰
清光緒刻本
上海

21059
光緒八年（1882）壬午科湖北優選貢卷一卷
清呂承陽撰
清光緒刻本
上海

21060
朝考卷一卷
清王萬芳撰
清光緒石印本
國圖

21061
光緒十七年（1891）辛卯科湖北優選貢卷一卷
清松滋雷以成撰
清光緒刻本
上海

21062
光緒二十年（1894）甲午科湖北優選貢卷一卷
民國羅田王葆心撰
清光緒刻本
上海

21063
光緒二十三年（1897）丁酉科湖北優選貢卷一卷
清陳元珧撰
清光緒刻本
上海

21064
道光二十九年（1849）己酉科湖北選拔貢卷一卷
清劉宗琨撰
清道光刻本
上海

21065
咸豐十一年（1861）辛酉科湖北選拔貢卷一卷
清李燮堃撰
清咸豐刻本
國圖　上海

21066
咸豐十一年（1861）辛酉科湖北選拔貢卷一卷
清鄭子兆撰
清咸豐刻本
國圖

21067
同治十二年（1873）癸酉科湖北選拔貢卷一卷
清左紹佐撰
清同治刻本
上海

21068
同治十二年（1873）癸酉科湖北選拔貢卷一卷
清張坤誠撰
清同治刻本
上海

21069
光緒二十三年（1897）丁酉科湖北選拔貢卷一卷
清劉瑞澐撰
清光緒刻本
上海

21070
光緒二十三年（1897）丁酉科湖北選拔貢卷一卷
清鄭壽黎撰

清光緒刻本
上海

21071
光緒二十三年（1897）丁酉科湖北選拔貢卷一卷
清沈昌五撰
清光緒刻本
上海

21072
光緒二十三年（1897）丁酉科湖北選拔貢卷一卷
清李盛和撰
清光緒刻本
上海

21073
光緒七年（1881）辛巳科湖北歲貢卷一卷
清徐占元撰
清光緒刻本
上海

21074
光緒七年（1881）辛巳歲湖北歲貢卷一卷
清李宏恒撰
清光緒刻本
上海

21075
劉心源歲試文稿二篇
民國嘉魚劉心源撰
稿本
書名由本館擬定。包括壬申歲試之八股文稿、賦稿各一篇。文稿名《逢蒙學射於羿》，題名下注“壬申歲試臺等第臺”；賦名《相觀而善賦以相觀而善之謂摩》，末題“散館考取第一”。
湖北

職官録之屬

21076
官績傳（一、二、三）
民國羅田王葆心撰
稿本
四册。約六萬二千字。
湖北博

21077
清職官傳底本·官績傳三（下）
民國羅田王葆心撰
稿本
一册。約五萬六千字。
湖北博

21078
清學職表底本（七）
民國羅田王葆心撰
稿本
一册。約六千字。
湖北博

21079
清武職表底本（八）
民國羅田王葆心撰
稿本
一册。約六萬七千字。
湖北博

21080
湖北省浙江同官録一卷
清浙江會館輯
清光緒二十八年（1902）刻本
上海

21081
湖北簡明官册四卷
清光緒二十九年（1903）刻本

上海

21082
羅田縣職官表一、二、三(漢至元)
民國羅田王葆心輯
稿本
三册。約八萬餘字。
湖北博

21083
南北朝迄宋元羅田職官表不分卷
民國羅田王葆心撰
稿本
一册。約五萬字。
湖北博

21084
羅田縣職官表一、二、三
民國羅田王葆心輯
稿本
六册。
湖北博

21085
羅田縣職官表一、二、三、四、五、六、七
民國羅田王葆心輯
稿本
六册。破損嚴重。約六至七萬字。
湖北博

21086
職官傳不分卷
民國羅田王葆心撰
稿本
一册。約一萬九千字。
湖北博

21087
羅田縣志職官録(二、三、四、五)
民國羅田王葆心撰
稿本
四册,明二册,清二册。五萬餘字。
湖北博

21088
清職官傳目録稿不分卷
民國羅田王葆心撰
稿本
一册。約三萬二千字。
湖北博

雜録之屬

21089
墨畦一卷
明公安袁宏道撰
明末刻稽古堂新鐫群秘簡本
是刻半葉八行,行十八字,白口,四周單邊。《中國古籍善本書目》著録,僅該局有藏。
北京文物局

21090
墨畦一卷
明公安袁宏道撰
1981年上海古籍出版社鉛印袁宏道集箋校本
湖北

21091
場屋後記一卷
明公安袁宏道撰
1981年上海古籍出版社鉛印袁宏道集箋校本
湖北

21092
經歷紀聞不分卷
民國蘄春黄侃撰
稿本
武大中文系

譜牒類

21093
[湖北孝感]王氏宗譜八卷首一卷
清孝感王祥徽纂修
清同治八年(1869)望雲堂刻本
人大

21094
[湖北漢川]王氏宗譜七卷首三卷
民國漢川王家賓等纂修
民國二十九年(1940)三槐堂木活字本

21095
[湖北黄岡]王氏續編宗譜二十八卷
清黄岡王宗耆纂修
清光緒二十年(1894)王氏家祠刻本
上海
書名據書簽題,四修本。

21096
[湖北黄岡]王氏宗譜□□卷首□卷
民國黄岡王義太纂修
民國十六年(1927)三槐堂木活字本
存卷首
書名據版心題。
武漢 ×

21097
[湖北]王氏宗譜□□卷
民國□□纂修
民國石印本
書名據版心題。
武漢

21098
[湖北紅安]王氏族譜□□卷首一卷
民國黄安(今紅安)王寶書督修
民國二年(1913)木活字本
存卷首
書名據版心題。
武漢 ×

21099
[鄂東]王氏宗譜不分卷
清□□纂
清同治間草稿光緒間續稿本　清王家璧校並題識
鄂東王氏在明清間係望族,此稿有一定文獻價值。
湖北

21100
新編王氏族派一卷
民國王崇熙撰
稿本
王崇熙(1867—?),號牧叟,湖北人。清光緒二十八年(1902)壬寅科舉人。辛亥鼎革後,課耕自給。著有《熙志閒吟》。
武漢

21101
[湖北麻城]王氏宗譜四卷
清麻城王道鏞等纂修
清同治六年(1867)益堂木活字印本
北大

21102
[湖北浠水]蘄水班竹山王氏宗譜十四卷
清蘄水(今浠水)王安焱等纂修
清光緒十年(1884)三槐堂木活字印本
存八卷:一至二、四、七、九至十二
係四修本。
上海 ×

21103
[湖北仙桃]王氏宗譜□□卷
清沔陽(今仙桃)王敬元纂修

清光緒二十九年(1903)三槐堂木活字印本

存一卷:二十

書名據版心題。二修本。

上海 ×

21104

[湖北咸寧]王氏宗譜□□卷

清道光二十七年(1847)刻本

此譜爲首修,及其二修、三修均藏於族人家中。參見王洪强《族譜中關於〈圍爐夜話〉作者王永彬的資料考述》(載《文獻》雜志2012年第1期)。

21105

[湖北咸寧]王氏宗譜□□卷

清光緒十五年(1889)刻本

此爲二修。

21106

[湖北咸寧]王氏家譜六卷

民國十年(1921)刻本

此爲三修。爲明清以降湖北咸寧王氏及後來徙居枝江石門村等地王氏支系之合譜。其中有大量關於《橋西山館雜著》作者王永彬之記載。

21107

[湖北]瑯琊王氏宗譜不分卷

清□□纂修

清道光間三槐堂木活字印本

書名據版心題。

上海

21108

[湖北]瑯琊王氏宗譜四卷首二卷

清王宗晚、王北蛟纂修

清光緒十二年(1886)蛟溪局刻本

黄岡檔

21109

[湖北漢陽]漢南王氏家乘十八卷首一卷

民國王彬哲等纂修

2004年影印民國八年(1919)槐蔭堂木活字本

書名據版心、書衣題。

始遷祖貴公,相傳爲王安石二十四世孫,自江西臨川移居湖北漢陽南鄉羊祜山。卷首序,卷一封旌紀、宗約録,卷二至十世系譜,卷十一遷徙表,卷十二祠墓圖,卷十三家傳,卷十四文徵,卷十五雜記,卷十六闕疑表,卷十七長生録,卷十八忌辰曆。

上海

21110

[湖北漢陽]王氏宗譜十六卷

民國王國瑞等纂修

民國十四年(1925)三槐堂松風堂木活字本

書名據書衣題。

是爲湖北漢陽(今武漢蔡甸區)三槐堂、松風堂合譜。三槐堂始祖祐,始遷祖振。松風堂始祖斐,始遷祖應會。

武漢市蔡甸區永安二房嘴

21111

[湖北黄陂]王氏宗譜三十八卷首一卷

民國黄陂王鼎鈞、王兆坤等纂修

民國十一年(1922)黄鼎文刻本

書名據書衣、版心題。三修本。

始遷祖成三公,明洪武間由江西吉安府吉水縣移居湖北。

湖北博

21112

[湖北新洲]王馬二宗譜四卷

清黄岡王昌沅、王昌藻等纂修

清同治五年(1866)刻本

武漢市新洲區辛冲鎮龍崗村

21113
[湖北新洲]王氏宗譜二十四卷
民國黄岡王瀛山等纂修
民國五年(1916)刻本
武漢市新洲區聯合鄉東港村

21114
[湖北新洲]王興三宗譜三卷
民國黄岡王輝海、王四箴等纂修
民國五年(1916)刻本
武漢市新洲區辛冲鎮陳吕村

21115
[湖北新洲]王氏宗譜三十卷首三卷
民國黄岡王子厚、王幹甫纂修
民國十年(1921)刻本
四修本。
武漢市新洲區孔埠鄉王泗村

21116
[湖北新洲]東溪王氏宗譜八卷
民國黄岡王玉書、王子幹纂修
民國十年(1921)刻本
武漢市新洲區新勝鄉施楊村

21117
[湖北新洲]王氏宗譜□□卷
民國黄岡□□纂修
民國十八年(1929)刻本
武漢市新洲區孔埠鄉王瓦村

21118
[湖北新洲]王氏宗譜九卷
民國黄岡王馨彬、王乃湘纂修
民國三十五年(1946)刻本
四修本。
武漢市新洲區桃源鄉桃源村

21119
[湖北新洲]王氏宗譜五卷
民國黄岡王覺明等纂修
民國三十六年(1947)鉛印本
四修本。
武漢市新洲區辛冲镇胡仁村

21120
[湖北新洲]王氏宗譜四十四卷
民國黄岡王敬敷、王雪琴纂修
民國三十六年(1947)刻本
武漢市新洲區利河鄉利河村

21121
[湖北新洲]王氏南泗公宗譜三十卷首四卷
民國黄岡王□□纂修
民國三十六年(1947)刻本
武漢市新洲區高潮鄉萬山村

21122
[湖北棗陽]棗邑王氏宗譜四卷
民國棗陽王文銑等纂修
民國十五年(1926)石印本
書名據書衣題。
始祖明李。始遷祖天玉。
棗陽

21123
[湖北黄岡]王氏宗譜十八卷
清黄岡王翼張纂修
清咸豐九年(1859)可九堂刻本
書名據版心、書名葉題。卷端題續修支譜。三修本
始祖名不詳,源自太倉,宋代遷江西饒州。始遷祖貞一,字堅璠,明洪武初舉茂才,官黄州府(治黄岡)同知,遂家焉。
紫陽檔　陝西檔復印本

21124
［湖北黄岡］王氏宗譜□□卷
清黄岡王世萃等纂修
清光緒九年（1883）孝友堂刻本
存十八卷：首、一至十七
書名據版心、書簽、書名葉題。
始祖省三，原名舜二，字堯卿，明洪武四年（1371）由江西樂平遷居湖北黄岡。卷首序、記類、纂修名次、宗派、詩序、紀略、傳敘、傳類、墓誌銘、敕書、誥封、宗譜圖系、成訓、家規家條等，卷一至十七世系。
上海 ×

21125
［湖北黄岡］王氏宗譜□□卷
清黄岡王宏福、王興斌纂修
清光緒二十三年（1897）三槐堂木活字本
存八卷：首、二、四至九
書名據版心、書名葉題。
始遷祖祖禄，明洪武時由江西吉安官遷湖北圻水後卜居黄岡。
浙江省慈谿市環城南路勵雙傑 ×

21126
［湖北黄岡］王楊宗譜十一卷首二卷
民國黄岡王杜國等纂修
民國三十六年（1947）三槐堂木活字本
書名據版心、卷端等題。三修本，清咸豐十年（1860）王廣元初修。
始祖榮，西漢時贅於楊彪爲婿，曾冒姓楊，後裔譜名遂冠王楊。始遷祖憲，行勝二，元順帝時知鄢陵縣事，後避亂隱居湖北黄州府黄岡縣。
中國社科院歷史所　山西家譜　美國猶他

21127
［湖北羅田］王氏五修宗譜一卷
清羅田王武元、王武魁纂修
清光緒三十三年（1907）刻本
羅田縣志辦

21128
［湖北羅田］東安王氏庚申宗譜二十四卷世系圖考六十四卷
民國羅田王葆心等纂修
民國十九年（1930）金鈎祠鉛印本
存二十四卷：庚申宗譜一至二十四
書名據書簽、書名葉題。版心題“王氏庚申宗譜”。
始遷祖友真，明代人。董必武之老師王葆心出於此族。
國圖 ×

21129
［湖北浠水］團溪王氏分宗譜□□卷首一卷
民國浠水王之楨、王健五纂修
民國二十年（1931）刻本
存四卷：首、四、五、十四
浠水博 ×

21130
［湖北浠水］王氏宗譜□□卷首四卷
民國浠水王□□纂修
民國二十五年（1936）刻本
存五卷：首之一、三、四、卷四、十
浠水博 ×

21131
［湖北崇陽］王氏宗譜不分卷
民國崇陽王源祖修、王煥堂纂修
民國三十六年（1947）木活字本
崇陽縣西莊鄉楓林村

21132
［湖北通山］王氏大成譜一卷
民國通山王氏合族纂修
民國三十六年（1947）木活字本
書名據版心題。八修本。

始遷祖道行公,周代人。

始祖乃極公,周代人。始遷祖仁海,明代自江西移居湖北通山。

横石縣譚鎮在頭村二組王定一

21133

［湖北荆州］王氏族譜二十二卷

民國荆州王□□纂修

民國九年(1920)三隱堂石印本

書名據書衣題,版心題"王氏家譜"。

始祖華,字胤昌,號伯玉,别號世卿,誥封光禄大夫,授翰林學士。

荆州

21134

［湖北石首］王氏族譜□□卷

石首王□□纂修

刻本

石首檔

21135

［湖北洪湖］王氏家譜不分卷

沔陽(今仙桃)王順霖等纂修

民國三十六年(1947)忠恕堂木活字本

書名據書衣題。

始遷祖少溪,明萬曆間由江西移居湖北。

洪湖

21136

［湖北松滋］王氏宗譜十卷

松滋王紹陶等纂修

民國三十年(1941)三槐堂活字本

書名據版心、書名葉題。五修本。

始遷祖恭,明季移居松滋仙田韭山寺。

國圖

21137

［湖北公安］王氏族譜不分卷

民國公安王良煜、王家英纂輯

民國五年(1916)金地堂木活字本

書名據版心題。書衣題"王氏家乘"。五修本。

始遷祖太孚,從江西南昌遷湖北公安。卷首(第一册)譜敘、原家範、原條規、家戒、派次、名目、傳,第二册至九册世系圖、表,卷終二册傳、賦等。

上海

21138

［湖北枝江］枝江縣安福寺王氏族譜七卷

清枝江王□□纂修

清光緒間刻本

枝江縣安福寺區

21139

［湖北仙桃］王氏宗譜□□卷

民國沔陽(今仙桃)王價人等纂修

民國十三年(1924)三槐堂木活字本

存二卷:十七、二十

書名據版心、書衣題。三修本。

始祖天柱,元人。始遷祖世進,字學純,號勉之,天柱孫,明洪武間自江西移居景陵(今天門)義河渡,旋遷沔陽。存卷載序文、祠堂記、傳、行略、壽序、系圖、祭産志、家政、跋等。

上海 ×

21140

［湖北恩施］沙子地三槐堂王氏家譜不分卷

恩施王在光等纂修

民國三槐堂石印本

書名據書衣題。

恩施市二中王壽襄

21141

［湖北咸豐］王氏家譜不分卷

咸豐王炎森等纂修

當代打印本

恩施市二中王炎森

21142
[湖北麻城]尹氏族譜三十二卷首二卷
民國麻城尹立準等編輯
民國二十年(1931)清風堂刻本
存二十七卷:一至六、八至十、十二至十七、十九、二十一至三十、三十二、首二
係五修。書名據卷端、封面、版心題。
湖北 ×

21143
[湖北黄岡]毛氏宗譜□□卷
清毛□□纂修
清光緒十八年(1892)明德堂木活字印本
存七卷:二至四、九、十三、十五、十八
書名據版心題。
武漢 ×

21144
[湖北紅安]毛氏宗譜十五卷首二卷
清黄安(今紅安)毛正垿等纂修
清光緒十八年(1892)睦族堂刻本
存一卷:卷首一
書名據版心題,二修本。
武漢 ×

21145
[湖北紅安]毛氏宗譜□□卷
民國黄安(今紅安)□□纂修
民國睦族堂木活字本
存一卷:五
書名據版心題。
武漢 ×

21146
[湖北黄岡]方氏宗譜十二卷首四卷
清黄岡方道延等纂修
清道光二十五年(1845)木活字印本
存十五卷:首、一、三至十二
書名據版心、書名葉題。
陝西檔 ×

21147
[湖北黄岡]方氏宗譜十三卷首三卷
民國黄岡方復臣等纂修
民國十九年(1930)崇孝堂鉛印本
存十二卷:三至十、十三、首三
書名據版心題。
武漢 ×

21148
[湖北黄岡]方氏宗譜八卷首一卷
民國黄岡方孝先、方月池編修　方漢臣、方華明等續修
民國三十四年(1945)松柏堂刻本
存六卷:首、四至八
書名據封面題。
湖北 ×

21149
[湖北新洲]方氏宗譜九卷
民國黄岡方漢臣等纂修
民國十二年(1923)松柏堂刻本
武漢市新洲區緑化鄉謝店村

21150
[湖北新洲]方氏宗譜七卷
黄岡方錦川纂修
民國三十四年(1945)刻本
武漢市新洲區舊街鄉得勝山

21151
[湖北新洲]方氏宗譜八卷首二卷
黄岡方子林等纂修
民國三十五年(1946)刻本
武漢市新洲區前進鄉西黄村

譜牒類

21152
［湖北穀城］方氏族譜一卷
清穀城方其敬纂修
清道光二十八年（1848）抄本
有後人增纂。
穀城

21153
［湖北黄岡］孔子世家支譜六卷首一卷
民國黄岡孔繁良、孔繁怡纂修
民國十六年（1927）忠恕堂刻本
書名據卷端、封面、版心題。
湖北

21154
孔氏南宗考略□□卷
民國徐鏡泉纂輯
民國三十七年（1948）鉛印本
書名據版心題。
武漢

21155
［湖北江陵］龍川巴氏宗譜八卷首一卷末一卷
清江陵巴錦綺纂修
清光緒四年（1878）裕慶堂木活字印本
河北大

21156
［湖北黄岡］巴氏宗譜十八卷首四卷
民國黄岡巴丹池等纂修
民國八年（1919）刻本
武漢市新洲區大渡鄉

21157
［湖北黄岡］巴氏宗譜二十四卷首六卷
黄岡巴興鎮等纂修
民國三十五年（1946）仁儉堂木活字本
存二十九卷：缺卷一
書名據書簽、版心題。
始遷祖耀麟，遷居湖北黄岡巴家塹。後裔有外遷至河南商丘者。卷首譜序、傳、家訓、祠堂圖、墳墓圖形、藝術等，卷二至二十四爲各房世系表。
上海 ×

21158
［湖北鄂州］艾氏宗譜□□卷
清武昌（今鄂州）艾元福等纂修
清同治二年（1863）天水堂木活字印本
存三卷：首、二至五
書名據版心題。
鄂州博 ×

21159
［湖北新洲］左氏宗譜十五卷首一卷末一卷
民國黄岡左祥順等纂修
民國二十六年（1937）刻本
清乾隆四十六年（1781）左國寅等初修，此爲六修本。
武漢市新洲區孔埠鄉王瓦村　武漢市新洲區三店鎮柳溪村

21160
［湖北新洲］左氏宗譜二十六卷
黄岡左文林纂修
民國三十八年（1949）刻本
武漢市新洲區舊街鄉樓寨村

21161
［湖北沔陽］石氏宗譜八卷
民國沔陽（今仙桃）石文煥主修
民國三十六年（1947）武威堂木活字本
存二卷：首、二
書名據版心題。
武漢 ×

21162
[湖北新洲]石氏支譜六卷首一卷末一卷
黄岡石□□纂修
民國三十五年(1946)刻本
武漢市新洲區幸福鄉石橋村

21163
[湖北黄岡]石氏宗譜十二卷
民國黄岡石心源纂修
民國七年(1918)恭謹堂木活字本
書名據版心、書衣題。
始遷祖子文,字士魁,明洪武四年(1371)自江西都昌遷居湖北黄岡。卷首譜序、凡例、墓圖、記、傳、家規,卷二至十二世系。
上海

21164
[湖北麻城]石氏宗譜八卷首一卷
民國麻城石生熙等纂修
民國二十三年(1934)純臣堂木活字本
書名據版心、書衣題。
始遷祖萬二,號敏齋,明洪武三十一年(1398)自江西饒州府瓦硼壩遷居麻城聖門外許宅。卷首譜序、五言律、家訓、格言、族規、宗祠圖、墓圖等,卷一至卷八世系圖、世紀。
上海

21165
[湖北大冶]武威石氏宗譜二卷首一卷
清大冶石忠烈等纂修
清同治七年(1868)恭儉堂木活字本
書衣題"石氏宗譜"。
始祖碏,謚忠純大夫,世居武威郡石閬鄉。始遷祖任淑,元代遷居大冶靈峰山麓。
美國哥倫比亞大學　美國猶他

21166
[湖北崇陽]重修石氏宗譜九卷
崇陽石西亭等纂修
民國武威堂木活字本
書名據書簽題。版心題"石氏宗譜"。
始遷祖少邑,元代人。
國圖

21167
[湖北鍾祥]報本堂坊鎮田氏家譜不分卷
清鍾祥田增生等纂修
清道光九年(1829)抄本
書名據版心題。
鍾祥

21168
[湖北建始、巴東]田氏宗譜□□卷
建始田祝三等纂修
民國三十六年(1947)紫荆堂木活字本
書名據書衣題。
始祖玘。此譜爲湖北建始、巴東田氏聯宗族譜。
建始

21169
[湖北武昌]田氏宗譜□□卷
武昌田吉燠等纂修
民國三十八年(1949)紫荆堂木活字本
書名據書衣題。
始遷祖志高,元末明初人,原籍江西南昌府南昌縣瓦西壩柘林村,洪武二年(1369)徙居湖北武昌東鄉油坊嶺大田村。
武漢方志辦

21170
[湖北長陽]長陽白沙坪田氏族譜六卷
清長陽田宗達等主修
清光緒七年(1881)刻本
長陽土家族自治縣民族宗教事務局

21171
[湖北長陽]長陽天池口田氏族譜不分卷
民國長陽田□□纂修

民國二年(1913)抄本
長陽土家族自治縣民族宗教事務局

21172
[湖北長陽]長陽桃山田氏族譜不分卷
長陽田□□纂修
刻本
長陽土家族自治縣民族宗教事務局

21173
[湖北鶴峰]容美田氏歷代世系不分卷
鶴峰田□□纂修
抄本
書名據書衣題。
始祖行皋,唐代人。
恩施圖

21174
[湖北新洲]史氏宗譜六卷
民國黄岡史正生等纂修
民國九年(1920)刻本
初修本。
武漢市新洲區徐古鎮萬崗村

21175
[湖北新洲]成氏宗譜三卷
民國黄岡成郎先纂修
民國二十四年(1935)刻本
武漢市新洲區新街鄉

21176
[湖北黄岡]成氏宗譜二十三卷首二卷
民國黄岡成芳聲纂修
民國二十三年(1934)親睦堂木活字本
書名據版心、書衣、書名葉題。
始祖範,後周顯德三年(956)由汴梁出宰湖北永興興國軍(現湖北陽新縣),遂居此。始遷祖十四世獻新、獻冬(字福田,號心珊),明中後期自湖北陽新縣遷居湖北黄岡。卷首上序、傳、行狀,卷首傳、墓田記、家規、凡例、文藝等,卷一至二十三世系圖。
上海

21177
[湖北武昌]吕氏宗譜□□卷首一卷
民國武昌吕□□纂修
民國三相堂木活字本
存七卷:首、大房卷一、二至四、二房卷一、三房卷二
書名據版心題。記事至民國三年(1914)。
始遷祖斌,明代自山東遷居湖北武昌。
武漢圖　山西家譜　美國猶他

21178
[湖北蘄春]吕氏重修宗譜六卷首一卷
民國蘄春吕光琦主修
民國九年(1920)寅清堂木活字本
書名據版心、書簽題。清同治元年(1862)吕秀巖初修。
始祖庚一,宋代人。始遷祖可,清代人。
中國社科院歷史所　山西家譜　美國猶他

21179
[湖北漢陽]朱氏宗譜十卷首一卷
清漢陽朱曉峰纂修
清宣統二年(1910)紫陽堂木活字印本
書名據版心、書衣題。
吉大

21180
[湖北黄岡]黄岡朱氏支譜八卷首一卷
清黄岡朱德楨纂修
清光緒二十二年(1896)積善堂木活字印本
書名據版心、書名葉題。
科院　美國哥倫比亞大學

21181
[湖北黄岡]朱氏宗譜□□卷
民國黄岡□□纂修
民國二十年(1931)刻本
存一卷:六
書名據版心題。
武漢 ×

21182
[湖北咸豐]朱氏家乘六卷
清咸豐朱劭材等纂修
清道光六年(1826)石印本
咸豐檔

21183
[湖北武昌]朱氏宗譜十卷首一卷
民國武昌朱博澧等纂修
民國四年(1915)寶善堂鉛印本
書名據版心、書衣題。
譜尊始祖爲元璋。始遷祖楨,明太祖第六子,洪武三年(1370)封楚王,十四年就國武昌府,生十子。後裔分居通山、江夏、崇陽、壽昌、永安、通城、嶽陽等地。
山西家譜　美國猶他

21184
[湖北漢陽]朱氏宗譜首編八卷正編二十卷
民國漢陽朱本敏纂修
民國二十七年(1938)紫陽堂木活字印本
書名據版心、書衣、書名葉題。
始遷祖福一,元末自江西星子縣遷居黄州麻城縣,明洪武四年(1371)再徙漢口皇帝街朱家橋,因與土著生隙,旋復移居漢南磨棋山下之竹林灣。同宗福果、福碩亦相繼而至,居東西兩湖,三家聯宗共譜。首編譜序、家規、宗約、家傳、文録。墓誌,正編世系。
上海　美國猶他

21185
[湖北新洲]朱氏宗譜三十八卷
黄岡朱左卿等纂修
民國三十六年(1947)刻本
初修本。
武漢市新洲區幸福鄉長塘村

21186
[湖北新洲]朱氏宗譜六卷
民國黄岡朱存金等纂修
民國十四年(1925)刻本
初修本。
武漢市新洲區三店鎮三店村

21187
[湖北竹山]古庸朱氏大成宗譜十卷
民國竹山朱光傑等纂修
民國十五年(1926)敬宗堂木活字印本
書名據書簽題。版心題“朱氏大乘宗譜”。書名葉題“庸西擂鼓臺朱餘慶堂刊”。初修本。佚名增補記事於民國二十三年(1934)。
始遷祖全、勝。
人大

21188
[湖北黄岡]黄岡朱氏宗譜十八卷
清黄岡朱維辟等主修
清光緒五年(1879)木活字本
書名據書簽題。版心題“朱氏宗譜”。
始遷祖聰二,原居江西鄱陽縣,明洪武初遷居湖北黄岡。卷一至四譜序、凡例、名目、派言、墓圖、遺訓、傳文、節孝紀略、科名紀略,卷五至十七世系,卷十八通族、紀志、合約、堂諭、息詞、祭儀。
上海

21189
[湖北黄岡]朱氏宗譜十卷
民國黄岡朱盛濤纂修

民國二年(1913)紫陽堂木活字本

書名據版心、書衣題。

始祖慶樂,字武傑,明洪武間自江西饒州府太平縣遷居湖北武昌縣。其子文光,擇居黄岡,爲始遷祖。卷一誥命、遺像、譜序、格言、譜記、祭儀、祝文、祖德歌、排行、祭産、祠墓記、譜例論、凡例、家規、五服圖、傳,卷二祠圖、廟圖、墓圖,卷三世系圖,卷四至十世系。

上海

21190

[湖北黄岡]朱氏宗譜三十八卷

黄岡朱爲翰等纂修

民國三十六年(1947)紫陽堂木活字本

書名據版心、書簽、書名葉題。

始遷祖英,明洪武四年(1371)自江西九江府九江縣宦居湖北黄岡嘉魚村。卷一譜序、源流序、目録、凡例、家約、家訓、家誡、家規、輩、傳,卷二載墓文、告文、祭儀、五服圖、世系、陰陽圖,卷三至三十八世系表。

上海

21191

[湖北麻城]朱氏族譜十卷

清麻城朱憲南纂修

清同治九年(1870)木活字本

存八卷:一至八

書名據版心、書名葉題。書名葉題"李鴻蕭梓"。四修本。

始祖介,行二十二,唐代人,居婺源。裔孫鈞,行一,轉遷樂辛石硯山。始遷祖希文,行萬三,元末遷居麻城縣治南。卷一譜序、祀典、族議、格言、規約、凡例、開族世派、祀先儀節、祀田、規約,卷二墓誌、祠記、傳、祀田、樂輸名數,卷三至四圖系,卷五至十支派。

尋源姓氏 ×

21192

[湖北麻城]朱氏宗譜八卷

民國麻城朱啓仁等纂修

民國十二年(1923)紫陽堂木活字本

書名據版心、書簽題。

始遷祖祥甫,明代自江西遷河南再遷湖北麻城。卷一録追源考、家訓、家規、祠産記,卷二録墓圖、儀式,卷三至八世系表。

上海

21193

[湖北崇陽]朱氏宗譜□□卷

朱金安等纂修

民國三十七年(1948)木活字本

崇陽縣石城鄉肥田村圳背

21194

[湖北]朱氏宗譜□□卷

民國朱□□纂修

民國紫陽堂木活字本

存二卷:十五、十七

書名據版心題。書簽題"朱氏族譜"。記事至民國二十二年(1933)。纂修者籍里不詳。

廣東 ×

21195

[湖北咸寧]伍氏宗譜不分卷

清咸寧伍賡廷纂修

清同治十年(1871)直諫堂木活字印本

書名據版心題。

四川

21196

[湖北監利]江氏族譜□□卷

清監利江世價纂修

清光緒十一年(1885)筆花堂木活字印本

存二卷:首、一

湖南 ×

21197

[湖北新洲]江氏宗譜六卷

黄岡江志芳等纂修

民國十八年(1929)刻本

21198
[湖北麻城]江氏族譜二十二卷首二卷
麻城江氏賡等纂修
民國三年(1914)生花堂木活字本
書名據版心、書衣、書名葉題。
始祖山,原籍江西饒州府樂平鄉。數傳至祥,入籍湖北黄岡。始遷祖萬六、萬七,明初自黄岡遷居麻城。卷首譜序、凡例、族訓條約、族規、宅圖、契約、祀産、雜文,卷一至十八世系,卷十九祠堂圖、陽宅圖、陰宅圖、一世至五世世系,卷二十至二十二各派世系。
上海

21199
[湖北嘉魚]江氏族譜三十卷
民國嘉魚江公安纂修
民國二十五年(1936)彩筆堂木活字本
書名據版心題。書名葉題"江氏家譜"。書衣題"江氏宗譜"。
始遷祖深遠,自江西南昌遷居湖北嘉魚。卷一譜序、傳、行狀、墓圖,卷二至三十世系圖表。
上海

21200
[湖北浠水]浠川安氏宗譜□□卷
浠水□□纂修
存二卷:一、五
版本不詳。
浠水博 ×

21201
[湖北黄州]黄州祁氏族譜四卷
民國黄州祁世甲等纂修
民國十一年(1922)舉善堂木活字本
始祖國定,字不正,清代人。
美國哥倫比亞大學　美國猶他

21202
[湖北武昌]杜氏宗譜十八卷
清武昌(今鄂州)杜世順等纂修
清光緒十二年(1886)寶田堂木活字印本
書名據版心、書衣題。
人大

21203
[湖北武昌]杜氏宗譜十八卷首一卷
清武昌(今鄂州)杜利生、杜澤如等纂修
清光緒三十三年(1907)寶田堂刻本
書名據卷端、版心、封面題。
湖北

21204
[湖北江夏]杜氏宗譜十八卷
清江夏杜蒙等纂修
清光緒三十三年(1907)寶田堂木活字印本
書名據版心、書衣題。
湖北

21205
[湖北新洲]黄岡杜氏族譜二十四卷首四卷
民國黄岡杜良俊等纂修
民國十六年(1927)刻本
湖北新洲縣三店鎮南橋村杜新華

21206
[湖北襄陽]襄陽杜子美先生家譜二卷
清襄陽李宗蓮纂修
清光緒十年(1884)木活字印本
書名據書衣題。
松江博

21207
[湖北黄岡]黄岡杜氏宗譜十二卷首一卷
清黄岡杜祚華等纂修

清光緒三十二年(1906)寶田祠堂木活字印本
科院

21208
[湖北黄岡]黄岡杜氏宗譜十二卷
民國黄岡杜超銓纂修
民國十五年(1926)寶田堂排印本
科院

21209
[湖北黄岡]黄岡杜氏族譜二十六卷首一卷又首三卷
黄岡杜潔吾等纂修
民國三十七年(1948)木活字印本
存二十一卷:首、一至五、七至十二、十四、十五、十七、十九至二十二、二十四、二十五
書名據書衣題。版心、目録題"杜氏族譜"。
始遷祖鐸,明洪武四年(1371)由江西饒州府樂平縣遷居湖北黄安古城寨,再遷黄岡。卷首譜序、修譜屏訓、凡例、新增例言、派語、修譜名目、氏譜録。卷首上祖塋記、祭田記附祭産畝數、祠堂記、墓誌、祭産規條、填山合同等。卷首中傳、紀略、行述、行狀。卷首下行狀、傳、行述、紀略。卷一至二十六世系。
上海 ×

21210
[湖北黄岡]黄岡杜氏宗譜三十八卷
黄岡杜良信纂修
民國三十七年(1948)刻本
新洲縣周鋪鄉洪山村

21211
[湖北黄岡]黄岡杜氏宗譜□□卷首三卷
民國黄岡杜維珩纂修
民國六年(1917)敦本堂刻本
存二十三卷:首三、一至二十一、二十四、二十五、三十一至四十
黄岡檔 ×

21212
[湖北漢陽]李氏宗譜十二卷首一卷末一卷
漢陽李曉方等纂修
民國三十七年(1948)隴西堂鉛印暨石印本
存十一卷:首、一至四、六至十、十二、卷末
始遷祖泰、目芝,元明間分别自江西徙居漢陽(今屬武漢),分爲南北兩支。
武漢　山西家譜　美國猶他

21213
[湖北武昌]壽昌李氏宗譜九卷
清武昌李鸞纂修
清同治三年(1864)篤親堂木活字本
始遷祖茂十,原籍江西南昌府新建縣人,明初偕兄茂元、茂七移居湖北武昌縣(今屬武漢)。
美國國會　美國猶他

21214
[湖北武昌]壽昌李氏宗譜十一卷
清武昌李和卿等纂修
清光緒十九年(1893)篤親堂木活字本
始遷祖茂十,原籍江西南昌府新建縣人,明初偕兄茂元、茂七移居湖北武昌縣(今屬武漢)。
美國哥倫比亞大學　美國猶他

21215
[湖北武昌]李氏宗譜十卷
民國武昌李開印、李開榜纂修
民國七年(1918)篤親堂木活字本
書名據版心、書衣題。
卷一序、凡例、合約等,卷二傳,卷三世系圖便覽,卷四至十各派世系。
上海

21216
[湖北黄陂]李氏宗譜□□卷首二卷
民國黄陂李瀛等纂修
民國十二年(1923)青蓮堂木活字本
存三卷:首一、二、卷一
書名據版心題。
始遷祖後,明代人。
山西家譜　美國猶他

21217
[湖北新洲]李氏宗譜□□卷
民國黄岡李春溪纂修
民國九年(1920)木活字本
武漢新洲區前進鄉李旻存

21218
[湖北新洲]李氏宗譜五卷
民國黄岡李富厚、李榮校纂修
民國十年(1921)木活字本
武漢新洲區賀橋鄉松林村

21219
[湖北新洲]李氏宗譜二卷首二卷
民國黄岡李保亨、李保光纂修
民國十三年(1924)木活字本
武漢新洲區三店鎮坨坑村

21220
[湖北新洲]李氏宗譜二十六卷
民國黄岡李美鈞纂修
民國十七年(1928)木活字本
武漢新洲區新集鄉三河□村

21221
[湖北新洲]李氏宗譜首一卷
□□纂修
民國二十三年(1934)木活字本
武漢新洲區周河鄉上大塘村

21222
[湖北新洲]李氏宗譜四卷首二卷
黄岡李善立等纂修
民國三十四年(1945)木活字本
武漢新洲區和平鄉朱楊村

21223
[湖北新洲]李氏宗譜四十八卷首六卷
黄岡李孝鈞等纂修
民國三十五年(1946)木活字本
武漢新洲區孔埠鄉孔埠村

21224
[湖北新洲]李氏宗譜七卷首三卷
黄岡□□纂修
民國三十五年(1946)木活字本
武漢新洲區幸福鄉揚橋村

21225
[湖北新洲]李氏宗譜三十卷首六卷
黄岡□□纂修
民國三十六年(1947)木活字本
武漢新洲區李集鎮大游村

21226
[湖北新洲]李氏宗譜三十卷
黄岡李亮炯等纂修
民國三十六年(1947)木活字本
武漢新洲區白洋鄉白洋村

21227
[湖北新洲]李氏宗譜十五卷首三卷
黄岡李立明纂修
民國三十七年(1948)木活字本
武漢新洲區方揚鄉前灣村

21228
[湖北孝感]檀林李氏家譜十六卷首一卷文彙四卷
民國孝感李家璵纂修

民國十年（1921）木活字本
存十二卷首、五至十四、十六下等殘葉
書名據版心題。
始遷祖友臺，明代人。
吉林大 ˣ

21229
［湖北漢陽］李氏宗譜八卷
清漢陽李□□纂修
清光緒三年（1877）敦本堂木活字印本
書名據版心、書名葉題。
湖北

21230
［湖北漢陽］［湖北沔陽］李氏宗譜十二卷首一卷末一卷
民國漢陽李曉方等編修
民國三十七年（1948）隴西堂鉛印本（首、末卷爲石印本）
存十一卷：一至四、六至十、十二、首末全

21231
［湖北武昌］李氏宗譜二十八卷目録首四卷
民國武昌（今鄂州）李學詩等合修
民國三十七年（1948）鑒堂鉛印本
存二十三卷：一、三、五至七、九至十四、十九至二十三、二十五至二十七
書名據版心題。
武漢 ˣ

21232
［湖北漢川］李氏宗譜八卷
清漢川李伯淮等編
清光緒三年（1877）敦本堂木活字本
存四卷：一、二、四、五
書名據版心題。
武漢 ˣ

21233
［湖北黄岡］李氏宗譜九卷首三卷
清黄岡李殿卿等纂修
清光緒二十一年（1895）務本堂木活字印本
書名據書衣、版心題。
上海

21234
［湖北黄岡］李氏宗譜二十二卷首四卷
民國黄岡李英斗纂修
民國五年（1916）楚黄懷本堂木活字印本
書名據版心、書衣、書名葉題。
始遷祖國泰，原籍江西饒州府樂平縣長樂村瓦硐壩，明初官都指揮使，洪武六年（1373）移居湖北黄州府黄岡縣中和鄉。卷首一序、纂修名目、目録、凡例、家訓、家規、祖訓等，卷首二祠堂記、祠堂圖、序、傳略，卷首三傳略、行述等，卷首四五服圖、墓圖、墓誌等，卷一總系，卷二至二十一世系，卷二十二失考録、領譜字號、領譜名目、修譜帳目等。
上海

21235
［湖北黄岡］楚黄李氏宗譜二十八卷首六卷
黄岡李蔚禄等纂修
民國三十六年（1947）楚黄懷本堂木活字印本
書名據目録題。版心、書衣、書名葉、卷端題"李氏宗譜"。三修本。
始遷祖國泰，原籍江西饒州府樂平縣長樂村瓦硐壩，明初官都指揮使，洪武六年（1373）移居湖北黄州府黄岡縣中和鄉。卷首序、凡例、祠規、家規、祖訓、家訓、派行、祭祀、傳、行述、墓誌銘、祭文、壽序、祠圖、墓圖，餘卷世系等。
上海

21236
[湖北黄岡]李氏宗譜四十二卷
民國黄岡李登明纂修
民國十一年(1922)木活字本
武漢新洲區南極鄉並山村

21237
[湖北黄岡]李氏宗譜七卷
民國黄岡李羽翥纂修
民國十七年(1928)敦本堂木活字本
書名據書名葉、書簽題。版新題"李氏族譜"。三修本。
始遷祖任一,明洪武間由江西饒州府樂平縣遷湖北黄岡上伍鄉。卷一譜序、源流序、遺訓家規、修譜名目、墓圖等,卷一至七世系。
尋源姓氏

21238
[湖北黄岡]李氏宗譜十卷首三卷
黄岡李烈爵等纂修
民國十九年(1930)敦本堂木活字本
書名據版心、書簽、書名葉題。
始遷祖添富,原籍江西,明初入楚平寇有功,落籍黄岡。卷首序、總序、派衍、墓圖、凡例、家訓、世系圖等,卷一至十世系。
尋源姓氏

21239
[湖北黄岡]李氏宗譜十四卷首四卷
黄岡李光善、李光錫等纂修
民國二十六年(1937)敦倫堂木活字本
書名據版心、書衣、書名葉題。卷端題"李氏合修宗譜"。
始遷祖登山(字青山)、重六,明洪武四年(1371)自江西樂平分别徙居湖北黄岡城外、城内。登山後裔又分上分、東分二支,重六後裔再分中分、下分二支。此爲合修譜。卷首一譜序、碑記、目録、凡例、家規、祠堂記、宗派字、墓圖、喪服圖,卷首二諸公傳序,卷首三東、上世系圖,卷首四中、下世系圖,卷一至十四世系考。
上海

21240
[湖北黄岡]李氏宗譜十五卷首三卷
黄岡李立衡等纂修
民國三十七年(1948)青蓮堂木活字印本
書名據版心、書衣、書名葉題。四修本。
始遷祖洞元、洞思、洞容,明初由江西饒州府瓦硼壩徙居湖北黄州府黄岡縣中和鄉石子港。卷首上序、凡例、家訓等,卷首中修譜名目、捐款名目、家規、服制總圖、墓墳敘略、墓圖等,卷首下祠堂記、字據、傳、序、跋等,卷一至十五總圖、支派圖。
上海

21241
[湖北麻城]李氏宗譜七卷
清麻城李植華纂修
清光緒元年(1875)青蓮堂木活字印本
書名據版心題。
上海

21242
[湖北麻城]李氏族譜二十一卷首五卷
民國麻城李成松、李道灘等編
民國三十五年(1946)餘慶堂刻本
係四修。書名據卷端、封面、版心題。
湖北

21243
[湖北麻城]李氏下分宗譜三卷首二卷
民國麻城李恒貴等編輯
民國三十六年(1947)宋埠道森堂書局石印本
存一卷:首一
書名據書簽題。
武漢[×]

21244
[湖北麻城]李氏宗譜六卷
民國麻城李光煥等纂修
民國十三年(1924)登瀛堂木活字本
存五卷:一、三至六
書名據版心、書衣、書名葉題。
始遷祖仁,明季由江西南昌縣朱紫巷移居麻城。卷一譜序、源流記、傳贊紀略、傳、跋、姓源表、源流表、世籍表、里居表、庠生表、字派表、圖繪等,卷二至六世系。
上海

21245
[湖北麻城]李氏宗譜八卷首二卷
麻城李永乾纂修
民國三十二年(1943)衛封堂木活字本
存八卷:首、一至五、七、八
書名據版心、書衣、書名葉題。
始祖希顔,字玉亭,號省三,原籍河南陳留縣,宋時因官遷江西南昌新建縣。始遷祖必大,與父仲華再徙湖北麻城。卷首譜序、條例、凡例、喪服圖、家訓、傳、合同、圖形,卷一至八世系。
上海

21246
[湖北浠水]李氏宗譜□□卷
民國浠水李□□纂修
民國五年(1916)木活字印本
浠水縣斗方山大嶺卡村

21247
[湖北黄梅]李氏宗譜二十卷首四卷
民國黄梅李紹蓮等纂修
民國二十二年(1933)親睦堂木活字印本
書名據版心、書衣、書名葉題。書名葉題"棣華堂刊"。
始遷祖貴七,字步才,明洪武初由江西瑞昌移居黄梅瑕塘,由民籍改軍籍,墾田七里湖畔。卷首七里湖圖、祖山圖、家禮、凡例、序、墓誌、傳等,卷一至二十世系。
上海　美國猶他

21248
[湖北赤壁]嘉蒲獅子李氏族譜十卷
蒲圻(今赤壁)李合德等纂修
民國四年(1915)中山堂木活字本
書名據版心、卷端題。書衣題"獅李氏家譜"。
始祖延勝,字次盛,行十,唐太宗五子恪後裔,宋代移居嘉魚始遷祖公弘,字德庸,號斗室,行昭七,明代再徙蒲圻(今赤壁)。
人大

21249
[湖北嘉魚]嘉魚李氏族譜五十卷
清嘉魚李□□纂修
清嘉慶元年(1796)世祀堂木活字印本
存三十卷:一至八、十至十四、十六、二十、三十六至三十七、四十四、四十七、四十九
書名據版心、書衣題。
上海 ×

21250
[湖北嘉魚]嘉魚李氏族譜□□卷
清嘉魚李□□纂修
清木活字本
存九卷:二至五、白楊分支譜卷一至六
書名據版心、書衣題。記事至清同治間。
始遷祖播,唐太宗五子恪後裔,南唐時由江西武寧移居嘉魚湖西。存卷載湖西義學書院事、家範、李氏世系記、譜敘、疑譜考、世系記,磨刀大成譜遠祖世次,傳、祭文、藝文、遺文,及白楊分支各房世系。
上海

21251
[湖北嘉魚]嘉魚李氏族譜六卷
清嘉魚李□□纂修

清嘉慶十八年(1813)木活字印本

書名據版心、書衣、譜序題

上海

21252
[湖北嘉魚]嘉魚李氏族譜五十五卷

清嘉魚李氏合族纂修

清咸豐八年(1858)世祀堂木活字印本

存五十四卷:一至八、十至五十五

書名據版心、書衣題。

上海 ×

21253
[湖北嘉魚]三修李氏族譜□□卷

清嘉魚李之廉等纂修

清咸豐十年(1860)成紀隴西堂木活字印本

存三卷:首、一、三

書名據版心題。

上海 ×

21254
[湖北嘉魚]李氏族譜□□卷

清嘉魚李之乾等纂修

清咸豐十年(1860)刻本

存八卷:七、十二、十八、四十二、六十七、七十四

江陵檔 ×

21255
[湖北嘉魚]李氏族譜□□卷

民國嘉魚李元吉纂修

民國五年(1916)石印本

存第一至三册、第五册、第七至十六册

書名據版心、書名葉題。書衣題"嘉魚李氏族譜"。

荆州区檔 ×

21256
[湖北石首] 李氏族譜□□卷

清石首李□□纂修

清百宦堂木活字印本

存七卷:一至七

記事至光緒。

上海 ×

21257
[湖北石首]李氏族譜□□卷

李□□纂修

刻本

存六卷:六、十四、十五、十七、二十一、二十三

石首 ×

21258
[湖北洪湖]李氏宗譜□□卷

沔陽(今仙桃)李有美等纂修

民國三十六年(1947)隴西堂木活字印本

存五册

書名據版心、書衣題。

始祖從光。始遷祖象乾、旋乾、秉乾、御乾,元代人。

洪湖 ×

21259
[湖北監利]李氏族譜□□卷

清監利李□□纂修

清光緒二十八年(1902)隴西堂木活字印本

書名據版心題。

上海

21260
[湖北長陽]長陽石五溪李氏宗譜一卷

清長陽李大紹纂修

清咸豐十一年(1861)刻本

長陽縣民族宗教事務局

21261
[湖北長陽]長陽嚴松坪李氏族譜十七卷
清長陽李光熠等纂修
清宣統元年(1909)刻本
長陽縣施坪村

21262
[湖北]李氏族譜□□卷
清李□□纂修
清忠滑堂木活字印本
存二卷:五、七
書名據版心題。記事至道光。纂修者籍里不詳。
上海 ×

21263
[湖北武昌]吴氏宗譜□□卷
清武昌吴□□纂修
清光緒觀樂堂木活字本
存一卷:二
書名據版心題。
武漢 ×

21264
[湖北新洲]吴氏宗譜十六卷首二卷
民國黄岡吴聘之、吴焱成追修
民國二年(1913)刻本
武漢市新洲區紅旗鄉曾寨村

21265
[湖北新洲]吴氏宗譜十三卷首二卷
民國黄岡吴漢卿等纂修
民國十六年(1927)銅活字本
武漢市新洲區和平鄉曹田村

21266
[湖北新洲]吴氏宗譜五卷
民國黄岡吴知理等纂修
民國十八年(1929)刻本
武漢市新洲區三店鎮大塘村

21267
[湖北新洲]吴氏宗譜二十四卷首二卷末二卷
黄岡吴先點等纂修
民國三十三年(1944)刻本
武漢市新洲區大渡村

21268
[湖北新洲]吴氏宗譜
黄岡吴□□纂修
民國三十四年(1945)刻本
武漢市新洲區馬河鄉幹河村

21269
[湖北新洲]吴氏宗譜九卷首二卷
黄岡吴紹康纂修
民國三十五年(1946)刻本
武漢市新洲區前進鄉肖堤村

21270
[湖北新洲]吴氏宗譜
黄岡吴□□纂修
民國三十五年(1946)刻本
武漢市新洲區方楊鄉吴勝村

21271
[湖北新洲]吴氏宗譜
纂修者不詳
民國三十五年(1946)刻本
存一卷:三
武漢市新洲區周和鄉大塘村

21272
[湖北黄岡][湖北武昌]吴氏宗譜四十九卷
黄岡吴炳陽等纂修
民國三十七年(1948)至德堂木活字本

書名據版心題。

武漢

21273

[湖北黄岡]吴氏宗譜三卷首一卷

黄岡吴□□纂修

民國三十五年(1946)三讓堂刻本

黄岡檔

21274

[湖北麻城]吴氏三修宗譜六卷首一卷

民國麻城吴文聘纂修

民國十七年(1928)讓德堂木活字本

書名據版心題。書簽題"吴孝子宗譜"。

始祖季益,宋代自江西廣信府弋陽縣宦居太湖羅田。始遷祖九世濟,明代遷居麻城。十三世月郎,再遷吴家山,其孫兆忠全七子,分七大房。卷首譜序、碑文、墓誌、源流序、傳、贊類、祠記、行述、壽祝,卷一至六世系。

尋源姓氏

21275

[湖北麻城]吴氏續修宗譜八卷首二卷

麻城吴中弼纂修

民國三十四年(1945)至德堂木活字本

書名據書衣題。版心題"吴氏宗譜"。書名葉題"吴氏族譜"。

始遷祖文一,明代自河南開封遷居湖北麻城亭川鄉。卷首譜序、祠堂記、傳、墓圖、世系總圖、世系圖,卷一至八世系。

上海

21276

[湖北廣濟]吴氏宗譜三卷首一卷

廣濟(今武穴)吴□□纂修

民國至德堂木活字本

存三卷:一至三

廣濟檔 ×

21277

[湖北英山]吴氏宗譜八卷首二卷

民國英山吴明治等纂修

民國三十年(1941)世德堂木活字本

書名據版心、書衣題。書名葉題"蔡道生堂梓"。

始遷祖淵龍,宋靖康二年(1127)自江西鄱陽縣遷居英山施家湖。卷首譜序、行述、序、傳,卷二凡例、家規,卷三至八世系。

上海

21278

[湖北漢陽]索河吴氏族譜□□卷

民國漢陽吴世趨等纂修

民國三十七年(1948)崇本堂鉛印本

存三卷:一、二、四十

書名據版心題。

武漢 ×

21279

[湖北武昌]吴氏宗譜□□卷

清□□纂修

清末光緒間觀樂堂木活字本

存一卷:二

書名據版心題。記事至光緒三十年(1904)。卷中有墨筆添補,記事至民國三十一年(1942)。

始遷祖天亶,字聰甫,明代自江西遷居武昌江夏南鄉金口鎮。

武漢 山西家譜 美國猶他

21280

[湖北黄陂]吴氏宗譜十一卷首一卷末一卷

民國黄陂吴時鼎等纂修

民國十二年(1923)思源堂刻本

書名據版心題。

武漢

21281
[湖北武昌]吕氏宗譜□□卷
民國武昌□□纂修
民國三相堂木活字本
存七卷:首《約據》、大房支譜卷一、卷二至四、二房支譜卷一、三房支譜卷二
書名據版心、書簽題。七修本。
中國社科院歷史所

21282
[湖北黄岡]吴氏宗譜二十卷首二卷末二卷
民國黄岡吴朝鼎纂修
清宣統二年(1910)讓德堂木活字印本
書名據版心、書衣、書名葉題。
上海

21283
[湖北崇陽]吴氏家譜□□卷
民國崇陽吴彩榮等纂修
清宣統二年(1910)延陵堂木活字印本
存一卷:首
書名據版心題。
武漢ˣ

21284
[湖北崇陽]吴氏宗譜三卷
民國崇陽吴元善主修　崇陽吴宗生纂修
民國二十八年(1939)延陵堂刻本
崇陽縣西莊鄉拓田村

21285
[湖北崇陽]吴氏宗譜□□卷
民國崇陽吴□□纂修
民國二十八年(1939)直筆堂排印本
崇陽縣大源鄉大源村

21286
[湖北通山]吴氏宗譜二十七卷首一卷
清通山吴從周等纂修
清光緒三十三年(1907)至德堂木活字印本

21287
[湖北嘉魚]吴氏宗譜□□卷
民國嘉魚吴德謀督修
民國二年(1913)觀樂堂木活字本
存二卷:一至二
書名據版心、書簽題。
武漢ˣ

21288
[湖北]松滋吴氏宗譜四十六卷首一卷末一卷
清松滋吴慶揚纂修
清光緒三十二年(1906)至德堂木活字印本
六修本。
遼寧

21289
[湖北興山]吴氏族譜□□卷
興山吴方林纂修
抄本
書名據書衣題。
始祖幫國。
興山方志辦

21290
[湖北來鳳]萬家堂吴氏支譜一卷
民國來鳳吴寶炬纂修
民國十三年(1924)排印本
來鳳縣志辦

21291
[湖北來鳳]吴氏支譜六卷
民國來鳳吴國壽等纂
民國十九年(1930)渤海堂鉛印本
書名據封面、版心題。

湖北

21292
[湖北黃陂]何氏宗譜□□卷
黃陂何家榜等纂修
民國三十六年(1947)積善堂木活字本
存七卷:一至五、七、八
書名據版心題。書名葉題"岡邑陶毓坤刊"。譜初修於清乾隆三十一年(1766),是爲五修本。
始遷祖友禎,明季自江西南昌遷居湖北黃陂。
武漢× 山西家譜 美國猶他

21293
[湖北新洲]何氏宗譜三卷首三卷
民國黃岡何世興等纂修
民國十一年(1922)刻本
存四卷:首上、下、卷二、三
武漢市新洲區紅旗鄉董椿村×

21294
[湖北安陸]何氏大同宗譜不分卷
安陸何傳新纂修
據抄本復印
書名據書衣題。
始祖允。始遷祖光,明間自安徽廬江遷湖北安陸。
安陸

21295
[湖北黃岡]何氏家譜六卷
清黃岡何氏合族纂修
清光緒二十九年(1903)本源堂木活字印本
書名據版心題。三修本。
上海

21296
[湖北麻城]何氏宗譜三十四卷首二卷
麻城何氏合族纂修
民國十四年(1925)敦倫堂木活字本
上海圖存三十一卷:首二、一至二十九,尋源姓氏存三十二卷:首二、一至十、十二之十五、十七、十九、二十一、二十二、二十四、二十七至二十九。
書名據版心、書衣、書名葉題。
始遷祖季什,明洪武初自江西九江遷居湖北麻城。首二卷譜序、凡例、家規、家訓、五服圖等,卷一至二十九世系。
上海× 尋源姓氏×

21297
[湖北武昌]何氏宗譜□□卷
民國武昌(今鄂州)何家榜總理
民國三十六年(1947)積善堂木活字本
存七卷:一至五、七、八
書名據版心題。
武漢×

21298
[湖北通城]何氏族譜不分卷
清通城王文清纂修
清乾隆三十八年(1773)廬江堂木活字印本
書名據版心題。
國圖

21299
[湖北通城]何氏族譜不分卷
清通城何□□纂修
清道光二十八年(1848)廬江堂木活字印本
書名據版心、書簽題。
上海

21300
[湖北通城]何氏祀譜不分卷
清通城何益廣纂修
清道光二十八年(1848)廬江堂木活字

印本

書名據版心、書簽題。

上海

21301

[湖北通城]何氏家乘不分卷

清通城何□□纂修

清光緒四年(1878)廬江堂木活字印本

書名據版心題。

上海

21302

[湖北]余氏宗譜不分卷

清余崇福纂修

清咸豐八年(1858)抄本

纂修者籍里不詳。

當陽檔

21303

[湖北黃陂]余氏家乘十二卷

清黃陂余德湘等纂

清光緒二十六年(1900)崇實堂刻本

書名據封面題。卷端及版心作"余氏上分家乘"。

湖北

21304

湖北黃岡]余氏宗譜□□卷

清黃岡余□□纂修

光緒刻本

十三卷:首一至六、五至十、十二至二十二

記事至光緒二十六年(1900)。

余氏宗譜二十七卷首八卷

宗伯等纂修

1930)木活字本

字

21306

[湖北黃岡]余氏宗譜□□卷首一卷

民國黃岡余宗金等纂輯

民國三十四年(1945)新睦堂木活字本

存八卷:首、一至三、五至六、八至九

書名據版心題。

武漢 ×

21307

[湖北黃岡]余氏宗譜□□卷

清黃岡余□□纂修

清光緒刻本

書名據版心、書衣題。

始遷祖雲甫,號仁甫,宋代人。

山西家譜　美國猶他

21308

[湖北紅安]余氏族譜十六卷首四卷

民國黃安(今紅安)余文煌等主修

民國九年(1920)忠如堂木活字本

書名據版心、書衣、書名葉題。

始遷祖仁甫,原籍江西,明洪武時遷居湖北紅安大楓山。首四卷譜序、凡例、譜訓、祀田記、約紙、傳、序、墓圖等,卷一至十六世系。

上海　尋源姓氏

21309

[湖北鍾祥]余氏宗譜□□卷

民國鍾祥余□□纂修

民國四誎堂木活字本

存一卷:十七

書名據版心題。

武漢 ×

21310

[湖北大冶]余氏宗譜八卷

清大冶余光彤纂修

清道光二十六年(1846)聚源堂木活字印本

存一卷:一

書名據版心題。

上海 ×

21311

[湖北大冶]余氏宗譜□□卷

清大冶余光彤纂修

清敦本堂木活字印本

存一卷:二

書名據版心題。記事至光緒。

上海 ×

21312

[湖北]余氏宗譜□□卷

清余永豐等纂修

清紹賢堂木活字印本

存一卷:四十

記事至光緒。纂修者籍里不詳。

上海 ×

21313

[湖北洪湖]余氏宗譜□□卷

清沔陽(今屬洪湖)余斗衡纂修

清同治元年(1862)木活字本

存一卷:一

始祖由余,晉人。始遷祖從,字韶仲,唐乾符間避亂徙韶州曲江,是爲曲江余氏。重二(余瑾九世孫)避兵燹遷肇蒲邑。載譜引、源序、典故、家範、傳記等。

湖北洪湖市余氏 ×

21314

[湖北洪湖]余氏宗譜□□卷

沔陽(今屬洪湖)□□纂修

民國三十七年(1948)石印本

始祖良,唐分寧宰,五代之亂由歙徙洪之分寧(今江西修水),肇開長茅余氏。始遷祖原善,良十七世孫,落籍湖北沔陽。譜載世系。

湖北洪湖市余氏

21315

[湖北監利]余氏大成宗譜□□卷

清監利余世應纂修

清道光二十四年(1844)木活字本

始祖良,唐分寧宰,五代之亂由歙徙洪之分寧(今江西修水),肇開長茅余氏。始遷祖用道,字文始,行四十六,存教公之子,明景泰二年(1451)由武寧遷監利。

湖北監利縣余氏

21316

[湖北麻城]余氏族譜十五卷首一卷

清麻城余漢恩纂修

民國二年(1913)敦本堂木活字本

書名據書衣、書名葉、版心題。續修本。

始遷祖文明、文貴,原籍江西,宋德祐二年(1276)遭士兵之變,逃竄至麻城,寄籍麻城朝陽。文貴之後分爲二支。卷首譜序、傳、名目、凡例、祀規、家規、祀田、祀産、墓圖、歷代淵源系圖,卷一至十五世系。

上海

21317

[湖北宜都]余氏宗譜不分卷

清宜都余崇福纂修

清咸豐八年(1858)抄本

後裔散居宜都、枝江、當陽等地。

當陽檔

21318

[湖北]貴源余氏支譜□□卷

余土勤纂修

民國稿本

書名據版心題。存卷二。版心下鐫"經正堂",左鐫"敦德堂"。纂修人籍里不詳。

始祖遠,字性永,號伯達,又稱端公,唐代人。始遷祖來,字歸之,宋代人。

武漢　山西家譜　美國猶他

21319
[湖北]麻城汪氏宗譜二十四卷首四卷
清麻城汪鴻英、汪應元纂修
清同治元年(1862)越源堂木活字印本
書名據譜序題。
上海

21320
[湖北]麻城汪氏宗譜二十四卷首四卷
麻城汪世傳等纂修
民國三十五年(1946)敦實堂木活字本
書名據書衣、書名葉、版心題。五修本。
始遷祖仁卿,元明之際自婺源縣遷居麻城之仙居鄉。卷首像、祠堂圖、墓圖、陰陽二宅圖、譜序、凡例、譜規、輩派、修譜名目、源流世系、敕令、傳略、行狀、廟田記等,卷一至九世系。
上海

21321
[湖北武昌]夏口汪氏宗譜十卷
民國武昌汪北升主修
民國十七年(1928)石印本
書名據書衣題。版心題"汪氏宗譜"。
始遷祖一清,出越國公華長子建之後,明嘉靖、隆慶間自安徽歙縣遷湖北武昌。一清四子,長及三、四分支他方。次文遠三傳至涓洲,生子二,長子源,傳子四,族居涓水北;次一湛,傳子三,族居漢陽治北柏井旁。是譜即其二支合修。卷一遠祖傳略、譜序傳、告族衆書、簡明瓜藤總圖、節烈傳,卷二圖約,卷三至十世系。
上海

21322
[湖北京山]重纂君顯公下支譜不分卷
清京山汪傳智纂修
清咸豐六年(1856)稿本
國圖

21323
[湖北黄岡]黄岡汪家集汪氏家譜十五卷首一卷
清黄岡汪世毅等纂修
清光緒十八年(1892)敦本堂木活字印本
上海

21324
[湖北黄岡]汪氏宗譜十卷首四卷
清黄岡汪□□纂修
清光緒二十二年(1896)佑啓堂木活字印本
存九卷:首三至四、一至五、七、九
書名據版心題。
安徽博×

21325
[湖北黄岡]汪氏宗譜十卷首二卷
清黄岡汪佑忠纂修
清光緒三十年(1904)敦本堂木活字印本
書名據版心、書名葉題。
上海

21326
[湖北黄岡]沙河汪氏續修宗譜十四卷首二卷
黄岡汪文訓主修
民國三十五年(1946)敦本堂木活字本
書名據譜序題。版心、書衣、書名葉題"汪氏族譜"。
始遷祖訓一,字慶,元末明初由安徽休寧西門狀元坊遷黄岡上傳伍鄉汪家園烏鵲林之上汪家灣。首二卷譜序、家訓、家規、凡例、藝文、傳、本支百世表、墓圖、像等,卷一至十四世系。
上海　尋源姓氏

21327

［湖北黄岡］黄岡汪氏宗譜□□卷

黄岡汪□□纂修

民國六年（1917）刻本

存二十九卷：七、九、十一、十三至十九、二十一至二十六、二十八至三十一、三十五至四十三

黄岡檔 ×

21328

［湖北黄岡］黄岡汪氏宗譜□□卷

黄岡汪□□纂修

民國三十六年（1947）務本堂刻本

存三十一卷：一、二、六至八、十一至十七、十九、二十一至二十三、二十五至三十一三十三至三十九、四十一至四十七

譜初修於清順治間。

黄岡檔 ×

21329

［湖北黄岡］汪氏宗譜二十四卷首四卷附二卷

黄岡汪鳴九等纂修

民國十八年（1929）敦倫堂石印本

書名據版心、書衣、卷端題。五修本。

元末有景二字思成者，攜子賢由饒州遷蕲州，再遷黄岡還和鄉，繼遷黄岡新洲北門。至賢子祥，復遷新洲析居邑之汪集下彭陳畈。譜奉祥爲始遷祖。卷首譜序、原姓、譜辨、譜表、誥敕、墓誌銘、詩文、修譜人傳略、田約、推湖約、合同約、祠規等，卷一至二十四世系，附卷省三公後裔世系。

上海　南京

21330

［湖北麻城］汪氏族譜九卷首一卷

麻城汪世傳等纂修

民國三十五年（1946）敦實堂木活字本

書名據版心、書衣、書名葉題。五修本。

始遷祖仁卿，元明之際自婺源縣遷居麻城之仙居鄉。卷首像、祠堂圖、墓圖、陰陽二宅圖、譜序、凡例、譜規、輩派、修譜名目、源流世系、敕令、傳略、行狀、廟田記等，卷一至九世系。

上海

21331

［湖北鄂城］汪氏宗譜四卷首一卷

鄂城（今鄂州）汪之銀等纂修

民國十一年（1922）生花堂木活字本

書名據版心題。二修本。

始遷祖信，明代人。

遼寧

21332

［湖北恩施］湖北恩施州汪氏宋祖發展史不分卷

恩施汪儒林等纂修

打印本

書名據書衣題。二修本。始祖國後。

恩施

21333

［湖北孝感］澴川沈氏宗譜二十四卷

民國孝感沈用癸等纂修

民國八年（1919）木活字本

書名據書簽題。版心題“沈氏宗譜”。四修本。

始遷祖觀，一名官，字光城，明代人。

國圖　美國哥倫比亞大學　美國猶他

21334

［湖北黄岡］楚黄沈氏宗譜五十卷

黄岡沈增祺等纂修

民國三十七年（1948）刻本

武漢市新洲區周鋪鄉周鋪村　武漢市新洲區長嶺鄉長嶺村

21335

［湖北武昌］宋家家乘三卷

清武昌宋用潛纂修

清光緒二十八年(1902)抄本
科院

21336
[湖北黄岡]楚北宋氏宗譜八卷世系八卷
民國黄岡宋國楨、宋鶴齡纂修
民國十七年(1928)賦梅堂木活字本

書名據書簽題。版心、書名葉題"宋氏宗譜"。

始遷祖述般,明洪武初由江西上饒卜居湖北江夏金口,因連年水患後復遷湖北黄岡鄢家山。生四子:長、次東遷,莫詳其處;三、四留居,創設宗祠。卷一序,卷二至五傳、贊,卷六祭産、墓圖、修譜記名、藝文,卷八例言、家規、祠規、勸戒詞、遺囑紀、譜略等。又卷一至八世系。

上海

21337
[湖北黄岡]鄂東黄岡宋氏宗譜七十九卷首五卷
黄岡宋從先、宋自兆纂修
民國三十四年(1945)刻本

譜初修於清嘉靖十六年(1828),此爲六修本。

武漢市新洲區新勝鄉施楊村　武漢市新洲區和平鄉富興村

21338
[湖北武昌]武昌北鄉邵氏宗譜十六卷
武昌邵逸民、邵迪齋纂修
民國三十六年(1947)安樂堂石印本

書名據書簽題。版心、書名葉題"邵氏宗譜"。

始祖廷弼,字敬禮,行千四,明洪武初由江西饒州府卜居湖北黄岡縣。始遷祖玉珍(字珠嶒,行二),廷弼五世孫,明季再徙湖北江夏縣北鄉横山里舒邵老灣(今屬武漢市武昌區)。卷一傳(内涉辛亥革命事),卷二譜例、訓詞、法戒、服制圖、約據等,卷三至十六各支世系。

上海

21339
[湖北新洲]林氏宗譜十六卷首四卷
民國黄岡林毓蕃、林麗園等纂修
民國十二年(1923)木活字本
新洲縣白洋鄉洲上村

21340
[湖北新洲]林氏宗譜二十七卷首二卷
黄岡林郎清、林雲亭等纂修
民國三十七年(1948)木活字本
新洲縣毛集鄉月明村

21341
[湖北黄岡]林氏宗譜□□卷
清黄岡林□□纂修
清光緒二十八年(1902)問禮堂木活字印本
存一卷:一

書名據版心題。

湖北博 ×

21342
[湖北黄岡]林氏宗譜□□卷
民國黄岡林閾楨、林鳳鳴等纂修
民國二年(1913)培本堂木活字本
存四卷:一至三、五

書名據版心、書衣、卷端題。

始遷祖千一,宋末由閩移居江西,繼遷湖北麻城,再徙黄岡。支祖焕,清代人。

湖北博 ×

21343
[湖北黄岡]林氏宗譜二十四卷首一卷
黄岡林祚昌等纂修
民國三十四年(1945)培源堂木活字本
存卷:首及書、語、政、事、文、學、温、良字卷

書名據書衣、書名葉題。

始遷祖千一,宋末由閩移居江西,繼遷湖北麻城,再徙黄岡。支祖焕,清代人。

湖北博 ×

21344
[湖北黄岡]林氏宗譜□□卷
民國黄岡林祚愷等纂修
民國十五年(1926)敦厚堂木活字本
存九卷:一、二、六至八、十、十一、十四、十五
書名據版心、書衣題。
始遷祖千一,宋末由閩移居江西,繼遷湖北麻城,再徙黄岡。支祖煥,清代人。支祖鼎,清朝人。
湖北博 ×

21345
[湖北黄岡]黄岡林氏宗譜不分卷
民國黄岡林端甫、林淑臣等纂修
民國二十七年(1938)培奉堂木活字本
存第一、三十五册
黄岡檔 ×

21346
[湖北麻城]林氏宗譜十卷首一卷
清麻城林□□纂修
清同治十二年(1873)文貴堂刻本
湖北　武漢

21347
[湖北麻城]林氏宗譜□□卷
清末民初麻城林學湛纂修
清末民初刻本
存二卷:五、十
書名據版心題。
武漢 ×

21348
[湖北麻城]林氏宗譜十卷首三卷
民國麻城林佐丞總纂
民國三十六年(1947)問禮堂木活字本
存六卷:首、一、二下、四至六、十
書名據版心題。書衣題"西陵林氏宗譜"。譜初修於清嘉慶十五年(1810),是爲四修本。
始遷祖古松,字庭樂,行六,元末明初由福建莆田移居湖北麻城。
武漢　山西家譜　美國猶他

21349
[湖北崇陽]林氏宗譜不分卷
民國崇陽林之善纂修
民國四年(1915)鉛印本
崇陽縣林義鎮

21350
[湖北枝江]林氏宗譜四卷
枝江林正得纂修
民國十二年(1923)宜都丁吉皆刻本
書名據書衣題。版心題"林氏族譜"。
始遷祖自選,明末清初由江西遷徙枝江安福寺。
中共宜昌縣委研究室歐陽運森

21351
[湖北]新洲邾南易氏家乘□□卷
黄岡易□□纂修
復印1990年木活字本
存一卷:十一
始祖優,字子游,號若鈴,唐末自江西南康上方移居江州瑞昌縣王仙鄉顏輩里。始遷祖元卿,宋元間由江州再徙黄岡邾南(今新洲縣)。存卷載般祖支下大友祖五孫壽海公、壽江公、壽無公三十一世至四十一紀略。
湖北　黄岡市易寬武

21352
[湖北黄岡]易氏家乘□□卷首□卷
清黄岡易用炳等纂修
清光緒二十年(1894)刻本
存四卷:字卷一、首、福字卷一、禄字卷二
係續修。

湖北 ˣ

21353

[湖北浠水]易氏家譜□□卷

清末民初浠水易□□纂修

清末民初瑞芝堂木活字本

存一卷:七

書名據版心題。

武漢 ˣ

21354

[湖北宜昌]易氏宗譜十卷

宜昌市易氏宗譜續編會纂修

民國濟陽太原堂石印本

書名據版心題。

始遷祖亮,南宋時由沙星移居峽州(今宜昌)。

宜昌縣委政研室歐陽運森

21355

[湖北宜都]陸城易氏族譜十二卷

宜都易子才纂修

民國二十五年(1936)濟陽太原堂石印本

書名據書衣題,封面、版心題"易氏族譜"。

始遷祖鈞玉,字心堅,元末由江西移居宜都。

宜昌縣委政研室歐陽運森

21356

[湖北建始]易氏族譜二卷

清建始易□□纂修

清咸豐二年(1852)玉芝堂石印本

書名據書衣題。

始祖懋卿。

建始縣文化館

21357

[湖北通城]易氏族譜□□卷

清通城易□□纂修

清木活字本

存五卷:十一至十五

書名據版心題。記事至清嘉慶間。

卷十一通城錫下世系,卷十二石龠世系、湘湄縣城世系、道人磯世系,卷十三湘湄黄泥湾世系,卷十四湘湄合盤、臣山、庫萬、王禾園世系,卷十五官塘世系。

上海 ˣ

21358

[湖北通城]易氏宗譜□□卷

清通城易□□纂修

清光緒二年(1876)純孝堂木活字本

存一卷:三

書名據版心題。

存卷載湖北通城、崇陽等地世系。

上海 ˣ

21359

[湖北通城]易氏宗譜不分卷

通城易□□纂修

民國二十七年(1938)純孝堂木活字本

存十九册:二至六、八至十二、十四、十七、十八、二十一、三十三、三十四、三十八至四十

書名據版心、書衣題。九修本。

存譜載湖北嘉魚、通城,湖南臨湘等地數十支世系。

上海 ˣ

21360

[湖北浠水]蘄陽范氏四修宗譜三十二卷首三卷

民國浠水范厚潤、范昌壽、范昌簡等纂修

民國二年(1913)刻本

書名依卷端題,版心作"范氏宗譜"。

湖北

21361
［湖北浠水］蘄陽范氏五修宗譜三十三卷首三卷
民國浠水范厚恩、范厚炘等纂修
民國三十一年（1942）廉讓堂刻本
存二十八卷：二至二十三、二十五、二十六、首三
書名據卷端題，版心作“范氏五修族譜”。
湖北 ×

21362
［湖北新洲］范氏宗譜三卷
清黄岡范止坤、范義成纂修
清光緒三年（1877）木活字本
武漢市新洲區辛冲鎮龍崗村

21363
［湖北武穴］范氏宗譜一卷
廣濟（今武穴）范□□纂修
民國二十五年（1936）紹義堂刻本
廣濟檔

21364
［湖北宜昌］宜昌縣曉峰易氏家乘一卷
清宜昌易□□纂修
清抄本
長陽檔

21365
［湖北武昌］金氏宗譜十二卷首一卷末一卷
清武昌金芳初纂修
清光緒六年（1880）忠勳堂木活字印本
係五修本。
人大

21366
［湖北黄岡］金氏宗譜三十九卷首三卷
民國黄岡金文藻主修
民國十四年（1925）振聲堂刻本暨活字本
書名據書衣、目録題。版心題“金氏宗譜”。
受禄（一名春旭，字自信，號坤臣，一號乾父）原籍江西饒州府餘干縣，宦遷湖北武漢，其子重一遂居黄岡，爲始遷祖。首三卷譜序、祠記、家規、譜規、家訓，卷一至三十四世系，卷三十五至三十九副譜序、跋、墓圖、祠圖、推契、案據、合同、捐契、傳、壽序等。
上海　日本東京大學　美國猶他

21367
［湖北黄岡］金氏宗譜十六卷首四卷
民國黄岡金寶珊、金夢白等纂修
民國二十九年（1940）紹仁堂校刻本
書名據封面、版心題。
湖北

21368
［湖北鄂州］彭城金氏宗譜一卷
清武昌（今鄂州）金靜甫纂修
清光緒三十四年（1908）忠勳堂木活字印本
係七修本。
鄂州博

21369
［湖北武昌］厚洲周氏宗譜四卷
清武昌（今鄂州）周兆熊纂修
清光緒十三年（1887）承恩堂木活字印本
中國社科院歷史所

21370
［湖北黄陂］黄陂周氏宗譜十卷
清黄陂周仲曾、周光朝等編輯
民國十二年（1923）教稼堂刻本
書名據卷端、版心題，内外封面作“黄陂周氏宗譜”。

湖北

21371
[湖北新洲]周氏宗譜六卷首二卷
民國黄岡周以時、周善甫纂修
民國三年(1914)刻本
湖北新洲縣和平鄉細方村

21372
[湖北南漳]周灣周氏家族家派系統表□□卷
南漳周□□纂修
據抄本復印
書名據卷端題。
始祖萬通。
襄陽

21373
[湖北黄岡]周氏宗譜二十卷
清黄岡周可禮等纂修
清同治十三年(1874)世德堂刻本
書名據版心、書衣、目録題。
湖北　武漢×

21374
[湖北黄岡]周氏族譜一百零一卷首十五卷末一卷
清黄岡周子純等纂修
清光緒八年(1882)敦睦堂木活字印本
書名據版心、書名葉題。
國圖

21375
[湖北黄岡]周岐族譜十卷
清黄岡周兆堂等纂修
清光緒十一年(1885)木活字本
書名據版心題。書簽、書名葉題"周岐家譜"。六修本。
始遷祖原玉,元末明初自江右饒州遷至黄岡西鄉潘家塘。卷一譜序、祠序、名目、山圖、墓圖、碑文、誠濟公十條、譜勸、譜戒、譜款、服制圖、祀事儀物、祝文、契約、合同、禁約、批字換約、一切雜項等,卷二派語、世系,卷三至十世系。
慈谿環城南路勵雙傑　尋源姓氏

21376
[湖北黄岡]楚黄周氏族譜二十五卷首六卷
清黄岡周采纂修
清光緒三十年(1904)敦本堂刻本
五修本。書名據書簽題。
遼寧

21377
[湖北黄岡]楚黄周氏宗譜四卷
民國黄岡周宗殷、周定本纂修
民國二十一年(1932)刻本
新洲縣方楊鄉周昭村

21378
[湖北黄岡]周氏宗譜□卷
清黄岡周登煜等纂修
清光緒三十一年(1905)愛蓮堂刻本(墨筆補至民國二十一年(1932))
存三卷:首、八、十
黄岡博×

21379
[湖北黄岡]黄岡周氏宗譜九卷首一卷
民國黄岡周猶經等纂修
民國十三年(1924)用里堂木活字本
始遷祖秀喬,元代人。
美國哥倫比亞大學　美國猶他

21380
[湖北黄岡]周氏宗譜二十卷首二卷
黄岡周盛舒纂修

民國三十四年(1945)愛蓮堂木活字本

書名據版心題。清乾隆十二年(1747)初修,此爲四修本。

始遷祖友直,元間自河南洛陽遷居湖北黄岡。

武漢　山西家譜　美國猶他

21381

[湖北鄂州]周氏宗譜□□卷

清武昌(今鄂州)周上浣等纂修

清同治十年(1871)竹桂堂木活字印本

書名據版心、書名葉題。二修。

鄂州博

21382

[湖北大冶]周氏纂修宗譜十三卷

清大冶周大裕等纂修

清光緒六年(1880)佑啓堂木活字印本

存十二卷:一至二、四至十三

書名據版心題。

上海 ×

21383

[湖北大冶]周氏續修宗譜十四卷

清大冶周大錞纂修

清宣統二年(1910)佑啓堂木活字印本

存十卷:一至二、五至九、十二至十四

書名據版心題。

上海 ×

21384

[湖北大冶]大冶西陽周氏宗譜□卷

清大冶周□□纂修

清木活字印本

存一卷:八

書名據版心題。記事至同治。

上海 ×

21385

[湖北大冶]大冶西陽周氏宗譜十六卷首一卷

大冶□□纂修

民國二十六年(1937)愛蓮堂木活字本

存六卷:一至二、六至九

書名據版心、目録題。書簽題"周氏宗譜"。

始遷祖琇一,清季由興國州花亭徙大冶靈峰山之西陽里。卷一塋圖、祭産、碑誌等,卷二傳贊、詩文等,餘卷皆世系。

上海 ×

21386

[湖北大冶]周氏宗譜十六卷

周玉樹纂修

民國三十五年(1946)佑啓堂木活字本

書名據版心題。

始祖東十,元季由江西廣信遷湖北武昌之靈溪鄉清水潭。七傳至道海、道脈兄弟。道脈子孫世守武昌基業。道海於明初遷大冶果城里安昌鄉毛門金湖,是爲金湖周氏始遷之祖。卷一載誥命、譜序、凡例,遺稿、家規、勳業、貞烈,卷二爲序傳、節碑、碑銘、山圖、派行、系圖。卷三至十六爲各派世系綱表。

上海

21387

[湖北咸寧]周氏宗譜四卷首一卷

民國咸寧周光藻等主修

民國五年(1916)濂溪堂木活字本

書名據版心題。

武漢

21388

[湖北蒲圻]周氏宗譜六卷

清蒲圻(今赤壁)周明陽等纂修

清同治六年(1867)汝南堂木活字印本

(同治九年(1870)周正亨墨筆增補)

南大

21389
［湖北］周氏宗譜十二卷
清周先敬等纂修
清光緒二十年（1894）叙倫堂刻本
纂修者籍里不详。
河北大

21390
［湖北崇陽］周氏宗譜□□卷
崇阳周明清等纂修
民國三十八年（1949）木活字本
崇陽縣桂花泉鄉東山村

21391
［湖北恩施］周氏族譜七卷
清恩施周宗湯纂修
清道光二十四年（1844）汝南堂木活字本
書名據書衣題。
始遷祖宗湯，字鳳隱，清初遷徙恩施。
恩施市石油公司周代金

21392
［湖北恩施］周氏族譜四卷
清周宗湯等纂修
清咸豐九年（1859）木活字本
書名據書衣題。
恩施市石油公司周代金

21393
［湖北］胡氏宗譜□□卷
胡□□纂修
民國三十五年（1946）華林堂木活字本
存卷二：七十、八十五
纂修者籍里不詳。
書名據版心題。
武漢 ×

21394
［湖北新洲］邱氏宗譜三十八卷首四卷
黄岡邱南宣等纂修
民國三十六年（1947）刻本
新洲縣孔埠鄉堤圍村

21395
［湖北新洲］邱氏宗譜□□卷
民國邱楚林等纂修
民國十一年（1922）刻本
新洲縣三店鎮南橋村

21396
［湖北黄岡］感化分邱氏宗譜續編□□卷
民國黄岡邱雲峰等纂修
民國忠實堂木活字本
存三十六卷：一至二十六、二十九至三十八
書名據卷端題。
武漢 ×

21397
［湖北黄陂］横岡胡氏支譜不分卷
清黄陂胡暻等纂修
清康熙四十三年（1704）抄本
書名據版心題。
中國社科院歷史所

21398
［湖北黄安］安邑大金峰胡氏族譜二十五卷首二卷
民國黄安（今紅安）胡祖寅主稿、胡檜模等編修
民國三十七年（1948）安邑星帶堂刻本
存二十三：一至三、五、七至十六、十九至二十五、首二
書名據卷端、封面，版心題“胡氏族譜”。
湖北 ×

21399
[湖北黄岡]胡氏宗譜□□卷
民國黄岡□□纂修
民國華林堂木活字本
存二卷:十、十七
武漢 ×

21400
[湖北漢陽]姚氏宗譜首編八卷正編十二卷
民國漢陽姚慕冰等纂修
民國二十一年(1932)重華堂鉛印本
書名據版心題。
武漢

21401
[湖北英山]胡氏宗譜八卷首一卷
清英山胡應樞纂修
清乾隆四十九年(1784)刻本
存八卷:首、二至八
書名據版心題。書簽題"胡氏家乘"。清康熙五十年(1711)初修,此爲二修本。
始遷祖彦,明代人。
平頂山 ×

21402
[湖北大冶]大冶胡氏纂修宗譜□□卷
清大冶胡□□纂修
清光緒三年(1877)傳善堂木活字印本
存三卷:首、一、二
上海 ×

21403
[湖北新洲]胡氏宗譜十卷
清黄岡胡基秀、胡開福纂修
清光緒三十年(1904)刻本
譜初修於清乾隆二十六年(1761)。
武漢市新洲區三店鎮沙畈村

21404
[湖北新洲]胡氏宗譜十卷首二卷
清黄岡胡緒材纂修
民國七年(1918)刻本
存一卷
武漢市新洲區三店鎮西河村　武漢市新洲區方揚鄉胡彰村

21405
[湖北新洲]胡氏宗譜□□卷
民國黄岡胡筱三等纂修
民國二十六年(1937)刻本
武漢市新洲區新街鄉胡田村

21406
[湖北新洲]胡氏宗譜六卷
黄岡胡翠軒等纂修
民國三十三年(1944)刻本
武漢市新洲區利河鄉楊家山村

21407
[湖北新洲]胡氏宗譜二十卷
黄岡胡虞臣等纂修
民國三十三年(1944)刻本
武漢市新洲區舊街鄉樓寨村

21408
[湖北新洲]胡氏宗譜四卷
黄岡□□纂修
民國三十四年(1945)刻本
武漢市新洲區徐古鎮烏鉢窰村

21409
[湖北黄岡]胡氏宗譜十卷
黄岡胡氏合族纂修
民國七年(1918)安定堂木活字本
書名據版心、書衣、書名葉題。
始遷祖伯猷,宋季自江西遷湖北黄岡。卷一譜序、凡例、圖、像、墓圖,卷二至十世系。

上海

21410

[湖北黄岡]黄岡胡氏宗譜□□卷

黄岡胡□□纂修

民國三十三年(1944)經義堂木活字本

存十二卷:首、一、二、六、九、十、十一、十三、十四、十六、十九、二十

書名據書衣題。版心、書名葉題"胡氏宗譜"。

始遷祖辛乙,明洪武四年(1371)由江西饒州府樂平縣瓦硎壩遷黄岡。卷首譜序、目録、凡例、祠堂等,卷二墓圖、族規、派行,卷二十傳、行狀、藝文,其餘存卷皆爲世系。

上海 ×

21411

[湖北廣濟]胡氏宗譜一卷

民國廣濟(今武穴)胡錦城等纂修

民國十年(1921)華林堂木活字本

廣濟檔

21412

[湖北江陵]胡氏宗譜十六卷首一卷

民國江陵胡嗣俊等纂修

民國十三年(1924)鉛印本

書名據版心、目録題。著名葉題"胡氏族譜"。

始遷祖智賓,字庠舉,號續虞,明宣德十年(1435)民國自江西南昌官田鄉徙居荆州公安,復徙江陵。卷首譜規、家訓、墓誌,内有林紓撰《南湖舊隱圖記》,卷一至十六世系。

國圖　人大　上海　荆州區檔　中山圖　日本東洋文庫　日本東京大學　美國哈佛大學　美國猶他

21413

[湖北江陵]胡氏族譜十七卷序一卷

民國江陵胡□□纂修

民國六年(1917)刻本

江陵檔

21414

[湖北監利]胡氏家乘□□卷

民國監利胡宗敬等纂修

民國九年(1920)崇陰堂刻本

存一卷:譜序、卷六中

書名據版心、書衣題。二修本。

譜奉道衍(字壽五)爲始祖。

河南 ×　山西家譜 ×　美國猶他 ×

21415

[湖北長陽]都鎮灣胡氏族譜□□卷

長陽胡□□纂修

刻本

存一卷

長陽縣民族宗教事務局

21416

[湖北長陽]麻池胡氏族譜□□卷

長陽胡□□纂修

抄本

存一卷

長陽縣民族宗教事務局

21417

[湖北仙桃]沔陽縣長埫口胡氏族譜七卷

民國沔陽(今仙桃)胡維榮纂修

民國十五年(1926)長埫口鉛印本

書名據卷端題。版心題"胡氏宗譜"。書簽題"胡氏族譜"。

始遷祖少逸,又名惟思,字希祖,行陳七。明代人。

吉大

21418

[湖北漢陽]嵾山姜氏宗譜□□卷

民國漢陽姜德森等纂修

民國三十三年(1944)寶璜堂木活字本

存卷首

書名據卷端題。

武漢 ×

21419
[湖北新洲]姜氏宗譜七卷首四卷
黄岡姜紹熊、姜傳緒纂修
民國三十四年(1945)鉛印本
武漢市新洲區和平鄉朱楊村

21420
[湖北新洲]姜氏宗譜四卷
黄岡姜嘘雲纂修
民國三十五年(1946)木活字本
武漢市新洲區碩崗鄉

21421
[湖北竹溪]竹溪姜氏宗譜十八卷
竹溪占章杏纂修
民國三十五年(1946)木活字本
浙江省常山縣毛良塢鄉姜家村

21422
[湖北建始]姜氏族譜不分卷
清建始姜治元等纂修
清同治十三年(1874)積厚堂木活字本
書名據書衣題。
始祖文武,明永樂間自湖北廣濟縣四廂移居湖南桂東縣新坊鄉。始遷祖正鵬、正鶚、正鶴、正璽弟兄,清康熙五十年(1711)再徙湖北建始縣高坪鎮望坪。
建始縣經管局姜久平

21423
[湖北建始]姜氏族譜不分卷
清建始姜治位等纂修
清光緒三十年(1904)積厚堂稿本
書名據書衣題。
始祖文武,明永樂間自湖北廣濟縣四廂移居湖南桂東縣新坊鄉。始遷祖正鵬、正鶚、正鶴、正璽弟兄,清康熙五十年(1711)再徙湖北建始縣高坪鎮望坪。是爲姜氏二房(正鶚)支譜。
建始縣經管局姜久平

21424
[湖北建始]姜氏族譜不分卷
清建始姜文林等纂修
清宣統二年(1910)積厚堂稿本
書名據書衣題。初修本。
始祖文武,明永樂間自湖北廣濟縣四廂移居湖南桂東縣新坊鄉。始遷祖正鵬、正鶚、正鶴、正璽弟兄,清康熙五十年(1711)再徙湖北建始縣高坪鎮望坪。是爲姜氏七房(正璽)支譜。
建始縣經管局姜久平

21425
[湖北麻城][湖北黄岡]施氏宗譜二十四卷首七卷
民國麻城施祚芬等纂修
民國三十五年(1946)宗伯堂木活字本
存六卷:首一至五、卷首七
書名據版心題。
武漢 ×

21426
[湖北新洲]施氏宗譜七十卷
黄岡施萬朗、施意誠纂修
民國三十五年(1946)刻本
新洲縣前進鄉觀塘村

21427
[湖北新洲]施氏宗譜七十卷首五卷
黄岡施馥階、施緒禮纂修
民國三十五年(1946)刻本
疑與前一款目爲同版。
新洲縣白洋鄉洲上村

21428
[湖北新洲]施氏宗譜六十五卷
黄岡施長容纂修

民國三十六年(1947)刻本
新洲縣施崗鄉施崗村

21429
[湖北黄梅]洪氏宗譜十一卷
民國黄梅洪文治督修　黄梅洪瑞潤編修
民國十八年(1929)忠孝堂刻本
存六卷:首、六至九、十一
書名據封面、版心題。
湖北ˣ

21430
[湖北新洲]洪氏宗譜二十二卷
民國黄岡洪才佐、洪才全纂修
民國二年(1913)刻本
武漢市新洲區徐古鎮烏鉢客村

21431
[湖北麻城]洪氏三修宗譜十三卷首三卷
麻城洪象笏纂修
民國三十六年(1947)義居堂木活字本
書名據譜序題。版心、書衣、書名葉題"洪氏宗譜"。
始遷祖名不詳,自安徽霍山遷湖北麻城。首三卷譜序、傳、凡例、墓圖、族規、詩句等,卷一至十三世系。
上海

21432
[湖北黄岡]涂氏宗譜十卷首四卷
民國黄岡涂敷林等編輯
民國六年(1917)敦厚堂木活字本
書名據版心題。
武漢

21433
[湖北廣濟]涂氏宗譜三十八卷
廣濟(今武穴)涂鍾秀等纂修
民國三十五年(1946)蕚聯堂木活字本
書名據版心、書衣、書名葉題。書名葉題"合儀堂梓"。
始祖櫄,由江西南昌遷湖北,卜居廣濟陶家塘(今武穴市涂家壟)。生子七:太興、太成、太慎、太原、太敏、太弼、太正。長子五世孫均林,由陶唐析居竹影山,爲仁户一世祖。次子生子二,長翠軒,次光軒。翠軒後裔壽禄遷居大京阪,爲秀六户一世祖。光軒後裔福鸞、福凱、福鎮、福軒、福興析居黄梅蔡山鎮,爲秀二户一世祖。三子後裔世緒,遷黄梅之阮家街,爲盛三户一世祖。四子後人永昌、正甫,遷居廣野湖,後又析居童司牌,爲秀三户一世祖。五子後人天壽,遷居株樹嶺,後析居於黄梅壟坪鎮西冲村、瞿山涂家老屋、豹腳楓樹等處,爲盛二户一世祖。六子後裔壽堂,遷居鴻腦洲趙家莊,爲盛六户一世祖。七子由陶家塘歸原籍,偕嗣父仍居南昌。後裔佳榮,由江西遷居廣濟梅家府,又爲梅家府一世祖。卷一像圖、譜序、家規、五服圖、修譜名目、宗派説、領譜名目、傳、祀産、統宗世系圖等,卷二至三十八世系。
上海

21434
[湖北黄陂]涂氏宗譜二十九卷
清黄陂涂道金纂修
民國十五年(1926)木活字本
書名據卷端題。
始遷祖貴,號之餘,元代人。
南京

21435
[湖北黄岡]段氏宗譜四卷首五卷
清黄岡段清海纂修
清光緒三十年(1904)立本堂木活字印本
書名據版心、書衣題。
上海

21436
[湖北沔陽]段氏宗譜四十三卷前集二卷後集二卷首一末一卷
民國沔陽(今仙桃)段世芳主修
民國七年(1918)京兆堂木活字本
存二卷:前集一、後集二
書名據版心題。
武漢 ×

21437
[湖北監利]段氏族譜二十卷首一卷
民國監利段伯清、段大華纂修
民國六年(1917)木活字本
該族散居湖北監利、湖南嶽陽等地。
監利檔

21438
[湖北仙桃]段氏宗譜前集二卷後集二卷首一卷末一卷正編四十三卷
民國沔陽(今仙桃)段世芳主修
民國七年(1918)京兆堂木活字本
存三卷:前集一卷　後集二卷
書名據版心題。書名葉題"崇邑集注書屋梓行"。譜初修於清道光八年(1828),此爲三修本。
始遷祖從瑄、從瑀,明季自江西吉安府廬陵縣遷徙至湖北仙桃。
武漢　山西家譜　美國猶他

21439
[湖北黄梅]黄梅帥氏支譜八卷
清黄梅帥宗枚纂修
清同治二年(1863)怡怡堂木活字印本
書名據書名葉題。
南京

21440
[湖北漢川]秦氏宗譜十六卷首一卷
清漢川秦業光纂修
清光緒三十二年(1906)刻本
書名據版心、書名葉題。
始祖執中,宋紹興、乾道間由江西南昌遷湖北麻城。始遷祖太滈,清雍正間由竟陵徙居漢川縣。
河南省人大常委會辦公廳秦潔

21441
[湖北黄州]秦氏族譜十卷
清黄州(今黄岡)秦際清等纂修
清光緒十五年(1889)繼述堂木活字印本
書名據版心題。書名葉題"秦氏宗譜"。六修本。
遼寧

21442
[湖北黄岡]黄岡秦氏宗譜十八卷
民國黄岡秦玉田等纂修
民國二十四年(1935)繼述堂木活字本
始遷祖子貞,明代人。
美國哥倫比亞大學　美國猶他

21443
[湖北咸豐]曲江秦氏家譜二卷
民國咸豐秦秀彰、秦秀選纂修
民國十年(1921)刻本
咸豐檔

21444
[湖北]桂氏宗譜五卷首一卷
清桂聲遠等纂修
清光緒三十年(1904)天水堂水活字印本
書名據版心、書簽、書名葉題。纂修者籍里不詳。
上海

21445
[湖北黄岡]桂氏宗譜十卷首二卷
民國黄岡桂成斌等纂修

民國五年（1916）天香堂木活字本
尋源姓氏存十一卷:首下、一至十　美國猶他存十一卷:首下、一至十

書名據版心、書衣、書名葉題。

始遷祖重益,字元極,明洪武間由江西饒州府瓦硐壩遷居黄岡。卷首上譜序、康熙廣訓、派名、合族創修名目、傳,卷首下例言、家訓、家規合律、律例、墓圖、家禮儀節、服制、儀注、告祖祝文、契據。卷一至十世系。

上海　湖北新洲縣孔埠鄉堤闸村　尋源姓氏 ×
美國猶他 ×

21446
[湖北武昌]桂氏宗譜十卷首一卷
民國武昌桂雄五督修
民國二十六年（1937）天水堂木活字本

書名據版心題。

武漢

21447
[湖北麻城]楚黄耿氏族譜二十六卷首一卷
清麻城耿文濬纂修
清同治五年（1866）文在堂木活字印本
存十九卷:首、四至七、十至十六、十八、二十至二十六
上海 ×

21448
[湖北黄陂]耿氏宗譜三卷
黄陂耿文聯等纂修
民國十一年（1922）燕山堂木活字本

書名據版心題。

始祖國清,明代人。始遷祖大讓,明代人。

遼寧

21449
[湖北紅安]楚黄耿氏族譜三十三卷首一卷
民國黄安（今紅安）耿良堃編輯
民國三十六年（1947）木活字本
缺卷十七

書名據目録題。

武漢 ×

21450
[湖北]孫氏宗譜三十卷首一卷
民國孫振基等總修
民國八年（1919）富春堂木活字本
存七卷:首、卷八至十三

纂修人籍里不明。

21451
[湖北新洲]孫氏宗譜不分卷
黄岡孫正華、孫正啓纂修
民國三十七年（1948）刻本

譜初修於清光緒五年（1879）。

湖北新洲縣前進鄉楊崗村

21452
[湖北新洲]孫氏宗譜二十四卷
黄岡孫其典纂修
民國三十六年（1947）刻本

三修本。

湖北新洲縣徐古鎮烏鉢窗村

21453
[湖北黄岡]孫氏族譜三十四卷首一卷
黄岡孫廣墉纂修
民國三十六年（1947）敦睦堂木活字本

書名據版心、書衣題。

始祖均德,明代人。始遷祖行簡,明初自江西饒州府樂平縣遷湖北黄岡淋山河。

湖北博

21454
[湖北宜昌]孫氏派譜不分卷
清東湖（今宜昌）孫增榮纂修
清光緒六年（1880）桐梧堂木活字印本

書名據版心題。

宜昌檔

21455

[湖北黃岡]袁氏宗譜十八卷

清黃岡袁氏合族纂修

清同治二年(1863)惇睦堂木活字印本

存十七卷:一至二、四至十八

書名據版心題。

上海 ×

21456

[湖北黃岡]楚黃袁氏宗譜二十卷

民國黃岡袁祖凝纂修

民國二十四年(1935)刻本

湖北新洲縣馮鋪鄉湖西村

21457

[湖北麻城]袁氏宗譜四卷首三卷又首一卷

民國麻城袁洪渥等纂修

民國十一年(1922)臥雪堂木活字本

書名據版心、書衣、書名葉題。

始祖普化,元末明初自江西宜春遷湖北黄安。始遷祖福五,名貞英,始祖第五孫,分居麻城西鄉石板冲。卷首一卷首二合同、契據、祀産、五服,卷首三源流,又首一卷譜敘、目録、名目、祭儀、祝文、凡例、家訓、傳,卷一至卷四世系。

上海

21458

[湖北大冶]袁氏宗譜□□卷

清大冶袁漢傑纂修

清光緒十七年(1891)敦睦堂木活字印本

存二卷:首、一

書名據版心、書簽題。

上海 ×

21459

[湖北松滋]袁氏宗譜□□卷

民國袁益先等纂修

民國八年(1919)石印本

存一卷:一

書名據版心題。

始遷祖璽,明末清初自江西遷湖北松滋。

宜昌市政研室歐陽運森 ×

21460

[湖北當陽]袁氏族譜一卷

當陽袁正寬等纂修

民國十三年(1924)石印本

書名據版心、書衣題。

始遷祖才,元明之際由江西遷至當陽。

宜昌檔

21461

[湖北蘄水]蘄水雨河畢氏六修族譜八卷首一卷加傳一卷

清蘄水(今浠水)畢開等纂修

清光緒三十年(1904)敦本堂木活字印本

美國哥倫比亞大學

21462

[湖北江陵]續修江陵畢氏族譜六卷

清江陵畢承綬、畢承緗纂修

清光緒二十九年(1903)石印本

科院

21463

[湖北英山]馬氏宗譜十卷首一卷

清英山馬廷福纂修

清同治十二年(1873)清雲堂木活字印本

書名據版心、書簽、書名葉題。三修本。

中國社科院歷史所

21464
［湖北］麻城牌樓河夏氏宗譜二十九卷首二卷
清麻城夏炳元等纂修
清光緒十九年（1893）詒燕堂刻本
存三十卷：一至九　十一至二十九　首二
書名據卷端、封面題，版心作“夏氏宗譜”。
湖北 ×

21465
［湖北通山］夏氏宗譜□卷
清通山夏體臣等纂修
清光緒二十八年（1902）植本堂木活字印本
存一卷：二十三
書名據版心、書衣題。
上海 ×

21466
［湖北武昌］徐氏族譜□□卷
民國武昌徐明題等纂修
民國元年（1912）東海堂刻本
存一卷：首
書名據版心題。
武漢 ×

21467
［湖北陽邏］徐氏宗譜□□卷
民國黄岡徐□□纂修
民國東海堂木活字本
存一卷：四
書名據封面所題。
武漢 ×

21468
［湖北黄陂］徐氏宗譜十四卷末一卷
民國黄陂徐紹曾等纂修
民國八年（1919）文啓堂木活字本
存五卷：二、四、十、十一、末
書名據版心題。
武漢 ×

21469
［湖北黄陂］徐氏支譜四卷
民國黄陂徐本遠編纂
民國三十五年（1946）木活字本
書名據版心題。
武漢

21470
［湖北武昌］［湖北沔陽］馬氏族譜□□卷
民國武昌馬光頲總纂
民國九年（1920）懷遠堂木活字本
存：首册序、傳
六修本。
是爲武昌、仙桃統譜。始祖鎮，明代人。馬中驥、馬積纓出於是族。存卷爲譜序、傳。
武漢 ×　山西家譜 ×　美國猶他 ×

21471
［湖北新洲］馬氏宗譜十一卷首一卷
黄岡馬精臣、馬祝三纂修
民國五年（1916）刻本
新洲縣和平鄉石河村東馬家灣

21472
［湖北石首］馬氏族譜□□卷
石首馬□□纂修
馬聰明抄本　民國七年（1918）修本
石首縣檔

21473
［湖北陽新］徐氏宗譜不分卷
清陽新徐□□纂修
清衍慶堂刻本
書名據版心、書簽題。記事至乾隆。
上海

21474
[湖北蒲圻]徐氏宗譜□□卷
清蒲圻(今赤壁)徐雲梯纂修
清光緒十六年(1890)敦本堂木活字印本
書名據版心題。
國圖

21475
[湖北黄陂]黄陂徐氏支譜七卷首一卷
民國黄陂徐大勝纂修
民國二十五年(1936)南京徐氏美豐祥印書館鉛印本
書名據版心、書名葉題。
始遷祖貞,明洪武間自江西遷黄陂。載五世尚彝下人得、人仕兩房世系。
南大

21476
[湖北黄陂]徐氏支譜□□卷
黄陂徐本遠纂修
民國三十五年(1946)李中書局鉛印本
書名據版心題。
始遷祖貞,明洪武間自江西遷黄陂。
武漢

21477
[湖北黄陂]徐氏宗譜七十八卷首八卷末一卷
民國黄陂徐德修纂修
民國二十年(1931)仁讓堂木活字本
書名據版心、書衣、書名葉題。初修本。
始遷祖天柱、天佑、天麒、天麟、光益,明代人。是爲五支派合修譜。
慈谿市環城南路勵雙傑

21478
[湖北新洲]徐氏宗譜□□卷
黄岡徐□□纂修
民國間東海堂木活字本
存一卷:四
書名據書衣題。
武漢 ×

21479
[湖北新洲]徐氏宗譜二十四卷首三卷
黄岡徐□□纂修
民國九年(1920)刻本
武漢市新洲區幸福鄉徐遠村

21480
[湖北新洲]徐氏宗譜八卷首二卷
黄岡徐□□纂修
民國五年(1916)刻本
初修本。
武漢市新洲區大渡鄉

21481
[湖北新洲]徐氏宗譜□□卷
黄岡徐□□纂修
民國二十七年(1938)刻本
存首二卷
武漢市新洲區覺明鄉方院村

21482
[湖北新洲]徐氏宗譜六卷
黄岡徐光炯纂修
民國五年(1916)刻本
武漢市新洲區幸福鄉徐貴村 ×

21483
[湖北黄岡]徐氏宗譜二十四卷首三卷
黄岡徐氏合族纂修
民國九年(1920)景祚堂木活字本
書名據版心、書衣、書名葉題。
始遷祖宗嶽,字登山。明洪武二年(1369)由江西饒州府樂平縣天星阪瓦硐壩遷湖北黄岡縣柳子巷。三傳爲清輔、恒輔二公。清輔生仁遠、義遠，譜係此二房之譜。卷首上譜序、跋、碑記、祀産契據、凡例、派引、祖訓、家訓、服制圖、領譜名目等，卷首中宗祠圖、墓圖、陰陽二宅圖等，卷首下傳、世系，卷一至二十四世系。

上海

21484

[湖北]黄岡徐氏宗譜十七卷首一卷

黄岡徐叔淵等纂修

民國二十三年(1934)睦族堂木活字本

書衣題徐氏宗譜。

始祖辛三。始遷祖受一，明代人。

美國哥倫比亞大學　美國猶他

21485

[湖北黄岡]陽遏徐氏宗譜□□卷

黄岡徐□□纂修

民國間東海堂木活字本

存一卷：四

記事至民國六年(1917)。

武漢 ˣ

21486

[湖北大冶]冶邑徐氏大成宗譜不分卷

大冶徐世昌纂修

民國三十七年(1948)敦睦堂木活字本

存一册

書名據書簽題。版心題"徐氏宗譜"。書名葉題"民國戊子年建清佈揚莊壽南氏另修支譜，冶邑合修刊"。

譜存聖諭、冶邑徐氏合修大成宗譜内局人員詩、各山莊圖、歷代源流九曲圖、大受公派下清莊世系。世系始自第九世大受長子建清，字與潔，生於明隆慶元年(1567)，歿於崇禎元年(1628)。

上海 ˣ

21487

[湖北崇陽]徐氏宗譜十四卷

崇陽徐光楚纂修

民國十四年(1925)東海堂木活字本

崇陽縣石城鎮黄隆村

21488

[湖北巴東]徐氏宗譜□□卷

巴東徐□□纂修

清道光年間絹質寫本

存一册

經折裝

書名據版心題。

始遷祖文彬，明洪武間自江西南昌府紅土地祠下遷居巴東縣今馬鹿池西側水田壩。

巴東縣托幼中心徐光强 ˣ

21489

[湖北咸豐]徐氏宗譜一卷

民國咸豐徐大煜纂修

民國十年(1921)石印本

咸豐檔

21490

[湖北鶴峰]徐氏家譜不分卷

鶴峰徐立坤等纂修

鉛印本

書名據書衣題。

始祖永柏，福建泉州人。始遷祖宗愷，自泉州再徙湖北鶴峰。

鶴峰縣容美鎮徐大信

21491

[湖北浠水]汾陽郭氏宗譜□□卷

清蘄水(今浠水)郭□□纂修

清光緒八年(1882)刻本

存二卷：一至二

浠水博 ˣ

21492

[湖北新洲]郭氏宗譜□□卷

民國黄岡郭子秀、郭席珍纂修

民國十六年（1927）刻本

存首四卷

清光緒十五年（1889）郭可第、郭平初修，此爲二修本。

武漢市新洲區辛沖鎮四崗村 ×

21493

［湖北新洲］郭氏宗譜□□卷

民國黄岡郭雲漢纂修

民國二十二年（1933）刻本

武漢市新洲區鳳凰鄉鄭家園

21494

［湖北新洲］郭氏宗譜四十卷首十四卷

黄岡郭啓愛、郭可裕等纂修

民國二十二年（1933）刻本

清道光四年（1824）郭春亭初修，此爲四修本。

武漢市新洲區三店鎮三店村

21495

［湖北新洲］郭氏宗譜四卷首二卷

民國黄岡郭存瑜、郭宗林纂修

民國二十四年（1935）刻本

初修本

武漢市新洲區三店鎮竹園村

21496

［湖北棗陽］湖河郭氏三房六門族譜不分卷

當陽郭□□纂修

民國三十六年（1947）述會堂鉛印本

書名據書衣題。

棗陽檔

21497

［湖北應城］蒲陽郭氏宗譜八卷

應城郭成憲纂修

民國九年（1920）敦睦堂木活字本

書名據書衣題。版心題“郭氏宗譜”。

始遷祖仁卿，元至正十五年（1355）進士。

北大

21498

［湖北黄岡］郭氏宗譜十六卷

清黄岡郭學淵等纂修

清光緒二十二年（1896）汾陽堂木活字本

書名據版心、書簽、書名葉題。

始遷祖雲甫，原籍江西饒州府餘干縣棗樹林大塘郭，元至正間初遷湖北雲夢縣，明洪武初與弟虛甫、明甫復奉調入湖北黄岡縣庶安鄉。後長子希泰居河西，立户曰成；次子誠居河東，立户曰玉。是爲成、玉二房合譜。卷一序、祠記、譜例、譜訓、修譜名目、原議宗派、新增宗派、行述、縣志、傳，卷二序、傳、祠記、壽文，卷三至十四世系，卷十五爲五服圖、新祠記、合同、買祠基約、捐祠基約、捐地助祭約、名神名目、條約、捐約，卷十六各祖墓圖。

上海　尋源姓氏

21499

［湖北黄岡］郭氏宗譜四十卷首十四卷

民國黄岡郭啓愛等纂修

民國二十二年（1933）木活字暨鉛印本

書名據版心、書衣題。四修本。

始遷祖雲甫，原籍江西饒州府餘干縣棗樹林大塘郭，元至正間初遷湖南雲夢縣，明洪武初與弟虛甫、明甫復奉調入湖北黄岡縣庶安鄉。卷首一序、目録，卷首二至三序、譜引、啓、函、牘，卷首四凡例、修譜名次、譜約、譜訓、告祖文，卷首五先世公考、家源賦、宗派、里居志、服制圖説，卷首六藝文雜誌，卷首七至十一傳狀、壽文、墓誌等，卷首十二至十四祠墓祭産，卷一至四十世系。譜中録有王陽明、唐愈賢等與郭慶書信。明人郭慶即出此族。

上海

21500
[湖北麻城]郭氏宗譜七卷首一卷
民國麻城郭命遠纂修
民國十五年(1926)汾陽堂木活字本
書名據書衣題。
始祖雲甫,原籍江西饒州府餘干縣棗樹林大塘郭,元至正間初遷湖南雲夢縣,明洪武初與弟虚甫、明甫復奉調入湖北黄岡縣庶安鄉。始遷祖希祖,明甫子,明代再徙麻邑。卷首序、祠堂記、家廟記、捐款類、五服圖、祠堂圖、廟圖、墓圖、墳山圖、宅圖、條約、宗派、凡例、家訓、譜訓、儀注、祝文,卷一至七世系。
上海　尋源姓氏

21501
[湖北浠水]蕲水郭公家乘摘録不分卷
浠水郭□□纂修
民國桐鳳榷抄本
湖北

21502
[湖北恩施]太原堂郭氏家譜□□卷
恩施郭□□纂修
復印抄本
書名據書衣題。
恩施市農業局郭芳玉

21503
[湖北武昌]商氏宗譜一卷
民國武昌商□□纂修
民國抄本
書名係自擬。
武漢

21504
[湖北新洲]商氏宗譜二十卷首一卷末一卷
黄岡商忠焕、商世全等纂修
民國三十五年(1946)木活字本
武漢市新洲區孔埠鄉洲上村

21505
[湖北]新塘高氏宗譜不分卷
清高壽興等纂修
清宣統二年(1910)渤海堂刻本
纂修者籍里不詳。
美國哥倫比亞大學

21506
[湖北新洲]高氏宗譜十五卷首三卷
黄岡高緒煜纂修
民國三十四年(1945)刻本
清光緒八年(1882)初修譜,此爲三修本。
武漢市新洲區新勝鄉樂崗村

21507
[湖北新洲]高氏宗譜九十四卷首六卷
黄岡高□□纂修
民國三十六年(1947)刻本
武漢市新洲區三店鎮三店村

21508
[湖北黄岡]高氏族譜十卷首二卷
清黄岡高熙慶等纂修
清光緒九年(1883)世澤堂木活字本
書名據版心、書衣、書名葉題。
始遷祖華遠,明洪武七年(1374)自江西饒州扶梁縣遷居黄岡上伍鄉校魚村。卷首一譜序、譜規、家規、家訓、源流考、宗派,卷首二祠堂記、祀田、祠堂圖、墓圖、傳,卷一至十世系。
上海　尋源姓氏　美國猶他 ×

21509
[湖北黄岡]高氏宗譜十四卷首二卷
黄岡高衍寬等纂修
民國五年(1916)世澤堂木活字本
書名據版心、書衣、書名葉題。
先祖同上。卷首一譜序、家訓、源流考、宗

派，卷首二祠堂記、祠堂圖、墓圖、傳，卷一至十四世系。

上海　尋源姓氏 × 美國猶他 ×

21510
[湖北黄岡]齊安高氏宗譜四卷
黄岡高能錦纂修
民國四年(1915)安愚堂刻本

卷端題“高氏族譜”。版心題“高氏宗譜”。譜初修於清乾隆五十九年(1794)，此爲三修本。

黄岡檔

21511
[湖北黄岡]楚黄高氏宗譜三十五卷
民國黄岡高代敬等纂修
民國十八年(1929)刻本

清康熙三十四年(1695)高名璉、高世盛等初修墨譜，此爲三修本。

湖北新洲縣馮鋪鄉安仁村

21512
[湖北黄岡]高氏宗譜四十八卷首六卷
黄岡高介眉等纂修
民國三十六年(1947)渤海堂木活字本
存五十三卷：缺卷首二

書名據版心、書衣、書名葉題。

始祖立本。始遷祖海峰、玉峰、翠峰，明初自江西樂平縣遷居黄岡。卷首一序，卷首二傳贊，卷首三傳贊、歌詞，卷首四墓岡、公産、契據，卷首五凡例、家規、宗派、人丁表、遷居表、服制圖，卷首六世寶，卷一至四十八世系。

上海 ×

21513
[湖北黄梅]高氏宗譜五卷
黄梅高正達等纂修
民國三十五年(1946)排印本

黄梅檔

21514
[湖北公安]高氏族譜七卷首一卷
民國公安高訓源主修
民國六年(1917)忠恕堂木活字本
存六卷：缺卷五、六

書名據版心、書簽、書名葉題。

始祖如萬(字克丕)、道源(行九一)，父子二人避元季兵亂自江西吉安府吉水縣遷居公安卸甲湖。卷首源流序、家乘小引、譜序、祠堂碑誌、祠堂記、始遷祖備考、例敘、宗規、家訓、源流考、傳、行昭敘、事略、行狀、行略、契約、墓誌、村禁、墓誌、補約、合約，卷一載五服圖、祠堂圖、墳圖、地圖、年譜、世系，卷二至七世系。

尋源姓氏 ×

21515
[湖北興山]深坪高氏族譜不分卷
清興山高家箴等纂修
清光緒間抄清光緒元年(1875)修本

書名據書衣題。

始祖允祥。

興山方志辦

21516
[湖北漢陽]鄔氏家乘□□卷
民國漢陽鄔□□纂修
民國四年(1915)木活字本
存前編

書名據版心題。

武漢 ×

21517
[湖北]陶氏宗譜四十四卷
民國陶守珩等主編
民國三十七年(1948)五柳堂木活字本

纂修者籍里不詳。

武漢

21518
[湖北新洲]六甲支譜陶氏八卷
清黄岡陶早茂等纂修
清光緒二十三年(1897)刻本
武漢市新洲區桃花鄉桃花寨村

21519
[湖北新洲]陶氏宗譜三十卷
民國黄岡陶鳳笙等纂修
民國十八年(1929)刻本
武漢市新洲區桃花鄉桃花寨村

21520
[湖北通城]陸氏宗譜六卷首一卷
清通城陸彝典等纂修
清同治四年(1865)河南堂木活字印本
上海

21521
[湖北武昌]陳氏重修宗譜八十一卷
清武昌(今鄂州)陳之佑纂修
清同治十年(1871)孝義堂木活字印本
書名據版心題。
上海

21522
[湖北武昌]義門陳氏宗譜□□卷
清武昌(今鄂州)陳□□纂修
清孝義堂木活字印本
存卷首
書名據版心題。
上海ˣ

21523
[湖北武昌]陳氏宗譜十五卷
民國武昌(今鄂州)陳振球續修
民國十九年(1930)崇本堂木活字本
存六卷:一、二、四至七
書名據版心題。
武漢ˣ

21524
[湖北武昌]陳氏宗譜十八卷
民國武昌陳大通等纂修
民國三十七年(1948)崇本堂木活字本
書名據版心題。
武漢

21525
[湖北黄陂]陳氏宗譜十卷
民國黄陂陳閏中督修
民國十三年(1924)義門堂木活字本
書名據版心題。
武漢

21526
[湖北孝感]環東義門陳氏宗譜二十二卷末一卷
民國孝感陳□□纂修
民國六年(1917)木活字本
存十九卷:一至七、九、十一至二十、末一卷
書名據版心題。
武漢ˣ

21527
[湖北應城]陳氏宗譜□□卷
民國麻城陳□□纂修
民國義門堂石印本
存一卷:二
書名據版心題。
武漢ˣ

21528
[湖北紅安]黄安縣義門謝浦莊陳氏宗譜六卷首一卷
民國黄安(今紅安)陳文開等督理
民國三十八年(1949)二難堂鉛印本
存六卷:首、一至四、六

書名據卷端題。

武漢 ×

21529

[湖北江陵]陳氏族譜十四卷首三卷

清江陵陳賢福纂修

清光緒三十三年(1907)旌義堂木活字印本

存十册

書名據版心題。

上海 ×

21530

[湖北]陳氏宗譜十卷首三卷

民國陳壁鐄等纂修

民國二十三年(1934)忠義堂木活字本

書名據書衣、版心題。

始祖地疏,分居湖北黄家莊,其後裔分遷黄岡、麻城等地。首三卷譜序、凡例、祠堂記、墳山記并契據、傳、像、祠堂、圖形、墓圖,卷一至十世系。纂修者籍里不詳。

上海

21531

[湖北武昌]陳氏重修宗譜□□卷

民國武昌(今江夏)陳澤之纂修

民國四年(1915)孝義堂木活字本

存十六卷:首一、二、八至十一,卷七、九、十、十四、十七至二十一、二十四

書名據版心題。書衣題"陳氏宗譜"。

始祖繼銘,族出江州義門,宋嘉祐間分莊,得豫章南橋莊。始遷祖伯裔,繼銘七世孫,移居湖北武昌縣。卷首序、江州義門紀略、凡例、譜約、祭田記、誥敕,餘卷俱爲世系。有陳中孚傳記及所撰文。

上海 ×

21532

[湖北武昌]湖北金口鄉陳氏宗譜四卷

民國武昌陳長齡等纂修

民國十年(1921)敦義堂木活字本

版心題"陳氏宗譜"。

始遷祖對廷,明末人。

美國哥倫比亞大學 美國猶他

21533

[湖北武昌]陳氏宗譜十八卷首二卷

武昌陳大通、陳元傑纂修

民國三十七年(1948)崇本堂木活字本

缺卷二

書名據版心、書衣、書名葉題。目録題"鄂城義陽陳氏四修宗譜"。四修本。

始祖塘,字道高,行福二,元末明初人。始遷祖汝,明洪武初自江西吉安府吉水縣移居湖北黄岡,後再徙鄂城(今屬湖北武漢市武昌區)。

武漢 × 山西家譜 美國猶他

21534

[湖北黄陂]陳氏宗譜五卷世系總圖四卷首一卷

民國黄陂陳閏中纂修

民國十三年(1924)義門堂木活字本

存六卷:一、三、四、世系總圖卷二至四

書名據版心題。書名葉題"灄川會文閣沙記梓"。佚名增補至民國二十三年(1934)。

始遷祖文海,明代人。

武漢 × 山西家譜 美國猶他

21535

[湖北新洲]陳氏宗譜八卷

清黄岡陳潤生、陳玉書纂修

清光緒二十年(1894)刻本

武漢市新洲區前進鄉郭玉村

21536

[湖北新洲]義陳宗譜十卷

民國黄岡陳先棗、陳浚川纂修

民國四年(1915)刻本

武漢市新洲區三店鎮宋渡村

21537
[湖北新洲]陳氏大成宗譜十二卷首三卷
黄岡陳受先、陳毓鑫纂修
民國十六年(1927)刻本
武漢市新洲區施岗鄉施崗村

21538
[湖北新洲]義門陳氏宗譜四卷
黄岡陳□□纂修
民國十九年(1930)刻本
武漢市新洲區馬河鄉朱崗村

21539
[湖北新洲]陳氏宗譜五卷
黄岡陳朗珊纂修
民國二十二年(1933)刻本
武漢市新洲區新街鄉新河村

21540
[湖北新洲]陳氏宗譜六十五卷首二卷末一卷
黄岡陳爵封、陳本賜纂修
民國二十三年(1934)刻本
武漢市新洲區八里鄉新畈村

21541
[湖北新洲]義門陳氏宗譜二十二卷首三卷
黄岡陳文彩等纂修
民國二十四年(1935)刻本
武漢市新洲區三店鎮竹園村

21542
[湖北新洲]陳氏宗譜十卷
黄岡陳彩臣纂修
民國二十六年(1937)刻本
武漢市新洲區顧崗鄉

21543
[湖北新洲]陳氏宗譜十二卷首一卷末二卷
黄岡陳□□纂修
民國二十九年(1940)刻本
武漢市新洲區幸福鄉份子村

21544
[湖北新洲]義門陳氏宗譜二十四卷
黄岡陳玉階纂修
民國三十三年(1944)刻本
武漢市新洲區新集鎮新集村

21545
[湖北新洲]義門陳氏宗譜二十四卷
黄岡陳尚玨纂修
民國三十三年(1944)刻本
武漢市新洲區桃源鄉熊店村

21546
[湖北新洲]花園陳氏宗譜三十卷首四卷
黄岡陳天銘、陳潔夫纂修
民國三十六年(1947)刻本
武漢市新洲區餘集鄉周陳增

21547
[湖北新洲]陳氏宗譜十卷
黄岡陳本荃、陳期能纂修
民國三十六年(1947)刻本
武漢市新洲區李集鎮大游村

21548
[湖北光化]陳氏家譜□□卷
光化(今老河口)陳家銘等纂修
復印民國二十五年(1936)石印本
存一册

書名據封面題。

始遷祖懷璋、龍泉。

老河口 ×

21549

[湖北黄岡]陳氏續修合譜八卷首三卷

清黄岡陳發揮等纂修

清光緒二十七年(1901)紹義堂敦義堂木活字本

書名據譜序題。十七修本。

始遷祖士彬,清代人。

雒南縣陳家堌墦家溝陳正琪雒南檔復印本

21550

[湖北黄岡]黄岡縣上伍鄉陳氏族譜八卷首二卷

清黄岡陳志鈺等纂修

清光緒二十九年(1903)德星堂木活字本

書名據卷端題。版心、書衣、書名葉題"陳氏族譜"。

始遷祖華輔,明初由江西義門分莊移居黄岡上伍鄉打石河之西陳家田。卷首序、宗派、傳、祠堂圖、享堂圖、墓圖、祭規、家規、義倉、義學規、戒户規、律例、五服圖、事實等,卷一至八世系。

上海

21551

[湖北黄岡]楚黄松山陳氏續編本宗譜三十二卷首一卷末一卷

民國黄岡陳受標等纂修

民國七年(1918)木活字本

書名據卷端題。間題"楚黄松湖陳氏續編本宗譜"。版心題"陳氏宗譜"。

始祖權輔,明初移居黄岡。始遷祖文泰,明季再遷松山。

美國哥倫比亞大學　美國猶他

21552

[湖北黄岡]松湖陳氏宗譜三十卷首四卷

黄岡陳鵠人、陳潤青纂修

民國三十六年(1947)木活字本

武漢市新洲區毛集鄉牛增

21553

[湖北黄岡]陳氏大成宗譜十二卷

民國黄岡陳受先等纂修

民國十六年(1927)德星堂木活字本

書名據版心題。

始遷祖思章、思江、思錦三兄弟於明成化間自江西南昌縣遷湖北黄岡中和鄉。卷一至三義門碑、陳旭謝思表、東佳書院記、家法、像贊、傳、譜序、凡例、條規、墓圖、牌位,卷四至十二世系。

上海

21554

[湖北黄岡]陳氏續修族譜十三卷首三卷

民國黄岡陳隆才等纂修

民國十八年(1929)德星堂木活字本

書名據譜序題。版心、書衣、書名葉"題陳氏宗譜"。

始遷祖義輔,明洪武間由江西移居湖北黄岡。卷首序、墓誌銘、祠堂記、凡例、祭規、家規、傳、祠堂記、墓圖、歷代尋源世系考等,卷一至十三世系。

上海

21555

[湖北黄岡]陳氏宗譜三十卷首六卷

民國黄岡陳新甫等纂修

民國二十年(1931)旌義堂木活字本

存三十卷:首、卷一至二十四、二十六至三十

書名據版心、書名葉題。書衣題"義陳家譜"。七修本。

始祖伯仁(字壽之,行八)、叔澄(字子泉,行二十五)、叔榮(字子徹,行三十三)。始遷祖省五,字亨甫,宋代人。

廣東

21556

[湖北黄岡]陳氏宗譜六十五卷首六卷

黄岡陳録典纂修

民國三十三年(1944)木活字本

書名據版心、書衣題。有佚名校補。

始祖明達,元季由江西樂平縣移居湖北武昌縣之葛店。始遷祖仲德,明達次子,明初再徙黄岡。卷首一序、總贊,卷首二源流總序、目録,卷首三宗蹟、事實、義門家法、莊目,卷首四修譜名目、建祠名目、祖訓、凡例、誥封、祝文、服制圖、家訓、庭訓、書信等,卷首五傳、寒序,卷六墓圖、祀産記、實録、跋、文約,卷一至六十五世系。

上海

21557

[湖北黄岡]義門陳氏宗譜七卷首二卷

黄岡陳昌銀纂修

民國三十四年(1945)義善堂木活字本

黄岡檔

21558

[湖北黄岡]陳氏續修族譜十四卷首五卷

黄岡陳在文纂修

民國三十六年(1947)德星堂木活字本

書名據譜序題。版心、書衣題"陳氏宗譜"。

始遷祖良輔,明洪武間由江西建昌安義鄉移居湖北黄岡九塲畈。卷首序、贊、墓誌銘、記、表、墓圖、家規、家訓、祭産記、塘案、傳、行略等,卷一至十四世系。

上海

21559

[湖北浠水]義門陳氏宗譜□□卷

浠水陳□□纂修

排印本

存卷二十四上

浠水博 ˣ

21560

[湖北黄梅]陳氏宗譜九卷首一卷

黄梅陳炎等纂修

民國十一年(1922)懷寧莊木活字本

書名據書簽、版心題。

始祖汝心,原籍豫章,北宋嘉祐時由江西分徙懷寧莊。始遷祖和三,元明之際移居黄梅。卷首受姓源流像圖、江州故址圖、書院記等,卷一太平宫圖、墓圖、序、傳、領譜名目、派,卷二至九世系。

上海　尋源姓氏

21561

[湖北黄梅]陳氏宗譜九卷首一卷

黄梅陳□□纂修

民國三十一年(1942)懷寧堂木活字本

書名據版心、書衣、書名葉題。

始祖汝心,原籍豫章,北宋嘉祐時由江西分徙懷寧莊。始遷祖和三,元明之際移居黄梅。卷首受姓源流像圖、詩文、家法、表記、凡例、家規、原序等,卷一墓圖、傳、領譜名目,卷二至九世系。

上海

21562

[湖北鄂州]義門陳氏璉祖支譜□□卷

鄂州陳子梅等纂修

民國三十五年(1946)福星堂木活字本

存二十一卷:一至六、八至十五、卷首一至六、另卷十一義門陳氏宗譜

書名據書名葉題。版心題"陳氏宗譜",卷端題"義陳宗譜"。三修本。

始祖公成。始遷祖省四、並六。

鄂州博 ˣ

21563

[湖北咸寧]陳氏宗譜不分卷

咸寧陳德瑞纂修

民國三十六年(1947)德星堂刻本

書名據書衣題。版心題"義門陳氏宗譜"。九修本。

始遷祖躍三公。

河南

21564
[湖北石首]陳氏族譜□□卷
石首陳□□纂修
刻本
石首檔

21565
[湖北石首]陳氏族譜不分卷
石首陳友法纂修
民國三十六年(1947)義門堂石印本
存一册
書名據版心、書衣、書名葉題。
始遷祖貴,明季由江陵移居石首。存譜載序、世系。
上海 ×

21566
[湖北松滋]義門陳氏道淇道澳支譜十六卷
松滋陳氏合族纂修
民國十七年(1928)德星堂木活字本
書名據目録題。書衣題"道淇道澳支譜"。譜初修於清嘉慶四年(1799),此爲四修本。
始遷祖省一,字觀省,原籍江州義門(今江西德安),分支居瓦礪壩,元初移居宿松西鄉白鶴冲。此乃其五世孫道淇(字瞻箓)、道澳(字效三)後裔支譜。卷一序、源流序、義字家訓、凡例、敕、傳贊、領譜字號等,卷二坵壟圖、墓誌銘,卷三至十六世系。
上海 尋源姓氏

21567
[湖北江陵]陳氏族譜一卷
民國江陵陳啓宇、陳祖佑等纂修
民國六年(1917)木活字本
江陵檔

21568
[湖北江陵]陳氏族譜六卷
民國公安陳之光纂修
民國二十六年(1937)德星堂抄本
書名據版心、書名葉題。
始祖芳。始遷祖舜俞,自江西高安縣荷山鄉徙居湖北荆州江陵郝穴馬場院。
荆州

21569
[湖北公安]公安陳家坪陳氏族譜十六卷
民國公安陳氏合修
民國二十四年(1935)義門堂木活字本
書名據版心題。書衣題"公安陳氏族譜",書名葉題"陳氏族譜"。
始遷祖效中,行千一,原籍江西南昌府豐城縣,明初率子禮移居湖北公安特邱村陳家坪。卷一序、受姓源流考、族規、家法,卷二至三傳、約、行述,卷四至十五世系,卷十六跋、刊誤表、生子録。
上海

21570
[湖北宜昌]義門陳氏彝陵分譜十二卷
宜昌陳達科纂修
民國二十九年(1940)北平鉛印本
書名據目録題。版心題"彝陵分譜"。與《義門陳氏大同宗譜》合刊。
始祖亨,號岐山,行二,四川灌縣人,明永樂進士,官禮部尚書,卒於官。始遷祖富,字文庫,亨子,扶柩返里,道經彝陵(今宜昌),遂落籍。卷一譜序,卷二家乘,卷三宗祠與祭祀,卷四附録,卷五略,卷六至十一世系,卷十二編餘。
國圖 一史館 故宫博 中國社科院 歷史所 人大 北師大 中央民大 天津 吉大 厦大 山西家譜 美國猶他

21571
[湖北宜昌]義門陳氏彝陵分譜十二卷
宜昌陳達科纂修
影印天津圖書館家譜叢書本
上海

21572
[湖北宜都]陳氏族譜□□卷
宜都陳□□纂修
民國潁川堂木活字本
存二卷:二、四
書名據封面題。
始遷祖爵,字錫五。
宜都 ×

21573
[湖北江夏]江夏黄氏家譜不分卷
清江夏黄之瀾纂修
稿本
《中國古籍善本書目》著録。
南京

21574
[湖北漢陽]餘姚黄氏支譜六卷
清漢陽黄慶曾等纂修
清宣統二年(1910)刻本
書名據書簽、書名葉題。
中國社科院歷史所　吉大

21575
[湖北武昌]黄氏宗譜十八卷
清武昌(今鄂州)黄之富等纂修
清道光培本堂刻本
存十五卷:一至三、五至八、十至十六、十八
書名據書簽、版心題。
湖北 ×

21576
[湖北武昌]黄氏宗譜八卷首一卷
民國武昌黄孟東督修
民國三十六年(1947)忠孝堂石印本
存二卷:首、二
書名據版心題。
武漢 ×

21577
[湖北鄂州]黄氏宗譜□□卷
清武昌(今鄂州)黄肇封等纂修
清光緒五年(1879)木活字印本
存十五卷:首三、一至九、十一至十五
書名據版心、書名葉題。
鄂州博 ×

21578
[湖北黄岡]黄氏宗譜六卷
清黄岡黄啓焜總纂
清光緒九年(1883)雙井堂木活字本
存一卷:一
書名據版心題。
武漢 ×

21579
[湖北]青獅橋黄氏五修族譜□□卷
清□□纂修
清光緒二十年(1894)江夏堂木活字印本
存三卷:六至八
書名據卷八後記題。纂修者具體籍里不明。
上海 ×

21580
[湖北武昌]黄氏宗譜三卷首三卷
清武昌黄之鶴等纂修
民國二年(1913)九龄堂刻本
書名據版心題。譜序題"黄氏續修宗譜"。
始祖福,字駢臻,明代人。
景德鎮圖

21581
[湖北黄陂]黄氏宗譜□□卷
黄岡黄陂黄星齋等纂修
民國二年(1913)繩武堂木活字本
存四卷:首、卷一至三

書名據版心、書名葉、卷端題,版心刻“積慶堂”。

始遷祖受,字大可,號知軒,江西樂平人。明洪武間以軍功授湖廣元帥,始居黄陂東鄉西畈頭村黄家樓。卷首譜序、傳記、墓圖,卷一至三世系表。

上海 ×

21582
[湖北新洲]黄氏宗譜十九卷首一卷
黄岡黄鵬程、黄晴台等纂修
民國十六年(1927)木活字本
武漢市新洲區城關鎮城南村

21583
[湖北新洲]史黄氏宗譜十卷
黄岡黄潤堃纂修
民國三十三年(1944)刻本
武漢市新洲區黄林鄉段家山村

21584
[湖北新洲]黄氏宗譜三甲續修支譜不分卷
黄岡黄豐玉、黄功玉纂修
民國三十四年(1945)木活字本
武漢市新洲區前進鄉黄套村

21585
[湖北新洲]黄氏宗譜七甲續修支譜九卷
黄岡黄子厚、黄敦夫纂修
民國三十五年(1946)木活字本
武漢市新洲區前進鄉黄套村

21586
[湖北新洲]黄氏宗譜十四卷
黄岡黄端夫、黄小筱纂修
民國三十五年(1946)木活字本
武漢市新洲區紅旗鄉董椿村

21587
[湖北新洲]黄氏宗譜九甲續修支譜□□卷
黄岡黄俊臣、黄新應等纂修
民國三十五年(1946)木活字本
武漢市新洲區三店鎮西河村

21588
[湖北新洲]黄氏十甲支譜不分卷
黄岡黄功臣、黄功濟纂修
民國三十五年(1946)木活字本
武漢市新洲區前進鄉黄套村

21589
[湖北新洲]黄氏宗譜二十七卷首四卷
黄岡黄文彬、黄月卿等纂修
民國三十五年(1946)木活字本
武漢市新洲區幸福鄉石橋村

21590
[湖北新洲]黄氏宗譜西一甲續修支譜不分卷
黄岡黄宏廷、黄悦賢等纂修
民國三十六年(1947)木活字本
武漢市新洲區三店鎮三店村

21591
[湖北新洲]黄氏宗譜二甲續修支譜十一卷
黄岡黄康衢、黄善能等纂修
民國三十六年(1947)木活字本
武漢市新洲區三店鎮三店村

21592
[湖北新洲]黄氏宗譜四卷首二卷
黄岡黄志清、黄清直纂修
民國三十六年(1947)木活字本
武漢市新洲區幸福鄉王河村黄家堤

21593
[湖北黄岡]黄氏宗譜二十九卷首四卷
黄岡黄□□纂修
民國敦本堂木活字本
書名據版心、書衣題。記事至民國三十五年(1946)。
始遷祖自政,明洪武初年紅巾之亂時由江西饒州府瓦硐壩遷居黄岡庶安鄉。卷首一學屋記、傳、垂絲圖,卷首二墓國,卷首三、四傳、祠堂記、壽序等,卷一至二十九世系。
上海　尋源姓氏　美國猶他

21594
[湖北武穴]黄氏宗譜二十三卷首一卷
廣濟(今武穴)黄□□纂修
文明堂刻本
存二十三卷:缺卷首
廣濟檔 ×

21595
[湖北孝感]續修澴川黄氏宗譜十四卷
民國孝感黄仰嵩等纂修
民國二十年(1931)敦本堂木活字本
書名據卷端題。版心、書名葉題"黄氏宗譜"。十修本。
始遷祖道聰,明代人。卷首一卷,文辭類三卷,世系類十卷。
遼寧

21596
[湖北大冶]黄氏續修大成宗譜□□卷
民國大冶黄□□纂修
民國二十七年(1938)大冶嗣雅堂木活字本
存卷首
書名據卷端題。版心、書簽題"黄氏宗譜"。
譜稱宋黄庭堅之後。存卷載傳記及唐黄瞻以下世表。傳記中有清光緒間專辦江蘇海運局務黄群芳傳、鳳翔知府黄仁卿傳等。
上海 ×

21597
[湖北崇陽]黄氏宗譜□□卷
崇陽黄繼相主修
民國三十六年(1947)木活字本
湖北崇陽縣雙港鄉采育村三組

21598
[湖北宜昌]黄氏家譜一卷
宜昌黄德大纂修
民國三年(1914)抄本
書名據書衣題。
本譜記載宜昌上羊鄉白洋坪黄氏家族發展史。始遷祖汝貴,明代由南昌遷至宜昌。
宜昌檔

21599
[湖北武昌]平陽堂曹氏家譜不分卷
清武昌(今鄂州)黄芳溢、曹澍鍾纂修
清同治二年(1863)稿本
湖北

21600
[湖北黄岡]曹氏宗譜十卷首二卷
民國黄岡曹集榮纂修
民國九年(1920)崇本堂木活字本
書名據版心、書名葉題。
始遷祖佑,原籍江西饒州府樂平縣,明洪武十一年(1378)遷湖北黄岡,首二卷譜序、凡例、族規、五服圖、圖形、藝文等,卷一至卷十世系。
上海

21601
[湖北新洲]曹梁宗譜十二卷
民國黄岡曹蘭亭、曹金璋纂修
民國六年(1917)刻本
新洲縣柳河鄉大屋冲村

21602

[湖北新洲]曹氏宗譜十六卷

民國黄岡曹隆乾、曹高樂纂修

民國十二年(1923)刻本

新洲縣新勝鄉黄崗村

21603

[湖北新洲]曹氏宗譜六卷

黄岡曹錦章、曹元彩纂修

民國十二年(1923)刻本

新洲縣白洋鄉揚泊村

21604

[湖北宜都]曹氏族譜十二卷

民國宜都曹澤美等纂修

民國十四年(1925)振鐸堂木活字本

書名據版心題。續修本。

始遷祖澄,明正統十三年(1448)由江西廬陵遷居宜都。

宜都

21605

[湖北恩施]譙郡譜書曹氏家譜不分卷

恩施曹□□纂修

排印本

書名據書衣題。

恩施市紅江小學曹詩瓊

21606

[湖北漢陽]官磄凌氏宗譜八卷

清漢陽凌張雲等纂修

清光緒九年(1883)滕臨軒木活字印本

日本東洋文庫

21607

[湖北]張氏宗譜□□卷

民國張□□纂修

民國兩銘堂木活字本

存一卷:二

書名據版心題。纂修者籍里不詳。

武漢 ×

21608

[湖北武昌]張氏宗譜□□卷

清武昌張□□纂修

清末金鑒堂木活字本

存二卷:首、二

書名據版心題。

武漢 ×

21609

[湖北漢陽]張氏家譜十四卷首一卷

清漢陽張行簡總纂

清光緒二十年(1894)木活字本

存十三卷:首、三至十四

書名據卷端、版心題。

武漢 ×

21610

[湖北漢陽]張氏家譜十四卷首一卷

清漢陽張行簡總纂

清光緒二十年(1894)木活字本

存六卷:三下、卷六下、九上、十至十二

武漢 ×

21611

[湖北漢陽]張氏景賢支譜不分卷

清漢陽張行簡纂修

清光緒刻本

書名據卷首、版心題。

武漢

21612

[湖北漢陽]張氏四脩家譜□□卷

民國漢陽張仁芬纂修

民國稿本

存一卷:存序、傳

書名據序題。

武漢 ×

21613
［湖北孝感］張氏宗譜十卷
民國孝感張培壬纂修
民國十一年（1922）孝友堂木活字本
存一卷：一
書名據版心題。
武漢 ×

21614
［湖北武昌］張廉卿先生家譜不分卷
清武昌（今鄂州）張裕釗纂修
清咸豐十年（1860）張善準抄本
臺圖

21615
［湖北黄岡］張氏宗譜□□卷
清黄岡張紹䃂等纂修
清同治十一年（1872）敦本堂木活字印本
存六卷：一至三、五、九至十
上海 ×

21616
［湖北蒲圻］張氏家乘十二卷
清蒲圻（今赤壁）張茂莘纂修
清光緒二十一年（1895）青陽堂木活字印本
書名據書名葉題。
北大

21617
［湖北］漢陽張氏宗譜五卷首四卷末一卷
漢陽張慶雲等纂修
民國十年（1921）木活字本
書衣題“張氏宗譜”。
宋元之際德一始遷楚，後裔散居漢陽、黄陂、孝感等地。
美國哥倫比亞大學　美國猶他

21618
［湖北漢陽］張氏創修家乘七卷首一卷
漢陽張尚晉纂修
民國十九年（1930）德厚堂木活字本
書名據目録題。書簽題“張氏宗譜”。
始遷祖大學，明代人。
南京

21619
［湖北武昌］江夏白沙洲張氏宗譜六卷
清武昌張錦藻等纂修
清光緒二十九年（1903）刻本
武昌始遷祖文台。
美國哥倫比亞大學　美國猶他

21620
［湖北武昌］張氏宗譜六卷首一卷
清武昌張道修纂修
清宣統元年（1909）孝友堂刻本
書名據版心、書衣題。書名葉題“家乘”。三修本。
始遷祖思明，明代人。
武大　山西家譜　美國猶他

21621
［湖北武昌］張氏宗譜四十四卷首二卷末一卷
清武昌張魯璠等纂修
清宣統元年（1909）敦義堂木活字本
武昌始遷祖伯九，明代人。
日本東洋文庫　美國猶他

21622
［湖北武昌］張氏宗譜四卷
民國武昌張年祥纂修
民國十四年（1925）金鑒堂木活字本
書名據版心題。書名葉題“家乘全書”。

始遷祖仲選，字厚菴，明初由豫章徙楚，居於沙羨之塗川。傳至十二代德芳、德茂，分爲大房、二房，分居茶山、上賽嘴等地。卷一、二傳、宗約、服制等，卷三、四世系表。

上海　美國猶他

21623

[湖北武昌]張氏宗譜十一卷首一卷

民國武昌張佩華等纂修

民國二十八年（1939）敦本堂刻本

武昌始遷祖義二，明代人。

美國哥倫比亞大學　美國猶他

21624

[湖北黄陂]張氏宗譜十八卷

清黄陂張澤洋等纂修

清光緒二年（1876）刻本

書名據版心、書衣、書名葉題。清雍正元年（1723）張元熚等初修，清同治九年（1870）張澤洋等續修，清光緒二年（1876）完成。

始遷祖德一、國四，元代由江西饒州府餘干縣遷至湖北黄陂。

武大　山西家譜　美國猶他

21625

[湖北新洲]張氏宗譜二卷

黄岡張□□纂修

民國四年（1915）刻本

或與下一款目同版，則此爲殘本。

武漢市新洲區辛冲鎮龍崗村

21626

[湖北新洲]張氏宗譜三十二卷

黄岡張□□纂修

民國四年（1915）刻本

武漢市新洲區聯合鄉東港村

21627

[湖北新洲]張氏宗譜十卷

黄岡張遠傳、張遠埸纂修

民國三十三年（1944）刻本

武漢市新洲區黄林鄉段山村

21628

[湖北新洲]天流泉張氏宗譜二十二卷首一卷

黄岡張志鑫等纂修

民國三十五年（1946）刻本

武漢市新洲區紅旗鄉施廟村

21629

[湖北新洲]張氏宗譜不分卷

黄岡張先斌纂修

民國三十五年（1946）刻本

武漢市新洲區徐古鎮張壪村

21630

[湖北新洲]張氏宗譜十三卷首四卷

黄岡張允中等纂修

民國三十六年（1947）刻本

武漢市新洲區施崗鄉棋架山村

21631

[湖北新洲]張氏宗譜三十一卷

黄岡張定周、張少堂纂修

民國三十六年（1947）刻本

武漢市新洲區大渡鄉

21632

[湖北新洲]張氏宗譜三十二卷

黄岡張文卿、張鳳翔纂修

民國三十六年（1947）刻本

武漢市新洲區三店鎮宋渡村

21633

[湖北新洲]張氏宗譜三十六卷首三卷

黄岡張星衢、張慶之纂修

民國三十七年（1948）刻本

武漢市新洲區高潮鄉萬山村

21634
[湖北新洲]張氏宗譜十六卷
黄岡張紹良等纂修
民國三十八年(1949)刻本
武漢市新洲區八里鄉柏樹村

21635
[湖北孝感]張氏宗譜六卷首二卷
清孝感徐鑒藻纂修
民國八年(1919)稿本
書名據封面、卷端題。記事至清光緒十七年(1891)。
始祖錦雲,字鶴裳。始遷祖福祥,字天聰,明代人。
人大

21636
[湖北漢川]漢川張氏宗譜十六卷
漢川張開桂等纂修
民國十三年(1924)篤本堂木活字本
書衣題"張氏宗譜"。
始祖智勝,明代人。始遷祖以信,號光祖,明代人。
美國哥倫比亞大學　美國猶他

21637
[湖北黄岡]張氏宗譜六卷首一卷
清黄岡張英義等纂修
清光緒二十二年(1896)木活字本
書名據書名葉、版心題。
始祖志仁,元延祐二年(1315)進士,署江西浮梁縣知縣。始遷祖德辛,本姓潘,號波亭,明代以武功授指揮職,駐黄州,遂家於黄岡上伍鄉之炅陂村。因出贅於張志仁,乃從張姓,而以潘張别之,所居相沿稱潘張寨。卷首聖諭、譜序、凡例、家規、服制、祠堂圖、墓圖、祠堂紀、祝文、禮單、派引、仕宦録傳等,卷一至六世系。
上海

21638
[湖北黄岡]張氏宗譜十一卷首二卷
黄岡張定光等纂修
民國十年(1921)同慶堂木活字本
書名據版心、書名葉題。
始遷祖世雄於明洪武二年(1369)自江西饒州府鄱陽縣瓦硐壩遷湖北黄岡中和鄉七架山。首二卷譜序、譜式、族規、跋、祭産、傳等,卷一至十一世系。
上海　尋源姓氏

21639
[湖北黄岡]張氏宗譜十三卷首四卷
黄岡張海山纂修
民國三十六年(1947)同慶堂木活字本
書名據版心、書衣、書名葉題。
始遷祖世雄,攜弟世聰、世奇,由江西遷湖北黄岡。首四卷序、跋、宗派説、傳、贊、紀略、記、祠規、捐契、墓圖、族規、家訓,卷一至十三世系。
上海

21640
[湖北黄岡]張氏宗譜首十卷初一卷富分四卷貴分一卷敬分十卷恭分十卷
黄岡張□□纂修
民國五年(1916)清河堂木活字本
書名據版心、書衣、書名葉題。
始遷祖統三,元順帝至正末襲職司馬,敕封榮禄大夫,致仕後攜妻子自江西饒州府瓦西壩遷湖北黄岡中和里畫眉店枚子港。卷首一譜序、家禮、祀祖定草、家訓、家規、贊、壽序、詩等,卷首二、三傳。卷首四、五墓圖、宅圖,卷首六定章、産業契據、存譜名目,卷首七至卷首十一世系圖。餘卷均爲世系。
上海

21641

[湖北黄岡]張氏宗譜二十八卷首二卷
黄岡張紹良主修
民國十四年(1925)守銘堂木活字本

書名據版心、書衣、書名葉題。

始祖字紹堯,號起巖,原籍芝城,元延祐二年(1315)賜進士出身,後官武昌肅政廉訪使。值徐壽輝兵起,城陷,遂退處江夏土門嶺。子德夫,號敬芝,元末輔明太祖破陳友諒於江州,功授昭武將軍,致仕退居黄岡縣中和鄉感化村苦竹林(即紫竹林),是爲始遷祖。首二卷譜序、傳、凡例等。卷一至二十八世系。

上海

21642
[湖北黄岡]張氏宗譜二十八卷首二卷
黄岡張紹良等纂修
民國三十八年(1949)守銘堂木活字本

書名據版心、書名葉、書衣題。

祖字紹堯,號起巖,原籍芝城,元延祐二年(1315)賜進士出身,後官武昌肅政廉訪使。值徐壽輝兵起,城陷,遂退處江夏土門嶺。子德夫,號敬芝,元末輔明太祖破陳友諒於江州,功授昭武將軍,致仕退居黄岡縣中和鄉感化村苦竹林(即紫竹林),是爲始遷祖。卷首一序、中興出處圖、祖公詳考、祖公遺訓、祠堂圖、墓圖、五服圖、表服、祖公一世至五世世系圖、六世十五公仕字派分支詳録等,卷首二序略、續修分目、祠堂記、凡例、家規、墓圖、傳、捐約等,卷一至二十八世系。

上海

21643
[湖北黄岡]張氏譜略二十二卷首一卷末一卷
黄岡張正郴等纂修
民國十九年(1930)兩銘堂石印本

書名據書衣、書名葉、版心題。三修本。

始遷祖道澄,明隆慶間舉人,原籍江西饒州府,始黄岡遷新洲,再徙鄢家山。卷首譜序、凡例、傳、壽序、派名,卷一至二十二世系,卷末墓圖説并墓誌、存名俟考、家訓、服制圖、儀注、修譜名目、捐輸名目、賬目。

上海

21644
[湖北黄岡]張氏宗譜十三卷首一卷
黄岡張耀彩等纂修
民國三十五年(1946)敦本堂木活字本

書名據書衣、書名葉、版心題。三修本。

始遷祖洪二,明初同兄洪一、弟洪三由江西随父能用官於黄州,遂家焉,後洪一遷居河南,洪三遷居麻城,唯洪二原居黄岡永寧菴附近,後移居北十里之左家橋畔村名河張家。卷首譜序、祠堂廟圖、陰陽二宅圖、例言、原派、族派、服制、儀注、家訓等,卷一至十三世系。

上海

21645
[湖北黄岡]張氏宗譜三十三卷首七卷
黄岡張定周等纂修
民國三十五年(1946)孝友堂木活字本

書名據版心、書衣、卷端題。

始遷祖能用,明初自江西遷居黄岡(今黄州市)柴泊湖北岸。卷首序、祠圖、五服、凡例、家訓、家規、目録、傳、壽序、合約,餘卷世系。

上海

21646
[湖北黄岡]張氏宗譜二十一卷
黄岡張永興等纂修
民國三十五年(1946)刻本

武漢市新洲區畢鋪鄉

21647
[湖北黄岡]張氏宗譜六十九卷首十一卷
黄岡張咸澤、張咸琯纂修
民國三十七年(1948)清河堂木活字本

書名據版心、書衣、書名葉題。

始遷祖顯，字文德，原籍江西餘干縣。明洪武二年（1369）遷居湖北黄岡縣。卷首一譜序、修譜記、目録，卷首二譜序、譜引、譜跋、創修總贊，卷首三公議各則、祖訓、家訓、服圖，卷首四傳、行述，卷首五續修宗譜略則、續修采輯引、譜序、傳，卷首六至八傳，卷首九標題目録，卷首十序、祠堂記、祠堂圖、祀田記、學田記等，卷首十一科名録、墓圖、合同、遺名録等，卷一至六十九世系。

上海

21648

［湖北廣濟］張氏宗譜十六卷首一卷

清廣濟（今武穴）張世順等纂修

清光緒三十四年（1908）孝友堂木活字本

書名據書衣、版心題。存卷首、卷一至五、七至十二、十四至十六。

始遷祖孟一，因元至正之亂，偕子吉甫由江西德興遷至廣濟，於城南湖東之楓樹湾居焉。卷首譜序、源流世系、名目、凡例、傳、狀、行略，卷一至十六世系。

上海

21649

［湖北廣濟］張氏宗譜十八卷首一卷

廣濟（今武穴）張銘西等纂修

民國二十一年（1932）孝友堂木活字本

存十八卷：首、卷一至七、九至十八

書名據書衣、書名葉、版心題。

始遷祖孟一，因元至正之亂，偕子吉甫由江西德興遷至廣濟，於城南湖東之楓樹湾居焉。卷首譜序、源流世系、修譜名目、凡例、贊、傳、自狀、領譜字號，卷一至十八世系。

上海 ×

21650

［湖北武穴］刊水張氏宗譜五十五卷首一卷

廣濟（今武穴）張□□纂修

民國三十三年（1944）椎孝堂刻本

缺卷首

廣濟檔 ×

21651

［湖北麻城］張氏四修宗譜二十一卷首三卷

麻城張鳳鳴纂修

民國三十年（1941）孝友堂木活字本

書名據版心、譜序題。書衣題“張氏宗譜”。

始遷祖達觀，元時由江西豐城遷湖北麻城。卷首譜序、家規、凡例、序傳、總系等，卷一至二十一世系。

上海

21652

［湖北麻城］張氏創修族譜十四卷首一卷末一卷

麻城張家駒纂修

民國三十五年（1946）兩銘堂木活字本

書名據目録題。版心、書衣、書名葉題“張氏宗譜”。

始遷祖本卿，明初由江西南昌豐城縣遷湖北麻城中洲，後裔即聚族於此。卷首譜序、凡例、家訓、譜訓、譜約、文藝、譜跋、傳、行狀、宅圖、墓圖、碑記等，卷一至卷末世系。

上海

21653

［湖北崇陽］張氏宗譜不分卷

崇陽張德存主修

民國三十五年（1946）刻本

湖北崇陽縣高見鄉義元村

21654

［湖北石首］張氏續修族譜十五卷首六卷

石首張思炬等纂修

民國九年（1920）世恩堂木活字本

書名據譜序、版心題。書衣題“張氏族譜”。

始遷祖時熙，名政教，由江南徽州歙縣宦遷

湖北石首，首卷新舊譜序、家戒、家政、碑文、墓誌、跋、傳、墓圖、垂絲圖，卷一至十五世系圖。

上海

21655

[湖北枝江]枝江縣白洋張氏族譜五卷

枝江張□□纂修

抄本

湖北枝江縣顏家店區

21656

[湖北仙桃]楚北百忍堂張氏支譜不分卷

沔陽(今仙桃)張國詳纂修

民國六年(1917)百忍堂石印本

書名據書衣題。

始遷祖暹，清代由江西廣德府遷居湖北漢陰府沔陽州(治所在今仙桃市)新堤鎮。載譜序、系圖。

紹興

21657

[湖北來鳳]土堡張氏族譜一卷

清來鳳張思緒纂修

清嘉慶二十一年(1816)抄本

來鳳縣志辦

21658

[湖北來鳳]城南張氏支譜一卷

清來鳳張翎纂修

清咸豐三年(1853)刻本

來鳳縣志辦

21659

[湖北來鳳]土堡張氏族譜四卷

清來鳳張瑛卿、張有播纂修

清光緒二十六年(1900)刻本

來鳳縣志辦

21660

[湖北孝感]屠氏孝感支續譜不分卷

清孝感屠之申等纂修

清道光二年(1822)刻道光五年增修本

書名據版心、目録題。

人大

21661

[湖北孝感]屠氏孝感支續譜一卷

清孝感屠紹理纂修

清刻本

書名據版心題。

科院

21662

[湖北漢陽]葉氏宗譜二十卷

清漢陽葉志詵纂修

清同治十二年(1873)漢陽葉氏滋本堂刻本

日本東京大學

21663

[湖北黄岡]葉氏宗譜十卷

黄岡葉振炳等纂修

民國八年(1919)公忠堂木活字本

書名據書衣、版心題。

始祖棟。始遷祖思景，字焕章，號文溪，原居江西南豐縣瓦硼壩，明嘉靖間官居黄岡。卷一譜序、遷徙集要、凡例、家規、派行、請示條規、傳、墓誌銘等，卷二至三傳、壽序，卷四至十世系。

上海　日本東京大學　美國哥倫比亞大學　美國猶他

21664

[湖北麻城]葉氏宗譜九卷首二卷

麻城葉宗楚等纂修

民國三十七年(1948)沈諸堂石印本

書名據版心、書衣、書名葉題。書名葉題"宋埠永大書局代印”。

始遷祖省一,字忠謀,原籍江西南康縣茂松嶺,明洪武初入籍湖北麻城縣玉閣之青山。卷首上譜序、源流總序、傳、行述、服制圖、祭儀、墓圖,卷首下目録、傳、宅圖、序、詩,卷一至九世系。

上海

21665

[湖北黄岡]黄岡萬氏心齋宗譜十卷首一卷

清黄岡萬□□纂修

清光緒三十二年(1906)四賢堂刻本

北大

21666

[湖北黄岡]萬氏宗譜十四卷

民國黄岡萬必麟纂修

民國二十五年(1936)燕貽堂木活字本

武漢

21667

[湖北新洲]萬氏宗譜十卷

黄岡萬永清纂修

民國五年(1916)敦厚堂刻本

武漢市新洲區徐古鎮萬崗村

21668

[湖北新洲]萬氏宗譜十卷首四卷

黄岡萬孝全等纂修

民國十七年(1928)刻本

武漢市新洲區雙河鄉幹河村

21669

[湖北黄岡]黄岡萬氏心齋公宗譜十卷首一卷末二卷

黄岡萬□□纂修

民國三十六年(1947)木活字本

書名據目録題。版心、書衣題“萬氏宗譜”。四修本。

始遷祖雄甫,明洪武二十一年(1388)自江西饒州遷居湖廣黄陂縣高邑鄉。孫重泰(行二)再遷黄岡中和鄉。雄甫九世孫偉(字心齋)有孫四:里春、爾昌、爾昇、爾昶,分爲四大房派。卷首序、凡例、宗派記、世系總圖,卷一至四各房系圖,卷五祠記、墓圖、家訓,卷六誥封、科目表,卷七至十藝文,卷末祀産、契約。内有清林則徐、孫家鼐及民國孫科、居正序,蔣中正題詞,沈鴻烈撰《萬吟霄先生傳》及1929年7月中蘇東北同江邊防衛突事。

上海　武漢方志辦　山西家譜　尋源姓氏　美國猶他

21670

[湖北黄岡]黄岡萬氏宗譜三卷首一卷

黄岡萬恭奎等纂修

民國十三年(1924)銅活字本

武漢市新洲區和平鄉朱楊村萬家河口灣

21671

[湖北黄岡]萬氏宗譜十四卷首八卷

黄岡萬成巛纂修

民國三十五年(1946)師孟堂刻本

黄岡檔

21672

[湖北羅田]萬氏宗譜五卷

羅田高旭樞纂修

民國十三年(1924)刻本

羅田檔

21673

[湖北麻城]董氏宗譜十一卷首一卷

麻城董子山、董明道、董大厚纂修

三策堂刻本

前有辛卯年董必武《續修宗譜序》。書名據卷端、封面、版心題。

湖北

21674
[湖北麻城]董氏支譜八卷首一卷
民國麻城董□□纂修
民國二十年(1931)教和堂刻本
存八卷:一至三、五至八、首
書名據封面、版心題。
湖北 ×

21675
[湖北黄石]董氏宗譜九卷首一卷
民國黄石董子山、董明道等纂修
民國四年(1915)敦本堂刻本
書名據封面、版心題。
湖北

21676
[湖北大冶]董氏宗譜□□卷
清大冶董子懷等纂修
清道光十六年(1836)三策堂木活字印本
存八卷:一、三至五、七至十
書名據版心、書簽、書名葉題。二修本
上海 ×

21677
[湖北大冶]董氏宗譜□□卷
清大冶董應運等纂修
清同治五年(1866)三策堂木活字印本
存七卷:四至七、七至十
書名據版心、書簽題。三修本。
上海 ×

21678
[湖北大冶]董氏宗譜□□卷
清大冶董長璇等纂修
清光緒十五年(1889)三策堂木活字印本
存八卷:首、一至四、八至十
四修本。
上海 ×

21679
[湖北漢陽]程氏宗譜□□卷
民國漢陽程正清等主修
民國十六年(1927)敦本堂木活字本
存首册(序、傳)另世系二册
書名據版心題,原本不標卷次。
武漢

21680
[湖北新洲]董氏族譜八卷首二卷
黄岡董正啓等纂修
民國二十六年(1937)刻本
武漢市新洲區三店鎮大塘村

21681
[湖北麻城]董氏四次繼修宗譜八卷首四卷
麻城董正清等纂修
民國二十五年(1936)三策堂木活字本
缺卷五
書名據譜序題。版心、書衣題“董氏宗譜”。始遷祖敬中,元代自湖北武昌遷居麻城。
卷首譜序,源流、雜規、傳、墓圖、家規、家訓、凡例、服制、禮單等,卷一至八世系。
上海　尋源姓氏　美國猶他

21682
[湖北黄岡]程氏宗譜□□卷
民國黄岡程□□纂修
民國三十六年(1947)四箴堂木活字本
存卷四十六(傳)、卷尾缺
武漢 ×

21683
[湖北沔陽]彭氏宗譜□□卷
民國沔陽(今仙桃)彭進之纂修
民國二十六年(1937)述古堂鉛印本
存九卷:二至十
武漢 ×

21684
［湖北鄂州］彭氏宗譜初集二卷二集六卷首二卷
民國鄂城（今鄂州）彭祖年等編修
民國二十五年（1936）述古堂木活字本
存二卷：二集卷六、卷首上
書名據版心題。
武漢ˣ

21685
［湖北黄岡］楚黄彭氏宗譜三十卷首七卷
民國黄岡彭清泉總纂修
民國三十七年（1948）述古堂木活字本
存四十二卷：首一至四、六至七、卷一至十六、十八至三十七
書名據卷端題。
武漢ˣ

21686
［湖北武昌］武昌葛仙鎮彭氏宗譜八卷首一卷
清武昌彭其餘等纂修
清光緒十二年（1886）述古堂木活字本
版心題“彭氏宗譜”。始遷祖朗，明代自江西遷居湖北。
美國哥倫比亞大學　美國猶他

21687
［湖北武昌］彭氏宗譜三十卷
武昌彭維鑒等纂修
民國三十五年（1946）述古堂木活字本
存首五卷、大分六卷、二分四卷、三分四卷、四分七卷、五分二卷、六分二卷
書名據版心、書衣、卷端題。三修本。
始遷祖君弼，字善卿，先世江西人，明洪武十三年（1380）遷居湖北鄂邑葛仙鎮彭家墩。越三世逮仁政，六子永良、永端、永漢、永鶴、永盛、永幹，各擇福地而居。析爲六分。首卷譜序、家規、祭産、傳記、壽序等，餘卷各分支世系、行傳。有近人楊樹達所作序。
上海

21688
［湖北新洲］彭氏宗譜四卷
黄岡彭禮學纂修
民國三年（1914）刻本
武漢市新洲區徐古鎮烏鉢窑村

21689
［湖北新洲］彭氏宗譜不分卷
黄岡彭信成纂修
民國六年（1917）刻本
武漢市新洲區前進鄉楊崗村

21690
［湖北新洲］彭氏宗譜七卷
黄岡彭傳福纂修
民國十三年（1924）刻本
武漢市新洲區徐古鎮張湾村

21691
［湖北新洲］彭氏宗譜三卷
黄岡彭仲甫、彭彩軒纂修
民國三十五年（1946）鉛印本
武漢市新洲區和平鄉富興村

21692
［湖北紅安］黄安彭氏族譜二十卷
黄安（今紅安）彭克亭主修
民國三十八年（1949）雙桂堂木活字本
書名據目録題。版心、書衣、書名葉題“彭氏族譜”。
始祖慶三，字玉山，行三，元代人，世居江西南昌。子文貴，字彬甫，號均衡，元代遷居湖北麻城横山頭。越五世至大經，字繼暹，又字道全，明代徙居黄安（今紅安）太仙里桃花塢，爲始遷祖。卷一譜序、傳記、凡例、目録、祠圖、墓圖，卷二至三系圖、規勸，餘卷皆系

表、墓圖。

上海　尋源姓氏　美國猶他

21693

[湖北江陵]彭氏家譜四卷

江陵彭光國纂修

民國七年(1918)述古堂石印本

書名據版心、書衣題。

始遷祖旭明,明洪武六年(1373)自湖北江夏遷居監利鴨橋坃(土名彭家),後落籍江陵草市。

荆州檔

21694

[湖北蘄春]彭氏八修族譜□□卷

蘄春彭建候主修

民國十七年(1928)述言堂木活字本

書名據書名葉題。

始遷祖遷十,元代人。

彭世强

21695

[湖北監利][彭氏]萬銓公支譜五卷首一卷

清監利彭衷祥主修

清同治十三年(1874)奇瑞堂木活字本

書名據版心題。

始祖桂,字仁美,元明之際自江西南昌遷居湖廣安陸府沔陽州,後又遷荆州府監利縣。分四房,是爲裔孫萬銓派下支譜。卷首圖説、服訓圖,卷一譜序、傳贊、勸懲、凡例、跋、源流序、世系,卷二至五世系。

尋源姓氏

21696

[湖北興山]彭氏族譜不分卷

興山彭祖燾纂修

民國木活字本

書名據書衣題。

興山方志辦

21697

[湖北仙桃]彭氏宗譜二卷

清沔陽(今仙桃)彭德蒸等纂修

清光緒三十三年(1907)述古堂木活字本

始遷祖俊華,明嘉靖間自江西吉安府吉水縣遷居湖北景陵,復遷沔陽(今仙桃)。

日本東洋文庫　美國猶他

21698

[湖北潛江]彭氏宗譜四集十五卷首五卷末一卷

潛江彭庚颺纂修

民國九年(1920)木活字本

存六卷:首、卷一至五

書名據版心、書衣題。

始通祖贊,明代自江西樂平遷居湖北潛江縣。

吉大

21699

[湖北蘄春]蘄陽程氏宗譜六卷

清蘄州(今蘄春)程紹禹等纂修

清道光三年(1823)敦本堂刻本

書名據版心、書名葉題。

陝西檔

21700

[湖北江陵]槐塘程氏續修江村正府二派支譜十二卷

清江陵程錫祺等纂修

清光緒十年(1884)木活字印本

上海

21701

[湖北枝江]程氏五門宗譜八卷

清枝江程悌等纂修

清乾隆四十六年(1781)刻本

書名據版心題。

河北大

21702
[湖北漢陽]程氏宗譜□□卷
民國漢陽程□□纂修
民國五年(1916)世忠堂木活字本
存五卷:一至四、卷末
始遷祖盡宗,清代人。
蕪湖

21703
[湖北漢陽]程氏宗譜□□卷
民國漢陽程正清等主修
民國十六年(1927)敦本堂木活字本
存首册(序、傳)另世系二册
書名據版心題,原本不標卷次。書名葉題"文賢堂梓"。
始遷祖漢飛,明代自嘉魚遷居漢陽。
武漢× 山西家譜× 美國猶他×

21704
[湖北武昌]江夏程氏族譜不分卷
清武昌(今江夏)程士江纂修
清同治二年(1863)四箴堂刻本
書名據目録、卷端題。版心題"程氏族譜"。書衣題"程夫子宗傳支鑑便覽"。程懋圻初修譜於清康熙五十七年(1718)。
始遷祖廷爵,明代人。
河南 山西家譜 美國猶他

21705
[湖北新洲]程氏宗譜三卷
黄岡程文華等纂修
民國三年(1914)刻本
武漢市新洲區肖橋鄉易窑村

21706
[湖北新洲]程氏宗譜十卷首二卷
黄岡程毓靈等纂修
民國三十四年(1945)刻本
武漢市新洲區三店鎮南橋村

21707
[湖北新洲]程氏宗譜六十卷
黄岡程□□纂修
民國三十六年(1947)刻本
武漢市新洲區大渡鄉

21708
[湖北新洲]程氏宗譜五十一卷
黄岡程禮堂纂修
民國三十六年(1947)刻本
武漢市新洲區汪集鎮

21709
[湖北新洲]程氏宗譜四十三卷
黄岡程德燧等纂修
民國三十六年(1947)刻本
武漢市新洲區八里鄉程山村

21710
[湖北新洲]程氏宗譜二十五卷首五卷
黄岡程鏡清等纂修
民國三十七年(1948)刻本
武漢市新洲區高潮鄉萬山村

21711
[湖北孝感]孝感義門程氏蓮花系宗譜三十八卷首一卷
孝感程瑞蓉等纂修
民國二十一年(1932)紹箴書屋鉛印本
書名據版心、書名葉題。書衣題"湖北孝感義門程氏宗譜"。五修本。
始遷祖希哲,字泰乙,行一,明代人。
人大

21712
[湖北]夢南程氏支譜二卷
程石潤纂修
民國十一年(1922)鉛印本
書名據書衣題。版心題"程氏家譜"。

始祖顒吉,元代人。始遷祖本,字進時,號深齋,行三,明代人。纂修者具體籍里不明。

人大

21713

[湖北黄岡]程氏宗譜十卷

黄岡程如金等纂修

民國十二年(1923)四箴堂木活字本

存四卷:一、七至八、九

書名據版心、書衣、書名葉題。

始遷祖尚敬,明成化間自江西饒州府樂平縣遷居湖北黄岡。卷一譜序、家訓、服制,卷七至九世系。

上海 ×

21714

[湖北黄岡]程氏宗譜十一卷

黄岡程周田等纂修

民國三十五年(1946)四箴堂木活字本

存七卷:一、五至七、九至十一

書名據版心、書衣、書名葉題。

始遷祖尚敬,明成化間自江西饒州府樂平縣遷居湖北黄岡。卷一譜序、凡例、家訓、修身、服制、祭儀等,餘卷世系。

上海 ×

21715

[湖北麻城]麻城西邨程氏宗譜十卷首一卷末一卷

麻城程蔭南纂修

民國八年(1919)木活字本

書名據書名葉題。版心題"程氏宗譜"。書衣題"西村程氏宗譜"。初修本。

始遷祖均壽,明代人。

中國社科院　歷史所　山西家譜　美國猶他

21716

[湖北孝感]孝感喬氏族譜四卷

清孝感喬用遷纂修

清道光十九年(1839)刻本

書名據書名葉題。

河北大　南大

21717

[湖北黄岡]詹氏宗譜八卷首四卷

民國黄岡詹文浩等纂修

民國六年(1917)青雲堂木活字本

缺卷七

書名據版心題。

武漢 ×

21718

[湖北蘄春]五修詹氏宗譜□□卷首一卷

民國蘄春詹映奎等纂修

民國十二年(1923)敦睦堂刻本

存卷首

湖北 ×

21719

[湖北黄岡]鄒氏宗譜□□卷

清黄岡鄒清理纂修

清光緒三十一年(1905)鄒氏敦本堂刻本

存十卷:首、一至二、四至五、七至八、十、十二至十三

書名據版心題。

武漢 ×

21720

[湖北麻城]鄒氏族譜八卷

清麻城鄒良盛等纂修

清光緒二十六年(1900)刻本

書名據版心、書名葉題。

吉大

21721

[湖北黄陂]馮氏家譜□□卷

民國黄陂馮□□纂修

民國瑞錦堂木活字本

存十卷：二至五、十、十一、十二上、十三、十九
書名據卷端、版心題。
武漢 ×

21722
[湖北黄陂]馮氏家譜□□卷
民國黄陂馮□□纂修
民國初瑞錦堂木活字本
存十卷：二、三、四之一、四之三、四之四、五、十至十三、十九
書名據版心題。
武漢 ×

21723
[湖北黄岡]馮氏宗譜十二卷
民國黄岡馮功名總理
民國三十三年（1944）天寶堂木活字本
書名據卷端、書名葉題。
武漢 ×

21724
[湖北黄石]富川荆源馮氏宗譜□□卷
清黄石馮□□纂修
清同治八年（1869）木活字印本
存三卷：五至六、十一
書名據版心題。
上海 ×

21725
[湖北黄石]富川荆源馮氏宗譜□□卷
清黄石馮□□纂修
清光緒二十四年（1898）木活字印本
存卷十七
書名據版心題。
上海 ×

21726
[湖北黄石]富川荆源馮氏宗譜□□卷
黄石馮□□纂修
民國二十六年（1937）三元堂木活字本
存卷十八
書名據版心題。書簽題"馮氏宗譜"。存卷爲行傳。
上海

21727
[湖北黄陂]閔氏宗譜十八卷
民國黄陂閔民安等編輯
民國二十三年（1934）閭闓堂鉛印本
存十七卷：一至八、十至卷十八
書名據版心題。
武漢

21728
[湖北蘄春]蘄陽閔氏宗譜三十六卷
蘄春閔華軒等纂修
民國元年（1912）刻本
浠水檔

21729
[湖北沔陽]馮氏宗譜□□卷
民國沔陽（今仙桃）馮振欽督修
民國三十六年（1947）三元堂木活字本
目録作十八卷首一卷，今實有二十一卷首一卷，卷三缺
書名據書簽、版心題。
武漢 ×

21730
[湖北新洲]馮氏宗譜一卷
黄岡馮鎮文等纂修
民國三十三年（1944）刻本
武漢市新洲區馬河鄉馮畈村

21731
[湖北崇陽]馮氏宗譜
崇陽馮君詳主修
民國二十六年（1937）排印本

崇陽檔

21732
[湖北武昌]童春暉堂家乘分卷
民國武昌童德鴻纂修
民國二十年(1931)春暉堂鉛印本
武漢

21733
[湖北黄岡]黄岡童氏宗譜□□卷
清黄岡童□□纂修
清敦本堂刻本
存九卷
記事止咸豐十年(1860)。
黄岡檔 ×

21734
[湖北新洲]童氏宗譜三卷
黄岡童家旺等纂修
民國三十三年(1944)刻本
武漢市新洲區馬河鄉蔡咀村

21735
[湖北黄岡]黄岡童氏宗譜二十五卷首三卷
黄岡童祚志等纂修
民國三十四年(1945)陶承普陶斌朋木活字本
書名據版心、書衣、目録、卷端題。書名葉題"童氏宗譜"。三修本。
始祖翊,字漢文,漢代人。黄岡始祖貴一,元明之際攜子自江西鄱陽縣郛源十一都徙居湖北黄岡縣中和鄉高家嶺。其第八子省八之贅婿李文四復與諸内兄同徙邑之彭陳阪(後名竟家嘴)。此譜以文四爲一世始祖。此一支名"黄武支",因後裔有遷居武昌者。卷首譜序、家規、户規、墓圖、祠堂圖、列傳,卷一至二十五世系。
上海

21736
[湖北江夏]傅氏宗譜四卷
民國江夏傅大有等纂修
民國三年(1914)版築堂刻本
湖北
書名據書簽、封面、版心題。

21737
[湖北鄂州]壽昌傅氏宗譜十三卷首一卷
清鄂州傅正常等纂修
清宣統三年(1911)金礪堂木活字本
書衣題"傅氏宗譜"。
始遷祖朝亮,字漢輔,元代人。
美國哥倫比亞大學　美國猶他

21738
[湖北石首]東山傅氏族譜□□卷
明石首傅□□纂修
明宣德三年(1428)刻本
存三卷:二十八至三十
石首檔

21739
[湖北石首]繡林傅氏續修族譜四十一卷首一卷
石首傅在朝等纂修
民國三十六年(1947)巖野堂木活字本
書名據目録題。版心、書衣、卷端題"傅氏族譜"。
始祖光後,仕宋至宣義郎,江西臨江府新喻縣人。第四世鼎孫,字希賢,仕元爲石首教諭,遂宦遷湖北石首之繡林,爲始遷祖。卷首肖像、弁言、譜序、凡例、族派、恩命、家訓、特祭、外集、内集、祠堂、墓誌、大傳、内傳、服制、墓圖、契據,卷一至四十世系,卷四十一奉先便覽。有明楊士奇撰《繡林傅氏族譜序》。
上海

21740
[湖北黄陂]楊氏宗譜十一卷末一卷
民國黄陂楊□□撰
民國七年(1918)四知堂刻本
書名據封面、版心題。
湖北

21741
[湖北沔陽]楊氏宗譜□□卷
民國沔陽(今仙桃)楊光銀等纂修
民國六年(1917)泰和堂石印本
書名據版心題。
武漢

21742
[湖北大冶]楊氏宗譜不分卷首一卷
清大冶楊以蘭等纂修
清嘉慶九年(1804)四知堂木活字印本
書名據版心題。
四川

21743
[湖北崇陽]崇陽楊氏族譜不分卷
明崇陽楊□□纂修
明抄本
書名據譜序題。記事至正德十五年(1520)。《中國古籍善本書目》著録。
國圖

21744
[湖北新洲]楊氏宗譜三卷
黄岡楊□□纂修
民國二十一年(1932)木活字本
湖北新洲縣馬河鄉朱崗村

21745
[湖北孝感]楊氏宗譜二十二卷
民國孝感楊中崧等纂修
民國六年(1917)四知堂木活字本
始遷祖福七,字君濟,號世雄。仕元授兵部尚書,封懷遠將軍,元末自江西興國移居黄陂,再遷孝感楊店。
孝感市楊店八家湾楊金洲

21746
[湖北應城]楊氏宗譜五卷
應城楊氏宗譜編纂會纂修
民國二十六年(1937)鉛印本
書名據書衣題。
應城市檔案局

21747
[湖北黄岡]黄岡上五鄉楊氏宗譜四卷
清黄岡楊身亮等纂修
民國十一年(1922)楊之餘傳抄清光緒二年(1876)三鸇堂修本
書名據譜序題。版心、目録題"楊氏宗譜"。書名葉題"楊氏家乘"。
始祖勝五,原居江西饒州瓦硐壩。明洪武間移籍黄岡上五鄉里青坵村。傳至七世,分爲應時、應試、應清、尚峥四大房。十世時又分爲天敘、天旭、天樞、天貴、天瑞、天奇、天俊、天吉、天眷、天祥、天祐十一支。卷一譜序、家規、纂修銜名、宗派、家傳,卷二至四世系。
上海

21748
[湖北黄岡]楊氏宗譜五卷首三卷
黄岡楊之鸞、楊儒宲纂修
民國十七年(1928)三鱣堂木活字本
存卷首、卷一至二、四至五
書名據版心、書名葉、書衣、目録、卷端題。
卷首譜序、名目、宗規、家訓、祀、圖繪等,卷一至五世系。
上海　尋源姓氏

21749
[湖北黄岡]楊氏宗譜不分卷
清黄岡楊兆祥、楊天照纂修

清光緒二十八年(1902)四知堂木活字本
黄岡檔

21750
[湖北黄岡]黄岡楊氏宗譜六卷首二卷
黄岡楊紫峰等纂修
民國九年(1920)清白堂木活字本
書名據目録、卷端題。版心、書衣題"楊氏宗譜"。
始遷祖隆,明初自江西饒州瓦硼壩游楚,落籍湖北黄岡中和鄉西馮集車埠村之港湾潭社。卷首譜序、凡例、祠堂圖、祝文、墳墓誌、壽序、壽詩、宅圖等,卷一至六世系。
上海　尋源姓氏

21751
[湖北黄岡]楊氏宗譜十二卷首二卷
民國黄岡楊章實等纂修
民國二十六年(1937)四知堂木活字本
書名據版心、卷端題。書衣題"楊氏族譜"。七修本。
始遷祖宗,又名溥得,原籍江西饒州府浮梁縣,明初奉諭入楚,落籍湖北黄岡慕義鄉之東杷三圖。卷首譜序、傳、譜宜、祝文、家規、墓圖、祠堂等,卷一至十二世系。
上海　尋源姓氏

21752
[湖北黄岡]岡邑王楊氏宗譜十二卷首二卷
民國黄岡楊巨鴻、楊業鈎纂修
民國三十六年(1947)木活字本
湖北新洲縣和平鄉楊垸村

21753
[湖北紅安]楚黄中和里土墩頭楊氏族譜二十三卷首一卷
民國黄安(今紅安)楊舒甲等纂修
民國四年(1915)四知堂木活字本
書名據卷端題。書衣、版心題"楊氏族譜"。七修本。
始遷祖明八,元末自江西樂平縣婺源山泥港口小堰山移居湖北黄州中和里土墩頭(今屬紅安縣)。
美國哥倫比亞大學　美國猶他

21754
[湖北浠水]浠川楊氏六修宗譜
民國浠水楊□□纂修
民國二年(1913)清白堂木活字本
存一卷:四十八
書名據卷端題。版心題"楊氏六修宗譜"。書衣題"楊氏宗譜"。存卷爲派傳。
上海 ×

21755
[湖北黄梅]宏農楊氏宗譜九卷首二卷
民國黄梅楊右屏纂修
民國十三年(1924)木活字本
存卷首上
書名據書簽題。
始祖震,東漢人。
黄梅縣檔　武漢市地方志

21756
[湖北崇陽]楊氏大同宗譜不分卷
民國崇陽楊增育纂修
民國三十八年(1949)木活字本
崇陽縣西莊鄉楊林村

21757
[湖北荆州]楊氏族譜十四卷
民國荆州楊家灶纂修
民國十年(1921)四知堂石印本
書名據版心、書名葉題。
始遷祖必蓮,自江西南昌移居湖北荆州。
荆州檔

21758
[湖北宜都]和州楊氏家譜六卷
清宜都楊傛、楊惟翰纂修
清咸豐四年(1854)刻本
書名據版心、書簽、書名葉題。
始遷祖潮,原籍安徽和州,明代封武略將軍,以千户侯出守湖北枝城(今宜都),遂家焉。
慈谿市環城南路勵雙傑

21759
[湖北宜都]和州楊氏家譜十五卷
宜都楊開琫等纂修
民國二十五年(1936)宜都徐文林刻本
書衣題“和州楊氏三修家譜”。
宜都市楊守敬紀念館

21760
[湖北蘄春]雷氏宗譜十卷
清蘄州(今蘄春)雷赤顯文等纂修
清光緒二十年(1894)馮翊堂木活字印本
書名據書名葉題。四修本。“雷赤顯文”或爲名、字相連。
河北大

21761
[湖北]雷氏家譜□□卷
雷□□纂修
清咸豐十年(1860)木活字本
纂修者籍里不詳。
湖北神農架林區方志辦

21762
[湖北黄岡]雷氏宗譜五卷首一卷
清黄岡雷懋煋等纂修
清同治二年(1863)慶宗堂木活字本
缺卷二
書名據版心、書名葉題。
始遷祖正三,明初同兄正一、正二由江西饒州府餘干縣瓦硎壩遷居黄岡庶安鄉長樂村石屋山。卷首譜序、修譜名目、歷代宗派、歷代宗派圖、祖居各灣、祠堂條規、凡例、立异戒宗正約、墓圖、傳等,卷一至五世系。
上海 ×

21763
[湖北黄岡]雷氏宗譜六卷
清黄岡雷錫芹等纂修
清光緒二十二年(1896)敦敘堂木活字本
書名據版心、書名葉題。
始遷祖正三,明初同兄正一、正二由江西饒州府餘干縣瓦硎壩遷居黄岡庶安鄉長樂村石屋山。卷首譜序、條規、凡例、圖形、補遺,雜記、享堂記、傳、傳贊、壽序等。
上海　尋源姓氏

21764
[湖北新洲]蔡氏宗譜二卷
黄岡蔡中璜、蔡萃峰纂修
民國七年(1918)刻本
武漢市新洲區和平鄉曹田村

21765
[湖北新洲]蔡氏宗譜一卷
黄岡蔡少光、蔡興旺纂修
民國三十二年(1943)刻本
武漢市新洲區馬河鄉蔡嘴村

21766
[湖北新洲]蔡氏宗譜八卷首二卷
黄岡蔡天覺纂修
民國三十五年(1946)刻本
武漢市新洲區白洋鄉蔡大濟村

21767
[湖北黄岡]蔡氏宗譜十二卷
黄岡蔡中璜等纂修
民國七年(1918)九思堂木活字本

書名據封面、書名葉、版心題。

始遷祖禎，字祥甫，行一，原江西南昌縣察院陂籍，明洪武初考入黄岡縣庠，遂家於上伍鄉校魚村風火牆。卷一譜序、祠堂圖、墓圖、儀注、喪服圖、祠堂記、合同、公議、家規，卷二至十二世系表。

上海

21768

［湖北黄岡］蔡氏宗譜十二卷

黄岡蔡考君等纂修

民國三十六年（1947）九思堂木活字本

書名據版心、書衣、書名葉題。

卷一墓圖、譜序、祠堂記、祭田記、立合同、立公議、契據、繼修譜序、家規等，卷二至十二世系表。

上海

21769

［湖北黄岡］蔡氏宗譜十三卷

黄岡蔡敬齋、蔡正洋、蔡錦榮等纂修

民國三十六年（1947）刻本

係三修。書名據版心題。

湖北

21770

［湖北麻城］蔡氏宗譜十二卷

清麻城蔡道濬纂修

清光緒刻本

四川

21771

［湖北麻城］蔡氏宗譜八卷首三卷末一卷

麻城蔡德謙、蔡德泰纂修

民國三十二年（1943）孝友堂木活字本

書名據版心、書名葉、目録題。

始遷祖普斌，宋末元初落籍湖北麻城南鄉之青邱村。卷首上譜序、目録、凡例、祀田約據、墓圖，卷首下公傳、節孝傳、樂捐濟荒讚、譜事告成書後，卷一至八世系，卷末廣嗣名目。

上海

21772

［湖北石首］蔡氏族譜□□卷

清石首蔡□□纂修

清光緒間旌異堂木活字本

存三卷：八、十二、十三

書名據卷端、版心題。

存卷載世系。

上海 ×

21773

［湖北石首］蔡氏族譜□□卷

清石首蔡□□纂修

清旌異堂木活字印本

存三卷：四至五、十一

記事至道光。

上海 ×

21774

［湖北公安］蔡氏家譜不分卷

公安蔡紹昕、蔡紹鈞纂修

民國十三年（1924）刻本

書名據書衣題。

始遷祖源、真，明初分别自江西臨江、南昌二地移居遷湖北潛江、公安。

荆州市荆州區檔

21775

［湖北武昌］趙氏宗譜不分卷

清武昌（今鄂州）趙開方纂修

清光緒末稿本

書名據版心題。

武漢

21776

［湖北新洲］趙氏宗譜三卷

黄岡趙宗煜纂修

民國三十七年（1948）墨譜抄本

武漢市新洲區舊街鄉舊街村趙氏

21777
[湖北紅安]趙氏宗譜六卷首二卷
黄安(今紅安)趙光先纂修
民國七年(1918)連城堂木活字本
書名據版心、書名葉題。
始遷祖銓,字題領,原籍江西饒州餘干縣,明洪武二年(1369)移居湖北黄州府紅安縣中和鄉。卷首序、傳、凡例、譜約、五服圖、祭儀、陽宅圖、墳墓圖説,卷一至六世系。
上海

21778
[湖北監利]趙氏族譜四卷首一卷
清監利趙才偉、趙學先纂修
清道光六年(1826)天水堂木活字本
書名據版心題。
始祖興貴,先世江左人,祖居監利縣雞闢溝。始遷祖世安,字首泰,興貴三子,明中葉徙本邑章華。卷首譜序、派引、節孝傳、頭人名目、家規、服制圖、契據、和息據墓圖、公祖世系、卷一至四世系。
上海

21779
[湖北黄岡]管氏宗譜九卷
清黄岡管應起纂修
清同治八年(1869)木活字印本
書名據版心題。創修譜。
武漢

21780
[湖北黄岡]管氏宗譜九卷
民國黄岡管年忠纂修
民國二年(1913)木活字本
存八卷:一至三、五至九
武漢 ×

21781
[湖北黄岡]管氏宗譜七卷首一卷
民國黄岡管年準等纂修
民國三十六年(1947)紹仲堂木活字本
武漢

21782
[湖北黄岡]管氏宗譜十四卷首一卷
黄岡管洪德等纂修
民國三年(1914)九一堂木活字本
書名據版心、書衣題。
始遷祖谷英,號益英,行一,原籍江西南昌,明洪武初卜居湖北黄岡九衢堰(後易名管家寨)。卷首新序、原序、祠堂記、廟記、始祖山圖、墓圖、服制圖、家規、家訓、祀産、祀田、凡例、修譜名目等,卷一至十四世系。
上海

21783
[湖北蘄春]聞氏宗譜二十四卷末一卷
清蘄州(今蘄春)聞月樵、聞桂芳纂修
清光緒二十一年(1895)敦本堂刻本
存二十四卷:一至十、十二至二十四、末
三修本。
穀城 ×

21784
[湖北蒲圻]熊氏族譜□□卷
清蒲圻(今赤壁)熊□□纂修
清愛日堂木活字印本
存一卷:一
書名據版心題。記事至嘉慶。
上海 ×

21785
[湖北天門]竟陵熊氏宗譜□□卷
清末民初竟陵(今天門)熊□□纂修
清末民初木活字本

存譜傳

書名據書簽題。

武漢 ×

21786

[湖北天門]熊氏宗譜四卷

民國天門熊玉泉等續修

民國十七年(1928)木活字本

存卷一

書名據版心題。

武漢 ×

21787

[湖北新洲]熊氏宗譜二十二卷首四卷

黄岡熊開疆、熊裕銘等纂修

民國八年(1919)刻本

新洲縣施岗鄉施崗村

21788

[湖北新洲]熊氏宗譜十一卷首二卷

黄岡馮民偉纂修

民國十三年(1924)刻本

新洲縣前進鄉李曼村

21789

[湖北新洲]熊氏宗譜十六卷

黄岡熊瑞玲、熊敬三纂修

民國二十六年(1937)刻本

新洲縣潘塘鎮鄭樓村

21790

[湖北新洲]熊氏宗譜十卷

黄岡熊志傑纂修

民國三十六年(1947)刻本

新洲縣黄林鄉

21791

[湖北新洲]熊氏宗譜六卷首四卷

黄岡熊於崟纂修

民國三十六年(1947)刻本

新洲縣方揚鄉胡彰村

21792

[湖北新洲]熊氏宗譜四十三卷

黄岡熊仕藻、熊俊廷纂修

民國三十六年(1947)刻本

新洲縣長嶺鄉雄原村

21793

[湖北新洲]熊氏宗譜四卷

黄岡熊泮階、熊得禄等纂修

民國三十六年(1947)刻本

新洲縣辛冲鎮揚鋪村

21794

[湖北新洲]熊氏宗譜四十卷首八卷

黄岡胡洪耀等纂修

民國三十六年(1947)刻本

新洲縣三店鎮柳谿村

21795

[湖北通山]通山鄭氏家譜八卷總序目録首一卷附録

民國通山鄭家清編纂

民國十年(1921)翼經草木活字本

書名據版心題。

武漢

21796

[湖北孝感]劉氏宗譜

民國孝感劉□□纂修

民國校書堂木活字本

存一卷:五

書名據版心題。

武漢 ×

21797

[湖北黄陂]劉氏家乘十一卷

清黄陂劉家琨纂修

清光緒七年（1881）太乙堂木活字印本
書名據版心題。
人大

21798
［湖北黄岡］劉氏宗譜□□卷首六卷
清黄岡劉□□纂修
清篤本堂石印本
存七卷：首六卷、二十六
黄岡檔 ˣ

21799
［湖北沔陽］劉氏宗譜三十卷首一卷
民國沔陽（今仙桃）劉中善主修
民國十四年（1925）藜閣堂木活字本
存二十九卷：首、一至二十八
書名據版心題。
武漢 ˣ

21800
［湖北沙市］劉氏家譜不分卷
清荆州劉□□纂修
清劉氏抄本
書名自擬。記事至道光。
上海

21801
［湖北江陵］劉氏族譜六卷
清江陵劉大緒纂修
清光緒元年（1875）慶林堂刻本
書名據書名葉題。
宜昌檔

21802
［湖北長陽］劉氏通譜□□卷
清長陽劉韻珂纂修
清光緒三年（1877）彭城堂木活字印本
存二卷：一至二
書名據版心題。
上海 ˣ

21803
［湖北］劉氏家乘□□卷
清劉□□纂修
清敦本堂木活字印本
存一卷：十二
書名據版心題。記事至咸豐。纂修者籍里、名氏不詳。
上海 ˣ

21804
［湖北］劉氏宗譜二十三卷首一卷
清劉茂蘭等纂修
清光緒二十一年（1895）三約堂木活字本
書名據版心題。纂修者籍里待考。
武漢

21805
［湖北］劉氏宗譜
民國劉□□纂修
民國郭睦堂木活字本
存卷十三，爲老三房夢龕公後裔系四支
書名據版心題。纂修者籍里不詳。
武漢 ˣ

21806
［湖北漢陽］劉氏宗譜八卷
漢陽劉啓才等纂修
民國二十二年（1933）天禄堂木活字本
始遷祖本，字資浦，明代遷漢陽。
日本東洋文庫　美國猶他

21807
［湖北漢陽］漢陽劉氏家乘一卷
漢陽劉承霖等纂修
民國抄本
書名據書衣、譜序題。佚名增補記事至

1957 年。

先世江西泰和縣五十三都人，明末避亂移居湖北，先寓漢川縣小里潭天符廟劉家台，繼遷漢陽鸚鵡洲財神廟下腰路口，再遷西門外土皇宫對面，最後卜宅青石橋。譜載人物繫年表。

上海

21808
[湖北武昌]劉氏宗譜八卷
清武昌劉敦本等纂修
清同治八年(1869)金口鎮校經堂木活字本

始遷祖松穀，明代遷武昌金口鎮。

日本東洋文庫　美國猶他

21809
[湖北武昌]劉氏宗譜八卷
武昌劉繼煌纂修
民國十九年(1930)校經堂木活字本
存五卷：一至四、八

始祖彙，明代人。始遷祖松海、松穀、裳子，明嘉靖間自江西梓溪遷湖北江夏金口。

華東師大

21810
[湖北新洲]劉氏宗譜八卷首二卷
清黄岡劉家意等纂修
清宣統三年(1911)刻本
新洲縣三店鎮南橋村

21811
[湖北新洲]劉氏宗譜三卷
民國黄岡劉□□纂修
民國七年(1918)木刻本
新洲縣辛冲鎮勝利湖村

21812
[湖北新洲]劉氏宗譜四卷
黄岡高楚、鵬程等纂修
民國七年(1918)木刻本
新洲縣馬河鄉鐵屋河村

21813
[湖北新洲]劉氏宗譜二十卷首四卷
黄岡劉鍾淑蕎修
民國十三年(1924)刻本
新洲縣新街鄉劉沙洲

21814
[湖北新洲]劉氏宗譜十卷
黄岡劉宗晏纂修
民國三十四年(1945)木刻本
新洲縣徐古鎮烏鉢窑村

21815
[湖北新洲]劉氏宗譜□□卷
黄岡劉□□纂修
民國三十六年(1947)木刻本
新洲縣方揚鄉方揚村魏劉壪

21816
[湖北新洲]劉氏宗譜二十四卷首四卷
黄岡劉堯階、劉松奶纂修
民國三十七年(1948)石印本
新洲縣紅旗鄉曾寨村　新洲縣桃源鄉熊店村

21817
[湖北黄岡]劉氏宗譜十八卷首四卷
清黄岡劉祚銘等纂修
清光緒十四年(1888)敦本堂刻本

書名據版心、書簽、書名葉題。目録題“黄岡劉氏宗譜”。

始遷祖隆三，明洪武時自江西率子受甫等遷湖北黄岡上伍鄉。首四卷譜序、凡例、家規、譜規、宗祠圖、墓圖、譜序、家訓、古格言、傳、行略、跋語等，卷一至十八世系。

上海　尋源姓氏　美國猶他

21818
[湖北黄岡]黄岡劉氏宗譜二十二卷首二卷附一卷
民國黄岡劉序安主修　劉國賢、劉吉安纂修
民國六年(1917)三賢堂木活字本
書名據譜序、版心題。書衣、書名葉題"劉氏宗譜"。
始祖伯正,原籍陝西長安蘭州衛,仕南宋理宗樞密院事。始遷祖閔,號騫甫,元時自江西遷湖北黄岡石屋山。子春,字春華,爲一世祖。卷首譜序、跋、祭祀論、凡例、祠規、家規、祠堂流源考、祠堂圖、墓圖、傳、贊、壽序等,卷一至二十二世系。
上海

21819
[湖北黄岡]黄岡劉氏續修宗譜二十二卷首三卷副一卷
黄岡劉紡勤主修　劉傳綬纂修
民國三十六年(1947)三賢堂木活字本
書名據譜序題。版心、書衣、書名葉題"劉氏宗譜"。
首三卷譜序、凡例、墓圖、祠堂圖、傳、祠規、家規、壽序,卷一至二十二本源圖、世系等。
上海　慈谿市環城南路勵雙傑

21820
[湖北黄岡]劉氏宗譜十七卷首四卷
黄岡劉五延主修　劉唐翰纂修
民國七年(1918)天禄堂木活字本
書名據版心、書衣題。譜初修於清同治十年(1871),此爲三修本。
始祖汾,字伯臨,唐劉巨容之子。始遷祖慶(字世高)、仕榮(行勝三),均汾十三世孫,明中葉由江西遷湖北黄岡。卷首譜序,傳、行述、凡例、祭規、雜事定例、續譜規條、家規、格言、記、墓圖、塋記、界處、禁約、約等,卷一至卷十七世系。
上海　尋源姓氏　美國猶他

21821
[湖北黄岡]劉氏宗譜□□卷首□卷
黄岡劉□□纂修
民國十二年(1923)樹德堂石印本
存十卷:四、六、十三至十四、二十、二十二至二十四、二十六至二十七
黄岡檔$^{\times}$

21822
[湖北黄岡]劉氏宗譜十卷首二卷
黄岡劉惟仁等纂修
民國三十六年(1947)天禄堂木活字本
書名據版心、書衣、書名葉題。目録、卷端題"黄楚劉氏宗譜"。譜初修於清乾隆十一年(1746)。
始遷祖思齊,原籍江西梓溪,明洪武初偕弟思楚來湖北黄岡,居慕義鄉下劉家集。思楚轉徙麻城。卷首一譜序、修譜紀名、派語、例言、目録、不忘本記、同名辨、派辨、宗祠圖、墓圖、祀産等,卷首二聖諭、誥封、傳、行略、契據等,卷一至十世系。有民國陸軍上將何成浚譜序一則。
上海

21823
[湖北黄岡]劉氏宗譜□□卷首□卷
黄岡劉錫炎纂修
民國三十七年(1948)敦本堂石印本
存二十三卷:首一、三至四、卷一至四、六至八、十至二十二、二十四
黄岡檔

21824
[湖北麻城]劉氏族譜七卷首一卷
清麻城劉紫蘭纂修
清光緒十三年(1887)青黎堂刻本
書名據版心、書簽、書名葉題。五修本。
始遷祖炳,號文尉,明代人。

慈谿市環城南路勵雙傑

21825
[湖北嘉魚]中洲劉氏宗譜十卷首一卷末一卷
嘉魚劉永卿主修
民國二十三年(1934)餘蔭堂鉛印本
書名據書簽、書名葉題。版心題"劉氏宗譜"。譜初修於清道光二十四年(1844),此爲三修本。
南開

21826
[湖北通城]劉氏宗譜
通城劉□□纂修
民國三十一年(1942)彭城堂木活字本
存三十五卷:一至十五、十七至二十三、二十五至二十七、二十九、三十一至三十九
書名據版心、書衣、卷端題。
始祖祥,字祖雲,號子先,避唐亂遷閩汀寧化石壁洞葛藤山。始遷祖天朗(字公明,南宋時自浙江金華八角樓徙居湖北通城縣黄龍山小坳,復由小坳遷梓里塘湖)、天安(字公位,遷居通城苦竹街)、天旺(字公祚,遷居通城南門沙苕市)。三公合修。譜存各房小序、世系。
上海

21827
[湖北江陵]劉氏族靖五卷首一卷
江陵劉經炳纂修
民國五年(1916)藜照堂木活字本
書名據版心、書衣、書名葉題。
始遷祖益燎,字季晦,明隆慶時由江西南昌府南昌縣遷金陵知事,任升,適楚,適遭兵燹,遂居湖北江陵沙岡。卷首譜序、凡例、家訓、傳、祠基祠田抵節,卷一至五爲始祖以下世系、晨祖、才祖門下各支系世系表
上海

21828
[湖北宜昌]喬川劉氏族譜□□卷
清宜昌劉□□纂修
清刻本
存三卷:十八至二十
書名據版心題。
始祖允章,唐代人。始遷祖孟論,明代人。
重慶

21829
[湖北枝江]枝江縣沙灣劉氏族譜六卷
纂修者不詳
民國二十四年(1935)木活字本
枝江縣安福寺區

21830
[湖北興山]劉氏宗譜□□卷
興山劉文燦纂修
民國抄本
書名據書衣題。
始祖虎、財、壽。劉豪出於此族。
興山縣方志辦

21831
[湖北長陽]長陽縣劉氏通譜□□卷首一卷
清長陽劉韵珂、劉瀛等纂修
據清道光二十九年(1849)木活字本復印
存卷首
長陽檔 ×

21832
[湖北長陽]長陽縣劉氏宗譜十卷首二卷
清長陽劉傳璋、永恒等纂修
據清光緒元年(1875)活字本復印
存首二卷
長陽檔 ×

21833
[湖北長陽]長陽德鄉白某坪劉氏族譜六卷
清長陽劉大緒主修　清長陽劉璉國纂修
清光緒元年(1875)木活字本
宜昌檔

21834
[湖北長陽]長陽劉氏宗譜十一卷首一卷
長陽劉主昆等主修　長陽劉相一等纂修
民國十年(1921)敦睦堂木活字本
書名據書簽題。版心、書名葉、目録、卷端題"劉氏宗譜"。
始遷祖必安,避元亂自江西吉水縣灌橋遷湖北江陵,繼徙松滋,再遷宜都,終定居長陽磨市里。卷首序、凡例,卷一祠圖、祠規、譜規、家規、傳贊、碑誌、文契等,餘卷皆系圖、系表。
上海

21835
[湖北仙桃]劉氏族譜十五卷
沔陽(今仙桃)劉敬泰主修
民國三十五年(1946)校書堂木活字本
書名據版心、書衣題。三修本。
始祖巨深,元廣傳第十四子。始遷祖天禄,字明爵,元末明初偕定、至、慶、釗、壽、性六子由湖南嶽州府徙沔陽(今仙桃市)。卷一譜序、傳序,卷二世派論、世派圖、家規、祠宇條議、祠宇基地文契、服制圖、像圖、譜號,卷三至十五世系。
上海

21836
[湖北恩施]恩施州劉氏宗支概况二卷
恩施劉百樓、劉順人等纂修
打印本
書名據封面題。
始祖天理。
王金海

21837
[湖北鶴峰]劉氏正宗家譜不分卷
鶴峰劉世春等纂修
鉛印本
書名據封面題。
始祖智通,系繼彭城,自江西坑西始遷湘東,再遷湖北鶴峰。
鶴峰縣自來水公司劉子亞

21838
[湖北黄岡]霍氏宗譜十卷
清黄岡霍原煌等總理
清光緒二十年(1894)清源堂稿本
存四卷:一、三、六、七
書名據卷端題。
武漢 ×

21839
[湖北黄岡]霍氏宗譜□□卷
民國黄岡霍裕瀚等總理
民國十三年(1924)清源堂木活字本
存七卷:二至四、七、八、十三、十四
書名據卷端題。
武漢 ×

21840
[湖北黄岡]鄧氏宗譜十卷首二卷
清黄岡鄧源彪、鄧源喜等纂修
清光緒二十年(1894)一宿堂刻本
書名據卷端、版心題。
湖北

21841
[湖北黄陂]鄧氏宗譜三十七卷首二卷
民國黄陂鄧卓漢總纂
民國二十五年(1936)講學堂木活字本
存二十七卷:首、二、四上、五至九、十一、十四、十五、十九至二十四、二十八至三十七
書名據版心題。

武漢 ×

21842
[湖北新洲]南陽鄧氏宗譜二十四卷
黄岡鄧執春等纂修
民國三十五年(1946)刻本
新洲縣和平鄉四方村

21843
[湖北新洲]鄧氏宗譜十五卷
黄岡鄧八松等纂修
民國三十七年(1948)刻本
新洲縣雙河鄉曹寨村

21844
[湖北荆門]鄧氏族譜不分卷
荆門鄧承雋纂修
民國十年(1921)嗣藻堂石印本
書名據版心、書名葉題。
始遷祖友義,原姓熊,籍孝感縣,明季自孝感避兵荆門象山,娶於鄧,生子,因蒙外氏姓。譜載世系原始、本宗全圖、世系、墓誌、家訓、宗祠條規、墓祠條規等。
人大　上海

21845
[湖北荆門]鄧氏族譜四卷
荆門鄧□□纂修
民國二十二年(1933)嗣藻堂石印本
書名據版心、書簽、書名葉題。
譜載世系原始、本宗全圖、世系、墓誌、家訓、宗祠條規、墓祠條規等。
上海

21846
[湖北大冶]南陽堂鄧氏族譜不分卷
民國大冶鄧守真纂修
民國六年(1917)敦本堂石印本
書名據版心、書簽題。二修本。
始遷祖一美、一元,清代人。

南開

21847
[湖北崇陽]鄧氏大同宗譜十二卷
崇陽鄧開先、鄧森林纂修
民國二十五年(1936)刻本
崇陽縣蔡墩鄉雅安村

21848
[湖北巴東]鄧氏族譜不分卷
巴東鄧□□纂修
清嘉慶間稿本
書名據版心題。
始遷祖君正,由江西落業於巴東勸農亭白巖腳下。
巴東縣民委鄧明旺

21849
[湖北武昌]潘氏族譜四卷首一卷
民國武昌潘斌編纂
民國十七年(1928)公興堂木活字本
書名據卷端、版心題。
武漢

21850
[湖北黄岡]潘氏宗譜十九卷首三卷
黄岡潘□□纂修
民國六年(1917)木活字本
武漢市新洲區方揚鄉吴勝村

21851
[湖北黄岡]潘氏宗譜二卷
黄岡潘□□纂修
民國二十年(1931)木活字本
武漢市新洲區辛冲鎮四崗村

21852
[湖北黄岡]潘氏宗譜四十七卷
黄岡潘經武纂修

民國三十五年(1946)木活字本
武漢市新洲區南極鄉三山村

21853
[湖北京山]續修京山白馬廟潘氏支譜五卷
京山潘茂德等纂修
民國現代鉛印本
書名據書衣題。
始祖季孫。始遷祖萬二。
京山縣供銷社車隊潘成明

21854
[湖北紅安]潘氏宗譜十六卷
黄安(今紅安)潘河澤等纂修
民國三十三年(1944)餘慶堂木活字本
書名據版心、書衣、書名葉題。五修本。
始遷祖萬九,明初自江西饒州瓦硐壩移黄安縣 (今紅安縣)。至五世孫謨、詢,分爲南、北二分。卷一譜序、修譜名目、傳、墓記、行狀,卷二跋、傳、壽序、凡例規條、祀田約契、合同、捕蝗蟲説等,卷三圖形,卷四至十六世系。
上海

21855
[湖北羅田]潘氏支譜四卷
清羅田潘邦念等纂修
清宣統三年(1911)木活字本
羅田縣縣志辦

21856
[湖北麻城]歐陽宗譜十三卷
麻城歐陽天傑、歐陽永通等纂修
民國三十五年(1946)刻本
係四修。書名據封面、版心題。
湖北

21857
[湖北枝江]歐陽宗譜不分卷
枝江姚星吾纂修
民國十三年(1924)六一堂抄本
書名據書衣題。
始遷祖普誠,明成化間由江西遷湖北。
宜昌檔　湖北宜昌縣委政研室歐陽運森

21858
[湖北武昌]河南郡蕭氏通譜十一卷首一卷
清武昌蕭之錦等纂修
清道光二十四年(1844)昴宿堂刻本
廣東

21859
[湖北武昌]蕭氏宗譜□□卷
清武昌蕭德臣等纂修
清宣統三年(1911)蕭氏蘭陵堂木活字印本
存九卷:首、一至四、六、八至十
武漢 ×

21860
[湖北武昌]蕭氏宗譜□□卷
民國武昌蕭□□纂修
民國書一堂木活字本
存卷十四
書名據版心題。
武漢 ×

21861
[湖北武昌]蕭氏宗譜四卷
清武昌(今鄂州)蕭忠炳等纂修
清光緒二十九年(1903)蘭陵堂木活字印本
存二卷:一、四
書名據版心書簽題。
上海

21862
[湖北武昌]蕭氏宗譜□□卷
清武昌蕭宗明等總理

清宣統三年（1911）蘭陵堂木活字本
存九卷：首、一至四、六、八至十
書名據版心、書名葉題。
武漢 ×

21863
［湖北漢陽］蕭氏宗譜□□卷首一卷
民國漢陽蕭海亭總理
民國十七年（1928）蘭陵堂木活字本
存九卷：首一、一至六、八至九
武漢 ×

21864
［湖北黄陂］蕭氏家世源流記四卷首一卷
清黄陂蕭輔臣纂修
清光緒九年（1883）星沙省垣蕭正諳堂刻本
國圖

21865
［湖北黄陂］蕭氏宗譜二十卷首一卷末一卷
清黄陂蕭良瑾等纂修
清光緒十二年（1886）八葉堂木活字印本
存十八卷：首、一至五、七至十六、十九至二十、末
武漢 ×

21866
［湖北孝感］澴北蕭氏支譜□□卷
民國孝感蕭□□纂修
民國七年（1918）麥羹堂木活字本
存卷首下
書名據版心題。
武漢 ×

21867
［湖北漢陽］蕭氏宗譜□□卷首一卷
漢陽蕭海亭主編
民國十七年（1928）蕭陵堂木活字本
存十卷：首一、一至六、八至九
書名據版心題。記事至民國十六年（1927），卷九内有墨筆增補至民國二十一年（1932）。
始遷祖善甫，明代從江西吉水遷湖北荆州，後遷漢陽府。
武漢 ×

21868
［湖北黄陂］蕭氏族譜十三卷首三卷
清黄陂蕭宏善、蕭文斗等纂修
清光緒二十九年（1903）八葉堂木活字本
書名據版心、書名葉題。
始遷祖得壽，明洪武元年（1368）自江西饒州府餘干縣遷湖北黄陂東鄉。首三卷譜序、服制、家訓、傳、祭産記、斷案等，卷一至十三世系。
上海

21869
［湖北新洲］萧氏宗譜三十卷首二卷
黄岡蕭春宏、蕭壽謙纂修
民國三十五年（1946）木活字本
武漢市新洲區前進鄉蕭堤村

21870
［湖北黄岡］楚黄蕭氏宗譜二十四卷首六卷
黄岡蕭耀南、蕭炳成等纂修
民國十二年（1923）木活字本
武漢市新洲區周鋪鎮金崗村

21871
［湖北宜昌］閻氏族譜四卷
清東湖（今宜昌）閻大鏞纂修
清同治十一年（1872）雅望堂刻本
書名據版心題。
人大

21872
［湖北武昌］韓氏宗譜不分卷
清武昌韓洪蒝纂修
清光緒三十三年（1907）南陽堂木活字印本
書名據版心、書名葉題。三修本。
武漢

21873
［湖北武昌］韓氏宗譜□□卷
民國武昌韓繼魏纂修
民國三十六年（1947）書錦堂木活字本
存十一卷：首一至三、卷一至五、七、九至十
武漢 ×

21874
［湖北漢陽］韓氏宗譜三卷首一卷
清漢陽韓國瑨等纂修
膠卷複製清光緒三十三年（1907）南陽堂木活字本
存三卷：一、二、首
書名據書衣題。
始遷祖興，行二，明永樂二年（1404）由江西遷居楚北。
湖北

21875
［湖北漢陽］韓氏宗譜五卷末一卷
漢陽韓□□纂修
膠卷複製南陽堂木活字本
書名據書衣、版心題。
始祖義。
湖北

21876
［湖北漢陽］韓氏宗譜八卷
民國漢陽韓德功纂修
民國八年（1919）荆州堂木活字本
書名據版心、書簽題。書名葉題“江邑梓人鄭繼美堂刊”。
一世祖南宋名將世忠，字良臣，謚忠武。世忠子彦直寄居江夏蘄春亭，彦直孫興由江夏徙黄陂縣東鄉楓梓山東彎屋。本譜以延仲祖父惟業（宇勤初）爲始祖。十九世延仲（原名仲玉，字金山）清康熙間復由黄陂東鄉移家漢南烏金山，是爲始遷祖。仲三子：順、相、臣，順生宗賢、宗亮，相生宗國，臣生宗信、宗昌、宗華、宗茂、宗耀，卒成賢、亮、國、信、昌、華、茂、耀八大分支。是爲臣下八房後裔主修。卷一聖諭、譜序、祠記、宗規、事略，卷二傳紀、祠規、家訓、家規、告示、凡例，卷三纂修人題名、祠圖、報銷單據、塋圖、瓜藤圖，餘卷皆爲世系。有馮國璋、韓國鈞序，馮國璋《韓君永清（世昌）事略》。
上海

21877
［湖北漢陽］韓氏宗譜九卷首一卷
民國漢陽韓永清纂修
民國二十三年（1934）荆州堂鉛印本
書名據版心、書衣、目録題。
一世祖南宋名將世忠，字良臣，謚忠武。世忠子彦直寄居江夏蘄春亭，彦直孫興由江夏徙黄陂縣東鄉楓梓山東彎屋。本譜以延仲祖父惟業（宇勤初）爲始祖。十九世延仲（原名仲玉，字金山）清康熙間復由黄陂東鄉移家漢南烏金山，是爲始遷祖。仲三子：順、相、臣，順生宗賢、宗亮，相生宗國，臣生宗信、宗昌、宗華、宗茂、宗耀，卒成賢、亮、國、信、昌、華、茂、耀八大分支。延是譜爲烏金山支修，故其世系僅就本支推衍。卷首載陳公博、韓國鈞、陳調元、熊希齡等人序，卷一凡例、家訓、家約、譜訓、縣政府頒示之家規族規、祠記、祠圖、烏金山里居圖、祭産約據、世家考，卷二蔡元培《朱太恭人墓誌銘》、岑春煊《賢母祠記》、墓圖、祖墓山場約據、昉田禁碑誌告，卷三至四傳記、墓誌、壽序、晉詞，卷五禮制、修譜人題名，卷六至九世系。民國大商家韓世昌即臣次子宗昌五世孫。
上海

21878

［湖北黄岡］韓傳宗譜二十六卷首五卷末一卷

黄岡韓傅士垣、韓傅其舜纂修

民國三十五年（1946）三公堂木活字本

書名據版心題，書衣、書名葉題“韓傳族譜”。三修本。

始遷祖受三，明代人。譜收蔣中正、林森、孔祥熙、孫科、居正、程潛、張繼、陳果夫、李濟深、白崇禧、張治中等民國要人（共69人）爲韓傳壽母甄太夫人八十壽序所撰祝辭。

慈谿市環城南路勳雙傑

21879

［湖北黄岡］巴江戴氏宗譜十三卷首二卷

清黄岡戴大榮等纂修

清道光二十八年（1848）禮教堂木活字印本

存十卷：首、一至三、五至六、八至九、十一至十二

書名據書簽題。

上海

21880

［湖北漢陽］龍霓戴氏譜不分卷

漢陽戴文銘等纂修

清宣統二年（1910）注禮堂鉛印本

書名據書名葉、版心題。

始遷祖伏乙，宋末避兵由北直徐州紅棗村崗炎遷楚北，卜居漢陽右霓山下。譜依次載凡例、尋源圖系、先賢圖、譜序、傳、像贊、墓圖、府示、縣示、租課、首八名目、世系等。

上海　日本東京大學　美國猶他

21881

［湖北漢陽］龍霓戴氏宗譜不分卷

漢陽戴長庚等纂修

民國九年（1920）注禮堂木活字本

書名葉題“龍霓戴氏譜”。目録題“戴氏宗譜”。書簽題“戴氏宗譜”。

始遷祖伏乙，宋末避兵由北直徐州紅棗村崗炎遷楚北，卜居漢陽右霓山下。

日本東京大學

21882

［湖北崇陽］戴氏宗譜□□卷

崇陽戴慶雲等纂修

民國二十五年（1936）注禮堂木活字本

湖北崇陽縣落溪鄉西莊畈

21883

［湖北江陵］傅戴族譜不分卷

清江陵戴肅元纂修

清乾隆間抄本

書名據卷首譜序題。卷端題“戴氏族譜”。書簽題“江陵戴氏族譜”。

是族本戴氏，祖居金陵，後仕江西，遂爲盧陵縣官籍。元末明初文旺遷江陵，爲本支始遷祖，因種博卯兒田，冒其户籍爲傅氏。三世傅黑兒即戴興宗，其兄弟從朱元璋征戰立有軍功，四世後成爲望族，復戴姓，衍爲江陵、遵化、南京三支。

南大

21884

［湖北黄岡］黄岡吕陽村謝氏宗譜十四卷首三卷

清黄岡謝啓賢等纂修

清同治四年（1865）寶樹堂木活字印本

美國哥倫比亞大學

21885

［湖北新洲］謝氏宗譜三卷

黄岡謝□□纂修

清光緒三十一年（1905）刻本

新洲縣劉集鄉鐵甲村

21886

［湖北新洲］謝氏宗譜四十四卷

黄岡謝鶴纂修

民國三十三年（1944）刻本
新洲縣徐古鎮張灣村

21887
［湖北］聶氏族譜八卷
清聶炳照等纂修
清光緒四年（1878）三禮堂木活字印本
存七卷：一至四、六至八
書名據版心、書簽題。纂修者籍里不詳。
上海

21888
［湖北武昌］蘇氏宗譜□□卷
民國武昌蘇善夫纂修
民國十二年（1923）白玉堂木活字本
武漢

21889
［湖北］蘇氏續修族譜二卷首二卷
清蘇世潘纂修
清光緒三十年（1904）武功堂木活字本
書名據版心題。書名葉題"蘇氏族譜"。
始遷祖允龍（字希夔）、允虎（字希朱），明永樂間自江西吉安府吉水縣竹巷坡遷湖北武攸南葛麻山，復卜居於堡堆岡之側。卷首宗譜序、姓氏譜序、源流序、譜格論、世系文、田紀志、家譜引、凡例、塋圖、塋山公私辨、墓文、家政等，卷一世系圖，卷二世系。纂修者籍里待考。
上海

21890
［湖北黄岡］羅氏支譜六卷末一卷
清黄岡羅應鯤等纂修
清同治八年（1869）報本堂刻本
書名據版心、書簽、書名葉題。四修本。
國圖

21891
［湖北黄岡］羅氏宗譜七卷首一卷
清黄岡羅必俊、羅發益纂修
清民國六年（1917）黄岡孝慈堂刻本
存卷首
湖北 ×

21892
［湖北黄岡］黄岡羅氏宗譜二十卷首三卷
民國黄岡羅存濱、羅祥忠纂修
民國二十二年（1933）孝慈堂刻本
書名據卷端。封面、版心題"羅氏宗譜"。
湖北

21893
［湖北麻城］羅氏族譜十九卷首一卷
清麻城羅朝彦纂修
清同治七年（1868）柏林堂木活字印本
書名據版心題。
四川

21894
［湖北大治］羅氏宗譜不分卷
清大冶羅顯佳等纂修
清嘉慶四年（1799）柏林堂木活字印本
書名據版心、書簽題。
上海

21895
［湖北大治］羅氏重修族譜十八卷
清大冶羅名巖等纂修
清光緒二十五年（1899）柏林堂木活字印本
存三卷：一、三、五
書名據版心題。
上海 ×

21896
［湖北大冶］羅氏宗譜不分卷
民國大冶羅廣清等纂修

民國六年(1917)柏林堂木活字本

書名據版心題。疑與前一款目爲同版。

武漢

21897

[湖北]羅氏宗譜□□卷

羅□□纂修

豫章堂油印本

存一卷:五

書名據封面、版心題。是爲漢川、天門統譜。纂修者籍里不詳。

荆州市沙市區劉作忠

21898

[湖北漢陽]洪山廟南羅氏宗譜三十卷首一卷末一卷

漢陽羅良訓等纂修

民國九年(1920)羅氏宗祠木活字本

版心題"羅氏宗譜"。書名葉題"漢陽羅氏五百年來之家乘"。

日本國會圖　美國猶他

21899

[湖北新洲]羅氏三修宗譜十六卷首一卷末一卷

清黄岡羅古林等纂修

清光緒四年(1878)刻本

武漢市新洲區白洋鄉羅泊村

21900

[湖北新洲]羅氏宗譜五十二卷

黄岡羅若如等纂修

民國五年(1916)刻本

武漢市新洲區周鋪鄉茶店村

21901

[湖北新洲]羅氏宗譜三卷

黄岡羅錦山等纂修

民國三十五年(1946)刻本殘本

武漢市新洲區馬河鄉羅坪河村

21902

[湖北新洲]羅氏宗譜四十卷首一卷

黄岡羅守倫等纂修

民國三十七年(1948)刻本

武漢市新洲區紅旗鄉七里村　武漢市新洲區長嶺鄉吴太村

21903

[湖北黄岡]羅氏族譜四卷

黄岡羅登基等纂修

清光緒三十二年(1906)恒道堂木活字本

書名據書衣題。版心題"羅氏宗譜"。

始遷祖名、字不詳,元季自江西遷湖北黄岡古邾城。本支譜録開富祖以下之世系。卷一譜序、凡例、家規、服制圖,卷二至四世系。

上海

21904

[湖北黄岡]羅氏續修族譜四十二卷首六卷

黄岡羅星北等纂修

民國二十七年(1938)柏林堂木活字本

書名據版心題。書衣、書名葉題"羅氏宗譜"。

始祖德高,明永樂二年(1404)自江西餘干縣遷麻城白果。二世祖仁輔由白果遷黄風官田畈羅家畚。三世祖天麟轉徙西馮鄉,卜居釣魚臺,是爲始遷祖。卷首一譜序、凡例、修譜名目、誥封,卷首二至卷首四傳,卷首五墓域考、墓圖、祭股、捐款名目,卷首六老譜户事紀實,卷一至四十二世系。

上海

21905

[湖北黄岡]羅氏宗譜十五卷

黄岡羅光前等纂修

民國三十五年(1946)柏林堂木活字本

書名據版心、書衣、書名葉題。

始遷祖善輔,譜名應剛,明洪武初自江西遷湖北之麻城,又遷黄岡,居舉水之西。其後分三支:居張店者曰上分;居羅良里者曰中分;居劉家集(今稱舉南鄉)者曰下分。卷一譜序、聖諭、名目、捐單名目。查譜序,年言,卷二傳、存録,卷三家訓、凡例、五服圖、祠堂圖、陰陽二宅圖、墓圖、户籍名目、宗派字樣、儀注及廟祭祀文、像贊、世系,卷四至十五世系。

上海

21906

[湖北麻城]龐氏宗譜二十二卷首四卷

民國麻城龐成功總修

民國三十六年(1947)高陽堂木活字本

存首之一至四

書名據版心題。

武漢 ×

21907

[湖北武昌]嚴氏宗譜二十五卷

清武昌(今鄂州)嚴承慶等纂修

清光緒二十五年(1899)富春堂於心濟堂木活字印本

日本東洋文庫

21908

[湖北孝感]澴川嚴氏家譜六卷

清孝感嚴正矩纂修

清抄本

日本東京大學

21909

[湖北大冶]饒氏宗譜不分卷

清大冶饒仕河等纂修

清乾隆二十六年(1761)敦睦堂木活字印本

書名據版心題。

上海

21910

[湖北大冶]饒氏宗譜□□卷

清大冶饒□□纂修

清道光六年(1826)敦睦堂木活字印本

存三卷:二至四

書名據版心、書簽題。

上海

21911

[湖北大冶]饒氏宗譜不分卷

清大冶饒永春等纂修

清咸豐十年(1860)敦睦堂木活字印本

書名據版心、書簽題。

上海

21912

[湖北大冶]饒氏宗譜不分卷

清大冶饒宗福等纂修

清光緒十二年(1886)敦睦堂木活字印本

存四卷:三、五、八、十三

書名據版心、書簽題。

上海

21913

[湖北大冶]饒氏宗譜□□卷

大冶饒□□纂修

民國三年(1914)敦睦堂木活字本

存八卷:首、三、五、八、九、十二、十五、二十二

書名據版心、書簽題。

始祖植翁,字彦雲,唐代人,居撫州仙原鄉。南宋時,有裔孫名光祖者,寓居湖廣通山縣。子榮(行景三)、華(行景四)兄弟,由通山再遷大冶果城里,爲始遷大冶祖。卷首舊序、傳、贊、山圖,餘卷皆世系。

上海 ×

21914

[湖北武穴]饒氏宗譜四十五卷

廣濟(今武穴)饒雲耀等纂修

民國十八年(1929)源遠堂木活字本

始遷祖宣一,字三復,宋時遷居廣濟(今武

穴市)。

日本東洋文庫　美國猶他

21915

[湖北隨州]饒氏族譜六卷

隨州饒元浚等纂修

民國七年(1918)木活字本

始遷祖大裕,明洪武二年(1369)由江西南昌縣奉調入隨州,遂家焉。

隨州市均川鎮人民政府饒純毅

史抄類

21916

張陸二先生批評戰國策抄四卷

明阮宗孔刪注　明江陵張居正、陸深評

明萬曆六年(1578)王篆刻本

是刻半葉十行,行二十字,小字雙行行字同,白口,四周雙邊。《中國古籍善本書目》著録。

蘭大　南京　無爲　江西

21917

張陸二先生批評戰國策抄四卷

明阮宗孔刪注　明江陵張居正、陸深評　明夷陵(今宜城)王篆輯注

明萬曆七年(1579)錢普刻本

是刻半葉十行,行二十字,白口,四周雙邊,有刻工。《中國古籍善本書目》著録。

國圖　山東　南京

21918

張陸二先生批評戰國策抄四卷

明阮宗孔刪注　明江陵張居正、陸深評　明夷陵(今宜昌)王篆輯注

1997年北京出版社據明萬曆七年(1579)錢普刻本影印四庫未收書輯刊本

湖北

21919

張陸二先生批評戰國策抄四卷

明阮宗孔刪注　明江陵張居正、陸深評

明萬曆三十五年(1607)楊廷采刻本

是刻半葉十行,行二十字,白口,四周雙邊。《中國古籍善本書目》著録。

國圖　北大　上海　大連　東北師大　武漢　沔陽

21920

張陸二先生批評戰國策抄四卷

明阮宗孔刪注　明江陵張居正、陸深評

明刻本

是刻半葉十行,行二十字,小字雙行行字同,白口,四周雙邊。《中國古籍善本書目》著録。

人大　北師大　中央黨校　中央民大　科院　華東師大　吉林市　鎮江　福建師大　湖北　華中師大　貴州博

21921

梅太史訂選史記神駒四卷

明麻城梅之煥輯

明萬曆三十四年(1606)書林劉人易刻本

是刻半葉十行,行二十字,小字雙行行字同,無界格,有眉欄,白口,無魚尾。《中國古籍善本書目》著録,僅該館有藏。

遼寧

21922

精選史記神駒四卷秦漢文神駒四卷

明麻城梅之煥輯

清光緒石印本

上海

21923

兩漢奇鈔十卷

明陳仁錫、景陵(今天門)鍾惺輯

明末刻本

是刻本葉九行，行二十字，小字雙行行字同，眉欄小字雙行行四字，白口，四周單邊。《中國古籍善本書目》著録。

北師大

21924

三國志注鈔八卷

明景陵（今天門）鍾惺輯

明萬曆四十五年（1617）刻三注抄本

是刻半葉九行，行十九字，白口，四周單邊。《中國古籍善本書目》著録。

首都　北大ˣ　北師大ˣ　南京　浙江

21925

新唐書鈔

宋歐陽修、宋安陸宋祁等撰　清沈炳震抄

臺灣鼎文書局印新舊唐書合鈔並附編十八種本

21926

新唐書雜鈔不分卷

民國蘄春黄侃抄

手稿本

武大中文系

21927

唐代水旱災情片斷一卷

民國羅田王葆心撰

稿本

散葉。約三千字。

湖北博

21928

宋史鄂事鈔不分卷

民國陳志純輯

稿本

四册。約三萬四千字。該館設三個號：前三册爲"人物傳記　大事記"，陳志純輯；第四册爲"人物傳"，不著輯者；又有"第二册　凡例　大事記"。或係初稿、二稿混在一起，兹拼作一個款目著録之。

湖北博

21929

明史鄂事鈔不分卷

民國張繼堅輯

稿本

四册。約五萬五千字。

湖北博

21930

錦帶書一卷

南朝梁襄陽蕭統撰

明崇禎虞山毛氏汲古閣刻津逮祕書本

《中國古籍善本書目》著録。

國圖　北大　科院　上海　復旦　天津　遼寧　山東　浙江　湖北　武大　湖南　四川　雲南

21931

錦帶書一卷

南朝梁襄陽蕭統撰

民國十一年（1922）上海博古齋影印明崇禎毛氏汲古閣刻津逮祕書本

國圖　首都　北大　上海　天津　遼寧　甘肅　南京　浙江　湖北　武大　重慶　川大

21932

錦帶書一卷

南朝梁襄陽蕭統撰

明崇禎竹山與刻雪堂韻史本

《中國古籍善本書目》著録。

清華　上海

21933

錦帶書一卷

南朝梁襄陽蕭統撰

明末刻八公遊戲叢談本

《中國古籍善本書目》著録。

國圖　北大

21934

錦帶書一卷

南朝梁襄陽蕭統撰

清順治三年(1646)李際期宛委山堂刻説郛本

國圖　首都　上海　復旦　天津　吉林　南京　浙江　江西　福建　河南　湖南　重慶　雲南

21935

錦帶書一卷

南朝梁襄陽蕭統撰

清嘉慶十年(1805)張氏照曠閣刻學海討原本

國圖　首都　科院　上海　復旦　天津　遼寧　甘肅　南京　浙江　湖北　武大　四川　重慶

21936

錦帶書一卷

南阳梁襄陽蕭統撰

民國十一年(1922)上海商務印書館影印清嘉慶十年(1805)虞山張氏照曠閣刻學津討原本

國圖　北大　上海　華東師大　天津　吉大　甘肅　南京　浙江　江西　四川　雲南

21937

錦帶書一卷

南朝梁襄陽蕭統撰

民國二十四年至二十六年(1935—1937)商務印書館鉛印叢書集成初編本

國圖　上海　復旦　遼寧　浙江　江西　湖北

21938

錦帶書一卷

南朝梁襄陽蕭統撰

1970年臺北藝文印書館影印歲時習俗資料彙編本

施廷鏞《中國叢書綜録續編》著録。

21939

錦帶書一卷

南朝梁襄陽蕭統撰

清王耜輯藝苑叢鈔稿本

湖北

時令類

21940

玉燭寶典十二卷

隋杜臺卿撰　民國宜都楊守敬校訂

清光緒十年(1884)黎庶昌日本東京使署刻古逸叢書本

原缺卷九。

湖北

21941

日涉編十二卷

明應城陳堦輯

明萬曆三十九年(1611)徐養量刻本

是刻半葉九行,行十九字,白口,四周單邊。《中國古籍善本書目》著録。《四庫全書》入"史部·時令類存目"。

國圖　北大　清華　北師大×　科院×　甘肅×　山東　山東博×　南京　浙江　天一閣×　安徽×　江西　柳州

21942

日涉編十二卷

明應城陳堦輯

明萬曆三十九年(1611)徐養量刻

本　明顧福泉校
湖北

21943
日涉編十二卷
明應城陳堦輯
1997年起齊魯書社據明萬曆三十九年（1611）徐養量刻本影印四庫全書存目叢書本
湖北

21944
日涉編十二卷
明應城陳堦輯
明萬曆三十九年（1611）徐養量刻清康熙八年（1669）白輝補修本
科院

21945
日涉編十二卷
明應城陳堦輯　清白輝補輯
明萬曆三十九年（1611）徐養量刻清康熙八年（1669）白輝康熙二十七年（1688）紀元遞修本
故宫　上海　吉林　東北師大　哈師大　西北大　寧夏大學　河南　湖南　中大　重慶　雲南

21946
日涉編十二卷
明應城陳堦輯　清白輝補輯
明萬曆三十九年（1611）徐養量刻清康熙八年（1669）白輝康熙二十七年（1688）紀元乾隆三十四年（1769）遞修本
北師大　南京　清華　山東

21947
編日新書不分卷
明應城陳堦編輯　明周化校正
明刻本
是刻半葉九行，行十九字，小字雙行行字同，白口，四周單邊。有賀逢聖、李文元、徐養量、周師旦序和自序。《中國古籍善本書目》著録。
無錫　湖北　美國國會

21948
編日新書十二卷
明應城陳堦輯
明末周師日金陵刻本
未知與上一款目有無關係。
臺圖

21949
編日新書十二卷
明應城陳堦輯
明刻本
未知與上一款目有無關係。
日本内閣文庫

21950
月令七十二候贊一卷
清漢陽葉志詵撰
清道光三十年（1850）粤東撫署刻本
此爲《神農本草經贊》之附。
北大　上海　南京　湖北

地理類

叢編之屬

21951
襄陽四畧三十五卷
清吴慶燾撰
清光緒刻本
襄陽金石畧十二卷
襄陽兵事畧六卷

襄陽藝文畧附録一卷
襄陽沿革畧一卷

科院　北師大　北大　清華　上海　杭大　湖北

21952

歷代輿地圖四十四種四十四卷

民國宜都楊守敬撰　熊會貞等繪
清光緒三十二年至宣統三年(1906—1911)刻套印本

歷代輿地沿革險要圖一卷　民國宜都楊守敬、東湖(今宜昌)饒敦秩撰
春秋列國圖一卷
戰國疆域圖一卷
秦郡縣圖一卷
前漢地理志圖一卷
續漢郡國志圖一卷
三國疆域圖一卷
晉地理志圖一卷
東晉疆域圖一卷
前趙疆域圖一卷
後趙疆域圖一卷
前燕疆域圖一卷
後燕疆域圖一卷
南燕疆域圖一卷
北燕疆域圖一卷
前秦疆域圖一卷
後秦疆域圖一卷
西秦疆域圖一卷
前涼疆域圖一卷
後涼疆域圖一卷
南涼疆域圖一卷
西涼疆域圖一卷
後蜀疆域圖一卷
夏疆域圖一卷
劉宋州郡志圖一卷
蕭齊州郡志圖一卷
蕭梁州疆域圖一卷
陳疆域圖一卷
北魏地形態圖一卷
北齊疆域圖一卷
西魏疆域圖一卷
北周疆域圖一卷
隋地理志圖一卷
唐地理志圖一卷
後梁並十國圖一卷
後唐並七國圖一卷
後晉並七國圖一卷
後漢並六國圖一卷
後周並七國圖一卷
宋地理志圖一卷
遼地理志圖一卷
金地理志圖一卷
元地理志圖一卷
明地理志圖一卷

此書湖北人民出版社、湖北教育出版社出版之《楊守敬集》未收。

國圖　上海　天津　南京　浙江

21953

求是齋初刻三種五卷

清江夏彭崧毓撰
清同治刻本

漁舟紀談二卷續談一卷　清同治元年(1862)刻
雲南風土紀事詩一卷
山中懷往詩一卷

《中國叢書綜録》僅著録該館有藏,或流佈不廣。

北大

21954

荆湘地記二十九種二十九卷

清陳運溶輯
清光緒二十五年(1899)湘西陳氏刻麓山精舍叢書本

荆州記一卷　晉陰縣(光化,今老河口)范汪撰
荆州記一卷　劉宋庾仲雍撰

荆州記一卷　劉宋江荆州郭仲産撰
荆州記一卷　南齋劉澄之撰
荆州記一卷
荆州圖記一卷
荆州圖經一卷
荆州土地記一卷
荆南地志一卷　梁蕭世誠撰
湘中記一卷　晉羅含撰
湘中記一卷　劉宋庾仲雍撰
湘州記一卷　劉宋荆州郭仲産撰
湘中記一卷
湘中滎陽郡記一卷
武陵記一卷　南齋黄閔撰
武陵記一卷　梁伍安貧撰
沅陵記一卷
桂陽記一卷
南嶽記一卷　劉宋徐靈期撰
衡山記一卷　南齋江陵宗測撰
神鏡記一卷　劉宋王韶之撰
麓山記一卷　□宋淵撰
洞庭記一卷
沅川記一卷
五溪記一卷

此爲陳氏輯佚之作，内容包括湘鄂二省。以其涉鄂著作多，故仍立目揭示之。

科院　北大　上海　遼寧　南京　浙江　湖北

總志之屬

21955

歷代輿地沿革險要圖（一名歷代輿地圖）一卷

民國宜都楊守敬、東湖（今宜昌）饒敦秩撰

清光緒五年（1879）饒氏刻套印本

此書之簡名，以下款目不再標示。

國圖　上海　天津　南京　浙江　湖北

21956

歷代輿地沿革險要圖一卷

民國宜都楊守敬、東湖（今宜昌）饒敦秩撰

清光緒二十二年（1896）石印本

國圖　山東

21957

歷代輿地沿革險要圖一卷

民國宜都楊守敬、東湖（今宜昌）饒敦秩撰

清光緒二十四年（1898）上海鑄記書局石印本

上海　天津　湖北

21958

歷代輿圖沿革險要圖一卷

民國宜都楊守敬、東湖（今宜昌）饒敦秩撰

清光緒二十四年（1898）上海文賢閣石印本

上海　天津　南京　浙江

21959

歷代輿地沿革險要圖一卷

民國宜都楊守敬、東湖（今宜昌）饒敦秩撰

清光緒三十年（1904）海陵周氏重繪石印本

國圖　上海

21960

歷代輿地沿革險要圖一卷

民國宜都楊守敬、東湖（今宜昌）饒敦秩撰

清光緒三十二年（1906）刻歷代輿地圖本

湖北

21961
歷代輿地沿革險要圖一卷
民國宜都楊守敬、東湖(今宜昌)饒敦秩撰
清光緒宣統間湖北官書處刻本
湖北

21962
歷代輿地圖一卷
民國宜都楊守敬編繪
清末石印本
未知是否爲前面所列諸石印本之一,姑置於此,存疑待考。
湖北

21963
歷代輿地沿革險要圖一卷
民國宜都楊守敬、東湖(今宜昌)饒敦秩撰
民國五年(1916)東湖饒氏刻藍墨、朱墨色套印本
湖北

21964
春秋列國圖一卷
民國宜都楊守敬撰、熊會貞等繪
清光緒三十二年至宣統三年(1906—1911)刻歷代輿地圖本
國圖　上海　天津　南京　浙江

21965
戰國疆域圖一卷
民國宜都楊守敬撰、熊會貞等繪
清光緒三十二年至宣統三年(1906—1911)刻歷代輿地圖本
國圖　上海　天津　南京　浙江

21966
戰國疆域圖一卷
民國宜都楊守敬撰
清宣統元年(1909)刻本
疑與前一款目爲同版。
湖北

21967
秦郡縣圖一卷
民國宜都楊守敬撰、熊會貞等繪
清光緒三十二年至宣統三年(1906—1911)刻歷代輿地圖本
國圖　上海　天津　南京　浙江

21968
前漢地理志圖一卷
民國宜都楊守敬撰、熊會貞等繪
清光緒三十二年至宣統三年(1906—1911)刻歷代輿地圖本
國圖　上海　天津　南京　浙江

21969
續漢郡國志圖一卷
民國宜都楊守敬撰、熊會貞等繪
清光緒三十二年至宣統三年(1906—1911)刻歷代輿地圖本
國圖　上海　天津　南京　浙江

21970
三國疆域圖一卷
民國宜都楊守敬撰、熊會貞等繪
清光緒三十三年(1907)刻歷代輿地圖本
國圖　上海　天津　南京　浙江　武漢

21971
三國疆域圖編目一卷
民國宜都楊守敬初稿　熊會貞參校
清末朱墨套印本
湖北

21972
晉地理志圖一卷
民國宜都楊守敬撰、熊會貞等繪

清光緒三十二年至宣統三年(1906—1911)刻歷代輿地圖本
國圖　上海　天津　南京　浙江

21973
東晉疆域圖一卷
民國宜都楊守敬撰、熊會貞等繪
清光緒三十二年至宣統三年(1906—1911)刻歷代輿地圖本
國圖　上海　天津　南京　浙江

21974
前趙疆域圖一卷
民國宜都楊守敬撰、熊會貞等繪
清光緒三十二年至宣統三年(1906—1911)刻歷代輿地圖本
國圖　上海　天津　南京　浙江

21975
後趙疆域圖一卷
民國宜都楊守敬撰、熊會貞等繪
清光緒三十二年至宣統三年(1906—1911)刻歷代輿地圖本
國圖　上海　天津　南京　浙江

21976
前燕疆域圖一卷
民國宜都楊守敬撰、熊會貞等繪
清光緒三十二年至宣統三年(1906—1911)刻歷代輿地圖本
國圖　上海　天津　南京　浙江

21977
後燕疆域圖一卷
民國宜都楊守敬撰、熊會貞等繪
清光緒三十二年至宣統三年(1906—1911)刻歷代輿地圖本
國圖　上海　天津　南京　浙江

21978
南燕疆域圖一卷
民國宜都楊守敬撰、熊會貞等繪
清光緒三十二年至宣統三年(1906—1911)刻歷代輿地圖本
國圖　上海　天津　南京　浙江

21979
北燕疆域圖一卷
民國宜都楊守敬撰、熊會貞等繪
清光緒三十二年至宣統三年(1906—1911)刻歷代輿地圖本
國圖　上海　天津　南京　浙江

21980
前秦疆域圖一卷
民國宜都楊守敬撰、熊會貞等繪
清光緒三十二年至宣統三年(1906—1911)刻歷代輿地圖本
國圖　上海　天津　南京　浙江

21981
後秦疆域圖一卷
民國宜都楊守敬撰、熊會貞等繪
清光緒三十二年至宣統三年(1906—1911)刻歷代輿地圖本
國圖　上海　天津　南京　浙江

21982
西秦疆域圖一卷
民國宜都楊守敬撰、熊會貞等繪
清光緒三十二年至宣統三年(1906—1911)刻歷代輿地圖本
國圖　上海　天津　南京　浙江

21983
前涼疆域圖一卷
民國宜都楊守敬撰、熊會貞等繪
清光緒三十二年至宣統三年(1906—

1911)刻歷代輿地圖本
國圖　上海　天津　南京　浙江

21984
後涼疆域圖一卷
民國宜都楊守敬撰、熊會貞等繪
清光緒三十二年至宣統三年(1906—1911)刻歷代輿地圖本
國圖　上海　天津　南京　浙江

21985
南涼疆域圖一卷
民國宜都楊守敬撰、熊會貞等繪
清光緒三十二年至宣統三年(1906—1911)刻歷代輿地圖本
國圖　上海　天津　南京　浙江

21986
西涼疆域圖一卷
民國宜都楊守敬撰、熊會貞等繪
清光緒三十二年至宣統三年(1906—1911)刻歷代輿地圖本
國圖　上海　天津　南京　浙江

21987
後蜀疆域圖一卷
民國宜都楊守敬撰、熊會貞等繪
清光緒三十二年至宣統三年(1906—1911)刻歷代輿地圖本
國圖　上海　天津　南京　浙江

21988
夏疆域圖一卷
民國宜都楊守敬撰、熊會貞等繪
清光緒三十二年至宣統三年(1906—1911)刻歷代輿地圖本
國圖　上海　天津　南京　浙江

21989
劉宋州郡志圖一卷
民國宜都楊守敬撰、熊會貞等繪
清光緒三十二年至宣統三年(1906—1911)刻歷代輿地圖本
國圖　上海　天津　南京　浙江　湖北

21990
蕭齊州郡志圖一卷
民國宜都楊守敬撰、熊會貞等繪
清光緒三十二年至宣統三年(1906—1911)刻歷代輿地圖本
國圖　上海　天津　南京　浙江

21991
蕭梁州疆域圖一卷
民國宜都楊守敬撰、熊會貞等繪
清光緒三十二年至宣統三年(1906—1911)刻歷代輿地圖本
國圖　上海　天津　南京　浙江

21992
陳疆域圖一卷
民國宜都楊守敬撰、熊會貞等繪
清光緒三十二年至宣統三年(1906—1911)刻歷代輿地圖本
國圖　上海　天津　南京　浙江

21993
北魏地形態圖一卷
民國宜都楊守敬撰、熊會貞等繪
清光緒三十二年至宣統三年(1906—1911)刻歷代輿地圖本
國圖　上海　天津　南京　浙江

21994
北齊疆域圖一卷
民國宜都楊守敬撰、熊會貞等繪
清光緒三十二年至宣統三年(1906—

1911)刻歷代輿地圖本
國圖　上海　天津　南京　浙江

21995
北周疆域圖一卷
民國宜都楊守敬撰　熊會貞等繪
清光緒三十二年至宣統三年(1906—1911)刻歷代輿地圖本
國圖　上海　天津　南京　浙江

21996
西魏疆域圖一卷
民國宜都楊守敬撰、熊會貞等繪
清光緒三十二年至宣統三年(1906—1911)刻歷代輿地圖本
國圖　上海　天津　南京　浙江

21997
隋地理志圖一卷
民國宜都楊守敬撰、熊會貞等繪
清宣統元年(1909)刻歷代輿地圖本
國圖　上海　天津　南京　浙江　湖北

21998
唐地理志圖一卷
民國宜都楊守敬撰、熊會貞等繪
清光緒三十二年至宣統三年(1906—1911)刻歷代輿地圖本
國圖　上海　天津　南京　浙江

21999
後梁並十國圖一卷
民國宜都楊守敬撰、熊會貞等繪
清光緒三十二年至宣統三年(1906—1911)刻歷代輿地圖本
國圖　上海　天津　南京　浙江

22000
後唐並七國圖一卷
民國宜都楊守敬撰　熊會貞等繪
清光緒三十二年至宣統三年(1906—1911)刻歷代輿地圖本
國圖　上海　天津　南京　浙江

22001
後晉並七國圖一卷
民國宜都楊守敬撰、熊會貞等繪
清光緒三十二年至宣統三年(1906—1911)刻歷代輿地圖本
國圖　上海　天津　南京　浙江

22002
後漢並六國圖一卷
民國宜都楊守敬撰、熊會貞等繪
清光緒三十二年至宣統三年(1906—1911)刻歷代輿地圖本
國圖　上海　天津　南京　浙江

22003
後周並七國圖一卷
民國宜都楊守敬撰、熊會貞等繪
清光緒三十二年至宣統三年(1906—1911)刻歷代輿地圖本
國圖　上海　天津　南京　浙江

22004
宋地理志圖一卷
民國宜都楊守敬撰、熊會貞等繪
清光緒三十二年至宣統三年(1906—1911)刻歷代輿地圖本
國圖　上海　天津　南京　浙江

22005
遼地理志圖一卷
民國宜都楊守敬撰、熊會貞等繪
清光緒三十二年至宣統三年(1906—1911)刻歷代輿地圖本
國圖　上海　天津　南京　浙江

22006
金地理志圖一卷
民國宜都楊守敬撰、熊會貞等繪
清光緒三十二年至宣統三年(1906—1911)刻歷代輿地圖本
國圖　上海　天津　南京　浙江

22007
元地理志圖一卷
民國宜都楊守敬撰、熊會貞等繪
清光緒三十二年至宣統三年(1906—1911)刻歷代輿地圖本
國圖　上海　天津　南京　浙江

22008
明地理志圖一卷
民國宜都楊守敬撰、熊會貞等繪
清光緒三十二年至宣統三年(1906—1911)刻歷代輿地圖本
國圖　上海　天津　南京　浙江

22009
地名考殘稿不分卷
民國宜都楊守敬撰
稿本
存一册。
重慶 ×

22010
支那地志摘譯
民國宜都楊守敬撰　李錫璉整理
1988年起湖北人民出版社、湖北教育出版社鉛印楊守敬集本
湖北

22011
九邊圖説不分卷
明承天(今鍾祥)孫應元撰
明刻本
是刻半葉十一行,行二十二字,白口,四周雙邊。《中國古籍善本書目》不著撰人名氏,《中國叢書綜録》作明兵部輯,兹依《簡明中國古籍辭典》。應元字華山,明湖廣承天衛(今鍾祥)人。嘉靖進士,官兵部主事。長期鎮守北方邊關。約於隆慶初撰成此書,有隆慶三年(1569)序,故有稱"隆慶刻本"或"隆慶三年(1569)序刻本"者,兹依《中國古籍善本書目》。所謂九邊,指遼東鎮、薊鎮、宣府鎮、大同鎮、山西鎮、延綏鎮、寧夏鎮、固原鎮、甘肅鎮等,各爲"總分圖説"以統其綱,有分圖以析其目,附説則詳其形勢、防守、敵我兵力、錢糧牛馬諸情。繪圖極細,文字簡潔。
國圖　南京　安徽

22012
九邊圖説不分卷
明承天(今鍾祥)孫應元撰
民國三十年(1941)鄭振鐸據明刻本影印玄覽堂叢書本
國圖　首都　北大　上海　復旦　天津　遼寧　吉大　甘肅　南京　浙江　江西　湖北　四川　重慶

22013
草廬經略輿圖總論一卷
明黄州黄之端撰
民國二十五年(1936)陽新石氏鉛印蓉城公館叢書本
國圖　上海　遼寧　南京　湖北　川大

22014
地球韻言四卷
清江陵張士瀛撰
清光緒二十四年(1898)刻本
湖北

22015
輿地課程不分卷
清兩湖書院編

清光緒二十四年至二十六年(1898—1900)刻兩湖書院課程本

復旦

雜志之屬

本省

22016

荆楚歲時記一卷

南朝梁江陵宗懔撰

明刻廣漢魏叢書本

是刻半葉九行,行二十字,白口,左右雙邊。

《中國古籍善本書目》著録。

復旦　天津　杭大　安徽博　江西大　福建

22017

荆楚歲時記一卷

南朝梁江陵宗懔撰

清嘉慶刻廣漢魏叢書

北師大　上海　復旦　山東　山東大　安徽　浙江　杭大　湖北　四川　川大

22018

寶顔堂訂正荆楚歲時記一卷

南朝梁江陵宗懔撰

明萬曆刻亦政堂鐫陳眉公家藏廣祕笈本

是刻半葉八行,行十八字,白口,四周單邊。

《中國古籍善本書目》著録。

科院　故宫　北京市委　復旦　天津　祁縣　上虞

22019

荆楚歲時記一卷

南朝梁江陵宗懔撰

民國十一年(1922)上海文明書局石印寶顔堂祕笈本

湖北

22020

荆楚歲時記一卷

南朝梁江陵宗懔撰

明鈕氏世學樓抄説郛本

《中國古籍善本書目》著録。

國圖

22021

荆楚歲時記一卷

南朝梁江陵宗懔撰

清順治三年(1646)李際期宛委山堂刻説郛本

是刻半葉九行,行二十字,白口,左右雙邊。

《中國古籍善本書目》著録。

國圖　首都　上海　復旦　天津　吉林　南京　浙江　江西　福建　河南　湖南　重慶　雲南

22022

荆楚歲時記一卷

南朝梁江陵宗懔撰

民國十六年(1927)上海商務印書館排印説郛本

《中國叢書綜録》著録。

國圖　科院　北大　上海　復旦　天津　遼寧　甘肅　南京　浙江　湖北　武大　江西　四川　重慶

22023

荆楚歲時記一卷

南朝梁江陵宗懔撰

清據説郛説郛續刊版重編印五朝小説本

上海　山大　南京　南大

22024

荆楚歲時記一卷

南朝梁江陵宗懔撰

民國十五年(1926)上海掃葉山房石印

五朝小說大觀本

《中國叢書綜録》著録。

首都　上海　華東師大　遼寧　浙江　河南　重慶　桂林　青海

22025

荆楚歲時記一卷

南朝梁江陵宗懔撰

清四庫全書本

國圖　甘肅　浙江　臺北故宫

1983年臺北商務印書館影印清文淵閣四庫全書本

湖北

1989年上海古籍出版社縮印臺北商務印書館影印清文淵閣四庫全書本

國圖　武漢

22026

荆楚歲時記一卷

南朝梁江陵宗懔撰

清乾隆五十六年（1791）全谿王氏刻增訂漢魏叢書本

國圖　北大　上海　復旦　天津　遼寧　山東　安徽　浙江　湖北　四川

22027

荆楚歲時記一卷

南朝梁江陵宗懔撰

清光緒二年（1876）紅杏山房刻民國四年（1915）蜀南馬湖盧樹柟修補印增訂漢魏叢書本

國圖　上海　上海辭書　杭大　湖北　四川　重慶　雲南

22028

荆楚歲時記一卷

南朝梁江陵宗懔撰

清光緒六年（1880）三餘堂刻增訂漢魏叢書本

國圖　甘肅　南京　川大

22029

荆楚歲時記一卷

南朝梁江陵宗懔撰

清宣統三年（1911）上海大通書局石印增訂漢魏叢書本

首都　北師大　中央民大　上海　復旦　華東師大　遼寧　甘肅　青島　南大　杭大　廣東　四川　川大　重慶　青海

22030

荆楚歲時記一卷

南朝梁江陵宗懔撰

民國十二年（1923）沔陽盧氏慎始基齋據增訂漢魏叢書本影印湖北先正遺書本

國圖　科院　北大　上海　天津　遼寧　山東　南京　浙江　湖北　四川

22031

荆楚歲時記一卷

南朝梁江陵宗懔撰

民國二十五年（1936）上海古籍出版社鉛印四部備要本

國圖　北大　上海　復旦　天津　遼寧　甘肅　南京　浙江　湖北　江西　四川　重慶

22032

荆楚歲時記一卷

梁江陵宗懔撰

民國二十五年（1936）上海古籍出版社縮印四部備要本

《中國叢書綜録》著録。

北師大　中央民大　上海　華東師大　上海師大　上海辭書　浙江　江西　重慶　廣西

22033

荆楚歲時記一卷

南朝梁江陵宗懔撰

民國二十四年(1935)商務印書館鉛印舊小説本

國圖　上海　復旦　天津　遼寧　甘肅　山大　杭大　重慶　桂林

22034

荆楚歲時記一卷

南朝梁江陵宗懍撰

1957年商務印書館鉛印舊小説本

北大　上海　福建師大　湖北　川大　桂林

22035

荆楚歲時記一卷

南朝梁江陵宗懍撰　清陳運溶輯

清光緒宣統間湘西陳氏刻麓山精舍叢書本

科院　北大　北師大　清華　遼寧　南京　南大　浙江　湖北　雲南

22036

荆楚歲時記譯注一卷

南朝梁江陵宗懍撰　譚麟譯注

1986年湖北人民出版社鉛印荆楚故書叢刊本

22037

荆楚歲時記一卷

南朝梁江陵宋懍撰　姜彦稚輯校

1986年嶽麓書社鉛印本

22038

荆楚歲時記一卷

南朝梁江陵宗懍撰　宋金龍校注

1987年山西人民出版社鉛印本

22039

荆楚歲時記譯注一卷

南朝梁江陵宗懍撰　譚麟譯注

1999年湖北人民出版社鉛印湖北地方古籍文獻叢書本

與《襄陽耆舊記校注》合一册。

湖北　武漢

22040

楚小志一卷

明錢希言撰

清順治三年(1646)李際期宛委山堂刻説郛續本

《中國古籍善本書目》著録。

國圖　科院　北師大　天津　遼寧　南京　河南　四川　重慶

22041

楚書一卷

明陶晉撰

清道光十一年(1831)六安晁氏木活字印學海類編本

是刻半葉九行,行二十一字,白口,左右雙邊。《中國古籍善本書目》著録。

國圖　中國社科院文學所　上海　吉林社科院　福建　中大　重慶

22042

楚書一卷

明陶晉撰

1997年起齊魯書社據清道光十一年(1831)六安晁氏木活字印學海類編本影印四庫全書存目叢書本

湖北

22043

楚書一卷

明陶晉英撰　温顯貴點注

2002年湖北教育出版社鉛印湖北古籍文獻叢書本

與《楚史檮杌》等合爲一册。以《學海類編》本爲底本。

湖北　武漢

22044
楚庭稗珠録六卷
清檀萃撰
清乾隆三十八年（1773）刻本
國圖　人大

22045
楚庭稗珠録四卷
清檀萃撰
清嘉慶二十二年（1817）刻本
上海

22046
湖北輿圖不分卷
清石禮嘉撰
清乾隆二十九年（1764）刻本
上海

22047
湖北郡邑道里圖不分卷
清石禮嘉撰　清朱椿訂補
清乾隆三十年（1765）刻本
國圖

22048
光緒湖北輿地記二十四卷
清湖北輿地局輯
清光緒二十年（1894）刻本
國圖　上海　天津　浙江

22049
光緒湖北輿地記不分卷
民國羅田王葆心撰
手稿本
實爲有關羅田縣之山水考證。散葉待裝。
湖北

22050
鄂省州縣驛傳全圖二卷緑營汛地全圖一卷荆州駐防牧廠全圖一卷
清光緒刻本
實爲湖北崇文書局刻印。
國圖　上海　天津　湖北

22051
鄂省營諷州縣驛傳全圖不分卷
清湖北輿圖局編纂
清湖北官書局刻本
圖以紅方格紙印製，刻印俱精。考全書不見編纂者、刊刻者字樣，兹參據朱士嘉《官書局書目彙編》等書目文獻及當今學者考證著録之。或與上一款目爲同版。
湖北

22052
湖北輿圖説四卷
清左學吕撰
清光緒二十三年（1897）刻本
浙江

22053
湖北輿地圖四卷
清湖北營務處撰
清光緒二十七年（1901）湖北善後局石印本
北師大　上海

22054
湖北輿地圖一卷
清□□繪
清石印本
國圖

22055
兩湖合界圖
清同治三年（1864）湖北官書局印本
朱士嘉《官書局書目彙編》著録。藏書單

位待訪。

22056

鄂省全圖

清嚴樹森編製

清同治元年（1862）刻本

朱士嘉《官書局書目彙編》著録。藏書單位待訪。

22057

湖北省城内外街道總圖

清光緒九年（1883）湖北善後總局刻本

朱士嘉《官書局書目彙編》著録。藏書單位待訪。

22058

湖北舊聞録四十四卷

清蘄州（今蘄春）陳詩輯

清抄本

《考田詩話》云："愚谷（詩字）殫見洽聞，勤於著述，瞑讀晨鈔，寒暑罔閒，生平纂輯繁富。如《湖北舊聞》《湖北文載》《湖北詩載》《湖北叢載》等，均係湖北山水事蹟。"本書所收資料豐富，開發之功甚鉅。從未付梓，僅有抄本流傳，彌足珍貴。

經抽查若干條與原出處校對，陳詩於纂輯時，在文字上間有改動和損益。

湖北

22059

湖北舊聞録不分卷

清蘄州（今蘄春）陳詩輯　皮明庥、李懷軍標點

1989 年武漢出版社鉛印本

本版校點不精，錯訛甚多。本館孫式禮、張德英先生持原抄甚至追溯原始出處對其作了校勘。孫、張校勘本現存孫處。

湖北

22060

湖北舊聞録五卷

清蘄州（今蘄春）陳詩輯

清抄本

廣東

22061

湖北舊聞録四十六卷

清蘄州（今蘄春）陳詩輯　姚勇、邱蕤、楊曉蘭點校

1999 年湖北人民出版社鉛印湖北地方古籍文獻叢書本

湖北　武漢

22062

湖北考畧一卷

清龔柴撰

清光緒十七年（1891）刻小方壺齋輿地叢抄本

國圖　科院　北大　上海　復旦　天津　遼寧　南京　浙江　湖北　武大　四川　重慶　雲南

22063

湖北地畧一卷

清馬冠群撰

清光緒十七年（1891）刻小方壺齋輿地叢抄本

國圖　科院　北大　上海　復旦　天津　遼寧　南京　浙江　湖北　武大　四川　重慶　雲南

22064

湖北省各縣鄉土概況不分卷

民國蘄水（今浠水）郭慶壬編

民國二十九年（1940）油印本

湖北

22065

江漢叢談一卷

明應城陳士元撰

清順治三年(1646)兩浙督學李際期宛委山堂刻説郛續本

《中國古籍善本書目》著録,二十八館有藏。

是書焦竑《國史經籍志》、黄虞稷《千頃堂書目》入"子部·小説家類",《欽定續通考》《四庫全書總目》入"史部·地理類",兹從後者。

國圖　首都　上海　復旦　天津　吉林　南京　浙江　河南　中大　重慶　雲南

22066

江漢叢談二卷

明應城陳士元撰

明萬曆十七年(1589)自刻歸雲外集本

是刻半葉九行,行二十字,白口,四周單邊。《中國古籍善本書目》著録。

國圖　北大　祁縣 ×

22067

江漢叢談二卷

明應城陳士元撰

清四庫全書本

國圖　甘肅　浙江　臺北故宫

1983 年臺北商務印書館影印清文淵閣四庫全書本

湖北

1989 年上海古籍出版社縮印臺北商務印書館影印清文淵閣四庫全書本

國圖　武漢

22068

江漢叢談二卷

明應城陳士元撰

清乾隆刻藝海珠塵本

國圖　科院　北大　上海　復旦　天津　遼寧　南大　武漢　江西　四川　重慶

22069

江漢叢談二卷

明應城陳士元撰

清光緒八年(1882)板橋書屋刻本

國圖　上海

22070

江漢叢談二卷

明應城陳士元撰

清光緒十七年(1891)三餘草堂刻湖北叢書本

國圖　科院　北大　上海　復旦　天津　遼寧　甘肅　南京　浙江　湖北　雲南

22071

江漢叢談二卷

明應城陳士元撰

民國二十四年至二十六年(1935—1937)上海商務印書館鉛印叢書集成初編本

國圖　北師大　上海　復旦　遼寧　甘肅　浙江　湖北　武大　四川　重慶

22072

漢陽郡圖經一卷

清王仁俊輯

玉函山房輯佚書補編稿本

《中國古籍善本書目》著録。

上海

22073

鄂西鄂北礦産分佈情形

民國李捷撰

稿本

一册。約六萬一千字。

湖北博

22074

鄂西窯業原料分佈情形一卷

謝谷初撰

稿本

一册。約四千字。

湖北博

22075

武漢城鎮合圖

清同治三年（1864）湖北官書局刻本

朱士嘉《官書局書目彙編》著録。藏書單位待訪。

22076

湖北漢口鎮街道圖

湖北官書局編

清光緒三年（1877）湖北藩司刻本

湖北

22077

漢口叢談六卷

清范鍇撰

清道光二年（1822）張明心刻本

湖北

22078

漢口叢談六卷

清范鍇撰

1970年起臺北成文出版社據清道光二年（1822）張明心刻本影印中國方志叢書本

湖北

22079

漢口叢談校釋六卷附録一卷

清范鍇撰　江浦等校釋

1999年湖北人民出版社鉛印湖北地方古籍文獻叢書本

湖北　武漢

22080

續漢口叢談六卷

民國羅田王葆心撰　陳志平、張志雲、余皓點校

2002年湖北教育出版社鉛印湖北地方古籍文獻叢書本

與《再續漢口叢談》合一册。

湖北　武漢

22081

再續漢口叢談四卷

民國羅田王葆心撰　温顯貴等點校

2002年湖北教育出版社鉛印湖北地方古籍文獻叢書本

湖北　武漢

22082

續漢口叢談六卷

民國羅田王葆心撰　羅田王劼憲、王夔武校

民國二十二年（1933）益善書局鉛印本

湖北　湖北博　武漢

22083

再續漢口叢談四卷

民國羅田王葆心輯　羅田王劼憲、王夔武校

民國二十二年（1933）益善書局鉛印本

湖北　湖北博　武漢

22084

再續漢口叢談四卷

民國羅田王葆心輯

2002年湖北教育出版社鉛印本

湖北　湖北博

22085

續漢口叢談拾補不分卷

民國羅田王葆心輯

稿本

一册。約二萬八千字。

湖北博

22086
漢口山陝會館志二卷
清侯培峻、冀麟書編
清光緒二十二年(1896)漢口景慶義石印本
國圖

22087
漢口竹枝詞六卷
清葉調元撰
清光緒三年(1877)鄂渚南軒補過軒抄本
武漢

22088
漢口竹枝詞六卷
清葉調元撰
附録一卷
清施襄撰
抄本 佚名批註
武漢

22089
漢口竹枝詞六卷
清葉調元撰
附録一卷
清施襄撰
沈疇春抄本
武漢

22090
漢口竹枝詞不分卷
羅漢等撰 民國王葆心輯
沈疇春抄本
武漢

22091
漢上叢談四卷
清江陵劉士璋撰
清道光十九年(1839)刻劉氏三種本
國圖

22092
漢上叢談四卷
清劉士璋撰
民國二十五年(1936)抄本
湖北

22093
武漢竹枝詞二編
徐明庭輯校
1999年湖北人民出版社鉛印湖北地方古籍文獻叢書本

書分上下二編,上編爲"清康熙至宣統年間",下編爲"1915至1945年"。共收50家1095首竹枝詞,大體依作者生年先後序列。生卒年不詳者,按作品發表時間或作品所反映之時代先後排列。作者生平可考的則作簡介。

湖北 武漢

22094
孝感鳳港文獻四種序例彙編一卷
清孝感黄土冕撰
稿本

書名由該館擬定。

湖北

22095
漢川圖記徵實不分卷
清漢川田宗漢撰
清光緒二十八年(1902)刻本

《湖北藝文志》:"稿成於光緒二十年(1894),二十八年(1902)刻成定本。"藏書單位待仿。

22096
荆州記一卷
晉陰縣(光化,今老河口)范汪撰 清陳運溶輯

清光緒二十五年（1899）湘西陳氏刻麓山精舍叢書第一集·荆湘地記二十九種本

輯佚之書。

科院　北大　北師大　清華　上海　上海師大　遼寧　南京　南大　浙江　湖北　雲南

22097

荆州記一卷

南朝宋庾仲雍撰　清陳運溶輯

清光緒宣統間湘西陳氏刻麓山精舍叢書第一集本

輯佚之書。

科院　北大　北師大　清華　上海　遼寧　南京　南大　浙江　湖北　雲南

22098

荆州記一卷

南朝宋庾仲雍撰　清王仁俊輯

玉函山房輯佚書補編稿本

《中國古籍善本書目》著録。輯佚之書。

上海

22099

郭仲産荆州記一卷

南朝宋荆州郭仲産撰　清王謨輯

清嘉慶刻漢唐地理書抄本

《中國古籍善本書目》著録，僅該館有藏。輯佚之書。

國圖

22100

郭仲産荆州記一卷

南朝宋荆州郭仲産撰　清王謨輯

抄本（漢唐地理書鈔存本）

科院

22101

荆州記一卷

南朝宋荆州郭仲産撰　清陳運溶輯

清光緒宣統間湘西陳氏刻麓山精舍叢書第一集本

輯佚之書。

科院　北大　北師大　清華　上海　遼寧　南京　南大　浙江　湖北　雲南

22102

荆州記一卷

南朝宋荆州盛弘之撰

清順治三年（1646）李際期宛委山堂刻説郛本

國圖　科院　上海　天津　遼寧　南京　河南　四川

22103

荆州記一卷

南朝宋荆州盛弘之撰

清據説郛刊版重編印五朝小説·魏晉小説雜傳家本

上海　山東大　南京　南大

22104

荆州記一卷

南朝宋荆州盛弘之撰

民國十五年（1926）上海掃葉山房石印五朝小説大觀·魏晉小説雜傳家本

首都　遼寧　山東　南京　浙江　河南　重慶

22105

盛弘之荆州記一卷

南朝宋荆州盛弘之撰　清王謨輯

清嘉慶刻漢唐地理書鈔本

《中國古籍善本書目》著録，僅該館有藏。輯佚之書。

國圖

22106

盛弘之荆州記一卷

南朝宋荆州盛弘之撰　清王謨輯

抄本（漢唐地理書鈔存本）

科院

22107

晉盛弘之荊州記一卷

南朝宋荊州盛弘之撰　清黄奭輯

清刻漢學堂知足齋叢書本

《中國古籍善本書目》著録，僅該館有藏。輯佚之書。

國圖

22108

荊州記三卷　附録一卷

南朝宋荊州盛弘之撰　清陳運溶輯並集證

清光緒宣統間湘西陳氏刻麓山精舍叢書第一集本

輯佚之書。

科院　北大　北師大　清華　上海　遼寧　南京　南大　浙江　湖北　雲南

22109

荊州記一卷

南朝宋荊州盛弘之撰　清王仁俊輯

玉函山房輯佚書補編稿本

《中國古籍善本書目》著録。輯佚之書。

上海

22110

荊州記一卷

南朝宋荊州盛弘之撰　葉昌熾輯

淡盧叢稿稿本

《中國叢書綜録》著録，僅該館有藏。輯佚之書。

上海

22111

荊州記三卷

南朝宋荊州盛弘之撰　民國曹元忠輯

清光緒十九年（1893）曹氏刻箋經室叢書本

國圖　清華　上海　吉大　南大　杭大　福建　川大

22112

荊州記三卷

南朝宋荊州盛弘之撰　民國曹元忠輯

清光緒十九年（1893）曹氏刻箋經室叢書本　民國楊守敬批校

《中國古籍善本書目》著録。輯佚之書。

湖北

22113

荊州記一卷

南朝宋荊州盛弘之撰　民國繆荃孫輯

稿本

《中國古籍善本書目》著録。

國圖

22114

荊州記一卷

南齊劉澄之撰　清陳運溶輯

清光緒宣統間湘西陳氏刻麓山精舍叢書第一集本

科院　北大　北師大　清華　上海　遼寧　南京　南大　浙江　湖北　雲南

22115

荊州記一卷

清陳運溶輯

清光緒宣統間湘西陳氏刻麓山精舍叢書第一集本

科院　北大　北師大　清華　上海　遼寧　南京　南大　浙江　湖北　雲南

22116

荊州記一卷

清王仁俊輯

玉函山房輯佚書補編稿本

《中國古籍善本書目》著録。輯佚之書。

上海

22117

荆州記九種

清陳運溶、王仁俊輯　石洪運點校

1999年湖北人民出版社鉛印湖北地方古籍文獻叢書本

荆州記三卷　南朝宋荆州盛弘之撰　清陳運溶集證

荆州記一卷　南朝宋荆州盛弘之撰　清王仁俊輯

荆州記一卷　晉范汪撰　清陳運溶輯

荆州記一卷　南朝宋荆州庾仲雍撰　清陳運溶輯

荆州記一卷　南朝宋荆州郭仲産撰　清陳運溶輯

荆州記一卷　南朝宋荆州庾仲雍撰　清王仁俊輯

荆州記一卷　齊劉澄之撰　清陳運溶輯

荆州記一卷　清陳運溶輯

荆州記一卷　清王仁俊輯

與《襄陽四略》合一册。

湖北　武漢

22118

荆州圖副一卷

清王謨輯

清嘉慶刻漢唐地理書鈔本

《中國古籍善本書目》著録，僅該館有藏。

國圖

22119

荆州圖副一卷

清王謨輯

抄本（漢唐地理書鈔存本）

科院

22120

荆州圖記一卷

清陳運溶輯

清光緒宣統間湘西陳氏刻麓山精舍叢書第一集本

科院　北大　北師大　清華　上海　遼寧　南京　南大　浙江　湖北　雲南

22121

荆州圖副一卷

清陳運溶輯

清光緒宣統間湘西陳氏刻麓山精舍叢書本

科院　北大　北師大　清華　上海　遼寧　南京　南大　浙江　湖北　雲南

22122

荆州圖經一卷

清陳運溶輯

清光緒宣統間湘西陳氏刻麓山精舍叢書本

科院　北大　北師大　清華　上海　遼寧　南京　南大　浙江　湖北　雲南

22123

荆州圖經一卷

清王仁俊輯

玉函山房輯佚書補編稿本

《中國古籍善本書目》著録。

上海

22124

荆州土地記一卷

清陳運溶輯

清光緒宣統間湘西陳氏刻麓山精舍叢書第一集本

科院　北大　北師大　清華　上海　遼寧　南京　南大　浙江　湖北　雲南

22125
荆州地志一卷
南朝梁元帝蕭繹撰　清陳運溶輯
清光緒宣統間湘西陳氏刻麓山精舍叢書本
科院　北大　北師大　清華　上海　遼寧　南京　南大　浙江　湖北　雲南

22126
荆州地志一卷
南朝梁元帝蕭繹撰　清王仁俊輯
玉函山房輯佚書補編稿本
上海
《中國古籍善本書目》著録。

22127
沙市情形一卷
小方壺齋輿地叢鈔三補編稿本
《中國古籍善本書目》著録，僅該館有藏。
大連

22128
監利風土志一卷
清監利王柏心撰
清光緒十七年(1891)刻小方壺齋輿地叢鈔第六帙本
國圖　科院　北大　上海　復旦　天津　甘肅　南京　浙江　湖北　武大　四川　重慶　雲南

22129
潛江舊聞録八卷
民國潛江甘鵬雲撰　吴勇點校
2002年湖北教育出版社鉛印湖北地方古籍文獻叢書本
與《襄陽守城録》《郧襄賑濟事宜》合一册。
湖北　武漢

22130
潛江舊聞八卷
民國潛江甘鵬雲撰
民國二十三年(1934)刻崇雅堂叢書初編本
國圖　北大　上海師大　吉大　南京　湖北

22131
荆門舊聞一卷
清荆門胡作柄撰
清刻本
湖北

22132
鍾祥沿革考不分卷
鍾祥李權撰
民國二十二年(1933)鉛印本
湖北

22133
修志資料稿·湖北漁業及魚産不分卷
民國羅田王葆心等纂
稿本
一册。近萬字。
湖北博

22134
興國軍圖經一卷
清王仁俊輯
玉函山房輯佚書補編稿本
《中國古籍善本書目》著録。
上海

22135
漢南記一卷
□張瑩撰
清順治三年(1646)李際期宛委山堂刻説郛本
是刻半葉九行，行二十字，白口，左右雙邊。

《中國古籍善本書目》著録。

國圖　首都　上海　復旦　天津　吉林　南京　浙江　江西　福建　河南　湖南　重慶　雲南

22136

下雉纂一卷

明馬欻撰

明天啓四年（1624）徐渤抄本

《中國古籍善本書目》著録，僅該館有藏。

福建

22137

南雍州記一卷

南朝宋王韶之撰

清順治三年（1646）李際期宛委山堂刻説郛本

是刻半葉九行，行二十字，白口，左右雙邊。

《中國古籍善本書目》著録。

國圖　首都　上海　復旦　天津　吉林　南京　浙江　江西　福建　河南　湖南　重慶　雲南

22138

晉王韶南雍州記一卷

南朝宋王韶撰　清黄奭輯

清刻漢學堂知足齋叢書·子史鉤沈本

《中國古籍善本書目》著録，僅該館有藏。

國圖

22139

鮑至南雍州記一卷

□鮑至撰　清王謨輯

清嘉慶刻漢唐地理書抄本

《中國古籍善本書目》著録，僅該館有藏。

輯佚之書。

國圖

22140

鮑至南雍州記一卷

□鮑至撰　清王謨輯

抄本（漢唐地理書鈔存本）

科院

22141

習鑿齒襄陽記一卷

晉襄陽習鑿齒撰　清王謨輯

清嘉慶刻漢唐地理書抄本

《中國古籍善本書目》著録，僅該館有藏。

國圖

22142

習鑿齒襄陽記一卷

晉襄陽習鑿齒撰　清王謨輯

清抄本（漢唐地理書鈔存本）

科院

22143

吴從政襄沔記一卷

□吴從政撰　清王謨輯

清嘉慶刻漢唐地理書抄本

《中國古籍善本書目》著録，僅該館有藏。

輯佚之書。

國圖

22144

吴從政襄沔記一卷

□吴從政撰　清王謨輯

抄本（漢唐地理書鈔存本）

科院

22145

襄陽沿革畧一卷

清吴慶燾撰

清光緒三十二年（1906）刻襄陽四畧本

科院　北師大　北大　清華　上海　杭大　湖北

22146
襄陽沿革畧一卷
清襄陽吴慶燾撰
1970年起臺北成文出版社據清光緒三十二年(1906)刻襄陽四畧本影印中國方志叢書本
湖北

22147
襄陽沿革略一卷
清襄陽吴慶燾撰　洪承越點校
1999年湖北人民出版社鉛印湖北地方古籍文獻叢書本
湖北　武漢

22148
襄陽沿革畧一卷
清襄陽吴慶燾撰
2001年江蘇古籍出版社據清光緒三十二年(1906)刻襄陽四畧本影印中國地方志集成·湖北府縣志輯本
武漢

22149
襄陽兵事畧六卷
清吴慶燾撰
清光緒三十二年(1906)刻襄陽四畧本
科院　北師大　北大　清華　上海　杭大　湖北

22150
襄陽兵事畧六卷
清襄陽吴慶燾撰
1970年起臺北成文出版社據清光緒三十二年(1906)刻襄陽四畧本影印中國方志叢書本
湖北

22151
襄陽兵事略一卷
清襄陽吴慶燾撰　洪承越點校
1999年湖北人民出版社鉛印湖北地方古籍文獻叢書本
湖北　武漢

22152
襄陽兵事畧六卷
清襄陽吴慶燾撰
2001年江蘇古籍出版社據清光緒三十二年(1906)刻襄陽四畧本影印中國地方志集成·湖北府縣志輯本
武漢

22153
楚北雜記□□卷
清黄岡洪良品撰
抄本
據《龍崗山人歷年録》,此書爲二十卷,而此抄僅一册,且不著卷數、撰人。
湖北

22154
春陵志一卷
宋章穎撰　清陳運溶輯
清光緒宣統間湘西陳氏刻麓山精舍叢書本
科院　北大　北師大　清華　上海　遼寧　南京　南大　浙江　湖北　雲南

22155
春陵舊圖經一卷
宋□□撰　清陳運溶輯
清光緒宣統間湘西陳氏刻麓山精舍叢書本
科院　北大　北師大　清華　上海　遼寧　南京　南大　浙江　湖北　雲南

22156
宜都記一卷
晉袁山松撰

清順治三年(1646)李際期宛委山堂刻説郛本

《中國古籍善本書目》著録。

國圖　科院　北師大　天津　遼寧　南京　河南　四川　重慶

22157

宜都記一卷

晉袁山松撰

清據説郛刊版重編印五朝小説·魏晉小説外乘家本

上海　山東大　南京　南大

22158

宜都記一卷

晉袁山松撰

民國十五年(1926)上海掃葉山房石印五朝小説大觀·魏晉小説外乘家本

首都　遼寧　山東　南京　浙江　河南　重慶

22159

袁山松(崧)宜都記一卷

晉袁山松(崧)撰　清黄奭輯

清刻漢學堂知足齋叢書·子史鉤沈本

《中國古籍善本書目》著録,僅該館有藏。

國圖

22160

袁山松(崧)宜都山川記一卷

晉袁山松撰　清王謨輯

清嘉慶刻漢唐地理書鈔本

《中國古籍善本書目》著録,僅該館有藏。

國圖

22161

袁山松宜都山川記一卷

晉袁山松撰

抄本(漢唐地理書鈔存本)

科院

22162

宜都山川記一卷

□李□□撰　葉昌熾輯

淡廬叢稿稿本

《中國叢書綜録》著録,僅該館有藏。

上海

22163

羅田靖亂記四卷

民國羅田王葆心撰

民國鉛印本

湖北

22164

羅田方任匪亂前行政卷目一卷

民國羅田王葆心撰

稿本

一册。約四千五百字。

湖北博

22165

羅田縣志宦績訂補一卷

民國羅田王葆心纂

稿本

散葉待裝。約一萬一千字。

湖北博

22166

羅田縣人壽、節孝、貞女等奏□抄稿

民國羅田王葆心纂輯

抄本

散葉待裝。近一千字。

湖北博

外省

22167

帝京景物畧八卷

明麻城劉侗、明于奕正、明麻城周損撰

明崇禎刻本

是刻半葉八行,行十九字,白口,四周單邊。《中國古籍善本書目》史部第10762號著録,十七館有藏。

北大　清華　科院　故宫　天津　遼大　山東　蘇州　安徽博　貴州

22168

帝京景物畧八卷

明麻城劉侗、明于奕正、明麻城周損撰

1996年齊魯書社據天津圖書館藏明崇禎刻本影印四庫全書存目叢書本

湖北

22169

帝京景物畧八卷

明麻城劉侗、明于奕正、明麻城周損撰

明崇禎刻本

《中國古籍善本書目》史部第10763號著録,十八館有藏。行字、版式同前。

國圖　北大　科院　復旦　南京　湖北　廣東　廣西

22170

帝京景物畧八卷

明麻城劉侗、明于奕正、明麻城周損撰

2002年上海古籍出版社據湖北省圖書館藏明崇禎刻本影印續修四庫全書本

湖北

22171

帝京景物畧八卷

明麻城劉侗、明于奕正、明麻城周損撰

明末刻本

《中國古籍善本書目》史部第10764號著録。

天津　安徽

22172

帝京景物畧八卷

明麻城劉侗、明于奕正、明麻城周損撰

清初盧高刻本

是刻半葉九行,行二十字,白口,四周單邊。《中國古籍善本書目》著録,僅此二館有藏。

湖北　山東大

22173

帝京景物畧八卷

明麻城劉侗、明于奕正、明麻城周損撰

清康熙會稽陶及申抄本　周作人題識

《中國古籍善本書目》著録。

國圖

22174

帝京景物畧八卷

明麻城劉侗、于奕正、明麻城周損撰

清乾隆三十一年(1766)崇德堂刻本

《中國古籍善本書目》著録。

科院　上海　南京　湖北

22175

帝京景物畧八卷

明麻城劉侗、明于奕正、明麻城周損撰

清觀我生齋抄本

《中國古籍善本書目》著録。

南京

22176

帝京景物畧八卷

明麻城劉侗、明于奕正、明麻城周損撰

清刻本

國圖　上海　浙江

22177

帝京景物畧八卷

明麻城劉侗、明于奕正、明麻城周損撰

1956—1957年上海古典文學出版社鉛印中國文學參考資料小叢書本

國圖　上海　遼寧　山東大　湖北　武漢

22178
帝京景物略八卷
明麻城劉侗、明于奕正、明麻城周損撰
1963年北京出版社鉛印本

22179
帝京景物略八卷
明麻城劉侗、明于奕正、明麻城周損撰
1992年北京古籍出版社鉛印本　又2004年鉛印本
實與前一款目爲同版。

22180
帝京景物略八卷
明麻城劉侗、明于奕正、明麻城周損撰　崔瞿校注
1996年上海遠東出版社鉛印本

22181
帝京景物略八卷
明麻城劉侗、明于奕正、明麻城周損撰　孫小力校注
2001年上海古籍出版社鉛印本

22182
帝京景物畧二卷
明麻城劉侗、明于奕正、明麻城周損撰
明崇禎刻本
是刻半葉八行，行十九字，白口，四周單邊。僅首都館有藏。
首都

22183
帝城景物畧（原名帝京景物略）一卷
明麻城劉侗、明于奕正、明麻城周損撰
清順治三年（1646）李際期宛委山堂刻說郛續本
國圖　科院　上海　天津　遼寧　南京　河南　四川

22184
帝京景物畧八卷
明麻城劉侗、明于奕正、明麻城周損撰　清紀昀删定
清乾隆刻本
國圖　科院　湖北

22185
燕京詠古（一名問花水榭詩藁）一卷
清天門別文溪撰
清道光二年（1822）刻本
《販書偶記續編》著録。藏書單位待訪。

22186
燕京朝市古近莊諧談不分卷
民國羅田王葆心撰
稿本
一册。
湖北博

22187
東三省輿地圖説一卷
民國枝江曹廷傑撰
清王錫祺輯小方壺齋輿地叢鈔三補編稿本
曹廷傑（1860—1916），事詳《湖北歷史人物辭典》。
大連

22188
東三省輿地圖説一卷
民國枝江曹廷傑撰
清光緒二十三年（1897）石印本
南京

22189
東三省輿圖説一卷
民國枝江曹廷傑撰
清光緒三十四年（1908）新昌胡氏京師

排印問影樓輿地叢書第一集本

國圖　首都　科院　上海　復旦　遼寧　吉大　甘肅　南京　浙江　廣東　四川　重慶

22190

東三省輿地圖不分卷附録一卷

民國枝江曹廷傑撰

清光緒二十九年（1903）金匱浦氏靜寄東軒仿宋聚珍印皇朝藩屬輿地叢書本

國圖　上海　復旦　山東　南京　浙江　武大

22191

東三省輿地圖説二卷

民國枝江曹廷傑撰

民國二十年至二十三年（1931—1934）遼海書社排印遼海叢書第七集本

國圖　科院　上海　天津　浙江　湖北　武大

22192

東三省輿地圖説不分卷附録一卷

民國枝江曹廷傑撰

清光緒二十四年（1898）著易堂仿宋聚珍印本　佚名批

南京

22193

東三省輿地圖説不分卷附録一卷

民國枝江曹廷傑撰

2002年上海古籍出版社據清光緒二十四年（1898）著易堂聚珍仿宋印本影印續修四庫全書本

湖北

22194

王葆心評吴郡圖經續（義例）一卷

民國羅田王葆心撰

手稿本

散葉待裝。約一千七百字。

湖北博

22195

王葆心評吴地記（義例）一卷

民國羅田王葆心撰

手稿本

散葉待裝。約二千七百字。

湖北博

22196

西湖紀述一卷

明公安袁宏道撰

清光緒七年（1881）錢塘丁氏嘉惠堂刻武林掌故叢編本

國圖　科院　北大　上海　復旦　天津　遼寧　甘肅　南京　浙江　湖北　武漢　四川　雲南

22197

西湖紀述一卷

明公安袁宏道撰

清光緒九年（1883）錢塘丁氏嘉惠堂刻西湖集覽本

國圖　首都　上海　上海師大　南京　浙江　湖北　武大　桂林　重慶

22198

西域地名今釋一卷

漢川于澤潤撰

民國鉛印本

《販書偶記》著録。藏書單位待訪。

22199

新疆芻議一卷

民國鄂城楊纘緒撰

民國四年（1915）鉛印本

本書卷端不題書名，書名依書簽著録。內容係條陳新疆興革事宜。

湖北

22200
湘州記一卷
南朝宋荆州郭仲産撰　清陳運溶輯
清光緒宣統間湘西陳氏刻麓山精舍叢書第一集本
科院　北大　北師大　清華　上海　遼寧　南京　南大　浙江　湖北　雲南

22201
湘州記一卷
南朝宋荆州郭仲産撰　清王仁俊輯
玉函山房輯佚書補編稿本
《中國古籍善本書目》著録。輯佚之書。
上海

22202
北戸録三卷
唐江陵段公路撰　唐崔龜圖注
明抄本
《中國古籍善本書目》著録。此書今存有三十餘個版本，宜選用陸氏《十萬卷樓叢書》本，陸氏作了校勘。
段公路，文昌孫。官京兆萬年縣尉。所著《北户録》，於嶺南風土頗爲賅備，而於物産尤詳。其祖文昌係志玄三世孫，自檢校左僕射徙帥荆南（今江陵）。
國圖

22203
北戸録三卷
唐江陵段公路撰　唐崔龜圖注
明抄本
《中國古籍善本書目》著録。
國圖

22204
北戸録三卷
唐江陵段公路撰　唐崔龜圖注
明文始堂抄本
《中國古籍善本書目》著録。
國圖

22205
北戸録三卷
唐江陵段公路撰
明抄説集六十種本
《中國古籍善本書目》著録。
科院

22206
北戸録三卷
唐江陵段公路撰　唐崔龜圖注
清江鄉歸氏抄本
《中國古籍善本書目》著録。
北大

22207
北戸録三卷
唐江陵段公路撰　唐崔龜圖注
清江鄉歸氏抄本　清章愫跋
《中國古籍善本書目》著録。
上海

22208
北戸録三卷
唐江陵段公路撰
清四庫全書本
國圖　甘肅　浙江　臺北故宫
1983年臺北商務印書館影印清文淵閣四庫全書本
湖北
1989年上海古籍出版社縮印臺北商務印書館影印清文淵閣四庫全書本
國圖　武漢

22209
北戸録三卷
唐江陵段公路撰　唐崔龜圖注

校勘記一卷
清盧心源撰
清光緒六年（1880）歸安陸氏刻十萬卷樓叢書本
國圖 科院 北大 上海 復旦 天津 遼寧 甘肅 南京 浙江 湖北 武漢 武大 四川 重慶

22210
北戸録三卷
唐江陵段公路撰 唐崔龜圖注
附校勘記一卷
清盧心源撰
民國十二年（1923）沔陽盧氏慎始基齋據十萬卷樓叢書本影印湖北先正遺書本
國圖 科院 北大 上海 天津 遼寧 寧夏 山東 南京 浙江 湖北 四川

22211
北戸録三卷
唐江陵段公路撰 唐崔龜圖注
校勘記一卷
清盧心源撰
民國二十四年至二十六年（1935—1937）上海商務印書館鉛印叢書集成初編本
國圖 北大 上海 復旦 遼寧 吉大 甘肅 山東大 浙江 江西 湖北 四川 重慶

22212
北戸録三卷
唐江陵段公路撰 唐崔龜圖注
佚名編抄玉可庵叢書本
具體編抄年代不詳。陽海清《中國叢書廣録》著録。
清華

22213
新刻北戸録二卷
唐江陵段公路撰
明萬曆三十一年（1603）胡文煥刻格致叢書本 佚名録清黄丕烈校並跋 清丁丙跋
是刻半葉十行，行二十字，白口，左右雙邊。《中國古籍善本書目》著録。
南京

22214
新刻北戸録二卷
唐江陵段公路撰
明萬曆胡氏文會堂刻百家名書本
是刻半葉十行，行二十字，白口，左右雙邊。《中國古籍善本書目》著録。
科院

22215
北戸録一卷
唐江陵段公路撰
明嘉靖二十三年（1544）陸楫儼山書院雪山書院刻古今説海本
是刻半葉八行，行十六字，白口，左右雙邊。《中國古籍善本書目》著録，二十八館有藏。
國圖 北大 上海 復旦 天津 浙江 南京 天一閣 湖南 廣東 四川

22216
北戸録一卷
唐江陵段公路撰
清道光元年（1821）苕溪邵氏西山堂刻古今説海本
國圖所藏該叢書有傅增湘校並跋，《中國古籍善本書目》著録。
國圖 首都 北師大 清華 復旦 天津 遼寧 浙江 湖北 四川 重慶 川大

22217
北戸録一卷
唐江陵段公路撰
清宣統元年（1909）上海集成圖書公司

鉛印古今説海本

首都　北師大　上海　上海師大　吉大　山大　廣西

22218

北戸録一卷

唐江陵段公路撰

民國四年（1915）上海進步書局石印古今説海本

國圖　首都　吉大　甘肅　雲南　黑龍江　桂林

22219

北戸録一卷

唐江陵段公路撰

明刻續百川學海本

是刻半葉九行，行二十字，白口，左右雙邊。《中國古籍善本書目》著録。

北大　人大　中國社科院文學所　歷史博　遼寧　山東　青島博　南大　安徽　河南大　武漢　川大

22220

北戸録一卷

唐江陵段公路撰

清乾隆五十七年（1792）挹秀軒刻唐人説薈本

國圖　科院　中央民大　上海　華東師大　上海辭書　浙江

22221

北戸録一卷

唐江陵段公路撰

清道光二十三年（1843）序刻唐人説薈本

上海　杭大　廣東　川大

22222

北戸録一卷

唐江陵段公路撰

清宣統三年（1911）上海天寶書局石印唐人説薈本

天津　吉林市　甘肅　河南　桂林

22223

北戸録一卷

唐江陵段公路撰

民國十一年（1922）上海掃葉山房石印唐人説薈本

國圖　北師大　華東師大　上海師大　内蒙　吉林市　甘肅　南京　安徽　江西　四川　重慶

22224

北戸録一卷

唐江陵段公路撰

清嘉慶十一年（1806）序刻唐代叢書本

國圖　科院　上海　復旦　内蒙　哈爾濱　甘肅　南京　安徽　江西　四川　重慶

22225

北戸録一卷

唐江陵段公路撰

清道光十一年（1831）晁氏木活字排印學海類編本

是刻半葉九行，行二十一字，白口，左右雙邊。《中國古籍善本書目》著録。

國圖　中國社科院文學所　福建　中大　重慶

22226

北戸録一卷

唐江陵段公路撰

民國九年（1920）上海涵芬樓影印清道光十一年（1831）木活字排印學海類編本

國圖　北大　上海　華東師大　天津　遼寧　南京　浙江　江西　湖北　四川　重慶

22227

北戸録一卷

唐江陵段公路撰

清抄清懷叢書本

《中國古籍善本書目》著録。

南京

22228

北戸録一卷

唐江陵段公路撰

清宣統至民國間上海國學扶輪社鉛印古今説部叢書本

國圖　首都　上海　復旦　天津　遼寧　甘肅　南京　浙江　武漢　四川　重慶

22229

北戸録一卷

唐江陵段公路撰

民國四年(1915)上海文明書局石印説庫本

國圖　首都上海　復旦　遼寧　浙江　南京　河南　武漢　四川　青海

22230

北戸録一卷

唐江陵段公路撰

1990年起上海文藝出版社影印中國筆記小説文庫本

陽海清《中國叢書廣録》著録。

湖北

22231

北戸録

唐江陵段公路撰

明鈕氏世學樓抄説郛本

《中國古籍善本書目》著録。該叢書之卷二、卷三分别收有此書。

國圖

22232

北戸録

唐江陵段公路撰

明抄説郛本

《中國古籍善本叢書》著録。該叢書之卷二、卷三分别收有此書。

上海

22233

北戸録

唐江陵段公路撰

清順治三年(1646)李際期宛委山堂刻説郛本

國圖　首都　上海　復旦　天津　吉林　南京　浙江　江西　福建　河南　湖南　中大　重慶　雲南

是刻半葉九行,行二十字,白口,左右雙邊。《中國古籍善本書目》著録。

22234

北戸録

唐江陵段公路撰

民國十六年(1927)上海商務印書館鉛印説郛本

該叢書之卷二、卷三各收有《北户録》。

國圖　科院　北大　上海　復旦　遼寧　甘肅　南京　浙江　湖北　武漢　武大　江西　四川　重慶

22235

北戸録

唐江陵段公路撰

清據説郛説郛續刊版重編印五朝小説本

上海　山東　南京　南大

22236

北戸録

唐江陵段公路撰

民國十五年(1926)上海掃葉山房石印五朝小説大觀本

首都　上海　華東師大　上海師大　遼寧　吉大　山東　南京　浙江　河南　重慶

22237
益部方物略記一卷
宋安陸宋祁撰
明萬曆刻祕册彙函本
是刻半葉八行，行十八字，白口，左右雙邊。《中國古籍善本書目》著録。
國圖　天津　南大　四川

22238
益部方物略記一卷
宋安陸宋祁撰
明崇禎毛氏汲古閣刻津逮祕書本
《中國古籍善本書目》著録。
國圖　科院　上海　復旦　天津　遼寧　南京　浙江　福建　河南　武大　廣東　重慶　川大　桂林

22239
益部方物略記一卷
宋安陸宋祁撰
民國十一年（1922）上海博古齋影印明崇禎毛氏汲古閣刻津逮祕書本
國圖　首都　上海　上海師大　天津　遼寧　甘肅　南京　浙江　湖北　武大　重慶　川大

22240
益部方物略記一卷
宋安陸宋祁撰
清順治三年（1646）兩浙督學李際期宛委山堂刻説郛本
《中國古籍善本書目》著録。
國圖　科院　北大　上海　復旦　天津　遼寧　陝西　南大　河南　江西　四川　重慶

22241
益部方物略記一卷
宋安陸宋祁撰
清四庫全書本
國圖　甘肅　浙江　臺北故宫
1983年臺北商務印書館影印清文淵閣四庫全書本
湖北
1989年上海古籍出版社縮印臺北商務印書館影印清文淵閣四庫全書本
國圖　武漢

22242
益部方物畧記一卷
宋安陸宋祁撰
清嘉慶十年（1805）虞山張氏照曠閣刻學津討原本
《中國古籍善本書目》著録。
國圖　首都　北大　上海　華東師大　天津　遼寧　甘肅　南京　河南　湖北　武大　四川　重慶

22243
益部方物畧記一卷
宋安陸宋祁撰
民國十一年（1922）上海商務印書館影印清嘉慶十年（1805）虞山張氏刻學津討原本
國圖　北大　天津　甘肅　南京　浙江　江西　河南　四川

22244
益部方物畧記一卷
宋安陸宋祁撰
民國十二年（1923）沔陽盧氏慎始基齋據學津討原本影印湖北先正遺書本
國圖　科院　北大　上海　天津　遼寧　寧夏　山東　南京　浙江　湖北　四川

22245
益部方物畧記一卷
宋安陸宋祁撰
民國二十四年至二十六年（1935—1937）

上海商務印書館鉛印叢書集成初編本

國圖　北師大　上海　復旦　遼寧　甘肅　浙江　湖北　武大　四川　重慶

22246

益部談資三卷

明安陸何宇度撰

明刻本

宇度字度里。明萬曆中官夔州府通判。是書所記，皆四川山川物産及古今軼事。分上、中、下三卷，以體例不似"圖經"，故署曰"談資"，實亦地志之支流也。

是刻半葉十行，行二十字，白口，四周單邊。《中國古籍善本書目》著録，僅此二館有藏。

國圖　四川

22247

益部談資三卷

明安陸何宇度撰

清四庫全書本

國圖　甘肅　浙江　臺北故宫

1983年臺北商務印書館影印清文淵閣四庫全書本

湖北

1989年上海古籍出版社縮印臺北商務印書館影印清文淵閣四庫全書本

國圖　武漢

22248

益部談資三卷

明安陸何宇度撰

清道光十一年（1831）晁氏木活字排印學海類編本

是刻半葉九行，行二十一字，白口，左右雙邊。《中國古籍善本書目》著録。

國圖　中國社科院文學所　上海　吉林社科院　福建　中大　重慶

22249

益部談資三卷

明安陸何宇度撰

民國九年（1920）上海涵芬樓影印清道光十一年（1831）木活字排印學海類編本

國圖　北大　上海　華東師大　天津　遼寧　南京　浙江　江西　湖北　四川　重慶

22250

益部談資三卷

明安陸何宇度撰

民國十二年（1923）沔陽盧氏慎始基齋據舊抄本影印湖北先正遺書本

國圖　科院　北大　上海　天津　遼寧　寧夏　山東　南京　浙江　湖北　四川

22251

益部談資三卷

明安陸何宇度撰

民國二十四年至二十六年（1935—1937）上海商務印書館鉛印叢書集成初編本

國圖　北大　上海　復旦　遼寧　吉大　甘肅　山東大　浙江　江西　湖北　四川　重慶

22252

金廠行紀一卷

清安陸余慶長撰

清王錫祺編小方壺齋輿地叢鈔稿本

《中國古籍善本書目》著録。慶長字元亭，清乾隆十五年（1750）舉人，官至成都府同知。其著述多達二十來種，未見常用書目著録，或未付梓，稿本亦不知尚存天壤間否。此或爲碩果獨存。

國圖

22253

金廠行紀一卷

清安陸余慶長撰

清光緒十七年（1891）刻小方壺齋輿地叢抄本

國圖　科院　北大　上海　復旦　天津　遼寧　甘肅　南京　浙江　湖北　武大　四川　重慶

22254

維西見聞記一卷

清安陸余慶遠撰

清乾隆刻本

《中國古籍善本書目》著録，僅上海圖書館有藏。此書後收入多部叢書。

上海

22255

維西見聞記一卷

清安陸余慶遠撰

清抄邊輿記略彙抄本

上海

22256

維西見聞記一卷

清安陸余慶遠撰

清乾隆刻藝海珠塵本

國圖所藏《藝海珠塵》有清徐時棟跋。

國圖　科院　北大　上海　復旦　天津　遼寧　南大　江西　武漢　四川　重慶

22257

維西見聞記一卷

清安陸余慶遠撰

清楊復吉編昭代叢書·坤編稿本

科院

22258

維西見聞記一卷

清安陸余慶遠撰

清道光吴江沈氏世楷堂刻昭代叢書·庚集坤編本

國圖　科院　北大　上海　復旦　遼寧　甘肅　南京　浙江　河南　江西　武漢　四川

22259

維西見聞記一卷

清安陸余慶遠撰

清道光二十三年（1843）琴川鄭氏青玉山房刻舟車所至本

國圖　科院　上海　復旦　遼寧　甘肅　南京　浙江　河南　重慶

22260

維西見聞記一卷

清安陸余慶遠撰

1976—1987年臺灣文海出版社據清道光二十三年（1843）琴川鄭氏青玉山房刻舟車所至本影印近代中國史料叢刊續編第五十二輯本

湖北

22261

維西見聞記一卷

清安陸余慶遠撰

清王錫祺編小方壺齋叢書稿本

《中國古籍善本書目》叢299號著録。

國圖

22262

維西見聞記一卷

清安陸余慶遠撰

清王錫祺編小方壺齋叢書稿本

《中國古籍善本書目》叢300號著録。

國圖

22263

維西見聞記一卷

清安陸余輕遠撰

清光緒十七年（1891）刻小方壺齋輿地叢抄本

國圖　科院　北大　上海　復旦　天津　遼寧　甘肅　南京　浙江　湖北　武大　四川　重慶

22264
維西見聞記一卷
清安陸余輕遠撰
民國二十四年至二十六年(1935—1937)上海商務印書館鉛印叢書集成初稿本
國圖　北師大　上海　復旦　遼寧　甘肅　浙江　湖北　武大　四川　重慶

22265
土俗章程不分卷
明黄梅瞿九思撰
明萬曆三十五年(1607)史學遷刻瞿聘君全集本
國圖

22266
土俗章程不分卷
明黄梅瞿九思撰
清抄瞿聘君全集本
湖北

中外雜記

22267
異域志一卷
元江陵周致中撰
明抄藝海彙函本
《中國古籍善本目録》著録,僅該館有藏。是書《千頃堂書目》作《異域録》三卷。現存有刻本、抄本。
南京

22268
異域志一卷
元江陵周致中撰
藝芳閣藝海奇鈔稿本
《中國古籍善本書目》著録。
北師大

22269
異域志二卷
元江陵周致中撰
明萬曆二十五年(1597)金陵荆山書林刻夷門廣牘本
《中國古籍善本書目》著録。
國圖　上海　復旦

22270
異域志二卷
元江陵周致中撰
民國四年(1915)上海文明書局石印説庫本
國圖　首都　上海　復旦　天津　遼寧　甘肅　南京　浙江　河南　武漢　桂林　重慶

22271
異域志二卷
元江陵周致中撰
民國上海商務印書館影印元明善本叢書·夷門廣牘本
國圖　北師大　中醫　上海　華東師大　上海師大　天津　吉大　甘肅　山大　江西　湖北　四川　重慶

22272
異域志二卷
元江陵周致中撰
民國二十四年至二十六年(1935—1937)上海商務印書館排印叢書集成初編本
國圖　北師大　清華　上海　復旦　遼寧　甘肅　山東大　南大　浙江　江西　湖北　四川　重慶

22273
瀛寰譯音異名記十二卷
清松滋杜宗預撰
清光緒三十年(1904)鄂城刻本
湖北

22274
西被考畧六卷
清黄陂金永森撰
清光緒二十九年(1903)武昌刻本
國圖　北師大

22275
西被考畧六卷
清黄陂金永森撰
1997年北京出版社據清光緒二十九年(1903)武昌刻本影印四庫未收書輯刊本
湖北

22276
庫葉島志略四卷
民國陽新石榮暲撰
民國二十四年(1935)陽新石氏鉛印蓉城仙館叢書本
國圖　首都　北師大　清華　上海　復旦　遼寧　吉大　山東大　南京　杭大　湖北　川大

22277
庫葉島志略四卷
民國陽新石榮暲撰
1966—1987年臺灣文海出版社據民國二十四年(1935)陽新石氏鉛印蓉城仙館叢書本影印近代中國史料叢刊正編第四十六輯至第四十九輯本
湖北

22278
偵探俄路記一卷
民國枝江曹廷傑撰
清末抄本　鄧邦述批
《中國古籍善本書目》著録,僅該館有藏。
上海

22279
伯利探路記一卷
民國枝江曹廷傑撰
清光緒十七年(1891)上海著易堂鉛印小方壺齋輿地叢鈔第三帙本
國圖　科院　上海　天津　遼寧　甘肅　南京　湖北　武大　四川　重慶

22280
伯利探路記一卷
民國枝江曹廷傑撰
清光緒二十三年(1897)湖南新學書局刻遊記彙刊本
國圖　首都　清華　重慶

22281
西北利亞東偏紀要一卷
民國枝江曹廷傑撰
民國二十年至二十三年(1931—1934)遼海書社鉛印遼海叢書第七集本
國圖　科院　上海　天津　浙江　湖北　武大

22282
俄國西北利亞東偏紀要一卷
民國枝江曹廷傑撰
1976—1987年臺灣文海出版社據遼海叢書本影印近代中國史料叢刊續編第五十二輯本
湖北

22283
緬甸風土詩一卷
清武昌(今鄂州)王家璧撰
清同治刻求是齋雜存、緬述附刻本
《中國叢書綜録》著録,僅該館有藏。
國圖

22284

緬述一卷

清江夏彭崧毓撰

清同治刻求是齋雜存本

《中國叢書綜録》著録，僅該館有藏。

國圖

22285

緬述一卷

清江夏彭崧毓撰

清光緒三十四年（1908）新昌胡氏京師鉛印問影樓輿地叢書第一集本

國圖　上海　復旦　遼寧　南京　浙江　湖北

22286

緬述一卷

清江夏彭崧毓撰

民國二十四年至二十六年（1935—1937）上海商務印書館鉛印叢書集成初編本

國圖　北師大　上海　復旦　遼寧　甘肅　浙江　湖北　武大　四川　重慶

方志之屬

總論

22287

顧亭林論修志一卷

民國羅田王葆心輯

稿本

一册。約三千字。王氏先後輯録了顧炎武、方苞、魯一同、朱彝尊、錢大昕、周錫恩、高澍然、毛奇齡、紀昀、蔣湘南、樊增祥、鄧顯鶴、焦循、洪亮吉等人論修志，或許是爲撰寫《方志學發微》作準備。其收集之功不可泯，有較高應用價值，可以考慮彙爲一編。

湖北博

22288

朱竹垞彝尊論修志一卷

民國羅田王葆心輯

稿本

散葉待裝。約三千字。

湖北博

22289

方望溪論修志一卷

民國羅田王葆心輯

稿本

一册。約萬餘言。

湖北博

22290

錢梅谿泳論修志一卷

民國羅田王葆心輯

稿本

一册加散葉。約一千字。

湖北博

22291

錢竹汀大昕論修志一卷

民國羅田王葆心輯

稿本

一册並散葉。約七千字。

湖北博

22292

王文簡士禎論修志不分卷

民國羅田王葆心輯

稿本

散葉待裝。此札中尚有其他資料。

湖北博

22293

紀文達昀論修志一卷

民國羅田王葆心輯

稿本

一册加散葉。共四萬四千字。

湖北博

22294
毛西河奇齡論修志一卷
民國羅田王葆心輯
稿本
散葉。
湖北博

22295
洪稚存亮吉論修志一卷
民國羅田王葆心輯
稿本
一册加散葉。約三千字。
湖北博

22296
章學誠論修志一卷
民國羅田王葆心輯
稿本
一册。約二千四百字。
湖北博

22297
魯通甫一同論修志一卷
民國羅田王葆心輯
稿本
一册。約四千字。
湖北博

22298
焦理堂(循)論修志體例一卷
民國羅田王葆心輯
稿本
一册加散葉。約三千字。
湖北博

22299
高雨農澍然論修志一卷
民國羅田王葆心輯
稿本
散葉待裝。約五千字。
湖北博

22300
鄧湘臯論修志一卷
民國羅田王葆心輯
稿本
一册加散葉。約六千字。
湖北博

22301
林惠常論修志等一卷
民國羅田王葆心輯
稿本
一册。約七千三百字。
湖北博

22302
阮文達論修志一卷
民國羅田王葆心輯
稿本
一册。約六千五百字。
湖北博

22303
俞曲園雜論志例一卷
民國羅田王葆心輯
稿本
一册。約三千字。
湖北博

22304
蔣子瀟湘南論修志等一卷
民國羅田王葆心輯
稿本
散葉待裝。約一萬字。
湖北博

22305
周伯晉錫恩論修志一卷
民國羅田王葆心輯
稿本
一册加散葉。約四千字。
湖北博

22306
陳愚谷詩論修志一卷
民國羅田王葆心輯
稿本
一册。約四千二百字。
湖北博

22307
陳詩論修志一卷
民國羅田王葆心輯
草稿本
散葉待裝。
湖北博

22308
樊樊山增祥論修志一卷
民國羅田王葆心輯
稿本
一册。約八千五百字。
湖北博

22309
方志學發微二十四卷
民國羅田王葆心撰
稿本
稿爲上、下二册。全書分爲取材、導源、派别、反變、賡續、義理等篇章,近五十萬言。作者爲撰此書,曾研讀全國志書一萬四千餘卷,並輯録了衆多名家論修志。張春霆稱其"集方志學之大成";聞惕生稱之爲"舊時代方志遺産的總結,新時代方志革新的萌芽"。首次連載於《安雅》雜誌。

另外,《王葆心資料删選總表》《湖北歷史人物辭典》《鄂東著作人物薈萃》等書所著録之王氏著述尚有數十種未曾採入,或因其是否成書待考,或疑其係同書異名,或並非王氏著作而衹是王氏藏書(不知在書上有王氏批校否),甚或還存於湖北省博所著録之"一札""一包"之中。
湖北博

22310
方志學發微二十四卷
民國羅田王葆心撰
民國《安雅》雜誌本
載該雜誌第四、五、六、八、十二期。
湖北博

22311
方志學發微
民國羅田王葆心撰
1984年湖北地方志編纂委員會辦公室鉛印注析本
本書所收,僅爲原稿本十之一、二。
湖北　湖北博

22312
方志學稿不分卷
民國羅田王葆心撰
稿本
散葉待裝。
湖北博

22313
論修志體一卷
民國羅田王葆心撰
稿本
散葉待裝。約數千字。
湖北博

22314
與郭筠仙中丞論通志體例不分卷
民國羅田王葆心撰
稿本
三册加散葉。共一萬二千字。
湖北博

22315
論剡録一卷
民國羅田王葆心撰
稿本
散葉。約四千字。
湖北博

22316
王氏方志研究叢稿不分卷
民國羅田王葆心撰
稿本
散葉待裝，約一萬五千字。該館《王葆心資料删選總表》題名《王葆心方志理論》，应係王氏方志研究資料散篇聚在一起，故改今名。
湖北博

22317
論崑山郡志一卷
民國羅田王葆心撰
稿本
一册。約三千五百字。
湖北博

22318
河南、陝西通志評論不分卷
民國羅田王葆心撰
稿本
散葉待裝。約八千字。
湖北博

22319
重修湖北通志條議一卷
民國羅田王葆心撰
稿本
一册。約三千字。
湖北博

22320
縣志分篇議一卷
民國羅田王葆心撰
稿本
一册加散葉。約一萬字。
湖北博

22321
方志商二卷
民國潛江甘鵬雲編著
民國二十七年至二十八年（1938—1939）崇雅堂鉛印甘氏家藏稿本
北師大　湖北

22322
增訂修志通則不分卷
民國油印本
該館《王葆心資料删選總表》著録，不著撰人。
湖北博

本省

省志

22323
［正德］湖廣圖經志書（一名湖廣通志）二十卷
明薛綱纂修　明嘉魚吴廷舉續修
明嘉靖元年（1522）刻本
《中國古籍善本書目》著録，唯其藏書單位及缺卷情況標示不準。二家合攏爲全帙。清康熙九年（1670）裁湖廣省，分設湖北省、湖南省。
南京（存卷二至二十）　天一閣（存卷一）

22324

[正德]湖廣圖經志書(一名湖廣通志)二十卷

明薛綱纂修　明嘉魚吴廷舉續修

明嘉靖元年(1522)刻本

日本尊經閣文庫

22325

[正德]湖廣圖經志書(一名湖廣通志)二十卷

明薛綱纂修　明嘉魚吴廷舉續修

1991年廣陵古籍刻印社據日本尊經閣文庫藏明嘉靖元年(1522)刻本影印

22326

[正德]湖廣經志書二十卷

明薛綱纂修　明嘉魚吴廷舉續修

抄本

存十二卷:二至十三

湖北 ×

22327

[萬曆]湖廣總志九十八卷

明徐學謨纂修

明萬曆十九年(1591)刻本

《中國古籍善本書目》著録。

上海　南京　福建　河南博　湖南

22328

[萬曆]湖廣總志九十八卷

明徐學謨纂修

1997年起齊魯書社據明萬曆十九年(1591)刻本影印四庫全書存目叢書本

湖北

22329

[萬曆]湖廣總志九十八卷

明徐學謨纂修

抄本

存九十五卷:一至七十五、七十八至九十八

湖北 ×

22330

[康熙]湖廣通志八十卷圖考一卷

清王新命、徐國相等修　清宫夢仁、姚淳燾纂

清康熙二十三年(1684)刻本

國圖　北大　上海　天津　南大　浙江　湖北　湖南

22331

[雍正]湖廣通志一百二十卷首一卷

清邁柱修　清孝感夏力恕等纂

清雍正十一年(1733)刻本

國圖　科院　北大　上海　遼寧　南京　浙江　湖北　武大

22332

[雍正]湖廣通志一百二十卷首一卷

清邁柱修　清孝感夏力恕等纂

清四庫全書本

國圖　甘肅　浙江　臺北故宫

1983年臺北商務印書館影印清文淵閣四庫全書本

湖北

1989年上海古籍出版社縮印臺北商務印書館影印清文淵閣四庫全書本

國圖　武漢

22333

[嘉慶]湖北通志一百卷首五卷

清吴熊光等修　清蘄州(今蘄春)陳詩、潛江張承寵纂

清嘉慶九年(1804)刻本

科院　北大　上海　天津　山西　遼寧　南京　浙江　江西　湖北　湖南

22334
[嘉慶]湖北通志檢存稿一卷
清章學誠纂
清王氏十萬卷樓抄章學誠全集本
是抄半葉十一行，行二十字，藍格，左右雙邊。僅該館有藏。《中國古籍善本書目》著録。
國圖

22335
[嘉慶]湖北通志檢存稿四卷
清章學誠纂
清徐氏鑄學齋抄章氏遺書本
浙江

22336
[嘉慶]湖北通志檢存稿四卷
清章學誠纂
民國十一年(1922)吴興劉氏嘉業堂刻章氏遺書本
國圖　科院　北大　上海　復旦　天津　遼寧　甘肅　南京　浙江　湖北　武漢　四川　重慶

22337
[嘉慶]湖北通志檢存稿四卷
清章學誠纂
民國十一年(1922)吴興劉氏嘉業堂刻1982年文物出版社重印章氏遺書本
科院

22338
[嘉慶]湖北通志檢存稿四卷
清章學誠纂
2002年上海古籍出版社據民國十一年(1922)吴興劉氏嘉業堂刻本影印續修四庫全書本
湖北

22339
[嘉慶]湖北通志檢存稿四卷
清章學誠纂
民國二十五年(1936)上海商務印書館鉛印章氏遺書本
首都　中央民大　上海　復旦　福建師大　桂林

22340
[嘉慶]湖北通志未成稿一卷
清章學誠纂
清徐氏鑄學齋抄章氏遺書本
浙江

22341
[嘉慶]湖北通志未成稿一卷
清章學誠纂
民國十一年(1922)吴興劉氏嘉業堂刻章氏遺書本
國圖　科院　北大　上海　復旦　天津　遼寧　甘肅　南京　浙江　湖北　武漢　四川　重慶

22342
[嘉慶]湖北通志未成稿一卷
清章學誠纂
民國十一年(1922)吴興劉氏嘉業堂刻1982年文物出版社重印章氏遺書本
科院

22343
[嘉慶]湖北通志未成稿一卷
清章學誠纂
民國二十五年(1936)上海商務印書館鉛印章氏遺書本
科院

22344
[嘉慶]湖北通志未定稿一卷
清章學誠纂　郭康松點校

2002年湖北教育出版社鉛印湖北地方古籍文獻叢書本

以民國十一年(1922)吴興劉氏嘉業堂刻《章氏遺書》本爲底本。與《湖北通志檢存稿》合一册。

湖北　武漢

22345

[光緒]湖北通志志餘二十六卷

清黄岡洪良品纂

稿本

湖北

22346

[光緒]湖北通志志餘二十六卷

清黄岡洪良品纂

1980年湖北省圖書館據稿本影印本

湖北

22347

[光緒]湖北通志·輿地志稿不分卷

民國宜都楊守敬纂

稿本

《中國古籍善本書目》著録。

湖北

22348

[宣統]湖北通志一百七十二卷首一卷末一卷

民國吕調元、穀城劉承恩修　民國江夏張仲炘、江夏楊承禧纂

清宣統三年(1911)修　民國十年(1921)刻本

國圖　科院　北大　上海　復旦　天津　遼寧　南京　浙江　湖北　武大　華中師大　湖南　重慶

22349

[宣統]湖北通志一百七十二卷首一卷末一卷

民國吕調元、穀城劉承恩修　民國江夏張仲炘、江夏楊承禧纂

民國二十三年(1934)上海商務印書館據清宣統三年(1911)修民國十年(1921)刻本影印本

國圖　北大　上海　天復旦　天津　遼寧　山東　南京　浙江　湖北　武漢　湖南　四川　重慶　雲南

22350

[宣統]湖北通志一百七十二卷首一卷末一卷

民國吕調元、穀城劉承恩修　民國江夏張仲炘、江夏楊承禧纂

1967—1975年臺灣學生書局據宣統三年(1911)修民國十年(1921)刻本影印新修方志叢刊本

湖北

22351

[宣統]湖北通志一百七十二卷首一卷末一卷

民國吕調元、劉承恩修　民國江夏張仲炘、江夏楊承禧纂

臺灣文海出版社據宣統三年(1911)修民國十年(1921)刻本影印中國省志彙編本

國圖

22352

[宣統]湖北通志一百七十二卷首一卷末一卷

民國吕調元、穀城劉承恩修　民國江夏張仲炘、江夏楊承禧纂

1987年江蘇廣陵古籍刻印社據宣統三年(1911)修民國十年(1921)刻本影印

22353

[宣統]湖北通志一百七十二卷首一卷末一卷

民國吕調元、穀城劉承恩修　民國江夏張仲炘、江夏楊承禧纂

1990年上海古籍出版社據民國二十三年（1934）上海商務印書館影印本影印

22354
湖北通志凡例不分卷辨例一卷
清章學誠纂
清光緒八年（1882）武昌官書處木活字印本
湖北

22355
湖北通志稿·農産稿不分卷
民國羅田王葆心撰
稿本
一册。約五萬三千字。
湖北博

22356
湖北通志稿·林産稿
民國羅田王葆心等纂
稿本
民國三十二年（1943）五月手稿。一册。約四千八百字。
湖北博

22357
湖北通志稿·湖北四大特産·特種樹木稿不分卷
民國羅田王葆心纂
稿本
一册。五千七百五十字。
湖北

22358
湖北通志稿·蔬菜稿
民國程養吾撰
稿本
民國三十二年（1943）十一月手稿。一册。近二萬字。
湖北博

22359
湖北通志一卷
清管庭芬抄録
清管氏抄編待清書屋雜鈔初編稿本
天津

22360
湖北省志纂不分卷
□□纂
民國抄本
湖北

22361
［光緒］湖北鄉土地理教科書不分卷
清陳慶樓修
清光緒三十二年（1906）鉛印本
武漢

22362
［嘉靖］興都志二十四卷
明吴惺修　明方遠宜纂
抄本
《明會要》卷二十六稱顧璘修《興都志》二十四卷，世宗以其載獻帝事實與志體例不合，詔徐階等重修，名《承天大志》，凡四十卷。此係傳抄明嘉靖二十一年（1542）刻本。
上海　傅斯年圖

22363
［嘉靖］興都志二十四卷
明吴惺修　明方遠宜纂
曬印本
臺圖

22364
［嘉靖］承天大志四十卷
明徐階等修　明林爊、應山（今廣水）顔木等纂
明刻本

存一卷:十八

明嘉靖十年(1531)升安陸州置,治所在今鍾祥市,轄境相當今湖北京山、天門、荆門、當陽、鍾祥、潛江、沔陽七市、縣地。清順治三年(1646)改安陸府。

此段行政建制長達一個多世紀,現存完整史料無多。往日書目皆將此志置於《鍾祥志》前,其轄地包括今日之多個市、縣,故移至此處。

國圖 ×

22365

[嘉靖]承天大志四十卷

明徐階等修　明林爊、應山(今廣水)顔木等纂

清抄本

存二卷:十九、三十六

國圖 ×

22366

[嘉靖]承天大志四十卷

明徐階等修　明林爊、應山(今廣水)顔木等纂

清抄本

存二卷:十九、三十六

北大 ×

22367

[嘉靖]承天大志四十卷

明徐階等修　明林爊、應山(今廣水)顔木等纂

民國曬印本

國圖

22368

[萬曆]承天府志二十卷

明孫文龍纂輯

明萬曆三十年(1602)刻本

日本尊經閣

22369

[嘉靖]承天大志四十卷

明徐階等修　明林爊、應山(今廣水)顔木等纂

民國二十六年(1937)鉛印本

重慶

22370

[乾隆]湖北下荆南道志二十八卷

清魯之裕修　清黄岡靖道謨纂

清乾隆五年(1740)刻本

轄安陸、襄陽、鄖陽三府之地。

科院　北大　復旦　山東　南開　山東　南京　浙江　武漢　湖北博

22371

[乾隆]湖北下荆南道志二十八卷

清魯之裕修　清黄岡靖道謨纂

清乾隆五年(1740)刻嘉慶二十一年(1816)補刻本

天津　遼寧

22372

[乾隆]湖北下荆南道志二十八卷

清魯之裕修　清黄岡靖道謨纂

清乾隆五年(1740)刻嘉慶二十一年(1816)補刻光緒二十二年(1896)印本

國圖　大連　南通　湖北

武漢市

22373

[民國]夏口縣誌二十二卷首一卷附補遺一卷

民國侯祖畬修　民國夏口(今漢口)吕寅東等纂

民國九年(1920)刻本

今併入武漢市。

國圖　科院　北大　上海　天津　遼寧　山東　南京　浙江　湖北　華中師大　四川

22374
［民國］漢口小志不分卷
民國孝感徐煥斗纂　民國王夔清補
民國四年（1915）鉛印本
國圖　北大　上海　復旦　南京　湖北　武大　湖南　四川　重慶

22375
［嘉靖］漢陽府志十卷
明劉汝松、賈應瑜修　明漢陽朱衣纂
明嘉靖二十五年（1546）刻本
是刻半葉九行，行十八字，白口，左右雙邊。《中國古籍善本書目》未著録。
天一閣

22376
［嘉靖］漢陽府志十卷
明劉汝松、賈應瑜修　明漢陽朱衣纂
明嘉靖二十五年（1546）刻萬曆十二年（1584）王琰增刻本
《中國古籍善本書目》著録。
南京

22377
［嘉靖］漢陽府志十卷
明劉汝松、賈應瑜修　明漢陽朱衣纂
1963年上海古籍書店據明嘉靖刻本影印天一閣藏明代方志選刊本
綫裝本。
湖北

22378
［嘉靖］漢陽府志十卷
明劉汝松、賈應瑜修　明漢陽朱衣纂
1981—1982年據影印本重印天一閣藏明代方志選刊本
精裝本。
湖北

22379
［萬曆］漢陽府志十二卷
明馬御丙、明漢陽秦聚奎等纂
明萬曆四十一年（1613）刻本
日本國會

22380
［康熙］漢陽府志十六卷首一卷
清陳國儒修　清李寧仲纂
清康熙八年（1669）刻本
復旦　寧波

22381
［康熙］漢陽府志十六卷首一卷
清陳國儒修　清李寧仲纂
抄本
南京地理所

22382
［乾隆］漢陽府志五十卷首一卷
清陶士偰修　清江夏劉湘煃纂
清乾隆十二年（1747）刻本
國圖　科院　上海　天津　南京　湖北　湖南師大　華南師大

22383
［乾隆］漢陽縣志三十二卷附續志一卷
清陶士偰修　清江夏劉湘煃纂
1991年起中國書店據清乾隆十三年（1748）刻本影印中國稀見方志彙刊本
國圖　科院

22384
［乾隆］漢陽縣志三十卷附續志一卷
清陶士偰修　清江夏劉湘煃纂
2001年江蘇古籍出版社據清乾隆二十年（1755）刻本影印中國地方志集成·湖北府縣志輯本
武漢

22385

[乾隆]漢陽府志五十卷首一卷

清陶士偰修　清江夏劉湘煃纂

2001年江蘇古籍出版社據清乾隆十二年(1747)刻本影印中國地方志集成·湖北府縣志輯本

武漢

22386

[乾隆]漢陽府志五十卷首一卷

清陶士偰修　清江夏劉湘煃纂

民國抄本

湖北

22387

[同治]鸚武洲小志四卷首一卷

清胡鳳丹纂

清同治十三年(1874)退補齋刻本

國圖　南開　浙江　武漢　武大

22388

鸚鵡洲小志四卷首一卷

清胡鳳丹撰　杜朝暉點注

2002年湖北教育出版社鉛印湖北地方古籍文獻叢書本

與《大別山志》合爲一册。以清同治十三年(1874)胡氏退補齋刻本爲底本。

湖北　武漢

22389

[乾隆]漢陽縣志三十二卷附續志一卷

清劉嗣孔修　清江夏劉湘煃纂

清乾隆十三年(1748)刻本

國圖　科院　北大　故宫×　浙江　臺灣

22390

漢陽縣志續不分卷

清□□纂

清嘉慶十四年(1809)刻本

美國國會

22391

[嘉慶]漢陽縣志三十六卷首一卷

清裘行恕修　清邵翔等纂

清嘉慶二十三年(1818)刻本

國圖　北大　中央民大　上海　天津　山東　南京　浙江　湖北×　武漢　湖南×

22392

[嘉慶]漢陽縣志三十六卷首一卷

清裘行恕修　清邵翔等纂

1970年起臺北成文出版社據嘉慶二十三年(1818)刻本影印中國方志叢書本

湖北

22393

[同治]續輯漢陽縣志二十八卷

清黄式度等修　清監利王柏心纂

清同治七年(1868)刻本

國圖　科院　上海　天津　遼寧　山東　南京　浙江　湖北　武大　華中師大　武漢　四川　重慶

22394

[同治]續輯漢陽縣志二十八卷

清黄式度等修　清監利王柏心纂

1970年起臺北成文出版社據同治七年(1868)刻本影印中國方志叢書本

湖北

22395

[同治]續輯漢陽縣志二十八卷

清黄式度等修　清監利王柏心纂

2001年江蘇古籍出版社據清同治七年(1868)刻本影印中國地方志集成·湖北府縣志輯本

武漢

22396
[同治]漢陽縣志校一卷
清漢陽許盛春、漢陽張行簡撰
清同治十年(1871)刻本
湖北
附《漢陽縣識》後。

22397
[同治]漢陽縣志校一卷
清漢陽許盛春、漢陽張行簡撰
1970年起臺北成文出版社據清同治十年(1871)刻本影印中國方志叢書本
湖北

22398
[同治]漢陽縣志校一卷
清漢陽許盛春、漢陽張行簡撰
2001年江蘇古籍出版社據清同治十年(1871)刻本影印中國地方志集成·湖北府縣志輯本
武漢

22399
[光緒]漢陽縣識十卷首一卷
清濮文昶修　清漢陽張行簡纂
清光緒十年(1884)景賢書塾刻本　(各家所藏間有光緒十五年(1889)重修本)
存五卷:存首、一至三、八
國圖　科院　北大　上海　復旦　天津　南京　浙江　湖北

22400
[光緒]漢陽縣識十卷首一卷
清濮文昶修　清漢陽張行簡纂
1970年起臺北成文出版社據清光緒十年(1884)刻本影印中國方志叢書本
湖北

22401
[光緒]漢陽縣識十卷首一卷
清濮文昶修　清漢陽張行簡纂
2001年江蘇古籍出版社據清光緒十年(1884)刻本影印中國地方志集成·湖北府縣志輯本
武漢

22402
[民國]續修漢陽縣志列傳三卷
民國漢陽傅世焞纂
民國三十七年(1948)稿本
湖北

22403
[康熙]武昌府志十六卷
清杜毓秀纂修
清康熙二十二年(1683)抄本
存十五卷:二至十六
《中國古籍善本書目》著録。
國圖

22404
[康熙]湖廣武昌府志十二卷
清裴天錫修　清枝江羅人龍纂
清康熙二十六年(1687)朱昌緒刻本
國圖　科院　天津　南京　浙江　湖北　武大　湖南師大

22405
[康熙]湖廣武昌府志十二卷
清裴天錫修　清枝江羅人龍纂
1970年起臺北成文出版社據清康熙二十六年(1687)朱昌緒刻本影印中國方志叢書本
湖北

22406
[康熙]湖廣武昌府志十二卷
清裴天錫修　清枝江羅人龍纂

2001年江蘇古籍出版社據清康熙二十六年(1687)朱昌緒刻本影印中國地方志集成·湖北府縣志輯本
武漢

22407
[康熙]湖廣武昌府志十二卷
清裴天錫修 清枝江羅人龍纂
清光緒翻刻康熙二十六年(1687)朱昌緒刻本
上海 山東 湖北

22408
[康熙]湖廣武昌府志十二卷
清裴天錫修 清枝江羅人龍纂
民國抄本
北大

22409
[康熙]湖廣武昌府志十二卷
清裴天錫修 清枝江羅人龍纂
民國二十九年(1940)鉛印本
南京

22410
[康熙]江夏縣志四卷
清馬仲駿纂修
清康熙二十二年(1683)抄本
存三卷:二至四
《中國古籍善本書目》著録。
國圖 ×

22411
江夏志略一卷
清江夏王一寧撰
清康熙四十七年(1708)刻王元士文集附録本
《販書偶記》著録,藏書單位待訪。

22412
[康熙]江夏縣志五十二卷
清劉朝英修 清黄安(今紅安)張希良纂 清洪用輔續修 清劉公亮等續纂 清陳萬策增修
清康熙五十三年(1714)刻本
上海辭書

22413
[康熙]江夏縣志二十二卷
清潘宲鼎修 清江夏劉宗賢纂
清康熙六十一年(1722)刻本
《中國古籍善本書目》著録。
國圖 故宫

22414
[乾隆]江夏縣志十五卷首一卷
清陳元京修 清江夏汪知松等纂
清乾隆五十八年(1793)刻本
國圖 山東 南京

22415
[同治]江夏縣志八卷首一卷附文徵二卷
清王庭禎修 清江夏彭崧毓纂
清同治八年(1869)刻本
國圖 北大 上海 天津 遼寧 南京 浙江 湖北

22416
[同治]江夏縣志八卷首一卷附文徵二卷
清王庭禎修 清江夏彭崧毓纂
清同治八年(1869)刻光緒七年(1881)增補重印本
科院 上海 復旦

22417
[同治]江夏縣志八卷首一卷附文徵二卷
清王庭禎修 清江夏彭崧毓纂
1970年起臺北成文出版社據清同治八年

（1869）刻光緒七年（1881）增補重印本影印中國方志叢書本
湖北

22418
［同治］江夏縣志八卷首一卷附文徵二卷
清王庭禎修　清江夏彭崧毓纂
2001年江蘇古籍出版社據清同治八年（1869）刻光緒七年（1881）增補重印本影印中國方志集成·湖北府縣志輯本
武漢

22419
［同治］江夏縣志八卷首一卷附文徵二卷
清王庭禎修　清江夏彭崧毓纂
民國七年（1918）鉛印本
國圖　武漢

22420
［民國］夏口縣志二十二卷首一卷附補遺一卷
民國侯祖畬修　民國吕寅東纂
1970年起臺北成文出版社據民國七年（1918）鉛印本影印中國方志叢書本
湖北

22421
［民國］夏口縣志二十二卷首一卷附補遺一卷
民國侯祖畬修　民國吕寅東纂
2001年江蘇古籍出版社據民國七年（1918）鉛印本影印中國方志集成·湖北府縣志輯本
武漢

22422
［民國］夏口縣志二十二卷首一卷附補遺一卷
民國侯祖畬修　民國吕寅東等纂
民國九年刻本
國圖　科院　北大　上海　天津　遼寧　南京　浙江　湖北　武大　華中師大　湖南　四川　美國國會

22423
［民國］漢口小志不分卷
民國徐焕斗輯　民國王夔清補輯
民國四年（1915）鉛印聽竹盧叢書本
上海　湖北

22424
［民國］漢口小志不分卷
民國徐焕斗輯　民國王夔清補輯
2001年江蘇古籍出版社據民國四年（1915）鉛印聽竹盧叢書本影印中國方志集成·湖北府縣志輯本
武漢

22425
［嘉靖］黄陂縣志三卷
明李河圖修　明俞貢等纂
明嘉靖三十五年（1556）刻本
國家、南京二館有膠卷。
北平

22426
［嘉靖］黄陂縣志三卷
明李河圖修　明俞貢等纂
抄本
上海　湖北　臺灣

22427
［康熙］黄陂縣志十五卷
清楊廷藴纂修
清康熙五年（1666）刻本
國圖　科院　故宫　上海　吉大

22428
［康熙］黄陂縣志十五卷
清楊廷藴纂修

抄本
臺圖

22429
[道光]黃陂縣志稿不分卷
清黃陂金國鈞纂修　清黃陂金永森補注
民國十二年(1923)鉛印本
藏書單位待訪。

22430
[道光]黃陂縣志稿不分卷
清黃陂金國鈞纂修　清黃陂金永森補注
1970年起臺北成文出版社據民國十二年(1923)鉛印本影印中國方志叢書本
湖北

22431
[同治]黃陂縣志十六卷
清劉昌緒修　清黃陂徐瀛纂
清同治十二年(1873)刻本
國圖　科院　北大　上海　復旦　天津　山東　南京　湖北　武漢　華中師大　湖南

22432
[同治]黃陂縣志十六卷
清劉昌緒修　清黃陂徐瀛纂
1970年起臺北成文出版社據同治十二年(1873)刻本影印中國方志叢書本
湖北

22433
[同治]黃陂縣志十六卷
清劉昌緒修　清黃陂徐瀛纂
2001年江蘇古籍出版社據同治十二年(1873)刻本影印中國地方志集成·湖北府縣志輯本
武漢

22434
[民國]黃陂縣鄉土志四章
□□纂
民國初年抄本
四川

孝感市

22435
[順治]孝感縣志二十二卷
清張擢士修　清沈宜纂
清順治刻本
存十四卷:一至四、九至十、十五至二十二
國圖 ×

22436
[康熙]孝感縣志十六卷
清胡國佐纂修
清康熙十二年(1673)刻本
上海館有膠卷。
國圖

22437
[康熙]孝感縣志十六卷
清胡國佐纂修
2001年綫裝書局印清代孤本方志選本

22438
[康熙]孝感縣志二十四卷
清梁鳳翔修　清孝感李湘、程維祉纂
清康熙三十四年(1695)刻本
科院　浙江　臺灣

22439
[康熙]孝感縣志二十四卷
清梁鳳翔修　清李湘、程維祉纂
清康熙三十四年(1695)刻嘉慶十八年(1813)王進祖等增刻本
故宮　湖北博

22440
[嘉慶]孝感縣續志六卷
清王進祖纂修
清嘉慶十八年(1813)刻本
《中國地方志總目提要》著録,藏書單位待訪。

22441
[光緒]孝感縣志二十四卷續補志一卷
清朱希白修　清孝感沈用增纂
清光緒九年(1883)刻本
國圖　科院　北大　上海　復旦　天津　遼寧　南京　浙江　湖北　武大　湖南　中大　重慶　雲大

22442
[光緒]孝感縣志二十四卷續補志一卷
清朱希白修　清孝感沈用增纂
1970年起臺北成文出版社據清光緒九年(1883)刻本影印中國方志叢書本
湖北

22443
[光緒]孝感縣志二十四卷續補一卷
清朱希白修　清孝感沈用增纂
2001年江蘇古籍出版社據清光緒九年(1883)刻本影印中國地方志集成·湖北府縣志輯本
武漢

22444
[康熙]應城縣志八卷
清樊司鐸修　清襄陽吳元馨纂
清康熙十年(1671)刻本
上海館有膠卷。
國圖

22445
[雍正]應城縣志十二卷
清李可寀纂修
清雍正四年(1726)刻本
國圖　故宫　上海　湖北　臺灣

22446
[雍正]應城縣志十二卷
清李可寀纂修
2001年江蘇古籍出版社據清雍正四年(1726)刻本影印中國地方志集成·湖北府縣志輯本
武漢

22447
[咸豐]應城縣志十二卷首一卷
清奚大壯修　清姚觀纂　清應城吕庭栩、熊汝弼補纂
清咸豐三年(1853)稿本
武大

22448
[光緒]應城志十四卷首一卷
清羅湘、陳豪修　清黄陂王承禧纂
清光緒八年(1882)蒲陽書院刻本(各家所藏間有民國二十三年(1934)重印本)
國圖　科院　北大　上海　天津　遼寧　南京　浙江　湖北　武大　湖南　四川

22449
[光緒]應城志十四卷首一卷
清羅湘、陳豪修　清黄陂王承禧纂
1970年起臺北成文出版社據清光緒八年(1882)蒲陽書院刻本影印中國方志叢書本
湖北

22450
[光緒]應城志十四卷首一卷
清羅湘、陳豪修　清黄陂王承禧纂
2001年江蘇古籍出版社據清光緒八年(1882)蒲陽書院刻本影印中國地方志集成·湖北府縣志輯本
武漢

22451
［光緒］應城志要一卷
清羅湘、陳豪修　清黄陂王承禧纂
民國節抄清光緒八年（1882）刻本
武漢

22452
［正德］德安府志十二卷
明馬龠纂修
明正德十二年（1517）刻本
存八卷：一至三、八至十二
天一閣 ×

22453
［康熙］鼎修德安府全志二十四卷
清傅鶴祥修　清安陸萬年觀、雲夢李士竑等纂
清康熙二十四年（1685）刻本
國圖　臺北故宫博

22454
［康熙］鼎修德安府全志二十四卷
清傅鶴祥修　清安陸萬年觀、雲夢李士竑等纂
清康熙抄本
存十八卷：一至十七、二十
國圖 ×

22455
［康熙］鼎修德安府全志二十四卷
清傅鶴祥修　清安陸萬年觀、雲夢李士竑纂
抄本
故宫

22456
［康熙］安陸府志三十六卷首一卷
清張尊德修　清京山王吉人、景陵（今天門）譚篆纂
清康熙八年（1669）刻本
上海　南京　湖北

22457
［康熙］安陸府志三十六卷首一卷
清張尊德修　清京山王吉人、景陵（今天門）譚篆纂
1970年起臺北成文出版社據清康熙八年（1669）刻本影印中國方志叢書本
湖北

22458
［康熙］安陸府志三十六卷首一卷
清張尊德修　清京山王吉人、清景陵（今天門）譚篆纂
2001年江蘇古籍出版社據清康熙八年（1669）刻本影印中國地方志集成·湖北府縣志輯本
武漢

22459
［康熙］安陸府志三十六卷首一卷
清張尊德修　清京山王吉人、景陵（今天門）譚篆纂
抄本
南京地理所

22460
［光緒］德安府志二十卷首一卷補遺一卷
清賡音佈修　清安陸劉國光、李春澤纂
清光緒十四年（1888）刻本
國圖　科院　北大　上海　天津　遼寧　南京　浙江　湖北　武漢　湖南　重慶

22461
［光緒］德安府志二十卷首一卷
清賡音佈修　清安陸劉國光、李春澤纂
1970年起臺北成文出版社據清光緒十四年（1888）刻本影印中國方志叢書本
湖北

22462
[光緒]德安府志二十卷首一卷補遺一卷
清賡音佈修　清安陸劉國光、李春澤纂
2001年江蘇古籍出版社據清光緒十四年(1888)刻本影印中國地方志集成·湖北府縣志輯本
武漢

22463
[康熙]德安安陸郡縣志二十卷
清高翱、高聯捷修　清沈會霖纂
清康熙五年(1666)刻本
國圖　故宫　天津　臺灣

22464
[道光]安陸縣志四十卷首一卷
清蔣炯纂修　清梅體萱增修　清安陸李道平、李廷錫增纂
清道光二十三年(1843)刻本
國圖　科院　上海　天津　南京　浙江　湖北　武大　中大　雲大

22465
[道光]安陸縣志四十卷首一卷
清蔣炯纂修　清梅體萱增修　清安陸李道平、李廷錫增纂
1970年起臺北成文出版社據清道光二十三年(1843)刻本影印中國方志叢書本
湖北

22466
[道光]安陸縣志四十卷首一卷
清蔣炯纂修　清梅體萱增修　清安陸李道平、李廷錫增纂
2001年江蘇古籍出版社據清道光二十三年(1843)刻本影印中國地方志集成·湖北府縣志輯本
武漢

22467
[道光]安陸縣志四十卷首一卷
清蔣炯纂修　清梅體萱增修　清安陸李道平、李廷錫增纂
清咸豐三年(1853)刻本
北大　人大

22468
安陸縣志補二卷
清安陸陳廷鈞纂
清同治十一年(1872)刻本
有蘄水陳廷經序曰:“粵匪倡亂以來,安陸城凡四陷,鄉邑爲墟。右臣大令,謁告歸里,懼文獻之日即淪亡也,乃取舊志補缺正訛,彙之得五萬餘言。”
國圖　北大　天津　南京　湖北　湖南

22469
安陸縣志補二卷
清安陸陳廷鈞纂
1970年起臺北成文出版社影印中國方志叢書本
湖北

22470
安陸縣志志補二卷
清安陸陳廷鈞纂
2001年江蘇古籍出版社據清同治十一年(1872)刻本影印中國地方志集成·湖北府縣志輯本
武漢

22471
[乾隆]漢川縣志五卷
清魏金榜纂修
清乾隆三十八年(1773)抄本
遼寧

22472
[同治]漢川縣志二十二卷首一卷
清德廉、袁鳴珂修　清漢川林祥瑗纂
清同治十二年（1873）刻本［各家所藏間有光緒二十四年（1898）重印本］
國圖　科院　北大　上海　天津　遼寧　南京　浙江　湖北　武大　湖南　中大　雲南

22473
[同治]漢川縣志二十二卷首一卷
清德廉、袁鳴珂修　清漢川林祥瑗纂
1970年起臺北成文出版社據清同治十二年（1873）刻本影印中國方志叢書本
湖北

22474
[同治]漢川縣志二十二卷首一卷
清德廉、袁鳴珂修　清漢川林祥瑗纂
2001年江蘇古籍出版社據清同治十二年（1873）刻本影印中國地方志集成·湖北府縣志輯本
武漢

22475
[光緒]漢川圖記徵實六卷
清漢川田宗漢纂
清光緒二十一年（1895）刻本
湖北館藏另一部爲硃印本。
國圖　北大　湖北　武大　武漢　湖南

22476
[民國]漢川縣系馬區鄉土志六章
民國涂�編
民國十一年（1922）稿本
首都

22477
[民國]漢川縣系馬區鄉土志六章
民國涂筠編
抄本
湖北

22478
[康熙]雲夢縣志十二卷
清陳夢舟修　清雲夢張奎華纂
清康熙七年（1668）刻本
國圖

22479
[康熙]雲夢縣志十二卷
清陳夢舟修　清雲夢張奎華纂
2001年綫裝書局據清康熙刻本影印清代孤本方志選本

22480
[康熙]雲夢縣志十二卷
清陳夢舟修　清雲夢張奎華纂
抄本
臺北故宫

22481
[道光]雲夢縣志畧十二卷首一卷末一卷
清吕錫麟修　清雲夢程懷璟纂
清道光二十年（1840）刻本［各家所藏間有光緒九年（1883）重印本］
國圖　科院　北大　上海　天津　山東　南京　浙江　湖北　武大　湖南　川大

22482
[道光]雲夢縣志畧十二卷首一卷末一卷
清吕錫麟修　清雲夢程懷璟纂
1970年起臺北成文出版社據清道光二十年（1840）刻本影印中國方志叢書本
湖北

22483
[道光]雲夢縣志畧十二卷首一卷末一卷
清吕錫麟修　清雲夢程懷璟纂

2001年江蘇古籍出版社據清道光二十年（1840）刻本影印中國地方志集成·湖北府縣志輯本

武漢

22484

［光緒］續雲夢縣志畧十卷首一卷末一卷

清吴念椿修　清雲夢程壽昌、曾廣浚纂

清光緒九年（1883）刻本

國圖　科院　北大　上海　天津　遼寧　南京　浙江　湖北　武大　湖南　中大　四川

22485

［光緒］續雲夢縣志畧十卷首一卷末一卷

清吴念椿修　清雲夢程壽昌、曾廣浚纂

1970年起臺北成文出版社據清光緒九年（1883）刻本影印中國方志叢書本

湖北

22486

［光緒］續雲夢縣志畧十卷首一卷末一卷

清吴念椿修　清雲夢程壽昌、曾廣浚纂

2001年江蘇古籍出版社據清光緒九年（1883）刻本影印中國地方志集成·湖北府縣志輯本

武漢

鄂州市

22487

［寶祐］壽昌乘不分卷

宋□□纂　清文廷式輯

清光緒三十三年（1907）武昌柯氏息園刻本

今鄂州市。此書輯自《永樂大典》。

國圖　遼寧　南京　湖北

22488

［寶祐］壽昌乘不分卷

宋□□纂　清文廷式輯

1990年上海古籍出版社據清光緒三十三年（1907）武昌柯氏息園刻本影印宋元方志叢刊本

國圖

22489

［寶祐］壽昌乘不分卷

宋□□纂　清文廷式輯

抄本

國圖

22490

［康熙］武昌縣志八卷

清熊登修　清武昌（今鄂州）孟振祖纂

清康熙十三年（1674）刻本

國圖　湖北

22491

［乾隆］武昌縣志十卷首一卷

清邵遐齡修　清武昌（今鄂州）談有典纂

清乾隆二十八年（1763）刻本

科院　北大　上海　遼寧　浙江　湖北　湖南　川大

22492

［乾隆］武昌縣志十卷首一卷

清邵遐齡修　清武昌（今鄂州）談有典纂

清乾隆二十八年（1763）刻本　清王家璧校並增補

湖北

22493

［乾隆］武昌縣志十卷首一卷

清邵遐齡修　清武昌（今鄂州）談有典纂

2001年江蘇古籍出版社據清乾隆二十八年（1763）刻本影印中國地方志集

成·湖北府縣志輯本
武漢

22494
[光緒]武昌縣志二十六卷首一卷末一卷
清鍾桐山修　武昌(今鄂州)柯逢時纂
清光緒十一年(1885)刻本
國圖　科院　北大　上海　天津　遼寧　山東　南京　浙江　湖北　武漢　湖南　四川　重慶　雲南

22495
[光緒]武昌縣志二十六卷首一卷末一卷
清鍾桐山修　武昌(今鄂州)柯逢時纂
1970年起臺北成文出版社據清光緒十一年(1885)刻本影印中國方志叢書本
湖北

22496
[光緒]武昌縣志二十六卷首一卷末一卷
清鍾桐山修　武昌(今鄂州)柯逢時纂
2001年江蘇古籍出版社據清光緒十一年(1885)刻本影印中國地方志集成·湖北府縣志輯本
武漢

22497
[光緒]續武昌縣志稿一卷
清□□纂
抄本
日本天理

22498
[光緒]武昌縣志稿一卷
清王家璧纂
稿本
存人物志、選舉志、祥異志、兵事志、學校志、職官志、藝文志。
湖北博

22499
[光緒]武昌縣志稿不分卷
清武昌(今鄂州)王家璧纂
稿本
係未竟稿。今存治績、文苑、學校、古蹟、釋老、烈女、武昌縣陶桓公書堂懷忠祠崇祀鄉賢録、光緒三年彙旌草册。
湖北

22500
[民國]武昌要覽一卷
民國文士員纂
民國十四年(1925)鉛印本
湖北　湖南

22501
[民國]月山鄉土志一卷
民國大冶楊廷芳編
抄本
傳抄民國初年稿本。
北大　上海

黄岡市

22502
[弘治]黄州府志十卷
明盧濬纂修
明弘治十三年(1500)刻本
上海(存卷六至十)　天一閣(存卷一至五)

22503
[弘治]黄州府志十卷
明盧濬纂修
1961—1965年上海古籍書店據明弘治十三年(1500)刻本影印天一閣藏明代方志選刊本
湖北

22504
[弘治]黄州府志十卷
明盧濬纂修

1981—1982年上海古籍書店據影印本重印天一閣藏明代方志選刊本
精裝本。
湖北

22505
[康熙]黄州府志九卷
清蘇良嗣修　清黄岡奚禄詒纂
清康熙二十四年(1685)刻本
國圖　南京　湖北

22506
[乾隆]黄州府志二十卷
清王勍修　清黄岡靖道謨纂
清乾隆十四年(1749)刻本
國圖　北大　上海　天津　南京　南大　江西　湖北　臺灣

22507
[光緒]黄州府志四十卷首一卷
清英啓修　清黄岡鄧琛等纂
清光緒十年(1884)刻本
國圖　科院　北大　上海　復旦　天津　遼寧　南京　浙江　湖北　武大　湖南　四川　雲林

22508
[光緒]黄州府志四十卷首一卷
清英啓修　清黄岡鄧琛等纂
1970年起臺北成文出版社據清光緒十年(1884)刻本影印中國方志叢書本
湖北

22509
[光緒]黄州府志四十卷首一卷
清英啓修　清黄岡鄧琛等纂
2001年江蘇古籍出版社據清光緒十年(1884)刻本影印中國地方志集成·湖北府縣志輯本
武漢

22510
[宣統]黄州府志拾遺六卷
清黄岡沈志堅纂
清宣統二年(1910)鉛印本
國圖　科院　北大　上海　天津　東北師大　南京　浙江　湖北　武漢

22511
[宣統]黄州府志拾遺六卷
清黄岡沈志堅纂
1970年起臺北成文出版社據清宣統二年(1910)鉛印本影印中國方志叢書本
湖北

22512
[民國]黄州府志不分卷
民國□□□纂
稿本
存綱目、凡例、圖説、懷忠祠祀位。
上海

22513
[萬曆]黄岡縣志十卷
明茅瑞徵修　明黄岡吕元音纂
明萬曆三十六年(1608)刻本
存八卷:一至四、七至十
北平 ×

22514
[萬曆]黄岡縣志十卷
明茅瑞徵修　明黄岡吕元音纂
清光緒十年(1884)刻本
南通　臺圖

22515
[萬曆]黄岡縣志十卷
明茅瑞徵修　明黄岡吕元音纂

抄本
上海

22516
[康熙]黄岡縣志六卷
清董元俊修　清黄岡孫錫藩纂
清康熙十二年(1673)抄本
存五卷:二至六
國圖 ×

22517
[乾隆]黄岡縣志二十卷首一卷
清蔡韶清修　清孝感胡紹鼎纂
清乾隆二十四年(1759)刻本
南大　南京地理所　福建 ×

22518
[乾隆]黄岡縣志二十卷首一卷
清王鳳儀修　清孝感胡紹鼎、清黄岡杜乘時纂　清王正常續修
清乾隆五十四年(1789)刻本
故宫　上海　湖北　臺圖

22519
[乾隆]黄岡縣志二十卷首一卷
清王鳳儀修　清孝感胡紹鼎、黄岡杜乘時纂　清王正常續修
2001年江蘇古籍出版社據清乾隆五十四年(1789)刻本影印中國地方志集成·湖北府縣志輯本
武漢

22520
[道光]黄岡縣志二十四卷首一卷
清俞昌烈修　清黄岡謝茭、劉秉忠纂
清道光二十八年(1848)刻本
國圖　上海　南大　温州　湖北　武大

22521
[光緒]黄岡縣志二十四卷首一卷
清戴昌言修　清劉恭冕纂
清光緒八年(1882)刻本
國圖　科院　北大　上海　復旦　天津　遼寧　浙江　湖北　武漢　湖南　中大　重慶　雲南

22522
[光緒]黄岡縣志二十四卷首一卷
清戴昌言修　清劉恭冕纂
1967—1975年臺灣學生書局據清光緒八年(1882)刻本影印新修方志叢刊本。
湖北

22523
[光緒]黄岡縣志二十四卷首一卷
清戴昌言修　清劉恭冕纂
1970年起臺北成文出版社據清光緒八年(1882)刻本影印中國方志叢書本
湖北

22524
[光緒]黄岡縣志二十四卷首一卷
清戴昌言修　清劉恭冕纂
2001年江蘇古籍出版社據清光緒八年(1882)刻本影印中國地方志集成·湖北府縣志輯本
武漢

22525
[民國]黄岡鄉土志一卷
民國胡鑄鼎纂
民國初稿本
北大

22526
[康熙]麻城縣志十卷
清屈振奇修　清麻城王汝霖等纂

清康熙九年（1670）刻本
國圖　天津　臺圖

22527
［康熙］麻城縣志十卷
清屈振奇修　清麻城王汝霖等纂
抄本
北大

22528
［乾隆］麻城縣志二十八卷附文徵六卷掌故六卷
清黄書紳纂修　清章學誠裁定
清乾隆六十年（1795）刻本
故宫　臺北故宫

22529
［光緒］麻城縣志五十六卷首一卷末一卷
清鄭慶華修　清羅田潘頤福纂
清光緒二年（1876）刻本
國圖　科院　上海　大連　南大　武漢　重慶

22530
［光緒］麻城縣志四十卷首一卷末一卷
清盧祐勤、朱榮椿修　清麻城余士珩等纂
清光緒八年（1882）刻本
國圖　北大　上海　天津　南京　浙江　湖北　武大　湖南　中大

22531
［民國］麻城縣志前編十五卷首一卷
民國鄭重修　民國余晉芳纂
民國二十四年（1935）鉛印本
國圖　科院　北大　上海　復旦　遼寧　南京　湖北　武漢　四川

22532
［民國］麻城縣志前編十五卷首一卷
民國鄭重修　民國余晉芳纂
1970年起臺北成文出版社據民國二十四年（1935）鉛印本影印中國方志叢書本
湖北

22533
［民國］麻城縣志前編十五卷首一卷
民國鄭重修　民國余晉芳纂
2001年江蘇古籍出版社據民國二十四年（1935）鉛印本影印中國地方志集成·湖北府縣志輯本
武漢

22534
［民國］麻城縣志後編十五卷首一卷末一卷
民國鄭重修　民國余晉芳纂
民國二十四年（1935）鉛印本
國圖　科院　北大　上海　復旦　遼寧　南京　湖北　武漢　四川

22535
［民國］麻城縣志後編十五卷首一卷末一卷
民國鄭重修　民國余晉芳纂
1970年起臺北成文出版社據民國二十四年（1935）鉛印本影印中國方志叢書本
湖北

22536
［民國］麻城縣志後編十五卷首一卷末一卷
民國鄭重修　民國余晉芳纂
2001年江蘇古籍出版社據民國二十四年（1935）鉛印本影印中國地方志集成·湖北府縣志輯本
武漢

22537
［萬曆］黄安初乘二卷
明黄安（今紅安）耿定向纂　明黄安（今紅安）耿汝忞補
明萬曆十三年（1585）修清康熙四年（1665）刻本
國圖

22538
［萬曆］黄安初乘二卷
明黄安（今紅安）耿定向纂　明黄安（今紅安）耿汝忞補
抄本
上海　湖北

22539
［康熙］黄安縣志十二卷
清劉承啓修　清黄岡詹大衢纂
清康熙三十六年（1697）刻本
天津　南開[×]

22540
［道光］黄安縣志十卷首一卷
清林縉光等纂修
清道光二年（1822）刻本
北大　湖北

22541
［同治］黄安縣志十卷首一卷
清朱錫綬、袁瓚修　清黄安（今紅安）張家俊、吴端委纂
清同治八年（1869）刻本
國圖（有抄配）　科院　大連　南京　湖北　湖南

22542
［光緒］黄安縣志十卷首一卷
清陳瑞瀾、陶大夏修　清吴言昌、王儀吉纂
清光緒八年（1882）刻本
北大　上海　浙江　湖北　四川

22543
［光緒］黄安縣志十卷首一卷
清陳瑞瀾、陶大夏修　清黄安（今紅安）吴言昌、王儀吉纂
1970年起臺北成文出版社據清光緒八年（1882）刻本影印中國方志叢書本
湖北

22544
［光緒］黄安縣志十卷首一卷
清陳瑞瀾、陶大夏修　清黄安（今紅安）吴言昌、王儀吉纂
2001年江蘇古籍出版社據清光緒八年（1882）刻本影印中國地方志集成·湖北府縣志輯本
武漢

22545
［宣統］黄安鄉土志二卷圖一卷
清陳漳編
清宣統元年（1909）鉛印本
國圖　天津　湖北

22546
［嘉靖］羅田縣志八卷
明祝珝修　明楊鸞、蔡元偉等纂
明嘉靖二十二年（1543）刻本
天一閣　清華

22547
［嘉靖］羅田縣志八卷
明祝珝修　明楊鸞、蔡元偉等纂
民國十五年（1926）鉛印本
國圖　北大　上海　南京　湖北　武漢　武大　湖南

22548
[嘉靖]羅田縣志八卷
明祝琊修　明楊鸞、蔡元偉等纂
1970年起臺北成文出版社據民國十五年(1926)鉛印本影印中國方志叢書本
湖北

22549
[嘉靖]羅田縣志八卷
明祝琊修　明楊鸞、蔡元偉等纂
1989年起上海書店據明嘉靖二十二年(1543)刻本影印天一閣藏明代方志選刊續編本
湖北

22550
[嘉靖]羅田縣志八卷
明祝琊修　明楊鸞、蔡元偉等纂
2001年江蘇古籍出版社據明嘉靖二十二年(1543)刻本影印中國地方志集成·湖北府縣志輯本
武漢

22551
[康熙]羅田縣志八卷
清羅田蔡容遠纂修
清康熙四年(1665)抄本
國圖

22552
[康熙]羅田縣志八卷
清張琳修　清羅田劉青震纂
清康熙五十六年(1717)刻本
國圖

22553
[康熙]羅田縣志八卷
清張琳修　清劉青震纂
抄本
臺北故宫

22554
[乾隆]羅田縣志十二卷首一卷末一卷
清姜庭銘纂修
清乾隆活字印本
北碚

22555
[光緒]羅田縣志八卷首一卷
清管貽葵修　清羅田陳錦纂
清光緒二年(1876)刻本
國圖　北大　上海　天津　南京　浙江　湖北　武大　湖南

22556
[光緒]羅田縣志八卷首一卷
清管貽葵修　清羅田陳錦纂
1970年起臺北成文出版社據清光緒二年(1876)刻本影印中國方志叢書本
湖北

22557
[光緒]羅田縣志八卷首一卷
清管貽葵修　清羅田陳錦纂
2001年江蘇古籍出版社據清光緒二年(1876)刻本影印中國地方志集成·湖北府縣志輯本
武漢

22558
羅田縣志摘鈔一卷
清□□纂
清宋子達抄本
湖北

22559
羅田縣志大事記(一、二,三代至明)
民國羅田王葆心纂輯

稿本

二册。約七萬字。

湖北博

22560

羅田歷代大事記不分卷

民國羅田王葆心撰

稿本

此似爲《羅田縣志·大事記》之底稿。一册。約六千字。

湖北博

22561

羅田歷朝大事記·兵事略

民國羅田王葆心纂輯

稿本

一册。五千五百字。

湖北博

22562

羅田縣大事記稿·天堂寨案卷

民國羅田王葆心撰

稿本

同治丁卯八月謄。約四千字。散葉待裝。叙馬朝桂叛案始末。

湖北博

22563

内政部抄出檔案·縣志沿革不分卷

民國羅田王葆心輯

民國抄本

一册。一萬三千字。

湖北博

22564

羅田縣志建置類稿·重修羅田縣城垣記

民國羅田王葆心撰

稿本

一册。三萬餘字。

湖北博

22565

羅田縣志稿·山川稿不分卷

民國羅田王葆心撰

稿本

此爲第一稿。約三萬二千字。

湖北博

22566

羅田縣志稿·山川不分卷

民國羅田王葆心撰

稿本

二册。一萬三千五百字。此爲第二稿。

湖北博

22567

羅田縣志正稿·山脈正稿(山川略)不分卷

民國羅田王葆心撰

稿本

一册。約二萬字。

湖北博

22568

羅田縣志稿·風俗志稿不分卷

民國羅田王葆心撰

稿本

一册。約五萬字。

湖北博

22569

羅田縣志稿·烈女表提要草稿不分卷

民國羅田王葆心纂

稿本

五册。約一萬八千字。

湖北博

22570

羅田縣志稿·兵事災類不分卷

民國羅田王葆心纂

稿本

一册。約三萬字。

湖北博

22571

羅田縣志稿·藝文一卷

民國羅田王葆心纂輯

稿本

一册。約四千三百字。

湖北博

22572

羅田縣志稿·教育類稿不分卷

民國羅田王葆心纂

稿本

散葉待裝,約一萬一千字。

湖北博

22573

羅田縣志稿·古蹟類不分卷

民國羅田王葆心纂

稿本

二册。約二千餘字。

湖北博

22574

羅田縣志資料·羅田歷代沿革長編不分卷

民國羅田王葆心纂輯

稿本

稿爲一册。近一萬字。

湖北博

22575

羅田縣志資料·建置志不分卷

民國羅田王葆心纂輯

稿本

一册。共二十七萬餘字。

湖北博

22576

羅田縣志資料·沿革圖經不分卷

民國羅田王葆心纂輯

稿本

稿爲一册,內另夾其手稿一札。約四萬餘字。

湖北博

22577

羅田縣志資料·羅田大事記(三)不分卷

民國羅田王葆心纂輯

稿本

記事起清順治三年(1646),迄宣統三年(1911)。一册。約四萬二千字。

湖北博

22578

羅田縣志資料·忠義表二卷

民國羅田王嶽高纂

稿本

二册。一萬一千字。

湖北博

22579

羅田縣志資料·選舉表(一、二)不分卷

民國羅田王葆心纂輯

稿本

三册。約一萬字。

湖北博

22580

羅田縣志資料·財政類不分卷

民國羅田王葆心纂輯

稿本

一册。近五萬字。

湖北博

22581

羅田縣志資料·古代物産不分卷

民國羅田王葆心纂

稿本

一册。三千二百字。

湖北博

22582

羅田縣志資料·物産志（一、二、三）不分卷

民國羅田王葆心纂輯

稿本

稿凡五册，另有復印件一册。

湖北博

22583

羅田縣志資料·山水類、祠宇類等不分卷

民國羅田王葆心纂輯

稿本

二册。一萬七千字。

湖北博

22584

羅田縣志資料·坵墓寺觀不分卷

民國懌堂纂

稿本

一册。約五萬七千字。

湖北博

22585

羅田縣志資料·雜件不分卷

民國羅田王葆心等撰

稿本

一册。約七千字。

湖北博

22586

羅田縣前志序録一卷

民國黄良質輯

民國黄良質抄本

一册。約二萬二千字。

湖北博

22587

金龍繇採訪稿一卷

民國羅田金龍繇撰

稿本

一册。約四千七百字。

湖北博

22588

［康熙］英山縣通志十三卷

清劉五瓏纂修

清康熙十九年（1680）抄本

國圖

22589

［康熙］英山縣志二卷

清劉五瓏纂修

清康熙二十三年（1684）刻本

國圖

22590

［乾隆］英山縣志二十六卷首一卷

清張海修　清黄陂姚之琅纂

清乾隆二十一年（1756）刻本

故宫　臺北故宫

22591

［乾隆］英山縣志二十六卷首一卷

清張海修　清黄陂姚之琅纂

1970年起臺北成文出版社據清乾隆二十一年（1756）刻本影印中國方志叢書本

湖北

22592

［道光］補修英山縣志二十六卷首一卷

清萬年淳纂修

清道光三年（1823）刻本

上海

22593
[道光]英山縣志二十六卷
清李文泉纂修
清道光二十六年(1846)刻本
重慶

22594
[同治]重修英山縣志十卷首一卷
清徐玉珂修　清王熙勳纂
清同治九年(1870)木活字印本
天津　南京地理所　湖南

22595
[同治]重修英山縣志十卷
清徐玉珂修　清王熙勳纂
1982年抄本
湖北

22596
[民國]英山縣志十四卷首一卷
民國浠水徐錦修　民國浠水胡鑑瑩等纂
民國九年(1920)木活字印本
國圖　北大　上海　天津　南京　湖北　湖北博

22597
[民國]英山縣志十四卷首一卷
民國浠水徐錦修　民國浠水胡鑑瑩等纂
1970年起臺北成文出版社據民國九年(1920)木活字印本影印中國方志叢書本
湖北

22598
[民國]英山縣志十四卷首一卷
民國浠水徐錦修　民國浠水胡鑑瑩等纂
2001年江蘇古籍出版社據民國九年(1920)木活字印本影印中國地方志集成·湖北府縣志輯本
武漢

22599
[嘉靖]蘄水縣志四卷
明盛鳳等修　明蕭璞等纂
明嘉靖二十六年(1547)刻本
國圖

22600
[嘉靖]蘄水縣志四卷
明盛鳳等修　明蕭璞等纂
1963年上海古籍書店據明嘉靖二十六年(1547)刻本影印本
國圖　科院　北大　上海　復旦　天津　遼寧　甘肅　南京　浙江　湖北　武漢　湖南　四川　貴州

22601
[康熙]蘄水縣志二十六卷首一卷
清劉佑修　清蘄水(今浠水)楊繼經纂
清順治十四年(1657)刻本
國圖　科院

22602
[順治]蘄水縣續志四卷
清李振宗纂修
清康熙二十三年(1684)刻本
國圖　科院

22603
[乾隆]蘄水縣志二十四卷首一卷末一卷
清邵應龍纂修
清乾隆二十三年(1758)刻本
故宫

22604
[乾隆]蘄水縣志二十卷首一卷
清高舉修　清蘄水(今浠水)徐養忠纂
清乾隆五十九年(1794)刻本
故宫　南京　臺圖

22605
[光緒]蘄水縣志二十二卷首一卷末一卷
清多祺纂修
清光緒六年(1880)刻本
國圖　科院　北大　上海　復旦　天津　南京　浙江　湖北　湖南　中大

22606
[光緒]蘄水縣志二十二卷首一卷末一卷
清多祺纂修
1970年起臺北成文出版社據清光緒六年(1880)刻本影印中國方志叢書本
湖北

22607
[光緒]蘄水縣志二十二卷首一卷末一卷
清多祺纂修
2001年江蘇古籍出版社據清光緒六年(1880)刻本影印中國地方志集成·湖北府縣志輯本
武漢

22608
[嘉靖]蘄州志九卷
明甘澤纂修
明嘉靖九年(1530)刻十五年(1536)補刻本
天一閣

22609
[嘉靖]蘄州志九卷
明甘澤纂修
1961—1966年上海古籍書店據明嘉靖九年(1530)刻十五年(1536)補刻本影印天一閣藏明代方志選刊本
綫裝本。
湖北

22610
[嘉靖]蘄州志九卷
明甘澤纂修
1981—1982年上海古籍書店據影印本重印天一閣藏明代方志選刊本
精裝本。
湖北

22611
[嘉靖]蘄州志九卷
明甘澤纂修
抄本
上海

22612
[康熙]蘄州志十二卷
清王宗堯修　清蘄州(今蘄春)盧紘纂
清康熙三年(1664)刻本
國圖

22613
[乾隆]蘄州志二十卷首一卷
清錢鋆修　清廣濟(今武穴)周茂建等纂
清乾隆二十年(1755)刻本
國圖　故宮　遼寧　南京　南通

22614
[咸豐]蘄州志二十六卷
清潘克溥纂修
清咸豐二年(1852)刻本
國圖　江西　温州　湖北博

22615
[咸豐]蘄州志二十六卷
清潘克溥纂修
清咸豐二年(1852)刻同治二年(1863)修版印本
國圖　北大　中央民大　華東師大　南京　湖

北　武大

22616
[光緒]蘄州志三十卷
清封蔚礽修　清蘄州(今蘄春)陳廷揚纂
清光緒八年(1882)麟山書院刻本
湖北　湖北大

22617
[光緒]蘄州志三十卷
清封蔚礽修　清蘄州(今蘄春)陳廷揚纂
清光緒八年(1882)麟山書院刻十年(1884)重校印本
國圖　科院　北大　上海　天津　南京　湖北　武大　湖南　四川

22618
[光緒]蘄州志三十卷
清封蔚礽修　清蘄州(今蘄春)陳廷揚纂
1970年起臺北成文出版社據清光緒八年(1882)麟山書院刻本影印中國方志叢書本
湖北

22619
[光緒]蘄州志三十卷
清封蔚礽修　清蘄州(今蘄春)陳廷揚纂
2001年江蘇古籍出版社據清光緒八年(1882)麟山書院刻本影印中國地方志集成·湖北府縣志輯本
武漢

22620
[康熙]廣濟縣志十八卷
清黃玉鉉修　清廣濟王臨纂
清康熙三年(1664)刻本
國圖　科院　南京地理所

22621
[康熙]廣濟縣志十八卷
清黃玉鉉修　清廣濟王臨纂
2001年江蘇古籍出版社據清康熙三年(1664)刻本影印中國地方志集成·湖北府縣志輯本
武漢

22622
[乾隆]廣濟縣志二十二卷
清虞學灝纂修
清乾隆十七年(1752)刻本
上海

22623
[乾隆]廣濟縣志二十二卷
清虞學灝纂修
清乾隆五十四年(1789)刻本
故宮

22624
[乾隆]廣濟縣志十二卷
清黃愷修　清蘄州(今蘄春)陳詩纂
清乾隆五十八年(1793)刻本
故宮　臺北故宮

22625
[同治]廣濟縣志十六卷首一卷
清劉宗元、朱榮實修　清劉燡纂
清同治十一年(1872)木活字印本
國圖　科院　北大　上海　天津　南京　浙江　湖北　武大　湖南　四川

22626
[同治]廣濟縣志十六卷首一卷
清劉宗元、朱榮實修　清劉燡纂

1970年起臺北成文出版社據清同治十一年（1872）木活字印本影印中國方志叢書本
湖北

22627
［同治］廣濟縣志十六卷首一卷
清劉宗元、朱榮實修　清劉燡纂
2001年江蘇古籍出版社據清同治十一年（1872）木活字印本影印中國地方志集成·湖北府縣志輯本
武漢

22628
［順治］黄梅縣志九卷
清徐昱修　清孝感蕭藴樞纂
清順治十七年（1660）刻本
國圖

22629
［乾隆］黄梅縣志十二卷
清薛乘時修　清沈元寅纂
清乾隆二十一年（1756）修五十四年胡紹中刻本
故宫　臺北故宫

22630
［乾隆］黄梅縣志十二卷
清薛乘時修　清沈元寅纂
抄本
大連

22631
［光緒］黄梅縣志四十卷首一卷
清覃瀚元、袁瓚修　清黄梅宛名昌、余邦士纂
清光緒二年（1876）刻本
國圖　科院　北大　上海　天津　遼寧　南京　浙江　湖北　武漢　湖南　雲南

22632
［光緒］黄梅縣志四十卷首一卷
清覃瀚元、袁瓚修　清黄梅宛名昌、余邦士纂
1970年起臺北成文出版社據清光緒二年（1876）刻本影印中國方志叢書本
湖北

22633
［光緒］黄梅縣志四十卷首一卷
清覃瀚元、袁瓚修　清黄梅宛名昌、余邦士纂
2001年江蘇古籍出版社據清光緒二年（1876）刻本影印中國地方志集成·湖北府縣志輯本
武漢

黄石市

22634
［嘉靖］大冶縣誌七卷
明趙鼐修　明大冶冷儒宗等纂
明嘉靖十九年（1540）刻本
善本。早期方志，存世稀少。
北大　湖北

22635
［嘉靖］大冶縣誌七卷
明趙鼐修　明大冶冷儒宗等纂
清木活字印本
國圖

22636
［嘉靖］大冶縣誌七卷
明趙鼐修　明大冶冷儒宗等纂
2001年江蘇古籍出版社據明嘉靖十九年（1540）刻本影印中國地方志集成·湖北府縣志輯本
武漢

22637
［嘉靖］大冶縣誌七卷
明趙鼒修　明大冶冷儒宗等纂
抄本
湖北

22638
［康熙］大冶縣誌九卷
清謝鑅修　清大冶胡繩祖纂
清康熙十二年（1673）刻本
嘉慶《湖北通志》和同治《大冶縣誌》皆著録此書爲十二卷。此书國圖另有抄本。
國圖　科院　上海　天津　吉大　甘肅

22639
［康熙］大冶縣志十二卷首一卷
清陳邦寄修　清大冶胡繩祖纂
清康熙二十二年（1683）刻本
國圖　科院　上海　天津　吉大　甘肅　臺圖

22640
［同治］大冶縣誌十八卷首一卷
清胡復初修　清大冶黄昺杰纂
清同治六年（1867）刻本
國圖　科院　北大　上海　天津　南京　浙江　湖北　武大　湖南　雲南

22641
［同治］大冶縣誌十八卷首一卷
清胡復初修　清大冶黄昺杰纂
1967—1975年臺灣學生書局據清同治六年（1867）刻本影印新修方志叢刊本
湖北

22642
［同治］大冶縣誌十八卷首一卷
清胡復初修　清大冶黄昺杰纂
1970年起臺北成文出版社據清同治六年（1867）刻本影印新修方志叢刻本
湖北

22643
［同治］大冶縣誌十八卷首一卷
清胡復初修　清大冶黄昺杰纂
2001年江蘇古籍出版社據清同治六年（1867）刻本影印中國地方志集成·湖北府縣志輯本
武漢

22644
［光緒］續編大冶縣誌十卷首一卷
清林佐修　清大冶陳鼇纂
清光緒八年（1882）稿本
科院

22645
［光緒］續編大冶縣誌十卷首一卷
清林佐修　清大冶陳鼇纂
1970年起臺北成文出版社據清光緒八年（1882）稿本影印中國方志叢書本
湖北

22646
［光緒］大冶縣誌續編七卷首一卷末一卷
清林佐修　清大冶陳鼇纂
清光緒十年（1884）刻本
國圖　北大　上海　天津　遼寧　南京　浙江　湖北　武大　湖南師大　華南師大

22647
［光緒］大冶縣誌續編七卷首一卷末一卷
清林佐修　清大冶陳鼇纂
2001年江蘇古籍出版社據清光緒十年（1884）刻本影印中國地方志集成·湖北府縣志輯本
武漢

22648
[光緒]大冶縣誌後編二卷
清大冶陳鼇纂
清光緒二十三年(1897)刻本
國圖　上海　天津　南京　浙江　湖北　武大　湖北博　湖南師大

22649
[光緒]大冶縣誌後編二卷
清大冶陳鼇纂
1970年起臺北成文出版社據清光緒二十三年(1897)刻本影印中國方志叢書本
湖北

22650
[光緒]大冶縣誌後編二卷
清大冶陳鼇纂
2001年江蘇古籍出版社據清光緒二十三年(1897)刻本影印中國地方志集成·湖北府縣志輯本
武漢

22651
[嘉靖]興國州志七卷
明唐寧修　明林愛民纂
明嘉靖三十三年(1554)刻本
存六卷:二至七
今陽新縣。
北平

22652
[嘉靖]興國州志七卷
明唐寧修　明林愛民纂
抄本
南大　湖北

22653
[康熙]興國州志二卷
清楊遵修　清興國(今陽新)馮之圖纂　清王之賓增修
清康熙四年(1665)刻十四年(1675)增刻本
國圖

22654
[雍正]興國州志十卷首一卷
清魏鈿修　清公安顏星纂
清雍正十三年(1735)刻本
國圖　故宫　上海　湖北

22655
[光緒]興國州志三十六卷首一卷
清吴大訓等修　清興國(今陽新)陳光亨纂　清興國(今陽新)劉鳳綸、王鳳池續纂
清光緒十五年(1889)富川書院刻本
國圖　科院　北大　上海　天津　遼寧　南京　浙江　武大　湖南　四川

22656
[光緒]興國州志三十六卷首一卷
清吴大訓等修　清興國(今陽新)陳光亨纂　清興國(今陽新)劉鳳綸、王鳳池續纂
1970年起臺北成文出版社據清光緒五年(1879)富川書院刻本影印中國方志叢書本
湖北

22657
[光緒]興國州志三十六卷首一卷
清吴大訓等修　清興國(今陽新)陳光亨纂　清興國(今陽新)劉鳳綸、王鳳池續纂
2001年江蘇古籍出版社據清光緒十五年(1889)富川書院刻本影印中國地方志集成·湖北府縣志輯本
武漢

22658
[光緒]興國州志三十六卷首一卷
清吴大訓等修　清興國（今陽新）陳光亨纂　清興國（今陽新）劉鳳綸、王鳳池續纂
民國二十三年（1934）木活字印本
存三十五卷：一至三十、三十四至三十六
改題《陽新縣志》。
北師大 ×

22659
[光緒]續補興國州志三卷首一卷
清賀祖蔚修　清興國（今陽新）劉鳳綸纂
清光緒三十年（1904）刻本
國圖　科院　上海　南京　湖北　湖北博　華南師大　四川

22660
[光緒]續補興國州志三卷首一卷
清賀祖蔚修　清興國（今陽新）劉鳳綸纂
1970年起臺北成文出版社據清光緒三十年（1904）刻本影印中國方志叢書本
湖北

22661
[光緒]續補興國州志三卷首一卷
清賀祖蔚修　清興國（今陽新）劉鳳綸纂
2001年江蘇古籍出版社據清光緒三十年（1904）刻本影印中國地方志集成·湖北府縣志輯本
武漢

22662
[光緒]續補興國州志三卷首一卷
清賀祖蔚修　清興國（今陽新）劉鳳綸纂
民國三十七年（1948）刻本
改題《陽新縣志補編》。實僅續修第三十七、三十八兩卷，記事至光緒二十二年（1896）止。
武漢

咸寧市

22663
[康熙]咸寧縣志十二卷
清何廷韜修　清咸寧王禹錫纂
清康熙四年（1665）刻本
國圖　臺北故宫

22664
[同治]咸寧縣志十五卷首一卷
清陳怡等修　清咸寧雷以誠纂
清同治五年（1866）刻本
國圖　上海　天津　大連　南京　江西　武大

22665
[同治]咸寧縣志十五卷首一卷
清陳怡等修　清咸寧雷以誠纂
2001年江蘇古籍出版社據清同治五年（1866）刻本影印中國地方志集成·湖北府縣志輯本
武漢

22666
[光緒]續輯咸寧縣志八卷首一卷
清陳樹楠、諸可權修　清咸寧錢光奎、余益杞纂
清光緒八年（1882）刻本
國圖　北大　上海　遼寧　南京　湖北　武大　湖南　中大　川大

22667
[光緒]續輯咸寧縣志八卷首一卷
清陳樹楠、諸可權修　清咸寧錢光奎、余益杞纂

1970 年起臺北成文出版社據清光緒八年(1882)刻本影印中國方志叢書本
湖北

22668
[光緒]續輯咸寧縣志八卷首一卷
清陳樹楠、諸可權修 清咸寧錢光奎、余益杞纂
2001 年江蘇古籍出版社據清光緒八年(1882)刻本影印中國地方志集成·湖北府縣志輯本
武漢

22669
[正統]嘉魚縣志三卷
明莫震修 明孫允恭纂
明正統十四年(1449)刻本
北平

22670
[正統]嘉魚縣志三卷
明莫震修 明孫允恭纂
抄本
上海 湖北

22671
[康熙]嘉魚縣志三卷
清李元震纂修
清康熙十年(1671)刻本
存一卷:卷下
國圖 ×

22672
[乾隆]重修嘉魚縣志八卷續增一卷
清張其維修 清嘉魚李懋泗纂
清乾隆二年(1737)刻本
國圖 南京 浙江

22673
[乾隆]嘉魚縣志八卷首一卷
清汪雲銘修 清嘉魚方承保、張宗軾纂
清乾隆五十五年(1790)刻本
科院 故宫 甘肅 湖北

22674
[乾隆]重修嘉魚縣志八卷
清汪雲銘修 清嘉魚方承保、張宗軾纂
1991 年起中國書店據清乾隆五十五年(1790)刻本影印中國稀見方志彙刊本
國圖 科院

22675
[同治]重修嘉魚縣志十二卷
清鍾傳益修 清俞焜纂
清同治五年(1866)刻本
國圖 科院 北大 上海 天津 遼寧 南京 湖北 武大 湖南 華南師大 北碚

22676
[同治]重修嘉魚縣志十二卷
清鍾傳益修 清俞焜纂
1970 年起臺北成文出版社據清同治五年(1866)刻本影印中國方志叢書本
湖北

22677
[同治]重修嘉魚縣志十二卷
清鍾傳益修 清俞焜纂
2001 年江蘇古籍出版社據清同治五年(1866)刻本影印中國地方志集成·湖北府縣志輯本
武漢

22678
[同治]重修嘉魚縣志十二卷
清鍾傳益修 清俞焜纂

抄本
存二卷:二、七
湖北 ×

22679
[宣統]嘉魚縣鄉土志
□□纂
抄本
中央民大　中央黨校

22680
[康熙]通城縣志九卷
清盛治纂修　清丁克揚增修
清順治九年(1652)刻康熙間增刻本
國圖　浙江

22681
[同治]通城縣志二十四卷首一卷補遺一卷
清鄭荄修　清杜煦明、胡洪鼎纂
清同治六年(1867)木活字印本
係以清道光二十四年(1844)郭亦常志稿爲藍本。
國圖　科院　北大　上海　天津　南京　湖北　湖南

22682
[同治]通城縣志二十四卷首一卷補遺一卷
清鄭荄修　清杜煦明、胡洪鼎纂
2001年江蘇古籍出版社據清同治六年(1867)木活字印本影印中國地方志集成·湖北府縣志輯本
武漢

22683
[康熙]崇陽縣志十卷
清高景之修　清崇陽汪際炱纂
清康熙九年(1670)刻本
存二卷:九至十
國圖 ×

22684
[乾隆]崇陽縣志十卷
清黄袞修　清郭彦博纂
清乾隆六年(1741)刻本
國圖

22685
[乾隆]崇陽縣志十卷
清曹學詩纂修
清乾隆十七年(1752)刻本
臺北故宫

22686
[同治]崇陽縣志十二卷首一卷
清高佐廷修　清崇陽傅燮鼎纂
清同治五年(1866)木活字印本
國圖　科院　北大　上海　天津　遼寧　南京　浙江　湖北　武大　湖南　川大　雲南

22687
[同治]崇陽縣志十二卷首一卷
清高佐廷修　清崇陽傅燮鼎纂
1970年起臺北成文出版社據清同治五年(1866)木活字印本影印中國方志叢書本
湖北

22688
[同治]崇陽縣志十二卷首一卷
清高佐廷修　清崇陽傅燮鼎纂
2001年江蘇古籍出版社據清同治五年(1866)木活字印本影印中國地方志集成·湖北府縣志輯本
武漢

22689
［同治］崇陽縣志十二卷首一卷
清高佐廷修　清崇陽傅燮鼎纂
清光緒刻本
南京

22690
［康熙］通山縣志八卷
清任鍾麟修　清通山余廷誥纂
清康熙四年（1665）刻本
國圖

22691
［康熙］通山縣志八卷
清任鍾麟修　清通山余廷誥纂
2001年綫裝書局據清康熙四年（1665）刻本影印清代孤本方志選本

22692
［康熙］通山縣志八卷
清任鍾麟修　清通山余廷誥纂
抄本
臺北故宫

22693
［同治］通山縣志八卷首一卷
清羅登瀛、胡昌銘修　清通山朱美燮、樂純青纂
清同治七年（1868）心田局木活字印本
國圖　科院　北大　上海　天津　遼寧　南京　浙江　湖北　武大　湖南　華南師大

22694
［同治］通山縣志八卷首一卷
清羅登瀛、胡昌銘修　清通山朱美燮、樂純青纂
2001年江蘇古籍出版社據清同治七年（1868）木活字印本影印中國地方志集成·湖北府縣志輯本
武漢

22695
［同治］通山縣志二十四卷首一卷補遺一卷
清鄭葵修　清杜煦明、胡洪鼎纂
1970年起臺北成文出版社據同治六年（1867）活字本影印中國方志叢書本
湖北

22696
［光緒］通山縣志三卷
清高振鑅修　清通山樂振玉纂
清光緒二十三年（1897）木活字印本
湖北　常熟

22697
［光緒］通山縣志三卷
清高振鑅修　清通山樂振玉纂
1970年起臺北成文出版社據清光緒二十三年（1897）木活字印本影印中國方志叢書本
湖北

22698
［民國］通山縣志鄉土志不分卷
民國余六蘁編
民國七年（1918）稿本
北大

22699
［民國］通山縣志鄉土志不分卷
民國余六蘁編
抄本
上海

22700
［康熙］新修蒲圻縣志十五卷
清張圻隆修　清蒲圻（今赤壁）龔逢烈

纂

清康熙十二年（1673）刻本

《中國古籍善本書目》著録，僅國家圖書館有藏。據《蒲圻縣志》，逢烈另有《西爽集》，未見。

國圖

22701

［康熙］新修蒲圻縣志十五卷

清張圻隆修　清蒲圻（今赤壁）龔逢烈纂

影抄康熙十二年（1673）刻本

上海

22702

［乾隆］重修蒲圻縣志十五卷

清王雲翔修　清蒲圻（今赤壁）李曰瑚纂

清乾隆三年（1738）刻本

國圖　臺北故宫

22703

［乾隆］重修蒲圻縣志十五卷

清王雲翔修　清蒲圻（今赤壁）李曰瑚纂

影抄乾隆三年（1738）刻本

上海

22704

［道光］蒲圻縣志十卷

清勞光泰修　清蒲圻（今赤壁）但傳熺纂

清道光十六年（1836）刻本

國圖　中央黨校　南京地理所　武漢

22705

［道光］蒲圻縣志十卷

清勞光泰修　清蒲圻（今赤壁）但傳熺纂

1970年起臺北成文出版社據清道光十六年（1836）刻本影印中國方志叢書本

湖北

22706

［道光］蒲圻縣志十卷

清勞光泰修　清蒲圻（今赤壁）但傳熺纂

抄本

上海

22707

［同治］蒲圻縣志八卷

清顧際熙等修　清蒲圻（今赤壁）文元音、張承齡纂

清同治五年（1866）刻本

國圖　科院　北大　上海　天津　南京　浙江　湖北　武大　湖南　華南師大

22708

［同治］蒲圻縣志八卷

清顧際熙等纂修　清蒲圻（今赤壁）文元音、張承齡纂

1970年起臺北成文出版社據清同治五年（1866）刻本影印中國方志叢書本

湖北

22709

［同治］蒲圻縣志八卷

清顧際熙等修　清蒲圻（今赤壁）文元音、張承齡纂

2001年江蘇古籍出版社據清同治五年（1866）刻本影印中國地方志集成·湖北府縣志輯本

武漢

22710

［民國］蒲圻鄉土志一卷

民國蒲圻（今赤壁）宋衍綿纂

民國十二年(1923)蒲圻縣教育局鉛印本
國圖 科院 上海 南京 浙江 湖北 武大 重慶 雲南

荊州市

22711
[嘉靖]荊州府志十二卷圖一卷
明孫存修 明朱寵懷纂
明嘉靖十一年(1532)刻本
北平(存卷一、六至十二) 天一閣(存卷二至十二)

22712
[嘉靖]荊州府志十二卷圖一卷
明孫存修 明朱寵懷纂
抄本
湖北

22713
[康熙]荊州衛志不分卷
清王斌纂修
清康熙十二年(1673)刻本
《中國地方志聯合目録》作《荊州衛志》,《中國古籍總目》作《荊州府志》。未知孰是。若確爲"衛"志,則此及下一款目應移至《府志》之後。
國圖

22714
[康熙]荊州右衛志不分卷
清王大基纂修
清康熙十二年(1673)刻本
國圖 南京 南京地理所

22715
[康熙]荊州府志四十卷首一卷
清郭茂泰修 清江陵胡在恪纂
清康熙二十四年(1685)刻本
《中國古籍善本書目》著録。僅知此三館有藏。
國圖 天津 南京地理所

22716
[康熙]荊州府志四十卷首一卷
清郭茂泰修 清江陵胡在恪纂
2001年江蘇古籍出版社據清康熙二十四年(1685)刻本影印中國地方志集成·湖北府縣志輯本
武漢

22717
[乾隆]荊州府志五十八卷首一卷
清葉仰高修 清施廷樞纂
清乾隆二十二年(1757)刻本
國圖 科院 上海 天津 湖北 武大 湖南 瀘州

22718
[光緒]荊州府志八十卷首一卷
清倪文蔚、蔣銘勛修 清東湖(今宜昌)顧嘉蘅、李廷鉽纂
清光緒六年(1880)刻本
國圖 科院 北大 上海 復旦 天津 遼寧 南京 浙江 湖北 武漢 湖南 四川 重慶

22719
[光緒]荊州府志八十卷首一卷
清倪文蔚、蔣銘勛修 清東湖(今宜昌)顧嘉蘅、李廷鉽纂
1970年起臺北成文出版社據清光緒六年(1880)刻本影印中國方志叢書本
湖北

22720
[光緒]荊州府志八十卷首一卷
清倪文蔚、蔣銘勛修 清東湖(今宜昌)

顧嘉蘅、李廷鉽纂
2001年江蘇古籍出版社據清光緒六年（1880）刻本影印中國地方志集成·湖北府縣志輯本
武漢

22721
［光緒］荆州府志稿不分卷
民國宜都楊守敬纂
清光緒三年（1877）著者手稿本
《鄰蘇老人年譜》云："丁丑三十九歲時……望江倪豹臣文蔚爲后荆州知府，續修府志，延守敬爲編。"
湖北

22722
［光緒］荆州府志不分卷
民國宜都楊守敬纂　歐陽景賢整理
1996年湖北人民出版社、湖北教育出版社鉛印楊守敬集本
據湖北省圖書館所藏"稿本"整理，請參閲前一款目之附注。
湖北

22723
［民國］沙市志畧十卷
民國沙市王百川纂　民國唐祖培校補
民國五年（1916）鉛印本
載國立湖北師範學術叢刊之一《史地叢刊》第七至九期。
上海　上海師大　安徽

22724
［民國］沙市志畧十卷
民國沙市王百川纂　民國唐祖培校補
1970年起臺北成文出版社據民國五年（1916）鉛印本影印中國方志叢書本
湖北

22725
［民國］沙市志畧十卷
民國沙市王百川纂　民國唐祖培校補
2001年江蘇古籍出版社據民國五年（1916）鉛印本影印中國地方志集成·湖北府縣志輯本
武漢

22726
［康熙］石首縣志四卷
清衛胤嘉修　清王章纂
清康熙抄本
存二卷：二、四
國圖 ×

22727
［乾隆］石首縣志七卷
清張坦修　清石首成師吕纂
清乾隆元年（1736）刻本
國圖　湖北博　湖南 ×

22728
［乾隆］石首縣志八卷首一卷末一卷
清王維屏修　清石首徐佑彦纂
清乾隆六十年（1795）刻本
國圖　故宫　北大　天津

22729
［同治］石首縣志八卷
清朱榮實修　清傅如筠纂
清同治五年（1866）刻本
國圖　科院　北大　上海　天津　遼寧　浙江　湖北　武大　湖南　中大

22730
［同治］石首縣志八卷
清朱榮實修　清傅如筠纂
1970年起臺北成文出版社據清同治五年（1866）刻本影印中國方志叢書本

湖北

22731
[同治]石首縣志八卷
清朱榮實修　清傅如筠纂
2001年江蘇古籍出版社據清同治五年(1866)刻本影印中國地方志集成·湖北府縣志輯本
武漢

22732
[康熙]松滋縣志二卷
清李式祖、屈超乘修　清松滋胡起鳳、李掄元纂
清康熙九年(1670)抄本
國圖

22733
[康熙]松滋縣志二十四卷首一卷
清陳麟修　清松滋丁楚琮、黄岡姜維周纂
清康熙三十五年(1696)刻本
國圖　故宫　天津

22734
[同治]松滋縣志十二卷首一卷
清吕縉雲、李勗修　清興國(今陽新)羅有文、通山朱美燮纂
清同治八年(1869)刻本
國圖　科院　北大　上海　天津　浙江　湖北　武大　湖南　華南師大　北碚

22735
[同治]松滋縣志十二卷首一卷
清吕縉雲、李勗修　清興國(今陽新)羅有文、通山朱美燮纂
2001年江蘇古籍出版社據清同治八年(1869)刻本影印中國地方志集成·湖北府縣志輯本
武漢

22736
[民國]松滋縣志十卷
民國楊傳松修　民國楊洪纂
民國二十六年(1937)鉛印本
北師大

22737
[民國]松滋縣志十卷
民國楊傳松修　民國楊洪纂
1970年起臺北成文出版社據民國二十六年(1937)鉛印本影印中國方志叢書本
湖北

22738
[順治]江陵志餘十卷
清孔自來纂
清順治七年(1650)刻本
國圖　南京地理所　湖北

22739
[順治]江陵志餘十卷
清孔自來纂
清順治七年(1650)刻道光四年(1824)增刻本
中央民大　天津

22740
[順治]江陵志餘十卷
清孔自來纂
2001年江蘇古籍出版社據清順治七年(1650)刻道光四年(1824)增刻本影印中國地方志集成·湖北府縣志輯本
武漢

22741
[順治]江陵志餘十卷
清孔自來纂

清道光二十九年（1849）刻本
湖北

22742
［順治］江陵志餘十卷
清孔自來纂
清光緒上海鴻文書局石印本
國圖　北師大　中央民大　吉林　湖北

22743
［順治］江陵志餘十卷
清孔自來纂
抄本
科院　湖北 ×

22744
［康熙］江陵縣志□卷
清□□纂
清康熙三年（1664）抄本
存一卷：三
國圖 ×

22745
［康熙］江陵縣志□卷
清□□纂
清康熙抄本
存一卷：三
臺灣書目著録爲《江陵志存一卷》。
臺北故宫 ×

22746
［乾隆］江陵縣志五十八卷首一卷
清崔龍見修　清魏耀、江陵黄義尊纂
清乾隆五十九年（1794）刻本
國圖　科院　故宫　人大　天津　南京　湖北　華南師大　四川

22747
［乾隆］江陵縣志五十八卷首一卷
清崔龍見修　清魏耀、江陵黄義尊纂
1970年起臺北成文出版社據清乾隆五十九年（1794）刻本影印中國方志叢書本
湖北

22748
［嘉慶］江陵縣志刊誤六卷
清江陵劉士璋纂
清嘉慶五年（1800）刻本
是書係糾［乾隆］江陵縣志之失。
國圖　科院　湖南

22749
［嘉慶］江陵縣志刊誤六卷
清江陵劉士璋纂
1970年起臺北成文出版社據清嘉慶五年（1800）刻本影印中國方志叢成本
湖北

22750
江陵縣志刊誤六卷
清江陵劉士璋纂
清道光十九年（1839）江陵劉氏刻劉氏三種本
國圖

22751
［嘉慶］江陵縣志刊誤六卷
清江陵劉士璋撰
清道光十九年（1839）刻劉氏三種本
國圖　北師大　上海　南大　湖北

22752
［嘉慶］江陵縣志刊誤六卷
清江陵劉士璋纂
清光緒九年（1883）刻本
科院　南大　湖南

22753
［光緒］（續修）江陵縣志六十五卷首一卷
清蒯正昌、吴耀斗修　清荆門胡九皋、劉

長謙纂
清光緒三年（1877）賓興館刻本
國圖　科院　北大　上海　天津　遼寧　南京　浙江　湖北　武漢　湖南　中大　四川　重慶 ˣ

22754
［光緒］（續修）江陵縣志六十五卷首一卷
清蒯正昌、吴耀斗修　清荆門胡九皐、劉長謙纂
1970 年起臺北成文出版社據清光緒三年（1877）刻本影印中國方志叢書本
湖北

22755
［光緒］（續修）江陵縣志六十五卷首一卷
清蒯正昌、吴耀斗修　清荆門胡九皐、劉長謙纂
2001 年江蘇古籍出版社據清光緒三年（1877）刻本影印中國地方志集成·湖北府縣志輯本
武漢

22756
［宣統］江陵鄉土志三卷
清孚保修　清鄧宗禹纂
清宣統元年（1909）修抄本
北大　上海

22757
［成化］重刊公安縣志二卷
明魏奇修　明梁善纂
明成化十六年（1480）修嘉靖二十二年（1543）鄒廷濟刻本
北平

22758
［成化］重刊公安縣志二卷
明魏奇修　明梁善纂
抄本
上海　湖北

22759
［康熙］楚荆公安縣志畧二卷
清黄岡孫錫蕃修
清康熙抄本
存一卷：二上
國圖 ˣ

22760
［康熙］公安縣志書十六卷
清黄岡孫錫蕃纂修
附學規一卷條陳學務一卷
清康熙九年（1670）刻本
上海

22761
［康熙］公安縣志六卷
清楊之駢纂修
清康熙六十年（1721）刻本
國圖　北大

22762
［同治］公安縣志八卷首一卷
清周承弼、袁鳴珂修　清安陸王慰纂
清同治十三年（1874）刻本
國圖　科院　北大　上海　天津　遼寧　南京　浙江　湖北　武漢　湖南　北碚　雲南

22763
［同治］公安縣志八卷首一卷
清周承弼、袁鳴珂修　清安陸王慰纂
1970 年起臺北成文出版社據清同治十三年（1874）刻本影印中國方志叢書本
湖北

22764
［同治］公安縣志八卷首一卷
清周承弼、袁鳴珂修　清安陸王慰纂

2001年江蘇古籍出版社據清同治十三年（1874）刻本影印中國地方志集成·湖北府縣志輯本
武漢

22765
［同治］公安縣志八卷首一卷
清周承弼、袁鳴珂修　清安陸王慰纂
民國二十六年（1937）鉛印本
國圖　上海　南京　湖南　北碚

22766
［同治］公安縣志八卷首一卷
清周承弼、袁鳴珂修　清安陸王慰纂
1967—1975年臺灣學生書局據清同治十三年（1874）刻本、民國二十六年（1937）鉛印本影印新修方志叢刊本
湖北

22767
［光緒］重修公安縣志十卷附一卷
清□□纂修
抄本
北師大

22768
［光緒］公安縣鄉土志一卷
清□□纂
清光緒末纂抄本
北師大

22769
［順治］監利縣志十一卷首一卷
清藺完瑝修　清監利潘世標纂
清順治九年（1652）刻本
國圖

22770
［康熙］監利縣志十卷
清郭徽祚纂修
清康熙四十一年（1702）修抄本
故宫

22771
［同治］監利縣志十二卷首一卷
清徐兆英、林瑞枝修　清監利王柏心纂
清同治十一年（1872）刻本
國圖　科院　北大　上海　遼寧　南京　浙江　湖北　武大　湖南　四川　北碚

22772
［同治］監利縣志十二卷首一卷
清徐兆英、林瑞枝修　清監利王柏心纂
清同治十一年（1872）刻光緒三十四年（1908）印本
上海辭書　天津　福建師大

22773
［同治］監利縣志十二卷首一卷
清徐兆英、林瑞枝修　清監利王柏心纂
1967—1975年臺灣學生書局據清同治十一年（1872）刻本影印新修方志叢刊本
湖北

22774
［同治］監利縣志十二卷首一卷
清徐兆英、林瑞枝修　清監利王柏心纂
1970年起臺北成文出版社據清同治十一年（1872）刻本影印中國方志叢書本
湖北

22775
［同治］監利縣志十二卷首一卷
清徐兆英、林瑞枝修　清監利王柏心纂
2001年江蘇古籍出版社據清同治十一年

（1872）刻本影印中國地方志集成·湖北府縣志輯本
武漢

22776
監利風土志一卷
清監利王柏心纂
清光緒十七年（1891）刻小方壺齋輿地叢抄本
國圖　科院　北大　上海　復旦　遼寧　甘肅　南京　浙江　廣東　四川　重慶　雲南

荆門市

22777
［萬曆］荆門州志十四卷
明徐天祐纂修
明萬曆刻本
存十二卷：三至十四
國圖 [×]

22778
［萬曆］荆門州志十四卷
明徐天祐纂修
抄本
存十二卷：三至十四
湖北 [×]

22779
［康熙］荆門州誌□□卷
清□□纂
清康熙四年（1665）抄本
存六卷半：卷二半卷、三至八
國圖 [×]

22780
［乾隆］荆門州志三十六卷
清舒成龍修　清李法孟、陳榮傑纂
清乾隆十九年（1754）宗陸堂刻本
國圖　科院　北大　上海　天津　南京　湖北　湖南 [×]　華南師大

22781
［乾隆］荆門州志三十六卷
清舒成龍修　清李法孟、陳榮傑纂
2001年江蘇古籍出版社據清乾隆十九年（1754）宗陸堂刻本影印中國地方志集成·湖北府縣志輯本
武漢

22782
［嘉慶］荆門直隸州志三十六卷
清王樹勳修　清漢陽廖士琳纂
清嘉慶十四年（1809）刻本
首都　科院　上海　天津　山東　南京　浙江　武大

22783
荆門州志士傳不分卷
清包世臣纂修
清宣統二年（1910）湖北官書處影印原稿本
南大

22784
［咸豐］續補荆門直隸州志十卷
清黄昌輔修　清王甲曾纂
清咸豐九年（1859）刻本
科院　中央民大　上海辭書　南通　南大

22785
［同治］荆門直隸州志十二卷首一卷
清恩榮修　清張圻纂
清同治七年（1868）明倫堂刻本
國圖　科院　北大　上海　天津　南京　浙江　湖北　武大　湖南　中大　川大

22786
[同治]荆門直隸州志十二卷首一卷
清恩榮修　清張圻纂
1970年起臺北成文出版社據清同治七年(1868)明倫堂刻本影印中國方志叢書本
湖北

22787
[同治]荆門直隸州志十二卷首一卷
清恩榮修　清張圻纂
2001年江蘇古籍出版社據清同治七年(1868)明倫堂刻本影印中國地方志集成·湖北府縣志輯本
武漢

22788
[康熙]鍾祥縣志十卷首一卷
清程起鵬修　清鍾祥鄭茂泰纂
清康熙五年(1666)刻本
國圖

22789
[乾隆]鍾祥縣志十卷
清高世榮修　清鍾祥李蓮纂
清乾隆六年(1741)刻本
湖北　臺圖

22790
[乾隆]鍾祥縣志二十卷
清張琴修　清竹山杜光德纂
清乾隆六十年(1795)刻本
國圖　科院　山東　浙江　福建　湖北　武大

22791
[乾隆]鍾祥縣志二十卷
清張琴修　清竹山杜光德纂
2001年江蘇古籍出版社據清乾隆六十年(1795)刻本影印中國地方志集成·湖北府縣志輯本
杜光德,本竹山人,爲安陸教諭,占籍安陸。
武漢

22792
[同治]鍾祥縣志二十卷補編二卷
清許光曙、孫福海修　清武昌(今鄂州)張裕釗纂
清同治六年(1867)刻本
同治八年(1869)知縣張銘焕《跋》云:"今志之修,始於許公光曙,成於孫公福海,而刪潤於武昌孝廉張君裕釗。"
國圖　科院　北大　天津　遼寧　山東　南京　浙江　湖北　武大　湖南　重慶　雲南

22793
[同治]鍾祥縣志二十卷補編二卷
清許光曙、孫福海修　清武昌(今鄂州)張裕釗纂
2001年江蘇古籍出版社據清同治六年(1867)刻本影印中國地方志集成·湖北府縣志輯本
武漢

22794
[民國]鍾祥縣志二十八卷首一卷附鍾祥文徵二卷詩徵二卷
鍾祥趙鵬飛、鍾祥李權纂
民國二十六年(1937)鉛印本
國圖　上海　山東　南京　湖北　武漢　湖南　四川　雲南

22795
[民國]鍾祥縣志二十八卷首一卷附鍾祥文徵二卷詩徵二卷
鍾祥趙鵬飛、鍾祥李權纂
1967—1975年臺灣學生書局據民國二十六年(1937)鉛印本影印新修方

志叢刊本
湖北

22796
[民國]鍾祥縣志二十八卷首一卷附鍾祥文徵二卷詩徵二卷
鍾祥趙鵬飛、鍾祥李權纂
1970年起臺北成文出版社據清民國二十六年(1937)鉛印本影印中國方志叢書本
湖北

22797
[康熙]京山縣志十卷
清吴游龍修　清京山王演、盧前驥纂
清康熙十三年(1674)刻本
國圖　故宫　上海　天津　山東　南大　湖北　湖南師大

22798
[民國]舊口縣誌一卷
民國嚴雲凌修 民國劉陰堂纂
民國三十一年刻本(荊門市號誌辦 鍾祥市檔案館)

22799
[康熙]京山縣志十卷
清吴游龍修　清京山王演、盧前驥纂
2001年江蘇古籍出版社據清康熙十三年(1674)刻本影印中國地方志集成·湖北府縣志輯本
武漢

22800
[光緒]京山縣志二十七卷首一卷
清沈星標修　清京山曾憲德、秦有鍠纂
清光緒八年(1882)刻本
國圖　科院　北大　上海　天津　遼寧　南京　浙江　湖北　武大　湖南　川大

22801
[光緒]京山縣志二十七卷首一卷
清沈星標修　清京山曾憲德、秦有鍠纂
2001年江蘇古籍出版社據清光緒八年(1882)刻本影印中國地方志集成·湖北府縣志輯本
武漢

22802
[民國]新修京山縣志草例一卷
京山李廉方撰
民國三十六年(1947)鉛印本
上海

22803
[民國]京山新縣志五卷
京山李廉方纂
民國三十八年(1949)鉛印本
科院　北師大　南開　山東大　杭大　湖北　湖北博　四川

22804
[民國]京山新志縣五卷
京山李廉方纂
1970年起臺北成文出版社據民國三十八年(1949)鉛印本影印中國方志叢書本
湖北

宜昌市

22805
[弘治]夷陵州志十卷拾遺一卷
明陳宣修　明劉允、沈寬纂
明弘治九年(1496)刻本
清雍正十三年(1735)升爲宜昌府。
天一閣

22806
[弘治]夷陵州志十卷拾遺一卷
明陳宣修　明劉允、沈寬纂
1989年起上海書店據明弘治九年(1496)刻本影印天一閣藏明代方志選刊續編本
湖北

22807
[康熙]彝陵州志八卷
清鮑孜修　清京山徐同功纂
清康熙十年(1671)刻本
存七卷:一至七
國圖 ×

22808
[同治]宜昌府志十六卷首一卷
清聶光鑾修　清監利王柏心、黄岡雷春沼纂
清同治五年(1866)刻本
國圖　科院　北大　上海　復旦　天津　遼寧　南京　浙江　湖北　武大　湖南　中大　四川　重慶

22809
[同治]宜昌府志十六卷首一卷
清聶光鑾修　清監利王柏心、黄岡雷春沼纂
1970年起臺北成文出版社據清同治五年(1866)刻本影印中國方志叢書本
湖北

22810
[同治]宜昌府志十六卷首一卷
清聶光鑾修　清監利王柏心、黄岡雷春沼纂
2001年江蘇古籍出版社據清同治五年(1866)刻本影印中國地方志集成·湖北府縣志輯本
武漢

22811
[乾隆]東湖縣志三十卷首一卷
清林有席修　清嚴思濬、林有彬纂
清乾隆二十八年(1763)刻本
國圖　北大　南大　浙江　江西　湖北

22812
[乾隆]東湖縣志三十卷首一卷
清林有席修　清嚴思濬、林有彬纂
清乾隆二十八年(1763)刻嘉慶五年(1800)補刻本
上海

22813
[乾隆]東湖縣志三十卷首一卷
清林有席修　清嚴思濬、林有彬纂
1970年起臺北成文出版社據清乾隆二十八年(1763)刻嘉慶五年(1800)補刻本影印中國方志叢書本
湖北

22814
[乾隆]東湖縣志三十卷首一卷
清林有席修　清嚴思濬、林有彬纂
2001年江蘇古籍出版社據清乾隆二十八年(1763)刻嘉慶五年(1800)補刻本影印中國地方志集成·湖北府縣志輯本
武漢

22815
[同治]續修東湖縣志三十卷首一卷續補藝文一卷
清金大鏞修　清監利王柏心纂
清同治三年(1864)刻本
國圖　科院　北大　上海　復旦　天津　遼

寧　浙江　湖北　武大　湖南　中大　四川　雲南

22816

[同治]續修東湖縣志三十卷首一卷續補藝文一卷

清金大鏞修　清監利王柏心纂

2001年江蘇古籍出版社據清同治三年(1864)刻本影印中國地方志集成·湖北府縣志輯本

武漢

22817

[同治]續修東湖縣志三十卷首一卷續補藝文一卷

清金大鏞修　清監利王柏心纂

民國二十年(1931)鉛印本

封面題"續修宜昌縣志"。

國圖　上海　吉林　南京　浙江　湖北　武大　湖南

22818

[同治]續修東湖縣志三十卷首一卷續補藝文一卷

清金大鏞修　清監利王柏心纂

1970年起臺北成文出版社據民國二十年(1931)鉛印本[卷十九至二十三據清同治三年(1864)刻本]影印中國方志叢書本

湖北

22819

[民國]東湖縣志三十一卷

趙鐵公修　屈德澤等纂

民國二十年鉛印本

是書封面題《續修宜昌縣志》,僅在王柄心所纂同治志上增補数十字,實係翻印同治三年王志。

國圖　上海　吉林　南京　浙江　湖北　武大　湖南

22820

宜昌小志不分卷

彭質均纂

民國二十四年(1935)鉛印方志雙月刊第八卷第四、五期本

國圖　科院　北大　陝西　甘肅　浙江　武大　中大

22821

[民國]宜昌縣志三十卷副刊五卷

胡效新、王靜波、王邕纂

民國二十五年稿本

存二十一卷:一、三、四、六、七、十至十四、十六、十七、二十一至二十四、三十　副刊一至五

宜昌市夷陵區委史志辦 ×

22822

[民國]宜昌縣志三十卷副刊五卷

胡效新、王靜波、王邕纂　宜昌史志辦整理

一九八六年鉛印本

宜昌市夷陵區史志辦

22823

[康熙]枝江縣志十卷

清周廷桂修　清枝江楊際春纂

清康熙九年(1670)刻本

國圖

22824

[乾隆]枝江縣志十卷

清王世爵修　清枝江鍾彝纂

清乾隆五年(1740)刻本

國圖　臺北故宫

22825

[道光]枝江縣志十四卷首一卷

清謝丕績修　清枝江李輝光纂

清道光八年(1828)刻本

上海　山東博　湖南 ×

22826
［同治］枝江縣志二十卷首一卷
清查子庚修　清松滋熊文瀾等纂
清同治五年（1866）刻本
國圖　科院　北大　上海　復旦　天津　大連　南京　浙江　湖北　湖北博　湖南　雲南

22827
［同治］枝江縣志二十卷首一卷
清查子庚修　清松滋熊文瀾等纂
1970年起臺北成文出版社據清同治五年（1866）刻本影印中國方志叢書本
湖北

22828
［同治］枝江縣志二十卷首一卷
清查子庚修　清枝江熊文瀾等纂
2001年江蘇古籍出版社據清同治五年（1866）刻本影印中國地方志集成·湖北府縣志輯本
武漢

22829
［康熙］宜都縣志十二卷首一卷末一卷
清劉顯功纂修
清康熙三十六年（1697）刻本
科院　北大　故宫　上海　吉大　四川

22830
［康熙］宜都縣志十二卷首一卷末一卷
清劉顯功纂修
清咸豐九年（1859）刻本
北師大　上海　天津　遼寧　湖北

22831
［同治］宜都縣志四卷首一卷末一卷
清崔培元、朱甘霖修　清監利龔紹仁纂
清同治五年（1866）刻本
國圖　中科院　北大　上海　復旦　天津　遼寧　南京　浙江　湖北　武漢　湖南　華南師大　川大　雲南

22832
［同治］宜都縣志四卷首一卷末一卷
清崔培元、朱甘霖修　清監利龔紹仁纂
1970年起臺北成文出版社據清同治五年（1866）刻本影印中國方志叢書本
湖北

22833
［同治］宜都縣志四卷末一卷
清崔培元、朱甘霖修　清監利龔紹仁纂
2001年江蘇古籍出版社據清同治五年（1866）刻本影印中國地方志集成·湖北府縣志輯本
武漢

22834
［同治］宜都縣志四卷末一卷
清崔培元、朱甘霖修　清監利龔紹仁纂
民國二十三年（1934）石印補版本
中央民大　人大　上海　遼寧　湖南　湖南師大

22835
［民國］宜都鄉土調查志不分卷
胡興權等纂
抄本
藏書單位待訪。

22836
［康熙］當陽縣志八卷
清婁肇龍修　清當陽栗引之、楊州彦等纂
清康熙八年（1669）刻本
國圖　臺北故宫

22837
[乾隆]當陽縣志九卷首一卷
清黃仁修　清鄿州(今蘄春)童鑾纂
清乾隆五十九年(1794)刻本
故宮　湖北

22838
[乾隆]當陽縣志九卷首一卷
清黃仁修　清鄿州(今蘄春)童鑾纂
抄本
華東師大

22839
[同治]當陽縣志十八卷首一卷末一卷
清阮恩光修　清監利王柏心等纂
清同治五年(1866)刻本
國圖　北大　上海　復旦　天津　遼寧　南京　浙江　湖北　武大　湖南　四川　重慶　雲南

22840
[同治]當陽縣志十八卷首一卷末一卷
清阮恩光修　清監利王柏心等纂
1967—1975年臺灣學生書局據清同治五年(1866)刻本影印新修方志叢刊本
湖北

22841
[同治]當陽縣志十八卷首一卷末一卷
清阮恩光修　清監利王柏心等纂
1970年起臺北成文出版社據清同治五年(1866)刻本影印中國方志叢書本
湖北

22842
[同治]當陽縣志十八卷首一卷末一卷
清阮恩光修　清監利王柏心等纂
2001年江蘇古籍出版社據清同治五年(1866)刻本影印中國地方志集成·湖北府縣志輯本
武漢

22843
[同治]當陽縣志十八卷首一卷末一卷
清阮恩光修　清監利王柏心等纂
民國二十四年(1935)鉛印本
國圖　科院　上海　遼寧　甘肅　南京　湖北　武漢　北碚　川大

22844
[光緒]當陽縣補續志四卷首一卷
清李元才修　清當陽李葆貞纂
清光緒十五年(1889)刻本
國圖　北大　天津　遼寧　甘肅　南京　浙江　湖北　武大　湖南　重慶　雲南

22845
[光緒]當陽縣補續志四卷首一卷
清李元才修　清當陽李葆貞纂
2001年江蘇古籍出版社據清光緒十五年(1889)刻本影印中國地方志集成·湖北府縣志輯本
武漢

22846
[光緒]當陽縣補續志四卷首一卷
清李元才修　清當陽李葆貞纂
民國二十四年(1935)鉛印本
國圖　科院　上海　吉林　甘肅　南京　湖北　武大　湖南　重慶　雲南

22847
[光緒]當陽縣補續志四卷首一卷
清李元才修　清當陽李葆貞纂
1967—1975年臺灣學生書局據民國二十四年(1935)鉛印本影印新修方志叢刊本
湖北

22848
[光緒]當陽縣補續志四卷首一卷
清李元才修　清當陽李葆貞纂
1970年起臺北成文出版社據民國二十四年(1935)鉛印本影印中國方志叢書本
湖北

22849
[順治]遠安縣志八卷
清安可願修　清遠安曾宗孔等纂
清順治十八年(1661)刻本
國圖　故宮

22850
[咸豐]遠安縣志八卷
清趙廣恩、朱錫綬修　清天門劉子垣纂
清咸豐八年(1858)刻本
北大　上海　南京

22851
[同治]遠安縣志八卷首一卷
清英山鄭燡林修　清江夏周葆恩纂
清同治五年(1866)刻本
國圖　科院　北大　上海　天津　遼寧　甘肅　南京　浙江　湖北　武大　湖南　川大

22852
[同治]遠安縣志八卷首一卷
清英山鄭燡林修　清江夏周葆恩纂
1970年起臺北成文出版社據清同治五年(1866)刻本影印中國方志叢書本
湖北

22853
[同治]遠安縣志八卷首一卷
清英山鄭燡林修　清江夏周葆恩纂
2001年江蘇古籍出版社據清同治五年(1866)刻本影印中國地方志集成·湖北府縣志輯本
武漢

22854
[乾隆]興山縣志十卷
清胥遇創稿　清艾偏纂　清潘内召、张光裕增修　清蔡紹清重訂　清道光四年抄本(興山縣檔案館)
或謂是志修編長達八十年,难始末年待查考。有乾隆十三年刻本,今不見著録。

22855
[同治]興山縣志十卷首一卷
清伍繼勳修　清蕲水(今浠水)范昌棣、興山吴翰章等纂
清同治四年(1865)刻本
國圖　北大　上海　山大　南京　浙江　湖北　川大

22856
[光緒]興山縣志二十二卷
清黄世崇纂修
附雙谿文鈔不分卷
清興山吴翰章撰
清光緒十一年(1885)經心書院刻本
國圖　科院　北大　上海　復旦　天津　遼寧　南京　浙江　湖北　武大　湖南　中大　雲南

22857
[光緒]興山縣志二十二卷
清黄世崇纂修
1970年起臺北成文出版社據清光緒十一年(1885)刻本影印中國方志叢書本
湖北

22858
[光緒]興山縣志二十二卷
清黄世崇纂修

2001年江蘇古籍出版社據清光緒十一年(1885)刻本影印中國地方志集成·湖北府縣志輯本
武漢

22859
[嘉靖]歸州全志二卷
明張時纂修
明嘉靖二十八年(1549)刻本
天一閣

22860
[嘉靖]歸州全志二卷
明張時纂修
1989年起上海書店據明嘉靖二十八年(1549)刻本影印天一閣藏明代方志選刊續編本
湖北

22861
[嘉靖]歸州志五卷
明鄭喬纂修
明嘉靖四十三年(1564)刻本
天一閣

22862
[嘉靖]歸州志五卷
明鄭喬纂修
1989年起上海書店據明嘉靖四十三年(1564)刻本影印天一閣藏明代方志選刊續編本
湖北

22863
[萬曆]歸州志五卷
明張尚儒、趙子文纂修
明萬曆刻本
存四卷:一至四
國圖 ×

22864
[萬曆]歸州志五卷
明張尚儒、趙子文纂修
抄本
存四卷:一至四
國圖 × 湖北 ×

22865
[康熙]歸州志書一卷
清曹熙衡纂修 清王景陽增修 清李毓昌增纂
清康熙抄本
國圖

22866
[乾隆]歸州志不分卷
清曹熙衡原本 清曾維道增修
清乾隆五十五年(1790)修抄本
故宫

22867
[嘉慶]歸州志十卷
清李炘修 清盧仲達纂
清嘉慶二十二年(1817)刻本
清華 上海 南京 四川

22868
[嘉慶]歸州志十卷
清李炘修 清盧仲達原纂 清余思訓增修 清陳鳴鳳續修
清嘉慶二十二年(1817)刻同治五年(1866)余思訓增刻本
國圖 北大 上海 復旦 天津 吉大 南京 湖北 武漢 湖南 川大 北碚

22869
[同治]歸州志十卷
清李炘修 清盧仲達原纂 清余思訓增修 清陳鳴鳳續修
1970年起臺北成文出版社據清嘉慶

二十二年（1817）刻同治五年（1866）增刻本影印中國方志叢書本
湖北

22870
［光緒］歸州志十卷首一卷
清沈雲駿修　清黄陂劉玉森等纂
清光緒八年（1882）刻本
國圖　科院　北大　上海　復旦　天津　南京　浙江　湖北　武大　湖南　中大

22871
［光緒］歸州志十卷首一卷
清沈雲駿修　清黄陂劉玉森等纂
1970年起臺北成文出版社據清光緒八年（1882）刻本影印中國叢書本
湖北

22872
［光緒］歸州志十七卷
清黄世崇纂修
清光緒二十七年（1901）刻本
國圖　北大　復旦　遼寧　南大　湖北　湖南　中大

22873
［光緒］歸州志十七卷
清黄世崇纂修
1970年起臺北成文出版社據清光緒二十七年（1901）刻本影印中國方志叢書本
湖北

22874
［光緒］歸州志十七卷
清黄世崇纂修
2001年江蘇古籍出版社據清光緒二十七（1901）刻本影印中國地方志集成·湖北府縣志輯本
武漢

22875
［康熙］長陽縣志一卷
清田恩遠修　清長陽石高嵩纂
清康熙十二年（1673）刻本
國圖

22876
［乾隆］長陽縣志六卷
清李拔纂修
清乾隆十九年（1754）抄本
故宫

22877
［道光］長陽縣志七卷
清朱廷棻修　清長陽彭世德、彭人檀纂
附集事詩鑒一卷
清道光二年（1822）刻本
國圖　大連　南大　南京地理所　湖北

22878
［同治］長陽縣志七卷首一卷
清陳惟模修　清長陽譚大勳纂
清同治五年（1866）刻本
國圖　科院　北大　上海　天津　遼寧　南京　浙江　湖北　武大　湖南　中大

22879
［同治］長陽縣志七卷首一卷
清陳惟模修　清長陽譚大勳纂
1970年起臺北成文出版社據清同治五年（1866）刻本影印中國方志叢書本
湖北

22880
［同治］長陽縣志七卷首一卷
清陳惟模修　清長陽譚大勳纂
2001年江蘇古籍出版社據清同治五年

(1866)刻本影印中國地方志集成·湖北府縣志輯本

武漢

22881

[民國]長陽縣志十五卷

民國陳丕顯修

民國二十五年抄本(湖北省檔案館)

22882

[咸豐]長樂縣志十六卷首一卷末一卷

清李焕春修　清賴榮光纂

清咸豐二年(1852)刻本

民國三年(1914)改名五峰縣。

華東師大　大連　浙江　湖南

22883

[同治]長樂縣志十六卷首一卷末一卷

清李焕春原本　清龍兆霖等增補

清咸豐二年(1852)刻同治九年(1870)增刻本

北大　上海　湖北　湖南

22884

[光緒]長樂縣志十六卷首一卷末一卷

清李焕春原本　清龍兆霖增補　清郭敦祐續增

清咸豐二年(1852)刻同治九年(1870)增刻光緒元年(1875)續增刻本

國圖　科院　北大　上海　天津　吉大南京　湖北　湖南　中大　四川

22885

[光緒]長樂縣志十六卷首一卷末一卷

清李焕春原本　清龍兆霖增補　清郭敦祐續增

1970年起臺北成文出版社據清咸豐二年(1852)刻同治九年(1870)增刻光緒元年(1875)續增刻本影印中國方志叢書本

湖北

22886

[光緒]長樂縣志十六卷首一卷末一卷

清李焕春原本　清龍兆霖增補　清郭敦祐續增

2001年江蘇古籍出版社據咸豐二年(1852)刻同治九年(1870)增刻光緒元年(1875)續增刻本影印中國地方志集成·湖北府縣志輯本

武漢

隨州市

22887

[嘉靖]隨志二卷

明應山(今廣水)顏木纂修

明嘉靖十八年(1539)刻本

《中國古籍善本書目》著録。

北平

22888

[嘉靖]隨志二卷

明應山(今廣水)顏木纂修

舊抄本

湖北

22889

[嘉靖]隨志二卷

明應山(今廣水)顏木纂修

1997年起齊魯書社據湖北省圖書館藏舊抄本影印四庫全書存目叢書本

湖北

22890

[嘉靖]隨志二卷

明應山(今廣水)顏木纂修

民國五年(1916)上海倉聖明智大學鉛印廣倉學窘叢書(一名學術叢編)本

國圖　科院　北師大上海　復旦　天津　遼寧　甘肅　南京　浙江　湖北　四川　重慶

22891
[康熙]隨州志四卷
清劉霦修　清隨州何藩等纂
清康熙六年(1667)刻本
國圖　湖北

22892
[康熙]隨州志四卷
清劉霦修　清隨州何藩等纂
抄本
上海　湖北×

22893
[乾隆]隨州志十八卷首一卷
清張璿纂修
清乾隆五十五年(1790)刻本
國圖　科院　故宫　天津　湖北　湖南×

22894
[同治]隨州志三十二卷首一卷
清文齡、孫文俊修　清棗陽史策先纂
清同治八年(1869)刻本
國圖　科院　北大　上海　天津　遼寧　南京　浙江　湖北　武大　湖南　北碚　雲南

22895
[同治]隨州志三十二卷首一卷
清文齡、孫文俊修　清棗陽史策先纂
1967—1975年臺灣學生書局據同治八年(1869)刻民國二十年(1931)重印本影印新修方志叢刊本
湖北

22896
[同治]隨州志三十二卷首一卷
清文齡、孫文俊修　清棗陽史策先纂
1970年起臺北成文出版社據清同治八年(1869)刻本影印中國方志叢書本
湖北

22897
[同治]隨州志三十二卷首一卷
清文齡、孫文俊修　清棗陽史策先纂
2001年江蘇古籍出版社據清同治八年(1869)刻本影印中國地方志集成·湖北府縣志輯本
武漢

22898
[嘉靖]應山縣志二卷
明隨州顔木纂
明嘉靖十九年(1540)刻本
天一閣

22899
[嘉靖]應山縣志二卷
明隨州顔木纂
1961—1966年上海古籍書店據明嘉靖十九年(1540)刻本影印天一閣藏明代方志選刊本
綫裝本。
湖北

22900
[嘉靖]應山縣志二卷
明隨州顔木纂
1981—1982年上海古籍書店據影印本重印天一閣藏明代方志選刊本
精裝本。
湖北

22901
[康熙]應山縣志七卷圖一卷
清周祐修　清應山(今廣水)陳聯璧纂

清康熙十二年(1673)刻本
《中國古籍善本書目》著録。
國圖　南京地理所　湖北博 ×

22902
[康熙]應山縣志七卷圖一卷
清周祜修　清應山(今廣水)陳聯璧纂
2001年江蘇古籍出版社據清康熙十二年(1673)刻本影印中國地方志集成·湖北府縣志輯本
武漢

22903
[康熙]應山縣志七卷圖一卷
清周祜修　清應山(今廣水)陳聯璧纂
抄本
上海

22904
[同治]應山縣志三十六卷首一卷末一卷
清劉宗元等修　清應山(今廣水)吴天錫纂
清同治十年(1871)刻本
國圖　科院　北大　上海　天津　遼寧　南京　浙江　湖北　湖南　華南師大

22905
[同治]應山縣志三十六卷首一卷末一卷
清劉宗元等修　清應山(今廣水)吴天錫纂
1970年起臺北成文出版社據清同治十年(1871)刻本影印中國方志叢書本
湖北

22906
[同治]應山縣志三十六卷首一卷
清劉宗元等修　清應山(今廣水)吴天錫纂
2001年江蘇古籍出版社據清同治十年(1871)刻本影印中國地方志集成·湖北府縣志輯本
武漢

襄陽市

22907
[天順]重刊襄陽郡志四卷
明張恒纂修
明天順三年(1459)刻本
此書刊刻甚早。《中國古籍善本書目》著録。收藏單位(國圖)有誤,茲據《中國古籍總目》更改。
陝西

22908
[天順]重刊襄陽郡志四卷
明襄陽張恒纂修
1964年上海古籍書店據明天順三年(1459)刻本影印
綫裝本。
湖北

22909
[天順]重刊襄陽郡志四卷
明張恒纂修
1981—1982年上海古籍書店據影印本重印
湖北

22910
[正德]襄陽府志二十卷
明聶賢修　明襄陽曹璘纂
明正德十二年(1517)刻本
上海

22911
[萬曆]襄陽府志五十一卷
明吴道邇纂修

明萬曆十二年(1584)刻本
國圖　日本内閣文庫

22912
[萬曆]襄陽府志五十一卷
明吴道邇纂修
1991年起中國書店據明萬曆十二年(1584)刻本影印中國稀見方志彙刊本
國圖　科院

22913
[萬曆]襄陽府志五十一卷
明吴道邇纂修
1997年齊魯書社據明萬曆十二年(1584)刻本影印四庫全書存目叢書本
湖北

22914
[萬曆]襄陽府志五十一卷
明吴道邇纂修
抄本
存四十一卷:一至九、十九至五十一
湖北 ×

22915
[順治]襄陽府志三十四卷
清趙兆麟纂修
清順治九年(1652)刻本
復旦

22916
[康熙]襄陽府志八卷
清杜養性修　清遠安鄒毓祚纂
清康熙十一年(1672)刻本
存七卷:一至六、八
國圖 ×

22917
[乾隆]襄陽府志四十卷圖一卷
清陳鍔纂修
清乾隆二十五年(1760)刻本
國圖　科院　北大　上海　天津　遼寧　南京　浙江　湖北　武大　湖南　重慶　川大　雲南

22918
[光緒]襄陽府志二十六卷志餘一卷
清恩聯、鍾壎修　清襄陽王萬芳等纂
清光緒十一年(1885)刻本
國圖　科院　上海　復旦　天津　遼寧　南京　湖北　武大　湖南

22919
[光緒]襄陽府志二十六卷志餘一卷
清恩聯、鍾壎等修　清襄陽王萬芳等纂
1970年起臺北成文出版社據清光緒十一年(1885)刻本影印中國方志叢書本
湖北

22920
[光緒]襄陽府志二十六卷志餘一卷
清恩聯、鍾壎修　清襄陽王萬芳等纂
2001年江蘇古籍出版社據清光緒十一年(1885)刻本影印中國地方志集成·湖北府縣志輯本
武漢

22921
[萬曆]襄陽縣志□□卷
明李思啓、王業浩纂修　明襄陽馮舜臣補輯
明萬曆四十五年(1617)刻本
存二卷:一、三
湖北 ×

22922
[同治]襄陽縣志七卷首一卷
清楊宗時修　清襄陽崔淦纂　清吴耀斗續修　清蘄州李士彬續纂

清同治十三年（1874）刻本
國圖　科院　北大　上海　復旦　天津　遼寧　南京　浙江　湖北　武漢　湖南　中大　重慶　川大

22923
[同治]襄陽縣志七卷首一卷
清楊宗時修　清襄陽崔淦纂　清吴耀斗續修　清蘄州李士彬續纂
1970年起臺北成文出版社據清同治十三年（1874）刻本影印中國方志叢書本
湖北

22924
[同治]襄陽縣志七卷首一卷
清楊宗時修　清襄陽崔淦纂　清吴耀斗續修　清蘄州李士彬續纂
2001年江蘇古籍出版社據清同治十三年（1874）刻本影印中國地方志集成·湖北府縣志輯本
武漢

22925
[同治]襄陽縣志七卷首一卷
清楊宗時修　清襄陽崔淦纂　清吴耀斗續修　清蘄州李士彬續纂
清同治十三年（1874）刻民國十九年（1930）印本
上海　浙江　湖北

22926
[同治]襄陽縣志七卷首一卷
清楊宗時修　清襄陽崔淦纂　清吴耀斗續修　清蘄州李士彬續纂
民國三年（1914）石印本
中央民大　東北師大　南京　湖北　武大　湖南

22927
[同治]襄陽縣志七卷首一卷
清楊宗時修　清襄陽崔淦纂　清吴耀斗續修　清蘄州李士彬續纂
1967—1975年臺灣學生書局據民國三年（1914）石印本影印新修方志叢刊本
湖北

22928
[光緒]襄陽四畧二十五卷
清襄陽吴慶燾撰
清光緒三十二年（1906）刻本
襄陽金石畧十二卷
襄陽兵事畧六卷
襄陽藝文畧五卷附録一卷
襄陽沿革畧一卷
《中國叢書綜録》著録。
國圖　科院　北大　北師大　清華　上海　吉林　杭大　湖北　武漢　武大

22929
[光緒]襄陽四畧二十五卷
清襄陽吴慶燾撰
1970年起臺北成文出版社據清光緒三十二年（1906）刻本影印中國方志叢書本
湖北

22930
[光緒]襄陽四畧二十五卷
清襄陽吴慶燾撰
2001年江蘇古籍出版社據清光緒三十二年（1906）刻本影印中國地方志集成·湖北府縣志輯本
武漢

22931
[光緒]襄陽四略二十五卷
清襄陽吴慶燾撰　洪承越點校
1999年湖北人民出版社鉛印湖北地方古籍文獻叢書本
襄陽沿革略一卷

襄陽兵事略六卷
襄陽金石略十二卷
襄陽藝文略五卷附録一卷
與《荆州記九種》合一册。

湖北　武漢

22932
[乾隆]棗陽縣志二十四卷
清甘定遇修　清熊天章纂
清乾隆二十七年(1762)修　抄本
首都

22933
[乾隆]棗陽縣志二十四卷
清甘定遇修　清熊天章纂
清乾隆二十七年(1762)修　抄本
北大

22934
[乾隆]棗陽縣志二十四卷
清甘定遇修　清熊天章纂
清乾隆二十七年(1762)修　抄本
故宫

22935
[乾隆]棗陽縣志二十四卷
清甘定遇修　清熊天章纂
清乾隆二十七年(1762)修　抄本
人大

22936
[乾隆]棗陽縣志二十四卷
清甘定遇修　清熊天章纂
清乾隆二十七年(1762)修　抄本
南京地理所

22937
[乾隆]棗陽縣志二十四卷
清甘定遇修　清熊天章纂
2001年江蘇古籍出版社據清乾隆抄本影印中國地方志集成·湖北府縣志輯本
武漢

22938
[咸豐]棗陽縣志十七卷
清陳子飭纂修
清咸豐三年(1853)稿本
上海

22939
[咸豐]重修棗陽縣志十五卷首一卷
清陳子飭修　清江陵王樹滋纂
清咸豐四年(1854)刻本
刻本與稿本之卷數、内容有異。
國圖　北大　上海　天津　山東　南大　南京地理所　湖北

22940
[同治]棗陽縣志三十卷首一卷末一卷
清張聲正修　清棗陽史策先纂
清同治四年(1865)刻本
國圖　科院　北大　上海　天津　遼寧　南京　浙江　湖北　武大　湖南　中大　川大　北碚

22941
[民國]棗陽縣志三十四卷首一卷
民國梁汝澤等修　民國棗陽王榮先、謝鴻舉纂
民國十二年(1923)鉛印本
民國　科院　北大　上海　天津　南京　湖北　武漢　武大　湖南　雲南

22942
[民國]棗陽縣志二十四卷首一卷
民國梁汝澤等修　民國棗陽王榮先、謝鴻舉纂

1967—1975 年臺灣學生書局據民國十二年(1923)鉛印本影印新修方志叢刊本
湖北

22943
[民國]棗陽縣志三十四卷首一卷
民國梁汝澤等修　民國棗陽王榮先、謝鴻舉纂
1970 年起臺北成文出版社據民國十二年(1923)鉛印本影印中國方志叢書本
湖北

22944
[民國]棗陽縣志三十四卷首一卷
民國梁汝澤等修　民國棗陽王榮先、謝鴻舉纂
2001 年江蘇古籍出版社據民國十二年(1923)鉛印本影印中國地方志集成·湖北府縣志輯本
武漢

22945
[民國]棗陽縣鄉土志一卷
馬伯援纂
民國二十一年(1932)鉛印本
北大　上海　湖北

22946
[正德]宜城志三卷
明朱崇學纂修
明正德九年(1514)刻本
存二卷:上、中
國圖 ×

22947
[嘉靖]宜城縣志三卷
明郝廷壐纂修
明嘉靖三十三年(1554)修四十二年(1563)刻本
存二卷:上、中
國圖 ×

22948
[嘉靖]宜城縣志三卷
明郝廷壐纂修
2001 年江蘇古籍出版社據南京大學圖書館藏抄本影印中國地方志集成·湖北府縣志輯本
武漢

22949
[嘉靖]宜城縣志三卷
明郝廷壐纂修
抄本
存二卷:一至二
上海 ×

22950
[嘉靖]宜城縣志三卷
明郝廷壐纂修
抄本
存二卷:一至二
湖北 ×

22951
[康熙]宜城縣志六卷
清胡永慶修　清宜城闕寧、尚其志纂
清康熙二十二年(1683)刻本
《中國地方志聯合目録》著録爲四卷,兹依《中國古籍總目·史部》。
故宫　傅斯年圖

22952
[同治]宜城縣志十卷
清程啓安修　清張炳鐘、魯裔曾纂
清同治五年(1866)刻本
國圖　科院　北大　上海　天津　遼寧　南京　浙江　湖北　武大　四川

22953
[同治]宜城縣志十卷
清程啓安修　清宜城張炳鐘、魯裔曾纂
1970年起臺北成文出版社據清同治五年(1866)刻本影印中國方志叢書本
湖北

22954
[同治]宜城縣志十卷
清程啓安修　清宜城張炳鐘、魯裔曾纂
2001年江蘇古籍出版社據清同治五年(1866)刻本影印中國地方志集成·湖北府縣志輯本
武漢

22955
[光緒]宜城縣續志二卷
清李連騎修　清宜城姚德華纂
清光緒八年(1882)刻本
國圖　北大　上海　南京　浙江　湖北　武大　湖南　四川

22956
[光緒]宜城縣續志二卷
清李連騎修　清宜城姚德華纂
1970年起臺北成文出版社據清光緒八年(1882)刻本影印中國方志叢書本
湖北

22957
[光緒]宜城縣續志二卷
清李連騎修　清宜城姚德華纂
2001年江蘇古籍出版社據清光緒八年(1882)刻本影印中國地方志集成·湖北府縣志輯本
武漢

22958
[光緒]湖北省襄陽府宜城縣鄉土志四卷
清楊文勳修　清宜城望炳麟纂
清光緒三十二年(1906)刻本
國圖　北大　大連　南大　浙江　湖北　湖南

22959
[嘉慶]南漳縣志集鈔三十五卷首一卷
清陶紹侃修　清南漳胡正楷纂
清嘉慶二十年(1815)刻本
北大　天津　南京　湖南

22960
[同治]南漳縣志集鈔二十六卷首一卷
清沈兆元修　清胡正楷纂　清南漳胡心悦增纂
清嘉慶二十年(1815)刻同治四年(1865)東鶴山堂增刻本
國圖　科院　上海　天津　南京　浙江　湖北　武大　湖南　川大

22961
[民國]南漳縣志十九卷首一卷末一卷
包安保修　向承煜纂
民國十一年(1922)石印本
國圖　科院　北大　上海　南京　湖北　武大　華南師大

22962
[民國]南漳縣志十九卷首一卷末一卷
包安保修　向承煜纂
1970年起臺北成文出版社據民國十一年(1922)石印本影印中國方志叢書本
湖北

22963
[民國]南漳縣志十九卷首一卷末一卷
包安保修　向承煜纂
2001年江蘇古籍出版社據民國十一年(1922)石印本影印中國地方志集成·湖北府縣志輯本
武漢

22964
［同治］穀城縣志八卷
清承印修　清穀城黃定鏞、蔣海澄纂
清同治六年（1867）刻本
國圖　科院　北大　上海　復旦　天津　遼寧　浙江　湖北　武大　湖南　中大　重慶　川大

22965
［同治］穀城縣志八卷
清承印修　清穀城黃定鏞、蔣海澄纂
2001 年江蘇古籍出版社據清同治六年（1867）刻本影印中國地方志集成·湖北府縣志輯本
武漢

22966
［民國］穀城縣志稿十二卷首一卷
穀城劉德全纂修
民國十五年（1926）石印本
人大　中央民大　湖北

22967
［民國］穀城縣志稿十二卷首一卷
劉德全纂修
1970 年起臺北成文出版社據民國十五年（1926）石印本影印中國方志叢書本
湖北

22968
［康熙］保康縣志一卷
清金國明纂修
清康熙間修　抄本
國圖

22969
［同治］保康縣志七卷首一卷
清林讓昆、宋熙曾修　清大冶楊世霖纂
清同治五年（1866）刻本
國圖　科院　北大　上海　天津　遼寧　浙江　湖北　武大　湖南　雲南

22970
［同治］保康縣志七卷首一卷
清林讓昆、宋熙曾修　清大冶楊世霖纂
1970 年起臺北成文出版社據清同治五年（1866）刻本傳鈔本影印中國方志叢書本
湖北

22971
［同治］保康縣志七卷首一卷
清林讓昆、宋熙曾修　清大冶楊世霖纂
2001 年江蘇古籍出版社據清同治五年（1866）刻本影印中國地方志集成·湖北府縣志輯本
武漢

22972
［同治］保康縣志七卷首一卷
清林讓昆、宋熙曾修　清大冶楊世霖纂
清同治五年（1866）刻十年（1871）補刻本
上海　南京　湖北

22973
［同治］保康縣志七卷首一卷
清林讓昆、宋熙曾修　清大冶楊世霖纂
清同治五年（1866）刻十年（1871）補刻光緒五年（1879）再補刻本
上海　湖北

22974
［民國］保康縣志二十五卷
民國黃千里修
稿本
存五卷：地理、建設、財賦、藝文、人物。
保康縣方志辦 ×

22975
［正德］光化縣志六卷末一卷
明黄金修　明襄陽曹璘纂
明正德十年（1515）刻本
天一閣

22976
［正德］光化縣志六卷末一卷
明黄金修　明襄陽曹璘纂
1961—1966年上海古籍書店據明正德十年（1515）刻本影印天一閣藏明代方志選刊本
綫裝本。
湖北

22977
［正德］光化縣志六卷末一卷
明黄金修　明襄陽曹璘纂
1981—1982年上海書店據影印本重印天一閣藏明代方志選刊本
精裝本。
湖北

22978
［光緒］光化縣志八卷首一卷
清鍾桐山、葉樹楠修　清段映斗等纂
清光緒十年（1884）刻本
國圖　科院　北大　上海　天津　遼寧　南京　浙江　湖北　武漢　湖南　川大　重慶　雲南

22979
［光緒］光化縣志八卷首一卷
清鍾桐山、葉樹楠修　清段映斗等纂
1970年起臺北成文出版社據清光緒十年（1884）刻本影印中國方志叢書本
湖北

22980
［光緒］光化縣志八卷首一卷
清鍾桐山、葉樹楠修　清段映斗等纂
2001年江蘇古籍出版社據清光緒十年（1884）刻本影印中國地方志集成·湖北府縣志輯本
武漢

22981
［光緒］光化縣志八卷首一卷
清鍾桐山、葉樹楠修　清段映斗等纂
民國二十二年（1933）石印本
中央民大　中央黨校　上海　吉大　温州

十堰市

22982
［萬曆］鄖陽府志三十一卷
明宋豸修　明周紹稷纂
明萬曆六年（1578）刻本
臺圖

22983
［萬曆］鄖臺志十卷
明裴應章修　明麻城彭遵古等纂
明萬曆十八年（1590）刻本
其轄地實跨鄂、豫、陝、川四省，姑置於斯。
臺圖

22984
［康熙］湖廣鄖陽府志四十二卷圖一卷補一卷
清劉作霖、楊廷耀纂修　清江闓補纂
清康熙刻本
國圖　臺北故宫　日本内閣文庫

22985
［康熙］湖廣鄖陽府志四十二卷補一卷
清劉作霖、楊廷耀纂修　清江闓補纂

1991 年起中國書店據清康熙刻本影印中國稀見方志彙刊本

國圖　科院

22986

［嘉慶］鄖陽志十卷首一卷

清王正常修　清謝攀雲纂

清嘉慶二年（1797）刻本

國圖　北大　上海　天津　甘肅　南京　湖北　武漢　北碚

22987

［嘉慶］鄖陽志補一卷

清王正常纂

清嘉慶十四年（1809）刻本

國圖　上海　南京　湖北　武漢

22988

［嘉慶］鄖陽志補一卷

清王正常修纂

清同治九年（1870）刻本

山東

22989

［同治］鄖陽志八卷首一卷

清吴葆儀修　清王嚴恭纂

清同治九年（1870）隕山書院刻本

國圖　科院　故宫　上海　天津　遼寧　山東　南京　浙江　湖北　武漢　湖南　四川　重慶

22990

［同治］鄖陽志八卷首一卷

清吴葆儀修　清王嚴恭纂

清同治九年（1870）鄖山書院刻光緒三年（1877）增刻本

上海　湖北

22991

［同治］鄖陽志八卷首一卷

清吴葆儀修　清王嚴恭纂

1970 年起臺北成文出版社據清同治九年（1870）鄖山書院刻光緒三年（1877）增刻本影印中國方志叢書本

湖北

22992

［同治］鄖陽志八卷首一卷

清吴葆儀修　清王嚴恭纂

2001 年江蘇古籍出版社據清同治九年（1870）鄖山書院刻光緒三年（1877）增刻本影印中國地方志集成·湖北府縣志輯本

武漢

22993

［康熙］鄖縣志畧不分卷

清侯世忠纂修

清康熙間抄本

前有總目作二十六卷，實存不滿五十葉，未分卷。《中國古籍善本書目》著録。

國圖

22994

［同治］鄖縣志十卷首一卷

清周瑞、定熙修　清余瀍廷、崔諧纂

清同治五年（1866）刻本

國圖　科院　北大　上海　天津　遼寧　山東　南京　浙江　湖北　武大　武漢　四川　川大

22995

［同治］鄖縣志十卷首一卷

清周瑞、定熙修　清余瀍廷、崔諧纂

1967—1975 年臺灣學生書局據清同治五年（1866）刻本影印新修方志叢刊本

湖北

22996
[同治]鄖縣志十卷首一卷
清周瑞、定熙修　清余瀊廷、崔誥纂
1970年起臺北成文出版社據清同治五年(1866)刻本影印中國方志叢書本
湖北

22997
[同治]鄖縣志十卷首一卷
清周瑞、定熙修　清余瀊廷、崔誥纂
2001年江蘇古籍出版社據清同治五年(1866)刻本影印中國地方志集成·湖北府縣志輯本
武漢

22998
[康熙]均州志四卷
清党居易纂修
清康熙十二年(1673)刻本
故宫

22999
[康熙]均州志四卷
清党居易纂修
清康熙十二年(1673)刻二十八年(1689)增刻本
科院　復旦

23000
[康熙]均州志四卷
清党居易纂修
1970年起臺北成文出版社據康熙十二年(1673)刻本影印中國方志叢書本
湖北

23001
[康熙]均州志四卷
清党居易纂修
抄本
上海　湖北

23002
[康熙]均州志四卷
清党居易纂修
抄本
上海

23003
[光緒]續輯均州志十六卷首一卷
清馬雲龍修　清均州(今丹江口)賈洪詔纂
清光緒十年(1884)均州志局刻本
國圖　科院　北大　上海　復旦　天津　遼寧　南京　浙江　湖北　武漢　湖南　四川　重慶　雲南

23004
[光緒]續輯均州志十六卷首一卷
清馬雲龍修　清均州(今丹江口)賈洪詔纂
1970年起臺北成文出版社據清光緒十年(1884)刻本影印中國方志叢書本
湖北

23005
[光緒]續輯均州志十六卷首一卷
清馬雲龍修　清均州(今丹江口)賈洪詔纂
2001年江蘇古籍出版社據清光緒十年(1884)刻本影印中國地方志集成·湖北府縣志輯本
武漢

23006
[康熙]竹山縣志不分卷
清賈待聘修
清康熙抄本
總目作三十卷,實存不滿四十葉。《中國古

籍善本書目》著録。

國圖

23007

[乾隆]竹山縣志二十七卷

清常丹葵修　清興國(今陽新)鄧光仁纂

清乾隆五十(1711)刻本

國圖　故宫　傅斯年圖

23008

[乾隆]竹山縣志二十七卷

清常丹葵修　清興國(今陽新)鄧光仁纂

1970年起臺北成文出版社據清乾隆五十年(1711)刻本影印中國方志叢書本

湖北

23009

[嘉慶]竹山縣志十卷

清范繼昌修　清黄岡張士旦纂

清嘉慶十年(1805)刻本

科院　故宫　大連　山東　湖北　湖南師大

23010

[同治]竹山縣志二十九卷

清周士楨修　清竹山黄子遂纂

清同治四年(1865)刻本

國圖　科院　北大　上海　天津　南京　浙江　湖北　武大　湖南　四川

23011

[同治]竹山縣志二十九卷

清周士楨修　清竹山黄子遂纂

1970年起臺北成文出版社據清同治四年(1865)刻本影印中國方志叢書本

湖北

23012

[同治]竹山縣志二十九卷

清周士楨修　清竹山黄子遂纂

2001年江蘇古籍出版社據清同治四年(1865)刻本影印中國地方志集成·湖北府縣志輯本

武漢

23013

[乾隆]房縣志鈔三十三類

清房縣汪魁儒纂修

清乾隆五十三年(1788)抄本

存十五類

國圖 ×

23014

[同治]房縣志十二卷首一卷

清楊延烈修　清郁方董、劉元棟纂

清同治四年(1865)刻本

國圖　科院　北大　上海　天津　遼寧　南京　浙江　湖北　武大　湖南　四川

23015

[同治]房縣志十二卷首一卷

清楊延烈修　清郁方董、劉元棟纂

1970年起臺北成文出版社據清同治四年(1865)刻本影印中國方志叢書本

湖北

23016

[同治]房縣志十二卷首一卷

清楊延烈修　清郁方董、劉元棟纂

2001年江蘇古籍出版社據清同治四年(1865)刻本影印中國地方志集成·湖北府縣志輯本

武漢

23017
[同治]房縣志十二卷首一卷
清楊延烈修　清郁方董、劉元棟纂
民國二十四年(1935)房縣教育會鉛印本
中央黨校　西北大　川大

23018
[康熙]鄖西縣志十二卷
清馮泰運纂修
清康熙二十年(1681)抄本
《中國古籍善本書目》著録。
國圖

23019
[乾隆]鄖西縣志二十卷首一卷
清張道南纂修
清乾隆四十二年(1777)刻本
《中國古籍善本書目》著録。
故宫　天津

23020
[嘉慶]鄖西縣續志四卷首一卷
清孔繼榦纂修
清嘉慶九年(1804)刻本
故宫　重慶

23021
[同治]鄖西縣志二十卷首一卷
清程光第修　清鄖西葉年荼、李登鼇纂
清同治四年(1865)刻本
國圖　科院　北大　上海　天津　浙江　湖北　武大　湖南

23022
[同治]鄖西縣志二十卷首一卷
清程光第修　清鄖西葉年荼、李登鼇纂
2001年江蘇古籍出版社據清同治四年(1865)刻本影印中國地方志集成·湖北府縣志輯本
武漢

23023
[民國]鄖西縣志十四卷
浠水郭治平修　浠水陳文善等纂
民國二十六年(1937)石印本
國圖　南京　重慶

23024
[民國]鄖西縣志十四卷
浠水郭治平修　浠水陳文善纂
1970年起臺北成文出版社據民國二十六年(1937)石印本影印中國方志叢書本
湖北

23025
[康熙]竹谿縣志不分卷
清徐京陛纂修
清康熙抄本
《中國古籍善本書目》著録。康熙十九年(1680)修、三十年(1691)抄。《中國地方志總目提要》将纂修者誤爲“徐京陞”。
國圖

23026
[道光]竹谿縣志十二卷首一卷
清李錦源修　清顧渭纂
清道光七年(1827)刻本
北大　中央民大　山東

23027
[同治]竹谿縣志十六卷首一卷
清陶壽嵩修　清竹谿楊兆熊纂
清同治六年(1867)刻本
國圖　科院　北大　上海　天津　南京　浙江　湖北　武大　湖南　華南師大

23028
[同治]竹谿縣志十六卷首一卷
清陶壽嵩修　清竹谿楊兆熊纂
1970年起臺北成文出版社據清同治六年

（1867）刻本影印中國方志叢書本
湖北

23029
［同治］竹谿縣志十六卷首一卷
清陶壽嵩修　清竹谿楊兆熊纂
2001年江蘇古籍出版社據清同治六年（1867）刻本影印中國地方志集成·湖北府縣志輯本
武漢

恩施土家族苗族自治区

23030
［道光］施南府志三十卷首一卷
清王協夢修　清興國（今陽新）羅德崑纂
清道光十四年（1834）刻本
國圖　北大　北師大　大連　南大　湖北

23031
［同治］增修施南府志三十卷首一卷
清松林、周慶榕修　清何遠鑒、廖彭齡纂
清同治十年（1871）刻本
國圖　科院　北大　上海　天津　遼寧　南京　浙江　湖北　武大　中大　四川

23032
［同治］增修施南府志三十卷首一卷
清松林、周慶榕修　清何遠鑒、廖彭齡纂
1970年起臺北成文出版社據清同治十年（1871）刻本影印中國方志叢書本
湖北

23033
［同治］增修施南府志三十卷首一卷
清松林、周慶榕修　清何遠鑒、廖彭齡纂
2001年江蘇古籍出版社據清同治十年（1871）刻本影印中國地方志集成·湖北府縣志輯本
武漢

23034
［光緒］施南府志續編十卷附施南府前志瑣言一卷
清王庭楨、李謙修　清黄岡雷春沼、恩施尹壽衡纂
清光緒十一年（1885）施南府新舊志合編刻本
國圖　科院　北大　上海　復旦　天津　遼寧　南京　浙江　湖北　武大　湖南　桂林　四川

23035
［光緒］施南府志續編十卷附施南府前志瑣言一卷
清王庭楨、李謙修　清黄岡雷春沼、恩施尹壽衡纂
1970年起臺北成文出版社據清光緒十一年（1885）刻本影印中國方志叢書本
湖北

23036
［光緒］施南府志續編十卷附施南府前志瑣言一卷
清王庭楨、李謙修　清黄岡雷春沼、恩施尹壽衡纂
2001年江蘇古籍出版社據清光緒十一年（1885）刻本影印中國地方志集成·湖北府縣志輯本
武漢

23037
［嘉慶］恩施縣志四卷
清張家檇修　清朱寅贊纂
清嘉慶十三年（1808）刻本
故宫　浙江

23038

［同治］恩施縣志十二卷首一卷

清多壽修　清羅淩漢纂

清同治三年（1864）麟溪書院刻本

國圖　科院　上海　天津　遼寧　南京　浙江　湖北　武大　湖南　重慶　雲南

23039

［同治］恩施縣志十二卷首一卷

清多壽修　清羅淩漢纂

1970年起臺北成文出版社據清同治三年（1864）刻本影印中國方志叢書本

湖北

23040

［同治］恩施縣志十二卷首一卷

清多壽修　清羅淩漢纂

2001年江蘇古籍出版社據同治三年（1864）麟溪書院刻本影印中國地方志集成·湖北府縣志輯本

武漢

23041

［同治］恩施縣志十二卷首一卷

清多壽修　清羅淩漢纂

清同治七年（1868）朱三恪校訂刻本

首都

23042

［同治］恩施縣志十二卷首一卷

清多壽修　清羅淩漢纂

清同治七年（1868）朱三恪校訂民國六年補刻本

國圖　天津　南大　武漢　四川

23043

［同治］恩施縣志十二卷首一卷

清多壽修　清羅淩漢纂

民國二十六年（1937）鉛印本

國圖　北大　南京　湖北　湖北大　湖南

23044

［同治］恩施縣志十二卷首一卷

清多壽修　清羅淩漢纂

1970年起臺北成文出版社據民國二十六年（1937）鉛印本影印中國方志叢書本

湖北

23045

［同治］利川縣志十卷首一卷

清何蕙馨修　清利川吴江纂

清同治四年（1865）刻本

科院　北大　上海　復旦　大連　南京　浙江　武大　湖南

23046

［同治］利川縣志稿十卷首一卷

清何蕙馨修　清利川吴江纂

民國抄本

國圖

23047

［光緒］利川縣志十四卷首一卷

清黄世崇纂修

清光緒二十年（1894）鍾靈書院刻本

國圖　中科院　上海　天津　遼寧　南京　湖北　湖南　四川　重慶　雲南

23048

［光緒］利川縣志十四卷首一卷

清黄世崇纂修

1970年起臺北成文出版社據清光緒二十年（1894）鍾靈書院刻本影印中國方志叢書本

湖北

23049
[光緒]利川縣志十四卷首一卷
清黃世崇纂修
2001年江蘇古籍出版社據清光緒二十年(1894)鍾靈書院刻本影印中國地方志集成·湖北府縣志輯本
武漢

23050
[光緒]利川縣志十四卷首一卷
清黃世崇纂修
清光緒二十年(1894)鍾靈書院刻民國三年(1914)補刻本
湖北

23051
[嘉慶]建始縣志二卷
清□□纂
清嘉慶十七年(1812)修 抄本
國圖

23052
[嘉慶]建始縣志二卷
清□□纂
清嘉慶十七年(1812)修 抄本
故宫

23053
[道光]建始縣志四卷首一卷
清袁景暉纂修
清道光二十二年(1842)刻本
國圖 上海辭書 山東博 湖北

23054
[道光]建始縣志四卷首一卷
清袁景暉纂修
1970年起臺北成文出版社據清道光二十二年(1842)刻本影印中國方志叢書本
湖北

23055
[同治]建始縣志八卷首一卷
清熊啓詠纂修
清同治五年(1866)刻本
國圖 科院 上海 天津 遼寧 浙江 湖北 武大 湖南 中大 北碚 雲南

23056
[同治]建始縣志八卷首一卷
清熊啓詠纂修
1970年起臺北成文出版社據清同治五年(1866)刻本影印中國方志叢書本
湖北

23057
[同治]建始縣志八卷首一卷
清熊啓詠纂修
2001年江蘇古籍出版社據清同治五年(1866)刻本影印中國地方志集成·湖北府縣志輯本
武漢

23058
[嘉靖]巴東縣志三卷
明許周修 明楊培之纂
明嘉靖三十年(1551)刻本
天一閣

23059
[嘉靖]巴東縣志三卷
明許周修 明楊培之纂
1989年起上海書店據明嘉靖三十年(1551)刻本影印天一閣藏明代方志選刊續編本
湖北

23060
[萬曆]巴東縣志四卷
明李光前纂修

明萬曆刻本
存二卷：三至四
湖北 ×

23061
［萬曆］巴東縣志四卷
明李光前纂修
抄本
存二卷：三至四
國圖 ×

23062
［康熙］巴東縣志四卷
清齊祖望纂修
清康熙二十二年（1683）刻本
故宮　臺北故宮　湖南師大

23063
［同治］巴東縣志十六卷首一卷
清廖恩樹修　清江夏蕭佩聲纂
清同治五年（1866）刻本
北大　上海　復旦　浙江　湖北　湖南博　湖南師大　雲南

23064
［同治］巴東縣志十六卷首一卷
清廖恩樹修　清江夏蕭佩聲纂
2001年江蘇古籍出版社據清同治五年（1866）刻本影印中國地方志集成·湖北府縣志輯本
武漢

23065
［同治］巴東縣志十六卷首一卷
清廖恩樹修　清江夏蕭佩聲纂
清光緒六年（1880）刻本
國圖　科院　天津　遼寧　湖北　武大　湖南　川大

23066
［同治］巴東縣志十六卷首一卷
清廖恩樹修　清江夏蕭佩聲纂
1970年起臺北成文出版社據清光緒六年（1880）刻本影印中國方志叢書本
湖北

23067
［同治］宣恩縣志二十卷首一卷
清張金瀾修　清蘄水（今浠水）蔡景星、張金圻纂
清同治二年（1863）刻本
國圖　科院　北大　上海　天津　遼寧　南京　湖北　湖北博　湖南　川大　雲南

23068
［同治］宣恩縣志二十卷首一卷
清張金瀾修　清蘄水（今浠水）蔡景星、張金圻纂
1970年起臺北成文出版社據清同治二年（1863）刻本影印中國方志叢書本
湖北

23069
［同治］宣恩縣志二十卷首一卷
清張金瀾修　清蘄水（今浠水）蔡景星、張金圻纂
2001年江蘇古籍出版社據清同治二年（1863）刻本影印中國地方志集成·湖北府縣志輯本
武漢

23070
［同治］宣恩縣志二十卷首一卷
清張金瀾修　清蘄水（今浠水）蔡景星、張金圻纂
抄本
湖北

23071
[同治]咸豐縣志二十卷首一卷附圖一卷
清張梓修　清咸豐張光傑纂
清同治四年(1865)刻本
國圖　科院　北大　上海　天津　南京　湖北　湖北博　湖南　華南師大

23072
[同治]咸豐縣志二十卷首一卷附圖一卷
清張梓修　清咸豐張光傑纂
1970年起臺北成文出版社據清同治四年(1865)刻本影印中國方志叢書本
湖北

23073
[同治]咸豐縣志二十卷首一卷附圖一卷
清張梓修　清咸豐張光傑纂
2001年江蘇古籍出版社據清同治四年(1865)刻本影印中國地方志集成·湖北府縣志輯本
武漢

23074
[民國]咸豐縣志十二卷末一卷
民國咸豐徐大煜纂修
民國三年(1914)陳侃刻本
國圖　中央黨校　天津　湖北

23075
[民國]咸豐縣志十二卷首一卷末一卷
民國咸豐徐大煜纂修
1970年起臺北成文出版社據民國三年(1914)陳侃刻本影印中國方志叢書本
湖北

23076
[乾隆]來鳳縣志十二卷
清林翼池修　清蒲又洪纂
抄本
志成於清乾隆二十一年(1756)。
國圖

23077
[同治]來鳳縣志三十二卷首一卷末一卷
清李勗修　清來鳳何遠鑒、張鈞纂
清同治五年(1866)刻本
國圖　科院　北大　上海　復旦　天津　遼寧　南京　浙江　湖北　武大　湖南　川大　重慶　雲南

23078
[同治]來鳳縣志三十二卷首一卷末一卷
清李勗修　清來鳳何遠鑒、張鈞纂
1970年起臺北成文出版社據清同治五年(1866)刻本影印中國方志叢書本
湖北

23079
[同治]來鳳縣志三十二卷首一卷末一卷
清李勗修　清來鳳何遠鑒、張鈞纂
2001年江蘇古籍出版社據清同治五年(1866)刻本影印中國地方志集成·湖北府縣志輯本
武漢

23080
[康熙]卯峒司志六卷
清來鳳向子奇編纂
稿本
包括疆域志、物産志、建置志、學軍志、敕賜志、文藝志,凡四十八目。封面題名“卯峒安撫司志”。
來鳳博

23081
[康熙]卯峒土司志六卷
清來鳳向子奇編纂　張興文校注

2001 年民族出版社鉛印本
恩施

23082
[乾隆]鶴峰州志二卷
清毛峻德纂修
清乾隆六年(1741)刻本
國圖 故宫

23083
[道光]鶴峰州志十四卷首一卷
清吉鍾穎修 清鶴峰洪先燾纂
清道光二年(1822)刻本
國圖 科院 北大 上海 天津 南京 湖北 武大 湖南 重慶 雲南

23084
[道光]鶴峰州志十四卷首一卷
清吉鍾穎修 清鶴峰洪先燾纂
1970 年起臺北成文出版社據清道光二年(1822)刻本影印中國方志叢書本
湖北

23085
[道光]鶴峰州志十四卷首一卷
清吉鍾穎修 清鶴峰洪先燾纂
2001 年江蘇古籍出版社據清道光二年(1822)刻本影印中國地方志集成·湖北府縣志輯本
武漢

23086
[同治]續修鶴峰州志十四卷首一卷
清徐澍楷修 清黄岡雷春沼纂
清同治六年(1867)刻本
國圖 中科院 北大 上海 南京 湖北 湖北博 湖南

23087
[同治]續修鶴峰州志十四卷首一卷
清徐澍楷修 清黄岡雷春沼纂
1970 年起臺北成文出版社據清同治六年(1867)刻本影印中國方志叢書本
湖北

23088
[同治]續修鶴峰州志十四卷首一卷
清徐澍楷修 清黄岡雷春沼纂
2001 年江蘇古籍出版社據清同治六年(1867)刻本影印中國地方志集成·湖北府縣志輯本
武漢

23089
[光緒]續修鶴峰州志十四卷首一卷
清長庚、厲祥官修 清鶴峰陳鴻漸纂
清光緒十一年(1885)刻本
國圖 科院 北大 上海 天津 南京 湖北 武大 湖南

23090
[光緒]續修鶴峰州志十四卷首一卷
清長庚、厲祥官修 清鶴峰陳鴻漸纂
清光緒十一年(1885)刻二十五年(1899)謝紹佐增刻本
上海

23091
[光緒]續修鶴峰州志十四卷首一卷
清長庚、厲祥官修 清鶴峰陳鴻漸纂
1970 年起臺北成文出版社據清光緒十一年(1885)刻本影印中國方志叢書本
湖北

23092
[光緒]續修鶴峰州志十四卷首一卷
清長庚、厲祥官修 清鶴峰陳鴻漸纂

2001年江蘇古籍出版社據清光緒十一年（1885）刻本影印中國地方志集成·湖北府縣志輯本
武漢

23093
［光緒］續修鶴峰州志十四卷首一卷（一名鶴峰縣志）
清長庚、厲祥官修　清鶴峰陳鴻漸纂　劉子亞校補
民國二十三年（1934）鶴峰縣鉛印本
校補本封面題"鶴峰縣志"。
重慶

省直轄縣級市

23094
［康熙］景陵縣志十二卷
清李馨修　清景陵（今天門）吴泰纂
清康熙七年（1668）刻本
國圖　天津

23095
［康熙］景陵縣志十二卷
清錢永修　清景陵（今天門）戴祁纂
清康熙三十一年（1692）刻本（各家所藏間有雍正四年印本）
國圖　浙江

23096
［乾隆］天門縣志二十四卷首一卷附修志十議
清胡翼修　清章鑣、章學誠纂
清乾隆三十年（1765）刻本
科院　故宫　復旦　南京　浙江

23097
［乾隆］天門縣志二十四卷首一卷
清胡翼修　清章鑣、章學誠纂
2001年江蘇古籍出版社據清乾隆三十年（1765）刻本影印中國地方志集成·湖北府縣志輯本
武漢

23098
［乾隆］天門縣志二十四卷首一卷
清胡翼修　清章鑣、章學誠纂
抄本
存首一卷
湖北 ×

23099
［乾隆］天門縣志二十四卷首一卷
清胡翼修　清章鑣、章學誠纂
民國十一年（1922）石印本
國圖　科院　北大　上海　湖北　湖北博　武漢　湖南

23100
［道光］天門縣志三十六卷首一卷
清王希琮修　清沔陽（今仙桃）張錫穀、天門蔣祥墀纂
清道光元年（1821）刻本
國圖　科院　華東師大　天津　南京　湖北

23101
［道光］天門縣志三十六卷首一卷
清王希琮修　清沔陽（今仙桃）張錫穀、天門蔣祥墀纂
1970年起臺北成文出版社據清道光元年（1821）刻本影印中國方志叢書本
湖北

23102
［道光］天門縣志三十六卷首一卷
清王希琮修　清沔陽（今仙桃）張錫穀、天門蔣祥墀纂
抄本

湖北

23103

[民國]乾鎮驛鄉土志不分卷

民國周慶璋纂

民國七年(1918)稿本

北大

23104

[民國]乾鎮驛鄉土志不分卷

民國周慶璋纂

抄本

上海

23105

古復志略不分卷

民國□□撰

民國抄本

古復,即沔陽,今仙桃。

武漢

23106

[嘉靖]沔陽志十八卷

明曾儲修　明沔陽(今仙桃)童承敘纂

明嘉靖十年(1531)刻本

昔日書目或將其著録爲《正德沔陽志》。與康海《武功志》齊名,號稱海内名志。

天一閣

23107

[嘉靖]沔陽志十八卷

明曾儲修　明沔陽(今仙桃)童承敘纂

1961—1966年上海古籍書店據明嘉靖十年(1531)刻本影印天一閣藏明代方志選刊本

綫裝本。

湖北

23108

[嘉靖]沔陽志十八卷

明曾儲修　明沔陽(今仙桃)童承敘纂

1981—1982年上海古籍書店據影印本重印天一閣藏明代方志選刊本

精裝本。

湖北

23109

[嘉靖]沔陽志十八卷

明曾儲修　明沔陽(今仙桃)童承敘纂

民國沔陽盧弼校訂抄本

人大

23110

[嘉靖]沔陽志十八卷

明曾儲修　明沔陽(今仙桃)童承敘纂

民國十一年至十五年(1922—1926)沔陽盧氏慎始基齋刻二十年(1931)彙印沔陽叢書本

科院　北大　上海　天津　吉大　南京　湖北

23111

[康熙]沔陽州志二十卷

清王之佐修　清王浩沖纂

清康熙抄本

存十六卷:二至五、十至二十

國圖 ×

23112

[乾隆]沔陽州志三十卷

清禹殿鼇修　清沔陽(今仙桃)方弘履纂

清乾隆五年(1740)刻本

國圖存卷三至二十、二十五至二十六、二十九至三十　湖北存卷首至二、十九至二十、二十六至二十八

《中國古籍善本書目》著録。

國圖 ×　湖北 ×

23113

[光緒]沔陽州志十二卷首一卷

清葛振元修　清應山(今廣水)楊鉅纂

清光緒二十年(1894)刻本

國圖　科院　上海　天津　遼寧　浙江　湖北　武大　湖南　中大

23114

[光緒]沔陽州志十二卷首一卷

清葛振元修　清應山(今廣水)楊鉅纂

1970年起臺北成文出版社據清光緒二十年(1894)刻本影印中國方志叢書本

湖北

23115

[光緒]沔陽州志十二卷首一卷

清葛振元修　清應山(今廣水)楊鉅纂

2001年江蘇古籍出版社據清光緒二十年(1894)刻本影印中國地方志集成·湖北府縣志輯本

武漢

23116

[民國]沔陽州志舉正一卷

李心地纂

民國鉛印本

吉大

23117

沔陽州志舉正一卷

李心地纂

1970年起臺北成文出版社影印中國方志叢書本

湖北

23118

[康熙]潛江縣志□□卷

清王又旦修　清潛江朱士尊、清潛江向大觀纂

清康熙十年(1671)抄本

存九卷:三下、四至七、藝文上下

國圖

23119

[康熙]潛江縣志二十卷首一卷

清劉煥修　清潛江朱載震纂

清康熙三十三年(1694)刻本

國圖　山東　南京地理所

23120

[康熙]潛江縣志二十卷首一卷

清劉煥修　清潛江朱載震纂

2001年江蘇古籍出版社據清康熙三十三年(1694)刻本影印中國地方志集成·湖北府縣志輯本

武漢

23121

[康熙]潛江縣志二十卷首一卷

清劉煥修　清潛江朱載震纂

清抄本

故宮

23122

[康熙]潛江縣志二十卷首一卷

清劉煥修　清潛江朱載震纂

清光緒五年(1879)傳經書院刻本

國圖　科院　北大　上海　天津　遼寧　南京　浙江　湖北　武漢　湖南　中大　川大　北碚

23123

[光緒]潛江縣志續二十卷首一卷

清史致謨修　清劉恭冕、南漳郭士元纂

清光緒五年(1879)傳經書院刻本

國圖　科院　北大　上海　天津　南京　湖北　武漢　湖南　中大　川大　北碚

地理類

23124
［光緒］潛江縣志續二十卷首一卷
清史致謨修　清劉恭冕、南漳郭士元纂
2001年江蘇古籍出版社據清光緒五年（1879）傳經書院刻本影印中國地方志集成·湖北府縣志輯本
武漢

23125
［光緒］潛江縣志稿不分卷
清□□纂
清光緒抄本
政績録記至光緒二十三年（1897）。
湖北

23126
［光緒］潛江縣志稿不分卷
清□□纂
抄本
南大

23127
［光緒］潛江縣志稿不分卷
清□□纂
1970年起臺北成文出版社據抄本影印中國方志叢書本
湖北

23128
［光緒］潛江縣志稿不分卷
清□□纂
2001年江蘇古籍出版社據抄本影印中國地方志集成·湖北府縣志輯本
武漢

外省

河北

23129
［民國］河北通志稿四十七卷附目録一册
民國河北通志館修　王樹枏、蒲圻（今赤壁）張國淦纂
稿本
湖北

23130
［民國］河北通志稿四十七卷附目録一册
民國河北通志館修　王樹枏、蒲圻（今赤壁）張國淦纂
民國二十四年（1935）河北省通志館鉛印本
國圖　科院　北大　上海　復旦　天津　河北博　遼寧　南京　湖北

23131
［民國］河北通志稿·舊志源流關隘考
民國河北通志館修　王樹枏、蒲圻（今赤壁）張國淦等纂
1970年起臺北成文出版社據稿本影印中國方志叢書本
湖北

23132
［光緒］懷安縣志八卷首一卷末一卷
清蔭禄修　清孝感程燮奎纂
清光緒二年（1876）刻本
國圖　科院　北大　上海　遼寧　南京　湖北

23133
［康熙］宣化縣志三十卷
清陳坦修　清黄陂林盛等纂
清康熙五十年（1711）刻本
國圖　科院　北大　上海　復旦　天津　張家口　遼寧　南京　浙江　湖北

23134
［康熙］宣化縣志三十卷
清陳坦修　清黄陂林盛等纂
清康熙五十年（1711）刻乾隆增刻本
卷九賦役志增刻至乾隆二年（1737）。

故宮　上海　石家莊

23135

[嘉靖]灤州志五卷

明應城陳士元纂修

明嘉靖二十七年(1548)刻本

存三卷:二至三、五

是刻半葉九行,行二十四字,白口,四周雙邊。《中國古籍善本書目》著録,僅天一閣藏此殘本。王重民《中國善本書提要補編》云:原題"賜進士出身奉訓大夫知灤州事應城陳士元輯,儒學訓導張英,生員王好言、陳嘉謨校。按士元嘉靖二十四年(1545)知縣事。《灤志》凡五卷,其大綱有四:曰世編、曰疆理、曰壤則、曰建制,凡爲目二十有六。其原《敘目》載嘉慶《灤州志》後。查《明史·藝文志》著録有爲《灤州志》十一卷。"

天一閣 ×

23136

[萬曆]香河縣志十一卷

清孝感沈惟炳纂修

明萬曆四十八年(1620)刻本

惟炳字斗仲,號炎洲,生於明萬曆九年(1581),卒於清順治五年(1648)。《清史列傳》卷七九、光緒《孝感縣志》卷十四有其本傳。此書刻本今藏臺灣,上海圖書館所藏爲膠卷。

上海

23137

[乾隆]涿州志二十二卷首一卷

清漢陽吴山鳳纂修

清乾隆三十年(1765)刻本

上海　湖北

23138

[乾隆]涿州志二十二卷首一卷

清漢陽吴山鳳纂修

清乾隆三十年(1765)刻光緒元年(1875)重印本

與光緒續志同印。

上海

23139

[崇禎]蠡縣志十卷續志四卷

明沔陽(今仙桃)錢天錫纂修　明祖建明續修

明崇禎十四年(1641)刻清順治八年(1651)增刻本

國圖　北大　上海　天津

23140

[萬曆]任丘志集八卷

明蘄州(今蘄春)顧問纂

明萬曆六年(1578)刻本

問爲明代理學家,其多種著作皆毀於兵燹,此乃碩果僅存。原北平館藏有刻本,已運至臺灣。

北平

23141

[萬曆]任丘志集八卷

明蘄州(今蘄春)顧問纂

抄本

上海

23142

[萬曆]河間府志十五卷

明黄岡杜應芳修　明陳士彦、張文德纂

明萬曆四十二年(1620)刻本

國圖　科院　南京地理所　日本內閣文庫

23143

[萬曆]河間府志十五卷

明黄岡杜應芳修　明陳士彦、張文德纂

1970年起臺北成文出版社據明萬曆四十二年(1620)刻本影印中國方志叢書本

湖北

23144
[萬曆]河間府志十五卷
明黄岡杜應芳修　明陳士彦、張文德纂
1991年中國書店據明萬曆四十二年(1620)刻本影印中國稀見地方志彙刊本
科院

23145
[乾隆]肅寧縣志十卷
清嘉魚尹侃、范森修　清武昌(今鄂州)談有典纂
清乾隆二十一年(1756)刻本
國圖　科院　北大　上海　復旦　天津　河北博　遼寧　南京　湖北

23146
[乾隆]河間縣志六卷
清漢陽吴山鳳修　清黄文蓮、梁志恪纂
清乾隆二十五年(1760)刻本
上海　湖北

23147
[康熙]南宫縣志十二卷
清孝感胡胤銓撰
清乾隆十二年(1747)刻本
間有雍正五年(1727)增補重印者。
國圖　天津　南京地理所　湖北

23148
[萬曆]清河縣志十二卷
明大冶向日紅纂修
明萬曆九年(1581)刻清順治增刻本
存六卷:七至十二
國圖ˣ

23149
[康熙]大名縣志二十卷
清蕲州(今蕲春)顧咸泰修　清王逢五纂
清康熙十五年(1676)刻本
咸泰,字斌素,清順治八年(1651)舉人,官大名知縣。
國圖　天津

23150
[光緒]臨漳縣志十八卷首一卷
清周秉彝修　清周壽梓、孝感李燿中纂
清光緒三十三年(1907)刻本
國圖　科院　北大　上海　復旦　天津　遼寧　南京　浙江　河南　湖北

山西

23151
[萬曆]山西通志三十卷
明京山李維禎纂修
明萬曆刻本
是刻半葉十行,行二十字,小字雙行行字同,白口,單黑魚尾,四周雙邊。《中國古籍善本書目》著録。
國圖ˣ　上海ˣ　山西博　河南ˣ

23152
[萬曆]山西通志三十卷
明京山李維禎纂修
明萬曆刻後印本
科院

23153
[萬曆]山西通志三十卷
明京山李維禎纂修
1991年起中國書店據明萬曆刻後印本影印中國稀見地方志彙刊本
科院

23154
[雍正]朔州志十二卷
清江陵汪嗣聖修　清王霷纂
清雍正十三年(1735)刻本

嗣聖字拙存,清康熙五十七年(1718)進士,選梓潼知縣,擢朔州知州。工詩文,能書。據《荆州府志》有《耐圃偶刻》《春暉堂文略》,未見。

國圖 科院 北大 上海 天津 山西 遼寧 南京 浙江 湖北

23155

[雍正]朔州志十二卷

清江陵汪嗣聖修 清王霷纂

清雍正十三年(1735)刻民國二十五年(1936)補版印本

國圖 科院 北大 天津 山西 遼寧 南京

23156

[萬曆]澤州志十八卷

明孝感傅淑訓修 明閻期壽纂

明萬曆刻本

《中國古籍善本書目》著録,僅武陟館有藏。王重民《中國善本書提要補編》:淑訓孝感人,萬曆三十四年(1606)任,按是志實成於鄭際明知州事時。際明商丘人,萬曆三十七年(1609)繼任。有周整、李維禎序。而《全國善目》著録武陟館所藏此書不涉鄭氏纂事,故暫照録,以與下一款目比對。

武陟

23157

[萬曆]澤州志十八卷

明孝感傅淑訓撰 明閻期壽纂 明鄭際明續纂

明萬曆三十五年(1607)修三十九年(1611)續修刻本

國圖 臺圖

23158

[萬曆]代州志二卷

明麻城周弘禴纂修

明萬曆十三年(1585)刻本

南京

23159

[萬曆]代州志二卷

明麻城周弘禴纂修

抄本

上海

23160

[萬曆]平陽府志十卷

明孝感傅淑訓修 明曹樹聲纂

明萬曆四十三年(1615)刻清順治二年(1645)修補本

北平 湖北 ×

23161

[康熙]臨晉縣志十卷

清應城齊以治修 清王恭先纂

清康熙二十五年(1686)刻本

以治字滄鷗,清康熙十二年(1673)進士,授臨晉知縣。據府、縣志載,其有《清溪雜詠》四卷和《滄鷗文集》,未見。

國圖 科院 北大

23162

[雍正]洪洞縣志九卷

清大冶余世堂修 清蔡行仁纂

清雍正九年(1670)刻本

國圖 科院 山西 遼寧 南京 湖北

23163

[雍正]洪洞縣志九卷

清大冶余世堂修 清蔡行仁纂

清雍正九年(1670)刻同治十一年(1872)艾紹濂補刻本

卷九《藝文》末增刻艾紹濂文二篇。

北大 上海 天津 山西 浙江

23164

[乾隆]壺關縣志十八卷

清楊宸、漢川秦之柄等修 清馮文止等纂

清乾隆三十五年(1770)刻本
國圖　科院　北大　天津　山西文物局　湖北

上海

23165
[崇禎]松江府志五十八卷
明穀城方嶽貢修　明陳繼儒纂
明崇禎三年(1630)刻本
是刻半葉九行,行十九字,白口,四周單邊。《中國古籍善本書目》著録,僅該館有藏。
上海

23166
[乾隆]南彙縣新志十五卷首一卷
明孝感胡志熊修　明吴省欽等纂
清乾隆五十八年(1793)刻本
《孝感縣志》著録爲七十二卷,誤。
國圖　科院　上海　遼寧　南京　浙江　湖北

23167
[光緒]重修華亭縣志二十四卷首一卷末一卷
清襄陽楊開第修　清姚光發等纂
清光緒五年(1879)刻本
國圖　北大　科院　天津　南京　浙江　湖北

23168
[光緒]重修華亭縣志二十四卷首一卷末一卷
清襄陽楊開第修　清姚光發等纂
1970年起臺北成文出版社據清光緒五年(1879)刻本影印中國方志叢書本
湖北

23169
[光緒]重修華亭縣志二十四卷首一卷末一卷
清襄陽楊開第修　清姚光發等纂
2001年江蘇古籍出版社據清光緒五年(1879)刻本影印中國地方志集成·湖北府縣志輯本
武漢

江蘇

23170
[光緒]續纂江寧府志十五卷首一卷
清天門蔣啓勳等修　清汪士鐸等纂
清光緒六年(1880)刻本
國圖　科院　北大　上海　復旦　天津　遼寧　南京　浙江　湖北

23171
[光緒]高淳縣志二十八卷首一卷
清武昌(今鄂州)張裕釗總纂　清楊福鼎修　清陳嘉謀等纂
清光緒七年(1881)學山書院刻本
稱張氏總纂,實成於邑士紳陳嘉謀、夏文源諸人之手,張氏特一披閱並爲之序而歸,此從張、楊二氏序中可知。以《清史稿·儒林本傳》言及張氏纂此書事,特立目揭示之。
國圖　科院　北大　上海　復旦　天津　遼寧　南京　浙江　湖北

23172
[萬曆]淮安府志二十卷
明郭大綸修　明沔陽(今仙桃)陳文燭纂
明萬曆元年(1573)刻本
北大藏本有抄配。
北大　天一閣

23173
[萬曆]淮安府志二十卷
明郭大綸修　明沔陽(今仙桃)陳文燭纂
1989年起上海書店據明萬曆元年(1573)刻本影印天一閣藏明代方志選刊續編本
湖北

23174
[康熙]江都縣志十六卷
清荊門李蘇纂修

清康熙五十六年（1717）刻本

李蘇，鍾祥籍荆門人。《鍾祥縣志·文學》有傳。

科院　南京

23175

［康熙］江都縣志十六卷

清荆門李蘇纂修

抄本

南京

23176

［萬曆］興化縣志十卷

明潛江歐陽東鳳修　明嚴錡纂

明萬曆十九年（1591）刻本

國圖　天津

23177

［萬曆］興化縣志十卷

明潛江歐陽東鳳修　明嚴錡纂

1970年起臺北成文出版社據明萬曆十九年（1591）刻本影印中國方志叢書本

湖北

23178

［萬曆］興化縣志十卷

明潛江歐陽東鳳修　明嚴錡纂

清抄本

南京

23179

［萬曆］興化縣志十卷

明潛江歐陽東鳳修　明嚴錡纂

抄本

北大

23180

［萬曆］興化縣志十卷

明潛江歐陽東鳳修　明嚴錡纂

抄本

上海

23181

［萬曆］興化縣志十卷

明潛江歐陽東鳳修　明嚴錡纂

抄本

南大

23182

［萬曆］興化縣志十卷

明潛江歐陽東鳳修　明嚴錡纂

抄本

興化

23183

［道光］重刊續纂宜荆縣志十卷首一卷

清顧名、監利龔潤森修　清吴德旋纂

清道光二十年（1840）刻本

潤森字木氏，清道光五年（1825）拔貢，歷官江寧同知。少即善詩，與同邑蔡黄樓、王子壽、郭南村、潘芷裳號稱"容城五子"，其有《大螺山人集》，惜未訪知。

國圖　科院　北大　上海　山東　南京　湖北

23184

［道光］重刊續纂宜荆縣志十卷首一卷

清顧名、監利龔潤森修　清吴德旋纂

清同治八年（1869）木活字印本

上海　復旦　南京

23185

［道光］重刊續纂宜荆縣志十卷首一卷

清顧名、監利龔潤森修　清吴德旋纂

清光緒八年（1882）刻宜興荆溪舊志五種本

北師大　上海　上海師大　南京　南大

23186

［雍正］昭文縣志十卷首一卷

清漢陽勞必達修　清陳祖範等纂

清雍正九年（1731）刻本
國圖　科院　北大上海　復旦　天津　遼寧　南京　浙江　湖北

23187
［雍正］昭文縣志十卷首一卷
清漢陽勞必達修　清陳祖範等纂
1991年江蘇古籍出版社據清雍正九年（1731）刻本影印中國地方志集成·江蘇府縣志輯本
南京

23188
昭文縣志十卷首一卷
清漢陽勞必達修　清陳祖範等纂
抄本
上海

浙江

23189
［萬曆］嘉興府志三十二卷
明潛江劉應珂修　明沈堯中纂
明萬曆二十八年（1600）刻本
北平　上海　南京

23190
［萬曆］嘉興府志三十二卷
明潛江劉應珂修　明沈堯中纂
1970年起臺北成文出版社據明萬曆二十八年（1600）刻本影印中國方志叢書本
湖北

23191
［嘉靖］海寧縣誌九卷首一卷
明麻城蔡完修　明董穀纂
明嘉靖三十六年（1557）刻本
北平

23192
［嘉靖］海寧縣誌九卷首一卷
明麻城蔡完修　明董穀纂
清抄本
北大

23193
［嘉靖］海寧縣志九卷首一卷附録一卷
明麻城蔡完修　明董穀纂
清光緒二十四年（1898）許仁沐刻本
科院　上海　復旦　天津　遼寧　南京　浙江　湖北

23194
［嘉靖］海寧縣志九卷首一卷附録一卷
明麻城蔡完修　明董穀纂
清光緒二十四年（1898）許仁沐刻本　王國維校並跋
國圖

23195
［天啓］海鹽縣圖經十六卷
明黄岡樊維城修　明胡震亨等纂
明天啓四年（1624）刻本
國圖　科院　北大　上海　復旦　天津　遼寧　南京　浙江

23196
［天啓］海鹽縣圖經十六卷
明黄岡樊維城修　明胡震亨等纂
1970年起臺北成文出版社據明天啓四年（1624）刻本影印中國方志叢書本
湖北

23197
［天啓］海鹽縣圖經十六卷
明黄岡樊維城修　明胡震亨等纂
1997年起齊魯書社據明天啓四年（1624）刻本影印四庫全書存目叢書本

湖北

23198

[天啓]海鹽縣圖經十六卷

明黄岡樊維城修　明胡震亨等纂

明天啓四年(1624)刻清乾隆十二年(1747)補刻本

國圖　科院　北大　上海　南京　浙江

23199

[成化]寧波郡志十卷

明孝昌張瓚修　明楊寔纂

明成化四年(1468)刻本

《中國古籍善本書目》著録。今僅知此二館有藏。張氏另著有《征夷雜記》《土苴内外集》《成化德安府志》等,而存世者僅此種和《東征紀行録》,是爲碩果僅存。

國圖　臺圖

23200

[成化]寧波郡志十卷

明孝昌張瓚修　明楊寔纂

清徐氏煙嶼樓抄本

《中國古籍善本書目》著録。

遼寧

23201

[成化]寧波郡志十卷

明孝昌張瓚修　明楊寔纂

清抄本

《中國古籍善本書目》著録。

浙江

23202

[成化]寧波郡志十卷

明孝昌張瓚修　明楊寔纂

抄本

《中國古籍善本書目》著録。

中央黨校

23203

[成化]寧波郡志十卷

明孝昌張瓚修　明楊寔纂

抄本

《中國古籍善本書目》著録。

南京地理所

23204

[成化]寧波郡志十卷

明孝昌張瓚修　明楊寔纂

張氏約園抄本

國圖

23205

[康熙]紹興府志五十八卷

清漢陽張三異修　清王嗣皋纂

清康熙十二年(1747)刻本

國圖× 清華

23206

[康熙]紹興府志五十八卷

清漢陽張三異修　清王嗣皋纂

清康熙十二年(1747)刻三十年(1765)印本

南京　浙大

23207

[道光]永康縣志十二卷首一卷

清廖重機、清雲夢彭元海修　清應曙霞、潘國詔纂

清道光十七年(1837)刻本

元海字萊門,清道光十三年(1833)進士,歷官永康、長葛、固始知縣。《德安府志》載其有《蘭雪軒詩文集》,未見。

北大　上海　南京　浙江

23208

[嘉靖]浦江志畧八卷

明麻城毛鳳韶纂修　明王庭蘭校正

明嘉靖五年（1526）刻本
天一閣

23209
［嘉靖］浦江志畧八卷
明麻城毛鳳韶纂修　明王庭蘭校正
1963年上海古籍書店據明嘉靖五年（1526）刻本影印天一閣藏明代方志選刊本
綫裝本。
湖北

23210
［嘉靖］浦江志畧八卷
明麻城毛鳳韶修　明王庭蘭校正
1981—1982年上海古籍書店據影印本重印天一閣藏明代方志選刊本
精裝本。
湖北

23211
［康熙］台州府志十八卷首一卷
清鍾祥張聯元修　清方景濂等纂
清康熙六十一年（1722）刻本
科院　上海　復旦　天津　山東　南京　湖北

23212
［康熙］台州府志十八卷首一卷
清鍾祥張聯元修　清方景濂等纂
清康熙六十一年（1722）刻嘉慶十三年（1808）補版印本
上海　南京

安徽

23213
［康熙］安慶府桐城縣志八卷
清孝感胡必選修　清倪傳等纂
清康熙刻本
國圖　南京

23214
［康熙］安慶府桐城縣志八卷
清孝感胡必選修　清倪傳等纂
影抄清康熙十二年（1673）刻本
浙江　安徽博

23215
［康熙］安慶府桐城縣志八卷
清孝感胡必選修　清倪傳等纂
1998年江蘇古籍出版社據清康熙十二年（1673）刻本影印中國地方志集成·安徽府縣志輯本
安徽

23216
［康熙］安慶府桐城縣志八卷
清孝感胡必選修　清倪傳等纂
民國二十四年（1935）抄本
北師大

23217
［康熙］桐城縣志八卷
清孝感胡必選原本　清王凝命增修
清康熙十二年（1673）刻二十二年（1683）增刻本
國圖　上海　南京地理所

23218
［康熙］桐城縣志八卷
清孝感胡必選原本　清王凝命增修
抄本
南大

23219
［康熙］桐城縣志八卷
清孝感胡必選原本　清王凝命增修
抄本
安徽

23220
[康熙]桐城縣志八卷
清孝感胡必選原本　清王凝命增修
清康熙十二年(1673)刻二十二年(1683)增刻三十五年(1696)高攀桂續增刻本
上海

23221
[康熙]桐城縣志八卷
清孝感胡必選原本　清王凝命增修
抄本
係據清康熙十二年(1673)刻二十二年(1683)增刻三十五年(1696)高攀桂續增刻本抄。
安徽

23222
[康熙]慶元縣志十卷
清蘄水(今浠水)程維伊修　清吴運光等纂
清康熙十一年(1672)刻本
國圖　浙江 ×

23223
[嘉慶]盧江縣志十五卷首一卷
清魏紹源、張熪修　清隨州儲嘉珩、黄金臺纂
清嘉慶八年(1803)刻本
嘉珩字太僕,清乾隆六十年(1795)進士,官襄陽教授。晚年遊江淮。詩仿陶、杜。有《十瑞山房詩草》,未見。
故宫　安徽

23224
[嘉慶]盧江縣志十五卷首一卷
清魏紹源、張熪修　清隨州儲嘉珩、黄金臺纂
清同治七年(1868)木活字印本
科院　上海　天津　南大　安徽

福建

23225
[嘉慶]連江縣志十卷首一卷
清雲夢李葇修　清章朝栻等纂
清嘉慶十年(1805)刻本
國圖　上海　福建

23226
[嘉慶]連江縣志十卷首一卷
清雲夢李葇修　清章朝栻等纂
抄本
福建

23227
[咸豐]邵武縣志十九卷首一卷
清李正芳修　清沔陽(今仙桃)張葆森纂
清咸豐五年(1855)刻本
北大　南京　福建師大

23228
[咸豐]邵武縣志十九卷首一卷
清李正芳修　清沔陽(今仙桃)張葆森纂
抄本
福建

23229
[康熙]龍巖縣志十卷
清漢陽江藻修　清鄭㥠等纂
清康熙二十八年(1689)刻本
國圖　上海

23230
[康熙]龍巖縣志十卷
清漢陽江藻修　清鄭㥠等纂
抄本
福建師大

江西

23231
[康熙]九江府志十八卷
清漢陽江殷道修　清張秉鉉纂
清康熙十二年(1673)刻本
國圖　上海

23232
[康熙]九江府志十八卷
清漢陽江殷道修　清張秉鉉纂
1970年起臺北成文出版社據清康熙十二年(1673)刻本影印中國方志叢書本
湖北

23233
[康熙]武寧縣志十卷首一卷
清雲夢馮其世修　清汪克淑等纂
清康熙五年(1666)刻本
存三卷:四至六
國圖 ×

23234
[康熙]武寧縣志十卷首一卷
清雲夢馮其世修　清汪克淑等纂
清康熙五年(1666)刻雍正三年(1725)修版印本
國圖　上海

23235
[康熙]武寧縣志十卷首一卷
清雲夢馮其世修　清汪克淑等纂
1970年起臺北成文出版社據康熙五年(1666)刻本影印中國方志叢書本
湖北

23236
[道光]分宜縣志三十二卷首一卷
清雲夢龔笙修　清王欽纂
清道光二年(1822)刻本
華東師大　天津　江西

23237
[道光]分宜縣志三十二卷首一卷
清雲夢龔笙修　清王欽纂
1970年臺北成文出版社據清道光二年(1822)刻本影印中國方志叢書本
湖北

23238
[同治]蓮花廳志八卷首一卷末一卷
清李其昌原本　清沔陽(今仙桃)張樹萱增訂
清同治四年(1865)刻本
國圖　科院　遼寧　浙江　江西　湖北

23239
[同治]蓮花廳志八卷首一卷末一卷
清李其昌原本　清沔陽(今仙桃)張樹萱增訂
1996年江蘇古籍出版社據清同治四年(1865)刻本影印中國地方志集成·江西府縣志輯本
江西

23240
[同治]南豐縣志四十六卷首一卷末一卷
清漢陽柏春修　清魯琪光纂
清同治十年(1871)刻本
國圖　科院　北大　上海　天津　遼寧　南京　浙江　江西　湖北

23241
[同治]南豐縣志四十六卷首一卷末一卷
清漢陽柏春修　清魯琪光纂
1970年臺北文海出版社據清同治十年(1871)刻本影印中國方志叢書本
湖北

23242
[同治]瑞州府志二十四卷首一卷
清鍾祥黄廷金等修　清蕭浚蘭等纂
清同治十二年(1873)刻本
國圖　科院　北大　上海　復旦　遼寧　浙江　湖北

23243
[同治]瑞州府志二十四卷首一卷
清鍾祥黄廷金等修　清蕭浚蘭等纂
1970年臺北成文出版社據清同治十二年(1873)刻本影印中國方志叢書本
湖北

23244
[同治]瑞州府志二十四卷首一卷
清鍾祥黄廷金等修　清蕭浚蘭等纂
2001年江蘇古籍出版社據清同治十二年(1873)刻本影印中國地方志集成·江西府縣志輯本
國圖

23245
[同治]泰和縣志三十卷首一卷
清隨州宋瑛等修　清彭啓瑞等纂
清同治十一年(1872)稿本
傅斯年圖

23246
[同治]泰和縣志三十卷首一卷
清隨州宋瑛等修　清彭啓瑞等纂
清光緒五年(1879)刻本
上海[×]　湖北

23247
[同治]泰和縣志三十卷首一卷
清隨州宋瑛等修　清彭啓瑞等纂
1970年臺北成文出版社據清光緒五年(1879)刻本影印中國方志叢書本
湖北

23248
[同治]泰和縣志三十卷首一卷
清隨州宋瑛等修　清彭啓瑞等纂
2001年江蘇古籍出版社據清光緒五年(1879)刻本影印中國地方志集成·江西府縣志輯本
國圖

山東

23249
[康熙]陽穀縣志八卷首一卷
清鍾祥王時來修　清杭雲龍等纂
清康熙五十五年(1716)刻本
天津　山東大

23250
[康熙]陽穀縣志八卷首一卷
清鍾祥王時來修　清杭雲龍等纂
清康熙五十五年(1716)抄本
臺圖

23251
[康熙]陽穀縣志八卷首一卷
清鍾祥王時來修　清杭雲龍等纂
民國九年(1920)石印本
國圖　科院　上海　山東

23252
[康熙]陽穀縣志八卷首一卷
清鍾祥王時來修　清杭雲龍等纂
民國二十二年(1933)石印本
北大　天津　濟南

23253
[康熙]陽穀縣志八卷首一卷
清鍾祥王時來修　清杭雲龍等纂
抄本

南大

23254

[康熙]萊陽縣志十卷

清麻城萬邦維等修　清衛元爵、張重運等纂

清康熙十七年(1678)刻本

國圖　科院　北大　上海　天津　遼寧　山東　南京　湖北

23255

[順治]嘉祥縣志六卷

明公安龔仲敏纂修　清張太昇續修　清董方大續纂

明萬曆間修清順治九年(1652)續修刻本

國圖　南京地理所

23256

[順治]嘉祥縣志六卷

明公安龔仲敏纂修　清張太昇續修　清董方大續纂

明萬曆間修清順治九年(1652)續修康熙增刻本

國圖

23257

[順治]嘉祥縣志六卷

明公安龔仲敏纂修　清張太昇續修　清董方大續纂

1959年傳抄明萬曆間修清順治九年(1652)續修刻本

上海

23258

[康熙]萊陽縣志十卷

清麻城萬邦維等修　清衛元爵、張重運等纂

清康熙十七年(1678)刻本

國圖　科院　北大　上海　天津　遼寧　山東　南京　湖北

河南

23259

[萬曆]濮州志六卷

明監利李先芳、祝堯焕纂修

明萬曆刻本

存五卷:一、三至六

《中國古籍善本書目》著録。

國圖 ×

23260

[萬曆]濮州志六卷

明監利李先芳、祝堯焕纂修

影抄明萬曆刻本

存五卷:一、三至六

上海 ×

23261

[康熙]濮州志六卷

明監利李先芳原纂　清張實斗增修

清康熙刻本

該館《中文古籍善本書目》著録。

科院

23262

[康熙]濮州志六卷

明監利李先芳原纂　清張實斗增修

1991年中國書店據清康熙刻本影印中國稀見地方志彙刊本

科院

23263

[順治]臨潁縣志八卷

清鍾祥李馥先修　清吴中奇纂

清順治十七年(1660)刻本

國圖　科院　北大　上海　天津　遼寧　山東　河南　湖北

23264
[順治]臨潁縣志八卷
清鍾祥李馥先修　清吴中奇纂
清順治十七年(1660)刻乾隆五十三年(1788)補刻本
上海　南京　河南　湖北

23265
[乾隆]鄧州志二十四卷首一卷末一卷
清蔣光祖修　清黄陂姚之琅纂
清乾隆二十年(1755)刻本
國圖　科院　北大　上海　復旦　天津　南京　河南　湖北

23266
[乾隆]鄧州志二十四卷首一卷末一卷
清蔣光祖修　清黄陂姚之琅纂
1970年臺北成文出版社據清乾隆二十年(1755)刻本影印中國方志叢書本
湖北

23267
[乾隆]鄧州志二十四卷首一卷末一卷
清蔣光祖修　清黄陂姚之琅纂
2001年江蘇古籍出版社據清乾隆二十年(1755)刻本影印中國地方志集成·河南府縣志輯本
國圖

23268
[乾隆]陳州府志三十卷首一卷末一卷
清江夏崔應階修　清黄陂姚之琅纂
清乾隆十二年(1747)刻本
國圖　科院　北大　上海　天津　山東　南京　河南　湖北

23269
[乾隆]陳州府志三十卷首一卷末一卷
清江夏崔應階修　清黄陂姚之琅纂
清乾隆十二年(1747)刻光緒十九年(1893)增刻本
北大　南京

23270
[乾隆]陳州府志三十卷首一卷末一卷
清江夏崔應階修　清黄陂姚之琅纂
2001年江蘇古籍出版社據清乾隆十二年(1747)刻本影印中國地方志集成·河南府縣志輯本
國圖

湖南

23271
[乾隆]靖州志十四卷首一卷末一卷
清吕宣曾修　清蒲圻(今赤壁)張開東纂
清乾隆二十六年(1761)刻本
《蒲圻縣志》著録爲七十二卷,或有誤。《中國古籍善本書目》著録。存世稀少。
故宫　天津　湖南

23272
[康熙]沅陵縣志十卷首一卷末一卷
清郎廷棟修　清廣濟(今武穴)張佳晟纂
清康熙四十四年(1779)刻本
佳晟,仁熙子,清康熙十一年(1672)舉人,授沅陵教諭,遷德安府教授。據《廣濟縣志》,其有《白石山人集》七卷,未見。
國圖　科院　北大　山東　南京

廣東

23273
[嘉靖]始興縣志二卷
明羅田汪慶舟修　明袁宗與等纂

明嘉靖十五年(1536)刻本
天一閣

23274
[嘉靖]始興縣志二卷
明羅田汪慶舟修　明袁宗與等纂
1989年起上海書店據明嘉靖十五年(1536)刻本影印天一閣藏明代方志選刊續編本
湖北

23275
[嘉靖]始興縣志二卷
明羅田汪慶舟修　明袁宗與等纂
抄本
廣東

23276
[嘉靖]始興縣志二卷
明羅田汪慶舟修　明袁宗與等纂
1958年廣州古舊書店油印本
上海

23277
[萬曆]永安縣志二卷圖一卷
明潛江郭之藩修　明葉春及纂
明萬曆十四年(1586)刻本
民國二年(1913)改名紫金縣。
國圖

23278
[萬曆]永安縣志二卷圖一卷
明潛江郭之藩修　明葉春及纂
抄本
上海

23279
[康熙]高要縣志二十九卷
清景陵(今天門)譚桓修　清梁鄭胤纂
清康熙十二年(1673)刻本
國圖　浙江

23280
[道光]東安縣志四卷
清黄岡汪兆柯纂修
清道光五年(1825)刻本
上海　南京

23281
[道光]東安縣志四卷
清黄岡汪兆柯纂修
民國二十五年(1936)鉛印本
國圖　南京　廣東

23282
[道光]東安縣志四卷
清黄岡汪兆柯纂修
抄本
上海

23283
[嘉慶]大埔縣志十八卷首一卷
清鶴峰洪先燾纂修
清嘉慶九年(1804)刻本
先燾,清乾隆三十八年(1773)舉人。初署大埔縣事,以勤廉稱,補三水,調署南海,解組歸。據《鶴峰州志》,其有《式穀堂文稿》,未見。
天津　廣東

23284
[崇禎]惠州府志二十一卷
明興國(今陽新)梁招孟修　明鄭伯升纂
清抄本
存十一卷:三至四、七至十三、十六至十七
國圖 ×

23285
[萬曆]高州府志十卷
明興國(今陽新)曹志遇等纂修

明萬曆刻本文庫
日本尊經閣

廣西壯族自治區

23286
[光緒]鬱林直隸州志二十卷首一卷
清興國(今陽新)馮德才等修　清文德馨等纂
民國二十年(1931)刻本
國圖　科院　北大　上海　復旦　天津　南京　湖北　廣西

23287
[光緒]鬱林直隸州志二十卷首一卷
清興國(今陽新)馮德才等修　清文德馨等纂
1970年臺北成文出版社據民國二十年(1931)刻本影印中國方志叢書本
湖北

23288
[光緒]鬱林直隸州志二十卷首一卷
清興國(今陽新)馮德才等修
2001年江蘇古籍出版社據民國二十年(1931)刻本影印中國地方志集成·廣西府縣志輯本
國圖

四川

23289
[萬曆]四川總志二十七卷
明吴之皞修　明黄岡杜應芳等纂
明萬曆四十七年(1619)刻本
上海 × 　南京地理所 ×

23290
[嘉慶]邛州直隸州志四十六卷
清吴鞏修　清黄陂王來遴纂
清嘉慶二十三年(1818)刻本
國圖　科院　北大　上海　天津　遼寧　南京　浙江　湖北　四川

23291
[光緒]新修潼川府志例言
民國羅田王葆心撰
稿本
散葉待裝。
湖北博

23292
[光緒]雷波廳志三十六卷首一卷
清咸豐秦雲龍等修　清萬科進等纂
清光緒十九年(1893)刻本
科院　上海　復旦　遼寧　南京　浙江　湖北　四川

23293
[光緒]雷波廳志三十六卷首一卷
清咸豐秦雲龍等修　清萬科進等纂
清光緒十九年(1893)刻民國二十七年(1938)補版印本
國圖　南京　四川

23294
[光緒]雷波廳志三十六卷首一卷
清咸豐秦雲龍等修　清萬科進等纂
2001年江蘇古籍出版社據清光緒十九年(1893)刻本影印中國地方志集成·四川府縣志輯本
國圖

重慶

23295
[道光]夔州府志三十六卷首一卷
清恩成等修　清黄陂劉德銓等纂
清道光七年(1827)刻本
國圖　北大　上海　天津　南京　湖北　四川

地理類

23296
[道光]夔州府志三十六卷首一卷
清恩成等修　清黄陂劉德銓等纂
2001年江蘇古籍出版社據清道光七年(1827)刻本影印中國地方志集成·四川府縣志輯本
國圖

23297
[道光]夔州府志三十六卷首一卷
清恩成等修　清黄陂劉德銓等纂
清道光七年(1827)刻光緒十七年(1891)補刻本
國圖　科院　遼寧　南京　湖北　四川

貴州

23298
[乾隆]貴州通志四十六卷首一卷
清鄂爾泰等修　清黄岡靖道謨纂
清乾隆六年(1741)刻本
國圖　科院　北大　上海　復旦　天津　遼寧　山東　南京　浙江　湖北　貴州

23299
[乾隆]貴州通志四十六卷首一卷
清鄂爾泰等修　清黄岡靖道謨纂
清乾隆六年(1741)刻嘉慶十年(1805)補刻本
上海　貴州

23300
[乾隆]貴州通志四十六卷首一卷
清鄂爾泰等修　清黄岡靖道謨纂
清四庫全書本
國圖　甘肅　浙宫　臺彎故宫
1983年臺彎商務印書館影印清文淵閣四庫全書本
湖北
1989年上海古籍出版社縮印臺彎商務印書館影印清文淵閣四庫全書本
國圖　武漢

23301
[乾隆]貴州通志四十六卷首一卷
清鄂爾泰等修　清黄岡靖道謨纂
臺灣文海出版社印中國省志彙編本

23302
[乾隆]鎮遠府志二十八卷
清監利蔡宗建修　清龔傳紳等纂
清乾隆刻本
《中國古籍善本書目》著録。
故宫　湖北

雲南

23303
[乾隆]雲南通志三十卷首一卷
清鄂爾泰、尹繼善修　清黄岡靖道謨纂
清乾隆元年(1736)刻本
國圖　科院　北大　上海　復旦　天津　山東　南京　湖北　雲南

23304
[乾隆]雲南通志三十卷首一卷
清鄂爾泰、尹繼善修　清黄岡靖道謨纂
清四庫全書本
國圖　甘肅　浙江　臺北故宫
1983年臺北商務印書館影印清文淵閣四庫全書本
湖北
1989年上海古籍出版社縮印臺北商務印書館影印清文淵閣四庫全書本
國圖　武漢

23305
[乾隆]雲南騰越州志十三卷
清孝感屠述濂纂修

清乾隆五十五年（1790）刻本
國圖

23306
［乾隆］雲南騰越州志十三卷
清孝感屠述濂纂修
清道光十一年（1831）刻本
復旦　浙江

23307
［乾隆］雲南騰越州志十三卷
清孝感屠述濂纂修
清光緒二十三年（1897）刻本
國圖　科院　北大　上海　天津　南京　浙江

23308
［乾隆］雲南騰越州志十三卷
清孝感屠述濂纂修
清光緒二十三年（1897）刻民國二十年（1931）印本
國圖　南京　湖北

23309
［乾隆］雲南騰越州志十三卷
清孝感屠述濂纂修
1970年臺北成文出版社據清光緒二十三年（1897）刻本影印中國方志叢書本
湖北

23310
［乾隆］鎮雄州志六卷
清孝感屠述濂纂修
清乾隆四十九年（1784）刻本
故宫　上海　雲南

23311
［乾隆］鎮雄州志六卷
清孝感屠述濂纂修
抄本
國圖

23312
［康熙］石屏州志十三卷
清江夏程封纂修
清康熙十二年（1673）刻本
國圖　雲南

23313
［康熙］續石屏州志五卷
清江陵張毓瑞纂修
清康熙刻本
《中國古籍善本書目》著録，僅國家圖書館有藏。
國圖

陝西

23314
［光緒］鳳縣志十卷首一卷
清武昌（今鄂州）朱子春修　清段澍霖纂
清光緒十八年（1892）刻本
國圖　科院　北大　上海　復旦　天津　遼寧　南京　浙江　湖北

23315
［光緒］鳳縣志十卷首一卷
清武昌（今鄂州）朱子春修　清段澍霖纂
1970年起臺北成文出版社據清光緒二十八年（1902）刻本影印中國方志叢書本
湖北

23316
［光緒］鳳縣志十卷首一卷
清武昌（今鄂州）朱子春修　清段澍霖纂
2001年江蘇古籍出版社據清光緒十八年（1892）刻本影印中國地方志集成·陝

西府縣志輯本
國圖

23317
[光緒]洵陽縣志十四卷
清穀城劉德全修　清郭焱昌、姜善繼纂
清光緒二十八年(1902)刻本
1964年改名旬陽縣。
國圖　科院　北大　浙江　湖北

23318
[光緒]洵陽縣志十四卷
清穀城劉德全修　清郭焱昌、姜善繼纂
1970年起臺北成文出版社據清光緒二十八年(1902)刻本影印中國方志叢書本
湖北

23319
[光緒]洵陽縣志十四卷
清穀城劉德全修　清郭焱昌、姜繼善纂
2001年江蘇古籍出版社據清光緒二十八年(1902)刻本影印中國方志集成·陝西府縣志輯本
國圖

23320
[光緒]洵陽縣志十四卷
清穀城劉德全修　清郭焱昌、姜善繼纂
抄本
北師大

山水志之屬

山

23321
嶽紀六卷
明應城陳士元撰
明萬曆二十年(1592)羅紳刻本
是刻半葉九行,行二十字,小字雙行行字同,白口,四周單邊。《中國古籍善本書目》著録,僅此二館有藏。《千頃堂書目》收有《五嶽記》,或即是書。存世已稀。
無錫　浙江

23322
嶽圖秘書二卷
清沔陽(今仙桃)張泰來撰
清康熙刻本
《中國古籍善本書目》著録。
河南

23323
嶽圖秘書二卷
清沔陽(今仙桃)張泰來撰
清光緒刻本
《中國古籍總目·史部》著録。
河南

23324
雲臺山志八卷首一卷末一卷
清江夏崔應階纂　清吴恒宣校訂
清乾隆三十七年(1772)研露樓刻本
清華　北師大　上海　山東　南京

23325
雲臺山志八卷首一卷末一卷
清江夏崔應階纂
1971年起臺灣文海出版社據清乾隆刻本影印中國名山勝蹟志叢刊本
國圖

23326
齊雲山志五卷
明南漳魯點撰
明萬曆刻本
是刻半葉十行,行十八字,白口,四周單邊。

《中國古籍善本書目》著録。魯點字子與,號樂同,萬曆十一年(1583)進士,官至户部郎。庚子主滇試。甲辰督漕於徐,卒於署,唯有圖書而已,邑人爲立永慕祠。齊雲山位於休寧城西,古稱白嶽,遠自唐代即被闢爲學道者所居之勝地,與江西龍虎山、湖北武當山、四川鶴鳴山並稱道教四大勝地。魯點曾令休寧,故有斯編之作。

國圖　故宫　上海　南京　無錫　浙江　安徽　安徽師大　哈佛燕京

23327

齊雲山志五卷

明南漳魯點撰

明萬曆刻清順治康熙間補刻本

國圖　上海　南京

23328

齊雲山志五卷

明南漳魯點撰

清嘉慶十六年(1811)刻本

南京

23329

岱宗紀畧三卷

清沔陽(今仙桃)張泰來撰

清康熙譔觴石室刻本

國圖

23330

岱宗記一卷

清枝江朱雲爔撰

清乾隆刻本

《中國古籍善本書目》著録,僅該館有藏。《枝江縣志》載有《泰山圖記》二卷,或與是書有關。

北大

23331

岱宗大觀一卷

清枝江朱雲爔撰

民國二十五年(1936)王氏僅好書齋鉛印泰山叢書第一集本

國圖　北師大　上海　青島　南京

23332

嵩山志二十卷首一卷

清黄陂葉封撰

清康熙刻本

《中國古籍善本書目》著録。

中國社科院考古所　上海　河南　新鄉　廣東文史館

23333

黄山十奇一卷

清傅大業撰　清景陵(今天門)程紘時、謝起秀評

清康熙八年(1669)刻本

浙江

23334

黄鵠山志十二卷首一卷

清胡鳳丹撰

清同治十三年(1874)胡氏退補齋刻本

國圖　上海　天津　湖北

23335

黄鵠山記一卷

清陳本立撰

清光緒十七年(1891)排印小方壺齋輿地叢抄本

國圖　科院　北大　上海　復旦　天津　遼寧　南京　浙江　湖北　武大　四川　重慶

23336

大别山志十卷首一卷

清胡鳳丹輯

清同治十三年(1874)胡氏退補齋刻本

國圖　上海　天津　南京　浙江

23337

大别山志十卷首一卷

清胡鳳丹撰　李桂生、何詩海點注

2002年湖北教育出版社鉛印湖北地方古籍文獻叢書本

與《鸚鵡洲小志》合爲一册。以清同治十年（1871）胡氏退補齋刻本爲底本。

湖北　武漢

23338

九宫山志十四卷首一卷

清崇陽傅燮鼎撰

清光緒八年（1882）木活字印本

上海

23339

武當福地總真集三卷

元劉道明撰

明正統内府刻道藏本

國圖　首都　科院　天津　遼寧　浙江　杭大　河南　湖北　四川　雲南

23340

武當福地總真集三卷

元劉道明撰

民國上海商務印書館據明本影印道藏舉要本

國圖　上海　南大　武大　廣東　四川　川大　中央民大

23341

武當紀勝集一卷

元羅霆震撰

明正統十年（1445）内府刻道藏本

《中國古籍善本書目》著録，除國家圖書館藏有《道藏》全帙外，故宫、上海、河南、四川四館藏有殘本。

國圖

23342

武當紀勝集一卷

元羅霆震撰

民國十二年至十五年（1923—1926）上海商務印書館影印明正統内府刻道藏本

國圖　首都　科院　天津　遼寧　浙江　杭大　河南　湖北　四川　雲南

23343

大嶽志一卷

明方升撰

明刻本

是刻半葉九行，行二十字，白口，左右雙邊。《中國古籍善本書目》著録。

武當山古名大嶽。

國圖　北大　遼寧　吉大　青島　南京　浙江　川大　重慶

23344

大嶽志一卷

明方升撰

清順治三年（1646）李際朝宛委山堂刻説郛本

《中國古籍善本書目》著録。

國圖　科院　上海　天津　南大　河南

23345

大嶽太和山志十五卷

明任自垣撰

明刻本

天一閣藏卷二至十五。

國圖　天一閣 ×

23346

大嶽太和山志十五卷

明任自垣撰

明嘉請十二年（1533）刻本

存二卷：十四、十五

天一閣 ×

23347
敕建大嶽太和山志十五卷
明任自垣纂修　楊立志點校
1999 年湖北人民出版社鉛印湖北地方古籍文獻叢書本
湖北　武漢

23348
大嶽太和山誌十七卷
明慎旦、賈如愚等撰
明嘉靖三十五年（1556）王佐刻本
國圖

23349
大嶽太和山志八卷
明淩雲翼修　明盧重華纂
明隆慶六年（1572）張著刻萬曆遞修本
國圖　上海

23350
大嶽太和山志八卷補遺一卷
明淩雲翼修　明盧重華纂　楊立志點校
1999 年湖北人民出版社鉛印湖北地方古籍文獻叢書本
湖北　武漢

23351
明代武當山志二種
楊立志編
1999 年湖北人民出版社鉛印湖北地方古籍文獻叢書本
湖北　武漢

敕建大嶽太和山志十五卷　明任自垣纂修　楊立志點校

大嶽太和山志八卷補遺一卷　明淩雲翼修　明盧重華纂　楊立志點校

武當山，古名大嶽，又名太和山、仙室山。

23352
大嶽太和山紀畧八卷
清王概等輯
清乾隆九年（1744）下荆南道署刻本
國圖　山東　浙江

23353
大嶽太和山紀畧八卷
清王概等輯
清刻本
山東

23354
續修大嶽太和山志八卷
趙夔等纂
民國十二年（1923）襄陽石印本
上海

23355
武當山記一卷
清王錫祺撰
清王錫祺編小方壺齋輿地叢鈔稿本
《中國古籍善本書目》著録。有刻本。
國圖

23356
武當山記一卷
清王錫祺撰
清光緒十七年（1891）排印小方壺齋輿地叢抄本
國圖　科院　北大　上海　復旦　天津　遼寧　南京　浙江　湖北　武大　四川　重慶

23357
大洪山志十二卷首一卷
清隨州高福滂纂
清道光十四年（1834）刻本

湖北

23358

九宫山志十四卷首一卷

清崇陽傅燮鼎撰

清光緒八年（1882）木活字印本

燮鼎，原名筆可，字鐵椽，著有《我泉詩草》《雪浪餘音》《［同治］崇陽縣志》等。

上海

23359

黄州大崎山即禹貢大别山説一卷

清江陵劉寶書撰

清光緒刻本

寶書字楚青。

國圖

23360

卯峝記一卷

清林翼池撰

清光緒十七年（1891）排印小方壺齋輿地叢抄本

國圖　科院　北大　上海　復旦　天津　遼寧　南京　浙江　湖北　武大　四川　重慶

23361

衡山記一卷

南朝宋江陵宗測撰　清陳運溶輯

清光緒二十五年（1899）刻麓山精舍叢書本

宗測，省志《隱逸》有傳。此書《隋志》作"宋居士撰"，據章宗源考證，"宋"當作"宗"。其另撰《盧山記》一卷、《續高士傳》三卷，今未訪着。

科院　北大　北師大　清華　上海　上海師大　遼寧　南京　南大　浙江　湖北　雲南

23362

衡嶽志八卷

清朱衮、清棗陽袁奂撰

清康熙三年（1664）刻本

《中國古籍善本書目》著録。

北大　科院　北京文物局　上海

23363

［道光］雲臺新志十八卷首一卷末一卷

清松滋謝元淮修　清許喬林纂

清道光十六年（1836）郁州書院刻本

山東海源閣

23364

［道光］雲臺新志十八卷首一卷末一卷

清松滋謝元淮修　清許喬林纂

1970 年起臺北成文出版社影印中國方志叢書本

湖北

23365

雲巖小志八卷

清江陵李炤禄輯

清嘉慶七年（1802）刻彙印雲巖叢書本

科院

23366

靈巖小志一卷

清江陵李炤禄輯

清刻彙印雲巖叢書本

科院

23367

山脈指掌續十六篇不分卷

清武昌（今鄂州）黄大華撰

民國安徽第一監鉛印本

前有門下士吴興王樹榮撰《黄鞠友先生傳》及《山脈指掌續序》，又有《夢紅豆村全集總目》（含"已梓書目"四種、"待梓書目"三十四種），末有其子紹玉跋，述印書原委。

湖北　武漢

水

23368
水經注四十卷
北魏酈道元撰　明景陵（今天門）鍾惺、朱之臣、景陵（今天門）譚元春評點
明崇禎二年（1629）刻本
《中國古籍善本書目》失收。三注者中有二位爲湖北名家。
上海　南京

23369
水經注鈔六卷
明景陵（今天門）鍾惺輯
明鍾恒刻本
《中國古籍善本書目》未收。未知是否爲《三注鈔》之一。
南京　四川

23370
水經注鈔六卷
明景陵（今天門）鍾惺輯
明萬曆四十五年（1617）刻三注抄本
是刻半葉九行，行十九字，白口，四周單邊。《中國古籍善本書目》著録。
首都　北大×　北師大×　南京　浙江

23371
水經注疏□□卷附水經注圖
民國宜都楊守敬、熊會貞撰
稿本
存三卷：三十一至三十三
《中國古籍善本書目》著録。此爲著者手稿，楊氏纂疏，熊氏參疏。現存三卷内容包括滍水、澪水、決水，爲作者修訂本之一。持與1957年北京科學出版社影印本對勘，知爲影印本所據底本後的改定本。凡影印本有的内容此殘卷均有，而此殘卷新增者則爲影印本所無。所附《水經注圖》共十張，《中國古籍善本書目》漏著。
重慶×

23372
水經注疏四十卷
民國宜都楊守敬、熊會貞撰
清稿本
存一卷：八
科院×

23373
水經注戴趙合校勘本殘稿不分卷
民國宜都楊守敬撰
稿本
《中國古籍善本書目》著録。稿爲一册，實存"膠水""濰水""汶水"三節。《中國古籍善本書目》未言及殘缺情況，不妥。
重慶×

23374
水經注戴趙合校勘本
民國宜都楊守敬撰　張潤生整理
1988年湖北人民出版社、湖北教育出版社鉛印楊守敬集本
湖北

23375
漢志水經注水道疏證及汭水考殘稿不分卷
民國宜都楊守敬、熊會貞撰
稿本
《中國古籍善本書目》著録，但未揭示《汭水考》及其殘缺情況，兹依《中南、西南地區省、市圖書館館藏古籍稿本提要（附鈔本聯合目録）》。
重慶

23376
水經注疏要删四十卷
民國宜都楊守敬撰

清光緒八年（1882）楊氏觀海堂刻本
湖北

23377
水經注疏要删四十卷補遺一卷
民國宜都楊守敬撰
清光緒三十一年（1905）楊氏觀海堂刻本
國圖　上海　浙江

23378
水經注要删四十卷補遺一卷要删補遺四十卷
民國宜都楊守敬撰
清光緒三十一年（1905）楊氏觀海堂刻宣統元年增刻本
國圖　上海　南京　浙江

23379
水經注疏四十卷附原稿殘卷
民國宜都楊守敬撰疏　熊會貞參疏
1957年北京科學技術出版社影印本
湖北

23380
水經注疏
民國宜都楊守敬撰　謝承仁、侯英賢整理
1988年湖北人民出版社、湖北教育出版社鉛印楊守敬集本
湖北

23381
水經注疏
民國宜都楊守敬、熊會貞撰　段熙仲點校　陳橋　驛復校
1989年江蘇古籍出版社鉛印本　又1999年鉛印本

23382
水經注要删再續補四十卷
民國宜都楊守敬撰
民國二十六年（1937）張春霆抄本（卷四至八係後補抄）　民國張春霆題識
湖北

23383
水經注要删引用書目不分卷
民國宜都楊守敬、熊會貞輯
稿本
按《要删》引文順序逐一羅列，不避重複，並注明在《要删》中的葉碼及左右半葉之位置。係未經整理之草稿本。楊、熊二氏在研究《水經注》時，曾大量使用武昌徐行可箕志堂藏書，今徐氏藏書悉數度藏於湖北省圖書館。
重慶

23384
水經注圖四十卷補一卷
民國宜都楊守敬撰
清光緒三十一年（1905）觀海堂刻硃墨套印本
湖北

23385
蜀水經十二卷
清京山李元撰
清乾隆五十九年（1794）刻本
《販書偶記》著録。據《京山縣志》，李元著述甚多，其付梓者僅見此《蜀水經》。
陽海清《中國叢書廣録》根據劉聲木《續補彙刻書目》卷九，謂爲“清李氏自刻本”，唯除首末二種外，餘至今未見。
國圖　浙江

23386
蜀水經十六卷
清京山李元撰

清嘉慶五年(1800)傳經堂刻本

《中國古籍善本書目》著録。未知與《販書偶記》所收乾隆五十九年(1794)刻的十二卷本有無關聯。

國圖　湖北　四川

23387
蜀水經

清京山李元撰

1985年巴蜀書社鉛印本

23388
長江圖説一卷

清王德均撰

清王錫祺編小方壺齋輿地叢鈔三補編稿本

國圖

23389
長江圖説十二卷首一卷

清馬徵麟等撰

清同治九年(1870)金陵提署刻本

此書有二刻本。

國圖　上海　天津　南京　湖北

23390
長江圖説十二卷首一卷

清馬徵麟等撰

清同治十年(1871)崇文書局刻本

是書由何紹基題耑。前有同治元年(1862)黄翼升序、目次及馬氏撰《前言》,末有王香倬《長江圖後序》。圖占整葉。前八卷爲圖,圖中插説明文字,後四卷爲《雜説》。

國圖　北師大　上海　天津　湖北

23391
江道編一卷

清齊召南撰

清光緒十七年(1891)刻小方壺齋輿地叢抄本

國圖　科院　北大　上海　復旦　天津　遼寧　甘肅　南京　浙江　湖北　武大　四川　重慶

23392
入江巨川編一卷

清齊召南撰

清光緒十七年(1891)刻小方壺齋輿地叢抄本

國圖　科院　北大　上海　復旦　天津　遼寧　甘肅　南京　浙江　湖北　武大　四川　重慶

23393
長江水程詳記一卷

清光緒三十年(1904)刻本

上海

23394
説江一卷

民國譚紹袞撰

清宣統元年(1909)刻本

國圖　上海

23395
水道參考三卷

清沔陽(今仙桃)胡祖翮撰

清道光刻本

天津

23396
水道參考三卷首一卷

清沔陽(今仙桃)胡祖翮撰

清同治十一年(1872)湖北崇文書局刻荆楚疏防指要本

國圖　清華　上海　南京　南大　湖北　武大　廣東

23397

峽程記一卷

前蜀韋莊撰

清順治三年(1646)李際期宛委山堂刻說郛本

是刻半葉九行,行二十字,白口,左右雙邊。《中國古籍善本書目》著録。

國圖　首都　上海　復旦　天津　吉林　南京　浙江　江西　福建　河南　湖南　中大　重慶　雲南

23398

峽船志一卷

南唐王周撰

清順治三年(1646)李際期宛委山堂刻說郛本

國圖　首都　上海　復旦　天津　吉林　南京　浙江　江西　福建　河南　湖南　中大　重慶　雲南

23399

三峽通志五卷

明吴守忠撰

明萬曆十九年(1591)刻本

是刻半葉九行,行二十二字,白口,四周雙邊,雙魚尾,有刻工。《中國古籍善本書目》著録,僅該館有藏。

上海

23400

三峽通志五卷

明吴守忠撰

2002年上海古籍出版社據明萬曆十九年(1591)刻本影印續修四庫全書本

湖北

23401

三峽通志五卷

明吴守忠編纂　盧國楨校次

1991年書目文獻出版社據錦生館抄本影印

23402

出峽記一卷

清張洲撰

清王錫祺編小方壺齋輿地叢鈔稿本

《中國叢書總録》著録。

國圖

23403

峽江圖考不分卷

清江國璋撰

清光緒十五年(1889)石印本

天津

23404

峽江圖考不分卷

清江國璋撰

清光緒二十年(1894)上洋袖海山房書局石印本

國圖　上海　南京

23405

峽江圖考不分卷

清江國璋撰

清光緒二十三年(1897)上洋袖海山房書局石印本

北師大

23406

峽江圖考不分卷

清江國璋撰

民國十五年(1926)宜昌晏文盛書局石印本

南京

23407

漢州水源册一卷

清陳銛撰

清道光六年(1826)刻本

上海

23408

湖北漢水圖説一卷附漢水溯洄紀程一卷

清漢川田宗漢撰

清光緒二十七年(1901)漢川田氏刻本

湖北

23409

楚南諸水源流考一卷

清孫良貴撰

清抄本

楚南當指湖南,但此書或與湖北汛情有關,故録之。

國圖

23410

洞庭記一卷

清陳運溶輯

清光緒宣統間湘西陳氏刻麓山精舍叢書本

有關洞庭湖之書,今衹訪到三種。

科院　北大　北師大　清華　上海　遼寧　南京　南大　浙江　湖北　雲南

23411

洞庭記一卷

清王仁俊輯

玉房山房輯佚書補編稿本

《中國古籍善本書目》著録。

上海

23412

洞庭湖志十四卷

清綦世基原撰　清夏大觀補輯　清萬年淳再訂

清道光五年(1825)刻本

國圖

23413

洞庭湖志十四卷

清綦世基原撰　清夏大觀補輯　清萬年淳再訂

清道光八年(1828)六安直隸州州丞署刻本

國圖　上海　天津　浙江

專志

古蹟

23414

赤壁志一卷

清賈鋐撰

清康熙三十七年(1698)刻本　清厲鶚校補並跋

鋐字可齋,鑲藍旗人。清康熙三十二年(1693)任黄州知府。

復旦

23415

琴臺紀畧不分卷

民國孝感徐焕斗撰

民國鉛印本

湖北

23416

隨州八景圖考一卷

清文齡撰

清光緒刻本

國圖

寺觀

23417

寺塔記二卷

唐江陵段成式撰

清順治三年(1646)李際期宛委山堂刻

說郛本

是刻半葉九行,行二十字,白口,左右雙邊。《中國古籍善本書目》著録。

國圖　首都　上海　復旦　天津　吉林　南京　浙江　江西　福建　河南　湖南　中大　重慶　雲南

23418

寺塔記二卷

唐江陵段成式撰　秦嶺雲點校

1964年人民美術出版社鉛印中國美術論著叢刊本

陽海清《中國叢書廣録》著録。

23419

西千十寺記一卷

明景陵(今天門)謝廷瓚撰

清順治三年(1646)李際期宛委山堂刻說郛續本

《中國古籍善本書目》著録,二十八館有藏。

國圖　故宫　上海　復旦　天津　吉林　南京　浙江　江西　河南　中大　重慶　雲南

23420

少林寺志不分卷

清黄陂葉封、焦欽寵輯　清施奕簪續輯

清乾隆十三年(1748)張學林刻本

科院

23421

少林寺志二十二卷

清黄陂葉封等輯　清施奕簪等續輯

1997年北京出版社據清乾隆十三年(1748)張學林刻本影印四庫未收書輯刊本

湖北

23422

洪山敕賜寶通寺三卷增補集一卷

清釋無相編　清釋佛林增　清釋達澄補

清光緒八年(1882)刻本

上海

23423

玉泉山寺志三卷

清當陽栗引之撰

清康熙刻本

《中國古籍善本書目》著録,僅該館有藏。

科院

23424

玉泉寺志六卷首一卷

清李元才修　清陶賡唐等纂

清光緒十一年(1885)刻本

北師大　上海　南京

23425

齊雲山桃源洞天志一卷

明南漳魯點撰

明刻本

國圖

23426

齊雲山桃源洞天志不分卷

明南漳魯點撰

清康熙刻本

《中國古籍善本書目》著録,僅該館有藏。

安徽博

23427

齊雲山桃源洞天志一卷

明南漳魯點撰

清道光十三年(1887)休城李文富堂刻本

上海　南京

祠廟

23428

陳眉公訂正黄帝祠額解一卷

明京山李維楨撰

明刻寶顔堂彙秘笈本

《中國古籍善本書目》著録。《四庫全書總目》入"子部·雜家類存目"。是書乃其奉詔謁黄帝陵,見舊祠取鼎湖之事,額曰"龍髯",乃作是書以辨其不經。今依《中國叢書綜録》,移至"史部·地理類·祠廟"。

科院　故宫　北京市委　復旦　祁縣　上虞

23429

陳眉公訂正黄帝祠額解一卷

明京山李維楨撰

民國十一年(1922)上海文明書局石印寶顔堂秘笈本

國圖　首都　北師大　清華　上海　復旦　天津　遼寧　甘肅　南京　浙江　湖北　武漢　四川　重慶

23430

三閭彙考六卷

清屈見復纂

清道光二十八年(1848)刻本

見復字心梅,江蘇常熟人,官湖南知縣。是書記屈原廟情況,首有宋翔鳳序。書分六卷:一圖像、二古蹟、三祠祀、四艺文、五奏稿、六外見。"古蹟""祠祀"等可供考古之資。"藝文"搜採未盡。"奏稿"止余聯沅奏請廟祀一篇。"外見"亦僅三條,其中二條記三閭大夫子及女,洵珍聞也。

湖北

書院

23431

漢口紫陽書院志畧八卷首一卷

清董桂敷輯

清嘉慶十一年(1806)刻本

國圖　北師大　上海　山東

23432

紫陽書院志略八卷首一卷

清董桂敷輯　李經天、李珠點注

2002年湖北教育出版社鉛印湖北地方古籍文獻叢書本

與《楚書》《楚史檮杌》《湖北金石詩》合爲一册。

湖北　武漢

23433

[續]問津書院志八卷

清黄岡王會釐等輯

清光緒三十一年(1905)刻本

會釐字小東,丕釐弟。清光緒二十年(1894)進士,授編修。問津書院在今武漢市新洲區。

國圖　上海　浙江　湖北

遊記之屬

23434

笠澤遊記不分卷

明王世貞、京山李維楨等撰

明萬曆刻本　鄭振鐸跋

國圖

23435

西湖紀述一卷

明公安袁宏道撰

清光緒錢塘丁氏嘉惠堂刻武林掌故叢編本

國圖　科院　北大　上海　復旦　天津　遼寧　甘肅　南京　浙江　湖北　武漢　四川　重慶　雲南

23436

西湖紀述一卷

明公安袁宏道撰

清光緒九年(1883)錢塘丁氏嘉惠堂刻西湖集覽本

國圖　首都　上海　上海師大　南京　浙江　湖北　武大　桂林　重慶

23437
皖遊紀聞一卷
羅田張星煥撰
民國十九年(1930)青垞石印羅田張氏筆記二種本
湖北　黄岡

23438
皖遊紀聞一卷
羅田張星煥撰
民國二十年(1931)武昌石印王氏校印鄉哲遺書六種本
《續修四庫全書總目提要》著録,藏書單位待訪。

23439
華嵩遊草二卷
明公安袁宏道撰
明萬曆三十三年(1605)刻袁使君集本
是刻半葉九行,行十八字,白口,左右雙邊。《中國古籍善本書目》著録。
天一閣

23440
華嵩遊草二卷
明公安袁宏道撰
明周應麐刻袁中郎十集本
是刻半葉九行,行二十字,白口,左右雙邊。《中國古籍善本書目》著録。
國圖　清華　科院　上海　復旦　南開　山東　南京　浙江　湖北　四川

23441
華嵩遊草二卷
明公安袁宏道撰
1981年上海古籍出版社鉛印中國古典文學叢書·袁宏道集箋校本
湖北

23442
泰山遊記一卷
民國江陵張沉仁撰
民國四年(1915)鉛印本
湖北

23443
東歸録一卷
清黄岡洪良品撰
清光緒十七年(1891)上海著易堂鉛印小方壺齋輿地叢鈔第七帙本
國圖　科院　北大　上海　復旦　天津　遼寧　甘肅　南京　浙江　湖北　武大　四川　重慶

23444
巴船紀程一卷
清黄岡洪良品撰
清光緒十七年(1891)上海著易堂鉛印小方壺齋輿地叢鈔第七帙本
國圖　科院　北大　上海　復旦　天津　遼寧　甘肅　南京　浙江　湖北　武大

23445
北征日記一卷
清黄岡洪良品撰
清光緒十七年(1891)上海著易堂鉛印小方壺齋輿地叢鈔第十七帙本
國圖　科院　北大　上海　復旦　天津　遼寧　甘肅　南京　浙江　湖北　武大

23446
遊太行山記一卷
民國嘉魚劉心源撰
清光緒二十三年(1897)上海著易堂鉛印小方壺齋輿地叢鈔再補編本
國圖　科院　北大　上海　復旦　天津　遼寧　甘肅　南京　浙江　湖北　武大　四川　重慶

23447
遊寶藏寺記一卷
清蘄水（今浠水）郭沛霖撰
清光緒十七年（1891）刻小方壺齋輿地叢鈔第四帙本
國圖　科院　北大　上海　復旦　天津　遼寧　甘肅　南京　浙江　湖北　武大　四川　重慶

23448
南鴈蕩紀遊一卷
清枝江張盛藻等撰
清光緒刻本
國圖　上海　浙江

23449
南鴈蕩紀遊一卷
清枝江張盛藻撰
清光緒十七年（1891）上海著易堂鉛印小方壺齋輿地叢鈔第四帙本
國圖　科院　北大　上海　復旦　天津　遼寧　甘肅　浙江　南京　武大　四川　重慶

23450
中鴈蕩紀遊二卷
清枝江張盛藻等撰
清光緒刻本
國圖　上海　浙江

23451
中鴈蕩紀遊二卷
清枝江張盛藻等撰
清光緒十七年（1891）上海著易堂鉛印小方壺齋輿地叢鈔第四帙本
國圖　科院　北大　上海　復旦　天津　遼寧　甘肅　南京　浙江　湖北　武大　四川　重慶

23452
遊北固山記一卷
清沔陽（今仙桃）周鎬撰
清王錫祺編小方壺齋叢書稿本
《中國古籍善本書目》著録。
國圖

23453
蘇門遊記一卷
民國恩施樊增祥撰
民國二年至四年（1913—1915）上海廣益書局鉛印古今文藝叢書本
首都　上海　上海師大　遼寧　甘肅　山東大　杭大　福建師大　四川　重慶

23454
使陝記三卷
清羅田周錫恩撰
民國四年（1915）刻是園遺書本
國圖　北大　吉大　武大

23455
陝豫蘇浙閩桂粤七省遊記一卷
沔陽（今仙桃）盧雲青撰
民國二十五年（1936）鉛印本
湖北

23456
楚遊日記八卷
清高承治輯
清江都高承治撰輯冬蘭山館全集稿本
施廷鏞《中國叢書綜録續編》著録，藏書單位待訪。

23457
楚遊小記一卷
清劉祐撰
清康熙二年（1663）綉煙亭刻劉簡齋先生祖孫遺集本

施廷鏞《中國叢書綜録續編》著録。藏書單位待訪。

23458
鄂遊日記一卷
清羅田潘煥龍撰
清道光羅田潘氏自刻臥園四種本
湖北

23459
湖北紀程一卷
清孫毓汶撰
清光緒稿本
國圖

23460
遊赤壁記一卷
清邵長蘅撰
清光緒十七年(1891)上海著易堂鉛印小方壺齋輿地叢鈔第四帙本
國圖　科院　北大　上海　復旦　天津　遼寧　甘肅　南京　浙江　湖北　武大　四川　重慶

23461
遊襄城山水記一卷
清周準撰
清光緒十七年(1891)上海著易堂鉛印小方壺齋輿地叢鈔第四帙本
國圖　科院　北大　上海　復旦　天津　遼寧　甘肅　南京　浙江　湖北　武大　四川　重慶

23462
遊龍泉記一卷
清王昶撰
清光緒十七年(1891)上海著易堂鉛印小方壺齋輿地叢鈔第四帙本
國圖　科院　北大　上海　復旦　天津　遼寧　甘肅　南京　浙江　湖北　武大　四川　重慶

23463
遊三遊洞記一卷
清劉大槐撰
清光緒十七年(1891)上海著易堂鉛印小方壺齋輿地叢鈔第四帙本
國圖　科院　北大　上海　復旦　天津　遼寧　甘肅　南京　浙江　湖北　武大　四川　重慶

23464
伏牛洞記一卷
清史承豫撰
清光緒十七年(1891)上海著易堂鉛印小方壺齋輿地叢鈔第四帙本
國圖　科院　北大　上海　復旦　天津　遼寧　甘肅　南京　浙江　湖北　武大　四川　重慶

23465
容美紀游一卷
清顧彩撰
清道光二十三年(1843)琴川鄭氏青玉山房刻舟車所至本
國圖　科院　北師大　清華　上海　復旦　遼寧　吉大　甘肅　南京　浙江　河南　重慶

23466
容美紀游一卷
清顧彩撰
清光緒十七年(1891)上海著易堂鉛印小方壺齋輿地叢鈔第六帙本
國圖　科院　北大　上海　復旦　天津　遼寧　甘肅　南京　浙江　湖北　四川　重慶

23467
容美紀游一卷
清顧彩撰

1966—1987年臺灣文海出版社據清道光二十三年(1843)琴川鄭氏青玉山房刻舟車所至本影印近代中國史料叢刊續編第五十二輯本

湖北

23468

容美紀游校注一卷附録一卷

清顧彩撰　吴柏森校注

1999年湖北人民出版社鉛印湖北地方古籍文獻叢書本

與《渚官舊事譯注》合一册。

湖北　武漢

23469

容美紀游注釋

清顧彩撰　高潤身注釋

1991年天津古籍出版社鉛印本

天津

23470

容美紀游評注不分卷

清顧彩撰　高潤身、高敬菊評注

2006年湖北人民出版社鉛印恩施州民族研究叢書本

湖北　恩施

23471

容美土司史料彙編不分卷

中共鶴峰縣委統戰部、中共五峰縣委統戰部等編

1984年鶴峰縣鉛印本

全書有首一卷,包括序、文物古蹟照片、容美土司疆域圖;正文分五部分,一爲奏章、文告,二爲傳記、碑刻,三爲藝文,四爲史料摘抄,五爲其他。末有後語。

武漢

23472

容美土司史料續編不分卷

鶴峰縣民族事務委員會編　楊慶章主編

1993年鉛印本

正文分四個部分:一、皇諭奏疏,二、史料摘抄,三、藝文,四、附録。首有何亞斌序。

武漢

23473

漢南紀游一卷遊漢南詩一卷

清王志沂撰

清道光謝氏刻本

國圖　浙江

23474

遊五腦山記一卷

清黄岡洪良品撰

清光緒十七年(1891)上海著易堂鉛印小方壺齋輿地叢鈔第四帙本

國圖　科院　北大　上海　復旦　天津　遼寧　甘肅　南京　浙江　湖北　武大　四川　重慶

23475

西山遊記一卷

清黄岡洪良品撰

清光緒二十三年(1897)上海著易堂印小方壺齋輿地叢鈔再補編第四帙本

國圖　科院　北大　上海　復旦　天津　遼寧　甘肅　南京　浙江　湖北　武大

23476

遊麻姑洞記一卷

清黄岡洪良品撰

清光緒二十三年(1897)上海著易堂鉛印小方壺齋輿地叢鈔第四帙本

國圖　科院　北大　上海　復旦　天津　遼寧　甘肅　南京　浙江　湖北　武大　四川　重慶

23477
羅田王季薌先生遊天堂山記一卷
民國羅田王葆心撰
稿本
一册加散葉,約三千六百字。編入《晦堂文存》。
湖北博

23478
黔遊紀程一卷
清江夏崔應階撰
清乾隆刻本
國圖　清華　雲南

23479
東游紀略一卷
民國黄陂劉鳳章撰
民國八年(1919)湖北省立一師鉛印本
湖北

職官類

官制之屬

23480
南京太常寺志十三卷
明崇陽汪宗元撰
明嘉靖二十九年(1550)刻本
存二卷:一至二
是刻半葉十行,行二十四字,白口,四周單邊。《中國古籍善本書目》著録,僅天一閣藏此殘本。
天一閣 ×

23481
漢官解詁一卷
漢華容(今監利)胡廣撰　清孫星衍輯
清顧廣圻校
稿本
《中國古籍善本書目》著録。此係對王隆《漢官解詁》所作之注解,原本早佚,今存孫星衍、黄奭兩個輯佚本。
上海

23482
漢官解詁一卷
漢華容(今監利)胡廣撰　清孫星衍輯
清嘉慶蘭陵孫氏刻平津館叢書本
國圖　首都　上海　復旦　天津　遼寧　南京　浙江　江西　湖北　廣東　四川　重慶

23483
漢官解詁一卷
漢華容(今監利)胡廣撰　清孫星衍輯
2002年上海古籍出版社據清嘉慶蘭陵孫氏刻平津館叢書本影印續修四庫全書本
湖北

23484
漢官解詁一卷
漢華容(今監利)胡廣撰　清孫星衍輯
清光緒十一年(1885)吴縣朱氏槐盧家塾刻平津館叢書本
國圖　北大　上海　復旦　天津　遼寧　甘肅　南京　浙江　湖北　武大　四川　重慶

23485
漢官解詁一卷
漢華容(今監利)胡廣撰　清孫星衍輯
清光緒常熟鮑氏刻後知不足齋叢書本
國圖　科院　北大　上海　復旦　天津　遼寧　甘肅　南京　浙江　江西　湖北　廣東　四川　川大

23486
漢官解詁一卷
漢華容(今監利)胡廣撰　清孫星衍輯

清光緒順德龍氏刻知服齋叢書本
國圖　首都　科院　北大　吉林市　南京　湖北　江西　廣東　四川　重慶

23487
漢官解詁一卷
漢華容（今監利）胡廣撰　清孫星衍輯
民國二十四年至二十六年（1935—1937）上海商務印書館鉛印圖書集成初編本
國圖　北師大　清華　上海　復旦　遼寧　哈爾濱　甘肅　南大　浙江　江西　四川　重慶

23488
漢官解詁一卷
漢華容（今監利）胡廣撰　清孫星衍輯
民國二十五年（1936）上海古籍出版社鉛印四部備要本
國圖　首都　北大　上海　復旦　天津　遼寧　甘肅　南京　浙江　江西　四川　重慶　雲南

23489
漢官解詁一卷
漢華容（今監利）胡廣撰　清孫星衍輯
民國二十五年（1936）上海古籍出版社縮印四部備要本
北師大　上海　華東師大　上海師大　上海辭書　浙江　江西　桂林　重慶

23490
漢官解詁一卷
漢華容（今監利）胡廣撰　清黄奭輯
清道光甘泉黄氏刻光緒印漢學堂叢書·子史鉤沉本
國圖　科院　北大　上海　華東師大　天津　内蒙　甘肅　南京　浙江　湖北　武大　四川　重慶

23491
漢官解詁一卷
漢華容（今監利）胡廣撰　清黄奭輯
清道光甘泉黄氏刻民國十四年（1925）王鑒修補印黄氏逸書考（原名漢學堂叢書）本
國圖　北大　上海　華東師大　内蒙　遼寧　甘肅　南京　杭大　湖北　重慶　青海

23492
吕梁洪志一卷
明江夏馮世雍撰
明嘉靖吴郡袁氏嘉趣堂刻金聲玉振集本

據《江夏縣志》：世雍字子和，一字三石。嘉靖二年（1523）進士，授工部主事，遷吏部郎中，出知杭州府，調徽州，有惠政，告歸。

是書《四庫全書總目》入“史部·職官類存目”，其提要云：“明時運道，自徐州溯吕梁洪入濟，設洪夫以牽挽，歲命工部屬官一員董其事，謂之‘吕梁分司’。世雍嘗領其職，因述前後建置始末及官署、祠廟歷任姓氏，以成斯志。凡八篇，篇各有序，末復繫以贊語。”

國圖　首都　科院　上海　復旦　華東師大　吉大　青島　山東大　南京　浙江　廣東

23493
吕梁洪志一卷
明江夏馮世雍撰
1996年齊魯書社據明嘉靖吴郡袁氏嘉趣堂刻金聲玉振集本影印四庫全書存目叢書本
湖北

23494
四譯館考十卷
清漢陽江蘩撰
清康熙刻本

《中國古籍善本書目》著録。《販書偶記續編》作三十四年（1695）刻。《四庫全書》存目。

國圖　華東師大　南京　鎮江　揭博

23495
四譯館考十卷
清漢陽江蘩撰
1987—1998年書目文獻出版社據清康熙刻本影印北京圖書館古籍珍本叢刊本
湖北

23496
四譯館考十卷
清漢陽江蘩撰
1997年齊魯書社據清康熙刻本影印四庫全書存目叢書本
湖北

23497
四譯館館考
清漢陽江蘩撰
清乾隆七年(1742)宜黄余棟刻四譯館館則附録本
上海

官箴之屬

23498
治要録四卷
明松滋潘游龍撰
清抄本
《中國古籍善本書目》著録。
杭大

政紀之屬

23499
鄂城偶識一卷
清惲祖翼撰
清光緒刻本
與《浙遊偶識》《浙遊續識》《浙省地漕減釐捐核實細數備考》合爲一編。
國圖　上海　南京

23500
合河政記二卷
民國陽新石榮暲撰
民國二十三年(1934)陽新石氏鉛印蓉城仙館叢書本
國圖　首都　北師大　清華　上海　復旦　遼寧　吉大　山東大　杭大　湖北　川大

23501
合河政紀二卷
民國陽新石榮暲撰
1966—1987年臺灣文海出版社據民國二十三年(1934)陽新石氏鉛印蓉城仙館叢書本影印近代中國史料叢刊正編本
湖北

23502
三年來之湖北省政
民國李以祉撰
稿本
記民國二十九年至三十一年(1940—1942)事。一册,約三千字。
湖北博

政書類

通制之屬

23503
胡廣漢制度一卷
漢華容(今監利)胡廣撰　清王謨輯
清嘉慶三年(1798)金溪王氏刻漢魏遺書抄本
國圖　科院　北大　上海　復旦　天津　吉

大　遼寧　南京　安徽　浙江　湖北　武漢　重慶　川大

23504
大明會典二百八十卷
明江陵張居正等纂修
明內府抄本
存十六卷:一、五十七、八十八至八十九、九十六至一百、一百十至一百十一、一百四十八至一百四十九
《中國古籍善本書目》著録。
國圖 ×

23505
三通序一卷
民國沔陽(今仙桃)盧靖録
清光緒沔陽盧氏刻民國十二年(1923)彙印慎始基齋叢書本
國圖　科院　北大　上海　天津　遼寧　南京　浙江　湖北　四川

儀制之屬

23506
祭典一卷
晉陰縣(光化,今老河口)范汪撰　清馬國翰輯
清光緒九年(1883)長沙嫏嬛館刻玉函山房輯佚書本
國圖　首都　科院　上海　天津　遼寧　南京　浙江　江西　湖北　四川　重慶　雲南

23507
祭典一卷
晉陰縣(光化,今老河口)范汪撰　清馬國翰輯
清光緒十年(1884)章邱李氏據馬氏刊版重印玉函山房輯佚書本
北師大　上海　天津　遼寧　陝西　山東　南京　浙江　江西　廣東　四川

23508
祭典一卷
晉陰縣(光化,今老河口)范汪撰　清馬國翰輯
清光緒十年(1884)楚南書局刻玉函山房輯佚書本
國圖　北大　復旦　天津　遼寧　南京　浙江　江西　湖北　廣西　四川　重慶　雲南

23509
梁雜儀注
唐江陵段成式撰
清順治三年(1646)李際期宛委山堂刻説郛本
是刻半葉九行,行二十字,白口,左右雙邊。
《中國古籍善本書目》著録。
國圖　首都　上海　復旦　天津　吉林　南京　浙江　江西　福建　河南　湖南　中大　重慶　雲南

23510
婚雜儀注
唐江陵段成式撰
明末刻心遠齋彙印緑牕女史本
是刻半葉九行,行二十字,白口,左右雙邊。
《中國古籍善本書目》著録。
首都　北大　科院

23511
婚雜儀注
唐江陵段成式撰
清順治三年(1646)李際期宛委山堂刻説郛本
是刻半葉九行,行二十字,白口,左右雙邊。
《中國古籍善本書目》著録。
國圖　首都　上海　復旦　天津　吉林　南京　浙江　江西　福建　河南　湖南　中

大　重慶　雲南

23512

聖廟祀典不分卷

明崇陽汪宗伊輯

清抄本

《中國古籍善本書目》著録，僅上海圖書館有藏。

上海

23513

皇明典禮志二十卷

明江夏郭正域撰

明萬曆四十一年（1613）刻本

正域字美命，明萬曆十一年（1583）進士，授編修，歷禮部侍郎。博通載籍，勇於任事，有經濟大略，人望歸之。卒謚文毅。著有《批點考工記》《皇明典禮志》《韓文杜律》等。是書撰於禮部任上，對明代之典法禮儀作了較詳細的記載。雖然《四庫提要》於其歸類排比頗有微言，但具有較高的史料價值。是刻半葉十行，行二十字，白口，單魚尾，左右雙邊。首有自序。《四庫全書總目》入"存目"。

國圖　首都　南京　浙江　哈佛燕京

23514

皇明典禮志二十卷

明江夏郭正域撰

1997年齊魯書社據明萬曆四十一年（1613）刻本影印四庫全書存目叢書本

湖北

23515

皇明典禮志二十卷

明江夏郭正域撰

2002年上海古籍出版社據明萬曆四十一年（1613）刻本影印續修四庫全書本

湖北

23516

孔廟禮樂考六卷

明黄梅瞿九思撰

明萬曆三十五年（1607）史學遷刻瞿聘君全集本

音樂研　華東師大　遼寧　吉大　南京博　中大

23517

孔廟禮樂考六卷

明黄梅瞿九思撰

2002年上海古籍出版社據明萬曆三十五年（1607）史學遷刻瞿聘君全集本影印續修四庫全書本

湖北

23518

土俗章程不分卷

明黄梅瞿九思撰

明萬曆三十五年（1607）史學遷刻瞿聘君全集本

《中國古籍善本書目·叢部》著録。

國圖

23519

太常紀要十五卷

清漢陽江蘩撰

清康熙刻本

《中國古籍善本書目》著録。

國圖　北大　清華　中國社科院近代史所　南京

23520

太常紀要十五卷

清漢陽江蘩撰

清抄本

《中國善本書目》著録。

遼寧

23521
歷代服制考原二卷圖一卷
清江夏蔡子嘉撰
清光緒十四年（1888）富文閣石印本
《販書偶記》著録。
蘇大

23522
歷代服制考原二卷
清江夏蔡子嘉纂
清光緒十四年（1888）西山草堂石印本
國圖　復旦

科舉學校之屬

23523
兩湖文高等學堂一覽一卷
清光緒二十九年（1903）刻本
上海

23524
兩湖鑛業學堂章程不分卷
清宣統木活字印本
上海

23525
大學堂議覆湖北籌辦學堂摺一卷
清張百熙撰
清光緒二十九年（1903）刻本
上海

23526
湖北師範學堂速成章程一卷
清光緒二十八年（1902）木活字印本
上海

23527
湖北師範學堂第二次簡易科管理法一卷
清光緒三十年（1904）木活字印本
上海

23528
湖北法政學堂章程一卷
清光緒三十四年（1908）鉛印本
上海

23529
湖北法政學堂修改章程一卷
清光緒三十四年（1908）鉛印本
上海

23530
湖北國學館學規課程一卷附招考内外課簡章一卷
清光緒鉛印本
上海

23531
湖北官立女子速成保育科管理法一卷
清光緒刻本
上海

23532
湖北省城南路高等小學堂招考題目一卷
清末刻本
上海

23533
中東兩路高等小學堂一覽一卷
清光緒二十七年（1901）湖北刻本
上海

23534
湖北省城育嬰堂條規一卷
清光緒刻本
上海

政書類

邦計之屬

23535
光緒二十九年(1903)湖北全省出入財政豫計表附注説不分卷
抄本
上海

23536
湖北省最近財政説明書八卷
清末抄本
國圖

23537
鄂省丁漕指掌十卷
清陳汝藩等纂
清光緒元年(1875)湖北藩署刻本
實爲湖北崇文書局刊印。是書以府、州、縣、衛分區述之,内容包括倉穀、錢糧、税課等。
國圖　湖北

23538
鄂省丁漕指掌十卷
清陳汝藩等纂
清光緒元年(1875)湖北藩署刻四年(1878)增刻本
國圖　湖北

23539
湖北佈政使司湖北善後總局爲會詳遵飭妥議整頓税契釐定新章一卷
清湖北佈政使司善後總局輯
清光緒刻本
上海

23540
漢口後湖堤内地畝分等酌收新租章程一卷
清活字印本
國圖

23541
湖廣德安府條議不分卷
明抄本
中大

23542
兩湖合辦土税膏捐章程一卷
清兩湖土税膏捐總局編
清刻本
國圖

23543
湖北歸併土税膏捐章程規條一卷
清湖北土税膏捐總局輯
清光緒二十八年(1902)木活字印本
上海

23544
湖北通省牙釐章程一卷
清湖北牙釐總局輯
清同治五年(1866)刻本
上海

23545
湖北牙釐總局章程一卷
清湖北牙釐總局輯
清同治刻本
上海

23546
遵札核議詳覆鄂省釐金摺一卷
清□□撰
清光緒十三年(1887)刻本
上海

23547
湖北膏捐緝私章程一卷
清光緒刻本

上海

23548
湖廣賦役全書一百四十四卷
清順治刻本
存一百三十八卷
湖廣司總一卷
武昌府一卷
江夏縣一卷
武昌縣一卷
咸寧縣一卷
蒲圻縣一卷
崇陽縣一卷
嘉魚縣一卷
通城縣一卷
興國州一卷
大冶縣一卷
通山縣一卷
漢陽府一卷
漢陽縣一卷
漢川縣一卷
黄州府一卷
黄岡縣一卷
蘄水縣一卷
麻城縣一卷
黄陂縣一卷
黄安縣一卷
羅田縣一卷
蘄州一卷
黄梅縣一卷
廣濟縣一卷
安陸府一卷
鍾祥縣一卷
京山縣一卷
景陵縣一卷
潛江縣一卷
沔陽州一卷
荆門州一卷
當陽縣一卷
德安府一卷
安陸縣一卷
雲夢縣一卷
應城縣一卷
孝感縣一卷
隨州一卷
應山縣一卷
荆州府一卷
江陵縣一卷
公安縣一卷
石首縣一卷
監利縣一卷
松滋縣一卷
枝江縣一卷
彝陵州一卷
宜都縣一卷
遠安縣一卷
巴東縣一卷
歸州一卷
長陽縣一卷
興山縣一卷
嶽州府一卷
巴陵縣一卷
平江縣一卷
華容縣一卷
臨湘縣一卷
安鄉縣一卷
澧州一卷
石門縣一卷
慈利縣一卷
鄖陽府一卷
鄖縣一卷
房縣一卷
竹山縣一卷
保康縣一卷
鄖西縣一卷
上津縣一卷
竹谿縣一卷
襄陽府一卷

襄陽縣一卷
棗陽縣一卷
宜城縣一卷
南漳縣一卷
均州一卷
光化縣一卷
穀城縣一卷
長沙府一卷
茶陵州一卷
長沙縣一卷
善化縣一卷
湘陰縣一卷
瀏陽縣一卷
醴陵縣一卷
湘潭縣一卷
寧鄉縣一卷
益陽縣一卷
湘鄉縣一卷
攸縣一卷
安化縣一卷
衡州府一卷
衡陽縣一卷
衡山縣一卷
耒陽縣一卷
常寧縣一卷
酃縣一卷
桂陽州一卷
臨武縣一卷
嘉禾縣一卷
安仁縣一卷
藍山縣一卷
永州府一卷
零陵縣一卷
祁陽縣一卷
東安縣一卷
道州一卷
寧遠縣一卷
永明縣一卷
江華縣一卷
新田縣一卷
辰州府一卷
沅陵縣一卷
沅州一卷
辰溪縣一卷
黔陽縣一卷
麻陽縣一卷
漵浦縣一卷
盧溪縣一卷
常德府一卷
武陵縣一卷
桃源縣一卷
龍陽縣一卷
沅江縣一卷
郴州總一卷
郴州一卷
永興縣一卷
宜章縣一卷
桂陽縣一卷
興寧縣一卷
桂東縣一卷
靖州總一卷
靖州一卷
綏寧縣一卷
會同縣一卷
通道縣一卷
天柱縣一卷

國圖

23549

湖廣賦役全書一百四十四卷

清順治刻本

存一百六卷

湖廣司總一卷
江夏縣一卷
漢陽府一卷
漢陽縣一卷
漢川縣一卷
黄州府一卷

黄岡縣一卷
蘄水縣一卷
麻城縣一卷
黄陂縣一卷
黄安縣一卷
羅田縣一卷
蘄州一卷
黄梅縣一卷
廣濟縣一卷
安陸府一卷
鍾祥縣一卷
京山縣一卷
景陵縣一卷
沔陽州一卷
荆門州一卷
當陽縣一卷
荆州府一卷
江陵縣一卷
公安縣一卷
石首縣一卷
監利縣一卷
松滋縣一卷
枝江縣一卷
彝陵州一卷
宜都縣一卷
遠安縣一卷
巴東縣一卷
嶽州府一卷
巴陵縣一卷
平江縣一卷
華容縣一卷
臨湘縣一卷
安鄉縣一卷
澧州一卷
石門縣一卷
慈利縣一卷
鄖陽府一卷
鄖縣一卷
房縣一卷
竹山縣一卷
保康縣一卷
鄖西縣一卷
竹谿縣一卷
襄陽府一卷
襄陽縣一卷
棗陽縣一卷
宜城縣一卷
南漳縣一卷
均州一卷
光化縣一卷
穀城縣一卷
長沙府一卷
茶陵州一卷
長沙縣一卷
善化縣一卷
湘陰縣一卷
瀏陽縣一卷
醴陵縣一卷
湘潭縣一卷
寧鄉縣一卷
益陽縣一卷
湘鄉縣一卷
攸縣一卷
安化縣一卷
衡山縣一卷
耒陽縣一卷
常寧縣一卷
酃縣一卷
嘉禾縣一卷
藍山縣一卷
永州府一卷
零陵縣一卷
祁陽縣一卷
東安縣一卷
道州一卷
寧遠縣一卷
永明縣一卷
江華縣一卷

新田縣一卷
辰州府一卷
沅陵縣一卷
沅州一卷
辰溪縣一卷
黔陽縣一卷
麻陽縣一卷
漵浦縣一卷
盧溪縣一卷
郴州總一卷
郴州一卷
永興縣一卷
宜章縣一卷
桂陽縣一卷
興寧縣一卷
桂東縣一卷
靖州總一卷
靖州一卷
綏寧縣一卷
會同縣一卷
通道縣一卷
天柱縣一卷

此與上一款目爲同版，唯二者殘缺情況不一，可以互補，故並録之。

國圖

23550

鹽政志十卷

明通山朱廷立等撰

明嘉靖刻本

是刻半葉八行，行十七字，白口，四周單邊。《中國古籍善本書目》著録。

國圖　首都　科院　天津　南開　浙江

23551

鹽政志十卷

明通山朱廷立等撰

1999年北京圖書館出版社據明嘉靖刻本影印北京圖書館古籍珍本叢刊本

湖北

23552

鹽政志十卷

明通山朱廷立撰

2002年上海古籍出版社據明嘉靖刻本影印續修四庫全書本

湖北

23553

鹽政志十卷

明通山朱廷立等撰

清抄本

陝西師大

23554

鹽政志十卷

明通山朱廷立等撰

清抄本

大連

23555

淮鹽改票本末不分卷

清松滋謝元淮撰

清咸豐八年（1858）刻本

湖北

23556

［光緒］重修兩淮鹽法志一百六十卷首一卷

清東湖（今宜昌）王定安等纂修

清光緒二十年（1894）抄本

《中國古籍善本書目》著録。

故宫

23557

［光緒］重修兩淮鹽法志一百六十卷首一卷

清東湖（今宜昌）王定安等纂修

清光緒三十一年（1905）金陵刻本
上海　天津　南京　湖北

23558
［光緒］重修兩淮鹽法志一百六十卷首一卷
清東湖（今宜昌）王定安等撰
2002年上海古籍出版社據清光緒三十一年（1905）刻本影印續修四庫全書本
湖北

23559
湖北漢黄道造已結各案清册一卷［清同治十年至光緒二年（1871—1876）］
抄本
上海

23560
長江各口通商暫行章程一卷
清同治七年（1868）刻本
上海

23561
修改長江通商章程一卷
清□□撰
清光緒二十四年（1898）刻本
上海

23562
湖北漕務疏牘一卷
清刻本
浙江

23563
漢口巡船章程一卷
清黄陵道人撰
清道光十六年（1836）刻本
上海

23564
山西菸酒公賣局報告書四卷附官産報告書三卷
民國潛江甘鵬雲撰
民國六年（1917）崇雅堂鉛印本
湖北

23565
會奏遵旨籌劃川粤漢幹綫路收回詳細辦法原摺一卷
清載澤、盛宣懷、端方撰
清宣統三年（1911）鉛印本
上海

23566
京漢北路來往時刻表一卷
清光緒二十九年（1903）上海絳雪齋石印本
國圖

23567
京漢鐵路二等價目表一卷
清光緒二十九年（1903）上海絳雪齋石印本
國圖

23568
京漢鐵路工程自光緒三十年（1904）拾月至十一月收支各款譯册一卷
清盛宣懷編
清光緒三十二年（1906）稿本
國圖

23569
京漢鐵路載客運貨價章彙全二卷
清京漢鐵路局編
清宣統二年（1910）京師京華印書局鉛印本
國圖

23570
盧漢鐵路比商借款條議一卷
清光緒鉛印本
國圖　上海

23571
盧漢鐵路合同一卷
清光緒二十四年（1898）鉛印本
國圖　上海

23572
西曆一九零五年正月份蘆漢鐵路收支各款不分卷
清蘆漢鐵路局編
抄本
上海

23573
鄂湘粵會奏三省會議粵漢鐵路修路公共條款十四條豫議路成後條款四條摺不分卷
清張之洞等撰
清光緒三十二年（1906）鉛印本
上海

23574
對於鄂境川漢鐵路意見書不分卷
民國皮鶴齡撰
抄本
國圖

23575
湖北鐵路局報銷册一卷
抄本
南京

23576
漢信鐵路九項詳細價目表一卷
清光緒二十九年（1903）上海絳雪齋石印本
國圖

23577
漢信鐵路冬夏開車時刻表一卷
清光緒二十九年（1903）上海絳雪齋石印本
國圖

23578
商辦廣東全省粵漢鐵路有限公司章程一卷
民國鄭观應撰
清光緒三十二年（1906）鉛印本
國圖

23579
商辦廣東全省粵漢鐵路有限總公司總結摺一卷
清光緒三十二年（1906）鉛印本
國圖

23580
奏遵旨收回粵漢鐵路照繕美國合興公司售讓合同進呈並瀝陳籌辦情形摺一卷
清張之洞撰
清光緒三十二年（1906）鉛印本
國圖

23581
粵漢川漢鐵路借款合同附原奏不分卷
清□□輯
清宣統三年（1911）鉛印本
上海

23582
郵傳部接辦粵川漢鐵路借款及分别接收各路股款始末記一卷附參考各案件不分卷
清郵傳部輯
清宣統鉛印本
國圖　上海

23583
奏辦川漢鐵路摺一卷
清張之洞撰
清光緒三十二年(1906)鉛印本
國圖

23584
商辦川省川漢鐵路有限公司章程一卷
清光緒三十三年(1907)鉛印本
國圖

23585
川漢鐵路總公司集股章程一卷
川漢鐵路總公司編
清光緒鉛印本
國圖

23586
四川商辦鐵路駐宜公司第一期報告册
李稷勳撰
清宣統二年(1910)鉛印本
國圖

23587
四川商辦鐵路駐宜公司第二期報告册
清宣統鉛印本
國圖

23588
四川商辦鐵路駐宜公司第三期報告册
清宣統鉛印本
國圖

23589
江蘇海運全案十二卷附道光丙戌海運記一卷
清善化賀長齡、蘄州(今蘄春)陳鑾等纂
清道光六年(1826)刻本
據《販書偶記續編》《中國古籍總目·史部》著録。前者無附,後者未刊出陳氏之名。又有清王毓藻重訂六卷本,清光緒間刻,國圖、浙江有藏。
國圖　上海　遼寧　山東　浙江

23590
漕運河道圖考一卷附録一卷海運議一卷
清蘄水(今浠水)蔡紹江撰
清道光刻本
上海

23591
世界之交通不分卷
江陵鄧振瀛譯
清宣統二年(1910)郵傳部鉛印本
本書譯自日本太陽報臨時增刊。
湖北

23592
蠲荒始末不分卷
清漢陽江蘩撰
清康熙三十四年(1695)刻本
揭博

23593
康濟譜二十三卷
清松滋潘游龍撰
明崇禎九年(1636)刻本
游龍字鱗長,松滋諸生,國變後流寓吴中。著有《四書申注》《宋元史删》《史學提要》《笑禪録》《吴游草》等。
廣東　重慶

23594
康濟譜二十五卷
清松滋潘游龍撰
明崇禎十三年(1640)王朝昇刻本
北大　清華　上海社科院　南京　浙江　福建

23595
康濟譜二十五卷
清松滋潘游龍撰
明崇禎十四年(1641)刻本
國圖　上海　大連　南京

23596
康濟譜二十五卷
明松滋潘游龍撰
2000年北京出版社據明崇禎刻本影印四庫禁毁書叢刊本
湖北

23597
康濟譜二十五卷
清松滋潘游龍撰
清道光七年(1827)刻本
天津　南京

23598
康濟譜二十五卷
清松滋潘游龍撰
清道光十六年(1836)張鵬飛刻本
國圖　上海　山東

23599
救荒一得二卷
清俞森撰　清麻城魯之裕訂
清康熙五十七年(1718)刻式馨堂全集本
國圖

23600
鄖襄賑濟事宜一卷
清俞森撰
清嘉慶海虞張氏刻墨海金壺·史部·荒政叢書附本
《中國古籍善本書目》著録。
國圖　天津　南京　青海

23601
鄖襄賑濟事宜一卷
清俞森撰
民國十年(1921)上海博古齋據清嘉慶海虞張氏刻本影印墨海金壺·史部·荒政叢書附本
國圖　科院　上海　復旦　天津　遼寧　南京　浙江　河南　武大　四川　重慶　雲南

23602
鄖襄賑濟事宜一卷
清俞森撰
清道光二十四年(1844)金山錢氏據墨海金壺刊版重編增刻守山閣叢書·史部·荒政叢書附本
國圖　科院　北大　上海　復旦　天津　遼寧　南京　河南　江西　青海

23603
鄖襄賑濟事宜一卷
清俞森撰
清光緒十五年(1889)上海鴻文書局影印道光錢氏守山閣叢書·史部·荒政叢書附本
國圖　首都　北大　天津　遼寧　浙江　江西　湖北　四川　重慶

23604
鄖襄賑濟事宜一卷
清俞森撰
民國十一年(1922)上海博古齋影印道光錢氏守山閣叢書·史部·荒政叢書本
國圖　首都　北大　上海　復旦　天津　遼寧　甘肅　南京　浙江　江西　武大　四川　雲南

23605
鄖襄賑濟事宜一卷
清俞森撰

清道光二十八年（1848）刻瓶華齋叢書·史部·荒政叢書附本
國圖　科院　北大　北師大　上海

23606
郥襄賑濟事宜一卷
清俞森撰
民國二十四年至二十六年（1935—1937）上海商務印書館鉛印叢書集成初編本
國圖　北師大　上海　復旦　遼寧　甘肅　浙江　湖北　武大　四川　重慶

23607
郥襄賑濟事宜一卷
清俞森撰
2002年湖北教育出版社鉛印湖北地方古籍文獻叢書本
與《襄陽守城録》《潛江舊聞録》合一册。
湖北　武漢

23608
荒政録五卷玩草園續書筆記一卷
清沔陽（今仙桃）劉掞輯
清怡怡草堂抄本
考《沔陽州志》，掞有著作十餘種，涉及四部，今僅知上圖存此抄本。
上海

23609
兩湖平糶案牘不分卷
清□□輯
清抄本
清嘉慶間事。
上海

23610
宜荆城鄉籌濟公所各項章程辦法彙録一卷
清光緒鉛印本
上海

23611
荆江水災善後辦法不分卷（道光二十四年（1844））
抄本
上海

23612
陳氏義莊條規不分卷
清江夏陳鑾編
清光緒十四年（1888）都門鉛印本
國圖

23613
湖北官市平色比較表一卷
吴明煌輯
清末鉛印本
國圖

23614
開辦湖北鶴峰礦物章程一卷
清朱臻祺撰
清光緒八年（1882）刻本
書名由該館擬定。
國圖

23615
漢冶萍往來電報鈔存不分卷
清光緒二十六年至宣統元年（1900—1909）抄本
漢冶萍公司的建立是張之洞推動湖北早期現代化之重要事件。
上海

23616
商辦漢冶萍煤鐵廠礦有限公司推廣加股詳細章程一卷
民國盛宣懷等編
清光緒三十四年（1908）鉛印本
國圖

23617
商辦漢冶萍煤鐵廠礦股份有限公司歷次奏咨案牘一卷
民國盛宣懷等編
清光緒三十四年（1908）鉛印本
上海

23618
漢冶萍煤鐵廠礦有限公司戊申年簡明帳底本一卷
清宣統元年（1909）鉛印本
上海

23619
漢冶萍煤鐵廠礦有限公司戊申年第一届帳畧一卷
清宣統元年（1909）鉛印本
上海

23620
漢冶萍煤鐵廠礦有限公司商辦第二届帳畧一卷
清宣統二年（1910）鉛印本
上海

23621
漢冶萍煤鐵廠礦有限公司商辦第三届帳畧一卷
清宣統三年（1911）鉛印本
上海

23622
漢冶萍煤鐵廠礦有限公司商辦第四届帳畧一卷
民國元年（1912）鉛印本
上海

23623
漢冶萍煤鐵廠礦有限公司商辦第五届帳畧一卷
民國二年（1913）鉛印本
上海

23624
漢冶萍煤鐵廠礦有限公司商辦第六届帳畧一卷
民國三年（1914）鉛印本
上海

23625
漢冶萍煤鐵廠礦有限公司商辦第七届帳畧一卷
民國四年（1915）鉛印本
上海

23626
漢冶萍煤鐵廠礦有限公司商辦第八届帳畧一卷
民國五年（1916）鉛印本
上海

23627
漢冶萍煤鐵廠礦有限公司商辦第十届帳畧一卷
民國七年（1918）鉛印本
上海

23628
商辦漢鎮既濟水電公司第一届報告一卷
清宣統元年（1909）鉛印本
上海

23629
南洋勸業會視察農業報告書三編
湖北農務總會編輯科編
清宣統二年（1910）鉛印本

吉林

23630
調查歸綏墾務報告書八卷
民國潛江甘鵬雲撰
民國五年（1916）晉北鎮守使署石印本
湖北

邦交之屬

23631
奉使倭羅斯日記一卷
清麻城張鵬翮撰
清康熙四十一年（1702）刻説鈴前集本
鵬翮字運青，四川遂寧籍，湖廣麻城人。清康熙九年（1670）進士，累武英殿大學士，卒加少保，謚文端。著有《忠武志》《江防述略》《信陽子卓録》《張文端公全集》等。
國圖　北大　北師大　清華　上海　復旦　天津　遼寧　甘肅　南大　浙江　福建　河南　廣東　桂林　川大

23632
奉使倭羅斯日記一卷
清麻城張鵬翮撰
清道光五年（1825）聚秀堂刻説鈴前集本
上海　遼寧　甘肅　南大　蘇州　安徽　福建　江西　四川　重慶

23633
奉使俄羅斯行程録一卷
清麻城張鵬翮撰
清嘉慶南彙吴氏聽彝堂刻藝海珠塵本
本書内容與《奉使倭羅斯日記》同。
湖北

23634
奉使俄羅斯行程録一卷
清麻城張鵬翮撰
清同治四年（1865）京都龍威閣刻北徼叢編本
湖北

23635
奉使俄羅斯行程録一卷
清麻城張鵬翮撰
日本大正中東京滿蒙叢書刊行會排印本
北師大　吉林市　中央民大

23636
奉使倭羅斯日記一卷
清麻城張鵬翮撰
清光緒十七年（1891）刻小方壺齋輿地叢鈔第三帙本
湖北

23637
奉使倭羅斯日記一卷
清麻城張鵬翮撰
民國三十六年（1947）上海神州國光社排印中國内亂外禍歷史叢書本
北大　上海　武漢

軍政之屬

23638
大閲録二卷
明江陵張居正、霍冀等撰
明隆慶二年（1568）兵部刻本
存一卷：上
是刻半葉九行，行十九字，白口，四周雙邊。《中國古籍善本書目》著録。
天一閣 ×

23639
御覽籌兵藥言三十六字四卷
明黄梅曹飛撰
明崇禎傅氏版築居刻本

是刻半葉九行,行二十字,白口,四周單邊。《中國古籍善本書目》著録,僅該館有藏。嘉慶《北通志》作《籌兵三十六策》。

據《黄梅縣志》:飛字長卿,黄梅人。以廪生中萬曆武舉,慷慨負大志。嘗以籌兵三十六字衍萬言策,伏闕上之。指陳明末軍政之壞,切中時弊,奉旨授兵部參謀。後爲當路所沮,鬱鬱而卒。另著有《説劍集》《小游草》,編有《譚天相校刻兵書六種》等。

故宫

23640

八旗通志初集二百五十卷目録二卷

清鄂爾泰、孝感涂天相等纂修

清乾隆四年(1739)武英殿刻本

《四庫全書總目》及《中國古籍善本書目》著録。天相爲主纂人之一。

國圖　首都　北大　上海　天津　内蒙古　遼寧　東北師大　陝西師大　廈大

23641

八旗通志初集二百五十卷目録二卷

清鄂爾泰、孝感涂天相等纂修

清乾隆抄本

《中國古籍善本書目》著録。

國圖

23642

八旗通志初集三百四十二卷目録二卷

清鄂爾泰、孝感涂天相等纂修

清四庫全書本

國圖　甘肅　浙江　臺北故宫

1983年臺北商務印書館影印清文淵閣四庫全書本

湖北

1989年上海古籍出版社縮印臺北商務印書館影印清文淵閣四庫全書本

國圖　武漢

23643

欽定八旗通志三百四十二卷首十二卷目録二卷

清鄂爾泰、孝感涂天相等原纂

清嘉慶間武英殿刻本

國圖　科院　上海　華東師大　遼寧　湖南

23644

荆州駐防八旗志十六卷首一卷

清希元等修　清恩澤等纂

清光緒五年(1879)荆州軍署刻本

國圖　北大　上海　湖北

23645

荆州駐防八旗志十六卷首一卷

清希元等修　清恩澤等纂

2002年上海古籍出版社據清光緒五年(1879)荆州軍署刻本影印續修四庫全書本

湖北

23646

荆州駐防八旗志十六卷首一卷

清希元等修　清恩澤等纂

清光緒九年(1883)荆州軍署刻本

國圖　上海

23647

荆州駐防志十六卷

清希元等修　清恩澤等纂　林久貴點注

2002年湖北教育出版社鉛印湖北地方古籍文獻叢書本

即《荆州駐防八旗志》。

湖北　武漢

23648

鄂省營製驛傳彙編四卷

清陳仲衡編

清光緒十五年(1889)刻本

國圖　南京　浙江　湖北

23649
湖北常備軍兩鎮照練兵處雜支款項變通增減章程一卷
清光緒鉛印本
國圖

23650
籌辦湖北練兵酌議餉章一卷
清張之洞、端方撰
清光緒二十八年(1902)鉛印本
國圖

23651
湖北練兵新章一卷
清張之洞等撰
清光緒刻本
上海

23652
新定楚軍章程一卷
清慶恕等編
清光緒鉛印本
國圖

23653
新定楚軍營制一卷
清刻本
國圖　浙江

23654
漢鎮警察現行章程一卷
清周以翰輯
清光緒三十二年(1906)鉛印本
上海

23655
漢陽府保甲録二卷
清薛福祁等輯
清光緒十九年(1893)刻本
上海　湖北

23656
荆州府江陵縣團練清册不分卷
清積綸編
抄本
國圖

23657
湖北襄陽府團練章程不分卷
清□□撰
清刻本
國圖

23658
羅田團練始末記不分卷
民國羅田王葆心撰
稿本
一册。約二萬四千字。
湖北博

23659
湖南苗防屯政考十五卷首一卷補編一卷
清蒲圻(今赤壁)但湘良撰
清光緒九年(1883)蒲圻但氏刻本
湖北

23660
江防考六卷
明吴時來撰　明夷陵(今宜昌)王篆增補
明萬曆五年(1577)刻本
存四卷:二至三、五至六
《中國古籍善本書目》著録。
上海 ×

23661
江防述略一卷
清麻城張鵬翮撰

清道光十一年（1831）六安晁氏木活字排印學海類編本
國圖　科學　上海　遼寧　南京　福建　四川　重慶

23662
江防述略一卷
清麻城張鵬翮撰
民國九年（1920）上海涵芬樓據清道光晁氏木活字印本影印學海類編本
國圖　首都　北大　北師大　上海　華東師大　天津　遼寧　南京　浙江　江西　湖北　四川　重慶　雲南

23663
東北邊防輯要二卷
民國枝江曹廷傑撰
清光緒抄本
廷傑（1850—1916）有多種著述，《湖北歷史人物辭典》收録。
國圖

23664
東北邊防輯要二卷
民國枝江曹廷傑撰
清光緒二十九年（1903）金匱浦氏靜寄東軒石印皇朝藩屬輿地叢書本
國圖　北師大　上海　復旦　内蒙　遼寧　甘肅　南京　浙江　武大　廣東　川大

23665
東北邊防輯要二卷
民國枝江曹廷傑撰
清王錫祺小方壺齋輿地叢鈔三補編稿本
《中國古籍善本書目》著録，僅該館有藏。
大連

23666
東北邊防輯要二卷
民國枝江曹廷傑撰
民國二十年至二十三年（1931—1934）遼海書社鉛印遼海叢書本
國圖　科院　上海　天津　浙江　湖北　武大

23667
圖們江口宜劃歸中國議一卷
民國枝江曹廷傑撰
清王錫祺小方壺齋輿地叢鈔三補編稿本
《中國古籍善本書目》著録，僅該館有藏。
大連

23668
中俄界記不分卷
清兩湖書院編
清光緒木活字印本
湖北

23669
湖南苗防屯政考十五卷首一卷補編一卷
清蒲圻（今赤壁）但湘良撰
清光緒九年（1883）蒲圻但氏刻本
國圖　上海　南京　浙江

23670
統治蒙藏條議一卷
孝感龍驤撰
民國石印本
湖北

刑法之屬

23671
湖北佈政按察兩司咨送各案供招不分卷
清抄本
書名由該館自擬。
國圖

23672
湖北臬署鈔案不分卷
清光緒抄本

國圖

23673
湖廣司呈行簿（道光十二年（1832））不分卷
抄本
日本東京大學

23674
湖廣省不符册不分卷
清光緒刻本
國圖

23675
檢驗考證二卷
清沌陽（漢陽）王祖蔭撰
清光緒二十五年（1899）王氏刻本
《販書偶記續編》著録。

23676
刑律要論之總則編不分卷
民國江陵朱友英編
清宣統鉛印本
湖北

23677
刑律要論分則編不分卷
民國江陵朱友英編
清宣統二年（1910）開封鉛印本
湖北

23678
樊山判牘四卷
民國恩施樊增祥撰
民國鉛印本
上海　湖北

23679
樊山判牘四卷
民國恩施樊增祥撰
民國上海鑄記書局鉛印本
上海

23680
樊山判牘續編四卷
恩施樊增祥撰
民國五年（1916）廣益書局石印本
湖北

水利之屬

23681
問水集一卷
明麻城劉天和撰
明嘉靖吴郡袁氏嘉趣堂刻金聲玉振集本
是刻半葉十行，行二十字，白口，左右雙邊。《中國古籍善本書目》著録。
國圖　北大　科學　上海　復旦　大連　山東　南京

23682
問水集六卷
明麻城劉天和撰
1996年齊魯書社據明吴郡袁氏嘉趣堂刻金聲玉振集本影印四庫全書存目叢書本
湖北

23683
問水集六卷
明麻城劉天和撰
明刻本
《四庫全書總目》入"存目"。《中國古籍善本書目》著録。僅該館有藏。
國圖

23684
問水集六卷黄河圖説一卷
明麻城劉天和撰

民國二十五年(1936)中國水利工程學會鉛印中國水利珍本叢書本
上海　南大　河南

23685
靳文襄公治河方畧十卷首一卷
清靳輔撰　清江夏崔應階編
清乾隆三十二年(1767)聽泉齋刻本
國圖　科院　上海　山東　南京

23686
治河方畧(一名靳文襄公治河方畧)十卷首一卷
清靳輔撰　清江夏崔應階編
清嘉慶四年(1799)靳文釣安瀾堂刻本
上海　天津　浙江

23687
治河方畧(一名靳文襄公治河方畧)十卷首一卷
清靳輔撰　清江夏崔應階編
清抄本
山東

23688
靳文襄公治河方畧十卷首一卷附録一卷
清靳輔撰　清江夏崔應階編
民國二十五年(1936)中國水利工程學會鉛印中國水利珍本叢書本
上海　南大　河南

23689
聖謨全書十二卷
清麻城張鵬翮撰
清抄本
僅見抄本流傳。
山東

23690
治河全書二十四卷
清麻城張鵬翮撰
清抄本
僅見抄本流傳。
北京市委

23691
治河全書二十四卷
清麻城張鵬翮撰
清抄本
大連

23692
治河全書二十四卷
清麻城張鵬翮撰
清抄本
重慶

23693
治河全書二十四卷
清麻城張鵬翮撰
清抄本
天津

23694
治河全書二十四卷
清麻城張鵬翮撰
2002年上海古籍出版社據天津圖書館藏清抄本影印續修四庫全書本
湖北

23695
治下河論一卷
清麻城張鵬翮撰
清光緒十七年(1891)刻小方壺齋輿地叢鈔第四帙本
湖北

23696

治下河水論一卷

清麻城張鵬翮撰

民國二十三年(1934)揚州陳恒和書林刻揚州叢刻本

國圖　河南　四川

23697

治河圖一卷

清江夏崔應階撰

清乾隆三十二年(1767)刻本

《販書偶記續編》著録。藏書單位待訪。

23698

河防志十二卷

清黄安(今紅安)張希良纂

清雍正十三年(1735)刻本

國圖　科院　上海　山東　南京　浙江

23699

河壖襍誌二卷稟復廖工部鴻荃委查黄河水源一卷

清漢陽鄒堯廷撰

清抄本

山西

23700

河工簡要四卷

清漢陽邱步洲輯

清光緒十三年(1887)刻本

《販書偶記續編》著録。藏書單位待訪。

23701

治水工程節要四卷

漢川李澍撰

民國十四年(1925)鉛印本

《販書偶記續編》著録。藏書單位待訪。

23702

導江三議一卷

清監利王柏心撰

清光緒十七年(1891)三餘草堂刻湖北叢書本

國圖　科院　北大　上海　復旦　天津　遼寧　甘肅　南京　浙江　湖北　雲南

23703

導江三議一卷

清監利王柏心撰

民國二十四年至二十六年(1935—1937)上海商務印書館鉛印叢書集成初編本

國圖　北師大　清華　上海　復旦　遼寧　甘肅　南大　浙江　江西　湖北　四川　重慶

23704

平灘紀略六卷蜀江指掌一卷

清漢陽李本忠輯

清道光二十年(1840)青蓮堂刻本

《販書偶記續編》著録。藏書單位待訪。是爲水利要籍。

23705

平灘紀略六卷蜀江指掌一卷

清漢陽李本忠輯

1969年起臺灣文海出版社影印中國水利要籍叢編本

陽海清《中國叢書廣録》著録。

23706

重濬江南水利全書八十四卷首一卷

清蘄州(今蘄春)陳鑾等輯

清道光二十一年(1841)刻本

陳鑾(1786—1839),字仲和,號芝楣,蘄州株林河人(一説江夏人)。清嘉慶二十五年(1820)進士,授翰林院編修。道光二年(1822)奉命典試浙江,五年(1825)升任松江知府,十一年(1831)整頓三省營伍。勞累成疾,卒於兩江總督任所，追贈太子少保。

《販書偶記》著録清道光二十一年（1841）刻本，謂“無卷數”，並“案”云：“書凡四十種，計八十四卷，圖一卷。”茲依《中國古籍總目·史部》。

國圖　上海　浙江

23707

重濬江南水利全書八十四卷首一卷

清蘄州（今蘄春）陳鑾等輯

1997年北京出版社據清道光二十一年（1841）刻本影印四庫未收書輯刊本

湖北

23708

直隸水田簡要事宜（一名畿輔水利議）一卷

清林則徐撰　清武昌（今鄂州）王家璧校注

校注者稿本

其校注文字共十四則，記於書眉。校注多引經典要籍，頗有深度。

湖北

23709

續纂江蘇水利全案正編四十卷首一卷附編十二卷

清監利李慶雲輯

清光緒十五年（1889）木活字印本

國圖　上海　山東　南京　浙江

23710

續纂江蘇水利全案圖説一卷

清監利李慶雲輯

清光緒十五年（1889）刻本

上海

23711

江蘇水利圖説不分卷

清監利李慶雲輯

清宣統二年（1910）刻本

《販書偶記》著録。藏書單位待訪。

23712

江蘇海塘新志八卷首一卷

清監利李慶雲等撰

清光緒十六年（1890）刻本

國圖　天津　南京　浙江

23713

引淮篇一卷附疏江根本計畫書

襄陽嚴獻章撰

民國鉛印本

湖北

23714

荆楚修疏指要二種七卷

清沔陽（今仙桃）胡祖翮撰

清同治十一年（1872）湖北崇文書局刻本

修防事宜二卷首一卷

水道參考三卷首一卷

“沔陽”原題“古復”。《中國叢書綜録》著録。

國圖　清華　上海　南京　南大　湖北　武大　廣東

23715

荆楚修疏指要二種七卷

清沔陽（今仙桃）胡祖翮撰　毛振培點校

1999年湖北人民出版社鉛印湖北地方古籍文獻叢書本

修防事宜二卷首一卷

水道參考三卷

與《楚北水利堤防紀要》合爲一册。

湖北　武漢

23716

修防事宜二卷首一卷

清沔陽（今仙桃）胡祖翮撰

清同治十一年(1872)湖北崇文書局刻荆楚疏防指要本
國圖　清華　上海　南京　南大　湖北　武大　廣東

23717
楚北水利堤防紀要二卷
清俞昌烈撰
清同治四年(1865)湖北藩署刻本
上海　南京　浙江　湖北

23718
楚北水利堤防紀要二卷
清俞昌烈撰　毛振培等點校　清戴梅棣繪圖
1999年湖北人民出版社鉛印湖北地方古籍文獻叢書本
與《荆楚修疏指要》合一册。
湖北　武漢

23719
湖北河防約言一卷
清施山撰
抄本
未見刻本。
上海

23720
楚澧江程十六卷首一卷
清董恂輯
清咸豐四年(1854)荻芬書屋刻本
光緒刻本多附録一卷。
國圖　上海

23721
楚澧江程十六卷首一卷末一卷
清董恂輯
清光緒三年(1877)刻本
國圖　南京

23722
湖北江漢水利議一卷
民國宜都楊守敬撰
稿本
可參閲陽海清主編之《中南、西南地區省、市圖書館館藏古籍稿本提要(附鈔本聯合目録)》。據孫震先生考證,此篇寫於清光緒三十四年(1908),楊氏此時已七十高齡矣。《中國古籍善本書目》著録。
重慶

23723
湖北江漢水利議
民國宜都楊守敬撰　王永瑞整理
1988年起湖北人民出版社、湖北教育出版社鉛印楊守敬集本
湖北

23724
淡災蠡述一卷
清武昌范鳴龢撰
清光緒五年(1879)刻本
《販書偶記》著録。
上海　天津　南京　浙江

23725
湖北安襄鄖道水利集案二卷圖一卷
清王概撰
清乾隆四十一年(1776)自刻本
山東

23726
荆州萬城隄圖説一卷
清徐家幹撰
稿本
《中國古籍善本書目》著録。有光緒十三年(1887)刻本。
湖北大

23727
荆州萬城隄圖説一卷
清徐家幹撰
清光緒十三年(1887)刻本
浙江

23728
萬城堤防輯要二卷
黄陂徐國彬撰
民國五年(1916)刻本
刻於民國初年(1912),有史料價值。
湖北

23729
荆州萬城隄志十卷首一卷末一卷
清倪文蔚纂
清光緒二年(1876)刻本
上海　天津　南京　湖北

23730
荆州萬城隄志十卷首一卷末一卷
清倪文蔚纂
清光緒十一年(1885)刻本
上海　南京

23731
荆州萬城堤志十卷首一卷末一卷
清倪文蔚纂　毛振培等點校　清戴梅棣繪圖
2002年湖北教育出版社鉛印湖北地方古籍文獻叢書本
以清光緒二十一年(1895)補鐫本爲底本。封面題《萬城堤志》。卷首爲《諭旨》,卷末爲《志餘》。與《續志》合爲一册。
湖北　武漢

23732
荆州萬城隄續志十卷首一卷末一卷
清舒惠撰
後續志一卷
清余肇康撰
清光緒二十一年(1895)刻本
上海　天津　南京　浙江

23733
荆州萬城堤續志九卷首一卷末一卷
清舒惠撰　毛振培等點校　清戴梅棣繪圖
2002年湖北教育出版社鉛印湖北地方古籍文獻叢書本
以清光緒二十二年(1896)新鐫本爲底本。封面題《萬城堤續志》。卷首爲《諭旨》,卷末爲《志餘》。與《荆州萬城堤志》合爲一册。
湖北　武漢

23734
嘉魚縣續修隄志四卷
清周秉心等纂
清光緒十一年(1885)孔國玉木活字印本
上海　浙江

23735
襄堤成案四卷
題清天門紳衿士庶輯
清光緒二十年(1894)刻本
上海

23736
襄堤成案八卷
清天門陳少泉輯
清光緒二十年(1894)竟陵合邑刻本
疑與前一款目爲同版。
湖北

公牘之屬

23737

司空校秦翰牘一卷

明承天(今鍾祥)曾省吾撰

明萬曆顧爾行刻曾確菴三種本

或有將其歸入"集部·别集類"者。

科院

23738

司空撫蜀翰牘一卷

明承天(今鍾祥)曾省吾撰

明萬曆顧爾行刻曾確菴三種本

或有將其歸入"集部·别集類"者。

科院

23739

撫楚公牘一卷

明方孔炤撰

清光緒十四年(1888)刻桐城方氏七代遺書本

國圖　科院　北大　上海　吉大　南京　安徽

23740

熊襄愍公軍中書移不分卷

明江夏熊廷弼撰

清辨志書塾抄本

《中國古籍善本書目》著録。

南京

23741

曾忠襄公撫晉批牘四卷督粤批牘一卷附曾忠襄公年譜四卷

清東湖(今宜昌)王定安編

1966—1987年臺灣文海出版社影印近代中國史料叢刊正編本

湖北

23742

兵部公牘二卷

清蘄州(今蘄春)黄雲鵠撰

1976—1987年臺灣文海出版社據清光緒刻本影印近代中國史料叢刊正編本

湖北

23743

王家璧書札不分卷

清武昌(今鄂州)王家璧撰

稿本

《中國古籍善本書目》著録六卷,入"史部·政書類·公牘"。"六卷"者,或指館藏王氏所有書牘稿本。我在對王氏全部手稿進行清理時發現:王氏書牘既有底稿本,又有自己整理過的正稿本,且非全爲公牘,還有私人函札,遂逐一據實揭示於《中南、西南地區省、市圖書館館藏古籍稿本提要(附鈔本聯合目録)》。是本三册,並不分卷,其族裔於書衣題簽"孝鳳公手札,自録正本共三本"。以其公牘、私札兼收,故歸入"集部·别集類";今依《中國古籍善本書目》移此,以强調其歷史文獻之價值。

湖北

23744

敬畏齋公牘二卷附録一卷

清興國(今陽新)石鑫撰

民國二十八年(1939)陽新石氏鉛印蓉城仙館叢書本

國圖　首都　北師大　清華　上海　復旦　遼寧　吉大　山東大　南京　杭大　湖北　川大

23745

秀山公牘五卷

清江夏吴光耀撰

清光緒二十九年(1903)刻本

湖北

23746
永川公牘十卷
清江夏吴光耀撰
清宣統刻本
天津

23747
饒應祺公牘不分卷
清恩施饒應祺撰
清抄本
《中國古籍善本書目》著録。
中央民大

23748
雅州公牘一卷
清蕲春黄雲鵠撰
清光緒十二年(1886)刻本
上海

23749
樊山公牘一卷
民國恩施樊增祥撰
清光緒二十八年(1902)西安臬署刻樊山集續集本
國圖　北師大　清華　上海　復旦　吉大　南京　南大　浙江　武漢　桂林　重慶　川大

23750
樊山公牘三卷
民國恩施樊增祥撰
1976—1987年臺灣文海出版社據清光緒二十年(1894)刻本影印近代中國史料叢刊本
湖北

23751
樊山書牘二卷
民國恩施樊增祥撰
民國元年(1912)石印本
湖北

23752
樊山公牘精華六卷批牘精華三十四卷判牘精華一卷
民國恩施樊增祥撰
民國四年(1915)上海廣益書局鉛印本
上海

23753
樊山政書二十卷
民國恩施樊增祥撰
清宣統二年(1910)鉛印本
版心下印"金陵湯明林聚珍書局印"。
國圖　上海　遼寧　南京　浙江　湖北

23754
樊山政書
民國恩施樊增祥撰
1976—1987年臺灣文海出版社據清宣統三年(1911)金陵排印本影印近代中國史料叢刊正編本
湖北

23755
樊山公牘三卷批判十四卷續集十九卷
民國恩施樊增祥撰
清光緒刻本
上海

23756
樊山批判十四卷
民國恩施樊增祥撰
清光緒二十三年(1897)刻本
湖北

23757
樊山公牘四卷
民國恩施樊增祥撰

清宣統三年(1911)上海廣益書局石印本
天津

23758
樊山公牘四卷
民國恩施樊增撰
民國元年(1909)上海廣益書局石印本
湖北

23759
樊山公牘四卷
民國恩施樊增祥撰
民國十三年(1924)掃葉山房石印本
上海

23760
張之洞督鄂時各省督撫往來電文稿一卷
清光緒二十六年至二十七年(1900—1901)抄本
上海

23761
禁率衆朝山告示一卷禁持齋結會及學習拳棒告示一卷
清涂宗瀛撰
清光緒九年(1883)刻本
上海

23762
襄邑實録一卷
明羅明祖撰
清古處齋刻羅紋山先生全集本
上海　福建師大

23763
湖北調查局公牘初輯一卷
清宣統元年(1909)鉛印本
上海

23764
黎副總統政書三十四卷
民國黄陂黎元洪撰　隨縣(今隨州)易國幹等輯
民國四年(1915)上海古今圖書局石印本
湖北

23765
穀城文牘輯要一卷
民國黄梅帥培寅撰
民國三年(1914)鉛印本
湖北

23766
治臨公牘不分卷
民國浠水王聲撰
民國七年(1918)鉛印本
著者後更名國聲。
湖北

23767
保安社文牘摘存[自辛亥武昌首義至民國癸丑(1911—1913)止]一卷
漢陽黄慶曾編
民國鉛印本
湖北

23768
己丑年敝帚一卷附丙寅年敝帚供存稿一卷
天門劉泥清撰
稿本
所收爲民國十四年(1925)六月至十五年(1926)初,泥清代鄂督蕭耀南草擬之函電札啓百餘件。參閲《中南、西南地區省、市圖書館館藏古籍稿本提要(附鈔本聯合目録)》。
武漢

政書類

23769
丙寅年敝帚二卷附雜稿一卷
天門劉泥清撰
稿本
存二卷:二及附録
參閲《中南、西南地區省、市圖書館館藏古籍稿本提要(附鈔本聯合目録)》。
武漢

檔册之屬

23770
鶴山新會知縣信稿一卷
清沔陽(今仙桃)楊清撰
稿本
清光緒二十六年(1900)八月二十一日到任。
廣東

23771
鄂垣浙江會館收支帳目一卷
清朱恩錫輯
清光緒十三年(1887)刻本
上海

23772
湖北省通志館組織規則草案一卷
稿本
該館《王葆心資料删選總表》著録。
湖北博

23773
殺虎口監督署報告書九卷
民國潛江甘鵬雲撰
民國二年(1910)崇雅堂鉛印本
湖北

23774
應城縣縣政報告
沔陽(今仙桃)劉震新編
民國二十四年(1935)鉛印本
湖北

23775
粵漢鐵路交涉秘密檔案不分卷
上海時報館編
1976—1987年臺灣文海出版社影印近代中國史料叢刊第三十輯本
湖北

雜録之屬

23776
歷代紀元同異考略一卷
清武昌(今鄂州)黄大華撰
清光緒二十六年(1900)刻本
前有俞樾序。
湖北

23777
教育史稿一卷
民國羅田王葆心撰
稿本
一册。
湖北博

23778
教育原理一卷附教育制度一卷
民國羅田王葆心撰
稿本
稿爲散葉。
湖北博